Collins

BESTSELLING BILINGUAL DICTIONARIES

Compact
Polish
Dictionary

POLSKO-ANGIELSKI
ANGIELSKO-POLSKI

HarperCollins Publishers
Westerhill Road
Bishopbriggs
Glasgow
G64 2QT
Great Britain

First Edition 2006
Reissue 2011

Reprint 10 9 8 7 6 5 4 3 2 1 0

© HarperCollins Publishers 2006

ISBN 978-0-00-743325-4

Collins® is a registered trademark of
HarperCollins Publishers Limited

www.collinslanguage.com

A catalogue record for this book is
available from the British Library

Typeset by motivex and
MS Studio s.c.

Printed in Great Britain by
Clays Ltd, St Ives plc

Acknowledgements
We would like to thank those
authors and publishers who kindly
gave permission for copyright
material to be used in the Collins
Word Web. We would also like to
thank Times Newspapers Ltd for
providing valuable data.

EDITORIAL DIRECTOR
Michela Clari

MANAGING EDITOR
Maree Airlie

POLISH CONSULTANTS
Jacek Fisiak
Michał Jankowski
Arleta Adamska-Sałaciak
Mariusz Idzikowski
Marek Zadworny
Roman Bryl

SERIES EDITOR
Lorna Knight

WSTĘP

Cieszymy się, że wybraliście Państwo słownik wydany na licencji Collinsa – renomowanego wydawcy brytyjskiego. Mamy nadzieję, że polubicie go i będziecie się nim chętnie posługiwać w domu, na wakacjach i w pracy. We wstępie znajdziecie Państwo szereg wskazówek wyjaśniających, jak najlepiej wykorzystać słownik – nie tylko jako listę wyrazów, ale również jako zbiór informacji zawartych w każdym artykule hasłowym. Pomoże to Państwu w czytaniu i rozumieniu współczesnych tekstów angielskich, a także ułatwi porozumiewanie się w tym języku.

INTRODUCTION

We are delighted that you have chosen the Collins English-Polish Polish-English Dictionary and hope that you will enjoy it and benefit from using it at home, on holiday or at work. This introduction gives you a few tips on how to get the most out of your dictionary – not simply from its comprehensive word list but also from the information provided in each entry. This will help you to read and understand modern Polish, as well as communicate and express yourself in the language.

SPIS TREŚCI

CONTENTS

JAK KORZYSTAĆ ZE SŁOWNIKA

Wyrazy hasłowe
Wyraz hasłowy to wyraz, pod którym zamieszczony jest artykuł hasłowy. Wyrazy hasłowe są uporządkowane alfabetycznie i wyróżnione **wytłuszczonym drukiem**. Mogą one być częścią zwrotu lub wyrazu złożonego. U góry każdej strony umieszczono pierwszy i ostatni wyraz hasłowy występujący na danej stronie.

Znaczenia
Znaczenia wyrazów hasłowych wydrukowane są zwykłą czcionką. Te, które oddzielone są przecinkiem, mogą najczęściej być używane wymiennie. Znaczenia oddzielone średnikiem nie są wymienne. Różnice znaczeń zaznaczone są zazwyczaj przez *kwalifikatory znaczeniowe* (zob. niżej) umieszczone w nawiasach i wydrukowane kursywą.
Nie każdy termin występujący w jednym z języków ma swój odpowiednik znaczeniowy w drugim. Kiedy np. wyraz angielski określa przedmiot lub instytucję nie istniejącą w Polsce, słownik podaje albo przybliżony odpowiednik poprzedzony symbolem ≈, jeśli w języku polskim takowy występuje, albo opis danego przedmiotu czy instytucji, jeśli brak ekwiwalentu w polszczyźnie.

Kwalifikatory
Kwalifikator to informacja w języku hasła umieszczona w nawiasach i wydrukowana kursywą. Ułatwia ona wybranie odpowiedniego znaczenia wyrazu hasłowego w zależności od kontekstu, w którym wyraz ów występuje, lub podaje jego synonim. Potoczne użycie wyrazów zaznaczone jest przy pomocy skrótu *pot.* bezpośrednio po wyrazie hasłowym. Znaczenia polskie i angielskie wyrazów hasłowych są również odpowiednikami stylistycznymi, np. wulgarne wyrazy angielskie mają wulgarne odpowiedniki polskie. Aby uniknąć drastycznych nieporozumień wynikających z używania nieodpowiedniego tłumaczenia, wyrazy obraźliwe i wulgarne oznaczone zostały skrótem *pot!.*

Wymowa
W części angielsko-polskiej słownika po wyrazie hasłowym podana jest wymowa w transkrypcji fonetycznej. Jeśli w pozycji wyrazu hasłowego znajduje się zestawienie lub zwrot składający się z dwóch lub więcej wyrazów, wymowy ich należy szukać tam, gdzie występują jako wyrazy hasłowe. Np. w przypadku **bank rate** wymowa jest zamieszczona w odpowiednich miejscach przy **bank** i **rate**. Lista symboli fonetycznych znajduje się na stronach XIV–XV.
W części polsko-angielskiej słownik nie podaje wymowy. Informacje na temat reguł wymowy polskiej umieszczone są na stronach XVI–XVII.

Słowa kluczowe
Nowością w naszym słowniku jest szczególne potraktowanie tzw. słów kluczowych zarówno w części polskiej, jak i angielskiej. *Słowa kluczowe* to wyrazy o wielu znaczeniach i szerokim zakresie użycia. Po raz pierwszy w słowniku zostały one wyraźnie wyróżnione (w specjalnej ramce z nagłówkiem *KEYWORD* lub *SŁOWO KLUCZOWE*), aby ułatwić użytkownikowi ich czynne i bierne opanowanie.

Skróty i nazwy własne
Akronimy i inne skróty oraz nazwy własne zostały w słowniku potraktowane jako wyrazy hasłowe i umieszczone w porządku alfabetycznym.

Użycie or/lub, ukośnej kreski (/) i nawiasów
Wyrazy *or* w części angielsko-polskiej i *lub* w części polsko-angielskiej używane są między wymiennymi (synonimicznymi) znaczeniami wyrazu hasłowego lub zwrotu występującego pod hasłem. Ukośna kreska (/) oddziela różne znaczenia, niesynonimiczne i niewymienne. Nawiasy okrągłe oznaczają elementy, które można opuścić.

Amerykanizmy
Warianty pisowni amerykańskiej w tych samych wyrazach znajdują się po wyrazie hasłowym, np. **colour,** *(US)* **color.** W wyrazach odległych alfabetycznie warianty amerykańskie podane są samodzielnie według porządku alfabetycznego. Podobnie w przypadku różnych form wyrazowych, np. wyrazy **trousers** i **pants** występują oddzielnie.

Polskie czasowniki zwrotne
Polskie czasowniki zwrotne nie są wyróżnione w słowniku jako osobne hasła. Należy ich szukać pod formami niezwrotnymi, np. **myć się** umieszczono pod hasłem **myć,** które jest wyrazem hasłowym.

USING THE DICTIONARY

Headwords
The headword is the word you look up in a dictionary. Headwords are listed in alphabetical order, and printed in **bold type** so that they stand out on the page. Each headword may contain other references such as phrases and compounds. The two headwords appearing at the top of each page indicate the first and last word dealt with on the page in question.

Translations
The translations of the headword are printed in ordinary roman type. As a rule, translations separated by a comma can be regarded as interchangeable for the meaning indicated. Translations separated by a semi-colon are not interchangeable, though the different meaning splits are generally marked by an indicator (see below).
It is not always possible to give an exact translation equivalent, for instance when the English word denotes an object or institution which does not exist or exists in a different form in Polish. If an approximate equivalent exists, it is given preceded by ≈. If there is no cultural equivalent, a *gloss* is given to explain the source item.

Indicators
An *indicator* is a piece of information in the source language about the usage of the headword to guide you to the most appropriate translation. Indicators give some idea of the contexts in which the headword might appear, or they provide synonyms for the headword. They are printed in italic type and shown in brackets.

Colloquial and informal language in the dictionary is marked at the headword with *pot*. You should assume that the translation will match the source language in register, and rude or offensive translations are also marked with *inf!*.

Pronunciation

On the English-Polish side of the dictionary you will find the phonetic spelling of the word in square brackets after the headword. Where the entry is composed of two or more unhyphenated words, each of which is given elsewhere in the dictionary, you will find the pronunciation of each word in its alphabetical position. A list of symbols is given on pages XIV-XV.

On the Polish-English side the pronunciation of Polish headwords is not provided. Information on Polish pronunciation is given on pages XVI-XVII.

Keywords

In this dictionary we have given special status to "key" English and Polish words. As these words can be grammatically complex and often have many different usages, they have been given special attention in the dictionary, and are labelled *KEYWORD* and *SŁOWO KLUCZOWE*.

Abbreviations and proper names

Abbreviations, acronyms and proper names have been included in the word list in alphabetical order.

Use of *or/lub*, oblique and brackets

The words *or* on the English-Polish side and *lub* on the Polish-English side are used between interchangeable parts of a translation or source phrase. The oblique (/) is used between non-interchangeable alternatives in the translation or source phrase. Round brackets are used to show optional parts of the translation or source phrase.

American variants

American spelling variants are generally shown at the British headword, eg. **colour**, *(US)* **color** and also as a separate entry if they are not alphabetically adjacent to the British form. Variant forms are generally shown as headwords in their own right, eg. **trousers** and **pants**, unless the British and American forms are alphabetically adjacent, in which case the American form is only shown separately if phonetics are required.

Polish reflexive verbs

Polish reflexive verbs are listed under the basic verb, eg. **myć się** is listed under **myć**.

INFORMACJE GRAMATYCZNE W SŁOWNIKU ANGIELSKO-POLSKIM

RZECZOWNIKI

Rodzaj gramatyczny

W słowniku podano informację o rodzaju gramatycznym dla wszystkich rzeczowników w języku polskim stanowiących odpowiedniki haseł angielskich. Rzeczowniki, które posiadają dwa rodzaje, np. *sierota*, mają oznaczenie *m/f.* Rzeczowniki nieodmienne oznaczane są informacją o rodzaju i skrótem *inv.*

W tych przypadkach, gdzie jako odpowiednik oprócz męskiej podana jest też forma żeńska, a forma męska oznaczana jest tak, jak opisano powyżej, rodzaj formy żeńskiej podaje się w następujący sposób: *nauczyciel(ka) m(f).* Odpowiedniki w liczbie mnogiej oznaczane są zawsze skrótem *pl*, np. *wakacje pl.*

Formy żeńskie

Przy oznaczaniu form żeńskich używa się następujących konwencji:

- Jeśli formę żeńską tworzy się przez dodanie końcówki do formy męskiej, to końcówka ta podawana jest w nawiasie po formie męskiej, np. *nauczyciel(ka) m(f).*
- Jeśli dodanie końcówki żeńskiej powoduje zmiany w formie męskiej, to po formie męskiej w nawiasie wraz z końcówką formy żeńskiej podaje się z myślnikiem ostatnią literę wspólną dla obu form, np. *mieszkaniec (-nka).*
- Jeśli formę żeńską podaje się w całości bezpośrednio po męskiej, to jest ona oddzielona od męskiej kreską ukośną, np. *Czech/Czeszka.*

PRZYMIOTNIKI

Polskie odpowiedniki przymiotników podawane są zawsze w formie męskiej.

CZASOWNIKI

Jako odpowiedniki wyrazów hasłowych podaje się czasowniki w pełnej formie w trybie niedokonanym i dokonanym wtedy, gdy oba tryby mają zastosowanie, np. **beat** bić (zbić *perf*). Jeśli podany jest tylko jeden tryb czasownika, to oznacza to, że dla tego znaczenia ma zastosowanie tylko ten jeden tryb.

W tych przypadkach, gdzie fraza w języku angielskim zawiera formę czasu przeszłego czasownika w pierwszej osobie liczby pojedynczej, to polski odpowiednik może być podany albo w formie męskiej albo żeńskiej.

GRAMMATICAL INFORMATION IN THE ENGLISH-POLISH DICTIONARY

NOUNS

Gender

The gender of Polish nouns given as translations is always shown in the dictionary. Nouns which have a common gender, eg. *sierota*, are labelled *m/f.*
Indeclinable nouns are labelled with gender followed by the abbreviation *inv.*

Where the feminine form of a masculine noun is also given a translation, and the gender of the masculine noun is shown according to the guidelines given above, the gender of the feminine is shown as follows: *nauczyciel(ka) m(f)*. Plural noun translations are always labelled with the abbreviation *pl*, eg. *wakacje pl*.

Feminine forms

The following conventions are used in this dictionary to show feminine forms of masculine nouns:
– If the feminine ending adds on to the masculine form, the feminine ending is bracketed, eg. *nauczyciel(ka)*.
– If the feminine ending substitutes part of the masculine form, the last common letter of the masculine and feminine form is shown before the feminine ending, preceded by a dash and enclosed in brackets, eg. *mieszkaniec (-nka)*.
– If the feminine form is given in full it appears next to the masculine form and is separated by an oblique (/), eg. *Czech/Czeszka*.

Adjectives

Polish translations of adjectives are always given in the masculine.

Verbs

In translation of the headword, imperfective and perfective aspects are shown in full where they both apply, eg. **beat** bić (zbić *perf*). If only one aspect is shown, it means that only one aspect works for this sense.
In infinitive phrases, if the two aspects apply they are shown and labelled, eg. **to buy sth** kupować (kupić *perf*) coś.
Where the English phrase contains the past tense of a verb in the 1st person singular, the Polish translation gives either the masculine or the feminine form, eg. **I did** 'zrobiłem'/**I sang** 'śpiewałam'.

INFORMACJE GRAMATYCZNE W SŁOWNIKU POLSKO-ANGIELSKIM

Końcówki fleksyjne i Informacje gramatyczne

Końcówki fleksyjne podawane są w nawiasie bezpośrednio po wyrazie hasłowym przed skrótem części mowy, jeśli dotyczą one całego hasła, np. **motyl (-a, -e)** (gen pl **-i**) m. Jeśli końcówki dotyczą jedynie jednego ze znaczeń, to podane są one w dalszej części hasła. Informacje gramatyczne podawane są po symbolu literowym części mowy, np. **arty|sta (-sty, -ści)** (*dat sg* **-ście**) *m decl like f in sg*. Jeśli informacje gramatyczne podane są wewnątrz hasła, to dotyczą wszystkich pozostałych znaczeń.

Użycie kreski pionowej (|)

Kreska pionowa pokazuje, w którym miejscu dodaje się końcówki fleksyjne.

Tabele

Formy fleksyjne niektórych wyrazów hasłowych, które odmieniają się w sposób nieregularny, podane są w tabelach na stronach XXX–XXXV. Podano tam m.in. zaimki osobowe, względne oraz liczebniki główne i zbiorowe.

Rzeczowniki

Aby ułatwić określenie deklinacji rzeczownika, w słowniku podaje się końcówkę dopełniacza liczby pojedynczej (lub mnogiej dla rzeczowników nieposiadających liczby pojedynczej) oraz końcówkę mianownika liczby mnogiej (dla rzeczowników policzalnych), np.

szy|ja (**-i, -je**) *f* oznacza *gen. sg.* = **szyi**, *nom. pl.* = **szyje**
drzwi (**-**) *pl* oznacza *gen. pl.* = **drzwi** (*brak l.p.*)
wo|la (**-i**) *f* oznacza *gen. sg.* = **woli** (*brak l.m.*)

Ewentualne dalsze nieregularne końcówki deklinacyjne podawano w drugim nawiasie wraz z odpowiednimi objaśnieniami, np.

tema|t (**-tu, -ty**) (*loc sg* **-cie**) *m*

Przymiotniki

Przymiotniki jako wyrazy hasłowe podawane są w formie męskiej w liczbie pojedynczej. Po wyrazie hasłowym czasem podaje się nieregularne formy stopnia wyższego, np.

wy|soki (*comp* **-ższy**) *adj*...

Czasowniki

Większość czasowników podana jest z uwzględnieniem trybów dokonanego i niedokonanego, a odpowiedniki podawane są zwykle przy czasowniku w trybie niedokonanym. Formy dokonane zaopatrzone są w odwołania do swoich niedokonanych odpowiedników, chyba że mają inne znaczenie. W tych przypadkach, gdzie czasownik z odwołaniem znajduje się w bezpośrednim sąsiedztwie czasownika, do którego się odwołuje, nie jest on wyłączany do osobnego hasła, chyba że w jego deklinacji jest jakaś nieregularność. Czasowniki, które nie występują w parach ze względu na tryb, posiadają swoje osobne hasła. We frazach pokazano oba tryby czasownika, jeśli oba istnieją dla danego znaczenia. Aby ułatwić tworzenie form czasownika, bezpośrednio po wyrazie hasłowym podano informacje o końcówkach koniugacyjnych według następujących reguł:

– dla większości czasowników podano formy 1. i 2. osoby liczby pojedynczej, np. **prac|ować** (**-uję, -ujesz**)
– dla czasowników, które nie posiadają form 1. i 2. osoby liczby pojedynczej, podana jest 3. osoba liczby pojedynczej, np. **bo|leć** (**-i**)
– dla wszystkich wyrazów hasłowych, które są czasownikami niedokonanymi występującymi w parze ze swoimi dokonanymi odpowiednikami, końcówka lub przedrostek formy dokonanej podane są zaraz za wyrazem hasłowym lub, jeśli dotyczą jedynie jednego ze znaczeń, w dalszej części hasła, np. **przepis|ywać** (**-uję, -ujesz**) (*perf* **-ać**) ...
– podaje się nieregularne formy 2. osoby l.p. trybu rozkazującego, np. **nieść** (**niosę, niesiesz**) (*imp* **nieś**)
– nieregularne formy czasu przeszłego podawane są w następującej kolejności:

3. osoba liczby pojedynczej rodzaju męskiego
3. osoba liczby pojedynczej rodzaju żeńskiego
3. osoba liczby mnogiej rodzaju męskoosobowego

Jeśli tylko jedna z tych form jest nieregularna, to podaje się jedynie tę formę.

Formy fleksyjne jako osobne hasła

Nieregularne formy fleksyjne, które nie występują w bezpośredniej bliskości form podstawowych, podane są w odpowiednim porządku alfabetycznym jako osobne hasła wraz z odwołaniem do hasła głównego. Jeśli po takim haśle podano skrót *itd.*, oznacza to, że istnieją inne, podobnie tworzone, formy fleksyjne tego samego hasła podstawowego, np. **psa** *itd.* dotyczy **psa**, **psem**, **psami** itp., i wszystkie te formy odwołują się do **pies**.

GRAMMATICAL INFORMATION IN THE POLISH-ENGLISH DICTIONARY

Inflectional and grammatical information

Inflectional information is shown in the dictionary in brackets immediately after the headword and before the part of speech if it refers to the whole entry eg. **motyl** (**-a**, **-e**) (*gen pl* **-i**) *m*. If a particular inflection is restricted to one sense only, it is given in the middle of the entry.

Grammatical information is shown after the part of speech and refers to the whole entry eg. **arty|sta** (**-sty**, **-ści**) (*dat sg* **-ście**) *m decl like f in sg*. Where grammatical information is given in the middle of the entry, it then governs all the following senses.

Use of hairline (|)

The hairline is -used in headwords to show where the inflection adds on, eg. **dr|oga** (**-ogi**, **-ogi**) (*dat sg* -**odze**, *gen pl* **-óg**) *f* ... .

Tables

Some headwords which have irregular inflections are declined in full in tables on pages XXX–XXXV. Shown in these tables are all cardinal and collective numerals, as well as personal, interrogative and negative pronouns.

Nouns

In order to help you determine the declension of nouns, we have shown the genitive singular (or plural for plural-only nouns), and nominative plural (for countable nouns only), eg.

szy|ja (**-i**, **-je**) *f*   means   *gen. sg.* = **szyi**, *nom. pl* = **szyje**
drzwi (**-**) *pi*   means   *gen. pl.* = **drzwi** (*no singular*)
wol|a (**-i**) *f* means   *gen. sg.* = **woli** (*no plural*).

Where the noun has further irregularities in declension, these are shown in smaller print and appropriately labelled, eg.
tema|t (**-tu**, **-ty**) (*loc sg* **-cie**) *m*

Adjectives

Adjective headwords have the form of nominative singular masculine. Some irregular comparative forms are given after the headword, eg.
wy|soki (*comp* **-ższy**) *adj* ...

Verbs

The majority of verbs are dealt with in aspectual pairs, but the translation is usually shown at the imperfective form of the pair. Perfective forms are cross-referred to their imperfective counterparts unless they have a specific meaning of their own. Where the aspect to be cross-referred is alphabetically adjacent to the other aspect, it is not shown separately unless there is some irregularity in its declension. Verbs which do not occur in aspectual pairs are dealt with at their individual headwords. In phrases both aspects are shown if both work in the context.

To help you see how a verb conjugates, inflections are shown immediately after the verb headword for all verbs according to the following rules:

- for most verbs the 1st and 2nd person singular are shown, eg. **prac|ować** (**-uję, -ujesz**)
- for verbs which are not used in the 1st and 2nd person, the 3rd person singular is shown, eg. **bol|eć** (**-i**)
- for all imperfective verb headwords constituting one element of an aspectual pair, the perfective ending or prefix is shown in smaller print right after the headword or, where it is restricted to a specific sense, in the middle of the entry, eg. **prze-pis|ywać** (**-uję, -ujesz**) (*perf* **-ać**) ...
- irregular 2nd person imperative forms are shown, eg. **nieść** (**niosę, niesiesz**) (*imp* **-nieś**)
- irregular past tense forms are shown in the following order:

    3rd person singular masculine
    3rd person singular feminine
    3rd person plural virile

If only the one of these forms is irregular, only one form is shown.

Inflections given as separate entries

Irregular inflected forms which are distant alphabetically from their base forms are also shown at their alphabetical position and cross-referred to the base headword. In places an inflected form appears as a separate entry and is followed by *itd.*, meaning that there are other inflected forms of the same headword which follow the same pattern eg. **psa** *itd.* covers **psa, psem, psami** etc., which are all cross-referred to **pies**.

SKRÓTY UŻYWANE W SŁOWNIKU ANGIELSKO-POLSKIM
ABBREVIATIONS USED IN THE ENGLISH-POLISH DICTIONARY

skrót	*abbr*	abbreviation
biernik	*acc*	accusative
przymiotnik	*adj*	adjective
administracja	*ADMIN*	administration
przysłówek	*adv*	adverb
rolnictwo	*AGR*	agriculture
anatomia	*ANAT*	anatomy
architektura	*ARCHIT*	architecture
astronomia	*ASTRON*	astronomy
motoryzacja	*AUT*	automobiles
lotnictwo	*AVIAT*	aviation
biologia	*BIO*	biology
botanika	*BOT*	botany
angielszczyzna brytyjska	*BRIT*	British English
chemia	*CHEM*	chemistry
handel	*COMM*	commerce
stopień wyższy	*comp*	comparative
informatyka i komputery	*COMPUT*	computer
spójnik	*conj*	conjunction
budownictwo	*CONSTR*	construction
wyraz złożony	*cpd*	compound
kulinarny	*CULIN*	culinary
celownik	*dat*	dative
odmienny	*decl*	declinable
przedimek określony	*def art*	definite article
zdrobnienie	*dimin*	diminutive
ekonomia	*ECON*	economics
elektronika, elektryczność	*ELEC*	electronics, electricity
szczególnie	*esp*	especially
itd.	*etc*	et cetera
wykrzyknik	*excl*	exclamation
rodzaj żeński	*f*	feminine
przenośny	*fig*	figurative
finanse	*FIN*	finance
formalny	*fml*	formal
dopełniacz	*gen*	genitive
geografia	*GEOG*	geography
geologia	*GEOL*	geology
geometria	*GEOM*	geometry
bezosobowy	*impers*	impersonal
czasownik niedokonany	*imperf*	imperfective verb
przedimek nieokreślony	*indef art*	indefinite article
potoczny	*inf*	informal

obraźliwy, wulgarny	*infl*	offensive
bezokolicznik	*infin*	infinitive
narzędnik	*instr*	instrumental
nieodmienny	*inv*	invariable
nieregularny	*irreg*	irregular
prawo	*JUR*	law
językoznawstwo	*LING*	linguistics
dosłowny	*lit*	literal
miejscownik	*loc*	locative
rodzaj męski	*m*	masculine
matematyka	*MATH*	mathematics
medycyna	*MED*	medicine
meteorologia	*METEOR*	meteorology
wojskowość	*MIL*	military
muzyka	*MUS*	music
mitologia	*MYTH*	mythology
rzeczownik	*n*	noun
żegluga	*NAUT*	nautical
mianownik	*nom*	nominative
rzeczownik w liczbie mnogiej	*npl*	plural noun
rodzaj nijaki	*nt*	neuter
liczebnik	*num*	numeral
siebie, się	*o.s.*	oneself
parlament	*PARL*	parliament
dopełniacz cząstkowy	*part*	partitive
pejoratywny	*pej*	pejorative
czasownik dokonany	*perf*	perfective verb
fotografia	*PHOT*	photography
fizyka	*PHYS*	physics
fizjologia	*PHYSIOL*	physiology
liczba mnoga	*pl*	plural
polityka	*POL*	politics
nie występuje bezpośrednio przed rzeczownikiem	*post*	postpositive (does not immediately precede a noun)
imiesłów bierny	*pp*	past participle
przedrostek	*pref*	prefix
przyimek	*prep*	preposition
zaimek	*pron*	pronoun
psychologia	*PSYCH*	psychology
czas przeszły	*pt*	past tense
kolej	*RAIL*	railways
religia	*REL*	religion
ktoś	*sb*	somebody
szkoła	*SCOL*	school
liczba pojedyncza	*sg*	singular
coś	*sth*	something

stopień najwyższy	*superl*	superlative
technika i technologia	*TECH*	technology
telekomunikacja	*TEL*	telecommunication
teatr	*THEAT*	theatre
telewizja	*TV*	television
poligrafia	*TYP*	printing
uniwersytet	*UNIV*	university
angielszczyzna amerykańska	*US*	American English
zwykle	*usu*	usually
czasownik	*vb*	verb
czasownik nieprzechodni	*vi*	intransitive verb
męskoosobowy	*vir*	virile
wołacz	*voc*	vocative
czasownik przechodni	*vt*	transitive verb
czasownik nierozdzielny	*vt fus*	inseparable verb
zoologia	*ZOOL*	zoology
znak zastrzeżony	®	registered trademark
poprzedza odpowiednik kulturowy	≈	introduces a cultural equivalent
zmiana osoby mówiącej	–	change of speaker

SKRÓTY UŻYWANE W SŁOWNIKU POLSKO-ANGIELSKIM
ABBREVIATIONS USED IN THE POLISH-ENGLISH DICTIONARY

abbreviation	*abbr*	skrót
accusative	*acc*	biernik
adjective	*adj*	przymiotnik
adverb	*adv*	przysłówek
anatomy	*ANAT*	anatomia
architecture	*ARCHIT*	architektura
astronomy	*ASTRON*	astronomia
atrributive	*attr*	przydawka
biology	*BIO*	biologia
botany	*BOT*	botanika
British English	*BRIT*	angielszczyzna brytyjska
construction	*BUD*	budownictwo
chemistry	*CHEM*	chemia
comparative	*comp*	stopień wyższy
conjunction	*conj*	spójnik
dative	*dat*	celownik
declined	*decl*	odmiennny
diminutive	*dimin*	zdrobnienie
literal	*dosł*	dosłowny
printing	*DRUK*	poligrafia
economics	*EKON*	ekonomia
electricity, electronics	*ELEKTR*	elektryczność, elektronika

exclamation	*excl*	wykrzyknik
feminine	*f*	rodzaj żeński
figurative	*fig*	przenośny
finance	*FIN*	finanse
physics	*FIZ*	fizyka
photography	*FOT*	fotografia
genetive	*gen*	dopełniacz
geography	*GEOG*	geografia
geology	*GEOL*	geologia
geometry	*GEOM*	geometria
history	*HIST*	historia
imperative	*imp*	tryb rozkazujący
imperfective	*imperf*	czasownik niedokonany
infinitive	*infin*	bezokolicznik
instrumental	*instr*	narzędnik
invariable	*inv*	nieodmienny
etc (et cetera)	*itd.*	i tak dalej
and the like	*itp.*	i tym podobne
linguistics	*JĘZ*	językoznawstwo
computing	*KOMPUT*	informatyka
formal	*książk*	użycie literackie
cooking	*KULIN*	kulinarny
literature	*LIT*	literatura
locative	*loc*	miejscownik
aviation	*LOT*	lotnictwo
masculine	*m*	rodzaj męski
mathematics	*MAT*	matematyka
medicine	*MED*	medycyna
meteorology	*METEO*	meteorologia
automobiles	*MOT*	motoryzacja
music	*MUZ*	muzyka
noun	*n*	rzeczownik
nominative	*nom*	mianownik
non-virile	*nonvir*	rodzaj niemęskoosobowy
neuter	*nt*	rodzaj nijaki
numeral	*num*	liczebnik
oneself	*o.s.*	siebie, sobie, sobą
particle	*part*	partykuła
pejorative	*pej*	pejoratywny
perfective	*pert*	dokonany
plural	*pl*	liczba mnoga
politics	*POL*	polityka
informal	*pot*	potoczny
offensive	*pot!*	obraźliwy
predicative	*pred*	orzecznik
prefix	*pref*	przedrostek

preposition	**prep**	przyimek
pronoun	**pron**	zaimek
figurative	**przen**	przenośny
psychology	**PSYCH**	psychologia
past tense	**pt**	czas przeszły
radio	**RADIO**	radio
religion	**REL**	religia
agriculture	**ROL**	rolnictwo
somebody	**sb**	ktoś
singular	**sg**	liczba pojedyncza
something	**sth**	coś
school	**SZKOL**	szkolnictwo
technology	**TECH**	technika, technologia
telecommunications	**TEL**	telekomunikacja
television	**TV**	telewizja
university	**UNIW**	uniwersytet
American English	**US**	angielszczyzna amerykańska
verb	**vb**	czasownik
intransitive verb	**vi**	czasownik nieprzechodni
virile	**vir**	rodzaj męskoosobowy
vocative	**voc**	wołacz
reflexive verb	**vr**	czasownik zwrotny
transitive verb	**vt**	czasownik przechodni
military	**WOJSK**	wojskowość
zoology	**ZOOL**	zoologia
nautical	**ŻEGL**	żegluga
registered trademark	®	znak zastrzeżony
introduces a cultural equivalent	≈	poprzedza odpowiednik kulturowy
change of speaker	–	zmiana osoby mówiącej

WYMOWA ANGIELSKA

SAMOGŁOSKI I DYFTONGI

Symbol fonetyczny	*Przykład angielski*	*Przybliżony odpowiednik polski lub opis*
[iː]	t<u>ea</u>, f<u>ee</u>t	k<u>ij</u>, p<u>ij</u>
[ɪ]	<u>i</u>t, b<u>i</u>g	samogłoska podobna do polskiej „y"
[ɛ]	dr<u>e</u>ss, <u>e</u>gg	b<u>e</u>z
[æ]	m<u>a</u>n, c<u>a</u>t	bardzo otwarte „e"
[uː]	t<u>oo</u>, y<u>ou</u>	długie „u"
[u]	p<u>u</u>t, b<u>oo</u>k	b<u>u</u>t
[ɔː]	s<u>aw</u>, <u>a</u>ll	długie „o"
[ɔ]	h<u>o</u>t, w<u>a</u>sh	p<u>o</u>d
[ɑː]	p<u>a</u>rt, f<u>a</u>ther	t<u>a</u>ta
[ʌ]	b<u>u</u>t, c<u>o</u>me	<u>a</u>gresja

[əː]	bird, heard	samogłoska centralna długa
[ə]	ago, potential	samogłoska centralna nieakcentowana
[aɪ]	fly, high	kraj
[au]	how, house	miał, miau
[eɪ]	day, obey	klej
[əu]	go, note	kombinacja [ə] i [u]
[ɔɪ]	boy, oil	kojec
[ɪə]	hear, here	kombinacja [ɪ] i centralnej samogłoski [ə]
[ɛə]	there, bear	kombinacja [e] i [ə]
[uə]	poor, sure	kombinacja [u] i [ə]
[ɔː*, ɑː*, ə* itd]	more, far, father	końcowe [r] wymawia się, kiedy następny wyraz zaczyna się od samogłoski, np. *far away*

SPÓŁGŁOSKI

Symbol fonetyczny	Przykład angielski	Przybliżony odpowiednik polski lub opis
[p]	pat, pop	papka
[b]	but, tub	but
[t]	take, hat	tak, kat
[d]	deck, mad	dom, bieda
[k]	come, rock	kamień, bok
[g]	go, big	góra, biegać
[tʃ]	chin, rich	czyn, ryczeć
[dʒ]	gin, judge	dżuma
[f]	face	fakt
[v]	valley	wał
[θ]	think	wymawia się jak „s" z językiem dotykającym górnych zębów
[ð]	this	wymawia się jak „z" z językiem dotykającym górnych zębów
[s]	sand, city	sad, rysa
[z]	rose, zebra	baza, zebra
[ʃ]	she, machine	szyna, maszerować
[ʒ]	vision	ważny
[m]	must	musieć
[n]	nut	nuta
[ŋ]	sing	bank w wymowie, gdzie nie słychać „k"
[h]	house, he	słabsze polskie „ch"
[l]	lake	lekcja
[r]	red, tread	trące „r" nieprzerywane
[j]	young	jest
[w]	water, which	łotr

POLISH PRONUNCIATION

Vowels

1. Polish vowels are inherently short, whereas in English some vowels are inherently long (eg. b<u>ea</u>t) while others are inherently short (eg. b<u>i</u>t). Polish stressed vowels, however, tend to be slightly longer than unstressed ones.

2. Polish, unlike English, has two nasal vowels, ie. [õ] and [ẽ], as in dąć and gęś. In informal speech ą is pronounced [õ] only before [s z ʃ ʒ ç z f v x], eg. d<u>ą</u>s, br<u>ą</u>zowy, g<u>ą</u>szcz, d<u>ą</u>żyć, si<u>ą</u>ść, s<u>ą</u> źli, s<u>ą</u> filmy, w<u>ą</u>wóz, w<u>ą</u>chać. [õ] changes into [on] in front of [t d ts dz tʃ dʒ], eg. k<u>ą</u>t, m<u>ą</u>dry, tr<u>ą</u>cać, ż<u>ą</u>dza, p<u>ą</u>czek, m<u>ą</u>drze. ą is pronounced [oŋ] before [k g], eg. b<u>ą</u>k, dr<u>ą</u>gi. [õ] changes into [om] before [p b], eg. k<u>ą</u>pać, tr<u>ą</u>ba. [ẽ], like [õ], is pronounced in informal speech before [s z ʃ ʒ ç z], eg. k<u>ę</u>s, wi<u>ę</u>zy, w<u>ę</u>szyć, wyt<u>ę</u>żyć, g<u>ę</u>ś, wi<u>ę</u>zi. [ẽ] changes into [en] in front of [t d ts tʃ dz], eg. p<u>ę</u>tla, gaw<u>ę</u>da, r<u>ę</u>ce, r<u>ę</u>cznik, p<u>ę</u>dzel. [ẽ] changes into [eŋ] before [k g], eg. l<u>ę</u>k, t<u>ę</u>gi and into [em] before [p b], eg. t<u>ę</u>py, b<u>ę</u>ben. In word-final position [ẽ] appears as [e], eg. chc<u>ę</u>, wezm<u>ę</u>.

3. Polish has no diphthongs.

Consonants

1. Polish has palatal and palatalized consonants. [ɲ], as in koń, is a palatal nasal consonant. 'Hard' consonants [p b k g m l f v x] have 'soft' or 'palatalised' counterparts which are indicated by the 'softening' vowel letter **i**, eg. p<u>i</u>egi, b<u>i</u>eg, k<u>i</u>edy, b<u>i</u>egiem, m<u>i</u>ał, l<u>i</u>ana, f<u>i</u>asko, w<u>i</u>edzieć, h<u>i</u>ena. The 'soft' consonants are pronunced like their 'hard' counterparts with simultaneous [j] as in the English word y<u>e</u>t.

2. There are seven pairs of voiced and voiceless consonants:

voiced:	b	d	g	v	z	ʒ	ʐ
voiceless:	p	t	k	f	s	ʃ	ç

a) At the end of a word a voiced consonant is replaced by the corresponding voiceless consonant, eg. *gen pl* bu<u>d</u> [but] (cf *nom sg* bu<u>d</u>a [buda]).

b) When a voiced consonant occurs before a voiceless consonant it is replaced by the corresponding voiceless consonant, eg. kłó<u>d</u>ka [kwutka], <u>z</u> katalogu [skatalogu] (cf <u>z</u> góry [zgurɪ]).

3. The consonants [p t k], eg. <u>p</u>od [pot], <u>t</u>ak [tak], <u>k</u>ot [kot] are pronounced without the slight puff of air which follows them in English before stressed vowels.

THE PRONUNCIATION OF VOWELS

Symbol	Spelling	Polish example	English example/explanation
[a]	a	k<u>a</u>t	pronounced like the beginning of the diphthong in 'eye'
[i]	i	n<u>i</u>t	n<u>ea</u>t
[ɪ]	y	b<u>y</u>t	b<u>i</u>t
[e]	e	t<u>e</u>n	t<u>e</u>n
[o]	o	k<u>o</u>t	c<u>au</u>ght (but shorter)
[u]	u	b<u>u</u>t	b<u>oo</u>t

| [ĕ] | ę | wę̇ch | *see note 2 under Vowels* |
| [õ] | ą | wạs | *see note 2 under Vowels* |

THE PRONUNCIATION OF CONSONANTS

Symbol	Spelling	Polish example	English example/explanation
[b]	b	byk	bit
[bʲ]	bi	biały	*see note 1 under Consonants*
[p]	p, b	pas, chleb	put (*see note 3 under Consonants*)
[pʲ]	pi	piasek	*see note 1 under Consonants*
[d]	d	dom	day
[t]	t, d	ton, pod	tone (*see note 3 under Consonants*)
[g]	g	góra	go
[gʲ]	gi	biegiem	*see note 1 under Consonants*
[k]	k, g	kot, róg	cat (*see note 3 under Consonants*)
[kʲ]	ki	kiedy	*see note 1 under Consonants*
[v]	w	woda	vat
[vʲ]	wi	wiadro	*see note 1 under Consonants*
[f]	f, w	fala, rów	foam
[fʲ]	fi	fiasko	*see note 1 under Consonants*
[s]	s, z	sól, raz	sea
[z]	z	za, mazać	zebra, housing
[ʃ]	sz, ż, rz	szum, już, malarz	shot
[ʒ]	ż, rz	żuk, rzecz	measure, decision
[ɕ]	si, ś, ź	się, wieś, wieź	pronounced 'softer' than English [ʃ] in *shield*
[ʑ]	zi, ź	zima, kuźnia	pronounced 'softer' than English [ʒ] in *regime*
[ts]	c, dz	cegla, widz	tsetse
[dz]	dz	dzban, sadza	needs
[tʃ]	cz, dz	czy, gwiżdż	chat, patch
[dʒ]	dż, drz	dżuma, wedge	jam, wedge
[tɕ]	ci, ć, dź	cichy, śmierć, jedź	pronounced 'softer' than English [tʃ] in *cheese*
[dʑ]	dzi, dź	dzień, dźwięk	pronounced 'softer' than English [dʒ] in *gene*
[r]	r	rok, bór	pronounced like rolled Scots "r" in all positions
[l]	l	lato	like
[lʲ]	li	liana	*see note 1 under Consonants*
[m]	m	mama	mother
[mʲ]	mi	miał	*see note 1 under Consonants*
[n]	n	noga	note
[ɲ]	ni, ń	nie, pień	'soft' [n], as in *need*
[w]	ł	łódź	wood
[j]	j	jak	yet
[x]	h, ch	hak, chemia	hood
[xʲ]	hi, chi	hiena, Chiny	*see note 1 under Consonants*

ANGIELSKIE CZASOWNIKI NIEREGULARNE

present	*pt*	*pp*
arise	arose	arisen
awake	awoke	awoken
be (am, is, are; being)	was, were	been
bear	bore	born(e)
beat	beat	beaten
become	became	become
befall	befell	befallen
begin	began	begun
behold	beheld	beheld
bend	bent	bent
beset	beset	beset
bet	bet, betted	bet, betted
bid (at auction, cards)	bid	bid
bid (say)	bade	bidden
bind	bound	bound
bite	bit	bitten
bleed	bled	bled
blow	blew	blown
break	broke	broken
breed	bred	bred
bring	brought	brought
build	built	built
burn	burnt, burned	burnt, burned
burst	burst	burst
buy	bought	bought
can	could	(been able)
cast	cast	cast
catch	caught	caught
choose	chose	chosen
cling	clung	clung
come	came	come
cost	cost	cost
cost (work out price of)	costed	costed
creep	crept	crept
cut	cut	cut
deal	dealt	dealt
dig	dug	dug
do (3rd person: he/she/it **does**)	did	done
draw	drew	drawn
dream	dreamed, dreamt	dreamed, dreamt
drink	drank	drunk
drive	drove	driven
dwell	dwelt	dwelt

eat	ate	eaten
fall	fell	fallen
feed	fed	fed
feel	felt	felt
fight	fought	fought
find	found	found
flee	fled	fled
fling	flung	flung
fly (flies)	flew	flown
forbid	forbad(e)	forbidden
forecast	forecast	forecast
forget	forgot	forgotten
forgive	forgave	forgiven
forsake	forsook	forsaken
freeze	froze	frozen
get	got	got, (*US*) gotten
give	gave	given
go (goes)	went	gone
grind	ground	ground
grow	grew	grown
hang	hung	hung
hang (*execute*)	hanged	hanged
have (has; having)	had	had
hear	heard	heard
hide	hid	hidden
hit	hit	hit
hold	held	held
hurt	hurt	hurt
keep	kept	kept
kneel	knelt, kneeled	knelt, kneeled
know	knew	known
lay	laid	laid
lead	led	led
lean	leant, leaned	leant, leaned
leep	leapt, leaped	leapt, leaped
learn	learnt, learned	learnt, learned
leave	left	left
lend	lent	lent
let	let	let
lie (lying)	lay	lain
light	lit, lighted	lit, lighted
lose	lost	lost
make	made	made
may	might	–
mean	meant	meant
meet	met	met

mistake	mistook	mistaken
mow	mowed	mown, mowed
must	(had to)	(had to)
pay	paid	paid
put	put	put
quit	quit, quitted	quit, quitted
read	read	read
rid	rid	rid
ride	rode	ridden
ring	rang	rung
rise	rose	risen
run	ran	run
saw	sawed	sawed, sawn
say	said	said
see	saw	seen
seek	sought	sought
sell	sold	sold
send	sent	sent
set	set	set
sew	sewed	sewn
shake	shook	shaken
shall	should	–
shear	sheared	shorn, sheared
shed	shed	shed
shine	shone	shone
shoot	shot	shot
show	showed	shown
shrink	shrank	shrunk
shut	shut	shut
sing	sang	sung
sink	sank	sunk
sit	sat	sat
sley	slew	slain
sleep	slept	slept
slide	slid	slid
sling	slung	slung
slit	slit	slit
smell	smelt, smelled	smelt, smelled
sow	sowed	sown, sowed
speak	spoke	spoken
speed	sped, speeded	sped, speeded
spell	spelt, spelled	spelt, spelled
spend	spent	spent
spill	spilt, spilled	spilt, spilled
spin	spun	spun
spit	spat	spat

spoil	spoiled, spoilt	spoiled, spoilt
spread	spread	spread
spring	sprang	sprung
stand	stood	stood
steal	stole	stolen
stick	stuck	stuck
sting	stung	stung
stink	stank	stunk
stride	strode	stridden
strike	struck	struck
strive	strove	striven
swear	swore	sworn
sweep	swept	swept
swell	swelled	swollen, swelled
swim	swam	swum
swing	swung	swung
take	took	taken
teach	taught	taught
tear	tore	torn
tell	told	told
think	thought	thought
throw	threw	thrown
thrust	thrust	thrust
tread	trod	trodden
wake	woke, waked	woken, waked
wear	wore	worn
weave	wove	woven
weave (*wind*)	weaved	weaved
wed	wedded, wed	wedded, wed
weep	wept	wept
win	won	won
wind	wound	wound
wring	wrung	wrung
write	wrote	written

LICZBY • NUMBERS

LICZEBNIKI GŁÓWNE		**CARDINAL NUMBERS**
jeden	1	one
dwa	2	two
trzy	3	three
cztery	4	four
pięć	5	five
sześć	6	six
siedem	7	seven
osiem	8	eight
dziewięć	9	nine

dziesięć	10	ten
jedenaście	11	eleven
dwanaście	12	twelve
trzynaście	13	thirteen
czternaście	14	fourteen
piętnaście	15	fifteen
szesnaście	16	sixteen
siedemnaście	17	seventeen
osiemnaście	18	eighteen
dziewiętnaście	19	nineteen
dwadzieścia	20	twenty
dwadzieścia jeden	21	twenty-one
dwadzieścia dwa	22	twenty-two
trzydzieści	30	thirty
czterdzieści	40	forty
pięćdziesiąt	50	fifty
sześćdziesiąt	60	sixty
siedemdziesiąt	70	seventy
osiemdziesiąt	80	eighty
dziewięćdziesiąt	90	ninety
sto	100	a hundred
sto jeden	101	a hundred and one
dwieście	200	two hundred
trzysta	300	three hundred
czterysta	400	four hundred
pięćset	500	five hundred
tysiąc	1000	a thousand
milion	1000000	a million

LICZEBNIKI ZBIOROWE — COLLECTIVE NUMERALS

dwoje	2	two
troje	3	three
czworo	4	four
pięcioro	5	five
sześcioro	6	six
siedmioro	7	seven

LICZEBNIKI PORZĄDKOWE — ORDINAL NUMBERS

1.	pierwszy	1st	first
2.	drugi	2nd	second
3.	trzeci	3rd	third
4.	czwarty	4th	fourth
5.	piąty	5th	fifth
6.	szósty	6th	sixth
7.	siódmy	7th	seventh
8.	ósmy	8th	eighth
9.	dziewiąty	9th	ninth
10.	dziesiąty	10th	tenth
11.	jedenasty	11th	eleventh

12.	dwunasty	12th	twelfth
13.	trzynasty	13th	thirteenth
14.	czternasty	14th	fourteenth
15.	piętnasty	15th	fifteenth
16.	szesnasty	16th	sixteenth
17.	siedemnasty	17th	seventeenth
18.	osiemnasty	18th	eighteenth
19.	dziewiętnasty	19th	nineteenth
20.	dwudziesty	20th	twentieth
21.	dwudziesty pierwszy	21st	twenty-first
30.	trzydziesty	30th	thirtieth
40.	czterdziesty	40th	fortieth
50.	pięćdziesiąty	50th	fiftieth
60.	sześćdziesiąty	60th	sixtieth
70.	siedemdziesiąty	70th	seventieth
80.	osiemdziesiąty	80th	eightieth
90.	dziewięćdziesiąty	90th	ninetieth
100.	setny	100th	one hundredth
101.	sto pierwszy	101st	one hundred-and-first
1.000.	tysiączny	1 000th	thousandth
1.000.000.	milionowy	1 000 000th	millionth

UŁAMKI		FRACTIONS	
pół, połowa	1/2	a half	1/2
jedna trzecia	1/3	a third	1/3
jedna czwarta	1/4	a quarter	1/4
jedna piąta	1/5	a fifth	1/5
trzy czwarte	3/4	three quarters	3/4
dwie trzecie	2/3	two thirds	2/3
półtora	1 1/2	one and a half	1 1/2
pięć dziesiątych	0,5	(nought) point five	0·5
trzy przecinek cztery	3,4	three point four	3·4
sześć przecinek osiemdziesiąt dziewięć	6,89	six point eight nine	6·89
dziesięć procent	10%	ten per cent	10%
sto procent	100%	a hundred per cent	100%

TIME AND DATE • CZAS I DATY

	TIME	CZAS	
	What time is it?	Która (jest) godzina?	
	It is *or* it's 5 o'clock.	Jest (godzina) piąta.	
00.00	midnight	północ	
01,00	one o'clock (in the morning), 1 am	pierwsza (w nocy)	
01.05	five (minutes) past one	pięć (minut) po (godzinie) pierwszej	
01.10	ten (minutes) past one	dziesięć (minut) po pierwszej)	
01.15	a quarter past one, fifteen minutes past one, one fifteen	kwadrans *lub* piętnaście po pierwszej	

01.20	twenty-five (minutes) past two	dwadzieścia pięć po drugiej
01.30	half (past) one, one thirty	(w)pół do drugiej, pierwsza trzydzieści
01.35	twenty-five (minutes) to two, one thirty-five	pięć po (w)pół do drugiej, pierwsza trzydzieści pięć
01.40	twenty (minutes) to two, one forty	za dwadzieścia (minut) druga, pierwsza czterdzieści
01.45	a quarter to two, fifteen minutes to two, one forty-five	za kwadrans druga, za piętnaście druga, pierwsza czterdzieści pięć
01.50	ten minutes to two, one fifty	za dziesięć druga, pierwsza pięćdziesiąt
12.00	twelve (o'clock) noon, midday	dwunasta (w południe)
12.30	half (past) twelve or twelve thirty (in the afternoon), 12.30pm	(w)pół do pierwszej, dwunasta trzydzieści
14.00	two o'clock (in the afternoon), 2pm	druga (po południu), czternasta
19.00	7 o'clock (in the evening), 7pm	siódma (wieczorem), dziewiętnasta
	At what time? At ... (o'clock).	O której godzinie? O (godzinie) +*loc.*
	at 7 (o'clock)	o (godzinie) siódmej
	at midnight	o północy
	at dawn, at nightfall	o zmierzchu
	at dusk, at sunrise	o świcie
	at sunset	o zachodzie słońca
	in or within twenty minutes	za dwadzieścia minut
	in an hour, in an hour's time, in an hour from now	(od teraz) za godzinę
	in the next twenty minutes	w ciągu dwudziestu minut
	ten minutes ago	dziesięć minut temu
	two hours ago	dwie godziny temu
	half an hour	pół godziny
	a quarter of an hour	kwadrans, piętnaście minut
	an hour and a half	półtorej godziny
	every hour	co godzinę
	on the hour	o pełnej godzinie
	hourly	co godzinę

DATE / DATY

today	dzisiaj, dziś
tomorrow	jutro
the day after tomorrow	pojutrze
yesterday	wczoraj
the day before yesterday	przedwczoraj
the day before	w przeddzień
the day after	dzień po
in the morning	rano

in the evening	wieczorem
this morning	dziś rano
tonight, this evening	dziś wieczorem
this afternoon	dziś po południu
yesterday morning	wczoraj rano
last night, yesterday evening	wczoraj wieczorem
tomorrow morning	jutro rano
tomorrow evening	jutro wieczorem
on Saturday night	w sobotę wieczorem
on Sunday morning	w niedzielę rano
he's coming on Thursday	on przyjdzie w czwartek
on Saturdays	w soboty, w sobotę
every Saturday	w każdą sobotę, co sobotę
last Saturday	w ostatnią sobotę
next Saturday	w następną sobotę
a week on Saturday	od (tej) soboty za tydzień
two weeks on Saturday	od (tej) soboty za dwa tygodnie
from Monday to Saturday	od poniedziałku do soboty
every day	codziennie, co dzień
once a week	raz w tygodniu
twice a week	dwa razy w tygodniu
once a month	raz w miesiącu
a week *or* seven days ago	tydzień temu
two weeks *or* a fortnight ago	dwa tygodnie temu
last year	w zeszłym roku
in two days' time	za dwa dni
in seven days *or* one week *or* a week	za tydzień
in a fortnight *or* two weeks	za dwa tygodnie
next month	w przyszłym miesiącu
next year	w przyszłym roku
what is today's date?, what date is it today?	który dzisiaj jest?
the first *or* 1st October 1995	pierwszego *lub* 1. października 1995 r.
I was born on the 5th of June 1981	urodziłem się piątego czerwca 1981 r.
in 1995	w 1995 r.
nineteen (hundred and) ninety-five	tysiąc dziewięćset dziewięćdziesiąt pięć
44 B.C.	44 p.n.e.
14 A.D.	14 n.e.
in the 19th century	w XIX wieku
in the (nineteen) thirties, in the 1930s	w latach trzydziestych, w latach 30.
once upon a time	pewnego razu
a long, long time ago	dawno, dawno temu

A SHORT GUIDE TO POLISH GRAMMAR

NOUNS

Gender

A Polish noun has one of three genders: masculine, feminine, or neuter. In most cases the gender of a noun is determinable by its ending in the nominative singular:

masculine: *a consonant* (eg. *człowiek* 'man', *dom* 'house', *wilk* 'wolf')
feminine: **-a**, **-i** (eg. *kobieta* 'woman', *pani* 'Mrs, Ms')
neuter: **-o**, **-e**, **-ę**, **-um** (eg. *dziecko* 'child', *zdanie* 'sentence', *cielę*, 'calf, *muzeum* 'museum').

Exceptions to this rule include masculine nouns ending in **-a** (eg. *artysta* 'artist') or **-o** (eg. *dziadzio* 'grandpa'), as well as feminine nouns ending in a consonant (eg. *noc* 'night', *twarz* 'face', *sól* 'salt').

The gender of a particular noun is significant since it determines, among other things, the ending of a qualifying adjective:

> *duży dom*   a large house'
> *duża suma*   a large amount'
> *duże krzesło*   'a large chair'.

Declension

There are seven cases (nominative, genitive, dative, accusative, instrumental, locative and vocative) and two numbers (singular and plural) in the declension of Polish nouns. Since most endings are quite regular for each gender, they are not shown in this dictionary. However, each noun entry in the dictionary includes the Gen. Sg. ending (or Gen. Pl. for plural-only nouns) and, for countable nouns, the Nom. Pl. ending. These endings are given in parentheses right after the headword and separated with a comma, eg.

> **pies (psa, psy)** ...
> **kompute|r (-ra, -ry)** ... .

If a given noun has no plural form, only the Gen. Sg. ending is shown after the headword, eg.

> **młodoś|ć (-ci)** ... .

Irregular forms are given in smaller print before the part of speech information or, when limited to a specific sense of the word, inside the entry:

ko|t (-ta, -ty) (*loc sg* **-cie**) *m* ... .

The following tables show noun endings assumed by default to be regular for each gender. They are added directly to the Gen.Sg. stem.

Masculine

Case	Singular		Plural	
	animate	inanimate	virile	non-virile
Nom	always shown in noun entry		always shown in noun entry	
Gen	always shown in noun entry		-ów	
Dat	-owi		-om	
Acc	=Gen. Sg.	=Nom. Sg.	=Gen. Pl.	=Nom. Pl.
Instr	-em		-ami	
Loc	-u		-ach	
Voc	=Loc. Sg.		=Nom. Pl.	

Animate nouns are those designating living persons or animals, inanimate those representing objects, plants and abstract ideas. Virile nouns are those representing male human beings.

Feminine

Case	Singular		Plural	
	nouns ending in -a	nouns ending in a consonant	nouns ending in -a	nouns ending in a consonant
Nom	always shown in noun entry		always shown in noun entry	
Gen	always shown in noun entry		-ø	=Gen. Sg.
Dat	-ie or -i		-om	
Acc	-ę	-ø	=Nom. Pl.	
Instr	-ą		-ami	
Loc	=Dat. Sg.		-ach	
Voc	-o	=Gen. Sg.	=Nom. Pl.	

The symbol **-ø** indicates that there is no ending and that the respective form is identical to the stem.

Neuter

Case	Singular	Plural
Nom	always shown in noun entry	always shown in noun entry
Gen	always shown in noun entry	-ø
Dat	-u	-om
Acc	=Nom. Sg.	=Nom. Pl.
Instr	-em	-ami
Loc	-u	-ach
Voc	=Nom. Sg.	=Nom. Pl.

ADJECTIVES

Adjective endings do not present major problems. Adjective are declined according to the following pattern:

Case	Singular			Plural
	Masculine	**Neuter**	**Feminine**	
Nom	**-i** *or* **-y**	**-e**	**-a**	**-e**
Gen	**-ego**		**-ej**	**-ich** *or* **-ych**
Dat	**-emu**		**-ej**	**-im** *or* **-ym**
Acc	=*Gen. Sg. or* =*Nom. Sg.*	**-e**	**-ą**	=*Gen. Pl. or* =*Nom. Pl.*
Instr	**-im** *or* **-ym**		**-ą**	**-imi** *or* **-ymi**
Loc	=*Instr. Sg.*		**-ej**	**-ich** *or* **-ych**
Voc	=*Nom. Sg.*		**-a**	=*Nom. Pl.*

NOTES:
1. Acc. Sg. takes the form of Gen. Sg. with animate masculine nouns and that of Nom. Sg. with inanimate masculine .
2. Acc. Pl. takes the form of Gen. Pl. with virile nouns and that of Nom. Pl. with non-virile nouns.
3. The only irregularity is in Nom. Pl. forms used with virile nouns. The respective endings are shown in the following tables:

Nom. Sg.	-by	-my	-ny	-ry	-ty	-dy	-ły	-py	-sy	-wy	-chy	-szy	-ży	-ki	-gi
Nom. Pl.	-bi	-mi	-ni	-rzy	-ci	-dzi	-li	-pi	-si	-wi	-si	-si	-zi	-cy	-dzy

Nom. Sg.	-ci	-pi	-si	-ni
Nom. Pl.	-ci	-pi	-si	-ni

VERBS

Aspect

The majority of Polish verbs have two aspects, the imperfective for conveying the frequency of an action or describing a process, and the perfective for emphasis on a single action or a result. It follows that the perfective can only be used in the past and future, while the imperfective can also be used in the present tense.

Aspectual pairs can be differentiated either by the presence of a prefix in the perfective aspect, eg. *zrobić* 'to do' (cf. imperfective *robić*), by the presence of an infix in the imperfective aspect, eg. *pokazywać* 'to show' (cf. perfective *pokazać*), or by a change in conjugation, eg. *zaczynać* 'to begin' (cf. perfective *zacząć*).

It should be noted, though, that some aspectual pairs do not follow this pattern, for instance those that derive from different roots, eg. *brać* 'to take' (perfective *wziąć*). There are also a number of verbs which exist in one aspect only, eg. *pracować* 'to work' (imperfective), and some verbs which incorporate the two aspects in one form, eg. *abdykować* 'to abdicate'.

Aspect also has a bearing on the use of the imperative mood where, generally spe-aking, the perfective aspect is used in positive commands (ie. telling someone to do something), while the imperfective is used in negative commands (ie. telling some-one not to do something), when the imperative form is preceded by *nie*.

Conjugation

A Polish verb is conjugated according to one of four conjugation patterns. These are best described by the 1st and 2nd person singular present tense endings which are always shown in verb entries in the dictionary (with the exception of 3rd-person-only verbs).

	1st person sg.	2nd person sg.
1	-ę	-esz
2	-ę	-isz *or* -ysz
3	-am	-asz
4	-em	-esz

The following tables show verb endings assumed by default to be regular and, as such, not shown in the dictionary:

Non-past (present or future)

Person	Singular	Plural	
		Conjugations 1 and 2	Conjugations 3 and 4
1st	*shown in verb entry*	=3rd sg. + **-my**	
2nd	*shown in verb entry*	=3rd sg. + **-cie**	
3rd	=2nd sg. (*without* **-sz**)	=1st sg. (*without* **-ę**) + **-ą**	=1st sg. (*without* **-m**) + **-ją**

Imperative (2nd person)

Group	Singular	Plural
-ę, -esz	=2nd sg. non-past (*without* **-esz**)	=*singular* + **-cie**
-ę, -isz	=2nd sg. non-past (*without* **-isz**)	=*singular* + **-cie**
-ę, -ysz	=2nd sg. non-past (*without* **-ysz**)	=*singular* + **-cie**
-am, -asz; -em, -esz	=3rd sg. non-past (*without* **-ą**)	=*singular* + **-cie**

Past

Infinitive	3rd person singular			3rd person plural	
	Masculine	Feminine	Neuter	Viral	Non-virile
-ać	-ał	-ała	-ało	-ali	-ały
-eć	-ał	-ała	-ało	-eli	-ały
-ić	-ił	-iła	-iło	-ili	-iły
-yć	-ył	-yła	-yło	-yli	-yły
-uć	-uł	-uła	-uło	-uli	-uły
-ąć	-ął	-ęła	-ęło	-ęli	-ęły
other	*always shown in verb entries*				

The 1st and 2nd person forms are created by adding the following endings to the respective 3rd person forms:

Person	Singular		Plural
	Masculine	Feminine	
1st	-em	-m	-śmy
2nd	-eś	-ś	-ście

TABLES OF POLISH IRREGULAR FORMS

PRONOUNS

Personal Pronouns

Table 1

Nom	ja	ty	on	ona	ono
Gen	mnie	ciebie, cię	jego, niego, go	jej, niej	jego, niego, go
Dat	mi	tobie, ci	jemu, niemu, mu	jej, niej	jemu, niemu, mu
Acc	mnie	ciebie, cię	jego, niego, go	ją, nią	je
Instr	mną	tobą	nim	nią	nim
Loc	mnie	tobie	nim	niej	nim

Table 2

Nom	my	wy	oni	one
Gen	nas	was	ich, nich	ich, nich
Dat	nam	wam	im, nim	im, nim
Acc	nas	was	ich, nich	je, nie
Instr	nami	wami	nimi	nimi
Loc	nas	was	nich	nich

Reflexive pronoun

Table 3

Nom	
Gen	siebie, się
Dat	sobie
Acc	siebie, się
Instr	sobą
Loc	sobie

Interrogative pronouns

Table 4

Nom	kto	co
Gen	kogo	czego
Dat	komu	czemu
Acc	kogo	co
Instr	kim	czym
Loc	kim	czym

(NB. Similarly with **nikt, nic, ktokolwiek, cokolwiek** etc)

Table 5

Nom	ile
Gen	ilu
Dat	ilu
Acc	ile, ilu
Instr	iloma
Loc	ilu

(NB. Similarly with **wiele, niewiele, parę, kilka** etc)

Table 6

	m	f	nt	pl	pl vir
Nom	czyj	czyja	czyje	czyje	czyi
Gen	czyjego	czyjej	czyjego	czyich	czyich
Dat	czyjemu	czyjej	czyjemu	czyim	czyim
Acc	czyj, czyjego	czyją	czyje	czyje	czyich
Instr	czyim	czyją	czyim	czyimi	czyimi
Loc	czyim	czyją	czyim	czyich	czyich

(NB. Similarly with **niczyj, czyjś**)

Possessive Pronouns

Table 7

	m	f	nt	pl	pl vir
Nom	mój	moja	moje	moje	moi
Gen	mojego	mojej	mojego	moich	moich
Dat	mojemu	mojej	mojemu	moim	moim
Acc	mój, mojego	moją	moje	moje	moich
Instr	moim	moją	moim	moim	moim
Loc	moim	mojej	moim	moich	moich

(NB. **twój** declines like **mój**, so does the reflexive possessive pronoun **swój**)

Table 8

	m	f	nt	pl	pl vir
Nom	nasz	nasza	nasze	nasze	nasi
Gen	naszego	naszej	naszego	naszych	naszych
Dat	naszemu	naszej	naszemu	naszym	naszym
Acc	nasz, naszego	naszą	nasze	nasze	naszych
Instr	naszym	naszą	naszym	naszymi	naszymi
Loc	naszym	naszej	naszym	naszych	naszych

(NB. **wasz** declines like **nasz**. The possessive pronouns **jego**, **jej**, **ich** are invariable)

Demonstrative Pronouns

Table 9

	m	f	nt	pl	pl vir
Nom	ten	ta	to	te	ci
Gen	tego	tej	tego	tych	tych
Dat	temu	tej	temu	tym	tym
Acc	ten, tego	tą, tę	to	te	tych
Instr	tym	tą	tym	tymi	tymi
Loc	tym	tej	tym	tych	tych

(NB. Similarly with **tamten**, **tamta**, **tamto** etc)

Table 10

	m	f	nt	pl	pl vir
Nom	ów	owa	owo	owe	owi
Gen	owego	owej	owego	owych	owych
Dat	owemu	owei	owemu	owym	owym
Acc	ów, owego	ową	owo	owe	owych
Instr	owym	ową	owym	owymi	owymi
Loc	owym	owej	owym	owych	owych

Indefinite Pronouns

Table 11

Nom	ktoś	coś
Gen	kogoś	czegoś
Dat	komuś	czemuś
Acc	kogoś	czegoś
Instr	kimś	czymś
Loc	kimś	czymś

NUMERALS

Cardinal Numerals

Table 12

	m	f	nr	pl	pl vir
Nom	jeden	jedna	jedno	jedne	jedni
Gen	jednego	jednej	jednego	jednych	jednych
Dat	jednemu	jednej	jednemu	jednym	jednym
Acc	jeden, jednego	jedną	jedno	jedne	jednych
Instr	jednym	jedną	jednym	jednymi	jednymi
Loc	jednym	jednej	jednym	jednych	jednych

(NB. Similarly with **niejeden**)

Table 13a

	m nonvir, nt	m vir	f
Nom	dwa	dwaj	dwie
Gen	dwóch, dwu	dwóch	dwóch, dwu
Dat	dwóm, dwom, dwu	dwóm, dwom, dwu	dwóm, dwom, dwu
Acc	dwa	dwóch	dwie
Instr	dwoma	dwoma	dwoma, dwiema
Loc	dwóch, dwu	dwóch, dwu	dwóch, dwu

(NB. Similarly with **obydwa** etc)

Table 13b

	m nonvir, nt	m vir	f
Nom	oba	obaj	obie
Gen	obu	obu	obu
Dat	obu	obu	obu
Acc	oba	obu	obie
Instr	oboma	oboma	oboma, obiema
Loc	obu	obu	obu

Table 14

	nonvir	*vir*
Nom	trzy	trzej
Gen	trzech	trzech
Dat	trzem	trzem
Acc	trzy	trzech
Instr	trzema	trzema
Loc	trzech	trzech

(NB. Similarly with **cztery, czterej**)

Table 15

	nonvir	*vir*
Nom	pięć	pięciu
Gen	pięciu	pięciu
Dat	pięciu	pięciu
Acc	pięć	pięciu
Instr	pięcioma	pięcioma
Loc	pięciu	pięciu

(NB, Similarly with **sześć, siedem, osiem, dziewięć**)

Table 16

	nonvir	*vir*
Nom	dziesięć	dziesięciu
Gen	dziesięciu	dziesięciu
Dat	dziesięciu	dziesięciu
Acc	dziesięć	dziesięciu
Instr	dziesięcioma	dziesięcioma
Loc	dziesięciu	dziesięciu

(NB. Similarly with **pięćdziesiąt, sześćdziesiąt, siedemdziesiąt, osiemdziesiąt, dziewięćdziesiąt**)

Table 17

	nonvir	*vir*
Nom	jedenaście	jedenastu
Gen	jedenastu	jedenastu
Dat	jedenastu	jedenastu
Acc	jedenaście	jedenastu
Instr	jedenastoma	jedenastoma
Loc	jedenastu	jedenastu

(NB. Similarly with **dwanaście, trzynaście, czternaście, piętnaście, szesnaście, siedemnaście, osiemnaście, dziewiętnaście, dwieście**)

Table 18

	nonvir	*vir*
Nom	dwadzieścia	dwudziestu
Gen	dwudziestu	dwudziestu
Dat	dwudziestu	dwudziestu
Acc	dwadzieścia	dwudziestu
Instr	dwadziestoma	dwudziestoma
Loc	dwudziestu	dwudziestu

(NB. Similarly with **trzydzieści, czterdzieści, sto, trzysta, czterysta**)

Table 19

	nonvir	*vir*
Nom	pięćset	pięciuset
Gen	pięciuset	pięciuset
Dat	pięciuset	pięciuset
Acc	pięćset	pięciuset
Instr	pięciuset	pięciuset
Loc	pięciuset	pięciuset

(NB. Similarly with **sześćset, siedemset, osiemset, dziewięćset**)

Collective Numerals

Table 20

Nom	dwoje
Gen	dwojga
Dat	dwojgu
Acc	dwoje
Instr	dwojgiem
Loc	dwojgu

(NB. Similarly with **troje, oboje, obydwoje**)

Table 21

Nom	czworo
Gen	czworga
Dat	czworgu
Acc	czworo
Instr	czworgiem
Loc	czworgu

(NB. Similarly with **kilkoro, pięcioro, sześcioro, siedmioro** etc)

William Collins' dream of knowledge for all began with the publication of his first book in 1819. A self-educated mill worker, he not only enriched millions of lives, but also founded a flourishing publishing house. Today, staying true to this spirit, Collins books are packed with inspiration, innovation, and practical expertise. They place you at the centre of a world of possibility and give you exactly what you need to explore it.

Language is the key to this exploration, and at the heart of Collins Dictionaries is language as it is really used. New words, phrases, and meanings spring up every day, and all of them are captured and analysed by the Collins Word Web. Constantly updated, and with over 2.5 billion entries, this living language resource is unique to our dictionaries.

Words are tools for life. And a Collins Dictionary makes them work for you.

Collins. Do more

ENGLISH - POLISH | ANGIELSKO - POLSKI

A

A [eɪ] *n* (*MUS*) A *nt*, a *nt*.

┌────── KEYWORD ──────┐

a [ə] (*przed samogłoską lub niemym h:*
an) *indef art* **1**: **a book/girl**
książka/dziewczyna; **an apple**
jabłko; **he's a doctor** on jest
lekarzem. **2** (*some*): **a woman I
know** pewna moja znajoma. **3** (*one*)
a year ago rok temu; **a
hundred/thousand pounds**
sto/tysiąc funtów. **4** (*in expressing
ratios*) na +*acc*; **10 km an hour** 10
km na godzinę. **5** (*in expressing
prices*) za +*acc*; **30p a kilo** (po) 30
pensów za kilogram.

└─────────────────────┘

AA *n abbr* (*BRIT*: = *Automobile
Association*) ≈ PZM(ot) *m*; (=
Alcoholics Anonymous) Anonimowi
Alkoholicy *vir pl*, AA.

AAA *n abbr* (= *American Automobile
Association*) ≈ PZM(ot) *m*.

aback [ə'bæk] *adv*: **to be taken
aback** być zaskoczonym.

abandon [ə'bændən] *vt* (*person*)
porzucać (porzucić *perf*), opuszczać
(opuścić *perf*); (*car*) porzucać
(porzucić *perf*); (*search, research*)
zaprzestawać (zaprzestać *perf*) +*gen*;
(*idea*) rezygnować (zrezygnować
perf) z +*gen* ♦ *n*: **with abandon** bez
opamiętania.

abashed [ə'bæʃt] *adj* speszony.

abate [ə'beɪt] *vi* słabnąć (osłabnąć
perf).

abbey ['æbɪ] *n* opactwo *nt*.

abbot ['æbət] *n* opat *m*.

abbreviation [əbriːvɪ'eɪʃən] *n* skrót *m*.

abdicate ['æbdɪkeɪt] *vt* zrzekać się
(zrzec się *perf*) +*gen* ♦ *vi* abdykować
(abdykować *perf*).

abdication [æbdɪ'keɪʃən] *n* (*of right*)
zrzeczenie się *nt*, wyrzeczenie się
nt; (*of responsibility*) zrzeczenie się
nt; (*monarch's*) abdykacja *f*.

abdomen ['æbdəmɛn] *n* brzuch *m*.

abduct [æb'dʌkt] *vt* porywać
(porwać *perf*), uprowadzać
(uprowadzić *perf*).

aberration [æbə'reɪʃən] *n* odchylenie
nt, aberracja *f*.

abide [ə'baɪd] *vt*: **I can't abide it/him**
nie mogę tego/go znieść.

▸**abide by** *vt fus* przestrzegać +*gen*.

ability [ə'bɪlɪtɪ] *n* umiejętność *f*,
zdolność *f*.

ablaze [ə'bleɪz] *adj* w płomieniach
post.

able ['eɪbl] *adj* zdolny; **to be able to
do sth** (*capable*) umieć coś (z)robić;
(*succeed*) móc coś zrobić, zdołać
(*perf*) coś zrobić.

ably ['eɪblɪ] *adv* umiejętnie, zręcznie.

abnormal [æb'nɔːml] *adj*
nienormalny, anormalny.

aboard [ə'bɔːd] *prep* (*NAUT, AVIAT*)
na pokładzie +*gen* ♦ *adv* na
pokładzie.

abode [ə'bəud] (*JUR*) *n*: **of no fixed
abode** bez stałego miejsca
zamieszkania.

abolish [ə'bɔlɪʃ] *vt* (*system*) obalać
(obalić *perf*); (*practice*) znosić
(znieść *perf*).

abolition [æbə'lɪʃən] *n* obalenie *nt*,
zniesienie *nt*.

abominable [ə'bɒmɪnəbl] adj
wstrętny, odrażający.

aborigine [æbə'rɪdʒɪnɪ] n
aborygen(ka) m(f), tubylec m.

abort [ə'bɔːt] vt (foetus) usuwać
(usunąć perf); (activity) przerywać
(przerwać perf); (plan) zaniechać
(perf) +gen.

abortion [ə'bɔːʃən] n aborcja f,
przerywanie nt ciąży; **to have an
abortion** przerywać (przerwać perf)
ciążę, poddawać się (poddać się
perf) zabiegowi przerwania ciąży.

abound [ə'baund] vi (be plentiful)
mnożyć się; (possess in large
numbers): **to abound in** or **with**
obfitować w +acc.

┌─── KEYWORD ───┐

about [ə'baut] adv 1 (approximately)
około +gen; **about a
hundred/thousand** około
stu/tysiąca; **at about 2 o'clock**
około (godziny) drugiej; **I've just
about finished** prawie skończyłem.
2 (referring to place) dookoła; **to run
about** biegać dookoła. 3: **to be
about to do sth** mieć właśnie coś
zrobić ♦ prep 1 (relating to) o +loc;
we talked about it rozmawialiśmy o
tym; **what** or **how about going out
tonight?** (a) może byśmy gdzieś
wyszli (dziś) wieczorem? 2
(referring to place) po +loc; **to walk
about the town** spacerować po
mieście.

└──────────────────┘

about-face [ə'baut'feɪs] n (MIL) w
tył zwrot m; (fig) zwrot m o 180
stopni, wolta f.

about-turn [ə'baut'təːn] n =
about-face.

above [ə'bʌv] adv (higher up,
overhead) u góry, (po)wyżej;
(greater, more) powyżej, więcej ♦
prep (higher than) nad +instr, ponad

+instr; (greater than, more than)
ponad +acc, powyżej +gen;
mentioned above wyżej
wspomniany or wzmiankowany;
above all przede wszystkim, nade
wszystko.

abrasive [ə'breɪzɪv] adj (substance)
ścierny; (fig: person, manner)
irytujący.

abreast [ə'brɛst] adv ramię przy
ramieniu, obok siebie.

abridge [ə'brɪdʒ] vt (novel etc)
skracać (skrócić perf).

abroad [ə'brɔːd] adv (be) za granicą;
(go) za granicę.

abrupt [ə'brʌpt] adj (action, ending)
nagły; (person, behaviour) obcesowy.

abruptly [ə'brʌptlɪ] adv (leave, end)
nagle; (speak) szorstko, oschle.

abscess ['æbsɪs] n ropień m, wrzód
m.

absence ['æbsəns] n (of person)
nieobecność f, brak m; (of thing)
brak m.

absent ['æbsənt] adj nieobecny.

absentee [æbsən'tiː] n nieobecny
(-na) m(f).

absent-minded ['æbsənt'maɪndɪd]
adj roztargniony.

absolute ['æbsəluːt] adj absolutny.

absolutely [æbsə'luːtlɪ] adv (totally)
absolutnie, całkowicie; (certainly)
oczywiście.

absolution [æbsə'luːʃən] n
rozgrzeszenie nt.

absolve [əb'zɒlv] vt: **to absolve sb
(from)** (blame, sin) odpuszczać
(odpuścić perf) komuś (+acc);
(responsibility) zwalniać (zwolnić
perf) kogoś (od +gen).

absorb [əb'zɔːb] vt (liquid) wchłaniać
(wchłonąć perf), absorbować
(zaabsorbować perf); (light)
pochłaniać (pochłonąć perf),
absorbować (zaabsorbować perf);
(group, business) wchłaniać
(wchłonąć perf); (changes, effects)

dostosowywać się (dostosować się *perf*) do +*gen*; (*information*) przyswajać (przyswoić *perf*) sobie; **to be absorbed in a book** być pochłoniętym lekturą.

absorbent cotton (*US*) *n* wata *f*.

absorbing [əbˈzɔːbɪŋ] *adj* (*task, work*) absorbujący.

absorption [əbˈsɔːpʃən] *n* (*of liquid*) absorpcja *f*, wchłanianie *nt*; (*of light*) absorpcja *f*, pochłanianie *nt*; (*assimilation*) asymilacja *f*; (*interest*) zainteresowanie *nt*, zaangażowanie *nt*.

abstain [əbˈsteɪn] *vi* (*in vote*) wstrzymywać się (wstrzymać się *perf*); **to abstain from** powstrzymywać się (powstrzymać się *perf*) od +*gen*.

abstention [əbˈstɛnʃən] *n* (*action*) wstrzymanie *nt* się od głosu; (*result*) głos *m* wstrzymujący się.

abstinence [ˈæbstɪnəns] *n* wstrzemięźliwość *f*, abstynencja *f*.

abstract [ˈæbstrækt] *adj* abstrakcyjny.

absurd [əbˈsɔːd] *adj* absurdalny.

abundance [əˈbʌndəns] *n* liczebność *f*, obfitość *f*.

abundant [əˈbʌndənt] *adj* obfity.

abuse [əˈbjuːs] *n* (*insults*) obelgi *pl*, przekleństwa *pl*; (*ill-treatment*) maltretowanie *nt*, znęcanie się *nt*; (*of power, drugs*) nadużywanie *nt* ♦ *vt* (*insult*) obrażać (obrazić *perf*), lżyć (zelżyć *perf*); (*ill-treat*) maltretować, znęcać się nad +*instr*; (*misuse*) nadużywać (nadużyć *perf*) +*gen*.

abusive [əˈbjuːsɪv] *adj* obelżywy, obraźliwy.

abysmal [əˈbɪzməl] *adj* (*performance*) fatalny; (*failure*) sromotny; (*conditions, wages*) beznadziejny.

abyss [əˈbɪs] *n* przepaść *f*, głębia *f*; (*fig*) przepaść *f*, otchłań *f*.

AC *abbr* = **alternating current**.

academic [ækəˈdɛmɪk] *adj* (*child*) dobrze się uczący; (*system,*

standard) akademicki; (*book*) naukowy; (*pej: issue, discussion*) akademicki, jałowy ♦ *n* naukowiec *m*.

academy [əˈkædəmɪ] *n* akademia *f*; **academy of music** akademia muzyczna.

accelerate [ækˈsɛləreɪt] *vt* przyspieszać (przyspieszyć *perf*) ♦ *vi* (*AUT*) przyspieszać (przyspieszyć *perf*).

acceleration [æksɛləˈreɪʃən] *n* przyspieszenie *nt*.

accelerator [ækˈsɛləreɪtə*] *n* pedał *m* przyspieszenia *or* gazu.

accent [ˈæksɛnt] *n* akcent *m*; (*fig*) nacisk *m*, akcent *m*.

accept [əkˈsɛpt] *vt* (*gift, invitation*) przyjmować (przyjąć *perf*); (*fact, situation*) przyjmować (przyjąć *perf*) do wiadomości, godzić się (pogodzić się *perf*) z +*instr*; (*responsibility, blame*) brać (wziąć *perf*) na siebie.

acceptable [əkˈsɛptəbl] *adj* do przyjęcia *post*.

acceptance [əkˈsɛptəns] *n* przyjęcie *nt*, akceptacja *f*.

access [ˈæksɛs] *n* (*to building, room*) dojście *nt*; (*to information, papers*) dostęp *m*.

accessible [ækˈsɛsəbl] *adj* (*place, goods*) dostępny; (*person*) osiągalny; (*knowledge, art*) przystępny.

accessory [ækˈsɛsərɪ] *n* (*AUT, COMM*) wyposażenie *nt*, akcesoria *pl*; (*DRESS*) dodatek *m*; **toilet accessories** (*BRIT*) przybory toaletowe.

accident [ˈæksɪdənt] *n* (*chance event*) przypadek *m*; (*mishap, disaster*) wypadek *m*; **by accident** (*unintentionally*) niechcący, przez przypadek; (*by chance*) przez przypadek, przypadkiem.

accidental [æksɪ'dɛntl] *adj*
przypadkowy.
accidentally [æksɪ'dɛntəlɪ] *adv*
przypadkowo, przypadkiem.
acclaim [ə'kleɪm] *n* uznanie *nt*.
acclimate [ə'klaɪmət] (*US*) *vt* =
acclimatize.
acclimatize (*US* **acclimate**)
[ə'klaɪmətaɪz] *vt*: **to become
acclimatized (to)** przyzwyczaić się
(*perf*) (do +*gen*).
accommodate [ə'kɔmədeɪt] *vt*
(*provide with lodging*) kwaterować
(zakwaterować *perf*); (*put up*)
przenocowywać (przenocować *perf*);
(*oblige*) iść (pójść *perf*) na rękę +*dat*;
(*car, hotel etc*) mieścić (zmieścić
perf), pomieścić (*perf*).
accommodating [ə'kɔmədeɪtɪŋ] *adj*
uczynny, życzliwy.
accommodation [əkɔmə'deɪʃən] *n*
zakwaterowanie *nt*, mieszkanie *nt*;
accommodations (*US*) *npl* noclegi
pl, zakwaterowanie *nt*.
accompaniment [ə'kʌmpənɪmənt] *n*
akompaniament *m*.
accompany [ə'kʌmpənɪ] *vt* (*escort,
go along with*) towarzyszyć +*dat*;
(*MUS*) akompaniować *or*
towarzyszyć +*dat*.
accomplice [ə'kʌmplɪs] *n* wspólnik
(-iczka) *m(f)*, współwinny (-na) *m(f)*.
accomplish [ə'kʌmplɪʃ] *vt* (*goal*)
osiągać (osiągnąć *perf*); (*task*)
realizować (zrealizować *perf*).
accomplished [ə'kʌmplɪʃt] *adj*
znakomity.
accomplishment [ə'kʌmplɪʃmənt] *n*
(*completion*) ukończenie *nt*; (*bringing
about*) dokonanie *nt*; (*achievement*)
osiągnięcie *nt*; **accomplishments** *npl*
umiejętności *pl*.
accord [ə'kɔːd] *n* porozumienie *nt*,
uzgodnienie *nt* ♦ *vt*: **to accord sb
sth/sth to sb** obdarzać (obdarzyć
perf) kogoś czymś, przyznawać
(przyznać *perf*) komuś coś; **of his

own accord** z własnej woli *or*
inicjatywy.
accordance [ə'kɔːdəns] *n*: **in
accordance with** w zgodzie *or*
zgodnie z +*instr*.
according [ə'kɔːdɪŋ]: **according to**
prep według +*gen*.
accordingly [ə'kɔːdɪŋlɪ] *adv*
(*appropriately*) stosownie,
odpowiednio; (*as a result*) w
związku z tym.
accordion [ə'kɔːdɪən] *n* akordeon *m*.
account [ə'kaunt] *n* (*COMM: bill*)
rachunek *m*; (: *also*: **monthly
account**) rachunek *m* kredytowy; (*in
bank*) konto *nt*, rachunek *m*; (*report*)
relacja *f*, sprawozdanie *nt*; **accounts**
npl (*COMM*) rozliczenie *nt*; **of no
account** bez znaczenia; **on no
account** pod żadnym pozorem; **on
account of** z uwagi *or* ze względu
na +*acc*; **to take into account, take
account of** brać (wziąć *perf*) pod
uwagę +*acc*.
►**account for** *vt fus* (*explain*)
wyjaśniać (wyjaśnić *perf*);
(*represent*) stanowić +*acc*.
accountable [ə'kauntəbl] *adj*: **to be
accountable (to)** odpowiadać (przed
+*instr*).
accountancy [ə'kauntənsɪ] *n*
księgowość *f*.
accountant [ə'kauntənt] *n* księgowy
(-wa) *m(f)*.
account number *n* numer *m* konta
or rachunku.
accredited [ə'krɛdɪtɪd] *adj*
akredytowany.
accumulate [ə'kjuːmjuleɪt] *vt*
gromadzić (nagromadzić *perf*) ♦ *vi*
gromadzić się (nagromadzić się *perf*).
accuracy ['ækjurəsɪ] *n* precyzja *f*,
dokładność *f*.
accurate ['ækjurɪt] *adj* (*description,
account*) dokładny, wierny; (*person,
device*) dokładny; (*weapon, aim*)
precyzyjny.

accurately ['ækjurɪtlɪ] *adv* (*report, answer etc*) dokładnie, ściśle; (*shoot*) celnie.

accusation [ækju'zeɪʃən] *n* (*act*) oskarżenie *nt*; (*instance*) zarzut *m*.

accuse [ə'kju:z] *vt*: **to accuse sb of** (*crime*) oskarżać (oskarżyć *perf*) kogoś o +*acc*; (*incompetence*) zarzucać (zarzucić *perf*) komuś +*acc*.

accused [ə'kju:zd] *n*: **the accused** oskarżony (-na) *m(f)*.

accustom [ə'kʌstəm] *vt* przyzwyczajać (przyzwyczaić *perf*).

accustomed [ə'kʌstəmd] *adj* zwykły, charakterystyczny; **accustomed to** przyzwyczajony *or* przywykły do +*gen*.

ace [eɪs] *n* (*CARDS*) as *m*; (*TENNIS*) as *m* serwisowy.

ache [eɪk] *n* ból *m* ♦ *vi*: **my head aches** boli mnie głowa; **I've got (a) stomach ache** boli mnie brzuch.

achieve [ə'tʃi:v] *vt* (*aim, result*) osiągać (osiągnąć *perf*); (*victory, success*) odnosić (odnieść *perf*).

achievement [ə'tʃi:vmənt] *n* osiągnięcie *nt*.

acid ['æsɪd] *adj* (*CHEM*) kwaśny, kwasowy; (*taste*) kwaśny, kwaskowy ♦ *n* (*CHEM*) kwas *m*; (*inf*) LSD *nt inv*.

acid rain *n* kwaśny deszcz *m*.

acknowledge [ək'nɔlɪdʒ] *vt* (*letter etc*) potwierdzać (potwierdzić *perf*) odbiór +*gen*; (*fact*) przyznawać (przyznać *perf*); (*situation*) uznawać (uznać *perf*); (*person*) zwracać (zwrócić *perf*) uwagę na +*acc*.

acknowledgement [ək'nɔlɪdʒmənt] *n* (*of letter etc*) potwierdzenie *nt* odbioru.

acne ['æknɪ] *n* trądzik *m*.

acorn ['eɪkɔ:n] *n* żołądź *f*.

acoustic [ə'ku:stɪk] *adj* akustyczny.

acoustics [ə'ku:stɪks] *n* (*science*) akustyka *f* ♦ *npl* (*of hall, room*) akustyka *f*.

acquaint [ə'kweɪnt] *vt*: **to acquaint sb with sth** zapoznawać (zapoznać *perf*) *or* zaznajamiać (zaznajomić *perf*) kogoś z czymś.

acquaintance [ə'kweɪntəns] *n* (*person*) znajomy (-ma) *m(f)*; (*with person, subject*) znajomość *f*.

acquire [ə'kwaɪə*] *vt* (*obtain, buy*) nabywać (nabyć *perf*); (*develop: interest*) rozwijać (rozwinąć *perf*); (*learn: skill*) posiadać (posiąść *perf*), nabywać (nabyć *perf*).

acquisition [ækwɪ'zɪʃən] *n* (*of property, goods, skill*) nabywanie *nt*, nabycie *nt*; (*of language*) przyswajanie *nt* (sobie); (*purchase*) nabytek *m*.

acquit [ə'kwɪt] *vt* uniewinniać (uniewinnić *perf*).

acquittal [ə'kwɪtl] *n* uniewinnienie *nt*.

acre ['eɪkə*] *n* akr *m*.

acrobat ['ækrəbæt] *n* akrobata (-tka) *m(f)*.

acrobatic [ækrə'bætɪk] *adj* akrobatyczny.

acronym ['ækrənɪm] *n* akronim *m*.

across [ə'krɔs] *prep* w poprzek +*gen*; (*on the other side of*) po drugiej stronie +*gen* ♦ *adv*: **two kilometers across** o szerokości dwóch kilometrów; **to walk across (the road)** przechodzić (przejść *perf*) przez ulicę; **to run across** przebiegać (przebiec *perf*); **across from** naprzeciw(ko) +*gen*.

acrylic [ə'krɪlɪk] *adj* akrylowy ♦ *n* akryl *m*.

act [ækt] *n* (*action, document, part of play*) akt *m*; (*deed*) czyn *m*, postępek *m*; (*of performer*) numer *m*; (*JUR*) ustawa *f* ♦ *vi* (*do sth, take action, have effect*) działać; (*behave*) zachowywać się (zachować się *perf*); (*in play, film*) grać (zagrać *perf*); (*pretend*) grać ♦ *vt* (*THEAT*) grać (zagrać *perf*); (*fig*) odgrywać (odegrać *perf*); **in the act of** w trakcie +*gen*; **to act as** występować (wystąpić *perf*) w roli +*gen or* jako +*nom*.

acting ['æktɪŋ] *adj* (*director etc*) pełniący obowiązki ♦ *n* (*profession*) aktorstwo *nt*; (*activity*) gra *f*.

action ['ækʃən] *n* (*things happening*) akcja *f*; (*deed*) czyn *m*; (*of device, force, chemical*) działanie *nt*; (*movement*) ruch *m*; (*MIL*) działania *pl*; (*JUR*) powództwo *nt*; **out of action** (*person*) wyłączony z gry; (*machine*) niesprawny; **to take action** podejmować (podjąć *perf*) działanie.

activate ['æktɪveɪt] *vt* (*mechanism*) uruchamiać (uruchomić *perf*).

active ['æktɪv] *adj* (*person, life*) aktywny; (*volcano*) czynny.

actively ['æktɪvlɪ] *adv* (*be involved, participate*) czynnie, aktywnie; (*discourage*) usilnie.

activist ['æktɪvɪst] *n* aktywista (-tka) *m(f)*.

activity [æk'tɪvɪtɪ] *n* (*being active*) działalność *f*; (*action*) działanie *nt*; (*pastime, pursuit*) zajęcie *nt*.

actor ['æktə*] *n* aktor *m*.

actress ['æktrɪs] *n* aktorka *f*.

actual ['æktjuəl] *adj* (*real*) rzeczywisty, faktyczny; (*expressing emphasis*): **the actual ceremony starts at 10** sama uroczystość zaczyna się o 10.

actually ['æktjuəlɪ] *adv* (*really*) w rzeczywistości; (*in fact*) właściwie.

acupuncture ['ækjupʌŋktʃə*] *n* akupunktura *f*.

acute [ə'kju:t] *adj* (*illness, angle*) ostry; (*pain*) ostry, przenikliwy; (*anxiety*) silny; (*mind, person, observer*) przenikliwy; (*LING: accent*) akutowy.

AD *adv abbr* (= *Anno Domini*) (*in contrast to BC*) n.e.; (*in religious texts etc.*) A.D., R.P. (= roku Pańskiego).

ad [æd] (*inf*) *n abbr* = **advertisement** ogł.

adamant ['ædəmənt] *adj* nieugięty, niewzruszony.

Adam's apple ['ædəmz-] *n* jabłko *nt* Adama.

adapt [ə'dæpt] *vt* adaptować (zaadaptować *perf*); **to adapt sth to** przystosowywać (przystosować *perf*) coś do +*gen* ♦ *vi*: **to adapt (to)** przystosowywać się (przystosować się *perf*) (do +*gen*).

adaptation [ædæp'teɪʃən] *n* (*of story, novel*) adaptacja *f*; (*of machine, equipment*) przystosowanie *nt*.

adapter [ə'dæptə*] *n* (*ELEC*) trójnik *m*.

adaptor [ə'dæptə*] *n* = **adapter**.

add [æd] *vt* dodawać (dodać *perf*) ♦ *vi*: **to add to** powiększać (powiększyć *perf*) +*acc*.

▶**add up** *vt* dodawać (dodać *perf*) ♦ *vi*: **it doesn't add up** (*fig*) to się nie zgadza.

adder ['ædə*] *n* żmija *f*.

addict ['ædɪkt] *n* osoba *f* uzależniona; (*also*: **drug addict**) narkoman(ka) *m(f)*; (*devotee*) entuzjasta (-tka) *m(f)*.

addicted [ə'dɪktɪd] *adj*: **to be addicted to** być uzależnionym od +*gen*; (*fig*) nie móc żyć bez +*gen*.

addiction [ə'dɪkʃən] *n* uzależnienie *nt*; **drug addiction** narkomania.

addictive [ə'dɪktɪv] *adj* (*drug*) uzależniający; (*activity*) wciągający.

addition [ə'dɪʃən] *n* (*adding*) dodanie *nt*; (*thing added*) dodatek *m*; (*MATH*) dodawanie *nt*; **in addition** w dodatku, na dodatek; **in addition to** oprócz +*gen*.

additional [ə'dɪʃənl] *adj* dodatkowy.

additive ['ædɪtɪv] *n* dodatek *m* (*konserwujący, barwiący itp*).

address [ə'drɛs] *n* (*postal*) adres *m*; (*speech*) przemówienie *nt*, mowa *f* ♦ *vt* (*letter, parcel*) adresować (zaadresować *perf*); (*meeting, rally*) przemawiać (przemówić *perf*) do +*gen*; (*person*) zwracać się (zwrócić się *perf*) do +*gen*.

adept ['ædɛpt] *adj*: **adept at** biegły w +*loc*.

adequate ['ædɪkwɪt] *adj* (*amount*) wystarczający, dostateczny; (*response*) właściwy, zadowalający.

adhere [əd'hɪə*] *vi*: **to adhere to** przylegać (przylgnąć *perf*) do +*gen*; (*fig: rule, decision*) stosować się (zastosować się *perf*) do +*gen*; (: *opinion, belief*) obstawać przy +*loc*.

adhesive [əd'hi:zɪv] *n* klej *m*.

adhesive tape *n* (*BRIT*) taśma *f* klejąca; (*US: MED*) plaster *m*, przylepiec *m*.

ad hoc [æd'hɔk] *adj* ad hoc.

adjacent [ə'dʒeɪsənt] *adj* (*room etc*) przyległy, sąsiedni; **adjacent to** przylegający do +*gen*, sąsiadujący z +*instr*.

adjective ['ædʒɛktɪv] *n* przymiotnik *m*.

adjoining [ə'dʒɔɪnɪŋ] *adj* (*room*) przyległy, sąsiedni; (*table*) sąsiedni.

adjust [ə'dʒʌst] *vt* (*approach*) modyfikować (zmodyfikować *perf*); (*clothing*) poprawiać (poprawić *perf*); (*machine, device*) regulować (wyregulować *perf*) ♦ *vi*: **to adjust (to)** przystosowywać się (przystosować się *perf*) (do +*gen*).

adjustable [ə'dʒʌstəbl] *adj* regulowany.

adjustment [ə'dʒʌstmənt] *n* (*of machine, prices, wages*) regulacja *f*; (*of person*) przystosowanie się *nt*.

administer [əd'mɪnɪstə*] *vt* (*country, department*) administrować +*instr*; (*justice, punishment*) wymierzać (wymierzyć *perf*); (*test*) przeprowadzać (przeprowadzić *perf*); (*MED: drug*) podawać (podać *perf*).

administration [ədmɪnɪs'treɪʃən] *n* administracja *f*.

administrative [əd'mɪnɪstrətɪv] *adj* administracyjny.

administrator [əd'mɪnɪstreɪtə*] *n* administrator(ka) *m(f)*.

admiral ['ædmərəl] *n* admirał *m*.

Admiralty ['ædmərəltɪ] (*BRIT*) *n*: **the Admiralty** Admiralicja *f*.

admiration [ædmə'reɪʃən] *n* podziw *m*.

admire [əd'maɪə*] *vt* podziwiać.

admirer [əd'maɪərə*] *n* (*suitor*) wielbiciel *m*; (*fan*) wielbiciel(ka) *m(f)*.

admission [əd'mɪʃən] *n* (*admittance*) przyjęcie *nt*; (*entry fee*) opłata *f* za wstęp; (*confession*) przyznanie się *nt*; **"admission free", "free admission"** „wstęp wolny".

admit [əd'mɪt] *vt* (*confess, accept*) przyznawać się (przyznać się *perf*) do +*gen*; (*permit to enter*) wpuszczać (wpuścić *perf*); (*to club, organization, hospital*) przyjmować (przyjąć *perf*).

►**admit to** *vt fus* (*murder etc*) przyznawać się (przyznać się *perf*) do +*gen*.

admittance [əd'mɪtəns] *n* wstęp *m*.

admittedly [əd'mɪtɪdlɪ] *adv* trzeba przyznać, co prawda.

admonish [əd'mɔnɪʃ] *vt* upominać (upomnieć *perf*).

adolescence [ædəu'lɛsns] *n* okres *m* dojrzewania.

adolescent [ædəu'lɛsnt] *adj* młodociany ♦ *n* nastolatek (-tka) *m(f)*.

adopt [ə'dɔpt] *vt* (*child*) adoptować (zaadoptować *perf*); (*position, attitude*) przyjmować (przyjąć *perf*); (*course of action, method*) obierać (obrać *perf*); (*tone etc*) przybierać (przybrać *perf*).

adopted [ə'dɔptɪd] *adj* (*child*) adoptowany.

adoption [ə'dɔpʃən] *n* (*of child*) adopcja *f*; (*of position, attitude*) przyjęcie *nt*; (*of course of action, method*) obranie *nt*.

adoptive [ə'dɔptɪv] *adj* przybrany.

adorable [ə'dɔːrəbl] *adj* (*child, kitten*) uroczy.

adore [ə'dɔː*] *vt* uwielbiać.

adrenalin [ə'drɛnəlɪn] *n* adrenalina *f*.

Adriatic [eɪdrɪ'ætɪk] *n*: **the Adriatic (Sea)** Adriatyk *m*, Morze *nt* Adriatyckie.

adult ['ædʌlt] *n* (*person*) dorosły *m*; (*animal, insect*) dorosły osobnik *m* ♦ *adj* (*grown-up*) dorosły; (*for adults*) dla dorosłych *post*.

adultery [ə'dʌltərɪ] *n* cudzołóstwo *nt*.

advance [əd'vɑːns] *n* (*movement*) posuwanie się *nt*; (*progress*) postęp *m*; (*money*) zaliczka *f* ♦ *adj* wcześniejszy, uprzedni ♦ *vt* (*money*) wypłacać (wypłacić *perf*) z góry *or* awansem ♦ *vi* (*move forward*) posuwać się (posunąć się *perf*); (*make progress*) czynić (poczynić *perf*) postępy; **in advance** (*arrive, notify*) z wyprzedzeniem; (*pay*) z góry.

advanced [əd'vɑːnst] *adj* (*studies*) wyższy; (*course*) dla zaawansowanych *post*; (*country, child*) rozwinięty.

advancement [əd'vɑːnsmənt] *n* (*furtherance*) wspieranie *nt*; (*in job*) awans *m*.

advantage [əd'vɑːntɪdʒ] *n* (*benefit*) korzyść *f*; (*beneficial feature*) zaleta *f*, dobra strona *f*; (*supremacy, point in tennis*) przewaga *f*; **to take advantage of** (*person*) wykorzystywać (wykorzystać *perf*) +*acc*; (*opportunity*) korzystać (skorzystać *perf*) z +*gen*.

advantageous [ædvən'teɪdʒəs] *adj*: **advantageous (to)** korzystny (dla +*gen*).

advent ['ædvənt] *n* (*of era*) nastanie *nt*, nadejście *nt*; (*of innovation*)

pojawienie się *nt*; (*REL*): **Advent** adwent *m*.

adventure [əd'vɛntʃə*] *n* przygoda *f*.

adventurous [əd'vɛntʃərəs] *adj* (*person*) odważny; (*action*) ryzykowny; (*life, journey*) pełen przygód.

adverb ['ædvəːb] *n* przysłówek *m*.

adversary ['ædvəsərɪ] *n* przeciwnik (-iczka) *m(f)*.

adverse ['ædvəːs] *adj* niesprzyjający, niekorzystny.

adversity [əd'vəːsɪtɪ] *n* przeciwności *pl* (losu).

advert ['ædvəːt] (*BRIT*) *n abbr* = **advertisement**.

advertise ['ædvətaɪz] *vi* reklamować się (zareklamować się *perf*) ♦ *vt* reklamować (zareklamować *perf*); **to advertise for** poszukiwać +*gen* (*przez ogłoszenie*).

advertisement [əd'vəːtɪsmənt] *n* (*for product*) reklama *f*; (*about job, accomodation etc*) ogłoszenie *nt*, anons *m*.

advertiser ['ædvətaɪzə*] *n* reklamujący (-ca) *m(f)*, ogłaszający (-ca) *m(f)*.

advertising ['ædvətaɪzɪŋ] *n* reklama *f*.

advice [əd'vaɪs] *n* (*counsel*) rada *f*; (: *doctor's, lawyer's etc*) porada *f*; (*notification*) zawiadomienie *nt*; **a piece of advice** rada; **to take legal advice** zasięgać (zasięgnąć *perf*) porady prawnej.

advisable [əd'vaɪzəbl] *adj* wskazany.

advise [əd'vaɪz] *vt* (*person*) radzić (poradzić *perf*) +*dat*; (*company*) doradzać (doradzić *perf*) +*dat*; **to advise sb of sth** powiadamiać (powiadomić *perf*) kogoś o czymś; **to advise sb against sth/doing sth** odradzać (odradzić *perf*) komuś coś/zrobienie czegoś.

advisedly [əd'vaɪzɪdlɪ] *adv* celowo, rozmyślnie.

adviser [əd'vaɪzə*] n doradca
(-czyni) m(f).
advisor [əd'vaɪzə*] n = **adviser**.
advisory [əd'vaɪzərɪ] adj doradczy.
advocate ['ædvəkeɪt] vt (support)
popierać (poprzeć perf);
(recommend) zalecać (zalecić perf) ♦
n (JUR) adwokat(ka) m(f);
(supporter) zwolennik (-iczka) m(f),
orędownik (-iczka) m(f).
aerial ['ɛərɪəl] n antena f ♦ adj
lotniczy.
aerobics [ɛə'rəubɪks] n aerobik m.
aerodynamic ['ɛərəudaɪ'næmɪk] adj
aerodynamiczny.
aeroplane ['ɛərəpleɪn] (BRIT) n
samolot m.
aerosol ['ɛərəsɔl] n aerozol m.
aesthetic [iːs'θetɪk] adj estetyczny.
afar [ə'fɑː*] adv: **from afar** z oddali.
affable ['æfəbl] adj przyjemny,
przyjazny.
affair [ə'fɛə*] n sprawa f; (also: **love
affair**) romans m.
affect [ə'fɛkt] vt (influence) wpływać
(wpłynąć perf) na +acc; (afflict)
atakować (zaatakować perf); (move
deeply) wzruszać (wzruszyć perf);
(concern) dotyczyć +gen.
affected [ə'fɛktɪd] adj sztuczny,
afektowany.
affection [ə'fɛkʃən] n uczucie nt.
affectionate [ə'fɛkʃənɪt] adj czuły.
affiliated [ə'fɪlɪeɪtɪd] adj
stowarzyszony.
affirmative [ə'fɜːmətɪv] adj
(statement) twierdzący; (nod,
gesture) potakujący.
affluent ['æfluənt] adj dostatni; **the
affluent society** społeczeństwo
dobrobytu.
afford [ə'fɔːd] vt pozwalać (pozwolić
perf) sobie na +acc; (provide)
udzielać (udzielić perf) +gen; **can
we afford a car?** czy stać nas na
samochód?

affront [ə'frʌnt] n zniewaga f, afront
m.
Afghanistan [æf'gænɪstæn] n
Afganistan m.
afloat [ə'fləut] adv na wodzie, na
powierzchni (wody).
afraid [ə'freɪd] adj przestraszony; **to
be afraid of** bać się +gen; **to be
afraid to** bać się +infin; **I am afraid
that ...** obawiam się, że ...; **I am
afraid so/not** obawiam się, że
tak/nie.
Africa ['æfrɪkə] n Afryka f.
African ['æfrɪkən] adj afrykański ♦ n
Afrykańczyk (-anka) m(f).
after ['ɑːftə*] prep (of time) po +loc;
(of place, order) po +loc, za +instr ♦
adv potem, później ♦ conj gdy, po
tym, jak; **after dinner** po obiedzie;
what/who are you after? na
co/kogo polujesz? (inf); **after he left**
po jego wyjeździe; **to name sb
after sb** dawać (dać perf) komuś
imię po kimś; **it's twenty after eight**
(US) jest dwadzieścia po ósmej; **to
ask after sb** pytać o kogoś; **after all**
(it must be remembered that)
przecież, w końcu; (in spite of
everything) mimo wszystko.
after-effects ['ɑːftərɪfɛkts] npl
następstwa pl.
afternoon ['ɑːftə'nuːn] n popołudnie
nt; **good afternoon!** (hello) dzień
dobry!; (goodbye) do widzenia!
after-shave (lotion) ['ɑːftəʃeɪv-] n
płyn m po goleniu.
afterwards (US **afterward**)
['ɑːftəwədz] adv później, potem.
again [ə'gɛn] adv (once more, on
another occasion) znowu, znów,
ponownie (fml); (one more time)
jeszcze raz; **I won't be late again**
już (nigdy) się nie spóźnię; **never
again** nigdy więcej.
against [ə'gɛnst] prep (lean, rub) o
+acc; (fight) z +instr; (in opposition

to) przeciw(ko) +*dat*; (*in relation to*) w stosunku do +*gen*.

age [eɪdʒ] *n* wiek *m* ♦ *vi* starzeć się (zestarzeć się *perf or* postarzeć się *perf*) ♦ *vt* postarzać (postarzyć *perf*); **to come of age** osiągać (osiągnąć *perf*) pełnoletniość.

aged¹ ['eɪdʒd] *adj*: **aged 10** w wieku lat dziesięciu.

aged² ['eɪdʒɪd] *npl*: **the aged** osoby *pl* w podeszłym wieku.

age group *n* grupa *f* wiekowa.

age limit *n* ograniczenie *nt or* limit *m* wieku.

agency ['eɪdʒənsɪ] *n* (*COMM*) agencja *f*; (*government body*) urząd *m*, biuro *nt*.

agenda [ə'dʒɛndə] *n* porządek *m* dzienny.

agent ['eɪdʒənt] *n* (*person*) agent(ka) *m(f)*; (*CHEM*) środek *m*; (*fig*) czynnik *m*.

aggression [ə'grɛʃən] *n* agresja *f*.

aggressive [ə'grɛsɪv] *adj* agresywny.

agile ['ædʒaɪl] *adj* (*physically*) zwinny; (*mentally*) sprawny.

agitate ['ædʒɪteɪt] *vt* (*person*) poruszać (poruszyć *perf*) ♦ *vi*: **to agitate for/against** agitować za +*instr*/przeciw +*dat*.

agitator ['ædʒɪteɪtə*] *n* agitator(ka) *m(f)*.

agnostic [æg'nɔstɪk] *n* agnostyk (-yczka) *m(f)*.

ago [ə'gəu] *adv*: **2 days ago** dwa dni temu; **not long ago** niedawno; **how long ago?** jak dawno (temu)?

agonizing ['ægənaɪzɪŋ] *adj* (*pain*) dręczący; (*cry*) rozdzierający; (*decision*) bolesny; (*wait*) męczący.

agony ['ægənɪ] *n* (*pain*) (dotkliwy) ból *m*; **to be in agony** cierpieć katusze.

agree [ə'gri:] *vt* (*price, date*) uzgadniać (uzgodnić *perf*) ♦ *vi* zgadzać się (zgodzić się *perf*); **to agree with** (*person*) zgadzać się

(zgodzić się *perf*) z +*instr*; (*food*) służyć +*dat*; (*statements etc*) pokrywać się (pokryć się *perf*) z +*instr*; **to agree to sth/to do sth** zgadzać się (zgodzić się *perf*) na coś/zrobić coś; **to agree that ...** przyznawać (przyznać *perf*), że ... .

agreeable [ə'gri:əbl] *adj* (*pleasant*) miły; (*willing*) skłonny.

agreed [ə'gri:d] *adj* uzgodniony.

agreement [ə'gri:mənt] *n* (*consent*) zgoda *f*; (*contract*) porozumienie *nt*; **to be in agreement with sb** zgadzać się (zgodzić się *perf*) z kimś.

agricultural [ægrɪ'kʌltʃərəl] *adj* rolniczy.

agriculture ['ægrɪkʌltʃə*] *n* rolnictwo.

ahead [ə'hɛd] *adv* (*of place*) z przodu; (*of time*) z wyprzedzeniem, naprzód; (*into the future*) naprzód, do przodu; **ahead of** przed +*instr*; **ahead of schedule** przed terminem; **a year ahead** z rocznym wyprzedzeniem, na rok naprzód; **go right** *or* **straight ahead** proszę iść prosto przed siebie; **go ahead!** (*fig*) proszę (bardzo)!

aid [eɪd] *n* pomoc *f* ♦ *vt* pomagać (pomóc *perf*) +*dat*, wspomagać (wspomóc *perf*); **in aid of** na rzecz +*gen*; *see also* **hearing**.

aide [eɪd] *n* (*POL, MIL*) doradca (-czyni) *m(f)*.

AIDS [eɪdz] *n abbr* (= *acquired immune deficiency syndrome*) AIDS *m inv*.

ailment ['eɪlmənt] *n* dolegliwość *f*.

aim [eɪm] *vt*: **to aim sth (at)** (*gun*) celować (wycelować *perf*) z czegoś (do +*gen*); (*camera*) kierować (skierować *perf*) coś (na +*acc*); (*blow*) mierzyć (wymierzyć *perf*) coś (w +*acc*); (*remark*) kierować (skierować *perf*) coś (pod adresem +*gen*) ♦ *vi* celować (wycelować *perf*), mierzyć (wymierzyć *perf*) ♦ *n*

cel *m*; (*skill*) celność *f*; **to aim at**
(*with weapon*) celować (wycelować
perf) w +*acc*; (*objective*) dążyć do
+*gen*; **to aim to do sth** zamierzać
coś zrobić.
aimlessly ['eɪmlɪslɪ] *adv* bez celu.
ain't [eɪnt] (*inf*) = **am not**; (*inf*) =
aren't; (*inf*) = **isn't**.
air [ɛə*] *n* powietrze *nt*; (*aria*) aria *f*;
(*tune*) melodia *f*; (*mood*) atmosfera
f; (*appearance*) wygląd *m* ♦ *vt*
(*room*) wietrzyć (przewietrzyć *perf*
or wywietrzyć *perf*); (*views*) głosić,
wygłaszać; (*grievances*) wylewać ♦
cpd (*currents, attack etc*)
powietrzny; **to throw sth into the
air** podrzucić (*perf*) coś do góry; **by
air** drogą lotniczą, samolotem; **to be
on the air** (*RADIO, TV: programme*)
być na antenie, być nadawanym;
(: *station*) nadawać.
airbed ['ɛəbed] (*BRIT*) *n* materac *m*
nadmuchiwany.
airborne ['ɛəbɔ:n] *adj* (*attack etc*)
lotniczy.
air-conditioned ['ɛəkən'dɪʃənd] *adj*
klimatyzowany.
air conditioning *n* klimatyzacja *f*.
aircraft ['ɛəkrɑ:ft] *n inv* samolot *m*.
Air Force *n* siły *pl* powietrzne.
air freshener *n* odświeżacz *m*
powietrza.
airgun ['ɛəɡʌn] *n* wiatrówka *f*.
air hostess (*BRIT*) *n* stewardessa *f*.
air letter (*BRIT*) *n* list *m* lotniczy.
airlift ['ɛəlɪft] *n* most *m* powietrzny ♦
vt transportować (przetransportować
perf) drogą lotniczą.
airline ['ɛəlaɪn] *n* linia *f* lotnicza.
airliner ['ɛəlaɪnə*] *n* samolot *m*
pasażerski.
airmail ['ɛəmeɪl] *n*: **by airmail** pocztą
lotniczą.
airplane ['ɛəpleɪn] (*US*) *n* samolot *m*.
airport ['ɛəpɔ:t] *n* lotnisko *nt*, port *m*
lotniczy.
air raid *n* nalot *m*.

airspace ['ɛəspeɪs] *n* obszar *m*
powietrzny.
air terminal *n* terminal *m* (*lotniska*).
airy ['ɛərɪ] *adj* (*building*) przestronny,
przewiewny; (*manner*) beztroski.
aisle [aɪl] *n* (*of church*) nawa *f*
boczna; (*of theatre, in plane*)
przejście *nt*.
ajar [ə'dʒɑ:*] *adj* (*door*) uchylony.
alarm [ə'lɑ:m] *n* (*anxiety*)
zaniepokojenie *nt*, niepokój *m*; (*in
bank etc*) alarm *m*, system *m*
alarmowy ♦ *vt* niepokoić
(zaniepokoić *perf*).
alarm call *n* budzenie *nt* (*telefoniczne*).
alarm clock *n* budzik *m*.
alas [ə'læs] *excl* niestety.
Albania [æl'beɪnɪə] *n* Albania *f*.
album ['ælbəm] *n* album *m*.
alcohol ['ælkəhɔl] *n* alkohol *m*.
alcoholic [ælkə'hɔlɪk] *adj*
alkoholowy ♦ *n* alkoholik (-iczka)
m(f).
alcoholism ['ælkəhɔlɪzəm] *n*
alkoholizm *m*.
alcove ['ælkəuv] *n* wnęka *f*.
ale [eɪl] *n* rodzaj piwa angielskiego.
alert [ə'lə:t] *adj* czujny ♦ *n* stan *m*
pogotowia *or* gotowości ♦ *vt*
alarmować (zaalarmować *perf*); **to
alert sb (to sth)** uświadamiać
(uświadomić *perf*) komuś (coś); **to
be on the alert** być w pogotowiu.
algebra ['ældʒɪbrə] *n* algebra *f*.
Algeria [æl'dʒɪərɪə] *n* Algieria *f*.
algorithm ['ælɡərɪðəm] *n* algorytm *m*.
alias ['eɪlɪəs] *prep* inaczej, alias ♦ *n*
pseudonim *m*.
alibi ['ælɪbaɪ] *n* alibi *nt inv*.
alien ['eɪlɪən] *n* (*foreigner*)
cudzoziemiec (-mka) *m(f)*;
(*extraterrestrial*) istota *f*
pozaziemska, kosmita *m* ♦ *adj*: **alien
(to)** obcy (+*dat*).
alienate ['eɪlɪəneɪt] *vt* zrażać (zrazić
perf).
alight [ə'laɪt] *adj* płonący, zapalony;

(*fig*) płomienny ♦ *vi* (*bird*) usiąść (*perf*); (*passenger*) wysiadać (wysiąść *perf*).

align [ə'laɪn] *vt* ustawiać (ustawić *perf*).

alike [ə'laɪk] *adj* podobny ♦ *adv* (*similarly*) podobnie, jednakowo; **they all look alike** oni wszyscy są do siebie podobni; **men and women alike** zarówno mężczyźni, jak i kobiety.

alimony ['ælɪmənɪ] *n* alimenty *pl*.

alive [ə'laɪv] *adj* (*living*) żywy; (*lively*) pełen życia.

┌────── KEYWORD ──────┐

all [ɔːl] *adj* (*with sing*) cały; (*with pl*) wszystkie (*+nvir*), wszyscy (*+vir*); **all the food** całe jedzenie; **all day** cały dzień; **all the books** wszystkie książki; **all five came** przyszła cała piątka ♦ *pron* **1** (*sg*) wszystko *nt*; (*pl*) wszystkie *nvir pl*, wszyscy *vir pl*; **I ate it all, I ate all of it** zjadłem (to) wszystko; **is that all?** czy to (już) wszystko?; **all of us went** wszyscy poszliśmy; **we all sat down** wszyscy usiedliśmy. **2**: **above all** przede wszystkim, nade wszystko; **after all** przecież, w końcu; **all in all** w sumie, ogółem ♦ *adv* zupełnie; **all alone** zupełnie sam; **it's not as hard as all that** to nie jest aż takie trudne; **all the more/the better** tym więcej/lepiej; **all but** (*all except for*) wszyscy z wyjątkiem *or* oprócz +*gen*; (*almost*) już prawie; **I had all but finished** już prawie skończyłam; **what's the score? – 2 all** jaki jest wynik? – dwa – dwa.

└──────────────────────┘

all clear *n* koniec *m* niebezpieczeństwa (*odwołanie alarmu*); (*fig*) pozwolenie *nt*.

allegation [ælɪ'ɡeɪʃən] *n* zarzut *m*.

allege [ə'ledʒ] *vt* utrzymywać.

allegedly [ə'ledʒɪdlɪ] *adv* rzekomo.

allegiance [ə'liːdʒəns] *n* lojalność *f*.

allegory ['ælɪɡərɪ] *n* alegoria *f*.

allergic [ə'lɜːdʒɪk] *adj* alergiczny; **allergic to** uczulony na +*acc*.

allergy ['ælədʒɪ] *n* alergia *f*, uczulenie *nt*.

alleviate [ə'liːvɪeɪt] *vt* łagodzić (złagodzić *perf*).

alley ['ælɪ] *n* aleja *f*.

alliance [ə'laɪəns] *n* przymierze *nt*, sojusz *m*.

allied ['ælaɪd] *adj* (*POL*, *MIL*) sprzymierzony, sojuszniczy.

alligator ['ælɪɡeɪtə*] *n* aligator *m*.

all-in ['ɔːlɪn] (*BRIT*) *adj* (*cost etc*) łączny ♦ *adv* łącznie, ogółem.

all-night ['ɔːl'naɪt] *adj* (*café*) czynny całą noc; (*party*) całonocny.

allocate ['æləkeɪt] *vt* przydzielać (przydzielić *perf*).

all-out ['ɔːlaut] *adj* (*effort*) zdecydowany; (*dedication*) całkowity ♦ *adv*: **all out** wszelkimi środkami, na całego (*inf*).

allow [ə'lau] *vt* (*behaviour*) pozwalać (pozwolić *perf*) na +*acc*; (*sum*) przeznaczać (przeznaczyć *perf*); (*claim*, *goal*) uznawać (uznać *perf*); **to allow that ...** przyznawać (przyznać *perf*), że ...; **to allow sb to do sth** pozwalać (pozwolić *perf*) komuś coś zrobić; **he is allowed to ...** wolno mu +*infin*.

►**allow for** *vt fus* uwzględniać (uwzględnić *perf*) +*acc*.

allowance [ə'lauəns] *n* (*travelling etc*) dieta *f*; (*welfare payment*) zasiłek *m*; (*pocket money*) kieszonkowe *nt*; (*TAX*) ulga *f*; **to make allowances for** brać (wziąć *perf*) poprawkę na +*acc*.

alloy ['ælɔɪ] *n* stop *m*.

all right *adv* (*well*) w porządku, dobrze; (*correctly*) dobrze, prawidłowo; (*as answer*) dobrze.

all-time ['ɔːl'taɪm] *adj*: **an all-time record** rekord *m* wszech czasów.

allude [ə'luːd] *vi*: **to allude to** robić (zrobić *perf*) aluzję do +*gen*.

allusion [ə'luːʒən] *n* aluzja *f*.

ally ['ælaɪ] *n* (*friend*) sprzymierzeniec *m*; (*POL, MIL*) sojusznik *m*.

almighty [ɔːl'maɪtɪ] *adj* (*omnipotent*) wszechmogący, wszechmocny; (*tremendous*) ogromny.

almond ['ɑːmənd] *n* (*fruit*) migdał *m*.

almost ['ɔːlməust] *adv* prawie; **he almost fell** o mało nie upadł.

alms [ɑːmz] *npl* jałmużna *f*.

alone [ə'ləun] *adj* sam ♦ *adv* samotnie; **to leave sb alone** zostawiać (zostawić *perf*) kogoś w spokoju, dawać (dać *perf*) komuś spokój; **to leave sth alone** nie ruszać czegoś; **let alone ...** nie mówiąc (już) o +*loc*.

along [ə'lɔŋ] *prep* wzdłuż +*gen* ♦ *adv*: **is he coming along with us?** czy on idzie z nami?; **to drive along a street** jechać ulicą; **along with** razem *or* wraz z +*instr*; **all along** od samego początku, przez cały czas.

alongside [ə'lɔŋ'saɪd] *prep* (*beside*) obok +*gen*; (*together with*) wraz z +*instr* ♦ *adv* obok.

aloof [ə'luːf] *adj* powściągliwy.

aloud [ə'laud] *adv* (*not quietly*) głośno; (*out loud*) na głos.

alphabet ['ælfəbet] *n* alfabet *m*, abecadło *nt*.

alphabetical [ælfə'betɪkl] *adj* alfabetyczny.

alpine ['ælpaɪn] *adj* alpejski.

Alps [ælps] *npl*: **the Alps** Alpy *pl*.

already [ɔːl'redɪ] *adv* już.

alright ['ɔːl'raɪt] *adv* = **all right**.

Alsatian [æl'seɪʃən] (*BRIT*) *n* owczarek *m* alzacki *or* niemiecki, wilczur *m*.

also ['ɔːlsəu] *adv* też, także, również; **and also** a także, jak również.

altar ['ɔltə*] *n* ołtarz *m*.

alter ['ɔltə*] *vt* zmieniać (zmienić *perf*); (*clothes*) przerabiać (przerobić *perf*) ♦ *vi* zmieniać się (zmienić się *perf*).

alteration [ɔltə'reɪʃən] *n* (*to plans*) zmiana *f*; (*to clothes*) przeróbka *f*; (*to building*) przebudowa *f*.

alternate [ɔl'təːnɪt] *adj* (*processes, events*) naprzemienny; (*US*: *alternative*: *plans*) zastępczy, alternatywny ♦ *vi*: **to alternate (with)** występować na przemian (z +*instr*); **on alternate days** co drugi dzień.

alternating current ['ɔltəːneɪtɪŋ-] *n* prąd *m* zmienny.

alternative [ɔl'təːnətɪv] *adj* alternatywny ♦ *n* alternatywa *f*.

alternatively [ɔl'təːnətɪvlɪ] *adv*: **alternatively one could ...** ewentualnie można by... .

although [ɔːl'ðəu] *conj* chociaż *or* choć, mimo że.

altitude ['æltɪtjuːd] *n* wysokość *f*.

alto ['æltəu] *n* alt *m*.

altogether [ɔːltə'geðə*] *adv* (*completely*) całkowicie, zupełnie; (*on the whole*) ogólnie biorąc, generalnie.

altruistic [æltru'ɪstɪk] *adj* altruistyczny.

aluminium [ælju'mɪnɪəm] (*US* **aluminum** [ə'luːmɪnəm]) *n* aluminium *nt*, glin *m*.

always ['ɔːlweɪz] *adv* zawsze.

am [æm] *vb see* **be**.

a.m. *adv abbr* (= *ante meridiem*) przed południem.

amass [ə'mæs] *vt* gromadzić (zgromadzić *perf*).

amateur ['æmətə*] *n* amator(ka) *m(f)*.

amateurish ['æmətərɪʃ] (*pej*) *adj* amatorski.

amaze [ə'meɪz] *vt* zdumiewać (zdumieć *perf*); **to be amazed (at)** być zdumionym (+*instr*).

amazement [əˈmeɪzmənt] n
zdumienie nt.

amazing [əˈmeɪzɪŋ] adj
zdumiewający, niesamowity.

Amazon [ˈæməzən] n Amazonka f.

ambassador [æmˈbæsədə*] n
ambasador m.

amber [ˈæmbə*] n (substance)
bursztyn m; (BRIT: AUT) żółte
światło nt.

ambiguity [æmbɪˈgjuɪtɪ] n
dwuznaczność f, niejasność f.

ambiguous [æmˈbɪgjuəs] adj
dwuznaczny, niejasny.

ambition [æmˈbɪʃən] n ambicja f.

ambitious [æmˈbɪʃəs] adj ambitny.

ambivalent [æmˈbɪvələnt] adj
ambiwalentny.

ambulance [ˈæmbjuləns] n karetka f.

ambush [ˈæmbuʃ] n zasadzka f,
pułapka f ♦ vt (MIL etc) wciągać
(wciągnąć perf) w zasadzkę.

amen [ˈɑːmen] excl amen.

amend [əˈmend] vt wnosić (wnieść
perf) poprawki do +gen ♦ n: to make
amends for sth naprawić (perf) coś.

amendment [əˈmendmənt] n
poprawka f.

amenities [əˈmiːnɪtɪz] npl wygody pl,
udogodnienia pl.

America [əˈmerɪkə] n Ameryka f.

American [əˈmerɪkən] adj
amerykański ♦ n Amerykanin
(-anka) m(f).

amicable [ˈæmɪkəbl] adj
(relationship) przyjazny,
przyjacielski; (settlement)
polubowny.

amid(st) [əˈmɪd(st)] prep wśród +gen.

amiss [əˈmɪs] adj: there's something
amiss coś jest nie w porządku.

ammunition [æmjuˈnɪʃən] n amunicja f.

amnesia [æmˈniːzɪə] n amnezja f.

amnesty [ˈæmnɪstɪ] n amnestia f.

amok [əˈmɔk] adv: to run amok
dostawać (dostać perf) amoku.

among(st) [əˈmʌŋ(st)] prep
(po)między +instr, wśród +gen.

amoral [æˈmɔrəl] adj amoralny.

amount [əˈmaunt] n (of food, work
etc) ilość f; (of money) suma f,
kwota f ♦ vi: to amount to (total)
wynosić (wynieść perf) +acc; (be
same as) sprowadzać się
(sprowadzić się perf) do +gen.

amp(ère) [ˈæmp(ɛə*)] n amper m.

amphetamine [æmˈfetəmiːn] n
amfetamina f.

amphibian [æmˈfɪbɪən] n płaz m.

amphitheatre [ˈæmfɪθɪətə*] (US
amphitheater) n amfiteatr m.

ample [ˈæmpl] adj (large) pokaźny;
(enough) obfity.

amplifier [ˈæmplɪfaɪə*] n
wzmacniacz m.

amputate [ˈæmpjuteɪt] vt amputować
(amputować perf).

amuse [əˈmjuːz] vt (entertain) bawić
(rozbawić perf), śmieszyć
(rozśmieszyć perf); (distract)
zabawiać (zabawić perf).

amusement [əˈmjuːzmənt] n (mirth)
radość f; (pleasure) zabawa f,
wesołość f; (pastime) rozrywka f.

amusement arcade n salon m gier
automatycznych.

an [æn, ən] indef art see **a**.

anachronism [əˈnækrənɪzəm] n
anachronizm m, przeżytek m.

anaemia [əˈniːmɪə] (US **anemia**) n
anemia f, niedokrwistość f.

anaemic [əˈniːmɪk] (US **anemic**)
adj anemiczny.

anaesthetic [ænɪsˈθetɪk] (anesthetic:
US) n środek m znieczulający;
under anaesthetic pod narkozą, w
znieczuleniu.

anaesthetist [æˈniːsθɪtɪst] n
anestezjolog m.

analogy [əˈnælədʒɪ] n analogia f.

analyse [ˈænəlaɪz] (US **analyze**) vt
(situation, statistics) analizować
(przeanalizować perf); (CHEM,

MED) wykonywać (wykonać *perf*)
analizę +*gen*; (*PSYCH*) poddawać
(poddać *perf*) psychoanalizie.

analysis [ə'næləsɪs] (*pl* **analyses**) *n*
analiza *f*; (*PSYCH*) psychoanaliza *f*.

analyst ['ænəlɪst] *n* (*political etc*)
ekspert *m*, analityk *m*; (*PSYCH*)
psychoanalityk *m*.

analytic(al) [ænə'lɪtɪk(l)] *adj*
analityczny.

analyze ['ænəlaɪz] (*US*) *vt* = **analyse**.

anarchist ['ænəkɪst] *n* anarchista
(-tka) *m(f)*.

anarchy ['ænəkɪ] *n* anarchia *f*.

anatomy [ə'nætəmɪ] *n* anatomia *f*.

ancestor ['ænsɪstə*] *n* przodek *m*.

anchor ['æŋkə*] *n* kotwica *f* ♦ *vi*
rzucać (rzucić *perf*) kotwicę,
kotwiczyć (zakotwiczyć *perf*) ♦ *vt*
(*fig*) przywiązywać (przywiązać *perf*).

anchovy ['æntʃəvɪ] *n* anchois *nt inv*.

ancient ['eɪnʃənt] *adj* (*civilization etc*)
starożytny; (*person, car*) wiekowy.

and [ænd] *conj* i; **and so on** i tak
dalej; **try and come** spróbuj przyjść.

Andes ['ændi:z] *npl*: **the Andes**
Andy *pl*.

anecdote ['ænɪkdəut] *n* anegdota *f*.

anemia *etc* (*US*) = **anaemia** *etc*.

anesthetic *etc* [ænɪs'θetɪk] (*US*) =
anaesthetic *etc*.

anew [ə'nju:] *adv* na nowo, od nowa.

angel ['eɪndʒəl] *n* anioł *m*.

anger ['æŋgə*] *n* gniew *m*, złość *f*.

angle ['æŋgl] *n* (*MATH*) kąt *m*;
(*corner*) róg *m*, narożnik *m*;
(*viewpoint*) strona *f*.

angler ['æŋglə*] *n* wędkarz (-arka)
m(f).

Anglican ['æŋglɪkən] *adj* anglikański
♦ *n* anglikanin (-nka) *m(f)*.

angling ['æŋglɪŋ] *n* wędkarstwo *nt*.

angrily ['æŋgrɪlɪ] *adv* gniewnie, w
złości.

angry ['æŋgrɪ] *adj* (*person*) zły,
rozgniewany; (*response, letter*)
gniewny; (*fig: wound, rash*)

zaogniony; **to be angry with sb/at
sth** złościć się na kogoś/o coś; **to
get angry** rozgniewać się (*perf*),
rozzłościć się (*perf*).

anguish ['æŋgwɪʃ] *n* cierpienie *nt*.

angular ['æŋgjulə*] *adj* kanciasty.

animal ['ænɪməl] *n* zwierzę *nt*; (*pej:
person*) bydlę *nt* (*pej*) ♦ *adj*
zwierzęcy.

animate ['ænɪmɪt] *adj* ożywiony.

animated ['ænɪmeɪtɪd] *adj*
(*conversation*) ożywiony; (*FILM*)
animowany.

animosity [ænɪ'mɔsɪtɪ] *n* animozja *f*,
niechęć *f*.

ankle ['æŋkl] (*ANAT*) *n* kostka *f*.

annex ['æneks] *n* (*BRIT* **annexe**)
przybudówka *f*, (nowe) skrzydło *nt* ♦
vt anektować (zaanektować *perf*),
zajmować (zająć *perf*).

annihilate [ə'naɪəleɪt] *vt* unicestwiać
(unicestwić *perf*).

anniversary [ænɪ'və:sərɪ] *n* rocznica
f.

announce [ə'nauns] *vt* ogłaszać
(ogłosić *perf*).

announcement [ə'naunsmənt] *n*
(*public declaration*) oświadczenie *nt*;
(*in newspaper etc*) ogłoszenie *nt*; (*at
airport, radio*) komunikat *m*,
zapowiedź *f*.

announcer [ə'naunsə*] (*RADIO, TV*)
n spiker(ka) *m(f)*.

annoy [ə'nɔɪ] *vt* irytować (zirytować
perf), drażnić (rozdrażnić *perf*).

annoyance [ə'nɔɪəns] *n* irytacja *f*.

annoying [ə'nɔɪɪŋ] *adj* irytujący.

annual ['ænjuəl] *adj* (*meeting*)
doroczny; (*income, rate*) roczny ♦ *n*
(*BOT*) roślina *f* jednoroczna; (*book*)
rocznik *m*.

annually ['ænjuəlɪ] *adv* (*once a year*)
co rok(u), corocznie, dorocznie;
(*during a year*) rocznie.

annul [ə'nʌl] *vt* (*contract*)
unieważniać (unieważnić *perf*),
anulować (anulować *perf*).

annum ['ænəm] *n see* **per**.

anomaly [ə'nɔmǝlı] *n* anomalia *f*, nieprawidłowość *f*.

anonymity [ænə'nımıtı] *n* anonimowość *f*.

anonymous [ə'nɔnıməs] *adj* (*letter, gift*) anonimowy; (*place*) bezimienny.

anorak ['ænəræk] *n* anorak *m* (*ciepła kurtka przeciwdeszczowa z kapturem*).

anorexia [ænə'reksıə] *n* anoreksja *f*, jadłowstręt *m* psychiczny.

anorexic [ænə'reksık] *adj* anorektyczny.

another [ə'nʌðə*] *adj* inny ♦ *pron* (*one more*) następny, drugi; (*a different one*) inny, drugi; *see also* **one**.

answer ['ɑ:nsə*] *n* (*to question, letter*) odpowiedź *f*; (*to problem*) rozwiązanie *nt* ♦ *vi* odpowiadać (odpowiedzieć *perf*) ♦ *vt* (*letter, question*) odpowiadać (odpowiedzieć *perf*) na +*acc*; (*problem*) rozwiązywać (rozwiązać *perf*); (*prayer*) wysłuchiwać (wysłuchać *perf*) +*gen*; **in answer to your letter** w odpowiedzi na Pana/Pani list; **to answer the phone** odbierać (odebrać *perf*) telefon; **to answer the bell** *or* **the door** otworzyć (*perf*) drzwi.

►**answer back** *vi* odpyskowywać (odpyskować *perf*) (*inf*).

►**answer for** *vt fus* (*person etc*) ręczyć (poręczyć *perf*) za +*acc*; (*one's actions*) odpowiadać (odpowiedzieć *perf*) za +*acc*.

►**answer to** *vt fus* (*description*) odpowiadać +*dat*.

answerable ['ɑ:nsərəbl] *adj*: **answerable to sb for sth** odpowiedzialny przed kimś za coś.

answering machine ['ɑ:nsərıŋ-] *n* automatyczna sekretarka *f*.

ant [ænt] *n* mrówka *f*.

antagonism [æn'tægənızəm] *n* wrogość *f*, antagonizm *m*.

antagonize [æn'tægənaız] *vt* zrażać (zrazić *perf*) sobie.

Antarctic [ænt'ɑ:ktık] *n*: **the Antarctic** Antarktyka *f*.

antelope ['æntıləup] *n* antylopa *f*.

antenatal ['æntı'neıtl] *adj* przedporodowy.

antenna [æn'tɛnə] (*pl* **antennae**) *n* (*of insect*) czułek *m*; (*RADIO, TV*) antena *f*.

anthem ['ænθəm] *n*: **national anthem** hymn *m* państwowy.

anthology [æn'θɔlədʒı] *n* antologia *f*.

anthropology [ænθrə'pɔlədʒı] *n* antropologia *f*.

anti-aircraft ['æntı'ɛəkrɑ:ft] *adj* przeciwlotniczy.

antibiotic ['æntıbaı'ɔtık] *n* antybiotyk *m*.

antibody ['æntıbɔdı] *n* przeciwciało *nt*.

anticipate [æn'tısıpeıt] *vt* (*foresee*) przewidywać (przewidzieć *perf*); (*look forward to*) czekać na +*acc*; (*do first*) antycypować.

anticipation [æntısı'peıʃən] *n* (*expectation*) przewidywanie *nt*; (*eagerness*) niecierpliwość *f*.

anticlockwise ['æntı'klɔkwaız] (*BRIT*) *adv* odwrotnie do ruchu wskazówek zegara.

antics ['æntıks] *npl* (*of animal, child*) błazeństwa *pl*, figle *pl*.

antidote ['æntıdəut] *n* (*MED*) antidotum *nt*, odtrutka *f*; (*fig*) antidotum *nt*.

antifreeze ['æntıfri:z] (*AUT*) *n* płyn *m* nie zamarzający.

antipathy [æn'tıpəθı] *n* antypatia *f*.

antiquated ['æntıkweıtıd] *adj* przestarzały, staroświecki.

antique [æn'ti:k] *n* antyk *m* ♦ *adj* zabytkowy.

antique dealer *n* antykwariusz *m*.

antique shop *n* sklep *m* z antykami, antykwariat *m*.

antiquity [æn'tıkwıtı] *n* starożytność *f*.

anti-Semitism ['æntɪ'sɛmɪtɪzəm] *n* antysemityzm *m*.

antiseptic [æntɪ'sɛptɪk] *n* środek *m* odkażający *or* bakteriobójczy.

antisocial ['æntɪ'səuʃəl] *adj* aspołeczny.

anus ['eɪnəs] *n* odbyt *m*.

anxiety [æŋ'zaɪətɪ] *n* (*concern*) niepokój *m*, obawa *f*; (*MED*) lęk *m*.

anxious ['æŋkʃəs] *adj* (*worried*) zaniepokojony; (*worrying*) niepokojący; **she is anxious to go abroad** zależy jej na wyjeździe za granicę.

---KEYWORD---

any ['ɛnɪ] *adj* 1 (*in questions etc*): **are there any tickets left?** czy zostały jakieś bilety?; **have you any sugar?** masz trochę cukru? 2 (*with negative*): **I haven't any money/books** nie mam (żadnych) pieniędzy/książek. 3 (*no matter which*): **any excuse will do** każda wymówka będzie dobra. 4: **in any case** (*at any rate*) w każdym razie; (*besides*) zresztą, poza tym; (*no matter what*) tak czy owak; **any day now** lada dzień; **at any moment** lada chwila *or* moment, w każdej chwili; **at any rate** w każdym razie; **any time** (*at any moment*) lada chwila *or* moment; (*whenever*) zawsze gdy ♦ *pron* 1 (*in questions etc*): **I collect stamps; have you got any?** zbieram znaczki – masz jakieś?; **can any of you sing?** czy któreś z was umie śpiewać? 2 (*with negative*): **I haven't any (of them)** nie mam ani jednego (z nich). 3 (*no matter which one(s)*) jakikolwiek, którykolwiek; **take any of them** weź którykolwiek z nich ♦ *adv* 1 (*in questions etc*) trochę; **are you feeling any better?** czy czujesz się (choć) trochę lepiej? 2 (*with negative*) już; **I can't hear him**

any more nie słyszę go już; **don't wait any longer** nie czekaj (już) dłużej.

---

anybody ['ɛnɪbɒdɪ] = **anyone**.

---KEYWORD---

anyhow ['ɛnɪhau] *adv* 1 (*at any rate*) i tak, tak czy owak; **I shall go anyhow** i tak pójdę. 2 (*haphazard*) byle jak, jak(kolwiek); **she leaves things just anyhow** zostawia wszystko byle jak.

---KEYWORD---

anyone ['ɛnɪwʌn] *pron* 1 (*in questions etc*) ktoś *m*, ktokolwiek *m*; **can you see anyone?** widzisz kogoś? 2 (*with negative*) nikt *m*; **I can't see anyone** nikogo nie widzę. 3 (*no matter who*) każdy *m*, ktokolwiek *m*; **anyone could have done it** mógł to zrobić każdy *or* ktokolwiek.

---KEYWORD---

anything ['ɛnɪθɪŋ] *pron* 1 (*in questions etc*) coś *nt*, cokolwiek *nt*; **can you see anything?** widzisz coś? 2 (*with negative*) nic *nt*; **I can't see anything** nic nie widzę. 3 (*no matter what*) co(kolwiek) *nt*, wszystko *nt*; **he'll eat anything** on wszystko zje.

---KEYWORD---

anyway ['ɛnɪweɪ] *adv* 1 (*at any rate*) i tak, tak czy owak; **I shall go anyway** i tak pójdę. 2 (*besides*) w każdym razie, (a) poza tym, (a) tak w ogóle; **anyway, I'll let you know** w każdym razie dam ci znać; **why are you phoning, anyway?** a tak w ogóle, dlaczego dzwonisz?

anywhere ['ɛnɪwɛə*] *adv* **1** (*in questions*) gdzieś; **are you going anywhere?** wychodzisz gdzieś? **2** (*with negative*) nigdzie; **I can't see him anywhere** nigdzie go nie widzę. **3** (*no matter where*) gdziekolwiek; **anywhere in the world** gdziekolwiek na świecie.

apart [ə'pɑ:t] *adv* (*situate*) z dala, oddzielnie; (*move*) od siebie; (*aside*) osobno, na uboczu, z dala; **10 miles apart** w odległości 10 mil od siebie; **to take sth apart** rozbierać (rozebrać *perf*) coś na części; **apart from** (*excepting*) z wyjątkiem *or* oprócz +*gen*; (*in addition to*) oprócz +*gen*, poza +*instr*.

apartheid [ə'pɑ:teɪt] *n* apartheid *m*.

apartment [ə'pɑ:tmənt] *n* (*US*) mieszkanie *nt*; (*in palace etc*) apartament *m*.

apartment building (*US*) *n* blok *m* mieszkalny.

apathetic [æpə'θɛtɪk] *adj* apatyczny.

apathy ['æpəθɪ] *n* apatia *f*.

ape [eɪp] *n* małpa *f* człekokształtna ♦ *vt* małpować (zmałpować *perf*).

aperitif [ə'pɛrɪti:f] *n* aperitif *m*.

aperture ['æpətʃuə*] *n* otwór *m*, szczelina *f*; (*PHOT*) przysłona *f*.

apex ['eɪpɛks] *n* (*of triangle etc*) wierzchołek *m*; (*fig*) szczyt *m*.

apiece [ə'pi:s] *adv* (*per thing*) za sztukę, sztuka; (*per person*) na osobę, na głowę.

apologetic [əpɔlə'dʒɛtɪk] *adj* (*person*) skruszony; (*tone, letter*) przepraszający.

apologize [ə'pɔlədʒaɪz] *vi*: **to apologize (for sth to sb)**

przepraszać (przeprosić *perf*) (kogoś za coś).

apology [ə'pɔlədʒɪ] *n* przeprosiny *pl*.

apostle [ə'pɔsl] *n* apostoł *m*.

apostrophe [ə'pɔstrəfɪ] *n* apostrof *m*.

appalling [ə'pɔ:lɪŋ] *adj* przerażający.

apparatus [æpə'reɪtəs] *n* (*equipment*) aparatura *f*, przyrządy *pl*; (: *in gymnasium*) przyrządy *pl*; (*of organization*) aparat *m*.

apparent [ə'pærənt] *adj* (*seeming*) pozorny; (*obvious*) widoczny, oczywisty.

apparently [ə'pærəntlɪ] *adv* najwidoczniej, najwyraźniej.

apparition [æpə'rɪʃən] *n* zjawa *f*.

appeal [ə'pi:l] *vi* (*JUR*) wnosić (wnieść *perf*) apelację, odwoływać się (odwołać się *perf*) ♦ *n* (*JUR*) apelacja *f*, odwołanie *nt*; (*request*) apel *m*; (*charm*) urok *m*, powab *m*; **to appeal (to sb) for** apelować (zaapelować *perf*) (do kogoś) o +*acc*; **it doesn't appeal to me** to do mnie nie przemawia.

appealing [ə'pi:lɪŋ] *adj* (*attractive*) pociągający.

appear [ə'pɪə*] *vi* (*come into view*) pojawiać się (pojawić się *perf*), zjawiać się (zjawić się *perf*); (*JUR*) stawiać się (stawić się *perf*); (*be published*) ukazywać się (ukazać się *perf*) (*drukiem*); (*seem*) wydawać się (wydać się *perf*); **to appear on TV/in "Hamlet"** występować (wystąpić *perf*) w telewizji/w „Hamlecie"; **it would appear that ...** wydawałoby się, że ... .

appearance [ə'pɪərəns] *n* (*arrival*) pojawienie się *nt*; (*look*) wygląd *m*; (*in public*) wystąpienie *nt*.

appendices [ə'pɛndɪsi:z] *npl of* **appendix**.

appendicitis [əpɛndɪ'saɪtɪs] *n* zapalenie *nt* wyrostka robaczkowego.

appendix [ə'pɛndɪks] (*pl* **appendices**) *n* (*ANAT*) wyrostek *m* robaczkowy; (*to publication*) dodatek *m*.

appetite ['æpɪtaɪt] *n* apetyt *m*; (*fig*) chętka *f*.

appetizer ['æpɪtaɪzə*] *n* (*food*) przystawka *f*, zakąska *f*; (*drink*) aperitif *m*.

appetizing ['æpɪtaɪzɪŋ] *adj* smakowity, apetyczny.

applaud [ə'plɔːd] *vi* bić brawo, klaskać ♦ *vt* (*actor etc*) oklaskiwać; (*action, attitude*) pochwalać (pochwalić *perf*); (*decision, initiative*) przyklaskiwać (przyklasnąć *perf*) +*dat*.

applause [ə'plɔːz] *n* (*clapping*) oklaski *pl*; (*praise*) aplauz *m*.

apple ['æpl] *n* jabłko *nt*.

apple tree *n* jabłoń *f*.

applet ['æplət] (*COMPUT*) *n* aplet *m*.

appliance [ə'plaɪəns] *n* (*electrical, gas etc*) urządzenie *nt*.

applicable [ə'plɪkəbl] *adj*: **applicable (to)** odpowiedni (do +*gen*), mający zastosowanie (w +*loc*).

applicant ['æplɪkənt] *n* kandydat(ka) *m(f)*.

application [æplɪ'keɪʃən] *n* (*for job*) podanie *nt*; (*for grant*) podanie *nt*, wniosek *m*; (*of rules, theory*) zastosowanie *nt*; (*of cream*) nałożenie *nt*; (*of compress*) przyłożenie *nt*; (*of paint*) położenie *nt*; (*hard work*) pilność *f*.

application form *n* formularz *m* podania *or* wniosku.

applied [ə'plaɪd] *adj* (*science, art*) stosowany.

apply [ə'plaɪ] *vt* (*put on*) nakładać (nałożyć *perf*); (*put into practice*) stosować (zastosować *perf*) ♦ *vi* (*be applicable*) stosować się, mieć zastosowanie; (*ask*) składać (złożyć *perf*) podanie *or* wniosek, zgłaszać się (zgłosić się *perf*); **to apply to** mieć zastosowanie do +*gen*; **to apply for** ubiegać się o +*acc*; **to**

apply o.s. to przykładać się (przyłożyć się *perf*) do +*gen*.

appoint [ə'pɔɪnt] *vt* (*to post*) mianować.

appointed [ə'pɔɪntɪd] *adj*: **at the appointed time** o wyznaczonym czasie.

appointment [ə'pɔɪntmənt] *n* (*of person*) mianowanie *nt*; (*post*) stanowisko *nt*; (*arranged meeting*: *with client*) spotkanie *nt*; (: *with doctor, hairdresser*) wizyta *f*; **to make an appointment (with sb)** ustalać (ustalić *perf*) termin spotkania (z kimś), umawiać się (umówić się *perf*) (z kimś).

appraisal [ə'preɪzl] *n* (*of situation, market*) ocena *f*; (*of damage*) oszacowanie *nt*, wycena *f*.

appreciate [ə'priːʃɪeɪt] *vt* (*like*) doceniać, cenić sobie; (*be grateful for*) być wdzięcznym za +*acc*, doceniać (docenić *perf*); (*be aware of*) rozumieć ♦ *vi* (*COMM*) zyskiwać (zyskać *perf*) na wartości.

appreciation [əpriːʃɪ'eɪʃən] *n* (*enjoyment*) uznanie *nt*; (*COMM*) wzrost *m* wartości; (*understanding*) zrozumienie *nt*, świadomość *f*; (*gratitude*) wdzięczność *f*.

apprehend [æprɪ'hend] *vt* (*arrest*) zatrzymywać (zatrzymać *perf*), ująć (*perf*).

apprehension [æprɪ'henʃən] *n* (*fear*) obawa *f*.

apprehensive [æprɪ'hensɪv] *adj* pełen obawy.

apprentice [ə'prentɪs] *n* (*carpenter etc*) uczeń/uczennica *m/f*, terminator *m*.

apprenticeship [ə'prentɪsʃɪp] *n* (*for trade*) nauka *f* rzemiosła, praktyka *f* (zawodowa); (*fig*) praktyka *f*.

approach [ə'prəutʃ] *vi* nadchodzić (nadejść *perf*) ♦ *vt* (*place*) zbliżać się (zbliżyć się *perf*) do +*gen*; (*person, problem*) podchodzić (podejść *perf*) do +*gen*; (*ask, apply to*) zwracać się (zwrócić się *perf*) do +*gen* ♦ *n* (*of person*) nadejście *nt*; (*proposal*) propozycja *f*, oferta *f*; (*access, path*) droga *f*, dojście *nt*; (*to problem*) podejście *nt*.

appropriate [ə'prəuprɪɪt] *adj* (*remark etc*) stosowny, właściwy; (*tool*) odpowiedni ♦ *vt* przywłaszczać (przywłaszczyć *perf*) sobie.

approval [ə'pruːvəl] *n* (*approbation*) aprobata *f*; (*permission*) zgoda *f*.

approve [ə'pruːv] *vt* zatwierdzać (zatwierdzić *perf*).

▶**approve of** *vt fus* (*person, thing*) akceptować; (*behaviour*) pochwalać.

approximate [ə'prɔksɪmɪt] *adj* przybliżony.

approximately [ə'prɔksɪmɪtlɪ] *adv* około, w przybliżeniu.

apricot ['eɪprɪkɔt] *n* morela *f*.

April ['eɪprəl] *n* kwiecień *m*.

April Fool's Day *n* prima aprilis *m*.

apron ['eɪprən] *n* (*clothing*) fartuch *m*, fartuszek *m*.

apt [æpt] *adj* (*comment etc*) trafny; (*person*) uzdolniony; **to be apt to do sth** mieć tendencję do robienia czegoś.

aptitude ['æptɪtjuːd] *n* uzdolnienie *nt*.

aquarium [ə'kwɛərɪəm] *n* (*fish tank*) akwarium *nt*; (*building*) oceanarium *nt*.

Aquarius [ə'kwɛərɪəs] *n* Wodnik *m*.

Arab ['ærəb] *adj* arabski ♦ *n* Arab(ka) *m(f)*.

Arabian [ə'reɪbɪən] *adj* (*GEOG*) arabski.

Arabic ['ærəbɪk] *adj* (*language, numerals*) arabski ♦ *n* (język *m*) arabski.

arable ['ærəbl] *adj* uprawny, orny.

arbitrary ['ɑːbɪtrərɪ] *adj* (*attack*) przypadkowy; (*decision*) arbitralny.

arbitration [ɑːbɪ'treɪʃən] *n* arbitraż *m*; **the dispute went to arbitration** spór skierowano do arbitrażu.

arc [ɑːk] *n* łuk *m*.

arcade [ɑː'keɪd] *n* (*covered passageway*) arkada *f*; (*shopping mall*) pasaż *m* handlowy.

arch [ɑːtʃ] *n* (*ARCHIT*) łuk *m*, sklepienie *nt* łukowe; (: *of bridge*) przęsło *nt*; (*of foot*) podbicie *nt* ♦ *vt* wyginać (wygiąć *perf*) w łuk.

archaeologist [ɑːkɪ'ɔlədʒɪst] *n* archeolog *m*.

archaeology [ɑːkɪ'ɔlədʒɪ] *n* archeologia *f*.

archaic [ɑː'keɪɪk] *adj* archaiczny.

archbishop [ɑːtʃ'bɪʃəp] *n* arcybiskup *m*.

archeology *etc* (*US*) = **archaeology** *etc*.

archipelago [ɑːkɪ'pɛlɪgəu] *n* archipelag *m*.

architect ['ɑːkɪtɛkt] *n* architekt *m*.

architecture ['ɑːkɪtɛktʃə*] *n* architektura *f*.

archives ['ɑːkaɪvz] *npl* archiwa *pl*, archiwum *nt*.

Arctic ['ɑːktɪk] *adj* arktyczny ♦ *n*: **the Arctic** Arktyka *f*.

ardent ['ɑːdənt] *adj* (*admirer*) gorliwy, żarliwy; (*discussion*) ożywiony.

arduous ['ɑːdjuəs] *adj* żmudny.

are [ɑː*] *vb see* **be**.

area ['ɛərɪə] *n* (*region, zone*) obszar *m*, rejon *m*; (*part*) miejsce *nt*; (*of knowledge etc*) dziedzina *f*.

area code (*TEL*) *n* (numer *m*) kierunkowy.

arena [ə'riːnə] *n* arena *f*.

aren't [ɑːnt] = **are not**.

Argentina [ɑːdʒən'tiːnə] *n* Argentyna *f*.

Argentinian [ɑːdʒən'tɪnɪən] *adj* argentyński ♦ *n* Argentyńczyk (-tynka) *m(f)*.

arguable ['ɑːgjuəbl] *adj* dyskusyjny.

arguably ['ɑːgjuəblɪ] *adv* prawdopodobnie, być może.

argue ['ɑːgjuː] *vi* (*quarrel*) kłócić się,

sprzeczać się; (*reason*)
argumentować; **to argue that ...**
utrzymywać, że ... .
argument ['ɑːgjumənt] *n* (*reason*)
argument *m*; (*reasoning*)
rozumowanie *nt*; (*quarrel*) kłótnia *f*,
sprzeczka *f*.
argumentative [ɑːgjuˈmɛntətɪv] *adj*
kłótliwy.
aria ['ɑːrɪə] *n* aria *f*.
arid ['ærɪd] *adj* suchy, jałowy.
Aries ['ɛərɪz] *n* Baran *m*.
arise [əˈraɪz] (*pt* **arose**, *pp* **arisen**)
vi powstawać (powstać *perf*),
pojawiać się (pojawić się *perf*).
arisen [əˈrɪzn] *pp of* **arise**.
aristocracy [ærɪsˈtɔkrəsɪ] *n*
arystokracja *f*.
aristocrat ['ærɪstəkræt] *n* arystokrata
(-tka) *m(f)*.
arithmetic [əˈrɪθmətɪk] *n* (*MATH*)
arytmetyka *f*; (*calculation*) obliczenia
pl, rachunki *pl*.
ark [ɑːk] *n*: **Noah's Ark** arka *f* Noego.
arm [ɑːm] *n* (*ANAT*) ręka *f*, ramię *nt*;
(*of jacket*) rękaw *m*; (*of chair*) poręcz
f; (*of organization etc*) ramię *nt* ♦ *vt*
zbroić, uzbrajać (uzbroić *perf*); **arms**
npl (*MIL*) broń *f*; **arm in arm** pod
rękę.
armaments ['ɑːməmənts] *npl*
zbrojenia *pl*.
armchair ['ɑːmtʃɛə*] *n* fotel *m*.
armed [ɑːmd] *adj* (*soldier*)
uzbrojony; (*conflict, action*) zbrojny.
armed robbery *n* rabunek *m* z
bronią w ręku.
armistice ['ɑːmɪstɪs] *n* zawieszenie
nt broni.
armour (*US* **armor**) ['ɑːmə*] *n* (*of
knight*) zbroja *f*.
armpit ['ɑːmpɪt] *n* pacha *f*.
arms race [ɑːmz-] *n*: **the arms race**
wyścig *m* zbrojeń.
army ['ɑːmɪ] *n* (*MIL*) wojsko *nt*;
(: *unit*) armia *f*; (*fig*) armia *f*.
aroma [əˈrəumə] *n* aromat *m*.

aromatic [ærəˈmætɪk] *adj*
aromatyczny.
arose [əˈrəuz] *pt of* **arise**.
around [əˈraund] *adv* (*about*)
dookoła; (*in the area*) w okolicy ♦
prep (*encircling*) wokół *or* dookoła
+*gen*; (*near*) koło +*gen*; (*fig: about,
roughly*) około +*gen*.
arouse [əˈrauz] *vt* (*from sleep*)
budzić (obudzić *perf*); (*sexually*)
pobudzać (pobudzić *perf*); (*interest,
passion*) rozbudzać (rozbudzić *perf*),
wzbudzać (wzbudzić *perf*).
arrange [əˈreɪndʒ] *vt* (*meeting, tour*)
organizować (zorganizować *perf*);
(*cards, papers*) układać (ułożyć
perf); (*glasses, furniture*) ustawiać
(ustawić *perf*); (*sth with/for sb*)
załatwiać (załatwić *perf*); **they've
arranged to meet her in the pub**
umówili się (, że spotkają się) z nią
w pubie.
arrangement [əˈreɪndʒmənt] *n*
(*agreement*) umowa *f*; (*order, layout*)
układ *m*; **arrangements** *npl* (*plans*)
ustalenia *pl*; (*preparations*)
przygotowania *pl*.
array [əˈreɪ] *n* (*MATH*) macierz *f*,
matryca *f*; (*COMPUT*) tablica *f*;
(*MIL*) szyk *m*; **an array of** wachlarz
+*gen*.
arrears [əˈrɪəz] *npl* zaległości *pl*
płatnicze; **to be in arrears with
one's rent** zalegać z czynszem.
arrest [əˈrɛst] *vt* (*criminal*) aresztować
(zaaresztować *perf*); (*sb's attention*)
przykuwać (przykuć *perf*) ♦ *n*
aresztowanie *nt*; **you're under arrest**
jest Pan aresztowany.
arrival [əˈraɪvl] *n* (*of person*)
przybycie *nt*; (*of train, car*) przyjazd
m; (*of plane*) przylot *m*; (*fig: of
invention etc*) nadejście *nt*; **new
arrival** (*at college, work*) nowy (-wa)
m(f); (*baby*) nowo narodzone
dziecko.
arrive [əˈraɪv] *vi* (*person*) przybywać

(przybyć *perf*); (*moment, news, letter*) nadchodzić (nadejść *perf*); (*baby*) przychodzić (przyjść *perf*) na świat.

▶**arrive at** *vt fus* (*fig: conclusion, agreement*) dochodzić (dojść *perf*) do +*gen*.

arrogance ['ærəgəns] *n* arogancja *f*.

arrogant ['ærəgənt] *adj* arogancki.

arrow ['ærəu] *n* (*weapon*) strzała *f*; (*sign*) strzałka *f*.

arse [ɑːs] (*BRIT: inf!*) *n* dupa *f* (*inf!*).

arsenal ['ɑːsɪnl] *n* arsenał *m*.

arsenic ['ɑːsnɪk] *n* arszenik *m*.

arson ['ɑːsn] *n* podpalenie *nt*.

art [ɑːt] *n* sztuka *f*; **arts** *npl* (*SCOL*) nauki *pl* humanistyczne.

artery ['ɑːtərɪ] *n* (*MED*) tętnica *f*; (*fig: road*) arteria *f*.

artful ['ɑːtful] *adj* chytry, przebiegły.

art gallery *n* galeria *f* sztuki.

arthritis [ɑːˈθraɪtɪs] *n* zapalenie *nt* stawów, artretyzm *m*.

artichoke ['ɑːtɪtʃəuk] *n* (*also*: **globe artichoke**) karczoch *m*; (*also*: **Jerusalem artichoke**) topinambur *m*.

article ['ɑːtɪkl] *n* artykuł *m*; (*LING*) przedimek *m*, rodzajnik *m*; **articles** (*BRIT*) *npl* (*JUR*) aplikacja *f*.

articulate [ɑːˈtɪkjulɪt] *adj* (*speech*) wyraźny; (*sth said or written*) zrozumiały, jasny; (*person*) elokwentny, wymowny ♦ *vt* wyrażać (wyrazić *perf*).

artificial [ɑːtɪˈfɪʃəl] *adj* sztuczny.

artificial respiration *n* sztuczne oddychanie *nt*.

artillery [ɑːˈtɪlərɪ] *n* artyleria *f*.

artist ['ɑːtɪst] *n* artysta (-tka) *m(f)*.

artistic [ɑːˈtɪstɪk] *adj* artystyczny.

artistry ['ɑːtɪstrɪ] *n* artyzm *m*.

art school *n* ≈ akademia *f* sztuk pięknych.

┌─────── KEYWORD ───────

as [æz, əz] *conj* **1** (*referring to time*) kiedy, gdy; **he came in as I was**

leaving wszedł, kiedy *or* gdy wychodziłem; **as from tomorrow** (począwszy) od jutra. **2** (*in comparisons*): **as big as me** taki duży jak ja; **twice as big as you** dwa razy większy od ciebie; **she has as much money as I** ma tyle (samo) pieniędzy co ja; **as much as 200 pounds** aż 200 funtów; **as soon as you have finished** jak tylko skończysz. **3** (*since, because*) ponieważ; **he left early as he had to be home by ten** wyszedł wcześnie, ponieważ miał być w domu przed dziesiątą. **4** (*referring to manner, way*) (tak) jak; **do as you wish** rób, jak chcesz. **5** (*in the capacity of*) jako; **he works as a driver** pracuje jako kierowca. **6** (*concerning*): **as for** *or* **to that** co do tego, jeśli o to chodzi. **7**: **as if** *or* **though** jak gdyby, jakby; *see also* **long**, **such**, **well**.

└───────────────────────

a.s.a.p. *adv abbr* (= as soon as possible) jak najszybciej.

asbestos [æzˈbestəs] *n* azbest *m*.

ascend [əˈsend] *vt* (*hill*) wspinać się (wspiąć się *perf*) na +*acc*; (*stairs*) wspinać się (wspiąć się *perf*) po +*loc*; (*throne*) wstępować (wstąpić *perf*) na +*acc* ♦ *vi* (*path, stairs*) piąć się; (*person: on foot*) wspinać się (wspiąć się *perf*); (: *in lift*) wjeżdżać (wjechać *perf*).

ascent [əˈsent] *n* (*slope*) wzniesienie *nt*; (*climb*) wspinaczka *f*.

ascribe [əˈskraɪb] *vt*: **to ascribe sth to** przypisywać (przypisać *perf*) coś +*dat*.

ash [æʃ] *n* (*of fire*) popiół *m*; (*tree, wood*) jesion *m*.

ashamed [əˈʃeɪmd] *adj* zawstydzony; **to be ashamed of/to do sth** wstydzić się +*gen*/coś zrobić.

ashore [əˈʃɔː*] *adv* (*swim*) do

brzegu; (*go*) na brzeg; (*be*) na brzegu.

ashtray ['æʃtreɪ] *n* popielniczka *f*.

Ash Wednesday *n* środa *f* popielcowa, Popielec *m*.

Asia ['eɪʃə] *n* Azja *f*.

Asian ['eɪʃən] *adj* azjatycki ♦ *n* Azjata (-tka) *m(f)*.

aside [ə'saɪd] *adv* na bok ♦ *n* (*incidental remark*) uwaga *f* na marginesie; (*THEAT*) uwaga *f* na stronie (*skierowana do publiczności*).

ask [ɑːsk] *vt* (*question*) zadawać (zadać *perf*); (*invite*) zapraszać (zaprosić *perf*); **to ask sb sth/to do sth** prosić (poprosić *perf*) kogoś o coś/, żeby coś zrobił; **to ask sb about sth** pytać (zapytać *perf or* spytać *perf*) kogoś o coś; **to ask sb out to dinner** zapraszać (zaprosić *perf*) kogoś do restauracji.

►**ask for** *vt fus* prosić (poprosić *perf*) o +*acc*; **it's just asking for trouble/it** to się może źle skończyć.

asleep [ə'sliːp] *adj* śpiący, pogrążony we śnie; **to be asleep** spać; **to fall asleep** zasypiać (zasnąć *perf*).

asparagus [əs'pærəgəs] *n* szparagi *pl*.

aspect ['æspɛkt] *n* aspekt *m*.

asphalt ['æsfælt] *n* asfalt *m*.

aspirations [æspə'reɪʃənz] *npl* aspiracje *pl*.

aspire [əs'paɪə*] *vi*: **to aspire to** aspirować do +*gen*.

aspirin ['æsprɪn] *n* aspiryna *f*.

ass [æs] *n* (*lit, fig*) osioł *m*; (*US: inf!*) dupa *f* (*inf!*).

assassin [ə'sæsɪn] *n* (*killer*) zabójca (-czyni) *m(f)*; (*one who attempts to kill*) zamachowiec *m*.

assassination [əsæsɪ'neɪʃən] *n* zabójstwo *nt* (*w drodze zamachu*).

assault [ə'sɔːlt] *n* (*JUR*) napad *m*, atak *m*; (*MIL*) atak *m* ♦ *vt* atakować (zaatakować *perf*), napadać (napaść *perf*); (*sexually*) gwałcić (zgwałcić *perf*).

assemble [ə'sɛmbl] *vt* gromadzić (zgromadzić *perf*); (*TECH*) montować (zmontować *perf*) ♦ *vi* zbierać się (zebrać się *perf*), gromadzić się (zgromadzić się *perf*).

assembly [ə'sɛmblɪ] *n* (*meeting, institution*) zgromadzenie *nt*; (*construction*) montaż *m*.

assembly line *n* linia *f* montażowa.

assent [ə'sɛnt] *n* zgoda *f*, aprobata *f*.

assert [ə'səːt] *vt* (*opinion*) wyrażać (wyrazić *perf*) zdecydowanie; (*innocence*) zapewniać (zapewnić *perf*) o +*loc*; (*authority*) zaznaczać (zaznaczyć *perf*), podkreślać (podkreślić *perf*).

assertion [ə'səːʃən] *n* twierdzenie *nt*.

assess [ə'sɛs] *vt* (*situation, abilities, students*) oceniać (ocenić *perf*); (*tax*) naliczać (naliczyć *perf*), obliczać (obliczyć *perf*); (*damages, value*) szacować (oszacować *perf*).

assessment [ə'sɛsmənt] *n* (*of situation, abilities*) ocena *f*; (*of tax*) naliczenie *nt*, obliczenie *nt*; (*of damage, value*) oszacowanie *nt*; (*SCOL*) ocena *f* (*postępów*).

asset ['æsɛt] *n* (*quality*) zaleta *f*; (*person*) cenny nabytek *m*; **assets** *npl* (*property, funds*) wkłady *pl* kapitałowe; (*COMM*) aktywa *pl*.

assiduous [ə'sɪdjuəs] *adj* gorliwy.

assign [ə'saɪn] *vt*: **to assign (to)** (*task, resources*) przydzielać (przydzielić *perf*) (+*dat*); (*person*) przydzielać (przydzielić *perf*) (do +*gen*), wyznaczać (wyznaczyć *perf*) (do +*gen*).

assignment [ə'saɪnmənt] *n* (*task*) zadanie *nt*; (*appointment*) wyznaczenie *nt*, przydzielenie *nt*.

assimilate [ə'sɪmɪleɪt] *vt* (*learn*) przyswajać (przyswoić *perf*) sobie; (*absorb*) wchłaniać (wchłonąć *perf*).

assist [ə'sɪst] *vt* pomagać (pomóc *perf*) +*dat*.

assistance [ə'sɪstəns] *n* pomoc *f*.

assistant [ə'sɪstənt] *n* pomocnik (-ica) *m(f)*; (*BRIT: also:* **shop assistant**) sprzedawca (-czyni) *m(f)*.

associate [ə'səuʃɪt] *n* wspólnik (-iczka) *m(f)* ♦ *vt* kojarzyć (skojarzyć *perf*) ♦ *vi:* **to associate with sb** zadawać się z kimś ♦ *adj:* **associate director** zastępca *m* dyrektora; **associate professor** (*US*) ≈ profesor nadzwyczajny.

association [əsəusɪ'eɪʃən] *n* (*group*) stowarzyszenie *nt*, zrzeszenie *nt*; (*involvement, link*) związek *m*; (*PSYCH*) skojarzenie *nt*.

assorted [ə'sɔːtɪd] *adj* mieszany.

assortment [ə'sɔːtmənt] *n* asortyment *m*.

assume [ə'sjuːm] *vt* (*suppose*) zakładać (założyć *perf*); (*responsibilities etc*) brać (wziąć *perf*) (na siebie); (*appearance, name*) przybierać (przybrać *perf*).

assumption [ə'sʌmpʃən] *n* (*supposition*) założenie *nt*; (*of power etc*) przejęcie *nt*.

assurance [ə'ʃuərəns] *n* (*promise*) zapewnienie *nt*; (*confidence*) przekonanie *nt*; (*insurance*) ubezpieczenie *nt* (*zwłaszcza na życie*).

assure [ə'ʃuə*] *vt* zapewniać (zapewnić *perf*).

asterisk ['æstərɪsk] *n* gwiazdka *f*, odsyłacz *m*.

asthma ['æsmə] *n* astma *f*.

astonish [ə'stɒnɪʃ] *vt* zdumiewać (zdumieć *perf*), zadziwiać (zadziwić *perf*).

astonishment [ə'stɒnɪʃmənt] *n* zdumienie *nt*.

astride [ə'straɪd] *prep* okrakiem na +*loc*.

astrologer [əs'trɒlədʒə*] *n* astrolog *m*.

astrology [əs'trɒlədʒɪ] *n* astrologia *f*.

astronaut ['æstrənɔːt] *n* astronauta (-tka) *m(f)*, kosmonauta (-tka) *m(f)*.

astronomer [əs'trɒnəmə*] *n* astronom *m*.

astronomical [æstrə'nɒmɪkl] *adj* (*telescope, price*) astronomiczny; (*odds*) ogromny.

astronomy [əs'trɒnəmɪ] *n* astronomia *f*.

astute [əs'tjuːt] *adj* przebiegły.

asylum [ə'saɪləm] *n* (*refuge*) azyl *m*; (*hospital*) szpital *m* psychiatryczny.

┌─── *KEYWORD* ───┐

at [æt] *prep* **1** (*referring to position, place*): **at the table** przy stole; **at home/school** w domu/szkole; **at the top** na górze; **at my parents' (house)** u (moich) rodziców. **2** (*referring to direction*): **to look at sth** patrzeć (popatrzeć *perf*) na coś; **to throw sth at sb** rzucać (rzucić *perf*) czymś w kogoś. **3** (*referring to time*): **at 4 o'clock** o (godzinie) czwartej; **at night** w nocy; **at Christmas** na Boże Narodzenie; **at times** czasami, czasem. **4** (*referring to rates*) po +*acc*; **at 2 pounds a kilo** po 2 funty za kilogram; **two at a time** po dwa na raz. **5** (*referring to speed*): **at 50 km/h** z prędkością 50 km na godzinę. **6** (*referring to activity*): **to be at work** pracować; **to be good at sth** być dobrym w czymś. **7** (*referring to cause*): **shocked/surprised/annoyed at sth** wstrząśnięty/zdziwiony/ rozdrażniony czymś; **at his command** na jego polecenie. **8**: **not at all** (*in answer to question*) wcale nie; (*in answer to thanks*) nie ma za co.

└─────────────┘

ate [eɪt] *pt of* **eat**.

atheist ['eɪθɪɪst] *n* ateista (-tka) *m(f)*.

Athens ['æθɪnz] *n* Ateny *pl*.

athlete ['æθliːt] *n* (*man*) sportowiec *m*, sportsmen *m*; (*woman*) sportsmenka *f*.

athletic [æθ'lɛtɪk] *adj* (*tradition, excellence*) sportowy; (*person*) wysportowany; (*build*) atletyczny.

athletics [æθ'lɛtɪks] *n* lekkoatletyka *f*.

Atlantic [ət'læntɪk] *adj* atlantycki ♦ *n*: **the Atlantic (Ocean)** Atlantyk *m*, Ocean *m* Atlantycki.

atlas ['ætləs] *n* atlas *m*.

atmosphere ['ætməsfɪə*] *n* (*of planet, place*) atmosfera *f*.

atom ['ætəm] *n* atom *m*.

atomic [ə'tɔmɪk] *adj* atomowy.

atom(ic) bomb *n* bomba *f* atomowa.

attach [ə'tætʃ] *vt* (*fasten, join*) przymocowywać (przymocować *perf*), przytwierdzać (przytwierdzić *perf*); (*document*) załączać (załączyć *perf*); (*importance etc*) przywiązywać (przywiązać *perf*); **to be attached to sb/sth** (*like*) być przywiązanym do kogoś/czegoś.

attachment [ə'tætʃmənt] *n* (*tool*) nasadka *f*, końcówka *f*; (*feeling*): **attachment (to sb)** przywiązanie *nt* (do kogoś).

attack [ə'tæk] *vt* (*MIL*) atakować (zaatakować *perf*); (*assault*) atakować (zaatakować *perf*), napadać (napaść *perf*); (*criticize*) atakować (zaatakować *perf*), napadać (napaść *perf*) na +*acc*; (*tackle*) zabierać się (zabrać się *perf*) do +*gen* ♦ *n* (*MIL*) atak *m*; (*on sb's life*) napad *m*, napaść *f*; (*fig: criticism*) atak *m*, napaść *f*; (*of illness*) napad *m*, atak *m*.

attacker [ə'tækə*] *n* napastnik (-iczka) *m(f)*.

attain [ə'teɪn] *vt* osiągać (osiągnąć *perf*).

attainments [ə'teɪnmənts] *npl* osiągnięcia *pl*.

attempt [ə'tɛmpt] *n* próba *f* ♦ *vt*: **to attempt sth/to** próbować (spróbować *perf*) czegoś/+*infin*; **to make an attempt on sb's life** dokonywać (dokonać *perf*) zamachu na czyjeś życie.

attempted [ə'tɛmptɪd] *adj* niedoszły; **attempted murder** usiłowanie zabójstwa.

attend [ə'tɛnd] *vt* (*school, church*) uczęszczać do +*gen*; (*lectures, course*) uczęszczać na +*acc*; (*patient*) zajmować się (zająć się *perf*) +*instr*.

►**attend to** *vt fus* zajmować się (zająć się *perf*) +*instr*; (*customer*) obsługiwać (obsłużyć *perf*) +*acc*.

attendance [ə'tɛndəns] *n* (*presence*) obecność *f*; (*people present*) frekwencja *f*.

attendant [ə'tɛndənt] *n* pomocnik (-ica) *m(f)*; (*in garage, museum etc*) osoba *f* z obsługi ♦ *adj*: **...and its attendant dangers** ...i związane z tym niebezpieczeństwa.

attention [ə'tɛnʃən] *n* (*concentration*) uwaga *f*; (*MED*) pomoc *f* (medyczna) ♦ *excl* (*MIL*) baczność; **for the attention of** (*ADMIN*) do wiadomości +*gen*.

attentive [ə'tɛntɪv] *adj* (*intent*) uważny; (*solicitous*) troskliwy.

attic ['ætɪk] *n* strych *m*.

attitude ['ætɪtjuːd] *n* (*posture, behaviour*) postawa *f*; (*view*): **attitude (to)** pogląd *m* (na +*acc*), stosunek *m* (do +*gen*).

attorney [ə'təːnɪ] *n* (*US*) pełnomocnik *m*.

Attorney General *n* (*BRIT*) minister sprawiedliwości i doradca prawny rządu i Korony; (*US*) minister sprawiedliwości i prokurator generalny.

attract [ə'trækt] *vt* (*people, attention*) przyciągać (przyciągnąć *perf*); (*support, publicity*) zyskiwać (zyskać *perf*); (*interest*) wzbudzać (wzbudzić *perf*); (*appeal to*) pociągać.

attraction [ə'trækʃən] *n* (*appeal*) powab *m*, urok *m*; (*usu pl*:

amusements) atrakcja *f*; (*PHYS*)
przyciąganie *nt*; (*fig. towards sb, sth*)
pociąg *m*.

attractive [əˈtræktɪv] *adj* atrakcyjny.

attribute [ˈætrɪbjuːt] *n* atrybut *m* ♦ *vt*:
to attribute sth to przypisywać
(przypisać *perf*) coś +*dat*.

aubergine [ˈəʊbəʒiːn] *n* (*vegetable*)
bakłażan *m*, oberżyna *f*; (*colour*)
(kolor *m*) ciemnofioletowy, ciemny
fiolet *m*.

auburn [ˈɔːbən] *adj* kasztanowaty,
rudawobrązowy.

auction [ˈɔːkʃən] *n* licytacja *f*, aukcja
f ♦ *vt* sprzedawać (sprzedać *perf*) na
licytacji *or* aukcji.

auctioneer [ɔːkʃəˈnɪə*] *n*
licytator(ka) *m(f)*.

audible [ˈɔːdɪbl] *adj* słyszalny.

audience [ˈɔːdɪəns] *n* (*in theatre etc*)
publiczność *f*, widownia *f*; (*RADIO*)
słuchacze *pl*; (*TV*) widzowie *pl*;
(*with queen etc*) audiencja *f*.

audio-visual [ˈɔːdɪəʊˈvɪzjuəl] *adj*
audiowizualny.

audit [ˈɔːdɪt] (*COMM*) *vt* rewidować
(zrewidować *perf*), sprawdzać
(sprawdzić *perf*).

audition [ɔːˈdɪʃən] *n* przesłuchanie *nt*
(*do roli*).

auditor [ˈɔːdɪtə*] *n* rewident *m*
księgowy.

auditorium [ɔːdɪˈtɔːrɪəm] *n* (*building*)
audytorium *nt*; (*audience area*)
widownia *f*.

augment [ɔːgˈmɛnt] *vt* powiększać
(powiększyć *perf*), zwiększać
(zwiększyć *perf*).

August [ˈɔːgəst] *n* sierpień *m*.

aunt [ɑːnt] *n* ciotka *f*; (*affectionately*)
ciocia *f*.

auntie (*also spelled* **aunty**) [ˈɑːntɪ] *n*
dimin of **aunt** ciocia *f*; (*jocularly,
ironically*) cioteczka *f*, ciotunia *f*.

au pair [ˈəʊˈpɛə*] *n* (*also:* **au pair
girl**) *młoda cudzoziemka*

*pomagająca w domu w zamian za
utrzymanie i kieszonkowe.*

aura [ˈɔːrə] *n* (*fig*) atmosfera *f*.

auspicious [ɔːsˈpɪʃəs] *adj* pomyślny.

austere [ɔsˈtɪə*] *adj* (*room, person,
manner*) surowy; (*lifestyle*) prosty,
skromny.

austerity [ɔsˈtɛrɪtɪ] *n* surowość *f*,
prostota *f*; (*ECON*) trudności *pl*
gospodarcze.

Australia [ɔsˈtreɪlɪə] *n* Australia *f*.

Australian [ɔsˈtreɪlɪən] *adj*
australijski ♦ *n* Australijczyk (-jka)
m(f).

Austria [ˈɔstrɪə] *n* Austria *f*.

Austrian [ˈɔstrɪən] *adj* austriacki ♦ *n*
Austriak (-aczka) *m(f)*.

authentic [ɔːˈθɛntɪk] *adj* autentyczny.

author [ˈɔːθə*] *n* autor(ka) *m(f)*;
(*profession*) pisarz (-arka) *m(f)*.

authoritarian [ɔːθɒrɪˈtɛərɪən] *adj*
(*attitudes, conduct*) władczy,
apodyktyczny; (*government, rule*)
autorytarny.

authoritative [ɔːˈθɒrɪtətɪv] *adj*
(*person, manner*) autorytatywny;
(*source, account*) miarodajny,
wiarygodny.

authority [ɔːˈθɒrɪtɪ] *n* (*power*) władza
f; (*expert*) autorytet *m*; (*government
body*) administracja *f*; (*official
permission*) pozwolenie *nt*; **the
authorities** *npl* władze *pl*.

authorize [ˈɔːθəraɪz] *vt* (*publication*)
autoryzować; (*loan*) zatwierdzać
(zatwierdzić *perf*); (*course of action*)
wyrażać (wyrazić *perf*) zgodę na
+*acc*.

autistic [ɔːˈtɪstɪk] *adj* autystyczny.

autobiography [ɔːtəbaɪˈɒɡrəfɪ] *n*
autobiografia *f*.

autograph [ˈɔːtəɡrɑːf] *n* autograf *m* ♦
vt podpisywać (podpisać *perf*).

automated [ˈɔːtəmeɪtɪd] *adj*
zautomatyzowany.

automatic [ɔːtəˈmætɪk] *adj*
automatyczny; (*reaction*) odruchowy

♦ n (gun) broń f automatyczna;
(washing machine) pralka f
automatyczna, automat m (inf); (car)
samochód m z automatyczną
skrzynią biegów.
automatically [ɔ:tə'mætɪklɪ] adv (by
itself) automatycznie; (without
thinking) machinalnie, odruchowo.
automation [ɔ:tə'meɪʃən] n
automatyzacja f.
automaton [ɔ:'tɔmətən] (pl
automata) n automat m, robot m.
automobile ['ɔ:təməbi:l] (US) n
samochód m.
autonomous [ɔ:'tɔnəməs] adj
(region, area) autonomiczny;
(organization, person) niezależny.
autonomy [ɔ:'tɔnəmɪ] n (of country)
autonomia f; (of organization,
person) niezależność f.
autopsy ['ɔ:tɔpsɪ] n (post-mortem)
sekcja f zwłok, autopsja f.
autumn ['ɔ:təm] n jesień; **in autumn**
jesienią, na jesieni.
auxiliary [ɔ:g'zɪlɪərɪ] adj pomocniczy
♦ n pomocnik (-ica) m(f).
avail [ə'veɪl] vt: **to avail o.s. of**
korzystać (skorzystać perf) z +gen ♦
n: **to no avail** daremnie, na próżno.
availability [əveɪlə'bɪlɪtɪ] n (of
goods, information) dostępność f; (of
staff) osiągalność f.
available [ə'veɪləbl] adj (article,
service, information) dostępny;
(person, time) wolny.
avalanche ['ævəlɑ:nʃ] n (lit, fig)
lawina f.
Ave. abbr = **avenue** al.
avenge [ə'vɛndʒ] vt mścić (pomścić
perf).
avenue ['ævənju:] n aleja f; (fig)
możliwość f.
average ['ævərɪdʒ] n średnia f ♦ adj
(mean) średni, przeciętny; (ordinary)
przeciętny ♦ vt osiągać (osiągnąć
perf) średnio; **on average** średnio,
przeciętnie.

aversion [ə'və:ʃən] n niechęć f,
awersja f.
avert [ə'və:t] vt (accident, war) unikać
(uniknąć perf) +gen; (one's eyes)
odwracać (odwrócić perf).
aviary ['eɪvɪərɪ] n ptaszarnia f.
aviation [eɪvɪ'eɪʃən] n lotnictwo nt.
avid ['ævɪd] adj gorliwy; **avid for**
spragniony +gen.
avocado [ævə'kɑ:dəu] n (BRIT: also:
avocado pear) awokado nt inv.
avoid [ə'vɔɪd] vt unikać (uniknąć
perf) +gen; (obstacle) omijać
(ominąć perf).
await [ə'weɪt] vt oczekiwać na +acc.
awake [ə'weɪk] (pt **awoke**, pp
awoken or **awakened**) adj: **to be
awake** nie spać ♦ vt budzić (obudzić
perf) ♦ vi budzić się (obudzić się
perf).
awakening [ə'weɪknɪŋ] n (of
emotion) przebudzenie nt; (of
interest) rozbudzenie nt.
award [ə'wɔ:d] n (prize) nagroda f;
(damages) odszkodowanie nt ♦ vt
(prize) przyznawać (przyznać perf);
(damages) zasądzać (zasądzić perf).
aware [ə'wɛə*] adj: **aware (of)**
(conscious) świadomy (+gen);
(informed) zorientowany (w +loc); **to
become aware of/that** uświadamiać
(uświadomić perf) sobie +accl, że.
awareness [ə'wɛənɪs] n świadomość
f.
away [ə'weɪ] adv (be situated) z dala,
daleko; (not present): **to be away**
być nieobecnym; (move): **he walked
away slowly** odszedł powoli; **two
kilometres away from** w odległości
dwóch kilometrów od +gen; **two
hours away by car** dwie godziny
jazdy samochodem; **he's away for a
week** nie będzie go przez tydzień,
wyjechał na tydzień; **to take away**
(remove) zabierać (zabrać perf);
(subtract) odejmować (odjąć perf);

to work/pedal *etc* **away** zawzięcie pracować/pedałować *etc*.

awe [ɔ:] *n* respekt *m*.

awful ['ɔ:fəl] *adj* straszny, okropny; **an awful lot (of)** strasznie dużo (+*gen*).

awfully ['ɔ:fəlɪ] *adv* strasznie, okropnie.

awkward ['ɔ:kwəd] *adj* (*person, movement, situation*) niezręczny; (*tool, machine*) niewygodny.

awoke [ə'wəuk] *pt of* **awake**.

awoken [ə'wəukən] *pp of* **awake**.

axe (*US* **ax**) [æks] *n* siekiera *f*, topór *m* ♦ *vt* robić (zrobić *perf*) cięcia w +*loc*.

axes[1] ['æksɪz] *npl of* **ax(e)**.

axes[2] ['æksi:z] *npl of* **axis**.

axis ['æksɪs] (*pl* **axes**) *n* oś *f*.

B

B [bi:] *n* (*MUS*) H *nt*, h *nt*.

BA *n abbr* (= *Bachelor of Arts*) stopień naukowy.

babble ['bæbl] *vi* (*person: confusedly*) bełkotać; (: *thoughtlessly, continuously*) paplać; (*baby*) gaworzyć; (*brook*) szemrać.

baby ['beɪbɪ] *n* (*infant*) niemowlę *nt*; (: *affectionately*) dzidziuś *m*; (*US: inf: darling*) kochanie *nt*; **we're going to have a baby** będziemy mieli dziecko.

baby carriage (*US*) *n* wózek *m* dziecięcy.

baby-sitter ['beɪbɪsɪtə*] *n* osoba *f* do pilnowania dziecka *or* dzieci, baby sitter *m*.

bachelor ['bætʃələ*] *n* kawaler *m*; **Bachelor of Arts/Science** posiadacz stopnia naukowego odpowiadającego licencjatowi w dziedzinie nauk humanistycznych/ścisłych.

back [bæk] *n* (*of person*) plecy *pl*; (*of animal*) grzbiet *m*; (*of house, car, shirt*) tył *m*; (*of hand*) wierzch *m*; (*of chair*) oparcie *nt*; (*FOOTBALL*) obrońca *m* ♦ *vt* (*candidate*) popierać (poprzeć *perf*); (*horse*) obstawiać (obstawić *perf*); (*car*) cofać (cofnąć *perf*) ♦ *vi* (*also*: **back up**) cofać się (cofnąć się *perf*) ♦ *cpd* (*payment, rent*) zaległy; (*seat, wheels*) tylny; (*garden*) za domem *post*; (*room*) od podwórza *post* ♦ *adv* do tyłu; **he's back** wrócił; **they ran back** pobiegli z powrotem.

►**back down** *vi* wycofywać się (wycofać się *perf*).

►**back out** *vi* wycofywać się (wycofać się *perf*).

►**back up** *vt* (*support*) popierać (poprzeć *perf*); (*COMPUT*) robić (zrobić *perf*) (zapasową) kopię +*gen*.

backbencher ['bæk'bentʃə*] (*BRIT*) *n* członek brytyjskiego Parlamentu nie pełniący ważnej funkcji w rządzie ani w partii opozycyjnej i w związku z tym zasiadający w tylnych ławach Izby Gmin.

backbone ['bækbəun] *n* kręgosłup *m*; (*fig*) odwaga *f*, siła *f* charakteru.

backfire [bæk'faɪə*] *vi* (*AUT*) strzelać (strzelić *perf*); (*plans*) odnosić (odnieść *perf*) odwrotny skutek.

background ['bækɡraund] *n* (*lit, fig*) tło *nt*; (*of person: origins*) pochodzenie *nt*; (: *educational*) wykształcenie *nt*; **against a background of** na tle +*gen*.

backhand ['bækhænd] (*TENNIS etc*) *n* bekhend *m*.

backhander ['bæk'hændə*] (*BRIT: inf*) *n* łapówka *f*, wziątka *f* (*inf*).

backing ['bækɪŋ] *n* (*support*) poparcie *nt*; (: *COMM*) sponsorowanie *nt*.

backlash ['bæklæʃ] *n* (*fig*)
(gwałtowna) reakcja *f* (*atakująca
określony trend, ideologię itp*).

backlog ['bæklɔg] *n*: **backlog of
work** zaległości *pl* w pracy.

backpack ['bækpæk] *n* plecak *m*.

backside ['bæksaɪd] (*inf*) *n* tyłek *m*
(*inf*).

backstage [bæk'steɪdʒ] *adv* (*be*) za
kulisami; (*go*) za kulisy.

backstroke ['bækstrəuk] *n* styl *m*
grzbietowy.

backup ['bækʌp] *adj* (*staff, services*)
pomocniczy; (*COMPUT*) zapasowy ♦
n (*people, machines*) zaplecze *nt*;
(*also*: **backup file**) zbiór *m* zapasowy
or rezerwowy, kopia *f* zapasowa
zbioru.

backward ['bækwəd] *adj* (*movement*)
do tyłu *post*; (*pej: country, person*)
zacofany.

backwards ['bækwədz] *adv* (*move,
go*) do tyłu; (*fall*) na plecy; (*walk*)
tyłem.

backwater ['bækwɔːtə*] *n* (*fig*)
zaścianek *m*.

backyard [bæk'jɑːd] *n* podwórko *nt*
(*za domem*).

bacon ['beɪkən] *n* bekon *m*.

bacteria [bæk'tɪərɪə] *npl* bakterie *pl*.

bad [bæd] *adj* zły; (*naughty*)
niedobry, niegrzeczny; (*poor: work,
health etc*) słaby; (*mistake, accident,
injury*) poważny; **he has a bad back**
ma chory kręgosłup; **to go bad**
(*meat*) psuć się (zepsuć się *perf*).

bade [bæd] *pt of* **bid**.

badge [bædʒ] *n* odznaka *f*; (*with
name, function*) plakietka *f*.

badger ['bædʒə*] *n* borsuk *m*.

badly ['bædlɪ] *adv* źle; **badly
wounded** poważnie ranny; **he
needs the money badly** bardzo
potrzebuje tych pieniędzy; **they are
badly off (for money)** źle im się
powodzi.

badminton ['bædmɪntən] *n*
badminton *m*, kometka *f*.

bad-tempered ['bæd'tɛmpəd] *adj*: **to
be bad-tempered** (*by nature*) mieć
nieprzyjemne *or* przykre
usposobienie; (*on one occasion*) być
w złym humorze.

baffle ['bæfl] *vt* (*puzzle*) zdumiewać
(zdumieć *perf*), wprawiać (wprawić
perf) w zdumienie; (*confuse*)
wprawiać (wprawić *perf*) w
zakłopotanie.

bag [bæg] *n* (*large*) torba *f*; (*small*)
torebka *f*; (*also*: **handbag**) (damska)
torebka *f*; (*satchel*) tornister *m*;
(*suitcase*) walizka *f*; **bags of** (*inf*)
(cała) masa +*gen* (*inf*).

baggage ['bægɪdʒ] *n* bagaż *m*.

baggage claim *n* (*at airport*) odbiór
m bagażu.

baggy ['bægɪ] *adj* workowaty.

bagpipes ['bægpaɪps] *npl* dudy *pl*.

Bahamas [bə'hɑːməz] *npl*: **the
Bahamas** Wyspy *pl* Bahama.

bail [beɪl] *n* (*JUR: payment*) kaucja *f*;
(: *release*) zwolnienie *nt* za kaucją;
to grant bail (to sb) wyrażać
(wyrazić *perf*) zgodę na zwolnienie
(kogoś) za kaucją; **he was released
on bail** został zwolniony za kaucją
♦ *vi* (*also*: **bail out**: *on boat*)
wybierać (wybrać *perf*) wodę; *see
also* **bale**.

bailiff ['beɪlɪf] *n* (*JUR: BRIT*) ≈
komornik *m*; (: *esp US*) *niski rangą
urzędnik sądowy pełniący funkcję
gońca, który zajmuje się więźniami i
pilnuje porządku*.

bait [beɪt] *n* przynęta *f* ♦ *vt* (*tease*)
drażnić.

bake [beɪk] *vt* (*CULIN*) piec (upiec
perf); (*TECH*) wypalać (wypalić *perf*)
♦ *vi* (*bread etc*) piec się; (*person*)
piec.

baked beans [beɪkt-] *npl fasola z
puszki w sosie pomidorowym*.

baker ['beɪkə*] *n* piekarz *m*.

bakery ['beɪkərɪ] *n* piekarnia *f*.

baking ['beɪkɪŋ] *n* (*act*) pieczenie *nt*; (*food*) wypieki *pl*.

baking powder *n* proszek *m* do pieczenia.

balance ['bæləns] *n* (*equilibrium*) równowaga *f*; (*of account: sum*) stan *m* konta; (*: remainder*) saldo *nt* rachunku; (*scales*) waga *f* ♦ *vt* (*budget*) bilansować (zbilansować *perf*); (*account*) zamykać (zamknąć *perf*); **balance of trade/payments** bilans handlowy/płatniczy.

balanced ['bælənst] *adj* (*report, account*) wyważony; (*personality*) zrównoważony; (*diet*) pełnowartościowy.

balcony ['bælkənɪ] *n* balkon *m*.

bald [bɔːld] *adj* (*person, head, tyre*) łysy.

bale [beɪl] *n* bela *f*.

ball [bɔːl] *n* (*for football, tennis*) piłka *f*; (*of wool, string*) kłębek *m*; (*dance*) bal *m*; **to play ball (with sb)** (*fig*) współpracować (z kimś).

ballad ['bæləd] *n* ballada *f*.

ballast ['bæləst] *n* balast *m*.

ballerina [bælə'riːnə] *n* balerina *f*.

ballet ['bæleɪ] *n* balet *m*.

balloon [bə'luːn] *n* (*child's*) balon *m*, balonik *m*; (*hot air balloon*) balon *m*.

ballot ['bælət] *n* tajne głosowanie *nt*.

ballpoint (pen) ['bɔːlpɔɪnt(-)] *n* długopis *m*.

ballroom ['bɔːlrum] *n* sala *f* balowa.

balm [bɑːm] *n* balsam *m*.

Baltic ['bɔːltɪk] *n*: **the Baltic (Sea)** Bałtyk *m*, Morze *nt* Bałtyckie.

bamboo [bæm'buː] *n* bambus *m*.

ban [bæn] *n* zakaz *m* ♦ *vt* zakazywać (zakazać *perf*) +*gen*.

banal [bə'nɑːl] *adj* banalny.

banana [bə'nɑːnə] *n* banan *m*.

band [bænd] *n* (*group*) banda *f* (*pej*), grupa *f*; (*rock*) grupa *f*, zespół *m*; (*jazz, military etc*) orkiestra *f*; (*strip, stripe*) pasek *m*, wstążka *f*.

bandage ['bændɪdʒ] *n* bandaż *m* ♦ *vt* (*wound, leg*) bandażować (zabandażować *perf*).

bandaid ['bændeɪd] ® (*US*) *n* plaster *m*.

bandit ['bændɪt] *n* bandyta *m*.

bandwagon ['bændwægən] *n*: **to jump on the bandwagon** (*fig*) przyłączać się (przyłączyć się *perf*) do większości.

bang [bæŋ] *n* (*of door*) trzaśnięcie *nt*, trzask *m*; (*of gun, exhaust*) huk *m*, wystrzał *m*; (*blow*) uderzenie *nt*, walnięcie *nt* ♦ *vt* (*door*) trzaskać (trzasnąć *perf*) +*instr*, (*one's head etc*) uderzać (uderzyć *perf*) +*instr*, walić (walnąć *perf*) +*instr* ♦ *vi* (*door*) trzaskać (trzasnąć *perf*); (*fireworks*) strzelać (strzelić *perf*).

bangle ['bæŋgl] *n* bransoletka *f*.

bangs [bæŋz] (*US*) *npl* grzywka *f*.

banish ['bænɪʃ] *vt* wygnać (*perf*), skazywać (skazać *perf*) na banicję *or* wygnanie.

banister(s) ['bænɪstə(z)] *n(pl)* poręcz *f*, balustrada *f*.

bank [bæŋk] *n* bank *m*; (*of river, lake*) brzeg *m*; (*of earth*) skarpa *f*, nasyp *m* ♦ *vi* (*AVIAT*) przechylać się (przechylić się *perf*).

▶**bank on** *vt fus* liczyć na +*acc*.

bank account *n* konto *nt* bankowe.

banker ['bæŋkə*] *n* bankier *m*.

bank holiday (*BRIT*) *n* jeden z *ustawowo ustalonych dni, w które nieczynne są banki i wiele innych instytucji.*

banking ['bæŋkɪŋ] *n* bankowość *f*.

banknote ['bæŋknəut] *n* banknot *m*.

bankrupt ['bæŋkrʌpt] *adj* niewypłacalny; **to go bankrupt** bankrutować (zbankrutować *perf*); **to be bankrupt** być w stanie bankructwa, być bankrutem.

bankruptcy ['bæŋkrʌptsɪ] *n* (*COMM*) bankructwo *nt*, upadłość *f*.

bank statement *n* wyciąg *m* z konta.

banner ['bænə*] *n* (*for decoration,*

advertising) transparent *m*; (*in demonstration*) sztandar *m*, transparent *m*; (*COMPUT*) nagłówek *m*, banner *m*.

bannister(s) ['bænɪstə(z)] *n(pl)* = **banister(s)**.

banns [bænz] *npl* zapowiedzi *pl*.

banquet ['bæŋkwɪt] *n* bankiet *m*.

baptism ['bæptɪzəm] *n* chrzest *m*.

baptize [bæp'taɪz] *vt* chrzcić (ochrzcić *perf*).

bar [bɑ:*] *n* (*place for drinking*) bar *m*; (*counter*) kontuar *m*; (*of metal etc*) sztaba *f*; (*on window etc*) krata *f*; (*of soap*) kostka *f*; (*of chocolate*) tabliczka *f*; (*obstacle*) przeszkoda *f*; (*prohibition*) zakaz *m*; (*MUS*) takt *m* ♦ *vt* (*way, road*) zagradzać (zagrodzić *perf*); (*person*) odmawiać (odmówić *perf*) wstępu +*dat*; (*activity*) zabraniać (zabronić *perf*) or zakazywać (zakazać *perf*) +*gen*; **behind bars** za kratkami; **the Bar** (*JUR*) adwokatura; **bar none** bez wyjątku.

barbaric [bɑ:'bærɪk] *adj* barbarzyński.

barbecue ['bɑ:bɪkju:] *n* (*cooking device*) grill *m* (*ogrodowy*); (*meal, party*) przyjęcie *nt* z grillem.

barbed wire ['bɑ:bd-] *n* drut *m* kolczasty.

barber ['bɑ:bə*] *n* fryzjer *m* męski.

bar code *n* (*on goods*) kod *m* kreskowy or paskowy.

bare [bɛə*] *adj* (*body, trees, countryside*) nagi; (*feet*) bosy; (*minimum*) absolutny; (*necessities*) podstawowy ♦ *vt* obnażać (obnażyć *perf*).

barefoot ['bɛəfut] *adj* bosy ♦ *adv* boso, na bosaka.

barely ['bɛəlɪ] *adv* ledwo, ledwie.

bargain ['bɑ:gɪn] *n* (*deal, agreement*) umowa *f*, transakcja *f*; (*good buy*) okazja *f* ♦ *vi*: **to bargain (with sb)** (*negotiate*) negocjować (z kimś);

(*haggle*) targować się (z kimś); **into the bargain** w dodatku, na dodatek.

barge [bɑ:dʒ] *n* barka *f*.

►**barge in** *vi* (*enter*) włazić (wleźć *perf*) (*inf*), pakować się (wpakować się *perf*) (*inf*); (*interrupt*) wtrącać się (wtrącić się *perf*).

bark [bɑ:k] *n* (*of tree*) kora *f*; (*of dog*) szczekanie *nt* ♦ *vi* szczekać (szczeknąć *perf* or zaszczekać *perf*).

barley ['bɑ:lɪ] *n* jęczmień *m*.

barmaid ['bɑ:meɪd] *n* barmanka *f*.

barman ['bɑ:mən] (*irreg like*: **man**) *n* barman *m*.

barn [bɑ:n] *n* stodoła *f*.

barometer [bə'rɒmɪtə*] *n* barometr *m*.

baron ['bærən] *n* (*nobleman*) baron *m*; (*businessman*) magnat *m*.

baroness ['bærənɪs] *n* baronowa *f*.

barracks ['bærəks] *npl* koszary *pl*.

barrage ['bærɑ:ʒ] *n* (*MIL*) ogień *m* zaporowy; (*dam*) zapora *f*; (*fig: of criticism, questions*) fala *f*.

barrel ['bærəl] *n* (*of wine, beer*) beczka *f*, beczułka *f*; (*of oil*) baryłka *f*; (*of gun*) lufa *f*.

barren ['bærən] *adj* jałowy.

barricade [bærɪ'keɪd] *n* barykada *f* ♦ *vt* barykadować (zabarykadować *perf*); **to barricade o.s. (in)** zabarykadować się (*perf*).

barrier ['bærɪə*] *n* (*at frontier*) szlaban *m*, rogatka *f*; (*at entrance*) bramka *f*; (*fig: to progress, communication etc*) bariera *f*, przeszkoda *f*.

barring ['bɑ:rɪŋ] *prep* wyjąwszy +*acc*, o ile nie będzie +*gen*.

barrister ['bærɪstə*] (*BRIT*) *n* adwokat(ka) *m(f)*, obrońca (-czyni) *m(f)*.

barrow ['bærəu] *n* (*wheelbarrow*) taczka *f*.

bartender ['bɑ:tɛndə*] (*US*) *n* barman *m*.

barter ['bɑ:tə*] *vt* wymieniać

(wymienić *perf*), wymieniać się
(wymienić się *perf*) +*instr*.

base [beɪs] *n* (*of post, tree, system of ideas*) podstawa *f*; (*of paint, make up*) podkład *m*; (*for military, individual, organization*) baza *f* ♦ *vt*: **to base sth on** opierać (oprzeć *perf*) coś na +*loc* ♦ *adj* (*mind, thoughts*) podły, nikczemny.

baseball ['beɪsbɔːl] *n* baseball *m*.

basement ['beɪsmənt] *n* suterena *f*.

bashful ['bæʃful] *adj* wstydliwy, nieśmiały.

basic ['beɪsɪk] *adj* (*problem*) zasadniczy, podstawowy; (*principles, wage, knowledge*) podstawowy; (*facilities*) prymitywny.

basically ['beɪsɪklɪ] *adv* (*fundamentally*) zasadniczo; (*in fact, put simply*) w zasadzie.

basics ['beɪsɪks] *npl*: **the basics** podstawy *pl*.

basil ['bæzl] *n* bazylia *f*.

basin ['beɪsn] *n* (*vessel*) miednica *f*; (*also*: **wash basin**) umywalka *f*; (*of river*) dorzecze *nt*; (*of lake*) basen *m*.

basis ['beɪsɪs] (*pl* **bases**) *n* podstawa *f*; **on a voluntary basis** na zasadzie dobrowolności.

bask [bɑːsk] *vi*: **to bask in the sun** wygrzewać się na słońcu.

basket ['bɑːskɪt] *n* kosz *m*.

basketball ['bɑːskɪtbɔːl] *n* koszykówka *f*.

bass [beɪs] *n* (*singer*) bas *m*.

bassoon [bə'suːn] *n* fagot *m*.

bastard ['bɑːstəd] *n* (*offspring*) bękart *m*; (*inf!*) gnój *m* (*inf!*).

bat [bæt] *n* (*ZOOL*) nietoperz *m*; (*for cricket, baseball*) kij *m*; (*BRIT: for table tennis*) rakieta *f*, rakietka *f*.

batch [bætʃ] *n* (*of bread*) wypiek *m*; (*of letters, papers*) plik *m*.

bath [bɑːθ] *n* (*bathtub*) wanna *f*; (*act of bathing*) kąpiel *f* ♦ *vt* kąpać (wykąpać *perf*); **to have a bath** brać

(wziąć *perf*) kąpiel, kąpać się (wykąpać się *perf*); *see also* **baths**.

bathe [beɪð] *vi* (*swim*) kąpać się (wykąpać się *perf*), pływać (popływać *perf*); (*US: have a bath*) brać (wziąć *perf*) kąpiel, kąpać się (wykąpać się *perf*) ♦ *vt* (*wound*) przemywać (przemyć *perf*).

bathing cap *n* czepek *m* (kąpielowy).

bathing costume (*US* **bathing suit**) *n* kostium *m* kąpielowy.

bathroom ['bɑːθrum] *n* łazienka *f*.

baths [bɑːðz] *npl* kryta pływalnia *f*, kryty basen *m*.

baton ['bætən] *n* (*MUS*) batuta *f*; (*ATHLETICS*) pałeczka *f* (sztafetowa); (*policeman's*) pałka *f*.

battalion [bə'tæliən] *n* batalion *m*.

batter ['bætə*] *vt* (*child, wife*) maltretować, bić; (*wind, rain*) targać *or*, miotać +*instr* ♦ *n* (*CULIN*) panier *m*.

battered ['bætəd] *adj* (*hat, car*) sponiewierany.

battery ['bætərɪ] *n* (*for torch, radio etc*) bateria *f*; (*AUT*) akumulator *m*.

battle ['bætl] *n* (*MIL*) bitwa *f*; (*fig*) wojna *f* ♦ *vi* walczyć.

battlefield ['bætlfiːld] *n* pole *nt* bitwy *or* walki.

bay [beɪ] *n* zatoka *f*; **to hold sb at bay** trzymać kogoś na dystans.

bay leaf *n* liść *m or* listek *m* bobkowy *or* laurowy.

bayonet ['beɪənɪt] *n* bagnet *m*.

bazaar [bə'zɑː*] *n* (*market*) bazar *m*, jarmark *m*; (*fete*) kiermasz *m* dobroczynny.

B & B *n abbr* = **bed and breakfast**.

BBC *n abbr* (= *British Broadcasting Corporation*) BBC *nt inv*.

BC *adv abbr* (= *before Christ*) p.n.e.

┌──── *KEYWORD* ────┐

be [biː] (*pt* **was, were**, *pp* **been**) *aux vb* **1** (*in continuous tenses*): **what are you doing?** co robisz?;

they're coming tomorrow
przyjeżdżają jutro; **I've been
waiting for hours** czekam od
dobrych paru godzin. **2** (*forming
passives*) być, zostać (*perf*); **she was
admired** była podziwiana; **he was
killed** został zabity. **3** (*in tag
questions*) prawda; **he's
good-looking, isn't he?** jest
przystojny, prawda?; **she's back
again, is she?** a więc znów jest z
powrotem? **4** (*+to +infin*): **the house
is to be sold** dom ma zostać
sprzedany; **you are to report to the
boss** masz się zgłosić do szefa ♦ *vb
+complement* **1** być; **I'm English**
jestem Anglikiem; **I am hot/cold**
jest mi gorąco/zimno; **2 and 2 are 4**
2 i 2 jest 4; **be careful** bądź
ostrożny. **2** (*of health*) czuć się; **how
are you?** jak się czujesz?; **he's very
ill** jest bardzo chory. **3** (*of age*):
how old are you? ile masz lat?; **I'm
sixteen (years old)** mam szesnaście
lat. **4** (*cost*) kosztować; **that'll be 5
pounds please** to będzie (razem) 5
funtów ♦ *vi* **1** (*exist, occur etc*)
istnieć; **is there a God?** czy istnieje
Bóg?; **be that as it may** tak czy
owak. **2** (*referring to place*) być; **I
won't be here tomorrow** jutro mnie
tu nie będzie; **where have you
been?** gdzie byłeś? ♦ *impers vb* **1**
(*referring to time, distance, weather*)
być; **it's five o'clock** jest (godzina)
piąta; **it's 10 km to the village** do
wsi jest 10 km; **it's too hot/cold**
jest za gorąco/zimno. **2** (*emphatic*):
it's only me to tylko ja; **it was
Maria who paid the bill** to Maria
uregulowała rachunek.

beach [bi:tʃ] *n* plaża *f* ♦ *vt* (*boat*)
wyciągać (wyciągnąć *perf*) na brzeg.
beacon ['bi:kən] *n* (*signal light*) znak

m nawigacyjny; (*marker*) stawa *f*,
pława *f*.
bead [bi:d] *n* (*glass, plastic etc*)
paciorek *m*, koralik *m*; (*of sweat*)
kropla *f*.
beak [bi:k] *n* dziób *m*.
beam [bi:m] *n* (*ARCHIT*) belka *f*,
dźwigar *m*; (*of light*) snop *m* ♦ *vi*
rozpromieniać się (rozpromienić się
perf).
bean [bi:n] *n* fasola *f*, fasolka *f*;
runner bean fasol(k)a szparagowa;
broad bean bób; **coffee bean**
ziarn(k)o kawy.
beansprouts ['bi:nsprauts] *npl* kiełki
pl (*fasoli, soi itp*).
bear¹ [bɛə*] *n* niedźwiedź *m*.
bear² [bɛə*] (*pt* **bore**, *pp* **borne**) *vt*
(*carry*) nieść, nosić; (*support*)
podtrzymywać (podtrzymać *perf*);
(*responsibility, cost*) ponosić
(ponieść *perf*); (*tolerate, endure*)
znosić (znieść *perf*); (*examination,
scrutiny*) wytrzymywać (wytrzymać
perf); (*children, fruit*) rodzić (urodzić
perf) ♦ *vi*: **to bear right/left** (*AUT*)
trzymać się prawej/lewej strony.
▸**bear out** *vt* (*claims, suspicions etc*)
potwierdzać (potwierdzić *perf*);
(*person*) popierać (poprzeć *perf*).
▸**bear up** *vi* nie upadać na duchu,
trzymać się.
beard [bɪəd] *n* broda *f*, zarost *m*.
bearded ['bɪədɪd] *adj* brodaty, z
brodą *post*.
bearer ['bɛərə*] *n* (*of letter, news*)
doręczyciel(ka) *m(f)*; (*of cheque,
passport, title*) posiadacz(ka) *m(f)*,
właściciel(ka) *m(f)*.
bearing ['bɛərɪŋ] *n* (*posture*) postawa
f, postura *f*; (*connection*) związek *m*,
powiązanie *nt*; **bearings** *npl* łożysko
nt; **to take a bearing** wziąć (*perf*)
namiar.
beast [bi:st] *n* (*animal*) zwierzę *nt*,
zwierz *m*; (*inf: person*) bestia *f*,
potwór *m*.

beat [bi:t] (*pt* **beat**, *pp* **beaten**) *n* (*of heart*) bicie *nt*; (*MUS*) rytm *m*; (*of policeman*) obchód *m* ♦ *vt* (*wife, child*) bić (zbić *perf*); (*eggs, cream*) ubijać (ubić *perf*); (*opponent*) pokonywać (pokonać *perf*); (*record*) bić (pobić *perf*) ♦ *vi* (*heart, wind*) bić, uderzać (uderzyć *perf*); (*drum, rain*) bębnić (zabębnić *perf*); **beat it!** (*inf*) spływaj! (*inf*), zmiataj! (*inf*); **off the beaten track** z dala od cywilizacji.
►**beat up** *vt* pobić *(perf)*.

beating ['bi:tɪŋ] *n* lanie *nt*.

beautiful ['bju:tɪful] *adj* piękny.

beautifully ['bju:tɪflɪ] *adv* (*play, sing, etc*) pięknie.

beauty ['bju:tɪ] *n* (*quality*) piękno *nt*, uroda *f*; (*woman*) piękność *f*; (*object*) cudo *nt*; (*fig*) urok *m*.

beaver ['bi:və*] *n* bóbr *m*.

became [bɪ'keɪm] *pt of* **become**.

because [bɪ'kɔz] *conj* ponieważ, dlatego, że; **because of** z powodu +*gen*.

beck [bɛk] *n*: **to be at sb's beck and call** być na czyjeś zawołanie.

beckon ['bɛkən] *vt* (*also*: **beckon to**) kiwać (kiwnąć *perf*) do +*gen*, skinąć (*perf*) na +*acc*.

become [bɪ'kʌm] (*irreg like*: **come**) *vi* (+*noun*) zostawać (zostać *perf*) *or* stawać się (stać się *perf*) +*instr*; (+*adj*) stawać się (stać się *perf*) +*nom*; **to become fat** tyć (utyć *perf*); **to become thin** chudnąć (schudnąć *perf*).

becoming [bɪ'kʌmɪŋ] *adj* (*behaviour*) stosowny, właściwy; (*clothes, colour*) twarzowy.

bed [bɛd] *n* (*furniture*) łóżko *nt*; (*of coal etc*) pokład *m*, złoże *nt*; (*of river, sea*) dno *nt*; (*of flowers*) klomb *m*, grządka *f*; **to go to bed** iść (pójść *perf*) do łóżka, iść (pójść *perf*) spać.

bed and breakfast *n* (*place*) ≈

pensjonat *m*; (*terms*) pokój *m* ze śniadaniem.

bedclothes ['bɛdkləuðz] *npl* pościel *f*.

bedding ['bɛdɪŋ] *n* posłanie *nt*, pościel *f*.

bedpan ['bɛdpæn] *n* basen *m* (*dla chorego*).

bedroom ['bɛdrum] *n* sypialnia *f*.

bedside ['bɛdsaɪd] *n*: **at sb's bedside** u czyjegoś łoża.

bedsit(ter) ['bɛdsɪt(ə*)] (*BRIT*) *n* ≈ kawalerka *f*.

bedspread ['bɛdsprɛd] *n* narzuta *f*, kapa *f*.

bedtime ['bɛdtaɪm] *n*: **it's bedtime** pora spać.

bee [bi:] *n* pszczoła *f*.

beech [bi:tʃ] *n* buk *m*.

beef [bi:f] *n* wołowina *f*; **roast beef** pieczeń wołowa.

beehive ['bi:haɪv] *n* ul *m*.

been [bi:n] *pp of* **be**.

beeper ['bi:pə*] *n* brzęczyk *m*, beeper *m*.

beer [bɪə*] *n* piwo *nt*.

beet [bi:t] *n* burak *m*; (*US*: *also*: **red beet**) burak *m* (ćwikłowy).

beetle ['bi:tl] *n* żuk *m*, chrząszcz *m*.

beetroot ['bi:tru:t] (*BRIT*) *n* burak *m* (ćwikłowy).

before [bɪ'fɔ:*] *prep* (*of time*) przed +*instr*; (*of space*) przed +*instr*, naprzeciwko +*gen* ♦ *conj* zanim ♦ *adv* (*time*) (już) kiedyś, poprzednio; **before going** przed wyjściem; **before she goes** zanim wyjdzie; **the week before** tydzień wcześniej, w poprzednim tygodniu; **I've never seen it before** nigdy wcześniej tego nie widziałem.

beforehand [bɪ'fɔ:hænd] *adv* wcześniej, z wyprzedzeniem.

beg [bɛg] *vi* żebrać ♦ *vt* (*also*: **beg for**: *food, money*) żebrać o +*acc*; (: *mercy etc*) błagać o +*acc*; **to beg sb to do sth** błagać kogoś, żeby coś zrobił; **I beg your pardon**

(*apologizing*) przepraszam; (*not hearing*) słucham?

began [bɪ'gæn] *pt of* **begin**.

beggar ['begə*] *n* żebrak (-aczka) *m(f)*.

begin [bɪ'gɪn] (*pt* **began**, *pp* **begun**) *vt* zaczynać (zacząć *perf*), rozpoczynać (rozpocząć *perf*) ♦ *vi* zaczynać się (zacząć się *perf*), rozpoczynać się (rozpocząć się *perf*); **to begin doing** *or* **to do sth** zaczynać (zacząć *perf*) coś robić.

beginner [bɪ'gɪnə*] *n* początkujący (-ca) *m(f)*, nowicjusz(ka) *m(f)*.

beginning [bɪ'gɪnɪŋ] *n* początek *m*.

begun [bɪ'gʌn] *pp of* **begin**.

behalf [bɪ'hɑ:f] *n*: **on behalf of**, (*US*) **in behalf of** (*as representative of*) w imieniu +*gen*; (*for benefit of*) na rzecz +*gen*; **on my/his behalf** w swoim/jego imieniu.

behave [bɪ'heɪv] *vi* (*person*) zachowywać się (zachować się *perf*), postępować (postąpić *perf*); (*also*: **behave o.s.**) być grzecznym, zachowywać się (*poprawnie*); **behave yourself!** zachowuj się!

behaviour [bɪ'heɪvjə*] (*US* **behavior**) *n* zachowanie *nt*, postępowanie *nt*.

behead [bɪ'hed] *vt* ścinać (ściąć *perf*) głowę +*dat*.

beheld [bɪ'held] *pt, pp of* **behold**.

behind [bɪ'haɪnd] *prep* (*at the back of*) za +*instr*, z tyłu +*gen*; (*supporting*) za +*instr*, po stronie +*gen*; (*lower in rank etc*) za +*instr* ♦ *adv* z tyłu, w tyle ♦ *n* pupa *f* (*inf*), tyłek *m* (*inf*); **to be behind** być spóźnionym; **she asked me to stay behind** poprosiła, żebym został.

behold [bɪ'həʊld] (*irreg like*: **hold**) (*old*) *vt* ujrzeć (*perf*).

beige [beɪʒ] *adj* beżowy.

being ['bi:ɪŋ] *n* (*creature*) istota *f*, stworzenie *nt*; (*existence*) istnienie *nt*, byt *m*.

belated [bɪ'leɪtɪd] *adj* (*thanks etc*) spóźniony.

belch [beltʃ] *vi*: **he belched** odbiło mu się ♦ *vt* (*also*: **belch out**: *smoke etc*) buchać (buchnąć *perf*) +*instr*.

belfry ['belfrɪ] *n* dzwonnica *f*.

Belgian ['beldʒən] *adj* belgijski ♦ *n* Belg(ijka) *m(f)*.

Belgium ['beldʒəm] *n* Belgia *f*.

belief [bɪ'li:f] *n* (*opinion*) przekonanie *nt*; (*trust, faith*) wiara *f*; (*religious*) wiara *f*, wierzenie *nt*.

believe [bɪ'li:v] *vt* (*person*) wierzyć (uwierzyć *perf*) +*dat*; (*story*) wierzyć (uwierzyć *perf*) w +*acc* ♦ *vi* wierzyć (uwierzyć *perf*); **to believe that...** uważać *or* wierzyć, że...; **to believe in** wierzyć (uwierzyć *perf*) w +*acc*.

bell [bel] *n* (*of church*) dzwon *m*; (*small, electric*) dzwonek *m*.

belligerent [bɪ'lɪdʒərənt] *adj* wojowniczy.

bellow ['beləʊ] *vi* (*bull*) ryczeć (ryknąć *perf or* zaryczeć *perf*); (*person*) grzmieć (zagrzmieć *perf*).

belly ['belɪ] *n* brzuch *m*.

belong [bɪ'lɔŋ] *vi*: **to belong to** należeć do +*gen*; **this book belongs here** miejsce tej książki jest tutaj.

belongings [bɪ'lɔŋɪŋz] *npl* rzeczy *pl*, dobytek *m*.

beloved [bɪ'lʌvɪd] *adj* ukochany.

below [bɪ'ləʊ] *prep* (*beneath*) pod +*instr*, poniżej +*gen*; (*less than*) poniżej +*gen* ♦ *adv* pod spodem, poniżej; **see below** (*in letter etc*) patrz poniżej.

belt [belt] *n* (*clothing*) pasek *m*; (*of land, sea, air*) pas *m*, strefa *f*; (*TECH*) pas *m*, pasek *m* ♦ *vt* (*inf*) lać (zlać *perf*) (pasem) (*inf*).

bemused [bɪ'mju:zd] *adj* zdezorientowany.

bench [bentʃ] *n* (*seat*) ławka *f*, ława *f*; (*work bench*) warsztat *m*, stół *m* roboczy; (*BRIT*) ława *f* (*w parlamencie*); **the Bench** sąd.

benchmark ['bɛntʃmɑːk] n (fig) miara f, kryterium nt; (COMPUT) test m sprawności; (FIN) cena f referencyjna.

bend [bɛnd] (pt, pp **bent**) vt (leg) zginać (zgiąć perf); (pipe) giąć, wyginać (wygiąć perf) ♦ vi (person) zginać się (zgiąć się perf), schylać się (schylić się perf); (pipe) zginać się (zgiąć się perf) ♦ n (BRIT: in road, river) zakręt m; (in pipe) wygięcie nt.

►**bend down** vi schylać się (schylić się perf).

beneath [bɪˈniːθ] prep (in position) pod +instr, poniżej +gen; (in status) poniżej +gen ♦ adv poniżej, pod spodem.

beneficial [bɛnɪˈfɪʃəl] adj zbawienny, dobroczynny; **beneficial (to)** korzystny (dla +gen).

benefit ['bɛnɪfɪt] n (advantage) korzyść f, pożytek m; (money) zasiłek m ♦ vt przynosić (przynieść perf) korzyść or pożytek +dat ♦ vi: **he'll benefit from it** skorzysta na tym.

benevolent [bɪˈnɛvələnt] adj (person) życzliwy; (organization) dobroczynny.

benign [bɪˈnaɪn] adj (person, smile) dobroduszny, dobrotliwy; (MED) łagodny, niezłośliwy.

bent [bɛnt] pt, pp of **bend** ♦ n zacięcie nt, żyłka f; **to be bent on** być zdecydowanym na +acc.

bereaved [bɪˈriːvd] n: **the bereaved** pogrążeni pl w smutku or żałobie.

Berlin [bəːˈlɪn] n Berlin m.

berm [bəːm] (US) n wał m ziemny (na poboczu drogi).

Bermuda [bəːˈmjuːdə] n Bermudy pl.

berry ['bɛrɪ] n jagoda f.

berserk [bəˈsəːk] adj: **to go berserk** wpadać (wpaść perf) w szał.

berth [bəːθ] n (on boat) koja f; (on train) miejsce nt leżące; (NAUT)

miejsce nt postoju statku ♦ vi dobijać (dobić perf) do nabrzeża.

beset [bɪˈsɛt] (pt, pp **beset**) vt dręczyć, prześladować.

beside [bɪˈsaɪd] prep (next to) obok +gen; **to be beside o.s. (with rage)** nie posiadać się ze złości; **that's beside the point** to nie ma nic do rzeczy.

besides [bɪˈsaɪdz] adv poza tym, oprócz tego ♦ prep poza +instr, oprócz +gen.

besiege [bɪˈsiːdʒ] vt oblegać (oblec perf); (fig) nagabywać; (: with offers, requests) zasypywać (zasypać perf).

best [bɛst] adj najlepszy ♦ adv najlepiej; **the best part of** większa część +gen; **at best** w najlepszym razie, co najwyżej; **to make the best of** robić (zrobić perf) jak najlepszy użytek z +gen; **to do one's best** dawać (dać perf) z siebie wszystko; **to the best of my knowledge** o ile mi wiadomo; **to the best of my ability** najlepiej jak potrafię.

best man n drużba m.

bestseller ['bɛstˈsɛlə*] n bestseller m.

bet [bɛt] (pt, pp **bet** or **betted**) n zakład m ♦ vt (wager): **to bet sb sth** zakładać się (założyć się perf) z kimś o coś; (expect, guess): **to bet that ...** zakładać się (założyć się perf), że... ♦ vi: **to bet on** obstawiać (obstawić perf) +acc.

betray [bɪˈtreɪ] vt (person, country, emotion) zdradzać (zdradzić perf); (trust) zawodzić (zawieść perf).

betrayal [bɪˈtreɪəl] n zdrada f.

better ['bɛtə*] adj lepszy ♦ adv lepiej ♦ vt poprawiać (poprawić perf) ♦ n: **to get the better of** brać (wziąć perf) górę nad +instr; **I'm much better now** czuję się teraz znacznie lepiej; **you had better do it** lepiej zrób to; **he thought better of it**

rozmyślił się; **to get better** (*MED*) zdrowieć (wyzdrowieć *perf*).

better off *adj* zamożniejszy.

between [bɪ'twiːn] *prep* między +*instr*, pomiędzy +*instr* ♦ *adv*: **in between** pośrodku; **between you and me** między nami (mówiąc); **a man aged between 20 and 25** mężczyzna w wieku między 20 a 25 lat; **Penn Close, Court Road and all the little streets in between** Penn Close, Court Road i wszystkie małe uliczki pomiędzy nimi.

beverage ['bɛvərɪdʒ] *n* napój *m*.

beware [bɪ'wɛə*] *vi*: **to beware (of)** wystrzegać się (+*gen*); **"beware of the dog"** „uwaga zły pies".

bewildered [bɪ'wɪldəd] *adj* skonsternowany, zdezorientowany.

bewitching [bɪ'wɪtʃɪŋ] *adj* czarujący, urzekający.

beyond [bɪ'jɔnd] *prep* poza +*instr* ♦ *adv* dalej; **beyond the age of 16** powyżej szesnastego roku życia; **beyond doubt** ponad wszelką wątpliwość; **beyond repair/recognition** nie do naprawienia/poznania; **it's beyond me** nie mogę tego pojąć.

bias ['baɪəs] *n* (*prejudice*) uprzedzenie *nt*.

bias(s)ed ['baɪəst] *adj* stronniczy, tendencyjny.

bib [bɪb] *n* śliniaczek *m*.

Bible ['baɪbl] *n* Biblia *f*.

biblical ['bɪblɪkl] *adj* biblijny.

bicycle ['baɪsɪkl] *n* rower *m*.

bid [bɪd] (*pt* **bade** *or* **bid**, *pp* **bid(den)**) *n* oferta *f* ♦ *vi* licytować ♦ *vt* oferować (zaoferować *perf*); **a bid for power** próba przejęcia władzy.

bidder ['bɪdə*] *n*: **the highest bidder** osoba *f* oferująca najwyższą cenę.

big [bɪg] *adj* duży; (*brother, sister*) starszy; (*ideas, plans*) ambitny; **to be big in** liczyć się w +*loc*.

bigheaded ['bɪg'hɛdɪd] *adj* przemądrzały.

bigotry ['bɪgətrɪ] *n* bigoteria *f*.

bike [baɪk] *n* (*bicycle*) rower *m*.

bikini [bɪ'kiːnɪ] *n* bikini *nt inv*.

bilateral [baɪ'lætərl] *adj* dwustronny, bilateralny.

bile [baɪl] *n* (*lit, fig*) żółć *f*.

bilingual [baɪ'lɪŋgwəl] *adj* dwujęzyczny, bilingwalny.

bill [bɪl] *n* rachunek *m*; (*POL*) projekt *m* ustawy; (*US*) banknot *m*; (*of bird*) dziób *m*; (*THEAT*): **on the bill** w programie; **bill me at my London address** proszę przysłać rachunek na mój londyński adres.

billboard ['bɪlbɔːd] *n* billboard *m*.

billiards ['bɪljədz] *n* bilard *m*.

billion ['bɪljən] *n* (*BRIT*) bilion *m*; (*US*) miliard *m*.

bin [bɪn] *n* (*BRIT: for rubbish*) kosz *m*; (*for storing things*) pojemnik *m*.

bind [baɪnd] (*pt, pp* **bound**) *vt* (*tie*) przywiązywać (przywiązać *perf*); (*tie together*) wiązać, związywać (związać *perf*); (*oblige*) zobowiązywać (zobowiązać *perf*); (*book*) oprawiać (oprawić *perf*) ♦ *n* (*inf*) zawracanie *nt* głowy (*inf*).

binding ['baɪndɪŋ] *adj* wiążący.

bingo ['bɪŋgəu] *n* bingo *nt inv*.

binoculars [bɪ'nɔkjuləz] *npl* lornetka *f*.

biography [baɪ'ɔgrəfɪ] *n* biografia *f*.

biological [baɪə'lɔdʒɪkl] *adj* biologiczny; (*washing powder*) enzymatyczny.

biology [baɪ'ɔlədʒɪ] *n* biologia *f*.

birch [bəːtʃ] *n* brzoza *f*.

bird [bəːd] *n* ptak *m*; (*BRIT: inf: woman*) kociak *m*.

Biro ['baɪərəu] ® *n* długopis *m*.

birth [bəːθ] *n* (*lit, fig*) narodziny *pl*; **to give birth to** rodzić (urodzić *perf*) +*acc*.

birth certificate *n* metryka *f* (urodzenia).

birth control n (policy) planowanie nt rodziny; (methods) regulacja f urodzeń, zapobieganie nt ciąży.

birthday ['bə:θdeɪ] n urodziny pl ♦ cpd urodzinowy; see also **happy**.

birthplace ['bə:θpleɪs] n miejsce nt urodzenia; (fig) miejsce nt narodzin, kolebka f.

birth rate ['bə:θreɪt] n wskaźnik m urodzeń.

biscuit ['bɪskɪt] n (BRIT) herbatnik m, kruche ciasteczko nt; (US) biszkopt m, babeczka f.

bisect [baɪ'sɛkt] vt przepoławiać (przepołowić perf), dzielić (podzielić perf) na połowę.

bisexual [baɪ'sɛksjuəl] adj biseksualny ♦ n biseksualista (-tka) m(f).

bishop ['bɪʃəp] n (REL) biskup m; (CHESS) goniec m.

bit [bɪt] pt of **bite** ♦ n (piece) kawałek m; (COMPUT) bit m; (of horse) wędzidło nt; **a bit of** trochę or odrobina +gen; **a bit mad** lekko stuknięty (inf); **bit by bit** kawałek po kawałku.

bitch [bɪtʃ] n suka f.

bite [baɪt] (pt **bit**, pp **bitten**) vt gryźć (ugryźć perf) ♦ vi gryźć (ugryźć perf), kąsać (ukąsić perf) ♦ n (from insect) ukąszenie nt; (mouthful) kęs m; **to bite one's nails** obgryzać paznokcie; **let's have a bite (to eat)** (inf) przekąśmy coś (inf).

bitten ['bɪtn] pp of **bite**.

bitter ['bɪtə*] adj (person) zgorzkniały; (taste, experience, disappointment) gorzki; (cold, wind) przejmujący, przenikliwy; (struggle, criticism) zawzięty ♦ n (BRIT) rodzaj piwa.

bitterness ['bɪtənɪs] n (resentment) gorycz f, rozgoryczenie nt; (bitter taste) gorycz f, gorzkość f.

bizarre [bɪ'zɑ:*] adj dziwaczny.

blab [blæb] (inf) vi wygadać się (perf) (inf).

black [blæk] adj czarny ♦ n (colour) (kolor m) czarny, czerń f; (person) czarnoskóry (-ra) m(f) ♦ vt (BRIT: INDUSTRY) bojkotować (zbojkotować perf); **black and blue** posiniaczony; **in the black** wypłacalny; **in black and white** (fig) czarno na białym.

blackberry ['blækbərɪ] n jeżyna f.

blackbird ['blækbə:d] n kos m.

blackboard ['blækbɔ:d] n tablica f.

blackcurrant ['blæk'kʌrənt] n czarna porzeczka f.

blacken ['blækn] vt (fig) oczerniać (oczernić perf).

blackhead ['blækhɛd] n wągier m, zaskórnik m.

blackmail ['blækmeɪl] n szantaż m ♦ vt szantażować (zaszantażować perf).

blackout ['blækaut] n (in wartime) zaciemnienie nt; (power cut) przerwa f w dostawie energii elektrycznej; (TV, RADIO) zagłuszanie nt; (faint) (krótkotrwała) utrata f przytomności.

Black Sea n: **the Black Sea** Morze nt Czarne.

blacksmith ['blæksmɪθ] n kowal m.

bladder ['blædə*] (ANAT) n pęcherz m (moczowy).

blade [bleɪd] n (of knife) ostrze nt; (of sword) klinga f, ostrze nt; (of propeller) łopat(k)a f; (of grass) źdźbło nt.

blame [bleɪm] n wina f ♦ vt: **to blame sb for sth** obwiniać (obwinić perf) kogoś o coś; **to be to blame** być winnym, ponosić winę.

bland [blænd] adj (taste) mdły, nijaki.

blank [blæŋk] adj (paper) czysty, nie zapisany; (look) bez wyrazu post, obojętny ♦ n (of memory) luka f; (on form) puste or wolne miejsce nt; (cartridge) ślepy nabój m.

blank cheque n czek m in blanco.

blanket ['blæŋkɪt] n (cloth) koc m; (of snow) pokrywa f; (of fog) zasłona f.

blare [blɛə*] vi grzmieć (zagrzmieć perf).

blasé ['blɑːzeɪ] adj zblazowany.

blasphemy ['blæsfɪmɪ] n bluźnierstwo nt.

blast [blɑːst] n (of wind, air) podmuch m; (explosion) wybuch m ♦ vt wysadzać (wysadzić perf) w powietrze.

blatant ['bleɪtənt] adj rażący, krzyczący.

blaze [bleɪz] n pożar m; (fig. of colour) feeria f; (: of glory) blask m ♦ vi (fire) buchać (buchnąć perf); (guns) walić; (fig. eyes) płonąć (zapłonąć perf).

blazer ['bleɪzə*] n blezer m.

bleach [bliːtʃ] n wybielacz m ♦ vt (fabric) wybielać (wybielić perf).

bleak [bliːk] adj ponury, posępny.

bleat [bliːt] vi beczeć (zabeczeć perf).

bled [blɛd] pt, pp of **bleed**.

bleed [bliːd] (pt, pp **bled**) vi (MED) krwawić; **my nose is bleeding** leci mi krew z nosa.

blemish ['blɛmɪʃ] n skaza f.

blend [blɛnd] n mieszanka f ♦ vt (CULIN) miksować (zmiksować perf); (colours, styles) mieszać (zmieszać perf) ♦ vi (also: **blend in**) wtapiać się (wtopić się perf).

bless [blɛs] (pt, pp **blessed** or **blest**) vt błogosławić (pobłogosławić perf); **bless you!** na zdrowie!, sto lat!

blessing ['blɛsɪŋ] n błogosławieństwo nt.

blew [bluː] pt of **blow**.

blind [blaɪnd] adj niewidomy, ślepy;: **blind (to)** (fig) ślepy (na +acc) ♦ n (for window) roleta f; (also: **Venetian blind**) żaluzja f ♦ vt oślepiać (oślepić perf); (deaden) zaślepiać (zaślepić perf); **the blind** npl niewidomi vir pl.

blind alley n (fig) ślepa uliczka f.

blind date n randka f w ciemno.

blindfold ['blaɪndfəʊld] n przepaska f na oczy ♦ adj z zawiązanymi oczami post ♦ adv z zawiązanymi oczami ♦ vt zawiązywać (zawiązać perf) oczy +dat.

blindly ['blaɪndlɪ] adv (without seeing) na oślep; (without thinking) ślepo.

blindness ['blaɪndnɪs] n (lit, fig) ślepota f.

blink [blɪŋk] vi (person, animal) mrugać (zamrugać perf); (light) migać (zamigać perf).

blinkers ['blɪŋkəz] npl klapki pl na oczy.

bliss [blɪs] n rozkosz f.

blister ['blɪstə*] n (on skin) pęcherz m; (in paint, rubber) pęcherzyk m ♦ vi (paint) pokrywać się (pokryć się perf) pęcherzykami.

blizzard ['blɪzəd] n zamieć f (śnieżna).

bloated ['bləʊtɪd] adj (face) opuchnięty; (stomach) wydęty; (person) napchany (inf).

blob [blɔb] n (of glue, paint) kropelka f; (sth indistinct) plamka f.

bloc [blɔk] n (POL) blok m.

block [blɔk] n (large building, piece of stone) blok m; (of ice) bryła f; (of wood) kloc m; (esp US: in town, city) obszar zabudowany, ograniczony ze wszystkich stron kolejnymi ulicami ♦ vt (road, agreement) blokować (zablokować perf); **block of flats** (BRIT) blok (mieszkalny); **mental block** zaćmienie (umysłu).

blockade [blɔ'keɪd] n blokada f.

blockage ['blɔkɪdʒ] n (in pipe, tube) zator m.

blockbuster ['blɔkbʌstə*] n szlagier m (film lub książka).

block capitals npl drukowane litery pl.

block letters npl = **block capitals**.

blog [blɔg] (*COMPUT*) *n* blog *m*.

bloke [bləuk] (*BRIT*: *inf*) *n* facet *m* (*inf*), gość *m* (*inf*).

blond(e) [blɔnd] *adj* blond ♦ *n*: **blonde** blondynka *f*.

blood [blʌd] *n* krew *f*.

blood donor *n* krwiodawca *m*.

blood pressure *n* ciśnienie *nt* (krwi).

bloodshed ['blʌdʃɛd] *n* rozlew *m* krwi.

bloodstream ['blʌdstriːm] *n* krwiobieg *m*.

blood test *n* badanie *nt* krwi.

bloodthirsty ['blʌdθəːstɪ] *adj* krwiożerczy.

bloody ['blʌdɪ] *adj* (*battle*) krwawy; (*hands*) zakrwawiony; (*BRIT*: *inf!*) cholerny (*inf*); **bloody strong/good** (*inf!*) cholernie silny/dobry (*inf*).

bloom [bluːm] *n* kwiat *m* (*na drzewie itp*) ♦ *vi* (*be in flower*) kwitnąć; (*come into flower*) zakwitać (zakwitnąć *perf*).

blossom ['blɔsəm] *n* kwiat *m* ♦ *n inv* kwiecie *nt*, kwiaty *pl* ♦ *vi* zakwitać (zakwitnąć *perf*).

blot [blɔt] *n* kleks *m*; (*fig*) plama *f* ♦ *vt* osuszać (osuszyć *perf*) bibułą.

▶**blot out** *vt* (*view*) przesłaniać (przesłonić *perf*); (*memory, thought*) wymazywać (wymazać *perf*) z pamięci.

blouse [blauz] *n* bluzka *f*.

blow [bləu] (*pt* **blew**, *pp* **blown**) *n* (*lit, fig*) cios *m* ♦ *vi* (*wind*) wiać; (*person*) dmuchać (dmuchnąć *perf*) ♦ *vt* (*instrument*) grać na +*loc*; (*whistle*) dmuchać (dmuchnąć *perf*) w +*acc*; (*fuse*) przepalać (przepalić *perf*); **to blow one's nose** wydmuchiwać (wydmuchać *perf*) nos.

▶**blow away** *vt* wywiewać (wywiać *perf*).

▶**blow off** *vt* zwiewać (zwiać *perf*), zdmuchiwać (zdmuchnąć *perf*).

▶**blow out** *vt* (*fire, flame*) gasić (zgasić *perf*); (*candle*) zdmuchiwać (zdmuchnąć *perf*) ♦ *vi* gasnąć (zgasnąć *perf*).

▶**blow over** *vi* (*storm, row*) ucichnąć (*perf*).

▶**blow up** *vi* wybuchać (wybuchnąć *perf*) ♦ *vt* (*bridge, building*) wysadzać (wysadzić *perf*) (w powietrze); (*tyre*) pompować (napompować *perf*); (*baloon*) nadmuchiwać (nadmuchać *perf*); (*PHOT*) powiększać (powiększyć *perf*).

blow-dry ['bləudraɪ] *n* modelowanie *nt* włosów (suszarką).

blown [bləun] *pp of* **blow**.

blue [bluː] *adj* niebieski; (*from cold*) siny; (*depressed*) smutny; (*joke*) pikantny; (*film*) porno *post* ♦ *n* (kolor *m*) niebieski, błękit *m*; **blues** *n*: **the blues** blues *m*; **out of the blue** (*fig*) ni stąd, ni zowąd.

blueprint ['bluːprɪnt] *n*: **a blueprint (for)** (*fig*) projekt *m* (+*gen*).

bluff [blʌf] *vi* blefować (zablefować *perf*) ♦ *n* (*deception*) blef *m*; **to call sb's bluff** zmuszać (zmusić *perf*) kogoś do odkrycia kart.

blunder ['blʌndə*] *n* gafa *f* ♦ *vi* popełniać (popełnić *perf*) gafę.

blunt [blʌnt] *adj* (*knife, pencil*) tępy; (*person, talk*) bezceremonialny.

blur [bləː*] *n* (*shape*) niewyraźna plama *f* ♦ *vt* (*vision*) zamglić (*perf*); (*distinction*) zacierać (zatrzeć *perf*), zamazywać (zamazać *perf*).

blush [blʌʃ] *vi* rumienić się (zarumienić się *perf*), czerwienić się (zaczerwienić się *perf*) ♦ *n* rumieniec *m*.

boar [bɔː*] *n* (*also*: **wild boar**) dzik *m*; (*male pig*) knur *m*.

board [bɔːd] *n* (*piece of wood*) deska *f*; (*piece of cardboard*) tektura *f*; (*also*: **notice board**) tablica *f*; (*for chess etc*) plansza *f*; (*committee*) rada *f*; (*in firm*) zarząd *m*; (*NAUT,*

AVIAT): **on board** na pokładzie ♦ *vt*
(*ship*) wchodzić (wejść *perf*) na
pokład +*gen*; (*train*) wsiadać (wsiąść
perf) do +*gen*; **full/half board** (*BRIT*)
pełne/niepełne wyżywienie; **board
and lodging** mieszkanie i
wyżywienie.

▶**board up** *vt* (*door, window*) zabijać
(zabić *perf*) deskami.

board game *n* gra *f* planszowa.

boarding card ['bɔːdɪŋ-] *n* =
boarding pass.

boarding house *n* pensjonat *m*.

boarding pass *n* karta *f* pokładowa.

boarding school *n* szkoła *f* z
internatem.

boast [bəust] *vi*: **to boast (about** or
of) chwalić się or przechwalać się
(+*instr*).

boat [bəut] *n* łódź *f*; (*smaller*) łódka *f*;
(*ship*) statek *m*.

bob [bɔb] *vi* (*also*: **bob up and down**:
boat) huśtać się; (: *cork on water*)
podskakiwać.

▶**bob up** *vi* wyskakiwać (wyskoczyć
perf).

bobby ['bɔbɪ] (*BRIT*: *inf*) *n policjant
angielski*.

bodily ['bɔdɪlɪ] *adj* (*functions*)
fizjologiczny ♦ *adv* (*move, lift etc*)
w całości.

body ['bɔdɪ] *n* (*ANAT*) ciało *nt*;
(*corpse*) zwłoki *pl*; (*main part*)
główna część *f*; (*of car*) karoseria *f*,
nadwozie *nt*; (*fig*: *group*) grono *nt*;
(: *organization*) ciało *nt*, gremium *nt*;
(*of facts*) ilość *f*; (*of wine*) treść *f*,
treściwość *f*.

body-building ['bɔdɪ'bɪldɪŋ] *n*
kulturystyka *f*.

bodyguard ['bɔdɪgɑːd] *n* członek *m*
ochrony (osobistej), ochroniarz *m*
(*inf*).

bodywork ['bɔdɪwəːk] *n* nadwozie *nt*.

bog [bɔg] *n* bagno *nt*.

boggle ['bɔgl] *vi*: **the mind boggles**
w głowie się nie mieści.

bogus ['bəugəs] *adj* fałszywy.

boil [bɔɪl] *vt* (*water*) gotować,
zagotowywać (zagotować *perf*);
(*eggs etc*) gotować (ugotować *perf*)
♦ *vi* (*liquid*) gotować się (zagotować
się *perf*), wrzeć (zawrzeć *perf*); (*fig*:
with anger) kipieć ♦ *n* czyrak *m*; **to
come to the** (*BRIT*) or **a** (*US*) **boil**
zagotować się (*perf*).

▶**boil down to** *vt fus* (*fig*)
sprowadzać się (sprowadzić się *perf*)
do +*gen*.

▶**boil over** *vi* kipieć (wykipieć *perf*).

boiler ['bɔɪlə*] *n* kocioł *m*, bojler *m*.

boisterous ['bɔɪstərəs] *adj* hałaśliwy.

bold [bəuld] *adj* (*person, action*)
śmiały; (*pattern, colours*) krzykliwy.

bold type *n* tłusta czcionka *f*.

bolt [bəult] *n* (*lock*) zasuwa *f*, rygiel
m; (*with nut*) śruba *f* ♦ *vt* (*door*)
ryglować (zaryglować *perf*); (*food*)
połykać (połknąć *perf*) (*nie żując*); **to
bolt sth to sth** przykuwać (przykuć
perf) coś do czegoś; (*horse*) ponosić
(ponieść *perf*) ♦ *adv*: **bolt upright**
(prosto) jakby kij połknął.

bomb [bɔm] *n* bomba *f* ♦ *vt*
bombardować (zbombardować *perf*).

bombardment [bɔm'bɑːdmənt] *n*
bombardowanie *nt*.

bombastic [bɔm'bæstɪk] *adj* (*person*)
napuszony; (*language*)
bombastyczny.

bomber ['bɔmə*] *n* (*AVIAT*)
bombowiec *m*.

bombshell ['bɔmʃɛl] *n* (*fig*) sensacja
f.

bond [bɔnd] *n* (*of affection etc*) więź
f; (*FIN*) obligacja *f*.

bone [bəun] *n* (*ANAT*) kość *f*; (*of
fish*) ość *f* ♦ *vt* (*meat*) oczyszczać
(oczyścić *perf*) z kości; (*fish*)
oczyszczać (oczyścić *perf*) z ości.

bonfire ['bɔnfaɪə*] *n* ognisko *nt*.

bonnet ['bɔnɪt] *n* (*hat*) czepek *m*;
(*BRIT*: *of car*) maska *f*.

bonus ['bəunəs] *n* premia *f*; (*fig*) dodatkowa korzyść *f*.

bony ['bəunı] *adj* (*arm, person*) kościsty; (*MED: tissue*) kostny; (*fish*) ościsty.

boo [bu:] *excl* hu (*okrzyk mający na celu przestraszenie kogoś*) ♦ *vt* wygwizdywać (wygwizdać *perf*).

book [buk] *n* książka *f*; (*of stamps, tickets*) bloczek *m* ♦ *vt* (*ticket, seat, room*) rezerwować (zarezerwować *perf*); (*driver*) spisywać (spisać *perf*); (*SPORT: player*) dawać (dać *perf*) kartkę +*dat*; **books** *npl* (*COMM*) księgi *pl* rachunkowe.

bookcase ['bukkeıs] *n* biblioteczka *f*, regał *m* na książki.

booking office (*BRIT*) *n* kasa *f*.

book-keeping ['buk'ki:pıŋ] *n* księgowość *f*.

booklet ['buklıt] *n* broszur(k)a *f*.

bookmark ['bukma:k] *n* zakładka *f* (do książki); (*COMPUT*) zakładka *f* ♦ *vt* (*COMPUT*) dodawać (dodać *perf*) do ulubionych.

bookseller ['buksələ*] *n* księgarz *m*.

bookshop ['bukʃɔp] *n* księgarnia *f*.

book store *n* = **bookshop**.

boom [bu:m] *n* (*noise*) huk *m*, grzmot *m*; (*in exports etc*) wzrost *m*, (dobra) koniunktura *f* ♦ *vi* grzmieć (zagrzmieć *perf*); (*business*) zwyżkować.

boon [bu:n] *n* dobrodziejstwo *nt*.

boost [bu:st] *n*: **a boost to sb's confidence** zastrzyk *m* pewności siebie ♦ *vt* (*sales, demand*) zwiększać (zwiększyć *perf*); (*confidence*) dodawać (dodać *perf*) +*gen*; (*morale*) podnosić (podnieść *perf*).

booster ['bu:stə*] *n* (*MED*) zastrzyk *m* przypominający.

boot [bu:t] *n* (*for winter*) kozaczek *m*; (*for football, walking*) but *m*; (*BRIT: of car*) bagażnik *m* ♦ *vt* (*COMPUT*) inicjować (zainicjować *perf*), zapuszczać (zapuścić *perf*) (*inf*).

booth [bu:ð] *n* (*at fair*) stoisko *nt*; (*for voting, telephoning*) kabina *f*.

booty ['bu:tı] *n* łup *m*.

booze [bu:z] (*inf*) *n* coś *nt* mocniejszego.

border ['bɔ:də*] *n* (*of country*) granica *f*; (*for flowers*) rabat(k)a *f*; (*on cloth*) lamówka *f*; (*on plate*) obwódka *f* ♦ *vt* leżeć wzdłuż +*gen*; (*also: border on*) graniczyć z +*instr*; **Borders** *n*: **the Borders** *pogranicze angielsko-szkockie*.

▶**border on** *vt fus* (*fig*) graniczyć z +*instr*.

borderline ['bɔ:dəlaın] *n*: **on the borderline** (*fig*) na granicy.

bore [bɔ:*] *pt of* **bear** ♦ *vt* (*hole, tunnel*) wiercić (wywiercić *perf*); (*person*) zanudzać (zanudzić *perf*) ♦ *n* (*person*) nudziarz (-ara) *m(f)*; (*of gun*) kaliber *m*; **to be bored** nudzić się.

boredom ['bɔ:dəm] *n* (*condition*) znudzenie *nt*; (*quality*) nuda *f*.

boring ['bɔ:rıŋ] *adj* (*tedious*) nudny; (*unimaginative*) nieciekawy.

born [bɔ:n] *adj*: **to be born** rodzić się (urodzić się *perf*); **I was born in 1960** urodziłem się w roku 1960.

borne [bɔ:n] *pp of* **bear**.

borough ['bʌrə] *n* okręg *m* wyborczy.

borrow ['bɔrəu] *vt* (*from sb*) pożyczać (pożyczyć *perf*).

bosom ['buzəm] *n* (*ANAT*) biust *m*.

boss [bɔs] *n* szef(owa) *m(f)* ♦ *vt* (*also: boss around, boss about*) rozkazywać +*dat*.

bossy ['bɔsı] *adj* despotyczny.

botany ['bɔtənı] *n* botanika *f*.

both [bəuθ] *adj* obaj ♦ *pron* (*things: with plurals of neuter and masculine nouns*) oba; (: *with plurals of feminine nouns*) obie; (*people: male*) obaj; (: *female*) obie; (: *a male and a female*) oboje ♦ *adv*: **both A and**

B zarówno A, jak i B; **both of us
went, we both went** poszliśmy
oboje.

bother ['bɒðə*] vt (worry) niepokoić;
(disturb) przeszkadzać +dat,
zawracać głowę +dat (inf) ♦ vi (also:
bother o.s.) trudzić się, zawracać
sobie głowę (inf) ♦ n (trouble) kłopot
m; **to bother doing sth** zadawać
sobie trud robienia czegoś; **I'm
sorry to bother you** przepraszam,
że przeszkadzam; **please don't
bother** nie kłopocz się.

bottle ['bɒtl] n butelka f; (small)
buteleczka f ♦ vt (beer, wine)
rozlewać (rozlać perf) do butelek,
butelkować; (fruit) zaprawiać
(zaprawić perf).

bottle-opener ['bɒtləʊpnə*] n
otwieracz m do butelek.

bottom ['bɒtəm] n (of container, sea)
dno nt; (buttocks) pupa f, siedzenie
nt; (of page) dół m; (of class etc)
szary koniec m ♦ adj najniższy.

bottomless ['bɒtəmlıs] adj bez dna
post.

bough [bau] n konar m.

bought [bɔːt] pt, pp of **buy**.

boulder ['bəʊldə*] n głaz m.

bounce [bauns] vi (ball) odbijać się
(odbić się perf); (cheque) nie mieć
pokrycia ♦ vt odbijać (odbić perf) ♦
n odbicie nt.

bouncer ['baunsə*] (inf) n bramkarz
m (inf: na dyskotece itp).

bound [baund] pt, pp of **bind** ♦ n
skok m; (usu pl: of possibility etc)
granice pl ♦ vi podskakiwać
(podskoczyć perf) ♦ vt otaczać
(otoczyć perf), ograniczać
(ograniczyć perf) ♦ adj: **bound by**
(law etc) zobowiązany +instr; **he's
bound to fail** na pewno mu się nie
uda; **bound for** (zdążający) do +gen.

boundary ['baundrı] n granica f.

boundless ['baundlıs] adj
nieograniczony, bezgraniczny.

bouquet ['bukeı] n bukiet m.

bourgeois ['buəʒwɑː] adj
burżuazyjny.

bout [baut] n (of disease) atak m; (of
activity) napad m; (BOXING) walka f,
mecz m.

boutique [buːˈtiːk] n butik m.

bow¹ [bəu] n (knot) kokarda f;
(weapon) łuk m; (MUS) smyczek m.

bow² [bau] n (greeting) ukłon m;
(NAUT: also: **bows**) dziób m ♦ vi
kłaniać się (ukłonić się perf); **to
bow to** or **before** (pressure) uginać
się (ugiąć się perf) pod +instr; (sb's
wishes) przystawać (przystać perf)
na +acc.

bowels ['bauəlz] npl (ANAT) jelita pl;
(of the earth etc) wnętrze nt.

bowl [bəul] n (for/of food) miska f;
(: small) miseczka f; (SPORT) kula f
♦ vi (CRICKET, BASEBALL) rzucać
(rzucić perf) (piłką).

bowler ['bəulə*] n (CRICKET,
BASEBALL) gracz rzucający lub
serwujący piłkę; (BRIT: also: **bowler
hat**) melonik m.

bowling ['bəulıŋ] n (game) kręgle pl.

bowling alley n kręgielnia f.

bowls [bəulz] n gra f w kule.

bow tie [bəu-] n muszka f.

box [bɒks] n pudełko nt; (cardboard
box) pudło nt, karton m; (THEAT)
loża f ♦ vt pakować (zapakować
perf) do pudełka/pudełek; (SPORT)
boksować się z +instr ♦ vi uprawiać
boks.

boxer ['bɒksə*] n bokser m.

boxing ['bɒksıŋ] (SPORT) n boks m.

Boxing Day (BRIT) n drugi dzień
Świąt Bożego Narodzenia.

box office n kasa f (biletowa) (w
teatrze itp).

boy [bɔı] n chłopiec m.

boycott ['bɔıkɒt] n bojkot m ♦ vt
bojkotować (zbojkotować perf).

boyfriend ['bɔıfrend] n chłopak m;
(older woman's) przyjaciel m.

BR *abbr* (= *British Rail*).

bra [brɑː] *n* biustonosz *m*, stanik *m*.

brace [breɪs] *n* (*on teeth*) aparat *m* (korekcyjny); (*tool*) świder *m* ♦ *vt* (*knees, shoulders*) napinać (napiąć *perf*); **braces** *npl* (*BRIT*) szelki *pl*.

bracelet ['breɪslɪt] *n* bransoletka *f*.

bracing ['breɪsɪŋ] *adj* ożywczy, orzeźwiający.

bracket ['brækɪt] *n* (*TECH*) wspornik *m*, podpórka *f*; (*group, range*) przedział *m*; (*also*: **brace bracket**) nawias *m* klamrowy, klamra *f*; (*also*: **round bracket**) nawias *m* (okrągły); (*also*: **square bracket**) nawias *m* kwadratowy ♦ *vt* (*word, phrase*) brać (wziąć *perf*) w nawias; (*also*: **bracket together**) traktować (potraktować *perf*) razem.

brag [bræg] *vi* chwalić się, przechwalać się.

braid [breɪd] *n* (*trimming*) galon *m*; (*plait*) warkocz *m*.

brain [breɪn] *n* mózg *m*; (*fig*) umysł *m*; **brains** *npl* (*CULIN*) móżdżek *m*; (*intelligence*) głowa *f*.

brainwash ['breɪnwɔʃ] *vt* robić (zrobić *perf*) pranie mózgu +*dat*.

brainwave ['breɪnweɪv] *n* olśnienie *nt*.

brainy ['breɪnɪ] *adj* bystry, rozgarnięty.

brake [breɪk] *n* hamulec *m*; (*fig*) ograniczenie *nt* ♦ *vi* hamować (zahamować *perf*).

bran [bræn] *n* otręby *pl*.

branch [brɑːntʃ] *n* (*lit, fig*) gałąź *f*; (*COMM*) oddział *m* ♦ *vi* rozgałęziać się (rozgałęzić się *perf*).

brand [brænd] *n* (*make*) marka *f*; (*fig*) rodzaj *m*, odmiana *f* ♦ *vt* (*cattle*) znakować (oznakować *perf*).

brand-new ['brænd'njuː] *adj* nowiutki, nowiuteńki; (*machine etc*) fabrycznie nowy.

brash [bræʃ] *adj* zuchwały.

brass [brɑːs] *n* mosiądz *m*; **the brass** (*MUS*) instrumenty dęte blaszane.

brass band *n* orkiestra *f* dęta.

brat [bræt] (*pej*) *n* bachor *m* (*pej, inf*).

brave [breɪv] *adj* dzielny ♦ *vt* stawiać (stawić *perf*) czoło +*dat*.

bravery ['breɪvərɪ] *n* dzielność *f*, męstwo *nt*.

bravo [brɑː'vəʊ] *excl* brawo.

brawl [brɔːl] *n* bijatyka *f*, burda *f*.

brazen ['breɪzn] *adj* (*woman*) bezwstydny; (*lie, accusation*) bezczelny ♦ *vt*: **to brazen it out** nadrabiać tupetem.

Brazil [brə'zɪl] *n* Brazylia *f*.

breach [briːtʃ] *vt* (*wall*) robić (zrobić *perf*) wyłom w +*loc*; (*defence*) przełamywać (przełamać *perf*) ♦ *n* (*gap*) wyłom *m*; **breach of contract** naruszenie *or* pogwałcenie umowy; **breach of the peace** zakłócenie porządku publicznego.

bread [brɛd] *n* chleb *m*.

breadbin ['brɛdbɪn] (*BRIT*) *n* pojemnik *m* na chleb *or* pieczywo.

breadbox ['brɛdbɔks] (*US*) *n* = **breadbin**.

breadcrumbs ['brɛdkrʌmz] *npl* okruszki *pl*; (*CULIN*) bułka *f* tarta.

breadth [brɛtθ] *n* szerokość *f*; (*fig*) rozmach *m*.

breadwinner ['brɛdwɪnə*] *n* żywiciel(ka) *m(f)* (rodziny).

break [breɪk] (*pt* **broke**, *pp* **broken**) *vt* (*crockery, glass*) tłuc (stłuc *perf*); (*leg, promise, law*) łamać (złamać *perf*); (*record*) bić (pobić *perf*) ♦ *vi* (*crockery, glass*) tłuc się (stłuc się *perf*), rozbijać się (rozbić się *perf*); (*weather*) przełamywać się (przełamać się *perf*); (*storm*) zrywać się (zerwać się *perf*); (*story, news*) wychodzić (wyjść *perf*) na jaw ♦ *n* (*gap, pause, rest*) przerwa *f*; (*fracture*) złamanie *nt*; (*chance*) szansa *f*; **to break the news to sb** przekazywać (przekazać *perf*) komuś (złą) wiadomość; **to break even** wychodzić (wyjść *perf*) na czysto *or* na zero; **to break free** *or* **loose** wyrwać się *(perf)*, uwolnić się *(perf)*.

▶**break down** *vt (figures, data)* dzielić (podzielić *perf*), rozbijać (rozbić *perf*) ♦ *vi (machine, car)* psuć się (popsuć się *perf*).

▶**break in** *vt (horse)* ujeżdżać (ujeździć *perf*) ♦ *vi (burgle)* włamywać się (włamać się *perf*); *(interrupt)* wtrącać się (wtrącić się *perf*).

▶**break into** *vt fus* włamywać się (włamać się *perf*) do +*gen*.

▶**break off** *vi (branch)* odłamywać się (odłamać się *perf*); *(speaker)* przerywać (przerwać *perf*) ♦ *vt (talks, engagement)* zrywać (zerwać *perf*).

▶**break out** *vi (war, fight)* wybuchać (wybuchnąć *perf*); *(prisoner)* zbiegać (zbiec *perf*); **to break out in spots/a rash** pokrywać (pokryć *perf*) się plamami/wysypką.

▶**break up** *vi (object, substance, marriage)* rozpadać się (rozpaść się *perf*); *(crowd)* rozchodzić się (rozejść się *perf*); *(: in panic)* rozpierzchać się (rozpierzchnąć się *perf*); *(SCOL)* kończyć (skończyć *perf*) naukę *or* zajęcia ♦ *vt (rocks, biscuit)* łamać (połamać *perf*), kruszyć (rozkruszyć *perf*); *(fight, meeting, monotony)* przerywać (przerwać *perf*).

breakage ['breɪkɪdʒ] *n (breaking)* uszkodzenie *nt*, *(: of glass etc object)* stłuczenie *nt*; *(damage)* szkoda *f*.

breakdown ['breɪkdaʊn] *n (AUT)* awaria *f*, *(of marriage, political system)* rozpad *m*; *(of talks)* załamanie się *nt*; *(of statistics)* rozbicie *nt*, analiza *f*; *(also:* **nervous breakdown)** załamanie *nt* (nerwowe).

breakfast ['brekfəst] *n* śniadanie *nt*.

break-in ['breɪkɪn] *n* włamywać się (włamać się *perf*).

breakthrough ['breɪkθruː] *n (fig)* przełom *m*.

breakwater ['breɪkwɔːtə*] *n* falochron *m*.

breast [brest] *n* pierś *f*; *(of lamb, veal)* mostek *m*.

breast-feed ['brestfiːd] *(irreg like:* **feed)** *vt* karmić (nakarmić *perf*) piersią ♦ *vi* karmić piersią.

breast-stroke ['breststrəʊk] *n* styl *m* klasyczny, żabka *f (inf)*.

breath [breθ] *n (breathing)* oddech *m*; *(single intake of air)* wdech *m*; **to be out of breath** nie móc złapać tchu.

breathe [briːð] *vt* oddychać (odetchnąć *perf*) +*instr* ♦ *vi* oddychać (odetchnąć *perf*).

▶**breathe in** *vt* wdychać ♦ *vi* robić (zrobić *perf*) wdech.

▶**breathe out** *vt* wydychać ♦ *vi* wypuszczać (wypuścić *perf*) powietrze, robić (zrobić *perf*) wydech.

breathing ['briːðɪŋ] *n* oddychanie *nt*, oddech *m*.

breathing space *n (fig)* chwila *f* wytchnienia.

breathless ['breθlɪs] *adj (from exertion)* z(a)dyszany.

breathtaking ['breθteɪkɪŋ] *adj* zapierający dech (w piersiach).

bred [bred] *pt, pp of* **breed**.

breed [briːd] *(pt, pp* **bred)** *vt* hodować (wyhodować *perf*) ♦ *vi* rozmnażać się ♦ *n (ZOOL)* rasa *f*, *(of person)* typ *m*.

breeding ['briːdɪŋ] *n (upbringing)* wychowanie *nt*.

breeze [briːz] *n* wietrzyk *m*.

breezy ['briːzɪ] *adj (person)* żwawy; *(tone)* lekki; *(weather)* wietrzny.

brevity ['brevɪtɪ] *n (of life)* krótkotrwałość *f*, *(of speech, writing)* zwięzłość *f*.

brew [bruː] *vt (tea)* parzyć (zaparzyć

perf); (*beer*) warzyć; (*sth unpleasant*): **a storm/crisis is brewing** zanosi się na burzę/kryzys.
brewery ['bru:ərɪ] *n* browar *m*.
bribe [braɪb] *n* łapówka *f* ♦ *vt* przekupywać (przekupić *perf*).
bribery ['braɪbərɪ] *n* przekupstwo *nt*.
brick [brɪk] *n* cegła *f*.
bricklayer ['brɪkleɪə*] *n* murarz *m*.
bridal ['braɪdl] *adj* ślubny.
bride [braɪd] *n* panna *f* młoda.
bridegroom ['braɪdgru:m] *n* pan *m* młody.
bridesmaid ['braɪdzmeɪd] *n* druhna *f*.
bridge [brɪdʒ] *n* (*TECH, ARCHIT*) most *m*; (*NAUT*) mostek *m* kapitański; (*CARDS*) brydż *m*; (*DENTISTRY*) most(ek) *m*; (*of nose*) grzbiet *m*; (*fig: gap, gulf*) zmniejszać (zmniejszyć *perf*).
bridle ['braɪdl] *n* uzda *f*.
brief [bri:f] *adj* krótki ♦ *n* (*JUR: documents*) akta *pl* (sprawy); (*task*) wytyczne *pl* ♦ *vt*: **to brief sb (about sth)** (*give instructions*) instruować (poinstruować *perf*) kogoś (o czymś); (*give information*) informować (poinformować *perf*) kogoś (o czymś); **briefs** *npl* (*for men*) slipy *pl*; (*for women*) figi *pl*.
briefcase ['bri:fkeɪs] *n* aktówka *f*.
briefing ['bri:fɪŋ] *n* instruktaż *m*; (*MIL*) odprawa *f*; (*PRESS*) briefing *m*.
briefly ['bri:flɪ] *adv* (*smile, glance*) przelotnie; (*explain*) pokrótce.
brigade [brɪ'geɪd] *n* brygada *f*.
bright [braɪt] *adj* (*light, room, colour*) jasny; (*day*) pogodny; (*person*) bystry; (*idea*) błyskotliwy; (*outlook, future*) świetlany; (*lively*) ożywiony.
brighten ['braɪtn] (*also*: **brighten up**) *vt* (*place*) upiększać (upiększyć *perf*); (*event*) ożywiać (ożywić *perf*) ♦ *vi* (*of weather*) rozpogadzać się (rozpogodzić się *perf*); (*person*) poweseleć (*perf*); (*face*) rozjaśniać

się (rozjaśnić się *perf*); (*prospects*) polepszać się (polepszyć się *perf*).
brilliance ['brɪljəns] *n* (*of light*) świetlistość *f*; (*of talent, skill*) błyskotliwość *f*.
brilliant ['brɪljənt] *adj* (*person, idea, career*) błyskotliwy; (*smile*) promienny; (*light*) olśniewający; (*inf: holiday etc*) kapitalny (*inf*).
brim [brɪm] *n* (*of cup*) brzeg *m*; (*of hat*) rondo *nt*.
bring [brɪŋ] (*pt, pp* **brought**) *vt* (*thing, satisfaction*) przynosić (przynieść *perf*); (*person*) przyprowadzać (przyprowadzić *perf*).
►**bring about** *vt* doprowadzać (doprowadzić *perf*) do +*gen*.
►**bring back** *vt* (*restore*) przywracać (przywrócić *perf*); (*return*) odnosić (odnieść *perf*).
►**bring down** *vt* (*government*) obalać (obalić *perf*); (*price*) obniżać (obniżyć *perf*).
►**bring forward** *vt* (*meeting, proposal*) przesuwać (przesunąć *perf*) (*na wcześniejszy termin*).
►**bring out** *vt* (*person*) ośmielać (ośmielić *perf*); (*new product*) wypuszczać (wypuścić *perf*) (na rynek).
►**bring up** *vt* (*carry up*) przynosić (przynieść *perf*) (*na górę*); (*children*) wychowywać (wychować *perf*); (*question, subject*) podnosić (podnieść *perf*); (*food*) zwracać (zwrócić *perf*).
brink [brɪŋk] *n* (*of disaster, war etc*) krawędź *f*; **to be on the brink of doing sth** być bliskim zrobienia czegoś.
brisk [brɪsk] *adj* (*tone, person*) energiczny; (*pace*) dynamiczny; (*trade*) ożywiony; **brisk walk** szybki spacer.
bristle ['brɪsl] *n* (*on animal, chin*) szczecina *f*; (*of brush*) włosie *nt* ♦ *vi* (*in anger*) zjeżać się (zjeżyć się *perf*)

(*inf*); (*at memory etc*) wzdrygać się
(wzdrygnąć się *perf*).

Britain ['brɪtən] *n* (*also*: **Great
Britain**) Wielka Brytania *f*.

British ['brɪtɪʃ] *adj* brytyjski ♦ *npl*:
the British Brytyjczycy *vir pl*.

British Isles *npl*: **the British Isles**
Wyspy *pl* Brytyjskie.

British Rail *n* Kolej *f* Brytyjska.

Briton ['brɪtən] *n* Brytyjczyk (-jka)
m(f).

brittle ['brɪtl] *adj* kruchy.

broad [brɔ:d] *adj* (*street, smile,
range*) szeroki; (*outlines*) ogólny;
(*accent*) silny; **in broad daylight** w
biały dzień.

broadcast ['brɔ:dkɑ:st] (*pt, pp
broadcast*) *n* (*RADIO*) audycja *f*,
program *m*; (*TV*) program *m* ♦ *vt*
(*RADIO, TV*) nadawać (nadać *perf*),
emitować (wyemitować *perf*) ♦ *vi*
(*RADIO, TV*) nadawać.

broaden ['brɔ:dn] *vt* rozszerzać
(rozszerzyć *perf*), poszerzać
(poszerzyć *perf*) ♦ *vi* rozszerzać się
(rozszerzyć się *perf*).

broadly ['brɔ:dlɪ] *adv* zasadniczo.

broad-minded ['brɔ:d'maɪndɪd] *adj*
tolerancyjny.

broccoli ['brɔkəlɪ] *n* brokuły *pl*.

brochure ['brəuʃjuə*] *n* broszura *f*,
prospekt *m*.

broke [brəuk] *pt of* **break** ♦ *adj* (*inf:
person*) spłukany (*inf*).

broken ['brəukn] *pp of* **break** ♦ *adj*
(*window, cup*) rozbity; (*machine*)
zepsuty; (*leg, promise, vow*)
złamany; **in broken English/Polish**
łamaną angielszczyzną/polszczyzną.

broken-hearted ['brəukn'hɑ:tɪd] *adj*:
to be broken-hearted mieć złamane
serce.

broker ['brəukə*] *n* (*in shares*)
makler *m*; (*insurance broker*) broker
m ubezpieczeniowy.

bronchitis [brɔŋ'kaɪtɪs] *n* zapalenie
nt oskrzeli, bronchit *m*.

bronze [brɔnz] *n* (*metal*) brąz *m*;
(*sculpture*) rzeźba *f* z brązu.

brooch [brəutʃ] *n* broszka *f*.

brood [bru:d] *n* (*baby birds*) wyląg *m*
♦ *vi* (*person*) rozmyślać.

brook [bruk] *n* strumyk *m*.

broom [brum] *n* miotła *f*; (*BOT*)
janowiec *m*.

Bros. (*COMM*) *abbr* (= *brothers*)
Bracia.

broth [brɔθ] *n* rosół *m*.

brothel ['brɔθl] *n* dom *m* publiczny,
burdel *m* (*inf*).

brother ['brʌðə*] *n* (*lit, fig*) brat *m*.

brother-in-law ['brʌðərɪn'lɔ:] *n*
szwagier *m*.

brought [brɔ:t] *pt, pp of* **bring**.

brow [brau] *n* (*forehead*) czoło *nt*;
(*old: eyebrow*) brew *f*; (*of hill*)
grzbiet *m*.

brown [braun] *adj* brązowy ♦ *n*
(kolor *m*) brązowy, brąz *m* ♦ *vi*
(*CULIN*) przyrumieniać się
(przyrumienić się *perf*).

brown paper *n* szary papier *m*.

browse [brauz] *vi* (*in shop*) szperać;
(*animal*) paść się ♦ *vt* (*COMPUT*)
przeglądać (przejrzeć *perf*) ♦ *n*: **to
have a browse (around)**
rozglądać się (rozejrzeć się *perf*); **to
browse through a book**
przeglądać *or* przerzucać książkę.

browser ['brauzə*] (*COMPUT*) *n*
przeglądarka *f*.

bruise [bru:z] *n* (*on body*) siniec *m*,
siniak *m*; (*person*) posiniaczyć (*perf*).

brunch [brʌntʃ] *n* połączenie
późnego śniadania z lunchem.

brunette [bru:'net] *n* brunetka *f*.

brunt [brʌnt] *n*: **to bear the brunt of**
(*attack, criticism*) najbardziej
odczuwać (odczuć *perf*);

brush [brʌʃ] *n* (*for cleaning*) szczotka
f; (*for shaving, painting*) pędzel *m*;
(*unpleasant encounter*) scysja *f* ♦ *vt*
(*floor*) zamiatać (zamieść *perf*); (*hair*)
szczotkować (wyszczotkować *perf*);

(*also*: **brush against**) ocierać się (otrzeć się *perf*) o +*acc*.

►**brush aside** *vt* odsuwać (odsunąć *perf*) na bok.

►**brush up (on)** *vt* (*language*) szlifować (podszlifować *perf*); (*knowledge*) odświeżać (odświeżyć *perf*).

brusque [bru:sk] *adj* szorstki.

Brussels ['brʌslz] *n* Bruksela *f*.

Brussels sprout *n* brukselka *f*.

brutal ['bru:tl] *adj* brutalny.

brutality [bru:'tælɪtɪ] *n* brutalność *f*.

brute [bru:t] *n* (*person*) brutal *m*; (*animal*) zwierz *m*, bydlę *nt* (*inf*) ♦ *adj*: **by brute force** na siłę, na chama (*inf*).

BSc *abbr* (= Bachelor of Science) stopień naukowy.

bubble ['bʌbl] *n* bańka *f* ♦ *vi* (*form bubbles: boiling liquid*) wrzeć; (: *champagne etc*) musować; (*gurgle*) bulgotać; (: *stream*) szemrać.

bubble bath *n* (*liquid*) płyn *m* do kąpieli; (*bath*) kąpiel *f* w pianie.

bubble gum *n* guma *f* balonowa.

buck [bʌk] *n* (*rabbit*) królik *m* (*samiec*); (*deer*) kozioł *m*; (*US: inf*) dolec *m* (*inf*) ♦ *vi* (*horse*) brykać (bryknąć *perf*).

buckle ['bʌkl] *n* sprzączka *f* ♦ *vt* (*shoe, belt*) zapinać (zapiąć *perf*) (na sprzączkę) ♦ *vi* (*wheel, bridge*) wyginać się (wygiąć się *perf*).

bud [bʌd] *n* pąk *m*, pączek *m* ♦ *vi* wypuszczać (wypuścić *perf*) pąki *or* pączki.

Buddhism ['budɪzəm] *n* buddyzm *m*.

buddy ['bʌdɪ] (*US*) *n* kumpel *m*.

budge [bʌdʒ] *vt* ruszać (ruszyć *perf*) (z miejsca) ♦ *vi* (*screw etc*) ruszać się (ruszyć się *perf*); (*fig: person*) ustępować (ustąpić *perf*).

budgerigar ['bʌdʒərɪgɑ:*] *n* papużka *f* falista.

budget ['bʌdʒɪt] *n* budżet *m*.

budgie ['bʌdʒɪ] *n* = **budgerigar**.

buff [bʌf] *adj* szary ♦ *n* (*inf*) znawca (-czyni) *m(f)*.

buffalo ['bʌfələu] (*pl* **buffalo** *or* **buffaloes**) *n* (*BRIT*) bawół *m*; (*US*) bizon *m*.

buffer ['bʌfə*] *n* (*COMPUT, RAIL*) bufor *m*.

buffet ['bufeɪ] (*BRIT*) *n* bufet *m*.

buffet car *n* wagon *m* restauracyjny.

bug [bʌg] *n* (*esp US: insect*) robak *m*; (*COMPUT: in program*) błąd *m*; (*microphone*) ukryty mikrofon *m*; (*fig: germ*) wirus *m* ♦ *vt* (*inf: annoy*) wkurzać (*inf*); (: *bother*) gryźć; (*room, house*) zakładać (założyć *perf*) podsłuch w +*loc*.

buggy ['bʌgɪ] *n* (*also*: **baby buggy**) wózek *m* spacerowy, spacerówka *f* (*inf*).

build [bɪld] (*pt, pp* **built**) *n* (*of person*) budowa *f* (ciała) ♦ *vt* budować (zbudować *perf*).

►**build up** *vt* (*production*) zwiększać (zwiększyć *perf*); (*forces*) wzmacniać (wzmocnić *perf*); (*morale*) podnosić (podnieść *perf*); (*stocks*) gromadzić (zgromadzić *perf*).

builder ['bɪldə*] *n* budowniczy *m*.

building ['bɪldɪŋ] *n* (*construction*) budowa *f*; (*structure*) budynek *m*.

building society (*BRIT*) *n* ≈ spółdzielnia *f* mieszkaniowa.

built [bɪlt] *pt, pp of* **build** ♦ *adj*: **built-in** wbudowany; **well-built** dobrze zbudowany.

bulb [bʌlb] *n* (*BOT*) bulwa *f*; (*ELEC*) żarówka *f*.

Bulgaria [bʌl'gɛərɪə] *n* Bułgaria *f*.

bulge [bʌldʒ] *n* (*bump*) wybrzuszenie *nt* ♦ *vi*: **his pocket bulged** miał wypchaną kieszeń.

bulk [bʌlk] *n* (*of object*) masa *f*; (*of person*) cielsko *nt*; **in bulk** (*COMM*) hurtowo; **the bulk of** większość +*gen*.

bulky ['bʌlkɪ] *adj* nieporęczny.

bull [bul] n (ZOOL) byk m.

bulldozer ['buldəuzə*] n spychacz m, buldożer m.

bullet ['bulɪt] n kula f.

bulletin ['bulɪtɪn] n (TV etc): **news bulletin** skrót m wiadomości; (journal) biuletyn m.

bulletproof ['bulɪtpru:f] adj kuloodporny.

bullfight ['bulfaɪt] n corrida f, walka f byków.

bullfighter ['bulfaɪtə*] n torreador m.

bull's-eye ['bulzaɪ] n środek m tarczy, dziesiątka f (inf).

bullshit ['bulʃɪt] (inf) n bzdury pl ♦ vt wciskać kit +dat ♦ vi picować, chrzanić.

bully ['bulɪ] n: **he was a bully at school** w szkole znęcał się nad słabszymi ♦ vt tyranizować.

bum [bʌm] (inf) n (BRIT: backside) zadek m (inf); (esp US: tramp) włóczęga m.

bumblebee ['bʌmblbi:] n trzmiel m.

bump [bʌmp] n (car accident) stłuczka f; (jolt) wstrząs m; (on head) guz m; (on road) wybój m ♦ vt: **to bump one's head on** or **against sth** uderzać (uderzyć perf) głową o coś.

▶**bump into** vt fus wpadać (wpaść perf) na +acc.

bumper ['bʌmpə*] n zderzak m ♦ adj: **bumper crop/harvest** rekordowe zbiory pl.

bumpy ['bʌmpɪ] adj wyboisty.

bun [bʌn] n (CULIN) (słodka) bułeczka f; (hairstyle) kok m.

bunch [bʌntʃ] n (of flowers) bukiet m; (of keys) pęk m; (of bananas, grapes) kiść f; (of people) grupa f; **bunches** npl kitki pl, kucyki pl.

bundle ['bʌndl] n (of clothes, belongings) zawiniątko nt, tobołek m; (of sticks) wiązka f; (of papers) paczka f, plik m ♦ vt (also: **bundle up**) pakować (spakować perf); (put):

to bundle sth/sb into wpychać (wepchnąć perf) coś/kogoś do +gen.

bungalow ['bʌŋgələu] n dom m parterowy, bungalow m.

bunk [bʌŋk] n (on ship) koja f.

bunk beds npl łóżko nt piętrowe.

bunker ['bʌŋkə*] n (coal store) skład m na węgiel; (MIL, GOLF) bunkier m.

bunny ['bʌnɪ] n (also: **bunny rabbit**) króliczek m.

buoy [bɔɪ] n boja f.

buoyant ['bɔɪənt] adj (economy, market) prężny; **to be buoyant** utrzymywać się na powierzchni wody; (fig) cieszyć się życiem.

burden ['bə:dn] n (responsibility) obciążenie nt; (load, worry) ciężar m ♦ vt: **to burden sb with** (trouble, worry) martwić kogoś +instr.

bureau ['bjuərəu] (pl **bureaux**) n (BRIT) sekretarzyk m; (US) komoda f; (for travel, information) biuro nt.

bureaucracy [bjuə'rɔkrəsɪ] n biurokracja f.

bureaucrat ['bjuərəkræt] n biurokrata (-tka) m(f).

burger ['bə:gə*] n hamburger m.

burglar ['bə:glə*] n włamywacz(ka) m(f).

burglar alarm n alarm m antywłamaniowy or przeciwwłamaniowy.

burglary ['bə:glərɪ] n włamanie nt.

burial ['bɛrɪəl] n pogrzeb m.

Burma ['bə:mə] n Birma f.

burn [bə:n] (pt, pp **burned** or **burnt**) vt (papers etc) palić (spalić perf); (fuel) spalać (spalić perf); (toast etc) przypalać (przypalić perf); (part of body) parzyć (oparzyć perf or sparzyć perf) ♦ vi (house, wood) palić się (spalić się perf); (fuel) spalać się (spalić się perf); (toast etc) przypalać się (przypalić się perf); (blister etc) piec ♦ n oparzenie nt.

▶**burn down** vt spalić (perf)
(doszczętnie).

burner ['bə:nə*] n palnik m.

burning ['bə:nɪŋ] adj (house, forest)
płonący, palący się; (sand, issue)
palący; (interest, enthusiasm) gorący.

burrow ['bʌrəu] n nora f (np. królicza)
♦ vi (animal) ryć or kopać norę;
(person) szperać, grzebać.

bursary ['bə:sərɪ] (BRIT) n
stypendium nt.

burst [bə:st] (pt, pp **burst**) vt
(balloon, ball) przebijać (przebić
perf); (pipe) rozrywać (rozerwać
perf) ♦ vi (pipe, tyre) pękać (pęknąć
perf) ♦ n (also: **burst pipe**) pęknięta
rura f; **to burst into flames** stawać
(stanąć perf) w płomieniach; **to
burst into tears** wybuchać
(wybuchnąć perf) płaczem; **to burst
out laughing** wybuchać (wybuchnąć
perf) śmiechem; **to be bursting with**
(container) pękać od +gen; (person)
tryskać +instr; **a burst of
energy/enthusiasm** przypływ
energii/entuzjazmu; **a burst of
laughter** wybuch śmiechu; **a burst
of applause** burza oklasków.

▶**burst into** vt fus wpadać (wpaść
perf) do +gen.

bury ['berɪ] vt (object) zakopywać
(zakopać perf); (person) chować
(pochować perf).

bus [bʌs] n autobus m.

bush [buʃ] n (plant) krzew m, krzak
m; (scrubland) busz m; **to beat
about the bush** owijać w bawełnę.

bushy ['buʃɪ] adj (eyebrows)
krzaczasty; (tail) puszysty.

busily ['bɪzɪlɪ] adv pracowicie.

business ['bɪznɪs] n (matter,
question) sprawa f; (trading) interesy
pl, biznes m; (firm) firma f, biznes m
(inf); (trade) branża f; **she's away
on business** wyjechała w
interesach; **it's my business to ...**
moim obowiązkiem jest +infin; **it's**
none of my business to nie moja
sprawa; **he means business** on nie
żartuje.

businesslike ['bɪznɪslaɪk] adj
rzeczowy.

businessman ['bɪznɪsmən] (irreg
like: **man**) n biznesmen m.

business trip n wyjazd m służbowy.

businesswoman ['bɪznɪswumən]
(irreg like: **woman**) n bizneswoman f
inv.

bus stop n przystanek m
autobusowy.

bust [bʌst] n (ANAT) biust m;
(measurement) obwód m w biuście;
(sculpture) popiersie nt ♦ adj (inf:
broken) zepsuty; **to go bust**
plajtować (splajtować perf) (inf).

bustle ['bʌsl] n krzątanina f ♦ vi
krzątać się.

bustling ['bʌslɪŋ] adj gwarny,
ruchliwy.

busy ['bɪzɪ] adj (person, telephone
line) zajęty; (street) ruchliwy ♦ vt:
to busy o.s. with zajmować się
(zająć się perf) +instr.

busybody ['bɪzɪbɒdɪ] n ciekawski
(-ka) m(f).

┌─────── KEYWORD ───────┐

but [bʌt] conj 1 (yet, however) ale,
lecz (fml); **I'd love to come, but I'm
busy** bardzo chciałabym przyjść,
ale jestem zajęta; **but that's far too
expensive!** ależ to o wiele za
drogo! ♦ prep (apart from, except):
we've had nothing but trouble
mieliśmy same kłopoty; **but for
your help** gdyby nie twoja pomoc;
I'll do anything but that zrobię
wszystko, tylko nie to ♦ adv tylko;
had I but known gdybym tylko
wiedział.

└───────────────────────┘

butcher ['butʃə*] n rzeźnik (-iczka)
m(f); (fig) oprawca m ♦ vt (cattle)

zarzynać (zarżnąć *perf*); (*people*) dokonywać (dokonać *perf*) rzezi na +*loc.*

butcher's (shop) ['butʃəz-] *n* (sklep *m*) mięsny, rzeźnik *m.*

butler ['bʌtlə*] *n* kamerdyner *m.*

butt [bʌt] *n* (*barrel*) beczka *f*; (*of gun*) kolba *f*; (*of cigarette*) niedopałek *m*; (*BRIT: fig: of jokes, criticism*) obiekt *m* ♦ *vt* (*person*) uderzyć (uderzyć *perf*) głową; (*goat*) bóść (ubóść *perf*).

►**butt in** *vi* wtrącać się (wtrącić się *perf*).

butter ['bʌtə*] *n* masło *nt* ♦ *vt* smarować (posmarować *perf*) masłem.

buttercup ['bʌtəkʌp] *n* jaskier *m.*

butterfly ['bʌtəflaɪ] *n* motyl *m*; (*also*: **butterfly stroke**) styl *m* motylkowy, motylek *m.*

buttocks ['bʌtəks] *npl* pośladki *pl.*

button ['bʌtn] *n* (*on clothes*) guzik *m*; (*on machine*) przycisk *m*, guzik *m*; (*US: badge*) znaczek *m* (*do przypinania*) ♦ *vt* (*also*: **button up**) zapinać (zapiąć *perf*) ♦ *vi* zapinać się (zapiąć się *perf*).

buy [baɪ] (*pt, pp* **bought**) *vt* kupować (kupić *perf*) ♦ *n*: **good/bad buy** dobry *or* udany/zły *or* nieudany zakup *m*; **to buy sb sth** kupować (kupić *perf*) komuś coś; **to buy sb a drink** stawiać (postawić *perf*) komuś drinka.

buzz [bʌz] *n* brzęczenie *nt* ♦ *vi* (*insect, saw*) brzęczeć.

buzzer ['bʌzə*] *n* brzęczyk *m.*

┌──── KEYWORD ────┐

by [baɪ] *prep* **1** (*referring to cause, agent*) przez +*acc*; **killed by lightning** zabity przez piorun; **a painting by Picasso** obraz Picassa. **2** (*referring to method, manner, means*): **by bus** *etc* autobusem *etc*; **to pay by cheque** płacić (zapłacić *perf*) czekiem; **by moonlight** przy

świetle księżyca; **by saving hard** oszczędzając każdy grosz. **3** (*via, through*) przez +*acc*; **he came in by the back door** wszedł tylnymi drzwiami. **4** (*close to*): **she sat by his bed** usiadła przy jego łóżku; **the house by the river** dom nad rzeką. **5** (*past*) obok +*gen*, koło +*gen*; **she rushed by me** przemknęła obok mnie. **6** (*not later than*) do +*gen*; **by 4 o'clock** do (godziny) czwartej; **by the time I got here it was too late** zanim tu dotarłem, było już za późno. **7** (*amount*): **paid by the hour** opłacany za godzinę; **by the kilo/metre** na kilogramy/metry. **8** (*MATH*) przez +*acc*; **to divide by 3** dzielić (podzielić *perf*) przez 3. **9** (*measure*): **a room 3 metres by 4** pokój o wymiarach 3 na 4 (metry); **it's broader by a metre** jest o metr szerszy. **10** (*according to*) według +*gen*; **to play by the rules** grać według zasad. **11**: **he did it (all) by himself** zrobił to (zupełnie) sam. **12**: **by the way** nawiasem mówiąc, à propos ♦ *adv* **1** *see* **go, pass** *etc* **2**: **by and by** wkrótce, niebawem. **3**: **by and large** ogólnie (rzecz) biorąc.

└─────────────┘

bye(-bye) ['baɪ('baɪ)] *n excl* do widzenia; (*to child etc*) pa (pa).

by-election ['baɪɪlɛkʃən] (*BRIT*) *n* wybory *pl* uzupełniające.

bygone ['baɪgɔn] *adj* miniony ♦ *n*: **let bygones be bygones** puśćmy to w niepamięć, (co) było, minęło.

bypass ['baɪpɑːs] *n* (*AUT*) obwodnica *f*; (*MED*) połączenie *nt* omijające, bypass *m* ♦ *vt* omijać (ominąć *perf*).

by-product ['baɪprɔdʌkt] *n* (*of industrial process*) produkt *m* uboczny; (*of situation*) skutek *m* uboczny.

bystander ['baɪstændə*] n (at accident etc) świadek m, widz m.

byte [baɪt] n (COMPUT) n bajt m.

C

C [si:] n (MUS) C nt, c nt.

C abbr = **Celsius, centigrade** C, °C.

CA n abbr (BRIT) = **chartered accountant**.

cab [kæb] n (taxi) taksówka f; (of truck etc) kabina f, szoferka f.

cabaret ['kæbəreɪ] n kabaret m.

cabbage ['kæbɪdʒ] n kapusta f.

cabin ['kæbɪn] n (on ship, plane) kabina f; (house) chata f.

cabinet ['kæbɪnɪt] n (piece of furniture) szafka f; (also: **display cabinet**) gablota f; (: small) gablotka f; (POL) gabinet m.

cable ['keɪbl] n (rope) lina f; (ELEC) przewód m; (TEL, TV) kabel m ♦ vt przesyłać (przesłać perf) telegraficznie.

cable television n telewizja f kablowa.

cackle ['kækl] vi (person) rechotać (zarechotać perf) (pej); (hen) gdakać (zagdakać perf).

cacti ['kæktaɪ] npl of **cactus**.

cactus ['kæktəs] (pl **cacti**) n kaktus m.

cadet [kə'dɛt] n kadet m.

Caesarean [si:'zɛərɪən] adj: **Caesarean (section)** cesarskie cięcie nt, cesarka f (inf).

café ['kæfeɪ] n kawiarnia f.

cafeteria [kæfɪ'tɪərɪə] n (in school, factory) stołówka f; (in station) bufet m.

caffein(e) ['kæfi:n] n kofeina f.

cage [keɪdʒ] n klatka f.

Cairo ['kaɪərəu] n Kair m.

cajole [kə'dʒəul] vt nakłaniać (nakłonić perf) (pochlebstwami).

cake [keɪk] n (CULIN) ciasto nt; (: small) ciastko nt; (of soap) kostka f; **it's a piece of cake** (inf) to małe piwo (inf).

caked [keɪkt] adj: **caked with** oblepiony +instr.

calamity [kə'læmɪtɪ] n katastrofa f, klęska f.

calcium ['kælsɪəm] n wapń m.

calculate ['kælkjuleɪt] vt (cost, distance, sum) obliczać (obliczyć perf); (chances) oceniać (ocenić perf); (consequences) przewidywać (przewidzieć perf).

calculating ['kælkjuleɪtɪŋ] adj wyrachowany.

calculation [kælkju'leɪʃən] n (sum) obliczenie nt; (estimate) rachuba f, kalkulacja f.

calculator ['kælkjuleɪtə*] n kalkulator m.

calculus ['kælkjuləs] n: **integral/ differential calculus** rachunek m całkowy/różniczkowy.

calendar ['kæləndə*] n kalendarz m.

calendar month/year n miesiąc m/rok m kalendarzowy.

calf [kɑ:f] (pl **calves**) n (of cow) cielę nt; (of elephant, seal) młode nt; (also: **calfskin**) skóra f cielęca; (ANAT) łydka f.

calibre ['kælɪbə*] (US **caliber**) n kaliber m.

call [kɔ:l] vt (name, label) nazywać (nazwać perf); (christen) dawać (dać perf) na imię +dat; (TEL) dzwonić (zadzwonić perf) do +gen; (summon) przywoływać (przywołać perf), wzywać (wezwać perf); (meeting) zwoływać (zwołać perf) ♦ vi (shout) wołać (zawołać perf); (TEL) dzwonić (zadzwonić perf); (also: **call in, call round**) wstępować (wstąpić perf), wpadać (wpaść perf) ♦ n (shout) wołanie nt; (TEL) rozmowa *f*; (*of bird*) głos *m*; **he's called Hopkins** nazywa się Hopkins; **she's called Suzanne** ma na imię Suzanne.

►**call back** *vi* (*return*) wstępować (wstąpić *perf*) jeszcze raz; (*TEL*) oddzwaniać (oddzwonić *perf*) ♦ *vt* (*TEL*) oddzwaniać (oddzwonić *perf*) +*dat*.

►**call for** *vt fus* (*demand*) wzywać (wezwać *perf*) do +*gen*; (*fetch*) zgłaszać się (zgłosić się *perf*) po +*acc*.

►**call off** *vt* (*strike, meeting*) odwoływać (odwołać *perf*); (*engagement*) zrywać (zerwać *perf*).

►**call on** *vt fus* odwiedzać (odwiedzić *perf*) +*acc*.

►**call out** *vi* krzyczeć (krzyknąć *perf*), wołać (zawołać *perf*).

►**call up** *vt* (*MIL*) powoływać (powołać *perf*) do wojska; (*TEL*) dzwonić (zadzwonić *perf*) do +*gen*.

callbox ['kɔːlbɔks] (*BRIT*) *n* budka *f* telefoniczna.

caller ['kɔːlə*] *n* (*visitor*) gość *m*, odwiedzający (-ca) *m(f)*; (*TEL*) telefonujący (-ca) *m(f)*.

calling ['kɔːlɪŋ] *n* (*trade, occupation*) fach *m*; (*vocation*) powołanie *nt*.

callous ['kæləs] *adj* bezduszny.

calm [kɑːm] *adj* spokojny ♦ *n* spokój *m* ♦ *vt* (*person, fears*) uspokajać (uspokoić *perf*); (*grief, pain*) koić (ukoić *perf*).

►**calm down** *vt* uspokajać (uspokoić *perf*) ♦ *vi* uspokajać się (uspokoić się *perf*).

calorie ['kælərɪ] *n* kaloria *f*.

calves [kɑːvz] *npl of* **calf**.

Cambodia [kæm'bəudɪə] *n* Kambodża *f*.

camcorder ['kæmkɔːdə*] *n* kamera *f* wideo.

came [keɪm] *pt of* **come**.

camel ['kæməl] *n* wielbłąd *m*.

camera ['kæmərə] *n* (*PHOT*) aparat *m* (fotograficzny); (*FILM, TV*) kamera *f*.

cameraman ['kæmərəmæn] (*irreg like*: **man**) (*FILM*) *n* operator *m* (filmowy); (*TV*) kamerzysta *m*.

camouflage ['kæməflɑːʒ] *n* kamuflaż *m* ♦ *vt* (*MIL*) maskować (zamaskować *perf*).

camp [kæmp] *n* obóz *m* ♦ *vi* obozować, biwakować ♦ *adj* (*effeminate*) zniewieściały; (*exaggerated*) afektowany.

campaign [kæm'peɪn] *n* kampania *f* ♦ *vi* prowadzić (przeprowadzić *perf*) kampanię.

camp bed (*BRIT*) *n* łóżko *nt* polowe.

camping ['kæmpɪŋ] *n* kemping *m*, obozowanie *nt*, biwakowanie *nt*.

campsite ['kæmpsaɪt] *n* kemping *m*, pole *nt* namiotowe.

campus ['kæmpəs] *n* miasteczko *nt* uniwersyteckie.

can[1] *n* (*for foodstuffs*) puszka *f*; (*for oil, water*) kanister *m* ♦ *vt* puszkować (zapuszkować *perf*).

┌─── KEYWORD ───┐

can[2] [kæn, kən] (*negative* **cannot**, **can't**, *conditional and pt* **could**) *aux vb* **1** (*be able to*) móc; **you can do it if you try** możesz to zrobić, jeśli się postarasz; **I can't see you** nie widzę cię. **2** (*know how to*) umieć; **I can swim** umiem pływać; **can you speak French?** (czy) mówisz po francusku? **3** (*expressing permission, disbelief, puzzlement, possibility*) móc; **could I have a word with you?** czy mógłbym zamienić z tobą dwa słowa?; **it can't be true!** to nie może być prawda!; **she could have been delayed** mogło ją coś zatrzymać.

└─────────────┘

Canada ['kænədə] *n* Kanada *f*.

canal [kə'næl] n kanał m; (ANAT) przewód m.

canary [kə'nɛərɪ] n kanarek m.

cancel ['kænsəl] vt (meeting, flight, reservation) odwoływać (odwołać perf); (contract, cheque) anulować (anulować perf), unieważniać (unieważnić perf); (order) cofać (cofnąć perf); (words, figures) przekreślać (przekreślić perf).

cancellation [kænsə'leɪʃən] n (of appointment, reservation, flight) odwołanie nt.

cancer ['kænsə*] n rak m, nowotwór m; **Cancer** Rak.

candid ['kændɪd] adj szczery.

candidate ['kændɪdeɪt] n kandydat(ka) m(f).

candle ['kændl] n (in house) świeczka f; (in church) świeca f.

candlestick ['kændlstɪk] n świecznik m; (big, ornate) lichtarz m.

candour ['kændə*] (US **candor**) n szczerość f.

candy ['kændɪ] n (also: **sugar-candy**) cukierek m; (US) słodycze pl.

cane [keɪn] n trzcina f ♦ vt (BRIT: SCOL) chłostać (wychłostać perf).

cannabis ['kænəbɪs] n marihuana f.

canned [kænd] adj (fruit, vegetables) z puszki post.

cannibal ['kænɪbəl] n kanibal m.

cannon ['kænən] (pl **cannon** or **cannons**) n armata f, działo nt.

cannot ['kænɔt] = can not.

canoe [kə'nuː] n kajak m, kanoe or kanu nt inv.

canon ['kænən] n (clergyman) kanonik m; (principle) kanon m.

canopy ['kænəpɪ] n (above bed, throne) baldachim m.

can't [kænt] = can not.

canteen [kæn'tiːn] n (in workplace, school) stołówka f; (mobile) kuchnia f polowa.

canvas ['kænvəs] n (fabric) brezent m; (painting) płótno nt; (NAUT) żagiel m.

canvass ['kænvəs] vi agitować ♦ vt (opinions, place) badać (zbadać perf).

canyon ['kænjən] n kanion m.

cap [kæp] n (hat) czapka f; (of pen) nasadka f; (of bottle) nakrętka f, kapsel m; (also: **Dutch cap**) kapturek m dopochwowy; (for toy gun) kapiszon m ♦ vt (performance etc) ukoronować (perf), uwieńczyć (perf); (tax) nakładać (nałożyć perf) ograniczenia na +acc.

capability [keɪpə'bɪlɪtɪ] n zdolność f.

capable ['keɪpəbl] adj zdolny; **to be capable of doing sth** (able) być w stanie coś zrobić; (likely) być zdolnym do zrobienia czegoś; **to be capable of** być zdolnym do +gen.

capacity [kə'pæsɪtɪ] n (of container) pojemność f; (of ship) ładowność f; (of pipeline) przepustowość f; (capability) zdolność f; (position, role) kompetencje pl, uprawnienia pl; (of factory) wydajność f.

cape [keɪp] n (GEOG) przylądek m; (cloak) peleryna f.

caper ['keɪpə*] n (CULIN: usu pl) kapar m; (prank) psota f, figiel m.

capital ['kæpɪtl] n (city) stolica f; (money) kapitał m; (also: **capital letter**) wielka litera f.

capitalism ['kæpɪtəlɪzəm] n kapitalizm m.

capitalist ['kæpɪtəlɪst] adj kapitalistyczny ♦ n kapitalista (-tka) m(f).

capital punishment n kara f śmierci.

capitulate [kə'pɪtjuleɪt] vi kapitulować (skapitulować perf).

cappuccino [kæpu'tʃiːnəu] n cappuccino nt inv.

capricious [kə'prɪʃəs] adj kapryśny.

Capricorn ['kæprɪkɔːn] n Koziorożec m.

capsize [kæp'saɪz] vt wywracać

(wywrócić *perf*) dnem do góry ♦ *vi*
wywracać się (wywrócić się *perf*)
dnem do góry.

capsule ['kæpsju:l] *n* (*MED*)
kapsułka *f*; (*spacecraft*) kapsuła *f*;
(*storage container*) pojemnik *m*.

captain ['kæptɪn] *n* kapitan *m*;
(*NAUT*) komandor *m*; (*BRIT: SCOL:
of debating team etc*)
przewodniczący (-ca) *m(f)*.

caption ['kæpʃən] *n* (*to picture,
photograph*) podpis *m*.

captivate ['kæptɪveɪt] *vt* urzekać
(urzec *perf*).

captive ['kæptɪv] *adj* schwytany,
pojmany ♦ *n* jeniec *m*.

captivity [kæp'tɪvɪtɪ] *n* niewola *f*.

capture ['kæptʃə*] *vt* (*animal*)
schwytać *(perf)*; (*person*) pojmać
(perf), ująć *(perf)*; (*town, country*)
zdobywać (zdobyć *perf*);
(*imagination*) zawładnąć *(perf)* +*instr*;
(*COMPUT*) wychwytywać
(wychwycić *perf*) ♦ *n* (*of animal*)
schwytanie *nt*; (*of person*) pojmanie
nt, ujęcie *nt*; (*of town*) zdobycie *nt*;
(*COMPUT: of data*) wychwytywanie
nt.

car [ka:*] *n* (*AUT*) samochód *m*;
(*RAIL*) wagon *m*.

carafe [kə'ræf] *n* karafka *f*.

caramel ['kærəməl] *n* (*sweet*)
karmelek *m*; (*burnt sugar*) karmel *m*.

carat ['kærət] *n* karat *m*.

caravan ['kærəvæn] *n* (*BRIT: vehicle*)
przyczepa *f* kempingowa; (*in desert*)
karawana *f*.

carbohydrate [ka:bəu'haɪdreɪt] *n*
węglowodan *m*.

carbon ['ka:bən] *n* (*CHEM*) węgiel *m*.

carbon monoxide [mɔ'nɔksaɪd] *n*
tlenek *m* węgla.

carbon paper *n* kalka *f* (maszynowa
or ołówkowa).

carburettor [ka:bju'retə*] (*US*
carburetor) *n* gaźnik *m*.

carcass ['ka:kəs] *n* padlina *f*,
ścierwo *nt*; (*at butcher's*) tusza *f*.

carcinogen [ka:'sɪnədʒən] *n*
substancja *f* rakotwórcza.

card [ka:d] *n* (*index card,
membership card, playing card*) karta
f; (*material*) karton *m*, tektura *f*;
(*greetings card*) kartka *f*
(okolicznościowa); (*visiting card*)
wizytówka *f*.

cardboard ['ka:dbɔ:d] *n* karton *m*,
tektura *f*.

cardiac ['ka:dɪæk] *adj* sercowy;
cardiac arrest zatrzymanie akcji
serca.

cardigan ['ka:dɪgən] *n* sweter *m*
rozpinany.

cardinal ['ka:dɪnl] *adj* główny ♦ *n*
kardynał *m*.

care [kɛə*] *n* (*attention*) opieka *f*;
(*worry*) troska *f* ♦ *vi*: **to care about**
(*person, animal*) troszczyć się o
+*acc*; (*thing, idea*) przejmować się
+*instr*; **in sb's care** pod czyjąś
opieką; (*problem*) rozwiązywać
(rozwiązać *perf*) +*acc*; **I don't care**
nic mnie to nie obchodzi; **I couldn't
care less** wszystko mi jedno.

▶**care for** *vt fus* (*look after*)
opiekować się +*instr*; (*like*): **does
she still care for him?** czy nadal jej
na nim zależy?

career [kə'rɪə*] *n* kariera *f* ♦ *vi* (*also:*
career along) pędzić (popędzić
perf); **change/choice of career**
zmiana/wybór zawodu.

career woman (*irreg like:* **woman**) *n*
kobieta *f* czynna zawodowo.

carefree ['kɛəfri:] *adj* beztroski.

careful ['kɛəful] *adj* (*cautious*)
ostrożny; (*thorough*) uważny,
staranny; **(be) careful!** uważaj!

carefully ['kɛəfəlɪ] *adv* (*cautiously*)
ostrożnie; (*methodically*) starannie.

careless ['kɛəlɪs] *adj* (*not careful*)
nieostrożny; (*negligent, heedless,
casual*) niedbały.

carelessness ['kɛəlɪsnɪs] n
(negligence) niedbalstwo nt;
(casualness) niedbałość f,
nonszalancja f.

caress [kə'rɛs] n pieszczota f ♦ vt
pieścić.

caretaker ['kɛəteɪkə*] n dozorca
(-czyni) m(f).

cargo ['kɑ:gəu] (pl **cargoes**) n
ładunek m.

car hire (BRIT) n wynajem m
samochodów.

Caribbean [kærɪ'bi:ən] n: **the
Caribbean (Sea)** Morze nt
Karaibskie.

caricature ['kærɪkətjuə*] n karykatura
f.

caring ['kɛərɪŋ] adj opiekuńczy.

carnation [kɑ:'neɪʃən] (BOT) n
goździk m.

carnival ['kɑ:nɪvl] n karnawał m;
(US: funfair) wesołe miasteczko nt.

carnivorous [kɑ:'nɪvərəs] adj
(animal) mięsożerny; (plant)
owadożerny.

carol ['kærəl] n: **(Christmas) carol**
kolęda f.

car park (BRIT) n parking m.

carpenter ['kɑ:pɪntə*] n stolarz m.

carpet ['kɑ:pɪt] n dywan m; (fig)
kobierzec m ♦ vt wykładać (wyłożyć
perf) dywanami.

carriage ['kærɪdʒ] n (BRIT: RAIL)
wagon m (osobowy); (horse-drawn)
(po)wóz m; (transport costs)
przewóz m, koszt m przewozu.

carriageway ['kærɪdʒweɪ] (BRIT) n
nitka f (autostrady).

carrier ['kærɪə*] n (COMM)
przewoźnik m, spedytor m; (MED)
nosiciel m.

carrier bag (BRIT) n reklamówka f.

carrot ['kærət] n marchew f,
marchewka f.

carry ['kærɪ] vt (take) nieść (zanieść
perf); (transport) przewozić
(przewieźć perf); (involve) nieść za

sobą; (disease, virus) przenosić
(przenieść perf) ♦ vi (sound) nieść
się; **the placards carried the
slogan: ...** na transparentach
widniało hasło: ...; **this loan carries
10% interest** pożyczka jest
oprocentowana na 10%.

►**carry forward** vt
(BOOK-KEEPING) przenosić
(przenieść perf).

►**carry on** vi kontynuować ♦ vt
prowadzić.

►**carry out** vt (orders) wykonywać
(wykonać perf); (investigation,
experiments) przeprowadzać
(przeprowadzić perf).

carrycot ['kærɪkɔt] (BRIT) n
nosidełko nt (torba do noszenia
niemowlęcia).

cart [kɑ:t] n (for grain, hay) wóz m,
furmanka f; (for passengers) powóz
m; (handcart) wózek m ♦ vt (inf)
wlec, włóczyć.

cartilage ['kɑ:tɪlɪdʒ] (ANAT) n
chrząstka f.

carton ['kɑ:tən] n karton m.

cartoon [kɑ:'tu:n] n (drawing)
rysunek m satyryczny, karykatura f;
(FILM) kreskówka f, film m
rysunkowy; (BRIT) komiks m.

cartridge ['kɑ:trɪdʒ] n (for gun, pen)
nabój m; (of record-player) wkładka f
(gramofonowa).

carve [kɑ:v] vt (sculpt) rzeźbić
(wyrzeźbić perf); (meat) kroić
(pokroić perf); (initials, design)
wycinać (wyciąć perf).

carving ['kɑ:vɪŋ] n (object) rzeźba f;
(design) rzeźbienia pl; (art of carving)
rzeźbiarstwo nt, snycerstwo nt.

car wash n myjnia f samochodowa.

case [keɪs] n (also MED, LING)
przypadek m; (JUR) sprawa f; (for
spectacles, nail scissors) etui nt inv;
(for musical instrument) futerał m;
(BRIT: also: **suitcase**) walizka f; (of
wine) skrzynka f; **in case of** w

przypadku +*gen*; **in case he comes** na wypadek, gdyby przyszedł; **in any case** (*at any rate*) w każdym razie; (*besides*) zresztą, poza tym; (*no matter what*) tak czy owak; **just in case** (tak) na wszelki wypadek.

cash [kæʃ] *n* gotówka *f* ♦ *vt* (*cheque, money order*) realizować (zrealizować *perf*); **to pay (in) cash** płacić (zapłacić *perf*) gotówką; **cash on delivery** za pobraniem.

cash desk (*BRIT*) *n* kasa *f* (*w sklepie*).

cash dispenser (*BRIT*) *n* bankomat *m*.

cashier [kæˈʃɪə*] *n* kasjer(ka) *m(f)*.

cashmere [ˈkæʃmɪə*] *n* kaszmir *m*.

cash register *n* kasa *f* rejestrująca *or* fiskalna.

casino [kəˈsiːnəu] *n* kasyno *nt*.

casserole [ˈkæsərəul] *n* (*CULIN*) zapiekanka *f*; (*container*) naczynie *nt* (żaroodporne) do zapiekanek.

cassette [kæˈset] *n* kaseta *f*.

cassette recorder *n* magnetofon *m* kasetowy.

cast [kɑːst] (*pt, pp* **cast**) *vt* (*shadow, glance, spell, aspersions*) rzucać (rzucić *perf*); (*net, fishing-line*) zarzucać (zarzucić *perf*); (*metal*) odlewać (odlać *perf*); (*vote*) oddawać (oddać *perf*); (*THEAT*): **to cast sb as Hamlet** obsadzać (obsadzić *perf*) kogoś w roli Hamleta ♦ *n* (*THEAT*) obsada *f*; (*also*: **plaster cast**) gips *m*; **to cast doubt on sth** podawać (podać *perf*) coś w wątpliwość.

caste [kɑːst] *n* (*class*) kasta *f*; (*system*) kastowość *f*.

caster sugar [ˈkɑːstə-] (*BRIT*) *n* cukier *m* puder *m*.

cast iron *n* żeliwo *nt*.

castle [ˈkɑːsl] *n* zamek *m*; (*CHESS*) wieża *f*.

castor oil *n* olej *m* rycynowy.

castrate [kæsˈtreɪt] *vt* kastrować (wykastrować *perf*).

casual [ˈkæʒjul] *adj* (*accidental*) przypadkowy; (*irregular. work etc*) dorywczy; (*unconcerned*) swobodny, niezobowiązujący.

casually [ˈkæʒjulɪ] *adv* (*in a relaxed way*) swobodnie, od niechcenia; (*dress*) na sportowo.

casualty [ˈkæʒjultɪ] *n* (*person*) ofiara *f*; (*in hospital*) izba *f* przyjęć (*dla przypadków urazowych*); **heavy casualties** duże straty (w ludziach).

cat [kæt] *n* kot *m*.

catalogue [ˈkætəlɔg] (*US* **catalog**) *n* katalog *m* ♦ *vt* (*book, collection*) katalogować (skatalogować *perf*); (*events, qualities*) wyliczać (wyliczyć *perf*).

catalyst [ˈkætəlɪst] *n* katalizator *m*.

catapult [ˈkætəpʌlt] *n* (*BRIT: sling*) proca *f*.

cataract [ˈkætərækt] *n* zaćma *f*, katarakta *f*.

catarrh [kəˈtɑː*] *n* katar *m*.

catastrophe [kəˈtæstrəfɪ] *n* katastrofa *f*.

catastrophic [kætəˈstrɔfɪk] *adj* katastrofalny.

catch [kætʃ] (*pt, pp* **caught**) *vt* (*capture, get hold of*) łapać (złapać *perf*); (*surprise*) przyłapywać (przyłapać *perf*); (*hear*) dosłyszeć (*perf*); (*MED*) zarażać się (zarazić się *perf*) +*instr*, łapać (złapać *perf*) (*inf*); (*also*: **catch up**) zrównać się (*perf*) z +*instr*, doganiać (dogonić *perf*) ♦ *vi* (*fire*) zapłonąć (*perf*); (*in branches etc*) zaczepić się (*perf*) ♦ *n* (*of fish etc*) połów *m*; (*of ball*) piłka *f*; (*hidden problem*) kruczek *m*; (*of lock*) zapadka *f*; **to catch fire** zapalać się (zapalić się *perf*), zajmować się (zająć się *perf*); **to catch sight of** dostrzegać (dostrzec *perf*) +*acc*.

►**catch on** *vi* (*understand*) zaskakiwać (zaskoczyć *perf*) (*inf*); (*grow popular*) przyjmować się (przyjąć *perf* się), chwytać (chwycić *perf*) (*inf*).

►**catch up** *vi* (*with person*) doganiać (dogonić *perf*); (*fig*): **to catch up on work/sleep** nadrabiać (nadrobić *perf*) zaległości w pracy/spaniu.

►**catch up with** *vt fus* doganiać (dogonić *perf*) +*acc*.

catching ['kætʃɪŋ] *adj* zaraźliwy.

catchy ['kætʃɪ] *adj* chwytliwy, wpadający w ucho.

catechism ['kætɪkɪzəm] *n* katechizm *m*.

categoric(al) [kætɪ'gɔrɪk(l)] *adj* kategoryczny.

category ['kætɪgərɪ] *n* kategoria *f*.

cater ['keɪtə*] *vi*: **cater for** (*party etc*) zaopatrywać (zaopatrzyć *perf*); (*needs etc*) zaspokajać (zaspokoić *perf*); (*readers, consumers*) zaspokajać (zaspokoić *perf*) potrzeby +*gen*.

catering ['keɪtərɪŋ] *n* gastronomia *f*.

caterpillar ['kætəpɪlə*] *n* gąsienica *f*.

cathedral [kə'θi:drəl] *n* katedra *f*.

Catholic ['kæθəlɪk] *adj* katolicki ♦ *n* katolik (-iczka) *m(f)*.

cattle ['kætl] *npl* bydło *nt*.

catwalk ['kætwɔ:k] *n* wybieg *m*.

caught [kɔ:t] *pt, pp of* catch.

cauliflower ['kɔlɪflauə*] *n* kalafior *m*.

cause [kɔ:z] *n* (*of outcome, effect*) przyczyna *f*; (*reason*) powód *m*; (*aim, principle*) sprawa *f* ♦ *vt* powodować (spowodować *perf*), wywoływać (wywołać *perf*).

caustic ['kɔ:stɪk] *adj* (*CHEM*) kaustyczny, żrący; (*fig: remark*) uszczypliwy.

caution ['kɔ:ʃən] *n* (*prudence*) ostrożność *f*; (*warning*) ostrzeżenie *nt* ♦ *vt* ostrzegać (ostrzec *perf*); (*policeman*) udzielać (udzielić *perf*) ostrzeżenia +*dat*.

cautious ['kɔ:ʃəs] *adj* ostrożny.

cautiously ['kɔ:ʃəslɪ] *adv* ostrożnie.

cavalry ['kævəlrɪ] *n* kawaleria *f*.

cave [keɪv] *n* jaskinia *f*, grota *f*.

►**cave in** *vi* (*roof etc*) zapadać się (zapaść *perf* się), załamywać się (załamać *perf* się).

caveman ['keɪvmæn] (*irreg like*: man) *n* jaskiniowiec *m*.

caviar(e) ['kævɪa:*] *n* kawior *m*.

cavity ['kævɪtɪ] *n* otwór *m*; (*in tooth*) ubytek *m*, dziura *f* (*inf*).

CB *n abbr* (= *Citizens' Band (Radio)*) CB *nt inv*, CB radio *nt*.

CBI *n abbr* (= *Confederation of British Industry*) związek pracodawców.

cc *abbr* (= *cubic centimetre*) cm³.

cease [si:s] *vt* zaprzestawać (zaprzestać *perf*) +*gen*, przerywać (przerwać *perf*) ♦ *vi* ustawać (ustać *perf*).

ceasefire ['si:sfaɪə*] *n* zawieszenie *nt* broni.

ceaseless ['si:slɪs] *adj* nieustanny.

cedar ['si:də*] *n* cedr *m*.

ceiling ['si:lɪŋ] *n* (*in room*) sufit *m*; (*on wages, prices etc*) (górny) pułap *m*.

celebrate ['selɪbreɪt] *vt* (*success, victory*) świętować; (*anniversary, birthday*) obchodzić; (*REL: mass*) odprawiać (odprawić *perf*), celebrować ♦ *vi* świętować; **we ought to celebrate** powinniśmy to uczcić.

celebration [selɪ'breɪʃən] *n* świętowanie *nt*.

celebrity [sɪ'lɛbrɪtɪ] *n* (*znana*) osobistość *f*, sława *f*.

celeriac [sə'lɛrɪæk] *n* seler *m*.

celery ['sɛlərɪ] *n* seler *m* naciowy.

celestial [sɪ'lɛstɪəl] *adj* niebiański, niebieski.

celibacy ['sɛlɪbəsɪ] *n* celibat *m*.

cell [sɛl] *n* (*in prison, monastery*) cela *f*; (*of revolutionaries*) komórka *f* (organizacyjna); (*BIO*) komórka *f*; (*ELEC*) ogniwo *nt*.

cellar ['sɛlə*] *n* piwnica *f*.

cello ['tʃɛləu] *n* wiolonczela *f*.

cellular ['sɛljulə*] *adj* (*structure,*

tissue) komórkowy; (*fabrics*) luźno tkany.

cellular phone *n* telefon *m* komórkowy.

cellulite ['sɛljulaɪt] *n* cellulit *m*.

Celsius ['sɛlsɪəs] *adj*: **30 degrees Celsius** 30 stopni Celsjusza.

Celt [kɛlt, sɛlt] *n* Celt *m*.

Celtic ['kɛltɪk, 'sɛltɪk] *adj* celtycki ♦ *n* (język *m*) celtycki.

cement [sə'mɛnt] *n* (*powder, concrete*) cement *m*.

cemetery ['sɛmɪtrɪ] *n* cmentarz *m*.

censor ['sɛnsə*] *n* cenzor(ka) *m(f)* ♦ *vt* cenzurować (ocenzurować *perf*).

censorship ['sɛnsəʃɪp] *n* cenzura *f*.

census ['sɛnsəs] *n* spis *m* ludności.

cent [sɛnt] (*US etc*) *n* cent *m*; *see also* **per**.

centenary [sɛn'tiːnərɪ] *n* stulecie *nt*, setna rocznica *f*.

center ['sɛntə*] (*US*) = **centre**.

centigrade ['sɛntɪɡreɪd] *adj*: **23 degrees centigrade** 23 stopnie Celsjusza.

centimetre ['sɛntɪmiːtə*] (*US* **centimeter**) *n* centymetr *m*.

centipede ['sɛntɪpiːd] *n* wij *m*.

central ['sɛntrəl] *adj* (*in the centre*) centralny, środkowy; (*close to the city centre*) położony centralnie *or* w centrum; (*committee etc*) centralny; (*idea, figure*) główny.

Central America *n* Ameryka *f* Środkowa.

central heating *n* centralne ogrzewanie *nt*.

centre ['sɛntə*] (*US* **center**) *n* (*of circle, room, line*) środek *m*; (*of town, attention, power*) centrum *m*; (*of action, belief*) podstawa *f*; (*of arts, industry*) ośrodek *m*, centrum *nt* ♦ *vt* (*weight*) umieszczać (umieścić *perf*) na środku.

centre-forward ['sɛntə'fɔːwəd] (*FOOTBALL*) *n* środkowy napastnik *m*.

century ['sɛntjurɪ] *n* wiek *m*, stulecie *nt*.

ceramic [sɪ'ræmɪk] *adj* ceramiczny.

cereal ['siːrɪəl] *n* (*plant, crop*) zboże *nt*; (*food*) płatki *pl* zbożowe.

cerebral ['sɛrɪbrəl] *adj* (*MED*) mózgowy; (*intellectual*) intelektualny; **cerebral hemorrhage** wylew krwi do mózgu.

ceremony ['sɛrɪmənɪ] *n* ceremonia *f*.

certain ['sɜːtən] *adj* (*sure*) pewny, pewien; (*particular, some*) pewien; **a certain Mr Smith** pewien *or* niejaki pan Smith; **certain days/places** pewne dni/miejsca; **to be certain of** być pewnym +*gen*; **for certain** na pewno.

certainly ['sɜːtənlɪ] *adv* (*undoubtedly*) na pewno, z pewnością; (*of course*) oczywiście, naturalnie.

certainty ['sɜːtəntɪ] *n* (*assurance*) pewność *f*; (*inevitability*) pewnik *m*.

certificate [sə'tɪfɪkɪt] *n* (*of birth, marriage etc*) akt *m*, świadectwo *nt*; (*diploma*) świadectwo *nt*, dyplom *m*.

certify ['sɜːtɪfaɪ] *vt* (*fact*) poświadczać (poświadczyć *perf*); (*award diploma to*) przyznawać (przyznać *perf*) dyplom *or* patent +*dat*.

cervical ['sɜːvɪkl] *adj* szyjny, karkowy.

cf. *abbr* = **compare** por.

ch. *abbr* = **chapter** rozdz.

c.h. (*BRIT*) *abbr* = **central heating** co.

chafe [tʃeɪf] *vt* (*skin*) ocierać (otrzeć *perf*).

chain [tʃeɪn] *n* łańcuch *m*; (*piece of jewellery*) łańcuszek *m*; (*of shops, hotels*) sieć *f* ♦ *vt* (*also*: **chain up**: *prisoner*) przykuwać (przykuć *perf*) łańcuchem; (: *dog*) uwiązywać (uwiązać *perf*) na łańcuchu.

chain-smoke ['tʃeɪnsməuk] *vi* palić jednego (papierosa) za drugim.

chain store *n* sklep *m* należący do sieci.

chair [tʃɛə*] n (seat) krzesło nt; (armchair) fotel m; (at university) katedra f; (of meeting etc) przewodniczący (-ca) m(f) ♦ vt przewodniczyć +dat.

chairlift ['tʃɛəlɪft] n wyciąg m krzesełkowy.

chairman ['tʃɛəmən] (irreg like: man) n (of committee) przewodniczący m; (BRIT: of company) prezes m.

chalk [tʃɔːk] n kreda f.

challenge ['tʃælɪndʒ] n wyzwanie nt; (to authority, received ideas) kwestionowanie nt ♦ vt (SPORT) rzucać (rzucić perf) wyzwanie +dat, wyzywać (wyzwać perf); (rival) stawiać (postawić perf) w obliczu wyzwania; (authority, idea etc) kwestionować (zakwestionować perf); **to challenge sb to do sth** wzywać (wezwać perf) kogoś do zrobienia czegoś.

challenging ['tʃælɪndʒɪŋ] adj (career) stawiający wysokie wymagania; (task) ambitny; (tone, look etc) wyzywający.

chamber ['tʃeɪmbə*] n (room) komnata f; (POL) izba f; (BRIT: usu pl: judge's office) gabinet m sędziego; (: barristers' offices) kancelaria f adwokacka; **chamber of commerce** izba handlowa.

chambermaid ['tʃeɪmbəmeɪd] n pokojówka f.

chamber music n muzyka f kameralna.

champagne [ʃæm'peɪn] n szampan m.

champion ['tʃæmpɪən] n (of league, contest) mistrz(yni) m(f); (of cause) orędownik (-iczka) m(f), szermierz m; (of person) obrońca (-ńczyni) m(f).

championship ['tʃæmpɪənʃɪp] n (contest) mistrzostwa pl; (title) mistrzostwo nt.

chance [tʃɑːns] n (hope) szansa f; (likelihood) prawdopodobieństwo nt; (opportunity) sposobność f, okazja f;

(risk) ryzyko nt; (accident) przypadek m ♦ adj przypadkowy; **to take a chance** ryzykować (zaryzykować perf); **by chance** przez przypadek, przypadkiem.

chancellor ['tʃɑːnsələ*] n (head of government) kanclerz m.

Chancellor of the Exchequer (BRIT) n Minister m Skarbu.

chandelier [ʃændə'lɪə*] n żyrandol m.

change [tʃeɪndʒ] vt zmieniać (zmienić perf); (replace) zamieniać (zamienić perf), wymieniać (wymienić perf); (substitute, exchange) wymieniać (wymienić perf); (transform): **to change sb/sth into** zamieniać (zamienić perf) or przemieniać (przemienić perf) kogoś/coś w +acc ♦ vi zmieniać (zmienić się perf); (on bus etc) przesiadać się (przesiąść się perf); (be transformed): **to change into** zamieniać się (zamienić się perf) or przemieniać się (przemienić się perf) w +acc ♦ n (alteration) zmiana f; (difference) odmiana f; (coins) drobne pl; (money returned) reszta f; **to change trains/buses** przesiadać się (przesiąść się perf); **to change a baby** przewijać (przewinąć perf) niemowlę; **to change one's mind** zmieniać (zmienić perf) zdanie, rozmyślić się (perf); **keep the change** proszę zatrzymać resztę; **for a change** dla odmiany.

changeable ['tʃeɪndʒəbl] adj zmienny.

changing ['tʃeɪndʒɪŋ] adj zmieniający się.

changing room (BRIT) n (in shop) przymierzalnia f.

channel ['tʃænl] n kanał m; (groove) rowek m, wyżłobienie nt ♦ vt kierować (skierować perf); **the (English) Channel** kanał La Manche; **the Channel Islands** Wyspy Normandzkie.

chant [tʃɑːnt] n (of crowd, fans)
skandowanie nt; (REL) pieśń f,
śpiew m ♦ vt (slogans etc)
skandować; (song, prayer)
intonować (zaintonować perf).

chaos ['keɪɔs] n chaos m.

chaotic [keɪ'ɔtɪk] adj (jumble)
bezładny.

chap [tʃæp] (BRIT: inf) n facet m
(inf), gość m (inf).

chapel ['tʃæpl] n kaplica f; (BRIT:
non-conformist chapel) zbór m.

chaplain ['tʃæplɪn] n kapelan m.

chapped [tʃæpt] adj spierzchnięty,
spękany.

chapter ['tʃæptə*] n rozdział m.

character ['kærɪktə*] n charakter m;
(in novel, film) postać f; (letter) znak m.

characteristic ['kærɪktə'rɪstɪk] adj
charakterystyczny ♦ n cecha f
(charakterystyczna), właściwość f;
characteristic of charakterystyczny
dla +gen.

characterize ['kærɪktəraɪz] vt (typify)
charakteryzować, cechować;
(describe character of)
charakteryzować (scharakteryzować
perf).

charade [ʃə'rɑːd] n farsa f.

charcoal ['tʃɑːkəul] n (fuel) węgiel m
drzewny; (for drawing) węgiel m
(rysunkowy).

charge [tʃɑːdʒ] n (fee) opłata f;
(JUR) zarzut m, oskarżenie nt;
(attack) natarcie nt, szarża f;
(responsibility) odpowiedzialność f ♦
vt (person) obciążać (obciążyć perf);
(sum) pobierać (pobrać perf); (MIL)
atakować (zaatakować perf),
nacierać (natrzeć perf) na +acc;
(also: **charge up**: battery) ładować
(naładować perf); (JUR): **to charge
sb (with)** oskarżać (oskarżyć perf)
kogoś (o +acc) ♦ vi rzucać się
(rzucić się perf) (do ataku),
szarżować; **charges** npl opłaty pl; **to
reverse the charges** (BRIT) dzwonić

na koszt osoby przyjmującej
rozmowę; **how much do you
charge?** ile to u państwa kosztuje?;
under my charge pod moją opieką;
to take charge of (child) zajmować
się (zająć się perf) +instr; (company)
obejmować (objąć perf)
kierownictwo +gen; **to be in charge
of** (person, machine) odpowiadać za
+acc; (business) kierować +instr.

charge card n karta f kredytowa or
stałego klienta (ważna w określonej
placówce handlowej).

charisma [kæ'rɪsmə] n charyzma f.

charitable ['tʃærɪtəbl] adj
(organization) charytatywny,
dobroczynny.

charity ['tʃærɪtɪ] n (organization)
organizacja f charytatywna or
dobroczynna; (kindness, generosity)
wyrozumiałość f; (money, gifts)
jałmużna f.

charlady ['tʃɑːleɪdɪ] (BRIT) n
sprzątaczka f.

charm [tʃɑːm] n (appeal, spell) czar
m, urok m; (talisman) talizman m,
amulet m; (on bracelet etc) wisiorek
m, breloczek m ♦ vt zauroczyć (perf).

charming ['tʃɑːmɪŋ] adj czarujący,
uroczy.

chart [tʃɑːt] n (graph, diagram)
wykres m; (NAUT) mapa f (morska)
♦ vt (river etc) nanosić (nanieść perf)
na mapę; (progress, movements)
rejestrować (na wykresie); **charts** npl
listy pl przebojów.

charter ['tʃɑːtə*] vt wynajmować
(wynająć perf) ♦ n (document,
constitution) karta f; (of university,
company) statut m.

chartered accountant ['tʃɑːtəd-]
(BRIT) n ≈ dyplomowany (-na) m(f)
księgowy (-wa) m(f).

charter flight n lot m charterowy.

charwoman ['tʃɑːwumən] (irreg like:
woman) n = charlady.

chase [tʃeɪs] vt (pursue) gonić; (also:

chase away) wyganiać (wygonić *perf*) ♦ *n* pościg *m*.

chasm ['kæzəm] *n* (*GEOL*) rozpadlina *f*.

chassis ['ʃæsɪ] *n* podwozie *nt*.

chastity ['tʃæstɪtɪ] *n* czystość *f*, cnota *f*.

chat [tʃæt] *vi* (*also*: **have a chat**) gadać (pogadać *perf*), ucinać (uciąć *perf*) sobie pogawędkę ♦ *n* pogawędka *f*, pogaduszki *pl*; (*COMPUT*) czat *m*.

▶**chat up** (*BRIT*: *inf*) *vt* przygadać (*perf*) sobie (*inf*).

chat show (*BRIT*) *n* talk show *m*.

chatter ['tʃætə*] *vi* (*person*) paplać (*inf*), trajkotać (*inf*); (*magpie etc*) skrzeczeć; (*teeth*) szczękać ♦ *n* (*of people*) paplanina *f*; (*of magpie etc*) skrzeczenie *nt*.

chauffeur ['ʃəufə*] *n* szofer *m*.

chauvinist ['ʃəuvɪnɪst] *n* (*also*: **male chauvinist**) (męski) szowinista *m*; (*POL*) szowinista (-tka) *m(f)*.

cheap [tʃiːp] *adj* (*lit*, *fig*) tani.

cheaper ['tʃiːpə*] *adj* tańszy.

cheaply ['tʃiːplɪ] *adv* tanio.

cheat [tʃiːt] *vi* oszukiwać (oszukać *perf*).

check [tʃɛk] *vt* (*inspect, examine, verify*) sprawdzać (sprawdzić *perf*); (*halt, restrain*) powstrzymywać (powstrzymać *perf*) ♦ *n* (*inspection*) kontrola *f*; (*curb*) powstrzymanie *nt*; (*US*: *bill*) rachunek *m*; = **cheque**; (*CHESS*) szach *m*; (*usu pl*: *pattern*) kratka *f* ♦ *adj* w kratkę *post*.

▶**check in** *vi* (*at hotel*) meldować się (zameldować się *perf*); (*at airport*) zgłaszać się (zgłosić się *perf*) do odprawy ♦ *vt* (*luggage*) nadawać (nadać *perf*).

▶**check out** *vi* (*of hotel*) wymeldowywać się (wymeldować się *perf*).

▶**check up on** *vt fus*: **to check up**

on sb zbierać (zebrać *perf*) informacje o kimś.

checkered ['tʃɛkəd] (*US*) *adj* = **chequered**.

checkers ['tʃɛkəz] (*US*) *npl* warcaby *pl*.

check-in (desk) ['tʃɛkɪn-] *n* (*at airport*) punkt *m* odpraw.

checking account ['tʃɛkɪŋ-] (*US*) *n* ≈ rachunek *m* oszczędnościowo-rozliczeniowy.

checkmate ['tʃɛkmeɪt] *n* szach-mat *m*.

checkout ['tʃɛkaut] *n* kasa *f* (*w supermarkecie*).

checkpoint ['tʃɛkpɔɪnt] *n* punkt *m* kontroli granicznej.

checkroom ['tʃɛkrum] (*US*) *n* przechowalnia *f* bagażu.

checkup ['tʃɛkʌp] (*also spelled* **check-up**) (*MED*) *n* badanie *nt* lekarskie (*kontrolne*); (*at dentist's*) przegląd *m*.

cheek [tʃiːk] *n* (*ANAT*) policzek *m*; (*impudence*) bezczelność *f*, tupet *m*.

cheekbone ['tʃiːkbəun] *n* kość *f* policzkowa.

cheeky ['tʃiːkɪ] *adj* bezczelny.

cheep [tʃiːp] *vi* (*bird*) piszczeć (zapiszczeć *perf*).

cheer [tʃɪə*] *vt* (*team, speaker*) zgotować (*perf*) owację +*dat*; (*gladden*) pocieszać (pocieszyć *perf*) ♦ *vi* wiwatować ♦ *n* wiwat *m*; **cheers!** (*toast*) na zdrowie!; (*bye*) cześć!

▶**cheer up** *vi* rozchmurzać się (rozchmurzyć się *perf*) ♦ *vt* rozweselać (rozweselić *perf*).

cheerful ['tʃɪəful] *adj* wesoły, radosny.

cheerio [tʃɪərɪˈəu] (*BRIT*) *excl* cześć (*przy pożegnaniu*).

cheerleader ['tʃiːəliːdə*] *n* cheerleaderka *f*.

cheese [tʃiːz] *n* ser *m*.

cheetah ['tʃiːtə] *n* gepard *m*.

chef [ʃɛf] *n* szef *m* kuchni.

chemical ['kɛmɪkl] adj chemiczny ♦ n substancja f chemiczna.

chemist ['kɛmɪst] n (BRIT: pharmacist) aptekarz (-arka) m(f); (scientist) chemik (-iczka) m(f).

chemistry ['kɛmɪstrɪ] n chemia f.

chemist's (shop) ['kɛmɪsts-] (BRIT) n apteka połączona z drogerią.

cheque [tʃɛk] (BRIT) n czek m; **to pay by cheque** płacić (zapłacić perf) czekiem.

chequebook ['tʃɛkbuk] (BRIT) n książeczka f czekowa.

chequered ['tʃɛkəd] (US checkered) adj (fig: career, history) burzliwy.

cherish ['tʃɛrɪʃ] vt (person, freedom) miłować (literary); (right, privilege) wysoko (sobie) cenić, przywiązywać wielką wagę do +gen.

cherry ['tʃɛrɪ] n czereśnia f; (sour) wiśnia f.

chess [tʃɛs] n szachy pl.

chessboard ['tʃɛsbɔːd] n szachownica f.

chest [tʃɛst] n (ANAT) klatka f piersiowa; (box) skrzynia f, kufer m.

chestnut ['tʃɛsnʌt] n kasztan m.

chest of drawers n komoda f.

chew [tʃuː] vt (food) żuć, przeżuwać; (gum) żuć.

chewing gum ['tʃuːɪŋ-] n guma f do żucia.

chic [ʃiːk] adj (dress, hat) modny; (person, place) elegancki, szykowny.

chick [tʃɪk] n pisklę nt; (inf: girl) laska f (inf).

chicken ['tʃɪkɪn] n kurczę nt, kurczak m; (inf: person) tchórz m.
►**chicken out** (inf) vi tchórzyć (stchórzyć perf).

chickenpox ['tʃɪkɪnpɔks] n ospa f wietrzna.

chicory ['tʃɪkərɪ] n cykoria f.

chief [tʃiːf] n (of tribe) wódz m; (of organization, department) szef m ♦ adj główny.

chief executive (US chief executive officer) n dyrektor m naczelny.

chiefly ['tʃiːflɪ] adv głównie.

child [tʃaɪld] (pl children) n dziecko nt.

childbirth ['tʃaɪldbəːθ] n poród m.

childhood ['tʃaɪldhud] n dzieciństwo nt.

childish ['tʃaɪldɪʃ] adj dziecinny.

childlike ['tʃaɪldlaɪk] adj (behaviour) dziecinny; (eyes, figure) dziecięcy.

child minder (BRIT) n opiekun(ka) m(f) do dziecka.

children ['tʃɪldrən] npl of child.

Chile ['tʃɪlɪ] n Chile nt inv.

chill [tʃɪl] n (coldness) chłód m; (MED) przeziębienie nt; (shiver) dreszcz m ♦ vt (food, drinks) schładzać (schłodzić perf); (person): **to be chilled** przemarzać (przemarznąć perf).

chilli ['tʃɪlɪ] (US chili) n chili nt inv.

chilly ['tʃɪlɪ] adj (lit, fig) chłodny.

chimney ['tʃɪmnɪ] n komin m.

chimney sweep n kominiarz m.

chimpanzee [tʃɪmpæn'ziː] n szympans m.

chin [tʃɪn] n podbródek m.

China ['tʃaɪnə] n Chiny pl.

china ['tʃaɪnə] n (clay) glinka f porcelanowa; (crockery) porcelana f.

Chinese [tʃaɪ'niːz] adj chiński ♦ n inv (person) Chińczyk/Chinka m/f; (LING) (język m) chiński.

chip [tʃɪp] n (of wood) drzazga f, wiór m; (of glass, stone) odłamek m; (COMPUT: also: microchip) kość f, układ m scalony; **chips** npl (BRIT) frytki pl; (US: also: potato chips) chipsy pl ♦ vt wyszczerbiać (wyszczerbić perf).
►**chip in** (inf) vi (contribute) zrzucać się (zrzucić się perf) (inf); (interrupt) wtrącać się (wtrącić się perf).

chiropodist [kɪ'rɔpədɪst] (BRIT) n specjalista m chorób stóp.

chirp [tʃəːp] *vi* (*bird*) ćwierkać (zaćwierkać *perf*).

chisel ['tʃɪzl] *n* dłuto *nt*.

chitchat ['tʃɪtʃæt] (*also spelled* **chit-chat**) *n* pogawędka *f*.

chivalrous ['ʃɪvəlrəs] *adj* rycerski.

chives [tʃaɪvz] *npl* szczypiorek *m*.

chlorine ['klɔːriːn] *n* chlor *m*.

chocolate ['tʃɔklɪt] *n* (*substance, drink*) czekolada *f*; (*sweet*) czekoladka *f*.

choice [tʃɔɪs] *n* (*selection*) wybór *m*; (*option*) możliwość *f* (do wyboru); (*person preferred*) typ *m*, kandydat *m* ♦ *adj* najlepszy.

choir ['kwaɪə*] *n* chór *m*.

choke [tʃəuk] *vi* dławić się (zadławić się *perf*) ♦ *vt* (*strangle*) dusić ♦ *n* (*AUT*) ssanie *nt*.

cholera ['kɔlərə] (*MED*) *n* cholera *f*.

cholesterol [kə'lɛstərɔl] *n* cholesterol *m*.

choose [tʃuːz] (*pt* **chose**, *pp* **chosen**) *vt* wybierać (wybrać *perf*); **to choose to do sth** postanawiać (postanowić *perf*) coś zrobić.

choosy ['tʃuːzɪ] *adj* wybredny.

chop [tʃɔp] *vt* rąbać (porąbać *perf*); (*also*: **chop up**) siekać (posiekać *perf*) ♦ *n* (*CULIN*) kotlet *m*.

chopsticks ['tʃɔpstɪks] *npl* pałeczki *pl*.

choral ['kɔːrəl] *adj* chóralny.

chord [kɔːd] *n* (*MUS*) akord *m*.

chore [tʃɔː*] *n* (*domestic task*) praca *f* domowa; (*routine task*) (przykry) obowiązek *m*.

choreographer [kɔrɪ'ɔgrəfə*] *n* choreograf(ka) *m(f)*.

chorus ['kɔːrəs] *n* chór *m*; (*part of song*) refren *m*.

chose [tʃəuz] *pt of* **choose**.

chosen ['tʃəuzn] *pp of* **choose**.

Christ [kraɪst] *n* Chrystus *m*.

christen ['krɪsn] *vt* (*baby*) chrzcić (ochrzcić *perf*); (*with nickname*) ochrzcić (*perf*) (*fig*).

Christian ['krɪstɪən] *adj* chrześcijański ♦ *n* chrześcijanin (-anka) *m(f)*.

Christianity [krɪstɪ'ænɪtɪ] *n* chrześcijaństwo *nt*.

Christian name *n* imię *nt*.

Christmas ['krɪsməs] *n* Święta *pl* (Bożego Narodzenia), Boże Narodzenie *nt*; **Happy** *or* **Merry Christmas!** Wesołych Świąt!

Christmas Eve *n* Wigilia *f* (Bożego Narodzenia).

Christmas tree *n* choinka *f*.

chromosome ['krəuməsəum] *n* chromosom *m*.

chronic ['krɔnɪk] *adj* chroniczny.

chronicle ['krɔnɪkl] *n* kronika *f*.

chronological [krɔnə'lɔdʒɪkl] *adj* chronologiczny.

chrysanthemum [krɪ'sænθəməm] *n* chryzantema *f*.

chubby ['tʃʌbɪ] *adj* (*cheeks, child*) pucołowaty.

chuck [tʃʌk] (*inf*) *vt* (*lit, fig*) rzucać (rzucić *perf*).

▶**chuck out** *vt* wyrzucać (wyrzucić *perf*).

chuckle ['tʃʌkl] *vi* chichotać (zachichotać *perf*).

chum [tʃʌm] *n* kumpel *m*.

chunk [tʃʌŋk] *n* kawał *m*.

church [tʃəːtʃ] *n* kościół *m*.

churchyard ['tʃəːtʃjɑːd] *n* cmentarz *m* parafialny.

chute [ʃuːt] *n* (*also*: **rubbish chute**) zsyp *m* (na śmieci); (*for coal*) zsuwnia *f*.

CIA (*US*) *n abbr* (= *Central Intelligence Agency*) CIA *f inv*.

CID (*BRIT*) *n abbr* (= *Criminal Investigation Department*) *brytyjska policja kryminalna*.

cider ['saɪdə*] *n* cydr *m*, jabłecznik *m*.

cigar [sɪ'gɑː*] *n* cygaro *nt*.

cigarette [sɪgə'rɛt] *n* papieros *m*.

Cinderella [sɪndə'rɛlə] *n* Kopciuszek *m*.

cinema ['sınəmə] *n* kino *nt*.

cinnamon ['sınəmən] *n* cynamon *m*.

circle ['sə:kl] *n* (*curved line*) okrąg *m*; (*area enclosed by curved line*) koło *nt*; (: *smaller*) kółko *nt*; (*of friends*) krąg *m*; (*in cinema, theatre*) balkon *m* ♦ *vi* krążyć, zataczać koła (zatoczyć *perf* koło) ♦ *vt* (*move round*) okrążać (okrążyć *perf*); (*surround*) otaczać (otoczyć *perf*).

circuit ['sə:kıt] *n* (*ELEC*) obwód *m*; (*tour*) objazd *m*; (*track*) tor *m*; (*lap*) okrążenie *nt*.

circular ['sə:kjulə*] *adj* (*plate, pond*) okrągły ♦ *n* (*letter*) okólnik *m*; **circular argument** błędne koło.

circulate ['sə:kjuleıt] *vi* krążyć ♦ *vt* (*report etc*) rozprowadzać (rozprowadzić *perf*).

circulation [sə:kju'leıʃən] *n* (*of report, book, newspaper*) nakład *m*; (*of air, money*) obieg *m*; (*of blood*) krążenie *nt*.

circumcise ['sə:kəmsaız] *vt* obrzezywać (obrzezać *perf*).

circumstances ['sə:kəmstənsız] *npl* (*of accident, death etc*) okoliczności *pl*; (*conditions*) warunki *pl*; (: *financial, domestic*) sytuacja *f*; **in** *or* **under the circumstances** w tej sytuacji; **under no circumstances** w żadnym wypadku.

circus ['sə:kəs] *n* cyrk *m*.

cite [saıt] *vt* (*sum*) wymieniać (wymienić *perf*); (*author, passage*) cytować (zacytować *perf*); (*example*) przytaczać (przytoczyć *perf*); (*JUR*) wzywać (wezwać *perf*) (do sądu).

citizen ['sıtızn] *n* (*of country*) obywatel(ka) *m(f)*; (*of town*) mieszkaniec (-nka) *m(f)*.

citizenship ['sıtıznʃıp] *n* (*of country*) obywatelstwo *nt*.

city ['sıtı] *n* miasto *nt*; **the City** (*BRIT*) (londyńskie) City *nt inv*.

civic ['sıvık] *adj* (*authorities*) miejski; (*duties, pride*) obywatelski.

civil ['sıvıl] *adj* (*disturbances, equality*) społeczny; (*authorities*) cywilny; (*rights, liberties*) obywatelski; (*behaviour, person*) uprzejmy.

civilian [sı'vılıən] *adj* (*casualties*) cywilny ♦ *n* cywil *m*.

civilization [sıvılaı'zeıʃən] *n* cywilizacja *f*.

civilized ['sıvılaızd] *adj* (*society*) cywilizowany; (*person*) kulturalny; (*place, design*) w dobrym guście *post*.

Civil Service *n*: **the Civil Service** Państwowa Służba *f* Cywilna.

civil war *n* wojna *f* domowa.

clad [klæd] *adj*: **clad in** odziany w +*acc*.

claim [kleım] *vt* (*rights, compensation*) żądać (zażądać *perf*) +*gen*, domagać się +*gen*; (*credit*) przypisywać (przypisać *perf*) sobie; (*expenses*) żądać (zażądać *perf*) zwrotu +*gen*; (*assert*): **he claims (that)/to be ...** twierdzi, że/że jest +*instr* ♦ *n* (*assertion*) twierdzenie *nt*; (*for pension, wage rise*) roszczenie *nt*; (*to inheritance etc*) prawo *nt*, pretensje *pl*.

clairvoyant [klɛə'vɔıənt] *n* jasnowidz *m*.

clammy ['klæmı] *adj* (*hands etc*) lepki, wilgotny.

clamour ['klæmə*] (*US* **clamor**) *vi*: **to clamour for** głośno domagać się +*gen*.

clamp [klæmp] *n* klamra *f*, zacisk *m*; **to clamp sth to sth** przymocowywać (przymocować *perf*) *or* przytwierdzać (przytwierdzić *perf*) coś do czegoś.

clan [klæn] *n* klan *m*.

clandestine [klæn'dɛstın] *adj* (*radio station*) tajny; (*meeting, marriage*) potajemny.

clap [klæp] *vi* klaskać.

claret ['klærət] *n* bordo *nt inv* (*wino*).

clarify ['klærɪfaɪ] *vt* wyjaśniać (wyjaśnić *perf*).

clarinet [klærɪ'nɛt] *n* klarnet *m*.

clarity ['klærɪtɪ] *n* jasność *f*.

clash [klæʃ] *n* (*fight, disagreement*) starcie *nt*; (*of beliefs, cultures, styles*) zderzenie *nt*; (*of events, appointments*) nałożenie się *nt*; (*of weapons*) szczęk *m*; (*of cymbals*) brzęk *m* ♦ *vi* (*gangs, political opponents*) ścierać się (zetrzeć się *perf*); (*beliefs*) kolidować (ze sobą); (*colours, styles*) kłócić się (ze sobą); (*two events, appointments*) kolidować, nakładać się (nałożyć się *perf*) (na siebie); (*weapons*) szczękać (zaszczękać *perf*); (*cymbals*) brzękać (brzęknąć *perf*).

clasp [klɑːsp] *n* (*hold, embrace*) uścisk *m*; (*of bag*) zatrzask *m*; (*of necklace*) zapięcie *nt* ♦ *vt* ściskać (ścisnąć *perf*).

class [klɑːs] *n* klasa *f*; (*period of teaching*) lekcja *f*; (: *at university*) zajęcia *pl*, ćwiczenia *pl* ♦ *vt* klasyfikować (zaklasyfikować *perf*).

classic ['klæsɪk] *adj* klasyczny ♦ *n* (*film, novel*) klasyczne dzieło *nt*, klasyka *f*; (*author*) klasyk *m*.

classical ['klæsɪkl] *adj* (*art, music, language*) klasyczny; (*times*) antyczny.

classification [klæsɪfɪ'keɪʃən] *n* (*process*) klasyfikacja *f*; (*category*) zaklasyfikowanie *nt*.

classified ['klæsɪfaɪd] *adj* (*information*) tajny, poufny.

classify ['klæsɪfaɪ] *vt* klasyfikować (zaklasyfikować *perf*).

classmate ['klɑːsmeɪt] *n* kolega/koleżanka *m/f* z klasy.

classroom ['klɑːsrum] *n* klasa *f*, sala *f* lekcyjna.

clatter ['klætə*] *n* (*of dishes, pots*) brzęk *m*; (*of hooves*) stukot *m* ♦ *vi* (*dishes, pots*) brzęczeć (zabrzęczeć *perf*); (*hooves*) stukotać (zastukotać *perf*).

clause [klɔːz] *n* (*JUR*) klauzula *f*; (*LING*) człon *m* zdania.

claustrophobia [klɔːstrə'fəubɪə] *n* klaustrofobia *f*.

claw [klɔː] *n* (*of animal*) pazur *m*; (*of bird*) szpon *m*; (*of lobster*) szczypce *pl* (*no sg*).

►**claw at** *vt fus* (*curtains etc*) wczepiać się (wczepić się *perf*) w +*acc*; (*door etc*) drapać w +*acc*.

clay [kleɪ] *n* glina *f*.

clean [kliːn] *adj* (*lit, fig*) czysty; (*joke, story*) przyzwoity; (*MED: fracture*) prosty ♦ *vt* czyścić (wyczyścić *perf*).

►**clean out** *vt* (*cupboard, drawer*) opróżniać (opróżnić *perf*).

►**clean up** *vt* (*mess*) sprzątać (posprzątać *perf*); (*child*) doprowadzać (doprowadzić *perf*) do porządku.

cleaner ['kliːnə*] *n* (*person*) sprzątacz(ka) *m(f)*; (*substance*) środek *m* czyszczący.

cleaner's ['kliːnəz] *n* (*also: dry cleaner's*) pralnia *f* chemiczna.

cleaning ['kliːnɪŋ] *n* sprzątanie *nt*.

cleanliness ['klɛnlɪnɪs] *n* czystość *f*, schludność *f*.

cleanse [klɛnz] *vt* (*face, cut*) oczyszczać (oczyścić *perf*), przemywać (przemyć *perf*); (*fig: image, memory*) wymazywać (wymazać *perf*).

cleanser ['klɛnzə*] *n* płyn *m* do zmywania twarzy.

clear [klɪə*] *adj* (*report, argument*) jasny, klarowny; (*voice, photograph, commitment*) wyraźny; (*glass, plastic, water*) przezroczysty; (*road, way*) wolny; (*conscience, profit, sky*) czysty ♦ *vt* (*ground, suspect*) oczyszczać (oczyścić *perf*); (*building*) ewakuować (ewakuować *perf*); (*weeds*) usuwać (usunąć *perf*); (*fence, wall*) przeskakiwać

(przeskoczyć *perf*); (*cheque*)
rozliczać (rozliczyć *perf*) ♦ *vi* (*sky*)
przejaśniać się (przejaśnić się *perf*);
(*fog, smoke*) przerzedzać się
(przerzedzić się *perf*) ♦ *adv*: **to be
clear of** nie dotykać +*gen*; **to clear
the table** sprzątać (sprzątnąć *perf*)
ze stołu; **to clear one's throat**
odchrząkiwać (odchrząknąć *perf*); **to
make it clear to sb that ...**
uzmysławiać (uzmysłowić *perf*)
komuś, że ... .
▶**clear up** *vt* (*room, mess*) sprzątać
(posprzątać *perf*); (*mystery, problem*)
wyjaśniać (wyjaśnić *perf*).
clearance ['klɪərəns] *n* (*removal*)
usunięcie *nt*; (*permission*)
pozwolenie *nt*, zgoda *f*.
clear-cut ['klɪə'kʌt] *adj* (*decision,
issue*) jednoznaczny.
clearing ['klɪərɪŋ] *n* (*in wood*) polana
f.
clearly ['klɪəlɪ] *adv* (*distinctly*)
wyraźnie; (*coherently*) jasno,
klarownie; (*obviously*) najwyraźniej,
najwidoczniej.
clef [klɛf] (*MUS*) *n* klucz *m*.
cleft palate *n* rozszczep *m*
podniebienia.
clemency ['klɛmənsɪ] *n* (*JUR*) łaska *f*.
clench [klɛntʃ] *vt* (*fist, teeth*) zaciskać
(zacisnąć *perf*); (*object*) ściskać
(ścisnąć *perf*).
clergy ['klə:dʒɪ] *n* duchowieństwo *nt*,
kler *m*.
clergyman ['klə:dʒɪmən] (*irreg like*:
man) *n* duchowny *m*.
clerical ['klɛrɪkl] *adj* (*worker, job*)
biurowy; **clerical opposition**
sprzeciw duchownych *or* kleru.
clerk [klɑ:k] *n* (*office worker*)
urzędnik (-iczka) *m(f)*; (*US*:
salesperson) ekspedient(ka) *m(f)*.
clever ['klɛvə*] *adj* (*intelligent*)
zdolny, bystry; (*deft, crafty*) sprytny;
(*ingenious*) pomysłowy; (*device,
gadget*) zmyślny.

cliché ['kli:ʃeɪ] *n* komunał *m*.
click [klɪk] *vt* (*tongue*) mlaskać
(mlasnąć *perf*) +*instr*; (*heels*) stukać
(stuknąć *perf*) *or* trzaskać (trzasnąć
perf) +*instr* ♦ *vi* (*camera, switch*)
pstrykać (pstryknąć *perf*).
client ['klaɪənt] *n* klient(ka) *m(f)*.
cliff [klɪf] *n* wybrzeże *nt* klifowe, klif *m*.
climate ['klaɪmɪt] *n* (*lit, fig*) klimat *m*.
climax ['klaɪmæks] *n* (*of battle*) punkt
m kulminacyjny; (*of career*) szczyt
m; (*of film, book*) scena *f*
kulminacyjna; (*sexual*) szczytowanie
nt, orgazm *m*.
climb [klaɪm] *vi* (*person, sun*)
wspinać się (wspiąć się *perf*); (*plant*)
piąć się; (*plane*) wznosić się
(wznieść się *perf*), wzbijać się
(wzbić się *perf*); (*prices, shares*)
wzrastać (wzrosnąć *perf*) ♦ *vt* (*stairs,
ladder*) wdrapywać się (wdrapać się
perf) po +*loc*; (*tree, hill*) wspinać się
(wspiąć się *perf*) na +*acc* ♦ *n*
wspinaczka *f*; **to climb over a wall**
przełazić (przeleźć *perf*) przez mur.
climbing ['klaɪmɪŋ] *n* wspinaczka *f*
górska, alpinistyka *f*.
clinch [klɪntʃ] *vt* (*deal*) finalizować
(sfinalizować *perf*); (*argument*)
rozstrzygać (rozstrzygnąć *perf*).
cling [klɪŋ] (*pt, pp* **clung**) *vi*: **to cling
to** (*mother, support*) trzymać się
kurczowo +*gen*; (*idea, belief*)
uporczywie trwać przy +*loc*; (*dress:
body*) przylegać do +*gen*, opinać się
na +*loc*.
clingfilm ['klɪŋfɪlm] *n* (*BRIT*: *R*)
folia *f* spożywcza.
clinic ['klɪnɪk] *n* (*centre*) klinika *f*.
clinical ['klɪnɪkl] *adj* (*tests etc*)
kliniczny; (*building, white*) szpitalny;
(*fig: dispassionate*) beznamiętny.
clip [klɪp] *n* (*also*: **paper clip**) spinacz
m; (*for hair*) spinka *f*; (*TV, FILM*) clip
m ♦ *vt* (*fasten*) przypinać (przypiąć
perf); (*hedge*) przycinać (przyciąć
perf); (*nails*) obcinać (obciąć *perf*).

clipping ['klɪpɪŋ] n (from newspaper) wycinek m.

clique [kli:k] n klika f.

cloak [kləuk] n peleryna f.

cloakroom ['kləukrum] n (BRIT: for coats) szatnia f; (bathroom) toaleta f (zwłaszcza w budynku publicznym).

clock [klɔk] n zegar m.

►**clock in** (BRIT) vi odbijać (odbić perf) kartę (zegarową) (po przyjściu do pracy).

►**clock off** (BRIT) vi odbijać (odbić perf) kartę (zegarową) (przy wychodzeniu z pracy).

clockwise ['klɔkwaɪz] adv zgodnie z ruchem wskazówek zegara.

clockwork ['klɔkwə:k] n mechanizm m zegarowy ♦ adj mechaniczny.

clone [kləun] n klon m (potomstwo) ♦ vt klonować.

close¹ [kləus] adj (near): **close to** blisko +gen; (friend, relative, ties) bliski; (writing, print) drobny; (texture) gęsty, ścisły; (examination, look) dokładny; (contest) wyrównany; (weather) parny ♦ adv blisko; **close to** or **up** z bliska; **close by** tuż obok; **close at hand** = **close by**; **it was a close shave** (fig) niewiele brakowało.

close² [kləuz] vt (door, window) zamykać (zamknąć perf); (sale, deal) finalizować (sfinalizować perf); (conversation, speech) zakańczać (zakończyć perf) ♦ vi (door, lid etc) zamykać się (zamknąć się perf); (film, speech etc): **to close (with)** kończyć się (zakończyć się perf) (+instr) ♦ n koniec m.

►**close down** vi (factory, magazine) zamykać (zamknąć perf).

closed [kləuzd] adj zamknięty.

closed-circuit ['kləuzd'sə:kɪt] adj: **closed-circuit television** telewizja f przemysłowa, sieć f telewizyjna zamknięta.

close-knit ['kləus'nɪt] adj (family, community) zwarty, zżyty.

closely ['kləuslɪ] adv (examine, watch) dokładnie; (connected, related) blisko.

closet ['klɔzɪt] n (cupboard) szafa f ścienna.

close-up ['kləusʌp] (PHOT) n zbliżenie nt.

closure ['kləuʒə*] n zamknięcie nt.

clot [klɔt] n (MED) skrzep m; (inf: person) baran m (inf) ♦ vi (blood) krzepnąć (zakrzepnąć perf).

cloth [klɔθ] n (material) tkanina f; (rag) szmatka f.

clothes [kləuðz] npl ubranie nt, ubrania pl.

clothes brush n szczotka f do ubrań.

clothes line n sznur m do (suszenia) bielizny.

clothes peg (US **clothes pin**) n klamerka f.

clothing ['kləuðɪŋ] n = **clothes**.

cloud [klaud] n chmura f, obłok m.

cloudy ['klaudɪ] adj (sky) pochmurny; (liquid) mętny.

clout [klaut] (inf) vt walnąć (perf) (inf).

clove [kləuv] (CULIN) n goździki pl; **a clove of garlic** ząbek czosnku.

clover ['kləuvə*] n koniczyna f.

clown [klaun] n klown m ♦ vi (also: **clown about, clown around**) błaznować.

club [klʌb] n (society, place) klub m; (weapon) pałka f; (also: **golf club**) kij m (golfowy) ♦ vt tłuc (stłuc perf) pałką, pałować (spałować perf) (inf); **clubs** npl (CARDS) trefle pl.

cluck [klʌk] vi (hen) gdakać.

clue [klu:] n (pointer, lead) wskazówka f; (: providing solution) klucz m; (in crossword) hasło nt; **I haven't a clue** nie mam pojęcia.

clump [klʌmp] n (of trees, bushes) kęp(k)a f; (of people, buildings) grupka f.

clumsy ['klʌmzɪ] adj (person,

attempt) niezdarny; (*object*) pokraczny.

clung [klʌŋ] *pt, pp of* **cling**.

cluster [ˈklʌstə*] *n* (*of people*) grupka *f*, gromadka *f*; (*of flowers*) pęk *m*; (*of stars*) skupisko *nt*.

clutch [klʌtʃ] *n* (*grip*) uścisk *m*; (*AUT*) sprzęgło *nt* ♦ *vt* ściskać (ścisnąć *perf*) kurczowo.

clutter [ˈklʌtə*] *vt* (*also*: **clutter up**: *room, house*) zagracać (zagracić *perf*); (: *mind*) zaśmiecać (zaśmiecić *perf*).

cm *abbr* = **centimetre** cm.

CND *n abbr* (= *Campaign for Nuclear Disarmament*).

Co. *abbr* = **county**; **company**.

coach [kəutʃ] *n* (*bus*) autokar *m*; (*horse-drawn*) powóz *m*, kareta *f*; (*RAIL*) wagon *m*; (*SPORT*) trener(ka) *m(f)*; (*SCOL*) korepetytor(ka) *m(f)* ♦ *vt* (*sportsman/woman*) trenować; (*student*) udzielać korepetycji *or* dawać korepetycje +*dat*.

coal [kəul] *n* (*substance*) węgiel *m*; (*piece of coal*) węgielek *m*.

coalmine [ˈkəulmaɪn] *n* kopalnia *f* (węgla).

coarse [kɔ:s] *adj* (*texture*) szorstki; (*person, laugh*) nieokrzesany.

coast [kəust] *n* wybrzeże *nt* ♦ *vi* (*car, bicycle etc*) jechać rozpędem.

coastal [ˈkəustl] *adj* przybrzeżny.

coastguard [ˈkəustgɑ:d] *n* (*officer*) strażnik *m* straży przybrzeżnej; (*service*) straż *f* przybrzeżna.

coastline [ˈkəustlaɪn] *n* linia *f* brzegowa.

coat [kəut] *n* (*overcoat*) płaszcz *m*; (*of animal*) sierść *f*; (*of paint*) warstwa *f*.

coat hanger *n* wieszak *m*.

coating [ˈkəutɪŋ] *n* warstwa *f*.

coat of arms *n* herb *m*.

coax [kəuks] *vt*: **to coax sb (into doing sth)** namawiać (namówić

perf) kogoś (do zrobienia czegoś) (*posługując się łagodną perswazją*).

cobbles [ˈkɔblz] *npl* bruk *m*.

cobblestones [ˈkɔblstəunz] *npl* = **cobbles**.

cobweb [ˈkɔbwɛb] *n* pajęczyna *f*.

cocaine [kəˈkeɪn] *n* kokaina *f*.

cock [kɔk] *n* kogut *m* ♦ *vt* repetować (zarepetować *perf*).

cockney [ˈkɔknɪ] *n* cockney *m* (*rdzenny mieszkaniec wschodniego Londynu lub dialekt, którym się posługuje*).

cockpit [ˈkɔkpɪt] *n* (*AVIAT*) kabina *f* pilota; (*in racing car*) kabina *f*.

cockroach [ˈkɔkrəutʃ] *n* karaluch *m*.

cocktail [ˈkɔkteɪl] *n* koktajl *m*.

cocktail cabinet *n* barek *m*.

cocoa [ˈkəukəu] *n* kakao *nt inv*.

coconut [ˈkəukənʌt] *n* (*fruit*) orzech *m* kokosowy; (*flesh*) kokos *m*.

cocoon [kəˈku:n] *n* kokon *m*.

cod [kɔd] *n* dorsz *m*.

COD *abbr* (= *cash on delivery*) za pobraniem; (*US*: = *collect on delivery*) za pobraniem.

code [kəud] *n* (*rules*) kodeks *m*; (*cipher*) szyfr *m*; (*also*: **dialling code**) (*numer m*) kierunkowy; (*also*: **post code**) kod *m* (pocztowy).

cod-liver oil [ˈkɔdlɪvə-] *n* tran *m*.

coercion [kəuˈə:ʃən] *n* przymus *m*.

coffee [ˈkɔfɪ] *n* kawa *f*.

coffee table *n* ława *f*.

coffin [ˈkɔfɪn] *n* trumna *f*.

cognac [ˈkɔnjæk] *n* koniak *m*.

coherent [kəuˈhɪərənt] *adj* (*theory*) spójny; (*person*) komunikatywny.

coil [kɔɪl] *n* (*of rope, wire*) zwój *m*; (*ELEC*) cewka *f*; (*AUT*) cewka *f* zapłonowa; (*contraceptive*) spirala *f* ♦ *vt* zwijać (zwinąć *perf*).

coin [kɔɪn] *n* moneta *f* ♦ *vt* (*word, slogan*) ukuć (*perf*).

coincide [kəuɪnˈsaɪd] *vi* (*events*) zbiegać się (zbiec się *perf*) (w czasie); (*ideas, views*) być zbieżnym.

coincidence [kəu'ɪnsɪdəns] *n* zbieg *m* okoliczności.

Coke [kəuk] ® *n* coca cola *f*.

coke [kəuk] *n* (*coal*) koks *m*.

colander ['kɔləndə*] *n* cedzak *m*, durszlak *m*.

cold [kəuld] *adj* zimny; (*unemotional*) chłodny, oziębły ♦ *n* (*weather*) zimno *nt*; (*MED*) przeziębienie *nt*; **it's cold** jest zimno; **I am** *or* **feel cold** zimno mi; **to catch (a) cold** przeziębić się (*perf*); **in cold blood** z zimną krwią.

coldly ['kəuldlɪ] *adv* chłodno, ozięble.

cold-shoulder [kəuld'ʃəuldə*] *vt* zachowywać się (zachować się *perf*) ozięble wobec +*gen*.

cold sore *n* opryszczka *f* (na wardze), febra *f* (*inf*).

colic ['kɔlɪk] (*MED*) *n* kolka *f*.

collaborate [kə'læbəreɪt] *vi* (*work together*): **to collaborate (on)** pracować wspólnie (nad +*instr*); (*with enemy*) kolaborować.

collaboration [kəlæbə'reɪʃən] *n* współpraca *f*.

collage [kɔ'lɑːʒ] *n* collage *m*, kolaż *m*.

collapse [kə'læps] *vi* (*building*) zawalać się (zawalić się *perf*); (*table, resistance*) załamywać się (załamać się *perf*); (*marriage, system*) rozpadać się (rozpaść się *perf*); (*government, company*) upadać (upaść *perf*); (*hopes*) rozwiewać się (rozwiać się *perf*); (*plans*) runąć (*perf*); (*person: faint*) zemdleć (*perf*), zasłabnąć (*perf*); (: *from exhaustion*) padać (paść *perf*) ♦ *n* (*of building*) zawalenie się *nt*; (*of table, resistance*) załamanie się *nt*; (*of marriage, system*) rozpad *m*; (*of government, company*) upadek *m*; (*MED*) zapaść *f*.

collapsible [kə'læpsəbl] *adj* składany.

collar ['kɔlə*] *n* (*of coat, shirt*) kołnierz *m*; (*of dog, cat*) obroża *f*.

collarbone ['kɔləbəun] *n* obojczyk *m*.

colleague ['kɔliːg] *n* kolega/ koleżanka *m/f* (z pracy).

collect [kə'lekt] *vt* (*wood, litter*) zbierać (zebrać *perf*); (*stamps, coins*) zbierać, kolekcjonować; (*BRIT: children from school etc*) odbierać (odebrać *perf*); (*debts, taxes*) ściągać (ściągnąć *perf*); (*mail: from box*) wybierać (wybrać *perf*), wyjmować (wyjąć *perf*) ♦ *vi* (*dust etc*) zbierać się (zebrać się *perf*); (*for charity etc*) prowadzić zbiórkę pieniędzy, kwestować; **to call collect** (*US*) dzwonić (zadzwonić *perf*) na koszt abonenta.

collection [kə'lekʃən] *n* (*of art, stamps*) kolekcja *f*, zbiór *m*; (*of poems, stories*) zbiór *m*; (*from place, person*) odbiór *m*; (*for charity*) zbiórka *f* pieniędzy, kwesta *f*; (*of mail*) wyjmowanie *nt* listów (*ze skrzynki pocztowej*).

collective [kə'lektɪv] *adj* zbiorowy.

collector [kə'lektə*] *n* (*of art, stamps*) kolekcjoner(ka) *m(f)*, zbieracz(ka) *m(f)*; (*of taxes, rent*) poborca *m*.

college ['kɔlɪdʒ] *n* (*in Oxford etc*) kolegium *nt*, college *m*; (*of agriculture, technology*) ≈ technikum *nt*.

collie ['kɔlɪ] *n* owczarek *m* szkocki.

colliery ['kɔlɪərɪ] (*BRIT*) *n* kopalnia *f* węgla.

collision [kə'lɪʒən] *n* zderzenie *nt*, kolizja *f*.

colloquial [kə'ləukwɪəl] *adj* potoczny.

colon ['kəulən] *n* (*punctuation mark*) dwukropek *m*; (*ANAT*) okrężnica *f*.

colonel ['kəːnl] *n* pułkownik *m*.

colonial [kə'ləunɪəl] *adj* kolonialny.

colony ['kɔlənɪ] *n* kolonia *f*.

color *etc* (*US*) = **colour** *etc*.

colour ['kʌlə*] (*US* **color**) *n* kolor *m*; (*skin colour*) kolor *m* skóry ♦ *vt* (*paint*) malować (pomalować *perf*); (*dye*) farbować (ufarbować *perf*);

(*fig*) mieć (pewien) wpływ na +*acc* ♦
vi czerwienić się (zaczerwienić się
perf), poczerwienieć (*perf*); **colours**
npl (*of party, club*) barwy *pl*; **in**
colour (*film, magazine*) kolorowy;
(*illustrations*) barwny, kolorowy.
►**colour in** *vt* kolorować
(pokolorować *perf*).

colour-blind ['kʌləblaɪnd] *adj*: **to be**
colour-blind być daltonistą (-tką)
m(f).

coloured ['kʌləd] *adj* kolorowy.

colourful ['kʌləful] *adj* kolorowy;
(*fig. account, personality*) barwny.

colouring ['kʌlərɪŋ] *n* (*complexion*)
karnacja *f*; (*in food*) barwnik *m*;
(*combination of colours*) kolorystyka *f*.

colour scheme *n* dobór *m* kolorów.

colour television *n* telewizja *f*
kolorowa.

colt [kəʊlt] *n* źrebię *nt*, źrebak *m*.

column ['kɔləm] *n* (*of building,*
people) kolumna *f*; (*of smoke*) słup
m; (*PRESS*) rubryka *f*.

coma ['kəʊmə] *n* śpiączka *f*.

comb [kəʊm] *n* grzebień *m* ♦ *vt* (*hair*)
rozczesywać (rozczesać *perf*); (*area*)
przeczesywać (przeczesać *perf*); **to**
comb one's hair czesać się
(uczesać się *perf*).

combat ['kɔmbæt] *n* walka *f* ♦ *vt*
walczyć z +*instr*, zwalczać.

combination [kɔmbɪ'neɪʃən] *n*
(*mixture*) połączenie *nt*, kombinacja
f; (*for lock, safe*) szyfr *m*.

combine [kəm'baɪn] *vt* łączyć
(połączyć *perf*) ♦ *vi* łączyć się
(połączyć się *perf*) ♦ *n* (*ECON*)
koncern *m*.

combustion [kəm'bʌstʃən] *n*
spalanie *nt*.

┌──────── KEYWORD ────────┐

come [kʌm] (*pt* **came**, *pp* **come**) *vi*
1 (*movement towards: on foot*)
przychodzić (przyjść *perf*); (: *by car*
etc) przyjeżdżać (przyjechać *perf*);

come here! chodź tu(taj)!; **are you**
coming to my party? przyjdziesz na
moje przyjęcie?; **to come running**
przybiegać (przybiec *perf*). **2** (*arrive*)
przybywać (przybyć *perf*),
przyjeżdżać (przyjechać *perf*); **he's**
just come from Aberdeen właśnie
przyjechał z Aberdeen. **3** (*reach*): **to**
come to sięgać (sięgnąć *perf*) *or*
dochodzić (dojść *perf*) do +*gen*; **to**
come to power obejmować (objąć
perf) władzę; **to come to a decision**
podejmować (podjąć *perf*) decyzję.
4 (*occur*): **an idea came to me**
przyszedł mi do głowy pewien
pomysł. **5** (*be, become*): **to come**
loose poluźniać się (poluźnić się
perf); **I've come to like him**
polubiłem go.
►**come about** *vi*: **how did it come**
about? jak do tego doszło?; **it came**
about that ... stało się tak, że ... .
►**come across** *vt fus* natknąć się
(*perf*) na +*acc*.
►**come away** *vi* (*leave*) odchodzić
(odejść *perf*); (*become detached*)
odpadać (odpaść *perf*), odrywać się
(oderwać się *perf*).
►**come back** *vi* wracać (wrócić *perf*).
►**come by** *vt fus* (*find*) zdobyć (*perf*),
znaleźć (*perf*).
►**come down** *vi* (*price*) obniżać się
(obniżyć się *perf*); (*building, tree*)
runąć (*perf*).
►**come forward** *vi* zgłaszać się
(zgłosić się *perf*) (na ochotnika).
►**come from** *vt fus* pochodzić z +*gen*.
►**come in** *vi* (*enter*) wchodzić (wejść
perf); (*report, news*) nadchodzić
(nadejść *perf*); (*on deal etc*)
wchodzić (wejść *perf*); **come in!**
proszę (wejść)!
►**come in for** *vt fus* (*criticism etc*)
spotykać się (spotkać się *perf*) z
+*instr*.
►**come into** *vt fus* (*money*) dostawać
(dostać *perf*) w spadku; **to come**

into fashion wchodzić (wejść *perf*)
w modę; **money doesn't come into
it** pieniądze nie mają z tym nic
wspólnego.

►**come off** *vi* (*become detached*)
odpadać (odpaść *perf*); (*succeed*)
powieść się *(perf)* ♦ *vt fus* (*inf*):
come off it! daj spokój! (*inf*).

►**come on** *vi* (*pupil*) robić (zrobić
perf) postęp(y); (*work, project*)
postępować (postąpić *perf*) naprzód;
(*electricity*) włączać się (włączyć się
perf); **come on!** no już!, dalej!

►**come out** *vi* (*fact*) wychodzić
(wyjść *perf*) na jaw; (*book*)
wychodzić (wyjść *perf*); (*stain*)
schodzić (zejść *perf*); (*sun*)
wychodzić (wyjść *perf*), wyjrzeć
(perf).

►**come round** *vi* (*recover
consciousness*) przychodzić (przyjść
perf) do siebie; (*visit*) wpadać
(wpaść *perf*).

►**come to** *vi* ocknąć się *(perf)*.

►**come up** *vi* (*approach*) podchodzić
(podejść *perf*); (*sun*) wschodzić
(wzejść *perf*); (*problem*) pojawiać się
(pojawić się *perf*); (*event*) zbliżać
się; (*in conversation*) padać (paść
perf).

►**come up against** *vt fus*
(*resistance, difficulties*) napotykać
(napotkać *perf*).

►**come upon** *vt fus* natknąć się
(perf) na +*acc*.

►**come up with** *vt fus* (*plan*)
wymyślić *(perf)*; (*money*)
wykombinować *(perf)* or wytrzasnąć
(perf) (skądś) (*inf*).

comeback ['kʌmbæk] *n* (*of film star,
fashion*) powrót *m*, come-back *m*.
comedian [kə'miːdɪən] *n* komik *m*.
comedy ['kɔmɪdɪ] *n* (*play, film*)
komedia *f*; (*humour*) komizm *m*.
comet ['kɔmɪt] *n* kometa *f*.

comfort ['kʌmfət] *n* (*physical*)
wygoda *f*; (*luxury, freedom from
anxiety*) komfort *m*; (*cosolation*)
pociecha *f*, otucha *f* ♦ *vt* pocieszać
(pocieszyć *perf*); **comforts** *npl*
wygody *pl*.
comfortable ['kʌmfətəbl] *adj*
(*person: financially*) dobrze
sytuowany; (: *physically*): **I'm
comfortable** jest mi wygodnie;
(*chair, bed*) wygodny; (*hotel, flat*)
komfortowy; (*walk, climb*) łatwy;
(*income*) wysoki; (*majority*) znaczny.
comfortably ['kʌmfətəblɪ] *adv*
wygodnie.
comic ['kɔmɪk] *adj* komiczny ♦ *n*
(*person*) komik *m*; (*BRIT: magazine*)
komiks *m*.
coming ['kʌmɪŋ] *adj* nadchodzący,
zbliżający się.
comma ['kɔmə] *n* przecinek *m*.
command [kə'mɑːnd] *n* (*order*)
polecenie *nt*, rozkaz *m*; (*control,
charge*) kierownictwo *nt*; (*MIL*)
dowództwo *nt*; (*of subject*)
znajomość *f*, opanowanie *nt* ♦ *vt*
(*troops*) dowodzić +*instr*; **to
command sb to do sth** (*tell*) kazać
(kazać *perf*) komuś coś zrobić;
(*order*) rozkazywać (rozkazać *perf*)
komuś coś zrobić; **to be in
command of** dowodzić +*instr*; **to
have/take command of**
sprawować/obejmować (objąć *perf*)
dowództwo nad +*instr*.
commander [kə'mɑːndə*] *n*
dowódca *m*; (*MIL*) komandor *m*
porucznik *m*.
commandment [kə'mɑːndmənt]
(*REL*) *n* przykazanie *nt*.
commando [kə'mɑːndəu] *n* (*group*)
oddział *m* komandosów; (*soldier*)
komandos *m*.
commemorate [kə'mɛməreɪt] *vt*
(*with statue, monument*) upamiętniać
(upamiętnić *perf*); (*with celebration*)
obchodzić rocznicę +*gen*.

commence [kə'mɛns] *vt*
rozpoczynać (rozpocząć *perf*) ♦ *vi*
rozpoczynać się (rozpocząć się *perf*).

commend [kə'mɛnd] *vt* pochwalać
(pochwalić *perf*); **to commend sth
to sb** rekomendować
(zarekomendować *perf*) coś komuś.

comment ['kɔmɛnt] *n* (*remark*)
uwaga *f*, komentarz *m* ♦ *vi*: **to
comment (on)** komentować
(skomentować *perf*) (+*acc*); **"no
comment"** „bez komentarza".

commentary ['kɔməntərɪ] *n*
komentarz *m*; (*genre*) publicystyka *f*.

commentator ['kɔmənteɪtə*] *n*
(*SPORT*) sprawozdawca *m*,
komentator *m*; (*expert*)
komentator(ka) *m(f)*.

commerce ['kɔmə:s] *n* handel *m*.

commercial [kə'mə:ʃəl] *adj*
(*organization*) handlowy; (*success*)
komercyjny ♦ *n* (*TV, RADIO*)
reklama *f*.

commercialized [kə'mə:ʃəlaɪzd]
(*pej*) *adj* skomercjalizowany.

commiserate [kə'mɪzəreɪt] *vi*: **to
commiserate with** współczuć +*dat*;
(*verbally*) składać (złożyć *perf*)
wyrazy współczucia +*dat*.

commission [kə'mɪʃən] *n* (*order for
work*) zamówienie *nt*, zlecenie *nt*;
(*COMM*) prowizja *f* (od sprzedaży);
(*committee*) komisja *f* ♦ *vt* (*work of
art*) zamawiać (zamówić *perf*); **to be
out of commission** nie
funkcjonować.

commissioner [kə'mɪʃənə*] *n*
komisarz *m*.

commit [kə'mɪt] *vt* (*crime, murder*)
popełniać (popełnić *perf*); (*money,
resources*) przeznaczać
(przeznaczyć *perf*); **to commit
suicide** popełnić (*perf*) samobójstwo.

commitment [kə'mɪtmənt] *n*
zobowiązanie *nt*; (*to ideology,
system*) oddanie *nt*, zaangażowanie *nt*.

committee [kə'mɪtɪ] *n* komisja *f*,
komitet *m*.

commodity [kə'mɔdɪtɪ] *n* towar *m*.

common ['kɔmən] *adj* (*shared*)
wspólny; (*ordinary: object, name,
species*) pospolity; (: *experience,
phenomenon*) powszechny; (*vulgar*)
prostacki ♦ *n* błonia *pl* (wiejskie);
the Commons (*BRIT*) *npl* Izba *f*
Gmin; **to have sth in common
(with sb)** mieć coś wspólnego (z
kimś); **it's common knowledge that
...** powszechnie wiadomo, że ...; **for
the common good** dla wspólnego
dobra, dla dobra ogółu.

common law *n* prawo *nt*
zwyczajowe.

commonly ['kɔmənlɪ] *adv*
powszechnie.

Common Market *n*: **the Common
Market** Wspólny Rynek *m*.

commonplace ['kɔmənpleɪs] *adj*
powszedni, zwykły.

common sense *n* zdrowy rozsądek
m.

Commonwealth ['kɔmənwɛlθ]
(*BRIT*) *n*: **the Commonwealth**
(Brytyjska) Wspólnota *f* Narodów.

commotion [kə'məuʃən] *n*
zamieszanie *nt*, rozgardiasz *m*.

communal ['kɔmju:nl] *adj* (*property*)
wspólny, społeczny.

commune ['kɔmju:n] *n* (*group*)
wspólnota *f*; (*POL*) komuna *f*.

communicate [kə'mju:nɪkeɪt] *vt*
przekazywać (przekazać *perf*) ♦ *vi*
(*by speech, gesture*) porozumiewać
się (porozumieć się *perf*),
komunikować się; (*by letter,
telephone*) kontaktować się
(skontaktować się *perf*),
komunikować się.

communication [kəmju:nɪ'keɪʃən] *n*
(*process*) porozumiewanie się *nt*,
komunikowanie się *nt*; (*message*)
wiadomość *f*.

communion [kə'mju:nɪən] *n* (*also*:

Holy Communion) komunia *f*, Komunia *f* (Święta).

communism [ˈkɔmjunɪzəm] *n* komunizm *m*.

communist [ˈkɔmjunɪst] *adj* komunistyczny ♦ *n* komunista (-tka) *m(f)*.

community [kəˈmjuːnɪtɪ] *n* (*local*) społeczność *f*; (*national*) społeczeństwo *nt*; (*business etc*) środowisko *nt*.

community centre *n* ≈ dom *m or* ośrodek *m* kultury.

commute [kəˈmjuːt] *vi* dojeżdżać (do pracy) ♦ *vt* (*JUR: sentence*) zamieniać (zamienić *perf*) (*na łżejszy*).

commuter [kəˈmjuːtə*] *n* dojeżdżający (-ca) *m(f)* do pracy.

compact [kəmˈpækt] *adj* niewielkich rozmiarów *post* ♦ *n* (*also*: **powder compact**) puderniczka *f*.

compact disc *n* płyta *f* kompaktowa.

companion [kəmˈpænjən] *n* towarzysz(ka) *m(f)*.

company [ˈkʌmpənɪ] *n* (*COMM*) firma *f*, przedsiębiorstwo *nt*; (*THEAT*) zespół *m* (teatralny), trupa *f* (*old*); (*companionship*) towarzystwo *nt*; **insurance company** towarzystwo ubezpieczeniowe; **Smith and Company** Smith i spółka; **to keep sb company** towarzyszyć (potowarzyszyć *perf*) komuś.

company car *n* samochód *m* służbowy.

comparable [ˈkɔmpərəbl] *adj* (*size, style etc*) porównywalny.

comparative [kəmˈpærətɪv] *adj* (*peace, safety*) względny; (*study, literature*) porównawczy.

comparatively [kəmˈpærətɪvlɪ] *adv* stosunkowo, względnie.

compare [kəmˈpɛə*] *vt*: **to compare sb/sth with/to** (*contrast*) porównywać (porównać *perf*) kogoś/coś z +*instr* ♦ *vi*: **to compare**

(**un**)**favourably with** wypadać (wypaść *perf*) (nie)korzystnie w porównaniu z +*instr*.

comparison [kəmˈpærɪsn] *n* porównanie *nt*; **in comparison with** w porównaniu z +*instr*.

compartment [kəmˈpɑːtmənt] *n* (*RAIL*) przedział *m*; (*of wallet*) przegródka *f*; (*of fridge*) komora *f*.

compass [ˈkʌmpəs] *n* (*NAUT*) kompas *m*; (*GEOM*) cyrkiel *m*; **compasses** *npl* (*also*: **pair of compasses**) cyrkiel *m*.

compassion [kəmˈpæʃən] *n* współczucie *nt*.

compassionate [kəmˈpæʃənɪt] *adj* współczujący.

compatible [kəmˈpætɪbl] *adj* zgodny; (*COMPUT*) kompatybilny.

compel [kəmˈpɛl] *vt* zmuszać (zmusić *perf*), przymuszać (przymusić *perf*).

compelling [kəmˈpɛlɪŋ] *adj* (*argument, reason*) nie do odparcia *post*; (*poem, painting*) przykuwający uwagę.

compensate [ˈkɔmpənseɪt] *vt* dawać (dać *perf*) odszkodowanie +*dat* ♦ *vi*: **to compensate for** rekompensować (zrekompensować *perf*) sobie +*acc*.

compensation [kɔmpənˈseɪʃən] *n* (*money*) odszkodowanie *nt*.

compete [kəmˈpiːt] *vi* (*in contest, game*) brać (wziąć *perf*) udział; **to compete (with)** (*companies, theories*) rywalizować *or* konkurować (z +*instr*); (*sportsmen*) rywalizować *or* współzawodniczyć (z +*instr*).

competence [ˈkɔmpɪtəns] *n* kompetencje *pl*, fachowość *f*.

competent [ˈkɔmpɪtənt] *adj* (*person*) kompetentny, fachowy.

competition [kɔmpɪˈtɪʃən] *n* (*between firms, rivals*) rywalizacja *f*, współzawodnictwo *nt*; (*contest*) konkurs *m*, zawody *pl*; (*ECON*) konkurencja *f*.

competitive [kəm'pɛtɪtɪv] *adj* (*industry, society*) oparty na współzawodnictwie; (*person*) nastawiony na współzawodnictwo; (*price, product*) konkurencyjny; (*sport*) wyczynowy.

competitor [kəm'pɛtɪtə*] *n* (*rival*) konkurent(ka) *m(f)*, rywal(ka) *m(f)*; (*participant*) zawodnik (-iczka) *m(f)*, uczestnik (-iczka) *m(f)*.

compile [kəm'paɪl] *vt* (*report*) opracowywać (opracować *perf*); (*dictionary*) kompilować (skompilować *perf*).

complacency [kəm'pleɪsnsɪ] *n* samozadowolenie *nt*.

complacent [kəm'pleɪsnt] *adj* (*person*) zadowolony z siebie; (*smile, attitude*) pełen samozadowolenia.

complain [kəm'pleɪn] *vi*: **to complain (about)** (*grumble*) narzekać (na +*acc*); (*protest: to authorities, bank*) składać (złożyć *perf*) zażalenie *or* skargę (z powodu +*gen*); (: *to shop*) zgłaszać (zgłosić *perf*) reklamację (+*gen*); **to complain of** (*pain etc*) skarżyć się na +*acc*.

complaint [kəm'pleɪnt] *n* (*activity*) narzekanie *nt*; (*instance*) skarga *f*; (*reason for complaining*) zarzut *m*; (*MED*) dolegliwość *f*; **a letter of complaint** (pisemne) zażalenie.

complement ['kɔmplɪmənt] *n* (*supplement*) uzupełnienie *nt*; (*crew*) skład *m*, załoga *f* ♦ *vt*: **to complement each other/one another** wzajemnie się uzupełniać.

complementary [kɔmplɪ'mɛntərɪ] *adj* wzajemnie się uzupełniający; **to be complementary** wzajemnie się uzupełniać.

complete [kəm'pli:t] *adj* (*silence, change, success*) zupełny, całkowity; (*list, edition, set*) cały,

kompletny; (*building, task*) ukończony ♦ *vt* (*building, task*) ukończyć (*perf*); (*set, group*) dopełniać (dopełnić *perf*); (*form*) wypełniać (wypełnić *perf*).

completely [kəm'pli:tlɪ] *adv* zupełnie, całkowicie, kompletnie.

completion [kəm'pli:ʃən] *n* (*of building*) ukończenie *nt*; (*of sale*) sfinalizowanie *nt*; **to be nearing completion** być na ukończeniu.

complex ['kɔmplɛks] *adj* złożony ♦ *n* kompleks *m*.

complexion [kəm'plɛkʃən] *n* cera *f*, karnacja *f*.

complexity [kəm'plɛksɪtɪ] *n* złożoność *f*.

compliance [kəm'plaɪəns] *n* uległość *f*; **compliance with** podporządkowanie się +*dat*; **in compliance with** zgodnie z +*instr*.

complicate ['kɔmplɪkeɪt] *vt* komplikować (skomplikować *perf*).

complicated ['kɔmplɪkeɪtɪd] *adj* skomplikowany.

complication [kɔmplɪ'keɪʃən] *n* (*problem*) szkopuł *m*; (*MED*) powikłanie *nt*, komplikacja *f*.

complicity [kəm'plɪsɪtɪ] *n* współudział *m*.

compliment ['kɔmplɪmənt] *n* komplement *m* ♦ *vt* gratulować (pogratulować *perf*) +*dat*; **compliments** *npl* uszanowanie *nt*, wyrazy *pl* uszanowania; **to pay sb a compliment** powiedzieć (*perf*) komuś komplement; **to compliment sb (on sth/on doing sth)** gratulować (pogratulować *perf*) komuś (czegoś/zrobienia czegoś).

complimentary [kɔmplɪ'mɛntərɪ] *adj* (*remark*) pochlebny; (*ticket, copy of book*) bezpłatny, gratisowy.

comply [kəm'plaɪ] *vi*: **to comply (with)** stosować się (zastosować się *perf*) (do +*gen*).

component [kəm'pəunənt] *adj*
składowy ♦ *n* składnik *m*.

compose [kəm'pəuz] *vt*: **to be
composed of** składać się *or* być
złożonym z +*gen* ♦ *vt* komponować
(skomponować *perf*); **to compose
o.s.** opanowywać się (opanować się
perf), uspokajać się (uspokoić się
perf).

composed [kəm'pəuzd] *adj*
opanowany, spokojny.

composer [kəm'pəuzə*] *n*
kompozytor(ka) *m(f)*.

composition [kɔmpə'zɪʃən] *n* (*of
substance, group*) skład *m*; (*essay*)
wypracowanie *nt*; (*MUS*)
kompozycja *f*.

compost ['kɔmpɔst] *n* (*decaying
material*) kompost *m*.

composure [kəm'pəuʒə*] *n*
opanowanie *nt*, spokój *m*.

compound ['kɔmpaund] *n* (*CHEM*)
związek *m*; (*enclosure*) ogrodzony
or zamknięty teren *m*; (*LING*) wyraz
m złożony.

comprehend [kɔmprɪ'hɛnd] *vt*
pojmować (pojąć *perf*).

comprehension [kɔmprɪ'hɛnʃən] *n*
(*ability*) zdolność *f* pojmowania;
(*understanding*) zrozumienie *nt*.

comprehensive [kɔmprɪ'hɛnsɪv] *adj*
pełny.

comprehensive (school) (*BRIT*) *n*
*państwowa szkoła średnia, do której
przyjmuje się dzieci niezależnie od
dotychczasowych wyników w nauce.*

compress [kəm'prɛs] *vt* ściskać
(ścisnąć *perf*); (*air, gas*) sprężać
(sprężyć *perf*); (*text, information*)
kondensować (skondensować *perf*) ♦
n kompres *m*.

comprise [kəm'praɪz] *vt* (*also*: **be
comprised of**) składać się *or* być
złożonym z +*gen*; (*constitute*)
stanowić, składać się na +*acc*.

compromise ['kɔmprəmaɪz] *n*
kompromis *m* ♦ *vt* (*beliefs,*

principles) narażać (narazić *perf*) (na
szwank) ♦ *vi* iść (pójść *perf*) na
kompromis, zawierać (zawrzeć *perf*)
kompromis.

compulsion [kəm'pʌlʃən] *n* (*desire*)
wewnętrzny przymus *m*; (*pressure*)
przymus *m*.

compulsive [kəm'pʌlsɪv] *adj* (*liar,
gambler*) nałogowy.

compulsory [kəm'pʌlsərɪ] *adj*
(*attendance*) obowiązkowy;
(*retirement*) przymusowy.

computer [kəm'pju:tə*] *n* komputer
m.

computer game *n* gra *f*
komputerowa.

computerize [kəm'pju:təraɪz] *vt*
(*system, filing etc*) komputeryzować
(skomputeryzować *perf*);
(*information*) przetwarzać
(przetworzyć *perf*) komputerowo.

computer programmer *n*
programista (-tka) *m(f)*.

computer science *n* informatyka *f*.

computing [kəm'pju:tɪŋ] *n* (*activity*)
praca *f* na komputerze; (*science*)
informatyka *f*.

comrade ['kɔmrɪd] *n* towarzysz(ka)
m(f).

con [kɔn] *vt* nabierać (nabrać *perf*)
(*inf*), kantować (okantować *perf*) (*inf*)
♦ *n* kant *m* (*inf*).

concave ['kɔnkeɪv] *adj* wklęsły.

conceal [kən'si:l] *vt* ukrywać (ukryć
perf).

concede [kən'si:d] *vt* przyznawać
(przyznać *perf*).

conceited [kən'si:tɪd] *adj*
zarozumiały.

conceivable [kən'si:vəbl] *adj*
wyobrażalny.

conceive [kən'si:v] *vt* (*child*) począć
(*perf*); (*plan*) obmyślić (*perf*),
wymyślić (*perf*) ♦ *vi* (*BIO*) zajść
(*perf*) w ciążę.

concentrate ['kɔnsəntreɪt] *vi* skupiać
się (skupić się *perf*), koncentrować

się (skoncentrować się *perf*) ♦ *vt* skupiać (skupić *perf*), koncentrować (skoncentrować *perf*).

concentration [kɔnsən'treɪʃən] *n* skupienie *nt*, koncentracja *f*; (*CHEM*) stężenie *nt*.

concentration camp *n* obóz *m* koncentracyjny.

concept ['kɔnsɛpt] *n* pojęcie *nt*.

conception [kən'sɛpʃən] *n* (*idea*) koncepcja *f*; (*of child*) poczęcie *nt*.

concern [kən'sə:n] *n* (*affair*) sprawa *f*; (*anxiety*) obawa *f*; (*worry*) zmartwienie *nt*, troska *f*; (*care*) troska *f*; (*COMM*) koncern *m* ♦ *vt* (*worry*) martwić (zmartwić *perf*); (*relate to*) dotyczyć +*gen*; **to be concerned (about)** martwić się (o +*acc*); **as far as I am concerned** jeśli o mnie chodzi.

concerning [kən'sə:nɪŋ] *prep* dotyczący +*gen*.

concert ['kɔnsət] *n* (*MUS*) koncert *m*.

concert hall *n* sala *f* koncertowa.

concerto [kən'tʃə:təu] *n* koncert *m*.

concession [kən'sɛʃən] *n* (*compromise*) ustępstwo *nt*; (*COMM*) koncesja *f*; **tax concession** ulga podatkowa.

conciliatory [kən'sɪlɪətrɪ] *adj* pojednawczy.

concise [kən'saɪs] *adj* zwięzły.

conclude [kən'klu:d] *vt* (*speech, chapter*) kończyć (zakończyć *perf*); (*treaty, deal*) zawierać (zawrzeć *perf*); (*deduce*) wnioskować (wywnioskować *perf*).

conclusion [kən'klu:ʒən] *n* (*of speech, chapter*) zakończenie *nt*; (*of treaty, deal*) zawarcie *nt*; (*deduction*) wniosek *m*, konkluzja *f*.

conclusive [kən'klu:sɪv] *adj* (*evidence*) niezbity; (*defeat*) ostateczny.

concrete ['kɔŋkri:t] *n* beton *m* ♦ *adj* betonowy; (*fig*) konkretny.

concurrently [kən'kʌrntlɪ] *adv* w tym samym czasie, jednocześnie.

concussion [kən'kʌʃən] *n* wstrząs *m* mózgu.

condemn [kən'dɛm] *vt* (*action*) potępiać (potępić *perf*); (*prisoner*) skazywać (skazać *perf*); (*building*) przeznaczać (przeznaczyć *perf*) do rozbiórki.

condemnation [kɔndɛm'neɪʃən] *n* potępienie *nt*.

condensation [kɔndɛn'seɪʃən] *n* (*on wall, window*) skroplona para *f*.

condense [kən'dɛns] *vi* skraplać się (skroplić się *perf*) ♦ *vt* (*report, information*) skondensować (*perf*).

condescending [kɔndɪ'sɛndɪŋ] *adj* protekcjonalny.

condition [kən'dɪʃən] *n* (*state*) stan *m*; (*requirement*) warunek *m* ♦ *vt* (*person*) formować (uformować *perf*); **conditions** *npl* warunki *pl*; **on condition that ...** pod warunkiem, że ... .

conditional [kən'dɪʃənl] *adj* warunkowy.

conditioner [kən'dɪʃənə*] *n* (*for hair*) odżywka *f*; (*for fabrics*) płyn *m* zmiękczający.

condolences [kən'dəulənsɪz] *npl* kondolencje *pl*.

condom ['kɔndəm] *n* prezerwatywa *f*, kondom *m* (*inf*).

condominium [kɔndə'mɪnɪəm] (*US*) *n* (*building*) blok z mieszkaniami własnościowymi.

condone [kən'dəun] *vt* akceptować, godzić się na +*acc*.

conducive [kən'dju:sɪv] *adj*: **conducive to** sprzyjający +*dat*.

conduct ['kɔndʌkt] *n* (*of person*) zachowanie *nt* ♦ *vt* (*survey, research*) przeprowadzać (przeprowadzić *perf*); (*orchestra, choir*) dyrygować +*instr*; (*heat, electricity*) przewodzić; **to conduct o.s.** zachowywać się.

conducted tour [kən'dʌktɪd-] *n*
wycieczka *f* z przewodnikiem.
conductor [kən'dʌktə*] *n* (*of
orchestra*) dyrygent *m*; (*on bus,
train*) konduktor *m*; (*ELEC*)
przewodnik *m*.
cone [kəun] *n* (*shape*) stożek *m*; (*on
road*) pachołek *m*; (*ice cream*) rożek
m; (*BOT*) szyszka *f*.
confectioner [kən'fɛkʃənə*] *n*
cukiernik *m*.
confectionery [kən'fɛkʃənrɪ] *n*
(*sweets, candies*) słodycze *pl.*
confederation [kənfɛdə'reɪʃən] *n*
konfederacja *f.*
confer [kən'fə:*] *vt*: **to confer sth on
sb** nadawać (nadać *perf*) coś komuś
♦ *vi* (*jury, panel*) naradzać się.
conference ['kɒnfərəns] *n* konferencja
f; (*daily, routine*) narada *f.*
confess [kən'fɛs] *vt* (*sin, guilt*)
wyznawać (wyznać *perf*); (*crime,
ignorance, weakness*) przyznawać
się (przyznać się *perf*) do +*gen* ♦ *vi*
przyznawać się (przyznać się *perf*).
confession [kən'fɛʃən] *n* (*admission*)
przyznanie się *nt*; (*REL: of sins*)
spowiedź *f*; (: *of faith*) wyznanie *nt.*
confetti [kən'fɛtɪ] *n* konfetti *nt inv.*
confide [kən'faɪd] *vi*: **to confide in**
zwierzać się (zwierzyć się *perf*) +*dat.*
confidence ['kɒnfɪdns] *n* (*faith*)
zaufanie *nt*; (*self-assurance*)
pewność *f* siebie; (*secret*)
zwierzenie *nt.*
confidence trick *n* oszustwo *nt.*
confident ['kɒnfɪdənt] *adj*
(*self-assured*) pewny siebie;
(*positive*) pewny.
confidential [kɒnfɪ'dɛnʃəl] *adj*
(*information, tone*) poufny.
confine [kən'faɪn] *vt*: **to confine (to)**
(*limit*) ograniczać (ograniczyć *perf*)
(do +*gen*); (*shut up*) zamykać
(zamknąć *perf*) (w +*loc*).
confined [kən'faɪnd] *adj* ograniczony.

confinement [kən'faɪnmənt] *n*
(*imprisonment*) zamknięcie *nt.*
confines ['kɒnfaɪnz] *npl*: **within the
confines of** (*area*) w granicach +*gen.*
confirm [kən'fə:m] *vt* potwierdzać
(potwierdzić *perf*).
confirmation [kɒnfə'meɪʃən] *n*
potwierdzenie *nt*; (*REL*)
bierzmowanie *nt.*
confirmed [kən'fə:md] *adj* (*bachelor,
teetotaller*) zaprzysięgły.
confiscate ['kɒnfɪskeɪt] *vt*
konfiskować (skonfiskować *perf*).
conflict ['kɒnflɪkt] *n* konflikt *m* ♦ *vi*
ścierać się (zetrzeć się *perf*).
conflicting [kən'flɪktɪŋ] *adj*
sprzeczny.
conform [kən'fɔ:m] *vi* dostosowywać
się (dostosować się *perf*),
podporządkowywać się
(podporządkować się *perf*); **to
conform to** (*wish, ideal, standard*)
odpowiadać +*dat.*
confound [kən'faund] *vt* wprawiać
(wprawić *perf*) w zakłopotanie.
confront [kən'frʌnt] *vt* (*problems,
task*) stawać (stanąć *perf*) przed
+*instr*; (*enemy, danger*) stawiać
(stawić *perf*) czoło +*dat.*
confrontation [kɒnfrən'teɪʃən] *n*
konfrontacja *f.*
confuse [kən'fju:z] *vt* (*perplex*)
wprawiać (wprawić *perf*) w
zakłopotanie; (*mix up*) mylić
(pomylić *perf*); (*complicate*)
gmatwać (pogmatwać *perf*).
confused [kən'fju:zd] *adj*
(*bewildered*) zakłopotany,
zmieszany; (*disordered*)
pogmatwany; **to get confused** gubić
się (pogubić się *perf*).
confusing [kən'fju:zɪŋ] *adj* (*plot,
instructions*) zagmatwany; (*signals*)
mylący.
confusion [kən'fju:ʒən] *n* (*mix-up*)
pomyłka *f*; (*perplexity*) zakłopotanie

nt, zmieszanie *nt*; (*disorder*) zamieszanie *nt*, zamęt *m*.

congeal [kən'dʒi:l] *vi* (*blood*) krzepnąć (zakrzepnąć *perf*); (*sauce*) gęstnieć (zgęstnieć *perf*).

congenital [kən'dʒɛnɪtl] *adj* (*MED*) wrodzony.

congested [kən'dʒɛstɪd] *adj* (*nose*) zapchany; (*road, area*) zatłoczony.

congestion [kən'dʒɛstʃən] *n* (*MED*) przekrwienie *nt*; (*of road*) zator *m*.

conglomerate [kən'glɔmərɪt] *n* (*COMM*) konglomerat *m*.

congratulate [kən'grætjuleɪt] *vt*: **to congratulate sb (on)** gratulować (pogratulować *perf*) komuś (+*gen*).

congratulations [kəngrætju'leɪʃənz] *npl* gratulacje *pl*; **congratulations!** (moje) gratulacje!, gratuluję!

congregation [kɔŋgrɪ'geɪʃən] *n* kongregacja *f*.

congress ['kɔŋgrɛs] *n* kongres *m*; (*US*): **Congress** Kongres *m*.

congressman ['kɔŋgrɛsmən] (*US*) (*irreg like*: **man**) *n* członek *m* Kongresu, kongresman *m*.

conifer ['kɔnɪfə*] *n* drzewo *nt* iglaste.

conjecture [kən'dʒɛktʃə*] *n* domysł *m*, przypuszczenie *nt*.

conjugate ['kɔndʒugeɪt] *vt* (*LING*) koniugować, odmieniać (odmienić *perf*).

conjunction [kən'dʒʌŋkʃən] *n* (*LING*) spójnik *m*.

conjunctivitis [kəndʒʌŋktɪ'vaɪtɪs] *n* zapalenie *nt* spojówek.

conjure ['kʌndʒə*] *vi* pokazywać sztuczki (magiczne).

►**conjure up** *vt* (*ghost, memories*) wywoływać (wywołać *perf*).

conjurer ['kʌndʒərə*] *n* sztukmistrz *m*, iluzjonista (-tka) *m(f)*.

con man (*irreg like*: **man**) *n* oszust *m*, kanciarz *m* (*inf*).

connect [kə'nɛkt] *vt* (*lit, fig*) łączyć (połączyć *perf*); (*TEL: telephone, subscriber*) podłączać (podłączyć

perf); (*join*): **to connect sth (to)** podłączać (podłączyć *perf*) coś (do +*gen*) ♦ *vi*: **to be connected with** być związanym z +*instr*.

connection [kə'nɛkʃən] *n* połączenie *nt*; (*of telephone, subscriber*) podłączenie *nt*; (*ELEC*) styk *m*, połączenie *nt*; (*fig*) związek *m*; **I missed my connection** spóźniłem się *or* nie zdążyłem na przesiadkę.

connoisseur [kɔnɪ'sə:*] *n* koneser(ka) *m(f)*.

conquer ['kɔŋkə*] *vt* (*MIL*) zdobywać (zdobyć *perf*), podbijać (podbić *perf*); (*fig: fear, feelings*) przemagać (przemóc *perf*), pokonywać (pokonać *perf*).

conqueror ['kɔŋkərə*] *n* zdobywca *m*.

conquest ['kɔŋkwɛst] *n* podbój *m*.

cons [kɔnz] *npl see* **convenience**, **pro**.

conscience ['kɔnʃəns] *n* sumienie *nt*.

conscientious [kɔnʃɪ'ɛnʃəs] *adj* sumienny.

conscious ['kɔnʃəs] *adj* (*awake*) przytomny; (*deliberate*) świadomy; (*aware*): **conscious (of)** świadomy (+*gen*).

consciousness ['kɔnʃəsnɪs] *n* świadomość *f*; (*MED*) przytomność *f*.

conscript ['kɔnskrɪpt] *n* poborowy *m*.

consecrate ['kɔnsɪkreɪt] *vt* święcić (poświęcić *perf*).

consecutive [kən'sɛkjutɪv] *adj* kolejny.

consensus [kən'sɛnsəs] *n* (powszechna) zgoda *f*, jednomyślność *f*.

consent [kən'sɛnt] *n* zgoda *f* ♦ *vi*: **to consent to** zgadzać się (zgodzić się *perf*) na +*acc*.

consequence ['kɔnsɪkwəns] *n* konsekwencja *f*; **of consequence** znaczący, doniosły.

consequently ['kɔnsɪkwəntlɪ] *adv* w rezultacie.

conservation [kɔnsə'veɪʃən] *n* (*of*

environment) ochrona *f*; (*of paintings, books*) konserwacja *f*; (*of energy, mass, momentum*) zachowanie *nt*.

conservative [kən'sɜːvətɪv] *adj* (*person, attitude*) konserwatywny, zachowawczy; (*estimate etc*) skromny; (*BRIT*): **Conservative** konserwatywny ♦ *n* (*BRIT*): **Conservative** konserwatysta (-tka) *m(f)*.

conservatory [kən'sɜːvətrɪ] *n* (*with plants*) oszklona weranda *f*; (*MUS*) konserwatorium *nt*.

conserve [kən'sɜːv] *vt* (*preserve*) utrzymywać (utrzymać *perf*), chronić; (*supplies, energy*) oszczędzać (zaoszczędzić *perf*) ♦ *n* konfitury *pl*.

consider [kən'sɪdə*] *vt* (*believe*): **to consider sb/sth as** uważać kogoś/coś za +*acc*; (*study, take into account*) rozważać (rozważyć *perf*); **to consider doing sth** rozważać (rozważyć *perf*) zrobienie czegoś.

considerable [kən'sɪdərəbl] *adj* znaczny.

considerably [kən'sɪdərəblɪ] *adv* znacznie.

considerate [kən'sɪdərɪt] *adj* liczący się z innymi.

consideration [kənsɪdə'reɪʃən] *n* (*deliberation*) namysł *m*; (*factor*) czynnik *m*, okoliczność *f*.

considering [kən'sɪdərɪŋ] *prep* zważywszy na +*acc*.

consignment [kən'saɪnmənt] *n* partia *f* towaru.

consist [kən'sɪst] *vi*: **to consist of** składać się z +*gen*.

consistency [kən'sɪstənsɪ] *n* (*of actions*) konsekwencja *f*; (*of yoghurt etc*) konsystencja *f*.

consistent [kən'sɪstənt] *adj* (*person*) konsekwentny; (*argument*) spójny; **consistent with** zgodny z +*instr*.

consolation [kɔnsə'leɪʃən] *n* pocieszenie *nt*.

console [kən'səul] *vt* pocieszać (pocieszyć *perf*) ♦ *n* konsola *f*, konsoleta *f*.

consolidate [kən'sɔlɪdeɪt] *vt* konsolidować (skonsolidować *perf*).

consommé [kən'sɔmeɪ] *n* bulion *m*.

consonant ['kɔnsənənt] *n* spółgłoska *f*.

consortium [kən'sɔːtɪəm] *n* konsorcjum *nt*.

conspicuous [kən'spɪkjuəs] *adj* rzucający się w oczy.

conspiracy [kən'spɪrəsɪ] *n* spisek *m*.

conspire [kən'spaɪə*] *vi* (*criminals, revolutionaries*) spiskować; (*events*) sprzysięgać się (sprzysiąc się *perf*).

constable ['kʌnstəbl] (*BRIT*) *n* posterunkowy *m*.

constant ['kɔnstənt] *adj* stały.

constantly ['kɔnstəntlɪ] *adv* stale.

constellation [kɔnstə'leɪʃən] *n* gwiazdozbiór *m*, konstelacja *f*.

consternation [kɔnstə'neɪʃən] *n* konsternacja *f*.

constipated ['kɔnstɪpeɪtɪd] *adj*: **to be constipated** cierpieć na zaparcie.

constipation [kɔnstɪ'peɪʃən] *n* zaparcie *nt*.

constituency [kən'stɪtjuənsɪ] *n* (*area*) okręg *m* wyborczy; (*electors*) wyborcy *vir pl*.

constituent [kən'stɪtjuənt] *n* (*POL*) wyborca *m*; (*component*) składnik *m*.

constitute ['kɔnstɪtjuːt] *vt* (*represent*) stanowić; (*make up*) stanowić, składać się na +*acc*.

constitution [kɔnstɪ'tjuːʃən] *n* (*of country*) konstytucja *f*; (*of organization*) statut *m*; (*of committee etc*) skład *m*; **he has a strong constitution** ma silny organizm.

constitutional [kɔnstɪ'tjuːʃənl] *adj* konstytucyjny.

constraint [kən'streɪnt] *n* (*restriction*) ograniczenie *nt*; (*compulsion*) przymus *m*.

construct [kən'strʌkt] *vt* (*building*)

budować (zbudować *perf*); (*machine, argument, theory*) budować (zbudować *perf*), konstruować (skonstruować *perf*).

construction [kənˈstrʌkʃən] *n* (*activity*) budowa *f*; (*structure*) konstrukcja *f*.

constructive [kənˈstrʌktɪv] *adj* konstruktywny.

consul [ˈkɔnsl] *n* konsul *m*.

consulate [ˈkɔnsjulɪt] *n* konsulat *m*.

consult [kənˈsʌlt] *vt* (*friend*) radzić się (poradzić się *perf*) +*gen*; (*reference book*) sprawdzać (sprawdzić *perf*) w +*loc*.

consultant [kənˈsʌltənt] *n* (*MED*) ≈ lekarz *m* specjalista *m*; (*other specialist*) doradca *m*.

consultation [kɔnsəlˈteɪʃən] *n* konsultacja *f*.

consume [kənˈsjuːm] *vt* (*food, drink*) konsumować (skonsumować *perf*); (*fuel, energy*) zużywać (zużyć *perf*); (*time*) pochłaniać (pochłonąć *perf*).

consumer [kənˈsjuːmə*] *n* konsument(ka) *m(f)*.

consumer goods *npl* dobra *pl or* towary *pl* konsumpcyjne.

consumption [kənˈsʌmpʃən] *n* (*of food, drink*) konsumpcja *f*, spożycie *nt*; (*of fuel, energy, time*) zużycie *nt*; (*buying*) konsumpcja *f*.

cont. *abbr* (= *continued*) c.d., cd.

contact [ˈkɔntækt] *n* kontakt *m* ♦ *vt* kontaktować się (skontaktować się *perf*) z +*instr*.

contact lenses *npl* soczewki *pl or* szkła *pl* kontaktowe.

contagious [kənˈteɪdʒəs] *adj* (*disease*) zakaźny; (*fig: laughter, enthusiasm*) zaraźliwy.

contain [kənˈteɪn] *vt* (*objects, ingredients*) zawierać; (*growth, feeling*) powstrzymywać (powstrzymać *perf*); **to contain o.s.** opanowywać się (opanować się *perf*).

container [kənˈteɪnə*] *n* pojemnik *m*; (*COMM*) kontener *m*.

contamination [kəntæmɪˈneɪʃən] *n* zanieczyszczenie *nt*; (*radioactive*) skażenie *nt*.

contemplate [ˈkɔntəmpleɪt] *vt* (*idea, course of action*) rozważać; (*subject*) rozmyślać o +*loc*; (*painting etc*) kontemplować.

contemporary [kənˈtempərərɪ] *adj* współczesny; **contemporary with** współczesny +*dat*.

contempt [kənˈtempt] *n* pogarda *f*; **contempt of court** (*disobedience*) niezastosowanie się do nakazu sądu; (*disrespect*) obraza sądu.

contemptuous [kənˈtemptjuəs] *adj* pogardliwy.

contend [kənˈtend] *vt*: **to contend that ...** twierdzić *or* utrzymywać, że ... ♦ *vi*: **to contend with** borykać się z +*instr* ♦ *vi*: **to contend for** rywalizować o +*acc*.

contender [kənˈtendə*] *n* (*in election*) kandydat(ka) *m(f)*; (*in competition*) uczestnik (-iczka) *m(f)*; (*for title*) pretendent(ka) *m(f)*.

content [kənˈtent] *vt* zadowalać (zadowolić *perf*) ♦ *n* zawartość *f*; (*of book etc*) treść *f*; **contents** *npl* zawartość *f*; (*of book etc*) treść *f*; **(table of) contents** spis treści.

contented [kənˈtentɪd] *adj* zadowolony.

contention [kənˈtenʃən] *n* (*assertion*) twierdzenie *nt*, (*dispute*) spór *m*, **bone of contention** kość niezgody.

contentment [kənˈtentmənt] *n* zadowolenie *nt*.

contest [ˈkɔntest] *n* (*competition*) konkurs *m*; (*for control, power*) rywalizacja *f* ♦ *vt* (*election, competition*) uczestniczyć *or* startować w +*loc*; (*decision, testament*) kwestionować (zakwestionować *perf*).

contestant [kənˈtestənt] *n* (*in quiz,*

competition) uczestnik (-iczka) *m(f)*; (*in election*) kandydat(ka) *m(f)*.

context ['kɔntekst] *n* kontekst *m*.

continent ['kɔntɪnənt] *n* kontynent *m*; **the Continent** (*BRIT*) Europa *f* (*z wyłączeniem Wysp Brytyjskich*).

continental [kɔntɪ'nɛntl] (*BRIT*) *adj* kontynentalny.

contingency [kən'tɪndʒənsɪ] *n* ewentualność *f*.

contingent [kən'tɪndʒənt] *n* reprezentacja *f*; (*MIL*) kontyngent *m*.

continual [kən'tɪnjuəl] *adj* ciągły, nieustający.

continually [kən'tɪnjuəlɪ] *adv* ciągle, nieustannie.

continuation [kəntɪnju'eɪʃən] *n* (*persistence*) ciągłość *f*; (*after interruption*) wznowienie *nt*.

continue [kən'tɪnjuː] *vi* (*carry on*) trwać (nadal); (*after interruption*) zostawać (zostać *perf*) wznowionym ♦ *vt* kontynuować; **to be continued** ciąg dalszy nastąpi; **continued on page 10** ciąg dalszy na stronie 10.

continuity [kɔntɪ'njuːɪtɪ] *n* ciągłość *f*.

continuous [kən'tɪnjuəs] *adj* (*growth*) ciągły, stały; (*line, verb form*) ciągły; (*relationship*) stały.

contort [kən'tɔːt] *vt* (*body*) wyginać (wygiąć *perf*); (*face*) wykrzywiać (wykrzywić *perf*).

contour ['kɔntuə*] *n* (*also*: **contour line**: *on map*) poziomica *f*, warstwica *f*; (*usu pl*: *outline*) kontur *m*.

contraception [kɔntrə'sɛpʃən] *n* antykoncepcja *f*, zapobieganie *nt* ciąży.

contraceptive [kɔntrə'sɛptɪv] *adj* antykoncepcyjny ♦ *n* środek *m* antykoncepcyjny.

contract ['kɔntrækt] *n* kontrakt *m*, umowa *f* ♦ *vi* (*become smaller*) kurczyć się (skurczyć się *perf*) ♦ *vt* (*illness*) nabawiać się (nabawić się *perf*) +*gen*.

contraction [kən'trækʃən] *n* (*of*

muscle, uterus) skurcz *m*; (*of metal, power*) kurczenie się *nt*; (*LING*) forma *f* ściągnięta.

contractor [kən'træktə*] *n* zleceniobiorca *m*; (*for building*) wykonawca *m*; (*for supplies*) dostawca *m*.

contradict [kɔntrə'dɪkt] *vt* (*person, statement*) zaprzeczać (zaprzeczyć *perf*) +*dat*; (*be contrary to*) pozostawać w sprzeczności z +*instr*, przeczyć +*dat*.

contradiction [kɔntrə'dɪkʃən] *n* sprzeczność *f*.

contradictory [kɔntrə'dɪktərɪ] *adj* sprzeczny.

contraption [kən'træpʃən] (*pej*) *n* ustrojstwo *nt* (*inf*).

contrary ['kɔntrərɪ] *adj* przeciwstawny ♦ *n* przeciwieństwo *nt*; **on the contrary** przeciwnie; **unless you hear to the contrary** jeśli nie otrzymasz innych instrukcji.

contrast ['kɔntrɑːst] *n* kontrast *m* ♦ *vt* zestawiać (zestawić *perf*), porównywać (porównać *perf*); **in contrast to** *or* **with** w przeciwieństwie do +*gen*.

contribute [kən'trɪbjuːt] *vi*: **to contribute to** (*charity etc*) zasilać (zasilić *perf*); (*magazine*) pisywać do +*gen*, współpracować z +*instr*; (*situation, problem*) przyczyniać się (przyczynić się *perf*) do +*gen*; (*discussion, conversation*) brać (wziąć *perf*) udział w +*loc* ♦ *vt*: **to contribute 10 pounds to** (*charity*) wpłacać (wpłacić *perf*) *or* ofiarowywać (ofiarować *perf*) 10 funtów na +*acc*.

contribution [kɔntrɪ'bjuːʃən] *n* (*donation*) datek *m*; (*to debate, campaign*) wkład *m*, przyczynek *m*; (*to magazine*) artykuł *m*; (*BRIT*: *for social security*) składka *f*.

contributor [kən'trɪbjutə*] *n* (*to appeal*) ofiarodawca (-czyni) *m(f)*;

(*to magazine*) współpracownik (-iczka) *m(f)*.

contrive [kən'traɪv] *vt* (*device*) zmajstrować (*perf*) ♦ *vi*: **to contrive to do sth** znajdować (znaleźć *perf*) sposób na zrobienie czegoś.

control [kən'trəʊl] *vt* (*country*) sprawować władzę w +*loc*; (*organization*) sprawować kontrolę nad +*instr*, kierować +*instr*; (*machinery, process*) sterować +*instr*; (*wages, prices*) kontrolować; (*one's emotions*) panować nad +*instr*; (*disease*) zwalczać (zwalczyć *perf*) ♦ *n* (*of country*) władza *f*; (*of organization, stocks*) kontrola *f*; **controls** *npl* (*of vehicle*) układ *m* sterowania; (*on radio, television*) przełączniki *pl*; (*governmental*) kontrola *f*; **to be in control of** panować nad +*instr*; **everything is under control** panujemy nad sytuacją; **the car went out of control** kierowca stracił kontrolę nad samochodem; **circumstances beyond our control** okoliczności od nas niezależne; **to get out of control** wymykać się (wymknąć się *perf*) spod kontroli.

control panel *n* pulpit *m* sterowniczy.

control tower *n* wieża *f* kontrolna.

controversial [kɒntrə'vəːʃl] *adj* kontrowersyjny.

controversy ['kɒntrəvəːsɪ] *n* kontrowersja *f*.

convalescence [kɒnvə'lesns] *n* rekonwalescencja *f*.

convector [kən'vektə*] *n* grzejnik *m* konwektorowy.

convene [kən'viːn] *vt* (*meeting, conference*) zwoływać (zwołać *f*) ♦ *vi* (*parliament, jury*) zbierać się (zebrać się *perf*).

convenience [kən'viːnɪəns] *n* wygoda *f*; **at your convenience** w dogodnej (dla ciebie) chwili; **all**

modern conveniences, (*BRIT*) **all mod cons** z wygodami.

convenient [kən'viːnɪənt] *adj* dogodny.

convent ['kɒnvənt] *n* klasztor *m*.

convention [kən'venʃən] *n* (*custom*) konwenans *m*; (*conference*) zjazd *m*; (*agreement*) konwencja *f*.

conventional [kən'venʃənl] *adj* konwencjonalny.

converge [kən'vəːdʒ] *vi* (*roads, interests*) zbiegać się (zbiec się *perf*).

conversation [kɒnvə'seɪʃən] *n* rozmowa *f*.

conversely [kɒn'vəːslɪ] *adv* odwrotnie.

conversion [kən'vəːʃən] *n* (*CHEM*) zamiana *f*, konwersja *f*; (*MATH*) przeliczenie *nt*; (*REL*) nawrócenie *nt*.

convert [kən'vəːt] *vt* (*change*): **to convert sth into/to** zamieniać (zamienić *perf*) *or* przekształcać (przekształcić *perf*) coś w +*acc*; (*REL, POL*) nawracać (nawrócić *perf*) ♦ *n* nawrócony (-na) *m(f)*.

convex ['kɒnveks] *adj* wypukły.

convey [kən'veɪ] *vt* (*information, thanks*) przekazywać (przekazać *perf*); (*cargo, travellers*) przewozić (przewieźć *perf*).

conveyor belt *n* przenośnik *m* taśmowy.

convict [kən'vɪkt] *vt* skazywać (skazać *perf*) ♦ *n* skazaniec *m*, skazany (-na) *m(f)*.

conviction [kən'vɪkʃən] *n* (*belief, certainty*) przekonanie *nt*; (*JUR*) skazanie *nt*.

convince [kən'vɪns] *vt* przekonywać (przekonać *perf*).

convinced [kən'vɪnst] *adj*: **convinced of/that ...** przekonany o +*locl*, że ... .

convincing [kən'vɪnsɪŋ] *adj* przekonywający, przekonujący.

convoy ['kɒnvɔɪ] *n* konwój *m*.

convulsion [kən'vʌlʃən] n drgawki pl, konwulsje pl.

coo [ku:] vi (dove, pigeon) gruchać (zagruchać perf); (person) gruchać.

cook [kuk] vt gotować (ugotować perf) ♦ vi (person) gotować; (meat etc) gotować się (ugotować się perf) ♦ n kucharz (-arka) m(f).

cookbook ['kukbuk] n książka f kucharska.

cooker ['kukə*] n kuchenka f.

cookery book (BRIT) n = cookbook.

cookie ['kukɪ] (US) n herbatnik m.

cooking ['kukɪŋ] n gotowanie nt, kuchnia f.

cool [ku:l] adj (temperature, drink) chłodny; (clothes) lekki, przewiewny; (person: calm) spokojny, opanowany; (: unfriendly) chłodny ♦ vt ochładzać (ochłodzić perf) ♦ vi ochładzać się (ochłodzić się perf).

coolness ['ku:lnɪs] n (lit, fig) chłód m; (calmness) spokój m.

cooperate [kəu'ɔpəreɪt] vi (collaborate) współpracować; (assist) pomagać (pomóc perf).

cooperation [kəuɔpə'reɪʃən] n (collaboration) współpraca f; (assistance) pomoc f.

cooperative [kəu'ɔpərətɪv] adj (enterprise) wspólny; (farm) spółdzielczy; (person) pomocny ♦ n (factory, business) spółdzielnia f.

coordinate [kəu'ɔːdɪneɪt] vt koordynować (skoordynować perf) ♦ n współrzędna f.

coordination [kəuɔːdɪ'neɪʃən] n koordynacja f.

co-ownership ['kəu'əunəʃɪp] n współwłasność f.

cop [kɔp] (inf) n glina m (inf), gliniarz m (inf).

cope [kəup] vi: **to cope with** borykać się z +instr, (successfully) radzić sobie z +instr.

copper ['kɔpə*] n miedź f; (BRIT: inf) gliniarz m (inf); **coppers** npl miedziaki pl.

copulate ['kɔpjuleɪt] vi kopulować, spółkować.

copy ['kɔpɪ] n (duplicate) kopia f, odpis m; (of book, record) egzemplarz m ♦ vt kopiować (skopiować perf).

copyright ['kɔpɪraɪt] n prawo nt autorskie.

coral ['kɔrəl] n koral m.

coral reef n rafa f koralowa.

cord [kɔːd] n (string) sznur m; (ELEC) przewód m; (fabric) sztruks m.

cordial ['kɔːdɪəl] adj serdeczny.

cordon ['kɔːdn] n kordon m.

corduroy ['kɔːdərɔɪ] n sztruks m.

core [kɔː*] n (of apple) ogryzek m; (of organization, earth) jądro nt; (of problem) sedno nt ♦ vt (apple, pear) wydrążać (wydrążyć perf).

coriander [kɔrɪ'ændə*] n kolendra f.

cork [kɔːk] n korek m.

corkscrew ['kɔːkskruː] n korkociąg m.

corn [kɔːn] n (BRIT) zboże nt; (US) kukurydza f; (on foot) odcisk m; **corn on the cob** gotowana kolba kukurydzy.

corner ['kɔːnə*] n (outside) róg m; (inside) kąt m, róg m; (in road) zakręt m, róg m; (FOOTBALL: also: **corner kick**) rzut m rożny, róg m (inf); (BOXING) narożnik m ♦ vt (trap) przypierać (przyprzeć perf) do muru; (COMM) monopolizować (zmonopolizować perf) ♦ vi (car) brać zakręty.

cornerstone ['kɔːnəstəun] n kamień m węgielny; (fig) podstawa f.

cornflakes ['kɔːnfleɪks] npl płatki pl kukurydziane.

cornflour ['kɔːnflauə*] (BRIT) n mąka f kukurydziana.

Cornwall ['kɔːnwəl] n Kornwalia f.

coronary ['kɔrənərɪ] n (also:

coronary thrombosis) zakrzepica *f* tętnicy wieńcowej.

coronation [kɔrə'neɪʃən] *n* koronacja *f*.

coroner ['kɔrənə*] (*JUR*) *n* koroner *m* (*urzędnik zajmujący się ustalaniem przyczyn nagłych zgonów*).

corporal ['kɔːpərl] *n* kapral *m* ♦ *adj*: **corporal punishment** kary *pl* cielesne.

corporate ['kɔːpərɪt] *adj* (*COMM*) korporacyjny.

corporation [kɔːpə'reɪʃən] *n* (*COMM*) korporacja *f*; (*of town*) władze *pl* miejskie.

corps [kɔː*] (*pl* **corps**) *n* korpus *m*.

corpse [kɔːps] *n* zwłoki *pl*.

corpuscle ['kɔːpʌsl] (*BIO*) *n* ciałko *nt*.

correct [kə'rɛkt] *adj* (*accurate*) poprawny, prawidłowy; (*proper*) prawidłowy ♦ *vt* poprawiać (poprawić *perf*); **you are correct** masz rację.

correction [kə'rɛkʃən] *n* (*act of correcting*) poprawa *f*; (*instance*) poprawka *f*.

correctly [kə'rɛktlɪ] *adv* poprawnie, prawidłowo.

correlation [kɔrɪ'leɪʃən] *n* związek *m*, korelacja *f* (*fml*).

correspond [kɔrɪs'pɔnd] *vi*: **to correspond (with)** (*write*) korespondować (z +*instr*); (*tally*) pokrywać się *or* zgadzać się (z +*instr*); **to correspond to** odpowiadać +*dat*.

correspondence [kɔrɪs'pɔndəns] *n* (*letters*) korespondencja *f*; (*relationship*) odpowiedniość *f*.

correspondent [kɔrɪs'pɔndənt] *n* korespondent(ka) *m(f)*.

corridor ['kɔrɪdɔː*] *n* korytarz *m*.

corroborate [kə'rɔbəreɪt] *vt* potwierdzać (potwierdzić *perf*).

corrosion [kə'rəuʒən] *n* (*damage*) rdza *f*; (*process*) korozja *f*.

corrugated iron *n* blacha *f* stalowa falista.

corrupt [kə'rʌpt] *adj* (*dishonest*) skorumpowany; (*depraved*) zepsuty; (*COMPUT*: *data*) uszkodzony ♦ *vt* korumpować (skorumpować *perf*).

corruption [kə'rʌpʃən] *n* (*dishonesty*) korupcja *f*.

cosmetic [kɔz'mɛtɪk] *n* kosmetyk *m* ♦ *adj* (*lit, fig*) kosmetyczny; **cosmetic surgery** operacja plastyczna.

cosmic ['kɔzmɪk] *adj* kosmiczny.

cosmonaut ['kɔzmənɔːt] *n* kosmonauta (-tka) *m(f)*.

cosmopolitan [kɔzmə'pɔlɪtn] *adj* kosmopolityczny.

cosmos ['kɔzmɔs] *n*: **the cosmos** kosmos *m*.

cost [kɔst] (*pt, pp* **cost**) *n* koszt *m* ♦ *vt* (*be priced at*) kosztować; (*find out cost of*: *pt, pp* **costed**) ustalać (ustalić *perf*) koszt +*gen*; **costs** *npl* (*COMM*: *overheads*) koszty *pl* (stałe); (*JUR*) koszty *pl* (sądowe); **how much does it cost?** ile to kosztuje?; **it cost me time/effort** kosztowało mnie to wiele czasu/wysiłku; **at all costs** za wszelką cenę.

costly ['kɔstlɪ] *adj* kosztowny.

costume ['kɔstjuːm] *n* (*outfit*) kostium *m*; (*style of dress*) strój *m*; (*BRIT*: *also*: **swimming costume**) kostium *m* (kąpielowy).

cosy ['kəuzɪ] (*US* **cozy**) *adj* (*room, house*) przytulny; **I am/feel very cosy here** jest mi tu bardzo wygodnie.

cot [kɔt] *n* (*BRIT*) łóżeczko *nt* (dziecięce); (*US*) łóżko *nt* polowe *or* rozkładane.

cottage ['kɔtɪdʒ] *n* domek *m*.

cottage cheese *n* ≈ serek *m* ziarnisty.

cotton ['kɔtn] *n* (*fabric, plant*) bawełna *f*; (*esp BRIT*: *thread*) nici *pl*.

cotton wool (*BRIT*) *n* wata *f*.

couch [kautʃ] *n* kanapa *f*; (*doctor's*) leżanka *f*.

couchette [kuːˈʃet] *n* kuszetka *f*.

cough [kɔf] *vi* (*person*) kaszleć (zakaszleć *perf*) ♦ *n* kaszel *m*.

could [kud] *pt of* **can**.

couldn't [ˈkudnt] = **could not**.

council [ˈkaunsl] *n* rada *f*; **city** *or* **town council** rada miejska.

council housing (*BRIT*) *n* ≈ budownictwo *nt* komunalne.

councillor [ˈkaunslə*] *n* radny (-na) *m(f)*.

counsel [ˈkaunsl] *n* (*advice*) rada *f*; (*lawyer*) prawnik *m* (*mogący występować w sądach wyższej instancji*) ♦ *vt*: **to counsel sth/sb to do sth** doradzać (doradzić *perf*) coś/komuś, by coś zrobił.

counsellor [ˈkaunslə*] *n* (*advisor*): **marriage** *etc* **counsellor** pracownik (-ica) *m(f)* poradni małżeńskiej *etc*; (*US: lawyer*) adwokat *m*.

count [kaunt] *vt* liczyć (policzyć *perf*) ♦ *vi* (*matter, qualify*) liczyć się; (*enumerate*) wyliczać (wyliczyć *perf*) ♦ *n* (*of things, people*) liczba *f*; (*of cholesterol, pollen etc*) poziom *m*; (*nobleman*) hrabia *m*.

► **count on** *vt fus* liczyć na +*acc*.

countdown [ˈkauntdaun] *n* odliczanie *nt*.

counter [ˈkauntə*] *n* (*in shop, café*) lada *f*, kontuar *m*; (*in bank, post office*) okienko *nt*; (*in game*) pionek *m* ♦ *vt* (*oppose*) przeciwstawiać się (przeciwstawić się *perf*) +*dat* ♦ *adv*: **to run counter to** być niezgodnym z +*instr*.

counteract [ˈkauntərˈækt] *vt* (*effect, tendency*) przeciwdziałać +*dat*.

counter-intelligence *n* kontrwywiad *m*.

counterpart [ˈkauntəpɑːt] *n* (*of person, company*) odpowiednik *m*.

counter-productive [ˈkauntəprəˈdʌktɪv] *adj*: **to be counter-productive** przynosić (przynieść *perf*) efekty odwrotne do zamierzonych.

countess [ˈkauntɪs] *n* hrabina *f*.

countless [ˈkauntlɪs] *adj* niezliczony.

country [ˈkʌntrɪ] *n* (*state, population, native land*) kraj *m*; (*rural area*) wieś *f*; (*region*) teren *m*.

countryman [ˈkʌntrɪmən] (*irreg like*: **man**) *n* (*compatriot*) rodak *m*; (*country dweller*) wieśniak *m*.

countryside [ˈkʌntrɪsaɪd] *n* krajobraz *m* (wiejski); **in the countryside** na wsi.

county [ˈkauntɪ] *n* hrabstwo *nt*.

coup [kuː] (*pl* **coups**) *n* (*also*: **coup d'état**) zamach *m* stanu; (*achievement*) osiągnięcie *nt*.

couple [ˈkʌpl] *n* para *f*; **a couple of** (*two*) para +*gen*; (*a few*) parę +*gen*.

coupon [ˈkuːpɔn] *n* (*voucher*) talon *m*; (*detachable form*) kupon *m*, odcinek *m*.

courage [ˈkʌrɪdʒ] *n* odwaga *f*.

courageous [kəˈreɪdʒəs] *adj* odważny.

courgette [kuəˈʒet] (*BRIT*) *n* cukinia *f*.

courier [ˈkurɪə*] *n* (*messenger*) goniec *m*, kurier *m*; (*for tourists*) pilot *m*.

course [kɔːs] *n* (*SCOL, NAUT*) kurs *m*; (*of life, events, river*) bieg *m*; (*of injections, drugs*) seria *f*, (*approach*) stanowisko *nt*; (*GOLF*) pole *nt*; (*part of meal*): **first/next/last course** pierwsze/następne/ostatnie danie *nt*; **of course** oczywiście; **in due course** w swoim czasie, we właściwym czasie; **course of action** sposób *or* tryb postępowania; **course of lectures** cykl wykładów.

court [kɔːt] *n* (*royal*) dwór *m*; (*JUR*) sąd *m*; (*for tennis etc*) kort *m* ♦ *vt* (*woman*) zalecać się do +*gen*; **to**

take sb to court (*JUR*) podawać (podać *perf*) kogoś do sądu.
courteous [ˈkəːtɪəs] *adj* uprzejmy.
courtesy [ˈkəːtəsɪ] *n* grzeczność *f*, uprzejmość *f*; **(by) courtesy of** dzięki uprzejmości +*gen*.
court-martial (*pl* **courts-martial**) *n* sąd *m* wojenny *or* wojskowy ♦ *vt* oddawać (oddać *perf*) pod sąd wojenny.
courtroom [ˈkɔːtrum] *n* sala *f* rozpraw.
courtyard [ˈkɔːtjɑːd] *n* dziedziniec *m*.
cousin [ˈkʌzn] *n* kuzyn(ka) *m(f)*; **first cousin** (*male*) brat cioteczny; (*female*) siostra cioteczna.
cove [kəuv] *n* zatoczka *f*.
covenant [ˈkʌvənənt] *n* umowa *f*, ugoda *f*.
cover [ˈkʌvə*] *vt* (*protect, hide*): **to cover (with)** zakrywać (zakryć *perf*) (+*instr*); (*INSURANCE*): **to cover (for)** ubezpieczać (ubezpieczyć *perf*) (od +*gen*); (*include*) obejmować (objąć *perf*); (*distance*) przemierzać (przemierzyć *perf*), pokonywać (pokonać *perf*); (*topic*) omawiać (omówić *perf*), poruszać (poruszyć *perf*); (*PRESS*) robić (zrobić *perf*) reportaż o +*loc* ♦ *n* (*for furniture, machinery*) pokrowiec *m*; (*of book, magazine*) okładka *f*; (*shelter*) schronienie *nt*; (*INSURANCE*) zwrot *m* kosztów; **to be covered in** *or* **with** być pokrytym +*instr*; **to take cover** kryć się (skryć się *perf*), chronić się (schronić się *perf*); **under cover** osłonięty; **under cover of darkness** pod osłoną ciemności; **under separate cover** (*COMM*) osobną pocztą ♦ *vi*: **to cover up for sb** (*fig*) kryć *or* osłaniać kogoś.
coverage [ˈkʌvərɪdʒ] *n* (*TV, PRESS*) sprawozdanie *nt*.
covering [ˈkʌvərɪŋ] *n* (*layer*) powłoka *f*; (*of snow, dust*) warstwa *f*.

covert [ˈkʌvət] *adj* (*glance*) ukradkowy; (*threat*) ukryty.
cover-up [ˈkʌvərʌp] *n* tuszowanie *nt*, maskowanie *nt*.
cow [kau] *n* krowa *f*; (*inf!: woman*) krowa *f* (*inf!*), krówsko *nt* (*inf!*) ♦ *vt* zastraszać (zastraszyć *perf*).
coward [ˈkauəd] *n* tchórz *m*.
cowardice [ˈkauədɪs] *n* tchórzostwo *nt*.
cowardly [ˈkauədlɪ] *adj* tchórzliwy.
cowboy [ˈkaubɔɪ] *n* kowboj *m*.
coy [kɔɪ] *adj* nieśmiały, wstydliwy.
coyote [kɔɪˈəutɪ] *n* kojot *m*.
cozy [ˈkəuzɪ] (*US*) *adj* = **cosy**.
crab [kræb] *n* krab *m*.
crack [kræk] *n* (*noise*) trzask *m*; (*gap*) szczelina *f*, szpara *f*; (*in bone*) pęknięcie *nt*; (*in wall, dish*) pęknięcie *nt*, rysa *f* ♦ *vt* (*whip, twig*) trzaskać (trzasnąć *perf*) +*instr*; (*knee etc*) stłuc (*perf*); (*nut*) rozłupywać (rozłupać *perf*); (*problem*) rozgryzać (rozgryźć *perf*); (*code*) łamać (złamać *perf*) ♦ *adj* (*athlete, expert*) pierwszorzędny; (*regiment*) elitarny.
▶**crack down on** *vt fus* (*offenders etc*) rozprawiać się (rozprawić się *perf*) z +*instr*.
▶**crack up** *vi* (*PSYCH*) załamywać się (załamać się *perf*).
crackle [ˈkrækl] *vi* (*fire, twig*) trzaskać.
cradle [ˈkreɪdl] *n* kołyska *f*.
craft [krɑːft] *n* (*weaving etc*) rękodzieło *nt*; (*journalism etc*) sztuka *f*; (*skill*) biegłość *f*; (*pl inv: boat*) statek *m*; (: *plane*) samolot *m*.
craftsman [ˈkrɑːftsmən] (*irreg like:* **man**) *n* rzemieślnik *m*.
craftsmanship [ˈkrɑːftsmənʃɪp] *n* kunszt *m*.
crafty [ˈkrɑːftɪ] *adj* przebiegły.
cram [kræm] *vt*: **to cram sth with** wypełniać (wypełnić *perf*) coś (po brzegi) +*instr* ♦ *vi* kuć (*inf*), wkuwać (*inf*).
cramp [kræmp] *n* (*MED*) skurcz *m*.

cramped [kræmpt] *adj*
(*accommodation*) ciasny.

cranberry ['krænbərɪ] *n* borówka *f*,
żurawina *f*.

crane [kreɪn] *n* (*machine*) dźwig *m*;
(*bird*) żuraw *m*.

crank [kræŋk] *n* (*person*)
nawiedzony (-na) *m(f)* (*inf*); (*handle*)
korba *f*.

crash [kræʃ] *n* (*noise*) trzask *m*;
(*COMM*) krach *m* ♦ *vt* rozbijać
(rozbić *perf*) ♦ *vi* (*plane, car*)
rozbijać się (rozbić się *perf*); (*two
cars*) zderzać się (zderzyć się *perf*);
(*glass, cup*) roztrzaskiwać się
(roztrzaskać się *perf*); (*market, firm*)
upadać (upaść *perf*); **car crash**
wypadek samochodowy; **plane
crash** katastrofa lotnicza.

crash course *n* błyskawiczny kurs *m*.

crash landing (*also spelled*
crash-landing) *n* lądowanie *nt*
awaryjne.

crass [kræs] *adj* (*person, comment*)
głupi, prymitywny; (*ignorance*)
rażący.

crate [kreɪt] *n* (*of fruit, wine*)
skrzynka *f*.

crater ['kreɪtə*] *n* (*of volcano*) krater
m; (*of bomb blast*) lej *m*.

cravat [krə'væt] *n* apaszka *f*.

crave [kreɪv] *vt* (*also:* **crave for:**
drink, cigarette) mieć nieprzepartą
ochotę na +*acc*; (: *luxury, admiration*)
być złaknionym +*gen*.

crawl [krɔ:l] *vi* (*adult*) czołgać się;
(*baby*) raczkować; (*insect*) pełzać,
pełznąć; (*vehicle*) wlec się ♦ *n* kraul
m.

crayon ['kreɪən] *n* kredka *f*.

craze [kreɪz] *n* moda *f*, szaleństwo *nt*
(*fig*).

crazy ['kreɪzɪ] *adj* pomylony,
zwariowany; **to be crazy about
sb/sth** (*inf*) szaleć za kimś/czymś,
mieć bzika na punkcie kogoś/czegoś
(*inf*); **to go crazy** wariować
(zwariować *perf*).

creak [kri:k] *vi* skrzypieć
(zaskrzypieć *perf*).

cream [kri:m] *n* (*from milk*) śmietana
f, śmietanka *f*; (*cake and chocolate
filling, cosmetic*) krem *m*; (*fig*)
śmietanka *f* ♦ *adj* kremowy.

creamy ['kri:mɪ] *adj* (*colour*)
kremowy; (*milk*) tłusty; (*coffee*) ze
śmietanką *post*.

crease [kri:s] *n* (*fold*) zgięcie *nt*;
(*wrinkle*) zmarszczka *f*; (*in trousers*)
kant *m* ♦ *vt* gnieść (pognieść *perf*),
miąć (pomiąć *perf*) ♦ *vi* gnieść się
(pognieść się *perf*), miąć się (pomiąć
się *perf*).

create [kri:'eɪt] *vt* tworzyć (stworzyć
perf).

creation [kri:'eɪʃən] *n* (*bringing into
existence*) tworzenie *nt*; (*production,
design*) wyrób *m*; (*REL*) stworzenie
nt (świata).

creative [kri:'eɪtɪv] *adj* (*artistic*)
twórczy; (*inventive*) twórczy,
kreatywny.

creator [kri:'eɪtə*] *n* twórca (-czyni)
m(f); **the Creator** Stwórca *m*.

creature ['kri:tʃə*] *n* stworzenie *nt*.

credentials [krɪ'dɛnʃlz] *npl*
(*references*) referencje *pl*; (*identity
papers*) dokumenty *pl*.

credibility [krɛdɪ'bɪlɪtɪ] *n*
wiarygodność *f*.

credible ['krɛdɪbl] *adj* wiarygodny.

credit ['krɛdɪt] *n* (*COMM*) kredyt *m*;
(*recognition*) uznanie *nt* ♦ *vt* (*believe*)
dawać (dać *perf*) wiarę +*dat*;
(*COMM*): **to credit sth to sb/sb's
account** zapisywać (zapisać *perf*)
coś na dobro czyjegoś rachunku;
credits *npl* (*FILM, TV*) napisy *pl*
(końcowe); **to credit sb with sth**
(*fig*) przypisywać (przypisać *perf*)
komuś coś.

credit card *n* karta *f* kredytowa.

creditor ['krɛdɪtə*] *n* wierzyciel *m*.

creed [kri:d] n wyznanie nt.

creek [kri:k] n (inlet) wąska zatoka f; (US: stream) strumień m.

creep [kri:p] (pt, pp **crept**) vi (person, animal) skradać się.

creeper ['kri:pə*] n pnącze nt.

creepy ['kri:pɪ] adj straszny.

cremation [krɪ'meɪʃən] n kremacja f.

crept [krɛpt] pt, pp of **creep**.

crescent ['krɛsnt] n (shape) półksiężyc m; (street) ulica f (w kształcie półkola).

cress [krɛs] n rzeżucha f.

crest [krɛst] n (of hill) szczyt m, wierzchołek m; (of bird) czub(ek) m, grzebień m (z piór); (coat of arms) herb m.

crew [kru:] n (NAUT, AVIAT) załoga f; (TV, FILM) ekipa f.

crew-cut ['kru:kʌt] n fryzura f na jeża, jeżyk m (inf).

crib [krɪb] n (cot) łóżeczko nt (dziecięce) ♦ vt (inf: copy) ściągać (ściągnąć perf) (inf).

cricket ['krɪkɪt] n (SPORT) krykiet m; (insect) świerszcz m.

crime [kraɪm] n (illegal activities) przestępczość f; (illegal action) przestępstwo nt; (fig) zbrodnia f.

criminal ['krɪmɪnl] n przestępca (-czyni) m(f) ♦ adj (illegal) kryminalny; (morally wrong) karygodny; **criminal law** prawo karne.

crimson ['krɪmzn] adj karmazynowy.

cripple ['krɪpl] n (old) kaleka m ♦ vt (person) okaleczać (okaleczyć perf), uczynić (perf) kaleką.

crisis ['kraɪsɪs] (pl **crises**) n kryzys m.

crisp [krɪsp] adj (vegetables) kruchy; (bacon, roll) chrupiący; (weather) rześki; (tone, reply) rzeczowy.

crisps [krɪsps] (BRIT) npl chrupki pl, chipsy pl.

criteria [kraɪ'tɪərɪə] npl of **criterion**.

criterion [kraɪ'tɪərɪən] (pl **criteria**) n kryterium nt.

critic ['krɪtɪk] n krytyk m.

critical ['krɪtɪkl] adj krytyczny.

critically ['krɪtɪklɪ] adv krytycznie; **he's critically ill** jest w stanie krytycznym.

criticism ['krɪtɪsɪzəm] n (disapproval, complaint) krytyka f; (of book, play) analiza f krytyczna; **literary criticism** krytyka literacka.

criticize ['krɪtɪsaɪz] vt krytykować (skrytykować perf).

croak [krəuk] vi (frog) rechotać (zarechotać perf); (crow) krakać (zakrakać perf); (person) chrypieć (zachrypieć perf).

Croatia [krəu'eɪʃə] n Chorwacja f.

crochet ['krəuʃeɪ] n szydełkowanie nt.

crockery ['krɔkərɪ] (also: **crocks**) n naczynia pl stołowe.

crocodile ['krɔkədaɪl] n krokodyl m.

crocus ['krəukəs] n krokus m.

crook [kruk] n (criminal) kanciarz m; (of shepherd) kij m pasterski.

crooked ['krukɪd] adj (branch, table, smile) krzywy; (street, lane) kręty; (person) nieuczciwy.

crop [krɔp] n (plant) roślina f uprawna; (harvest) zbiór m, plon m; (amount produced) produkcja f; (also: **riding crop**) szpicruta f (zakończona pętelką) ♦ vt (hair) przycinać (przyciąć perf) (krótko).

►**crop up** vi pojawiać się (pojawić się perf).

cross [krɔs] n krzyż m; (small) krzyżyk m; (BIO, BOT) krzyżówka f ♦ vt (street, room) przechodzić (przejść perf) przez +acc; (cheque) zakreślać (zakreślić perf); (arms, animals, plants) krzyżować (skrzyżować perf) ♦ adj podenerwowany, poirytowany.

►**cross out** vt skreślać (skreślić perf).

►**cross over** vi przechodzić (przejść perf) na drugą stronę.

cross-country (race) ['krɔs'kʌntrɪ-] n wyścig m przełajowy.

cross-examine ['krɔsɪg'zæmɪn] (JUR) vt przesłuchiwać (przesłuchać perf) (świadka strony przeciwnej).

cross-eyed ['krɔsaɪd] adj zezowaty.

crossfire ['krɔsfaɪə*] n ogień m krzyżowy.

crossing ['krɔsɪŋ] n (sea passage) przeprawa f; (also: **pedestrian crossing**) przejście nt dla pieszych.

cross-reference ['krɔs'rɛfrəns] n odsyłacz m.

crossroads ['krɔsrəudz] n skrzyżowanie nt.

cross section n przekrój m.

crossword ['krɔswə:d] n krzyżówka f.

crotch [krɔtʃ], **crutch** n (ANAT) krocze nt; (of garment) krok m.

crouch [krautʃ] vi (move) kucać (kucnąć perf), przykucać (przykucnąć perf); (sit) siedzieć w kucki.

croupier ['kru:pɪə*] n krupier m.

crow [krəu] n wrona f ♦ vi piać (zapiać perf).

crowd [kraud] n tłum m ♦ vi: **to crowd round sb/sth** tłoczyć się (stłoczyć się perf) dookoła kogoś/czegoś;: **to crowd in/into** wpychać się (wepchnąć się perf) do środka/do +gen.

crowded ['kraudɪd] adj (full) zatłoczony; (densely populated) przeludniony.

crown [kraun] n (of monarch, tooth) korona f; (of head) ciemię nt; (of hill) wierzchołek m, szczyt m ♦ vt koronować (ukoronować perf); (fig) ukoronować (perf), uwieńczyć (perf); **the Crown** (monarchy) Korona.

crown prince n następca m tronu.

crow's feet npl kurze łapki pl.

crow's nest n (NAUT) bocianie gniazdo nt.

crucial ['kru:ʃl] adj (vote)

rozstrzygający, decydujący; (issue) zasadniczy, kluczowy.

crucifixion [kru:sɪ'fɪkʃən] n ukrzyżowanie nt.

crude [kru:d] adj (materials) surowy; (tool) prosty, prymitywny; (person) niekrzesany.

crude (oil) n ropa f naftowa.

cruel ['kruəl] adj okrutny.

cruelty ['kruəltɪ] n okrucieństwo nt.

cruise [kru:z] n rejs m wycieczkowy ♦ vi (ship) płynąć (ze stałą prędkością); (car) jechać (ze stałą prędkością).

cruiser ['kru:zə*] n (motorboat) łódź f motorowa; (warship) krążownik m.

crumb [krʌm] n okruch m; (small) okruszek m.

crumble ['krʌmbl] vt kruszyć (pokruszyć perf) ♦ vi (bread, plaster, brick) kruszyć się (pokruszyć się perf); (building, society, organization) rozpadać się (rozpaść się perf).

crumple ['krʌmpl] vt (paper) gnieść (zgnieść perf), miąć (zmiąć perf); (clothes) gnieść (pognieść perf), miąć (wymiąć perf).

crunch [krʌntʃ] vt (food etc) chrupać (schrupać perf); (underfoot) miażdżyć (zmiażdżyć perf) ♦ n: **the crunch** (fig) krytyczny moment m.

crunchy ['krʌntʃɪ] adj (food) chrupiący, chrupki.

crusade [kru:'seɪd] n wyprawa f krzyżowa, krucjata f; (fig) kampania f.

crush [krʌʃ] n (crowd) (gęsty) tłum m; (drink) sok m (ze świeżych owoców i wody) ♦ vt (press, break) miażdżyć (zmiażdżyć perf); (paper) gnieść (zgnieść perf), miąć (zmiąć perf); (clothes) gnieść (pognieść perf), miąć (wymiąć perf); (garlic) rozgniatać (rozgnieść perf); (enemy, opposition) roznosić (roznieść perf); (hopes, person) zdruzgotać (perf); **to**

have a crush on sb być
zadurzonym w kimś.
crutch [krʌtʃ] *n* (*MED*) kula *f*.
crux [krʌks] *n* sedno *nt*.
cry [kraɪ] *vi* (*weep*) płakać (zapłakać
perf); (*also*: **cry out**) krzyczeć
(krzyknąć *perf*) ♦ *n* (*shriek*) (o)krzyk
m; (*of bird*) krzyk *m*; (*of wolf*) wycie
nt; **to cry for help** wołać (zawołać
perf) o pomoc.
crypt [krɪpt] *n* krypta *f*.
cryptic [ˈkrɪptɪk] *adj* zagadkowy.
crystal [ˈkrɪstl] *n* kryształ *m*.
crystal clear *adj* (*sky, air, sound*)
kryształowo czysty.
cub [kʌb] *n* (*of wild animal*) młode *nt*;
(*also*: **cub scout**) ≈ zuch *m*;
lion/wolf/bear cub
lwiątko/wilczek/niedźwiadek.
Cuba [ˈkjuːbə] *n* Kuba *f*.
cube [kjuːb] *n* (*shape*) kostka *f*;
(*MATH*) sześcian *m*, trzecia potęga *f*
♦ *vt* podnosić (podnieść *perf*) do
sześcianu.
cube root *n* pierwiastek *m*
sześcienny *or* trzeciego stopnia.
cubic [ˈkjuːbɪk] *adj* (*metre, foot*)
sześcienny.
cubicle [ˈkjuːbɪkl] *n* (*at pool*) kabina
f; (*in hospital*) część sali oddzielona
zasłoną.
cuckoo [ˈkuku:] *n* kukułka *f*.
cucumber [ˈkjuːkʌmbə*] *n* ogórek *m*.
cue [kjuː] *n* (*snooker cue*) kij *m*
bilardowy; (*hint*) sygnał *m*.
cuff [kʌf] *n* (*of garment*) mankiet *m*;
(*blow*) trzepnięcie *nt*; **off the cuff**
(tak) z głowy.
cuff links *npl* spinki *pl* do
mankietów.
cuisine [kwɪˈziːn] *n* kuchnia *f* (*danego
regionu, kraju itp*).
cul-de-sac [ˈkʌldəsæk] *n* ślepa
uliczka *f*.
culinary [ˈkʌlɪnərɪ] *adj* kulinarny.
culmination [kʌlmɪˈneɪʃən] *n* (*of

career etc) ukoronowanie *nt*; (*of
process*) punkt *m* kulminacyjny.
culprit [ˈkʌlprɪt] *n* (*of crime*) sprawca
(-czyni) *m(f)*.
cult [kʌlt] *n* kult *m*.
cultivate [ˈkʌltɪveɪt] *vt* (*land, crop*)
uprawiać; (*person*) zabiegać o
względy +*gen*.
cultivation [kʌltɪˈveɪʃən] *n* uprawa *f*.
cultural [ˈkʌltʃərəl] *adj* (*tradition, link*)
kulturowy; (*concerning the arts*)
kulturalny.
culture [ˈkʌltʃə*] *n* kultura *f*.
cultured [ˈkʌltʃəd] *adj* (*person*)
kulturalny.
cumbersome [ˈkʌmbəsəm] *adj*
(*object*) nieporęczny; (*system*)
nieefektywny.
cumulative [ˈkjuːmjulətɪv] *adj*
(*effect*) kumulacyjny; (*result*) łączny.
cunning [ˈkʌnɪŋ] *n* przebiegłość *f* ♦
adj przebiegły.
cup [kʌp] *n* (*for drinking*) filiżanka *f*;
(*trophy*) puchar *m*; (*of bra*) miseczka *f*.
cupboard [ˈkʌbəd] *n* kredens *m*.
curate [ˈkjuərɪt] *n* ≈ wikary *m* (*w
kościele anglikańskim*).
curator [kjuəˈreɪtə*] *n* kustosz *m*.
curb [kəːb] *vt* (*powers, expenditure*)
ograniczać (ograniczyć *perf*);
(*person*) okiełznywać (okiełznać
perf) ♦ *n* (*restraint*) ograniczenie *nt*;
(*US*: **kerb**) krawężnik *m*.
curdle [ˈkəːdl] *vi* zsiadać się (zsiąść
się *perf*).
cure [kjuə*] *vt* (*MED*) leczyć
(wyleczyć *perf*); (*CULIN*)
konserwować (zakonserwować *perf*)
♦ *n* lekarstwo *nt*.
curfew [ˈkəːfjuː] *n* godzina *f*
policyjna.
curiosity [kjuərɪˈɔsɪtɪ] *n* (*interest*)
ciekawość *f*, zaciekawienie *nt*;
(*nosiness*) ciekawość *f*; (*unusual
thing*) osobliwość *f*.
curious [ˈkjuərɪəs] *adj* (*interested*)
ciekawy, zaciekawiony; (*nosy*)

ciekawski; (*strange, unusual*) dziwny.

curl [kə:l] *n* (*of hair*) lok *m* ♦ *vt* (*hair: loosely*) układać (ułożyć *perf*) w fale; (: *tightly*) zakręcać (zakręcić *perf*) ♦ *vi* (*hair*) kręcić się.

►**curl up** *vi* (*person*) kulić się (skulić się *perf*); (*animal*) zwijać się (zwinąć się *perf*) (w kłębek).

curler ['kə:lə*] *n* wałek *m* (do włosów).

curly ['kə:lı] *adj* (*hair*) kręcony.

currant ['kʌrnt] *n* (*dried fruit*) rodzynek *m*; (*also:* **blackcurrant**) czarna porzeczka *f*; (*also:* **redcurrant**) czerwona porzeczka *f*.

currency ['kʌrnsı] *n* waluta *f*.

current ['kʌrnt] *n* prąd *m* ♦ *adj* (*methods, rate*) obecny; (*month, year*) bieżący; (*beliefs etc*) powszechnie przyjęty.

current account (*BRIT*) *n* rachunek *m* bieżący.

current affairs *npl* aktualności *pl*.

currently ['kʌrntlı] *adv* obecnie.

curriculum [kə'rıkjuləm] (*pl* **curriculums** *or* **curricula**) *n* program *m* zajęć *or* nauczania.

curriculum vitae [-'vi:taı] *n* życiorys *m*.

curry ['kʌrı] *n* curry *nt inv* (*potrawa*).

curry powder *n* curry *nt inv* (*przyprawa*).

curse [kə:s] *vi* kląć (zakląć *perf*), przeklinać ♦ *vt* przeklinać (przekląć *perf*) ♦ *n* (*spell*) klątwa *f*, przekleństwo *nt*; (*swearword, scourge*) przekleństwo *nt*.

cursor ['kə:sə*] (*COMPUT*) *n* kursor *m*.

cursory ['kə:sərı] *adj* pobieżny.

curt [kə:t] *adj* (*reply, tone*) szorstki.

curtain ['kə:tn] *n* zasłona *f*; (*THEAT*) kurtyna *f*.

curts(e)y ['kə:tsı] *vi* dygać (dygnąć *perf*).

curve [kə:v] *n* łuk *m*; (*MATH*)

krzywa *f* ♦ *vi* zataczać (zatoczyć *perf*) łuk.

cushion ['kuʃən] *n* poduszka *f* ♦ *vt* (*collision, fall*) amortyzować (zamortyzować *perf*); (*shock, effect*) osłabiać (osłabić *perf*).

custard ['kʌstəd] *n* sos z mleka, cukru, mąki i jaj do polewania deserów.

custodian [kʌs'təudıən] *n* (*of building*) dozorca (-rczyni) *m(f)*.

custody ['kʌstədı] *n* (*JUR: of child*) opieka *f* nad dzieckiem; **to take sb into custody** aresztować (zaaresztować *perf*) kogoś.

custom ['kʌstəm] *n* (*traditional activity*) obyczaj *m*, zwyczaj *m*; (*habit, convention*) zwyczaj *m*.

customary ['kʌstəmərı] *adj* (*time, behaviour*) zwykły; (*method, celebration*) tradycyjny.

customer ['kʌstəmə*] *n* klient(ka) *m(f)*.

custom-made ['kʌstəm'meıd] *adj* na zamówienie *post*.

customs ['kʌstəmz] *npl* (*at border, airport*) punkt *m* odprawy celnej.

customs officer *n* celnik (-iczka) *m(f)*.

cut [kʌt] (*pt, pp* **cut**) *vt* (*bread, meat*) kroić (pokroić *perf*); (*hand, knee*) rozcinać (rozciąć *perf*); (*grass*) przycinać (przyciąć *perf*); (*hair*) obcinać (obciąć *perf*); (*scene: from book*) usuwać (usunąć *perf*); (: *from film, broadcast*) wycinać (wyciąć *perf*); (*prices*) obniżać (obniżyć *perf*); (*spending, supply*) ograniczać (ograniczyć *perf*) ♦ *vi* ciąć ♦ *n* (*in skin*) skaleczenie *nt*; (*in salary, spending*) cięcie *nt*; (*of meat*) płat *m*; (*of garment*) krój *m*; **to cut one's finger** skaleczyć się (*perf*) w palec.

►**cut down** *vt* (*tree*) ścinać (ściąć *perf*); (*consumption*) ograniczać (ograniczyć *perf*).

►**cut off** *vt* (*piece, village, supply*)

odcinać (odciąć *perf*); (*limb*) obcinać (obciąć *perf*); (*TEL*) rozłączać (rozłączyć *perf*).

cute [kju:t] *adj* (*sweet*) śliczny, milutki.

cutlery ['kʌtlərɪ] *n* sztućce *pl*.

cutlet ['kʌtlɪt] *n* kotlet *m*.

cutout ['kʌtaut] *n* (*switch*) wyłącznik *m*; (*paper figure*) wycinanka *f*.

cut-price ['kʌt'praɪs] (*US* **cut-rate**) *adj* przeceniony.

cutting ['kʌtɪŋ] *adj* (*edge*) tnący; (*fig: remark*) kąśliwy ♦ *n* (*BRIT: from newspaper*) wycinek *m*; (*from plant*) sadzonka *f*.

CV *n abbr* = **curriculum vitae**.

cwt. *abbr* = **hundredweight**.

cyanide ['saɪənaɪd] *n* cyjanek *m*.

cyberspace ['saɪbəspeɪs] (*COMPUT*) *n* przestrzeń *f* wirtualna, cyberprzestrzeń *f*.

cycle ['saɪkl] *n* (*bicycle*) rower *m*; (*series*) cykl *m*; (*movement*) obrót *m* ♦ *vi* jechać (pojechać *perf*) rowerem *or* na rowerze; (: *regularly*) jeździć na rowerze.

cycling ['saɪklɪŋ] *n* jazda *f* na rowerze; (*SPORT*) kolarstwo *nt*.

cyclist ['saɪklɪst] *n* rowerzysta (-tka) *m(f)*; (*SPORT*) kolarz *m*.

cyclone ['saɪkləun] *n* cyklon *m*.

cylinder ['sɪlɪndə*] *n* (*shape*) walec *m*; (*of gas*) butla *f*; (*in engine, machine*) cylinder *m*.

cymbals ['sɪmblz] *npl* (*MUS*) talerze *pl*.

cynic ['sɪnɪk] *n* cynik (-iczka) *m(f)*.

cynical ['sɪnɪkl] *adj* cyniczny.

cynicism ['sɪnɪsɪzəm] *n* cynizm *m*.

cypress ['saɪprɪs] *n* cyprys *m*.

Cyprus ['saɪprəs] *n* Cypr *m*.

cyst [sɪst] *n* (*under skin*) pęcherz *m*; (*inside body*) torbiel *f*.

cystitis [sɪs'taɪtɪs] *n* zapalenie *nt* pęcherza (moczowego).

czar [zɑ:*] *n* = **tsar**.

Czech [tʃɛk] *adj* czeski ♦ *n* (*person*) Czech/Czeszka *m/f*; (*LING*) (język *m*) czeski.

Czech Republic *n*: **the Czech Republic** Republika *f* Czeska.

D

D [di:] *n* (*MUS*) D *nt*, d *nt*.

dab [dæb] *vt* (*wound*) (delikatnie) przemywać (przemyć *perf*); (*paint, cream*) nakładać (nałożyć *perf*).

dabble ['dæbl] *vi*: **to dabble in** parać się +*instr*, zajmować się po amatorsku +*instr*.

dachshund ['dækshund] *n* jamnik *m*.

dad [dæd] *n* tata *m*, tatuś *m*.

daddy ['dædɪ] *n* = **dad**.

daffodil ['dæfədɪl] *n* żonkil *m*.

daft [dɑ:ft] *adj* (*person*) głupi; (*thing*) zwariowany.

dagger ['dægə*] *n* sztylet *m*.

daily ['deɪlɪ] *adj* (*dose, wages*) dzienny; (*routine, life*) codzienny ♦ *n* (*paper*) dziennik *m* ♦ *adv* codziennie.

dainty ['deɪntɪ] *adj* filigranowy.

dairy ['deərɪ] *n* (*shop*) sklep *m* nabiałowy.

dairy products *npl* nabiał *m*, produkty *pl* mleczne.

dais ['deɪɪs] *n* podium *nt*.

daisy ['deɪzɪ] *n* stokrotka *f*.

dalmatian [dæl'meɪʃən] *n* dalmatyńczyk *m*.

dam [dæm] *n* (*on river*) tama *f*, zapora *f* ♦ *vt* stawiać (postawić *perf*) zaporę *or* tamę na +*loc*.

damage ['dæmɪdʒ] *n* (*harm*) szkody *pl*; (*dents etc*) uszkodzenia *pl*; (*fig*) szkoda *f*, uszczerbek *m* ♦ *vt* (*physically*) uszkadzać (uszkodzić *perf*); (*affect*) narażać (narazić *perf*) na szwank, wyrządzać (wyrządzić *perf*) szkodę +*dat*; **damages** *npl* (*JUR*) odszkodowanie *nt*.

damn [dæm] vt (curse at) przeklinać (przekląć perf); (condemn) potępiać (potępić perf) ♦ n (inf): **I don't give a damn** mam to gdzieś (inf) ♦ adj (inf: also: **damned**) cholerny (inf); **damn (it)!** cholera! (inf).

damning ['dæmɪŋ] adj (evidence) obciążający.

damp [dæmp] adj wilgotny ♦ n wilgoć f ♦ vt (also: **dampen**: cloth, rag) zwilżać (zwilżyć perf); (: enthusiasm etc) ostudzić (perf).

dance [dɑːns] n taniec m; (social event) bal m (taneczny) ♦ vi tańczyć (zatańczyć perf).

dance hall n sala f balowa.

dancer ['dɑːnsə*] n tancerz (-rka) m(f).

dancing ['dɑːnsɪŋ] n taniec m, tańce pl.

dandelion ['dændɪlaɪən] n dmuchawiec m, mlecz m.

dandruff ['dændrəf] n łupież m.

Dane [deɪn] n Duńczyk/Dunka m/f.

danger ['deɪndʒə*] n (unsafe situation) niebezpieczeństwo nt; (hazard) zagrożenie nt; **"danger!"** „uwaga!"; **to be in danger** znajdować się (znaleźć się perf) w niebezpieczeństwie; **to put sb in danger** narażać (narazić perf) kogoś na niebezpieczeństwo; **he's in danger of losing his job** grozi mu utrata pracy.

dangerous ['deɪndʒrəs] adj niebezpieczny.

dangle ['dæŋgl] vt wymachiwać +instr ♦ vi zwisać, dyndać (inf).

Danish ['deɪnɪʃ] adj duński ♦ n (język m) duński.

dare [dɛə*] vt: **to dare sb to do sth** rzucać (rzucić perf) komuś wyzwanie do zrobienia czegoś, wzywać (wezwać perf) kogoś do zrobienia czegoś ♦ vi: **to dare (to) do sth** ośmielać się (ośmielić się

perf) coś zrobić, odważyć się (perf) coś zrobić; **I dare say...** zapewne..., przypuszczam, że... .

daredevil ['dɛədɛvl] n śmiałek m.

daring ['dɛərɪŋ] adj odważny, śmiały ♦ n odwaga f, śmiałość f.

dark [dɑːk] adj ciemny ♦ n: **in the dark** w ciemności, po ciemku; **after dark** po zmroku; **dark blue** ciemnoniebieski; **it is getting dark** ściemnia się.

darken ['dɑːkn] vt przyciemniać (przyciemnić perf) ♦ vi ciemnieć (ściemnieć perf or pociemnieć perf).

dark glasses npl ciemne okulary pl.

darkness ['dɑːknɪs] n ciemność f, mrok m.

darkroom ['dɑːkrum] n ciemnia f.

darling ['dɑːlɪŋ] adj (u)kochany ♦ n (as form of address) kochanie nt.

dart [dɑːt] n (in game) rzutka f, strzałka f; (in sewing) zaszewka f ♦ vi: **to dart towards** (also: **make a dart towards**) rzucać się (rzucić się perf) w kierunku or w stronę +gen; **to dart along** pędzić (popędzić perf).

darts [dɑːts] n gra f w rzutki or strzałki.

dash [dæʃ] n (small quantity) odrobina f; (sign) myślnik m, kreska f ♦ vt (object) ciskać (cisnąć perf); (hopes) grzebać (pogrzebać perf) ♦ vi: **to dash towards** rzucać się (rzucić się perf) w kierunku or w stronę +gen.

dashboard ['dæʃbɔːd] n (AUT) tablica f rozdzielcza.

data ['deɪtə] npl dane pl.

database ['deɪtəbeɪs] n baza f danych.

data processing n przetwarzanie nt danych.

date [deɪt] n (day) data f; (appointment) (umówione) spotkanie nt; (: with girlfriend, boyfriend) randka f; (fruit) daktyl m ♦ vt (event, object) określać (określić perf) wiek +gen;

(*letter*) datować; (*person*) chodzić z +*instr*; **date of birth** data urodzenia; **to date** do chwili obecnej, do dzisiaj; **out-of-date** (*old-fashioned*) przestarzały; (*expired*) przeterminowany; **up-to-date** nowoczesny.

dated ['deɪtɪd] *adj*: **to be dated** trącić myszką.

daughter ['dɔːtə*] *n* córka *f*.

daughter-in-law ['dɔːtərɪnlɔː] *n* synowa *f*.

daunting ['dɔːntɪŋ] *adj* (*task*) onieśmielający; (*prospect*) zniechęcający.

dawdle ['dɔːdl] *vi* guzdrać się, grzebać się.

dawn [dɔːn] *n* (*of day*) świt *m*; (*of period, situation*) początek *m*, zaranie *nt* (*literary*) ♦ *vi* świtać (zaświtać *perf*); **it dawned on him that ...** zaświtało mu (w głowie), że ... .

day [deɪ] *n* (*as opposed to night*) dzień *m*; (*twenty-four hours*) doba *f*, dzień *m*; (*heyday*) czas *m*, dni *pl*; **the day before/after** poprzedniego/następnego dnia, dzień wcześniej/później; **the day after tomorrow** pojutrze; **the day before yesterday** przedwczoraj; **the following day** następnego dnia; **by day** za dnia.

daybreak ['deɪbreɪk] *n* świt *m*, brzask *m*.

daydream ['deɪdriːm] *vi* marzyć, fantazjować ♦ *n* marzenie *nt*, mrzonka *f*.

daylight ['deɪlaɪt] *n* światło *nt* dzienne.

day return (ticket) (*BRIT*) *n* bilet *m* powrotny jednodniowy.

daytime ['deɪtaɪm] *n*: **in the daytime** za dnia.

day-to-day ['deɪtə'deɪ] *adj* (*daily*) codzienny.

daze [deɪz] *vt* (*stun*) oszałamiać

(oszołomić *perf*) ♦ *n*: **in a daze** oszołomiony.

dazzle ['dæzl] *vt* (*bewitch*) olśniewać (olśnić *perf*); (*blind*) oślepiać (oślepić *perf*).

DC *abbr* = **direct current**.

D-day ['diːdeɪ] *n* godzina *f* zero.

dead [dɛd] *adj* (*person*) zmarły; (*animal*) zdechły, nieżywy; (*plant*) zwiędły; (*city*) wymarły; (*language*) martwy; (*body part*) zdrętwiały, ścierpnięty; (*engine*) zepsuty; (*telephone*) głuchy; (*battery*) wyładowany ♦ *adv* (*completely*) całkowicie, zupełnie; (*directly, exactly*) akurat, dokładnie ♦ *npl*: **the dead** umarli *pl*, zmarli *pl*; **she's dead** (ona) nie żyje; **to shoot sb dead** zastrzelić (*perf*) kogoś; **dead tired** skonany; **he stopped dead** stanął jak wryty.

deaden [dɛdn] *vt* tłumić (stłumić *perf*), przytępiać (przytępić *perf*).

dead end *n* ślepa uliczka *f*.

deadline ['dɛdlaɪn] *n* nieprzekraczalny termin *m*.

deadlock ['dɛdlɔk] *n* impas *m*.

deadly ['dɛdlɪ] *adj* (*weapon*) śmiercionośny; (*poison, insult*) śmiertelny; (*accuracy*) absolutny.

Dead Sea *n*: **the Dead Sea** Morze *nt* Martwe.

deaf [dɛf] *adj* (*totally*) głuchy.

deaf-and-dumb ['dɛfən'dʌm] *adj* głuchoniemy; **deaf-and-dumb alphabet** alfabet głuchoniemych.

deafen [dɛfn] *vt* ogłuszać (ogłuszyć *perf*).

deaf-mute ['dɛfmjuːt] *n* głuchoniemy (-ma) *m(f)*.

deafness ['dɛfnɪs] *n* głuchota *f*.

deal [diːl] (*pt, pp* **dealt**) *n* (*COMM*) transakcja *f*, interes *m*; (*POL*) porozumienie *nt*, układ *m* ♦ *vt* (*blow*) wymierzać (wymierzyć *perf*), zadawać (zadać *perf*); (*cards*)

rozdawać (rozdać *perf*); **a good/ great deal** (bardzo) dużo *or* wiele.
►**deal in** *vt fus* handlować +*instr*.
►**deal with** *vt fus* (*COMM*) utrzymywać stosunki handlowe z +*instr*, robić interesy z +*instr* (*inf*); (*handle*) radzić (poradzić *perf*) sobie z +*instr*, uporać się (*perf*) z +*instr*; (*be about*) dotyczyć +*gen*, traktować o +*instr*.

dealer ['di:lə*] *n* (*COMM*) handlarz *m*.

dealings ['di:lɪŋz] *npl* (*business*) interesy *pl*; (*relations*) kontakty *pl*, stosunki *pl*.

dealt [dɛlt] *pt, pp of* **deal**.

dean [di:n] *n* dziekan *m*.

dear [dɪə*] *adj* drogi ♦ *n* (*as form of address*) kochanie *nt*; **my dear** mój drogi *m*/moja droga *f* ♦ *excl*: **dear me!** ojej!; **Dear Sir/Madam** Szanowny Panie/Szanowna Pani; **Dear Mr/Mrs X** Drogi Panie X/ Droga Pani X.

dearly ['dɪəlɪ] *adv* (*love*) szczerze; (*pay*) drogo.

death [dɛθ] *n* (*BIO*) zgon *m*, śmierć *f*; (*fig*) śmierć *f*; (*fatality*) ofiara *f* (śmiertelna).

death certificate *n* świadectwo *nt or* akt *m* zgonu.

death penalty *n* kara *f* śmierci.

death row (*US*) *n* cela *f* śmierci; **to be on death row** oczekiwać na wykonanie wyroku śmierci.

death sentence *n* wyrok *m* śmierci.

debase [dɪ'beɪs] *vt* (*value, quality*) deprecjonować (zdeprecjonować *perf*), dewaluować (zdewaluować *perf*).

debatable [dɪ'beɪtəbl] *adj* dyskusyjny.

debate [dɪ'beɪt] *n* debata *f* ♦ *vt* (*topic*) debatować *or* dyskutować nad +*instr*.

debilitating [dɪ'bɪlɪteɪtɪŋ] *adj* osłabiający.

debit ['dɛbɪt] *n* debet *m* ♦ *vt*: **to debit a sum to sb** *or* **to sb's account**

obciążać (obciążyć *perf*) kogoś *or* czyjś rachunek kwotą.

debris ['dɛbri:] *n* gruzy *pl*.

debt [dɛt] *n* (*money owed*) dług *m*; (*state of owing money*) długi *pl*, zadłużenie *nt*; **to be in debt** mieć długi.

debtor ['dɛtə*] *n* dłużnik (-iczka) *m(f)*.

debut ['deɪbju:] *n* debiut *m*.

decade ['dɛkeɪd] *n* dziesięciolecie *nt*.

decadence ['dɛkədəns] *n* (*period*) dekadencja *f*, schyłek *m*; (*of morals, standards*) dekadencja *f*, upadek *m*.

decaffeinated [dɪ'kæfɪneɪtɪd] *adj* bezkofeinowy.

decanter [dɪ'kæntə*] *n* karafka *f*.

decay [dɪ'keɪ] *n* (*of organic matter, society, morals*) rozkład *m*, rozpad *m*; (*of building*) niszczenie *nt*; (*of tooth*) próchnica *f* ♦ *vi* (*body*) rozkładać się (rozłożyć się *perf*); (*leaves, wood*) gnić (zgnić *perf*); (*teeth*) psuć się.

deceased [dɪ'si:st] *n*: **the deceased** zmarły (-ła) *m(f)*, nieboszczyk (-czka) *m(f)*.

deceit [dɪ'si:t] *n* (*quality*) fałsz *m*, nieuczciwość *f*; (*act*) oszustwo *nt*, kłamstwo *nt*.

deceive [dɪ'si:v] *vt* oszukiwać (oszukać *perf*), okłamywać (okłamać *perf*).

December [dɪ'sɛmbə*] *n* grudzień *m*.

decency ['di:sənsɪ] *n* przyzwoitość *f*, poczucie *nt* przyzwoitości.

decent ['di:sənt] *adj* przyzwoity.

deception [dɪ'sɛpʃən] *n* oszustwo *nt*, podstęp *m*.

deceptive [dɪ'sɛptɪv] *adj* złudny, zwodniczy.

decibel ['dɛsɪbɛl] *n* decybel *m*.

decide [dɪ'saɪd] *vt* (*person*) przekonywać (przekonać *perf*); (*question, argument*) rozstrzygać (rozstrzygnąć *perf*) ♦ *vi* decydować (się) (zdecydować (się) *perf*); **to decide to** decydować się

(zdecydować się *perf*) +*infin*; **to
decide that ...** decydować
(z(a)decydować *perf*), że ... ; **to
decide on sth** decydować się
(zdecydować się *perf*) na coś.

decided [dɪˈsaɪdɪd] *adj* (*resolute*)
zdecydowany, stanowczy; (*clear,
definite*) zdecydowany, wyraźny.

decidedly [dɪˈsaɪdɪdlɪ] *adv*
(*emphatically*) zdecydowanie,
stanowczo; (*distinctly*)
zdecydowanie, wyraźnie.

decimal [ˈdɛsɪməl] *adj* dziesiętny ♦ *n*
ułamek *m* dziesiętny; **to three
decimal places** do trzech miejsc po
przecinku.

decimate [ˈdɛsɪmeɪt] *vt*
dziesiątkować (zdziesiątkować *perf*).

decipher [dɪˈsaɪfə*] *vt* (*coded
message*) rozszyfrowywać
(rozszyfrować *perf*); (*writing*)
odcyfrowywać (odcyfrować *perf*).

decision [dɪˈsɪʒən] *n* (*choice*)
decyzja *f*; (*decisiveness*)
zdecydowanie *nt*, stanowczość *f*.

decisive [dɪˈsaɪsɪv] *adj* (*action,
intervention*) decydujący,
rozstrzygający; (*person, reply*)
zdecydowany, stanowczy.

deck [dɛk] *n* (*NAUT*) pokład *m*; (*of
bus*) piętro *nt*; (*record deck*)
gramofon *m* (*bez wzmacniacza*); (*of
cards*) talia *f*.

deckchair [ˈdɛktʃɛə*] *n* leżak *m*.

declaration [dɛkləˈreɪʃən] *n*
(*statement, public announcement*)
deklaracja *f*, oświadczenie *nt*; (*of
love*) wyznanie *nt*; (*of war*)
wypowiedzenie *nt*.

declare [dɪˈklɛə*] *vt* (*intentions,
result*) oznajmiać (oznajmić *perf*);
(*income*) deklarować (zadeklarować
perf); **have you anything to
declare?** czy ma Pan/Pani coś do
oclenia?

decline [dɪˈklaɪn] *n*: **decline in/of**
spadek *m* +*gen* ♦ *vt* (*invitation, offer*)

nie przyjmować (nie przyjąć *perf*)
+*gen* ♦ *vi* podupadać (podupaść
perf); **to be on the decline** zanikać.

decode [diːˈkəʊd] *vt*
rozszyfrowywać (rozszyfrować *perf*).

decompose [diːkəmˈpəʊz] *vi*
rozkładać się (rozłożyć się *perf*).

décor [ˈdeɪkɔː*] *n* wystrój *m*
(wnętrza).

decorate [ˈdɛkəreɪt] *vt* (*room, flat:
with paint*) malować (pomalować
perf or wymalować *perf*); (: *with
paper*) tapetować (wytapetować
perf); **to decorate sth (with)**
ozdabiać (ozdobić *perf*) or
dekorować (udekorować *perf*) coś
(+*instr*).

decoration [dɛkəˈreɪʃən] *n* (*on dress,
Christmas tree*) ozdoba *f*; (*of interior*)
wystrój *m*; (*medal*) order *m*,
odznaczenie *nt*.

decorative [ˈdɛkərətɪv] *adj* ozdobny,
dekoracyjny.

decorator [ˈdɛkəreɪtə*] *n* malarz *m*.

decrease [ˈdiːkriːs] *n*: **decrease (in)**
zmniejszanie się *nt* (+*gen*) ♦ *vt*
zmniejszać (zmniejszyć *perf*) ♦ *vi*
zmniejszać się (zmniejszyć się *perf*),
maleć (zmaleć *perf*).

decree [dɪˈkriː] *n* (*ADMIN*)
rozporządzenie *nt*, zarządzenie *nt*;
(*JUR*) orzeczenie *nt*, wyrok *m*.

decrepit [dɪˈkrepɪt] *adj* (*house*)
walący się; (*person*) zniedołężniały.

dedicate [ˈdɛdɪkeɪt] *vt*: **to dedicate
to** (*time*) poświęcać (poświęcić *perf*)
+*dat*; (*book, record*) dedykować
(zadedykować *perf*) +*dat*.

dedication [dɛdɪˈkeɪʃən] *n* (*devotion*)
oddanie *nt*, poświęcenie *nt*; (*in book,
on radio*) dedykacja *f*.

deduce [dɪˈdjuːs] *vt*: **to deduce
(that ...)** wnioskować
(wywnioskować *perf*) or dedukować
(wydedukować *perf*) (, że ...).

deduct [dɪˈdʌkt] *vt* potrącać (potrącić
perf), odciągać (odciągnąć *perf*).

deduction [dɪ'dʌkʃən] n (reasoning) wnioskowanie nt; (: in logic) dedukcja f; (subtraction) potrącenie nt.

deed [di:d] n (act) czyn m, uczynek m; (feat) wyczyn m; (JUR) akt m prawny.

deem [di:m] vt: to deem sb/sth to be uważać kogoś/coś za +acc, uznawać (uznać perf) kogoś/coś za +acc.

deep [di:p] adj (hole, thoughts, sleep) głęboki; (voice) niski; (trouble, concern) poważny; (colour) ciemny, intensywny ♦ adv: the spectators stood 20 deep widzowie stali w 20 rzędach; deep down w głębi duszy.

deepen [di:pn] vt pogłębiać (pogłębić perf) ♦ vi pogłębiać się (pogłębić się perf).

deep freeze n zamrażarka f.

deep-fry ['di:p'fraɪ] vt smażyć (usmażyć perf) w głębokim tłuszczu.

deeply ['di:plɪ] adv głęboko.

deep-sea ['di:p'si:] adj (diving) głębinowy; (fishing) dalekomorski.

deep-seated ['di:p'si:tɪd] adj (głęboko) zakorzeniony.

deer [dɪə*] n inv zwierzyna f płowa; (red) deer jeleń m; (roe) deer sarna f.

deface [dɪ'feɪs] vt (wall, notice) niszczyć (zniszczyć perf); (grave, monument) bezcześcić (zbezcześcić perf).

default [dɪ'fɔ:lt] n (COMPUT: also: default value) wartość f domyślna; to win by default wygrywać (wygrać perf) walkowerem.

defeat [dɪ'fi:t] n (in battle) porażka f, klęska f; (failure) niepowodzenie nt, porażka f ♦ vt pokonywać (pokonać perf).

defect ['di:fɛkt] n wada f, defekt m ♦ vi: to defect to the enemy przejść (perf) na stronę wroga.

defective [dɪ'fɛktɪv] adj wadliwy, wybrakowany.

defence [dɪ'fɛns] (US defense) n

(protection, justification) obrona f; (assistance) pomoc f.

defenceless [dɪ'fɛnslɪs] adj bezbronny.

defend [dɪ'fɛnd] vt (also SPORT) bronić +gen (obronić perf +acc); (JUR) bronić +gen.

defendant [dɪ'fɛndənt] (JUR) n (in criminal case) oskarżony (-na) m(f); (in civil case) pozwany (-na) m(f).

defender [dɪ'fɛndə*] n (also SPORT) obrońca (-czyni) m(f).

defense [dɪ'fɛns] (US) n = defence.

defensive [dɪ'fɛnsɪv] adj obronny, defensywny ♦ n: on the defensive w defensywie.

defer [dɪ'fə:*] vt odraczać (odroczyć perf), wstrzymywać (wstrzymać perf).

deference ['dɛfərəns] n szacunek m, poważanie nt.

defiance [dɪ'faɪəns] n bunt m; in defiance of (rules, orders etc) wbrew or na przekór +dat.

defiant [dɪ'faɪənt] adj buntowniczy.

deficiency [dɪ'fɪʃənsɪ] n (lack) brak m, niedobór m; (inadequacy) niedostatki pl, słabość f.

deficient [dɪ'fɪʃənt] adj (service) nie wystarczający; (product) wybrakowany; to be deficient in wykazywać niedobór or niedostatek +gen.

deficit ['dɛfɪsɪt] n deficyt m.

defile [dɪ'faɪl] vt bezcześcić (zbezcześcić perf).

define [dɪ'faɪn] vt (limits etc) określać (określić perf), wyznaczać (wyznaczyć perf); (word etc) definiować (zdefiniować perf).

definite ['dɛfɪnɪt] adj (fixed) określony; (clear) wyraźny; (certain) pewny.

definitely ['dɛfɪnɪtlɪ] adv zdecydowanie.

definition [dɛfɪ'nɪʃən] n (of word) definicja f; (of photograph) rozdzielczość f.

definitive [dɪˈfɪnɪtɪv] *adj* ostateczny, rozstrzygający.

deflate [diːˈfleɪt] *vt* wypuszczać (wypuścić *perf*) *or* spuszczać (spuścić *perf*) powietrze z +*gen*.

deflect [dɪˈflɛkt] *vt* (*attention*) odwracać (odwrócić *perf*); (*criticism*) odpierać (odeprzeć *perf*); (*shot*) odbijać (odbić *perf*); (*light*) odchylać (odchylić *perf*).

deformed [dɪˈfɔːmd] *adj* zniekształcony, zdeformowany.

deformity [dɪˈfɔːmɪtɪ] *n* (*condition*) kalectwo *nt*; (*distorted part*) deformacja *f*, zniekształcenie *nt*.

defrost [diːˈfrɒst] *vt* rozmrażać (rozmrozić *perf*).

deft [dɛft] *adj* zręczny, zgrabny.

defuse [diːˈfjuːz] *vt* (*bomb*) rozbrajać (rozbroić *perf*); (*fig: tension*) rozładowywać (rozładować *perf*).

defy [dɪˈfaɪ] *vt* (*disobey: person*) przeciwstawiać się (przeciwstawić się *perf*) +*dat*; (: *order*) ignorować (zignorować *perf*), postępować (postąpić *perf*) wbrew +*dat*; (*challenge*) wyzywać (wyzwać *perf*); (*fig*): **to defy description/imitation** być nie do opisania/podrobienia, nie dawać się opisać/podrobić.

degenerate [dɪˈdʒɛnəreɪt] *vi* pogarszać się (pogorszyć się *perf*) ♦ *adj* zwyrodniały, zdegenerowany.

degrading [dɪˈɡreɪdɪŋ] *adj* poniżający.

degree [dɪˈɡriː] *n* stopień *m*; (*SCOL*) stopień *m* naukowy; **a degree in maths** dyplom z matematyki; **by degrees** stopniowo; **to some degree, to a certain degree** w pewnym stopniu, do pewnego stopnia.

dehydrated [diːhaɪˈdreɪtɪd] *adj* (*MED*) odwodniony; (*milk etc*) w proszku *post*.

deign [deɪn] *vi*: **to deign to do sth** raczyć coś zrobić, zechcieć (*perf*) (łaskawie) coś zrobić.

deity [ˈdiːɪtɪ] *n* boskość *f*, bóstwo *nt*.

delay [dɪˈleɪ] *vt* (*decision etc*) odwlekać (odwlec *perf*), odkładać (odłożyć *perf*) (na później); (*person*) zatrzymywać (zatrzymać *perf*); (*train etc*) powodować (spowodować *perf*) opóźnienie +*gen* ♦ *vi* zwlekać, ociągać się ♦ *n* (*waiting period*) opóźnienie *nt*, zwłoka *f*; (*postponement*) opóźnienie *nt*; **without delay** bezzwłocznie; **to be delayed** (*person*) być spóźnionym; (*flight etc*) mieć opóźnienie, być opóźnionym.

delectable [dɪˈlɛktəbl] *adj* (*person*) powabny, rozkoszny; (*food*) wyśmienity.

delegate [ˈdɛlɪɡɪt] *n* delegat(ka) *m(f)*, wysłannik (-iczka) *m(f)* ♦ *vt* (*person*) delegować (wydelegować *perf*); (*task*) przekazywać (przekazać *perf*).

delegation [dɛlɪˈɡeɪʃən] *n* (*group*) delegacja *f*; (*by manager etc*) udzielanie *nt* pełnomocnictw, dzielenie się *nt* odpowiedzialnością (*z podwładnymi*).

delete [dɪˈliːt] *vt* (*cross out*) skreślać (skreślić *perf*), wykreślać (wykreślić *perf*); (*COMPUT*) kasować (skasować *perf*).

deliberate [dɪˈlɪbərɪt] *adj* (*intentional*) umyślny, zamierzony; (*unhurried*) spokojny, nieśpieszny ♦ *vi* (*consider*) zastanawiać się; (*debate*) naradzać się.

deliberately [dɪˈlɪbərɪtlɪ] *adv* (*on purpose*) umyślnie, celowo.

delicacy [ˈdɛlɪkəsɪ] *n* delikatność *f*; (*choice food*) przysmak *m*.

delicate [ˈdɛlɪkɪt] *adj* delikatny.

delicatessen [dɛlɪkəˈtɛsn] *n* delikatesy *pl*.

delicious [dɪˈlɪʃəs] *adj* (*food, smell*) wyśmienity, (prze)pyszny; (*feeling, person*) rozkoszny, przemiły.

delight [dɪˈlaɪt] *n* (*feeling*) zachwyt *m*, radość *f*; (*experience etc*)

(wielka) przyjemność *f*, rozkosz *f* ♦
vt cieszyć (ucieszyć *perf*),
zachwycać (zachwycić *perf*); **to take
(a) delight in** lubować się w +*loc*,
rozkoszować się +*instr*.

delighted [dɪˈlaɪtɪd] *adj*: **delighted at**
or **with** zachwycony +*instr*; **he was
delighted to meet them again** był
zachwycony, że mógł ich znów
zobaczyć; **I'd be delighted** byłoby
mi bardzo przyjemnie.

delightful [dɪˈlaɪtful] *adj*
zachwycający.

delinquent [dɪˈlɪŋkwənt] *adj* winny
przestępstwa *or* wykroczenia ♦ *n*
(młodociany (-na) *m(f)*) przestępca
(-czyni) *m(f)*.

delirious [dɪˈlɪrɪəs] *adj*: **to be
delirious** (*MED*) majaczyć, bredzić;
(*fig*) szaleć (z radości).

deliver [dɪˈlɪvə*] *vt* (*distribute*)
dostarczać (dostarczyć *perf*),
doręczać (doręczyć *perf*); (*hand
over*) oddawać (oddać *perf*),
przekazywać (przekazać *perf*);
(*verdict etc*) wydawać (wydać *perf*);
(*speech*) wygłaszać (wygłosić *perf*);
to deliver a baby odbierać (odebrać
perf) poród.

delivery [dɪˈlɪvəri] *n* (*distribution*)
dostawa *f*; (*of speaker*) sposób *m*
mówienia; (*MED*) poród *m*; **to take
delivery of sth** obejmować (objąć
perf) coś w posiadanie.

delta [ˈdɛltə] *n* delta *f*.

delude [dɪˈluːd] *vt* zwodzić (zwieść
perf), wprowadzać (wprowadzić
perf) w błąd.

deluge [ˈdɛljuːdʒ] *n* (*of rain*) ulewa *f*,
potop *m*; (*fig: of petitions etc*) lawina
f, zalew *m*.

delusion [dɪˈluːʒən] *n* złudzenie *nt*,
ułuda *f*.

delve [dɛlv] *vi*: **to delve into**
(*subject, past etc*) zagłębiać się
(zagłębić się *perf*) w +*acc*.

demand [dɪˈmɑːnd] *vt* (*ask for, insist*

on) żądać (zażądać *perf*) +*gen*,
domagać się +*gen* ♦ *n* (*request*)
żądanie *nt*; (*claim*) wymaganie *nt*;
(*ECON*) popyt *m*; **to be in demand**
mieć powodzenie, być
rozchwytywanym; **on demand** na
żądanie.

demanding [dɪˈmɑːndɪŋ] *adj*
wymagający.

demarcation [diːmɑːˈkeɪʃən] *n*
rozgraniczenie *nt*.

demean [dɪˈmiːn] *vt*: **to demean o.s.**
poniżać się (poniżyć się *perf*).

demeanour [dɪˈmiːnə*] (*US
demeanor) *n* zachowanie (się) *nt*.

demented [dɪˈmɛntɪd] *adj* obłąkany.

demise [dɪˈmaɪz] *n* (*death*) zgon *m*;
(*end*) zanik *m*.

demo [ˈdɛməu] (*inf*) *n abbr* =
demonstration.

democracy [dɪˈmɔkrəsi] *n* (*system*)
demokracja *f*; (*country*) państwo *nt*
demokratyczne.

democrat [ˈdɛməkræt] *n* demokrata
(-tka) *m(f)*.

democratic [dɛməˈkrætɪk] *adj*
demokratyczny.

demolish [dɪˈmɔlɪʃ] *vt* (*building*)
burzyć (zburzyć *perf*); (*fig:
argument*) obalać (obalić *perf*).

demolition [dɛməˈlɪʃən] *n* (*of
building*) zburzenie *nt*; (*of argument*)
obalenie *nt*.

demon [ˈdiːmən] *n* demon *m*.

demonstrate [ˈdɛmənstreɪt] *vt*
(*theory*) dowodzić (dowieść *perf*)
+*gen*; (*principle*) pokazywać
(pokazać *perf*); (*skill*) wykazywać
(wykazać *perf*); (*appliance*)
demonstrować (zademonstrować
perf) ♦ *vi*: **to demonstrate
(for/against)** demonstrować
(zademonstrować *perf*) *or*
manifestować (zamanifestować *perf*)
(za +*instr*/przeciw(ko) +*dat*).

demonstration [dɛmənˈstreɪʃən] *n*
(*POL*) demonstracja *f*, manifestacja

f; (*proof*) dowód *m*; (*exhibition*)
demonstracja *f*, pokaz *m*.

demonstrator ['dɛmənstreɪtə*] *n*
(*POL*) demonstrant(ka) *m(f)*,
manifestant(ka) *m(f)*.

demoralize [dɪ'mɔrəlaɪz] *vt*
zniechęcać (zniechęcić *perf*).

demote [dɪ'məut] *vt* degradować
(zdegradować *perf*).

demure [dɪ'mjuə*] *adj* skromny.

den [dɛn] *n* (*of animal*) nora *f*,
legowisko *nt*; (*of thieves*) melina *f*;
(*room*) mały, cichy pokój, w którym
jego użytkownikowi nie
przeszkadzają inni domownicy.

denial [dɪ'naɪəl] *n* (*of allegation*)
zaprzeczenie *nt*; (*of rights, liberties*)
odmawianie *nt*; (*of country, religion
etc*) wyparcie się *nt*.

denim ['dɛnɪm] *n* dżins *m*, drelich *m*;
denims *npl* dżinsy *pl*.

Denmark ['dɛnmɑːk] *n* Dania *f*.

denomination [dɪnɔmɪ'neɪʃən] *n* (*of
money*) nominał *m*; (*REL*) wyznanie
nt.

denominator [dɪ'nɔmɪneɪtə*]
(*MATH*) *n* mianownik *m*.

denote [dɪ'nəut] *vt* oznaczać
(oznaczyć *perf*).

denounce [dɪ'nauns] *vt* potępiać
(potępić *perf*).

dense [dɛns] *adj* gęsty; (*inf: person*)
tępy.

densely ['dɛnslɪ] *adv* gęsto.

density ['dɛnsɪtɪ] *n* gęstość *f*;
double-/high-density disk dyskietka
o podwójnej/wysokiej gęstości.

dent [dɛnt] *n* (*in metal*) wgniecenie *nt*
♦ *vt* (*metal*) wgniatać (wgnieść *perf*).

dental ['dɛntl] *adj* (*treatment*)
dentystyczny, stomatologiczny;
(*sound*) zębowy.

dental floss [-flɔs] *n* nić *f*
dentystyczna.

dental surgeon *n* lekarz *m* dentysta
m or stomatolog *m*.

dentist ['dɛntɪst] *n* dentysta (-tka)
m(f), stomatolog *m*.

dentures ['dɛntʃəz] *npl* proteza *f*
(zębowa), sztuczna szczęka *f* (*inf*).

denunciation [dɪnʌnsɪ'eɪʃən] *n*
potępienie *nt*.

deny [dɪ'naɪ] *vt* (*allegation*)
zaprzeczać (zaprzeczyć *perf*) +*dat*;
(*permission, rights*) odmawiać
(odmówić *perf*) +*gen*.

deodorant [diː'əudərənt] *n*
dezodorant *m*.

depart [dɪ'pɑːt] *vi* (*visitor: on foot*)
wychodzić (wyjść *perf*); (: *by train
etc*) wyjeżdżać (wyjechać *perf*);
(*train*) odjeżdżać (odjechać *perf*);
(*plane*) odlatywać (odlecieć *perf*); **to
depart from** (*fig*) odchodzić (odejść
perf) *or* odstępować (odstąpić *perf*)
od +*gen*.

department [dɪ'pɑːtmənt] *n* (*COMM*)
dział *m*; (*SCOL*) instytut *m*, wydział
m; (*POL*) departament *m*,
ministerstwo *nt*.

department store *n* dom *m*
towarowy.

departure [dɪ'pɑːtʃə*] *n* (*of visitor: on
foot*) wyjście *nt*; (: *by train etc*)
wyjazd *m*; (*of train*) odjazd *m*; (*of
plane*) odlot *m*; (*of employee,
colleague*) odejście *nt*.

departure lounge *n* hala *f* odlotów.

depend [dɪ'pɛnd] *vi*: **to depend on**
(*be supported by*) zależeć od +*gen*;
(*rely on*) polegać na +*loc*; **it
depends** to zależy; **depending on
the result** w zależności od wyniku.

dependable [dɪ'pɛndəbl] *adj*
niezawodny.

dependant [dɪ'pɛndənt] (*also spelled
dependent*) *n*: **to be sb's
dependant** być na czyimś
utrzymaniu.

dependence [dɪ'pɛndəns] *n*
uzależnienie *nt*.

dependent [dɪ'pɛndənt] *adj*: **to be**

dependent on być uzależnionym od
+*gen* ♦ *n* = **dependant**.
depict [dɪˈpɪkt] *vt* (*in picture*)
przedstawiać (przedstawić *perf*);
(*describe*) odmalowywać
(odmalować *perf*).
depilatory [dɪˈpɪlətrɪ] *n* (*also:*
depilatory cream) krem *m* do
depilacji, depilator *m* (w kremie).
deplorable [dɪˈplɔːrəbl] *adj*
(*conditions*) żałosny; (*lack of
concern*) godny ubolewania.
deplore [dɪˈplɔː*] *vt* ubolewać *or*
boleć nad +*instr*.
deploy [dɪˈplɔɪ] *vt* rozmieszczać
(rozmieścić *perf*) (strategicznie).
deport [dɪˈpɔːt] *vt* deportować
(deportować *perf*).
depose [dɪˈpəuz] *vt* (*official*)
dymisjonować (zdymisjonować
perf); (*ruler*) detronizować
(zdetronizować *perf*).
deposit [dɪˈpɔzɪt] *n* (*in account*)
wkład *m*, lokata *f*; (*down payment*)
pierwsza wpłata *f*, zadatek *m*;
(*CHEM*) osad *m*; (*of ore, oil*) złoże *nt*
♦ *vt* (*money*) wpłacać (wpłacić *perf*),
deponować (zdeponować *perf*);
(*case etc*) oddawać (oddać *perf*) (na
przechowanie); (*valuables*)
deponować (zdeponować *perf*).
deposit account *n* rachunek *m*
terminowy.
depot [ˈdɛpəu] *n* (*storehouse*)
magazyn *m*, skład *m*; (*for vehicles*)
zajezdnia *f*; (*US: station*) dworzec *m*.
depraved [dɪˈpreɪvd] *adj* (*conduct*)
niemoralny; (*person*)
zdeprawowany, zepsuty.
depreciation [dɪpriːʃɪˈeɪʃən] *n*
spadek *m* wartości, deprecjacja *f*
(*fml*).
depress [dɪˈprɛs] *vt* (*person*)
przygnębiać (przygnębić *perf*);
(*price, wages*) obniżać (obniżyć
perf); (*press down*) naciskać
(nacisnąć *perf*).

depressed [dɪˈprɛst] *adj* (*person*)
przygnębiony, przybity; (*area*)
dotknięty bezrobociem.
depressing [dɪˈprɛsɪŋ] *adj*
przygnębiający.
depression [dɪˈprɛʃən] *n* (*PSYCH*)
depresja *f*; (*ECON*) kryzys *m*,
depresja *f*; (*weather system*) niż *m*;
(*hollow*) zagłębienie *nt*.
deprivation [dɛprɪˈveɪʃən] *n* (*poverty*)
ubóstwo *nt*.
deprive [dɪˈpraɪv] *vt*: **to deprive sb
of sth** pozbawiać (pozbawić *perf*)
kogoś czegoś.
deprived [dɪˈpraɪvd] *adj* (*area*)
upośledzony; (*children*) z ubogich
rodzin *post*.
depth [dɛpθ] *n* (*of hole, water etc*)
głębokość *f*; (*of emotion, knowledge*)
głębia *f*; **in the depths of despair** w
skrajnej rozpaczy; **to be out of
one's depth** (*fig*) nie czuć gruntu
pod nogami.
deputize [ˈdɛpjutaɪz] *vi*: **to deputize
for sb** zastępować (zastąpić *perf*)
kogoś.
deputy [ˈdɛpjutɪ] *cpd*: **deputy
chairman/leader** *etc*
wiceprzewodniczący (-ca) *m(f)* ♦ *n*
(*assistant, replacement*) zastępca
(-czyni) *m(f)*; (*POL*) deputowany
(-na) *m(f)*; (*US: also*: **deputy sheriff**)
zastępca (-czyni) *m(f)* szeryfa.
derail [dɪˈreɪl] *vt*: **to be derailed**
wykolejać się (wykoleić się *perf*).
derailment [dɪˈreɪlmənt] *n*
wykolejenie *nt*.
deranged [dɪˈreɪndʒd] *adj* (*also*:
mentally deranged) obłąkany.
derelict [ˈdɛrɪlɪkt] *adj* (*building*)
opuszczony.
derisory [dɪˈraɪsərɪ] *adj* (*sum*)
śmiechu wart; (*laughter, person*)
drwiący.
derivative [dɪˈrɪvətɪv] *n* (*MATH,
CHEM*) pochodna *f*; (*LING*) wyraz *m*
pochodny, derywat *m*.

derive [dɪˈraɪv] *vt*: **to derive pleasure/benefit from** czerpać przyjemność/korzyści z +*gen* ♦ *vi*: **to derive from** wywodzić się z +*gen*.

derogatory [dɪˈrɔɡətərɪ] *adj* uwłaczający.

descend [dɪˈsɛnd] *vt* (*stairs*) schodzić (zejść *perf*) po +*loc*; (*hill*) schodzić (zejść *perf*) z +*gen*; (*slope*) schodzić (zejść *perf*) w dół +*gen* ♦ *vi* schodzić (zejść *perf*); **to be descended from** wywodzić się z +*gen*, pochodzić od +*gen*; **to descend to** (*lying etc*) zniżać się (zniżyć się *perf*) do +*gen*.

descendant [dɪˈsɛndənt] *n* potomek *m*.

descent [dɪˈsɛnt] *n* (*of stairs, hill etc*) schodzenie *nt*; (*AVIAT*) opadanie *nt*, wytracanie *nt* wysokości; (*origin*) pochodzenie *nt*, rodowód *m*.

describe [dɪsˈkraɪb] *vt* opisywać (opisać *perf*).

description [dɪsˈkrɪpʃən] *n* (*account*) opis *m*; (*sort*) rodzaj *m*.

descriptive [dɪsˈkrɪptɪv] *adj* opisowy.

desert [ˈdɛzət] *n* pustynia *f* ♦ *vt* opuszczać (opuścić *perf*), porzucać (porzucić *perf*) ♦ *vi* dezerterować (zdezerterować *perf*).

deserter [dɪˈzəːtə*] *n* dezerter *m*.

desertion [dɪˈzəːʃən] *n* (*MIL*) dezercja *f*; (*JUR*) porzucenie *nt*.

desert island *n* bezludna wyspa *f*.

deserve [dɪˈzəːv] *vt* zasługiwać (zasłużyć *perf*) na +*acc*.

deserving [dɪˈzəːvɪŋ] *adj* (*person*) zasłużony; (*action, cause*) chwalebny, godny poparcia; **deserving of** zasługujący na +*acc*.

design [dɪˈzaɪn] *n* (*art, process*) projektowanie *nt*; (*drawing*) projekt *m*; (*layout, shape*) zaprojektowanie *nt*; (*pattern*) deseń *m*; (*intention*) zamiar *m*, zamysł *m* ♦ *vt* (*house, product*) projektować (zaprojektować *perf*); (*test*) układać (ułożyć *perf*).

designate [ˈdɛzɪɡneɪt] *vt* desygnować, wyznaczać (wyznaczyć *perf*) ♦ *adj*: **chairman/ minister designate** desygnowany przewodniczący/minister.

designer [dɪˈzaɪnə*] *n* projektant(ka) *m(f)*; (*TECH*) konstruktor(ka) *m(f)* ♦ *adj* (*clothes, label etc*) od znanego projektanta *post*.

desirable [dɪˈzaɪərəbl] *adj* (*proper*) pożądany, wskazany; (*attractive*) godny pożądania.

desire [dɪˈzaɪə*] *n* (*urge*) chęć *f*, ochota *f*; (*sexual urge*) pożądanie *nt*, żądza *f* ♦ *vt* (*want*) pragnąć (zapragnąć *perf*) +*gen*, życzyć (zażyczyć *perf*) sobie +*gen*; (*lust after*) pożądać +*gen*.

desk [dɛsk] *n* (*in office*) biurko *nt*; (*for pupil*) ławka *f*; (*in hotel*) recepcja *f*; (*at airport*) informacja *f*; (*BRIT: in shop, restaurant*) kasa *f*.

desk-top publishing [ˈdɛsktɔp-] *n* komputerowe wspomaganie *nt* prac wydawniczych.

desolate [ˈdɛsəlɪt] *adj* (*place*) wyludniony, opuszczony; (*person*) niepocieszony.

despair [dɪsˈpɛə*] *n* rozpacz *f* ♦ *vi*: **to despair of** tracić (stracić *perf*) nadzieję na +*acc*, wątpić (zwątpić *perf*) w +*acc*.

despatch *n, vt* = dispatch.

desperate [ˈdɛspərɪt] *adj* (*person*) zdesperowany; (*action*) rozpaczliwy, desperacki; (*situation, cry*) rozpaczliwy; **to be desperate for sth/to do sth** rozpaczliwie potrzebować czegoś/pragnąć coś zrobić.

desperation [dɛspəˈreɪʃən] *n* desperacja *f*, rozpacz *f*.

despicable [dɪsˈpɪkəbl] *adj* nikczemny, podły.

despise [dɪsˈpaɪz] *vt* gardzić (wzgardzić *perf*) +*instr*, pogardzać (pogardzić *perf*) +*instr*.

despite [dɪs'paɪt] *prep* (po)mimo
+*gen*; **despite o.s.** wbrew (samemu)
sobie.

despot ['dɛspɔt] *n* despota (-tka) *m(f)*.

dessert [dɪ'zə:t] *n* deser *m*.

destination [dɛstɪ'neɪʃən] *n* (*of
traveller*) cel *m* (podróży); (*of goods*)
miejsce *nt* przeznaczenia; (*of letter*)
adres *m*, adresat *m*.

destined ['dɛstɪnd] *adj*: **destined for**
przeznaczony do +*gen*; **destined for
Warsaw** w drodze do Warszawy; **he
was destined to do it** było mu
pisane *or* przeznaczone, że to zrobi.

destiny ['dɛstɪnɪ] *n* przeznaczenie *nt*,
los *m*.

destitute ['dɛstɪtjuːt] *adj* pozbawiony
środków do życia.

destroy [dɪs'trɔɪ] *vt* (*building, faith*)
niszczyć (zniszczyć *perf*); (*animal*)
uśmiercać (uśmiercić *perf*).

destruction [dɪs'trʌkʃən] *n*
zniszczenie *nt*, zagłada *f*.

destructive [dɪs'trʌktɪv] *adj* (*force*)
niszczący, niszczycielski; (*criticism,
child*) destruktywny.

detach [dɪ'tætʃ] *vt* odczepiać
(odczepić *perf*), zdejmować (zdjąć
perf).

detached [dɪ'tætʃt] *adj* (*attitude,
person*) bezstronny; (*house*) wolno
stojący.

detachment [dɪ'tætʃmənt] *n*
obojętność *f*, dystans *m*; (*MIL*)
oddział *m* (specjalny).

detail ['diːteɪl] *n* szczegół *m*, detal *m*
♦ *vt* wyszczególniać (wyszczególnić
perf); **in detail** szczegółowo; **to go
into details** wdawać się (wdać się
perf) w szczegóły.

detailed ['diːteɪld] *adj* szczegółowy,
drobiazgowy.

detain [dɪ'teɪn] *vt* zatrzymywać
(zatrzymać *perf*).

detect [dɪ'tɛkt] *vt* wyczuwać (wyczuć
perf); (*MED, TECH*) wykrywać
(wykryć *perf*).

detection [dɪ'tɛkʃən] *n* wykrycie *nt*.

detective [dɪ'tɛktɪv] *n* detektyw *m*,
wywiadowca (-czyni) *m(f)*.

detective story *n* powieść *f*
kryminalna *or* detektywistyczna,
kryminał *m* (*inf*).

detector [dɪ'tɛktə*] *n* detektor *m*,
wykrywacz *m*.

détente [deɪ'tɑːnt] *n* odprężenie *nt*.

detention [dɪ'tɛnʃən] *n* (*arrest*)
zatrzymanie *nt*; (*SCOL*): **to be in
detention** zostawać (zostać *perf*) (za
karę) po lekcjach.

deter [dɪ'tə:*] *vt* odstraszać
(odstraszyć *perf*).

detergent [dɪ'tə:dʒənt] *n* detergent *m*.

deteriorate [dɪ'tɪərɪəreɪt] *vi*
pogarszać się (pogorszyć się *perf*),
psuć się (popsuć się *perf*).

deterioration [dɪtɪərɪə'reɪʃən] *n*
pogorszenie *nt*.

determination [dɪtə:mɪ'neɪʃən] *n*
(*resolve*) determinacja *f*,
zdecydowanie *nt*; (*establishment*)
określenie *nt*, ustalenie *nt*.

determine [dɪ'tə:mɪn] *vt* (*facts,
budget, quantity*) ustalać (ustalić
perf); (*limits etc*) określać (określić
perf), wyznaczać (wyznaczyć *perf*).

determined [dɪ'tə:mɪnd] *adj* (*person*)
zdecydowany, zdeterminowany;
determined to do sth zdecydowany
coś zrobić.

deterrent [dɪ'tɛrənt] *n* czynnik *m*
odstraszający.

detest [dɪ'tɛst] *vt* nienawidzić +*gen*,
nie cierpieć +*gen*.

detonate ['dɛtəneɪt] *vi* wybuchać
(wybuchnąć *perf*) ♦ *vt* detonować
(zdetonować *perf*).

detour ['diːtuə*] *n* (*diversion*) objazd
m; **to make a detour** zbaczać
(zboczyć *perf*) z trasy.

detox ['diːtɔks] (*BRIT: inf*) *n* odwyk
m (*inf*).

detract [dɪ'trækt] *vi*: **to detract from**

(*effect, achievement*) umniejszać
(umniejszyć *perf*) +*acc*.

detriment ['dɛtrɪmənt] *n*: **to the
detriment of** ze szkodą dla +*gen*.

detrimental [dɛtrɪ'mɛntl] *adj*:
detrimental to (wielce) szkodliwy
dla +*gen*.

devaluation [dɪvælju'eɪʃən] *n*
dewaluacja *f*.

devalue ['di:'vælju:] *vt* (*work,
person*) lekceważyć (zlekceważyć
perf); (*currency*) dewaluować
(zdewaluować *perf*).

devastate ['dɛvəsteɪt] *vt*
(doszczętnie) niszczyć (zniszczyć
perf); (*fig*): **to be devastated by** być
zdruzgotanym +*instr*.

devastating ['dɛvəsteɪtɪŋ] *adj*
(*weapon, storm*) niszczycielski,
siejący spustoszenie; (*news, effect*)
druzgocący.

develop [dɪ'vɛləp] *vt* (*business, idea*)
rozwijać (rozwinąć *perf*); (*land*)
zagospodarowywać
(zagospodarować *perf*); (*resource*)
wykorzystywać (wykorzystać *perf*);
(*PHOT*) wywoływać (wywołać *perf*);
(*disease*) dostawać (dostać *perf*)
+*gen*, nabawić się (*perf*) +*gen* ♦ *vi*
(*advance, evolve*) rozwijać się
(rozwinąć się *perf*); (*appear*)
występować (wystąpić *perf*),
pojawiać się (pojawić się *perf*).

development [dɪ'vɛləpmənt] *n*
(*advance*) rozwój *m*; (*in affair, case*)
wydarzenie *nt*; (*of land*)
zagospodarowanie *nt*.

deviate ['di:vɪeɪt] *vi*: **to deviate from**
(*view*) odstępować (odstąpić *perf*) od
+*gen*; (*norm*) odbiegać (odbiec *perf*)
od +*gen*; (*path*) zbaczać (zboczyć
perf) z +*gen*.

deviation [di:vɪ'eɪʃən] *n* odchylenie
nt, dewiacja *f*.

device [dɪ'vaɪs] *n* (*apparatus*)
przyrząd *m*, urządzenie *nt*.

devil ['dɛvl] *n* diabeł *m*; **talk of the
devil!** o wilku mowa... .

devious ['di:vɪəs] *adj* (*person*)
przebiegły.

devise [dɪ'vaɪz] *vt* (*plan*) obmyślać
(obmyślić *perf*); (*machine*) wynaleźć
(*perf*).

devoid [dɪ'vɔɪd] *adj*: **devoid of**
pozbawiony +*gen*.

devolution [di:və'lu:ʃən] *n*
decentralizacja *f* (władzy).

devote [dɪ'vəut] *vt*: **to devote sth to
sb/sth** poświęcać (poświęcić *perf*)
coś komuś/czemuś.

devoted [dɪ'vəutɪd] *adj* (*service,
friendship*) ofiarny; (*admirer, partner*)
oddany; **to be devoted to sb** być
komuś oddanym; **the book is
devoted to politics** książka
poświęcona jest polityce.

devotion [dɪ'vəuʃən] *n* oddanie *nt*;
(*REL*) pobożność *f*.

devour [dɪ'vauə*] *vt* pożerać (pożreć
perf).

devout [dɪ'vaut] *adj* pobożny,
nabożny.

dew [dju:] *n* rosa *f*.

dexterity [dɛks'tɛrɪtɪ] *n* (*manual*)
sprawność *f*, zręczność *f*; (*mental*)
sprawność *f*.

diabetes [daɪə'bi:ti:z] *n* cukrzyca *f*.

diabetic [daɪə'bɛtɪk] *adj* chory na
cukrzycę.

diagnose [daɪəg'nəuz] *vt*
rozpoznawać (rozpoznać *perf*),
diagnozować (zdiagnozować *perf*).

diagnoses [daɪəg'nəusi:z] *npl of*
diagnosis.

diagnosis [daɪəg'nəusɪs] (*pl*
diagnoses) *n* diagnoza *f*,
rozpoznanie *nt*.

diagonal [daɪ'ægənl] *adj* ukośny ♦ *n*
przekątna *f*.

diagram ['daɪəgræm] *n* wykres *m*,
diagram *m*.

dial ['daɪəl] *n* (*indicator*) skala *f*
(tarczowa); (*tuner*) pokrętło *nt*,

potencjometr *m*; (*of phone*) tarcza *f*
♦ *vt* (*number*) wykręcać (wykręcić
perf), wybierać (wybrać *perf*) (*fml*).
dialect ['daɪəlɛkt] *n* dialekt *m*, gwara
f.
dialling code ['daɪəlɪŋ-] (*US* **dial
code**) *n* (numer *m*) kierunkowy.
dialling tone (*US* **dial tone**) *n*
sygnał *m* (zgłoszenia) (*w telefonie*).
dialogue ['daɪəlɒg] (*US* **dialog**) *n*
dialog *m*.
diameter [daɪ'æmɪtə*] *n* średnica *f*.
diamond ['daɪəmənd] *n* (*stone*)
diament *m*; (: *polished*) brylant *m*;
(*shape*) romb *m*; **diamonds** *npl*
(*CARDS*) karo *nt inv*.
diaper ['daɪəpə*] (*US*) *n* pieluszka *f*.
diaphragm ['daɪəfræm] *n* (*ANAT*)
przepona *f*; (*contraceptive*) krążek *m*
dopochwowy.
diarrhoea [daɪə'riːə] (*US* **diarrhea**)
n biegunka *f*.
diary ['daɪərɪ] *n* (*engagements book*)
terminarz *m*, notatnik *m*; (*daily
account*) pamiętnik *m*, dziennik *m*.
dice [daɪs] *n inv* (*in game*) kostka *f*
(do gry); (*game*) kości *pl* ♦ *vt*
(*CULIN*) kroić (pokroić *perf*) w
kostkę.
dictate [dɪk'teɪt] *vt* dyktować
(podyktować *perf*).
dictation [dɪk'teɪʃən] *n* (*of letter etc*)
dyktowanie *nt*; (*order*) dyktat *m*;
(*SCOL*) dyktando *nt*; **to take
dictation from** pisać pod dyktando
+*gen*.
dictator [dɪk'teɪtə*] *n* dyktator(ka)
m(f).
dictatorship [dɪk'teɪtəʃɪp] *n* dyktatura
f.
diction ['dɪkʃən] *n* dykcja *f*.
dictionary ['dɪkʃənrɪ] *n* słownik *m*.
did [dɪd] *pt of* **do**.
didactic [daɪ'dæktɪk] *adj*
dydaktyczny.
didn't ['dɪdnt] = **did not**.
die [daɪ] *vi* (*person*) umierać (umrzeć

perf); (*animal*) zdychać (zdechnąć
perf); (*plant*) usychać (uschnąć *perf*);
(*fig*) umierać (umrzeć *perf*), ginąć
(zginąć *perf*); **to die of** *or* **from**
umierać (umrzeć *perf*) na +*acc*; (*fig*)
umierać (umrzeć *perf*) z +*gen*; **to be
dying for sth/to do sth** bardzo
chcieć czegoś/zrobić coś.
▶**die away** *vi* (*sound, light*) niknąć,
zanikać (zaniknąć *perf*).
▶**die down** *vi* cichnąć (ucichnąć
perf), uspokajać się (uspokoić się
perf).
▶**die out** *vi* (*custom*) zanikać
(zaniknąć *perf*); (*species*) wymierać
(wymrzeć *perf*).
diehard ['daɪhɑːd] *n* (zatwardziały
(-ła) *m(f)*) konserwatysta (-tka) *m(f)*.
diesel ['diːzl] *n* (*vehicle*) pojazd *m*
napędzany ropą, diesel *m* (*inf*); (*also:*
diesel oil) olej *m* napędowy.
diet ['daɪət] *n* (*food intake*)
odżywianie *nt*, dieta *f*; (*restricted
food*) dieta *f* ♦ *vi* (*also:* **to be on a
diet**) być na diecie.
differ ['dɪfə*] *vi*: **to differ (from)**
różnić się (od +*gen*); **to differ
(about)** nie zgadzać się (co do +*gen*).
difference ['dɪfrəns] *n* (*dissimilarity*)
różnica *f*; (*disagreement*) różnica *f*
poglądów.
different ['dɪfrənt] *adj* (*not the same,
unlike*) inny, różny; (*various*) różny.
differentiate [dɪfə'rɛnʃɪeɪt] *vi*: **to
differentiate between** rozróżniać
(rozróżnić *perf*) pomiędzy +*instr*.
differently ['dɪfrəntlɪ] *adv* (*in a
different way*) inaczej, odmiennie; (*in
different ways*) różnie.
difficult ['dɪfɪkəlt] *adj* trudny.
difficulty ['dɪfɪkəltɪ] *n* trudność *f*.
diffident ['dɪfɪdənt] *adj* nieśmiały.
diffuse [dɪ'fjuːs] *adj* (*idea, sense*)
niejasny; (*light*) rozproszony ♦ *vt*
(*information*) rozpowszechniać
(rozpowszechnić *perf*), szerzyć.
dig [dɪg] *pt, pp* **dug**) *vt* (*hole etc*)

kopać, wykopywać (wykopać *perf*);
(*garden*) kopać w +*loc*,
przekopywać (przekopać *perf*) ♦ n
(*prod*) kuksaniec *m*, szturchaniec *m*;
(*also*: **archaeological dig**)
wykopalisko *nt*; (*remark*) przytyk *m*;
to dig one's nails into sth wbijać
(wbić *perf*) w coś paznokcie.
►**dig into** *vt fus* (*savings*) sięgać
(sięgnąć *perf*) do +*gen*.
►**dig up** *vt* (*plant*) wykopywać
(wykopać *perf*); (*information*)
wydobywać (wydobyć *perf*) na jaw.
digest [daɪ'dʒest] *vt* (*food*) trawić
(strawić *perf*); (*fig*: *facts*) przetrawiać
(przetrawić *perf*) ♦ n kompendium *nt*.
digestion [dɪ'dʒestʃən] *n* trawienie *nt*.
digestive [dɪ'dʒestɪv] *adj* trawienny;
the digestive system układ
pokarmowy.
digital ['dɪdʒɪtl] *adj* cyfrowy.
dignified ['dɪgnɪfaɪd] *adj* dostojny,
pełen godności.
dignity ['dɪgnɪtɪ] *n* godność *f*,
dostojeństwo *nt*.
digress [daɪ'gres] *vi*: **to digress from**
(*topic*) odchodzić (odejść *perf*) od
+*gen*.
digs [dɪgz] (*BRIT*: *inf*) *npl* kwatera *f*.
dilapidated [dɪ'læpɪdeɪtɪd] *adj*
walący się, w rozsypce *post*.
dilemma [daɪ'lemə] *n* dylemat *m*.
diligent ['dɪlɪdʒənt] *adj* pilny.
dilute [daɪ'luːt] *vt* (*liquid*) rozcieńczać
(rozcieńczyć *perf*).
dim [dɪm] *adj* (*room*) ciemny;
(*outline, figure*) niewyraźny; (*light*)
przyćmiony; (*memory*) niewyraźny,
mglisty; (*eyesight*) osłabiony;
(*prospects*) ponury; (*inf*: *person*)
ciemny (*inf*) ♦ *vt* (*light*)
przyciemniać (przyciemnić *perf*);
(*US*): **to dim one's lights** włączać
(włączyć *perf*) światła mijania.
dime [daɪm] (*US*) *n*
dziesięciocentówka *f*.
dimension [daɪ'menʃən] *n* (*aspect*,

measurement) wymiar *m*; (*also pl*:
scale, size) rozmiary *pl*.
diminish [dɪ'mɪnɪʃ] *vi* zmniejszać się
(zmniejszyć się *perf*), maleć (zmaleć
perf).
diminutive [dɪ'mɪnjutɪv] *adj* malutki,
maleńki ♦ n (*LING*) zdrobnienie *nt*.
dimple ['dɪmpl] *n* (*on cheek, chin*)
dołeczek *m*.
din [dɪn] *n* hałas *m*, gwar *m*.
dine [daɪn] *vi* jeść (zjeść *perf*) obiad.
diner ['daɪnə*] *n* (*in restaurant*) gość
m; (*US*) (tania) restauracja *f*.
dinghy ['dɪŋgɪ] *n* (*also*: **rubber
dinghy**) nadmuchiwana łódź *f*
ratunkowa; (*also*: **sailing dinghy**)
bączek *m*, bąk *m*.
dingy ['dɪndʒɪ] *adj* (*streets, room*)
obskurny; (*clothes, curtains*: *dirty*)
przybrudzony; (: *faded*) wyblakły,
wypłowiały.
dining car ['daɪnɪŋ-] (*BRIT*) *n* wagon
m restauracyjny.
dining room *n* (*in house*) pokój *m*
jadalny *or* stołowy, jadalnia *f*; (*in
hotel*) restauracja *f*.
dinner ['dɪnə*] *n* (*evening meal*) ≈
kolacja *f*; (*lunch*) ≈ obiad *m*;
(*banquet*) przyjęcie *nt*.
dinner jacket *n* smoking *m*.
dinosaur ['daɪnəsɔː*] *n* dinozaur *m*.
dip [dɪp] *n* (*slope*) nachylenie *nt*,
spadek *m*; (*CULIN*) sos *m* (do
maczania zakąsek), dip *m* ♦ *vt*
zanurzać (zanurzyć *perf*), zamaczać
(zamoczyć *perf*) ♦ *vi* opadać (opaść
perf); **to take a dip, go for a dip** iść
(pójść *perf*) popływać; **to dip the
headlights** (*BRIT*) włączać (włączyć
perf) światła mijania.
diploma [dɪ'pləumə] *n* dyplom *m*.
diplomacy [dɪ'pləuməsɪ] *n*
dyplomacja *f*.
diplomat ['dɪpləmæt] *n* dyplomata
(-tka) *m(f)*.
diplomatic [dɪplə'mætɪk] *adj*
dyplomatyczny.

dip switch (*BRIT: AUT*) *n* przełącznik *m* świateł (mijania).

dire [daɪə*] *adj* (*danger, misery*) skrajny; (*consequences*) zgubny; (*prediction*) złowieszczy.

direct [daɪˈrɛkt] *adj* bezpośredni ♦ *vt* (*letter, remarks, attention*) kierować (skierować *perf*); (*company, project*) kierować (pokierować *perf*) +*instr*; (*play, film*) reżyserować (wyreżyserować *perf*);: **to direct sb to do sth** polecać (polecić *perf*) komuś zrobić coś ♦ *adv* bezpośrednio; **can you direct me to ...?** czy może mi Pan/Pani wskazać drogę do +*gen*?

direction [dɪˈrɛkʃən] *n* (*way*) kierunek *m*, strona *f*; (*TV, RADIO, FILM*) reżyseria *f*; **directions** *npl* wskazówki *pl*; **sense of direction** orientacja (w terenie); **directions for use** przepis użytkowania.

directly [dɪˈrɛktlɪ] *adv* bezpośrednio.

director [dɪˈrɛktə*] *n* (*COMM*) członek *m* rady nadzorczej; (*of project*) kierownik (-iczka) *m(f)*; (*TV, RADIO, FILM*) reżyser *m*.

directory [dɪˈrɛktərɪ] *n* (*TEL*) książka *f* telefoniczna; (*COMPUT*) katalog *m*; (*COMM*) zarząd *m*.

directory enquiries (*US* **directory assistance**) *n* biuro *nt* numerów.

dirt [dəːt] *n* brud *m*; (*earth*) ziemia *f*.

dirt-cheap [ˈdəːtˈtʃiːp] *adj* tani jak barszcz ♦ *adv* za psie pieniądze.

dirty [ˈdəːtɪ] *adj* brudny; (*joke, story*) nieprzyzwoity ♦ *vt* brudzić (zabrudzić *perf or* pobrudzić *perf*).

disability [dɪsəˈbɪlɪtɪ] *n* (*physical*) kalectwo *nt*, inwalidztwo *nt*; (*mental*) upośledzenie *nt* (umysłowe).

disabled [dɪsˈeɪbld] *adj* (*physically*) kaleki; (*mentally*) upośledzony (umysłowo) ♦ *npl*: **the disabled** inwalidzi *vir pl*.

disadvantage [dɪsədˈvɑːntɪdʒ] *n* ujemna strona *f*, wada *f*; **to work to**

sb's disadvantage działać na czyjąś niekorzyść.

disagree [dɪsəˈgriː] *vi* nie zgadzać się, być innego *or* odmiennego zdania; **to disagree with** (*action, proposal*) być przeciwnym +*dat*.

disagreeable [dɪsəˈgriːəbl] *adj* nieprzyjemny.

disagreement [dɪsəˈgriːmənt] *n* (*lack of consensus*) różnica *f* zdań; (*refusal to agree*) niezgoda *f*; (*between statements, reports*) niezgodność *f*; (*argument*) nieporozumienie *nt*.

disappear [dɪsəˈpɪə*] *vi* znikać (zniknąć *perf*); (*custom etc*) zanikać (zaniknąć *perf*).

disappearance [dɪsəˈpɪərəns] *n* zniknięcie *nt*; (*of custom etc*) zanik *m*.

disappoint [dɪsəˈpɔɪnt] *vt* rozczarowywać (rozczarować *perf*), zawodzić (zawieść *perf*).

disappointed [dɪsəˈpɔɪntɪd] *adj* rozczarowany, zawiedziony.

disappointing [dɪsəˈpɔɪntɪŋ] *adj* (*result*) nie spełniający oczekiwań; (*book etc*) zaskakująco słaby.

disappointment [dɪsəˈpɔɪntmənt] *n* rozczarowanie *nt*, zawód *m*.

disapproval [dɪsəˈpruːvəl] *n* dezaprobata *f*.

disapprove [dɪsəˈpruːv] *vi*: **to disapprove of** nie pochwalać +*gen*.

disarm [dɪsˈɑːm] *vt* (*lit, fig*) rozbrajać (rozbroić *perf*).

disarmament [dɪsˈɑːməmənt] *n* rozbrojenie *nt*.

disarming [dɪsˈɑːmɪŋ] *adj* rozbrajający.

disarray *n* [dɪsəˈreɪ]: **in disarray** w nieładzie.

disaster [dɪˈzɑːstə*] *n* (*natural*) klęska *f* żywiołowa; (*AVIAT etc*) katastrofa *f*; (*fig*) nieszczęście *nt*, katastrofa *f*.

disastrous [dɪˈzɑːstrəs] *adj* katastrofalny.

disband [dɪs'bænd] vt (regiment,
group) rozwiązywać (rozwiązać perf)
♦ vi rozwiązywać się (rozwiązać się
perf).

disbelief ['dɪsbə'li:f] n
niedowierzanie nt.

disc [dɪsk] n (ANAT) dysk m; (record)
płyta f, krążek m; (COMPUT) = **disk**.

discard [dɪs'ka:d] vt wyrzucać
(wyrzucić perf), pozbywać się
(pozbyć się perf) +gen; (fig)
porzucać (porzucić perf), odrzucać
(odrzucić perf).

discern [dɪ'sə:n] vt (perceive)
(ledwie) dostrzegać (dostrzec perf);
(discriminate) rozróżniać (rozróżnić
perf); (understand) rozeznawać się
(rozeznać się perf) w +loc.

discerning [dɪ'sə:nɪŋ] adj
(judgement, look) wnikliwy;
(audience) wyrobiony.

discharge [dɪs'tʃa:dʒ] vt (duties)
wypełniać (wypełnić perf); (waste)
wydalać (wydalić perf); (patient)
wypisywać (wypisać perf);
(employee, defendant, soldier)
zwalniać (zwolnić perf) ♦ n (CHEM)
emisja f; (ELEC) wyładowanie nt,
rozładowanie nt; (MED) wydzielina
f, wysięk m; (of patient) wypisanie nt
(ze szpitala); (of defendant, soldier)
zwolnienie nt.

disciple [dɪ'saɪpl] n (REL, fig) uczeń/
uczennica m/f.

discipline ['dɪsɪplɪn] n dyscyplina f ♦
vt (train) narzucać (narzucić perf)
dyscyplinę +dat; (punish) karać
(ukarać perf) (dyscyplinarnie).

disc jockey n dyskdżokej m.

disclaim [dɪs'kleɪm] vt wypierać się
(wyprzeć się perf) +gen.

disclose [dɪs'kləuz] vt ujawniać
(ujawnić perf).

disclosure [dɪs'kləuʒə*] n ujawnienie
nt.

disco ['dɪskəu] n abbr = **discothèque**.

discolo(u)red [dɪs'kʌləd] adj
przebarwiony.

discomfort [dɪs'kʌmfət] n (unease)
zakłopotanie nt, zażenowanie nt;
(physical) dyskomfort m;
(inconvenience) niewygoda f.

disconcert [dɪskən'sə:t] vt (perturb)
niepokoić (zaniepokoić perf);
(embarass) wprawiać (wprawić perf)
w zakłopotanie.

disconnect [dɪskə'nekt] vt odłączać
(odłączyć perf); (TEL) rozłączać
(rozłączyć perf).

discontent [dɪskən'tent] n
niezadowolenie nt.

discontinue [dɪskən'tɪnju:] vt
przerywać (przerwać perf).

discord ['dɪskɔ:d] n niezgoda f;
(MUS) dysonans m.

discount ['dɪskaunt] n zniżka f, rabat
m ♦ vt (COMM) udzielać (udzielić
perf) rabatu w wysokości +gen;
(idea, fact) pomijać (pominąć perf),
nie brać (nie wziąć perf) pod uwagę
+gen.

discourage [dɪs'kʌrɪdʒ] vt
zniechęcać (zniechęcić perf); **to
discourage sb from doing sth**
zniechęcać (zniechęcić perf) kogoś
do (z)robienia czegoś.

discouraging [dɪs'kʌrɪdʒɪŋ] adj
zniechęcający.

discourteous [dɪs'kə:tɪəs] adj
nieuprzejmy, niegrzeczny.

discover [dɪs'kʌvə*] vt odkrywać
(odkryć perf); (missing person,
object) odnajdować (odnaleźć perf);
to discover that ... odkrywać
(odkryć perf), że ... .

discovery [dɪs'kʌvərɪ] n odkrycie nt;
(of missing person, object)
odnalezienie nt.

discredit [dɪs'kredɪt] vt
dyskredytować (zdyskredytować
perf).

discreet [dɪs'kri:t] adj dyskretny;
(distance) bezpieczny.

discrepancy [dɪs'krɛpənsɪ] n
rozbieżność f.

discretion [dɪs'krɛʃən] n dyskrecja f;
at the discretion of według uznania
+gen; **use your own discretion**
zdecyduj sam.

discriminate [dɪs'krɪmɪneɪt] vi: **to
discriminate between sth and sth**
odróżniać (odróżnić perf) coś od
czegoś; **to discriminate against**
dyskryminować +acc.

discriminating [dɪs'krɪmɪneɪtɪŋ] adj
(public) wyrobiony.

discrimination [dɪskrɪmɪ'neɪʃən] n
(bias) dyskryminacja f;
(discernment) rozeznanie nt.

discuss [dɪs'kʌs] vt (talk over)
omawiać (omówić perf); (analyse)
dyskutować o +loc or nad +instr
(przedyskutować perf +acc).

discussion [dɪs'kʌʃən] n dyskusja f;
under discussion omawiany,
będący przedmiotem dyskusji.

disdain [dɪs'deɪn] n pogarda f.

disease [dɪ'ziːz] n (lit, fig) choroba f.

disembark [dɪsɪm'bɑːk] vt (freight)
wyładowywać (wyładować perf);
(passengers) wysadzać (wysadzić
perf) ♦ vi wysiadać (wysiąść perf).

disenchanted ['dɪsɪn'tʃɑːntɪd] adj:
disenchanted (with) rozczarowany
(+instr), pozbawiony złudzeń (co do
+gen).

disfigure [dɪs'fɪgə*] vt oszpecać
(oszpecić perf), zeszpecać (zeszpecić
perf).

disgrace [dɪs'greɪs] n hańba f ♦ vt
przynosić (przynieść perf) hańbę
+dat, hańbić (zhańbić perf).

disgraceful [dɪs'greɪsful] adj
haniebny, hańbiący.

disgruntled [dɪs'grʌntld] adj
rozczarowany.

disguise [dɪs'gaɪz] n (costume)
przebranie nt; (art) kamuflaż m ♦ vt:
to disguise sb (as) przebierać

(przebrać perf) kogoś (za +acc); **in
disguise** w przebraniu.

disgust [dɪs'gʌst] n obrzydzenie nt,
wstręt m ♦ vt wzbudzać (wzbudzić
perf) obrzydzenie or wstręt w +loc,
napawać obrzydzeniem or wstrętem.

disgusting [dɪs'gʌstɪŋ] adj
obrzydliwy, wstrętny.

dish [dɪʃ] n (piece of crockery)
naczynie nt; (shallow plate) półmisek
m; (recipe, food) potrawa f; **to do** or
wash the dishes zmywać
(pozmywać perf) (naczynia).

dishcloth ['dɪʃklɔθ] n (for drying)
ścier(ecz)ka f do naczyń; (for
washing) zmywak m (do naczyń).

dishearten [dɪs'hɑːtn] vt zniechęcać
(zniechęcić perf).

dishevelled [dɪ'ʃɛvəld] (US
disheveled) adj (hair)
rozczochrany; (clothes) w nieładzie
post.

dishonest [dɪs'ɔnɪst] adj nieuczciwy.

dishonesty [dɪs'ɔnɪstɪ] n
nieuczciwość f.

dishonour [dɪs'ɔnə*] (US
dishonor) n hańba f.

dishtowel ['dɪʃtauəl] (US) n
ścier(ecz)ka f do naczyń.

dishwasher ['dɪʃwɔʃə*] n zmywarka
f (do naczyń).

disillusion [dɪsɪ'luːʒən] vt pozbawiać
(pozbawić perf) złudzeń ♦ n =
disillusionment.

disillusionment [dɪsɪ'luːʒənmənt] n
rozczarowanie nt.

disinfect [dɪsɪn'fɛkt] vt odkażać
(odkazić perf), dezynfekować
(zdezynfekować perf).

disinfectant [dɪsɪn'fɛktənt] n środek
m odkażający or dezynfekujący.

disintegrate [dɪs'ɪntɪgreɪt] vi
rozpadać się (rozpaść perf).

disinterested [dɪs'ɪntrəstɪd] adj
(impartial) bezinteresowny.

disk [dɪsk] n dysk m; (floppy)
dyskietka f.

disk drive n stacja f or napęd m dysków.

diskette [dɪs'kɛt] (US) n dyskietka f.

dislike [dɪs'laɪk] n (feeling) niechęć f; **one's dislikes** rzeczy, których się nie lubi ♦ vt nie lubić +gen.

dislocate ['dɪsləkeɪt] vt (joint) zwichnąć (perf).

dislodge [dɪs'lɔdʒ] vt wyrywać (wyrwać perf).

disloyal [dɪs'lɔɪəl] adj: **disloyal (to)** nielojalny (wobec or w stosunku do +gen).

dismal ['dɪzml] adj (weather, mood, prospects) ponury; (results) fatalny.

dismantle [dɪs'mæntl] vt (machine) rozbierać (rozebrać perf), demontować (zdemontować perf).

dismay [dɪs'meɪ] n (wielki) niepokój m, konsternacja f ♦ vt napełniać (napełnić perf) niepokojem or konsternacją.

dismiss [dɪs'mɪs] vt (worker) zwalniać (zwolnić perf) (z pracy); (pupils) puszczać (puścić perf) (do domu lub na przerwę); (soldiers) rozpuszczać (rozpuścić perf); (possibility, problem) lekceważyć (zlekceważyć perf); (JUR: case) oddalać (oddalić perf).

dismissal [dɪs'mɪsl] n zwolnienie nt (z pracy).

dismount [dɪs'maunt] vi zsiadać (zsiąść perf) (z konia, roweru).

disobedience [dɪsə'biːdɪəns] n nieposłuszeństwo nt.

disorder [dɪs'ɔːdə*] n (untidiness) nieporządek m, bałagan m; (rioting) niepokoje pl, rozruchy pl; (MED) zaburzenia pl.

disorderly [dɪs'ɔːdəlɪ] adj (room) nieporządny; (meeting) chaotyczny; (behaviour) rozpasany.

disorganized [dɪs'ɔːgənaɪzd] adj źle zorganizowany.

disown [dɪs'əun] vt (action) wypierać się (wyprzeć się perf) +gen; (child) wyrzekać się (wyrzec się perf) +gen.

disparaging [dɪs'pærɪdʒɪŋ] adj pogardliwy, lekceważący.

disparity [dɪs'pærɪtɪ] n nierówność f, różnica f.

dispassionate [dɪs'pæʃənət] adj beznamiętny.

dispatch [dɪs'pætʃ] vt (send) wysyłać (wysłać perf) ♦ n (sending) wysyłka f, wysłanie nt; (PRESS) doniesienie nt, depesza f; (MIL) meldunek m, komunikat m.

dispel [dɪs'pɛl] vt rozwiewać (rozwiać perf).

dispense [dɪs'pɛns] vt (medicines) wydawać (wydać perf).
▶**dispense with** vt fus (do without) obchodzić się (obejść się perf) or obywać się (obyć się perf) bez +gen; (get rid of) pozbywać się (pozbyć się perf) +gen.

dispenser [dɪs'pɛnsə*] n: **drinks dispenser** automat m z napojami; **cash dispenser** bankomat; **soap dispenser** dozownik mydła.

disperse [dɪs'pəːs] vt rozpraszać (rozproszyć perf) ♦ vi rozpraszać się (rozproszyć się perf).

dispirited [dɪs'pɪrɪtɪd] adj zniechęcony.

displaced person [dɪs'pleɪst-] n wysiedleniec m.

display [dɪs'pleɪ] n (in shop window) wystawa f; (of fireworks etc) pokaz m; (of feelings) okazywanie nt; (COMPUT) monitor m; (TECH) wyświetlacz m ♦ vt (collection, goods) wystawiać (wystawić perf); (feelings) okazywać (okazać perf).

displeased [dɪs'pliːzd] adj: **displeased with** niezadowolony z +gen.

displeasure [dɪs'plɛʒə*] n niezadowolenie nt.

disposable [dɪs'pəuzəbl] adj (lighter, bottle, syringe) jednorazowy.

disposal [dɪsˈpəuzl] n (of rubbish) wywóz m; (of radioactive waste) usuwanie nt; (of body, unwanted goods) pozbycie się nt; **at one's disposal** do (swojej) dyspozycji.

dispose [dɪsˈpəuz]: **dispose of** vt fus (body, unwanted goods) pozbywać się (pozbyć się perf) +gen; (problem, task) radzić (poradzić perf) sobie z +instr.

disposed [dɪsˈpəuzd] adj: **to be disposed to do sth** (inclined) być skłonnym coś zrobić; (willing) mieć ochotę coś zrobić; **to be well disposed towards** być przyjaźnie usposobionym or nastawionym do +gen.

disposition [dɪspəˈzɪʃən] n (nature) usposobienie nt; (inclination) skłonność f.

disproportionate [dɪsprəˈpɔːʃənət] adj nieproporcjonalny.

disprove [dɪsˈpruːv] vt (belief, theory) obalać (obalić perf).

dispute [dɪsˈpjuːt] n spór m ♦ vt (fact, statement) podawać (podać perf) w wątpliwość, kwestionować (zakwestionować perf); (ownership etc) spierać się o +acc.

disqualify [dɪsˈkwɔlɪfaɪ] vt (SPORT) dyskwalifikować (zdyskwalifikować perf); **to disqualify sb for sth** dyskwalifikować (zdyskwalifikować perf) or wykluczać (wykluczyć perf) kogoś za coś; **to disqualify sb from doing sth** odbierać (odebrać perf) komuś prawo robienia czegoś.

disregard [dɪsrɪˈgɑːd] vt lekceważyć, nie zważać na +acc.

disrespectful [dɪsrɪˈspɛktful] adj (person) lekceważący; (conduct) obraźliwy.

disrupt [dɪsˈrʌpt] vt (plans) krzyżować (pokrzyżować perf); (conversation, proceedings) przerywać (przerwać perf); (event, process) zakłócać (zakłócić perf).

disruption [dɪsˈrʌpʃən] n zakłócenie nt.

dissatisfaction [dɪssætɪsˈfækʃən] n niezadowolenie nt.

dissatisfied [dɪsˈsætɪsfaɪd] adj niezadowolony; **dissatisfied with** niezadowolony z +gen.

disseminate [dɪˈsɛmɪneɪt] vt rozpowszechniać (rozpowszechnić perf).

dissent [dɪˈsɛnt] n (disagreement) różnica f zdań or poglądów; (protest) protest m.

dissertation [dɪsəˈteɪʃən] n rozprawa f, dysertacja f.

dissident [ˈdɪsɪdnt] adj dysydencki ♦ n dysydent(ka) m(f).

dissimilar [dɪˈsɪmɪlə*] adj odmienny, różny; **dissimilar to** niepodobny do +gen.

dissociate [dɪˈsəuʃɪeɪt] vt rozdzielać (rozdzielić perf), oddzielać (oddzielić perf); **to dissociate o.s. from** odcinać się (odciąć się perf) od +gen.

dissolution [dɪsəˈluːʃən] n (breaking up officially) rozwiązanie nt; (decay) rozpad m.

dissolve [dɪˈzɔlv] vt (in liquid) rozpuszczać (rozpuścić perf); (organization, marriage) rozwiązywać (rozwiązać perf) ♦ vi rozpuszczać się (rozpuścić się perf); **to dissolve in(to) tears** zalewać się (zalać się perf) łzami.

dissuade [dɪˈsweɪd] vt: **to dissuade sb from** odwodzić (odwieść perf) kogoś od +gen.

distance [ˈdɪstns] n (interval) odległość f, (remoteness) oddalenie nt; **in the distance** w oddali.

distant [ˈdɪstnt] adj (place, time) odległy; (relative) daleki; (manner) chłodny.

distaste [dɪsˈteɪst] n wstręt m, obrzydzenie nt.

distasteful [dɪs'teɪstful] *adj* wstrętny, obrzydliwy.

distil [dɪs'tɪl] (*US* **distill**) *vt* destylować.

distillery [dɪs'tɪlərɪ] *n* gorzelnia *f*.

distinct [dɪs'tɪŋkt] *adj* (*separate*) odrębny; (*different*) różny; (*clear*) wyraźny; (*unmistakable*) niewątpliwy, zdecydowany; **as distinct from** w odróżnieniu od +*gen*.

distinction [dɪs'tɪŋkʃən] *n* (*difference*) różnica *f*; (*mark of respect, recognition of achievement*) wyróżnienie *nt*; **a writer of distinction** wybitny pisarz.

distinctive [dɪs'tɪŋktɪv] *adj* wyróżniający.

distinguish [dɪs'tɪŋgwɪʃ] *vt* (*differentiate*) odróżniać (odróżnić *perf*); (*identify*) rozpoznawać (rozpoznać *perf*); **to distinguish between** rozróżniać (rozróżnić *perf*) pomiędzy +*instr*, **to distinguish o.s.** (*in battle etc*) odznaczać się (odznaczyć się *perf*).

distinguished [dɪs'tɪŋgwɪʃt] *adj* (*eminent*) wybitny; (*in appearance*) dystyngowany.

distinguishing [dɪs'tɪŋgwɪʃɪŋ] *adj* wyróżniający.

distort [dɪs'tɔːt] *vt* (*argument*) wypaczać (wypaczyć *perf*); (*sound, image, news*) zniekształcać (zniekształcić *perf*).

distortion [dɪs'tɔːʃən] *n* (*of argument*) wypaczenie *nt*; (*of sound, image, news*) zniekształcenie *nt*.

distract [dɪs'trækt] *vt* (*person, attention*) rozpraszać (rozproszyć *perf*); **to distract sb's attention from sth** odrywać (oderwać *perf*) czyjąś uwagę od czegoś; **it distracted them from their work** to im przeszkadzało w pracy.

distracted [dɪs'træktɪd] *adj* (*dreaming*) nieuważny, roztargniony; (*anxious*) strapiony.

distraction [dɪs'trækʃən] *n* (*diversion*) zakłócenie *nt*; (*amusement*) rozrywka *f*.

distraught [dɪs'trɔːt] *adj*: **distraught with** (*pain, worry*) oszalały z +*gen*.

distress [dɪs'trɛs] *n* (*extreme worry*) rozpacz *f*; (*suffering*) cierpienie *nt* ♦ *vt* sprawiać (sprawić *perf*) ból *or* przykrość +*dat*.

distressing [dɪs'trɛsɪŋ] *adj* przykry.

distress signal *n* (*AVIAT, NAUT*) sygnał *m* SOS.

distribute [dɪs'trɪbjuːt] *vt* (*hand out*) rozdawać (rozdać *perf*); (*deliver*) rozprowadzać (rozprowadzić *perf*); (*share out*) rozdzielać (rozdzielić *perf*); (*spread out*) rozmieszczać (rozmieścić *perf*).

distribution [dɪstrɪ'bjuːʃən] *n* (*of goods*) rozprowadzanie *nt*; (*of profits etc*) rozdział *m*.

district ['dɪstrɪkt] *n* (*of country*) region *m*; (*of town*) dzielnica *f*; (*ADMIN*) okręg *m*.

distrust [dɪs'trʌst] *n* nieufność *f*, podejrzliwość *f* ♦ *vt* nie ufać *or* nie dowierzać +*dat*.

disturb [dɪs'təːb] *vt* (*interrupt*) przeszkadzać (przeszkodzić *perf*) +*dat*; (*upset*) martwić (zmartwić *perf*); (*rearrange*) naruszać (naruszyć *perf*).

disturbance [dɪs'təːbəns] *n* (*emotional*) niepokój *m*; (*political etc*) niepokoje *pl*; (*violent event*) zajście *nt*; (*of mind*) zaburzenia *pl*.

disturbed [dɪs'təːbd] *adj* (*worried, upset*) zaniepokojony, poruszony; (*childhood*) trudny; **emotionally disturbed** niezrównoważony emocjonalnie.

disturbing [dɪs'təːbɪŋ] *adj* niepokojący, poruszający.

disused [dɪs'juːzd] *adj* (*building*) opuszczony; (*airfield*) nie używany.

ditch [dɪtʃ] *n* (*at roadside*) rów *m*; (*irrigation ditch*) kanał *m* ♦ *vt* (*inf*:

partner) rzucać (rzucić *perf*); (: *plan*) zarzucać (zarzucić *perf*); (: *car*) porzucać (porzucić *perf*).

dither ['dɪðə*] (*pej*) *vi* wahać się.

ditto ['dɪtəu] *adv* jak wyżej.

dive [daɪv] *n* (*from board*) skok *m* (do wody); (*underwater*) nurkowanie *nt* ♦ *vi* (*into water*) skakać (skoczyć *perf*) do wody; (*under water*) nurkować (zanurkować *perf*); (*submarine*) zanurzać (zanurzyć się *perf*); **to dive into** (*bag, drawer*) sięgać (sięgnąć *perf*) do +*gen*; (*shop, car*) dawać (dać *perf*) nura do +*gen*.

diver ['daɪvə*] *n* (*from board*) skoczek *m* (do wody).

diverge [daɪ'vɜːdʒ] *vi* rozchodzić się (rozejść się *perf*).

divergent [daɪ'vɜːdʒənt] *adj* (*interests, views*) rozbieżny; (*groups*) różnorodny.

diverse [daɪ'vɜːs] *adj* różnorodny, zróżnicowany.

diversify [daɪ'vɜːsɪfaɪ] *vi* (*COMM*) poszerzać (poszerzyć *perf*) ofertę.

diversion [daɪ'vɜːʃən] *n* (*BRIT: AUT*) objazd *m*; (*distraction*) urozmaicenie *nt*, rozrywka *f*; (*of investment etc*) zmiana *f* kierunku.

diversity [daɪ'vɜːsɪtɪ] *n* różnorodność *f*, urozmaicenie *nt*.

divert [daɪ'vɜːt] *vt* (*sb's attention*) odwracać (odwrócić *perf*); (*money*) zmieniać (zmienić *perf*) przeznaczenie +*gen*; (*traffic*) zmieniać (zmienić *perf*) kierunek +*gen*, kierować (skierować *perf*) objazdem.

divide [dɪ'vaɪd] *vt* dzielić (podzielić *perf*) ♦ *vi* dzielić się (podzielić się *perf*).

dividend ['dɪvɪdɛnd] *n* dywidenda *f*; (*fig*): **to pay dividends** procentować (zaprocentować *perf*).

divine [dɪ'vaɪn] *adj* (*REL*) boski, boży; (*fig*) boski.

diving ['daɪvɪŋ] *n* (*underwater*)

nurkowanie *nt*; (*from board*) skoki *pl* do wody.

diving board *n* trampolina *f*.

divinity [dɪ'vɪnɪtɪ] *n* (*quality*) boskość *f*; (*god, goddess*) bóstwo *nt*; (*SCOL*) teologia *f*.

divisible [dɪ'vɪzəbl] (*MATH*) *adj*: **divisible (by)** podzielny (przez +*acc*).

division [dɪ'vɪʒən] *n* (*of cells, property, within party*) podział *m*; (*MATH*) dzielenie *nt*; (*MIL*) dywizja *f*; (*esp FOOTBALL*) liga *f*.

divorce [dɪ'vɔːs] *n* rozwód *m* ♦ *vt* (*spouse*) rozwodzić się (rozwieść się *perf*) z +*instr*; (*sth from sth else*) oddzielać (oddzielić *perf*).

divorced [dɪ'vɔːst] *adj* rozwiedziony.

divorcee [dɪvɔː'siː] *n* rozwodnik (-wódka) *m(f)*.

divulge [daɪ'vʌldʒ] *vt* wyjawiać (wyjawić *perf*).

DIY (*BRIT*) *n abbr* = **do-it-yourself**.

dizzy ['dɪzɪ] *adj* (*height*) zawrotny; **dizzy spell** *or* **turn** atak zawrotów głowy; **I feel dizzy** kręci mi się w głowie.

DJ *n abbr* = **disc jockey** DJ *m*.

┌──── KEYWORD ────┐

do [duː] (*pt* **did**, *pp* **done**) *aux vb* **1** (*in negative constructions*): **I don't understand** nie rozumiem. **2** (*to form questions*): **didn't you know?** nie wiedziałaś?; **what do you think?** jak myślisz? **3** (*for emphasis*) istotnie, rzeczywiście; **she does seem rather late** istotnie, wydaje się, że się spóźnia; **oh do shut up!** och, zamknij się wreszcie! (*inf*). **4** (*in polite expressions*) (bardzo) proszę; **do sit down/help yourself** (bardzo) proszę usiąść/poczęstować się. **5** (*used to avoid repeating vb*): **she swims better than I do** ona pływa lepiej niż ja *or* ode mnie; **who made this mess? – I did** kto tak nabałaganił – ja. **6** (*in question* *tags*) prawda; **you like him, don't you?** lubisz go, prawda?; **I don't know him, do I?** przecież go nie znam ♦ *vt* **1** (*usu*) robić (zrobić *perf*); **what are you doing tonight?** co robisz (dziś) wieczorem?; **I've got nothing to do** nie mam nic do roboty; **to do the cooking** gotować. **2** (*AUT etc: of distance*): **we've done 200 km already** zrobiliśmy już 200 km; (: *of speed*): **the car was doing 100** samochód jechał setką ♦ *vi* **1** (*act, behave*) robić (zrobić *perf*); **do as I tell you** rób, jak ci każę; **you did well to come so quickly** dobrze zrobiłeś, że tak szybko przyszedłeś. **2** (*get on*) radzić sobie; **he's doing well/badly at school** dobrze/źle sobie radzi w szkole; **how do you do?** miło mi Pana/Panią poznać. **3** (*suit*) nadawać się (nadać się *perf*); **will it do?** czy to się nada? **4** (*be sufficient*) starczać (starczyć *perf*), wystarczać (wystarczyć *perf*); **will 10 pounds do?** czy wystarczy dziesięć funtów?; **to make do with** zadowalać się (zadowolić się *perf*) +*instr* ♦ *n* (*inf*) impreza *f* (*inf*); **we're having a little do on Saturday** w sobotę robimy małą imprezę.

docile ['dəʊsaɪl] *adj* potulny.
dock [dɔk] *n* (*NAUT*) dok *m*; (*JUR*) ława *f* oskarżonych ♦ *vi* (*ship*) wchodzić (wejść *perf*) do portu; (*two spacecraft*) łączyć się (połączyć się *perf*); **docks** *npl* (*NAUT*) port *m*.
docker ['dɔkə*] *n* doker *m*.
dockyard ['dɔkjɑːd] *n* stocznia *f*.
doctor ['dɔktə*] *n* (*MED*) lekarz (-arka) *m(f)*; (*PhD etc*) doktor *m* ♦ *vt* (*figures, election results*) fałszować (sfałszować *perf*).
doctorate ['dɔktərɪt] *n* doktorat *m*.
doctrine ['dɔktrɪn] *n* doktryna *f*.

document ['dɔkjʊmənt] *n* dokument *m*.
documentary [dɔkjʊ'mɛntərɪ] *n* film *m* dokumentalny.
documentation [dɔkjʊmən'teɪʃən] *n* dokumentacja *f*.
dodge [dɔdʒ] *n* unik *m* ♦ *vt* (*tax*) uchylać się (uchylić się *perf*) od +*gen*; (*blow, ball*) uchylać się (uchylić się *perf*) przed +*instr*; **to dodge out of the way** uskakiwać (uskoczyć *perf*); **to dodge through the traffic** przemykać (przemknąć się *perf*) między samochodami.
doe [dəʊ] *n* (*deer*) łania *f*; (*rabbit*) królica *f*.
does [dʌz] *vb see* **do**.
doesn't ['dʌznt] = **does not**.
dog [dɔg] *n* pies *m* ♦ *vt* (*person*) chodzić za +*instr*; (*bad luck, memory*) prześladować.
dog collar *n* (*of dog*) obroża *f*; (*inf*: *of priest*) koloratka *f*.
dog-eared ['dɔgɪəd] *adj* (*book etc*) zniszczony.
dogged ['dɔgɪd] *adj* uparty, zawzięty.
dogma ['dɔgmə] *n* dogmat *m*.
dogmatic [dɔg'mætɪk] *adj* dogmatyczny.
doings ['duɪŋz] *npl* poczynania *pl*.
do-it-yourself ['duːɪtjɔː'self] *n* majsterkowanie *nt*.
dole [dəʊl] (*BRIT*: *inf*) *n* zasiłek *m*; **to be on the dole** być na zasiłku.
▸**dole out** *vt* wydzielać (wydzielić *perf*).
doleful ['dəʊlful] *adj* smętny, żałosny.
doll [dɔl] *n* (*toy*) lalka *f*; (*US*: *inf*: *attractive woman*) laska *f* (*inf*).
dollar ['dɔlə*] (*US etc*) *n* dolar *m*.
dolphin ['dɔlfɪn] *n* delfin *m*.
domain [də'meɪn] *n* (*sphere*) dziedzina *f*; (*empire*) królestwo *nt* (*fig*).
dome [dəʊm] *n* kopuła *f*.
domestic [də'mɛstɪk] *adj* (*trade*,

policy) wewnętrzny; (*flight*) krajowy; (*animals, tasks, happiness*) domowy.

domesticated [də'mɛstɪkeɪtɪd] *adj* (*animal*) oswojony.

dominant ['dɔmɪnənt] *adj* (*share*) przeważający; (*role*) główny; (*partner*) dominujący.

dominate ['dɔmɪneɪt] *vt* (*discussion*) dominować (zdominować *perf*); (*people, place*) mieć zwierzchnictwo nad +*instr*.

domineering [dɔmɪ'nɪərɪŋ] *adj* apodyktyczny.

dominion [də'mɪnɪən] *n* (*territory*) dominium *nt*; (*authority*): **to have dominion over** mieć zwierzchnictwo nad +*instr*.

domino ['dɔmɪnəu] (*pl* **dominoes**) *n* klocek *m* domina.

dominoes ['dɔmɪnəuz] *n* domino *nt* (*gra*).

don [dɔn] *n* (*BRIT*) nauczyciel *m* akademicki (*zwłaszcza w Oxfordzie lub Cambridge*).

donate [də'neɪt] *vt*: **to donate (to)** ofiarowywać (ofiarować *perf*) (na +*acc*).

donation [də'neɪʃən] *n* (*act of giving*) ofiarowanie *nt*; (*contribution*) darowizna *f*.

done [dʌn] *pp of* **do**.

donkey ['dɔŋkɪ] *n* osioł *m*.

donor ['dəunə*] *n* (*MED*) dawca *m*; (*to charity*) ofiarodawca *m*.

don't [dəunt] = **do not**.

doodle ['du:dl] *vi* gryzmolić, bazgrać.

doom [du:m] *n* fatum *nt* ♦ *vt*: **to be doomed to failure** być skazanym na porażkę.

doomsday ['du:mzdeɪ] *n* sądny dzień *m*; (*REL*): **Doomsday** dzień *m* Sądu Ostatecznego.

door [dɔ:*] *n* (*of house, room, car*) drzwi *pl*; (*of cupboard*) drzwiczki *pl*.

doorbell ['dɔ:bɛl] *n* dzwonek *m* u drzwi.

door handle *n* klamka *f*.

doormat ['dɔ:mæt] *n* wycieraczka *f*.

doorstep ['dɔ:stɛp] *n* próg *m*.

doorway ['dɔ:weɪ] *n*: **in the doorway** w drzwiach.

dope [dəup] *n* (*inf: illegal drug*) narkotyk *m*; (: *medicine*) środek *m* odurzający; (: *person*) idiota (-tka) *m(f)* ♦ *vt* odurzać (odurzyć *perf*) (*przez podanie narkotyku*).

dopey ['dəupɪ] (*inf*) *adj* (*groggy*) otumaniony, ogłupiały (*inf*); (*stupid*) głupkowaty (*inf*).

dork [dɔ:k] (*US: inf*) *n* palant *m* (*inf*).

dormant ['dɔ:mənt] *adj* (*plant*) w okresie spoczynku *post*; (*volcano*) drzemiący.

dormitory ['dɔ:mɪtrɪ] *n* (*room*) sypialnia *f* (*wieloosobowa w internacie*); (*US*) dom *m* akademicki, akademik *m* (*inf*).

DOS [dɔs] (*COMPUT*) *n abbr* (= *disk operating system*) DOS *m*.

dosage ['dəusɪdʒ] *n* (*MED*) dawka *f*.

dose [dəus] *n* (*of medicine*) dawka *f*.

dossier ['dɔsɪeɪ] *n* akta *pl*, dossier *nt inv*.

dot [dɔt] *n* (*round mark*) kropka *f*; (*speck, spot*) punkcik *m* ♦ *vt*: **dotted with** (*pictures, decorations*) upstrzony +*instr*; (*stars, freckles*) usiany +*instr*; **on the dot** co do minuty.

dote [dəut]: **to dote on** *vt fus* świata nie widzieć poza +*instr*, mieć bzika na punkcie +*gen* (*inf*).

dot-matrix printer [dɔt'meɪtrɪks-] *n* drukarka *f* igłowa.

double ['dʌbl] *adj* podwójny ♦ *adv*: **to cost double** kosztować podwójnie ♦ *n* sobowtór *m* ♦ *vt* (*offer, amount*) podwajać (podwoić *perf*); (*paper, blanket*) składać (złożyć *perf*) na pół ♦ *vi* podwajać się (podwoić się *perf*); **on the double,** (*BRIT*) **at the double** dwa razy szybciej.

double bass *n* kontrabas *m*.

double bed n łóżko nt dwuosobowe.
double-breasted [ˈdʌblˈbrɛstɪd] adj
(jacket etc) dwurzędowy.
double-cross vt wystawiać
(wystawić perf) do wiatru.
double-decker n autobus m
piętrowy.
double glazing [-ˈgleɪzɪŋ] (BRIT) n
podwójne szyby pl.
double room n pokój m
dwuosobowy.
doubles [ˈdʌblz] n debel m.
doubly [ˈdʌblɪ] adv podwójnie.
doubt [daut] n wątpliwość f ♦ vt
(disbelieve) wątpić (zwątpić perf) w
+acc; (mistrust, suspect) nie
dowierzać +dat; **without (a) doubt**
bez wątpienia; **to doubt if** or
whether ... wątpić, czy ... .
doubtful [ˈdautful] adj (fact)
niepewny; **to be doubtful about sth**
mieć wątpliwości co do czegoś.
doubtless [ˈdautlɪs] adv
niewątpliwie.
dough [dəu] n (CULIN) ciasto nt.
doughnut [ˈdəunʌt] (US **donut**) n ≈
pączek m.
dove [dʌv] n gołąb m; (symbol of
peace) gołąb(ek) m.
dowdy [ˈdaudɪ] adj (clothes)
niemodny; (person) zaniedbany.
down [daun] n (feathers) puch m;
(hair) meszek m ♦ adv w dół ♦ prep
w dół +gen ♦ vt (inf: drink) wychylić
(perf); **the price of meat is down**
cena mięsa spadła; **I've got it down
in my diary** zapisałam to w
pamiętniku; **to pay 5 pounds down**
zapłacić (perf) 5 funtów zaliczki;
England are two goals down Anglia
przegrywa dwoma bramkami; **to
down tools** (BRIT) przerywać
(przerwać perf) pracę (na znak
protestu); **down with X!** precz z X!
downcast [ˈdaunkɑːst] adj (person)
przybity.
downfall [ˈdaunfɔːl] n upadek m.

downhill [ˈdaunˈhɪl] adv: **to go
downhill** (road) biec w dół zbocza;
(person) schodzić (zejść perf) ze
zbocza; (car) zjeżdżać (zjechać perf)
ze zbocza; (fig: person) staczać się
(stoczyć się perf); (: business,
career) podupadać (podupaść perf).
down payment n zaliczka f.
downpour [ˈdaunpɔː*] n ulewa f.
downright [ˈdaunraɪt] adj (liar etc)
skończony; (lie, insult) jawny ♦ adv
wręcz.
download [ˈdaunləud] (COMPUT) vt
przesyłać (przesłać perf), ściągać
(ściągnąć perf) (dane, pliki itp.) ♦ n
dane pl ściągnięte z serwera.
downsize [ˈdaunsaɪz] vt redukować
(zredukować perf) ♦ vi redukować
(zredukować perf) zatrudnienie.
Down's syndrome [daunz-] n
zespół m Downa.
downstairs [ˈdaunˈstɛəz] adv (below,
on ground floor) na dole;
(downwards, to ground floor) na dół
(po schodach).
downstream [ˈdaunstriːm] adv (be)
w dole rzeki; (go) w dół rzeki.
down-to-earth [ˈdauntuˈəːθ] adj
(realistic) praktyczny; (direct)
bezpośredni; (reason) przyziemny.
downtown [ˈdaunˈtaun] adv (in the
centre) w mieście or centrum; (to
the centre) do miasta or centrum.
downward [ˈdaunwəd] adj:
downward movement ruch m ku
dołowi or w dół ♦ adv ku dołowi, w
dół.
downwards [ˈdaunwədz] adv =
downward.
dowry [ˈdaurɪ] n posag m.
doz. abbr = **dozen**.
doze [dəuz] vi drzemać.
▶**doze off** vi zdrzemnąć się (perf).
dozen [ˈdʌzn] n tuzin m; **a dozen
books** tuzin książek; **dozens of**
dziesiątki +gen.
Dr abbr = **doctor** dr.

drab [dræb] *adj* (*life, clothes*) szary, bezbarwny; (*weather*) ponury.

draft [drɑ:ft] *n* (*first version*) szkic *m*; (*POL: of bill*) projekt *m*; (*bank draft*) przekaz *m*; (*US: call-up*) pobór *m* ♦ *vt* (*plan*) sporządzać (sporządzić *perf*) projekt *or* szkic +*gen*; (*write roughly*) pisać (napisać *perf*) pierwszą wersję +*gen*; *see also* **draught**.

draftsman ['drɑ:ftsmən] (*US*) (*irreg like*: **man**) *n* = **draughtsman**.

drag [dræg] *vt* (*bundle, person*) wlec (zawlec *perf*); (*river*) przeszukiwać (przeszukać *perf*) ♦ *vi* (*time, event*) wlec się ♦ *n* (*inf: bore*) męka *f*.
►**drag on** *vi* wlec się.

dragon ['drægn] *n* smok *m*.

dragonfly ['drægənflaɪ] *n* ważka *f*.

drain [dreɪn] *n* (*in street*) studzienka *f* ściekowa; (*fig: on resources*) odpływ *m* ♦ *vt* (*land*) drenować, osuszać (osuszyć *perf*); (*marshes, pond*) osuszać (osuszyć *perf*); (*vegetables*) osączać (osączyć *perf*); (*glass, cup*) wysączyć (*perf*) napój z +*gen* ♦ *vi* spływać (spłynąć *perf*).

drainage ['dreɪnɪdʒ] *n* (*system*) system *m* odwadniający; (*process*) odwadnianie *nt*, drenaż *m*.

draining board ['dreɪnɪŋ-] (*US* **drainboard**) *n* ociekacz *m*.

drainpipe ['dreɪnpaɪp] *n* rura *f* odpływowa.

drama ['drɑ:mə] *n* (*lit, fig*) dramat *m*; (*of situation*) dramaturgia *f*.

dramatic [drə'mætɪk] *adj* (*theatrical, exciting*) dramatyczny; (*marked*) radykalny; (*sudden*) gwałtowny.

dramatist ['dræmətɪst] *n* dramaturg *m*, dramatopisarz (-arka) *m(f)*.

dramatize ['dræmətaɪz] *vt* (*events*) dramatyzować (udramatyzować *perf*); (*book, story*) adaptować (zaadaptować *perf*).

drank [dræŋk] *pt of* **drink**.

drape [dreɪp] *vt* drapować (udrapować *perf*).

drapes [dreɪps] (*US*) *npl* zasłony *pl*.

drastic ['dræstɪk] *adj* drastyczny.

draught [drɑ:ft] (*US* **draft**) *n* (*of wind*) podmuch *m*; (*: between open doors etc*) przeciąg *m*; (*NAUT*) zanurzenie *nt*; **beer on draught** piwo beczkowe.

draughtboard ['drɑ:ftbɔ:d] (*BRIT*) *n* plansza *f* do gry w warcaby, szachownica *f*.

draughts [drɑ:fts] (*BRIT*) *n* warcaby *pl*.

draughtsman ['drɑ:ftsmən] (*irreg like*: **man**) (*US* **draftsman**) *n* (*ART*) rysownik (-iczka) *m(f)*; (*TECH*) kreślarz (-arka) *m(f)*.

draw [drɔ:] (*pt* **drew**, *pp* **drawn**) *vt* (*ART, TECH*) rysować (narysować *perf*); (*cart etc*) ciągnąć; (*curtain: close*) zaciągać (zaciągnąć *perf*), zasuwać (zasunąć *perf*); (*: open*) odsuwać (odsunąć *perf*); (*gun, conclusion*) wyciągać (wyciągnąć *perf*); (*tooth*) wyrywać (wyrwać *perf*); (*attention*) przyciągać (przyciągnąć *perf*); (*response*) spotykać się (spotkać się *perf*) z +*instr*; (*admiration*) wzbudzać (wzbudzić *perf*); (*money*) podejmować (podjąć *perf*); (*wages*) otrzymywać ♦ *vi* (*ART, TECH*) rysować; (*SPORT*) remisować (zremisować *perf*) ♦ *n* (*SPORT*) remis *m*; (*prize draw*) loteria *f*; **to draw near** zbliżać się.
►**draw out** *vi* (*train*) ruszać (ruszyć *perf*) (*ze stacji*) ♦ *vt* (*money*) podejmować (podjąć *perf*).
►**draw up** *vi* (*car etc*) podjeżdżać (podjechać *perf*) ♦ *vt* (*chair*) przysuwać (przysunąć *perf*); (*plan*) kreślić (nakreślić *perf*).

drawback ['drɔ:bæk] *n* wada *f*, minus *m*.

drawbridge ['drɔːbrɪdʒ] *n* most *m* zwodzony.

drawer [drɔː*] *n* szuflada *f*.

drawing ['drɔːɪŋ] *n* rysunek *m*.

drawing board *n* deska *f* kreślarska, rysownica *f*.

drawing pin (*BRIT*) *n* pinezka *f*.

drawing room *n* salon *m*.

drawn [drɔːn] *pp of* draw.

dread [drɛd] *n* strach *m* ♦ *vt* bać się +*gen*.

dreadful ['drɛdful] *adj* straszny.

dreadlocks ['drɛdlɔks] *npl* dredy *pl*.

dream [driːm] (*pt, pp* **dreamed** *or* **dreamt**) *n* (*while asleep*) sen *m*; (: *PSYCH*) marzenie *nt* senne, sen *m*; (*ambition*) marzenie *nt* ♦ *vi* (*while asleep*): **I dreamt about my father** śnił mi się ojciec; **she dreamt that ...** śniło jej się, że ...; (*fantasize*): **he dreamt about/that...** marzył o +*loc*/(o tym), że... .

dreamer ['driːmə*] *n* (*fig*) marzyciel(ka) *m(f)*.

dreamt [drɛmt] *pt, pp of* dream.

dreamy ['driːmɪ] *adj* (*expression*) rozmarzony; (*person*) marzycielski; (*music*) kojący.

dreary ['drɪərɪ] *adj* (*depressing*) ponury; (*boring*) drętwy.

dregs [drɛgz] *npl* (*of wine, juice*) męty *pl*; (*of tea, coffee*) fusy *pl*.

drench [drɛntʃ] *vt* przemoczyć (*perf*).

dress [drɛs] *n* suknia *f*, sukienka *f*; (*no pl*) odzież *f* ♦ *vt* (*child*) ubierać (ubrać *perf*); (*wound*) opatrywać (opatrzyć *perf*) ♦ *vi* ubierać się (ubrać się *perf*); **to get dressed** ubierać się (ubrać się *perf*).
▶**dress up** *vi* stroić się (wystroić się *perf*); **to dress up (as)** przebierać się (przebrać się *perf*) (za +*acc*).

dresser ['drɛsə*] *n* (*BRIT*) kredens *m*; (*US*) komoda *f* (z lustrem).

dressing ['drɛsɪŋ] *n* (*MED*) opatrunek *m*; (*CULIN*) sos *m* (sałatkowy).

dressing gown (*BRIT*) *n* szlafrok *m*.

dressing room *n* (*THEAT*) garderoba *f*; (*SPORT*) szatnia *f*, przebieralnia *f*.

dressing table *n* toaletka *f*.

dressmaker ['drɛsmeɪkə*] *n* krawiec/krawcowa *m/f*.

dress rehearsal *n* próba *f* generalna.

drew [druː] *pt of* draw.

dribble ['drɪbl] *vi* (*liquid*) spływać, ściekać; (*baby*) ślinić się ♦ *vt* (*ball*) prowadzić (poprowadzić *perf*).

dried [draɪd] *adj* (*fruit*) suszony; (*eggs, milk*) w proszku *post*.

drier ['draɪə*] *n* = dryer.

drift [drɪft] *n* (*of current*) prąd *m*; (*of snow*) zaspa *f*; (*of thought, argument*) sens *m* ♦ *vi* (*boat*) dryfować; (*sand, snow*) tworzyć zaspy.

drill [drɪl] *n* (*drill bit*) wiertło *nt*; (*machine: for DIY etc*) wiertarka *f*; (: *of dentist*) wiertarka *f* (dentystyczna); (: *for mining etc*) świder *m*; (*MIL*) musztra *f* ♦ *vt* (*hole*) wiercić (wywiercić *perf*); (*troops*) musztrować ♦ *vi* wiercić.

drink [drɪŋk] (*pt* **drank**, *pp* **drunk**) *n* (*fruit etc*) napój *m*; (*alcoholic*) drink *m*; (*sip*) łyk *m* ♦ *vt* pić, wypijać (wypić *perf*) ♦ *vi* pić; **a (hot/cold) drink** coś (ciepłego/zimnego) do picia; **cold/hot drinks** (*on menu etc*) napoje zimne/gorące; **to have a drink** napić się (*perf*); **would you like a drink of water?** czy chciałbyś się napić wody?

drinker ['drɪŋkə*] *n* pijący (-ca) *m(f)*; **to be a heavy drinker** dużo pić.

drinking water *n* woda *f* pitna.

drip [drɪp] *n* (*noise*) kapanie *nt*; (*MED*) kroplówka *f* ♦ *vi* (*water, rain*) kapać; (*tap*) cieknąć, ciec.

drip-dry ['drɪp'draɪ] *adj* nie wymagający prasowania.

drive [draɪv] (*pt* **drove**, *pp* **driven**) *n* (*journey*) jazda *f or* podróż *f* (samochodem); (*also*: **driveway**)

wjazd *m*, droga *f* dojazdowa;
(*energy*) werwa *f*, zapał *m*;
(*campaign*) działania *pl*; (*also*: **disk
drive**) stacja *f* dysków ♦ *vt* (*vehicle*)
prowadzić, kierować +*instr*; (*TECH*:
motor, wheel) napędzać; (*nail,
stake*): **to drive sth into sth** wbijać
(wbić *perf*) coś w coś ♦ *vi* (*as driver*)
prowadzić (samochód), jeździć
samochodem; (*travel*) jechać
(pojechać *perf*) (samochodem);
left-/right-hand drive
lewostronny/prawostronny układ
kierowniczy; **to drive sb home/to
the airport** zawozić (zawieźć *perf*)
or odwozić (odwieźć *perf*) kogoś do
domu/na lotnisko; **to drive sb mad**
doprowadzać (doprowadzić *perf*)
kogoś do szału; **what are you
driving at?** do czego zmierzasz?
driven ['drɪvn] *pp of* **drive**.
driver ['draɪvə*] *n* (*of car, bus*)
kierowca *m*; (*RAIL*) maszynista *m*.
driver's license ['draɪvəz-] (*US*) *n*
prawo *nt* jazdy.
driveway ['draɪvweɪ] *n* wjazd *m*,
droga *f* dojazdowa.
driving ['draɪvɪŋ] *n* prowadzenie *nt*
(samochodu), jazda *f* (samochodem).
driving licence (*BRIT*) *n* prawo *nt*
jazdy.
driving test *n* egzamin *m* na prawo
jazdy.
drizzle ['drɪzl] *n* mżawka *f*.
drone [drəun] *n* (*of insects*)
bzyczenie *nt*, brzęczenie *nt*; (*of
engine*) warkot *m*; (*of traffic*) szum
m; (*male bee*) truteń *m*.
drool [druːl] *vi* ślinić się
droop [druːp] *vi* opadać (opaść *perf*),
zwieszać się (zwiesić się *perf*).
drop [drɔp] *n* (*of liquid*) kropla *f*;
(*reduction, distance*) spadek *m* ♦ *vt*
(*object*) upuszczać (upuścić *perf*);
(*voice*) zniżać (zniżyć *perf*); (*eyes*)
spuszczać (spuścić *perf*); (*price*)
zniżać (zniżyć *perf*), opuszczać

(opuścić *perf*); (*set down from car.
person*) wysadzać (wysadzić *perf*),
wyrzucać (wyrzucić *perf*) (*inf*);
(: *object*) podrzucać (podrzucić *perf*)
(*inf*); (*omit*) opuszczać (opuścić *perf*)
♦ *vi* (*object, temperature*) spadać
(spaść *perf*); (*wind*) ucichać
(ucichnąć *perf*); **drops** *npl* krople *pl*.
►**drop in** (*inf*) *vi*: **to drop in (on sb)**
wpadać (wpaść *perf*) (do kogoś).
►**drop off** *vi* zasypiać (zasnąć *perf*)
(*mimowolnie*) ♦ *vt* podrzucać
(podrzucić *perf*).
►**drop out** *vi* wycofywać się
(wycofać się *perf*); **to drop out of
school** porzucać (porzucić *perf*)
szkołę.
dropper ['drɔpə*] *n* zakraplacz *m*.
droppings ['drɔpɪŋz] *npl* odchody *pl*
(*ptaków i małych zwierząt*).
drought [draut] *n* susza *f*.
drove [drəuv] *pt of* **drive**.
drown [draun] *vt* topić (utopić *perf*);
(*fig: also*: **drown out**) zagłuszać
(zagłuszyć *perf*) ♦ *vi* tonąć (utonąć
perf), topić się (utopić się *perf*).
drowsy ['drauzɪ] *adj* senny, śpiący.
drudgery ['drʌdʒərɪ] *n* harówka *f.*
drug [drʌg] *n* (*MED*) lek *m*; (*narcotic*)
narkotyk *m* ♦ *vt* podawać (podać
perf) środki nasenne +*dat*; **to be on
drugs** (*MED*) brać leki; (*addicted*)
brać narkotyki; **hard/soft drugs**
twarde/miękkie narkotyki.
drug addict *n* narkoman(ka) *m(f)*.
drugstore ['drʌgstɔː*] (*US*) *n*
*drogeria prowadząca też sprzedaż
leków, napojów chłodzących
i prostych posiłków.*
drum [drʌm] *n* bęben *m*; (*for oil etc*)
beczka *f*; **drums** *npl* perkusja *f.*
drummer ['drʌmə*] *n* perkusista
(-tka) *m(f).*
drunk [drʌŋk] *pp of* **drink** ♦ *adj*
pijany ♦ *n* pijak (-aczka) *m(f)*; **to get
drunk** upijać się (upić się *perf*).

drunken ['drʌŋkən] adj (laughter etc) pijacki; (person) pijany.

dry [draɪ] adj suchy; (lake) wyschnięty; (humour) ironiczny; (wine) wytrawny ♦ vt (clothes, hair) suszyć (wysuszyć perf); (ground) osuszać (osuszyć perf); (hands, dishes) wycierać (wytrzeć perf); (tears) ocierać (otrzeć perf) ♦ vi schnąć, wysychać (wyschnąć perf).
▶**dry up** vi (river, well) wysychać (wyschnąć perf).

dry-cleaner's ['draɪ'kliːnəz] n pralnia f chemiczna.

dry-cleaning ['draɪ'kliːnɪŋ] n czyszczenie nt or pranie nt chemiczne.

dryer ['draɪə*] n suszarka f.

dryness ['draɪnɪs] n suchość f.

DSS (BRIT) n abbr (= Department of Social Security) Ministerstwo nt Ubezpieczeń Społecznych.

dual ['djuəl] adj podwójny.

dual carriageway (BRIT) n droga f dwupasmowa.

dual nationality n podwójne obywatelstwo nt.

dubbed [dʌbd] adj (film) dubbingowany.

dubious ['djuːbɪəs] adj (claim, reputation) wątpliwy; (past, company) podejrzany; **to be dubious (about)** mieć wątpliwości (co do +gen).

Dublin ['dʌblɪn] n Dublin m.

duchess ['dʌtʃɪs] n księżna f.

duck [dʌk] n kaczka f ♦ vi (also: **duck down**) uchylać się (uchylić się perf).

duckling ['dʌklɪŋ] (ZOOL) n kaczątko nt, kaczuszka f; (CULIN) kaczka f.

duct [dʌkt] n przewód m, kanał m.

dud [dʌd] n (object) bubel m; (bomb) niewypał m ♦ adj: **dud cheque** (BRIT) czek m bez pokrycia.

due [djuː] adj (arrival) planowy; (publication, meeting) planowany; (money) należny; (attention) należny, należyty ♦ n: **to give sb his (or her) due** oddawać (oddać perf) komuś sprawiedliwość ♦ adv: **due north** dokładnie na północ; **dues** npl (for club, union) składki pl (członkowskie); (in harbour) opłaty pl postojowe; **in due course** w swoim czasie, we właściwym czasie; **due to** z powodu +gen; **to be due to do sth** mieć coś zrobić.

duel ['djuəl] n pojedynek m; (fig) konflikt m.

duet [djuːˈɛt] n duet m.

dug [dʌg] pt, pp of **dig**.

duke [djuːk] n książę m.

dull [dʌl] adj (dark) mroczny; (boring) nudny; (pain, person) tępy; (sound) głuchy; (weather, day) pochmurny ♦ vt przytępiać (przytępić perf).

duly ['djuːlɪ] adv (properly) należycie; (on time) zgodnie z planem.

dumb [dʌm] adj niemy; (pej) głupi.

dumbfounded [dʌmˈfaʊndɪd] adj oniemiały.

dummy ['dʌmɪ] n (tailor's model) manekin m; (COMM, TECH) atrapa f, makieta f; (BRIT: for baby) smoczek m ♦ adj (bullet) ślepy; (firm) fikcyjny.

dump [dʌmp] n (also: **rubbish dump**) wysypisko nt (śmieci); (inf: place) nora f (inf) ♦ vt (throw down) rzucać (rzucić perf); (get rid of) wyrzucać (wyrzucić perf); (COMPUT: data) zrzucać (zrzucić perf) (inf).

dumpling ['dʌmplɪŋ] n knedel m, pyza f.

dune [djuːn] n wydma f.

dung [dʌŋ] n gnój m.

dungarees [dʌŋgəˈriːz] npl (for work) kombinezon m.

dungeon ['dʌndʒən] n loch m.

duo ['djuːəu] n para f; (MUS) duet m.

dupe [dju:p] *n* naiwniak *m* ♦ *vt* naciągać (naciągnąć *perf*) (*inf*).

duplicate ['dju:plɪkət] *n* kopia *f*, duplikat *m* ♦ *vt* powielać (powielić *perf*), kopiować (skopiować *perf*); **in duplicate** w dwóch egzemplarzach.

duplicity [dju:'plɪsɪtɪ] *n* obłuda *f*.

durable ['djuərəbl] *adj* trwały, wytrzymały.

duration [djuə'reɪʃən] *n* okres *m or* czas *m* (trwania).

duress [djuə'res] *n*: **under duress** pod przymusem.

during ['djuərɪŋ] *prep* podczas +*gen*, w czasie +*gen*.

dusk [dʌsk] *n* zmierzch *m*, zmrok *m*.

dust [dʌst] *n* kurz *m*, pył *m* ♦ *vt* (*furniture*) odkurzać (odkurzyć *perf*); (*cake etc*): **to dust with** posypywać (posypać *perf*) +*instr*.

dustbin ['dʌstbɪn] (*BRIT*) *n* kosz *m* na śmieci.

duster ['dʌstə*] *n* ściereczka *f* (do kurzu).

dust jacket *n* obwoluta *f*.

dustman ['dʌstmən] (*BRIT*) (*irreg like*: **man**) *n* śmieciarz *m*.

dusty ['dʌstɪ] *adj* zakurzony.

Dutch [dʌtʃ] *adj* holenderski ♦ *n* (język *m*) holenderski ♦ *adv*: **to go Dutch** (*inf*) płacić (zapłacić *perf*) każdy za siebie; **the Dutch** *npl* Holendrzy *vir pl*.

dutiful ['dju:tɪful] *adj* (*child*) posłuszny.

duty ['dju:tɪ] *n* (*responsibility*) obowiązek *m*; (*tax*) cło *nt*; **on/off duty** na/po służbie.

duty-free ['dju:tɪ'fri:] *adj* wolny od cła, wolnocłowy; **duty-free shop** sklep wolnocłowy.

duvet ['du:veɪ] (*BRIT*) *n* kołdra *f*.

DVD *n abbr* (= digital video disc) DVD *nt inv*.

dwarf [dwɔ:f] (*pl* **dwarves**) *n* karzeł *m*.

dwarves [dwɔ:vz] *npl of* **dwarf**.

dwell [dwel] (*pt, pp* **dwelt**) *vi* mieszkać.

►**dwell on** *vt fus* rozpamiętywać +*acc*.

dwelling ['dwelɪŋ] *n* mieszkanie *nt*.

dwelt [dwelt] *pt, pp of* **dwell**.

dwindle ['dwɪndl] *vi* (*interest, attendance*) maleć (zmaleć *perf*).

dye [daɪ] *n* (*for hair*) farba *f*; (*for cloth*) barwnik *m* ♦ *vt* (*hair*) farbować (ufarbować *perf*); (*cloth*) barwić (zabarwić *perf*), farbować (zafarbować *perf*).

dying ['daɪɪŋ] *adj* umierający.

dyke [daɪk] *n* (*BRIT*) grobla *f*.

dynamic [daɪ'næmɪk] *adj* dynamiczny.

dynamite ['daɪnəmaɪt] *n* dynamit *m*.

dynamo ['daɪnəməu] *n* prądnica *f* (prądu stałego), dynamo *nt*.

dynasty ['dɪnəstɪ] *n* dynastia *f*.

dyslexia [dɪs'leksɪə] *n* dysleksja *f*.

E

E [i:] *n* (*MUS*) E *nt*, e *nt*.

each [i:tʃ] *adj* każdy ♦ *pron* każdy; **they blamed each other** oskarżali się nawzajem; **they hate/love each other** oni się nienawidzą/kochają; **you are jealous of each other** jesteście o siebie zazdrośni; **they have two books each** mają po dwie książki każdy.

eager ['i:gə*] *adj* (*keen*) gorliwy; (*excited*) podniecony; **to be eager to do sth** być chętnym do zrobienia czegoś; **to be eager for** niecierpliwie oczekiwać +*gen*.

eagerly ['i:gəlɪ] *adv* (*talk etc*) z zapałem; (*awaited*) niecierpliwie.

eagle ['i:gl] *n* orzeł *m*.

ear [ɪə*] *n* (*ANAT*) ucho *nt*; (*of corn*) kłos *m*.

earache ['ɪəreɪk] *n* ból *m* ucha.

earl [ə:l] (*BRIT*) *n* ≈ hrabia *m*.

earlier ['ə:lɪə*] *adj* wcześniejszy ♦

adv wcześniej; **in earlier times** dawniej, niegdyś.

early ['ə:lɪ] *adv* (*not late*) wcześnie; (*ahead of time*) wcześniej ♦ *adj* (*hours, stage, lunch*) wczesny; (*death*) przedwczesny; (*Christians, settlers*) pierwszy; (*reply*) szybki; **early last week/month** na początku zeszłego tygodnia/miesiąca; **early in the morning** wcześnie rano, wczesnym rankiem; **in the early** *or* **early in the 19th century** w początkach 19. wieku; **in the early** *or* **early in the spring** wczesną wiosną; **to have an early night** kłaść się (położyć się *perf*) (spać) wcześniej; **you're early** przyszedłeś za wcześnie.

early retirement *n*: **to take early retirement** iść (pójść *perf*) na wcześniejszą emeryturę.

earn [ə:n] *vt* (*salary*) zarabiać (zarobić *perf*); (*COMM: profit*) przynosić (przynieść *perf*); (*praise*) zyskiwać (zyskać *perf*); (*hatred*) zasłużyć (*perf*) na +*acc*.

earnest ['ə:nɪst] *adj* (*wish, desire*) szczery; (*person, manner*) poważny; **in earnest** *adv* na poważnie *or* serio ♦ *adj*: **she was in earnest about what she was to say** była (bardzo) przejęta tym, co miała powiedzieć.

earnings ['ə:nɪŋz] *npl* (*personal*) zarobki *pl*; (*of company*) dochody *pl*.

earphones ['ɪəfəunz] *npl* słuchawki *pl*.

earring ['ɪərɪŋ] *n* kolczyk *m*.

earth [ə:θ] *n* (*planet*) Ziemia *f*; (*land, surface, soil*) ziemia *f*; (*BRIT: ELEC*) uziemienie *nt* ♦ *vt* (*BRIT*) uziemiać (uziemić *perf*).

earthenware ['ə:θnwɛə*] *n* ceramika *f*, wyroby *pl* ceramiczne.

earthly ['ə:θlɪ] *adj* doczesny, ziemski; **earthly paradise** raj na ziemi; **there is no earthly reason to**

think that ... nie ma najmniejszego powodu (, by) sądzić, że ... .

earthquake ['ə:θkweɪk] *n* trzęsienie *nt* ziemi.

ease [i:z] *n* (*easiness*) łatwość *f*; (*comfort*) beztroska *f* ♦ *vt* (*pain*) łagodzić (złagodzić *perf*); (*tension, problem*) łagodzić (załagodzić *perf*); **to ease sth in/out** włożyć/wyjąć coś; **at ease!** spocznij!

easel ['i:zl] *n* sztaluga *f*.

easily ['i:zɪlɪ] *adv* (*without difficulty, quickly*) łatwo; (*in a relaxed way*) swobodnie; (*by far*) bez wątpienia; (*possibly, well*) śmiało.

east [i:st] *n* wschód *m* ♦ *adj* wschodni ♦ *adv* na wschód; **the East** (*Orient, Eastern Europe*) Wschód *m*.

Easter ['i:stə*] *n* Wielkanoc *f*.

easterly ['i:stəlɪ] *adj* wschodni.

eastern ['i:stən] *adj* wschodni.

East Germany (*old*) *n* Niemcy *pl* Wschodnie, NRD *nt inv*.

eastward(s) ['i:stwəd(z)] *adv* na wschód.

easy ['i:zɪ] *adj* (*task, life, prey*) łatwy; (*conversation, manner*) swobodny ♦ *adv*: **to take it** *or* **things easy** (*go slowly*) nie przemęczać się; (*not worry*) nie przejmować się; (*for health*) oszczędzać się.

easy-going ['i:zɪ'gəuɪŋ] *adj* spokojny, opanowany.

eat [i:t] (*pt* **ate**, *pp* **eaten**) *vt* jeść (zjeść *perf*) ♦ *vi* jeść.

eaves [i:vz] *npl* okap *m*.

eavesdrop ['i:vzdrɔp] *vi*: **to eavesdrop (on)** podsłuchiwać (+*acc*).

ebb [ɛb] *n* odpływ *m* ♦ *vi* (*tidewater*) odpływać, opadać; (*fig: strength*) odpływać (odpłynąć *perf*); (: *feeling*) słabnąć (osłabnąć *perf*).

ebony ['ɛbənɪ] *n* heban *m*.

EC *n abbr* (= *European Community*) Wspólnota *f* Europejska.

eccentric [ɪk'sɛntrɪk] *adj*

ekscentryczny ♦ *n* ekscentryk
(-yczka) *m(f)*.
ecclesiastic(al) [ɪkliːzɪˈæstɪk(l)] *adj*
kościelny.
echo [ˈɛkəu] (*pl* **echoes**) *n* echo *nt* ♦
vt powtarzać (powtórzyć *perf*) ♦ *vi*
(*sound*) odbijać się (odbić się *perf*)
echem; (*cave*) rozbrzmiewać
(rozbrzmieć *perf*) echem.
eclipse [ɪˈklɪps] *n* zaćmienie *nt*.
ecofriendly [ˈiːkəufrɛndlɪ] *adj*
ekologiczny, przyjazny dla
środowiska.
ecological [iːkəˈlɔdʒɪkl] *adj*
ekologiczny.
ecology [ɪˈkɔlədʒɪ] *n* (*environment*)
ekosystem *m*; (*discipline*) ekologia *f*.
economic [iːkəˈnɔmɪk] *adj* (*system,*
history) gospodarczy, ekonomiczny;
(*business*) rentowny.
economical [iːkəˈnɔmɪkl] *adj*
(*system, car*) oszczędny,
ekonomiczny; (*person*) gospodarny,
oszczędny.
economics [iːkəˈnɔmɪks] *n*
ekonomia *f* ♦ *npl* ekonomika *f*.
economist [ɪˈkɔnəmɪst] *n*
ekonomista (-tka) *m(f)*.
economize [ɪˈkɔnəmaɪz] *vi*
oszczędzać.
economy [ɪˈkɔnəmɪ] *n* (*of country*)
gospodarka *f*; (*financial prudence*)
oszczędność *f*.
economy class *n* (*AVIAT*) klasa *f*
turystyczna.
ecosystem [ˈiːkəusɪstəm] *n*
ekosystem *m*.
eco-warrior [ˈiːkəuwɔrɪə*] *n* ekolog
m (*protestujący w obronie środowiska*).
ecstasy [ˈɛkstəsɪ] *n* (*rapture*) ekstaza
f, uniesienie *nt*; (*drug*) ekstaza *f*.
ecstatic [ɛksˈtætɪk] *adj* (*welcome,*
reaction) entuzjastyczny; (*person*)
rozentuzjazmowany.
ecumenical [iːkjuˈmɛnɪkl] *adj*
ekumeniczny.
eczema [ˈɛksɪmə] *n* egzema *f*.

edge [ɛdʒ] *n* (*of forest, road*) skraj *m*;
(*of table, chair*) krawędź *f*, brzeg *m*;
(*of knife*) ostrze *nt* ♦ *vt* okrawać
(okroić *perf*); **on edge** (*fig*) = **edgy**;
to edge away from (powoli)
oddalać się (oddalić się *perf*) od
+*gen*.
edgy [ˈɛdʒɪ] *adj* podenerwowany,
poirytowany.
edible [ˈɛdɪbl] *adj* jadalny.
edict [ˈiːdɪkt] *n* edykt *m*.
edifice [ˈɛdɪfɪs] *n* gmach *m*; (*fig*)
struktura *f*, formacja *f*.
Edinburgh [ˈɛdɪnbərə] *n* Edynburg *m*.
edit [ˈɛdɪt] *vt* (*book*) redagować
(zredagować *perf*); (*text*) adiustować
(zadiustować *perf*); (*film, broadcast*)
montować (zmontować *perf*);
(*newspaper, magazine*) wydawać.
edition [ɪˈdɪʃən] *n* wydanie *nt*.
editor [ˈɛdɪtə*] *n* (*of newspaper,*
magazine) redaktor *m* naczelny; (*of*
book, TV programme) redaktor *m*.
editorial [ɛdɪˈtɔːrɪəl] *adj* redakcyjny ♦
n artykuł *m* redakcyjny *or* wstępny.
educate [ˈɛdjukeɪt] *vt* (*teach*)
kształcić (wykształcić *perf*),
edukować (*literary*); (*inform*)
uświadamiać (uświadomić *perf*).
education [ɛdjuˈkeɪʃən] *n* (*process*)
kształcenie *nt*, nauczanie *nt*;
(*system, area of work*) oświata *f*;
(*knowledge, culture*) wykształcenie *nt*.
educational [ɛdjuˈkeɪʃənl] *adj*
(*institution, policy*) oświatowy; (*toy*)
edukacyjny; (*experience*) pouczający.
edutainment [ɛdjuˈteɪnmənt] (*US*) *n*
(*games*) gry *pl* edukacyjne; (*TV*)
programy *pl*
edukacyjno-rozrywkowe.
EEC *n abbr* = **European Economic**
Community EWG *nt inv*.
eel [iːl] *n* węgorz *m*.
eerie [ˈɪərɪ] *adj* niesamowity.
effect [ɪˈfɛkt] *n* (*result, consequence*)
skutek *m*; (*impression*) efekt *m* ♦ *vt*
(*repairs*) dokonywać (dokonać *perf*)

+*gen*; (*savings*) czynić (poczynić *perf*); **to take effect** (*law*) wchodzić (wejść *perf*) w życie; (*drug*) zaczynać (zacząć *perf*) działać; **in effect** w praktyce.

effective [ɪ'fɛktɪv] *adj* (*successful*) skuteczny; (*actual*) faktyczny.

effectively [ɪ'fɛktɪvlɪ] *adv* (*successfully*) skutecznie; (*in reality*) faktycznie.

effectiveness [ɪ'fɛktɪvnɪs] *n* skuteczność *f*.

effeminate [ɪ'fɛmɪnɪt] *adj* zniewieściały.

effervescent [ɛfə'vɛsnt] *adj* musujący.

efficiency [ɪ'fɪʃənsɪ] *n* (*of person, organization*) sprawność *f*; (*of machine*) wydajność *f*.

efficient [ɪ'fɪʃənt] *adj* (*person*) sprawny; (*organization*) sprawnie działający; (*machine*) wydajny.

effort ['ɛfət] *n* (*endeavour, exertion*) wysiłek *m*; (*determined attempt*) próba *f*, usiłowanie *nt*.

effortless ['ɛfətlɪs] *adj* (*action*) nie wymagający wysiłku; (*style*) lekki, swobodny.

effusive [ɪ'fju:sɪv] *adj* wylewny.

e.g. *adv abbr* (= *exempli gratia*) np.

egg [ɛg] *n* jajo *nt*, jajko *nt*; **hard-boiled/soft-boiled egg** jajko na twardo/na miękko.

eggcup ['ɛgkʌp] *n* kieliszek *m* do jajek.

eggplant ['ɛgplɑ:nt] (*esp US*) *n* bakłażan *m*.

ego ['i:gəu] *n* ego *nt inv*.

egotism ['ɛgəutɪzəm], **egoism** *n* egotyzm *m*, egoizm *m*.

egotist ['ɛgəutɪst], **egoist** *n* egotysta (-tka) *m(f)*, egoista (-tka) *m(f)*.

Egypt ['i:dʒɪpt] *n* Egipt *m*.

Egyptian [ɪ'dʒɪpʃən] *adj* egipski ♦ *n* Egipcjanin (-anka) *m(f)*.

eight [eɪt] *num* osiem.

eighteen [eɪ'ti:n] *num* osiemnaście.

eighth [eɪtθ] *num* ósmy.

eighty ['eɪtɪ] *num* osiemdziesiąt.

Eire ['ɛərə] *n* Irlandia *f*.

either ['aɪðə*] *adj* (*one or other*) obojętnie który (*z dwóch*); (*both, each*) i jeden, i drugi ♦ *pron*: **either (of them)** (oni) obaj; (*with negative*) żaden (z nich dwóch) ♦ *adv* też (nie) ♦ *conj*: **either ... or** albo ... albo; (*with negative*) ani, ... ani; **on either side** po obu stronach; **I don't like either** nie lubię ani jednego, ani drugiego; **no, I don't either** nie, ja też nie.

eject [ɪ'dʒɛkt] *vt* (*object, gatecrasher*) wyrzucać (wyrzucić *perf*); (*tenant*) eksmitować (eksmitować *perf or* wyeksmitować *perf*).

elaborate [ɪ'læbərɪt] *adj* (*complex*) złożony; (*intricate*) zawiły; (*ornate*) misterny, kunsztowny ♦ *vt* (*expand*) rozwijać (rozwinąć *perf*); (*refine*) dopracowywać (dopracować *perf*) ♦ *vi*: **to elaborate (on)** (*plan etc*) podawać (podać *perf*) szczegóły (+*gen*).

elapse [ɪ'læps] *vi* (*time*) mijać (minąć *perf*), upływać (upłynąć *perf*).

elastic [ɪ'læstɪk] *n* guma *f* ♦ *adj* rozciągliwy, elastyczny; (*fig*) elastyczny.

elated [ɪ'leɪtɪd] *adj* rozradowany.

elbow ['ɛlbəu] *n* łokieć *m*.

elder ['ɛldə*] *adj* starszy ♦ *n* (*tree*) czarny bez *m*; (*usu pl*) starszyzna *f*.

elderly ['ɛldəlɪ] *adj* starszy, w podeszłym wieku *post* ♦ *npl*: **the elderly** ludzie *vir pl* starsi.

eldest ['ɛldɪst] *adj* najstarszy ♦ *n* najstarsze dziecko *nt*.

elect [ɪ'lɛkt] *vt* wybierać (wybrać *perf*) ♦ *adj*: **the president elect** prezydent *m* elekt *m*; **to elect to do sth** zdecydować się (*perf*) coś (z)robić.

election [ɪ'lɛkʃən] *n* (*voting*) wybory *pl*; (*installation*) wybór *m*.

electioneering [ɪlɛkʃə'nɪərɪŋ] n
agitacja f (przed)wyborcza.

electoral [ɪ'lɛktərəl] adj wyborczy.

electorate [ɪ'lɛktərɪt] n wyborcy vir
pl, elektorat m.

electric [ɪ'lɛktrɪk] adj elektryczny.

electrical [ɪ'lɛktrɪkl] adj elektryczny.

electrical engineer n inżynier m
elektryk m.

electrician [ɪlɛk'trɪʃən] n elektryk m.

electricity [ɪlɛk'trɪsɪtɪ] n
elektryczność f, prąd m.

electrify [ɪ'lɛktrɪfaɪ] vt
elektryfikować (zelektryfikować
perf); (fig) elektryzować
(zelektryzować perf).

electrode [ɪ'lɛktrəud] n elektroda f.

electron [ɪ'lɛktrɔn] n elektron m.

electronic [ɪlɛk'trɔnɪk] adj
elektroniczny.

electronic mail n poczta f
elektroniczna.

electronics [ɪlɛk'trɔnɪks] n
elektronika f.

elegance ['ɛlɪgəns] n elegancja f.

elegant ['ɛlɪgənt] adj elegancki.

element ['ɛlɪmənt] n (part) element
m; (CHEM) pierwiastek m; (of
heater, kettle etc) element m grzejny.

elementary [ɛlɪ'mɛntərɪ] adj
elementarny; (school, education)
podstawowy.

elephant ['ɛlɪfənt] n słoń m.

elevation [ɛlɪ'veɪʃən] n (to peerage
etc) wyniesienie nt; (hill)
wzniesienie nt; (of place) wysokość f
(nad poziomem morza).

elevator ['ɛlɪveɪtə*] n (US) winda f,
(in warehouse etc) podnośnik m.

eleven [ɪ'lɛvn] num jedenaście.

elf [ɛlf] (pl **elves**) n elf m.

elicit [ɪ'lɪsɪt] vt: to elicit sth from sb
(response, reaction) wywoływać
(wywołać perf) coś z czyjejś strony.

eligible ['ɛlɪdʒəbl] adj (man, woman)
wolny, do wzięcia post; an eligible
bachelor dobra partia; to be eligible

for sth mieć prawo ubiegać się o
coś.

eliminate [ɪ'lɪmɪneɪt] vt (poverty,
smoking) likwidować (zlikwidować
perf); (candidate, team, contestant)
eliminować (wyeliminować perf).

elimination [ɪlɪmɪ'neɪʃən] n (of
poverty, smoking) likwidacja f; (of
candidate, team, contestant)
eliminacja f.

élite [eɪ'liːt] n elita f.

elm [ɛlm] n wiąz m.

elongated ['iːlɔŋgeɪtɪd] adj
wydłużony.

eloquent ['ɛləkwənt] adj (speech,
description) sugestywny; (person)
wymowny, elokwentny.

else [ɛls] adv: or else (otherwise) bo
inaczej; something else coś innego,
coś jeszcze; somewhere else
gdzie(ś) indziej; where else?
gdzie(ż) indziej?; there was little
else to do niewiele więcej można
było zrobić; nobody else spoke
nikt więcej or inny się nie odezwał.

elsewhere [ɛls'wɛə*] adv gdzie
indziej.

elude [ɪ'luːd] vt (captor) umykać
(umknąć perf) +dat; (capture)
uciekać (uciec perf) przed +instr; his
name eludes me nie mogę sobie
przypomnieć jego nazwiska.

elusive [ɪ'luːsɪv] adj (person, animal)
nieuchwytny; (quality) ulotny.

elves [ɛlvz] npl of elf.

emaciated [ɪ'meɪsɪeɪtɪd] adj
wychudzony.

emanate ['ɛmaneɪt] vi: to emanate
from (idea) wywodzić się od +gen;
(feeling) emanować z +gen; (sound,
light, smell) dochodzić z +gen.

emancipate [ɪ'mænsɪpeɪt] vt (slaves)
wyzwalać (wyzwolić perf); (women)
emancypować (wyemancypować
perf).

emancipation [ɪmænsɪ'peɪʃən] n (of

slaves) wyzwolenie *nt*; (*of women*) emancypacja *f*.

embankment [ɪmˈbæŋkmənt] *n* (*of road, railway*) nasyp *m*; (*of river*) nabrzeże *nt*.

embargo [ɪmˈbɑːgəʊ] (*pl* **embargoes**) *n* embargo *nt*.

embark [ɪmˈbɑːk] *vi* (*NAUT*): **to embark (on)** zaokrętować się (*perf*) (na +*loc*).

▶**to embark on** *vt fus* (*journey*) wyruszać (wyruszyć *perf*) w +*acc*; (*task, course of action*) podejmować (podjąć *perf*).

embarkation [ɛmbɑːˈkeɪʃən] *n* (*of people*) zaokrętowanie *nt*; (*of cargo*) załadunek *m*.

embarrass [ɪmˈbærəs] *vt* (*emotionally*) wprawiać (wprawić *perf*) w zakłopotanie; (*politician, government*) stawiać (postawić *perf*) w trudnym położeniu.

embarrassed [ɪmˈbærəst] *adj* (*laugh, silence*) pełen zakłopotania *or* zażenowania *post*.

embarrassing [ɪmˈbærəsɪŋ] *adj* (*situation*) kłopotliwy, krępujący; (*statement*) wprawiający w zakłopotanie.

embarrassment [ɪmˈbærəsmənt] *n* (*shame*) wstyd *m*; (*shyness*) zażenowanie *nt*, skrępowanie *nt*; (*problem*) kłopotliwa sytuacja *f*.

embassy [ˈɛmbəsɪ] *n* ambasada *f*.

embedded [ɪmˈbɛdɪd] *adj* (*attitude, feeling*) zakorzeniony; (*object*): **embedded in** wbity w +*acc*, osadzony w +*loc*.

embezzlement [ɪmˈbɛzlmənt] *n* malwersacja *f*, defraudacja *f*.

emblem [ˈɛmbləm] *n* (*of country*) godło *nt*; (*of sports club etc*) emblemat *m*; (*mark, symbol*) symbol *m*.

embody [ɪmˈbɔdɪ] *vt* (*express, manifest*) być ucieleśnieniem +*gen*, reprezentować.

embrace [ɪmˈbreɪs] *vt* obejmować (objąć *perf*) ♦ *vi* obejmować się (objąć się *perf*) ♦ *n* uścisk *m*, objęcie *nt* (*usu pl*).

embroidery [ɪmˈbrɔɪdərɪ] *n* haft *m*.

embryo [ˈɛmbrɪəʊ] *n* zarodek *m*, embrion *m*.

emerald [ˈɛmərəld] *n* szmaragd *m*.

emerge [ɪˈmɜːdʒ] *vi* pojawiać się (pojawić się *perf*); **to emerge from** (*room, imprisonment*) wychodzić (wyjść *perf*) z +*gen*; (*sleep, reverie*) ocknąć się (*perf*) z +*gen*; (*discussion, investigation*) wyłaniać się (wyłonić się *perf*) z +*gen*.

emergency [ɪˈmɜːdʒənsɪ] *n* nagły wypadek *m*; **in an emergency** w razie niebezpieczeństwa; **a state of emergency** stan wyjątkowy.

emergency exit *n* wyjście *nt* awaryjne.

emergent [ɪˈmɜːdʒənt] *adj* (*country*) nowo powstały; (*group, movement, idea*) wyłaniający się.

emigrant [ˈɛmɪgrənt] *n* emigrant(ka) *m(f)*.

emigrate [ˈɛmɪgreɪt] *vi* emigrować (emigrować *perf or* wyemigrować *perf*).

emigration [ɛmɪˈgreɪʃən] *n* emigracja *f*.

eminent [ˈɛmɪnənt] *adj* znakomity, wybitny.

emission [ɪˈmɪʃən] *n* emisja *f*.

emit [ɪˈmɪt] *vt* emitować (emitować *perf or* wyemitować *perf*).

emotion [ɪˈməʊʃən] *n* uczucie *nt*; (*as opposed to reason*) emocja *f* (*usu pl*); **he was overcome by** *or* **with emotion** ogarnęło go wzruszenie.

emotional [ɪˈməʊʃənl] *adj* (*person*) uczuciowy; (*needs, attitude*) emocjonalny; (*issue*) budzący emocje; (*speech, plea*) wzruszający.

emotive [ɪˈməʊtɪv] *adj* (*subject*) budzący *or* wywołujący emocje; (*language*) odwołujący się do emocji.

emperor ['empərə*] n cesarz m,
imperator m.
emphasis ['emfəsɪs] (pl
emphases) n nacisk m.
emphasize ['emfəsaɪz] vt (word)
akcentować (zaakcentować perf);
(point, feature) podkreślać
(podkreślić perf).
emphatic [ɛmˈfætɪk] adj dobitny,
stanowczy.
emphatically [ɛmˈfætɪklɪ] adv
(forcefully) stanowczo; (certainly)
zdecydowanie.
empire ['empaɪə*] n imperium nt,
cesarstwo nt; (fig) imperium nt.
empirical [ɛmˈpɪrɪkl] adj (study)
doświadczalny; (knowledge)
empiryczny.
employ [ɪmˈplɔɪ] vt (workforce,
person) zatrudniać (zatrudnić perf);
(tool, weapon) stosować (zastosować
perf).
employee [ɪmplɔɪˈiː] n zatrudniony
(-na) m(f), pracownik (-ica) m(f).
employer [ɪmˈplɔɪə*] n pracodawca
m.
employment [ɪmˈplɔɪmənt] n
zatrudnienie nt.
emptiness ['emptɪnɪs] n (of area,
life) pustka f; (of sea, ocean) bezkres
m.
empty ['emptɪ] adj pusty; (fig: threat,
promise) czczy, gołosłowny ♦ vt
(container) opróżniać (opróżnić
perf); (liquid) wylewać (wylać perf) ♦
vi (house) pustoszeć (opustoszeć
perf); (container) opróżniać się
(opróżnić się perf).
empty-handed ['emptɪˈhændɪd] adj:
he returned empty-handed wrócił z
pustymi rękami.
emulate ['emjuleɪt] vt naśladować;
(COMPUT) emulować.
emulsion [ɪˈmʌlʃən] n (PHOT)
emulsja f; (also: **emulsion paint**)
farba f emulsyjna.
enable [ɪˈneɪbl] vt: to enable sb to

do sth umożliwiać (umożliwić perf)
komuś (z)robienie czegoś.
enact [ɪˈnækt] vt (law) uchwalać
(uchwalić perf); (play, role) grać
(zagrać perf), odgrywać (odegrać
perf).
enamel [ɪˈnæməl] n emalia f; (of
tooth) szkliwo nt.
enchanted [ɪnˈtʃɑːntɪd] adj (castle)
zaczarowany; (person) oczarowany.
enchanting [ɪnˈtʃɑːntɪŋ] adj
czarujący.
encircle [ɪnˈsəːkl] vt otaczać
(otoczyć perf).
encl. abbr (= enclosed, enclosure) zał.
enclave ['ɛnkleɪv] n enklawa f.
enclose [ɪnˈkləuz] vt (land, space)
otaczać (otoczyć perf); (letter,
cheque) załączać (załączyć perf);
please find enclosed ... w
załączeniu przesyłamy +acc.
enclosure [ɪnˈkləuʒə*] n (area)
ogrodzone miejsce nt.
encompass [ɪnˈkʌmpəs] vt (subject,
measure) obejmować (objąć perf).
encore [ɔŋˈkɔː*] n, excl bis m; as an
encore na bis.
encounter [ɪnˈkauntə*] n (meeting)
spotkanie nt; (experience) zetknięcie
się nt ♦ vt (person) spotykać
(spotkać perf); (problem) napotykać
(napotkać perf); (new experience)
spotykać się (spotkać się perf) or
stykać się (zetknąć się perf) z +instr.
encourage [ɪnˈkʌrɪdʒ] vt (person): to
encourage sb (to do sth) zachęcać
(zachęcić perf) kogoś (do zrobienia
czegoś); (activity) zachęcać do +gen;
(attitude) popierać (poprzeć perf);
(growth) pobudzać (pobudzić perf).
encouragement [ɪnˈkʌrɪdʒmənt] n
(inspiration) zachęta f; (support)
poparcie nt.
encouraging [ɪnˈkʌrɪdʒɪŋ] adj
zachęcający.
encroach [ɪnˈkrəutʃ] vi: to encroach
(up)on (rights) naruszać (naruszyć

perf) +*acc*; (*property*) wtargnąć (*perf*) *or* wdzierać się (wedrzeć się *perf*) na teren +*gen*; (*time*) zabierać (zabrać *perf*) +*acc*.

encyclop(a)edia [ɛnsaɪkləu'piːdɪə] *n* encyklopedia *f*.

end [ɛnd] *n* koniec *m*; (*purpose*) cel *m* ♦ *vt* kończyć (skończyć *perf*), zakańczać (zakończyć *perf*) ♦ *vi* kończyć się (skończyć się *perf*); **in the end** w końcu; **on end** na sztorc; **for hours on end** (całymi) godzinami; **to bring to an end, put an end to** kłaść (położyć *perf*) kres +*dat*.

▶**end up** *vi*: **to end up in** (*prison etc*) kończyć (skończyć *perf*) w +*loc*, trafiać (trafić *perf*) do +*gen*; **he ended up in tears** skończyło się na tym, że wybuchnął płaczem; **we ended up taking a taxi** koniec końców wzięliśmy taksówkę.

endanger [ɪn'deɪndʒə*] *vt* zagrażać (zagrozić *perf*) +*dat*; **an endangered species** gatunek zagrożony (wymarciem).

endearing [ɪn'dɪərɪŋ] *adj* ujmujący.

endeavour [ɪn'dɛvə*] (*US* **endeavor**) *n* usiłowanie *nt*, próba *f* ♦ *vi*: **to endeavour to do sth** usiłować coś zrobić, próbować (spróbować *perf*) coś zrobić.

ending ['ɛndɪŋ] *n* (*of book, film*) zakończenie *nt*; (*LING*) końcówka *f*.

endless ['ɛndlɪs] *adj* (*argument, search*) nie kończący się; (*forest, beach*) bezkresny.

endorse [ɪn'dɔːs] *vt* (*cheque*) podpisywać (podpisać *perf*) na odwrocie, indosować (indosować *perf*) (*fml*); (*proposal, candidate*) popierać (poprzeć *perf*), udzielać (udzielić *perf*) poparcia +*dat*.

endorsement [ɪn'dɔːsmənt] *n* poparcie *nt*; (*BRIT: on driving licence*) adnotacja *f* (*o wykroczeniu drogowym*).

endow [ɪn'dau] *vt* wspomagać (wspomóc *perf*) finansowo, dokonywać (dokonać *perf*) zapisu na rzecz +*gen*; **to be endowed with** (*talent, ability*) być obdarzonym +*instr*.

endurance [ɪn'djuərəns] *n* wytrzymałość *f*.

endure [ɪn'djuə*] *vt* znosić (znieść *perf*) ♦ *vi* trwać (przetrwać *perf*).

enemy ['ɛnəmɪ] *n* wróg *m*; (*MIL*) nieprzyjaciel *m* ♦ *cpd*: **enemy forces/strategy** siły *pl*/strategia *f* nieprzyjaciela.

energetic [ɛnə'dʒɛtɪk] *adj* energiczny.

energy ['ɛnədʒɪ] *n* energia *f*.

enforce [ɪn'fɔːs] *vt* (*JUR: impose*) wprowadzać (wprowadzić *perf*) w życie; (*compel observance of*) egzekwować.

engage [ɪn'geɪdʒ] *vt* (*attention*) zajmować (zająć *perf*); (*consultant, lawyer*) angażować (zaangażować *perf*); (*AUT: clutch*) włączać (włączyć *perf*) ♦ *vi* (*TECH*) zaczepiać się (zaczepić się *perf*), sprzęgać się (sprząc się *perf*); **to engage in** zajmować się (zająć się *perf*) +*instr*.

engaged [ɪn'geɪdʒd] *adj* (*betrothed*) zaręczony; (*BRIT: TEL*) zajęty; **to get engaged (to sb)** zaręczać się (zaręczyć się *perf*) (z kimś).

engaged tone (*BRIT: TEL*) *n* sygnał *m* „zajęte"

engagement [ɪn'geɪdʒmənt] *n* (*appointment*) umówione spotkanie *nt*, zobowiązanie *nt* (towarzyskie); (*of actor*) angaż *m*; (*to marry*) zaręczyny *pl*; **I have a previous engagement** jestem już (z kimś) umówiony.

engagement ring *n* pierścionek *m* zaręczynowy.

engaging [ɪn'geɪdʒɪŋ] *adj* (*personality, trait*) ujmujący.

engine ['ɛndʒɪn] n (AUT) silnik m;
(RAIL) lokomotywa f.

engine driver n maszynista (-tka)
m(f).

engineer [ɛndʒɪ'nɪə*] n (designer)
inżynier m; (BRIT: for repairs)
technik m; (US: RAIL) maszynista m;
(on ship) mechanik m.

engineering [ɛndʒɪ'nɪərɪŋ] n
inżynieria f; (of ships, machines)
budowa f.

England ['ɪŋglənd] n Anglia f.

English ['ɪŋglɪʃ] adj angielski ♦ n
(język m) angielski; **the English** npl
Anglicy vir pl.

English Channel n: **the English
Channel** kanał m La Manche.

Englishman ['ɪŋglɪʃmən] (irreg like:
man) n Anglik m.

Englishwoman ['ɪŋglɪʃwumən] (irreg
like: **woman**) n Angielka f.

engraving [ɪn'greɪvɪŋ] n sztych m,
rycina f.

engrossed [ɪn'grəust] adj:
engrossed in pochłonięty +instr.

enhance [ɪn'hɑːns] vt (value)
podnosić (podnieść perf); (beauty)
uwydatniać (uwydatnić perf);
(reputation) poprawiać (poprawić
perf).

enigma [ɪ'nɪgmə] n zagadka f.

enigmatic [ɛnɪg'mætɪk] adj
enigmatyczny, zagadkowy.

enjoy [ɪn'dʒɔɪ] vt (like): **I enjoy
dancing** lubię tańczyć; (health, life)
cieszyć się +instr; **to enjoy o.s.**
dobrze się bawić; **did you enjoy the
concert?** czy podobał ci się koncert?

enjoyable [ɪn'dʒɔɪəbl] adj przyjemny.

enjoyment [ɪn'dʒɔɪmənt] n
przyjemność f.

enlarge [ɪn'lɑːdʒ] vt powiększać
(powiększyć perf) ♦ vi: **to enlarge
on** rozwodzić się nad +instr.

enlargement [ɪn'lɑːdʒmənt] n
powiększenie nt.

enlightened [ɪn'laɪtnd] adj
oświecony.

enlist [ɪn'lɪst] vt (soldier) werbować
(zwerbować perf); (support, help)
pozyskiwać (pozyskać perf);
(person) zjednywać (zjednać perf)
sobie ♦ vi: **to enlist in** zaciągać się
(zaciągnąć się perf) do +gen.

enormous [ɪ'nɔːməs] adj ogromny.

enough [ɪ'nʌf] adj dosyć or dość
(+gen) ♦ pron dosyć, dość ♦ adv:
big enough dość or dostatecznie or
wystarczająco duży; **have you had
enough to eat?** najadłeś się?;
enough! dość (tego)!; **that's
enough, thanks** dziękuję,
wystarczy; **I've had enough of him**
mam go dosyć; **oddly/funnily
enough, ...** co dziwne/zabawne, ...,
dziwnym trafem, ...

enquire [ɪn'kwaɪə*] vt, vi = **inquire**.

enrich [ɪn'rɪtʃ] vt wzbogacać
(wzbogacić perf).

enrol [ɪn'rəul] (US **enroll**) vi: **to
enrol (at a school/on a course)**
zapisywać się (zapisać się perf) (do
szkoły/na kurs).

en route [ɔn'ruːt] adv po drodze.

ensue [ɪn'sjuː] vi następować
(nastąpić perf), wywiązywać się
(wywiązać się perf).

ensure [ɪn'ʃuə*] vt zapewniać
(zapewnić perf).

entail [ɪn'teɪl] vt pociągać (pociągnąć
perf) za sobą.

entangled [ɪn'tæŋgld] adj: **to
become entangled (in)** zaplątywać
się (zaplątać się perf) (w +acc).

enter ['ɛntə*] vt (room, building)
wchodzić (wejść perf) do +gen;
(club, army) wstępować (wstąpić
perf) do +gen; (university) wstępować
(wstąpić perf) na +acc; (race,
contest) brać (wziąć perf) udział w
+loc; (person: for competition)
zgłaszać (zgłosić perf); (write down)
zapisywać (zapisać perf); (COMPUT)

wprowadzać (wprowadzić *perf*) ♦ *vi*
wchodzić (wejść *perf*).

►**enter for** *vt fus* zapisywać się
(zapisać się *perf*) na +*acc*.

►**enter into** *vt fus* (*discussion*)
wdawać się (wdać się *perf*) w +*acc*;
(*correspondence*) nawiązywać
(nawiązać *perf*) +*acc*; (*agreement*)
zawierać (zawrzeć *perf*) +*acc*.

enterprise ['ɛntəpraɪz] *n* (*company*)
przedsiębiorstwo *nt*; (*venture*)
przedsięwzięcie *nt*; (*initiative*)
przedsiębiorczość *f*; **free enterprise**
wolna konkurencja (rynkowa).

enterprising ['ɛntəpraɪzɪŋ] *adj*
(*person*) przedsiębiorczy, rzutki;
(*scheme*) pomysłowy.

entertain [ɛntə'teɪn] *vt* (*amuse*)
zabawiać (zabawić *perf*); (*play host
to*) przyjmować (przyjąć *perf*);
(*consider*) brać (wziąć *perf*) pod
uwagę.

entertainer [ɛntə'teɪnə*] artysta
(-tka) *m(f)* estradowy (-wa) *m(f)*.

entertaining [ɛntə'teɪnɪŋ] *adj*
zabawny.

entertainment [ɛntə'teɪnmənt] *n*
(*amusement*) rozrywka *f*; (*show*)
widowisko *nt*.

enthusiasm [ɪn'θu:zɪæzəm] *n*
entuzjazm *m*.

enthusiast [ɪn'θu:zɪæst] *n* entuzjasta
(-tka) *m(f)*.

enthusiastic [ɪnθu:zɪ'æstɪk] *adj*
(*person, response*) pełen
entuzjazmu; (*reception*)
entuzjastyczny; (*crowds*)
rozentuzjazmowany; **to be
enthusiastic about** entuzjazmować
się +*instr*.

entice [ɪn'taɪs] *vt* wabić (zwabić *perf*).

entire [ɪn'taɪə*] *adj* cały.

entirely [ɪn'taɪəlɪ] *adv* (*exclusively*)
wyłącznie; (*completely*) całkowicie.

entitle [ɪn'taɪtl] *vt*: **to be entitled to
do sth** mieć prawo coś (z)robić.

entitled [ɪn'taɪtld] *adj* zatytułowany,
pod tytułem.

entity ['ɛntɪtɪ] *n* jednostka *f*.

entourage [ɔntu'rɑ:ʒ] *n* świta *f*.

entrance ['ɛntrns] *n* wejście *nt* ♦ *vt*
oczarowywać (oczarować *perf*).

entrance examination *n* egzamin
m wstępny.

entrenched [ɛn'trɛntʃt] *adj* (*ideas*)
zakorzeniony; (*power*) utrwalony.

entrepreneur ['ɔntrəprə'nə:*] *n*
przedsiębiorca *m*.

entrust [ɪn'trʌst] *vt*: **to entrust sth to
sb, sb with sth** powierzać
(powierzyć *perf*) coś komuś.

entry ['ɛntrɪ] *n* (*way in, arrival*)
wejście *nt*; (*in competition: story,
drawing*) praca *f* (konkursowa);
(: *taking part*) udział *m*; (*in register,
account book*) pozycja *f*, zapis *m*; (*in
reference book*) hasło *nt*; (*to country*)
wjazd *m*; **"no entry"** „zakaz
wstępu"; (*AUT*) „zakaz wjazdu".

entry phone (*BRIT*) *n* domofon *m*.

enumerate [ɪ'nju:məreɪt] *vt* wyliczać
(wyliczyć *perf*).

envelop [ɪn'vɛləp] *vt* okrywać (okryć
perf).

envelope ['ɛnvələup] *n* koperta *f*.

envious ['ɛnvɪəs] *adj* zazdrosny.

environment [ɪn'vaɪərnmənt] *n*
(*surroundings*) środowisko *nt*,
otoczenie *nt*; **the environment**
środowisko (naturalne).

environmental [ɪnvaɪərn'mɛntl] *adj*
(*studies*) środowiskowy.

envisage [ɪn'vɪzɪdʒ] *vt* przewidywać
(przewidzieć *perf*).

envoy ['ɛnvɔɪ] *n* wysłannik (-iczka)
m(f).

envy ['ɛnvɪ] *n* zawiść *f*, zazdrość *f* ♦
vt: **to envy sb (sth)** zazdrościć
komuś (czegoś).

enzyme ['ɛnzaɪm] *n* enzym *m*.

ephemeral [ɪ'fɛmərl] *adj* ulotny,
efemeryczny.

epic [ˈɛpɪk] n epos m, epopeja f ♦ adj (great) imponujący.

epidemic [ɛpɪˈdɛmɪk] n epidemia f.

epilepsy [ˈɛpɪlɛpsɪ] n padaczka f, epilepsja f.

epileptic [ɛpɪˈlɛptɪk] adj epileptyczny ♦ n epileptyk (-yczka) m(f).

episode [ˈɛpɪsəud] n (period, event) epizod m; (TV, RADIO) odcinek m.

epitaph [ˈɛpɪtɑ:f] n epitafium nt.

epithet [ˈɛpɪθɛt] n epitet m.

epitome [ɪˈpɪtəmɪ] n (person) uosobienie nt; (thing) typowy przykład m.

epoch [ˈi:pɔk] n epoka f.

equal [ˈi:kwl] adj równy; (intensity, quality) jednakowy ♦ n równy m ♦ vt (number, amount) równać się; (match, rival) dorównywać (dorównać perf) +dat; **to be equal to the task** stawać (stanąć perf) na wysokości zadania.

equality [i:ˈkwɔlɪtɪ] n równość f.

equally [ˈi:kwəlɪ] adv (share, divide) równo; (good, bad) równie.

equals sign n znak m równości.

equate [ɪˈkweɪt] vt: **to equate sth with** identyfikować coś z +instr; **to equate A to B** przyrównywać (przyrównać perf) A do B.

equation [ɪˈkweɪʃən] n równanie nt.

equator [ɪˈkweɪtə*] n: **the equator** równik m.

equestrian [ɪˈkwɛstrɪən] adj (competition) hipiczny; (club) jeździecki; (outfit) do jazdy konnej post.

equilibrium [i:kwɪˈlɪbrɪəm] n równowaga f.

equinox [ˈi:kwɪnɔks] n równonoc f.

equip [ɪˈkwɪp] vt: **to equip (with)** wyposażać (wyposażyć perf) (w +acc).

equipment [ɪˈkwɪpmənt] n wyposażenie nt, sprzęt m.

equivalent [ɪˈkwɪvələnt] adj: **equivalent (to)** równoważny (+dat); (in meaning) równoznaczny (z +instr) ♦ n (counterpart) odpowiednik m; (sth of equal value) równoważnik m, ekwiwalent m.

equivocal [ɪˈkwɪvəkl] adj dwuznaczny, niejednoznaczny.

era [ˈɪərə] n era f.

eradicate [ɪˈrædɪkeɪt] vt (prejudice, bad habits) wykorzeniać (wykorzenić perf); (problems) eliminować (wyeliminować perf).

erase [ɪˈreɪz] vt (lit, fig) wymazywać (wymazać perf); (recording) kasować (skasować perf).

eraser [ɪˈreɪzə*] n gumka f.

erect [ɪˈrɛkt] adj (posture) wyprostowany, prosty; (tail, ears) podniesiony ♦ vt (build) wznosić (wznieść perf); (assemble) ustawiać (ustawić perf).

erection [ɪˈrɛkʃən] n (of monument) wzniesienie nt; (of tent) postawienie nt; (of machine) montaż m; (PHYSIOL) wzwód m, erekcja f.

erode [ɪˈrəud] vt powodować (spowodować perf) erozję +gen; (fig: freedom) ograniczać (ograniczyć perf); (: authority) podrywać (poderwać perf); (: confidence) podkopywać (podkopać perf).

erosion [ɪˈrəuʒən] n erozja f; (fig: of freedom) ograniczenie nt.

erotic [ɪˈrɔtɪk] adj erotyczny.

eroticism [ɪˈrɔtɪsɪzəm] n (of book, picture) erotyka f; (of person) erotyzm m.

err [ə:*] (fml) vi błądzić (zbłądzić perf).

errand [ˈɛrənd] n polecenie nt; **to run errands** załatwiać sprawy.

erratic [ɪˈrætɪk] adj (behaviour, attempts) niekonsekwentny; (noise) nieregularny.

erroneous [ɪˈrəunɪəs] adj błędny, mylny.

error [ˈɛrə*] n błąd m.

erupt [ɪ'rʌpt] vi wybuchać
(wybuchnąć perf).

eruption [ɪ'rʌpʃən] n (of volcano)
erupcja f, wybuch m; (of fighting)
wybuch m.

escalate ['ɛskəleɪt] vi nasilać się
(nasilić się perf).

escalator ['ɛskəleɪtə*] n schody pl
ruchome.

escapade [ɛskə'peɪd] n eskapada f.

escape [ɪs'keɪp] n ucieczka f; (of
liquid) wyciek m; (of gas) ulatnianie
się nt ♦ vi (person) uciekać (uciec
perf); (liquid) wyciekać (wyciec
perf); (gas) uchodzić, ulatniać się ♦
vt (consequences, responsibility)
unikać (uniknąć perf) +gen; **his
name escapes me** nie mogę sobie
przypomnieć jego nazwiska; **to
escape from** (place) uciekać (uciec
perf) z +gen; (person) uciekać (uciec
perf) od +gen.

escort ['ɛskɔːt] n (companion) osoba
f towarzysząca; (MIL, POLICE)
eskorta f ♦ vt towarzyszyć +dat;
(MIL, POLICE) eskortować
(odeskortować perf).

Eskimo ['ɛskɪməu] n Eskimos(ka)
m(f).

esophagus [iː'sɔfəgəs] (US) n =
oesophagus.

especially [ɪs'pɛʃlɪ] adv (above all,
particularly) szczególnie, zwłaszcza.

espresso [ɛ'sprɛsəu] n espresso nt
inv.

espionage ['ɛspɪɑːnaːʒ] n
szpiegostwo nt.

espouse [ɪs'pauz] vt opowiadać się
za +instr.

essay ['ɛseɪ] n (SCOL)
wypracowanie nt; (LITERATURE)
esej m.

essence ['ɛsns] n (soul, spirit) istota
f; (CULIN) esencja f, olejek m.

essential [ɪ'sɛnʃl] adj (necessary,
vital) niezbędny; (basic) istotny,
zasadniczy ♦ n rzecz f niezbędna.

essentially [ɪ'sɛnʃəlɪ] adv (broadly,
basically) zasadniczo; (really) w
gruncie rzeczy.

establish [ɪs'tæblɪʃ] vt (organization,
firm) zakładać (założyć perf); (facts,
cause) ustalać (ustalić perf);
(relations, contact) nawiązywać
(nawiązać perf).

established [ɪs'tæblɪʃt] adj
(business) o ustalonej reputacji post;
(custom, practice) ustalony, przyjęty.

establishment [ɪs'tæblɪʃmənt] n (of
organization, firm) założenie nt;
(shop etc) placówka f; **the
Establishment** establishment.

estate [ɪs'teɪt] n (land) posiadłość f,
majątek m (ziemski); (BRIT: also:
housing estate) osiedle nt
(mieszkaniowe); (JUR) majątek m.

estate agent (BRIT) n pośrednik
(-iczka) m(f) w handlu
nieruchomościami.

esteem [ɪs'tiːm] n: **to hold sb in
high esteem** darzyć kogoś wielkim
szacunkiem.

estimate ['ɛstɪmət] n (calculation)
szacunkowe or przybliżone
obliczenie nt, szacunek m;
(assessment) ocena f; (of builder etc)
kosztorys m ♦ vt szacować
(oszacować perf).

estranged [ɪs'treɪndʒd] adj: **to be
estranged from** (spouse)
pozostawać w separacji z +instr;
(family) nie mieszkać z +instr.

estuary ['ɛstjuərɪ] n ujście nt (rzeki).

etc. abbr (= et cetera) itd.

eternal [ɪ'təːnl] adj (everlasting)
wieczny; (unchanging) niezmienny.

eternity [ɪ'təːnɪtɪ] n wieczność f.

ethical ['ɛθɪkl] adj etyczny.

ethics ['ɛθɪks] n etyka f (nauka) ♦ npl
etyka f (moralność).

Ethiopia [iːθɪ'əupɪə] n Etiopia f.

ethnic ['ɛθnɪk] adj etniczny.

etiquette ['ɛtɪkɛt] n etykieta f.

EU abbr (= **European Union**) UE.

eucalyptus [juːkəˈlɪptəs] *n*
eukaliptus *m*.

euphemism [ˈjuːfəmɪzəm] *n*
eufemizm *m*.

euphoria [juːˈfɔːrɪə] *n* euforia *f*.

Euro [ˈjuərəu] (*FIN*) *n* euro *nt inv*.

Eurocheque [ˈjuərəutʃɛk] *n* euroczek
m.

Europe [ˈjuərəp] *n* Europa *f*.

European [juərəˈpiːən] *adj*
europejski ♦ *n* Europejczyk (-jka)
m(f).

European Union *n* Unia *f*
Europejska.

euthanasia [juːθəˈneɪzɪə] *n*
eutanazja *f*.

evacuate [ɪˈvækjueɪt] *vt* ewakuować
(ewakuować *perf*).

evacuation [ɪvækjuˈeɪʃən] *n*
ewakuacja *f*.

evade [ɪˈveɪd] *vt* (*tax, duty,
responsibility*) uchylać się (uchylić
się *perf*) od +*gen*; (*question*) uchylać
się (uchylić się *perf*) od odpowiedzi
na +*acc*; (*person: avoid meeting*)
unikać (uniknąć *perf*) +*gen*;
(: *escape from*) umykać (umknąć
perf) *or* wymykać się (wymknąć się
perf) +*dat*.

evaluate [ɪˈvæljueɪt] *vt* oceniać
(ocenić *perf*).

evaporate [ɪˈvæpəreɪt] *vi*
wyparowywać (wyparować *perf*);
(*fig*) ulatniać się (ulotnić się *perf*).

evasion [ɪˈveɪʒən] *n* (*of responsibility,
tax etc*) uchylanie się *nt*.

evasive [ɪˈveɪsɪv] *adj* (*reply*)
wymijający.

eve [iːv] *n*: **on the eve of** w
przeddzień *or* przededniu +*gen*.

even [ˈiːvn] *adj* (*level, equal*) równy;
(*smooth*) gładki; (*distribution,
breathing*) równomierny; (*number*)
parzysty ♦ *adv* (*showing surprise*)
nawet; (*introducing a comparison*)
jeszcze; **even if** nawet jeśli; **even
though** (po)mimo że, chociaż; **even

so** mimo to; **not even** nawet nie; **I'll
get even with you!** jeszcze ci się
odpłacę *or* odwdzięczę!

▶**even out** *vi* wyrównywać się
(wyrównać się *perf*).

evening [ˈiːvnɪŋ] *n* wieczór *m*; **in the
evening** wieczorem.

evening dress *n* (*no pl. formal
clothes*) strój *m* wieczorowy;
(*woman's gown*) suknia *f*
wieczorowa.

evenly [ˈiːvnlɪ] *adv* (*distribute, space,
spread*) równomiernie, równo;
(*divide*) równo; (*breathe*)
równomiernie.

event [ɪˈvɛnt] *n* (*occurrence*)
wydarzenie *nt*; (*SPORT*)
konkurencja *f*; **in the event of** w
przypadku *or* razie +*gen*.

eventful [ɪˈvɛntful] *adj* obfitujący *or*
bogaty w wydarzenia *post*.

eventual [ɪˈvɛntʃuəl] *adj* ostateczny,
końcowy.

eventuality [ɪvɛntʃuˈælɪtɪ] *n*
ewentualność *f*.

eventually [ɪˈvɛntʃuəlɪ] *adv*
ostatecznie, koniec końców.

ever [ˈɛvə*] *adv* (*always*) zawsze; (*at
any time*) kiedykolwiek; **you cannot
do that – why ever not?** nie
możesz tego zrobić – (a) dlaczegóż
by nie?; **have you ever been to
Poland?** (czy) byłeś kiedyś w
Polsce?; **where ever have you
been?** gdzieś ty był?; **the best
movie ever** najlepszy film wszech
czasów; **better than ever (before)**
lepszy niż kiedykolwiek (przedtem);
ever since *adv* od tego czasu, od tej
pory ♦ *conj* już od +*gen*.

evergreen [ˈɛvəgriːn] *n* (*BOT*)
roślina *f* zimozielona.

everlasting [ɛvəˈlɑːstɪŋ] *adj* wieczny.

┌────── KEYWORD ──────┐

every [ˈɛvrɪ] *adj* **1** (*each*) każdy;
every time za każdym razem; **every**

one of them (*persons*) (oni) wszyscy *vir pl*, (one) wszystkie *nvir pl*; (*objects*) wszystkie *pl*. **2** (*all possible*): **we wish you every success** życzymy ci wszelkich sukcesów.

everybody [ˈɛvrɪbɔdɪ] *pron* (*each*) każdy *m*; (*all*) wszyscy *vir pl*.
everyday [ˈɛvrɪdeɪ] *adj* codzienny.
everyone [ˈɛvrɪwʌn] *pron* = **everybody**.
everything [ˈɛvrɪθɪŋ] *pron* wszystko *nt*.
everywhere [ˈɛvrɪwɛə*] *adv* wszędzie.
eviction [ɪˈvɪkʃən] *n* eksmisja *f*.
evidence [ˈɛvɪdns] *n* (*proof*) dowód *m*; (*JUR: information*) dowody *pl*; (: *testimony*) zeznania *pl*; (*signs, indications*) oznaki *pl*, dowody *pl*; **to give evidence** składać (złożyć *perf*) zeznania.
evident [ˈɛvɪdnt] *adj* widoczny; **evident to** oczywisty dla +*gen*.
evidently [ˈɛvɪdntlɪ] *adv* (*obviously*) ewidentnie; (*apparently*) najwyraźniej.
evil [ˈiːvl] *adj* zły ♦ *n* zło *nt*.
evocative [ɪˈvɔkətɪv] *adj* (*description, music*) poruszający.
evoke [ɪˈvəuk] *vt* wywoływać (wywołać *perf*).
evolution [iːvəˈluːʃən] *n* ewolucja *f*.
evolve [ɪˈvɔlv] *vt* rozwijać (rozwinąć *perf*) ♦ *vi* rozwijać się (rozwinąć się *perf*), ewoluować (*literary*).
ewe [juː] *n* owca *f*.
ex- [ɛks] *pref* eks-, były (*adj*).
exacerbate [ɛksˈæsəbeɪt] *vt* (*situation, pain*) zaostrzać (zaostrzyć *perf*).
exact [ɪgˈzækt] *adj* dokładny ♦ *vt*: **to exact sth (from)** egzekwować (wyegzekwować *perf*) coś (od +*gen*).
exacting [ɪgˈzæktɪŋ] *adj* (*master,*

boss) wymagający; (*task*) pracochłonny.
exactly [ɪgˈzæktlɪ] *adv* dokładnie.
exaggerate [ɪgˈzædʒəreɪt] *vt* wyolbrzymiać (wyolbrzymić *perf*) ♦ *vi* przesadzać (przesadzić *perf*).
exaggeration [ɪgzædʒəˈreɪʃən] *n* przesada *f*.
exalted [ɪgˈzɔːltɪd] *adj* (*prominent*) wysoko postawiony.
exam [ɪgˈzæm] *n abbr* = **examination**.
examination [ɪgzæmɪˈneɪʃən] *n* (*of object*) oględziny *pl*; (*of plan*) analiza *f*; (*of accounts*) kontrola *f*; (*SCOL*) egzamin *m*; (*MED*) badanie *nt*; **to take** *or* (*BRIT*) **sit an examination** przystępować (przystąpić *perf*) do egzaminu.
examine [ɪgˈzæmɪn] *vt* (*object*) oglądać (obejrzeć *perf*); (*plan*) analizować (przeanalizować *perf*); (*accounts*) kontrolować (skontrolować *perf*); (*SCOL*) egzaminować (przeegzaminować *perf*); (*MED*) badać (zbadać *perf*).
examiner [ɪgˈzæmɪnə*] *n* (*SCOL*) egzaminator(ka) *m(f)*.
example [ɪgˈzɑːmpl] *n* (*illustration*) przykład *m*; (*model*) wzór *m*; **for example** na przykład.
exasperating [ɪgˈzɑːspəreɪtɪŋ] *adj* doprowadzający do rozpaczy.
exasperation [ɪgzɑːspəˈreɪʃən] *n* rozdrażnienie *nt*, złość *f*.
excavate [ˈɛkskəveɪt] *vt* wykopywać (wykopać *perf*).
excavation [ɛkskəˈveɪʃən] *n* wykop *m*.
exceed [ɪkˈsiːd] *vt* przekraczać (przekroczyć *perf*).
exceedingly [ɪkˈsiːdɪŋlɪ] *adv* niezmiernie.
excel [ɪkˈsɛl] *vi* być najlepszym; **to excel in** *or* **at** celować w +*loc*.
excellence [ˈɛksələns] *n* doskonałość *f*.

Excellency ['ɛksələnsɪ] *n*: **His Excellency** Jego Ekscelencja *m*.

excellent ['ɛksələnt] *adj* doskonały.

except [ɪk'sɛpt] *prep* (*also*: **except for**) oprócz +*gen*, poza +*instr* ♦ *vt*: **to except sb (from)** wyłączać (wyłączyć *perf*) kogoś (spod +*gen*); **except if/when** chyba, że; **except that** (tyle) tylko, że.

exception [ɪk'sɛpʃən] *n* wyjątek *m*; **to take exception to** (*be offended*) czuć się (poczuć się *perf*) urażonym +*instr*; (*complain*) protestować (zaprotestować *perf*) przeciw +*dat*; **with the exception of** z wyjątkiem +*gen*.

exceptional [ɪk'sɛpʃənl] *adj* wyjątkowy.

excerpt ['ɛksə:pt] *n* (*from text, symphony*) wyjątek *m*, ustęp *m*; (*from film*) urywek *m*.

excess [ɪk'sɛs] *n* (*surfeit*) nadmiar *m*; (*amount by which sth is greater*) nadwyżka *f*; **excesses** *npl* (*irresponsible, stupid*) wybryki *pl*, ekscesy *pl*; (*cruel*) okrucieństwa *pl*.

excess baggage *n* dodatkowy bagaż *m*.

excessive [ɪk'sɛsɪv] *adj* nadmierny.

exchange [ɪks'tʃeɪndʒ] *n* (*of prisoners, infomation, students*) wymiana *f*; (*conversation*) wymiana *f* zdań; (*also*: **telephone exchange**) centrala *f* (telefoniczna) ♦ *vt*: **to exchange (for)** wymieniać (wymienić *perf*) (na +*acc*); **in exchange for** w zamian za +*acc*.

exchange rate *n* kurs *m* dewizowy.

Exchequer [ɪks'tʃɛkə*] (*BRIT*) *n*: **the Exchequer** Ministerstwo *nt* Skarbu.

excise ['ɛksaɪz] *n* akcyza *f*.

excite [ɪk'saɪt] *vt* (*stimulate*) ekscytować; (*arouse*) podniecać (podniecić *perf*); **to get excited** podniecać się (podniecić się *perf*).

excitement [ɪk'saɪtmənt] *n* (*agitation*) podniecenie *nt*; (*exhilaration*) podniecenie *nt*, podekscytowanie *nt*.

exciting [ɪk'saɪtɪŋ] *adj* (*place*) ekscytujący; (*event, period*) pasjonujący.

exclaim [ɪks'kleɪm] *vi* zawołać (*perf*), wykrzyknąć (*perf*).

exclamation [ɛksklə'meɪʃən] *n* okrzyk *m*.

exclamation mark (*LING*) *n* wykrzyknik *m*.

exclude [ɪks'klu:d] *vt* (*person, fact*) wyłączać (wyłączyć *perf*), wykluczać (wykluczyć *perf*); (*possibility*) wykluczać (wykluczyć *perf*).

exclusion [ɪks'klu:ʒən] *n* (*of person, fact*) wyłączenie *nt*, wykluczenie *nt*; (*of possibility*) wykluczenie *nt*.

exclusive [ɪks'klu:sɪv] *adj* (*club, district*) ekskluzywny; (*use, property*) wyłączny; (*story, interview*) zastrzeżony.

exclusively [ɪks'klu:sɪvlɪ] *adv* wyłącznie.

excruciating [ɪks'kru:ʃɪeɪtɪŋ] *adj* nieznośny, straszliwy.

excursion [ɪks'kə:ʃən] *n* wycieczka *f*.

excuse [ɪks'kju:s] *n* (*justification*) usprawiedliwienie *nt*, wytłumaczenie *nt*; (: *untrue*) wymówka *f*; (*reason (not) to do sth*) pretekst *m* ♦ *vt* (*justify*) usprawiedliwiać (usprawiedliwić *perf*), tłumaczyć (wytłumaczyć *perf*); (*forgive*) wybaczać (wybaczyć *perf*); **to excuse sb from doing sth** zwalniać (zwolnić *perf*) kogoś z robienia czegoś; **excuse me!** przepraszam!; **if you will excuse me** jeśli Pan/Pani pozwoli.

ex-directory ['ɛksdɪ'rɛktərɪ] (*BRIT*: *TEL*) *adj* zastrzeżony.

execute ['ɛksɪkju:t] *vt* (*person*) wykonywać (wykonać *perf*) egzekucję na +*loc*, stracić (*perf*) (*literary*); (*order, movement*, *manouvre*) wykonywać (wykonać *perf*); (*plan*) przeprowadzać (przeprowadzić *perf*), wprowadzać (wprowadzić *perf*) w życie.

execution [ɛksɪ'kjuːʃən] *n* (*of person*) egzekucja *f*; (*of order, movement, manouvre*) wykonanie *nt*; (*of plan*) przeprowadzenie *nt*, wprowadzenie *nt* w życie.

executioner [ɛksɪ'kjuːʃnə*] *n* kat *m*.

executive [ɪg'zɛkjutɪv] *n* (*of company*) pracownik *m* szczebla kierowniczego; (*of political party*) komitet *m* wykonawczy, egzekutywa *f*; (*POL*) władza *f* wykonawcza, egzekutywa *f* ♦ *adj* (*role*) wykonawczy, kierowniczy; (*car, chair*) dyrektorski; **executive board** zarząd.

exemplary [ɪg'zɛmplərɪ] *adj* przykładny.

exemplify [ɪg'zɛmplɪfaɪ] *vt* (*typify*) stanowić przykład +*gen*; (*illustrate*) ilustrować (zilustrować *perf*).

exempt [ɪg'zɛmpt] *adj*: **exempt from** zwolniony z +*gen* ♦ *vt*: **to exempt sb from** zwalniać (zwolnić *perf*) kogoś z +*gen*.

exemption [ɪg'zɛmpʃən] *n* zwolnienie *nt* (*z obowiązku itp*).

exercise ['ɛksəsaɪz] *n* (*no pl*: *keep-fit*) ćwiczenia *pl* fizyczne; (*piece of work, practice*) ćwiczenie *nt*; (*MIL*) ćwiczenia *pl*, manewry *pl* ♦ *vt* (*right*) korzystać (skorzystać *perf*) z +*gen*; (*patience*) wykazywać (wykazać *perf*); (*dog*) ćwiczyć; (*problem, mind*) zaprzątać ♦ *vi* (*also*: **to take exercise**) uprawiać sport.

exercise bike *n* rower *m* treningowy.

exercise book *n* zeszyt *m*.

exert [ɪg'zəːt] *vt* (*influence*) wywierać (wywrzeć *perf*); (*authority*) używać (użyć *perf*) +*gen*; **to exert o.s.** wytężać się, wysilać się.

exertion [ɪg'zəːʃən] *n* wysiłek *m*.

exhale [ɛks'heɪl] *vt* wydychać ♦ *vi*

wypuszczać (wypuścić *perf*) powietrze.

exhaust [ɪg'zɔːst] *n* (*also*: **exhaust pipe**) rura *f* wydechowa; (*fumes*) spaliny *pl* ♦ *vt* wyczerpywać (wyczerpać *perf*).

exhausted [ɪg'zɔːstɪd] *adj* wyczerpany.

exhaustion [ɪg'zɔːstʃən] *n* wyczerpanie *nt*, przemęczenie *nt*.

exhaustive [ɪg'zɔːstɪv] *adj* wyczerpujący.

exhibit [ɪg'zɪbɪt] *n* (*ART*) eksponat *m*; (*JUR*) dowód *m* (rzeczowy) ♦ *vt* (*quality, ability*) wykazywać (wykazać *perf*); (*emotion*) okazywać (okazać *perf*); (*paintings*) wystawiać (wystawić *perf*).

exhibition [ɛksɪ'bɪʃən] *n* (*of paintings etc*) wystawa *f*; (*of ill-temper, talent*) pokaz *m*.

exhibitionist [ɛksɪ'bɪʃənɪst] *n* (*show-off*) osoba *f* lubiąca się popisywać; (*PSYCH*) ekshibicjonista *m*.

exhilarating [ɪg'zɪləreɪtɪŋ] *adj* radosny.

exile ['ɛksaɪl] *n* (*state*) wygnanie *nt*, emigracja *f*; (*person*) wygnaniec *m*, emigrant *m* ♦ *vt* skazywać (skazać *perf*) na wygnanie.

exist [ɪg'zɪst] *vi* (*be present*) istnieć; (*live*) egzystować, utrzymywać się przy życiu.

existence [ɪg'zɪstəns] *n* (*reality*) istnienie *nt*; (*life*) egzystencja *f*.

existing [ɪg'zɪstɪŋ] *adj* istniejący.

exit ['ɛksɪt] *n* wyjście *nt*; (*from motorway*) zjazd *m*, wylot *m* ♦ *vi* wychodzić (wyjść *perf*).

exit visa *n* wiza *f* wyjazdowa.

exorbitant [ɪg'zɔːbɪtnt] *adj* (*prices*) niebotyczny.

exorcize ['ɛksɔːsaɪz] *vt* egzorcyzmować.

exotic [ɪg'zɔtɪk] *adj* egzotyczny.

expand [ɪks'pænd] *vt* (*business*)

rozwijać (rozwinąć *perf*); (*area, staff*) powiększać (powiększyć *perf*); (*influence*) rozszerzać (rozszerzyć *perf*) ♦ *vi* (*population, business*) rozrastać się (rozrosnąć się *perf*); (*gas, metal*) roszerzać się (rozszerzyć się *perf*).

expanse [ɪksˈpæns] *n* obszar *m*, przestrzeń *f*.

expansion [ɪksˈpænʃən] *n* (*of business, economy etc*) rozwój *m*, wzrost *m*.

expatriate [ɛksˈpætrɪət] *n*: **expatriate Poles** Polacy *vir pl* (żyjący) na emigracji.

expect [ɪksˈpɛkt] *vt* (*anticipate, hope for*) spodziewać się +*gen*; (*await, require, count on*) oczekiwać +*gen*; (*suppose*): **to expect that …** przypuszczać, że … ♦ *vi*: **to be expecting** spodziewać się dziecka.

expectancy [ɪksˈpɛktənsɪ] *n* wyczekiwanie *nt*, nadzieja *f*; **life expectancy** średnia długość życia.

expectation [ɛkspɛkˈteɪʃən] *n* oczekiwanie *nt*.

expedient [ɪksˈpiːdɪənt] *adj* celowy, wskazany ♦ *n* doraźny środek *m*.

expedition [ɛkspəˈdɪʃən] *n* wyprawa *f*, ekspedycja *f*.

expel [ɪksˈpɛl] *vt* (*person: from school, organization*) wydalać (wydalić *perf*), usuwać (usunąć *perf*); (: *from place*) wypędzać (wypędzić *perf*); (*gas, liquid*) wyrzucać (wyrzucić *perf*).

expenditure [ɪksˈpɛndɪtʃə*] *n* (*of money*) wydatki *pl*; (*of energy, time*) wydatkowanie *nt*, nakład *m*.

expense [ɪksˈpɛns] *n* (*cost*) koszt *m*; (*expenditure*) wydatek *m*; **expenses** *npl* wydatki *pl*, koszty *pl*; **at the expense of** kosztem +*gen*.

expensive [ɪksˈpɛnsɪv] *adj* (*article*) drogi, kosztowny; (*mistake, tastes*) kosztowny.

experience [ɪksˈpɪərɪəns] *n*

(*knowledge, skill*) doświadczenie *nt*; (*event, activity*) przeżycie *nt* ♦ *vt* (*situation, problem*) doświadczać (doświadczyć *perf*) +*gen*; (*feeling*) doznawać (doznać *perf*) +*gen*.

experienced [ɪksˈpɪərɪənst] *adj* doświadczony.

experiment [ɪksˈpɛrɪmənt] *n* (*SCIENCE*) eksperyment *m*, doświadczenie *nt*; (*trial*) eksperyment *m*, próba *f* ♦ *vi* (*SCIENCE*): **to experiment (with/on)** eksperymentować *or* prowadzić doświadczenia (z +*instr*/na +*loc*); (*fig*) eksperymentować.

experimental [ɪkspɛrɪˈmɛntl] *adj* (*methods*) eksperymentalny; (*ideas*) eksperymentatorski; (*tests*) doświadczalny.

expert [ˈɛkspəːt] *adj* (*driver etc*) wytrawny; (*help, advice*) specjalistyczny ♦ *n* ekspert *m*.

expertise [ɛkspəːˈtiːz] *n* wiedza *f* (specjalistyczna), umiejętności *pl* (specjalistyczne).

expire [ɪksˈpaɪə*] *vi* wygasać (wygasnąć *perf*), tracić (stracić *perf*) ważność.

expiry date *n* data *f* ważności.

explain [ɪksˈpleɪn] *vt* wyjaśniać (wyjaśnić *perf*), tłumaczyć (wytłumaczyć *perf*).

explanation [ɛkspləˈneɪʃən] *n* (*reason*) wyjaśnienie *nt*, wytłumaczenie *nt*; (*description*) objaśnienie *nt*.

explanatory [ɪksˈplænətrɪ] *adj* (*statement*) wyjaśniający; (*leaflet, note*) objaśniający.

explicit [ɪksˈplɪsɪt] *adj* wyraźny.

explode [ɪksˈpləud] *vi* (*bomb*) wybuchać (wybuchnąć *perf*), eksplodować (eksplodować *perf*); (*person*) wybuchać (wybuchnąć *perf*).

exploit [ˈɛksplɔɪt] *n* wyczyn *m* ♦ *vt* (*person*) wyzyskiwać (wyzyskać *perf*); (*idea, opportunity*) wykorzystywać (wykorzystać *perf*); (*resources*) eksploatować (wyeksploatować *perf*).

exploitation [ɛksplɔɪ'teɪʃən] *n* (*of person*) wyzysk *m*; (*of idea, opportunity*) wykorzystanie *nt*; (*of resources*) eksploatacja *f*.

exploration [ɛksplə'reɪʃən] *n* (*of place, space*) badanie *nt*, eksploracja *f* (*fml*); (*of idea, suggestion*) zgłębianie *nt*.

exploratory [ɪks'plɔrətrɪ] *adj* (*expedition*) badawczy; (*talks*) przygotowawczy, wstępny; (*operation*) rozpoznawczy.

explore [ɪks'plɔː*] *vt* (*place, space*) badać (zbadać *perf*); (*idea, suggestion*) zgłębiać (zgłębić *perf*).

explorer [ɪks'plɔːrə*] *n* badacz(ka) *m(f)*.

explosion [ɪks'pləuʒən] *n* (*of bomb*) wybuch *m*, eksplozja *f*; (*of population*) eksplozja *f*; (*of rage, laughter*) wybuch *m*.

explosive [ɪks'pləusɪv] *adj* (*material, temper*) wybuchowy; (*situation*) zapalny ♦ *n* materiał *m* wybuchowy.

exponent [ɪks'pəunənt] *n* (*of idea, theory*) propagator(ka) *m(f)*; (*of skill, activity*) przedstawiciel(ka) *m(f)*, reprezentant(ka) *m(f)*.

export [ɛks'pɔːt] *vt* eksportować (wyeksportować *perf*) ♦ *n* (*process*) eksport *m*; (*product*) towar *m or* produkt *m* eksportowy ♦ *cpd*: **export duty** cło *nt* eksportowe *or* wywozowe.

expose [ɪks'pəuz] *vt* (*object*) odsłaniać (odsłonić *perf*); (*person*) demaskować (zdemaskować *perf*); (*situation*) ujawniać (ujawnić *perf*).

exposed [ɪks'pəuzd] *adj* nie osłonięty, odkryty.

exposure [ɪks'pəuʒə*] *n* (*publicity*) nagłośnienie *nt*; (*of truth*) ujawnienie *nt*; (*of person*) zdemaskowanie *nt*; (*PHOT: amount of light*) naświetlenie *nt*; **exposure to** (*heat, radiation etc*) wystawienie na +*acc or* na działanie +*gen*; **death from exposure** śmierć na skutek nadmiernego ochłodzenia organizmu.

express [ɪks'prɛs] *adj* (*command, intention*) wyraźny; (*letter, train, bus*) ekspresowy ♦ *n* (*RAIL*) ekspres *m* ♦ *vt* wyrażać (wyrazić *perf*).

expression [ɪks'prɛʃən] *n* (*word, phrase*) wyrażenie *nt*, zwrot *m*; (*of welcome, support*) wyraz *m*; (*on face*) wyraz *m* twarzy; (*of actor, singer*) ekspresja *f*.

expressive [ɪks'prɛsɪv] *adj* pełen wyrazu.

expressly [ɪks'prɛslɪ] *adv* wyraźnie.

expulsion [ɪks'pʌlʃən] *n* (*SCOL, POL*) wydalenie *nt*; (*of gas, liquid*) wypuszczenie *nt*.

exquisite [ɛks'kwɪzɪt] *adj* (*beautiful*) przepiękny; (*perfect*) znakomity, wyśmienity.

extend [ɪks'tɛnd] *vt* (*make longer*) przedłużać (przedłużyć *perf*); (*make larger*) powiększać (powiększyć *perf*); (*offer*) składać (złożyć *perf*); (*invitation*) wystosowywać (wystosować *perf*); (*arm, hand*) wyciągać (wyciągnąć *perf*) ♦ *vi* (*land, road*) rozciągać się, ciągnąć się; (*period*) trwać, ciągnąć się.

extension [ɪks'tɛnʃən] *n* (*of building*) dobudówka *f*; (*of time, road, table*) przedłużenie *nt*; (*of campaign, rights*) rozszerzenie *nt*; (*ELEC*) przedłużacz *m*; (*TEL: in private house*) dodatkowy aparat *m*; (: *in office*) numer *m* wewnętrzny.

extensive [ɪks'tɛnsɪv] *adj* (*area, knowledge, damage*) rozległy; (*coverage, discussion, inquiries*) szczegółowy; (*quotation*) obszerny.

extensively [ɪks'tɛnsɪvlɪ] *adv*: **he's travelled extensively** wiele podróżował.

extent [ɪks'tɛnt] *n* (*of area, land*) rozmiary *pl*; (*of problem*) zakres *m*, zasięg *m*; **to some extent, to a certain extent** do pewnego stopnia, w pewnej mierze; **to the extent of ...** aż po +*acc*; **to such an extent that ...** do tego stopnia, że ... .

extenuating [ɪksˈtɛnjueɪtɪŋ] *adj*: **extenuating circumstances** okoliczności *pl* łagodzące.

exterior [ɛksˈtɪərɪə*] *adj* zewnętrzny ♦ *n* (*outside*) zewnętrzna *f* strona; (*appearance*) powierzchowność *f*.

extermination [ɪkstəːmɪˈneɪʃən] *n* (*of animals*) wytępienie *nt*; (*of people*) eksterminacja *f*.

external [ɛksˈtəːnl] *adj* (*walls, use*) zewnętrzny; (*examiner, auditor*) z zewnątrz *post*.

extinct [ɪksˈtɪŋkt] *adj* (*animal, plant*) wymarły; (*volcano*) wygasły.

extinction [ɪksˈtɪŋkʃən] *n* wyginięcie *nt*, wymarcie *nt*.

extinguish [ɪksˈtɪŋgwɪʃ] *vt* (*fire*) gasić (ugasić *perf*); (*light, cigarette*) gasić (zgasić *perf*).

extinguisher [ɪksˈtɪŋgwɪʃə*] *n* (*also*: **fire extinguisher**) gaśnica *f*.

extortion [ɪksˈtɔːʃən] *n* (*crime*) wymuszenie *nt*; (*exorbitant charge*) zdzierstwo *nt*.

extortionate [ɪksˈtɔːʃnɪt] *adj* wygórowany.

extra [ˈɛkstrə] *adj* dodatkowy ♦ *adv* dodatkowo, ekstra (*inf*) ♦ *n* (*luxury*) dodatek *m*; (*surcharge*) dopłata *f*; (*FILM, THEAT*) statysta (-tka) *m(f)*.

extract [ɪksˈtrækt] *vt* (*object*) wyciągać (wyciągnąć *perf*); (*mineral: from ground*) wydobywać (wydobyć *perf*); (: *from another substance*) uzyskiwać (uzyskać *perf*); (*promise, confession*) wymuszać (wymusić *perf*); (*money*) wyłudzać (wyłudzić *perf*) ♦ *n* (*of novel*) wyjątek *m*, urywek *m*; (*of recording*) fragment *m*; (*from plant etc*) wyciąg *m*, ekstrakt *m*.

extracurricular [ˈɛkstrəkəˈrɪkjulə*] *adj* ponadprogramowy.

extradite [ˈɛkstrədaɪt] *vt* ekstradować (*perf*).

extradition [ɛkstrəˈdɪʃən] *n* ekstradycja *f*.

extramarital [ˈɛkstrəˈmærɪtl] *adj* pozamałżeński.

extramural [ˈɛkstrəˈmjuərl] *adj* (*studies, course*) zaoczny; (*activities*) dodatkowy.

extraordinary [ɪksˈtrɔːdnrɪ] *adj* nadzwyczajny, niezwykły; (*meeting*) nadzwyczajny.

extravagance [ɪksˈtrævəgəns] *n* (*no pl: quality*) rozrzutność *f*; (*instance*) ekstrawagancja *f*.

extravagant [ɪksˈtrævəgənt] *adj* (*person*) rozrzutny; (*gift*) (przesadnie) kosztowny.

extreme [ɪksˈtriːm] *adj* (*conditions, opinions, methods*) ekstremalny; (*poverty, example*) skrajny; (*caution*) największy ♦ *n* ekstremalność *f*, skrajność *f*.

extremely [ɪksˈtriːmlɪ] *adv* niezmiernie, nadzwyczajnie.

extremity [ɪksˈtrɛmɪtɪ] *n* (*edge, end*) kraniec *m*, skraj *m*; (*of situation*) skrajność *f*.

extrovert [ˈɛkstrəvəːt] *n* ekstrawertyk (-yczka) *m(f)*.

exuberant [ɪɡˈzjuːbəɾnt] *adj* (*person*) tryskający energią *or* entuzjazmem; (*imagination, foliage*) bujny, wybujały.

eye [aɪ] *n* (*ANAT*) oko *nt*; (*of needle*) ucho *nt* ♦ *vt* przypatrywać się (przypatrzyć się *perf*) +*dat*; **to keep an eye on** mieć na oku +*acc*.

eyeball [ˈaɪbɔːl] *n* gałka *f* oczna.

eyebrow [ˈaɪbrau] *n* brew *f*.

eyedrops [ˈaɪdrɔps] *npl* krople *pl* do oczu.

eyelash [ˈaɪlæʃ] *n* rzęsa *f*.

eyelid [ˈaɪlɪd] *n* powieka *f*.

eyeliner ['aɪlaɪnə*] n ołówek m do oczu, eyeliner m.

eyeshadow ['aɪʃædəu] n cień m do powiek.

eyesight ['aɪsaɪt] n wzrok m.

eye witness n naoczny świadek m.

F

F [ɛf] n (MUS) F nt, f nt.

F abbr = **Fahrenheit** °F.

fable ['feɪbl] n bajka f.

fabric ['fæbrɪk] n (cloth) tkanina f.

fabrication [fæbrɪ'keɪʃən] n (lie) wymysł m.

fabulous ['fæbjuləs] adj (person, looks, mood) fantastyczny; (beauty, wealth, luxury) bajeczny; (mythical) baśniowy, bajkowy.

facade n (lit, fig) fasada f.

face [feɪs] n (ANAT) twarz f; (expression) mina f; (of clock) tarcza f; (of mountain, cliff) ściana f ♦ vt (person: direction, object) zwracać się (zwrócić się perf) twarzą do +gen; (: unpleasant situation) stawiać (stawić perf) czoło +dat; (building, seat) być zwróconym w kierunku +gen; **face down/up** (person) (leżąc) na brzuchu/plecach; (card) zakryty/odkryty; **to lose/save face** stracić (perf)/zachować (perf) twarz; **to make** or **pull a face** robić (zrobić perf) minę; **in the face of** w obliczu +gen; **on the face of it** na pierwszy rzut oka; **face to face (with)** twarzą w twarz (z +instr); **to be facing sb/sth** (person) być zwróconym twarzą do kogoś/czegoś.

▸**face up to** vt fus (problems, obstacles) stawiać (stawić perf) czoło +dat; (one's responsibilities, duties) uznawać (uznać perf) +acc.

face lift n (of person) lifting m

twarzy; (of building, room, furniture) odnowienie nt.

face value n wartość f nominalna; **to take sth at face value** (fig) brać (wziąć perf) coś za dobrą monetę.

facial ['feɪʃl] adj: **facial expression** wyraz m twarzy; **facial hair** owłosienie nt twarzy, zarost m.

facilitate [fə'sɪlɪteɪt] vt ułatwiać (ułatwić perf).

facilities [fə'sɪlɪtɪz] npl (buildings) pomieszczenia pl; (equipment) urządzenia pl.

fact [fækt] n fakt m; **in fact** (expressing emphasis) faktycznie; (disagreeing) w rzeczywistości; (qualifying statement) właściwie.

faction ['fækʃən] n odłam m, frakcja f.

factor ['fæktə*] n czynnik m.

factory ['fæktərɪ] n fabryka f.

factual ['fæktjuəl] adj (analysis, information) rzeczowy.

faculty ['fækəltɪ] n (sense, ability) zdolność f; (of university) wydział m; (US: teaching staff) wykładowcy vir pl.

fad [fæd] n przelotna or chwilowa moda f.

fade [feɪd] vi (colour, wallpaper, photograph) blaknąć (wyblaknąć perf); (sound) cichnąć, ucichać (ucichnąć perf); (hope, memory, smile) gasnąć (zgasnąć perf); **the light was fading** ściemniało się.

fag [fæg] n (BRIT: inf: cigarette) fajka f (inf).

fail [feɪl] vt (person: exam) nie zdawać (nie zdać perf) +gen, oblewać (oblać perf); (examiner: candidate) oblewać (oblać perf); (leader, memory) zawodzić (zawieść perf); (courage) opuszczać (opuścić perf) ♦ vi (candidate) nie zdawać (nie zdać perf), oblewać (oblać perf); (attempt) nie powieść się (perf); (brakes) zawodzić (zawieść perf); (eyesight, health) pogarszać się (pogorszyć się perf); (light) gasnąć (zgasnąć *perf*); **to fail to do sth** (*not succeed*) nie zdołać (*perf*) czegoś zrobić; (*neglect*) nie zrobić (*perf*) czegoś; **without fail** (*always, religiously*) obowiązkowo; (*definitely*) na pewno.

failing ['feɪlɪŋ] *n* wada *f* ♦ *prep* jeżeli nie będzie +*gen*.

failure ['feɪljə*] *n* (*lack of success*) niepowodzenie *nt*; (*person*) ofiara *f* (życiowa), nieudacznik *m*; (*of engine*) uszkodzenie *nt*; (*of heart*) niedomoga *f*, niewydolność *f*.

faint [feɪnt] *adj* nikły, słaby ♦ *vi* (*MED*) mdleć (zemdleć *perf*) ♦ *n* (*MED*) omdlenie *nt*; **I feel faint** słabo mi.

fair [fɛə*] *adj* (*just, impartial*) sprawiedliwy; (*honest, honourable*) uczciwy; (*size, number, chance*) spory; (*guess, assessment*) trafny; (*complexion, hair*) jasny; (*weather*) ładny ♦ *adv*: **to play fair** (*SPORT*) grać fair; (*fig*) postępować uczciwie ♦ *n* (*also*: **trade fair**) targi *pl*; (*BRIT*: *also*: **funfair**) wesołe miasteczko *nt*.

fairly ['fɛəlɪ] *adv* (*justly*) sprawiedliwie; (*quite*) dość, dosyć.

fairness ['fɛənɪs] *n* sprawiedliwość *f*.

fair play *n* fair play *nt inv*.

fairy ['fɛərɪ] *n* wróżka *f* (*z bajki*).

fairy tale *n* bajka *f*, baśń *f*.

faith [feɪθ] *n* wiara *f*.

faithful ['feɪθful] *adj* wierny; **to be faithful to** (*spouse*) być wiernym +*dat*; (*book, original*) wiernie oddawać (oddać *perf*) +*acc*.

faithfully ['feɪθfəlɪ] *adv* wiernie; **Yours faithfully** Z poważaniem.

fake [feɪk] *n* falsyfikat *m*, podróbka *f* (*inf*) ♦ *adj* (*antique*) podrabiany; (*passport*) fałszywy; (*laugh*) udawany ♦ *vt* (*painting, document, signature*) podrabiać (podrobić *perf*); (*illness, emotion*) udawać (udać *perf*).

falcon ['fɔːlkən] *n* sokół *m*.

fall [fɔːl] (*pt* **fell**, *pp* **fallen**) *n* (*of*

person, object, government) upadek *m*; (*in price, temperature*) spadek *m*; (*of snow*) opady *pl*; (*US*: *autumn*) jesień *f* ♦ *vi* (*person, object, government*) upadać (upaść *perf*); (*snow, rain*) padać, spadać (spaść *perf*); (*price, temperature, dollar*) spadać (spaść *perf*); (*night, darkness, silence*) zapadać (zapaść *perf*); **falls** *npl* wodospad *m*; **to fall flat** nie udawać się (nie udać się *perf*), nie wychodzić (nie wyjść *perf*); **to fall in love (with sb/sth)** zakochiwać się (zakochać się *perf*) (w kimś/czymś).

▶**fall back on** *vt fus* zdawać się (zdać się *perf*) na +*acc*, uciekać się (uciec się *perf*) do +*gen*.

▶**fall behind** *vi* pozostawać (pozostać *perf*) w tyle.

▶**fall down** *vi* (*person*) upadać (upaść *perf*); (*building*) walić się (zawalić się *perf*).

▶**fall for** *vt fus* (*trick, story*) dawać (dać *perf*) się nabrać na +*acc*; (*person*) zakochiwać się (zakochać się *perf*) w +*loc*.

▶**fall in** *vi* (*roof*) zapadać się (zapaść się *perf*); (*MIL*) formować (sformować *perf*) szereg.

▶**fall off** *vi* (*person, object*) odpadać (odpaść *perf*); (*takings, attendance*) spadać (spaść *perf*).

▶**fall out** *vi* (*hair, teeth*) wypadać (wypaść *perf*); (*friends etc*): **to fall out (with sb)** poróżnić się (*perf*) (z kimś).

▶**fall through** *vi* nie dochodzić (nie dojść *perf*) do skutku.

fallacy ['fæləsɪ] *n* (*misconception*) mit *m*; (*in reasoning, argument*) błąd *m* (logiczny).

fallen ['fɔːlən] *pp of* **fall**.

fallible ['fæləbl] *adj* (*person*) omylny; (*memory*) zawodny.

fallopian tube [fə'ləupɪən-] *n* jajowód *m*.

fallout ['fɔ:laut] n opad m radioaktywny.

fallout shelter n schron m przeciwatomowy.

false [fɔ:ls] adj fałszywy.

falsely ['fɔ:lslı] adv (accuse) bezpodstawnie.

false teeth (BRIT) npl sztuczna szczęka f.

falter ['fɔ:ltə*] vi (engine) przerywać.

fame [feım] n sława f.

familiar [fə'mılıə*] adj (well-known) (dobrze) znany, znajomy; (too intimate) poufały; **I am familiar with her work** znam jej prace.

familiarize [fə'mılıəraız] vt: **to familiarize o.s. with sth** zaznajamiać się (zaznajomić się perf) z czymś.

family ['fæmılı] n rodzina f; **after raising a family** po odchowaniu dzieci.

famine ['fæmın] n głód m, klęska f głodu.

famished ['fæmıʃt] (inf) adj wygłodniały; **I'm famished** umieram z głodu.

famous ['feıməs] adj sławny, znany; **famous for** słynny or słynący z +gen.

fan [fæn] n (folding) wachlarz m; (ELEC) wentylator m; (of pop star) fan(ka) m(f); (of sports team) kibic m ♦ vt (face, person) wachlować (powachlować perf); (fire, fear, anger) podsycać (podsycić perf).

fanatic [fə'nætık] n fanatyk (-yczka) m(f).

fanatical [fə'nætıkl] adj fanatyczny.

fanciful ['fænsıful] adj (notion, idea) dziwaczny; (design, name) udziwniony, wymyślny.

fancy ['fænsı] n (liking) upodobanie nt; (imagination) wyobraźnia f, fantazja f; (fantasy) marzenie nt, mrzonka f ♦ adj (clothes, hat) wymyślny, fantazyjny; (hotel) wytworny, luksusowy ♦ vt (feel like, want) mieć ochotę na +acc; (imagine) wyobrażać (wyobrazić perf) sobie; **I fancied (that) ...** wydawało mi się, że ...; **I took a fancy to him** przypadł mi do gustu; **she fancies you** (inf) podobasz jej się; **well, fancy that!** a to dopiero!, coś takiego!

fancy dress n przebranie nt, kostium m.

fancy-dress ball ['fænsıdres-] n bal m kostiumowy or przebierańców.

fanfare ['fænfɛə*] n fanfara f.

fang [fæŋ] n kieł m.

fantastic [fæn'tæstık] adj fantastyczny; (strange, incredible) niezwykły.

fantasy ['fæntəsı] n (dream) marzenie nt; (unreality) fikcja f; (imagination) wyobraźnia f; (LITERATURE) fantastyka f baśniowa.

FAQ (COMPUT) abbr (= **frequently asked questions**) często zadawane pytania.

far [fɑ:*] adj daleki ♦ adv (a long way) daleko; (much, greatly) w dużym stopniu; **at the far side** na drugiej stronie; **at the far end** na drugim końcu; **far away** daleko; **far off** daleko; **he was far from poor** nie był bynajmniej biedny; **by far** zdecydowanie; **go as far as the farm** idź (aż) do farmy; **as far as I know** o ile wiem; **as far as possible** na tyle, na ile (to) możliwe, w miarę możliwości; **far from it** bynajmniej; **so far** (jak) dotąd or do tej pory, dotychczas; **how far?** (in distance, progress) jak daleko?; (in degree) na ile?, do jakiego stopnia?; **the far left/right** (POL) skrajna lewica/prawica.

faraway ['fɑ:rəweı] adj (place) odległy, daleki; (sound) daleki; (look, thought) oddalony.

farce [fɑ:s] n (lit, fig) farsa f.

farcical ['fɑːsɪkl] *adj* absurdalny,
niedorzeczny.

fare [fɛə*] *n* (*on train, bus*) opłata *f*
(za przejazd); (*food*) strawa *f*; (*in
taxi*) klient(ka) *m(f)*; **how did you
fare?** jak ci poszło?; **half/full fare**
opłata ulgowa/normalna.

Far East *n*: **the Far East** Daleki
Wschód *m*.

farewell [fɛə'wɛl] *excl* żegnaj(cie) ♦
n pożegnanie *nt*.

farm [fɑːm] *n* gospodarstwo *nt*
(rolne); (*specialist*) farma *f* ♦ *vt*
(*land*) uprawiać.

farmer ['fɑːmə*] *n* rolnik *m*; (*on
specialist farm*) farmer *m*.

farming ['fɑːmɪŋ] *n* (*agriculture*)
gospodarka *f* rolna; (*of crops*)
uprawa *f*; (*of animals*) hodowla *f*.

farmland ['fɑːmlænd] *n* pole *nt*
uprawne.

farmyard ['fɑːmjɑːd] *n* podwórze *nt*.

far-reaching ['fɑː'riːtʃɪŋ] *adj*
dalekosiężny.

far-sighted ['fɑː'saɪtɪd] *adj* (*US*)
dalekowzroczny.

fart [fɑːt] (*inf!*) *vi* pierdzieć (pierdnąć
perf) (*inf!*).

farther ['fɑːðə*] *adv* dalej ♦ *adj*
(*shore, side*) drugi.

farthest ['fɑːðɪst] *adv* najdalej.

fascinate ['fæsɪneɪt] *vt* fascynować
(zafascynować *perf*).

fascinating ['fæsɪneɪtɪŋ] *adj*
fascynujący.

fascination [fæsɪ'neɪʃən] *n*
fascynacja *f*, zafascynowanie *nt*.

fascism ['fæʃɪzəm] *n* faszyzm *m*.

fashion ['fæʃən] *n* (*trend, clothes*)
moda *f*; (*manner*) sposób *m* ♦ *vt* (*out
of clay etc*) modelować
(wymodelować *perf*); **in fashion** w
modzie; **to go out of fashion**
wychodzić (wyjść *perf*) z mody.

fashionable ['fæʃnəbl] *adj* modny.

fashion show *n* pokaz *m* mody.

fast [fɑːst] *adj* (*runner, car, progress*)
szybki; (*dye, colour*) trwały ♦ *adv*
(*run, act, think*) szybko; (*stuck, held*)
mocno ♦ *n* post *m* ♦ *vi* pościć; **to be
fast asleep** spać głęboko.

fasten ['fɑːsn] *vt* (*one thing to
another*) przymocowywać
(przymocować *perf*); (*coat, dress,
seat-belt*) zapinać (zapiąć *perf*) ♦ *vi*
(*dress etc*) zapinać się (zapiąć się
perf).

fastener ['fɑːsnə*] *n* zapięcie *nt*.

fastening ['fɑːsnɪŋ] *n* = **fastener**.

fast food *n* szybkie dania *pl*.

fast-forward *vt* przewijać
(przewinąć *perf*) ♦ *vi* (*tape*)
przewijać (przewinąć *perf*) się (*do
przodu*).

fat [fæt] *adj* (*animal*) tłusty; (*person,
book, wallet*) gruby; (*profit*) pokaźny
♦ *n* tłuszcz *m*.

fatal ['feɪtl] *adj* (*injury, illness,
accident*) śmiertelny; (*mistake*)
fatalny.

fatalistic [feɪtə'lɪstɪk] *adj*
fatalistyczny.

fatality [fə'tælɪtɪ] *n* (*death*) wypadek
m śmiertelny.

fatally ['feɪtəlɪ] *adv* (*wounded,
injured*) śmiertelnie.

fate [feɪt] *n* los *m*.

fateful ['feɪtful] *adj* brzemienny w
skutki.

fat-free *adj* beztłuszczowy,
niezawierający tłuszczu.

father ['fɑːðə*] *n* (*lit, fig*) ojciec *m*.

father-in-law ['fɑːðərənlɔː] *n* teść *m*.

fatherly ['fɑːðəlɪ] *adj* ojcowski.

fathom ['fæðəm] *n* (*NAUT*) sążeń *m*
(angielski) ♦ *vt* (*mystery*) zgłębiać
(zgłębić *perf*); (*meaning, reason*)
pojmować (pojąć *perf*).

fatigue [fə'tiːg] *n* (*tiredness*)
zmęczenie *nt*; **metal fatigue**
zmęczenie metalu.

fatten ['fætn] *vt* tuczyć (utuczyć
perf); **chocolate is fattening**
czekolada jest tucząca.

fatty ['fætɪ] *adj* (*food*) tłusty ♦ *n* (*inf*) grubas(ka) *m(f)*.

fatuous ['fætjuəs] *adj* niedorzeczny.

faucet ['fɔːsɪt] (*US*) *n* kran *m*.

fault [fɔːlt] *n* (*mistake*) błąd *m*; (*defect: in person*) wada *f*; (: *in machine*) usterka *f*; (*GEOL*) uskok *m*; (*TENNIS*) błąd *m* serwisowy ♦ *vt*: **I couldn't fault him** nie mogłem mu nic zarzucić; **it's my fault** to moja wina; **if my memory is not at fault** jeśli mnie pamięć nie myli; **to find fault with sb/sth** czepiać się kogoś/czegoś; **to be at fault** ponosić winę.

faulty ['fɔːltɪ] *adj* wadliwy.

fauna ['fɔːnə] *n* fauna *f*.

favour ['feɪvə*] (*US* **favor**) *n* (*approval*) przychylność *f*; (*act of kindness*) przysługa *f* ♦ *vt* (*prefer: solution, view*) preferować; (: *person*) faworyzować; (*be advantageous to*) sprzyjać +*dat*; **to do sb a favour** wyświadczać (wyświadczyć *perf*) komuś przysługę; **in favour of** na korzyść +*gen*; **to be in favour of sth/doing sth** być zwolennikiem czegoś/(z)robienia czegoś.

favourable ['feɪvrəbl] *adj* (*reaction, review*) przychylny; (*terms, conditions, impression*) korzystny.

favourite ['feɪvrɪt] *adj* ulubiony ♦ *n* (*of teacher, parent*) ulubieniec (-ica) *m(f)*; (*in race*) faworyt(ka) *m(f)*.

fawn [fɔːn] *n* jelonek *m* ♦ *adj* (*also*: **fawn-coloured**) płowy.

fax [fæks] *n* faks *m* ♦ *vt* faksować (przefaksować *perf*).

FBI (*US*) *n abbr* (= *Federal Bureau of Investigation*) FBI *nt inv*.

fear [fɪə*] *n* (*dread*) strach *m*; (: *indefinite, irrational*) lęk *m*; (*anxiety*) obawa *f* ♦ *vt* (*be scared of*) bać się +*gen*; (*be worried about*) obawiać się +*gen*; **for fear of**

offending him (w obawie,) żeby go nie urazić.

fearful ['fɪəful] *adj* (*person*) bojaźliwy; (*sight, consequences*) przerażający, straszny; (*scream, racket*) przeraźliwy, straszliwy.

fearless ['fɪəlɪs] *adj* nieustraszony.

feasible ['fiːzəbl] *adj* wykonalny.

feast [fiːst] *n* (*banquet*) uczta *f*; (*REL*: *also*: **feast day**) święto *nt* ♦ *vi* ucztować.

feat [fiːt] *n* wyczyn *m*.

feather ['fɛðə*] *n* pióro *nt*.

feature ['fiːtʃə*] *n* cecha *f*; (*PRESS, TV, RADIO*) (obszerny) reportaż *m* (*na poważny temat nie związany bezpośrednio z najświeższymi wiadomościami*) ♦ *vi*: **to feature in** (*film*) grać (zagrać *perf*) pierwszoplanową rolę w +*loc*; (*situation*) odgrywać (odegrać *perf*) ważną rolę w +*loc*; **features** *npl* rysy *pl* (twarzy).

feature film *n* film *m* fabularny.

February ['fɛbruərɪ] *n* luty *m*.

fed [fɛd] *pt, pp of* **feed**.

federal ['fɛdərəl] *adj* federalny.

federation [fɛdə'reɪʃən] *n* federacja *f*.

fed up *adj*: **to be fed up (with)** mieć dość (+*gen*).

fee [fiː] *n* opłata *f*; (*of doctor, lawyer*) honorarium *nt*; **school fees** czesne.

feeble ['fiːbl] *adj* słaby; (*joke, excuse*) kiepski.

feed [fiːd] (*pt* **fed**) *n* (*feeding*) karmienie *nt*; (*fodder*) pasza *f*; (*on printer*) dane *pl* wejściowe ♦ *vt* (*baby, invalid, dog*) karmić (nakarmić *perf*); (*family*) żywić (wyżywić *perf*); (*data, information: into computer*) wprowadzać (wprowadzić *perf*); (*coins: into meter, payphone*) wrzucać (wrzucić *perf*).

▸**feed on** *vt fus* żywić się +*instr*.

feedback ['fiːdbæk] *n* (*noise*) sprzężenie *nt*.

feel [fi:l] (*pt* **felt**) *vt* (*touch*) dotykać
(dotknąć *perf*) +*gen*; (*experience*)
czuć (poczuć *perf*); (*think, believe*):
to feel that ... uważać, że ...; **we
didn't feel hungry** nie
odczuwaliśmy głodu; **I feel cold/hot**
jest mi zimno/gorąco; **I don't feel
well** nie czuję się dobrze; **I feel
sorry for her** żal mi jej; **the cloth
feels soft** tkanina jest miękka w
dotyku; **to feel like sth** mieć ochotę
na coś.
►**feel about** *vi* szukać po omacku.
feeler ['fi:lə*] *n* (*of insect*) czułek *m*.
feeling ['fi:lɪŋ] *n* uczucie *nt*.
feet [fi:t] *npl of* **foot**.
feign [feɪn] *vt* (*illness*) symulować;
(*interest, surprise*) udawać (udać
perf).
fell [fɛl] *pt of* **fall** ♦ *vt* (*tree*) ścinać
(ściąć *perf*).
fellow ['fɛləu] *n* (*chap*) gość *m* (*inf*),
facet *m* (*inf*); (*comrade*) towarzysz
m; (*of learned society*) ≈ członek *m*
(rzeczywisty) ♦ *cpd*: **their fellow
prisoners** ich współwięźniowie *vir
pl*; **a fellow passenger** towarzysz
podróży; **his fellow workers** jego
koledzy z pracy.
fellow citizen *n* współobywatel(ka)
m(f).
fellow men *npl* bliźni *vir pl*.
fellowship ['fɛləuʃɪp] *n*
(*comradeship*) koleżeństwo *nt*;
(*society*) towarzystwo *nt*; (*SCOL*)
członkostwo kolegium uniwersytetu.
felony ['fɛlənɪ] *n* ciężkie
przestępstwo *nt*.
felt [fɛlt] *pt, pp of* **feel** ♦ *n* filc *m*.
felt-tip pen ['fɛlttɪp-] *n* pisak *m*.
female ['fi:meɪl] *n* (*ZOOL*) samica *f*;
(*woman*) kobieta *f* ♦ *adj* (*child*) płci
żeńskiej *post*; (*sex, plant, plug*)
żeński; (*ZOOL: instincts*) samiczy;
(: *animal*): **female whale** samica *f*
wieloryba.
feminine ['fɛmɪnɪn] *adj* kobiecy;

(*LING: gender*) żeński; (: *noun,
pronoun*) rodzaju żeńskiego *post*.
feminist ['fɛmɪnɪst] *n* feminista (-tka)
m(f).
fence [fɛns] *n* płot *m* ♦ *vt* (*also*: **fence
in**) ogradzać (ogrodzić *perf*) ♦ *vi*
(*SPORT*) uprawiać szermierkę.
fencing ['fɛnsɪŋ] *n* (*SPORT*)
szermierka *f*.
fend [fɛnd] *vi*: **grown-up children
should fend for themselves** dorosłe
dzieci powinny radzić sobie same.
►**fend off** *vt* (*attack, attacker, blow*)
odpierać (odeprzeć *perf*).
fender ['fɛndə*] *n* (*of fireplace*)
osłona *f* zabezpieczająca; (*on boat*)
odbijacz *m*; (*US: of car*) błotnik *m*.
ferment [fə'mɛnt] *vi* fermentować
(sfermentować *perf*) ♦ *n* (*fig*)
wrzenie *nt*, ferment *m*.
fern [fə:n] *n* paproć *f*.
ferocious [fə'rəuʃəs] *adj* (*animal,
yell*) dziki; (*assault, fighting, heat*)
okrutny; (*climate, expression,
criticism*) srogi; (*competition,
opposition*) ostry.
ferocity [fə'rɔsɪtɪ] *n* (*of animal*)
dzikość *f*; (*of assault*) okrucieństwo
nt; (*of climate*) srogość *f*; (*of
competition*) ostrość *f*.
ferret ['fɛrɪt] *n* fretka *f*.
►**ferret out** *vt* (*information*)
wyszperać (*perf*).
ferry ['fɛrɪ] *n* prom *m* ♦ *vt* (*by sea,
air, road*) przewozić (przewieźć *perf*).
fertile ['fə:taɪl] *adj* (*soil*) żyzny,
urodzajny; (*imagination, woman*)
płodny.
fertility [fə'tɪlɪtɪ] *n* (*of soil*) żyzność *f*;
(*of imagination, woman*) płodność *f*.
fertilizer ['fə:tɪlaɪzə*] *n* nawóz *m*.
fervent ['fə:vənt] *adj* (*admirer,
supporter*) zagorzały; (*belief*) żarliwy.
fervour ['fə:və*] (*US* **fervor**) *n*
zapał *m*, gorliwość *f*.
festival ['fɛstɪvəl] *n* (*REL*) święto *nt*;
(*ART, MUS*) festiwal *m*.

festive ['fɛstɪv] *adj* świąteczny, odświętny.

festivities [fɛs'tɪvɪtɪz] *npl* uroczystości *pl*, obchody *pl*.

fetch [fɛtʃ] *vt* przynosić (przynieść *perf*).

fetching ['fɛtʃɪŋ] *adj* (*woman*) ponętny; (*dress*) twarzowy.

fête [feɪt] *n* (*at school*) festyn *m*; (*at church*) odpust *m*.

fetus ['fi:təs] (*US*) *n* = **foetus**.

feud [fju:d] *n* waśń *f*.

feudal ['fju:dl] *adj* feudalny.

fever ['fi:və*] *n* gorączka *f*.

feverish ['fi:vərɪʃ] *adj* (*child, face*) rozpalony; (*fig: emotion, activity*) gorączkowy; (: *person*) rozgorączkowany.

few [fju:] *adj* niewiele (+*gen*), mało (+*gen*); (*of groups of people including at least one male*) niewielu (+*gen*) ♦ *pron* niewiele; (*of groups of people including at least one male*) niewielu; **a few** *adj* kilka (+*gen*), parę (+*gen*); (*of groups of people including at least one male*) kilku (+*gen*), paru (+*gen*); (*of children, groups of people of both sexes*) kilkoro (+*gen*) ♦ *pron* kilka, parę; (*of groups of people including at least one male*) kilku, paru.

fewer ['fju:ə*] *adj* mniej (+*gen*).

fewest ['fju:ɪst] *adj* najmniej (+*gen*).

fiancé [fɪ'ɑ:ŋseɪ] *n* narzeczony *m*.

fiancée [fɪ'ɑ:ŋseɪ] *n* narzeczona *f*.

fiasco [fɪ'æskəu] *n* fiasko *nt*.

fib [fɪb] *n* bajka *f*, bujda *f* (*inf*); **to tell fibs** bujać (*inf*).

fibre ['faɪbə*] (*US* **fiber**) *n* włókno *nt*; (*roughage*) błonnik *m*.

fibre-glass ['faɪbəglɑ:s] (*US* **fiber-glass**) *n* włókno *nt* szklane.

fickle ['fɪkl] *adj* kapryśny, zmienny.

fiction ['fɪkʃən] *n* (*LITERATURE*) beletrystyka *f*, literatura *f* piękna; (*invention, lie*) fikcja *f*.

fictional ['fɪkʃənl] *adj* fikcyjny.

fictitious [fɪk'tɪʃəs] *adj* fikcyjny, zmyślony.

fiddle ['fɪdl] *n* (*MUS*) skrzypki *pl*, skrzypce *pl*; (*fraud*) szwindel *m* (*inf*) ♦ *vt* (*BRIT: accounts*) fałszować (sfałszować *perf*).

►**fiddle with** *vt fus* bawić się +*instr*.

fidelity [fɪ'dɛlɪtɪ] *n* wierność *f*.

fidget ['fɪdʒɪt] *vi* wiercić się.

field [fi:ld] *n* (*also ELEC, COMPUT*) pole *nt*; (*SPORT*) boisko *nt*; (*fig*) dziedzina *f*, pole *nt*.

fieldwork ['fi:ldwə:k] *n* badania *pl* terenowe.

fiend [fi:nd] *n* potwór *m*.

fierce [fɪəs] *adj* (*animal*) dziki; (*warrior*) zaciekły, zawzięty; (*loyalty*) niezłomny; (*resistance, competition*) zaciekły; (*storm*) gwałtowny.

fiery ['faɪərɪ] *adj* (*sun*) ognisty; (*fig*) ognisty, płomienny.

fifteen [fɪf'ti:n] *num* piętnaście.

fifth [fɪfθ] *num* piąty.

fifty ['fɪftɪ] *num* pięćdziesiąt.

fifty-fifty ['fɪftɪ'fɪftɪ] *adj* (*deal etc*) pół na pół *post* ♦ *adv* pół na pół, po połowie.

fig [fɪg] *n* (*fruit*) figa *f*.

fight [faɪt] *n* walka *f*; (*brawl*) bójka *f*; (*row*) kłótnia *f*, sprzeczka *f* ♦ *vt* (*pt* **fought**) (*person, urge*) walczyć z +*instr*; (*cancer, prejudice etc*) walczyć z +*instr*, zwalczać (zwalczyć *perf*); (*BOXING*) walczyć przeciwko +*dat* or z +*instr* ♦ *vi* walczyć, bić się.

fighter ['faɪtə*] *n* (*combatant*) walczący *m*; (*plane*) samolot *m* myśliwski, myśliwiec *m*.

fighting ['faɪtɪŋ] *n* (*battle*) walka *f*, bitwa *f*; (*brawl*) bójka *f*, bijatyka *f*.

figment ['fɪgmənt] *n*: **a figment of sb's imagination** wytwór *m* czyjejś wyobraźni.

figurative ['fɪgjurətɪv] *adj* (*expression*) przenośny,

figure 150 **find**

metaforyczny; (*style*) obfitujący w
przenośnie; (*art*) figuratywny.
figure ['fɪgə*] n (*GEOM*) figura *f*;
(*number*) liczba *f*, cyfra *f*; (*body*)
figura *f*; (*person*) postać *f*;
(*personality*) postać *f*, figura *f* ♦ *vt*
(*esp US*) dojść (*perf*) do wniosku ♦
vi figurować, pojawiać się (pojawić
się *perf*).
►**figure out** *vt* wymyślić (*perf*),
wykombinować (*perf*) (*inf*).
figurehead ['fɪgəhed] n (*NAUT*)
galion *m*; (*POL*) marionetkowy
przywódca *m*.
figure of speech n figura *f*
retoryczna.
file [faɪl] n (*dossier*) akta *pl*, dossier
nt inv; (*folder*) kartoteka *f*, teczka *f*;
(*COMPUT*) plik *m*; (*tool*) pilnik *m* ♦
vt (*document*) włączać (włączyć
perf) do dokumentacji; (*lawsuit*)
wnosić (wnieść *perf*); (*metal*,
fingernails) piłować (spiłować *perf*);
to file in wchodzić (wejść *perf*)
jeden za drugim *or* gęsiego; **to file
for divorce** wnosić (wnieść *perf*)
sprawę o rozwód.
fill [fɪl] *vt* (*container*) napełniać
(napełnić *perf*); (*vacancy*) zapełniać
(zapełnić *perf*) ♦ *vi* wypełniać się
(wypełnić się *perf*), zapełniać się
(zapełnić się *perf*) ♦ *n*: **to eat/drink
one's fill** najeść się (*perf*)/napić się
(*perf*) do syta; **to have one's fill of
sth** mieć czegoś dosyć.
►**fill in** *vt* wypełniać (wypełnić *perf*).
►**fill up** *vt* (*container*) napełniać
(napełnić *perf*); (*space*) wypełniać
(wypełnić *perf*) ♦ *vi* wypełniać się
(wypełnić się *perf*), zapełniać się
(zapełnić się *perf*).
fillet ['fɪlɪt] n filet *m*.
fillet steak n stek *m* z polędwicy.
filling ['fɪlɪŋ] n (*for tooth*)
wypełnienie *nt*, plomba *f*; (*of cake*)
nadzienie *nt*.
filling station n stacja *f* paliw.

film [fɪlm] n (*FILM, TV, PHOT*) film
m; (*of dust etc*) cienka warstwa *f*,
warstewka *f*; (*of tears*) mgiełka *f* ♦
vt filmować (sfilmować *perf*) ♦ *vi*
filmować, kręcić (*inf*).
film star n gwiazda *f* filmowa.
filter ['fɪltə*] n (*also PHOT*) filtr *m* ♦
vt filtrować (przefiltrować *perf*).
filth [fɪlθ] n (*dirt*) brud *m*.
filthy ['fɪlθɪ] *adj* (*object, person*)
bardzo brudny; (*language*) sprośny,
plugawy; (*behaviour*) obrzydliwy,
ohydny.
fin [fɪn] n płetwa *f*.
final ['faɪnl] *adj* (*last*) ostatni,
końcowy; (*penalty*) najwyższy;
(*irony*) największy; (*decision, offer*)
ostateczny ♦ n (*SPORT*) finał *m*;
finals *npl* (*SCOL*) egzaminy *pl*
końcowe.
finalist ['faɪnəlɪst] n finalista (-tka)
m(f).
finalize ['faɪnəlaɪz] *vt* finalizować
(sfinalizować *perf*).
finally ['faɪnəlɪ] *adv* (*eventually*) w
końcu, ostatecznie; (*lastly*) na koniec.
finance [faɪ'næns] n (*backing*) środki
pl finansowe, finanse *pl*;
(*management*) gospodarka *f*
finansowa ♦ *vt* finansować
(sfinansować *perf*); **finances** *npl*
fundusze *pl*.
financial [faɪ'nænʃəl] *adj* finansowy.
financier [faɪ'nænsɪə*] n (*backer*)
sponsor *m*; (*expert*) finansista *m*.
find [faɪnd] (*pt* **found**) *vt* (*locate*)
znajdować (znaleźć *perf*),
odnajdywać (odnaleźć *perf*) (*fml*);
(*discover. answer, solution*)
znajdować (znaleźć *perf*); (: *object,
person*) odkryć (*perf*); (*consider*)
uznać (*perf*) za +*acc*, uważać za +*acc*
♦ n (*discovery*) odkrycie *nt*; (*object
found*) znalezisko *nt*; **to find sb
guilty** (*JUR*) uznawać (uznać *perf*)
kogoś za winnego.
►**find out** *vt* (*fact*) dowiadywać się

(dowiedzieć się *perf*) +*gen*; (*truth*)
odkrywać (odkryć *perf*), poznawać
(poznać *perf*); (*person*) poznać się
na +*loc*.

findings ['faɪndɪŋz] *npl* (*of
committee*) wyniki *pl* badań; (*of
report*) wnioski *pl*.

fine [faɪn] *adj* (*quality etc*) świetny;
(*thread*) cienki; (*sand etc*) drobny,
miałki; (*detail etc*) drobny; (*weather*)
piękny ♦ *adv* (*well*) świetnie ♦ *n*
grzywna *f* ♦ *vt* karać (ukarać *perf*)
grzywną; (**I'm**) **fine** (mam się)
dobrze; **don't cut it fine** nie rób
tego na styk (*inf*); **you're doing fine**
świetnie ci idzie.

finesse [fɪ'nɛs] *n* finezja *f*.

finger ['fɪŋɡə*] *n* palec *m* ♦ *vt*
dotykać (dotknąć *perf*) palcem +*gen*;
little/index finger mały/wskazujący
palec.

fingernail ['fɪŋɡəneɪl] *n* paznokieć *m*
(*u ręki*).

fingerprint ['fɪŋɡəprɪnt] *n* odcisk *m*
palca.

finish ['fɪnɪʃ] *n* (*end*) koniec *m*,
zakończenie *nt*; (*SPORT*) końcówka
f, finisz *m*; (*polish etc*) wykończenie
nt ♦ *vt* kończyć (skończyć *perf*) ♦ *vi*
(*person*) kończyć (skończyć *perf*);
(*course*) kończyć się (skończyć się
perf); **to finish doing sth** kończyć
(skończyć *perf*) coś robić; **to finish
third** zająć (*perf*) trzecie miejsce.

▶**finish off** *vt* (*job*) dokończyć (*perf*),
skończyć (*perf*); (*dinner*) dokończyć
(*perf*); (*kill*) wykończyć (*perf*) (*inf*).

▶**finish up** *vt* dokończyć (*perf*),
skończyć (*perf*).

Finland ['fɪnlənd] *n* Finlandia *f*.

Finn [fɪn] *n* Fin(ka) *m(f)*.

Finnish ['fɪnɪʃ] *adj* fiński ♦ *n* (*język
m*) fiński.

fir [fə:*] *n* jodła *f*.

fire ['faɪə*] *n* ogień *m*; (*accidental*)
pożar *m* ♦ *vt* (*shoot: gun*) strzelać
(strzelić *perf*) z +*gen*; (: *arrow*)

wystrzeliwać (wystrzelić *perf*);
(*stimulate*) rozpalać (rozpalić *perf*);
(*inf*) wyrzucać (wyrzucić *perf*) z
pracy, wylać (*perf*) (*inf*) ♦ *vi* strzelać
(strzelić *perf*); **to catch fire** zapalać
się (zapalić się *perf*), zajmować się
(zająć się *perf*); **to be on fire** palić
się, płonąć; **to fire a shot** oddawać
(oddać *perf*) strzał.

fire alarm *n* alarm *m* pożarowy.

firearm ['faɪərɑ:m] *n* broń *f* palna.

fire brigade *n* straż *f* pożarna.

fire engine *n* wóz *m* strażacki.

fire escape *n* schody *pl* pożarowe.

fireman ['faɪəmən] (*irreg like*: **man**) *n*
strażak *m*.

fireplace ['faɪəpleɪs] *n* kominek *m*.

fire station *n* posterunek *m* straży
pożarnej.

fireworks ['faɪəwə:ks] *npl* fajerwerki
pl, sztuczne ognie *pl*.

firing squad *n* pluton *m*
egzekucyjny.

firm [fə:m] *adj* (*mattress*) twardy;
(*ground*) ubity; (*grasp, hold*) mocny,
pewny; (*views*) niewzruszony;
(*leadership*) nieugięty; (*voice*)
pewny ♦ *n* przedsiębiorstwo *nt*,
firma *f*.

firmly ['fə:mlɪ] *adv* (*strongly*) mocno;
(*securely*) pewnie; (*say, tell*)
stanowczo.

first [fə:st] *adj* pierwszy ♦ *adv*
(*before anyone else*) (jako)
pierwszy; (*when listing reasons*) po
pierwsze ♦ *n* (*AUT*) pierwszy bieg
m, jedynka *f* (*inf*); (*BRIT: SCOL*)
*dyplom ukończenia studiów z
najwyższą oceną*; **at first** najpierw, z
początku; **first of all** przede
wszystkim.

first aid *n* pierwsza pomoc *f*.

first-aid kit [fə:st'eɪd-] *n* apteczka *f*
(pierwszej pomocy).

first-class ['fə:st'klɑ:s] *adj*
pierwszorzędny; **a first-class**

carriage/ticket wagon/bilet pierwszej klasy.

first-hand ['fə:st'hænd] *adj* z pierwszej ręki *post*.

first lady (*US*) *n* pierwsza dama *f* (*żona prezydenta*).

firstly ['fə:stlɪ] *adv* po pierwsze.

first name *n* imię *nt*.

first-rate ['fə:st'reɪt] *adj* pierwszorzędny.

fiscal ['fɪskl] *adj* fiskalny, podatkowy.

fish [fɪʃ] *n inv* ryba *f* ♦ *vi* (*commercially*) poławiać ryby; (*as sport, hobby*) łowić ryby, wędkować; **to go fishing** iść (pójść *perf*) na ryby.

fisherman ['fɪʃəmən] (*irreg like*: **man**) *n* rybak *m*; (*amateur*) wędkarz *m*.

fishing rod *n* wędka *f*.

fishmonger's (shop) ['fɪʃmʌŋgəz-] *n* sklep *m* rybny.

fishy ['fɪʃɪ] (*inf*) *adj* (*suspicious*) podejrzany.

fissure ['fɪʃə*] *n* szczelina *f*.

fist [fɪst] *n* pięść *f*.

fit [fɪt] *adj* (*suitable*) odpowiedni; (*healthy*) sprawny (fizycznie), w dobrej kondycji *or* formie *post* ♦ *vt* (*be the right size for*) pasować na +*acc*; (*suit*) odpowiadać +*dat*, pasować do +*gen* ♦ *vi* pasować ♦ *n* (*MED*) napad *m*, atak *m*; **to be fit for sth** nadawać się do czegoś; **to keep fit** utrzymywać dobrą kondycję; **to see fit to do sth** uznawać (uznać *perf*) za stosowne coś zrobić; **to fit sth with sth** wyposażać (wyposażyć *perf*) coś w coś; **a fit of rage/pride** przypływ gniewu/dumy; **this dress is a good fit** ta sukienka dobrze leży; **by fits and starts** zrywami.

►**fit in** *vi* mieścić się (zmieścić się *perf*); (*fig*) pasować.

fitful ['fɪtful] *adj* (*sleep*) niespokojny.

fitness ['fɪtnɪs] *n* sprawność *f* fizyczna, kondycja *f*.

fitted carpet ['fɪtɪd-] *n* wykładzina *f* dywanowa.

fitter ['fɪtə*] *n* monter *m*.

fitting ['fɪtɪŋ] *adj* stosowny ♦ *n* przymiarka *f*; **fittings** *npl* armatura *f*.

fitting room *n* przymierzalnia *f*, kabina *f*.

five [faɪv] *num* pięć.

fiver ['faɪvə*] (*inf*) *n* (*BRIT*) banknot *m* pięciofuntowy, piątka *f* (*inf*).

fix [fɪks] *vt* (*date, amount*) ustalać (ustalić *perf*), wyznaczać (wyznaczyć *perf*); (*leak, radio*) naprawiać (naprawić *perf*); (*meal*) przygotowywać (przygotować *perf*) ♦ *n*: **to be in a fix** (*inf*) być w tarapatach.

►**fix up** *vt* (*meeting etc*) organizować (zorganizować *perf*); **to fix sb up with sth** załatwiać (załatwić *perf*) komuś coś.

fixation [fɪk'seɪʃən] *n* fiksacja *f*.

fixed [fɪkst] *adj* (*price, intervals etc*) stały, niezmienny; (*ideas*) (głęboko) zakorzeniony; (*smile*) przylepiony.

fixture ['fɪkstʃə*] *n* element *m* instalacji (*wanna, zlew itp*); (*SPORT*) impreza *f*.

fizzy ['fɪzɪ] *adj* gazowany, musujący.

flabbergasted ['flæbəgɑ:stɪd] *adj* osłupiały.

flabby ['flæbɪ] *adj* sflaczały.

flag [flæg] *n* (*of country, for signalling*) flaga *f*; (*of organization*) sztandar *m*, chorągiew *f*; (*also*: **flagstone**) płyta *f* chodnikowa ♦ *vi* słabnąć (osłabnąć *perf*); **to flag down** (*taxi etc*) zatrzymywać (zatrzymać *perf*).

flagrant ['fleɪgrənt] *adj* (*injustice etc*) rażący.

flair [fleə*] *n* styl *m*; **to have a flair for sth** mieć smykałkę do czegoś.

flak [flæk] *n* ogień *m* przeciwlotniczy; (*inf*) ogień *m* krytyki.

flake [fleɪk] *n* płatek *m* ♦ *vi* (*also*:

flake off) złuszczać się (złuszczyć się *perf*).

flamboyant [flæm'bɔɪənt] *adj* (*brightly coloured*) krzykliwy (*pej*); (*showy, confident*) ekstrawagancki.

flame [fleɪm] *n* płomień *m*.

flammable ['flæməbl] *adj* łatwopalny.

flank [flæŋk] *n* (*of animal*) bok *m*; (*of army*) skrzydło *nt* ♦ *vt*: **flanked by** (po)między +*instr*.

flannel ['flænl] *n* (*fabric*) flanela *f*; (*BRIT: also*: **face flannel**) myjka *f*; **flannels** *npl* spodnie *pl* flanelowe.

flap [flæp] *n* klapa *f*, (*small*) klapka *f* ♦ *vt* machać (machnąć *perf*) +*instr* ♦ *vi* łopotać (załopotać *perf*).

flare [flɛə*] *n* rakieta *f* świetlna, raca *f*.

►**flare up** *vi* (*fire*) zapłonąć (*perf*); (*fighting*) wybuchać (wybuchnąć *perf*).

flash [flæʃ] *n* (*of light*) błysk *m*; (*PHOT*) flesz *m*, lampa *f* błyskowa ♦ *vt* (*light*) błyskać (błysnąć *perf*) +*instr*; (*news, message*) przesyłać (przesłać *perf*); (*look, smile*) posyłać (posłać *perf*) ♦ *vi* (*lightning, light*) błyskać (błysnąć *perf*); (*eyes*) miotać błyskawice; **in a flash** w okamgnieniu; **to flash by** *or* **past** przemykać (przemknąć *perf*) obok +*gen*.

flashback ['flæʃbæk] *n* (*FILM*) retrospekcja *f*.

flashlight ['flæʃlaɪt] *n* latarka *f*.

flashy ['flæʃɪ] *adj* (*pej*) krzykliwy (*pej*).

flask [flɑːsk] *n* płaska butelka *f*, piersiówka *f* (*inf*); (*also*: **vacuum flask**) termos *m*.

flat [flæt] *adj* (*surface*) płaski; (*tyre*) bez powietrza *post*; (*battery*) rozładowany; (*beer*) zwietrzały; (*refusal*) stanowczy; (*MUS*) za niski; (*rate, fee*) ryczałtowy ♦ *n* (*BRIT*) mieszkanie *nt*; (*AUT*) guma *f* (*inf*); (*MUS*) bemol *m* ♦ *n*: **the flat of**

one's hand otwarta dłoń *f*; **to work flat out** pracować na wysokich obrotach; **in 10 minutes flat** dokładnie za 10 minut.

flatly ['flætlɪ] *adv* (*refuse etc*) stanowczo.

flatmate ['flætmeɪt] (*BRIT*) *n* współlokator(ka) *m(f)*.

flatten ['flætn] *vt* (*also*: **flatten out**) spłaszczać (spłaszczyć *perf*); (*terrain*) wyrównywać (wyrównać *perf*); (*building, city*) zrównywać (zrównać *perf*) z ziemią.

flatter ['flætə*] *vt* schlebiać *or* pochlebiać +*dat*.

flattering ['flætərɪŋ] *adj* (*comment*) pochlebny; (*dress*) twarzowy; (*photograph*) udany.

flattery ['flætərɪ] *n* pochlebstwo *nt*.

flaunt [flɔːnt] *vt* obnosić się *or* afiszować się z +*instr*.

flavour ['fleɪvə*] (*US* **flavor**) *n* smak *m* ♦ *vt* (*food*) przyprawiać (przyprawić *perf*), doprawiać (doprawić *perf*); (*drink*) aromatyzować;

strawberry-flavoured o smaku truskawkowym.

flavouring ['fleɪvərɪŋ] *n* dodatek *m* smakowy.

flaw [flɔː] *n* skaza *f*; (*in argument, policy*) słaby punkt *m*.

flawless ['flɔːlɪs] *adj* nieskazitelny, bez skazy *post*.

flax [flæks] *n* len *m*.

flea [fliː] *n* pchła *f*.

fleck [flɛk] *n* plamka *f* ♦ *vt*: **flecked with mud/blood** poplamiony błotem/krwią; **flecks of dust** drobinki kurzu.

fled [flɛd] *pt, pp of* **flee**.

flee [fliː] (*pt* **fled**) *vt* (*danger, famine*) uciekać (uciec *perf*) przed +*instr*; (*country*) uciekać (uciec *perf*) z +*gen* ♦ *vi* uciekać (uciec *perf*).

fleece [fliːs] *n* (*of sheep*) runo *nt*,

wełna f; (to wear) polar m ♦ vt
(inf: cheat) oskubać (perf) (inf).

fleet [fli:t] n (of ships) flota f; (of
lorries etc) park m (samochodowy).

fleeting ['fli:tɪŋ] adj przelotny.

Flemish ['flemɪʃ] adj flamandzki.

flesh [fleʃ] n (of pig etc) mięso nt; (of
fruit) miąższ m; (skin) ciało nt.

flesh wound [-wu:nd] n rana f
powierzchowna.

flew [flu:] pt of **fly**.

flex [fleks] n sznur m sieciowy ♦ vt
(muscles) napinać (napiąć perf);
(fingers) wyginać (wygiąć perf).

flexibility [fleksɪ'bɪlɪtɪ] n giętkość f,
elastyczność f.

flexible ['fleksəbl] adj (adaptable)
elastyczny; (bending easily) giętki,
elastyczny.

flick [flɪk] n (of hand, arm) wyrzut m;
(of finger) prztyczek m; (of towel,
whip) trzaśnięcie nt, smagnięcie nt;
(through book, pages) kartkowanie
nt ♦ vt (with finger, hand) strzepywać
(strzepnąć perf); (whip) strzelać
(strzelić perf) z +gen; (ash) strząsać
(strząsnąć perf); (switch) pstrykać
(pstryknąć perf) +instr;
►**flick through** vt fus kartkować.

flicker ['flɪkə*] vi migotać
(zamigotać perf).

flight [flaɪt] n lot m; (escape)
ucieczka f; (also: **flight of stairs**)
kondygnacja f, piętro nt.

flight attendant (US) n
steward(essa) m(f).

flimsy ['flɪmzɪ] adj (clothes) cienki;
(hut) lichy; (excuse, evidence)
marny.

flinch [flɪntʃ] vi wzdrygać się
(wzdrygnąć się perf); **to flinch from**
wzdragać się przed +instr.

fling [flɪŋ] (pt **flung**) vt ciskać
(cisnąć perf), rzucać (rzucić perf).

flint [flɪnt] n (stone) krzemień m; (in
lighter) kamień m do zapalniczki.

flip [flɪp] vt (switch) pstrykać

(pstryknąć perf) +instr; (coin) rzucać
(rzucić perf).

flipper ['flɪpə*] n płetwa f.

flirt [flə:t] vi flirtować ♦ n flirt m.

float [fləʊt] n (for swimming) pływak
m; (for fishing) spławik m; (money)
drobne pl; (in carnival) ruchoma
platforma f (na której odgrywane są
sceny rodzajowe) ♦ vi (on water,
through air) unosić się.

flock [flɔk] n (of sheep etc) stado nt;
(REL) parafia f.
►**to flock to** vt fus (gather)
gromadzić się (zgromadzić się perf)
(tłumnie) przy +instr; (go) podążać
(podążyć perf) (tłumnie) do +gen.

flog [flɔg] vt chłostać (wychłostać
perf).

flood [flʌd] n (of water) powódź f;
(of letters, imports) zalew m; (REL):
the Flood potop m ♦ vt zalewać
(zalać perf); **to flood into** napływać
(napłynąć perf) do +gen.

flooding ['flʌdɪŋ] n wylew m (rzeki).

floodlight ['flʌdlaɪt] n reflektor m.

floor [flɔ:*] n (of room) podłoga f;
(storey) piętro nt; (of sea, valley)
dno nt; (for dancing) parkiet m ♦ vt
powalać (powalić perf) (na ziemię);
(fig) zbijać (zbić perf) z tropu;
ground floor (US **first floor**)
parter; **first floor** (US **second
floor**) pierwsze piętro; **to have/take
the floor** mieć/zabierać (zabrać perf)
głos.

flop [flɔp] n klapa f (inf) ♦ vi (fail)
robić (zrobić perf) klapę (inf); (into
chair, onto floor) klapnąć (perf).

floppy disk n (COMPUT) dyskietka f.

floral ['flɔ:rl] adj kwiecisty.

florist's (shop) ['flɔrɪsts-] n
kwiaciarnia f.

flour ['flaʊə*] n mąka f.

flourish ['flʌrɪʃ] vi kwitnąć ♦ n (in
writing) zawijas m; (bold gesture):
with a flourish z rozmachem.

flourishing ['flʌrɪʃɪŋ] adj kwitnący.

flow [fləu] n (of blood, river, information) przepływ m; (of traffic) strumień m; (of tide) przypływ m ♦ vi płynąć; (clothes, hair) spływać.

flower ['flauə*] n kwiat m ♦ vi kwitnąć.

flower bed n klomb m.

flowerpot ['flauəpɔt] n doniczka f.

flowery ['flauərɪ] adj (pattern, speech) kwiecisty; (perfume) kwiatowy.

flown [fləun] pp of **fly**.

flu [flu:] n grypa f.

fluctuate ['flʌktjueɪt] vi zmieniać się (nieregularnie), wahać się.

fluctuation [flʌktju'eɪʃən] n zmiany pl, wahania pl.

fluent ['flu:ənt] adj (linguist) biegły; (speech, writing) płynny; **he speaks fluent French, he's fluent in French** biegle mówi po francusku.

fluently ['flu:əntlɪ] adv biegle, płynnie.

fluff [flʌf] n (on jacket, carpet) meszek m, kłaczki pl; (of young animal) puch m.

fluffy ['flʌfɪ] adj puszysty, puchaty.

fluid ['flu:ɪd] adj płynny ♦ n płyn m.

fluke [flu:k] (inf) n fuks m (inf).

flung [flʌŋ] pt, pp of **fling**.

fluorescent [fluə'resnt] adj (dial, paint) fluorescencyjny; (light) jarzeniowy, fluorescencyjny.

fluoride ['fluəraɪd] n fluorek m.

flurry ['flʌrɪ] n śnieżyca f; **a flurry of activity/excitement** przypływ ożywienia/podniecenia.

flush [flʌʃ] n (on face) rumieniec m, wypieki pl ♦ vt przepłukiwać (przepłukać perf) ♦ vi rumienić się (zarumienić się perf), czerwienić się (zaczerwienić się perf) ♦ adv: **flush with** równo z +instr; **to flush the toilet** spuszczać (spuścić perf) wodę (w toalecie).

flushed ['flʌʃt] adj zarumieniony, zaczerwieniony.

flustered ['flʌstəd] adj podenerwowany.

flute [flu:t] n flet m.

flutter ['flʌtə*] n (of wings) trzepot m, trzepotanie nt; (of panic, excitement) przypływ m ♦ vi trzepotać (zatrzepotać perf) ♦ vt trzepotać (zatrzepotać perf) +instr.

flux [flʌks] n: **to be in a state of flux** nieustannie się zmieniać.

fly [flaɪ] (pt **flew**, pp **flown**) n (insect) mucha f; (also: **flies**) rozporek m ♦ vt (plane) pilotować; (passengers, cargo) przewozić (przewieźć perf) samolotem; (distances) przelatywać (przelecieć perf) ♦ vi (plane, passengers) lecieć (polecieć perf); (: habitually) latać; (bird, insect) lecieć (polecieć perf), frunąć (pofrunąć perf); (: habitually) latać, fruwać; (prisoner) uciekać (uciec perf); (flags) fruwać.

►**fly away** vi odlatywać (odlecieć perf).

►**fly off** vi = fly away.

flying ['flaɪɪŋ] n latanie nt ♦ adj: **a flying visit** krótka wizyta f; **with flying colours** z honorami.

flying saucer n latający talerz m.

foal [fəul] n źrebię nt, źrebak m.

foam [fəum] n (surf, soapy water) piana f; (on beer, coffee) pianka f; (also: **foam rubber**) guma f piankowa ♦ vi pienić się.

focal point ['fəukl-] n punkt m centralny.

focus ['fəukəs] (pl **focuses**) n (PHOT) ostrość f; (fig) skupienie nt uwagi ♦ vt (telescope etc) ustawiać (ustawić perf) ostrość +gen ♦ vi: **to focus (on)** (with camera) nastawiać (nastawić perf) ostrość (na +acc); (person) skupiać się (skupić się perf) (na +loc); **in/out of focus** ostry/nieostry; **to be the focus of attention** stanowić centrum zainteresowania.

fodder ['fɔdə*] *n* pasza *f*.

foe [fəu] *n* wróg *m*, nieprzyjaciel *m*.

foetus ['fi:təs] (*US* **fetus**) *n* płód *m*.

fog [fɔg] *n* mgła *f*.

foggy ['fɔgɪ] *adj* mglisty; **it's foggy** jest mgła.

fog lamp (*US* **fog light**) *n* (*AUT*) reflektor *m* przeciwmgłowy *or* przeciwmgielny.

foil [fɔɪl] *vt* (*attack, attempt*) udaremniać (udaremnić *perf*); (*plans*) krzyżować (pokrzyżować *perf*) ♦ *n* (*for wrapping food*) folia *f*; (*complement*) dodatek *m*; (*FENCING*) floret *m*.

fold [fəuld] *n* (*in paper*) zagięcie *nt*; (*in dress, of skin*) fałda *f*; (*for sheep*) koszara *f*; (*fig*) owczarnia *f* ♦ *vt* (*clothes*) składać (złożyć *perf*); (*paper*) składać (złożyć *perf*), zaginać (zagiąć *perf*); (*one's arms*) krzyżować (skrzyżować *perf*).

folder ['fəuldə*] *n* teczka *f* (papierowa).

folding ['fəuldɪŋ] *adj* składany.

foliage ['fəulɪdʒ] *n* listowie *nt*.

folk [fəuk] *npl* (*people*) ludzie *vir pl*; (*ethnic group*) lud *m* ♦ *cpd* ludowy; **folks** (*inf*) *npl* (*parents*) starzy *vir pl* (*inf*).

folklore ['fəuklɔ:*] *n* folklor *m*.

folk music *n* muzyka *f* ludowa.

follow ['fɔləu] *vt* (*person: on foot*) iść (pójść *perf*) za +*instr*, podążać (podążyć *perf*) za +*instr* (*fml*); (: *by vehicle*) jechać (pojechać *perf*) za +*instr*; (*suspect, event, story*) śledzić; (*route, path: on foot*) iść (pójść *perf*) +*instr*; (: *by vehicle*) jechać (pojechać *perf*) +*instr*; (*advice, instructions*) stosować się (zastosować się *perf*) do +*gen*; (*example*) iść (pójść *perf*) za +*instr*; (*with eyes*) wodzić (powieść *perf*) wzrokiem po +*loc* ♦ *vi* (*person*): **she made for the stairs and he followed** skierowała się ku

schodom, a on podążył *or* poszedł za nią; (*period of time*) następować (nastąpić *perf*); (*result, conclusion*) wynikać (wyniknąć *perf*); **to follow suit** (*fig*) iść (pójść *perf*) za czyimś przykładem.

►**follow up** *vt* (*offer*) sprawdzać (sprawdzić *perf*); (*idea, suggestion*) badać (zbadać *perf*).

follower ['fɔləuə*] *n* zwolennik (-iczka) *m(f)*.

following ['fɔləuɪŋ] *adj* (*next*) następny; (*next-mentioned*) następujący ♦ *n* zwolennicy *vir pl*.

folly ['fɔlɪ] *n* (*foolishness*) szaleństwo *nt*.

fond [fɔnd] *adj* (*smile, look*) czuły; (*hopes, dreams*) naiwny; **to be fond of sb/sth** lubić kogoś/coś; **to be fond of doing sth** lubić coś robić.

fondle ['fɔndl] *vt* pieścić.

font [fɔnt] *n* (*in church*) chrzcielnica *f*; (*TYP*) czcionka *f*.

food [fu:d] *n* żywność *f*, pokarm *m*.

food processor *n* robot *m* kuchenny.

fool [fu:l] *n* (*person*) głupiec *m*, idiota (-tka) *m(f)* ♦ *vt* oszukiwać (oszukać *perf*), nabierać (nabrać *perf*) ♦ *vi* wygłupiać się.

foolhardy ['fu:lha:dɪ] *adj* ryzykancki.

foolish ['fu:lɪʃ] *adj* (*stupid*) głupi; (*rash*) pochopny.

foolproof ['fu:lpru:f] *adj* niezawodny.

foot [fut] (*pl* **feet**) *n* (*of person, as measure*) stopa *f*; (*of animal*) łapa *f*; (*of cliff*) podnóże *nt*; **on foot** pieszo, piechotą; **to foot the bill (for sth)** płacić (zapłacić *perf*) (za coś).

footage ['futɪdʒ] *n* materiał *m* filmowy.

football ['futbɔ:l] *n* (*ball*) piłka *f* nożna; (*SPORT: BRIT*) piłka *f* nożna, futbol *m*; (: *US*) futbol *m* amerykański.

footbrake ['futbreɪk] *n* hamulec *m* nożny.

footbridge ['futbrɪdʒ] *n* kładka *f*.

foothold ['futhəuld] n oparcie nt dla stóp.

footing ['futɪŋ] n (fig) stopa f; **to lose one's footing** tracić (stracić perf) równowagę.

footlights ['futlaɪts] npl (THEAT) rampa f.

footnote ['futnəut] n przypis m.

footpath ['futpɑ:θ] n ścieżka f.

footprint ['futprɪnt] n (of person) odcisk m stopy; (of animal) odcisk m łapy.

footstep ['futstɛp] n krok m.

footwear ['futwɛə*] n obuwie nt.

┌─────── KEYWORD ───────┐

for [fɔ:*] prep 1 (indicating recipient) dla +gen. 2 (indicating destination, application) do +gen; **the train for London** pociąg do Londynu; **what's it for?** do czego to jest? 3 (indicating intention) po +acc; **he went for the paper** wyszedł po gazetę. 4 (indicating purpose): **give it to me – what for?** daj mi to – po co?; **it's time for lunch** czas na obiad; **to pray for peace** modlić się o pokój. 5 (representing): **the MP for Hove** poseł/posłanka m/f z Hove; **I'll ask him for you** zapytam go w twoim imieniu; **N for Nan** ≈ N jak Natalia. 6 (because of) z +gen; **for this reason** z tego powodu; **the town is famous for its canals** miasto słynie ze swoich kanałów. 7 (with regard to): **he's mature for his age** jest dojrzały (jak) na swój wiek; **a gift for languages** talent do języków. 8 (in exchange for) za +acc; **I sold it for 5 pounds** sprzedałam to za 5 funtów. 9 (in favour of) za +instr; **are you for or against us?** jesteś za nami, czy przeciwko nam?; **vote for X** głosuj na X. 10 (referring to distance) (przez) +acc; **we walked for miles** szliśmy wiele mil. 11 (referring to

time): **he was away for two years** nie było go (przez) dwa lata; **it hasn't rained for 3 weeks** nie padało od trzech tygodni; **can you do it for tomorrow?** czy możesz to zrobić na jutro? 12 (with infinitive clause): **it would be best for you to leave** byłoby najlepiej, gdybyś wyjechał; **for this to be possible** aby to było możliwe. 13 (in spite of) (po)mimo +gen; **for all his complaints, he is very fond of her** (po)mimo wszystkich zastrzeżeń, bardzo ją lubi ♦ conj (fml) ponieważ, gdyż; **she was very angry, for he was late again** była bardzo zła, ponieważ or gdyż znów się spóźnił.

└─────────────────────┘

forbid [fə'bɪd] (pt **forbad(e)**, pp **forbidden**) vt zakazywać (zakazać perf) +gen; **to forbid sb to do sth** zabraniać (zabronić perf) komuś coś robić.

forbidden [fə'bɪdn] pp of **forbid**.

forbidding [fə'bɪdɪŋ] adj (prospect) posępny; (look, person) posępny, odpychający.

force [fɔ:s] n (also PHYS) siła f; (power, influence) siła f, moc f ♦ vt (person) zmuszać (zmusić perf); (confession etc) wymuszać (wymusić perf); (push) pchnąć (perf); (lock, door) wyłamywać (wyłamać perf); **the Forces** (BRIT) npl Siły pl Zbrojne; **in force** licznie, masowo; **to force o.s. to do sth** zmuszać się (zmusić się perf) do (z)robienia czegoś.

forced [fɔ:st] adj (labour, landing) przymusowy; (smile) wymuszony.

force-feed ['fɔ:sfi:d] vt karmić (nakarmić perf) siłą.

forceful ['fɔ:sful] adj (person, point) przekonujący; (attack) silny.

forceps ['fɔːsɛps] npl kleszcze pl, szczypce pl.

forcibly ['fɔːsəblɪ] adv (remove) siłą; (express) dobitnie, dosadnie.

ford [fɔːd] n bród m.

fore [fɔː*] n: **to come to the fore** wysuwać się (wysunąć się perf) na czoło.

forearm ['fɔːrɑːm] n przedramię nt.

foreboding [fɔː'bəudɪŋ] n złe przeczucie nt.

forecast ['fɔːkɑːst] (irreg like: cast) n przewidywanie nt, prognoza f ♦ vt przewidywać (przewidzieć perf); **the weather forecast** prognoza pogody.

forecourt ['fɔːkɔːt] n podjazd m.

forefathers ['fɔːfɑːðəz] npl przodkowie vir pl, ojcowie vir pl.

forefinger ['fɔːfɪŋgə*] n palec m wskazujący.

forefront ['fɔːfrʌnt] n: **in the forefront of** na czele +gen.

foreground ['fɔːgraund] n pierwszy plan m.

forehead ['fɔrɪd] n czoło nt.

foreign ['fɔrɪn] adj (country, matter) obcy; (trade, student) zagraniczny.

foreigner ['fɔrɪnə*] n cudzoziemiec (-mka) m(f).

foreign exchange n (system) wymiana f walut.

Foreign Office (BRIT) n Ministerstwo nt Spraw Zagranicznych.

Foreign Secretary (BRIT) n Minister m Spraw Zagranicznych.

foreman ['fɔːmən] (irreg like: man) n (in factory) brygadzista m; (on building site) kierownik m (robót).

foremost ['fɔːməust] adj główny ♦ adv: **first and foremost** przede wszystkim.

forensic [fə'rɛnsɪk] adj (medicine) sądowy; (skill) prawniczy.

forerunner ['fɔːrʌnə*] n prekursor m.

foresee [fɔː'siː] (irreg like: see) vt przewidywać (przewidzieć perf).

foreseeable [fɔː'siːəbl] adj dający się przewidzieć, przewidywalny.

foreshadow [fɔː'ʃædəu] vt (event) zapowiadać (zapowiedzieć perf).

foresight ['fɔːsaɪt] n zdolność f przewidywania, przezorność f.

forest ['fɔrɪst] n las m.

forestry ['fɔrɪstrɪ] n leśnictwo nt.

foretaste ['fɔːteɪst] n: **a foretaste of** przedsmak m +gen.

foretell [fɔː'tɛl] (irreg like: tell) vt przepowiadać (przepowiedzieć perf).

foretold [fɔː'təuld] pt, pp of **foretell**.

forever [fə'rɛvə*] adv (permanently) trwale, na trwałe; (always) (na) zawsze, wiecznie; (continually) ciągle, bezustannie.

foreword ['fɔːwəːd] n przedmowa f.

forfeit ['fɔːfɪt] n grzywna f ♦ vt (right, chance etc) tracić (stracić perf).

forgave [fə'geɪv] pt of **forgive**.

forge [fɔːdʒ] n kuźnia f ♦ vt (signature, money etc) fałszować (sfałszować perf); (wrought iron) kuć (wykuć perf).

forger ['fɔːdʒə*] n fałszerz m.

forgery ['fɔːdʒərɪ] n (crime) fałszerstwo nt; (document, painting etc) falsyfikat m.

forget [fə'gɛt] (pt **forgot**, pp **forgotten**) vt zapominać (zapomnieć perf) +gen; (birthday, appointment, person) zapominać (zapomnieć perf) o +loc ♦ vi zapominać (zapomnieć perf).

forgetful [fə'gɛtful] adj: **to be forgetful** mieć słabą pamięć.

forget-me-not [fə'gɛtmɪnɔt] n niezapominajka f.

forgive [fə'gɪv] (pt **forgave**, pp **forgiven**) vt wybaczać (wybaczyć perf) or przebaczać (przebaczyć perf) +dat; **to forgive sb for sth** wybaczyć (perf) komuś coś; **to forgive sb for doing sth** wybaczyć (perf) komuś, że coś zrobił.

forgiveness [fə'gɪvnɪs] n
przebaczenie nt.

forgiving [fə'gɪvɪŋ] adj wyrozumiały.

forgot [fə'gɒt] pt of **forget**.

forgotten [fə'gɒtn] pp of **forget**.

fork [fɔːk] n (for eating) widelec m;
(for gardening) widły pl; (in road,
river) rozwidlenie nt ♦ vi (road)
rozwidlać się.

►**fork out** (inf) vt bulić (wybulić perf)
(inf).

forlorn [fə'lɔːn] adj (person)
opuszczony; (cry, voice) żałosny;
(place) wymarły; (attempt, hope)
rozpaczliwy.

form [fɔːm] n (type) forma f; (shape)
postać f; (SCOL) klasa f;
(questionnaire) formularz m ♦ vt
(shape, organization) tworzyć
(utworzyć perf); (idea, impression)
wyrabiać (wyrobić perf) sobie;
(relationship) zawierać (zawrzeć
perf); (habit) nabierać (nabrać perf)
+gen.

formal ['fɔːməl] adj (education, style)
formalny; (statement, behaviour)
formalny, oficjalny; (occasion,
dinner) uroczysty; (gardens)
tradycyjny, typowy; **formal dress**
strój oficjalny or wizytowy.

formality [fɔː'mælɪtɪ] n (procedure)
formalność f; (politeness) formalna
uprzejmość f; **formalities** npl
formalności pl.

formally ['fɔːməlɪ] adv (announce,
approve) formalnie, oficjalnie;
(dress, behave) formalnie.

format ['fɔːmæt] n forma f ♦ vt
(COMPUT) formatować
(sformatować perf).

formation [fɔː'meɪʃən] n (of
organization, business) utworzenie
nt; (of theory, ideas) powstawanie nt,
formowanie się nt; (pattern)
formacja f; (of rocks, clouds)
tworzenie się nt, powstawanie nt.

formative ['fɔːmətɪv] adj: **formative
years** okres kształtujący osobowość.

former ['fɔːmə*] adj (one-time) były;
(earlier) dawny ♦ n: **the former** (ten)
pierwszy m/(ta) pierwsza f/(to)
pierwsze nt.

formerly ['fɔːməlɪ] adv uprzednio.

formidable ['fɔːmɪdəbl] adj
(opponent) budzący grozę; (task)
ogromny.

formula ['fɔːmjulə] (pl **formulae** or
formulas) n (MATH, CHEM) wzór
m, formuła f; (plan) recepta f,
przepis m.

formulate ['fɔːmjuleɪt] vt (plan,
strategy) opracowywać (opracować
perf); (thought, opinion) formułować
(sformułować perf).

forsake [fə'seɪk] (pt **forsook**, pp
forsaken) vt porzucać (porzucić
perf).

fort [fɔːt] n (MIL) fort m.

forte ['fɔːtɪ] n mocna strona f.

forth [fɔːθ] adv: **to set forth**
wyruszać (wyruszyć perf); **back and
forth** tam i z powrotem; **and so
forth** i tak dalej.

forthcoming [fɔːθ'kʌmɪŋ] adj
(event) nadchodzący, zbliżający się;
(book) mający się ukazać; (help,
money) dostępny; (person)
rozmowny.

fortify ['fɔːtɪfaɪ] vt (city)
obwarowywać (obwarować perf);
(person) umacniać (umocnić perf).

fortnight ['fɔːtnaɪt] (BRIT) n dwa
tygodnie pl.

fortnightly ['fɔːtnaɪtlɪ] adj (lasting
two weeks) dwutygodniowy;
(happening every two weeks)
odbywający się co dwa tygodnie ♦
adv co dwa tygodnie; **a fortnightly
magazine** dwutygodnik.

fortress ['fɔːtrɪs] n twierdza f, forteca f.

fortuitous [fɔː'tjuːɪtəs] adj
przypadkowy.

fortunate ['fɔːtʃənɪt] adj (person)

szczęśliwy; (*event*) pomyślny; **it is fortunate that ...** dobrze się składa, że ... .

fortunately ['fɔːtʃənɪtlɪ] *adv* na szczęście, szczęśliwie.

fortune ['fɔːtʃən] *n* (*luck*) szczęście *nt*, powodzenie *nt*; (*wealth*) fortuna *f*, majątek *m*.

fortune-teller ['fɔːtʃəntɛlə*] *n* wróżka *f*.

forty ['fɔːtɪ] *num* czterdzieści.

forum ['fɔːrəm] *n* forum *nt*.

forward ['fɔːwəd] *adj* (*movement*) do przodu *post*; (*part*) przedni; (*not shy*) śmiały ♦ *n* (*SPORT*) napastnik (-iczka) *m(f)* ♦ *vt* (*letter, parcel*) przesyłać (przesłać *perf*) (dalej); (*career, plans*) posuwać (posunąć *perf*) do przodu.

forward(s) ['fɔːwəd(z)] *adv* (*in space*) do przodu; (*in development, time*) naprzód; **to look forward** patrzeć w przyszłość.

fossil ['fɔsl] *n* skamielina *f*.

foster ['fɔstə*] *vt* (*child*) wychowywać, brać (wziąć *perf*) na wychowanie; (*idea, activity*) rozwijać (rozwinąć *perf*), popierać (poprzeć *perf*).

foster child *n* przybrane dziecko *nt*.

fought [fɔːt] *pt, pp of* **fight**.

foul [faul] *adj* (*place, taste*) wstrętny, paskudny; (*smell*) cuchnący; (*temper, weather*) okropny; (*language*) sprośny, plugawy ♦ *n* (*SPORT*) faul *m* ♦ *vt* brudzić (zabrudzić *perf*), zanieczyszczać (zanieczyścić *perf*).

found [faund] *pt, pp of* **find** ♦ *vt* zakładać (założyć *perf*).

foundation [faun'deɪʃən] *n* (*of business, theatre etc*) założenie *nt*; (*basis*) podstawa *f*; (*organization*) fundacja *f*; (*also*: **foundation cream**) podkład *m* (pod makijaż); **foundations** *npl* fundamenty *pl*.

founder ['faundə*] *n* założyciel(ka) *m(f)* ♦ *vi* (*ship*) tonąć (zatonąć *perf*).

foundry ['faundrɪ] *n* odlewnia *f*.

fountain ['fauntɪn] *n* fontanna *f*.

fountain pen *n* wieczne pióro *nt*.

four [fɔː*] *num* cztery; **on all fours** na czworakach.

four-poster ['fɔː'pəustə*] *n* (*also*: **four-poster bed**) łoże *nt* z baldachimem.

fourteen ['fɔː'tiːn] *num* czternaście.

fourth ['fɔːθ] *num* czwarty.

fowl [faul] *n* (*bird*) ptak *m*; (*birds*) ptactwo *nt*; (: *domestic*) drób *m*.

fox [fɔks] *n* lis *m* ♦ *vt* dezorientować (zdezorientować *perf*).

foyer ['fɔɪeɪ] *n* foyer *nt inv*.

fraction ['frækʃən] *n* (*portion*) odrobina *f*; (*MATH*) ułamek *m*; **for a fraction of a second** przez ułamek sekundy.

fracture ['fræktʃə*] *n* (*of bone*) złamanie *nt*, pęknięcie *nt* ♦ *vt* (*bone*) powodować (spowodować *perf*) pęknięcie +*gen*.

fragile ['frædʒaɪl] *adj* (*object, structure*) kruchy; (*person*) delikatny.

fragment ['frægmənt] *n* część *f*, kawałek *m*; (*of bone, cup*) odłamek *m*; (*of conversation, poem*) fragment *m*, urywek *m*; (*of paper, fabric*) skrawek *m*.

fragrance ['freɪgrəns] *n* zapach *m*.

fragrant ['freɪgrənt] *adj* pachnący.

frail [freɪl] *adj* (*person*) słabowity, wątły; (*structure*) kruchy.

frame [freɪm] *n* (*of picture, bicycle*) rama *f*; (*of door, window*) framuga *f*, rama *f*; (*of building, structure*) szkielet *m*; (*of human, animal*) sylwetka *f*, ciało *nt*; (*of spectacles*: *also*: **frames**) oprawka *f* ♦ *vt* (*picture*) oprawiać (oprawić *perf*).

frame of mind *n* nastrój *m*.

framework ['freɪmwɔːk] *n* (*structure*) struktura *f*, szkielet *m*.

France [frɑːns] *n* Francja *f*.

franchise ['fræntʃaɪz] n (POL) prawo nt wyborcze; (COMM) franszyza f (koncesja na autoryzowaną dystrybucję).

frank [fræŋk] adj szczery ♦ vt (letter) frankować (ofrankować perf).

frankly ['fræŋklɪ] adv (honestly) szczerze; (candidly) otwarcie; **frankly, ...** szczerze mówiąc, ...

frankness ['fræŋknɪs] n szczerość f.

frantic ['fræntɪk] adj (person) oszalały; (rush, pace) szalony.

fraternal [frə'tə:nl] adj braterski.

fraternity [frə'tə:nɪtɪ] n (feeling) braterstwo nt; (group of people) bractwo nt.

fraud [frɔ:d] n (crime) oszustwo nt; (person) oszust(ka) m(f).

fraudulent ['frɔ:djulənt] adj oszukańczy.

fray [freɪ] vi strzępić się (postrzępić się perf); **tempers were frayed** nerwy zawodziły.

freak [fri:k] n (in attitude, behaviour) dziwak (-aczka) m(f); (in appearance) dziwoląg m, wybryk m natury.

freckle ['frekl] n pieg m.

free [fri:] adj wolny; (meal, ticket) bezpłatny ♦ vt (prisoner, colony) uwalniać (uwolnić perf); (jammed object) zwalniać (zwolnić perf); **free (of charge), for free** za darmo.

freedom ['fri:dəm] n wolność f.

free-for-all ['fri:fərɔ:l] n: **it's a free-for-all** wszystkie chwyty (są) dozwolone.

free kick n rzut m wolny.

freelance ['fri:lɑ:ns] adj (journalist, photographer) niezależny ♦ n wolny strzelec m.

freely ['fri:lɪ] adv (talk, move) swobodnie; (perspire, donate) obficie; (spend) lekką ręką.

freeway ['fri:weɪ] (US) n autostrada f.

free will n wolna wola f; **of one's own free will** z własnej woli.

freeze [fri:z] (pt **froze**, pp **frozen**) vi (weather) mrozić (przymrozić perf); (liquid, pipe) zamarzać (zamarznąć perf); (person: with cold) marznąć (zmarznąć perf); (: from fear) zastygać (zastygnąć perf) (w bezruchu) ♦ vt (water, lake) skuwać (skuć perf) lodem; (food, prices) zamrażać (zamrozić perf) ♦ n (cold weather) przymrozek m; (on arms, wages) zamrożenie nt; **it'll freeze tonight** dziś wieczorem będzie mróz.

freeze-dried ['fri:zdraɪd] adj liofilizowany.

freezer ['fri:zə*] n zamrażarka f.

freezing ['fri:zɪŋ] adj (also: **freezing cold**) lodowaty; **3 degrees below freezing** 3 stopnie poniżej zera.

freight [freɪt] n fracht m.

freight train (US) n pociąg m towarowy.

French [frentʃ] adj francuski; **the French** npl Francuzi vir pl.

French fries [-fraɪz] (esp US) npl frytki pl.

Frenchman ['frentʃmən] (irreg like: **man**) n Francuz m.

frenetic [frə'netɪk] adj gorączkowy.

frenzy ['frenzɪ] n (of violence) szał m; (of joy, excitement) szał m, szaleństwo nt.

frequency ['fri:kwənsɪ] n (of event) częstość f, częstotliwość f; (RADIO) częstotliwość f.

frequent ['fri:kwənt] adj częsty ♦ vt często bywać w +loc.

frequently ['fri:kwəntlɪ] adv często.

fresco ['freskəu] n fresk m.

fresh [freʃ] adj świeży; (approach) nowatorski; (water) słodki; (person) bezczelny; **to make a fresh start** zaczynać (zacząć perf) od nowa.

fresher ['freʃə*] (BRIT: inf) n student(ka) m(f) pierwszego roku.

freshly ['freʃlɪ] adv świeżo.

freshman ['freʃmən] (US) (irreg like: **man**) n = **fresher**.

freshness ['freʃnɪs] n świeżość f.

freshwater ['freʃwɔːtə*] adj słodkowodny.

fret [frɛt] vi gryźć się, trapić się (literary).

friar ['fraɪə*] n zakonnik m, brat m zakonny.

friction ['frɪkʃən] n (resistance) tarcie nt; (rubbing) ocieranie nt; (conflict) tarcia pl.

Friday ['fraɪdɪ] n piątek m.

fridge [frɪdʒ] (BRIT) n lodówka f.

fried [fraɪd] pt, pp of **fry** ♦ adj smażony.

friend [frɛnd] n przyjaciel (-ciółka) m(f); (not close) kolega/koleżanka m/f.

friendly ['frɛndlɪ] adj (person, smile, country) przyjazny, życzliwy; (place, restaurant) przyjemny; (game, match, argument) towarzyski ♦ n (SPORT) spotkanie nt towarzyskie; **to be friendly with** przyjaźnić się z +instr; **to be friendly to** być przyjaźnie nastawionym do +gen.

friendship ['frɛndʃɪp] n przyjaźń f.

fright [fraɪt] n (terror) przerażenie nt; (shock) strach m, przestrach m; **to get a fright** przestraszyć się (perf); **to take fright** przestraszyć się (perf).

frighten ['fraɪtn] vt przestraszać (przestraszyć perf), przerażać (przerazić perf).

frightened ['fraɪtnd] adj (afraid) przestraszony, przerażony; (anxious) wylękniony; **to be frightened (that/to...)** bać się (, że/+infin).

frightening ['fraɪtnɪŋ] adj przerażający.

frightful ['fraɪtful] adj przeraźliwy.

frightfully ['fraɪtfəlɪ] adv strasznie, straszliwie.

frigid ['frɪdʒɪd] adj oziębły.

frill [frɪl] n falbanka f.

fringe [frɪndʒ] n (BRIT: of hair) grzywka f; (on shawl, lampshade) frędzle pl; (of forest) skraj m.

frisk [frɪsk] vt przeszukiwać (przeszukać perf) (podejrzanego).

frivolous ['frɪvələs] adj (flippant) frywolny; (unimportant) błahy.

fro [frəu] adv: **to and fro** tam i z powrotem.

frock [frɔk] n sukienka f.

frog [frɔg] n żaba f.

frolic ['frɔlɪk] vi baraszkować.

––––––– KEYWORD ––––––––

from [frɔm] prep **1** (indicating starting place, origin etc): **from London to Glasgow** z Londynu to Glasgow; **a letter/telephone call from my sister** list/telefon od mojej siostry; **a quotation from Dickens** cytat z Dickensa; **where do you come from?** skąd Pan/Pani pochodzi? **2** (indicating time, distance, range of price, number etc) od +gen; **from one o'clock to** or **until** or **till two** od (godziny) pierwszej do drugiej; **from January (on)** (począwszy) od stycznia; **we're still a long way from home** wciąż jesteśmy daleko od domu. **3** (indicating change of price, number etc) z +gen; **the interest rate was increased from 9% to 10%** oprocentowanie zostało podniesione z 9% na 10%. **4** (indicating difference) od +gen; **to be different from sb/sth** być różnym od kogoś/czegoś or innym niż ktoś/coś. **5** (because of, on the basis of) z +gen; **from what he says** z tego, co (on) mówi; **weak from hunger** słaby z głodu.

front [frʌnt] n przód m; (also: **sea front**) brzeg m morza; (MIL, METEOR) front m; (fig: pretence) pozory pl ♦ adj przedni; **in front** przodem, z przodu; **in front of** przed +instr; (in the presence of) przy +loc.

frontal ['frʌntl] *adj* (*attack*) czołowy, frontalny.

front door *n* drzwi *pl* frontowe *or* wejściowe.

frontier ['frʌntɪə*] *n* granica *f*; (*between settled and wild country*) kresy *pl*.

front page *n* strona *f* tytułowa.

front room (*BRIT*) *n* pokój *m* od ulicy.

front-wheel drive ['frʌntwi:l-] *n* (*AUT*) napęd *m* przedni.

frost [frɔst] *n* (*weather*) mróz *m*; (*substance*) szron *m*.

frostbite ['frɔstbaɪt] *n* odmrożenie *nt*.

frosted ['frɔstɪd] *adj* (*glass*) matowy.

frosty ['frɔstɪ] *adj* (*weather, night*) mroźny; (*welcome, look*) lodowaty.

froth ['frɔθ] *n* piana *f*.

frown [fraun] *n* zmarszczenie *nt* brwi ♦ *vi* marszczyć (zmarszczyć *perf*) brwi.

froze [frəuz] *pt of* **freeze**.

frozen ['frəuzn] *pp of* **freeze** ♦ *adj* (*food*) mrożony; (*lake*) zamarznięty; (*fingers*) zmarznięty.

frugal ['fru:gl] *adj* (*person*) oszczędny; (*meal*) skromny.

fruit [fru:t] *n inv* owoc *m*; (*fig. results*) owoce *pl*.

fruitful ['fru:tful] *adj* owocny.

fruition [fru:'ɪʃən] *n*: **to come to fruition** (*actions, efforts*) owocować (zaowocować *perf*); (*plan, hope*) ziszczać się (ziścić się *perf*).

fruit juice *n* sok *m* owocowy.

fruit machine (*BRIT*) *n* automat *m* do gry.

frustrate [frʌs'treɪt] *vt* (*person*) frustrować (sfrustrować *perf*).

frustration [frʌs'treɪʃən] *n* (*irritation*) frustracja *f*, złość *f*; (*of hope, plan*) fiasko *nt*.

fry [fraɪ] (*pt* **fried**) *vt* smażyć (usmażyć *perf*).

frying pan ['fraɪŋ-] *n* patelnia *f*.

ft. *abbr* = **foot, feet**.

fudge [fʌdʒ] *n* krówka *f* (*cukierek*).

fuel ['fjuəl] *n* opał *m*; (*for vehicles, industry*) paliwo *nt*.

fugitive ['fju:dʒɪtɪv] *n* zbieg *m*, uciekinier(ka) *m(f)*.

fulfil [ful'fɪl] (*US* **fulfill**) *vt* spełniać (spełnić *perf*).

fulfilment [ful'fɪlmənt] (*US* **fulfillment**) *n* satysfakcja *f*, zaspokojenie *nt*; (*of promise, desire*) spełnienie *nt*.

full [ful] *adj* pełny; (*skirt, sleeve*) szeroki ♦ *adv*: **to know full well that ...** w pełni zdawać sobie sprawę (z tego), że ...; **I'm full (up)** jestem najedzony; **a full week** okrągły tydzień; **at full speed** z pełną *or* maksymalną prędkością; **full of** pełen +*gen*; **in full** w całości.

full-length ['ful'lɛŋθ] *adj* (*film*) pełnometrażowy; (*coat*) długi; (*portrait, mirror*) obejmujący całą postać.

full moon *n* pełnia *f* księżyca.

full-scale ['fulskeɪl] *adj* (*attack, war*) totalny; (*model*) naturalnej wielkości.

full stop *n* kropka *f*.

full-time ['ful'taɪm] *adj* pełnoetatowy, na pełen etat *post* ♦ *adv* (*work*) na pełen etat; (*study*) w pełnym wymiarze godzin; **a full time student** ≈ student stacjonarny.

fully ['fulɪ] *adv* (*completely*) w pełni; (*in full*) dokładnie, wyczerpująco; (*as many as*) aż.

fully-fledged ['fulɪ'flɛdʒd] *adj* (*teacher, doctor*) wykwalifikowany.

fume [fju:m] *vi* wściekać się.

fumes [fju:mz] *npl* (*of fire*) dymy *pl*; (*of fuel, alcohol*) opary *pl*; (*of factories*) wyziewy *pl*; (*of car*) spaliny *pl*.

fun [fʌn] *n* zabawa *f*; **to have fun** dobrze się bawić; **for fun** dla przyjemności; **to make fun of** wyśmiewać +*acc*.

function ['fʌŋkʃən] *n* funkcja *f*;

(*social occasion*) uroczystość *f* ♦ *vi* działać, funkcjonować.

functional ['fʌŋkʃənl] *adj* (*operational*) na chodzie *post*; (*practical*) funkcjonalny.

fund [fʌnd] *n* (*of money*) fundusz *m*; (*source, store*) zapas *m*; **funds** *npl* fundusze *pl*.

fundamental [fʌndə'mɛntl] *adj* (*essential*) podstawowy; (*basic, elementary*) zasadniczy, fundamentalny.

fundamentalist [fʌndə'mɛntəlɪst] *n* fundamentalista (-tka) *m(f)*.

funeral ['fju:nərəl] *n* pogrzeb *m*.

funeral parlour *n* dom *m* pogrzebowy.

funfair ['fʌnfɛə*] (*BRIT*) *n* wesołe miasteczko *nt*.

fungus ['fʌŋgəs] (*pl* **fungi**) *n* grzyb *m*.

funnel ['fʌnl] *n* (*for pouring*) lejek *m*; (*of ship*) komin *m*.

funny ['fʌnɪ] *adj* (*amusing*) zabawny; (*strange*) dziwny.

fur [fə:*] *n* (*of animal*) futro *nt*, sierść *f*; (*garment*) futro *nt*; (*BRIT: in kettle etc*) osad *m*, kamień *m* kotłowy.

fur coat *n* futro *nt*.

furious ['fjuərɪəs] *adj* (*person*) wściekły; (*row, argument*) zażarty; (*effort, speed*) szaleńczy, szalony.

furlough ['fə:ləu] *n* (*MIL*) urlop *m*.

furnace ['fə:nɪs] *n* (*in foundry, power plant*) piec *m*.

furnish ['fə:nɪʃ] *vt* (*room, building*) meblować (umeblować *perf*); (*supply*) dostarczać (dostarczyć *perf*); **to furnish sb with sth** dostarczać (dostarczyć *perf*) komuś czegoś, wyposażać (wyposażyć *perf*) kogoś w coś.

furnishings ['fə:nɪʃɪŋz] *npl* wyposażenie *nt*.

furniture ['fə:nɪtʃə*] *n* meble *pl*; **a piece of furniture** mebel.

furrow ['fʌrəu] *n* bruzda *f*.

furry ['fə:rɪ] *adj* (*tail, animal*) puszysty.

further ['fə:ðə*] *adj* dalszy ♦ *adv* (*in distance, time*) dalej; (*in degree*) dalej, jeszcze bardziej; (*in addition*) ponadto, w dodatku ♦ *vt* (*project, cause*) popierać (poprzeć *perf*), wspierać (wesprzeć *perf*); **I have nothing further to say** nie mam nic więcej do powiedzenia; **to further one's interests/one's career** troszczyć się o swoje sprawy/swoją karierę; **until further notice** (aż) do odwołania.

further education (*BRIT*) *n* ≈ kształcenie pomaturalne.

furthermore [fə:ðə'mɔ:*] *adv* ponadto, co więcej.

furthest ['fə:ðɪst] *adv* (*in distance, time*) najdalej; (*in degree*) najdalej, najbardziej.

furtive ['fə:tɪv] *adj* potajemny, ukradkowy.

fury ['fjuərɪ] *n* furia *f*.

fuse [fju:z] (*US* **fuze**) *n* (*in plug, circuit*) bezpiecznik *m*; (*for bomb etc*) zapalnik *m* ♦ *vt* (*metal*) topić (stopić *perf*); (*fig: ideas, systems*) łączyć (połączyć *perf*) ♦ *vi* (*metal*) topić się (stopić się *perf*); (*fig: ideas, systems*) łączyć się (połączyć się *perf*).

fuselage ['fju:zəla:ʒ] *n* kadłub *m* samolotu.

fusion ['fju:ʒən] *n* połączenie *nt*; (*also*: **nuclear fusion**) synteza *f* jądrowa.

fuss [fʌs] *n* (*bother*) zamieszanie *nt*; (*annoyance*) awantura *f*; **to make a fuss (about sth)** robić (zrobić *perf*) zamieszanie (z powodu *or* wokół czegoś); **to make a fuss of sb** nadskakiwać komuś, robić dużo hałasu wokół kogoś.

fussy ['fʌsɪ] *adj* (*person*) grymaśny, wybredny; (*clothes, curtains*) przeładowany ozdobami.

futile ['fju:taɪl] *adj* (*attempt*)

daremny; (*remark*) płytki,
powierzchowny.

future ['fju:tʃə*] *adj* przyszły ♦ *n*
przyszłość *f*; (*LING*) czas *m*
przyszły; **in (the) future** w
przyszłości; **in the near/foreseeable
future** w najbliższej/przewidywalnej
przyszłości.

fuze (*US*) *n*, *vt*, *vi* = **fuse**.

fuzzy ['fʌzɪ] *adj* (*photo, image*)
zamazany, nieostry; (*hair*)
kędzierzawy.

G

G [dʒi:] *n* (*MUS*) G *nt*, g *nt*.

gable ['geɪbl] *n* szczyt *m* (*domu*).

gadget ['gædʒɪt] *n* urządzenie *nt*,
gadżet *m* (*inf*).

Gaelic ['geɪlɪk] *adj* celtycki ♦ *n*
(język *m*) gaëlicki (*używany w Irlandii
i Szkocji*).

gag [gæg] *n* (*on mouth*) knebel *m*;
(*joke*) gag *m* ♦ *vt* kneblować
(zakneblować *perf*).

gaiety ['geɪtɪ] *n* wesołość *f*.

gaily ['geɪlɪ] *adv* wesoło.

gain [geɪn] *n* (*increase, improvement*)
przyrost *m*; (*profit*) korzyść *f* ♦ *vt*
(*speed, confidence*) nabierać (nabrać
perf) +*gen*; (*weight*) przybierać
(przybrać *perf*) na +*loc* ♦ *vi* (*clock,
watch*) śpieszyć się; (*benefit*): **to
gain from sth** zyskiwać (zyskać
perf) na czymś; **to gain on sb**
doganiać (dogonić *perf*) kogoś; **to
gain 3lbs (in weight)** przybierać
(przybrać *perf*) 3 funty (na wadze).

gait [geɪt] *n* chód *m*, sposób *m*
chodzenia.

gala ['gɑ:lə] *n* gala *f*.

galaxy ['gæləksɪ] *n* galaktyka *f*.

gale [geɪl] *n* wichura *f*.

gallant ['gælənt] *adj* (*brave*)
waleczny; (*polite*) szarmancki.

gall bladder *n* pęcherzyk *m* or
woreczek *m* żółciowy.

gallery ['gælərɪ] *n* (*of art, at
Parliament*) galeria *f*; (*in theatre*)
balkon *m*, galeria *f*; (*in church*) chór
m, balkon *m*.

galley ['gælɪ] *n* (*also:* **galley proof**)
korekta *f* (szpaltowa).

gallon ['gæln] *n* (*BRIT = 4.5l; US =
3.8l*) galon *m*.

gallop ['gæləp] *n* galop *m* ♦ *vi*
galopować.

gallows ['gæləuz] *n* szubienica *f*.

galore [gə'lɔ:*] *adv* w bród.

gambit ['gæmbɪt] *n* (*fig*): **(opening)
gambit** zagrywka *f*.

gamble ['gæmbl] *n* ryzyko *nt* ♦ *vt*: **to
gamble away** (*money, profits*)
przegrywać (przegrać *perf*),
przepuszczać (przepuścić *perf*) (*inf*)
♦ *vi* (*risk*) ryzykować (zaryzykować
perf); (*bet*) uprawiać hazard; **to
gamble on** stawiać (postawić *perf*)
na +*acc*.

gambler ['gæmblə*] *n* hazardzista
(-tka) *m(f)*.

gambling ['gæmblɪŋ] *n* hazard *m*.

game [geɪm] *n* (*lit, fig*) gra *f*; (*of
football etc*) mecz *m*; (*part of tennis
match*) gem *m*; (*HUNTING*)
zwierzyna *f*; (*CULIN*) dziczyzna *f* ♦
adj odważny; **big game** gruba
zwierzyna; **I'm game to try/for
anything** jestem gotów
spróbować/na wszystko.

gamekeeper ['geɪmki:pə*] *n* leśnik
m.

game show *n* teleturniej *m*.

gammon ['gæmən] *n* (*bacon*) bekon
m; (*ham*) szynka *f*.

gang [gæŋ] *n* (*of criminals*) gang *m*;
(*of hooligans*) banda *f*; (*of friends*)
paczka *f*; (*of workmen*) brygada *f*.

▶**gang up** *vi*: **to gang up on sb**

sprzysięgać się (sprzysiąc się *perf*)
przeciwko komuś.

gangster ['gæŋstə*] *n* gangster *m*.

gangway ['gæŋweɪ] *n* (*from ship*)
trap *m*; (*BRIT: in cinema, bus, plane*)
przejście *nt*.

gaol [dʒeɪl] (*BRIT*) *n*, *vt* = **jail**.

gap [gæp] *n* (*in mountains*) szczelina
f; (*in teeth*) szpara *f*; (*in time*)
przerwa *f*; (*fig*) przepaść *f*.

gape [geɪp] *vi* (*person*) gapić się
(*inf*); (*shirt, lips*) rozchylać się; (*hole*)
ziać.

gaping ['geɪpɪŋ] *adj* (*hole*) ziejący;
(*wound*) otwarty; (*mouth*)
rozdziawiony (*inf*).

garage ['gærɑ:ʒ] *n* (*of private house*)
garaż *m*; (*for car repairs*) warsztat *m*.

garbage ['gɑ:bɪdʒ] *n* (*US: rubbish*)
śmieci *pl*; (*inf: nonsense*) bzdury *pl*
(*inf*).

garbage can (*US*) *n* pojemnik *m* na
śmieci.

garbled ['gɑ:bld] *adj* przekręcony,
przeinaczony.

garden ['gɑ:dn] *n* ogród *m*; **gardens**
npl (*public*) park *m*; (*botanical,
private*) ogród *m*.

gardener ['gɑ:dnə*] *n* ogrodnik *m*.

gardening ['gɑ:dnɪŋ] *n* ogrodnictwo *nt*.

gargle ['gɑ:gl] *vi* płukać gardło.

garish ['gɛərɪʃ] *adj* jaskrawy.

garland ['gɑ:lənd] *n* (*on head*)
wianek *m*; (*round neck*) girlanda *f*.

garlic ['gɑ:lɪk] *n* czosnek *m*.

garment ['gɑ:mənt] *n* część *m*
garderoby.

garnish ['gɑ:nɪʃ] *vt* (*CULIN*)
przybierać (przybrać *perf*),
garnirować.

garrison ['gærɪsn] *n* garnizon *m*.

garrulous ['gærjuləs] *adj* gadatliwy.

garter ['gɑ:tə*] *n* (*BRIT*) podwiązka *f*
(*opaska podtrzymująca pończochę lub
skarpetkę*); (*US*) podwiązka *f* (*część
pasa do pończoch*).

gas [gæs] *n* gaz *m*; (*US: gasoline*)

benzyna *f* ♦ *vt* (*kill*) zagazowywać
(zagazować *perf*).

gash [gæʃ] *n* (*wound*) (głęboka) rana
f cięta; (*tear*) rozdarcie *nt* ♦ *vt* (*arm
etc*) rozciąć (*perf*).

gasoline ['gæsəli:n] (*US*) *n* benzyna
f.

gasp [gɑ:sp] *n*: **to breathe in gasps**
mieć przerywany oddech ♦ *vi* (*pant*)
łapać (złapać *perf*) (z trudem)
powietrze.

gas station (*US*) *n* stacja *f*
benzynowa.

gastric ['gæstrɪk] *adj* żołądkowy,
gastryczny.

gate [geɪt] *n* (*of building*) brama *f*; (*of
garden, field*) furtka *f*; (*at airport*)
wyjście *nt*.

gatecrash ['geɪtkræʃ] (*BRIT*) *vt*
wchodzić (wejść *perf*) bez
zaproszenia na +*acc*.

gateway ['geɪtweɪ] *n* brama *f*; (*fig*)
droga *f*.

gather ['gæðə*] *vt* zbierać (zebrać
perf), gromadzić (zgromadzić *perf*);
(*SEWING*) marszczyć (zmarszczyć
perf) ♦ *vi* (*people, clouds*) zbierać się
(zebrać się *perf*), gromadzić się
(zgromadzić się *perf*); **to gather
speed** nabierać (nabrać *perf*)
prędkości.

gathering ['gæðərɪŋ] *n* zgromadzenie
nt.

gauche [gəuʃ] *adj* niezdarny.

gaudy ['gɔ:dɪ] *adj* (*clothes etc*)
krzykliwy.

gauge [geɪdʒ] *n* (*instrument*)
przyrząd *m* pomiarowy ♦ *vt*
(*amount, quantity*) określać (określić
perf); (*fig: feelings, character*)
oceniać (ocenić *perf*).

gaunt [gɔ:nt] *adj* (*haggard*)
wymizerowany; (*stark*) nagi.

gauntlet ['gɔ:ntlɪt] *n* rękawica *f*; **to
run the gauntlet of** być
wystawionym *or* narażonym na
+*acc*; **to throw down the gauntlet**

rzucać (rzucić *perf*) wyzwanie *or* rękawicę.

gauze [gɔːz] *n* gaza *f*.

gave [geɪv] *pt of* **give**.

gay [geɪ] *adj* (*person*): **he's gay** on jest homoseksualistą; (*organization, rights*) homoseksualistów *post*; (*bar, magazine*) gejowski, dla homoseksualistów *or* gejów *post*; (*old: cheerful*) wesoły; (*colour, music*) żywy; (*dress*) barwny ♦ *n* gej *m*.

gaze [geɪz] *n* wzrok *m*, spojrzenie *nt* ♦ *vi*: **to gaze at sth** wpatrywać się w coś.

gazelle [gə'zɛl] *n* gazela *f*.

GB *abbr* = **Great Britain**.

GCSE (*BRIT*) *n abbr* (= *General Certificate of Secondary Education*) świadectwo ukończenia szkoły średniej, nie uprawniające do podjęcia studiów wyższych.

gear [gɪə*] *n* (*equipment*) sprzęt *m*; (*clothing*) strój *m*; (*TECH*) przekładnia *f*; (*AUT*) bieg *m* ♦ *vt*: **to be geared to** *or* **for** być nastawionym na +*acc*; **top** *or* (*US*) **high/low/bottom gear** wysokie/niskie/najniższe obroty; **in gear** na biegu.

gearbox ['gɪəbɔks] *n* skrzynia *f* biegów.

gear lever (*US* **gear shift**) *n* dźwignia *f* zmiany biegów.

geese [giːs] *npl of* **goose**.

gel [dʒɛl] *n* żel *m* ♦ *vi* (*liquid*) tężeć (stężeć *perf*); (*fig: thought, idea*) krystalizować się (wykrystalizować się *perf*).

gelatin(e) ['dʒɛlətiːn] *n* żelatyna *f*.

gem [dʒɛm] *n* kamień *m* szlachetny, klejnot *m*.

Gemini ['dʒɛmɪnaɪ] *n* Bliźnięta *pl*.

gender ['dʒɛndə*] *n* (*sex*) płeć *f*; (*LING*) rodzaj *m*.

gene [dʒiːn] *n* gen *m*.

general ['dʒɛnərl] *n* generał *m* ♦ *adj* ogólny; (*secretary etc*) generalny; **in**

general (*on the whole*) ogólnie *or* generalnie (rzecz) biorąc; (*as a whole*) w ogóle; (*ordinarily*) na ogół.

general election *n* wybory *pl* powszechne.

generalization ['dʒɛnrəlaɪ'zeɪʃən] *n* uogólnienie *nt*, generalizacja *f*.

generally ['dʒɛnrəlɪ] *adv* ogólnie *or* generalnie (rzecz) biorąc.

general practitioner *n* lekarz *m* ogólny.

generate ['dʒɛnəreɪt] *vt* (*energy, electricity*) wytwarzać (wytworzyć *perf*); (*jobs*) stwarzać (stworzyć *perf*); (*profits*) przynosić (przynieść *perf*).

generation [dʒɛnə'reɪʃən] *n* (*people*) pokolenie *nt*, generacja *f*; (*period of time*) pokolenie *nt*; (*of electricity etc*) wytwarzanie *nt*.

generator ['dʒɛnəreɪtə*] *n* generator *m*.

generosity [dʒɛnə'rɔsɪtɪ] *n* (*of spirit*) wspaniałomyślność *f*, wielkoduszność *f*; (*with money, gifts*) hojność *f*, szczodrość *f*.

generous ['dʒɛnərəs] *adj* (*magnanimous*) wspaniałomyślny, wielkoduszny; (*lavish, liberal*) hojny, szczodry.

genetic engineering *n* inżynieria *f* genetyczna.

genetics [dʒɪ'nɛtɪks] *n* genetyka *f*.

Geneva [dʒɪ'niːvə] *n* Genewa *f*.

genial ['dʒiːnɪəl] *adj* miły, przyjazny.

genitals ['dʒɛnɪtlz] *npl* genitalia *pl*.

genius ['dʒiːnɪəs] *n* (*person*) geniusz *m*; (*ability, skill*): **a genius for (doing) sth** (wielki) talent do (robienia) czegoś.

genocide ['dʒɛnəusaɪd] *n* ludobójstwo *nt*.

gent [dʒɛnt] (*BRIT: inf*) *n abbr* = **gentleman**.

gentle ['dʒɛntl] *adj* łagodny.

gentleman ['dʒɛntlmən] (*irreg like*: **man**) *n* (*man*) pan *m*; (*referring to*

social position) człowiek *m*
szlachetnie *or* wysoko urodzony, ≈
szlachcic *m* (*old*); (*well-mannered man*) dżentelmen *m*.

gentleness ['dʒɛntlnɪs] *n* łagodność *f*.

gently ['dʒɛntlɪ] *adv* łagodnie;
(*lightly*) delikatnie.

gentry *n inv*: **the gentry** ≈ szlachta *f*.

gents [dʒɛnts] *n*: **the gents** męska toaleta *f*.

genuine ['dʒɛnjuɪn] *adj* (*real*)
prawdziwy; (*sincere*) szczery.

geographic(al) [dʒɪə'græfɪk(l)] *adj*
geograficzny.

geography [dʒɪ'ɔgrəfɪ] *n* geografia *f*.

geology [dʒɪ'ɔlədʒɪ] *n* geologia *f*.

geometric(al) [dʒɪə'mɛtrɪk(l)] *adj*
geometryczny.

geometry [dʒɪ'ɔmətrɪ] *n* geometria *f*.

geranium [dʒɪ'reɪnɪəm] *n* pelargonia *f*.

geriatric [dʒɛrɪ'ætrɪk] *adj*
geriatryczny.

germ [dʒə:m] *n* (*MED*) zarazek *m*.

German ['dʒə:mən] *adj* niemiecki ♦
n (*person*) Niemiec (-mka) *m(f)*;
(*LING*) (język *m*) niemiecki.

German measles (*BRIT*) *n*
różyczka *f*.

Germany ['dʒə:mənɪ] *n* Niemcy *pl*.

gesticulate [dʒɛs'tɪkjuleɪt] *vi*
gestykulować.

gesture ['dʒɛstjə*] *n* (*movement*)
gest *m*; (*symbol, token*) gest *m*, akt *m*.

┌────── KEYWORD ──────┐

get [gɛt] (*pt, pp* **got**) (*US: pp* **gotten**)
vi **1** (*become, be*) stawać się (stać
się *perf*), robić się (zrobić się *perf*);
(*+past partciple*) zostać (*perf*); **this is
getting more and more difficult** to
się staje coraz trudniejsze; **it's
getting late** robi się późno; **to get
elected** zostać (*perf*) wybranym. **2**
(*go*): **to get from/to** dostawać się
(dostać się *perf*) z *+gen*/do *+gen*; **to
get home** docierać (dotrzeć *perf*) do

domu. **3** (*begin*) zaczynać (zacząć
perf); **I'm getting to like him**
zaczynam go lubić; **to get to know
sb** poznawać (poznać *perf*) kogoś
(bliżej) ♦ *modal aux vb*: **you've
got to do it** musisz to zrobić ♦ *vt* **1**:
to get sth done (*do oneself*) zrobić
(*perf*) coś; (*have done*) (od)dać (*perf*)
coś do zrobienia; **to get one's hair
cut** obcinać (obciąć *perf*) sobie
włosy; **to get sb to do sth** nakłonić
(*perf*) kogoś, żeby coś zrobił. **2**
(*obtain, find, receive, acquire*)
dostawać (dostać *perf*); **how much
did you get for the painting?** ile
dostałeś za ten obraz? **3** (*fetch*:
person, doctor) sprowadzać
(sprowadzić *perf*); (: *object*)
przynosić (przynieść *perf*); **to get
sth for sb** (*obtain*) zdobyć (*perf*) coś
dla kogoś; (*fetch*) przynieść (*perf*)
coś komuś. **4** (*catch*) łapać (złapać
perf). **5** (*hit*) trafić (*perf*); **the bullet
got him in the leg** kula trafiła go w
nogę. **6** (*take, move*): **to get sth to
sb** dostarczyć (*perf*) coś komuś. **6**
(*take*: *plane, bus etc*): **we got a
plane to London and then a train
to Colchester** do Londynu
polecieliśmy samolotem, a potem
pojechaliśmy pociągiem do
Colchester. **7** (*understand*) rozumieć
(zrozumieć *perf*); **I get it** rozumiem.
8 (*have, possess*): **how many have
you got?** ile (ich) masz?

▶**get about** *vi* (*person*) przenosić się
z miejsca na miejsce; (*news,
rumour*) rozchodzić się (rozejść się
perf).

▶**get along** *vi* (*be friends*) być w
dobrych stosunkach; (*depart*) pójść
(*perf*) (sobie).

▶**get at** *vt fus* (*attack, criticize*)
naskakiwać (naskoczyć *perf*) na
+acc; (*reach*) dosięgać (dosięgnąć
perf) *+gen*; **what are you getting at?**
do czego zmierzasz?

▸**get away** vi (leave) odchodzić (odejść perf), wyrywać się (wyrwać się perf) (inf); (escape) uciekać (uciec perf).

▸**get away with** vt fus: **he'll never get away with it!** nie ujdzie mu to na sucho!

▸**get back** vi wracać (wrócić perf) ♦ vt odzyskiwać (odzyskać perf).

▸**get by** vi (pass) przechodzić (przejść perf); (manage) radzić (poradzić perf) sobie (jakoś), dawać (dać perf) sobie (jakoś) radę.

▸**get down** vi (descend) schodzić (zejść perf); (on floor, ground) siadać (siąść (perf)), usiąść perf ♦ vt (depress) przygnębiać (przygnębić perf).

▸**get down to** vt fus zabierać się (zabrać się perf) do +gen.

▸**get in** vi (be elected) wchodzić (wejść perf) (do parlamentu itp); (train) wjeżdżać (wjechać perf) (na stację), przyjeżdżać (przyjechać perf) (na miejsce); (arrive home) wchodzić (wejść perf) do domu.

▸**get into** vt fus (conversation, fight) wdawać się (wdać się perf) w +acc; (vehicle) wsiadać (wsiąść perf) do +gen; (clothes) wchodzić (wejść perf) w +acc.

▸**get off** vi (from train etc) wysiadać (wysiąść perf); (escape) wykpić się (perf) ♦ vt (clothes) zdejmować (zdjąć perf); (stain) wywabiać (wywabić perf) ♦ vt fus (train, bus) wysiadać (wysiąść perf) z +gen.

▸**get on** vi (be friends) być w dobrych stosunkach ♦ vt fus (bus, train) wsiadać (wsiąść perf) do +gen; **how are you getting on?** jak ci idzie?

▸**to get on with** vt fus (person) być w dobrych stosunkach z +instr; (meeting, work) kontynuować +acc.

▸**get out** vi (of place) wychodzić (wyjść perf); (: with effort) wydostawać się (wydostać się perf);

(of vehicle) wysiadać (wysiąść perf) ♦ vt (object) wyciągać (wyciągnąć perf), wyjmować (wyjąć perf).

▸**get out of** vt fus (duty etc) wymigiwać się (wymigać się perf) od +gen.

▸**get over** vt fus (illness, shock) wychodzić (wyjść perf) z +gen ♦ vt: **to get it over with** raz z tym skończyć (perf).

▸**get round** vt fus (law, rule) obchodzić (obejść perf); (person) przekonać (perf).

▸**get round to** vt fus (w końcu) zabrać się (perf) za +acc.

▸**get through** vi (TEL) uzyskiwać (uzyskać perf) połączenie.

▸**get through to** (TEL) vt fus dodzwonić się (perf) do +gen.

▸**get together** vi spotykać się (spotkać się perf) ♦ vt (people) zbierać (zebrać perf).

▸**get up** vi wstawać (wstać perf).

▸**get up to** vt fus wyprawiać or wyrabiać +acc.

geyser ['giːzə*] n (GEOL) gejzer m; (BRIT: water heater) bojler m.

ghastly ['gɑːstlɪ] adj koszmarny; (complexion, whiteness) upiorny.

gherkin ['gəːkɪn] n korniszon m.

ghetto ['getəu] n getto nt.

ghost [gəust] n duch m.

giant ['dʒaɪənt] n (in stories) olbrzym m, wielkolud m, (fig: large company) gigant m, potentat m ♦ adj gigantyczny.

gibberish ['dʒɪbərɪʃ] n bełkot m, bzdury pl.

gibe [dʒaɪb] n przycinek m, docinek m.

giddy ['gɪdɪ] adj (dizzy): **to be/feel giddy** mieć/odczuwać zawroty głowy; (fig) przyprawiający o zawrót głowy.

gift [gɪft] n (present) prezent m,

upominek *m*; **gift of** dar +*gen*; **gift for** talent do +*gen*.

gifted ['gɪftɪd] *adj* utalentowany.

gift token *n* talon *m or m* bon na zakupy (*dawany w prezencie*).

gift voucher *n* = **gift token**.

gigantic [dʒaɪ'gæntɪk] *adj* gigantyczny.

giggle ['gɪgl] *vi* chichotać (zachichotać *perf*).

gills [gɪlz] *npl* skrzela *pl*.

gilt [gɪlt] *adj* złocony, pozłacany ♦ *n* złocenie *nt*, pozłota *f*.

gimmick ['gɪmɪk] *n* sztuczka *f*.

gin [dʒɪn] *n* dżin *m*.

ginger ['dʒɪndʒə*] *n* imbir *m*.

gingerbread ['dʒɪndʒəbred] *n* (*cake*) piernik *m*; (*biscuit*) pierniczek *m*.

gingerly ['dʒɪndʒəlɪ] *adv* ostrożnie.

gipsy ['dʒɪpsɪ] *n* Cygan(ka) *m(f)*.

giraffe [dʒɪ'rɑːf] *n* żyrafa *f*.

girdle ['gəːdl] *n* (*corset*) gorset *m*; (*belt*) pasek *m*.

girl [gəːl] *n* (*child, daughter*) dziewczynka *f*; (*young woman*) dziewczyna *f*; **an English girl** (młoda) Angielka; **a girls' school** szkoła dla dziewcząt.

girlfriend ['gəːlfrend] *n* (*of girl*) koleżanka *f*; (: *close*) przyjaciółka *f*; (*of boy*) dziewczyna *f*.

girlish ['gəːlɪʃ] *adj* dziewczęcy.

giro ['dʒaɪrəu] *n* (*bank giro*) bankowy system *m* przelewowy; (*post office giro*) pocztowy system *m* przelewowy; (*BRIT: welfare cheque*) *przekaz pocztowy z zasiłkiem*.

gist [dʒɪst] *n* (*general meaning*) esencja *f*, sedno *nt*; (*main points*) najważniejsze *pl* punkty.

┌─── KEYWORD ───┐

give [gɪv] (*pt* **gave**, *pt* **given**) *vt* **1**: **to give sb sth, give sth to sb** dawać (dać *perf*) komuś coś. **2** (*used with noun to replace verb*): **to give a sigh** westchnąć (*perf*); **to give**

a cry zapłakać (*perf*). **3** (*deliver: news, message etc*) podawać (podać *perf*), przekazywać (przekazać *perf*); (: *advice*) dawać (dać *perf*). **4** (*provide: opportunity, job etc*) dawać (dać *perf*); (: *surprise*) sprawiać (sprawić *perf*). **5** (*bestow: title, honour*) nadawać (nadać *perf*); (: *right*) dawać (dać *perf*). **6** (*devote: time, attention*) poświęcać (poświęcić *perf*); (: *one's life*) oddawać (oddać *perf*). **7** (*organize*): **to give a party/dinner** wydawać (wydać *perf*) przyjęcie/obiad ♦ *vi* **1** (*also: give way*) załamywać się (załamać się *perf*); **the roof gave as I stepped on it** dach załamał się, gdy na nim stanąłem. **2** (*stretch*) rozciągać się (rozciągnąć się *perf*).

▸**give away** *vt* (*money, prizes*) rozdawać (rozdać *perf*); (*opportunity*) pozbawiać się (pozbawić się *perf*) +*gen*; (*secret, information*) wyjawiać (wyjawić *perf*); (*bride*) poprowadzić (*perf*) do ołtarza (*do pana młodego*).

▸**give back** *vt* oddawać (oddać *perf*).

▸**give in** *vi* poddawać się (poddać się *perf*), ustępować (ustąpić *perf*) ♦ *vt* (*essay etc*) składać (złożyć *perf*), oddawać (oddać *perf*).

▸**give off** *vt* (*heat, smoke*) wydzielać (wydzielić *perf*).

▸**give out** *vt* rozdawać (rozdać *perf*).

▸**give up** *vi* poddawać się (poddać się *perf*), rezygnować (zrezygnować *perf*) ♦ *vt* (*job, boyfriend, habit*) rzucać (rzucić *perf*); (*idea, hope*) porzucać (porzucić *perf*); **to give o.s. up to** oddawać się (oddać się *perf*) +*dat*.

▸**give way** *vi* (*yield*) ustępować (ustąpić *perf*) (miejsca); (*rope, ladder etc*) nie wytrzymać (*perf*), puścić (*perf*) (*inf*); (*BRIT: AUT*) ustępować (ustąpić *perf*) pierwszeństwa przejazdu.

glacier ['glæsɪə*] n lodowiec m.

glad [glæd] adj zadowolony.

gladly ['glædlɪ] adv chętnie.

glamorous ['glæmərəs] adj olśniewający.

glamour ['glæmə*] n blask m, świetność f.

glance [glɑːns] n zerknięcie nt, rzut m oka ♦ vi: **to glance at** zerkać (zerknąć perf) na +acc, rzucać (rzucić perf) okiem na +acc.

glancing ['glɑːnsɪŋ] adj (blow) ukośny, z boku post.

gland [glænd] n gruczoł m.

glare [glɛə*] n (look) piorunujące spojrzenie nt; (light) oślepiające światło nt; (fig. of publicity) blask m ♦ vi świecić oślepiającym blaskiem; **to glare at** patrzyć z wściekłością na +acc.

glaring ['glɛərɪŋ] adj (mistake) rażący.

glass [glɑːs] n (substance) szkło nt; (for/of milk, water etc) szklanka f; (for/of beer) kufel m; (for/of wine, champagne) lampka f; (for/of other alcoholic drink) kieliszek m; **glasses** npl okulary pl.

glaze [gleɪz] vt (window etc) szklić (oszklić perf); (pottery) glazurować ♦ n glazura f.

glazed [gleɪzd] adj (eyes) szklisty, szklany; (pottery) glazurowany.

gleam [gliːm] vi błyszczeć, świecić się.

glee [gliː] n radość f.

glen [glɛn] n dolina f (góraka).

glib [glɪb] adj (person) wygadany; (promise) (zbyt) łatwy; (response) bez zająknienia post.

glide [glaɪd] vi (snake) ślizgać się, sunąć; (dancer, boat) sunąć; (bird, aeroplane) szybować.

glider ['glaɪdə*] n szybowiec m.

gliding ['glaɪdɪŋ] n (sport) szybownictwo nt; (activity) szybowanie nt.

glimmer ['glɪmə*] n (of light) (wątły)

promyk m, migotanie nt; (fig) przebłysk m.

glimpse [glɪmps] n mignięcie nt ♦ vt ujrzeć (perf) przelotnie.

glint [glɪnt] vi błyskać, iskrzyć się.

glisten ['glɪsn] vi lśnić, połyskiwać.

glitch [glɪtʃ] (inf) n feler f (inf); (COMPUT) drobne zakłócenie nt.

glitter ['glɪtə*] vi błyszczeć, skrzyć się.

gloat [gləut] vi tryumfować; **to gloat over** (one's own success) napawać się +instr; (sb else's failure) cieszyć się z +gen.

global ['gləubl] adj (worldwide) (ogólno)światowy.

global warming n globalne ocieplenie nt.

globe [gləub] n (world) kula f ziemska, świat m; (model) globus m; (shape) kula f.

gloom [gluːm] n (dark) mrok m; (sadness) ponurość f, posępność f.

glorify ['glɔːrɪfaɪ] vt wysławiać, gloryfikować.

glorious ['glɔːrɪəs] adj wspaniały.

glory ['glɔːrɪ] n (prestige) sława f, chwała f; (splendour) wspaniałość f.

gloss [glɔs] n (shine) połysk m; (also: **gloss paint**) emalia f.

glossary ['glɔsərɪ] n słowniczek m (w książce).

glossy ['glɔsɪ] adj (hair) lśniący; (photograph) z połyskiem post.

glove [glʌv] n rękawiczka f; (boxer's, surgeon's) rękawica f.

glove compartment (AUT) n schowek m na rękawiczki.

glow [gləu] vi (embers) żarzyć się, jarzyć się; (stars) jarzyć się; (eyes) błyszczeć; (face) różowić się.

glucose ['gluːkəus] n glukoza f.

glue [gluː] n klej m ♦ vt: **to glue sth onto sth** naklejać (nakleić perf) coś na coś.

glum [glʌm] adj przybity.

glut [glʌt] *n* przesycenie *nt*.
glutton ['glʌtn] *n* żarłok *m*,
obżartuch *m* (*inf*).
gluttony ['glʌtənɪ] *n* (*act*) obżarstwo
nt; (*habit*) żarłoczność *f*.
glycerin(e) ['glɪsəriːn] *n* gliceryna *f*.
gnarled [nɑːld] *adj* sękaty.
gnat [næt] *n* komar *m*.
gnaw [nɔː] *vt* o(b)gryzać (o(b)gryźć
perf).
gnome [nəum] *n* krasnal *m*,
krasnoludek *m*.

┌─────── KEYWORD ───────┐

go [gəu] (*pt* **went**, *pp* **gone**, *pl*
goes) *vi* **1** (*on foot*) iść (pójść *perf*);
(: *habitually, regularly*) chodzić; (*by
car etc*) jechać (pojechać *perf*);
(: *habitually, regularly*) jeździć. **2**
(*depart: on foot*) wychodzić (wyjść
perf), iść (pójść *perf*); (: *by car etc*)
odjeżdżać (odjechać *perf*),
wyjeżdżać (wyjechać *perf*). **3**
(*attend*) chodzić; **she goes to her
dancing class on Tuesdays** we
wtorki chodzi na swój kurs tańca. **4**
(*take part in an activity*) iść (pójść
perf); (: *habitually, regularly*) chodzić;
to go for a walk iść (pójść *perf*) na
spacer. **5** (*work*) chodzić; **the tape
recorder was still going**
magnetofon ciągle chodził; **the bell
went just then** właśnie wtedy
zadzwonił dzwonek. **6** (*become*): **to
go pale** blednąć (zblednąć *perf*). **7**
(*be sold*): **to go for 10 pounds**
pójść (*perf*) za 10 funtów. **8** (*intend
to*): **we're going to leave in an hour**
wyjdziemy za godzinę. **9** (*be about
to*): **it's going to rain** będzie padać.
10 (*time*) mijać (minąć *perf*), płynąć.
11 (*event, activity*) iść (pójść *perf*);
how did it go? jak poszło? **12** (*be
given*): **to go to sb** dostać się (*perf*)
komuś. **13** (*break etc*) pójść (*perf*)
(*inf*); **the fuse went** poszedł
bezpiecznik. **14** (*be placed*) **the**

milk goes in the fridge mleko
trzymamy w lodówce ♦ *n* **1** (*try*): **to
have a go (at)** próbować
(spróbować *perf*) (+*gen*). **2** (*turn*)
kolej *f*; **whose go is it?** czyja
(teraz) kolej? **3** (*move*): **to be on
the go** być w ruchu.

▸**go about** *vi* (*also:* **go around**)
krążyć ♦ *vt fus*: **how do I go about
this?** jak (mam) się za to zabrać?
▸**go after** *vt fus* (*person*) ruszać
(ruszyć *perf*) w pogoń za +*instr*;
(*job*) szukać +*gen*; (*record*)
próbować (spróbować *perf*) pobić
+*acc*.
▸**go ahead** *vi* (*proceed*) przebiegać
(przebiec *perf*); **to go ahead (with)**
przystępować (przystąpić *perf*) (do
+*gen*); **do you mind if I smoke? –
go ahead!** czy mogę zapalić? –
proszę (bardzo)!
▸**go along** *vi* przechodzić (przejść
perf).
▸**go along with** *vt fus* (*agree with:
plan, decision*) postępować (postąpić
perf) zgodnie z +*instr*.
▸**go away** *vi* odchodzić (odejść *perf*);
"go away!" „idź sobie!".
▸**go back** *vi* wracać (wrócić *perf*).
▸**go back on** *vt fus* (*promise etc*)
nie dotrzymywać (nie dotrzymać
perf) +*gen*.
▸**go by** *vi* płynąć *or* upływać
(upłynąć *perf*), mijać (minąć *perf*) ♦
vt fus (*rule etc*) kierować się +*instr*.
▸**go down** *vi* (*descend: on foot*)
schodzić (zejść *perf*) (na dół); (: *in
lift etc*) zjeżdżać (zjechać *perf*);
(*ship*) iść (pójść *perf*) na dno; (*sun*)
zachodzić (zajść *perf*); (*price, level*)
obniżać się (obniżyć się *perf*) ♦ *vt
fus* (*stairs, ladder*) schodzić (zejść
perf) po +*loc*.
▸**go for** *vt fus* (*fetch*) iść (pójść *perf*)
po +*acc*; (*favour*) woleć +*acc*;
(*attack*) rzucać się (rzucić się *perf*)
na +*acc*; (*apply to*) dotyczyć +*gen*.

▸**go in** vi wchodzić (wejść perf) (do środka).

▸**go in for** vt fus (competition) startować (wystartować perf) w +loc; (activity) uprawiać +acc.

▸**go into** vt fus (enter) wchodzić (wejść perf) do +gen; (investigate) zagłębiać się (zagłębić się perf) w +acc; (career) zająć się (perf) +instr.

▸**go off** vi (person) wychodzić (wyjść perf); (food) psuć się (zepsuć się perf); (bomb) eksplodować (eksplodować perf); (gun) wypalić (perf); (event) przebiegać (przebiec perf), iść (pójść perf) (inf) ♦ vt fus (inf: person, place, food) przestawać (przestać perf) lubić +acc.

▸**go on** vi (continue: on foot) iść (pójść perf) dalej; (: in a vehicle) jechać (pojechać perf) dalej; (happen) dziać się, odbywać się; **to go on doing sth** robić coś dalej; **what's going on here?** co się tu dzieje?

▸**go out** vt fus wychodzić (wyjść perf) ♦ vi (fire, light) gasnąć (zgasnąć perf); (couple): **they went out for 3 years** chodzili ze sobą (przez) trzy lata.

▸**go over** vi przechodzić (przejść perf) ♦ vt sprawdzać (sprawdzić perf); **go over and help him** idź tam i pomóż mu.

▸**go through** vt fus (undergo) przechodzić (przejść perf) (przez) +acc; (search through) przeszukiwać (przeszukać perf) +acc; (discuss) omawiać (omówić perf) +acc.

▸**go through with** vt fus przeprowadzić (perf), doprowadzić (perf) do końca; **I couldn't go through with it** nie mogłem się na to zdobyć.

▸**go under** vi iść (pójść perf) na dno; (fig: business, project) padać (paść perf).

▸**go up** vi (on foot) iść (pójść perf) na górę; (in lift etc) wjeżdżać (wjechać perf) (na górę); (price, level) iść (pójść perf) w górę.

▸**go with** vt fus (suit) pasować do +gen.

▸**go without** vt fus (food) nie mieć +gen; (treats, luxury) obywać się (obyć się perf) bez +gen.

go-ahead ['gəʊəhɛd] adj (person) przedsiębiorczy, rzutki; (organization) postępowy ♦ n zgoda f.

goal [gəʊl] n (SPORT: point gained) bramka f, gol m; (: space) bramka f; (aim) cel m.

goalie ['gəʊli] (inf) n bramkarz (-arka) m(f).

goalkeeper ['gəʊlki:pə*] n bramkarz m.

goalpost ['gəʊlpəʊst] n słupek m (bramki).

goat [gəʊt] n koza f; (male) kozioł m.

gobble ['gɔbl] vt (also: gobble down, gobble up) pożerać (pożreć perf).

go-between ['gəʊbɪtwi:n] n (intermediary) pośrednik (-iczka) m(f); (messenger) posłaniec m.

God [gɔd] n Bóg m.

god [gɔd] n (MYTH, REL) bóg m, bóstwo nt; (: less important) bożek m; (fig) bóstwo nt, bożyszcze nt.

godchild ['gɔdtʃaɪld] (irreg like: child) n chrześniak (-aczka) m(f).

goddaughter ['gɔddɔ:tə*] n chrześniaczka f.

goddess ['gɔdɪs] n bogini f.

godfather ['gɔdfɑ:ðə*] n ojciec m chrzestny.

godmother ['gɔdmʌðə*] n matka f chrzestna.

godson ['gɔdsʌn] n chrześniak m.

goggles ['gɔglz] npl gogle pl.

going ['gəʊɪŋ] n sytuacja f, warunki pl ♦ adj: **the going rate** aktualna stawka f.

gold [gəʊld] n złoto nt ♦ adj złoty.

golden ['gəuldən] *adj* (*gold*) złoty; (*in colour*) złoty, złocisty.

goldfish ['gəuldfɪʃ] *n* złota rybka *f*.

goldmine ['gəuldmaɪn] *n* kopalnia *f* złota.

gold-plated ['gəuld'pleɪtɪd] *adj* pozłacany, złocony.

goldsmith ['gəuldsmɪθ] *n* złotnik *m*.

golf [gɔlf] *n* golf *m*.

golf club *n* (*organization*) klub *m* golfowy; (*stick*) kij *m* do golfa.

golf course *n* pole *nt* golfowe.

gondola ['gɔndələ] *n* gondola *f*.

gone [gɔn] *pp of* **go**.

gong [gɔŋ] *n* gong *m*.

good [gud] *adj* dobry; (*valid*) ważny; (*well-behaved*) grzeczny ♦ *n* dobro *nt*; **goods** *npl* towary *pl*, towar *m*; **good!** dobrze!; **to be good at** być dobrym w +*loc*; **to be good for sth/sb** być dobrym do czegoś/dla kogoś; **to feel good** czuć się dobrze; **it's good to see you** miło cię widzieć; **would you be good enough to ...?** czy zechciałbyś +*infin*?; **a good deal (of)** dużo (+*gen*); **a good many** bardzo wiele; **to make good** (*damage*) naprawiać (naprawić *perf*); (*loss*) rekompensować (zrekompensować *perf*); **it's no good complaining** nie ma co narzekać; **for good** na dobre; **good morning/afternoon!** dzień dobry!; **good evening!** dobry wieczór!; **good night!** dobranoc!

goodbye [gud'baɪ] *excl* do widzenia; **to say goodbye** żegnać się (pożegnać się *perf*).

Good Friday *n* Wielki Piątek *m*.

good-looking ['gud'lukɪŋ] *adj* atrakcyjny.

good-natured ['gud'neɪtʃəd] *adj* (*person, pet*) o łagodnym usposobieniu *post*.

goodness ['gudnɪs] *n* dobroć *f*; **for goodness sake!** na litość *or* miłość

boską!; **goodness gracious!** Boże (drogi)!

goods train (*BRIT*) *n* pociąg *m* towarowy.

goodwill [gud'wɪl] *n* dobra wola *f*.

goose [gu:s] (*pl* **geese**) *n* gęś *f*.

gooseberry ['guzbərɪ] *n* agrest *m*.

gooseflesh ['gu:sflɛʃ] *n* = **goose pimples**.

goose pimples *npl* gęsia skórka *f*.

gopher ['gəufə*] *n* (*ZOOL*) suseł *m*; (*COMPUT*) gopher *m*.

gore [gɔ:*] *vt* brać (wziąć *perf*) na rogi ♦ *n* (*rozlana*) krew *f*.

gorge [gɔ:dʒ] *n* wąwóz *m* ♦ *vt*: **to gorge o.s. (on)** objadać się (objeść się *perf*) (+*instr*).

gorgeous ['gɔ:dʒəs] *adj* wspaniały, cudowny.

gorilla [gə'rɪlə] (*ZOOL*) *n* goryl *m*.

gory ['gɔ:rɪ] *adj* krwawy.

gosh [gɔʃ] *excl* ojej.

gospel ['gɔspl] *n* (*REL*) ewangelia *f*.

gossip ['gɔsɪp] *n* (*rumours, chat*) plotki *pl*; (*person*) plotkarz (-arka) *m(f)* ♦ *vi* plotkować (poplotkować *perf*).

got [gɔt] *pt, pp of* **get**.

gotten ['gɔtn] (*US*) *pp of* **get**.

gout [gaut] (*MED*) *n* dna *f*, skaza *f* moczanowa.

govern ['gʌvən] *vt* rządzić +*instr*.

governess ['gʌvənɪs] *n* guwernantka *f*.

government ['gʌvnmənt] *n* (*act*) rządzenie *nt*, zarządzanie *nt*; (*body*) rząd *m*; (*BRIT: ministers*) rada *f* ministrów, rząd *m*.

governor ['gʌvənə*] *n* (*of state, colony*) gubernator *m*; (*of bank, school etc*) członek (-nkini) *m(f)* zarządu; (*BRIT: of prison*) naczelnik *m*; **the Board of Governors** zarząd.

gown [gaun] *n* (*dress*) suknia *f*; (*BRIT: of teacher, judge*) toga *f*.

GP *n abbr* = **general practitioner**.

grab [græb] *vt* chwytać (chwycić

perf); (*chance, opportunity*) korzystać (skorzystać *perf*) z +*gen* ♦ *vi*: **to grab at** porywać (porwać *perf*) +*acc*, rzucać się (rzucić się *perf*) na +*acc*.

grace [greɪs] *n* (*REL*) łaska *f*, (*gracefulness*) gracja *f* ♦ *vt* (*honour*) zaszczycać (zaszczycić *perf*); (*adorn*) zdobić, ozdabiać (ozdobić *perf*); **5 days' grace** 5 dni wytchnienia.

graceful ['greɪsful] *adj* pełen wdzięku.

gracious ['greɪʃəs] *adj* (*person, smile*) łaskawy ♦ *excl*: **(good) gracious!** Boże (drogi)!

grade [greɪd] *n* (*COMM*) jakość *f*, (*in hierarchy*) ranga *f*, (*mark*) stopień *m*, ocena *f*, (*US: SCOL*) klasa *f* ♦ *vt* klasyfikować (sklasyfikować *perf*).

grade crossing (*US*) *n* przejazd *m* kolejowy.

grade school (*US*) *n* ≈ szkoła *f* podstawowa.

gradient ['greɪdɪənt] *n* (*of road, slope*) nachylenie *nt*.

gradual ['grædjuəl] *adj* stopniowy.

gradually ['grædjuəlɪ] *adv* stopniowo.

graduate ['grædjuɪt] *n* absolwent(ka) *m(f)* ♦ *vi* kończyć (skończyć *perf*) studia; (*US*) kończyć (skończyć *perf*) szkołę średnią.

graduation [grædju'eɪʃən] *n* uroczystość *f* wręczenia świadectw.

graffiti [grə'fiːtɪ] *n, npl* graffiti *pl*.

graft [grɑːft] *n* (*AGR*) szczep *m*; (*MED*) przeszczep *m*; (*BRIT: inf*) harówka *f* (*inf*); (*US*) łapówka *f* ♦ *vt*: **to graft (onto)** (*AGR*) zaszczepiać (zaszczepić *perf*) (na +*loc*); (*MED*) przeszczepiać (przeszczepić *perf*) (na +*acc*), wszczepiać (wszczepić *perf*) (do +*gen*); (*fig*) doczepiać (doczepić *perf*) (na siłę) (do +*gen*).

grain [greɪn] *n* (*seed*) ziarno *nt*; (*no pl: cereals*) zboże *nt*; (*of sand, salt*) ziar(e)nko *nt*; (*of wood*) słoje *pl*.

gram [græm] *n* gram *m*.

grammar ['græmə*] *n* gramatyka *f*.

grammar school (*BRIT*) *n* ≈ liceum *nt* (ogólnokształcące).

grammatical [grə'mætɪkl] *adj* gramatyczny.

gramme [græm] *n* = **gram**.

gramophone ['græməfəʊn] (*BRIT: old*) *n* gramofon *m*, adapter *m*.

grand [grænd] *adj* (*splendid, impressive*) okazały; (*inf: great, wonderful*) świetny; (*gesture*) wielkopański; (*scale, plans*) wielki.

grandchild ['græntʃaɪld] (*irreg like*: **child**) *n* wnuk *m*.

granddad ['grændæd] (*inf*) *n* dziadek *m*, dziadzio *m*.

granddaughter ['grændɔːtə*] *n* wnuczka *f*.

grandeur ['grændjə*] *n* okazałość *f*, wspaniałość *f*.

grandfather ['grændfɑːðə*] *n* dziadek *m*.

grandiose ['grændɪəʊs] (*pej*) *adj* (*scheme*) wielce ambitny; (*building*) pretensjonalny.

grandma ['grænmɑː] (*inf*) *n* babcia *f*.

grandmother ['grænmʌðə*] *n* babka *f*.

grandpa ['grænpɑː] (*inf*) *n* = **granddad**.

grandparents ['grændpɛərənts] *npl* dziadkowie *vir pl*.

grand piano *n* fortepian *m*.

grandson ['grænsʌn] *n* wnuk *m*.

grandstand ['grændstænd] (*SPORT*) *n* trybuna *f* główna.

granite ['grænɪt] *n* granit *m*.

granny ['grænɪ] (*inf*) *n* babcia *f*, babunia *f*.

grant [grɑːnt] *vt* (*money*) przyznawać (przyznać *perf*); (*request*) spełniać (spełnić *perf*); (*visa*) udzielać (udzielić *perf*) +*gen* ♦ *n* (*SCOL*) stypendium *m*; (*ADMIN*) dotacja *f*; **to take sb for granted** zaniedbywać kogoś; **to take sth for granted** przyjmować (przyjąć *perf*) coś za pewnik.

granulated sugar ['grænjuleɪtɪd-] n cukier m kryształ m.

grape [greɪp] n (fruit) winogrono nt; (plant) winorośl f.

grapefruit ['greɪpfruːt] (pl **grapefruit** or **grapefruits**) n grejpfrut m.

graph [grɑːf] n wykres m.

graphic ['græfɪk] adj (account, description) obrazowy; (: of sth unpleasant) drastyczny; (art, design) graficzny; see also **graphics**.

graphics ['græfɪks] n (art) grafika f ♦ npl (drawings) grafika f.

grapple ['græpl] vi: **to grapple with sb/sth** mocować się z kimś/czymś.

grasp [grɑːsp] vt (hold, seize) chwytać (chwycić perf); (understand) pojmować (pojąć perf) ♦ n (grip) (u)chwyt m; (understanding) pojmowanie nt.

grasping ['grɑːspɪŋ] adj zachłanny.

grass [grɑːs] n trawa f.

grasshopper ['grɑːshɔpə*] n konik m polny, pasikonik m.

grass-roots ['grɑːsruːts] cpd: **grass-roots support** poparcie nt zwykłych ludzi.

grate [greɪt] n palenisko nt (w kominku) ♦ vi: **to grate (on)** (metal, chalk) zgrzytać (zazgrzytać perf) (na +loc); (fig: noise, laughter) działać na nerwy (+dat) ♦ vt (CULIN) trzeć (zetrzeć perf).

grateful ['greɪtful] adj (person) wdzięczny; (thanks) pełen wdzięczności.

grater ['greɪtə*] n tarka f.

gratifying ['grætɪfaɪɪŋ] adj zadowalający, satysfakcjonujący.

grating ['greɪtɪŋ] n krata f ♦ adj zgrzytliwy.

gratitude ['grætɪtjuːd] n wdzięczność f.

gratuity [grə'tjuːɪtɪ] n napiwek m.

grave [greɪv] n grób m ♦ adj poważny.

gravel ['grævl] n żwir m.

gravestone ['greɪvstəun] n nagrobek m.

graveyard ['greɪvjɑːd] n cmentarz m.

gravity ['grævɪtɪ] n (PHYS) ciążenie nt, grawitacja f; (seriousness) powaga f.

gravy ['greɪvɪ] n sos m (mięsny).

gray [greɪ] (US) adj = **grey**.

graze [greɪz] vi paść się ♦ vt (scrape) otrzeć (perf) (do krwi); (touch lightly) muskać (musnąć perf) ♦ n otarcie nt naskórka.

grease [griːs] n (lubricant) smar m; (fat) tłuszcz m ♦ vt (lubricate) smarować (nasmarować perf); (CULIN) smarować (posmarować perf) tłuszczem, natłuszczać (natłuścić perf).

greaseproof paper ['griːspruːf-] (BRIT) n papier m woskowany.

greasy ['griːsɪ] adj (full of grease) tłusty; (covered with grease) zatłuszczony; (BRIT: slippery) śliski; (hair) tłusty, przetłuszczający się.

great [greɪt] adj wielki; (idea) świetny.

Great Britain n Wielka Brytania f.

great-grandfather [greɪt'grænfɑːðə*] n pradziadek m, pradziad m (fml).

great-grandmother [greɪt'grænmʌðə*] n prababka f.

greatly ['greɪtlɪ] adv wielce.

greatness ['greɪtnɪs] n wielkość f.

Greece [griːs] n Grecja f.

greed [griːd] n (also: **greediness**) chciwość f, zachłanność f; (for power, wealth) żądza f.

greedy ['griːdɪ] adj chciwy, zachłanny; **greedy for power/wealth** żądny władzy/bogactw.

Greek [griːk] adj grecki ♦ n (person) Grek/Greczynka m/f; (LING) (język m) grecki.

green [griːn] adj zielony ♦ n (colour) (kolor m) zielony, zieleń f; (grass)

zieleń f; (*GOLF*) pole *nt* puttingowe;
greens *npl* warzywa *pl* zielone.

green belt *n* pas *m* or pierścień *m*
zieleni.

green card *n* (*AUT*) ubezpieczenie
nt międzynarodowe; (*US: ADMIN*)
zielona karta *f*.

greenery ['gri:nərɪ] *n* zieleń *f*.

greengrocer ['gri:ngrəusə*] (*BRIT*)
n (*person*) kupiec *m* warzywny,
zieleniarz (-arka) *m(f)*; (*shop*) sklep
m warzywny, warzywniak *m* (*inf*).

greenhouse ['gri:nhaus] *n* szklarnia
f, cieplarnia *f*.

greenhouse effect *n*: **the
greenhouse effect** efekt *m*
cieplarniany.

greenish ['gri:nɪʃ] *adj* zielonkawy.

Greenland ['gri:nlənd] *n* Grenlandia
f.

greet [gri:t] *vt* (*in the street etc*)
pozdrawiać (pozdrowić *perf*);
(*welcome*) witać (powitać *perf*);
(*receive: news*) przyjmować
(przyjąć *perf*).

greeting ['gri:tɪŋ] *n* (*salutation*)
pozdrowienie *nt*; (*welcome*)
powitanie *nt*.

gregarious [grə'gɛərɪəs] *adj* (*person*)
towarzyski; (*animal*) stadny.

grenade [grə'neɪd] *n* (*also*: **hand
grenade**) granat *m*.

grew [gru:] *pt of* **grow**.

grey [greɪ] (*US* **gray**) *adj* (*colour*)
szary, popielaty; (*hair*) siwy;
(*dismal*) szary ♦ *n* (kolor *m*) szary *or*
popielaty, popiel *m*.

greyhound ['greɪhaund] *n* chart *m*
angielski.

grid [grɪd] *n* (*pattern*) kratka *f*, siatka
f; (*ELEC*) sieć *f*.

grief [gri:f] *n* (*distress*) zmartwienie
nt, zgryzota *f*; (*sorrow*) żal *m*.

grievance ['gri:vəns] *n* (*feeling*) żal
m, pretensja *f*; (*complaint*) skarga *f*.

grieve [gri:v] *vi* martwić się, smucić
się ♦ *vt* martwić (zmartwić *perf*),

zasmucać (zasmucić *perf*); **to grieve
for sb** opłakiwać kogoś.

grievous ['gri:vəs] *adj* (*mistake*)
poważny; **grievous bodily harm**
(*JUR*) ciężkie uszkodzenie ciała.

grill [grɪl] *n* (*on cooker*) ruszt *m*, grill
m; (*also*: **mixed grill**) mięso *nt* z
rusztu ♦ *vt* (*BRIT: food*) piec (upiec
perf) (na ruszcie); (*inf: person*)
maglować (wymaglować *perf*)(*inf*).

grim [grɪm] *adj* (*unpleasant*) ponury;
(*serious, stern*) groźny, surowy.

grimace [grɪ'meɪs] *n* grymas *m* ♦ *vi*
wykrzywiać się (wykrzywić się *perf*).

grin [grɪn] *n* szeroki uśmiech *m* ♦ *vi*:
to grin (at) uśmiechać się
(uśmiechnąć się *perf*) szeroko (do
+*gen*), szczerzyć się *or* szczerzyć
zęby (do +*gen*) (*inf*).

grind [graɪnd] (*pt, pp* **ground**) *vt*
(*tablet etc*) kruszyć (rozkruszyć
perf); (*coffee, pepper, meat*) mielić
(zmielić *perf*); (*knife*) ostrzyć
(naostrzyć *perf*) ♦ *n* harówka *f*;

grip [grɪp] *n* (*hold*) (u)chwyt *m*,
uścisk *m*; (*control, grasp*) kontrola *f*,
panowanie *nt*; (*of tyre, shoe*)
przyczepność *f*; (*handle*) rękojeść *f*,
uchwyt *m*; (*holdall*) torba *f*
(podróżna) ♦ *vt* (*object*) chwytać
(chwycić *perf*); (*person*) pasjonować,
fascynować; (*attention*) przyciągać
(przyciągnąć *perf*); **to come to grips
with** zmierzyć się (*perf*) z +*instr*.

gripping ['grɪpɪŋ] *adj* pasjonujący,
fascynujący.

grisly ['grɪzlɪ] *adj* makabryczny,
potworny.

grit [grɪt] *n* (*stone*) żwirek *m*, grys *m*;
(*of person*) zacięcie *nt*, determinacja
f ♦ *vt* posypywać (posypać *perf*)
żwirkiem; **to grit one's teeth**
zaciskać (zacisnąć *perf*) zęby.

groan [grəun] *n* (*of pain*) jęk *m*; (*of
disapproval*) pomruk *m* ♦ *vi* (*in pain*)
jęczeć (jęknąć *perf or* zajęczeć *perf*).

groceries ['grəusərɪz] *npl* artykuły *pl* spożywcze.

grocer's (shop) *n* sklep *m* spożywczy.

groggy ['grɔgɪ] *adj* oszołomiony, odurzony.

groin [grɔɪn] *n* pachwina *f*.

groom [gruːm] *n* (*for horse*) stajenny *m*; (*also*: **bridegroom**) pan *m* młody ♦ *vt* (*horse*) oporządzać (oporządzić *perf*); **to groom sb for** sposobić *or* przysposabiać (przysposobić *perf*) kogoś do +*gen*; **well-groomed** zadbany.

groove [gruːv] *n* (*in record etc*) rowek *m*.

grope [grəup] *vi*: **to grope for** szukać po omacku +*gen*; (*fig*) (*words*) szukać +*gen*.

gross [grəus] *adj* (*neglect, injustice*) rażący; (*behaviour*) grubiański, ordynarny; (*income, weight*) brutto *post*; (*earrings etc*) toporny.

grossly ['grəuslɪ] *adv* rażąco.

grotesque [grə'tɛsk] *adj* groteskowy.

grotto ['grɔtəu] *n* grota *f*.

ground [graund] *pt, pp of* **grind** ♦ *n* (*earth, soil*) ziemia *f*; (*floor*) podłoga *f*; (*land*) grunt *m*; (*area*) teren *m*; (*US: also*: **ground wire**) uziemienie *nt*; (*usu pl: reason*) podstawa *f* ♦ *vt* (*plane, pilot*) odmawiać (odmówić *perf*) zgody na start +*dat*; (*US: ELEC*) uziemiać (uziemić *perf*); **grounds** *npl* (*of coffee etc*) fusy *pl*; (*gardens etc*) teren *m*; **to gain/lose ground** zyskiwać (zyskać *perf*)/tracić (stracić *perf*) poparcie.

grounding ['graundɪŋ] *n*: **grounding (in)** (*podstawowe*) przygotowanie *nt* (z zakresu +*gen*).

groundless ['graundlɪs] *adj* bezpodstawny.

groundwork ['graundwəːk] *n* podwaliny *pl*.

group [gruːp] *n* grupa *f*; (*also*: **pop-group**) zespół *m* ♦ *vt* (*also*: **group together**) grupować (zgrupować *perf*) ♦ *vi* (*also*: **group together**) łączyć się (połączyć się *perf*) w grupy.

grouse [graus] *n inv* pardwa *f*.

grove [grəuv] *n* gaj *m*.

grow [grəu] (*pt* **grew**, *pp* **grown**) *vi* (*plant, tree*) rosnąć (wyrosnąć *perf*); (*person, animal*) rosnąć (urosnąć *perf*); (*increase*) rosnąć (wzrosnąć *perf*) ♦ *vt* (*roses, vegetables*) hodować; (*crops*) uprawiać; (*beard*) zapuszczać (zapuścić *perf*); **to grow rich** bogacić się (wzbogacić się *perf*).

►**grow out of** *vt fus* wyrastać (wyrosnąć *perf*) z +*gen*.

►**grow up** *vi* (*child*) dorastać (dorosnąć *perf*).

grower ['grəuə*] *n* hodowca *m*.

growing ['grəuɪŋ] *adj* rosnący; **growing pains** (*MED*) bóle wzrostowe; (*fig*) początkowe trudności.

growl [graul] *vi* warczeć (warknąć *perf*).

grown [grəun] *pp of* **grow**.

grown-up [grəun'ʌp] *n* dorosły *m*.

growth [grəuθ] *n* (*growing, development*) wzrost *m*; (*increase in amount*) przyrost *m*; (*MED*) narośl *f*.

grub [grʌb] *n* larwa *f*; (*inf: food*) żarcie *nt* (*inf*).

grubby ['grʌbɪ] *adj* niechlujny.

grudge [grʌdʒ] *n* uraza *f* ♦ *vt*: **to grudge sb sth** zazdrościć komuś czegoś; **to bear sb a grudge** żywić do kogoś urazę.

gruelling ['gruəlɪŋ] (*US* **grueling**) *adj* wyczerpujący.

gruesome ['gruːsəm] *adj* makabryczny.

gruff [grʌf] *adj* szorstki.

grumble ['grʌmbl] *vi* zrzędzić.

grumpy ['grʌmpɪ] *adj* zrzędliwy.

grunt [grʌnt] *vi* (*pig*) chrząkać (chrząknąć *perf*); (*person*) burknąć (*perf*).

G-string ['dʒiːstrɪŋ] n stringi pl.

guarantee [gærən'tiː] n gwarancja f
♦ vt (assure) gwarantować
(zagwarantować perf); (COMM)
dawać (dać perf) gwarancję na +acc.

guard [gɑːd] n (one person) strażnik
m; (squad) straż f; (on machine)
osłona f; (also: **fireguard**) krata f
przed kominkiem; (BRIT: RAIL)
konduktor(ka) m(f).

guarded ['gɑːdɪd] adj ostrożny.

guardian ['gɑːdɪən] n (JUR)
opiekun(ka) m(f); (defender) stróż m,
obrońca m.

guerrilla [gə'rɪlə] n partyzant(ka) m(f).

guess [gɛs] vt (number, distance etc)
zgadywać (zgadnąć perf); (correct
answer) odgadywać (odgadnąć perf)
♦ vi domyślać się (domyślić się perf)
♦ n: **I'll give you three guesses**
możesz zgadywać trzy razy; **to take**
or **have a guess** zgadywać; **I guess**
so chyba tak.

guesswork ['gɛswɜːk] n domysły pl,
spekulacje pl.

guest [gɛst] n gość m; **be my guest**
(inf) proszę bardzo, nie krępuj się.

guest-house ['gɛsthaus] n pensjonat
m.

guest room n pokój m gościnny.

guidance ['gaɪdəns] n porada f.

guide [gaɪd] n (person) przewodnik
(-iczka) m(f); (book) przewodnik m;
(BRIT: also: **girl guide**) ≈ harcerka f
♦ vt (round city, museum)
oprowadzać (oprowadzić perf);
(lead, direct) prowadzić
(poprowadzić perf).

guidebook ['gaɪdbuk] n przewodnik m.

guide dog n pies m przewodnik m.

guidelines ['gaɪdlaɪnz] npl
wskazówki pl.

guild [gɪld] n cech m.

guile [gaɪl] n przebiegłość f.

guillotine ['gɪlətiːn] n (for execution)
gilotyna f; (for paper) gilotynka f.

guilt [gɪlt] n wina f.

guilty ['gɪltɪ] adj (to blame) winny;
(expression) zmieszany; (secret,
conscience) nieczysty.

guinea ['gɪnɪ] (BRIT: old) n gwinea f.

guinea pig n świnka f morska; (fig)
królik m doświadczalny.

guise [gaɪz] n: **in** or **under the guise**
of pod płaszczykiem +gen.

guitar [gɪ'tɑː*] n gitara f.

gulf [gʌlf] n (bay) zatoka f; (abyss,
difference) przepaść f.

gull [gʌl] n mewa f.

gullet ['gʌlɪt] n przełyk m.

gullible ['gʌlɪbl] adj łatwowierny.

gully ['gʌlɪ] n (ravine) wąwóz m
(bardzo stromy i wąski).

gulp [gʌlp] vt (also: **gulp down**) (w
pośpiechu) połykać (połknąć perf)

gum [gʌm] n (ANAT) dziąsło nt;
(glue) klej m; (also: **gumdrop**)
żelatynka f (cukierek); (also:
chewing-gum) guma f (do żucia).

gun [gʌn] n (revolver, pistol) pistolet
m; (rifle, airgun) strzelba f; (cannon)
działo nt.

gunfire ['gʌnfaɪə*] n ogień m
armatni or z broni palnej.

gunman ['gʌnmən] (irreg like: man)
n uzbrojony bandyta m.

gunpoint ['gʌnpɔɪnt] n: **to hold sb**
at gunpoint trzymać kogoś na
muszce.

gunpowder ['gʌnpaudə*] n proch m
(strzelniczy).

gunshot ['gʌnʃɔt] n wystrzał m

gurgle ['gɜːgl] vi (baby) gaworzyć;
(water) bulgotać (zabulgotać perf).

guru ['guruː] n guru m inv.

gush [gʌʃ] vi tryskać (trysnąć perf).

gust [gʌst] n podmuch m, powiew m.

gut [gʌt] n (ANAT) jelito nt; **guts** npl
(ANAT) wnętrzności pl, trzewia pl;
(fig. inf) odwaga f.

gutter ['gʌtə*] n (in street) rynsztok
m; (of roof) rynna f.

guttural ['gʌtərl] adj gardłowy.

guy [gaɪ] n (inf: man) gość m (inf),
facet m (inf); (also: **guyrope**) naciąg
m (namiotu); (also: **Guy Fawkes**)
kukła Guya Fawkesa, palona 5.
listopada na pamiątkę nieudanej
próby podpalenia parlamentu.

gym [dʒɪm] n (also: **gymnasium**) sala
f gimnastyczna; (also: **gymnastics**)
gimnastyka f.

gymnastics [dʒɪm'næstɪks] n
gimnastyka f.

gym shoes npl tenisówki pl.

gynaecologist [gaɪnɪ'kɒlədʒɪst] (US
gynecologist) n ginekolog m.

gypsy ['dʒɪpsɪ] n = **gipsy**.

H

habit ['hæbɪt] n (custom) zwyczaj m;
(addiction) nałóg m; (REL) habit m;
a marijuana/cocaine habit
uzależnienie od marihuany/kokainy;
to get into the habit of doing sth
przyzwyczajać się (przyzwyczaić
się perf) do robienia czegoś.

habitat ['hæbɪtæt] n (naturalne)
środowisko nt.

habitual [hə'bɪtjuəl] adj (action)
charakterystyczny; (drinker, smoker)
nałogowy; (liar, criminal) notoryczny.

habitually [hə'bɪtjuəlɪ] adv stale,
notorycznie.

hack [hæk] vt rąbać (porąbać perf) ♦
n (pej: writer) pismak m (pej).

hacker ['hækə*] (COMPUT) n
maniak m komputerowy, haker m
(pej).

hackneyed ['hæknɪd] adj (phrase)
wyświechtany, wytarty.

had [hæd] pt, pp of **have**.

haddock ['hædək] (pl **haddock** or
haddocks) n łupacz m.

hadn't ['hædnt] = **had not**.

haemorrhage ['hɛmərɪdʒ] (US
hemorrhage) n krwotok m.

haemorrhoids ['hɛmərɔɪdz] (US
hemorrhoids) npl hemoroidy pl.

haggard ['hægəd] adj zabiedzony,
wymizerowany.

haggle ['hægl] vi targować się.

Hague [heɪg] n: **The Hague** Haga f.

hail [heɪl] n grad m ♦ vt (call)
przywoływać (przywołać perf);
(acclaim): **to hail sb/sth as**
okrzykiwać (okrzyknąć perf) or
obwoływać (obwołać perf)
kogoś/coś +instr ♦ vi: **it hailed** padał
grad.

hailstorm ['heɪlstɔːm] n burza f
gradowa, gradobicie nt.

hair [hɛə*] n (of person) włosy pl; (of
animal) sierść f; **to do one's hair**
układać (ułożyć perf) sobie włosy.

hairbrush ['hɛəbrʌʃ] n szczotka f do
włosów.

haircut ['hɛəkʌt] n (action) strzyżenie
nt, obcięcie nt włosów; (style)
fryzura f; **to have/get a haircut** dać
(perf) sobie obciąć or ostrzyc włosy.

hairdo ['hɛəduː] n fryzura f,
uczesanie nt.

hairdresser ['hɛədrɛsə*] n
fryzjer(ka) m(f).

hairdresser's ['hɛədrɛsəz] n zakład
m fryzjerski, fryzjer m.

hair dryer n suszarka f do włosów.

hairpin ['hɛəpɪn] n wsuwka f or
spinka f do włosów.

hair remover n depilator m.

hair spray n lakier m do włosów.

hairstyle ['hɛəstaɪl] n fryzura f,
uczesanie nt.

hairy ['hɛərɪ] adj (person, arms)
owłosiony; (animal) włochaty,
kosmaty; (inf: situation) gorący (inf).

hake [heɪk] (pl **hake** or **hakes**) n
morszczuk m.

half [hɑːf] (pl **halves**) n (of amount,
object) połowa f; (TRAVEL) połówka
f (inf) ♦ adj: **half bottle** pół nt inv

butelki; **half pay** połowa zapłaty ♦
adv do połowy, w połowie; **a half
of beer** pół kufla piwa; **two and a
half** dwa i pół; **half a dozen** sześć,
pół tuzina (*fml*); **to cut sth in half**
przecinać (*przeciąć perf*) coś na pół;
half past three (w)pół do czwartej;
half empty w połowie opróżniony;
half closed (w)półprzymknięty; **to
go halves (with sb)** dzielić się
(podzielić się *perf*) (z kimś) po
połowie; **she never does things by
halves** (ona) nigdy niczego nie robi
połowicznie; **he's too clever by half**
jest o wiele za sprytny.

half-hearted ['hɑːf'hɑːtɪd] *adj*
wymuszony, bez przekonania *or*
entuzjazmu *post*.

half-hour [hɑːf'auə*] *n* pół *nt inv*
godziny.

half-price ['hɑːf'praɪs] *adj* o połowę
tańszy ♦ *adv* za pół ceny.

half-time [hɑːf'taɪm] (*SPORT*) *n*
przerwa *f* (*po pierwszej połowie meczu*).

halfway ['hɑːf'weɪ] *adv* (*in space*) w
połowie drogi; (*in time*) w połowie.

hall [hɔːl] *n* (*of flat*) przedpokój *m*; (*of
building*) hall *m*, hol *m*; (*for concerts*)
sala *f*; (*for meetings*) aula *f*, sala *f*.

hallmark ['hɔːlmɑːk] *n* (*on metal*)
próba *f*, znak *m* stempla
probierczego (*fml*); (*of writer, artist*)
cecha *f* charakterystyczna.

hallo [hə'ləu] *excl* = **hello**.

hall of residence (*BRIT*: *pl* **halls
of residence**) *n* ≈ dom *m*
studencki; ≈ akademik *m* (*inf*).

Hallowe'en [hæləu'iːn] *n* wigilia *f*
Wszystkich Świętych, Halloween *nt*.

hallucination [həluːsɪ'neɪʃən] *n*
halucynacja *f*.

hallway ['hɔːlweɪ] *n* hall *m*, hol *m*.

halo ['heɪləu] *n* aureola *f*.

halt [hɔːlt] *n*: **to come to a halt**
zatrzymać się (*perf*) ♦ *vt*
powstrzymać (*perf*), zatrzymać (*perf*)

♦ *vi* przystanąć (*perf*), zatrzymać się
(*perf*).

halve [hɑːv] *vt* (*reduce*) zmniejszać
(zmniejszyć *perf*) o połowę; (*divide*)
dzielić (podzielić *perf*) na pół,
przepoławiać (przepołowić *perf*).

halves [hɑːvz] *pl of* **half**.

ham [hæm] *n* (*meat*) szynka *f*.

hamburger ['hæmbəːgə*] *n*
hamburger *m*.

hammer ['hæmə*] *n* młot *m*; (*small*)
młotek *m* ♦ *vt* (*nail*) wbijać (wbić
perf) ♦ *vi* walić; **to hammer sth into
sb** wbijać (wbić *perf*) coś komuś do
głowy.

hammock ['hæmək] *n* hamak *m*.

hamper ['hæmpə*] *vt* (*person*)
przeszkadzać +*dat*; (*movement,
effort*) utrudniać ♦ *n* kosz(yk) *m* (z
przykrywką).

hamster ['hæmstə*] *n* chomik *m*.

hand [hænd] *n* (*ANAT*) ręka *f*; (*of
clock*) wskazówka *f*; (*handwriting*)
pismo *nt*, charakter *m* pisma;
(*worker*) robotnik (-ica) *m(f)*; (*deal of
cards*) rozdanie *nt*; (*cards held in
hand*) karty *pl* ♦ *vt* podawać (podać
perf); **to give** *or* **lend sb a hand**
pomóc (*perf*) komuś; **at hand** pod
ręką; **time in hand** czas do
dyspozycji; **we have the matter in
hand** panujemy nad sytuacją; **to be
on hand** *or* pozostawać do
dyspozycji; **on the one hand ..., on
the other hand ...** z jednej strony ...,
z drugiej strony ... .

▶**hand in** *vt* (*essay, work*) oddawać
(oddać *perf*).

▶**hand out** *vt* (*things*) wydawać
(wydać *perf*), rozdawać (rozdać
perf); (*information*) udzielać (udzielić
perf) +*gen*; (*punishment*) wymierzać
(wymierzyć *perf*).

▶**hand over** *vt* przekazywać
(przekazać *perf*).

handbag ['hændbæg] *n* torebka *f*
(damska).

handbook ['hændbʊk] n (for school) podręcznik m; (of practical advice) poradnik m.

handbrake ['hændbreɪk] n ręczny hamulec m.

handcuffs ['hændkʌfs] npl kajdanki pl.

handful ['hændfʊl] n (of soil, stones) garść f; (of people) garstka f.

handicap ['hændɪkæp] n (disability) ułomność f, upośledzenie nt; (disadvantage) przeszkoda f, utrudnienie nt; (horse racing, golf) handicap m, wyrównanie nt ♦ vt utrudniać (utrudnić perf); **mentally/physically handicapped** umysłowo/fizycznie niepełnosprawny.

handkerchief ['hæŋkətʃɪf] n chusteczka f (do nosa).

handle ['hændl] n rączka f; (of door) klamka f; (of drawer) uchwyt m; (of cup, mug) ucho nt ♦ vt (touch) dotykać (dotknąć perf) +gen; (deal with) obchodzić się (obejść się perf) z +instr; (: successfully) radzić (poradzić perf) sobie z +instr; **"handle with care"** „ostrożnie"; **to fly off the handle** tracić (stracić perf) panowanie nad sobą.

handlebar(s) ['hændlbɑ:(z)] n(pl) kierownica f (roweru).

hand luggage n bagaż m ręczny.

handmade ['hændmeɪd] adj robiony ręcznie; **it's handmade** to ręczna robota.

handout ['hændaʊt] n (money, food etc) jałmużna f; (publicity leaflet) ulotka f reklamowa; (at lecture, meeting) konspekt m.

handrail ['hændreɪl] n (on stair, ledge) poręcz f.

handset ['hændsɛt] (TEL) n słuchawka f.

handshake ['hændʃeɪk] n uścisk m dłoni.

handsome ['hænsəm] adj (person) przystojny; (building, garden) ładny; (fig: profit) pokaźny.

handwriting ['hændraɪtɪŋ] n charakter m pisma, pismo nt.

handy ['hændɪ] adj (useful) przydatny; (easy to use) poręczny; (skilful) zręczny; (close at hand) pod ręką post; **to come in handy** przydawać się (przydać się perf).

hang [hæŋ] (pt, pp **hung**) vt (painting) zawieszać (zawiesić perf); (criminal) (pt, pp **hanged**) wieszać (powiesić perf) ♦ vi (painting, coat) wisieć; (drapery) zwisać; (hair) opadać; **once you have got the hang of it, ...** (inf) jak już raz chwycisz, o co chodzi, ... (inf).

►**hang about** vi pałętać się (inf).

►**hang around** vi = hang about.

►**hang on** vi poczekać (perf).

►**hang up** vi: **to hang up (on sb)** odkładać (odłożyć perf) słuchawkę ♦ vt (coat) wieszać (powiesić perf); (painting) zawieszać (zawiesić perf).

hangar ['hæŋə*] n hangar m.

hanger ['hæŋə*] n (also: **coat hanger**) wieszak m.

hang-gliding ['hæŋglaɪdɪŋ] n lotniarstwo nt.

hangover ['hæŋəʊvə*] n (after drinking) kac m.

hang-up ['hæŋʌp] n zahamowanie nt.

hankie ['hæŋkɪ] n abbr = handkerchief.

hanky ['hæŋkɪ] n abbr = hankie.

haphazard [hæp'hæzəd] adj przypadkowy, niesystematyczny; **in a haphazard way** na chybił trafił.

happen ['hæpən] vi zdarzać się (zdarzyć się perf), wydarzać się (wydarzyć się perf); **if you happen to see Jane, ...** gdybyś przypadkiem zobaczył Jane, ...; **as it happens, ...** tak się (akurat) składa, że ...; **what happened?** co się stało?

happening ['hæpnɪŋ] n wydarzenie nt.

happily ['hæpɪlɪ] adv (luckily) na szczęście, szczęśliwie; (cheerfully) wesoło.

happiness ['hæpɪnɪs] n szczęście nt.

happy ['hæpɪ] adj szczęśliwy; **to be happy with** być zadowolonym z +gen; **we'll be happy to help you** chętnie or z przyjemnością ci pomożemy; **happy birthday!** wszystkiego najlepszego w dniu urodzin!

happy-go-lucky ['hæpɪgəu'lʌkɪ] adj niefrasobliwy.

harass ['hærəs] vt nękać.

harassment ['hærəsmənt] n nękanie nt; **sexual harassment** napastowanie (seksualne).

harbour ['hɑːbə*] (US **harbor**) n port m ♦ vt (hope, fear) żywić; (criminal, fugitive) dawać (dać perf) schronienie +dat.

hard [hɑːd] adj (object, surface, drugs) twardy; (question, problem) trudny; (work, life) ciężki; (person) surowy; (evidence) niepodważalny, niezbity ♦ adv (work) ciężko; (think) intensywnie; (try) mocno; **to look hard at** poważnie przyglądać się (przyjrzeć się perf) +dat; **no hard feelings!** bez urazy!; **to be hard of hearing** mieć słaby słuch.

hardback ['hɑːdbæk] n książka f w twardej or sztywnej oprawie.

hard cash n gotówka f.

hard disk n dysk m twardy or stały.

harden ['hɑːdn] vt (wax, glue) utwardzać (utwardzić perf); (person) hartować (zahartować perf) ♦ vi (wax, glue) twardnieć (stwardnieć perf).

hard labour n ciężkie roboty pl.

hardly ['hɑːdlɪ] adv ledwie, ledwo; **hardly anywhere/ever** prawie nigdzie/nigdy.

hardship ['hɑːdʃɪp] n trudności pl.

hard up (inf) adj spłukany (inf).

hardware ['hɑːdwɛə*] n (ironmongery) towary pl żelazne; (COMPUT) hardware m; (MIL) ciężkie uzbrojenie nt.

hard-working [hɑːd'wəːkɪŋ] adj pracowity.

hardy ['hɑːdɪ] adj odporny.

hare [hɛə*] n zając m.

hare-brained ['hɛəbreɪnd] adj (person) postrzelony; (scheme, idea) niedorzeczny.

harm [hɑːm] n (physical) uszkodzenie nt ciała; (damage) szkoda f; (: to person) krzywda f ♦ vt (person) krzywdzić (skrzywdzić perf); (object) uszkadzać (uszkodzić perf).

harmful ['hɑːmful] adj szkodliwy.

harmless [hɑːmlɪs] adj (person, animal) nieszkodliwy; (joke, pleasure) niewinny.

harmonica [hɑː'mɔnɪkə] n harmonijka f (ustna), organki pl.

harmonious [hɑː'məunɪəs] adj harmonijny.

harmony ['hɑːmənɪ] n (accord) zgoda f; (MUS) harmonia f.

harness ['hɑːnɪs] n (for horse) uprząż f; (for child) szelki pl; (also: **safety harness**) pas m bezpieczeństwa (np. do pracy na wysokości) ♦ vt (resources, energy) wykorzystywać (wykorzystać perf); (horse, dog) zaprzęgać (zaprząc perf).

harp [hɑːp] n harfa f.

harpoon [hɑː'puːn] n harpun m.

harrowing ['hærəuɪŋ] adj wstrząsający.

harsh [hɑːʃ] adj (judge, criticism, winter) surowy; (sound, light, colour) ostry.

harvest ['hɑːvɪst] n (harvest time) żniwa pl; (crops) zbiory pl ♦ vt zbierać (zebrać perf).

has [hæz] vb see **have**.

hash [hæʃ] n **to make a hash of sth** zawalić (perf) coś (inf).

hashish ['hæʃɪʃ] n haszysz m.

hasn't ['hæznt] = **has not**.

hassle ['hæsl] (*inf*) *n* (*bother*) kłopot *m*, zawracanie *nt* głowy (*inf*).

haste [heɪst] *n* pośpiech *m*.

hasten ['heɪsn] *vt* przyśpieszać (przyśpieszyć *perf*) ♦ *vi*: **I hasten to add** od razu dodam, śpieszę dodać (*literary*).

hastily ['heɪstɪlɪ] *adv* (*hurriedly*) pośpiesznie; (*rashly*) pochopnie.

hasty ['heɪstɪ] *adj* pośpieszny; (*rash*) pochopny.

hat [hæt] *n* kapelusz *m*.

hatch [hætʃ] *n* (*NAUT*) luk *m*, właz *m*; (*also*: **service hatch**) okienko *nt* ♦ *vi* wylęgać się (wylęgnąć się *perf*), wykluwać się (wykluć się *perf*).

hatchet ['hætʃɪt] *n* topór *m*.

hate [heɪt] *vt* nienawidzić (znienawidzić *perf*) ♦ *n* nienawiść *f*; **I hate to trouble you, but ...** przepraszam, że cię niepokoję, ale ... .

hatred ['heɪtrɪd] *n* nienawiść *f*.

haughty ['hɔːtɪ] *adj* wyniosły.

haul [hɔːl] *vt* (*pull*) ciągnąć, wyciągać (wyciągnąć *perf*) ♦ *n* (*stolen goods etc*) łup *m*, zdobycz *f*; (*of fish*) połów *m*.

haulage ['hɔːlɪdʒ] *n* przewóz *m*.

haunch [hɔːntʃ] *n* (*ANAT*) pośladek *m* (*razem z biodrem i górną częścią uda*); (*of meat*) udziec *m*, comber *m*; **to sit on one's haunches** przykucać (przykucnąć *perf*).

haunt [hɔːnt] *vt* (*ghost, spirit*) straszyć, nawiedzać; (*fig: mystery, memory*) nie dawać spokoju +*dat*, prześladować; (*problem, fear*) nękać ♦ *n* (ulubione) miejsce *nt* spotkań.

haunted ['hɔːntɪd] *adj* (*expression, look*) udręczony, znękany; **haunted house** dom, w którym straszy.

┌─────── *KEYWORD* ───────┐

have [hæv] (*pt, pp* **had**) *aux vb* **1** (*usu*) **to have arrived** przybyć (*perf*); **she has been promoted** dostała awans; **has he told you?**

powiedział ci?; **having finished** *or* **when he had finished, he left** skończywszy *or* kiedy skończył, wyszedł. **2** (*in tag questions*) prawda; **you've done it, haven't you?** zrobiłeś to, prawda? **3** (*in short answers and questions*): **you've made a mistake – no I haven't/so I have** pomyliłeś się – nie/tak (, rzeczywiście); **we haven't paid – yes we have!** nie zapłaciliśmy – ależ tak!; **I've been there before – have you?** już kiedyś tam byłem – naprawdę? ♦ *modal aux vb*: **to have (got) to do sth** musieć coś (z)robić; **I haven't got** *or* **I don't have to wear glasses** nie muszę nosić okularów ♦ *vt* **1** (*possess*) mieć; **he has (got) blue eyes** ma niebieskie oczy; **do you have** *or* **have you got a car?** (czy) masz samochód? **2** (*eat*) jeść (zjeść *perf*); (*drink*) pić (wypić *perf*); **to have breakfast** jeść (zjeść *perf*) śniadanie. **3** (*receive, obtain etc*) mieć, dostawać (dostać *perf*); **you can have it for 5 pounds** możesz to dostać *or* mieć za pięć funtów. **4** (*allow*) pozwalać (pozwolić *perf*) na +*acc*; **I won't have it!** nie pozwolę na to! **5**: **to have sth done** dawać (dać *perf*) *or* oddawać (oddać *perf*) coś do zrobienia, kazać (kazać *perf*) (sobie) coś zrobić; **to have one's hair cut** obcinać (obciąć *perf*) włosy. **6** (*experience, suffer*) mieć; **to have a cold** być przeziębionym; **she had her bag stolen** ukradli jej torebkę. **7** (+*noun*): **to have a swim** popływać (*perf*); **to have a rest** odpocząć (*perf*); **to have a baby** urodzić (*perf*) dziecko; **let's have a look** spójrzmy, popatrzmy. **8** (*inf*): **you've been had** dałeś się nabrać (*inf*).

▶**have out** *vt*: **to have it out with sb** zagrać (*perf*) z kimś w otwarte karty.

haven ['heɪvn] *n* schronienie *nt*, przystań *f*.

haven't ['hævnt] = **have not**.

havoc ['hævək] *n* (*devastation*) spustoszenia *pl*; (*confusion*) zamęt *m*, zamieszanie *nt*.

Hawaii [hə'waɪi:] *n* Hawaje *pl*.

hawk [hɔ:k] *n* jastrząb *m*.

hay [heɪ] *n* siano *nt*.

hay fever *n* katar *m* sienny.

haystack ['heɪstæk] *n* stóg *m* siana.

hazard ['hæzəd] *n* zagrożenie *nt*, niebezpieczeństwo *nt* ♦ *vt* ryzykować (zaryzykować *perf*).

hazardous ['hæzədəs] *adj* (*dangerous*) niebezpieczny; (*risky*) ryzykowny.

haze [heɪz] *n* (*light mist*) mgiełka *f*; (*of smoke, fumes*) opary *pl*.

hazelnut ['heɪzlnʌt] *n* orzech *m* laskowy.

hazy ['heɪzɪ] *adj* (*sky, view*) zamglony; (*idea, memory*) mglisty.

he [hi:] *pron* on; **he who ...** ten, kto ... .

head [hɛd] *n* (*lit, fig*) głowa *f*; (*of table*) szczyt *m*; (*of company*) dyrektor *m*; (*of country, organization*) przywódca (-czyni) *m(f)*; (*of school*) dyrektor(ka) *m(f)* ♦ *vt* (*list, group*) znajdować się na czele +*gen*; (*company*) prowadzić, kierować +*instr*; (*ball*) odbijać (odbić *perf*) głową; **heads or tails?** orzeł czy reszka?; **head first** (*fall*) głową naprzód *or* do przodu; (*dive*) na główkę; **head over heels in love** zakochany po uszy.

►**head for** *vt fus* (*place*) zmierzać *or* kierować się do +*gen or* ku +*dat*; (*disaster*) zmierzać (prosto) do +*gen or* ku +*dat*.

headache ['hɛdeɪk] *n* ból *m* głowy; **I have a headache** boli mnie głowa.

heading ['hɛdɪŋ] *n* nagłówek *m*.

headlamp ['hɛdlæmp] (*BRIT*) *n* = **headlight**.

headland ['hɛdlənd] *n* cypel *m*, przylądek *m*.

headlight ['hɛdlaɪt] *n* reflektor *m*.

headline ['hɛdlaɪn] (*PRESS, TV*) *n* nagłówek *m*; (*RADIO, TV*) skrót *m* (najważniejszych) wiadomości.

headlong ['hɛdlɔŋ] *adv* (*fall*) głową naprzód; (*run*) na łeb, na szyję; (*rush*) na oślep, bez namysłu.

headmaster [hɛd'mɑːstə*] *n* dyrektor *m* (szkoły).

headmistress [hɛd'mɪstrɪs] *n* dyrektorka *f* (szkoły).

head office *n* centrala *f*, siedziba *f* główna.

head-on [hɛd'ɔn] *adj* (*collision*) czołowy; (*confrontation*) twarzą w twarz *post*.

headphones ['hɛdfəunz] *npl* słuchawki *pl*.

headquarters ['hɛdkwɔːtəz] *npl* (*of company, organization*) centrala *f*, siedziba *f* główna; (*MIL*) kwatera *f* główna, punkt *m* dowodzenia.

headstrong ['hɛdstrɔŋ] *adj* zawzięty, nieustępliwy.

headway ['hɛdweɪ] *n*: **to make headway** robić (zrobić *perf*) postępy, posuwać się (posunąć się *perf*) naprzód.

heady ['hɛdɪ] *adj* (*experience, time*) ekscytujący, podniecający; (*drink, atmosphere*) idący *or* uderzający do głowy.

heal [hi:l] *vt* leczyć (wyleczyć *perf*); (*esp miraculously*) uzdrawiać (uzdrowić *perf*) ♦ *vi* goić się (zagoić się *perf*).

health [hɛlθ] *n* zdrowie *nt*.

health food *n* zdrowa *f* żywność.

the (National) Health Service (*BRIT*) *n* służba *f* zdrowia.

healthy ['hɛlθɪ] *adj* zdrowy; (*fig: profit, majority*) znaczny, pokaźny.

heap [hi:p] *n* stos *m*, sterta *f* ♦ *vt*: **to**

heap (up) (*sand etc*) usypywać (usypać *perf*) stos z +*gen*; (*stones etc*) układać (ułożyć *perf*) w stos ♦ *vt*: **to heap sth on sth** układać (ułożyć *perf*) coś w stos na czymś; **we've got heaps of time/money** (*inf*) mamy kupę czasu/pieniędzy (*inf*).

hear [hɪə*] (*pt, pp* **heard**) *vt* (*sound, information*) słyszeć (usłyszeć *perf*); (*JUR: case*) rozpoznawać (rozpoznać *perf*); **have you heard about ...?** (czy) słyszałeś o +*loc*?; **to hear from sb** mieć wiadomości od kogoś; **I can't hear you** nie słyszę cię.

heard [hə:d] *pt, pp of* **hear**.

hearing ['hɪərɪŋ] *n* (*sense*) słuch *m*; (*JUR*) rozprawa *f*; **within sb's hearing** w zasięgu czyichś uszu.

hearing aid *n* aparat *m* słuchowy.

hearsay ['hɪəseɪ] *n* pogłoski *pl*.

hearse [hə:s] *n* karawan *m*.

heart [ha:t] *n* (*lit, fig*) serce *nt*; (*of lettuce etc*) środek *m*; **hearts** *npl* kiery *pl*; **to lose heart** tracić (stracić *perf*) ducha; **to take heart** nabierać (nabrać *perf*) otuchy; **at heart** w głębi serca; **by heart** na pamięć.

heart attack *n* atak *m* serca, zawał *m*.

heartbeat ['ha:tbi:t] *n* bicie *nt* serca; (*single*) uderzenie *nt* serca.

heartbreaking ['ha:tbreɪkɪŋ] *adj* rozdzierający serce.

heartbroken ['ha:tbrəukən] *adj*: **to be heartbroken** mieć złamane serce.

heartburn ['ha:tbə:n] *n* zgaga *f*.

heart failure *n* niewydolność *f* serca.

heartfelt ['ha:tfelt] *adj* (*płynący*) z głębi serca.

hearth [ha:θ] *n* palenisko *nt*.

heartless ['ha:tlɪs] *adj* bez serca *post*, nieczuły.

hearty ['ha:tɪ] *adj* serdeczny; (*appetite*) zdrowy.

heat [hi:t] *n* (*warmth*) gorąco *nt*, ciepło *nt*; (*temperature*) ciepło *nt*,

temperatura *f*; (*weather*) upał *m*; (*excitement*) gorączka *f*; (*also:* **qualifying heat**) wyścig *m* eliminacyjny ♦ *vt* (*food*) podgrzewać (podgrzać *perf*); (*water*) zagrzewać (zagrzać *perf*); (*room*) ogrzewać (ogrzać *perf*).

heated ['hi:tɪd] *adj* (*room*) ogrzewany; (*pool*) podgrzewany; (*argument*) gorący.

heater ['hi:tə*] *n* (*electric, gas etc*) grzejnik *m*; (*in car*) ogrzewanie *nt*.

heath [hi:θ] *n* wrzosowisko *nt*.

heathen ['hi:ðn] *n* poganin (-anka) *m(f)*.

heather ['heðə*] *n* wrzos *m*.

heating ['hi:tɪŋ] *n* ogrzewanie *nt*.

heat-stroke *n* udar *m* cieplny.

heatwave ['hi:tweɪv] *n* fala *f* upałów.

heaven ['hevn] *n* niebo *nt*, raj *m*.

heavenly ['hevnlɪ] *adj* (*REL*) niebiański, boski; (*body*) niebieski; (*fig*) boski.

heavily ['hevɪlɪ] *adv* ciężko; (*drink, smoke*) dużo; (*depend*) w dużym stopniu.

heavy ['hevɪ] *adj* ciężki; (*rain, snow*) obfity; (*responsibility*) wielki; (*drinker, smoker*) nałogowy; (*schedule*) obciążony, przeciążony; (*food*) ciężko strawny.

Hebrew ['hi:bru:] *adj* hebrajski ♦ *n* (język *m*) hebrajski.

Hebrides ['hebrɪdi:z] *npl*: **the Hebrides** Hebrydy *pl*.

hectic ['hektɪk] *adj* gorączkowy.

he'd [hi:d] = **he would**; **he had**.

hedge [hedʒ] *n* żywopłot *m* ♦ *vi* wykręcać się (wykręcić się *perf*).

hedgehog ['hedʒhɔg] *n* jeż *m*.

heed [hi:d] *vt* (*also:* **take heed of**) brać (wziąć *perf*) pod uwagę.

heedless ['hi:dlɪs] *adj*: **to be heedless of** nie zważać na +*acc*, nie dbać o +*acc*.

heel [hi:l] *n* (*of foot*) pięta *f*; (*of shoe*)

obcas *m* ♦ *vt* dorabiać (dorobić *perf*) obcas *or* obcasy do +*gen*.

hefty ['heftı] *adj* (*person*) masywny, zwalisty; (*parcel*) ciężki; (*profit*) ogromny.

height [haıt] *n* (*of person*) wzrost *m*; (*of building, plane*) wysokość *f*; (*of terrain*) wzniesienie *nt*; (*fig*) szczyt *m*; **what height are you?** ile masz wzrostu?, ile mierzysz?; **of average height** średniego wzrostu.

heighten ['haıtn] *vt* wzmagać (wzmóc *perf*), potęgować (spotęgować *perf*).

heir [ɛə*] *n* (*to throne*) następca *m*; (*to fortune*) spadkobierca *m*.

heiress ['ɛərɛs] *n* (*to throne*) następczyni *f*; (*to fortune*) spadkobierczyni *f*.

held [held] *pt, pp of* **hold**.

helicopter ['helıkɔptə*] *n* helikopter *m*.

helium ['hi:lıəm] *n* hel *m*.

hell [hel] *n* piekło *nt*; **hell!** (*infl*) do diabła! (*inf*).

he'll [hi:l] = **he will**; **he shall**.

hello [hə'ləu] *excl* (*as greeting*) cześć, witam; (*to attract attention*) halo; (*expressing surprise*) no no.

helm [helm] *n* koło *nt* sterowe, ster *m*.

helmet ['helmıt] *n* kask *m*; (*of soldier*) hełm *m*.

help [help] *n* pomoc *f*; (*charwoman*) pomoc *f* domowa ♦ *vt* pomagać (pomóc *perf*) +*dat*; **help!** pomocy!, ratunku!; **can I help you?** czym mogę służyć?; **help yourself** poczęstuj się; **he can't help it** nie może nic na to poradzić.

helper ['helpə*] *n* pomocnik (-ica) *m(f)*.

helpful ['helpful] *adj* pomocny, przydatny.

helping ['helpıŋ] *n* porcja *f*.

helpless ['helplıs] *adj* (*incapable*) bezradny; (*defenceless*) bezbronny.

hem [hem] *n* rąbek *m*, brzeg *m* ♦ *vt*

hemisphere ['hemısfıə*] *n* półkula *f*.

hemorrhage ['hemərıdʒ] (*US*) *n* = **haemorrhage**.

hemorrhoids ['hemərɔıdz] (*US*) *npl* = **haemorrhoids**.

hen [hen] *n* (*female chicken*) kura *f*; (*female bird*) samica *f* (*ptaka*).

hence [hens] *adv* stąd, w związku z tym; **2 years hence** za 2 lata.

henceforth [hens'fɔ:θ] *adv* odtąd.

hepatitis [hepə'taıtıs] *n* zapalenie *nt* wątroby.

her [hə:*] *adj* jej ♦ *pron* (*direct*) ją; (*indirect*) jej; **not her again!** tylko nie ona!; *see also* **my**, **me**.

herald ['herəld] *n* zwiastun *m* ♦ *vt* zwiastować.

herb [hə:b] *n* ziele *nt*, zioło *nt*.

herd [hə:d] *n* stado *nt*.

here [hıə*] *adv* tu(taj); **she left here yesterday** wyjechała stąd wczoraj; **"here!"** „obecny (-na)!" *m(f)*; **here is the news** oto wiadomości; **here you are** proszę bardzo *or* uprzejmie; **here she is!** otóż i ona!

hereby [hıə'baı] (*fml*) *adv* niniejszym.

hereditary [hı'redıtrı] *adj* dziedziczny.

heredity [hı'redıtı] *n* dziedziczność *f*.

heresy ['herəsı] *n* herezja *f*.

heretic ['herətık] *n* heretyk (-yczka) *m(f)*.

heritage ['herıtıdʒ] *n* dziedzictwo *nt*, spuścizna *f*.

hermit ['hə:mıt] *n* pustelnik (-ica) *m(f)*.

hernia ['hə:nıə] *n* przepuklina *f*.

hero ['hıərəu] (*pl* **heroes**) *n* bohater *m*; (*idol*) idol *m*.

heroic [hı'rəuık] *adj* bohaterski, heroiczny.

heroin ['herəuın] *n* heroina *f* (*narkotyk*).

heroine ['herəuın] *n* (*in book, film*) bohaterka *f*, heroina *f* (*literary*); (*of* *battle, struggle)* bohaterka *f;* (*idol)* idol *m.*

heroism ['hɛrəʊɪzəm] *n* bohaterstwo *nt,* heroizm *m.*

heron ['hɛrən] *n* czapla *f.*

herring ['hɛrɪŋ] *n* śledź *m.*

hers [hə:z] *pron* jej.

herself [hə:'sɛlf] *pron (reflexive)* się; (*after prep)* siebie *(gen, acc),* sobie *(dat, loc),* sobą *(instr);* (*after conj)* ona; (*emphatic)* sama; *see also* **oneself.**

he's [hi:z] = **he is; he has.**

hesitant ['hɛzɪtənt] *adj (smile)* niepewny; (*reaction)* niezdecydowany.

hesitate ['hɛzɪteɪt] *vi* wahać się (zawahać się *perf).*

hesitation [hɛzɪ'teɪʃən] *n* wahanie *nt.*

heterosexual ['hɛtərəʊ'sɛksjuəl] *adj* heteroseksualny.

heyday ['heɪdeɪ] *n:* **the heyday of** okres *m* rozkwitu +*gen.*

hi [haɪ] *excl (as greeting)* cześć, witam; (*to attract attention)* hej.

hibernate ['haɪbəneɪt] *vi (animal)* zapadać (zapaść *perf)* w sen zimowy.

hiccough ['hɪkʌp] *vi* mieć czkawkę, czkać (czknąć *perf)* ♦ *n (fig)* (drobna) przeszkoda *f.*

hiccoughs ['hɪkʌps] *npl* czkawka *f.*

hiccup ['hɪkʌp] *vi* = **hiccough.**

hiccups ['hɪkʌps] *npl* = **hiccoughs.**

hid [hɪd] *pt of* **hide.**

hidden ['hɪdn] *pp of* **hide.**

hide [haɪd] (*pt* **hid,** *pp* **hidden**) *n* skóra *f (zwierzęca)* ♦ *vt (object, person)* ukrywać (ukryć *perf),* chować (schować *perf);* (*feeling)* ukrywać (ukryć *perf),* skrywać; (*sun, view)* zasłaniać (zasłonić *perf)* ♦ *vi:* **to hide (from sb)** ukrywać się (ukryć się *perf) or* chować się (schować się *perf)* (przed kimś).

hide-and-seek ['haɪdən'si:k] *n* zabawa *f* w chowanego.

hideaway ['haɪdəweɪ] *n* kryjówka *f.*

hideous ['hɪdɪəs] *adj (painting, face)* ohydny, szkaradny.

hiding ['haɪdɪŋ] *n (beating)* lanie *nt;* (*seclusion):* **to be in hiding** pozostawać w ukryciu, ukrywać się.

hierarchy ['haɪərɑ:kɪ] *n (system)* hierarchia *f;* (*people)* władze *pl.*

high [haɪ] *adj* wysoki; (*speed)* duży; (*wind)* silny ♦ *adv* wysoko; **it is 20 m high** ma 20 metrów wysokości; **high in the air** wysoko w powietrzu.

high chair *n* wysokie krzesełko *nt (do sadzania dziecka podczas posiłków).*

higher education *n* wyższe wykształcenie *nt.*

high-heeled [haɪ'hi:ld] *adj* na wysokim obcasie *post.*

high jump *n* skok *m* wzwyż.

Highlands ['haɪləndz] *npl:* **the Highlands** pogórze *nt* w północnej Szkocji.

highlight ['haɪlaɪt] *n (fig)* główna atrakcja *f* ♦ *vt (problem, need)* zwracać (zwrócić *perf)* uwagę na +*acc;* (*piece of text)* zakreślać (zakreślić *perf);* **highlights** *npl (in hair)* pasemka *pl.*

highly ['haɪlɪ] *adv (placed, skilled)* wysoko; (*improbable, complex)* wysoce, wielce; (*paid)* bardzo dobrze; (*critical)* bardzo; (*confidential)* ściśle; **to speak highly of** wyrażać się (bardzo) pochlebnie o +*loc;* **to think highly of** mieć wysokie mniemanie o +*loc.*

highly strung *adj* nerwowy.

highness ['haɪnɪs] *n:* **Her/His Highness** Jego/Jej Wysokość.

high-pitched [haɪ'pɪtʃt] *adj (tone)* wysoki; (*voice)* cienki.

high-rise ['haɪraɪz] *adj (building)* wielopiętrowy; (*flats)* w wieżowcu *post.*

high school *n* ≈ szkoła *f* średnia.

high season (BRIT) *n:* **the high season** szczyt *m or* środek *m* sezonu.

high street (BRIT) *n* główna ulica *f.*

highway ['haɪweɪ] n (US) autostrada f; (public road) szosa f.

Highway Code (BRIT) n: **the Highway Code** kodeks m drogowy.

hijack ['haɪdʒæk] vt (plane etc) porywać (porwać perf).

hijacker ['haɪdʒækə*] n porywacz(ka) m(f).

hike [haɪk] vi wędrować (pieszo) ♦ n piesza wycieczka f.

hiker ['haɪkə*] n turysta (-tka) m(f) pieszy (-sza) m(f).

hilarious [hɪ'lɛərɪəs] adj komiczny.

hill [hɪl] n (small) pagórek m, wzniesienie nt; (fairly high) wzgórze nt.

hillside ['hɪlsaɪd] n stok m.

hilly ['hɪlɪ] adj pagórkowaty.

him [hɪm] pron (direct) (je)go; (indirect) (je)mu; (after prep) niego (gen), nim (instr, loc); (after conj) on; **not him!** (tylko) nie on!; see also **me**.

hind [haɪnd] adj tylny, zadni.

hinder ['hɪndə*] vt utrudniać.

hindrance ['hɪndrəns] n przeszkoda f.

hindsight ['haɪndsaɪt] n: **with hindsight** po fakcie.

Hindu ['hɪnduː] adj hinduski.

hinge [hɪndʒ] n zawias m ♦ vi: **to hinge on** (fig) zależeć (całkowicie) od +gen.

hint [hɪnt] n (indirect suggestion) aluzja f; (advice) wskazówka f; (sign, glimmer) cień m, ślad m ♦ vt: **to hint that ...** sugerować (zasugerować perf), że ... ♦ vi: **to hint at** dawać (dać perf) do zrozumienia +acc.

hip [hɪp] n biodro nt.

hippopotamus [hɪpə'pɔtəməs] (pl **hippopotamuses** or **hippopotami**) n hipopotam m.

hire ['haɪə*] vt (BRIT: car, equipment, hall) wynajmować (wynająć perf) (od kogoś); (worker) najmować (nająć perf) ♦ n (BRIT) wynajęcie nt; **for hire** (boat etc) do wynajęcia; (taxi) wolny.

hire purchase (BRIT) n sprzedaż f ratalna.

his [hɪz] pron jego ♦ adj jego.

hiss [hɪs] vi (snake, gas, fat) syczeć (zasyczeć perf); (person) syczeć (syknąć perf); (audience) syczeć.

historian [hɪ'stɔːrɪən] n historyk (-yczka) m(f).

historic(al) [hɪ'stɔrɪk(əl)] adj (person, novel) historyczny.

history ['hɪstərɪ] n historia f.

hit [hɪt] (pt, pp **hit**) vt (strike) uderzać (uderzyć perf); (reach) trafiać (trafić perf) w +acc; (collide with, affect) uderzać (uderzyć perf) w +acc ♦ n (knock, blow) uderzenie nt; (shot) trafienie nt; (play, film, song) hit m, przebój m; **to hit it off with sb** zaprzyjaźnić się (perf) kimś.

hitch [hɪtʃ] vt (fasten) przyczepiać (przyczepić perf); (also: **hitch up**: trousers, skirt) podciągać (podciągnąć perf) ♦ n komplikacja f; **to hitch a lift** łapać (złapać perf) okazję (inf).

hitch-hike ['hɪtʃhaɪk] vi (travel around) jeździć or podróżować autostopem; (to a place) jechać (pojechać perf) autostopem.

hitch-hiker ['hɪtʃhaɪkə*] n autostopowicz(ka) m(f).

hi-tech ['haɪ'tɛk] adj supernowoczesny.

hitherto [hɪðə'tuː] adv dotychczas.

HIV n abbr (= human immunodeficiency virus) (wirus m) HIV.

hive [haɪv] n ul m.

HMS (BRIT) abbr (= His (or Her) Majesty's Ship) skrót stanowiący część nazwy brytyjskich okrętów wojennych.

hoard [hɔːd] n zapasy pl, zasoby pl ♦ vt gromadzić (zgromadzić perf).

hoarfrost ['hɔːfrɔst] n szron m.

hoarse [hɔːs] adj zachrypły, ochrypły.

hoax [həuks] n (głupi) żart m or

kawał *m* (*zwykle w celu wywołania fałszywego alarmu*).

hob [hɔb] *n* płyta *f* grzejna (*kuchenki*).

hobby ['hɔbɪ] *n* hobby *nt inv*.

hobby-horse ['hɔbɪhɔːs] *n* (*fig*) konik *m*.

hockey ['hɔkɪ] *n* hokej *m*.

hoe [həu] *n* motyka *f*.

hog [hɔg] *n* wieprz *m* ♦ *vt* (*fig: telephone, bathroom*) okupować.

hoist [hɔɪst] *n* dźwig *m*, wyciąg *m* ♦ *vt* (*heavy object*) podnosić (podnieść *perf*); (*flag, sail*) wciągać (wciągnąć *perf*) (na maszt).

hold [həuld] (*pt, pp* **held**) *vt* (*in hand*) trzymać; (*contain*) mieścić (pomieścić *perf*); (*qualifications*) posiadać; (*power, permit, opinion*) mieć; (*meeting, conversation*) odbywać (odbyć *perf*); (*prisoner, hostage*) przetrzymywać (przetrzymać *perf*) ♦ *vi* (*glue etc*) trzymać (mocno); (*argument etc*) zachowywać (zachować *perf*) ważność, pozostawać w mocy ♦ *n* (*grasp*) chwyt *m*; (*of ship, plane*) ładownia *f*; **to hold sb responsible/liable** obarczać (obarczyć *perf*) kogoś odpowiedzialnością; **to have a hold over sb** trzymać kogoś w garści; **to get hold of** (*fig: object, information*) zdobywać (zdobyć *perf*) +*acc*; (*person*) łapać (złapać *perf*) +*acc* (*inf*); **hold the line!** proszę nie odkładać słuchawki!; **to hold one's own** (*fig*) nie poddawać się; **to catch** *or* **get (a) hold of** chwycić się (*perf*) +*gen*, złapać (*perf*) za +*acc* (*inf*); **hold it!** zaczekaj!

▶**hold back** *vt* (*person, thing*) powstrzymywać (powstrzymać *perf*); (*information*) zatajać (zataić *perf*).

▶**hold down** *vt* (*person*) przytrzymywać (przytrzymać *perf*); (*job*) utrzymywać (utrzymać *perf*).

▶**hold off** *vt* (*enemy*)

powstrzymywać (powstrzymać *perf*); (*decision*) wstrzymywać się (wstrzymać się *perf*) z +*instr*.

▶**hold on** *vi* (*hang on*) przytrzymywać się (przytrzymać się *perf*); (*wait*) czekać (poczekać *perf or* zaczekać *perf*).

▶**hold on to** *vt fus* (*for support*) przytrzymywać się (przytrzymać się *perf*) +*gen*; (*keep: for o.s.*) nie oddawać (nie oddać *perf*) +*gen*; (: *for sb*) przechowywać (przechować *perf*) +*acc*.

▶**hold out** *vt* (*hand*) wyciągać (wyciągnąć *perf*); (*hope*) dawać (dać *perf*).

▶**hold up** *vt* (*raise*) unosić (unieść *perf*); (*support*) podtrzymywać (podtrzymać *perf*), podpierać (podeprzeć *perf*); (*delay*) zatrzymywać (zatrzymać *perf*); (*bank etc*) napadać (napaść *perf*) na +*acc* (*przy użyciu broni palnej*).

holder ['həuldə*] *n* (*of lamp etc*) uchwyt *m*; (*person*) posiadacz *m*.

holding ['həuldɪŋ] *n* (*share*) udziały *pl*; (*small farm*) gospodarstwo *nt* rolne.

hold-up ['həuldʌp] *n* (*robbery*) napad *m* rabunkowy; (*delay*) komplikacje *pl*; (*BRIT: in traffic*) zator *m* (drogowy), korek *m* (uliczny).

hole [həul] *n* (*lit, fig*) dziura *f* ♦ *vt* (*make holes*) dziurawić (podziurawić *perf*); (*make a hole*) dziurawić (przedziurawić *perf*).

holiday ['hɔlɪdeɪ] *n* (*BRIT: vacation*) wakacje *pl*; (*leave*) urlop *m*; (*public holiday*) święto *nt*; **to be/go on holiday** być na wakacjach/wyjeżdżać (wyjechać *perf*) na wakacje.

holidaymaker ['hɔlɪdeɪmeɪkə*] (*BRIT*) *n* wczasowicz(ka) *m(f)*.

Holland ['hɔlənd] *n* Holandia *f*.

hollow ['hɔləu] *adj* (*container, log, tree*) pusty, wydrążony; (*cheeks,* *eyes*) zapadnięty; (*claim, promise, laugh*) pusty; (*sound*) głuchy ♦ *n* wgłębienie *nt*, zagłębienie *nt* ♦ *vt*: **to hollow out** wydrążać (wydrążyć *perf*).

holly ['hɔlɪ] *n* (*BOT*) ostrokrzew *m*.

holocaust ['hɔləkɔːst] *n* zagłada *f*.

holy ['həulɪ] *adj* (*picture, place*) święty; (*water*) święcony; (*person*) świątobliwy.

homage ['hɔmɪdʒ] *n* hołd *m*, cześć *f*; **to pay homage to** składać (złożyć *perf*) hołd *or* oddawać (oddać *perf*) cześć +*dat*.

home [həum] *n* dom *m* ♦ *cpd* (*employment*) chałupniczy; (*ECON, POL*) wewnętrzny, krajowy; (*SPORT: team*) miejscowy; (: *game, win*) na własnym boisku *post*, u siebie *post* ♦ *adv* (*be*) w domu; (*go, travel*) do domu; (*press, push*) do środka, na swoje miejsce; **at home** (*in house*) w domu; (*in country*) w kraju; (*comfortable*) swojsko, jak u siebie; **make yourself at home** czuj się jak u siebie (w domu).

homecoming ['həumkʌmɪŋ] *n* powrót *m* do domu; (*SCOL, UNIV*) zjazd *m* absolwentów.

homeland ['həumlænd] *n* ziemia *f* ojczysta *or* rodzinna.

homeless ['həumlɪs] *adj* bezdomny.

homely ['həumlɪ] *adj* prosty, skromny.

home-made [həum'meɪd] *adj* (*bread*) domowej roboty *post*; (*bomb*) wykonany domowym sposobem.

homemaker ['həum'meɪkə*] (*US*) *n* gospodyni *f* domowa.

Home Office (*BRIT*) *n*: **the Home Office** ≈ Ministerstwo *nt* Spraw Wewnętrznych.

homeopathy [həumɪ'ɔpəθɪ] (*US*) *n* = **homoeopathy**.

home page (*COMPUT*) *n* strona *f* tytułowa.

Home Secretary (*BRIT*) *n*: **the Home Secretary** ≈ Minister *m* Spraw Wewnętrznych.

homesick ['həumsɪk] *adj*: **to be** *or* **feel homesick** tęsknić za domem.

home town *n* miasto *nt* rodzinne.

homework ['həumwəːk] *n* zadanie *nt* domowe, praca *f* domowa; **he never did any homework** nigdy nie odrabiał zadań domowych.

homicide ['hɔmɪsaɪd] (*US*) *n* zabójstwo *nt*.

homoeopathy [həumɪ'ɔpəθɪ] (*US* **homeopathy**) *n* homeopatia *f*.

homogeneous [hɔməu'dʒiːnɪəs] *adj* jednorodny, homogeniczny.

homophobia [həumə'fəubɪə] *n* homofobia *f*.

homosexual [hɔməu'sɛksjuəl] *adj* homoseksualny ♦ *n* homoseksualista (-tka) *m(f)*.

honest ['ɔnɪst] *adj* (*truthful, trustworthy*) uczciwy; (*sincere*) szczery.

honestly ['ɔnɪstlɪ] *adv* (*truthfully*) uczciwie; (*sincerely*) szczerze.

honesty ['ɔnɪstɪ] *n* (*truthfulness*) uczciwość *f*; (*sincerity*) szczerość *f*.

honey ['hʌnɪ] *n* miód *m*.

honeycomb ['hʌnɪkəum] *n* plaster *m* miodu.

honeymoon ['hʌnɪmuːn] *n* (*trip*) podróż *f* poślubna; (*period*) miodowy miesiąc *m*.

honeysuckle ['hʌnɪsʌkl] *n* kapryfolium *nt*, przewiercień *m*.

honor ['ɔnə*] (*US*) *vt, n* = **honour**.

honorary ['ɔnərərɪ] *adj* (*job, title*) honorowy.

honour ['ɔnə*] (*US* **honor**) *vt* (*person*) uhonorować (*perf*); (*commitment, agreement*) honorować; (*promise*) dotrzymywać (dotrzymać *perf*) +*gen* ♦ *n* (*pride, self-respect*) honor *m*; (*tribute*) zaszczyt *m*.

hono(u)rable ['ɔnərəbl] *adj* (*person, action*) honorowy.

hood [hud] *n* (*of coat*) kaptur *m*; (*of cooker*) pokrywa *f*; (*AUT: BRIT*) składany dach *m*; (: *US*) maska *f*.

hoof [hu:f] (*pl* **hooves**) *n* kopyto *nt*.

hook [huk] *n* (*for coats, curtains*) hak *m*; (*for fishing*) haczyk *m*; (*on dress*) haftka *f* (*jej haczykowata część*) ♦ *vt* (*fasten*) przyczepiać (przyczepić *perf*); (*fish*) łapać (złapać *perf*) (na haczyk).

hooligan ['hu:lɪgən] *n* chuligan *m*.

hoop [hu:p] *n* obręcz *f*.

hooray [hu:'reɪ] *excl* = **hurrah**.

hoot [hu:t] *vi* (*AUT*) trąbić (zatrąbić *perf*); (*siren*) wyć (zawyć *perf*); (*owl*) hukać (zahukać *perf*).

hoover ['hu:və*] ® (*BRIT*) *n* odkurzacz *m* ♦ *vt* odkurzać (odkurzyć *perf*).

hooves [hu:vz] *npl of* **hoof**.

hop [hɔp] *vi* (*person*) podskakiwać *or* skakać na jednej nodze; (*bird*) skakać, podskakiwać.

hope [həup] *n* nadzieja *f* ♦ *vi* mieć nadzieję ♦ *vt*: **to hope that ...** mieć nadzieję, że ...; **to hope to do sth** mieć nadzieję, że się coś zrobi; **I hope so/not** mam nadzieję, że tak/nie.

hopeful ['həupful] *adj* (*person*) pełen nadziei; (*situation*) napawający nadzieją, rokujący nadzieje.

hopefully ['həupfulɪ] *adv* (*expectantly*) z nadzieją; (*one hopes*) o ile szczęście dopisze.

hopeless ['həuplɪs] *adj* (*desperate: situation*) beznadziejny; (: *person*) zrozpaczony; (: *grief*) rozpaczliwy; (*useless*) beznadziejny.

hops [hɔps] *npl* chmiel *m*.

horizon [hə'raɪzn] *n* horyzont *m*.

horizontal [hɔrɪ'zɔntl] *adj* poziomy.

hormone ['hɔ:məun] *n* hormon *m*.

horn [hɔ:n] *n* róg *m*; (*also*: **French horn**) waltornia *f*, róg *m*; (*AUT*) klakson *m*.

horny ['hɔ:nɪ] (*inf*) *adj* napalony (*inf*).

horoscope ['hɔrəskəup] *n* horoskop *m*.

horrendous [hə'rendəs] *adj* (*crime, error*) straszliwy; (*price, cost*) horrendalny.

horrible ['hɔrɪbl] *adj* (*colour, food, mess*) okropny; (*scream, dream*) straszny.

horrid ['hɔrɪd] *adj* obrzydliwy, wstrętny.

horrify ['hɔrɪfaɪ] *vt* przerażać (przerazić *perf*).

horror ['hɔrə*] *n* (*alarm*) przerażenie *nt*; (*of battle, warfare*) groza *f*; (*abhorrence*): **horror of** wstręt *m* do +*gen*.

horror film *n* film *m* grozy, horror *m*.

hors d'oeuvre [ɔ:'də:vrə] *n* przystawka *f*.

horse [hɔ:s] *n* koń *m*.

horseback ['hɔ:sbæk] *adv* konno, wierzchem (*old*); **on horseback** na koniu.

horsepower ['hɔ:spauə*] *n* ≈ koń *m* mechaniczny.

horse-racing ['hɔ:sreɪsɪŋ] *n* wyścigi *pl* konne.

horseradish ['hɔ:srædɪʃ] *n* chrzan *m*.

horseshoe ['hɔ:sʃu:] *n* podkowa *f*.

horticulture ['hɔ:tɪkʌltʃə*] *n* ogrodnictwo *nt*.

hose [həuz] *n* (*also*: **hosepipe**) wąż *m*; (*TECH*) wężyk *m*; (*also*: **garden hose**) wąż *m* (ogrodowy).

hospice ['hɔspɪs] *n* hospicjum *nt*.

hospitable ['hɔspɪtəbl] *adj* (*person*) gościnny; (*invitation, welcome*) serdeczny.

hospital ['hɔspɪtl] *n* szpital *m*.

hospitality [hɔspɪ'tælɪtɪ] *n* (*of person*) gościnność *f*; (*of welcome*) serdeczność *f*.

host [həust] *n* (*at party, dinner*) gospodarz *m*; (*TV, RADIO*)

gospodarz *m* (programu); (*REL*)
hostia *f*; **a host of** mnóstwo +*gen*.
hostage ['hɔstɪdʒ] *n* zakładnik
(-iczka) *m(f)*.
hostel ['hɔstl] *n* (*for homeless*)
schronisko *nt*; (*also*: **youth hostel**)
schronisko *nt* (młodzieżowe).
hostess ['həustɪs] *n* (*at party, dinner*)
gospodyni *f*; (*BRIT*: *also*: **air
hostess**) stewardessa *f*; (*TV,
RADIO*) gospodyni *f* (programu).
hostile ['hɔstaɪl] *adj* (*person*)
nieprzyjazny, wrogo nastawiony *or*
usposobiony; (*attitude*) wrogi;
(*conditions, environment*)
niesprzyjający.
hostility [hɔ'stɪlɪtɪ] *n* wrogość *f*;
hostilities *npl* działania *pl* wojenne.
hot [hɔt] *adj* gorący; (*spicy*) ostry,
pikantny; (*contest, argument*)
zawzięty; (*temper*) porywczy; **I am
hot** jest mi gorąco; **it was terribly
hot yesterday** wczoraj było
okropnie gorąco.
hotbed ['hɔtbed] *n* (*fig*: *of evil*)
siedlisko *nt*; (*of criminals*)
wylęgarnia *f*.
hot dog *n* hot-dog *m*.
hotel [həu'tɛl] *n* hotel *m*.
hot-headed [hɔt'hedɪd] *adj* w
gorącej wodzie kąpany.
hothouse ['hɔthaus] *n* cieplarnia *f*.
hotly ['hɔtlɪ] *adv* (*contest*) ostro,
zawzięcie; (*speak, deny*) stanowczo,
kategorycznie.
hot-water bottle [hɔt'wɔːtə-] *n*
termofor *m*.
hound [haund] *vt* napastować ♦ *n*
pies *m* gończy, ogar *m*.
hour ['auə*] *n* godzina *f*.
hourly ['auəlɪ] *adj* (*service*)
cogodzinny; (*rate*) godzinny.
house [haus] *n* dom *m*; (*POL*) izba *f*;
(*THEAT*) sala *f*, widownia *f*; (*of
Windsor etc*) dynastia *f* ♦ *vt* (*person*)
przydzielać (przydzielić *perf*)
mieszkanie +*dat*; (*collection, library*)

mieścić; **the House of
Representatives** (*US*) Izba
Reprezentantów; **on the house** (*fig*)
na koszt firmy.
housebreaking ['hausbreɪkɪŋ] *n*
włamanie *nt*.
housecoat ['hauskəut] *n* podomka *f*.
household ['haushəuld] *n* (*people*)
rodzina *f*; (*home*) gospodarstwo *nt*
(domowe).
housekeeper ['hauskiːpə*] *n*
gosposia *f*.
housekeeping ['hauskiːpɪŋ] *n*
(*work*) prowadzenie *nt* gospodarstwa
(domowego); (*money*) pieniądze *pl*
na życie.
house-warming (party)
['hauswɔːmɪŋ-] *n* oblewanie *nt*
nowego mieszkania/domu,
parapetówa *f* (*inf*).
housewife ['hauswaɪf] (*irreg like*:
wife) *n* gospodyni *f* domowa.
housework ['hauswəːk] *n* prace *pl*
domowe.
housing ['hauzɪŋ] *n* (*buildings*)
zakwaterowanie *nt*; (*conditions*)
warunki *pl* mieszkaniowe;
(*provision*) gospodarka *f*
mieszkaniowa.
housing development (*BRIT*) *n* =
housing estate.
housing estate *n* osiedle *nt*
(mieszkaniowe).
hovel ['hɔvl] *n* (nędzna) chałupa *f*;
(*fig*) nora *f*.
hover ['hɔvə*] *vi* (*bird, insect*) wisieć
or unosić się w powietrzu.
hovercraft ['hɔvəkrɑːft] *n*
poduszkowiec *m*.
how [hau] *adv* jak; **how are you?** jak
się masz?; **how is school?** jak tam
szkoła *or* w szkole?; **how long have
you been here?** jak długo (już) tu
jesteś?; **how lovely/awful!** jak
cudownie/okropnie!; **how many
people?** ilu ludzi?; **how much
milk?** ile mleka?

however [hau'evə*] *conj* jednak(że).

howl [haul] *vi* (*animal, person*) wyć; (*baby*) głośno płakać; (*wind*) wyć, zawodzić.

HP (*BRIT*) *n abbr* = **hire purchase**.

h.p. (*AUT*) *abbr* = **horsepower** KM.

HQ *abbr* = **headquarters** KG.

HTML (*COMPUT*) *n abbr* (= **Hyper-Text Mark-up Language**) HTML *nt*, język *m* znaczników hipertekstowych.

hub [hʌb] *n* (*of wheel*) piasta *f*; (*fig*) centrum *nt*.

hue [hju:] *n* (*colour*) barwa *f*; (*shade*) odcień *m*.

hug [hʌg] *vt* (*person*) ściskać (uściskać *perf*), przytulać (przytulić *perf*) (do siebie); (*thing*) obejmować (objąć *perf*) (rękoma), przyciskać (przycisnąć *perf*) (do siebie).

huge [hju:dʒ] *adj* ogromny.

hull [hʌl] *n* (*of ship*) kadłub *m*.

hullo [hə'ləu] *excl* = **hello**.

hum [hʌm] *vt* nucić (zanucić *perf*) ♦ *vi* (*person*) nucić (sobie); (*machine*) (głośno) buczeć; (*insect*) bzykać, bzyczeć.

human ['hju:mən] *adj* ludzki ♦ *n* (*also*: **human being**) człowiek *m*, istota *f* ludzka; **the human race** rodzaj ludzki.

humane [hju:'meɪn] *adj* (*treatment*) humanitarny, ludzki; (*slaughter*) humanitarny.

humanitarian [hju:mænɪ'tɛərɪən] *adj* humanitarny.

humanity [hju:'mænɪtɪ] *n* (*mankind*) ludzkość *f*; (*condition*) człowieczeństwo *nt*; (*humaneness, kindness*) człowieczeństwo *nt*, humanitaryzm *m*.

humble ['hʌmbl] *adj* (*modest*) skromny; (*deferential*) pokorny; (*background, birth*) niski ♦ *vt* upokarzać (upokorzyć *perf*).

humid ['hju:mɪd] *adj* wilgotny.

humidity [hju:'mɪdɪtɪ] *n* wilgotność *f*.

humiliate [hju:'mɪlɪeɪt] *vt* poniżać (poniżyć *perf*), upokarzać (upokorzyć *perf*).

humiliation [hju:mɪlɪ'eɪʃən] *n* poniżenie *nt*, upokorzenie *nt*.

humility [hju:'mɪlɪtɪ] *n* (*modesty*) skromność *f*; (*deference*) pokora *f*.

humor ['hju:mə*] (*US*) *n* = **humour**.

humorous ['hju:mərəs] *adj* (*book*) humorystyczny; (*person, remark*) dowcipny.

humour ['hju:mə*] (*US* **humor**) *n* humor *m* ♦ *vt* spełniać (spełnić *perf*) zachcianki +*gen*.

hump [hʌmp] *n* garb *m*.

hunch [hʌntʃ] *n* przeczucie *nt*.

hunchback ['hʌntʃbæk] *n* garbus *m*.

hunched [hʌntʃt] *adj* zgarbiony.

hundred ['hʌndrəd] *num* sto.

hung [hʌŋ] *pt, pp of* **hang**.

Hungarian [hʌŋ'gɛərɪən] *adj* węgierski ♦ *n* (*person*) Węgier(ka) *m(f)*; (*LING*) (język *m*) węgierski.

Hungary ['hʌŋgərɪ] *n* Węgry *pl*.

hunger ['hʌŋgə*] *n* głód *m* ♦ *vi*: **to hunger for** łaknąć *or* być złaknionym +*gen*.

hungry ['hʌŋgrɪ] *adj* głodny; **hungry for** złakniony +*gen*.

hunk [hʌŋk] *n* (*of bread etc*) kawał *m*.

hunt [hʌnt] *vt* (*animals*) polować na +*acc*; (*criminal*) ścigać, tropić ♦ *vi* polować ♦ *n* (*for animals*) polowanie *nt*; (*search*) poszukiwanie *nt*; (*SPORT*) *klub myśliwych polujących na lisa*; **to hunt for** (*right word etc*) szukać +*gen*.

hunter ['hʌntə*] *n* myśliwy *m*.

hunting ['hʌntɪŋ] *n* myślistwo *nt*; (*SPORT*) polowanie *nt* na lisa.

hurdle ['hə:dl] *n* przeszkoda *f*; (*SPORT*) płotek *m*.

hurl [hə:l] *vt* ciskać (cisnąć *perf*).

hurrah [hu'rɑ:] *excl* hur(r)a.

hurray [hu'reɪ] *n* = **hurrah**.

hurricane ['hʌrɪkən] *n* huragan *m*.

hurried ['hʌrɪd] *adj* pośpieszny.

hurriedly ['hʌrɪdlɪ] adv pośpiesznie, w pośpiechu.

hurry ['hʌrɪ] n pośpiech m ♦ vi śpieszyć się (pośpieszyć się perf) ♦ vt (person) popędzać (popędzić perf); (work) wykonywać (wykonać perf) w pośpiechu; **to be in a hurry** śpieszyć się.

►**hurry up** vt popędzać (popędzić perf) ♦ vi śpieszyć się (pośpieszyć się perf).

hurt [hɜːt] (pt, pp **hurt**) vt (cause pain to) sprawiać (sprawić perf) ból +dat; (injure: lit, fig) ranić (zranić perf) ♦ vi boleć (zaboleć perf) ♦ adj ranny.

hurtful ['hɜːtful] adj bolesny.

husband ['hʌzbənd] n mąż m.

hush [hʌʃ] n cisza f ♦ vi uciszać się (uciszyć się perf); **hush!** sza!

►**hush up** vt (scandal etc) tuszować (zatuszować perf).

husk [hʌsk] n łuska f.

husky ['hʌskɪ] adj (voice) chrypiący, chrapliwy ♦ n (dog) husky m.

hustle ['hʌsl] vt wypychać (wypchnąć perf) ♦ n: **hustle and bustle** zgiełk m.

hut [hʌt] n (house) chata f; (shed) szopa f.

hutch [hʌtʃ] n klatka f.

hyacinth ['haɪəsɪnθ] n hiacynt m.

hybrid ['haɪbrɪd] n (plant, animal) mieszaniec m, hybryd m; (fig) skrzyżowanie nt.

hydraulic [haɪ'drɔːlɪk] adj hydrauliczny.

hydrogen ['haɪdrədʒən] n wodór m.

hyena [haɪ'iːnə] n hiena f.

hygiene ['haɪdʒiːn] n higiena f.

hygienic [haɪ'dʒiːnɪk] adj higieniczny.

hymn [hɪm] n hymn m.

hype [haɪp] (inf) n szum m ♦ vt robić szum (narobić perf szumu) wokół +gen.

hyped up (inf) adj nakręcony (inf: podekscytowany).

hyphen ['haɪfn] n łącznik m.

hypnosis [hɪp'nəusɪs] n hipnoza f.

hypnotic [hɪp'nɔtɪk] adj hipnotyczny.

hypnotize ['hɪpnətaɪz] vt hipnotyzować (zahipnotyzować perf); (fig) fascynować (zafascynować perf).

hypochondriac [haɪpə'kɔndrɪæk] n hipochondryk (-yczka) m(f).

hypocrisy [hɪ'pɔkrɪsɪ] n hipokryzja f, obłuda f.

hypothesis [haɪ'pɔθɪsɪs] (pl **hypotheses**) n hipoteza f.

hypothetical [haɪpəu'θɛtɪk(l)] adj hipotetyczny.

hysteria [hɪ'stɪərɪə] n histeria f.

hysterical [hɪ'stɛrɪkl] adj histeryczny; (inf: hilarious) komiczny.

I

I [aɪ] pron ja.

ice [aɪs] n lód m ♦ vt (cake) lukrować (polukrować perf) ♦ vi (also: **ice over, ice up**) pokrywać się (pokryć się perf) lodem.

iceberg ['aɪsbəːg] n góra f lodowa.

icebox ['aɪsbɔks] n (US) lodówka f; (BRIT) zamrażalnik m; (insulated box) lodówka f turystyczna.

ice cream n lody pl.

ice cube n kostka f lodu.

iced [aɪst] adj (cake) lukrowany; (beer) schłodzony; (tea) mrożony.

ice hockey n hokej m (na lodzie).

Iceland ['aɪslənd] n Islandia f.

ice rink n lodowisko f.

ice-skating ['aɪsskeɪtɪŋ] n łyżwiarstwo nt.

icicle ['aɪsɪkl] n sopel m.

icing ['aɪsɪŋ] n (CULIN) lukier m.

icing sugar (BRIT) n ≈ cukier m puder m.

icon ['aɪkɔn] *n* ikona *f*.

icy ['aɪsɪ] *adj* (*water*) lodowaty; (*road*) oblodzony.

I'd [aɪd] = **I would**; **I had**.

idea [aɪ'dɪə] *n* (*scheme*) pomysł *m*; (*opinion*) pogląd *m*; (*notion*) pojęcie *nt*; (*objective*) założenie *nt*, idea *f*.

ideal [aɪ'dɪəl] *n* ideał *m* ♦ *adj* idealny.

idealist [aɪ'dɪəlɪst] *n* idealista (-tka) *m(f)*.

identical [aɪ'dɛntɪkl] *adj* identyczny.

identification [aɪdɛntɪfɪ'keɪʃən] *n* rozpoznanie *nt*; (*of person, dead body*) identyfikacja *f*; **(means of) identification** dowód tożsamości.

identify [aɪ'dɛntɪfaɪ] *vt* rozpoznawać (rozpoznać *perf*); (*suspect, dead body*) identyfikować (zidentyfikować *perf*); **this will identify him** po tym będzie można go rozpoznać; **to identify sb/sth with** utożsamiać (utożsamić *perf*) kogoś/coś z +*instr*.

Identikit [aɪ'dɛntɪkɪt] ® *n*: **Identikit (picture)** portret *m* pamięciowy.

identity [aɪ'dɛntɪtɪ] *n* tożsamość *f*.

identity card *n* ≈ dowód *m* osobisty.

ideology [aɪdɪ'ɔlədʒɪ] *n* ideologia *f*.

idiom ['ɪdɪəm] *n* (*in architecture, music*) styl *m*; (*LING*) idiom *m*.

idiomatic [ɪdɪə'mætɪk] *adj* idiomatyczny.

idiosyncrasy [ɪdɪəu'sɪŋkrəsɪ] *n* dziwactwo *nt*.

idiot ['ɪdɪət] *n* idiota (-tka) *m(f)*.

idiotic [ɪdɪ'ɔtɪk] *adj* idiotyczny.

idle ['aɪdl] *adj* (*inactive*) bezczynny; (*lazy*) leniwy; (*unemployed*) bezrobotny; (*machinery, factory*) nieczynny; (*conversation*) jałowy; (*threat, boast*) pusty ♦ *vi* (*machine, engine*) pracować na wolnych obrotach.

idol ['aɪdl] *n* idol *m*.

idyllic [ɪ'dɪlɪk] *adj* idylliczny, sielankowy.

i.e. *abbr* (= *id est*) tj.

┌─── *KEYWORD* ───┐

if [ɪf] *conj* **1** (*conditional use*) jeżeli, jeśli; (: *with unreal or unlikely conditions, in polite requests*) gdyby; **I'll go if you come with me** pójdę, jeśli *or* jeżeli pójdziesz ze mną; **if we had known** gdybyśmy wiedzieli; **if only I could** gdybym tylko mógł; **if necessary** jeśli to konieczne, jeśli trzeba; **if I were you ...** (ja) na twoim miejscu ... . **2** (*whenever*) gdy tylko, zawsze gdy *or* kiedy; **if we are in Scotland, we always go to see her** gdy tylko jesteśmy w Szkocji, zawsze ją odwiedzamy. **3** (*although*): **(even) if** choćby (nawet). **4** (*whether*) czy; **ask him if he can come** zapytaj go, czy może przyjść. **5**: **if so/not** jeśli tak/nie; **if only to** choćby po to, (że)by +*infin*; *see also* **as**.

└────────────────┘

ignite [ɪg'naɪt] *vt* zapalać (zapalić *perf*) ♦ *vi* zapalać się (zapalić się *perf*).

ignition [ɪg'nɪʃən] *n* (*AUT*) zapłon *m*.

ignorance ['ɪgnərəns] *n* niewiedza *f*, ignorancja *f*.

ignorant ['ɪgnərənt] *adj* niedouczony; **to be ignorant of** (*subject*) nie znać +*gen*; (*events*) nie wiedzieć o +*loc*.

ignore [ɪg'nɔ:*] *vt* (*pay no attention to*) ignorować (zignorować *perf*); (*fail to take into account*) nie brać (nie wziąć *perf*) pod uwagę +*gen*.

I'll [aɪl] = **I will**; **I shall**.

ill [ɪl] *adj* (*person*) chory; (*effects*) szkodliwy ♦ *n* (*evil*) zło *nt*; (*trouble*) dolegliwość *f* ♦ *adv*: **to speak/think ill of sb** źle o kimś mówić/myśleć; **to be taken ill** (nagle) zachorować (*perf*).

ill-at-ease [ɪlət'i:z] *adj* skrępowany.

illegal [ɪ'li:gl] *adj* (*activity*) sprzeczny

z prawem, nielegalny; (*immigrant, organization*) nielegalny.

illegible [ɪˈlɛdʒɪbl] *adj* nieczytelny.

illegitimate [ɪlɪˈdʒɪtɪmət] *adj* (*child*) nieślubny.

ill feeling *n* uraza *f*.

illicit [ɪˈlɪsɪt] *adj* (*sale*) nielegalny; (*substance*) zakazany, niedozwolony.

illiterate [ɪˈlɪtərət] *adj* niepiśmienny; **he's illiterate** jest analfabetą.

ill-mannered [ɪlˈmænəd] *adj* źle wychowany.

illness [ˈɪlnɪs] *n* choroba *f*.

illogical [ɪˈlɔdʒɪkl] *adj* (*argument*) nielogiczny; (*fear*) niedorzeczny.

illuminate [ɪˈluːmɪneɪt] *vt* oświetlać (oświetlić *perf*).

illuminating [ɪˈluːmɪneɪtɪŋ] *adj* pouczający.

illumination [ɪluːmɪˈneɪʃən] *n* (*lighting*) oświetlenie *nt*; (*illustration*) iluminacja *f*; **illuminations** *npl* dekoracje *pl* świetlne.

illusion [ɪˈluːʒən] *n* (*false idea, belief*) złudzenie *nt*, iluzja *f*; (*trick*) sztuczka *f* magiczna.

illusory [ɪˈluːsərɪ] *adj* złudny, iluzoryczny.

illustrate [ˈɪləstreɪt] *vt* ilustrować (zilustrować *perf*).

illustration [ɪləˈstreɪʃən] *n* (*picture, example*) ilustracja *f*; (*act of illustrating*) ilustrowanie *nt*.

illustrious [ɪˈlʌstrɪəs] *adj* znakomity.

ill will *n* wrogość *f*.

I'm [aɪm] = **I am**.

image [ˈɪmɪdʒ] *n* (*picture, public face*) wizerunek *m*; (*reflection*) odbicie *nt*.

imagery [ˈɪmɪdʒərɪ] *n* (*in writing, painting*) symbolika *f*.

imaginary [ɪˈmædʒɪnərɪ] *adj* wyimaginowany.

imagination [ɪmædʒɪˈneɪʃən] *n* (*inventiveness, part of mind*) wyobraźnia *f*.

imaginative [ɪˈmædʒɪnətɪv] *adj*

(*person*) twórczy; (*solution*) pomysłowy.

imagine [ɪˈmædʒɪn] *vt* (*visualize*) wyobrażać (wyobrazić *perf*) sobie; (*suppose*): **I imagine that ...** zdaje mi się, że ...; **you must have imagined it** zdawało ci się.

imbalance [ɪmˈbæləns] *n* brak *m* równowagi.

imbecile [ˈɪmbəsiːl] *n* imbecyl *m*.

imbue [ɪmˈbjuː] *vt*: **to be imbued with** być przepojonym +*instr*.

imitate [ˈɪmɪteɪt] *vt* (*copy*) naśladować; (*mimic*) naśladować, imitować.

imitation [ɪmɪˈteɪʃən] *n* (*act*) naśladowanie *nt*; (*instance*) imitacja *f*.

immaculate [ɪˈmækjulət] *adj* (*spotless*) nieskazitelnie czysty; (*flawless*) nieskazitelny; (*REL*) niepokalany.

immaterial [ɪməˈtɪərɪəl] *adj* nieistotny.

immature [ɪməˈtjuə*] *adj* niedojrzały.

immediate [ɪˈmiːdɪət] *adj* (*reaction, answer*) natychmiastowy; (*need*) pilny; (*vicinity, predecessor*) bezpośredni; (*family, neighbourhood*) najbliższy.

immediately [ɪˈmiːdɪətlɪ] *adv* (*at once*) natychmiast; (*directly*) bezpośrednio.

immense [ɪˈmɛns] *adj* ogromny.

immerse [ɪˈməːs] *vt*: **to immerse sth (in)** zanurzać (zanurzyć *perf*) coś (w +*loc*).

immigrant [ˈɪmɪgrənt] *n* imigrant(ka) *m(f)*.

immigration [ɪmɪˈgreɪʃən] *n* (*process*) imigracja *f*; (*also*: **immigration control**) kontrola *f* paszportowa *or* graniczna.

imminent [ˈɪmɪnənt] *adj* (*war, disaster*) nieuchronny; (*arrival*) bliski.

immobile [ɪˈməubaɪl] *adj* nieruchomy.

immoral [ɪˈmɔrl] *adj* niemoralny.

immortal [ɪˈmɔːtl] *adj* nieśmiertelny.

immortality [ɪmɔ:'tælɪtɪ] *n*
nieśmiertelność *f*.

immune [ɪ'mju:n] *adj*: **immune (to)**
(*disease*) odporny (na +*acc*);
(*flattery, criticism*) nieczuły (na +*acc*).

immunity [ɪ'mju:nɪtɪ] *n* (*to disease*)
odporność *f*; (*of diplomat etc*)
immunitet *m*, nietykalność *f*.

immunize ['ɪmjunaɪz] *vt* (*MED*): **to
immunize (against)** uodparniać
(uodpornić *perf*) (przeciwko +*dat*).

imp [ɪmp] *n* diabełek *m*.

impact ['ɪmpækt] *n* (*of bullet, crash:
contact*) uderzenie *nt*; (: *force*) siła *f*
uderzenia; (*of law, measure*) wpływ
m; **on impact** przy uderzeniu.

impair [ɪm'pɛə*] *vt* osłabiać (osłabić
perf).

impale [ɪm'peɪl] *vt*: **to impale sth
(on)** nadziewać (nadziać *perf*) coś
(na +*acc*).

impart [ɪm'pɑ:t] *vt*: **to impart (to)**
(*information*) przekazywać
(przekazać *perf*) (+*dat*); (*flavour*)
nadawać (nadać *perf*) (+*dat*).

impartial [ɪm'pɑ:ʃl] *adj* bezstronny.

impasse [æm'pɑ:s] *n* impas *m*.

impassive [ɪm'pæsɪv] *adj*
beznamiętny.

impatience [ɪm'peɪʃəns] *n*
(*annoyance, irritation*)
zniecierpliwienie *nt*; (*eagerness*)
niecierpliwość *f*.

impatient [ɪm'peɪʃənt] *adj* (*annoyed*)
zniecierpliwiony; (*irritable, eager, in
a hurry*) niecierpliwy; **to be
impatient to do sth** niecierpliwić
się, żeby coś zrobić; **to get** *or* **grow
impatient** zaczynać (zacząć *perf*) się
niecierpliwić.

impeccable [ɪm'pɛkəbl] *adj*
nienaganny.

impede [ɪm'pi:d] *vt* utrudniać
(utrudnić *perf*).

impediment [ɪm'pɛdɪmənt] *n*
utrudnienie *nt*, przeszkoda *f*; **speech
impediment** wada wymowy.

impenetrable [ɪm'pɛnɪtrəbl] *adj*
(*jungle*) niedostępny, nie do
przebycia *post*; (*fortress*) nie do
zdobycia *post*; (: *fig: text*)
nieprzystępny; (: *look, expression*)
nieprzenikniony; (: *mystery*)
niezgłębiony.

imperative [ɪm'pɛrətɪv] *adj*: **it's
imperative that you (should) call
him immediately** koniecznie musisz
natychmiast do niego zadzwonić ♦ *n*
(*LING*) tryb *m* rozkazujący; (*moral*)
imperatyw *m*.

imperceptible [ɪmpə'sɛptɪbl] *adj*
niezauważalny.

imperfect [ɪm'pə:fɪkt] *adj* wadliwy ♦
n (*LING*: *also*: **imperfect tense**) czas
m przeszły o aspekcie
niedokonanym.

imperial [ɪm'pɪərɪəl] *adj* imperialny;
(*BRIT*): **imperial system** *tradycyjny
brytyjski system miar i wag*.

impersonal [ɪm'pə:sənl] *adj*
bezosobowy.

impersonate [ɪm'pə:səneɪt] *vt* (*pass
o.s. off as*) podawać się (podać się
perf) za +*acc*; (*THEAT*) wcielać się
(wcielić się *perf*) w postać +*gen*.

impertinent [ɪm'pə:tɪnənt] *adj*
impertynencki.

impervious [ɪm'pə:vɪəs] *adj* (*fig*):
impervious to nieczuły na +*acc*.

impetuous [ɪm'pɛtjuəs] *adj*
porywczy.

impetus ['ɪmpətəs] *n* (*of runner*)
rozpęd *m*, impet *m*; (*fig*) bodziec *m*.

impinge [ɪm'pɪndʒ] *vt fus*: **to
impinge on** (*sb's life*) rzutować na
+*acc*; (*sb's rights*) naruszać +*acc*.

implant [ɪm'plɑ:nt] *vt* (*MED*)
wszczepiać (wszczepić *perf*); (*fig*)
zaszczepiać (zaszczepić *perf*).

implement ['ɪmplɪmənt] *n* narzędzie
nt ♦ *vt* wprowadzać (wprowadzić
perf) w życie.

implicate ['ɪmplɪkeɪt] *vt*: **to be**

implicated in być zamieszanym w +*acc*.

implication [ɪmplɪ'keɪʃən] *n* (*inference*) implikacja *f*; **by implication** tym samym.

implicit [ɪm'plɪsɪt] *adj* (*threat, meaning*) ukryty; (*belief, trust*) bezgraniczny.

implore [ɪm'plɔ:*] *vt*: **to implore sb (to do sth)** błagać kogoś (, żeby coś zrobił).

imply [ɪm'plaɪ] *vt* (*hint*) sugerować (zasugerować *perf*), dawać (dać *perf*) do zrozumienia; (*mean*) implikować.

impolite [ɪmpə'laɪt] *adj* niegrzeczny.

import [ɪm'pɔ:t] *vt* importować (importować *perf*) ♦ *n* (*article*) towar *m* importowany; (*importation*) import *m*, przywóz *m*.

importance [ɪm'pɔ:tns] *n* znaczenie *nt*, waga *f*.

important [ɪm'pɔ:tnt] *adj* ważny; **it's not important** to nieważne, to nie ma znaczenia.

impose [ɪm'pəʊz] *vt* (*sanctions, restrictions*) nakładać (nałożyć *perf*); (*discipline*) narzucać (narzucić *perf*) ♦ *vi*: **to impose on sb** nadużywać czyjejś uprzejmości.

impossible [ɪm'pɔsɪbl] *adj* niemożliwy; (*situation*) beznadziejny.

impotence ['ɪmpətns] *n* niemoc *f*; (*MED*) impotencja *f*.

impotent ['ɪmpətnt] *adj* (*powerless*) bezsilny; (*MED*): **he's impotent** jest impotentem.

impoverished [ɪm'pɔvərɪʃt] *adj* zubożały.

impractical [ɪm'præktɪkl] *adj* (*plan, expectation*) nierealny; (*person*) niepraktyczny.

imprecise [ɪmprɪ'saɪs] *adj* nieścisły, nieprecyzyjny.

impregnate ['ɪmprɛɡneɪt] *vt* (*saturate*) nasączać (nasączyć *perf*); (*fertilize*) zapładniać (zapłodnić *perf*).

impresario [ɪmprɪ'sɑ:rɪəʊ] (*THEAT*) *n* impresario *m*.

impress [ɪm'prɛs] *vt* (*person*) wywierać (wywrzeć *perf*) wrażenie na +*loc*, imponować (zaimponować *perf*) +*dat*; (*imprint*) odciskać (odcisnąć *perf*); **to impress sth on sb** uzmysłowić (*perf*) coś komuś.

impression [ɪm'prɛʃən] *n* (*of situation, person*) wrażenie *nt*; (*of stamp, seal*) odcisk *m*; (*idea*) wrażenie *nt*, impresja *f*; (*imitation*) parodia *f*; **to be under the impression that ...** mieć wrażenie, że ... .

impressionable [ɪm'prɛʃnəbl] *adj* łatwowierny, bezkrytyczny.

impressionist [ɪm'prɛʃənɪst] *n* (*ART*) impresjonista (-tka) *m(f)*; (*entertainer*) parodysta (-tka) *m(f)*.

impressive [ɪm'prɛsɪv] *adj* imponujący, robiący wrażenie.

imprint ['ɪmprɪnt] *n* (*of hand etc*) odcisk *m*; (*fig*) piętno *nt*; (*TYP*) metryczka *f* (*książki*).

imprison [ɪm'prɪzn] *vt* zamykać (zamknąć *perf*) w więzieniu, wtrącać (wtrącić *perf*) do więzienia.

imprisonment [ɪm'prɪznmənt] *n* (*form of punishment*) kara *f* więzienia, więzienie *nt*; (*act*) uwięzienie *nt*, wtrącenie *nt* do więzienia.

improbable [ɪm'prɔbəbl] *adj* nieprawdopodobny.

impromptu [ɪm'prɔmptju:] *adj* improwizowany, zaimprowizowany.

improper [ɪm'prɔpə*] *adj* (*conduct, procedure*) niestosowny, niewłaściwy; (*activities*) niedozwolony.

improve [ɪm'pru:v] *vt* poprawiać (poprawić *perf*), ulepszać (ulepszyć *perf*) ♦ *vi* poprawiać się (poprawić się *perf*), polepszać się (polepszyć się *perf*); **she may improve with**

treatment po leczeniu stan jej zdrowia może się poprawić.

improvement [ɪmˈpruːvmənt] *n*: **improvement (in)** poprawa *f* (+*gen*).

improvise [ˈɪmprəvaɪz] *vt* robić (zrobić *perf*) naprędce *or* prowizorycznie ♦ *vi* improwizować (zaimprowizować *perf*).

impudent [ˈɪmpjudnt] *adj* zuchwały.

impulse [ˈɪmpʌls] *n* (*urge*) (nagła) ochota *f or* chęć *f*, poryw *m*; (*ELEC*) impuls *m*; **to act on impulse** działać pod wpływem impulsu.

impulsive [ɪmˈpʌlsɪv] *adj* (*purchase*) nie planowany; (*gesture*) odruchowy; (*person*) impulsywny, porywczy.

impunity [ɪmˈpjuːnɪtɪ] *n*: **with impunity** bezkarnie.

impurity [ɪmˈpjuərɪtɪ] *n* zanieczyszczenie *nt*.

┌──── KEYWORD ────┐

in [ɪn] *prep* **1** (*indicating place*) w +*loc*; **in town** w mieście; **in the country** na wsi; **in here/there** tu/tam (wewnątrz). **2** (*indicating time: during*) w +*loc*; **in winter/summer** w zimie/lecie, zimą/latem; **in the afternoon** po południu. **3** (*indicating time: in the space of*) w +*acc*; **I did it in three hours/days** zrobiłem to w trzy godziny/dni. **4** (*indicating time: after*) za +*acc*; **I'll see you in 2 weeks** *or* **in 2 weeks' time** do zobaczenia za 2 tygodnie. **5** (*indicating manner etc*): **in a loud voice** głośno; **in pencil** ołówkiem. **6** (*indicating circumstances, mood, state*) w +*loc*; **in the sun/rain** w słońcu/deszczu; **in anger/despair/haste** w gniewie/rozpaczy/pośpiechu. **7** (*with ratios, numbers*) na +*acc*; **one in ten men** jeden mężczyzna na dziesięciu. **8** (*referring to people, works*) u +*gen*; **the disease is common in children**

ta choroba często występuje u dzieci; **in Dickens** u Dickensa. **9** (*indicating profession etc*): **to be in teaching/publishing** zajmować się nauczaniem/działalnością wydawniczą. **10** (*with present participle*): **in saying this** mówiąc to ♦ *adv*: **to be in** (*person: at home*) być w domu; (: *at work*) być w pracy; (*train*) przyjechać (*perf*); (*ship*) przypłynąć (*perf*); (*plane*) przylecieć (*perf*); (*in fashion*) być popularnym *or* w modzie; **to ask sb in** prosić (poprosić *perf*) kogoś do środka ♦ *n*: **the ins and outs** szczegóły *pl*, zawiłości *pl*.

└────────────────┘

in. *abbr* = **inch**.

inability [ɪnəˈbɪlɪtɪ] *n*: **inability (to do sth)** niemożność *f* (zrobienia czegoś).

inaccessible [ɪnəkˈsɛsɪbl] *adj* (*place*) niedostępny; (*fig: text etc*) nieprzystępny.

inaccurate [ɪnˈækjurət] *adj* niedokładny, nieścisły.

inactivity [ɪnækˈtɪvɪtɪ] *n* bezczynność *f*.

inadequate [ɪnˈædɪkwət] *adj* (*amount*) niedostateczny, niewystarczający; (*reply*) niepełny, niezadowalający; (*person*) nieodpowiedni.

inadvertently [ɪnədˈvəːtntlɪ] *adv* nieumyślnie.

inadvisable [ɪnədˈvaɪzəbl] *adj* niewskazany, nie zalecany.

inane [ɪˈneɪn] *adj* bezmyślny.

inanimate [ɪnˈænɪmət] *adj* nieożywiony; (*LING*) nieżywotny.

inappropriate [ɪnəˈprəuprɪət] *adj* (*unsuitable*) nieodpowiedni; (*improper*) niewłaściwy, niestosowny.

inarticulate [ɪnɑːˈtɪkjulət] *adj* (*person*) nie potrafiący się wysłowić; (*speech*) niewyraźny, nieartykułowany.

inasmuch as [ɪnəz'mʌtʃ-] *adv* (*in that ...*) przez to, że...; (*insofar as*) o tyle, o ile ..., w (takim) stopniu, w jakim.

inaudible [ɪn'ɔːdɪbl] *adj* niesłyszalny.

inaugural [ɪ'nɔːgjurəl] *adj* inauguracyjny.

inaugurate [ɪ'nɔːgjureɪt] *vt* (*official*) wprowadzać (wprowadzić *perf*) na stanowisko *or* urząd; (*system*) wprowadzać (wprowadzić *perf*); (*festival*) inaugurować (zainaugurować *perf*).

inauguration [ɪnɔːgju'reɪʃən] *n* (uroczyste) wprowadzenie *nt* na stanowisko *or* urząd.

in-between [ɪnbɪ'twiːn] *adj* przejściowy, pośredni.

inborn [ɪn'bɔːn] *adj* wrodzony.

Inc. *abbr* = **incorporated**.

incalculable [ɪn'kælkjuləbl] *adj* nieobliczalny, nieoszacowany.

incapable [ɪn'keɪpəbl] *adj* nieporadny; **to be incapable of sth/doing sth** (*incompetent*) nie potrafić czegoś/(z)robić czegoś; (*not bad enough*) nie być zdolnym do czegoś/zrobienia czegoś.

incapacity [ɪnkə'pæsɪtɪ] *n* (*weakness*) niesprawność *f*, niemoc *f*; (*inability*) nieumiejętność *f*.

incarnation [ɪnkɑː'neɪʃən] *n* (*of beauty, evil*) ucieleśnienie *nt*; (*REL*) wcielenie *nt*.

incense ['ɪnsɛns] *n* kadzidło *nt* ♦ *vt* rozwścieczać (rozwścieczyć *perf*).

incentive [ɪn'sɛntɪv] *n* bodziec *m*, zachęta *f*.

incessant [ɪn'sɛsnt] *adj* ustawiczny, nieustający.

incessantly [ɪn'sɛsntlɪ] *adv* nieprzerwanie, bez przerwy.

incest ['ɪnsɛst] *n* kazirodztwo *nt*.

inch [ɪntʃ] *n* cal *m*.

incidence ['ɪnsɪdns] *n* (*frequency*) częstość *f or* częstotliwość *f* (występowania); (*extent*) zasięg *m* (występowania).

incident ['ɪnsɪdnt] *n* wydarzenie *nt*; (*involving violence etc*) incydent *m*, zajście *nt*.

incidental [ɪnsɪ'dɛntl] *adj* uboczny.

incidentally [ɪnsɪ'dɛntəlɪ] *adv* nawiasem mówiąc.

incinerator [ɪn'sɪnəreɪtə*] *n* piec *m* do spalania śmieci.

incipient [ɪn'sɪpɪənt] *adj* w stadium początkowym *post*, rozpoczynający się.

incision [ɪn'sɪʒən] (*MED*) *n* cięcie *nt*, nacięcie *nt*.

incisive [ɪn'saɪsɪv] *adj* cięty, zjadliwy.

incite [ɪn'saɪt] *vt* (*rioters*) podburzać (podburzyć *perf*); (*hatred*) wzniecać (wzniecić *perf*).

inclination [ɪnklɪ'neɪʃən] *n* (*tendency*) skłonność *f*; (*disposition*) upodobanie *nt*, inklinacja *f*.

incline ['ɪnklaɪn] *n* (*of terrain*) pochyłość *f*, spadek *m*; (*of mountain*) zbocze *nt* ♦ *vt* pochylać (pochylić *perf*) ♦ *vi* być nachylonym; **to be inclined to do sth** mieć skłonność *or* skłonności do robienia czegoś.

include [ɪn'kluːd] *vt* zawierać (zawrzeć *perf*), obejmować (objąć *perf*).

including [ɪn'kluːdɪŋ] *prep* w tym +*acc*, wliczając (w to) +*acc*.

inclusion [ɪn'kluːʒən] *n* włączenie *nt*.

inclusive [ɪn'kluːsɪv] *adj* globalny, łączny; **inclusive of** z wliczeniem *or* włączeniem +*gen*; **Monday to Friday inclusive** od poniedziałku do piątku włącznie.

incoherent [ɪnkəu'hɪərənt] *adj* (*argument*) niespójny; (*speech*) nieskładny, nie trzymający się kupy (*inf*); (*person*): **he was incoherent** mówił bez ładu i składu (*inf*).

income ['ɪnkʌm] *n* (*earned*) dochód

m; (*from property, investment, pension*) dochody *pl*.

income tax *n* podatek *m* dochodowy.

incomparable [ɪn'kɒmpərəbl] *adj* niezrównany.

incompatible [ɪnkəm'pætɪbl] *adj* (*aims*) nie do pogodzenia (ze sobą) *post*; (*COMPUT*) niekompatybilny.

incompetence [ɪn'kɒmpɪtns] *n* brak *m* kompetencji, nieudolność *f*.

incompetent [ɪn'kɒmpɪtnt] *adj* nieudolny.

incomplete [ɪnkəm'pli:t] *adj* (*unfinished*) niedokończony, nie skończony; (*partial*) niepełny, niekompletny.

incomprehensible [ɪnkɒmprɪ'hɛnsɪbl] *adj* niezrozumiały.

inconceivable [ɪnkən'si:vəbl] *adj* niepojęty, nie do pomyślenia *post*.

incongruous [ɪn'kɒŋgruəs] *adj* (*situation, figure*) osobliwy, absurdalny; (*remark, act*) niestosowny, nie na miejscu *post*.

inconsistency [ɪnkən'sɪstənsɪ] *n* brak *m* konsekwencji, niekonsekwencja *f*.

inconsistent [ɪnkən'sɪstnt] *adj* (*behaviour, person*) niekonsekwentny; (*work*) nierówny; (*statement*) wewnętrznie sprzeczny; **inconsistent with** niezgodny z +*instr*.

inconspicuous [ɪnkən'spɪkjuəs] *adj* niepozorny, nie rzucający się w oczy.

inconvenience [ɪnkən'vi:njəns] *n* (*problem*) niedogodność *f*; (*trouble*) kłopot *m* ♦ *vt* przysparzać (przysporzyć *perf*) kłopotu +*dat*.

inconvenient [ɪnkən'vi:njənt] *adj* (*time, place*) niedogodny; (*visitor*) uciążliwy, kłopotliwy.

incorporate [ɪn'kɔ:pəreɪt] *vt* (*include*) włączać (włączyć *perf*); (*contain*) zawierać (w sobie).

incorrigible [ɪn'kɒrɪdʒɪbl] *adj* niepoprawny.

incorruptible [ɪnkə'rʌptɪbl] *adj* nieprzekupny.

increase ['ɪnkri:s] *n*: **increase (in/of)** wzrost *m* (+*gen*) ♦ *vi* wzrastać (wzrosnąć *perf*), zwiększać się (zwiększyć się *perf*) ♦ *vt* (*number, size*) zwiększać (zwiększyć *perf*); (*prices, wages*) podwyższać (podwyższyć *perf*).

increasing [ɪn'kri:sɪŋ] *adj* rosnący.

increasingly [ɪn'kri:sɪŋlɪ] *adv* (*more and more*): **increasingly strong/difficult** coraz mocniejszy/trudniejszy; (*more often*) coraz częściej.

incredible [ɪn'krɛdɪbl] *adj* niewiarygodny.

incredulous [ɪn'krɛdjuləs] *adj* (*person*) nie dowierzający; (*tone, expression*) pełen niedowierzania *post*.

incubator ['ɪnkjubeɪtə*] *n* inkubator *m*.

incur [ɪn'kə:*] *vt* (*expenses, loss*) ponosić (ponieść *perf*); (*debt*) zaciągać (zaciągnąć *perf*); (*disapproval, anger*) wywoływać (wywołać *perf*).

incurable [ɪn'kjuərəbl] *adj* nieuleczalny.

indebted [ɪn'dɛtɪd] *adj*: **to be indebted to sb** być komuś wdzięcznym *or* zobowiązanym.

indecent [ɪn'di:snt] *adj* nieprzyzwoity, gorszący.

indecisive [ɪndɪ'saɪsɪv] *adj* niezdecydowany.

indeed [ɪn'di:d] *adv* (*certainly, in fact*) istotnie; (*furthermore*) wręcz, (a) nawet; **yes indeed!** ależ oczywiście!; **thank you very much indeed** dziękuję bardzo; **we have very little information indeed** mamy naprawdę bardzo mało informacji.

indefinite [ɪn'dɛfɪnɪt] *adj* (*answer,*

view) niejasny; *(period, number)*
nieokreślony.
indefinitely [ɪn'dɛfɪnɪtlɪ] *adv*
(continue, wait) bez końca; *(closed,*
postponed) na czas nieokreślony.
independence [ɪndɪ'pɛndns] *n (of*
country) niepodległość *f*; *(of person,*
thinking) niezależność *f*,
samodzielność *f*.
independent [ɪndɪ'pɛndnt] *adj*
(country) niepodległy; *(person,*
thought) niezależny, samodzielny;
(business, inquiry) niezależny;
(school, broadcasting company) ≈
prywatny.
indestructible [ɪndɪs'trʌktəbl] *adj*
niezniszczalny.
indeterminate [ɪndɪ'tə:mɪnɪt] *adj*
nieokreślony.
index ['ɪndɛks] *(pl* **indexes**) *n (in*
book) indeks *m*, skorowidz *m*; *(in*
library) katalog *m* (alfabetyczny); *(pl*
indices: ratio, sign) wskaźnik *m*.
India ['ɪndɪə] *n* Indie *pl*.
Indian ['ɪndɪən] *adj (of India)*
indyjski; *(American Indian)* indiański
♦ *n (from India)* Hindus(ka) *m(f)*;
(American Indian) Indianin(anka) *m(f)*.
indicate ['ɪndɪkeɪt] *vt (show, point to)*
wskazywać (wskazać *perf)*;
(mention) sygnalizować
(zasygnalizować *perf)*.
indication [ɪndɪ'keɪʃən] *n* znak *m*.
indicative [ɪn'dɪkətɪv] *adj*: **to be**
indicative of być przejawem i gen ♦
n (LING) tryb *m* oznajmujący.
indicator ['ɪndɪkeɪtə*] *n (marker,*
signal) oznaka *f*; *(AUT)*
kierunkowskaz *m*; *(device, gauge)*
wskaźnik *m*.
indices ['ɪndɪsi:z] *npl of* **index**.
indifference [ɪn'dɪfrəns] *n* obojętność
f.
indifferent [ɪn'dɪfrənt] *adj*
(uninterested) obojętny; *(mediocre)*
mierny.

indigenous [ɪn'dɪdʒɪnəs] *adj*
(population) rdzenny.
indigestion [ɪndɪ'dʒɛstʃən] *n*
niestrawność *f*.
indignant [ɪn'dɪgnənt] *adj*: **to be**
indignant at sth/with sb być
oburzonym na coś/na kogoś.
indignation [ɪndɪg'neɪʃən] *n*
oburzenie *nt*.
indirect [ɪndɪ'rɛkt] *adj (way, effect)*
pośredni; *(answer)* wymijający;
(flight) z przesiadką *post*.
indiscreet [ɪndɪs'kri:t] *adj*
niedyskretny.
indiscriminate [ɪndɪs'krɪmɪnət] *adj*
(bombing) masowy; *(taste, person)*
niewybredny.
indispensable [ɪndɪs'pɛnsəbl] *adj*
(tool) nieodzowny, niezbędny;
(worker) niezastąpiony.
indisputable [ɪndɪs'pju:təbl] *adj*
niezaprzeczalny, bezsprzeczny.
indistinct [ɪndɪs'tɪŋkt] *adj*
niewyraźny.
individual [ɪndɪ'vɪdjuəl] *n* osoba *f*;
(as opposed to group, society)
jednostka *f* ♦ *adj (personal)*
osobisty; *(single)* pojedynczy;
(unique) indywidualny.
individualist [ɪndɪ'vɪdjuəlɪst] *n*
indywidualista (-tka) *m(f)*.
individually [ɪndɪ'vɪdjuəlɪ] *adv*
(work) indywidualnie; *(packed,*
wrapped) osobno.
indivisible [ɪndɪ'vɪzɪbl] *adj*
niepodzielny.
indoctrinate [ɪn'dɔktrɪneɪt] *vt*
indoktrynować.
indoctrination [ɪndɔktrɪ'neɪʃən] *n*
indoktrynacja *f*.
Indonesia [ɪndə'ni:zɪə] *n* Indonezja *f*.
indoor ['ɪndɔ:*] *adj (plant)*
pokojowy; *(swimming pool)* kryty;
(games, sport) halowy.
indoors [ɪn'dɔ:z] *adv (be)* wewnątrz;
(go) do środka; **she stayed indoors**

all day przez cały dzień nie wychodziła z domu.

induce [ɪnˈdjuːs] vt (feeling, birth) wywoływać (wywołać perf); **to induce sb to do sth** nakłaniać (nakłonić perf) kogoś do zrobienia czegoś.

inducement [ɪnˈdjuːsmənt] n (incentive) bodziec m; (pej: bribe) łapówka f.

indulge [ɪnˈdʌldʒ] vt (desire, whim) zaspokajać (zaspokoić perf); (person, child) spełniać zachcianki (spełnić zachciankę perf) +gen; (also: **indulge in**: vice, hobby) oddawać się +dat.

indulgence [ɪnˈdʌldʒəns] n (pleasure) słabostka f; (leniency) pobłażliwość f.

indulgent [ɪnˈdʌldʒənt] adj pobłażliwy.

industrial [ɪnˈdʌstrɪəl] adj przemysłowy; **industrial accident** wypadek w miejscu pracy.

industrial action n akcja f protestacyjna or strajkowa.

industrialize [ɪnˈdʌstrɪəlaɪz] vt uprzemysławiać (uprzemysłowić perf), industrializować (zindustrializować perf).

industry [ˈɪndəstrɪ] n (COMM) przemysł m; (diligence) pracowitość f.

inedible [ɪnˈɛdɪbl] adj niejadalny.

ineffective [ɪnɪˈfɛktɪv] adj nieskuteczny.

inefficiency [ɪnɪˈfɪʃənsɪ] n (of person) nieudolność f; (of machine, system) niewydolność f.

inefficient [ɪnɪˈfɪʃənt] adj (person) nieudolny; (machine, system) niewydolny.

inept [ɪˈnɛpt] adj niekompetentny.

inequality [ɪnɪˈkwɔlɪtɪ] n nierówność f.

inert [ɪˈnɜːt] adj bezwładny; (gas) obojętny.

inertia [ɪˈnɜːʃə] n bezwład m, inercja f.

inescapable [ɪnɪˈskeɪpəbl] adj nieunikniony.

inevitable [ɪnˈɛvɪtəbl] adj nieuchronny, nieunikniony.

inevitably [ɪnˈɛvɪtəblɪ] adv nieuchronnie.

inexcusable [ɪnɪksˈkjuːzəbl] adj niewybaczalny.

inexhaustible [ɪnɪgˈzɔːstɪbl] adj niewyczerpany.

inexorable [ɪnˈɛksərəbl] adj nieuchronny.

inexpensive [ɪnɪkˈspɛnsɪv] adj niedrogi.

inexperienced [ɪnɪkˈspɪərɪənst] adj niedoświadczony.

inexplicable [ɪnɪksˈplɪkəbl] adj niewytłumaczalny.

inextricably [ɪnɪkˈstrɪkəblɪ] adv nierozerwalnie.

infallible [ɪnˈfælɪbl] adj nieomylny.

infamous [ˈɪnfəməs] adj niesławny.

infancy [ˈɪnfənsɪ] n (of person) wczesne dzieciństwo nt.

infant [ˈɪnfənt] n (baby) niemowlę nt; (young child) małe dziecko nt.

infantile [ˈɪnfəntaɪl] adj (disease etc) dziecięcy; (childish) dziecinny, infantylny.

infantry [ˈɪnfəntrɪ] n piechota f.

infatuated [ɪnˈfætjueɪtɪd] adj: **infatuated with** zadurzony w +loc.

infatuation [ɪnfætjuˈeɪʃən] n zadurzenie nt.

infect [ɪnˈfɛkt] vt (lit, fig) zarażać (zarazić perf); (food) zakażać (zakazić perf); **to become infected** (wound) ulegać (ulec perf) zakażeniu.

infection [ɪnˈfɛkʃən] (MED) n (disease) infekcja f; (contagion) zakażenie nt.

infectious [ɪnˈfɛkʃəs] adj (disease) zaraźliwy, zakaźny; (fig) zaraźliwy.

infer [ɪnˈfɜː*] vt (deduce) wnioskować (wywnioskować perf); (imply) dawać (dać perf) do zrozumienia.

inference ['ɪnfərəns] n (result) wniosek m; (process) wnioskowanie nt.

inferior [ɪn'fɪərɪə*] adj (in rank) niższy; (in quality) gorszy, pośledniejszy ♦ n (subordinate) podwładny (-na) m(f); (junior) młodszy (-sza) m(f) rangą.

inferiority complex n kompleks m niższości.

inferno [ɪn'fə:nəu] n piekło nt.

infertile [ɪn'fə:taɪl] adj (soil) nieurodzajny; (person, animal) niepłodny, bezpłodny.

infertility [ɪnfə:'tɪlɪtɪ] n (of soil) nieurodzajność f; (of person, animal) niepłodność f, bezpłodność f.

infested [ɪn'fɛstɪd] adj: **infested (with vermin)** zaatakowany (przez szkodniki).

infidelity [ɪnfɪ'dɛlɪtɪ] n niewierność f.

infinite ['ɪnfɪnɪt] adj (without limits) nieskończony; (very great) ogromny.

infinitive [ɪn'fɪnɪtɪv] n (LING) bezokolicznik m.

infinity [ɪn'fɪnɪtɪ] n nieskończoność f; (infinite number) nieskończona liczba f.

infirm [ɪn'fə:m] adj (weak) niedołężny; (: from old age) zniedołężniały; (ill) chory.

infirmary [ɪn'fə:mərɪ] n szpital m.

inflamed [ɪn'fleɪmd] adj (throat, appendix) w stanie zapalnym post.

inflammable [ɪn'flæməbl] adj łatwopalny.

inflammation [ɪnflə'meɪʃən] n (MED) zapalenie nt.

inflatable [ɪn'fleɪtəbl] adj nadmuchiwany.

inflate [ɪn'fleɪt] vt (tyre) pompować (napompować perf); (balloon) nadmuchiwać (nadmuchać perf); (price) (sztucznie) zawyżać (zawyżyć perf).

inflation [ɪn'fleɪʃən] n inflacja f.

inflexible [ɪn'flɛksɪbl] adj (rules, hours) sztywny; (person) mało elastyczny; (: in particular matter) nieugięty.

inflict [ɪn'flɪkt] vt: **to inflict on sb** (damage) wyrządzać (wyrządzić perf) komuś; (pain) zadawać (zadać perf) komuś; (punishment) wymierzać (wymierzyć perf) komuś.

influence ['ɪnfluəns] n wpływ m ♦ vt wpływać (wpłynąć perf) na +acc; **under the influence of alcohol** pod wpływem alkoholu.

influential [ɪnflu'ɛnʃl] adj wpływowy.

influenza [ɪnflu'ɛnzə] n grypa f.

influx ['ɪnflʌks] n (of refugees) napływ m; (of funds) dopływ m.

infomercial [ɪnfəu'mə:ʃəl] (US: TV) n klip m informacyjno-reklamowy.

inform [ɪn'fɔ:m] vt: **to inform sb of sth** powiadamiać (powiadomić perf) or informować (poinformować perf) kogoś o czymś ♦ vi: **to inform on sb** donosić (donieść perf) na kogoś.

informal [ɪn'fɔ:ml] adj (manner) bezpośredni; (language) potoczny; (discussion, clothes) swobodny; (visit, invitation, announcement) nieoficjalny.

informant [ɪn'fɔ:mənt] n informator(ka) m(f).

information [ɪnfə'meɪʃən] n informacja f; **a piece of information** informacja.

information science n informatyka f.

informative [ɪn'fɔ:mətɪv] adj (providing useful facts) zawierający dużo informacji; (providing useful ideas) pouczający.

informer [ɪn'fɔ:mə*] n (also: **police informer**) informator(ka) m(f).

infra-red [ɪnfrə'rɛd] adj podczerwony.

infrastructure ['ɪnfrəstrʌktʃə*] n infrastruktura f.

infrequent [ɪn'fri:kwənt] adj rzadki.

infringe [ɪn'frɪndʒ] vt naruszać (naruszyć perf) ♦ vi: **to infringe on** naruszać (naruszyć perf) +acc.

infringement [ɪnˈfrɪndʒmənt] n
naruszenie nt.

infuriate [ɪnˈfjuərɪeɪt] vt
rozwścieczać (rozwścieczyć perf).

ingenious [ɪnˈdʒiːnjəs] adj
pomysłowy.

ingenuity [ɪndʒɪˈnjuːɪtɪ] n
pomysłowość f.

ingenuous [ɪnˈdʒɛnjuəs] adj
prostoduszny.

ingrained [ɪnˈɡreɪnd] adj
zakorzeniony.

ingredient [ɪnˈɡriːdɪənt] n (of cake)
składnik m; (of situation) element m.

inhabit [ɪnˈhæbɪt] vt zamieszkiwać.

inhabitant [ɪnˈhæbɪtnt] n
mieszkaniec (-nka) m(f).

inhale [ɪnˈheɪl] vt wdychać ♦ vi
(breathe in) robić (zrobić perf)
wdech; (when smoking) zaciągać się
(zaciągnąć się perf).

inherent [ɪnˈhɪərənt] adj (innate)
wrodzony; **inherent in/to** właściwy
+dat/dla +gen.

inherit [ɪnˈhɛrɪt] vt dziedziczyć
(odziedziczyć perf).

inheritance [ɪnˈhɛrɪtəns] n spadek m;
(cultural, political) dziedzictwo nt,
spuścizna f; (genetic) dziedziczenie
nt.

inhibit [ɪnˈhɪbɪt] vt (growth) hamować
(zahamować perf); (person): **to
inhibit sb from** powstrzymywać
(powstrzymać perf) kogoś przed
+instr.

inhibited [ɪnˈhɪbɪtɪd] (PSYCH) adj
cierpiący na zahamowania.

inhibition [ɪnhɪˈbɪʃən] n
zahamowanie nt.

inhospitable [ɪnhɔsˈpɪtəbl] adj
(person) niegościnny; (place,
climate) nieprzyjazny; (weather)
niesprzyjający.

inhuman [ɪnˈhjuːmən] adj nieludzki.

initial [ɪˈnɪʃl] adj początkowy ♦ n
pierwsza litera f ♦ vt parafować
(parafować perf); **initials** npl inicjały

pl; **can I have your initial, Mrs
Jones?** poproszę o pierwszą literę
Pani imienia, Pani Jones.

initially [ɪˈnɪʃəlɪ] adv (at first)
początkowo; (originally) pierwotnie.

initiate [ɪˈnɪʃɪeɪt] vt (talks, process)
zapoczątkowywać (zapoczątkować
perf), inicjować (zainicjować perf);
to initiate sb into (club, society)
wprowadzać (wprowadzić perf)
kogoś do +gen; (new skill)
zapoznawać (zapoznać perf) kogoś z
+instr.

initiation [ɪnɪʃɪˈeɪʃən] n (beginning)
zapoczątkowanie nt; (into secret)
wtajemniczenie nt; (into adulthood)
inicjacja f.

initiative [ɪˈnɪʃətɪv] n inicjatywa f; **to
take the initiative** podejmować
(podjąć perf) inicjatywę.

inject [ɪnˈdʒɛkt] vt wstrzykiwać
(wstrzyknąć perf); **to inject sb with
sth** robić (zrobić perf) komuś
zastrzyk z czegoś, wstrzykiwać
(wstrzyknąć perf) komuś coś.

injection [ɪnˈdʒɛkʃən] n (lit, fig)
zastrzyk m.

injunction [ɪnˈdʒʌŋkʃən] (JUR) n
nakaz m sądowy.

injure [ˈɪndʒə*] vt (person, feelings)
ranić (zranić perf); (reputation)
szargać (zszargać perf); **to injure
o.s.** zranić się (perf); **to injure one's
arm** zranić się (perf) w ramię.

injured [ˈɪndʒəd] adj (person) ranny;
(arm, feelings) zraniony; (tone)
urażony.

injury [ˈɪndʒərɪ] n uraz m; (SPORT)
kontuzja f.

injustice [ɪnˈdʒʌstɪs] n
niesprawiedliwość f.

ink [ɪŋk] n atrament m.

inkling [ˈɪŋklɪŋ] n: **to have an
inkling of** mieć pojęcie o +loc.

inland [ˈɪnlənd] adj śródlądowy ♦
adv w głąb lądu.

Inland Revenue (*BRIT*) n ≈ Urząd m Skarbowy.

in-laws ['ɪnlɔːz] *npl* teściowie *vir pl*.

inlet ['ɪnlɛt] n (wąska) zatoczka f.

inmate ['ɪnmeɪt] n (*of prison*) więzień/więźniarka m/f; (*of asylum*) pacjent(ka) m(f).

inn [ɪn] n gospoda f.

innate [ɪ'neɪt] *adj* wrodzony.

inner ['ɪnə*] *adj* wewnętrzny.

inner city n zamieszkana przez ubogich część śródmieścia, borykająca się z problemami ekonomicznymi i społecznymi.

innocence ['ɪnəsns] n niewinność f.

innocent ['ɪnəsnt] *adj* niewinny.

innocuous [ɪ'nɔkjuəs] *adj* nieszkodliwy.

innovation [ɪnəu'veɪʃən] n innowacja f.

innuendo [ɪnjuˈɛndəu] (*pl* **innuendoes**) n insynuacja f.

innumerable [ɪ'njuːmrəbl] *adj* niezliczony.

inoculation [ɪnɔkjuˈleɪʃən] n szczepienie nt.

input ['ɪnput] n (*of resources*) wkład m; (*COMPUT*) dane pl wejściowe.

inquest ['ɪnkwɛst] n dochodzenie nt (*zwłaszcza mające na celu ustalenie przyczyny zgonu*).

inquire [ɪn'kwaɪə*] vi pytać (zapytać perf or spytać perf) ♦ vt **to inquire (about)** pytać (zapytać perf or spytać perf) ◊ +acc.

▸**inquire into** vt fus badać (zbadać perf) +acc.

inquiry [ɪn'kwaɪərɪ] n (*question*) zapytanie nt; (*investigation*) dochodzenie nt.

inquisitive [ɪn'kwɪzɪtɪv] *adj* dociekliwy.

ins *abbr* (= *inches*).

insane [ɪn'seɪn] *adj* (*MED*) chory umysłowo; (*foolish, crazy*) szalony.

insanity [ɪn'sænɪtɪ] n (*MED*) choroba f umysłowa; (*of idea etc*) niedorzeczność f.

insatiable [ɪn'seɪʃəbl] *adj* nienasycony.

inscription [ɪn'skrɪpʃən] n (*on gravestone, memorial*) napis m, inskrypcja f; (*in book*) dedykacja f.

inscrutable [ɪn'skruːtəbl] *adj* (*comment*) zagadkowy; (*expression*) nieodgadniony.

insect ['ɪnsɛkt] n owad m.

insecticide [ɪn'sɛktɪsaɪd] n środek m owadobójczy.

insecure [ɪnsɪ'kjuə*] *adj* (*structure, job*) niepewny; **to be insecure** (*person*) nie wierzyć w siebie; **to feel insecure** nie czuć się pewnie.

insecurity [ɪnsɪ'kjuərɪtɪ] n niepewność f.

insemination [ɪnsɛmɪ'neɪʃən] n: **artificial insemination** sztuczne zapłodnienie nt, inseminacja f.

insensible [ɪn'sɛnsɪbl] *adj* (*unconscious*) nieprzytomny.

insensitive [ɪn'sɛnsɪtɪv] *adj* (*uncaring*) nieczuły; (*to pain etc*) niewrażliwy.

inseparable [ɪn'sɛprəbl] *adj* (*friends*) nierozłączny.

insert [ɪn'səːt] vt wkładać (włożyć perf).

insertion [ɪn'səːʃən] n (*of needle*) wprowadzenie nt; (*of peg etc*) włożenie nt; (*of comment*) wtrącenie nt.

inside ['ɪn'saɪd] n (*interior*) wnętrze nt ♦ adj wewnętrzny ♦ adv (*go*) do środka; (*be*) w środku, wewnątrz ♦ prep (*location*) wewnątrz +gen; (*time*) w ciągu +gen; **insides** npl (*inf*) wnętrzności pl.

inside out adv na lewą stronę; (*fig: know*) na wylot.

insidious [ɪn'sɪdɪəs] *adj* zdradziecki, podstępny.

insight ['ɪnsaɪt] n (*dogłębne*) zrozumienie nt; (*PSYCH*) wgląd m.

insignificant [ɪnsɪgˈnɪfɪknt] *adj* (*unimportant*) mało znaczący, bez znaczenia *post*; (*small*) nieznaczny.

insincere [ɪnsɪnˈsɪə*] *adj* nieszczery.

insinuate [ɪnˈsɪnjueɪt] *vt* (*imply*) insynuować.

insipid [ɪnˈsɪpɪd] *adj* mdły, bez smaku *post*; (*fig: person, style*) bezbarwny.

insist [ɪnˈsɪst] *vi* upierać się, nalegać; **to insist on sth** upierać się przy czymś; **to insist that ...** (*demand*) upierać się *or* nalegać, żeby ...; (*claim*) utrzymywać *or* uparcie twierdzić, że ... .

insistence [ɪnˈsɪstəns] *n* nalegania *pl*; **insistence on** upieranie się przy +*loc*.

insistent [ɪnˈsɪstənt] *adj* (*resolute*) stanowczy; (*continual*) uporczywy; **he was insistent that we should have a drink** nalegał, żebyśmy się napili.

insolent [ˈɪnsələnt] *adj* bezczelny.

insoluble [ɪnˈsɔljubl] *adj* nierozwiąz(yw)alny, nie do rozwiązania *post*.

insolvent [ɪnˈsɔlvənt] *adj* niewypłacalny.

insomnia [ɪnˈsɔmnɪə] *n* bezsenność *f*.

inspect [ɪnˈspɛkt] *vt* (*examine*) badać (zbadać *perf*); (*premises, equipment*) kontrolować (skontrolować *perf*), robić (zrobić *perf*) przegląd *or* inspekcję +*gen*; (*troops*) dokonywać (dokonać *perf*) przeglądu *or* inspekcji +*gen*.

inspection [ɪnˈspɛkʃən] *n* (*examination*) badanie *nt*; (*of premises, equipment, troops*) przegląd *m*, inspekcja *f*.

inspector [ɪnˈspɛktə*] *n* (*ADMIN, POLICE*) inspektor *m*; (*BRIT: on bus, train*) kontroler(ka) *m(f)* (biletów).

inspiration [ɪnspəˈreɪʃən] *n* (*encouragement*) inspiracja *f*; (*influence, source*) źródło *nt* inspiracji; (*idea*) natchnienie *nt*.

inspire [ɪnˈspaɪə*] *vt* (*person*) inspirować (zainspirować *perf*); (*confidence, hope*) wzbudzać (wzbudzić *perf*).

instability [ɪnstəˈbɪlɪtɪ] *n* brak *m* stabilności, chwiejność *f*.

install [ɪnˈstɔːl] *vt* (*machine*) instalować (zainstalować *perf*); (*official*) wprowadzać (wprowadzić *perf*) na stanowisko.

installation [ɪnstəˈleɪʃən] *n* instalacja *f*.

instalment [ɪnˈstɔːlmənt] (*US* **installment**) *n* (*of payment*) rata *f*; (*of story, TV serial*) odcinek *m*; **in instalments** w ratach.

instance [ˈɪnstəns] *n* przypadek *m*; **for instance** na przykład; **in the first instance** w pierwszej kolejności.

instant [ˈɪnstənt] *n* chwila *f*, moment *m* ♦ *adj* (*reaction, success*) natychmiastowy; (*coffee*) rozpuszczalny, instant *post*; (*potatoes, rice*) błyskawiczny.

instantaneous [ɪnstənˈteɪnɪəs] *adj* natychmiastowy.

instantly [ˈɪnstəntlɪ] *adv* natychmiast.

instead [ɪnˈstɛd] *adv* zamiast tego; **instead of** zamiast +*gen*.

instep [ˈɪnstɛp] *n* podbicie *nt*.

instigate [ˈɪnstɪɡeɪt] *vt* (*rebellion*) wzniecać (wzniecić *perf*); (*search*) wszczynać (wszcząć *perf*); (*talks*) doprowadzać (doprowadzić *perf*) do +*gen*.

instil [ɪnˈstɪl] *vt*: **to instil fear** *etc* **into sb** wzbudzać (wzbudzić *perf*) w kimś strach *etc*.

instinct [ˈɪnstɪŋkt] *n* (*BIO*) instynkt *m*; (*reaction*) odruch *m*.

instinctive [ɪnˈstɪŋktɪv] *adj* instynktowny, odruchowy.

institute [ˈɪnstɪtjuːt] *n* instytut *m* ♦ *vt* (*system, rule*) ustanawiać (ustanowić

perf); (*scheme, course of action*)
wprowadzać (wprowadzić *perf*);
(*proceedings, inquiry*) wszczynać
(wszcząć *perf*).

institution [ɪnstɪ'tjuːʃən] *n*
(*establishment*) ustanowienie *nt*;
(*custom, tradition, organization*)
instytucja *f*; (*mental home etc*)
zakład *m*.

instruct [ɪn'strʌkt] *vt* (*teach*): **to
instruct sb in sth** szkolić
(wyszkolić *perf*) kogoś w czymś;
(*order*): **to instruct sb to do sth**
instruować (poinstruować *perf*)
kogoś, żeby coś zrobił.

instruction [ɪn'strʌkʃən] *n* szkolenie
nt, instruktaż *m*; **instructions** *npl*
instrukcje *pl*; **instructions (for use)**
instrukcja (obsługi).

instructive [ɪn'strʌktɪv] *adj*
pouczający.

instructor [ɪn'strʌktə*] *n*
instruktor(ka) *m(f)*.

instrument ['ɪnstrumənt] *n* narzędzie
nt; (*MUS*) instrument *m*.

instrumental [ɪnstru'mɛntl] *adj*
(*MUS*) instrumentalny; **to be
instrumental in** odgrywać (odegrać
perf) znaczącą rolę w +*loc*.

insubordination [ɪnsəbɔːdə'neɪʃən]
n niesubordynacja *f*.

insufficient [ɪnsə'fɪʃənt] *adj*
niewystarczający.

insular ['ɪnsjulə*] *adj* (*outlook*)
ciasny; (*person*) zasklepiony w
sobie.

insulate ['ɪnsjuleɪt] *vt* izolować
(odizolować *perf*); (*against
electricity*) izolować (zaizolować
perf).

insulation [ɪnsju'leɪʃən] *n* izolacja *f*.

insulin ['ɪnsjulɪn] *n* insulina *f*.

insult ['ɪnsʌlt] *n* zniewaga *f*, obelga *f*
♦ *vt* znieważać (znieważyć *perf*),
obrażać (obrazić *perf*).

insulting [ɪn'sʌltɪŋ] *adj* obelżywy.

insurance [ɪn'ʃuərəns] *n*
ubezpieczenie *nt*.

insure [ɪn'ʃuə*] *vt*: **to insure
(against)** ubezpieczać (ubezpieczyć
perf) (od +*gen*); **to insure (o.s.)
against sth** (*to prevent it from
happening*) zabezpieczać się
(zabezpieczyć się *perf*) przed czymś;
(*in case it happens*) zabezpieczać się
(zabezpieczyć się *perf*) na wypadek
czegoś.

insurrection [ɪnsə'rɛkʃən] *n*
powstanie *nt*.

intact [ɪn'tækt] *adj* nietknięty,
nienaruszony.

intake ['ɪnteɪk] *n* (*of food, drink*)
spożycie *nt*; (*of air, oxygen*) zużycie
nt; (*BRIT: SCOL*) nabór *m*.

intangible [ɪn'tændʒɪbl] *adj* (*idea,
quality*) nieuchwytny; (*benefit*)
nienamacalny.

integral ['ɪntɪgrəl] *adj* integralny.

integrate ['ɪntɪgreɪt] *vt* (*newcomer*)
wprowadzać (wprowadzić *perf*);
(*ideas, systems*) łączyć (połączyć
perf) (w jedną całość), integrować
(zintegrować *perf*) ♦ *vi* integrować
się (zintegrować się *perf*).

integrity [ɪn'tɛgrɪtɪ] *n* (*of person*)
prawość *f*.

intellect ['ɪntəlɛkt] *n* (*intelligence*)
inteligencja *f*; (*cleverness*) intelekt *m*.

intellectual [ɪntə'lɛktjuəl] *adj*
intelektualny ♦ *n* intelektualista
(-tka) *m(f)*.

intelligence [ɪn'tɛlɪdʒəns] *n*
inteligencja *f*; (*MIL etc*) wywiad *m*.

intelligence service *n* służba *f*
wywiadowcza.

intelligent [ɪn'tɛlɪdʒənt] *adj*
inteligentny.

intelligible [ɪn'tɛlɪdʒɪbl] *adj*
zrozumiały.

intend [ɪn'tɛnd] *vt*: **to intend sth for
sb** przeznaczać (przeznaczyć *perf*)
coś dla kogoś; **to intend to do sth**
zamierzać coś (z)robić.

intended [ɪn'tɛndɪd] adj (effect, insult) zamierzony; (journey) planowany.

intense [ɪn'tɛns] adj (heat) wielki; (effort, activity) intensywny; (effect, emotion, experience) silny, głęboki; (person: serious) poważny; (: emotional) uczuciowy.

intensely [ɪn'tɛnslɪ] adv (extremely) wielce; (feel, experience) silnie, głęboko.

intensify [ɪn'tɛnsɪfaɪ] vt nasilać (nasilić perf).

intensity [ɪn'tɛnsɪtɪ] n (of heat, anger) nasilenie nt; (of effort) intensywność f.

intensive [ɪn'tɛnsɪv] adj intensywny.

intensive care unit n oddział m intensywnej opieki medycznej.

intent [ɪn'tɛnt] n (fml) intencja f ♦ adj skupiony; **intent on** skupiony na +loc; **to be intent on doing sth** być zdecydowanym coś (z)robić.

intention [ɪn'tɛnʃən] n zamiar m.

intentional [ɪn'tɛnʃənl] adj zamierzony, celowy.

intentionally [ɪn'tɛnʃnəlɪ] adv celowo.

intently [ɪn'tɛntlɪ] adv w skupieniu, uważnie.

interact [ɪntər'ækt] vi oddziaływać na siebie (wzajemnie); **to interact (with sb)** (co-operate) współdziałać (z kimś).

interaction [ɪntər'ækʃən] n wzajemne oddziaływanie nt; (co-operation) współdziałanie nt; (social) interakcja f.

interactive [ɪntər'æktɪv] adj interakcyjny.

intercept [ɪntə'sɛpt] vt (message) przechwytywać (przechwycić perf); (person, car) zatrzymywać (zatrzymać perf).

interchange ['ɪntətʃeɪndʒ] n (of information etc) wymiana f; (AUT) rozjazd m (na autostradzie).

interchangeable [ɪntə'tʃeɪndʒəbl] adj zamienny.

intercom ['ɪntəkɔm] n telefon m komunikacji wewnętrznej, intercom m.

intercourse ['ɪntəkɔːs] n (sexual) stosunek m, zbliżenie nt; **social intercourse** współżycie społeczne.

interest ['ɪntrɪst] n (desire to know, pastime): **interest (in)** zainteresowanie nt (+instr); (advantage, profit) interes m; (COMM: in company) udział m; (: sum of money) odsetki pl, procent m ♦ vt interesować (zainteresować perf).

interested ['ɪntrɪstɪd] adj zainteresowany; **to be interested in sth/sb** interesować się czymś/kimś; **to be interested in doing sth** być zainteresowanym robieniem czegoś.

interesting ['ɪntrɪstɪŋ] adj interesujący, ciekawy.

interest rate n stopa f procentowa.

interface ['ɪntəfeɪs] n (COMPUT) interfejs m.

interfere [ɪntə'fɪə*] vi: **to interfere in** wtrącać się (wtrącić się perf) do +gen or w +acc; **to interfere with** (object) majstrować przy +loc; (career) przeszkadzać (przeszkodzić perf) w +loc; (plans) kolidować z +instr.

interference [ɪntə'fɪərəns] n (in sb's affairs) wtrącanie się nt, ingerencja f; (RADIO, TV) interferencja f.

interim ['ɪntərɪm] adj tymczasowy ♦ n: **in the interim** w międzyczasie.

interior [ɪn'tɪərɪə*] n wnętrze nt ♦ adj wewnętrzny; **interior minister/department** Minister/Departament Spraw Wewnętrznych.

interjection [ɪntə'dʒɛkʃən] n (interruption) wtrącenie nt; (LING) wykrzyknik m.

interlude ['ɪntəluːd] n (break) przerwa f; (THEAT) antrakt m.

intermediary [ɪntə'miːdɪərɪ] n pośrednik (-iczka) m(f).

intermediate [ɪntə'miːdɪət] *adj*
(*stage*) pośredni; (*student*)
średniozaawansowany.

interminable [ɪn'təːmɪnəbl] *adj* nie
kończący się, bez końca *post*.

intermission [ɪntə'mɪʃən] *n* przerwa
f; (*THEAT*) antrakt *m*.

intermittent [ɪntə'mɪtnt] *adj* (*noise*)
przerywany; (*publication*)
nieregularny.

internal [ɪn'təːnl] *adj* wewnętrzny.

internally [ɪn'təːnəlɪ] *adv*: "not to be
taken internally" „do użytku
zewnętrznego".

Internal Revenue Service (*US*) *n*
≈ Izba *f* Skarbowa.

international [ɪntə'næʃənl] *adj*
międzynarodowy ♦ *n* (*BRIT*:
SPORT) mecz *m* międzypaństwowy.

Internet ['ɪntənɛt] (*COMPUT*) *n*: **the
Internet** Internet *m*.

interpersonal [ɪntə'pəːsənəl] *adj*
interpersonalny, międzyludzki.

interplay ['ɪntəpleɪ] *n*: **interplay
(of/between)** (wzajemne)
oddziaływanie *nt* (+*gen*/między
+*instr*).

interpret [ɪn'təːprɪt] *vt* (*explain,
understand*) interpretować
(zinterpretować *perf*); (*translate*)
tłumaczyć (przetłumaczyć *perf*)
(*ustnie*) ♦ *vi* tłumaczyć (*ustnie*).

interpretation [ɪntəːprɪ'teɪʃən] *n*
interpretacja *f*.

interpreter [ɪn'təːprɪtə*] *n*
tłumacz(ka) *m(f)*.

interrelated [ɪntərɪ'leɪtɪd] *adj*
powiązany (ze sobą).

interrogate [ɪn'tɛrəugeɪt] *vt*
przesłuchiwać (przesłuchać *perf*).

interrogation [ɪntɛrəu'geɪʃən] *n*
przesłuchanie *nt*.

interrogative [ɪntə'rɔgətɪv] (*LING*)
adj pytajny.

interrupt [ɪntə'rʌpt] *vt* (*speaker*)
przerywać (przerwać *perf*) +*dat*;

(*conversation*) przerywać (przerwać
perf) ♦ *vi* przerywać (przerwać *perf*).

interruption [ɪntə'rʌpʃən] *n*: **there
were several interruptions** kilka
razy przerywano.

intersection [ɪntə'sɛkʃən] *n* (*of
roads*) przecięcie *nt*, skrzyżowanie *nt*.

intertwine [ɪntə'twaɪn] *vi* splatać się
(spleść się *perf*).

interval ['ɪntəvl] *n* przerwa *f*; **sunny
intervals** przejaśnienia; **at
six-month intervals** w
sześciomiesięcznych odstępach.

intervene [ɪntə'viːn] *vi* (*in situation*)
interweniować (zainterweniować
perf); (*in speech*) wtrącać się
(wtrącić się *perf*); (*event*)
przeszkadzać (przeszkodzić *perf*);
(*years, months*) upływać (upłynąć
perf).

intervention [ɪntə'vɛnʃən] *n*
interwencja *f*.

interview ['ɪntəvjuː] *n* (*for job*)
rozmowa *f* kwalifikacyjna; (*RADIO,
TV*) wywiad *m* ♦ *vt* (*for job*)
przeprowadzać (przeprowadzić *perf*)
rozmowę kwalifikacyjną z +*instr*;
(*RADIO, TV*) przeprowadzać
(przeprowadzić *perf*) wywiad z
+*instr*.

intestine [ɪn'tɛstɪn] *n* jelito *nt*.

intimacy ['ɪntɪməsɪ] *n* bliskość *f*.

intimate ['ɪntɪmət] *adj* (*friend*) bliski;
(*relations, matter, detail*) intymny;
(*restaurant, atmosphere*) kameralny;
(*knowledge*) gruntowny ♦ *vt*
napomykać (napomknąć *perf*) o +*loc*.

intimidate [ɪn'tɪmɪdeɪt] *vt* zastraszać
(zastraszyć *perf*).

intimidation [ɪntɪmɪ'deɪʃən] *n*
zastraszenie *nt*.

┌──── KEYWORD ────┐

into ['ɪntu] *prep* **1** (*indicating motion
or direction*) do +*gen*; **throw it into
the fire** wrzuć to do ognia *or* w
ogień; **research into cancer** badania

nad rakiem. **2** (*indicating change of condition, result*): **the vase broke into pieces** wazon rozbił się na kawałki; **she burst into tears** wybuchła płaczem; **they got into trouble** wpadli w tarapaty.

---

intolerable [ɪn'tɔlərəbl] *adj* (*life, situation*) nieznośny, nie do zniesienia *post*; (*quality, methods*) nie do przyjęcia *post*.

intolerance [ɪn'tɔlərns] *n* nietolerancja *f*.

intonation [ɪntəʊ'neɪʃən] *n* intonacja *f*.

intoxicated [ɪn'tɔksɪkeɪtɪd] *adj* odurzony *or* upojony (alkoholem).

intransitive [ɪn'trænsɪtɪv] *adj* (*LING*) nieprzechodni.

intravenous [ɪntrə'viːnəs] *adj* dożylny.

intricate ['ɪntrɪkət] *adj* zawiły.

intrigue [ɪn'triːg] *n* (*plotting*) intrygi *pl*; (*instance*) intryga *f* ♦ *vt* intrygować (zaintrygować *perf*).

intriguing [ɪn'triːgɪŋ] *adj* intrygujący.

intrinsic [ɪn'trɪnsɪk] *adj* (*goodness, superiority*) wrodzony; (*part*) nieodłączny; **these objects have no intrinsic value** przedmioty te nie przedstawiają sobą żadnej wartości.

introduce [ɪntrə'djuːs] *vt* (*new idea, method*) wprowadzać (wprowadzić *perf*); (*speaker*) przedstawiać (przedstawić *perf*); **to introduce sb (to sb)** przedstawiać (przedstawić *perf*) kogoś (komuś); **to introduce sb to sth** zaznajamiać (zaznajomić *perf*) kogoś z czymś.

introduction [ɪntrə'dʌkʃən] *n* (*of new idea, measure*) wprowadzenie *nt*; (*of person*) przedstawienie *nt*, prezentacja *f*; (*to new experience*) zapoznanie *nt*, zaznajomienie *nt*; (*in book*) wstęp *m*, wprowadzenie *nt*.

introductory [ɪntrə'dʌktəri] *adj* wstępny.

introvert ['ɪntrəʊvəːt] *n* introwertyk (-yczka) *m(f)* ♦ *adj* (*also*: **introverted**: *behaviour*) introwersyjny; (*child*) introwertyczny.

intrude [ɪn'truːd] *vi* przeszkadzać (przeszkodzić *perf*); **to intrude on** zakłócać (zakłócić *perf*) +*acc*.

intruder [ɪn'truːdə*] *n* intruz *m*.

intrusion [ɪn'truːʒən] *n* (*of person*) wtargnięcie *nt*; (*of outside influences*) wpływ *m*.

intuition [ɪntjuː'ɪʃən] *n* intuicja *f*; **an intuition** przeczucie *nt*.

intuitive [ɪn'tjuːɪtɪv] *adj* intuicyjny.

inundate ['ɪnʌndeɪt] *vt*: **to inundate sb/sth with** zasypywać (zasypać *perf*) kogoś/coś +*instr*.

invade [ɪn'veɪd] *vt* (*MIL*) najeżdżać (najechać *perf*).

invalid ['ɪnvəlɪd] *n* inwalida (-dka) *m(f)* ♦ *adj* (*ticket*) nieważny; (*argument*) oparty na błędnych przesłankach.

invaluable [ɪn'væljuəbl] *adj* nieoceniony.

invariably [ɪn'vɛərɪəblɪ] *adv* niezmiennie.

invasion [ɪn'veɪʒən] *n* (*lit, fig*) najazd *m*, inwazja *f*.

invent [ɪn'vɛnt] *vt* (*machine, system*) wynajdywać (wynaleźć *perf*); (*game, phrase*) wymyślać (wymyślić *perf*); (*fabricate*) zmyślać (zmyślić *perf*), wymyślać (wymyślić *perf*).

invention [ɪn'vɛnʃən] *n* (*machine, system*) wynalazek *m*; (*untrue story*) wymysł *m*; (*act of inventing*) wynalezienie *nt*.

inventive [ɪn'vɛntɪv] *adj* pomysłowy.

inventor [ɪn'vɛntə*] *n* wynalazca (-czyni) *m(f)*.

inventory ['ɪnvəntrɪ] *n* spis *m* inwentarza.

inverse [ɪn'vəːs] *adj* odwrotny.

invertebrate [ɪnˈvɜːtɪbrət] *n* bezkręgowiec *m*.

inverted commas [ɪnˈvɜːtɪd-] (*BRIT*) *npl* cudzysłów *m*.

invest [ɪnˈvɛst] *vt* inwestować (zainwestować *perf*) ♦ *vi*: **invest in** inwestować (zainwestować *perf*) w +*acc*.

investigate [ɪnˈvɛstɪgeɪt] *vt* badać (zbadać *perf*); (*POLICE*) prowadzić (poprowadzić *perf*) dochodzenie w sprawie +*gen*.

investigation [ɪnvɛstɪˈgeɪʃən] *n* dochodzenie *nt*.

investigator [ɪnˈvɛstɪgeɪtə*] *n* badacz(ka) *m(f)*; (*POLICE*) oficer *m* śledczy.

investment [ɪnˈvɛstmənt] *n* (*activity*) inwestowanie *pl*; (*amount of money*) inwestycja *f*.

investor [ɪnˈvɛstə*] *n* inwestor *m*.

invidious [ɪnˈvɪdɪəs] *adj* (*task*) niewdzięczny; (*comparison, decision*) krzywdzący.

invigilator [ɪnˈvɪdʒɪleɪtə*] *n osoba nadzorująca przebieg egzaminu*.

invigorating [ɪnˈvɪgəreɪtɪŋ] *adj* orzeźwiający; (*fig*) ożywczy.

invincible [ɪnˈvɪnsɪbl] *adj* (*army*) niepokonany, niezwyciężony; (*belief*) niezachwiany.

invisible [ɪnˈvɪzɪbl] *adj* niewidoczny; (*in fairy tales etc*) niewidzialny.

invitation [ɪnvɪˈteɪʃən] *n* zaproszenie *nt*.

invite [ɪnˈvaɪt] *vt* zapraszać (zaprosić *perf*); (*discussion, criticism*) zachęcać (zachęcić *perf*) do +*gen*; **to invite sb to do sth** poprosić (*perf*) kogoś, żeby coś zrobił.

inviting [ɪnˈvaɪtɪŋ] *adj* kuszący.

invoice [ˈɪnvɔɪs] *n* (*COMM*) faktura *f* ♦ *vt* fakturować (zafakturować *perf*).

invoke [ɪnˈvəuk] *vt* (*law*) powoływać się (powołać się *perf*) na +*acc*.

involuntary [ɪnˈvɔləntrɪ] *adj* mimowolny.

involve [ɪnˈvɔlv] *vt* (*entail*) wymagać +*gen*; (*concern, affect*) dotyczyć +*gen*; **to involve sb (in sth)** angażować (zaangażować *perf*) kogoś (w coś).

involved [ɪnˈvɔlvd] *adj* (*complicated*) zawiły; **to be involved in** być zaangażowanym w +*acc*.

involvement [ɪnˈvɔlvmənt] *n* zaangażowanie *nt*.

inward [ˈɪnwəd] *adj* (*thought, feeling*) skryty; (*concentration*) wewnętrzny; (*movement*) do wewnątrz *post*.

inward(s) [ˈɪnwəd(z)] *adv* do wewnątrz, do środka.

iodine [ˈaɪəudiːn] *n* jodyna *f*.

ion [ˈaɪən] *n* jon *m*.

IOU *n abbr* (= *I owe you*) rewers *m*, skrypt *m* dłużny.

IQ *n abbr* (= *intelligence quotient*) IQ *nt inv*, iloraz *m* inteligencji.

IRA *n abbr* (= *Irish Republican Army*) IRA *f inv*.

Iran [ɪˈrɑːn] *n* Iran *m*.

Iraq [ɪˈrɑːk] *n* Irak *m*.

Iraqi [ɪˈrɑːkɪ] *adj* iracki ♦ *n* Irakijczyk (-jka) *m(f)*.

Ireland [ˈaɪələnd] *n* Irlandia *f*.

iris [ˈaɪrɪs] (*pl* **irises**) *n* (*ANAT*) tęczówka *f*; (*BOT*) irys *m*.

Irish [ˈaɪrɪʃ] *adj* irlandzki ♦ *npl*: **the Irish** Irlandczycy *vir pl*.

Irishman [ˈaɪrɪʃmən] (*irreg like*: **man**) *n* Irlandczyk *m*.

irksome [ˈəːksəm] *adj* drażniący.

iron [ˈaɪən] *n* żelazo *nt*; (*for clothes*) żelazko *nt* ♦ *cpd* żelazny ♦ *vt* prasować (wyprasować *perf*).

▶**iron out** *vt* (*fig*) rozwiązywać (rozwiązać *perf*).

ironic(al) [aɪˈrɔnɪk(l)] *adj* ironiczny; (*situation*) paradoksalny.

ironing board *n* deska *f* do prasowania.

ironmonger's (shop) [ˈaɪənmʌngəz-] *n* sklep *m* z wyrobami żelaznymi.

irony ['aɪrənɪ] *n* ironia *f*.

irrational [ɪ'ræʃənl] *adj* irracjonalny.

irreconcilable [ɪrɛkən'saɪləbl] *adj* (*ideas, views*) nie do pogodzenia *post*; (*conflict*) nierozwiązywalny.

irrefutable [ɪrɪ'fju:təbl] *adj* niepodważalny, niezbity.

irregular [ɪ'rɛgjulə*] *adj* (*action, pattern, verb*) nieregularny; (*surface*) nierówny; (*behaviour*) nieodpowiedni.

irregularity [ɪrɛgju'lærɪtɪ] *n* (*of action, pattern, verb*) nieregularność *f*; (*of surface*) nierówność *f*; (*anomaly*) nieprawidłowość *f*.

irrelevant [ɪ'rɛləvənt] *adj* (*remark*) nie na temat *post*; (*detail*) nieistotny.

irreparable [ɪ'rɛprəbl] *adj* nieodwracalny.

irreplaceable [ɪrɪ'pleɪsəbl] *adj* niezastąpiony.

irresistible [ɪrɪ'zɪstɪbl] *adj* nieodparty.

irrespective [ɪrɪ'spɛktɪv]:
irrespective of *prep* bez względu na +*acc*.

irresponsible [ɪrɪ'spɒnsɪbl] *adj* nieodpowiedzialny.

irreverent [ɪ'rɛvərnt] *adj* lekceważący.

irrevocable [ɪ'rɛvəkəbl] *adj* nieodwołalny.

irrigation [ɪrɪ'geɪʃən] *n* nawadnianie *nt*.

irritable ['ɪrɪtəbl] *adj* drażliwy.

irritate ['ɪrɪteɪt] *vt* drażnić (rozdrażnić *perf*), irytować (zirytować *perf*); (*MED*) drażnić (podrażnić *perf*).

irritating ['ɪrɪteɪtɪŋ] *adj* drażniący, irytujący.

irritation [ɪrɪ'teɪʃən] *n* (*feeling*) rozdrażnienie *nt*, irytacja *f*; (*MED*) podrażnienie *nt*; (*thing*) utrapienie *nt*.

IRS (*US*) *n abbr* = **Internal Revenue Service**.

is [ɪz] *vb see* **be**.

Islam ['ɪzlɑ:m] *n* islam *m*.

Islamic [ɪz'læmɪk] *adj* islamski.

island ['aɪlənd] *n* wyspa *f*.

isle [aɪl] *n* wyspa *f*.

isn't ['ɪznt] = **is not**.

isolate ['aɪsəleɪt] *vt* izolować (izolować *perf*), odizolowywać (odizolować *perf*); (*substance*) izolować (wyizolować *perf*).

isolated ['aɪsəleɪtɪd] *adj* (*place, incident*) odosobniony; (*person*) wyobcowany.

isolation [aɪsə'leɪʃən] *n* izolacja *f*, odosobnienie *nt*.

Israel ['ɪzreɪl] *n* Izrael *m*.

Israeli [ɪz'reɪlɪ] *adj* izraelski ♦ *n* Izraelczyk (-lka) *m(f)*.

issue ['ɪʃu:] *n* (*problem*) sprawa *f*, kwestia *f*; (*of magazine*: *edition*) wydanie *nt*; (: *number*) numer *m* ♦ *vt* wydawać (wydać *perf*); **the point at issue is ...** chodzi o +*acc*; **to take issue with sb (over)** nie zgadzać się (nie zgodzić się *perf*) z kimś (w kwestii +*gen*); **to make an issue of sth** robić (zrobić *perf*) z czegoś (wielką) sprawę.

┌───── *KEYWORD* ─────┐

it [ɪt] *pron* **1** (*specific*) ono *nt* (*also: on, ona, depending on grammatical gender of replaced noun*), to *nt*; **give it to me** daj mi to; **about/in/on/with it** o/w/na/z tym; **from/to/without it** z/do/bez tego. **2** (*impersonal*): **it's raining** pada (deszcz); **it's six o'clock/the 10th of August** jest szósta/dziesiąty sierpnia; **how far is it?** jak to daleko?; **who is it? – it's me** kto tam? – (to) ja.

└─────────────────────┘

Italian [ɪ'tæljən] *adj* włoski ♦ *n* (*person*) Włoch/Włoszka *m/f*; (*LING*) (język *m*) włoski.

italics [ɪ'tælɪks] *npl* kursywa *f*.

Italy ['ɪtəlɪ] *n* Włochy *pl*.

itch [ɪtʃ] *n* swędzenie *nt* ♦ *vi*: **I itch** swędzi mnie; **my toes are itching** swędzą mnie palce u nóg; **to be**

itching to do sth mieć chętkę coś zrobić.

itchy ['ɪtʃɪ] adj swędzący; **I'm all itchy** wszystko mnie swędzi.

it'd ['ɪtd] = **it would**; **it had**.

item ['aɪtəm] n rzecz f; (on list, agenda) punkt m, pozycja f; (also: **news item**) wiadomość f.

itinerary [aɪ'tɪnərərɪ] n plan m podróży.

it'll ['ɪtl] = **it will**; **it shall**.

its [ɪts] adj swój, jego; **the baby was lying in its room** dziecko leżało w swoim pokoju; **the creature lifted its head** stworzenie uniosło głowę.

it's [ɪts] = **it is**; **it has**.

itself [ɪt'self] pron (reflexive) się; (after prep) siebie (gen, acc), sobie (dat, loc), sobą (instr); (emphatic) samo.

ITV (BRIT: TV) n abbr (= Independent Television).

IUD n abbr (= intra-uterine device) wkładka f domaciczna or wewnątrzmaciczna.

I've [aɪv] = **I have**.

ivory ['aɪvərɪ] n kość f słoniowa.

ivy ['aɪvɪ] n bluszcz m.

J

jab [dʒæb] vt (person) dźgać (dźgnąć perf); (finger, stick etc): **to jab a finger at sb** dźgać (dźgnąć perf) kogoś palcem ♦ n (inf: injection) szczepienie nt.

jack [dʒæk] n (AUT) podnośnik m, lewarek m; (CARDS) walet m.

jackal ['dʒækl] n szakal m.

jacket ['dʒækɪt] n (men's) marynarka f; (women's) żakiet m; (coat) kurtka f; (of book) obwoluta f.

jackpot ['dʒækpɔt] n najwyższa stawka f, cała pula f.

jaded ['dʒeɪdɪd] adj znudzony.

jagged ['dʒægɪd] adj (outline, edge) postrzępiony; (blade) wyszczerbiony.

jail [dʒeɪl] n więzienie nt ♦ vt wsadzać (wsadzić perf) do więzienia.

jam [dʒæm] n (food) dżem m; (also: **traffic jam**) korek m; (inf: difficulty) tarapaty pl ♦ vt (passage, road) tarasować (zatarasować perf); (mechanism, drawer) zablokowywać (zablokować perf); (RADIO) zagłuszać (zagłuszyć perf) ♦ vi (mechanism, drawer etc) zacinać się (zaciąć się perf), zablokowywać się (zablokować się perf); **to jam sth into sth** wpychać (wepchnąć perf) coś do czegoś.

Jamaica [dʒə'meɪkə] n Jamajka f.

jangle ['dʒæŋgl] vi pobrzękiwać.

janitor ['dʒænɪtə*] n (esp US) stróż m.

January ['dʒænjuərɪ] n styczeń m.

Japan [dʒə'pæn] n Japonia f.

Japanese [dʒæpə'niːz] adj japoński ♦ n inv (person) Japończyk (-onka) m(f); (LING) (język m) japoński.

jar [dʒɑː*] n słoik m; (large) słój m ♦ vi (sound) drażnić.

jargon ['dʒɑːgən] n żargon m.

jasmine ['dʒæzmɪn] n jaśmin m.

jaundice ['dʒɔːndɪs] n żółtaczka f.

jaunt [dʒɔːnt] n wypad m.

jaunty ['dʒɔːntɪ] adj raźny.

javelin ['dʒævlɪn] n oszczep m.

jaw [dʒɔː] n szczęka f.

jazz [dʒæz] n jazz m.

jealous ['dʒeləs] adj: **jealous (of)** zazdrosny (o +acc).

jealousy ['dʒeləsɪ] n zazdrość f, zawiść f.

jeans [dʒiːnz] npl dżinsy pl.

jeep [dʒiːp] ® n jeep m.

jelly ['dʒelɪ] n galaretka f.

jellyfish ['dʒelɪfɪʃ] n meduza f.

jeopardy ['dʒepədɪ] n: **to be in jeopardy** być zagrożonym or w niebezpieczeństwie.

jerk [dʒəːk] n szarpnięcie nt; (inf:

idiot) palant *m* (*inf*) ♦ *vt* szarpać
(szarpnąć *perf*) ♦ *vi* szarpać
(szarpnąć *perf*).

jersey ['dʒə:zɪ] *n* (*garment*) pulower
m.

Jerusalem [dʒəˈru:sləm] *n* Jerozolima
f.

Jesus ['dʒi:zəs] *n* Jezus *m*.

jet [dʒɛt] *n* (*of gas, liquid*) silny
strumień *m*; (*AVIAT*) odrzutowiec *m*.

jet lag *n zmęczenie po podróży
samolotem spowodowane różnicą
czasu.*

jetty ['dʒɛtɪ] *n* pirs *m*.

Jew [dʒu:] *n* Żyd *m*.

jewel ['dʒu:əl] *n* (*lit, fig*) klejnot *m*; (*in
watch*) kamień *m*.

jeweller ['dʒu:ələ*] (*US* **jeweler**) *n*
jubiler *m*.

jeweller's (shop) *n* sklep *m*
jubilerski, jubiler *m*.

jewellery ['dʒu:əlrɪ] (*US* **jewelry**) *n*
biżuteria *f*.

Jewess ['dʒu:ɪs] *n* Żydówka *f*.

Jewish ['dʒu:ɪʃ] *adj* żydowski.

jibe [dʒaɪb] *n* = **gibe**.

jiffy ['dʒɪfɪ] (*inf*) *n*: **in a jiffy** za
sekundkę *or* momencik.

jigsaw ['dʒɪgsɔ:] *n* (*also:* **jigsaw
puzzle**) układanka *f*.

jilt [dʒɪlt] *vt* porzucać (porzucić *perf*).

job [dʒɔb] *n* praca *f*; **it's a good job
that ...** (to) dobrze, że ...; **it's not
my job** to nie należy do mnie.

job centre (*BRIT*) *n* ≈ biuro *nt*
pośrednictwa pracy.

jobless ['dʒɔblɪs] *adj* bez pracy *post*.

jockey ['dʒɔkɪ] *n* dżokej *m*.

jocular ['dʒɔkjulə*] *adj* (*person*)
dowcipny; (*remark*) żartobliwy.

jog [dʒɔg] *vt* trącać (trącić *perf*),
potrącać (potrącić *perf*) ♦ *vi*
uprawiać jogging; **to jog your
memory** żeby ci pomóc sobie
przypomnieć.

jogging ['dʒɔgɪŋ] *n* jogging *m*.

join [dʒɔɪn] *vt* (*queue*) dołączać

(dołączyć *perf*) do +*gen*; (*club,
organization*) wstępować (wstąpić
perf) do +*gen*; (*things, places*) łączyć
(połączyć *perf*); (*person: meet*)
spotykać się (spotkać się *perf*) z
+*instr*; (: *in an activity*) przyłączać
się (przyłączyć się *perf*) do +*gen*;
(*road, river*) łączyć się z +*instr* ♦ *vi*
(*roads, rivers*) łączyć się ♦ *n*
złączenie *nt*.

►**join in** *vi* włączać się (włączyć się
perf) ♦ *vt fus* (*work, discussion*)
włączać się (włączyć się *perf*) do
+*gen*.

►**join up** *vi* (*MIL*) wstępować
(wstąpić *perf*) do wojska.

joiner ['dʒɔɪnə*] (*BRIT*) *n* stolarz *m*
(*robiący drzwi, framugi itp*).

joint [dʒɔɪnt] *n* (*TECH*) złącze *nt*,
spoina *f*; (*ANAT*) staw *m*; (*BRIT:
CULIN*) sztuka *f* mięsa; (*inf: place*)
lokal *m*; (: *of cannabis*) skręt *m* (*inf*)
♦ *adj* wspólny.

joke [dʒəuk] *n* (*gag*) dowcip *m*,
kawał *m* (*inf*); (*sth not serious*) żart
m; (*also:* **practical joke**) psikus *m*,
kawał *m* (*inf*) ♦ *vi* żartować; **to play
a joke on sb** robić (zrobić *perf*)
komuś kawał.

joker ['dʒəukə*] *n* (*CARDS*) joker *m*,
dżoker *m*.

jolly ['dʒɔlɪ] *adj* wesoły ♦ *adv* (*BRIT:
inf*) naprawdę.

jolt [dʒəult] *n* (*jerk*) szarpnięcie *nt*;
(*shock*) wstrząs *m* ♦ *vt* (*physically*)
szarpnąć (*perf*), potrząsnąć (*perf*)
+*instr*; (*emotionally*) wstrząsnąć (*perf*)
+*instr*.

journal ['dʒə:nl] *n* (*magazine*)
czasopismo *nt*; (: *in titles*) magazyn
m; (*diary*) dziennik *m*.

journalism ['dʒə:nəlɪzəm] *n*
dziennikarstwo *nt*.

journalist ['dʒə:nəlɪst] *n* dziennikarz
(-arka) *m(f)*.

journey ['dʒə:nɪ] *n* podróż *f*.

jovial ['dʒəuvɪəl] *adj* jowialny.

joy [dʒɔɪ] n radość f.

joyful ['dʒɔɪful] adj (mood, laugh) radosny; (person) uradowany.

joyrider ['dʒɔɪraɪdə*] n amator przejażdżek kradzionymi samochodami.

joystick ['dʒɔɪstɪk] n (AVIAT) drążek m sterowy; (COMPUT) joystick m, dżojstik m.

Jr abbr (in names) = **junior** jr.

jubilant ['dʒuːbɪlnt] adj rozradowany.

jubilee ['dʒuːbɪliː] n jubileusz m.

judge [dʒʌdʒ] n (JUR) sędzia (-ina) m(f); (in competition) sędzia (-ina) m(f), juror(ka) m(f); (fig) ekspert m ♦ vt (competition, match) sędziować; (estimate) określać (określić perf), oceniać (ocenić perf); (evaluate) oceniać; (consider) uznawać (uznać perf) za +acc.

judg(e)ment ['dʒʌdʒmənt] n (JUR) orzeczenie nt, wyrok m; (view, opinion) pogląd m, opinia f; (discernment) ocena f sytuacji.

judicial [dʒuː'dɪʃl] adj sądowy.

judiciary [dʒuː'dɪʃɪərɪ] n: **the judiciary** sądownictwo nt, władza f sądownicza.

judicious [dʒuː'dɪʃəs] adj rozważny, rozsądny.

judo ['dʒuːdəu] n judo nt inv, dżudo nt inv.

jug [dʒʌg] n dzbanek m.

juggle ['dʒʌgl] vi żonglować ♦ vt (fig) zmieniać (zmienić perf), przesuwać (przesunąć perf).

juice [dʒuːs] n sok m.

juicy ['dʒuːsɪ] adj soczysty.

jukebox ['dʒuːkbɔks] n szafa f grająca.

July [dʒuː'laɪ] n lipiec m.

jumble ['dʒʌmbl] n (of things, colours, qualities) (bezładna) mieszanina f ♦ vt (also: **jumble up**) mieszać (pomieszać perf).

jumble sale (BRIT) n wyprzedaż f rzeczy używanych (zwykle na cele dobroczynne).

jumbo ['dʒʌmbəu] n (also: **jumbo jet**) wielki odrzutowiec m, Jumbo Jet m.

jump [dʒʌmp] vi skakać (skoczyć perf); (with fear, surprise) (aż) podskoczyć (perf) ♦ vt przeskakiwać (przeskoczyć perf) (przez) ♦ n (leap) skok m; (increase) skok m (w górę); **to jump the queue** (BRIT) wpychać się (wepchnąć się perf) poza kolejką or kolejnością.

jumper ['dʒʌmpə*] n (BRIT) pulower m; (US) bezrękawnik m.

junction ['dʒʌŋkʃən] (BRIT) n (of roads) skrzyżowanie nt; (RAIL) rozjazd m, stacja f węzłowa.

June [dʒuːn] n czerwiec m.

jungle ['dʒʌŋgl] n dżungla f, puszcza f; (fig) dżungla f.

junior ['dʒuːnɪə*] adj niższy rangą, młodszy ♦ n (subordinate) podwładny (-na) m(f); (BRIT) ≈ uczeń/uczennica m/f szkoły podstawowej (w wieku 7-11 lat); **he's my junior by 2 years, he's 2 years my junior** jest ode mnie o 2 lata młodszy.

junk [dʒʌŋk] n (rubbish) graty pl, rupiecie pl; (cheap goods) starzyzna f.

junk food n niezdrowe jedzenie nt.

junkie ['dʒʌŋkɪ] (inf) n ćpun(ka) m(f) (inf).

junk shop n sklep m ze starzyzną.

jurisdiction [dʒuərɪs'dɪkʃən] n jurysdykcja f.

juror ['dʒuərə*] n (JUR) przysięgły (-ła) m(f); (in competition) juror(ka) m(f).

jury ['dʒuərɪ] n (JUR) sąd m or ława f przysięgłych; (in competition) jury nt inv.

just [dʒʌst] adj (decision, person, society) sprawiedliwy; (reward) zasłużony; (cause) słuszny ♦ adv (exactly) właśnie, dokładnie; (merely) tylko, jedynie; **he's just**

left właśnie wyszedł; **just right** w
sam raz; **just now** (*a moment ago*)
dopiero co; (*at the present time*) w
tej chwili; **she's just as clever as
you** jest nie mniej inteligentna niż
ty; **it's just as well (that ...)** no i
dobrze (, że ...); **just as he was
leaving** w chwili, gdy wychodził;
just before/after krótko przed
+*instr*/po +*loc*; **just after you called**
krótko po tym, jak zadzwoniłeś;
just enough akurat tyle, ile
potrzeba; **there was just enough
petrol** ledwo starczyło benzyny;
just here o tutaj; **he just missed**
minimalnie chybił; **just listen**
posłuchaj tylko.

justice ['dʒʌstɪs] *n* (*JUR*)
sprawiedliwość *f*, wymiar *m*
sprawiedliwości; (*of cause*)
słuszność *f*; (*of complaint*) zasadność
f; (*fairness*) sprawiedliwość *f*; (*US:
judge*) sędzia *m*; **to do justice to**
(*fig: represent, capture*) dobrze
oddawać (oddać *perf*) +*acc*; (*deal
properly with*) dawać (dać *perf*) sobie
radę z +*instr*, uporać się (*perf*) z
+*instr*.

justification [dʒʌstɪfɪ'keɪʃən] *n*
(*reason*) uzasadnienie *nt*.

justify ['dʒʌstɪfaɪ] *vt* (*action, decision*)
uzasadniać (uzasadnić *perf*),
tłumaczyć (wytłumaczyć *perf*);
(*TYP: text*) justować.

jut [dʒʌt] *vi* (*also*: **jut out**) wystawać,
sterczeć.

juvenile ['dʒuːvənaɪl] *adj* (*offender*)
nieletni, młodociany; (*mentality,
person*) dziecinny ♦ *n* nieletni(a)
m(f); **juvenile crime** przestępczość
nieletnich; **juvenile court** sąd dla
nieletnich.

juxtapose ['dʒʌkstəpəuz] *vt*
zestawiać (zestawić *perf*) (ze sobą).

K

K *abbr* (= *one thousand*) (*COMPUT*) =
kilobyte kB.

kangaroo [kæŋgə'ruː] *n* kangur
(-urzyca) *m(f)*.

karate [kə'rɑːtɪ] *n* karate *nt inv*.

kebab [kə'bæb] *n* kebab *m*.

keel [kiːl] *n* kil *m*.

keen [kiːn] *adj* (*person*) zapalony,
gorliwy; (*interest, desire*) żywy;
(*eye, intelligence*) bystry,
przenikliwy; (*competition*) zawzięty;
(*edge, blade*) ostry; **to be keen to
do** *or* **on doing sth** palić się do
(robienia) czegoś; **to be keen on
sth/sb** interesować się czymś/kimś.

keep [kiːp] (*pt* **kept**) *vt* (*retain:
receipt*) zachowywać (zachować
perf); (: *money*) zatrzymywać
(zatrzymać *perf*); (: *job*) utrzymywać
(utrzymać *perf*); (*preserve, store*)
przechowywać (przechować *perf*),
trzymać; (*detain*) zatrzymywać
(zatrzymać *perf*); (*hold back*)
powstrzymywać (powstrzymać *perf*);
(*shop, accounts, notes*) prowadzić;
(*chickens etc*) hodować, trzymać
(*inf*); (*family*) utrzymywać; (*promise*)
dotrzymywać (dotrzymać *perf*) +*gen*
♦ *vi* trzymać się ♦ *n* (*expenses*)
utrzymanie *nt*; (*of castle*) baszta *f*; **I
keep thinking about it** ciągle o tym
myślę; **keep walking** idź dalej; **to
keep sth to o.s.** zachowywać
(zachować *perf*) coś dla siebie; **to
keep sth (back) from sb** zatajać
(zataić *perf*) coś przed kimś; **to keep
sb from doing sth** powstrzymywać
(powstrzymać *perf*) kogoś od
(z)robienia czegoś; **to keep sth
from happening** zapobiegać
(zapobiec *perf*) czemuś; **to keep
time** (*clock*) wskazywać czas; **keep
to the path** trzymaj się ścieżki.

▶**keep on** *vi*: **to keep on doing sth**

nadal coś robić; **to keep on (about sth)** nudzić (o czymś).

►**keep out** vt (intruder etc) trzymać z daleka; **"keep out"** (do not enter) „wstęp wzbroniony"; (stay away) „nie zbliżać się".

►**keep up** vt (standards etc) utrzymywać (utrzymać perf); (person) nie pozwalać (nie pozwolić perf) spać +dat ♦ vi: **to keep up (with)** nadążać (nadążyć perf) (za +instr).

keeper ['ki:pə*] n (in zoo, park) dozorca m.

keep fit n zajęcia pl sportowe.

kennel ['kɛnl] n psia buda f.

kennels ['kɛnlz] npl schronisko nt dla psów.

Kenya ['kɛnjə] n Kenia f.

kept pt, pp of **keep**.

kerb [kə:b] (BRIT) n krawężnik m.

kerosene ['kɛrəsi:n] (US) n nafta f.

ketchup ['kɛtʃəp] n keczup m.

kettle ['kɛtl] n czajnik m.

key [ki:] n (lit, fig) klucz m; (MUS) tonacja f; (of piano, computer) klawisz m ♦ adj kluczowy ♦ vt (also: **key in**) wpisywać (wpisać perf) (za pomocą klawiatury).

keyboard ['ki:bɔ:d] n klawiatura f.

keyhole ['ki:həul] n dziurka f od klucza.

key ring n kółko nt na klucze, breloczek m.

khaki ['ka:kɪ] n khaki nt inv.

kick [kɪk] vt kopać (kopnąć perf); (inf: addiction) rzucać (rzucić perf) ♦ vi wierzgać (wierzgnąć perf) ♦ n (of person) kopnięcie nt, kopniak m; (of animal) wierzgnięcie nt, kopnięcie nt; (of ball) rzut m wolny; (thrill) frajda f (inf).

►**kick off** (SPORT) vi rozpoczynać (rozpocząć perf) mecz.

kid [kɪd] n (inf: child) dzieciak m, dziecko nt; (goat) koźlę nt; (leather) kozia skóra f ♦ vi (inf) żartować.

kidnap ['kɪdnæp] vt porywać (porwać perf).

kidnapper ['kɪdnæpə*] n porywacz(ka) m(f).

kidnapping ['kɪdnæpɪŋ] n porwanie nt.

kidney ['kɪdnɪ] n (ANAT) nerka f; (CULIN) cynaderka f.

kill [kɪl] vt zabijać (zabić perf).

killer ['kɪlə*] n zabójca (-czyni) m(f).

kilo ['ki:ləu] n kilo nt inv.

kilobyte ['ki:ləubaɪt] n kilobajt m.

kilogram(me) ['kɪləugræm] n kilogram m.

kilometre ['kɪləmi:tə*] (US **kilometer**) n kilometr m.

kilt [kɪlt] n spódnica f szkocka.

kind [kaɪnd] adj uprzejmy, życzliwy ♦ n rodzaj m; **of some kind** jakiś; **that kind of thing** coś w tym rodzaju; **in kind** (COMM) w towarze; **they're two of a kind** (obaj) są ulepieni z tej samej gliny.

kindergarten ['kɪndəgɑ:tn] n przedszkole nt.

kind-hearted [kaɪnd'hɑ:tɪd] adj życzliwy.

kindly ['kaɪndlɪ] adj (person) dobrotliwy; (tone, interest) życzliwy ♦ adv uprzejmie, życzliwie; **will you kindly ...** czy mógłbyś łaskawie +infin?

kindness ['kaɪndnɪs] n (quality) uprzejmość f, życzliwość f.

king [kɪŋ] n król m.

kingdom ['kɪŋdəm] n królestwo nt.

kingfisher ['kɪŋfɪʃə*] n zimorodek m.

kiosk ['ki:ɔsk] n (shop) kiosk m spożywczy; (BRIT: TEL) budka f (telefoniczna).

kipper ['kɪpə*] n śledź m wędzony.

kiss [kɪs] n pocałunek m, całus m ♦ vt całować (pocałować perf) ♦ vi całować się (pocałować się perf).

kit [kɪt] n (sports kit etc) strój m, kostium m; (MIL) ekwipunek m; (of *tools etc*) komplet *m*, zestaw *m*; (*for assembly*) zestaw *m*.

kitchen ['kɪtʃɪn] *n* kuchnia *f*.

kite [kaɪt] *n* (*toy*) latawiec *m*.

kitten ['kɪtn] *n* kotek *m*, kociątko *nt*.

kitty ['kɪtɪ] *n* wspólna kasa *f*.

km *abbr* = **kilometre** km.

knack [næk] *n*: **to have the knack of/for** mieć talent do +*gen*.

knapsack ['næpsæk] *n* chlebak *m*.

knee [niː] *n* kolano *nt*.

kneel [niːl] (*pt* **knelt**) *vi* (*also*: **kneel down**) klękać (klęknąć *perf or* uklęknąć *perf*).

knelt [nɛlt] *pt, pp of* **kneel**.

knew [njuː] *pt of* **know**.

knickers ['nɪkəz] (*BRIT*) *npl* figi *pl*.

knife [naɪf] (*pl* **knives**) *n* nóż *m* ♦ *vt* pchnąć nożem.

knight [naɪt] *n* rycerz *m*; (*CHESS*) skoczek *m*, konik *m* ♦ *vt* nadawać (nadać *perf*) tytuł szlachecki +*dat*.

knit [nɪt] *vt* robić (zrobić *perf*) na drutach ♦ *vi* robić na drutach; (*bones*) zrastać się (zrosnąć się *perf*); **to knit one's brows** marszczyć (zmarszczyć *perf*) brwi.

knitting ['nɪtɪŋ] *n* (*activity*) robienie *nt* na drutach; (*garment being knitted*) robótka *f*.

knitting needle *n* drut *m* (do robót dzianych).

knives [naɪvz] *npl of* **knife**.

knob [nɔb] *n* gałka *f*.

knock [nɔk] *vt* (*strike*) uderzać (uderzyć *perf*); (*hole*) wybijać (wybić *perf*); (*inf: criticize*) najeżdżać (najechać *perf*) na +*acc* (*inf*) ♦ *vi* (*at door etc*) pukać (zapukać *perf*), stukać (zastukać *perf*) ♦ *n* (*blow, bump*) uderzenie *nt*; (*on door*) pukanie *nt*, stukanie *nt*; **she knocked at the door** zapukała do drzwi.

►**knock down** *vt* (*AUT*) potrącić (*perf*); (: *fatally*) przejechać (*perf*).

►**knock out** *vt* (*person*) pozbawiać

(pozbawić *perf*) przytomności; (*drug*) zwalać (zwalić *perf*) z nóg; (*BOXING*) nokautować (znokautować *perf*); (*in game, competition*) eliminować (wyeliminować *perf*).

►**knock over** *vt* przewracać (przewrócić *perf*); (*AUT*) potrącić (*perf*).

knockout ['nɔkaut] *n* nokaut *m* ♦ *adj* (*competition etc*) rozgrywany systemem pucharowym.

knot [nɔt] *n* (*in rope*) węzeł *m*, supeł *m*; (*in wood*) sęk *m*; (*NAUT*) węzeł *m* ♦ *vt* związywać (związać *perf*).

knotty ['nɔtɪ] *adj* zawiły.

know [nəu] (*pt* **knew**, *pp* **known**) *vt* (*be aware of/that/how etc*) wiedzieć; (*be acquainted with, have experience of*) znać; (*recognize*) poznawać (poznać *perf*); **to know how to swim** umieć pływać; **to know English** znać angielski; **to know about** *or* **of sth/sb** wiedzieć o czymś/kimś; **as far as I know** o ile wiem.

know-all ['nəuɔːl] (*BRIT: inf, pej*) *n* mądrala *m/f*.

know-how ['nəuhau] *n* wiedza *f* (technologiczna).

knowingly ['nəuɪŋlɪ] *adv* (*intentionally*) świadomie; (*smile, look*) porozumiewawczo.

knowledge ['nɔlɪdʒ] *n* wiedza *f*; (*of language etc*) znajomość *f*; **not to my knowledge** nic mi o tym nie wiadomo.

knowledgeable ['nɔlɪdʒəbl] *adj*: **to be knowledgeable about** dobrze znać się na +*loc*.

known [nəun] *pp of* **know**.

knuckle ['nʌkl] *n* kostka *f* (*u ręki*).

KO *n abbr* (= *knockout*) KO *nt inv*, nokaut *m* ♦ *vt* nokautować (znokautować *perf*).

Korea [kə'rɪə] *n* Korea *f*.

kosher ['kəuʃə*] *adj* koszerny.

L

L *abbr* (*BRIT: AUT:* = *learner*) L.
l² *abbr* = **litre** l.
lab [læb] *n abbr* = **laboratory** lab.
label ['leɪbl] *n* (*adhesive*) etykieta *f*, nalepka *f*; (*tie-on*) etykieta *f*, przywieszka *f* ♦ *vt* etykietować.
labor *etc* (*US*) *n* = **labour** *etc*.
laboratory [lə'bɔrətərɪ] *n* (*scientific*) laboratorium *nt*; (*school*) pracownia *f*.
laborious [lə'bɔːrɪəs] *adj* mozolny, żmudny.
labour ['leɪbə*] (*US* **labor**) *n* (*hard work*) ciężka praca *f*; (*work force*) siła *f* robocza; (*work done by work force*) praca *f*; (*MED*): **to be in labour** rodzić ♦ *vt*: **to labour a point** (zbytnio) rozwodzić się nad zagadnieniem; **Labour, the Labour Party** (*BRIT*) Partia Pracy.
labo(u)red ['leɪbəd] *adj* (*breathing*) ciężki.
labo(u)rer ['leɪbərə*] *n* robotnik (-ica) *m(f)*.
labyrinth ['læbɪrɪnθ] *n* labirynt *m*.
lace [leɪs] *n* (*fabric*) koronka *f*; (*of shoe etc*) sznurowadło *nt* ♦ *vt* (*also:* **lace up:** *shoe etc*) sznurować (zasznurować *perf*).
lack [læk] *n* brak *m* ♦ *vt*: **he lacks money/confidence** brak(uje) mu pieniędzy/pewności siebie, **through** *or* **for lack of** ze względu na brak +*gen*; **something is lacking here** czegoś tu brak(uje); **to be lacking in** być pozbawionym +*gen*.
lad [læd] *n* (*boy*) chłopak *m*; (*young man*) młodzieniec *m*.
ladder ['lædə*] *n* (*metal, wood*) drabina *f*; (*rope*) drabinka *f*; (*BRIT: in tights*) oczko *nt*.
laden ['leɪdn] *adj*: **to be laden (with)** uginać się (od +*gen*).

ladle ['leɪdl] *n* chochla *f*, łyżka *f* wazowa.
lady ['leɪdɪ] *n* kobieta *f*, pani *f* (*polite*); (*dignified etc*) dama *f*; **ladies and gentlemen, ...** Panie i Panowie, ..., Szanowni Państwo, ...; **young lady** młoda dama; **the ladies' (room)** toaleta damska.
ladybird ['leɪdɪbɜːd] *n* biedronka *f*.
ladybug ['leɪdɪbʌg] (*US*) *n* = **ladybird.**
lag [læg] *n* opóźnienie *n* ♦ *vi* (*also:* **lag behind**) pozostawać (pozostać *perf*) w tyle; (*trade etc*) podupadać (podupaść *perf*) ♦ *vt* (*pipes etc*) izolować (izolować *perf*).
lager ['lɑːgə*] *n* piwo *nt* pełne jasne.
lagoon [lə'guːn] *n* laguna *f*.
laid [leɪd] *pt, pp of* **lay.**
laid-back [leɪd'bæk] (*inf*) *adj* (*person*) na luzie *post* (*inf*), wyluzowany (*inf*); (*atmosphere*) swobodny.
lain [leɪn] *pp of* **lie.**
lake [leɪk] *n* jezioro *nt*.
lamb [læm] *n* (*ZOOL*) jagnię *nt*; (*REL: fig*) baranek *m*; (*in nursery rhymes etc*) owieczka *f*; (*CULIN*) jagnięcina *f*.
lame [leɪm] *adj* (*person, animal*) kulawy, chromy (*literary*); (*excuse, argument*) lichy, kiepski.
lament [lə'mɛnt] *n* (*mourning*) opłakiwanie *nt*; (*complaining*) lament *m*, biadanie *nt* ♦ *vt* (*mourn*) opłakiwać; (*complain about*) lamentować *or* biadać nad +*instr*.
lamp [læmp] *n* lampa *f*.
lamppost ['læmppəʊst] (*BRIT*) *n* latarnia *f* (uliczna).
lampshade ['læmpʃeɪd] *n* abażur *m*; (*glass*) klosz *m*.
lance [lɑːns] *n* lanca *f* ♦ *vt* (*MED*) nacinać (naciąć *perf*) (*ropień itp*).
land [lænd] *n* (*area of open ground*) ziemia *f*; (*property, estate*) ziemia *f*, grunty *pl*; (*as opposed to sea*) ląd

m; (*country*) kraj *m*, ziemia *f*
(*literary*) ♦ *vi* (*lit, fig*) lądować
(wylądować *perf*) ♦ *vt* (*passengers*)
wysadzać (wysadzić *perf*); (*goods*)
wyładowywać (wyładować *perf*); **to
land sb with sth** (*inf*) zwalać
(zwalić *perf*) komuś coś na głowę
(*inf*).
►**land up** *vi*: **to land up in** lądować
(wylądować *perf*) w +*loc*.
landing ['lændɪŋ] *n* (*of house*)
półpiętro *nt*; (*AVIAT*) lądowanie *nt*.
landlady ['lændleɪdɪ] *n* (*of rented
house, flat*) właścicielka *f*; (*of rented
room*) gospodyni *f*; (*of pub: owner*)
właścicielka *f*; (: *manageress*)
kierowniczka *f*.
landlocked ['lændlɔkt] *adj* nie
posiadający dostępu do morza, bez
dostępu do morza *post*.
landlord ['lændlɔːd] *n* (*of rented
house, flat*) właściciel *m*; (*of rented
room*) gospodarz *m*; (*of pub: owner*)
właściciel *m*; (: *manager*) kierownik
m.
landmark ['lændmɑːk] *n* punkt *m*
orientacyjny; (*fig*) kamień *m* milowy.
landowner ['lændəunə*] *n*
właściciel(ka) *m(f)* ziemski (-ka) *m(f)*.
landscape ['lænskeɪp] *n* krajobraz
m; (*ART*) pejzaż *m*.
landscape architect *n* architekt *m*
krajobrazu, projektant(ka) *m(f)*
terenów zielonych.
landslide ['lændslaɪd] *n* osunięcie się
nt ziemi; (*fig*): **a landslide victory**
przygniatające zwycięstwo *nt*.
lane [leɪn] *n* (*in country*) dróżka *f*;
(*AUT*) pas *m* (ruchu); (*of race
course, swimming pool*) tor *m*.
language ['læŋgwɪdʒ] *n* język *m*;
bad language wulgarny język.
languid ['læŋgwɪd] *adj* (*person*)
powolny; (*movement*) leniwy,
ociężały.
languish ['læŋgwɪʃ] *vi* (*person*)
marnieć, usychać.

lantern ['læntən] *n* lampion *m*.
lap [læp] *n* (*in race*) okrążenie *nt*; (*of
person*): **in his/my lap** u niego/u
mnie na kolanach ♦ *vt* (*also*: **lap up**)
chłeptać (wychłeptać *perf*) ♦ *vi*
(*water*) pluskać.
►**lap up** *vt* (*fig*) przyjmować (przyjąć
perf) za dobrą monetę.
lapel [lə'pɛl] *n* klapa *f*, wyłóg *m*.
lapse [læps] *n* (*bad behaviour*)
uchybienie *nt*; (*of time*) upływ *m* ♦ *vi*
(*contract, membership*) wygasać
(wygasnąć *perf*); **a lapse of
attention/concentration** chwila
nieuwagi; **to lapse into bad habits**
popadać (popaść *perf*) w złe nawyki.
laptop ['læptɔp] (*COMPUT*) *n* laptop
m.
lard [lɑːd] *n* smalec *m*.
larder ['lɑːdə*] *n* spiżarnia *f*.
large [lɑːdʒ] *adj* duży, wielki; **at
large** (*at liberty*) na wolności; **the
country at large** cały kraj.
largely ['lɑːdʒlɪ] *adv* w dużej mierze.
large-scale ['lɑːdʒ'skeɪl] *adj* (*event*)
na dużą skalę *post*; (*map*) w dużej
skali *post*.
lark [lɑːk] *n* (*bird*) skowronek *m*;
(*joke*) kawał *m*.
larva ['lɑːvə] (*pl* **larvae**) *n* larwa *f*.
laryngitis [lærɪn'dʒaɪtɪs] *n* zapalenie
nt krtani.
lasagne (*US* **lasagna**) [lə'sɑːnjə] *n*
(*CULIN*) lazania *f*, lasagna *f*.
laser ['leɪzə*] *n* laser *m*.
lash [læʃ] *n* (*also*: **eyelash**) rzęsa *f*;
(*of whip*) uderzenie *nt* (batem) ♦ *vt*
(*whip*) chłostać (wychłostać *perf*);
(*wind*) smagać; (*rain*) zacinać; **to
lash to** przywiązywać (przywiązać
perf) do +*gen*.
►**lash out** *vi*: **to lash out (at sb)**
(*with weapon, hands*) bić (kogoś) na
oślep; (*with feet*) kopać (kogoś) na
oślep.
lass [læs] (*BRIT*) *n* dziewczyna *f*.
last [lɑːst] *adj* ostatni ♦ *adv* (*most*

recently) ostatnio, ostatni raz; (*finally*) na końcu ♦ *vi* (*continue*) trwać; (*food*) zachowywać (zachować *perf*) świeżość; (*money, commodity*) wystarczać (wystarczyć *perf*), starczać (starczyć *perf*); **last week** w zeszłym tygodniu; **last night** zeszłej nocy; **at last** wreszcie, w końcu; **last but one** przedostatni.

lasting ['lɑːstɪŋ] *adj* trwały.

lastly ['lɑːstlɪ] *adv* na koniec.

last-minute ['lɑːstmɪnɪt] *adj* (*decision etc*) w ostatniej chwili *post*.

latch [lætʃ] *n* (*metal bar*) zasuwa *f*; (*automatic lock*) zatrzask *m*.

late [leɪt] *adj* (*far on in time*) późny; (*not on time*) spóźniony; (*deceased*) świętej pamięci ♦ *adv* (*far on in time*) późno; (*behind time*) z opóźnieniem; **of late** ostatnio; **in late May** pod koniec maja.

latecomer ['leɪtkʌmə*] *n* spóźnialski (-ka) *m(f)*.

lately ['leɪtlɪ] *adv* ostatnio.

latent ['leɪtnt] *adj* ukryty, utajony.

later ['leɪtə*] *adj* późniejszy ♦ *adv* później; **later on** później.

latest ['leɪtɪst] *adj* ostatni, najnowszy; **at the latest** najpóźniej.

lathe [leɪð] *n* tokarka *f*.

lather ['lɑːðə*] *n* piana *f* ♦ *vt* namydlać (namydlić *perf*).

Latin ['lætɪn] *n* (*LING*) łacina *f* ♦ *adj* łaciński.

Latin America *n* Ameryka *f* Łacińska.

latitude ['lætɪtjuːd] *n* szerokość *f* geograficzna; (*fig*) swoboda *f*.

latter ['lætə*] *adj* (*of two*) drugi; (*recent*) ostatni ♦ *n*: **the latter** ten ostatni *m*/ta ostatnia *f*/to ostatnie *nt*.

laudable ['lɔːdəbl] *adj* chwalebny, godny pochwały.

laugh [lɑːf] *n* śmiech *m* ♦ *vi* śmiać się (zaśmiać się *perf*); **for a laugh** dla śmiechu.

▶**laugh at** *vt fus* śmiać się z +*gen*.

laughable ['lɑːfəbl] *adj* śmieszny.

laughing stock *n*: **to be the laughing stock of** być pośmiewiskiem +*gen*.

laughter ['lɑːftə*] *n* śmiech *m*.

launch [lɔːntʃ] *n* (*of ship*) wodowanie *nt*; (*of rocket, satellite*) wystrzelenie *nt*; (*COMM*) wprowadzenie *nt or* wypuszczenie *nt* na rynek; (*motorboat*) motorówka *f* ♦ *vt* (*ship*) wodować (zwodować *perf*); (*rocket, satellite*) wystrzeliwać (wystrzelić *perf*); (*COMM*) wprowadzać (wprowadzić *perf*) *or* wypuszczać (wypuścić *perf*) na rynek; (*fig*) zapoczątkowywać (zapoczątkować *perf*).

▶**launch into** *vt fus* (*activity*) angażować się (zaangażować się *perf*) w +*acc*; (*description*) wdawać się (wdać się *perf*) w +*acc*.

laundrette, launderette [lɔːnˈdrɛt] (*BRIT*) *n* pralnia *f* samoobsługowa.

laundry ['lɔːndrɪ] *n* (*clothes, linen*) pranie *nt*; (*place*) pralnia *f*.

laurel ['lɔrl] *n* laur *m*, wawrzyn *m*.

lava ['lɑːvə] *n* lawa *f*.

lavatory ['lævətərɪ] *n* toaleta *f*.

lavender ['lævəndə*] *n* lawenda *f*.

lavish ['lævɪʃ] *adj* (*amount, hospitality*) szczodry ♦ *vt*: **to lavish gifts/praise on sb** obsypywać (obsypać *perf*) kogoś prezentami/pochwałami.

law [lɔː] *n* prawo *nt*.

law-abiding ['lɔːəbaɪdɪŋ] *adj* prawomyślny, praworządny.

law and order *n* prawo *nt* i porządek *m*.

lawful ['lɔːful] *adj* legalny.

lawless ['lɔːlɪs] *adj* bezprawny.

lawn [lɔːn] *n* trawnik *m*.

lawnmower ['lɔːnməuə*] *n* kosiarka *f* (do trawy).

lawn tennis *n* tenis *m* ziemny.

lawsuit ['lɔːsuːt] *n* proces *m* (sądowy).

lawyer ['lɔːjə*] *n* (*solicitor*) prawnik

(-iczka) *m(f)*, radca *m* prawny;
(*barrister*) adwokat *m*.

lax [læks] *adj* (*behaviour*) zbyt
swobodny, niedbały; (*discipline,
security*) rozluźniony.

laxative ['læksətɪv] *n* środek *m*
przeczyszczający.

lay [leɪ] (*pt, pp* **laid**) *pt of* **lie** ♦ *adj*
(*REL*) świecki; (*not expert*): **lay
person** laik *m* ♦ *vt* (*put*) kłaść
(położyć *perf*); (*table*) nakrywać
(nakryć *perf*), nakrywać (nakryć
perf) do +*gen*; (*egg: insect, frog*)
składać (złożyć *perf*); (: *bird*) znosić
(znieść *perf*).

▶**lay aside** *vt* odkładać (odłożyć
perf) (na bok).

▶**lay down** *vt* (*pen, book*) odkładać
(odłożyć *perf*); (*rules etc*) ustanawiać
(ustanowić *perf*); (*arms*) składać
(złożyć *perf*); **to lay down the law**
rządzić się (*pej*).

▶**lay off** *vt* zwalniać (zwolnić *perf*) (z
pracy).

▶**lay on** *vt* (*meal, entertainment*)
zadbać (*perf*) or zatroszczyć się (*perf*)
o +*acc*.

▶**lay out** *vt* wykładać (wyłożyć *perf*).

layabout ['leɪəbaut] (*inf, pej*) *n*
obibok *m* (*pej*), leser(ka) *m(f)* (*pej*).

lay-by ['leɪbaɪ] (*BRIT: AUT*) *n*
zato(cz)ka *f*.

layer ['leɪə*] *n* warstwa *f*.

layman ['leɪmən] (*irreg like*: **man**) *n*
laik *m*.

layout ['leɪaut] *n* (*of garden, building*)
rozkład *m*; (*of piece of writing*) układ
m (graficzny).

laziness ['leɪzɪnɪs] *n* lenistwo *nt*.

lazy ['leɪzɪ] *adj* leniwy.

lb. *abbr* (= *pound (weight)*) funt *m*
(*jednostka wagi*).

lead¹ [liːd] (*pt, pp* **led**) *n* (*SPORT*)
prowadzenie *nt*; (*fig*) przywództwo
nt; (*piece of information, clue*) trop
m; (*in play, film*) główna rola *f*; (*for
dog*) smycz *f*; (*ELEC*) przewód *m* ♦

vt (*walk in front, guide*) prowadzić
(poprowadzić *perf*); (*organization,
activity*) kierować (pokierować *perf*)
+*instr* ♦ *vi* prowadzić; **in the lead** na
prowadzeniu; **to lead the way**
prowadzić, wskazywać drogę.

▶**lead on** *vt* zwodzić.

▶**lead to** *vt fus* prowadzić
(doprowadzić *perf*) do +*gen*.

▶**lead up to** *vt fus* (*events*)
prowadzić (doprowadzić *perf*) do
+*gen*; (*person*) starać się skierować
rozmowę na +*acc*.

lead² [lɛd] *n* (*metal*) ołów *m*; (*in
pencil*) grafit *m* ♦ *cpd* ołowiany.

leaden ['lɛdn] *adj* (*sky, sea*)
ołowiany.

leader ['liːdə*] *n* (*of group,
organization*) przywódca (-czyni)
m(f), lider(ka) *m(f)*; (*SPORT*)
lider(ka) *m(f)*, prowadzący (-ca) *m(f)*.

leadership ['liːdəʃɪp] *n* (*group*)
kierownictwo *nt*; (*position*)
stanowisko *nt* przywódcy; (*quality*)
umiejętność *f* przewodzenia.

lead-free ['lɛdfriː] (*old*) *adj*
bezołowiowy.

leading ['liːdɪŋ] *adj* (*most important*)
czołowy; (*first, front*) prowadzący,
znajdujący się na czele; (*role*)
główny.

leading light *n* czołowa postać *f*.

lead singer [liːd-] *n* główny (-na)
m(f) wokalista (-tka) *m(f)*.

leaf [liːf] (*pl* **leaves**) *n* liść *m*.

leaflet ['liːflɪt] *n* ulotka *f*.

league [liːg] *n* liga *f*; **to be in league
with sb** być w zmowie z kimś.

leak [liːk] *n* (*of liquid, gas*) wyciek *m*;
(*in pipe etc*) dziura *f*; (*piece of
information*) przeciek *m* ♦ *vi* (*ship,
roof*) przeciekać; (*shoes*)
przemakać; (*liquid*) wyciekać
(wyciec *perf*), przeciekać (przeciec
perf); (*gas*) ulatniać się (ulotnić się
perf) ♦ *vt* (*information*) ujawniać
(ujawnić *perf*).

lean [liːn] (*pt, pp* **leaned** *or* **leant**) *adj* (*person*) szczupły; (*meat, year*) chudy ♦ *vt*: **to lean sth on sth** opierać (oprzeć *perf*) coś na czymś ♦ *vi* pochylać się (pochylić się *perf*); **to lean against** opierać się (oprzeć się *perf*) o +*acc*; **to lean on** (*rely on*) polegać na +*loc*; (*pressurize*) wywierać nacisk na +*acc*; **to lean forward/back** pochylać się (pochylić się *perf*) do przodu/do tyłu.

▶**lean out** *vi* wychylać się (wychylić się *perf*).

▶**lean over** *vi* przechylać się (przechylić się *perf*).

leant [lɛnt] *pt, pp* of **lean**.

leap [liːp] (*pt, pp* **leaped** *or* **leapt**) *n* (*lit, fig*) skok *m* ♦ *vi* (*jump*) skakać (skoczyć *perf*); (*price, number etc*) skakać (skoczyć *perf*), podskoczyć (*perf*).

leapt [lɛpt] *pt, pp* of **leap**.

leap year *n* rok *m* przestępny.

learn [ləːn] (*pt, pp* **learned** *or* **learnt**) *vt* uczyć się (nauczyć się *perf*) +*gen* ♦ *vi* uczyć się; **to learn about** *or* **of sth** (*hear, read*) dowiadywać się (dowiedzieć się *perf*) o czymś; **to learn to do sth** uczyć się (nauczyć się *perf*) coś robić.

learned [ˈləːnɪd] *adj* uczony.

learning [ˈləːnɪŋ] *n* (*knowledge*) wiedza *f*.

learnt [ləːnt] *pt, pp* of **learn**.

lease [liːs] *n* umowa *f* o dzierżawę *or* najem ♦ *vt* dzierżawić (wydzierżawić *perf*).

leash [liːʃ] *n* smycz *f*.

least [liːst] *adj*: **the least** (*smallest amount of*) najmniej (+*gen*); (*slightest*) najmniejszy ♦ *adv* (+*verb*) najmniej; (+*adjective*): **the least** najmniej; **at least** (*in expressions of quantity, comparisons*) co najmniej, przynajmniej; (*still, or rather*) przynajmniej; **you could at least**

have written mogłeś przynajmniej napisać; **I do not mind in the least** absolutnie mi to nie przeszkadza.

leather [ˈlɛðə*] *n* skóra *f* (*zwierzęca, wyprawiona*).

leave [liːv] (*pt, pp* **left**) *vt* (*place: on foot*) wychodzić (wyjść *perf*) z +*gen*; (: *in vehicle*) wyjeżdżać (wyjechać *perf*) z +*gen*; (*place, institution: permanently*) opuszczać (opuścić *perf*), odchodzić (odejść *perf*) z +*gen*; (*person, thing, space, time*) zostawiać (zostawić *perf*); (*mark, stain*) zostawiać (zostawić *perf*), pozostawiać (pozostawić *perf*); (*husband, wife*) opuszczać (opuścić *perf*), odchodzić (odejść *perf*) od +*gen*, zostawiać (zostawić *perf*) (*inf*) ♦ *vi* (*person: on foot*) odchodzić (odejść *perf*); (: *in vehicle*) wyjeżdżać (wyjechać *perf*); (: *permanently*) odchodzić (odejść *perf*); (*bus, train*) odjeżdżać (odjechać *perf*), odchodzić (odejść *perf*); (*plane*) odlatywać (odlecieć *perf*) ♦ *n* urlop *m*; **to leave sth to sb** zostawiać (zostawić *perf*) coś komuś; **you have/there was ten minutes left** zostało ci/zostało (jeszcze) dziesięć minut; **to be left over** (*food, drink*) zostawać (zostać *perf*); **on leave** na urlopie; **on sick leave** na zwolnieniu (lekarskim).

▶**leave behind** *vt* zostawiać (zostawić *perf*).

▶**leave out** *vt* opuszczać (opuścić *perf*), pomijać (pominąć *perf*).

leave of absence *n* urlop *m*.

leaves [liːvz] *npl of* **leaf**.

Lebanon [ˈlɛbənən] *n* Liban *m*.

lecture [ˈlɛktʃə*] *n* wykład *m* ♦ *vi* prowadzić wykłady, wykładać ♦ *vt*: **to lecture sb on** *or* **about sth** robić komuś uwagi na temat czegoś; **to give a lecture on** wygłaszać (wygłosić *perf*) wykład na temat +*gen*.

lecturer ['lɛktʃərə*] (*BRIT*) *n* (*at university*) wykładowca *m*.

led [lɛd] *pt, pp of* **lead**[1].

ledge [lɛdʒ] *n* (*of mountain*) występ *m* skalny, półka *f* skalna; (*of window*) parapet *m*; (*on wall*) półka *f*.

leech [li:tʃ] *n* pijawka *f*; (*fig*) pasożyt *m*.

leek [li:k] *n* por *m*.

leeway ['li:weɪ] *n* (*fig*): **to have some leeway** mieć pewną swobodę działania.

left [lɛft] *pt, pp of* **leave** ♦ *adj* (*of direction, position*) lewy ♦ *n*: **the left** lewa strona *f* ♦ *adv* (*turn, look etc*) w lewo; **on/to the left** na lewo; **the Left** (*POL*) lewica.

left-handed [lɛft'hændɪd] *adj* leworęczny.

left-luggage (office) [lɛft'lʌgɪdʒ(-)] (*BRIT*) *n* przechowalnia *f* bagażu.

leftovers ['lɛftəʊvəz] *npl* resztki *pl*.

left-wing ['lɛft'wɪŋ] *adj* lewicowy.

leg [lɛg] *n* (*of person, animal, table*) noga *f*; (*of trousers*) nogawka *f*; (*CULIN: of lamb, pork*) udziec *m*; (: *of chicken*) udko *nt*; (*of journey etc*) etap *m*; **1st/2nd/final leg** (*SPORT*) pierwsza/druga/ostatnia runda.

legacy ['lɛgəsɪ] *n* spadek *m*; (*fig*) spuścizna *f*, dziedzictwo *nt*.

legal ['li:gl] *adj* (*of the law*) prawny; (*allowed by law*) legalny, zgodny z prawem.

legality [lɪ'gælɪtɪ] *n* legalność *f*.

legalize ['li:gəlaɪz] *vt* legalizować (zalegalizować *perf*).

legally ['li:gəlɪ] *adv* (*with regard to the law*) prawnie.

legend ['lɛdʒənd] *n* legenda *f*; (*fig: person*) (żywa) legenda *f*.

legendary ['lɛdʒəndərɪ] *adj* legendarny.

legible ['lɛdʒəbl] *adj* czytelny.

legion ['li:dʒən] *n* legion *m*, legia *f*.

legislation [lɛdʒɪs'leɪʃən] *n* legislacja *f*, ustawodawstwo *nt*.

legislative ['lɛdʒɪslətɪv] *adj* legislacyjny, ustawodawczy.

legislature ['lɛdʒɪslətʃə*] *n* ciało *nt* ustawodawcze.

legitimate [lɪ'dʒɪtɪmət] *adj* (*valid*) uzasadniony; (*legal*) legalny.

leisure ['lɛʒə*] *n* wolny czas *m*; **at leisure** bez pośpiechu, w spokoju.

leisure centre *n* kompleks *m* rekreacyjny (*mieszczący halę sportową, sale konferencyjne, kawiarnie itp*).

leisurely ['lɛʒəlɪ] *adj* spokojny, zrelaksowany.

lemon ['lɛmən] *n* cytryna *f*.

lemonade [lɛmə'neɪd] *n* lemoniada *f*.

lend [lɛnd] (*pt, pp* **lent**) *vt*: **to lend sth to sb** pożyczać (pożyczyć *perf*) coś komuś.

length [lɛŋθ] *n* długość *f*; (*piece of wood, string etc*) kawałek *m*; **at length** (*at last*) wreszcie; (*fully*) obszernie; (*for a long time*) długo.

lengthen ['lɛŋθn] *vt* (*workday*) wydłużać (wydłużyć *perf*); (*tramline, cord*) przedłużać (przedłużyć *perf*); (*dress*) podłużać (podłużyć *perf*) ♦ *vi* (*queue, waiting list*) wydłużać się (wydłużyć się *perf*); (*silence*) przedłużać się (przedłużyć się *perf*).

lengthways ['lɛŋθweɪz] *adv* wzdłuż.

lengthy ['lɛŋθɪ] *adj* przydługi, rozwlekły.

lenient ['li:nɪənt] *adj* (*person, attitude*) pobłażliwy; (*judge's sentence*) łagodny.

lens [lɛnz] *n* (*of spectacles*) soczewka *f*; (*of camera, telescope*) obiektyw *m*.

Lent [lɛnt] *n* wielki post *m*.

lent [lɛnt] *pt, pp of* **lend**.

lentil ['lɛntl] *n* soczewica *f*.

Leo ['li:əʊ] *n* Lew *m*.

leopard ['lɛpəd] *n* lampart *m*.

leotard ['li:ətɑ:d] *n* trykot *m*.

leprosy ['lɛprəsɪ] *n* trąd *m*.

lesbian ['lɛzbɪən] *adj* lesbijski ♦ *n* lesbijka *f*.

less [lɛs] *adj* mniej *(+gen)* ♦ *pron*
mniej ♦ *adv* mniej ♦ *prep*: **less
tax/10% discount** minus
podatek/10% rabatu; **less than half**
mniej niż połowa; **less than ever**
mniej niż kiedykolwiek; **less and
less** coraz mniej; **the less he works
...** im mniej pracuje, ...

lessen ['lɛsn] *vi* zmniejszać się
(zmniejszyć się *perf*), maleć (zmaleć
perf) ♦ *vt* zmniejszać (zmniejszyć
perf).

lesser ['lɛsə*] *adj* (*in degree,
amount*) mniejszy; (*in importance*)
pomniejszy; **to a lesser extent** w
mniejszym stopniu.

lesson ['lɛsn] *n* (*class*) lekcja *f*;
(*example, warning*) nauka *f*, nauczka
f; **to teach sb a lesson** (*fig*) dawać
(dać *perf*) komuś nauczkę.

lest [lɛst] *conj* żeby nie.

let [lɛt] (*pt, pp* **let**) *vt* (*allow*)
pozwalać (pozwolić *perf*); (*BRIT:
lease*) wynajmować (wynająć *perf*);
to let sb do sth pozwalać (pozwolić
perf) komuś coś robić; **to let sb
know sth** powiadamiać
(powiadomić *perf*) kogoś o czymś;
let's go chodźmy; **let him come**
niech przyjdzie; **"to let"** „do
wynajęcia"; **to let go** *vi* (*release
one's grip*) puszczać się (puścić się
perf) ♦ *vt* wypuszczać (wypuścić
perf).

►**let down** *vt* (*tyre*) spuszczać
(spuścić *perf*) powietrze z +*gen*;
(*person*) zawodzić (zawieść *perf*).

►**let in** *vt* (*water, air*) przepuszczać
(przepuścić *perf*); (*person*)
wpuszczać (wpuścić *perf*).

►**let off** *vt* (*culprit*) puszczać (puścić
perf) wolno; (*gun*) wystrzelić (*perf*) z
+*gen*; (*bomb*) detonować
(zdetonować *perf*); (*firework*)
puszczać (puścić *perf*).

►**let on** *vi* wygadywać się (wygadać
się *perf*).

►**let out** *vt* (*person, air, water*)
wypuszczać (wypuścić *perf*);
(*sound*) wydawać (wydać *perf*).

lethal ['li:θl] *adj* śmiercionośny.

lethargic [lɛ'θɑ:dʒɪk] *adj* (*sleep*)
letargiczny; (*person*) ospały.

letter ['lɛtə*] *n* (*correspondence*) list
m; (*of alphabet*) litera *f*.

letterbox ['lɛtəbɔks] (*BRIT*) *n* (*on
door, at entrance*) skrzynka *f* na
listy; (*mailbox*) skrzynka *f* pocztowa
or na listy.

lettuce ['lɛtɪs] *n* sałata *f*.

let-up ['lɛtʌp] *n* (*in violence etc*)
spadek *m*.

leukaemia [lu:'ki:mɪə] (*US*
leukemia) *n* białaczka *f*.

level ['lɛvl] *adj* równy ♦ *adv*: **to draw
level with** zrównywać się (zrównać
się *perf*) z +*instr* ♦ *n* (*lit, fig*) poziom
m ♦ *vt* zrównywać (zrównać *perf*) z
ziemią; **to be/keep level with**
być/utrzymywać się na tym samym
poziomie co +*nom*; **'A' levels** (*BRIT*)
*egzaminy końcowe z poszczególnych
przedmiotów w szkole średniej na
poziomie zaawansowanym*; **'O'
levels** (*BRIT*) *egzaminy z
poszczególnych przedmiotów na
poziomie średniozaawansowanym,
do których uczniowie przystępują w
wieku 15-16 lat*.

level crossing (*BRIT*) *n* przejazd *m*
kolejowy.

lever ['li:və*] *n* dźwignia *f*; (*fig*)
środek *m* nacisku.

leverage ['li:vərɪdʒ] *n* nacisk *m*; (*fig*)
wpływ *m*.

levity ['lɛvɪtɪ] *n* beztroska *f*.

levy ['lɛvɪ] *n* pobór *m* ♦ *vt* (*tax:
impose*) nakładać (nałożyć *perf*);
(: *collect*) pobierać (pobrać *perf*),
ściągać (ściągnąć *perf*).

lewd [lu:d] *adj* lubieżny.

liability [laɪə'bɪlətɪ] *n* (*person, thing*)
ciężar *m*, kłopot *m*; (*JUR*)

odpowiedzialność f (karna);
liabilities npl (COMM) pasywa pl.
liable ['laɪəbl] adj (prone): **liable to**
podatny na +acc; (responsible):
liable for odpowiedzialny za +acc;
(likely): **she's liable to cry when
she gets upset** ma tendencję do
płaczu, kiedy się zdenerwuje.
liaison [li:'eɪzɔn] n (cooperation)
współpraca f, współdziałanie nt;
(sexual) związek m, romans m.
liar ['laɪə*] n kłamca m, łgarz m; (in
small matters) kłamczuch(a) m(f).
libel ['laɪbl] n zniesławienie nt ♦ vt
zniesławiać (zniesławić perf).
liberal ['lɪbərl] adj (open-minded)
liberalny; (generous) hojny,
szczodry ♦ n liberał m.
liberate ['lɪbəreɪt] vt (people, country)
wyzwalać (wyzwolić perf); (hostage,
prisoner) uwalniać (uwolnić perf).
liberation [lɪbə'reɪʃən] n wyzwolenie
nt.
liberty ['lɪbətɪ] n (of individual)
wolność f; (of movement) swoboda
f; **to be at liberty** być or przebywać
na wolności; **to be at liberty to do
sth** mieć przyzwolenie na
(z)robienie czegoś; **to take the
liberty of doing sth** pozwalać
(pozwolić perf) sobie zrobić coś.
Libra ['li:brə] n Waga f.
librarian [laɪ'brɛərɪən] n bibliotekarz
(-arka) m(f).
library ['laɪbrərɪ] n (institution,
collection of books) biblioteka f; (of
gramophone records) płytoteka f.
Libya ['lɪbɪə] n Libia f.
lice [laɪs] npl of **louse**.
licence ['laɪsns] (US **license**) n
(official document) pozwolenie nt,
zezwolenie nt; **a driving** or **driver's
licence** prawo jazdy; **to
manufacture sth under licence**
wytwarzać or produkować coś na
licencji.
license ['laɪsns] n (US) = **licence** ♦

vt udzielać (udzielić perf)
pozwolenia or zezwolenia +dat.
licensed ['laɪsnst] adj (car etc)
zarejestrowany; (hotel, restaurant)
posiadający koncesję na sprzedaż
alkoholu.
license plate (US) n tablica f
rejestracyjna.
licentious [laɪ'sɛnʃəs] adj rozpustny,
rozwiązły.
lichen ['laɪkən] n (BOT) porost m,
porosty pl.
lick [lɪk] vt lizać (polizać perf); **to
lick one's lips** oblizywać się
(oblizać się perf); (fig) zacierać ręce.
lid [lɪd] n (of case, large box) wieko
nt; (of jar, small box) wieczko nt; (of
pan) pokrywka f; (of large container)
pokrywa f; (eyelid) powieka f.
lie [laɪ] (pt **lay**, pp **lain**) vi (lit, fig)
leżeć; (pt, pp **lied**) kłamać (skłamać
perf) ♦ n kłamstwo nt; **to tell lies**
kłamać.
lie-down ['laɪdaun] (BRIT) n: **to have
a lie-down** położyć się (perf) (do
łóżka).
lie-in ['laɪɪn] (BRIT) n: **to have a
lie-in** poleżeć (perf) sobie (w łóżku).
lieu [lu:]: **in lieu of** prep zamiast or w
miejsce +gen.
lieutenant [lɛf'tɛnənt] n porucznik m.
life [laɪf] (pl **lives**) n życie nt; **to
come to life** (fig) ożywiać się
(ożywić się perf).
lifebelt ['laɪfbɛlt] (BRIT) n koło nt
ratunkowe.
lifeboat ['laɪfbəut] n łódź f ratunkowa.
lifebuoy ['laɪfbɔɪ] n koło nt
ratunkowe.
life expectancy n średnia długość f
życia.
lifeguard ['laɪfgɑːd] n ratownik m
(-iczka) m(f) (na plaży, basenie).
life jacket n kamizelka f ratunkowa.
lifeless ['laɪflɪs] adj martwy; (fig) bez
życia post.
lifelike ['laɪflaɪk] adj (model etc) jak

żywy *post*; (*painting, performance*) realistyczny.

lifeline ['laɪflaɪn] *n* lina *f* ratunkowa.

lifelong ['laɪflɔŋ] *adj* (*friend*) na całe życie *post*; (*ambition*) życiowy.

life preserver (*US*) *n* = **lifebelt; life jacket**.

life sentence *n* kara *f* dożywocia *or* dożywotniego więzienia.

life-size(d) ['laɪfsaɪz(d)] *adj* naturalnych rozmiarów *post*, naturalnej wielkości *post*.

life-span ['laɪfspæn] *n* długość *f* życia; (*fig: of product etc*) żywotność *f*.

lifetime ['laɪftaɪm] *n* (*of person*) życie *nt*; (*of thing*) okres *m* istnienia.

lift [lɪft] *vt* (*thing, part of body*) ponosić (podnieść *perf*), unosić (unieść *perf*); (*ban, requirement*) znosić (znieść *perf*) ♦ *vi* (*fog*) podnosić się (podnieść się *perf*) ♦ *n* (*BRIT*) winda *f*; **to give sb a lift** (*BRIT*) podwozić (podwieźć *perf*) kogoś, podrzucać (podrzucić *perf*) kogoś (*inf*).

lift-off ['lɪftɔf] *n* start *m* (*samolotu lub rakiety*).

ligament ['lɪgəmənt] *n* (*ANAT*) wiązadło *nt*.

light [laɪt] (*pt, pp* **lit**) *n* światło *nt*; (*for cigarette etc*) ogień *m* ♦ *vt* (*candle, cigarette*) zapalać (zapalić *perf*); (*fire*) rozpalać (rozpalić *perf*); (*room*) oświetlać (oświetlić *perf*); (*sky*) rozświetlać (rozświetlić *perf*) ♦ *adj* lekki; (*pale, bright*) jasny; **lights** *npl* (*also:* **traffic lights**) światła *pl*; **to come to light** wychodzić (wyjść *perf*) na jaw; **in the light of** w świetle *+gen*.

▶**light up** *vi* rozjaśniać się (rozjaśnić się *perf*).

light bulb *n* żarówka *f*.

lighten ['laɪtn] *vt* zmniejszać (zmniejszyć *perf*).

lighter ['laɪtə*] *n* (*also:* **cigarette lighter**) zapalniczka *f*.

light-headed [laɪt'hɛdɪd] *adj* (*excited*) beztroski; (*dizzy*): **to be/feel light headed** mieć zawroty głowy.

light-hearted [laɪt'hɑːtɪd] *adj* (*person*) beztroski; (*question, remark*) niefrasobliwy.

lighthouse ['laɪthaus] *n* latarnia *f* morska.

lighting ['laɪtɪŋ] *n* oświetlenie *nt*.

lightly ['laɪtlɪ] *adv* lekko; **to get off lightly** wykręcić się (*perf*) sianem.

lightness ['laɪtnɪs] *n* lekkość *f*.

lightning ['laɪtnɪŋ] *n* błyskawica *f*.

lightning conductor *n* piorunochron *m*.

lightning rod (*US*) *n* = **lightning conductor**.

light year *n* rok *m* świetlny.

like [laɪk] *vt* lubić (polubić *perf*) ♦ *prep* (taki) jak *+nom* ♦ *n*: **and the like** i tym podobne; **I would like, I'd like** chciał(a)bym; **if you like** jeśli chcesz; **to be/look like sb/sth** być/wyglądać jak ktoś/coś; **something like that** coś w tym rodzaju; **what does it look/taste/sound like?** jak to wygląda/smakuje/brzmi?; **what's he like?** jaki on jest?; **that's just like him** to do niego pasuje; **do it like this** (z)rób to tak *or* w ten sposób; **it is nothing like ...** to zupełnie nie to (samo), co...; **his likes and dislikes** jego sympatie i antypatie.

likeable ['laɪkəbl] *adj* przyjemny.

likelihood ['laɪklɪhud] *n* prawdopodobieństwo *nt*.

likely ['laɪklɪ] *adj* prawdopodobny; **he is likely to do it** on prawdopodobnie to zrobi; **not likely!** (*inf*) na pewno nie!, jeszcze czego!

likeness ['laɪknɪs] *n* podobieństwo *nt*.

likewise ['laɪkwaɪz] *adv* podobnie; **to do likewise** robić (zrobić *perf*) to samo.

liking ['laɪkɪŋ] *n*: **liking (for)** (*thing*)

upodobanie *nt* (do +*gen*); (*person*) sympatia *f* (do +*gen*); **to be to sb's liking** odpowiadać komuś.

lilac ['laɪlək] *n* bez *m*.

lily ['lɪlɪ] *n* lilia *f*.

lily of the valley *n* konwalia *f*.

limb [lɪm] *n* (*ANAT*) kończyna *f*.

lime [laɪm] *n* (*citrus fruit*) limona *f*; (*also*: **lime juice**) sok *m* z limony; (*linden*) lipa *f*; (*for soil*) wapno *nt*; (*rock*) wapień *m*.

limelight ['laɪmlaɪt] *n*: **to be in the limelight** znajdować się w centrum zainteresowania.

limerick ['lɪmərɪk] *n* limeryk *m*.

limestone ['laɪmstəun] *n* wapień *m*.

limit ['lɪmɪt] *n* (*greatest amount, extent*) granica *f*, kres *m*; (*on time, money etc*) ograniczenie *nt*, limit *m*; (*of area*) granica *f*, kraniec *m* ♦ *vt* ograniczać (ograniczyć *perf*).

limitation [lɪmɪ'teɪʃən] *n* ograniczenie *nt*.

limited ['lɪmɪtɪd] *adj* ograniczony.

limited (liability) company (*BRIT*) *n* spółka *f* z ograniczoną odpowiedzialnością.

limousine ['lɪməziːn] *n* limuzyna *f*.

limp [lɪmp] *n*: **to have a limp** utykać, kuleć ♦ *vi* utykać, kuleć ♦ *adj* bezwładny.

line [laɪn] *n* (*mark*) linia *f*, kreska *f*; (*wrinkle*) zmarszczka *f*; (*of people*) kolejka *f*; (*of things*) rząd *m*, szpaler *m*; (*of writing, song*) linijka *f*, wiersz *m*; (*rope*) lina *f*, sznur *m*; (*for fishing*) żyłka *f*; (*wire*) przewód *m*; (*TEL*) linia *f*, połączenie *nt*; (*railway track*) tor *m*; (*bus, train route*) linia *f*; (*fig: attitude, policy*) linia *f*, kurs *m*; (: *business, work*) dziedzina *f*, branża *f*; (*COMM: of product(s)*) typ *m*, model *m* ♦ *vt* (*road*) ustawiać się (ustawić się *perf*) wzdłuż +*gen*, tworzyć (utworzyć *perf*) szpaler wzdłuż +*gen*; (*clothing*) podszywać (podszyć *perf*); (*container*) wykładać

(wyłożyć *perf*); **to line sth with sth** wykładać (wyłożyć *perf*) coś czymś; **to line the streets** wypełniać (wypełnić *perf*) ulice; **hold the line please!** (*TEL*) proszę nie odkładać słuchawki!; **in line** rzędem, w szeregu; **in line with** w zgodzie z +*instr*.

▶**line up** *vi* ustawiać się (ustawić się *perf*) w rzędzie *or* rzędem ♦ *vt* (*people*) zbierać (zebrać *perf*); (*event*) przygotowywać (przygotować *perf*).

linear ['lɪnɪə*] *adj* (*process, sequence*) liniowy, linearny; (*shape, form*) linearny.

lined [laɪnd] *adj* (*face*) pomarszczony, pokryty zmarszczkami; (*paper*) w linie *post*, liniowany.

linen ['lɪnɪn] *n* (*cloth*) płótno *nt*; (*sheets etc*) bielizna *f* (*pościelowa lub stołowa*).

liner ['laɪnə*] *n* (*ship*) liniowiec *m*; (*also*: **bin liner**) worek *m* na śmieci (*wkładany do kosza*).

linesman ['laɪnzmən] (*irreg like*: **man**) (*SPORT*) *n* sędzia *m* liniowy.

line-up ['laɪnʌp] *n* (*US*) kolejka *f*; (*SPORT*) skład *m* (zespołu).

linger ['lɪŋgə*] *vi* (*smell, tradition*) utrzymywać się (utrzymać się *perf*); (*person: remain long*) zasiedzieć się (*perf*); (: *tarry*) zwlekać, ociągać się.

lingerie ['lænʒəriː] *n* bielizna *f* damska.

linguist ['lɪŋgwɪst] *n* (*specialist*) językoznawca *m*, lingwista (-tka) *m(f)*; **she's a good linguist** (*speaks several languages*) zna (obce) języki.

linguistic [lɪŋ'gwɪstɪk] *adj* językoznawczy, lingwistyczny.

linguistics [lɪŋ'gwɪstɪks] *n* językoznawstwo *nt*, lingwistyka *f*.

lining ['laɪnɪŋ] *n* (*cloth*) podszewka *f*.

link [lɪŋk] *n* więź *f*, związek *m*; (*communications link*) połączenie *nt*;

(*of chain*) ogniwo *nt*; (*COMPUT*) link *m*, łącze *nt* ♦ *vt* łączyć (połączyć *perf*); **links** *npl* pole *nt* golfowe (*nad morzem*); **rail link** połączenie kolejowe.

►**link up** *vt* podłączać (podłączyć *perf*) ♦ *vi* łączyć się (połączyć się *perf*).

lino ['laɪnəu] *n* = **linoleum**.

linoleum [lɪ'nəulɪəm] *n* linoleum *nt*.

lion ['laɪən] *n* lew *m*.

lioness ['laɪənɪs] *n* lwica *f*.

lip [lɪp] *n* (*ANAT*) warga *f*.

lip-read ['lɪpriːd] *vi* czytać z (ruchu) warg.

lipstick ['lɪpstɪk] *n* pomadka *f* (do ust), szminka *f*.

liqueur [lɪ'kjuə*] *n* likier *m*.

liquid ['lɪkwɪd] *adj* płynny ♦ *n* płyn *m*, ciecz *f*.

liquidate ['lɪkwɪdeɪt] *vt* likwidować (zlikwidować *perf*).

liquidizer ['lɪkwɪdaɪzə*] *n* mikser *m*.

liquor ['lɪkə*] wysokoprocentowy napój *m* alkoholowy, (silny) trunek *m*.

liquor store (*US*) *n* (sklep *m*) monopolowy.

Lisbon ['lɪzbən] *n* Lizbona *f*.

lisp [lɪsp] *n* seplenienie *nt* ♦ *vi* seplenić.

list [lɪst] *n* lista *f*, spis *m* ♦ *vt* (*record*) wyliczać (wyliczyć *perf*), wymieniać (wymienić *perf*); (*put down on list*) umieszczać (umieścić *perf*) na liście.

listen ['lɪsn] *vi* słuchać; **to listen to sb/sth** słuchać kogoś/czegoś.

listener ['lɪsnə*] *n* słuchacz(ka) *m(f)*; (*RADIO*) (radio)słuchacz(ka) *m(f)*.

listless ['lɪstlɪs] *adj* apatyczny.

lit [lɪt] *pt, pp of* **light**.

liter ['liːtə*] (*US*) *n* = **litre**.

literacy ['lɪtərəsɪ] *n* umiejętność *f* czytania i pisania.

literal ['lɪtərl] *adj* dosłowny.

literally ['lɪtrəlɪ] *adv* dosłownie.

literary ['lɪtərərɪ] *adj* literacki.

literate ['lɪtərət] *adj* (*able to read etc*) piśmienny, umiejący czytać i pisać; (*educated*) oczytany.

literature ['lɪtrɪtʃə*] *n* literatura *f*.

lithe [laɪð] *adj* gibki, giętki.

litre ['liːtə*] (*US* **liter**) *n* litr *m*.

litter ['lɪtə*] *n* (*rubbish*) śmieci *pl*; (*young animals*) miot *m*.

littered ['lɪtəd] *adj*: **littered with** zawalony +*instr*.

little ['lɪtl] *adj* mały; (*brother etc*) młodszy; (*distance, time*) krótki ♦ *adv* mało, niewiele; **a little** trochę, troszkę; **a little bit** troszkę, troszeczkę; **little by little** po trochu.

live [lɪv] *vi* żyć; (*reside*) mieszkać ♦ *adj* żywy; (*performance etc*) na żywo *post*; (*ELEC*) pod napięciem *post*; (*bullet, bomb*) ostry; **to live with sb** żyć z kimś.

►**live down** *vt* odkupywać (odkupić *perf*), zmazywać (zmazać *perf*); **you'd never live it down** nigdy by ci tego nie zapomniano.

►**live on** *vt fus* (*food*) żyć na +*loc*; (*salary*) żyć z +*gen*.

►**live up to** *vt fus* spełniać (spełnić *perf*) +*acc*.

livelihood ['laɪvlɪhud] *n* środki *pl* egzystencji *or* do życia.

lively ['laɪvlɪ] *adj* (*person*) żwawy, pełen życia; (*place*) tętniący życiem, pełen życia; (*interest*) żywy; (*conversation*) ożywiony; (*book*) zajmujący.

liven up ['laɪvn-] *vt* ożywiać (ożywić *perf*) ♦ *vi* ożywiać się (ożywić się *perf*).

liver ['lɪvə*] *n* (*ANAT*) wątroba *f*; (*CULIN*) wątróbka *f*.

livery ['lɪvərɪ] *n* liberia *f*.

lives [laɪvz] *npl of* **life**.

livestock ['laɪvstɔk] *n* żywy inwentarz *m*.

living ['lɪvɪŋ] *adj* żyjący ♦ *n*: **to earn** *or* **make a living** zarabiać (zarobić *perf*) na życie.

living room n salon m.

lizard ['lɪzəd] n jaszczurka f.

load [ləud] n (thing carried) ładunek m; (weight) obciążenie nt ♦ vt ładować, załadowywać (załadować perf); **a load of rubbish** (inf) stek bzdur; **loads of** or **a load of** (fig) mnóstwo +gen.

loaded ['ləudɪd] adj (vehicle) załadowany; (question) podchwytliwy; (inf: person) nadziany (inf).

loaf [ləuf] (pl **loaves**) n bochenek m.

loan [ləun] n pożyczka f; (from bank) kredyt m ♦ vt pożyczać (pożyczyć perf); **on loan** pożyczony, wypożyczony.

loathe [ləuð] vt nie cierpieć +gen.

loaves [ləuvz] npl of **loaf**.

lobby ['lɔbɪ] n (of building) westybul m, hall m; (POL) lobby nt inv ♦ vt (MP etc) wywierać nacisk na +acc.

lobe [ləub] n (of ear) płatek m; (of brain, lung) płat m.

lobster ['lɔbstə*] n homar m.

local ['ləukl] adj lokalny, miejscowy ♦ n pub m (pobliski, często odwiedzany); **the locals** npl miejscowi vir pl.

local government n samorząd m terytorialny.

locality [ləu'kælɪtɪ] n rejon m.

locally ['ləukəlɪ] adv lokalnie, miejscowo.

locate [ləu'keɪt] vt lokalizować (zlokalizować perf), umiejscawiać (umiejscowić perf); **located in** umiejscowiony or położony w +loc.

location [ləu'keɪʃən] n położenie nt; **on location** (FILM) w plenerach.

loch [lɔx] n jezioro nt.

lock [lɔk] n (of door, suitcase) zamek m; (on canal) śluza f; (of hair) lok m, loczek m ♦ vt (door etc) zamykać (zamknąć perf) na klucz ♦ vi (door etc) zamykać się (zamknąć się perf) na klucz; (knee, mechanism)

blokować się (zablokować się perf); **the battery locked into place** bateria wskoczyła na miejsce.

►**lock in** vt zamykać (zamknąć perf) na klucz, brać (wziąć perf) pod klucz.

►**lock out** vt (person) zamykać (zamknąć perf) drzwi na klucz przed +instr/za +instr.

►**lock up** vt (criminal, mental patient) zamykać (zamknąć perf) ♦ vi pozamykać (perf).

locker ['lɔkə*] n (in school) szafka f; (at railway station) schowek m na bagaż.

locker room n (in sports club etc) szatnia f.

locksmith ['lɔksmɪθ] n ślusarz m.

locomotive [ləukə'məutɪv] n lokomotywa f.

locust ['ləukəst] n szarańcza f.

lodge [lɔdʒ] n (small house) stróżówka f; (hunting lodge) domek m myśliwski ♦ vi (bullet) utkwić (perf); (person): **to lodge (with)** mieszkać (zamieszkać perf) (u +gen) ♦ vt (complaint etc) wnosić (wnieść perf).

lodger ['lɔdʒə*] n lokator(ka) m(f).

lodgings ['lɔdʒɪŋz] npl wynajęte mieszkanie nt.

loft [lɔft] n strych m.

lofty ['lɔftɪ] adj (ideal, aim) wzniosły; (manner) wyniosły.

log [lɔg] n (piece of wood) kłoda f; (written account) dziennik m ♦ n abbr (MATH) = **logarithm** log, lg ♦ vt zapisywać (zapisać perf) w dzienniku.

logbook ['lɔgbuk] n (NAUT) dziennik m okrętowy; (AVIAT) dziennik m pokładowy; (of car) dowód m rejestracyjny.

logic ['lɔdʒɪk] n logika f.

logical ['lɔdʒɪkl] adj logiczny.

login ['lɔgɪn] (COMPUT) n logowanie (się) nt.

logo ['ləugəu] *n* logo *nt inv*.

loin [lɔɪn] *n* polędwica *f*.

lollipop ['lɔlɪpɔp] *n* lizak *m*.

London ['lʌndən] *n* Londyn *m*.

Londoner ['lʌndənə*] *n* londyńczyk *m*, mieszkaniec (-nka) *m(f)* Londynu.

lone [ləun] *adj* samotny.

loneliness ['ləunlɪnɪs] *n* samotność *f*.

lonely ['ləunlɪ] *adj* (*person, period of time*) samotny; (*place*) odludny.

lonesome ['ləunsəm] *adj* samotny.

long [lɔŋ] *adj* długi ♦ *adv* długo ♦ *vi*: **to long for sth** tęsknić do czegoś; **so** *or* **as long as** (*on condition that*) pod warunkiem, że; (*while*) jak długo, dopóki; **don't be long!** pośpiesz się!; **to be 6 metres long** mieć 6 metrów długości; **to be 6 months long** trwać 6 miesięcy; **all night long** (przez) całą noc; **he no longer comes** już nie przychodzi; **long before** na długo przed +*instr*; **long after** długo po +*loc*; **they'll catch him before long** niedługo go złapią; **at long last** wreszcie.

long-distance [lɔŋ'dɪstəns] *adj* (*travel*) daleki; (*phone call: within same country*) międzymiastowy; (: *international*) międzynarodowy.

longevity [lɔn'dʒevɪtɪ] *n* długowieczność *f*.

long-haired ['lɔŋ'hɛəd] *adj* długowłosy.

longing ['lɔŋɪŋ] *n* tęsknota *f*.

longitude ['lɔŋgɪtjuːd] *n* długość *f* geograficzna.

long jump *n* skok *m* w dal.

long-life ['lɔŋlaɪf] *adj* o przedłużonej trwałości *post*.

long-lost ['lɔŋlɔst] *adj* (*relative, friend*) dawno nie widziany.

long-range ['lɔŋ'reɪndʒ] *adj* (*plan*) długookresowy; (*forecast*) długoterminowy; (*missile*) dalekiego zasięgu *post*.

long-sighted ['lɔŋ'saɪtɪd] *adj*: **to be long-sighted** być dalekowidzem.

long-standing ['lɔŋ'stændɪŋ] *adj* (*offer, invitation*) dawny; (*reputation*) (dawno) ugruntowany.

long-suffering [lɔŋ'sʌfərɪŋ] *adj* anielsko cierpliwy.

long-term ['lɔŋtəːm] *adj* długoterminowy.

long-winded [lɔŋ'wɪndɪd] *adj* rozwlekły.

loo [luː] (*BRIT: inf*) *n* ubikacja *f*.

look [luk] *vi* patrzeć (popatrzeć *perf*) ♦ *n* (*glance*) spojrzenie *nt*; (*appearance, expression*) wygląd *m*; **looks** *npl* uroda *f*; **he looked scared** wyglądał na przestraszonego; **to look south/(out) onto the sea** (*building etc*) wychodzić na południe/na morze; **look!** patrz!; **look (here)!** słuchaj (no)!; **it looks about 4 metres long** na oko ma ze 4 metry (długości); **everything looks all right to me** moim zdaniem wszystko jest w porządku; **let's have a look** spójrzmy, popatrzmy; **to have a look** przyglądać się (przyjrzeć się *perf*) czemuś; **to have a look for sth** szukać (poszukać *perf*) czegoś; **to look ahead** patrzeć (popatrzeć *perf*) przed siebie; (*fig*) patrzeć (popatrzeć *perf*) w przyszłość.

▶**look after** *vt fus* (*care for*) opiekować się (zaopiekować się *perf*) +*instr*; (*deal with*) zajmować się (zająć się *perf*) +*instr*.

▶**look at** *vt fus* patrzeć (popatrzeć *perf*) na +*acc*; (*read quickly*) przeglądać (przejrzeć *perf*) +*acc*; (*study, consider*) przyglądać się (przyjrzeć się *perf*) +*dat*.

▶**look back** *vi* patrzeć (popatrzeć *perf*) *or* spoglądać (spojrzeć *perf*) wstecz.

▶**look down on** *vt fus* (*fig*) spoglądać z góry na +*acc*.

▶**look for** *vt fus* szukać (poszukać *perf*) +*gen*.

►**look forward to** vt fus z niecierpliwością czekać na +acc or oczekiwać +gen, cieszyć się na +acc; **we look forward to hearing from you** (in letter) czekamy na wiadomości od was.

►**look into** vt fus (investigate) badać (zbadać perf) +acc.

►**look on** vi przyglądać się.

►**look out** vi uważać.

►**look out for** vt fus wypatrywać +gen.

►**look round** vi rozglądać się (rozejrzeć się perf).

►**look through** vt fus przeglądać (przejrzeć perf).

►**look to** vt fus: **to look to sb for sth** oczekiwać od kogoś czegoś.

►**look up** vi podnosić (podnieść perf) wzrok, spoglądać (spojrzeć perf) w górę; **things are looking up** idzie ku lepszemu ♦ vt (in dictionary, timetable etc) sprawdzać (sprawdzić perf).

look-alike ['lukəlaik] n sobowtór m.

lookout ['lukaut] n (tower etc) punkt m obserwacyjny; (person) obserwator m; **to be on the lookout for** (work) rozglądać się za +instr; (mistakes, explosives) uważać na +acc.

loom [lu:m] vi (also: **loom up**: object, shape) wyłaniać się (wyłonić się perf); (event) zbliżać się, nadchodzić ♦ n krosno nt.

loony ['lu:ni] (inf) adj pomylony (inf) ♦ n pomyleniec m (inf).

loop [lu:p] n pętla f ♦ vt: **to loop sth around sth** obwiązywać (obwiązać perf) czymś coś.

loose [lu:s] adj luźny; (hair) rozpuszczony; (life) rozwiązły ♦ n: **to be on the loose** być na wolności.

loose change n drobne pl.

loose end n: **to be at a loose end** or (US) **at loose ends** nie mieć nic do roboty.

loosely ['lu:sli] adv luźno.

loosen ['lu:sn] vt (screw etc) poluzowywać (poluzować perf); (clothing, belt) rozluźniać (rozluźnić perf).

loot [lu:t] n (inf) łup m ♦ vt grabić (ograbić perf), plądrować (splądrować perf).

lopsided ['lɔp'saidid] adj krzywy.

lord [lɔ:d] n (BRIT) lord m; **the Lord** (REL) Pan (Bóg); **my lord** (to noble) milordzie; (to bishop, judge) ekscelencjo; **good Lord!** dobry Boże!; **the (House of) Lords** (BRIT) Izba Lordów.

lorry ['lɔri] (BRIT) n ciężarówka f.

lose [lu:z] (pt, pp **lost**) vt (object, pursuers) gubić (zgubić perf); (job, money, patience, voice, father) tracić (stracić perf); (game, election) przegrywać (przegrać perf) ♦ vi przegrywać (przegrać perf).

loser ['lu:zə*] n (in contest) przegrywający (-ca) m(f); (inf: failure) ofiara f (życiowa).

loss [lɔs] n (no pl: of memory, blood, consciousness) utrata f; (of time, money, person through death) strata f; **heavy losses** (MIL) ciężkie straty; **I'm at a loss** nie wiem, co robić; **I'm at a loss for words** nie wiem, co powiedzieć.

lost [lɔst] pt, pp of **lose** ♦ adj (person, animal) zaginiony; (object) zgubiony; **to get lost** gubić się (zgubić się perf); **get lost!** (inf) spadaj! (inf).

lost property n biuro nt rzeczy znalezionych.

lot [lɔt] n (of things) zestaw m; (of people) grupa f; (of merchandise) partia f; (at auctions) artykuł m; **the (whole) lot** wszystko; **a lot (of)** dużo (+gen); **quite a lot (of)** sporo (+gen); **lots of** mnóstwo +gen; **a lot bigger/more expensive** dużo większy/droższy; **have you been**

seeing a lot of each other? (czy) często się widujecie?; **thanks a lot!** dziękuję bardzo!; **to draw lots** ciągnąć losy.

lotion ['ləuʃən] n płyn m kosmetyczny.

lottery ['lɔtərɪ] n loteria f.

loud [laud] adj (noise, voice) głośny; (clothes) krzykliwy ♦ adv głośno; **out loud** na głos.

loudly ['laudlɪ] adv głośno.

loudspeaker [laud'spi:kə*] n głośnik m.

lounge [laundʒ] n (in house) salon m; (in hotel) hall m; (at station) poczekalnia f; (BRIT: also: **lounge bar**) bar m (w hotelu lub pubie) ♦ vi rozpierać się; **arrivals/departures lounge** (at airport) hala przylotów/odlotów.

louse [laus] (pl **lice**) n wesz f.

lousy ['lauzɪ] (inf) adj (show, meal) nędzny.

lout [laut] n cham m, prostak m.

lovable ['lʌvəbl] adj miły, sympatyczny.

love [lʌv] n miłość f; (for sport, activity) zamiłowanie nt ♦ vt kochać (pokochać perf); "**love (from) Anne**" „uściski or ściskam, Anna"; **I'd love to come** przyszedłbym z przyjemnością; **I love chocolate** uwielbiam czekoladę; **to be in love with sb** być w kimś zakochanym; **to fall in love with sb** zakochiwać się (zakochać się perf) w kimś; **to make love** kochać się; "**15 love**" (TENNIS) „15: 0".

love affair n romans m.

love life n życie nt intymne.

lovely ['lʌvlɪ] adj (place, person) śliczny, uroczy; (meal, holiday) cudowny.

lover ['lʌvə*] n (sexual partner) kochanek (-nka) m(f); (person in love) zakochany (-na) m(f); **a lover of art/music** miłośnik (-iczka) m(f) sztuki/muzyki.

loving ['lʌvɪŋ] adj (person) kochający; (action) pełen miłości.

low [ləu] adj niski; (quiet) cichy; (depressed) przygnębiony ♦ adv (speak) cicho; (fly) nisko ♦ n (METEOR) niż m; **we're running low on milk** kończy nam się mleko; **to reach a new** or **an all-time low** spadać (spaść perf) do rekordowo niskiego poziomu.

low-calorie ['ləu'kælərɪ] adj niskokaloryczny.

low-cut ['ləukʌt] adj głęboko wycięty, z dużym dekoltem post.

lower ['ləuə*] adj (bottom) dolny; (less important) niższy ♦ vt (object) opuszczać (opuścić perf); (prices, level) obniżać (obniżyć perf); (voice) zniżać (zniżyć perf); (eyes) spuszczać (spuścić perf).

low-fat ['ləu'fæt] adj o niskiej zawartości tłuszczu post.

lowlands ['ləuləndz] npl niziny pl.

loyal ['lɔɪəl] adj lojalny.

loyalty ['lɔɪəltɪ] n lojalność f.

lozenge ['lɔzɪndʒ] n (tablet) tabletka f do ssania.

LP n abbr = **long-playing record.**

Ltd (COMM) abbr = **limited company** ≈ Sp. z o.o.

lubricate ['lu:brɪkeɪt] vt smarować (nasmarować perf).

lucid ['lu:sɪd] adj (writing, speech) klarowny; (person, mind) przytomny.

luck [lʌk] n szczęście nt; **good luck** szczęście; **bad luck** pech; **good luck!** powodzenia!; **bad** or **hard** or **tough luck!** a to pech!

luckily ['lʌkɪlɪ] adv na szczęście.

lucky ['lʌkɪ] adj szczęśliwy; **she's lucky** ma szczęście.

lucrative ['lu:krətɪv] adj intratny, lukratywny.

ludicrous ['lu:dɪkrəs] adj śmieszny, śmiechu warty.

luggage ['lʌgɪdʒ] n bagaż m.

lukewarm ['lu:kwɔ:m] adj (lit, fig) letni.

lull [lʌl] n okres m ciszy ♦ vt: **to lull sb (to sleep)** kołysać (ukołysać perf) kogoś (do snu); **they were lulled into a false sense of security** ich czujność została uśpiona.

lullaby ['lʌləbaɪ] n kołysanka f.

lumberjack ['lʌmbədʒæk] n drwal m.

luminous ['lu:mɪnəs] adj (fabric) świecący; (dial) fosforyzujący.

lump [lʌmp] n (of clay etc) bryła f; (on body) guzek m; (also: **sugar lump**) kostka f (cukru) ♦ vt: **to lump together** traktować (potraktować perf) jednakowo, wrzucać (wrzucić perf) do jednego worka (inf); **a lump sum** jednorazowa wypłata.

lumpy ['lʌmpɪ] adj (sauce) grudkowaty; (bed) nierówny.

lunar ['lu:nə*] adj księżycowy.

lunatic ['lu:nətɪk] adj szalony.

lunch [lʌntʃ] n lunch m.

luncheon meat n mielonka f (konserwa).

lung [lʌŋ] n płuco nt.

lurch [lə:tʃ] vi (vehicle) szarpnąć (perf); (person) zatoczyć się (perf) ♦ n szarpnięcie nt; **to leave sb in the lurch** zostawiać (zostawić perf) kogoś na lodzie (inf); **he fell with a lurch** zatoczywszy się, upadł.

lure [luə*] n powab m ♦ vt wabić (zwabić perf).

lurk [lə:k] vi czaić się (zaczaić się perf).

lush [lʌʃ] adj (vegetation) bujny.

lust [lʌst] n (pej) n (sexual) pożądanie nt, żądza f; (for money, power) żądza f.

▶**lust after** vt fus (desire sexually) pożądać +gen.

▶**lust for** vt fus = lust after.

lustre ['lʌstə*] (US **luster**) n połysk m.

luxuriant [lʌg'zjuərɪənt] adj bujny.

luxurious [lʌg'zjuərɪəs] adj luksusowy.

luxury ['lʌkʃərɪ] n luksus m ♦ cpd luksusowy.

lynch [lɪntʃ] vt linczować (zlinczować perf).

lyrical ['lɪrɪkl] adj liryczny.

lyrics ['lɪrɪks] npl (of song) słowa pl, tekst m.

M

m. abbr = **metre** m; = **mile**; = **million** mln.

MA n abbr (= Master of Arts) stopień naukowy; ≈ mgr.

mac [mæk] (BRIT) n płaszcz m nieprzemakalny.

macabre [mə'kɑ:brə] adj makabryczny.

macaroni [mækə'rəunɪ] n makaron m rurki.

machine [mə'ʃi:n] n maszyna f; (fig) machina f ♦ vt (TECH) obrabiać (obrobić perf); (dress etc) szyć (uszyć perf) na maszynie.

machinery [mə'ʃi:nərɪ] n (equipment) maszyny pl; (fig: of government etc) mechanizm m (funkcjonowania +gen).

mackerel ['mækrl] n inv makrela f.

mackintosh ['mækɪntɔʃ] (BRIT) n płaszcz m nieprzemakalny.

mad [mæd] adj (insane) szalony, obłąkany; (foolish) szalony, pomylony; (angry) wściekły; **to be mad about** szaleć za +instr, **to go mad** (insane) szaleć (oszaleć perf), wariować (zwariować perf); (angry) wściekać się (wściec się perf).

madam ['mædəm] n (form of address) proszę pani (voc).

madden ['mædn] vt rozwścieczać (rozwścieczyć perf).

made [meɪd] pt, pp of **make**.

made-to-measure ['meɪdtə'mɛʒə*]
(BRIT) adj szyty na miarę.

madly ['mædlɪ] adv (frantically) jak
szalony; (very) szalenie; **madly in
love** zakochany do szaleństwa.

madman ['mædmən] (irreg like: **man**)
n szaleniec m.

madness ['mædnɪs] n (insanity)
szaleństwo nt, obłęd m; (foolishness)
szaleństwo nt.

Madrid [mə'drɪd] n Madryt m.

Mafia ['mæfɪə] n: **the Mafia** mafia f.

magazine [mægə'zi:n] n (PRESS)
(czaso)pismo nt; (RADIO, TV)
magazyn m.

maggot ['mægət] n larwa f muchy.

magic ['mædʒɪk] n (supernatural
power) magia f, czary pl; (conjuring)
sztu(cz)ki pl magiczne ♦ adj
(powers, ritual, formula) magiczny.

magical ['mædʒɪkl] adj (powers,
ritual) magiczny; (experience,
evening) cudowny.

magician [mə'dʒɪʃən] n (wizard)
czarodziej m, czarnoksiężnik m;
(conjurer) magik m, sztukmistrz m.

magistrate ['mædʒɪstreɪt] n (JUR)
sędzia m pokoju.

magnanimous [mæg'nænɪməs] adj
wspaniałomyślny.

magnate ['mægneɪt] n magnat m.

magnet ['mægnɪt] n magnes m.

magnetic [mæg'netɪk] adj (PHYS)
magnetyczny; (personality, appeal)
zniewalający.

magnificent [mæg'nɪfɪsnt] adj
wspaniały.

magnify ['mægnɪfaɪ] vt (enlarge)
powiększać (powiększyć perf);
(increase: sound) wzmacniać
(wzmocnić perf).

magnifying glass ['mægnɪfaɪɪŋ-] n
szkło nt powiększające.

magnitude ['mægnɪtju:d] n (size)
rozmiary pl; (importance) waga f.

magpie ['mægpaɪ] n sroka f.

mahogany [mə'hɔgənɪ] n mahoń m.

maid [meɪd] n pokojówka f; **old
maid** (pej) stara panna.

maiden ['meɪdn] n (literary) panna f,
dziewica f (old, literary) ♦ adj (aunt)
niezamężny; (voyage) dziewiczy;
(speech) pierwszy.

maiden name n nazwisko nt
panieńskie.

mail [meɪl] n poczta f ♦ vt wysyłać
(wysłać perf) (pocztą).

mailbox ['meɪlbɔks] n (US) skrzynka
f pocztowa (przed domem).

mailman ['meɪlmæn] (US) (irreg like:
man) n listonosz m.

mail order n sprzedaż f wysyłkowa.

maim [meɪm] vt okaleczać
(okaleczyć perf).

main [meɪn] adj główny ♦ n: **gas/
water main** magistrala f gazowa/
wodna; **the mains** npl (ELEC etc)
sieć f.

mainframe ['meɪnfreɪm] n komputer
m dużej mocy.

mainland ['meɪnlənd] n: **the
mainland** ląd m stały.

mainly ['meɪnlɪ] adv głównie.

mainstay ['meɪnsteɪ] n podstawa f.

mainstream ['meɪnstri:m] n główny
or dominujący nurt m.

maintain [meɪn'teɪn] vt utrzymywać
(utrzymać perf); (friendship, good
relations) podtrzymywać
(podtrzymać perf).

maintenance ['meɪntənəns] n
utrzymanie nt; (JUR) alimenty pl.

maize [meɪz] n kukurydza f.

majestic [mə'dʒestɪk] adj
majestatyczny.

majesty ['mædʒɪstɪ] n (splendour)
majestatyczność f; **Your Majesty**
(form of address) Wasza Królewska
Mość.

major ['meɪdʒə*] n (MIL) major m ♦
adj ważny, znaczący; (MUS) dur
post.

majority [mə'dʒɔrɪtɪ] n większość f.

make [meɪk] (pt, pp **made**) vt

(*object, mistake, remark*) robić
(zrobić *perf*); (*clothes*) szyć (uszyć
perf); (*cake*) piec (upiec *perf*);
(*noise*) robić, narobić (*perf*) +*gen*;
(*speech*) wygłaszać (wygłosić *perf*);
(*goods*) produkować
(wyprodukować *perf*), wytwarzać;
(*money*) zarabiać (zarobić *perf*);
(*cause to be*): **to make sb
sad/happy** zasmucać (zasmucić
perf)/uszczęśliwiać (uszczęśliwić
perf) kogoś; (*force*): **to make sb do
sth** zmuszać (zmusić *perf*) kogoś do
(z)robienia czegoś; (*equal*): **2 and 2
make 4** dwa i dwa jest cztery ♦ *n*
marka *f*; **to make the bed** słać
(posłać *perf*) łóżko; **to make a fool
of sb** ośmieszać (ośmieszyć *perf*)
kogoś; **to make a profit** osiągać
(osiągnąć *perf*) zysk, zarabiać
(zarobić *perf*); **to make a loss**
(*business*) przynosić (przynieść *perf*)
straty; (*company*) ponosić (ponieść
perf) straty; **he made it** (*arrived*)
dotarł na miejsce; (*arrived in time*)
zdążył; (*succeeded*) udało mu się;
to make do with zadowalać się
(zadowolić się *perf*) +*instr*.
▶**make for** *vt fus* kierować się
(skierować się *perf*) do +*gen or* ku
+*dat*.
▶**make out** *vt* (*decipher*) odczytać
(*perf*); (*understand*) zorientować się
(*perf*) w +*loc*; (*see*) dostrzegać
(dostrzec *perf*); (*write: cheque*)
wypisywać (wypisać *perf*).
▶**make up** *vt* (*constitute*) stanowić;
(*invent*) wymyślać (wymyślić *perf*);
(*prepare*) przygotowywać
(przygotować *perf*) ♦ *vi* (*after
quarrel*) godzić się (pogodzić się
perf); (*with cosmetics*) robić (zrobić
perf) (sobie) makijaż, malować się
(umalować się *perf*); **to make up
one's mind** zdecydować się (*perf*);
to be made up of składać się z +*gen*.

▶**make up for** *vt fus* nadrabiać
(nadrobić *perf*) +*acc*.
make-believe ['meɪkbɪliːv] *n* pozory
pl.
maker ['meɪkə*] *n* producent *m*.
makeshift ['meɪkʃɪft] *adj*
prowizoryczny.
make-up ['meɪkʌp] *n* (*cosmetics*)
kosmetyki *pl* upiększające; (*on sb*)
makijaż *m*; (*also*: **stage make-up**)
charakteryzacja *f*.
make-up bag *n* kosmetyczka *f*.
make-up remover *n* płyn *m* do
demakijażu.
making ['meɪkɪŋ] *n* (*fig*): **he's a
linguist in the making** będzie z
niego językoznawca; **to have the
makings of** mieć (wszelkie) zadatki
na +*acc*.
malaria [mə'lɛərɪə] *n* malaria *f*.
male [meɪl] *n* (*BIO*) samiec *m*; (*man*)
mężczyzna *m* ♦ *adj* (*sex, attitude*)
męski; (*child*) płci męskiej *post*.
male nurse *n* pielęgniarz *m*.
malice ['mælɪs] *n* złośliwość *f*.
malicious [mə'lɪʃəs] *adj* (*person,
gossip, accusation*) złośliwy.
malignant [mə'lɪgnənt] *adj* (*tumour,
growth*) złośliwy.
mall [mɔːl] *n* (*also*: **shopping mall**)
centrum *nt* handlowe.
mallet ['mælɪt] *n* drewniany młotek
m, pobijak *m*.
malnutrition [mælnjuːˈtrɪʃən] *n*
(*eating too little*) niedożywienie *nt*;
(*eating wrong food*) niewłaściwe *or*
złe odżywianie *nt*.
malpractice [mæl'præktɪs] *n*
postępowanie *nt* niezgodne z etyką
zawodową.
malt [mɔːlt] *n* (*grain*) słód *m*; (*also*:
malt whisky) whisky *f inv* słodowa.
maltreat [mæl'triːt] *vt* maltretować.
mammal ['mæml] *n* ssak *m*.
mammoth ['mæməθ] *n* mamut *m* ♦
adj gigantyczny.
man [mæn] (*pl* **men**) *n* (*male*)

mężczyzna *m*; (*human being,
mankind*) człowiek *m* ♦ *vt* (*post*)
obsadzać (obsadzić *perf*); (*machine*)
obsługiwać; **man and wife** mąż i
żona.

manage ['mænɪdʒ] *vi* (*get by
financially*) dawać (dać *perf*) sobie
radę; (*succeed*): **he managed to
find her** udało mu się ją odnaleźć ♦
vt (*business, organization*) zarządzać
+*instr*; (*object, device, person*) radzić
(poradzić *perf*) sobie z +*instr*.

management ['mænɪdʒmənt] *n*
(*control, organization*) zarządzanie *nt*;
(*persons*) zarząd *m*, dyrekcja *f*.

manager ['mænɪdʒə*] *n* (*of large
business, institution, department*)
dyrektor *m*; (*of smaller business,
unit, institution*) kierownik *m*; (*of pop
star, sports team*) menażer *m*.

manageress [mænɪdʒə'res] *n*
kierowniczka *f*.

managerial [mænɪ'dʒɪərɪəl] *adj* (*role,
post, staff*) kierowniczy; (*skills*)
menedżerski; (*decisions*) dotyczący
zarządzania.

managing director ['mænɪdʒɪŋ-] *n*
dyrektor *m* (główny *or* naczelny).

mandarin ['mændərɪn] *n* (*also*:
mandarin orange) mandarynka *f*;
(*official*) szycha *f* (*inf*); (: *Chinese*)
mandaryn *m*.

mandate ['mændeɪt] *n* (*POL*) mandat
m; (*task*) zadanie *nt*.

mandatory ['mændətərɪ] *adj*
obowiązkowy.

mane [meɪn] *n* grzywa *f*.

maneuver [mə'nu:və*] (*US*) =
manoeuvre.

mango ['mæŋgəu] (*pl* **mangoes**) *n*
mango *nt inv*.

mangy ['meɪndʒɪ] *adj* wyliniały.

manhandle ['mænhændl] *vt*
(*mistreat*) poniewierać +*instr*.

manhole ['mænhəul] *n* właz *m*
(kanalizacyjny).

manhood ['mænhud] *n* (*age*) wiek *m*
męski (*fml*); (*state*) męskość *f*.

man-hour ['mænauə*] *n*
roboczogodzina *f*.

manhunt ['mænhʌnt] *n* obława *f*.

mania ['meɪnɪə] *n* mania *f*.

maniac ['meɪnɪæk] *n* (*lunatic*) maniak
m, szaleniec *m*; (*fig*) maniak (-aczka)
m(f).

manic ['mænɪk] *adj* szaleńczy.

manicure ['mænɪkjuə*] *n* manicure
m.

manifest ['mænɪfest] *vt*
manifestować (zamanifestować *perf*)
♦ *adj* oczywisty, wyraźny.

manifestation [mænɪfes'teɪʃən] *n*
przejaw *m*, oznaka *f*.

manifesto [mænɪ'festəu] *n* manifest
m.

manipulate [mə'nɪpjuleɪt] *vt*
manipulować +*instr*.

mankind [mæn'kaɪnd] *n* ludzkość *f*.

manly ['mænlɪ] *adj* męski.

man-made ['mæn'meɪd] *adj* sztuczny.

manner ['mænə*] *n* (*way*) sposób *m*;
(*behaviour*) zachowanie *nt*; (*type,
sort*): **all manner of things/people**
wszelkiego rodzaju rzeczy/ludzie;
manners *npl* maniery *pl*.

mannerism ['mænərɪzəm] *n* maniera
f.

manoeuvre [mə'nu:və*] (*US*
maneuver) *vt* (*car etc*)
manewrować (wymanewrować *perf*)
+*instr* ♦ *n* (*fig*) manewr *m*.

manor ['mænə*] *n* (*also*: **manor
house**) rezydencja *f* ziemska, dwór *m*.

manpower ['mænpauə*] *n* siła *f*
robocza.

mansion ['mænʃən] *n* rezydencja *f*.

manslaughter ['mænslɔ:tə*] (*JUR*)
n nieumyślne spowodowanie *nt*
śmierci.

mantelpiece ['mæntlpi:s] *n* gzyms *m*
kominka.

mantra ['mæntrə] *n* mantra *nt*.

manual ['mænjuəl] *adj* (*work, worker*)

fizyczny; (*controls*) ręczny ♦ *n*
podręcznik *m*.

manufacture [mænju'fæktʃə*] *vt*
produkować (wyprodukować *perf*) ♦
n produkcja *f*.

manufacturer [mænju'fæktʃərə*] *n*
wytwórca *m*, producent *m*.

manure [mə'njuə*] *n* nawóz *m*
naturalny, obornik *m*.

manuscript ['mænjuskrɪpt] *n* rękopis
m; (*ancient*) manuskrypt *m*.

many ['mɛnɪ] *adj* wiele (*+gen nvir pl*),
wielu (*+gen vir pl*), dużo (*+gen pl*) ♦
pron wiele *nvir*, wielu *vir*; **a great
many men/women** bardzo wielu
mężczyzn/wiele kobiet; **how many?**
ile?; **too many difficulties** zbyt
wiele trudności; **twice as many** dwa
razy tyle; **many a time** niejeden raz.

map [mæp] *n* mapa *f*.

maple ['meɪpl] *n* klon *m*.

mar [mɑ:*] *vt* (*appearance*) szpecić
(zeszpecić *perf or* oszpecić *perf*);
(*day, event*) psuć (zepsuć *perf*).

marathon ['mærəθən] *n* maraton *m*.

marathon runner *n* maratończyk *m*.

marble ['mɑ:bl] *n* (*stone*) marmur *m*;
(*toy*) kulka *f* (*do gry*).

March [mɑ:tʃ] *n* marzec *m*.

march [mɑ:tʃ] *vi* (*soldiers, protesters*)
maszerować (przemaszerować *perf*);
(*walk briskly*) maszerować
(pomaszerować *perf*) ♦ *n* marsz *m*.

mare [mɛə*] *n* klacz *f*.

margarine [mɑ:dʒə'ri:n] *n*
margaryna *f*.

marge [mɑ:dʒ] (*BRIT: inf*) *n abbr* =
margarine.

margin ['mɑ:dʒɪn] *n* (*on page, of
society, for error, safety*) margines *m*;
(*of votes*) różnica *f*; (*of wood etc*)
skraj *m*; (*COMM*) marża *f*.

marginal ['mɑ:dʒɪnl] *adj*
marginesowy, marginalny.

marginally ['mɑ:dʒɪnəlɪ] *adv*
(*different*) (tylko) nieznacznie;
(*kinder etc*) (tylko) trochę.

marigold ['mærɪgəuld] *n* nagietek *m*.

marijuana [mærɪ'wɑ:nə] *n*
marihuana *f*.

marina [mə'ri:nə] *n* przystań *f*.

marinate ['mærɪneɪt] *vt* marynować
(zamarynować *perf*).

marine [mə'ri:n] *adj* (*life, plant*)
morski; (*engineering*) okrętowy ♦ *n*
(*BRIT*) żołnierz *m* służący w
marynarce; (*also*: **US marine**)
żołnierz *m* piechoty morskiej.

marital ['mærɪtl] *adj* małżeński;
marital status stan cywilny.

maritime ['mærɪtaɪm] *adj* morski.

marjoram ['mɑ:dʒərəm] *n* majeranek
m.

mark [mɑ:k] *n* (*sign*) znak *m*; (:: *of
friendship, respect*) oznaka *f*; (*trace*)
ślad *m*; (*stain*) plama *f*; (*point*) punkt
m; (*level*) poziom *m*; (*BRIT: SCOL:
grade*) stopień *m*, ocena *f*;
(*currency*): **the German Mark** marka
f niemiecka ♦ *vt* (*label*) znakować
(oznakować *perf*), oznaczać
(oznaczyć *perf*); (*stain*) plamić
(poplamić *perf*); (*characterise*)
cechować; (*with shoes, tyres*)
zostawiać (zostawić *perf*) ślad(y) na
+*loc*; (*passage, page in book*)
zaznaczać (zaznaczyć *perf*); (*place,
time*) wyznaczać (wyznaczyć *perf*);
(*event, occasion*) upamiętniać
(upamiętnić *perf*); (*BRIT: SCOL*)
oceniać (ocenić *perf*).

marked [mɑ:kt] *adj* wyraźny.

markedly ['mɑ:kɪdlɪ] *adv* wyraźnie.

marker ['mɑ:kə*] *n* (*sign*) znak *m*;
(*bookmark*) zakładka *f*; (*pen*)
zakreślacz *m*.

market ['mɑ:kɪt] *n* (*for vegetables
etc*) targ *m*; (*COMM*) rynek *m*
(zbytu) ♦ *vt* sprzedawać; (*new
product*) wprowadzać (wprowadzić
perf) na rynek.

marketing ['mɑ:kɪtɪŋ] *n* marketing *m*.

marketplace ['mɑ:kɪtpleɪs] *n* rynek

m, plac *m* targowy; (*COMM*) rynek *m*.

market research *n* badanie *nt* rynku.

marksman ['mɑːksmən] (*irreg like*: **man**) *n* strzelec *m* wyborowy.

marmalade ['mɑːməleɪd] *n* marmolada *f*.

maroon [mə'ruːn] *adj* bordowy ♦ *vt*: **marooned** wyrzucony (na brzeg) (*np. bezludnej wyspy*); (*fig*) pozostawiony sam(emu) sobie.

marquee [mɑː'kiː] *n* (duży) namiot *m* (*na festynie itp*).

marriage ['mærɪdʒ] *n* (*relationship, institution*) małżeństwo *nt*; (*wedding*) ślub *m*.

marriage certificate *n* akt *m* małżeństwa *or* ślubu.

married ['mærɪd] *adj* (*man*) żonaty; (*woman*) zamężny; (*life, love*) małżeński; **to get married** (*man*) żenić się (ożenić się *perf*); (*woman*) wychodzić (wyjść *perf*) za mąż; (*couple*) pobierać się (pobrać się *perf*), brać (wziąć *perf*) ślub.

marrow ['mærəu] *n* (*vegetable*) kabaczek *m*; (*also*: **bone marrow**) szpik *m* kostny.

marry ['mærɪ] *vt* (*man*) żenić się (ożenić się *perf*) z +*instr*; (*woman*) wychodzić (wyjść *perf*) (za mąż) za +*acc*; (*registrar, priest*) udzielać (udzielić *perf*) ślubu +*dat* ♦ *vi* (*couple*) pobierać się (pobrać się *perf*), brać (wziąć *perf*) ślub.

Mars [mɑːz] *n* Mars *m*.

marsh [mɑːʃ] *n* bagna *pl*, moczary *pl*.

marshal ['mɑːʃl] *n* (*MIL*) marszałek *m*; (*US: of police, fire department*) ≈ komendant *m*; (*at sports meeting etc*) organizator *m* ♦ *vt* (*thoughts, soldiers*) zbierać (zebrać *perf*); (*support*) zdobywać (zdobyć *perf*).

marshy ['mɑːʃɪ] *adj* bagnisty, grząski.

marsupial [mɑː'suːpɪəl] (*ZOOL*) *n* torbacz *m*.

martial ['mɑːʃl] *adj* (*music*) wojskowy; (*behaviour*) żołnierski.

martial arts *npl* (wschodnie) sztuki *pl* walki.

martial law *n* stan *m* wojenny.

Martian ['mɑːʃən] *n* Marsjanin (-anka) *m(f)*.

martyr ['mɑːtə*] *n* męczennik (-ica) *m(f)*.

martyrdom ['mɑːtədəm] *n* męczeństwo *nt*.

marvel ['mɑːvl] *n* cud *m* ♦ *vi*: **to marvel (at)** (*in admiiration*) zachwycać się (+*instr*); (*in surprise*) zdumiewać się (+*instr*).

marvellous ['mɑːvləs] (*US* **marvelous**) *adj* cudowny.

Marxist ['mɑːksɪst] *adj* marksistowski ♦ *n* marksista (-tka) *m(f)*.

marzipan ['mɑːzɪpæn] *n* marcepan *m*.

mascara [mæs'kɑːrə] *n* tusz *m* do rzęs.

mascot ['mæskət] *n* maskotka *f*.

masculine ['mæskjulɪn] *adj* (*characteristics, pride, gender*) męski; (*noun, pronoun*) rodzaju męskiego *post*.

mash [mæʃ] (*CULIN*) *vt* tłuc (utłuc *perf*).

mashed potatoes [mæʃt-] *npl* ziemniaki *pl* purée.

mask [mɑːsk] *n* maska *f* ♦ *vt* (*face*) zakrywać (zakryć *perf*), zasłaniać (zasłonić *perf*); (*feelings*) maskować (zamaskować *perf*).

masochist ['mæsəukɪst] *n* masochista (-tka) *m(f)*.

mason ['meɪsn] *n* (*also*: **stone mason**) kamieniarz *m*; (*also*: **freemason**) mason(ka) *m(f)*.

masonic [mə'sɔnɪk] *adj* masoński.

masonry ['meɪsnrɪ] *n* konstrukcje *pl* z kamienia.

masquerade [mæskə'reɪd] *vi*: **to masquerade as** udawać +*acc*.

mass [mæs] *n* masa *f*; (*of air*) masy *pl*; (*of land*) połacie *pl*; (*REL*): **Mass**

msza f ♦ *cpd* masowy ♦ *vi*
gromadzić się (zgromadzić się *perf*)
masowo *or* licznie; **the masses** *npl*
masy *pl*; **masses of** (*inf*) (cała) masa
f +*gen* (*inf*).

massacre ['mæsəkə*] *n* masakra *f*.

massage ['mæsɑːʒ] *n* masaż *m* ♦ *vt*
masować (wymasować *perf*).

masseur [mæ'sɜː*] *n* masażysta *m*.

masseuse [mæ'sɜːz] *n* masażystka *f*.

massive ['mæsɪv] *adj* masywny; (*fig*:
changes, increase etc) ogromny.

mass media *n inv*: **the mass media**
mass media *pl*, środki *pl* masowego
przekazu.

mass-production ['mæsprə'dʌkʃən]
n produkcja *f* masowa.

mast [mɑːst] *n* maszt *m*.

master ['mɑːstə*] *n* (*of servant,
animal, situation*) pan *m*; (*secondary
school teacher*) ≈ profesor *m*; (*title
for boys*): **Master X** panicz *m* X ♦ *vt*
(*overcome*) przezwyciężać
(przezwyciężyć *perf*); (*learn,
understand*) opanowywać
(opanować *perf*).

masterly ['mɑːstəlɪ] *adj* mistrzowski.

mastermind ['mɑːstəmaɪnd] *n* mózg
m (*fig*) ♦ *vt* sterować +*instr*; (*robbery
etc*) zaplanować (*perf*).

Master of Arts *n* (*degree*) ≈ stopień
m magistra (nauk humanistycznych).

Master of Science *n* (*degree*) ≈
tytuł *m* magistra (nauk ścisłych lub
przyrodniczych).

masterpiece ['mɑːstəpiːs] *n*
arcydzieło *nt*.

masterstroke ['mɑːstəstrəuk] *n*
majsterszyk *m*.

mastery ['mɑːstərɪ] *n*: **mastery of**
biegłe opanowanie *nt* +*gen*.

masturbation [mæstə'beɪʃən] *n*
onanizm *m*, masturbacja *f*.

mat [mæt] *n* (*on floor*) dywanik *m*;
(*also*: **doormat**) wycieraczka *f*; (*also*:
table mat) podkładka *f* (*pod nakrycie*)
♦ *adj* = **matt**.

match [mætʃ] *n* (*game*) mecz *m*; (*for
lighting fire*) zapałka *f*; (*equivalent*):
to be a good *etc* **match** dobrze *etc*
pasować ♦ *vt* (*go well with*) pasować
do +*gen*; (*equal*) dorównywać
(dorównać *perf*) +*dat*; (*correspond
to*) odpowiadać +*dat*; (*also*: **match
up**) dopasowywać (dopasować *perf*)
(do siebie) ♦ *vi* pasować (do siebie);
they are a good match tworzą
dobraną parę.

matchbox ['mætʃbɔks] *n* pudełko *nt*
od zapałek.

matching ['mætʃɪŋ] *adj* dobrze
dobrany; (*in colour*) pod kolor *post*.

mate [meɪt] *n* (*inf*: *friend*) kumpel *m*
(*inf*); (*assistant*) pomocnik *m*;
(*NAUT*) oficer *m* (*na statku
handlowym*); (*animal, spouse*)
partner(ka) *m(f)*; (*in chess*) mat *m* ♦
vi (*animals*) łączyć się *or* kojarzyć
się w pary.

material [mə'tɪərɪəl] *n* materiał *m* ♦
adj (*possessions, existence*)
materialny; **materials** *npl* materiały
pl; **writing materials** przybory do
pisania.

materialistic [mətɪərɪə'lɪstɪk] *adj*
materialistyczny.

materialize [mə'tɪərɪəlaɪz] *vi* (*event*)
zaistnieć (*perf*); (*person*) pojawiać
się (pojawić się *perf*); (*hopes, plans*)
materializować się (zmaterializować
się *perf*).

maternal [mə'tɜːnl] *adj* macierzyński.

maternity [mə'tɜːnɪtɪ] *n*
macierzyństwo *nt*.

maternity dress *n* suknia *f* ciążowa.

maternity leave *n* urlop *m*
macierzyński.

mathematical [mæθə'mætɪkl] *adj*
matematyczny.

mathematician [mæθəmə'tɪʃən] *n*
matematyk (-yczka) *m(f)*.

mathematics [mæθə'mætɪks] *n*
matematyka *f*.

maths [mæθs] (*US* **math**) *n abbr* = **mathematics**.

matrices ['meɪtrɪsi:z] *npl of* **matrix**.

matriculation [mətrɪkjuˈleɪʃən] *n* immatrykulacja *f*.

matrimonial [mætrɪˈməʊnɪəl] *adj* małżeński.

matrimony ['mætrɪmənɪ] *n* małżeństwo *nt*.

matrix ['meɪtrɪks] (*pl* **matrices**) *n* (*social, cultural etc*) kontekst *m*; (*TECH*) matryca *f*; (*MATH*) macierz *f*.

matron ['meɪtrən] *n* (*in hospital*) przełożona *f* pielęgniarek; (*in school*) pielęgniarka *f* (szkolna).

matt [mæt] (*also spelled* **mat**) *adj* matowy.

matted ['mætɪd] *adj* splątany.

matter ['mætə*] *n* (*situation, problem*) sprawa *f*; (*PHYS*) materia *f*; (*substance*) substancja *f*; (*MED: pus*) ropa *f* ♦ *vi* liczyć się, mieć znaczenie; **matters** *npl* sytuacja *f*; **it doesn't matter** (*is not important, makes no difference*) to nie ma znaczenia; (*never mind*) (nic) nie szkodzi; **what's the matter?** o co chodzi?; **no matter what** bez względu na to, co się stanie; **as a matter of course** automatycznie; **as a matter of fact** właściwie; **it's a matter of habit** to kwestia przyzwyczajenia; **printed matter** druki; **reading matter** (*BRIT*) lektura.

matter-of-fact ['mætərəv'fækt] *adj* rzeczowy.

mattress ['mætrɪs] *n* materac *m*.

mature [məˈtjuə*] *adj* dojrzały ♦ *vi* dojrzewać (dojrzeć *perf*).

maturity [məˈtjuərɪtɪ] *n* dojrzałość *f*.

mausoleum [mɔːsəˈlɪəm] *n* mauzoleum *nt*.

mauve [məʊv] *adj* jasnofioletowy.

maverick ['mævrɪk] *n* (*fig*) indywidualista (-tka) *m(f)*.

maxim ['mæksɪm] *n* maksyma *f*.

maximum ['mæksɪməm] (*pl* **maxima** *or* **maximums**) *adj* maksymalny ♦ *n* maksimum *nt*.

May [meɪ] *n* maj *m*.

may [meɪ] (*conditional* **might**) *vi* (*indicating possibility, permission*) móc; (*indicating wishes*): **may he justify our hopes** oby spełnił nasze nadzieje; **you may as well go** (właściwie) możesz iść; **may God bless you!** niech cię Bóg błogosławi!

maybe ['meɪbi:] *adv* (być) może.

mayhem ['meɪhem] *n* chaos *m*.

mayonnaise [meɪəˈneɪz] *n* majonez *m*.

mayor [mɛə*] *n* burmistrz *m*.

maze [meɪz] *n* labirynt *m*.

MD *n abbr* (= *Doctor of Medicine*) *stopień naukowy*; ≈ dr.

┌────── *KEYWORD* ──────┐

me [mi:] *pron* **1** (*direct object*) mnie; **can you hear me?** słyszysz mnie?; **it's me** to ja. **2** (*indirect object*) mi; (: *stressed*) mnie; **he gave me the money** dał mi pieniądze; **he gave the money to me, not to her** dał pieniądze mnie, nie jej; **give them to me** daj mi je. **3** (*after prep*): **it's for me** to dla mnie; **without me** beze mnie; **with me** ze mną; **about me** o mnie.

└──────────────────────┘

meadow ['medəʊ] *n* łąka *f*.

meagre ['mi:gə*] (*US* **meager**) *adj* skąpy, skromny.

meal [mi:l] *n* (*occasion, food*) posiłek *m*; (*flour*) mąka *f* razowa.

mean [mi:n] (*pt, pp* **meant**) *adj* (*with money*) skąpy; (*unkind: person, trick*) podły; (*shabby*) nędzny; (*average*) średni ♦ *vt* (*signify*) znaczyć, oznaczać; (*refer to*): **I thought you meant her** sądziłem, że miałeś na myśli ją; (*intend*): **to mean to do sth** zamierzać *or* mieć zamiar coś

zrobić ♦ *n* (*average*) średnia *f*;
means (*pl* **means**) *n* środek *m*,
sposób *m* ♦ *npl* środki *pl*; **by means
of sth** za pomocą czegoś; **by all
means!** jak najbardziej!; **do you
mean it?** mówisz poważnie?; **what
do you mean?** co masz na myśli?;
to be meant for sb być
przeznaczonym dla kogoś.

meaning ['mi:nɪŋ] *n* (*of word,
gesture, book*) znaczenie *nt*;
(*purpose, value*) sens *m*.

meaningful ['mi:nɪŋful] *adj* (*result,
explanation*) sensowny; (*glance,
remark*) znaczący; (*relationship,
experience*) głęboki.

meaningless ['mi:nɪŋlɪs] *adj*
(*incomprehensible*) niezrozumiały;
(*of no importance or relevance*) bez
znaczenia *post*; (*futile*) bezsensowny.

meanness ['mi:nnɪs] *n* (*with money*)
skąpstwo *nt*; (*unkindness*) podłość *f*;
(*shabbiness*) nędza *f*.

meant [mɛnt] *pt, pp of* **mean**.

meantime ['mi:ntaɪm] *adv* (*also*: **in
the meantime**) tymczasem.

meanwhile ['mi:nwaɪl] *adv* =
meantime.

measles ['mi:zlz] *n* odra *f*.

measure ['mɛʒə*] *vt* mierzyć
(zmierzyć *perf*) ♦ *vi* mierzyć ♦ *n*
(*degree*) stopień *m*; (*portion*) porcja
f; (*ruler*) miar(k)a *f*; (*action*) środek
m (zaradczy).

measured ['mɛʒəd] *adj* (*tone*)
wyważony; (*step*) miarowy.

measurements ['mɛʒəmənts] *npl*
wymiary *pl*.

meat [mi:t] *n* mięso *nt*; **cold meats**
(*BRIT*) wędliny.

meatball ['mi:tbɔ:l] *n* klopsik *m*.

mechanic [mɪ'kænɪk] *n* mechanik *m*.

mechanical [mɪ'kænɪkl] *adj*
mechaniczny.

mechanics [mɪ'kænɪks] *n* (*PHYS*)
mechanika *f* ♦ *npl*: **the mechanics
of the market** mechanizmy *pl*
rynkowe.

mechanism ['mɛkənɪzəm] *n* (*device,
automatic reaction*) mechanizm *m*;
(*procedure*) tryb *m*.

mechanization [mɛkənaɪ'zeɪʃən] *n*
mechanizacja *f*.

medal ['mɛdl] *n* medal *m*.

medallion [mɪ'dælɪən] *n* medalion *m*.

medallist ['mɛdlɪst] (*US* **medalist**)
n medalista (-tka) *m(f)*.

meddle ['mɛdl] *vi*: **to meddle in** *or*
with mieszać się w *+acc or* do *+gen*.

media ['mi:dɪə] *npl* (*mass*) media *pl*,
środki *pl* (masowego) przekazu.

mediaeval [mɛdɪ'i:vl] *adj* = **medieval**.

mediate ['mi:dɪeɪt] *vi* pośredniczyć,
występować (wystąpić *perf*) w roli
mediatora.

mediator ['mi:dɪeɪtə*] *n*
mediator(ka) *m(f)*.

Medicaid ['mɛdɪkeɪd] (*US*) *n*
*rządowy program pomagający
osobom o niskich dochodach pokryć
koszty leczenia.*

medical ['mɛdɪkl] *adj* medyczny ♦ *n*
badania *pl* (*kontrolne lub okresowe*).

medical certificate *n*
zaświadczenie *nt* lekarskie.

Medicare ['mɛdɪkeə*] (*US*) *n*
*rządowy program pomagający
osobom w podeszłym wieku w
pokryciu kosztów leczenia.*

medicated ['mɛdɪkeɪtɪd] *adj*
leczniczy.

medication [mɛdɪ'keɪʃən] *n* leki *pl*.

medicinal [mɛ'dɪsɪnl] *adj* leczniczy.

medicine ['mɛdsɪn] *n* (*science*)
medycyna *f*; (*drug*) lek *m*.

medieval [mɛdɪ'i:vl] *adj*
średniowieczny.

mediocre [mi:dɪ'əukə*] *adj* mierny,
pośledni.

mediocrity [mi:dɪ'ɔkrɪtɪ] *n* (*quality*)
mierność *f*; (*person*) miernota *f*.

meditate ['mɛdɪteɪt] *vi* (*think
carefully*): **to meditate (on)**

rozmyślać *or* medytować (nad +*instr or* o +*loc*); (*REL*) oddawać się medytacji.

meditation [mɛdɪˈteɪʃən] *n* rozmyślania *pl*, medytacja *f*; (*REL*) medytacja *f*.

Mediterranean [mɛdɪtəˈreɪnɪən] *adj* śródziemnomorski; **the Mediterranean (Sea)** Morze Śródziemne.

medium [ˈmiːdɪəm] (*pl* **media** *or* **mediums**) *adj* (*size, level*) średni; (*colour*) pośredni ♦ *n* (*of communication*) środek *m* przekazu; (*ART*) forma *f* przekazu; (*environment*) ośrodek *m*, środowisko *nt*; (*pl* **mediums**: *person*) medium *nt*.

medley [ˈmɛdlɪ] *n* mieszanka *f*; (*MUS*) składanka *f*.

meek [miːk] *adj* potulny.

meet [miːt] (*pt, pp* **met**) *vt* (*accidentally*) spotykać (spotkać *perf*); (*by arrangement*) spotykać się (spotkać się *perf*) z +*instr*; (*for the first time*) poznawać (poznać *perf*); (*condition*) spełniać (spełnić *perf*); (*need*) zaspokajać (zaspokoić *perf*); (*problem, challenge*) sprostać (*perf*) +*dat* ♦ *vi* spotykać się (spotkać się *perf*); (*for the first time*) poznawać się (poznać się *perf*); **pleased to meet you!** miło mi Pana/Panią poznać.

► **meet with** *vt fus* (*difficulties*) napotykać (napotkać *perf*); (*success*) odnosić (odnieść *perf*).

meeting [ˈmiːtɪŋ] *n* spotkanie *nt*; (*COMM*) zebranie *nt*.

megaphone [ˈmɛgəfəun] *n* megafon *m*.

melancholy [ˈmɛlənkəlɪ] *n* melancholia *f* ♦ *adj* melancholijny.

mellow [ˈmɛləu] *adj* (*sound, light, person*) łagodny; (*voice*) aksamitny; (*colour*) spokojny; (*wine*) dojrzały ♦

vi (*person*) łagodnieć (złagodnieć *perf*).

melodrama [ˈmɛləudrɑːmə] *n* melodramat *m*.

melody [ˈmɛlədɪ] *n* melodia *f*.

melon [ˈmɛlən] *n* melon *m*.

melt [mɛlt] *vi* (*metal*) topić się (stopić się *perf*); (*snow*) topnieć (stopnieć *perf*) ♦ *vt* (*metal*) topić (stopić *perf*); (*snow, butter*) roztapiać (roztopić *perf*).

► **melt down** *vt* (*metal*) przetapiać (przetopić *perf*).

meltdown [ˈmɛltdaun] *n* topnienie *nt* (*rdzenia reaktora atomowego*).

melting pot *n* (*fig*) tygiel *m*.

member [ˈmɛmbə*] *n* członek *m*; **Member of Parliament** (*BRIT*) poseł/posłanka *m/f* (do parlamentu).

membership [ˈmɛmbəʃɪp] *n* (*state*) członkostwo *nt*; (*members*) członkowie *vir pl*; (*number of members*) liczba *f* członków.

membrane [ˈmɛmbreɪn] (*ANAT, BIO*) *n* błona *f*.

memento [məˈmɛntəu] *n* pamiątka *f*.

memo [ˈmɛməu] *n* notatka *f* (*zwłaszcza służbowa*).

memoirs [ˈmɛmwɑːz] *npl* wspomnienia *pl*, pamiętniki *pl*.

memorable [ˈmɛmərəbl] *adj* pamiętny.

memorandum [mɛməˈrændəm] (*pl* **memoranda**) *n* (*memo*) notatka *f* (*zwłaszcza służbowa*); (*POL*) memorandum *nt*.

memorial [mɪˈmɔːrɪəl] *n* pomnik *m* ♦ *adj* (*plaque etc*) pamiątkowy; **memorial service** nabożeństwo żałobne.

memorize [ˈmɛməraɪz] *vt* uczyć się (nauczyć się *perf*) na pamięć +*gen*.

memory [ˈmɛmərɪ] *n* (*also COMPUT*) pamięć *f*; (*recollection*) wspomnienie *nt*; **in memory of** ku pamięci +*gen*.

men [mɛn] *npl of* **man**.

menace [ˈmɛnɪs] *n* (*threat*) groźba *f*;

(*nuisance*) zmora *f* ♦ *vt* zagrażać +*dat*.

menacing ['mɛnɪsɪŋ] *adj* groźny.

mend [mɛnd] *vt* (*repair*) naprawiać (naprawić *perf*); (*darn*) cerować (zacerować *perf*) ♦ *n*: **to be on the mend** wracać do zdrowia; **to mend one's ways** poprawiać się (poprawić się *perf*).

menial ['mi:nɪəl] (*often pej*) *adj* (*work*) służebny, czarny (*pej*).

meningitis [mɛnɪn'dʒaɪtɪs] *n* zapalenie *nt* opon mózgowych.

menopause ['mɛnəupɔ:z] (*MED*) *n*: **the menopause** menopauza *f*, klimakterium *nt*.

menstruation [mɛnstru'eɪʃən] *n* miesiączka *f*, menstruacja *f*.

mental ['mɛntl] *adj* umysłowy.

mentality [mɛn'tælɪtɪ] *n* mentalność *f*.

mention ['mɛnʃən] *n* wzmianka *f* ♦ *vt* wspominać (wspomnieć *perf*) o +*loc*; **thank you – don't mention it!** dziękuję – nie ma za co!; **not to mention ...** nie mówiąc (już) o +*loc*.

mentor ['mɛntɔ:*] *n* mentor(ka) *m(f)*.

menu ['mɛnju:] *n* (*selection of dishes*) zestaw *m*; (*printed*) menu *nt inv*, karta *f* (dań *or* potraw); (*COMPUT*) menu *nt inv*.

MEP (*BRIT*) *n abbr* (= *Member of the European Parliament*) poseł/posłanka *m/f* do Parlamentu Europejskiego.

mercenary ['mə:sɪnərɪ] *adj* wyrachowany, interesowny ♦ *n* najemnik *m* (*żołnierz*).

merchandise ['mə:tʃəndaɪz] *n* towar *m*, towary *pl*.

merchant ['mə:tʃənt] *n* kupiec *m*.

merchant navy (*US* **merchant marine**) *n* marynarka *f* handlowa.

merciful ['mə:sɪful] *adj* litościwy, miłosierny.

merciless ['mə:sɪlɪs] *adj* bezlitosny.

mercury ['mə:kjurɪ] *n* rtęć *f*.

mercy ['mə:sɪ] *n* litość *f*; **to be at the mercy of** być zdanym na łaskę +*gen*.

mere [mɪə*] *adj* zwykły; **his mere presence irritates her** sama jego obecność denerwuje ją; **she's a mere child** jest tylko dzieckiem.

merely ['mɪəlɪ] *adv* tylko, jedynie.

merge [mə:dʒ] *vt* łączyć (połączyć *perf*) ♦ *vi* (*roads, companies*) łączyć się (połączyć się *perf*); (*colours, sounds*) zlewać się (zlać się *perf*).

merger ['mə:dʒə*] (*COMM*) *n* fuzja *f*.

meringue [mə'ræŋ] *n* beza *f*.

merit ['mɛrɪt] *n* (*worth, value*) wartość *f*, (*advantage*) zaleta *f* ♦ *vt* zasługiwać (zasłużyć *perf*) na +*acc*.

mermaid ['mə:meɪd] *n* syrena *f*.

merry ['mɛrɪ] *adj* wesoły; **Merry Christmas!** Wesołych Świąt!

merry-go-round ['mɛrɪgəuraund] *n* karuzela *f*.

mesh [mɛʃ] *n* (*net*) siatka *f*.

mesmerize ['mɛzməraɪz] *vt* hipnotyzować (zahipnotyzować *perf*).

mess [mɛs] *n* (*in room*) bałagan *m*; (*MIL*) kantyna *f*; (: *officers'*) kasyno *nt*; (*NAUT*) mesa *f*; **in a mess** (*untidy*) w nieładzie.

▶**mess about** (*inf*) *vi* (*waste time*) obijać się; (*fool around*) wygłupiać się.

▶**mess about with** (*inf*) *vt fus* (*thing*) grzebać przy +*loc*; (*person*) nie traktować poważnie +*gen*.

▶**mess around** (*inf*) *vi* = **mess about**.

▶**mess around with** (*inf*) *vt fus* = **mess about with**.

▶**mess up** (*inf*) *vt* (*spoil*) spaprać (*perf*) (*inf*); (*dirty*) zapaprać (*perf*) (*inf*).

message ['mɛsɪdʒ] *n* (*piece of information*) wiadomość *f*; (*meaning*) przesłanie *nt*; (*COMPUT*) wiadomość *f*, komunikat *m* ♦ *vt* (*COMPUT*) wysyłać (wysłać *perf*) wiadomość do +*gen*; **he finally got the message** (*inf, fig*) wreszcie do niego dotarło (*inf*).

messenger ['mɛsɪndʒə*] n posłaniec m.

Messrs ['mɛsəz] abbr (on letters: = messieurs) Panowie.

messy ['mɛsɪ] adj (dirty) brudny; (untidy) niechlujny.

met [mɛt] pt, pp of **meet**.

metabolism [mɛ'tæbəlɪzəm] n przemiana f materii, metabolizm m.

metal ['mɛtl] n metal m.

metallic [mɪ'tælɪk] adj metaliczny.

metamorphosis [mɛtə'mɔːfəsɪs] (pl **metamorphoses**) n metamorfoza f.

metaphor ['mɛtəfə*] n przenośnia f, metafora f.

meteor ['miːtɪə*] n meteor m.

meteorite ['miːtɪəraɪt] n meteoryt m.

meteorology [miːtɪə'rɔlədʒɪ] n meteorologia f.

mete out [miːt-] vt wymierzać (wymierzyć perf).

meter ['miːtə*] n licznik m; (parking meter) parkometr m; (US) = **metre**.

method ['mɛθəd] n metoda f.

methodical [mɪ'θɔdɪkl] adj metodyczny.

Methodist ['mɛθədɪst] n metodysta (-tka) m(f).

methodology [mɛθə'dɔlədʒɪ] n (of research) metodologia f; (of teaching) metodyka f.

meticulous [mɪ'tɪkjuləs] adj skrupulatny.

metre ['miːtə*] (US meter) n metr m.

metric ['mɛtrɪk] adj metryczny.

metropolitan [mɛtrə'pɔlɪtn] adj wielkomiejski; (POL) metropolitalny.

mew [mjuː] vi miauczeć (zamiauczeć perf).

mews [mjuːz] (BRIT) n: mews flat mieszkanie w budynku przerobionym z dawnych stajni.

Mexican ['mɛksɪkən] adj meksykański ♦ n Meksykanin (-anka) m(f).

Mexico ['mɛksɪkəu] n Meksyk m.

miaow [miː'au] vi miauczeć (zamiauczeć perf).

mice [maɪs] npl of **mouse**.

microcosm ['maɪkrəukɔzəm] n mikrokosmos m.

microphone ['maɪkrəfəun] n mikrofon m.

microscope ['maɪkrəskəup] n mikroskop m.

microscopic [maɪkrə'skɔpɪk] adj mikroskopijny.

microwave ['maɪkrəuweɪv] n (also: **microwave oven**) kuchenka f mikrofalowa, mikrofalówka f (inf).

mid- [mɪd] adj: in mid-May w połowie maja; in mid-afternoon po południu; in mid-air w powietrzu; he's in his mid-thirties ma około trzydziestu pięciu lat.

midday [mɪd'deɪ] n południe nt.

middle ['mɪdl] n (centre) środek m; (half-way point) połowa f; (midriff) brzuch m ♦ adj (place, position) środkowy; (course) pośredni; in the middle of the night w środku nocy.

middle-aged [mɪdl'eɪdʒd] adj w średnim wieku post.

Middle Ages npl: the Middle Ages średniowiecze nt, wieki pl średnie.

middle class(es) n(pl): the middle class(es) klasa f or warstwa f średnia, (klasy pl or warstwy pl średnie).

Middle East n: the Middle East Bliski Wschód m.

middleman ['mɪdlmæn] (irreg like: man) n pośrednik m.

middle name n drugie imię nt.

midge [mɪdʒ] n komar f.

midget ['mɪdʒɪt] n karzeł/karlica m/f.

Midlands ['mɪdləndz] (BRIT) npl: the Midlands środkowa Anglia.

midlife crisis ['mɪdlaɪf 'kraɪsɪs] n kryzys m wieku średniego.

midnight ['mɪdnaɪt] n północ f.

midst [mɪdst] n: in the midst of (crowd) wśród or pośród +gen;

(*event*) w (samym) środku +*gen*;
(*action*) w trakcie +*gen*.

midsummer [mɪd'sʌmə*] *n* pełnia *f*
or środek *m* lata.

midway [mɪd'weɪ] *adj* w połowie
drogi *post* ♦ *adv*: **midway (between)**
(*in space*) w połowie drogi (między
+*instr*); **midway through** (*in time*) w
połowie +*gen*.

midweek [mɪd'wi:k] *adv* w środku or
połowie tygodnia.

midwife ['mɪdwaɪf] (*pl* **midwives**) *n*
położna *f*, akuszerka *f*.

might [maɪt] *vb see* **may** ♦ *n* moc *f*,
potęga *f*; **with all one's might** z
całej siły, z całych sił.

mighty ['maɪtɪ] *adj* potężny.

migraine ['miːgreɪn] *n* migrena *f*.

migrant ['maɪgrənt] *adj* wędrowny.

migrate [maɪ'greɪt] *vi* migrować.

migration [maɪ'greɪʃən] *n* migracja *f*.

mike [maɪk] *n abbr* = **microphone**.

Milan [mɪ'læn] *n* Mediolan *m*.

mild [maɪld] *adj* (*gentle*) łagodny;
(*slight*) umiarkowany.

mildew ['mɪldju:] *n* pleśń *f*.

mildly ['maɪldlɪ] *adv* (*gently*)
łagodnie; (*slightly*) umiarkowanie, w
miarę; **to put it mildly** delikatnie
mówiąc.

mile [maɪl] *n* mila *f*.

mileage ['maɪlɪdʒ] *n* (*przebyta*)
odległość *f* or droga *f* (*w milach*).

milestone ['maɪlstəun] *n* kamień *m*
milowy.

militant ['mɪlɪtnt] *adj* wojowniczy,
wojujący.

military ['mɪlɪtərɪ] *adj* militarny,
wojskowy.

militia [mɪ'lɪʃə] *n* milicja *f*.

milk [mɪlk] *n* mleko *nt* ♦ *vt* doić
(wydoić *perf*); (*fig*) eksploatować
(wyeksploatować *perf*).

milkman ['mɪlkmən] (*irreg like*: **man**)
n mleczarz *m*.

milkshake ['mɪlkʃeɪk] *n* koktajl *m*
mleczny.

milky ['mɪlkɪ] *adj* (*colour*) mleczny;
(*drink*) z mlekiem *post*.

mill [mɪl] *n* (*for grain*) młyn *m*; (*also*:
coffee mill) młynek *m* (do kawy);
(*also*: **pepper mill**) młynek *f* (do
pieprzu); (*factory*) zakład *m*
(przemysłowy) ♦ *vt* mielić (zmielić
perf) ♦ *vi* (*also*: **mill about**: *crowd
etc*) falować.

miller ['mɪlə*] *n* młynarz *m*.

millimetre ['mɪlimi:tə*] (*US*
millimeter) *n* milimetr *m*.

million ['mɪljən] *n* milion *m*.

millionaire [mɪljə'nɛə*] *n*
milioner(ka) *m(f)*.

mime [maɪm] *n* (*ART*) pantomima *f*;
(*actor*) mim *m* ♦ *vt* pokazywać
(pokazać *perf*) na migi; **in mime** na
migi.

mimic ['mɪmɪk] *n* imitator *m* ♦ *vt*
imitować, naśladować.

min. *abbr* = **minute** min.

mince [mɪns] *vt* (*in mincer*) mielić
(zmielić *perf*); (*with knife*) siekać
(posiekać *perf*) ♦ *vi* dreptać ♦ *n*
(*BRIT*) (mięso *nt*) mielone.

mincemeat ['mɪnsmi:t] *n* (*BRIT*)
słodkie nadzienie z bakalii, tłuszczu
i przypraw korzennych; (*US*) (mięso
nt) mielone.

mince pie *n* rodzaj okrągłego
pierożka z nadzieniem z bakalii
spożywanego tradycyjnie w okresie
Świąt Bożego Narodzenia.

mincer ['mɪnsə*] *n* maszynka *f* do
(mielenia) mięsa.

mind [maɪnd] *n* (*intellect*) umysł *m*;
(*thoughts*) myśli *pl*; (*head*) głowa *f* ♦
vt (*attend to, look after*) doglądać
+*gen*; (*be careful of*) uważać na
+*acc*; (*object to*) mieć coś przeciwko
+*dat*; **do you mind if I smoke?** czy
nie będzie Panu/Pani przeszkadzało,
jeżeli zapalę?; **to my mind** według
mnie; **he must be out of his mind**
chyba postradał zmysły; **to keep** or
bear sth in mind pamiętać o czymś;

to make up one's mind zdecydować się *(perf)*; **to change one's mind** zmieniać (zmienić *perf*) zdanie, rozmyślić się *(perf)*; **I don't mind** *(when choosing)* wszystko jedno; *(when offered drink etc)* chętnie; **mind you, ...** zwróć uwagę, że ...; **never mind!** (nic) nie szkodzi!; **"mind the step"** „uwaga stopień".

minder ['maındə*] *n (also:* **childminder)** opiekun(ka) *m(f)* do dziecka; *(inf. bodyguard)* goryl *m (inf)*.

mindful ['maındful] *adj:* **to be mindful of** mieć na względzie +*acc*.

mindless ['maındlıs] *adj* bezmyślny.

mine¹ *pron* mój; **that book is mine** ta(mta) książka jest moja; **a friend of mine** (pewien) (mój) kolega *m*/(pewna) (moja) koleżanka *f*.

mine² *n (coal etc)* kopalnia *f*; *(bomb)* mina *f* ♦ *vt (coal)* wydobywać (wydobyć *perf*); *(beach)* minować (zaminować *perf*).

minefield ['maınfi:ld] *n* pole *nt* minowe; *(fig)* niebezpieczny grunt *m*.

miner ['maınə*] *n* górnik *m*.

mineral ['mınərəl] *adj* mineralny ♦ *n* minerał *m*; **minerals** *npl (BRIT)* napoje *pl* gazowane.

mingle ['mıŋgl] *vi* bywać wśród ludzi; **to mingle with** *(people)* obracać się wśród +*gen*; *(sounds, smells)* mieszać się z +*instr*.

miniature ['mınətʃə*] *adj* miniaturowy ♦ *n* miniatura *f*.

minibus ['mınıbʌs] *n* mikrobus *m*.

minim ['mınım] *n (MUS)* półnuta *f*.

minimal ['mınıml] *adj* minimalny.

minimize ['mınımaız] *vt (reduce)* minimalizować (zminimalizować *perf)*; *(play down)* umniejszać (umniejszyć *perf)*.

minimum ['mınıməm] *(pl* **minima)** *n* minimum *nt* ♦ *adj* minimalny.

mining ['maınıŋ] *n* górnictwo *nt*.

miniskirt ['mınıskə:t] *n* minispódniczka *f*.

minister ['mınıstə*] *n (BRIT: POL)* minister *m*; *(REL)* duchowny *m (protestancki)*.

ministerial [mınıs'tıərıəl] *(BRIT) adj* ministerialny.

ministry ['mınıstrı] *n (BRIT: POL)* ministerstwo *nt*.

mink [mıŋk] *(pl* **minks** *or* **mink)** *n (fur)* norki *pl*; *(animal)* norka *f*.

minor ['maınə*] *adj (repairs, injuries)* drobny; *(poet)* pomniejszy; *(MED: operation)* mały; *(MUS)* moll *post* ♦ *n* nieletni(a) *m(f)*.

minority [maı'nɔrıtı] *n* mniejszość *f*.

mint [mınt] *n (BOT, CULIN)* mięta *f*; *(sweet)* miętówka *f*; *(factory)* mennica *f* ♦ *vt (coins)* bić, wybijać (wybić *perf)*; **in mint condition** w idealnym stanie.

minus ['maınəs] *n (also:* **minus sign)** minus *m* ♦ *prep:* **12 minus 6 equals 6** 12 minus 6 równa się 6; **minus 24 (degrees)** minus 24 (stopnie Celsjusza).

minute¹ [maı'nju:t] *adj (search)* drobiazgowy; *(amount)* minimalny.

minute² ['mınıt] *n* minuta *f*; *(fig)* minu(t)ka *f*; **minutes** *npl (of meeting)* protokół *m*; **at the last minute** w ostatniej chwili.

miracle ['mırəkl] *n* cud *m*.

miraculous [mı'rækjuləs] *adj* cudowny.

mirror ['mırə*] *n (in bedroom, bathroom)* lustro *nt*; *(in car)* lusterko *nt*.

mirror image *n* lustrzane odbicie *nt*.

mirth [mə:θ] *n* rozbawienie *nt*, wesołość *f*.

misbehave [mısbı'heıv] *vi* źle się zachowywać.

misbehaviour [mısbı'heıvjə*] *(US* **misbehavior)** *n* złe zachowanie *nt*.

miscarriage ['mıskærıdʒ] *n* poronienie *nt*; **miscarriage of justice** pomyłka sądowa.

miscarry [mɪs'kærɪ] *vi* (*MED*) ronić (poronić *perf*); (*plans*) nie powieść się (*perf*).

miscellaneous [mɪsɪ'leɪnɪəs] *adj* różny, rozmaity.

mischief ['mɪstʃɪf] *n* (*naughtiness: of child*) psoty *pl*; (*playfulness*) figlarność *f*; (*maliciousness*) intrygi *pl*.

mischievous ['mɪstʃɪvəs] *adj* (*naughty*) psotny; (*playful*) figlarny.

misconception ['mɪskən'sɛpʃən] *n* błędne mniemanie *nt or* przekonanie *nt*.

misconduct [mɪs'kɒndʌkt] *n* (*bad behaviour*) złe prowadzenie się *nt*; (*instance*) występek *m*; **professional misconduct** zachowanie niezgodne z etyką zawodową.

misdemeanour [mɪsdɪ'mi:nə*] (*US* **misdemeanor**) *n* występek *m*, wykroczenie *nt*.

miser ['maɪzə*] *n* skąpiec *m*, sknera *m/f* (*inf*).

miserable ['mɪzərəbl] *adj* (*unhappy*) nieszczęśliwy; (*unpleasant: weather*) ponury; (: *person*) nieprzyjemny; (*wretched: conditions*) nędzny; (*contemptible: donation etc*) nędzny, marny; (: *failure*) sromotny.

misery ['mɪzərɪ] *n* (*unhappiness*) nieszczęście *nt*; (*wretchedness*) nędza *f*.

misfire [mɪs'faɪə*] *vi* (*plan*) spełznąć (*perf*) na niczym, nie wypalić (*perf*) (*inf*).

misfit ['mɪsfɪt] *n* odmieniec *m*.

misfortune [mɪs'fɔ:tʃən] *n* nieszczęście *nt*.

misgiving [mɪs'gɪvɪŋ] *n* (*often pl*) obawy *pl*, złe przeczucia *pl*.

misguided [mɪs'gaɪdɪd] *adj* (*opinion*) błędny, mylny.

mishap ['mɪshæp] *n* niefortunny wypadek *m*.

mishear [mɪs'hɪə*] (*irreg like:* **hear**) *vt* źle usłyszeć (*perf*) ♦ *vi* przesłyszeć się (*perf*).

misinterpret [mɪsɪn'tə:prɪt] *vt* źle *or* błędnie interpretować (zinterpretować *perf*).

misjudge [mɪs'dʒʌdʒ] *vt* (*person*) źle osądzić (*perf*); (*situation, action*) źle *or* niewłaściwie ocenić (*perf*).

mislay [mɪs'leɪ] (*irreg like:* **lay**) *vt* zapodziać (*perf*), zawieruszyć (*perf*).

mislead [mɪs'li:d] (*irreg like:* **lead**) *vt* wprowadzać (wprowadzić *perf*) w błąd, zmylić (*perf*).

misleading [mɪs'li:dɪŋ] *adj* mylący, wprowadzający w błąd.

misnomer [mɪs'nəʊmə*] *n* błędna *or* niewłaściwa nazwa *f*.

misplaced [mɪs'pleɪst] *adj* (*feeling: inappropriate*) nie na miejscu *post*; (: *directed towards wrong person*) źle *or* niewłaściwie ulokowany.

misprint ['mɪsprɪnt] *n* literówka *f*.

Miss [mɪs] *n* (*with surname*) pani *f*, panna *f* (*old*); (*SCOL: as form of address*) proszę pani (*voc*); (*beauty queen*) miss *f inv*.

miss [mɪs] *vt* (*train etc*) spóźniać się (spóźnić się *perf*) na +*acc*; (*target*) nie trafiać (nie trafić *perf*) w +*acc*; (*chance*) tracić (stracić *perf*); (*meeting*) opuszczać (opuścić *perf*); (*notice loss of*) zauważać (zauważyć *perf*) brak +*gen*; (*regret absence of*) tęsknić za +*instr* ♦ *vi* chybiać (chybić *perf*), nie trafiać (nie trafić *perf*), pudłować (spudłować *perf*) (*inf*) ♦ *n* chybienie *nt*, pudło *nt* (*inf*); **you can't miss it** nie można tego przeoczyć *or* nie zauważyć; **the bus just missed the wall** autobus omal nie wpadł na mur.

▶**miss out** (*BRIT*) *vt* opuszczać (opuścić *perf*).

▶**miss out on** *vt fus* tracić (stracić *perf*) +*acc*, nie załapać się (*perf*) na +*acc* (*inf*).

misshapen [mɪsˈʃeɪpən] adj
zniekształcony.

missile [ˈmɪsaɪl] n pocisk m;
missiles (objects thrown) amunicja.

missing [ˈmɪsɪŋ] adj (lost) zaginiony;
(removed: tooth, wheel) brakujący;
(MIL): **missing in action** zaginiony
w toku działań; **sb/sth is missing**
kogoś/czegoś brakuje.

mission [ˈmɪʃən] n misja f; (MIL) lot
m bojowy.

missionary [ˈmɪʃənrɪ] n misjonarz
(-arka) m(f).

mist [mɪst] n mgła f; (light) mgiełka f
♦ vi (also: **mist over**: eyes)
zachodzić (zajść perf) mgłą, zamglić
się (perf); (BRIT: also: **mist over,
mist up**: windows) zaparowywać
(zaparować perf).

mistake [mɪsˈteɪk] (irreg like: **take**) n
(error) błąd m; (misunderstanding)
pomyłka f ♦ vt (address etc)
pomylić (perf); **by mistake** przez
pomyłkę, omyłkowo; **to make a
mistake** (in writing, calculation)
popełniać (popełnić perf) or robić
(zrobić perf) błąd, mylić się
(pomylić się perf); **to make a
mistake about sb/sth** mylić się
(pomylić się perf) co do
kogoś/czegoś; **to mistake sb/sth for**
mylić (pomylić perf) kogoś/coś z
+instr, brać (wziąć perf) kogoś/coś
za +acc.

mistaken [mɪsˈteɪkən] pp of **mistake**
♦ adj mylny, błędny; **to be
mistaken** mylić się, być w błędzie.

mistletoe [ˈmɪsltəu] n jemioła f.

mistook [mɪsˈtuk] pt of **mistake**.

mistress [ˈmɪstrɪs] n (lover)
kochanka f; (of servant, dog,
situation) pani f; (BRIT: SCOL)
nauczycielka f.

mistrust [mɪsˈtrʌst] vt nie ufać +dat,
nie dowierzać +dat.

misty [ˈmɪstɪ] adj (day) mglisty;
(glasses, windows) zamglony.

misunderstand [mɪsʌndəˈstænd]
(irreg like: **stand**) vt źle rozumieć
(zrozumieć perf) ♦ vi nie rozumieć
(nie zrozumieć perf).

misunderstanding
[ˈmɪsʌndəˈstændɪŋ] n
nieporozumienie nt.

misuse [mɪsˈjuːs] n (of power, funds)
nadużywanie nt; (of tool, word)
niewłaściwe używanie nt ♦ vt
(power) nadużywać (nadużyć perf)
+gen; (word) niewłaściwie używać
(użyć perf) +gen.

mitigate [ˈmɪtɪgeɪt] vt łagodzić
(złagodzić perf).

mitt(en) [ˈmɪt(n)] n rękawiczka f (z
jednym palcem).

mix [mɪks] vt (ingredients, colours)
mieszać (zmieszać perf); (drink,
sauce) przyrządzać (przyrządzić
perf); (cake) kręcić (ukręcić perf);
(cement) mieszać (wymieszać perf)
♦ vi: **to mix (with)** utrzymywać
kontakty towarzyskie (z +instr) ♦ n
(combination) połączenie nt;
(powder) mieszanka f.

▶**mix up** vt (confuse) mylić (pomylić
perf) (ze sobą); (muddle up) mieszać
(pomieszać perf).

mixed [mɪkst] adj mieszany.

mixer [ˈmɪksə*] n (machine) mikser
m; **he's a good mixer** łatwo
nawiązuje (nowe) znajomości.

mixture [ˈmɪkstʃə*] n mieszanka f;
(MED) mikstura f (old).

mix-up [ˈmɪksʌp] n zamieszanie nt,
nieporozumienie nt.

mm abbr = **millimetre** mm.

moan [məun] n jęk m ♦ vi (inf): **to
moan (about)** jęczeć (z powodu
+gen) (inf).

moat [məut] n fosa f.

mob [mɔb] n (disorderly) tłum m,
motłoch m (pej) ♦ vt oblegać (oblec
perf) (tłumnie).

mobile [ˈməubaɪl] adj (workforce,
social group) mobilny; (able to

move): **to be mobile** móc się poruszać ♦ *n* (*phone*) komórka *f*; (*decoration*) mobile *pl*; **applicants must be mobile** kandydat musi posiadać samochód.

mobile phone *n* przenośny aparat *m* telefoniczny.

mobility [məu'bɪlɪtɪ] *n* (*physical*) możliwość *f* poruszania się.

mobilize ['məubɪlaɪz] *vt* (*work force*) organizować (zorganizować *perf*); (*country, army, organization*) mobilizować (zmobilizować *perf*).

moccasin ['mɔkəsɪn] *n* mokasyn *m*.

mock [mɔk] *vt* kpić z +*gen*; (*by imitating*) przedrzeźniać ♦ *adj* (*exam, battle*) próbny; (*terror, disbelief*) udawany; **mock crystal** *etc* imitacja kryształu *etc*.

mockery ['mɔkərɪ] *n* kpina *f*; **to make a mockery of** wystawiać (wystawić *perf*) na pośmiewisko +*acc*.

mock-up ['mɔkʌp] *n* makieta *f*.

mod cons ['mɔd'kɔnz] (*BRIT*) *npl abbr* (= *modern conveniences*) wygody *pl*.

mode [məud] *n* (*of life*) tryb *m*; (*of action*) sposób *m*; (*of transport*) forma *f*.

model ['mɔdl] *n* (*of boat, building etc*) model *m*; (*fashion model, artist's model*) model(ka) *m(f)*; (*example*) wzór *m*, model *m* ♦ *adj* (*excellent*) wzorowy ♦ *vt* (*clothes*) prezentować; (*object*) wykonywać (wykonać *perf*) model +*gen* ♦ *vi* (*for designer*) pracować jako model(ka) *m(f)*; (*for painter, photographer*) pozować.

moderate ['mɔdərət] *adj* umiarkowany; (*change*) nieznaczny ♦ *vi* (*wind etc*) słabnąć (osłabnąć *perf*) ♦ *vt* łagodzić (złagodzić *perf*).

moderation [mɔdə'reɪʃən] *n* umiar *m*.

modern ['mɔdən] *adj* (*contemporary*) współczesny; (*up-to-date*)

nowoczesny; **modern languages** języki nowożytne.

modernize ['mɔdənaɪz] *vt* modernizować (zmodernizować *perf*), unowocześniać (unowocześnić *perf*).

modest ['mɔdɪst] *adj* skromny.

modesty ['mɔdɪstɪ] *n* skromność *f*.

modification [mɔdɪfɪ'keɪʃən] *n* modyfikacja *f*.

modify ['mɔdɪfaɪ] *vt* modyfikować (zmodyfikować *perf*).

module ['mɔdjuːl] *n* moduł *m*; (*SPACE*) człon *m* (statku kosmicznego).

mohair ['məuhɛə*] *n* moher *m*.

moist [mɔɪst] *adj* wilgotny.

moisten ['mɔɪsn] *vt* zwilżać (zwilżyć *perf*).

moisture ['mɔɪstʃə*] *n* wilgoć *f*.

moisturizer ['mɔɪstʃəraɪzə*] *n* krem *m* nawilżający.

molar ['məulə*] *n* ząb *m* trzonowy.

mold (*US*) *n, vt* = **mould**.

mole [məul] *n* (*on skin*) pieprzyk *m*; (*ZOOL*) kret *m*; (*fig: spy*) wtyczka *f* (*inf*).

molecule ['mɔlɪkjuːl] *n* cząsteczka *f*, molekuła *f*.

molest [mə'lɛst] *vt* napastować.

molt [məult] (*US*) *vi* = **moult**.

molten ['məultən] *adj* roztopiony.

mom [mɔm] (*US*) *n* = **mum**.

moment ['məumənt] *n* chwila *f*, moment *m*; **at the moment** w tej chwili; **for a moment** (*go out*) na chwilę; (*hesitate*) przez chwilę; **for the moment** na razie, chwilowo.

momentary ['məuməntərɪ] *adj* chwilowy.

momentous [məu'mɛntəs] *adj* doniosły, wielkiej wagi *post*.

momentum [məu'mɛntəm] *n* (*PHYS*) pęd *m*; (*fig: of change*) tempo *nt*; **to gather momentum** nabierać (nabrać *perf*) rozpędu; (*fig: change*) nabierać (nabrać *perf*) impetu; (: *movement,* *struggle*) przybierać (przybrać *perf*) na sile.

mommy ['mɒmɪ] (*US*) *n* = **mummy**.

monarch ['mɒnək] *n* monarcha *m*.

monarchy ['mɒnəkɪ] *n* monarchia *f*.

monastery ['mɒnəstərɪ] *n* klasztor *m*.

Monday ['mʌndɪ] *n* poniedziałek *m*.

monetary ['mʌnɪtərɪ] *adj* (*system*) walutowy, pieniężny; (*policy*) walutowy, monetarny; (*control*) dewizowy.

money ['mʌnɪ] *n* pieniądze *pl*; **to make money** (*person*) zarabiać (zarobić *perf*).

money order *n* przekaz *m* (pieniężny).

mongrel ['mʌŋgrəl] *n* kundel *m*.

monitor ['mɒnɪtə*] *n* monitor *m* ♦ *vt* (*heartbeat, progress*) monitorować; (*broadcasts*) wsłuchiwać się w +*acc*.

monk [mʌŋk] *n* mnich *m*, zakonnik *m*.

monkey ['mʌŋkɪ] *n* małpa *f*.

monogamy [mə'nɒgəmɪ] *n* monogamia *f*.

monolingual [mɒnəu'lɪŋgwəl] *adj* monolingwalny, jednojęzyczny.

monologue ['mɒnəlɒg] *n* monolog *m*.

monopoly [mə'nɒpəlɪ] *n* monopol *m*.

monotonous [mə'nɒtənəs] *adj* monotonny.

monotony [mə'nɒtənɪ] *n* monotonia *f*.

monsoon [mɒn'su:n] *n* monsun *m*.

monster ['mɒnstə*] *n* (*animal, person, imaginary creature*) potwór *m*; (*monstrosity*) monstrum *nt*.

monstrosity [mɒn'strɒsɪtɪ] *n* monstrum *nt*.

monstrous ['mɒnstrəs] *adj* (*ugly, atrocious*) potworny, monstrualny; (*huge*) monstrualnie wielki.

month [mʌnθ] *n* miesiąc *m*.

monthly ['mʌnθlɪ] *adj* (*ticket, installment, income*) miesięczny; (*meeting*) comiesięczny ♦ *adv* co miesiąc; (*paid*) miesięcznie.

monument ['mɒnjumənt] *n* pomnik *m*, monument *m* (*literary*).

monumental [mɒnju'mɛntl] *adj* (*building, work*) monumentalny; (*storm, row*) straszny.

moo [mu:] *vi* ryczeć (zaryczeć *perf*).

mood [mu:d] *n* (*of person*) nastrój *m*, humor *m*; (*of crowd, group*) nastrój *m*; **to be in a good/bad mood** być w dobrym/złym nastroju *or* humorze; **I'm not in the mood for** nie jestem w nastroju do +*gen*.

moody ['mu:dɪ] *adj* (*temperamental*) kapryśny, humorzasty (*inf*); (*sullen*) markotny, w złym humorze *post*.

moon [mu:n] *n* księżyc *m*.

moonlight ['mu:nlaɪt] *n* światło *nt* księżyca.

moor [muə*] *n* wrzosowisko *nt* ♦ *vt* cumować (zacumować *perf or* przycumować *perf*) ♦ *vi* cumować (zacumować *perf*).

moose [mu:s] *n inv* łoś *m* (amerykański).

moot [mu:t] *adj*: **moot point** punkt *m* sporny.

mop [mɒp] *n* (*for floor*) mop *m*; (*for dishes*) zmywak *m* (*na rączce*); (*of hair*) czupryna *f* ♦ *vt* (*floor*) myć (umyć *perf*), zmywać (zmyć *perf*); (*eyes, face*) ocierać (otrzeć *perf*).

▶**mop up** *vt* (*liquid*) ścierać (zetrzeć *perf*).

mope [məup] *vi* rozczulać się nad sobą.

moped ['məupɛd] *n* motorower *m*.

moral ['mɒrl] *adj* moralny ♦ *n* morał *m*; **morals** *npl* moralność *f*.

morale [mɒ'rɑ:l] *n* morale *nt inv*.

morality [mə'rælɪtɪ] *n* moralność *f*.

morass [mə'ræs] *n* bagno *nt*, mokradło *nt*.

morbid ['mɔ:bɪd] *adj* (*imagination, interest*) niezdrowy, chorobliwy; (*subject, joke*) makabryczny.

─────── *KEYWORD* ───────

more [mɔ:*] *adj* **1** (*greater in number etc*) więcej (+*gen*); **more**

people/work than we expected
więcej ludzi/pracy niż się
spodziewaliśmy; **more and more
problems** coraz więcej kłopotów. **2**
(*additional*) jeszcze; (: *in negatives*)
już; **do you want (some) more tea?**
chcesz jeszcze (trochę) herbaty?; **I
have no** *or* **I don't have any more
money** nie mam już więcej
pieniędzy ♦ *pron* **1** (*greater amount*)
więcej; **more than 10** więcej niż
dziesięć. **2** (*further or additional
amount*) jeszcze (trochę); (: *in
negatives*) już; **is there any more?**
czy jest jeszcze trochę?; **this cost
much more** to kosztowało znacznie
więcej; **you can take this pen; I
have many more** możesz wziąć ten
długopis – mam (ich) jeszcze dużo
♦ *adv* bardziej; **more lonely (than
you)** bardziej samotny (niż ty *or* od
ciebie); **more difficult** trudniejszy;
more easily łatwiej; **more and
more** coraz bardziej; **more or less**
mniej więcej; **more beautiful than
ever** piękniejsza niż kiedykolwiek.

moreover [mɔːˈrəʊvə*] *adv* ponadto,
poza tym.
morgue [mɔːg] *n* kostnica *f*.
Mormon [ˈmɔːmən] *n* mormon(ka) *m(f)*.
morning [ˈmɔːnɪŋ] *n* poranek *m*,
ranek *m* ♦ *cpd* (*sun, walk*) ranny,
poranny; (*paper*) poranny; **this
morning** dziś rano; **in the morning**
(*between midnight and 3 o'clock*) w
nocy; (*shortly before dawn*) nad
ranem; (*around waking time*) rano;
(*before noon*) przed południem;
three o'clock in the morning
trzecia w nocy; **seven o'clock in
the morning** siódma rano.
morning sickness *n* mdłości *pl*
poranne.
Morocco [məˈrɒkəʊ] *n* Maroko *nt*.

moron [ˈmɔːrɒn] (*inf*) *n* debil(ka) *m(f)*
(*inf*).
morose [məˈrəʊs] *adj* posępny,
ponury.
morphine [ˈmɔːfiːn] *n* morfina *f*.
Morse [mɔːs] *n* (*also*: **Morse code**)
alfabet *m* Morse'a, mors *m* (*inf*).
morsel [ˈmɔːsl] *n* (*tasty piece of
food*) kąsek *m*; (*small piece or
quantity*) odrobina *f*.
mortal [ˈmɔːtl] *adj* śmiertelny ♦ *n*
śmiertelnik *m*.
mortality [mɔːˈtælɪtɪ] *n* (*being mortal*)
śmiertelność *f*; (*number of deaths*)
umieralność *f*, śmiertelność *f*.
mortar [ˈmɔːtə*] *n* (MIL, CULIN)
moździerz *m*; (CONSTR) zaprawa *f*
(murarska).
mortgage [ˈmɔːgɪdʒ] *n* (*loan*) kredyt
m hipoteczny (*na budowę lub zakup
domu*) ♦ *vt* zastawiać (zastawić *perf*),
oddawać (oddać *perf*) w zastaw
hipoteczny (*fml*).
mortify [ˈmɔːtɪfaɪ] *vt* zawstydzać
(zawstydzić *perf*).
mortuary [ˈmɔːtjuərɪ] *n* kostnica *f*.
mosaic [məʊˈzeɪɪk] *n* mozaika *f*.
Moscow [ˈmɒskəʊ] *n* Moskwa *f*.
Moslem [ˈmɒzləm] *adj, n* = **Muslim**.
mosque [mɒsk] *n* meczet *m*.
mosquito [mɒsˈkiːtəʊ] (*pl
mosquitoes*) *n* (*in damp places*)
komar *m*; (*in tropics*) moskit *m*.
moss [mɒs] *n* mech *m*.

───── KEYWORD ─────

most [məʊst] *adj* **1** (*people, things*)
większość *f* (+*gen*); **most men
behave like that** większość
mężczyzn tak się zachowuje. **2**
(*interest, money etc*) najwięcej +*gen*;
**he derived the most pleasure from
her visit** jej wizyta sprawiła mu
najwięcej przyjemności ♦ *pron*
większość; **most of it/them**
większość (tego)/z nich; **the most**
najwięcej; **to make the most of sth**

maksymalnie coś wykorzystywać (wykorzystać *perf*); **at the (very) most** (co) najwyżej ♦ *adv* (+*verb*: *spend, eat, work etc*) najwięcej; (+*adjective*): **the most expensive** najbardziej kosztowny, najkosztowniejszy; (+*adverb*: *carefully, easily etc*) najbardziej; (*very: polite, interesting etc*) wysoce, wielce.

mostly ['məustlɪ] *adv* (*chiefly*) głównie; (*for the most part*) przeważnie.

motel [məu'tɛl] *n* motel *m*.

moth [mɔθ] *n* ćma *f*; (*also*: **clothes moth**) mól *m*.

mother ['mʌðə*] *n* matka *f* ♦ *cpd* (*country*) ojczysty; (*company*) macierzysty ♦ *vt* (*act as mother to*) wychowywać; (*pamper, protect*) matkować +*dat*.

motherhood ['mʌðəhud] *n* macierzyństwo *nt*.

mother-in-law ['mʌðərɪnlɔ:] *n* teściowa *f*.

motherly ['mʌðəlɪ] *adj* (*attitude*) macierzyński; (*hands. care*) matczyny.

mother tongue *n* język *m* ojczysty.

motif [məu'ti:f] *n* (*design*) wzór *m*.

motion ['məuʃən] *n* (*movement, gesture*) ruch *m*; (*proposal*) wniosek *m* ♦ *vt, vi*: **to motion (to) sb to do sth** skinąć (*perf*) na kogoś, żeby coś zrobił.

motionless ['məuʃənlıs] *adj* nieruchomy, w bezruchu *post*.

motion picture *n* film *m*.

motivated ['məutɪveɪtɪd] *adj*: **to be (highly) motivated** mieć (silną) motywację; **motivated by** (*envy, desire*) powodowany +*instr*.

motivation [məutɪ'veɪʃən] *n* motywacja *f*.

motive ['məutɪv] *n* motyw *m*, pobudka *f*.

motley ['mɔtlɪ] *adj*: **motley collection/crew** *etc* zbieranina *f*.

motor ['məutə*] *n* (*of machine, vehicle*) silnik *m*; (*BRIT: inf: car*) maszyna *f* (*inf*) ♦ *cpd* (*industry*) motoryzacyjny; (*mechanic, accident*) samochodowy.

motorbike ['məutəbaɪk] *n* motor *m*.

motorboat ['məutəbəut] *n* motorówka *f*.

motorcar ['məutəkɑ:] (*BRIT*) *n* samochód *m*.

motorcycle ['məutəsaɪkl] *n* motocykl *m*.

motoring ['məutərɪŋ] (*BRIT*) *n* jazda *f or* kierowanie *nt* samochodem.

motorist ['məutərɪst] *n* kierowca *m*.

motor racing (*BRIT*) *n* wyścigi *pl* samochodowe.

motor vehicle *n* pojazd *m* mechaniczny.

motorway ['məutəweɪ] (*BRIT*) *n* autostrada *f*.

mottled ['mɔtld] *adj* cętkowany, w cętki *post*.

motto ['mɔtəu] (*pl* **mottoes**) *n* (*of school, in book*) motto *nt*; (*watchword*) motto *nt* (życiowe), dewiza *f*.

mould [məuld] (*US* **mold**) *n* (*cast*) forma *f*; (*mildew*) pleśń *f* ♦ *vt* (*plastic, clay etc*) modelować; (*fig: public opinion, character*) kształtować, urabiać.

mo(u)ldy ['məuldɪ] *adj* (*bread, cheese*) spleśniały; (*smell*) stęchły.

moult [məult] (*US* **molt**) *vi* linieć (wylinieć *perf*).

mound [maund] *n* (*of earth*) kopiec *m*; (*of blankets, leaves*) stos *m*.

mount [maunt] *n* (*in proper names*): **Mount Carmel** Mount *m inv* Carmel ♦ *vt* (*horse*) dosiadać (dosiąść *perf*) +*gen*; (*exhibition, display*) urządzać (urządzić *perf*); (*machine, engine*) mocować (zamocować *perf*), montować (zamontować *perf*); (*jewel, picture*) oprawiać (oprawić *perf*); (*staircase*) wspinać się (wspiąć się *perf*) na +*acc* ♦ *vi* (*inflation, tension, problems*) nasilać się (nasilić się *perf*), narastać (narosnąć *perf*).

▶**mount up** *vi* (*costs*) rosnąć, wzrastać (wzrosnąć *perf*); (*savings*) rosnąć (urosnąć *perf*).

mountain ['mauntɪn] *n* góra *f* ♦ *cpd* górski.

mountaineer [mauntɪ'nɪə*] *n* alpinista (-tka) *m(f)*, ≈ taternik (-iczka) *m(f)*.

mountainous ['mauntɪnəs] *adj* górzysty.

mourn [mɔːn] *vt* opłakiwać ♦ *vi*: **to mourn for sb** opłakiwać kogoś; **to mourn for** *or* **over sth** żałować czegoś.

mournful ['mɔːnful] *adj* zasmucony, (bardzo) smutny.

mourning ['mɔːnɪŋ] *n* żałoba *f*; **in mourning** w żałobie.

mouse [maus] (*pl* **mice**) *n* (*ZOOL, COMPUT*) mysz *f*.

mousetrap ['maustræp] *n* (pu)łapka *f* na myszy.

mousse [muːs] *n* (*CULIN*) mus *m*; (*cosmetic*) pianka *f*.

moustache [məs'tɑːʃ] (*US* **mustache**) *n* wąsy *pl*.

mouth [mauθ] (*pl* **mouths**) *n* (*ANAT*) usta *pl*; (*of cave, hole*) wylot *m*; (*of river*) ujście *nt*.

mouthful ['mauθful] *n* (*of drink*) łyk *m*; (*of food*) kęs *m*.

mouth organ *n* harmonijka *f* ustna, organki *pl*.

mouthpiece ['mauθpiːs] *n* (*of musical instrument*) ustnik *m*; (*spokesperson*) rzecznik (-iczka) *m(f)*.

mouthwash ['mauθwɔʃ] *n* płyn *m* do płukania jamy ustnej.

mouth-watering ['mauθwɔːtərɪŋ] *adj* apetyczny, smakowity.

movable ['muːvəbl] *adj* ruchomy.

move [muːv] *n* (*movement*) ruch *m*; (*action*) posunięcie *nt*; (*of house*) przeprowadzka *f*; (*of employee*) przesunięcie *nt* ♦ *vt* (*furniture, car*) przesuwać (przesunąć *perf*); (*in game*) przesuwać (przesunąć *perf*), ruszać (ruszyć *perf*); (*emotionally*) wzruszać (wzruszyć *perf*), poruszać (poruszyć *perf*) ♦ *vi* (*person, animal*) ruszać się (ruszyć się *perf*); (*traffic*) posuwać się (posunąć się *perf*); (*also*: **move house**) przeprowadzać się (przeprowadzić się *perf*); (*develop: events*) biec; (: *situation*) rozwijać się; **get a move on!** rusz się!

▶**move about** *vi* (*change position*) ruszać się; (*travel*) jeździć; (*change residence, job*) przenosić się.

▶**move along** *vi* przesuwać się (przesunąć się *perf*).

▶**move around** *vi* = **move about**.

▶**move away** *vi* (*leave*) wyprowadzać się (wyprowadzić się *perf*); (*step away*) odsuwać się (odsunąć się *perf*).

▶**move back** *vi* (*return*) wracać (wrócić *perf*); (*to the rear*) cofać się (cofnąć się *perf*).

▶**move forward** *vi* posuwać się (posunąć się *perf*) naprzód *or* do przodu.

▶**move in** *vi* (*to house*) wprowadzać się (wprowadzić się *perf*); (*police, soldiers*) wkraczać (wkroczyć *perf*).

▶**move on** *vi* ruszać (ruszyć *perf*).

▶**move out** *vi* wyprowadzać się (wyprowadzić się *perf*).

▶**move over** *vi* (*to make room*) przesuwać się (przesunąć się *perf*).

▶**move up** *vi* (*employee*) awansować (awansować *perf*).

moveable ['muːvəbl] *adj* = **movable**.

movement ['muːvmənt] *n* ruch *m*;

(*of goods*) przewóz *m*; (*in attitude, policy*) tendencja *f*; (*of symphony etc*) część *f*.

movie ['mu:vɪ] *n* film *m*; **to go to the movies** iść (pójść *perf*) do kina.

movie camera *n* kamera *f* filmowa.

moving ['mu:vɪŋ] *adj* (*emotional*) wzruszający; (*mobile*) ruchomy.

mow [məu] (*pt* **mowed**, *pp* **mowed** *or* **mown**) *vt* kosić (skosić *perf*).

mower ['məuə*] *n* (*also*: **lawnmower**) kosiarka *f* (do trawy).

MP *n abbr* (= *Member of Parliament*) poseł/posłanka *m/f*.

mph *abbr* (= *miles per hour*).

Mr ['mɪstə*] (*US* **Mr.**) *n*: **Mr Smith** pan *m* Smith.

Mrs ['mɪsɪz] (*US* **Mrs.**) *n*: **Mrs Smith** pani *f* Smith.

Ms [mɪz] (*US* **Ms.**) *n*: **Ms Smith** pani *f* Smith.

MSc *n abbr* (= *Master of Science*) *stopień naukowy*; ≈ mgr.

┌─────── *KEYWORD* ───────┐

much [mʌtʃ] *adj* (*time, money, effort*) dużo (+*gen*), wiele (+*gen*); **we haven't got much time/money** nie mamy dużo *or* wiele czasu/pieniędzy; **I have as much money/intelligence as you** mam tyle samo pieniędzy/rozumu co ty; **as much as 50 pounds** aż 50 funtów ♦ *pron* dużo, wiele; **there isn't much to do** nie ma dużo *or* wiele do zrobienia; **how much is it?** ile to kosztuje? ♦ *adv* **1** (*greatly, a great deal*) bardzo; **thank you very much** dziękuję bardzo; **I read as much as possible/as ever** czytam tyle, ile to możliwe/co zawsze; **he is as much a part of the community as you** jest w takim samym stopniu częścią tej społeczności, co i ty. **2** (*by far: +comparative*) znacznie; (*: +superlative*) zdecydowanie; **I'm**

much better now czuję się teraz znacznie lepiej; **it's much the biggest publishing company in Europe** jest to zdecydowanie największe wydawnictwo w Europie. **3** (*almost*): **the view is much as it was ten years ago** widok jest w dużym stopniu taki, jak dziesięć lat temu; **how are you feeling? – much the same** jak się czujesz? – prawie tak samo.

└─────────────────────────┘

muck [mʌk] *n* (*dirt*) brud *m*; (*manure*) gnój *m*.

►**muck up** (*inf*) *vt* (*test, exam*) zawalać (zawalić *perf*) (*inf*).

mucus ['mju:kəs] *n* śluz *m*.

mud [mʌd] *n* błoto *nt*.

muddle ['mʌdl] *n* (*mess*) bałagan *m*; (*confusion*) zamieszanie *nt*, zamęt *m* ♦ *vt* (*person*) mieszać (namieszać *perf*) w głowie +*dat*; (*also*: **muddle up**: *things*) mieszać (pomieszać *perf*); (*: names etc*) mylić (pomylić *perf*).

muddy ['mʌdɪ] *adj* (*field*) błotnisty; (*floor*) zabłocony.

mudguard ['mʌdgɑ:d] *n* błotnik *m*.

muesli ['mju:zlɪ] *n* muesli *nt inv*.

muffled ['mʌfld] *adj* (*sound*) stłumiony; (*against cold*) opatulony.

muffler ['mʌflə*] *n* (*US: AUT*) tłumik *m*.

mug [mʌg] *n* (*cup*) kubek *m*; (*for beer*) kufel *m*; (*inf: face*) gęba *f* (*inf*); (*: fool*) frajer *m* (*inf*) ♦ *vt* napadać (napaść *perf*) (*na ulicy*).

mugging ['mʌgɪŋ] *n* napad *m* (uliczny).

mule [mju:l] *n* muł *m*.

mull over [mʌl-] *vt* przetrawić *perf* +*acc* (*fig*).

mullah ['mʌlə] (*REL*) *n* mułła *m*.

multicoloured ['mʌltɪkʌləd] (*US* **multicolored**) *adj* wielobarwny, różnokolorowy.

multi-level ['mʌltɪlɛvl] (*US*) *adj* wielopoziomowy.

multimedia [mʌlti'mi:diə] *adj* multimedialny ♦ *n* multimedia *pl*.

multinational [mʌltɪ'næʃənl] *adj* (*company*) międzynarodowy; (*state*) wielonarodowościowy.

multiple ['mʌltɪpl] *adj* (*collision*) zbiorowy; (*injuries*) wielokrotny; (*interests, causes*) wieloraki ♦ *n* wielokrotność *f*.

multiple sclerosis *n* stwardnienie *nt* rozsiane.

multiplex ['mʌltɪplɛks] *n* multipleks *m*.

multiplication [mʌltɪplɪ'keɪʃən] *n* (*MATH*) mnożenie *nt*.

multiply ['mʌltɪplaɪ] *vt* mnożyć (pomnożyć *perf*) ♦ *vi* (*animals*) rozmnażać się; (*problems*) mnożyć się.

multi-storey (*BRIT*) *adj* wielopiętrowy.

multitude ['mʌltɪtju:d] *n* (*crowd*) rzesza *f*; **a multitude of** mnóstwo +*gen*.

mum [mʌm] (*BRIT: inf*) *n* mama *f* ♦ *adj*: **to keep mum** nie puszczać (nie puścić *perf*) pary z ust.

mumble ['mʌmbl] *vt* mamrotać (wymamrotać *perf*) ♦ *vi* mamrotać (wymamrotać *perf*).

mummy ['mʌmɪ] *n* (*BRIT: mother*) mamusia *f*; (*corpse*) mumia *f*.

mumps [mʌmps] (*MED*) *n* świnka *f*.

munch [mʌntʃ] *vt* żuć ♦ *vi* żuć.

mundane [mʌn'deɪn] *adj* przyziemny.

municipal [mju:'nɪsɪpl] *adj* miejski, municypalny (*fml*).

mural ['mjuərl] *n* malowidło *nt* ścienne.

murder ['mə:də*] *n* morderstwo *nt* ♦ *vt* mordować (zamordować *perf*).

murderer ['mə:dərə*] *n* morderca *m*.

murderous ['mə:dərəs] *adj* (*tendencies*) zbrodniczy; (*attack, instinct*) morderczy.

murky ['mə:kɪ] *adj* (*street*) mroczny; (*water*) mętny.

murmur ['mə:mə*] *n* szmer *m* ♦ *vt* mruczeć (mruknąć *perf*) ♦ *vi* mruczeć (mruknąć *perf*).

muscle ['mʌsl] *n* (*ANAT*) mięsień *m*; (*fig*) siła *f*.

muscular ['mʌskjulə*] *adj* (*pain*) mięśniowy; (*person*) umięśniony, muskularny; (*build*) muskularny.

muse [mju:z] *vi* dumać ♦ *n* muza *f*.

museum [mju:'zɪəm] *n* muzeum *nt*.

mushroom ['mʌʃrum] *n* grzyb *m* ♦ *vi* (*fig: town, organization*) szybko się rozrastać (rozrosnąć *perf*).

music ['mju:zɪk] *n* muzyka *f*.

musical ['mju:zɪkl] *adj* (*career, skills*) muzyczny; (*person*) muzykalny; (*sound, tune*) melodyjny ♦ *n* musical *m*.

music(al) box *n* pozytywka *f*.

music hall *n* wodewil *m*.

musician [mju:'zɪʃən] *n* muzyk *m*.

musk [mʌsk] *n* piżmo *nt*.

Muslim ['mʌzlɪm] *adj* muzułmański ♦ *n* muzułmanin (-anka) *m(f)*.

muslin ['mʌzlɪn] *n* muślin *m*.

mussel ['mʌsl] *n* małż *m* (jadalny).

must [mʌst] *aux vb* (*necessity, obligation*): **I must do it** muszę to zrobić; (*prohibition*): **you mustn't do it** nie wolno ci tego robić; (*probability*): **he must be there by now** musi już tam być, pewnie już tam jest; (*suggestion, invitation*): **you must come and see me** (koniecznie) musisz mnie odwiedzić; (*guess, assumption*): **I must have made a mistake** musiałam się pomylić; (*indicating sth unwelcome*): **why must he always call so late?** dlaczego zawsze musi dzwonić tak późno? ♦ *n* konieczność *f*; **it's a must** to konieczne.

mustache ['mʌstæʃ] (*US*) *n* = **moustache**.

mustard ['mʌstəd] *n* musztarda *f*.
muster ['mʌstə*] *vt* (*energy, troops*) zbierać (zebrać *perf*); (*support*) uzyskiwać (uzyskać *perf*).
mustn't ['mʌsnt] = **must not**.
musty ['mʌstɪ] *adj* (*smell*) stęchły.
mutation [mju:'teɪʃən] *n* (*BIO*) mutacja *f*; (*alteration*) zmiana *f*.
mute [mju:t] *adj* niemy.
muted ['mju:tɪd] *adj* przytłumiony.
mutilate ['mju:tɪleɪt] *vt* (*person*) okaleczać (okaleczyć *perf*); (*thing*) uszkadzać (uszkodzić *perf*).
mutiny ['mju:tɪnɪ] *n* bunt *m* ♦ *vi* buntować się (zbuntować się *perf*).
mutter ['mʌtə*] *vt* mamrotać (wymamrotać *perf*) ♦ *vi* mamrotać (wymamrotać *perf*).
mutton ['mʌtn] *n* baranina *f*.
mutual ['mju:tʃuəl] *adj* (*help, respect*) wzajemny; (*friend, interest*) wspólny.
mutually ['mju:tʃuəlɪ] *adv* (*exclusive, respectful*) wzajemnie.
muzzle ['mʌzl] *n* (*of dog*) pysk *m*; (*of gun*) wylot *m* lufy; (*for dog*) kaganiec *m* ♦ *vt* zakładać (założyć *perf*) kaganiec +*dat*.
my [maɪ] *adj* mój; **this is my house/brother** to (jest) mój dom/brat; **I've washed my hair** umyłem włosy; **I've cut my finger** skaleczyłam się w palec.
myself [maɪ'self] *pron* (*reflexive*) się; (*emphatic*): **I dealt with it myself** sam sobie z tym poradziłem; (*after prep*) siebie (*gen, acc*), sobie (*dat, loc*), sobą (*instr*); **he's a Pole, like myself** jest Polakiem, podobnie jak ja; *see also* **oneself**.
mysterious [mɪs'tɪərɪəs] *adj* tajemniczy.
mysteriously [mɪs'tɪərɪəslɪ] *adv* (*smile*) tajemniczo; (*disappear*) w tajemniczy sposób; (*die*) w tajemniczych okolicznościach.
mystery ['mɪstərɪ] *n* (*puzzle*) tajemnica *f*; (*strangeness*) tajemniczość *f*.
mystic ['mɪstɪk] *n* mistyk (-yczka) *m(f)*.
mystic(al) ['mɪstɪk(l)] *adj* mistyczny.
mystify ['mɪstɪfaɪ] *vt* zadziwiać (zadziwić *perf*).
myth [mɪθ] *n* mit *f*.
mythology [mɪ'θɔlədʒɪ] *n* mitologia *f*.

N

n/a *abbr* (= *not applicable*) nie dot.
nag [næg] *vt* strofować.
nagging ['nægɪŋ] *adj* (*doubt, suspicion*) dręczący; (*pain*) dokuczliwy.
nail [neɪl] *n* (*on finger*) paznokieć *m*; (*metal*) gwóźdź *m*; **to nail sth to sth** przybijać (przybić *perf*) coś do czegoś.
nailbrush ['neɪlbrʌʃ] *n* szczoteczka *f* do paznokci.
nailfile ['neɪlfaɪl] *n* pilnik *m* do paznokci.
nail polish *n* lakier *m* do paznokci.
nail polish remover *n* zmywacz *m* do paznokci.
nail scissors *npl* nożyczki *pl* do paznokci.
nail varnish (*BRIT*) *n* = **nail polish**.
naïve [naɪ'i:v] *adj* naiwny.
naivety [naɪ'i:vtɪ] *n* naiwność *f*.
naked ['neɪkɪd] *adj* (*person*) nagi; (*flame*) odkryty.
nakedness ['neɪkɪdnɪs] *n* nagość *f*.
name [neɪm] *n* (*first name*) imię *nt*; (*surname*) nazwisko *nt*; (*of animal, place, illness*) nazwa *f*; (*of pet*) imię *nt*; (*reputation*) reputacja *f*, dobre imię *nt* ♦ *vt* (*baby*) dawać (dać *perf*) na imię +*dat*; (*ship etc*) nadawać (nadać *perf*) imię +*dat*; (*criminal etc*) wymieniać (wymienić *perf*) z nazwiska; (*price, date etc*) podawać

(podać *perf*); **what's your name?**
(*surname*) jak się Pan/Pani
nazywa?; (*first name*) jak masz na
imię?, jak ci na imię?; **by name** z
nazwiska; **in the name of** na
nazwisko +*nom*; (*fig*) w imię +*gen*;
in sb's name na czyjeś nazwisko;
my name is Peter mam na imię
Peter.

nameless ['neɪmlɪs] *adj* (*anonymous*)
nieznany, bezimienny.

namely ['neɪmlɪ] *adv* (a) mianowicie.

namesake ['neɪmseɪk] *n* imiennik
(-iczka) *m(f)*.

nanny ['nænɪ] *n* niania *f*.

nap [næp] *n* (*sleep*) drzemka *f* ♦ *vi:*
to be caught napping (*fig*) dać
(*perf*) się zaskoczyć; **to have a nap**
ucinać (uciąć *perf*) sobie drzemkę.

napalm ['neɪpɑːm] *n* napalm *m*.

nape [neɪp] *n:* **the nape of the neck**
kark *m*.

napkin ['næpkɪn] *n* serwetka *f*.

nappy ['næpɪ] (*BRIT*) *n* pieluszka *f*.

narcissus [nɑːˈsɪsəs] (*pl* **narcissi**) *n*
(*BOT*) narcyz *m*.

narcotic [nɑːˈkɔtɪk] *adj* narkotyczny
♦ *n* narkotyk *m*.

narration [nəˈreɪʃən] *n* (*in novel etc*)
narracja *f*; (*to film etc*) komentarz *m*.

narrative ['nærətɪv] *n* (*in novel etc*)
narracja *f*; (*of journey etc*) relacja *f*.

narrator [nəˈreɪtə*] *n* narrator(ka)
m(f).

narrow ['nærəu] *adj* (*space, sense*)
wąski; (*majority, defeat*) nieznaczny;
(*ideas, view*) ograniczony ♦ *vi* (*road*)
zwężać się (zwęzyć się *perf*); (*gap*)
zmniejszać się (zmniejszyć się *perf*)
♦ *vt* (*gap*) zmniejszać (zmniejszyć
perf); (*eyes*) mrużyć (zmrużyć *perf*);
to have a narrow escape ledwo
ujść (*perf*) cało; **to narrow sth down
(to sth)** zawężać (zawęzić *perf*) coś
(do czegoś).

narrowly ['nærəulɪ] *adv* ledwo, z
ledwością.

narrow-minded [nærəuˈmaɪndɪd] *adj*
(*person*) ograniczony, o wąskich
horyzontach (umysłowych) *post*;
(*attitude*) pełen uprzedzeń.

nasal ['neɪzl] *adj* nosowy.

nasty ['nɑːstɪ] *adj* (*remark*) złośliwy;
(*person*) złośliwy, niemiły; (*taste,
smell*) nieprzyjemny; (*wound,
accident, weather*) paskudny; (*shock*)
niemiły, przykry; (*problem*) trudny;
(*question*) podstępny, podchwytliwy.

nation ['neɪʃən] *n* (*people*) naród *m*;
(*country*) państwo *nt*.

national ['næʃənl] *adj* (*newspaper*)
(ogólno)krajowy; (*monument,
characteristic*) narodowy; (*interests*)
państwowy ♦ *n* obywatel(ka) *m(f)*.

national anthem *n* hymn *m*
państwowy.

national dress *n* strój *m* narodowy.

National Health Service (*BRIT*) *n*
≈ służba *f* zdrowia.

National Insurance (*BRIT*) *n* ≈
Zakład *m* Ubezpieczeń Społecznych.

nationalism ['næʃnəlɪzəm] *n*
nacjonalizm *m*.

nationalist ['næʃnəlɪst] *adj*
nacjonalistyczny ♦ *n* nacjonalista
(-tka) *m(f)*.

nationality [næʃəˈnælɪtɪ] *n*
narodowość *f*; (*dual etc*)
obywatelstwo *nt*.

nationalization [næʃnəlaɪˈzeɪʃən] *n*
nacjonalizacja *f*, upaństwowienie *nt*.

nationalize ['næʃnəlaɪz] *vt*
nacjonalizować (znacjonalizować
perf), upaństwawiać (upaństwowić
perf).

nationally ['næʃnəlɪ] *adv* na szczeblu
centralnym.

national park *n* park *m* narodowy.

national service *n* obowiązkowa
służba *f* wojskowa.

nationwide ['neɪʃənwaɪd] *adj*
ogólnokrajowy ♦ *adv* w całym kraju.

native ['neɪtɪv] *n* tubylec *m*,
krajowiec *m* ♦ *adj* (*population*)

rodowity; (*country, language*) ojczysty.

native speaker *n* rodzimy użytkownik *m* języka.

Nativity [nəˈtɪvɪtɪ] *n* (*REL*): **the Nativity** narodzenie *nt* Chrystusa.

NATO [ˈneɪtəu] *n abbr* (= *North Atlantic Treaty Organization*) NATO *nt inv*.

natural [ˈnætʃrəl] *adj* naturalny; (*disaster*) żywiołowy; (*performer, hostess etc*) urodzony; (*MUS*) niealterowany.

natural gas *n* gaz *m* ziemny.

naturalist [ˈnætʃrəlɪst] *n* przyrodnik (-iczka) *m(f)*.

naturally [ˈnætʃrəlɪ] *adv* naturalnie; (*result, happen*) w sposób naturalny; (*die*) śmiercią naturalną; (*cheerful, talented*) z natury.

naturalness [ˈnætʃrəlnɪs] *n* naturalność *f*.

natural resources *npl* bogactwa *pl* naturalne.

nature [ˈneɪtʃə*] *n* (*also*: **Nature**) natura *f*, przyroda *f*; (*kind, sort*) natura *f*; (*character. of thing*) istota *f*, właściwość *f*; (*: of person*) usposobienie *nt*, natura *f*; **by nature** z natury.

nature reserve (*BRIT*) *n* rezerwat *m* przyrody.

naturist [ˈneɪtʃərɪst] *n* naturysta (-tka) *m(f)*.

naught [nɔːt] *n* = **nought**.

naughty [ˈnɔːtɪ] *adj* (*child*) niegrzeczny, krnąbrny.

nausea [ˈnɔːsɪə] *n* mdłości *pl*.

nauseate [ˈnɔːsɪeɪt] *vt* przyprawiać (przyprawić *perf*) o mdłości; (*fig*) budzić wstręt *or* obrzydzenie w +*loc*.

nautical [ˈnɔːtɪkl] *adj* żeglarski.

nautical mile *n* mila *f* morska (= *1853 m*).

naval [ˈneɪvl] *adj* (*uniform*) marynarski; (*battle, forces*) morski.

naval officer *n* oficer *m* marynarki.

nave [neɪv] *n* (*ARCHIT*) nawa *f* główna.

navel [ˈneɪvl] *n* (*ANAT*) pępek *m*.

navigable [ˈnævɪɡəbl] *adj* żeglowny, spławny.

navigate [ˈnævɪɡeɪt] *vt* (*river, path*) pokonywać (pokonać *perf*) ♦ *vi* (*birds etc*) odnajdywać drogę; (*NAUT, AVIAT*) nawigować; (*AUT*) pilotować.

navigation [nævɪˈɡeɪʃən] *n* (*activity*) nawigowanie *nt*, pilotowanie *nt*; (*science*) nawigacja *f*.

navigator [ˈnævɪɡeɪtə*] *n* (*NAUT, AVIAT*) nawigator *m*; (*AUT*) pilot *m*.

navy [ˈneɪvɪ] *n* (*branch of military*) marynarka *f* (wojenna); (*ships*) flota *f* (wojenna).

navy(-blue) [ˈneɪvɪ(ˈbluː)] *adj* granatowy.

Nazi [ˈnɑːtsɪ] *n* nazista (-tka) *m(f)*.

NB *abbr* (= *nota bene*) nb.

near [nɪə*] *adj* (*in space, time*) bliski, niedaleki; (*relative*) bliski; (*darkness*) prawie zupełny ♦ *adv* (*in space*) blisko; (*perfect, impossible*) prawie, niemal ♦ *prep* (*also*: **near to**: *in space*) blisko +*gen*; (*: in time*) około +*gen*; (*: in situation, intimacy*) bliski +*gen* ♦ *vt* zbliżać się (zbliżyć się *perf*) do +*gen*; **in the near future** w niedalekiej przyszłości; **near here/there** tutaj/tam niedaleko, niedaleko stąd/stamtąd; **the building is nearing completion** budowa jest na ukończeniu *or* dobiega końca.

nearby [nɪəˈbaɪ] *adj* pobliski ♦ *adv* w pobliżu.

Near East *n*: **the Near East** Bliski Wschód *m*.

nearly [ˈnɪəlɪ] *adv* prawie; **I nearly fell** o mało nie upadłem.

near miss *n* (*shot*) minimalnie chybiony strzał *m*; **it was a near miss** (*accident avoided*) o mało (co) nie doszło do wypadku.

near-sighted [nɪəˈsaɪtɪd] *adj*
krótkowzroczny.

neat [niːt] *adj* (*person, room*)
schludny; (*handwriting*) staranny;
(*plan*) zgrabny; (*solution, description*)
elegancki; (*spirits*) czysty.

neatly [ˈniːtlɪ] *adv* (*tidily*) starannie;
(*conveniently*) zgrabnie.

necessarily [ˈnɛsɪsrɪlɪ] *adv* z
konieczności; **not necessarily**
niekoniecznie.

necessary [ˈnɛsɪsrɪ] *adj* (*skill, item*)
niezbędny; (*effect*) nieunikniony;
(*connection, condition*) konieczny.

necessitate [nɪˈsɛsɪteɪt] *vt* wymagać
+*gen*.

necessity [nɪˈsɛsɪtɪ] *n* (*inevitability*)
konieczność *f*; (*compelling need*)
potrzeba *f*, konieczność *f*; (*essential
item*) artykuł *m* pierwszej potrzeby.

neck [nɛk] *n* szyja *f*; (*of shirt, dress*)
wykończenie *nt* przy szyi; (*of bottle*)
szyjka *f* ♦ *vi* (*inf*) całować się.

necklace [ˈnɛklɪs] *n* naszyjnik *m*.

neckline [ˈnɛklaɪn] *n* dekolt *m*.

necktie [ˈnɛktaɪ] *n* (*esp US*) krawat *m*.

nectarine [ˈnɛktərɪn] *n* nektarynka *f*.

need [niːd] *n* (*necessity*) potrzeba *f*,
konieczność *f*; (*demand*) potrzeba *f*,
zapotrzebowanie *nt* ♦ *vt* (*want*)
potrzebować +*gen*; (*could do with*)
wymagać +*gen*; **I need to do it**
muszę to zrobić; **you don't need to
go, you needn't go** nie musisz iść.

needle [ˈniːdl] *n* igła *f*; (*for knitting*)
drut *m* ♦ *vt* (*fig: inf*) dokuczać +*dat*.

needless [ˈniːdlɪs] *adj* niepotrzebny;
needless to say rzecz jasna.

needn't [ˈniːdnt] = **need not**.

needy [ˈniːdɪ] *adj* ubogi.

negative [ˈnɛgətɪv] *adj* (*answer*)
odmowny, negatywny; (*attitude,
experience*) negatywny; (*pregnancy
test, electrical charge*) ujemny ♦ *n*
(*PHOT*) negatyw *m*.

neglect [nɪˈglɛkt] *vt* (*leave undone*)
zaniedbywać (zaniedbać *perf*);

(*ignore*) nie dostrzegać (nie dostrzec
perf) +*gen*, lekceważyć (zlekceważyć
perf) ♦ *n* zaniedbanie *nt*.

neglected [nɪˈglɛktɪd] *adj* (*child,
garden*) zaniedbany; (*artist*)
niedostrzegany, niedoceniany.

negligence [ˈnɛglɪdʒəns] *n*
niedbalstwo *nt*.

negligent [ˈnɛglɪdʒənt] *adj* (*person*)
niedbały.

negligible [ˈnɛglɪdʒɪbl] *adj* nieistotny.

negotiable [nɪˈgəʊʃɪəbl] *adj* (*salary*)
do uzgodnienia *post*.

negotiate [nɪˈgəʊʃɪeɪt] *vi* negocjować
♦ *vt* (*treaty etc*) negocjować
(wynegocjować *perf*); (*obstacle,
bend*) pokonywać (pokonać *perf*); **to
negotiate with sb (for sth)**
pertraktować z kimś (w sprawie
czegoś).

negotiation [nɪgəʊʃɪˈeɪʃən] *n*
negocjacje *pl*.

negotiator [nɪˈgəʊʃɪeɪtə*] *n*
negocjator(ka) *m(f)*.

Negro [ˈniːgrəʊ] *n* (*pl* **Negroes**)
Murzyn *m* ♦ *adj* murzyński.

neigh [neɪ] *vi* rżeć (zarżeć *perf*).

neighbour [ˈneɪbə*] (*US* **neighbor**)
n sąsiad(ka) *m(f)*; (*REL*) bliźni *m*.

neighbourhood [ˈneɪbəhud] *n*
(*place*) okolice *pl*; (*part of town*)
dzielnica *f*; (*people*) sąsiedzi *vir pl*.

neighbouring [ˈneɪbərɪŋ] *adj*
sąsiedni.

neighbourly [ˈneɪbəlɪ] *adj* życzliwy,
przyjazny.

neither [ˈnaɪðə*] *pron* żaden (*z
dwóch*), ani jeden, ani drugi ♦ *adv*:
neither ... nor ... ani ..., ani ...;
neither story is true żadna z tych
dwóch historii nie jest prawdziwa;
neither do I/have I ja też nie.

neon [ˈniːɔn] *n* neon *m*.

neon light *n* neonówka *f*.

nephew [ˈnɛvjuː] *n* (*sister's son*)
siostrzeniec *m*; (*brother's son*)
bratanek *m*.

nerve [nə:v] n (ANAT) nerw m;
(courage) odwaga f; (impudence)
czelność f; **nerves** npl nerwy pl; **he
gets on my nerves** on działa mi na
nerwy.

nerve-centre ['nə:vsɛntə*] n (fig)
ośrodek m decyzyjny.

nerve gas n gaz m paraliżujący.

nervous ['nə:vəs] adj (also MED)
nerwowy; (anxious) zdenerwowany;
to be nervous of/about obawiać się
+gen.

nervous breakdown n załamanie
nt nerwowe.

nervousness ['nə:vəsnɪs] n
zdenerwowanie nt, niepokój m.

nervous system n układ m
nerwowy.

nest [nɛst] n gniazdo nt ♦ vi
gnieździć się.

nestle ['nɛsl] vi przytulać się
(przytulić się perf).

net [nɛt] n siatka f; (for fish)
podbierak m; (also: **fishing net**) sieć
f (rybacka); (fabric) tiul m; (fig) sieć
f ♦ adj (COMM) netto post; (result)
ostateczny, końcowy ♦ vt (fish,
butterfly) łapać (złapać perf) (w sieć,
siatkę); (profit) przynosić (przynieść
perf) na czysto.

net curtains npl firanki pl.

Netherlands ['nɛðələndz] npl: **the
Netherlands** Holandia f.

nett [nɛt] adj = **net**.

netting ['nɛtɪŋ] n siatka f.

nottlo ['nɛtl] n pokrzywa f.

network ['nɛtwə:k] n sieć f; (of
veins) siateczka f.

neuralgia [njuə'rældʒə] n nerwoból
m.

neurosis [nju'rəusɪs] (pl **neuroses**)
(PSYCH: fig) n nerwica f.

neurotic [njuə'rɔtɪk] adj
przewrażliwiony; (MED)
neurotyczny ♦ n neurotyk (-yczka)
m(f).

neuter ['nju:tə*] adj (LING) nijaki ♦

vt (animal) sterylizować
(wysterylizować perf).

neutral ['nju:trəl] adj (country)
neutralny; (view, person) neutralny,
bezstronny; (colour)
niezdecydowany, bliżej
nieokreślony; (shoe cream)
bezbarwny; (ELEC: wire) zerowy ♦
n (AUT) bieg m jałowy.

neutrality [nju:'trælɪtɪ] n (of country)
neutralność f; (of view, person)
neutralność f, bezstronność f.

neutralize ['nju:trəlaɪz] vt
neutralizować (zneutralizować perf).

neutron ['nju:trɔn] n neutron m.

never ['nɛvə*] adv (not at any time)
nigdy; (not) wcale nie; **never in my
life** nigdy w życiu.

never-ending [nɛvər'ɛndɪŋ] adj nie
kończący się.

nevertheless [nɛvəðə'lɛs] adv
pomimo to, niemniej jednak.

new [nju:] adj nowy; (country, parent)
młody.

newborn ['nju:bɔ:n] adj nowo
narodzony.

newcomer ['nju:kʌmə*] n przybysz
m, nowy (-wa) m(f) (inf).

new-found ['nju:faund] adj świeżo
odkryty.

newly ['nju:lɪ] adv nowo.

newly-weds ['nju:lɪwɛdz] npl
nowożeńcy vir pl, państwo vir pl
młodzi.

new moon n nów m.

news [nju:z] n wiadomość f,
wiadomości pl; **a piece of news**
wiadomość; **the news** (RADIO, TV)
wiadomości.

news agency n agencja f prasowa.

newsagent ['nju:zeɪdʒənt] (BRIT) n
(person) kioskarz (-arka) m(f);
(shop) kiosk m z gazetami.

news bulletin n serwis m
informacyjny.

newscaster ['nju:zkɑ:stə*] n
prezenter(ka) m(f) wiadomości.

newsdealer ['nju:zdi:lə*] (*US*) *n* = **newsagent**.

newsflash ['nju:zflæʃ] *n* wiadomości *pl* z ostatniej chwili.

newsletter ['nju:zlɛtə*] *n* biuletyn *m*.

newspaper ['nju:zpeɪpə*] *n* gazeta *f*.

newsreader ['nju:zri:də*] *n* = **newscaster**.

newsreel ['nju:zri:l] *n* kronika *f* filmowa.

New Year *n* Nowy Rok *m*; **Happy New Year!** Szczęśliwego Nowego Roku!

New Year's Day *n* Nowy Rok *m*.

New Year's Eve *n* sylwester *m*.

New York [-'jɔ:k] *n* Nowy Jork *m*.

New Zealand [-'zi:lənd] *n* Nowa Zelandia *f*.

next [nekst] *adj* (*in space*) sąsiedni, znajdujący się obok; (*in time*) następny, najbliższy ♦ *adv* (*in space*) obok; (*in time*) następnie, potem; **the next day** następnego dnia, nazajutrz (*literary*); **next time** następnym razem; **next year** w przyszłym roku; **next to** obok +*gen*; **next to nothing** tyle co nic; **next please!** następny, proszę!

next door *adv* obok ♦ *adj* (*flat*) sąsiedni; (*neighbour*) najbliższy, zza ściany *post*.

next-of-kin ['nɛkstəv'kɪn] *n* najbliższa rodzina *f*.

NHS (*BRIT*) *n abbr* = **National Health Service**.

nib [nɪb] *n* stalówka *f*.

nibble ['nɪbl] *vt* (*eat*) skubać (skubnąć *perf or* poskubać *perf*); (*bite*) przygryzać (przygryźć *perf*).

Nicaragua [nɪkə'rægjuə] *n* Nikaragua *f*.

nice [naɪs] *adj* (*kind, friendly*) miły; (*pleasant*) przyjemny; (*attractive*) ładny.

nicely ['naɪslɪ] *adv* (*attractively*) ładnie; (*satisfactorily*) dobrze.

niceties ['naɪsɪtɪz] *npl*: **the niceties** subtelności *pl*.

nick [nɪk] *n* (*on face etc*) zadraśnięcie *nt*; (*in metal, wood*) nacięcie *nt* ♦ *vt* (*BRIT*: *inf*: *steal*) zwędzić (*perf*) (*inf*); **in the nick of time** w samą porę.

nickel ['nɪkl] *n* (*metal*) nikiel *m*; (*US*) pięciocentówka *f*.

nickname ['nɪkneɪm] *n* przezwisko *nt*, przydomek *m* ♦ *vt* przezywać, nadawać przydomek +*dat*.

nicotine ['nɪkəti:n] *n* nikotyna *f*.

nicotine patch *n* plaster *m* nikotynowy.

niece [ni:s] *n* (*sister's daughter*) siostrzenica *f*; (*brother's daughter*) bratanica *f*.

Nigeria [naɪ'dʒɪərɪə] *n* Nigeria *f*.

nigger [nɪgə*] (*inf!*) *n* czarnuch *m* (*inf!*).

niggling ['nɪglɪŋ] *adj* (*doubt, anxiety*) dręczący; (*pain*) uporczywy.

night [naɪt] *n* noc *f*; (*evening*) wieczór *m*; **the night before last** przedwczoraj w nocy; **at night** w nocy; **by night** nocą; **nine o'clock at night** dziewiąta wieczór.

nightclub ['naɪtklʌb] *n* nocny lokal *m*.

nightdress ['naɪtdres] *n* koszula *f* nocna.

nightfall ['naɪtfɔ:l] *n* zmrok *m*.

nightgown ['naɪtgaʊn] *n* = **nightdress**.

nightie ['naɪtɪ] *n* = **nightdress**.

nightingale ['naɪtɪŋgeɪl] *n* słowik *m*.

nightlife ['naɪtlaɪf] *n* nocne życie *nt*.

nightly ['naɪtlɪ] *adj* wieczorny ♦ *adv* (*every night*) co noc; (*every evening*) co wieczór.

nightmare ['naɪtmɛə*] *n* koszmarny sen *m*; (*fig*) koszmar *m*.

night porter *n* nocny portier *m* (*w hotelu*).

night school *n* szkoła *f* wieczorowa.

night shift *n* nocna zmiana *f*.

night-time ['naɪttaɪm] *n* noc *f*.

night watchman (*irreg like:* **man**) *n* nocny stróż *m*.

nil [nɪl] *n* nic *nt*; (*BRIT: SPORT*) zero *nt*.

Nile [naɪl] *n*: **the Nile** Nil *m*.

nimble ['nɪmbl] *adj* (*person, movements*) zwinny; (*mind*) bystry.

nine [naɪn] *num* dziewięć.

nineteen ['naɪn'tiːn] *num* dziewiętnaście.

nineteenth ['naɪn'tiːnθ] *num* dziewiętnasty.

ninety ['naɪntɪ] *num* dziewięćdziesiąt.

ninth [naɪnθ] *num* dziewiąty.

nip [nɪp] *vt* szczypać (szczypnąć *perf* or uszczypnąć *perf*) ♦ *n* (*bite*) uszczypnięcie *nt*; (*drink*) łyk *m*; **to nip out** (*BRIT: inf*) wyskakiwać (wyskoczyć *perf*) (*inf*).

nipple ['nɪpl] *n* (*ANAT*) brodawka *f* sutkowa.

nitrogen ['naɪtrədʒən] *n* azot *m*.

---KEYWORD---

no [nəu] *adv* nie ♦ *adj*: **I have no money/books** nie mam (żadnych) pieniędzy/książek; **there is no time/bread left** nie zostało ani trochę czasu/chleba; **"no entry"** „wstęp wzbroniony"; **"no smoking"** „palenie wzbronione" ♦ *n* (*pl* **noes**) (*in voting*) głos *m* przeciw; (*refusal*) odmowa *f*.

---

nobility [nəu'bɪlɪtɪ] *n* (*aristocracy*) szlachta *f*.

noble ['nəubl] *adj* (*admirable*) szlachetny; (*aristocratic*) szlachecki.

nobody ['nəubədɪ] *pron* nikt.

nocturnal [nɔk'təːnl] *adj* nocny.

nod [nɔd] *vi* (*in agreement*) przytakiwać (przytaknąć *perf*); (*as greeting*) kłaniać się (ukłonić się *perf*); (*gesture*) wskazywać (wskazać *perf*) ruchem głowy; (*fig. flowers etc*) kołysać się ♦ *vt*: **to nod one's head** skinąć (*perf*) głową ♦ *n* kiwnięcie *nt*, skinienie *nt*.

►**nod off** *vi* przysypiać (przysnąć *perf*) (*inf*).

noise [nɔɪz] *n* (*sound*) dźwięk *m*, odgłos *m*; (*din*) hałas *m*.

noiseless ['nɔɪzlɪs] *adj* bezgłośny.

noisy ['nɔɪzɪ] *adj* (*audience, machine*) hałaśliwy; (*place*) pełen zgiełku.

nomadic [nəu'mædɪk] *adj* koczowniczy.

no-man's-land ['nəumænzlænd] *n* ziemia *f* niczyja.

nominal ['nɔmɪnl] *adj* (*leader*) tytularny; (*price*) nominalny.

nominate ['nɔmɪneɪt] *vt* (*propose*) wysuwać kandydaturę +*gen*, nominować +*acc*; (*appoint*) mianować.

nomination [nɔmɪ'neɪʃən] *n* (*proposal*) kandydatura *f*; (*appointment*) mianowanie *nt*.

nominee [nɔmɪ'niː] *n* kandydat(ka) *m(f)*.

non... [nɔn] *pref* nie..., bez... .

non-alcoholic [nɔnælkə'hɔlɪk] *adj* bezalkoholowy.

non-aligned [nɔnə'laɪnd] *adj* niezaangażowany, neutralny.

non-breakable [nɔn'breɪkəbl] *adj* nietłukący.

nonchalant ['nɔnʃələnt] *adj* nonszalancki.

nondescript ['nɔndɪskrɪpt] *adj* (*person, clothes*) nijaki; (*colour*) nieokreślony, nijaki.

none [nʌn] *pron* (*not one*) żaden, ani jeden; (*not any*) ani trochę; **none of us** żaden z nas; **I've none left** (*not any*) nie zostało mi ani trochę; (*not one*) nie zostało mi ani jeden.

nonentity [nɔ'nentɪtɪ] *n* (*person*) miernota *f*.

nonetheless ['nʌnðə'les] *adv* pomimo to.

non-existent [nɔnɪg'zɪstənt] *adj* nie istniejący.

non-fiction [nɔnˈfɪkʃən] n literatura f
faktu.

non-flammable [nɔnˈflæməbl] adj
niepalny.

nonplussed [nɔnˈplʌst] adj
skonsternowany.

nonsense [ˈnɔnsəns] n nonsens m.

non-smoker [ˈnɔnˈsməukə*] n
niepalący (-ca) m(f).

non-stick [ˈnɔnˈstɪk] adj teflonowy.

non-stop [ˈnɔnˈstɔp] adj (unceasing)
nie kończący się; (without pauses)
nieprzerwany; (flight) bezpośredni ♦
adv (speak) bez przerwy; (fly)
bezpośrednio.

noodles [ˈnuːdlz] npl makaron m.

noon [nuːn] n południe nt.

no-one [ˈnəuwʌn] pron = **nobody**.

noose [nuːs] n pętla f.

nor [nɔː*] conj = **neither** ♦ adv see
neither.

norm [nɔːm] n norma f.

normal [ˈnɔːml] adj normalny ♦ n: **to
return to normal** wracać (wrócić
perf) do normy.

normally [ˈnɔːməlɪ] adv normalnie.

north [nɔːθ] n północ f ♦ adj
północny ♦ adv na północ.

North America n Ameryka f
Północna.

north-east [nɔːθˈiːst] n północny
wschód m ♦ adj północno-wschodni
♦ adv na północny wschód.

northerly [ˈnɔːðəlɪ] adj północny.

northern [ˈnɔːðən] adj północny.

Northern Ireland n Irlandia f
Północna.

North Pole n: **the North Pole** biegun
m północny.

northward(s) [ˈnɔːθwəd(z)] adv na
północ.

north-west [nɔːθˈwɛst] n północny
zachód m ♦ adj północno-zachodni ♦
adv na północny zachód.

Norway [ˈnɔːweɪ] n Norwegia f.

Norwegian [nɔːˈwiːdʒən] adj
norweski ♦ n (person) Norweg

(-eżka) m(f); (LING) (język m)
norweski.

nose [nəuz] n nos m; (of aircraft)
dziób m; (of car) przód m ♦ vi (also:
nose one's way) sunąć powoli.

►**nose about** vi węszyć.

►**nose around** vi = **nose about**.

nose job (inf) n korekta f
(plastyczna) nosa.

nosebleed [ˈnəuzbliːd] n krwawienie
nt z nosa.

nose-dive [ˈnəuzdaɪv] n (of plane)
lot m nurkowy; (of prices)
gwałtowny spadek m.

nosey [ˈnəuzɪ] (inf) adj = **nosy**.

nostalgia [nɔsˈtældʒɪə] n nostalgia f.

nostalgic [nɔsˈtældʒɪk] adj
nostalgiczny.

nostril [ˈnɔstrɪl] n nozdrze nt.

nosy [ˈnəuzɪ] (inf) adj wścibski.

not [nɔt] adv nie; **he is not** or **isn't
here** nie ma go tu(taj); **you must
not** or **you mustn't do that** nie
wolno (ci) tego robić; **he asked me
not to do it** (po)prosił, żebym tego
nie robił; **not yet** jeszcze nie; **not
now** nie teraz; see also **all**, **only**.

notably [ˈnəutəblɪ] adv (particularly)
w szczególności, zwłaszcza;
(markedly) wyraźnie.

notary [ˈnəutərɪ] n (JUR: also: **notary
public**) notariusz m.

notch [nɔtʃ] n nacięcie nt, karb m.

note [nəut] n (MUS) nuta f; (of
lecturer, secretary) notatka f; (in
book) przypis m; (letter) wiadomość
f (na piśmie); (banknote) banknot m ♦
vt (notice) zauważyć (perf); (also:
note down) notować (zanotować
perf), zapisywać (zapisać perf); (fact)
odnotowywać (odnotować perf).

notebook [ˈnəutbuk] n notatnik m,
notes m.

noted [ˈnəutɪd] adj znany.

notepad [ˈnəutpæd] n (for letters)
blok m listowy; (for notes) blok m
biurowy.

notepaper ['nəutpeɪpə*] n papier m listowy.

noteworthy ['nəutwə:ðɪ] adj znaczący, godny uwagi.

nothing ['nʌθɪŋ] n nic nt; **nothing new/worse** etc nic nowego/gorszego etc; **nothing else** nic innego; **for nothing** (free) za darmo, za nic; (in vain) na próżno.

notice ['nəutɪs] n (announcement) ogłoszenie nt; (dismissal) wymówienie nt ♦ vt zauważać (zauważyć perf); **to take no notice of** nie zwracać (nie zwrócić perf) uwagi na +acc; **at short notice** (leave etc) bezzwłocznie; **until further notice** (aż) do odwołania.

noticeable ['nəutɪsəbl] adj zauważalny, widoczny.

noticeboard ['nəutɪsbɔ:d] (BRIT) n tablica f ogłoszeń.

notify ['nəutɪfaɪ] vt: **to notify sb (of sth)** powiadamiać (powiadomić perf) kogoś (o czymś).

notion ['nəuʃən] n (idea) pojęcie nt; (belief) pogląd m.

notorious [nəu'tɔ:rɪəs] adj (liar etc) notoryczny; (place) cieszący się złą sławą.

notwithstanding [nɔtwɪθ'stændɪŋ] adv jednak, mimo wszystko ♦ prep pomimo +gen.

nought [nɔ:t] n zero nt.

noun [naun] n rzeczownik m.

nourish ['nʌrɪʃ] vt (feed) odżywiać; (fig: foster) żywić.

nourishing ['nʌrɪʃɪŋ] adj pożywny.

nourishment ['nʌrɪʃmənt] n pożywienie nt.

novel ['nɔvl] n powieść f ♦ adj nowatorski.

novelist ['nɔvəlɪst] n powieściopisarz (-arka) m(f).

novelty ['nɔvəltɪ] n nowość f.

November [nəu'vɛmbə*] n listopad m.

novice ['nɔvɪs] n nowicjusz(ka) m(f).

now [nau] adv teraz ♦ conj: **now (that)** teraz, gdy; **right now** w tej chwili; **by now** teraz, w tej chwili; **(every) now and then, (every) now and again** od czasu do czasu, co jakiś czas; **from now on** od tej pory.

nowadays ['nauədeɪz] adv obecnie, dzisiaj.

nowhere ['nəuwɛə*] adv (be) nigdzie; (go) donikąd.

nuance ['nju:ā:ns] n niuans m.

nuclear ['nju:klɪə*] adj jądrowy.

nuclei ['nju:klɪaɪ] npl of **nucleus**.

nucleus ['nju:klɪəs] (pl **nuclei**) n (of atom, cell) jądro nt; (fig: of group) zaczątek m.

nude [nju:d] adj nagi ♦ n (ART) akt m; **in the nude** nago.

nudge [nʌdʒ] vt szturchać (szturchnąć perf).

nudist ['nju:dɪst] n nudysta (-tka) m(f).

nudity ['nju:dɪtɪ] n nagość f.

nuisance ['nju:sns] n (situation) niedogodność f; (thing, person) utrapienie nt; **what a nuisance!** a niech to! (inf).

null [nʌl] adj: **null and void** nieważny, nie posiadający mocy prawnej.

numb [nʌm] adj zdrętwiały.

number ['nʌmbə*] n liczba f; (of house, bus etc) numer m ♦ vt (pages etc) numerować (ponumerować perf); (amount to) liczyć; **a number of** kilka +gen; **to be numbered among** zaliczać się do +gen.

number plate ['nʌmbəpleɪt] (BRIT) n tablica f rejestracyjna.

numeral ['nju:mərəl] n liczebnik m.

numerical [nju:'mɛrɪkl] adj liczbowy.

numerous ['nju:mərəs] adj liczny.

nun [nʌn] n zakonnica f.

nurse [nə:s] n (in hospital) pielęgniarka (-arz) f(m); (also: **nursemaid**) opiekunka f do dzieci ♦ vt (patient) opiekować się +instr, pielęgnować.

nursery ['nə:sərɪ] n (*institution*) żłobek m; (*room*) pokój m dziecięcy; (*for plants*) szkółka f.

nursery rhyme n wierszyk m dla dzieci, rymowanka f.

nursery school n przedszkole nt.

nursery slope (*BRIT*) n ośla łączka f.

nursing ['nə:sɪŋ] n (*profession*) pielęgniarstwo nt; (*care*) opieka f pielęgniarska.

nursing home n (*hospital*) klinika f prywatna; (*residential home*) ≈ dom m pogodnej starości.

nursing mother n matka f karmiąca.

nurture ['nə:tʃə*] vt (*child*) wychowywać; (*plant*) hodować.

nut [nʌt] n (*TECH*) nakrętka f; (*BOT*) orzech m.

nutcrackers ['nʌtkrækəz] npl dziadek m do orzechów.

nutmeg ['nʌtmeg] n gałka f muszkatołowa.

nutrient ['nju:trɪənt] n składnik m pokarmowy.

nutrition [nju:'trɪʃən] n (*diet*) odżywianie nt; (*nourishment*) wartość f odżywcza.

nutritionist [nju:'trɪʃənɪst] n dietetyk (-yczka) m(f).

nutritious [nju:'trɪʃəs] adj pożywny.

nuts [nʌts] (*inf*) adj świrnięty (*inf*).

nutshell ['nʌtʃel] n łupina f orzecha; **in a nutshell** (*fig*) w (dużym) skrócie.

nylon ['naɪlɒn] n nylon m ♦ adj nylonowy.

O

oak [əuk] n (*tree*) dąb m ♦ adj dębowy.

OAP (*BRIT*) n abbr = **old-age pensioner**.

oar [ɔ:*] n wiosło nt.

oasis [əu'eɪsɪs] (*pl* **oases**) n oaza f.

oath [əuθ] n (*promise*) przysięga f; (*swear word*) przekleństwo nt; **on** (*BRIT*) *or* **under oath** pod przysięgą.

oatmeal ['əutmi:l] n płatki pl owsiane.

oats [əuts] n owies m.

obedience [ə'bi:dɪəns] n posłuszeństwo nt.

obedient [ə'bi:dɪənt] adj posłuszny.

obese [əu'bi:s] adj otyły.

obesity [əu'bi:sɪtɪ] n otyłość f.

obey [ə'beɪ] vt (*person*) słuchać (usłuchać *perf* or posłuchać *perf*) +*gen*; (*order*) wykonywać (wykonać *perf*); (*instructions, law*) przestrzegać +*gen*.

obituary [ə'bɪtjuərɪ] n nekrolog m.

object ['ɔbdʒɪkt] n (*thing*) przedmiot m, obiekt m; (*aim, purpose*) cel m; (*LING*) dopełnienie nt ♦ vi: **to object (to)** sprzeciwiać się (sprzeciwić się *perf*) (+*dat*); **money is no object** pieniądze nie grają roli; **he objected that ...** wysunął zarzut, że ...; **I object!** sprzeciw!, protestuję!

objection [əb'dʒɛkʃən] n (*expression of opposition*) sprzeciw m; **I have no objection to** nie mam nic przeciwko +*dat*.

objectionable [əb'dʒɛkʃənəbl] adj nie do przyjęcia *post*.

objective [əb'dʒɛktɪv] adj obiektywny ♦ n cel m.

obligation [ɔblɪ'geɪʃən] n obowiązek m.

obligatory [ə'blɪgətərɪ] adj obowiązkowy.

oblige [ə'blaɪdʒ] vt: **to oblige sb to do sth** zobowiązywać (zobowiązać *perf*) kogoś do zrobienia czegoś; **to be obliged to sb for sth** być zobowiązanym komuś za coś.

obliging [ə'blaɪdʒɪŋ] adj uczynny.

oblique [ə'bli:k] adj (*line*) ukośny, pochyły; (*compliment*) ukryty; (*reference*) niewyraźny.

oblivion [ə'blɪvɪən] n
(*unconsciousness*) stan m
nieświadomości; (*being forgotten*)
niepamięć f, zapomnienie nt.
oblivious [ə'blɪvɪəs] adj: **oblivious
of** or **to** nieświadomy +gen.
obnoxious [əb'nɔkʃəs] adj
(*behaviour, person*) okropny; (*smell*)
ohydny.
oboe ['əubəu] n obój m.
obscene [əb'siːn] adj nieprzyzwoity.
obscure [əb'skjuə*] adj (*place,
author etc*) mało znany; (*point,
issue*) niejasny; (*shape*) niewyraźny,
słabo widoczny ♦ vt przysłaniać
(przysłonić perf).
observant [əb'zɜːvnt] adj
spostrzegawczy.
observation [ɔbzə'veɪʃən] n
obserwacja f; (*remark*) uwaga f.
observatory [əb'zɜːvətrɪ] n
obserwatorium nt.
observe [əb'zɜːv] vt (*watch*)
obserwować; (*notice*) zauważyć
(perf), spostrzec (perf); (*remark*)
zauważać (zauważyć perf); (*rule,
convention*) przestrzegać +gen.
observer [əb'zɜːvə*] n
obserwator(ka) m(f).
obsession [əb'sɛʃən] n obsesja f.
obsessive [əb'sɛsɪv] adj obsesyjny,
chorobliwy; (*person*): **to be
obsessive about** mieć obsesję na
punkcie +gen.
obsolescence [ɔbsə'lɛsns] n
starzenie się nt.
obstacle ['ɔbstəkl] n przeszkoda f.
obstetrics [ɔb'stɛtrɪks] n
położnictwo nt.
obstinate ['ɔbstɪnɪt] adj uparty;
(*cough*) uporczywy.
obstruct [əb'strʌkt] vt (*road, path,
traffic*) blokować (zablokować perf);
(*fig*) utrudniać (utrudnić perf).
obstruction [əb'strʌkʃən] n
przeszkoda f.
obtain [əb'teɪn] vt (*book etc*)

dostawać (dostać perf), nabywać
(nabyć perf) (fml); (*degree,
information*) uzyskiwać (uzyskać
perf), otrzymywać (otrzymać perf).
obvious ['ɔbvɪəs] adj oczywisty.
obviously ['ɔbvɪəslɪ] adv (*clearly*)
wyraźnie; (*of course*) oczywiście;
obviously not najwyraźniej nie.
occasion [ə'keɪʒən] n (*point in time*)
sytuacja f; (*event, celebration etc*)
wydarzenie nt; (*opportunity*) okazja f.
occasional [ə'keɪʒənl] adj
sporadyczny.
occasionally [ə'keɪʒənəlɪ] adv
czasami.
occupant ['ɔkjupənt] n (*of house*)
mieszkaniec (-nka) m(f), lokator(ka)
m(f); (*of room*) sublokator(ka) m(f);
(*of office*) użytkownik (-iczka) m(f);
(*of vehicle*) pasażer(ka) m(f).
occupation [ɔkju'peɪʃən] n (*job*)
zawód m; (*pastime*) zajęcie nt; (*of
building, country*) okupacja f.
occupy ['ɔkjupaɪ] vt zajmować
(zająć perf); **to occupy o.s. in** or
with sth/doing sth zajmować się
czymś/robieniem czegoś.
occur [ə'kɜː*] vi (*event*) zdarzać się
(zdarzyć się perf), wydarzać się
(wydarzyć się perf), mieć miejsce;
(*phenomenon*) występować
(wystąpić perf); **to occur to sb**
przychodzić (przyjść perf) komuś do
głowy.
occurrence [ə'kʌrəns] n (*event*)
wydarzenie nt; (*incidence*)
występowanie nt.
ocean ['əuʃən] n ocean m.
o'clock [ə'klɔk] adv: **it is five
o'clock** jest (godzina) piąta.
octave ['ɔktɪv] n oktawa f.
October [ɔk'təubə*] n październik m.
octopus ['ɔktəpəs] n ośmiornica f.
odd [ɔd] adj (*strange*) dziwny;
(*uneven*) nieparzysty; (*not paired*)
nie do pary post; **sixty-odd**
sześćdziesiąt kilka or parę; **at odd**

times co jakiś czas; **to be the odd one out** wyróżniać się.
oddly [ˈɔdlɪ] *adv* dziwnie; *see also* **enough**.
odds [ɔdz] *npl* (*in betting*) szanse *pl* wygranej; (*fig*) szanse *pl* powodzenia; **the odds are that...** wszystko wskazuje na to, że...; **to be at odds (with)** (*in disagreement*) nie zgadzać się (z +*instr*); (*at variance*) nie pasować (do +*gen*), kłócić się (z +*instr*).
odour [ˈəudə*] (*US* **odor**) *n* zapach *m*.

┌─── KEYWORD ───┐

of [ɔv, əv] *prep* 1 (*usu*): **the history of Europe** historia Europy; **the winter of 1987** zima roku 1987; **the 5th of July** 5 lipca; **a friend of ours** (pewien nasz) kolega; **a boy of 10** dziesięcioletni chłopiec. 2 (*from, out of*) z +*gen*; **made of wood** zrobiony z drewna. 3 (*about*) o +*loc*; **I've never heard of him** nigdy o nim nie słyszałam. 4 (*indicating source, direction*) od +*gen*; **don't expect too much of him** nie oczekuj od niego zbyt wiele; **south of London** na południe od Londynu.

└──────────┘

┌─── KEYWORD ───┐

off [ɔf] *adv* 1 (*referring to distance*): **it's a long way off** to daleko (stąd). 2 (*referring to time*) za +*acc*; **the game is 3 days off** mecz jest za trzy dni. 3 (*departure*): **I must be off** muszę (już) iść. 4 (*removal*): **to take off one's hat/clothes** zdejmować (zdjąć *perf*) kapelusz/ubranie; **10% off** (*COMM*) 10% zniżki *or* rabatu. 5: **to be off** (*not at work: on holiday*) mieć wolne *or* urlop; (: *due to sickness*) być na zwolnieniu (lekarskim); **to have a day off** mieć dzień wolny; **to be**

well off być dobrze sytuowanym ♦ *adj* 1 (*not turned on: machine, light, engine*) wyłączony; (: *water, gas, tap*) zakręcony. 2 (*cancelled: meeting, match*) odwołany; (: *agreement, negotiations*) zerwany. 3 (*BRIT: not fresh*) nieświeży, zepsuty. 4: **on the off chance** na wypadek, gdyby ♦ *prep* 1 (*indicating motion, removal etc*): **he fell off a cliff** spadł ze skały; **a button came off my coat** guzik mi odpadł od płaszcza. 2 (*distant from*) (w bok) od +*gen*; **it's 5 km off the main road** to pięć kilometrów (w bok) od głównej drogi. 3: **I am off meat/beer** (już) nie lubię mięsa/piwa.

└──────────┘

offence [əˈfɛns] (*US* **offense**) *n* (*crime*) przestępstwo *nt*, wykroczenie *nt*; **to take offence (at)** obrażać się (obrazić się *perf*) (na +*acc*).
offend [əˈfɛnd] *vt* obrażać (obrazić *perf*), urażać (urazić *perf*).
offender [əˈfɛndə*] *n* przestępca (-czyni) *m(f)*.
offensive [əˈfɛnsɪv] *adj* (*remark, behaviour*) obraźliwy; (*smell etc*) wstrętny, ohydny; (*weapon*) zaczepny ♦ *n* ofensywa *f*.
offer [ˈɔfə*] *n* oferta *f*; (*of assistance etc*) propozycja *f* ♦ *vt* (*cigarette, seat etc*) proponować (zaproponować *perf*); (*service, product*) oferować (zaoferować *perf*); (*help, friendship*) ofiarować (zaofiarować *perf*); (*advice, praise*) udzielać (udzielić *perf*) +*gen*; (*congratulations*) składać (złożyć *perf*); (*opportunity, prospect*) dawać (dać *perf*), stwarzać (stworzyć *perf*).
off-hand [ɔfˈhænd] *adj* bezceremonialny, obcesowy ♦ *adv* (tak) od razu *or* od ręki.

office ['ɔfɪs] n (room, workplace)
biuro nt; (position) urząd m; **doctor's
office** (US) gabinet lekarski; **to take
office** (government) obejmować
(objąć perf) władzę; (minister)
obejmować (objąć perf) urząd.

office hours npl (COMM) godziny pl
urzędowania; (US: MED) godziny pl
przyjęć.

officer ['ɔfɪsə*] n (MIL) oficer m;
(also: **police officer**) policjant(ka)
m(f); (of organization)
przedstawiciel(ka) m(f).

office worker n urzędnik (-iczka)
m(f).

official [ə'fɪʃl] adj oficjalny ♦ n
urzędnik m (w rządzie, związkach
zawodowych itp).

off-licence ['ɔflaɪsns] (BRIT) n ≈
(sklep m) monopolowy.

off-peak ['ɔf'piːk] adj poza
godzinami szczytu post.

off-putting ['ɔfputɪŋ] (BRIT) adj
odpychający.

offset ['ɔfset] (irreg like: set) vt
równoważyć (zrównoważyć perf).

offshoot ['ɔfʃuːt] n (of organization
etc) gałąź f, odgałęzienie nt.

offshore [ɔf'ʃɔː*] adj (breeze) od
lądu post; (oilrig, fishing) przybrzeżny.

offspring ['ɔfsprɪŋ] n inv potomstwo nt.

offstage [ɔf'steɪdʒ] adv za sceną; (of
actors' behaviour) prywatnie.

off-white ['ɔfwaɪt] adj w kolorze
złamanej bieli post.

often ['ɔfn] adv często; **more often
than not** najczęściej; **every so often**
co jakiś czas.

oh [əu] excl ach.

oil [ɔɪl] n (CULIN) olej m, oliwa f;
(petroleum) ropa f (naftowa); (for
heating) paliwo nt olejowe ♦ vt
oliwić (naoliwić perf).

oilfield ['ɔɪlfiːld] n pole nt naftowe.

oil painting n obraz m olejny.

oil rig n szyb m naftowy.

oily ['ɔɪlɪ] adj (substance) oleisty;
(rag) zatłuszczony; (food) tłusty.

ointment ['ɔɪntmənt] n maść f.

O.K. ['əu'keɪ] (inf) excl (showing
agreement) w porządku; (in
questions) dobrze?, zgoda? ♦ adj
(average) w porządku post;
(acceptable) do przyjęcia post ♦ vt
zgadzać się (zgodzić się perf) na
+acc.

okay ['əu'keɪ] = **O.K.**.

old [əuld] adj stary; (former) stary,
dawny; **how old are you?** ile masz
lat?; **he's ten years old** ma dziesięć
lat; **older brother** starszy brat.

old age n starość f.

old age pensioner (BRIT) n
emeryt(ka) m(f).

old-fashioned ['əuld'fæʃnd] adj
(style, design, clothes) staromodny,
niemodny; (person, values)
staroświecki.

olive ['ɔlɪv] n (fruit) oliwka f; (tree)
drzewo nt oliwne ♦ adj (also:
olive-green) oliwkowy.

olive oil n oliwa f z oliwek.

Olympic Games npl: **the Olympic
Games** (also: **the Olympics**)
igrzyska pl olimpijskie, olimpiada f.

omelette ['ɔmlɪt] (US **omelet**) n
omlet m.

omen ['əumən] n omen m.

ominous ['ɔmɪnəs] adj (silence)
złowrogi, złowieszczy.

omission [əu'mɪʃən] n (thing omitted)
przeoczenie nt; (act of omitting)
pominięcie nt.

omit [əu'mɪt] vt pomijać (pominąć
perf).

––––––– KEYWORD –––––––

on [ɔn] prep **1** (indicating position) na
+loc; **on the wall** na ścianie; **on the
left** na lewo; **the house is on the
main road** dom stoi przy głównej
drodze. **2** (indicating means, method,
condition etc): **on foot** pieszo,

piechotą; **on the train/plane** (*go*)
pociągiem/samolotem; (*be*) w
pociągu/samolocie; **she's on the
telephone** rozmawia przez telefon;
on television/the radio w
telewizji/radiu; **to be on holiday**
być na wakacjach. **3** (*referring to
time*) w +*acc*; **on Friday** w piątek;
on June 20th dwudziestego
czerwca; **on arrival** po przyjeździe;
on seeing this widząc *or* ujrzawszy
to. **4** (*about, concerning*) o +*loc*, na
temat +*gen*; **books on philosophy**
książki o *or* na temat filozofii ♦ *adv*
1 (*referring to clothes*) na sobie; **to
have one's coat on** mieć na sobie
płaszcz; **she put her hat on**
założyła kapelusz. **2** (*referring to
covering*): **screw the lid on tightly**
przykręć mocno pokrywę. **3** (*further,
continuously*) dalej; **to walk on** iść
(pójść *perf*) dalej ♦ *adj* **1** (*in
operation: machine, radio, TV, light*)
włączony; (: *tap*) odkręcony;
(: *handbrake*) zaciągnięty;
(: *meeting*) w toku *post*. **2** (*not
cancelled*) aktualny. **3**: **that's not
on!** (*inf*) to (jest) nie do przyjęcia!

once [wʌns] *adv* (*on one occasion*)
(jeden) raz; (*formerly*) dawniej,
kiedyś; (*a long time ago*) kiedyś,
swego czasu ♦ *conj* zaraz po tym,
jak, gdy tylko; **at once**
(*immediately*) od razu;
(*simultaneously*) na raz; **once a
week** raz w tygodniu *or* na tydzień;
once more *or* **again** jeszcze raz;
once and for all raz na zawsze;
once upon a time pewnego razu.
oncoming ['ɔnkʌmɪŋ] *adj* (*traffic*)
(nadjeżdżający) z przeciwka;
(*winter*) nadchodzący.

one [wʌn] *num* jeden; **one hundred
and fifty** sto pięćdziesiąt; **one day
there was a knock at the door**
któregoś *or* pewnego dnia rozległo
się pukanie do drzwi; **one by one**
pojedynczo ♦ *adj* **1** (*sole*) jedyny;
that is my one worry to moje
jedyne zmartwienie. **2** (*same*) (ten)
jeden; **they came in the one car**
przyjechali (tym) jednym
samochodem ♦ *pron* **1**: **this one** ten
m/ta *f*/to *nt*; **that one** (tam)ten
m/(tam)ta *f*/(tam)to *nt*; **she chose
the black dress, though I liked the
red one** wybrała tę czarną sukienkę,
choć mnie podobała się ta
czerwona. **2**: **one another** się; **do
you two ever see one another?** czy
wy dwoje w ogóle się widujecie?;
**the boys didn't dare look at one
another** chłopcy nie mieli odwagi
spojrzeć na siebie. **3** (*impersonal*):
one never knows nigdy nie
wiadomo; **to cut one's finger**
skaleczyć się (*perf*) w palec.

one-man ['wʌn'mæn] *adj* (*show*)
jednoosobowy; (*business*)
indywidualny.
one-off [wʌn'ɔf] (*BRIT: inf*) *n* fuks *m*
(*inf*).

oneself [wʌn'sɛlf] *pron* (*reflexive*)
się; (*after prep*) siebie (*gen, acc*),
sobie (*dat, loc*), sobą (*instr*);
(*emphatic*) samemu; **to hurt oneself**
ranić (zranić *perf*) się; **to talk to
oneself** mówić do siebie; **to talk
about oneself** mówić o sobie; **to be
oneself** być sobą; **others might find
odd what one finds normal oneself**
to, co samemu uważa się za
normalne, inni mogą uznać za
dziwne.

one-sided [wʌn'saɪdɪd] adj
jednostronny.

one-way ['wʌnweɪ] adj (street, traffic)
jednokierunkowy; (ticket, trip) w
jedną stronę post.

ongoing ['ɒngəʊɪŋ] adj (discussion)
toczący się; (crisis) trwający.

onion ['ʌnjən] n cebula f.

on-line ['ɒnlaɪn] (COMPUT) adj
(mode, processing) bezpośredni;
(database) dostępny bezpośrednio ♦
adv w trybie bezpośrednim.

onlooker ['ɒnlukə*] n widz m,
obserwator(ka) m(f).

only ['əʊnlɪ] adv (solely) jedynie;
(merely, just) tylko ♦ adj jedyny ♦
conj tylko; **an only child** jedynak
(-aczka) m(f); **not only ... but (also)**
nie tylko..., lecz (także).

onset ['ɒnset] n początek m.

onshore ['ɒnʃɔː*] adj (wind) od
morza post.

onslaught ['ɒnslɔːt] n szturm m.

onto ['ɒntu] prep = **on to**.

onward(s) ['ɒnwəd(z)] adv (move,
travel) dalej.

ooze [uːz] vi wyciekać, sączyć się.

opal ['əʊpl] n opal m.

opaque [əʊ'peɪk] adj
nieprzezroczysty.

OPEC ['əʊpɛk] n abbr (= Organization
of Petroleum-Exporting Countries)
OPEC f inv, Organizacja f
Państw-Eksporterów Ropy Naftowej.

open ['əʊpn] adj otwarty; (vacancy)
wolny ♦ vt otwierać (otworzyć perf)
♦ vi otwierać się (otworzyć się perf);
(debate etc) rozpoczynać się
(rozpocząć się perf); **in the open
(air)** na wolnym powietrzu.

▶**open on to** vt fus (room, door)
wychodzić na +acc.

▶**open up** vi otwierać (otworzyć
perf).

opening ['əʊpnɪŋ] adj początkowy ♦
n (gap, hole) otwór m; (of play,

book) początek m; (of new building)
otwarcie nt; (job) wakat m; **the
opening ceremony** uroczystość or
ceremonia otwarcia.

openly ['əʊpnlɪ] adv otwarcie.

open-minded [əʊpn'maɪndɪd] adj
(person) otwarty; (approach) wolny
od uprzedzeń.

opera ['ɒpərə] n opera f.

operate ['ɒpəreɪt] vt (machine)
obsługiwać; (tool, method)
posługiwać się +instr ♦ vi działać;
(MED) operować.

operatic [ɒpə'rætɪk] adj operowy.

operating table n stół m operacyjny.

operating theatre n sala f
operacyjna.

operation [ɒpə'reɪʃən] n operacja f;
(of machine, vehicle) obsługa f; (of
company) działanie nt; **to be in
operation** (scheme, regulation) być
stosowanym; **I had an operation on
my spine** miałem operację
kręgosłupa.

operational [ɒpə'reɪʃənl] adj sprawny.

operative ['ɒpərətɪv] adj działający.

operator ['ɒpəreɪtə*] n (TEL)
telefonista (-tka) m(f); (of machine)
operator(ka) m(f).

opinion [ə'pɪnjən] n opinia f, zdanie
nt; **in my opinion** moim zdaniem.

opinionated [ə'pɪnjəneɪtɪd] (pej) adj
zadufany (w sobie) (pej).

opinion poll n badanie nt opinii
publicznej.

opium ['əʊpɪəm] n opium nt inv.

opponent [ə'pəʊnənt] n przeciwnik
(-iczka) m(f).

opportunity [ɒpə'tjuːnɪtɪ] n (chance)
okazja f, sposobność f; (prospects)
możliwości pl; **I took the
opportunity of visiting her**
skorzystałem z okazji i odwiedziłem
ją.

oppose [ə'pəʊz] vt sprzeciwiać się
(sprzeciwić się perf) +dat; **to be
opposed to sth** być przeciwnym

czemuś; **(there is a need for) X as opposed to Y** (potrzebne jest) X, a nie Y.

opposing [ə'pəuzıŋ] adj (side, team) przeciwny; (ideas, tendencies) przeciwstawny.

opposite ['ɔpəzıt] adj (house, door) naprzeciw(ko) post; (end) przeciwległy; (direction, point of view, effect) przeciwny ♦ adv naprzeciw(ko) ♦ prep (in front of) naprzeciw(ko) +gen; (next to: on list etc) przy +loc ♦ n: **the opposite** przeciwieństwo nt; **he says one thing and does the opposite** on mówi jedno, a robi coś (wręcz) odwrotnego.

opposition [ɔpə'zıʃən] n (resistance) opozycja f, opór m; **the Opposition** (POL) opozycja.

oppress [ə'prɛs] vt uciskać, gnębić.

oppressed [ə'prɛst] adj uciskany, gnębiony.

oppression [ə'prɛʃən] n ucisk m.

oppressive [ə'prɛsıv] adj (weather, heat) przytłaczający; (political regime) oparty na ucisku.

opt [ɔpt] vi: **to opt for** optować za +instr; **he opted to fight** zdecydował się walczyć.

►**opt out (of)** vi (not participate) wycofywać się (wycofać się perf) (z +gen); (POL: hospital, school) uniezależniać się (uniezależnić się perf) (od +gen).

optical ['ɔptıkl] adj optyczny.

optician [ɔp'tıʃən] n optyk (-yczka) m(f).

optimism ['ɔptımızəm] n optymizm m.

optimist ['ɔptımıst] n optymista (-tka) m(f).

optimistic [ɔptı'mıstık] adj optymistyczny.

optimum ['ɔptıməm] adj optymalny.

option ['ɔpʃən] n opcja f.

optional ['ɔpʃənl] adj nadobowiązkowy, fakultatywny.

or [ɔ:*] conj (linking alternatives) czy; (also: **or else**) bo inaczej; (qualifying previous statement) albo; **he hasn't seen or heard anything** niczego nie widział ani nie słyszał.

oracle ['ɔrəkl] n wyrocznia f.

oral ['ɔ:rəl] adj (spoken) ustny; (MED) doustny ♦ n (SCOL) egzamin m ustny.

orange ['ɔrınʤ] n pomarańcza f ♦ adj pomarańczowy.

orbit ['ɔ:bıt] n orbita f ♦ vt okrążać (okrążyć perf).

orchard ['ɔ:tʃəd] n sad m.

orchestra ['ɔ:kıstrə] n orkiestra f.

orchid ['ɔ:kıd] n orchidea f, storczyk m.

ordeal [ɔ:'di:l] n przeprawa f, gehenna f.

order ['ɔ:də*] n (command) rozkaz m; (from shop, company, in restaurant) zamówienie nt; (sequence, organization, discipline) porządek m ♦ vt (command) nakazywać (nakazać perf), rozkazywać (rozkazać perf); (from shop, company, in restaurant) zamawiać (zamówić perf); (also: **put in order**) porządkować (uporządkować perf); **in order** w porządku; **in (working) order** na chodzie; **in order to/that** żeby +infin; **out of order** (not working) niesprawny; (in wrong sequence) nie po kolei; (resolution, behaviour) niezgodny z przepisami; **to order sb to do sth** kazać (kazać perf) komuś coś zrobić.

orderly ['ɔ:dəlı] n (MIL) ordynans m; (MED) sanitariusz m ♦ adj (sequence) uporządkowany; (system) sprawny; (manner) zorganizowany.

ordinary ['ɔ:dnrı] adj zwyczajny, zwykły; (pej) pospolity; **out of the ordinary** niezwykły, niepospolity.

ore [ɔː*] n ruda f.

organ ['ɔːgən] n (ANAT) narząd m,
organ m; (MUS) organy pl.

organic [ɔː'gænɪk] adj organiczny.

organism ['ɔːgənɪzəm] n organizm m.

organist ['ɔːgənɪst] n organista m.

organization [ɔːgənaɪ'zeɪʃən] n
organizacja f.

organize ['ɔːgənaɪz] vt organizować
(zorganizować perf).

organized crime n przestępczość f
zorganizowana.

organizer ['ɔːgənaɪzə*] n
organizator(ka) m(f).

orgasm ['ɔːgæzəm] n orgazm m.

orgy ['ɔːdʒɪ] n orgia f.

Orient ['ɔːrɪənt] n: **the Orient** Orient m.

oriental [ɔːrɪ'entl] adj orientalny,
dalekowschodni.

origin ['ɒrɪdʒɪn] n początek m, źródło
nt; (of person) pochodzenie nt.

original [ə'rɪdʒɪnl] adj (first)
pierwotny, pierwszy; (genuine)
oryginalny, autentyczny; (imaginative)
oryginalny ♦ n oryginał m, autentyk m.

originality [ərɪdʒɪ'nælɪtɪ] n
oryginalność f.

originally [ə'rɪdʒɪnəlɪ] adv
pierwotnie, początkowo.

originate [ə'rɪdʒɪneɪt] vi: **to originate
in** powstawać (powstać perf) w +loc,
pochodzić z +gen; **to originate with**
or **from sb** pochodzić od kogoś.

Orkneys ['ɔːknɪz] npl: **the Orkneys**
(also: **the Orkney Islands**) Orkady pl.

ornament ['ɔːnəmənt] n (object)
ozdoba f.

ornamental [ɔːnə'mentl] adj ozdobny.

ornate [ɔː'neɪt] adj ozdobny.

orphan ['ɔːfn] n sierota f.

orphanage ['ɔːfənɪdʒ] n sierociniec m.

orthodox ['ɔːθədɔks] adj
ortodoksyjny.

oscillate ['ɒsɪleɪt] vi oscylować.

ostensibly [ɔs'tensɪblɪ] adv rzekomo.

ostentatious [ɔsten'teɪʃəs] adj
(showy) wystawny; (deliberately

conspicuous) ostentacyjny; (person)
chełpliwy.

ostracize ['ɔstrəsaɪz] vt bojkotować
(towarzysko).

ostrich ['ɔstrɪtʃ] n struś m.

other ['ʌðə*] adj inny; (opposite)
przeciwny, drugi ♦ pron: **the other
(one)** (ten) drugi; **others** (other
people) inni; (other ones) inne; **the
others** (the other people) pozostali;
(the other ones) pozostałe; **there is
no choice other than to...** nie ma
innego wyjścia jak tylko +infin; **the
other day** parę dni temu.

otherwise ['ʌðəwaɪz] adv (differently)
inaczej; (apart from that) poza tym;
(if not) w przeciwnym razie.

otter ['ɔtə*] n (ZOOL) wydra f.

ouch [autʃ] excl au.

ought [ɔːt] (pt **ought**) aux vb: **I
ought to do it** powinienem to
zrobić; **this ought to have been
corrected** to powinno było zostać
poprawione; **he ought to win**
powinien wygrać.

ounce [auns] n uncja f.

our ['auə*] adj nasz; see also **my**.

ours [auəz] pron nasz; see also **mine**[1].

ourselves pron pl (reflexive) się;
siebie (gen, acc), sobie (dat, loc), sobą
(instr); (emphatic) sami.

oust [aust] vt usuwać (usunąć perf).

┌───── KEYWORD ─────

out [aut] adv 1 (not in) na zewnątrz,
na dworze; **they're out in the
garden** są w ogrodzie; **it's hot out
here** gorąco tutaj; **to go/come out**
wychodzić (wyjść perf) (na
zewnątrz); **out loud** głośno, na głos.
2 (not at home, absent): **she's out
at the moment** nie ma jej w tej
chwili; **to have a day/night out**
spędzać (spędzić perf) dzień/wieczór
poza domem. 3 (indicating distance)
(o) +acc dalej; **the boat was 10 km
out** łódź była (o) dziesięć

kilometrów dalej. **4** (*SPORT*) na
aut; **the ball is/has gone out** piłka
jest na aucie/wyszła na aut ♦ *adj* **1**:
to be out (*unconscious*) być
nieprzytomnym; (*of game*) wypaść
(*perf*) z gry; (*of fashion*) wyjść (*perf*)
z mody. **2** (*have appeared: flowers*)
zakwitnąć (*perf*); (: *news, secret*)
wyjść (*perf*) na jaw. **3** (*extinguished:
fire, light, gas*) nie palić się. **3**
(*finished*) skończyć się (*perf*); **before
the week was out** zanim tydzień się
skończył. **4**: **to be out to do sth**
mieć zamiar coś (z)robić. **5**: **to be
out in one's calculations** mylić się
(pomylić się *perf*) w obliczeniach.

out-and-out [ˈautəndaut] *adj*
absolutny.
outbreak [ˈautbreɪk] *n* (*of war*)
wybuch *m*; (*of disease*) epidemia *f*.
outburst [ˈautbəːst] *n* wybuch *m*.
outcast [ˈautkɑːst] *n* wyrzutek *m*.
outcome [ˈautkʌm] *n* wynik *m*.
outcry [ˈautkraɪ] *n* głosy *pl* protestu.
outdated [autˈdeɪtɪd] *adj* przestarzały.
outdo [autˈduː] (*irreg like*: **do**) *vt*
prześcigać (prześcignąć *perf*),
przewyższać (przewyższyć *perf*).
outdoor [autˈdɔː*] *adj* (*activities,
work*) na świeżym powietrzu *post*;
(*swimming pool*) odkryty; (*clothes*)
wierzchni.
outdoors [autˈdɔːz] *adv* na dworze
or (świeżym) powietrzu.
outer [ˈautə*] *adj* zewnętrzny.
outer space *n* przestrzeń *f*
kosmiczna, kosmos *m*.
outfit [ˈautfɪt] *n* (*clothes*) strój *m*.
outgoing [ˈautɡəuɪŋ] *adj* (*extrovert*)
otwarty; (*retiring*) ustępujący.
outgrow [autˈɡrəu] (*irreg like*: **grow**)
vt (*lit, fig*) wyrastać (wyrosnąć *perf*) z
+*gen*.
outing [ˈautɪŋ] *n* wycieczka *f*.
outlandish [autˈlændɪʃ] *adj*
dziwaczny.

outlaw [ˈautlɔː] *n* osoba *f* wyjęta
spod prawa, banita *m* (*old*) ♦ *vt*
(*person, organization*) wyjmować
(wyjąć *perf*) spod prawa; (*activity*)
zakazywać (zakazać *perf*) +*gen*.
outlet [ˈautlɛt] *n* (*hole*) wylot *m*;
(*pipe*) odpływ *m*; (*US: ELEC*)
gniazdo *nt* wtykowe; (*also*: **retail
outlet**) punkt *m* sprzedaży
detalicznej.
outline [ˈautlaɪn] *n* (*lit, fig*) zarys *m*;
(*rough sketch*) szkic *m* ♦ *vt* (*fig*)
szkicować (naszkicować *perf*),
przedstawiać (przedstawić *perf*) w
zarysie.
outlive [autˈlɪv] *vt* przeżyć (*perf*).
outlook [ˈautluk] *n* (*view, attitude*)
pogląd *m*; (*prospects*) perspektywy
pl; (*for weather*) prognoza *f*.
outnumber [autˈnʌmbə*] *vt*
przewyższać (przewyższyć *f*)
liczebnie.

─── *KEYWORD* ───

out of *prep* **1** (*outside*) z +*gen*; **to go
out of the house** wychodzić (wyjść
perf) z domu. **2** (*beyond*): **out of
town** za miastem; **she is out of
danger** nie zagraża jej już
niebezpieczeństwo. **3** (*indicating
cause, motive, origin, material*) z
+*gen*; **out of curiosity/greed** z
ciekawości/chciwości; **to drink out
of a cup** pić z filiżanki; **made of
glass** zrobiony ze szkła. **4** (*from
among*) na +*acc*; **one out of three**
jeden na trzech. **5** (*without*) bez
+*gen*; **out of breath** bez tchu; **to be
out of milk/sugar** nie mieć
mleka/cukru.

out-of-date [autəvˈdeɪt] *adj*
(*passport, ticket*) nieważny;
(*dictionary, concept*) przestarzały;
(*clothes*) niemodny.

out-of-the-way [ˈautəvðəˈweɪ] *adj* (*place*) odległy.

outpatient [ˈautpeɪʃənt] *n* pacjent(ka) *m(f)* ambulatoryjny (-na) *m(f)*.

output [ˈautput] *n* (*of factory*) produkcja *f*; (*of writer*) twórczość *f*, dorobek *m*; (*COMPUT*) dane *pl* wyjściowe.

outrage [ˈautreɪdʒ] *n* (*anger*) oburzenie *nt*; (*atrocity*) akt *m* przemocy; (*scandal*) skandal *m* ♦ *vt* oburzać (oburzyć *perf*).

outrageous [autˈreɪdʒəs] *adj* oburzający.

outright [autˈraɪt] *adv* (*win*) bezapelacyjnie; (*ban*) całkowicie; (*buy*) za gotówkę; (*ask*) wprost; (*deny*) otwarcie ♦ *adj* (*winner, victory*) bezapelacyjny; (*denial, hostility*) otwarty; **he was killed outright** zginął na miejscu.

outset [ˈautset] *n* początek *m*.

outside [autˈsaɪd] *n* zewnętrzna strona *f* ♦ *adj* (*wall*) zewnętrzny; (*lavatory*) na zewnątrz *post* ♦ *adv* na zewnątrz ♦ *prep* (*building*) przed +*instr*; (*door*) za +*instr*; (*office hours, organization, country*) poza +*instr*.

outsider [autˈsaɪdə*] *n* (*person not involved*) osoba *f* postronna.

outskirts [ˈautskəːts] *npl* peryferie *pl*.

outsourcing [ˈautsɔːsɪŋ] (*ECON*) *n* outsourcing *m*.

outspoken [autˈspəukən] *adj* otwarty.

outstanding [autˈstændɪŋ] *adj* (*actor, work*) wybitny; (*debt, problem*) zaległy.

outstretched [autˈstretʃt] *adj* (*hand*) wyciągnięty; (*arms*) wyciągnięty, rozpostarty; (*body*) rozciągnięty; (*wings*) rozpostarty.

outward [ˈautwəd] *adj* (*sign, appearances*) zewnętrzny; (*journey*) w tamtą stronę *post*.

outwardly [ˈautwədlɪ] *adv* pozornie, na pozór.

outward(s) *adv* na zewnątrz.

outweigh [autˈweɪ] *vt* przeważać (przeważyć *perf*).

outwit [autˈwɪt] *vt* przechytrzać (przechytrzyć *perf*).

oval [ˈəuvl] *adj* owalny ♦ *n* owal *m*.

ovary [ˈəuvərɪ] *n* jajnik *m*.

ovation [əuˈveɪʃən] *n* owacja *f*.

oven [ˈʌvn] *n* piekarnik *m*.

ovenproof [ˈʌvnpruːf] *adj* żaroodporny.

┌─── *KEYWORD* ───┐

over [ˈəuvə*] *adv* **1** (*across*): **to cross over to the other side** przechodzić (przejść *perf*) na drugą stronę; **you can come over tonight** możesz przyjść dziś wieczorem; **over here/there** tu/tam. **2** (*indicating movement from upright*): **to fall over** przewracać się (przewrócić się *perf*). **3** (*finished*): **to be over** skończyć się (*perf*). **4** (*excessively*) zbyt, nadmiernie. **5** (*remaining*): **there are three over** zostały (jeszcze) trzy. **6**: **all over** wszędzie; **over and over (again)** wielokrotnie, w kółko (*inf*) ♦ *prep* **1** (*above*) nad +*instr*; (*on top of*) na +*loc*. **2** (*on the other side of*) po drugiej stronie +*gen*; (*to the other side of*) przez +*acc*, na drugą stronę +*gen*; **the pub over the road** pub po drugiej stronie ulicy; **he jumped over the wall** przeskoczył przez mur *or* na drugą stronę muru. **3** (*more than*) ponad +*acc*; **over and above** poza +*instr*, w dodatku do +*gen*. **4** (*during*) przez +*acc*, podczas +*gen*; **over the last few years** przez parę ostatnich lat; **let's discuss it over dinner** porozmawiajmy o tym przy obiedzie.

└────────────┘

overall [ˈəuvərɔːl] *adj* (*length, cost*) całkowity; (*impression, view*) ogólny ♦ *adv* (*measure, cost*) w sumie;

(*generally*) ogólnie (biorąc) ♦ *n*
(*BRIT*) kitel *m*; **overalls** *npl*
kombinezon *m* (*roboczy*).
overboard ['əuvəbɔːd] *adv* (*be*) za
burtą; (*fall*) za burtę.
overcast ['əuvəkɑːst] *adj* pochmurny.
overcoat ['əuvəkəut] *n* płaszcz *m*.
overcome [əuvə'kʌm] (*irreg like*:
come) *vt* przezwyciężać
(przezwyciężyć *perf*).
overcrowded [əuvə'kraudɪd] *adj*
przepełniony.
overdo [əuvə'duː] (*irreg like*: **do**) *vt*
przesadzać (przesadzić *perf*) z +*instr*;
don't overdo it (*don't exaggerate*)
nie przesadzaj; (*when ill, weak etc*)
nie przemęczaj się.
overdose ['əuvədəus] *n*
przedawkowanie *nt*; **to take an**
overdose przedawkowywać
(przedawkować *perf*).
overdraft ['əuvədrɑːft] *n*
przekroczenie *nt* stanu konta, debet *m*.
overdue [əuvə'djuː] *adj* (*bill, library*
book) zaległy; **to be overdue**
(*person, bus, train*) spóźniać się;
(*change, reform*) opóźniać się.
overestimate [əuvər'estɪmeɪt] *vt*
przeceniać (przecenić *perf*).
overflow [əuvə'fləu] *vi* (*river*)
wylewać (wylać *perf*); (*sink, bath*)
przelewać się (przelać się *perf*) ♦ *n*
(*also*: **overflow pipe**) rurka *f*
przelewowa.
overgrown [əuvə'grəun] *adj* (*garden*)
zarośnięty.
overhead [əuvə'hed] *adv* (*above*) na
górze, nad głową; (*in the sky*) w
górze ♦ *adj* (*light, lighting*) górny;
(*cables, wires*) napowietrzny ♦ *n* (*US*)
= **overheads**; **overheads** *npl* koszty
pl stałe.
overhear [əuvə'hɪə*] (*irreg like*:
hear) *vt* podsłuchać (*perf*),
przypadkiem usłyszeć (*perf*).

overjoyed [əuvə'dʒɔɪd] *adj*
uradowany, zachwycony.
overkill ['əuvəkɪl] *n* (*fig*): **it would be**
overkill to by była przesada.
overlap [əuvə'læp] *vi* (*edges, figures*)
zachodzić (zajść *perf*) na siebie; (*fig*:
ideas, activities) zazębiać się
(zazębić się *perf*) (o siebie).
overleaf [əuvə'liːf] *adv* na odwrocie
(strony).
overload [əuvə'ləud] *vt*
przeładowywać (przeładować *perf*),
przeciążać (przeciążyć *perf*).
overlook [əuvə'luk] *vt* (*building, hill*)
wznosić się *or* górować nad +*instr*;
(*window*) wychodzić na +*acc*; (*fail to*
notice) nie zauważać (nie zauważyć
perf) +*gen*, przeoczyć (*perf*); (*excuse,*
forgive) przymykać (przymknąć *perf*)
oczy na +*acc*, nie zwracać (nie
zwrócić *perf*) uwagi na +*acc*.
overnight [əuvə'naɪt] *adv* na *or*
przez (całą) noc; (*fig*) z dnia na
dzień; **to stay overnight** zostawać
(zostać *perf*) na noc.
overpass ['əuvəpɑːs] *n* (*esp US*)
estakada *f*.
overpowering [əuvə'pauərɪŋ] *adj*
(*heat, smell*) obezwładniający;
(*feeling*) przytłaczający; (*desire*)
przemożny. @PAGINA = overnight
overnight [əuvə'naɪt] *adv* na *or*
przez (całą) noc; (*fig*) z dnia na
dzień; **to stay overnight** zostawać
(zostać *perf*) na noc.
overpass ['əuvəpɑːs] *n* (*esp US*)
estakada *f*.
overpowering [əuvə'pauərɪŋ] *adj*
(*heat, smell*) obezwładniający;
(*feeling*) przytłaczający; (*desire*)
przemożny.
overrate [əuvə'reɪt] *vt* przeceniać
(przecenić *perf*), przereklamowywać
(przereklamować *perf*).
overriding [əuvə'raɪdɪŋ] *adj*
nadrzędny.

overrule [əuvə'ru:l] vt (decision)
unieważniać (unieważnić perf);
(claim) odrzucać (odrzucić perf);
(JUR: objection) uchylać (uchylić
perf).

overrun [əuvə'rʌn] (irreg like: **run**) vt
(country etc) opanowywać
(opanować perf) ♦ vi (meeting etc)
przedłużać się (przedłużyć się perf).

overseas [əuvə'si:z] adv (live, work)
za granicą; (travel) za granicę ♦ adj
zagraniczny.

overshadow [əuvə'ʃædəu] vt
wznosić się or górować nad +instr;
(fig) usuwać (usunąć perf) w cień.

oversight ['əuvəsait] n
niedopatrzenie nt.

oversleep [əuvə'sli:p] (irreg like:
sleep) vi zaspać (perf).

overt [əu'və:t] adj otwarty, jawny.

overtake [əuvə'teik] (irreg like: **take**)
vt (AUT) wyprzedzać (wyprzedzić
perf).

overthrow [əuvə'θrəu] (irreg like:
throw) vt obalać (obalić perf).

overtime ['əuvətaim] n nadgodziny
pl.

overture ['əuvətʃuə*] n (MUS)
uwertura f; (fig) wstęp m.

overturn [əuvə'tə:n] vt przewracać
(przewrócić perf); (fig. decision)
unieważniać (unieważnić perf);
(: government) obalać (obalić perf) ♦
vi wywracać się (wywrócić się perf).

overweight [əuvə'weit] adj: **to be
overweight** mieć nadwagę.

overwhelm [əuvə'welm] vt (defeat)
obezwładniać (obezwładnić perf);
(affect deeply) przytłaczać
(przytłoczyć perf).

overwhelming [əuvə'welmiŋ] adj
(majority, feeling) przytłaczający;
(heat) obezwładniający; (desire)
przemożny.

overwork [əuvə'wə:k] n
przepracowanie nt.

overwrought [əuvə'rɔ:t] adj
wyczerpany nerwowo.

owe [əu] vt: **to owe sb sth, to owe
sth to sb** (money, explanation) być
komuś coś winnym; (life, talent)
zawdzięczać coś komuś.

owing to ['əuiŋ-] prep z powodu
+gen.

owl [aul] n (ZOOL) sowa f.

own [əun] vt posiadać ♦ adj własny;
a room of my/his etc **own** (swój)
własny pokój; **to live on one's own**
mieszkać samotnie; **from now on,
you're on your own** od tej chwili
jesteś zdany na własne siły.

►**own up** vi przyznać się (perf).

owner ['əunə*] n właściciel(ka) m(f).

ownership ['əunəʃip] n posiadanie
nt, własność f.

ox [ɔks] (pl **oxen**) n wół m.

oxtail ['ɔksteil] n: **oxtail soup** zupa f
ogonowa.

oxygen ['ɔksidʒən] n tlen m.

oyster ['ɔistə*] n ostryga f.

oz. abbr = **ounce**.

ozone ['əuzəun] n ozon m.

ozone layer n: **the ozone layer**
powłoka f or warstwa f ozonowa.

P

p (BRIT) abbr = **penny**, **pence**.

PA n abbr = **personal assistant**;
public address system.

pa [pɑ:] (inf) n tata m.

p.a. abbr (= per annum) roczn.

pace [peis] n (step, manner of
walking) krok m; (speed) tempo nt ♦
vi: **to pace up and down** chodzić
tam i z powrotem; **to keep pace
with** (person) dotrzymywać
(dotrzymać perf) kroku +dat.

pacemaker ['peismeikə*] n (MED)

stymulator *m* serca; (*SPORT*)
nadający (-ca) *m(f)* tempo.
Pacific [pə'sɪfɪk] *n*: **the Pacific
(Ocean)** Ocean *m* Spokojny, Pacyfik
m.
pacifist ['pæsɪfɪst] *n* pacyfista (-tka)
m(f).
pacify ['pæsɪfaɪ] *vt* uspokajać
(uspokoić *perf*).
pack [pæk] *n* (*packet*) paczka *f*;
(*back pack*) plecak *m*; (*of hounds*)
sfora *f*; (*of people*) paczka *f* (*inf*); (*of
cards*) talia *f* ♦ *vt* pakować
(spakować *perf*) ♦ *vi* pakować się
(spakować się *perf*); **to pack into**
wpakowywać (wpakować *perf*) do
+*gen* (*inf*).
package ['pækɪdʒ] *n* (*parcel*) paczka
f; (*also*: **package deal**) umowa *f*
wiązana.
package holiday (*BRIT*) *n* wczasy
pl zorganizowane.
packed [pækt] *adj*: **packed (with)**
wypełniony (+*instr*), pełen (+*gen*).
packet ['pækɪt] *n* (*of cigarettes,
crisps*) paczka *f*; (*of washing powder
etc*) opakowanie *nt*.
packing ['pækɪŋ] *n* (*act*) pakowanie
nt; (*paper, plastic etc*) opakowanie *nt*.
pact [pækt] *n* pakt *m*, układ *m*.
pad [pæd] *n* (*of paper*) blok *m*,
bloczek *m*; (*of cotton wool*) tampon
m; (*shoulder pad: in jacket, dress*)
poduszka *f*; (*SPORT*) ochraniacz *m*;
(*inf: home*) cztery ściany *pl* ♦ *vt*
(*upholster*) obijać (obić *perf*); (*stuff*)
wypychać (wypchać *perf*).
padding ['pædɪŋ] *n* (*of coat etc*)
podszycie *nt*; (*of door*) obicie *nt*.
paddle ['pædl] *n* wiosło *nt*; (*US: for
table tennis*) rakietka *f* ♦ *vi* (*at
seaside*) brodzić; (*row*) wiosłować.
paddling pool ['pædlɪŋ-] (*BRIT*) *n*
brodzik *m*.
paddock ['pædək] *n* wybieg *m* (dla
koni); (*at race course*) padok *m*.
padlock ['pædlɔk] *n* kłódka *f*.

pagan ['peɪgən] *adj* pogański ♦ *n*
poganin (-anka) *m(f)*.
page [peɪdʒ] *n* (*of book etc*) strona *f*;
(*knight's servant*) paź *m*; (*also*: **page
boy**: *in hotel*) boy *m or* chłopiec *m*
hotelowy ♦ *vt* wzywać (wezwać
perf) (*przez głośnik itp*).
pager ['peɪdʒə*] *n* pager *m*.
pagination [pædʒɪ'neɪʃən] *n*
numeracja *f* stron.
paid [peɪd] *pt, pp of* **pay** ♦ *adj* (*work,
holiday*) płatny; (*staff*) opłacany.
pail [peɪl] *n* wiadro *nt*.
pain [peɪn] *n* ból *m*; **I have a pain in
the chest/arm** mam bóle w klatce
piersiowej/ramieniu; **to be in pain**
cierpieć (ból); **to take pains to do
sth** zadawać (zadać *perf*) sobie trud,
żeby coś zrobić.
painful ['peɪnful] *adj* (*sore*) obolały;
(*causing pain*) bolesny; (*laborious*)
żmudny, mozolny.
painfully ['peɪnfəlɪ] *adv* (*fig*)
boleśnie, dotkliwie.
painkiller ['peɪnkɪlə*] *n* środek *m*
przeciwbólowy.
painless ['peɪnlɪs] *adj* bezbolesny.
painstaking ['peɪnzteɪkɪŋ] *adj*
staranny, skrupulatny.
paint [peɪnt] *n* farba *f* ♦ *vt* (*wall etc*)
malować (pomalować *perf*); (*person,
picture*) malować (namalować *perf*);
to paint the door blue malować
(pomalować *perf*) drzwi na niebiesko.
paintbrush ['peɪntbrʌʃ] *n* pędzel *m*.
painter ['peɪntə*] *n* (*artist*) malarz
(-arka) *m(f)*; (*decorator*) malarz *m*
(pokojowy).
painting ['peɪntɪŋ] *n* (*activity*)
malowanie *nt*; (*art*) malarstwo *nt*;
(*picture*) obraz *m*.
paintwork ['peɪntwɔːk] *n* farba *f*; (*of
car*) lakier *m*.
pair [pɛə*] *n* para *f*; **a pair of
scissors** nożyczki.
pajamas [pə'dʒɑːməz] (*US*) *npl*
piżama *f*.

pal [pæl] (inf) n kumpel m (inf).

palace ['pæləs] n pałac m.

palatable ['pælɪtəbl] adj (food) smaczny.

palate ['pælɪt] n podniebienie nt.

pale [peɪl] adj blady.

pallet ['pælɪt] n paleta f (rodzaj platformy).

pallid ['pælɪd] adj blady; (fig) bezbarwny.

palm [pɑːm] n (also: **palm tree**) palma f; (of hand) dłoń f ♦ vt: **to palm sth off on sb** (inf) wcisnąć (perf) or opchnąć (perf) coś komuś (inf).

Palm Sunday n Niedziela f Palmowa.

palpable ['pælpəbl] adj ewidentny.

paltry ['pɔːltrɪ] adj marny.

pamper ['pæmpə*] vt rozpieszczać (rozpieścić perf).

pamphlet ['pæmflət] n broszur(k)a f.

pan [pæn] n (also: **saucepan**) rondel m; (also: **frying pan**) patelnia f.

pancake ['pænkeɪk] n naleśnik m.

pancreas ['pæŋkrɪəs] n trzustka f.

panda ['pændə] n panda f.

pandemonium [pændɪ'məʊnɪəm] n zamieszanie nt, wrzawa f.

pane [peɪn] n szyba f.

panel ['pænl] n (of wood, glass etc) płycina f; (of experts) zespół m ekspertów; (of judges) komisja f.

panelling ['pænəlɪŋ] (US **paneling**) n boazeria f.

pang [pæŋ] n: **a pang of regret** ukłucie nt żalu; **hunger pangs** skurcze głodowe (żołądka).

panic ['pænɪk] n panika f ♦ vi wpadać (wpaść perf) w panikę.

panic attack (PSYCH) n atak m paniki, napad m lęku.

panic-stricken ['pænɪkstrɪkən] adj ogarnięty (panicznym) strachem.

pansy ['pænzɪ] n (BOT) bratek m; (inf. pej) mięczak m (inf, pej).

pant [pænt] vi (person) dyszeć; (dog) ziajać.

panther ['pænθə*] n pantera f.

panties ['pæntɪz] npl majtki pl, figi pl.

pantomime ['pæntəmaɪm] n (also: **mime**) pantomima f; (BRIT) bajka muzyczna dla dzieci wystawiana w okresie Gwiazdki.

pantry ['pæntrɪ] n spiżarnia f.

pants [pænts] npl (BRIT: woman's) majtki pl; (: man's) slipy pl; (US) spodnie pl.

panty hose n rajstopy pl.

papal ['peɪpəl] adj papieski.

paper ['peɪpə*] n papier m; (also: **newspaper**) gazeta f; (exam) egzamin m; (academic essay) referat m; (wallpaper) tapeta f ♦ adj papierowy, z papieru post ♦ vt tapetować (wytapetować perf); **papers** npl (documents, identity papers) papiery pl.

paperback ['peɪpəbæk] n książka f w miękkiej okładce.

paper clip n spinacz m.

paperweight ['peɪpəweɪt] n przycisk m (do papieru).

paperwork ['peɪpəwə:k] n papierkowa robota f.

paprika ['pæprɪkə] n papryka f (przyprawa).

par [pɑː*] n (GOLF) norma f; **to be on a par with** stać na równi z +instr.

parable ['pærəbl] n przypowieść f.

parachute ['pærəʃuːt] n spadochron m.

parade [pə'reɪd] n (public procession) (uroczysty) pochód m; (wealth etc) afiszować się z +instr ♦ vi defilować (przedefilować perf).

paradise ['pærədaɪs] n raj m.

paradox ['pærədɔks] n paradoks m.

paradoxically [pærə'dɔksɪklɪ] adv paradoksalnie.

paraffin ['pærəfɪn] (BRIT) n (also: **paraffin oil**) nafta f.

paragon ['pærəgən] n (niedościgniony) wzór m.

paragraph ['pærəgrɑ:f] n akapit m, ustęp m.

parallel ['pærəlɛl] adj (also COMPUT) równoległy; (fig) zbliżony, podobny ♦ n (similarity) podobieństwo nt, paralela f (fml); (sth similar) odpowiednik m; (GEOG) równoleżnik m.

paralyse ['pærəlaɪz] (BRIT) vt paraliżować (sparaliżować perf).

paralysis [pə'rælɪsɪs] (pl **paralyses**) n paraliż m.

parameter [pə'ræmɪtə*] n parametr m.

paramilitary [pærə'mɪlɪtərɪ] adj paramilitarny.

paramount ['pærəmaunt] adj najważniejszy.

paranoia [pærə'nɔɪə] n paranoja f.

paranoid ['pærənɔɪd] adj paranoidalny, paranoiczny; (person): **he's paranoid** to paranoik m.

parapet ['pærəpɪt] n gzyms m.

paraphernalia [pærəfə'neɪlɪə] n akcesoria pl.

paraphrase ['pærəfreɪz] vt parafrazować (sparafrazować perf).

parasite ['pærəsaɪt] n (lit, fig) pasożyt m.

parasol ['pærəsɔl] n parasolka f (od słońca).

paratrooper ['pærətru:pə*] (MIL) n spadochroniarz m.

parcel ['pɑ:sl] n paczka f ♦ vt (also: **parcel up**) pakować, zapakowywać (zapakować perf).

parched [pɑ:tʃt] adj (lips, skin) spieczony.

parchment ['pɑ:tʃmənt] n pergamin m.

pardon ['pɑ:dn] n (JUR) ułaskawienie nt ♦ vt (person) wybaczać (wybaczyć perf) +dat; (sin, error) wybaczać (wybaczyć perf); **pardon me!, I beg your**

pardon! przepraszam!; (I beg your) **pardon?**, (US) **pardon me?** słucham?

parent ['pɛərənt] n (mother) matka f; (father) ojciec m; **parents** npl rodzice vir pl.

parental [pə'rɛntl] adj rodzicielski.

parenthesis [pə'rɛnθɪsɪs] (pl **parentheses**) n (phrase) zdanie nt wtrącone; (word) wyraz m wtrącony; **parentheses** npl (brackets) nawiasy pl.

Paris ['pærɪs] n Paryż m.

parish ['pærɪʃ] n (REL) parafia f; (BRIT: civil) ≈ gmina f.

parity ['pærɪtɪ] n równość f; (ECON) parytet m.

park [pɑ:k] n park m ♦ vt parkować (zaparkować perf) ♦ vi parkować (zaparkować perf).

parking ['pɑ:kɪŋ] n (action) parkowanie nt; **"no parking"** „zakaz parkowania".

parking lot (US) n parking m.

parking meter n parkometr m.

parking ticket n mandat m za niedozwolone parkowanie.

parliament ['pɑ:ləmənt] (BRIT) n parlament m.

parliamentary [pɑ:lə'mɛntərɪ] adj parlamentarny.

parlour ['pɑ:lə*] (US **parlor**) n salon m.

parochial [pə'rəukɪəl] (pej) adj zaściankowy.

parody ['pærədɪ] n parodia f.

parole [pə'rəul] (JUR) n zwolnienie nt warunkowe; **he was released on parole** został zwolniony warunkowo.

parquet ['pɑ:keɪ] n: **parquet floor(ing)** parkiet m.

parrot ['pærət] n papuga f.

parry ['pærɪ] vt (blow) odparowywać (odparować perf).

parsimonious [pɑ:sɪ'məunɪəs] adj skąpy.

parsley ['pɑ:slɪ] n pietruszka f.

parsnip ['pɑ:snɪp] n pasternak m.

parson ['pɑːsn] n duchowny m.
part [pɑːt] n (section, division,
component) część f; (role) rola f;
(episode) odcinek m; (US: in hair)
przedziałek m ♦ adv = **partly** ♦ vt
rozdzielać (rozdzielić perf) ♦ vi (two
people) rozstawać się (rozstać się
perf); (crowd) rozstępować się
(rozstąpić się perf); **to take part in**
brać (wziąć perf) udział w +loc; **to
take sb's part** stawać (stanąć perf)
po czyjejś stronie; **on his part** z
jego strony; **for my part** jeśli o
mnie chodzi; **for the most part**
(usually) przeważnie; (generally) w
przeważającej części.
►**part with** vt fus rozstawać się
(rozstać się perf) z +instr.
partial ['pɑːʃl] adj (not complete)
częściowy; **to be partial to** mieć
słabość do +gen.
participant [pɑːˈtɪsɪpənt] n uczestnik
(-iczka) m(f).
participate [pɑːˈtɪsɪpeɪt] vi udzielać
się; **to participate in** uczestniczyć w
+loc.
participation [pɑːtɪsɪˈpeɪʃən] n
udział m, uczestnictwo nt.
participle ['pɑːtɪsɪpl] n imiesłów m.
particle ['pɑːtɪkl] n cząsteczka f.
particular [pəˈtɪkjulə*] adj
szczególny; **particulars** npl (details)
szczegóły pl; (name, address etc)
dane pl osobiste; **in particular** w
szczególności; **to be very particular
about** być bardzo wymagającym,
jeśli chodzi o +acc.
particularly [pəˈtɪkjulələ] adv
szczególnie.
parting ['pɑːtɪŋ] n (farewell) rozstanie
nt; (of crowd etc) rozstąpienie się nt;
(of roads) rozejście się nt; (BRIT: in
hair) przedziałek m ♦ adj pożegnalny.
partisan [pɑːtɪˈzæn] adj (politics,
views) stronniczy ♦ n (fighter)
partyzant m; (supporter) zwolennik
(-iczka) m(f).

partition [pɑːˈtɪʃən] n (wall, screen)
przepierzenie nt; (of country) podział
m; (: among foreign powers) rozbiór
m.
partly ['pɑːtlɪ] adv częściowo.
partner ['pɑːtnə*] n partner(ka) m(f);
(COMM) wspólnik (-iczka) m(f).
partnership ['pɑːtnəʃɪp] n
partnerstwo nt; (COMM) spółka f.
partridge ['pɑːtrɪdʒ] n kuropatwa f.
part-time ['pɑːt'taɪm] adj
niepełnoetatowy ♦ adv na niepełen
etat.
party ['pɑːtɪ] n (POL) partia f;
(celebration, social event) przyjęcie
nt; (of people) grupa f; (JUR) strona
f ♦ cpd (POL) partyjny; **to give** or
throw a party wydawać (wydać
perf) przyjęcie.
pass [pɑːs] vt (time) spędzać
(spędzić perf); (salt, glass etc)
podawać (podać perf); (place,
person) mijać (minąć perf); (car)
wyprzedzać (wyprzedzić perf);
(exam) zdawać (zdać perf); (law)
uchwalać (uchwalić perf); (proposal)
przyjmować (przyjąć perf) ♦ vi
(person) przechodzić (przejść perf);
(: in exam etc) zdawać (zdać perf);
(time) mijać (minąć perf); (vehicle)
przejeżdżać (przejechać perf) ♦ n
(permit) przepustka f; (in mountains)
przełęcz f; (SPORT) podanie nt; **to
get a pass in** (SCOL) otrzymywać
(otrzymać perf) zaliczenie z +gen; **to
make a pass at sb** (inf) przystawiać
się do kogoś (inf).
►**pass away** vi umrzeć (perf).
►**pass by** vi przechodzić (przejść
perf) ♦ vt (lit, fig) przechodzić
(przejść perf) obok +gen.
►**pass for** vt uchodzić za +acc.
►**pass on (to)** vt (news, object)
przekazywać (przekazać perf) (+dat);
(illness) zarażać (zarazić perf) +instr
(+acc).
►**pass out** vi mdleć (zemdleć perf).

▶**pass up** vt (opportunity)
przepuszczać (przepuścić perf).

passable ['pɑːsəbl] adj (road)
przejezdny; (acceptable) znośny.

passage ['pæsɪdʒ] n (also:
passageway) korytarz m; (in book)
fragment m, ustęp m; (ANAT)
przewód m; (act of passing) przejazd
m; (journey) przeprawa f.

passenger ['pæsɪndʒə*] n
pasażer(ka) m(f).

passer-by [pɑːsə'baɪ] (pl
passers-by) n przechodzień m.

passing ['pɑːsɪŋ] adj przelotny; **in
passing** mimochodem.

passing place (AUT) n mijanka f.

passion ['pæʃən] n namiętność f;
(fig) pasja f.

passionate ['pæʃənɪt] adj namiętny.

passive ['pæsɪv] adj bierny.

Passover ['pɑːsəʊvə*] n Pascha f.

passport ['pɑːspɔːt] n paszport m.

password ['pɑːswɜːd] n hasło nt.

past [pɑːst] prep (in front of) obok
+gen; (beyond: be) za or poza +instr;
(: go) za or poza +acc; (later than)
po +loc ♦ adj (previous: government)
poprzedni; (: week, month) ubiegły,
miniony; (experience) wcześniejszy;
(LING) przeszły ♦ n przeszłość f;
he's past forty jest po czterdziestce;
ten/quarter past eight/midnight
dziesięć/kwadrans po ósmej/
północy; **for the past few days**
przez ostatnich kilka dni.

pasta ['pæstə] n makaron m.

paste [peɪst] n (wet mixture) papka f;
(glue) klej m mączny, klajster m;
(CULIN) pasta f ♦ vt smarować
(posmarować perf) klejem; **to paste
sth on sth** naklejać (nakleić perf)
coś na coś.

pastel ['pæstl] adj pastelowy.

pasteurized ['pæstʃəraɪzd] adj
pasteryzowany.

pastille ['pæstl] n pastylka f (cukierek).

pastime ['pɑːstaɪm] n hobby nt inv.

pastoral ['pɑːstərl] (REL) adj
duszpasterski.

pastry ['peɪstrɪ] n (dough) ciasto nt;
(cake) ciastko nt.

pasture ['pɑːstʃə*] n pastwisko nt.

pat [pæt] vt klepać (klepnąć perf),
poklepywać (poklepać perf).

patch [pætʃ] n (piece of material) łata
f; (also: **eye patch**) przepaska f na
oko; (damp, black etc) plama f ♦ vt
łatać (załatać perf or połatać perf); **a
bald patch** łysina; **to go through a
bad patch** przechodzić zły okres.

▶**patch up** vt (clothes) łatać (załatać
perf or połatać perf); (quarrel)
łagodzić (załagodzić perf);
(relationship) naprawiać (naprawić
perf).

patchwork ['pætʃwɜːk] n patchwork
m.

patchy ['pætʃɪ] adj (colour)
niejednolity; (information,
knowledge) wyrywkowy.

pâté ['pæteɪ] n pasztet m.

patent ['peɪtnt] n patent m ♦ vt
opatentowywać (opatentować perf) ♦
adj oczywisty, ewidentny.

paternal [pə'tɜːnl] adj (love, duty)
ojcowski; (grandmother) ze strony
ojca post.

paternity [pə'tɜːnɪtɪ] n ojcostwo nt.

path [pɑːθ] n ścieżka f, dróżka f;
(trajectory) tor m.

pathetic [pə'θetɪk] adj żałosny.

pathological [pæθə'lɔdʒɪkl] adj
patologiczny.

pathology [pə'θɔlədʒɪ] n patologia f.

pathos ['peɪθɔs] n patos m.

patience ['peɪʃns] n cierpliwość f;
(BRIT: CARDS) pasjans m.

patient ['peɪʃnt] n pacjent(ka) m(f) ♦
adj cierpliwy.

patio ['pætɪəu] n patio nt.

patriot ['peɪtrɪət] n patriota (-tka) m(f).

patriotic [pætrɪ'ɔtɪk] adj (song,
speech) patriotyczny; (person):

he/she is patriotic jest
patriotą/patriotką.

patriotism ['pætrɪətɪzəm] n
patriotyzm m.

patrol [pə'trəʊl] n patrol m ♦ vt
patrolować.

patron ['peɪtrən] n (of shop) (stały
(-ła) m(f)) klient(ka) m(f); (of hotel,
restaurant) gość m (zwłaszcza częsty);
(benefactor) patron m; **patron of the
arts** mecenas m sztuki.

patronage ['pætrənɪdʒ] n: **patronage
(of)** (artist, charity etc) patronat m
(nad +instr).

patronize ['pætrənaɪz] vt (pej: look
down on) traktować protekcjonalnie;
(artist) być patronem +gen; (shop)
kupować w +loc; (restaurant etc)
(często) bywać w +loc; (firm)
korzystać z usług +gen.

patronizing ['pætrənaɪzɪŋ] adj
protekcjonalny.

patron saint (REL) n patron(ka) m(f).

patter ['pætə*] n (of feet) tupot m; (of
rain) bębnienie nt; (sales talk etc)
gadka f (inf) ♦ vi (footsteps) tupać
(zatupać perf); (rain) bębnić
(zabębnić perf).

pattern ['pætən] n (design) wzór m.

paunch [pɔːntʃ] n brzuch m.

pauper ['pɔːpə*] n nędzarz (-arka)
m(f).

pause [pɔːz] n przerwa f ♦ vi (stop
temporarily) zatrzymywać się
(zatrzymać się perf); (: while
speaking) przerywać (przerwać perf).

pave [peɪv] vt (with stone) brukować
(wybrukować perf); (with concrete)
betonować (wybetonować perf); **to
pave the way for** (fig) torować
(utorować perf) drogę +dat or dla
+gen.

pavement ['peɪvmənt] n (BRIT)
chodnik m.

pavilion [pə'vɪlɪən] n (SPORT)
szatnia f; (at exhibition) pawilon m.

paw [pɔː] n łapa f.

pawn [pɔːn] n pionek m ♦ vt
zastawiać (zastawić perf).

pawnbroker ['pɔːnbrəʊkə*] n
właściciel(ka) m(f) lombardu.

pawnshop ['pɔːnʃɔp] n lombard m.

pay [peɪ] (pt **paid**) n płaca f ♦ vt
(sum of money, bill) płacić (zapłacić
perf); (person) płacić (zapłacić perf)
+dat ♦ vi opłacać się (opłacić się
perf); (fig) opłacać się (opłacić się
perf), popłacać; **to pay attention (to)**
zwracać (zwrócić perf) uwagę (na
+acc); **to pay sb a visit** składać
(złożyć perf) komuś wizytę.

▶**pay back** vt (money) zwracać
(zwrócić perf), oddawać (oddać
perf); (loan) spłacać (spłacić perf);
(person) zwracać (zwrócić perf) or
oddawać (oddać perf) pieniądze +dat.

▶**pay for** vt fus (lit, fig) płacić
(zapłacić perf) za +acc.

▶**pay in** vt wpłacać (wpłacić perf).

▶**pay off** vt (debt, creditor) spłacać
(spłacić perf); (person: before
dismissing) dać (dawać perf)
odprawę +dat; (person: bribe)
przekupywać (przekupić perf) ♦ vi
opłacać się (opłacić się perf).

▶**pay out** vt (money) wydawać
(wydać perf); (rope) popuszczać
(popuścić perf).

▶**pay up** vi oddawać (oddać perf)
pieniądze (zwłaszcza niechętnie lub po
terminie).

payable ['peɪəbl] adj (tax etc) do
zapłaty post; **cheques should be
made payable to** czeki powinny
być wystawione na +acc.

pay day n dzień m wypłaty.

payee [peɪ'iː] n (of postal order)
odbiorca m; (of cheque) beneficjant
m, remitent m.

payment ['peɪmənt] n (act) zapłata f;
(sum of money) wypłata f.

pay phone n automat m telefoniczny
(na monety).

payroll ['peɪrəʊl] n lista f płac.

PC n abbr = **personal computer**
pecet m (inf); (BRIT) = **police constable**.

pc abbr = **per cent** proc.

pea [pi:] n groch m, groszek m.

peace [pi:s] n (not war) pokój m; (calm) spokój m.

peaceful ['pi:sful] adj (calm) spokojny; (without violence) pokojowy.

peach [pi:tʃ] n brzoskwinia f.

peacock ['pi:kɔk] n paw m.

peak [pi:k] n (lit, fig) szczyt m; (of cap) daszek m.

peak hours npl godziny pl szczytu.

peanut ['pi:nʌt] n orzeszek m ziemny.

peanut butter n masło nt orzechowe.

pear [pɛə*] n gruszka f.

pearl [pə:l] n perła f.

peasant ['pɛznt] n chłop(ka) m(f).

peat [pi:t] n torf m.

pebble ['pɛbl] n kamyk m, otoczak m.

peck [pɛk] vt dziobać (dziobnąć perf) ♦ n (of bird) dziobnięcie nt; (kiss) muśnięcie nt (wargami); **to peck a hole in sth** wydziobywać (wydziobać perf) w czymś dziurę.

peckish ['pɛkɪʃ] (BRIT: inf) adj głodnawy.

peculiar [pɪ'kju:lɪə*] adj osobliwy; **peculiar to** właściwy (szczególnie) +dat.

peculiarity [pɪkju:lɪ'ærɪtɪ] n (strange habit, characteristic) osobliwość f; (distinctive feature) cecha f szczególna.

pedal ['pɛdl] n pedał m ♦ vi pedałować.

pedantic [pɪ'dæntɪk] adj pedantyczny.

peddler ['pɛdlə*] n (also: **drug peddler**) handlarz (-arka) m(f) narkotyków.

pedestal ['pɛdəstl] n piedestał m.

pedestrian [pɪ'dɛstrɪən] n pieszy (-sza) m(f) ♦ adj pieszy.

pedestrian crossing (BRIT) n przejście nt dla pieszych.

pediatrics [pi:dɪ'ætrɪks] (US) n = **paediatrics**.

pedigree ['pɛdɪgri:] n (lit, fig) rodowód m ♦ cpd: **pedigree dog** pies m z rodowodem.

pee [pi:] (inf) vi siusiać (inf).

peek [pi:k] vi: **to peek at/over** zerkać (zerknąć perf) na +acc/ponad +instr ♦ n: **to have** or **take a peek (at)** rzucać (rzucić perf) okiem (na +acc).

peel [pi:l] n (of orange etc) skórka f ♦ vt obierać (obrać perf) ♦ vi (paint) łuszczyć się; (wallpaper) odpadać (płatami); (skin) schodzić; **my back's peeling** schodzi mi skóra z pleców.

peep [pi:p] n (look) zerknięcie nt; (sound) pisk m ♦ vi (look) zerkać (zerknąć perf).

peephole ['pi:phəul] n wizjer m, judasz m (inf).

peer [pɪə*] n (noble) par m; (equal) równy (-na) m(f); (contemporary) rówieśnik (-iczka) m(f) ♦ vi: **to peer at** przyglądać się (przyjrzeć się perf) +dat.

peevish ['pi:vɪʃ] adj drażliwy.

peg [pɛg] n (for coat) wieszak m; (BRIT: also: **clothes peg**) klamerka f.

pejorative [pɪ'dʒɔrətɪv] adj pejoratywny.

pelican ['pɛlɪkən] n pelikan m.

pelican crossing (BRIT) n przejście nt dla pieszych;

pelvis ['pɛlvɪs] (ANAT) n miednica f.

pen [pɛn] n (also: **fountain pen**) wieczne pióro nt; (also: **ballpoint pen**) długopis m; (also: **felt-tip pen**) pisak m; (for sheep etc) zagroda f.

penal ['pi:nl] adj karny.

penalize ['pi:nəlaɪz] vt karać (ukarać perf).

penalty ['pɛnltɪ] n (punishment) kara f; (fine) grzywna f; (SPORT: disadvantage) kara f; (: penalty kick) rzut m karny.

penance ['pɛnəns] (REL) n pokuta f.

pence [pɛns] *npl of* **penny**.
pencil ['pɛnsl] *n* ołówek *m*.
pendant ['pɛndnt] *n* wisiorek *m*.
pending ['pɛndɪŋ] *prep* (*until*) do czasu +*gen*; (*during*) podczas +*gen* ♦ *adj* (*exam*) zbliżający się; (*lawsuit*) w toku *post*; (*question etc*) nie rozstrzygnięty; (*business*) do załatwienia *post*.
pendulum ['pɛndjuləm] *n* wahadło *nt*.
penetrate ['pɛnɪtreɪt] *vt* (*person: territory*) przedostawać się (przedostać się *perf*) na +*acc*; (*light, water*) przenikać (przeniknąć *perf*) przez +*acc*.
penetrating ['pɛnɪtreɪtɪŋ] *adj* (*sound, gaze*) przenikliwy; (*observation*) wnikliwy.
penetration [pɛnɪ'treɪʃən] *n* przedostanie się *nt*, przeniknięcie *nt*.
penfriend ['pɛnfrɛnd] (*BRIT*) *n* korespondencyjny (-na) przyjaciel (-iółka) *m(f)*.
penguin ['pɛŋgwɪn] *n* pingwin *m*.
penicillin [pɛnɪ'sɪlɪn] *n* penicylina *f*.
peninsula [pə'nɪnsjulə] *n* półwysep *m*.
penis ['piːnɪs] *n* członek *m*, prącie *nt*.
penitent ['pɛnɪtnt] *adj* skruszony.
penitentiary [pɛnɪ'tɛnʃərɪ] (*US*) *n* więzienie *nt*.
penknife ['pɛnnaɪf] *n* scyzoryk *m*.
pen name *n* pseudonim *m* literacki.
penniless ['pɛnɪlɪs] *adj* bez grosza *post*.
penny ['pɛnɪ] (*pl* **pennies** *or BRIT* **pence**) *n* (*BRIT*) pens *m*; (*US*) moneta *f* jednocentowa, jednocentówka *f*.
pen pal *n* = **penfriend**.
pension ['pɛnʃən] *n* (*when retired*) emerytura *f*; (*when disabled*) renta *f*.
pensioner ['pɛnʃənə*] (*BRIT*) *n* emeryt(ka) *m(f)*.
pensive ['pɛnsɪv] *adj* zamyślony.
pentagon ['pɛntəgən] (*US*) *n*: **the Pentagon** Pentagon *m*.

penthouse ['pɛnthaus] *n* apartament *m* na ostatnim piętrze.
pent-up ['pɛntʌp] *adj* (*feelings*) zdławiony.
penultimate [pɛ'nʌltɪmət] *adj* przedostatni.
people ['piːpl] *npl* ludzie *vir pl* ♦ *n* (*tribe, race*) lud *m*; (*nation*) naród *m*; **the people** (*POL*) lud *m*; **people say that ...** mówią *or* mówi się, że... .
pepper ['pɛpə*] *n* (*spice*) pieprz *m*; (*green, red etc*) papryka *f*.
peppermint ['pɛpəmɪnt] *n* (*sweet*) miętówka *f*.
per [pəː*] *prep* na +*acc*; **per day/person** na dzień/osobę; **per annum** na rok.
perceive [pə'siːv] *vt* (*sound, light*) postrzegać; (*difference*) dostrzegać (dostrzec *perf*); (*view, understand*) widzieć, postrzegać.
per cent *n* procent *m*.
percentage [pə'sɛntɪdʒ] *n* procent *m*.
perception [pə'sɛpʃən] *n* (*insight*) wnikliwość *f*; (*impression*) wrażenie *nt*; (*opinion, belief*) opinia *f*; (*observation*) spostrzeżenie *nt*; (*understanding*) rozumienie *nt*; (*faculty*) postrzeganie *nt*, percepcja *f*.
perceptive [pə'sɛptɪv] *adj* (*person*) spostrzegawczy; (*analysis*) wnikliwy.
perch [pəːtʃ] *n* (*for bird*) grzęda *f*; (*fish*) okoń *m* ♦ *vi*: **to perch (on)** przysiadać (przysiąść *perf*) (na +*loc*).
percolator ['pəːkəleɪtə*] *n* dzbanek *m* do parzenia kawy.
percussion [pə'kʌʃən] *n* perkusja *f*, instrumenty *pl* perkusyjne.
peremptory [pə'rɛmptərɪ] (*pej*) *adj* nie znoszący sprzeciwu.
perennial [pə'rɛnɪəl] *adj* (*BOT: plant*) wieloletni; (*fig: problem*) wieczny; (: *feature*) nieodłączny.
perfect ['pəːfɪkt] *adj* (*faultless, ideal*) doskonały; (*utter*) zupełny ♦ *vt* doskonalić (udoskonalić *perf*) ♦ *n*:

the perfect (also: the perfect tense)
czas m dokonany.

perfection [pə'fɛkʃən] n perfekcja f,
doskonałość f.

perfectionist [pə'fɛkʃənɪst] n
perfekcjonista (-tka) m(f).

perfectly ['pə:fɪktlɪ] adv (honest etc)
zupełnie; (perform, do etc)
doskonale; (agree) całkowicie, w
zupełności; **you know perfectly well**
doskonale wiesz.

perforation [pə:fə'reɪʃən] n (small
hole) otwór m.

perform [pə'fɔ:m] vt (task, piece of
music etc) wykonywać (wykonać
perf); (ceremony) prowadzić
(poprowadzić perf); (: REL)
odprawiać (odprawić perf) ♦ vi (well,
badly) wypadać (wypaść perf); **the
ceremony will be performed next
week** ceremonia odbędzie się w
przyszłym tygodniu.

performance [pə'fɔ:məns] n (of
actor, athlete) występ m; (of play)
przedstawienie nt; (of car, engine)
osiągi pl; (of company) wyniki pl
działalności.

performer [pə'fɔ:mə*] n wykonawca
(-czyni) m(f).

perfume ['pə:fju:m] n (cologne etc)
perfumy pl; (fragrance) woń f,
zapach m.

perfunctory [pə'fʌŋktərɪ] adj
(search) pobieżny; (kiss, remark)
niedbały.

perhaps [pə'hæps] adv (być) może.

peril ['pɛrɪl] n niebezpieczeństwo nt.

perimeter [pə'rɪmɪtə*] n (length of
edge) obwód m; (of camp, clearing)
granice pl.

period ['pɪərɪəd] n (length of time)
okres m, czas m; (SCOL) lekcja f;
(esp US: full stop) kropka f; (MED)
okres m, miesiączka f ♦ adj stylowy,
z epoki post.

periodic [pɪərɪ'ɔdɪk] adj okresowy.

periodical [pɪərɪ'ɔdɪkl] n czasopismo
nt ♦ adj okresowy.

peripheral [pə'rɪfərəl] adj uboczny ♦
n (COMPUT) urządzenie nt
peryferyjne.

periphery [pə'rɪfərɪ] n skraj m.

perish ['pɛrɪʃ] vi (die) ginąć (zginąć
perf); (rubber, leather) rozpadać się
(rozpaść się perf).

perishable ['pɛrɪʃəbl] adj (food)
łatwo psujący się.

perjury ['pə:dʒərɪ] (JUR) n
krzywoprzysięstwo nt.

perks [pə:ks] (inf) npl korzyści pl
uboczne.

perk up vi ożywiać się (ożywić się
perf).

perky ['pə:kɪ] adj żwawy.

perm [pə:m] n trwała f.

permanent ['pə:mənənt] adj (lasting
forever) trwały; (present all the time)
ciągły.

permeate ['pə:mɪeɪt] vt przenikać
(przeniknąć perf).

permissible [pə'mɪsɪbl] adj
dopuszczalny, dozwolony.

permission [pə'mɪʃən] n (consent)
pozwolenie nt; (authorization)
zezwolenie nt.

permissive [pə'mɪsɪv] adj
pobłażliwy, permisywny (fml).

permit ['pə:mɪt] n (authorization)
zezwolenie nt; (entrance pass)
przepustka f ♦ vt pozwalać
(pozwolić perf) na +acc; **weather
permitting** jeśli pogoda dopisze.

pernicious [pə:'nɪʃəs] adj (lie,
nonsense) szkodliwy.

perpendicular [pə:pən'dɪkjulə*] adj
pionowy.

perpetrate ['pə:pɪtreɪt] vt popełniać
(popełnić perf).

perpetual [pə'pɛtjuəl] adj (motion,
darkness) wieczny; (noise,
questions) nieustanny.

perpetuate [pə'pɛtjueɪt] vt
zachowywać (zachować perf).

perplex [pə'plɛks] *vt* wprawiać
(wprawić *perf*) w zakłopotanie.
persecute ['pə:sɪkju:t] *vt*
prześladować.
persecution [pə:sɪ'kju:ʃən] *n*
prześladowanie *nt*.
perseverance [pə:sɪ'vɪərns] *n*
wytrwałość *f*.
persevere [pə:sɪ'vɪə*] *vi* wytrwać
(*perf*), nie ustawać.
Persian ['pə:ʃən] *adj* perski ♦ *n*
(język *m*) perski; **the (Persian) Gulf**
Zatoka Perska.
persist [pə'sɪst] *vi* (*pain, weather etc*)
utrzymywać się; (*person*) upierać
się; **to persist with sth** obstawać
przy czymś; **to persist in doing sth**
wciąż coś robić, nie przestawać
czegoś robić.
persistence [pə'sɪstəns] *n* wytrwałość
f.
persistent [pə'sɪstənt] *adj* (*noise,
smell, cough*) uporczywy; (*person*)
wytrwały.
person ['pə:sn] *n* osoba *f*; **in person**
osobiście.
personal ['pə:snl] *adj* (*belongings,
account, appeal etc*) osobisty;
(*opinion, life, habits*) prywatny.
personal assistant *n* osobisty (-ta)
m(f) asystent(ka) *m(f)*.
personal column *n* ogłoszenia *pl*
drobne.
personality [pə:sə'nælɪtɪ] *n*
(*character*) osobowość *f*; (*famous
person*) osobistość *f*.
personally ['pə:snəlɪ] *adv* osobiście;
to take sth personally brać (wziąć
perf) coś do siebie.
personal organizer *n* terminarz *m*.
personal stereo *n* walkman *m*.
personify [pə:'sɔnɪfaɪ] *vt*
(*LITERATURE*) personifikować.
personnel [pə:sə'nɛl] *n* personel *m*,
pracownicy *vir pl*.
personnel department *n* dział *m*
kadr.

perspective [pə'spɛktɪv] *n* (*ARCHIT,
ART*) perspektywa *f*; (*way of
thinking*) punkt *m* widzenia, pogląd
m; **to get sth into perspective** (*fig*)
spojrzeć (*perf*) na coś z właściwej
perspektywy.
perspiration [pə:spɪ'reɪʃən] *n* (*sweat*)
pot *m*; (*act of sweating*) pocenie się
nt.
persuade [pə'sweɪd] *vt*: **to persuade
sb to do sth** przekonywać
(przekonać *perf*) kogoś, by coś
zrobił.
persuasion [pə'sweɪʒən] *n* (*act*)
perswazja *f*; (*creed*) wyznanie *nt*.
persuasive [pə'sweɪsɪv] *adj*
przekonujący.
pertaining [pə:'teɪnɪŋ]: **pertaining to**
prep odnoszący się do +*gen*.
pertinent ['pə:tɪnənt] *adj* adekwatny,
na temat *post*.
perturb [pə'tə:b] *vt* niepokoić
(zaniepokoić *perf*).
pervade [pə'veɪd] *vt* przenikać
(przeniknąć *perf*).
perverse [pə'və:s] *adj* (*wayward*)
przekorny, przewrotny; (*devious*)
perwersyjny.
perversion [pə'və:ʃən] *n* (*sexual*)
zboczenie *nt*, perwersja *f*; (*of truth,
justice*) wypaczenie *nt*.
pervert ['pə:və:t] *n* zboczeniec *m* ♦ *vt*
(*person, mind*) deprawować
(zdeprawować *perf*); (*truth, sb's
words*) wypaczać (wypaczyć *perf*).
pessimism ['pɛsɪmɪzəm] *n*
pesymizm *m*.
pessimist ['pɛsɪmɪst] *n* pesymista
(-tka) *m(f)*.
pessimistic [pɛsɪ'mɪstɪk] *adj*
pesymistyczny.
pest [pɛst] *n* (*insect*) szkodnik *m*; (*fig:
nuisance*) utrapienie *nt*.
pester ['pɛstə*] *vt* męczyć.
pesticide ['pɛstɪsaɪd] *n* pestycyd *m*.
pet [pɛt] *n* zwierzę *nt* domowe ♦ *adj*
ulubiony ♦ *vt* pieścić ♦ *vi* (*inf*:

sexually) pieścić się; **teacher's pet**
pupilek (-lka) *m(f)* nauczyciela.
petal ['pɛtl] *n* płatek *m*.
petite [pə'ti:t] *adj* drobny.
petition [pə'tıʃən] *n* (*signed
document*) petycja *f*; (*JUR*) pozew *m*.
petrified ['pɛtrıfaɪd] *adj* skamieniały.
petrol ['pɛtrəl] (*BRIT*) *n* benzyna *f*;
two/four-star petrol benzyna
niebieska/żółta.
petrol can *n* kanister *m*.
petroleum [pə'trəʊlɪəm] *n* ropa *f*
naftowa.
petrol pump (*BRIT*) *n* (*in garage*)
dystrybutor *m*.
petrol station (*BRIT*) *n* stacja *f*
benzynowa.
petticoat ['pɛtɪkəʊt] *n* (*full length*)
halka *f*.
petty ['pɛtɪ] *adj* (*detail, problem*)
drobny, nieistotny; (*crime*) drobny;
(*person*) małostkowy.
pew [pju:] *n* ławka *f* kościelna.
phantom ['fæntəm] *n* zjawa *f*,
widmo *nt*, fantom *m*.
pharmaceutical [fɑ:mə'sju:tɪkl] *adj*
farmaceutyczny.
pharmacist ['fɑ:məsɪst] *n*
farmaceuta (-tka) *m(f)*.
pharmacy ['fɑ:məsɪ] *n* (*shop*) apteka
f.
phase [feɪz] *n* faza *f* ♦ *vt*: **to phase
sth in** wprowadzać (wprowadzić
perf) coś; **to phase sth out**
wycofywać (wycofać *perf*) coś.
PhD *n abbr* (= *Doctor of Philosophy*)
stopień naukowy; ≈ dr.
pheasant ['fɛznt] *n* bażant *m*.
phenomena [fə'nɒmɪnə] *npl of*
phenomenon.
phenomenal [fə'nɒmɪnl] *adj*
fenomenalny.
phenomenon [fə'nɒmɪnən] (*pl*
phenomena) *n* zjawisko *nt*.
philosopher [fɪ'lɒsəfə*] *n* filozof *m*.
philosophical [fɪlə'sɒfɪkl] *adj*
filozoficzny.

philosophy [fɪ'lɒsəfɪ] *n* filozofia *f*.
phlegm [flɛm] *n* flegma *f*.
phlegmatic [flɛg'mætɪk] *adj*
flegmatyczny.
phobia ['fəʊbjə] *n* fobia *f*,
chorobliwy lęk *m*.
phone [fəʊn] *n* telefon *m* ♦ *vt*
dzwonić (zadzwonić *perf*) *or*
telefonować (zatelefonować *perf*) do
+*gen*; **to be on the phone** (*possess
phone*) mieć telefon; (*be calling*)
rozmawiać przez telefon.
▶**phone back** *vt* zadzwonić (*perf*)
później do +*gen* ♦ *vi* zadzwonić
(*perf*) później, oddzwonić (*perf*).
▶**phone up** *vt* dzwonić (zadzwonić
perf) do +*gen* ♦ *vi* dzwonić
(zadzwonić *perf*).
phone booth *n* kabina *f* telefoniczna.
phone box (*BRIT*) *n* budka *f*
telefoniczna.
phone call *n* rozmowa *f* telefoniczna.
phonetic [fə'nɛtɪk] *adj* fonetyczny.
phonetics [fə'nɛtɪks] *n* fonetyka *f*.
phoney ['fəʊnɪ] *adj* (*address, person*)
fałszywy; (*accent*) sztuczny.
phosphorus ['fɒsfərəs] *n* fosfor *m*.
photo ['fəʊtəʊ] *n* fotografia *f*, zdjęcie
nt.
photocopier ['fəʊtəʊkɒpɪə*] *n*
fotokopiarka *f*.
photocopy ['fəʊtəʊkɒpɪ] *n* fotokopia
f ♦ *vt* robić (zrobić *perf*) fotokopię
+*gen*.
photogenic [fəʊtəʊ'dʒɛnɪk] *adj*
fotogeniczny.
photograph ['fəʊtəgræf] *n* fotografia
f, zdjęcie *nt* ♦ *vt* fotografować
(sfotografować *perf*).
photographer [fə'tɒgrəfə*] *n*
fotograf *m*.
photography [fə'tɒgrəfɪ] *n* (*subject*)
fotografia *f*; (*art*) fotografika *f*.
phrase [freɪz] *n* (*group of words,
expression*) zwrot *m*, określenie *nt*;
(*LING*) zwrot *m* ♦ *vt* (*thought, idea*)
wyrażać (wyrazić *perf*).

phrase book n rozmówki pl.
physical ['fɪzɪkl] adj (geography, properties) fizyczny; (world, universe, object) materialny; (law, explanation) naukowy; **physical examination** badanie lekarskie.
physical education n wychowanie nt fizyczne.
physically ['fɪzɪklɪ] adv fizycznie.
physician [fɪ'zɪʃən] n lekarz (-arka) m(f).
physicist ['fɪzɪsɪst] n fizyk m.
physics ['fɪzɪks] n fizyka f.
physiology [fɪzɪ'ɔlədʒɪ] n fizjologia f.
physiotherapy [fɪzɪəu'θɛrəpɪ] n fizjoterapia f.
physique [fɪ'ziːk] n budowa f (ciała), konstytucja f.
pianist ['piːənɪst] n pianista (-tka) m(f).
piano [pɪ'ænəu] n pianino nt; **grand piano** fortepian.
pick [pɪk] n kilof m, oskard m ♦ vt (select) wybierać (wybrać perf); (fruit, flowers) zrywać (zerwać perf); (mushrooms) zbierać (zebrać perf); (book from shelf etc) zdejmować (zdjąć perf); (lock) otwierać (otworzyć perf); **take your pick** wybieraj; **the pick of** najlepsza część +gen; **to pick one's nose/teeth** dłubać w nosie/zębach; **to pick a quarrel (with sb)** wywoływać (wywołać perf) kłótnię (z kimś).
►**pick at** vt fus (food) dziobać (dziobnąć perf).
►**pick on** vt fus czepiać się +gen.
►**pick out** vt (distinguish) dostrzegać (dostrzec perf); (select) wybierać (wybrać perf).
►**pick up** vi (health) poprawiać się (poprawić się perf); (economy, trade) polepszać się (polepszyć się perf) ♦ vt (lift) podnosić (podnieść perf); (arrest) przymykać (przymknąć perf) (inf); (collect: person, parcel) odbierać (odebrać perf); (hitchhiker) zabierać (zabrać perf); (girl) podrywać (poderwać perf); (language, skill) nauczyć się (perf) +gen; (RADIO) łapać (złapać perf) (inf); **to pick up speed** nabierać (nabrać perf) szybkości; **to pick o.s. up** zbierać się (pozbierać się perf), podnieść się (perf).
picket ['pɪkɪt] n pikieta f ♦ vt pikietować.
pickle ['pɪkl] n (also: **pickles**) pikle pl ♦ vt (in vinegar) marynować (zamarynować perf); (in salt water) kwasić (zakwasić perf), kisić (zakisić perf).
pickpocket ['pɪkpɔkɪt] n złodziej m kieszonkowy, kieszonkowiec m.
pick-up ['pɪkʌp] n (also: **pick-up truck**) furgonetka f.
picnic ['pɪknɪk] n piknik m.
picture ['pɪktʃə*] n (lit, fig) obraz m; (photo) zdjęcie nt; (film) film m, obraz m (fml); **the pictures** (BRIT: inf) kino nt; **to take a picture of sb/sth** robić (zrobić perf) komuś/czemuś zdjęcie; **to put sb in the picture** wprowadzać (wprowadzić perf) kogoś w sytuację.
picturesque [pɪktʃə'rɛsk] adj malowniczy.
pie [paɪ] n placek m (z nadzieniem mięsnym, warzywnym lub owocowym).
piece [piːs] n (bit) kawałek m; (part) część f; **a piece of clothing** część garderoby; **a piece of furniture** mebel; **a piece of advice** rada.
►**piece together** vt układać (ułożyć perf) w całość, poskładać (perf).
piecemeal ['piːsmiːl] adv po kawałku.
piecework ['piːswəːk] n praca f na akord.
pie chart (MATH) n diagram m kołowy.
pier [pɪə*] n molo nt, pomost m.

pierce [pɪəs] vt przebijać (przebić perf), przekłuwać (przekłuć perf).

piercing ['pɪəsɪŋ] adj (fig) przeszywający.

piety ['paɪətɪ] n pobożność f.

pig [pɪg] n (lit, fig) świnia f.

pigeon ['pɪdʒən] n gołąb m.

pigeonhole ['pɪdʒənhəul] n (for letters, messages) przegródka f, dziupla f (inf).

piggy bank ['pɪgɪ-] n skarbonka f.

pig-headed ['pɪg'hɛdɪd] (pej) adj (głupio) uparty.

piglet ['pɪglɪt] n prosię nt, prosiak m.

pigment ['pɪgmənt] n barwnik m, pigment m.

pigsty ['pɪgstaɪ] n (lit, fig) chlew m.

pigtail ['pɪgteɪl] n warkoczyk m.

pike [paɪk] n (fish) szczupak m.

pilchard ['pɪltʃəd] n sardynka f (europejska).

pile [paɪl] n (heap, stack) stos m, sterta f; (of carpet, velvet) włos m ♦ vt (also: **pile up**) układać (ułożyć perf) w stos; **to pile into** ładować się (władować się perf) do +gen; **to pile out of** wylewać się or wysypywać się z +gen.

▸**pile up** vi gromadzić się (nagromadzić się perf).

piles [paɪlz] (MED) npl hemoroidy pl.

pile-up ['paɪlʌp] (AUT) n karambol m.

pilgrim ['pɪlgrɪm] n pielgrzym m.

pilgrimage ['pɪlgrɪmɪdʒ] n pielgrzymka f.

pill [pɪl] n pigułka f; **the pill** pigułka antykoncepcyjna; **to be on the pill** stosować pigułkę antykoncepcyjną or antykoncepcję doustną.

pillage ['pɪlɪdʒ] n grabież f ♦ vt grabić (ograbić perf).

pillar ['pɪlə*] n (lit, fig) filar m.

pillar box (BRIT) n skrzynka f pocztowa.

pillow ['pɪləu] n poduszka f.

pillowcase ['pɪləukeɪs] n poszewka f (na poduszkę).

pilot ['paɪlət] n pilot(ka) m(f) ♦ adj pilotażowy ♦ vt pilotować.

pilot light n (on cooker, boiler) płomyk m zapalacza.

pimp [pɪmp] n sutener m, alfons m (inf).

pimple ['pɪmpl] n pryszcz m.

pin [pɪn] n (for clothes, papers) szpilka f ♦ vt przypinać (przypiąć perf); **pins and needles** mrowienie.

▸**pin down** vt (fig): **to pin sb down (to sth)** zmuszać (zmusić perf) kogoś do zajęcia stanowiska (w jakiejś sprawie).

pinafore ['pɪnəfɔː*] n (also: **pinafore dress**) bezrękawnik m.

pincers ['pɪnsəz] npl (tool) obcęgi pl, szczypce pl; (of crab, lobster) szczypce pl.

pinch [pɪntʃ] n szczypta f ♦ vt szczypać (uszczypnąć perf); (inf: thing, money) zwędzić (perf), zwinąć (perf) (inf); (idea) podkradać (podkraść perf); **at a pinch** w ostateczności.

pincushion ['pɪnkuʃən] n poduszeczka f na igły.

pine [paɪn] n sosna f ♦ vi: **to pine for** usychać z tęsknoty za +instr.

pineapple ['paɪnæpl] n ananas m.

ping-pong ['pɪŋpɔŋ] ® n ping-pong m.

pink [pɪŋk] adj różowy ♦ n (colour) (kolor m) różowy, róż m; (BOT) goździk m.

pinnacle ['pɪnəkl] n (of building, mountain) iglica f; (fig) szczyt m.

pinpoint ['pɪnpɔɪnt] vt wskazywać (wskazać perf) (dokładnie).

pint [paɪnt] n (measure) pół nt inv kwarty (BRIT = 0,568 l, US = 0,473 l); (BRIT: inf) ≈ duże piwo nt.

pioneer [paɪə'nɪə*] n pionier(ka) m(f).

pious ['paɪəs] adj pobożny.

pip [pɪp] n pestka f.

pipe [paɪp] n (for water, gas) rura f; (for smoking) fajka f ♦ vt

doprowadzać (doprowadzić *perf*)
(rurami); **pipes** *npl* (*also*: **bagpipes**)
dudy *pl*.

pipeline ['paɪplaɪn] *n* (*for oil*)
rurociąg *m*; (*for gas*) gazociąg *m*.

piper ['paɪpə*] *n* dudziarz *m*.

piping ['paɪpɪŋ] *adv*: **piping hot**
wrzący.

pirate ['paɪərət] *n* pirat *m* ♦ *vt*
nielegalnie kopiować (skopiować
perf); **pirated video tapes** pirackie
kasety wideo.

pirouette [pɪru'ɛt] *n* piruet *m*.

Pisces ['paɪsiːz] *n* Ryby *pl*.

piss [pɪs] (*inf!*) *vi* sikać (*inf*); **to be
pissed off with sb/sth** mieć
kogoś/czegoś po dziurki w nosie.

pissed [pɪst] (*inf!*) *adj* zalany (*inf*).

pistol ['pɪstl] *n* pistolet *m*.

piston ['pɪstən] *n* tłok *m*.

pit [pɪt] *n* (*hole dug*) dół *m*, wykop *m*;
(*in road, face*) dziura *f*; (*coal mine*)
kopalnia *f* ♦ *vt*: **to pit one's wits
against sb** mierzyć się (zmierzyć
się *perf*) (intelektualnie) z kimś; **the
pits** *npl* (*AUT*) boks *m*, kanał *m*.

pitch [pɪtʃ] *n* (*BRIT: SPORT*) boisko
nt; (*of note, voice*) wysokość *f*; (*fig*)
poziom *m*; (*tar*) smoła *f* ♦ *vt* (*throw*)
rzucać (rzucić *perf*) ♦ *vi* (*person*)
upaść (*perf*) or runąć (*perf*) (głową do
przodu); **to pitch a tent** rozbijać
(rozbić *perf*) namiot.

pitchfork ['pɪtʃfɔːk] *n* widły *pl*.

piteous ['pɪtɪəs] *adj* żałosny.

pitfall ['pɪtfɔːl] *n* pułapka *f*.

pith [pɪθ] *n* (*of orange, lemon*)
miękisz *m* (skórki).

pithy ['pɪθɪ] *adj* zwięzły, treściwy.

pitiful ['pɪtɪful] *adj* żałosny.

pitiless ['pɪtɪlɪs] *adj* bezlitosny.

pity ['pɪtɪ] *n* litość *f*, współczucie *nt* ♦
vt współczuć +*dat*, żałować +*gen*; **I
pity you** żal mi cię; **what a pity!**
jaka szkoda!

pivot ['pɪvət] *n* (*TECH*) sworzeń *m*,
oś *f*; (*fig*) oś *f*.

pizza ['piːtsə] *n* pizza *f*.

placard ['plækɑːd] *n* (*outside
newsagent's*) afisz *m*; (*in march*)
transparent *m*.

placate [plə'keɪt] *vt* (*person*)
udobruchać (*perf*); (*anger*)
załagodzić (*perf*).

place [pleɪs] *n* miejsce *nt* ♦ *vt* (*put*)
umieszczać (umieścić *perf*); (*identify:
person*) przypominać (przypomnieć
perf) sobie; **to take place** mieć
miejsce; **at his place** u niego (w
domu); **in places** miejscami; **out of
place** nie na miejscu; **in the first
place** po pierwsze; **to be placed
first/third** plasować się (uplasować
się *perf*) na pierwszym/trzecim
miejscu; **to change places with sb**
zamieniać się (zamienić się *perf*)
(miejscami) z kimś.

placenta [plə'sɛntə] *n* (*ANAT*)
łożysko *nt*.

placid ['plæsɪd] *adj* spokojny.

plagiarism ['pleɪdʒərɪzəm] *n*
(*activity*) plagiatorstwo *nt*; (*instance*)
plagiat *m*.

plague [pleɪg] *n* (*disease*) dżuma *f*;
(*epidemic*) zaraza *f*; (*fig: of locusts
etc*) plaga *f* ♦ *vt* (*fig: problems etc*)
nękać.

plaice [pleɪs] *n inv* płastuga *f*.

plaid [plæd] *n* materiał *m* w kratę.

plain [pleɪn] *adj* (*unpatterned*) gładki;
(*simple*) prosty; (*clear, easily
understood*) jasny; (*not beautiful*)
nieładny ♦ *adv* po prostu ♦ *n* (*area
of land*) równina *f*.

plain-clothes ['pleɪnkləuðz] *adj*
(*police officer*) ubrany po cywilnemu.

plainly ['pleɪnlɪ] *adv* wyraźnie.

plaintiff ['pleɪntɪf] *n* (*JUR*)
powód(ka) *m(f)*.

plaintive ['pleɪntɪv] *adj* (*cry, voice*)
zawodzący, żałosny.

plait [plæt] *n* (*hair*) warkocz *m*; (*rope*)
(pleciona) lina *f*.

plan [plæn] *n* plan *m* ♦ *vt* planować

(zaplanować *perf*) ♦ *vi* planować; **to plan to do sth/on doing sth** planować coś (z)robić.

plane [pleɪn] *n* (*AVIAT*) samolot *m*; (*MATH*) płaszczyzna *f*; (*tool*) strug *m*, hebel *m*; (*also*: **plane tree**) platan *m*; (*fig*) poziom *m*.

planet ['plænɪt] *n* planeta *f*.

plank [plæŋk] *n* (*of wood*) deska *f*.

planner ['plænə*] *n* (*town planner*) urbanista (-tka) *m(f)*; (*of project etc*) planista (-tka) *m(f)*.

planning ['plænɪŋ] *n* planowanie *nt*; (*also*: **town planning**) planowanie *nt* przestrzenne, urbanistyka *f*.

plant [plɑːnt] *n* (*BOT*) roślina *f*; (*machinery*) maszyny *pl*; (*factory*) fabryka *f*; (*also*: **power plant**) elektrownia *f* ♦ *vt* (*plants, trees*) sadzić (zasadzić *perf*); (*seed, crops*) siać (zasiać *perf*); (*field, garden: with plants*) obsadzać (obsadzić *perf*); (: *with crops*) obsiewać (obsiać *perf*); (*microphone, bomb, incriminating evidence*) podkładać (podłożyć *perf*).

plantation [plæn'teɪʃən] *n* plantacja *f*.

plaque [plæk] *n* (*on building*) tablica *f* (pamiątkowa); (*on teeth*) płytka *f* nazębna.

plasma ['plæzmə] *n* plazma *f*.

plaster ['plɑːstə*] *n* (*for walls*) tynk *m*; (*also*: **plaster of Paris**) gips *m*; (*BRIT: also*: **sticking plaster**) plaster *m*, przylepiec *m* ♦ *vt* tynkować (otynkować *perf*); **in plaster** (*BRIT*) w gipsie.

plastered ['plɑːstəd] *adj* (*inf: drunk*) zaprawiony (*inf*).

plastic ['plæstɪk] *n* plastik *m* ♦ *adj* (*made of plastic*) plastikowy.

Plasticine ['plæstɪsiːn] ® *n* plastelina *f*.

plastic surgery *n* (*branch of medicine*) chirurgia *f* plastyczna; (*operation*) operacja *f* plastyczna.

plate [pleɪt] *n* (*dish, plateful*) talerz *m*; (*gold plate, silver plate*) platery *pl*;

(*in book*) rycina *f*; (*dental plate*) proteza *f* (stomatologiczna).

plateau ['plætəu] (*pl* **plateaus** *or* **plateaux**) *n* (*GEOG*) plateau *nt inv*.

platform ['plætfɔːm] *n* (*for speaker*) podium *nt*, trybuna *f*; (*for landing, loading*) platforma *f*; (*RAIL*) peron *m*; (*BRIT: of bus*) pomost *m*, platforma *f*; (*POL*) program *m*.

platinum ['plætɪnəm] *n* platyna *f*.

platitude ['plætɪtjuːd] *n* frazes *m*.

platonic [plə'tɔnɪk] *adj* platoniczny.

platoon [plə'tuːn] *n* (*MIL*) pluton *m*.

platter ['plætə*] *n* półmisek *m*.

plausible ['plɔːzɪbl] *adj* (*theory, excuse, statement*) prawdopodobny; (*person*) budzący zaufanie.

play [pleɪ] *n* (*THEAT etc*) sztuka *f*; (*activity*) zabawa *f* ♦ *vt* (*hide-and-seek etc*) bawić się w +*acc*; (*football, chess*) grać (zagrać *perf*) w +*acc*; (*team, opponent*) grać (zagrać *perf*) z +*instr*; (*role, piece of music, note*) grać (zagrać *perf*); (*instrument*) grać (zagrać *perf*) na +*loc*; (*tape, record*) puszczać (puścić *perf*) ♦ *vi* (*children*) bawić się (pobawić się *perf*); (*orchestra, band*) grać (zagrać *perf*); (*record, tape, radio*) grać; **to play a part/role in** (*fig*) odgrywać (odegrać *perf*) rolę w +*loc*; **to play safe** nie ryzykować.

▸**play down** *vt* pomniejszać (pomniejszyć *perf*) znaczenie +*gen*.

▸**play up** *vi* (*machine, knee*) nawalać (*inf*); (*children*) szaleć.

player ['pleɪə*] *n* (*in sport, game*) gracz *m*; (*THEAT*) aktor(ka) *m(f)*; (*MUS*): **guitar** *etc* **player** gitarzysta (-tka) *m(f) etc*.

playful ['pleɪful] *adj* (*remark, gesture*) żartobliwy; (*person*) figlarny; (*animal*) rozbrykany.

playground ['pleɪgraund] *n* (*in park*) plac *m* zabaw; (*in school*) boisko *nt*.

playgroup ['pleɪgruːp] *n* rodzaj *środowiskowego przedszkola*

organizowanego przez grupę
zaprzyjaźnionych rodziców.

playmate ['pleɪmeɪt] *n* towarzysz(ka)
m(f) zabaw.

playpen ['pleɪpɛn] *n* kojec *m*.

plaything ['pleɪθɪŋ] *n* zabawka *f*.

playtime ['pleɪtaɪm] *n* przerwa *f* (*w szkole*).

playwright ['pleɪraɪt] *n* dramaturg *m*,
dramatopisarz (-arka) *m(f)*.

plc (*BRIT*) *abbr* (= *public limited
company*) *duża spółka akcyjna,
której akcje mogą być kupowane na
giełdzie;* ≈ S.A.

plea [pli:] *n* (*request*) błaganie *nt*,
apel *m*; (*JUR*): **plea of (not) guilty**
(nie)przyznanie się *nt* do winy.

plead [pli:d] *vt* (*ignorance, ill health*)
tłumaczyć się +*instr*; (*JUR*): **to
plead sb's case** bronić czyjejś
sprawy ♦ *vi* (*JUR*) *odpowiadać na
zarzuty przedstawione w akcie
oskarżenia*; **to plead with sb to do
sth** błagać kogoś, żeby coś (z)robił;
to plead (not) guilty (nie)
przyznawać się ((nie) przyznać się
perf) do winy.

pleasant ['plɛznt] *adj* przyjemny;
(*person*) miły, sympatyczny.

please [pli:z] *excl* proszę ♦ *vt*
(*satisfy*) zadowalać (zadowolić *perf*);
(*give pleasure*) sprawiać (sprawić
perf) przyjemność +*dat* ♦ *vi*: **to be
eager/anxious to please** bardzo się
starać; **yes, please** tak, poproszę;
could I speak to Sue, please? czy
mógłbym rozmawiać z Sue?, czy
mogę prosić Sue?; **he's
difficult/impossible to please**
trudno/nie sposób mu dogodzić; **do
as you please** rób, jak uważasz;
please yourself! (*inf*) rób, jak
chcesz! (*inf*).

pleased [pli:zd] *adj*: **pleased
(with/about)** zadowolony (z +*gen*);
pleased to meet you bardzo mi
miło.

pleasing ['pli:zɪŋ] *adj* przyjemny.

pleasure ['plɛʒə*] *n* (*happiness,
satisfaction*) zadowolenie *nt*; (*fun,
enjoyable experience*) przyjemność *f*;
it's a pleasure, my pleasure cała
przyjemność po mojej stronie; **with
pleasure** z przyjemnością.

pleat [pli:t] *n* plisa *f*.

pledge [plɛdʒ] *n* przyrzeczenie *nt*,
zobowiązanie *nt* ♦ *vt* przyrzekać
(przyrzec *perf*).

plentiful ['plɛntɪful] *adj* (*abundant,
copious*) obfity; (*amount*) olbrzymi.

plenty ['plɛntɪ] *n*: **plenty of** (*food,
people*) pełno *or* dużo +*gen*; (*money,
jobs, houses*) dużo +*gen*; **we've got
plenty of time to get there** mamy
dużo czasu (na to), żeby tam
dotrzeć; **five should be plenty** pięć
powinno (w zupełności) wystarczyć.

pliable ['plaɪəbl] *adj* giętki; (*fig:
easily controlled*) uległy; (: *easily
influenced*) podatny na wpływy.

pliant ['plaɪənt] *adj* = **pliable**.

pliers ['plaɪəz] *npl* szczypce *pl*,
kombinerki *pl*.

plight [plaɪt] *n* ciężkie położenie *nt*.

plimsolls ['plɪmsəlz] (*BRIT*) *npl*
tenisówki *pl*.

plinth [plɪnθ] *n* cokół *m*, postument
m.

plod [plɔd] *vi* wlec się (powlec się
perf); (*fig*) harować.

plonk [plɔŋk] (*inf*) *n* (*BRIT: wine*)
bełt *m* (*inf*) ♦ *vt*: **he plonked himself
down on the sofa** walnął się na
kanapę (*inf*).

plot [plɔt] *n* (*secret plan*) spisek *m*;
(*of story, play, film*) fabuła *f*; (*of
land*) działka *f* ♦ *vt* knuć (uknuć
perf); (*AVIAT, NAUT*) nanosić
(nanieść *perf*) na mapę; (*MATH*)
nanosić (nanieść *perf*) (*na wykres itp*)
♦ *vi* spiskować.

plough [plau] (*US* **plow**) *n* pług *m* ♦
vt orać (zaorać *perf*).

ploy [plɔɪ] *n* chwyt *m*, sztuczka *f*.

pluck [plʌk] vt (fruit, flower, leaf) zrywać (zerwać perf); (bird) skubać (oskubać perf); (eyebrows) wyskubywać (wyskubać perf); (strings) uderzać (uderzyć perf) w +acc ♦ n odwaga f; **to pluck up courage** zbierać się (zebrać się perf) na odwagę.

plug [plʌg] n (ELEC) wtyczka f; (in sink, bath) korek m; (AUT: also: **spark(ing) plug**) świeca f ♦ vt zatykać (zatkać perf); (inf) zachwalać.

▶**plug in** vt (ELEC) włączać (włączyć perf) (do kontaktu).

plug-in ['plʌgɪn] (COMPUT) n wtyczka f programowa.

plum [plʌm] n śliwka f.

plumage ['plu:mɪdʒ] n (of bird) upierzenie nt.

plumber ['plʌmə*] n hydraulik m, instalator m.

plumbing ['plʌmɪŋ] n (piping) instalacja f or sieć f wodno-kanalizacyjna; (trade) instalatorstwo nt.

plume [plu:m] n (of bird) pióro nt; (on helmet, horse's head) pióropusz m.

plummet ['plʌmɪt] vi (bird) spadać (spaść perf); (aircraft) runąć (perf); (price etc) gwałtownie zniżkować.

plump [plʌmp] adj pulchny.

▶**plump for** (inf) vt fus wybierać (wybrać perf) +acc.

plunder ['plʌndə*] n (activity) grabież f; (stolen things) łup m ♦ vt plądrować (splądrować perf).

plunge [plʌndʒ] n (of bird) nurkowanie nt; (of person) skok m (do morza itp); (fig: of prices, rates) gwałtowny spadek m ♦ vt (hand: into pocket) wkładać (włożyć perf); (knife) zatapiać (zatopić perf) ♦ vi (fall) wpadać (wpaść perf); (dive: bird) nurkować (zanurkować perf); (: person) wskakiwać (wskoczyć perf); (fig: prices, rates) spadać

(spaść perf) (gwałtownie); **to take the plunge** (fig) podejmować (podjąć perf) życiową decyzję.

plunger ['plʌndʒə*] n (for sink) przepychacz m.

plunging ['plʌndʒɪŋ] adj: **plunging neckline** głęboki dekolt m.

plural ['pluərl] n liczba f mnoga ♦ adj (number) mnogi m.

plus [plʌs] n (lit, fig) plus m ♦ prep plus +nom; (MATH): **two plus three** dwa dodać or plus trzy; **ten/twenty plus** ponad dziesięć/dwadzieścia, powyżej dziesięciu/dwudziestu.

plush [plʌʃ] adj (hotel etc) luksusowy.

plutonium [plu:'təunɪəm] n (CHEM) pluton m.

ply [plaɪ] vt (trade) uprawiać ♦ vi (ship) kursować ♦ n (of wool, rope) grubość f; **to ply sb with questions** zasypywać (zasypać perf) kogoś pytaniami.

plywood ['plaɪwud] n sklejka f.

PM (BRIT) abbr = **Prime Minister**.

p.m. adv abbr (= post meridiem) po południu.

pneumatic drill n młot m pneumatyczny.

pneumonia [nju:'məunɪə] n zapalenie nt płuc.

poach [pəutʃ] vt (steal) kłusować na +acc; (cook: egg) gotować (ugotować perf) bez skorupki; (: fish etc) gotować (ugotować perf) we wrzątku ♦ vi kłusować.

poacher ['pəutʃə*] n kłusownik (-iczka) m(f).

PO Box n abbr = **Post Office Box**

skr. poczt.

pocket ['pɒkɪt] n kieszeń f; (fig: small area) ognisko nt (fig) ♦ vt wkładać (włożyć perf) do kieszeni; (steal) przywłaszczać (przywłaszczyć perf) sobie; **to be out of pocket** (BRIT) ponieść (perf) stratę.

pocketbook ['pɒkɪtbuk] n (US: wallet) portfel m.

pocket money *n* kieszonkowe *nt*.
pod [pɒd] *n* strączek *m*.
poem ['pəuɪm] *n* wiersz *m*.
poet ['pəuɪt] *n* poeta (-tka) *m(f)*.
poetic [pəu'etɪk] *adj* poetycki.
poetry ['pəuɪtrɪ] *n* poezja *f*.
poignant ['pɔɪnjənt] *adj* (*emotion*)
przejmujący; (*pain*) dojmujący;
(*moment*) wzruszający; (*taste*,
remark) cierpki; (*smell*) ostry.
point [pɔɪnt] *n* (*also* GEOM) punkt *m*;
(*sharpened tip*) czubek *m*, szpic *m*;
(*purpose*) sens *m*; (*significant part*)
cecha *f*, istota *f*; (ELEC: *also*: **power
point**) gniazdko *nt*; (*also*: **decimal
point**) przecinek *m* ♦ *vt* wskazywać
(wskazać *perf*) ♦ *vi* (*with finger etc*)
wskazywać (wskazać *perf*); **points**
npl (AUT) styki *pl*; (RAIL) zwrotnica
f; **at this point** w tym momencie; **to
point at** wskazywać (wskazać *perf*)
na +*acc*; **to point sth at sb** celować
(wycelować *perf*) czymś w kogoś,
kierować (skierować *perf*) coś w
stronę kogoś; **to be on the point of
doing sth** mieć właśnie coś zrobić;
to make a point of doing sth
dokładać (dołożyć *perf*) starań, aby
coś zrobić; **to miss the point** nie
dostrzegać (nie dostrzec *perf*) istoty
sprawy; **to come/get to the point**
przechodzić (przejść *perf*) do sedna
sprawy; **that's the whole point!** w
tym cały problem!; **to be beside
the point** nie mieć nic do rzeczy;
there's no point (in doing it) nie
ma sensu (tego robić).
▶**point out** *vt* (*person, object*)
wskazywać (wskazać *perf*); (*in
debate etc*) wykazywać (wykazać
perf), zwracać (zwrócić *perf*) uwagę
na +*acc*.
▶**point to** *vt fus* wskazywać
(wskazać *perf*) na +*acc*.
point-blank ['pɔɪnt'blæŋk] *adv* (*ask*)
wprost, bez ogródek; (*refuse*)

kategorycznie; (*also*: **at point-blank
range**) z bliska.
pointed ['pɔɪntɪd] *adj* (*chin, nose*)
spiczasty; (*stick, pencil*) ostry,
zaostrzony; (*fig: remark*)
uszczypliwy; (: *look*) znaczący.
pointer ['pɔɪntə*] *n* (*on machine,
scale*) wskaźnik *m*, strzałka *f*; (*fig:
advice*) wskazówka *f*.
pointless ['pɔɪntlɪs] *adj* bezcelowy.
point of view *n* punkt *m* widzenia.
poise [pɔɪz] *n* (*composure*)
opanowanie *nt*, pewność *f* siebie.
poison ['pɔɪzn] *n* trucizna *f* ♦ *vt* truć
(otruć *perf*).
poisoning ['pɔɪznɪŋ] *n* zatrucie *nt*.
poisonous ['pɔɪznəs] *adj* (*substance*)
trujący; (*snake*) jadowity.
poke [pəuk] *vt* szturchać (szturchnąć
perf); **to poke sth in(to)** wtykać
(wetknąć *perf*) coś do +*gen*.
▶**poke about** *vi* myszkować.
▶**poke out** *vi* wystawać.
poker ['pəukə*] *n* pogrzebacz *m*;
(CARDS) poker *m*.
Poland ['pəulənd] *n* Polska *f*.
polar ['pəulə*] *adj* polarny.
polarize ['pəuləraɪz] *vt* polaryzować
(spolaryzować *perf*).
Pole [pəul] *n* Polak (-lka) *m(f)*.
pole [pəul] *n* (*post*) słup *m*; (*stick*)
drąg *m*; (*also*: **flag pole**) maszt *m*;
(GEOG, ELEC) biegun *m*.
pole vault ['pəulvɔ:lt] *n* skok *m* o
tyczce.
police [pə'li:s] *npl* policja *f* ♦ *vt*
patrolować.
policeman [pə'li:smən] (*irreg like*:
man) *n* policjant *m*.
police station *n* komisariat *m* policji.
policewoman [pə'li:swumən] (*irreg
like*: **woman**) *n* policjantka *f*.
policy ['pɒlɪsɪ] *n* (POL, ECON)
polityka *f*; (*also*: **insurance policy**)
polisa *f* ubezpieczeniowa; **to take
out a policy** ubezpieczać się
(ubezpieczyć się *perf*).

polio ['pəulɪəu] *n* choroba *f*
Heinego-Medina, polio *nt inv*.

Polish ['pəulɪʃ] *adj* polski ♦ *n* (język
m) polski.

polish ['pɔlɪʃ] *n* (*for shoes, floors*)
pasta *f*; (*for furniture*) środek *m* do
polerowania; (*shine*) połysk *m*; (*fig*)
polor *m*, blask *m* ♦ *vt* (*shoes,
furniture*) polerować (wypolerować
perf); (*floor etc*) froterować
(wyfroterować *perf*).

polished ['pɔlɪʃt] *adj* (*fig*) wytworny.

polite [pə'laɪt] *adj* (*person*) uprzejmy,
grzeczny; (*company*) kulturalny.

politeness [pə'laɪtnɪs] *n* uprzejmość
f, grzeczność.

political [pə'lɪtɪkl] *adj* polityczny;
(*person*) rozpolitykowany.

politically [pə'lɪtɪklɪ] *adv* politycznie.

politician [pɔlɪ'tɪʃən] *n* polityk *m*.

politics ['pɔlɪtɪks] *n* polityka *f* ♦ *npl*
przekonania *pl* polityczne.

poll [pəul] *n* (*also*: **opinion poll**)
ankieta *f*, badanie *nt* opinii
publicznej; (*election*) głosowanie *nt*,
wybory *pl* ♦ *vt* (*people*) ankietować;
(*votes*) zdobywać (zdobyć *perf*).

pollen ['pɔlən] *n* pyłek *m* kwiatowy.

polling station (*BRIT*) *n* lokal *m*
wyborczy.

pollute [pə'luːt] *vt* zanieczyszczać
(zanieczyścić *perf*).

pollution [pə'luːʃən] *n*
(*contamination*) zanieczyszczenie *nt*;
(*substances*) zanieczyszczenia *pl*.

polo ['pəuləu] *n* polo *nt inv*.

polo-necked ['pəuləunɛkt] *adj* z
golfem *post*.

polyester [pɔlɪ'ɛstə*] *n* poliester *m*.

polystyrene [pɔlɪ'staɪriːn] *n*
polistyren *m*.

polytechnic [pɔlɪ'tɛknɪk] *n*
politechnika *f*.

polythene ['pɔlɪθiːn] *n* polietylen *m*.

pomegranate ['pɔmɪgrænɪt] *n* granat
m (*owoc*).

pomp [pɔmp] *n* pompa *f*, przepych *m*.

pompous ['pɔmpəs] (*pej*) *adj*
pompatyczny (*pej*).

pond [pɔnd] *n* staw *m*.

ponder ['pɔndə*] *vt* rozważać.

pontoon [pɔn'tuːn] *n* ponton *m*.

pony ['pəunɪ] *n* kucyk *m*.

ponytail ['pəunɪteɪl] *n* (*hairstyle*)
koński ogon *m*.

poodle ['puːdl] *n* pudel *m*.

pool [puːl] *n* (*pond*) sadzawka *f*;
(*also*: **swimming pool**) basen *m*; (*of
light*) krąg *m*; (*of blood etc*) kałuża *f*;
(*SPORT*) bilard *m* ♦ *vt* (*money*)
składać (złożyć *perf*) do wspólnego
funduszu; (*knowledge, resources*)
tworzyć (stworzyć *perf*) (wspólny)
bank +*gen*; **pools** *npl* totalizator *m*
sportowy; **typing pool**, (*US*)
secretary pool hala maszyn.

poor [puə*] *adj* (*not rich*) biedny,
ubogi; (*bad*) słaby, kiepski ♦ *npl*:
the poor biedni *vir pl*; **poor in** ubogi
w +*acc*.

poorly ['puəlɪ] *adj* chory ♦ *adv* słabo,
kiepsko.

pop [pɔp] *n* (*MUS*) pop *m*; (*drink*)
napój *m* gazowany *or* musujący;
(*US: inf: father*) tata *m*; (*sound*) huk
m, trzask *m* ♦ *vi* (*balloon*) pękać
(pęknąć *perf*); (*cork*) strzelać
(strzelić *perf*) ♦ *vt*: **to pop sth
into/onto/on** *etc* wsuwać (wsunąć
perf) coś do +*gen*/na +*acc*.

▶**pop in** *vi* wpadać (wpaść *perf*).

▶**pop out** *vi* wyskakiwać
(wyskoczyć *perf*).

▶**pop up** *vi* pojawiać się (pojawić się
perf).

popcorn ['pɔpkɔːn] *n* prażona
kukurydza *f*.

pope [pəup] *n* papież *m*.

poplar ['pɔplə*] *n* topola *f*.

poplin ['pɔplɪn] *n* popelina *f*.

poppy ['pɔpɪ] *n* mak *m*.

pop star *n* gwiazda *f* muzyki pop.

popular ['pɔpjulə*] *adj* (*well-liked,
fashionable, non-specialist*)

popularny; (*general*) powszechny;
(*POL: movement, cause*)
(ogólno)społeczny.

popularity [pɔpju'lærɪtɪ] *n*
popularność *f*.

popularize ['pɔpjulǝraɪz] *vt*
popularyzować (spopularyzować
perf).

population [pɔpju'leɪʃǝn] *n*
(*inhabitants*) ludność *f*; (*number of
people*) liczba *f* ludności *or*
mieszkańców.

populous ['pɔpjulǝs] *adj* gęsto
zaludniony.

porcelain ['pɔːslɪn] *n* porcelana *f*.

porch [pɔːtʃ] *n* ganek *m*; (*US*)
weranda *f*.

porcupine ['pɔːkjupaɪn] *n* jeżozwierz
m.

pore [pɔː*] *n* por *m* ♦ *vi*: **to pore
over** (*book, article*) zagłębiać się w
+*acc*; (*map, chart*) studiować +*acc*.

pork [pɔːk] *n* wieprzowina *f*.

pornographic [pɔːnǝ'græfɪk] *adj*
pornograficzny.

pornography [pɔː'nɔgrǝfɪ] *n*
pornografia *f*.

porous ['pɔːrǝs] *adj* porowaty.

porpoise ['pɔːpǝs] *n* morświn *m*.

porridge ['pɔrɪdʒ] *n* owsianka *f*.

port [pɔːt] *n* (*harbour*) port *m*;
(*NAUT*) lewa burta *f*; (*wine*) porto *nt
inv*; **port of call** (*NAUT*) port
zawinięcia *or* pośredni.

portable ['pɔːtǝbl] *adj* przenośny.

porter ['pɔːtǝ*] *n* (*for luggage*)
bagażowy *m*, tragarz *m*;
(*doorkeeper*) portier(ka) *m(f)*.

portfolio [pɔːt'fǝuliǝu] *n* (*for papers,
drawings*) teczka *f*; (*POL*) teka *f*;
(*FIN*) portfel *m*.

portion ['pɔːʃǝn] *n* (*part*) część *f*;
(*helping*) porcja *f*.

portrait ['pɔːtreɪt] *n* portret *m*.

portray [pɔː'treɪ] *vt* (*depict*)
przedstawiać (przedstawić *perf*),
portretować (sportretować *perf*);

(*actor*) odtwarzać (odtworzyć *perf*)
rolę +*gen*.

portrayal [pɔː'treɪǝl] *n* (*depiction*)
przedstawienie *nt*, portret *m*;
(*actor's*) odtworzenie *nt* roli.

Portugal ['pɔːtjugl] *n* Portugalia *f*.

Portuguese [pɔːtju'giːz] *adj*
portugalski ♦ *n inv* (*person*)
Portugalczyk (-lka) *m(f)*; (*LING*)
(język *m*) portugalski.

pose [pǝuz] *n* poza *f* ♦ *vt* (*question*)
stawiać (postawić *perf*); (*problem,
danger*) stanowić ♦ *vi*: **to pose as**
podawać się za +*acc*; **to pose for**
(*painting etc*) pozować do +*gen*.

posh [pɔʃ] (*inf*) *adj* (*smart*) elegancki;
(*upper-class*) z wyższych sfer *post*.

position [pǝ'zɪʃǝn] *n* (*place, situation*)
położenie *nt*; (*of body, in
competition, society*) pozycja *f*; (*job,
attitude*) stanowisko *nt* ♦ *vt*
umieszczać (umieścić *perf*).

positive ['pɔzɪtɪv] *adj* (*certain*)
pewny; (*hopeful, confident,
affirmative*) pozytywny; (*decisive*)
stanowczy; (*MATH, ELEC*) dodatni.

positively ['pɔzɪtɪvlɪ] *adv* (*expressing
emphasis*) wręcz; (*encouragingly*)
pozytywnie; (*definitely*) stanowczo;
(*ELEC*) dodatnio.

possess [pǝ'zɛs] *vt* (*have, own*)
posiadać.

possession [pǝ'zɛʃǝn] *n* (*state of
possessing*) posiadanie *nt*;
possessions *npl* dobytek *m*; **to take
possession of** brać (wziąć *perf*) w
posiadanie +*acc*.

possessive [pǝ'zɛsɪv] *adj* (*of another
person*) zaborczy; (*of things*)
zazdrosny; (*LING*) dzierżawczy.

possibility [pɔsɪ'bɪlɪtɪ] *n* możliwość *f*.

possible ['pɔsɪbl] *adj* możliwy; **it's
possible** (to jest) możliwe; **as soon
as possible** (możliwie) jak
najszybciej.

possibly ['pɔsɪblɪ] *adv* (*perhaps*) być
może; **what could they possibly**

want? czegóż mogą chcieć?; **if you possibly can** jeśli tylko możesz.

post [pəust] n (BRIT) poczta f; (pole) słup m, pal m; (job) stanowisko nt; (MIL) posterunek m ♦ vt (BRIT: letter) wysyłać (wysłać perf).

postage ['pəustɪdʒ] n opłata f pocztowa.

postage stamp n znaczek m pocztowy.

postal ['pəustl] adj pocztowy.

postal order (BRIT) n przekaz m pocztowy.

postbox ['pəustbɔks] (BRIT) n skrzynka f pocztowa.

postcard ['pəustkɑːd] n pocztówka f, widokówka f.

postcode ['pəustkəud] (BRIT) n kod m pocztowy.

poster ['pəustə*] n plakat m, afisz m.

poste restante [pəust'restɑ̃:nt] (BRIT) n poste restante nt inv.

posterity [pɔs'terɪtɪ] n potomność f.

postgraduate ['pəust'grædjuət] n (working for MA etc) ≈ magistrant(ka) m(f); (working for PhD etc) ≈ doktorant(ka) m(f).

posthumous ['pɔstjuməs] adj pośmiertny.

postman ['pəustmən] (irreg like: man) n listonosz m.

postmark ['pəustmɑːk] n stempel m pocztowy.

postmortem [pəust'mɔːtəm] n (MED) sekcja f zwłok.

post office n urząd m pocztowy; **the Post Office** ≈ Poczta Polska.

postpone [pəus'pəun] vt odraczać (odroczyć perf), odkładać (odłożyć perf).

postscript ['pəustskrɪpt] n postscriptum nt.

posture ['pɔstʃə*] n postura f, postawa f.

postwar [pəust'wɔː*] adj powojenny.

posy ['pəuzɪ] n bukiecik m.

pot [pɔt] n (for cooking) garnek m; (teapot, coffee pot, potful) dzbanek m; (for jam etc) słoik m; (flowerpot) doniczka f; (inf: marijuana) traw(k)a f (inf) ♦ vt sadzić (posadzić perf) w doniczce; **to go to pot** (inf) schodzić (zejść perf) na psy.

potato [pə'teɪtəu] (pl **potatoes**) n ziemniak m.

potent ['pəutnt] adj (weapon) potężny; (argument) przekonujący; (drink) mocny; (man) sprawny seksualnie.

potential [pə'tenʃl] adj potencjalny ♦ n (talent, ability) potencjał m; (promise, possibilities) zadatki pl.

potentially [pə'tenʃəlɪ] adv potencjalnie.

pothole ['pɔthəul] n (in road) wybój m; (cave) jaskinia f.

potion ['pəuʃən] n (medicine) płynny lek m; (poison) trujący napój m; (charm) napój m magiczny, eliksir m.

potted ['pɔtɪd] adj (food) wekowany; (plant) doniczkowy; (history, biography) skrócony.

potter ['pɔtə*] n garncarz (-arka) m(f) ♦ vi: **to potter around, potter about** (BRIT) pałętać się.

pottery ['pɔtərɪ] n (pots, dishes) wyroby pl garncarskie; (work, hobby) garncarstwo nt.

potty ['pɔtɪ] adj (inf) stuknięty (inf) ♦ n nocniczek m.

pouch [pautʃ] n (for tobacco) kapciuch m; (for coins) sakiewka f; (ZOOL) torba f.

poultry ['pəultrɪ] n drób m.

pounce [pauns] vi: **to pounce on** rzucać się (rzucić się perf) na +acc; (fig: mistakes) wytykać (wytknąć perf) +acc.

pound [paund] n (unit of money, weight) funt m ♦ vt (beat) walić w +acc; (crush) tłuc (utłuc perf) ♦ vi (heart) walić.

pound sterling n funt m szterling.

pour [pɔː*] vt lać, nalewać (nalać

perf) ♦ *vi* (*water, blood, sweat*) lać
się; (*rain*) lać; **to pour sb some tea**
nalewać (nalać *perf*) komuś herbaty.
►**pour away** *vt* wylewać (wylać *perf*).
►**pour in** *vi* (*people, crowd*) wlewać
się; (*letters*) (masowo) napływać.
►**pour out** *vi* (*people, crowd*)
wylewać się ♦ *vt* nalewać (nalać
perf); (*fig: thoughts, feelings*)
wylewać (wylać *perf*) z siebie.
pouring ['pɔ:rɪŋ] *adj*: **pouring rain**
ulewny deszcz *m*.
pout [paut] *vi* wydymać (wydąć *perf*)
wargi.
poverty ['pɔvətɪ] *n* bieda *f*, ubóstwo
nt.
powder ['paudə*] *n* (*granules*)
proszek *m*; (*face powder*) puder *m*
(kosmetyczny) ♦ *vt*: **to powder
one's face** pudrować (upudrować
perf or przypudrować *perf*) twarz.
powdered milk ['paudəd-] *n* mleko
nt w proszku.
powder room (*euphemism*) *n*
damska toaleta *f*.
power ['pauə*] *n* (*control*) władza *f*;
(*ability: of speech etc*) zdolność *f*;
(*legal right*) uprawnienie *nt*; (*of
engine, electricity*) moc *f*; (*strength:
lit, fig*) siła *f*; **to be in power** być u
władzy; **to turn the power on**
włączać (włączyć *perf*) zasilanie.
power cut *n* przerwa *f* w dopływie
energii elektrycznej.
powered ['pauəd] *adj*: **powered by**
napędzany +*instr*.
powerful ['pauəful] *adj* (*strong*)
mocny, silny; (*influential*)
wpływowy; (*ruler*) potężny.
powerless ['pauəlıs] *adj* bezsilny.
power point (*BRIT*) *n* gniazdo *nt*
sieciowe.
power station *n* elektrownia *f*.
pp. *abbr* (= *pages*) s.
PR officer *n* piarowiec *m*.
PR *n abbr* = **public relations**.

practicable ['præktɪkəbl] *adj*
wykonalny.
practical ['præktɪkl] *adj* praktyczny;
(*good with hands*) sprawny
manualnie; (*ideas, methods*)
możliwy (do zastosowania) w
praktyce.
practical joke *n* psikus *m*, figiel *m*.
practically ['præktɪklɪ] *adv*
praktycznie.
practice ['præktɪs] *n* praktyka *f*;
(*custom*) zwyczaj *m*; (*exercise,
training*) wprawa *f* ♦ *vt, vi* (*US*) =
practise; **in practice** w praktyce; **I
am out of practice** wyszedłem z
wprawy.
practise ['præktɪs] (*US* **practice**) *vt*
ćwiczyć; (*SPORT*) trenować;
(*custom, activity*) praktykować;
(*profession*) wykonywać ♦ *vi*
ćwiczyć; (*sportsman*) trenować;
(*lawyer, doctor*) praktykować,
prowadzić praktykę.
practising ['præktɪsɪŋ] *adj* (*Christian,
lawyer*) praktykujący.
practitioner [præk'tɪʃənə*] *n*:
medical practitioner terapeuta (-tka)
m(f).
pragmatic [præg'mætɪk] *adj*
pragmatyczny.
prairie ['preərɪ] *n* preria *f*.
praise [preɪz] *n* pochwała *f* ♦ *vt*
chwalić (pochwalić *perf*).
praiseworthy ['preɪzwə:ðɪ] *adj*
(*behaviour*) godny pochwały;
(*attempt*) chwalebny.
pram [præm] (*BRIT*) *n* wózek *m*
dziecięcy.
prank [præŋk] *n* psikus *m*.
prawn [prɔ:n] *n* krewetka *f*.
pray [preɪ] *vi* modlić się (pomodlić
się *perf*).
prayer [preə*] *n* modlitwa *f*.
preach [pri:tʃ] *vi* wygłaszać
(wygłosić *perf*) kazanie ♦ *vt*
(*sermon*) wygłaszać (wygłosić *perf*);
(*ideology etc*) propagować.

preacher ['pri:tʃə*] n kaznodzieja m.

precarious [prɪ'kɛərɪəs] adj
niebezpieczny; (position) niepewny.

precaution [prɪ'kɔ:ʃən] n
zabezpieczenie nt.

precede [prɪ'si:d] vt (event, words)
poprzedzać (poprzedzić perf);
(person) iść przed +instr; **she
preceded us, we were preceded by
her** szła przed nami.

precedence ['prɛsɪdəns] n
pierwszeństwo nt.

precedent ['prɛsɪdənt] n precedens m.

preceding [prɪ'si:dɪŋ] adj poprzedni.

precinct ['pri:sɪŋkt] n (US) dzielnica
f; **precincts** npl (of cathedral, palace)
teren m; **pedestrian precinct** (BRIT)
strefa ruchu pieszego; **shopping
precinct** (BRIT) centrum handlowe
(zamknięte dla ruchu samochodowego).

precious ['prɛʃəs] adj cenny.

precious stone n kamień m
szlachetny.

precipice ['prɛsɪpɪs] n urwisko nt,
przepaść f.

precipitate [prɪ'sɪpɪteɪt] vt
przyśpieszać (przyśpieszyć perf).

precise [prɪ'saɪs] adj (nature,
position) dokładny; (instructions,
definition) precyzyjny, dokładny.

precisely [prɪ'saɪslɪ] adv dokładnie.

precision [prɪ'sɪʒən] n precyzja f,
dokładność f.

preclude [prɪ'klu:d] vt wykluczać
(wykluczyć perf).

precocious [prɪ'kəuʃəs] adj (child)
rozwinięty nad wiek; (talent)
wcześnie rozwinięty.

preconceived [pri:kən'si:vd] adj z
góry przyjęty or założony.

precondition ['pri:kən'dɪʃən] n
warunek m wstępny.

precursor [pri:'kə:sə*] n prekursor m.

predator ['prɛdətə*] n drapieżnik m.

predecessor ['pri:dɪsɛsə*] n
poprzednik (-iczka) m(f).

predicament [prɪ'dɪkəmənt] n
kłopotliwe położenie nt.

predict [prɪ'dɪkt] vt przewidywać
(przewidzieć perf).

predictable [prɪ'dɪktəbl] adj
przewidywalny, do przewidzenia
post.

prediction [prɪ'dɪkʃən] n
przewidywanie nt.

predominantly [prɪ'dɒmɪnəntlɪ] adv
w przeważającej mierze or części,
przeważnie.

predominate [prɪ'dɒmɪneɪt] vi
przeważać.

pre-empt [pri:'ɛmt] vt (plan)
udaremniać (udaremnić perf);
(decision) uprzedzać (uprzedzić perf).

preface ['prɛfəs] n przedmowa f.

prefer [prɪ'fə:*] vt woleć, preferować
(fml); **to prefer doing sth** or **to do
sth** woleć coś robić; **I prefer coffee
to tea** wolę kawę od herbaty.

preferable ['prɛfrəbl] adj bardziej
pożądany.

preferably ['prɛfrəblɪ] adv najlepiej.

preference ['prɛfrəns] n preferencja
f; **to have a preference for** woleć or
preferować +acc.

preferential [prɛfə'rɛnʃəl] adj:
preferential treatment traktowanie
nt preferencyjne.

prefix ['pri:fɪks] n przedrostek m.

pregnancy ['prɛgnənsɪ] n ciąża f.

pregnant ['prɛgnənt] adj w ciąży
post, ciężarny; **three months
pregnant** w trzecim miesiącu ciąży.

prehistoric ['pri:hɪs'tɒrɪk] adj
prehistoryczny.

prejudice ['prɛdʒudɪs] n (against)
uprzedzenie nt; (in favour)
przychylne nastawienie nt.

prejudiced ['prɛdʒudɪst] adj (person:
against) uprzedzony; (: in favour)
przychylnie nastawiony.

preliminary [prɪ'lɪmɪnərɪ] adj
wstępny.

prelude ['prɛlju:d] n preludium nt.

premarital ['priː'mærɪtl] *adj* przedmałżeński.

premature ['prɛmətʃuə*] *adj* przedwczesny; **premature baby** wcześniak.

premeditated [priː'mɛdɪteɪtɪd] *adj* (*act*) przemyślany; (*crime*) z premedytacją *post*.

premier ['prɛmɪə*] *adj* główny ♦ *n* premier *m*.

première ['prɛmɪɛə*] *n* premiera *f*.

premise ['prɛmɪs] *n* (*of argument*) przesłanka *f*; **premises** *npl* teren *m*, siedziba *f*; **on the premises** na miejscu.

premium ['priːmɪəm] *n* (*extra money*) premia *f*; (*INSURANCE*) składka *f* ubezpieczeniowa; **at a premium** (*expensive*) sprzedawany po wyższej cenie; (*hard to get*) poszukiwany.

premium bond (*BRIT*) *n* obligacja *f* pożyczki premiowej.

premonition [prɛmə'nɪʃən] *n* przeczucie *nt*.

preoccupation [priːɔkju'peɪʃən] *n*: **preoccupation with** zaabsorbowanie *nt* +*instr*.

preoccupied [priː'ɔkjupaɪd] *adj* zaabsorbowany.

prepaid [priː'peɪd] *adj* opłacony.

preparation [prɛpə'reɪʃən] *n* (*activity*) przygotowanie *nt*; (*medicine, cosmetic*) preparat *m*; (*food*) przetwór *m*; **preparations** *npl* przygotowania *pl*.

preparatory [prɪ'pærətərɪ] *adj* przygotowawczy.

preparatory school *n* (*BRIT*) prywatna szkoła podstawowa.

prepare [prɪ'pɛə*] *vt* przygotowywać (przygotować *perf*) ♦ *vi*: **to prepare for** (*action, exam*) przygotowywać się (przygotować się *perf*) do +*gen*; (*sth new or unpleasant*) przygotowywać się (przygotować się *perf*) na +*acc*.

prepared [prɪ'pɛəd] *adj*: **prepared to** gotowy +*infin*; **prepared for** (*action, exam*) przygotowany do +*gen*; (*sth new or unpleasant*) przygotowany na +*acc*.

preponderance [prɪ'pɔndərns] *n* przewaga *f*.

preposition [prɛpə'zɪʃən] *n* przyimek *m*.

preposterous [prɪ'pɔstərəs] *adj* niedorzeczny.

prep school *n* = **preparatory school**.

prerequisite [priː'rɛkwɪzɪt] *n* warunek *m* wstępny.

Presbyterian [prɛzbɪ'tɪərɪən] *adj* prezbiteriański ♦ *n* prezbiterianin (-anka) *m(f)*.

preschool ['priː'skuːl] *adj* (*age*) przedszkolny; (*child*) w wieku przedszkolnym *post*.

prescribe [prɪ'skraɪb] *vt* (*MED*) przepisywać (przepisać *perf*).

prescription [prɪ'skrɪpʃən] *n* (*slip of paper*) recepta *f*; (*medicine*) przepisane lekarstwo *nt*.

presence ['prɛzns] *n* (*being somewhere*) obecność *f*; (*personality*) prezencja *f*; **in sb's presence** w czyjejś obecności.

presence of mind *n* przytomność *f* umysłu.

present ['prɛznt] *adj* obecny ♦ *n* (*gift*) prezent *m*; (*actuality*): **the present** teraźniejszość *f* ♦ *vt* (*prize*) wręczać (wręczyć *perf*); (*difficulty, threat*) stanowić; (*person, information*) przedstawiać (przedstawić *perf*); (*radio/tv programme*) prowadzić (poprowadzić *perf*); **to give sb a present** dawać (dać *perf*) komuś prezent; **at present** obecnie.

presentable [prɪ'zɛntəbl] *adj* (*person*) o dobrej prezencji *post*; **to be/look presentable** dobrze się prezentować.

presentation [prɛzn'teɪʃən] *n* (*of plan etc*) przedstawienie *nt*, prezentacja f; (*appearance*) wygląd m.

present-day ['prezntdeɪ] *adj* dzisiejszy, współczesny.

presenter [prɪ'zentə*] *n* prezenter(ka) *m(f)*.

presently ['prezntlɪ] *adv* (*soon, soon after*) wkrótce; (*currently*) obecnie.

preservation [prezə'veɪʃən] *n* (*of peace*) zachowanie *nt*; (*of standards*) utrzymanie *nt*.

preservative [prɪ'zə:vətɪv] *n* (*for food*) konserwant *m*; (*for wood, metal*) środek *m* konserwujący.

preserve [prɪ'zə:v] *vt* (*customs, independence etc*) zachowywać (zachować *perf*); (*building, manuscript, food*) konserwować (zakonserwować *perf*) ♦ *n* (*often pl*: *jam etc*) zaprawy *pl*.

preside [prɪ'zaɪd] *vi*: **to preside over** (*meeting*) przewodniczyć +*dat*; (*event*) kierować (pokierować *perf*) +*instr*.

presidency ['prezɪdənsɪ] *n* (*POL*: *position*) urząd *m* prezydenta; (: *function, period of time*) prezydentura f.

president ['prezɪdənt] *n* (*POL*) prezydent *m*; (*of organization*) prezes *m*, przewodniczący(ca) *m(f)*.

presidential [prezɪ'denʃl] *adj* (*election, campaign*) prezydencki; **presidential adviser/representative** doradca/przedstawiciel prezydenta; **presidential candidate** kandydat na prezydenta.

press [pres] *n* (*also*: **printing press**) prasa f (drukarska); (*of switch, bell*) naciśnięcie *nt* ♦ *vt* (*one thing against another*) przyciskać (przycisnąć *perf*); (*button, switch*) naciskać (nacisnąć *perf*); (*clothes*) prasować (wyprasować *perf*); (*person*) naciskać (nacisnąć *perf*) (na +*acc*) ♦ *vi* przeciskać się (przecisnąć się *perf*); **the Press** prasa; **to press sth**

(up)on sb wciskać (wcisnąć *perf*) coś komuś; **to press for** domagać się +*gen*.

►**press on** *vi* nie ustawać w wysiłkach.

press conference *n* konferencja f prasowa.

pressing ['presɪŋ] *adj* pilny, nie cierpiący zwłoki.

press release *n* oświadczenie *nt* prasowe.

press stud (*BRIT*) *n* zatrzask *m*.

press-up ['presʌp] (*BRIT*) *n* pompka f (*ćwiczenie*).

pressure ['preʃə*] *n* (*physical force*) nacisk *m*, ucisk *m*; (*of air, water*) ciśnienie *nt*; (*fig*: *demand*) naciski *pl*; (: *stress*) napięcie *nt*; **to put pressure on sb (to do sth)** wywierać (wywrzeć *perf*) presję na kogoś (, by coś zrobił).

prestige [pres'ti:ʒ] *n* prestiż *m*.

prestigious [pres'tɪdʒəs] *adj* prestiżowy.

presumably [prɪ'zju:məblɪ] *adv* przypuszczalnie.

presume [prɪ'zju:m] *vt*: **to presume that ...** przyjmować (przyjąć *perf*), że ... .

presumption [prɪ'zʌmpʃən] *n* (*supposition*) założenie *nt*, domniemanie *nt*.

presumptuous [prɪ'zʌmpʃəs] *adj* arogancki.

presuppose [pri:sə'pəuz] *vt* zakładać.

pretence [prɪ'tens] (*US* **pretense**) *n* pozory *pl*.

pretend [prɪ'tend] *vt* udawać (udać *perf*) ♦ *vi* udawać; **I don't pretend to understand it** nie twierdzę, że to rozumiem.

pretense [prɪ'tens] (*US*) *n* = **pretence**.

pretentious [prɪ'tenʃəs] *adj* pretensjonalny.

pretext ['pri:tekst] *n* pretekst *m*.

pretty ['prɪtɪ] *adj* ładny ♦ *adv*: **pretty clever/good** całkiem bystry/niezły.

prevail [prɪ'veɪl] *vi* (*be current*) przeważać, dominować; (*triumph*) brać (wziąć *perf*) górę.

prevailing [prɪ'veɪlɪŋ] *adj* (*wind*) przeważający; (*fashion, view*) panujący, powszechny.

prevalent ['prevələnt] *adj* powszechny.

prevent [prɪ'vent] *vt* zapobiegać (zapobiec *perf*) +*dat*; **to prevent sb from doing sth** uniemożliwiać (uniemożliwić *perf*) komuś zrobienie czegoś; **to prevent sth from happening** zapobiegać (zapobiec *perf*) czemuś, nie dopuszczać (nie dopuścić *perf*) do czegoś.

prevention [prɪ'venʃən] *n* zapobieganie *nt*, profilaktyka *f*.

preventive [prɪ'ventɪv] *adj* zapobiegawczy, profilaktyczny.

preview ['priːvjuː] *n* pokaz *m* przedpremierowy.

previous ['priːvɪəs] *adj* poprzedni.

previously ['priːvɪəslɪ] *adv* (*before*) wcześniej; (*formerly*) poprzednio.

prewar [priː'wɔː*] *adj* przedwojenny.

prey [preɪ] *n* zdobycz *f*.
►**prey on** *vt fus* polować na +*acc*.

price [praɪs] *n* cena *f* ♦ *vt* wyceniać (wycenić *perf*).

priceless ['praɪslɪs] *adj* bezcenny.

price list *n* cennik *m*.

prick [prɪk] *n* ukłucie *nt* ♦ *vt* (*make hole in*) nakłuwać (nakłuć *perf*); (*scratch*) kłuć (pokłuć *perf*); **to prick up one's ears** nadstawiać (nadstawić *perf*) uszu.

prickly ['prɪklɪ] *adj* (*plant*) kłujący, kolczasty; (*fabric*) kłujący, szorstki.

pride [praɪd] *n* duma *f*, (*pej*) pycha *f* ♦ *vt*: **to pride o.s. on** szczycić się +*instr*.

priest [priːst] *n* (*Christian*) ksiądz *m*, kapłan *m*; (*non-Christian*) kapłan *m*.

prig [prɪg] *n* zarozumialec *m*.

prim [prɪm] (*pej*) *adj* (*person, avoidance of issue*) pruderyjny (*pej*); (*voice*) afektowany; (*manner*) wymuszony, sztywny.

primarily ['praɪmərɪlɪ] *adv* w pierwszym rzędzie, głównie.

primary ['praɪmərɪ] *adj* podstawowy ♦ *n* (*US*) wybory *pl* wstępne.

primary school (*BRIT*) *n* szkoła *f* podstawowa.

primate ['praɪmɪt] *n* (*ZOOL*) naczelny *m*, ssak *m* z rzędu naczelnych.

prime [praɪm] *adj* pierwszorzędny ♦ *n* najlepsze lata *pl* ♦ *vt* (*wood*) zagruntowywać (zagruntować *perf*); (*fig: person*) instruować (poinstruować (*perf*)); **a prime example of** klasyczny przykład +*gen*.

Prime Minister *n* premier *m*, Prezes *m* Rady Ministrów.

primitive ['prɪmɪtɪv] *adj* prymitywny.

primrose ['prɪmrəuz] *n* pierwiosnek *m*.

prince [prɪns] *n* książę *m*, królewicz *m*.

princess [prɪn'ses] *n* księżniczka *f*, królewna *f*.

principal ['prɪnsɪpl] *adj* główny ♦ *n* (*SCOL*) dyrektor(ka) *m(f)*.

principle ['prɪnsɪpl] *n* zasada *f*; **in principle** w zasadzie; **on principle** z *or* dla zasady.

print [prɪnt] *n* (*TYP*) druk *m*; (*ART*) sztych *m*, rycina *f*; (*PHOT*) odbitka *f* ♦ *vt* (*books etc*) drukować (wydrukować *perf*); (*cloth, pattern*) drukować; (*write in capitals*) pisać (napisać *perf*) drukowanymi literami; **prints** *npl* odciski *pl* palców; **the book is out of print** nakład książki jest wyczerpany; **in print** w sprzedaży (*o książce itp*).

printer ['prɪntə*] *n* (*person*) drukarz *m*; (*firm*) drukarnia *f*; (*machine*) drukarka *f*.

printout ['prɪntaut] (*COMPUT*) *n* wydruk *m*.

prior ['praɪə*] adj (previous)
uprzedni, wcześniejszy; (more
important) ważniejszy; **prior to**
przed +instr.

priority [praɪ'ɔrɪtɪ] n sprawa f
nadrzędna; **priorities** npl priorytety
pl, hierarchia f ważności; **to take** or
have priority (over) być
nadrzędnym (w stosunku do +gen).

prison ['prɪzn] n (lit, fig) więzienie nt
♦ cpd więzienny.

prisoner ['prɪznə*] n (in prison)
więzień/więźniarka m/f; (during war
etc) jeniec m.

prisoner of war n jeniec m wojenny.

privacy ['prɪvəsɪ] n prywatność f; **in
the privacy of one's own home** w
zaciszu własnego domu.

private ['praɪvɪt] adj (personal,
confidential, not public) prywatny;
(secluded) ustronny; (secretive)
skryty ♦ n (MIL) szeregowy (-wa)
m(f); **"private"** (on envelope)
„poufne", „do rąk własnych"; (on
door) „obcym wstęp wzbroniony";
in private na osobności, bez
świadków.

private eye n prywatny detektyw m.

privatize ['praɪvɪtaɪz] vt
prywatyzować (sprywatyzować perf).

privilege ['prɪvɪlɪdʒ] n (advantage)
przywilej m; (honour) zaszczyt m.

privileged ['prɪvɪlɪdʒd] adj
uprzywilejowany.

prize [praɪz] n (in competition, sports)
nagroda f; (at lottery) wygrana f ♦
adj (first-class) pierwszorzędny,
przedni ♦ vt wysoko (sobie) cenić.

prize-giving ['praɪzɡɪvɪŋ] n rozdanie
nt nagród.

pro [prəu] n (SPORT) zawodowiec m
♦ prep za +instr, **the pros and cons**
za i przeciw.

probability [prɔbə'bɪlɪtɪ] n: **the
probability that/of**
prawdopodobieństwo nt, że/+gen; **in**

all probability według wszelkiego
prawdopodobieństwa.

probable ['prɔbəbl] adj
prawdopodobny.

probably ['prɔbəblɪ] adv
prawdopodobnie.

probation [prə'beɪʃən] n: **to be on
probation** (law-breaker) odbywać
wyrok w zawieszeniu; (employee)
odbywać staż.

probe [prəub] n (MED) sonda f,
zgłębnik m; (SPACE) sonda f
kosmiczna; (enquiry) dochodzenie nt
♦ vt badać (zbadać perf).

problem ['prɔbləm] n problem m;
(MATH) zadanie nt.

problematic(al) [prɔblə'mætɪk(l)]
adj skomplikowany.

procedure [prə'si:dʒə*] n procedura
f.

proceed [prə'si:d] vi (carry on)
kontynuować; (go) iść; **to proceed
to do sth** przystępować (przystąpić
perf) do robienia czegoś.

proceedings [prə'si:dɪŋz] npl
(organized events) przebieg m
(uroczystości, obchodów itp); (JUR)
postępowanie nt prawne.

proceeds ['prəusi:dz] npl dochód m.

process ['prəusɛs] n proces m ♦ vt
(raw materials, food) przerabiać
(przerobić perf), przetwarzać
(przetworzyć perf); (application)
rozpatrywać (rozpatrzyć perf); (data)
przetwarzać (przetworzyć perf).

processing ['prəusɛsɪŋ] (PHOT) n
obróbka f (fotograficzna).

procession [prə'sɛʃən] n pochód m;
(REL) procesja f.

proclaim [prə'kleɪm] vt
proklamować, ogłaszać (ogłosić
perf).

proclamation [prɔklə'meɪʃən] n
proklamacja f.

procure [prə'kjuə*] vt zdobywać
(zdobyć perf).

prod [prɔd] vt szturchać (szturchnąć

perf); (*with sth sharp*) dźgać (dźgnąć *perf*) ♦ *n* szturchnięcie *nt*; (*with sth sharp*) dźgnięcie *nt*.

prodigal ['prɔdɪgl] *adj*: **prodigal son** syn *m* marnotrawny.

prodigious [prə'dɪdʒəs] *adj* kolosalny.

prodigy ['prɔdɪdʒɪ] *n* cudowne dziecko *nt*.

produce ['prɔdjuːs] *n* płody *pl* rolne ♦ *vt* (*effect etc*) przynosić (przynieść *perf*); (*goods*) produkować (wyprodukować *perf*); (*BIO, CHEM*) wytwarzać (wytworzyć *perf*); (*fig: evidence etc*) przedstawiać (przedstawić *perf*); (*play*) wystawiać (wystawić *perf*); (*film, programme*) być producentem +*gen*; (*bring or take out*) wyjmować (wyjąć *perf*).

producer [prə'djuːsə*] *n* producent *m*.

product ['prɔdʌkt] *n* (*goods*) produkt *m*; (*result*) wytwór *m*.

product placement *n* kryptoreklama *f* (*polegająca na umieszczeniu danego produktu w filmie itp.*).

production [prə'dʌkʃən] *n* produkcja *f*, (*THEAT*) wystawienie *nt* (sztuki), inscenizacja *f*.

productive [prə'dʌktɪv] *adj* wydajny; (*fig*) owocny.

productivity [prɔdʌk'tɪvɪtɪ] *n* wydajność *f*.

profess [prə'fɛs] *vt* (*feelings, opinions*) wyrażać (wyrazić *perf*); **he professed ignorance, he professed not to know anything** utrzymywał, że nic nie wie.

profession [prə'fɛʃən] *n* zawód *m*.

professional [prə'fɛʃənl] *adj* (*not amateur*) zawodowy; (*skilful*) fachowy, profesjonalny ♦ *n* (*not amateur*) zawodowiec *m*; (*skilled person*) fachowiec *m*, profesjonalista (-tka) *m(f)*.

professor [prə'fɛsə*] *n* (*BRIT*)

profesor *m*; (*US, CANADA*) nauczyciel *m* akademicki.

proficiency [prə'fɪʃənsɪ] *n* biegłość *f*, wprawa *f*.

proficient [prə'fɪʃənt] *adj* biegły, wprawny.

profile ['prəufaɪl] *n* profil *m*; (*fig*) rys *m* biograficzny.

profit ['prɔfɪt] *n* zysk *m* ♦ *vi*: **to profit by** *or* **from** (*fig*) odnosić (odnieść *perf*) korzyść *or* korzyści z +*gen*, mieć pożytek z +*gen*.

profitability [prɔfɪtə'bɪlɪtɪ] *n* opłacalność *f*.

profitable ['prɔfɪtəbl] *adj* opłacalny, dochodowy.

profound [prə'faund] *adj* głęboki.

profusely [prə'fjuːslɪ] *adv* wylewnie.

prognosis [prɔg'nəusɪs] (*pl* **prognoses**) *n* (*MED*) rokowanie *nt*.

programme ['prəugræm] *n* program *m* ♦ *vt* programować (zaprogramować *perf*).

programmer ['prəugræmə*] (*COMPUT*) *n* programista (-tka) *m(f)*.

programming ['prəugræmɪŋ] (*US* **programing**) (*COMPUT*) *n* programowanie *nt*.

progress ['prəugrɛs] *n* (*improvement, advances*) postęp *m*; (*development*) rozwój *m* ♦ *vi* (*advance*) robić (zrobić *perf*) postęp(y); (*become higher in rank*) awansować (awansować *perf*); (*continue*) postępować *or* posuwać się naprzód; **in progress** w toku.

progression [prə'grɛʃən] *n* (*development*) postęp *m*.

progressive [prə'grɛsɪv] *adj* (*enlightened*) postępowy; (*gradual*) postępujący.

prohibit [prə'hɪbɪt] *vt* zakazywać (zakazać *perf*) +*gen*.

prohibition [prəuɪ'bɪʃən] *n* zakaz *m*.

project ['prɔdʒɛkt] *n* projekt *m*; (*SCOL*) referat *m* ♦ *vt* (*plan*) projektować (zaprojektować *perf*);

(*estimate*) przewidywać
(przewidzieć *perf*); (*film*) wyświetlać
(wyświetlić *perf*) ♦ *vi* wystawać.

projection [prə'dʒɛkʃən] *n* (*estimate*)
przewidywanie *nt*; (*overhang*)
występ *m*; (*FILM*) projekcja *f*.

projector [prə'dʒɛktə*] *n* rzutnik *m*.

proletarian [prəulɪ'tɛərɪən] *adj*
proletariacki.

proliferate [prə'lɪfəreɪt] *vi* mnożyć
się.

prolific [prə'lɪfɪk] *adj* (*writer etc*)
płodny.

prologue ['prəulɔg] (*US* **prolog**) *n*
prolog *m*.

prolong [prə'lɔŋ] *vt* przedłużać
(przedłużyć *perf*).

prom [prɔm] *n abbr* = **promenade**.

promenade [prɔmə'nɑːd] *n*
promenada *f*.

promenade concert (*BRIT*) *n*
koncert *m* na świeżym powietrzu.

prominence ['prɔmɪnəns] *n* ważność
f.

prominent ['prɔmɪnənt] *adj*
(*important*) wybitny; (*very
noticeable*) widoczny.

promiscuous [prə'mɪskjuəs] *adj*
rozwiązły.

promise ['prɔmɪs] *n* (*vow*)
przyrzeczenie *nt*, obietnica *f*;
(*potential*) zadatki *pl*; (*hope*)
nadzieja *f* ♦ *vi* przyrzekać (przyrzec
perf), obiecywać (obiecać *perf*) ♦ *vt*:
**to promise sb sth, promise sth to
sb** przyrzekać (przyrzec *perf*) *or*
obiecywać (obiecać *perf*) coś
komuś; **to promise (sb) to do sth**
obiecywać (obiecać *perf*) (komuś)
coś zrobić; **to promise (sb) that ...**
dawać (dać *perf*) (komuś) słowo, że
... .

promising ['prɔmɪsɪŋ] *adj* obiecujący.

promote [prə'məut] *vt* (*employee*)
awansować (awansować *perf*),
dawać (dać *perf*) awans +*dat*;
(*product*) promować (wypromować

perf), lansować (wylansować *perf*);
(*understanding, peace*) przyczyniać
się (przyczynić się *perf*) do +*gen*.

promoter [prə'məutə*] *n* (*of concert,
sporting event*) sponsor *m*; (*of cause,
idea*) rzecznik (-iczka) *m(f)*.

promotion [prə'məuʃən] *n* (*at work*)
awans *m*; (*of product*) reklama *f*; (*of
idea*) propagowanie *nt*; (*publicity
campaign*) promocja *f*.

prompt [prɔmpt] *adj* natychmiastowy
♦ *adv* punktualnie ♦ *n* (*COMPUT*)
znak *m* zachęty *or* systemu ♦ *vt*
(*cause*) powodować (spowodować
perf); (*when talking*) zachęcać
(zachęcić *perf*) (do kontynuowania
wypowiedzi); **to prompt sb to do
sth** skłonić (*perf*) *or* nakłonić (*perf*)
kogoś do zrobienia czegoś.

promptly ['prɔmptlɪ] *adv*
(*immediately*) natychmiast; (*exactly*)
punktualnie.

prone [prəun] *adj* leżący twarzą w
dół *or* na brzuchu; **to be prone to**
mieć skłonność do +*gen*.

pronoun ['prəunaun] *n* zaimek *m*.

pronounce [prə'nauns] *vt* (*word*)
wymawiać (wymówić *perf*); (*verdict,
opinion*) ogłaszać (ogłosić *perf*); **to
pronounce sb guilty/dead** uznawać
(uznać *perf*) kogoś za
winnego/zmarłego;

pronounced [prə'naunst] *adj*
wyraźny.

pronunciation [prənʌnsɪ'eɪʃən] *n*
wymowa *f*.

proof [pruːf] *n* dowód *m*; (*TYP*)
korekta *f* ♦ *adj*: **proof against**
odporny na +*acc*; **to be 70% proof**
(*alcohol*) zawierać 40% alkoholu.

prop [prɔp] *n* podpora *f*; (*fig*)
podpora *f*, ostoja *f* ♦ *vt*: **to prop sth
against** opierać (oprzeć *perf*) coś o
+*acc*.

▶**prop up** *vt* podpierać (podeprzeć
perf), podtrzymywać (podtrzymać

perf); (*fig*) wspierać (wesprzeć *perf*), wspomagać (wspomóc *perf*).

propaganda [prɔpə'gændə] *n* propaganda *f*.

propagate ['prɔpəgeɪt] *vt* (*ideas*) propagować, szerzyć.

propel [prə'pɛl] *vt* (*machine*) napędzać.

propeller [prə'pɛlə*] *n* śmigło *nt*.

propensity [prə'pɛnsɪtɪ] *n*: **a propensity for** *or* **to sth** skłonność *f* do czegoś.

proper ['prɔpə*] *adj* (*genuine*) prawdziwy; (*correct*) właściwy; (*socially acceptable*) stosowny; **in the town/city proper** w samym mieście.

properly ['prɔpəlɪ] *adv* (*eat, work*) odpowiednio, właściwie; (*behave*) stosownie.

proper noun *n* nazwa *f* własna.

property ['prɔpətɪ] *n* (*possessions*) własność *f*, mienie *nt*; (*building and its land*) posiadłość *f*, nieruchomość *f*; (*quality*) własność *f*.

prophecy ['prɔfɪsɪ] *n* proroctwo *nt*, przepowiednia *f*.

prophet ['prɔfɪt] *n* prorok *m*.

proportion [prə'pɔ:ʃən] *n* (*part*) odsetek *m*; (*quantity*) liczba *f*, ilość *f*; (*ratio*) stosunek *m*; (*MATH*) proporcja *f*.

proportional [prə'pɔ:ʃənl] *adj*: **proportional to** proporcjonalny do +*gen*.

proportionate [prə'pɔ:ʃənɪt] *adj* = **proportional**.

proposal [prə'pəuzl] *n* propozycja *f*; (*of marriage*) oświadczyny *pl*.

propose [prə'pəuz] *vt* (*plan*) proponować (zaproponować *perf*); (*motion*) składać (złożyć *perf*), przedkładać (przedłożyć *perf*); (*toast*) wznosić (wznieść *perf*) ♦ *vi* oświadczać się (oświadczyć się *perf*); **to propose to do** *or* **doing sth** zamierzać coś (z)robić.

proposition [prɔpə'zɪʃən] *n* (*statement*) twierdzenie *nt*; (*offer*) propozycja *f*.

proprietor [prə'praɪətə*] *n* właściciel(ka) *m(f)*.

propriety [prə'praɪətɪ] *n* stosowność *f*.

prosaic [prəu'zeɪɪk] *adj* prozaiczny.

prose [prəuz] *n* proza *f*.

prosecute ['prɔsɪkju:t] *vt* podawać (podać *perf*) do sądu, wnosić (wnieść *perf*) oskarżenie przeciwko +*dat*.

prosecution [prɔsɪ'kju:ʃən] *n* (*action*) zaskarżenie *nt*, wniesienie *nt* oskarżenia; (*accusing side*) oskarżenie *nt*.

prosecutor ['prɔsɪkju:tə*] *n* oskarżyciel *m*, prokurator *m*; (*also*: **public prosecutor**) oskarżyciel *m* publiczny, prokurator *m*.

prospect ['prɔspekt] *n* (*likelihood*) perspektywa *f*; (*thought*) myśl *f* ♦ *vi*: **to prospect for** poszukiwać +*gen*; **prospects** *npl* perspektywy *pl*.

prospective [prə'spektɪv] *adj* (*son-in-law, legislation*) przyszły; (*customer*) potencjalny.

prospectus [prə'spektəs] *n* prospekt *m* (*informator*).

prosper ['prɔspə*] *vi* prosperować.

prosperity [prɔ'spɛrɪtɪ] *n* (*of business*) dobra koniunktura *f*; (*of person*) powodzenie *nt*.

prosperous ['prɔspərəs] *adj* (*business*) (dobrze) prosperujący.

prostitute ['prɔstɪtju:t] *n* prostytutka *f*.

prostrate ['prɔstreɪt] *adj* leżący twarzą ku ziemi.

protagonist [prə'tægənɪst] *n* (*of idea*) szermierz *m*; (*LITERATURE*) protagonista *m*.

protect [prə'tekt] *vt* chronić, ochraniać (ochronić *perf*).

protection [prə'tekʃən] *n* ochrona *f*.

protective [prə'tektɪv] *adj* ochronny; (*person*) opiekuńczy.

protein ['prəuti:n] *n* białko *nt*, proteina *f*.

protest ['prəutɛst] *n* protest *m* ♦ *vi*: **to protest about/against/at** protestować przeciw(ko) +*dat* ♦ *vt*: **to protest (that ...)** zapewniać (zapewnić *perf*) (, że ...).

Protestant ['prɔtɪstənt] *adj* protestancki ♦ *n* protestant(ka) *m(f)*.

protester [prə'tɛstə*] *n* protestujący (-ca) *m(f)*.

protocol ['prəutəkɔl] *n* protokół *m*.

proton ['prəutɔn] *n* proton *f*.

prototype ['prəutətaɪp] *n* prototyp *m*.

protracted [prə'træktɪd] *adj* przedłużający się.

protrude [prə'tru:d] *vi* wystawać, sterczeć.

proud [praud] *adj* dumny; (*pej*) pyszny, hardy; **proud of sb/sth** dumny z kogoś/czegoś.

prove [pru:v] *vt* udowadniać (udowodnić *perf*), dowodzić (dowieść *perf*) +*gen* ♦ *vi*: **to prove (to be) correct/useful** okazywać się (okazać się *perf*) słusznym/użytecznym.

proverb ['prɔvə:b] *n* przysłowie *nt*.

proverbial [prə'və:bɪəl] *adj* przysłowiowy.

provide [prə'vaɪd] *vt* dostarczać (dostarczyć *perf*) +*gen*; **to provide sb with** (*food*) zaopatrywać (zaopatrzyć *perf*) kogoś w +*acc*; (*information*) dostarczać (dostarczyć *perf*) komuś +*gen*; (*job*) zapewniać (zapewnić *perf*) komuś +*acc*.

▶**provide for** *vt fus* (*person*) utrzymywać (utrzymać *perf*) +*acc*.

provided [prə'vaɪdɪd] *conj*: **provided that** pod warunkiem, że.

providing [prə'vaɪdɪŋ] *conj*: **providing (that) = provided (that)**.

province ['prɔvɪns] *n* (*ADMIN*) prowincja *f*; (*of person*) kompetencje *pl*.

provincial [prə'vɪnʃəl] *adj* prowincjonalny.

provision [prə'vɪʒən] *n* (*supplying*) zaopatrywanie *nt*; (*of contract, agreement*) warunek *m*, klauzula *f*; **provisions** *npl* zapasy *pl*.

provisional [prə'vɪʒənl] *adj* tymczasowy.

provocation [prɔvə'keɪʃən] *n* prowokacja *f*.

provocative [prə'vɔkətɪv] *adj* prowokacyjny; (*sexually*) prowokujący.

provoke [prə'vəuk] *vt* (*person, fight*) prowokować (sprowokować *perf*); (*reaction, criticism*) wywoływać (wywołać *perf*).

prow [prau] *n* (*of boat*) dziób *m*.

proximity [prɔk'sɪmɪtɪ] *n* bliskość *f*.

proxy ['prɔksɪ] *n*: **by proxy** przez pełnomocnika.

prudent ['pru:dnt] *adj* rozważny, roztropny.

prune [pru:n] *n* suszona śliwka *f* ♦ *vt* (*tree*) przycinać (przyciąć *perf*).

pry [praɪ] *vi* węszyć; **to pry into** wścibiać nos w +*acc*.

PS *abbr* = **postscript** PS.

psalm [sɑ:m] *n* psalm *m*.

pseudonym ['sju:dənɪm] *n* pseudonim *m*.

psyche ['saɪkɪ] *n* psychika *f*.

psychiatric [saɪkɪ'ætrɪk] *adj* psychiatryczny.

psychiatrist [saɪ'kaɪətrɪst] *n* psychiatra *m*.

psychiatry [saɪ'kaɪətrɪ] *n* psychiatria *f*.

psychic ['saɪkɪk] *adj* (*disorder*) psychiczny; (*person*) mający zdolności parapsychiczne ♦ *n* medium *nt*.

psycho ['saɪkəu] (*inf*) *n* psychol *m* (*inf*), świr *m* (*inf*).

psychoanalysis [saɪkəuə'nælɪsɪs] (*pl* **psychoanalyses**) *n* psychoanaliza *f*.

psychological [saɪkə'lɔdʒɪkl] *adj*
(*mental*) psychiczny; (*relating to
psychology*) psychologiczny.
psychologist [saɪ'kɔlədʒɪst] *n*
psycholog *m*.
psychology [saɪ'kɔlədʒɪ] *n* (*science*)
psychologia *f*; (*character*) psychika *f*.
psychopath ['saɪkəupæθ] *n*
psychopata (-tka) *m(f)*.
PTO *abbr* (= *please turn over*) verte.
pub [pʌb] *n* = **public house**.
puberty ['pju:bətɪ] *n* dojrzewanie *nt*
płciowe, pokwitanie *nt*.
pubic ['pju:bɪk] *adj* łonowy.
public ['pʌblɪk] *adj* publiczny;
(*support, interest*) społeczny;
(*spending, official*) państwowy ♦ *n*:
the public (*people in general*)
społeczeństwo *nt*; (*particular set of
people*) publiczność *f*; **in public**
publicznie; **to make sth public**
ujawniać (ujawnić *perf*) coś.
publican ['pʌblɪkən] *n* właściciel(ka)
m(f) pubu.
publication [pʌblɪ'keɪʃən] *n* (*act*)
wydanie *nt*, publikacja *f*; (*book,
magazine*) publikacja *f*.
public convenience (*BRIT*) *n*
toaleta *f* publiczna.
publicity [pʌb'lɪsɪtɪ] *n* (*information*)
reklama *f*; (*attention*) rozgłos *m*.
publicize ['pʌblɪsaɪz] *vt* podawać
(podać *perf*) do publicznej
wiadomości.
publicly ['pʌblɪklɪ] *adv* publicznie.
public opinion *n* opinia *f* publiczna.
public relations *n* kreowanie *nt*
wizerunku firmy.
public school *n* (*BRIT*) szkoła *f*
prywatna (średniego stopnia); (*US*)
szkoła *f* państwowa.
public transport *n* komunikacja *f*
publiczna.
publish ['pʌblɪʃ] *vt* (*book, magazine,
newspaper*) wydawać (wydać *perf*);
(*letter, article*) publikować
(opublikować *perf*).

publisher ['pʌblɪʃə*] *n* wydawca *m*.
publishing ['pʌblɪʃɪŋ] *n* działalność *f*
wydawnicza.
pudding ['pudɪŋ] *n* pudding *m*;
(*BRIT: dessert*) deser *m*; **black
pudding,** *(US)* **blood pudding** ≈
kaszanka.
puddle ['pʌdl] *n* kałuża *f*.
puff [pʌf] *n* (*of cigarette, pipe*)
zaciągnięcie się *nt*; (*gasp*) sapnięcie
nt; (*of air*) podmuch *m* ♦ *vt* (*also:*
puff on, puff at: *pipe*) pykać
(pyknąć *perf*) +*acc*; (*cigarette*)
zaciągnąć się (zaciągać się *perf*)
+*instr* ♦ *vi* sapać.
►**puff out** *vt* (*one's chest*) wypinać
(wypiąć *perf*); (*one's cheeks*)
nadymać (nadąć *perf*).
puffy ['pʌfɪ] *adj* (*face*) spuchnięty;
(*eye*) podpuchnięty.
pull [pul] *vt* (*rope, hair etc*) ciągnąć
(pociągnąć *perf*) za +*acc*; (*handle*)
pociągać (pociągnąć *perf*) za +*acc*;
(*trigger*) naciskać (nacisnąć *perf*) (na
+*acc*); (*cart etc*) ciągnąć; (*curtain,
blind*) zaciągać (zaciągnąć *perf*) ♦ *vi*
ciągnąć (pociągnąć *perf*) ♦ *n* (*of
moon, magnet*) przyciąganie *nt*; (*fig*)
wpływ *m*; **to give sth a pull**
pociągnąć *(perf)* (za) coś; **to pull a
face** robić (zrobić *perf*) minę; **to pull
sth to pieces** (*fig*) nie zostawiać
(nie zostawić *perf*) na czymś suchej
nitki; **to pull o.s. together** brać się
(wziąć się *perf*) w garść; **to pull
sb's leg** (*fig*) nabierać (nabrać *perf*)
kogoś.
►**pull apart** *vt* rozdzielać (rozdzielić
perf).
►**pull down** *vt* (*building*) rozbierać
(rozebrać *perf*).
►**pull in** *vi* (*AUT: at the kerb*)
zatrzymywać się (zatrzymać się
perf); (*RAIL*) wjeżdżać (wjechać
perf) (na peron *or* stację).
►**pull off** *vt* (*clothes*) ściągać

(ściągnąć *perf*); (*fig: difficult thing*)
dokonywać (dokonać *perf*) +*gen*.

▶**pull out** *vi* (*AUT: from kerb*)
odjeżdżać (odjechać *perf*); (: *when
overtaking*) zmieniać (zmienić *perf*)
pas ruchu; (*RAIL*) odjeżdżać
(odjechać *perf*) (z peronu *or* stacji);
(*withdraw*) wycofywać się (wycofać
się *perf*) ♦ *vt* wyciągać (wyciągnąć
perf).

▶**pull over** *vi* (*AUT*) zjeżdżać
(zjechać *perf*) na bok.

▶**pull through** *vi* wyzdrowieć (*perf*),
wylizać się (*perf*) (*inf*).

▶**pull up** *vi* (*AUT, RAIL*)
zatrzymywać się (zatrzymać się
perf) ♦ *vt* (*object, clothing*) podciągać
(podciągnąć *perf*); (*weeds*) wyrywać
(wyrwać *perf*).

pulley ['pulɪ] *n* blok *m*, wielokrążek
m.

pullover ['puləuvə*] *n* pulower *m*.

pulp [pʌlp] *n* (*of fruit*) miąższ *m*.

pulsate [pʌl'seɪt] *vi* (*heart*) bić.

pulse [pʌls] *n* (*lit, fig*) tętno *nt*, puls
m; (*TECH*) impuls *m* ♦ *vi* pulsować;
pulses *npl* nasiona *pl* roślin
strączkowych; **to take sb's pulse**
mierzyć (zmierzyć (*perf*)) komuś
tętno; **to have one's finger on the
pulse** (*fig*) trzymać rękę na pulsie.

puma ['pju:mə] *n* puma *f*.

pump [pʌmp] *n* pompa *f*; (*for bicycle*)
pompka *f*; (*petrol pump*) dystrybutor
m (paliwa), pompa *f* benzynowa;
(*shoe*) czółenko *nt* ♦ *vt* pompować.

pumpkin ['pʌmpkɪn] *n* dynia *f*.

pun [pʌn] *n* kalambur *m*, gra *f* słów.

punch [pʌntʃ] *n* (*blow*) uderzenie *nt*
pięścią; (*tool*) dziurkacz *m*; (*drink*)
poncz *m* ♦ *vt* (*person*) uderzać
(uderzyć *perf*) pięścią.

punchline ['pʌntʃlaɪn] *n* puenta *f*.

punctual ['pʌŋktjuəl] *adj* punktualny.

punctuation [pʌŋktju'eɪʃən] *n*
interpunkcja *f*.

puncture ['pʌŋktʃə*] (*AUT*) *n*

przebicie *nt* dętki ♦ *vt* przebijać
(przebić *perf*).

punish ['pʌnɪʃ] *vt* karać (ukarać *perf*).

punishment ['pʌnɪʃmənt] *n* kara *f*.

punk [pʌŋk] *n* (*also*: **punk rocker**)
punk *m*; (*also*: **punk rock**) punk-rock
m; (*US: inf: hoodlum*) chuligan *m*.

punter ['pʌntə*] (*BRIT*) *n* gracz *m* na
wyścigach konnych; (*inf*) klient(ka)
m(f).

pup [pʌp] *n* (*young dog*) szczenię *nt*.

pupil ['pju:pl] *n* (*SCOL*)
uczeń/uczennica *m/f*; (*of eye*)
źrenica *f*.

puppet ['pʌpɪt] *n* kukiełka *f*; (*fig*)
marionetka *f*.

puppy ['pʌpɪ] *n* szczenię *nt*,
szczeniak *m*.

purchase ['pə:tʃɪs] *n* (*act*) zakup *m*,
kupno *nt*; (*item*) zakup *m*, nabytek *m*
♦ *vt* nabywać (nabyć *perf*),
zakupywać (zakupić *perf*).

purchaser ['pə:tʃɪsə*] *n* nabywca *m*,
kupujący *m*.

pure [pjuə*] *adj* (*lit, fig*) czysty.

purée ['pjuəreɪ] *n* przecier *m*.

purely ['pjuəlɪ] *adv* (*wholly*)
całkowicie.

purgatory ['pə:gətərɪ] *n* czyściec *m*.

purge [pə:dʒ] *n* czystka *f*.

purify ['pjuərɪfaɪ] *vt* oczyszczać
(oczyścić *perf*).

puritan ['pjuərɪtən] *n* purytanin
(-anka) *m(f)*.

purity ['pjuərɪtɪ] *n* czystość *f*.

purple ['pə:pl] *adj* fioletowy.

purpose ['pə:pəs] *n* cel *m*; **on
purpose** celowo.

purposeful ['pə:pəsful] *adj* celowy.

purr [pə:*] *vi* (*cat*) mruczeć.

purse [pə:s] *n* (*BRIT*) portmonetka *f*;
(*US*) (damska) torebka *f* ♦ *vt* (*lips*)
zaciskać (zacisnąć *perf*).

pursue [pə'sju:] *vt* ścigać; (*fig: policy,
interest, plan*) realizować; (: *aim,
objective*) dążyć do osiągnięcia +*gen*.

pursuit [pə'sju:t] n (pastime) zajęcie
nt; (chase) pościg m; (: fig) pogoń f.
pus [pʌs] (MED) n ropa f.
push [puʃ] n (of button etc)
naciśnięcie nt; (of door) pchnięcie nt;
(of car, person) popchnięcie nt ♦ vt
(button, knob) naciskać (nacisnąć
perf); (door) pchać (pchnąć perf);
(car, person) popychać (popchnąć
perf); (fig: person: to work harder)
dopingować; (: : to reveal
information) naciskać; (: product)
reklamować ♦ vi (press) naciskać
(nacisnąć perf); (shove) pchać
(pchnąć perf); **to push for** domagać
się +gen.
►**push off** (inf) vi spływać (spłynąć
perf) (inf).
►**push through** vt (measure,
scheme) przeprowadzać
(przeprowadzić perf).
►**push up** vt (prices etc) podnosić
(podnieść perf).
pushchair ['puʃtʃɛə*] (BRIT) n
spacerówka f.
push-up ['puʃʌp] (US) n pompka f
(ćwiczenie).
pushy ['puʃɪ] (pej) adj natarczywy,
natrętny.
puss [pus] (inf) n kiciuś m.
pussy(cat) ['pusɪ(kæt)] (inf) n =
puss.
put [put] (pt, pp **put**) vt (thing) kłaść
(położyć perf); (person: in room,
institution) umieszczać (umieścić
perf); (: in position, situation) stawiać
(postawić perf); (idea, view, case)
przedstawiać (przedstawić perf);
(question) stawiać (postawić perf);
(in class, category) zaliczać
(zaliczyć perf); (word, sentence)
zapisywać (zapisać perf).
►**put across** vt (ideas etc)
wyjaśniać (wyjaśnić perf).
►**put away** vt (shopping etc) chować
(pochować perf).
►**put back** vt (replace) odkładać

(odłożyć perf); (postpone)
przekładać (przełożyć perf); (delay)
opóźniać (opóźnić perf).
►**put by** vt (money, supplies)
odkładać (odłożyć perf).
►**put down** vt (book, spectacles)
odkładać (odłożyć perf); (cup, chair)
odstawiać (odstawić perf); (in
writing) zapisywać (zapisać perf);
(riot, rebellion) tłumić (stłumić perf);
(kill: animal) usypiać (uśpić perf).
►**put down to** vt przypisywać
(przypisać perf) +dat.
►**put forward** vt (proposal) wysuwać
(wysunąć perf), przedstawiać
(przedstawić perf); (ideas, argument)
przedstawiać (przedstawić perf).
►**put in** vt (application, complaint)
składać (złożyć perf); (time, effort)
wkładać (włożyć perf).
►**put off** vt (postpone) odkładać
(odłożyć perf); (discourage)
zniechęcać (zniechęcić perf);
(distract) rozpraszać.
►**put on** vt (clothes, glasses)
zakładać (założyć perf); (make-up,
ointment) nakładać (nałożyć perf);
(light, TV, record) włączać (włączyć
perf); (play) wystawiać (wystawić
perf); (brake) naciskać (nacisnąć
perf) na +acc; (kettle, dinner)
wstawiać (wstawić perf); (accent
etc) udawać; **to put on weight**
przybierać (przybrać perf) na wadze,
tyć (przytyć perf).
►**put out** vt (fire) gasić (ugasić perf);
(candle, cigarette, light) gasić (zgasić
perf); (rubbish) wystawiać (wystawić
perf) (przed dom, do zabrania przez
służby oczyszczania miasta); (cat)
wypuszczać (wypuścić perf); (one's
hand) wyciągać (wyciągnąć perf);
(one's tongue) wystawiać (wystawić
perf); (inf: inconvenience) fatygować.
►**put through** vt (TEL) łączyć
(połączyć perf); (plan, agreement)
przyjmować (przyjąć perf).

►**put up** vt (*fence, building, tent*) stawiać (postawić *perf*); (*umbrella*) rozkładać (rozłożyć *perf*); (*poster, sign*) wywieszać (wywiesić *perf*); (*price, cost*) podnosić (podnieść *perf*); (*person*) przenocowywać (przenocować *perf*).

►**put up with** vt fus znosić (znieść *perf*) +*acc.*

putty ['pʌtɪ] n kit m.

puzzle ['pʌzl] n (*mystery*) zagadka f; (*game, toy*) układanka f ♦ vt stanowić zagadkę dla +*gen* ♦ vi: **to puzzle over sth** głowić się nad czymś.

puzzling ['pʌzlɪŋ] adj zagadkowy.

pyjamas [pɪ'dʒɑːməz] (*US* **pajamas**) npl: **(a pair of) pyjamas** piżama f.

pyramid ['pɪrəmɪd] n (*ARCHIT*) piramida f; (*GEOM*) ostrosłup m; (*pile*) stos m.

python ['paɪθən] n pyton m.

Q

quadrangle ['kwɔdræŋgl] n (*courtyard*) czworokątny dziedziniec m.

quadruple [kwɔ'druːpl] vt czterokrotnie zwiększać (zwiększyć *perf*) ♦ vi wzrastać (wzrosnąć *perf*) czterokrotnie.

quail [kweɪl] n (*bird*) przepiórka f.

quaint [kweɪnt] adj oryginalny, ciekawy (*najczęściej także staromodny*).

quake [kweɪk] vi trząść się, dygotać ♦ n = **earthquake**.

Quaker ['kweɪkə*] n kwakier(ka) m(f).

qualification [kwɔlɪfɪ'keɪʃən] n (*often pl: degree, diploma*) kwalifikacje pl; (*attribute*) zdolność f; (*reservation*) zastrzeżenie nt.

qualified ['kwɔlɪfaɪd] adj (*doctor,*

engineer) dyplomowany; (*worker*) wykwalifikowany; (*agreement, success*) połowiczny; (*praise*) powściągliwy; **to be/feel qualified to do sth** być/czuć się kompetentnym, by coś (z)robić.

qualify ['kwɔlɪfaɪ] vt (*entitle*) upoważniać (upoważnić *perf*); (*modify*) uściślać (uściślić *perf*) ♦ vi zdobywać (zdobyć *perf*) dyplom; **to qualify for** (*be eligible*) móc ubiegać się o +*acc*; (*in competition*) kwalifikować się (zakwalifikować się *perf*) do +*gen.*

quality ['kwɔlɪtɪ] n (*standard*) jakość f; (*characteristic: of person*) cecha f (charakteru), przymiot m (*usu pl*); (: *of wood, stone*) właściwość f.

quantity ['kwɔntɪtɪ] n ilość f.

quarantine ['kwɔrntiːn] n kwarantanna f; **to be in quarantine** przechodzić (przejść *perf*) kwarantannę.

quarrel ['kwɔrl] n kłótnia f ♦ vi kłócić się.

quarrelsome ['kwɔrəlsəm] adj kłótliwy.

quarry ['kwɔrɪ] n (*for stone*) kamieniołom m; (*animal being hunted*) zwierzyna f.

quart [kwɔːt] n kwarta f (*1.137 l*).

quarter ['kwɔːtə*] n (*fourth part*) ćwierć f; (*US: coin*) ćwierć f dolara; (*of year*) kwartał m; (*of city*) dzielnica f ♦ vt ćwiartować (poćwiartować *perf*); (*MIL: lodge*) zakwaterowywać (zakwaterować *perf*); **quarters** npl (*MIL*) kwatery pl; (*for servants, for sleeping etc*) pomieszczenia pl; **a quarter of an hour** kwadrans; **it's a quarter to 3,** (*US*) **it's a quarter of 3** jest za kwadrans trzecia; **it's a quarter past 3,** (*US*) **it's a quarter after 3** jest kwadrans po trzeciej.

quarterfinal ['kwɔːtə'faɪnl] n ćwierćfinał m.

quarterly ['kwɔːtəlɪ] *adj* kwartalny ♦ *adv* kwartalnie.

quartz [kwɔːts] *n* kwarc *m*.

quay [kiː] *n* nabrzeże *nt*.

queasy ['kwiːzɪ] *adj*: **to feel queasy** mieć mdłości; (*fig*) czuć się niewyraźnie.

queen [kwiːn] *n* królowa *f*; (*CARDS*) dama *f*; (*CHESS*) hetman *m*, królowa *f*.

queer [kwɪə*] *adj* dziwny ♦ *n* (*inf!*) pedał *m* (*inf!*).

quell [kwɛl] *vt* tłumić (stłumić *perf*).

quench [kwɛntʃ] *vt*: **to quench one's thirst** gasić (ugasić *perf*) pragnienie.

query ['kwɪərɪ] *n* zapytanie *nt* ♦ *vt* kwestionować (zakwestionować *perf*).

quest [kwɛst] *n* poszukiwanie *nt*.

question ['kwɛstʃən] *n* (*query, problem in exam*) pytanie *nt*; (*doubt*) wątpliwość *f*; (*issue*) kwestia *f* ♦ *vt* (*interrogate*) pytać; (*doubt*) wątpić; **it's beyond question** to nie ulega wątpliwości; **it's out of the question** (to) wykluczone.

questionable ['kwɛstʃənəbl] *adj* wątpliwy.

question mark *n* znak *m* zapytania, pytajnik *m*.

questionnaire [kwɛstʃə'nɛə*] *n* kwestionariusz *m*, ankieta *f*.

queue [kjuː] (*BRIT*) *n* kolejka *f* ♦ *vi* (*also*: **queue up**) stać w kolejce.

quibble ['kwɪbl] *vi*: **to quibble about** *or* **over sth/with sb** sprzeczać się (posprzeczać się *perf*) o coś/z kimś ♦ *n* drobne zastrzeżenie *nt*.

quick [kwɪk] *adj* (*fast, swift*) szybki; **be quick!** szybko!, pospiesz się!

quicken ['kwɪkən] *vt* (*pace, step*) przyśpieszać (przyśpieszyć *perf*) +*gen* ♦ *vi*: **his pace quickened** przyśpieszył kroku.

quickly ['kwɪklɪ] *adv* szybko.

quickness ['kwɪknɪs] *n* szybkość *f*; **quickness of mind** bystrość umysłu.

quick-witted [kwɪk'wɪtɪd] *adj* bystry.

quid [kwɪd] (*BRIT*: *inf*) *n inv* funciak *m* (*inf*).

quiet ['kwaɪət] *adj* (*lit, fig*) cichy; (*peaceful, not busy*) spokojny; (*not speaking*) milczący ♦ *n* (*silence*) cisza *f*; (*peacefulness*) spokój *m* ♦ *vt, vi* (*US*) = **quieten**.

quieten ['kwaɪətn] (*BRIT*: *also*: **quieten down**) *vi* (*grow calm*) uspokajać się (uspokoić się *perf*); (*grow silent*) cichnąć, ucichać (ucichnąć *perf*) ♦ *vt* (*make less active*) uspokajać (uspokoić *perf*); (*make less noisy*) uciszać (uciszyć *perf*).

quietly ['kwaɪətlɪ] *adv* (*not loudly*) cicho; (*without speaking*) w milczeniu.

quilt [kwɪlt] *n* narzuta *f* (*na łóżko*); (*also*: **continental quilt**) kołdra *f*.

quirk [kwəːk] *n* dziwactwo *nt*; **a quirk of fate** kaprys losu.

quit [kwɪt] (*pt* **quit** *or* **quitted**) *vt* (*smoking, job*) rzucać (rzucić *perf*); (*premises*) opuszczać (opuścić *perf*) ♦ *vi* rezygnować (zrezygnować *perf*); **to quit doing sth** przestawać (przestać *perf*) coś robić.

quite [kwaɪt] *adv* (*rather*) całkiem, dosyć *or* dość; (*entirely*) całkowicie, zupełnie; **it's not quite big enough** jest odrobinę za mały; **quite a few** sporo; **quite (so)!** (no) właśnie!

quits [kwɪts] *adj*: **we're quits** jesteśmy kwita.

quiver ['kwɪvə*] *vi* drżeć.

quiz [kwɪz] *n* (*game*) kwiz *m*, quiz *m* ♦ *vt* przepytywać (przepytać *perf*).

quota ['kwəutə] *n* (*of imported goods*) kontyngent *m*; (*ration*) przydział *m*.

quotation [kwəu'teɪʃən] *n* (*from book etc*) cytat *m*; (*estimate*) wycena *f*.

quotation marks *npl* cudzysłów *m*.

quote [kwəut] *n* (*from book etc*) cytat *m*; (*estimate*) wycena *f* ♦ *vt* cytować

(zacytować *perf*); (*price*) podawać
(podać *perf*); **quotes** *npl* cudzysłów *m*.
quotient ['kwəʊʃənt] *n* współczynnik
m.

R

rabbi ['ræbaɪ] *n* rabin *m*.
rabbit ['ræbɪt] *n* królik *m*.
rabble ['ræbl] (*pej*) *n* motłoch *m* (*pej*).
rabid ['ræbɪd] *adj* wściekły; (*fig*)
fanatyczny.
rabies ['reɪbiːz] *n* wścieklizna *f*.
RAC (*BRIT*) *n abbr* (= *Royal
Automobile Club*).
raccoon [rə'kuːn] *n* szop *m* (pracz *m*).
race [reɪs] *n* (*species*) rasa *f*;
(*competition*) wyścig *m* ♦ *vt*: **to race
horses/cars** *etc* brać udział w
wyścigach
konnych/samochodowych *etc* ♦ *vi*
(*compete*) ścigać się; (*hurry*) pędzić
(popędzić *perf*), gnać (pognać *perf*);
(*heart*) bić szybko; (*engine*)
pracować na podwyższonych
obrotach.
racecourse ['reɪskɔːs] *n* tor *m*
wyścigowy.
racehorse ['reɪshɔːs] *n* koń *m*
wyścigowy.
racetrack ['reɪstræk] *n* (*for people*)
bieżnia *f*; (*for cars*) tor *m* wyścigowy.
racial ['reɪʃl] *adj* (*discrimination,
prejudice*) rasowy; **racial equality**
równouprawnienie ras.
racing ['reɪsɪŋ] *n* wyścigi *pl*.
racing car (*BRIT*) *n* samochód *m*
wyścigowy.
racism ['reɪsɪzəm] *n* rasizm *m*.
racist ['reɪsɪst] *adj* rasistowski ♦ *n*
rasista (-tka) *m(f)*.
rack [ræk] *n* (*also*: **luggage rack**)
półka *f* (na bagaż); (*also*: **roof rack**)
bagażnik *m* na dach; (*for dresses*)

wieszak *m*; (*for dishes*) suszarka *f* ♦
vt: **racked by** (*pain, anxiety*)
dręczony +*instr*; (*doubts*) nękany
+*instr*; **to rack one's brains** łamać
sobie głowę.
racket ['rækɪt] *n* (*for tennis etc*)
rakieta *f*; (*noise*) hałas *m*; (*swindle*)
kant *m*.
radar ['reɪdɑː*] *n* radar *m*.
radial ['reɪdɪəl] *adj* promienisty ♦ *n*
(*AUT*: *also*: **radial tyre**) opona *f*
radialna.
radiance ['reɪdɪəns] *n* blask *m*.
radiant ['reɪdɪənt] *adj* (*smile*)
promienny; (*person*) rozpromieniony.
radiate ['reɪdɪeɪt] *vt* promieniować,
wypromieniowywać
(wypromieniować *perf*); (*fig*)
promieniować +*instr* ♦ *vi* (*lines,
roads*) rozchodzić się promieniście.
radiation [reɪdɪ'eɪʃən] *n*
promieniowanie *nt*.
radiator ['reɪdɪeɪtə*] *n* (*heater*)
kaloryfer *m*; (*AUT*) chłodnica *f*.
radical ['rædɪkl] *adj* radykalny ♦ *n*
radykał *m*.
radii ['reɪdɪaɪ] *npl of* **radius**.
radio ['reɪdɪəu] *n* (*broadcasting*) radio
nt; (*device: for receiving broadcasts*)
radioodbiornik *m*, radio *nt*; (: *for
transmitting and receiving*)
radiostacja *f* ♦ *vt* (*person*) łączyć się
(połączyć się *perf*) przez radio z
+*instr*; **on the radio** w radiu.
radioactive ['reɪdɪəu'æktɪv] *adj*
promieniotwórczy, radioaktywny.
radiology [reɪdɪ'ɔlədʒɪ] *n* radiologia
f, rentgenologia *f*.
radio station *n* stacja *f* radiowa.
radiotherapy ['reɪdɪəu'θɛrəpɪ] *n*
radioterapia *f*.
radish ['rædɪʃ] *n* rzodkiewka *f*.
radius ['reɪdɪəs] (*pl* **radii**) *n* promień
m.
RAF (*BRIT*) *n abbr* = **Royal Air Force**.
raffle ['ræfl] *n* loteria *f* fantowa.

raft [rɑːft] n (craft) tratwa f; (also: **life raft**) tratwa f ratunkowa.

rag [ræg] n (piece of cloth) szmata f; (: small) szmatka f; (pej: newspaper) szmatławiec m (pej); (BRIT: SCOL) seria imprez studenckich, z których dochód przeznaczony jest na cele dobroczynne; **rags** npl łachmany pl.

rage [reɪdʒ] n wściekłość f ♦ vi (person) wściekać się; (storm) szaleć; (debate) wrzeć; **it's all the rage** to (jest) ostatni krzyk mody.

ragged ['rægɪd] adj (edge, line) nierówny; (clothes) podarty; (person) obdarty; (beard) postrzępiony.

raid [reɪd] n (MIL) atak m; (by aircraft, police) nalot m; (by criminal) napad m ♦ vt (MIL) atakować; (by aircraft) dokonywać (dokonać perf) nalotu na +acc; (police) robić (zrobić perf) nalot na +acc; (criminal) napadać (napaść perf) na +acc.

rail [reɪl] n (on stairs, bridge) poręcz f; (on deck of ship) reling m; **rails** npl szyny pl; **by rail** koleją.

railing(s) ['reɪlɪŋ(z)] n(pl) płot m (z metalowych prętów).

railroad ['reɪlrəʊd] (US) n = **railway**.

railway ['reɪlweɪ] (BRIT) n (system, company) kolej f; (track) linia f kolejowa.

railwayman ['reɪlweɪmən] (BRIT: irreg) n kolejarz m.

railway station (BRIT) n dworzec m kolejowy.

rain [reɪn] n deszcz m ♦ vi: **it's raining** pada (deszcz); **in the rain** w or na deszczu.

rainbow ['reɪnbəʊ] n tęcza f.

raincoat ['reɪnkəʊt] n płaszcz m przeciwdeszczowy.

raindrop ['reɪndrɒp] n kropla f deszczu.

rainfall ['reɪnfɔːl] n opad m or opady pl deszczu.

rainy ['reɪnɪ] adj (day, season) deszczowy.

raise [reɪz] n (esp US: payrise) podwyżka f ♦ vt (hand, one's voice, salary, question) podnosić (podnieść perf); (objection) wnosić (wnieść perf); (doubts, hopes) wzbudzać (wzbudzić perf); (cattle, plant) hodować (wyhodować perf); (crop) uprawiać; (child) wychowywać (wychować perf); (funds, army) zbierać (zebrać perf); (loan) zaciągać (zaciągnąć perf).

raisin ['reɪzn] n rodzynek m, rodzynka f.

rake [reɪk] n (tool) grabie pl ♦ vt (person: soil, lawn) grabić (zagrabić perf); (: leaves) grabić (zgrabić perf); (gun) ostrzeliwać (ostrzelać perf); (searchlight) przeczesywać (przeczesać perf).

rally ['rælɪ] n (POL) wiec m; (AUT) rajd m; (TENNIS etc) wymiana f piłek ♦ vt (support) pozyskiwać (pozyskać perf); (public opinion, supporters) mobilizować (zmobilizować perf) ♦ vi (sick person) dochodzić (dojść perf) do siebie; (Stock Exchange) zwyżkować, ożywiać się (ożywić się perf).

▶**rally round** vi łączyć (połączyć perf) siły.

RAM [ræm] (COMPUT) n abbr = **random access memory** RAM m.

ram [ræm] n baran m ♦ vt (crash into) taranować (staranować perf); (force into place: post, stick) wbijać (wbić perf); (: bolt) zasuwać (zasunąć perf).

Ramadan ['ræmədæn] (REL) n ramadan m.

ramble ['ræmbl] n wędrówka f, (piesza) wycieczka f ♦ vi (walk) wędrować; (also: **ramble on**) mówić bez ładu i składu.

rambler ['ræmblə*] n (walker) turysta (-tka) m(f) pieszy (-sza) m(f).

rambling ['ræmblɪŋ] *adj* (*speech, letter*) bezładny, chaotyczny; (*house*) chaotycznie zbudowany.

ramp [ræmp] *n* podjazd *m*; **on ramp** (*US*) wjazd na autostradę; **off ramp** (*US*) zjazd z autostrady.

rampage [ræm'peɪdʒ] *n*: **to be/go on the rampage** siać zniszczenie.

rampant ['ræmpənt] *adj*: **to be rampant** szerzyć się.

ramshackle ['ræmʃækl] *adj* (*house*) walący się; (*cart, table*) rozklekotany.

ran [ræn] *pt of* **run**.

ranch [rɑːntʃ] *n* ranczo *nt*, rancho *nt*.

rancid ['rænsɪd] *adj* zjełczały.

random ['rændəm] *adj* (*arrangement, selection*) przypadkowy; (*COMPUT, MATH*) losowy ♦ *n*: **at random** na chybił trafił.

random access memory (*COMPUT*) *n* pamięć *f* o dostępie swobodnym.

rang [ræŋ] *pt of* **ring**.

range [reɪndʒ] *n* (*of mountains*) łańcuch *m*; (*of missile*) zasięg *m*; (*of voice*) skala *f*; (*of subjects, possibilities*) zakres *m*; (*of products*) asortyment *m*; (*also*: **rifle range**) strzelnica *f*; (*also*: **kitchen range**) piec *m* (kuchenny) ♦ *vt* ustawiać (ustawić *perf*) w rzędzie ♦ *vi*: **to range over** obejmować +*acc*; **to range from ... to ...** wahać się od +*gen* do +*gen*; **at close range** z bliska.

ranger ['reɪndʒə*] *n* strażnik *m* leśny.

rank [ræŋk] *n* (*row*) szereg *m*; (*status*) ranga *f*; (*MIL*) stopień *m*; (*of society*) warstwa *f*; (*BRIT*: *also*: **taxi rank**) postój *m* (taksówek) ♦ *vi*: **to rank as/among** zaliczać się do +*gen* ♦ *vt*: **he is ranked third** jest klasyfikowany na trzecim miejscu ♦ *adj* (*stinking*) cuchnący; **the rank and file** (*of organization*) szeregowi członkowie; **to close ranks** (*fig*) zwierać (zewrzeć *perf*) szeregi.

ransack ['rænsæk] *vt* (*search*) przetrząsać (przetrząsnąć *perf*); (*plunder*) plądrować (splądrować *perf*).

ransom ['rænsəm] *n* okup *m*; **to hold to ransom** trzymać *or* przetrzymywać w charakterze zakładnika; (*fig*) stawiać (postawić *perf*) w przymusowej sytuacji.

rant [rænt] *vi*: **to rant (and rave)** wygłaszać (wygłosić *perf*) tyradę; (*angrily*) rzucać gromy.

rap [ræp] *vi* (*on door, table*) pukać (zapukać *perf*), stukać (zastukać *perf*).

rape [reɪp] *n* (*crime*) gwałt *m*; (*BOT*) rzepak *m* ♦ *vt* gwałcić (zgwałcić *perf*).

rapid ['ræpɪd] *adj* (*growth, change*) gwałtowny.

rapidity [rə'pɪdɪtɪ] *n* (*of growth, change*) gwałtowność *f*; (*of movement*) szybkość *f*.

rapidly ['ræpɪdlɪ] *adv* (*grow, increase*) gwałtownie.

rapist ['reɪpɪst] *n* gwałciciel *m*.

rapport [ræ'pɔː*] *n* porozumienie *nt*, wzajemne zrozumienie *nt*.

rapture ['ræptʃə*] *n* zachwyt *m*.

rapturous ['ræptʃərəs] *adj* (*applause*) pełen zachwytu *or* uniesienia; (*welcome*) entuzjastyczny.

rare [reə*] *adj* rzadki; (*steak*) krwisty.

rarely ['reəlɪ] *adv* rzadko.

rarity ['reərɪtɪ] *n* rzadkość *f*.

rascal ['rɑːskl] *n* (*child*) łobuz *m*.

rash [ræʃ] *adj* pochopny ♦ *n* (*MED*) wysypka *f*; (*of events, robberies*) seria *f*; **to come out in a rash** dostawać (dostać *perf*) wysypki.

rasher ['ræʃə*] *n* (*of bacon*) plasterek *m*.

raspberry ['rɑːzbərɪ] *n* malina *f*.

rat [ræt] *n* szczur *m*.

rate [reɪt] *n* (*pace*) tempo *nt*; (*ratio*) współczynnik *m* ♦ *vt* (*value*) cenić; (*estimate*) oceniać (ocenić *perf*); **rates** *npl* (*BRIT*: *property tax*)

podatek *m* od nieruchomości; (*fees*)
składki *pl*; (*prices*) ceny *pl*; **to rate**
sb/sth as uważać kogoś/coś za
+*acc*; **to rate sb/sth among** zaliczać
(zaliczyć *perf*) kogoś/coś do +*gen*.

rather ['rɑːðə*] *adv* dość, dosyć;
rather a lot trochę (za) dużo; **it's**
rather expensive to (jest) trochę
(zbyt) drogie; **it's rather a pity**
trochę szkoda; **I would rather go**
wolałabym pójść; **I'd rather not say**
wolałbym nie mówić; **rather than**
zamiast +*gen*; **or rather** czy (też)
raczej.

ratification [rætɪfɪ'keɪʃən] *n*
ratyfikacja *f*.

ratify ['rætɪfaɪ] *vt* ratyfikować
(ratyfikować *perf*).

rating ['reɪtɪŋ] *n* (*score*) wskaźnik *m*;
(*assessment*) ocena *f*; (*NAUT: BRIT*)
marynarz *m*; **ratings** *npl* (*RADIO,*
TV) notowania *pl*.

ratio ['reɪʃɪəu] *n* stosunek *m*; **in the**
ratio of five to one w stosunku pięć
do jednego.

ration ['ræʃən] *n* przydział *m*, racja *f*
♦ *vt* racjonować, wydzielać; **rations**
npl (*MIL*) racje *pl* żywnościowe.

rational ['ræʃənl] *adj* racjonalny.

rationalization [ræʃnəlaɪ'zeɪʃən] *n*
racjonalizacja *f*.

rationalize ['ræʃnəlaɪz] *vt*
racjonalizować (zracjonalizować
perf).

rationally ['ræʃnəlɪ] *adv* racjonalnie.

rationing ['ræʃnɪŋ] *n* reglamentacja *f*.

rattle ['rætl] *n* (*of window*) stukanie
nt; (*of train*) turkot *m*; (*of engine*)
stukot *m*; (*of coins*) brzęk *m*; (*of*
chain) szczęk *m*; (*for baby*)
grzechotka *f* ♦ *vi* (*window, engine*)
stukać; (*train*) turkotać (zaturkotać
perf); (*coins, bottles*) brzęczeć
(zabrzęczeć *perf*); (*chains*) szczękać
(szczęknąć *perf*) ♦ *vt* trząść (zatrząść
perf) +*instr*; (*fig*) wytrącać (wytrącić
perf) z równowagi; **to rattle along**

przejeżdżać (przejechać *perf*) z
turkotem.

rattlesnake ['rætlsneɪk] *n*
grzechotnik *m*.

raucous ['rɔːkəs] *adj* (*voice, laughter*)
chrapliwy; (*party*) hałaśliwy.

ravage ['rævɪdʒ] *vt* pustoszyć
(spustoszyć *perf*).

rave [reɪv] *vi* (*in anger*) wrzeszczeć.
▶**rave about** zachwycać się +*instr*.

raven ['reɪvən] *n* kruk *m*.

ravenous ['rævənəs] *adj* (*person*)
wygłodniały; (*appetite*) wilczy.

ravine [rə'viːn] *n* wąwóz *m*.

ravishing ['rævɪʃɪŋ] *adj* olśniewający.

raw [rɔː] *adj* (*meat, cotton*) surowy;
(*sugar*) nierafinowany; (*wound*)
otwarty; (*skin*) obtarty; (: *from sun*)
spalony; (*person: inexperienced*)
zielony (*inf*); (*day*) przenikliwie
zimny.

raw material *n* surowiec *m*.

ray [reɪ] *n* promień *m*.

rayon ['reɪɔn] *n* sztuczny jedwab *m*.

raze [reɪz] *vt* (*also*: **raze to the**
ground) zrównywać (zrównać *perf*)
z ziemią.

razor ['reɪzə*] *n* brzytwa *f*; (*safety*
razor) maszynka *f* do golenia;
(*electric*) golarka *f* elektryczna,
elektryczna maszynka *f* do golenia.

razor blade *n* żyletka *f*.

Rd *abbr* = **road** ul.

re [riː] *prep* (*in letter*) dotyczy +*gen*,
w sprawie +*gen*.

reach [riːtʃ] *n* zasięg *m* ♦ *vt*
(*destination*) docierać (dotrzeć *perf*)
do +*gen*; (*conclusion*) dochodzić
(dojść *perf*) do +*gen*; (*decision*)
podejmować (podjąć *perf*); (*age,*
agreement) osiągać (osiągnąć *perf*);
(*extend to*) sięgać (sięgnąć *perf*) do
+*gen*, dochodzić (dojść *perf*) do
+*gen*; (*be able to touch*) dosięgać
(dosięgnąć *perf*) (do) +*gen*; (*by*
telephone) kontaktować się
(skontaktować się *perf*)

(telefonicznie) z +*instr* ♦ *vi*
wyciągać (wyciągnąć *perf*) rękę;
reaches *npl* (*of river*) dorzecze *nt*;
within reach osiągalny; **out of**
reach nieosiągalny; **within (easy)**
reach of the shops/station (bardzo)
blisko sklepów/dworca; "**keep out**
of the reach of children" „chronić
przed dziećmi".

►**reach out** *vt* wyciągać (wyciągnąć
perf) ♦ *vi* wyciągać (wyciągnąć *perf*)
rękę; **to reach out for sth** sięgać
(sięgnąć *perf*) po coś.

react [riːˈækt] *vi* (*respond*): **to react**
(to) reagować (zareagować *perf*) (na
+*acc*); (*rebel*): **to react (against)**
buntować się (zbuntować się *perf*)
(przeciwko +*dat*); (*CHEM*): **to react**
(with) reagować (z +*instr*).

reaction [riːˈækʃən] *n* reakcja *f*;
reactions *npl* (*reflexes*) reakcje *pl*; **a**
reaction against sth bunt
przeciwko czemuś.

reactionary [riːˈækʃənrɪ] *adj*
reakcyjny.

reactor [riːˈæktə*] *n* (*also*: **nuclear**
reactor) reaktor *m* (jądrowy).

read [riːd] (*pt* **read**) *vi* (*person*)
czytać; (*piece of writing*) brzmieć ♦
vt (*book*) czytać (przeczytać *perf*);
(*sb's mood*) odgadywać (odgadnąć
perf); (*sb's thoughts*) czytać w +*loc*;
(*sb's lips*) czytać z +*gen*; (*meter etc*)
odczytywać (odczytać *perf*); (*subject*
at university) studiować; **to read**
sb's mind czytać w czyichś
myślach.

►**read out** *vt* odczytywać (odczytać
perf) (na głos).

reader [ˈriːdə*] *n* (*person*) czytelnik
(-iczka) *m(f)*; (*book*) wypisy *pl*; (: *for*
children) czytanka *f*; (*BRIT: at*
university) starszy wykładowca,
niższy o stopień od profesora.

readership [ˈriːdəʃɪp] *n* czytelnicy *vir*
pl.

readily [ˈrɛdɪlɪ] *adv* (*accept, agree*)
chętnie; (*available*) łatwo.

readiness [ˈrɛdɪnɪs] *n* gotowość *f*; **in**
readiness for gotowy do +*gen*.

reading [ˈriːdɪŋ] *n* (*of books etc*)
czytanie *nt*, lektura *f*; (*literary event*)
czytanie *nt*; (*on meter etc*) odczyt *m*.

readjust [riːəˈdʒʌst] *vt* (*knob, focus*)
ustawiać (ustawić *perf*) ♦ *vi*: **to**
readjust (to) przystosowywać się
(przystosować się *perf*) (do +*gen*).

ready [ˈrɛdɪ] *adj* gotowy ♦ *n*: **at the**
ready (*MIL*) gotowy do strzału; **to**
get ready *vi* przygotowywać się
(przygotować się *perf*) ♦ *vt*
przygotowywać (przygotować *perf*).

ready-made [ˈrɛdɪˈmeɪd] *adj*
(*clothes*) gotowy.

reaffirm [riːəˈfəːm] *vt* potwierdzać
(potwierdzić *perf*).

real [rɪəl] *adj* prawdziwy; **in real life**
w rzeczywistości; **in real terms**
faktycznie.

real estate *n* nieruchomość *f*.

realism [ˈrɪəlɪzəm] *n* realizm *m*.

realist [ˈrɪəlɪst] *n* realista (-tka) *m(f)*.

realistic [rɪəˈlɪstɪk] *adj* realistyczny.

reality [riːˈælɪtɪ] *n* rzeczywistość *f*; **in**
reality w rzeczywistości.

realization [rɪəlaɪˈzeɪʃən] *n*
(*understanding*) uświadomienie *nt*
sobie, zrozumienie *nt*; (*of dreams,*
hopes) spełnienie *nt*; (*FIN: of asset*)
upłynnienie *nt*.

realize [ˈrɪəlaɪz] *vt* (*understand*)
uświadamiać (uświadomić *perf*)
sobie, zdawać (zdać *perf*) sobie
sprawę z +*gen*; (*dreams, hopes*)
spełniać (spełnić *perf*); (*amount,*
profit) przynosić (przynieść *perf*); **I**
realize that ... zdaję sobie sprawę (z
tego), że ... .

really [ˈrɪəlɪ] *adv* naprawdę,
rzeczywiście; **really?** naprawdę?;
really! coś podobnego!

realm [rɛlm] *n* (*fig: field*) dziedzina *f*,
sfera *f*; (*kingdom*) królestwo *nt*.

reap [ri:p] vt (crop, rewards) zbierać (zebrać perf); (benefits) czerpać.

reappear [ri:ə'pɪə*] vi pojawiać się (pojawić się perf) ponownie.

rear [rɪə*] adj tylny ♦ n (back) tył m ♦ vt (cattle, chickens) hodować; (children) wychowywać (wychować perf) ♦ vi (also: **rear up**) stawać (stanąć perf) dęba.

rearrange [ri:ə'reɪndʒ] vt (furniture) przestawiać (przestawić perf); (meeting) przekładać (przełożyć perf).

reason ['ri:zn] n (cause) powód m, przyczyna f; (rationality) rozum m; (common sense) rozsądek m ♦ vi: **to reason with sb** przemawiać (przemówić perf) komuś do rozsądku; **it stands to reason that ...** jest zrozumiałe, że ...; **within reason** w granicach (zdrowego) rozsądku.

reasonable ['ri:znəbl] adj (person) rozsądny; (explanation, request) sensowny; (amount, price) umiarkowany.

reasonably ['ri:znəblɪ] adv (fairly) dość, dosyć; (sensibly) rozsądnie.

reasoning ['ri:znɪŋ] n rozumowanie nt.

reassurance [ri:ə'ʃuərəns] n (comfort) wsparcie nt (duchowe), otucha f.

reassure [ri:ə'ʃuə*] vt dodawać (dodać perf) otuchy +dat.

reassuring [ri:ə'ʃuərɪŋ] adj dodający otuchy.

rebate [ri:beɪt] n zwrot m nadpłaty.

rebel ['rebl] n (POL) rebeliant(ka) m(f); (against society, parents) buntownik (-iczka) m(f) ♦ vi buntować się (zbuntować się perf).

rebellion [rɪ'beljən] n (POL) rebelia f; (against society, parents) bunt m.

rebellious [rɪ'beljəs] adj (subject, child) nieposłuszny; (behaviour) buntowniczy.

rebound [rɪ'baund] vi odbijać się (odbić się perf) ♦ n: **on the rebound** (ball) odbity; **she married him on the rebound** wyszła za niego po przeżyciu zawodu miłosnego.

rebuild [ri:'bɪld] (irreg like: build) vt odbudowywać (odbudować perf).

rebuke [rɪ'bju:k] vt karcić (skarcić perf), upominać (upomnieć perf).

recall [rɪ'kɔ:l] vt (remember) przypominać (przypomnieć perf) sobie; (ambassador) odwoływać (odwołać perf) ♦ n (of past event) przypomnienie nt (sobie), przywołanie nt; (of ambassador etc) odwołanie nt.

recap ['ri:kæp] vt rekapitulować (zrekapitulować perf), reasumować (zreasumować perf) ♦ vi rekapitulować, reasumować.

recapitulate [ri:kə'pɪtjuleɪt] vt, vi = **recap**.

recapture [ri:'kæptʃə*] vt (town) odbijać (odbić perf); (escaped prisoner) ponownie ująć (perf); (atmosphere, mood) odtwarzać (odtworzyć perf).

recede [rɪ'si:d] vi (tide) cofać się (cofnąć się perf); (lights) oddalać się (oddalić się perf); (hope) wygasać (wygasnąć perf); (memory) słabnąć (osłabnąć perf); (hair) rzednąć (na skroniach).

receding [rɪ'si:dɪŋ] adj cofnięty.

receipt [rɪ'si:t] n (for goods purchased) pokwitowanie nt, paragon m; (act of receiving) odbiór m; **receipts** npl (COMM) wpływy pl.

receive [rɪ'si:v] vt (money, letter) otrzymywać (otrzymać perf); (injury) odnosić (odnieść perf); (criticism, acclaim) spotykać się (spotkać się perf) z +instr; (visitor) przyjmować (przyjąć perf).

receiver [rɪ'si:və*] n (TEL) słuchawka f; (RADIO, TV) odbiornik m; (of stolen goods) paser m; (COMM) syndyk m, zarządca m masy upadłościowej.

recent ['ri:snt] *adj* niedawny, ostatni.
recently ['ri:sntlı] *adv* (*not long ago*)
niedawno; (*lately*) ostatnio; **until
recently** do niedawna.
receptacle [rı'sɛptıkl] *n* pojemnik *m*.
reception [rı'sɛpʃən] *n* (*in hotel*)
recepcja *f*; (*in office*) portiernia *f*; (*in
hospital*) rejestracja *f*; (*party,
welcome*) przyjęcie *nt*; (*RADIO, TV*)
odbiór *m*.
reception desk *n* (*in hotel*) recepcja *f*.
receptionist [rı'sɛpʃənıst] *n* (*in hotel*)
recepcjonista (-tka) *m(f)*; (*in doctor's
surgery*) rejestrator(ka) *m(f)*.
receptive [rı'sɛptıv] *adj* (*person,
attitude*) otwarty.
recess [rı'sɛs] *n* (*in room*) nisza *f*,
wnęka *f*; (*secret place*) zakamarek
m; (*of parliament*) wakacje *pl*,
przerwa *f* (między sesjami).
recession [rı'sɛʃən] *n* recesja *f*.
recipe ['rɛsıpı] *n* (*CULIN*) przepis *m*;
a recipe for success recepta na
sukces.
recipient [rı'sıpıənt] *n* odbiorca
(-czyni) *m(f)*.
reciprocal [rı'sıprəkl] *adj*
obustronny, obopólny.
recital [rı'saıtl] *n* recital *m*.
recite [rı'saıt] *vt* (*poem*) recytować
(wyrecytować *perf*), deklamować
(zadeklamować *perf*).
reckless ['rɛkləs] *adj* lekkomyślny;
(*driver, driving*) nieostrożny.
recklessly ['rɛkləslı] *adv*
lekkomyślnie; (*drive*) nieostrożnie.
reckon ['rɛkən] *vt* (*consider*): **to
reckon sb/sth to be** uznawać
(uznać *perf*) kogoś/coś za +*acc*;
(*calculate*) obliczać (obliczyć *perf*); **I
reckon that ...** myślę, że ... .
reclaim [rı'kleım] *vt* (*luggage: at
airport etc*) odbierać (odebrać *perf*);
(*money*) żądać (zażądać *perf*) zwrotu
+*gen*; (*land: from sea, forest*)
rekultywować (zrekultywować *perf*);

(*waste materials*) utylizować
(zutylizować *perf*).
recline [rı'klaın] *vi* układać się
(ułożyć się *perf*) w pozycji
półleżącej.
reclining [rı'klaınıŋ] *adj* (*seat*) z
opuszczanym oparciem *post*.
recluse [rı'klu:s] *n* odludek *m*.
recognition [rɛkəg'nıʃən] *n* (*of
person, place*) rozpoznanie *nt*; (*of
fact, achievement*) uznanie *nt*; **to
change beyond recognition**
zmieniać się (zmienić się *perf*) nie
do poznania.
recognizable ['rɛkəgnaızəbl] *adj*
rozpoznawalny.
recognize ['rɛkəgnaız] *vt* (*person,
place, voice*) rozpoznawać
(rozpoznać *perf*), poznawać (poznać
perf); (*sign, symptom*) rozpoznawać
(rozpoznać *perf*); (*problem, need*)
uznawać (uznać *perf*) istnienie +*gen*;
(*achievement, government*) uznawać
(uznać *perf*); (*qualifications*)
honorować; **to recognize sb by/as**
rozpoznawać (rozpoznać *perf*) kogoś
po +*loc*/jako +*acc*.
recoil [rı'kɔıl] *vi*: **to recoil (from)**
odsuwać się (odsunąć się *perf*) (od
+*gen*); (*fig*) wzdrygać się
(wzdrygnąć się *perf*) (na widok
+*gen*) ♦ *n* (*of gun*) odrzut *m*.
recollect [rɛkə'lɛkt] *vt* przypominać
(przypomnieć *perf*) sobie.
recollection [rɛkə'lɛkʃən] *n*
wspomnienie *nt*.
recommend [rɛkə'mɛnd] *vt* (*book,
person*) polecać (polecić *perf*);
(*course of action*) zalecać (zalecić
perf).
recommendation [rɛkəmɛn'deıʃən]
n (*act of recommending*)
rekomendacja *f*; (*suggestion to
follow*) zalecenie *nt*.
reconcile ['rɛkənsaıl] *vt* godzić
(pogodzić *perf*); **to reconcile o.s. to**

sth godzić się (pogodzić się *perf*) z czymś.

reconciliation [rɛkənsɪlɪ'eɪʃən] *n* (*of people*) pojednanie *nt*; (*of facts, beliefs*) pogodzenie *nt*.

reconsider [ri:kən'sɪdə*] *vt* (*decision*) rozważać (rozważyć *perf*) ponownie; (*opinion*) rewidować (zrewidować *perf*).

reconstruct [ri:kən'strʌkt] *vt* (*building, policy*) odbudowywać (odbudować *perf*); (*event, crime*) rekonstruować (zrekonstruować *perf*), odtwarzać (odtworzyć *perf*).

reconstruction [ri:kən'strʌkʃən] *n* (*of building, country*) odbudowa *f*; (*of crime*) rekonstrukcja *f*.

record ['rɛkɔ:d] *n* (*written account*) zapis *m*; (*of meeting*) protokół *m*; (*of attendance*) lista *f*; (COMPUT, SPORT) rekord *m*; (MUS) płyta *f*; (*history: of person, company*) przeszłość *f* ♦ *vt* (*events etc*) zapisywać (zapisać *perf*); (*temperature, speed, time*) wskazywać; (*voice, song*) nagrywać (nagrać *perf*) ♦ *adj* rekordowy; **he has a criminal record** był wcześniej karany; **off the record** (*statement*) nieoficjalny; (*speak*) nieoficjalnie.

recorded delivery [rɪ'kɔ:dɪd-] (BRIT) *n*: **send the letter (by) recorded delivery** wyślij list jako polecony.

recorder [rɪ'kɔ:də*] *n* (MUS) flet *m* prosty.

record holder *n* rekordzista (-tka) *m(f)*.

recording [rɪ'kɔ:dɪŋ] *n* nagranie *nt*.

record player *n* gramofon *m*.

recount [rɪ'kaunt] *vt* (*story*) opowiadać (opowiedzieć *perf*); (*event*) opowiadać (opowiedzieć *perf*) o +*loc*.

recourse [rɪ'kɔ:s] *n*: **to have recourse to** uciekać się (uciec się *perf*) do +*gen*.

recover [rɪ'kʌvə*] *vt* odzyskiwać (odzyskać *perf*); (*from dangerous place etc*) wydobywać (wydobyć *perf*) ♦ *vi* (*from illness*) zdrowieć (wyzdrowieć *perf*); (*from shock, experience*) dochodzić (dojść *perf*) do siebie.

recovery [rɪ'kʌvərɪ] *n* (*from illness*) wyzdrowienie *nt*; (*in economy*) ożywienie *nt*; (*of sth stolen*) odzyskanie *nt*.

recreate [ri:krɪ'eɪt] *vt* odtwarzać (odtworzyć *perf*).

recreation [rɛkrɪ'eɪʃən] *n* rekreacja *f*.

recruit [rɪ'kru:t] *n* (MIL) rekrut *m*; (*in company*) nowicjusz(ka) *m(f)* ♦ *vt* (MIL) rekrutować; (*staff*) przyjmować (przyjąć *perf*) (do pracy); (*new members*) werbować (zwerbować *perf*).

recruitment [rɪ'kru:tmənt] *n* nabór *m*.

rectangle ['rɛktæŋgl] *n* prostokąt *m*.

rectangular [rɛk'tæŋgjulə*] *adj* prostokątny.

rectify ['rɛktɪfaɪ] *vt* naprawiać (naprawić *perf*).

rector ['rɛktə*] (REL) *n* proboszcz *m* (*w kościele anglikańskim*).

recuperate [rɪ'kju:pəreɪt] *vi* wracać (wrócić *perf*) do zdrowia.

recur [rɪ'kə:*] *vi* (*error, event*) powtarzać się (powtórzyć się *perf*); (*illness, pain*) nawracać.

recurrence [rɪ'kʌrəns] *n* (*of error, event*) powtórzenie się *nt*; (*of illness, pain*) nawrót *m*.

recurrent [rɪ'kʌrnt] *adj* (*error, event*) powtarzający się; (*illness, pain*) nawracający.

recycle [ri:'saɪkl] *vt* utylizować.

red [rɛd] *n* (*colour*) (kolor *m*) czerwony, czerwień *f*; (*pej: POL*) czerwony (-na) *m(f)* ♦ *adj* czerwony; (*hair*) rudy; **I'm** *or* **my bank account is in the red** mam debet na koncie.

Red Cross *n* Czerwony Krzyż *m*.

redcurrant ['rɛdkʌrənt] *n* czerwona porzeczka *f*.

redden ['rɛdn] *vt* zabarwiać (zabarwić *perf*) na czerwono ♦ *vi* czerwienić się (zaczerwienić się *perf*), czerwienieć (poczerwienieć *perf*).

reddish ['rɛdɪʃ] *adj* czerwonawy; (*hair*) rudawy.

redeem [rɪ'diːm] *vt* (*situation, reputation*) ratować (uratować *perf*); (*sth in pawn*) wykupywać (wykupić *perf*); (*loan*) spłacać (spłacić *perf*); (*REL*) odkupić (*perf*).

redemption [rɪ'dɛmʃən] *n* (*REL*) odkupienie *nt*.

redeploy [riːdɪ'plɔɪ] *vt* (*staff*) przegrupowywać (przegrupować *perf*); (*resources*) przerzucać (przerzucić *perf*).

redhead ['rɛdhɛd] *n* rudzielec *m* (*inf*), rudy (-da) *m(f)*.

red herring *n* (*fig*) manewr *m* dla odwrócenia uwagi.

red-hot [rɛd'hɔt] *adj* rozgrzany do czerwoności.

redirect [riːdaɪ'rɛkt] *vt* (*mail*) przeadresowywać (przeadresować *perf*); (*traffic*) skierowywać (skierować *perf*) inną trasą.

redneck ['rɛdnɛk] (*US: inf*) *n* wsiok *m* (*inf*), burak *m* (*inf*).

red tape *n* (*fig*) biurokracja *f*.

reduce [rɪ'djuːs] *vt* zmniejszać (zmniejszyć *perf*), redukować (zredukować *perf*); **to reduce sb to** (*tears*) doprowadzać (doprowadzić *perf*) kogoś do +*gen*; (*begging, stealing, silence*) zmuszać (zmusić *perf*) kogoś do +*gen*.

reduction [rɪ'dʌkʃən] *n* (*in price, cost*) obniżka *f*; (*in numbers*) obniżenie *nt*, redukcja *f*.

redundancy [rɪ'dʌndənsɪ] (*BRIT*) *n* (*dismissal*) zwolnienie *nt* z pracy (*w sytuacji nadmiaru zatrudnienia*); (*unemployment*) bezrobocie *nt*.

redundant [rɪ'dʌndnt] *adj* (*BRIT: worker*) zwolniony; (*superfluous*) zbędny, zbyteczny; **he was made redundant** zwolnili go (z pracy).

reed [riːd] *n* (*BOT*) trzcina *f*; (*MUS*) stroik *m*.

reef [riːf] *n* rafa *f*.

reek [riːk] *vi* (*smell*): **to reek (of)** cuchnąć (+*instr*); (*fig*): **to reek of** trącić *or* zalatywać +*instr*.

reel [riːl] *n* (*of thread*) szpulka *f*; (*of film, tape*) szpula *f*; (*PHOT*) rolka *f*; (*on fishing-rod*) kołowrotek *m*; (*dance*) *skoczny taniec szkocki lub irlandzki* ♦ *vi* (*person*) zataczać się (zatoczyć się *perf*).

ref [rɛf] (*SPORT: inf*) *n abbr* = **referee**.

refectory [rɪ'fɛktərɪ] *n* refektarz *m*.

refer [rɪ'fəː*] *vt*: **to refer sb to** (*book*) odsyłać (odesłać *perf*) kogoś do +*gen*; (*doctor, hospital, manager*) kierować (skierować *perf*) kogoś do +*gen*.

▸**refer to** *vt fus* (*mention*) wspominać (wspomnieć *perf*) o +*loc*; (*relate to: name, number*) oznaczać +*acc*; (: *remark*) odnosić się do +*gen*; (*consult: dictionary etc*) korzystać (skorzystać *perf*) z +*gen*.

referee [rɛfə'riː] *n* (*SPORT*) sędzia *m*; (*BRIT: for job application*) osoba *f* polecająca ♦ *vt* sędziować.

reference ['rɛfrəns] *n* (*mention*) wzmianka *f*; (*idea, phrase*) odniesienie *nt*; (*for job application: letter*) list *m* polecający; (: *person*) osoba *f* polecająca; **references** *npl* (*list of books*) bibliografia *f*; (*for job application*) referencje *pl*; **with reference to** (*in letter*) w nawiązaniu do +*gen*.

reference book *n encyklopedia, słownik, leksykon itp.*

referendum [rɛfə'rɛndəm] (*pl* **referenda**) *n* referendum *nt*.

refill [riː'fɪl] *vt* powtórnie napełniać

(napełnić *perf*) ♦ *n* (*for pen etc*)
wkład *m*.
refine [rɪ'faɪn] *vt* (*sugar, oil*)
rafinować; (*theory*) udoskonalać
(udoskonalić *perf*).
refined [rɪ'faɪnd] *adj* (*person, taste*)
wytworny, wykwintny.
refinement [rɪ'faɪnmənt] *n* (*of
person*) wytworność *f*, wykwintność
f; (*of system, ideas*) udoskonalenie
nt.
refinery [rɪ'faɪnərɪ] *n* rafineria *f*.
reflect [rɪ'flɛkt] *vt* (*light, image*)
odbijać (odbić *perf*); (*fig: situation,
attitude*) odzwierciedlać
(odzwierciedlić *perf*) ♦ *vi*
zastanawiać się (zastanowić się *perf*).
►**reflect on** *vt fus* (*discredit*) stawiać
(postawić *perf*) w złym świetle +*acc*.
reflection [rɪ'flɛkʃən] *n* odbicie *nt*;
(*fig: of situation, attitude*)
odzwierciedlenie *nt*; (: *thought*)
zastanawianie się *nt*, refleksja *f*; **on
reflection** po zastanowieniu.
reflector [rɪ'flɛktə*] *n* (*on car,
bicycle*) światło *nt* odblaskowe; (*for
light, heat*) reflektor *m*.
reflex ['ri:flɛks] *adj* odruch *m*;
reflexes *npl* odruchy *pl*; **to have
slow/quick reflexes** mieć
słaby/szybki refleks.
reflexive [rɪ'flɛksɪv] (*LING*) *adj*
zwrotny.
reform [rɪ'fɔ:m] *n* reforma *f* ♦ *vt*
reformować (zreformować *perf*) ♦ *vi*
poprawiać się (poprawić się *perf*).
Reformation [rɛfə'meɪʃən] *n*: **the
Reformation** reformacja *f*.
refrain [rɪ'freɪn] *vi*: **to refrain from
doing sth** powstrzymywać się
(powstrzymać się *perf*) od
(z)robienia czegoś ♦ *n* refren *m*.
refresh [rɪ'frɛʃ] *vt* (*drink*) orzeźwiać
(orzeźwić *perf*); (*swim*) odświeżać
(odświeżyć *perf*); (*sleep, rest*)
pokrzepiać (pokrzepić *perf*).
refreshing [rɪ'frɛʃɪŋ] *adj* (*drink*)

orzeźwiający; (*swim*) odświeżający;
(*sleep, rest*) pokrzepiający.
refreshments [rɪ'frɛʃmənts] *npl*
przekąski *pl* i napoje *pl*.
refrigerator [rɪ'frɪdʒəreɪtə*] *n*
lodówka *f*, chłodziarka *f*.
refuel [ri:'fjuəl] *vt, vi* tankować
(zatankować *perf*).
refuge ['rɛfju:dʒ] *n* schronienie *nt*;
(*fig*) ucieczka *f*; **to take refuge in**
chronić się (schronić się *perf*) w +*loc*.
refugee [rɛfju'dʒi:] *n* uchodźca *m*.
refund ['ri:fʌnd] *n* zwrot *m* pieniędzy
♦ *vt* zwracać (zwrócić *perf*).
refurbish [ri:'fə:bɪʃ] *vt* odnawiać
(odnowić *perf*).
refusal [rɪ'fju:zəl] *n* odmowa *f*; **first
refusal** prawo pierwokupu.
refuse¹ [rɪ'fju:z] *vt* (*permission,
consent*) odmawiać (odmówić *perf*)
+*gen*; (*request*) odmawiać (odmówić
perf) +*dat*; (*invitation, gift, offer*)
odrzucać (odrzucić *perf*) ♦ *vi*
odmawiać (odmówić *perf*); (*horse*)
zatrzymywać się (zatrzymać się
perf) przed przeszkodą; **to refuse to
do sth** odmawiać (odmówić *perf*)
zrobienia czegoś.
refuse² ['rɛfju:s] *n* odpadki *pl*, śmieci
pl.
refute [rɪ'fju:t] *vt* obalać (obalić *perf*).
regain [rɪ'geɪn] *vt* odzyskiwać
(odzyskać *perf*).
regard [rɪ'gɑ:d] *n* szacunek *m* ♦ *vt*
(*consider*) uważać; (*view*) patrzeć na
+*acc*; **to give one's regards to**
przekazywać (przekazać *perf*)
pozdrowienia +*dat*; **"with kindest
regards"** „łączę najserdeczniejsze
pozdrowienia"; **as regards, with
regard to** co do +*gen*, jeśli chodzi o
+*acc*.
regarding [rɪ'gɑ:dɪŋ] *prep* odnośnie
do +*gen*.
regardless [rɪ'gɑ:dlɪs] *adv* mimo to;
regardless of bez względu na +*acc*.
regenerate [rɪ'dʒɛnəreɪt] *vt* (*inner*

cities, feelings) ożywiać (ożywić *perf*); (*arts, democracy*) odradzać (odrodzić *perf*) ♦ *vi* (*BIO*) regenerować się (zregenerować się *perf*).

regime [reɪˈʒiːm] *n* reżim *m*.

regiment [ˈrɛdʒɪmənt] *n* (*MIL*) pułk *m*.

region [ˈriːdʒən] *n* (*of land*) okolica *f*, rejon *m*; (: *geographical*) region *m*; (: *administrative*) okręg *m*; (*of body*) okolica *f*; **in the region of** około +*gen*.

regional [ˈriːdʒənl] *adj* (*committee etc*) okręgowy; (*accent, foods*) regionalny.

register [ˈrɛdʒɪstə*] *n* (*ADMIN, MUS, LING*) rejestr *m*; (*also*: **electoral register**) spis *m* wyborców; (*SCOL*) dziennik *m* ♦ *vt* rejestrować (zarejestrować *perf*); (*letter*) nadawać (nadać *perf*) jako polecony ♦ *vi* (*person: at hotel, for work*) meldować się (zameldować się *perf*); (: *at doctor's*) rejestrować się (zarejestrować się *perf*); (*amount, measurement*) zostać (*perf*) zarejestrowanym.

registered [ˈrɛdʒɪstəd] *adj* (*letter*) polecony.

registered trademark *n* znak *m* handlowy prawnie zastrzeżony.

registrar [ˈrɛdʒɪstrɑː*] *n* (*in registry office*) urzędnik (-iczka) *m(f)* stanu cywilnego.

registration [rɛdʒɪsˈtreɪʃən] rejestracja *f*.

registration number (*BRIT: AUT*) *n* numer *m* rejestracyjny.

registry [ˈrɛdʒɪstrɪ] *n* archiwum *nt*.

registry office (*BRIT*) *n* urząd *m* stanu cywilnego.

regret [rɪˈgrɛt] *n* żal *m* ♦ *vt* (*decision, action*) żałować +*gen*; (*loss, death*) opłakiwać; (*inconvenience*) wyrażać (wyrazić *perf*) ubolewanie z powodu +*gen*.

regretfully [rɪˈgrɛtfəlɪ] *adv* z żalem.

regrettable [rɪˈgrɛtəbl] *adj* (*causing sadness*) godny ubolewania; (*causing disapproval*) pożałowania godny, żałosny.

regular [ˈrɛgjulə*] *adj* (*breathing, features, exercise, verb*) regularny; (*time, doctor, customer*) stały; (*soldier*) zawodowy ♦ *n* (*in shop*) stały (-ła) *m(f)* klient(ka) *m(f)*; (*in pub etc*) stały (-ła) *m(f)* bywalec (-lczyni) *m(f)*.

regularity [rɛgjuˈlærɪtɪ] *n* regularność *f*.

regularly [ˈrɛgjuləlɪ] *adv* regularnie.

regulate [ˈrɛgjuleɪt] *vt* (*control*) kontrolować; (*adjust*) regulować.

regulation [rɛgjuˈleɪʃən] *n* (*control*) kontrola *f*; (*rule*) przepis *m*.

rehab [ˈriːhæb] (*US: inf*) *n* odwyk *m* (*inf*).

rehabilitate [riːəˈbɪlɪteɪt] *vt* (*criminal*) resocjalizować (zresocjalizować *perf*).

rehabilitation [ˈriːəbɪlɪˈteɪʃən] *n* (*of criminal*) resocjalizacja *f*.

rehearsal [rɪˈhəːsəl] *n* próba *f*; **dress rehearsal** próba generalna.

rehearse [rɪˈhəːs] *vt* (*play*) robić (zrobić *perf*) próbę +*gen*, próbować (*inf*); (*dance, speech*) ćwiczyć.

reign [reɪn] *n* (*of monarch*) panowanie *nt*; (*fig: of terror etc*) rządy *pl* ♦ *vi* (*lit, fig*) panować, rządzić.

reimburse [riːɪmˈbəːs] *vt*: **to reimburse sb for sth** zwracać (zwrócić *perf*) komuś koszty czegoś, refundować (zrefundować *perf*) komuś coś.

rein [reɪn] *n*: **reins** (*for horse*) lejce *pl*; (*for toddler*) szelki *pl*.

reincarnation [riːɪnkɑːˈneɪʃən] *n* (*belief*) reinkarnacja *f*.

reindeer [ˈreɪndɪə*] *n inv* renifer *m*.

reinforce [riːɪnˈfɔːs] *vt* (*object*) wzmacniać (wzmocnić *perf*); (*belief, prejudice*) umacniać (umocnić *perf*).

reinforcement [riːɪnˈfɔːsmənt] n (of
object) wzmocnienie nt;
reinforcements pl (MIL) posiłki pl.
reinstate [riːɪnˈsteɪt] vt (employee)
przywracać (przywrócić perf) do
pracy; (tax, law) przywracać
(przywrócić perf).
reiterate [riːˈɪtəreɪt] vt (wielokrotnie)
powtarzać (powtórzyć perf).
reject [ˈriːdʒɛkt] n (COMM) odrzut m
♦ vt odrzucać (odrzucić perf).
rejection [rɪˈdʒɛkʃən] n odrzucenie nt.
rejoice [rɪˈdʒɔɪs] vi: **to rejoice at** or
over radować się +instr or z +gen.
rejuvenate [rɪˈdʒuːvəneɪt] vt (person)
odmładzać (odmłodzić perf).
relapse [rɪˈlæps] n (MED) nawrót m.
relate [rɪˈleɪt] vt (tell) relacjonować
(zrelacjonować perf); (connect)
wiązać (powiązać perf) ♦ vi: **to
relate to** (other people) nawiązywać
(nawiązać perf) kontakt z +instr,
znajdować (znaleźć perf) wspólny
język z +instr; (idea) identyfikować
się z +instr; (subject, thing) odnosić
się do +gen.
related [rɪˈleɪtɪd] adj (people,
species) spokrewniony; (languages,
words) pokrewny; (questions,
issues) powiązany.
relating to [rɪˈleɪtɪŋ-] prep odnośnie
do +gen.
relation [rɪˈleɪʃən] n (member of
family) krewny(na) m(f); (connection)
relacja f, związek m; **relations** npl
(dealings) relacje pl, stosunki pl;
(relatives) krewni vir pl.
relationship [rɪˈleɪʃənʃɪp] n (between
two people) stosunek m; (between
two countries) stosunki pl; (between
two things) związek m, powiązanie
nt; (affair) związek m.
relative [ˈrɛlətɪv] n krewny(na) m(f) ♦
adj (not absolute) względny;
(comparative) względny,
stosunkowy; **relative to** w stosunku
do +gen.

relatively [ˈrɛlətɪvlɪ] adv względnie,
stosunkowo.
relax [rɪˈlæks] vi (unwind) odprężać
się (odprężyć się perf), relaksować
się (zrelaksować się perf); (muscle)
rozluźniać się (rozluźnić się perf) ♦
vt (one's grip) rozluźniać (rozluźnić
perf); (mind, person) relaksować
(zrelaksować perf); (rule, control)
łagodzić (złagodzić perf).
relaxation [riːlækˈseɪʃən] n (rest,
recreation) odprężenie nt, relaks m;
(of rule, control) złagodzenie nt.
relaxed [rɪˈlækst] adj (person)
odprężony, rozluźniony;
(atmosphere) spokojny.
relaxing [rɪˈlæksɪŋ] adj odprężający,
relaksujący.
relay [ˈriːleɪ] n sztafeta f ♦ vt
(message, news) przekazywać
(przekazać perf); (programme,
broadcast) transmitować.
release [rɪˈliːs] n (from prison,
obligation) zwolnienie nt; (of
documents) udostępnienie nt; (of
funds) uruchomienie nt; (of gas,
water) spuszczenie nt; (of book,
record) wydanie nt; (of film) wejście
nt na ekrany ♦ vt (from prison,
obligation, responsibility) zwalniać
(zwolnić perf); (from wreckage etc)
uwalniać (uwolnić perf),
wyswobadzać (wyswobodzić perf);
(gas etc) spuszczać (spuścić perf);
(catch, brake) zwalniać (zwolnić
perf); (film, record) wypuszczać
(wypuścić perf); (report, news,
figures) publikować (opublikować
perf).
relegate [ˈrɛləgeɪt] vt degradować
(zdegradować perf).
relentless [rɪˈlɛntlɪs] adj (heat, noise)
bezustanny; (person) nieustępliwy.
relevance [ˈrɛləvəns] n (of remarks,
information) odniesienie nt; (of
action, question) doniosłość f.
relevant [ˈrɛləvənt] adj (information,

question) istotny; **to be relevant to** mieć związek z +*instr*.

reliability [rɪlaɪəˈbɪlɪtɪ] *n* (*of person, firm*) solidność *f*; (*of method, machine*) niezawodność *f*.

reliable [rɪˈlaɪəbl] *adj* (*person, firm*) solidny; (*method, machine*) niezawodny; (*information, source*) wiarygodny, pewny.

reliance [rɪˈlaɪəns] *n*: **reliance on** (*person*) poleganie *nt* na +*loc*; (*drugs, financial support*) uzależnienie *nt* od +*gen*.

relic [ˈrɛlɪk] *n* (*REL*) relikwia *f*; (*of the past*) relikt *m*.

relief [rɪˈliːf] *n* (*feeling*) ulga *f*; (*aid*) pomoc *f*; (*ART*) relief *m*, płaskorzeźba *f*; (*GEOL*) rzeźba *f* terenu.

relieve [rɪˈliːv] *vt* (*pain, fear*) łagodzić (złagodzić *perf*), uśmierzać (uśmierzyć *perf*); (*colleague, guard*) zmieniać (zmienić *perf*), zluzowywać (zluzować *perf*) (*inf*); **to relieve sb of** (*load*) uwalniać (uwolnić *perf*) kogoś od +*gen*; (*duties, post*) zwalniać (zwolnić *perf*) kogoś z +*gen*.

relieved [rɪˈliːvd] *adj*: **to be** *or* **feel relieved** odczuwać (odczuć *perf*) ulgę.

religion [rɪˈlɪdʒən] *n* religia *f*.

religious [rɪˈlɪdʒəs] *adj* religijny.

religiously [rɪˈlɪdʒəslɪ] *adv* sumiennie, skrupulatnie.

relinquish [rɪˈlɪŋkwɪʃ] *vt* (*authority*) zrzekać się (zrzec się *perf*) +*gen*; (*claim*) zaniechać (*perf*) +*gen*; rezygnować (zrezygnować *perf*) z +*gen*.

relish [ˈrɛlɪʃ] *n* (*CULIN*) przyprawa *f* smakowa (*sos, marynata itp*); (*enjoyment*) rozkosz *f* ♦ *vt* rozkoszować się +*instr*.

reluctance [rɪˈlʌktəns] *n* niechęć *f*.

reluctant [rɪˈlʌktənt] *adj* niechętny;

he was reluctant to go nie miał ochoty iść.

reluctantly [rɪˈlʌktəntlɪ] *adv* niechętnie.

rely on [rɪˈlaɪ-] *vt fus* (*be dependent on*) zależeć od +*gen*; (*trust*) polegać na +*loc*.

remain [rɪˈmeɪn] *vi* (*stay*) zostawać (zostać *perf*); (*survive, continue to be*) pozostawać (pozostać *perf*); **to remain silent** zachowywać (zachować *perf*) milczenie; **that remains to be seen** to się dopiero okaże.

remainder [rɪˈmeɪndə*] *n* reszta *f*.

remaining [rɪˈmeɪnɪŋ] *adj* pozostały.

remains [rɪˈmeɪnz] *npl* (*of meal*) resztki *pl*; (*of building etc*) pozostałości *pl*; (*of body, corpse*) szczątki *pl*.

remake [ˈriːmeɪk] (*FILM*) *n* remake *m*.

remand [rɪˈmɑːnd] *n*: **to be on remand** przebywać w areszcie śledczym ♦ *vt*: **to be remanded in custody** przebywać w areszcie śledczym.

remark [rɪˈmɑːk] *n* uwaga *f* ♦ *vi*: **to remark (that ...)** zauważać (zauważyć *perf*) (, że ...); **to remark on sth** robić (zrobić *perf*) uwagę na temat czegoś.

remarkable [rɪˈmɑːkəbl] *adj* nadzwyczajny, niezwykły.

remarry [riːˈmærɪ] *vi* (*woman*) ponownie wychodzić (wyjść *perf*) za mąż; (*man*) ponownie się żenić (ożenić *perf*).

remedial [rɪˈmiːdɪəl] *adj* (*tuition, classes*) wyrównawczy; (*exercise*) rehabilitacyjny, korekcyjny.

remedy [ˈrɛmədɪ] *n* lekarstwo *nt*; (*fig*) środek *m* ♦ *vt* (*situation*) zaradzić (*perf*) +*dat*; (*mistake*) naprawiać (naprawić *perf*).

remember [rɪˈmɛmbə*] *vt* (*recall*) przypominać (przypomnieć *perf*) sobie; (*bear in mind*) pamiętać (zapamiętać *perf*); **I remember seeing it, I remember having seen it** pamiętam, że to widziałem.

remembrance [rɪˈmɛmbrəns] *n* (*memory*) pamięć *f*; (*souvenir*) pamiątka *f*; **in remembrance of sth** na pamiątkę czegoś.

remind [rɪˈmaɪnd] *vt*: **to remind sb of sth/to do sth** przypominać (przypomnieć *perf*) komuś o czymś/, żeby coś zrobił; **to remind sb that ...** przypominać (przypomnieć *perf*) komuś, że...; **she reminds me of my mother** przypomina mi moją matkę.

reminder [rɪˈmaɪndə*] *n* (*of person, event*) przypomnienie *nt*; (*letter*) upomnienie *nt*.

reminisce [rɛmɪˈnɪs] *vi*: **to reminisce (about)** wspominać (+*acc*).

reminiscent [rɛmɪˈnɪsnt] *adj*: **to be reminiscent of sth** przypominać coś.

remission [rɪˈmɪʃən] *n* (*of prison sentence*) zmniejszenie *nt* kary; (*MED*) remisja *f*; (*REL: of sins*) odpuszczenie *nt*.

remit [rɪˈmɪt] *vt* (*money*) przesyłać (przesłać *perf*).

remnant [ˈrɛmnənt] *n* pozostałość *f*; (*of cloth*) resztka *f*.

remorse [rɪˈmɔːs] *n* wyrzuty *pl* sumienia.

remote [rɪˈməʊt] *adj* (*place, time*) odległy; (*person*) nieprzystępny; (*possibility, chance*) niewielki.

remote control *n* zdalne sterowanie *nt*; (*TV etc*) pilot *m*.

removable [rɪˈmuːvəbl] *adj* ruchomy.

removal [rɪˈmuːvəl] *n* (*of object, stain, kidney*) usunięcie *nt*; (*from office*) zwolnienie *nt*; (*BRIT*) przewóz *m* mebli.

remove [rɪˈmuːv] *vt* (*obstacle, stain, kidney*) usuwać (usunąć *perf*); (*employee*) zwalniać (zwolnić *perf*); (*plates, debris*) uprzątać (uprzątnąć

perf); (*clothing, bandage*) zdejmować (zdjąć *perf*).

remover [rɪˈmuːvə*] *n* (*for paint*) rozpuszczalnik *m*; (*for varnish*) zmywacz *m*; **stain remover** odplamiacz.

Renaissance [rɪˈneɪsɑːs] *n*: **the Renaissance** Renesans *m*, Odrodzenie *nt*.

render [ˈrɛndə*] *vt* (*assistance, aid*) udzielać (udzielić *perf*) +*gen*; **to render sb/sth harmless** unieszkodliwiać (unieszkodliwić *perf*) kogoś/coś.

rendezvous [ˈrɔndɪvuː] *n* (*meeting*) spotkanie *nt* (*zwłaszcza potajemne*); (: *of lovers*) schadzka *f*; (*haunt*) (ulubione) miejsce *nt* spotkań.

renegade [ˈrɛnɪgeɪd] *n* renegat *m*, odstępca *m*.

renew [rɪˈnjuː] *vt* (*efforts, attack*) ponawiać (ponowić *perf*); (*loan*) przedłużać (przedłużyć *perf*) (termin płatności +*gen*); (*negotiations*) podejmować (podjąć *perf*) na nowo; (*acquaintance, contract*) odnawiać (odnowić *perf*).

renewable [rɪˈnjuːəbl] *adj* odnawialny.

renewal [rɪˈnjuːəl] *n* (*of hostilities etc*) wznowienie *nt*; (*of licence etc*) odnowienie *nt*, przedłużenie *nt* ważności.

renounce [rɪˈnaʊns] *vt* (*belief, course of action*) wyrzekać się (wyrzec się *perf*) +*gen*; (*right, title*) zrzekać się (zrzec się *perf*) +*gen*.

renovate [ˈrɛnəveɪt] *vt* odnawiać (odnowić *perf*), przeprowadzać (przeprowadzić *perf*) renowację +*gen*.

renovation [rɛnəˈveɪʃən] *n* renowacja *f*.

renown [rɪˈnaʊn] *n* sława *f*.

renowned [rɪˈnaʊnd] *adj* sławny.

rent [rɛnt] *pt, pp of* **rend ♦** *n* czynsz *m* **♦** *vt* (*house, room*) wynajmować (wynająć *perf*); (*television, car*) wypożyczać (wypożyczyć *perf*).

rental ['rɛntl] n (for television, car) opłata f (kwartalna, miesięczna).

reorganize [riː'ɔːgənaɪz] vt reorganizować (zreorganizować perf).

rep [rɛp] n abbr (COMM) = **representative**; (THEAT) = **repertory**.

repair [rɪ'pɛə*] n naprawa f ♦ vt naprawiać (naprawić perf), reperować (zreperować perf); (building) remontować (wyremontować perf); **in good/bad repair** w dobrym/złym stanie.

repay [riː'peɪ] (irreg like: **pay**) vt (money) oddawać (oddać perf), zwracać (zwrócić perf); (person) zwracać (zwrócić perf) pieniądze +dat; (sb's efforts) być wartym +gen; (favour) odwdzięczać się (odwdzięczyć się perf) or rewanżować się (zrewanżować się perf) za +acc.

repayment [riː'peɪmənt] n spłata f.

repeat [rɪ'piːt] n (RADIO, TV) powtórka f ♦ vt powtarzać (powtórzyć perf); (order) ponawiać (ponowić perf) ♦ vi powtarzać (powtórzyć perf).

repeatedly [rɪ'piːtɪdlɪ] adv wielokrotnie.

repel [rɪ'pɛl] vt (drive away) odpierać (odeprzeć perf); (disgust) odpychać.

repellent [rɪ'pɛlənt] adj (appearance, smell) odpychający, odrażający; (idea, thought) odrażający, wstrętny ♦ n: **insect repellent** (also: **insect repellant**) środek m odstraszający owady.

repent [rɪ'pɛnt] vi: **to repent (of)** żałować (+gen).

repentance [rɪ'pɛntəns] n żal m, skrucha f.

repercussions [riːpə'kʌʃənz] npl reperkusje pl.

repertoire ['rɛpətwɑː*] n (MUS, THEAT) repertuar m; (fig) repertuar m, zakres m.

repetition [rɛpɪ'tɪʃən] n (repeat) powtórzenie nt, powtórka f.

repetitive [rɪ'pɛtɪtɪv] adj (movement) powtarzający się; (noise, work) monotonny; (speech) zawierający powtórzenia.

replace [rɪ'pleɪs] vt (put back) odkładać (odłożyć perf) (na miejsce); (take the place of) zastępować (zastąpić perf).

replacement [rɪ'pleɪsmənt] n (substitution) zastąpienie nt; (substitute) zastępca (-czyni) m(f).

replay ['riːpleɪ] n powtórny mecz m.

replenish [rɪ'plɛnɪʃ] vt (glass) dopełniać (dopełnić perf); (stock etc) uzupełniać (uzupełnić perf).

replica ['rɛplɪkə] n kopia f, replika f.

reply [rɪ'plaɪ] n odpowiedź f ♦ vi odpowiadać (odpowiedzieć perf).

report [rɪ'pɔːt] n (account) sprawozdanie nt, raport m; (PRESS, TV etc) doniesienie nt, relacja f; (BRIT: also: **school report**) świadectwo nt (szkolne); (of gun) huk m ♦ vt (state) komunikować (zakomunikować perf); (PRESS, TV etc) relacjonować (zrelacjonować perf); (casualties, damage etc) donosić (donieść perf) o +loc, odnotowywać (odnotować perf); (bring to notice: theft, accident) zgłaszać (zgłosić perf); (: person) donosić (donieść perf) na +acc ♦ vi sporządzać (sporządzić perf) raport; **to report to sb** (present o.s. to) zgłaszać się (zgłosić się perf) do kogoś; (be responsible to) podlegać komuś.

report card (US, Scottish) n świadectwo nt szkolne.

reportedly [rɪ'pɔːtɪdlɪ] adv podobno.

reporter [rɪ'pɔːtə*] n reporter(ka) m(f).

represent [rɛprɪ'zɛnt] vt (person, nation, view) reprezentować; (symbolize: word, object) przedstawiać; (: idea, emotion) być symbolem +*gen*; (*constitute*) stanowić; **to represent sth as** przedstawiać (przedstawić *perf*) coś jako +*acc*.

representation [rɛprɪzɛn'teɪʃən] *n* (*state of being represented*) reprezentacja *f*; (*picture, statue*) przedstawienie *nt*; **representations** *npl* zażalenia *pl*.

representative [rɛprɪ'zɛntətɪv] *n* przedstawiciel(ka) *m(f)*; (*US: POL*) *członek izby niższej Kongresu federalnego lub jednego z kongresów stanowych* ♦ *adj* reprezentatywny.

repress [rɪ'prɛs] *vt* (*people*) utrzymywać (utrzymać *perf*) w ryzach, poskramiać (poskromić *perf*); (*revolt*) tłumić (stłumić *perf*); (*feeling, impulse*) tłumić (stłumić *perf*), pohamowywać (pohamować *perf*); (*desire*) powstrzymywać (powstrzymać *perf*), pohamowywać (pohamować *perf*).

repression [rɪ'prɛʃən] *n* (*of people, country*) ucisk *m*; (*of feelings*) tłumienie *nt*.

repressive [rɪ'prɛsɪv] *adj* represyjny.

reprieve [rɪ'priːv] *n* (*JUR*) ułaskawienie *nt*; (*fig*) ulga *f*.

reprimand ['rɛprɪmɑːnd] *n* nagana *f*, reprymenda *f* ♦ *vt* ganić (zganić *perf*), udzielać (udzielić *perf*) nagany +*dat*.

reprint ['riːprɪnt] *n* przedruk *m*, wznowienie *nt* ♦ *vt* przedrukowywać (przedrukować *perf*), wznawiać (wznowić *perf*).

reprisal [rɪ'praɪzl] *n* odwet *m*; **reprisals** *npl* czyny *pl* or środki *pl* odwetowe.

reproach [rɪ'prəutʃ] *n* wyrzut *m* ♦ *vt*: **to reproach sb for sth** wyrzucać komuś coś.

reproduce [riːprə'djuːs] *vt* (*copy*) powielać (powielić *perf*); (*in newspaper etc*) publikować

(opublikować *perf*); (*sound*) naśladować ♦ *vi* rozmnażać się (rozmnożyć się *perf*).

reproduction [riːprə'dʌkʃən] *n* (*copy*) powielenie *nt*; (*in newspaper*) opublikowanie *nt*; (*of sound*) odtwarzanie *nt*; (*of painting*) reprodukcja *f*; (*BIO*) rozmnażanie się *nt*.

reproductive [riːprə'dʌktɪv] *adj* rozrodczy.

reptile ['rɛptaɪl] *n* gad *m*.

republic [rɪ'pʌblɪk] *n* republika *f*.

republican [rɪ'pʌblɪkən] *adj* republikański ♦ *n* republikanin (-anka) *m(f)*; (*US: POL*): **Republican** Republikanin (-anka) *m(f)*.

repugnant [rɪ'pʌgnənt] *adj* wstrętny, odrażający.

repulsion [rɪ'pʌlʃən] *n* wstręt *m*, odraza *f*.

repulsive [rɪ'pʌlsɪv] *adj* odpychający.

reputable ['rɛpjutəbl] *adj* szanowany, cieszący się poważaniem.

reputation [rɛpju'teɪʃən] *n* reputacja *f*, renoma *f*; **to have a reputation for** być znanym z +*gen*.

reputed [rɪ'pjuːtɪd] *adj* rzekomy.

reputedly [rɪ'pjuːtɪdlɪ] *adv* rzekomo.

request [rɪ'kwɛst] *n* (*polite*) prośba *f*; (*formal*) wniosek *m* ♦ *vt* prosić (poprosić *perf*) o +*acc*.

request stop (*BRIT*) *n* przystanek *m* na żądanie.

require [rɪ'kwaɪə*] *vt* (*need: person*) potrzebować +*gen*, życzyć (zażyczyć *perf*) sobie +*gen*; (: *thing, situation*) wymagać +*gen*; (*demand*) wymagać +*gen*; **to require sb to do sth** wymagać od kogoś, by coś robił; **if required** w razie potrzeby.

requirement [rɪ'kwaɪəmənt] *n* (*need*) potrzeba *f*.

requisite ['rɛkwɪzɪt] *adj* wymagany; **requisites** *npl* (*COMM*): **toilet/travel requisites** przybory *pl* toaletowe/do podróży.

resale [riː'seɪl] n odsprzedaż f; "not for resale" „egzemplarz bezpłatny".

rescue ['rɛskjuː] n (help) ratunek m; (from drowning etc) akcja f ratownicza ♦ vt ratować (uratować perf); **to come to sb's rescue** przychodzić (przyjść perf) komuś na ratunek.

research [rɪ'sɜːtʃ] n badanie nt or badania pl (naukowe) ♦ vt badać (zbadać perf).

researcher [rɪ'sɜːtʃə*] n badacz(ka) m(f).

resemblance [rɪ'zɛmbləns] n podobieństwo nt.

resemble [rɪ'zɛmbl] vt przypominać, być podobnym do +gen.

resent [rɪ'zɛnt] vt (attitude, treatment) czuć się urażonym +instr, oburzać się na +acc; (person) mieć pretensje do +gen.

resentful [rɪ'zɛntful] adj urażony, pełen urazy.

resentment [rɪ'zɛntmənt] n uraza f.

reservation [rɛzə'veɪʃən] n (booking) rezerwacja f; (doubt) zastrzeżenie nt; (land) rezerwat m; **to make a reservation** robić (zrobić perf) rezerwację.

reserve [rɪ'zɜːv] n zapas m, rezerwa f; (fig: of energy, talent etc) rezerwa f; (SPORT) rezerwowy (-wa) m(f); (nature reserve) rezerwat m (restraint) powściągliwość f, rezerwa f ♦ vt rezerwować (zarezerwować perf); **reserves** npl (MIL) rezerwy pl; **in reserve** w rezerwie.

reserved [rɪ'zɜːvd] adj (person) powściągliwy.

reservoir ['rɛzəvwɑː*] n (of water) rezerwuar m, zbiornik m.

reshuffle [riː'ʃʌfl] n: **Cabinet reshuffle** (POL) przetasowanie nt w gabinecie.

reside [rɪ'zaɪd] vi zamieszkiwać.
►**reside in** vt fus tkwić w +loc.

residence ['rɛzɪdəns] n (fmt. home) rezydencja f; (length of stay) pobyt m.

resident ['rɛzɪdənt] n (of country, town) mieszkaniec (-nka) m(f); (in hotel) gość m ♦ adj (population) stały; (doctor, landlord) mieszkający na miejscu; **to be resident in** mieszkać w +loc.

residential [rɛzɪ'dɛnʃəl] adj (area) mieszkaniowy; (staff) mieszkający w miejscu pracy.

residue ['rɛzɪdjuː] n (CHEM) pozostałość f.

resign [rɪ'zaɪn] vt rezygnować (zrezygnować perf) z +gen ♦ vi ustępować (ustąpić perf); **to resign o.s. to** pogodzić się (perf) z +instr.

resignation [rɛzɪg'neɪʃən] n rezygnacja f.

resigned [rɪ'zaɪnd] adj: **resigned to** (situation etc) pogodzony z +instr.

resilience [rɪ'zɪlɪəns] n (of material) sprężystość f; (of person) prężność f.

resilient [rɪ'zɪlɪənt] adj (material) sprężysty; (person) prężny.

resin ['rɛzɪn] n żywica f.

resist [rɪ'zɪst] vt opierać się (oprzeć się perf) +dat.

resistance [rɪ'zɪstəns] n (to change, attack) opór m; (to illness) odporność f.

resit [n 'riːsɪt, vb riː'sɪt] (BRIT: UNIV, SCOL) n poprawka f ♦ vt zdawać ponownie (egzamin, test), ponownie podchodzić do +gen.

resolute ['rɛzəluːt] adj zdecydowany, stanowczy.

resolution [rɛzə'luːʃən] n (decision) rezolucja f; (determination) zdecydowanie nt, stanowczość f; (of problem) rozwiązanie nt.

resolve [rɪ'zɔlv] n (determination) zdecydowanie nt; (intention) postanowienie nt ♦ vt rozwiązywać (rozwiązać perf) ♦ vi: **to resolve to do sth** postanawiać (postanowić perf) coś zrobić.

resolved [rɪ'zɔlvd] *adj* zdecydowany.

resonant ['rɛzənənt] *adj* (*voice*) donośny.

resort [rɪ'zɔ:t] *n* (*town*) miejscowość *f* wypoczynkowa; (*recourse*) uciekanie się *nt* ♦ *vi*: **to resort to** uciekać się (uciec się *perf*) do +*gen*; **as a last resort** w ostateczności; **in the last resort** koniec końców.

resound [rɪ'zaund] *vi*: **to resound (with)** rozbrzmiewać (+*instr*).

resounding [rɪ'zaundɪŋ] *adj* (*voice*) głośny; (*fig: success etc*) oszałamiający.

resource [rɪ'sɔ:s] *n* surowiec *m*; **resources** *npl* (*coal, oil etc*) zasoby *pl*; (*money*) zasoby *pl or* środki *pl* (pieniężne).

resourceful [rɪ'sɔ:sful] *adj* pomysłowy, zaradny.

respect [rɪs'pɛkt] *n* szacunek *m* ♦ *vt* szanować (uszanować *perf*); **respects** *npl* wyrazy *pl* uszanowania; **with respect to, in respect of** pod względem +*gen*, w związku z +*instr*; **in this respect** pod tym względem.

respectability [rɪspɛktə'bɪlɪtɪ] *n* (*repute*) poważanie *nt*; (*decency*) poczucie *nt* przyzwoitości.

respectable [rɪs'pɛktəbl] *adj* (*reputable*) poważany, szanowany; (*decent, adequate*) przyzwoity, porządny.

respectful [rɪs'pɛktful] *adj* pełen szacunku *or* uszanowania.

respective [rɪs'pɛktɪv] *adj*: **they returned to their respective homes** wrócili każdy do swego domu.

respectively [rɪs'pɛktɪvlɪ] *adv* odpowiednio.

respond [rɪs'pɔnd] *vi* (*answer*) odpowiadać (odpowiedzieć *perf*); (*react*) reagować (zareagować *perf*).

response [rɪs'pɔns] (*to question*) odpowiedź *f*; (*to situation, event*) reakcja *f*.

responsibility [rɪspɔnsɪ'bɪlɪtɪ] *n* odpowiedzialność *f*; (*duty*) obowiązek *m*.

responsible [rɪs'pɔnsɪbl] *adj* odpowiedzialny; **to be responsible for sth** odpowiadać za coś.

responsive [rɪs'pɔnsɪv] *adj*: **to be responsive (to)** (żywo) reagować (na +*acc*).

rest [rɛst] *n* (*relaxation, pause*) odpoczynek *m*; (*remainder*) reszta *f*; (*MUS*) pauza *f* ♦ *vi* odpoczywać (odpocząć *perf*) ♦ *vt* (*eyes, legs*) dawać (dać *perf*) odpoczynek +*dat*; **to rest sth on/against sth** opierać (oprzeć *perf*) coś na czymś/o coś; **to rest on sth** (*lit, fig*) opierać się (oprzeć się *perf*) na czymś; **may he/she rest in peace** niech spoczywa w pokoju.

restaurant ['rɛstərɔŋ] *n* restauracja *f*.

restaurant car (*BRIT*) *n* wagon *m* restauracyjny.

restful ['rɛstful] *adj* (*lighting, music*) kojący; (*place*) spokojny.

restless ['rɛstlɪs] *adj* niespokojny.

restoration [rɛstə'reɪʃən] *n* (*of painting, church*) restauracja *f*; (*of health, rights, order*) przywrócenie *nt*; (*of land, stolen property*) zwrot *m*.

restore [rɪ'stɔ:*] *vt* (*painting, building*) odrestaurowywać (odrestaurować *perf*); (*order, health, faith*) przywracać (przywrócić *perf*); (*land, stolen property*) zwracać (zwrócić *perf*); **to restore sb to power** przywracać (przywrócić *perf*) komuś władzę.

restrain [rɪs'treɪn] *vt* (*person, feeling*) hamować (pohamować *perf*); (*growth, inflation*) hamować (zahamować *perf*); **to restrain sb/o.s. from doing sth** powstrzymywać (powstrzymać *perf*) kogoś/się od zrobienia czegoś.

restrained [rɪs'treɪnd] *adj* (*person,*

behaviour) powściągliwy; (*style*)
surowy; (*colours*) spokojny.

restraint [rɪsˈtreɪnt] *n* (*restriction*)
ograniczenie *nt*; (*moderation*) umiar
m, powściągliwość *f*.

restrict [rɪsˈtrɪkt] *vt* ograniczać
(ograniczyć *perf*).

restriction [rɪsˈtrɪkʃən] *n* ograniczenie
nt.

restrictive [rɪsˈtrɪktɪv] *adj* (*law,
policy*) restrykcyjny; (*clothing*)
krępujący.

rest room (*US*) *n* toaleta *f*.

restructure [riːˈstrʌktʃə*] *vt*
restrukturyzować
(zrestrukturyzować *perf*).

result [rɪˈzʌlt] *n* (*consequence*)
skutek *m*, rezultat *m*; (*of exam,
competition, calculation*) wynik *m* ♦
vi: **to result in** prowadzić
(doprowadzić *perf*) do +*gen*; **as a
result of** na skutek *or* w wyniku
+*gen*; **to result (from)** wynikać
(wyniknąć *perf*) (z +*gen*).

resume [rɪˈzjuːm] *vt* (*work, journey*)
podejmować (podjąć *perf*) na nowo,
kontynuować (*po przerwie*); (*efforts*)
wznawiać (wznowić *perf*) ♦ *vi*
rozpoczynać się (rozpocząć się *perf*)
na nowo.

résumé [ˈreɪzjuːmeɪ] *n* streszczenie
nt; (*US: curriculum vitae*) życiorys *m*.

resumption [rɪˈzʌmpʃən] *n*
(ponowne) podjęcie *nt*, wznowienie
nt.

resurrection [rɛzəˈrekʃən] *n* (*of
fears, customs*) wskrzeszenie *nt*; (*of
hopes*) (ponowne) rozbudzenie *nt*;
(*of event, practice*) wznowienie *nt*;
(*REL*): **the Resurrection**
Zmartwychwstanie *nt*.

resuscitate [rɪˈsʌsɪteɪt] *vt* (*MED*)
reanimować.

resuscitation [rɪsʌsɪˈteɪʃən] (*MED*) *n*
reanimacja *f*.

retail [ˈriːteɪl] *adj* detaliczny ♦ *adv*
detalicznie, w detalu.

retailer [ˈriːteɪlə*] *n* kupiec *m*
detaliczny, detalista (-tka) *m(f)*.

retail price *n* cena *f* detaliczna.

retain [rɪˈteɪn] *vt* (*independence,
souvenir, ticket*) zachowywać
(zachować *perf*); (*heat, moisture*)
zatrzymywać (zatrzymać *perf*).

retaliate [rɪˈtælɪeɪt] *vi* brać (wziąć
perf) odwet.

retaliation [rɪtælɪˈeɪʃən] *n* odwet *m*.

retarded [rɪˈtɑːdɪd] *adj* (*also:
mentally retarded*) opóźniony w
rozwoju.

retch [retʃ] *vi* mieć torsje.

reticent [ˈretɪsnt] *adj* małomówny.

retina [ˈretɪnə] *n* (*ANAT*) siatkówka *f*.

retire [rɪˈtaɪə*] *vi* (*give up work*)
przechodzić (przejść *perf*) na
emeryturę; (*withdraw*) oddalać się
(oddalić się *perf*); (*go to bed*)
udawać się (udać się *perf*) na
spoczynek.

retired [rɪˈtaɪəd] *adj* emerytowany.

retirement [rɪˈtaɪəmənt] *n* (*state*)
emerytura *f*; (*act*) przejście *nt* na
emeryturę.

retiring [rɪˈtaɪərɪŋ] *adj* (*shy*)
nieśmiały; (*official, MP*) ustępujący.

retort [rɪˈtɔːt] *vi* ripostować
(zripostować *perf*).

retract [rɪˈtrækt] *vt* (*promise,
confession*) cofać (cofnąć *perf*);
(*claws*) chować (schować *perf*);
(*undercarriage*) wciągać (wciągnąć
perf).

retrain [riːˈtreɪn] *vt*
przekwalifikowywać
(przekwalifikować *perf*).

retreat [rɪˈtriːt] *n* (*place*) ustronie *nt*;
(*withdrawal*) ucieczka *f*; (*MIL*)
odwrót *m* ♦ *vi* wycofywać się
(wycofać się *perf*).

retribution [retrɪˈbjuːʃən] *n* kara *f*.

retrieval [rɪˈtriːvəl] *n* (*of object:
regaining*) odzyskanie *nt*; (: *finding*)
odnalezienie *nt*; (*COMPUT*)
wyszukiwanie *nt*.

retrieve [rɪ'triːv] vt (person: object)
odzyskiwać (odzyskać perf);
(: situation) ratować (uratować perf).
retrospect ['rɛtrəspɛkt] n: **in
retrospect** z perspektywy czasu.
retrospective [rɛtrə'spɛktɪv] adj
(exhibition) retrospektywny; (law,
tax) działający wstecz; (opinion) z
perspektywy czasu post ♦ n (ART)
wystawa f retrospektywna,
retrospektywa f.
return [rɪ'təːn] n (going or coming
back) powrót m; (of sth stolen,
borrowed, bought) zwrot m; (from
land, shares, investment) dochód m;
(tax etc) zeznanie nt ♦ cpd (journey,
ticket) powrotny; (match)
rewanżowy ♦ vi (person) wracać
(wrócić perf); (feelings) powracać
(powrócić perf) ♦ vt (greetings,
sentiment) odwzajemniać
(odwzajemnić perf); (sth borrowed,
stolen, bought) zwracać (zwrócić
perf); (verdict) wydawać (wydać
perf); (ball: during game) odsyłać
(odesłać perf); (POL) wybierać
(wybrać perf) (do parlamentu);
returns npl (COMM) dochody pl; **in
return (for)** w zamian (za +acc);
many happy returns (of the day)!
wszystkiego najlepszego (z okazji
urodzin)!.
►**return to** vt fus powracać
(powrócić perf) do +gen.
rounion [riː'juːnɪən] n (of school,
class, family) zjazd m; (of two
people) spotkanie nt (po latach).
reunite [riːjuː'naɪt] vt (country)
(ponownie) jednoczyć (zjednoczyć
perf); (organization, movement)
przywracać (przywrócić perf)
jedność w +loc; **to be reunited**
(friends etc) spotykać się (spotkać
się perf) (po latach); (families)
łączyć się (połączyć się perf).
rev [rɛv] (AUT) n abbr (= revolution)

obr. ♦ vt (also: **rev up**: MOT)
rozgrzewać (na wysokich obrotach).
revamp [riː'væmp] vt reformować
(zreformować perf).
reveal [rɪ'viːl] vt (make known)
ujawniać (ujawnić perf); (make
visible) odsłaniać (odsłonić perf).
revealing [rɪ'viːlɪŋ] adj odkrywczy;
she wore a revealing dress miała
na sobie sukienkę, która niewiele
zakrywała.
revelation [rɛvə'leɪʃən] n rewelacja f;
(REL) objawienie nt.
revenge [rɪ'vɛndʒ] n zemsta f; **to
take (one's) revenge (on sb)**
dokonywać (dokonać perf) zemsty
(na kimś).
revenue ['rɛvənjuː] n dochody pl.
reverberation [rɪvəːbə'reɪʃən] n
pogłos m, echo nt; (fig) reperkusje pl.
reverence ['rɛvərəns] n cześć f.
Reverend ['rɛvərənd] adj wielebny.
reversal [rɪ'vəːsl] n (of decision,
policy) (radykalna) zmiana f; (of
roles) odwrócenie nt.
reverse [rɪ'vəːs] n (opposite)
przeciwieństwo nt; (of paper)
odwrotna strona f; (of cloth) lewa
strona f; (of coin, medal) rewers m;
(also: **reverse gear**) (bieg m)
wsteczny; (setback) niepowodzenie
nt; (defeat) porażka f ♦ adj (side)
odwrotny; (process) przeciwny;
(direction) przeciwny, odwrotny ♦ vt
(order, roles) odwracać (odwrócić
perf); (car) cofać (cofnąć perf) ♦ vi
(BRIT: AUT) cofać się (cofnąć się
perf); **in reverse order** w odwrotnej
kolejności.
revert [rɪ'vəːt] vi: **to revert to**
(previous owner, topic, state)
powracać (powrócić perf) do +gen;
(less advanced state) cofać się
(cofnąć się perf) do +gen.
review [rɪ'vjuː] n przegląd m; (of
book, play etc) recenzja f; (of policy
etc) rewizja f ♦ vt (MIL: troops)

dokonywać (dokonać perf)
przeglądu +gen; (book, play)
recenzować (zrecenzować perf);
(policy) rewidować (zrewidować
perf).

reviewer [rɪ'vjuːə*] n recenzent(ka)
m(f).

revise [rɪ'vaɪz] vt (manuscript)
poprawiać (poprawić perf); (opinion,
attitude) rewidować (zrewidować
perf); (price, procedure) korygować
(skorygować perf) ♦ vi (for exam etc)
powtarzać (materiał).

revision [rɪ'vɪʒən] n (of manuscript)
korekta f; (of schedule) zmiana f; (of
law) rewizja f; (for exam) powtórka f.

revival [rɪ'vaɪvəl] n (ECON)
ożywienie nt; (THEAT) wznowienie nt.

revive [rɪ'vaɪv] vt (person) cucić
(ocucić perf); (economy) ożywiać
(ożywić perf); (custom) wskrzeszać
(wskrzesić perf); (hope, interest)
(ponownie) rozbudzać (rozbudzić
perf); (play) wznawiać (wznowić
perf) ♦ vi (person) odzyskiwać
(odzyskać perf) przytomność;
(activity, economy) ożywiać się
(ożywić się perf); (hope, faith,
interest) odradzać się (odrodzić się
perf).

revoke [rɪ'vəuk] vt (treaty)
unieważniać (unieważnić perf); (law)
uchylać (uchylić perf).

revolt [rɪ'vəult] n bunt m, rewolta f ♦
vi buntować się (zbuntować się perf)
♦ vt budzić (wzbudzić perf) odrazę
w +loc.

revolting [rɪ'vəultɪŋ] adj odrażający,
budzący odrazę.

revolution [rɛvə'luːʃən] n (in politics,
industry, education) rewolucja f; (of
wheel, earth) obrót m.

revolutionary [rɛvə'luːʃənrɪ] adj
rewolucyjny ♦ n rewolucjonista
(-tka) m(f).

revolutionize [rɛvə'luːʃənaɪz] vt

rewolucjonizować
(zrewolucjonizować perf).

revolve [rɪ'vɒlv] vi obracać się
(obrócić się perf); **to revolve
(a)round** obracać się wokół +gen.

revolver [rɪ'vɒlvə*] n rewolwer m.

revolving [rɪ'vɒlvɪŋ] adj obrotowy.

revulsion [rɪ'vʌlʃən] n odraza f,
wstręt m.

reward [rɪ'wɔːd] n nagroda f ♦ vt
nagradzać (nagrodzić perf).

rewarding [rɪ'wɔːdɪŋ] adj (job)
przynoszący satysfakcję;
(experience) cenny.

rewind [riː'waɪnd] (irreg like: wind) vt
(tape, cassette) przewijać
(przewinąć perf).

rewrite [riː'raɪt] (irreg like: write) vt
przerabiać (przerobić perf);
(completely) pisać (napisać perf) od
nowa.

rhetorical [rɪ'tɒrɪkl] adj retoryczny.

rheumatic [ruː'mætɪk] adj (changes,
pain) reumatyczny; (person): **to be
rheumatic** mieć reumatyzm.

rheumatism ['ruːmətɪzəm] n
reumatyzm m.

Rhine [raɪn] n: **the Rhine** Ren m.

rhinoceros [raɪ'nɒsərəs] n nosorożec
m.

rhubarb ['ruːbɑːb] n rabarbar m.

rhyme [raɪm] n (rhyming words) rym
m; (verse) wierszyk m, rymowanka
f; (technique) rymowanie nt.

rhythm ['rɪðm] n rytm m.

rhythmic(al) ['rɪðmɪk(l)] adj
rytmiczny.

rib [rɪb] n (ANAT) żebro nt.

ribbon ['rɪbən] n (for hair, decoration)
wstążka f; (of typewriter) taśma f; **in
ribbons** w strzępach.

rice [raɪs] n ryż m.

rich [rɪtʃ] adj (person) bogaty; (life)
urozmaicony; (soil) żyzny; (colour)
nasycony; (voice) głęboki;
(tapestries, silks) kosztowny; (food,
diet) bogaty w tłuszcze i

węglowodany ♦ *npl*: **the rich** bogaci
vir pl; **rich in** bogaty w +*acc*.

riches ['rɪtʃɪz] *npl* bogactwo *nt*,
bogactwa *pl*.

richly ['rɪtʃlɪ] *adv* (*decorated*) bogato;
(*deserved, earned*) w pełni;
(*rewarded*) sowicie.

rickets ['rɪkɪts] *n* krzywica *f*.

rickety ['rɪkɪtɪ] *adj* chybotliwy.

rickshaw ['rɪkʃɔ:] *n* riksza *f*.

ricochet ['rɪkəʃeɪ] *vi* odbijać się
(odbić się *perf*) rykoszetem.

rid [rɪd] (*pt* **rid**) *vt*: **to rid sb/sth of**
uwalniać (uwolnić *perf*) kogoś/coś
od +*gen*; **to get rid of** pozbywać się
(pozbyć się *perf*) +*gen*.

riddance ['rɪdns] *n*: **good riddance!**
krzyżyk na drogę!

ridden ['rɪdn] *pp of* **ride**.

riddle ['rɪdl] *n* zagadka *f* ♦ *vt*: **riddled
with** (*guilt, doubts*) pełen +*gen*;
(*corruption*) przesiąknięty +*instr*.

ride [raɪd] (*pt* **rode**, *pp* **ridden**) *n*
jazda *f* ♦ *vi* (*as sport*) jeździć konno;
(*go somewhere, travel*) jechać
(pojechać *perf*) ♦ *vt* (*horse, bicycle*)
jeździć na +*loc*; (*distance*)
przejeżdżać (przejechać *perf*); **to
take sb for a ride** zabierać (zabrać
perf) kogoś na przejażdżkę; (*fig*)
nabierać (nabrać *perf*) kogoś; **to give
sb a ride** podwozić (podwieźć *perf*)
kogoś.

rider ['raɪdə*] *n* (*on horse*) jeździec
m; (*on bicycle*) rowerzysta (-tka)
m(f); (*on motorcycle*) motocyklista
(-tka) *m(f)*.

ridge [rɪdʒ] *n* (*of hill*) grzbiet *m*; (*of
roof*) kalenica *f*; (*in ploughed land*)
skiba *f*.

ridicule ['rɪdɪkju:l] *n* kpiny *pl* ♦ *vt*
wyśmiewać (wyśmiać *perf*).

ridiculous [rɪ'dɪkjuləs] *adj* śmieszny.

riding ['raɪdɪŋ] *n* jazda *f* konna.

rife [raɪf] *adj*: **to be rife** (*corruption,
superstition*) kwitnąć; (*disease*)

srożyć się; **the office was rife with
rumours** w biurze huczało od plotek.

rifle ['raɪfl] *n* karabin *m*; (*for hunting*)
strzelba *f* ♦ *vt* (*sb's wallet, pocket*)
opróżniać (opróżnić *perf*).

►**rifle through** *vt fus* przetrząsać
(przetrząsnąć *perf*) +*acc*.

rift [rɪft] *n* szczelina *f*; (*fig*) rozdźwięk
m.

rig [rɪg] *n* (*also*: **oil rig**: *at sea*)
platforma *f* wiertnicza ♦ *vt* (*election,
cards*) fałszować (sfałszować *perf*).

rigging ['rɪgɪŋ] *n* olinowanie *nt*.

right [raɪt] *adj* (*correct*) dobry,
poprawny; (*suitable*) właściwy,
odpowiedni; (*morally good*) dobry;
(*not left*) prawy ♦ *n* (*what is morally
right*) dobro *nt*; (*entitlement*) prawo
nt; (*not left*): **the right** prawa strona *f*
♦ *adv* dobrze; (*turn*) w prawo;
(*swerve*) na prawo ♦ *vt* naprawiać
(naprawić *perf*) ♦ *excl* dobrze; **the
Right** (*POL*) prawica; **you're right**
masz rację; **you are French, is that
right?** jesteś Francuzem, prawda?;
is that clock right? czy ten zegar
dobrze chodzi?; **right now** w tej
chwili; **by rights** na dobrą sprawę;
he's in the right słuszność jest po
jego stronie; **right away**
natychmiast; **right in the middle** w
samym środku; **I'll be right back**
zaraz wracam.

right angle *n* kąt *m* prosty.

righteous ['raɪtʃəs] *adj* (*person*)
prawy; (*indignation*) słuszny.

rightful ['raɪtful] *adj* (*heir, owner*)
prawowity, prawny; (*place, share*)
należny.

right-handed [raɪt'hændɪd] *adj*
praworęczny.

rightly ['raɪtlɪ] *adv* (*with reason*)
słusznie.

right of way *n* (*AUT*) pierwszeństwo
nt przejazdu; (*on path etc*) prawo
przechodzenia przez teren prywatny.

right-wing [raɪt'wɪŋ] *adj* (*POL*)
prawicowy.

rigid ['rɪdʒɪd] *adj* (*structure, back*)
sztywny; (*attitude, views*) skostniały;
(*control, censorship*) ścisły;
(*methods*) surowy.

rigorous ['rɪgərəs] *adj*
rygorystyczny; (*training*)
wymagający.

rigour ['rɪgə*] (*US* **rigor**) *n* (*of law,
punishment*) surowość *f*; (*of
argument*) dyscyplina *f* logiczna; (*of
research, methods*) dokładność *f*,
ścisłość *f*.

rim [rɪm] *n* (*of glass, dish*) brzeg *m*;
(*of spectacles*) obwódka *f*; (*of wheel*)
obręcz *f*.

rind [raɪnd] *n* skórka *f*.

ring [rɪŋ] (*pt* **rang**, *pp* **rung**) *n* (*on
finger*) pierścionek *m*; (: *large*)
pierścień *m*; (*also*: **wedding ring**)
obrączka *f*; (*for keys, of smoke*)
kółko *nt*; (*of people, objects*) krąg *m*,
koło *nt*; (*of spies*) siatka *f*; (*of
drug-dealers*) gang *m*; (*for boxing*)
ring *m*; (*of circus, for bullfighting*)
arena *f*; (*on cooker*) palnik *m*;
(*sound of bell*) dzwonek *m* ♦ *vi*
dzwonić (zadzwonić *perf*); (*also*:
ring out) rozbrzmiewać (rozbrzmieć
perf) ♦ *vt* (*BRIT: TEL*) dzwonić
(zadzwonić *perf*) do +*gen*; (*mark*)
zakreślać (zakreślić *perf*), brać
(wziąć *perf*) w kółeczko (*inf*); **to
give sb a ring** (*BRIT*) dzwonić
(zadzwonić *perf*) do kogoś; **the
name doesn't ring a bell (with me)**
to nazwisko nic mi nie mówi.

►**ring back** (*BRIT*) *vt* oddzwaniać
(oddzwonić *perf*) +*dat* ♦ *vi*
oddzwaniać (oddzwonić *perf*).

►**ring off** (*BRIT*) *vi* odkładać
(odłożyć *perf*) słuchawkę.

►**ring up** (*BRIT*) *vt* dzwonić
(zadzwonić *perf*) do +*gen*.

ringing ['rɪŋɪŋ] dzwonienie *nt*.

ring road (*BRIT*) *n* obwodnica *f*.

rink [rɪŋk] *n* (*also*: **ice rink**)
lodowisko *nt*.

rinse [rɪns] *n* (*act*) płukanie *nt*; (*hair
dye*) płukanka *f* do włosów ♦ *vt*
(*dishes*) płukać (opłukać *perf*);
(*hands*) opłukiwać (opłukać *perf*);
(*hair*) płukać (spłukać *perf*); (*also*:
rinse out: *clothes*) płukać
(wypłukać *perf*); (: *mouth*)
przepłukiwać (przepłukać *perf*).

riot ['raɪət] *n* rozruchy *pl* ♦ *vi* burzyć
się; **to run riot** szaleć.

riotous ['raɪətəs] *adj* (*mob, crowd*)
wzburzony; (*living*) hulaszczy;
(*party, welcome*) hałaśliwy.

rip [rɪp] *n* rozdarcie *nt* ♦ *vt* drzeć
(podrzeć *perf*) ♦ *vi* drzeć się
(podrzeć się *perf*).

ripe [raɪp] *adj* dojrzały.

ripen ['raɪpn] *vi* dojrzewać (dojrzeć
perf) ♦ *vt* (*fruit, crop etc*): **the sun
will ripen them soon** na słońcu
szybko dojrzeją.

ripple ['rɪpl] *n* (*wave*) zmarszczka *f*;
(*of applause*) szmer *m* ♦ *vi* (*water*)
marszczyć się (zmarszczyć się *perf*).

rise [raɪz] (*pt* **rose**, *pp* **risen**) *n*
(*incline*) wzniesienie *nt*; (*BRIT:
salary increase*) podwyżka *f*; (*in
prices, temperature*) wzrost *m*; (*fig*):
rise to power dojście *nt* do władzy
♦ *vi* (*prices, numbers*) rosnąć,
wzrastać (wzrosnąć *perf*); (*waters,
voice, level*) podnosić się (podnieść
się *perf*); (*sun, moon*) wschodzić
(wzejść *perf*); (*wind*) przybierać
(przybrać *perf*) na sile; (*sound*)
wznosić się (wznieść się *perf*); (*from
bed, knees*) wstawać (wstać *perf*);
(*also*: **rise up**: *tower, building*)
wznosić się; (: *rebel*) powstawać
(powstać *perf*); **to give rise to**
(*discussion, misunderstandings*)
wywoływać (wywołać *perf*); (*life*)
dawać (dać *perf*) początek +*dat*; **to
rise to the occasion** stawać (stanąć
perf) na wysokości zadania.

risen [ˈrɪzn] *pp of* **rise**.

rising [ˈraɪzɪŋ] *adj* (*number, prices*) rosnący; (*sun, film star*) wschodzący; (*politician, musician*) dobrze się zapowiadający.

risk [rɪsk] *n* ryzyko *nt*; (*danger*) niebezpieczeństwo *nt* ♦ *vt* ryzykować (zaryzykować *perf*); **to take a risk** podejmować (podjąć *perf*) ryzyko; **to run the risk of** narażać się na +*acc*; **at risk** w niebezpieczeństwie; **at one's own risk** na (swoje) własne ryzyko; **to be a fire/health risk** stanowić zagrożenie pożarowe/dla zdrowia.

risky [ˈrɪskɪ] *adj* ryzykowny.

rite [raɪt] *n* obrządek *m*, obrzęd *m*; **last rites** (*REL*) ostatnie namaszczenie.

ritual [ˈrɪtjuəl] *adj* rytualny ♦ *n* rytuał *m*.

rival [ˈraɪvl] *n* (*in competition, love*) rywal(ka) *m(f)*; (*in business*) konkurent(ka) *m(f)* ♦ *adj* (*firm, newspaper*) konkurencyjny; (*team*) przeciwny ♦ *vt* równać się z +*instr*.

rivalry [ˈraɪvlrɪ] *n* rywalizacja *f*, współzawodnictwo *nt*.

river [ˈrɪvə*] *n* (*lit, fig*) rzeka *f* ♦ *cpd* rzeczny; **up/down river** w górę/dół rzeki.

road [rəud] *n* (*lit, fig*) droga *f*; (*motorway etc*) szosa *f*, autostrada *f*; (*in town*) ulica *f* ♦ *cpd* drogowy; **major/minor road** droga główna/boczna.

road map *n* mapa *f* samochodowa.

roadside [ˈrəudsaɪd] *n* pobocze *nt* (drogi).

road sign *n* znak *m* drogowy.

roadway [ˈrəudweɪ] *n* jezdnia *f*.

road works *npl* roboty *pl* drogowe.

roam [rəum] *vi* wędrować, włóczyć się.

roar [rɔ:*] *n* ryk *m* ♦ *vi* ryczeć (zaryczeć *perf*); **to roar with**

laughter ryczeć (ryknąć *perf*) śmiechem.

roast [rəust] *n* pieczeń *f* ♦ *vt* (*meat, potatoes*) piec (upiec *perf*); (*coffee*) palić.

roast beef *n* rostbef *m*, pieczeń *f* wołowa.

rob [rɔb] *vt* rabować (obrabować *perf*), okradać (okraść *perf*); **to rob sb of sth** okradać (okraść *perf*) kogoś z czegoś; (*fig*) pozbawiać (pozbawić *perf*) kogoś czegoś.

robber [ˈrɔbə*] *n* rabuś *m*, bandyta *m*.

robbery [ˈrɔbərɪ] *n* rabunek *m*; (*using force or threats*) napad *m*.

robe [rəub] *n* (*for ceremony*) toga *f*; (*also:* **bath robe**) płaszcz *m* kąpielowy; (*US*) szlafrok *m*, podomka *f*.

robin [ˈrɔbɪn] *n* (*European*) rudzik *m*; (*North American*) drozd *m* wędrowny.

robot [ˈrəubɔt] *n* robot *m*.

robust [rəuˈbʌst] *adj* (*person*) krzepki; (*appetite*) zdrowy, tęgi; (*economy*) silny.

rock [rɔk] *n* (*substance*) skała *f*; (*boulder*) skała *f*, głaz *m*; (*US: small stone*) kamień *m*; (*also:* **rock music**) rock *m* ♦ *vt* (*person: baby, cradle*) kołysać; (*waves: ship*) kołysać +*instr*; (*explosion, news*) wstrząsać (wstrząsnąć *perf*) +*instr* ♦ *vi* kołysać się (zakołysać się *perf*); **on the rocks** (*drink*) z lodem *post*; (*marriage etc*) w rozsypce *post*.

rock and roll *n* rock and roll *m*.

rocket [ˈrɔkɪt] *n* rakieta *f*.

rocking chair [ˈrɔkɪŋ-] *n* fotel *m* bujany.

rocking horse *n* koń *m* na biegunach.

rocky [ˈrɔkɪ] *adj* skalisty; (*fig*) chwiejny, niepewny.

rod [rɔd] *n* (*bar*) pręt *m*; (*stick*) rózga *f*, (*also:* **fishing rod**) wędka *f*.

rode [rəud] *pt of* **ride**.

rodent [ˈrəudnt] *n* gryzoń *m*.

rodeo ['rəudɪəu] (*US*) *n* rodeo *nt*.
rogue [rəug] *n* łobuz *m*.
role [rəul] *n* rola *f*.
roll [rəul] *n* (*of paper*) rolka *f*; (*of cloth*) bela *f*; (*of banknotes*) zwitek *m*; (*of members etc*) lista *f*, wykaz *m*; (*in parish etc*) rejestr *m*, archiwum *nt*; (*of drums*) werbel *m*; (*also*: **bread roll**) bułka *f* ♦ *vt* (*ball, dice*) toczyć, kulać; (*also*: **roll up**: *string*) zwijać (zwinąć *perf*); (: *sleeves*) podwijać (podwinąć *perf*); (*cigarette*) skręcać (skręcić *perf*); (*eyes*) przewracać +*instr*; (*also*: **roll out**: *pastry*) wałkować, rozwałkowywać (rozwałkować *perf*); (*road, lawn*) walcować ♦ *vi* (*ball, stone, tears*) toczyć się (potoczyć się *perf*); (*thunder*) przetaczać się (przetoczyć się *perf*); (*ship*) kołysać się; (*sweat*) spływać.
▶**roll about** *vi* turlać się, tarzać się.
▶**roll around** *vi* = **roll about**.
▶**roll in** *vi* (*money, invitations*) napływać (napłynąć *perf*).
▶**roll over** *vi*: **to roll over (on one's stomach)** przewracać się (przewrócić się *perf*) (na brzuch).
▶**roll up** *vi* (*inf*) nadciągać (nadciągnąć *perf*), napływać (napłynąć *perf*) ♦ *vt* zwijać (zwinąć *perf*).
roll call *n* odczytanie *nt* listy obecności.
roller ['rəulə*] *n* (*in machine*) wałek *m*, rolka *f*; (*for lawn, road*) walec *m*; (*for hair*) wałek *m*.
roller skates *npl* wrotki *pl*.
rolling ['rəulɪŋ] *adj* (*hills*) falisty.
rolling pin *n* wałek *m* do ciasta.
rolling stock *n* tabor *m* kolejowy.
ROM [rɔm] (*COMPUT*) *n abbr* (= *read-only memory*) ROM *m*.
Roman ['rəumən] *adj* rzymski.
Roman Catholic *adj* rzymskokatolicki ♦ *n* katolik (-iczka) *m(f)*.
romance [rə'mæns] *n* (*love affair,*

novel) romans *m*; (*charm*) urok *m*, czar *m*.
Romania [rəu'meɪnɪə] *n* Rumunia *f*.
romantic [rə'mæntɪk] *adj* romantyczny.
Rome [rəum] *n* Rzym *m*.
roof [ru:f] (*pl* **roofs**) *n* dach *m* ♦ *vt* pokrywać (pokryć *perf*) dachem, zadaszać (zadaszyć *perf*); **the roof of the mouth** podniebienie.
rook [ruk] *n* (*ZOOL*) gawron *m*; (*CHESS*) wieża *f*.
room [ru:m] *n* (*in house, hotel*) pokój *m*; (*in school etc*) sala *f*, pomieszczenie *nt*; (*space*) miejsce *nt*; (*for change, maneouvre*) pole *nt*; **rooms** *npl* mieszkanie *nt*; **"rooms to let"**, (*US*) **"rooms for rent"** „pokoje do wynajęcia"; **single/double room** pokój jednoosobowy/dwuosobowy.
roommate ['ru:mmeɪt] *n* współlokator(ka) *m(f)*, współmieszkaniec (-nka) *m(f)*.
room service *n* obsługa *f* kelnerska do pokojów; **to call room service** dzwonić (zadzwonić *perf*) po kelnera.
roost [ru:st] *vi* siedzieć na grzędzie.
rooster ['ru:stə*] (*esp US*) *n* kogut *m*.
root [ru:t] *n* (*of plant, tooth*) korzeń *m*; (*MATH*) pierwiastek *m*; (*of hair*) cebulka *f*; (*of problem, belief*) źródło *nt* ♦ *vi* ukorzeniać się (ukorzenić się *perf*), wypuszczać (wypuścić *perf*) korzenie ♦ *vt*: **to be rooted in** być zakorzenionym w +*loc*; **roots** *npl* korzenie *pl*.
rope [rəup] *n* (*thick string*) sznur *m*, powróz *m*; (*NAUT*) cuma *f*, lina *f*; (*for climbing*) lina *f* ♦ *vt* (*also*: **rope together**) związywać (związać *perf*), powiązać (*perf*); (*tie*): **to rope sth (to)** przywiązywać (przywiązać *perf*) coś (do +*gen*); **to know the ropes** (*fig*) znać się na rzeczy.
rosary ['rəuzərɪ] *n* różaniec *m*.
rose [rəuz] *pt of* **rise** ♦ *n* róża *f*.
rosebud ['rəuzbʌd] *n* pączek *m* róży.

rosemary ['rəuzmərɪ] *n* rozmaryn *m*.
roster ['rɔstə*] *n*: **duty roster** harmonogram *m* dyżurów.
rostrum ['rɔstrəm] *n* mównica *f*.
rosy ['rəuzɪ] *adj* (*colour*) różowy; (*cheeks*) zaróżowiony; (*situation*) obiecujący.
rot [rɔt] *n* (*decay*) gnicie *nt*; (*fig: rubbish*) bzdury *pl* ♦ *vt* psuć (zepsuć *perf*), niszczyć (zniszczyć *perf*) ♦ *vi* (*teeth*) psuć się (popsuć się *perf*); (*wood, fruit, etc*) gnić (zgnić *perf*).
rota ['rəutə] *n* rozkład *m or* harmonogram *m* dyżurów.
rotary ['rəutərɪ] *adj* (*motion*) obrotowy, rotacyjny; (*cutter*) krążkowy.
rotate [rəu'teɪt] *vt* (*spin*) obracać (obrócić *perf*) ♦ *vi* obracać się (obrócić się *perf*).
rotation [rəu'teɪʃən] *n* (*of planet, drum*) obrót *m*; (*of crops*) płodozmian *m*; (*of jobs*) rotacja *f*.
rote [rəut] *n*: **by rote** na pamięć.
rotor ['rəutə*] *n* (*also*: **rotor blade**) wirnik *m*.
rotten ['rɔtn] *adj* (*fruit*) zgniły; (*meat, eggs, teeth*) zepsuty; (*wood*) spróchniały, zmurszały; (*inf: unpleasant*) paskudny; (: *bad*) kiepski, marny; **to feel rotten** czuć się podle.
rottweiler ['rɔtvaɪlə*] *n* rottweiler *m*.
rouble ['ru:bl] (*US* **ruble**) *n* rubel *m*.
rouge [ru:ʒ] *n* róż *m*.
rough [rʌf] *adj* (*surface*) szorstki, chropowaty; (*terrain*) nierówny, wyboisty; (*person, manner*) grubiański, obcesowy; (*town, area*) niespokojny; (*treatment*) brutalny; (*conditions, journey*) ciężki; (*sea*) wzburzony; (*sketch, plan*) schematyczny; (*estimate*) przybliżony ♦ *vt*: **to rough it** żyć w prymitywnych warunkach, obywać się bez wygód; **to sleep rough** (*BRIT*) spać pod gołym niebem.

rough-and-ready ['rʌfən'rɛdɪ] *adj* prymitywny, prowizoryczny.
rough copy *n* brudnopis *m*.
rough draft *n* szkic *m*.
roughly ['rʌflɪ] *adv* (*push, grab*) gwałtownie; (*make*) niestarannie; (*answer*) pobieżnie; (*approximately*) z grubsza, mniej więcej.
roughness ['rʌfnɪs] *n* (*of surface*) szorstkość *f*, chropowatość *f*; (*of manner*) grubiaństwo *nt*.
roulette [ru:'lɛt] *n* ruletka *f*.
Roumania [ru:'meɪnɪə] *n* = **Romania**.
round [raund] *adj* okrągły ♦ *n* (*by policeman, doctor*) obchód *m*; (*of competition, talks*) runda *f*; (*of golf*) partia *f*; (*of ammunition*) nabój *m*, pocisk *m*; (*of drinks*) kolejka *f*; (*of sandwiches*) porcja *f* ♦ *vt* (*lake etc*) okrążać (okrążyć *perf*) ♦ *prep*: **round his neck/the table** wokół jego szyi/stołu; **to sail round the world** płynąć (popłynąć *perf*) dookoła świata; **to move round a room** chodzić po pokoju; **round about 300** około 300 ♦ *adv*: **all round** dookoła; **the long way round** okrężną drogą; **all (the) year round** przez cały rok; **the wrong way round** odwrotnie, na odwrót; **it's just round the corner** to jest tuż za rogiem; **to go round to sb's (house)** zachodzić (zajść *perf*) do kogoś; **to go round the back** wchodzić (wejść *perf*) od tyłu; **there is enough to go round** wystarczy dla wszystkich; **round the clock** (przez) całą dobę, na okrągło (*inf*); **the daily round** (*fig*) dzienny przydział; **a round of applause** owacja *f*; **to round the corner** skręcać (skręcić *perf*) za róg.
►**round off** *vt* zakańczać (zakończyć *perf*).
►**round up** *vt* (*cattle*) spędzać (spędzić *perf*), zaganiać (zagonić *perf*); (*people*) spędzać (spędzić *perf*); (*price, figure*) zaokrąglać (zaokrąglić *perf*).

roundabout ['raundəbaut] (*BRIT*) *n*
(*AUT*) rondo *nt*; (*at fair*) karuzela *f* ♦
adj okrężny; (*fig: way, means*)
zawoalowany.

roundly ['raundlı] *adv* (*fig*) otwarcie.

round-shouldered ['raund'ʃəuldəd]
adj przygarbiony.

round trip *n* podróż *f* w obie strony.

roundup ['raundʌp] *n* (*of news*)
przegląd *m*; (*of animals*) spęd *m*; (*of
criminals*) obława *f*.

rouse [rauz] *vt* (*wake up*) budzić
(obudzić *perf*); (*stir up*) wzbudzać
(wzbudzić *perf*).

rousing ['rauzıŋ] *adj* porywający.

route [ru:t] *n* (*way*) szlak *m*, droga *f*;
(*of bus, procession*) trasa *f*; (*of
shipping*) szlak *m*; (*fig*) droga *f*.

routine [ru:'ti:n] *adj* rutynowy ♦ *n*
(*organization*) rozkład *m* zajęć;
(*drudgery*) monotonna harówka *f*;
(*THEAT*) układ *m*.

rove [rəuv] *vt* włóczyć się po +*loc*.

row[1] [rəu] *n* rząd *m* ♦ *vi* wiosłować ♦
vt: **to row a boat** wiosłować; **in a
row** (*fig*) z rzędu.

row[2] [rau] *n* (*din*) zgiełk *m*; (*dispute*)
awantura *f*; (*quarrel*) kłótnia *f* ♦ *vi*
kłócić się (pokłócić się *perf*).

rowdy ['raudı] *adj* awanturniczy.

rowing ['rəuıŋ] *n* wioślarstwo *nt*.

royal ['rɔıəl] *adj* królewski.

Royal Air Force (*BRIT*) *n*: **the
Royal Air Force** Królewskie Siły *pl*
Powietrzne.

royalty ['rɔıəltı] *n* członkowie *vir pl*
rodziny królewskiej; **royalties** *npl*
tantiemy *pl*.

rpm *abbr* (= *revolutions per minute*)
obr./min.

RSVP *abbr* (= *répondez s'il vous plaît*)
uprasza się o odpowiedź.

rub [rʌb] *vt* (*part of body*) pocierać
(potrzeć *perf*); (*object*) przecierać
(przetrzeć *perf*); (*hands*) zacierać
(zatrzeć *perf*) ♦ *n*: **to give sth a rub**
przecierać (przetrzeć *perf*) coś; **to

rub sb up** *or* (*US*) **rub sb the wrong
way** działać komuś na nerwy.

►**rub off** *vi* (*paint*) ścierać się
(zetrzeć się *perf*).

►**rub off on** *vt fus* udzielać się
(udzielić się *perf*) +*dat*.

►**rub out** *vt* wymazywać (wymazać
perf), zmazywać (zmazać *perf*).

rubber ['rʌbə*] *n* (*substance*) guma
f; (*BRIT: eraser*) gumka *f*.

rubber band *n* gumka *f*, recepturka
f.

rubbish ['rʌbıʃ] (*BRIT*) *n* śmieci *pl*,
odpadki *pl*; (*fig: junk*) szmira *f*;
(: *nonsense*) bzdury *pl*, brednie *pl*.

rubbish bin (*BRIT*) *n* pojemnik *m* na
śmieci *or* odpadki.

rubble ['rʌbl] *n* (*debris*) gruz *m*; (*of
house*) gruzy *pl*.

ruble ['ru:bl] (*US*) *n* = **rouble**.

ruby ['ru:bı] *n* rubin *m*.

rucksack ['rʌksæk] *n* plecak *m*.

rudder ['rʌdə*] *n* ster *m*.

ruddy ['rʌdı] *adj* (*face*) rumiany.

rude [ru:d] *adj* (*person, behaviour*)
niegrzeczny; (*word, joke*)
nieprzyzwoity; (*shock*) gwałtowny.

rudeness ['ru:dnıs] *n* niegrzeczność *f*.

rudimentary [ru:dı'mentərı] *adj*
elementarny, podstawowy.

rudiments ['ru:dımənts] *npl*
podstawy *pl*.

rueful ['ru:ful] *adj* smutny.

ruffle ['rʌfl] *vt* (*hair*) mierzwić
(zmierzwić *perf*), wichrzyć
(zwichrzyć *perf*); (*bird: feathers*)
stroszyć (nastroszyć *perf*); (*fig:
person*) poruszać (poruszyć *perf*).

rug [rʌg] *n* (*on floor*) dywanik *m*;
(*BRIT: blanket*) pled *m*.

rugby ['rʌgbı] *n* (*also*: **rugby
football**) rugby *nt inv*.

rugged ['rʌgıd] *adj* (*landscape,
features, face*) surowy; (*character*)
szorstki.

ruin ['ru:ın] *n* (*destruction, remains*)
ruina *f*; (*downfall*) upadek *m*;

(*bankruptcy*) upadek *m*, ruina *f* ♦ *vt*
(*building, person, health*) rujnować
(zrujnować *perf*); (*plans*) niweczyć
(zniweczyć *perf*); (*prospects,*
relations) psuć (popsuć *perf*);
(*clothes, carpet*) niszczyć (zniszczyć
perf); (*hopes*) pogrzebać (*perf*); **ruins**
npl ruiny *pl*.

rule [ru:l] *n* (*norm*) reguła *f*;
(*regulation*) przepis *m*; (*government*)
rządy *pl*, panowanie *nt* ♦ *vt* rządzić
+*instr* ♦ *vi*: **to rule (over sb/sth)**
rządzić (kimś/czymś); **as a rule** z
reguły.
▸**rule out** *vt* wykluczać (wykluczyć
perf).

ruled [ru:ld] *adj* (*paper*) liniowany, w
linię *post*.

ruler ['ru:lə*] *n* (*sovereign*) władca
(-czyni) *m(f)*; (*for measuring*) linijka *f*.

ruling ['ru:lıŋ] *adj* rządzący ♦ *n*
(*JUR*) orzeczenie *nt*.

rum [rʌm] *n* rum *m*.

Rumania *etc n =* **Romania** *etc*.

rumble ['rʌmbl] *n* (*of thunder, guns*)
dudnienie *nt*; (*of voices*) gwar *m* ♦ *vi*
dudnić (zadudnić *perf*); **my stomach**
was rumbling burczało mi w
brzuchu.

rummage ['rʌmıdʒ] *vi* grzebać,
szperać.

rumour ['ru:mə*] (*US* **rumor**) *n*
pogłoska *f* ♦ *vt*: **it is rumoured that**
... chodzą słuchy, że ... .

rump [rʌmp] *n* (*of animal*) zad *m*.

run [rʌn] (*pt* **ran**, *pp* **run**) *n* (*fast*
pace, race) bieg *m*; (*in car*)
przejażdżka *f*; (*of train, bus, for*
skiing) trasa *f*; (*of victories, defeats*)
seria *f*; (*in tights, stockings*) oczko
nt; (*CRICKET, BASEBALL*) *punkt za*
przebiegnięcie między oznaczonymi
miejscami po uderzeniu piłki ♦ *vt*
(*distance*) biec (przebiec *perf*);
(*business, shop, hotel*) prowadzić;
(*competition, course*) przeprowadzać
(przeprowadzić *perf*); (*COMPUT:*

program) uruchamiać (uruchomić
perf); (*hand, fingers*) przesuwać
(przesunąć *perf*); (*water*) puszczać
(puścić *perf*); (*PRESS: article*)
zamieszczać (zamieścić *perf*) ♦ *vi*
(*move quickly*) biec (pobiec *perf*);
(: *habitually, regularly*) biegać; (*flee*)
uciekać (uciec *perf*); (*bus, train:*
operate) kursować, jeździć; (: *travel*)
jechać (pojechać *perf*); (*play, show*)
być granym, iść (*inf*); (*contract*) być
ważnym; (*river, tears*) płynąć
(popłynąć *perf*); (*colours, washing*)
farbować, puszczać; (*road, railway*)
biec; (*horse: in race*) ścigać się;
there was a run on ... był run na
+*acc*; **in the long/short run na**
długą/krótką metę; we'll have to
make a run for it będziemy musieli
szybko (stąd) uciekać; **to be on the**
run (*fugitive*) ukrywać się; **I'll run**
you to the station zawiozę cię na
dworzec; **to run the risk of** narażać
się na +*acc*; **the baby's nose was**
running niemowlę miało katar.
▸**run across** *vt fus* (*find*) natykać się
(natknąć się *perf*) na +*acc*.
▸**run after** *vt fus* biec (pobiec *perf*)
za +*instr*.
▸**run away** *vi* uciekać (uciec *perf*).
▸**run down** *vt* (*production*)
ograniczać (ograniczyć *perf*);
(*company*) ograniczać (ograniczyć
perf) działalność +*gen*; (*AUT:*
person) potrącać (potrącić *perf*);
(*criticize*) źle mówić o +*loc*; **she's**
run down jest wyczerpana.
▸**run in** (*BRIT*) *vt* (*car*) docierać
(dotrzeć *perf*).
▸**run into** *vt fus* (*person, fence, post*)
wpadać (wpaść *perf*) na +*acc*;
(*problems*) napotykać (napotkać
perf); (*another vehicle*) zderzać się
(zderzyć się *perf*) z +*instr*.
▸**run off** *vt* (*liquid*) wylewać (wylać
perf); (*copies*) robić (zrobić *perf*) ♦ *vi*
uciekać (uciec *perf*).

►**run off** vt (liquid) wylewać (wylać perf); (copies) robić (zrobić perf) ♦ vi uciekać (uciec perf).

►**run out** vi (time, money) kończyć się (skończyć się perf); (passport) tracić (stracić perf) ważność.

►**run out of** vt fus: **we're running out of money/ideas/matches** kończą nam się pieniądze/pomysły/zapałki.

►**run over** vt (AUT: person) przejechać (perf).

►**run through** vt fus (discuss) omawiać (omówić perf); (examine) przeglądać (przejrzeć perf); (rehearse) ćwiczyć (przećwiczyć perf).

►**run up** vt (debt) zaciągać (zaciągnąć perf).

►**run up against** vt fus (difficulties) napotykać (napotkać perf).

runaway ['rʌnəweɪ] adj (slave, prisoner) zbiegły.

rung [rʌŋ] pp of **ring** ♦ n (lit, fig) szczebel m.

runner ['rʌnə*] n (in race: person) biegacz(ka) m(f); (: horse) koń m wyścigowy; (on sledge) płoza f; (on drawer) prowadnica f.

runner-up [rʌnər'ʌp] n zdobywca (-czyni) m(f) drugiego miejsca.

running ['rʌnɪŋ] n (sport) bieganie nt; (of business, organization) prowadzenie nt ♦ adj (stream) płynący; (water) bieżący; **to be in/out of the running for sth** mieć szansę/nie mieć szansy na coś; **six days running** sześć dni z rzędu.

running costs npl koszty pl eksploatacji or użytkowania.

runny ['rʌnɪ] adj (honey, omelette) (zbyt) rzadki; (eyes) załzawiony; **his nose is runny** ciekne mu z nosa.

run-of-the-mill ['rʌnəvðə'mɪl] adj tuzinkowy.

run-up ['rʌnʌp] n: **the run-up to** okres m poprzedzający +acc.

runway ['rʌnweɪ] n pas m startowy.

rupee [ru:'pi:] n rupia f.

rupture ['rʌptʃə*] n (MED: hernia) przepuklina f; (: of blood vessel, appendix) pęknięcie nt.

rural ['ruərl] adj (area) wiejski; (economy) rolny; (country) rolniczy.

rush [rʌʃ] n (hurry) pośpiech m; (COMM) nagły popyt m; (of air) podmuch m; (of feeling, emotion) przypływ m ♦ vt (lunch, job) śpieszyć się (pośpieszyć się perf) z +instr; (supplies) natychmiast wysyłać (wysłać perf) ♦ vi (person) pędzić (popędzić perf); (air, water): **to rush in(to)** wdzierać się (wedrzeć się perf) (do +gen); **rushes** npl (BOT) sitowie nt.

rush hour n godzina f szczytu.

Russia ['rʌʃə] n Rosja f.

rust [rʌst] n rdza f ♦ vi rdzewieć (zardzewieć perf).

rustic ['rʌstɪk] adj wiejski; (style, furniture) rustykalny.

rustle ['rʌsl] vi szeleścić (zaszeleścić perf) ♦ vt (paper etc) szeleścić (zaszeleścić perf) +instr; (US: cattle) kraść (ukraść perf).

rusty ['rʌstɪ] adj zardzewiały; (fig: skill): **my German is pretty rusty** dużo zapomniałem z niemieckiego.

rut [rʌt] n (in path, ground) koleina f; (ZOOL) okres m godowy; **he is in a rut** (fig) popadł w rutynę.

ruthless ['ru:θlɪs] adj bezwzględny.

rye [raɪ] n żyto nt.

S

Sabbath ['sæbəθ] n (Jewish) sabat m, szabas m; (Christian) Dzień m Pański.

sabbatical [sə'bætɪkl] n (also: **sabbatical year**) urlop m naukowy.

sabotage ['sæbətɑːʒ] *n* sabotaż *m* ♦
vt (*machine, building*) niszczyć
(zniszczyć *perf*) (*w akcie sabotażu*);
(*plan, meeting*) sabotować.

saccharin(e) ['sækərın] *n* sacharyna *f*.

sachet ['sæʃeɪ] *n* torebeczka *f*.

sack [sæk] *n* worek *m* ♦ *vt* (*dismiss*)
zwalniać (zwolnić *perf*), wylewać
(wylać *perf*) (*inf*); (*plunder*) łupić
(złupić *perf*); **he got the sack**
zwolnili *or* wylali (*inf*) go.

sacking ['sækɪŋ] *n* (*dismissal*)
zwolnienie *nt*; (*material*) płótno *nt*
workowe.

sacrament ['sækrəmənt] *n*
sakrament *m*.

sacred ['seɪkrɪd] *adj* (*music, writings*)
sakralny; (*animal, calling, duty*)
święty.

sacrifice ['sækrɪfaɪs] *n* (*offering*)
składanie *nt* ofiary; (*animal etc
offered*) ofiara *f*; (*fig*) poświęcenie
nt, wyrzeczenie *nt* ♦ *vt* składać
(złożyć *perf*) w ofierze, składać
(złożyć *perf*) ofiarę z *+gen*; (*fig*)
poświęcać (poświęcić *perf*); **to make
sacrifices (for sb)** poświęcać się
(dla kogoś).

sad [sæd] *adj* smutny.

saddle ['sædl] *n* (*for horse*) siodło *nt*;
(*of bicycle*) siodełko *nt* ♦ *vt* (*horse*)
siodłać (osiodłać *perf*).

saddlebag ['sædlbæg] *n* sakwa *f*
(*przy siodle, rowerowa itp*).

sadism ['seɪdɪzəm] *n* sadyzm *m*.

sadist ['seɪdɪst] *n* sadysta (-tka) *m(f)*.

sadistic [sə'dɪstɪk] *adj* sadystyczny.

sadly ['sædlɪ] *adv* (*unhappily*)
smutno, ze smutkiem; (*unfortunately*)
niestety; (*mistaken, neglected*)
poważnie.

sadness ['sædnɪs] *n* smutek *m*.

safari [sə'fɑːrɪ] *n* safari *nt inv*.

safe [seɪf] *adj* bezpieczny; (*POL:
seat*) pewny ♦ *n* sejf *m*; **they are
safe from attack** nie grozi im atak;
safe and sound cały i zdrowy;

(just) to be on the safe side (tak)
na wszelki wypadek.

safeguard ['seɪfgɑːd] *n*
zabezpieczenie *nt* ♦ *vt* (*future*)
zabezpieczać (zabezpieczyć *perf*);
(*life, interests*) ochraniać, chronić.

safekeeping ['seɪf'kiːpɪŋ] *n*
przechowanie *nt*.

safely ['seɪflɪ] *adv* (*assume, say*)
spokojnie, śmiało; (*drive, arrive*)
bezpiecznie.

safe sex *n* bezpieczny seks *m*.

safety ['seɪftɪ] *n* bezpieczeństwo *nt*.

safety belt *n* pas *m* bezpieczeństwa.

safety pin *n* agrafka *f*.

sag [sæg] *vi* (*bed*) zapadać się;
(*breasts*) obwisać.

saga ['sɑːgə] *n* saga *f*.

sage [seɪdʒ] *n* (*BOT*) szałwia *f*;
(*person*) mędrzec *m*.

Sagittarius [sædʒɪ'tɛərɪəs] *n* Strzelec
m.

said [sed] *pt, pp of* **say**.

sail [seɪl] *n* żagiel *m* ♦ *vt* (*ship, boat*)
płynąć (popłynąć *perf*) *+instr*;
(: *regularly, as job*) pływać na *+loc*;
(*ocean*) przepływać (przepłynąć
perf) ♦ *vi* (*travel*) płynąć (popłynąć
perf); (*SPORT*) uprawiać żeglarstwo,
żeglować; (*also*: **set sail**) wypływać
(wypłynąć *perf*); (*fig: ball etc*)
szybować (poszybować *perf*); **to go
for a sail** wybierać się (wybrać się
perf) na żagle.

►**sail through** *vt fus* (*fig*): **she
sailed through the exam**
śpiewająco zdała egzamin.

sailboat ['seɪlbəut] (*US*) *n* żaglówka *f*.

sailing ['seɪlɪŋ] *n* (*SPORT*)
żeglarstwo *nt*; (*voyage*) rejs *m*.

sailor ['seɪlə*] *n* marynarz *m*; (*on
sailing boat/ship*) żeglarz (-arka) *m(f)*.

saint [seɪnt] *n* święty (-ta) *m(f)*.

saintly ['seɪntlɪ] *adj* świątobliwy.

sake [seɪk] *n*: **for the sake of sb/sth,
for sb's/sth's sake** ze względu *or*
przez wzgląd na kogoś/coś; **for the**

sake of argument (czysto) teoretycznie; **for heaven's sake!** na miłość *or* litość boska!

salad ['sæləd] *n* sałatka *f*.

salad bowl *n* salaterka *f*.

salami [sə'lɑːmɪ] *n* salami *nt inv*.

salary ['sælərɪ] *n* pensja *f*, pobory *pl*.

sale [seɪl] *n* (*selling*) sprzedaż *f*; (*at reduced prices*) wyprzedaż *f*; (*auction*) aukcja *f*, licytacja *f*; **sales** *npl* obroty *pl*, ogół *m* transakcji; "**for sale**" „na sprzedaż"; **on sale** (*available in shops*) w sprzedaży.

sales assistant [seɪlz-] (*US* **sales clerk**) *n* sprzedawca (-czyni) *m(f)*, ekspedient(ka) *m(f)*.

sales representative *n* przedstawiciel *m* handlowy.

salesman ['seɪlzmən] (*irreg like*: **man**) *n* (*in shop*) sprzedawca *m*, ekspedient *m*; (*representative*) akwizytor *m*.

saleswoman ['seɪlzwumən] (*irreg like*: **woman**) *n* (*in shop*) sprzedawczyni *f*, ekspedientka *f*; (*representative*) akwizytorka *f*.

salient ['seɪlɪənt] *adj* (*points*) najistotniejszy; (*features*) (najbardziej) rzucający się w oczy.

saliva [sə'laɪvə] *n* ślina *f*.

salmon ['sæmən] *n inv* łosoś *m*.

salon ['sælɔn] *n*: **beauty salon** gabinet *m* kosmetyczny, salon *m* piękności; **hairdressing salon** salon fryzjerski.

saloon [sə'luːn] *n* (*US*) bar *m*; (*BRIT*: *AUT*) sedan *m*; (*ship's lounge*) salon *m*.

salt [sɔːlt] *n* sól *f* ♦ *vt* (*preserve*) solić, zasalać (zasolić *perf*); (*potatoes, soup*) solić (posolić *perf*).

salsa ['sælsə] *n* (*MUS, CULIN*) salsa *f*.

salt cellar *n* solniczka *f*.

salty ['sɔːltɪ] *adj* słony.

salute [sə'luːt] *n* (*MIL*) honory *pl* (wojskowe); (: *with guns*) salut *m*, salwa *f* (honorowa); (*greeting*) pozdrowienie *nt* ♦ *vt* (*officer*) salutować (zasalutować *perf*) +*dat*; (*flag*) oddawać (oddać *perf*) honory (wojskowe) +*dat*; (*fig*) oddawać (oddać *perf*) cześć *or* hołd +*dat*.

salvage ['sælvɪdʒ] *n* (*saving*) ocalenie *nt*; (*things saved*) ocalone mienie *nt* ♦ *vt* (*lit, fig*) ratować (uratować *perf*), ocalać (ocalić *perf*).

salvation [sæl'veɪʃən] *n* (*REL*) zbawienie *nt*; (*fig*) ratunek *m*, wybawienie *nt*.

Salvation Army *n* Armia *f* Zbawienia.

same [seɪm] *adj* ten sam; (*identical*) taki sam ♦ *pron*: **the same (is true of art)** to samo (dotyczy sztuki); **(he will never be) the same (again)** (już nigdy nie będzie) taki sam; **at the same time** (*simultaneously*) w tym samym momencie, równocześnie; (*yet*) jednocześnie, zarazem; **all** *or* **just the same** (po)mimo to, niemniej jednak; **to do the same (as sb)** robić (zrobić *perf*) to samo (co ktoś); **happy New Year! – same to you!** szczęśliwego Nowego Roku! – nawzajem!

sample ['sɑːmpl] *n* próbka *f* ♦ *vt* (*food, wine*) próbować (spróbować *perf*) +*gen*.

sanatorium [sænə'tɔːrɪəm] (*pl* **sanatoria**) *n* sanatorium *nt*.

sanction ['sæŋkʃən] *n* (*approval*) poparcie *nt* ♦ *vt* sankcjonować (usankcjonować *perf*); **sanctions** *npl* sankcje *pl*; **to impose economic sanctions on** *or* **against** nakładać (nałożyć *perf*) sankcje ekonomiczne na +*acc*.

sanctuary ['sæŋktjuərɪ] *n* (*for birds, animals*) rezerwat *m*; (*for person*) (bezpieczne) schronienie *nt*, azyl *m*; (*in church*) prezbiterium *nt*.

sand [sænd] *n* piasek *m* ♦ *vt* (*also*: **sand down**) wygładzać (wygładzić *perf*) papierem ściernym.

sandal ['sændl] *n* sandał *m*.

sandbox ['sændbɔks] (*US*) *n* = **sandpit**.

sandpaper ['sændpeɪpə*] *n* papier *m* ścierny.

sandstone ['sændstəun] *n* piaskowiec *m*.

sandstorm ['sændstɔːm] *n* burza *f* piaskowa.

sandwich ['sændwɪtʃ] *n* kanapka *f* ♦ *vt*: **sandwiched between** wciśnięty (po)między +*acc*; **cheese/ham sandwich** kanapka z serem/szynką.

sandy ['sændɪ] *adj* (*beach*) piaszczysty; (*hair*) rudoblond.

sane [seɪn] *adj* (*person: MED*) zdrowy psychicznie; (: *fig*) zdrowy na umyśle, przy zdrowych zmysłach *post*; (*decision, action*) rozumny, rozsądny.

sang [sæŋ] *pt of* **sing**.

sanitary ['sænɪtərɪ] *adj* (*inspector, conditions, facilities*) sanitarny; (*clean*) higieniczny.

sanitary towel (*US* **sanitary napkin**) *n* podpaska *f* (higieniczna).

sanitation [sænɪ'teɪʃən] *n* (*conditions*) warunki *f* sanitarne; (*facilities*) urządzenia *pl* sanitarne.

sanity ['sænɪtɪ] *n* (*of person*) zdrowie *nt* psychiczne; (*common sense*) (zdrowy) rozsądek *m*.

sank [sæŋk] *pt of* **sink**.

Santa Claus [sæntə'klɔːz] *n* Święty Mikołaj *m*.

sap [sæp] *n* sok *m* (*z rośliny*) ♦ *vt* nadwątlać (nadwątlić *perf*).

sapling ['sæplɪŋ] *n* młode drzewko *nt*.

sapphire ['sæfaɪə*] *n* szafir *m*.

sarcasm ['sɑːkæzm] *n* sarkazm *m*.

sarcastic [sɑː'kæstɪk] *adj* sarkastyczny.

sardine [sɑː'diːn] *n* sardynka *f*.

sash [sæʃ] *n* (*of garment*) szarfa *f*.

sat [sæt] *pt, pp of* **sit**.

Satan ['seɪtn] *n* szatan *m*.

satchel ['sætʃl] *n* tornister *m*.

satellite ['sætəlaɪt] *n* satelita *m*.

satellite dish *n* antena *f* satelitarna.

satin ['sætɪn] *n* atłas *m*, satyna *f* ♦ *adj* atłasowy, satynowy.

satire ['sætaɪə*] *n* satyra *f*.

satirical [sə'tɪrɪkl] *adj* satyryczny.

satisfaction [sætɪs'fækʃən] *n* (*contentment*) zadowolenie *nt*, satysfakcja *f*; (*apology*) zadośćuczynienie *nt*; (*refund*) rekompensata *f*.

satisfactory [sætɪs'fæktərɪ] *adj* zadowalający; (*SCOL: grade*) dostateczny.

satisfied ['sætɪsfaɪd] *adj* (*customer*) zadowolony; **to be satisfied (with sth)** być zadowolonym (z czegoś).

satisfy ['sætɪsfaɪ] *vt* (*person*) zadowalać (zadowolić *perf*); (*needs, demand*) zaspokajać (zaspokoić *perf*); (*conditions*) spełniać (spełnić *perf*); **to satisfy sb that ...** przekonać (*perf*) kogoś, że...; **to satisfy o.s. that ...** upewniać się (upewnić się *perf*), że... .

satisfying ['sætɪsfaɪɪŋ] *adj* (*meal*) suty; (*feeling*) przyjemny; (*job*) dający zadowolenie *or* satysfakcję.

saturate ['sætʃəreɪt] *vt*: **to saturate (with)** nasycać (nasycić *perf*) (+*instr*).

saturation [sætʃə'reɪʃən] *n* nasycenie *nt*.

Saturday ['sætədɪ] *n* sobota *f*.

sauce [sɔːs] *n* sos *m*.

saucepan ['sɔːspən] *n* rondel *m*.

saucer ['sɔːsə*] *n* spodek *m*, spodeczek *m*.

sauna ['sɔːnə] *n* sauna *f*.

sausage ['sɔsɪdʒ] *n* kiełbasa *f*.

sauté ['səuteɪ] *vt* smażyć (usmażyć *perf*) (*bez panierowania*) ♦ *adj*: **sauté** *or* **sautéed potatoes** ziemniaki *pl* sauté.

savage ['sævɪdʒ] *adj* (*animal, tribe*) dziki; (*attack*) wściekły, brutalny; (*voice, criticism*) srogi, ostry ♦ *n* (*old, pej*) dzikus(ka) *m(f)*.

save [seɪv] vt (person, sb's life, marriage) ratować (uratować perf), ocalać (ocalić perf); (food, wine) zachowywać (zachować perf) (na później); (money, time) oszczędzać (oszczędzić perf or zaoszczędzić perf); (work, trouble) oszczędzać (oszczędzić perf) or zaoszczędzać (zaoszczędzić perf) +gen; (receipt etc) zachowywać (zachować perf); (seat: for sb) zajmować (zająć perf); (SPORT) bronić (obronić perf); (COMPUT) zapisywać (zapisać perf) ♦ vi (also: save up) oszczędzać ♦ n (SPORT): **he made a brilliant save** znakomicie obronił (piłkę) ♦ prep (fml) z wyjątkiem +gen, wyjąwszy +acc (fml).

saving ['seɪvɪŋ] n oszczędność f ♦ adj: **the saving grace of sth** jedyny plus m czegoś.

savings account n rachunek m oszczędnościowy.

saviour ['seɪvjə*] (US **savior**) n zbawca m; (REL) Zbawiciel m.

savour ['seɪvə*] (US **savor**) vt delektować się +instr.

savoury ['seɪvərɪ] (US **savory**) adj (food, dish) pikantny.

saw [sɔː] (pt **sawed**, pp **sawed** or **sawn**) vt piłować, przepiłowywać (przepiłować perf) ♦ n piła f ♦ pt of **see**.

sawdust ['sɔːdʌst] n trociny pl.

sawmill ['sɔːmɪl] n tartak m.

sawn [sɔːn] pp of **saw**.

saxophone ['sæksəfəun] n saksofon m.

say [seɪ] (pt, pp **said**) vt mówić (powiedzieć perf) ♦ n: **to have one's say** wypowiadać się (wypowiedzieć się perf); **to have a** or **some say in sth** mieć coś do powiedzenia w jakiejś sprawie, mieć na coś (pewien) wpływ; **to say yes** zgadzać się (zgodzić się perf); **to say no** odmawiać (odmówić perf);

could you say that again? czy mógłbyś powtórzyć?; **you can say that again!** zgadza się!; **that is to say** to znaczy or jest; **it goes without saying that ...** to oczywiste, że ... .

saying ['seɪɪŋ] n powiedzenie nt.

scab [skæb] n (on wound) strup m; (pej: person) łamistrajk m.

scaffolding ['skæfəldɪŋ] n rusztowanie nt.

scald [skɔːld] n poparzenie nt (wrzątkiem) ♦ vt parzyć (poparzyć perf) (wrzątkiem).

scale [skeɪl] n (of numbers, salaries, model) skala f; (of map) skala f, podziałka f; (of fish) łuska f; (MUS) gama f; (size, extent) rozmiary pl, wielkość f ♦ vt wdrapywać się (wdrapać się perf) na +acc; **scales** npl waga f; **on a large scale** na dużą or wielką skalę.

scalp [skælp] n skóra f głowy; (removed from dead body) skalp m ♦ vt skalpować (oskalpować perf).

scalpel ['skælpl] (MED) n skalpel m.

scampi ['skæmpɪ] (BRIT) npl panierowane krewetki pl.

scan [skæn] vt (scrutinize) badawczo przyglądać się (przyjrzeć się perf) +dat; (look through) przeglądać (przejrzeć perf); (RADAR) badać, penetrować; (TV) składać ♦ n (MED): **brain etc scan** obrazowanie nt mózgu etc (za pomocą tomografii, magnetycznego rezonansu jądrowego itp).

scandal ['skændl] n (shocking event, disgrace) skandal m; (gossip) plotki pl.

scandalize ['skændəlaɪz] vt gorszyć (zgorszyć perf), oburzać (oburzyć perf).

scandalous ['skændələs] adj skandaliczny.

Scandinavian [skændɪ'neɪvɪən] adj skandynawski.

scanner ['skænə*] n (MED) skaner

m; (*RADAR*) antena *f* radarowa or
przeszukująca.

scant [skænt] *adj* niewielki.

scapegoat ['skeɪpgəut] *n* kozioł *m*
ofiarny.

scar [skɑ:] *n* (*on skin*) blizna *f*,
szrama *f*; (*fig*) piętno *nt* ♦ *vt*
pokrywać (pokryć *perf*) bliznami;
(*fig*) wywoływać (wywołać *perf*)
(trwały) uraz u +*gen*.

scarce [skeəs] *adj*: **water/food was
scarce** brakowało or było za mało
wody/jedzenia; **to make o.s. scarce**
(*inf*) ulatniać się (ulotnić się *perf*)
(*inf*).

scarcely ['skeəslɪ] *adv* ledwo,
(za)ledwie; **scarcely anybody**
prawie nikt.

scare [skeə*] *n* (*fright*): **to give sb a
scare** napędzać (napędzić *perf*)
komuś strachu or stracha; (*public
fear*) panika *f* ♦ *vt* przestraszać
(przestraszyć *perf*); **bomb scare**
panika wywołana informacją o
podłożeniu bomby.

▶**scare away** *vt* (*animal*) płoszyć
(spłoszyć *perf*); (*investor, buyer*)
odstraszać (odstraszyć *perf*).

scarecrow ['skeəkrəu] *n* strach *m* na
wróble.

scared ['skeəd] *adj* przestraszony,
wystraszony; **to be scared (to do
sth** or **of doing sth)** bać się (coś
zrobić); **I was scared stiff**
śmiertelnie się bałam.

scarf [skɑːf] (*pl* **scarfs** or **scarves**)
n (*long*) szal *m*, szalik *m*; (*square,
triangular*) chusta *f*.

scarlet ['skɑ:lɪt] *adj* jasnoczerwony.

scarlet fever *n* szkarlatyna *f*.

scarves [skɑ:vz] *npl of* **scarf**.

scary ['skeərɪ] (*inf*) *adj* straszny.

scathing ['skeɪðɪŋ] *adj* (*comment
ect*) cięty, zjadliwy.

scatter ['skætə*] *vt* (*seeds, papers*)
rozrzucać (rozrzucić or porozrzucać
perf); (*flock of birds, crowd*)

rozpędzać (rozpędzić *perf*) ♦ *vi*
(*crowd*) rozpraszać się (rozproszyć
się *perf*).

scatterbrained ['skætəbreɪnd] (*inf*)
adj roztrzepany.

scattered ['skætəd] *adj* rozproszony,
rozsiany; **scattered showers**
przelotne opady.

scenario [sɪ'nɑ:rɪəu] *n* (*lit, fig*)
scenariusz *m*.

scene [si:n] *n* (*lit, fig*) scena *f*; (*of
crime, accident*) miejsce *nt*; (*sight*)
obraz *m*.

scenery ['si:nərɪ] *n* (*THEAT*)
dekoracje *pl*; (*landscape*) krajobraz
m.

scenic ['si:nɪk] *adj* (*route, location*)
malowniczy.

scent [sent] *n* (*fragrance*) woń *f*,
zapach *m*; (*perfume*) perfumy *pl*;
(*track: lit, fig*) trop *m*.

sceptic ['skeptɪk] (*US* **skeptic**) *n*
sceptyk (-yczka) *m(f)*.

sceptical ['skeptɪkl] (*US* **skeptical**)
adj sceptyczny.

scepticism ['skeptɪsɪzəm] (*US*
skepticism) *n* sceptycyzm *m*.

sceptre ['septə*] (*US* **scepter**) *n*
berło *nt*.

schedule ['ʃedju:l] *n* (*of trains,
buses*) rozkład *m* jazdy; (*of events
and times*) harmonogram *m*, rozkład
m (zajęć); (*of prices, details etc*)
wykaz *m*, zestawienie *nt* ♦ *vt*
planować (zaplanować *perf*); **they
arrived ahead of schedule** przybyli
przed czasem; **we are behind
schedule** mamy opóźnienie.

schematic [skɪ'mætɪk] *adj*
schematyczny.

scheme [ski:m] *n* plan *m*; (*of
government etc*) program *m* ♦ *vi*
spiskować, knuć or snuć intrygi;
colour scheme kolorystyka.

scheming ['ski:mɪŋ] *adj* intrygancki
♦ *n* intrygi *pl*.

schism ['skɪzəm] *n* schizma *f*.

schizophrenic [skɪtsə'frɛnɪk] *adj* schizofreniczny.

scholar ['skɔlə*] *n* (*learned person*) naukowiec *m*.

scholarly ['skɔləlɪ] *adj* (*text, approach*) naukowy; (*person*) uczony.

scholarship ['skɔləʃɪp] *n* (*knowledge: of person*) uczoność *f*, erudycja *f*; (: *of period, area*) nauka *f*; (*grant*) stypendium *nt*.

school [sku:l] *n* (*primary, secondary*) szkoła *f*; (*faculty, college*) ≈ instytut *m*; (*US: inf*) uniwersytet *m* ♦ *cpd* szkolny.

schoolboy ['sku:lbɔɪ] *n* uczeń *m*.

schoolchildren ['sku:ltʃɪldrən] *npl* uczniowie *vir pl*.

schoolgirl ['sku:lgə:l] *n* uczennica *f*.

schooling ['sku:lɪŋ] *n* nauka *f* szkolna; **they had no schooling at all** nie mieli żadnego wykształcenia.

schoolteacher ['sku:lti:tʃə*] *n* nauczyciel(ka) *m(f)*.

science ['saɪəns] *n* nauka *f*; **the sciences** nauki przyrodnicze; (*SCOL*) przedmioty ścisłe.

science fiction *n* fantastyka *f* naukowa, science fiction *f inv*.

scientific [saɪən'tɪfɪk] *adj* naukowy.

scientist ['saɪəntɪst] *n* naukowiec *m*.

scintillating ['sɪntɪleɪtɪŋ] *adj* (*fig*) błyskotliwy.

scissors ['sɪzəz] *npl*: **(a pair of) scissors** nożyczki *pl*; (*large*) nożyce *pl*.

scoff [skɔf] *vt* (*BRIT: inf: eat*) wsuwać (wsunąć *perf*) (*inf*) ♦ *vi*: **to scoff (at)** naśmiewać się (z +*gen*).

scold [skəuld] *vt* besztać (zbesztać *perf*), krzyczeć (nakrzyczeć *perf*) na +*acc*.

scone [skɔn] *n rodzaj babeczki jadanej z masłem na podwieczorek*.

scoop [sku:p] *n* (*for flour etc*) łopatka *f*; (*for ice cream*) łyżka *f*; (*of ice cream*) gałka *f*, kulka *f*; (*PRESS*) sensacyjna wiadomość *f* (*opublikowana wcześniej niż w konkurencyjnych gazetach*).

▶**scoop out** *vt* wybierać (wybrać *perf*), wyskrobywać (wyskrobać *perf*).

scooter ['sku:tə*] *n* (*also*: **motor scooter**) skuter *m*; (*toy*) hulajnoga *f*.

scope [skəup] *n* (*opportunity*) miejsce *nt*; (*range: of plan, undertaking*) zasięg *m*, zakres *m*; (: *of person*) możliwości *pl* (działania).

scorch [skɔ:tʃ] *vt* (*iron: clothes*) przypalać (przypalić *perf*); (*sun: earth, grass*) wypalać (wypalić *perf*).

score [skɔ:*] *n* (*total number of points*) wynik *m*; (*MUS*) partytura *f*; (*to film, play*) muzyka *f*; (*twenty*) dwudziestka *f* ♦ *vt* (*goal, point*) zdobywać (zdobyć *perf*); (*mark*) wydrapywać (wydrapać *perf*), wyryć (*perf*); (*success*) odnosić (odnieść *perf*) ♦ *vi* (*in game*) zdobyć (*perf*) punkt; (*FOOTBALL etc*) zdobyć (*perf*) bramkę; (*keep score*) notować wyniki, liczyć punkty; **scores of** dziesiątki +*gen*; **on that score** w tej mierze, w tym względzie; **to score six out of ten** uzyskać (*perf*) sześć punktów na dziesięć (możliwych).

scoreboard ['skɔ:bɔ:d] *n* tablica *f* wyników.

scorn [skɔ:n] *n* pogarda *f* ♦ *vt* (*despise*) gardzić (wzgardzić *perf*) +*instr*, pogardzać +*instr*.

scornful ['skɔ:nful] *adj* pogardliwy.

Scorpio ['skɔ:pɪəu] *n* Skorpion *m*.

scorpion ['skɔ:pɪən] *n* skorpion *m*.

Scot [skɔt] *n* Szkot(ka) *m(f)*.

Scotch [skɔtʃ] *n* (*whisky*) szkocka *f*.

scotch [skɔtʃ] *vt* zdusić (*perf*) w zarodku.

Scotland ['skɔtlənd] *n* Szkocja *f*.

Scots [skɔts] *adj* (*accent*) szkocki.

Scotsman ['skɔtsmən] (*irreg like*: **man**) *n* Szkot *m*.

Scottish ['skɔtɪʃ] *adj* (*history, clans*) szkocki.

scoundrel ['skaundrl] *n* łajdak *m*.

scour ['skauə*] *vt* (*countryside etc*) przetrząsać (przetrząsnąć *perf*), przeszukiwać (przeszukać *perf*); (*book etc*) wertować (przewertować *perf*).

scourge [skə:dʒ] *n* (*thing*) plaga *f*, zmora *f*; (*person*) utrapienie *nt*.

scout [skaut] *n* (*MIL*) zwiadowca *m*; (*also:* **boy scout**) skaut *m*, ≈ harcerz *m*; **girl scout** (*US*) ≈ harcerka *f*.

scowl [skaul] *vi* krzywić się (skrzywić się *perf*), nachmurzyć się (*perf*) ♦ *n* nachmurzona mina *f*; **to scowl at sb** krzywić się (skrzywić się *perf*) na kogoś.

scrabble ['skræbl] *vi* macać rękami dokoła ♦ *n*: **Scrabble** ® Scrabble *nt inv*.

scramble ['skræmbl] *n* (*climb*) wdrapanie się *nt*; (*struggle, rush*) szamotanina *f* ♦ *vi*: **to scramble up** wdrapywać się (wdrapać się *perf*).

scrambled eggs ['skræmbld-] *n* jajecznica *f*.

scrap [skræp] *n* (*of paper, material*) skrawek *m*; (*fig: of truth, evidence*) odrobina *f*, krzt(yn)a *f*; (*fight*) utarczka *f*, starcie *nt*; (*also:* **scrap metal**) złom *m* ♦ *vt* (*machines etc*) przeznaczać (przeznaczyć *perf*) na złom; (*fig: plans etc*) skasować (*perf*) (*inf*) ♦ *vi* gryźć się (pogryźć się *perf*) (*fig*); **scraps** *npl* (*of food*) resztki *pl*; (*of material*) skrawki *pl*, resztki *pl*.

scrapbook ['skræpbuk] *n* album *m* z wycinkami.

scrap dealer *n* handlarz *m* złomem.

scrape [skreɪp] *vt* (*mud, paint, etc*) zeskrobywać (zeskrobać *perf*), zdrapywać (zdrapać *perf*); (*potato, carrot*) skrobać (oskrobać *perf*); (*hand, car*) zadrapać (*perf*), zadrasnąć (*perf*).

scrap merchant (*BRIT*) *n* handlarz *m* złomem.

scrap metal *n* złom *m*.

scrap yard *n* skład *m* złomu; (*for cars*) złomowisko *n*.

scratch [skrætʃ] *n* (*on furniture, record*) rysa *f*; (*on body*) zadrapanie *nt*, zadraśnięcie *nt* ♦ *vt* (*body*) drapać (podrapać *perf*); (*paint, car, record*) porysować (*perf*); (*with claw, nail*) zadrapać (*perf*), zadrasnąć (*perf*); (*COMPUT*) wymazywać (wymazać *perf*) (*z dysku*) ♦ *vi* drapać się (podrapać się *perf*) ♦ *cpd* naprędce sklecony; **to scratch one's nose/head** drapać się (podrapać się *perf*) w nos/głowę; **to start from scratch** zaczynać (zacząć *perf*) od zera; **to be up to scratch** spełniać wymogi.

scrawl [skrɔ:l] *n* bazgroły *pl*, gryzmoły *pl* ♦ *vt* bazgrać (nabazgrać *perf*), gryzmolić (nagryzmolić *perf*).

scream [skri:m] *n* krzyk *m*, wrzask *m*; (*of tyres, brakes*) pisk *m*; (*of siren*) wycie *nt*, buczenie *nt* ♦ *vi* wrzeszczeć (wrzasnąć *perf*), krzyczeć (krzyknąć *perf*); **he's a scream** on jest pocieszny *or* komiczny.

screech [skri:tʃ] *vi* (*person, bird*) skrzeczeć (zaskrzeczeć *perf*); (*tyres, brakes*) piszczeć (zapiszczeć *perf*).

screen [skri:n] *n* (*FILM, TV, COMPUT*) ekran *m*; (*movable barrier*) parawan *m*; (*fig: cover*) zasłona *f*, przykrywka *f* ♦ *vt* (*protect, conceal*) zasłaniać (zasłonić *perf*); (*from wind etc*) osłaniać (osłonić *perf*); (*film, programme*) wyświetlać (wyświetlić *perf*), emitować (wyemitować *perf*) (*w TV*); (*candidates*) sprawdzać (sprawdzić *perf*), badać (zbadać *perf*).

screening ['skri:nɪŋ] *n* (*MED*) badania *pl* przesiewowe.

screenplay ['skri:npleɪ] *n* scenariusz *m*.

screw [skru:] *n* śruba *f*, wkręt *m* ♦ *vt* (*fasten*) przykręcać (przykręcić

perf); **to screw sth in** wkręcać
(wkręcić *perf*) coś.
►**screw up** *vt (paper etc)* zmiąć
(perf), zgnieść *(perf)*; **to screw up
one's eyes** mrużyć (zmrużyć *perf*)
oczy.

screwdriver ['skru:draɪvə*] *n*
śrubokręt *m*.

scribble ['skrɪbl] *n* gryzmoły *pl* ♦ *vt
(note, letter etc)* skrobać (skrobnąć
perf) ♦ *vi* bazgrać (nabazgrać *perf*);
to scribble sth down (szybko) coś
zapisać *(perf)*.

script [skrɪpt] *n (FILM etc)*
scenariusz *m*; *(alphabet)* pismo *nt*.

scripture(s) *n(pl)* święte pisma *pl or*
księgi *pl*; **the Scriptures** Biblia.

scroll [skrəul] *n* zwój *m*.

scrub [skrʌb] *n obszar porośnięty
karłowatą roślinnością* ♦ *vt (floor,
hands, washing)* szorować
(wyszorować *perf*); *(inf: idea, plan)*
odrzucić *(perf)*.

scruffy ['skrʌfɪ] *adj* niechlujny.

scruple ['skru:pl] *n (usu pl)* skrupuły
pl.

scrupulous ['skru:pjuləs] *adj
(painstaking)* sumienny, skrupulatny;
(fair-minded) uczciwy.

scrupulously ['skru:pjuləslɪ] *adv
(behave, act)* uczciwie; *(honest, fair,
clean)* nienagannie.

scrutinize ['skru:tɪnaɪz] *vt (face)*
przypatrywać się (przypatrzeć się
perf) +*dat*; *(data, records)*
analizować (przeanalizować *perf*).

scrutiny ['skru:tɪnɪ] *n* badanie *nt*,
analiza *f*; **under the scrutiny of sb**
pod czyjąś obserwacją.

scuba diving *n* nurkowanie *nt* z
akwalungiem *or* aparatem tlenowym.

scuffle ['skʌfl] *n* starcie *nt*.

sculptor ['skʌlptə*] *n* rzeźbiarz
(-arka) *m(f)*.

sculpture ['skʌlptʃə*] *n (art)* rzeźba
f, rzeźbiarstwo *nt*; *(object)* rzeźba *f*.

scum [skʌm] *n (on liquid)* piana *f*;
(pej: people) szumowiny *pl (pej)*.

scurry ['skʌrɪ] *vi* mknąć (pomknąć
perf), pędzić (popędzić *perf*).

►**scurry off** *vi* rzucać się (rzucić się
perf) do ucieczki.

scythe [saɪð] *n* kosa *f*.

sea [si:] *n* morze *nt* ♦ *cpd (breeze,
bird etc)* morski; **by sea** morzem;
on the sea na morzu.

seafood ['si:fu:d] *n* owoce *pl* morza.

seafront ['si:frʌnt] *n* ulica *f*
nadbrzeżna.

seagull ['si:gʌl] *n* mewa *f*.

seal [si:l] *n (animal)* foka *f*; *(official
stamp)* pieczęć *f*; *(in machine etc)*
plomba *f*, uszczelnienie *nt* ♦ *vt
(envelope, opening)* zaklejać (zakleić
perf).

►**seal off** *vt* odcinać (odciąć *perf*)
dostęp do +*gen*.

sea level *n* poziom *m* morza.

seam [si:m] *n (line of stitches)* szew
m; *(where edges meet)* łączenie *nt*;
(of coal etc) pokład *m*.

seaman ['si:mən] *(irreg like: man)* *n*
marynarz *m*.

séance ['seɪɒns] *n* seans *m*
(spirytystyczny).

search [sə:tʃ] *n (for person, thing)*
poszukiwania *pl*; *(COMPUT)*
szukanie *nt (w dokumencie)*; *(of sb's
home)* rewizja *f* ♦ *vt (place)*
przeszukiwać (przeszukać *perf*);
(mind, memory) szukać w +*loc*;
(person, luggage) przeszukiwać
(przeszukać *perf*), rewidować
(zrewidować *perf*) ♦ *vi*: **to search
for** poszukiwać +*gen*; **in search of**
w poszukiwaniu +*gen*.

►**search through** *vt fus*
przeszukiwać (przeszukać *perf*),
przetrząsać (przetrząsnąć *perf*).

search engine *(COMPUT)* *n*
wyszukiwarka *f*.

searching ['sə:tʃɪŋ] *adj (look)*

dociekliwy, badawczy; (*question*)
dociekliwy, wnikliwy.

searchlight ['sə:tʃlaɪt] *n* reflektor *m*.

search warrant *n* nakaz *m* rewizji.

seashore ['si:ʃɔ:*] *n* brzeg *m* morza.

seasick ['si:sɪk] *adj*: **to be seasick**
dostać *(perf)* choroby morskiej.

seaside ['si:saɪd] *n* wybrzeże *nt*; **to
go to the seaside** jechać (pojechać
perf) nad morze; **at the seaside** nad
morzem.

season ['si:zn] *n* (*of year*) pora *f*
roku; (*AGR*) sezon *m*, pora *f*;
(*SPORT*) sezon *m*; (*of films etc*)
przegląd *m*, cykl *m* ♦ *vt* (*food*)
doprawiać (doprawić *perf*);
raspberries are in season now jest
teraz sezon na maliny.

seasonal ['si:znl] *adj* (*work*)
sezonowy.

seasoned ['si:znd] *adj* (*fig: traveller*)
wytrawny.

seasoning ['si:znɪŋ] *n* (*condiment*)
przyprawa *f*; (*spices*) przyprawy *pl*.

season ticket *n* (*RAIL*) bilet *m*
okresowy; (*SPORT, THEAT*)
abonament *m*.

seat [si:t] *n* miejsce *nt*; (*PARL*)
miejsce *nt*, mandat *m*; (*buttocks, of
trousers*) siedzenie *nt* ♦ *vt* (*place:
guests etc*) sadzać (posadzić *perf*);
(*have room for*) móc pomieścić; **to
be seated** siedzieć.

seat belt (*AUT*) *n* pas *m*
(bezpieczeństwa).

seaweed ['si:wi:d] *n* wodorosty *pl*.

sec. *abbr* = **second**.

secluded [sɪ'klu:dɪd] *adj*
odosobniony, zaciszny.

seclusion [sɪ'klu:ʒən] *n* (*place*)
zacisze *nt*, ustronie *nt*; (*state*)
odosobnienie *nt*, osamotnienie *nt*.

second¹ [sɪ'kɔnd] (*BRIT*) *vt*
(*employee*) przesuwać (przesunąć
perf), oddelegowywać (oddelegować
perf).

second² ['sɛkənd] *adj* drugi ♦ *adv*

(*in race etc*) jako drugi; (*when
listing*) po drugie ♦ *n* (*unit of time*)
sekunda *f*; (*AUT: also*: **second gear**)
drugi bieg *m*, dwójka *f* (*inf*);
(*COMM*) towar *m* wybrakowany ♦ *vt*
(*motion*) popierać (poprzeć *perf*);
upper/lower second (*BRIT*) *dyplom
ukończenia studiów z wynikiem
dobrym/zadowalającym.*

secondary ['sɛkəndərɪ] *adj*
drugorzędny.

secondary school *n* szkoła *f*
średnia.

secondhand ['sɛkənd'hænd] *adj*
używany, z drugiej ręki *post*.

second hand *n* wskazówka *f*
sekundowa, sekundnik *m*.

secondly ['sɛkəndlɪ] *adv* po drugie,
po wtóre (*fml*).

second-rate ['sɛkənd'reɪt] *adj*
podrzędny.

second thoughts *npl*: **on second
thoughts** *or* (*US*) **thought** po
namyśle; **to have second thoughts
(about sth)** mieć wątpliwości (co do
czegoś).

secrecy ['si:krəsɪ] *n* (*state of being
kept secret*) tajemnica *f*; (*act of
keeping sth secret*) dyskrecja *f*.

secret ['si:krɪt] *adj* (*plan*) tajny;
(*passage*) tajemny, potajemny;
(*admirer*) cichy ♦ *n* sekret *m*,
tajemnica *f*; **in secret** potajemnie, w
sekrecie; **can you keep a secret?**
czy potrafisz dochować tajemnicy?

secretarial [sɛkrɪ'tɛərɪəl] *adj*:
secretarial course kurs dla
sekretarek.

secretariat [sɛkrɪ'tɛərɪət] *n*
sekretariat *m*.

secretary ['sɛkrətərɪ] *n* (*COMM*)
sekretarz (-arka) *m(f)*; (*of club*)
sekretarz *m*; **Secretary of State (for)**
(*BRIT*) ≈ minister (do spraw *+gen*);
Secretary of State (*US*) Sekretarz
Stanu.

secretion [sɪ'kri:ʃən] *n* wydzielina *f*.

secretive ['si:krətɪv] *adj* tajemniczy.
secretly ['si:krɪtlɪ] *adv* potajemnie, po cichu.
secret service *n* tajne służby *pl*.
sect [sɛkt] *n* sekta *f*.
sectarian [sɛk'tɛərɪən] *adj* (*views*) sekciarski; (*violence*) na tle różnic między sektami *post*.
section ['sɛkʃən] *n* (*of society, exam*) część *f*; (*of road etc*) odcinek *m*; (*of company*) dział *m*; (*of orchestra, sports club*) sekcja *f*; (*of document*) paragraf *m*; (*cross-section*) przekrój *m*.
sector ['sɛktə*] *n* sektor *m*; (*MIL*) sektor *m*, strefa *f*.
secular ['sɛkjulə*] *adj* świecki.
secure [sɪ'kjuə*] *adj* (*safe*) bezpieczny; (*free from anxiety*) spokojny; (*job, investment*) pewny; (*building, windows*) zabezpieczony; (*rope, shelf*) dobrze umocowany ♦ *vt* (*shelf etc*) mocować (umocować *perf*); (*votes etc*) uzyskiwać (uzyskać *perf*).
security [sɪ'kjuərɪtɪ] *n* (*freedom from anxiety*) bezpieczeństwo *nt*, poczucie *nt* bezpieczeństwa; (*security measures*) środki *pl* bezpieczeństwa; (*FIN*) zabezpieczenie *nt*.
sedate [sɪ'deɪt] *adj* (*person, life*) stateczny; (*pace*) powolny ♦ *vt* (*MED*) podawać (podać *perf*) środek uspokajający +*dat*.
sedative ['sɛdɪtɪv] *n* środek *m* uspokajający.
sedentary ['sɛdntrɪ] *adj* (*work*) siedzący; (*population*) osiadły.
sediment ['sɛdɪmənt] *n* osad *m*.
seduce [sɪ'dju:s] *vt* (*entice*) kusić (skusić *perf*), nęcić (znęcić *perf*); (*beguile*) mamić (omamić *perf*), zwodzić (zwieść *perf*); (*sexually*) uwodzić (uwieść *perf*).
seduction [sɪ'dʌkʃən] *n* (*attraction*) pokusa *f*; (*act of seducing*) uwiedzenie *nt*.

seductive [sɪ'dʌktɪv] *adj* (*look*) uwodzicielski; (*fig: offer*) kuszący.
see [si:] (*pt* **saw**, *pp* **seen**) *vt* (*perceive*) widzieć; (*look at*) zobaczyć (*perf*); (*understand*) rozumieć (zrozumieć *perf*); (*notice*) zauważać (zauważyć *perf*), spostrzegać (spostrzec *perf*); (*doctor etc*) iść (pójść *perf*) do +*gen*; (*film*) oglądać (obejrzeć *perf*), zobaczyć (*perf*) ♦ *vi* widzieć; (*find out by searching*) sprawdzić (*perf*); (: *by inquiring*) dowiedzieć się (*perf*); **to see that ...** dopilnować (*perf*), żeby ...; **I've seen** *or* **I saw this play** widziałem tę sztukę; **to see sb to the door** odprowadzać (odprowadzić *perf*) kogoś do drzwi; **I see** rozumiem; **as far as I can see** o ile się orientuję; **see you!** do zobaczenia!, cześć! (*inf*); **see you soon!** do zobaczenia wkrótce!
►**see off** *vt* odprowadzać (odprowadzić *perf*).
►**see through** *vt* wspierać (wesprzeć *perf*) ♦ *vt fus* przejrzeć (*perf*).
►**see to** *vt fus* zajmować się (zająć się *perf*) +*instr*.
seed [si:d] *n* nasienie *nt*; (*fig: usu pl*) ziarno *nt*.
seedling ['si:dlɪŋ] *n* sadzonka *f*.
seedy ['si:dɪ] *adj* zapuszczony (*pej*).
seeing ['si:ɪŋ] *conj*: **seeing as** *or* **that** skoro, jako że.
seek [si:k] (*pt, pp* **sought**) *vt* szukać (poszukać *perf*) +*gen*.
seem [si:m] *vi* wydawać się (wydać się *perf*) (być); **there seems to be ...** zdaje się, że jest ... .
seemingly ['si:mɪŋlɪ] *adv* pozornie.
seen [si:n] *pp of* **see**.
seep [si:p] *vi* (*liquid*) przeciekać (przeciec *perf*), przesączać się (przesączyć się *perf*); (*gas*) przenikać (przeniknąć *perf*), przedostawać się (przedostać się

perf); (*fig: information*) przeciekać
(przeciec *perf*).

seesaw ['si:sɔ:] *n* huśtawka *f*.

seethe [si:ð] *vi*: **the street seethed
with people/isects** na ulicy roiło się
od ludzi/owadów.

see-through ['si:θru:] *adj*
przejrzysty, przezroczysty.

segment ['sɛgmənt] *n* część *f*;
(*GEOM*) odcinek *m*; (*of orange*)
cząstka *f*.

segregate ['sɛgrɪgeɪt] *vt* rozdzielać
(rozdzielić *perf*).

segregation [sɛgrɪ'geɪʃən] *n*
segregacja *f*, rozdział *m*.

seismic ['saɪzmɪk] *adj* sejsmiczny.

seize [si:z] *vt* (*person, object*)
chwytać (chwycić *perf*); (*fig:
opportunity*) korzystać (skorzystać
perf) z +*gen*; (*power*) przechwytywać
(przechwycić *perf*), przejmować
(przejąć *perf*); (*territory*) zajmować
(zająć *perf*), zdobywać (zdobyć
perf); (*criminal*) chwytać (schwytać
perf).

►**seize (up)on** *vt fus* wykorzystywać
(wykorzystać *perf*) +*acc*.

seizure ['si:ʒə*] *n* (*MED*) napad *m*;
(*of power*) przechwycenie *nt*,
przejęcie *nt*.

seldom ['sɛldəm] *adv* rzadko.

select [sɪ'lɛkt] *adj* (*school, district*)
ekskluzywny; (*group*) doborowy ♦
vt wybierać (wybrać *perf*); (*SPORT*)
selekcjonować (wyselekcjonować
perf).

selection [sɪ'lɛkʃən] *n* wybór *m*.

selective [sɪ'lɛktɪv] *adj*
(*discriminating*) wybiórczy,
selektywny; (*strike etc*) ograniczony;
(*education etc*) elitarny.

self [sɛlf] (*pl* **selves**) *n* (*swoje*) ja *nt
inv*; **to be/become one's normal
self** być/stawać się (stać się *perf*)
sobą.

self... [sɛlf] *pref* samo... .

self-assured [sɛlfə'ʃuəd] *adj* pewny
siebie.

self-catering [sɛlf'keɪtərɪŋ] (*BRIT*)
adj z wyżywieniem we własnym
zakresie *post*.

self-centred [sɛlf'sɛntəd] (*US*
self-centered) *adj* egocentryczny.

self-confidence [sɛlf'kɔnfɪdns] *n*
wiara *f* w siebie.

self-conscious [sɛlf'kɔnʃəs] *adj*
skrępowany.

self-contained [sɛlfkən'teɪnd]
(*BRIT*) *adj* (*flat etc*) samodzielny.

self-control [sɛlfkən'trəul] *n*
opanowanie *nt*.

self-defence [sɛlfdɪ'fɛns] (*US*
self-defense) *n* samoobrona *f*; **to
act in self-defence** działać w
obronie własnej.

self-discipline [sɛlf'dɪsɪplɪn] *n*
samodyscyplina *f*.

self-evident [sɛlf'ɛvɪdnt] *adj*
oczywisty.

self-governing [sɛlf'gʌvənɪŋ] *adj*
samorządny.

self-interest [sɛlf'ɪntrɪst] *n* korzyść *f*
własna.

selfish ['sɛlfɪʃ] *adj* samolubny.

selfishness ['sɛlfɪʃnɪs] *n*
samolubstwo *nt*, egoizm *m*.

selfless ['sɛlflɪs] *adj* bezinteresowny.

self-made ['sɛlfmeɪd] *adj*: **self-made
man** człowiek *m*, który wszystko
zawdzięcza sobie.

self-pity [sɛlf'pɪtɪ] *n* rozczulanie się
nt nad sobą.

self-portrait [sɛlf'pɔ:treɪt] *n*
autoportret *m*.

self-preservation ['sɛlfprɛzə'veɪʃən]
n: **the instinct of** *or* **for
self-preservation** instynkt *m*
samozachowawczy.

self-respect [sɛlfrɪs'pɛkt] *n* szacunek
m dla samego siebie.

self-satisfied [sɛlf'sætɪsfaɪd] *adj*
(*person*) zadowolony z siebie;
(*smile*) pełen samozadowolenia.

self-service [sɛlfˈsəːvɪs] adj samoobsługowy.

self-sufficient [sɛlfsəˈfɪʃənt] adj samowystarczalny.

self-taught [sɛlfˈtɔːt] adj: **self-taught pianist** pianista m samouk m.

sell [sɛl] (pt, pp **sold**) vt sprzedawać (sprzedać perf); (fig): **to sell sth to sb** przekonywać (przekonać perf) kogoś do czegoś ♦ vi sprzedawać się (sprzedać się perf); **to sell at** or **for 10 pounds** kosztować 10 funtów.

▸**sell off** vt wyprzedawać (wyprzedać perf).

▸**sell out** vi: **to sell out (of sth)** wyprzedać (perf) (coś); **the tickets are sold out** bilety zostały wyprzedane.

sell-by date [ˈsɛlbaɪ-] n data f ważności.

selling price [ˈsɛlɪŋ-] n cena f zbytu.

sellotape [ˈsɛləʊteɪp] ® (BRIT) n ≈ taśma f klejąca.

selves [sɛlvz] pl of **self**.

semantic [sɪˈmæntɪk] adj semantyczny.

semantics [sɪˈmæntɪks] n semantyka f.

semblance [ˈsɛmblns] n pozory pl.

semen [ˈsiːmən] n nasienie nt.

semester [sɪˈmɛstə*] (esp US) n semestr m.

semicircle [ˈsɛmɪsəːkl] n półkole nt.

semicolon [sɛmɪˈkəʊlən] n średnik m.

semiconductor [sɛmɪkənˈdʌktə*] n półprzewodnik m.

semidetached (house) (BRIT) n dom m bliźniaczy, bliźniak m (inf).

semifinal [sɛmɪˈfaɪnl] n półfinał m.

seminar [ˈsɛmɪnɑː*] n seminarium nt.

seminary [ˈsɛmɪnərɪ] (REL) n seminarium nt.

semi-precious [sɛmɪˈprɛʃəs] adj półszlachetny.

semi-skimmed [sɛmɪˈskɪmd] adj (milk) półtłusty.

Semitic [səˈmɪtɪk] adj semicki.

senate [ˈsɛnɪt] n senat m.

senator [ˈsɛnɪtə*] n senator m.

send [sɛnd] (pt, pp **sent**) vt (letter etc) wysyłać (wysłać perf); (signal, picture) przesyłać (przesłać perf).

▸**send away** vt (visitor) odprawiać (odprawić perf).

▸**send back** vt odsyłać (odesłać perf).

▸**send for** vt fus (by post) zamawiać (zamówić perf) (pocztą); (doctor, police) wzywać (wezwać perf).

▸**send off** vt (goods) wysyłać (wysłać perf); (BRIT: SPORT) usuwać (usunąć perf) z boiska.

▸**send out** vt (invitation, signal) wysyłać (wysłać perf); (heat) wydzielać (wydzielić perf).

sender [ˈsɛndə*] n nadawca (-czyni) m(f).

senile [ˈsiːnaɪl] adj zniedołężniały.

senior [ˈsiːnɪə*] adj (staff, officer) starszy or wysoki rangą; (manager) wysoki rangą; (post, position) wysoki; **to be senior to sb** być od kogoś starszym rangą; **she is 15 years his senior** jest (od niego) starsza o 15 lat.

senior citizen n emeryt(ka) m(f).

seniority [siːnɪˈɔrɪtɪ] n (degree of importance) starszeństwo nt; (length of work) staż m pracy, wysługa f lat.

sensation [sɛnˈseɪʃən] n (feeling) uczucie nt; (ability to feel) czucie nt; (great success) wydarzenie nt, sensacja f.

sensational [sɛnˈseɪʃənl] adj (wonderful) wspaniały, fantastyczny; (surprising, exaggerated) sensacyjny.

sense [sɛns] n (physical) zmysł m; (of guilt) poczucie nt; (of shame, pleasure) uczucie nt; (good sense) rozsądek m; (of word) sens m, znaczenie nt; (of letter, conversation) sens m ♦ vt wyczuwać (wyczuć perf); **it makes sense** to ma sens.

senseless [ˈsɛnslɪs] adj (pointless)

bezsensowny; (*unconscious*)
nieprzytomny.
sense of humour n poczucie *nt*
humoru.
sensibility [sɛnsɪ'bɪlɪtɪ] n wrażliwość
f.
sensible ['sɛnsɪbl] adj (*person,
advice*) rozsądny.
sensitive ['sɛnsɪtɪv] adj (*person,
skin*) wrażliwy; (*instrument*) czuły;
(*fig: touchy*) drażliwy.
sensitivity [sɛnsɪ'tɪvɪtɪ] n (*of person,
skin*) wrażliwość *f*; (*to touch etc*)
czułość *f*; (*of issue etc*) delikatna
natura *f*.
sensual ['sɛnsjuəl] adj (*of the
senses*) zmysłowy; (*life*) pełen
zmysłowych przyjemności *post*.
sensuous ['sɛnsjuəs] adj (*lips*)
zmysłowy; (*material*) przyjemny w
dotyku.
sent [sɛnt] *pt, pp of* send.
sentence ['sɛntns] n (*LING*) zdanie
nt; (*JUR: judgement*) wyrok *m*;
(*: punishment*) kara *f* ♦ *vt*: to
**sentence sb to death/to five years
in prison** skazywać (skazać *perf*)
kogoś na karę śmierci/na karę
pięciu lat więzienia.
sentiment ['sɛntɪmənt] n (*tender
feelings*) tkliwość *f*, sentyment *m*;
(*also pl: opinion*) odczucie *nt*,
zapatrywanie *nt*.
sentimental [sɛntɪ'mɛntl] adj
sentymentalny; **to get sentimental**
roztkliwiać się (roztkliwić się *perf*).
sentry ['sɛntrɪ] n wartownik *m*.
separate ['sɛprɪt] adj (*piles*) osobny;
(*occasions, reasons, ways*) różny;
(*rooms*) oddzielny ♦ *vt* (*people,
things*) rozdzielać (rozdzielić *perf*);
(*ideas*) oddzielać (oddzielić *perf*) (od
siebie) ♦ *vi* (*part*) rozstawać się
(rozstać się *perf*); (*move apart*)
rozchodzić się (rozejść się *perf*),
rozdzielać się (rozdzielić się *perf*);
(*split up: couple*) rozstawać się

(rozstać się *perf*); (*: parents, married
couple*) brać (wziąć *perf*) separację.
separately ['sɛprɪtlɪ] adv osobno,
oddzielnie.
separation [sɛpə'reɪʃən] n (*being
apart*) oddzielenie *nt*; (*time spent
apart*) rozłąka *f*; (*JUR*) separacja *f*.
September [sɛp'tɛmbə*] n wrzesień
m.
septic ['sɛptɪk] adj (*MED*) septyczny,
zakaźny; (*wound, finger*) zakażony.
sequel ['siːkwl] n (*follow-up*) dalszy
ciąg *m*; (*consequence*) następstwo *nt*.
sequence ['siːkwəns] n (*order*)
kolejność *f*, porządek *m*; (*ordered
chain*) seria *f*; (*in dance, film*)
sekwencja *f*.
serene [sɪ'riːn] adj spokojny.
sergeant ['sɑːdʒənt] n sierżant *m*.
serial ['sɪərɪəl] n serial *m*.
serial killer n seryjny morderca *m*.
series n inv seria *f*; (*TV: of shows,
talks*) cykl *m*, seria *f*; (*: of films*)
serial *m*.
serious ['sɪərɪəs] adj poważny; **to be
serious** nie żartować; **are you
serious (about it)?** mówisz (to)
poważnie?
seriously ['sɪərɪəslɪ] adv poważnie;
to take sb/sth seriously brać (wziąć
perf) kogoś/coś (na) poważnie *or*
serio.
seriousness ['sɪərɪəsnɪs] n (*of
person, situation*) powaga *f*; (*of
problem*) waga *f*.
sermon ['sɜːmən] n kazanie *nt*.
serum ['sɪərəm] n surowica *f*.
servant ['sɜːvənt] n służący (-ca)
m(f); (*fig*) sługa *m*.
serve [sɜːv] vt (*country, purpose*)
służyć +*dat*; (*guest, customer*)
obsługiwać (obsłużyć *perf*);
(*apprenticeship, prison term*)
odbywać (odbyć *perf*) ♦ *vi* (*at table*)
podawać (podać *perf*); (*TENNIS*)
serwować (zaserwować *perf*) ♦ *n*
(*TENNIS*) serwis *m*, serw *m*; **to**

serve as/for służyć (posłużyć *perf*) za +*acc*; **it serves him right** dobrze mu tak.

service ['sə:vɪs] *n* usługa *f*; (*in hotel, restaurant*) obsługa *f*; (*also*: **train service**) komunikacja *f* kolejowa; (*REL*) nabożeństwo *nt*; (*AUT*) przegląd *m*; (*TENNIS*) serwis *m*, podanie *nt*; (*plates, etc*) serwis *m*; **the Services** *npl* siły *pl* zbrojne ♦ *vt* dokonywać (dokonać *perf*) przeglądu +*gen*; **services (to)** usługi (dla +*gen*); (*extraordinary*) zasługi *pl* (dla +*gen*); **national service** powszechna służba wojskowa.

serviette [sə:vɪ'ɛt] (*BRIT*) *n* serwetka *f*.

servile ['sə:vaɪl] *adj* służalczy.

session ['sɛʃən] *n* (*period of activity*) sesja *f*; **to be in session** (*court etc*) obradować.

set [sɛt] (*pt, pp* **set**) *n* (*of problems*) zespół *m*; (*of saucepans, books*) komplet *m*; (*of people*) grupa *f*; (*also*: **radio set**) radio *nt*, odbiornik *m* radiowy; (*also*: **TV set**) telewizor *m*, odbiornik *m* telewizyjny; (*TENNIS*) set *m*; (*MATH*) zbiór *m*; (*FILM*) plan *m*; (*THEAT*) dekoracje *pl*; (*of hair*) ułożenie *nt*, modelowanie *nt* ♦ *adj* (*fixed*) ustalony, stały; (*ready*) gotowy ♦ *vt* (*place, stage*) przygotowywać (przygotować *perf*); (*time, rules*) ustalać (ustalić *perf*); (*record*) ustanawiać (ustanowić *perf*); (*alarm, watch*) nastawiać (nastawić *perf*); (*task, exercise*) zadawać (zadać *perf*); (*exam*) układać (ułożyć *perf*) ♦ *vi* (*sun*) zachodzić (zajść *perf*); (*jelly, concrete*) tężeć (stężeć *perf*); (*glue*) wysychać (wyschnąć *perf*); (*bone*) zrastać się (zrosnąć się *perf*); **to be set on doing sth** być zdeterminowanym coś zrobić; **to set sth to music** komponować (skomponować *perf*) muzykę do czegoś; **to set on fire** podpalać (podpalić *perf*); **to set free** uwalniać (uwolnić *perf*), zwalniać (zwolnić *perf*).

►**set about** *vt fus* przystępować (przystąpić *perf*) do +*gen*.

►**set aside** *vt* (*money etc*) odkładać (odłożyć *perf*); (*time*) rezerwować (zarezerwować *perf*).

►**set back** *vt*: **to set sb back 5 pounds** kosztować kogoś 5 funtów; **to set sb back (by)** opóźniać (opóźnić *perf*) kogoś (o +*acc*).

►**set off** *vi* wyruszać (wyruszyć *perf*) ♦ *vt* (*bomb*) detonować (zdetonować *perf*); (*alarm*) uruchamiać (uruchomić *perf*); (*chain of events*) wywoływać (wywołać *perf*); (*jewels*) uwydatniać (uwydatnić *perf*); (*tan, complexion*) podkreślać (podkreślić *perf*).

►**set out** *vi* wyruszać (wyruszyć *perf*) ♦ *vt* (*goods etc*) wystawiać (wystawić *perf*); (*arguments*) wykładać (wyłożyć *perf*); **to set out to do sth** przystępować (przystąpić *perf*) do robienia czegoś.

►**set up** *vt* (*organization*) zakładać (założyć *perf*).

setback ['sɛtbæk] *n* (*hitch*) komplikacja *f*.

settee [sɛ'ti:] *n* sofa *f*.

setting ['sɛtɪŋ] *n* (*background*) miejsce *nt*, otoczenie *nt*; (*of controls*) nastawa *f*; (*of jewel*) oprawa *f*.

settle ['sɛtl] *vt* (*argument*) rozstrzygać (rozstrzygnąć *perf*); (*accounts*) regulować (uregulować *perf*) ♦ *vi* (*also*: **settle down**) sadowić się (usadowić się *perf*); (*calm down*) uspokajać się (uspokoić się *perf*); (*bird, insect*) siadać (siąść *perf or* usiąść *perf*); (*dust, sediment*) osiadać (osiąść *perf*), osadzać się (osadzić się *perf*).

►**settle for** *vt fus* zadowalać się (zadowolić się *perf*) +*instr*.

►**settle in** *vi* przyzwyczajać się (przyzwyczaić się *perf*) (do nowego miejsca).

►**settle on** *vt fus* decydować się (zdecydować się *perf*) na +*acc*.

►**settle up** *vi*: **to settle up with sb** rozliczać się (rozliczyć się *perf*) z kimś.

settlement ['sɛtlmənt] *n* (*payment: of debt*) spłata *f*; (: *in compensation*) odszkodowanie *nt*; (*agreement*) rozstrzygnięcie *nt*, porozumienie *nt*; (*village etc*) osada *f*.

settler ['sɛtlə*] *n* osadnik (-iczka) *m(f)*.

setup ['sɛtʌp] (*also spelled* **set-up**) *n* układ *m*.

seven ['sɛvn] *num* siedem.

seventeen [sɛvn'tiːn] *num* siedemnaście.

seventh ['sɛvnθ] *num* siódmy.

seventy ['sɛvntɪ] *num* siedemdziesiąt.

sever ['sɛvə*] *vt* (*artery, pipe*) przerywać (przerwać *perf*); (*fig: relations*) zrywać (zerwać *perf*).

several ['sɛvərl] *adj* kilka (+*gen*); (*of groups of people including at least one male*) kilku (+*gen*) ♦ *pron* kilka; (*of groups of people including at least one male*) kilku; **several of us** kilkoro z nas; **several times** kilka razy.

severe [sɪ'vɪə*] *adj* (*pain*) ostry; (*damage, shortage*) poważny.

severity [sɪ'vɛrɪtɪ] *n* surowość *f*; (*of pain, attacks*) ostrość *f*.

sew [səu] (*pt* **sewed**, *pp* **sewn**) *vt* (*dress etc*) szyć (uszyć *perf*); (*edges*) zszywać (zszyć *perf*).

►**sew up** *vt* (*pieces of cloth*) zszywać (zszyć *perf*); (*tear*) zaszywać (zaszyć *perf*).

sewage ['suːɪdʒ] *n* ścieki *pl*.

sewer ['suːə*] *n* ściek *m*.

sewing ['səuɪŋ] *n* szycie *nt*.

sewing machine *n* maszyna *f* do szycia.

sewn [səun] *pp of* **sew**.

sex [sɛks] *n* (*gender*) płeć *f*; (*lovemaking*) seks *m*; **to have sex with sb** mieć z kimś stosunek.

sexism ['sɛksɪzəm] *n* seksizm *m*.

sexist ['sɛksɪst] *adj* seksistowski.

sextet [sɛks'tɛt] *n* sekstet *m*.

sexual ['sɛksjuəl] *adj* płciowy; **sexual equality** równouprawnienie płci.

sexual harassment *n* molestowanie *nt* seksualne (*zwłaszcza w miejscu pracy*).

sexuality [sɛksju'ælɪtɪ] *n* seksualność *f*, seksualizm *m*.

sexy ['sɛksɪ] *adj* seksowny.

shabby ['ʃæbɪ] *adj* (*person*) obdarty; (*clothes*) wytarty, wyświechtany; (*trick, behaviour*) podły.

shack [ʃæk] *n* chałupa *f*.

shackles ['ʃæklz] *npl* kajdany *pl*; (*fig*) pęta *pl*.

shade [ʃeɪd] *n* (*shelter*) cień *m*; (*for lamp*) abażur *m*, klosz *m*; (*of colour*) odcień *m* ♦ *vt* (*shelter*) ocieniać (ocienić *perf*); (*eyes*) osłaniać (osłonić *perf*); **in the shade** w cieniu.

shadow ['ʃædəu] *n* cień *m* ♦ *vt* śledzić.

shadow cabinet (*BRIT*) *n* gabinet *m* cieni.

shady ['ʃeɪdɪ] *adj* cienisty; (*fig*) podejrzany.

shaft [ʃɑːft] *n* (*of arrow, spear*) drzewce *nt*; (*AUT, TECH*) wał(ek) *m*; (*of mine, lift*) szyb *m*; (*of light*) snop *m*.

shaggy ['ʃægɪ] *adj* (*beard*) zmierzwiony; (*man*) zarośnięty; (*dog, sheep*) kudłaty.

shake [ʃeɪk] (*pt* **shook**, *pp* **shaken**) *vt* trząść +*instr*, potrząsać (potrząsnąć *perf*) +*instr*; (*bottle, person*) wstrząsać (wstrząsnąć *perf*) +*instr*; (*cocktail*) mieszać (zmieszać *perf*); (*beliefs, resolve*) zachwiać (*perf*) +*instr* ♦ *vi* trząść się (zatrząść się *perf*), drżeć (zadrżeć *perf*); **to**

shake one's head kręcić (pokręcić *perf*) głową; **to shake hands with sb** uścisnąć *(perf)* czyjąś dłoń, podawać (podać *perf*) komuś rękę.

▶**shake off** *vt* strząsać (strząsnąć *perf*), strącać (strącić *perf*); (*fig: pursuer*) zgubić *(perf)*.

▶**shake up** *vt* (*ingredients*) mieszać (zmieszać *perf*); (*fig: person*) wstrząsać (wstrząsnąć *perf*) +*instr*.

shaky ['ʃeɪkɪ] *adj* (*hand, voice*) trzęsący się, drżący.

shall [ʃæl] *aux vb*: **I shall go** pójdę; **shall I open the door?** czy mam otworzyć drzwi?; **I'll get some, shall I?** przyniosę kilka, dobrze?

shallow ['ʃæləu] *adj* (*lit, fig*) płytki.

sham [ʃæm] *n* pozór *m* ♦ *vt* udawać (udać *perf*).

shambles ['ʃæmblz] *n* bałagan *m*.

shame [ʃeɪm] *n* wstyd *m* ♦ *vt* zawstydzać (zawstydzić *perf*); **it is a shame to ...** szkoda +*infin*; **it is a shame that ...** szkoda, że ...; **what a shame!** co za wstyd!

shamefaced ['ʃeɪmfeɪst] *adj* zawstydzony.

shameful ['ʃeɪmful] *adj* haniebny.

shameless ['ʃeɪmlɪs] *adj* bezwstydny.

shampoo [ʃæm'puː] *n* szampon *m* ♦ *vt* myć (umyć *perf*) (szamponem).

shan't [ʃɑːnt] = **shall not**.

shanty town ['ʃæntɪ-] *n* dzielnica *f* slumsów.

shape [ʃeɪp] *n* kształt *m* ♦ *vt* (*with one's hands*) formować (uformować *perf*); (*sb's ideas, sb's life*) kształtować (ukształtować *perf*); **to take shape** nabierać (nabrać *perf*) kształtu.

▶**shape up** *vi* (*events*) dobrze się układać (ułożyć *perf*); (*person*) radzić sobie.

shapeless ['ʃeɪplɪs] *adj* bezkształtny, nieforemny.

shapely ['ʃeɪplɪ] *adj* (*woman, legs*) zgrabny.

share [ʃɛə*] *n* (*part*) część *f*; (*contribution*) udział *m*; (*COMM*) akcja *f*, udział *m* ♦ *vt* (*books, cost*) dzielić (podzielić *perf*); (*room, taxi*) dzielić.

▶**share out** *vt* rozdzielać (rozdzielić *perf*).

shareholder ['ʃɛəhəuldə*] *n* akcjonariusz(ka) *m(f)*.

shark [ʃɑːk] *n* rekin *m*.

sharp [ʃɑːp] *adj* ostry; (*MUS*) podwyższony o pół tonu; (*person, eye*) bystry ♦ *n* (*MUS*) nuta *f* z krzyżykiem; (: *symbol*) krzyżyk *m* ♦ *adv*: **at 2 o'clock sharp** punktualnie o drugiej.

sharpen ['ʃɑːpn] *vt* ostrzyć (zaostrzyć *perf*).

sharpener ['ʃɑːpnə*] *n* (*also*: **pencil sharpener**) temperówka *f*.

sharply ['ʃɑːplɪ] *adv* ostro.

shatter ['ʃætə*] *vt* roztrzaskiwać (roztrzaskać *perf*); (*fig*) rujnować (zrujnować *perf*) ♦ *vi* roztrzaskiwać się (roztrzaskać się *perf*).

shattered ['ʃætəd] *adj* (*overwhelmed*) zdruzgotany; (*inf: exhausted*) wykończony (*inf*).

shattering ['ʃætərɪŋ] *adj* (*experience*) wstrząsający; (*effect*) druzgocący; (*exhausting*) wyczerpujący.

shave [ʃeɪv] *vt* (*person, face, legs*) golić (ogolić *perf*); (*beard*) golić (zgolić *perf*) ♦ *vi* golić się (ogolić się *perf*) ♦ *n*: **to have a shave** golić się (ogolić się *perf*).

shaver ['ʃeɪvə*] *n* (*also*: **electric shaver**) golarka *f* elektryczna, (elektryczna) maszynka *f* do golenia.

shaving ['ʃeɪvɪŋ] *n* golenie *nt*; **shavings** *npl* strużyny *pl*, wióry *pl*.

shawl [ʃɔːl] *n* szal *m*.

she [ʃiː] *pron* ona *f*.

sheaf [ʃiːf] (*pl* **sheaves**) *n* (*of corn*) snop *m*; (*of papers*) plik *m*.

shear [ʃɪə*] (*pt* **sheared**, *pp* **shorn**) *vt* (*sheep*) strzyc (ostrzyc *perf*).

shears [ʃɪəz] npl nożyce pl
ogrodnicze, sekator m.

sheath [ʃiːθ] n (of knife) pochwa f;
(contraceptive) prezerwatywa f.

sheaves [ʃiːvz] npl of **sheaf**.

shed [ʃɛd] (pt, pp **shed**) n (for
bicycles, tools) szopa f ♦ vt (skin)
zrzucać (zrzucić perf); (tears)
wylewać (wylać perf); (blood)
przelewać (przelać perf); (load)
gubić (zgubić perf); (workers)
pozbywać się (pozbyć się perf) +gen.

she'd [ʃiːd] = she had; she would.

sheen [ʃiːn] n połysk m.

sheep [ʃiːp] n inv owca f.

sheepdog ['ʃiːpdɔg] n owczarek m.

sheepish ['ʃiːpɪʃ] adj zmieszany.

sheer [ʃɪə*] adj (utter) czysty,
najzwyklejszy; (steep) stromy,
pionowy; (almost transparent)
przejrzysty ♦ adv stromo, pionowo.

sheet [ʃiːt] n (on bed) prześcieradło
nt; (of paper) kartka f; (of glass)
płyta f; (of metal) arkusz m, płyta f;
(of ice) tafla f.

sheik(h) [ʃeɪk] n szejk m.

shelf [ʃɛlf] (pl **shelves**) n półka f.

shell [ʃɛl] n (on beach) muszla f;
(: small) muszelka f; (of egg)
skorupka f; (of nut etc) łupina f; (of
tortoise) skorupa f; (explosive)
pocisk m; (of building) szkielet m ♦
vt (peas) łuskać; (egg) obierać
(obrać perf) ze skorupki; (MIL)
ostrzeliwać (ostrzelać perf).

she'll [ʃiːl] = she will; she shall.

shellfish ['ʃɛlfɪʃ] n inv skorupiak m;
(as food) małż m.

shelter ['ʃɛltə*] n (refuge)
schronienie nt; (protection) osłona f,
ochrona f; (also: **air-raid shelter**)
schron m ♦ vt (protect) osłaniać
(osłonić perf); (give lodging to)
udzielać (udzielić perf) schronienia
+dat ♦ vi (from rain etc) chronić się
(schronić się perf).

sheltered ['ʃɛltəd] adj (life) pod
kloszem post; (spot) osłonięty.

shelve [ʃɛlv] vt (fig: plan) odkładać
(odłożyć perf) do szuflady.

shelves [ʃɛlvz] npl of **shelf**.

shepherd ['ʃɛpəd] n pasterz m ♦ vt
prowadzić (poprowadzić perf).

sheriff ['ʃɛrɪf] (US) n szeryf m.

sherry ['ʃɛrɪ] n sherry f inv.

she's [ʃiːz] = she is; she has.

Shetland ['ʃɛtlənd] n (also: **the
Shetland Islands**) Szetlandy pl.

shield [ʃiːld] n (MIL) tarcza f;
(SPORT) odznaka f; (fig) osłona f ♦
vt: **to shield (from)** osłaniać
(osłonić perf) (przed +instr).

shift [ʃɪft] n zmiana f ♦ vt (move)
przesuwać (przesunąć perf);
(remove) usuwać (usunąć perf) ♦ vi
przesuwać się (przesunąć się perf).

shilling ['ʃɪlɪŋ] (BRIT: old) n szyling m.

shilly-shally ['ʃɪlɪʃælɪ] vi wahać się.

shimmer ['ʃɪmə*] vi migotać, skrzyć
się.

shin [ʃɪn] n goleń f.

shine [ʃaɪn] (pt, pp **shone**) n połysk
m ♦ vi (sun, light) świecić; (eyes,
hair) błyszczeć, lśnić; (fig: person)
błyszczeć ♦ vt (shoes etc: pt, pp
shined) czyścić (wyczyścić perf) (do
połysku), pucować (wypucować
perf) (inf); **to shine a torch on sth**
oświetlać (oświetlić perf) coś latarką.

shiny ['ʃaɪnɪ] adj (coin, hair)
błyszczący, lśniący; (shoes)
wypolerowany.

ship [ʃɪp] n statek m, okręt m ♦ vt
(transport: by ship) przewozić
(przewieźć perf) drogą morską; (: by
rail etc) przewozić (przewieźć perf).

shipment ['ʃɪpmənt] n (of goods)
transport m.

shipping ['ʃɪpɪŋ] n (of cargo)
transport m morski; (ships) flota f
handlowa.

shipwreck ['ʃɪprɛk] n (event)
katastrofa f morska; (ship) wrak m

(statku) ♦ vt: **to be shipwrecked**
ocaleć (perf) z katastrofy morskiej.

shipyard ['ʃɪpjɑːd] n stocznia f.

shire ['ʃaɪə*] (BRIT) n hrabstwo nt.

shirt [ʃəːt] n (man's) koszula f;
(woman's) bluzka f (koszulowa); **in
(one's) shirt sleeves** w samej
koszuli, bez marynarki.

shit [ʃɪt] (infl) excl cholera! (inf).

shiver ['ʃɪvə*] n drżenie nt ♦ vi drżeć
(zadrżeć perf).

shoal [ʃəul] n (of fish) ławica f; (also:
shoals: fig) tłumy pl.

shock [ʃɔk] n wstrząs m, szok m;
(also: **electric shock**) porażenie nt
(prądem) ♦ vt (upset) wstrząsać
(wstrząsnąć perf) +instr; (offend)
szokować (zaszokować perf).

shock absorber (AUT) n
amortyzator m.

shocking ['ʃɔkɪŋ] adj (very bad)
fatalny; (outrageous) szokujący.

shoddy ['ʃɔdɪ] adj lichy.

shoe [ʃuː] (pt, pp **shod**) n (for
person) but m; (for horse) podkowa f
♦ vt (horse) podkuwać (podkuć perf).

shoelace ['ʃuːleɪs] n sznurowadło nt.

shoe polish n pasta f do butów.

shone [ʃɔn] pt, pp of **shine**.

shopping mall n centrum nt
handlowe.

shook [ʃuk] pt of **shake**.

shoot [ʃuːt] (pt, pp **shot**) n (on
branch) pęd m; (on seedling) kiełek
m ♦ vt (arrow) wystrzelić (perf);
(gun) (wy)strzelić (perf) z +gen; (kill)
zastrzelić (perf); (wound) postrzelić
(perf); (execute) rozstrzeliwać
(rozstrzelać perf); (film) kręcić
(nakręcić perf) ♦ vi: **to shoot (at)**
strzelać (strzelić perf) (do +gen).

▸**shoot down** vt zestrzeliwać
(zestrzelić perf).

▸**shoot up** vi (fig: inflation etc)
skakać (skoczyć perf), podskakiwać
(podskoczyć perf).

shooting ['ʃuːtɪŋ] n (shots) strzelanina
f; (HUNTING) polowanie nt.

shooting star n spadająca gwiazda f.

shop [ʃɔp] n (selling goods) sklep m;
(workshop) warsztat m ♦ vi (also: **go
shopping**) robić (zrobić perf)
zakupy.

shop assistant (BRIT) n
sprzedawca (-czyni) m(f).

shopkeeper ['ʃɔpkiːpə*] n
sklepikarz (-arka) m(f).

shoplifting ['ʃɔplɪftɪŋ] n kradzież f
sklepowa.

shopper ['ʃɔpə*] n kupujący (-ca)
m(f), klient(ka) m(f).

shopping ['ʃɔpɪŋ] n zakupy pl.

shopping bag n torba f na zakupy.

shopping centre (US **shopping
center**) n centrum nt handlowe.

shop window n witryna f, wystawa
f sklepowa.

shore [ʃɔː*] n (of sea) brzeg m,
wybrzeże nt; (of lake) brzeg m; **on
shore** na lądzie.

shorn [ʃɔːn] pp of **shear**.

short [ʃɔːt] adj (not long) krótki; (not
tall) niski; (curt) szorstki; **money is
short** brakuje pieniędzy; **we are
short of staff** brakuje nam
personelu; **in short** jednym słowem;
short of sth/doing sth bez
posuwania się do +gen; **it is short
for ...** to skrót od +gen; **to cut short**
(speech) ucinać (uciąć perf); (visit)
skracać (skrócić perf); **everything
short of ...** wszystko z wyjątkiem
+gen; **to fall short of expectations**
zawodzić (zawieść perf)
oczekiwania; **we were running
short of food** zaczynało nam
brakować żywności; **to stop short**
(nagle) przestać (perf) or przerwać
(perf); **to stop short of**
powstrzymywać się (powstrzymać
się perf) przed +instr.

shortage ['ʃɔːtɪdʒ] n: **a shortage of**
niedobór m +gen.

shortcoming ['ʃɔːtkʌmɪŋ] n
niedostatek m, mankament m.

short cut n skrót m; **to take a short
cut** iść (pójść perf) na skróty.

shorten ['ʃɔːtn] vt skracać (skrócić
perf).

shortfall ['ʃɔːtfɔːl] n niedobór m.

shorthand ['ʃɔːthænd] n (BRIT)
stenografia f.

short list (BRIT) n (ostateczna) lista
f kandydatów.

short-lived ['ʃɔːt'lɪvd] adj
krótkotrwały.

shortly ['ʃɔːtlɪ] adv wkrótce.

shorts [ʃɔːts] npl szorty pl.

short-sighted [ʃɔːt'saɪtɪd] adj (lit, fig)
krótkowzroczny.

short story n opowiadanie nt,
nowela f.

short-term ['ʃɔːttɜːm] adj
krótkoterminowy.

shot [ʃɔt] pt, pp of **shoot** ♦ n (of gun)
wystrzał m, strzał m; (FOOTBALL
etc) strzał m; (injection) zastrzyk m;
(PHOT) ujęcie nt; **a big shot** (inf)
gruba ryba f (inf), szycha f (inf); **a
good/poor shot** dobry/zły strzelec;
like a shot migiem.

shotgun ['ʃɔtgʌn] n śrutówka f.

should [ʃud] aux vb: **I should go
now** powinienem już iść; **I should
go if I were you** na twoim miejscu
poszłabym; **I should like to**
chciałbym; **should he phone ...**
gdyby (przypadkiem) dzwonił, ...

shoulder ['ʃəuldə*] n (ANAT) bark m
♦ vt (fig: burden) brać (wziąć perf)
na swoje barki; (responsibility) brać
(wziąć perf) na siebie.

shoulder bag n torba f na ramię.

shoulder blade n (ANAT) łopatka f.

shouldn't ['ʃudnt] = **should not**.

shout [ʃaut] n okrzyk m ♦ vt
krzyczeć (krzyknąć perf) ♦ vi (also:
shout out) krzyczeć (krzyknąć perf),
wykrzykiwać (wykrzyknąć perf).

►**shout down** vt zakrzykiwać
(zakrzyczeć perf).

shouting ['ʃautɪŋ] n krzyki pl.

shove [ʃʌv] vt pchać (pchnąć perf).

shovel ['ʃʌvl] n szufla f, łopata f;
(mechanical) koparka f ♦ vt
szuflować.

show [ʃəu] (pt **showed**, pp **shown**)
n (of emotion) wyraz m, przejaw m;
(flower show etc) wystawa f;
(THEAT) spektakl m, przedstawienie
nt; (FILM) seans m; (TV) program m
rozrywkowy, show m ♦ vt (indicate)
pokazywać (pokazać perf),
wykazywać (wykazać perf); (exhibit)
wystawiać (wystawić perf);
(illustrate, depict) pokazywać
(pokazać perf), przedstawiać
(przedstawić perf); (courage, ability)
wykazywać (wykazać perf);
(programme, film) pokazywać
(pokazać perf) ♦ vi być widocznym;
for show na pokaz; **on show**
wystawiony.

►**show in** vt wprowadzać
(wprowadzić perf), wpuszczać
(wpuścić perf).

►**show off** vi (pej) popisywać się ♦
vt popisywać się +instr.

►**show out** vt odprowadzać
(odprowadzić perf) do wyjścia.

►**show up** vi (stand out) być
widocznym; (inf: turn up)
pokazywać się (pokazać się perf),
pojawiać się (pojawić się perf) ♦ vt
uwidaczniać (uwidocznić perf),
odsłaniać (odsłonić perf).

show business n przemysł m
rozrywkowy.

showdown ['ʃəudaun] n ostateczna
rozgrywka f.

shower ['ʃauə*] n (rain) przelotny
deszcz m; (of stones etc) grad m;
(for bathing) prysznic m ♦ vi brać
(wziąć perf) prysznic ♦ vt: **to
shower sb with** (gifts, kisses)
obsypywać (obsypać perf) kogoś

+*instr*; **to have** *or* **take a shower** brać (wziąć *perf*) prysznic.

showing ['ʃəʊɪŋ] *n* (*of film*) projekcja *f*, pokaz *m*.

show jumping *n* konkurs *m* hipiczny.

shown [ʃəʊn] *pp of* **show**.

show-off ['ʃəʊɔf] (*inf*) *n*: **he's a show-off** lubi się popisywać.

showpiece ['ʃəʊpiːs] *n* eksponat *m*.

showroom ['ʃəʊrʊm] *n* salon *m* wystawowy *or* sprzedaży.

shrank [ʃræŋk] *pt of* **shrink**.

shrapnel ['ʃræpnl] *n* szrapnel *m*.

shred [ʃred] *n* (*usu pl*) strzęp *m* ♦ *vt* (*paper, cloth*) strzępić (postrzępić *perf*); (*CULIN*) szatkować (poszatkować *perf*).

shredder ['ʃredə*] *n* (*vegetable shredder*) szatkownica *f*, (*document shredder*) niszczarka *f* dokumentów.

shrewd [ʃruːd] *adj* przebiegły, sprytny.

shriek [ʃriːk] *n* pisk *m* ♦ *vi* piszczeć (zapiszczeć *perf*).

shrill [ʃrɪl] *adj* piskliwy.

shrimp [ʃrɪmp] *n* krewetka *f*.

shrine [ʃraɪn] *n* (*REL: place*) miejsce *nt* kultu (*np. grób świętego będący celem pielgrzymek*); (: *container*) relikwiarz *m*; (*fig*) kaplica *f*.

shrink [ʃrɪŋk] (*pt* **shrank**, *pp* **shrunk**) *vi* kurczyć się (skurczyć się *perf*); (*also*: **shrink away**) wzdrygać się (wzdrygnąć się *perf*) ♦ *n* (*inf. pej*) psychiatra *m*; **to shrink from (doing) sth** wzbraniać się od (robienia) czegoś *or* przed robieniem czegoś.

shrivel ['ʃrɪvl] (*also*: **shrivel up**) *vt* wysuszać (wysuszyć *perf*) ♦ *vi* wysychać (wyschnąć *perf*).

shroud [ʃraud] *n* całun *m* ♦ *vt*: **shrouded in mystery** okryty tajemnicą.

Shrove Tuesday ['ʃrəuv-] *n* ostatki *pl*.

shrub [ʃrʌb] *n* krzew *m*, krzak *m*.

shrug [ʃrʌg] *n* wzruszenie *nt* ramion ♦ *vi* wzruszać (wzruszyć *perf*) ramionami ♦ *vt*: **to shrug one's shoulders** wzruszać (wzruszyć *perf*) ramionami.

►**shrug off** *vt* bagatelizować (zbagatelizować *perf*), nic sobie nie robić z +*gen*.

shrunk [ʃrʌŋk] *pp of* **shrink**.

shudder ['ʃʌdə*] *n* dreszcz *m* ♦ *vi* dygotać (zadygotać *perf*), wzdrygać się (wzdrygnąć się *perf*).

shuffle ['ʃʌfl] *vt* tasować (potasować *perf*) ♦ *vi* iść powłócząc nogami; **to shuffle (one's feet)** przestępować (przestąpić *perf*) z nogi na nogę.

shun [ʃʌn] *vt* (*publicity*) unikać +*gen*; (*neighbours*) stronić od +*gen*.

shut [ʃʌt] (*pt, pp* **shut**) *vt* zamykać (zamknąć *perf*) ♦ *vi* zamykać się (zamknąć się *perf*); **the shops shut at six** sklepy zamyka się o szóstej.

►**shut down** *vt* (*factory etc*) zamykać (zamknąć *perf*) ♦ *vi* zostać (*perf*) zamkniętym.

►**shut off** *vt* (*supply etc*) odcinać (odciąć *perf*); (*view*) zasłaniać (zasłonić *perf*).

►**shut up** *vi* (*inf*) uciszyć się (*perf*), zamknąć się (*perf*) (*inf*) ♦ *vt* uciszać (uciszyć *perf*).

shutter ['ʃʌtə*] *n* (*on window*) okiennica *f*, (*PHOT*) migawka *f*.

shuttle ['ʃʌtl] *n* (*plane etc*) środek transportu kursujący tam i z powrotem (*wahadłowo*); (*space shuttle*) prom *m* kosmiczny; (*also*: **shuttle service**) linia *f* lokalna.

shy [ʃaɪ] *adj* (*person*) nieśmiały; (*animal*) płochliwy.

shyness ['ʃaɪnɪs] *n* nieśmiałość *f*.

sibling ['sɪblɪŋ] *n* (*brother*) brat *nt*; (*sister*) siostra *nt*; **siblings** rodzeństwo *nt*.

sick [sɪk] *adj* chory; (*humour*) niesmaczny; **to be sick**

wymiotować (zwymiotować *perf*); **I feel sick** jest mi niedobrze; **to be (off) sick** być na zwolnieniu (lekarskim); **I am sick of** (*fig*) niedobrze mi się robi od +*gen*.

sicken ['sɪkn] *vt* napawać obrzydzeniem.

sickening ['sɪknɪŋ] *adj* (*fig*) obrzydliwy.

sickle ['sɪkl] *n* sierp *m*.

sick leave *n* zwolnienie *nt* (lekarskie).

sickly ['sɪklɪ] *adj* chorowity; (*smell*) mdły.

sickness ['sɪknɪs] *n* (*illness*) choroba *f*; (*vomiting*) wymioty *pl*.

side [saɪd] *n* strona *f*; (*of body*) bok *m*; (*team*) przeciwnik *m*; (*of hill*) zbocze *nt* ♦ *adj* boczny ♦ *vi*: **to side with sb** stawać (stanąć *perf*) po czyjejś stronie; **side by side** (*work*) wspólnie; (*stand*) obok siebie.

sideboard ['saɪdbɔ:d] *n* (niski) kredens *m*; **sideboards** (*BRIT*) *npl* = **sideburns**.

sideburns ['saɪdbə:nz] *npl* baczki *pl*.

side effect *n* (*MED*) działanie *nt* uboczne; (*fig*) skutek *m* uboczny.

side street *n* boczna uliczka *f*.

sidetrack ['saɪdtræk] *vt* (*fig*) odwracać (odwrócić *perf*) uwagę +*gen*.

sidewalk ['saɪdwɔ:k] (*US*) *n* chodnik *m*.

sideways ['saɪdweɪz] *adv* (*lean*) na bok; (*go in, move*) bokiem.

siding ['saɪdɪŋ] *n* bocznica *f*.

siege [si:dʒ] *n* oblężenie *nt*.

siesta [sɪ'estə] *n* sjesta *f*.

sieve [sɪv] *n* sito *nt*; (*small*) sitko *nt* ♦ *vt* przesiewać (przesiać *perf*).

sift [sɪft] *vt* (*flour etc*) przesiewać (przesiać *perf*); (*also*: **sift through**: *documents etc*) segregować (posegregować *perf*).

sigh [saɪ] *n* westchnienie *nt* ♦ *vi* wzdychać (westchnąć *perf*).

sight [saɪt] *n* (*faculty*) wzrok *m*; (*spectacle*) widok *m*; (*on gun*) celownik *m* ♦ *vt* widzieć, zobaczyć (*perf*); **in sight** w zasięgu wzroku; **on sight** (*shoot*) bez uprzedzenia; **out of sight** poza zasięgiem wzroku; **at first sight** na pierwszy rzut oka; **love at first sight** miłość od pierwszego wejrzenia.

sightseeing ['saɪtsi:ɪŋ] *n* zwiedzanie *nt*; **to go sightseeing** udawać się (udać się *perf*) na zwiedzanie.

sign [saɪn] *n* (*symbol*) znak *m*; (*notice*) napis *m*; (*with hand*) gest *m*; (*indication, evidence*) oznaka *f* (*usu pl*) ♦ *vt* (*document*) podpisywać (podpisać *perf*); **to sign one's name** podpisywać się (podpisać się *perf*); **to sign sth over to sb** przepisywać (przepisać *perf*) coś na kogoś.

►**sign on** *vi* (*MIL*) zaciągać się (zaciągnąć się *perf*); (*for course*) zapisywać się (zapisać się *perf*); (*BRIT: as unemployed*) zgłaszać się (zgłosić się *perf*) (*w urzędzie d/s bezrobotnych*) ♦ *vt* (*MIL*) wcielać (wcielić *perf*) do służby wojskowej; (*employee*) przyjmować (przyjąć *perf*).

►**sign up** *vi* (*MIL*) wstępować (wstąpić *perf*) do wojska; (*for course*) zapisywać się (zapisać się *perf*) ♦ *vt* werbować (zwerbować *perf*).

signal ['sɪgnl] *n* sygnał *m*; (*RAIL*) semafor *m* ♦ *vi* (*AUT*) włączyć (włączać *perf*) migacz *or* kierunkowskaz ♦ *vt* dawać (dać *perf*) znak +*dat*.

signature ['sɪgnətʃə*] *n* podpis *m*.

significance [sɪg'nɪfɪkəns] *n* znaczenie *nt*.

significant [sɪg'nɪfɪkənt] *adj* znaczący.

signify ['sɪgnɪfaɪ] *vt* oznaczać.

sign language *n* język *m* migowy.

silence ['saɪləns] *n* cisza *f*;

(*someone's*) milczenie *nt* ♦ *vt*
uciszać (uciszyć *perf*); (*fig*) zamykać
(zamknąć *perf*) usta +*dat*.

silent ['saɪlənt] *adj* (*quiet*) cichy;
(*taciturn*) małomówny; (*film*) niemy;
to remain silent zachowywać
(zachować *perf*) milczenie.

silhouette [sɪlu:'et] *n* zarys *m*,
sylwetka *f*.

silk [sɪlk] *n* jedwab *m* ♦ *adj* jedwabny.

silky ['sɪlkɪ] *adj* jedwabisty.

silly ['sɪlɪ] *adj* głupi, niemądry.

silver ['sɪlvə*] *n* (*metal*) srebro *nt*;
(*coins*) bilon *m*; (*items made of
silver*) srebra *pl* ♦ *adj* srebrny.

silver-plated [sɪlvə'pleɪtɪd] *adj*
posrebrzany.

silversmith ['sɪlvəsmɪθ] *n* złotnik *m*.

similar ['sɪmɪlə*] *adj*: **similar (to)**
podobny (do +*gen*).

similarity [sɪmɪ'lærɪtɪ] *n*
podobieństwo *nt*.

similarly ['sɪmɪləlɪ] *adv* podobnie.

simmer ['sɪmə*] (*CULIN*) *vi* gotować
się (na wolnym ogniu).

simple ['sɪmpl] *adj* (*easy, plain*)
prosty; (*foolish*) ograniczony.

simplicity [sɪm'plɪsɪtɪ] prostota *f*.

simplify ['sɪmplɪfaɪ] *vt* upraszczać
(uprościć *perf*).

simply ['sɪmplɪ] *adv* (*just, merely*) po
prostu; (*in a simple way*) prosto.

simulate ['sɪmjuleɪt] *vt* (*enthusiasm,
innocence*) udawać; (*illness*)
symulować, pozorować.

simulated ['sɪmjuleɪtɪd] *adj*
(*pleasure*) udawany; (*nuclear
explosion*) symulowany; (*fur, hair*)
sztuczny.

simulation [sɪmju'leɪʃən] *n* udawanie
nt; (*TECH*) symulacja *f*.

simultaneous [sɪməl'teɪnɪəs] *adj*
(*broadcast*) równoczesny;
(*translation*) symultaniczny,
równoległy.

simultaneously [sɪməl'teɪnɪəslɪ] *adv*
równocześnie.

sin [sɪn] *n* grzech *m* ♦ *vi* grzeszyć
(zgrzeszyć *perf*).

since [sɪns] *adv* od tego czasu ♦
prep od +*gen* ♦ *conj* (*time*) odkąd;
(*because*) ponieważ; **since then,
ever since** od tego czasu.

sincere [sɪn'sɪə*] *adj* szczery.

sincerely [sɪn'sɪəlɪ] *adv* szczerze;
Yours sincerely Z poważaniem.

sincerity [sɪn'serɪtɪ] *n* szczerość *f*.

sinew ['sɪnju:] *n* ścięgno *nt*.

sinful ['sɪnful] *adj* grzeszny.

sing [sɪŋ] (*pt* **sang**, *pp* **sung**) *vt*
śpiewać (zaśpiewać *perf*) ♦ *vi*
śpiewać (zaśpiewać *perf*).

singer ['sɪŋə*] *n* (*in opera etc*)
śpiewak (-aczka) *m(f)*; (*pop, rock
etc*) piosenkarz (-arka) *m(f)*.

singing ['sɪŋɪŋ] *n* śpiew *m*.

single ['sɪŋgl] *adj* (*solitary*) jeden;
(*individual, not double*) pojedynczy;
(*unmarried: man*) nieżonaty;
(: *woman*) niezamężny ♦ *n* (*BRIT:
also*: **single ticket**) bilet *m* (w jedną
stronę); (*record*) singel *m*.

►**single out** *vt* wybierać (wybrać
perf).

single file *n*: **in single file** gęsiego.

single-handed [sɪŋgl'hændɪd] *adv*
bez niczyjej pomocy; (*sail*) samotnie.

single-minded [sɪŋgl'maɪndɪd] *adj*:
to be single-minded mieć (tylko)
jeden cel.

single room *n* pokój *m* pojedynczy.

singly ['sɪŋglɪ] *adv* pojedynczo.

singular ['sɪŋgjulə*] *adj* (*outstanding*)
wyjątkowy; (*LING*) pojedynczy;
(*odd*) szczególny ♦ *n* (*LING*) liczba *f*
pojedyncza.

sinister ['sɪnɪstə*] *adj* (*event,
implications*) złowróżbny,
złowieszczy; (*figure*) złowrogi,
groźny.

sink [sɪŋk] (*pt* **sank**, *pp* **sunk**) *n*
zlew *m*, zlewozmywak *m* ♦ *vt* (*ship*)
zatapiać (zatopić *perf*); (*well,
foundations*) wykopywać (wykopać

perf) ♦ vi (ship) tonąć (zatonąć perf); (heart) zamierać (zamrzeć perf); (ground) zapadać się (zapaść się perf); (also: **sink down**: in exhaustion) osuwać się (osunąć się perf); **to sink one's teeth/claws into** zatapiać (zatopić perf) zęby/pazury w +loc.

►**sink in** vi (fig): **it took a moment for her words to sink in** dopiero po chwili dotarło do mnie, co powiedziała.

sinner ['sɪnə*] n grzesznik (-ica) m(f).

sinus ['saɪnəs] (ANAT) n zatoka f.

sip [sɪp] n łyk m, łyczek m ♦ vt popijać (małymi łykami).

sir [sə*] n uprzejma forma zwracania się do mężczyzn, zwłaszcza w sytuacjach formalnych; **yes, sir** tak, proszę Pana; (MIL) tak jest; **Sir John Smith** Sir John Smith (tytuł szlachecki); **Dear Sir** Szanowny Panie.

siren ['saɪərn] n syrena f.

sissy ['sɪsɪ] (inf, pej) n (boy, man) baba f (inf, pej).

sister ['sɪstə*] n (relation, nun) siostra f; (BRIT: nurse) siostra f oddziałowa.

sister-in-law ['sɪstərɪnlɔ:] n (husband's sister, wife's sister) szwagierka f; (brother's wife) bratowa f, szwagierka f.

sit [sɪt] (pt, pp **sat**) vi (sit down) siadać (usiąść perf); (be sitting) siedzieć; (for painter) pozować; (assembly) obradować ♦ vt (exam) zdawać, przystępować (przystąpić perf) do +gen.

►**sit down** vi siadać (usiąść perf).

►**sit up** vi (after lying) podnosić się (podnieść się perf); (straight) wyprostowywać się (wyprostować się perf); (stay up) nie kłaść się (spać).

sitcom ['sɪtkɔm] (TV) n abbr = **situation comedy**.

site [saɪt] n miejsce nt; (also: **building site**) plac m budowy;

(COMPUT) witryna f internetowa ♦ vt (factory) lokalizować (zlokalizować perf); (missiles) rozmieszczać (rozmieścić perf).

sit-in ['sɪtɪn] n okupacja f (budynku);

sitting ['sɪtɪŋ] n (of assembly) posiedzenie nt; (in canteen) zmiana f (osób jedzących posiłek).

sitting room n salon m.

situated ['sɪtjueɪtɪd] adj położony; **to be situated** znajdować się; (town etc) być położonym.

situation [sɪtju'eɪʃən] n (state) sytuacja f; (job) posada f; (location) położenie nt; **"situations vacant"** (BRIT) ≈ „Praca" (rubryka w ogłoszeniach gazetowych).

situation comedy n (TV) komedia f sytuacyjna.

six [sɪks] num sześć.

sixteen [sɪks'ti:n] num szesnaście.

sixth ['sɪksθ] num szósty.

sixth sense n szósty zmysł m.

sixty ['sɪkstɪ] num sześćdziesiąt.

size [saɪz] n wielkość f; (of project etc) rozmiary pl; (of clothing, shoes) rozmiar m, numer m.

►**size up** vt (person) mierzyć (zmierzyć perf) wzrokiem; (situation) oceniać (ocenić perf).

sizeable ['saɪzəbl] adj spory, pokaźny.

sizzle ['sɪzl] vi skwierczeć.

skate [skeɪt] n (ice skate) łyżwa f; (roller skate) wrotka f; (fish) płaszczka f ♦ vi (on ice) jeździć na łyżwach; (roller skate) jeździć na wrotkach.

skateboard ['skeɪtbɔ:d] n deskorolka f.

skater ['skeɪtə*] n (on ice) łyżwiarz (-arka) m(f); (on roller skates) wrotkarz (-arka) m(f).

skating ['skeɪtɪŋ] n jazda f na łyżwach; (SPORT) łyżwiarstwo nt.

skating rink n lodowisko nt.

skeleton ['skɛlɪtn] n (ANAT, TECH) szkielet m; (outline) zarys m.

skeptic *etc* (*US*) = **sceptic** *etc*.

sketch [skɛtʃ] *n* (*drawing, outline*)
szkic *m*; (*THEAT, TV*) skecz *m* ♦ *vt*
szkicować (naszkicować *perf*); (*also*:
sketch out) nakreślać (nakreślić
perf), zarysowywać (zarysować *perf*).

sketchbook ['skɛtʃbuk] *n*
szkicownik *m*.

sketchy ['skɛtʃɪ] *adj* pobieżny.

ski [skiː] *n* narta *f* ♦ *vi* jeździć na
nartach.

skid [skɪd] *n* (*AUT*) poślizg *m* ♦ *vi*:
the car skidded samochód zarzuciło.

skier ['skiːə*] *n* narciarz (-arka) *m(f)*.

skiing ['skiːɪŋ] *n* jazda *f* na nartach;
(*SPORT*) narciarstwo *nt*.

skilful ['skɪlful] (*US* **skillful**) *adj*
(*negotiator etc*) wprawny; (*handling
of situation*) umiejętny, zręczny.

ski lift *n* wyciąg *m* narciarski.

skill [skɪl] *n* (*dexterity*) wprawa *f*,
zręczność *f*; (*expertise*) umiejętności
pl; (*work or art requiring training*)
umiejętność *f*.

skilled [skɪld] *adj* (*worker*)
wykwalifikowany.

skillful ['skɪlful] (*US*) *adj* = **skilful**.

skim [skɪm] *vt* (*also*: **skim off**: *cream,
fat*) zbierać (zebrać *perf*); (*glide over*)
prześlizgiwać się (prześlizgnąć się
perf) po +*loc*; (*also*: **skim through**)
przeglądać (przejrzeć *perf*)
(pobieżnie).

skimmed milk [skɪmd-] *n* ≈ chude
mleko *nt*.

skin [skɪn] *n* (*of person, animal*)
skóra *f*; (*of fruit*) skórka *f*;
(*complexion*) cera *f* ♦ *vt* (*animal*)
zdejmować (zdjąć *perf*) skórę z +*gen*.

skin cancer *n* rak *m* skóry.

skin-deep ['skɪn'diːp] *adj*
powierzchowny.

skinny ['skɪnɪ] *adj* chudy.

skip [skɪp] *n* (*movement*) podskok *m*;
(*BRIT: for rubbish, debris*) kontener
m ♦ *vi* (*jump*) podskakiwać
(podskoczyć *perf*); (*with rope*)
skakać przez skakankę ♦ *vt* (*pass
over*) opuszczać (opuścić *perf*),
pomijać (pominąć *perf*); (*miss: lunch
etc*) nie jeść +*gen*; (: *lecture etc*) nie
iść (nie pójść *perf*) na +*acc*.

skipper ['skɪpə*] *n* (*NAUT*) szyper *m*;
(*inf: SPORT*) kapitan *m*.

skipping rope ['skɪpɪŋ-] *n* skakanka
f.

skirt [skəːt] *n* spódnica *f* ♦ *vt* (*fig:
issue etc*) unikać podjęcia +*gen*.

skulk [skʌlk] *vi* przyczaić się (*perf*),
przycupnąć (*perf*).

skull [skʌl] *n* czaszka *f*.

skunk [skʌŋk] *n* skunks *m*.

sky [skaɪ] *n* niebo *nt*.

skylight ['skaɪlaɪt] *n* świetlik *m*
(*okno*).

skyscraper ['skaɪskreɪpə*] *n* drapacz
m chmur.

slab [slæb] *n* (*of stone, wood*) płyta *f*.

slack [slæk] *adj* (*trousers, skin*)
obwisły; (*security, discipline*)
rozluźniony; **slacks** *npl* spodnie *pl*.

slacken ['slækn] *vi* (*also*: **slacken
off**: *speed, demand*) maleć (zmaleć
perf); (: *depression, effort*) tracić
(stracić *perf*) na sile ♦ *vt* zwalniać
(zwolnić *perf*).

slag heap [slæg-] *n* hałda *f*.

slain [sleɪn] *pp of* **slay**.

slalom ['slɑːləm] *n* slalom *m*.

slam [slæm] *vt* (*door*) trzaskać
(trzasnąć *perf*) +*instr*; (*money,
papers*) ciskać (cisnąć *perf*); (*person,
proposal*) zjechać (*perf*) (*inf*) ♦ *vi*
(*door*) trzaskać (trzasnąć *perf*).

slander ['slɑːndə*] *n* (*JUR*)
zniesławienie *nt*.

slang [slæŋ] *n* (*informal language*)
slang *m*; (*prison slang etc*) gwara *f*.

slant [slɑːnt] *n* (*position*) nachylenie
nt; (*fig*) punkt *m* widzenia ♦ *vi* być
nachylonym.

slanted ['slɑːntɪd] *adj* skośny.

slanting ['slɑːntɪŋ] = **slanted**.

slap [slæp] *n* klaps *m* ♦ *vt* dawać

(dać *perf*) klapsa +*dat* ♦ *adv* (*inf*)
prosto; **to slap sb in** *or* **across the
face** uderzyć *(perf)* kogoś w twarz;
to slap some paint on the wall
pacnąć *(perf)* trochę farby na ścianę
(*inf*).

slash [slæʃ] *vt* (*upholstery etc*) ciąć
(pociąć *perf*); (*fig: prices*)
drastycznie obniżać (obniżyć *perf*).

slate [sleɪt] *n* (*material*) łupki *pl*; (*for
roof*) płytka *f* łupkowa ♦ *vt* (*fig:
criticize*) zjechać *(perf)* (*inf*).

slaughter ['slɔːtə*] *n* rzeź *f* ♦ *vt*
(*animals*) ubijać (ubić *perf*); (*people*)
dokonywać (dokonać *perf*) rzezi na
+*loc*.

slaughterhouse ['slɔːtəhaus] *n*
rzeźnia *f*.

Slav [slɑːv] *adj* słowiański.

slave [sleɪv] *n* niewolnik (-ica) *m(f)* ♦
vi (*also*: **slave away**) harować.

slavery ['sleɪvərɪ] *n* (*system*)
niewolnictwo *nt*; (*condition*) niewola *f*.

slavish ['sleɪvɪʃ] *adj* (*obedience*)
niewolniczy; (*imitation*) dosłowny.

slay [sleɪ] (*pt* **slew**, *pp* **slain**) *vt*
(*literary*) zgładzić *(perf)*, uśmiercać
(uśmiercić *perf*).

sleazy ['sliːzɪ] *adj* obskurny.

sledge [slɛdʒ] *n* (*for travelling*) sanie
pl; (*child's*) sanki *pl*, saneczki *pl*;
(*SPORT*) saneczki *pl*.

sleek [sliːk] *adj* (*hair, fur*) lśniący;
(*car, boat*) elegancki.

sleep [sliːp] (*pt, pp* **slept**) *n* sen *m* ♦
vi spać; **to go to sleep** zasypiać
(zasnąć *perf*).

►**sleep around** *vi* sypiać z
wszystkimi dookoła.

►**sleep in** *vi* (*oversleep*) zaspać *(perf)*.

sleeper ['sliːpə*] *n* (*train*) pociąg *m*
sypialny; (*berth*) miejsce *nt* w
wagonie sypialnym; (*BRIT: on track*)
podkład *m* kolejowy.

sleeping bag *n* śpiwór *m*.

sleeping car *n* wagon *m* sypialny.

sleeping pill *n* tabletka *f* nasenna.

sleepless ['sliːplɪs] *adj* (*night*)
bezsenny.

sleepwalker ['sliːpwɔːkə*] *n* lunatyk
(-yczka) *m(f)*.

sleepy ['sliːpɪ] *adj* (*person*) śpiący,
senny; (*fig: town etc*) senny.

sleet [sliːt] *n* deszcz *m* ze śniegiem.

sleeve [sliːv] *n* (*of jacket etc*) rękaw
m; (*of record*) okładka *f*.

sleeveless ['sliːvlɪs] *adj* bez
rękawów *post*.

sleigh [sleɪ] *n* sanie *pl*.

slender ['slɛndə*] *adj* (*figure*)
smukły, szczupły; (*means*)
skromny; (*majority*) niewielki,
nieznaczny; (*prospects*) nikły.

slept [slɛpt] *pt, pp of* **sleep**.

slew [sluː] *pt of* **slay**.

slice [slaɪs] *n* (*of ham, lemon*)
plasterek *m*; (*of bread*) kromka *f*;
(*cake slice, fish slice*) łopatka *f* ♦ *vt*
kroić (pokroić *perf*) w plasterki;
(*bread*) kroić (pokroić *perf*).

slick [slɪk] *adj* (*film etc*) sprawnie
zrobiony; (*pej: salesman, answer*)
sprytny ♦ *n* (*also*: **oil slick**) plama *f*
ropy.

slid [slɪd] *pt, pp of* **slide**.

slide [slaɪd] (*pt, pp* **slid**) *n* (*downward
movement*) obniżanie się *nt*; (: *moral
etc*) staczanie się *nt*; (*in playground*)
zjeżdżalnia *f*; (*PHOT*) przeźrocze *nt*,
slajd *m*; (*BRIT: also*: **hair slide**)
klamra *f* do włosów ♦ *vt*: **to slide
sth into sth** wsuwać (wsunąć *perf*)
coś do czegoś ♦ *vi* przesuwać się
(przesunąć się *perf*), sunąć.

slight [slaɪt] *adj* (*person, error*)
drobny; (*accent, pain*) lekki;
(*increase, difference*) nieznaczny,
niewielki; (*book etc*) mało znaczący
♦ *n* afront *m*; **not in the slightest**
ani trochę, zupełnie nie.

slightly ['slaɪtlɪ] *adv* odrobinę;
slightly built drobnej budowy *post*.

slim [slɪm] *adj* (*figure*) szczupły;

(*chance*) znikomy, nikły ♦ *vi* odchudzać się.

slimming ['slɪmɪŋ] *n* odchudzanie *nt*.

slimy ['slaɪmɪ] *adj* (*pond*) mulisty, zamulony.

sling [slɪŋ] (*pt, pp* **slung**) *n* (*MED*) temblak *m*; (*for baby*) nosidełko *nt*; (*weapon*) proca *f* ♦ *vt* (*throw*) ciskać (cisnąć *perf*); **to have one's arm in a sling** mieć rękę na temblaku.

slip [slɪp] *n* (*fall*) poślizgnięcie (się) *nt*; (*mistake*) pomyłka *f*; (*underskirt*) halka *f*; (*of paper*) kawałek *m* ♦ *vt* wsuwać (wsunąć *perf*) ♦ *vi* (*person*) poślizgnąć się (*perf*); (*production, profits*) spadać (spaść *perf*); **to slip into the room** wślizgiwać się (wślizgnąć się *perf*) do pokoju; **to slip out of the house** wymykać się (wymknąć się *perf*) z domu; **a slip of the tongue** przejęzyczenie; **to give sb the slip** zwiać (*perf*) komuś (*inf*); **to slip on one's shoes** wciągać (wciągnąć *perf*) buty.
►**slip away** *vi* wymykać się (wymknąć się *perf*).
►**slip in** *vt* wsuwać (wsunąć *perf*) or wrzucać (wrzucić *perf*) do +*gen*.
►**slip out** *vi* (*go out*) wyskakiwać (wyskoczyć *perf*).
►**slip up** *vi* pomylić się (*perf*).

slipper ['slɪpə*] *n* pantofel *m* (*domowy*), kapeć *m*.

slippery ['slɪpərɪ] *adj* śliski.

slip-up ['slɪpʌp] *n* potknięcie *nt* (*fig*), wpadka *f* (*inf*).

slit [slɪt] (*pt, pp* **slit**) *n* (*cut*) nacięcie *nt*; (*opening*) szpara *f* ♦ *vt* rozcinać (rozciąć *perf*).

slither ['slɪðə*] *vi* (*person*) ślizgać się; (*snake*) pełzać (zygzakiem).

sliver ['slɪvə*] *n* (*of wood, glass*) drzazga *f*; (*of cheese etc*) skrawek *m*.

slob [slɔb] (*inf*) *n* niechluj *m* (*inf*).

slog [slɔg] (*BRIT*) *vi* mozolić się ♦ *n*: **it was a hard slog** to była ciężka robota.

slogan ['sləʊgən] *n* hasło *nt*, slogan *m*.

slope [sləʊp] *n* (*gentle hill*) wzniesienie *nt*; (*side of mountain*) zbocze *nt*, stok *m*; (*ski slope*) stok *m* narciarski; (*slant*) nachylenie *nt* ♦ *vi*: **to slope down** opadać; **to slope up** wznosić się.

sloping ['sləʊpɪŋ] *adj* pochyły.

sloppy ['slɔpɪ] *adj* (*work*) byle jaki; (*appearance*) niechlujny.

slot [slɔt] *n* otwór *m* (*automatu, telefonu itp*) ♦ *vt*: **to slot sth in** wrzucać (wrzucić *perf*) coś.

slouch [slaʊtʃ] *vi* garbić się.

slovenly ['slʌvənlɪ] *adj* niechlujny.

slow [sləʊ] *adj* wolny, powolny ♦ *adv* wolno, powoli ♦ *vt* (*also*: **slow down, slow up**: *speed*) zmniejszać (zmniejszyć *perf*); (: *business etc*) przyhamowywać (przyhamować *perf*) ♦ *vi* (*also*: **slow down, slow up**) zwalniać (zwolnić *perf*); **to slow down** *or* **up the car** zwalniać (zwolnić *perf*); **business is slow** w interesach panuje zastój; **to go slow** (*driver*) jechać wolno *or* powoli; (*BRIT: workers*) zwalniać (zwolnić *perf*) tempo pracy (*w ramach akcji protestacyjnej*).

slowly ['sləʊlɪ] *adv* (*not quickly*) wolno, powoli; (*gradually*) powoli.

slow motion *n*: **in slow motion** w zwolnionym tempie.

slug [slʌg] *n* ślimak *m* nagi; (*US: inf. bullet*) kula *f*.

sluggish ['slʌgɪʃ] *adj* (*person*) ociężały, ospały; (*engine*) powolny; (*COMM: business*) w zastoju *post*.

sluice [slu:s] *n* (*gate*) śluza *f*; (*channel*) kanał *m*.

slum [slʌm] *n* slumsy *pl*.

slump [slʌmp] *n* (*economic*) załamanie *nt*, kryzys *m* ♦ *vi* (*prices*) (gwałtownie) spadać (spaść *perf*); **he slumped into his chair** ciężko opadł na krzesło.

slung [slʌŋ] *pt, pp of* **sling**.
slur [slə:*] *n* (*fig*) obelga *f* ♦ *vt*: **to slur one's words** mówić niewyraźnie.
slut [slʌt] (*pej*) *n* dziwka *f* (*pej*).
sly [slaɪ] *adj* przebiegły.
smack [smæk] *n* klaps *m*; (*on face*) policzek *m* ♦ *vt* (*hit*) klepać (klepnąć *perf*); (: *child*) dawać (dać *perf*) klapsa +*dat*; (: *on face*) uderzać (uderzyć *perf*) ♦ *vi*: **to smack of** trącić +*instr*; **to smack one's lips** cmokać (cmoknąć *perf*).
small [smɔ:l] *adj* mały.
small ads (*BRIT*) *npl* ogłoszenia *pl* drobne.
small change *n* drobne *pl*.
small hours *npl*: **in the small hours** wczesnym ran(ki)em, we wczesnych godzinach rannych.
smallpox ['smɔ:lpɔks] *n* ospa *f*.
small talk *n* rozmowa *f* towarzyska.
smart [smɑ:t] *adj* (*neat, fashionable*) elegancki; (*clever. person*) bystry, rozgarnięty; (: *idea*) chytry, sprytny; (*pace*) żwawy; (*blow*) silny ♦ *vi* (*eyes, wound*) piec, szczypać.
smarten up ['smɑ:tn-] *vi* ogarniać się (ogarnąć się *perf*) ♦ *vt* (*room etc*) odświeżać (odświeżyć *perf*).
smash [smæʃ] *n* (*also*: **smash-up**) kraksa *f*; (*song, play, film*) przebój *m* ♦ *vt* roztrzaskiwać (roztrzaskać *perf*); (: *record*) bić (pobić *perf*) ♦ *vi* (*break*) roztrzaskiwać się (roztrzaskać się *perf*); (*against wall/into sth*) walnąć (*perf*).
smashing ['smæʃɪŋ] (*inf*) *adj* kapitalny, fantastyczny.
smear [smɪə*] *n* (*trace*) smuga *f*; (*MED*) wymaz *m*, rozmaz *m* ♦ *vt* (*spread*) rozmazywać (rozmazać *perf*); (*make dirty*) usmarować (*perf*), umazać (*perf*).
smell [smɛl] (*pt, pp* **smelt** *or* **smelled**) *n* (*odour*) zapach *m*; (*sense*) węch *m*, powonienie *nt* ♦ *vt*

wyczuwać (wyczuć *perf*) ♦ *vi* pachnieć; (*pej*) śmierdzieć; **to smell of** pachnieć +*instr*; (*pej*) śmierdzieć +*instr*.
smelly ['smɛlɪ] (*pej*) *adj* śmierdzący.
smile [smaɪl] *n* uśmiech *m* ♦ *vi* uśmiechać się (uśmiechnąć się *perf*).
smirk [smə:k] (*pej*) *n* uśmiech *m* wyższości, uśmieszek *m*.
smog [smɔg] *n* smog *m*.
smoke [sməuk] *n* dym *m* ♦ *vi* (*person*) palić; (*chimney*) dymić ♦ *vt* palić (wypalić *perf*).
smoked ['sməukt] *adj* (*bacon, salmon*) wędzony; (*glass*) zadymiony, przyciemniony.
smoker ['sməukə*] *n* (*person*) palacz(ka) *m(f)*; (*RAIL*) wagon *m* dla palących.
smokescreen ['sməukskri:n] *n* (*lit, fig*) zasłona *f* dymna.
smoking ['sməukɪŋ] palenie *nt*; "**no smoking**" „palenie wzbronione".
smoky ['sməukɪ] *adj* zadymiony; (*whisky*) pachnący dymem.
smolder ['sməuldə*] (*US*) *vi* = **smoulder**.
smooth [smu:ð] *adj* gładki; (*flavour, landing, take-off*) łagodny; (*movement*) płynny; (*pej: person*) ugrzeczniony.
▶**smooth out** *vt* (*skirt, piece of paper*) wygładzać (wygładzić *perf*); (*fig: difficulties*) usuwać (usunąć *perf*).
smother ['smʌðə*] *vt* (*fire, emotions*) tłumić (stłumić *perf*), dusić (zdusić *perf*); (*person*) dusić (udusić *perf*).
smoulder ['sməuldə*] (*US* **smolder**) *vi* (*lit, fig*) tlić się.
smudge [smʌdʒ] *n* smuga *f* ♦ *vt* rozmazywać (rozmazać *perf*).
smug [smʌg] (*pej*) *adj* zadowolony z siebie.
smuggle ['smʌgl] *vt* przemycać (przemycić *perf*), szmuglować (przeszmuglować *perf*).

smuggler ['smʌglə*] n przemytnik (-iczka) m(f), szmugler m.

smuggling ['smʌglɪŋ] n przemyt m.

snack [snæk] n przekąska f.

snag [snæg] n (drobny) problem m.

snail [sneɪl] n ślimak m.

snake [sneɪk] n wąż m.

snap [snæp] n (sound) trzask m; (photograph) zdjęcie nt, fotka f (inf) ♦ adj (decision etc) nagły ♦ vt łamać (złamać perf) ♦ vi pękać (pęknąć perf); **to snap one's fingers** pstrykać (pstryknąć perf) or strzelać (strzelić perf) palcami; **to snap shut** zamykać się (zamknąć się perf) z trzaskiem.

►**snap at** vt fus (dog) kłapać (kłapnąć perf) zębami na +acc; (person) warczeć (warknąć perf) na +acc.

►**snap off** vt odłamywać (odłamać perf).

►**snap up** vt rzucać się (rzucić się perf) na +acc.

snapshot ['snæpʃɒt] n zdjęcie nt, fotka f (inf).

snare [snɛə*] n sidła pl, wnyki pl.

snarl [snɑːl] vi warczeć (warknąć perf).

snatch [snætʃ] n strzęp m, urywek m ♦ vt porywać (porwać perf); (fig. opportunity) (skwapliwie) korzystać (skorzystać perf) z +gen; (: time) urywać (urwać perf) (inf).

sneak [sniːk] (pt (US) also **snuck**) vi: **to sneak in** zakradać się (zakraść się perf); **to sneak out** wymykać się (wymknąć się perf) ♦ n (inf, pej) donosiciel(ka) m(f) (inf, pej).

►**sneak up** vi: **to sneak up on sb** donosić (donieść perf) na kogoś.

sneakers ['sniːkəz] npl tenisówki pl.

sneer [snɪə*] vi uśmiechać się (uśmiechnąć się perf) szyderczo;: **to sneer at** szydzić z +gen ♦ n (remark) drwina f, szyderstwo nt; (expression) szyderczy uśmiech m.

sneeze [sniːz] n kichnięcie nt ♦ vi kichać (kichnąć perf).

sniff [snɪf] n (sound) pociągnięcie nt nosem; (smell) obwąchanie nt ♦ vi pociągać (pociągnąć perf) nosem ♦ vt wąchać (powąchać perf); (glue) wąchać.

snip [snɪp] n cięcie nt, ciachnięcie nt (inf); (BRIT: inf. bargain) okazja f ♦ vt przecinać (przeciąć perf), ciachać (ciachnąć perf) (inf).

sniper ['snaɪpə*] n snajper m.

snivelling ['snɪvlɪŋ] (sniveling: US) adj pochlipujący.

snob [snɒb] n snob(ka) m(f).

snobbery ['snɒbərɪ] n snobizm m.

snobbish ['snɒbɪʃ] adj snobistyczny.

snooker ['snuːkə*] n (SPORT) snooker m.

snoop ['snuːp] vi: **to snoop about** węszyć.

snooze [snuːz] n drzemka f ♦ vi drzemać.

snore [snɔː*] n chrapanie nt ♦ vi chrapać.

snorkel ['snɔːkl] n fajka f (do nurkowania).

snort [snɔːt] n prychnięcie nt, parsknięcie nt ♦ vi prychać (prychnąć perf), parskać (parsknąć perf).

snotty ['snɒtɪ] (inf) adj zasmarkany; (pej: proud) zadzierający nosa.

snout [snaʊt] n (of pig) ryj m; (of dog) pysk m.

snow [snəʊ] n śnieg m ♦ vi: **it snowed/is snowing** padał/pada śnieg.

snowball ['snəʊbɔːl] n śnieżka f ♦ vi (fig. campaign, business) rozkręcać się (rozkręcić się perf); (: problem) narastać (narosnąć perf) (w szybkim tempie).

snowdrift ['snəʊdrɪft] n zaspa f (śnieżna).

snowdrop ['snəʊdrɒp] n przebiśnieg m.

snowfall ['snəʊfɔ:l] *n* opad *m* śniegu.

snowflake ['snəʊfleɪk] *n* płatek *m* śniegu, śnieżynka *f*.

snowman ['snəʊmæn] *n* (*irreg like*: **man**) bałwan *m*.

snowplough ['snəʊplaʊ] (*US* **snowplow**) *n* pług *m* śnieżny.

snowshoe ['snəʊʃu:] *n* rakieta *f* śnieżna.

snowstorm ['snəʊstɔ:m] *n* zamieć *f* śnieżna, śnieżyca *f*.

snub [snʌb] *vt* robić (zrobić *perf*) afront +*dat* ♦ *n* afront *m*.

snub-nosed [snʌb'nəʊzd] *adj* z zadartym nosem *post*.

snuff [snʌf] *n* tabaka *f*.

snug [snʌg] *adj* (*place*) przytulny; (*garment*) (dobrze) dopasowany; **I'm very snug here** jest mi tu bardzo wygodnie.

snuggle ['snʌgl] *vi*: **to snuggle up to sb** przytulać się (przytulić się *perf*) do kogoś.

────── SŁOWO KLUCZOWE ──────

so [səʊ] *adv* **1** (*thus, likewise*) tak; **if so** jeśli tak; **I didn't do it – you did so!** ja tego nie zrobiłem – a właśnie, że zrobiłeś!; **so do I, so am I** *etc* ja też; **it's five o'clock – so it is!** jest piąta – rzeczywiście!; **I hope so** mam nadzieję, że tak; **so far** (jak) dotąd *or* do tej pory, dotychczas. **2** (*to such a degree*: +*adjective*) tak *or* taki; (: +*adverb*) tak; **so big (that)** tak(i) duży (, że); **so quickly (that)** tak szybko (, że). **3**: **so much** *adj* tyle +*gen*, tak dużo *or* wiele +*gen* ♦ *adv* tak bardzo; **I love you so much** tak bardzo cię kocham; **so many** tyle +*gen*, tak wiele *or* dużo +*gen*. **4** (*phrases*): **ten or so** z dziesięć; **so long!** (*inf*) tymczasem! (*inf*), na razie! (*inf*) ♦ *conj* **1** (*expressing purpose*): **so as to** żeby +*infin*; **we hurried so as not to be late** popędziliśmy, żeby się

nie spóźnić; **so (that)** żeby; **I brought it so (that) you could see it** przyniosłem, żebyś mógł to zobaczyć. **2** (*expressing result*) więc; **he didn't arrive so I left** nie przyjechał, więc wyszedłem; **so I was right after all** (a) więc jednak miałam rację.

─────────────

soak [səʊk] *vt* (*drench*) przemoczyć (*perf*); (*steep in water*) namaczać (namoczyć *perf*) ♦ *vi* moczyć się.

▶**soak in** *vi* wsiąkać (wsiąknąć *perf*).

▶**soak up** *vt* wchłaniać (wchłonąć *perf*).

soap [səʊp] *n* mydło *nt*.

soapflakes ['səʊpfleɪks] *npl* płatki *pl* mydlane.

soap opera *n* telenowela *f*, powieść *f* telewizyjna.

soapy ['səʊpɪ] *adj* (*water*) mydlany; (*hands*) namydlony.

soar [sɔ:*] *vi* (*bird, plane*) wzbijać się (wzbić się *perf*) (wysoko); (*buildings, trees*) wznosić się (wysoko); (*price, production, temperature*) gwałtownie wzrastać (wzrosnąć *perf*) *or* iść (pójść *perf*) w górę.

sob [sɔb] *n* szloch *m* ♦ *vi* szlochać.

sober ['səʊbə*] *adj* (*not drunk, realistic, practical*) trzeźwy; (*serious*) poważny; (*colour etc*) spokojny, stonowany.

▶**sober up** *vt* otrzeźwiać (otrzeźwić *perf*) ♦ *vi* trzeźwieć (wytrzeźwieć *perf*).

so-called ['səʊ'kɔ:ld] *adj* tak zwany.

soccer ['sɔkə*] *n* piłka *f* nożna.

sociable ['səʊʃəbl] *adj* towarzyski.

social ['səʊʃl] *adj* (*history, structure, background*) społeczny; (*policy, benefit*) socjalny; (*event, contact*) towarzyski; (*animal*) stadny ♦ *n* spotkanie *nt* towarzyskie.

socialism ['səʊʃəlɪzəm] *n* socjalizm *m*.

socialist ['səuʃəlɪst] *adj*
socjalistyczny ♦ *n* socjalista (-tka)
m(f).

socialize ['səuʃəlaɪz] *vi* udzielać się
towarzysko; **to socialize with**
utrzymywać stosunki (towarzyskie)
z +*instr*.

socially ['səuʃəlɪ] *adv* (*visit*)
towarzysko, w celach towarzyskich;
(*acceptable*) społecznie.

social security (*BRIT*) *n*
ubezpieczenia *pl* społeczne.

social worker *n* pracownik (-ica)
m(f) opieki społecznej.

society [sə'saɪətɪ] *n* społeczeństwo
nt; (*local*) społeczność *f*; (*club*)
towarzystwo *nt*; (*also:* **high society**)
wytworne towarzystwo *nt*.

sociologist [səusɪ'ɔlədʒɪst] *n*
socjolog *m*.

sociology [səusɪ'ɔlədʒɪ] *n* socjologia
f.

sock [sɔk] *n* skarpeta *f*, skarpetka *f*.

socket ['sɔkɪt] *n* (*ANAT: of eye*)
oczodół *m*; (: *of tooth*) zębodół *m*;
(: *of hip etc*) panewka *f* (stawu);
(*BRIT: in wall*) gniazdko *nt*.

sod [sɔd] *n* (*earth*) darń *f*, (*BRIT: infl:
person*) gnojek *m* (*inf!*).

soda ['səudə] *n* (*CHEM*) soda *f*; (*also:*
soda water) woda *f* sodowa; (*US:
also:* **soda pop**) napój *m* gazowany.

sodden ['sɔdn] *adj* (*clothes*)
przemoczony; (*ground*) rozmokły.

sodium ['səudɪəm] *n* sód *m*.

sofa ['səufə] *n* kanapa *f*.

soft [sɔft] *adj* (*lit, fig*) miękki; (*voice,
music, light*) łagodny; (*skin*)
delikatny.

soft drink *n* napój *m* bezalkoholowy.

soften ['sɔfn] *vt* zmiękczać
(zmiękczyć *perf*); (*effect, blow*)
łagodzić (złagodzić *perf*) ♦ *vi*
mięknąć (zmięknąć *perf*); (*voice,
expression*) łagodnieć (złagodnieć
perf).

softly ['sɔftlɪ] *adv* miękko, łagodnie.

softness ['sɔftnɪs] *n* miękkość *f*;
(*gentleness*) łagodność *f*, delikatność *f*.

soft spot *n*: **to have a soft spot for
sb** mieć do kogoś słabość.

software ['sɔftwɛə*] *n*
oprogramowanie *nt*.

soggy ['sɔgɪ] *adj* rozmokły.

soil [sɔɪl] *n* (*earth*) gleba *f*, ziemia *f*;
(*territory*) ziemia *f* ♦ *vt* brudzić
(pobrudzić *perf*).

solace ['sɔlɪs] *n* pocieszenie *nt*.

solar ['səulə*] *adj* słoneczny.

solar panel *n* bateria *f* słoneczna.

sold [səuld] *pt, pp of* sell.

sold out *adj* (*goods, tickets*)
wyprzedany; **the concert was sold
out** (wszystkie) bilety na koncert
zostały wyprzedane; **we're sold out
(of bread)** (chleba) (już) nie ma.

solder ['səuldə*] *vt* lutować
(zlutować *perf*) ♦ *n* lut *m*.

soldier ['səuldʒə*] *n* żołnierz *m*.

sole [səul] *n* (*of foot, shoe*) podeszwa
f; (*fish: pl inv*) sola *f* ♦ *adj* (*unique*)
jedyny.

solely ['səullɪ] *adv* jedynie,
wyłącznie.

solemn ['sɔləm] *adj* uroczysty.

solicitor [sə'lɪsɪtə*] (*BRIT*) *n*
notariusz *m*.

solid ['sɔlɪd] *adj* (*not hollow*) lity; (*not
liquid*) stały; (*reliable, strong*)
solidny; (*unbroken: hours etc*) bity;
(*pure: gold etc*) szczery, czysty ♦ *n*
ciało *nt* stałe; **solids** *npl* pokarmy *pl*
stałe.

solidarity [sɔlɪ'dærɪtɪ] *n* solidarność *f*.

solidify [sə'lɪdɪfaɪ] *vi* krzepnąć
(skrzepnąć *perf*), tężeć (stężeć *perf*);
(*fig*) krzepnąć (okrzepnąć *perf*),
utrwalać się (utrwalić się *perf*).

solitaire [sɔlɪ'tɛə*] *n* (*gem*) soliter *m*;
(*game*) samotnik *m*; (*card game*)
pasjans *m*.

solitary ['sɔlɪtərɪ] *adj* (*lonely, single*)
samotny; (*empty*) pusty, opustoszały.

solitary confinement n więzienna
izolatka f.

solitude ['sɔlɪtjuːd] n samotność f.

solo ['səuləu] n solo nt inv ♦ adv w
pojedynkę, solo.

soloist ['səuləuɪst] n solista (-tka)
m(f).

soluble ['sɔljubl] adj rozpuszczalny.

solution [sə'luːʃən] n (answer)
rozwiązanie nt; (liquid) roztwór m,
mieszanina f.

solve [sɔlv] vt rozwiązywać
(rozwiązać perf).

solvent ['sɔlvənt] adj wypłacalny ♦ n
(CHEM) rozpuszczalnik m.

sombre ['sɔmbə*] (US **somber**) adj
(dark) ciemny, mroczny; (grave)
ponury, posępny.

―――――SŁOWO KLUCZOWE―――――

some [sʌm] adj **1** (a certain amount
of) trochę +gen; (a certain number
of) parę +gen nvir pl, paru +gen vir pl,
kilka +gen nvir pl, kilku +gen vir pl;
some tea/water trochę
herbaty/wody; **some biscuits** parę
or kilka herbatników; **some
policemen** paru or kilku
policjantów. **2** (certain: in contrasts)
niektóre +nvir pl, niektórzy +vir pl;
some people say that ... niektórzy
(ludzie) mówią, że ...; **some films
were excellent** niektóre filmy były
świetne. **3** (unspecified): **some
woman was asking for you** jakaś
kobieta pytała o ciebie; **some day**
pewnego dnia ♦ pron **1** (a certain
number) parę nvir pl, paru vir pl,
kilka nvir pl, kilku vir pl; **have you
got any friends? – yes, I've got
some** (czy) masz jakichś
przyjaciół? – tak, mam paru or
kilku; **have you got any stamps? –
yes, I've got some** (czy) masz
jakieś znaczki? – tak, mam parę or
kilka. **2** (a certain amount) trochę;
have we got any money? – yes,

we've got some (czy) mamy jakieś
pieniądze? – tak, mamy trochę;
some was left trochę zostało ♦ adv:
some ten people jakieś dziesięć
osób.

somebody ['sʌmbədɪ] pron =
someone.

somehow ['sʌmhau] adv jakoś.

someone ['sʌmwʌn] pron ktoś m.

someplace ['sʌmpleɪs] (US) adv =
somewhere.

somersault ['sʌməsɔːlt] n koziołek
m, fikołek m; (SPORT) salto nt ♦ vi
koziołkować (przekoziołkować perf).

something ['sʌmθɪŋ] pron coś nt;
something nice coś miłego;
something to do coś do zrobienia;
there's something wrong coś tu
jest nie tak, coś tu nie gra (inf).

sometime ['sʌmtaɪm] adv kiedyś.

sometimes ['sʌmtaɪmz] adv
czasami, czasem.

somewhat ['sʌmwɔt] adv w
pewnym stopniu, nieco.

somewhere ['sʌmwɛə*] adv gdzieś;
**it's somewhere or other in
Scotland** to (jest) gdzieś w Szkocji;
somewhere else gdzie(ś) indziej.

son [sʌn] n syn m.

song [sɔŋ] n (MUS) pieśń f; (: popular)
piosenka f; (of bird) śpiew m.

songbook ['sɔŋbuk] n śpiewnik m.

son-in-law ['sʌnɪnlɔː] n zięć m.

sonnet ['sɔnɪt] n sonet m.

sonny ['sʌnɪ] (inf) n synu (voc) (inf).

soon [suːn] adv (before long)
wkrótce, niebawem; (early)
wcześnie; **soon afterwards** wkrótce
or niedługo potem; see also **as**.

sooner ['suːnə*] adv (time) prędzej;
(preference): **I would sooner read
than watch TV** wolałbym poczytać,
niż oglądać telewizję; **sooner or
later** prędzej czy później; **no**

sooner had we left than ... ledwie wyszliśmy, gdy ... .

soot [sut] n sadza f.

soothe [su:ð] vt (person, animal) uspokajać (uspokoić perf); (pain) koić (ukoić perf), łagodzić (złagodzić perf).

sophisticated [sə'fɪstɪkeɪtɪd] adj (person, audience) wyrobiony, bywały; (fashion, dish) wyrafinowany, wyszukany, wymyślny; (machinery, arguments) skomplikowany.

sophomore ['sɔfəmɔ:*] (US: SCOL) n student drugiego roku college'u.

soporific [sɔpə'rɪfɪk] adj (drug) nasenny.

soppy ['sɔpɪ] (pej) adj ckliwy (pej).

soprano [sə'prɑ:nəu] n sopran m, sopranista (-tka) m(f).

sorcerer ['sɔ:sərə*] n czarnoksiężnik m.

sordid ['sɔ:dɪd] adj (dirty) obskurny; (wretched) paskudny, ohydny.

sore [sɔ:*] adj (painful) bolesny, obolały ♦ n owrzodzenie nt.

sorely ['sɔ:lɪ] adv: **I am sorely tempted (to)** mam wielką ochotę (+infin).

sorrow ['sɔrəu] n smutek m, żal m; **sorrows** npl smutki pl, żale pl.

sorrowful ['sɔrəuful] adj (day) przygnębiający; (smile) przygnębiony.

sorry ['sɔrɪ] adj (condition) opłakany; **to be sorry** żałować; **sorry!** przepraszam!; **sorry?** słucham?; **to feel sorry for sb** współczuć komuś.

sort [sɔ:t] n (type) rodzaj m ♦ vt (also: **sort out**: papers, belongings) segregować (posegregować perf); (: problems) rozwiązywać (rozwiązać perf).

SOS n abbr (= save our souls) SOS nt inv.

so-so ['səusəu] adv tak sobie ♦ adj taki sobie.

soufflé ['su:fleɪ] n suflet m.

sought [sɔ:t] pt, pp of **seek**.

soul [səul] n dusza f.

soulful ['səulful] adj (eyes, music) pełen wyrazu.

sound [saund] adj (healthy) zdrowy; (not damaged) nietknięty; (reliable, thorough) solidny, dogłębny; (investment) pewny, bezpieczny; (advice) rozsądny ♦ adv: **to be sound asleep** spać głęboko ♦ n (noise) dźwięk m, odgłos m; (volume: on TV etc) dźwięk m, głośność f; (GEOG) przesmyk m ♦ vt (alarm, horn) włączać (włączyć perf) ♦ vi (alarm, horn) dźwięczeć (zadźwięczeć perf); (fig: seem) wydawać się; **to sound like sb** mówić or brzmieć jak ktoś; **I don't like the sound of it** nie podoba mi się to.

▶**sound out** vt badać (wybadać perf), sondować (wysondować perf).

soundly ['saundlɪ] adv (sleep) głęboko, mocno; (beat) dotkliwie.

soundproof ['saundpru:f] adj dźwiękoszczelny.

soundtrack ['saundtræk] n ścieżka f dźwiękowa.

soup [su:p] n zupa f.

soup plate n głęboki talerz m.

sour ['sauə*] adj kwaśny; (milk) kwaśny, skwaśniały; (fig) cierpki.

source [sɔ:s] n źródło nt.

south [sauθ] n południe nt ♦ adj południowy ♦ adv na południe.

South America n Ameryka f Południowa.

south-east [sauθ'i:st] n południowy wschód m.

southerly ['sʌðəlɪ] adj południowy.

southern ['sʌðən] adj południowy.

South Pole n: **the South Pole** biegun m południowy.

southward(s) ['sauθwəd(z)] adv na południe.

south-west [sauθ'wɛst] n
południowy zachód m.

souvenir [su:və'nɪə*] n pamiątka f,
souvenir m.

sovereign ['sɔvrɪn] n monarcha m.

sovereignty ['sɔvrɪntɪ] n suwerenność
f.

Soviet ['səuvɪət] adj radziecki; **the
Soviet Union** Związek Radziecki.

sow¹ [sau] n locha f, maciora f.

sow² [səu] (pt **sowed**, pp **sown**) vt
siać (posiać perf), wysiewać (wysiać
perf); (fig: suspicion etc) siać (zasiać
perf).

soya ['sɔɪə] (US **soy**) n: **soya bean**
soja f; **soya sauce** sos sojowy.

spa [spɑ:] n (town) uzdrowisko nt;
(US: also: **health spa**) ≈ centrum m
odnowy biologicznej.

space [speɪs] n (gap) szpara f;
(room) miejsce nt; (beyond Earth)
przestrzeń f kosmiczna, kosmos m;
(period): **(with)in the space of** na
przestrzeni or w przeciągu +gen ♦ vt
(also: **space out**: text) rozmieszczać
(rozmieścić perf); (: payments, visits)
rozkładać (rozłożyć perf).

spacecraft ['speɪskrɑ:ft] n statek m
kosmiczny.

spaceship ['speɪsʃɪp] = **spacecraft**.

spacing ['speɪsɪŋ] n odstęp m.

spacious ['speɪʃəs] adj przestronny.

spade [speɪd] n łopata f; (child's)
łopatka f; **spades** npl (CARDS) piki
pl.

spaghetti [spə'getɪ] n spaghetti nt inv.

Spain [speɪn] n Hiszpania f.

span [spæn] n (of wings, arch)
rozpiętość f; (in time) okres m ♦ vt
(river) łączyć (połączyć perf) brzegi
+gen; (fig: time) obejmować (objąć
perf).

Spaniard ['spænjəd] n Hiszpan(ka)
m(f).

spaniel ['spænjəl] n spaniel m.

Spanish ['spænɪʃ] adj hiszpański ♦ n
(język m) hiszpański; **the Spanish**
npl Hiszpanie vir pl.

spank [spæŋk] vt dawać (dać perf)
klapsa +dat.

spanner ['spænə*] (BRIT) n klucz m
(maszynowy).

spare [speə*] adj (free) wolny;
(extra) zapasowy ♦ n = **spare part** ♦
vt (save: trouble etc) oszczędzać
(oszczędzić perf) +gen; (make
available) przeznaczać (przeznaczyć
perf); (refrain from hurting)
oszczędzać (oszczędzić perf); **to
spare** w zapasie.

spare part n część f zamienna or
zapasowa.

spare time n wolny czas m.

spare wheel n zapasowe koło nt.

sparingly ['speərɪŋlɪ] adv oszczędnie.

spark [spɑ:k] n iskra f; (fig: of wit
etc) przebłysk m.

spark(ing) plug ['spɑ:k(ɪŋ)-] n
świeca f zapłonowa.

sparkle ['spɑ:kl] n połysk m ♦ vi
mienić się, skrzyć się.

sparkling ['spɑ:klɪŋ] adj (water)
gazowany; (wine) musujący; (fig:
conversation, performance)
błyskotliwy.

sparrow ['spærəu] n wróbel m.

sparse [spɑ:s] adj (hair) rzadki;
(rainfall) skąpy; (population)
nieliczny.

spartan ['spɑ:tən] adj (fig) spartański.

spasm ['spæzəm] n (MED) skurcz m,
spazm m.

spasmodic [spæz'mɔdɪk] adj (fig)
nerwowy.

spastic ['spæstɪk] (old: MED) n
osoba f z porażeniem kurczowym.

spat [spæt] pt, pp of **spit**.

spate [speɪt] n (fig): **a spate of**
(letters etc) nawał m or powódź f
+gen.

spatter ['spætə*] vt (liquid)
rozpryskiwać (rozpryskać perf);
(surface) opryskiwać (opryskać perf).

spatula ['spætjulə] n (CULIN)
łopatka f; (MED) szpatułka f.

speak [spi:k] (pt **spoke**, pp
spoken) vi (use voice) mówić;
(make a speech) przemawiać
(przemówić perf); (truth) mówić
(powiedzieć perf); **to speak to sb/of**
or **about sth** rozmawiać
(porozmawiać perf) z kimś/o czymś;
speak up! mów głośniej!; **to speak
English** mówić po angielsku; **so to
speak** że tak powiem, że się tak
wyrażę.

speaker ['spi:kə*] n (person) mówca
m; (also: **loudspeaker**) głośnik m;:
the Speaker (BRIT, US)
przewodniczący jednej z izb
parlamentu.

spear [spɪə*] n włócznia f ♦ vt dźgać
(dźgnąć perf) włócznią.

special ['spɛʃl] adj (effort, help,
occasion) specjalny, szczególny;
(adviser, permission, school)
specjalny; **today's special is...** dziś
polecamy +acc.

specialist ['spɛʃəlɪst] n specjalista
(-tka) m(f).

speciality [spɛʃɪ'ælɪtɪ] n specjalność f.

specialize ['spɛʃəlaɪz] vi: **to
specialize (in)** specjalizować się (w
+loc).

specially ['spɛʃlɪ] adv specjalnie.

specialty ['spɛʃəltɪ] (esp US) =
speciality.

species ['spi:ʃi:z] n inv gatunek m.

specific [spə'sɪfɪk] adj (fixed)
określony; (exact) ścisły.

specifically [spə'sɪfɪklɪ] adv
(specially) specjalnie; (exactly) ściśle.

specification [spɛsɪfɪ'keɪʃən] n
(TECH) opis m techniczny;
(requirement) wymóg m;
specifications npl (TECH)
parametry pl.

specify ['spɛsɪfaɪ] vt wyszczególniać
(wyszczególnić perf).

specimen ['spɛsɪmən] n (single
example) okaz m; (MED) próbka f.

speck [spɛk] n drobinka f, pyłek m.

speckled ['spɛkld] adj (hen, eggs)
nakrapiany.

specs [spɛks] (inf) npl okulary pl.

spectacle ['spɛktəkl] n widowisko
nt; **spectacles** npl okulary pl.

spectacular [spɛk'tækjulə*] adj (rise
etc) dramatyczny; (success)
spektakularny.

spectator [spɛk'teɪtə*] n widz m.

spectrum ['spɛktrəm] (pl **spectra**) n
widmo nt.

speculate ['spɛkjuleɪt] vi (FIN)
spekulować, grać (na giełdzie); **to
speculate about** snuć domysły na
temat +gen.

speculation [spɛkju'leɪʃən] n (FIN)
spekulacja f; (guesswork) domysły
pl, spekulacje pl.

speech [spi:tʃ] n (faculty, act, part of
play) mowa f; (formal talk)
przemówienie nt, przemowa f.

speechless ['spi:tʃlɪs] adj oniemiały;
he was speechless zaniemówił,
oniemiał.

speed [spi:d] (pt, pp **sped**) n (rate)
prędkość f, szybkość f; (fast travel,
promptness, haste) szybkość f ♦ vi:
to speed (along/by) pędzić
(popędzić perf) (wzdłuż +gen/obok
+gen); **at full** or **top speed** z
maksymalną prędkością.

▶**speed up** (pt, pp **speeded up**) vi
przyspieszać (przyspieszyć perf) ♦ vt
przyspieszać (przyspieszyć perf).

speedily ['spi:dɪlɪ] adv szybko,
pośpiesznie.

speeding ['spi:dɪŋ] (AUT) n jazda f z
nadmierną prędkością,
przekroczenie nt dozwolonej
prędkości.

speed limit (AUT) n ograniczenie nt
prędkości.

speedometer [spɪ'dɔmɪtə*] (AUT) n
szybkościomierz m.

speedy ['spi:dɪ] adj (fast) szybki,
prędki; (prompt) szybki, rychły.

spell [spel] (pt, pp **spelt** (BRIT) or
spelled) n (also: **magic spell**)
zaklęcie nt, urok m; (period) okres m
♦ vt (in writing) pisać (napisać perf);
(also: **spell out**) literować
(przeliterować perf); (signify: danger
etc) oznaczać; **to cast a spell on sb**
rzucać (rzucić perf) na kogoś czar or
urok; **cold/hot spell** fala
chłodów/upałów; **he can't spell** on
robi błędy ortograficzne.

spellbound ['spelbaund] adj
oczarowany.

spelling ['spelɪŋ] n (word form)
pisownia f; (ability) ortografia f.

spend [spend] (pt, pp **spent**) vt
(money) wydawać (wydać perf);
(time, life) spędzać (spędzić perf).

spent [spent] pt, pp of **spend**.

sperm [spə:m] n nasienie nt, sperma
f; (single) plemnik m.

sphere [sfɪə*] n (round object) kula
f; (area) sfera f.

spherical ['sferɪkl] adj kulisty,
sferyczny.

spice [spaɪs] n przyprawa f ♦ vt
przyprawiać (przyprawić perf).

spicy ['spaɪsɪ] adj mocno
przyprawiony, ostry.

spider ['spaɪdə*] n pająk m.

spike [spaɪk] n (point) kolec m;
(BOT) kwiatostan f stożkowaty.

spill [spɪl] (pt, pp **spilt** or **spilled**) vt
rozlewać (rozlać perf) ♦ vi rozlewać
się (rozlać się perf), wylewać się
(wylać się perf).

spin [spɪn] (pt **spun, span**, pp
spun) n (in car) przejażdżka f;
(AVIAT) korkociąg m ♦ vt (wool etc)
prząść (uprząść perf) ♦ vi (make
thread) prząść; (turn round) okręcać
się (okręcić się perf), obracać się
(obrócić się perf).

spinach ['spɪnɪtʃ] n szpinak m.

spinal ['spaɪnl] adj: **spinal injury**
uraz m kręgosłupa.

spinal cord n rdzeń m kręgowy.

spin-dryer [spɪn'draɪə*] (BRIT) n
wirówka f.

spine [spaɪn] n (ANAT) kręgosłup m;
(thorn) kolec m.

spinning ['spɪnɪŋ] n przędzenie nt.

spinning top n (toy) bąk m.

spinning wheel n kołowrotek m.

spinster ['spɪnstə*] n stara panna f.

spiral ['spaɪərl] n spirala f ♦ vi (fig:
prices etc) wzrastać (wzrosnąć perf)
gwałtownie.

spire ['spaɪə*] n iglica f.

spirit ['spɪrɪt] n (soul) dusza f; (ghost,
sense) duch m; (courage) odwaga f;
(frame of mind) nastrój m; **spirits** npl
napoje pl alkoholowe; **in good
spirits** w dobrym humorze or
nastroju.

spirited ['spɪrɪtɪd] adj (resistance)
żarliwy, zagorzały; (performance)
porywający.

spiritual ['spɪrɪtjuəl] adj duchowy ♦
n (also: **Negro spiritual**) utwór
chóralny o charakterze religijnym
wywodzący się z kultury Murzynów
północnoamerykańskich.

spit [spɪt] (pt, pp **spat**) n (for
roasting) rożen m; (saliva) plwocina
f ♦ vi (person) pluć (plunąć perf),
spluwać (splunąć perf); (cooking)
skwierczeć (zaskwierczeć perf);
(fire) trzaskać (trzasnąć perf); (inf:
rain) siąpić.

spite [spaɪt] n złośliwość f ♦ vt robić
(zrobić perf) na złość +dat; **in spite
of** (po)mimo +gen.

spiteful ['spaɪtful] adj złośliwy,
zawzięty.

splash [splæʃ] n (sound) plusk m,
pluśnięcie nt; (of colour) plama f ♦ vt
ochlapywać (ochlapać perf) ♦ vi
(also: **splash about**) pluskać się;
(water) chlapać.

spleen [spli:n] n śledziona f.

splendid ['splɛndɪd] adj (excellent)
doskonały, świetny; (impressive)
okazały, wspaniały.
splendour ['splɛndə*] (US
splendor) n wspaniałość f;
splendours npl wspaniałości pl.
splint [splɪnt] n szyna f
(usztywniająca), łubek m.
splinter ['splɪntə*] n (of wood)
drzazga f; (of glass) odłamek m ♦ vi
rozszczepiać się (rozszczepić się
perf), rozłupywać się (rozłupać się
perf).
split [splɪt] (pt, pp **split**) n (crack,
tear) pęknięcie nt; (fig) podział m;
(POL) rozłam m ♦ vt (divide) dzielić
(podzielić perf); (party) powodować
(spowodować perf) podział or
rozłam w +loc; (work, profits) dzielić
(podzielić perf) ♦ vi (divide) dzielić
się (podzielić się perf).
▶**split up** vi (couple) zrywać (zerwać
perf) (ze sobą), rozstawać się
(rozstać się perf); (group) rozdzielać
się (rozdzielić się perf).
splutter ['splʌtə*] vi prychać
(prychnąć perf), parskać (parsknąć
perf).
spoil [spɔɪl] (pt, pp **spoilt** or
spoiled) vt (thing) uszkadzać
(uszkodzić perf); (enjoyment) psuć
(zepsuć perf); (child) rozpieszczać
(rozpieścić perf), psuć.
spoils [spɔɪlz] npl łupy pl.
spoilsport ['spɔɪlspɔːt] (pej) n: **don't
be a spoilsport** nie psuj ludziom
zabawy.
spoilt [spɔɪlt] pt, pp of **spoil** ♦ adj
(child) rozpieszczony; (ballot paper)
nieważny.
spoke [spəuk] pt of **speak** ♦ n
szprycha f.
spoken ['spəukn] pp of **speak**.
spokesman ['spəuksmən] (irreg like:
man) n rzecznik m.
spokesperson ['spəukspəːsn] n

(irreg like: **person**) rzecznik (-iczka)
m(f).
spokeswoman ['spəukswumən] n
(irreg like: **woman**) rzeczniczka f.
sponge [spʌndʒ] n gąbka f; (also:
sponge cake) biszkopt m ♦ vt
przecierać (przetrzeć perf) gąbką ♦
vi: **to sponge off** or **on sb** wyciągać
od kogoś pieniądze.
sponge bag (BRIT) n kosmetyczka f.
sponsor ['spɒnsə*] n (of player,
programme, event) sponsor(ka) m(f);
(for application) poręczyciel(ka) m(f);
(for bill in parliament) inicjator(ka)
m(f) ♦ vt (player, programme, event)
sponsorować; (proposal)
przedkładać (przedłożyć perf).
sponsorship ['spɒnsəʃɪp] n
sponsorowanie nt.
spontaneous [spɒn'teɪnɪəs] adj
spontaniczny.
spooky ['spuːkɪ] (inf) adj straszny.
spool [spuːl] n (for thread) szpulka f;
(for film, tape) szpula f.
spoon [spuːn] n łyżka f; (small)
łyżeczka f.
spoonful ['spuːnful] n (pełna) łyżka f.
sporadic [spə'rædɪk] adj
sporadyczny.
sport [spɔːt] n (game) sport m; (also:
good sport) świetny kumpel m ♦ vt
(piece of clothing, jewellery)
paradować w +loc; (purse, umbrella)
paradować z +instr.
sporting ['spɔːtɪŋ] adj (event)
sportowy; (gesture) szlachetny.
sports car n samochód m sportowy.
sportsman ['spɔːtsmən] n (irreg like:
man) sportowiec m.
sportswear ['spɔːtswɛə*] n odzież f
sportowa.
sportswoman ['spɔːtswumən] n
(irreg like: **woman**) sportsmenka f.
sporty ['spɔːtɪ] adj wysportowany.
spot [spɒt] n (dot) kropka f; (mark:
dirty, unwanted) plama f; (: on
animal) cętka f; (on skin) pryszcz m;

(*place*) miejsce *nt*; (*RADIO, TV*) część programu zarezerwowana dla konkretnego artysty lub określonego typu rozrywki ♦ *vt* zauważać (zauważyć *perf*); **on the spot** (*in that place*) na miejscu; (*immediately*) z miejsca; **a spot of trouble** mały kłopot.

spotless ['spɔtlɪs] *adj* nieskazitelny.

spotlight ['spɔtlaɪt] *n* jupiter *m*.

spotted ['spɔtɪd] *adj* (*bird*) nakrapiany; (*animal*) cętkowany; (*garment*) w kropki *post*.

spotty ['spɔtɪ] *adj* pryszczaty.

spouse [spaʊs] *n* małżonek (-nka) *m(f)*.

spout [spaʊt] *n* (*of jug, teapot*) dziobek *m*; (*of pipe*) wylot *m* ♦ *vi* chlustać (chlusnąć *perf*), bluzgać (bluznąć *perf*).

sprain [spreɪn] *n* (*MED*) skręcenie *nt* ♦ *vt*: **to sprain one's ankle/wrist** skręcić (*perf*) nogę w kostce/rękę w nadgarstku.

sprang [spræŋ] *pt of* **spring**.

sprawl [sprɔ:l] *vi* rozciągać się (rozciągnąć się *perf*).

spray [spreɪ] *n* (*small drops*) rozpylona ciecz *f*; (: *of water*) pył *m* wodny; (*sea spray*) mgiełka *f* od wody; (*container*) spray *m*, aerozol *m*; (*garden spray*) spryskiwacz *m* ogrodowy; (*of flowers*) gałązka *f* ♦ *vt* (*liquid*) rozpryskiwać (rozpryskać *perf*); (*crops*) opryskiwać (opryskać *perf*).

spread [spred] (*pt, pp* **spread**) *n* (*area covered*) zasięg *m*; (*span, variety*) rozpiętość *f*; (*distribution*) rozkład *m*; (*expansion*) rozprzestrzenianie się *nt*; (*CULIN*) pasta *f* (*do smarowania pieczywa*); (*inf: food*) uczta *f* ♦ *vt* (*objects, one's arms, repayments*) rozkładać (rozłożyć *perf*); (*dirt, rumour, disease*) roznosić (roznieść *perf*) ♦ *vi* (*disease*) rozprzestrzeniać się

(rozprzestrzenić się *perf*); (*news*) rozchodzić się (rozejść się *perf*); (*stain*) rozlewać się (rozlać się *perf*).

▶**spread out** *vi* (*move apart*) rozchodzić się (rozejść się *perf*), rozdzielać się (rozdzielić się *perf*); (*extend*) rozciągać się.

spreadsheet ['spredʃi:t] (*COMPUT*) *n* arkusz *m* kalkulacyjny.

spree [spri:] *n*: **let's go on a spree** chodźmy zaszaleć.

sprightly ['spraɪtlɪ] *adj* dziarski, żwawy.

spring [sprɪŋ] (*pt* **sprang**, *pp* **sprung**) *n* (*coiled metal*) sprężyna *f*; (*season*) wiosna *f*; (*of water*) źródło *nt*; (: *small*) źródełko *nt*; **in spring** wiosną, na wiosnę; **to spring from** wynikać (wyniknąć *perf*) z +*gen*.

▶**spring up** *vi* wyrastać (wyrosnąć *perf*) (jak grzyby po deszczu).

springboard ['sprɪŋbɔ:d] *n* (*SPORT*) trampolina *f*.

spring-clean(ing) [sprɪŋ'kli:n(ɪŋ)] *n* wiosenne porządki *pl*.

springtime ['sprɪŋtaɪm] *n* wiosenna pora *f*; **in springtime** wiosną, na wiosnę.

sprinkle ['sprɪŋkl] *vt*: **to sprinkle water on sth, to sprinkle sth with water** skrapiać (skropić *perf*) *or* zraszać (zrosić *perf*) coś wodą; **to sprinkle salt/sugar on sth, to sprinkle sth with salt/sugar** posypywać (posypać *perf*) coś solą/cukrem.

sprinkler ['sprɪŋklə*] *n* (*for lawn*) spryskiwacz *m*, zraszacz *m*; (*to put out fire*) instalacja *f* tryskaczowa *or* sprinklerowa.

sprint [sprɪnt] *n* sprint *m* ♦ *vi* biec (pobiec *perf*) sprintem.

sprinter ['sprɪntə*] *n* sprinter(ka) *m(f)*.

sprout [spraʊt] *vi* kiełkować (wykiełkować *perf*).

sprouts [spraʊts] *npl* (*also*: **Brussels sprouts**) brukselka *f*.

spruce [spru:s] *n inv* świerk *m* ♦ *adj* elegancki.

sprung [sprʌŋ] *pp of* **spring**.

spun [spʌn] *pt, pp of* **spin**.

spur [spə:*] *n* ostroga *f*; (*fig*) bodziec *m*, zachęta *f* ♦ *vt* (*also*: **spur on**) zachęcać (zachęcić *perf*); **on the spur of the moment** pod wpływem chwilowego impulsu.

spurious ['spjuərɪəs] *adj* (*attraction*) złudny; (*argument*) błędny; (*sympathy*) fałszywy, udawany.

spurn [spə:n] *vt* (*proposal, idea*) odrzucać (odrzucić *perf*); (*person*) odtrącać (odtrącić *perf*).

spurt [spə:t] *n* (*of blood etc*) struga *f*; (*of emotion*) poryw *m* ♦ *vi* (*blood*) tryskać (trysnąć *perf*); (*flame*) strzelać (strzelić *perf*).

spy [spaɪ] *n* szpieg *m* ♦ *vi*: **to spy on** szpiegować +*acc* ♦ *vt* ujrzeć (*perf*), spostrzec (*perf*).

spying ['spaɪɪŋ] *n* szpiegostwo *nt*.

sq. *abbr* = **square** kw.

squabble ['skwɔbl] *vi* sprzeczać się (posprzeczać się *perf*).

squad [skwɔd] *n* (*MIL, POLICE*) oddział *m*; (*SPORT*) ekipa *f*.

squadron ['skwɔdrn] *n* (*MIL*) szwadron *m*; (*AVIAT, NAUT*) eskadra *f*.

squalid ['skwɔlɪd] *adj* (*conditions, house*) nędzny; (*story*) plugawy.

squalor ['skwɔlə*] *n* nędza *f*.

squander ['skwɔndə*] *vt* (*money*) trwonić (roztrwonić *perf*); (*chances*) trwonić (strwonić *perf*).

square [skwɛə*] *n* (*shape*) kwadrat *m*; (*in town*) plac *m* ♦ *adj* (*in shape*) kwadratowy; (*meal*) solidny; (*inf: ideas, person*) staromodny, staroświecki ♦ *vt* (*arrange*) układać (ułożyć *perf*); (*MATH*) podnosić (podnieść *perf*) do kwadratu; (*reconcile*) godzić (pogodzić *perf*); **the match was all square** wynik meczu był remisowy; **two metres square** kwadrat o boku dwóch

metrów; **two square metres** dwa metry kwadratowe.

squarely ['skwɛəlɪ] *adv* (*fall etc*) prosto; (*confront, look*) odważnie, wprost.

squash [skwɔʃ] *n* (*US*) kabaczek *m*; (*SPORT*) squash *m*; (*BRIT*): **lemon/orange squash** sok *m* cytrynowy/pomarańczowy (*z koncentratu*) ♦ *vt* zgniatać (zgnieść *perf*).

squat [skwɔt] *adj* przysadzisty ♦ *vi* (*also*: **squat down**) przykucać (przykucnąć *perf*).

squatter ['skwɔtə*] *n* dziki (-ka) *m(f)* lokator(ka) *m(f)*.

squeak [skwi:k] *vi* (*door*) skrzypieć (zaskrzypieć *perf*); (*mouse*) piszczeć (zapiszczeć *perf*).

squeal [skwi:l] *vi* piszczeć (zapiszczeć *perf*).

squeamish ['skwi:mɪʃ] *adj* przewrażliwiony, przeczulony.

squeeze [skwi:z] *n* (*of hand etc*) uścisk *m*; (*ECON*) ograniczenie *nt* ♦ *vt* ściskać (ścisnąć *perf*).

▶**squeeze out** *vt* (*juice etc*) wyciskać (wycisnąć *perf*).

squelch [skwɛltʃ] *vi* chlupać (chlupnąć *perf*), chlupotać (zachlupotać *perf*).

squid [skwɪd] *n* kałamarnica *f*, mątwa *f*.

squint [skwɪnt] *vi*: **to squint (at)** patrzeć (popatrzeć *perf*) przez zmrużone oczy (na +*acc*) ♦ *n* zez *m*.

squire ['skwaɪə*] (*BRIT*) *n* ≈ dziedzic *m*; ≈ ziemianin *m*.

squirrel ['skwɪrəl] *n* wiewiórka *f*.

squirt [skwə:t] *vi* tryskać (trysnąć *perf*), sikać (siknąć *perf*) (*inf*) ♦ *vt* strzykać (strzyknąć *perf*) +*instr*.

Sr *abbr* (*in names*) = **senior** sen., sr.

St *abbr* = **saint** św.; = **street** ul.

stab [stæb] *n* (*with knife etc*) pchnięcie *nt*, dźgnięcie *nt*; (*of pain*) ukłucie *nt*; (*inf*): **to have a stab at**

sth/doing sth próbować (spróbować *perf*) czegoś/zrobić coś ♦ *vt* pchnąć *(perf)* or dźgnąć *(perf)* nożem.

stabbing ['stæbɪŋ] *n* napad *m* z nożem ♦ *adj* kłujący.

stability [stə'bɪlɪtɪ] *n* stabilność *f*.

stabilize ['steɪbəlaɪz] *vt* stabilizować (ustabilizować *perf*) ♦ *vi* stabilizować się (ustabilizować się *perf*).

stable ['steɪbl] *adj* (*prices, patient's condition*) stabilny; (*marriage*) trwały ♦ *n* (*for horse*) stajnia *f*.

stack [stæk] *n* stos *m* ♦ *vt* (*also*: **stack up**) układać (ułożyć *perf*) w stos, gromadzić (nagromadzić *perf*).

stadium ['steɪdɪəm] (*pl* **stadia** or **stadiums**) *n* stadion *m*.

staff [stɑːf] *n* (*workforce*) pracownicy *vir pl*, personel *m*; (*BRIT: also*: **teaching staff**) grono *nt* nauczycielskie or pedagogiczne ♦ *vt* obsadzać (obsadzić *perf*).

stag [stæg] *n* rogacz *m*.

stage [steɪdʒ] *n* (*in theatre etc*) scena *f*; (*platform*) podium *nt*, estrada *f*; (*point, period*) etap *m*, okres *m* ♦ *vt* (*play*) wystawiać (wystawić *perf*); (*demonstration*) organizować (zorganizować *perf*); **in stages** stopniowo.

stagecoach ['steɪdʒkəʊtʃ] *n* dyliżans *m*.

stage fright *n* trema *f*.

stagger ['stægə*] *vi* zataczać się (zatoczyć się *perf*), iść (pójść *perf*) zataczając się ♦ *vt* wstrząsać (wstrząsnąć *perf*) +*instr*; (*hours, holidays*) układać (ułożyć *perf*) naprzemiennie.

staggering ['stægərɪŋ] *adj* (*sum, price*) zawrotny.

stagnant ['stægnənt] *adj* (*water*) stojący; (*economy*) martwy, w zastoju *post*.

stagnation [stæg'neɪʃən] *n* stagnacja *f*, zastój *m*.

stag party *n* wieczór *m* kawalerski.

staid [steɪd] *adj* stateczny.

stain [steɪn] *n* (*mark*) plama *f*; (*colouring*) bejca *f* ♦ *vt* (*mark*) plamić (poplamić *perf*); (: *fig*) plamić (splamić *perf*); (*wood*) bejcować (zabejcować *perf*).

stained glass window [steɪnd-] *n* witraż *m*.

stainless steel ['steɪnlɪs-] *n* stal *f* nierdzewna.

stain remover *n* odplamiacz *m*, wywabiacz *m* plam.

stair [steə*] *n* stopień *m*; **stairs** *npl* schody *pl*.

staircase ['steəkeɪs] *n* klatka *f* schodowa.

stairway ['steəweɪ] = **staircase**.

stake [steɪk] *n* (*post*) słup *m*; (*COMM*) udział *m*; (*BETTING: usu pl*) stawka *f* ♦ *vt* (*money*) stawiać (postawić *perf*); (*life, reputation*) ryzykować (zaryzykować *perf*); **to stake a claim (to sth)** rościć sobie prawo (do czegoś); **to be at stake** wchodzić w grę.

stalagmite ['stæləgmaɪt] *n* stalagmit *m*.

stale [steɪl] *adj* (*bread*) czerstwy; (*food*) nieświeży; (*smell, air*) stęchły; (*beer*) zwietrzały.

stalemate ['steɪlmeɪt] *n* (*CHESS*) pat *m*; (*fig*) sytuacja *f* patowa.

stalk [stɔːk] *n* (*of flower*) łodyga *f*; (*of fruit*) szypułka *f* ♦ *vt* śledzić, podchodzić.

stall [stɔːl] *n* (*BRIT*) stoisko *nt*, stragan *m*; (*in stable*) przegroda *f* ♦ *vt* (*AUT*): **I stalled the car** zgasł mi silnik; (*fig: decision etc*) opóźniać (opóźnić *perf*), przeciągać (przeciągnąć *perf*); (: *person*) zwodzić (zwieść *perf*), zbywać (zbyć *perf*) ♦ *vi* (*engine, car*) gasnąć (zgasnąć *perf*); (*fig: person*) grać na zwłokę or czas; **stalls** *npl* (*BRIT: in cinema, theatre*) parter *m*.

stamina ['stæmɪnə] n wytrzymałość f, wytrwałość f.

stammer ['stæmə*] n jąkanie (się) nt ♦ vi jąkać się, zająkiwać się (zająknąć się perf).

stamp [stæmp] n (postage stamp) znaczek m (pocztowy); (rubber stamp, mark) pieczątka f, stempel m; (fig) piętno nt ♦ vi (also: **stamp one's foot**) tupać (tupnąć perf) ♦ vt (letter) naklejać (nakleić perf) znaczek na +acc; (mark) znaczyć (oznaczyć perf), znakować (oznakować perf); (with rubber stamp) stemplować (ostemplować perf).

stamp album n album m na znaczki or filatelistyczny.

stamp collecting n filatelistyka f, zbieranie nt znaczków.

stampede [stæm'pi:d] n paniczna ucieczka f; (fig) panika f, popłoch m; **a stampede for tickets** pogoń za biletami.

stance [stæns] n pozycja f; (fig) postawa f, stanowisko nt.

stand [stænd] (pt, pp **stood**) n (COMM: stall) stoisko nt, budka f; (: at exhibition) stoisko nt; (SPORT) sektor m; (piece of furniture) wieszak m, stojak m ♦ vi (be on foot, be placed) stać; (rise) wstawać (wstać perf), powstawać (powstać perf); (remain) pozostawać (pozostać perf) ważnym, zachowywać (zachować perf) aktualność; (in election etc) kandydować ♦ vt (object) stawiać (postawić perf); (person, situation) znosić (znieść perf); **to stand at** (level, score etc) wynosić (wynieść perf); **to make a stand against sth** dawać (dać perf) odpór czemuś; **to stand for parliament** (BRIT) kandydować do parlamentu; **to stand sb a drink/meal** stawiać (postawić perf) komuś drinka/obiad.

►**stand by** vi (be ready) być gotowym or przygotowanym, stać w pogotowiu; (fig) stać (bezczynnie) ♦ vt fus (opinion) podtrzymywać (podtrzymać perf); (person) stawać (stanąć perf) po stronie +gen.

►**stand down** vi ustępować (ustąpić perf), wycofywać się (wycofać się perf).

►**stand for** vt fus (signify) znaczyć, oznaczać; (represent) reprezentować (sobą), przedstawiać (sobą); (tolerate) znosić (znieść perf).

►**stand in for** vt fus zastępować (zastąpić perf).

►**stand out** vi wyróżniać się, rzucać się w oczy.

►**stand up** vi wstawać (wstać perf), powstawać (powstać perf).

►**stand up for** vt fus stawać (stanąć perf) w obronie +gen.

►**stand up to** vt fus (pressure etc) (dobrze) wytrzymywać or znosić +acc; (person) stawiać (stawić perf) czoło +dat.

standard ['stændəd] n (level) poziom m; (norm, criterion) norma f, standard m; (flag) sztandar m ♦ adj (size etc) typowy; (textbook) klasyczny; **standards** npl obyczaje pl.

standardization [stændədaɪ'zeɪʃən] n standaryzacja f, ujednolicenie nt.

standardize ['stændədaɪz] vt standaryzować, ujednolicać (ujednolicić perf).

standard lamp (BRIT) n lampa f stojąca.

standard of living n stopa f życiowa.

stand-by ['stændbaɪ] (also spelled **standby**) n rezerwa f, środek m awaryjny; **on stand-by** w pogotowiu.

stand-in ['stændɪn] n zastępca (-czyni) m(f).

standing ['stændɪŋ] adj stały ♦ n pozycja f (społeczna); **standing ovation** owacja na stojąco.

standing joke n pośmiewisko nt.

standing order (*BRIT*) *n* (*at bank*) zlecenie *nt* stałe.

standing room *n* miejsca *pl* stojące.

stand-offish [stænd'ɔfɪʃ] *adj* sztywny.

standpoint ['stændpɔɪnt] *n* punkt *m* widzenia, stanowisko *nt*.

standstill ['stændstɪl] *n*: **at a standstill** zablokowany; (*fig*) w martwym punkcie; **to come to a standstill** (*traffic*) stanąć (*perf*).

stank [stæŋk] *pt of* **stink**.

stanza ['stænzə] *n* zwrotka *f*.

staple ['steɪpl] *n* (*for papers*) zszywka *f* ♦ *adj* (*food etc*) podstawowy, główny ♦ *vt* zszywać (zszyć *perf*).

stapler ['steɪplə*] *n* zszywacz *m*.

star [stɑ:*] *n* gwiazda *f* ♦ *vt*: **the movie starred Lana Turner** główną rolę w filmie grała Lana Turner ♦ *vi*: **to star in** grać (zagrać *perf*) (jedną z głównych ról) w +*loc*; **the stars** *npl* (*horoscope*) gwiazdy *pl*.

star sign *n* znak *m* Zodiaku.

starch [stɑ:tʃ] *n* (*for clothes*) krochmal *m*; (*CULIN*) skrobia *f*.

stare [stɛə*] *n* spojrzenie *nt* ♦ *vi*: **to stare at** wpatrywać się w +*acc*, gapić się na +*acc* (*pej*).

starfish ['stɑ:fɪʃ] *n* rozgwiazda *f*.

stark [stɑ:k] *adj* (*landscape, simplicity*) surowy ♦ *adv*: **stark naked** zupełnie nagi.

starry ['stɑ:rɪ] *adj* gwiaździsty.

start [stɑ:t] *n* (*beginning*) początek *m*; (*SPORT*) start *m*; (*sudden movement*) poderwanie się *nt*; (*advantage*) fory *pl* ♦ *vt* (*begin*) rozpoczynać (rozpocząć *perf*), zaczynać (zacząć *perf*); (*panic etc*) powodować (spowodować *perf*); (*business etc*) zakładać (założyć *perf*); (*engine*) uruchamiać (uruchomić *perf*) ♦ *vi* (*begin*) rozpoczynać się (rozpocząć się *perf*), zaczynać się (zacząć się *perf*); (*with fright*) wzdrygać się (wzdrygnąć się

perf); (*engine etc*) zaskakiwać (zaskoczyć *perf*); **to start doing** *or* **to do sth** zaczynać (zacząć *perf*) coś robić.

▶**start off** *vi* (*begin*) zaczynać (zacząć *perf*) działać; (*leave*) wyruszać (wyruszyć *perf*).

▶**start up** *vt* (*business etc*) zakładać (założyć *perf*); (*engine, car*) uruchamiać (uruchomić *perf*).

starter ['stɑ:tə*] *n* (*AUT*) rozrusznik *m*; (*SPORT*: *official*) starter *m*; (*BRIT*: *CULIN*) przystawka *f*.

starting point ['stɑ:tɪŋ-] *n* punkt *m* wyjścia.

startle ['stɑ:tl] *vt* zaskakiwać (zaskoczyć *perf*), przestraszać (przestraszyć *perf*).

startling ['stɑ:tlɪŋ] *adj* (*news etc*) zaskakujący.

starvation [stɑ:'veɪʃən] *n* głód *m*.

starve [stɑ:v] *vi* (*be very hungry*) być wygłodzonym; (*to death*) umierać (umrzeć *perf*) *or* ginąć (zginąć *perf*) z głodu ♦ *vt* głodzić (zagłodzić *perf*), morzyć (zamorzyć *perf*) głodem.

state [steɪt] *n* (*condition*) stan *m*; (*government*) państwo *nt* ♦ *vt* oświadczać (oświadczyć *perf*), stwierdzać (stwierdzić *perf*); **the States** *npl* Stany *pl* (Zjednoczone); **to be in a state** być zdenerwowanym; **to get into a state** denerwować się (zdenerwować się *perf*).

stately [ˈsteɪtlɪ] *adj* majestatyczny; **stately home** rezydencja.

statement ['steɪtmənt] *n* oświadczenie *nt*, wypowiedź *f*.

statesman ['steɪtsmən] (*irreg like*: **man**) *n* mąż *m* stanu.

static ['stætɪk] *n* (*RADIO, TV*) zakłócenia *pl* ♦ *adj* statyczny, nieruchomy.

station ['steɪʃən] *n* (*RAIL*) dworzec *m*; (: *small*) stacja *f*; (*also*: **bus station**) dworzec *m* autobusowy;

(*also*: **police station**) posterunek *m*
(policji); (*RADIO*) stacja *f* ♦ *vt*
(*guards etc*) wystawiać (wystawić
perf).

stationary ['steɪʃnərɪ] *adj*
nieruchomy, stały.

stationer's (shop) *n* sklep *m*
papierniczy *or* z artykułami
piśmiennymi.

stationery ['steɪʃnərɪ] *n* artykuły *pl*
piśmienne.

statistic [stə'tɪstɪk] *n* dana *f*
statystyczna (*usu pl*).

statistical [stə'tɪstɪkl] *adj*
statystyczny.

statistics [stə'tɪstɪks] *n* statystyka *f*.

statue ['stætjuː] *n* posąg *m*, statua *f*.

stature ['stætʃə*] *n* postura *f*.

status ['steɪtəs] *n* pozycja *f*, status *m*;
the status quo (istniejący) stan
rzeczy, status quo.

statute ['stætjuːt] *n* ustawa *f*.

statutory ['stætjutrɪ] *adj* ustawowy,
statutowy.

staunch [stɔːntʃ] *adj* zagorzały.

stay [steɪ] *n* pobyt *m* ♦ *vi* pozostawać
(pozostać *perf*), zostawać (zostać
perf); **to stay put** nie ruszać się (z
miejsca); **to stay the night** zostawać
(zostać *perf*) na noc.

►**stay behind** *vi* zostawać (zostać
perf), zaczekać (*perf*).

►**stay in** *vi* zostawać (zostać *perf*) w
domu.

►**stay on** *vi* pozostawać (pozostać
perf).

►**stay out** *vi* (*of house*) pozostawać
(pozostać *perf*) *or* być poza domem.

►**stay up** *vi* nie kłaść się (spać).

steadfast ['stedfɑːst] *adj* (*person*)
niezachwiany.

steadily ['stedɪlɪ] *adv* (*breathe*)
równomiernie, miarowo; (*rise, grow*)
stale; (*look*) bacznie.

steady ['stedɪ] *adj* (*constant*) stały;
(*regular*) równomierny, miarowy;
(*firm*) pewny; (*calm: look*) baczny;

(: *voice*) opanowany; (*person,
character*) solidny ♦ *vt* (*stabilize*)
podtrzymywać (podtrzymać *perf*);
(*nerves*) uspokajać (uspokoić *perf*).

steak [steɪk] *n* stek *m*.

steal [stiːl] (*pt* **stole**, *pp* **stolen**) *vt*
kraść (ukraść *perf*) ♦ *vi* kraść; (*move
secretly*) skradać się.

stealthy ['stelθɪ] *adj* ukradkowy.

steam [stiːm] *n* para *f* (wodna) ♦ *vt*
gotować (ugotować *perf*) na parze ♦
vi parować.

steam engine *n* (*RAIL*) parowóz *m*.

steamer ['stiːmə*] *n* (*ship*) parowiec
m.

steel [stiːl] *n* stal *f* ♦ *adj* stalowy.

steep [stiːp] *adj* (*stair, slope*) stromy;
(*increase*) gwałtowny; (*price*)
wygórowany ♦ *vt* zamaczać
(zamoczyć *perf*).

steeple ['stiːpl] *n* (*ARCHIT*) wieża *f*
strzelista.

steeplechase ['stiːpltʃeɪs] *n* (*on
horse*) długodystansowy wyścig *m* z
przeszkodami; (*on foot*) bieg *m* z
przeszkodami.

steer [stɪə*] *vt* (*vehicle*) kierować
+*instr*; (*boat*) sterować +*instr*;
(*person*) prowadzić (poprowadzić
perf).

steering ['stɪərɪŋ] (*AUT*) *n* układ *m*
kierowniczy.

steering wheel *n* kierownica *f*.

stem [stem] *n* (*of plant*) łodyga *f*; (*of
glass*) nóżka *f* ♦ *vt* tamować
(zatamować *perf*).

►**stem from** *vt fus* mieć swoje
źródło w +*loc*, brać się z +*gen*.

stench [stentʃ] (*pej*) *n* smród *m* (*pej*).

stenographer [ste'nɔgrəfə*] (*US*) *n*
stenografista (-tka) *m(f)*.

step [step] *n* krok *m*; (*of stairs*)
stopień *m* ♦ *vi*: **to step forward/back**
występować (wystąpić *perf*) w
przód/w tył; **steps** *npl* (*BRIT*) =
stepladder; **to march in/out of step**

(with) maszerować w takt/nie w takt (+*gen*).

►**step down** *vi* (*fig*) ustępować (ustąpić *perf*).

►**step on** *vt fus* następować (nastąpić *perf*) na +*acc*.

►**step up** *vt* (*efforts*) wzmagać (wzmóc *perf*); (*pace*) przyśpieszać (przyśpieszyć *perf*).

stepbrother ['stɛpbrʌðə*] *n* brat *m* przyrodni.

stepdaughter ['stɛpdɔːtə*] *n* pasierbica *f*.

stepfather ['stɛpfɑːðə*] *n* ojczym *m*.

stepladder ['stɛplædə*] (*BRIT*) *n* składane schodki *pl*.

stepmother ['stɛpmʌðə*] *n* macocha *f*.

stepsister ['stɛpsɪstə*] *n* siostra *f* przyrodnia.

stepson ['stɛpsʌn] *n* pasierb *m*.

stereo ['stɛrɪəu] *n* zestaw *m* stereo ♦ *adj* stereofoniczny.

stereotype ['stɪərɪətaɪp] *n* stereotyp *m*.

sterile ['stɛraɪl] *adj* (*free from germs*) sterylny, wyjałowiony; (*barren*) bezpłodny.

sterilize ['stɛrɪlaɪz] *vt* (*thing, place*) wyjaławiać (wyjałowić *perf*), sterylizować (wysterylizować *perf*); (*person, animal*) sterylizować (wysterylizować *perf*).

sterling ['stəːlɪŋ] *adj* (*silver*) standardowy ♦ *n* funt *m* szterling.

stern [stəːn] *adj* surowy ♦ *n* rufa *f*.

stethoscope ['stɛθəskəup] *n* słuchawka *f* lekarska, stetoskop *m*.

stew [stjuː] *n* gulasz *m* ♦ *vt* (*meat, vegetables*) dusić (udusić *perf*); (*fruit*) robić (zrobić *perf*) kompot z +*gen*.

steward ['stjuːəd] *n* (*on ship, plane etc*) steward *m*.

stewardess ['stjuədɛs] *n* stewardessa *f*.

stick [stɪk] (*pt, pp* **stuck**) *n* (*of wood*) kij *m*; (: *smaller*) patyk *m*, kijek *m* ♦ *vt* (*with glue etc*) przyklejać (przykleić *perf*); (*inf: put*) wtykać (wetknąć *perf*); (: *tolerate*) wytrzymywać (wytrzymać *perf*); (*thrust*): **to stick sth into** wbijać (wbić *perf*) coś w +*acc* ♦ *vi* (*dough etc*) kleić się, lepić się; (*thought: in mind*) tkwić (utkwić *perf*).

►**stick out** *vi* wystawać.

►**stick up** *vi* sterczeć.

►**stick up for** *vt fus* stawać (stanąć *perf*) w obronie +*gen*.

sticker ['stɪkə*] *n* naklejka *f*.

stick-up ['stɪkʌp] (*inf*) *n* napad *m* z bronią w ręku.

sticky ['stɪkɪ] *adj* (*hands*) lepki; (*tape*) klejący; (*day*) parny.

stiff [stɪf] *adj* sztywny; (*competition*) zacięty; (*penalty*) ciężki; (*drink*) mocny; (*breeze*) silny ♦ *adv*: **bored/scared stiff** śmiertelnie znudzony/przestraszony.

stiffen ['stɪfn] *vi* sztywnieć (zesztywnieć *perf*).

stifle ['staɪfl] *vt* tłumić (stłumić *perf*).

stifling ['staɪflɪŋ] *adj* duszący.

stigma ['stɪgmə] *n* (*of failure etc*) piętno *nt*.

stiletto [stɪ'lɛtəu] (*BRIT*) *n* (*also*: **stiletto heel**) szpilka *f* (*but lub obcas*).

still [stɪl] *adj* (*motionless*) nieruchomy; (*tranquil*) spokojny ♦ *adv* (*up to this time*) nadal, ciągle; (*even, yet*) jeszcze; (*nonetheless*) mimo to.

stillborn ['stɪlbɔːn] *adj* martwo urodzony.

still life *n* martwa natura *f*.

stimulant ['stɪmjulənt] *n* środek *m* pobudzający, stymulant *m*.

stimulate ['stɪmjuleɪt] *vt* (*demand*) pobudzać (pobudzić *perf*), stymulować; (*person*) pobudzać (pobudzić *perf*) do działania, inspirować (zainspirować *perf*).

stimulating ['stɪmjuleɪtɪŋ] *adj* inspirujący, stymulujący.

stimulus ['stɪmjuləs] (*pl* **stimuli**) *n* bodziec *m*.

sting [stɪŋ] (*pt, pp* **stung**) *n* (*wound: of mosquito, snake*) ukąszenie *nt*; (*: of bee, wasp*) użądlenie *nt*; (*: of nettle, jellyfish*) oparzenie *nt*; (*organ*) żądło *nt* ♦ *vt* kłuć (ukłuć *perf*); (*fig*) dotykać (dotknąć *perf*), urazić (*perf*) ♦ *vi* (*bee, wasp*) żądlić; (*mosquito, snake*) kąsać; (*plant, hedgehog*) kłuć; (*nettle, jellyfish*) parzyć; (*eyes, ointment*) szczypać, piec.

stingy ['stɪndʒɪ] (*pej*) *adj* skąpy, sknerowaty.

stink [stɪŋk] (*pt* **stank**, *pp* **stunk**) *n* smród *m* ♦ *vi* śmierdzieć.

stinking ['stɪŋkɪŋ] (*inf*) *adj* (*fig*) parszywy (*inf*).

stir [stə:*] *n* (*fig*) poruszenie *nt* ♦ *vt* (*tea etc*) mieszać (zamieszać *perf*); (*fig: emotions, person*) poruszać (poruszyć *perf*) ♦ *vi* drgać (drgnąć *perf*).

►**stir up** *vt* (*trouble*) wywoływać (wywołać *perf*).

stirrup ['stɪrəp] *n* strzemię *nt*.

stitch [stɪtʃ] *n* (*SEWING*) ścieg *m*; (*KNITTING*) oczko *nt*; (*MED*) szew *m*; (*pain*) kolka *f* ♦ *vt* zszywać (zszyć *perf*).

stock [stɔk] *n* (*supply*) zapas *m*; (*COMM*) zapas *m* towaru; (*AGR*) (żywy) inwentarz *m*; (*CULIN*) wywar *m*; (*descent, origin*) ród *m*; (*FIN*) papiery *pl* wartościowe ♦ *adj* (*reply, excuse*) szablonowy ♦ *vt* mieć na składzie; **stocks and shares** akcje i obligacje; **in stock** na składzie; **out of stock** wyprzedany; **to take stock of** (*fig*) oceniać (ocenić *perf*) +*acc*.

►**stock up** *vi*: **to stock up (with)** robić (zrobić *perf*) zapasy (+*gen*).

stockbroker ['stɔkbrəukə*] *n* makler *m* giełdowy.

stock cube (*BRIT*) *n* kostka *f* bulionowa *or* rosołowa.

stock exchange *n* giełda *f* papierów wartościowych.

stocking ['stɔkɪŋ] *n* pończocha *f*.

stock market (*BRIT*) *n* rynek *m* papierów wartościowych.

stocktaking ['stɔkteɪkɪŋ] (*BRIT*) *n* inwentaryzacja *f*, remanent *m*.

stocky ['stɔkɪ] *adj* krępy.

stoic(al) ['stəuɪk(l)] *adj* stoicki.

stole [stəul] *pt of* **steal**.

stolen ['stəuln] *pp of* **steal**.

stomach ['stʌmək] *n* (*ANAT*) żołądek *m*; (*belly*) brzuch *m* ♦ *vt* (*fig*) trawić (strawić *perf*).

stone [stəun] *n* (*also MED*) kamień *m*; (*pebble*) kamyk *m*, kamyczek *m*; (*in fruit*) pestka *f*; (*BRIT: weight*) 6,35 kg ♦ *adj* kamienny ♦ *vt* (*person*) kamienować (ukamienować *perf*); (*fruit*) drylować (wydrylować *perf*).

stone-deaf ['stəun'dɛf] *adj* głuchy jak pień.

stony ['stəunɪ] *adj* (*ground*) kamienisty; (*fig: silence, face*) kamienny; (*: glance*) lodowaty.

stood [stud] *pt, pp of* **stand**.

stool [stu:l] *n* taboret *m*.

stoop [stu:p] *vi* (*also*: **stoop down**) schylać się (schylić się *perf*); (*walk with a stoop*) garbić się.

stop [stɔp] *n* przystanek *m*; (*also*: **full stop**) kropka *f* ♦ *vt* (*person*) powstrzymywać (powstrzymać *perf*); (*car*) zatrzymywać (zatrzymać *perf*); (*pay*) wstrzymywać (wstrzymać *perf*); (*crime*) zapobiegać (zapobiec *perf*) +*dat* ♦ *vi* (*person*) zatrzymywać się (zatrzymać się *perf*); (*watch, clock*) stawać (stanąć *perf*); (*rain, noise*) ustawać (ustać *perf*); **to come to a stop** zatrzymywać się (zatrzymać się *perf*); **to stop doing sth** przestawać (przestać *perf*) coś robić.

▶**stop by** vi zachodzić (zajść perf),
wpadać (wpaść perf).

stopgap ['stɔpgæp] n (person)
(tymczasowe) zastępstwo nt; (thing)
substytut m.

stopover ['stɔpəuvə*] n przerwa f (w
podróży).

stoppage ['stɔpɪdʒ] n (strike)
przestój m.

stopper ['stɔpə*] n korek m, zatyczka
f.

stopwatch ['stɔpwɔtʃ] n stoper m.

storage ['stɔːrɪdʒ] n przechowywanie
nt, składowanie nt.

store [stɔː*] n (stock) zapasy pl;
(depot) schowek m; (shop: US)
sklep m; (: BRIT) dom m towarowy;
(fig: of patience, understanding)
pokłady pl ♦ vt (information,
medicines, files) przechowywać;
(goods) magazynować; **stores** npl
(provisions) zapasy pl żywności
(podczas ekspedycji, operacji wojskowej
itp); **in store** na przechowaniu; **who
knows what's in store for us?** kto
wie, co nas czeka?

storeroom ['stɔːruːm] n schowek m.

storey ['stɔːrɪ] (US **story**) n piętro nt.

stork [stɔːk] n bocian m.

storm [stɔːm] n (lit, fig) burza f; (at
sea) sztorm m ♦ vi (fig: speak
angrily) grzmieć (zagrzmieć perf) ♦
vt szturmować, przypuszczać
(przypuścić perf) szturm na +acc; **to
take by storm** brać (wziąć perf)
szturmem.

stormy ['stɔːmɪ] adj (weather)
burzowy; (: at sea) sztormowy; (fig)
burzliwy.

story ['stɔːrɪ] n (history) historia f;
(account) opowieść f; (tale)
opowiadanie nt; (lie) historyjka f,
bajka f; (US) = **storey**.

stout [staut] adj (branch) gruby;
(person) tęgi, korpulentny;
(supporter, resistance) niezłomny ♦
n porter m.

stove [stəuv] n (for cooking)
kuchenka f; (for heating) piec m,
piecyk m.

straight [streɪt] adj (line, back, hair)
prosty; (answer) jasny; (choice,
fight) bezpośredni ♦ adv prosto; **to
put** or **get sth straight** (make clear)
wyjaśniać (wyjaśnić perf) coś;
straight away, straight off od razu.

straighten ['streɪtn] vt (skirt, bed)
poprawiać (poprawić perf).

▶**straighten out** vt (fig: problem)
wyjaśniać (wyjaśnić perf); (matters)
porządkować (uporządkować perf).

straightforward [streɪt'fɔːwəd] adj
(simple) prosty; (honest)
prostolinijny.

strain [streɪn] n (pressure)
obciążenie nt; (MED: physical)
nadwerężenie nt; (: mental) stres m;
(of virus) szczep m; (breed) odmiana
f ♦ vt (one's back, resources)
nadwerężać (nadwerężyć perf);
(potatoes etc) cedzić (odcedzić perf)
♦ vi: **to strain to hear/see** wytężać
(wytężyć perf) słuch/wzrok; **strains**
npl (MUS) dźwięki pl.

strained [streɪnd] adj (back, muscle)
nadwerężony; (laugh) wymuszony;
(relations) napięty.

strainer ['streɪnə*] n cedzak m,
durszlak m.

strait [streɪt] n cieśnina f; **straits** npl
(fig): **to be in dire straits** znajdować
się w ciężkich tarapatach.

straitjacket ['streɪtdʒækɪt] n kaftan
m bezpieczeństwa.

strand [strænd] n (of thread, wool)
włókno nt; (of wire) żyła f; (of hair)
kosmyk m.

stranded ['strændɪd] adj: **to be
stranded** (ship) osiąść (perf) na
mieliźnie; (sea creature) zostać
(perf) wyrzuconym na brzeg;
(traveller, holidaymaker) znaleźć się
(perf) w tarapatach (bez pieniędzy,
paszportu itp).

strange [streɪndʒ] adj (unfamiliar) obcy; (odd) dziwny.

strangely ['streɪndʒlɪ] adv dziwnie; see also **enough**.

stranger ['streɪndʒə*] n (unknown person) nieznajomy (-ma) m(f); (from another area) obcy (-ca) m(f).

strangle ['stræŋgl] vt (victim) dusić (udusić perf); (fig: creativity etc) tłamsić (stłamsić perf).

strap [stræp] n (of watch, bag) pasek m; (of slip, dress) ramiączko nt.

strata ['strɑːtə] npl of **stratum**.

stratagem ['strætɪdʒəm] n fortel m.

strategic [strə'tiːdʒɪk] adj strategiczny.

strategy ['strætɪdʒɪ] n strategia f.

stratum ['strɑːtəm] (pl **strata**) n warstwa f.

straw [strɔː] n (dried stalks) słoma f; (for drinking) słomka f; **that's the last straw!** tego już za wiele!

strawberry ['strɔːbərɪ] n truskawka f.

stray [streɪ] adj (animal) bezpański; (bullet) z(a)błąkany; (pieces of information) nie powiązany (ze sobą) ♦ vi (animals) uciekać (uciec perf); (children) błąkać się (zabłąkać się perf); (thoughts) błądzić.

streak [striːk] n smuga f, pasmo nt; (in hair) pasemko nt ♦ vt tworzyć smugi na +loc.

stream [striːm] n (small river) strumień m, potok m; (of people, vehicles, insults) strumień m, potok m; (of smoke) warkocz m; (of questions) seria f.

►**stream down** vi spływać (spłynąć perf).

►**stream out** vi wypływać (wypłynąć perf).

streamlined ['striːmlaɪnd] adj opływowy.

street [striːt] n ulica f.

streetcar ['striːtkɑː*] (US) n tramwaj m.

street lamp n latarnia f uliczna.

streetwise ['striːtwaɪz] (inf) adj cwany (inf).

strength [streŋθ] n (lit, fig) siła f; (of knot etc) wytrzymałość f.

strengthen ['streŋθn] vt (lit, fig) wzmacniać (wzmocnić perf), umacniać (umocnić perf).

strenuous ['strenjuəs] adj (walk, exercise) forsowny; (efforts) wytężony, uparty.

stress [stres] n (applied to object) nacisk m; (internal to object) naprężenie nt; (mental strain) stres m; (emphasis) nacisk m, akcent m ♦ vt akcentować (zaakcentować perf).

stretch [stretʃ] n (of ocean, forest) obszar m; (of water) akwen m; (of road, river, beach) odcinek m ♦ vi (person, animal) przeciągać się (przeciągnąć się perf); (land, area) rozciągać się, ciągnąć się ♦ vt rozciągać (rozciągnąć perf); (fig: job, task) zmuszać (zmusić perf) do wysiłku; **to stretch one's legs** rozprostowywać (rozprostować perf) nogi.

►**stretch out** vi wyciągać się (wyciągnąć się perf) ♦ vt (arm etc) wyciągać (wyciągnąć perf).

stretcher ['stretʃə*] n nosze pl.

stricken ['strɪkən] adj (industry, city) dotknięty or ogarnięty kryzysem; **stricken by** (fear, doubts) ogarnięty +instr; **stricken with** (disease) dotknięty +instr.

strict [strɪkt] adj (severe, firm) surowy; (precise) ścisły.

strictly ['strɪktlɪ] adv (severely) surowo; (exactly) ściśle; (solely) wyłącznie.

stride [straɪd] (pt **strode**, pp **stridden**) n krok m ♦ vi kroczyć.

strident ['straɪdnt] adj (voice, sound) ostry, przenikliwy.

strife [straɪf] n spór m.

strike [straɪk] (pt, pp **struck**) n (of workers) strajk m; (attack) uderzenie *nt* ♦ *vt* (*person, thing*) uderzać (uderzyć *perf*); (*oil etc*) natrafiać (natrafić *perf*) na +*acc*; (*deal*) zawierać (zawrzeć *perf*); (*fig: occur to*) uderzać (uderzyć *perf*) ♦ *vi* (*workers*) strajkować (zastrajkować *perf*); (*illness, snake*) atakować (zaatakować *perf*); (*clock*) bić, wybijać (wybić *perf*) godzinę; (*killer*) uderzać (uderzyć *perf*); **to be on strike** strajkować; **the clock struck eleven** zegar wybił (godzinę) jedenastą; **to strike a match** zapalać (zapalić *perf*) zapałkę.

►**strike down** *vt* powalać (powalić *perf*).

►**strike up** *vt* (*MUS*) zaczynać (zacząć *perf*) grać; (*conversation*) zagajać (zagaić *perf*); (*friendship*) zawierać (zawrzeć *perf*).

striking ['straɪkɪŋ] *adj* (*remarkable*) uderzający.

string [strɪŋ] (*pt, pp* **strung**) *n* (*thin rope*) sznurek *m*; (*of beads, cars, islands*) sznur *m*; (*MUS*) struna *f* ♦ *vt*: **to string together** związywać (związać *perf*) (ze sobą); **the strings** *npl* (*MUS*) smyczki *pl*.

strip [strɪp] *n* (*of paper, cloth*) pasek *m*; (*of land, water*) pas *m* ♦ *vt* (*person*) rozbierać (rozebrać *perf*); (*paint*) zdrapywać (zdrapać *perf*); (*also*: **strip down**: *machine*) rozbierać (rozebrać *perf*) na części ♦ *vi* rozbierać się (rozebrać się *perf*).

stripe [straɪp] *n* pasek *m*; **stripes** *npl* (*MIL, POLICE*) ≈ belki *pl*.

striped [straɪpt] *adj* w paski *post*.

stripper ['strɪpə*] *n* striptizerka *f*.

striptease ['strɪptiːz] *n* striptiz *m*, striptease *m*.

strive [straɪv] (*pt* **strove**, *pp* **striven**) *vi*: **to strive for sth** dążyć do czegoś, starać się coś osiągnąć; **to strive to ...** starać się +*infin*.

strode [strəud] *pt of* **stride**.

stroke [strəuk] *n* (*blow*) raz *m*,

uderzenie *nt*; (*SWIMMING*) styl *m*; (*MED*) udar *m*, wylew *m*; (*of paintbrush*) pociągnięcie *nt* ♦ *vt* głaskać (pogłaskać *perf*); **at a stroke** za jednym zamachem *or* pociągnięciem.

stroll [strəul] *n* spacer *m*, przechadzka *f* ♦ *vi* spacerować, przechadzać się.

stroller ['strəulə*] (*US*) *n* spacerówka *f*.

strong [strɔŋ] *adj* silny, mocny; **50 strong** w sile *or* liczbie 50 ludzi.

stronghold ['strɔŋhəuld] *n* forteca *f*; (*fig*) bastion *m*.

strongly ['strɔŋlɪ] *adv* silnie, mocno; (*defend, advise, argue*) zdecydowanie.

strove [strəuv] *pt of* **strive**.

struck *pt, pp of* **strike**.

structural ['strʌktʃrəl] *adj* (*changes, similarities*) strukturalny; (*defect*) konstrukcyjny.

structure ['strʌktʃə*] *n* struktura *f*; (*building*) konstrukcja *f*.

struggle ['strʌgl] *n* (*fight*) walka *f*; (*effort*) zmaganie się *nt*, borykanie się *nt* ♦ *vi* walczyć; **to struggle to do sth** usiłować coś zrobić.

strung *pt, pp of* **string**.

stub [stʌb] *n* (*of cheque, ticket*) odcinek *m* (kontrolny); (*of cigarette*) niedopałek *m* ♦ *vt*: **to stub one's toe** uderzyć się (*perf*) w palec u nogi.

►**stub out** *vt* (*cigarette*) gasić (zgasić *perf*).

stubble ['stʌbl] *n* (*on field*) ściernisko *nt*; (*on chin*) szczecina *f*.

stubborn ['stʌbən] *adj* (*child*) uparty.

stuck [stʌk] *pt, pp of* **stick** ♦ *adj* zablokowany.

stud [stʌd] *n* (*on clothing*) ćwiek *m*; (*jewellery*) kolczyk *m* (*tzw. wkrętka*); (*on sole of boot*) korek *m*; (*also*: **stud farm**) stadnina *f*; (*also*: **stud horse**) ogier *m* rozpłodowy ♦ *vt*:

studded with (*precious stones*)
nabijany +*instr*; (*stars*) usiany +*instr*.

student ['stju:dənt] *n* (*at university*)
student(ka) *m(f)*, słuchacz(ka) *m(f)*;
(*at school*) uczeń/uczennica *m/f* ♦
cpd studencki.

studio ['stju:dɪəu] *n* (*TV etc*) studio
nt; (*sculptor's etc*) pracownia *f*,
atelier *nt inv*.

studio flat (*US* **studio apartment**)
n ≈ kawalerka *f*.

studiously ['stju:dɪəslɪ] *adv* pilnie,
starannie.

study ['stʌdɪ] *n* (*activity*) nauka *f*;
(*room*) gabinet *m* ♦ *vt* (*subject*)
studiować, uczyć się +*gen*; (*face,
evidence*) studiować (przestudiować
perf) ♦ *vi* studiować, uczyć się;
studies *npl* studia *pl*.

stuff [stʌf] *n* (*thing(s)*) rzeczy *pl*;
(*substance*) coś *nt* ♦ *vt* (*soft toy,
dead animals*) wypychać (wypchać
perf); (*CULIN*) faszerować
(nafaszerować *perf*), nadziewać
(nadziać *perf*); (*inf*: *push*) upychać
(upchnąć *perf*).

stuffing ['stʌfɪŋ] *n* (*in sofa, pillow*)
wypełnienie *nt*; (*CULIN*) farsz *m*,
nadzienie *nt*.

stuffy ['stʌfɪ] *adj* (*room*) duszny;
(*person, ideas*) staroświecki.

stumble ['stʌmbl] *vi* potykać się
(potknąć się *perf*); **to stumble
across** *or* **on** (*fig*) natykać się
(natknąć się *perf*) na +*acc*.

stump [stʌmp] *n* (*of tree*) pniak *m*;
(*of limb*) kikut *m*.

stun [stʌn] *vt* (*news*) oszałamiać
(oszołomić *perf*); (*blow on head*)
ogłuszać (ogłuszyć *perf*).

stung [stʌŋ] *pt*, *pp of* **sting**.

stunk [stʌŋk] *pp of* **stink**.

stunning ['stʌnɪŋ] *adj* (*victory*)
oszałamiający; (*girl, dress*)
uderzająco piękny, zachwycający.

stunted ['stʌntɪd] *adj* (*trees*)

skarłowaciały; (*growth*)
zahamowany.

stuntman ['stʌntmæn] (*irreg like*:
man) *n* kaskader *m*.

stupendous [stju:'pɛndəs] *adj*
zdumiewająco wielki.

stupid ['stju:pɪd] *adj* głupi.

stupidity [stju:'pɪdɪtɪ] *n* głupota *f*.

stupidly ['stju:pɪdlɪ] *adv* głupio.

sturdy ['stɜ:dɪ] *adj* mocny.

stutter ['stʌtə*] *n* jąkanie (się) *nt* ♦ *vi*
jąkać się.

style [staɪl] *n* (*way, attitude*) styl *m*;
(*elegance*) styl *m*, szyk *m*; (*design*)
fason *m*.

stylish ['staɪlɪʃ] *adj* szykowny.

stylistic [staɪ'lɪstɪk] *adj* stylistyczny.

suave [swɑ:v] *adj* uprzedzająco
grzeczny.

subconscious [sʌb'kɔnʃəs] *adj*
podświadomy.

subculture ['sʌbkʌltʃə*] *n*
subkultura *f*.

subdue [səb'dju:] *vt* (*rebels etc*)
ujarzmiać (ujarzmić *perf*);
(*emotions*) tłumić (stłumić *perf*).

subdued [səb'dju:d] *adj* (*light*)
przyćmiony, przytłumiony; (*person*)
przygnębiony.

subject ['sʌbdʒɪkt] *n* (*matter*) temat
m; (*SCOL*) przedmiot *m*; (*of
kingdom*) poddany (-na) *m(f)*; (*LING*)
podmiot *m* ♦ *vt*: **to subject sb to
sth** poddawać (poddać *perf*) kogoś
czemuś; **to be subject to** (*law, tax*)
podlegać +*dat*; (*heart attacks*) być
narażonym na +*acc*.

subjective [səb'dʒɛktɪv] *adj*
subiektywny.

subject matter *n* tematyka *f*, temat *m*.

subjugate ['sʌbdʒugeɪt] *vt* (*people*)
podbijać (podbić *perf*); (*wishes,
desires*) podporządkowywać
(podporządkować *perf*).

sublet [sʌb'lɛt] *vt* podnajmować
(podnająć *perf*).

sublime [sə'blaɪm] adj wzniosły, wysublimowany.

submarine [sʌbmə'riːn] n łódź f podwodna.

submerge [səb'məːdʒ] vt zanurzać (zanurzyć perf) ♦ vi zanurzać się (zanurzyć się perf).

submission [səb'mɪʃən] n (subjection) uległość f, posłuszeństwo nt; (of plan, proposal) przedłożenie nt; (of application) złożenie nt.

submissive [səb'mɪsɪv] adj uległy, posłuszny.

submit [səb'mɪt] vt (proposal) przedkładać (przedłożyć perf); (application, resignation) składać (złożyć perf) ♦ vi: **to submit to sth** poddawać się (poddać się perf) czemuś.

subordinate [sə'bɔːdɪnət] n podwładny (-na) m(f).

subscribe [səb'skraɪb] vi: **to subscribe to** (theory, values) wyznawać +acc; (opinion) podpisywać się pod +instr; (fund, charity) wspierać finansowo +acc, łożyć na +acc; (magazine etc) prenumerować +acc.

subscriber [səb'skraɪbə*] n (to magazine) prenumerator m; (TEL) abonent m.

subscription [səb'skrɪpʃən] n (to magazine etc) prenumerata f.

subsequent ['sʌbsɪkwənt] adj późniejszy.

subsequently ['sʌbsɪkwəntlɪ] adv później.

subside [səb'saɪd] vi (feeling, pain) ustępować (ustąpić perf); (earth) obsuwać się (obsunąć się perf); **the flood subsided** wody powodziowe opadły.

subsidence [səb'saɪdns] n obsuwanie się nt gruntu.

subsidiary [səb'sɪdɪərɪ] adj (question, role) drugorzędny ♦ n (also:

subsidiary company) przedsiębiorstwo nt filialne, filia f.

subsidize ['sʌbsɪdaɪz] vt dotować, subsydiować.

subsidy ['sʌbsɪdɪ] n dotacja f.

subsistence [səb'sɪstəns] n utrzymanie się nt przy życiu, przetrwanie nt.

substance ['sʌbstəns] n substancja f.

substantial [səb'stænʃl] adj (building, meal) solidny; (amount) pokaźny.

substantially [səb'stænʃəlɪ] adv (by a large amount) znacznie; (in essence) z gruntu, zasadniczo.

substantiate [səb'stænʃɪeɪt] vt (confirm) potwierdzać (potwierdzić perf); (prove) udowadniać (udowodnić perf).

substitute ['sʌbstɪtjuːt] n (thing) substytut m; (person): **to be a substitute for** zastępować (zastąpić perf) +acc ♦ vt: **to substitute sth for sth** zastępować (zastąpić perf) coś czymś.

substitution [sʌbstɪ'tjuːʃən] n zastąpienie nt; (FOOTBALL) zmiana f.

subterranean [sʌbtə'reɪnɪən] adj podziemny.

subtitles ['sʌbtaɪtlz] (FILM) npl napisy pl.

subtle ['sʌtl] adj subtelny.

subtlety ['sʌtltɪ] n subtelność f; **subtleties** npl subtelności pl.

subtract [səb'trækt] vt odejmować (odjąć perf).

subtraction [səb'trækʃən] n odejmowanie nt.

subtropical [sʌb'trɔpɪkl] adj podzwrotnikowy, subtropikalny.

suburb ['sʌbəːb] n przedmieście nt; **the suburbs** npl przedmieścia pl, peryferie pl.

suburban [sə'bəːbən] adj (train) podmiejski; (lifestyle) zaściankowy (pej).

subversive [səb'vəːsɪv] adj wywrotowy.

subway ['sʌbweɪ] n (US) metro nt; (BRIT) przejście nt podziemne.

succeed [sək'si:d] vi (plan) powieść się (perf); (person) odnieść (perf) sukces ♦ vt (in job) przejmować (przejąć perf) obowiązki po +loc; (in order) następować (nastąpić perf) po +loc; **did you succeed in finding them?** czy udało ci się ich znaleźć?

succeeding [sək'si:dɪŋ] adj następny.

success [sək'sɛs] n (achievement) sukces m, powodzenie nt; (hit) przebój m; **to be a success** odnieść (perf) sukces.

successful [sək'sɛsful] adj (venture, attempt) udany, pomyślny; (writer) wzięty; **to be successful as** odnosić sukcesy jako +nom; **I was successful in getting the job** udało mi się zdobyć tę pracę.

successfully [sək'sɛsfəlɪ] adv pomyślnie.

succession [sək'sɛʃən] n (of things, events) seria f; (to throne, peerage) sukcesja f; **three years in succession** przez trzy kolejne lata.

successive [sək'sɛsɪv] adj następujący po sobie, kolejny.

successor [sək'sɛsə*] n następca (-czyni) m(f).

succinct [sək'sɪŋkt] adj zwięzły.

succulent ['sʌkjulənt] adj soczysty.

succumb [sə'kʌm] vi (to temptation) ulegać (ulec perf) +dat; (to illness) poddawać się (poddać się perf) +dat.

such [sʌtʃ] adj taki; **such a book** taka książka; **such courage** taka odwaga; **such a lovely day** taki piękny dzień; **such a lot of** tyle or tak dużo +gen; **such as** taki jak +nom; **as such** jako taki.

such-and-such ['sʌtʃənsʌtʃ] adj taki a taki.

suck [sʌk] vt ssać.

sucker ['sʌkə*] n (ZOOL, TECH) przyssawka f; (inf) frajer m (inf).

suction ['sʌkʃən] n ssanie nt.

sudden ['sʌdn] adj nagły; **all of a sudden** nagle.

suddenly ['sʌdnlɪ] adv nagle.

suds [sʌdz] npl mydliny pl.

sue [su:] vt podawać (podać perf) do sądu, zaskarżać (zaskarżyć perf).

suede [sweɪd] n zamsz m.

suffer ['sʌfə*] vt (undergo) doznawać (doznać perf) +gen, doświadczać (doświadczyć perf) +gen; (old: bear, allow) cierpieć (ścierpieć perf) ♦ vi: **your studies are suffering** cierpią na tym twoje studia; **to suffer from** (illness) cierpieć na +acc; (shock) doznawać (doznać perf) +gen.

sufferer ['sʌfərə*] n (MED) cierpiący (-ca) m(f).

suffering ['sʌfərɪŋ] n cierpienie nt.

suffice [sə'faɪs] vi wystarczać (wystarczyć perf).

sufficient [sə'fɪʃənt] adj wystarczający, dostateczny.

sufficiently [sə'fɪʃəntlɪ] adv wystarczająco, dostatecznie.

suffix ['sʌfɪks] n (LING) przyrostek m.

suffocate ['sʌfəkeɪt] vi (have difficulty breathing) dusić się; (die from lack of air) udusić się (perf).

sugar ['ʃugə*] n cukier m ♦ vt słodzić (posłodzić perf).

sugar bowl n cukierniczka f.

sugar cane n trzcina f cukrowa.

suggest [sə'dʒɛst] vt (propose) proponować (zaproponować perf); (indicate) wskazywać na +acc.

suggestion [sə'dʒɛstʃən] n (proposal) propozycja f; (indication) oznaka f.

suggestive [sə'dʒɛstɪv] (pej) adj niedwuznaczny.

suicidal [suɪ'saɪdl] adj (act) samobójczy; (person): **to be or feel suicidal** być w nastroju samobójczym.

suicide ['suɪsaɪd] n (act) samobójstwo nt; (person) samobójca (-czyni) m(f); see also **commit**.

suicide attempt n próba f samobójstwa.

suit [suːt] n (man's) garnitur m, ubranie nt; (woman's) kostium m, garsonka m; (JUR) proces m; (CARDS) kolor m ♦ vt odpowiadać +dat; **to suit sth to** dostosowywać (dostosować perf) coś do +gen; **that colour/hat doesn't suit you** w tym kolorze/kapeluszu nie jest ci do twarzy; **a well suited couple** dobrana para.

suitable ['suːtəbl] adj odpowiedni.

suitably ['suːtəblɪ] adv odpowiednio.

suitcase ['suːtkeɪs] n walizka f.

suite [swiːt] n (in hotel) apartament m; (MUS) suita f; **bedroom/dining room suite** komplet mebli do sypialni/jadalni.

sulfur ['sʌlfə*] (US) n = **sulphur**.

sulfuric [sʌl'fjuərɪk] (US) = **sulphuric**.

sulk [sʌlk] vi dąsać się.

sulky ['sʌlkɪ] adj (child, face) nadąsany.

sullen ['sʌlən] adj ponury.

sulphur ['sʌlfə*] (US **sulfur**) n siarka f.

sultan ['sʌltən] n sułtan m.

sultana [sʌl'tɑːnə] n rodzynka f sułtańska, sułtanka f.

sultry ['sʌltrɪ] adj duszny, parny.

sum [sʌm] n (calculation) obliczenie nt; (result of addition) suma f; (amount) suma f, kwota f.

►**sum up** vt (describe) podsumowywać (podsumować perf) ♦ vi podsumowywać (podsumować perf).

summarize ['sʌməraɪz] vt streszczać (streścić perf).

summary ['sʌmərɪ] n streszczenie nt, skrót m.

summer ['sʌmə*] n lato nt ♦ cpd (dress, school) letni; **in summer** w lecie, latem.

summerhouse ['sʌməhaus] n altana f.

summertime ['sʌmətaɪm] n lato nt, pora f letnia.

summer time n czas m letni.

summing-up [sʌmɪŋ'ʌp] n mowa f podsumowująca (skierowana do przysięgłych).

summit ['sʌmɪt] n (of mountain) szczyt m, wierzchołek m; (also: **summit conference/meeting**) szczyt m.

summon ['sʌmən] vt (police, witness) wzywać (wezwać perf); (meeting) zwoływać (zwołać perf).

►**summon up** vt (strength, energy) zbierać (zebrać perf); (courage) zebrać się (perf) or zdobyć się (perf) na +acc.

sumptuous ['sʌmptjuəs] adj wspaniały, okazały.

sun [sʌn] n słońce nt.

sunbathe ['sʌnbeɪð] vi opalać się.

sunburn ['sʌnbəːn] n oparzenie nt słoneczne.

sunburned ['sʌnbəːnd] adj = **sunburnt**.

sunburnt ['sʌnbəːnt] adj (tanned) opalony; (painfully) spalony (słońcem).

Sunday ['sʌndɪ] n niedziela f.

sundial ['sʌndaɪəl] n zegar m słoneczny.

sundown ['sʌndaun] (esp US) n zachód m (słońca).

sundry ['sʌndrɪ] adj różny, rozmaity.

sunflower ['sʌnflauə*] n słonecznik m.

sung [sʌŋ] pp of **sing**.

sunglasses ['sʌnglɑːsɪz] npl okulary pl (przeciw)słoneczne.

sunk [sʌŋk] pp of **sink**.

sunlight ['sʌnlaɪt] n światło nt słoneczne, słońce nt.

sunlit ['sʌnlɪt] adj nasłoneczniony.

sunny ['sʌnɪ] adj (weather, day, place) słoneczny.

sunrise ['sʌnraɪz] n wschód m (słońca).

sun roof n (AUT) szyberdach m.

sunscreen ['sʌnskri:n] *n* krem *m* z filtrem ochronnym.

sunset ['sʌnset] *n* zachód *m* (słońca).

sunshine ['sʌnʃaɪn] *n* słońce *nt*, (piękna) pogoda *f*.

sunstroke ['sʌnstrəuk] *n* porażenie *nt* słoneczne, udar *m* słoneczny.

suntan ['sʌntæn] *n* opalenizna *f*.

suntan lotion *n* emulsja *f* do opalania.

suntanned ['sʌntænd] *adj* opalony.

super ['su:pə*] (*inf*) *adj* super (*inf*).

superb [su:'pə:b] *adj* pierwszorzędny, znakomity.

superficial [su:pə'fɪʃəl] *adj* powierzchowny.

superficially [su:pə'fɪʃəlɪ] *adv* powierzchownie, z wierzchu.

superfluous [su:pə:fluəs] *adj* zbyteczny.

superimpose ['su:pərɪm'pəuz] *vt* nakładać (nałożyć *perf*).

superintendent [su:pərɪn'tɛndənt] *n* (*of place, activity*) kierownik *m*; (*POLICE*) inspektor *m*.

superior [su'pɪərɪə*] *adj* (*better*) lepszy; (*more senior*) starszy (rangą); (*smug*) wyniosły ♦ *n* przełożony (-na) *m(f)*.

superiority [supɪərɪ'ɔrɪtɪ] *n* wyższość *f*, przewaga *f*.

superlative [su:pə:lətɪv] *n* (*LING*) stopień *m* najwyższy ♦ *adj* doskonały.

superman ['su:pəmæn] (*irreg like*: **man**) *n* superman *m*.

supermarket ['su:pəma:kɪt] *n* supermarket *m*, supersam *m*.

supermodel ['su:pəmɔdl] *n* supermodel(ka) *m(f)*.

supernatural [su:pə'nætʃərəl] *adj* nadprzyrodzony ♦ *n*: **the supernatural** siły *pl* or zjawiska *pl* nadprzyrodzone.

superpower ['su:pəpauə*] *n* supermocarstwo *nt*.

superstition [su:pə'stɪʃən] *n* przesąd *m*, zabobon *m*.

superstitious [su:pə'stɪʃəs] *adj* (*person*) przesądny, zabobonny; (*practices*) zabobonny.

supervise ['su:pəvaɪz] *vt* (*person, activity*) nadzorować; (*children*) pilnować +*gen*.

supervision [su:pə'vɪʒən] *n* nadzór *m*.

supervisor ['su:pəvaɪzə*] *n* (*of workers*) kierownik (-iczka) *m(f)*; (*of students*) opiekun(ka) *m(f)*, promotor(ka) *m(f)*.

supper ['sʌpə*] *n* kolacja *f*.

supplant [sə'plɑ:nt] *vt* wypierać (wyprzeć *perf*), zastępować (zastąpić *perf*).

supple ['sʌpl] *adj* (*person, body*) gibki, giętki; (*leather etc*) miękki, elastyczny.

supplement ['sʌplɪmənt] *n* (*of vitamins etc*) uzupełnienie *nt*, dawka *f* uzupełniająca; (*of book*) suplement *m*; (*of newspaper, magazine*) dodatek *m* ♦ *vt* uzupełniać (uzupełnić *perf*).

supplementary [sʌplɪ'mɛntərɪ] *adj* dodatkowy, uzupełniający.

supplementary benefit (*BRIT: old*) *n* zasiłek *m*.

supplier [sə'plaɪə*] *n* dostawca *m*.

supply [sə'plaɪ] *vt* (*provide, deliver*) dostarczać (dostarczyć *perf*); (*satisfy*) zaspokajać (zaspokoić *perf*) ♦ *n* (*stock*) zapas *m*; (*supplying*) dostawa *f*; **supplies** *npl* dostawy *pl*.

support [sə'pɔ:t] *n* (*moral*) poparcie *m*, wsparcie *nt*; (*financial*) wsparcie *nt*; (*TECH*) podpora *f* ♦ *vt* (*policy*) popierać (poprzeć *perf*); (*family*) utrzymywać (utrzymać *perf*); (*TECH*) podtrzymywać (podtrzymać *perf*), podpierać (podeprzeć *perf*); (*theory*) potwierdzać (potwierdzić *perf*); (*football team etc*) kibicować +*dat*.

supporter [sə'pɔ:tə*] *n* (*POL etc*)

stronnik (-iczka) *m(f)*; (*SPORT*) kibic *m*.

suppose [sə'pəuz] *vt* (*think likely*) sądzić; (*imagine*) przypuszczać; **he is supposed to do it** ma *or* powinien to zrobić; **I suppose so/not** sądzę, że tak/nie.

supposedly [sə'pəuzɪdlɪ] *adv* podobno.

supposing [sə'pəuzɪŋ] *conj* (a) jeśli *or* gdyby, przypuśćmy, że.

suppress [sə'prɛs] *vt* (*revolt, feeling, yawn*) tłumić (stłumić *perf*); (*activities*) zakazywać (zakazać *perf*) +*gen*; (*information*) zatajać (zataić *perf*); (*publication*) zakazywać (zakazać *perf*) rozpowszechniania +*gen*.

suppression [sə'prɛʃən] *n* (*of rights*) odebranie *nt*; (*of activities*) zakaz *m*; (*of information*) zatajenie *nt*; (*of feelings, yawn, revolt*) (s)tłumienie *nt*.

supremacy [su'prɛməsɪ] *n* supremacja *f*.

supreme [su'priːm] *adj* (*in titles*) najwyższy, naczelny; (*effort, achievement*) niezwykły, olbrzymi.

sure [ʃuə*] *adj* (*convinced*) pewny; (*reliable*) niezawodny; **to make sure that** upewniać się (upewnić się *perf*), że *or* czy; **to make sure of sth** upewniać się (upewnić się *perf*) co do czegoś; **sure!** jasne!, pewnie!; **sure enough** rzeczywiście.

surely ['ʃuəlɪ] *adv* z pewnością, na pewno.

surf [səːf] *n* morska piana *f* (*z fal rozbijających się o brzeg lub skały*).

surface ['səːfɪs] *n* powierzchnia *f*; (*of lake, pond*) tafla *f* ♦ *vt* (*road*) pokrywać (pokryć *perf*) (nową) nawierzchnią ♦ *vi* wynurzać się (wynurzyć się *perf*), wypływać (wypłynąć *perf*) (na powierzchnię); (*fig: news, feeling*) pojawiać się (pojawić się *perf*).

surface mail *n* poczta *f* zwykła (*lądowa lub morska*).

surfing ['səːfɪŋ] *n* surfing *m*, pływanie *nt* na desce.

surge [səːdʒ] *n* (*increase*) skok *m*, nagły wzrost *m*; (*fig: of emotion*) przypływ *m* ♦ *vi* (*water*) przelewać się; (*people*) rzucać się (rzucić się *perf*); (*emotion*) wzbierać (wezbrać *perf*).

surgeon ['səːdʒən] *n* chirurg *m*.

surgery ['səːdʒərɪ] *n* (*practice*) chirurgia *f*, (*operation*) operacja *f*; (: *minor*) zabieg *m* (chirurgiczny); (*BRIT*) gabinet *m* (lekarski); (: *also*: **surgery hours**) godziny *pl* przyjęć.

surgical ['səːdʒɪkl] *adj* (*instrument, mask*) chirurgiczny; (*treatment*) chirurgiczny, operacyjny.

surly ['səːlɪ] *adj* opryskliwy.

surmount [səː'maunt] *vt* (*fig: obstacle*) przezwyciężać (przezwyciężyć *perf*).

surname ['səːneɪm] *n* nazwisko *nt*.

surpass [səː'pɑːs] *vt* (*fig*) przewyższać (przewyższyć *perf*).

surplus ['səːpləs] *n* nadwyżka *f* ♦ *adj*: **surplus stock/grain** nadwyżka zapasów/ziarna.

surprise [sə'praɪz] *n* (*unexpected event*) niespodzianka *f*, zaskoczenie *nt*; (*astonishment*) zdziwienie *nt* ♦ *vt* (*astonish*) dziwić (zdziwić *perf*); (*catch unawares*) zaskakiwać (zaskoczyć *perf*).

surprising [sə'praɪzɪŋ] *adj* zaskakujący, niespodziewany.

surprisingly [sə'praɪzɪŋlɪ] *adv* zaskakująco, niespodziewanie.

surrender [sə'rɛndə*] *n* poddanie się *nt* ♦ *vi* poddawać się (poddać się *perf*).

surrogate ['sʌrəgɪt] *n* namiastka *f*, surogat *m*.

surround [sə'raund] *vt* otaczać (otoczyć *perf*).

surrounding [sə'raundɪŋ] *adj* otaczający, okoliczny.

surroundings [sə'raundɪŋz] *npl* otoczenie *nt*, okolica *f*.

surveillance [sə'veɪləns] n inwigilacja f.

survey ['sɜ:veɪ] n (examination: of land) pomiar m; (: of house) oględziny pl, ekspertyza f; (comprehensive view) przegląd m ♦ vt (land) dokonywać (dokonać perf) pomiarów +gen; (house) poddawać (poddać perf) ekspertyzie or oględzinom; (scene, prospects etc) oceniać (ocenić perf), przyglądać się (przyjrzeć się perf) +dat.

surveyor [sə'veɪə*] n (of land) mierniczy m; (of house) rzeczoznawca m budowlany.

survival [sə'vaɪvl] n (state) przetrwanie nt, przeżycie nt; (object) relikt m.

survive [sə'vaɪv] vi (person, animal) przeżyć (perf); (custom etc) przetrwać (perf) ♦ vt przeżyć (perf).

survivor [sə'vaɪvə*] n ocalały m, pozostały m przy życiu.

susceptible [sə'sɛptəbl] adj: **susceptible (to)** (injury, pressure) podatny (na +acc); (heat) wrażliwy (na +acc).

suspect ['sʌspɛkt] adj podejrzany ♦ n podejrzany (-na) m(f) ♦ vt podejrzewać.

suspend [sə'spɛnd] vt (lit, fig) zawieszać (zawiesić perf).

suspenders [sə'spɛndəz] npl (BRIT) podwiązki pl; (US) szelki pl.

suspense [sə'spɛns] n (uncertainty) niepewność f; (in film etc) napięcie nt; **to keep sb in suspense** trzymać kogoś w niepewności.

suspension [sə'spɛnʃən] n zawieszenie nt; (liquid) zawiesina f.

suspension bridge n most m wiszący.

suspicion [sə'spɪʃən] n (distrust) podejrzenie nt; (idea) myśl f.

suspicious [sə'spɪʃəs] adj (suspecting) podejrzliwy; (causing suspicion) podejrzany.

sustain [sə'steɪn] vt (interest etc) podtrzymywać (podtrzymać perf); (injury) odnosić (odnieść perf); (give energy) krzepić (pokrzepić perf).

sustained [sə'steɪnd] adj ciągły, nieprzerwany.

swallow ['swɒləu] n (bird) jaskółka f ♦ vt przełykać (przełknąć perf), połykać (połknąć perf); (fig: story, insult) przełykać (przełknąć perf); (: one's words) odwoływać (odwołać perf); (: one's pride) przezwyciężać (przezwyciężyć perf).

▶**swallow up** vt (savings) pochłaniać (pochłonąć perf); (business) wchłaniać (wchłonąć perf).

swam [swæm] pt of swim.

swamp [swɒmp] n bagno nt, mokradło nt ♦ vt (ship etc) zatapiać (zatopić perf); (fig: with complaints etc) zalewać (zalać perf).

swan [swɒn] n łabędź m.

swap [swɒp] n zamiana f, wymiana f ♦ vt: **to swap (for)** (exchange) zamieniać (zamienić perf) (na +acc); (replace) wymieniać (wymienić perf) (na +acc).

swarm [swɔ:m] n (of bees) rój m; (of people) mrowie nt ♦ vi (bees) roić się; (people) tłoczyć się, iść tłumem.

sway [sweɪ] vi chwiać się (zachwiać się perf), kołysać się (zakołysać się perf) ♦ vt sterować +instr.

swear [swɛə*] (pt **swore**, pp **sworn**) vi (curse) kląć (zakląć perf), przeklinać ♦ vt (promise) przysięgać (przysiąc perf).

swearword ['swɛəwə:d] n przekleństwo nt.

sweat [swɛt] n pot m ♦ vi pocić się (spocić się perf).

sweater ['swɛtə*] n sweter m.

sweatshirt ['swɛtʃə:t] n bluza f.

sweaty ['swɛtɪ] adj (clothes) przepocony; (hands) spocony.

Swede [swi:d] n Szwed(ka) m(f).

swede [swi:d] (*BRIT*) *n* brukiew *f*.
Sweden ['swi:dn] *n* Szwecja *f*.
Swedish ['swi:dɪʃ] *adj* szwedzki ♦ *n*
(język *m*) szwedzki.
sweep [swi:p] (*pt, pp* **swept**) *n* (*act*)
zamiecenie *nt*; (*also*: **chimney**
sweep) kominiarz *m* ♦ *vt* (*brush*)
zamiatać (zamieść *perf*); (*with hand*)
zgarniać (zgarnąć *perf*); (*current*)
znosić (znieść *perf*) ♦ *vi* (*wind*) wiać;
(*hand, arm*) machnąć (*perf*).
►**sweep past** *vi* przemykać
(przemknąć *perf*) (obok).
►**sweep up** *vi* zamiatać (pozamiatać
perf).
sweeping ['swi:pɪŋ] *adj* (*gesture*)
zamaszysty; (*statement*) pochopny.
sweet [swi:t] *n* (*candy*) cukierek *m*;
(*BRIT*: *pudding*) deser *m* ♦ *adj* (*lit,*
fig) słodki; (*kind*) dobry.
sweetcorn ['swi:tkɔ:n] *n* (słodka)
kukurydza *f*.
sweeten ['swi:tn] *vt* słodzić
(posłodzić *perf*).
sweetheart ['swi:tha:t] *n* ukochany
(-na) *m(f)*.
sweetness ['swi:tnɪs] (*amount of*
sugar) słodkość *f*, słodycz *f*;
(*kindness*) słodycz *f*, dobroć *f*.
sweet pea (*BOT*) *n* groszek *m*
pachnący.
swell [swel] (*pt* **swelled**, *pp*
swollen *or* **swelled**) *n* (*of sea*)
fala *f* ♦ *adj* (*US*: *inf*) kapitalny ♦ *vi*
(*increase*) wzrastać (wzrosnąć *perf*);
(*get stronger*) narastać (narosnąć
perf), wzmagać się (wzmóc się *perf*);
(*also*: **swell up**) puchnąć (spuchnąć
perf or opuchnąć *perf*).
swelling ['swelɪŋ] *n* opuchlizna *f*,
obrzęk *m*.
sweltering ['sweltərɪŋ] *adj* upalny,
skwarny.
swept [swept] *pt, pp of* **sweep**.
swerve [swə:v] *vi* (gwałtownie)
skręcać (skręcić *perf*).

swift [swift] *n* jerzyk *m* ♦ *adj* szybki;
(*stream*) wartki, bystry.
swiftly ['swiftlɪ] *adv* szybko.
swim [swim] (*pt* **swam**, *pp* **swum**)
vi płynąć (popłynąć *perf*); (*regularly*
etc) pływać; (*shimmer*) latać przed
oczami ♦ *vt* przepływać (przepłynąć
perf) ♦ *n*: **to go for a swim, to go**
swimming iść (pójść *perf*) popływać.
swimmer ['swimə*] *n* pływak
(-aczka) *m(f)*.
swimming ['swimɪŋ] *n* pływanie *nt*.
swimming cap *n* czepek *m*
(kąpielowy).
swimming costume (*BRIT*) *n*
kostium *m or* strój *m* kąpielowy.
swimming pool *n* basen *m*,
pływalnia *f*.
swimming trunks *npl* kąpielówki *pl*.
swimsuit ['swimsu:t] *n* = **swimming**
costume.
swindle ['swindl] *n* szwindel *m* (*inf*),
kant *m* (*inf*) ♦ *vt* kantować
(okantować *perf*) (*inf*).
swine [swain] (*inf!*) *n* świnia *f* (*inf*).
swing [swiŋ] (*pt, pp* **swung**) *n* (*in*
playground) huśtawka *f*; (*movement*)
kołysanie *nt*; (*in opinions etc*) zwrot
m; (*MUS*) swing *m* ♦ *vt* machać *or*
wymachiwać +*instr* ♦ *vi* kołysać się,
huśtać się; (*also*: **swing round**:
person) obracać się (obrócić się
perf); (: *vehicle*) zawracać (zawrócić
perf); **the party was in full swing**
przyjęcie rozkręciło się na dobre; **to**
swing the car (round) zawracać
(zawrócić *perf*).
swing door (*US* **swinging door**) *n*
drzwi *pl* wahadłowe.
swipecard ['swaipka:d] *n* karta *f*
magnetyczna.
swirl [swə:l] *vi* wirować (zawirować
perf).
swish [swiʃ] *vi* (*tail*) świsnąć (*perf*);
(*curtains*) szeleścić (zaszeleścić *perf*).
Swiss [swis] *adj* szwajcarski ♦ *n inv*
Szwajcar(ka) *m(f)*.

switch [swɪtʃ] n (for light, radio etc)
przełącznik m, wyłącznik m;
(change) zmiana f, zwrot m ♦ vt
(change) zmieniać (zmienić perf).
►**switch off** vt wyłączać (wyłączyć
perf).
►**switch on** vt włączać (włączyć perf).
switchboard ['swɪtʃbɔːd] n centrala f
or łącznica f (telefoniczna).
Switzerland ['swɪtsələnd] n
Szwajcaria f.
swivel ['swɪvl] vi (also: swivel
round) obracać się (obrócić się
perf), okręcać się (okręcić się perf).
swollen ['swəulən] pp of swell.
sword [sɔːd] n miecz m.
swore [swɔː*] pt of swear.
sworn [swɔːn] pp of swear ♦ adj
(statement, evidence) pod przysięgą
post; (enemy) zaprzysięgły.
swum [swʌm] pp of swim.
swung [swʌŋ] pt, pp of swing.
syllable ['sɪləbl] n sylaba f, zgłoska f.
syllabus ['sɪləbəs] n program m or
plan m zajęć.
symbol ['sɪmbl] n symbol m.
symbolic(al) [sɪm'bɔlɪk(l)] adj
symboliczny.
symbolism ['sɪmbəlɪzəm] n
symbolizm m.
symbolize ['sɪmbəlaɪz] vt
symbolizować.
symmetrical [sɪ'mɛtrɪkl] adj
symetryczny.
symmetry ['sɪmɪtrɪ] n symetria f.
sympathetic [sɪmpə'θɛtɪk] adj
(understanding) współczujący;
(likeable) sympatyczny; (supportive)
życzliwy.
sympathize ['sɪmpəθaɪz] vi: to
sympathize with (person)
współczuć +dat; (feelings) podzielać
+acc; (cause) sympatyzować z +instr.
sympathizer ['sɪmpəθaɪzə*] (POL) n
sympatyk (-yczka) m(f).

sympathy ['sɪmpəθɪ] n współczucie
nt; **sympathies** npl sympatie pl; **with
our deepest sympathy** z wyrazami
najgłębszego współczucia; **to come
out in sympathy** przeprowadzać
(przeprowadzić perf) strajk
solidarnościowy.
symphony ['sɪmfənɪ] n symfonia f.
symptom ['sɪmptəm] n objaw m,
symptom m; (fig) oznaka f.
symptomatic [sɪmptə'mætɪk] adj: to
be symptomatic of być przejawem
+gen.
synagogue ['sɪnəgɔg] n synagoga f,
bóżnica f.
synchronize ['sɪŋkrənaɪz] vt
synchronizować (zsynchronizować
perf).
syndicate ['sɪndɪkɪt] n syndykat m.
syndrome ['sɪndrəum] n syndrom m.
synonym ['sɪnənɪm] n synonim m.
synonymous [sɪ'nɔnɪməs] adj (fig):
synonymous (with) równoznaczny
(z +instr).
synopsis [sɪ'nɔpsɪs] (pl **synopses**)
n streszczenie nt.
syntax ['sɪntæks] n składnia f,
syntaksa f.
synthesis ['sɪnθəsɪs] (pl
syntheses) n synteza f.
synthesizer ['sɪnθəsaɪzə*] n
syntezator m.
synthetic [sɪn'θɛtɪk] adj syntetyczny.
syphilis ['sɪfɪlɪs] n kiła f, syfilis m.
syphon ['saɪfən] = siphon.
syringe [sɪ'rɪndʒ] n strzykawka f.
syrup ['sɪrəp] n syrop m; (also:
golden syrup) przesycony roztwór
cukrów używany do celów
spożywczych.
system ['sɪstəm] n (organization,
method) system m; (body) organizm
m; (ANAT) układ m.
systematic [sɪstə'mætɪk] adj
systematyczny.

T

ta [tɑ:] (*BRIT: inf*) *excl* dzięki (*inf*).

tab [tæb] *n abbr* = **tabulator**; **to keep tabs on sb/sth** (*fig*) mieć kogoś/coś na oku.

table ['teɪbl] *n* (*furniture*) stół *m*; (*MATH, CHEM etc*) tabela *f*, tablica *f* ♦ *vt* (*BRIT: motion etc*) przedstawiać (przedstawić *perf*); **to lay** *or* **set the table** nakrywać (nakryć *perf*) do stołu.

tablecloth ['teɪblklɔθ] *n* obrus *m*.

tablemat ['teɪblmæt] *n* (*for plate*) serwetka *f*; (*for hot dish*) podkładka *f*.

table of contents *n* spis *m* treści.

table salt *n* sól *f* kuchenna.

tablespoon ['teɪblspu:n] *n* łyżka *f* stołowa.

tablet ['tæblɪt] *n* (*MED*) tabletka *f*.

table tennis *n* tenis *m* stołowy.

tabloid ['tæblɔɪd] *n* ≈ brukowiec *m* (*pej*); **the tabloids** ≈ prasa brukowa.

taboo [tə'bu:] *n* tabu *nt* ♦ *adj* zakazany, tabu *post*.

tacit ['tæsɪt] *adj* milczący.

taciturn ['tæsɪtə:n] *adj* małomówny.

tack [tæk] *n* pinezka *f* ♦ *vt* (*nail*) przypinać (przypiąć *perf*) (pinezkami); (*stitch*) fastrygować (sfastrygować *perf*) ♦ *vi* (*NAUT*) halsować; **to change tack** (*fig*) zmieniać (zmienić *perf*) kurs.

tackle ['tækl] *n* (*for fishing*) sprzęt *m* wędkarski; (*for lifting*) wyciąg *m* (wielokrążkowy); (*FOOTBALL, RUGBY*) zablokowanie *nt* ♦ *vt* (*deal with, challenge*) stawiać (stawić *perf*) czoło +*dat*; (*grapple with*) podejmować (podjąć *perf*) walkę z +*instr*; (*FOOTBALL, RUGBY*) blokować (zablokować *perf*).

tacky ['tækɪ] *adj* (*sticky*) lepki; (*pej*) tandetny (*pej*).

tact [tækt] *n* takt *m*.

tactful ['tæktful] *adj* taktowny.

tactical ['tæktɪkl] *adj* taktyczny.

tactics ['tæktɪks] *npl* taktyka *f*.

tactless ['tæktlɪs] *adj* nietaktowny.

tadpole ['tædpəul] *n* kijanka *f*.

tag [tæg] *n* (*price*) metka *f*; (*airline*) przywieszka *f*.

tail [teɪl] *n* (*of animal, plane*) ogon *m*; (*of shirt, coat*) pola *f* ♦ *vt* śledzić; **tails** *npl* frak *m*.

tailback ['teɪlbæk] (*BRIT*) *n* korek *m* (*uliczny*).

tailgate ['teɪlgeɪt] *n* (*AUT*) tylna klapa *f*.

tailor ['teɪlə*] *n* krawiec *m* męski.

tailor-made ['teɪlə'meɪd] *adj* (*suit*) szyty) na miarę; (*fig: part in play, person for job*) wymarzony.

tailwind ['teɪlwɪnd] *n* wiatr *m* w plecy.

tainted ['teɪntɪd] *adj* (*food, air*) skażony, zanieczyszczony; (*fig: reputation*) zbrukany, nadszarpnięty.

take [teɪk] (*pt* **took**, *pp* **taken**) *vt* (*shower, holiday*) brać (wziąć *perf*); (*photo*) robić (zrobić *perf*); (*decision*) podejmować (podjąć *perf*); (*steal*) zabierać (zabrać *perf*); (*courage, time*) wymagać +*gen*; (*pain etc*) znosić (znieść *perf*); (*passengers, spectators etc*) mieścić (pomieścić *perf*); (*accompany: person*) zabierać (zabrać *perf*); (*carry, bring: object*) brać (wziąć *perf*), zabierać (zabrać *perf*); (*exam, test*) zdawać, podchodzić (podejść *perf*) do +*gen*; (*drug, pill etc*) brać (wziąć *perf*), zażywać (zażyć *perf*); **to take sth from** wyjmować (wyjąć *perf*) coś z +*gen*; **I take it (that)** zakładam (, że); **it won't take long** to nie potrwa długo.

▶**take after** *vt fus* przypominać +*acc*, być podobnym do +*gen*.

▶**take apart** *vt* rozbierać (rozebrać *perf*) (na części).

▶**take away** *vt* (*remove*) odbierać (odebrać *perf*); (*carry off*) wynosić (wynieść *perf*); (*MATH*) odejmować (odjąć *perf*).

►**take back** *vt* (*goods*) zwracać (zwrócić *perf*); (*one's words*) cofać (cofnąć *perf*), odwoływać (odwołać *perf*).

►**take down** *vt* (*write down*) notować (zanotować *perf*), zapisywać (zapisać *perf*).

►**take in** *vt* (*deceive*) oszukiwać (oszukać *perf*); (*understand*) przyjmować (przyjąć *perf*) do wiadomości; (*include*) wchłaniać (wchłonąć *perf*); (*lodger*) brać (wziąć *perf*).

►**take off** *vi* (*AVIAT*) startować (wystartować *perf*); (*go away*) wybrać się *(perf)* ♦ *vt* (*clothes*) zdejmować (zdjąć *perf*); (*make-up*) usuwać (usunąć *perf*).

►**take on** *vt* (*work, responsibility, employee*) przyjmować (przyjąć *perf*); (*competitor*) stawać (stanąć *perf*) do współzawodnictwa z +*instr*.

►**take out** *vt* (*person*) zapraszać (zaprosić *perf*) (*do lokalu*); (*tooth*) usuwać (usunąć *perf*); (*licence*) uzyskiwać (uzyskać *perf*); **to take sth out of sth** wyjmować (wyjąć *perf*) coś z czegoś; **don't take it out on me!** nie odgrywaj się na mnie!

►**take over** *vt* (*business*) przejmować (przejąć *perf*); (*country*) zajmować (zająć *perf*) ♦ *vi*: **to take over from sb** przejmować (przejąć *perf*) od kogoś obowiązki, zastępować (zastąpić *perf*) kogoś.

►**take to** *vt fus* polubić (*perf*).

►**take up** *vt* (*hobby, sport*) zainteresować się *(perf)* or zająć się *(perf)* +*instr*; (*post*) obejmować (objąć *perf*); (*idea, suggestion*) podejmować (podjąć *perf*), podchwytywać (podchwycić *perf*); (*time, space*) zajmować (zająć *perf*), zabierać (zabrać *perf*); **to take sb up on an offer/invitation** skorzystać

(perf) z czyjejś propozycji/czyjegoś zaproszenia.

takeaway ['teɪkəweɪ] (*BRIT*) *n* (*food*) dania *pl* na wynos; (*shop, restaurant*) restauracja specjalizująca się w daniach na wynos.

takeoff ['teɪkɔf] (*AVIAT*) *n* start *m*.

takeout ['teɪkaut] (*US*) *n* = **takeaway**.

takeover ['teɪkəuvə*] *n* (*COMM*) przejęcie *nt*.

takings ['teɪkɪŋz] (*COMM*) *npl* wpływy *pl*.

talc [tælk] *n* talk *m*.

tale [teɪl] *n* (*story*) baśń *f*, opowieść *f*; (*account*) historia *f*; **to tell tales** skarżyć.

talent ['tælnt] *n* talent *m*.

talented ['tæləntɪd] *adj* utalentowany, uzdolniony.

talk [tɔːk] *n* (*prepared speech*) wykład *m*; (: *non-academic*) pogadanka *f*; (*conversation*) rozmowa *f*; (*gossip*) plotki *pl* ♦ *vi* (*speak*) mówić; (*gossip*) gadać (*inf*); (*chat*) rozmawiać; **talks** *npl* (*POL etc*) rozmowy *pl*; **to talk about** mówić *or* rozmawiać o +*loc*; **to talk sb into doing sth** namówić (*perf*) kogoś do zrobienia czegoś; **to talk sb out of doing sth** wyperswadować *(perf)* komuś zrobienie czegoś; **to talk shop** rozmawiać o sprawach zawodowych.

►**talk over** *vt* omawiać (omówić *perf*).

talkative ['tɔːkətɪv] *adj* rozmowny.

talk show *n* talk show *m*.

tall [tɔːl] *adj* wysoki; **to be 6 feet tall** mieć 6 stóp (wzrostu).

tambourine [tæmbə'riːn] *n* tamburyn *m*.

tame [teɪm] *adj* (*animal*) oswojony; (*fig: story, performance*) ugłaskany.

tamper ['tæmpə*] *vi*: **to tamper with sth** majstrować przy czymś.

tampon ['tæmpɔn] *n* tampon *m*.

tan [tæn] *n* (*also:* **suntan**) opalenizna *f* ♦ *vi* opalać się (opalić się *perf*) ♦ *adj* jasnobrązowy.

tandem ['tændəm] *n* (*cycle*) tandem *m*; **in tandem (with)** w parze (z +*instr*).

tang [tæŋ] *n* (*flavour*) posmak *m*; (*smell*) intensywny zapach *m*.

tangent ['tændʒənt] *n* tangens *m*.

tangerine [tændʒə'ri:n] *n* (*fruit*) mandarynka *f*.

tangible ['tændʒəbl] *adj* namacalny.

tangle ['tæŋgl] *n* plątanina *f*, gąszcz *m*; (*fig*) mętlik *m*; **to be/get in a tangle** plątać się/zaplątać się (*perf*).

tank [tæŋk] *n* (*for water, petrol*) zbiornik *m*; (*also:* **fish tank**) akwarium *nt*; (*MIL*) czołg *m*.

tanker ['tæŋkə*] *n* (*ship*) tankowiec *m*; (*truck*) samochód *m* cysterna *f*.

tanned [tænd] *adj* opalony.

tantamount ['tæntəmaunt] *adj*: **tantamount to** równoznaczny z +*instr*.

tantrum ['tæntrəm] *n* napad *m* złości.

tap [tæp] *n* (*on sink*) kran *m*; (*gas tap*) zawór *m*, kurek *m*; (*gentle blow*) klepnięcie *nt* ♦ *vt* (*hit gently*) klepać (klepnąć *perf*); (*exploit: resources etc*) wykorzystywać (wykorzystać *perf*); **on tap** (*fig: resources, information*) dostępny; **to tap sb's telephone** zakładać (założyć *perf*) u kogoś podsłuch.

tape [teɪp] *n* (*also:* **magnetic tape**) taśma *f* (magnetyczna); (*cassette*) kaseta *f*; (*also:* **sticky tape**) taśma *f* klejąca; (*for tying*) tasiemka *f* ♦ *vt* (*record, conversation*) nagrywać (nagrać *perf*); (*stick*) przyklejać (przykleić *perf*) (*taśmą*).

tape measure *n* centymetr *m* (*miara*).

taper ['teɪpə*] *n* długa cienka świeca *f* ♦ *vi* zwężać się (ku dołowi).

tape recorder *n* magnetofon *m*.

tapestry ['tæpɪstrɪ] *n* gobelin *m*.

tar [tɑ:] *n* smoła *f*.

target ['tɑ:gɪt] *n* cel *m*; (*fig*) obiekt *m*.

tariff ['tærɪf] *n* (*on goods*) taryfa *f* celna; (*BRIT: in hotel etc*) cennik *m*.

tarmac ['tɑ:mæk] *n* ® (*BRIT*) ≈ asfalt *m*; (*AVIAT*): **on the tarmac** w kolejce do startu.

tarpaulin [tɑ:'pɔ:lɪn] *n* brezent *m*.

tarragon ['tærəgən] *n* estragon *m*.

tart [tɑ:t] *n* tarta *f* (*z owocami, dżemem itp*); (*BRIT: inf*) dziwka *f* (*inf, pej*) ♦ *adj* cierpki.

tartan ['tɑ:tn] *n* tartan *m* ♦ *adj* w szkocką kratę *post*.

tartar ['tɑ:tə*] *n* kamień *m* (nazębny).

task [tɑ:sk] *n* zadanie *nt*; **to take sb to task** udzielać (udzielić *perf*) komuś nagany.

taste [teɪst] *n* (*lit, fig: flavour*) smak *m*; (*sense*) smak *m*, zmysł *m* smaku; (*sample*) odrobina *f* na spróbowanie ♦ *vt* (*get flavour of*) czuć (poczuć *perf*) smak +*gen*; (*test*) próbować (spróbować *perf*) *or* kosztować (skosztować *perf*) +*gen* ♦ *vi*: **to taste of** *or* **like sth** smakować jak coś; **you can taste the garlic (in it)** czuć w tym czosnek; **to be in good/bad taste** być w dobrym/złym guście.

tasteful ['teɪstful] *adj* gustowny.

tasteless ['teɪstlɪs] *adj* (*food*) bez smaku *post*; (*remark, joke*) niesmaczny; (*furnishings*) niegustowny.

tasty ['teɪstɪ] smaczny.

tatters ['tætəz] *npl*: **in tatters** w strzępach.

tattoo [tə'tu:] *n* (*on skin*) tatuaż *m*; (*spectacle*) capstrzyk *m* ♦ *vt*: **to tattoo sth on sth** tatuować (wytatuować *perf*) coś na czymś.

taught [tɔ:t] *pt, pp of* **teach**.

taunt [tɔ:nt] *n* drwina *f* ♦ *vt* szydzić *or* drwić z +*gen*.

Taurus ['tɔ:rəs] *n* Byk *m*.

taut [tɔ:t] *adj* napięty, naprężony.

tavern ['tævən] *n* tawerna *f*.

tax [tæks] *n* podatek *m* ♦ *vt*

opodatkowywać (opodatkować *perf*); (*fig*) wystawiać (wystawić *perf*) na próbę.

taxable ['tæksəbl] *adj* podlegający opodatkowaniu.

taxation [tæk'seɪʃən] *n* (*system*) opodatkowanie *nt*; (*money paid*) podatki *pl*.

tax-free ['tæksfriː] *adj* wolny od podatku.

taxi ['tæksɪ] *n* taksówka *f*, taxi *nt inv* ♦ *vi* (*AVIAT*) kołować.

taxi driver *n* taksówkarz *m*.

taxi rank (*BRIT*) *n* postój *m* taksówek.

taxpayer ['tækspeɪə*] *n* podatnik (-iczka) *m(f)*.

tax relief *n* ulga *f* podatkowa.

tax return *n* zeznanie *nt* podatkowe, deklaracja *f* podatkowa.

TB *n abbr* = **tuberculosis**.

tea [tiː] *n* (*drink, plant*) herbata *f*; (*BRIT: also*: **high tea**) (późny) obiad *m*, obiadokolacja *f*; (: *also*: **afternoon tea**) podwieczorek *m*.

tea bag *n* torebka *f* herbaty ekspresowej.

tea break (*BRIT*) *n* przerwa *f* na herbatę.

teach [tiːtʃ] (*pt* **taught**) *vt* (*pupils*) uczyć; (*subject*) uczyć *or* nauczać +*gen*; (*instruct*): **to teach sb sth**, **teach sth to sb** uczyć (nauczyć *perf*) kogoś czegoś ♦ *vi* uczyć.

teacher ['tiːtʃə*] *n* nauczyciel(ka) *m(f)*.

teaching ['tiːtʃɪŋ] *n* nauczanie *nt*, uczenie *nt*.

teacup ['tiːkʌp] *n* filiżanka *f* do herbaty.

team [tiːm] *n* (*of people, experts*) zespół *m*; (*SPORT*) drużyna *f*; (*of horses, oxen*) zaprzęg *m*.

teamwork ['tiːmwəːk] *n* praca *f* zespołowa.

teapot ['tiːpɔt] *n* dzbanek *m* do herbaty.

tear[1] [tɛə*] (*pt* **tore**, *pp* **torn**) *n* rozdarcie *nt*, dziura *f* ♦ *vt* drzeć (podrzeć *perf*) ♦ *vi* drzeć się (podrzeć się *perf*).

►**tear up** *vt* (*sheet of paper, cheque*) drzeć (podrzeć *perf*).

tear[2] [tɪə*] *n* łza *f*; **in tears** we łzach.

tearful ['tɪəful] *adj* zapłakany.

tear gas *n* gaz *m* łzawiący.

tearoom ['tiːruːm] *n* = **teashop**.

tease [tiːz] *vt* dokuczać +*dat* ♦ *n* kpiarz *m*.

tea set *n* serwis *m* do herbaty.

teashop ['tiːʃɔp] (*BRIT*) *n* herbaciarnia *f*.

teaspoon ['tiːspuːn] *n* łyżeczka *f* (do herbaty).

teat [tiːt] *n* (*on bottle*) smoczek *m*.

teatime ['tiːtaɪm] *n* pora *f* podwieczorku.

tea towel (*BRIT*) *n* ścier(ecz)ka *f* do naczyń.

technical ['tɛknɪkl] *adj* (*advances*) techniczny; (*terms, language*) techniczny, fachowy.

technical college (*BRIT*) *n* ≈ technikum *nt*.

technicality [tɛknɪ'kælɪtɪ] *n* (*detail*) szczegół *m* techniczny; (*point of law*) szczegół *m* (prawny).

technically ['tɛknɪklɪ] *adv* (*strictly speaking*) formalnie rzecz biorąc; (*regarding technique: of dancer, musician*) technicznie, z technicznego punktu widzenia; (: *of painter, actor*) warsztatowo, pod względem warsztatu.

technician [tɛk'nɪʃən] *n* technik *m*.

technique [tɛk'niːk] *n* technika *f*.

technological [tɛknə'lɔdʒɪkl] *adj* techniczny.

technology [tɛk'nɔlədʒɪ] *n* technika *f*.

teddy (bear) ['tɛdɪ(-)] *n* (pluszowy) miś *m*.

tedious ['tiːdɪəs] *adj* nużący.

teem [tiːm] *vi*: **the museum was teeming with tourists/visitors** w muzeum roiło się od turystów/zwiedzających.

teenage ['tiːneɪdʒ] adj (fashions) młodzieżowy; (children) nastoletni.

teenager ['tiːneɪdʒə*] n nastolatek (-tka) m(f).

teens [tiːnz] npl: **to be in one's teens** być nastolatkiem (-ką) m(f).

tee-shirt ['tiːʃəːt] n = T-shirt.

teeth [tiːθ] npl of tooth.

teethe [tiːð] vi: **she's teething** ząbkuje, wyrzynają jej się ząbki.

teething ring ['tiːðɪŋ-] n gryzak m.

teetotal ['tiːˈtəutl] adj niepijący.

teetotaller ['tiːˈtəutlə*] (US **teetotaler**) n abstynent(ka) m(f), niepijący (-ca) m(f).

telecommunications ['tɛlɪkəmjuːnɪˈkeɪʃənz] n telekomunikacja f.

telegram ['tɛlɪgræm] n telegram m.

telegraph ['tɛlɪgrɑːf] n telegraf m.

telepathy [təˈlɛpəθɪ] n telepatia f.

telephone ['tɛlɪfəun] n telefon m ♦ vt telefonować (zatelefonować perf) or dzwonić (zadzwonić perf) do +gen ♦ vi telefonować (zatelefonować perf), dzwonić (zadzwonić perf); **to be on the telephone** (talking) rozmawiać przez telefon; (possess phone) mieć telefon.

telephone booth (BRIT **telephone box**) n budka f telefoniczna.

telephone call n rozmowa f telefoniczna; **there was a telephone call for you** był do ciebie telefon; **can I make a telephone call?** czy mogę zatelefonować?

telephone directory n książka f telefoniczna.

telescope ['tɛlɪskəup] n teleskop m.

television ['tɛlɪvɪʒən] n (set) telewizor m; (system, business) telewizja f; **to be on television** (person) występować (wystąpić perf) w telewizji; **what's on television**

tonight? co jest dziś wieczorem w telewizji?

television set n telewizor m.

telex ['tɛlɛks] n teleks m ♦ vt (message) przesyłać (przesłać perf) teleksem; (company) teleksować (zateleksować perf) do +gen.

tell [tɛl] (pt **told**) vt (say) mówić (powiedzieć perf); (relate) opowiadać (opowiedzieć perf); (distinguish): **to tell sth from sth** odróżniać (odróżnić perf) coś od czegoś ♦ vi: **to tell on** (affect) odbijać się (odbić się perf) na +loc; **to tell sb to do sth** kazać (kazać perf) komuś coś zrobić; **to tell sb of** or **about sth** (inform) mówić (powiedzieć perf) komuś o czymś; (at length) opowiadać (opowiedzieć perf) komuś o czymś; **(I) tell you what ...** wiesz co, ...

▶**tell off** vt besztać (zbesztać perf).

teller ['tɛlə*] n (in bank) kasjer(ka) m(f).

telling ['tɛlɪŋ] adj (revealing) wymowny, wiele mówiący; (significant) znaczący.

telly ['tɛlɪ] (BRIT: inf) n abbr = television.

temper ['tɛmpə*] n (nature) usposobienie nt; (mood) nastrój m, humor m; (fit of anger) gniew m ♦ vt (moderate) łagodzić (złagodzić perf); **to be in a temper** być rozdrażnionym; **to lose one's temper** tracić (stracić perf) panowanie nad sobą.

temperament ['tɛmprəmənt] n temperament m, usposobienie nt.

temperamental [tɛmprəˈmɛntl] adj (person) zmienny, (łatwo) ulegający nastrojom; (fig: car, machine) kapryśny.

temperate ['tɛmprət] adj umiarkowany.

temperature ['tɛmprətʃə*] n

temperatura *f*; **to have** *or* **run a temperature** mieć gorączkę.

tempest ['tɛmpɪst] *n* burza *f*.

tempi ['tɛmpi:] *npl of* **tempo**.

temple ['tɛmpl] *n* (*building*) świątynia *f*; (*ANAT*) skroń *f*.

tempo ['tɛmpəu] (*pl* **tempos** *or* **tempi**) *n* tempo *nt*.

temporarily ['tɛmpərərɪlɪ] *adv* (*stay, accommodate*) tymczasowo, chwilowo.

temporary ['tɛmpərərɪ] *adj* tymczasowy.

tempt [tɛmpt] *vt* (*attract*) kusić (skusić *perf*); (: *client, customer*) przyciągać (przyciągnąć *perf*); (*persuade*): **to tempt sb to do sth/into doing sth** nakłaniać (nakłonić *perf*) kogoś do zrobienia czegoś; **to be tempted to do sth** mieć (wielką) ochotę coś (z)robić.

temptation [tɛmp'teɪʃən] *n* pokusa *f*.

tempting ['tɛmptɪŋ] *adj* kuszący.

ten [tɛn] *num* dziesięć.

tenacity [tə'næsɪtɪ] *n* upór *m*, nieustępliwość *f*.

tenancy ['tɛnənsɪ] *n* dzierżawa *f*, najem *m*.

tenant ['tɛnənt] *n* (*of land, property*) dzierżawca *m*, najemca *m*; (*of flat*) najemca *m*, lokator(ka) *m(f)*; (*of room*) sublokator(ka) *m(f)*.

tend [tɛnd] *vt* (*crops*) uprawiać; (*sick person*) doglądać +*gen* ♦ *vt*: **I tend to wake up early** mam zwyczaj budzić się *or* zwykle budzę się wcześnie.

tendency ['tɛndənsɪ] *n* (*inclination*) skłonność *f*; (*habit*) zwyczaj *m*; (*trend*) tendencja *f*.

tender ['tɛndə*] *adj* (*affectionate*) czuły; (*sore*) obolały; (*meat*) miękki, kruchy ♦ *n* (*COMM*) oferta *f*; (*money*): **legal tender** środek *m* płatniczy ♦ *vt* (*offer, resignation*) składać (złożyć *perf*).

tenderness ['tɛndənɪs] *n* (*affection*) czułość *f*; (*of meat*) miękkość *f*, kruchość *f*.

tendon ['tɛndən] *n* ścięgno *nt*.

tenement ['tɛnəmənt] *n* kamienica *f* czynszowa.

tennis ['tɛnɪs] *n* tenis *m*.

tenor ['tɛnə*] *n* (*MUS*) tenor *m*.

tense [tɛns] *adj* (*person*) spięty; (*situation, atmosphere*) napięty; (*muscle*) napięty, naprężony; (*smile*) nerwowy ♦ *n* (*LING*) czas *m*.

tension ['tɛnʃən] *n* (*nervousness*) napięcie *nt*; (*between ropes etc*) naprężenie *nt*, napięcie *nt*.

tent [tɛnt] *n* namiot *m*.

tentacle ['tɛntəkl] *n* (*ZOOL: of octopus*) macka *f*; (: *of snail*) czułek *m*; (*fig: of organization*) macka *f*; (: *of idea, class background*) okowa *f* (*usu pl*).

tentative ['tɛntətɪv] *adj* (*conclusion, plans*) wstępny; (*person, step, smile*) niepewny.

tentatively ['tɛntətɪvlɪ] *adv* (*suggest*) wstępnie; (*wave, smile*) niepewnie.

tenth [tɛnθ] *num* dziesiąty.

tenuous ['tɛnjuəs] *adj* (*hold, links etc*) słaby.

tenure ['tɛnjuə*] *n* (*of land, buildings*) tytuł *m* własności; (*holding of office*) urzędowanie *nt*; (*period in office*) kadencja *f*.

tepid ['tɛpɪd] *adj* letni.

term [tə:m] *n* (*word*) termin *m*; (*expression*) określenie *nt*; (*period in power*) kadencja *f*; (*SCOL*) ≈ semestr *m* ♦ *vt* nazywać (nazwać *perf*); **terms** *npl* warunki *pl*; **in economic/political terms** w kategoriach ekonomicznych/ politycznych; **in terms of** (*as regards*) pod względem +*gen*; **in the short/long term** na krótką/dłuższą metę; **to be on good terms with sb** być z kimś w dobrych stosunkach; **to come to terms with** godzić się (pogodzić się *perf*) z +*instr*.

terminal ['tə:mɪnl] adj (disease) nieuleczalny; (patient) nieuleczalnie chory ♦ n (ELEC) końcówka f, przyłącze nt; (COMPUT) terminal m; (also: **air terminal**) terminal m lotniczy; (BRIT: also: **bus terminal**) pętla f autobusowa.

terminate ['tə:mɪneɪt] vt (discussion) zakańczać (zakończyć perf); (pregnancy) przerywać (przerwać perf); (contract) rozwiązywać (rozwiązać perf).

terminology [tə:mɪ'nɔlədʒɪ] n terminologia f.

terminus ['tə:mɪnəs] (pl **termini**) n (for buses) przystanek m końcowy; (for trains) stacja f końcowa.

terrace ['tɛrəs] n (on roof, of garden) taras m; (next to house) patio nt; (BRIT: houses) szereg przylegających do siebie domków jednorodzinnych; **the terraces** (BRIT: SPORT) npl trybuny pl stojące.

terraced ['tɛrəst] adj (house) szeregowy; (garden) tarasowy.

terrain [tɛ'reɪn] n teren m.

terrible ['tɛrɪbl] adj straszny, okropny; (inf: awful) okropny.

terribly ['tɛrɪblɪ] adv strasznie, okropnie.

terrier ['tɛrɪə*] n terier m.

terrific [tə'rɪfɪk] adj (very great: thunderstorm) straszny, okropny; (: speed etc) zawrotny; (wonderful) wspaniały.

terrify ['tɛrɪfaɪ] vt przerażać (przerazić perf); **to be terrified** być przerażonym.

territorial [tɛrɪ'tɔ:rɪəl] adj terytorialny.

territory ['tɛrɪtərɪ] n terytorium nt; (fig) teren m.

terror ['tɛrə*] n przerażenie nt, paniczny strach m.

terrorism ['tɛrərɪzəm] n terroryzm m.

terrorist ['tɛrərɪst] n terrorysta (-tka) m(f).

terrorize ['tɛrəraɪz] vt terroryzować (sterroryzować perf).

terse [tə:s] adj (statement) zwięzły, lakoniczny.

test [tɛst] n (trial, check) próba f; (MED) badanie nt, analiza f; (SCOL) sprawdzian m, test m; (also: **driving test**) egzamin m na prawo jazdy ♦ vt (try out) testować (przetestować perf); (examine) badać (zbadać perf); (SCOL: pupil) testować (przetestować perf); (: knowledge) sprawdzać (sprawdzić perf).

testament ['tɛstəmənt] n (testimony) świadectwo nt; (also: **last will and testament**) testament m; **the Old/New Testament** Stary/Nowy Testament.

testicle ['tɛstɪkl] (MED) n jądro nt.

testify ['tɛstɪfaɪ] vi zeznawać (zeznać perf); **to testify to sth** (JUR) poświadczać (poświadczyć perf) coś.

testimony ['tɛstɪmənɪ] n zeznanie nt.

test pilot n oblatywacz m.

test tube n probówka f.

test-tube baby ['tɛsttju:b-] n dziecko nt z probówki.

tetanus ['tɛtənəs] n tężec m.

text [tɛkst] n tekst m; (also: **text message**) wiadomość f tekstowa, SMS m ♦ vt wysyłać (wysłać perf) SMS-a +dat, SMS-ować do +gen.

text message (TEL) n wiadomość f tekstowa, SMS m.

textbook ['tɛkstbuk] n podręcznik m.

textiles ['tɛkstaɪlz] npl (fabrics) tekstylia pl, wyroby pl włókiennicze; (industry) włókiennictwo nt, przemysł m włókienniczy.

texture ['tɛkstʃə*] n (of cloth, paper) faktura f; (of rock) tekstura f; (of soil) struktura f.

Thames [tɛmz] n: **the Thames** Tamiza f.

than [ðæn, ðən] conj niż; **I have more than you** mam więcej niż ty;

she is older than you think jest
starsza, niż przypuszczasz; **more
than once** nie raz.

thank [θæŋk] *vt* dziękować
(podziękować *perf*) +*dat*; **thank you
(very much)** dziękuję (bardzo);
thank God! dzięki Bogu!

thankful ['θæŋkful] *adj*: **thankful
(for)** wdzięczny (za +*acc*).

thankless ['θæŋklɪs] *adj*
niewdzięczny.

thanks [θæŋks] *npl* podziękowanie
nt, podziękowania *pl* ♦ *excl* (*also*:
many thanks, thanks a lot)
(stokrotne) dzięki; **thanks to** dzięki
+*dat*.

Thanksgiving (Day)
['θæŋksgɪvɪŋ(-)] (*US*) *n* Święto *nt*
Dziękczynienia.

─────SŁOWO KLUCZOWE─────

that [ðæt, ðət] (*pl* **those**) *adj*
(*demonstrative*) ten; (: *in contrast to
'this' or to indicate (greater) distance*)
tamten; **that man/woman/chair** ten
mężczyzna/ta kobieta/to krzesło;
that one (tam)ten *m*/(tam)ta
f/(tam)to *nt* ♦ *pron* **1** (*demonstrative*)
to *nt*; (: *in contrast to 'this' or
referring to something (more) distant*)
tamto *nt*; **who's/what's that?** kto/co
to (jest)?; **is that you?** czy to ty?;
that's what he said to właśnie
powiedział; **what happened after
that?** co się stało potem?; **that is
(to say)** to jest *or* znaczy. **2**
(*relative*) który; (: *after 'all', 'anything'
etc*) co; **the man (that) I saw**
człowiek, którego widziałem; **all
(that) I have** wszystko, co mam. **3**
(*relative: of time*) kiedy, gdy; **the day
(that) he came** tego dnia, kiedy *or*
gdy przyszedł ♦ *conj* że, iż (*fml*); **he
thought that I was ill** myślał, że
jestem chory ♦ *adv* (+*adjective*) (aż)
tak *or* taki; (+*adverb*) (aż) tak; **I didn't**

realize it was that bad nie
zdawałam sobie sprawy, że jest (aż)
tak źle.

thatched [θætʃt] *adj* kryty strzechą.

thaw [θɔː] *n* odwilż *f* ♦ *vi* (*ice*) topić
się (stopić się *perf*), tajać (stajać
perf); (*food*) rozmrażać się
(rozmrozić się *perf*) ♦ *vt* (*also*: **thaw
out**) rozmrażać (rozmrozić *perf*).

─────SŁOWO KLUCZOWE─────

the [ðə, ðiː] *def art* **1** (*usu*): **the
history of Poland** historia Polski;
**the books/children are in the
library** książki/dzieci są w
bibliotece; **the rich and the poor**
bogaci i biedni. **2** (*in titles*):
Elizabeth the First Elżbieta I. **3** (*in
comparisons*): **the more he works
the more he earns** im więcej
pracuje, tym więcej zarabia.

theatre ['θɪətə*] (*US* **theater**) *n*
teatr *m*; (*also*: **lecture theatre**) sala *f*
wykładowa; (*also*: **operating
theatre**) sala *f* operacyjna.

theatrical [θɪ'ætrɪkl] *adj* teatralny.

theft [θɛft] *n* kradzież *f*.

their [ðɛə*] *adj* ich, swój; **companies
and their workers** przedsiębiorstwa
i ich pracownicy; **they never left
their village** nigdy nie wyjeżdżali ze
swojej wioski.

theirs [ðɛəz] *pron* ich; *see also* **my,
mine**[1].

them [ðɛm, ðəm] *pron* (*direct*) ich *vir*,
je *nvir*; (*indirect*) im; (*stressed, after
prep*) nich; *see also* **me**.

theme [θiːm] *n* temat *m*.

themselves [ðəm'sɛlvz] *pl pron*
(*reflexive*) się; (*after prep*) siebie
(*gen, acc*), sobie (*dat, loc*), sobą
(*instr*); (*emphatic*) sami *vir*, same *nvir*.

then [ðɛn] adv (at that time) wtedy, wówczas; (next) następnie, potem ♦ conj tak więc ♦ adj: **the then president** ówczesny prezydent; **by then** (past) do tego czasu; (future) do tej pory, do tego czasu; **from then on** od tego czasu, od tamtej chwili or pory.

theology [θɪˈɔlədʒɪ] n teologia f.

theoretical [θɪəˈrɛtɪkl] adj teoretyczny.

theorize [ˈθɪəraɪz] vi teoretyzować.

theory [ˈθɪərɪ] n teoria f; **in theory** teoretycznie.

therapeutic [θɛrəˈpjuːtɪk] adj terapeutyczny, leczniczy.

therapist [ˈθɛrəpɪst] n terapeuta (-tka) m(f).

therapy [ˈθɛrəpɪ] n terapia f, leczenie nt.

─────SŁOWO KLUCZOWE─────

there [ðɛə*] adv: **there is/there are** jest/są; **there are 3 of them** jest ich 3; **there has been an accident** wydarzył się wypadek; **there will be a meeting tomorrow** jutro odbędzie się zebranie. **2** (referring to place) tam; **up/down there** tam na górze/na dole; **there he is!** oto i on! **3**: **there, there** (no) już dobrze.

thereabouts [ˈðɛərəˈbauts] adv (place) gdzieś tam (w pobliżu), w okolicy; (amount) coś koło tego.

thereafter [ðɛərˈɑːftə*] adv od tego czasu.

thereby [ˈðɛəbaɪ] adv przez to, tym samym.

therefore [ˈðɛəfɔː*] adv dlatego (też), zatem.

there's [ˈðɛəz] = there is; there has.

thermal [ˈθəːml] adj (energy) cieplny; (underwear) ocieplany.

thermometer [θəˈmɔmɪtə*] n termometr m.

Thermos [ˈθəːməs] ® n (also: **Thermos flask**) termos m.

thermostat [ˈθəːməustæt] n termostat m.

thesaurus [θɪˈsɔːrəs] n tezaurus m, ≈ słownik m wyrazów bliskoznacznych.

these [ðiːz] pl adj ci (+vir pl), te (+nvir pl) ♦ pl pron ci vir, te nvir.

thesis [ˈθiːsɪs] (pl **theses**) n (for doctorate etc) rozprawa f, praca f.

they [ðeɪ] pl pron oni; **they say that ...** mówią or mówi się, że... .

they'd = they had; they would.

they'll = they shall; they will.

they're = they are.

they've [ðeɪv] = they have.

thick [θɪk] adj (slice, line, socks) gruby; (sauce, forest, hair) gęsty; (inf: person) tępy ♦ n: **in the thick of the battle** w wirze walki; **it's 20 cm thick** ma 20 cm grubości.

thicken [ˈθɪkn] vi gęstnieć (zgęstnieć perf) ♦ vt zagęszczać (zagęścić perf).

thickness [ˈθɪknɪs] n grubość f.

thick-skinned [θɪkˈskɪnd] adj (fig) gruboskórny.

thief [θiːf] (pl **thieves**) n złodziej m.

thieves [θiːvz] npl of thief.

thigh [θaɪ] n udo nt.

thimble [ˈθɪmbl] n naparstek m.

thin [θɪn] adj (slice, line, book) cienki; (person, animal) chudy; (soup, fog, hair) rzadki ♦ vt: **to thin (down)** rozrzedzać (rozrzedzić perf), rozcieńczać (rozcieńczyć perf).

thing [θɪŋ] n rzecz f; **things** npl rzeczy pl; **poor thing** biedactwo; **the best thing would be to ...** najlepiej byłoby +infin; **how are things?** co słychać?

think [θɪŋk] (pt **thought**) vi (reflect) myśleć (pomyśleć perf); (reason) myśleć ♦ vt myśleć (pomyśleć perf); **what did you think of them?** jakie zrobili na tobie wrażenie?; **to think about sth/sb** myśleć (pomyśleć *perf*) o czymś/kimś; **I'll think about it** zastanowię się nad tym; **she thinks of going away to Italy** myśli o wyjeździe do Włoch; **I think so/not** myślę, że tak/nie; **to think highly of sb** być wysokiego mniemania o kimś.

►**think over** vt przemyśliwać (przemyśleć *perf*), rozważać (rozważyć *perf*).

►**think up** vt (*excuse*) wymyślać (wymyślić *perf*); (*plan*) obmyślać (obmyślić *perf*).

thinly ['θɪnlɪ] adv (*spread, cut*) cienko; (*disguised*) ledwie.

third [θəːd] num trzeci ♦ n (*fraction*) jedna trzecia f; (*AUT*) trzeci bieg m, trójka f (*inf*); (*BRIT: SCOL*) dyplom ukończenia studiów z najniższą oceną.

thirdly ['θəːdlɪ] adv po trzecie.

third party insurance (*BRIT*) n ubezpieczenie nt od odpowiedzialności cywilnej.

third-rate ['θəːd'reɪt] (*pej*) adj trzeciorzędny.

Third World n: **the Third World** Trzeci Świat m.

thirst [θəːst] n pragnienie nt.

thirsty ['θəːstɪ] adj spragniony; **I am thirsty** chce mi się pić.

thirteen [θəː'tiːn] num trzynaście.

thirty ['θəːtɪ] num trzydzieści.

─────SŁOWO KLUCZOWE─────

this [ðɪs] (*pl* **these**) adj (*demonstrative*) ten; **this man/woman/child** ten mężczyzna/ta kobieta/to dziecko; **these people** ci ludzie; **these children** te dzieci; **this one** ten m/ta f/to nt ♦ pron to; **who/what is this?** co/kto to jest?; **this is where I live** tutaj (właśnie) mieszkam; **this is Mr Brown** (*in introductions*) (to) pan Brown; (*in photo*) to (jest) pan Brown; (*on telephone*) mówi Brown, tu Brown ♦ adv (+*adjective*) tak *or* taki;

(+*adverb*) tak; **it was about this big** to było mniej więcej takie duże; **now we've gone this far** teraz, gdy zaszliśmy (już) tak daleko.

thistle ['θɪsl] n oset m.

thongs (*US*) n japonki pl (*klapki*).

thorn [θɔːn] n cierń m, kolec m.

thorny ['θɔːnɪ] adj ciernisty; (*fig*) najeżony trudnościami.

thorough ['θʌrə] adj gruntowny; (*person*) sumienny, skrupulatny.

thoroughbred ['θʌrəbrɛd] n koń m czystej krwi.

thoroughfare ['θʌrəfɛə*] n główna arteria f komunikacyjna.

thoroughly ['θʌrəlɪ] adv gruntownie; **I was thoroughly ashamed** było mi bardzo wstyd.

those [ðəuz] pl adj (tam)ci (+*vir pl*), (tam)te (+*nvir pl*) ♦ pl pron (tam)ci *vir*, (tam)te *nvir*.

though [ðəu] conj chociaż, mimo że ♦ adv jednak; **even though** (po)mimo że, chociaż; **it's not easy, though** nie jest to jednak łatwe.

thought [θɔːt] pt, pp of **think** ♦ n (*idea, intention*) myśl f; (*reflection*) namysł m; **thoughts** npl zdanie nt, opinia f.

thoughtful ['θɔːtful] adj (*pensive*) zamyślony; (*considerate*) troskliwy.

thoughtless ['θɔːtlɪs] adj bezmyślny.

thousand ['θauzənd] num tysiąc; **two thousand** dwa tysiące; **thousands of** tysiące +*gen*.

thousandth ['θauzəntθ] num tysięczny.

thrash [θræʃ] vt (*beat*) bić (zbić *perf*), lać (zlać *perf*) (*inf*); (*defeat*) pobić (*perf*) na głowę.

►**thrash about** vi rzucać się.

►**thrash around** vi = **thrash about**.

thread [θrɛd] n (*yarn*) nić f, nitka f; (*of screw*) gwint m ♦ vt (*needle*) nawlekać (nawlec *perf*).

threadbare ['θrɛdbɛə*] *adj* wytarty,
przetarty.

threat [θrɛt] *n* groźba *f*, pogróżka *f*;
(*fig*) zagrożenie *nt*.

threaten ['θrɛtn] *vi* grozić, zagrażać
♦ *vt*: **to threaten sb with sth** grozić
(zagrozić *perf*) komuś czymś.

three [θri:] *num* trzy.

three-dimensional [θri:dɪ'mɛnʃənl]
adj trójwymiarowy.

three-piece suit ['θri:pi:s-] *n*
garnitur *m* trzyczęściowy.

three-piece suite *n* zestaw *m*
wypoczynkowy.

three-quarters [θri:'kwɔ:təz] *npl*
trzy czwarte *pl*; **three-quarters full**
napełniony w trzech czwartych.

threshold ['θrɛʃhəuld] *n* próg *m*.

threw [θru:] *pt of* **throw**.

thrifty ['θrɪftɪ] *adj* oszczędny,
zapobiegliwy.

thrill [θrɪl] *n* (*excitement*) dreszcz(yk)
m emocji, emocje *pl*; (*shudder*)
dreszcz *m* ♦ *vt* ekscytować; **to be
thrilled** być podekscytowanym.

thriller ['θrɪlə*] *n* dreszczowiec *m*.

thrilling ['θrɪlɪŋ] *adj* podniecający,
ekscytujący.

thrive [θraɪv] (*pt* **thrived** *or* **throve**,
pp **thrived**) *vi* dobrze się rozwijać;
he thrives on hard work ciężka
praca mu służy.

thriving ['θraɪvɪŋ] *adj* kwitnący,
(dobrze) prosperujący.

throat [θrəut] *n* gardło *nt*; **I have a
sore throat** boli mnie gardło.

throb [θrɔb] *n* (*of heart*) (silne) bicie
nt; (*of pain*) rwanie *nt*, pulsowanie
nt; (*of engine*) warkot *m* ♦ *vi* (*heart*)
walić; (*arm etc*) rwać; (*machine*)
warczeć.

throes [θrəuz] *npl*: **in the throes of**
w wirze *or* ferworze +*gen*.

throne [θrəun] *n* tron *m*.

throng ['θrɔŋ] *n* tłum *m* ♦ *vt* (*streets
etc*) wypełniać (wypełnić *perf*).

throttle ['θrɔtl] *n* przepustnica *f*,

zawór *m* dławiący ♦ *vt* dusić (udusić
perf).

through [θru:] *prep* przez +*acc* ♦ *adj*
(*train etc*) bezpośredni ♦ *adv*
bezpośrednio, prosto; **(from)
Monday through Friday** (*US*) od
poniedziałku do piątku; **to put sb
through to sb** (*TEL*) łączyć
(połączyć *perf*) kogoś z kimś; **to be
through** (*TEL*) mieć połączenie; **to
be through with sb/sth** skończyć
(*perf*) z kimś/czymś; **"no through
road"** (*BRIT*) ślepa uliczka.

throughout [θru:'aut] *prep* (*place*) w
całym +*loc*; (*time*) przez cały +*acc* ♦
adv (*everywhere*) wszędzie; (*the
whole time*) od początku do końca,
przez cały czas.

throve [θrəuv] *pt of* **thrive**.

throw [θrəu] (*pt* **threw**, *pp* **thrown**)
n rzut *m* ♦ *vt* (*object*) rzucać (rzucić
perf); (*rider*) zrzucać (zrzucić *perf*);
to throw a party urządzać (urządzić
perf) przyjęcie.

▶**throw away** *vt* (*rubbish*) wyrzucać
(wyrzucić *perf*); (*money*) trwonić
(roztrwonić *perf*), przepuszczać
(przepuścić *perf*) (*inf*).

▶**throw off** *vt* zrzucać (zrzucić *perf*).

▶**throw out** *vt* (*rubbish, person*)
wyrzucać (wyrzucić *perf*); (*idea*)
odrzucać (odrzucić *perf*).

▶**throw up** *vi* wymiotować
(zwymiotować *perf*).

thru [θru:] (*US*) = **through**.

thrush [θrʌʃ] *n* (*bird*) drozd *m*.

thrust [θrʌst] (*pt* **thrust**) *n* (*TECH*)
ciąg *m*, siła *f* ciągu ♦ *vt* pchać
(pchnąć *perf*); **to thrust sth into sth**
wpychać (wepchnąć *perf*) coś do
czegoś.

thud [θʌd] *n* łomot *m*.

thug [θʌg] *n* opryszek *m*, zbir *m*.

thumb [θʌm] *n* kciuk *m* ♦ *vt*: **to
thumb a lift** zatrzymywać
(zatrzymać *perf*) autostop.

▶**thumb through** *vt fus* kartkować

(przekartkować *perf*), przerzucać
(przerzucić *perf*) strony +*gen*.
thumbtack ['θʌmtæk] (*US*) *n*
pluskiewka *f*, pinezka *f*.
thump [θʌmp] *n* grzmotnięcie *nt* ♦ *vt*
grzmocić (grzmotnąć *perf*) (*inf*),
walić (walnąć *perf*) (*inf*) ♦ *vi* (*heart
etc*) walić.
thunder ['θʌndə*] *n* grzmot *m* ♦ *vi*
grzmieć (zagrzmieć *perf*); **thunder
and lightning** piorun.
thunderstorm ['θʌndəstɔːm] *n* burza
f z piorunami.
Thursday ['θəːzdɪ] *n* czwartek *m*.
thus [ðʌs] *adv* (*in this way*) tak, w
ten sposób; (*consequently*) tak więc,
a zatem.
thwart [θwɔːt] *vt* (*plans*) krzyżować
(pokrzyżować *perf*); (*person*) psuć
(popsuć *perf*) szyki +*dat*.
thyme [taɪm] *n* tymianek *m*.
thyroid ['θaɪrɔɪd] *n* (*also*: **thyroid
gland**) tarczyca *f*.
tic [tɪk] *n* tik *m*.
tick [tɪk] *n* (*sound*) tykanie *nt*; (*mark*)
fajka *f* (*inf*), ptaszek *m* (*inf*); (*ZOOL*)
kleszcz *m*; (*BRIT*: *inf*) momencik *m*,
chwileczka *f* ♦ *vi* tykać ♦ *vt* (*item on
list*) odfajkowywać (odfajkować
perf) (*inf*), odhaczać (odhaczyć *perf*)
(*inf*).
▸**tick off** *vt* (*item on list*)
odfajkowywać (odfajkować *perf*)
(*inf*), odhaczać (odhaczyć *perf*) (*inf*);
(*person*) besztać (zbesztać *perf*).
ticket ['tɪkɪt] *n* bilet *m*; (*in shop*: *on
goods*) metka *f*, etykieta *f*; (*for
library*) karta *f*; (*also*: **parking ticket**)
mandat *m* (za złe parkowanie).
ticket office *n* (*RAIL*) kasa *f*
biletowa; (*THEAT*) kasa *f*.
tickle ['tɪkl] *vt* łaskotać (połaskotać
perf) ♦ *vi* łaskotać.
ticklish ['tɪklɪʃ] *adj* (*problem etc*)
delikatny, drażliwy; (*person*): **to be
ticklish** mieć łaskotki.
tidal ['taɪdl] *adj* pływowy.

tide [taɪd] *n* (*in sea*) pływ *m*; (*fig*: *of
events, opinion*) fala *f*; **high tide**
przypływ; **low tide** odpływ.
▸**tide over** *vt*: **this money will tide
me over till Monday** dzięki tym
pieniądzom przeżyję do
poniedziałku.
tidy ['taɪdɪ] *adj* (*room*) czysty,
schludny; (*person*) staranny,
schludny ♦ *vt* (*also*: **tidy up**)
porządkować (uporządkować *perf*),
sprzątać (posprzątać *perf*).
tie [taɪ] *n* (*BRIT*: *also*: **necktie**) krawat
m; (*string etc*) wiązanie *nt*, wiązadło
nt; (*fig*) więź *f*; (*match*) spotkanie *nt*,
mecz *m*; (*draw*) remis *m* ♦ *vt* (*parcel*)
związywać (związać *perf*);
(*shoelaces*) zawiązywać (zawiązać
perf) ♦ *vi* remisować (zremisować
perf); **to tie sth in a bow**
zawiązywać (zawiązać *perf*) coś na
kokardkę; **to tie a knot in sth**
zawiązywać (zawiązać *perf*) na
czymś węzeł.
▸**tie down** *vt* (*fig*: *person*) krępować
(skrępować *perf*).
▸**tie up** *vt* (*parcel*) związywać
(związać *perf*); (*dog, boat*) wiązać
(uwiązać *perf*); (*person*) związywać
(związać *perf*), krępować
(skrępować *perf*); **to be tied up** być
zajętym.
tier [tɪə*] *n* (*of stadium etc*) rząd *m*,
kondygnacja *f*; (*of cake*) warstwa *f*.
tiger ['taɪgə*] *n* tygrys *m*.
tight [taɪt] *adj* (*screw*) dokręcony;
(*knot*) zaciśnięty; (*grip*) mocny;
(*clothes*) obcisły; (*shoes*) ciasny;
(*budget, schedule*) napięty; (*bend,
security*) ostry; (*inf*: *drunk*)
wstawiony (*inf*); (: *stingy*) skąpy ♦
adv (*hold, squeeze*) mocno; (*shut*:
window) szczelnie; (: *eyes*) mocno;
money is tight krucho z
pieniędzmi; **hold tight!** trzymaj się
mocno!
tighten ['taɪtn] *vt* (*rope*) napinać

(napiąć *perf*), naprężać (naprężyć *perf*); (*screw*) dokręcać (dokręcić *perf*); (*grip*) zacieśniać (zacieśnić *perf*); (*security*) zaostrzać (zaostrzyć *perf*) ♦ *vi* (*fingers*) zaciskać się (zacisnąć się *perf*); (*rope, chain*) napinać się (napiąć się *perf*), naprężać się (naprężyć się *perf*).

tightly ['taɪtlɪ] *adv* (*grasp, cling*) mocno; (*pack*) ciasno.

tightrope ['taɪtrəʊp] *n* lina *f* (*do akrobacji*); **to be on** *or* **walking a tightrope** (*fig*) balansować na linie.

tights [taɪts] (*BRIT*) *npl* rajstopy *pl*.

tile [taɪl] *n* (*on roof*) dachówka *f*; (*on floor, wall*) kafelek *m* ♦ *vt* (*wall, bathroom etc*) wykładać (wyłożyć *perf*) kafelkami, kafelkować (wykafelkować *perf*) (*inf*).

tiled [taɪld] *adj* (*wall, bathroom*) wykafelkowany.

till [tɪl] *n* kasa *f* (*sklepowa*) ♦ *vt* (*land*) uprawiać ♦ *prep, conj* = **until**.

tilt [tɪlt] *vt* przechylać (przechylić *perf*) ♦ *vi* przechylać się (przechylić się *perf*).

timber ['tɪmbə*] *n* (*material*) drewno *nt*; (*trees*) drzewa *pl* na budulec.

time [taɪm] *n* czas *m*; (*often pl: epoch*) czasy *pl*; (*moment*) chwila *f*; (*occasion*) raz *m*; (*MUS*): **in 3/4 time** w rytmie na 3/4 ♦ *vt* (*measure time of*) mierzyć (zmierzyć *perf*) czas +*gen*; (*fix moment for*) ustalać (ustalić *perf*) czas +*gen*; **for a long time** przez długi czas; **for the time being** na razie; **four at a time** (po) cztery na raz; **from time to time** od czasu do czasu; **at times** czasami, czasem; **in time** (*soon enough*) na czas, w porę; (*eventually*) z czasem; (*MUS*) w takt, do taktu; **in a week's time** za tydzień; **in no time** w mgnieniu oka, w mig; **any time** obojętnie kiedy; **any time you want** kiedy tylko zechcesz; **on time** na czas; **5 times 5** 5 razy 5; **what time**

is it? która (jest) godzina?; **to have a good time** dobrze się bawić; **time's up!** czas minął!

time bomb *n* bomba *f* zegarowa.

time-consuming ['taɪmkənsju:mɪŋ] *adj* czasochłonny.

timeless ['taɪmlɪs] *adj* ponadczasowy.

time limit *n* termin *m*.

timely ['taɪmlɪ] *adj* w (samą) porę *post*.

time off *n* wolne *nt*.

timer ['taɪmə*] *n* regulator *m* czasowy.

timescale ['taɪmskeɪl] (*BRIT*) *n* okres *m*.

timetable ['taɪmteɪbl] *n* (*RAIL*) rozkład *m* jazdy; (*SCOL*) plan *m* zajęć.

time zone *n* strefa *f* czasu.

timid ['tɪmɪd] *adj* (*person*) nieśmiały; (*animal*) bojaźliwy.

timing ['taɪmɪŋ] *n* (*SPORT*) wyczucie *nt* czasu; **the timing of his resignation was completely wrong** wybrał fatalny moment na złożenie rezygnacji.

tin [tɪn] *n* (*metal*) cyna *f*; (*for biscuits etc*) (blaszane) pudełko *nt*; (*BRIT*: *can*) puszka *f*.

tinfoil ['tɪnfɔɪl] *n* folia *f* aluminiowa.

tinge [tɪndʒ] *n* (*of colour*) odcień *m*; (*fig: of emotion*) domieszka *f* ♦ *vt*: **tinged with** (*fig: emotion etc*) zabarwiony +*instr*.

tingle ['tɪŋgl] *vi*: **my leg was tingling** czułem mrowienie w nodze.

tinker ['tɪŋkə*] *n* druciarz *m*.

▶**tinker with** *vt fus* majstrować przy +*loc*.

tinned [tɪnd] (*BRIT*) *adj* (*food*) puszkowany; (*salmon, peas*) konserwowy.

tin opener [-əʊpnə*] (*BRIT*) *n* otwieracz *m* do puszek *or* konserw.

tint [tɪnt] *n* (*colour*) odcień *m*, zabarwienie *nt*; (*for hair*) płukanka *f* koloryzująca.

tinted ['tɪntɪd] *adj* (*glass*) barwiony; (*hair*) farbowany.

tiny ['taɪnɪ] *adj* malutki, maleńki.

tip [tɪp] *n* (*of paintbrush, tree*) czubek *m*; (*of tongue*) koniec *m*; (*gratuity*) napiwek *m*; (*BRIT: for rubbish*) wysypisko *nt*; (*advice*) rada *f*, wskazówka *f* ♦ *vt* (*waiter*) dawać (dać *perf*) napiwek +*dat*; (*bowl, bottle*) przechylać (przechylić *perf*); (*also*: **tip over**) przewracać (przewrócić *perf*); (*also*: **tip out**) wysypywać (wysypać *perf*).

tip-off ['tɪpɔf] *n* poufna informacja *f*, cynk *m* (*inf*).

tipsy ['tɪpsɪ] (*inf*) *adj* wstawiony (*inf*).

tiptoe ['tɪptəu] *n*: **on tiptoe** na palcach *or* paluszkach.

tire ['taɪə*] *n* (*US*) = **tyre** ♦ *vt* męczyć (zmęczyć *perf*) ♦ *vi* męczyć się (zmęczyć się *perf*); **to tire of** męczyć się (zmęczyć się *perf*) +*instr*.

tired ['taɪəd] *adj* zmęczony; **to be tired of/of doing sth** mieć dosyć czegoś/robienia czegoś.

tiredness ['taɪədnɪs] *n* zmęczenie *nt*.

tireless ['taɪəlɪs] *adj* niestrudzony.

tiresome ['taɪsəm] *adj* dokuczliwy.

tiring ['taɪərɪŋ] *adj* męczący.

tissue ['tɪʃuː] *n* (*ANAT, BIO*) tkanka *f*; (*paper handkerchief*) chusteczka *f* higieniczna.

tissue paper *n* bibułka *f*.

tit [tɪt] *n* (*ZOOL*) sikora *f*; **tit for tat** wet za wet.

title ['taɪtl] *n* tytuł *m*.

SŁOWO KLUCZOWE

---

to [tuː, tə] *prep* **1** (*usu*) do +*gen*; **to go to Germany** jechać (pojechać *perf*) do Niemiec; **to count to ten** liczyć (policzyć *perf*) do dziesięciu; **to the left/right** na lewo/prawo; **she is secretary to the director** jest sekretarką dyrektora; **30 miles to the gallon** 1 galon na 30 mil. **2** (*with expressions of time*) za +*acc*; **a quarter to five** za kwadrans *or* za piętnaście piąta. **3** (*introducing indirect object*): **to give sth to sb** dawać (dać *perf*) coś komuś; **to talk to sb** rozmawiać (porozmawiać *perf*) z kimś; **to be a danger to sb/sth** stanowić zagrożenie dla kogoś/czegoś. **4** (*purpose, result*): **to come to sb's aid** przychodzić (przyjść *perf*) komuś z pomocą; **to my surprise** ku m(oj)emu zdziwieniu ♦ *with verb* **1** (*simple infinitive*): **to eat** jeść (zjeść *perf*); **to want to sleep** chcieć spać. **2** (*with verb omitted*): **I don't want to** nie chcę; **you ought to** powinieneś. **3** (*purpose, result*) żeby, (a)by; **I did it to help you** zrobiłem to, żeby *or* aby ci pomóc; **he came to see you** przyszedł (, żeby) się z tobą zobaczyć. **4** (*equivalent to relative clause*): **he has a lot to lose** ma wiele do stracenia; **I have things to do** jestem zajęta; **the main thing is to try** najważniejsza rzecz to spróbować. **5** (*after adjective etc*) żeby, (a)by; **too old/young to ...** za stary/młody, żeby +*infin*; **ready to go** gotowy do drogi ♦ *adv*: **to push/pull the door to** przymykać (przymknąć *perf*) drzwi.

---

toad [təud] *n* ropucha *f*.

toadstool ['təudstuːl] *n* muchomor *m*.

toast [təust] *n* (*CULIN*) grzanka *f*, tost *m*; (*drink*) toast *m* ♦ *vt* (*CULIN*) opiekać (opiec *perf*); (*drink to*) wznosić (wznieść *perf*) toast za +*acc*.

toaster ['təustə*] *n* opiekacz *m*, toster *m*.

tobacco [tə'bækəu] *n* tytoń *m*.

tobacconist's (shop) [tə'bækənɪsts-] *n* sklep *m* z wyrobami tytoniowymi.

today [tə'deɪ] *adv* dzisiaj, dziś ♦ *n*

dzisiaj *nt inv*, dziś *nt inv*; **the writers of today** dzisiejsi pisarze.

toddler ['tɔdlə*] *n* maluch *m*, szkrab *m*.

toe [təu] *n* (*of foot*) palec *m* (u nogi); (*of shoe, sock*) palce *pl*; **to toe the line** (*fig*) podporządkowywać się (podporządkować się *perf*).

toenail ['təuneɪl] *n* paznokieć *m* u nogi.

toffee ['tɔfɪ] *n* toffi *nt inv*.

together [tə'gɛðə*] *adv* razem; **together with** razem *or* wraz z +*instr*.

toil [tɔɪl] *n* trud *m* ♦ *vi* trudzić się.

toilet ['tɔɪlət] *n* toaleta *f* ♦ *cpd* toaletowy.

toilet paper *n* papier *m* toaletowy.

toiletries ['tɔɪlətrɪz] *npl* przybory *pl* toaletowe.

token ['təukən] *n* (*sign*) znak *m*; (*souvenir*) pamiątka *f*; (*substitute coin*) żeton *m* ♦ *adj* symboliczny; **by the same token** (*for the same reasons*) z tych samych powodów; (*in the same way*) tak samo; (*thereby*) tym samym; **gift token** (*BRIT*) talon *or* bon na zakupy (*dawany w prezencie*).

told [təuld] *pt, pp of* tell.

tolerable ['tɔlərəbl] *adj* znośny.

tolerance ['tɔlərns] *n* tolerancja *f*.

tolerant ['tɔlərnt] *adj* tolerancyjny.

tolerate ['tɔləreɪt] *vt* znosić (znieść *perf*).

toll [təul] *n* (*casualties*) liczba *f* ofiar; (*charge*) opłata *f* (za przejazd) ♦ *vi* (*bell*) bić.

tomato [tə'mɑ:təu] (*pl* **tomatoes**) *n* pomidor *m*.

tomb [tu:m] *n* grobowiec *m*.

tombstone ['tu:mstəun] *n* nagrobek *m*.

tomorrow [tə'mɔrəu] *adv* jutro ♦ *n* jutro *nt*; **tomorrow morning** jutro rano; **the day after tomorrow** pojutrze; **tomorrow's performance** jutrzejsze przedstawienie.

ton [tʌn] *n* (*metric ton*) tona *f*; (*BRIT*) *1016 kg*; (*US: also*: **short ton**) *907,18 kg*; **I've got tons of books** (*inf*) mam masę książek (*inf*).

tone [təun] *n* ton *m* ♦ *vi*: **to tone in with** pasować do +*gen*, harmonizować z +*instr*.

►**tone down** *vt* tonować (stonować *perf*).

►**tone up** *vt* (*muscles*) wyrabiać (wyrobić *perf*).

tone-deaf [təun'dɛf] *adj* pozbawiony słuchu.

tongs [tɔŋz] *npl* szczypce *pl*; (*also*: **curling tongs**) lokówka *f* (nożycowa).

tongue [tʌŋ] *n* język *m*; (*CULIN*) ozór *m*, ozorek *m*; **tongue in cheek** (*speak, say*) żartem.

tongue-twister ['tʌŋtwɪstə*] *n* łamaniec *m* językowy.

tonic ['tɔnɪk] *n* (*MED*) lek *m* tonizujący; (*also*: **tonic water**) tonik *m*; (*fig*) pokrzepienie *nt*.

tonight [tə'naɪt] *adv* (*this evening*) dzisiaj *or* dziś wieczorem; (*this night*) dzisiejszej nocy ♦ *n* (*this evening*) dzisiejszy wieczór *m*; (*this night*) dzisiejsza noc *f*.

tonsil ['tɔnsl] *n* migdałek *m*.

tonsillitis [tɔnsɪ'laɪtɪs] *n* zapalenie *nt* migdałków, angina *f*.

too [tu:] *adv* (*excessively*) zbyt, za; (*also*) też, także ♦ *adj*: **there's too much water** jest za dużo wody; **there are too many people** jest za dużo ludzi; **she loves him too much to ...** zbyt *or* zanadto go kocha, żeby +*infin*.

took [tuk] *pt of* take.

tool [tu:l] *n* narzędzie *nt*.

tooth [tu:θ] (*pl* **teeth**) *n* ząb *m*.

toothache ['tu:θeɪk] *n* ból *m* zęba; **she has toothache** boli ją ząb.

toothbrush ['tu:θbrʌʃ] *n* szczoteczka *f* do zębów.

toothpaste ['tu:θpeɪst] *n* pasta *f* do zębów.

toothpick ['tu:θpɪk] *n* wykałaczka *f*.

top [tɔp] *n* (*of mountain, ladder*) szczyt *m*; (*of tree*) wierzchołek *m*; (*of cupboard, table*) blat *m*; (*of page, pyjamas*) góra *f*; (*of bottle*) zakrętka *f*; (*of jar, box*) wieczko *nt*; (*also*: **spinning top**) bąk *m*; (*blouse etc*) góra *f* ♦ *adj* najwyższy ♦ *vt* (*be first in*) znajdować się (znaleźć się *perf*) na czele +*gen*; (*exceed*) przewyższać (przewyższyć *perf*); **on top of** (*on*) na +*loc*; (*in addition to*) w dodatku do +*gen*; **on top of that** na dodatek; **from top to bottom** od góry do dołu; **to go over the top** (*inf*) przeholować (*perf*) (*inf*).

►**top up** (*US* **top off**) *vt* (*salary*) podnosić (podnieść *perf*).

top hat *n* cylinder *m*.

topic ['tɔpɪk] *n* temat *m*.

topical ['tɔpɪkl] *adj* aktualny.

topless ['tɔplɪs] *adj* (*bather*) rozebrany do pasa; (*waitress*) w toplesie *post* (*inf*).

topmost ['tɔpməust] *adj* najwyższy.

topple ['tɔpl] *vt* (*government, leader*) obalać (obalić *perf*) ♦ *vi* przewracać się (przewrócić się *perf*).

top-secret ['tɔp'si:krɪt] *adj* ściśle tajny.

topsy-turvy ['tɔpsɪ'tə:vɪ] *adj* postawiony na głowie, przewrócony do góry nogami ♦ *adv* do góry nogami.

torch [tɔ:tʃ] *n* (*with flame*) pochodnia *f*; (*BRIT: electric*) latarka *f*.

tore [tɔ:*] *pt of* **tear**.

torment ['tɔ:ment] *n* męczarnie *pl* ♦ *vt* dręczyć.

torn [tɔ:n] *pp of* **tear**[1].

tornado [tɔ:'neɪdəu] (*pl* **tornadoes**) *n* tornado *nt*.

torpedo [tɔ:'pi:dəu] (*pl* **torpedoes**) *n* torpeda *f*.

torrent ['tɔrnt] *n* (*lit, fig*) potok *m*.

torrential [tɔ'renʃl] *adj* ulewny.

torso ['tɔ:səu] *n* tułów *m*.

tortoise ['tɔ:təs] *n* żółw *m* (*lądowy lub słodkowodny*).

torture ['tɔ:tʃə*] *n* tortury *pl*; (*fig*) tortura *f*, męczarnia *f* ♦ *vt* torturować; (*fig*) zadręczać.

Tory ['tɔ:rɪ] (*BRIT*) *adj* torysowski ♦ *n* torys *m*.

toss [tɔs] *vt* (*object*) rzucać (rzucić *perf*); **to toss a coin** rzucać (rzucić *perf*) monetę; **to toss up for sth** grać (zagrać *perf*) o coś w orła i reszkę; **to toss and turn** (*in bed*) przewracać się (z boku na bok), rzucać się.

total ['təutl] *adj* (*number, cost*) całkowity; (*failure, wreck, stranger*) zupełny ♦ *n* (*of figures*) suma *f*; (*of things, people*) ogólna liczba *f* ♦ *vt* (*add up*) sumować (zsumować *perf*), dodawać (dodać *perf*); (*add up to*) wynosić (wynieść *perf*).

totalitarian [təutælɪ'tɛərɪən] *adj* totalitarny.

totally ['təutəlɪ] *adv* całkowicie, zupełnie.

totter ['tɔtə*] *vi* (*person*) zataczać się (zatoczyć się *perf*), chwiać się (zachwiać się *perf*) (na nogach).

touch [tʌtʃ] *n* (*sense*) dotyk *m*; (*contact*) dotknięcie *nt*; (*skill*) ręka *f* ♦ *vt* dotykać (dotknąć *perf*) +*gen*; (*tamper with*) tykać (tknąć *perf*); (*emotionally: move*) wzruszać (wzruszyć *perf*); (: *stir*) poruszać (poruszyć *perf*) ♦ *vi* dotykać się (dotknąć się *perf*), stykać się (zetknąć się *perf*); **a touch of** (*fig*) odrobina +*gen*; **to get in touch with sb** kontaktować się (skontaktować się *perf*) z kimś; **I'll be in touch** odezwę się; **we've lost touch** straciliśmy (ze sobą) kontakt; **touch wood!** odpukać (w niemalowane drewno)!

►**touch on** vt fus (topic) poruszać (poruszyć perf) +acc.

►**touch up** vt retuszować (podretuszować perf).

touchdown ['tʌtʃdaun] n (of rocket, plane) lądowanie nt; (US: FOOTBALL) przyłożenie nt.

touched [tʌtʃt] adj (moved) wzruszony.

touching ['tʌtʃɪŋ] adj wzruszający.

touchline ['tʌtʃlaɪn] (SPORT) n linia f autowa or boczna.

touchy ['tʌtʃɪ] adj (person) przewrażliwiony.

tough [tʌf] adj (material, meat, policy) twardy; (person, animal) wytrzymały; (choice, task) trudny, ciężki.

toughen ['tʌfn] vt (sb's character) hartować (zahartować perf); (glass etc) utwardzać (utwardzić perf), hartować.

toupee ['tu:peɪ] n tupecik m, peruczka f.

tour ['tuə*] n: **a tour (of)** (country, region) podróż f (po +loc); (town, museum) wycieczka f (po +loc); (by pop group etc) tournée nt inv (po +loc) ♦ vt (in vehicle) objeżdżać (objechać perf); (on foot) obchodzić (obejść perf), zwiedzać (zwiedzić perf).

tourism ['tuərɪzm] n turystyka f.

tourist ['tuərɪst] n turysta (-tka) m(f) ♦ cpd turystyczny.

tournament ['tuənəmənt] n turniej m.

tow [təu] vt holować; **"on or (US) in tow"** (AUT) „pojazd na holu".

tow away vt odholowywać (odholować perf).

toward(s) [tə'wɔ:d(z)] prep (to) do +gen, ku +dat (fml); (in direction of) w kierunku or stronę +gen; (in relation to) do +gen, wobec +gen; (as conribution to) na +acc, na rzecz +gen; **towards noon** około południa.

towel ['tauəl] n: **(hand/bath) towel** ręcznik m (do rąk/kąpielowy).

tower ['tauə*] n wieża f ♦ vi: **to tower (above or over sb/sth)** wznosić się (nad kimś/czymś).

tower block (BRIT) n wieżowiec m.

towering ['tauərɪŋ] adj gigantyczny.

town [taun] n miasto nt; **to go to town** iść (pójść perf) do miasta; (fig) zaszaleć (perf) (inf); **I'll be out of town** nie będzie mnie w mieście.

town centre n centrum nt (miasta).

town council n rada f miejska.

town hall n ratusz m.

town planning n urbanistyka f.

towrope ['təurəup] n (AUT) linka f holownicza, hol m.

toxic ['tɔksɪk] adj toksyczny, trujący.

toy [tɔɪ] n zabawka f.

toyshop ['tɔɪʃɔp] n sklep m z zabawkami.

trace [treɪs] n (sign, small amount) ślad m; (of emotion) cień m ♦ vt (draw) odrysowywać (odrysować perf) przez kalkę, kalkować (przekalkować perf); (locate) odszukiwać (odszukać perf); (: cause) odkrywać (odkryć perf).

track [træk] n (road) droga f (gruntowa); (path) ścieżka f; (of bullet, planet, for train) tor m; (of suspect, animal) ślad m; (on tape, record) utwór m; (SPORT) bieżnia f ♦ vt tropić (wytropić perf); **to keep track of** (fig) śledzić +acc.

►**track down** vt tropić (wytropić perf).

tracksuit ['træksu:t] n dres m.

tract [trækt] n (of land) przestrzeń f; (pamphlet) traktat m.

traction ['trækʃən] n (power) trakcja f; (MED): **in traction** na wyciągu.

tractor ['træktə*] n traktor m, ciągnik m.

trade [treɪd] n (exchanging goods) handel m; (business) branża f; (skill, job) fach m ♦ vi handlować ♦ vt: **to**

trade sth (for sth) wymieniać (wymienić *perf*) coś (na coś).

▶**trade in** *vt* wymieniać (wymienić *perf*) na nowy za dopłatą.

trade fair *n* targi *pl* handlowe.

trademark ['treɪdmɑːk] *n* znak *m* fabryczny *or* towarowy.

trade name *n* nazwa *f* handlowa *or* firmowa.

tradesman ['treɪdzmən] *n* (*irreg like*: **man**) (*shopkeeper*) handlowiec *m*.

trade union *n* związek *m* zawodowy.

trade unionist [-'juːnjənɪst] *n* działacz(ka) *m(f)* związkowy(wa) *m(f)*.

tradition [trə'dɪʃən] *n* tradycja *f*.

traditional [trə'dɪʃənl] *adj* tradycyjny.

traffic ['træfɪk] *n* (*AUT, AVIAT etc*) ruch *m*; (*in drugs, stolen goods*) handel *m* ♦ *vi*: **to traffic in** handlować +*instr*.

traffic jam *n* korek *m* (uliczny).

traffic lights *npl* sygnalizacja *f* świetlna, światła *pl*.

traffic warden *n funkcjonariusz kontrolujący prawidłowość parkowania pojazdów*.

tragedy ['trædʒədɪ] *n* tragedia *f*.

tragic ['trædʒɪk] *adj* tragiczny.

tragically ['trædʒɪkəlɪ] *adv* tragicznie.

trail [treɪl] *n* (*path*) szlak *m*; (*of smoke*) smuga *f* ♦ *vt* (*drag*) ciągnąć; (*follow*) tropić ♦ *vi* (*hang loosely*) ciągnąć się; (*in game, contest*) przegrywać.

trailer ['treɪlə*] *n* (*AUT*) przyczepa *f*; (*US: caravan*) przyczepa *f* kempingowa; (*FILM, TV*) zwiastun *m*.

train [treɪn] *n* (*RAIL*) pociąg *m*; (*underground train*) kolejka *f* (podziemna); (*of dress*) tren *m* ♦ *vt* (*apprentice, doctor*) szkolić (wyszkolić *perf*); (*dog*) tresować (wytresować *perf*); (*athlete*) trenować (wytrenować *perf*); (*mind*) ćwiczyć (wyćwiczyć *perf*); (*camera, gun*): **to train on** celować

(wycelować *perf*) w +*acc* ♦ *vi* (*learn a skill*) szkolić się; (*SPORT*) trenować; **my train of thought** tok moich myśli.

trained [treɪnd] *adj* (*worker, manpower*) wykwalifikowany; (*animal*) tresowany.

trainee [treɪ'niː] *n* praktykant(ka) *m(f)*, stażysta (-tka) *m(f)*.

trainer ['treɪnə*] *n* (*coach*) trener(ka) *m(f)*; (*shoe*) but *m* sportowy; (*of animals*) treser(ka) *m(f)*.

training ['treɪnɪŋ] *n* (*for occupation*) szkolenie *nt*; (*SPORT*) trening *m*; **to be in training for** (*SPORT*) trenować do +*gen*.

training college *n* (*for teachers*) kolegium *nt* nauczycielskie.

trait [treɪt] *n* cecha *f*.

traitor ['treɪtə*] *n* zdrajca (-jczyni) *m(f)*.

tram [træm] (*BRIT*) *n* (*also*: **tramcar**) tramwaj *m*.

tramp [træmp] *n* włóczęga *m*, tramp *m*; (*inf, pej*) dziwka *f* (*inf, pej*) ♦ *vi* brnąć.

trample ['træmpl] *vt*: **to trample (underfoot)** deptać (podeptać *perf*).

trampoline ['træmpəliːn] *n* trampolina *f*.

trance [trɑːns] *n* trans *m*.

tranquil ['træŋkwɪl] *adj* spokojny.

tranquillity [træŋ'kwɪlɪtɪ] (*US* **tranquility**) *n* spokój *m*.

tranquillizer ['træŋkwɪlaɪzə*] (*US* **tranquilizer**) *n* środek *m* uspokajający.

transaction [træn'zækʃən] *n* transakcja *f*.

transatlantic ['trænzət'læntɪk] *adj* transatlantycki.

transcend [træn'sɛnd] *vt* wykraczać poza +*acc*.

transcript ['trænskrɪpt] *n* zapis *m*, transkrypt *m*.

transcription [træn'skrɪpʃən] *n* transkrypcja *f*.

transfer ['trænsfə*] n (of employee) przeniesienie nt; (of money) przelew m; (of power) przekazanie nt; (SPORT) transfer m; (picture etc) kalkomania f ♦ vt (employee) przenosić (przenieść perf); (money) przelewać (przelać perf); (power, ownership) przekazywać (przekazać perf).

transform [træns'fɔːm] vt odmieniać (odmienić perf); **to transform into** przekształcać (przekształcić perf) w +acc.

transformation [trænsfə'meɪʃən] n przemiana f, transformacja f.

transfusion [træns'fjuːʒən] n (also: **blood transfusion**) transfuzja f (krwi).

transient ['trænzɪənt] adj przelotny.

transistor [træn'zɪstə*] n tranzystor m.

transit ['trænzɪt] n: **in transit** (things) podczas transportu; (people) w podróży.

transition [træn'zɪʃən] n przejście nt.

transitional [træn'zɪʃənl] adj przejściowy.

transitive ['trænzɪtɪv] adj (LING) przechodni.

transitory ['trænzɪtərɪ] adj (emotion) przemijający, krótkotrwały; (arrangement, character) przejściowy.

translate [trænz'leɪt] vt: **to translate (from/into)** tłumaczyć (przetłumaczyć perf) or przekładać (przełożyć perf) (z +gen/na +acc).

translation [trænz'leɪʃən] n tłumaczenie nt, przekład m.

translator [trænz'leɪtə*] n tłumacz(ka) m(f).

translucent [trænz'luːsnt] adj półprzezroczysty.

transmission [trænz'mɪʃən] n (of information, energy, data) przesyłanie nt; (of disease) przenoszenie nt; (TV) transmisja f; (AUT) przekładnia f.

transmit [trænz'mɪt] vt (message, signal) przesyłać (przesłać perf), transmitować; (disease) przenosić (przenieść perf).

transmitter [trænz'mɪtə*] n przekaźnik m.

transparency [træns'pɛərnsɪ] n (quality) przezroczystość f; (BRIT: PHOT) przezrocze nt.

transparent [træns'pærnt] adj przezroczysty.

transpire [træns'paɪə*] vi (become known): **it finally transpired that ...** w końcu okazało się or wyszło na jaw, że ... .

transplant [træns'plɑːnt] vt (MED) przeszczepiać (przeszczepić perf); (seedlings) przesadzać (przesadzić perf) ♦ n (MED) przeszczep m.

transport ['trænspɔːt] n transport m ♦ vt przewozić (przewieźć perf).

transportation ['trænspɔː'teɪʃən] n (moving) przewóz m, transport m; (means of transport) środek m transportu.

transvestite [trænz'vɛstaɪt] n transwestyta (-tka) m(f).

trap [træp] n (for mice, rats) pułapka f; (for larger animals) sidła pl, wnyki pl; (carriage) dwukółka f; (fig) pułapka f, zasadzka f ♦ vt (mouse) łapać (złapać perf) w pułapkę; (hare etc) łapać (złapać perf) w sidła or we wnyki.

trap door (also spelled **trapdoor**) n drzwi pl spustowe; (in stage) zapadnia f; (in mine) drzwi pl zapadowe.

trapeze [trə'piːz] n trapez m (przyrząd).

trash [træʃ] n (rubbish) śmieci pl; (pej: books etc) chłam m (pej).

trashy ['træʃɪ] adj szmirowaty.

trauma ['trɔːmə] n bolesne przeżycie nt.

traumatic [trɔː'mætɪk] adj traumatyczny.

travel ['trævl] n podróż f ♦ vi
(person) podróżować; (news, sound)
rozchodzić się (rozejść się perf) ♦ vt
(distance) przejeżdżać (przejechać
perf); **travels** npl podróże pl.
travel agency n biuro nt podróży.
traveller ['trævlə*] (US **traveler**) n
podróżnik (-iczka) m(f).
traveller's cheque (US **traveler's
check**) n czek m podróżny.
travel sickness n choroba f
lokomocyjna.
travesty ['trævəstı] n parodia f.
trawler ['trɔːlə*] n trawler m.
tray [treı] n taca f; (also:
in-tray/out-tray) tacka f (na
korespondencję).
treacherous ['trɛtʃərəs] adj (person,
look) zdradziecki; (ground, tide)
zdradliwy.
treachery ['trɛtʃərı] n zdrada f.
treacle ['triːkl] n (black treacle)
melasa f.
tread [trɛd] (pt **trod**, pp **trodden**) n
(of tyre) bieżnik m; (step) chód m;
(of stair) stopień m ♦ vi stąpać.
►**tread on** vt fus nadeptywać
(nadepnąć perf) na +acc.
treason ['triːzn] n zdrada f.
treasure ['trɛʒə*] n (lit, fig) skarb m ♦
vt (object) być bardzo
przywiązanym do +gen; (memory,
thought) (pieczołowicie)
przechowywać w pamięci;
(friendship) pielęgnować; **treasures**
npl skarby pl.
treasurer ['trɛʒərə*] n skarbnik
(-iczka) m(f).
treasury ['trɛʒərı] n: **the Treasury,**
(US) **the Treasury Department** ≈
Ministerstwo nt Finansów.
treat [triːt] n uczta f (fig) ♦ vt (handle,
regard) traktować (potraktować
perf); (MED) leczyć; (TECH)
impregnować (zaimpregnować perf);
this is my treat ja stawiam; **she**

treated us to dinner poczęstowała
nas obiadem.
treatment ['triːtmənt] n (attention,
handling) traktowanie nt; (MED)
leczenie nt.
treaty ['triːtı] n traktat m.
treble ['trɛbl] adj (triple) potrójny ♦ vt
potrajać (potroić perf) ♦ vi potrajać
się (potroić się perf).
tree [triː] n drzewo nt.
trek [trɛk] n (long difficult journey)
wyprawa f; (tiring walk) wędrówka f.
tremble ['trɛmbl] vi drżeć (zadrżeć
perf).
tremendous [trı'mɛndəs] adj
(enormous) olbrzymi, ogromny;
(excellent) wspaniały.
tremor ['trɛmə*] n (of excitement,
fear) dreszcz m; (in voice) drżenie nt;
(also: **earth tremor**) wstrząs m
(podziemny).
trench [trɛntʃ] n rów m; (MIL) okop m.
trend [trɛnd] n (in attitudes, fashion)
trend m; (of events) kierunek m.
trendy ['trɛndı] adj modny.
trespass ['trɛspəs] vi: **to trespass on**
(private property) wkraczać
(wkroczyć perf) na +acc; **"no
trespassing"** „teren prywatny –
wstęp wzbroniony".
trial ['traıəl] n (JUR) proces m; (of
machine, drug etc) próba f; **trials** npl
(unpleasant) przykre przejścia pl;
(difficult) perypetie pl; **he went on
trial for larceny** był sądzony za
kradzież; **by trial and error** metodą
prób i błędów.
trial period n okres m próbny.
triangle ['traıæŋgl] n trójkąt m.
triangular [traı'æŋgjulə*] adj
trójkątny.
tribal ['traıbl] adj plemienny.
tribe [traıb] n plemię nt.
tribunal [traı'bjuːnl] n trybunał m.
tributary ['trıbjutərı] n dopływ m.
tribute ['trıbjuːt] n (compliment)
wyrazy pl uznania; **to pay tribute to**

wyrażać (wyrazić *perf*) uznanie dla +*gen*.

trick [trɪk] *n* sztuczka *f*; (*CARDS*) lewa *f* ♦ *vt* oszukiwać (oszukać *perf*); **the trick is to ...** (cała) sztuka polega na tym, żeby +*infin*; **to play a trick on sb** spłatać *(perf)* komuś figla; **that should do the trick** to powinno załatwić sprawę.

trickle ['trɪkl] *n* strużka *f* ♦ *vi* (*water*) sączyć się, kapać; (*rain, tears*) kapać.

tricky ['trɪkɪ] *adj* (*problem etc*) skomplikowany.

tricycle ['traɪsɪkl] *n* rower *m* trójkołowy.

trifle ['traɪfl] *n* błahostka *f*, drobnostka *f* ♦ *adv*: **a trifle long** (nieco) przydługi.

trigger ['trɪgə*] *n* spust *m*, cyngiel *m*.
►**trigger off** *vt fus* wywoływać (wywołać *perf*).

trim [trɪm] *adj* (*house, garden*) starannie utrzymany; (*figure, person*) szczupły ♦ *n* (*haircut*) podstrzyżenie *nt*, podcięcie *nt* ♦ *vt* (*cut*) przycinać (przyciąć *perf*), przystrzygać (przystrzyc *perf*); (*decorate*): **to trim (with)** ozdabiać (ozdobić *perf*) (+*instr*).

trinity ['trɪnɪtɪ] *n* (*REL*): **the (Holy) Trinity** Trójca *f* Święta.

trinket ['trɪŋkɪt] *n* (*ornament*) ozdóbka *f*; (*piece of jewellery*) błyskotka *f*, świecidełko *nt*.

trio ['triːəu] *n* trójka *f*.

trip [trɪp] *n* (*journey*) podróż *f*; (*outing*) wycieczka *f* ♦ *vi* (*stumble*) potykać się (potknąć się *perf*); (*go lightly*) iść lekkim krokiem; **to go on a (business) trip** wyjeżdżać (wyjechać *perf*) w podróż (służbową).
►**trip up** *vi* potykać się (potknąć się *perf*) ♦ *vt* podstawiać (podstawić *perf*) nogę +*dat*.

tripe [traɪp] *n* (*CULIN*) flaczki *pl*, flaki *pl*; (*pej*) bzdury *pl*.

triple ['trɪpl] *adj* potrójny.

triplets ['trɪplɪts] *npl* trojaczki *pl*.

trite [traɪt] (*pej*) *adj* wyświechtany, oklepany.

triumph ['traɪʌmf] *n* tryumf *m or* triumf *m* ♦ *vi* tryumfować (zatryumfować *perf*); **to triumph over** (*opponent*) odnosić (odnieść *perf*) zwycięstwo nad +*instr*; (*disabilities, adversities*) przezwyciężać (przezwyciężyć *perf*) +*acc*.

triumphant [traɪˈʌmfənt] *adj* (*team*) zwycięski, tryumfujący *or* triumfujący; (*return*) tryumfalny *or* triumfalny; (*smile, expression*) tryumfalny *or* triumfalny, tryumfujący *or* triumfujący.

trivia ['trɪvɪə] (*pej*) *npl* błahostki *pl*.

trivial ['trɪvɪəl] *adj* (*unimportant*) błahy; (*commonplace*) trywialny, banalny.

trod [trɔd] *pt of* **tread**.

trodden [trɔdn] *pp of* **tread**.

trolley ['trɔlɪ] *n* (*for luggage, shopping*) wózek *m*; (*table*) stolik *m* na kółkach; (*also*: **trolley bus**) trolejbus *m*.

trombone [trɔmˈbəun] *n* puzon *m*.

troop [truːp] *n* (*of people*) gromada *f*; (*of monkeys*) stado *nt*; **troops** *npl* wojsko *nt*, żołnierze *pl*.

trophy ['trəufɪ] *n* trofeum *nt*.

tropical ['trɔpɪkl] *adj* tropikalny, zwrotnikowy.

trot [trɔt] *n* (*fast pace*) trucht *m*; (*of horse*) kłus *m* ♦ *vi* (*horse*) kłusować (pokłusować *perf*); (*person*) biec (pobiec *perf*) truchtem.

trouble ['trʌbl] *n* (*difficulty, bother*) kłopot *m*; (*unrest*) zamieszki *pl* ♦ *vt* (*worry*) martwić (zmartwić *perf*); (*disturb*) niepokoić ♦ *vi*: **to trouble to do sth** zadawać (zadać *perf*) sobie trud zrobienia czegoś; **troubles** *npl* kłopoty *pl*; **to be in trouble** mieć kłopoty *or*

nieprzyjemności; (*ship, climber etc*)
być w tarapatach *or* opałach; **what's
the trouble?** co się stało?; (*to
patient*) co Panu/Pani dolega?

troubled ['trʌbld] *adj* (*person*)
zmartwiony; (*era, life*) burzliwy;
(*water*) wzburzony; (*country*)
targany konfliktami.

troublemaker ['trʌblmeɪkə*] *n*
wichrzyciel *m*.

troublesome ['trʌblsəm] *adj* (*child*)
nieznośny; (*cough, stammer*)
dokuczliwy.

trough [trɔf] *n* (*also*:
drinking/feeding trough) koryto *nt*;
(*low point*) spadek *m*.

troupe [tru:p] *n* trupa *f*.

trousers ['trauzəz] *npl* spodnie *pl*;
short trousers krótkie spodenki.

trout [traut] *n inv* pstrąg *m*.

truant ['truənt] (*BRIT*) *n*: **to play
truant** iść (pójść *perf*) na wagary;
(*frequently*) chodzić na wagary,
wagarować.

truce [tru:s] *n* rozejm *m*, zawieszenie
nt broni.

truck [trʌk] *n* (*lorry*) ciężarówka *f*,
samochód *m* ciężarowy; (*RAIL*)
platforma *f*.

true [tru:] *adj* (*not false, real,
genuine*) prawdziwy; (*accurate,
faithful*) wierny; **it's true** to prawda;
to come true (*dreams*) spełniać się
(spełnić się *perf*); (*predictions*)
sprawdzać się (sprawdzić się *perf*).

truffle ['trʌfl] *n* trufla *f*.

truism ['tru:ɪzəm] *n* truizm *m*.

truly ['tru:lɪ] *adv* (*genuinely, truthfully*)
naprawdę; (*really*) doprawdy; **yours
truly** (*in letter*) z poważaniem.

trump [trʌmp] *n* (*lit, fig*) karta *f*
atutowa.

trumpet ['trʌmpɪt] *n* trąbka *f*.

truncheon ['trʌntʃən] (*BRIT:
POLICE*) *n* pałka *f*.

trunk [trʌŋk] *n* (*of tree*) pień *m*; (*of
person*) tułów *m*; (*of elephant*) trąba

f; (*case*) kufer *m*; (*US: AUT*)
bagażnik *m*; **trunks** *npl* (*also*:
swimming trunks) kąpielówki *pl*.

trust [trʌst] *n* zaufanie *nt*; (*in bright
future, human goodness etc*) ufność
f; (*COMM*) trust *m* ♦ *vt* ufać (zaufać
perf) +*dat*; **to take sth on trust**
przyjmować (przyjąć *perf*) coś na
słowo.

trusted ['trʌstɪd] *adj* zaufany.

trustee [trʌs'ti:] *n* (*JUR*) powiernik
(-iczka) *m*; (*of school etc*) członek *m*
zarządu.

trustful ['trʌstful] *adj* ufny.

trusting ['trʌstɪŋ] *adj* ufny.

trustworthy ['trʌstwə:ðɪ] *adj* godny
zaufania.

truth [tru:θ] (*pl* **truths**) *n* prawda *f*.

truthful ['tru:θful] *adj* (*person*)
prawdomówny.

try [traɪ] *n* próba *f*; (*RUGBY*)
przyłożenie *nt* ♦ *vt* (*attempt,
experience*) próbować (spróbować
perf) +*gen*; (*JUR*) sądzić; (*patience*)
wystawiać (wystawić *perf*) na próbę
♦ *vi* (*attempt*) próbować (spróbować
perf); (*make effort*) starać się
(postarać się *perf*); **to have a try**
próbować (spróbować *perf*); **to try
to do sth** próbować (spróbować
perf) coś zrobić.

▶**try on** *vt* przymierzać (przymierzyć
perf).

trying ['traɪɪŋ] *adj* męczący.

T-shirt ['ti:ʃə:t] *n* koszulka *f* (z
krótkim rękawem).

tub [tʌb] *n* (*container*) kadź *f*; (*bath*)
wanna *f*.

tube [tju:b] *n* (*pipe*) rurka *f*; (: *wide*)
rura *f*; (*container*) tubka *f*; (*BRIT:
underground*) metro *nt*.

tuberculosis [tjubə:kju'ləusɪs] *n*
gruźlica *f*.

tubular ['tju:bjulə*] *adj* (*scaffolding,
furniture*) rurowy; (*container*)
cylindryczny.

TUC (*BRIT*) *n abbr* (= *Trades Union*

Congress) federacja brytyjskich
związków zawodowych.
tuck [tʌk] *vt* wsuwać (wsunąć *perf*).
► **tuck in** *vt* (*shirt etc*) wkładać
(włożyć *perf*) w spodnie/spódnicę;
(*child*) otulać (otulić *perf*) (*do snu*) ♦
vi zajadać, wcinać (*inf*).
► **tuck up** *vt* otulać (otulić *perf*);
Tuesday ['tjuːzdɪ] *n* wtorek *m*.
tuft [tʌft] *n* kępka *f*.
tug [tʌg] *n* holownik *m* ♦ *vt* pociągać
(pociągnąć *perf*) (mocno).
tug-of-war [tʌgəv'wɔː*] *n* zawody *pl*
w przeciąganiu liny; (*fig*)
rywalizacja *f*.
tuition [tjuː'ɪʃən] *n* (*BRIT: instruction*)
nauka *f*, lekcje *pl*; (*US: school fees*)
czesne *nt*.
tulip ['tjuːlɪp] *n* tulipan *m*.
tumble ['tʌmbl] *n* upadek *m* ♦ *vi*
spadać (spaść *perf*), staczać się
(stoczyć się *perf*).
tumble dryer (*BRIT*) *n* suszarka *f*
(bębnowa).
tumbler ['tʌmblə*] *n* (*glass*)
szklaneczka *f*, (: *tall*) szklanka *f*.
tummy ['tʌmɪ] (*inf*) *n* brzuch *m*.
tumour ['tjuːmə*] (*US* **tumor**)
(*MED*) *n* guz *m*.
tumult ['tjuːmʌlt] *n* (*uproar*) zgiełk *m*,
tumult *m*.
tumultuous [tjuː'mʌltjuəs] *adj*
burzliwy.
tuna ['tjuːnə] *n inv* (*also*: **tuna fish**)
tuńczyk *m*.
tune [tjuːn] *n* melodia *f* ♦ *vt* (*MUS*)
stroić (nastroić *perf*); (*RADIO, TV*)
nastawiać (nastawić *perf*); (*AUT*)
regulować (wyregulować *perf*); **to
be in tune** (*instrument*) być
nastrojonym; (*singer*) śpiewać
czysto; **to be out of tune**
(*instrument*) być nie nastrojonym;
(*singer*) fałszować; **to be in/out of
tune with** (*fig*) harmonizować/nie
harmonizować z +*instr*.
► **tune in** *vi* (*RADIO, TV*): **to tune in**

(**to**) nastawiać (nastawić *perf*)
odbiornik (na +*acc*).
► **tune up** *vi* stroić (nastroić *perf*)
instrumenty.
tuneful ['tjuːnful] *adj* melodyjny.
tuner ['tjuːnə*] *n* (*radio set*) tuner *m*;
piano tuner stroiciel fortepianów.
tunic ['tjuːnɪk] *n* tunika *f*.
tunnel ['tʌnl] *n* (*passage*) tunel *m*;
(*in mine*) sztolnia *f* ♦ *vi*
przekopywać (przekopać *perf*) tunel.
turban ['təːbən] *n* turban *m*.
turbine ['təːbaɪn] *n* turbina *f*.
turbulence ['təːbjuləns] *n* turbulencja
f.
turbulent ['təːbjulənt] *adj* (*lit, fig*)
burzliwy.
tureen [tə'riːn] *n* waza *f*.
turf [təːf] *n* (*grass*) darń *f*; (*clod*)
bryła *f* darni ♦ *vt* pokrywać (pokryć
perf) darnią.
Turkey ['təːkɪ] *n* Turcja *f*.
turkey ['təːkɪ] *n* indyk *m*.
Turkish ['təːkɪʃ] *adj* turecki ♦ *n*
(język *m*) turecki.
turmoil ['təːmɔɪl] *n* zgiełk *m*, wrzawa
f; **in turmoil** wzburzony.
turn [təːn] *n* (*rotation*) obrót *m*; (*in
road*) zakręt *m*; (*change*) zmiana *f*;
(*chance*) kolej *f*; (*performance*)
występ *m*; (*inf: of illness*) napad *m* ♦
vt (*handle*) przekręcać (przekręcić
perf); (*key*) przekręcać (przekręcić
perf), obracać (obrócić *perf*); (*steak,
page*) przewracać (przewrócić *perf*)
♦ *vi* (*rotate*) obracać się (obrócić się
perf); (*change direction*) skręcać
(skręcić *perf*); (*face in different
direction*) odwracać się (odwrócić
się *perf*); (*milk*) kwaśnieć (skwaśnieć
perf); **her hair is turning grey** włosy
jej siwieją; **he has turned forty**
skończył czterdzieści lat; **I did him
a good turn** wyświadczyłam mu
przysługę; **"no left turn"** „zakaz
skrętu w lewo"; **it's your turn** twoja
kolej; **in turn** (*in succession*) po

kolei; (*indicating consequence, cause etc*) z kolei; **to take turns (at)** zmieniać się (zmienić się *perf*) (przy +*loc*); **at the turn of the century** u schyłku wieku, na przełomie wieków.

►**turn around** *vi* odwracać się (odwrócić się *perf*).

►**turn against** *vt fus* zwracać się (zwrócić się *perf*) przeciw(ko) +*dat*.

►**turn away** *vi* odwracać się (odwrócić się *perf*) ♦ *vt* (*applicants*) odprawiać (odprawić *perf*) (z niczym *or* z kwitkiem).

►**turn back** *vi* zawracać (zawrócić *perf*) ♦ *vt* zawracać (zawrócić *perf*).

►**turn down** *vt* (*offer*) odrzucać (odrzucić *perf*); (*person, request*) odmawiać (odmówić *perf*) +*dat*; (*heater*) przykręcać (przykręcić *perf*); (*radio*) przyciszać (przyciszyć *perf*), ściszać (ściszyć *perf*); (*bedclothes*) odwijać (odwinąć *perf*).

►**turn in** *vi* (*inf*) iść (pójść *perf*) spać ♦ *vt* (*to police*) wydawać (wydać *perf*).

►**turn into** *vt fus* zamieniać się (zamienić się *perf*) w +*acc*.

►**turn off** *vi* (*from road*) skręcać (skręcić *perf*) ♦ *vt* (*light, engine, radio*) wyłączać (wyłączyć *perf*); (*tap*) zakręcać (zakręcić *perf*).

►**turn on** *vt* (*light, engine, radio*) włączać (włączyć *perf*); (*tap*) odkręcać (odkręcić *perf*).

►**turn out** *vt* (*light, gas*) wyłączać (wyłączyć *perf*) ♦ *vi* (*people*) przybywać (przybyć *perf*); **the house turned out to be a ruin** dom okazał się (być) ruiną.

►**turn round** *vi* (*person*) odwracać się (odwrócić się *perf*); (*vehicle*) zawracać (zawrócić *perf*); (*rotate*) obracać się (obrócić się *perf*).

►**turn up** *vi* (*person*) pojawiać się (pojawić się *perf*); (*lost object*) znajdować się (znaleźć się *perf*) ♦ *vt*

(*collar*) stawiać (postawić *perf*); (*radio*) podgłaśniać (podgłośnić *perf*); (*heater*) podkręcać (podkręcić *perf*).

turning ['tə:nɪŋ] *n* (*in road*) zakręt *m*.

turning point *n* (*fig*) punkt *m* zwrotny.

turnip ['tə:nɪp] *n* rzepa *f*.

turnout ['tə:naut] *n* (*of voters etc*) frekwencja *f*.

turnover ['tə:nəuvə*] *n* (*COMM*) obrót *m*, obroty *pl*; **turnover of staff** fluktuacja kadr.

turntable ['tə:nteɪbl] *n* (*on record player*) talerz *m* obrotowy.

turn-up ['tə:nʌp] (*BRIT*) *n* (*on trousers*) mankiet *m*.

turpentine ['tə:pəntaɪn] *n* (*also*: **turps**) terpentyna *f*.

turquoise ['tə:kwɔɪz] *n* turkus *m* ♦ *adj* turkusowy.

turtle ['tə:tl] *n* żółw *m*.

turtleneck (sweater) ['tə:tlnɛk(-)] *n* golf *m*.

tusk [tʌsk] *n* kieł *m*.

tussle ['tʌsl] *n* bójka *f*.

tutor ['tju:tə*] *n* (*BRIT*) wykładowca *prowadzący zajęcia z małą grupą studentów lub opiekujący się indywidualnymi studentami*; (*private tutor*) prywatny(na) *m(f)* nauczyciel (-ka) *m(f)*.

tutorial [tju:'tɔ:rɪəl] *n* zajęcia *pl* (*dla małej grupy studentów*).

tuxedo [tʌk'si:dəu] (*US*) *n* smoking *m*.

TV [ti:'vi:] *n abbr* = **television**.

tweed [twi:d] *n* tweed *m*.

tweezers ['twi:zəz] *npl* pinceta *f*.

twelfth [twɛlfθ] *num* dwunasty.

twelve [twɛlv] *num* dwanaście; **at twelve (o'clock)** o (godzinie) dwunastej.

twentieth ['twɛntɪɪθ] *num* dwudziesty.

twenty ['twɛntɪ] *num* dwadzieścia.

twice [twaɪs] *adv* dwa razy, dwukrotnie; **twice as much** dwa razy tyle; **twice a week** dwa razy w tygodniu.

twiddle ['twɪdl] *vt* kręcić +*instr* ♦ *vi*: **to twiddle with sth** kręcić czymś.

twig [twɪg] *n* gałązka *f* ♦ *vi* (*BRIT: inf*) skapować (się) (*perf*) (*inf*).

twilight ['twaɪlaɪt] *n* (*evening*) zmierzch *m*.

twin [twɪn] *n* bliźniak (-aczka) *m(f)* ♦ *vt*: **Nottingham is twinned with Poznań** Nottingham i Poznań to miasta bliźniacze; **twin brother** (brat) bliźniak; **twin sister** (siostra) bliźniaczka; **twins** bliźniaki, bliźnięta.

twinkle ['twɪŋkl] *vi* (*star, light*) migotać (zamigotać *perf*); (*eyes*) skrzyć się.

twist [twɪst] *n* (*of body*) skręt *m*; (*of coil*) zwój *m*; (*in road*) (*ostry*) zakręt *m*; (*in attitudes, story*) zwrot *m* ♦ *vt* (*head*) odwracać (odwrócić *perf*); (*ankle etc*) skręcać (skręcić *perf*); (*scarf etc*) owijać (owinąć *perf*); (*fig: words*) przekręcać (przekręcić *perf*); (: *meaning*) wypaczać (wypaczyć *perf*) ♦ *vi* (*road, river*) wić się.

twisted ['twɪstɪd] *adj* (*rope*) poskręcany; (*ankle, wrist*) skręcony; (*fig: logic*) pokrętny; (: *personality*) skrzywiony.

twitch [twɪtʃ] *n* (*nervous*) drgnięcie *nt*; (*at sleeve*) szarpnięcie *nt* ♦ *vi* drgać.

two [tuː] *num* dwa; **to put two and two together** (*fig*) kojarzyć (skojarzyć *perf*) fakty.

two-door [tuːˈdɔː*] *adj* dwudrzwiowy.

two-faced [tuːˈfeɪst] *adj* (*pej*) dwulicowy.

twofold ['tuːfəʊld] *adv* (*increase*) dwukrotnie.

two-piece (suit) ['tuːpiːs-] *n* kostium *m*.

two-piece (swimsuit) *n* kostium *m* (kąpielowy) dwuczęściowy.

twosome ['tuːsəm] *n* dwójka *f*.

two-way ['tuːweɪ] *adj* (*traffic, street*) dwukierunkowy.

tycoon [taɪˈkuːn] *n* magnat *m*.

type [taɪp] *n* typ *m*; (*TYP*) czcionka *f* ♦ *vt* pisać (napisać *perf*) na maszynie.

typescript ['taɪpskrɪpt] *n* maszynopis *m*.

typewriter ['taɪpraɪtə*] *n* maszyna *f* do pisania.

typhoid ['taɪfɔɪd] *n* tyfus *m or* dur *m* brzuszny.

typhoon [taɪˈfuːn] *n* tajfun *m*.

typical ['tɪpɪkl] *adj*: **typical (of)** typowy (dla +*gen*).

typist ['taɪpɪst] *n* maszynistka *f*.

tyranny ['tɪrənɪ] *n* tyrania *f*.

tyrant ['taɪərnt] *n* tyran *m*.

tyre ['taɪə*] (*US* **tire**) *n* opona *f*.

U

ubiquitous [juːˈbɪkwɪtəs] *adj* wszechobecny.

udder ['ʌdə*] *n* wymię *nt*.

UFO ['juːfəʊ] *n abbr* (= *unidentified flying object*) UFO *nt inv*, NOL *m* (= Niezidentyfikowany Obiekt Latający).

ugliness ['ʌglɪnɪs] *n* brzydota *f*.

ugly ['ʌglɪ] *adj* brzydki; (*situation, incident*) paskudny.

UK *n abbr* = **United Kingdom**.

ulcer ['ʌlsə*] *n* (*also*: **stomach** *etc* **ulcer**) wrzód *m*; (*also*: **mouth ulcer**) afta *f*.

Ulster ['ʌlstə*] *n* Ulster *m*.

ultimate ['ʌltɪmət] *adj* (*final*) ostateczny; (*greatest: insult, deterrent*) największy; (: *authority*) najwyższy.

ultimately ['ʌltɪmətlɪ] *adv* ostatecznie.

ultimatum [ʌltɪˈmeɪtəm] (*pl* **ultimatums** *or* **ultimata**) *n* ultimatum *nt*.

ultrasound [ˈʌltrəsaund] *n*
ultradźwięk *m*.

ultraviolet [ˈʌltrəˈvaɪəlɪt] *adj*
ultrafioletowy, nadfioletowy.

umbilical cord [ʌmˈbɪlɪkl-] *n*
pępowina *f*.

umbrella [ʌmˈbrɛlə] *n* parasol *m*;
(*lady's*) parasolka *f*.

umpire [ˈʌmpaɪə*] *n* arbiter *m*,
sędzia *m* ♦ *vt*, *vi* sędziować.

UN *n abbr* = **United Nations.**

unable [ʌnˈeɪbl] *adj*: **to be unable to
do sth** nie być w stanie czegoś
(z)robić.

unaccompanied [ʌnəˈkʌmpənɪd]
adj (*child, luggage*) bez opieki *post*;
(*song*) bez akompaniamentu *post*.

unaccountably [ʌnəˈkauntəblɪ] *adv*
z niewyjaśnionych przyczyn.

unaccustomed [ʌnəˈkʌstəmd] *adj*:
to be unaccustomed to nie być
przyzwyczajonym do +*gen*.

unanimous [juːˈnænɪməs] *adj*
jednomyślny, jednogłośny.

unarmed [ʌnˈɑːmd] *adj* nie
uzbrojony; **unarmed combat** walka
wręcz.

unashamed [ʌnəˈʃeɪmd] *adj*
bezwstydny.

unassuming [ʌnəˈsjuːmɪŋ] *adj*
(*person*) skromny; (*manner*) nie
narzucający się.

unattached [ʌnəˈtætʃt] *adj* (*single*)
samotny; (*unconnected*): **unattached
to** nie związany z +*instr*.

unattractive [ʌnəˈtræktɪv] *adj*
(*person, appearance*) nieatrakcyjny;
(*character, idea*) nieciekawy.

unauthorized [ʌnˈɔːθəraɪzd] *adj*
(*visit, use*) bezprawny, bez
pozwolenia *post*; (*version*) nie
autoryzowany.

unavoidable [ʌnəˈvɔɪdəbl] *adj*
nieunikniony.

unaware [ʌnəˈwɛə*] *adj*: **to be
unaware of** być nieświadomym
+*gen*.

unawares [ʌnəˈwɛəz] *adv* znienacka.

unbalanced [ʌnˈbælənst] *adj* (*report
etc*) nie wyważony; (*person, mind*)
niezrównoważony.

unbearable [ʌnˈbɛərəbl] *adj*
nieznośny, nie do zniesienia *or*
wytrzymania *post*.

unbeatable [ʌnˈbiːtəbl] *adj*
bezkonkurencyjny.

unbelievable [ʌnbɪˈliːvəbl] *adj*
niewiarygodny.

unbiased [ʌnˈbaɪəst] *adj* bezstronny.

unborn [ʌnˈbɔːn] *adj* nie narodzony.

unbreakable [ʌnˈbreɪkəbl] *adj*
(*glass, china*) nietłukący; (*plastic*)
niełamliwy.

unbroken [ʌnˈbrəukən] *adj* (*seal*) nie
uszkodzony; (*silence*) niezmącony;
(*record*) nie pobity; (*series*)
nieprzerwany.

unbutton [ʌnˈbʌtn] *vt* rozpinać
(rozpiąć *perf*).

uncanny [ʌnˈkænɪ] *adj* (*resemblance,
silence*) niesamowity; (*knack*)
osobliwy.

uncertain [ʌnˈsəːtn] *adj* niepewny.

uncertainty [ʌnˈsəːtntɪ] *n*
niepewność *f*; **uncertainties** *npl*
niewiadome *pl*.

unchanged [ʌnˈtʃeɪndʒd] *adj* nie
zmieniony.

unchecked [ʌnˈtʃɛkt] *adv* w
niekontrolowany sposób.

uncle [ˈʌŋkl] *n* wujek *m*, wuj *m*.

uncomfortable [ʌnˈkʌmfətəbl] *adj*
(*chair, situation, fact*) niewygodny;
(*person: nervous*) nieswój; **I am
uncomfortable here** jest mi tu
niewygodnie; **to feel uncomfortable**
czuć się (poczuć się *perf*)
niezręcznie *or* nieswojo.

uncommon [ʌnˈkɔmən] *adj*
niezwykły.

uncompromising
[ʌnˈkɔmprəmaɪzɪŋ] *adj*
bezkompromisowy.

unconditional [ʌnkən'dɪʃənl] *adj*
bezwarunkowy.

unconscious [ʌn'kɒnʃəs] *adj*
nieprzytomny; **unconscious of**
nieświadomy +*gen* ♦ *n*: **the**
unconscious podświadomość *f*.

unconsciously [ʌn'kɒnʃəslɪ] *adv*
nieświadomie, bezwiednie.

uncontrollable [ʌnkən'trəʊləbl] *adj*
(*person, animal*) nieokiełznany,
nieposkromiony; (*temper, laughter*)
niepohamowany.

unconventional [ʌnkən'vɛnʃənl] *adj*
niekonwencjonalny.

uncover [ʌn'kʌvə*] *vt* odkrywać
(odkryć *perf*).

undecided [ʌndɪ'saɪdɪd] *adj* (*person*)
niezdecydowany; (*question*) nie
rozstrzygnięty.

undeniable [ʌndɪ'naɪəbl] *adj*
niezaprzeczalny.

under ['ʌndə*] *prep* (*in space*) pod
+*instr*; (*in age, price*) poniżej +*gen*;
(*law, agreement etc*) w myśl +*gen*,
zgodnie z +*instr*; (*sb's leadership*)
pod rządami +*gen* ♦ *adv* pod
spodem; **under there** tam (na dole);
under repair w naprawie.

undercarriage ['ʌndəkærɪdʒ]
(*AVIAT*) *n* podwozie *nt*.

undercover [ʌndə'kʌvə*] *adj* tajny.

underdone [ʌndə'dʌn] *adj* nie
dogotowany.

underestimate ['ʌndər'ɛstɪmeɪt] *vt*
nie doceniać (nie docenić *perf*) +*gen*.

undergo [ʌndə'gəʊ] (*irreg like*: **go**) *vt*
(*change*) ulegać (ulec *perf*) +*dat*;
(*test, operation*) zostawać (zostać
perf) poddanym +*dat*, przechodzić
(przejść *perf*).

undergraduate [ʌndə'grædjuɪt] *n*
student, który nie zdobył jeszcze
stopnia BA.

underground ['ʌndəgraʊnd] *n*: **the**
underground (*BRIT*) metro *nt*;
(*POL*) podziemie *nt* ♦ *adj*
podziemny ♦ *adv* pod ziemią; **to go**

underground (*POL*) schodzić (zejść
perf) do podziemia.

underline [ʌndə'laɪn] *vt* podkreślać
(podkreślić *perf*).

undermine [ʌndə'maɪn] *vt*
podkopywać (podkopać *perf*).

underneath [ʌndə'niːθ] *adv* pod
spodem ♦ *prep* pod +*instr*.

undernourished [ʌndə'nʌrɪʃt] *adj*
niedożywiony.

underpants ['ʌndəpænts] *npl* slipy *pl*.

underpass ['ʌndəpɑːs] (*BRIT*) *n*
przejście *nt* podziemne.

underprivileged [ʌndə'prɪvɪlɪdʒd]
adj społecznie upośledzony.

understand [ʌndə'stænd] (*irreg like*:
stand) *vt* rozumieć (zrozumieć *perf*);
I understand (that) ... rozumiem, że
... .

understandable [ʌndə'stændəbl] *adj*
zrozumiały.

understanding [ʌndə'stændɪŋ] *adj*
wyrozumiały ♦ *n* (*of subject,*
language) znajomość *f*, (*sympathy*)
wyrozumiałość *f*, zrozumienie *nt*;
(*co-operation*) porozumienie *nt*.

understatement ['ʌndəsteɪtmənt] *n*
niedopowiedzenie *nt*,
niedomówienie *nt*; **that's an**
understatement! to mało
powiedziane!

understood [ʌndə'stud] *pt, pp of*
understand ♦ *adj* (*agreed*) ustalony;
(*implied*) zrozumiały sam przez się.

undertake [ʌndə'teɪk] (*irreg like*:
take) *vt* podejmować się (podjąć się
perf) +*gen* ♦ *vi*: **to undertake to do**
sth podejmować się (podjąć się
perf) zrobienia czegoś.

undertaker ['ʌndəteɪkə*] *n*
przedsiębiorca *m* pogrzebowy.

undertaking ['ʌndəteɪkɪŋ] *n* (*job*)
przedsięwzięcie *nt*; (*promise*)
zobowiązanie *nt*.

underwater [ʌndə'wɔːtə*] *adv* pod
wodą ♦ *adj* podwodny.

underwear ['ʌndəwɛə*] *n* bielizna *f*.

underworld ['ʌndəwəːld] *n* świat *m* przestępczy.

undesirable [ʌndɪ'zaɪərəbl] *adj* (*objectionable*) nieodpowiedni.

undisputed ['ʌndɪs'pjuːtɪd] *adj* bezdyskusyjny, bezsporny.

undo [ʌn'duː] (*irreg like*: **do**) *vt* (*shoelaces, string*) rozwiązywać (rozwiązać *perf*); (*buttons*) rozpinać (rozpiąć *perf*); (*fig*: *work, hopes*) niweczyć (zniweczyć *perf*); (: *person*) gubić (zgubić *perf*).

undoubted [ʌn'dautɪd] *adj* niewątpliwy.

undoubtedly [ʌn'dautɪdlɪ] *adv* niewątpliwie, bez wątpienia.

undress [ʌn'drɛs] *vi* rozbierać się (rozebrać się *perf*).

undue [ʌn'djuː] *adj* nadmierny, zbytni.

undulating ['ʌndjuleɪtɪŋ] *adj* (*landscape*) pofalowany, falisty; (*movement*) falujący.

unduly [ʌn'djuːlɪ] *adv* nadmiernie, zbytnio.

uneasy [ʌn'iːzɪ] *adj* (*person*) zaniepokojony; (*feeling*) nieprzyjemny, nie dający spokoju; (*peace*) niepewny.

uneducated [ʌn'ɛdjukeɪtɪd] *adj* niewykształcony, bez wykształcenia *post*.

unemployed [ʌnɪm'plɔɪd] *adj* bezrobotny ♦ *npl*: **the unemployed** bezrobotni *vir pl*.

unemployment [ʌnɪm'plɔɪmənt] *n* bezrobocie *nt*.

uneven [ʌn'iːvn] *adj* nierówny.

unexpected [ʌnɪks'pɛktɪd] *adj* nieoczekiwany, niespodziewany.

unexpectedly [ʌnɪks'pɛktɪdlɪ] *adv* nieoczekiwanie, niespodziewanie.

unfair [ʌn'fɛə*] *adj* (*system*) niesprawiedliwy; (*advantage*) nieuczciwy; **unfair to** niesprawiedliwy w stosunku do +*gen*.

unfaithful [ʌn'feɪθful] *adj* niewierny.

unfamiliar [ʌnfə'mɪlɪə*] *adj* nieznany; **to be unfamiliar with** nie znać +*gen*.

unfashionable [ʌn'fæʃnəbl] *adj* niemodny.

unfasten [ʌn'fɑːsn] *vt* rozpinać (rozpiąć *perf*).

unfavourable [ʌn'feɪvrəbl] (*US* **unfavorable**) *adj* (*circumstances, weather*) niesprzyjający; (*opinion*) nieprzychylny.

unfinished [ʌn'fɪnɪʃt] *adj* nie dokończony.

unfit [ʌn'fɪt] *adj* (*physically*) mało sprawny, w słabej kondycji *post*; (*incompetent*) niezdolny; **unfit for work** niezdolny do pracy.

unfold [ʌn'fəuld] *vt* rozkładać (rozłożyć *perf*) ♦ *vi* rozwijać się (rozwinąć się *perf*).

unforeseen ['ʌnfɔː'siːn] *adj* nieprzewidziany.

unforgettable [ʌnfə'gɛtəbl] *adj* niezapomniany.

unforgivable [ʌnfə'gɪvəbl] *adj* niewybaczalny.

unfortunate [ʌn'fɔːtʃənət] *adj* (*person*) pechowy; (*accident*) nieszczęśliwy; (*event, remark*) niefortunny.

unfortunately [ʌn'fɔːtʃənətlɪ] *adv* niestety.

unfounded [ʌn'faundɪd] *adj* bezpodstawny, nieuzasadniony.

unfriendly [ʌn'frɛndlɪ] *adj* (*person*) nieprzyjazny; (*behaviour, remark*) nieprzyjemny.

ungrammatical [ʌngrə'mætɪkl] *adj* niegramatyczny.

ungrateful [ʌn'greɪtful] *adj* niewdzięczny.

unhappy [ʌn'hæpɪ] *adj* nieszczęśliwy; **unhappy about/with** niezadowolony z +*gen*.

unharmed [ʌn'hɑːmd] *adj* bez szwanku *post*.

unhealthy [ʌn'hɛlθɪ] *adj* (*person*)

chory; (*place*) niezdrowy; (*fig:
interest*) chorobliwy, niezdrowy.

unhurt [ʌn'hɜːt] *adj* bez szwanku
post; **to be unhurt** nie doznać (*perf*)
(żadnych) obrażeń.

unidentified [ʌnaɪ'dɛntɪfaɪd] *adj*
(*unfamiliar*) niezidentyfikowany;
(*unnamed*) (bliżej) nieokreślony; *see
also* **UFO**.

uniform ['juːnɪfɔːm] *n* mundur *m* ♦
adj jednolity.

unify ['juːnɪfaɪ] *vt* jednoczyć się
(zjednoczyć się *perf*).

unilateral [juːnɪ'lætərəl] *adj*
jednostronny.

uninhabited [ʌnɪn'hæbɪtɪd] *adj*
(*house*) niezamieszkały; (*island*)
bezludny.

unintentional [ʌnɪn'tɛnʃənəl] *adj* nie
zamierzony.

uninterested [ʌn'ɪntrɪstɪd] *adj*
niezainteresowany.

union ['juːnjən] *n* (*unification*)
zjednoczenie *nt*, unia *f*; (*also*: **trade
union**) związek *m* zawodowy ♦ *cpd*
(*activities, leader*) związkowy.

unique [juː'niːk] *adj* (*object,
performance*) jedyny w swoim
rodzaju, niepowtarzalny; (*number*)
nie powtarzający się.

unison ['juːnɪsn] *n*: **in unison** (*say,
act*) zgodnie; (*sing*) unisono.

unit ['juːnɪt] *n* jednostka *f*; **kitchen
unit** szafka kuchenna.

unite [juː'naɪt] *vt* jednoczyć
(zjednoczyć *perf*) ♦ *vi* jednoczyć się
(zjednoczyć się *perf*).

united [juː'naɪtɪd] *adj* (*agreed*)
zgodny; (*country, party*) zjednoczony.

United Kingdom *n*: **the United
Kingdom** Zjednoczone Królestwo *nt*
(Wielkiej Brytanii).

United Nations *n*: **the United
Nations** Narody *pl* Zjednoczone,
Organizacja *f* Narodów
Zjednoczonych.

United States (of America) *n*: the

United States Stany *pl* Zjednoczone
(Ameryki Północnej).

unity ['juːnɪtɪ] *n* jedność *f*.

universal [juːnɪ'vɜːsl] *adj*
powszechny, uniwersalny.

universe ['juːnɪvɜːs] *n* wszechświat
m.

university [juːnɪ'vɜːsɪtɪ] *n*
uniwersytet *m*.

unjust [ʌn'dʒʌst] *adj* niesprawiedliwy.

unkind [ʌn'kaɪnd] *adj* niegrzeczny,
nieżyczliwy.

unknown [ʌn'nəun] *adj* (*fact*)
nieznany, niewiadomy.

unlawful [ʌn'lɔːful] *adj* bezprawny,
nielegalny.

unleaded ['ʌn'lɛdɪd] *adj*
bezołowiowy.

unleash [ʌn'liːʃ] *vt* (*fig: feeling,
forces etc*) uwalniać (uwolnić *perf*).

unless [ʌn'lɛs] *conj* jeżeli nie, o ile
nie, chyba że; **...unless he comes**
...jeżeli nie przyjdzie, ...chyba że
przyjdzie.

unlike [ʌn'laɪk] *adj* niepodobny ♦
prep (*not like*) w odróżnieniu od
+*gen*; (*different from*) niepodobny do
+*gen*.

unlikely [ʌn'laɪklɪ] *adj* (*not likely*)
nieprawdopodobny, mało
prawdopodobny; (*unexpected*)
nieoczekiwany.

unlimited [ʌn'lɪmɪtɪd] *adj*
nieograniczony, bez ograniczeń *post*.

unload [ʌn'ləud] *vt* wyładowywać
(wyładować *perf*), rozładowywać
(rozładować *perf*).

unlock [ʌn'lɔk] *vt* otwierać
(otworzyć *perf*) (*kluczem*).

unlucky [ʌn'lʌkɪ] *adj* (*person*)
nieszczęśliwy, pechowy; (*object,
number*) pechowy; **to be unlucky**
mieć pecha.

unmarried [ʌn'mærɪd] *adj* (*man*)
nieżonaty; (*woman*) niezamężna.

unmask [ʌn'mɑːsk] *vt* demaskować
(zdemaskować *perf*).

unmistak(e)able [ʌnmɪs'teɪkəbl] *adj*
wyraźny, niewątpliwy.

unnatural [ʌn'nætʃrəl] *adj*
nienaturalny.

unnecessary [ʌn'nɛsəsərɪ] *adj*
niepotrzebny, zbyteczny.

unnoticed [ʌn'nəʊtɪst] *adj*: **to go** *or*
pass unnoticed pozostawać
(pozostać *perf*) nie zauważonym.

UNO ['juːnəʊ] *n abbr* (= *United
Nations Organization*) ONZ *m*.

unobtrusive [ʌnəb'truːsɪv] *adj* nie
rzucający się w oczy, dyskretny.

unofficial [ʌnə'fɪʃl] *adj* (*news*) nie
potwierdzony; (*strike*) nieoficjalny.

unorthodox [ʌn'ɔːθədɒks] *adj*
(*treatment*) niekonwencjonalny;
(*REL*) nieortodoksyjny.

unpack [ʌn'pæk] *vi* rozpakowywać
się (rozpakować się *perf*) ♦ *vt*
rozpakowywać (rozpakować *perf*).

unparalleled [ʌn'pærəlɛld] *adj*
niezrównany.

unpleasant [ʌn'plɛznt] *adj*
nieprzyjemny, niemiły.

unplug [ʌn'plʌg] *vt* wyłączać
(wyłączyć *perf*) z sieci.

unpopular [ʌn'pɒpjulə*] *adj*
niepopularny.

unpredictable [ʌnprɪ'dɪktəbl] *adj*
nieprzewidywalny.

unprofessional [ʌnprə'fɛʃənl] *adj*
(*attitude*) nieprofesjonalny; (*conduct*)
sprzeczny z etyką zawodową.

unqualified [ʌn'kwɒlɪfaɪd] *adj* (*nurse
etc*) niewykwalifikowany; (*disaster*)
kompletny; (*success*) pełen.

unquestionably [ʌn'kwɛstʃənəblɪ]
adv niewątpliwie, bezsprzecznie.

unreal [ʌn'rɪəl] *adj* (*artificial*)
sztuczny; (*peculiar*) nierzeczywisty,
nierealny.

unrealistic ['ʌnrɪə'lɪstɪk] *adj*
nierealistyczny.

unreasonable [ʌn'riːznəbl] *adj*
(*person*) nierozsądny; (*idea*)
niedorzeczny; (*demand*)

wygórowany; (*length of time*)
nadmierny.

unrelated [ʌnrɪ'leɪtɪd] *adj* (*incident*)
nie powiązany, nie związany;
(*family*) nie spokrewniony.

unreliable [ʌnrɪ'laɪəbl] *adj* (*person,
firm*) niesolidny; (*machine, method*)
zawodny.

unrest [ʌn'rɛst] *n* niepokój *m*.

unrequited [ʌnrɪ'kwaɪtɪd] *adj*
nieodwzajemniony.

unroll [ʌn'rəʊl] *vt* rozwijać (rozwinąć
perf).

unruly [ʌn'ruːlɪ] *adj* niesforny.

unsafe [ʌn'seɪf] *adj* (*in danger*)
zagrożony; (*dangerous*)
niebezpieczny.

unsatisfactory ['ʌnsætɪs'fæktərɪ] *adj*
niezadowalający.

unscathed [ʌn'skeɪðd] *adj* nietknięty.

unscrew [ʌn'skruː] *vt* odkręcać
(odkręcić *perf*).

unscrupulous [ʌn'skruːpjuləs] *adj*
pozbawiony skrupułów.

unsettled [ʌn'sɛtld] *adj* (*person*)
niespokojny.

unshaven [ʌn'ʃeɪvn] *adj* nie ogolony.

unsightly [ʌn'saɪtlɪ] *adj* szpetny.

unskilled [ʌn'skɪld] *adj*
niewykwalifikowany.

unspeakable [ʌn'spiːkəbl] *adj*
(*indescribable*) niewymowny,
niewypowiedziany; (*awful*) okropny.

unstable [ʌn'steɪbl] *adj* (*piece of
furniture*) chwiejny; (*government*)
niestabilny; (*person: mentally*)
niezrównoważony.

unsteady [ʌn'stɛdɪ] *adj* niepewny.

unstuck [ʌn'stʌk] *adj*: **to come
unstuck** (*label etc*) odklejać się
(odkleić się *perf*); (*fig: plan, system*)
zawodzić (zawieść *perf*).

unsuccessful [ʌnsək'sɛsful] *adj*
(*attempt, marriage*) nieudany; **he
was unsuccessful** (*in attempting
sth*) nie udało mu się; (*in*

examination) nie powiodło mu się; (*as writer etc*) nie miał powodzenia.

unsuccessfully [ʌnsək'sɛsfəli] *adv* bez powodzenia.

unsuitable [ʌn'su:təbl] *adj* nieodpowiedni.

unsure [ʌn'ʃuə*] *adj* niepewny; **to be unsure of o.s.** nie być pewnym siebie.

unsuspecting [ʌnsəs'pɛktɪŋ] *adj* niczego nie podejrzewający.

unsympathetic ['ʌnsɪmpə'θɛtɪk] *adj* (*showing no understanding*) obojętny; (*unlikeable*) niesympatyczny, antypatyczny.

unthinkable [ʌn'θɪŋkəbl] *adj* nie do pomyślenia *post*.

untidy [ʌn'taɪdɪ] *adj* (*room*) nie posprzątany; (*person*) nieporządny.

untie [ʌn'taɪ] *vt* (*knot, parcel, prisoner*) rozwiązywać (rozwiązać *perf*); (*dog, horse*) odwiązywać (odwiązać *perf*).

until [ən'tɪl] *prep* (aż) do +*gen* ♦ *conj* aż; **they didn't find her until the next day** znaleźli ją dopiero następnego dnia; **she waited until he had gone** poczekała, aż wyszedł; **until he comes** dopóki nie przyjdzie; **until now** dotychczas; **until then** do tego czasu.

untimely [ʌn'taɪmlɪ] *adj* (*arrival*) nie w porę *post*; (*moment*) niedogodny; (*death*) przedwczesny.

untold [ʌn'təuld] *adj* (*suffering, wealth*) nieopisany.

unused[1] [ʌn'ju:zd] *adj* (*clothes*) nie używany; (*land*) nie wykorzystany.

unused[2] [ʌn'ju:st] *adj*: **to be unused to sth/to doing sth** nie być przyzwyczajonym do czegoś/do robienia czegoś.

unusual [ʌn'ju:ʒuəl] *adj* niezwykły, niecodzienny.

unveil [ʌn'veɪl] *vt* odsłaniać (odsłonić *perf*).

unwanted [ʌn'wɒntɪd] *adj* (*clothing*)

niepotrzebny; (*child, pregnancy*) nie chciany.

unwelcome [ʌn'wɛlkəm] *adj* (*guest*) niepożądany, niemile widziany; (*facts, situation*) niewygodny.

unwell [ʌn'wɛl] *adj*: **I feel unwell** źle się czuję; **she's unwell** jest chora.

unwilling [ʌn'wɪlɪŋ] *adj*: **to be unwilling to do sth** nie chcieć czegoś (z)robić.

unwillingly [ʌn'wɪlɪŋlɪ] *adv* niechętnie.

unwind [ʌn'waɪnd] (*irreg like*: **wind**) *vt* (*bandage*) odwijać (odwinąć *perf*); (*ball of string*) rozwijać (rozwinąć *perf*) ♦ *vi* odprężać się (odprężyć się *perf*), relaksować się (zrelaksować się *perf*).

unwise [ʌn'waɪz] *adj* niemądry.

unwitting [ʌn'wɪtɪŋ] *adj* bezwiedny.

unwittingly [ʌn'wɪtɪŋlɪ] *adv* niechcący, bezwiednie.

unworthy [ʌn'wə:ðɪ] *adj*: **unworthy of** niegodny *or* niewart +*gen*.

─────*SŁOWO KLUCZOWE*─────

up [ʌp] *prep*: **to go up the stairs** wchodzić (wejść *perf*) po schodach; **he went up the hill** wszedł na wzgórze; **the cat was up a tree** kot był na drzewie ♦ *adv* **1** (*upwards, higher*): **up in the sky/the mountains** wysoko na niebie/w górach; **up there** tam w *or* na górze; **up above** wysoko. **2**: **to be up** (*out of bed*) być na nogach; (*prices, level*) wzrosnąć (*perf*); (*building, tent*) stać. **3**: **up to** do +*gen*; **I've read up to page 60** przeczytałem do strony 60.; **up to now** do tej pory. **4**: **to be up to** (*depend on*) zależeć od +*gen*; **it's up to you** to zależy od ciebie. **5**: **to be up to** (*equal to*: *person*) podołać (*perf*) *or* sprostać (*perf*) +*dat*; (: *work etc*) spełniać (spełnić *perf*) +*acc*, odpowiadać +*dat*; **he's not up to it** nie podoła temu. **6**: **to be up**

to (*inf*: *be doing*) porabiać; **what is he up to?** co on porabia?; (*showing disapproval, suspicion*) co on kombinuje? (*inf*) ♦ *n*: **ups and downs** wzloty *pl* i upadki *pl*.

upbringing [ˈʌpbrɪŋɪŋ] *n* wychowanie *nt*.

update [ʌpˈdeɪt] *vt* uaktualniać (uaktualnić *perf*).

upgrade [ʌpˈgreɪd] *vt* (*house*) podnosić (podnieść *perf*) standard +*gen*; (*pay, status*) podnosić (podnieść *perf*); (*employee*) awansować (awansować *perf*).

upheaval [ʌpˈhiːvl] *n* (*emotional*) wstrząs *m*; (*POL*) wstrząsy *pl*, wrzenie *nt*.

uphill [ʌpˈhɪl] *adj* (*climb*) pod górę *post*; (*fig*: *task*) żmudny ♦ *adv* pod górę; **to go uphill** wspinać się (w górę).

uphold [ʌpˈhəʊld] (*irreg like*: **hold**) *vt* (*law, principle*) przestrzegać +*gen*; (*decision, conviction*) podtrzymywać (podtrzymać *perf*).

upholstery [ʌpˈhəʊlstərɪ] *n* tapicerka *f*, obicie *nt*.

upkeep [ˈʌpkiːp] *n* utrzymanie *nt*, koszty *pl* utrzymania.

upon [əˈpɒn] *prep* na +*loc*.

upper [ˈʌpə*] *adj* górny, wyższy ♦ *n* (*of shoe*) wierzch *m*, cholewka *f*.

uppermost [ˈʌpəməʊst] *adj* najwyższy, znajdujący się na (samej) górze.

upright [ˈʌpraɪt] *adj* (*vertical*) pionowy; (*erect*) wyprostowany; (*fig*: *honest*) prawy ♦ *adv* prosto.

uprising [ˈʌpraɪzɪŋ] *n* powstanie *nt*.

uproar [ˈʌprɔː*] *n* (*shouts*) hałas *m*; (*protest*) poruszenie *nt*, wrzawa *f*.

upset [ʌpˈsɛt] (*irreg like*: **set**) *vt* (*knock over*) przewracać (przewrócić *perf*); (*make sad*) martwić (zmartwić *perf*); (*make angry or nervous*) denerwować (zdenerwować *perf*); (*routine, plan*) dezorganizować (zdezorganizować *perf*) ♦ *adj* (*person*: *worried*) zmartwiony; (: *angry*) zdenerwowany; (*stomach*) rozstrojony ♦ *n*: **to have a stomach upset** (*BRIT*) mieć rozstrój żołądka.

upshot [ˈʌpʃɒt] *n* wynik *m*, rezultat *m*.

upside down [ˈʌpsaɪd-] *adv* do góry nogami.

upstairs [ʌpˈstɛəz] *adv* (*be*) na piętrze, na górze; (*go*) na piętro, na górę ♦ *adj* na piętrze *post* ♦ *n* piętro *nt*, góra *f*.

upstream [ʌpˈstriːm] *adv* pod prąd.

uptake [ˈʌpteɪk] *n*: **to be quick/slow on the uptake** szybko/wolno się orientować.

uptight [ʌpˈtaɪt] (*inf*) *adj* spięty.

up-to-date [ˈʌptəˈdeɪt] *adj* (*modern*) nowoczesny; (*having latest information*: *map etc*) aktualny; (: *person*) dobrze poinformowany.

upward [ˈʌpwəd] *adj* (*movement*) w górę *post*.

upwards [ˈʌpwədz] *adv* w górę; **upward(s) of 200,000 people** z górą 200 tysięcy osób.

uranium [juəˈreɪnɪəm] *n* uran *m*.

urban [ˈɜːbən] *adj* (wielko)miejski.

urge [ɜːdʒ] *n* pragnienie *nt*, chęć *f* ♦ *vt*: **to urge sb to do sth** namawiać (namówić *perf*) kogoś, żeby coś zrobił *or* do zrobienia czegoś.

urgency [ˈɜːdʒənsɪ] *n* (*need to act quickly*) pośpiech *m*; (*of tone*) zaniepokojenie *nt*; **a matter of urgency** (bardzo) pilna sprawa.

urgent [ˈɜːdʒənt] *adj* (*need*) naglący; (*message*) pilny; (*voice*) natarczywy.

urinate [ˈjuərɪneɪt] *vi* oddawać (oddać *perf*) mocz.

urine [ˈjuərɪn] *n* mocz *m*.

urn [ɜːn] *n* (*container*) urna *f*; (*also*: **tea urn**) termos *m* bufetowy.

US *n abbr* = **United States**.

us [ʌs] *pron* nas *(gen, acc, loc)*, nam *(dat)*, nami *(instr)*; *see also* **me**.

USA *n abbr* = **United States of America**; (*MIL*: = United States Army).

use [ju:s] *n* (*using*) użycie *nt*, stosowanie *nt*; (*usefulness*) użytek *m*, zastosowanie *nt* ♦ *vt* używać (użyć *perf*) +*gen*, posługiwać się (posłużyć się *perf*) +*instr*; **in use** w użyciu; **to go out of use** wychodzić (wyjść *perf*) z użycia; **to be of use** przydawać się (przydać się *perf*); **to make use of sth** stosować (zastosować *perf*) *or* wykorzystywać (wykorzystać *perf*) coś; **it's no use!** nic z tego!; **it's no use arguing with you** dyskusja z tobą nie ma sensu; **she used to live in this street** mieszkała kiedyś na tej ulicy; **to be used to** być przyzwyczajonym do +*gen*; **to get used to** przyzwyczajać się (przyzwyczaić się *perf*) *or* przywykać (przywyknąć *perf*) do +*gen*.

▶**use up** *vt* (*food, leftovers*) zużywać (zużyć *perf*); (*money*) wydawać (wydać *perf*).

used [ju:zd] *adj* używany.

useful ['ju:sful] *adj* użyteczny, przydatny.

useless ['ju:slɪs] *adj* (*unusable*) bezużyteczny, nieprzydatny; (*pointless*) bezcelowy; (*bad, hopeless*) beznadziejny.

user ['ju:zə*] *n* użytkownik (-iczka) *m(f)*.

user-friendly ['ju:zə'frɛndlɪ] *adj* łatwy w użyciu *or* zastosowaniu.

USSR *n abbr* (*formerly:* = Union of Soviet Socialist Republics*) ZSRR *nt inv*.

usual ['ju:ʒuəl] *adj* zwykły; **as usual** jak zwykle.

usually ['ju:ʒuəlɪ] *adv* zwykle, zazwyczaj.

utensil [ju:'tɛnsl] *n*: **kitchen utensils** przybory *pl* kuchenne.

uterus ['ju:tərəs] (*ANAT*) *n* macica *f*.

utility [ju:'tɪlɪtɪ] *n* użyteczność *f*, przydatność *f*; **public utilities** usługi komunalne.

utilize ['ju:tɪlaɪz] *vt* wykorzystywać (wykorzystać *perf*), użytkować (zużytkować *perf*).

utmost ['ʌtməust] *adj* najwyższy ♦ *n*: **we will do our utmost to ...** zrobimy wszystko, co w naszej mocy, by +*infin*.

utter ['ʌtə*] *adj* (*conviction*) pełny, całkowity; (*amazement*) kompletny; (*rubbish, fool*) zupełny, skończony ♦ *vt* (*sounds*) wydawać (wydać *perf*) (z siebie); (*words*) wypowiadać (wypowiedzieć *perf*).

utterance ['ʌtrns] *n* wypowiedź *f*.

utterly ['ʌtəlɪ] *adv* zupełnie.

U-turn ['ju:'tə:n] *n* (*AUT*) zawracanie *nt*.

V

vacancy ['veɪkənsɪ] *n* (*BRIT: job*) wakat *m*, wolny etat *m*; (*in hotel*) wolny pokój *m*.

vacant ['veɪkənt] *adj* (*room, post*) wolny; (*look, expression*) nieobecny.

vacation [və'keɪʃən] *n* (*esp US*) urlop *m*; (*SCOL*) wakacje *pl*.

vaccinate ['væksɪneɪt] *vt*: **to vaccinate sb (against sth)** szczepić (zaszczepić *perf*) kogoś (przeciwko czemuś).

vaccine ['væksi:n] *n* szczepionka *f*.

vacuum ['vækjum] *n* próżnia *f*.

vacuum cleaner *n* odkurzacz *m*.

vacuum-packed ['vækjum'pækt] *adj* pakowany próżniowo.

vagabond ['vægəbɒnd] *n* włóczęga *m*, wagabunda *m*.

vagina [vəˈdʒaɪnə] (*ANAT*) *n* pochwa *f*.

vague [veɪg] *adj* (*blurred*) niewyraźny; (*unclear*) niejasny; (*not precise*) ogólnikowy; (*evasive*) wymijający.

vaguely [ˈveɪglɪ] *adv* (*not precisely*) ogólnikowo; (*evasively*) wymijająco; (*slightly*) trochę.

vain [veɪn] *adj* (*person*) próżny; (*attempt*) daremny; **in vain** na próżno, (na)daremnie.

Valentine's Day *n* Walentynki *pl*.

valid [ˈvælɪd] *adj* (*ticket, document*) ważny; (*argument*) przekonujący; (*reason, criticism*) uzasadniony.

validity [vəˈlɪdɪtɪ] *n* (*of argument, reason*) zasadność *f*; (*of figures, data*) wiarygodność *f*, prawdziwość *f*.

valley [ˈvælɪ] *n* dolina *f*.

valuable [ˈvæljuəbl] *adj* (*jewel etc*) wartościowy, cenny; (*advice, time*) cenny.

valuables [ˈvæljuəblz] *npl* kosztowności *pl*.

valuation [væljuˈeɪʃən] *n* (*of house etc*) wycena *f*; (*judgement of quality*) ocena *f*.

value [ˈvælju:] *n* (*financial worth*) wartość *f*; (*importance*) znaczenie *nt* ♦ *vt* (*fix price of*) wyceniać (wycenić *perf*); (*appreciate*) doceniać (docenić *perf*); **values** *npl* wartości *pl*.

value added tax (*BRIT*) *n* podatek *m* od wartości dodanej.

valued [ˈvælju:d] *adj* (*advice*) cenny; (*specialist, customer*) ceniony.

valve [vælv] *n* (*TECH*) zawór *m*; (*MED*) zastawka *f*.

vampire [ˈvæmpaɪə*] *n* (*lit*) wampir (-irzyca) *m(f)*.

van [væn] *n* (*AUT*) furgonetka *f*, półciężarówka *f*.

vandal [ˈvændl] *n* wandal *m*.

vandalism [ˈvændəlɪzəm] *n* wandalizm *m*.

vanilla [vəˈnɪlə] *n* wanilia *f*.

vanish [ˈvænɪʃ] *vi* znikać (zniknąć *perf*).

vanity [ˈvænɪtɪ] *n* próżność *f*.

vantage point [ˈvɑːntɪdʒ-] *n* dogodny punkt *m* (obserwacyjny).

vapour [ˈveɪpə*] (*US* **vapor**) *n* (*gas*) para *f*; (*mist, steam*) opary *pl*.

variable [ˈvɛərɪəbl] *adj* (*likely to change*) zmienny; (*able to be changed*) regulowany.

variance [ˈvɛərɪəns] *n*: **to be at variance (with)** różnić się (od +*gen*).

variation [vɛərɪˈeɪʃən] *n* (*fluctuation*) zmiany *pl*; (*different form*) odmiana *f*; (*MUS*) wariacja *f*.

varicose [ˈværɪkəus] *adj*: **varicose veins** żylaki *pl*.

varied [ˈvɛərɪd] *adj* (*diverse*) różnorodny; (*full of changes*) urozmaicony.

variety [vəˈraɪətɪ] *n* (*degree of choice*) wybór *m*; (*diversity*) zróżnicowanie *nt*, urozmaicenie *nt*; (*type*) rodzaj *m*.

various [ˈvɛərɪəs] *adj* (*different, diverse*) różny; (*several*) kilku (+*gen vir pl*), kilka (+*gen nvir pl*).

varnish [ˈvɑːnɪʃ] *n* lakier *m* ♦ *vt* (*wood etc*) lakierować (polakierować *perf*); (*nails*) malować (pomalować *perf*).

vary [ˈvɛərɪ] *vt* urozmaicać (urozmaicić *perf*) ♦ *vi* różnić się; **to vary with** zmieniać się w zależności od +*gen*.

vase [vɑːz] *n* wazon *m*.

vast [vɑːst] *adj* (*knowledge*) rozległy; (*expense, area*) olbrzymi, ogromny.

VAT [væt] (*BRIT*) *n abbr* = **value added tax** VAT *m*.

Vatican [ˈvætɪkən] *n*: **the Vatican** Watykan *m*.

vault [vɔːlt] *n* (*of roof*) sklepienie *nt*; (*in church*) krypta *f*; (*in cemetery*) grobowiec *m*; (*in bank*) skarbiec *m* ♦ *vt* (*also*: **vault over**) przeskakiwać (przeskoczyć *perf*) (przez).

VCR *n abbr* = **video cassette recorder.**

veal [viːl] *n* cielęcina *f*.

veer [vɪə*] *vi* skręcać (skręcić *perf*) gwałtownie.

vegan ['viːgən] *n* weganin (-anka) *m(f)*.

vegetable ['vɛdʒtəbl] *n* warzywo *nt* ♦ *cpd* (*oil, matter*) roślinny.

vegetarian [vɛdʒɪ'tɛərɪən] *n* wegetarianin (-anka) *m(f)*, jarosz *m* ♦ *adj* (*diet, dish*) wegetariański, jarski; (*restaurant*) wegetariański.

vegetate ['vɛdʒɪteɪt] *vi* wegetować.

vegetation [vɛdʒɪ'teɪʃən] *n* roślinność *f*.

vehement ['viːɪmənt] *adj* gwałtowny.

vehicle ['viːɪkl] *n* pojazd *m*; (*fig: means*) narzędzie *nt*.

veil [veɪl] *n* woalka *f*; (*long*) welon *m*.

vein [veɪn] *n* (*blood vessel, mineral deposit*) żyła *f*; (*of leaf*) żyłka *f*.

velocity [vɪ'lɔsɪtɪ] *n* prędkość *f*, szybkość *f*.

velvet ['vɛlvɪt] *n* aksamit *m* ♦ *adj* aksamitny.

vendor ['vɛndə*] *n* (*of house, land*) sprzedający *m*.

veneer [və'nɪə*] *n* okleina *f*, fornir *m*; (*fig*) pozory *pl*, fasada *f*.

venereal [vɪ'nɪərɪəl] *adj*: **venereal disease** choroba *f* weneryczna.

vengeance ['vɛndʒəns] *n* zemsta *f*; **with a vengeance** (*fig*) zapamiętale, zawzięcie.

venison ['vɛnɪsn] *n* dziczyzna *f*.

venom ['vɛnəm] *n* (*of snake, insect*) jad *m*; (*of person, remark*) jadowitość *f*.

vent [vɛnt] *n* (*also*: **air vent**) otwór *m* wentylacyjny; (*in jacket*) rozcięcie *nt* ♦ *vt* (*fig*) dawać (dać *perf*) upust +*dat*.

ventilate ['vɛntɪleɪt] *vt* wietrzyć (wywietrzyć *perf*).

ventilation [vɛntɪ'leɪʃən] *n* wentylacja *f*.

ventilator ['vɛntɪleɪtə*] *n* (*TECH*) wentylator *m*; (*MED*) respirator *m*.

venture ['vɛntʃə*] *n* przedsięwzięcie *nt* ♦ *vt*: **to venture an opinion** nieśmiało wyrażać (wyrazić *perf*) swoje zdanie ♦ *vi* odważyć się (*perf*) *or* ośmielić się (*perf*) pójść; **business venture** przedsięwzięcie handlowe, interes.

venue ['vɛnjuː] *n* miejsce *nt* (*konferencji, występu itp*).

veranda(h) [və'rændə] *n* weranda *f*.

verb [vəːb] *n* czasownik *m*.

verbal ['vəːbl] *adj* (*skills*) werbalny; (*translation*) ustny; (*attack*) słowny; (*of a verb*) czasownikowy, werbalny.

verdict ['vəːdɪkt] *n* (*JUR*) orzeczenie *nt*, werdykt *m*; (*fig*) opinia *f*, zdanie *nt*; **verdict of guilty/not guilty** wyrok skazujący/uniewinniający.

verge [vəːdʒ] *n* (*BRIT: of road*) pobocze *nt*; **he was on the verge of giving up** już miał zrezygnować.

►**verge on** *vt fus* graniczyć z +*instr*.

verify ['vɛrɪfaɪ] *vt* weryfikować (zweryfikować *perf*).

vermin ['vəːmɪn] *npl* (*mice, rats etc*) szkodniki *pl*; (*fleas, lice etc*) robactwo *nt*.

versatile ['vəːsətaɪl] *adj* (*person*) wszechstronny; (*substance, tool*) mający wiele zastosowań.

verse [vəːs] *n* (*poetry*) poezja *f*, wiersze *pl*; (*part of poem or song*) strofa *f*, zwrotka *f*; (*in Bible*) werset *m*.

version ['vəːʃən] *n* wersja *f*.

versus ['vəːsəs] *prep* (*in contrast to*) a +*nom*; (*against*) kontra +*nom*, przeciw +*dat*.

vertebra ['vəːtɪbrə] (*pl* **vertebrae**) *n* kręg *m*.

vertebrate ['vəːtɪbrɪt] *n* kręgowiec *m*.

vertical ['vəːtɪkl] *adj* pionowy.

vertigo ['vəːtɪgəu] *n* zawroty *pl* głowy.

verve [vəːv] *n* werwa *f*.

very ['vɛrɪ] *adv* bardzo ♦ *adj*: **the very book which...** właśnie ta książka, która...; **the very last** (zupełnie) ostatni; **at the very least** przynajmniej; **very much** bardzo.

vessel ['vɛsl] *n* (*military*) okręt *m*; (*fishing*) statek *m*; (*container, vein*) naczynie *nt*.

vest [vɛst] *n* (*BRIT*) podkoszulek *m*; (*US*) kamizelka *f*.

vestige ['vɛstɪdʒ] *n* pozostałość *f*, ślad *m*.

vet [vɛt] *n abbr* = **veterinary surgeon** ♦ *vt* (*BRIT*: *candidate*) weryfikować (zweryfikować *perf*).

veteran ['vɛtərn] *n* kombatant(ka) *m(f)*, weteran(ka) *m(f)*.

veterinarian [vɛtrɪ'nɛərɪən] (*US*) *n* weterynarz *m*.

veterinary surgeon (*BRIT*) *n* weterynarz *m*.

veto ['viːtəu] (*pl* **vetoes**) *n* (*right*) prawo *nt* weta; (*act*) weto *nt* ♦ *vt* wetować (zawetować *perf*).

via ['vaɪə] *prep* przez +*acc*.

viable ['vaɪəbl] *adj* (*project*) wykonalny; (*alternative*) realny; (*company*) rentowny.

viaduct ['vaɪədʌkt] *n* wiadukt *m*.

vibrant ['vaɪbrnt] *adj* (*lively*) żywy; (*colour, light*) jaskrawy; (*voice*) dźwięczny.

vibrate [vaɪ'breɪt] *vi* (*house, machine*) drżeć (zadrżeć *perf*).

vibration [vaɪ'breɪʃən] *n* wibracja *f*, drganie *nt*; (*single*) drgnięcie *nt*, drgnienie *nt*.

vicar ['vɪkə*] *n* pastor *m* (*kościoła anglikańskiego*).

vice [vaɪs] *n* (*moral fault*) wada *f*, przywara *f*; (*TECH*) imadło *nt*.

vice-chairman [vaɪs'tʃɛəmən] *n* wiceprzewodniczący *m*, wiceprezes *m*.

vice chancellor (*BRIT*) *n* rektor *m* (uniwersytetu).

vice versa ['vaɪsɪ'vəːsə] *adv* na odwrót, vice versa.

vicinity [vɪ'sɪnɪtɪ] *n*: **in the vicinity (of)** w pobliżu *or* sąsiedztwie (+*gen*).

vicious ['vɪʃəs] *adj* (*attack, blow*) wściekły; (*words*) zjadliwy; (*look*) nienawistny; (*horse*) narowisty; (*dog*) zły.

vicious circle *n* błędne koło *nt*.

victim ['vɪktɪm] *n* ofiara *f*.

Victorian [vɪk'tɔːrɪən] *adj* wiktoriański.

victorious [vɪk'tɔːrɪəs] *adj* zwycięski.

victory ['vɪktərɪ] *n* zwycięstwo *nt*.

video ['vɪdɪəu] *n* (*film*) film *m* wideo, wideo *nt*; (*also*: **video cassette**) kaseta *f* wideo; (*also*: **video cassette recorder**) magnetowid *m*, wideo *nt*.

video game *n* gra *f* wideo.

video tape *n* taśma *f* wideo.

vie [vaɪ] *vi*: **to vie (with sb) (for sth)** rywalizować (z kimś) (o coś).

Vienna [vɪ'ɛnə] *n* Wiedeń *m*.

Vietnam ['vjɛt'næm] *n* Wietnam *m*.

Vietnamese [vjɛtnə'miːz] *adj* wietnamski ♦ *n inv* (*person*) Wietnamczyk (-mka) *m(f)*; (*LING*) (język *m*) wietnamski.

view [vjuː] *n* (*sight*) widok *m*; (*outlook*) spojrzenie *nt*; (*opinion*) pogląd *m* ♦ *vt* (*look at*) oglądać (obejrzeć *perf*), przyglądać się (przyjrzeć się *perf*) +*dat*; (*fig*) ustosunkowywać się (ustosunkować się *perf*) do +*gen*; **in full view of** na oczach +*gen*; **in view of ...** zważywszy na +*acc*; **in my view** w moim mniemaniu.

viewer ['vjuːə*] (*person*) (tele)widz *m*.

viewfinder ['vjuːfaɪndə*] *n* wizjer *m*, celownik *m*.

viewpoint ['vjuːpɔɪnt] *n* (*attitude*) punkt *m* widzenia; (*place*) punkt *m* widokowy.

vigil ['vɪdʒɪl] *n* czuwanie *nt*.

vigilant ['vɪdʒɪlənt] *adj* czujny.

vigorous ['vɪgərəs] adj (action) energiczny; (plant) żywotny.

vigour ['vɪgə*] (US **vigor**) n (of person) wigor m, energia f; (of campaign, democracy) prężność f.

vile [vaɪl] adj (evil) nikczemny, podły; (unpleasant) obrzydliwy, wstrętny.

villa ['vɪlə] n willa f.

village ['vɪlɪdʒ] n wieś f, wioska f.

villain ['vɪlən] n (scoundrel) łajdak m, łotr m; (in novel, film) czarny charakter m; (BRIT: criminal) złoczyńca f.

vindicate ['vɪndɪkeɪt] vt (person) rehabilitować (zrehabilitować perf); (action) potwierdzać (potwierdzić perf) słuszność +gen.

vindictive [vɪn'dɪktɪv] adj mściwy.

vine [vaɪn] n winorośl f.

vinegar ['vɪnɪgə*] n ocet m.

vineyard ['vɪnjɑːd] n winnica f.

vintage ['vɪntɪdʒ] n (of wine) dobry rocznik m ♦ cpd (comedy, performance etc) klasyczny; **the 1970 vintage** (of wine) rocznik 1970.

vinyl ['vaɪnl] n (material) winyl m.

viola [vɪ'əʊlə] n altówka f.

violate ['vaɪəleɪt] vt (agreement) naruszać (naruszyć perf); (peace) zakłócać (zakłócić perf); (graveyard) bezcześcić (zbezcześcić perf).

violation [vaɪə'leɪʃən] n (of agreement etc) naruszenie nt.

violence ['vaɪələns] n przemoc f; (strength) gwałtowność f.

violent ['vaɪələnt] adj gwałtowny.

violet ['vaɪələt] adj fioletowy ♦ n (colour) (kolor m) fioletowy, fiolet m; (plant) fiołek m.

violin [vaɪə'lɪn] n skrzypce pl.

violinist [vaɪə'lɪnɪst] n skrzypek (-paczka) m(f).

VIP n abbr (= very important person) VIP m.

virgin ['vəːdʒɪn] n (woman) dziewica f; (man) prawiczek m ♦ adj dziewiczy.

virginity [vəː'dʒɪnɪtɪ] n dziewictwo nt.

Virgo ['vəːgəʊ] n Panna f.

virile ['vɪraɪl] adj męski.

virtual reality n rzeczywistość f wirtualna.

virtually ['vəːtjuəlɪ] adv praktycznie.

virtue ['vəːtjuː] n (moral correctness) moralność f; (good quality) cnota f; (advantage) zaleta f; **by virtue of** z racji +gen.

virtuous ['vəːtjuəs] adj cnotliwy.

virus ['vaɪərəs] n wirus m.

visa ['viːzə] n wiza f.

viscose ['vɪskəus] n wiskoza f.

visibility [vɪzɪ'bɪlɪtɪ] n widoczność f, widzialność f.

visible ['vɪzəbl] adj widoczny; (fig) wyraźny, dostrzegalny.

vision ['vɪʒən] n (sight) wzrok m; (foresight) zdolność f or dar m przewidywania; (in dream etc) wizja f, widzenie nt.

visit ['vɪzɪt] n (to person) wizyta f, odwiedziny pl; (to place) pobyt m, wizyta f ♦ vt odwiedzać (odwiedzić perf).

visiting hours npl godziny pl odwiedzin.

visitor ['vɪzɪtə*] n gość m.

visual ['vɪzjuəl] adj (image) wizualny; (memory) wzrokowy; **visual arts** sztuki plastyczne.

visual display unit (COMPUT) n monitor m ekranowy.

visualize ['vɪzjuəlaɪz] vt wyobrażać (wyobrazić perf) sobie.

vital ['vaɪtl] adj (essential) zasadniczy, istotny; (full of life) pełen życia; (necessary for life) żywotny.

vitality [vaɪ'tælɪtɪ] n witalność f.

vitally ['vaɪtəlɪ] adv: **vitally important** niezwykle ważny.

vitamin ['vɪtəmɪn] n witamina f.

vivid ['vɪvɪd] adj (imagination,

memory, colour) żywy; (*light*)
jaskrawy.
vividly ['vɪvɪdlɪ] *adv* żywo.
vocabulary [vəu'kæbjulərɪ] *n*
słownictwo *nt*.
vocal cords *npl* wiązadła *pl* głosowe.
vocation [vəu'keɪʃən] *n* powołanie *nt*.
vocational [vəu'keɪʃənl] *adj*
zawodowy.
vodka ['vɔdkə] *n* wódka *f*.
vogue [vəug] *n* (*fashion*) moda *f*; **in
vogue** w modzie.
voice [vɔɪs] *n* głos *m* ♦ *vt* wyrażać
(wyrazić *perf*).
voicemail ['vɔɪsmeɪl] (*TEL*) *n* poczta
f głosowa.
void [vɔɪd] *n* (*hole*) przepaść *f*; (*fig:
emptiness*) próżnia *f*, pustka *f* ♦ *adj*
nieważny.
volatile ['vɔlətaɪl] *adj* (*situation*)
niestabilny; (*person*) zmienny;
(*substance*) lotny.
volcanic [vɔl'kænɪk] *adj* wulkaniczny.
volcano [vɔl'keɪnəu] (*pl
volcanoes*) *n* wulkan *m*.
volley ['vɔlɪ] *n* (*of gunfire*) salwa *f*;
(*of stones*) grad *m*; (*of questions*)
potok *m*; (*TENNIS etc*) wolej *m*.
volleyball ['vɔlɪbɔ:l] *n* siatkówka *f*.
volt [vəult] *n* wolt *m*.
voltage ['vəultɪdʒ] *n* napięcie *nt*.
volume ['vɔlju:m] *n* (*space*) objętość
f; (*amount: of exports, trade*)
wolumen *m*, rozmiary *pl*; (*: of traffic*)
natężenie *nt*; (*of book*) tom *m*;
(*sound level*) głośność *f*.
voluntarily ['vɔləntrɪlɪ] *adv*
dobrowolnie.
voluntary ['vɔləntərɪ] *adj* (*done
willingly*) dobrowolny; (*unpaid*)
ochotniczy.
volunteer [vɔlən'tɪə*] *n* ochotnik
(-iczka) *m(f)* ♦ *vt* (*information*)
(dobrowolnie) udzielać (udzielić
perf) +*gen* ♦ *vi* zgłaszać się (zgłosić
się *perf*) na ochotnika; **to volunteer**

to do sth ofiarować się
(zaofiarować się *perf*) coś zrobić.
vomit ['vɔmɪt] *n* wymiociny *pl* ♦ *vt*,
vi wymiotować (zwymiotować *perf*).
vote [vəut] *n* (*indication of choice*)
głos *m*; (*votes cast*) głosy *pl*; (*right
to vote*) prawo *nt* do głosowania,
czynne prawo *nt* wyborcze ♦ *vt*
(*elect*): **he was voted chairman**
wybrano go na przewodniczącego;
(*propose*): **to vote that** proponować
(zaproponować *perf*), żeby ♦ *vi*
głosować (zagłosować *perf*); **to vote
to do sth** głosować *or* opowiadać
się za zrobieniem czegoś; **to put sth
to the vote, take a vote on sth**
poddawać (poddać *perf*) coś pod
głosowanie; **to vote for** *or* **in favour
of/against** głosować za +*instr*/
przeciw(ko) +*dat*; **to vote on sth**
poddawać (poddać *perf*) coś pod
głosowanie; **to vote yes to**
przyjmować (przyjąć *perf*) +*acc*; **to
vote no to** odrzucać (odrzucić *perf*)
+*acc*; **to pass a vote of
confidence/no confidence** uchwalać
(uchwalić *perf*) wotum
zaufania/nieufności.
voter ['vəutə*] *n* głosujący *m*,
wyborca *m*.
voting ['vəutɪŋ] *n* głosowanie *nt*.
voucher ['vautʃə*] *n* (*with petrol etc*)
kupon *m*, talon *m*.
vow [vau] *n* przyrzeczenie *nt* ♦ *vt*: **to
vow that/to do sth** przyrzekać
(przyrzec *perf*) (uroczyście), że/, że
się coś zrobi.
vowel ['vauəl] *n* samogłoska *f*.
voyage ['vɔɪɪdʒ] *n* podróż *m*.
vulgar ['vʌlgə*] *adj* (*rude*) wulgarny,
ordynarny; (*in bad taste*) ordynarny.
vulnerable ['vʌlnərəbl] *adj* (*position*)
trudny do obrony; (*point*) czuły;
(*person*): **vulnerable (to)** (*influences,
depression, infection*) podatny (na
+*acc*); (*danger*) narażony (na +*acc*).
vulture ['vʌltʃə*] *n* sęp *m*.

W

wad [wɔd] n (of cotton wool) tampon m; (of paper, banknotes) zwitek m.

waddle ['wɔdl] vi człapać.

wade [weɪd] vi brodzić; **to wade across** (river etc) przechodzić (przejść perf) (w bród) przez +acc; **to wade through** (fig: a book) brnąć (przebrnąć perf) przez +acc.

wafer ['weɪfə*] n (biscuit) wafelek m; (REL) opłatek m.

waffle ['wɔfl] n (CULIN) gofr m; (empty talk) ględzenie nt ♦ vi ględzić.

waft [wɔft] vt (sound, scent) nieść, unosić (unieść perf) ♦ vi (sound, scent) nieść się, unosić się (unieść się perf).

wag [wæg] vt (tail) merdać (zamerdać perf) +instr, (finger) kiwać (pokiwać perf) +instr ♦ vi kiwać się.

wage [weɪdʒ] n (also: **wages**) zarobki pl, płaca f ♦ vt: **to wage war** toczyć or prowadzić wojnę.

wager ['weɪdʒə*] n zakład m.

wag(g)on ['wægən] n (horse-drawn) wóz m (zaprzęgowy); (BRIT: RAIL) wagon m.

wail [weɪl] n (of person) płacz m, zawodzenie nt ♦ vi (person) zawodzić, płakać (zapłakać perf); (siren) wyć (zawyć perf).

waist [weɪst] n (ANAT) talia f, pas m; (of clothing) talia f, pas(ek) m.

waistcoat ['weɪskəut] (BRIT) n kamizelka f.

waistline ['weɪstlaɪn] n talia f.

wait [weɪt] n (interval) przerwa f; (act of waiting) oczekiwanie nt ♦ vi czekać (poczekać perf or zaczekać perf); **to keep sb waiting** kazać (kazać perf) komuś czekać; **I can't wait to tell her** nie mogę się

doczekać, kiedy jej powiem; **to wait for sb/sth** czekać (poczekać perf) na kogoś/coś.

►**wait on** vt fus obsługiwać (obsłużyć perf) +acc.

waiter ['weɪtə*] n kelner m.

waiting ['weɪtɪŋ] n: **"no waiting"** (BRIT) „zakaz m postoju".

waiting list n lista f oczekujących.

waiting room n poczekalnia f.

waitress ['weɪtrɪs] n kelnerka f.

waive [weɪv] vt odstępować (odstąpić perf) od +gen.

wake [weɪk] (pt **woke, waked**, pp **woken, waked**) vt (also: **wake up**) budzić (obudzić perf) ♦ vi (also: **wake up**) budzić się (obudzić się perf) ♦ n (for dead) stypa f; (NAUT) kilwater m; **in the wake of** (fig) w ślad za +instr.

Wales [weɪlz] n Walia f; **the Prince of Wales** książę Walii.

walk [wɔːk] n (hike) wycieczka f; (shorter) spacer m; (gait) chód m; (along coast etc) promenada f ♦ vi (go on foot) chodzić, iść (pójść perf); (for pleasure, exercise) chodzić piechotą or pieszo or na piechotę, iść (pójść perf) piechotą, przechadzać się (przejść się perf) ♦ vt (distance) przechodzić (przejść perf); (dog) wyprowadzać (wyprowadzić perf) (na spacer); **it's ten minutes' walk from here** to jest piechotą dziesięć minut stąd; **to go for a walk** iść (pójść perf) na spacer; **I'll walk you home** odprowadzę cię do domu.

►**walk out** vi (audience) wychodzić (wyjść perf) przed końcem (przedstawienia); (workers) strajkować (zastrajkować perf).

►**walk out on** (inf) vt fus (boyfriend etc) odchodzić (odejść perf) od +gen.

walker ['wɔːkə*] n piechur m.

walking stick n laska f.

walkout ['wɔːkaut] n strajk m.

walkover ['wɔ:kəuvə*] (inf) n łatwe zwycięstwo nt.

walkway ['wɔ:kweɪ] n pasaż m, przejście nt.

wall [wɔ:l] n (interior) ściana f; (exterior) mur m, ściana f; (of tunnel, cave) ściana f, ścianka f; (city wall etc) mur m.

walled [wɔ:ld] adj otoczony murem.

wallet ['wɔlɪt] n portfel m.

wallflower ['wɔ:lflauə*] n (BOT) lak m wonny; **to be a wallflower** (fig) podpierać ściany.

wallow ['wɔləu] vi (in mud) tarzać się; (in water) pławić się; (in grief etc) pogrążać się (pogrążyć się perf).

wallpaper ['wɔ:lpeɪpə*] n tapeta f ♦ vt tapetować (wytapetować perf).

walnut ['wɔ:lnʌt] n (nut, tree) orzech m włoski; (wood) orzech m.

walrus ['wɔ:lrəs] (pl **walrus** or **walruses**) n mors m.

waltz [wɔ:lts] n walc m ♦ vi tańczyć (zatańczyć perf) walca.

wan [wɔn] adj blady, mizerny.

wand [wɔnd] n (also: **magic wand**) (czarodziejska) różdżka f.

wander ['wɔndə*] vi (person) wędrować, włóczyć się; (mind) błądzić ♦ vt przemierzać, przechadzać się po +loc.

wane [weɪn] vi zmniejszać się (zmniejszyć się perf), maleć (zmaleć perf); **the moon is waning** ubywa księżyca.

want [wɔnt] vt (wish for) chcieć +gen or +acc; (need, require) wymagać +gen ♦ n: **for want of** z braku +gen; **wants** pl potrzeby pl; **to want to do sth** chcieć coś (z)robić; **to want sb to do sth** chcieć, żeby ktoś coś (z)robił.

wanted ['wɔntɪd] adj poszukiwany; **"cook wanted"** „zatrudnię kucharza".

wanting ['wɔntɪŋ] adj niedoskonały, nie spełniający wymogów.

wanton ['wɔntən] adj (violence) nieusprawiedliwiony, niepotrzebny; (woman) rozwiązły.

war [wɔ:*] n wojna f; **to make war (on)** prowadzić or toczyć wojnę or wojny (z +instr); **a war on drugs/crime** walka z narkotykami/przestępczością.

ward [wɔ:d] n (in hospital) oddział m; (POL) okręg m, dzielnica f; (also: **ward of court**) osoba niepełnoletnia pod kuratelą sądu.

▶**ward off** vt (attack) odpierać (odeprzeć perf); (danger, illness) zapobiegać (zapobiec perf) +dat; (evil spirits) odpędzać (odpędzić perf).

warden ['wɔ:dn] n (of game reserve etc) ≈ gajowy m; (of jail) naczelnik m; (BRIT: of youth hostel, in university) ≈ dyrektor m (administracyjny); (: also: **traffic warden**) funkcjonariusz nadzorujący poprawność parkowania pojazdów.

warder ['wɔ:də*] (BRIT) n strażnik m (więzienny).

wardrobe ['wɔ:drəub] n (for clothes) szafa f; (collection of clothes) garderoba f, odzież f; (FILM, THEAT) garderoba f.

warehouse ['weəhaus] n magazyn m, hurtownia f.

wares [weəz] npl towary pl.

warfare ['wɔ:feə*] n działania pl wojenne, wojna f.

warhead ['wɔ:hed] n głowica f bojowa.

warily ['weərɪlɪ] adv ostrożnie, z rezerwą.

warlike ['wɔ:laɪk] adj (nation) wojowniczy; (appearance) zawadiacki.

warm [wɔ:m] adj ciepły; (thanks, applause) gorący, serdeczny; (person, heart) czuły; **it's warm** jest ciepło; **I'm warm** ciepło mi.

▶**warm up** vi (weather) ocieplać się (ocieplić się perf); (water) zagrzewać

się (zagrzać się *perf*); (*athlete*)
rozgrzewać się (rozgrzać się *perf*);
(*engine*) nagrzewać się (nagrzać się
perf) ♦ *vt* (*food*) podgrzewać
(podgrzać *perf*), odgrzewać (odgrzać
perf); (*person*) rozgrzewać (rozgrzać
perf), ogrzewać (ogrzać *perf*).

warm-hearted [wɔːmˈhɑːtɪd] *adj*
serdeczny.

warmly [ˈwɔːmlɪ] *adv* ciepło.

warmth [wɔːmθ] *n* (*heat*) ciepło *nt*;
(*friendliness*) serdeczność *f*.

warm-up [ˈwɔːmʌp] *n* (*also*:
warm-up exercise) rozgrzewka *f*.

warn [wɔːn] *vt*: **to warn sb that ...**
przestrzegać (przestrzec *perf*) *or*
ostrzegać (ostrzec *perf*) kogoś, że ...;
to warn sb of/against sth
przestrzegać (przestrzec *perf*) *or*
ostrzegać (ostrzec *perf*) kogoś przed
czymś.

warning [ˈwɔːnɪŋ] *n* ostrzeżenie *nt*;
(*signal*) uprzedzenie *nt*.

warp [wɔːp] *vi* wypaczać się
(wypaczyć się *perf*) ♦ *vt* (*fig*)
wypaczać (wypaczyć *perf*).

warrant [ˈwɔrnt] *n* (*for arrest*) nakaz
m; (*also*: **search warrant**) nakaz *m*
rewizji.

warranty [ˈwɔrəntɪ] *n* gwarancja *f*.

warrior [ˈwɔrɪə*] *n* wojownik *m*.

Warsaw [ˈwɔːsɔː] *n* Warszawa *f*.

warship [ˈwɔːʃɪp] *n* okręt *m* wojenny.

wart [wɔːt] *n* brodawka *f*.

wartime [ˈwɔːtaɪm] *n*: **in wartime** w
czasie wojny.

wary [ˈwɛərɪ] *adj* nieufny.

was [wɔz] *pt of* **be**.

wash [wɔʃ] *vt* (*clothes*) prać (wyprać
perf); (*objects, face, hair*) myć (umyć
perf); (*dishes, grease, paint*) zmywać
(zmyć *perf*) ♦ *vi* myć się (umyć się
perf) ♦ *n* pranie *nt*; (*of ship*) kilwater
m; **to wash over/against sth** (*sea
etc*) obmywać (obmyć *perf*) coś; **to
have a wash** myć się (umyć się

perf); **to give sth a wash** myć
(umyć *perf*) coś.

▶**wash away** *vt* (*flood etc*) zmywać
(zmyć *perf*).

▶**wash off** *vi* zmywać się (zmyć się
perf); (*in the wash*) spierać się (sprać
się *perf*) ♦ *vt* zmywać (zmyć *perf*).

▶**wash out** *vt* spierać (sprać *perf*).

▶**wash up** *vi* (*BRIT*) zmywać (zmyć
perf or pozmywać *perf*) (naczynia);
(*US*) myć się (umyć się *perf*).

washable [ˈwɔʃəbl] *adj* (*fabric*)
nadający się do prania; (*wallpaper*)
zmywalny.

washbasin [ˈwɔʃbeɪsn] *n* umywalka *f*.

washbowl [ˈwɔʃbəul] (*US*) *n*
umywalka *f*.

washer [ˈwɔʃə*] *n* (*on tap etc*)
podkładka *f*.

washing [ˈwɔʃɪŋ] *n* pranie *nt*.

washing machine *n* pralka *f*
(automatyczna).

washing powder (*BRIT*) *n* proszek
m do prania.

Washington [ˈwɔʃɪŋtən] *n*
Waszyngton *m*.

washing-up [wɔʃɪŋˈʌp] *n* mycie *nt*
naczyń, zmywanie *nt*.

wash-out [ˈwɔʃaut] (*inf*) *n* klapa *f*
(*inf*).

washroom [ˈwɔʃrum] (*US*) *n* toaleta *f*.

wasn't [ˈwɔznt] = **was not**.

wasp [wɔsp] *n* osa *f*.

wastage [ˈweɪstɪdʒ] *n* (*amount
wasted*) straty *pl*; (*loss: in
manufacturing etc*) marnotrawstwo
nt, marnowanie *nt*.

waste [weɪst] *n* (*of life, energy*)
marnowanie *nt*; (*of money, time*)
strata *f*; (*act of wasting*)
marnotrawstwo *nt*; (*rubbish*) odpady
pl ♦ *adj* (*by-product*) odpadowy; (*left
over*) nie wykorzystany ♦ *vt* (*time,
money*) tracić (stracić *perf*);
(*opportunity, life, energy*) marnować
(zmarnować *perf*); **wastes** *npl*
pustkowie *nt*.

►**waste away** *vi* marnieć (zmarnieć *perf*).

waste disposal unit (*BRIT*) *n* młynek *m* zlewozmywakowy, kuchenny rozdrabniacz *m* odpadków.

wasteful ['weɪstful] *adj* (*person*) rozrzutny; (*process*) nieekonomiczny.

waste ground (*BRIT*) *n* nieużytki *pl*.

wastepaper basket ['weɪstpeɪpə-] (*BRIT*) *n* kosz *m* na śmieci.

waste pipe *n* rura *f* ściekowa.

watch [wɒtʃ] *n* (*also*: **wristwatch**) zegarek *m*; (*surveillance*) obserwacja *f*; (*group of guards*) warta *f*; (*NAUT*: *spell of duty*) wachta *f* ♦ *vt* (*people, objects*) przyglądać się +*dat*, patrzeć *or* patrzyć na +*acc*; (*match, TV*) oglądać (obejrzeć *perf*); (*spy on, guard*) obserwować; (*be careful of*) uważać na +*acc* ♦ *vi* patrzyć, przyglądać się.

►**watch out** *vi* uważać; **watch out!** uważaj!

watchdog ['wɒtʃdɒg] *n* pies *m* podwórzowy; (*fig*) jednostka *f* nadzorująca.

watchful ['wɒtʃful] *adj* czujny.

watchmaker ['wɒtʃmeɪkə*] *n* zegarmistrz *m*.

watchstrap ['wɒtʃstræp] *n* pasek *m* do zegarka.

water ['wɔːtə*] *n* woda *f* ♦ *vt* podlewać (podlać *perf*) ♦ *vi* łzawić; **my mouth's watering** cieknie mi ślinka; **in British waters** na brytyjskich wodach (terytorialnych).

►**water down** *vt* rozwadniać (rozwodnić *perf*); (*fig*) tonować (stonować *perf*).

water closet (*BRIT*) *n* ustęp *m*, WC *nt inv*.

watercolour ['wɔːtəkʌlə*] (*US* **watercolor**) *n* akwarela *f*.

watercress ['wɔːtəkrɛs] *n* rzeżucha *f*.

waterfall ['wɔːtəfɔːl] *n* wodospad *m*.

watering can ['wɔːtərɪŋ-] *n* konewka *f*.

waterlogged ['wɔːtəlɒgd] *adj* (*ground*) zalany (wodą); (*wood*) przesiąknięty wodą.

watermelon ['wɔːtəmɛlən] *n* arbuz *m*.

waterproof ['wɔːtəpruːf] *adj* (*clothes*) nieprzemakalny; (*watch*) wodoodporny.

watershed ['wɔːtəʃɛd] *n* (*GEOG*) dział *m* wodny; (*fig*) punkt *m* zwrotny.

watertight ['wɔːtətaɪt] *adj* (*seal, door*) wodoszczelny.

waterway ['wɔːtəweɪ] *n* (*canal, river*) droga *f* wodna.

waterworks ['wɔːtəwəːks] *n* zakład *m* wodociągowy.

watery ['wɔːtərɪ] *adj* (*soup etc*) wodnisty; (*eyes*) załzawiony.

watt [wɒt] *n* wat *m*.

wave [weɪv] *n* fala *f*; (*of hand*) machnięcie *nt* ♦ *vi* (*move in the air*) falować (zafalować *perf*); (*signal*) machać (pomachać *perf*) ♦ *vt* (*hand, handkerchief*) machać (pomachać *perf*) +*instr*; (*flag*) powiewać +*instr*; (*gun, stick*) wymachiwać +*instr*.

wavelength ['weɪvlɛŋθ] *n* (*size*) długość *f* fali; (*frequency*) częstotliwość *f*; **to be on the same wavelength** (*fig*) świetnie się rozumieć.

waver ['weɪvə*] *vi* (*voice*) drżeć (zadrżeć *perf*); (*eyes*) mrugać (mrugnąć *perf*); (*love*) chwiać się (zachwiać się *perf*); (*person*) wahać się (zawahać się *perf*).

wavy ['weɪvɪ] *adj* (*line*) falisty; (*hair*) falujący.

wax [wæks] *n* wosk *m*; (*for skis*) parafina *f*; (*in ear*) woskowina *f* ♦ *vt* (*floor, car*) woskować (nawoskować *perf*); (*skis*) smarować (nasmarować *perf*); **the moon is waxing** przybywa księżyca.

waxworks ['wækswəːks] *npl* figury *pl* woskowe ♦ *n* gabinet *m* figur woskowych.

way [weɪ] *n* (*route*) droga *f*; (*access*)

przejście *nt*; (*distance*) kawał(ek) *m*
(drogi); (*direction*) strona *f*;
(*manner, method*) sposób *m*; (*habit*)
zwyczaj *m*, przyzwyczajenie *nt*; **a**
way of life styl życia; **which way?**
– this way którędy? – tędy; **on the**
way po drodze; **to be on one's**
way być w drodze; **to go out of**
one's way to do sth zadawać
(zadać *perf*) sobie wiele trudu, żeby
coś zrobić; **to be in the way**
zawadzać; **to lose one's way**
błądzić (zabłądzić *perf*), gubić
(zgubić *perf*) drogę; **under way** w
toku; **in a way** w pewnym sensie;
in some ways pod pewnymi
względami; **no way!** (*inf*) ani mi się
śni! (*inf*); **by the way** a propos,
nawiasem mówiąc; **"way in"** (*BRIT*)
„wejście"; **"way out"** (*BRIT*)
„wyjście"; **"give way"** (*BRIT: AUT*)
„ustąp pierwszeństwa przejazdu".
waylay [weɪˈleɪ] (*irreg like*: **lay**) *vt*
zasadzać się (zasadzić się *perf*) na
+*acc*; **to get waylaid** (*fig*) zostać
(*perf*) zatrzymanym.
wayward [ˈweɪwəd] *adj* krnąbrny.
WC (*BRIT*) *n abbr* = **water closet**.
we [wiː] *pl pron* my; **here we are**
(*arriving*) jesteśmy na miejscu;
(*finding*) (już) jest, (już) mam.
weak [wiːk] *adj* słaby.
weaken [ˈwiːkn] *vi* słabnąć (osłabnąć
perf) ♦ *vt* osłabiać (osłabić *perf*).
weakling [ˈwiːklɪŋ] *n* słabeusz *m*.
weakness [ˈwiːknɪs] *n* (*frailty*)
osłabienie *nt*; (*of system etc*) słabość
f; **to have a weakness for** mieć
słabość do +*gen*.
wealth [wɛlθ] *n* bogactwo *nt*; (*of*
knowledge) (duży) zasób *m*.
wealthy [ˈwɛlθɪ] *adj* bogaty,
zamożny (*fml*).
wean [wiːn] *vt* odstawiać (odstawić
perf) od piersi.
weapon [ˈwɛpən] *n* broń *f*.
wear [wɛə*] (*pt* **wore**, *pp* **worn**) *n*

(*use*) noszenie *nt* (*odzieży, butów itp*);
(*damage through use*) zużycie *nt* ♦
vt (*clothes, shoes*) mieć na sobie,
być ubranym w +*acc*; (: *habitually*)
nosić, ubierać się w +*acc*;
(*spectacles, beard*) nosić; (*put on*)
ubierać się (ubrać się *perf*) w +*acc* ♦
vi (*last*) być trwałym; (*become old*)
zużywać się (zużyć się *perf*);
(: *clothes, shoes etc*) wycierać się
(wytrzeć się *perf*), zdzierać się
(zedrzeć się *perf*); **sports/babywear**
odzież sportowa/niemowlęca.
▶**wear down** *vt* (*heels*) ścierać
(zetrzeć *perf*); (*person, strength*)
wyczerpywać (wyczerpać *perf*);
(*resistance*) łamać (złamać *perf*).
▶**wear off** *vi* (*pain etc*) mijać (minąć
perf), przechodzić (przejść *perf*).
▶**wear out** *vt* (*shoes, clothing*)
zdzierać (zedrzeć *perf*); (*person,*
strength) wyczerpywać (wyczerpać
perf).
wear and tear [-tɛə*] *n* zużycie *nt*
(eksploatacyjne).
weary [ˈwɪərɪ] *adj* (*tired*) znużony;
(*dispirited*) bezbarwny ♦ *vi*: **I'm**
beginning to weary of it zaczyna
mnie to nużyć.
weasel [ˈwiːzl] *n* łasica *f*.
weather [ˈwɛðə*] *n* pogoda *f* ♦ *vt*
(*crisis etc*) przetrwać (*perf*); **under**
the weather (*fig*) chory.
weather forecast *n* prognoza *f*
pogody.
weatherman [ˈwɛðəmæn] (*irreg like*:
man) *n* synoptyk *m*.
weave [wiːv] (*pt* **wove**, *pp* **woven**)
vt (*cloth*) tkać (utkać *perf*); (*basket*)
pleść (upleść *perf*).
weaver [ˈwiːvə*] *n* tkacz(ka) *m(f)*.
web [wɛb] *n* (*of spider*) pajęczyna *f*;
(*on duck's foot*) błona *f* pławna;
(*network*) sieć *f*; (*fig: of reasons etc*)
splot *m*.
webmaster [ˈwɛbmɑːstə*]

(*COMPUT*) n administrator(ka) m(f) strony WWW.

website ['wɛbsaɪt] (*COMPUT*) n witryna f internetowa.

wed [wɛd] (*pt* **wedded**) vt poślubiać (poślubić *perf*) ♦ vi pobierać się (pobrać się *perf*), brać (wziąć *perf*) ślub.

we'd [wi:d] = we had; we would.

wedding [wɛdɪŋ] n (*ceremony*) ślub m; (*party*) wesele nt; **silver/golden wedding** srebrne/złote gody or wesele.

wedding ring n obrączka f.

wedge [wɛdʒ] n klin m; (*of cake*) kawałek m ♦ vt (*fasten*) klinować (zaklinować *perf*).

Wednesday ['wɛnzdɪ] n środa f.

wee [wi:] (*Scottish*) adj mały.

weed [wi:d] n (*BOT*) chwast m; (*pej*) wymoczek m (*pej*), cherlak m (*pej*) ♦ vt pielić (wypielić *perf*).

week [wi:k] n tydzień m; **a week today/on Friday** od dziś/od piątku za tydzień.

weekday ['wi:kdeɪ] n (*Monday to Friday*) dzień m roboczy; (*Monday to Saturday*) dzień m powszedni.

weekend [wi:k'ɛnd] n weekend m.

weekly ['wi:klɪ] adv (*once a week*) raz w tygodniu; (*every week*) co tydzień ♦ adj (co)tygodniowy ♦ n tygodnik m.

weep [wi:p] (*pt* **wept**) vi płakać (zapłakać *perf*), łkać (załkać *perf*) (*literary*).

weeping willow ['wi:pɪŋ-] n wierzba f płacząca.

weigh [weɪ] vt ważyć (zważyć *perf*); (*fig: evidence, risks*) rozważać (rozważyć *perf*) ♦ vi ważyć; **to weigh anchor** podnosić (podnieść *perf*) kotwicę.

▶**weigh down** vt obciążać (obciążyć *perf*); (*fig*): **to be weighed down by** or **with** być przytłoczonym +instr.

▶**weigh up** vt (*person*) oceniać

(ocenić *perf*); (*offer, pros and cons*) rozważać (rozważyć *perf*).

weight [weɪt] n (*metal object*) odważnik m; (*heaviness*) waga f; **to lose/put on weight** tracić (stracić *perf*)/przybierać (przybrać *perf*) na wadze.

weightlifter ['weɪtlɪftə*] n ciężarowiec m.

weighty ['weɪtɪ] adj (*heavy*) ciężki; (*important*) ważki.

weir [wɪə*] n jaz m.

weird [wɪəd] adj (*strange*) dziwny, dziwaczny; (*eerie*) przedziwny, niesamowity.

welcome ['wɛlkəm] adj mile widziany ♦ n powitanie nt ♦ vt (*bid welcome to*) witać (powitać *perf*); (*be glad of*) witać (powitać *perf*) z zadowoleniem; **welcome to Szczecin** witamy w Szczecinie; **thank you – you're welcome!** dziękuję – proszę bardzo!

weld [wɛld] n spaw m ♦ vt spawać (zespawać *perf*).

welfare ['wɛlfɛə*] n (*well-being*) dobro nt; (*US: social aid*) opieka f społeczna; (: *supplementary benefit*) zasiłek m (*z opieki społecznej*).

welfare state n państwo nt opiekuńcze.

well [wɛl] n (*for water*) studnia f; (*oil well*) szyb m naftowy ♦ adv dobrze ♦ adj: **she's well** (*healthy*) jest zdrowa ♦ excl (no) cóż; **I woke well before dawn** obudziłam się (na) długo przed świtem; **as well** również; **X as well as Y** zarówno X, jak i Y; **well done!** brawo!, bardzo dobrze!; **get well soon!** wracaj szybko do zdrowia!; **to do well** dobrze sobie radzić (poradzić *perf*).

▶**well up** vi wzbierać (wezbrać *perf*).

we'll = we will; we shall.

well-behaved ['wɛlbɪ'heɪvd] adj dobrze wychowany.

well-being ['wɛl'biːŋ] n dobro nt,
pomyślność f.
well-deserved ['wɛldɪ'zəːvd] adj
zasłużony.
wellingtons ['wɛlɪŋtənz] npl
gumowce pl.
well-known ['wɛl'nəun] adj dobrze
znany.
well-off ['wɛl'ɔf] adj dobrze
sytuowany, zamożny.
well-read ['wɛl'rɛd] adj oczytany.
well-to-do ['wɛltə'duː] adj dobrze
sytuowany, zamożny.
Welsh [wɛlʃ] adj walijski ♦ n (język
m) walijski; **the Welsh** npl
Walijczycy vir pl.
Welshman ['wɛlʃmən] (irreg like:
man) n Walijczyk m.
Welshwoman ['wɛlʃwumən] (irreg
like: **woman**) n Walijka f.
went [wɛnt] pt of **go**.
wept [wɛpt] pt, pp of **weep**.
were [wəː*] pt of **be**.
we're [wɪə*] = **we are**.
weren't [wəːnt] = **were not**.
west [wɛst] n zachód m ♦ adj
zachodni ♦ adv na zachód; **west of**
na zachód od +gen.
West [wɛst]: **the West** n Zachód m.
westerly ['wɛstəlɪ] adj zachodni.
western ['wɛstən] zachodni ♦ n
(FILM) western m.
westward(s) ['wɛstwəd(z)] adv na
zachód.
wet [wɛt] adj mokry; (weather, day)
deszczowy; (climate) wilgotny; **to
get wet** moknąć (zmoknąć perf);
"wet paint" „świeżo malowane".
wetsuit ['wɛtsuːt] n strój m piankowy.
we've [wiːv] = **we have**.
whale [weɪl] n wieloryb m.
wharf [wɔːf] (pl **wharves**) n
nabrzeże nt.

what [wɔt] adj **1** (in questions) jaki;
what colour/shape is it? jakiego to
jest koloru/kształtu? **2** (in
exclamations) co za, ale(ż); **what a
mess!** co za bałagan!; **what a fool I
am!** ale głupiec ze mnie! ♦ pron **1**
(interrogative) co; **what are you
doing?** co robisz?; **what about me?**
(a) co ze mną?; **what is it called?**
jak to się nazywa?; **what about
having something to eat?** (a) może
byśmy coś zjedli? **2** (relative) (to,)
co; **I saw what you did** widziałam,
co zrobiłeś ♦ excl (disbelieving) co?!

whatever [wɔt'ɛvə*] adj jakikolwiek
♦ pron: **do whatever is
necessary/you want** rób, co
konieczne/co chcesz; **whatever
happens** cokolwiek się stanie; **for
no reason whatever** or **whatsoever**
zupełnie or absolutnie bez powodu;
nothing whatever or **whatsoever**
zupełnie or absolutnie nic.
whatsoever [wɔtsəu'ɛvə*] adj =
whatever.
wheat [wiːt] n pszenica f.
wheedle ['wiːdl] vt: **to wheedle sth
out of sb** wyłudzać (wyłudzić perf)
coś od kogoś.
wheel [wiːl] n koło nt; (also: **steering
wheel**) kierownica f; (NAUT) koło nt
sterowe, ster m ♦ vt (pram, cart)
pchać; (bicycle) prowadzić ♦ vi
(birds) krążyć; (also: **wheel round**:
person) odwracać się (odwrócić się
perf).
wheelbarrow ['wiːlbærəu] n taczki
pl.
wheelchair ['wiːltʃɛə*] n wózek m
(inwalidzki).
wheeze [wiːz] vi rzęzić.

when [wɛn] adv kiedy; **when will
you be back?** kiedy wrócisz? ♦
conj **1** kiedy, gdy; **she was reading
when I came in** czytała, gdy or

kiedy wszedłem; **on the day when I met him** w dniu, kiedy go poznałam; **that was when I needed you** wtedy właśnie cię potrzebowałem. **2** (*whereas*): **why did you buy that when you can't afford it?** dlaczego to kupiłaś, kiedy cię na to nie stać?

whenever [wɛn'ɛvə*] *adv* kiedykolwiek, obojętnie kiedy ♦ *conj* (*any time that*) kiedy *or* gdy tylko; (*every time that*) ilekroć, zawsze kiedy *or* gdy.

where [wɛə*] *adv* gdzie ♦ *conj* gdzie; **this is where ...** to właśnie tutaj...; **where are you from?** skąd jesteś?

whereabouts [wɛərə'bauts] *adv* gdzie, w którym miejscu ♦ *n*: **nobody knows his whereabouts** nikt nie zna miejsca jego pobytu.

whereas [wɛər'æz] *conj* podczas gdy.

whereby [wɛə'bai] (*fml*) *adv* (*by means of which*: *system, solution*) dzięki któremu, za pomocą którego; (*according to which*: *decision, law*) na mocy którego, zgodnie z którym; (*in consequence of which*) przez co.

whereupon *conj* po czym.

wherever [wɛər'ɛvə*] *conj* gdziekolwiek, obojętnie gdzie ♦ *adv*: **wherever have you been?** gdzieś ty był?

wherewithal ['wɛəwɪðɔ:l] *n*: **the wherewithal (to do sth)** środki *pl* (na zrobienie czegoś).

whet [wɛt] *vt* (*appetite*) zaostrzać (zaostrzyć *perf*).

whether ['wɛðə*] *conj* czy; **I don't know whether to accept the proposal or not** nie wiem, czy (mam) przyjąć tę propozycję, czy nie.

which [wɪtʃ] *adj* **1** który; **which picture do you want?** który obraz chcesz? **2**: **the train may be late, in which case don't wait up** pociąg może się spóźnić. W takim wypadku nie czekaj na mnie ♦ *pron* **1** (*interrogative*) który; **which (of these) are yours?** które (z tych) są twoje? **2** (*relative*: *referring to preceding noun*) który; (: *referring to preceding clause*) co; **the chair on which you are sitting** krzesło, na którym siedzisz; **she said I was late, which was true** powiedziała, że się spóźniłem, co było prawdą; **after which** po czym.

whichever [wɪtʃ'ɛvə*] *adj*: **take whichever book you prefer** weź tę książkę, którą wolisz; **whichever book you take, ...** którąkolwiek *or* obojętnie którą książkę weźmiesz, ...

whiff [wɪf] *n* zapach *m*.

while [wail] *n* jakiś *or* pewien czas *m*; (*very short*) chwila *f* ♦ *conj* (*at the same moment as*) w chwili *or* momencie, gdy; (*during the time that*) (podczas) gdy *or* kiedy; (*although*) chociaż, choć; **for/in a while** przez/za jakiś czas; **all the while** (przez) cały czas; **we'll make it worth your while** postaramy się, żeby Pan/Pani na tym nie stracił/a.

▸**while away** *vt* (*time*) skracać (skrócić *perf*) (sobie).

whim [wɪm] *n* zachcianka *f*.

whimper ['wɪmpə*] *n* (*of baby*) kwilenie *nt*; (*of dog*) skomlenie *nt* ♦ *vi* (*baby*) kwilić (zakwilić *perf*); (*dog*) skomleć (zaskomleć *perf*).

whimsical ['wɪmzɪkl] *adj* (*person*) kapryśny; (*smile, look*) żartobliwy; (*story*) dziwaczny, wymyślny.

whine [wain] *n* (*of person*) jęk *m*; (*of dog*) skomlenie *nt*; (*of siren*) wycie *nt* ♦ *vi* (*person*) jęczeć (zajęczeć *perf*); (*dog*) skomleć (zaskomleć *perf*); (*siren*) wyć (zawyć *perf*); (*fig: complain*) jęczeć, marudzić.

whip [wɪp] *n* (*lash*) bat *m*, bicz *m*; (*riding whip*) pejcz *m*; (*POL*) poseł odpowiedzialny za obecność członków swej partii na głosowaniach ♦ *vt* (*person, animal: hit*) smagać (smagnąć *perf*) batem; (*: beat*) smagać (wysmagać *perf*) batem; (*cream, eggs*) ubijać (ubić *perf*); **to whip sth off** zerwać (*perf*) or zedrzeć (*perf*) coś; **to whip sth away** wyrwać (*perf*) or wydrzeć (*perf*) coś.

whipped cream [wɪpt-] *n* bita śmietana *f*.

whirl [wə:l] *vt* kręcić (zakręcić *perf*) +*instr* ♦ *vi* wirować.

whirlpool ['wə:lpu:l] *n* wir *m* (wodny).

whirlwind ['wə:lwɪnd] *n* trąba *f* powietrzna.

whirr [wə:*] *vi* (*motor*) warkotać, warczeć; (*wings*) furkotać.

whisk [wɪsk] *n* trzepaczka *f* (do ubijania piany), ubijacz *m* ♦ *vt* ubijać (ubić *perf*); **to whisk sb away** or **off** błyskawicznie kogoś zabierać (zabrać *perf*).

whiskers ['wɪskəz] *npl* (*of cat*) wąsy *pl*; (*of man: also:* **side whiskers**) baczki *pl*, bokobrody *pl*.

whisky ['wɪskɪ] (*US, IRISH* **whiskey**) *n* whisky *f inv*.

whisper ['wɪspə*] *n* szept *m* ♦ *vi* szeptać (szepnąć *perf*) ♦ *vt* szeptać (szepnąć *perf*), wyszeptać (*perf*).

whistle ['wɪsl] *n* (*sound*) gwizd *m*; (*object*) gwizdek *m* ♦ *vi* (*person*) gwizdać (gwizdnąć *perf* or zagwizdać *perf*), pogwizdywać; (*bird, kettle*) gwizdać (zagwizdać *perf*); (*bullet*) świstać (świsnąć *perf*).

white [waɪt] *adj* biały ♦ *n* (*colour*)

(kolor *m*) biały, biel *f*; (*person*) biały (-ła) *m(f)*; (*of egg*) białko *nt*.

white-collar worker ['waɪtkɔlə-] *n* pracownik *m* umysłowy, urzędnik *m*.

white elephant *n* (*fig*) chybiona inwestycja *f*.

white lie *n* niewinne kłamstwo *nt*.

whiteness ['waɪtnɪs] *n* biel *f*.

white paper *n* (*POL*) raport *m* rządowy.

whitewash ['waɪtwɔʃ] *n* wapno *nt* (do bielenia) ♦ *vt* bielić (pobielić *perf*); (*fig*) wybielać (wybielić *perf*).

whiting *n inv* (*fish*) witlinek *m*.

Whitsun ['wɪtsn] *n* Zielone Świątki *pl*.

whizz [wɪz] *vi*: **to whizz past** or **by** śmigać (śmignąć *perf*) obok.

whizz kid (*inf*) *n* geniusz *m*, cudowne dziecko *nt*.

──────SŁOWO KLUCZOWE──────

who [hu:] *pron* **1** (*interrogative*) kto *m*; **who is it?**, **who's there?** kto to?, kto tam?; **who are you looking for?** kogo szukasz? **2** (*relative*) który; **the woman who spoke to me** kobieta, która ze mną rozmawiała; **those who can swim** ci, którzy umieją pływać.

whole [həul] *adj* cały ♦ *n* całość *f*; **the whole of July** cały lipiec; **on the whole** ogólnie (rzecz) biorąc.

wholefood(s) ['həulfu:d(z)] *n(pl)* żywność *f* naturalna.

wholehearted [həul'hɑ:tɪd] *adj* (*agreement*) całkowity; (*support*) gorący.

wholemeal ['həulmi:l] (*BRIT*) *adj* (*bread, flour*) razowy.

wholesale ['həulseɪl] *n* hurt *m* ♦ *adj* (*price*) hurtowy; (*destruction*) masowy ♦ *adv* hurtowo, hurtem.

wholesome ['həulsəm] *adj* zdrowy.

wholewheat ['həulwi:t] =
wholemeal.
wholly ['həulɪ] adv całkowicie.

─────SŁOWO KLUCZOWE─────

whom [hu:m] pron **1** (interrogative):
whom did you see? kogo
widziałaś?; **to whom did you give
it?** komu to dałeś? **2** (relative): **the
man whom I saw** człowiek, którego
widziałem.

whooping cough ['hu:pɪŋ-] n
koklusz m.

─────SŁOWO KLUCZOWE─────

whose [hu:z] adj **1** (interrogative)
czyj; **whose book is this?, whose
is this book?** czyja to książka?,
czyja jest ta książka? **2** (relative):
**the girl whose sister you were
speaking to** dziewczyna, z której
siostrą rozmawiałeś ♦ pron czyj m,
czyja f, czyje nt; **I know whose it is**
wiem, czyje to jest.

─────SŁOWO KLUCZOWE─────

why [waɪ] adv dlaczego, czemu (inf);
why is he always late? dlaczego on
zawsze się spóźnia?; **fancy a drink?
– why not?** może drinka? – czemu
nie? ♦ conj dlaczego; **I wonder why
he said that** zastanawiam się,
dlaczego to powiedział; **that's not
why I'm here** nie dlatego tu jestem;
the reason why I'm here powód, dla
którego tu jestem ♦ excl (expressing
surprise, annoyance etc) och;
(explaining) ależ, przecież; **why, it's
you!** och, to ty!; **why, that's
impossible!** ależ to niemożliwe!; **I
don't understand – why, it's
obvious!** nie rozumiem – przecież to
oczywiste!

wicked ['wɪkɪd] adj (crime) haniebny;
(man) podły, niegodziwy; (witch)
zły; (smile, wit) szelmowski.
wickerwork ['wɪkə*wə:k] adj
wiklinowy ♦ n wyroby pl
wikliniarskie or z wikliny.
wicket ['wɪkɪt] (CRICKET) n
(stumps) bramka f; (grass area)
obszar boiska do krykieta pomiędzy
dwiema bramkami.
wide [waɪd] adj szeroki ♦ adv: **to
open wide** otwierać (otworzyć perf)
szeroko; **to go wide** (shot etc)
przechodzić (przejść perf) obok; **the
bridge is 3 metres wide** most ma 3
metry szerokości.
wide-awake [waɪdə'weɪk] adj
(całkiem) rozbudzony.
widely ['waɪdlɪ] adv (differ, vary)
znacznie; (travel) dużo; (spaced,
known) szeroko.
widen ['waɪdn] vt (road, river)
poszerzać (poszerzyć perf); (one's
experience) rozszerzać (rozszerzyć
perf) ♦ vi (road, river) rozszerzać się;
(gap) powiększać się (powiększyć się
perf).
wide open adj szeroko otwarty.
widespread ['waɪdsprɛd] adj
powszechny, rozpowszechniony.
widow ['wɪdəu] n wdowa f.
widowed ['wɪdəud] adj owdowiały.
widower ['wɪdəuə*] n wdowiec m.
width [wɪdθ] n szerokość f.
wield [wi:ld] vt dzierżyć.
wife [waɪf] (pl **wives**) n żona f.
wig [wɪg] n peruka f.
wiggle ['wɪgl] vt (hips) kręcić +instr;
(ears) ruszać +instr.
wild [waɪld] adj (animal, plant, land)
dziki; (weather, night, applause)
burzliwy; (sea) wzburzony;
(idea) szalony; (person): **wild with
anger** etc oszalały z gniewu etc;
the wilds npl pustkowie nt; **I'm not
wild about him** nie przepadam za
nim.

wilderness ['wɪldənɪs] n dzicz f, pustynia f.

wild-goose chase [waɪld'guːs-] n (fig) szukanie nt wiatru w polu.

wildlife ['waɪldlaɪf] n (dzika) przyroda f.

wildly ['waɪldlɪ] adv dziko; (applaud) burzliwie; (shake etc) gwałtownie, wściekle; (romantic) niesamowicie; (erratic, inefficient) wysoce.

wilful ['wɪlful] (US **willful**) adj (child, character) uparty; (action, disregard) umyślny.

─────SŁOWO KLUCZOWE─────

will [wɪl] (vt: pt, pp **willed**) aux vb **1** (forming future tense): **I will finish it tomorrow** skończę to jutro; **I will have finished it by tomorrow** skończę to do jutra. **2** (in conjectures, predictions): **he will** or **he'll be there by now** (pewnie) już tam jest; **that will be the postman** to pewnie listonosz. **3** (in commands, requests, offers): **will you be quiet!** bądźże cicho!; **will you help me?** (czy) możesz mi pomóc?, pomożesz mi?; **will you have a cup of tea?** (czy) napije się Pan/Pani herbaty? ♦ vt: **to will sb to do sth** zmuszać (zmusić perf) kogoś, by coś (z)robił; **he willed himself to go on** zmusił się, by iść dalej ♦ n (volition) wola f; (also: **last will**) testament m; **he did it against his will** zrobił to wbrew swojej woli.

willful ['wɪlful] (US) adj = **wilful**.

willing ['wɪlɪŋ] adj (having no objection) chętny; (enthusiastic) ochoczy; **he's willing to do it** on chętnie to zrobi.

willingly ['wɪlɪŋlɪ] adv chętnie.

willingness ['wɪlɪŋnɪs] n (readiness) chęć f, gotowość f; (enthusiasm) ochota f.

willow ['wɪləu] n wierzba f.

willpower ['wɪl'pauə*] n siła f woli.

willy-nilly ['wɪlɪ'nɪlɪ] adv chcąc nie chcąc.

wilt [wɪlt] vi więdnąć (zwiędnąć perf).

wily ['waɪlɪ] adj przebiegły, chytry.

win [wɪn] (pt **won**) n zwycięstwo nt, wygrana f ♦ vt (game, competition, election) wygrywać (wygrać perf), zwyciężać (zwyciężyć perf) w +loc; (prize, support, popularity) zdobywać (zdobyć perf) ♦ vi wygrywać (wygrać perf), zwyciężać (zwyciężyć perf).

►**win over** vt pozyskiwać (pozyskać perf).

►**win round** (BRIT) vt = **win over**.

wince [wɪns] vi krzywić się (skrzywić się perf).

winch [wɪntʃ] n kołowrót m.

wind[1] [wɪnd] n (air) wiatr m; (MED) wzdęcie nt; (breath) dech m ♦ vt pozbawiać (pozbawić perf) tchu.

wind[2] [waɪnd] (pt **wound**) vt (thread, rope) nawijać (nawinąć perf); (bandage) zawijać (zawinąć perf); (clock, toy) nakręcać (nakręcić perf) ♦ vi wić się.

►**wind up** vt (clock, toy) nakręcać (nakręcić perf); (debate) kończyć (zakończyć perf).

windbreaker ['wɪndbreɪkə*] (US) n = **windcheater**.

windcheater ['wɪndtʃiːtə*] n wiatrówka f (kurtka).

windfall ['wɪndfɔːl] n (money) nieoczekiwany przypływ m gotówki.

winding ['waɪndɪŋ] adj kręty, wijący się.

windmill ['wɪndmɪl] n wiatrak m.

window ['wɪndəu] n (of house, vehicle, on computer screen) okno nt; (of shop) witryna f.

window ledge n parapet m.

window pane n szyba f (okienna).

window-shopping ['wɪndəuʃɔpɪŋ] n oglądanie nt wystaw sklepowych.

windowsill ['wɪndəusɪl] n parapet m.

windpipe ['wɪndpaɪp] n tchawica f.

windscreen ['wɪndskriːn] n (AUT) przednia szyba f.

windshield ['wɪndʃiːld] (US) n = **windscreen**.

windswept ['wɪndswept] adj (place) nie osłonięty, odsłonięty; (hair) potargany (przez wiatr).

windy ['wɪndɪ] adj wietrzny; **it's windy** wieje silny wiatr.

wine [waɪn] n wino nt.

wine bar n winiarnia f.

wing [wɪŋ] n skrzydło nt; (AUT) błotnik m; **the wings** npl (THEAT) kulisy pl; **in the wings** za kulisami.

winger ['wɪŋə*] (SPORT) n skrzydłowy (-wa) m(f).

wink [wɪŋk] n mrugnięcie nt ♦ vi mrugać (mrugnąć perf).

winner ['wɪnə*] n (of race, competition) zwycięzca/zwyciężczyni m/f; (of prize) zdobywca (-czyni) m(f).

winning ['wɪnɪŋ] adj (team, competitor, goal) zwycięski; (smile) ujmujący; see also **winnings**.

winnings ['wɪnɪŋz] npl wygrana f.

winter ['wɪntə*] n zima f; **in winter** zimą, w zimie.

wintry ['wɪntrɪ] adj (weather, day) zimowy; (smile) lodowaty.

wipe [waɪp] vt (dry, clean) wycierać (wytrzeć perf); (erase) zmazywać (zmazać perf) ♦ n: **to give sth a wipe** przecierać (przetrzeć perf) coś.

►**wipe off** vt ścierać (zetrzeć perf).

►**wipe out** vt (city etc) zmiatać (zmieść perf) z powierzchni ziemi.

wire ['waɪə*] n drut m; (ELEC) przewód m; (telegram) telegram m, depesza f (old) ♦ vt (US: person) wysyłać (wysłać perf) telegram do +gen; (also: **wire up**: electrical fitting) podłączać (podłączyć perf).

wireless ['waɪəlɪs] (BRIT: old) n radio nt.

wiring ['waɪərɪŋ] (ELEC) n instalacja f elektryczna.

wiry ['waɪərɪ] adj (person) silny; (hair, grass) szorstki.

wisdom ['wɪzdəm] n (of person) mądrość f; (of action, remark) sens m.

wise [waɪz] adj mądry.

...wise [waɪz] suff (with regard to): **timewise** etc jeśli chodzi o czas etc; (in the manner of): **crabwise** etc jak rak etc.

wish [wɪʃ] n pragnienie nt; (specific) życzenie nt ♦ vt: **I wish I were/I had been ...** żałuję, że nie jestem/nie byłem ...; **best wishes** (for birthday etc) najlepsze życzenia; **with best wishes** (in letter) łączę pozdrowienia; **she wished him good luck** życzyła mu powodzenia.

wishful ['wɪʃful] adj: **it's wishful thinking** to pobożne życzenia.

wisp [wɪsp] n (of grass, hay) wiązka f; (of hair) kosmyk m; (of smoke) smuga f.

wistful ['wɪstful] adj tęskny.

wit [wɪt] n (wittiness) dowcip m; (also: **wits**) inteligencja f; (person) humorysta m.

witch [wɪtʃ] n czarownica f.

witchcraft ['wɪtʃkrɑːft] n czary pl.

witch doctor n szaman m.

witch-hunt ['wɪtʃhʌnt] n (fig) polowanie nt na czarownice, nagonka m.

---SŁOWO KLUCZOWE---

with [wɪð, wɪθ] prep **1** (accompanying, in the company of) z +instr; **I was with him** byłem z nim; **we stayed with friends** zatrzymaliśmy się u przyjaciół; **I'll be with you in a minute** zaraz się Panem/Panią zajmę; **I'm with you** rozumiem; **to be with it** (inf. up-to-date) być na bieżąco; (: alert) kontaktować (inf). **2** (descriptive): **a**

room with a view pokój z widokiem; **the man with the grey hat** (ten) mężczyzna w szarym kapeluszu. **3** (*indicating manner, means, cause*): **with tears in her eyes** ze łzami w oczach; **to walk with a stick** chodzić o lasce; **red with anger** czerwony ze złości; **to fill sth with water** napełniać (napełnić *perf*) coś wodą.

withdraw [wɪθ'drɔ:] (*irreg like*: **draw**) vt (*object*) wyjmować (wyjąć *perf*); (*offer, troops*) wycofywać (wycofać *perf*); (*statement*) cofać (cofnąć *perf*), odwoływać (odwołać *perf*); (*money: from bank*) podejmować (podjąć *perf*) ♦ vi wycofywać się (wycofać się *perf*).

withdrawal [wɪθ'drɔ:əl] n (*of offer, troops, services*) wycofanie nt; (*of statement*) cofnięcie nt, odwołanie nt; (*of participation*) wycofanie się nt; (*of money*) podjęcie nt.

withdrawal symptoms npl zespół m abstynencji.

withdrawn [wɪθ'drɔ:n] pp of **withdraw** ♦ adj zamknięty w sobie.

wither ['wɪðə*] vi usychać (uschnąć *perf*), więdnąć (zwiędnąć *perf*).

withhold [wɪθ'həuld] (*irreg like*: **hold**) vt (*rent etc*) odmawiać (odmówić *perf*) płacenia +gen; (*permission*) odmawiać (odmówić *perf*) +gen; (*information*) zatajać (zataić *perf*).

within [wɪð'ɪn] prep (*object*) wewnątrz or w środku +gen; (*building, area*) na terenie +gen; (*time*) w (prze)ciągu or na przestrzeni +gen; (*distance*) w odległości +gen ♦ adv wewnątrz, w środku; **from within** ze środka; **within reach of** w miejscu dostępnym dla +gen; **they came within sight of the gate** dotarli do

miejsca, z którego widać było bramę; **the end is within sight** widać już koniec.

without [wɪð'aut] prep bez +gen; **without a coat** bez płaszcza; **without speaking** nic nie mówiąc; **it goes without saying** to się rozumie samo przez się.

withstand [wɪθ'stænd] (*irreg like*: **stand**) vt (*wind*) stawiać (stawić *perf*) opór +dat; (*attack*) wytrzymywać (wytrzymać *perf*).

witness ['wɪtnɪs] n świadek m ♦ vt (*lit, fig*) być świadkiem +gen.

witness box n miejsce nt dla świadka.

witness stand (*US*) = **witness box**.

witty ['wɪtɪ] adj dowcipny.

wives [waɪvz] npl of **wife**.

wizard ['wɪzəd] n czarodziej m.

wk abbr = **week** tydz.

wobble ['wɔbl] vi (*legs, jelly*) trząść się; (*chair*) chwiać się.

woe [wəu] n (*sorrow*) żałość f; (*misfortune*) nieszczęście nt.

woke [wəuk] pt of **wake**.

woken ['wəukn] pp of **wake**.

wolf [wulf] (*pl* **wolves**) n wilk m.

woman ['wumən] (*pl* **women**) n kobieta f.

womanly ['wumənlɪ] adj kobiecy.

womb [wu:m] n (*ANAT*) macica f; (*fig*) łono nt; **a baby in its mother's womb** dziecko w łonie matki.

women ['wɪmɪn] npl of **woman**.

Women's (Liberation) Movement n ruch m wyzwolenia kobiet.

won [wʌn] pt, pp of **win**.

wonder ['wʌndə*] n (*miracle*) cud m; (*awe*) zdumienie nt ♦ vi: **to wonder whether/why** zastanawiać się, czy/dlaczego; **to wonder at** dziwić się +dat; **to wonder about** zastanawiać się nad +instr; **it's no wonder (that)** nic dziwnego (, że); **I wonder if you could help me** czy byłbyś uprzejmy mi pomóc?; **I**

wonder why he's late ciekawe, czemu się spóźnia.

wonderful ['wʌndəful] adj (excellent) wspaniały; (miraculous) cudowny.

wonderfully ['wʌndəfəlı] adv (kind, funny etc) niezwykle.

won't [wəunt] = **will not**.

woo [wu:] vt (woman) zalecać się do +gen; (audience, voters) zabiegać o względy +gen.

wood [wud] n (timber) drewno nt; (forest) las m.

wooden ['wudn] adj drewniany; (fig: performance etc) bez wyrazu post.

woodpecker ['wudpɛkə*] n dzięcioł m.

woodwork ['wudwə:k] n stolarka f.

wool [wul] n wełna f; **to pull the wool over sb's eyes** (fig) mydlić komuś oczy.

woollen ['wulən] (US **woolen**) adj wełniany.

woolly ['wulı] (US **wooly**) adj wełniany; (fig: ideas) mętny.

word [wə:d] n (unit of language, promise) słowo nt; (news) wiadomość f ♦ vt formułować (sformułować perf); **in other words** innymi słowy; **to break one's word** łamać (złamać perf) (dane) słowo; **to keep one's word** dotrzymywać (dotrzymać perf) słowa; **to have words with sb** rozmówić się (perf) z kimś; **I'll take your word for it** wierzę ci na słowo.

wording ['wə:dıŋ] n sposób m sformułowania.

word processor [-prəusɛsə*] n edytor m tekstów.

wore [wɔ:*] pt of **wear**.

work [wə:k] n praca f; (ART, LITERATURE) dzieło nt; (MUS) utwór m ♦ vi (person) pracować; (mechanism) działać; (medicine) działać (zadziałać perf) ♦ vt (wood, stone) obrabiać; (land) uprawiać; (machine) obsługiwać; **to be out of**

work nie mieć pracy; **to work loose** (screw etc) obluzowywać się (obluzować się perf); (knot) rozluźniać się (rozluźnić się perf); **to work miracles** or **wonders** czynić cuda.

►**work on** vt fus (task, person) pracować nad +instr.

►**work out** vi (job, relationship) układać się (ułożyć się perf); (plan) powieść się (perf) ♦ vt (problem) rozpracowywać (rozpracować perf); (plan) opracowywać (opracować perf); **he couldn't work out why ...** nie mógł dojść, dlaczego ...; **it works out at 100 pounds** to wynosi 100 funtów.

►**work up** vt: **to get worked up** denerwować się (zdenerwować się perf).

workable ['wə:kəbl] adj (solution, idea) wykonalny; (system, proposal) nadający się do zastosowania or wykorzystania.

workaholic [wə:kə'hɔlık] n pracoholik m.

worker ['wə:kə*] n (physical) robotnik (-ica) m(f); (employee) pracownik (-ica) m(f).

workforce ['wə:kfɔ:s] n siła f robocza; (in particular company, area) liczba f zatrudnionych.

working class n klasa f robotnicza.

working-class ['wə:kıŋ'klɑ:s] adj robotniczy.

working order n: **in working order** sprawny, na chodzie (inf).

workman ['wə:kmən] (irreg like: **man**) n robotnik m.

works [wə:ks] (BRIT) n (factory) zakład m ♦ npl (of clock, machine) mechanizm m.

workshop ['wə:kʃɔp] n (building) warsztat m; (practical session) warsztaty pl.

work station n stanowisko nt pracy.

worktop ['wə:ktɔp] *n* blat *m*
(kuchenny).

world [wə:ld] *n* świat *m* ♦ *cpd*
światowy; **all over the world** na
całym świecie; **to think the world
of sb** (*think highly*) bardzo kogoś
cenić; (*like, love*) świata poza kimś
nie widzieć.

World Wide Web (*COMPUT*) *n*:
the World Wide Web Internet *m*,
sieć *f*.

worldly ['wə:ldlɪ] *adj* (*not spiritual*)
ziemski, doczesny; (*knowledgeable*)
światowy.

worldwide ['wə:ld'waɪd] *adj*
(ogólno)światowy.

worm [wə:m] *n* robak *m*.

worn [wɔ:n] *pp of* **wear** ♦ *adj*
(*carpet*) wytarty; (*shoe*) znoszony.

worn-out ['wɔ:naut] (*object*) zużyty;
(*person*) wyczerpany, wykończony
(*inf*).

worried ['wʌrɪd] *adj* (*anxious*)
zaniepokojony; (*distressed*)
zmartwiony.

worry ['wʌrɪ] *n* (*anxiety*) troski *pl*,
zmartwienia *pl*; (*problem*)
zmartwienie *nt* ♦ *vt* (*upset*)
martwić (zmartwić *perf*), trapić;
(*alarm*) niepokoić
(zaniepokoić *perf*) ♦ *vi* martwić się,
niepokoić się.

worrying ['wʌrɪɪŋ] *adj* niepokojący.

worse [wə:s] *adj* gorszy ♦ *adv* gorzej
♦ *n* gorsze *nt*; **a change for the
worse** zmiana na gorsze.

worsen ['wə:sn] *vt* pogarszać
(pogorszyć *perf*) ♦ *vi* pogarszać się
(pogorszyć się *perf*).

worse off *adj* (*financially*)
biedniejszy; (*fig*) w gorszej sytuacji
post.

worship ['wə:ʃɪp] *n* uwielbienie *nt*,
kult *m* ♦ *vt* (*god*) oddawać (oddać
perf) cześć +*dat*, wielbić (*fml*);
(*person*) uwielbiać; **freedom of
worship** wolność wyznania.

worst [wə:st] *adj* najgorszy ♦ *adv*
(*dressed*) najgorzej; (*affected*)
najbardziej, najsilniej ♦ *n*
najgorsze *nt*; **at worst** w najgorszym
razie.

worth [wə:θ] *n* wartość *f* ♦ *adj*
warty; **it's worth it** to (jest) warte
zachodu; **the film is worth seeing**
ten film warto zobaczyć; **it will be
worth your while to do it** opłaci ci
się to zrobić.

worthless ['wə:θlɪs] *adj* (*thing*)
bezwartościowy; (*person*) nic nie
wart *post*.

worthwhile ['wə:θ'waɪl] wart
zachodu *post*.

worthy ['wə:ðɪ] *adj* (*person*)
szanowny, czcigodny; (*motive*)
szlachetny, zacny; **to be worthy of**
być wartym +*gen*.

---SŁOWO KLUCZOWE---

would [wud] *aux vb* **1** (*conditional*): **if
you asked him he would do it**
gdybyś go poprosił, zrobiłby to; **if
you had asked him he would have
done it** gdybyś go (wtedy) poprosił,
zrobiłby to. **2** (*in offers, invitations,
requests*): **would you like a biscuit?**
może herbatnika?; **would you ask
him to come in?** (czy) mógłbyś go
poprosić (, żeby wszedł)? **3** (*in
indirect speech*): **I said I would do it**
powiedziałam, że to zrobię. **4**
(*emphatic*): **it WOULD have to rain
today!** musiało akurat dzisiaj padać!
5 (*insistence*): **she wouldn't give in**
nie chciała się poddać, nie dawała
za wygraną. **6** (*conjecture*): **it would
have been midnight** pewnie było
już koło północy; **it would seem so**
na to by wyglądało. **7** (*indicating
habit*): **he would go there on
Mondays** chadzał tam w
poniedziałki.

would-be ['wudbi:] *adj* niedoszły.

wouldn't ['wudnt] = **would not**.

wound¹ [waund] *pt, pp of* **wind²**.

wound² [wu:nd] *n* rana *f* ♦ *vt* ranić (zranić *perf*).

wove [wəuv] *pt of* **weave**.

woven ['wəuvn] *pp of* **weave**.

wrangle ['ræŋgl] *n* sprzeczka *f*.

wrap [ræp] *n* (*shawl*) szal *m*; (*cape*) pelerynka *f*, narzutka *f* ♦ *vt* (*cover*) pakować (opakować *perf*); (*also*: **wrap up**) pakować (zapakować *perf*); (*wind*) owijać (owinąć *perf*).

wrapper ['ræpə*] *n* (*on chocolate*) opakowanie *nt*; (*BRIT*: *of book*) obwoluta *f*.

wrath [rɔθ] *n* gniew *m*.

wreath [ri:θ] (*pl* **wreaths**) *n* wieniec *m*.

wreck [rɛk] *n* (*vehicle, ship*) wrak *m*; (*pej*: *person*) wrak *m* (człowieka) ♦ *vt* (*car*) rozbijać (rozbić *perf*); (*device*) niszczyć (zniszczyć *perf*) (doszczętnie); (*chances*) niweczyć (zniweczyć *perf*).

wreckage ['rɛkɪdʒ] *n* szczątki *pl*.

wren [rɛn] *n* strzyżyk *m*.

wrench [rɛntʃ] *n* (*TECH*) klucz *m* (francuski); (*tug*) szarpnięcie *nt*; (*fig*) bolesne przeżycie *nt* ♦ *vt* (*arm, joint*) skręcić (*perf*); **to wrench sth off** *or* **away** oderwać (*perf*) coś; **to wrench sth from sb** wyrwać (*perf*) coś komuś.

wrestle ['rɛsl] *vi*: **to wrestle (with sb)** mocować się (z kimś).

wrestling ['rɛslɪŋ] *n* zapasy *pl*.

wretched ['rɛtʃɪd] *adj* (*poor*) nędzny; (*unhappy*) nieszczęsny; (*inf*) głupi; **to be** *or* **feel wretched** czuć się okropnie.

wriggle ['rɪgl] *vi* (*also*: **wriggle about**: *person*) wiercić się; (: *fish*) trzepotać (się); (: *snake*) wić się.

wring [rɪŋ] (*pt* **wrung**) *vt* (*wet clothes*) wykręcać (wykręcić *perf*); (*hands*) załamywać (załamać *perf*);

(*bird's neck*) ukręcać (ukręcić *perf*); **to wring sth out of sb/sth** (*fig*) wyciskać (wycisnąć *perf*) coś z kogoś/czegoś (*inf*).

wrinkle ['rɪŋkl] *n* (*on skin*) zmarszczka *f*; (*on paper etc*) zagniecenie *nt* ♦ *vt* marszczyć (zmarszczyć *perf*) ♦ *vi* marszczyć się (zmarszczyć się *perf*).

wrist [rɪst] *n* nadgarstek *m*, przegub *m* (dłoni).

wristwatch ['rɪstwɔtʃ] *n* zegarek *m* (na rękę).

writ [rɪt] (*JUR*) *n* nakaz *m* urzędowy.

write [raɪt] (*pt* **wrote**, *pp* **written**) *vt* (*letter, novel*) pisać (napisać *perf*); (*cheque, receipt, prescription*) wypisywać (wypisać *perf*) ♦ *vi* pisać (napisać *perf*); **to write to sb** pisać (napisać *perf*) do kogoś.

►**write down** *vt* zapisywać (zapisać *perf*).

►**write off** *vt* (*debt*) umarzać (umorzyć *perf*); (*plan, person*) spisywać (spisać *perf*) na straty.

►**write out** *vt* (*report, list*) spisywać (spisać *perf*); (*cheque, receipt*) wypisywać (wypisać *perf*).

►**write up** *vt* przepisywać (przepisać *perf*) (na czysto).

writer ['raɪtə*] *n* (*job*) pisarz (-arka) *m(f)*; (*of report, document*) autor(ka) *m(f)*.

writhe [raɪð] *vi* skręcać się, wić się.

writing ['raɪtɪŋ] *n* (*words written*) napis *m*; (*also*: **handwriting**) pismo *nt*, charakter *m* pisma; (*of author*) pisarstwo *nt*; (*activity*) pisanie *nt*; **in writing** na piśmie.

written ['rɪtn] *pp of* **write**.

wrong [rɔŋ] *adj* (*inappropriate, morally bad*) niewłaściwy; (*incorrect*) zły, błędny; (*unfair*) niesprawiedliwy ♦ *adv* źle, błędnie ♦ *n* (*injustice*) krzywda *f* ♦ *vt* wyrządzać (wyrządzić *perf*) krzywdę +*dat*, krzywdzić (skrzywdzić *perf*); **you**

were wrong to speak to the
newspapers źle zrobiłeś,
rozmawiając z dziennikarzami; **you
are wrong about that, you've got it
wrong** mylisz się co do tego; **who's
in the wrong?** kto zawinił?; **what's
wrong?** co się stało?; **to go wrong**
(*person*) mylić się (pomylić się
perf); (*machine, relationship*) psuć się
(popsuć się *perf*).

wrongful ['rɔŋful] *adj* bezprawny.

wrongly ['rɔŋlɪ] *adv* (*answer,
translate, spell*) źle, błędnie.

wrote [rəut] *pt of* **write**.

wrought [rɔːt] *adj*: **wrought iron**
kute żelazo *nt*.

wrung [rʌŋ] *pt, pp of* **wring**.

wry [raɪ] *adj* lekko drwiący.

wt. *abbr* = **weight**.

X

xenophobia [zɛnə'fəubɪə] *n*
ksenofobia *f*.

Xmas ['ɛksməs] *n abbr* = **Christmas**.

X-ray [ɛks'reɪ] *n* (*ray*) promień *m*
Rentgena *or* X; (*photo*) zdjęcie *nt*
rentgenowskie, prześwietlenie *nt* ♦
vt prześwietlać (prześwietlić *perf*).

xylophone ['zaɪləfəun] *n* ksylofon *m*.

Y

yacht [jɔt] *n* jacht *m*.

yank [jæŋk] *vt* szarpać (szarpnąć
perf) ♦ *n* szarpnięcie *nt*.

yard [jɑːd] *n* (*of house*) podwórko *nt*;
(*measure*) jard *m* (*91,4 cm*).

yarn [jɑːn] *n* (*thread*) przędza *f*; (*tale*)
opowieść *f*.

yawn [jɔːn] *n* ziewnięcie *nt* ♦ *vi*
ziewać (ziewnąć *perf*).

yeah [jɛə] (*inf*) *adv* tak, no (*inf*).

year [jɪə*] *n* rok *m*; **a** *or* **per year** na
rok, rocznie; **to be 8 years old** mieć

8 lat; **an eight-year-old child**
ośmioletnie dziecko.

yearly ['jɪəlɪ] *adj* (*once a year*)
doroczny; (*every year*) coroczny;
(*per year*) roczny ♦ *adv* (*once a
year*) raz do *or* w roku;
(*every year*) corocznie; (*per year*)
rocznie.

yearn [jəːn] *vi*: **to yearn for sth**
tęsknić do czegoś; **to yearn to do
sth** (bardzo) pragnąć coś (z)robić.

yeast [jiːst] *n* drożdże *pl*.

yell [jɛl] *n* wrzask *m* ♦ *vi* wrzeszczeć
(wrzasnąć *perf*).

yellow ['jɛləu] *adj* żółty.

yes [jɛs] *adv* tak ♦ *n* (*consent*) tak *nt*;
(*in voting*) głos *m* za; **to say yes**
zgadzać się (zgodzić się *perf*).

yesterday ['jɛstədɪ] *adv* wczoraj ♦ *n*
wczoraj *nt*, dzień *m* wczorajszy;
yesterday morning/evening wczoraj
rano/wieczorem; **all day yesterday**
(przez) cały wczorajszy dzień.

yet [jɛt] *adv* jeszcze ♦ *conj* ale, (a)
mimo to; **not yet** jeszcze nie; **as yet**
jak dotąd, na razie.

yew [juː] *n* cis *m*.

y-fronts ['waɪfrʌnts] (*BRIT*) *npl* slipy
pl.

Yiddish ['jɪdɪʃ] *n* (*LING*) jidysz *m inv*.

yield [jiːld] *n* (*AGR*) plon *m*;
(*COMM*) zysk *m* ♦ *vt* (*control*)
oddawać (oddać *perf*); (*results,
profit*) dawać (dać *perf*), przynosić
(przynieść *perf*) ♦ *vi* (*surrender*)
ulegać (ulec *perf*), ustępować
(ustąpić *perf*); (*US: AUT*) ustępować
(ustąpić *perf*) pierwszeństwa
przejazdu; (*break, move position*)
ustępować (ustąpić *perf*), nie
wytrzymywać (nie wytrzymać
perf).

yog(h)ourt ['jəugət] *n* jogurt *m*.

yog(h)urt ['jəugət] *n* = **yog(h)ourt**.

yoke [jəuk] *n* jarzmo *nt*.

yolk [jəuk] *n* żółtko *nt*.

---SŁOWO KLUCZOWE---

you [ju:] *pron* **1** (*subject sg*) ty;
(*subject pl*) wy; **you and I** ty i ja;
you French wy Francuzi. **2** (*direct
object sg*) cię; (: *stressed*) ciebie;
(*direct object pl*) was; **I know you**
znam cię/was; **I saw you, not her**
widziałam ciebie, nie ją. **3** (*indirect
object sg*) ci; (: *stressed*) tobie;
(*indirect object pl*) wam; **I told you**
mówiłam ci. **4** (*after prep, in
comparisons*): **it's for you** to dla
ciebie/was; **can I come with you?**
(czy) mogę pójść z tobą/wami?;
she's younger than you jest
młodsza od ciebie. **5** (*polite sg*)
Pan(i) *m(f)*; (*polite pl*) Państwo *vir pl*;
can I help you? czym mogę
Panu/Pani/Państwu służyć? **6**
(*impersonal*): **you never know** nigdy
nie wiadomo; **you can't do that!** tak
nie można!

you'd = **you had; you would**.
you'll [ju:l] = **you will; you shall**.
young [jʌŋ] *adj* młody; **the young**
npl (*of animal*) młode *pl*; (*people*)
młodzież *f*.
younger [jʌŋgə*] *adj* młodszy.
youngster [ˈjʌŋstə*] *n* (*child*)
dziecko *nt*; (*young man*) chłopak *m*;
(*young woman*) dziewczyna *f*.
your [jɔ:*] *adj* twój; *see also* **my**.
you're [juə*] = **you are**.
yours [jɔ:z] *pron* twój; **yours
sincerely/faithfully** z poważaniem;
see also **mine**[1].
yourself [jɔ:ˈsɛlf] *pron* (*reflexive*) się;
(*after prep*) siebie (*gen, acc*), sobie
(*dat, loc*), sobą (*instr*); (*after conj*) ty;
(*emphatic*) sam.
yourselves [jɔ:ˈsɛlvz] *pl pron*
(*reflexive*) się; (*after prep*) siebie
(*gen, acc*), sobie (*dat, loc*), sobą

(*instr*); (*after conj*) wy; (*emphatic*)
sami.
youth [ju:θ] *n* (*young days*) młodość
f; (*young man*) młodzieniec *m*.
youthful [ˈju:θful] *adj* (*person*)
młody; (*enthusiasm*) młodzieńczy.
youth hostel *n* schronisko *nt*
młodzieżowe.
you've [ju:v] = **you have**.
Yugoslavia [ˈju:gəuˈslɑ:vɪə] *n*
Jugosławia *f*.

Z

zap [zæp] (*COMPUT*) *vt* usuwać
(usunąć *perf*).
zeal [zi:l] *n* zapał *m*.
zealous [ˈzɛləs] *adj* zagorzały.
zebra [ˈzi:brə] *n* zebra *f*.
zebra crossing (*BRIT*) *n* przejście
nt dla pieszych, pasy *pl*.
zero [ˈzɪərəu] *n* zero *nt*.
zest [zɛst] *n* zapał *m*, entuzjazm *m*;
orange/lemon zest skórka
pomarańczowa/cytrynowa.
zigzag [ˈzɪgzæg] *n* zygzak *m* ♦ *vi* (*on
foot*) iść (pójść *perf*) zygzakiem;
(*car*) jechać (pojechać *perf*)
zygzakiem.
zinc [zɪŋk] *n* cynk *m*.
zip [zɪp] *n* zamek *m* błyskawiczny ♦
vt: **to zip up sth** zapinać (zapiąć
perf) coś (na zamek).
zip code (*US*) *n* kod *m* pocztowy.
zipper [ˈzɪpə*] (*US*) = **zip**.
zodiac [ˈzəudiæk] *n* zodiak *m*.
zombie [ˈzɔmbɪ] *n* (*fig*) żywy trup *m*.
zone [zəun] *n* strefa *f*.
zoo [zu:] *n* zoo *nt inv*.
zoology [zu:ˈɔlədʒɪ] *n* zoologia *f*.
zoom [zu:m] *vi*: **to zoom past (sth)**
przemykać (przemknąć *perf*) obok
(czegoś).
zoom lens *n* teleobiektyw *m*.
zucchini [zu:ˈki:nɪ] (*US*) *n(pl)* cukinia *f*.

POLISH - ENGLISH | POLSKO - ANGIELSKI

A

a *conj* and; **ja skończyłem, a ty?** I'm done, and how about you?; **między szafą a biurkiem** between the wardrobe and the desk; **a to co?** now, what would that be?

abażu|r (**-ru, -ry**) (*loc sg* **-rze**) *m* lampshade.

ABC *nt inv* ABC.

abecad|ło (**-ła, -ła**) (*loc sg* **-le**, *gen pl* **-eł**) *nt* alphabet; (*przen: podstawy*) the ABCs *pl*.

abonamen|t (**-tu, -ty**) (*loc sg* **-cie**) *m* (*telewizyjny*) licence fee (*BRIT*), ≈ service fee (*US*); (*telefoniczny*) standing charges *pl*; **abonament na coś** subscription to sth.

abonen|t (**-ta, -ci**) (*loc sg* **-cie**) *m* subscriber.

aborcj|a (**-i, -e**) (*gen pl* **-i**) *f* abortion; **dokonywać** (**dokonać** *perf*) **aborcji** to have *lub* get an abortion.

absencj|a (**-i, -e**) (*gen pl* **-i**) *f* (*nieobecność: jednorazowa*) absence; (*: wielokrotna*) absenteeism.

absolutnie *adv* absolutely.

absolutny *adj* absolute; (*racja, cisza*) complete; **zero absolutne** (*FIZ*) absolute zero.

absolwen|t (**-ta, -ci**) (*loc sg* **-cie**) *m* graduate.

absorb|ować (**-uję, -ujesz**) (*perf* **za-**) *vt* to absorb.

abstrah|ować (**-uję, -ujesz**) *vi* (*im*)*perf*: **abstrahować** (**od** +*gen*) to disregard; **abstrahując od** +*gen* aside *lub* apart from.

abstrakcyjny *adj* abstract.

abstynen|t (**-ta, -ci**) (*loc sg* **-cie**) *m* teetotaller (*BRIT*), teetotaler (*US*).

absur|d (**-du, -dy**) (*loc sg* **-dzie**) *m* nonsense, absurdity.

absurdalny *adj* absurd.

aby *conj* (in order) to, so that; **ona pojechała do Anglii, aby uczyć się angielskiego** she went to England to learn English; **aby nie przestraszyć dziecka** so as not to frighten the child.

ach *excl* oh.

aczkolwiek *conj* although, albeit.

adaptacj|a (**-i, -e**) (*gen pl* **-i**) *f* adaptation; (*utworu muzycznego*) arrangement.

adapte|r (**-ra, -ry**) (*loc sg* **-rze**) *m* record player.

adapt|ować (**-uję, -ujesz**) (*perf* **za-**) *vt* to adapt; (*utwór muzyczny*) to arrange.

▸**adaptować się** *vr* to adapt.

adekwatny *adj*: **adekwatny** (**do** +*gen*) commensurate (with), adequate (to *lub* for).

adidas|y (**-ów**) *pl* trainers *pl* (*BRIT*), training shoes *pl* (*BRIT*), sneakers *pl* (*US*), tennis shoes *pl* (*US*).

adiutan|t (**-ta, -ci**) (*loc sg* **-cie**) *m* aide-de-camp.

administracj|a (**-i, -e**) (*gen pl* **-i**) *f* (*zarządzanie*) administration, management; (*zarząd*) management, board of directors; (*władza*) administration.

administracyjny *adj* administrative, managing.

administrato|r (**-ra, -rzy**) (*loc sg* **-rze**) *m* administrator, manager.

administr|ować (**-uję, -ujesz**) *vt* to administer, to manage.

admira|ł (**-ła, -łowie**) (*loc sg* **-le**) *m* admiral.

adnotacj|a (**-i, -e**) (*gen pl* **-i**) *f* (*w książce, artykule*) note, annotation; (*na dokumencie*) endorsement.

adopcj|a (**-i, -e**) (*gen pl* **-i**) *f* adoption.

adopt|ować (**-uję, -ujesz**) (*perf* **za-**) *vt* to adopt.

ador|ować (**-uję, -ujesz**) *vt* (*wielbić*) to adore.

adre|s (**-su, -sy**) (*loc sg* **-sie**) *m* address.

adresa|t (**-ta, -ci**) (*loc sg* **-cie**) *m* (*odbiorca listu*) addressee; (*odbiorca dzieła*) audience.

adres|ować (**-uję, -ujesz**) (*perf* **za-**) *vt* to address.

adwen|t (**-tu, -ty**) (*loc sg* **-cie**) *m* (*REL*) Advent.

adwoka|t (**-ta, -ci**) (*loc sg* **-cie**) *m* barrister (*BRIT*), attorney (*US*).

aerobi|k (**-ku**) (*instr pl* **-kiem**) *m* aerobics.

aerodynamiczny *adj* (*kształt*) streamlined; (*siła*) aerodynamic.

aerozo|l (**-lu, -le**) (*gen pl* **-li**) *m* aerosol.

afe|ra (**-ry, -ry**) (*dat sg* **-rze**) *f* scandal.

aferzy|sta (**-sty, -ści**) (*loc sg* **-ście**) *m* *decl like f in sg* swindler.

Afganista|n (**-nu**) (*loc sg* **-nie**) *m* Afghanistan.

afisz (**-a, -e**) *m* poster, bill.

Afry|ka (**-ki**) (*dat sg* **-ce**) *f* Africa.

Afryka|nin (**-nina, -nie**) (*loc sg* **-ninie**, *gen pl* **-nów**) *m* African.

Afrykańczy|k (**-ka, -cy**) (*instr sg* **-kiem**) *m* African.

afrykański *adj* African.

agencj|a (**-i, -e**) (*gen pl* **-i**) *f* (*przedstawicielstwo*) agent(s) (*pl*); (*fotograficzna, prasowa*) agency.

agen|t (**-ta, -ci**) (*loc sg* **-cie**) *m* (*przedstawiciel*) agent, rep(resentative); (*szpieg*) agent, spy.

agitacj|a (**-i**) *f* canvassing, campaigning.

agit|ować (**-uję, -ujesz**) *vi* to canvass, to campaign.

agoni|a (**-i**) *f* agony.

agraf|ka (**-ki, -ki**) (*dat sg* **-ce**, *gen pl* **-ek**) *f* safety pin.

agresj|a (**-i, -e**) (*gen pl* **-i**) *f* aggression.

agre|st (**-stu, -sty**) (*loc sg* **-ście**) *m* gooseberry.

agresywny *adj* aggressive.

aha *excl* oh.

AIDS *abbr* AIDS (*acquired immune deficiency syndrome*); **chory na AIDS** an AIDS victim.

ajencj|a (**-i, -e**) (*gen pl* **-i**) *f* branch.

akacj|a (**-i, -e**) (*gen pl* **-i**) *f* acacia.

akademi|a (**-i, -e**) (*gen pl* **-i**) *f* academy; (*uroczystość*) ceremony.

akademicki *adj* academic; **dom akademicki** hall of residence (*BRIT*), dormitory (*US*); **rok akademicki** academic year.

akademi|k (**-ka, -ki**) (*instr sg* **-kiem**) *m* (*pot*) dorm (*pot*).

akapi|t (**-tu, -ty**) (*loc sg* **-cie**) *m* paragraph.

akcen|t (**-tu, -ty**) (*loc sg* **-cie**) *m* (*JĘZ*) stress; (*wymowa*) accent; (*znak*) accent (mark); (*nacisk*) stress, emphasis; (*MUZ*) emphasis.

akcent|ować (**-uję, -ujesz**) (*perf* **za-**) *vt* (*JĘZ*) to stress; (*przen*) to stress, to emphasize.

akceptacj|a (**-i, -e**) (*gen pl* **-i**) *f* (*przyjęcie*) acceptance; (*aprobata*) approval.

akcept|ować (**-uję, -ujesz**) (*perf* **za-**) *vt* (*przyjmować*) to accept; (*aprobować*) to approve of.

akcesori|a (**-ów**) *pl* accessories *pl*.

akcj|a (**-i, -e**) (*gen pl* **-i**) *f* (*kampania*) campaign, operation; (*działalność*) action; (*fabuła*) plot; (*FIN*) share; (*SPORT*) breakaway.

akcjonariusz (-a, -e) (*gen pl* -y) *m* shareholder, stockholder.

akcyjny *adj* share *attr*, stock *attr*; **spółka akcyjna** joint-stock company.

akcy|za (-zy, -zy) (*dat sg* -zie) *f* (*FIN*) excise.

aklimatyzacj|a (-i) *f* (re)adjustment.

aklimatyz|ować się (-uję, -ujesz) (*perf* za-) *vr* to (re)adjust.

akompaniamen|t (-tu) (*loc sg* -cie) *m* accompaniment.

akompaniato|r (-ra, -rzy) (*loc sg* -rze) *m* accompanist.

akompani|ować (-uję, -ujesz) *vi* to accompany.

akor|d (-du, -dy) (*loc sg* -dzie) *m* (*MUZ*) chord; (*EKON*) piece-work; **pracować na akord** to do piece-work.

akordeo|n (-nu, -ny) (*loc sg* -nie) *m* accordion.

akordowy *adj*: **praca akordowa** piece-work.

ak|r (-ra, -ry) (*loc sg* -rze) *m* acre.

akredytowany *adj* accredited.

akroba|ta (-ty, -ci) (*dat sg* -cie) *m* decl like f in sg acrobat.

akrobaty|ka (-ki) (*dat sg* -ce) *f* acrobatics.

aksami|t (-tu, -ty) (*loc sg* -cie) *m* velvet.

aksamitny *adj* velvet *attr*; (*mech, głos*) velvety.

ak|t (-tu, -ty) (*loc sg* -cie) *m* act; (*ceremonia*) ceremony; (*AHT*) nude; (*dokument*) (*nom pl* -ta *lub* -ty) certificate; **akta** (*gen pl* akt) *pl* (*dokumenty*) record(s) (*pl*), file(s) (*pl*); (*dotyczące osoby, sprawy*) dossier; **akt oskarżenia** indictment; **akt ślubu/urodzenia/zgonu** marriage/birth/death certificate.

akto|r (-ra, -rzy) (*loc sg* -rze) *m* actor.

aktor|ka (-ki, -ki) (*dat sg* -ce, *gen pl* -ek) *f* actress.

aktów|ka (-ki, -ki) (*dat sg* -ce, *gen pl* -ek) *f* briefcase, attaché case.

aktualiz|ować (-uję, -ujesz) (*perf* z-) *vt* to update.

aktualnie *adv* currently, at present.

aktualny *adj* (*obecny*) current, present; (*będący na czasie*) up-to-date, current.

aktywi|sta (-sty, -ści) (*dat sg* -ście) *m* decl like f in sg activist.

aktywnoś|ć (-ci) *f* activity.

aktywny *adj* active.

akumulato|r (-ra, -ry) (*loc sg* -rze) *m* (*ELEKTR*) accumulator; (*MOT*) battery.

akurat *adv* (*dokładnie*) exactly; (*w tej chwili*) at this *lub* that very moment.

akustyczny *adj* acoustic.

akwarel|a (-i, -e) *f* watercolour (*BRIT*), watercolor (*US*).

akwari|um (-um, -a) (*gen pl* -ów) *nt* inv in sg (fish) tank, aquarium.

alar|m (-mu, -my) (*loc sg* -mie) *m* (*sygnał*) alarm; (*stan gotowości*) alert; (*pot: urządzenie*) alarm system; (: *w bibliotece, sklepie*) anti-theft system; (: *przeciwwłamaniowy*) burglar alarm.

alarm|ować (-uję, -ujesz) (*perf* za-) *vt* (*ostrzegać*) to alert; (*niepokoić*) to alarm, to startle.

alarmowy *adj* alarm *attr*.

Alas|ka (-ki) (*dat sg* -ce) *f* Alaska.

Albani|a (-i) *f* Albania.

albo *conj* or; **albo ... albo ...** either ... or ... .

albu|m (-mu, -my) (*loc sg* -mie) *m* album.

ale *conj* but ♦ *part*: **ale pogoda!** what weather!; **ale głupiec ze mnie!** what a fool I am!

ale|ja (-i, -je) (*gen pl* -i) *f* (*uliczka, przejście*) alley; (*droga*) avenue.

alergi|a (-i, -e) (*gen pl* -i) *f* allergy.

alergiczny *adj* (*reakcja*) allergic; (*poradnia*) allergy *attr*.

ależ *excl* but; **ależ oczywiście!** but of course!; **ależ skąd!** not at all!

alfabe|t (**-tu, -ty**) (*loc sg* **-cie**) *m* alphabet; **alfabet Braille'a** Braille; **alfabet Morse'a** Morse (code).

alfabetyczny *adj* alphabetical; **w porządku alfabetycznym** in alphabetical order.

algeb|ra (**-ry**) (*dat sg* **-rze**) *f* algebra.

Algieri|a (**-i**) *f* Algeria.

alibi *nt inv* alibi.

aliment|y (*gen pl* **-ów**) *pl* alimony.

alkohol (**-u, -e**) (*gen pl* **-i** *lub* **-ów**) *m* (*CHEM*) alcohol; (*napój alkoholowy*) alcohol, alcoholic drink *lub* beverage.

alkoholi|k (**-ka, -cy**) (*instr sg* **-kiem**) *m* alcoholic.

alkoholiz|m (**-mu**) (*loc sg* **-mie**) *m* alcoholism.

alkoma|t (**-tu, -ty**) (*loc sg* **-cie**) *m* breathalyser (*BRIT*), breathalyzer (*US*).

alpejski *adj* Alpine.

alpini|sta (**-sty, -ści**) (*dat sg* **-ście**) *m decl like f in sg* climber, mountaineer.

alpiniz|m (**-mu**) (*loc sg* **-mie**) *m* climbing, mountaineering.

Alp|y (**-**) *pl* the Alps.

al|t (**-tu, -ty**) (*loc sg* **-cie**) *m* (*MUZ*) alto; (*śpiewaczka*) (*gen sg* **-ta**) alto.

alta|na (**-ny, -ny**) (*dat sg* **-nie**) *f* (*domek na działce*) garden shed; (*ażurowa konstrukcja*) arbour (*BRIT*), arbor (*US*).

alternato|r (**-ra, -ry**) (*loc sg* **-rze**) *m* (*MOT*) alternator.

alternaty|wa (**-wy, -wy**) (*dat sg* **-wie**) *f* alternative.

alternatywny *adj* alternative.

altów|ka (**-ki, -ki**) (*dat sg* **-ce**, *gen pl* **-ek**) *f* (*MUZ*) viola.

aluminiowy *adj* aluminium *attr* (*BRIT*), aluminum *attr* (*US*); **folia aluminiowa** tinfoil.

aluminium *nt inv* aluminium (*BRIT*), aluminum (*US*).

aluzj|a (**-i, -e**) (*gen pl* **-i**) *f* hint, allusion; **robić (zrobić** *perf***) aluzję do czegoś** to hint at sth, to allude to sth.

amato|r (**-ra, -rzy**) (*loc sg* **-rze**) *m* (*niefachowiec*) amateur, layman; (*miłośnik, chętny*) lover; (*SPORT*) amateur.

amatorski *adj* (*niedoskonały*) amateurish; (*niezawodowy*) amateur *attr*.

ambasa|da (**-dy, -dy**) (*dat sg* **-dzie**) *f* embassy.

ambasado|r (**-ra, -rzy** *lub* **-rowie**) (*loc sg* **-rze**) *m* ambassador; (*rzecznik*) champion, advocate.

ambicj|a (**-i, -e**) (*gen pl* **-i**) *f* (*honor, pragnienie*) ambition; (*pycha*) pride.

ambitny *adj* ambitious.

ambo|na (**-ny, -ny**) (*dat sg* **-nie**) *f* (*w kościele*) pulpit.

ambulatori|um (**-um, -a**) (*gen pl* **-ów**) *nt inv in sg* out-patients' clinic.

ame|ba (**-by, -by**) (*dat sg* **-bie**) *f* amoeba (*BRIT*), ameba (*US*).

amen *nt inv* amen.

Amery|ka (**-ki, -ki**) (*dat sg* **-ce**) *f* America; **Ameryka Łacińska** Latin America; **Ameryka Południowa/Północna** South/North America.

Ameryka|nin (**-nina, -nie**) (*loc sg* **-ninie**, *gen pl* **-nów**) *m* American.

Amerykan|ka (**-ki, -ki**) (*dat sg* **-ce**, *gen pl* **-ek**) *f* American.

amerykański *adj* American.

amety|st (**-stu, -sty**) (*loc sg* **-ście**) *m* amethyst.

amfetami|na (**-ny**) (*dat sg* **-nie**) *f* amphetamine.

amfiteat|r (**-ru, -ry**) (*loc sg* **-rze**) *m* amphitheatre (*BRIT*), amphitheater (*US*).

amnesti|a (**-i, -e**) (*gen pl* **-i**) *f* amnesty, pardon.

amonia|k (**-ku**) (*instr sg* **-kiem**) *m*

(*gaz*) ammonia; (*roztwór*) ammonia water.

amortyzato|r (**-ra, -ry**) (*loc sg* **-rze**) *m* (*MOT*) shock absorber.

amplitu|da (**-dy, -dy**) (*dat sg* **-dzie**) *f* amplitude.

amputacj|a (**-i, -e**) (*gen pl* **-i**) *f* amputation.

amput|ować (**-uję, -ujesz**) *vt* (*im*)*perf* to amputate.

amunicj|a (**-i**) *f* ammunition.

anachroniczny *adj* (out)dated, anachronistic.

analfabe|ta (**-ty, -ci**) (*dat sg* **-cie**) *m decl like f in sg* illiterate.

analfabetyz|m (**-mu**) (*loc sg* **-mie**) *m* illiteracy.

analityczny *adj* analytic(al).

anali|za (**-zy, -zy**) (*dat sg* **-zie**) *f* (*CHEM, FIZ*) analysis; (*MED*) test.

analiz|ować (**-uję, -ujesz**) (*perf* **z-**) *vt* to analyse (*BRIT*), to analyze (*US*).

analogi|a (**-i, -e**) (*gen pl* **-i**) *f* analogy, parallel; **przez analogię** by analogy.

analogiczny *adj* analogous, parallel.

anana|s (**-sa, -sy**) (*loc sg* **-sie**) *m* pineapple.

anarchi|a (**-i**) *f* anarchy.

anarchi|sta (**-sty, -ści**) (*dat sg* **-ście**) *m decl like f in sg* anarchist.

anarchistyczny *adj* anarchist.

anatomi|a (**-i**) *f* anatomy.

anatomiczny *adj* anatomical.

andrzej|ki (**-ek**) *pl St Andrew's Day (30th November)*.

anegdo|ta (**-ty, -ty**) (*loc sg* **-cie**) *f* anecdote.

anemi|a (**-i**) *f* anaemia (*BRIT*), anemia (*US*).

anemiczny *adj* anaemic (*BRIT*), anemic (*US*).

angaż|ować (**-uję, -ujesz**) (*perf* **za-**) *vt* (*zatrudniać*) to hire, to employ; (*wciągać*) to engage, to involve.

▶**angażować się** *vr* (*zatrudniać się*) to take up a job; (*wciągać się*) to

become involved.

Angiel|ka (**-ki, -ki**) (*dat sg* **-ce**, *gen pl* **-ek**) *f* Englishwoman.

angielski *adj* English ♦ *m decl like adj* (*język*) English; **ziele angielskie** (*całe*) pimento; (*mielone*) allspice; **mówić/czytać/rozumieć po angielsku** to speak/read/understand English; **tłumaczyć na angielski** to translate into English.

angielszczy|zna (**-zny**) (*dat sg* **-źnie**) *f*: **mówić łamaną angielszczyzną** to speak in broken English.

angi|na (**-ny**) (*loc sg* **-nie**) *f* strep throat.

Angli|a (**-i**) *f* England; (*pot: Wielka Brytania*) Britain, UK.

Angli|k (**-ka, -cy**) (*instr sg* **-kiem**) *m* Englishman.

anglikański *adj* Anglican; **Kościół Anglikański** the Church of England.

ani *conj* nor, neither; (*z innym wyrazem przeczącym*) or, either; **ani ... ani ...** neither ... nor ...; (*z innym wyrazem przeczącym*) either ... or ... ♦ *part* not a (single); (*z innym wyrazem przeczącym*) a (single); **ani jeden** not a single one, none; **ani trochę** not a bit.

animowany *adj*: **film animowany** cartoon.

ani|oł (**-oła, -ołowie** *lub* **-oły**) (*loc sg* **-ele**) *m* angel.

ankie|ta (**-ty, -ty**) (*dat sg* **-cie**) *f* (*badanie opinii*) poll; (*formularz*) questionnaire; **ankieta personalna** (a form for) personal details.

anoni|m (**-mu, -my**) (*loc sg* **-mie**) *m* (*człowiek*) anonymous person; (*list*) anonymous letter.

anonimowy *adj* anonymous.

Antarkty|da (**-dy**) (*dat sg* **-dzie**) *f* Antarctica.

Antarkty|ka (**-ki**) (*dat sg* **-ce**) *f* the Antarctic.

ante|na (-ny, -ny) (*dat sg* -nie) *f*
aerial (*BRIT*), antenna (*US*); **antena**
satelitarna satellite dish.

antropologi|a (-i) *f* anthropology.

antybioty|k (-ku, -ki) (*instr sg* -kiem)
m antibiotic.

antyczny *adj* (*epoka, świat*) ancient;
(*literatura*) classical; (*mebel*) antique.

anty|k (-ku, -ki) (*instr sg* -kiem) *m*
(*okres, kultura*) antiquity; (*przedmiot*)
antique.

antykoncepcj|a (-i) *f* contraception.

antykoncepcyjny *adj*: **środek**
antykoncepcyjny contraceptive.

antykwaria|t (-tu, -ty) (*loc sg* -cie) *m*
(*księgarnia*) second-hand bookshop
(*BRIT*) *lub* bookstore (*US*); (*sklep z*
antykami) antique shop.

antylo|pa (-py, -py) (*dat sg* -pie) *f*
antelope.

antypatyczny *adj* unsympathetic.

antysemi|ta (-ty, -ci) (*dat sg* -cie) *m*
decl like f in sg anti-Semite.

antysemityz|m (-mu) (*loc sg* -mie) *m*
anti-Semitism.

anul|ować (-uję, -ujesz) *vt* (*im*)*perf*
to annul.

anyż (-u, -e) *m* aniseed.

aor|ta (-ty, -ty) (*loc sg* -cie) *f* aorta.

apara|t (-tu, -ty) (*loc sg* -cie) *m*
(*urządzenie*) apparatus; **aparat**
fotograficzny camera; **aparat**
słuchowy hearing aid; **aparat**
telefoniczny telephone.

aparatu|ra (-ry, -ry) (*dat sg* -rze) *f*
apparatus.

apartamen|t (-tu, -ty) (*loc sg* -cie) *m*
(*luksusowe mieszkanie*) apartment;
(*w hotelu*) suite.

apati|a (-i) *f* apathy.

apatyczny *adj* apathetic.

apel (-u, -e) (*gen pl* -i *lub* -ów) *m*
(*odezwa*) appeal; (*zbiórka*) assembly.

apelacj|a (-i, -e) (*gen pl* -i) *f*
(*PRAWO*) appeal.

apel|ować (-uję, -ujesz) *vi* (*PRAWO*)

to appeal; (*zwracać się*): **apelować**
do +*gen* (*perf* **za-**) to appeal to.

Apenin|y (-) *pl* the Apennines.

apetyczny *adj* appetizing.

apety|t (-tu, -ty) (*loc sg* -cie) *m*
appetite.

aplik|ować (-uję, -ujesz) *vt* (*perf* **za-**)
(*lek*) to administer.

apolityczny *adj* apolitical.

aposto|ł (-ła, -łowie) (*loc sg* -le) *m*
apostle.

apostro|f (-fu, -fy) (*loc sg* -fie) *m*
apostrophe.

aproba|ta (-ty) (*dat sg* -cie) *f*
approval.

aprob|ować (-uję, -ujesz) (*perf* **za-**)
vt to approve of.

aprowizacj|a (-i) *f* (*zaopatrzenie*)
food supply.

aptecz|ka (-ki, -ki) (*dat sg* -ce, *gen pl*
-ek) *f* medicine cabinet *lub* chest;
apteczka samochodowa first-aid kit.

apte|ka (-ki, -ki) (*dat sg* -ce) *f*
pharmacy, (dispensing) chemist('s)
(*BRIT*), drugstore (*US*).

apteka|rz (-rza, -rze) (*gen pl* -rzy) *m*
pharmacist, chemist (*BRIT*), druggist
(*US*).

Ara|b (-ba, -bowie) (*loc sg* -bie) *m*
Arab.

Arabi|a (-i) *f*: **Arabia Saudyjska**
Saudi Arabia.

arabski *adj* (*kraje, kultura*) Arab;
(*pustynia, półwysep*) Arabian; (*język,*
cyfra) Arabic ♦ *m decl like adj* (*język*)
Arabic.

aranżacj|a (-i, -e) (*gen pl* -i) *f*
arrangement.

aranż|ować (-uję, -ujesz) (*perf* **za-**)
vt to arrange.

arbit|er (-ra, -rzy) (*loc sg* -rze) *m*
(*znawca, rozjemca*) arbiter; (*w*
tenisie, pływaniu, baseballu) umpire;
(*w koszykówce, piłce nożnej, hokeju*)
referee.

arbitralny *adj* arbitrary.

arbu|z (-za, -zy) (*loc sg* -zie) *m* watermelon.

archaiczny *adj* archaic.

archaiz|m (-mu, -my) (*loc sg* -mie) *m* archaism.

archeolo|g (-ga, -dzy *lub* -gowie) (*instr sg* -giem) *m* archaeologist (*BRIT*), archeologist (*US*).

archeologi|a (-i) *f* archaeology (*BRIT*), archeology (*US*).

archeologiczny *adj* archaeological (*BRIT*), archeological (*US*).

archipela|g (-gu, -gi) (*instr sg* -giem) *m* archipelago.

architek|t (-ta, -ci) (*loc sg* -cie) *m* architect; **architekt wnętrz** interior designer.

architektoniczny *adj* architectural.

architektu|ra (-ry) (*dat sg* -rze) *f* architecture; **architektura wnętrz** interior design.

archiwalny *adj* archival.

archiw|um (-um, -a) (*gen pl* -ów) *nt inv in sg* archive.

arcybisku|p (-pa, -pi) (*loc sg* -pie) *m* archbishop.

arcydzie|ło (-ła, -ła) (*loc sg* -le) *nt* masterpiece.

area|ł (-łu, -ły) (*loc sg* -le) *m* acreage.

are|na (-ny, -ny) (*loc sg* -nie) *f* arena.

aresz|t (-tu, -ty) (*loc sg* -cie) *m* (*aresztowanie*) arrest; (*pomieszczenie*) detention house; **w areszcie** in custody.

areszt|ować (-uję, -ujesz) (*perf also* **za-**) *vt* (*im*)*perf* to arrest, to take into custody.

aresztowa|nie (-nia, -nia) (*gen pl* -ń) *nt* arrest; **nakaz aresztowania** warrant of arrest.

Argenty|na (-ny) (*dat sg* -nie) *f* Argentina.

argumen|t (-tu, -ty) (*loc sg* -cie) *m* argument.

argument|ować (-uję, -ujesz) (*perf* **u-**) *vi* to argue.

ari|a (-i, -e) (*gen pl* -i) *f* aria.

Arkty|ka (-ki) (*dat sg* -ce) *f* the Arctic.

arkusz (-a, -e) (*gen pl* -y) *m* sheet; **arkusz kalkulacyjny** (*KOMPUT*) spreadsheet.

arma|ta (-ty, -ty) (*dat sg* -cie) *f* cannon.

armi|a (-i, -e) (*gen pl* -i) *f* army.

arogancj|a (-i) *f* arrogance.

arogancki *adj* arrogant.

aroma|t (-tu, -ty) (*loc sg* -cie) *m* (*zapach*) aroma; (*substancja*) flavouring (*BRIT*), flavoring (*US*).

aromatyczny *adj* aromatic.

arteri|a (-i, -e) (*gen pl* -i) *f* artery.

artretyz|m (-mu) (*loc sg* -mie) *m* arthritis.

artyku|ł (-łu, -ły) (*loc sg* -le) *m* article; **artykuły spożywcze** groceries; **artykuły pierwszej potrzeby** necessities.

artyleri|a (-i) *f* artillery.

arty|sta (-sty, -ści) (*dat sg* -ście) *m decl like f in sg* artist; (*pot: aktor*) actor; **artysta malarz** painter.

artyst|ka (-ki, -ki) (*dat sg* -ce, *gen pl* -ek) *f* artist; (*aktorka*) actress.

artystyczny *adj* artistic.

arystokracj|a (-i) *f* aristocracy.

arystokra|ta (-ty, -ci) (*loc sg* -cie) *m decl like f in sg* aristocrat.

arystokratyczny *adj* aristocratic, upper-class; (*przen*) aristocratic.

arytmetyczny *adj* arithmetical.

arytmety|ka (-ki) (*dat sg* -ce) *f* arithmetic.

as (asa, asy) (*loc sg* asie) *m* ace.

asce|ta (-ty, -ci) (*dat sg* -cie) *m decl like f in sg* ascetic.

asekuracj|a (-i) *f* (*ubezpieczenie*) insurance; (*zabezpieczenie*) security *lub* safety measures *pl*.

asekur|ować (-uję, -ujesz) *vt* to protect, to safeguard.

►**asekurować się** *vr* to play safe, to cover o.s.

aseptyczny *adj* aseptic.

asertywnoś|ć (**-ci**) *f* assertiveness.

asfal|t (**-tu**) (*loc sg* **-cie**) *m* asphalt.

asortymen|t (**-tu**, **-ty**) (*loc sg* **-cie**) *m* assortment, range.

aspek|t (**-tu**, **-ty**) (*loc sg* **-cie**) *m* aspect, facet; (*JĘZ*) aspect.

aspiry|na (**-ny**, **-ny**) (*loc sg* **-nie**) *f* aspirin.

aspołeczny *adj* antisocial.

ast|ma (**-my**) (*dat sg* **-mie**) *f* asthma.

astrolo|g (**-ga**, **-dzy** *lub* **-gowie**) (*instr sg* **-giem**) *m* astrologer.

astrologi|a (**-i**) *f* astrology.

astronau|ta (**-ty**, **-ci**) (*loc sg* **-cie**) *m* astronaut.

astrono|m (**-ma**, **-mowie**) (*loc sg* **-mie**) *m* astronomer.

astronomi|a (**-i**) *f* astronomy.

astronomiczny *adj* astronomical.

asygn|ować (**-uję**, **-ujesz**) (*perf* **wy-**) *vt* to appropriate.

asymetryczny *adj* asymmetrical.

asymilacj|a (**-i**) *f* assimilation; (*wchłonięcie*) absorption.

asymil|ować (**-uję**, **-ujesz**) (*perf* **z-**) *vt* to assimilate.

►**asymilować się** *vr* to adapt, to assimilate.

asysten|t (**-ta**, **-ci**) (*loc sg* **-cie**) *m* assistant.

asystent|ka (**-ki**, **-ki**) (*dat sg* **-ce**, *gen pl* **-ek**) *f* assistant.

asyst|ować (**-uję**, **-ujesz**) *vi*: **asystować komuś** (*towarzyszyć*) to accompany sb; (*pomagać*) to assist sb.

ata|k (**-ku**, **-ki**) (*instr sg* **-kiem**) *m* attack; (*MED*) fit, attack; (*SPORT*) the forwards; **atak serca** heart attack.

atak|ować (**-uję**, **-ujesz**) (*perf* **za-**) *vt* to attack, to assault.

atei|sta (**-sty**, **-ści**) (*dat sg* **-ście**) *m* *decl like f in sg* atheist.

ateistyczny *adj* atheistic.

ateiz|m (**-mu**) (*loc sg* **-mie**) *m* atheism.

Aten|y (**-**) *pl* Athens.

ate|st (**-stu**, **-sty**) (*loc sg* **-ście**) *m* certificate.

atlantycki *adj* Atlantic; **Ocean Atlantycki** the Atlantic (Ocean).

Atlanty|k (**-ku**) (*instr sg* **-kiem**) *m* the Atlantic.

atla|s (**-su**, **-sy**) (*loc sg* **-sie**) *m* atlas; **atlas geograficzny/samochodowy** geographical/road atlas.

atle|ta (**-ty**, **-ci**) (*dat sg* **-cie**) *m* *decl like f in sg* strongman.

atlety|ka (**-ki**) (*dat sg* **-ce**) *f*: **lekka atletyka** athletics *pl* (*BRIT*), track and field sports *pl* (*US*).

atmosfe|ra (**-ry**, **-ry**) (*loc sg* **-rze**) *f* atmosphere; (*przen*) atmosphere, climate.

ato|m (**-mu**, **-my**) (*loc sg* **-mie**) *m* atom.

atomowy *adj* nuclear; **bomba atomowa** atom(ic) bomb.

atrakcj|a (**-i**, **-e**) (*gen pl* **-i**) *f* attraction; **główna atrakcja** highlight, main feature; **atrakcje turystyczne** sights *pl*.

atrakcyjny *adj* attractive.

atramen|t (**-tu**, **-ty**) (*loc sg* **-cie**) *m* ink.

atramentowy *adj*: **drukarka atramentowa** ink-jet printer.

atra|pa (**-py**, **-py**) (*dat sg* **-pie**) *f* dummy.

atrybu|t (**-tu**, **-ty**) (*loc sg* **-cie**) *m* attribute.

atu|t (**-tu**, **-ty**) (*loc sg* **-cie**) *m* trump (card).

audiencj|a (**-i**, **-e**) (*gen pl* **-i**) *f* audience.

audycj|a (**-i**, **-e**) (*gen pl* **-i**) *f* (radio) broadcast.

aukcj|a (**-i**, **-e**) (*gen pl* **-i**) *f* auction.

aul|a (**-i**, **-e**) (*gen pl* **-i**) *f* hall.

au|ra (**-ry**) (*dat sg* **-rze**) *f* (*pogoda*) weather; (*nastrój*) aura, atmosphere.

Australi|a (**-i**) *m* Australia.

Australij|czy|k (**-ka, -cy**) (*instr sg* **-kiem**) *m* Australian.

Australij|ka (**-ki, -ki**) (*dat sg* **-ce**, *gen pl* **-ek**) *f* Australian.

australijski *adj* Australian.

Austri|a (**-i**) *f* Austria.

austriacki *adj* Austrian.

Austriacz|ka (**-ki, -ki**) (*dat sg* **-ce**, *gen pl* **-ek**) *f* Austrian.

Austria|k (**-ka, -cy**) (*instr sg* **-kiem**) *m* Austrian.

au|t (**-tu, -ty**) (*loc sg* **-cie**) *m* (*SPORT*) out.

autentyczny *adj* authentic, genuine.

autenty|k (**-ku, -ki**) (*instr sg* **-kiem**) *m* original.

au|to (**-ta, -ta**) (*loc sg* **-cie**) *nt* car, automobile (*US*).

autoalar|m (**-mu, -my**) (*loc sg* **-mie**) *m* car alarm.

autobiografi|a (**-i, -e**) (*gen pl* **-i**) *f* autobiography.

autobu|s (**-su, -sy**) (*loc sg* **-sie**) *m* (*miejski*) bus; (*międzymiastowy*) coach.

autobusowy *adj* bus *attr*; **przystanek autobusowy** bus stop.

autogra|f (**-fu, -fy**) (*loc sg* **-fie**) *m* autograph.

autoka|r (**-ru, -ry**) (*loc sg* **-rze**) *m* coach.

automa|t (**-tu, -ty**) (*loc sg* **-cie**) *m* (*robot*) automaton; (*telefoniczny*) pay phone, public telephone; (*do sprzedaży*) vending machine, slot-machine; (*pralka*) automatic washing machine.

automatyczny *adj* automatic; **sekretarka automatyczna** answering machine; **ołówek automatyczny** propelling pencil.

automatyzacj|a (**-i**) *f* automation.

automatyz|ować (**-uję, -ujesz**) (*perf* **z-**) *vt* to automate.

automyj|nia (**-ni, -nie**) *f* car wash.

autonomi|a (**-i**) *f* autonomy.

autonomiczny *adj* autonomous.

autoportre|t (**-tu, -ty**) (*loc sg* **-cie**) *m* self-portrait.

auto|r (**-ra, -rzy**) (*loc sg* **-rze**) *m* author; (*pisarz*) writer.

autor|ka (**-ki, -ki**) (*dat sg* **-ce**, *gen pl* **-ek**) *f* author, authoress; (*pisarka*) writer.

autorski *adj*: **prawa autorskie** copyright; **honorarium autorskie** royalty.

autorst|wo (**-wa**) *nt* authorship.

autoryte|t (**-tu, -ty**) (*loc sg* **-cie**) *m* authority; (*poważanie*) prestige.

autoryzowany *adj* authorized.

autosto|p (**-pu**) (*loc sg* **-pie**) *m* hitch-hiking; **jechać autostopem** to hitch-hike.

autostopowicz (**-a, -e**) *m* hitch-hiker.

autostra|da (**-dy, -dy**) (*dat sg* **-dzie**) *f* motorway (*BRIT*), superhighway (*US*), freeway (*US*).

awangar|da (**-dy, -dy**) (*loc sg* **-dzie**) *f* avant-garde.

awan|s (**-su, -se** *lub* **-sy**) (*loc sg* **-sie**) *m* promotion.

awans|ować (**-uję, -ujesz**) *vt* (*im*)*perf* to promote ♦ *vi* to be promoted.

awantu|ra (**-ry, -ry**) (*dat sg* **-rze**) *f* row, disturbance.

awantur|ować się (**-uję, -ujesz**) *vr* to make a fuss *lub* row.

awari|a (**-i, -e**) (*gen pl* **-i**) *f* breakdown; **awaria silnika** engine failure.

awaryjny *adj* emergency *attr*, stand-by *attr*; **wyjście awaryjne** emergency exit; **lądowanie awaryjne** crash *lub* emergency landing; **światła awaryjne** hazard (warning) lights.

awersj|a (-i) f aversion.

awista inv: płatny **awista** payable at sight.

awi|zo (-za, -za) (loc sg **-zie**, gen pl **-zów**) nt advice note.

awokado nt inv avocado.

azbe|st (-stu, -sty) (loc sg **-ście**) m asbestos.

Azj|a (-i) m Asia; **Azja Mniejsza** Asia Minor.

Azja|ta (-ty, -ci) (dat sg **-cie**) m decl like f in sg Asian.

Azjat|ka (-ki, -ki) (dat sg **-ce**, gen pl **-ek**) f Asian.

azjatycki adj Asian.

azo|t (-tu) (loc sg **-cie**) m nitrogen.

azyl (-u, -e) m (political) asylum.

azymu|t (-tu, -ty) (loc sg **-cie**) m azimuth.

aż conj till, until; **poczekaj, aż przyjdę** wait till I come ♦ part: **to kosztuje aż 100 złotych** it costs as much as 100 zloty; **aż 10 błędów** as many as 10 errors; **aż do Berlina** all the way to Berlin; **aż za dużo** more than enough; **idź aż do płotu** go as far as the fence; **nie mogę aż tyle pracować** I can't work that much.

ażeby conj in order to, so that.

B

ba|ba (-by, -by) (dat sg **-bie**) f (pot. pej: kobieta) woman; (wieśniaczka) countrywoman; (tchórz) coward.

bab|cia (-ci, -cie) (gen pl **-ci** lub **-ć**) f grandma, granny; (pot. staruszka) old woman.

bab|ka (-ki, -ki) (dat sg **-ce**, gen pl **-ek**) f (babcia) grandmother; (pot. dziewczyna) chick (pot);

(KULIN) pound cake; (z piasku) mud pie.

bacho|r (-ra, -ry) (loc sg **-rze**) m brat.

bacz|ki (-ków) pl whiskers pl.

bacznie adv (obserwować) intently.

baczność|ć (-ci) f. **mieć się na baczności przed** +instr to beware, to be on one's guard against; **baczność!** (WOJSK) attention!

baczny adj (uwaga) close; (spojrzenie) intent; (widz) attentive.

bać się (**boję, boisz**) (imp **bój**) vr to be afraid; **bać się kogoś/czegoś** to be afraid of sb/sth; **bać się o** +acc to be worried lub concerned about.

badacz (-a, -e) (gen pl **-y**) m (naukowiec) researcher; (odkrywca) explorer.

bad|ać (-am, -asz) (perf **z-**) vt (zjawisko, język) to study; (krew, strukturę) to test; (dokumenty, pacjenta) to examine.

bada|nie (-nia, -nia) (gen pl **-ń**) nt examination, test; (lekarskie) examination; **badanie krwi** blood count; **badania** pl research.

badawczy adj (metoda, instytut) research attr; (spojrzenie, wzrok) scrutinizing.

badminto|n (-na) (loc sg **-nie**) m badminton.

bagateliz|ować (-uję, -ujesz) (perf **z-**) vt (pomniejszać znaczenie) to belittle; (lekceważyć) to underestimate.

bagaż (-u, -e) (gen pl **-y**) m luggage, baggage (US); **bagaż ręczny** carry-on luggage, hand luggage.

bagażni|k (-ka, -ki) (instr sg **-kiem**) m (samochodowy) boot (BRIT), trunk (US); (: na dachu) roof rack; (rowerowy) carrier.

bagażowy adj (kwit, wagon) luggage attr, baggage attr ♦ m decl like adj (tragarz) porter.

bagne|t (**-tu, -ty**) (*loc sg* **-cie**) *m*
bayonet.

bagnisty *adj* boggy, marshy.

ba|gno (**-gna, -gna**) (*loc sg* **-gnie**, *gen pl* **-gien**) *nt* bog, swamp; (*przen: pot*)
morass.

baje|r (**-ru, -ry**) (*loc sg* **-rze**) *m*:
wstawić (*perf*) **komuś bajer** give
sb a (cock and bull) story; **bajery**
pl frills, bells and whistles (*US*);
bez żadnych bajerów with no
lub without frills.

baj|ka (**-ki, -ki**) (*dat sg* **-ce**, *gen pl* **-ek**)
f fairy tale; (*LIT*) fable.

bajkowy *adj* (*piękny*) fabulous.

ba|k (**-ku, -ki**) (*instr sg* **-kiem**) *m* (fuel)
tank.

bakali|e (**-i**) *pl* nuts and raisins *pl*.

bakcyl (**-a, -e**) (*gen pl* **-i**) *m* bacillus;
(*przen*) bug.

bakłaża|n (**-na** *lub* **-nu, -ny**) (*loc sg*
-nie) *m* aubergine (*BRIT*), eggplant
(*US*).

bakteri|a (**-i, -e**) (*gen pl* **-i**) *f* germ,
bacterium; **bakterie** *pl* bacteria *pl*.

bakteriobójczy *adj* germicidal,
antiseptic.

bal¹ (**-u, -e**) (*gen pl* **-ów**) *m* (*zabawa*)
ball; **bal kostiumowy** fancy-dress
ball (*BRIT*), costume ball (*US*).

bal² (**-a, -e**) (*gen pl* **-i**) *m* (*kłoda*) log.

balans|ować (**-uję, -ujesz**) *vi* to
balance.

bala|st (**-stu**) (*loc sg* **-ście**) *m* ballast.

balero|n (**-nu, -ny**) (*loc sg* **-nie**) *m*
smoked ham.

bale|t (**-tu, -ty**) (*loc sg* **-cie**) *m* ballet.

baletmistrz (**-a, -e**) *m* ballet master.

baletnic|a (**-y, -e**) *f* ballet dancer.

balko|n (**-nu, -ny**) (*loc sg* **-nie**) *m*
balcony; (*w teatrze*) gallery, balcony.

balla|da (**-dy, -dy**) (*dat sg* **-dzie**) *f*
ballad.

balo|n (**-nu, -ny**) (*loc sg* **-nie**) *m*
balloon.

baloni|k (**-ka, -ki**) (*instr sg* **-kiem**) *m*
balloon.

balsa|m (**-mu, -my**) (*loc sg* **-mie**) *m*
balm, balsam; (*przen*) balm.

balustra|da (**-dy, -dy**) (*dat sg* **-dzie**) *f*
(*zabezpieczenie*) balustrade,
banister(s) (*pl*); (*poręcz*) rail(ing).

bałaga|n (**-nu**) (*loc sg* **-nie**) *m* mess.

bałaga|nić (**-nię, -nisz**) (*imp* **-ń**, *perf*
na-) *vi* to mess things up.

Bałkan|y (**-ów**) *pl* the Balkans.

bałtycki *adj* (*kraj, język*) Baltic;
Morze Bałtyckie the Baltic (Sea).

Bałty|k (**-ku**) (*instr sg* **-kiem**) *m* the
Baltic (Sea).

bałwa|n (**-na, -ny**) (*loc sg* **-nie**) *m* (*ze
śniegu*) snowman; (*fala*) roller;
(*głupiec*) moron.

bambu|s (**-sa, -sy**) (*loc sg* **-sie**) *m*
bamboo.

banalny *adj* (*prostacki*) corny, banal;
(*trywialny*) trivial.

bana|n (**-na, -ny**) (*loc sg* **-nie**) *m*
banana.

ban|da (**-dy, -dy**) (*dat sg* **-dzie**) *f* gang.

bandaż (**-a, -e**) (*gen pl* **-y**) *m*
bandage; **bandaż elastyczny** elastic
bandage.

bandaż|ować (**-uję, -ujesz**) (*perf* **o-**
lub **za-**) *vt* to bandage.

bandy|ta (**-ty, -ci**) (*dat sg* **-cie**) *m decl
like f in sg* bandit.

ban|k (**-ku, -ki**) (*instr sg* **-kiem**) *m*
bank; **bank danych** data bank.

bankie|r (**-ra, -rzy**) (*loc sg* **-rze**)
banker.

bankie|t (**-tu, -ty**) (*loc sg* **-cie**) *m*
banquet.

bankno|t (**-tu, -ty**) (*loc sg* **-cie**) *m*
(bank)note (*BRIT*), bill (*US*).

bankowoś|ć (**-ci**) *f* banking.

bankoma|t (**-tu, -ty**) (*loc sg* **-cie**) *m*
cash machine, cash point *lub*
dispenser (*BRIT*), ATM (*US*).

bankruct|wo (**-wa, -wa**) (*loc sg* **-wie**)
nt bankruptcy.

bankru|t (**-ta**, **-ci**) (*loc sg* **-cie**) *m* bankrupt.

bankrut|ować (**-uję**, **-ujesz**) (*perf* **z-**) *vi* to go bankrupt *lub* broke.

ba|ńka (**-ńki**, **-ńki**) (*dat sg* **-ńce**, *gen pl* **-niek**) *f* (*blaszana*) can; (*szklana*) flagon; (*pęcherzyk*) bubble; (*MED*) cupping glass; **bańki mydlane** soap bubbles.

ba|r (**-ru**, **-ry**) (*loc sg* **-rze**) *m* bar; (*bufet*) cafeteria; **bar kawowy** coffee bar; **bar mleczny** self-service restaurant serving cheap meals; **bar szybkiej obsługi** fast food restaurant.

bara|k (**-ku**, **-ki**) (*instr sg* **-kiem**) *m* barrack.

bara|n (**-na**, **-ny**) (*loc sg* **-nie**) *m* ram; (*głupiec*) idiot; **Baran** (*ASTROLOGIA*) Aries.

baran|ek (**-ka**, **-ki**) (*instr sg* **-kiem**) *m* lamb; (*futro*) sheepskin; **baranki** *pl* (*chmury*) (fleecy) clouds *pl*.

barani|na (**-ny**) (*dat sg* **-nie**) *f* mutton.

barbarzyńc|a (**-y**, **-y**) *m decl like f in sg* barbarian.

barbarzyński *adj* barbaric, barbarous.

barczysty *adj* broad-shouldered.

bardziej *adv comp od* **bardzo** more; **bardziej uważny/niebezpieczny** more careful/dangerous; **tym bardziej, że ...** especially as ..., the more so because ...; **coraz bardziej** more and more.

bar|dzo (*comp* **-dziej**) *adv* (*z przymiotnikami*) very; (*z czasownikami*) very much; **bardzo dobry** very good, ≈ A (*school grade*); **jak bardzo?** how much?; **tak bardzo** so much; **za bardzo** too much; **bardzo dziękuję** thank you very much; **bardzo proszę** I insist; **bardzo przepraszam** I'm very *lub* so sorry.

bar|ek (**-ku**, **-ki**) (*instr sg* **-kiem**) *m* cocktail cabinet.

barie|ra (**-ry**, **-ry**) (*dat sg* **-rze**) *f* (*przeszkoda, granica*) barrier; (*zapora*) gate.

bar|k (**-ku**, **-ki**) (*instr sg* **-kiem**) *m* shoulder.

bar|ka (**-ki**, **-ki**) (*dat sg* **-ce**, *gen pl* **-ek**) *f* barge.

barma|n (**-na**, **-ni**) (*loc sg* **-nie**) *m* barman, bartender (*US*).

barman|ka (**-ki**, **-ki**) (*dat sg* **-ce**, *gen pl* **-ek**) *f* barmaid.

baro|k (**-ku**) (*instr sg* **-kiem**) *m* baroque.

barokowy *adj* baroque.

baromet|r (**-ru**, **-ry**) (*loc sg* **-rze**) *m* barometer.

barszcz (**-u**, **-e**) (*gen pl* **-y**) *m*: **barszcz (czerwony)** beetroot soup; **barszcz ukraiński** borsch.

bar|wa (**-wy**, **-wy**) (*dat sg* **-wie**) *f* (*kolor*) colour (*BRIT*), color (*US*); (*brzmienie*) timbre.

bar|wić (**-wię**, **-wisz**) *vt* to dye.

barwni|k (**-ka**, **-ki**) (*instr sg* **-kiem**) *m* dye; **barwnik spożywczy** food colo(u)ring dye.

barwny *adj* (*wielobarwny*) colourful (*BRIT*), colorful (*US*); (*nie czarno-biały*) colour *attr* (*BRIT*), color *attr* (*US*); (*urozmaicony*) variegated.

baryka|da (**-dy**, **-dy**) (*gen pl* **-dzie**) *f* barricade.

barykad|ować (**-uję**, **-ujesz**) (*perf* **za-**) *vt* to barricade.

baryto|n (**-nu**, **-ny**) (*loc sg* **-nie**) *m* (*głos*) baritone; (*śpiewak*) (*gen sg* **-na**) baritone.

ba|s (**-su**, **-sy**) (*loc sg* **-sie**) *m* (*instrument, głos*) bass; (*śpiewak*) (*gen sg* **-sa**) bass.

baseball, bejsbol (**-u**) *m* (*SPORT*) baseball.

base|n (**-nu**, **-ny**) (*loc sg* **-nie**) *m* (*zbiornik wodny*) basin; (*pływacki*) (swimming) pool.

basi|sta (**-sty**, **-ści**) (*dat sg* **-ście**) *m decl like f in sg* bass player.

baskijski *adj* Basque.

basowy *adj* (*gitara, partia*) bass *attr*.

basz|ta (**-ty, -ty**) (*dat sg* **-cie**) *f* keep, donjon.

baś|ń (**-ni, -nie**) (*gen pl* **-ni**) *f* fairy tale.

ba|t (**-ta, -ty**) (*loc sg* **-cie**) *m* whip; **baty** *pl* (*chłosta*) whipping.

batalio|n (**-nu, -ny**) (*loc sg* **-nie**) *m* (*WOJSK*) battalion.

bateri|a (**-i, -e**) (*gen pl* **-i**) *f* battery.

bateryj|ka (**-ki, -ki**) (*dat sg* **-ce**, *gen pl* **-ek**) *f* battery.

bato|n (**-nu, -ny**) (*loc sg* **-nie**) *m* bar (*of chocolate*).

batoni|k (**-ka, -ki**) (*instr sg* **-kiem**) *m* *dimin od* **baton**.

batu|ta (**-ty, -ty**) (*dat sg* **-cie**) *f* baton; **pod batutą** +*gen* conducted by.

bawełn|a (**-ny**) (*dat sg* **-nie**) *f* cotton.

bawełniany *adj* cotton *attr*.

ba|wić (**-wię, -wisz**) *vt* (*zajmować: gościa*) to entertain; (*rozweselać, ciekawić*) (*perf* **u-**) to entertain, to amuse.

► **bawić się** *vr* (*o dziecku*) to play; (*hulać*) to have a good time; (*mieć uciechę*) (*perf* **u-**) to have fun; **baw się dobrze!** enjoy yourself!, have a good time!

baw|ół (**-ołu, -oły**) (*loc sg* **-ole**) *m* buffalo.

ba|za (**-zy, -zy**) (*dat sg* **-zie**) *f* base; **baza danych** (*KOMPUT*) database.

baza|r (**-ru, -ry**) (*loc sg* **-rze**) *m* bazaar.

bazg|rać (**-rzę, -rzesz**) (*imp* **-rz** *lub* **-raj**) *vi* to scribble.

bazyli|a (**-i, -e**) (*gen pl* **-i**) *f* basil.

bażan|t (**-ta, -ty**) (*loc sg* **-cie**) *m* pheasant.

bąb|el (**-la, -le**) (*gen pl* **-li**) *m* (*na ciele*) blister; (*na wodzie*) bubble.

bąbel|ek (**-ka, -ki**) (*instr sg* **-kiem**) *m* bubble.

bądź *vb patrz* **być**; **bądź tak dobry i** ... would you be so kind and ... ♦

conj: **bądź to... bądź to...** either ... or ... ♦ *part*: **co bądź** anything; **kto bądź** anybody; **gdzie bądź** anywhere; **bądź co bądź** after all.

bą|k (**-ka, -ki**) (*instr sg* **-kiem**) *m* (*owad*) gadfly; (*zabawka*) (spinning) top; (*pot: dziecko*) tot.

bąk|ać (**-am, -asz**) (*perf* **-nąć**) *vi* (*mówić niewyraźnie*) to mumble; (*napomykać*) to remark (*shyly or casually*).

bdb *abbr* (= **bardzo dobry**) (*SZKOL*) ≈ A.

becz|eć (**-ę, -ysz**) *vi* (*o owcy, kozie*) (*perf* **beknąć**) to bleat; (*pot: o dziecku*) to blubber.

becz|ka (**-ki, -ki**) (*dat sg* **-ce**, *gen pl* **-ek**) *f* barrel; (*LOT*) roll.

befszty|k (**-ka** *lub* **-ku, -ki**) (*instr sg* **-kiem**) *m* (beef)steak.

bejc|a (**-y, -e**) (*gen pl* **-y**) *f* stain (*colouring*).

bek|ać (**-am, -asz**) (*perf* **-nąć**) *vi* (*pot*) to burp.

beko|n (**-nu, -ny**) (*loc sg* **-nie**) *m* bacon.

bel|a (**-i, -e**) (*gen pl* **-** *lub* **-i**) *f* (*materiału, papieru*) bale.

beletrysty|ka (**-ki**) (*dat sg* **-ce**) *f* fiction.

Bel|g (**-ga**) (*instr sg* **-giem**) *m* Belgian.

Belgi|a (**-i**) *f* Belgium.

Belgij|ka (**-ki, -ki**) (*dat sg* **-ce**, *gen pl* **-ek**) *f* Belgian.

belgijski *adj* Belgian.

Belgra|d (**-du**) (*log sg* **-dzie**) *m* Belgrade.

bel|ka (**-ki, -ki**) (*dat sg* **-ce**, *gen pl* **-ek**) *f* beam; (*pot: naszywka*) stripe.

bełko|t (**-tu, -ty**) (*loc sg* **-cie**) *m* gibberish.

bełko|tać (**-czę, -czesz**) *vi* to gibber.

Beneluk|s (**-su**) (*loc sg* **-sie**) *m* Benelux.

benzy|na (**-ny**) (*dat sg* **-nie**) *f* petrol

(*BRIT*), gas(oline) (*US*); (*do czyszczenia*) petroleum spirits.

benzynowy *adj*: **stacja benzynowa** filling station, petrol (*BRIT*) *lub* gas (*US*) station.

ber|ek (**-ka**) (*instr sg* **-kiem**) *m* tag.

bere|t (**-tu, -ty**) (*loc sg* **-cie**) *m* beret.

Bermud|y (**-ów**) *pl* Bermuda.

besti|a (**-i, -e**) (*gen pl* **-i**) *f* beast.

bestialski *adj* bestial.

bestselle|r (**-ra, -ry**) (*loc sg* **-rze**) *m* bestseller.

beto|n (**-nu, -ny**) (*loc sg* **-nie**) *m* concrete.

betoniar|ka (**-ki, -ki**) (*dat sg* **-ce**, *gen pl* **-ek**) *f* concrete mixer.

beton|ować (**-uję, -ujesz**) *vt* to concrete.

bez[1] (**bzu, bzy**) (*loc sg* **bzie**) *m* lilac.

bez[2] *prep* without; **bez wątpienia** undoubtedly.

bezalkoholowy *adj* (*wino, piwo*) non-alcoholic; (*kosmetyk*) alcohol-free.

bezbarwny *adj* colourless (*BRIT*), colorless (*US*); (*przen*) pallid.

bezbłędny *adj* faultless; (*pot*) super (*pot*).

bezbolesny *adj* painless.

bezbronny *adj* (*bezradny*) helpless; (*nie uzbrojony*) defenceless.

bezcelowy *adj* pointless.

bezcenny *adj* (*wiadomość, pracownik*) invaluable; (*klejnot*) priceless.

bezchmurny *adj* cloudless.

bezcłowy *adj* duty-free.

bezczelnoś|ć (**-ci, -ci**) (*gen pl* **-ci**) *f* insolence.

bezczelny *adj* insolent.

bezczynny *adj* idle, inactive.

bezdomny *adj* homeless ♦ *m decl like adj*: **bezdomni** *pl* the homeless *pl*.

bezduszny *adj* unfeeling, callous.

bezdzietny childless.

bezdźwięczny *adj* (*głos*) dull; (*JĘZ*) voiceless.

bezimienny *adj* (*bohater*) nameless; (*autor*) anonymous.

bezinteresowny *adj* disinterested.

bezkarnie *adv* with impunity.

bezkofeinowy *adj* decaffeinated.

bezkompromisowy *adj* uncompromising.

bezkonkurencyjny *adj* unbeatable.

bezkrwawy *adj* bloodless.

bezkrytyczny *adj* uncritical.

bezlitosny *adj* merciless, pitiless.

bezludny *adj* uninhabited; **bezludna wyspa** desert island.

bezła|d (**-du**) (*loc sg* **-dzie**) *m* disorder.

bezładny *adj* disordered.

bezmięsny *adj*: **dania bezmięsne** vegetarian dishes.

bezmyślny *adj* (*człowiek*) thoughtless; (*czyn*) mindless; (*wyraz twarzy*) blank.

beznadziejny *adj* hopeless.

bezokolicznik (**-ka, -ki**) (*instr sg* **-kiem**) *m* infinitive.

bezołowiowy *adj*: **benzyna bezołowiowa** undeaded *lub* lead-free petrol (*BRIT*) *lub* gasoline (*US*).

bezowocny *adj* fruitless.

bezpański *adj* (*pies, kot*) stray.

bezpartyjny *adj* (*poseł itp.*) independent.

bezpieczeńst|wo (**-wa**) (*loc sg* **-wie**) *nt* safety, security; **służba** *lub* **aparat bezpieczeństwa** secret police.

bezpieczni|k (**-ka, -ki**) (*instr sg* **-kiem**) *m* (*ELEKTR*) fuse; (*u broni*) safety catch.

bezpieczny *adj* (*nie zagrożony*) safe, secure; (*nie zagrażający*) safe.

bezpłatnie *adv* free of charge.

bezpłatny *adj* (*bilet, porada*) free; (*urlop*) unpaid.

bezpłodnoś|ć (**-ci**) *f* infertility, sterility.

bezpłodny *adj* infertile, sterile; (*przen*) sterile.

bezpodstawny *adj* groundless, unfounded.

bezpośredni *adj* direct.

bezpośrednio *adv* directly.

bezprawi|e (**-a**) *nt* lawlessness.

bezprawny *adj* unlawful.

bezprecedensowy *adj* unprecedented.

bezprzewodowy *adj* cordless.

bezradny *adj*: **bezradny** (**wobec** +*gen*) helpless (in the face of).

bezroboci|e (**-a**) *nt* unemployment.

bezrobotny *adj* unemployed, jobless ♦ *m decl like adj* unemployed person; **bezrobotni** *pl* the unemployed.

bezruch (**-u**) *m* stillness.

bezsenność|ć (**-ci**) *f* sleeplessness, insomnia.

bezsenny *adj* sleepless.

bezsen|s (**-su**, **-sy**) (*loc sg* **-sie**) *m* (*czynu*) senselessness; (*brednia*) nonsense.

bezsensowny *adj* (*czyn*) senseless; (*argument*) nonsensical.

bezsilny *adj* (*bezradny*) powerless; (*płacz, złość*) helpless.

bezstronny *adj* impartial.

beztłuszczowy *adj* fat-free.

beztros|ka (**-ki**) (*dat sg* **-ce**) *f* (*brak trosk*) carefreeness; (*niefrasobliwość*) carelessness.

beztroski *adj* (*dzieciństwo*) carefree; (*postępowanie*) careless.

bezustannie *adv* incessantly.

bezustanny *adj* incessant.

bezużyteczny *adj* useless.

bezwartościowy *adj* worthless.

bezwła|d (**-du**) (*loc sg* **-dzie**) *m* (*ociężałość*) inertia; (*apatia*) inertia, inertness; (*MED*) palsy.

bezwładny *adj* inert; (*ręka, noga*) numb.

bezwstydny *adj* (*dowcip, zachowanie*) lewd; (*człowiek*) shameless; (*kłamstwo*) brazen.

bezwzględnie *adv* (*traktować*) ruthlessly; (*przestrzegać*) strictly; (*ufać*) unreservedly; (*koniecznie*) definitely.

bezwzględny *adj* (*człowiek, postępowanie*) ruthless; (*posłuszeństwo, zakaz*) strict; (*szacunek*) total; (*zero, skala, wysokość*) absolute.

bezzwłocznie *adv* without delay, promptly.

beżowy *adj* beige.

bęb|en (**-na**, **-ny**) (*loc sg* **-nie**) *m* drum.

bęben|ek (**-ka**, **-ki**) (*instr sg* **-kiem**) *m* drum; (*pot: błona bębenkowa*) eardrum.

bębenkowy *adj*: **błona bębenkowa** eardrum.

bęb|nić (**-nię**, **-nisz**) (*imp* **-nij**) *vi* to drum.

będę, będzie *itd. vb patrz* **być**.

bękar|t (**-ta**, **-ty**) (*loc sg* **-cie**) *m* bastard.

białacz|ka (**-ki**, **-ki**) (*dat sg* **-ce**) *f* leukaemia (*BRIT*), leukemia (*US*).

biał|ko (**-ka**, **-ka**) (*instr sg* **-kiem**, *gen pl* **-ek**) *nt* (*w jajku*) (egg)white; (*CHEM, BIO*) protein; (*oka*) white.

Białorusi|n (**-na**, **-ni**) (*loc sg* **-nie**) *m* Belorussian.

Białorusin|ka (**-ki**, **-ki**) (*dat sg* **-ce**, *gen pl* **-ek**) *f* Belorussian.

białoruski *adj* Belorussian.

Białoru|ś (**-si**) *f* Belorus.

biały (*comp* **bielszy**) *adj* white; **w biały dzień** in broad daylight ♦ *m decl like adj* white person; **biali** *pl* the whites *pl*.

biatlo|n (**-nu**) (*loc sg* **-nie**) *m* biathlon.

Bibli|a (**-i**, **-e**) (*gen pl* **-i**) *f* the Bible.

bibliografi|a (**-i**, **-e**) (*gen pl* **-i**) *f* bibliography.

bibliotecz|ka (**-ki, -ki**) (*dat sg* **-ce**, *gen pl* **-ek**) *f* bookcase.

bibliote|ka (**-ki, -ki**) (*dat sg* **-ce**) *f* library; (*szafa*) bookcase.

bibliotekar|ka (**-ki, -ki**) (*dat sg* **-ce**, *gen pl* **-ek**) *f* librarian.

bibliotekarz (**-a, -e**) (*gen pl* **-y**) librarian.

bibu|ła (**-ły, -ły**) (*dat sg* **-le**) *f* (*do atramentu*) blotting paper.

bici|e (**-a**) *nt* (*dzwonu*) ringing; (*serca*) beating; (*zegara*) chiming.

bicz (**-a, -e**) (*gen pl* **-ów**) *m* whip.

bi|ć (**-ję, -jesz**) *vt* (*człowieka*) to beat, to hit; (*monety*) (*perf* **wy-**) to mint; (*rekord*) (*perf* **po-**) to beat; (*zabijać: zwierzęta*) (*perf* **u-**) to slaughter; (*o zegarze*) (*perf* **wy-**) to strike ♦ *vi* (*o człowieku: uderzać*) to hit; (*o źródle*) to gush; (*o dzwonach*) to ring; (*o sercu*) to beat, to pound.

▸**bić się** *vr* to fight.

bide|t (**-tu, -ty**) (*loc sg* **-cie**) *m* bidet.

bie|c, bie|gnąć (**-gnę, -gniesz**) (*imp* **-gnij**, *pt* **-gł**) *vi* to run; (*o czasie*) to pass.

bie|da (**-dy**) (*dat sg* **-dzie**) *f* (*ubóstwo*) poverty; (*pot: kłopot*) trouble.

bieda|k (**-ka, -cy** *lub* **-ki**) (*instr sg* **-kiem**) *m* (*nędzarz*) poor person; (*przen: nieszczęśnik*) poor fellow.

biedny *adj* poor.

biedron|ka (**-ki, -ki**) (*dat sg* **-ce**, *gen pl* **-ek**) *f* ladybird (*BRIT*), ladybug (*US*).

bie|g (**-gu, -gi**) (*instr sg* **-giem**) *m* run; (*zdarzeń, rzeki*) course; (*MOT, TECH*) gear; **bieg przez płotki** (*SPORT*) hurdles *pl*; **bieg z przeszkodami** steeplechase; **z biegiem czasu** in the course of time, in time; **pierwszy/wsteczny bieg** first/reverse gear; **zmieniać biegi** to change gears.

biegacz (**-a, -e**) (*gen pl* **-y**) *m* runner.

bieg|ać (**-am, -asz**) *vi* to run; (*rekreacyjnie*) to jog.

biegle *adv* (*mówić*) fluently; (*pisać na maszynie*) proficiently; **mówić biegle po angielsku** to speak English fluently.

biegłoś|ć (**-ci**) *f* (*w mówieniu*) fluency; (*w pisaniu na maszynie*) proficiency.

biegły *adj* (*w mówieniu*) fluent; (*w pisaniu na maszynie, liczeniu*) proficient ♦ *m decl like adj* expert.

bieg|nąć (**-nę, -niesz**) (*pt* **-ł**) *vb* = **biec**.

biegu|n (**-na, -ny**) (*loc sg* **-nie**) *m* pole; (*kołyski*) rocker.

biegun|ka (**-ki, -ki**) (*dat sg* **-ce**, *gen pl* **-ek**) *f* diarrhoea (*BRIT*), diarrhea (*US*).

biel (**-i**) (*gen pl* **-i**) *f* whiteness.

bieli|zna (**-zny**) (*dat sg* **-źnie**) *f* (*pościelowa*) (bed) linen; (*osobista*) underwear, underclothes *pl*.

bier|ki (**-ek**) *pl* (*gra*) pick-a-stick.

biernie *adv* passively.

bierni|k (**-ka, -ki**) (*instr sg* **-kiem**) *m* accusative.

bierny *adj* passive; **strona bierna** the passive (voice).

bierz *itd. vb patrz* **brać**.

bierzmowa|nie (**-nia, -nia**) (*gen pl* **-ń**) *nt* confirmation.

bieżąco *adv:* **załatwiać sprawy na bieżąco** to deal with matters as they come; **być z czymś na bieżąco** to be up-to-date with sth, to keep abreast of *lub* with sth.

bieżący *adj* (*rachunek*) current; (*rok, miesiąc*) current, this; (*numer sprawy*) current; (*woda, metr*) running.

bież|nia (**-ni, -nie**) (*gen pl* **-ni**) *f* (race) track.

bieżni|k (**-ka, -ki**) (*instr sg* **-kiem**) *m* (*MOT*) tread.

bigo|s (**-su, -sy**) (*loc sg* **-sie**) *m*

Polish dish made of sauerkraut, sausage and mushrooms.

bijaty|ka (**-ki, -ki**) (*dat sg* **-ce**) *f* brawl.

bilan|s (**-su, -se** *lub* **-sy**) (*loc sg* **-sie**) *m* (*FIN, EKON*) balance; (*przen*) total effect.

bilar|d (**-du, -dy**) (*loc sg* **-dzie**) *m* billiards *sg*.

bile|t (**-tu, -ty**) (*loc sg* **-cie**) *m* ticket; **bilet wizytowy** visiting card (*BRIT*), calling card (*US*).

bilete|r (**-ra, -rzy**) (*loc sg* **-rze**) *m* usher.

bileter|ka (**-ki, -ki**) (*dat sg* **-ce**, *gen pl* **-ek**) *f* usherette.

biletowy *adj*: **kasa biletowa** (*na dworcu*) ticket office; (*w kinie, teatrze*) box office.

bilio|n (**-na, -ny**) (*loc sg* **-nie**) *m* trillion.

bilo|n (**-nu**) (*loc sg* **-nie**) *m* (loose) change.

bimb|er (**-ru**) (*loc sg* **-rze**) *m* (*pot*) bootleg vodka, ≈ moonshine (*US*).

biochemiczny *adj* biochemical.

biod|ro (**-ra, -ra**) (*loc sg* **-rze**, *gen pl* **-er**) *nt* hip.

biografi|a (**-i, -e**) (*gen pl* **-i**) *f* biography.

biolo|g (**-ga, -gowie** *lub* **-dzy**) (*instr sg* **-giem**) *m* biologist.

biologi|a (**-i**) *f* biology.

biologiczny *adj* biological.

biorc|a (**-y, -y**) *m decl like f in sg* recipient.

biorę *itd. vb patrz* **brać**.

biosfe|ra (**-ry, -ry**) (*dat sg* **-rze**) *f* biosphere.

bi|s (**-su, -sy**) (*loc sg* **-sie**) *m* encore; **bis!** encore!

bisku|p (**-pa, -pi**) (*loc sg* **-pie**) *m* bishop.

biskupst|wo (**-wa, -wa**) (*loc sg* **-wie**) *nt* bishopric.

bis|ować (**-uję, -ujesz**) *vi* to perform an encore.

bist|ro (**-ra, -ra**) (*loc sg* **-rze**) *nt* (*also inv*) bistro, snack bar.

biszkop|t (**-tu, -ty**) (*loc sg* **-cie**) *m* (*ciasto*) sponge cake; (*ciastko*) biscuit.

bi|t (**-tu, -ty**) (*loc sg* **-cie**) *m* bit.

bit|ki (**-ek**) *pl* cutlets *pl*.

bit|wa (**-wy, -wy**) (*dat sg* **-wie**) (*walka*) battle; (*pot*: *bójka*) fight.

bity *adj* (*pot*: *cały*) full; **bita śmietana** whipped cream.

biulety|n (**-nu, -ny**) (*loc sg* **-nie**) *m* bulletin, newsletter.

biur|ko (**-ka, -ka**) (*instr sg* **-kiem**, *gen pl* **-ek**) *nt* desk.

biu|ro (**-ra, -ra**) (*loc sg* **-rze**) *nt* (*pomieszczenie*) office; (*instytucja*) office, bureau; **biuro podróży** travel agency; **biuro rzeczy znalezionych** lost property (office) (*BRIT*), lost-and-found (office) (*US*); **biuro matrymonialne** marriage bureau.

biurokracj|a (**-i**) *f* bureaucracy.

biurokra|ta (**-ty, -ci**) (*dat sg* **-cie**) *m decl like f in sg* bureaucrat.

biurokratyczny *adj* bureaucratic.

biuro|wiec (**-wca, -wce**) *m* office building.

biu|st (**-stu, -sty**) (*loc sg* **-ście**) *m* (*piersi kobiece*) breasts *pl*, bosom; (*rzeźba*) bust.

biustonosz (**-a, -e**) (*gen pl* **-y**) *m* bra.

biwa|k (**-ku, -ki**) (*instr sg* **-kiem**) *m* bivouac.

biwakowy *adj*: **pole biwakowe** campsite, camping site.

bizne|s (**-su, -sy**) (*loc sg* **-sie**) *m* business.

biznesme|n (**-na, -ni**) (*loc sg* **-nie**) *m* businessman.

bizo|n (**-na, -ny**) (*loc sg* **-nie**) *m* buffalo, bison.

biżuteri|a (**-i**) (*gen pl* **-i**) *f* jewellery (*BRIT*), jewelry (*US*).

bla|cha (**-chy, -chy**) (*dat sg* **-sze**) *f*

(*płyta metalowa*) sheet metal; (*forma do ciasta*) baking tray *lub* sheet.
bl|ady (*comp* **-edszy**) *adj* pale.
blankie|t (**-tu, -ty**) (*loc sg* **-cie**) *m* blank form.
blas|k (**-ku, -ki**) (*instr sg* **-kiem**) *m* (*klejnotów*) glitter; (*słońca*) glare; (*księżyca*) glow.
blasz|ka (**-ki, -ki**) (*dat sg* **-ce**, *gen pl* **-ek**) *f* metal strip.
bla|t (**-tu, -ty**) (*loc sg* **-cie**) *m* table top.
bled|nąć (**-nę, -niesz**) (*imp* **-nij**, *perf* **z-**) *vi* to go pale *lub* white.
blef|ować (**-uję, -ujesz**) *vt* to bluff.
bli|ski (*comp* **-ższy**) *adj* (*sąsiedni*) near; (*przyjaciel*) close; (*krewny*) close, near; (*związek, przyjaźń*) close; (*przyszłość*) near; **bliski płaczu** close to tears; **być bliskim śmierci** to be about to die; **z bliska** at close range; **Bliski Wschód** the Middle East, the Near East ♦ *m decl like adj* relative; **bliscy** *pl* relatives *pl*.
bli|sko (*comp* **-żej**) *adv* (*w przestrzeni*) close, near; (*w czasie*) near; (*prawie*) almost; (*w zażyłych stosunkach*) close ♦ *prep* +*gen* close to, near (to).
bliskoś|ć (**-ci**) *f* (*zażyłość*) closeness, intimacy; (*sąsiedztwo*) nearness.
bli|zna (**-zny, -zny**) (*dat sg* **-źnie**) *f* scar.
bliź|ni (**-niego, -ni**) *m decl like adj* neighbour (*BRIT*), neighbor (*US*), fellowman.
bliźniacz|ka (**-ki, -ki**) (*dat sg* **-ce**, *gen pl* **-ek**) *f* twin (sister).
bliźnia|k (**-ka, -ki**) (*instr sg* **-kiem**) *m* (*bliźnię*) twin; (*domek*) semidetached house.
bliźni|ę (**-ęcia, -ęta**) (*gen pl* **-ąt**) *nt* twin; **Bliźnięta** *pl* (*ASTROLOGIA*) Gemini.
bliżej *adv comp od* **blisko**.
bliższy *adj comp od* **bliski**; (*dokładny*) specific; **dopełnienie bliższe** (*JĘZ*) direct object.

blocz|ek (**-ka, -ki**) (*instr sg* **-kiem**) *m* (*notes*) notepad; (*TECH*) (small) pulley.
blo|k (**-ku, -ki**) (*instr sg* **-kiem**) *m* (*bryła*) block; (*budynek*) block of flats, apartment house (*US*); (*zeszyt*) writing-pad; (*POL*) bloc; (*TECH*) pulley.
bloka|da (**-dy, -dy**) (*dat sg* **-dzie**) *f* blockade.
blok|ować (**-uję, -ujesz**) (*perf* **za-**) *vt* (*drogę, przejazd*) to block, to obstruct; (*miejsce, magazyn*) to take up; (*stosować blokadę*) to blockade.
blond *adj*: **włosy blond** blonde *lub* fair hair.
blondy|n (**-na, -ni**) (*loc sg* **-nie**) *m* blond, blonde (*esp BRIT*).
blondyn|ka (**-ki, -ki**) (*dat sg* **-ce**, *dat pl* **-ek**) *f* blonde.
bluszcz (**-u, -e**) (*gen pl* **-y** *lub* **-ów**) *m* ivy.
blu|za (**-zy, -zy**) (*dat sg* **-zie**) *f* (*sportowa*) sweatshirt; (*część munduru*) tunic.
bluz|ka (**-ki, -ki**) (*dat sg* **-ce**, *gen pl* **-ek**) *f* blouse.
bluźnierst|wo (**-wa, -wa**) (*loc sg* **-wie**) *nt* blasphemy.
błag|ać (**-am, -asz**) *vi*: **błagać (o coś)** to beg (for sth) ♦ *vt*: **błagać kogoś (o coś)** to beg sb (for sth).
błahy *adj* insignificant, trifling.
bła|zen (**-zna, -zny** *lub* **-źni**) (*loc sg* **-źnie**) *m* clown; (*dworski*) jester.
błą|d (**-du, -ędy**) (*loc sg* **-ędzie**) *m* (*pomyłka*) error, mistake; (*wada*) fault; **błąd ortograficzny** spelling error; **błąd maszynowy** typing error, typo; **być w błędzie** to be wrong; **popełniać (popełnić** *perf***) błąd** to make a mistake.
błą|dzić (**-dzę, -dzisz**) (*imp* **-dź**) *vi* (*szukać drogi*) to wander about *lub* around, to go round in circles; (*mylić się*) to err.

błąk|ać się (-am, -asz) *vr* to wander (about).

błędny *adj* (*odpowiedź*) wrong; (*pogląd, założenie*) false; (*wzrok*) wild; **błędne koło** vicious circle.

błękitny *adj* blue.

bło|cić (-cę, -cisz) (*imp* -ć, *perf* za-) *vt* to soil with mud.

błogi *adj* blissful.

błogosła|wić (-wię, -wisz) *vt* (*REL*) (*perf* po-) to bless.

błogosławieńst|wo (-wa, -wa) (*loc sg* -wie) *nt* blessing.

bło|na (-ny, -ny) (*dat sg* -nie) *f* membrane; **błona fotograficzna** film; **błona śluzowa** mucous membrane; **błona dziewicza** hymen.

błonic|a (-y) *m* (*MED*) diphtheria.

błotni|k (-ka, -ki) (*instr sg* -kiem) *m* (*MOT*) wing (*BRIT*), fender (*US*); (*roweru*) mudguard, fender (*US*).

błotnisty *adj* muddy.

bło|to (-ta, -ta) (*loc sg* -cie) *nt* mud.

błys|k (-ku, -ki) (*instr sg* -kiem) *m* flash.

błys|kać (-kam, -kasz) (*perf* -nąć) *vi* (*o świetle*) to flash.

►**błyskać się** *vr*: **błyska się** there's lightning.

błyskawic|a (-y, -e) *f* lightning.

błyskawicznie *adv* (*szybko*) with lightning speed, in a flash; (*natychmiast*) instantly.

błyskawiczny *adj* instant; **zamek błyskawiczny** zip (fastener) (*BRIT*), zipper (*US*); **zupa błyskawiczna** instant soup.

błyskotliwy *adj* witty.

błyskowy *adj*: **lampa błyskowa** flash.

błyszczący *adj* shiny, shining.

błyszcz|eć (-ę, -ysz) *vi* (*o gwiazdach*) to shine, to glitter; (*o biżuterii*) to glitter; (*o oczach*) to glisten, to glitter.

►**błyszczeć się** *vr* to shine.

bm. *abbr* (= *bieżącego miesiąca*) (*of*) the current month.

bo *conj* (*ponieważ*) because; (*w przeciwnym razie*) or (else).

boazeri|a (-i, -e) (*gen pl* -i) *f* panelling (*BRIT*), paneling (*US*).

bobkowy *adj*: **liść bobkowy** bay leaf.

bobra *itd. n patrz* **bóbr**.

bobsle|j (-ja, -je) (*gen pl* -jów *lub* -i) *m* (*SPORT*) bobsleigh.

bochen|ek (-ka, -ki) (*instr sg* -kiem) *m* loaf.

bocia|n (-na, -ny) (*loc sg* -nie) *m* stork.

bocz|ek (-ku, -ki) (*instr sg* -kiem) *m* bacon.

bocznic|a (-y, -e) *f* (*ulica*) side street; (*kolejowa*) siding.

boczny *adj* (*droga, drzwi, kieszeń*) side *attr*.

bo|dziec (-dźca, -dźce) *m* (*czynnik*) stimulus; (*zachęta*) spur, incentive.

boga *itd. n patrz* **bóg**.

boga|cić się (-cę, -cisz) (*imp* -ć, *perf* wz-) *vr* to grow *lub* become rich.

bogact|wo (-wa, -wa) (*loc sg* -wie) *nt* (*dobrobyt*) wealth, affluence; (*obfitość*) abundance; **bogactwa naturalne** natural resources.

bogacz (-a, -e) (*gen pl* -y) *m* person of substance, wealthy person.

bogaty *adj* rich; (*zamożny*) wealthy, rich; **bogaty w rudę/witaminy** rich in ore/vitamins ♦ *m decl like adj*: **bogaci** *pl* the rich *lub* wealthy.

bogi|ni (-ni, -nie) (*gen pl* -ń) *f* goddess.

bogobojny *adj* pious.

bohate|r (-ra, -rowie *lub* -rzy) (*loc sg* -rze) *m* hero.

bohater|ka (-ki, -ki) (*dat sg* -ce, *gen pl* -ek) *f* heroine.

bohaterski *adj* heroic.

bohaterst|wo (-wa) (*loc sg* -wie) *nt* heroism.

bois|ko (**-ka**, **-ka**) (*instr sg* **-kiem**) *nt*
sports field *lub* ground.

bo|ja (**-i**, **-je**) (*gen pl* **-i**) *f* buoy.

bojaźliwy *adj* fearful.

boje|r (**-ra**, **-ry**) (*loc sg* **-rze**) *m*
(*SPORT*) iceboat.

boję *itd. vb patrz* **bać się**.

bojko|t (**-tu**, **-ty**) (*loc sg* **-cie**) *m*
boycott.

bojkot|ować (**-uję**, **-ujesz**) (*perf* **z-**)
vt to boycott.

bojowni|k (**-ka**, **-cy**) (*instr sg* **-kiem**)
m fighter, militant.

bojowy *adj* (*zawodnik*) combative;
(*postawa*) militant; (*akcja*) combat
attr; (*głowica, samolot, środek*) war
attr; (*organizacja*) military.

bo|k (**-ku**, **-ki**) (*instr sg* **-kiem**) *m* side;
omijać bokiem to dodge sideways;
patrzeć na kogoś bokiem to look
askance at sb; **odsuwać na bok** to
move aside.

bok|s (**-su**) (*loc sg* **-sie**) *m* (*SPORT*)
boxing.

bokse|r (**-ra**) (*loc sg* **-rze**) *m*
(*pięściarz*) (*nom pl* **-rzy**) boxer; (*pies*)
(*nom pl* **-ry**) bulldog.

bol|ec (**-ca**, **-ce**) *m* (*TECH*) pin; (*z
gwintem*) bolt.

bole|ć[1] (**-ję**, **-jesz**) *vi*: **boleć nad**
+*instr* to be troubled by.

bol|eć[2] (**-i**) *vi* to ache, to hurt; **boli
mnie głowa** I have a headache; **co
cię boli?** where does it hurt?

bolesny *adj* painful; (*miejsce, rana*)
sore.

bom|ba (**-by**, **-by**) (*dat sg* **-bie**) *f*
(*pocisk*) bomb; (*sensacja*) sensation;
bomba atomowa atom(ic) bomb;
bomba zegarowa time bomb.

bombard|ować (**-uję**, **-ujesz**) (*perf*
z-) *vt* to bomb.

bomb|ka (**-ki**, **-ki**) (*dat sg* **-ce**, *gen pl*
-ek) *f* (*ozdoba choinkowa*) glass ball
(*Christmas tree ornament*).

bombonier|ka (**-ki**, **-ki**) (*dat sg* **-ce**,
gen pl **-ek**) *f* chocolate box.

bombo|wiec (**-wca**, **-wca**) *m* bomber
(*aircraft*).

bombowy *adj* (*nalot, samolot*) bomb
attr; (*pot. efektowny*) smashing;
nalot bombowy air raid.

bo|n (**-nu**, **-ny**) (*loc sg* **-nie**) *m* (gift)
token, voucher.

bonifika|ta (**-ty**, **-ty**) (*dat sg* **-cie**) *f*
(*HANDEL*) discount, rebate.

borowi|k (**-ka**, **-ki**) (*instr sg* **-kiem**) *m*
(*BOT*) boletus (*edible fungus*).

borów|ka (**-ki**, **-ki**) (*dat sg* **-ce**, *gen pl*
-ek) *f*: **borówka brusznica**
cowberry, mountain cranberry;
borówka czarna bilberry,
whortleberry.

borsu|k (**-ka**, **-ki**) (*instr sg* **-kiem**) *m*
badger.

bosa|k (**-ka**, **-ki**) (*instr sg* **-kiem**) *m*
(*drąg*) boathook; **na bosaka** (*boso*)
barefoot.

boski *adj* divine; (*pot. cudowny*)
heavenly.

bosma|n (**-na**, **-ni**) (*loc sg* **-nie**) *m*
boatswain.

boso *adv* barefoot.

bosy *adj* barefoot.

Boś|nia (**-ni**) *f* Bosnia.

bośniacki *adj* Bosnian.

botaniczny *adj* botanical.

botani|ka (**-ki**) (*dat sg* **-ce**) *f* botany.

bowiem *conj* as, since.

boże *n patrz* **bóg**.

boż|ek (**-ka**, **-ki**) (*instr sg* **-kiem**) *m*
god, idol.

boży *adj* God's; **Boże Ciało** Corpus
Christi; **Boże Narodzenie** Christmas.

bożyszcz|e (**-a**, **-a**) (*gen pl* **-y**) *nt*
idol; (*bożek*) god, idol.

bób (**bobu**) (*dat sg* **bobu**, *loc sg*
bobie) *m* broad bean.

bóbr (**bobra**, **bobry**) (*loc sg* **bobrze**)
m beaver.

bóg (**boga**, **bogowie**) (*dat sg* **bogu**,

voc sg **boże**) *m* god; **(Pan) Bóg** God, Lord.

bój (**boju, boje**) *m* combat.

bój|ka (**-ki, -ki**) (*dat sg* **-ce**, *gen pl* **-ek**) *f* fight, brawl.

ból (**-u, -e**) (*dat sg* **-owi**) *m* (*fizyczny*) pain, ache; (*przen: zmartwienie*) pain, distress; **ból głowy** headache; **ból zęba** toothache; **ból gardła** sore throat; **ból brzucha** stomach *lub* belly ache.

bór (**boru, bory**) (*loc sg* **borze**) *m* forest.

bóst|wo (**-wa, -wa**) (*loc sg* **-wie**) *nt* deity.

br. *abbr* (= *bieżącego roku*) of the current year.

brać (**biorę, bierzesz**) (*perf* **wziąć**) *vt* to take; (*wynagrodzenie*) to receive; (*kąpiel*) to take, to have; (*przykład*) to follow, to copy; (*posadę*) to take, to assume; (*obowiązek*) to take on ♦ *vi* (*o rybie*) to bite.

▸**brać się** *vr* (*powstawać*) to arise; **brać się do czegoś** to set about doing sth; **skąd się to bierze?** where does it come from?

brajl (**-a**) *m* Braille.

bra|k¹ (**-ku**) (*instr sg* **-kiem**) *m* (*czasu, dowodów*) lack; (*pieniędzy, pożywienia*) lack, shortage; (*produkt wybrakowany*) defective product, dud (*pot*); **braki** *pl* (*niedociągnięcia*) defects.

brak² *inv*: **brak mi 100 złotych** I'm short of 100 zloty; **brak mi ciebie** I miss you; **brak mi słów** I'm lost for words.

brakoróbst|wo (**-wa**) (*loc sg* **-wie**) *nt* defective production.

brak|ować (**-uje**) *vi* to lack; **brakuje mi ciebie** I miss you; **kogo brakuje?** who is missing?; **niewiele** *lub* **mało brakowało!** that was a close shave!

bra|ma (**-my, -my**) (*dat sg* **-mie**) *f* gate(way).

bram|ka (**-ki, -ki**) (*dat sg* **-ce**, *gen pl* **-ek**) *f* (*furtka*) gate; (*piłkarska*) goal; (*gol*) goal.

bramkarz (**-a, -e**) (*gen pl* **-y**) *m* (*SPORT*) goalkeeper; (*w klubie*) bouncer.

bransole|ta (**-ty, -ty**) (*dat sg* **-cie**) *f* bracelet, bangle.

branż|a (**-y, -e**) *f* line, trade.

bra|t (**-ta, -cia**) (*dat sg* **-tu**, *loc sg* **-cie**, *gen pl* **-ci**, *dat pl* **-ciom**, *instr pl* **-ćmi**, *loc pl* **-ciach**) *m* brother; (*zakonnik*) friar; **brat przyrodni** stepbrother, half-brother.

bratan|ek (**-ka, -kowie**) (*instr sg* **-kiem**) *m* nephew (*brother's son*).

bratanic|a (**-y, -e**) *f* niece (*brother's daughter*).

brat|ek (**-ka, -ki**) (*instr sg* **-kiem**) *m* (*BOT*) pansy.

braterski *adj* brotherly, fraternal.

braterst|wo (**-wa**) (*loc sg* **-wie**) *nt* brotherhood, fraternity; **braterstwo broni** brotherhood in arms.

bratow|a (**-ej, -e**) *f decl like adj* sister-in-law.

bra|wo (**-wa, -wa**) (*loc sg* **-wie**) *nt* applause; **brawo!** bravo!; **bić brawo** to applaud.

brawu|ra (**-ry**) (*dat sg* **-rze**) *f* (*werwa*) verve, enthusiasm; (*ryzykanctwo*) bravado.

Brazyli|a (**-i**) *f* Brazil.

brazylijski *adj* Brazilian.

brą|z (**-zu, -zy**) (*loc sg* **-zie**) *m* (*kolor*) brown; (*metal*) bronze.

brązowy *adj* brown; (*z brązu*) bronze; **brązowy medal** bronze (medal).

bred|nie (**-ni**) *pl* nonsense, rubbish (*pot*).

bre|dzić (**-dzę, -dzisz**) (*imp* **-dź**) *vi* to rave; (*przen*) to talk rubbish.

brelocz|ek, brelo|k (**-ka, -ki**) (*instr*

sg **-kiem**) *m* pendant; (*do klucza*)
key ring.

br|ew (**-wi, -wi**) (*gen pl* **-wi**) *f* eyebrow.

br|nąć (**-nę, -niesz**) (*imp* **-nij**, *perf* **za-**)
vi (*iść z trudem*) to wade, to struggle.

br|oda (**-ody, -ody**) (*dat sg* **-odzie**, *gen
pl* **-ód**) *f* (*część twarzy*) chin;
(*zarost*) beard.

brodaty *adj* bearded.

brodaw|ka (**-ki, -ki**) (*dat sg* **-ce**, *gen pl*
-ek) *f* (*sutek*) nipple; (*narośl*) wart.

bro|dzić (**-dzę, -dzisz**) (*imp* **-dź**) *vi* to
paddle (*in shallow water*).

brodzi|k (**-ka** *lub* **-ku, -ki**) (*instr sg*
-kiem) *m* paddling pool.

broka|t (**-tu, -ty**) (*loc sg* **-cie**) *m*
brocade.

brokuł|y (**-ów**) *pl* broccoli.

bro|na (**-ny, -ny**) (*dat sg* **-nie**) *f*
harrow.

bro|nić (**-nię, -nisz**) (*imp* **-ń**) *vt* (*perf*
o-) to defend; (*osłaniać, strzec*) to
guard; (*zabraniać*) (*perf* **za-**) to
forbid.

▸**bronić się** *vr* to defend o.s.

bro|ń (**-ni**) *f* weapon; (*zbiorowo*) arms
pl; (*przen: środek*) weapon; **broń
atomowa/chemiczna** nuclear/
chemical weapons *pl*; **broń palna**
firearms *pl*.

brosz|ka (**-ki, -ki**) (*dat sg* **-ce**, *gen pl*
-ek) *f* brooch.

broszu|ra (**-ry, -ry**) (*dat sg* **-rze**) *f*
brochure, pamphlet.

browa|r (**-ru, -ry**) (*loc sg* **-rze**) *m*
brewery.

br|ód (**-odu, -ody**) (*loc sg* **-odzie**) *m*
ford; **jest czegoś w bród** sth is in
profusion.

bru|d (**-du, -dy**) (*loc sg* **-dzie**) *m* dirt,
filth; **brudy** *pl* (*brudna bielizna*)
laundry; (*przen*) filth.

bruda|s (**-sa, -sy**) (*loc sg* **-sie**) (*pot*)
m sloven, pig (*pot*).

brudno *adv*: **jest tu brudno** it's dirty

here; **pisać coś na brudno** to write
a rough copy of sth.

brudnopi|s (**-su, -sy**) (*loc sg* **-sie**) *m*
(*tekst*) first draft.

brudny *adj* dirty, filthy.

bru|dzić (**-dzę, -dzisz**) (*imp* **-dź**, *perf*
po- *lub* **za-**) *vt* to dirty, to soil.

▸**brudzić się** *vr* to get dirty.

bru|k (**-ku, -ki**) (*instr sg* **-kiem**) *m*
paving, pavement (*US*).

bru|kiew (**-kwi, -kwie**) (*gen pl* **-kwi**) *f*
swede, rutabaga (*US*).

bruko|wiec (**-wca, -wce**) *m*
(*pot: czasopismo*) tabloid.

Bruksel|a (**-i**) *f* Brussels.

bruksel|ka (**-ki, -ki**) (*dat sg* **-ce**, *gen pl*
-ek) *f* Brussels sprouts *pl*.

brulio|n (**-nu, -ny**) (*loc sg* **-nie**) *m*
(*zeszyt*) exercise book.

brunatny *adj* dark brown; **węgiel
brunatny** lignite, brown coal;
niedźwiedź brunatny brown bear.

brune|t (**-ta, -ci**) (*loc sg* **-cie**) *m*
dark-haired man.

brunet|ka (**-ki, -ki**) (*dat sg* **-ce**, *gen pl*
-ek) *f* brunette.

brutalny *adj* brutal.

brutto *inv* gross; **waga/zysk brutto**
gross weight/profit.

bru|zda (**-zdy, -zdy**) (*dat sg* **-ździe**) *f*
furrow.

brydż (**-a**) *m* bridge (*card game*).

bryga|da (**-dy, -dy**) (*dat sg* **-dzie**) *f*
(*WOJSK*) brigade; (*robotników*) gang.

brylan|t (**-tu, -ty**) (*loc sg* **-cie**) *m*
diamond.

bry|ła (**-ły, -ły**) (*dat sg* **-le**) *f* lump;
(*ziemi*) clod; (*MAT, FIZ*) solid.

brystol (**-u, -e**) (*gen pl* **-i**) *m* Bristol
board.

brytfan|na (**-ny, -ny**) (*dat sg* **-nie**) *f*
baking pan.

Brytyjczy|k (**-ka, -cy**) (*loc sg* **-kiem**)
m Briton, Britisher (*US*);
Brytyjczycy *pl* the British.

Brytyj|ka (-ki, -ki) (*dat sg* -ce, *gen pl* -ek) *f* Briton, Britisher (*US*).

brytyjski *adj* British.

brzas|k (-ku, -ki) (*instr sg* -kiem) *m* dawn, daybreak.

brze|g (-gu, -gi) (*instr sg* -giem) *m* (*rzeki*) bank, riverside; (*jeziora*) shore; (*morza*) shore, coast; (*przepaści*) brink; (*plaża*) beach; (*naczynia, kapelusza*) brim; (*krawędź*) edge.

brzęcz|eć (-ę, -ysz) *vi* (*o kluczach, monetach*) to clink; (*o owadzie*) to buzz, to hum; (*o szkle*) to clink, to clatter; (*o strunie*) to twang.

brzę|k (-ku, -ki) (*instr sg* -kiem) *m* (*owadów*) buzz, hum; (*kluczy, monet*) clink; (*szkła*) clink, clatter.

brz|mieć (-mię, -misz) (*imp* -mij) *vi* to sound, to ring; **list brzmi jak następuje ...** the letter reads as follows ...; **rozkaz brzmiał: nie strzelać!** the order was not to shoot.

brzmie|nie (-nia, -nia) (*gen pl* -ń) *nt* tone.

brzoskwi|nia (-ni, -nie) (*gen pl* -ń) *f* peach.

brz|oza (-ozy, -ozy) (*dat sg* -ozie, *gen pl* -óz) *f* birch.

brzuch (-a, -y) *m* stomach, belly (*pot*).

brzuchomówc|a (-y, -y) *m* ventriloquist.

brzyd|ki (*comp* -szy) *adj* (*nieładny*) ugly; (*czyn, słowo*) dirty.

brzy|dko (*comp* -dziej) *adv* (*wyglądać*) ugly; (*śpiewać, pisać*) terribly; (*postępować*) meanly.

brzy|dzić się (-dzę, -dzisz) (*imp* -dź) *vr:* **brzydzić się kimś/czymś** to find sb/sth repulsive.

brzyt|wa (-wy, -wy) (*dat sg* -wie) *f* razor.

bub|el (-la, -le) (*gen pl* -li) *m* (*pot*) trash (*pot*).

buci|k (-ka, -ki) (*instr sg* -kiem) *m* *dimin od* **but**.

bu|da (-dy, -dy) (*dat sg* -dzie) *f* (*szopa*) shed; (*psia*) kennel; (*jarmarczna*) stall, booth; (*pot*) school.

Budapesz|t (-tu) (*loc sg* -cie) *m* Budapest.

bud|ka (-ki, -ki) (*dat sg* -ce, *gen pl* -ek) *f* (*z gazetami*) kiosk; (*dla ptaków*) nesting box; **budka suflera** prompt box; **budka telefoniczna** call *lub* (tele)phone box (*BRIT*), (tele)phone booth (*US*).

budo|wa (-wy, -wy) (*dat sg* -wie) *f* (*budowanie: domu itp.*) building; (: *silnika itp.*) construction; (*atomu, utworu, wyrazu*) structure; (*człowieka*) build, physique; (*teren budowy*) building site.

bud|ować (-uję, -ujesz) (*perf* z- *lub* wy-) *vt* (*dom, państwo, szczęście*) to build; (*silnik*) to construct.

budowl|a (-i, -e) (*gen pl* -i) *f* (*budynek*) building; (*most, wieża*) structure.

budownict|wo (-wa) (*loc sg* -wie) *nt* building *lub* construction industry.

budul|ec (-ca) *m* building material.

budyn|ek (-ku, -ki) (*instr sg* -kiem) *m* building.

budy|ń (-niu, -nie) (*gen pl* -ni *lub* -niów) *m* *a kind of dessert made from milk, sugar and starch*.

budze|nie (-nia, -nia) (*gen pl* -ń) *nt* alarm call.

bu|dzić (-dzę, -dzisz) (*imp* -dź) *vt* (*perf* z- *lub* o-) (*człowieka*) to wake (up), to awake; (*zachwyt, lęk*) (*perf* wz-) to arouse, to awake.

▸budzić się (*perf* o-) *vr* to wake (up), to awake; (*o nadziei*) to arise.

budzi|k (-ka, -ki) (*instr sg* -kiem) *m* alarm clock.

budże|t (-tu, -ty) (*dat sg* -cie) *m* budget.

bufe|t (-tu, -ty) (*loc sg* -cie) *m* buffet.

buj|ać (-am, -asz) *vi* (*w powietrzu*) to

float; (*pot. kłamać*) to tell fibs (*pot*)
♦ *vt* (*oszukiwać*) to cheat; (*kołysać*)
to rock; **bujać w obłokach** (*przen*)
to have one's head in the clouds
(*przen*).
▶**bujać się** *vr* (*huśtać się*) to swing,
to rock.
bujny *adj* (*roślinność*) lush, luxuriant;
(*włosy*) luxuriant; (*wyobraźnia*)
vivid; (*życie*) eventful.
bu|k (-**ku** *lub* -**ka**, -**ki**) (*instr sg* -**kiem**)
m beech.
Bukaresz|t (-**tu**) (*loc sg* -**cie**) *m*
Bucharest.
bukie|t (-**tu**, -**ty**) (*loc sg* -**cie**) *m*
bouquet; **bukiet z jarzyn** assorted
vegetables.
bukmache|r (-**ra**, -**rzy**) (*loc sg* -**rze**)
m bookmaker.
buldo|g (-**ga**, -**gi**) (*instr sg* -**giem**) *m*
bulldog.
buldoże|r (-**ra**, -**ry**) (*loc sg* -**rze**) *m*
bulldozer.
bulgo|tać (-**cze**) *vi* to gurgle.
bulio|n (-**nu**, -**ny**) (*loc sg* -**nie**) *m*
consommé.
bulwa|r (-**ru**, -**ry**) (*loc sg* -**rze**) *m*
(*ulica*) boulevard; (*obmurowanie
brzegu*) embankment.
Bułga|r (-**ra**, -**rzy**) (*loc sg* -**rze**) *m*
Bulgarian.
Bułgari|a (-**i**) *f* Bulgaria.
Bułgar|ka (-**ki**, -**ki**) (*dat sg* -**ce**, *gen pl*
-**ek**) *f* Bulgarian.
bułgarski *adj* Bulgarian.
buł|ka (-**ki**, -**ki**) (*dat sg* -**ce**, *gen pl* -**ek**)
f roll; (*słodka*) bun; **bułka paryska**
French stick, French loaf (*BRIT*);
tarta bułka breadcrumbs.
bumeran|g (-**gu** *lub* -**ga**, -**gi**) (*instr sg*
-**giem**) *m* boomerang.
bun|kier (-**kra**, -**kry**) (*loc sg* -**krze**) *m*
bunker.
bun|t (-**tu**, -**ty**) (*loc sg* -**cie**) *m*
rebellion, revolt.

bunt|ować (-**uję**, -**ujesz**) (*perf* **z**-) *vt*
to incite to protest.
▶**buntować się** *vr:* **buntować się
przeciw** +*dat* to rebel *lub* revolt
against.
buntowni|k (-**ka**, -**cy**) (*instr sg* -**kiem**)
m rebel.
buracz|ki (-**ków**) *pl* (*KULIN*) beetroot
salad.
bura|k (-**ka**, -**ki**) (*instr sg* -**kiem**) *m*
beet; **burak ćwikłowy** (red)beet,
beetroot; **burak cukrowy** sugar beet.
burdel (-**u**, -**e**) (*gen pl* -**i** *lub* -**ów**)
(*pot!*) *m* (*dom publiczny*) brothel;
(*pot. bałagan*) mess.
burmistrz (-**a**, -**e** *lub* -**owie**) *m* mayor.
bur|sa (-**sy**, -**sy**) (*dat sg* -**sie**) *f*
dormitory.
burszty|n (-**nu**, -**ny**) (*loc sg* -**nie**) *m*
amber.
bur|ta (-**ty**, -**ty**) (*dat sg* -**cie**) *f* (*ŻEGL*)
board; **człowiek za burtą!** man
overboard!
burz|a (-**y**, -**e**) *f* (*z piorunami*)
(thunder)storm; **burza piaskowa**
sandstorm.
burzliwy *adj* (*pogoda, dyskusja*)
stormy; (*owacja*) thunderous; (*czas,
dzieje*) tumultuous, turbulent.
burz|yć (-**ę**, -**ysz**) *vt* (*dom, mur*) (*perf*
z- *lub* **wy**-) to demolish, to knock
down; (*spokój*) (*perf* **z**-) to destroy;
(*włosy, wodę*) (*perf* **wz**-) to ruffle.
▶**burzyć się** *vr* (*o wodzie*) (*perf* **wz**-)
to surge; (*denerwować się*) (*perf*
wz-) to seethe with anger;
(*buntować się*) to riot.
burżuazj|a (-**i**) *f* bourgeoisie.
busol|a (-**i**, -**e**) *f* compass.
busz (-**u**) *m* the bush.
bu|t (-**ta**, -**ty**) (*loc sg* -**cie**) *m* shoe;
(*wysoki*) boot.
butel|ka (-**ki**, -**ki**) (*dat sg* -**ce**, *gen pl*
-**ek**) *f* bottle.
buti|k (-**ku**, -**ki**) (*instr sg* -**kiem**) *f*
boutique.

butl|a (-i, -e) (*gen pl* -i) f (*do tlenu, gazu*) cylinder.

bu|zia (-zi, -zie) (*gen pl* -zi *lub* -ź) (*pot*) f (*usta*) mouth; (*twarz*) face.

by *part*: **on by tego nie zrobił** he wouldn't do that ♦ *conj* (in order) to.

być (**jestem, jesteś**) (*1 pl* **jesteśmy**, *2 pl* **jesteście**, *3 pl* **są**, *imp* **bądź**, *pt* **był, była, byli**, *1 sg fut* **będę**, *2 sg fut* **będziesz**) *vi* to be; **jestem!** present!, here!; **jestem samochodem** I've come by car; **jest ciepło/zimno** it's warm/cold; **jest mi zimno/przykro** I'm cold/sorry; **co ci jest?** what's the matter with you?; **będę pamiętać** *lub* **pamiętał** I will remember; **ten dom był zbudowany w 1874** this house was built in 1874; **być może** maybe.

bydł|o (-ła) (*loc sg* -le) nt cattle.

by|k (-ka, -ki) (*instr sg* -kiem) m bull; (*pot*) spelling mistake; **Byk** (*ASTROLOGIA*) Taurus.

byle *conj*: **byle nie to** anything but that ♦ *part* any; **byle tylko nie padało** let's hope it doesn't rain; **byle co** any old thing; **byle gdzie** anywhere; **to nie byle kto** he's not just anybody; **byle jaki** (*jakikolwiek*) any; (*podłej jakości*) trashy.

były *adj* former; **była żona** ex-wife; **były premier** the former *lub* ex-Prime Minister.

bynajmniej *adv*: **bynajmniej nie** not in the least; **bynajmniej!** far from it!

bystry *adj* (*nurt, rzeka*) swift; (*wzrok*) sharp; (*człowiek*) bright, quick- *lub* sharp-witted.

by|t (-tu, -ty) (*loc sg* -cie) m (*istnienie*) existence; (*FILOZOFIA*) being.

byw|ać (-am, -asz) *vi* (*w restauracji, galerii*) to frequent; (*udzielać się towarzysko*) to mingle, to socialize; (*zdarzać się*) to happen.

bywal|ec (-ca, -cy) (*voc sg* -cze) m: **stały bywalec** frequent visitor.

bzdu|ra (-ry, -ry) (*dat sg* -rze) f nonsense, rubbish.

bzi|k (-ka) (*instr sg* -kiem) m (*pot*): **mieć bzika (na punkcie** +*gen*) to be crazy (about); **dostać** (*perf*) **bzika** to go crazy.

bzu *itd.* n *patrz* **bez**.

C

C *abbr* (= *Celsjusza*) C (= Celsius, centigrade).

ca *abbr* (= *circa*) c, ca. (= circa).

cack|ać się (-am, -asz) *vr* (*pot*): **cackać się z kimś/czymś** to handle *lub* treat sb/sth with kid gloves.

cac|ko (-ka, -ka) (*instr sg* -kiem, *gen pl* -ek) nt (*przen*) gem.

ca|l (-la, -le) (*gen pl* -li) m inch.

cal. *abbr* (= *kaloria*) cal. (= calorie).

całk|a (-ki, -ki) (*dat sg* -ce, *gen pl* -ek) f (*MAT*) integral.

całkiem *adv* (*zupełnie*) entirely; (*dosyć*) quite, pretty.

całkowicie *adv* entirely, completely.

całkowity *adj* (*mrok, cisza*) complete, total; (*kwota*) total; (*MAT: liczba*) integer.

cało *adv* safely.

całodobowy *adj* twenty-four-hour *attr*.

całodzienny *adj* daylong.

całonocny *adj* all-night *attr*.

całoroczny *adj* yearlong.

całoś|ć (-ci, -ci) f (*wszystko*) whole, the lot; (*nienaruszalność*) integrity; **w całości** entirely.

cał|ować (-uję, -ujesz) (*perf* po-) vt to kiss.

►całować się *vr* to kiss; (*pieścić się*) to neck.

cału|s (-sa, -sy) (*loc sg* -sie) m kiss.

cały *adj* whole; **cały czas** all the

time; **cały dzień** all day (long), the whole day; **całe miasto** the whole town; **cała nuta** (*MUZ*) semibreve (*BRIT*), whole note (*US*).

campin|g, kempin|g (**-gu, -gi**) (*instr sg* **-giem**) *m* (*obozowisko*) camp(ing) site, campground (*US*); (*pot: domek*) chalet (*BRIT*), cabin (*US*).

ca|r (**-ra, -rowie**) (*loc sg* **-rze**) *m* tsar, czar (*US*).

CD-ROM (CD-ROM-u, CD-ROM-y) (*loc sg* **CD-ROM-ie**) *m* CD-ROM.

cdn. *abbr* (= *ciąg dalszy nastąpi*) to be continued.

ceb|er (**-ra, -ry**) (*loc sg* **-rze**) *m*: **leje jak z cebra** (*przen: pot*) the rain's *lub* it's pouring down.

cebu|la (**-li, -le**) *f* onion.

cebul|ka (**-ki, -ki**) (*dat sg* **-ce**, *gen pl* **-ek**) *f* (*BOT*) bulb; (*włosa*) root; **zielona cebulka** scallion, green onion.

ce|cha (**-chy, -chy**) (*dat sg* **-sze**) *f* feature; **cecha szczególna** characteristic.

cech|ować (**-uję, -ujesz**) *vt* to characterize, to mark.
► **cechować się** *vr*: **cechować się czymś** to be characterized *lub* marked by sth.

cedza|k (**-ka, -ki**) (*instr sg* **-kiem**) *m* colander, strainer.

ce|dzić (**-dzę, -dzisz**) (*imp* **-dź**) *vt* (*perf* **prze-**) to strain; (*słowa*) (*perf* **wy-**) to drawl.

cegieł|ka (**-ki, -ki**) (*dat sg* **-ce**, *gen pl* **-ek**) *f dimin od* **cegła**; (*przen: udział*) share, contribution.

ce|gła (**-gły, -gły**) (*dat sg* **-gle**, *gen pl* **-gieł**) *f* brick.

Cejlo|n (**-nu**) (*loc sg* **-nie**) *m* Ceylon.

ceki|n (**-na** *lub* **-nu, -ny**) (*loc sg* **-nie**) *m* sequin.

cel (**-u, -e**) *m* (*dążeń, życia*) aim, goal; (*podróży*) destination; (*tarcza*) target; **w celu** *lub* **celem zrobienia czegoś** (in order) to do sth.

ce|la (**-li, -le**) *f* cell.

celiba|t (**-tu**) (*loc sg* **-cie**) *m* celibacy.

celni|k (**-ka, -cy**) (*instr sg* **-kiem**) *m* customs officer.

celny *adj* (*cios, strzał*) accurate; (*dowcip, uwaga*) relevant; (*urząd, opłata, kontrola*) customs *attr*.

celofa|n (**-nu**) (*loc sg* **-nie**) *m* cellophane ®.

cel|ować (**-uję, -ujesz**) *vi* (*perf* **wy-**) to take aim; **celować do kogoś/w coś** to aim at sb/sth; **celować w czymś** to excel at sth.

celowni|k (**-ka, -ki**) (*instr sg* **-kiem**) *m* (*karabinu*) sight; (*aparatu*) viewfinder; (*JĘZ*) dative.

celowo *adv* intentionally, on purpose.

celowoś|ć (**-ci**) *f* (*przydatność*) usefulness, purposefulness; (*stosowność*) advisability.

celowy *adj* intentional, purposeful.

Celsjusz (**-a**) *m*: **5 stopni Celsjusza** 5 degrees Celsius *lub* centigrade.

celtycki *adj* Celtic.

celujący *adj* (*stopień*) excellent; (*uczeń*) exceptional.

celulo|za (**-zy**) (*dat sg* **-zie**) *f* cellulose.

cemen|t (**-tu, -ty**) (*loc sg* **-cie**) *m* cement.

cement|ować (**-uję, -ujesz**) *vt* (*zalewać cementem*) (*perf* **za-**) to cement (over).

ce|na (**-ny, -ny**) (*dat sg* **-nie**) *f* price; **za wszelką cenę** (*przen*) at all costs, at any price; **za żadną cenę** (*przen*) (not) at any price.

ce|nić (**-nię, -nisz**) (*imp* **-ń**) *vt* (*szanować*) to value; **cenić sobie kogoś/coś** to think highly of sb/sth.
► **cenić się** *vr* to have self-esteem.

cenni|k (**-ka, -ki**) (*instr sg* **-kiem**) *m* price list.

cenny *adj* valuable, precious.

cen|t (**-ta, -ty**) (*loc sg* **-cie**) *m* cent.

centra|la (-li, -le) (*gen pl* -li *lub* -l) *f* (*TEL*: *też*: **centrala telefoniczna**) (telephone) exchange, switchboard; (*w hotelu*) switchboard; (*instytucja nadrzędna*) headquarters, head office.

centralizacj|a (-i) *f* centralization.

centraliz|ować (-uję, -ujesz) (*perf* s-) *vt* to centralize.

centralny *adj* central; **centralne ogrzewanie** central heating.

centr|um (-um, -a) (*gen pl* -ów) *nt inv in sg* centre (*BRIT*), center (*US*); **centrum miasta** town *lub* city centre (*BRIT*), downtown (*US*); **centrum handlowe** shopping centre (*BRIT*) *lub* center (*US*), mall.

centymet|r (-ra, -ry) (*loc sg* -rze) *m* centimetre (*BRIT*), centimeter (*US*); **centymetr krawiecki** tape measure.

cenzu|ra (-ry) (*dat sg* -rze) *f* censorship.

cenzur|ować (-uję, -ujesz) (*perf* o-) *vt* to censor.

ce|ra (-ry) (*dat sg* -rze) *f* (*skóra twarzy*) complexion.

ceramiczny *adj* ceramic.

cerami|ka (-ki) (*dat sg* -ce) *f* (*sztuka*) ceramics; (*przedmioty*) pottery, ceramics *pl*.

cera|ta (-ty, -ty) (*dat sg* -cie) *f* (*materiał*) oilcloth; (*obrus*) plastic tablecloth.

ceremoni|a (-i, -e) (*gen pl* -i) *f* ceremony.

cer|kiew (-kwi, -kwie) (*gen pl* -kwi) *f* Orthodox church.

cer|ować (-uję, -ujesz) (*perf* za-) *vt* to darn.

certyfika|t (-tu, -ty) (*loc sg* -cie) *m* certificate.

cesarski *adj* imperial; **cesarskie cięcie** (*MED*) Caesarean (*BRIT*) *lub* Cesarean (*US*) section.

cesarst|wo (-wa, -wa) (*loc sg* -wie) *nt* empire.

cesarz (-a, -e) (*gen pl* -y) *m* emperor.

cew|ka (-ki, -ki) (*dat sg* -ce, *gen pl* -ek) *f* (*ELEKTR*) coil; **cewka moczowa** urethra.

cęt|ka (-ki, -ki) (*dat sg* -ce, *gen pl* -ek) *f* spot; **w cętki** spotted.

chab|er (-ra *lub* -ru, -ry) (*loc sg* -rze) *m* cornflower.

chał|wa (-wy, -wy) (*dat sg* -wie) *f* halvah.

cha|m (-ma, -my) (*loc sg* -mie) *m* (*pot!*) brute (*pot.*).

chamski *adj* (*pej*) boorish.

chamst|wo (-wa) (*loc sg* -wie) *nt* (*pej*) boorishness.

chao|s (-su) (*loc sg* -sie) *m* chaos.

chaotyczny *adj* chaotic.

charakte|r (-ru, -ry) (*loc sg* -rze) *m* (*człowieka*) character; (*zjawiska, przedmiotu*) character, nature; **w charakterze** +*gen* in the capacity of; **charakter pisma** handwriting.

charakterystyczny *adj*: **charakterystyczny (dla** +*gen*) characteristic (of).

charakterysty|ka (-ki, -ki) (*dat sg* -ce) *f* profile.

charakteryzacj|a (-i, -e) (*gen pl* -i) *f* make-up.

charakteryzato|r (-ra, -rzy) (*loc sg* -rze) *m* make-up man.

charakteryz|ować (-uję, -ujesz) *vt* (*opisywać*) (*perf* s-) to characterize, to describe; (*o cechach, przymiotach*) to characterize; (*TEATR, FILM*) (*perf* u-) to make up.

►**charakteryzować się** *vr*: **charakteryzować się czymś** to be characterized by sth.

char|t (-ta, -ty) (*loc sg* -cie) *m* greyhound.

charytatywny *adj* charitable; **na cele charytatywne** for charity.

charyzmatyczny *adj* charismatic.

chaszcz|e (-y *lub* -ów) *pl* thicket.

cha|ta (-ty, -ty) (*dat sg* -cie) *f* cabin, hut; (*pot. mieszkanie*) place.

chcieć (**chcę, chcesz**) (*imp* **chciej**) *vt* to want; **chcieć coś zrobić** to want to do sth; **chcę, żeby on tam pojechał** I want him to go there; **chce mi się spać/pić** I feel sleepy/thirsty; **chce mi się tańczyć** I feel like dancing; **chciałbym ...** I would like ...; **czy chciałbyś ...?** would you like ...?; **jak chcesz** (*pot*) as you wish.

chciwoś|ć (**-ci**) *f* greed.

chciwy *adj* greedy.

cheł|pić się (**-pię, -pisz**) *vr*. chełpić się (czymś) to boast (about sth).

chemi|a (**-i**) *f* chemistry.

chemiczny *adj* chemical.

chemi|k (**-ka, -cy**) (*instr sg* **-kiem**) *m* (*naukowiec*) chemist; (*nauczyciel*) chemistry teacher.

chemikali|a (**-ów**) *pl* chemicals.

chę|ć (**-ci, -ci**) *f* desire; **chęć do życia/pracy** a will to live/work; **z chęcią** willingly, with pleasure.

chętnie *adv* willingly, eagerly.

chętny *adj* willing, eager.

chicho|tać (**-czę, -czesz**) (*perf* **za-**, *imp* **-cz**) *vi* to giggle.

Chile *nt inv* Chile.

Chin|ka (**-ki, -ki**) (*dat sg* **-ce**, *gen pl* **-ek**) *f* Chinese.

Chi|ny (**-n**) *pl* China.

Chińczy|k (**-ka, -cy**) (*instr sg* **-kiem**) *m* Chinese.

chiński *adj* Chinese; **Chińska Republika Ludowa** the People's Republic of China.

chips|y (**-ów**) *pl* crisps (*BRIT*), chips (*US*).

chirur|g (**-ga, -dzy**) (*instr sg* **-giem**) *m* surgeon.

chirurgi|a (**-i**) *f* surgery.

chirurgiczny *adj* surgical.

chla|pać (**-pię, -piesz**) (*perf* **-pnąć**) *vt/vi* to splash.

chle|b (**-ba, -by**) (*loc sg* **-bie**) *m* bread.

chleba|k (**-ka, -ki**) (*instr sg* **-kiem**) *m* haversack.

chle|w (**-wa** *lub* **-wu, -wy**) (*loc sg* **-wie**) *m* pigsty (*BRIT*), pigpen (*US*).

chlo|r (**-ru**) (*loc sg* **-rze**) *m* (*CHEM*) chlorine.

chlu|ba (**-by, -by**) (*dat sg* **-bie**) *f* (*osoba, rzecz*) pride; (*sława*) glory.

chlu|bić się (**-bię, -bisz**) *vr*. chlubić się czymś to take pride in sth.

chlubny *adj* glorious.

chlu|pać (**-pię, -piesz**) (*perf* **-pnąć**) *vi* to splash; (*bulgotać*) to squelch.

chlupo|tać (**-cze**) (*perf* **za-**) *vi* to squelch.

chlu|stać (**-stam, -stasz** *lub* **-szczę, -szczesz**) (*perf* **-snąć**) *vi* (*o płynie*) to spurt.

chłep|tać (**-czę, -czesz**) (*imp* **-cz**, *perf* **wy-**) *vt* to lap.

chłod|nia (**-ni, -nie**) (*gen pl* **-ni**) *f* refrigerator.

chłodnic|a (**-y, -e**) *f* (*MOT*) radiator.

chłodni|k (**-ka, -ki**) (*instr sg* **-kiem**) *m* *vegetable or fruit soup usually served cold*.

chłodno *adv* (*witać, przyjmować*) coolly; **jest chłodno** it is cold *lub* chilly; **robi się chłodno** it is getting cold *lub* chilly.

chłodny *adj* cool.

chłodziar|ka (**-ki, -ki**) (*dat sg* **-ce**, *gen pl* **-ek**) *f* refrigerator.

chło|dzić (**-dzę, -dzisz**) (*imp* **-dź**) *vt* to cool, to chill; (*zamrażać*) to refrigerate ♦ *vi* (*o wietrze, napoju*) to be cooling; **napoje chłodzące** cold drinks.

▶**chłodzić się** *vr* to cool.

chło|nąć (**-nę, -niesz**) (*imp* **-ń**) *vt* (*absorbować*) to absorb.

chłonny *adj* (*przen*) absorptive; (*umysł*) receptive.

chło|p (**-pa**) (*loc sg* **-pie**) *m* (*nom pl* **-pi**) peasant; (*pot. mężczyzna*) (*nom pl* **-py**) fellow, chap.

chłopa|k (-ka, -cy) (*instr sg* -kiem) *m* boy; (*sympatia*) boyfriend.

chłopczy|k (-ka, -ki) (*instr sg* -kiem) *m* little boy.

chło|piec (-pca, -pcy) (*dat sg* -pcu) *m* boy; (*sympatia*) boyfriend; **chłopiec na posyłki** (*przen*) errand boy.

chłopięcy *adj* boyish.

chłopski *adj* peasant *attr*; **chłopski rozum** (*pot*) common sense.

chło|sta (-sty, -sty) (*dat sg* -ście) *f* flogging.

chł|ód (-odu, -ody) (*loc sg* -odzie) *m* chill; (*przen*) coldness.

chma|ra (-ry, -ry) (*dat sg* -rze) *f* (*owadów*) swarm; **chmara ludzi** hordes of people.

chmiel (-u) *m* hop.

chmu|ra (-ry, -ry) (*dat sg* -rze) *f* cloud.

chmurz|yć (-ę, -ysz) (*perf* za-) *vt*: **chmurzyć czoło** to frown.

►**chmurzyć się** *vr* to cloud over.

choch|la (-li, -le) (*gen pl* -li) *f* ladle.

chociaż, choć *conj* though, although ♦ *part* (*przynajmniej*) at least.

chociażby, choćby *conj* even if ♦ *part* (*nawet*) even.

choć *conj* = **chociaż**.

choćby *conj* = **chociażby**.

choda|k (-ka, -ki) (*instr sg* -kiem) *m* clog.

chodliwy *adj* (*pot*: *towar*) fast-selling.

chodni|k (-ka, -ki) (*instr sg* -kiem) *m* (*część ulicy*) pavement (*BRIT*), sidewalk (*US*); (*dywan*) runner.

cho|dzić (-dzę, -dzisz) (*imp* -dź) *vi* (*spacerować*) to walk; (*uczęszczać*) to go; (*funkcjonować*) to work; (*pot*: *kursować*) to run; **chodzić z kimś** (*pot*) to go out with sb; **o co chodzi?** what's the problem?

choin|ka (-ki, -ki) (*dat sg* -ce, *gen pl* -ek) *f* (*w lesie*) spruce; (*świąteczna*) Christmas tree.

chole|ra (-ry) (*dat sg* -rze) *f* (*MED*) cholera; (*pot*: *wyzwisko*) (*nom pl* -ry) asshole (*pot!*); (: *przekleństwo*): **cholera!** shit! (*pot!*), damn! (*pot!*); **idź do cholery!** (*pot!*) go to hell! (*pot!*).

cholerny *adj* (*pot!*) damn (*pot!*), bloody (*pot!*: *BRIT*).

cholery|k (-ka, -cy) (*instr sg* -kiem) *m* hot-tempered man.

cholestero|l (-lu) *m* cholesterol.

chole|wa (-wy, -wy) (*dat sg* -wie) *f* leg (*part of a boot*).

chomi|k (-ka, -ki) (*instr sg* -kiem) *m* hamster.

chorą|giew (-gwi, -gwie) (*gen pl* -gwi) *f* (*flaga*) flag; (*sztandar*) standard.

chorągiew|ka (-ki, -ki) (*gen pl* -ce, *gen pl* -ek) *f dim od* **chorągiew**.

chorąż|y (-ego, -owie) *m decl like adj in sg* warrant officer.

choreografi|a (-i) *f* choreography.

chor|oba (-oby, -oby) (*dat sg* -obie, *gen pl* -ób) *f* (*schorzenie*) disease; (*stan*) illness; **choroba morska** seasickness.

chorobow|e (-ego, -e) *nt decl like adj in sg*: **być na chorobowym** to be off sick.

chor|ować (-uję, -ujesz) *vi* to be ill, to be sick (*US*); **chorować na grypę** to have *lub* suffer from flu; **chorować na serce** to have a bad heart, to have a heart condition *lub* problem.

chorowity *adj* sickly.

Chorwacj|a (-i) *f* Croatia.

chorwacki *adj* Croatian.

Chorwa|t (-ta, -ci) (*loc sg* -cie) *m* Croat.

chory *adj* (*człowiek, zwierzę*) ill, sick; (*gardło, noga*) sore; (*ząb, serce*) bad; (*drzewo, roślina*) sick ♦ *m decl like adj* (*chory człowiek*) sick person; (*pacjent*) patient; **być chorym na grypę/serce** to have flu/a bad heart.

chow|ać (**-am, -asz**) *vt* (*wkładać*)
(*perf* **s-**) to put (*somewhere*);
(*odkładać*) (*perf* **s-**) to put away;
(*ukrywać*) (*perf* **s-**) to hide; (*trzymać*)
to keep; (*składać do grobu*) (*perf*
po-) to bury.
▶**chować się** *vr* (*kryć się*) (*perf* **s-**) to
hide.

chód (**chodu**) (*loc sg* **chodzie**) *m*
walk, gait; (*SPORT*: *też*: **chód
sportowy**) (race) walking.

chó|r (**-ry, -ry**) (*loc sg* **-rze**) *m* (*zespół*)
choir, chorus; (*utwór*) chorus.

chór|ek (**-ku, -ki**) (*instr sg* **-kiem**) *m*
(*pot*) backing singers.

chrabąszcz (**-a, -e**) (*gen pl* **-y** *lub*
-ów) *m* cockchafer, may-bug.

chra|pać (**-pię, -piesz**) *vi* (*perf* **-pnąć**)
to snore.

chro|m (**-mu**) (*loc sg* **-mie**) *m*
chrome; (*CHEM*) chromium.

chromoso|m (**-mu, -my**) (*loc sg*
-mie) *m* chromosome.

chromowany *adj* chromium-plated.

chroniczny *adj* chronic.

chro|nić (**-nię, -nisz**) (*imp* **-ń**) *vt* to
protect; **chronić kogoś/coś przed**
+*instr* to protect sb/sth against.
▶**chronić się** *vr* (*szukać schronienia*)
(*perf* **s-**) to take shelter; (*strzec się*)
(*perf* **u-**) to protect o.s.

chronologi|a (**-i**) *f* chronology.

chronologiczny *adj* chronological.

chropowaty *adj* rough.

chru|pać (**-pię, -piesz**) *vt* (*gryźć*) to
crunch.

chrupiący *adj* crunchy, crispy.

chrup|ki *adj* crispy ♦ *pl* (*gen pl* **-ek**)
crisps *pl*; **pieczywo chrupkie** crisp
bread.

chru|st (**-stu**) (*loc sg* **-ście**) *m*
brushwood.

chry|pieć (**-pię, -pisz**) (*perf* **za-**) *vi* (*o
człowieku*) to have a hoarse *lub*
husky voice.

chryp|ka (**-ki, -ki**) (*dat sg* **-ce**, *gen pl*
-ek) *f* hoarseness.

Chrystu|s (**-sa**) (*loc sg* **-sie**) *m*
Christ; **Jezus Chrystus** Jesus Christ.

chryzante|ma (**-my, -my**) (*dat sg*
-mie) *f* chrysanthemum.

chrza|n (**-nu**) (*loc sg* **-nie**) *m*
horseradish.

chrząk|ać (**-am, -asz**) (*perf* **-nąć**) *vi*
(*o człowieku*) to clear one's throat;
(*o świni*) to grunt.

chrząst|ka (**-ki, -ki**) (*dat sg* **-ce**, *gen pl*
-ek) *f* (*ANAT*) cartilage, gristle;
(*KULIN*) gristle.

chrząszcz (**-a, -e**) (*gen pl* **-y**) *m*
beetle.

chrz|cić (**-czę, -cisz**) (*imp* **-cij**, *perf*
o-) *vt* (*dziecko*) to baptize; (*nadawać
imię*) to baptize, to christen; (*statek*)
to christen.

chrzci|ny (**-n**) *pl party given by
parents on the day of their child's
baptism.*

chrz|est (**-tu, -ty**) (*loc sg* **-cie**) *m*
(*dziecka*) baptism; (*statku*)
christening.

chrzestn|a (**-ej, -e**) *f decl like adj* (*też*:
matka chrzestna) godmother.

chrzestny *adj* (*imię*) Christian ♦ *m
decl like adj* (*też*: **ojciec chrzestny**)
godfather.

chrześcija|nin (**-nina, -nie**) (*loc sg*
-ninie) *m* Christian.

chrześcijański *adj* Christian.

chrześcijańst|wo (**-wa**) (*loc sg* **-wie**)
nt Christianity.

chrześniacz|ka (**-ki, -ki**) (*dat sg* **-ce**,
gen pl **-ek**) *f* goddaughter.

chrześnia|k (**-ka, -cy**) (*instr sg* **-kiem**)
m godson.

chuch|ać (**-am, -asz**) (*perf* **-nąć**) *vi*:
chuchać na +*acc* (*zmarznięte ręce*)
to blow on.

chud|nąć (**-nę, -niesz**) (*imp* **-nij**, *perf*
s-, *pt* **chudł** *lub* **chudnął, chudła,
chudli**) *vi* to lose weight.

chudy *adj* (*człowiek, zwierzę*) thin, skinny; (*mięso, ser*) lean.

chuliga|n (**-na, -ni**) (*loc sg* **-nie**) *m* hooligan.

chu|sta (**-sty, -sty**) (*dat sg* **-ście**) *f* scarf.

chustecz|ka (**-ki, -ki**) (*dat sg* **-ce**, *gen pl* **-ek**) *f* (*też:* **chusteczka do nosa**) handkerchief; (*też:* **chusteczka higieniczna**) tissue, Kleenex ®.

chust|ka (**-ki, -ki**) (*dat sg* **-ce**, *gen pl* **-ek**) *f* scarf; **chustka do nosa** handkerchief.

chwa|lić (**-lę, -lisz**) (*perf* **po-**) *vt* (*mówić z uznaniem*) to praise.

►**chwalić się** *vr:* **chwalić się (czymś)** to brag *lub* to boast (about sth).

chwa|ła (**-ły**) (*loc sg* **-le**) *f* glory.

chwa|st (**-stu, -sty**) (*loc sg* **-ście**) *m* weed.

chwi|ać (**-eję, -ejesz**) (*perf* **za-**) *vt:* **chwiać czymś** to shake sth.

►**chwiać się** *vr* (*o człowieku*) to sway; (*o płomieniu*) to flicker; (*o zębie*) to wobble; (*wahać się*) to waver, to falter.

chwiejny *adj* shaky; (*przen*) wavering.

chwi|la (**-li, -le**) *f* moment, instant; **poczekaj chwilę!** wait a minute!, just a moment!; **chwilami** now and then; **co chwila** every now and then; **w każdej chwili** (*lada moment*) any minute now; **w ostatniej chwili** at the last moment; **za chwilę** in a minute.

chwilecz|ka (**-ki, -ki**) (*dat sg* **-ce**, *gen pl* **-ek**) *f:* **chwileczkę!** just a minute!

chwilowo *adv* (*obecnie*) at the moment, for the time being; (*nieczynny, zamknięty*) temporarily.

chwilowy *adj* temporary.

chwy|cić (**-cę, -cisz**) (*imp* **-ć**) *vb perf od* **chwytać**.

chwy|t (**-tu, -ty**) (*loc sg* **-cie**) *m* hold, grip; (*przen: fortel*) trick, catch.

chwyt|ać (**-am, -asz**) (*perf* **chwycić**) *vt* (*łapać: piłkę itp.*) to catch; (*przen: życie, chwilę*) to seize ♦ *vi* (*pot: o pomyśle, reklamie*) to catch on; **chwycić kogoś za rękę** to grab *lub* to seize sb by the hand; **mróz chwycił** it suddenly froze.

►**chwytać się** *vr:* **chwytać się czegoś** *lub* **za coś** to seize sth; **chwytać się za głowę** to take one's head in one's hands; **chwytać się na czymś** (*przen*) to catch o.s. doing sth.

chyba *part* probably ♦ *conj:* **chyba że** unless; **chyba tak/chyba nie** I think so/I don't think so.

chy|biać (**-biam, -biasz**) (*perf* **-bić**) *vi* to miss; **chybić** (*perf*) **celu** to miss one's aim.

chybo|tać się (**-czę, -czesz**) *vr* to shake, to wobble.

chy|lić (**-lę, -lisz**) *vt* (*książk*): **chylić czoło** *lub* **głowę przed kimś** to pay homage to sb.

►**chylić się** *vr* (*przen*): **chylić się ku upadkowi** to be on the decline.

chyłkiem *adv* stealthily.

chytry *adj* (*przebiegły*) cunning, sly; (*pot: urządzenie*) artful, ingenious; (: *chciwy*) greedy.

chyży *adj* swift.

ci (*see* **Table 9**) *pron nom pl od* **ten** these ♦ *pron dat od* **ty** (to) you; **ci chłopcy** these boys; **powiedział ci?** has he told you?

ciał|ko (**-ka, -ka**) (*instr sg* **-kiem**, *gen pl* **-ek**) *nt:* **białe/czerwone ciałka krwi** white/red blood cells.

ci|ało (**-ała, -ała**) (*loc sg* **-ele**) *nt* body; **ciało niebieskie** heavenly body; **ciało stałe** solid; **Boże Ciało** Corpus Christi.

ciar|ki (**-ek**) *pl:* **ciarki mnie przeszły**

na myśl o ... the thought of ... sent shivers down my spine.

ciasno *adv* tightly.

cia|sny (*comp* **-śniejszy**) *adj* tight; (*kąt, pokój*) small.

ciastkar|nia (**-ni, -nie**) (*gen pl* **-ni** *lub* **-ń**) *f* (*sklep*) patisserie; (*wytwórnia*) bakery.

ciast|ko (**-ka, -ka**) (*instr sg* **-kiem**, *gen pl* **-ek**) *nt* cake, pastry.

ci|asto (**-asta, -asta**) (*loc sg* **-eście**) *nt* (*masa*) dough; (*wypiek*) cake.

ciąć (**tnę, tniesz**) (*imp* **tnij**) *vt* (*nożem, nożyczkami*) to cut; (*o komarach, osach*) to sting.

cią|g (**-gu, -gi**) (*instr sg* **-giem**) *m* (*komunikacyjny*) route; (*myśli*) train; (*powietrza*) draught (*BRIT*), draft (*US*); (*MAT*) sequence; **w ciągu dnia** by day; **w ciągu trzech dni** within three days; **ciąg dalszy nastąpi** to be continued.

ciągle *adv* (*nadal*) still; (*nieustannie*) continuously, continually; (*w sposób powtarzający się*) continually, constantly; **on ciągle jeszcze jest bez pracy** he is still jobless.

ciągłoś|ć (**-ci**) *f* continuity.

ciągły *adj* continuous; (*strach, ból*) constant; (*ruch*) continual.

ciąg|nąć (**-nę, -niesz**) (*imp* **-nij**) *vt* (*wlec*) (*perf* **po-**) to pull; (*losy*) to draw, to cast ♦ *vi* (*mówić dalej*) to continue, to go on; (*o wojsku*) to proceed, to move.

▸**ciągnąć się** *vr* (*o drodze, lesie, plaży*) to extend, to stretch; (*o dyskusji, procesie*) to drag on.

ciągni|k (**-ka, -ki**) (*instr sg* **-kiem**) *m* tractor.

ciąż|a (**-y, -e**) *f* pregnancy; **być w ciąży** to be pregnant.

ciąż|yć (**-ę, -ysz**) *vi*: **ciążyć komuś** (*być ciężarem*) to weigh sb down; (*być uciążliwym*) to be a burden for sb.

cichaczem *adv* (*pot*) on the q.t. (*pot*).

cich|nąć (**-nę, -niesz**) (*imp* **-nij**, *perf* **u-**) *vi* (*o hałasie*) to die away, to fade; (*o miejscu*) to become quieter; (*o burzy*) to subside.

ci|cho (*comp* **-szej**) *adv* quietly; (*bez żadnego dźwięku*) silently; (*mówić*) in a soft voice; **być** *lub* **siedzieć cicho** to be quiet.

cichy *adj* (*dom, noc*) quiet, silent; (*głos, szept*) low; **po cichu** (*bezgłośnie*) quietly, silently; (*potajemnie*) on the quiet, secretly.

ciebie *pron gen, acc sg od* **ty** you.

cie|c, cie|knąć (**-knie**) *vi* (*o wodzie*) (*perf* **po-**) to drip, to trickle; (*o kranie*) to leak.

ciecz (**-y, -e**) (*gen pl* **-y**) *f* liquid.

ciekaw *adj* = **ciekawy**.

cieka|wić (**-wi**) *vt* to interest.

ciekawost|ka (**-ki, -ki**) (*dat sg* **-ce**, *gen pl* **-ek**) *f* (*przedmiot*) curiosity; (*nowinka*) interesting fact.

ciekawoś|ć (**-ci**) *f* curiosity.

ciekawski *adj* (*pot*) prying, nosy (*pot*).

ciekawy *adj* (*interesujący*) interesting; (*dociekliwy*) curious.

ciekły *adj* liquid.

ciek|nąć (**-nie**) *vi* = **ciec**.

cielesny *adj* (*miłość*) physical; (*żądza*) carnal; (*kara*) corporal.

ciel|ę (**-ęcia, -ęta**) (*gen pl* **-ąt**) *nt* calf; (*przen*) oaf.

cielęci|na (**-ny**) (*dat sg* **-nie**) *f* veal.

ciel|ić się (**-li**) (*perf* **o-**) *vr* to calve.

ciemi|ę (**-enia, -ona**) (*gen pl* **-on**) *nt* crown (of the head).

ciemięż|yć (**-ę, -ysz**) *vt* (*książk*) to oppress.

ciemku *inv*: **po ciemku** in the dark.

ciem|nia (**-ni, -nie**) (*gen pl* **-ni**) *f* darkroom.

ciemni|eć (**-eje**) *vi* (*perf* **ś-** *lub* **po-**) to darken.

ciem|no (**-na**) (*loc sg* **-nie**) *nt*: **w**

ciemno on spec; **randka w ciemno** blind date ♦ *adv* darkly; **robi się ciemno** it's getting dark.

ciemnoś|ć (-ci, -ci) (*dat sg* -ci) *f* darkness; **w ciemności** in the dark.

ciemny *adj* (*włosy, chmura, odcień*) dark; (*pokój*) dim; (*chleb*) brown; (*głupi*) dumb; (*podejrzany*) shady.

cieni|ować (-uję, -ujesz) (*perf* wy-) *vt* (*SZTUKA*) to shade; (*włosy*) to layer.

cie|nki (*comp* -ńszy) *adj* thin.

cie|nko (*comp* -niej) *adv* thinly.

cienkopi|s (-su, -sy) (*loc sg* -sie) *m* a fine-tip felt pen.

cie|ń (-nia, -nie) (*gen pl* -ni) *m* (*odbicie*) shadow; (*miejsce*) shade; **cień do powiek** eyeshadow.

cieplar|nia (-ni, -nie) (*gen pl* -ni *lub* -ń) *f* greenhouse.

cieplny *adj* thermal.

ciep|ło (-ła) (*loc sg* -le) *nt* warmth; (*FIZ*) heat ♦ *adv* (*comp* -lej) (*serdecznie*) warmly; **jest ciepło** it's warm; **było mi ciepło** I was warm.

ciep|ły (*comp* -lejszy) *adj* warm.

cier|ń (-nia, -nie) (*gen pl* -ni) *m* thorn.

cier|pieć (-pię, -pisz) *vt* (*nędzę, głód*) to suffer ♦ *vi* (*znosić ból*) to suffer, to be in pain; **nie cierpieć kogoś/czegoś** to hate sb/sth, to detest sb/sth; **cierpieć na** +acc to suffer from.

cierpie|nie (-nia, -nia) (*gen pl* -ń) *nt* suffering.

cierpki *adj* tart.

cierpliwie *adv* patiently.

cierpliwoś|ć (-ci) *f* patience.

cierpliwy *adj* patient.

cierp|nąć (-nę, -niesz) (*perf* ś-) *vi* (*o kończynie*) to become *lub* grow numb.

ciesz|yć (-ę, -ysz) (*perf* u-) *vt* to delight, to gladden.

►**cieszyć się** *vr*: **cieszyć się (z czegoś)** to be pleased *lub* delighted (with sth); **cieszyć się na coś** to look forward to sth; **cieszyć się życiem/dobrym zdrowiem** to enjoy life/good health.

cieś|la (-li, -le) (*gen pl* -li) *m decl like f in sg* carpenter.

cieśni|na (-ny, -ny) (*dat sg* -nie) *f* strait.

cię *pron gen, acc sg od* **ty** you.

cięci|wa (-wy, -wy) (*dat sg* -wie) *f* (*łuku, kuszy*) bowstring; (*GEOM*) chord.

cięża|r (-ru, -ry) (*loc sg* -rze) *m* (*waga*) weight; (*ładunek*) load; (*przen*) burden; **podnoszenie ciężarów** weight lifting.

ciężarna *adj* pregnant ♦ *f decl like adj* pregnant woman.

ciężarowy *adj*: **samochód ciężarowy** lorry (*BRIT*), truck (*US*).

ciężarów|ka (-ki, -ki) (*dat sg* -ce, *gen pl* -ek) *f* lorry (*BRIT*), truck (*US*).

cięż|ki (*comp* -szy) *adj* heavy; (*praca*) hard; (*problem*) tough; (*zarzut, choroba, wypadek*) serious; **przemysł ciężki** heavy industry; **waga ciężka** heavyweight.

cięż|ko (*comp* -ej) *adv* (*pracować*) hard; (*oddychać*) heavily; (*chory*) seriously; (*ranny*) badly.

ciężkoś|ć (-ci) *f*: **środek ciężkości** centre (*BRIT*) *lub* center (*US*) of gravity; **siła ciężkości** (*FIZ*) gravity.

cio|cia (-ci, -cie) (*gen pl* -ć) *f* (*pot*) aunt, auntie (*pot*).

cio|s (-su, -sy) (*loc sg* -sie) *m* blow.

ciot|ka (-ki, -ki) (*dat sg* -ce, *gen pl* -ek) *f* aunt.

ci|s (-su, -sy) (*loc sg* -sie) *m* (*BOT*) yew (tree).

cis|kać (-kam, -kasz) (*imp* -kaj, *perf* -nąć) (*przedmiot*) to fling; (*wyzwiska, obelgi*) to hurl.

ci|snąć (-snę, -śniesz) (*imp* -śnij) *vb perf od* **ciskać** ♦ *vt* (*o butach*) to pinch.

cisz|a (**-y**) *f* silence.

ciszej *adv comp od* **cicho**.

ciśnie|nie (**-nia, -nia**) (*gen pl* **-ń**) *nt* pressure; **ciśnienie krwi** blood pressure.

ciuch (**-a, -y**) *m* (*pot*) garment; **ciuchy** *pl* (*pot*) clothes, togs (*pot*).

ciuciubab|ka (**-ki**) (*dat sg* **-ce**) *f*: **bawić się w ciuciubabkę** to play blind man's buff.

ciuł|ać (**-am, -asz**) *vt* to put aside for a rainy day.

ciu|pa (**-py, -py**) (*dat sg* **-pie**) *f* (*pot*: *więzienie*) clink (*pot*), can (*pot*).

ckliwy *adj* sentimental.

clić (**clę, clisz**) (*imp* **clij**, *perf* **o-**) *vt* to clear (*through customs*).

cło (**cła, cła**) (*loc sg* **cle**, *gen pl* **ceł**) *nt* duty; **wolny od cła** duty-free.

cm *abbr* (= *centymetr*) cm.

cmentarz (**-a, -e**) (*gen pl* **-y**) *m* cemetery; (*przy kościele*) churchyard, graveyard.

cn|ota (**-oty**) (*gen sg* **-ocie**) *f* (*moralność*) virtue; (*zaleta*) (*nom pl* **-oty**, *gen pl* **-ót**) virtue; (*dziewictwo*) virginity.

cnotliwy *adj* (*życie, kobieta*) virtuous; (*myśli*) virtuous, chaste.

c.o. *abbr* (= *centralne ogrzewanie*) central heating.

---SŁOWO KLUCZOWE---

co (*see* **Table 4**) *pron* **1** (*w pytaniach*) what; **co to jest?** what is this?; **co to za książka?** what book is that? **2** (*w zdaniach względnych*): **to drzewo, co rośnie koło domu** the tree that grows by the house; **wspominał tych, co odeszli** he remembered those who had left; **zdałem egzamin, co wszystkich zaskoczyło** I passed the exam, which surprised everybody. **3** (*w równoważnikach zdań*): **rób, co chcesz** do what you want; **nie ma co tu czekać** there's

no point in waiting here. **4** (*w zdaniach wykrzyknikowych*): **co za niespodzianka!** what a surprise! ♦ *part* **1** (*wzmacniająco*): **co najwyżej** at (the) most; **co najmniej** at least; **co prawda** as a matter of fact; **co gorsza** what's worse, worse still; **co więcej** what's more, furthermore. **2**: **co chwila/krok** every *lub* each minute/step; **co drugi/trzeci** *itd.* every second/third *itd*.. **3**: **co +gen** (*odnośnie do*) as to, as for; **co do mnie** as far as I am concerned. **4** (*dokładnie*) (exact) to; **wszyscy co do jednego** all to a man; **co do sekundy** exactly on time.

codziennie *adv* every day, daily.

codzienny *adj* daily, everyday.

cof|ać (**-am, -asz**) (*perf* **-nąć**) *vt* (*rękę*) to take back; (*samochód*) to reverse; (*zegarek*) to put back; (*słowo, obietnicę*) to withdraw.

▶**cofać się** *vr* (*ustępować miejsca*) to move back; (*uciekać*) to retreat, to pull back.

cokolwiek (*like*: **co**) *pron* anything ♦ *adv* (*trochę*) a little.

cok|ół (**-ołu, -oły**) (*loc sg* **-ole**) *m* (*ARCHIT*) pedestal.

consensu|s (**-su, -sy**) (*loc sg* **-sie**) *m* consensus.

coraz *adv*: **coraz lepiej** better and better; **coraz większy** bigger and bigger.

coroczny *adj* yearly, annual.

corri|da (**-dy, -dy**) (*loc sg* **-dzie**) *f* corrida, bullfight.

cosinu|s (**-sa, -sy**) (*loc sg* **-sie**) *m* (*MAT*) cosine.

coś (*see* **Table 11**) *pron* (*w zdaniach twierdzących*) something; (*w zdaniach pytajnych*) anything; **coś innego** something else; **coś do picia/jedzenia** something to drink/eat; **coś do pisania** something to write with.

cotygodniowy *adj* weekly.

cór|ka (**-ki**, **-ki**) (*dat sg* **-ce**, *gen pl* **-ek**) *f* daughter.

cóż *pron* what(ever) ♦ *part* well.

cuchnący *adj* stinking.

cuch|nąć (**-nę**, **-niesz**) (*imp* **-nij**) *vi* to stink.

cu|cić (**-cę**, **-cisz**) (*imp* **-ć**, *perf* **o-**) *vt* to bring round *lub* to, to revive.

cu|d (**-du**, **-da**) (*loc sg* **-dzie**) *m* (*REL*) miracle; (*zjawisko*) wonder; **ocaleć cudem** to be saved by a miracle.

cudotwórc|a (**-y**, **-y**) *m decl like f in sg* wonder-worker.

cudownie *adv* wonderfully.

cudowny *adj* (*nadprzyrodzony*) miraculous; (*wspaniały*) wonderful.

cudzołóst|wo (**-wa**, **-wa**) (*loc sg* **-wie**) *nt* adultery.

cudzozie|miec (**-mca**, **-mcy**) *m* foreigner, alien.

cudzoziem|ka (**-ki**, **-ki**) (*dat sg* **-ce**, *gen pl* **-ek**) *f* foreigner, alien.

cudzoziemski *adj* foreign.

cudzy *adj* somebody else's.

cudzysł|ów (**-owu**, **-owy**) (*loc sg* **-owie**) *m* quotation marks *pl*.

cug|le (**-li**) *pl* reins.

cu|kier (**-kru**) (*loc sg* **-krze**) *m* sugar; **cukier puder** icing sugar.

cukier|ek (**-ka**, **-ki**) (*instr sg* **-kiem**) *m* sweet (*BRIT*), candy (*US*).

cukier|nia (**-ni**, **-nie**) (*gen pl* **-ni** *lub* **-ń**) *f* cake shop.

cukiernicz|ka (**-ki**, **-ki**) (*dat sg* **-ce**, *gen pl* **-ek**) *f* sugar bowl.

cukierni|k (**-ka**, **-cy**) (*instr sg* **-kiem**) *m* confectioner.

cuki|nia (**-ni**, **-nie**) (*gen pl* **-ni**) *f* courgette (*BRIT*), zucchini (*US*).

cukrowni|a (**-**, **-e**) (*gen pl* **-**) *f* sugar factory.

cukrowy *adj*: **burak cukrowy** sugar beet; **trzcina cukrowa** sugar cane.

cukrzyc|a (**-y**) *f* (*MED*) diabetes.

cu|ma (**-my**, **-my**) (*dat sg* **-mie**) *f* (*ŻEGL*) mooring rope.

cum|ować (**-uję**, **-ujesz**) (*perf* **za-**) *vt/vi* to moor.

cwał|ować (**-uję**, **-ujesz**) (*perf* **po-**) *vi* to gallop.

cwania|k (**-ka**, **-cy** *lub* **-ki**) (*instr sg* **-kiem**) *m* (*pot*) smart ass (*pot*), sly fellow (*pot*).

cwany *adj* (*pot*) shrewd, canny.

cyf|ra (**-ry**, **-ry**) (*dat sg* **-rze**) *f* digit, figure.

Cyga|n (**-na**, **-nie**) (*loc sg* **-nie**) *m* Gypsy.

Cygan|ka (**-ki**, **-ki**) (*dat sg* **-ce**, *gen pl* **-ek**) *f* Gypsy.

cyga|ro (**-ra**, **-ra**) (*loc sg* **-rze**) *nt* cigar.

cyjan|ek (**-ku**, **-ki**) (*instr sg* **-kiem**) *m* cyanide.

cyk|l (**-lu**, **-le**) (*gen pl* **-li** *lub* **-lów**) *m* cycle; (*wykładów, koncertów*) series.

cykliczny *adj* serial.

cyklo|n (**-nu**, **-ny**) (*loc sg* **-nie**) *m* cyclone.

cylind|er (**-ra**, **-ry**) (*loc sg* **-rze**) *m* (*TECH*) cylinder; (*kapelusz*) top hat.

cymba|ł (**-ła**, **-ły**) (*loc sg* **-le**) *m* (*pot: niezdara*) blockhead (*pot*); **cymbały** *pl* (*MUZ*) dulcimer.

cymbał|ki (**-ków**) *pl* glockenspiel, xylophone.

cy|na (**-ny**) (*dat sg* **-nie**) *f* tin.

cynamo|n (**-nu**) (*loc sg* **-nie**) *m* cinnamon.

cyniczny *adj* cynical.

cyni|k (**-ka**, **-cy**) (*instr sg* **-kiem**) *m* cynic.

cyniz|m (**-mu**) (*loc sg* **-mie**) *m* cynicism.

cyn|k (**-ku**) (*instr sg* **-kiem**) *m* (*CHEM*) zinc.

cynkowany *adj* zinc-plated.

cyp|el (**-la**, **-le**) (*gen pl* **-li** *lub* **-lów**) *m* cape, headland.

Cyp|r (**-ru**) (*loc sg* **-rze**) *m* Cyprus.

Cypryjczy|k (-ka, -cy) (*instr sg* -kiem) *m* Cypriot.

cypryjski *adj* Cypriot.

cypry|s (-sa *lub* -su, -sy) (*loc sg* -sie) *m* (*BOT*) cypress.

cyr|k (-ku, -ki) (*instr sg* -kiem) *m* circus.

cyr|kiel (-kla, -kle) (*gen pl* -kli) *m* compasses *pl*.

cyrko|wiec (-wca, -wcy) *m* circus artist.

cyrkowy *adj* circus *attr*.

cyrkulacj|a (-i, -e) (*gen pl* -i) *f* circulation.

cyster|na (-ny, -ny) (*dat sg* -nie) *f* (*pojazd*) tanker, tank truck (*US*).

cytade|la (-li, -le) (*gen pl* -li) *f* citadel.

cyta|t (-tu, -ty) (*loc sg* -cie) *m* citation, quotation.

cyt|ować (-uję, -ujesz) (*perf* za-) *vt* to quote, to cite.

cytru|s (-sa, -sy) (*dat sg* -sie) *m* citrus (fruit).

cytrusowy *adj* citrus *attr*.

cytry|na (-ny, -ny) (*dat sg* -nie) *f* lemon; **herbata z cytryną** tea with lemon.

cytrynowy *adj* lemon *attr*.

cywil (-a, -e) *m* (*WOJSK*) civilian; **iść do cywila** to be discharged from the army.

cywilizacj|a (-i, -e) (*gen pl* -i) *f* civilization.

cywilizowany *adj* civilized.

cywilny *adj* (*ludność, lotnictwo, ślub*) civil; (*ubranie*) ordinary, plain; **stan cywilny** marital status; **spółka cywilna** civil partnership.

cz. *abbr* (= *część*) part.

cza|d (-du, -dy) (*loc sg* -dzie) *m* (*tlenek węgla*) carbon monoxide.

czadowy *adj* (*pot*) funky.

cza|ić się (-ję, -isz) *vr*. **czaić się na** +*acc* to lie in wait for.

czajnicz|ek (-ka, -ki) (*instr sg* -kiem) *m* teapot.

czajni|k (-ka, -ki) (*instr sg* -kiem) *m* kettle.

czap|ka (-ki, -ki) (*dat sg* -ce, *gen pl* -ek) *f* hat; (*z daszkiem*) cap.

czap|la (-li, -le) (*gen pl* -li) *f* (*ZOOL*) heron.

cza|r (-ru, -ry) (*loc sg* -rze) *m* (*wdzięk*) charm; **czary** *pl* magic.

czarno-biały *adj* black and white *attr*.

Czarnogó|ra (-ry) (*dat sg* -rze) *f* (*GEOG*) Montenegro.

czarnoksiężni|k (-ka, -cy) (*instr sg* -kiem) *m* wizard.

czarnorynkowy *adj* (*cena*) black market *attr*.

czarnoskóry *adj* black.

czarny *adj* (*kolor, oczy*) black; (*pot. brudny*) black, dirty; (*pesymistyczny: wizja, humor, myśli*) dark, gloomy; **czarny rynek** black market; **czarna porzeczka** blackcurrant; **czarna skrzynka** black box; **czarno na białym** (*przen*) down in black and white.

czarodzie|j (-ja, -je) (*gen pl* -i *lub* -jów) *m* wizard, sorcerer.

czarodziejski *adj* magic.

czar|ować (-uję, -ujesz) *vt* (*perf* za-) (*pot*) to charm, to bewitch, to hex (*US*); (*pot. zwodzić*) to lead up the garden path ♦ *vi* (*uprawiać czary*) to work charms.

czarownic|a (-y, -e) *f* witch.

czarowni|k (-ka, -cy) (*instr sg* -kiem) *m* medicine man.

czarterowy *adj* charter *attr*.

czarujący *adj* charming, enchanting.

cza|s (-su) (*loc sg* -sie) *m* time; (*okres*) (*nom pl* -sy) period; (*JĘZ*) (*nom pl* -sy) tense; **dobre/złe/dawne czasy** good/bad/old times; **najwyższy czas** it is high time; **na czas** in lub on time, on schedule; **od czasu do czasu** from time to time, (every) now and then.

czasami *adv* sometimes.

czasem *adv* (*czasami*) sometimes; (*pot. może*) by any chance.

czasochłonny *adj* time-consuming.

czasopi|smo (**-sma, -sma**) (*loc sg* **-śmie**) *nt* periodical.

czasowni|k (**-ka, -ki**) (*instr sg* **-kiem**) *m* (*JĘZ*) verb.

czasowy *adj* (*chwilowy*) temporary; (*odnoszący się do czasu*) temporal.

czasz|ka (**-ki, -ki**) (*dat sg* **-ce**, *gen pl* **-ek**) *f* skull.

cza|t (**-tu**) (*loc sg* **-cie**) *m* (*KOMPUT*) chat.

cząstecz|ka (**-ki, -ki**) (*dat sg* **-ce**, *gen pl* **-ek**) *f* (*CHEM, FIZ*) particle, molecule.

cząst|ka (**-ki, -ki**) (*dat sg* **-ce**, *gen pl* **-ek**) *f* (*drobna część*) particle.

czcicie|l (**-la, -le**) (*gen pl* **-li**) *m* worshipper.

czcić (**czczę, czcisz**) (*imp* **czcij**) *vt* (*Boga, bóstwo*) to worship; (*rocznicę*) (*perf* **u-**) to celebrate.

czcigodny *adj* venerable, hono(u)rable.

czcion|ka (**-ki, -ki**) (*dat sg* **-ce**, *gen pl* **-ek**) *f* type; (*DRUK, KOMPUT*) font.

czczo *adv*: **na czczo** on an empty stomach.

czczy *adj* (*słowa, gadanina*) idle; **na czczy żołądek** on an empty stomach.

Cze|ch (**-cha, -si**) *m* Czech.

Czechosłowacj|a (**-i**) *f* (*HIST*) Czechoslovakia.

Czech|y (**-**) *pl* (*region*) Bohemia; (*państwo*) the Czech Republic.

czego *pron gen od* **co** what.

czegoś *pron gen od* **coś** something.

cze|k (**-ku, -ki**) (*instr sg* **-kiem**) *m* cheque (*BRIT*), check (*US*).

czek|ać (**-am, -asz**) *vt* (*o przyszłości*): **czekać kogoś** to await sb ♦ *vi* (*oczekiwać*) (*perf* **po-** *lub* **za-**): **czekać** (**na** *+acc*) to wait (for).

czekani|e (**-a**) *nt* waiting.

czekola|da (**-dy, -dy**) (*dat sg* **-dzie**) *f* chocolate; **tabliczka czekolady** a bar of chocolate.

czekolad|ka (**-ki, -ki**) (*dat sg* **-ce**, *gen pl* **-ek**) *f* chocolate.

czekoladowy *adj* chocolate *attr*.

czele *n patrz* **czoło**.

czemu *pron dat od* **co**; **czemu?** (*pot*) how come? (*pot*).

czep|ek (**-ka, -ki**) (*instr sg* **-kiem**) *m* bonnet; **czepek kąpielowy** bathing cap.

czepi|ać się (**-am, -asz**) *vr*: **czepiać się** *+gen* (*chwytać się*) to stick to, to cling to; (*przen: krytykować*) to pick on.

czereś|nia (**-ni, -nie**) (*gen pl* **-ni**) *f* (*owoc*) (sweet) cherry; (*drzewo*) cherry tree.

czer|ń (**-ni, -nie**) (*gen pl* **-ni**) *f* (*kolor*) black; **kobieta w czerni** a woman in black.

czer|pać (**-pię, -piesz**) *vt* (*wodę*) to draw; (*korzyści, przyjemność*) to derive, to draw.

czerstwy *adj* (*pieczywo*) stale; (*przen: staruszek*) hale and hearty.

czer|wiec (**-wca, -wce**) *m* June.

czerwie|nić się (**-nię, -nisz**) (*imp* **-ń**, *perf* **za-**) *vr* (*stawać się czerwonym*) to redden, to turn red; (*rumienić się*) to blush.

czerwie|ń (**-ni, -nie**) (*gen pl* **-ni**) *f* (*kolor*) red.

czerwon|ka (**-ki**) (*dat sg* **-ce**) *f* (*MED*) dysentery.

czer|wony (*comp* **-wieńszy**) *adj* red; **Czerwony Krzyż** Red Cross ♦ *m decl like adj* (*pot, pej: komunista*) Red.

cze|sać (**-szę, -szesz**) *vt* (*włosy*) (*perf* **u-**) (*samemu*) to comb, to brush; (*o fryzjerze*) to do.

▸**czesać się** *vr* (*grzebieniem, szczotką*) to comb *lub* to brush one's hair.

czeski *adj* Czech ♦ *m decl like adj* (*język*) Czech.

czesn|e (-ego) *nt decl like adj* (*SZKOL*) tuition (fee).

Czesz|ka (-ki, -ki) (*dat sg* -ce, *gen pl* -ek) *f* Czech.

cześć (czci) *f* (*kult, uwielbienie*) reverence; (*pot*): **cześć!** (*na powitanie*) hi!, hello!; (*na pożegnanie*) see you!; **na cześć kogoś/czegoś** (*bankiet*) in hono(u)r of sb/sth.

czę|sto (*comp* -ściej) *adv* often, frequently.

częstotliwoś|ć (-ci) *f* frequency.

częst|ować (-uję, -ujesz) (*perf* po-) *vt*: **częstować kogoś czymś** to treat sb to sth.

►**częstować się** *vr* to help oneself.

częsty *adj* common, frequent.

częściowo *adv* partially, partly.

częściowy *adj* partial.

częś|ć (-ci, -ci) (*gen pl* -ci) *f* part; **części zamienne** *lub* **zapasowe** spare parts; **część mowy** (*JĘZ*) part of speech.

czkaw|ka (-ki) (*dat sg* -ce) *f* hiccup *lub* hiccough.

człekokształtny *adj*: **małpa człekokształtna** ape.

czło|n (-nu, -ny) (*loc sg* -nie) *m* (*statku kosmicznego*) module; (*zdania*) clause.

człon|ek (-ka) (*instr sg* -kiem) *m* (*organizacji, klubu*) (*nom pl* -kowie) member; (*nom pl* -ki) (*część ciała*) limb; (*też*: **członek męski**) penis.

członkost|wo (-wa) (*loc sg* -wie) *nt* membership.

człowieczeńst|wo (-wa) (*loc sg* -wie) *nt* humanity.

człowie|k (-ka, ludzie) (*instr sg* -kiem, *gen pl* ludzi, *dat pl* ludziom, *instr pl* ludźmi, *loc pl* ludziach) *m* human being; (*mężczyzna*) man; (*bezosobowo*): **człowiek nie wie, co robić** one doesn't *lub* you don't know what to do; *patrz też* **ludzie**.

czołg (-gu, -gi) (*instr sg* -giem) *m* tank.

czołg|ać się (-am, -asz) *vr* (*pełzać*) to crawl; (*przen*): **czołgać się przed kimś** to grovel to *lub* before sb.

cz|oło (-oła, -oła) (*dat sg* -ołu, *loc sg* -ole, *gen pl* -ół) *nt* forehead; (*przód*) (*loc sg* -ele) front.

czołowy *adj* (*przedni*) front *attr*; (*przen*: *wybitny*) leading; **zderzenie czołowe** head-on collision.

czołów|ka (-ki, -ki) (*dat sg* -ce, *gen pl* -ek) *f* (*front, czoło*) forefront; (*w gazecie*) front page; (*FILM*) the credits (*at the beginning of a film*); (*SPORT*) lead, top.

czop|ek (-ka, -ki) (*instr sg* -kiem) *m* (*MED*) suppository.

czosn|ek (-ku, -ki) (*instr sg* -kiem) *m* garlic.

czół|no (-na, -na) (*loc sg* -nie) *m* boat, canoe.

czterdziest|ka (-ki, -ki) (*dat sg* -ce, *gen pl* -ek) *f* forty; **on jest po czterdziestce** he is in his forties.

czterdziestoletni *adj* forty-year-old.

czterdziesty *num* fortieth; **czterdziesty pierwszy** forty-first.

czterdzieści (*like*: **dwadzieścia**) *num* forty.

czterej (*like*: **trzej**) *num* four.

czternasty *num* fourteenth.

czternaście (*like*: **jedenaście**) *num* fourteen.

czteroosobowy *adj* for four persons.

czterosuwowy *adj* (*silnik*) four-stroke *attr*, four-cycle *attr*.

cztery (*like*: **trzy**) *num* four.

czterysta (*like*: **dwadzieścia**) *num* four hundred.

czu|b (-ba, -by) (*loc sg* -bie) *m* (*u ptaka*) crest.

czubaty *adj* (*łyżka, talerz*) heaped; (*ptak*) crested.

czub|ek (-ka, -ki) (*instr sg* -kiem) *m*

tip; (*głowy, drzewa*) top; (*pot: idiota*) nut (*pot*).

czuci|e (**-a**) *nt* sense, feeling.

czu|ć (**-ję, -jesz**) (*perf* **po-**) *vt* to feel; (*zapach*) to smell; **czuję, że ...** I feel that ...; **czułem, jak ...** I could feel ... .

▸**czuć się** *vr*: **czuć się dobrze/źle** to feel well/unwell; **jak się czujesz?** how are you feeling?

czujni|k (**-ka, -ki**) (*instr sg* **-kiem**) *m* sensor.

czujnoś|ć (**-ci**) *f* vigilance.

czujny *adj* vigilant, wary.

czule *adv* affectionately, tenderly.

czuło|ść (**-ci**) *f* (*tkliwość*) affection, tenderness; (*filmu*) sensitivity, speed; (*przyrządu*) sensitivity; (*zmysłu*) acuteness.

czu|ły (*comp* **-lszy**) *adj* (*tkliwy*) affectionate, tender; (*wrażliwy*): **czuły (na +acc)** sensitive (to); (*przyrząd, film*) sensitive; **czułe miejsce** sore spot; **czuły punkt** sore point.

czuw|ać (**-am, -asz**) *vi* (*być czujnym*) to be on the alert; (*o strażnikach*) to keep watch; (*nie spać*) to keep vigil; **czuwać nad +instr** to watch over.

czwart|ek (**-ku, -ki**) (*instr sg* **-kiem**) *m* Thursday; **Wielki Czwartek** (*REL*) Maundy Thursday; **tłusty czwartek** *the last Thursday before Lent*.

czwarty *num* fourth; **o czwartej** at four (o'clock); **jedna czwarta** one fourth, a quarter.

czworacz|ki (**-ków**) *pl* quadruplets *pl*.

czwora|ki (**-ków**) *pl*: (**chodzić**) **na czworakach** (to walk) on all fours.

czworo (*see* **Table 21**) *num* four.

czworokąt (**-ta, -ty**) (*loc sg* **-cie**) *m* quadrangle.

czworokątny *adj* quadrangular.

czworon|óg (**-oga, -ogi**) (*instr sg* **-ogiem**) *m* quadruped.

czwór|ka (**-ki, -ki**) (*dat sg* **-ce**, *gen pl* **-ek**) *f* (*cyfra, numer*) four; (*grupa*) foursome; (*pot: autobus, pokój*) number four.

─────SŁOWO KLUCZOWE─────

czy *part* **1** (*w pytaniach*): **czy znasz tę książkę?** do you know this book?; **czy byłeś kiedyś za granicą?** have you ever been abroad?; **czy mogę wstać?** can I stand up?; **czy ja wiem?** (*pot*) I don't know. **2** (*w zdaniach podrzędnych*) if, whether; **nie wiem, czy to jest prawda** I don't know if it's true; **zapytaj ją, czy przyjdzie** ask her if she's coming ▸ *conj* or; **kawa czy herbata?** coffee or tea?; **prędzej czy później** sooner or later; **tak czy inaczej** one way or another.

---

czyh|ać (**-am, -asz**) *vi*: **czyhać na +acc** to lurk waiting for; (*przen: o niebezpieczeństwie*) to lurk.

czyj (*see* **Table 6**) *pron* whose; **czyje to dziecko?** whose child is it?

czyjś (*like*: **czyj**) *pron* someone's, somebody's.

czyli *part* that is, i.e.

czym *pron instr, loc od* **co** what; **czym to zrobiłeś?** what did you do it with?; **czym się pan zajmuje?** what do you do?; **o czym jest ta książka?** what is this book about?; **czym prędzej** as soon as possible.

czymś *pron instr, loc od* **coś** something.

czy|n (**-nu, -ny**) (*loc sg* **-nie**) *m* (*postępek*) act, deed.

czy|nić (**-nię, -nisz**) (*imp* **-ń**, *perf* **u-**) *vt* (*wykonywać*) to do ▸ *vi* (*postępować*) to act.

czynieni|e (**-a**) *nt*: **mieć z kimś do czynienia** to deal with sb.

czynnie *adv* actively.

czynni|k (**-ka, -ki**) (*instr sg* **-kiem**) *m* factor.

czynnoś|ć (-ci, -ci) *f* (*akt działania*) action, activity; **czynności** *pl* (*urzędowe, sądowe*) actions.

czynny *adj* active; (*sklep*) open; (*urządzenie*) in working order; **strona czynna** (*JĘZ*) the active (voice); **imiesłów czynny** (*JĘZ*) present participle.

czynsz (-u, -e) (*gen pl* -ów) *m* rent.

czyra|k (-ka, -ki) (*instr sg* -kiem) *m* boil.

czyst|ka (-ki, -ki) (*dat sg* -ce, *gen pl* -ek) *f* purge.

czy|sto (*comp* -ściej) *adv* (*porządnie*) clean(ly); (*przejrzyście*) clear(ly); (*śpiewać, brzmieć*) in tune; (*tylko: ekonomiczny, formalny*) purely.

czystopi|s (-su, -sy) (*loc sg* -sie) *m* final draft.

czystoś|ć (-ci) *f* (*porządek*) cleanliness; (*brak brudu*) cleanness; (*przejrzystość: powietrza, wody*) clarity; (*dźwięku*) purity, clarity.

czy|sty *adj* (*ręce, bielizna*) clean; (*powietrze, woda, niebo*) clear; (*tlen, wełna*) pure; (*pot: szaleństwo, przypadek*) sheer; (*pot: niewinny*) clean (*pot*).

czyszczący *adj*: **środek czyszczący** cleaner; **płyn czyszczący** liquid cleaner.

czy|ścić (-szczę, -ścisz) (*imp* -ść, *perf* **wy-**) *vt* to clean.

czyś|ciec (-ćca, -ćce) *m* (*REL*) purgatory.

czyt|ać (-am, -asz) (*perf* **prze-**) *vt/vi* to read.

czytani|e (-a) *nt* (*czynność*) reading; (*w parlamencie, kościele*) (*nom pl* -a) reading.

czytan|ka (-ki, -ki) (*dat sg* -ce, *gen pl* -ek) *f* (*SZKOL*) text (*in a reader*).

czytel|nia (-ni, -nie) (*gen pl* -ni) *f* reading room.

czytelnie *adv* legibly.

czytelni|k (-ka, -cy) (*instr sg* -kiem) *m* reader.

czytelny *adj* legible.

czyż *part* = **czy**.

czyżby *part.* **czyżby zapomniał?** could he have forgotten?; **czyżby?** really?

Ć

ćma (ćmy, ćmy) (*dat sg* **ćmie**, *gen pl* **ciem**) *f* moth.

ćp|ać (-am, -asz) *vi* (*pot*) to do drugs (*pot*).

ćwiart|ka (-ki, -ki) (*dat sg* -ce, *gen pl* -ek) *f* a quarter.

ćwicze|nie (-nia, -nia) (*gen pl* -ń) *nt* (*czynność*) practice; (*SZKOL, SPORT*) exercise; **ćwiczenia** *pl* (*UNIW*) classes *pl*; (*WOJSK*) exercises *pl*.

ćwicz|yć (-ę, -ysz) *vt* (*powtarzać*) to practise (*BRIT*), to practice (*US*); (*doskonalić: człowieka*) (*perf* **wy-**) to train; (: *mięśnie, umysł*) (*perf* **wy-**) to exercise ♦ *vi* to practise (*BRIT*), to practice (*US*); (*uprawiać sport*) to exercise.

ćwier|ć (-ci, -ci) *f* a quarter.

ćwierćfina|ł (-łu, -ły) (*loc sg* -le) *m* quarterfinal.

ćwierćnu|ta (-ty, -ty) (*dat sg* -cie) *f* (*MUZ*) crotchet (*BRIT*), quarter note (*US*).

ćwierk|ać (-am, -asz) (*perf* **za-**) *vi* to chirp.

ćwikłowy *adj*: **burak ćwikłowy** (red)beet, beetroot.

D

d. *abbr* (= *dawny*) former; (= *dawniej*) formerly.

dach (-u, -y) *m* roof.

dachów|ka (-ki, -ki) (*dat sg* -ce, *gen pl* -ek) *f* (roof) tile.

dać (dam, dasz) (*3 pl* dadzą) *vb perf od* dawać.

dag *abbr* (= *dekagram*) dag (= decagram).

daktyl (-a, -e) (*gen pl* -i) *m* (*BOT*) date.

dal (-i) (*gen pl* -i) *f* distance; **skok w dal** long jump.

dalej *adv comp od* daleko; (*w przestrzeni*) farther; (*w czasie*) further; **i tak dalej** and so on.

dal|eki (*comp* -szy) *adj* (*kraj*) far-away; (*krewny, podobieństwo, czasy, cel*) distant; (*podróż, zasięg*) long; **Daleki Wschód** the Far East.

daleko (*comp* dalej) *adv* far; **jak daleko (jest) do dworca?** how far is it to the station?

dalekobieżny *adj* long-distance.

dalekosiężny *adj* far-reaching.

dalekowidz (-a, -e) *m*: **być dalekowidzem** to be long-sighted.

dalekowzroczny *adj* (*MED*) long-sighted; (*przen*) far-sighted.

dalmierz (-a, -e) (*gen pl* -y) *m* rangefinder.

dalszy *adj comp od* daleki; (*przyszły*) further; **dopełnienie dalsze** (*JĘZ*) indirect object; **dalszy ciąg nastąpi** to be continued.

daltoni|sta (-sty, -ści) (*dat sg* -ście) *m decl like f in sg*: **być daltonistą** to be colour-blind (*BRIT*) *lub* color-blind (*US*).

da|ma (-my, -my) (*dat sg* -mie) *f* lady; (*KARTY*) queen.

Damasz|ek (-ku) (*instr sg* -kiem) *m* Damascus.

damski *adj* lady's; (*towarzystwo*) female.

dancin|g, dansin|g (-gu, -gi) (*instr sg* -giem) *m* dance.

dan|e (-ych) *pl* data.

Dani|a (-i) *f* Denmark.

da|nie (-nia, -nia) (*gen pl* -ń) *nt* (*potrawa*) dish; (*część posiłku*) course; **drugie danie** main course.

dany *adj* given; **w danej chwili** at a given moment.

da|r (-ru, -ry) (*loc sg* -rze) *m* (*upominek, talent*) gift.

daremnie *adv* in vain.

daremny *adj* futile.

darł *itd. vb patrz* drzeć.

darmo *adv*: **za darmo** (for) free; **na darmo** in vain.

darmowy *adj* free.

dar|ować (-uję, -ujesz) *vt perf* (*upominek*) to give; (*karę*) to pardon; (*życie*) to spare; (*dług*) to remit; (*urazę, winę*) to forgive.

darowi|zna (-zny, -zny) (*dat sg* -źnie) *f* (*dar*) donation; (*umowa*) deed of gift.

darz|yć (-ę, -ysz) *vt*: **darzyć kogoś szacunkiem** to hold sb in high esteem; **darzyć kogoś sympatią** to feel affinity with *lub* for sb; **darzyć kogoś zaufaniem** to have confidence in sb.

dasz|ek (-ku, -ki) (*instr sg* -kiem) *m* (*mały dach*) canopy; (*czapki*) peak, visor.

da|ta (-ty, -ty) (*dat sg* -cie) *f* date.

dat|ować (-uję, -ujesz) *vt* to date.

▸**datować się** *vr*: **datować się od** +*gen* to date back to; **datować się z** +*gen* to date from.

da|wać (-ję, -jesz) (*perf* dać) *vt* to give.

▸**dawać się** *vr*: **nie daj się** don't give in; **to się da zrobić** it can be done.

dawc|a (-y, -y) *m decl like f in sg* donor.

daw|ka (-ki, -ki) (*dat sg* -ce, *gen pl* -ek) *f* dose.

dawk|ować (-uję, -ujesz) *vt* to dose.

dawkowani|e (-a) *nt* dosage.

dawniej *adv comp od* **dawno**; (*przedtem*) formerly.

dawno *adv*: **dawno (temu)** long ago; **już dawno go nie widziałem** I haven't seen him for a (long) while; **już dawno powinien tu być** he should have been here a long time ago.

dawny *adj* former; (*starożytny*) ancient; **od dawna** for a long time.

dąb (dębu, dęby) (*loc sg* dębie) *m* oak.

dąs|ać się (-am, -asz) *vr* to sulk.

dąże|nie (-nia, -nia) (*gen pl* -ń) *nt*: **dążenie (do czegoś)** (*zmierzanie*) aspiration(s) (*pl*) (for *lub* after sth); (*pragnienie*) desire (for sth).

dąż|yć (-ę, -ysz) *vi*: **dążyć do** +gen to aim at.

db *abbr* (= *dobry*) ≈ B (*grade at school*).

db|ać (-am, -asz) (*perf* za-) *vi*: **dbać o kogoś/coś** to take care of sb/sth; **nie dbać o coś** not to care (a bit) about sth.

dbały *adj* (*troskliwy*) caring; (*staranny*) conscientious; **dbały o** +acc careful of.

deale|r (-ra, -rzy) (*loc sg* -rze) *m* dealer.

deba|ta (-ty, -ty) (*dat sg* -cie) *f* debate.

debil (-a, -e) (*gen pl* -i) *m* (*pot*) moron (*pot*).

debiu|t (-tu, -ty) (*loc sg* -cie) *m* debut.

debiut|ować (-uję, -ujesz) (*perf* za-) *vi* to make one's debut.

dech (tchu) *m* (*oddech*) breath; **dech mi zaparło** it took my breath away; **bez tchu** out of breath; **z zapartym tchem** with bated breath.

decyd|ować (-uję, -ujesz) *vi*:

decydować (o czymś) (*podejmować decyzję*) (*perf* z-) to decide (on sth); (*mieć decydujące znaczenie*) (*perf* za-) to determine (sth).

▶**decydować się** (*perf* z-) *vr* (*podejmować decyzję*) to make up one's mind; (*o losie: rozstrzygać się*) to be determined; **decydować się na coś** to opt for sth.

decydujący *adj* decisive.

decyme|tr (-ra, -ry) (*loc sg* -rze) *m* decimetre (*BRIT*), decimeter (*US*).

decyzj|a (-i, -e) (*gen pl* -i) *f* decision; **podjąć** *lub* **powziąć** (*perf*) **decyzję** to take *lub* make a decision.

dedykacj|a (-i, -e) (*gen pl* -i) *f* (*tekst, napis*) inscription; (*fakt zadedykowania*) dedication.

dedyk|ować (-uję, -ujesz) (*perf* za-) *vt* to dedicate.

defek|t (-tu, -ty) (*loc sg* -cie) *m* (*usterka*) defect; (*wada fizyczna*) handicap.

defensy|wa (-wy, -wy) (*dat sg* -wie) *f* defence (*BRIT*), defense (*US*).

deficy|t (-tu) (*loc sg* -cie) *m* (*FIN*) deficit; (*niedobór*) shortage; **deficyt budżetowy** budget deficit.

definicj|a (-i, -e) (*gen pl* -i) *f* definition.

definitywnie *adv* finally.

definitywny *adj* final.

deform|ować (-uję, -ujesz) (*perf* z-) *vt* to deform.

defraudacj|a (-i, -e) (*gen pl* -i) *f* embezzlement.

degeneracj|a (-i) *f* (*zwyrodnienie moralne*) degeneracy; (*MED, BIO*) degeneration, degeneracy.

degradacj|a (-i) (*gen pl* -i) *f* (*pracownika, oficera*) demotion; (*upadek*) degradation; (*środowiska naturalnego*) deterioration.

degrad|ować (-uję, -ujesz) (*perf* z-) *vt* to demote.

degust|ować (**-uję -ujesz**) (*perf* **z-**) *vt* to taste.

deka *nt* (*pot. dekagram*): **10 deka kawy** 100 grams of coffee.

deka|da (**-dy, -dy**) (*dat sg* **-dzie**) *f* ten days; **w trzeciej dekadzie lipca** towards the end of July.

dekagra|m (**-ma, -my**) (*loc sg* **-mie**) *m* dekagram, decagram;

deklam|ować (**-uję, -ujesz**) (*perf* **za-**) *vt* (*wiersz*) to recite.

deklaracj|a (**-i, -e**) (*gen pl* **-i**) *f* declaration; (*zobowiązanie*) pledge; **deklaracja celna** customs declaration; **deklaracja podatkowa** tax return.

deklar|ować (**-uję, -ujesz**) (*perf* **za-**) *vt* (*ogłaszać*) to declare; (*przyrzekać*) to pledge.

▸**deklarować się** (*perf* **z-**) *vr.* **deklarować się za czymś** to declare for sth; **deklarować się przeciw czemuś** to declare against sth.

deklinacj|a (**-i, -e**) (*gen pl* **-i**) *f* (*JĘZ*) declension.

deklin|ować (**-uję, -ujesz**) *vt* (*JĘZ*) to decline.

dekode|r (**-ra, -ry**) (*loc sg* **-rze**) *m* decoder.

dekod|ować (**-uję, -ujesz**) (*perf* **z-**) *vt* to decode.

dekol|t (**-tu, -ty**) (*loc sg* **-cie**) *m* (*krój przy szyi*) neckline; (*część ciała*) cleavage; **suknia z dekoltem** low-cut dress.

dekoracj|a (**-i, -e**) (*gen pl* **-i**) *f* decoration; (*TEATR, FILM*) set.

dekoracyjny *adj* (*sztuka, tkanina, roślina*) decorative.

dekor|ować (**-uję, -ujesz**) (*perf* **u-**) *vt* to decorate.

dekre|t (**-tu, -ty**) (*loc sg* **-cie**) *m* decree.

delegacj|a (**-i, -e**) (*gen pl* **-i**) *f* (*grupa delegatów*) delegation; (*wyjazd*

służbowy) business trip; (*zaświadczenie*) expense report.

delegaliz|ować (**-uję, -ujesz**) (*perf* **z-**) *vt* to ban, to make illegal.

delega|t (**-ta, -ci**) (*loc sg* **-cie**) *m* delegate.

deleg|ować (**-uję, -ujesz**) (*perf* **wy-**) *vt* to delegate.

delekt|ować się (**-uję, -ujesz**) *vr.* **delektować się czymś** to savour (*BRIT*) *lub* savor (*US*) sth.

delfi|n (**-na, -ny**) (*loc sg* **-nie**) *m* dolphin.

delikates|y (**-ów**) *pl* (*przysmaki*) delicacies *pl*; (*sklep*) deli(catessen).

delikatnie *adv* (*dotykać, krytykować*) gently; (*dźwięczeć, pachnieć*) softly.

delikatny *adj* (*subtelny*) gentle; (*drobny*) delicate; (*kolor*) soft; (*zapach*) mild; (*chorowity*) delicate, fragile; (*sprawa, misja*) sensitive.

demago|g (**-ga, -dzy** *lub* **-gowie**) (*instr sg* **-giem**) *m* demagogue.

demagogi|a (**-i**) *f* demagoguery.

demask|ować (**-uję, -ujesz**) (*perf* **z-**) *vt* to expose, to debunk.

▸**demaskować się** *vr* to throw off the mask.

dement|ować (**-uję, -ujesz**) (*perf* **z-**) *vt* to deny.

demobilizacj|a (**-i**) *f* demobilization.

demobiliz|ować (**-uję, -ujesz**) (*perf* **z-**) *vt* (*WOJSK*) to demobilize.

demograficzny *adj* demographic.

demokracj|a (**-i, -e**) (*gen pl* **-i**) *f* democracy.

demokra|ta (**-ty, -ci**) (*dat sg* **-cie**) *m* *decl like f in sg* democrat.

demokratyczny *adj* democratic.

demol|ować (**-uję, -ujesz**) (*perf* **z-**) *vt* to vandalize.

demonstracj|a (**-i, -e**) (*gen pl* **-i**) *f* demonstration.

demonstr|ować (**-uję, -ujesz**) (*perf* **za-**) *vt* (*pokazywać*) to demonstrate ▸ *vi* (*manifestować*) to demonstrate.

demont|ować (-uję, -ujesz) (perf z-) vt to disassemble, to take apart.

demoraliz|ować (-uję, -ujesz) (perf z-) vt to deprave.

denatura|t (-tu) (loc sg -cie) m methylated spirits.

denerw|ować (-uję, -ujesz) (perf z-) vt (drażnić) to irritate; (złościć) to annoy; **to mnie denerwuje** it gets on my nerves.

▶**denerwować się** vr (niepokoić się) to be nervous; (złościć się) to be irritated.

denerwujący adj irritating, annoying.

denty|sta (-sty, -ści) (dat sg -ście) m decl like f in sg dentist.

dentystyczny adj (gabinet, fotel) dentist's attr; (technik) dental attr.

departamen|t (-tu, -ty) (loc sg -cie) m (dział ministerstwa) department.

depesz|a (-y, -e) f (telegram) telegram, cable; (wiadomość) dispatch.

depilacj|a (-i) f depilation.

depilato|r (-ra, -ry) (loc sg -rze) m depilatory; (urządzenie) hair remover.

deport|ować (-uję, -ujesz) vt to deport.

depozy|t (-tu, -ty) (loc sg -cie) m deposit.

depresj|a (-i, -e) (gen pl -i) f depression.

dep|tać (-czę, -czesz) (perf po-) vt to tread, to trample (on); „**nie deptać trawnika**" "keep off the grass".

dermatologi|a (-i) f dermatology.

desan|t (-tu, -ty) (loc sg -cie) m landing (operation).

dese|ń (-nia, -nie) (gen pl -ni) m pattern, design.

dese|r (-ru, -ry) (loc sg -rze) m dessert, afters pl (pot); **na deser** for dessert lub afters (pot).

des|ka (-ki, -ki) (dat sg -ce, gen pl -ek) f (gruba) board; (cienka) plank;

deski pl (pot. narty) skis pl; **deska do prasowania** ironing board; **deska surfingowa** surfboard.

deskorol|ka (-ki, -ki) (dat sg -ce, gen pl -ek) f skateboard.

despo|ta (-ty, -ci) (dat sg -cie) m decl like f in sg despot.

despotyczny adj (władca, rządy) authoritarian; (człowiek) despotic, bossy.

destabiliz|ować (-uję, -ujesz) (perf z-) vt to destabilize.

destrukcyjny, destruktywny adj destructive.

destyl|ować (-uję, -ujesz) (perf prze-) vt to distil.

desygn|ować (-uję, -ujesz) vt to designate, to appoint.

deszcz (-u, -e) m rain; (przen) shower; **pada deszcz** it is raining; **kwaśny deszcz** acid rain.

deszczowy adj rainy.

detal (-u, -e) (gen pl -i lub -ów) m (szczegół) detail; (HANDEL) retail.

detaliczny adj (HANDEL) retail attr.

detekty|w (-wa, -wi) (loc sg -wie) m detective; **prywatny detektyw** private detective lub investigator.

detektywistyczny adj (film, powieść) detective attr.

detergen|t (-tu, -ty) (loc sg -cie) m detergent.

determinacj|a (-i) f determination.

determin|ować (-uję, -ujesz) (perf z-) vt to determine.

dewaluacj|a (-i, -e) (gen pl -i) f devaluation.

dewast|ować (-uję, -ujesz) (perf z-) vt to vandalize.

dewi|za (-zy, -zy) (dat sg -zie) f motto; **dewizy** pl foreign currency.

dewot|ka (-ki, -ki) (dat sg -ce, gen pl -ek) f bigot.

dezaproba|ta (-ty) (dat sg -cie) f disapproval.

dezercj|a (-i, -e) (gen pl -i) f desertion.

dezerte|r (-ra, -rzy) (*loc sg* -rze) *m* deserter.

dezodoran|t (-tu, -ty) (*loc sg* -cie) *m* deodorant.

dezorganiz|ować (-uję, -ujesz) (*perf* z-) *vt* to disorganize.

dezorient|ować (-uję, -ujesz) (*perf* z-) *vt* to confuse.

dezynfekcj|a (-i) *f* disinfection.

dezynfek|ować (-uję, -ujesz) (*perf* z-) *vt* to disinfect.

dezynfekujący *adj*: **środek dezynfekujący** disinfectant.

dębu *itd.* *n patrz* **dąb**.

dęt|ka (-ki, -ki) (*dat sg* -ce, *gen pl* -ek) *f* (*w oponie*) (inner) tube; (*w piłce*) bladder.

dęty *adj* (*instrument, orkiestra*) wind *attr.*

diabelski *adj* devilish; **diabelski młyn** big *lub* Ferris wheel.

diab|eł (-ła, -ły *lub* -li) (*dat sg* -łu, *loc sg* -le) *m* devil; **idź do diabła!** go to hell!

diagno|za (-zy, -zy) (*dat sg* -zie) *f* diagnosis; **stawiać (postawić** *perf*) **diagnozę** to diagnose.

dialek|t (-tu, -ty) (*loc sg* -cie) *m* dialect.

dialo|g (-gu, -gi) (*instr sg* -giem) *m* dialogue (*BRIT*), dialog (*US*).

diamen|t (-tu, -ty) (*loc sg* -cie) *m* diamond.

diecezj|a (-i, -e) (*gen pl* -i) *f* diocese.

die|ta (-ty, -ty) (*dat sg* -cie) *f* diet; **diety** *pl* (*zwrot kosztów utrzymania w podróży*) travelling allowance (*BRIT*), traveling allowance (*US*); **być na diecie** to be on a diet; **diety poselskie** MP's salary.

dietetyczny *adj* diet *attr.*

dinozau|r (-ra, -ry) (*loc sg* -rze) *m* dinosaur.

dio|da (-dy, -dy) (*loc sg* -dzie) *f* diode; **dioda świecąca** LED.

disco *nt inv* disco; **muzyka disco** disco music.

dla *prep* +*gen* (*dla oznaczenia przeznaczenia*) for; (*wobec*) to, towards; **ta książka jest dla ciebie** this book is for you; **był to dla niej wielki cios** it was a great shock for her; **dla przyjemności** for pleasure.

dlaczego *adv, conj* why; **dlaczego nie?** why not?

dlatego *conj* (*więc*) so, therefore; (*z tego powodu*) that's why; **padał deszcz, dlatego wziął parasol** it was raining, so he took an umbrella; **dlatego, że** because.

dł. *abbr* (= **długość**) l., L (= length).

dło|ń (-ni, -nie) (*gen pl* -ni, *instr pl* -niami *lub* -ńmi) *f* (*wewnętrzna część ręki*) palm; (*ręka*) hand.

dłu|bać (-bię, -biesz) *vi*: **dłubać (w czymś)** (*drążyć*) to hollow (sth) out; (*pot*): **dłubać (przy czymś)** (*majstrować*) to tinker (with/at sth); **dłubać w nosie/zębach** to pick one's nose/teeth.

dłu|g (-gu, -gi) (*instr sg* -giem) *m* debt.

dłu|gi (*comp* -ższy) *adj* long.

dłu|go (*comp* -żej) *adv* long; **jak długo?** how long?; **tak długo jak ...** as long as ... .

długofalowy *adj* long-range, long-term.

długopi|s (-su, -sy) (*loc sg* -sie) *m* pen, ballpoint (pen).

długoś|ć (-ci, -ci) (*gen pl* -ci) *f* length; **długość fali** (*FIZ*) wavelength; **wąż długości sześciu metrów** a snake 6 metres long; **długość geograficzna** longitude.

długotrwały *adj* long-lasting.

długowieczność (-ci) *f* longevity.

dłu|to (-ta, -ta) (*loc sg* -cie) *nt* chisel.

dłużej *adv comp od* **długo**.

dłużni|k (-ka, -cy) (*instr sg* -kiem) *m* debtor.

dłużny *adj*: **być komuś coś dłużnym**

to owe sb sth, to owe sth to sb; **być komuś dłużnym (za coś)** to owe a debt to sb (for sth).

dłuższy adj comp od **długi**; **na dłuższą metę** in the long run.

dłuż|yć się (-y) vr (o czasie, koncercie) to drag.

dm abbr (= decymetr) dm.

dmuch|ać (-am, -asz) (perf -nąć) vi to blow.

dnia itd. n patrz **dzień**.

dni|eć (-je) vi: **dnieje** it's dawning.

dniów|ka (-ki, -ki) (dat sg -ce, gen pl -ek) f (dzień pracy) working day; (wynagrodzenie) daily wage.

dno (dna, dna) (loc sg **dnie**, gen pl **den**) nt (naczynia) bottom; (oceanu, jeziora) bed, bottom; (przen: najniższy poziom) bottom.

---SŁOWO KLUCZOWE---

do prep +gen **1** (w kierunku) to; **jadę do Warszawy** I'm going to Warsaw; **idę do pracy/kina** I'm going to work/the cinema; **chodzić do szkoły** to go to school. **2** (do wnętrza) into; **do szafy/szuflady/ kieszeni** into a wardrobe/drawer/ pocket; **wejść do pokoju** to enter a room. **3** (nie dalej niż) to; **odprowadź ją do drzwi** see her to the door; **podejdź do mnie** come up to me; **z** lub **od A do B** from A to B. **4** (nie dłużej niż) till, until; **zostanę do piątku** I'll stay till lub until Friday; **zrobię to do piątku** I'll do it by Friday; **(w)pół do drugiej** half past one; **do jutra!** see you tomorrow!; **do widzenia/zobaczenia!** good bye!, see you! **5** (nie więcej niż) up to; **kara wynosi do 100 złotych** the fine is up to 100 zloty. **6** (o przeznaczeniu): **krem do rąk** hand cream; **coś do jedzenia/picia**

something to eat/drink; **do czego to jest?** what is it for?

doba (doby, doby) (dat sg **dobie**, gen pl **dób**) f (dzień i noc) day (and night), twenty four hours; (przen: epoka) age; **(przez) całą dobę** day and night.

dobi|egać (-egam, -egasz) (perf -ec) vi (o dźwięku, hałasie) to come; (o czasie) to draw on; (o ścieżce) to run, to lead; **dobiega trzecia** it's almost three o'clock; **dobiegać końca** to draw to a close lub an end; **dobiegał sześćdziesiątki** he was getting on for sixty.

do|bierać (-bieram, -bierasz) (perf -brać) vt (słowa, przyjaciół) to select; **dobierać coś do czegoś** to match sth (up) with sth.

dobosz (-a, -e) (gen pl -y lub -ów) m (army) drummer.

dob|ór (-oru) (loc sg -orze) m selection.

dobranoc inv: **dobranoc!** good night!

dob|ro (-ra, -ra) (loc sg -ru) nt good; **dobra** pl (towary) goods pl; (majątek) property.

dobroby|t (-tu) (loc sg -cie) m prosperity, well-being.

dobroczynnoś|ć (-ci) f charity.

dobroczynny adj charitable; **działalność dobroczynna** charity.

dobroczyńc|a (-y, -y) m decl like f in sg benefactor.

dobro|ć (-ci) f goodness, kindness.

dobroduszny adj good-natured.

dobrowolnie adv voluntarily.

dobrowolny adj voluntary.

dobry (comp **lepszy**) adj good; (uprzejmy) good, kind; **ona jest dobra z matematyki** she's good at maths; **dobry wieczór!** good evening!; **wszystkiego dobrego!** all

the best!; **dobra!** (*pot*) O.K.! ♦ *m
decl like adj* (*SZKOL: ocena*) ≈ B.
dobrze (*comp* **lepiej**) *adv* well;
(*przyjmować*) warmly; **dobrze!**
O.K.!, all right!; **dobrze znany**
well-known; **dobrze komuś życzyć**
to wish sb well; **jak dobrze pójdzie**
if everything goes well.
dobyt|ek (**-ku**) (*instr sg* **-kiem**) *m*
belongings *pl*; (*PRAWO*) goods and
chattels *pl*.
doce|niać (**-niam, -niasz**) (*perf* **-nić**)
vt to appreciate; **nie doceniać** to
underestimate.
docen|t (**-ta, -ci**) (*loc sg* **-cie**) *m*
(*UNIW*) reader (*BRIT*), assistant
professor (*US*).
dochodowy *adj* (*przedsięwzięcie*)
profitable, profit-making; **podatek
dochodowy** income tax.
dochodze|nie (**-nia, -nia**) (*gen pl* **-ń**)
nt investigation.
do|chodzić (**-chodzę, -chodzisz**)
(*imp* **-chodź**, *perf* **-jść**) *vi*: **dochodzić
(do** +*gen*) to reach; (*o liście*) to
arrive; (*sięgać*) to reach (as far as);
dochodzi pierwsza/północ it's
almost one o'clock/midnight;
dochodzić do siebie (po chorobie)
to recover; (*odzyskiwać
przytomność*) to come round; **jak do
tego doszło?** how did it happen?
dochow|ywać (**-uję, -ujesz**) (*perf*
-ać) *vt*: **dochowywać
tajemnicy/przysięgi** to keep a
secret/promise; **dochować
zobowiązania** to keep to *lub* meet
an obligation.
doch|ód (**-odu, -ody**) (*loc sg* **-odzie**)
m (*zarobki*) income; (*zysk*) profit;
dochody *pl* earnings *pl*; (*wpływy do
budżetu*) revenue.
do|cierać (**-cieram, -cierasz**) (*perf*
-trzeć) *vt* (*samochód*) to run in ♦ *vi*:
docierać (do +*gen*) to reach.

docin|ek (**-ka, -ki**) (*instr sg* **-kiem**) *m*
cutting remark, taunt.
docis|kać (**-kam, -kasz**) (*perf* **-nąć**)
vt (*pokrywę, drzwi*) to close tight;
(*śrubę*) to tighten; **dociskać pasa**
(*przen*) to tighten one's belt.
doczek|ać (**-am, -asz**) *vi perf*:
doczekać czegoś (*dotrwać czekając*)
to wait till *lub* until; (*dożyć*) to live
to.
►**doczekać się** *vr perf*: **nie mogę
się ciebie doczekać** I can't wait to
see you.
dod|ać (**-am, -asz**) (*imp* **-aj**) *vb perf
od* **dodawać**.
dodat|ek (**-ku, -ki**) (*instr sg* **-kiem**) *m*
(*do gazety, czasopisma*) supplement;
(*do wynagrodzenia*) bonus; (*do
potrawy*) additive; **na dodatek** *lub* **w
dodatku** further, in addition.
dodatkowo *adv* additionally; (*płacić*)
extra.
dodatkowy *adj* additional,
supplementary.
dodatni *adj* positive.
dodatnio *adv* positively.
doda|wać (**-ję, -jesz**) (*perf* **dodać**) *vt*
(*dokładać*) to add; (*sumować*) to add
(up).
dodawani|e (**-a**) *nt* addition.
dodzwo|nić się (**-nię, -nisz**) (*imp* **-ń**)
vr perf: **dodzwonić się (do** +*gen*) to
get through (to).
dogad|ywać (**-uję, -ujesz**) (*perf* **-ać**)
vi: **dogadywać komuś** to make *lub*
pass nasty remarks about sb.
►**dogadywać się** *vr* (*w obcym
języku*) to make o.s. understood.
dogadz|ać (**-am, -asz**) (*perf*
dogodzić) *vi*: **dogadzać komuś** to
please *lub* pamper sb.
dogani|ać (**-am, -asz**) (*perf* **dogonić**)
vt to catch (up with).
dogłębny *adj*: **dogłębna
wiedza/analiza** in-depth
knowledge/analysis.

dogma|t (-tu, -ty) (*loc sg* -cie) *m* dogma.

dogod|ny (*comp* -niejszy) *adj* (*moment, położenie*) convenient; (*warunki*) favourable (*BRIT*), favorable (*US*); (*cena, propozycja*) attractive.

dogryw|ka (-ki, -ki) (*dat sg* -ce, *gen pl* -ek) *f* (*SPORT*) extra time (*BRIT*), overtime (*US*); (*GIEŁDA*) extra-time trading.

doić (doję, doisz) (*imp* dój, *perf* wy-) *vt* to milk.

doj|azd (-azdu, -azdy) (*loc sg* -eździe) *m* (*do budynku itp.*) drive, approach *lub* access road; (*dostęp*) access, approach.

dojeżdż|ać (-am, -asz) (*perf* dojechać) *vi* to approach; **dojeżdżać do pracy** to commute.

dojrzałoś|ć (-ci) *f* maturity; (*owocu*) ripeness; **dojrzałość płciowa** sexual maturity; **świadectwo dojrzałości** *certificate of secondary education*; ≈ GCSE (*BRIT*), ≈ High School Diploma (*US*).

dojrza|ły (*comp* -lszy) *adj* (*człowiek, wino, postępowanie*) mature; (*zboże, owoc*) ripe; (*ser*) ripe, mature.

dojrz|eć[1] (-ę, -ysz) (*imp* -yj) *vb perf od* **doglądać** *vt perf* to catch sight of, to spot.

dojrz|eć[2] (-eję, -ejesz) *vb perf od* **dojrzewać**.

dojrzew|ać (-am, -asz) (*perf* dojrzeć) *vi* (*o człowieku, winie, planach*) to mature; (*o zbożu, owocach*) to ripen; (*o serze*) to ripen, to mature.

dojrzewani|e (-a) *nt*: **okres dojrzewania** adolescence; **dojrzewanie płciowe** puberty.

dojść (dojdę, dojdziesz) (*imp* dojdź, *pt* doszedł, doszła, doszli) *vb perf od* **dochodzić**.

dokańcz|ać (-am, -asz) (*perf* dokończyć) *vt* to finish.

dokaz|ywać (-uję, -ujesz) (*perf* -ać) *vi* to romp, to frolic.

dokąd *pron*: **dokąd?** where (to)?; **nie wiem, dokąd poszła** I don't know where she went; **nie miał dokąd pójść** he had nowhere to go.

dokądkolwiek *pron* wherever.

dokład|ać (-am, -asz) (*perf* dołożyć) *vt* to add.

dokład|ka (-ki, -ki) (*dat sg* -ce, *gen pl* -ek) *f* (*pot*) seconds *pl*, second helping.

dokładnie *adv* exactly, precisely.

dokładnoś|ć (-ci) *f* accuracy, precision; **z dokładnością do 1 mm** exact to a millimetre (*BRIT*) *lub* millimeter (*US*).

dokładny *adj* (*plan, obliczenia*) accurate, exact; (*tłumaczenie*) close; (*czas*) exact, precise; (*pracownik*) thorough.

dokoła *adv* (all) (a)round ♦ *prep* +*gen* (a)round.

dokon|ać (-am, -asz) *vb perf od* **dokonywać**.

dokonany *adj* (*czasownik*) perfective.

dokon|ywać (-uję, -ujesz) (*perf* -ać) *vt* +*gen* (*odkrycia*) to make; (*wynalazku*) to come up with; (*morderstwa, przestępstwa*) to commit; **dokonywać cudów** to work *lub* do wonders.

▸**dokonywać się** *vr* (*o reformach, przemianach*) to take place.

dokończe|nie (-nia, -nia) (*gen pl* -ń) *nt* conclusion.

dokoń|czyć (-czę, -czysz) *vb perf od* **dokańczać** ♦ *vt perf*: **nie dokończyć czegoś** to leave sth unfinished.

dokształ|cać się (-cam, -casz) (*perf* -cić) *vr* to supplement one's education.

dokto|r (-ra, -rzy) (*loc sg* -rze) *m* doctor.

doktora|t (-tu, -ty) (*loc sg* -cie) *m*

(*stopień*) doctorate; (*praca*) doctoral *lub* PhD dissertation *lub* thesis.

doktorski *adj*: **rozprawa doktorska** doctoral dissertation *lub* thesis.

doktry|na (**-ny, -ny**) (*dat sg* **-nie**) *f* doctrine.

dokucz|ać (**-am, -asz**) (*perf* **-yć**) *vi*: **dokuczać komuś** to tease sb; **cały dzień dokuczał mi ból/głód** pain/hunger was nagging me all day.

dokuczliwy *adj* (*człowiek, komar*) bothersome; (*głód, ból*) nagging; (*wiatr, mróz*) gnawing.

dokumen|t (**-tu, -ty**) (*loc sg* **-cie**) *m* document; **dokumenty** *pl* (*dowód tożsamości*) identification, I.D.

dokumentalny *adj*: **film dokumentalny** documentary.

dol|a (**-i**) *f* (*los*) lot; (*pot: część łupu*) share.

dola|r (**-ra, -ry**) (*loc sg* **-rze**) *m* dollar.

dołeg|ać (**-a**) *vi* (*o bólu, chłodzie*) to bother; (*o nodze, żołądku*) to give trouble; **co Panu/Pani dolega?** what seems to be the trouble?; **nic mi nie dolega** I'm all right.

dolegliwoś|ć (**-ci, -ci**) (*gen pl* **-ci**) *f* ailment.

dolew|ać (**-am, -asz**) (*perf* **dolać**) *vt*: **dolewać komuś** to top up sb's drink *lub* glass; **dolewać oliwy do ognia** to pour oil on the flames, to add fuel to the flame.

doli|na (**-ny, -ny**) (*dat sg* **-nie**) *f* valley.

dolny *adj* (*warga, kończyna*) lower; (*szuflada, półka, pokład*) bottom; (*granica*) minimum.

dołącz|ać (**-am, -asz**) (*perf* **dołączyć**) *vt* (*do listu, dokumentu*) to enclose ♦ *vi*: **dołączać do** +*gen* to join.

▶**dołączać się** *vr* (*do dyskusji, śpiewu*) to join in; **dołączać się do grupy** to join the group.

doł|ek (**-ka, -ki**) (*instr sg* **-kiem**) *m* (*w ziemi*) hole; (*na policzku, brodzie*) dimple.

dołu *itd. n patrz* **dół**.

dom (**-u, -y**) *m* (*budynek*) house; (*mieszkanie, rodzina*) home; (*gospodarstwo domowe*) household; **dom akademicki** *lub* **studencki** hall of residence (*BRIT*), dormitory (*US*); **dom dziecka** orphanage; **dom poprawczy** borstal (*BRIT*), reformatory (*US*); **dom publiczny** brothel; **dom towarowy** department store; **iść do domu** to go home; **w domu** at home.

domag|ać się (**-am, -asz**) *vr*: **domagać się czegoś** to demand sth.

domato|r (**-ra, -rzy**) (*loc sg* **-rze**) *m* stay-at-home (*BRIT*), homebody (*US*).

dom|ek (**-ku, -ki**) (*instr sg* **-kiem**) *m* *dimin od* **dom**; **domek kempingowy** (holiday) cabin *lub* chalet; **domek letniskowy** summer house.

domi|no (**-na, -na**) (*loc sg* **-nie**) *nt* (*gra*) dominoes *sg*; (*kostka*) domino.

domin|ować (**-uję, -ujesz**) *vi* (*przeważać*) to predominate; **dominować (nad** +*instr*) to dominate.

dominujący *adj* dominant, predominant.

domniemany *adj* alleged.

domofo|n (**-nu, -ny**) (*loc sg* **-nie**) *m* intercom, entry phone (*BRIT*).

domowni|k (**-ka, -cy**) (*instr sg* **-kiem**) *m* household member.

domowy *adj* (*adres, telefon*) home *attr*; (*jedzenie*) home-made; (*zwierzę*) domestic.

domy|sł (**-słu, -sły**) (*loc sg* **-śle**) *m* guess, conjecture; **domysły** *pl* guesswork.

domyśl|ać się (**-am, -asz**) (*perf* **-ić się**) *vr*: **domyślać się (czegoś)** to guess (at sth).

donicz|ka (**-ki, -ki**) (*dat sg* **-ce**, *gen pl* **-ek**) *f* flowerpot.

doniczkowy *adj*: **kwiat doniczkowy** houseplant.

doniesie|nie (-nia, -nia) (*gen pl* -ń)
nt report.

doniosłość|ć (-ci) *f* importance.

doniosły *adj* momentous.

dono|s (-su, -sy) (*loc sg* -sie) *m*
denunciation.

donosiciel (-a, -e) (*gen pl* -i) *m*
informer.

dono|sić (-szę, -sisz) (*imp* -ś, *perf*
donieść) *vt* (*dostarczać*) to deliver;
(*przynosić więcej*) to bring more (of)
♦ *vi*: **donosić (o czymś)** to report
(on sth); **donosić (na kogoś)** to
inform (on *lub* against sb).

donośny *adj* loud.

dookoła *adv*, *prep* = **dokoła**.

dopełniacz (-a, -e) (*gen pl* -y) *m*
(*JĘZ*) genitive.

dopełnie|nie (-nia, -nia) (*gen pl* -ń)
nt (*JĘZ*) object; **dopełnienie
bliższe/dalsze** direct/indirect object.

dopiero *adv* (*tylko*) just, only; (*nie
wcześniej niż*) only; **ona ma dopiero
dwa lata** she's only two years old;
dopiero co (*przed chwilą*) only just;
dopiero wczoraj only yesterday;
wyjeżdżam dopiero jutro I'm not
leaving until tomorrow.

dopiln|ować (-uję, -ujesz) *vi perf*:
dopilnować czegoś to see to sth.

dopin|g (-gu) (*instr sg* -giem) *m*
(*SPORT*) doping, use of steroids;
(*publiczności*) cheers *pl*, cheering;
(*przen: zachęta*) encouragement.

dopingujący *adj*: **środek
dopingujący** (*SPORT*) steroid.

dopis|ek (-ku, -ki) (*instr sg* -kiem) *m*
postscript.

dopis|ywać (-uję, -ujesz) (*perf* -ać)
vt (*dodawać do tekstu*) to add ♦ *vi*:
pogoda dopisała the weather was
good; **zdrowie mu dopisuje** he is in
good health.

dopła|cać (-cam, -casz) (*perf* -cić) *vt*
to pay extra.

dopła|ta (-ty, -ty) (*dat sg* -cie) *f* extra
(charge); (*do biletu*) excess fare.

dopły|w (-wu) (*loc sg* -wie) *m* (*prądu,
informacji*) supply; (*rzeka*) (*nom pl*
-wy) tributary.

dopływ|ać (-am, -asz) (*perf*
dopłynąć) *vi*: **dopływać do** +*gen* (*o
człowieku, rybie*) to swim up to; (*o
wodzie, prądzie*) to flow to;
dopływać do portu (*o statku, łodzi*)
to make *lub* reach port.

dopomin|ać się (-am, -asz) *vr*:
dopominać (dopomnieć *perf*) **się o
coś** to claim, to demand;
dopominać się czegoś (*odczuwać
brak*) to be in need *lub* want of sth.

dopóki *adv* as long as; **dopóki nie
będzie padać** as long as it doesn't
rain; **zaczekaj dopóki nie przyjdę**
wait until I come.

doprawdy *adv* truly, really;
doprawdy? really?

dopra|wiać (-wiam, -wiasz) (*perf*
-wić) *vt* to season.

doprowa|dzać (-dzam, -dzasz) (*perf*
-dzić) *vt* (*więźnia*) to escort; (*gaz,
prąd*) to supply ♦ *vi* **doprowadzać
do** +*gen* to lead to, to result in;
doprowadzać kogoś do szału *lub*
wściekłości to drive sb mad.

dopuszcz|ać (-am, -asz) (*perf*
dopuścić) *vt* to admit ♦ *vi*: **nie
dopuszczę do tego** I won't let it
happen.

►**dopuszczać się** *vr*: **dopuszczać
się przestępstwa** to commit a crime.

dopuszczalny *adj* permissible,
acceptable.

dorabi|ać (-am, -asz) (*perf* **dorobić**)
vt: **dorabiać klucz** to make a
duplicate key ♦ *vi* (*pot: zarabiać
dodatkowo*) to have a second job, to
moonlight (*pot*).

►**dorabiać się** *vr* (*bogacić się*) to
grow rich.

doradc|a (-y, -y) *m decl like f in sg* adviser (*BRIT*), advisor (*US*).

dora|dzać (-dzam, -dzasz) (*perf* -dzić) *vt* to advise, to counsel.

dorast|ać (-am, -asz) (*perf* **dorosnąć**) *vi* (*o dziecku*) to grow up.

dorastający *adj* adolescent.

doraźny *adj* (*cel, korzyść*) short-term; (*środek*) temporary; (*prawo, sąd, kara*) summary; **doraźna pomoc** relief; (*pierwsza pomoc*) first aid.

doręcz|ać (-am, -asz) (*perf* -yć) *vt* to deliver.

doręczyciel (-a, -e) (*gen pl* -i) *m* (*też*: **doręczyciel pocztowy**) postman (*BRIT*), mailman (*US*).

dorob|ek (-ku) (*instr sg* -kiem) *m* (*majątek*) property; (*twórczość*) output.

doroczny *adj* annual, yearly.

dorodny *adj* (*człowiek, roślina*) robust; (*owoc*) ripe.

dorosły *adj* (*człowiek*) adult, grown-up; (*zwierzę*) adult ♦ *m decl like adj* (*dorosły człowiek*) adult, grown-up (*pot*); **dorośli** *pl* adults *pl*, grown-ups *pl* (*pot*).

dorówn|ywać (-uję, -ujesz) (*perf* -ać) *vt*: **dorównywać komuś (w czymś)** to equal sb (in sth); **dorównywać czemuś** to match *lub* come up to sth.

dorsz (-a, -e) (*gen pl* -y) *m* cod.

dorzecz|e (-a, -a) (*gen pl* -y) *nt* (river) basin.

dorzu|cać (-cam, -casz) (*perf* -cić) *vt* +gen (*dokładać rzucając*) to throw in more ♦ *vt* +acc (*dopowiadać*) to throw in, to add.

dosadny *adj* (*wymowny*) plain, blunt; (*wulgarny*) crude.

dosiad|ać (-am, -asz) (*perf* **dosiąść**) *vt* (*konia*) to mount.

▸**dosiadać się** *vr*: **dosiadać się do kogoś** to sit (down) next to sb; **czy można się dosiąść?** may I join you?

dosięg|ać (-am, -asz) (*perf* -nąć) *vt*: **dosięgać kogoś/czegoś** to reach sb/sth.

doskonale *adv* (*znakomicie*) perfectly; **doskonale!** (*pot*) excellent!, fine!

doskonal|ić (-ę, -isz) (*perf* **u-**) *vt* to perfect, to improve.

▸**doskonalić się (w czymś)** *vr* to improve o.s. (in sth).

doskonały *adj* (*najlepszy*) perfect; (*świetny*) splendid; (*absolutny*) absolute.

doskwier|ać (-a) *vi*: **doskwierać komuś** to trouble *lub* annoy sb.

dosłownie *adv* literally; (*tłumaczyć*) word for word; (*cytować*) verbatim.

dosłowny *adj* literal; (*tłumaczenie*) word-for-word.

dosłysz|eć (-ę, -ysz) *vt perf* to catch, to hear; **przepraszam, nie dosłyszałem** (I'm) sorry, I didn't catch you.

dosta|ć (-nę, -niesz) (*imp* -ń) *vb perf od* **dostawać** ♦ *vt perf* (*pot: kupić*) to get.

dostarcz|ać (-am, -asz) (*perf* -yć) *vt* (*towar, list*) to deliver; **dostarczać coś komuś** to deliver sth to sb; **dostarczać komuś czegoś** to supply *lub* provide sb with sth.

dostateczny *adj* (*wystarczający*) sufficient; (*zadowalający*) satisfactory, adequate ♦ *m decl like adj* (*SZKOL*) ≈ C (*grade*).

dostat|ek (-ku) (*dobrobyt*) affluence; (*obfitość*) abundance.

dostatni *adj* affluent.

dosta|wa (-wy, -wy) (*dat sg* -wie) *f* delivery.

dost|awać (-aję, -ajesz) (*imp* -awaj, *perf* -ać) *vt* to get; (*zastrzyk*) to have ♦ *vi* (*otrzymywać ciosy*) to be beaten.

▸**dostawać się** *vr*: **dostać się w czyjeś ręce** to fall into sb's hands; **dostać się na studia** to be admitted to a university *lub* college; **dostać się do niewoli** to be taken prisoner; **dostać się do środka** to get inside; **dostało mu się** he got a scolding.

dostawc|a (-y, -y) *m decl like f in sg* deliverer.

dostawczy *adj*: **samochód dostawczy** delivery van.

dosta|wiać (-wiam, -wiasz) (*perf* -wić) *vt* (*dostarczać*) to deliver.

dostęp (-pu) (*loc sg* -pie) *m* access; **mieć dostęp do** +*gen* to have access to.

dostępny *adj* (*miejsce*) easy to reach, accessible; (*osoba*) accessible, approachable; (*towar*) accessible, available; (*cena*) reasonable; (*zrozumiały*) accessible, comprehensible.

dostojny *adj* (*starzec, mina*) dignified; (*gość*) distinguished.

dostosow|ywać (-uję, -ujesz) (*perf* -ać) *vt*: **dostosowywać coś do czegoś** to adjust sth to sth, to adapt sth to sth.

▸**dostosowywać się** *vr*: **dostosowywać się do** +*gen* to adjust (o.s.) to, to adapt (o.s.) to; (*do przepisów*) to conform to.

dostrze|c (-gę, -żesz) (*imp* -ż, *pt* -gł) *vt perf* (*zobaczyć*) to spot.

dostrzeg|ać (-am, -asz) (*perf* **dostrzec**) *vt* (*zauważać*) to perceive; **nie dostrzegać kogoś/czegoś** to disregard sb/sth.

dosyć *adv* (*wystarczająco dużo*) enough; (*bogaty, ładny*) fairly; (*biedny, brzydki*) rather; **mieć czegoś dosyć** to be tired *lub* sick of sth, to be fed up with sth; **mam tego dosyć!** I've had enough!

dościg|ać (-am, -asz) (*perf* -nąć) *vt* (*dorównywać*) to equal sb.

dościg|nąć (-nę, -niesz) (*imp* -nij) *vb perf od* **dościgać** ♦ *vt perf*:

doścignąć kogoś (*dogonić*) to catch up with sb.

dość *adv* = **dosyć**.

doświadcz|ać (-am, -asz) (*perf* -yć) *vt*: **doświadczać czegoś** to experience sth; (*głodu, przykrości*) to suffer from sth.

doświadczalny *adj* experimental; **królik doświadczalny** (*przen*) guinea pig.

doświadcze|nie (-nia, -nia) (*gen pl* -ń) *nt* experience; (*eksperyment*) experiment.

doświadczony *adj* experienced.

dotacj|a (-i, -e) (*gen pl* -i) *f* subsidy.

dotąd *adv* (*do tego miejsca*: *blisko*) this far; (*daleko*) that far; (*do tego czasu*) so far, until now.

dotkliwy *adj* (*ból, strata*) severe; (*chłód, wiatr*) biting, bitter.

dotk|nąć (-nę, -niesz) (*imp* -nij) *vb perf od* **dotykać** ▸ *vt perf*: **dotknąć kogoś/czegoś** to touch sb/sth; **dotknąć czegoś ręką** to feel sth; **dotknąć kogoś** (*przen*) to hurt sb.

dotknię|cie (-cia, -cia) (*gen pl* -ć) *nt* touch; (*pędzla*) stroke.

dot|ować (-uję, -ujesz) *vt* to subsidize.

dotrw|ać (-am, -asz) *vi perf* (*przetrwać*) to survive; (*wytrzymać*) to last out.

dot|rzeć (-rę, -rzesz) (*imp* -rzyj, *pt* -arł) *vb perf od* **docierać**.

dotrzym|ywać (-uję, -ujesz) (*perf* **dotrzymać**) *vt*: **dotrzymywać słowa/obietnicy/tajemnicy** to keep one's word/a promise/a secret; **dotrzymywać umowy/warunków** to keep to an agreement/conditions; **dotrzymywać komuś kroku** to keep pace with sb; **dotrzymywać komuś towarzystwa** to keep sb company.

dotychczas *adv* so far, until now.

dotychczasowy *adj*: **jego**

dotychczasowa praca the work he has been doing so far.

dotycz|yć (**-y**) *vi*: **dotyczyć kogoś/czegoś** to concern sb/sth; (*mieć zastosowanie*) to apply to sb/sth.

doty|k (**-ku**) (*instr sg* **-kiem**) *m* (*dotknięcie*) touch; (*zmysł*) (sense of) touch; **miękki/przyjemny w dotyku** soft/nice to the touch.

dotyk|ać (**-am, -asz**) (*perf* **dotknąć**) *vt*: **dotykać kogoś/czegoś** (*stykać się*) to touch sb/sth; (*badać dotykiem*) to feel sb/sth; **dotykać czegoś** (*podłogi, pedałów*) to reach sth; (*tematu, sprawy*) to touch on *lub* upon sth; **dotykać kogoś** (*o chorobie, nieszczęściu*) to afflict sb.

doustny *adj* oral.

dowci|p (**-pu, -py**) (*loc sg* **-pie**) *m* (*żart*) joke; (*cecha umysłu*) wit.

dowcipny *adj* witty.

dowiad|ywać się (**-uję, -ujesz**) (*perf* **dowiedzieć się**) *vr*: **dowiadywać się o kogoś/coś** to inquire after sb/sth.

dowi|edzieć się (**-em, -esz**) (*3 pl* **-edzą**) *vb perf od* **dowiadywać się ♦** *vr perf*: **dowiedzieć się (o czymś)** to learn about *lub* of sth, to find sth out.

dowierz|ać (**-am, -asz**) *vi*: **nie dowierzać komuś/czemuś** to distrust *lub* mistrust sb/sth.

dow|odzić¹ (**-odzę, -odzisz**) (*imp* **-ódź**, *perf* **dowieść**) *vt*: **dowodzić czegoś** (*udowadniać*) to prove sth; (*ukazywać*) to show; (*być dowodem*) to prove **♦** *vi* to argue; **dowieść, że ...** to prove that ... .

dow|odzić² (**-odzę, -odzisz**) (*imp* **-ódź**) *vi* (*sprawować dowództwo*): **dowodzić** (**+instr**) to command, to be in command (of).

dowolnie *adv* freely.

dowolny *adj* (*jakikolwiek*) any; (*nieobowiązkowy*) discretionary; **przekład dowolny** free translation.

dow|ód (**-odu, -ody**) (*loc sg* **-odzie**) *m* (*okoliczność dowodząca czegoś*) evidence, proof; (*oznaka*) evidence; (*rozumowanie*) argument; **dowód odbioru** delivery receipt; **dowód osobisty** *lub* **tożsamości** identity card, (means of) identification.

dowódc|a (**-y, -y**) *m decl like f in sg* (*wódz*) commander; (*oficer dowodzący*) commanding officer; (*komendant*) commandant.

dowództ|wo (**-wa**) (*loc sg* **-wie**) *nt* command; (*siedziba*) headquarters.

doza (**dozy, dozy**) (*dat sg* **dozie**, *gen pl* **dóz**) *f* dose.

dozgonny *adj* (*przyjaźń*) undying, lifelong; (*wdzięczność*) undying.

dozn|awać (**-aję, -ajesz**) (*imp* **-awaj**, *perf* **-ać**) *vt*: **doznawać czegoś** to experience; (*obrażeń*) to sustain; (*cierpienia, bólu*) to suffer from; (*życzliwości, nieuprzejmości*) to meet with.

dozorc|a (**-y, -y**) *m decl like f in sg* caretaker, janitor (*US*); (*strażnik*) guard.

dozor|ować (**-uję, -ujesz**) *vt* to supervise.

doz|ór (**-oru**) (*loc sg* **-orze**) *m* supervision.

dozwolony *adj* (*prędkość*) permitted; **film dozwolony od lat 18** an X-rated film.

dożywoci|e (**-a, -a**) *nt* (*pot. kara więzienia*) life imprisonment *lub* sentence.

dożywotni *adj* life *attr*, lifelong.

dół (**dołu, doły**) (*loc sg* **dole**) *m* (*otwór w ziemi*) pit; (*najniższa część*) bottom; **na dole** at the bottom; (*na niższym piętrze*) downstairs; **na dół** down; (*na niższe piętro*) downstairs; **w dole** (down) below; **w dół** down.

dr *abbr* = **doktor**.

drabi|na (**-ny, -ny**) (*dat sg* **-nie**) *f* ladder; (*pokojowa*) stepladder.

drama|t (-tu, -ty) (*loc sg* -cie) *m* drama; (*przen*) tragedy.

dramatopisarz (-a, -e) (*gen pl* -y) *m* playwright, dramatist.

dramatur|g (-ga, -gowie *lub* -dzy) (*instr sg* -giem) *m* playwright, dramatist.

dramatyczny *adj* (*teatralny*) dramatic; (*przen: tragiczny*) tragic; (: *wstrząsający*) dramatic.

dramatyz|ować (-uję, -ujesz) (*perf* u-) *vt* to dramatize.

dra|ń (-nia, -nie) (*gen pl* -ni) *m* (*pot*) bastard (*pot*).

drapacz (-a, -e) (*gen pl* -y) *m*: **drapacz chmur** skyscraper.

dra|pać (-pię, -piesz) *vt* (*perf* po-) (*skrobać*) to scratch ♦ *vi* (*o dymie*) to irritate; (*o ubraniu*) to be itchy.

▸**drapać się** *vr* (*skrobać się*) (*perf* po-) to scratch (o.s.).

drapieżni|k (-ka, -ki) (*instr sg* -kiem) *m* predator.

drapieżny *adj* predatory; **ptaki drapieżne** birds of prey.

drastyczny *adj* (*metoda, środki*) drastic.

drażet|ka (-ki, -ki) (*dat sg* -ce, *gen pl* -ek) *f* (*pigułka*) coated tablet; (*cukierek*) sugar-coated sweet.

drażliwy *adj* sensitive, touchy.

draż|nić (-nię, -nisz) (*imp* -nij) *vt* (*zmysły*) to irritate; (*denerwować*) to irritate, to annoy; (*dokuczać*) to tease.

drą|g (-ga, -gi) (*instr sg* -giem) *m* pole.

drąż|ek (-ka, -ki) (*instr sg* -kiem) *m* (*dźwignia*) lever; **drążek sterowy** control stick, joystick (*pot*).

drąż|yć (-ę, -ysz) (*perf* wy-) *vt* (*tunel, kanał*) to bore; (*owoce*) to pit, to core; (*przen: niepokoić*) to trouble.

drelich (-u, -y) *m* denim.

dre|n (-nu, -ny) (*loc sg* -nie) *m* drain.

drenaż (-u, -e) (*gen pl* -y) *m* drainage.

dre|s (-su, -sy) (*loc sg* -sie) *m* tracksuit.

dreszcz (-u, -e) (*gen pl* -y) *m* shiver, shudder; **dreszcze** *pl* the shivers.

dreszczo|wiec (-wca, -wce) *m* thriller.

drewniany *adj* wooden; **instrumenty drewniane** (*MUZ*) woodwind instruments.

dre|wno (-wna, -wna) (*loc sg* -wnie, *gen pl* -wien) *nt* (*materiał*) wood, timber; (*odrąbany kawałek*) piece of wood, log.

dręcz|yć (-ę, -ysz) *vt* to torment.

drętwi|eć (-eję, -ejesz) (*perf* z-) *vi* (*o człowieku*) to stiffen; (*o kończynie*) to go numb.

drętwy *adj* (*kończyna*) numb; (*przemówienie*) dry.

drg|ać (-am, -asz) (*perf* -nąć) *vi* (*o strunie*) to vibrate; (*o powiece, mięśniu*) to twitch; (*o głosie, dźwięku*) to tremble; (*o świetle*) to flicker.

drga|nie (-nia, -nia) (*gen pl* -ń) *nt* vibration; **drgania** *pl* (*FIZ*) vibration; (*ELEKTR*) oscillation.

drgaw|ki (-ek) *pl* convulsions *pl*.

drg|nąć (-nę, -niesz) (*imp* -nij) *vb perf od* **drgać** ♦ *vi perf* (*poruszyć się*) to stir; (: *z przeczeniem*) to budge; (*ożywić się*) to liven up; **ani (nie) drgnął** he didn't turn a hair.

dri|nk (-ka, -ki) (*instr sg* -kiem) *m* (*pot*) drink.

drobiaz|g (-gu, -gi) (*instr sg* -giem) *m* (*drobny przedmiot*) trinket, knick-knack; (*błahostka*) trifle.

drobiazgowy *adj* (*opis, badania*) detailed; (*człowiek*) meticulous.

drobiowy *adj* chicken *attr*.

drobn|e (-ych) *pl* small change; **rozmienić** (*perf*) **na drobne** to change; **nie mam drobnych** I've no small change.

drobnomieszczański adj ≈ lower middle class attr, petit-bourgeois.

drobnomieszczańst|wo (**-wa**) (loc sg **-wie**) nt (grupa) ≈ lower middle class.

drobnost|ka (**-ki**, **-ki**) (dat sg **-ce**, gen pl **-ek**) f trifle.

drobny adj small; (błahy) petty; (wątły) frail; (ziarno, deszcz, proszek) fine.

dr|oga (**-ogi**, **-ogi**) (dat sg **-odze**, gen pl **-óg**) f (pas terenu) road; (trasa) way; (właściwy kierunek) way; (podróż) journey; (odległość między dwoma punktami) distance; (przen) way; **Droga Krzyżowa** (REL) the Way of the Cross; **Droga Mleczna** the Milky Way; **droga okrężna** bypass; **drogą lotniczą/morską** by air/sea; **po drodze** on the way, en route; **swoją drogą ...** still, ...; **szczęśliwej drogi!** have a safe trip!

drogeri|a (**-i**, **-e**) (gen pl **-i**) f ≈ chemist('s) (BRIT), ≈ drugstore (US).

dro|gi (comp **-ższy**) adj (kosztowny) expensive; (kochany) dear; **Drogi Janku!** (nagłówek listu) Dear Janek; **drogi kamień** precious stone; **mój drogi/moja droga** my dear.

dro|go (comp **-żej**) adv (sprzedać) at a high price; (kosztować, zapłacić) a lot.

drogocenny adj (pierścień, czas) precious; (wskazówka, rada) valuable.

drogowska|z (**-zu**, **-zy**) (loc sg **-zie**) m signpost.

drogowy adj road attr; **kodeks drogowy** rules of the road, ≈ Highway Code (BRIT); **kontrola drogowa** traffic patrol; **roboty drogowe** road works pl (BRIT), roadwork (US); **wypadek drogowy** traffic accident; **znak drogowy** traffic lub road sign.

drop|s (**-sa**, **-sy**) (loc sg **-sie**) m drop (sweet).

drożdż|e (**-y**) pl yeast.

drożdżowy adj leavened.

drożdżów|ka (**-ki**, **-ki**) (dat sg **-ce**, gen pl **-ek**) f a kind of sweet bun.

droż|eć (**-eje**) (perf z- lub po-) vi to go up (in price).

droższy adj comp od **drogi**.

dr|ób (**-obiu**) m poultry.

dróż|ka (**-ki**, **-ki**) (dat sg **-ce**, gen pl **-ek**) f path.

druci|k (**-ka**, **-ki**) (instr sg **-kiem**) m dimin od **drut**.

drugi num decl like adj second; (jeden z dwóch) (the) other; (inny) another; **druga klasa** (w pociągu) second class; (w szkole) second form (BRIT) lub grade (US); **drugi maja** the second of May, May the second; **po drugie, ...** second(ly), ...; **drugi gatunek** seconds pl; **drugie śniadanie** (posiłek) elevenses (BRIT), midmorning snack (US); (kanapki) packed lunch (BRIT), box lub bag lunch (US); **druga wojna światowa** the Second World War, World War Two; **co drugi dzień** every other day; **jest godzina druga** it's two (o'clock); **z drugiej strony ...** on the other hand ...; **jeden drugiego** one another; **jeden za drugim** one after another, one by one; **pierwszy... drugi...** the former... the latter... .

drugorzędny adj (mniej ważny) minor; (podrzędny) second-rate.

druh (**-a**, **-owie**) m (boy) scout.

druh|na (**-ny**, **-ny**) (dat sg **-nie**, gen pl **-en**) f (harcerka) (girl) scout, girl guide (BRIT); (na ślubie) bridesmaid.

dru|k (**-ku**) (instr sg **-kiem**) m (drukowanie) printing; (krój liter) type; (tekst) print; (blankiet) form; **druki** pl (wydawnictwa drukowane) printed matter; **błąd w druku** misprint.

drukar|ka (**-ki, -ki**) (*dat sg* **-ce**, *gen pl* **-ek**) *f* printer; **drukarka igłowa** dot-matrix printer; **drukarka atramentowa** ink-jet printer; **drukarka laserowa** laser printer.

drukar|nia (**-ni, -nie**) (*gen pl* **-ni**) *f* printing house.

drukarz (**-a, -e**) (*gen pl* **-y**) *m* printer.

druk|ować (**-uję, -ujesz**) (*perf* **wy-**) *vt* to print; (*publikować*) to publish.

drukowany *adj* printed; **pisać drukowanymi literami** to print.

dru|t (**-tu, -ty**) (*loc sg* **-cie**) *m* wire; (*do robótek*) (knitting) needle; **drut kolczasty** barbed wire; **robić na drutach** to knit.

druży|na (**-ny, -ny**) (*dat sg* **-nie**) *f* (*SPORT*) team; (*WOJSK*) squad; **drużyna harcerska** scouting troop.

drwal (**-a, -e**) (*gen pl* **-i**) *m* woodcutter, lumberjack (*US*).

dr|wić (**-wię, -wisz**) (*imp* **-wij**, *perf* **za-**) *vi*: **drwić (z** +*gen*) (*wyśmiewać się*) to mock (at); (*lekceważyć*) to sneer (at), to jeer (at).

drwi|na (**-ny, -ny**) (*dat sg* **-nie**) *f* derision, mockery.

dryf|ować (**-uję, -ujesz**) (*perf* **z-**) *vi* (*ŻEGL*) to drift.

dryl|ować (**-uję, -ujesz**) *vt* (*owoce*) to stone (*fruit*).

drzaz|ga (**-gi, -gi**) (*dat sg* **-dze**) *f* splinter.

drzeć (**drę, drzesz**) (*imp* **drzyj**, *pt* **darł**) *vt* (*rozrywać*) (*perf* **po-**) to tear, to rip.

►**drzeć się** *vr* (*rozdzierać się*) (*perf* **po-**) to tear, to rip; (*zużywać się*) (*perf* **ze-**) to wear out; (*wrzeszczeć: pot*) to bawl (*pot*).

drze|mać (**-mię, -miesz**) *vi* to doze; (*przen: nie ujawniać się*) to lurk.

drzem|ka (**-ki, -ki**) (*dat sg* **-ce**, *gen pl* **-ek**) *f* nap.

drzewny *adj* wood *attr*; **węgiel drzewny** charcoal.

drze|wo (**-wa**) (*loc sg* **-wie**) *nt* (*roślina*) (*nom pl* **-wa**) tree; (*budulec*) timber, wood; (*opał*) wood.

drzwi (**-**) *pl* door.

drżący *adj* shaking, trembling.

drż|eć (**-ę, -ysz**) (*imp* **-yj**) *vi* to tremble, to shake.

dubbin|g (**-gi**) (*instr sg* **-giem**) *m* dubbing.

dubeltów|ka (**-ki, -ki**) (*dat sg* **-ce**, *gen pl* **-ek**) *f* double-barrelled gun (*BRIT*), double-barreled gun (*US*).

duble|r (**-ra, -rzy**) (*loc sg* **-rze**) *m* (*FILM: kaskader*) (stunt) double; (: *w scenach nie kaskaderskich*) body double; (*TEATR*) understudy.

duch (**-a**) *m* spirit; (*zjawa*) (*nom pl* **-y**) ghost; **Duch Święty** (*REL*) Holy Spirit *lub* Ghost.

duchowieńst|wo (**-wa**) (*loc sg* **-wie**) *nt* the clergy.

duchowny *adj* (*stan, osoba*) clerical ♦ *m decl like adj* minister.

duchowy *adj* spiritual.

dud|nić (**-nię, -nisz**) (*imp* **-nij**) *vi* to rumble.

due|t (**-tu, -ty**) (*loc sg* **-cie**) *m* (*MUZ: utwór*) duet; (*zespół*) duo.

du|ma (**-my**) (*dat sg* **-mie**) *f* pride.

dumny *adj*: **dumny (z** +*gen*) proud (of).

Dunaj (**-u**) *m* the Danube.

Dun|ka (**-ki, -ki**) (*dat sg* **-ce**, *gen pl* **-ek**) *f* Dane.

Duńczy|k (**-ka, -cy**) (*instr sg* **-kiem**) *m* Dane.

duński *adj* Danish.

du|pa (**-py, -py**) (*dat sg* **-pie**) *f* (*pot!: pośladki*) arse (*BRIT: pot!*), ass (*US: pot!*); (*pot!: oferma*) arsehole (*BRIT: pot!*), asshole (*US: pot!*).

duplika|t (**-tu, -ty**) (*loc sg* **-cie**) *m* duplicate.

du|r¹ (**-ru, -ry**) (*loc sg* **-rze**) *m* (*MED*) **dur brzuszny** typhoid (fever).

dur² *inv* (*MUZ*) major; **C-dur** C major.

dur|eń (-nia, -nie) (*gen pl* -niów *lub* -ni) *m* (*pot!*) idiot (*pot!*).

durszla|k (-ka, -ki) (*instr sg* -kiem) *m* strainer.

dusiciel (-a, -e) (*gen pl* -i) *m* (*człowiek*) strangler; (*wąż*) constrictor.

du|sić (-szę, -sisz) (*imp* -ś) *vt* (*ściskać za gardło*) to strangle; (*o gazie, dymie*) to choke; (*ściskać*) (*perf* z-) to squeeze; (*płacz, żal, tęsknotę*) (*perf* z-) to suppress; (*mięso, warzywa*) (*perf* u-) to stew.
►**dusić się** *vr* (*nie móc oddychać*) to suffocate; (*o mięsie, warzywach*) to stew.

dusz|a (-y, -e) *f* soul.

duszkiem *adv*: **wypić** (*perf*) **coś duszkiem** to drink sth in *lub* at one gulp.

dusznic|a (-y) *f*: **dusznica bolesna** (*MED*) angina pectoris.

duszno *adv*: **jest duszno** it's stuffy; **jest mi duszno** I can't breathe.

duszność (-ci, -ci) *f* shortness of breath; **mieć duszności** to be short of breath.

duszny *adj* (*powietrze, dzień*) stuffy; (*zapach*) sickly.

duszony *adj* (*mięso, warzywa*) stewed.

dużo (*comp* **więcej**) *adv* (*ludzi, jabłek*) many, a lot of; (*mleka, pieniędzy*) much, a lot of; (*bez rzeczownika*) a lot; **za dużo** too many/much; **dość dużo** quite a lot (of).

duży (*comp* **większy**) *adj* (*znacznych rozmiarów*) big, large; (*wybitny*) great; (*dorosły*) big; **duże litery** capital letters; **duży palec** (*u nogi*) big toe; (*u ręki*) thumb.

DVD *nt inv* DVD; **płyta DVD** DVD disc; **odtwarzacz DVD** DVD player.

dwa (*see* **Table 13a**) *num* two; **dwa koty/obrazy/jabłka** two cats/pictures/apples; **dwa razy** twice; **co dwa dni/miesiące/lata** every other day/month/year.

dwadzieścia (*see* **Table 18**) *num* twenty.

dwaj (*see* **Table 13a**) *num* two; **idą dwaj mężczyźni** *lub* **idzie dwóch mężczyzn** two men are coming.

dwanaście (*like*: **jedenaście**) *num* twelve.

dwie (*see* **Table 13a**) *num* two; **dwie kobiety/książki/owce** two women/books/sheep.

dwieście (*like*: **jedenaście**) *num* two hundred.

dwojacz|ki (-ków) *pl* twins pl.

dwojaki *adj* twofold.

dwoje (*see* **Table 20**) *num* two; **dwoje ludzi/dzieci/drzwi** two people/children/doors.

dwo|rzec (-rca, -rce) *m*: **dworzec kolejowy** railway (*BRIT*) *lub* railroad (*US*) station; **dworzec autobusowy** bus station; **dworzec lotniczy** airport.

dwóch *num patrz* **dwa, dwaj, dwie**.

dwój|ka (-ki, -ki) (*dat sg* -ce, *gen pl* -ek) *f* two; (*para*) twosome; **dwójkami** two by two.

dw|ór (-oru, -ory) (*loc sg* -orze) *m* (*królewski*) court; (*ziemiański*) manor; **bawić się na dworze** to play outside; **wyjść na dwór** to go out.

dwucyfrowy *adj* two-digit *attr*.

dwudniowy *adj* two-day *attr*.

dwudziest|ka (-ki, -ki) (*dat sg* -ce, *gen pl* -ek) *f* twenty.

dwudziestole|cie (-cia, -cia) (*gen pl* -ci) *nt* (*okres*) two decades; (*jubileusz*) twentieth anniversary.

dwudziestoletni *adj* (*okres*) twenty-year *attr*; (*osoba*) twenty-year-old *attr*.

dwudziestowieczny *adj* twentieth-century *attr*.

dwudziesty *num* twentieth; **dwudziesty pierwszy** twenty-first.

dwugodzinny adj two-hour attr.

dwujęzyczny adj bilingual.

dwukierunkowy adj (ruch) two-way.

dwukrop|ek (-ka, -ki) (instr sg -kiem) m colon.

dwukrotnie adv twice; **dwukrotnie większy** twice as big.

dwukrotny adj (mistrz, porażka) two-time; (wzrost) double, twofold.

dwuletni adj (okres) two-year attr; (dziecko) two-year-old attr.

dwulicowy adj hypocritical, duplicitous.

dwunast|ka (-ki, -ki) (dat sg -ce, gen pl -ek) f twelve.

dwunastnic|a (-y, -e) f (MED) duodenum.

dwunasty num twelfth; **jest dwunasta** it's twelve (o'clock); **o dwunastej** at twelve (o'clock).

dwuogniskowy adj: **okulary dwuogniskowe** bifocals pl.

dwuosobowy adj (pokój, przedział, łóżko) double; (zespół, grupa) two-person.

dwupasmowy adj: **droga dwupasmowa** dual carriageway (BRIT), divided highway (US).

dwupiętrowy adj three-storey(ed) attr (BRIT), three-storied attr (US).

dwupokojowy adj two-room attr.

dwupoziomowy adj: **mieszkanie dwupoziomowe** bi-level flat (BRIT) lub apartment (US).

dwurzędowy adj (garnitur) double-breasted.

dwusetny adj two-hundredth.

dwustronny adj (materiał) reversible; (umowa) bilateral.

dwusuwowy adj (silnik) two-stroke attr, two-cycle attr.

dwutlen|ek (-ku, -ki) (instr sg -kiem) m (CHEM) dioxide; **dwutlenek węgla** carbon dioxide.

dwutygodni|k (-ka, -ki) (instr sg -kiem) m biweekly.

dwuwiersz (-a, -e) (gen pl -y) m couplet.

dwuwymiarowy adj two-dimensional.

dwuznaczność (-ci) f ambiguity.

dwuznaczny adj ambiguous; (komplement) backhanded; (uśmiech) equivocal.

dy|cha (-chy, -chy) (dat sg -sze) f (pot) tenner (pot).

dydaktyczny adj teaching attr.

dydakty|ka (-ki) (dat sg -ce) f teaching.

dyfton|g (-gu, -gi) (instr sg -giem) m diphthong.

dyg|ać (-am, -asz) (perf -nąć) vi to curts(e)y.

dygnitarz (-a, -e) (gen pl -y) m dignitary.

dygo|tać (-czę, -czesz) vi (ze strachu) to quake, to shudder.

dygresj|a (-i, -e) (gen pl -i) f digression.

dykcj|a (-i) f diction.

dyk|ta (-ty, -ty) (dat sg -cie) f plywood.

dyktafo|n (-nu, -ny) (loc sg -nie) m Dictaphone ®.

dyktan|do (-da, -da) (loc sg -dzie) nt dictation.

dyktato|r (-ra, -rzy) (loc sg -rze) m dictator.

dyktatu|ra (-ry) (dat sg -rze) f dictatorship.

dykt|ować (-uję, -ujesz) (perf po-) vt to dictate; (przen: o sercu, umyśle) to tell.

dylema|t (-tu, -ty) (loc sg -cie) m dilemma.

dyletan|t (-ta, -ci) (loc sg -cie) m dilettante, dabbler.

dy|m (-mu, -my) (loc sg -mie) m smoke.

dy|mić (-mię, -misz) (perf za-) vi to be smoking.

▶**dymić się** *vr*: **dymi się z komina**
smoke is coming out of the chimney.

dymisj|a (**-i**, **-e**) (*gen pl* **-i**) *f*
(*zwolnienie*) dismissal; (*ustąpienie*)
resignation; **podać się** (*perf*) **do
dymisji** to resign.

dymny *adj*: **zasłona dymna**
smokescreen.

dynamiczny *adj* dynamic.

dynami|t (**-tu**) (*loc sg* **-cie**) *m*
dynamite.

dyna|mo (**-ma**, **-ma**) (*loc sg* **-mie**) *nt*
dynamo.

dynasti|a (**-i**, **-e**) (*gen pl* **-i**) *f* dynasty;
dynastia Tudorów the house of
Tudor.

dy|nia (**-ni**, **-nie**) (*gen pl* **-ń**) *f*
pumpkin.

dyplo|m (**-mu**, **-my**) (*loc sg* **-mie**) *m*
diploma.

dyplomacj|a (**-i**, **-e**) (*gen pl* **-i**) *f*
diplomacy; (*instytucja*) diplomatic
service.

dyploma|ta (**-ty**, **-ci**) (*dat sg* **-cie**) *m
decl like f in sg* diplomat.

dyplomatyczny *adj* diplomatic.

dyplomowany *adj* (*pielęgniarka*)
registered; (*księgowy*) chartered
(*BRIT*), certified (*US*).

dyr. *abbr* (= *dyrektor*) Mgr (=
manager).

dyrekcj|a (**-i**, **-e**) (*gen pl* **-i**) *f*
(*kierownictwo*) management; **pod
dyrekcją ...** (*o orkiestrze*) conducted
by ... .

dyrekto|r (**-ra**, **-rzy** *lub* **-rowie**) (*loc sg*
-rze) *m* (*przedsiębiorstwa, firmy*)
manager, director; (*szkoły*)
headmaster (*BRIT*), principal (*US*).

dyrygen|t (**-ta**, **-ci**) (*loc sg* **-cie**) *m*
conductor.

dyryg|ować (**-uję**, **-ujesz**) *vi* (*vt*):
dyrygować (orkiestrą) to conduct
(an orchestra).

dyscypli|na (**-ny**, **-ny**) (*dat sg* **-nie**) *f*
discipline.

dys|k (**-ku**, **-ki**) (*instr sg* **-kiem**) *m*
(*SPORT*) discus; (*KOMPUT*) disk;
(*MED*) disc (*BRIT*), disk (*US*); **rzut
dyskiem** the discus; **twardy dysk**
hard disk; **stacja dysków** disk drive.

dyskiet|ka (**-ki**, **-ki**) (*dat sg* **-ce**, *gen pl*
-ek) *f* (floppy) disk, diskette.

dyskot|eka (**-eki**, **-eki**) (*dat sg* **-ece**,
gen pl **-ek**) *f* disco(theque).

dyskrecj|a (**-i**) *f* discretion.

dyskredyt|ować (**-uję**, **-ujesz**) (*perf*
z-) *vt* to discredit.

dyskretny *adj* discreet; (*światło,
muzyka*) soft.

dyskryminacj|a (**-i**, **-e**) (*gen pl* **-i**) *f*
discrimination.

dyskrymin|ować (**-uję**, **-ujesz**) *vt* to
discriminate against.

dyskusj|a (**-i**, **-e**) (*gen pl* **-i**) *f*
discussion.

dyskusyjny *adj* debatable; **klub
dyskusyjny** debating society.

dyskut|ować (**-uję**, **-ujesz**) *vt* (*perf*
prze-) to discuss ♦ *vi* to debate;
dyskutować nad *lub* **o czymś** to
discuss sth.

dyskwalifikacj|a (**-i**) *f*
disqualification.

dyskwalifik|ować (**-uję**, **-ujesz**) (*perf*
z-) *vt* to disqualify.

dyspon|ować (**-uję**, **-ujesz**) (*imp* **-uj**,
perf **za-**) *vt* (*majątkiem*) to
administer; **dysponować gotówką**
to have ready cash; **dysponować
czasem** to have time to spare.

dyspozycj|a (**-i**, **-e**) (*gen pl* **-i**) *f*
order, instruction; **być do czyjejś
dyspozycji** to be at sb's disposal;
mieć coś do swojej dyspozycji to
have sth at one's disposal.

dysproporcj|a (**-i**, **-e**) (*gen pl* **-i**) *f*
disproportion.

dystan|s (**-su**, **-se**) (*loc sg* **-sie**) *m*
distance.

dystans|ować się (**-uję**, **-ujesz**)

(*perf* z-) *vr.* **dystansować się od** +*gen* to distance o.s. from.

dystrybucj|a (-i) *f* distribution.

dystyngowany *adj* dignified, distinguished (*in appearance*).

dysyden|t (-ta, -ci) (*loc sg* -cie) *m* dissident.

dysz|eć (-ę, -ysz) *vi* (*ze zmęczenia*) to pant; (*o chorym*) to wheeze.

dywa|n (-nu, -ny) (*loc sg* -nie) *m* carpet.

dywani|k (-ka, -ki) (*instr sg* -kiem) *m* rug, mat; (*przen*) **wzywać (wezwać** *perf*) **kogoś na dywanik** to carpet sb (*pot*).

dywanowy *adj.* **wykładzina dywanowa** fitted carpet, carpeting.

dywersan|t (-ta, -ci) (*loc sg* -cie) *m* saboteur.

dywersj|a (-i) *f* sabotage.

dywiden|da (-dy, -dy) (*dat sg* -dzie) *f* dividend.

dywizj|a (-i, -e) (*gen pl* -i) *f* division; **generał dywizji** Major-General.

dyżu|r (-ru, -ry) (*loc sg* -rze) *m* duty hours *pl*; **być na dyżurze** (*o lekarzu, pielęgniarce*) to be on call; **ostry dyżur** *emergency service offered by a clinic*.

dyżurny *adj.* **lekarz/oficer dyżurny** doctor/officer on duty ◆ *m decl like adj* (*SZKOL*) ≈ monitor.

dyżur|ować (-uję, -ujesz) *vi* to be on duty.

dzba|n (-na, -ny) (*loc sg* -nie) *m* pitcher (*BRIT*), ewer.

dzban|ek (-ka, -ki) (*instr sg* -kiem) *m* jug (*BRIT*), pitcher (*US*); **dzbanek do kawy** coffee pot; **dzbanek do herbaty** teapot; **dzbanek do mleka** milk jug.

dziać się (dzieje) *vr.* **co tu się dzieje?** what's going on here?; **co się z tobą dzieje?** what's the matter with you?

dzia|d (-da, -dy) (*loc sg* -dzie, *voc sg* -dzie) *m* (*starzec*) old man; (*żebrak*) pauper; (*dziadek*) grandfather.

dziad|ek (-ka, -kowie) (*instr sg* -kiem) *m* grandfather, grandpa (*pot*); (*starzec*) old man; **dziadek do orzechów** nutcracker(s *pl*); **dziadkowie** *pl* grandparents *pl*.

dzia|ł (-łu, -ły) (*loc sg* -le) *m* (*gałąź*) branch; (*czasopisma*) section; (*instytucji*) department; **dział wodny** watershed.

działacz (-a, -e) (*gen pl* -y) *m* activist.

dział|ać (-am, -asz) *vt.* **działać cuda** to work *lub* do wonders *lub* miracles ◆ *vi* (*pracować*) to act; (*oddziaływać*) to have an effect; (*obowiązywać*) to operate; (*funkcjonować*) to work, to operate.

działalnoś|ć (-ci) *f* activity.

działa|nie (-nia, -nia) (*gen pl* -ń) *nt* (*akcja*) action; (*funkcjonowanie*) operation, working; (*oddziaływanie*) effect; (*MAT*) operation.

dział|ka (-ki, -ki) (*dat sg* -ce, *gen pl* -ek) *f* (*kawałek gruntu*) plot; (*ogródek działkowy*) allotment; **działka budowlana** building plot.

działkowy *adj.* **ogródek działkowy** allotment.

dział|o (-ła, -ła) (*loc sg* -le) *nt* cannon.

działowy *adj.* **ścianka działowa** partition (*wall*).

dziani|na (-ny, -ny) (*loc sg* -nie) *f* knitwear.

dzią|sło (-sła, -sła) (*loc sg* -śle, *gen pl* -seł) *nt* gum.

dzicz|eć (-eję, -ejesz) (*perf* z-) *vi* to run wild.

dziczy|zna (-zny) (*dat sg* -źnie) *f* game.

dzieci *n patrz* **dziecko**.

dziecia|k (-ka, -ki) (*instr sg* -kiem) *m* kid.

dziecięcy *adj* children's *attr*, baby *attr*; (*głos*) child's *attr*.

dziecinny *adj* (*naiwny*) childish,

infantile; **pokój dziecinny** nursery; **wózek dziecinny** perambulator *lub* pram (*BRIT*), baby carriage (*US*).

dziecińst|wo (-wa) (*loc sg* -wie) *nt* childhood.

dzie|cko (-cka, -ci) (*instr sg* -ckiem, *gen pl* -ci) *nt* child; **dzieci** *pl* children; **dom dziecka** orphanage.

dziedzic (-a, -e) *m* (*spadkobierca*) successor, heir; (*ziemianin*) squire.

dziedzict|wo (-wa, -wa) (*loc sg* -wie) *nt* (*spadek*) inheritance; (*spuścizna*) heritage.

dziedziczeni|e (-a) *nt* inheritance.

dziedziczność|ć (-ci) *f* (*BIO*) heredity; (*tronu, urzędu*) succession.

dziedziczny *adj* hereditary.

dziedzicz|yć (-ę, -ysz) (*perf* o-) *vt* to inherit.

dziedzi|na (-ny, -ny) (*dat sg* -nie) *f* (*nauki, literatury*) discipline, domain; (*działalności*) field.

dziedzi|niec (-ńca, -ńce) *m* courtyard; (*kościoła*) churchyard.

dziej|e (-ów) *pl* history.

dziejowy *adj* historic.

dzieka|n (-na, -ni) (*loc sg* -nie) *m* dean.

dziekana|t (-tu, -ty) (*loc sg* -cie) *m* dean's office.

dzieleni|e (-a) *nt* (*MAT*) division.

dziel|ić (-ę, -isz) (*perf* po-) *vt* to divide; (*rozdawać*) (*perf* roz-) to share out; (*różnić*) to differ; (*rozgraniczać*) to differentiate; (*korzystać wspólnie*) to share.

▸**dzielić się** *vr* to divide; **dzielić się czymś z kimś** to share sth with sb; **ludzie dzielą się na dobrych i złych** there are good and bad people; **6 dzieli się przez 2** six is divisible by two.

dzielnic|a (-y, -e) *f* (*część miasta*) district, quarter; (*prowincja*) province, region.

dzielnicowy *adj* (*urząd, komisariat*) district *attr*, precinct *attr* (*US*).

dzielny *adj* (*waleczny*) brave; (*zaradny*) resourceful.

dzie|ło (-ła, -ła) (*loc sg* -le) *nt* (*praca*) work; (*utwór*) work, composition; (*wynik*) result; **dzieło sztuki** work of art.

dziennicz|ek (-ka, -ki) (*instr sg* -kiem) *m* (*pamiętnik*) diary; (*też*: **dzienniczek ucznia**) parent-teacher correspondence note-book.

dziennie *adv* daily; **osiem godzin dziennie** eight hours per *lub* a day; **cztery razy dziennie** four times a day.

dzienni|k (-ka, -ki) (*instr sg* -kiem) *m* (*gazeta*) daily (newspaper); (*pot: wiadomości*) daily news; (*pamiętnik*) diary; **dziennik lekcyjny** *lub* **klasowy** school *lub* class register.

dziennikar|ka (-ki, -ki) (*dat sg* -ce, *gen pl* -ek) *f* journalist.

dziennikarst|wo (-wa) (*loc sg* -wie) *nt* journalism.

dziennikarz (-a, -e) (*gen pl* -y) *m* journalist.

dzienny *adj* day *attr*; (*połączenie*) daytime *attr*; (*zwierzę, ptak*) diurnal; (*przydział, utarg*) daily; (*nakład*) day's *attr*; **porządek dzienny** agenda; **światło dzienne** daylight; **pokój dzienny** living room.

dzień (*dnia, dni* *lub* **dnie**) *m* day; (*doba*) day and night; (*termin*) date; **dzień dobry!** (*przed południem*) good morning; (*po południu*) good afternoon; **co dzień** every day; **cały dzień** all day (long), the whole day; **dzień w dzień** day in day out, every day.

dzierża|wa (-wy, -wy) (*dat sg* -wie) *f* lease, tenancy.

dzierżawc|a (-y, -y) *m* leaseholder, lessee.

dzierżawczy *adj* (*JĘZ*) possessive.

dzierża|wić (-wię, -wisz) *vt* to rent.
dziesiąt|ka (-ki, -ki) (*dat sg* -ce, *gen pl* -ek) *f* ten.
dziesiąty *num decl like adj* tenth.
dziesięcioleci|e (-a, -a) *nt* (*okres*) decade; (*jubileusz*) tenth anniversary.
dziesięcioletni *adj* (*dziecko, whisky*) ten-year-old; (*przerwa*) ten-year; (*praktyka*) ten years' *attr*.
dziesięć (*see* Table 16) *num* ten.
dziewczęcy *adj* girlish.
dziewczy|na (-ny, -ny) (*dat sg* -nie) *f* (*młoda kobieta*) young woman; (*sympatia*) girlfriend.
dziewczyn|ka (-ki, -ki) (*dat sg* -ce, *gen pl* -ek) *f* girl.
dziewiarst|wo (-wa) (*loc sg* -wie) *nt* knitting.
dziewiąt|ka (-ki, -ki) (*dat sg* -ce, *gen pl* -ek) *f* nine.
dziewiąty *num decl like adj* ninth.
dziewic|a (-y, -e) *f* virgin.
dziewiczy *adj* virgin *attr*; **błona dziewicza** hymen.
dziewięcioletni *adj* (*dziecko*) nine-year-old; (*przerwa*) nine-year; (*praktyka*) nine years' *attr*.
dziewięć (*like*: **pięć**) *num* nine.
dziewięćdziesiąt (*like*: **dziesięć**) *num* ninety.
dziewięćdziesiąty *num decl like adj* ninetieth.
dziewięćset (*like*: **pięćset**) *num* nine hundred.
dziewiętnasty *num decl like adj* nineteenth; **dziewiętnasta** *f decl like adj* (*godzina*) seven (o'clock) p.m.
dziewiętnaście (*like*: **jedenaście**) *num* nineteen.
dzięcio|ł (-ła, -ły) (*loc sg* -le) *m* woodpecker.
dzięki *prep*: **dzięki komuś/czemuś** thanks to sb/sth; **dzięki Bogu!** thank God!; **dzięki!** thanks!, ta! (*BRIT*: *pot*).
dzięk|ować (-uję, -ujesz) (*perf* po-) *vt*: **dziękować komuś (za coś)** to

thank sb (for sth) ♦ *vi* to thank; **dziękuję (bardzo)!** thank you (very much)!
dzi|k (-ka, -ki) (*instr sg* -kiem) *m* wild boar.
dziki *adj* wild; (*człowiek, plemię*) savage; (*okrutny*) fierce, ferocious; (*nietowarzyski*) anti-social.
dziku|s (-sa, -sy) (*loc sg* -sie) *m* savage, barbarian.
dzi|ób (-obu, -oby) (*loc sg* -obie) *m* (*ptaka*) beak, bill; (*statku*) bow; (*samolotu*) nose; (*pot*: *usta*) mouth.
dziób|ek (-ka, -ki) (*instr sg* -kiem) *m* (*ptaka*) beak, bill; (*dzbanka, czajnika*) spout.
dzisiaj, dziś *adv* today; (*obecnie*) nowadays, presently; **dzisiaj rano/wieczorem** this morning/evening; **dzisiaj w nocy** tonight; **od dzisiaj** as of today, from now on; **którego dzisiaj mamy?** what date is it today?
dzisiejszy *adj* today's *attr*; (*współczesny*) contemporary, present-day *attr*.
dziś *adv* = **dzisiaj**; **od dziś** from now on.
dziu|ra (-ry, -ry) (*dat sg* -rze) *f* hole; (*w zębie*) cavity; (*pot*: *mała miejscowość*) hole.
dziura|wić (-wię, -wisz) (*perf* **prze-**) *vt* to perforate.
dziurawy *adj* (*but, płaszcz*) full of holes; (*garnek*) leaky; (*ząb*) decayed.
dziur|ka (-ki, -ki) (*dat sg* -ce, *gen pl* -ek) *f dimin od* **dziura**; **dziurka od guzika** buttonhole; **dziurka od klucza** keyhole; **mieć czegoś po dziurki w nosie** to be fed up with sth.
dziurkacz (-a, -e) (*gen pl* -y) *m* punch.
dziurk|ować (-uję, -ujesz) (*perf* **prze-**) *vt* to punch.
dzi|w (-wu, -wy) (*loc sg* -wie) *m*: **aż**

dziw bierze, że ... it is a wonder that ...; **nie dziw, że ...** it is no wonder that ... .

dziwaczny adj (*nietypowy*) bizarre, odd; (*śmieszny*) funny.

dziwa|k (-ka, -cy) (*instr sg* -kiem) m eccentric, freak.

dzi|wić (-wię, -wisz) (*perf* z-) vt to surprise.

▸**dziwić się** vr to be surprised.

dziw|ka (-ki, -ki) (*dat sg* -ce, *gen pl* -ek) f (*pot!*) whore (*pot!*).

dziwny adj (*osobliwy*) strange, weird; (*niezrozumiały*) odd; **nic dziwnego, że ...** (it is) no wonder that ... .

dzi|wo (-wa, -wa) (*loc sg* -wie) nt: **o dziwo!** fancy that!, would you believe it!

dzwo|n (-nu, -ny) (*loc sg* -nie) m bell; (*dzwonienie*) ringing.

dzwon|ek (-ka, -ki) (*instr sg* -kiem) m (*urządzenie*) bell; (*dzwonienie*) ringing; (*BOT*) bluebell; **dzwonek do drzwi/roweru** door/bicycle bell.

dzwo|nić (-nię, -nisz) (*imp* -ń, *perf* za-) vi to ring the bell; (*kluczami*) to jangle, to clink; (*szklankami*) to clink; (*pot. telefonować*) to call, to ring (up); **dzwonić do kogoś** to call sb, to ring sb (up).

dzwonnic|a (-y, -e) f belfry.

dźwięcz|eć (-y) vi to ring.

dźwięczny adj (*głos*) resonant; (*JĘZ*) voiced.

dźwię|k (-ku, -ki) (*instr sg* -kiem) m sound; (*MUZ*) tone.

dźwiękoszczelny adj soundproof.

dźwiękowy adj sound attr; **ścieżka dźwiękowa** soundtrack.

dźwi|g (-gu, -gi) (*instr sg* -giem) m (*TECH: żuraw*) crane; (*winda*) lift (*BRIT*), elevator (*US*).

dźwig|ać (-am, -asz) vt (*podnosić*) (*perf* -nąć) to lift; (*przenosić*) to carry.

dźwig|nia (-ni, -nie) (*gen pl* -ni) f

lever; (*przen*) mainspring; **dźwignia zmiany biegów** gear lever.

dżdżownic|a (-y, -e) f earthworm.

dżdżysty adj rainy.

dże|m (-mu, -my) (*loc sg* -mie) m jam.

dżentelme|n (-na, -ni) (*loc sg* -nie) m gentleman.

dżentelmeński adj gentlemanly; **umowa dżentelmeńska** gentleman's *lub* gentlemen's agreement.

dżersej (-u, -e) (*gen pl* -ów) m jersey (*fabric*).

dżin|s (-su) (*loc sg* -sie) m (*materiał*) denim; **dżinsy** pl denims pl, jeans pl.

dżinsowy adj denim attr, jeans attr.

dżokej (-a, -e) (*gen pl* -ów) m jockey.

dżudo nt inv judo.

dżungl|a (-i, -e) (*gen pl* -i) f jungle.

E

ech|o (-a, -a) nt echo; (*oddźwięk*) response.

edukacj|a (-i) f education.

edycj|a (-i, -e) (*gen pl* -i) f edition.

Edynbur|g (-ga) (*instr sg* -giem) m Edinburgh.

edyto|r (-ra) (*loc sg* -rze) m (*redaktor*) (*nom pl* -rzy) editor; (*KOMPUT: też*: **edytor tekstu** (*nom pl* -ry) word processor.

EEG abbr (= *elektroencefalogram*) EEG.

efek|t (-tu, -ty) (*loc sg* -cie) m (*rezultat*) effect; (*wrażenie*) impression, effect.

efektowny adj (*wygląd, strój*) showy; (*kobieta*) glamorous; (*gest*) show-offish.

efektywny adj effective, efficient.

egalitarny adj egalitarian.

Egipcja|nin (-nina, -nie) (*loc sg* -ninie, *gen pl* -n) m Egyptian.

Egipcjan|ka (**-ki**, **-ki**) (*dat sg* **-ce**, *gen pl* **-ek**) *f* Egyptian.
egipski *adj* Egyptian.
Egip|t (**-tu**) (*loc sg* **-cie**) *m* Egypt.
egocentryczny *adj* egocentric, self-centred.
egocentry|k (**-ka**, **-cy**) (*instr sg* **-kiem**) *m* egocentric.
egoi|sta (**-sty**, **-ści**) (*dat sg* **-ście**) *m decl like f in sg* egoist, egotist.
egoistyczny *adj* egoistic, selfish.
egoiz|m (**-mu**) (*loc sg* **-mie**) *m* selfishness, egoism.
egz. *abbr* (= *egzemplarz*) copy.
egzaltowany *adj* pretentious, condescending.
egzami|n (**-nu**, **-ny**) (*loc sg* **-nie**) *m* examination, exam (*pot*); **egzamin dojrzałości** *secondary school leaving exam*; ≈ A-levels *pl* (*BRIT*); **zdawać** (*imperf*) **egzamin** to take an exam(ination), to sit an examination (*BRIT*); **zdać** (*perf*) **egzamin** to pass an exam(ination); **nie zdać** (*perf*) **egzaminu** to fail an exam(ination).
egzaminacyjny *adj* examination *attr*.
egzamin|ować (**-uję**, **-ujesz**) (*perf* **prze-**) *vt*: **egzaminować kogoś (z czegoś)** to examine *lub* test sb (in sth).
egzekucj|a (**-i**, **-e**) (*gen pl* **-i**) *f* execution.
egzekucyjny *adj*: **pluton egzekucyjny** firing squad.
egze|ma (**-my**) (*dat sg* **-mie**) *f* (*MED*) eczema.
egzemplarz (**-a**, **-e**) (*gen pl* **-y**) *m* (*książki, pisma*) copy; (*okaz*) specimen.
egzotyczny *adj* (*kraj, roślina*) exotic; (*uroda, zainteresowania*) rare, singular.
egzystencj|a (**-i**, **-e**) (*gen pl* **-i**) *f* existence.
egzyst|ować (**-uję**, **-ujesz**) *vi* to subsist, to make (both) ends meet.

EKG, **ekg** *abbr* (= *elektrokardiogram*) ECG.
ekier|ka (**-ki**, **-ki**) (*dat sg* **-ce**, *gen pl* **-ek**) *f* set square.
eki|pa (**-py**, **-py**) (*dat sg* **-pie**) *f* (*sportowców, naukowców*) team; (*ratowników, poszukiwaczy*) party; (*robotników*) (work) gang.
ekle|r (**-ra**, **-ry**) (*loc sg* **-rze**) *m* (*zamek błyskawiczny*) zip (fastener) (*BRIT*), zipper (*US*); (*ciastko*) éclair.
ekolo|g (**-ga**, **-dzy** *lub* **-gowie**) (*instr sg* **-giem**) *m* (*specjalista*) ecologist; (*pot. orędownik*) conservationist, environmentalist.
ekologi|a (**-i**) *f* ecology, environmentalism.
ekologiczny *adj* (*badania, warunki*) ecological; (*samochód, technologia*) environmentally friendly, green (*pot*).
ekonomi|a (**-i**) *f* (*nauka*) economics; (*gospodarka*) economy.
ekonomiczny *adj* (*kryzys, polityka*) economic; (*samochód*) economical.
ekonomi|sta (**-sty**, **-ści**) (*dat sg* **-ście**) *m decl like f in sg* economist.
ekosyste|m (**-mu**, **-my**) (*loc sg* **-mie**) *m* ecosystem.
ekra|n (**-nu**, **-ny**) (*loc sg* **-nie**) *m* screen.
ekranizacj|a (**-i**, **-e**) (*gen pl* **-i**) *f* (*filmowanie*) filming; (*wersja filmowa*) screen version.
ekscentryczny *adj* eccentric.
ekscentry|k (**-ka**, **-cy**) (*instr sg* **-kiem**) *m* eccentric.
ekscyt|ować (**-uję**, **-ujesz**) (*perf* **pod-**) *vt* to excite, to thrill.
▶**ekscytować się** *vr*: **ekscytować się (czymś)** to be excited (by sth), to rave (about sth).
ekscytujący *adj* thrilling, exciting.
ekshibicjoni|sta (**-sty**, **-ści**) (*dat sg* **-ście**) *m decl like f in sg* exhibitionist.
ekskluzywny *adj* exclusive.

ekslibri|s (-su, -sy) (*loc sg* -sie) *m*
book-plate, ex libris.

eksmisj|a (-i, -e) (*gen pl* -i) *f* eviction.

eksmit|ować (-uję, -ujesz) (*perf* wy-)
vt to evict.

ekspansj|a (-i) *f* expansion.

ekspansywny *adj* (*polityka*)
expansionist; (*człowiek*) pushy.

ekspedien|t (-ta, -ci) (*loc sg* -cie) *m*
shop assistant, salesclerk (*US*).

ekspedient|ka (-ki, -ki) (*dat sg* -ce,
gen pl -ek) *f* shop assistant,
salesclerk (*US*).

ekspedycj|a (-i, -e) (*gen pl* -i) *f*
(*wyprawa*) expedition.

eksper|t (-ta, -ci) (*loc sg* -cie) *m*
expert, authority.

eksperty|za (-zy, -zy) (*dat sg* -zie) *f*
(*lekarska*) medical assessment;
(*prawna*) legal evaluation.

eksperymen|t (-tu, -ty) (*loc sg* -cie)
m experiment.

eksperymentalny *adj* experimental.

eksperyment|ować (-uję, -ujesz) *vi*:
eksperymentować (na +*instr*) to
experiment (on).

eksploatacj|a (-i) *f* (*człowieka,
bogactw*) exploitation; (*maszyny,
kopalni*) utilization; (*samochodu*)
operation.

eksploat|ować (-uję, -ujesz) (*perf*
wy-) *vt* (*wykorzystywać: złoża,
robotników*) to exploit; (*maszynę*) to
utilize; (*samochód*) to operate.

eksplod|ować (-uję, -ujesz) *vi* to
explode.

eksplozj|a (-i, -e) (*gen pl* -i) *f*
explosion; (*przen*) outburst.

ekspona|t (-tu, -ty) (*loc sg* -cie) *m*
exhibit.

ekspon|ować (-uję, -ujesz) (*perf*
wy-) *vt* (*prezentować*) to display, to
exhibit; (*wysuwać na pierwszy plan*)
to feature, to give prominence to.

ekspor|t (-tu) (*loc sg* -cie) *m* export.

eksporte|r (-ra, -rzy) (*loc sg* -rze) *m*
exporter.

eksport|ować (-uję, -ujesz) (*perf*
wy-) *vt* to export.

ekspozytu|ra (-ry, -ry) (*dat sg* -rze) *f*
branch (office).

ekspre|s (-su, -sy) (*loc sg* -sie) *m*
(*pociąg*) express (train); (*list*)
express letter; (*do kawy*) espresso
coffee maker; **kawa z ekspresu**
espresso.

ekspresj|a (-i) *f* expression.

ekspresowy *adj* (*przesyłka, pociąg*)
express *attr*; **herbata ekspresowa**
tea bags *pl*.

eksta|za (-zy) (*dat sg* -zie) *f* ecstasy.

ekstra *adv* (*dodatkowo*) extra, in
addition; (*nadzwyczaj*) extremely.

ekstradycj|a (-i, -e) (*gen pl* -i) *f*
(*PRAWO*) extradition.

ekstrak|t (-tu, -ty) (*loc sg* -cie) *m*
extract.

ekstrawagancki *adj* eccentric.

ekstrawerty|k (-ka, -cy) (*instr sg*
-kiem) *m* extrovert.

ekstremalny *adj* (*sytuacja, warunki*)
extreme.

ekstremi|sta (-sty, -ści) (*dat sg*
-ście) *m decl like f in sg* extremist.

ekwipun|ek (-ku) (*instr sg* -kiem) *m*
gear, equipment.

ekwiwalen|t (-tu, -ty) (*loc sg* -cie) *m*
equivalent.

elastyczny *adj* (*sprężysty: guma,
krok*) elastic; (*przen: człowiek,
natura*) flexible; **bandaż elastyczny**
elastic bandage.

elegancj|a (-i) *f* elegance.

elegancki *adj* (*człowiek*) elegant,
smart (*BRIT*).

elegan|t (-ta, -ci) (*loc sg* -cie) *m* man
of fashion.

elegant|ka (-ki, -ki) (*dat sg* -ce, *gen pl*
-ek) *f* snappy dresser.

elek|t (-ta, -ci) (*loc sg* -cie) *m*:
prezydent elekt the President elect.

elektora|t (**-tu**) (*loc sg* **-cie**) *m* electorate.

elektrociepłow|nia (**-ni, -nie**) (*gen pl* **-ni**) *f* heat and power plant.

elektro|da (**-dy, -dy**) (*loc sg* **-dzie**) *f* electrode.

elektrokardiogra|m (**-mu, -my**) (*loc sg* **-mie**) *m* (*MED*) electrocardiogram.

elektroli|t (**-tu, -ty**) (*loc sg* **-cie**) *m* electrolyte.

elektroluk|s (**-su, -sy**) (*loc sg* **-sie**) *m* vacuum cleaner, hoover ® (*BRIT*).

elektromagnetyczny *adj* electromagnetic.

elektromechani|k (**-ka, -cy**) (*instr sg* **-kiem**) *m* electrical engineer.

elektroniczny *adj* electronic; (*zegarek*) digital.

elektroni|k (**-ka, -cy**) (*instr sg* **-kiem**) *m* electronic engineer.

elektroni|ka (**-ki**) (*dat sg* **-ce**) *f* electronics.

elektrotechniczny *adj* electrotechnical.

elektrow|nia (**-ni, -nie**) (*gen pl* **-ni**) *f* power plant *lub* station.

elektryczno|ść (**-ci**) *f* electricity.

elektryczny *adj* (*prąd, urządzenie, światło*) electric; (*usterka*) electrical; **krzesło elektryczne** electric chair.

elektry|k (**-ka, -cy**) (*instr sg* **-kiem**) *m* electrician.

elektryz|ować (**-uję, -ujesz**) *vt* (*perf* **na-**) to electrify; (*przen: widzów*) (*perf* **z-**) to thrill, to electrify.

►**elektryzować się** *vr* (*o materiale*) to pick up static.

elemen|t (**-tu, -ty**) (*loc sg* **-cie**) *m* (*część*) element, component; (*grupa ludzi*) circle; **elementy** *pl* (*podstawy*) elements.

elementarny *adj* elementary.

elementarz (**-a, -e**) (*gen pl* **-y**) *m* reading primer.

elewacj|a (**-i, -e**) (*gen pl* **-i**) *f* (*ARCHIT*) elevation.

elewato|r (**-ra, -ry**) (*loc sg* **-rze**) *m* elevator.

eliksi|r (**-ru, -ry**) (*loc sg* **-rze**) *m* elixir.

eliminacj|a (**-i, -e**) (*gen pl* **-i**) *f* elimination; **eliminacje** *pl* (*SPORT*) qualifying round.

elimin|ować (**-uję, -ujesz**) (*perf* **wy-**) *vt* to eliminate.

elip|sa (**-sy, -sy**) (*dat sg* **-sie**) *f* (*GEOM*) ellipse.

eli|ta (**-ty, -ty**) (*dat sg* **-cie**) *f* elite.

elitarny *adj* elitist.

elokwentny *adj* eloquent.

emali|a (**-i, -e**) (*gen pl* **-i**) *f* enamel.

emancypacj|a (**-i**) *f* emancipation; **emancypacja kobiet** the emancipation of women.

embar|go (**-ga**) (*instr sg* **-giem**) *nt* embargo.

emblema|t (**-tu, -ty**) (*loc sg* **-cie**) *m* emblem.

embrio|n (**-nu, -ny**) (*loc sg* **-nie**) *m* embryo.

emery|t (**-ta, -ci**) (*loc sg* **-cie**) *m* (old age) pensioner.

emerytalny *adj* (*wiek*) pensionable; **fundusz emerytalny** pension fund.

emeryt|ka (**-ki, -ki**) (*dat sg* **-ce**, *gen pl* **-ek**) *f* (old age) pensioner.

emerytowany *adj* retired.

emerytu|ra (**-ry, -ry**) (*dat sg* **-rze**) *f* (*świadczenie*) (old age) pension; (*okres*) retirement.

emigracj|a (**-i, -e**) (*gen pl* **-i**) *f* emigration.

emigracyjny *adj*: **rząd emigracyjny** government in exile; **urząd emigracyjny** emigration office.

emigran|t (**-ta, -ci**) (*loc sg* **-cie**) *m* emigrant; (*polityczny*) émigré.

emigr|ować (**-uję, -ujesz**) (*perf* **wy-**) *vi* to emigrate.

emisj|a (**-i, -e**) (*gen pl* **-i**) *f* (*pieniędzy, akcji*) issue; (*zanieczyszczeń*) emission, discharge; (*TV*) screening;

(*RADIO*) broadcasting; (*FIZ*)
emission.

emit|ować (**-uję, -ujesz**) (*perf* **wy-**) *vt*
(*pieniądze, akcje*) to issue;
(*zanieczyszczenia*) to emit, to
discharge; (*TV*) to screen; (*RADIO*)
to broadcast; (*FIZ*) to emit.

emocj|a (**-i, -e**) (*gen pl* **-i**) *f* emotion;
emocje *pl* emotions *pl*.

emocjonalny *adj* emotional.

emocjon|ować (**-uję, -ujesz**) *vt*:
emocjonować kogoś to excite *lub*
thrill sb.

►**emocjonować się** *vr*:
emocjonować się czymś to be
excited about sth.

emocjonujący *adj* exciting.

empiryczny *adj* empirical.

emulsj|a (**-i, -e**) (*gen pl* **-i**) *f* (*też*:
farba emulsyjna) emulsion (paint);
emulsja do opalania suntan lotion.

encyklopedi|a (**-i, -e**) (*gen pl* **-i**) *f*
encyclop(a)edia.

energetyczny *adj*: **przemysł**
energetyczny power industry;
surowiec energetyczny source of
energy; **kryzys energetyczny**
energy crisis.

energety|ka (**-ki**) (*dat sg* **-ce**) *f*
(*przemysł*) power industry; (*FIZ*)
energetics.

energi|a (**-i**) *f* energy; **energia**
atomowa/słoneczna atomic/solar
energy.

energiczny *adj* energetic.

enigmatyczny *adj* (*książk*)
enigmatic.

entuzja|sta (**-sty, -ści**) (*dat sg* **-ście**)
m decl like f in sg enthusiast.

entuzjastyczny *adj* enthusiastic.

entuzjaz|m (**-mu**) (*loc sg* **-mie**) *m*
enthusiasm; **pełen entuzjazmu**
enthusiastic; **robić coś bez**
entuzjazmu to do sth half-heartedly.

enzy|m (**-mu, -my**) (*loc sg* **-mie**) *m*
enzyme.

epicki *adj* epic.

epidemi|a (**-i, -e**) (*gen pl* **-i**) *f*
epidemic.

epilepsj|a (**-i**) *f* epilepsy.

epilo|g (**-gu, -gi**) (*instr sg* **-giem**) *m*
epilogue.

episkopa|t (**-tu, -ty**) (*loc sg* **-cie**) *m*
episcopate.

epite|t (**-tu, -ty**) (*loc sg* **-cie**) *m* epithet.

epizo|d (**-du, -dy**) (*loc sg* **-dzie**) *m*
episode; (*TEATR, FILM*) bit part.

epo|ka (**-ki, -ki**) (*dat sg* **-ce**) *f* epoch;
(*GEOL*) age.

epokowy *adj* epoch-making.

era (**ery, ery**) (*dat sg* **erze**) *f* era;
naszej ery A.D.; **przed naszą erą**
B.C.

erekcj|a (**-i, -e**) (*gen pl* **-i**) *f* erection.

erotoma|n (**-na, -ni**) (*loc sg* **-nie**) *m*
sex maniac.

erotyczny *adj* erotic.

erozj|a (**-i, -e**) (*gen pl* **-i**) *f* erosion.

erra|ta (**-ty, -ty**) (*dat sg* **-cie**) *f* erratum.

erudycj|a (**-i**) *f* erudition.

esej (**-u, -e**) *m* essay.

esencj|a (**-i, -e**) (*gen pl* **-i**) *f* essence;
(*herbaciana*) strong tea brew to
which fresh boiling water is added
before serving.

eskalacj|a (**-i, -e**) (*gen pl* **-i**) *f*
escalation.

eskapa|da (**-dy, -dy**) (*dat sg* **-dzie**) *f*
escapade.

Eskimo|s (**-sa, -si**) (*loc sg* **-sie**) *m*
Eskimo.

eskor|ta (**-ty, -ty**) (*dat sg* **-cie**) *f*
escort; **pod eskortą** under escort.

eskort|ować (**-uję, -ujesz**) *vi* to
escort.

este|ta (**-ty, -ci**) (*dat sg* **-cie**) *m decl*
like f in sg aesthete (*BRIT*), esthete
(*US*).

estetyczny *adj* (*zmysł, doznania*)
aesthetic (*BRIT*), esthetic (*US*);
(*gustowny*) tasteful.

estety|ka (**-ki**) (*dat sg* **-ce**) *f* (*nauka*)

aesthetics (*BRIT*), esthetics (*US*);
(*piękno*) beauty.

Estoni|a (-i) *f* Estonia.

Estończy|k (-ka, -cy) (*instr sg* -kiem)
m Estonian.

estoński *adj* Estonian.

estra|da (-dy, -dy) (*loc sg* -dzie) *f*
stage; (*na wolnym powietrzu*)
bandstand.

eta|p (-pu, -py) (*loc sg* -pie) *m* stage.

eta|t (-tu, -ty) (*loc sg* -cie) *m*: (**wolny**)
etat (job) vacancy; **na pełen etat**
full-time; **na pół etatu** part-time.

etatowy *adj*: **pracownik etatowy**
full-time employee.

ete|r (-ru, -ry) (*loc sg* -rze) *m* ether.

Etiopi|a (-i) *f* Ethiopia.

etiu|da (-dy, -dy) (*dat sg* -dzie) *f*
étude.

etniczny *adj* ethnic.

etnologi|a (-i) *f* ethnology.

etui *nt inv* case.

etyczny *adj* ethical.

ety|ka (-ki) (*dat sg* -ce) *f* (*zbiór norm*)
ethics *pl*; (*nauka*) ethics.

etykie|ta (-ty) (*dat sg* -cie) *f* (*nalepka*)
(*nom pl* -ty) label; (*zachowanie*)
etiquette.

etyli|na (-ny) (*dat sg* -nie) *f*
high-octane petrol (*BRIT*), premium
gasoline (*US*).

etymologi|a (-i) *f* etymology.

eufemiz|m (-mu, -my) (*loc sg* -mie)
m euphemism.

eufori|a (-i) *f* euphoria.

eukaliptu|s (-sa, -sy) (*loc sg* -sie) *m*
eucalyptus.

euro *nt inv* (*waluta*) Euro.

eurocze|k (-ku, -ki) (*instr sg* -kiem)
m Eurocheque.

Euro|pa (-py) (*dat sg* -pie) *f* Europe.

Europejczy|k (-ka, -cy) (*instr sg*
-kiem) *m* European.

Europej|ka (-ki, -ki) (*dat sg* -ce, *gen
pl* -ek) *f* European.

europejski *adj* European.

eutanazj|a (-i) *f* euthanasia.

ewakuacj|a (-i, -e) (*gen pl* -i) *f*
evacuation.

ewakuacyjny *adj*: **droga
ewakuacyjna** escape route; **plan
ewakuacyjny** evacuation plan.

ewaku|ować (-uję, -ujesz) *vt* to
evacuate.

▶**ewakuować się** *vr* to evacuate.

ewangeli|a (-i, -e) (*gen pl* -i) *f*
Gospel; **ewangelia według św.
Łukasza** the Gospel according to St
Luke.

ewangelicki *adj* evangelical.

ewentualnie *adv* (*w razie czego*) if
need be; (*albo*) alternatively.

ewentualnoś|ć (-ci, -ci) (*gen pl* -ci) *f*
eventuality.

ewentualny *adj* possible.

ewidencj|a (-i, -e) (*gen pl* -i) *f* record.

ewidentnie *adv* evidently.

ewidentny *adj* evident.

ewolucj|a (-i, -e) (*gen pl* -i) *f*
evolution; **teoria ewolucji** the theory
of evolution.

ewolucyjny *adj* evolutionary.

F

fabryczny *adj* factory *attr*; **znak
fabryczny** trademark.

fabry|ka (-ki, -ki) (*dat sg* -ce) *f*
factory.

fabularny *adj*: **film fabularny** feature
film.

fabu|ła (-ły, -ły) (*dat sg* -le) *f* plot.

face|t (-ta, -ci) (*loc sg* -cie) *m* (*pot*)
fellow (*pot*), guy (*pot*).

fach (-u, -y) *m* trade.

facho|wiec (-wca, -wcy) *m*
(*specjalista*) specialist, expert.

fachowy *adj* (*czasopismo,
terminologia*) specialist; (*porada*)

professional, expert; (*pracownik*) skilled.

fair *adj inv*: **to nie jest fair** it's not fair ♦ *adv*: **postępować (postąpić** *perf***) (nie) fair** (not) to play fair.

fajerwer|ki (**-ków**) *pl* fireworks *pl*.

faj|ka (**-ki, -ki**) (*dat sg* **-ce**, *gen pl* **-ek**) *f* pipe.

fajnie *adv* (*pot*) great (*pot*).

fajny *adj* (*pot*) great (*pot*).

fajran|t (**-tu, -ty**) (*loc sg* **-cie**) *m* (*pot*) knock-off time (*pot*).

fak|s (**-su, -sy**) (*loc sg* **-sie**) *m* (*urządzenie*) fax (machine); (*wiadomość*) fax (message).

faks|ować (**-uję, -ujesz**) (*perf* **prze-**) *vt/vi* to fax.

fak|t (**-tu, -ty**) (*loc sg* **-cie**) *m* fact; **fakt, że ...** (*pot*) true enough, ...; **stać się** (*perf*) **faktem** to become fact.

faktu|ra (**-ry, -ry**) (*dat sg* **-rze**) *f* (*HANDEL*) invoice.

faktycznie *adv* actually, in fact.

faktyczny *adj* actual.

fa|la (**-li, -le**) *f* wave.

falban|ka (**-ki, -ki**) (*dat sg* **-ce**, *gen pl* **-ek**) *f* frill.

falisty *adj* wavy.

falochro|n (**-nu, -ny**) (*loc sg* **-nie**) *m* breakwater.

fal|ować (**-uje**) *vi* (*woda, zasłona, tłum*) (*perf* **za-**) to roll.

falstar|t (**-tu, -ty**) (*loc sg* **-cie**) *m* (*SPORT*) false start.

falsyfika|t (**-tu, -ty**) (*loc sg* **-cie**) *m* forgery.

fał|da (**-dy, -dy**) (*dat sg* **-dzie**) *f, m* fold.

fałsz (**-u, -e**) *m* falsity, falsehood.

fałszerst|wo (**-wa, -wa**) (*loc sg* **-wie**) *nt* forgery.

fałszerz (**-a, -e**) (*gen pl* **-y**) *m* forger.

fałsz|ować (**-uję, -ujesz**) (*perf* **s-**) *vt* (*pieniądze, obrazy*) to forge; (*dane, dokumenty*) to fabricate, to cook up

(*pot*) ♦ *vi* (*grać nieczysto*) to play *lub* be out of tune; (*śpiewać nieczysto*) to sing *lub* be out of tune.

fałszywie *adv* (*nieprawdziwie*) falsely; (*obłudnie*) insincerely.

fałszywy *adj* (*podrobiony*) counterfeit; (*niezgodny z prawdą*) false; (*obłudny*) insincere; (*ton, dźwięk, nuta*) off-key.

fa|n (**-na, -ni**) (*loc sg* **-nie**) *m* (*pot*) fan.

fanatyczny *adj* fanatical.

fanaty|k (**-ka, -cy**) (*instr sg* **-kiem**) *m* fanatic.

fan-clu|b (**-bu, -by**) (*loc sg* **-bie**) *m* fan club.

fantastyczny *adj* fantastic; **powieść fantastyczna** a science-fiction novel.

fantazj|a (**-i, -e**) (*gen pl* **-i**) *f* (*wyobraźnia*) imagination; (*wymysł*) fantasy.

farao|n (**-na, -nowie**) (*loc sg* **-nie**) *m* pharaoh.

far|ba (**-by, -by**) (*dat sg* **-bie**) *f* paint; (*drukarska*) ink; (*do włosów*) tint, dye.

farb|ować (**-uję, -ujesz**) *vt* (*odzież, włosy: barwić*) (*perf* **u-** *lub* **po-**) to dye ♦ *vi* (*puszczać kolor*) to bleed, to run.

far|ma (**-my, -my**) (*dat sg* **-mie**) *f* farm.

farmaceutyczny *adj* pharmaceutical.

farmakologiczny *adj* (*środek*) pharmacological.

farme|r (**-ra, -rzy**) (*loc sg* **-rze**) *m* farmer.

far|sa (**-sy, -sy**) (*dat sg* **-sie**) *f* (*TEATR*) farce; (*przen*) travesty.

farsz (**-u, -e**) *m* stuffing.

fartuch (**-a, -y**) *m* (*kuchenny*) apron; (*lekarski*) (doctor's) gown.

fartusz|ek (**-ka, -ki**) (*instr sg* **-kiem**) *m* (*dziecięcy*) pinafore.

fasa|da (**-dy, -dy**) (*dat sg* **-dzie**) *f* (*ARCHIT*) facade.

fascynacj|a (**-i, -e**) (*gen pl* **-i**) *f* fascination.

fascyn|ować (-uję, -ujesz) vt (perf za-) to fascinate.

fascynujący adj fascinating.

faso|la (-li, -le) (gen pl -li) f bean.

faso|n (-nu, -ny) (loc sg -nie) m (krój) cut.

faszy|sta (-sty, -ści) (dat sg -ście) m decl like f in sg fascist.

faszystowski adj fascist.

faszyz|m (-mu) (loc sg -mie) m fascism.

fatalny adj (błąd, skutek) disastrous; (liczba, numer) unlucky; (stan, pogoda, opinia) appalling.

fatamorga|na (-ny) (dat sg -nie) f mirage; (przen) mirage, illusion.

faty|ga (-gi) (dat sg -dze) f trouble; **zadawać (zadać** perf**) sobie fatygę** to take the trouble.

fatyg|ować (-uję, -ujesz) vt to trouble, to put out.

▶**fatygować się** (perf po-) vr to take the trouble; **proszę się nie fatygować** please don't trouble yourself/yourselves.

fau|l (-lu, -le) (gen pl -li lub -lów) m (SPORT) foul.

faul|ować (-uję, -ujesz) (perf s-) vt (SPORT) to foul.

fau|na (-ny) (dat sg -nie) f fauna.

fawory|t (-ta, -ci) (loc sg -cie) m front-runner, favourite (BRIT), favorite (US).

faworyz|ować (-uję, -ujesz) vt to favour (BRIT), to favor (US).

fax (-u, -y) m = **faks**.

fa|za (-zy, -zy) (dat sg -zie) f stage, phase.

federacj|a (-i, -e) (gen pl -i) f federation.

federalny adj federal; **Republika Federalna Niemiec** the Federal Republic of Germany.

fele|r (-ru, -ry) (loc sg -rze) m (pot) flaw, snag (pot).

felieto|n (-nu, -ny) (loc sg -nie) m feature article.

feminist|ka (-ki, -ki) (dat sg -ce, gen pl -ek) f feminist.

feministyczny adj feminist.

feminiz|m (-mu) (loc sg -mie) m feminism.

feni|g (-ga, -gi) (instr sg -giem) m (moneta) pfennig.

fenomenalny adj phenomenal.

feralny adj unlucky.

feri|e (-i) pl (krótkie) break; (długie) holiday(s) (pl) (BRIT), vacation (US).

fer|ma (-my, -my) (dat sg -mie) f poultry lub chicken farm.

fermentacj|a (-i, -e) (gen pl -i) f fermentation.

ferment|ować (-uje) (perf s-) vi to ferment.

festiwa|l (-lu, -le) (gen pl -li lub -lów) m festival.

festy|n (-nu, -ny) (loc sg -nie) m gala.

feto|r (-ru, -ry) (loc sg -rze) m stench.

fetysz (-a, -e) (gen pl -y lub -ów) m fetish.

feudaliz|m (-mu) (loc sg -mie) m feudalism.

feudalny adj feudal.

fias|ko (-ka, -ka) (instr sg -kiem) nt fiasco; **zakończyć się** (perf) **fiaskiem** to come to grief.

fi|ga (-gi, -gi) (loc sg -dze) f (owoc, drzewo) fig; (pot: nic) zero, nothing.

fi|giel (-gla, -gle) (gen pl -glów) m prank; **płatać figle** to play tricks.

figu|ra (-ry, -ry) (dat sg -rze) f figure; (szachowa) piece; (karciana) court lub picture card.

figur|ka (-ki, -ki) (dat sg -ce, gen pl -ek) f (posążek) figurine.

figur|ować (-uję, -ujesz) vi: **figurować w spisie/na liście** to be lub appear in a register/on a list.

figurowy adj: **łyżwiarstwo figurowe** lub **jazda figurowa na lodzie** figure skating.

fikcj|a (-i, -e) (*gen pl* -i) f fiction.

fikcyjny *adj* (*postać, świat*) fictitious, fictional; (*nazwisko*) fictitious.

fiku|s (-sa, -sy) (*loc sg* -sie) m (*BOT*) rubber plant.

Filadelfi|a (-i) f Philadelphia.

filantro|p (-pa, -pi) (*loc sg* -pie) m philanthropist.

fila|r (-ru *lub* -ra, -ry) (*loc sg* -rze) m pillar.

filateli|sta (-sty, -ści) (*dat sg* -ście) m *decl like* f *in sg* stamp collector.

filc (-u, -e) m felt.

file|t (-ta *lub* -tu, -ty) (*loc sg* -cie) m fillet.

filharmoni|a (-i, -e) (*gen pl* -i) f (*instytucja*) philharmonic (society); (*budynek*) concert hall.

fili|a (-i, -e) (*gen pl* -i) f branch.

filigranowy *adj* dainty.

Filipin|y (-) *pl* the Philippines.

filiżan|ka (-ki, -ki) (*dat sg* -ce, *gen pl* -ek) f (*naczynie*) cup; (*zawartość*) cupful; **filiżanka kawy/herbaty** a cup of coffee/tea.

fil|m (-mu, -my) (*loc sg* -mie) m film; (*fabularny*) (feature) film; (*dokumentalny*) documentary (film); (*kinematografia*) film (*BRIT*) *lub* movie (*US*) industry.

film|ować (-uję, -ujesz) (*perf* s-) *vt* (*scenę, krajobraz*) to film; (*powieść*) to make into a film.

filmowy *adj* film *attr* (*BRIT*), movie *attr* (*US*).

filologi|a (-i, -e) (*gen pl* -i) f philology.

filozo|f (-fa, -fowie) (*loc sg* -fie) m philosopher.

filozofi|a (-i, -e) (*gen pl* -i) f philosophy.

filozoficzny *adj* philosophical.

filt|r (-ru *lub* -ra, -ry) (*loc sg* -rze) m filter; (*papierosowy*) filter tip.

filtr|ować (-uję, -ujesz) *vt* (*wodę*) (*perf* **prze-**) to filter; (*osad*) (*perf* **od-**) to filter out.

Fi|n (-na, -nowie) (*loc sg* -nie) m Finn.

finali|sta (-sty, -ści) (*dat sg* -ście) m *decl like* f *in sg* finalist.

finaliz|ować (-uję, -ujesz) (*perf* **s-**) *vt* to finalize.

fina|ł (-łu, -ły) (*loc sg* -le) m (*zakończenie*) ending; (*SPORT*) final.

finałowy *adj* final.

finans|e (-ów) *pl* finance(s *pl*).

finansi|sta (-sty, -ści) (*dat sg* -ście) m *decl like* f *in sg* banker, financier.

finans|ować (-uję, -ujesz) (*perf* **s-**) *vt* to fund, to finance.

finansowy *adj* financial.

finisz (-u, -e) (*gen pl* -ów) m (*SPORT*) finish.

finisz|ować (-uję, -ujesz) *vi* to spurt (*in a race*).

fin|ka (-ki, -ki) (*dat sg* -ce, *gen pl* -ek) f (*nóż*) sheath knife; **Finka** (*mieszkanka Finlandii*) Finn.

Finlandi|a (-i) f Finland.

fiński *adj* Finnish ♦ m *decl like adj* (*język*) Finnish.

fiole|t (-tu, -ty) (*loc sg* -cie) m purple.

fioletowy *adj* purple.

fioł|ek (-ka, -ki) (*instr sg* -kiem) m (*BOT*) violet.

fira|na (-ny, -ny) (*loc sg* -nie) f net curtain.

firan|ka (-ki, -ki) (*dat sg* -ce, *gen pl* -ek) f net curtain.

fir|ma (-my, -my) (*dat sg* -mie) f (*małe przedsiębiorstwo*) firm, business; (*duże przedsiębiorstwo*) company.

firmowy *adj* (*papier, samochód*) company *attr*; **danie firmowe** speciality (*BRIT*), specialty (*US*); **znak firmowy** trademark.

fizjologiczny *adj* physiological.

fizyczny *adj* physical; (*laboratorium*) physics *attr*; (*praca, pracownik*) manual; **wychowanie fizyczne** (*SZKOL*) physical education.

fizy|k (-ka, -cy) (*instr sg* -kiem) m

physicist; (*nauczyciel*) physics teacher.

fizy|ka (**-ki**) (*dat sg* **-ce**) *f* physics.

flacz|ki (**-ków**) *pl* (*KULIN*) tripe.

fla|ga (**-gi, -gi**) (*dat sg* **-dze**) *f* flag.

fla|k (**-ka, -ki**) (*instr sg* **-kiem**) *m* (*na kiełbasie*) skin; **flaki** *pl* (*pot: wnętrzności*) guts *pl* (*pot*); (*KULIN*) tripe; **nudny jak flaki z olejem** (*pot*) (as) dull as ditch-water (*pot*).

flamast|er (**-ra, -ry**) (*loc sg* **-rze**) *m* felt-tip pen.

flane|la (**-li, -le**) (*gen pl* **-li**) *f* flannel.

flanelowy *adj* flannel *attr*.

flasz|ka (**-ki, -ki**) (*dat sg* **-ce**, *gen pl* **-ek**) *f* (*pot*) bottle.

fląd|ra (**-ry, -ry**) (*dat sg* **-rze**) *f* flounder.

fleg|ma (**-my**) (*dat sg* **-mie**) *f* phlegm.

flegmatyczny *adj* phlegmatic.

flesz (**-a** *lub* **-u, -e**) (*gen pl* **-ów**) *m* (*FOT*) flash.

fle|t (**-tu, -ty**) (*loc sg* **-cie**) *m* flute; **flet prosty** recorder.

flir|t (**-tu, -ty**) (*loc sg* **-cie**) *m* flirtation.

flirt|ować (**-uję, -ujesz**) *vi*: **flirtować (z kimś)** to flirt (with sb).

flo|ra (**-ry**) (*dat sg* **-rze**) *f* flora.

flo|ta (**-ty, -ty**) (*dat sg* **-cie**) *f* fleet; **flota handlowa** merchant marine *lub* navy; **flota wojenna** navy.

fluktuacj|a (**-i, -e**) (*gen pl* **-i**) *f* fluctuation.

fluo|r (**-ru**) (*loc sg* **-rze**) *m* fluorine; **pasta z fluorem** fluoride toothpaste.

fobi|a (**-i, -e**) (*gen pl* **-i**) *f* phobia.

fo|ka (**-ki, -ki**) (*dat sg* **-ce**) *f* seal.

folde|r (**-ru** *lub* **-ra, -ry**) (*loc sg* **-rze**) *m* brochure.

foli|a (**-i, -e**) (*gen pl* **-i**) *f* foil.

folklo|r (**-ru**) (*loc sg* **-rze**) *m* folklore.

fonety|ka (**-ki**) (*dat sg* **-ce**) *f* phonetics.

foni|a (**-i**) *f* sound.

fontan|na (**-ny, -ny**) (*dat sg* **-nie**) *f* fountain.

forem|ka (**-ki, -ki**) (*dat sg* **-ce**, *gen pl* **-ek**) *f* (*do piasku*) mould (*BRIT*), mold (*US*); (*do ciasta*) baking tin.

foremny *adj* regular.

for|ma (**-my, -my**) (*dat sg* **-mie**) *f* form; (*do ciasta*) baking tin; (*TECH*) mould (*BRIT*), mold (*US*); **być w dobrej/złej formie** to be in good/bad shape *lub* form.

formalnie *adv* formally.

formalnoś|ć (**-ci, -ci**) (*gen pl* **-ci**) *f* formality.

formalny *adj* formal.

forma|t (**-tu, -ty**) (*loc sg* **-cie**) *m* format.

format|ować (**-uję, -ujesz**) (*perf* **s-**) *vt* (*KOMPUT*) to format.

form|ować (**-uję, -ujesz**) (*perf* **u-**) *vt* (*tworzyć*) to form; (*kształtować*) to shape.

▸**formować się** *vr* (*tworzyć się*) to form; (*kształtować się*) to be shaped.

formularz (**-a, -e**) (*gen pl* **-y**) *m* form; **formularz wizowy** visa application form.

formu|ła (**-ły, -ły**) (*dat sg* **-le**) *f* formula.

formuł|ować (**-uję, -ujesz**) (*perf* **s-**) *vt* to formulate.

for|sa (**-sy**) (*dat sg* **-sie**) *f* (*pot*) dough (*pot*).

forte|ca (**-cy, -ce**) *f* fortress.

fortepia|n (**-nu, -ny**) (*loc sg* **-nie**) *m* (grand) piano.

fortu|na (**-ny**) (*dat sg* **-nie**) *f* fortune.

fo|sa (**-sy, -sy**) (*dat sg* **-sie**) *f* moat.

fosfo|r (**-ru**) (*loc sg* **-rze**) *m* phosphorus.

fot. *abbr* (= *fotografia*) phot.

fotel (**-a** *lub* **-u, -e**) (*gen pl* **-i**) *m* armchair; **fotel na biegunach** rocking chair, rocker.

fot|ka (**-ki, -ki**) (*dat sg* **-ce**, *gen pl* **-ek**) *f* snap, snapshot.

fotoamato|r (**-ra, -rzy**) (*loc sg* **-rze**) *m* (amateur) photographer.

fotogra|f (-fa, -fowie) (*loc sg* -fie) *m* photographer.

fotografi|a (-i) *f* (*rzemiosło, sztuka*) photography; (*zdjęcie*) (*nom pl* -e, *gen pl* -i) photo(graph).

fotograficzny *adj* photographic; **aparat fotograficzny** camera.

fotograf|ować (-uję, -ujesz) (*perf* s-) *vt* to photograph.

fotokomór|ka (-ki, -ki) (*dat sg* -ce, *gen pl* -ek) *f* photocell, electric eye.

fotomontaż (-u, -e) (*gen pl* -y) *m* trick photo(graph).

fotoreportaż (-u, -e) (*gen pl* -y) *m* photo essay.

fotoreporte|r (-ra, -rzy) (*loc sg* -rze) *m* press *lub* news photographer.

foto|s (-su, -sy) (*loc sg* -sie) *m* (*FILM*) still.

frachto|wiec (-wca, -wce) (*loc sg* -wcu) *m* freighter.

fragmen|t (-tu, -ty) (*loc sg* -cie) *m* fragment.

fragmentaryczny *adj* fragmentary.

fraj|da (-dy, -dy) (*dat sg* -dzie) *f* (*pot*) fun, thrill (*pot*).

fraje|r (-ra, -rzy) (*loc sg* -rze) *m* (*pej*) sucker (*pej*).

fra|k (-ka, -ki) (*instr sg* -kiem) *m* tail coat, tails *pl*.

frakcj|a (-i, -e) (*gen pl* -i) *f* faction.

framu|ga (-gi, -gi) (*dat sg* -dze) *f* frame.

Francj|a (-i) *f* France.

francuski *adj* French ♦ *m decl like adj* (*język*) French; **ciasto francuskie** puff pastry; **klucz francuski** monkey wrench.

Francu|z (-za, -zi) (*loc sg* -zie) *m* Frenchman.

Francuz|ka (-ki, -ki) (*dat sg* -ce, *gen pl* -ek) *f* Frenchwoman.

fran|k (-ka, -ki) (*instr sg* -kiem) *m* franc.

frapujący *adj* fascinating.

frasz|ka (-ki, -ki) (*dat sg* -ce, *gen pl* -ek) *f* (*LIT*) epigram; (*błahostka*) trifle.

fra|za (-zy, -zy) (*dat sg* -zie) *f* phrase.

fraze|s (-su, -sy) (*loc sg* -sie) *m* platitude.

frekwencj|a (-i) *f* (*w szkole*) attendance; (*wyborcza*) turnout.

fres|k (-ku, -ki) (*instr sg* -kiem) *m* fresco.

frezj|a (-i, -e) (*gen pl* -i) *f* (*BOT*) freesia.

frędz|el (-la, -le) (*gen pl* -li) *f* tassel; **frędzle** *pl* fringe.

fron|t (-tu, -ty) (*loc sg* -cie) *m* front.

frontowy *adj* front *attr*.

froter|ować (-uję, -ujesz) (*perf* wy-) *vt* to polish.

frotowy *adj* terry(-cloth) *attr*.

frotte *adj inv*: **ręcznik frotte** terry towel.

frustracj|a (-i, -e) (*gen pl* -i) *f* frustration.

frustr|ować (-uję, -ujesz) (*perf* s-) *vt* to frustrate.

fruw|ać (-am, -asz) *vi* to fly.

fryt|ki (-ek) *pl* (potato) chips *pl* (*BRIT*), (French) fries *pl* (*US*).

frywolny *adj* frivolous.

fryzje|r (-ra, -rzy) (*loc sg* -rze) *m* hairdresser; (*męski*) barber.

fryzjer|ka (-ki, -ki) (*dat sg* -ce, *gen pl* -ek) *f* hairdresser.

fryzjerski *adj*: **zakład fryzjerski** hairdresser's; (*męski*) barber's; **salon fryzjerski** hair(dressing) salon.

fryzu|ra (-ry, -ry) (*dat sg* -rze) *f* hair style, haircut.

fujar|ka (-ki, -ki) (*dat sg* -ce, *gen pl* -ek) *f* pipe.

fundacj|a (-i, -e) (*gen pl* -i) *f* foundation.

fundamen|t (-tu, -ty) (*loc sg* -cie) *m* (*budynku*) foundation(s *pl*); (*przen*) foundation.

fundamentalny *adj* fundamental.

fund|ować (-uję, -ujesz) *vt* (*perf* za-):

fundować komuś coś to treat sb to sth; (*stypendium*) (*perf* **u-**) to found, to establish.

fundusz (**-u, -e**) (*gen pl* **-ów** *lub* **-y**) *m* fund; **fundusze** *pl* funds *pl*.

funkcj|a (**-i, -e**) (*gen pl* **-i**) *f* function; (*stanowisko*) function, position.

funkcjonalny *adj* functional, practical.

funkcjon|ować (**-uję, -ujesz**) *vi* to function.

fun|t (**-ta, -ty**) (*loc sg* **-cie**) *m* pound; **funt szterling** (pound) sterling.

furgonet|ka (**-ki, -ki**) (*dat sg* **-ce**, *gen pl* **-ek**) *f* van.

furi|a (**-i**) *f* fury.

furo|ra (**-ry**) (*dat sg* **-rze**) *f*: **robić (zrobić** *perf*) **furorę** to make it big.

furt|ka (**-ki, -ki**) (*dat sg* **-ce**, *gen pl* **-ek**) *f* gate.

fus|y (**-ów**) *pl* (*kawowe*) dregs; (*herbaciane*) tea leaves.

futbol (**-u**) *m* (association) football, soccer; **futbol amerykański** (American) football.

futera|ł (**-łu, -ły**) (*loc sg* **-le**) *m* holder, case.

fut|ro (**-ra, -ra**) (*loc sg* **-rze**, *gen pl* **-er**) *nt* (*sierść*) fur; (*płaszcz*) fur coat.

futry|na (**-ny, -ny**) (*dat sg* **-nie**) *f* frame.

futrzany *adj* fur *attr*.

G

g *abbr* (= *godzina*) h (= hour); (= *gram*) g (= gram).

gabine|t (**-tu, -ty**) (*loc sg* **-cie**) *m* (*w domu*) study; (*w pracy*) office; (*lekarski*) surgery (*BRIT*), office (*US*); (*POL*) Cabinet; **gabinet kosmetyczny** beauty salon *lub* parlor (*US*).

gablo|ta (**-ty, -ty**) (*dat sg* **-cie**) *f* showcase.

ga|cie (**-ci**) *pl* (*pot*) underpants.

ga|d (**-da, -dy**) (*loc sg* **-dzie**) *m* (*ZOOL*) reptile.

gad|ać (**-am, -asz**) *vi* (*pot*) to talk, to chatter.

gadatliwy *adj* loquacious, garrulous.

gadu|ła (**-ły, -ły**) (*dat sg* **-le**) *f/m decl like f* (*pot*) chatterbox.

ga|j (**-ju, -je**) (*gen pl* **-i**) *m* grove.

gajo|wy (**-wego, -wi**) *m decl like adj* forester.

ga|la (**-li, -le**) *f* (*uroczystość*) gala, festivity; (*strój*) gala dress *lub* attire.

galakty|ka (**-ki, -ki**) (*dat sg* **-ce**) *f* (*ASTRON*) galaxy.

galanteri|a (**-i**) *f* (*wyroby*) haberdashery (*BRIT*), notions *pl* (*US*).

galaret|ka (**-ki, -ki**) (*dat sg* **-ce**, *gen pl* **-ek**) *f* jelly.

galeri|a (**-i, -e**) (*gen pl* **-i**) *f* gallery.

galo|n (**-nu, -ny**) (*loc sg* **-nie**) *m* (*miara objętości*) gallon.

galo|p (**-pu, -py**) (*loc sg* **-pie**) *m* gallop.

galop|ować (**-uję, -ujesz**) *vi* to gallop.

galowy *adj* gala *attr*.

gałąz|ka (**-ki, -ki**) (*dat sg* **-ce**, *gen pl* **-ek**) *f* twig, sprig.

gał|ąź (**-ęzi, -ęzie**) (*gen pl* **-ęzi**, *instr pl* **-ęziami** *lub* **-ęźmi**) *f* branch.

gał|ka (**-ki, -ki**) (*dat sg* **-ce**, *gen pl* **-ek**) *f* (*na drzwiach, przy radiu*) knob; (*lodów*) scoop; **gałka oczna** eyeball; **gałka muszkatołowa** nutmeg.

ga|ma (**-my, -my**) (*loc sg* **-mie**) *f* (*MUZ*) scale; (*przen*) range.

gan|ek (**-ku, -ki**) (*instr sg* **-kiem**) *m* (*przybudówka*) porch; (*przejście*) gallery.

gan|g (**-gu, -gi**) (*instr sg* **-giem**) *m* gang, mob (*pot*).

gangre|na (**-ny**) (*dat sg* **-nie**) *f* (*MED*) gangrene.

gangste|r (-ra, -rzy) (*loc sg* -rze) *m* gangster, mobster (*pot*).

ga|nić (-nię, -nisz) (*imp* -ń, *perf* z-) *vt* to rebuke, to reprimand.

ga|p (-pia, -pie) *m* onlooker.

ga|pa (-py, -py) (*dat sg* -pie) *m/f decl like f* (*pot*) dope (*pot: slow-witted person*); **pasażer na gapę** fare dodger; (*na statku, w samolocie*) stowaway; **jechać na gapę** (*pot*) to steal a ride, to dodge paying one's fare.

ga|pić się (-pię, -pisz) *vr* (*pot*): **gapić się (na** +*acc*) to stare (at), to gape (at).

garaż (-u, -e) (*gen pl* -y *lub* -ów) *m* garage.

gar|b (-bu, -by) (*loc sg* -bie) *m* hump.

garbar|nia (-ni, -nie) (*gen pl* -ni) *f* tannery.

garbaty *adj* (*człowiek*) hunchbacked; (*nos*) hooked.

gar|bić się (-bię, -bisz) (*perf* z-) *vr* to stoop.

garb|ować (-uję, -ujesz) (*perf* wy-) *vt* to tan.

garbu|s (-sa, -sy) (*loc sg* -sie) *m* (*pot: człowiek*) hunchback.

gardero|ba (-by, -by) (*loc sg* -bie) *f* (*ubrania*) wardrobe, clothing; (*TEATR*) dressing room; (*szatnia*) cloakroom.

gard|ło (-ła, -ła) (*loc sg* -le, *gen pl* -eł) *nt* throat.

gar|dzić (-dzę, -dzisz) (*imp* -dź, *perf* wz-) *vt*: **gardzić kimś/czymś** to despise sb/sth.

gar|nąć się (-nę, -niesz) (*imp* -nij) *vr*: **garnąć się do kogoś** to feel attracted to sb.

garncarstw|o (-wa) (*loc sg* -wie) *nt* pottery.

garn|ek (-ka, -ki) (*instr sg* -kiem) *m* pot.

garnitu|r (-ru, -ry) (*loc sg* -rze) *m* (*ubranie*) suit.

garnizo|n (-nu, -ny) (*loc sg* -nie) *m* (*WOJSK*) garrison.

garson|ka (-ki, -ki) (*dat sg* -ce, *gen pl* -ek) *f* (woman's) suit.

garst|ka (-ki, -ki) (*dat sg* -ce, *gen pl* -ek) *f* (*niewielka ilość*) handful.

garś|ć (-ci, -cie *lub* -ci) (*gen pl* -ci) *f* (*dłoń*) cupped hand; (*pieniędzy, informacji*) handful.

ga|sić (-szę, -sisz) (*imp* -ś, *perf* z-) *vt* (*ogień*) to put out, to extinguish; (*papierosa, świecę*) to put out; (*światło, radio, silnik*) to turn *lub* switch off; (*zapał, dobry humor*) to kill; (*pragnienie*) (*perf* u-) to quench.

ga|snąć (-snę, -śniesz) (*imp* -śnij, *perf* z-) *vi* (*o ogniu, latarni*) to go out; (*o silniku*) to stall; (*o nadziei, zapale*) to fade.

gastronomi|a (-i) *f* (*sztuka kulinarna*) gastronomy; (*dział usług*) catering industry.

gaśnic|a (-y, -e) *f* fire-extinguisher.

gat. *abbr* (= *gatunek*) quality.

gatun|ek (-ku, -ki) (*instr sg* -kiem) *m* (*rodzaj, typ*) kind, sort; (*BIO*) species; (*jakość*) quality; **gatunek pierwszy/drugi** first(s)/second(s); **gatunek literacki** literary genre.

gawę|dzić (-dzę, -dzisz) (*imp* -dź) *vi* to chat.

gawro|n (-na, -ny) (*loc sg* -nie) *m* (*ZOOL*) rook.

ga|z (-zu, -zy) (*loc sg* -zie) *m* (*FIZ, CHEM*) gas; (*MOT*) gas pedal, accelerator; (*pot: instalacja gazowa*) gas fittings *pl*; **gazy** *pl* (*wiatry*) wind *sg*, flatus *sg*; **gaz łzawiący** tear gas; **gaz ziemny** natural gas; **na gazie** (*pot: podpity*) tipsy.

ga|za (-zy, -zy) (*dat sg* -zie) *f* gauze.

gaze|la (-li, -le) (*gen pl* -l *lub* -li) *f* gazelle.

gaze|ta (-ty, -ty) (*dat sg* -cie) *f* newspaper.

gazet|ka (-ki, -ki) (*dat sg* -ce, *gen pl*

-ek) f (*ścienna*) board bulletin; (*szkolna*) school newspaper; (*ulotka*) pamphlet.

gazocią|g (**-gu, -gi**) (*instr sg* **-giem**) *m* gas pipeline.

gazomierz (**-a, -e**) (*gen pl* **-y**) *m* gas-meter.

gazowany *adj* (*napój, woda*) carbonated, sparkling.

gazow|nia (**-ni, -nie**) (*gen pl* **-ni**) *f* gas-works.

gazowy *adj* (*kuchenka, maska*) gas *attr*; (*opatrunek*) gauze *attr*; **komora gazowa** (*HIST*) gas chamber.

gaźni|k (**-ka, -ki**) (*instr sg* **-kiem**) *m* (*MOT*) carburettor (*BRIT*), carburetor (*US*).

gaż|a (**-y, -e**) (*gen pl* **-** lub **-y**) *f* salary.

gąb|ka (**-ki, -ki**) (*dat sg* **-ce**, *gen pl* **-ek**) *f* sponge.

gąsienic|a (**-y, -e**) *f* caterpillar; (*w ciągniku*) caterpillar tread.

gąszcz (**-u, -e**) (*gen pl* **-ów** lub **-y**) *m* (*krzaków, lasu*) thicket; (*myśli, informacji*) tangle.

gbu|r (**-ra, -ry**) (*loc sg* **-rze**) *m* (*pej*) boor.

gda|kać (**-cze**) *vi* (*o kurze*) to cackle.

gder|ać (**-am, -asz**) *vi* (*pot*) to grumble.

---SŁOWO KLUCZOWE---

gdy *conj* **1** (*kiedy*) when, as; **spała już, gdy wróciłem** she was asleep when I returned; **podczas gdy** ((*wtedy*) *kiedy*) while; (*natomiast*) whereas; **gdy tylko** as soon as. **2** (*jeżeli*) when.

gdyby *conj* if.
gdyż *conj* because, for.

---SŁOWO KLUCZOWE---

gdzie *pron* **1** (*w zdaniach pytających*) where; **gdzie ona jest?** where is she? **2** (*w zdaniach podrzędnych*) where; **nie wiem, gdzie ona jest** I don't know where she is. **3** (*w zdaniach względnych*) where; **wszedł do pokoju, gdzie stał duży stół** he entered the room where there was a big table. **4**: **nie miał gdzie spać** he didn't have anywhere to sleep, he had nowhere to sleep; **gdzie bądź** anywhere.

gdziekolwiek *pron* anywhere.
gdzieniegdzie *adv* here and there.
gdzieś *adv* somewhere.
gehen|na (**-ny**) (*loc sg* **-nie**) *f* (*przen*) ordeal.

gej (**-a, -e**) *m* (*homoseksualista*) homosexual, gay.

gejze|r (**-ru, -ry**) (*loc sg* **-rze**) *m* geyser.

ge|n (**-nu, -ny**) (*loc sg* **-nie**) *m* (*BIO*) gene.

gen. *abbr* (= *generał*) Gen.
genealogi|a (**-i, -e**) (*gen pl* **-i**) *f* genealogy.

genealogiczny *adj*: **drzewo genealogiczne** family tree.

generacj|a (**-i, -e**) (*gen pl* **-i**) *f* generation.

generalizacj|a (**-i, -e**) *f* generalization.

generaliz|ować (**-uję, -ujesz**) *vt* to generalize.

generalny *adj* general; **próba generalna** dress rehearsal; **Sekretarz Generalny** Secretary General; **generalne porządki** spring-clean; **sztab generalny** chief headquarters.

genera|ł (**-ła, -łowie**) (*loc sg* **-le**) *m* general.

generato|r (**-ra, -ry**) (*loc sg* **-rze**) *m* generator.

gener|ować (**-uję, -ujesz**) (*imp* **wy-**) *vt* to generate.

genetyczny *adj* genetic.

genety|ka (**-ki**) (*dat sg* **-ce**) *f* (*MED*) genetics.

Gene|wa (**-wy**) (*dat sg* **-wie**) *f* Geneva.

gene|za (**-zy**) (*dat sg* **-zie**) *f* origin.

genialny *adj* (*człowiek*) brilliant.

genitali|a (**-ów**) *pl* genitals.

geniusz (**-a, -e**) (*gen pl* **-y** *lub* **-ów**) *m* (*człowiek*) (man of) genius; (*talent, zdolności*) (*gen sg* **-u**) genius.

geodezj|a (**-i**) *f* geodesy.

geogra|f (**-fa, -fowie**) (*loc sg* **-fie**) *m* geographer.

geografi|a (**-i**) *f* geography.

geograficzny *adj* geographic(al); **atlas geograficzny** geographical atlas.

geolo|g (**-ga, -gowie** *lub* **-dzy**) (*instr sg* **-giem**) *m* geologist.

geologi|a (**-i**) *f* geology.

geologiczny *adj* geologic(al).

geometri|a (**-i**) *f* geometry.

geometryczny *adj* geometrical.

gepar|d (**-da, -dy**) (*loc sg* **-dzie**) *m* (*ZOOL*) cheetah.

geranium *nt inv* (*BOT*) geranium.

gerbe|ra (**-ry, -ry**) (*dat sg* **-rze**) *f* (*BOT*) gerbera.

germani|sta (**-sty, -ści**) (*dat sg* **-ście**) *m decl like f in sg* (*specjalista*) Germanist; (*student*) Germanist, student of German.

germanisty|ka (**-ki**) (*dat sg* **-ce**) *f* German studies.

germański *adj* (*HIST*) Germanic, Teutonic.

ge|st (**-stu, -sty**) (*loc sg* **-ście**) *m* gesture.

gesti|a (**-i**) *f*: **leżeć w czyjejś gestii** to be *lub* to lie in sb's hands.

gestykul|ować (**-uję, -ujesz**) *vi* to gesticulate.

get|to (**-ta, -ta**) (*loc sg* **-cie**) *nt* ghetto.

gęba (**gęby, gęby**) (*dat sg* **gębie**, *gen pl* **gąb**) *f* (*pot*) mug (*pot*).

gęsi *adj* (*jajo, pióro*) goose *attr*; **gęsia skórka** gooseflesh, goose pimples;

iść gęsiego to walk (in) Indian *lub* single file.

gęstni|eć (**-eje**) (*perf* **z-**) *vi* to thicken.

gęstoś|ć (**-ci**) *f* density.

gęsty *adj* (*las, mgła*) thick, dense; (*włosy, zupa*) thick.

gę|ś (**-si, -si**) *f* goose.

gi|ąć (**gnę, gniesz**) (*imp* **gnij**, *perf* **z-**) *vt* to bend.

►**giąć się** *vr* to bend.

Gibralta|r (**-ru**) (*loc sg* **-rze**) *m* Gibraltar.

gieł|da (**-dy, -dy**) (*dat sg* **-dzie**) *f* (*EKON*) exchange; **giełda papierów wartościowych** stock exchange; **giełda samochodowa** car auction; **giełda pracy** employment exchange.

giętki *adj* flexible.

giętkoś|ć (**-ci**) *f* flexibility.

gigan|t (**-ta**) (*loc sg* **-cie**) *m* (*olbrzym*) (*nom pl* **-ci** *lub* **-ty**) giant.

gigantyczny *adj* gigantic.

giloty|na (**-ny, -ny**) (*dat sg* **-nie**) *f* guillotine.

gimnastycz|ka (**-ki, -ki**) (*dat sg* **-ce**, *gen pl* **-ek**) *f* gymnast.

gimnastyczny *adj* (*ćwiczenia*) gymnastic; (*koszulka, obuwie*) gym *attr*; **sala gimnastyczna** gymnasium, gym (*pot*).

gimnasty|ka (**-ki**) (*dat sg* **-ce**) *f* gymnastics; **poranna gimnastyka** morning exercises.

gimnastyk|ować (**-uję, -ujesz**) *vt* to exercise.

►**gimnastykować się** *vr* to exercise.

gi|nąć (**-nę, -niesz**) (*imp* **-ń**, *perf* **z-**) *vi* (*tracić życie*) to perish; (*zanikać*) to disappear; (*zapodziewać się*) to get lost.

ginekolo|g (**-ga, -dzy** *lub* **-gowie**) (*instr sg* **-giem**) *m* gynaecologist (*BRIT*), gynecologist (*US*).

ginekologiczny *adj* gynaecological (*BRIT*), gynecological (*US*).

gip|s (-su) (*loc sg* -sie) *m* (*materiał*) plaster; (*opatrunek*) plaster cast.

gips|ować (-uję, -ujesz) (*perf* za-) *vt* to plaster.

gita|ra (-ry, -ry) (*dat sg* -rze) *f* guitar; **gitara elektryczna/basowa** electric/bass guitar; **grać na gitarze** to play the guitar.

gitarzy|sta (-sty, -ści) (*dat sg* -ście) *m decl like f in sg* guitarist, guitar player.

gle|ba (-by, -by) (*dat sg* -bie) *f* soil.

glicery|na (-ny) (*dat sg* -nie) *f* glycerine.

gli|n (-nu) (*loc sg* -nie) *m* aluminium (*BRIT*), aluminum (*US*).

gli|na (-ny, -ny) (*dat sg* -nie) *f* clay ♦ *m decl like adj* (*pot: policjant*) cop.

gliniany *adj* clay *attr*; **gliniane naczynia** pottery.

gliniarz (-a, -e) (*gen pl* -y) *m* (*pot: policjant*) cop.

glo|b (-bu, -by) (*loc sg* -bie) *m* globe.

globalny *adj* global.

globu|s (-sa, -sy) (*loc sg* -sie) *m* globe.

glo|n (-nu, -ny) (*loc sg* -nie) *m* algae.

gluko|za (-zy) (*dat sg* -zie) *f* glucose.

glutaminia|n (-nu) (*loc sg* -nie) *m*: **glutaminian sodu** monosodium glutamate.

gł. *abbr* (= *główny*) main.

gładki *adj* (*skóra, morze*) smooth; (*droga*) smooth, even; (*włosy, fryzura*) sleek; (*materiał, bluzka*) plain.

gładko *adv* smoothly; (*ogolony*) clean *attr*.

gła|dzić (-dzę, -dzisz) (*imp* -dź, *perf* po-) *vt* to stroke; **gładzić kogoś po głowie** to stroke sb's head.

gła|skać (-szczę, -szczesz) (*perf* po-) *vt* to stroke.

gła|z (-zu, -zy) (*loc sg* -zie) *m* boulder.

głą|b[1] (-ąba, -ąby) (*loc sg* -ąbie) *m* (*w kapuście*) heart; (*przen*) idiot.

głą|b[2] (-ębi, -ębie) (*gen pl* -ębi) *f*: **w głąb czegoś** deep *lub* far into sth.

głę|bia (-bi, -bie) (*gen pl* -bi) *f* depth.

głęboki *adj* deep; (*ukłon, skłon*) low; (*dekolt*) low(-cut); (*umysł, cisza, zmiana*) profound; (*wiara*) strong.

głęboko *adv* (*nurkować*) deep; (*zranić*) deeply.

głębokoś|ć (-ci, -ci) (*gen pl* -ci) *f* depth.

głodny *adj* hungry.

głod|ować (-uję, -ujesz) *vi* to starve, to go hungry.

głodów|ka (-ki, -ki) (*dat sg* -ce, *gen pl* -ek) *f* hunger strike.

gło|s (-su, -sy) (*loc sg* -sie) *m* voice; (*prawo przemawiania*) voice, say; (*w wyborach*) vote; **na głos** aloud *lub* out loud; **na cały głos** at the top of one's voice; **podnosić (podnieść** *perf***) głos na kogoś** to raise one's voice to sb; **oddać** (*perf*) **głos (na kogoś)** to cast one's vote (on sb).

gło|sić (-szę, -sisz) (*imp* -ś) *vt* to advocate, to propagate.

głos|ka (-ki, -ki) (*dat sg* -ce, *gen pl* -ek) *f* (*JĘZ*) sound.

głos|ować (-uję, -ujesz) (*perf* za-) *vi* to vote; **głosować na kogoś/za czymś** to vote on sb/for sth.

głosowa|nie (-nia, -nia) (*gen pl* -ń) *nt* vote, voting.

głośni|k (-ka, -ki) (*instr sg* -kiem) *m* loudspeaker.

głośno *adv* loudly.

głośny *adj* (*słyszalny*) loud; (*hałaśliwy*) noisy; (*sławny*) famous.

gł|owa (-owy, -owy) (*dat sg* -owie, *gen pl* -ów) *f* head; (*pot: umysł*) brain, mind; **na głowę** per capita; **stracić** (*perf*) **głowę** to lose one's head; **przyszło mi do głowy, że ...** it (has) just occurred to me, that ... .

głowic|a (-y, -e) *f* (*TECH*) head.

gł|owić się (-owię, -owisz) (*imp* -ów)

vr. **głowić się (nad czymś)** to rack one's brains (about sth).

gł|ód (**-odu**) (*loc sg* **-odzie**) *m* (*uczucie*) hunger; (*klęska głodu*) famine; **głód wiedzy** hunger for knowledge; **głód narkotyczny** *drug-related withdrawal symptoms.*

gł|óg (**-ogu**, **-ogi**) (*instr sg* **-ogiem**) *m* hawthorn.

głów|ka (**-ki**, **-ki**) (*dat sg* **-ce**, *gen pl* **-ek**) *f* head; (*FUTBOL*) header.

głównie *adv* mainly, chiefly.

główny *adj* (*wejście, nagroda*) main; (*księgowy*) chief, head; (*rola*) lead; **liczebnik główny** cardinal number.

głuchonie|my (**-mego**, **-mi**) *m decl like adj* deaf-mute.

głucho|ta (**-ty**) (*dat sg* **-cie**) *f* deafness.

głuchy *adj* (*człowiek*) deaf; (*dźwięk*) hollow.

głupi *adj* (*pot. niemądry*) foolish, stupid; (*błahy*) silly; (*kłopotliwy*) awkward.

głu|piec (**-pca**, **-pcy**) *m* fool.

głupo|ta (**-ty**) (*dat sg* **-cie**) *f* foolishness, stupidity.

głupst|wo (**-wa**, **-wa**) (*loc sg* **-wie**) *nt* (*narobić*) foolish *lub* stupid thing; (*bzdura*) nonsense; (*błahostka*) trifle.

gmach (**-u**, **-y**) *m* edifice, building.

gmatw|ać (**-am**, **-asz**) (*perf* **za-**) *vt* to complicate.

gmi|na (**-ny**, **-ny**) (*dat sg* **-nie**) *f* commune; **Izba Gmin** House of Commons.

gn|ać (**-am**, **-asz**) (*perf* **po-**) *vi* to rush.

gnę|bić (**-bię**, **-bisz**) *vt* (*uciskać*) to oppress; (*trapić*) to worry, to bother.

gniady *adj* bay.

gniazd|ko (**-ka**, **-ka**) (*instr sg* **-kiem**, *gen pl* **-ek**) *nt* (*ELEKTR*) socket, outlet (*US*).

gni|azdo (**-azda**, **-azda**) (*loc sg* **-eździe**) *nt* nest.

gnić (**gniję**, **gnijesz**) (*imp* **gnij**, *perf* **z-**) *vi* to rot, to decay.

gnieść (**gniotę**, **gnieciesz**) (*imp* **gnieć**, *perf* **po-** *lub* **wy-**) *vt* to crumple.

▶**gnieść się** *vr* to crumple, to crease.

gnie|w (**-wu**) (*loc sg* **-wie**) *m* anger, wrath.

gniew|ać (**-am**, **-asz**) (*perf* **roz-**) *vt* to anger.

▶**gniewać się** *vr* to be angry; **gniewać się na** +*acc* to be angry at *lub* with.

gniewny *adj* angry.

gn|ój *m* (*gen sg* **-oju**) manure, dung.

gnuśny *adj* shiftless.

go *pron acc od* **on**; (*o osobach*) him; (*o przedmiotach, zwierzętach*) it.

gobeli|n (**-nu**, **-ny**) (*loc sg* **-nie**) *m* Gobelin tapestry.

god|ło (**-ła**, **-ła**) (*loc sg* **-le**, *gen pl* **-eł**) *nt* emblem.

godnoś|ć (**-ci**) *f* (*duma, honor*) dignity, self-respect.

godny *adj* (*zachowanie, postawa*) stately; **godny zaufania** trustworthy; **godny wzmianki** worth mentioning.

godz. *abbr* (= **godzina**) h. *lub* hr.

godzić (**godzę**, **godzisz**) (*imp* **gódź**, *perf* **po-**) *vt* (*doprowadzać do zgody*) to reconcile; **godzić coś z czymś** to reconcile sth with sth.

▶**godzić się** *vr* (*jednać się*) (*perf* **po-**) to become reconciled; **godzić się z czymś** to come to terms with sth; **godzić się (zgodzić się** *perf*) **na coś** to agree *lub* consent to sth.

godzi|na (**-ny**, **-ny**) (*dat sg* **-nie**) *f* hour; **jest (godzina) czwarta** it's four o'clock; **pół godziny** half an hour; (*całymi*) **godzinami** for hours (on end); **która (jest) godzina?** what time is it?

godzinny *adj* hourlong.

godziwy *adj* decent.

gof|r (**-ra**, **-ry**) (*loc sg* **-rze**) *m* waffle.

goić się (**goi**) (*imp* **gój**, *perf* **za-**) *vr* to heal.

go|l (**-la, -le**) (*gen pl* **-li**) *m* goal; **strzelić** *lub* **zdobyć** (*perf*) **gola** to score a goal.

golar|ka (**-ki, -ki**) (*dat sg* **-ce**, *gen pl* **-ek**) *f* shaver, (electrical) razor.

gola|s (**-sa, -sy**) (*loc sg* **-sie**) *m* (*pot*) naked person; **na golasa** (*pot*) in the nude.

goleni|e (**-a**) *nt* shaving; **krem do golenia** shaving cream.

gole|ń (**-ni, -nie**) (*gen pl* **-ni**) *f* shin.

gol|f (*loc sg* **-fie**) *m* (*SPORT*) (*gen sg* **-fa**) golf; (*sweter*) (*gen sg* **-fu**, *nom pl* **-fy**) (*z luźno wywiniętym kołnierzem*) polo-necked sweater; (*z obcisłym kołnierzem*) turtle-necked sweater.

golić (**golę, golisz**) (*imp* **gol**, *perf* **o-**) *vt* to shave.

▸**golić się** *vr* to shave.

golon|ka (**-ki, -ki**) (*dat sg* **-ce**, *gen pl* **-ek**) *f* (*KULIN*) knuckle of pork.

goł|ąb (**-ębia, -ębie**) (*gen pl* **-ębi**) *m* pigeon; **gołąb pocztowy** carrier pigeon.

gołole|dź (**-dzi**) *f* glazed frost.

goły *adj* (*nagi*) naked; (*pusty*) bare; (*pot. bez pieniędzy*) penniless, broke; **gołym okiem** with the naked eye; **pod gołym niebem** in the open air.

gon|g (**-gu, -gi**) (*instr sg* **-giem**) *m* gong.

go|nić (**-nię, -nisz**) (*imp* **-ń**) *vt* (*ścigać*) to chase; (*poganiać*) to drive.

▸**gonić się** *vr* to chase one another.

go|niec (**-ńca**) *m* (*w biurze*) (*nom pl* **-ńcy**) office junior, office boy.

gor|ąco (**-ąca**) *nt* (*upał*) heat ♦ *adv* (*comp* **-ęcej**) (*ciepło*) hot; (*przen: oklaskiwać, pozdrawiać*) warmly; **gorąco mi** I'm hot; **na gorąco** served hot.

gor|ący (*comp* **-ętszy**) *adj* hot;

(*prośba*) urgent; (*wielbiciel, patriota*) fervent; **gorący czas/okres** hectic *lub* hot time/period; **złapać** (*perf*) **kogoś na gorącym uczynku** to catch sb red-handed *lub* in the act; **w gorącej wodzie kąpany** (*pot*) hot-headed.

gorącz|ka (**-ki, -ki**) (*dat sg* **-ce**) *f* fever.

gorączkowy *adj* frantic, hectic.

gorczyc|a (**-y**) *f* (*BOT*) white mustard.

gorliwy *adj* zealous, ardent.

gorse|t (**-tu, -ty**) (*loc sg* **-cie**) *m* corset.

gorszy *adj comp od* **zły** worse.

gor|szyć (**-szę, -szysz**) (*perf* **z-**) *vt* to scandalize, to shock.

▸**gorszyć się** *vr* to be scandalized *lub* shocked.

gorycz (**-y**) *f* bitterness.

gory|l (**-la, -le**) (*gen pl* **-li**) *m* (*ZOOL*) gorilla; (*pot. obstawa*) bodyguard.

gorzej *adv comp od* **źle** worse.

gorzki *adj* (*lekarstwo, prawda*) bitter; (*herbata*) unsweetened.

gorzknie|ć (**-ję, -jesz**) (*perf* **z-**) *vi* to grow *lub* become embittered.

gosp|oda (**-ody, -ody**) (*dat sg* **-odzie**, *gen pl* **-ód**) *f* inn.

gospodarczy *adj* economic.

gospodar|ka (**-ki, -ki**) (*dat sg* **-ce**, *gen pl* **-ek**) *f* economy.

gospodarny *adj* thrifty, economical.

gospodarski *adj* farm *attr*.

gospodarst|wo (**-wa, -wa**) (*loc sg* **-wie**) *nt* (*domowe*) household; (*rolne*) farm.

gospodarz (**-a, -e**) (*gen pl* **-y**) *m* (*rolnik*) farmer; (*pan domu*) host; (*właściciel kamienicy*) landlord.

gospody|ni (**-ni, -nie**) (*gen pl* **-ń**) *f* (*pani domu*) hostess; (*właścicielka domu*) landlady; (*żona rolnika*) farmer's wife.

gospo|sia (**-si, -sie**) (*gen pl* **-ś**) *f* housekeeper.

go|ścić (**-szczę, -ścisz**) (*imp* **-ść**) *vt*

(*podejmować*) (*perf* **u-**) to entertain, to have as a guest; (*o hotelu*) to house, to accommodate ♦ *vi*: **gościć (u kogoś)** to stay (at sb's place).

gościnnie *adv* (*przyjmować, podejmować*) hospitably.

gościnnoś|ć (**-ci**) *f* hospitality.

gościnny *adj* (*człowiek*) hospitable; (*pokój, występ*) guest *attr.*

goś|ć (**-cia, -cie**) (*gen pl* **-ci**, *instr pl* **-ćmi**) *m* (*odwiedzający*) guest, visitor; (*klient*) guest; (*pot: mężczyzna*) fellow, guy, bloke (*BRIT*).

got|ować (**-uję, -ujesz**) *vt* (*perf* **u-**) (*posiłek*) to cook; (*kartofle*) (*perf* **u-**) to boil; (*wodę, mleko*) (*perf* **za-**) to boil.

▸**gotować się** *vr* (*o posiłku*) (*perf* **u-**) to cook; (*o kartoflach*) (*perf* **u-**) to boil; (*o wodzie, mleku*) (*perf* **za-**) to boil.

gotowany *adj* boiled.

gotowoś|ć (**-ci**) *f* (*przygotowanie*) readiness; (*chęć*) willingness.

gotowy *adj* (*skończony*) finished; (*przygotowany*) ready; (*kupiony w sklepie*) ready-made; (: *ubranie, suknia*) off the peg, ready-to-wear.

gotów|ka (**-ki**) (*dat sg* **-ce**) *f* cash, ready money (*pot*); **płacić (zapłacić** *perf*) **gotówką** to pay (in) cash; **kupować (kupić** *perf*) **coś za gotówkę** to buy sth for cash.

gotówkowy *adj* cash, **rezerwy gotówkowe** cash reserves; **wpłata gotówkowa** cash deposit.

gotycki *adj* Gothic.

goty|k (**-ku**) (*instr sg* **-kiem**) *m* (*ARCHIT*) Gothic.

goździ|k (**-ka, -ki**) (*instr sg* **-kiem**) *m* (*kwiat*) carnation, pink; (*przyprawa*) clove.

gó|ra (**-ry, -ry**) (*dat sg* **-rze**) *f* mountain; (*ubrania*) top; (*domu*) upstairs; (*śmieci, książek*) heap;

góra lodowa iceberg; **w górach** in the mountains; **mieszkać na górze** to live upstairs; **iść na górę** to go upstairs; **iść pod górę** to walk uphill; **do góry nogami** upside down; **iść (pójść** *perf*) **w górę** (*o cenach, akcjach*) to go up; **płacić/dziękować z góry** to pay/thank in advance.

góra|l (**-la, -le**) (*gen pl* **-li**) *m* highlander.

góralski *adj* highlander *attr.*

gór|ka (**-ki, -ki**) (*dat sg* **-ce**, *gen pl* **-ek**) *f* hill; **pod górkę** uphill.

górnict|wo (**-wa**) (*loc sg* **-wie**) *nt* mining.

górniczy *adj* (*sprzęt, przemysł*) mining *attr.*

górni|k (**-ka, -cy**) (*instr sg* **-kiem**) *m* miner.

górny *adj* (*warga, piętro*) upper; (*półka*) top.

gór|ować (**-uję, -ujesz**) *vi*: **górować nad kimś/czymś** (*być wyższym*) to tower over sb/sth; (*być lepszym*) to be head and shoulders above sb/sth.

górski *adj* mountain *attr.*

górzysty *adj* mountainous, hilly.

gówniarz (**-a, -e**) (*gen pl* **-y**) *m* (*pot!*) squirt (*pot!*), punk (*pot!*).

gó|wno (**-wna, -wna**) (*loc sg* **-wnie**, *gen pl* **-wien**) *nt* (*pot!*) shit (*pot!*), crap (*pot!*).

gr *abbr* = **grosz(y)**.

gra (**gry, gry**) (*dat sg* **grze**, *gen pl* **gier**) *f* game; (*aktorska*) acting; (*przen: udawanie*) act, pretense; **to nie wchodzi w grę** it's out of the question.

grabarz (**-a, -e**) (*gen pl* **-y**) *m* gravedigger.

gra|bić (**-bię, -bisz**) *vt* (*liście*) to rake; (*perf* **o-**) (*łupić*) to plunder, to loot; (*ludność*) to plunder.

gra|bie (**-bi**) *pl* rake.

grabież (-y, -e) (*gen pl* -y) *f* plunder, pillage.

gracj|a (-i) *f* (*wdzięk*) grace.

gracz (-a, -e) (*gen pl* -y) *m* player.

gr|ać (-am, -asz) (*perf* za-) *vt/vi* to play; **grać na skrzypcach** to play the violin; **grać w piłkę/brydża** to play ball/bridge; **grać komuś na nerwach** to get on sb's nerves; **to nie gra roli** it doesn't matter; **coś dziś grają w kinie/teatrze?** what's on at the cinema/theatre?

gra|d (-du) (*loc sg* -dzie) *m* hail; (*przen*) hail, volley.

graficzny *adj* graphic.

grafi|k (-ka, -cy) (*instr sg* -kiem) *m* graphic artist.

grafi|ka (-ki) (*dat sg* -ce) *f* (*sztuka*) graphic arts *pl*; (*dzieło*) (*nom pl* -ki) print.

grafi|t (-tu, -ty) (*loc sg* -cie) *m* (*minerał*) graphite; (*w ołówku*) lead.

gra|m (-ma, -my) (*loc sg* -mie) *m* gram(me).

gramatyczny *adj* grammatical.

gramaty|ka (-ki, -ki) (*dat sg* -ce) *f* (*nauka*) grammar; (*podręcznik*) grammar (book).

gramofo|n (-nu, -ny) (*loc sg* -nie) *m* record player.

grana|t (-tu, -ty) (*loc sg* -cie) *m* (*pocisk*) grenade; (*kolor*) navy (blue).

granatowy *adj* navy (blue).

granic|a (-y, -e) *f* (*państwa*) border; (*miasta*) boundary, limit(s) (*pl*) (*US*); (*kres, miara*) limit; **za granicą** (*mieszkać, studiować*) abroad; **za granicę** (*jechać, wysyłać*) abroad.

graniczny *adj* border *attr*.

granicz|yć (-ę, -ysz) *vi*: **graniczyć z** +*instr* (*mieć wspólną granicę*) to border on; (*być podobnym*) to verge on.

grani|t (-tu, -ty) (*loc sg* -cie) *m* granite.

granulowany *adj* granulated.

gra|t (-ta, -ty) (*loc sg* -cie) *m* (*stary mebel, urządzenie*) piece of junk; (*pot. stary samochód*) jalopy.

gratis *adv inv* free (of charge).

gratulacj|e (-i) *pl* congratulations *pl*; **składać (złożyć** *perf*) **komuś gratulacje** to offer sb one's congratulations; **moje gratulacje!** congratulations!

gratul|ować (-uję, -ujesz) (*perf* po-) *vi*: **gratulować (komuś czegoś)** to congratulate (sb on sth).

grawer|ować (-uję, -ujesz) (*perf* wy-) *vt* to engrave.

grawitacj|a (-i, -e) (*gen pl* -i) *f* gravitation.

grdy|ka (-ki, -ki) (*dat sg* -ce) *f* Adam's apple.

Grecj|a (-i) *f* Greece.

grecki *adj* Greek.

Greczyn|ka (-ki, -ki) (*dat sg* -ce, *gen pl* -ek) *f* Greek.

grejpfru|t (-ta *lub* -tu, -ty) (*loc sg* -cie) *m* grapefruit.

Gre|k (-ka, -cy) (*instr sg* -kiem) *m* Greek.

Grenlandi|a (-i) *f* Greenland.

grill (-a, -e) (*gen pl* -ów) *m* barbecue.

grobie *itd. n patrz* **grób**.

grobo|wiec (-wca, -wce) *m* tomb; **grobowiec rodzinny** family vault.

grobowy *adj* grave *attr*, tomb *attr*; (*nastrój, głos*) sepulchral; (*mina*) gloomy.

groch (-u) *m* (*BOT*) pea; (*zbiorowo*) peas *pl*; **grochy** *pl* (*deseń*) polka dots.

grochów|ka (-ki, -ki) (*dat sg* -ce, *gen pl* -ek) *f* pea soup.

gro|m (-mu, -my) (*loc sg* -mie) *m* (a clap of) thunder.

groma|da (-dy, -dy) (*dat sg* -dzie) *f* group.

groma|dzić (-dzę, -dzisz) (*imp* -dź, *perf* z-) *vt* to accumulate.

►**gromadzić się** vr (o ludziach, chmurach) to gather.

gromki adj (brawa) rapturous; (głos) booming; (krzyk) loud.

gro|no (-na, -na) (loc sg -nie) nt (grupa ludzi) team; (winne) bunch (of grapes).

grosz (-a, -e) (gen pl -y) m grosz (Polish monetary unit equal to 1/100 zloty).

grosz|ek (-ku, -ki) (instr sg -kiem) m (zielony) green peas pl; (BOT: pachnący) sweet pea; (deseń): **w groszki** spotted, polka-dotted.

gro|ta (-ty, -ty) (dat sg -cie) f grotto, cave.

groteskowy adj grotesque.

gro|za (-zy) (dat sg -zie) f (niebezpieczeństwo) peril; (lęk) terror, awe.

gr|ozić (-ożę, -ozisz) (imp -oź) vi (straszyć) to threaten; (zagrażać) to be imminent.

gr|oźba (-oźby, -oźby) (dat sg -oźbie, gen pl -óźb) f (pogróżka) threat; (niebezpieczeństwo) threat, menace.

groźny adj (przeciwnik) dangerous, formidable; (sytuacja) dangerous, threatening; (mina, głos) menacing.

gr|ób (-obu, -oby) (loc sg -obie) m grave.

gruba|s (-sa, -sy) (loc sg -sie) m (pot) fatty, fatso (pot!).

grubo adv (mielić) coarsely; (smarować) thickly; (ubierać się) warmly.

gruboskórny adj inconsiderate, tactless.

grubość (-ci) f thickness; **mieć 3 cm grubości** to be 3 cm thick.

grubszy adj comp od gruby; **z grubsza** roughly.

gruby adj (ołówek, książka) thick; (człowiek) fat.

grucho|tać (-czę, -czesz) vt (perf po- lub z-) (miażdżyć) to crush.

gruczo|ł (-łu, -ły) (loc sg -le) m (ANAT) gland.

grud|ka (-ki, -ki) (dat sg -ce, gen pl -ek) f lump.

gru|dzień (-dnia, -dnie) (gen pl -dni) m December.

grun|t (-tu, -ty lub -ta) (loc sg -cie) m (gleba) soil; (teren) land; (dno) bottom; **w gruncie rzeczy** in fact, essentially.

gruntowny adj thorough.

gru|pa (-py, -py) (dat sg -pie) f group; (drzew) cluster; **grupa krwi** blood group.

grup|ka (-ki, -ki) (dat sg -ce, gen pl -ek) f (small) group.

grup|ować (-uję, -ujesz) vt (klasyfikować: fakty) (perf po-) to group; (gromadzić: słuchaczy, widzów) (perf z-) to bring in.

►**grupować się** vr (o ludziach) to assemble.

grupowy adj (praca) team attr; (ubezpieczenie, zdjęcie) group attr.

grusz|a (-y, -e) f pear tree.

grusz|ka (-ki, -ki) (dat sg -ce, gen pl -ek) f (owoc) pear; (drzewo) pear tree.

gru|z (-zu, -zy) (loc sg -zie) m rubble; **gruzy** pl (ruiny) ruins pl.

Gruzi|n (-na, -ni) (loc sg -nie) m Georgian.

Gruzin|ka (-ki, -ki) (dat sg -ce, gen pl -ek) f Georgian.

gruziński adj Georgian.

Gruzj|a (-i) f Georgia.

gruźlic|a (-y) f (MED) tuberculosis, TB (pot).

gry|ka (-ki) (dat sg -ce) f buckwheat.

gryma|s (-su, -sy) (loc sg -sie) m (mina) grimace; **grymasy** pl (kaprysy) whims pl.

gryma|sić (-szę, -sisz) (imp -ś, perf

po-) vi (*wybredzać*) to be fussy *lub* choosy; (*o dziecku*) to be fretful.

grymaśny adj (*dziecko*) fretful; (*usposobienie*) capricious.

gry|pa (-py) (*dat sg* **-pie**) f influenza, flu (*pot*).

gryzący adj (*dym*) acrid, pungent; (*wełna*) scratchy; (*ironia*) biting.

gryzo|ń (-nia, -nie) (*gen pl* **-ni**) m rodent.

gry|źć (-zę, -ziesz) (*imp* **-ź**, *pt* **-zł**, **-zła, -źli**) vt to bite; (*rzuć*) to chew, to munch; (*kość*) to gnaw ♦ vi (*o dymie*) to sting; (*o wełnie*) to itch.
▸**gryźć się** vr (*o psach*) to fight; (*o kolorach*) to clash.

grz|ać (-eję, -ejesz) vt (*wodę*) (*perf* **za-**) to heat; (*ręce*) (*perf* **o-**) to warm ♦ vi (*o słońcu*) to beat down; (*o piecu*) to be hot, to give off heat.
▸**grzać się** vr (*na słońcu*) to bask (in the sun); (*przy piecu*) to warm o.s.; (*o żelazku, wodzie*) to heat up.

grzał|ka (-ki, -ki) (*dat sg* **-ce**, *gen pl* **-ek**) f (water) heater; (*do herbaty*) travel heater.

grzan|ka (-ki, -ki) (*dat sg* **-ce**, *gen pl* **-ek**) f (a slice of) toast; **grzanki** pl toast.

grząd|ka (-ki, -ki) (*dat sg* **-ce**, *gen pl* **-ek**) f (*w ogrodzie*) bed.

grząski adj (*teren*) boggy; (*błoto*) sticky.

grzbie|t (-tu, -ty) (*loc sg* **-cie**) m back, spine; (*góry*) ridge; (*dłoni, książki*) back.

grze|bać (-bię, -biesz) vt (*chować zmarłego*) (*perf* **po-**) to bury ♦ vi (*szukać*) to rummage.
▸**grzebać się** vr (*guzdrać się*) to dawdle.

grzebie|ń (-nia, -nie) (*gen pl* **-ni**) m comb; (*u zwierząt*) crest.

grzech (-u, -y) m sin.

grzechot|ka (-ki, -ki) (*dat sg* **-ce**, *gen pl* **-ek**) f rattle.

grzechotni|k (-ka, -ki) (*instr sg* **-kiem**) m rattlesnake.

grzeczność|ć (-ci) f (*uprzejmość*) politeness; (*przysługa*) kindness, favour (*BRIT*), favor (*US*); **grzeczności** pl (*komplementy*) attentions.

grzeczny adj (*obsługa, ukłon*) polite; (*dziecko*) good.

grzejni|k (-ka, -ki) (*instr sg* **-kiem**) m (*kaloryfer*) radiator; **grzejnik elektryczny** (electric) heater.

grzeszni|k (-ka, -cy) (*instr sg* **-kiem**) m sinner.

grzeszny adj sinful.

grzesz|yć (-ę, -ysz) (*perf* **z-**) vi to sin.

grz|ęznąć (-ęznę, -ęźniesz) (*imp* **-ęźnij**, *pt* **-ązł, -ęzła, -ęźli**, *perf* **u-**) vi to get stuck; (*o pojeździe*) to get bogged down.

grz|mieć (-mię, -misz) (*imp* **-mij**, *perf* **za-**) vi (*o oklaskach, o człowieku*) to thunder; (*o głosie, o działach*) to boom; **grzmi** (*w czasie burzy*) it's thundering.

grzmo|t (-tu, -ty) (*loc sg* **-cie**) m (*wyładowanie atmosferyczne*) (a clap of) thunder; (*huk*) boom.

grzy|b (-ba, -by) (*acc sg* **-ba** *lub* **-b**, *loc sg* **-bie**) m (*BIO*) fungus; (*jadalny*) mushroom; (*trujący*) toadstool; (*na ścianie*) mould; **iść na grzyby** to go mushrooming.

grzybic|a (-y, -e) f (*MED*) mycosis; **grzybica stóp** athlete's foot.

grzybowy adj mushroom *attr*.

grzy|wa (-wy, -wy) (*dat sg* **-wie**) f (*końska, lwia*) mane.

grzyw|ka (-ki, -ki) (*dat sg* **-ce**, *gen pl* **-ek**) f fringe.

grzy|wna (-wny, -wny) (*dat sg* **-wnie**, *gen pl* **-wien**) f fine.

gubernato|r (-ra, -rzy *lub* **-rowie**) (*loc sg* **-rze**) m governor.

gu|bić (-bię, -bisz) (*perf* **z-**) vt to lose.
▸**gubić się** vr (*w lesie*) to lose one's

way; (*o przedmiotach*) to get lost, to
be mislaid.
gulasz (**-u, -e**) (*gen pl* **-ów**) *m*
goulash.
gu|ma (**-my, -my**) (*dat sg* **-mie**) *f*
(*surowiec*) rubber; **guma do żucia**
chewing gum; **złapać gumę** (*pot*) to
have a flat tyre.
gumia|k (**-ka, -ki**) (*instr sg* **-kiem**) *m*
(*pot: kalosz*) rubber boot, wellington
(boot).
gum|ka (**-ki, -ki**) (*dat sg* **-ce**, *gen pl*
-ek) *f* (*do mazania*) rubber (*BRIT*),
eraser (*US*); (*do pakowania*) rubber
band; (*do bielizny*) elastic.
gumowy *adj* rubber *attr.*
gu|st (**-stu, -sty** *lub* **-sta**) (*loc sg*
-ście) *m* taste.
gust|ować (**-uję, -ujesz**) *vi*:
gustować w czymś to have a liking
for sth.
gustowny *adj* tasteful.
gu|z (**-za, -zy**) (*loc sg* **-zie**) *m*
(*stłuczenie*) bump; (*MED*) tumour
(*BRIT*), tumor (*US*); **nabijać** (**nabić**
perf) **sobie guza** to bump one's
head *lub* forehead.
guz|ek (**-ka, -ki**) (*instr sg* **-kiem**) *m*
lump.
guzi|k (**-ka, -ki**) (*instr sg* **-kiem**) *m*
button.
gwał|cić (**-cę, -cisz**) (*imp* **-ć**) *vt*
(*kobietę*) (*perf* **z-**) to rape; (*prawo*)
(*perf* **po-**) to violate.
gwał|t (**-tu, -ty**) (*dat sg* **oic**) *m*
(*przemoc*) violence; (*na kobiecie*)
rape.
gwałtowny *adj* (*charakter,
usposobienie*) violent; (*ulewa*)
torrential; (*śmierć*) violent; (*zmiana*)
sudden.
gwa|r (**-ru**) (*loc sg* **-rze**) *m* din.
gwa|ra (**-ry, -ry**) (*dat sg* **-rze**) *f* local
dialect.
gwarancj|a (**-i, -e**) (*gen pl* **-i**) *f*
guarantee, warranty.

gwarancyjny *adj* guarantee *attr.*
gwarant|ować (**-uję, -ujesz**) (*perf*
za-) *vt* to guarantee.
gwardi|a (**-i, -e**) (*gen pl* **-i**) *f* (*WOJSK*)
guard.
gwi|azda (**-azdy, -azdy**) (*dat sg*
-eździe) *f* star; (*przen: sławny
człowiek*) celebrity; **gwiazda
filmowa** film star.
gwiazd|ka (**-ki, -ki**) (*dat sg* **-ce**, *gen pl*
-ek) *f* (*small*) star; (*Boże
Narodzenie*) Christmas; (*filmowa*)
starlet; (*znak*) asterisk.
gwiazdo|r (**-ra, -rzy**) (*loc sg* **-rze**) *m*
(*filmowy*) film star.
gwiazdozbi|ór (**-oru, -ory**) (*loc sg*
-orze) *m* constellation.
gwiaździsty *adj* (*niebo*) starry;
(*kształt*) star-shaped.
gwin|t (**-tu, -ty**) (*loc sg* **-cie**) *m* thread
(*of a screw*).
gwi|zd (**-zdu, -zdy**) (*loc sg* **-ździe**) *m*
(*człowieka, lokomotywy*) whistle;
(*syreny*) whine; (*wiatru*) howling;
(*pocisku*) whiz(z); **gwizdy** *pl* catcall,
boos *pl.*
gwi|zdać (**-żdżę, -żdżesz**) (*perf*
-zdnąć) *vi* to whistle; (*o syrenie*) to
whine; (*o publiczności*) to boo.
gwizd|ek (**-ka, -ki**) (*instr sg* **-kiem**) *m*
whistle.
gw|óźdź (**-oździa, -oździe**) (*gen pl*
-oździ, *instr pl* **-oździami** *lub*
-oźdźmi) *m* nail; (*pot*): **gwóźdź
programu** highlight, main feature.

H

h *abbr* (= *godzina*) h (= hour).
ha *abbr* (= *hektar*) ha (= hectare).
habilitowany *adj*: **doktor
habilitowany** ≈ reader (*BRIT*), ≈
assistant professor (*US*).

habi|t (-tu, -ty) (*loc sg* **-cie**) *m* habit (*of monk or nun*).

haczy|k (-ka, -ki) (*instr sg* **-kiem**) *m* hook; (*u drzwi*) catch; (*na ryby*) (fish) hook; (*przen: szczegół*) catch.

haf|t (-tu, -ty) (*loc sg* **-cie**) *m* embroidery.

haft|ować (-uję, -ujesz) *vt/vi* (*perf* **wy-**) to embroider.

Ha|ga (-gi) (*dat sg* **-dze**) *f* the Hague.

Haiti *nt inv* Haiti.

ha|k (-ka, -ki) (*instr sg* **-kiem**) *m* hook.

hake|r (-ra, -rzy) (*loc sg* **-rze**) *m* hacker.

ha|la (-li, -le) *f* (*duża sala*) hall; (*pastwisko w górach*) meadow or pasture land in the mountains; **hala przylotów/odlotów** arrivals/departures lounge.

hal|ka (-ki, -ki) (*dat sg* **-ce**, *gen pl* **-ek**) *f* slip.

hall, hol (-u, -e) (*gen pl* **-i** *lub* **-ów**) *m* (*w mieszkaniu*) hall(way); (*w hotelu, teatrze*) foyer, lobby.

halo *excl* hello.

halowy *adj* (*rekord, zawody*) indoor *attr*.

halucynacj|a (-i, -e) (*gen pl* **-i**) *f* hallucination.

hała|s (-su, -sy) (*loc sg* **-sie**) *m* noise.

hałas|ować (-uję, -ujesz) *vi* to make noise.

hałaśliwy *adj* noisy.

hama|k (-ka, -ki) (*instr sg* **-kiem**) *m* hammock.

hamburge|r (-ra, -ry) (*dat sg* **-rze**) *m* hamburger.

ham|ować (-uję, -ujesz) *vt* (*rozwój, wzrost*) to slow down, to restrain; (*łzy, płacz*) (*perf* **po-**) to hold back ♦ *vi* to brake.

►**hamować się** *vr* (*perf* **po-**) to hold back, to control o.s.; *patrz też* **zahamować**.

hamulcowy *adj*: **płyn hamulcowy** brake fluid.

hamul|ec (-ca, -ce) *m* (*TECH*) brake; **hamulec bezpieczeństwa** communication cord (*BRIT*), emergency brake (*US*); **hamulec ręczny** handbrake (*BRIT*), parking brake (*US*).

hand|el (-lu) *m* trade, commerce.

handlarz (-a, -e) (*gen pl* **-y**) *m* salesman, dealer.

handl|ować (-uję, -ujesz) *vi* to trade; **handlować czymś** to trade *lub* deal in sth.

handlo|wiec (-wca, -wcy) *m* tradesman, dealer.

handlowy *adj* trade *attr*; **szkoła handlowa** business school *lub* college; **dzielnica handlowa** shopping district.

hanga|r (-ru, -ry) (*loc sg* **-rze**) *m* hangar.

haniebny *adj* (*czyn*) dishonourable (*BRIT*), dishonorable (*US*).

hań|ba (-by) (*dat sg* **-bie**) *f* dishonour (*BRIT*), dishonor (*US*).

hań|bić (-bię, -bisz) (*perf* **z-**) *vt* to disgrace, to dishonour (*BRIT*), to dishonor (*US*).

►**hańbić się** *vr* to disgrace o.s.

harcer|ka (-ki, -ki) (*dat sg* **-ce**, *gen pl* **-ek**) *f* scout, girl guide (*BRIT*), girl scout (*US*).

harcerst|wo (-wa) (*loc sg* **-wie**) *nt* scout movement, scouting.

harcerz (-a, -e) (*gen pl* **-y**) *m* scout, boy scout (*US*).

hardy *adj* (*dumny*) proud; (*nieposłuszny*) defiant.

hare|m (-mu, -my) (*loc sg* **-mie**) *m* harem.

har|fa (-fy, -fy) (*dat sg* **-fie**) *f* harp.

harmoni|a (-i) *f* harmony; (*instrument*) (*nom pl* **-e**, *gen pl* **-i**) concertina.

harmonij|ka (-ki, -ki) (*dat sg* **-ce**, *gen pl* **-ek**) *f*: **harmonijka ustna** harmonica, mouth organ.

harmonijny *adj* harmonious.

harmoniz|ować (**-uję, -ujesz**) (*perf* **z-**) *vt/vi* to harmonize.

har|ować (**-uję, -ujesz**) *vi* (*pot*) to slave, to work one's finger to the bone.

harpu|n (**-na, -ny**) (*loc sg* **-nie**) *m* harpoon.

har|t (**-tu**) (*loc sg* **-cie**) *m*: **hart ducha** toughness.

hart|ować (**-uję, -ujesz**) *vt* (*TECH*: *stal*) to temper; (*dziecko*) to toughen.

▸**hartować się** *vr* to toughen o.s.

ha|sło (**-sła, -sła**) (*loc sg* **-śle**, *gen pl* **-seł**) *nt* (*slogan*) watchword; (*sygnał*) signal; (*umożliwiające rozpoznanie*) password; (*w słowniku*) entry.

haszysz (**-u**) *m* hashish.

hau|st (**-stu, -sty**) (*loc sg* **-ście**) *m* (*płynu*) gulp.

Hawaj|e (**-ów**) *pl* Hawaii.

hawajski *adj* Hawaiian.

Hawa|na (**-ny**) (*dat sg* **-nie**) *f* Havana.

hazar|d (**-du, -dy**) (*loc sg* **-dzie**) *m* gambling.

hazardzi|sta (**-sty, -ści**) (*dat sg* **-ście**) *m decl like f in sg* gambler.

heba|n (**-nu**) (*loc sg* **-nie**) *m* ebony.

heb|el (**-la, -le**) (*gen pl* **-li**) *m* plane.

hebl|ować (**-uję, -ujesz**) (*perf* **z-**) *vt* to plane.

hebrajski *adj* Hebrew ♦ *m decl like adj* (*język*) Hebrew.

hejna|ł (**-łu, -ły**) (*loc sg* **-le**) *m* bugle-call.

hekta|r (**-ra, -ry**) (*loc sg* **-rze**) *m* hectare.

helikopte|r (**-ra, -ry**) (*loc sg* **-rze**) *m* helicopter.

heł|m (**-mu, -my**) (*loc sg* **-mie**) *m* helmet.

hemoroid|y (**-ów**) *pl* haemorrhoids (*BRIT*), hemorrhoids (*US*).

her|b (**-bu, -by**) (*loc sg* **-bie**) *m* (*znak*

dziedziczny) coat of arms; (*godło: miasta*) crest; (: *państwa*) emblem.

herbaciar|nia (**-ni, -nie**) (*gen pl* **-ni** *lub* **-ń**) *f* tea shop.

herba|ta (**-ty, -ty**) (*dat sg* **-cie**) *f* tea.

herbatni|k (**-ka, -ki**) (*instr sg* **-kiem**) *m* biscuit.

herety|k (**-ka, -cy**) (*instr sg* **-kiem**) *m* heretic.

herezj|a (**-i, -e**) (*gen pl* **-i**) *f* heresy.

hermetyczny *adj* hermetic, airtight.

heroiczny *adj* heroic.

heroi|na (**-ny**) (*dat sg* **-nie**) *f* heroin.

heroiz|m (**-mu**) (*loc sg* **-mie**) *m* heroism.

hetma|n (**-na**) (*loc sg* **-nie**) *m* (*SZACHY*) (*nom pl* **-ny**) queen.

hiacyn|t (**-tu** *lub* **-ta, -ty**) (*loc sg* **-cie**) *m* hyacinth.

hie|na (**-ny, -ny**) (*dat sg* **-nie**) *f* (*ZOOL*) hyena.

hierarchi|a (**-i, -e**) (*gen pl* **-i**) *f* hierarchy.

hierogli|f (**-fu, -fy**) (*loc sg* **-fie**) *m* hieroglyph(ic).

hi-fi *adj inv*: **sprzęt hi-fi** hi-fi equipment.

higie|na (**-ny**) (*dat sg* **-nie**) *f* (*zachowanie czystości*) hygiene; **higiena osobista** personal hygiene.

higieniczny *adj* hygienic; **chusteczka higieniczna** paper tissue, Kleenex ® (*US*).

Himalaj|e (**-ów**) *pl* the Himalayas.

I Iindu|s (**-sa, -si**) (*loc sg* **-sie**) *m* Indian (*male from India*).

hinduski *adj* Hindu.

hipermarke|t (**-tu, -ty**) (*loc sg* **-cie**) *m* hypermarket.

hipi|s, hippi|s (**-sa, -si**) (*loc sg* **-sie**) *m* hippie.

hipnotyz|ować (**-uję, -ujesz**) (*perf* **za-**) *vt* to hypnotize.

hipno|za (**-zy**) (*dat sg* **-zie**) *f* hypnosis.

hipochondry|k (**-ka, -cy**) (*instr sg* **-kiem**) *m* hypochondriac.

hipokry|ta (-ty, -ci) (dat sg -cie) decl like f in sg m hypocrite.
hipokryzj|a (-i) f hypocrisy.
hipopota|m (-ma, -my) (loc sg -mie) m hippopotamus.
hipoteczny adj: kredyt hipoteczny mortgage.
hipote|ka (-ki, -ki) (dat sg -ce) f (zabezpieczenie) collateral; (księga) mortgage deed.
hipotetyczny adj hypothetical.
hipote|za (-zy, -zy) (dat sg -zie) f hypothesis.
histeri|a (-i) f hysteria.
histeryczny adj hysterical.
histeryz|ować (-uję, -ujesz) vi to be hysterical.
histori|a (-i, -e) (gen pl -i) f history; (opowieść) story; **historia literatury/sztuki/Polski** history of literature/art/Poland.
historyczny adj historical; (ważny) historic; (zabytkowy) historic.
historyj|ka (-ki, -ki) (dat sg -ce, gen pl -ek) f (wymyślona historia) story.
history|k (-ka, -cy) (instr sg -kiem) m historian; (nauczyciel) history teacher.
Hiszpa|n (-na, -nie) (loc sg -nie) m Spaniard.
Hiszpani|a (-i) f Spain.
Hiszpan|ka (-ki, -ki) (dat sg -ce, gen pl -ek) f Spaniard.
hiszpański adj Spanish ♦ m decl like adj (język) Spanish.
hi|t (-tu, -ty) (loc sg -cie) m (przebój) hit.
hitlerowski adj Hitlerite, Nazi.
HIV abbr. **(wirus) HIV** HIV.
hobbi|sta (-sty, -ści) (dat sg -ście) m decl like f in sg hobbyist.
hobby nt inv hobby.
hod|ować (-uję, -ujesz) (perf **wy-**) vt (rośliny, kwiaty) to grow, to breed; (zwierzęta) to raise, to breed.
hodowc|a (-y, -y) m decl like f in sg

(zwierząt) raiser, breeder; (kwiatów, warzyw) grower.
hodowl|a (-i, -e) (gen pl -i) f (hodowanie) raising, breeding; (miejsce) animal farm.
hojny adj generous.
hokej (-a) m (też: **hokej na lodzie**) (ice) hockey; **hokej na trawie** field hockey.
hol (-u, -e) m (lina) (gen pl -ów) towrope, towline; (pomieszczenie) (gen pl -ów lub -i) hall(way).
Holandi|a (-i) f Holland, the Netherlands.
holdin|g (-gu, -gi) (instr sg -giem) m holding company.
Holend|er (-ra, -rzy) (loc sg -rze) m Dutchman.
Holender|ka (-ki, -ki) (dat sg -ce, gen pl -ek) f Dutchwoman.
holenderski adj Dutch.
hol|ować (-uję, -ujesz) vt to tow.
hoł|d (-du, -dy) (loc sg -dzie) m homage.
hoło|ta (-ty) (dat sg -cie) f (pej) the riffraff, the rabble.
homa|r (-ra, -ry) (loc sg -rze) m lobster.
homeopatyczny adj homeopathic.
homogenizowany adj homogenized.
homoseksuali|sta (-sty, -ści) (dat sg -ście) m decl like f in sg homosexual, gay.
hono|r (-ru) (loc sg -rze) m honour (BRIT), honor (US); **honory** pl: **oddawać honory** to salute; **słowo honoru** word of hono(u)r.
honorari|um (-um, -a) (gen pl -ów) nt inv in sg fee.
honor|ować (-uję, -ujesz) vt (czek, kartę rabatową) to accept; (wizę, zaświadczenie) to recognize; (człowieka: okazywać szacunek) (perf **u-**) to honour (BRIT) lub honor (US).
honorowy adj (człowiek: mający poczucie honoru) honourable (BRIT),

honorable (*US*); (*członek, konsul, gość*) honorary; (*bramka, punkt: SPORT*) face-saving.

hormo|n (-nu, -ny) (*loc sg* -nie) *m* hormone.

horosko|p (-pu, -py) (*loc sg* -pie) *m* horoscope.

horro|r (-ru, -ry) (*loc sg* -rze) *m* (*film grozy*) horror (film *lub* movie); (*pot: dramat*) horror.

horyzon|t (-tu, -ty) (*loc sg* -cie) *m* horizon.

hospicj|um (-um, -a) (*gen pl* -ów) *nt inv in sg* hospice.

hot-do|g (-ga, -gi) (*instr sg* -giem) *m* hot dog.

hotel (-u, -e) (*gen pl* -i) *m* hotel; **mieszkać w hotelu** to stay at a hotel.

hotelowy *adj* (*restauracja, bufet*) hotel *attr*.

hra|bia (-biego, -biowie) (*dat sg* -biemu, *instr sg* -bią, *loc sg* -bi, *voc sg* -bio, *gen pl* -biów) *m* count.

hrabi|na (-ny, -ny) (*dat sg* -nie) *f* countess.

hu|czeć (-czy) *vi* (*o wodospadzie, falach*) (*perf* **za-**) to rumble; (*o strzałach, armatach*) (*perf* -**knąć**) to boom.

hu|k (-ku, -ki) (*instr sg* -kiem) *m* (*armat, dział, eksplozji*) bang; (*wodospadu, fal*) rumble; (*pioruna*) roll; **z hukiem** (*spaść, otworzyć się*) with a bang.

hulajn|oga (-ogi, -ogi) (*dat sg* -odze, *gen pl* -óg) *f* scooter.

humani|sta (-sty, -ści) (*dat sg* -ście) *m decl like f in sg* humanist.

humanistyczny *adj* (*wartości, ideały*) humanistic; (*przedmiot, studia*) arts *attr*; **nauki humanistyczne** the humanities.

humanitarny *adj* humane; **pomoc humanitarna** humanitarian aid.

humo|r (-ru) (*loc sg* -rze) *m* (*komizm*) humour (*BRIT*), humor (*US*);

(*nastrój*) mood; **poczucie humoru** sense of humo(u)r.

hura!, hurra! *excl* hurray!, hurrah!

huraga|n (-nu, -ny) (*loc sg* -nie) *m* hurricane.

hur|t (-tu) (*loc sg* -cie) *m* (*sprzedaż*) wholesale.

hurtow|nia (-ni, -nie) (*gen pl* -ni) *f* (*przedsiębiorstwo*) wholesalers *pl*; (*magazyn*) (wholesale) warehouse.

hurtowy *adj* (*sprzedaż*) wholesale *attr*.

huśt|ać (-am, -asz) *vt* to swing; **huśtać łódką/statkiem** to rock a boat/ship.

►**huśtać się** *vr* to swing.

huśtaw|ka (-ki, -ki) (*dat sg* -ce, *gen pl* -ek) *f* (*wisząca*) swing; (*pozioma*) seesaw.

hu|ta (-ty, -ty) (*dat sg* -cie) *f* (*też*: **huta żelaza**) steelworks; **huta szkła** glassworks.

hutnict|wo (-wa) (*loc sg* -wie) *nt* (*przemysł*) steel industry.

hutniczy *adj* metallurgical.

hutni|k (-ka, -cy) (*instr sg* -kiem) *m* steelworker.

hydran|t (-tu, -ty) (*loc sg* -cie) *m* hydrant.

hydrauliczny *adj* hydraulic.

hydrauli|k (-ka, -cy) (*instr sg* -kiem) *m* plumber.

hydroelektrow|nia (-ni, -nie) (*gen pl* -ni) *f* hydro-electric power plant.

hym|n (-nu, -ny) (*loc sg* -nie) *m* (*kościelny*) hymn; **hymn państwowy** national anthem.

I

i *conj* and; **i ja, i on** both me and him.

Iberyjski *adj*: **Półwysep Iberyjski** the Iberian Peninsula.

ich *pron gen pl od* **oni, one**; **nie było ich** they were not there;
   zobaczyłem ich I saw them ◊ *possessive pron* (*z rzeczownikiem*) their; (*bez rzeczownika*) theirs; **to jest ich samochód** this is their car; **ich przyjaciel** a friend of theirs.

ide|a (**-i, -e**) (*gen pl* **-i**) *f* idea.

ideali|sta (**-sty, -ści**) (*dat sg* **-ście**) *m decl like f in sg* idealist.

idealistyczny *adj* idealistic.

idealiz|m (**-mu**) (*loc sg* **-mie**) *m* idealism.

idealnie *adv* (*doskonale*) perfectly; (*nierealnie*) ideally.

idealny *adj* (*doskonały*) perfect; (*nierealny*) ideal.

ideal|ł (**-łu, -ły**) (*loc sg* **-le**) *m* ideal; **ideał piękna** a paragon of beauty; **ideał męża** the ideal husband.

identyczny *adj* identical.

identyfik|ować (**-uję, -ujesz**) (*perf* **z-**) *vt* to identify.

▸**identyfikować się** *vr*: **identyfikować się z kimś** to identify o.s. with sb.

ideologi|a (**-i, -e**) (*gen pl* **-i**) *f* ideology.

ideologiczny *adj* ideological.

idę *itd. vb patrz* **iść**.

idio|m (**-mu, -my**) (*loc sg* **-mie**) *m* (*JĘZ*) idiom.

idio|ta (**-ty, -ci**) (*dat sg* **-cie**) *m decl like f in sg* (*pot*) idiot, moron (*pot*).

idiot|ka (**-ki, -ki**) (*dat sg* **-ce**, *gen pl* **-ek**) *f* (*pot*) idiot, moron (*pot*).

idiotyczny *adj* idiotic, stupid.

idiotyz|m (**-mu**) (*loc sg* **-mie**) (*pot*) *m* (*głupota*) idiocy; (*bzdura, niedorzeczność*) (*nom pl* **-my**) stupidity, nonsense.

idol (**-a, -e**) (*gen pl* **-i**) *m* idol.

idyll|a (**-i**) *f* idyll.

idziesz *itd. vb patrz* **iść**.

iglasty *adj* coniferous; **drzewo iglaste** conifer, evergreen.

igliwi|e (**-a**) *nt* needles (*of a conifer*).

igloo *nt inv* igloo.

igła (**igły, igły**) (*dat sg* **igle**, *gen pl* **igieł**) *f* needle.

ignorancj|a (**-i**) *f* ignorance.

ignorancki *adj* ignorant.

ignor|ować (**-uję, -ujesz**) (*perf* **z-**) *vt* to ignore, to disregard.

igr|ać (**-am, -asz**) *vi*: **igrać ze śmiercią/z niebezpieczeństwem** to court death/danger.

igre|k (**-ka, -ki**) (*instr sg* **-kiem**) *m* (letter) Y.

igrzysk|a (**-**) *pl* (*SPORT*): **Igrzyska Olimpijskie** the Olympics, the Olympic Games.

iko|na (**-ny, -ny**) (*dat sg* **-nie**) *f* icon.

ikon|ka (**-ki, -ki**) (*dat sg* **-ce**) *f* (*KOMPUT*) icon.

ik|ra (**-ry**) (*dat sg* **-rze**) *f* (*w wodzie*) spawn; (*w ciele ryby*) (hard) roe.

ik|s (**-sa, -sy**) (*loc sg* **-sie**) *m* (letter) X; **iksy** *pl* (*krzywe nogi*) knock-knees.

        ——— SŁOWO KLUCZOWE ———

ile (*see* **Table 5**) *pron* +*gen* **1** (*z rzeczownikami policzalnymi*) how many; **ile kwiatów/ludzi?** how many flowers/people?; **ilu mężczyzn/studentów?** how many men/students?; **ile masz lat?** how old are you?; **ile razy?** how many times? **2** (*z rzeczownikami niepoliczalnymi*) how much; **ile masła/wody/pieniędzy?** how much butter/water/money?; **ile czasu?** how long?; **ile to kosztuje?** how much is it? **3** (*w zdaniach względnych: z rzeczownikami policzalnymi*) as many; (*: z rzeczownikami niepoliczalnymi*) as much; **bierz ile chcesz** take as many/much as you want. **4**: **ile ludzi!** what a lot of people!; **ile wody!** what a lot of water! **5**: **ile sił**

as hard as you can; **ile tchu** as fast
as you can. **6: o ile** if; **o ile nie**
unless, if not; **o ile wiem/pamiętam**
as far as I know/remember; **o tyle o
ile** (*pot*) not too bad.

ilekroć *conj* whenever, every time.
ileś *pron +gen* some, a number of.
iloczy|n (**-nu, -ny**) (*loc sg* **-nie**) *m*
(*MAT*) product.
ilora|z (**-zu, -zy**) (*loc sg* **-zie**) *m* (*MAT*)
quotient.
iloś|ć (**-ci, -ci**) (*gen pl* **-ci**) *f* amount,
quantity.
ilu *pron patrz* **ile**.
ilustracj|a (**-i, -e**) (*gen pl* **-i**) *f*
illustration.
ilustr|ować (**-uję, -ujesz**) (*perf* **z-**) *vt*
(*książkę*) to illustrate; (*unaoczniać*)
to illustrate, to exemplify.
ilustrowany *adj* illustrated.
iluś *pron +gen* some, a number of.
iluzj|a (**-i, -e**) (*gen pl* **-i**) *f* illusion.
iluzjoni|sta (**-sty, -ści**) (*dat sg* **-ście**)
m decl like f in sg conjurer.
ił (**iłu, iły**) (*loc sg* **ile**) *m* loam.
im *pron dat pl od* **oni, one** (to) them;
nie wierzę im I don't believe them;
daj im te pieniądze give them the
money; **daj im to** give it to them ♦
adv: **im prędzej, tym lepiej** the
sooner the better.
im. *abbr* (= *imienia*): **Uniwersytet im.
Adama Mickiewicza** Adam
Mickiewicz University.
imad|ło (**-ła, -ła**) (*loc sg* **-le**, *gen pl* **-eł**)
nt vice, vise (*US*).
imbecyl (**-a, -e**) (*gen pl* **-i** *lub* **-ów**) *m*
(*pot*) imbecile (*pot*).
imbi|r (**-ru**) (*loc sg* **-rze**) *m* ginger.
imbrycz|ek (**-ka, -ki**) (*instr sg* **-kiem**)
m teapot.
imbry|k (**-ka, -ki**) (*instr sg* **-kiem**) *m*
kettle.
imienin|y (**-**) *pl* saint's day, name day.

imienni|k (**-ka, -cy**) (*instr sg* **-kiem**) *m*
namesake.
imiesł|ów (**-owu, -owy**) (*loc sg* **-owie**)
m (*JĘZ*) participle.
imi|ę (**-enia, -ona**) *nt* name;
(*człowieka*) first name; (*reputacja*)
reputation; **jak masz** *lub* **ci na imię?**
(*pot*) what's your name?; **szkoła
imienia Tadeusza Kościuszki**
Tadeusz Kosciuszko School; **w
czyimś imieniu** on behalf of sb; **w
imię czegoś** in the name of sth.
imigracj|a (**-i, -e**) (*gen pl* **-i**) *f*
immigration.
imigran|t (**-ta, -ci**) (*loc sg* **-cie**) *m*
immigrant.
imitacj|a (**-i, -e**) (*gen pl* **-i**) *f* imitation.
imit|ować (**-uję, -ujesz**) *vt* to imitate,
to mimic.
immunite|t (**-tu, -ty**) (*loc sg* **-cie**) *m*
immunity.
impa|s (**-su**) (*loc sg* **-sie**) *m* (*zastój*)
deadlock, impasse.
imperato|r (**-ra, -rzy**) (*loc sg* **-rze**) *m*
emperor.
imperialistyczny *adj* imperialist.
imperializ|m (**-mu**) (*loc sg* **-mie**) *m*
imperialism.
imperialny *adj* imperial.
imperi|um (**-um, -a**) (*gen pl* **-ów**) *nt
inv in sg* empire.
impertynencki *adj* impertinent.
impertynen|t (**-ta, -ci**) (*loc sg* **-cie**) *m*
impertinent.
impe|t (**-tu**) (*loc sg* **-cie**) *m* impetus,
momentum.
implikacj|a (**-i, -e**) (*gen pl* **-i**) *f*
implication; **implikacje** *pl*
ramifications *pl*.
impon|ować (**-uję, -ujesz**) (*perf* **za-**)
vi: **imponować (czymś) komuś** to
impress sb (with sth).
imponujący *adj* (*godny podziwu*)
impressive; (*ogromny*) grand,
imposing.
impor|t (**-tu**) (*loc sg* **-cie**) *m*

importation; towary z importu imports, imported goods.

importe|r (-ra, -rzy) (*loc sg* -rze) *m* importer.

import|ować (-uję, -ujesz) *vt* to import.

importowany *adj* imported.

impotencj|a (-i) *f* impotence.

impoten|t (-ta, -ci) (*loc sg* -cie) *m* impotent.

impregnowany *adj* waterproofed.

impresjoni|sta (-sty, -ści) (*dat sg* -ście) *m decl like f in sg* impressionist.

impresjoniz|m (-mu) (*loc sg* -mie) *m* impressionism.

impre|za (-zy, -zy) (*dat sg* -zie) *f* (*teatralna, sportowa*) event; (*pot. przyjęcie*) do.

imprez|ować (-uję, -ujesz) *vi* to party.

improwizacj|a (-i, -e) (*gen pl* -i) *f* improvisation.

improwiz|ować (-uję, -ujesz) (*perf* za-) *vt/vi* to improvise.

improwizowany *adj* (*utwór*) improvised; (*mowa, przyjęcie*) impromptu.

impul|s (-su, -sy) (*loc sg* -sie) *m* impulse.

impulsywny *adj* impulsive.

inaczej *adv* (*w inny sposób*) differently; (*w przeciwnym razie*) otherwise, or (else); **tak czy inaczej** one way or another.

inauguracj|a (-i, -e) (*gen pl* -i) *f* (*sezonu*) opening; (*roku szkolnego*) inauguration.

inauguracyjny *adj* (*mowa, uroczystość, mecz*) inaugural; (*przedstawienie*) opening.

inaugur|ować (-uję, -ujesz) (*perf* za-) *vt* (*sezon piłkarski*) to open; (*uroczystość, rok szkolny*) to inaugurate.

in blanco *adv*: **czek in blanco** blank cheque.

incognito *adv* incognito.

incyden|t (-tu, -ty) (*loc sg* -cie) *m* incident.

indek|s (-su, -sy) (*loc sg* -sie) *m* (*spis*) index; (*studencki*) ≈ credit book.

India|nin (-nina, -nie) (*loc sg* -ninie, *gen pl* -n) *m* (American) Indian.

indiański *adj* (American) Indian.

Indi|e (-i) *pl* India.

indoktrynacj|a (-i) *f* indoctrination.

indoktryn|ować (-uję, -ujesz) *vt* to indoctrinate.

Indonezj|a (-i) *f* Indonesia.

indonezyjski *adj* Indonesian.

indukcyjny *adj* inductive.

indyjski *adj*: **Ocean Indyjski** the Indian Ocean.

indy|k (-ka, -ki) (*instr sg* -kiem) *m* turkey.

indywiduali|sta (-sty, -ści) (*dat sg* -ście) *m decl like f in sg* individualist.

indywidualnoś|ć (-ci) *f* (*osoba*) (*nom pl* -ci, *gen pl* -ci) (*osobowość*) personality.

indywidualny *adj* individual; **turysta indywidualny** freelance tourist.

indziej *adv*: **gdzie indziej** elsewhere, somewhere else; **kiedy indziej** some other time.

infantylny *adj* infantile.

infekcj|a (-i, -e) (*gen pl* -i) *f* infection.

inflacj|a (-i, -e) (*gen pl* -i) *f* inflation.

informacj|a (-i, -e) (*gen pl* -i) *f* (*wiadomość*) piece of information; (*dane*) information; (*biuro, okienko*) information office (*BRIT*), information bureau (*US*); **informacja turystyczna** tourist information centre (*BRIT*) *lub* center (*US*); **zasięgnąć** (*perf*) **informacji o czymś** to inquire about sth; **zadzwonić** (*perf*) **do informacji** to ring directory enquiries (*BRIT*), to call information (*US*).

informacyjny *adj*: **serwis informacyjny** news bulletin; **polityka informacyjna** public relations policy.

informato|r (**-ra**) (*loc sg* **-rze**) *m* (*publikacja*) (*nom pl* **-ry**) brochure; (*osoba*) (*nom pl* **-rzy**) informer, informant.

informaty|k (**-ka**, **-cy**) (*instr sg* **-kiem**) *m* computer scientist.

informaty|ka (**-ki**) (*dat sg* **-ce**) *f* computing; (*nauka*) information *lub* computer science.

inform|ować (**-uję**, **-ujesz**) *vt* (*perf* **po-**): **informować kogoś o czymś** to inform sb of sth.

▶**informować się** *vr*: **informować się o czymś** to inquire about sth.

infrastruktu|ra (**-ry**, **-ry**) (*dat sg* **-rze**) *f* infrastructure.

ingerencj|a (**-i**, **-e**) (*gen pl* **-i**) *f* interference.

inger|ować (**-uję**, **-ujesz**) *vi*: **ingerować (w** +*acc*) to interfere (in).

inhalacj|a (**-i**, **-e**) (*gen pl* **-i**) *f* inhalation.

inicja|ł (**-łu**, **-ły**) (*loc sg* **-le**) *m* initial.

inicjato|r (**-ra**, **-rzy**) (*loc sg* **-rze**) *m* originator, initiator.

inicjaty|wa (**-wy**) (*dat sg* **-wie**) *f* (*nom pl* **-wy**) initiative; **z czyjejś/własnej inicjatywy** on sb's/one's own initiative.

inicj|ować (**-uję**, **-ujesz**) (*perf* **za-**) *vt* to initiate.

inkasen|t (**-ta**, **-ci**) (*loc sg* **-cie**) *m* collector.

inkas|ować (**-uję**, **-ujesz**) (*perf* **za-**) *vt* to collect.

inklinacj|e (**-i**) *pl* inclinations *pl*.

inkubato|r (**-ra**, **-ry**) (*loc sg* **-rze**) *m* incubator.

innowacj|a (**-i**, **-e**) (*gen pl* **-i**) *f* innovation.

inny *pron* (*nie ten*) another; (*odmienny*) other, different ♦ *m decl like adj* (*pot*) another man; **inni** *pl* (the) others *pl*; **coś innego** something else; **ktoś inny** somebody *lub* someone else.

inscenizacj|a (**-i**, **-e**) (*gen pl* **-i**) *f* staging.

insceniz|ować (**-uję**, **-ujesz**) (*perf* **za-**) *vt* (*TEATR*) to stage.

inspekcj|a (**-i**, **-e**) (*gen pl* **-i**) *f* inspection.

inspekto|r (**-ra**, **-rzy** *lub* **-rowie**) (*loc sg* **-rze**) *m* inspector.

inspiracj|a (**-i**, **-e**) (*gen pl* **-i**) *f* (*natchnienie*) inspiration.

inspir|ować (**-uję**, **-ujesz**) (*perf* **za-**) *vt* to inspire.

instalacj|a (**-i**, **-e**) (*gen pl* **-i**) *f* (*montaż*) installation; **instalacja elektryczna** wiring; **instalacja wodno-kanalizacyjna** plumbing.

instalato|r (**-ra**, **-rzy**) (*loc sg* **-rze**) *m* (*hydraulik*) plumber; (*elektryk*) electrician; (*monter z gazowni*) gas fitter (*BRIT*), pipe fitter (*US*).

instal|ować (**-uję**, **-ujesz**) (*perf* **za-**) *vt* to install, to put in.

instancj|a (**-i**, **-e**) (*gen pl* **-i**) *f*: **sąd pierwszej instancji** court of first instance.

instant *adj inv*: **kawa instant** instant coffee; **mleko instant** powdered milk.

instrukcj|a (**-i**, **-e**) (*gen pl* **-i**) *f* (*rozkaz*) instruction; **instrukcja obsługi** instructions *pl* (for use).

instruktaż (**-u**) *m* briefing, instruction.

instrukto|r (**-ra**, **-rzy**) (*loc sg* **-rze**) *m* instructor.

instrumen|t (**-tu**, **-ty**) (*loc sg* **-cie**) *m* instrument.

instrumentali|sta (**-sty**, **-ści**) (*dat sg* **-ście**) *m decl like f in sg* instrumentalist.

instrumentalny adj (muzyka) instrumental.

instru|ować (**-uję, -ujesz**) (perf **po-**) vt to instruct.

instynk|t (**-tu, -ty**) (loc sg **-cie**) m instinct.

instynktowny adj instinctive.

instytucj|a (**-i, -e**) (gen pl **-i**) f institution.

instytu|t (**-tu, -ty**) (loc sg **-cie**) m institute.

insuli|na (**-ny**) (dat sg **-nie**) f insulin.

insygni|a (**-ów**) pl insignia.

insynuacj|a (**-i, -e**) (gen pl **-i**) f insinuation, innuendo.

insynu|ować (**-uję, -ujesz**) vt to insinuate.

integracj|a (**-i**) f integration.

integralny adj integral.

integr|ować (**-uję, -ujesz**) (perf **z-**) vt to integrate.

intelek|t (**-tu**) (loc sg **-cie**) m intellect.

intelektuali|sta (**-sty, -ści**) (dat sg **-ście**) m decl like f in sg intellectual.

intelektualny adj intellectual.

inteligencj|a (**-i**) f (zdolność) intelligence; (warstwa społeczna) intelligentsia.

inteligentny adj intelligent.

intencj|a (**-i, -e**) (gen pl **-i**) f intention, intent.

intensyfik|ować (**-uję, -ujesz**) (perf **z-**) vt to intensify.

intensywny adj (praca, poszukiwania) intensive; (barwy) intense.

intere|s (**-su, -sy**) (loc sg **-sie**) m (korzyść) interest; (sprawa, firma, sklep) business; (transakcja) deal; **(to) nie twój interes!** it's none of your business!

interesan|t (**-ta, -ci**) (loc sg **-cie**) m client.

interes|ować (**-uję, -ujesz**) (perf **za-**) vt to interest.

▶**interesować się** vr: **interesować**

się kimś/czymś to be interested in sb/sth.

interesujący adj interesting.

interna|t (**-tu, -ty**) (loc sg **-cie**) m (school) dormitory; **szkoła z internatem** boarding school.

interni|sta (**-sty, -ści**) (dat sg **-ście**) m decl like f in sg (MED) internist.

intern|ować (**-uję, -ujesz**) vt to intern.

interpretacj|a (**-i, -e**) (gen pl **-i**) f interpretation.

interpret|ować (**-uję, -ujesz**) (perf **z-**) vt (wyjaśniać) to interpret; (odbierać, rozumieć) to interpret, to construe; (odtwarzać) to interpret, to render.

interpunkcj|a (**-i**) f punctuation.

interwencj|a (**-i, -e**) (gen pl **-i**) f intervention; **interwencja zbrojna** armed intervention.

interweni|ować (**-uję, -ujesz**) vi to intervene.

intonacj|a (**-i, -e**) (gen pl **-i**) f intonation.

intratny adj lucrative.

introligato|r (**-ra, -rzy**) (loc sg **-rze**) m bookbinder.

introwerty|k (**-ka, -cy**) (instr sg **-kiem**) m introvert.

intru|z (**-za, -zy** lub **-zi**) (loc sg **-zie**) m intruder.

intry|ga (**-gi, -gi**) (dat sg **-dze**) f (podstępne działanie) intrigue, plot; (TEATR, LIT) plot.

intryg|ować (**-uję, -ujesz**) vt (zaciekawiać) (perf **za-**) to intrigue.

intuicj|a (**-i**) f intuition.

intymny adj intimate.

inwali|da (**-dy, -dzi**) (dat sg **-dzie**) m decl like f in sg invalid, disabled person.

inwalidzki adj: **renta inwalidzka** disability pension; **wózek inwalidzki** wheelchair.

inwazj|a (-i, -e) (*gen pl* -i) *f*: **inwazja (na** +*acc*) invasion (of).

inwencj|a (-i) *f* (*pomysłowość*) inventiveness; (*MUZ*) invention; **inwencja twórcza** creativity.

inwentarz (-a, -e) (*gen pl* -y) *m* (*spis majątku*) inventory; **żywy inwentarz** livestock.

inwesto|r (-ra, -rzy) (*loc sg* -rze) *m* investor.

inwest|ować (-uję, -ujesz) (*perf* za-) *vi* (*vi*): **inwestować (w** +*acc*) to invest (in).

inwestycj|a (-i, -e) (*gen pl* -i) *f* (*przedsięwzięcie*) investment; (*obiekt*) construction.

inwestycyjny *adj*: **spółka inwestycyjna** investment trust.

inż. *abbr* (= **inżynier**) engineer.

inżynie|r (-ra, -rowie) (*loc sg* -rze) *m* engineer.

inżynieri|a (-i) *f* engineering.

iracki *adj* Iraqi.

Ira|k (-ku) (*instr sg* -kiem) *m* Iraq.

Ira|n (-nu) (*loc sg* -nie) *m* Iran.

irański *adj* Iranian.

Irlandczy|k (-ka, -cy) (*instr sg* -kiem) *m* Irishman.

Irlandi|a (-i) *f* Ireland; **Irlandia Północna** Northern Ireland.

Irland|ka (-ki, -ki) (*dat sg* -ce, *gen pl* -ek) *f* Irishwoman.

irlandzki *adj* Irish.

ironi|a (-i) *f* irony.

ironiczny *adj* ironic.

irracjonalny *adj* irrational.

irygacj|a (-i, -e) (*gen pl* -i) *f* irrigation.

iry|s (-sa, -sy) (*loc sg* -sie) *m* (*BOT*) iris; (*cukierek*) toffee.

iryt|ować (-uję, -ujesz) (*perf* z-) *vt* to annoy, to irritate.

► **irytować się** *vr*: **irytować się** (**o coś**) to get annoyed (at sth), to get irritated (by sth).

irytujący *adj* irritating, annoying.

is|kra (-kry, -kry) (*dat sg* -krze, *gen pl* -kier) *f* spark.

isla|m (-mu) (*loc sg* -mie) *m* Islam.

islamski *adj* Islamic.

Islandczy|k (-ka, -cy) (*instr sg* -kiem) *m* Icelander.

Islandi|a (-i) *f* Iceland.

islandzki *adj* Icelandic.

Istambu|ł (-łu) (*loc sg* -le) *m* Istanbul.

ist|nieć (-nieję, -niejesz) *vi* to be, to exist; **istnieć od ...** to be in existence since ... .

istniejący *adj* existing.

isto|ta (-ty, -ty) (*dat sg* -cie) *f* (*stworzenie*) creature; (*sedno*) essence; **w istocie** in fact, in reality; **istota ludzka** human being.

istotnie *adv* (*rzeczywiście*) indeed; (*zasadniczo*) essentially, fundamentally.

istotny *adj* essential, crucial; (*różnica*) significant.

iść (**idę, idziesz**) (*imp* **idź**, *pt* **szedł, szła, szli**, *perf* **pójść**) *vi* to go; (*pieszo*) to walk; (*o towarze*) to sell; **iść** (**do** +*gen*/**na** +*acc*) to go (to); **idę!** (I'm) coming!; **idziesz ze mną?** are you coming with me?; **iść dalej** to go on; **iść do domu** to go home; **iść ulicą** to walk down *lub* along the street; **iść na grzyby** to go mushrooming; **iść na spacer** to go for a walk; **iść spać/do łóżka** to go to sleep/bed; **pójść po coś** to (go) fetch sth, to get sth; **iść za** +*instr* to follow; **idzie deszcz** it's going to rain; **idzie zima** winter is coming; **jak ci idzie?** (*pot*) how are you doing?, how is it going?

itd. *abbr* (= **i tak dalej**) etc.

itp. *abbr* (= **i tym podobne** *lub* **podobnie**) etc.

iz|ba (-by, -by) (*loc sg* -bie) *f* (*pomieszczenie*) room; (*w parlamencie*) house; **Izba Gmin/Lordów** the House of

Commons/Lords; **Izba
Reprezentantów** the House of
Representatives.
izolacj|a (-i) f (*odosobnienie*)
isolation; (*TECH*) insulation.
izolat|ka (-ki, -ki) (*dat sg* -ce, *gen pl*
-ek) f (*w szpitalu*) isolation ward.
izolato|r (-ra, -ry) (*loc sg* -rze) m
(*materiał*) insulator.
izol|ować (-uję, -ujesz) vt (*chorych,
państwo*) (*perf* od-) to isolate;
(*TECH*) (*perf* za-) to insulate.
Izrael (-a) m Israel.
Izraelczy|k (-ka, -cy) (*instr sg* -kiem)
m Israeli.
izraelski adj Israeli.
iż conj (*książk*) that.

J

ja (*see* Table 1) pron I ♦ nt inv (*własna
osoba*) self; **to tylko ja** it's only me;
wyższy niż ja taller than I *lub* me.
jabłeczni|k (-ka, -ki) (*instr sg* -kiem)
m (*ciasto*) apple cake; (*wino*) cider.
jabł|ko (-ka, -ka) (*instr sg* -kiem, *gen
pl* -ek) nt apple.
jabło|ń (-ni, -nie) (*gen pl* -ni) f apple
tree.
jach|t (-tu, -ty) (*loc sg* -cie) m yacht.
jachtklu|b (-bu, -by) (*loc sg* -bie) m
yacht club.
ja|d (-du, -dy) (*loc sg* -dzie) m venom,
poison; (*przen*) venom.
jad|ać (-am, -asz) vt/vi to eat; **gdzie
jadasz obiady?** where do you
usually have lunch/dinner?
jadal|nia (-ni, -nie) (*gen pl* -ni) f
dining room.
jadalny adj (*grzyb, roślina*) edible;
pokój jadalny dining room ♦ m decl
like adj (*pokój jadalny*) dining room.
jadę itd. vb patrz **jechać**.
jadł itd. vb patrz **jeść**.
jadłospi|s (-su, -sy) (*loc sg* -sie) m
menu.

jadowity adj poisonous, venomous.
jagni|ę (-ęcia, -ęta) (*gen pl* -ąt) nt
lamb.
jag|oda (-ody, -ody) (*dat sg* -odzie,
gen pl -ód) f (*rodzaj owocu*) berry;
(*też*: **czarna jagoda**) bilberry,
whortleberry.
jagnięci|na (-ny) (*dat sg* -nie) f lamb.
jajecznic|a (-y, -e) f scrambled eggs
pl; **smażyć (usmażyć** perf**)
jajecznicę** to scramble eggs.
jaj|ko (-ka, -ka) (*instr sg* -kiem, *gen pl*
-ek) nt egg; **jajko na miękko/twardo**
soft-/hard-boiled egg; **jajko sadzone**
fried egg.
jajni|k (-ka, -ki) (*instr sg* -kiem) m
(*ANAT*) ovary.
jaj|o (-a, -a) nt egg; (*BIO*) ovum, egg.
jajowaty adj (*owalny*) egg-shaped,
oval.

─────── *SŁOWO KLUCZOWE* ───────

jak pron 1 (*w pytaniach*) how; **jak
dużo?** how much/many?; **jak
długo?** how long?; **jak się masz?**
how are you? (*BRIT*), how are you
doing? (*US*); **jak wyglądam? –
świetnie!** how do I look? – great!;
jak ona wygląda? what does she
look like? 2 (*w zdaniach
względnych*): **zrobiłem, jak chciałeś**
I did as you wanted; **nie wiem, jak
to zrobić** I don't know how to do
it; **nie wiem, jak ona wygląda** I
don't know what she looks like. 3
(*w jakim stopniu*): **jak szybko!** how
quickly! ♦ conj 1 (*w porównaniach*)
as; **biały jak śnieg** (as) white as
snow; **za wysoki jak na dżokeja** too
tall for a jockey; **tak jak ...** (just)
like ... . 2 (*kiedy*): **jak go
zobaczysz, pozdrów go** when you
see him, say hello from me;
**widziałem (ją), jak wychodziła z
biura** I saw her leave *lub* leaving
the office. 3 (*jeśli*) if, when; **jak nie**

chcesz jechać, możesz zostać z nami you can stay with us if you don't want to go; **jak nie dziś, to jutro** if not today then tomorrow ♦ *part* **1**: **jak najlepiej/najszybciej** as well/soon as possible. **2**: **jak tylko** as soon as; **jak i** *lub* **również** as well as; **jak to?** what *lub* how do you mean?; **jak gdyby** as if, as though.

jakby *conj* (*gdyby*) if; (*w porównaniach*) as if.

────SŁOWO KLUCZOWE────

jaki *pron decl like adj* **1** (*w pytaniach*) what; **jaki lubisz kolor?** what colo(u)r do you like?; **jaka dzisiaj jest pogoda?** what's the weather like today? **2** (*który*) which; **jaki wybierasz: biały czy czarny?** which one do you choose: white or black? **3** (*z przymiotnikami*) how; **jaka ona jest dobra!** how kind she is! **4** (*z rzeczownikami*) what; **jaki piękny samochód!** what a beautiful car!

jakikolwiek (*f* **jakakolwiek**, *nt* **jakiekolwiek**) *pron* any.

jakiś (*f* **jakaś**, *nt* **jakieś**) *pron* some; **dzwonił jakiś Pan Kowalski** a Mr Kowalski called; **to jest jakieś 6 km stąd** it's about 6 km from here; **był jakiś przygnębiony** he was kind of depressed.

jakkolwiek *conj* (*chociaż*) although; (*obojętnie jak*) no matter how.

jako *conj* as; **ja jako były premier ...** as a former prime minister, I ...; **jako że** (*ponieważ*) since, as; **jako tako** (*nieźle*) quite well; (*tak sobie*) so-so.

jakoby *conj*: **mówiono, jakoby zamierzał odejść na emeryturę** he was presumably to retire.

jakoś *adv* somehow.

jakościowy *adj* qualitative.

jakoś|ć (**-ci**) *f* quality.

jakże *pron* (*jak*): **jakże tak można!** how can you!; **jakże się cieszę!** I'm so happy!

jałmuż|na (**-ny**) (*dat sg* **-nie**) *f* alms *pl*, charity.

jało|wiec (**-wca, -wce**) *m* (*BOT*) juniper.

jałowy *adj* (*ziemia*) barren; (*dyskusja*) idle; (*opatrunek*) sterile.

jałów|ka (**-ki, -ki**) (*dat sg* **-ce**, *gen pl* **-ek**) *f* heifer.

ja|ma (**-my, -my**) (*dat sg* **-mie**) *f* (*dół*) pit; (*jaskinia*) cave; (*nora*) hole; (*ANAT*) cavity.

jamni|k (**-ka, -ki**) (*instr sg* **-kiem**) *m* dachshund.

Japoni|a (**-i**) *f* Japan.

Japon|ka (**-ki, -ki**) (*dat sg* **-ce**, *gen pl* **-ek**) *f* Japanese *inv*.

Japończy|k (**-ka, -cy**) (*instr sg* **-kiem**) *m* Japanese *inv*.

japoński *adj* Japanese.

jar|d (**-da, -dy**) (*loc sg* **-dzie**) *m* yard.

jarmar|k (**-ku, -ki**) (*instr sg* **-kiem**) *m* fair.

jarmuż (**-u**) *m* (*BOT, KULIN*) kale, collard.

jarosz (**-a, -e**) (*gen pl* **-ów** *lub* **-y**) *m* vegetarian.

jarski *adj* vegetarian.

jarzeniów|ka (**-ki, -ki**) (*dat sg* **-ce**, *gen pl* **-ek**) *f* arc lamp *lub* light; (*pot. świetlówka*) fluorescent lamp.

jarzębi|na (**-ny, -ny**) (*dat sg* **-nie**) *f* (*BOT*) rowan, (European) mountain ash; (*owoc*) rowan(-berry).

jarz|mo (**-ma, -ma**) (*loc sg* **-mie**, *gen pl* **-m** *lub* **-em**) *nt* yoke.

jarz|yć się (**-y**) *vr* to glow.

jarzy|na (**-ny, -ny**) (*dat sg* **-nie**) *f* vegetable.

jarzynowy *adj* vegetable *attr*.

ja|siek (**-śka, - śki**) (*instr sg* **-śkiem**) *m* small pillow.

jas|kier (**-kra, -kry**) (*loc sg* **-krze**) *m* (*BOT*) buttercup.

jaski|nia (**-ni, -nie**) (*gen pl* **-ń**) *f* cave.

jaskinio|wiec (**-wca, -wcy**) *m* caveman.

jaskół|ka (**-ki, -ki**) (*dat sg* **-ce**, *gen pl* **-ek**) *f* swallow.

jaskrawo... *pref* bright ...;
jaskrawoczerwony bright red.

jaskrawy *adj* (*kolor*) garish; (*przykład*) glaring.

ja|sno (*comp* **-śniej**) *adv* (*mówić, tłumaczyć*) clearly; (*świecić*) brightly.

jasnowidz (**-a, -e**) *m* clairvoyant.

ja|sny (*comp* **-śniejszy**) *adj* (*światło, dzień, uśmiech*) bright; (*kolor*) light; (*cera*) pale; (*język*) clear; **to jasne** that much is clear, that's for sure; **jasne, że wiem** of course I know.

jastrz|ąb (**-ębia, -ębie**) (*gen pl* **-ębi**) *m* hawk.

jaszczur|ka (**-ki, -ki**) (*dat sg* **-ce**, *gen pl* **-ek**) *f* lizard.

jaśmi|n (**-nu, -ny**) (*loc sg* **-nie**) *m* (*BOT*) jasmine.

jaw *inv*: **wyjść** (*perf*) **na jaw** to come to light.

ja|wa (**-wy**) (*dat sg* **-wie**) *f* reality.

jawnoś|ć (**-ci**) *f* publicness.

jawny *adj* (*głosowanie, obrady*) public; (*niechęć, wzgarda*) open; (*sprzeczność*) evident.

jaz|da (**-dy, -dy**) (*dat sg* **jeździe**) *f* (*podróż: samochodem*) drive; (: *pociągiem*) journey; (: *na motocyklu, rowerze, koniu*) ride; (*prowadzenie: samochodu*) driving; (: *motocykla, roweru*) riding; (*lekcja prowadzenia pojazdu*) driving lesson; **jazda na łyżwach** skating; **jazda na nartach** skiing; **jazda konna** horse riding; **nauka jazdy** (*kurs*) driving school; (*kierowca*) learner *lub* student driver; **prawo jazdy** driving

licence (*BRIT*), driver's license (*US*); **rozkład jazdy** timetable (*BRIT*), schedule (*US*).

jazz (**jazzu**) (*loc sg* **jazzie**) *m* jazz.

jazzowy *adj* jazz *attr*.

ją *pron acc od* **ona** her.

jąd|ro (**-ra, -ra**) (*loc sg* **-rze**, *gen pl* **-er**) *m* (*ANAT*) testicle; (*orzecha*) kernel; (*Ziemi*) core; (*BIO*: *też*: **jądro komórkowe**) nucleus; (*FIZ*: *też*: **jądro atomowe**) (atomic) nucleus.

jądrowy *adj* nuclear.

jąk|ać się (**-am, -asz**) *vr* to stammer, to stutter.

je *pron acc sg od* **ono** it ♦ *pron acc pl od* **one** them.

jechać (**jadę, jedziesz**) (*imp* **jedź**, *perf* **po-**) *vi* (*podróżować*) to go; (*motocyklem, rowerem, konno*) to ride; (*samochodem: jako kierowca*) to drive; (: *jako pasażer*) to ride; (*o samochodzie, pociągu*) to go; **jechać samochodem** (*jako kierowca*) to drive a car; (*jako pasażer*) to ride in a car; **jechać za granicę/na urlop** to go abroad/on holiday.

jeden (*see* **Table 12**) *num* one ♦ *adj* (*wspólny*) one; (*pewien*) a; **jedna druga** (one) half; **jeszcze jeden** one more, (yet) another; **ani jeden** not a single one, none; **jeden za** *lub* **po drugim** one by one; **z jednej strony ... z drugiej strony ...** one (the) one hand ... on the other hand ... .

jedenasty *num* eleventh; **godzina jedenasta** eleven (o'clock).

jedenaście (*see* **Table 17**) *num* eleven.

jedn|ać (**-am, -asz**) (*perf* **z-**) *vt*: **jednać sobie kogoś** to win sb over.

▸**jednać się** (*perf* **po-**) *vr*: **jednać się (z kimś)** to become reconciled (with sb).

jednak *conj* but, (and) yet.

jednakowo *adv* alike, equally.

jednakowy *adj* equal.

jedno *pron* (*jedna rzecz*) one thing; (*całość*) one (whole); (*to samo*) one (and the same); **jedno jest pewne** one thing's for sure; **jedno z dwojga** one or the other.

jednobarwny *adj* monochromatic.

jednoczesny *adj* simultaneous.

jednocześnie *adv* at the same time, simultaneously.

jedno|czyć (-czę, -czysz) (*perf* z-) *vt* to unite.

▸**jednoczyć się** *vr* to unite.

jednodniowy *adj* (*strajk*) one-day; (*niemowlę*) one-day-old.

jednogłośnie *adv* unanimously.

jednogłośny *adj* unanimous.

jednokierunkowy *adj* (*ruch, ulica*) one-way.

jednokrotny *adj* single-time *attr*.

jednolity *adj* uniform.

jednomyślnie *adv* unanimously.

jednomyślny *adj* unanimous.

jednoosobowy *adj* (*kierownictwo*) one-man *attr*; (*pokój*) single.

jednopiętrowy *adj* two-storey(ed) *attr* (*BRIT*), two-storied *attr* (*US*).

jednopokojowy *adj*: **mieszkanie jednopokojowe** studio (flat) (*BRIT*), efficiency (apartment) (*US*).

jednorazowy *adj* (*wysiłek, opłata*) single; **jednorazowego użytku** disposable.

jednorodny *adj* homogeneous.

jednorodzinny *adj*: **domek jednorodzinny** detached house.

jednorzędowy *adj*: **marynarka jednorzędowa** single-breasted jacket.

jednosilnikowy single-engine *attr*.

jednostajnoś|ć (-ci) *f* monotony.

jednostajny *adj* monotonous.

jednost|ka (-ki, -ki) (*dat sg* -ce, *gen pl* -ek) *f* (*człowiek*) individual; (*też*: **jednostka miary**) unit (of measure).

jednostkowy *adj* (*przypadek*) isolated; **cena jednostkowa** unit price.

jednostronny *adj* (*rozwój, produkcja*) one-sided; (*druk*) one-side *attr*; (*PRAWO, POL*) unilateral.

jednoś|ć (-ci) *f* (*państwa, opinii*) unity; (*oddzielna całość*) whole.

jednotygodniowy *adj* one-week *attr*.

jednoznaczny *adj* clear-cut, unambiguous.

jedwa|b (-biu, -bie) *m* silk.

jedwabisty *adj* silky.

jedwabni|k (-ka, -ki) (*instr sg* -kiem) *m* silkworm.

jedwabny *adj* silk *attr*.

jedyna|k (-ka, -cy) (*instr sg* -kiem) *m* only child.

jedynie *adv* only, merely.

jedyn|ka (-ki, -ki) (*dat sg* -ce, *gen pl* -ek) *f* one; (*SZKOL*) ≈ F (*grade*).

jedyny *adj* only; (*ukochany*) dearest; **jedyny w swoim rodzaju** unique.

jedzeni|e (-a) *nt* (*żywność*) food; (*spożywanie*) eating.

jee|p (-pa, -py) (*loc sg* -pie) *m* jeep.

jego *pron gen od* **on, ono** ▸ possessive *pron inv* (*o osobie*) his; (*o przedmiocie, zwierzęciu*) its.

jej *pron gen od* **ona** ▸ possessive *pron inv* (*o osobie: przed rzeczownikiem*) her; (: *bez rzeczownika*) hers; (*o przedmiocie, zwierzęciu*) its; **nie ma jej** she's not here; **nie widzę jej** I can't see her; **to jest jej klucz** it's her key.

jele|ń (-nia, -nie) (*gen pl* -ni) *m* (*ZOOL*) (red) deer.

jeli|to (-ta, -ta) (*loc sg* -cie) *nt* intestine.

jemio|ła (-ły, -ły) (*dat sg* -le) *f* mistletoe.

jemu *pron dat od* **on** (to) him ▸ *pron dat od* **ono** (to) it.

je|n (-na, -ny) (*loc sg* -nie) *m* yen.

je|niec (-ńca, -ńcy) *m* prisoner, captive.

jeniecki *adj*: **obóz jeniecki** prison camp.

Jerozoli|ma (-my) (*dat sg* -mie) *f* Jerusalem.

jesienny *adj* autumn *attr*, fall *attr* (*US*).

jesie|ń (-ni, -nie) (*gen pl* -ni) *nt* (*pora roku*) autumn, fall (*US*).

jesio|n (-nu, -ny) (*loc sg* -nie) *m* ash.

jest *itd. vb patrz* **być**.

jeszcze *part* (*wciąż*) still; (*z przeczeniem*) yet; (*ze stopniem wyższym*) even; **jeszcze przed wojną** already before the war; **mamy jeszcze dwie godziny** we still have two hours; **jeszcze nie** not yet; **jeszcze nie skończyłem** I haven't finished yet; **jeszcze lepszy/gorszy** even better/worse; **kto/co jeszcze?** who/what else?; **czy ktoś/coś jeszcze?** anybody/anything else?; **jeszcze raz** one more time, once again.

jeść (**jem, jesz**) (*3 pl* **jedzą,** *imp* **jedz,** *pt* **jadł, jedli,** *perf* **z-**) *vt* to eat; **jeść śniadanie/kolację** to have breakfast/supper; **chce mi się jeść** I'm hungry; **co jadłeś na śniadanie?** what did you have for breakfast?

jeśli *conj* if; **jeśli nie** if not, unless; **jeśli o mnie chodzi** as far as I am concerned.

jeśliby *conj* if.

jezd|nia (-ni, -nie) (*gen pl* -ni) *f* road(way).

jezio|ro (-ra, -ra) (*loc sg* -rze) *nt* lake.

Jezu|s (-sa) (*loc sg* -sie) *m* Jesus.

je|ździć (-żdżę, -ździsz) (*imp* -źdź) *vi* to go; (*podróżować*) to travel; (*o pociągu, autobusie: kursować*) to run, to go; **jeździć za granicę/na urlop** to go abroad/on holiday; **jeździć konno** to ride (a horse); **jeździć samochodem** to drive (a car); **jeździć na łyżwach** to skate; **jeździć na nartach** to ski; **jeździć na rowerze** to cycle.

jeź|dziec (-dźca, -dźcy) *m* rider.

jeździect|wo (-wa) (*loc sg* -wie) *nt* horse-riding.

jeż (-a, -e) (*gen pl* -y) *m* hedgehog; **fryzura na jeża** crew-cut.

jeżeli *conj* if; **jeżeli nie** if not, unless; *patrz też* **jeśli**.

jeż|yć (-y) (*grzywę, sierść*) (*perf* **z-**) to bristle (up).

▸**jeżyć się** *vr* (*przen: o człowieku*) (*perf* **na-**) to bristle; (: *o przeszkodach*) to spring up.

jeży|k (-ka, -ki) (*instr sg* -kiem) *m dimin od* **jeż**; (*fryzura*) crew-cut.

jeży|na (-ny, -ny) (*dat sg* -nie) *f* blackberry, bramble.

ję|czeć (-czę, -czysz) (*perf* -knąć) *vi* to groan, to moan.

jęczmie|ń (-nia, -nie) (*gen pl* -ni) *m* (*BOT*) barley; (*MED*) sty(e).

jędrny *adj* firm.

jędz|a (-y, -e) *f* (*w bajce*) witch; (*przen*) shrew.

ję|k (-ku, -ki) (*instr sg* -kiem) *m* groan, moan.

języ|k (-ka, -ki) (*instr sg* -kiem) *m* language; (*ANAT*) tongue; **pokazywać (pokazać** *perf*) **komuś język** to stick out one's tongue at sb.

językowy *adj* (*norma*) linguistic; (*laboratorium*) language *attr*.

językoznawst|wo (-wa) (*loc sg* -wie) *nt* linguistics.

jo|d (-du) (*loc sg* -dzie) *m* iodine.

jodeł|ka (-ki, -ki) (*dat sg* -ce, *gen pl* -ek) *f* (*wzór*) herring-bone.

jod|ła (-ły, -ły) (*dat sg* -le, *gen pl* -eł) *f* fir (tree).

jody|na (-ny) (*dat sg* -nie) *f* iodine (solution).

jo|ga (-gi) (*dat sg* -dze) *f* yoga.

joggin|g (-gu) (*instr sg* -giem) *m* jogging.

jogur|t (-tu, -ty) (*loc sg* -cie) *m* yoghurt.

jo|n (-nu, -ny) (*loc sg* -nie) *m* ion.

Jordani|a (-i) *f* Jordan.

Jowisz (-a) *m* Jupiter.

jubila|t (-ta, -ci) (*loc sg* -cie) *m man celebrating a birthday or an anniversary.*

jubile|r (-ra, -rzy) (*loc sg* -rze) *m* jeweller (*BRIT*), jeweler (*US*).

jubilerski *adj*: **sklep jubilerski** jeweller's (shop) (*BRIT*), jeweler's (shop) (*US*); **wyroby jubilerskie** jewellery (*BRIT*), jewelry (*US*).

jubileusz (-u, -e) (*gen pl* -y *lub* -ów) *m* jubilee.

Jugosławi|a (-i) *f* Yugoslavia.

junio|r (-ra, -rzy) (*loc sg* -rze) *m* junior.

jupite|r (-ra, -ry) (*loc sg* -rze) *m* spotlight.

juro|r (-ra, -rzy) (*loc sg* -rze) *m* juror; (*w piłce nożnej*) referee.

jury *nt inv* jury.

jurysdykcj|a (-i, -e) (*gen pl* -i) *f* jurisdiction.

jut|ro (-ra) (*loc sg* -rze) *nt* tomorrow ♦ *adv* tomorrow; **do jutra!** see you tomorrow!; **jutro wieczorem** tomorrow evening *lub* night.

jutrzejszy *adj* tomorrow's *attr*.

już *adv* (*w zdaniach twierdzących*) already; (*w pytaniach*) yet; **już to widziałem** I've already seen it, I've seen it before; **czy widziałeś już ten film?** have you seen that film yet?; **już nie** no longer.

K

kabacz|ek (-ka, -ki) (*instr sg* -kiem) *m* (*BOT*) marrow (*BRIT*), squash (*US*).

kabano|s (-sa, -sy) (*loc sg* -sie) *m* thin smoked pork sausage.

kabare|t (-tu, -ty) (*loc sg* -cie) *m* cabaret.

kab|el (-la, -le) (*gen pl* -li) *m* cable.

kabi|na (-ny, -ny) (*dat sg* -nie) *f* (*pilota, kierowcy, pasażerska*) cabin; (*w toalecie*) cubicle; **kabina telefoniczna** (tele)phone booth.

kabriole|t (-tu, -ty) (*loc sg* -cie) *m* convertible.

kac (-a) *m* hangover.

kacz|ka (-ki, -ki) (*dat sg* -ce, *gen pl* -ek) *f* duck; **kaczka dziennikarska** (*przen*) canard.

kaczo|r (-ra, -ry) (*loc sg* -rze) *m* drake.

kadencj|a (-i, -e) (*gen pl* -i) *f* tenure, term (of office); (*MUZ*) cadence.

kade|t (-ta, -ci) (*loc sg* -cie) *m* cadet.

kadłu|b (-ba, -by) (*loc sg* -bie) *m* (*samolotu*) fuselage; (*statku*) hull.

kad|r (-ru, -ry) (*loc sg* -rze) *m* frame.

kad|ra (-ry, -ry) (*dat sg* -rze) *f* personnel, staff; (*WOJSK*) cadre; **kadry** *pl* (*pot: biuro kadr*) personnel.

kadzid|ło (-ła, -ła) (*loc sg* -le, *gen pl* -eł) *nt* incense.

kafel|ek (-ka, -ki) (*instr sg* -kiem) *m* tile.

kafta|n (-na, -ny) (*loc sg* -nie) *m* (*arabski*) kaftan; (*roboczy*) smock; **kaftan bezpieczeństwa** straitjacket.

kaftani|k (-ka, -ki) (*instr sg* -kiem) *m* (*dziecięcy*) (wrapover) vest.

kaga|niec (-ńca, -ńce) *m* muzzle.

Kai|r (-ru) (*loc sg* -rze) *m* Cairo.

kaja|k (-ku, -ki) *m* kayak, canoe.

kajakarst|wo (-wa) (*loc sg* -wie) *nt* canoeing.

kajdan|ki (-ek) *pl* handcuffs *pl*.

kajdan|y (-) *pl* irons *pl*; (*przen*) shackles *pl*, fetters *pl*.

kaju|ta (-ty, -ty) (*dat sg* -cie) *f* cabin.

kakao *nt inv* cocoa.

kakaowy *adj* cocoa *attr*.

kaktu|s (-sa, -sy) (*loc sg* -sie) *m* cactus.

kalafio|r (-ra, -ry) (*loc sg* -rze) *m* cauliflower.

kalare|pa (-py, -py) (*dat sg* -pie) *f* kohlrabi.

kalect|wo (-wa, -wa) (*loc sg* -wie) *nt* disability.

kalecz|yć (-ę, -ysz) *vt* (*perf* s-) to cut; (*przen: język*) to murder.

▸**kaleczyć się** *vr* to cut o.s.; **skaleczyć** *(perf)* **się w palec** to cut one's finger.

kale|ka (-ki, -ki) (*dat sg* -ce) *f*, *m decl like f* cripple.

kaleki *adj* crippled, disabled.

kalendarz (-a, -e) (*gen pl* -y) *m* calendar.

kalendarzy|k (-ka, -ki) (*instr sg* -kiem) *m* (pocket) diary (*BRIT*), calendar (*US*).

kaleson|y (-ów) *pl* long johns *pl* (*pot*).

kalib|er (-ru, -ry) (*loc sg* -rze) *m* calibre (*BRIT*), caliber (*US*); **człowiek wielkiego kalibru** high calibre person.

Kaliforni|a (-i) *f* California.

kaligrafi|a (-i) *f* calligraphy.

kal|ka (-ki, -ki) (*dat sg* -ce, *gen pl* -k) *f* (*maszynowa, ołówkowa*) carbon paper; (*też*: **kalka techniczna**) tracing paper.

kalkomani|a (-i, -e) (*gen pl* -i) *f* transfer (*BRIT*), decal(comania) (*US*).

kalkulacj|a (-i, -e) (*gen pl* -i) *f* calculation.

kalkulato|r (-ra, -ry) (*loc sg* -rze) *m* calculator.

kalori|a (-i, -e) (*gen pl* -i) *f* calorie.

kaloryczny *adj* caloric.

kaloryfe|r (-ra, -ry) (*loc sg* -rze) *m* radiator.

kalosz|e (*gen* -y) *pl* wellingtons; (*nakładane na buty*) galoshes.

ka|ł (-łu) (*loc sg* -le) *m* faeces (*BRIT*), feces (*US*).

kałuż|a (-y, -e) (*dat sg* -y) *f* puddle.

kameleo|n (-na, -ny) (*loc sg* -nie) *m* chameleon.

kame|ra (-ry, -ry) (*loc sg* -rze) *f* camera; **kamera wideo** camcorder.

kameralny *adj* (*nastrój*) intimate,

cosy; **muzyka/orkiestra kameralna** chamber music/orchestra.

kamerzy|sta (-sty, -ści) (*dat sg* -ście) *m decl like f in sg* cameraman.

kamic|a (-y) *f*: **kamica nerkowa** nephrolithiasis; **kamica pęcherzyka żółciowego** cholelithiasis.

kamienic|a (-y, -e) *f* tenement (house).

kamienioło|m (-mu, -my) (*loc sg* -mie) *m* quarry.

kamienisty *adj* stony.

kamienny *adj* (*most, posadzka*) stone *attr*; (*twarz, wzrok*) stony; (*sen*) heavy; **epoka kamienna** the Stone Age; **węgiel kamienny** hard coal.

kamie|ń (-nia, -nie) (*gen pl* -ni) *m* stone; (*w zegarku*) jewel; (*do zapalniczki*) flint; **kamień szlachetny** gem(stone), precious stone; **kamień nazębny** tartar; **kamień żółciowy** gallstone; **kamień węgielny** cornerstone; (*przen*) cornerstone, keystone; **kamień spadł mi z serca** (*przen*) it's a weight *lub* load off my mind.

kamionkowy *adj*: **naczynia kamionkowe** stone pottery, stoneware.

kamizel|ka (-ki, -ki) (*dat sg* -ce, *gen pl* -ek) *f* waistcoat (*BRIT*), vest (*US*); **kamizelka kuloodporna** bullet-proof vest; **kamizelka ratunkowa** life jacket.

kampani|a (-i, -e) (*gen pl* -i) *f* campaign; **prowadzić kampanię na rzecz czegoś/przeciwko czemuś** to campaign for/against sth.

kamuflaż (-u, -e) (*gen pl* -y) *m* camouflage.

kamy|k (-ka, -ki) (*instr sg* -kiem) *m* pebble.

Kana|da (-dy) (*loc sg* -dzie) *f* Canada.

Kanadyjczy|k (-ka, -cy) (*instr sg* -kiem) *m* Canadian.

Kanadyj|ka (-ki, -ki) (*dat sg* -ce, *gen*

pl **-ek**) *f* Canadian; **kanadyjka** *f* (*łódź*) Canadian canoe.

kanadyjski *adj* Canadian.

kanali|a (**-i, -e**) (*gen pl* **-i**) *f* (*pej*) skunk (*pej*).

kanalizacj|a (**-i**) *f* sewage system.

kanalizacyjny *adj*: **rura kanalizacyjna** sewage pipe; **instalacja wodno-kanalizacyjna** plumbing.

kana|ł (**-łu, -ły**) (*loc sg* **-le**) *m* (*rów*) ditch; (*ściek*) sewer; (*morski, telewizyjny*) channel; (*sztuczna droga morska*) canal.

kana|pa (**-py, -py**) (*dat sg* **-pie**) *f* couch, sofa.

kanap|ka (**-ki, -ki**) (*dat sg* **-ce**, *gen pl* **-ek**) *f* sandwich.

kanar|ek (**-ka, -ki**) (*instr sg* **-kiem**) *m* canary.

kancelari|a (**-i, -e**) (*gen pl* **-i**) *f* office; **kancelaria adwokacka** chambers *pl* (*BRIT*).

kanclerz (**-a, -e**) (*gen pl* **-y**) *m* chancellor.

kandyda|t (**-ta, -ci**) (*loc sg* **-cie**) *m* candidate.

kandydatu|ra (**-ry, -ry**) (*dat sg* **-rze**) *f* candidacy, candidature (*BRIT*).

kandyd|ować (**-uję, -ujesz**) *vi*: **kandydować (do parlamentu)** to stand (for Parliament) (*BRIT*), to run (for Congress) (*US*).

kangu|r (**-ra, -ry**) (*loc sg* **-rze**) *m* kangaroo.

kanibal (**-a, -e**) (*gen pl* **-i**) *m* cannibal.

kanibaliz|m (**-mu**) (*loc sg* **-mie**) *m* cannibalism.

kanio|n (**-nu, -ny**) (*loc sg* **-nie**) *m* canyon.

kanist|er (**-ra, -ry**) (*loc sg* **-rze**) *m* jerry can.

kano|n (**-nu, -ny**) (*loc sg* **-nie**) *m* canon.

kanoniz|ować (**-uję, -ujesz**) *vt* to canonize.

kan|t (**-tu, -ty**) (*loc sg* **-cie**) *m* (*stołu, biurka*) edge; (*u spodni*) crease; (*oszustwo*) swindle.

kanto|r (**-ra, -ry**) (*loc sg* **-rze**) *m* (*też*: **kantor wymiany walut**) exchange office.

kanty|na (**-ny, -ny**) (*dat sg* **-nie**) *f* (*WOJSK*) canteen (*store*).

ka|pać (**-pie**) (*perf* **-pnąć**) *vi* to drip, to trickle.

kap|eć (**-cia, -cie**) (*gen pl* **-ci**) *m* (*miękki pantofel*) slipper.

kapel|a (**-i, -e**) (*gen pl* **-** *lub* **-i**) *f* (*zespół ludowy*) folk group; (*pot*. *zespół młodzieżowy*) band.

kapela|n (**-na, -ni**) (*loc sg* **-nie**) *m* chaplain.

kapelusz (**-a, -e**) (*gen pl* **-y**) *m* hat; (*grzyba*) cap.

kapitali|sta (**-sty, -ści**) (*dat sg* **-ście**) *m decl like f in sg* capitalist.

kapitalistyczny *adj* capitalist, capitalistic (*pej*).

kapitaliz|m (**-mu**) (*loc sg* **-mie**) *m* capitalism.

kapitalny *adj* (*zasadniczy, istotny*) cardinal, fundamental; (*świetny*) brilliant; **remont kapitalny** major overhaul.

kapita|ł (**-łu, -ły**) (*loc sg* **-le**) *m* capital.

kapita|n (**-na, -nowie**) (*loc sg* **-nie**) *m* captain.

kapitulacj|a (**-i**) *f* capitulation.

kapitul|ować (**-uję, -ujesz**) (*perf* **s-**) *vi* to capitulate; (*przen*. *dawać za wygraną*) to give in *lub* up.

kaplic|a (**-y, -e**) *f* chapel.

kaplicz|ka (**-ki, -ki**) (*dat sg* **-ce**, *gen pl* **-ek**) *f* wayside shrine.

kapła|n (**-na, -ni**) (*loc sg* **-nie**) *m* (*REL*) priest.

kapłańst|wo (**-wa**) (*loc sg* **-wie**) *nt* priesthood.

kap|nąć (**-nę, -niesz**) (*imp* **-nij**) *vb perf od* **kapać**.

▶**kapnąć się** *vr perf*

(*pot.* *zorientować się*) to twig (*pot.* BRIT).

kap|ować (**-uję, -ujesz**) (*perf* **za-**) (*pot*) *vi* (*rozumieć*) to twig (*pot.* BRIT), to dig (*pot.* US); (*donosić*) to grass (*pot*).

kapral (**-a, -e**) (*gen pl* **-i**) *m* corporal.

kapry|s (**-su, -sy**) (*loc sg* **-sie**) *m* (*zachcianka*) caprice, whim; (*pogody, losu*) quirk, caprice.

kapry|sić (**-szę, -sisz**) (*imp* **-ś**) *vi* to be capricious.

kapryśny *adj* capricious.

kaps|el (**-la, -le**) (*gen pl* **-li**) *m* crown cap.

kapsuł|ka (**-ki, -ki**) (*dat sg* **-ce**, *gen pl* **-ek**) *f* capsule.

kaptu|r (**-ra, -ry**) (*loc sg* **-rze**) *m* hood.

kapu|sta (**-sty**) (*dat sg* **-ście**) *f* cabbage; **kapusta kiszona** *lub* **kwaszona** sauerkraut; **kapusta włoska** savoy (cabbage).

kapu|ś (**-sia, -sie**) *m* (*pot*) grass (*pot*).

kapuśniacz|ek (**-ka, -ki**) (*instr sg* **-kiem**) *m* (*deszcz*) drizzle.

kapuśnia|k¹ (**-ku, -ki**) *m* cabbage soup.

kapuśnia|k² (**-ka, -ki**) (*instr sg* **-kiem**) *m* (*deszcz*) drizzle.

ka|ra (**-ry, -ry**) (*dat sg* **-rze**) *f* punishment; (*administracyjna, sądowa*) penalty; **kara śmierci** capital punishment, the death penalty.

karabi|n (**-nu, -ny**) (*loc sg* **-nie**) *m* rifle; **karabin maszynowy** machine gun.

ka|rać (**-rzę, -rzesz**) (*perf* **u-**) *vt* to punish; (*administracyjnie, sądownie*) to penalize.

karaf|ka (**-ki, -ki**) (*dat sg* **-ce**, *gen pl* **-ek**) *f* decanter.

karaibski *adj* Caribbean; **Morze Karaibskie** the Caribbean (Sea).

karalny *adj* (*czyn*) punishable.

karaluch (**-a, -y**) *m* cockroach.

karany *adj* previously convicted.

kara|ś (**-sia, -sie**) (*gen pl* **-si**) *m* (*ZOOL*) crucian (carp).

kara|t (**-ta, -ty**) (*loc sg* **-cie**) *m* (*jednostka masy*) carat; (*jednostka zawartości*) carat, karat (US).

karate *nt inv* karate.

karawa|n (**-nu, -ny**) (*loc sg* **-nie**) *m* hearse.

karawa|na (**-ny, -ny**) (*dat sg* **-nie**) *f* caravan.

kar|b (**-bu, -by**) (*loc sg* **-bie**) *m* (*nacięcie*) notch.

karcący *adj* (*ton, spojrzenie*) reproachful.

kar|cić (**-cę, -cisz**) (*imp* **-ć**, *perf* **s-**) *vt* to scold, to rebuke.

karczoch (**-a, -y**) *m* artichoke.

karcz|ować (**-uję, -ujesz**) (*perf* **wy-**) *vt* to grub out.

kardiochirur|g (**-ga, -dzy** *lub* **-gowie**) (*instr sg* **-giem**) *m* cardiac *lub* open-heart surgeon.

kardiogra|m (**-mu, -my**) (*loc sg* **-mie**) *m* cardiogram.

kardiolo|g (**-ga, -dzy** *lub* **-gowie**) (*instr sg* **-giem**) *m* heart specialist, cardiologist.

kardynalny *adj* (*błąd*) fundamental; **kardynalna zasada** cardinal rule.

kardyna|ł (**-ła, -łowie**) (*loc sg* **-le**) *m* cardinal.

kare|ta (**-ty, -ty**) (*dat sg* **-cie**) *f* carriage; (*KARTY*) four of a kind.

karet|ka (**-ki, -ki**) (*dat sg* **-ce**, *gen pl* **-ek**) *f*: **karetka pogotowia** ambulance.

karie|ra (**-ry, -ry**) (*dat sg* **-rze**) *f* career.

karierowicz (**-a, -e**) *m* (*pej*) careerist.

kar|k (**-ku, -ki**) (*instr sg* **-kiem**) *m* nape of the neck; **mieć głowę na karku** to have one's head screwed on.

karkołomny *adj* (*szybkość, tempo*) breakneck *attr*; (*ewolucja, wyczyn*) daredevil *attr*; (*hipoteza*) far-fetched.

karków|ka (**-ki**, **-ki**) (*dat sg* **-ce**, *gen pl* **-ek**) *f* neck; (*wieprzowa*) shoulder.

karłowaty *adj* dwarf *attr*.

kar|ma (**-my**) (*dat sg* **-mie**) *f* fodder, feed.

karmel|ek (**-ka**, **-ki**) (*instr sg* **-kiem**) *m* caramel.

kar|mić (**-mię**, **-misz**) *vt* (*żywić*) (*perf* **na-**) to feed; (*piersią*) to breast-feed, to suckle; (*butelką*) to bottle-feed.
▸**karmić się (czymś)** *vr* to feed (on sth).

karmni|k (**-ka**, **-ki**) (*instr sg* **-kiem**) *m* bird table.

karnacj|a (**-i**, **-e**) (*gen pl* **-i**) *f* complexion.

karnawa|ł (**-łu**, **-ły**) (*loc sg* **-le**) *m* carnival.

karne|t (**-tu**, **-ty**) (*loc sg* **-cie**) *m* (*na przedstawienia, koncerty*) subscription card; (: *na autobus, tramwaj*) book of tickets.

karnoś|ć (**-ci**) *f* discipline.

karny *adj* (*prawo, kodeks*) criminal; (*kolonia*) penal; (*SPORT*) penalty *attr*; **rzut karny** penalty kick.

ka|ro (**-ra**, **-ra**) (*loc sg* **-rze**) *nt* (*KARTY*) diamond(s) (*pl*).

karoseri|a (**-i**, **-e**) (*gen pl* **-i**) *f* (*MOT*) body (*of a car*).

kar|p (**-pia**, **-pie**) (*gen pl* **-pi**) *m* carp.

Karpat|y (**-**) *pl* the Carpathian Mountains, the Carpathians.

kar|ta (**-ty**, **-ty**) (*dat sg* **-cie**) *f* (*do pisania, rysowania*) sheet (of paper); (*w książce*) leaf; (*do gry*) (playing) card; (*jadłospis*) menu; **karta kredytowa** credit card; **karta pocztowa** postcard; **grać w karty** to play cards.

kartel (**-u**, **-e**) (*gen pl* **-i**) *m* (*EKON*) cartel.

kart|ka (**-ki**, **-ki**) (*dat sg* **-ce**, *gen pl* **-ek**) *f* (*do pisania, rysowania*) sheet (of paper); (*w książce*) leaf; **kartka pocztowa** postcard; **kartka świąteczna** Christmas card.

kartk|ować (**-uję**, **-ujesz**) (*perf* **prze-**) *vt* to leaf through, to flick through.

kartof|el (**-la**, **-le**) (*gen pl* **-li**) *m* potato.

karto|n (**-nu**, **-ny**) (*loc sg* **-nie**) *m* (*papier*) cardboard; (*pudełko*) carton, cardboard box.

kartot|eka (**-eki**, **-eki**) (*dat sg* **-ece**, *gen pl* **-ek**) *f* (*zbiór fiszek*) card index; (*zbiór danych*) files *pl*.

karuzel|a (**-i**, **-e**) (*gen pl* **-i**) *f* merry-go-round, roundabout (*BRIT*), carousel (*US*).

karygodny *adj* (*postępek*) reprehensible; (*zaniedbanie*) criminal.

karykatu|ra (**-ry**, **-ry**) (*dat sg* **-rze**) *f* (*rysunek*) caricature.

karykaturzy|sta (**-sty**, **-ści**) (*dat sg* **-ście**) *m decl like f in sg* cartoonist.

ka|rzeł (**-rła**, **-rły**) (*loc sg* **-rle**) *m* dwarf.

ka|sa (**-sy**, **-sy**) (*dat sg* **-sie**) *f* (*w sklepie*) cash desk; (*w supermarkecie*) check-out; (*w domu towarowym*) till; (*w kinie, teatrze*) box office; (*na dworcu*) ticket office; (*pieniądze organizacji*) treasury; **kasa pancerna** strongbox, safe; **kasa fiskalna** cash register.

kase|ta (**-ty**, **-ty**) (*dat sg* **-cie**) *f* (*magnetofonowa, video*) cassette; (*FOT*) cartridge.

kaset|ka (**-ki**, **-ki**) (*dat sg* **-ce**, *gen pl* **-ek**) *f* casket (*BRIT*), jewel box.

kasetowy *adj* cassette *attr*.

kasje|r (**-ra**, **-rzy**) (*loc sg* **-rze**) *m* (*w sklepie*) cashier; (*w kinie, teatrze*) box-office clerk; (*w banku*) cashier, teller; (*na dworcu*) booking clerk.

kasjer|ka (**-ki**, **-ki**) (*dat sg* **-ce**, *gen pl* **-ek**) *f* (*w sklepie*) cashier; (*w kinie, teatrze*) box-office clerk; (*w banku*) cashier, teller; (*na dworcu*) ticket clerk.

kas|k (-ku, -ki) (*instr sg* -kiem) *m*
crash helmet.

kaska|da (-dy, -dy) (*dat sg* -dzie) *f*
cascade; (*dźwięków*) ripple.

kaskade|r (-ra, -rzy) *m* (*loc sg* -rze)
stuntman.

kas|ować (-uję, -ujesz) (*perf* s-) *vt*
(*bilet*) to punch; (*nagranie, plik*) to
erase.

kasowni|k (-ka, -ki) (*instr sg* -kiem)
m (*do biletów*) ticket puncher.

kasowy *adj* (*obrót, wpływy*) cash *attr*;
(*sukces*) box-office *attr*.

kaste|t (-tu, -ty) (*loc sg* -cie) *m*
knuckle-duster (*BRIT*), brass
knuckles *pl* (*US*).

kastr|ować (-uję, -ujesz) (*perf* wy-)
vt to castrate.

kasy|no (-na, -na) (*loc sg* -nie) *nt*
(*dom gry*) casino; (*WOJSK*) mess.

kasz|a (-y, -e) *f* (*produkt*) groats *pl*;
(*potrawa*) porridge; **kasza gryczana**
buckwheat groats *pl*; **kasza
jęczmienna** pearl barley groats *pl*;
kasza manna semolina.

kaszan|ka (-ki, -ki) (*dat sg* -ce, *gen pl*
-ek) *f* black *lub* blood pudding
(*BRIT*), blood sausage (*US*).

kasz|el (-lu) *m* cough.

kasz|ka (-ki, -ki) (*dat sg* -ce, *gen pl*
-ek) *f* *dimin od* **kasza**.

kaszl|eć (-ę, -esz) (*perf* -nąć) *vi* to
cough.

kaszta|n (-na, -ny) (*loc sg* -nie) *m*
chestnut; (*niejadalny*) horse chestnut,
conker.

kasztano|wiec (-wca, -wce) *m*
(*BOT*) horse chestnut.

ka|t (-ta, -ci) (*dat sg* -towi *lub* -tu, *loc
sg* -cie) *m* executioner.

katakliz|m (-mu, -my) (*loc sg* -mie) *m*
disaster, calamity.

katalizato|r (-ra, -ry) (*loc sg* -rze) *m*
(*MOT*) catalytic converter.

katalo|g (-gu, -gi) (*instr sg* -giem) *m*
catalogue (*BRIT*), catalog (*US*).

katalog|ować (-uję, -ujesz) (*perf* s-)
vt to catalogue (*BRIT*), to catalog
(*US*).

katapul|ta (-ty, -ty) (*loc sg* -cie) *f*
(*LOT*) ejection *lub* ejector seat;
(*HIST*) catapult.

kata|r (-ru, -ry) (*loc sg* -rze) *m*
catarrh, runny nose (*pot*); **katar
sienny** hay fever; **mam katar** my
nose is running.

kataryn|ka (-ki, -ki) (*dat sg* -ce, *gen pl*
-ek) *f* barrel organ.

katastro|fa (-fy, -fy) (*dat sg* -fie) *f*
(*drogowa, kolejowa*) accident;
(*samolotowa*) (plane) crash; (*wielkie
nieszczęście*) disaster, catastrophe.

katastrofalny *adj* (*skutek, susza*)
catastrophic, disastrous.

kateche|ta (-ty, -ci) (*loc sg* -cie) *m*
decl like f in sg catechist, catechizer.

katechet|ka (-ki, -ki) (*dat sg* -ce, *gen
pl* -ek) *m* catechist, catechizer.

katechiz|m (-mu, -my) (*loc sg* -mie)
m (*REL*) catechism.

kated|ra (-ry, -ry) (*dat sg* -rze) *f*
(*kościół*) cathedral; (*pulpit*) teacher's
desk; (*w szkole wyższej: jedn.
administracyjna*) department;
(*: stanowisko*) chair.

kategori|a (-i, -e) (*gen pl* -i) *f*
category.

kategoryczny *adj* (*ton*) emphatic;
(*żądanie*) categorical.

katolicki *adj* Catholic; **Kościół
Katolicki** the (Roman) Catholic
Church.

katolicyz|m (-mu) (*loc sg* -mie) *m*
(Roman) Catholicism.

katolicz|ka (-ki, -ki) (*loc sg* -ce, *gen
pl* -ek) *f* (Roman) Catholic.

katoli|k (-ka, -cy) (*instr sg* -kiem) *m*
(Roman) Catholic.

kat|ować (-uję, -ujesz) (*perf* s-) *vt* to
torture, to torment.

kaucj|a (-i, -e) (*gen pl* -i) *f* (*PRAWO*)
bail; (*za butelkę*) deposit.

kauczu|k (**-ku, -ki**) (*instr sg* **-kiem**) *m* (India) rubber, caoutchouc.

ka|wa (**-wy**) (*dat sg* **-wie**) *f* (*roślina*) coffee (tree); (*ziarna*) coffee (beans *pl*); (*napój*) coffee; (*porcja napoju*) (*nom pl* **-wy**) a (cup of) coffee; **biała/czarna kawa** white/black coffee; **kawa po turecku** Turkish coffee.

kawale|r (**-ra, -rowie** *lub* **-rzy**) (*loc sg* **-rze**) *m* (*nieżonaty mężczyzna*) bachelor; (*młodzieniec*) youth; (*orderu*) knight.

kawaleri|a (**-i**) *f* cavalry.

kawaler|ka (**-ki, -ki**) (*dat sg* **-ce**, *gen pl* **-ek**) *f* bachelor flat (*BRIT*) *lub* apartment (*US*).

kawalerski *adj* (*stan*) unmarried; **wieczór kawalerski** stag (*BRIT*) *lub* bachelor (*US*) party.

kawalerzy|sta (**-sty, -ści**) (*dat sg* **-ście**) *m decl like f in sg* cavalryman, trooper.

kawa|ł (**-łu, -ły**) (*loc sg* **-le**) *m* (*duża część*) chunk; (*dowcip*) joke; (*psota*) trick, practical joke; **opowiedzieć** (*perf*) **kawał** to tell a joke; **zrobić** (*perf*) **komuś kawał** to play a joke *lub* trick on sb.

kawał|ek (**-ka, -ki**) (*instr sg* **-kiem**) *m* bit, piece; (*pot: utwór muzyczny*) piece.

kawiar|nia (**-ni, -nie**) (*gen pl* **-ni**) *f* café.

kawio|r (**-ru**) (*loc sg* **-rze**) *m* caviar.

kaw|ka (**-ki, -ki**) (*dat sg* **-ce**, *gen pl* **-ek**) *f* (*ZOOL*) jackdaw.

kawowy *adj* coffee *attr*.

ka|zać (**-żę, -żesz**) *vi* (*im*)*perf*: **kazać komuś coś zrobić** to tell sb to do sth.

kaza|nie (**-nia, -nia**) (*gen pl* **-ń**) *nt* sermon; (*przen*) talking-to.

kazirodzt|wo (**-wa**) (*loc sg* **-wie**) *nt* incest.

każdorazowo *adv* each *lub* every time.

każdy *pron decl like adj* every; (*z określonych*) each; (*każdy człowiek*) everybody; **każdego dnia/roku** every day/year; **o każdej porze** any time of the day; **za każdym razem** each *lub* every time; **w każdym razie** in any case, at any rate; **każdy z nas** each of us; **mam coś dla każdego z was** I have something for each of you.

kąci|k (**-ka, -ki**) (*instr sg* **-kiem**) *m* (*róg pokoju*) corner; (*pot: mieszkanie*) pad (*pot*); (*schronienie*) nook, cubbyhole; (*dział w gazecie*) column.

ką|pać (**-pię, -piesz**) (*perf* **wy-**) *vt* to bath (*BRIT*), to bathe (*US*).
▸**kąpać się** *vr* (*w łazience*) to take a bath, to bathe (*US*); (*w rzece*) to bathe, to swim.

kąpiel (**-i, -e**) (*gen pl* **-i**) *f* (*w łazience*) bath; (*w rzece*) bathe, swim; **brać** (**wziąć** *perf*) **kąpiel** to take a bath.

kąpielis|ko (**-ka, -ka**) (*instr sg* **-kiem**) *nt* (*miejscowość*) seaside resort; (*plaża*) bathing beach; (*basen*) swimming pool.

kąpielowy *adj*: **czepek kąpielowy** bathing cap; **spodenki kąpielowe** swimming trunks; **kostium kąpielowy** swimming costume, bathing suit (*US*); **ręcznik kąpielowy** bath towel.

kąpielów|ki (**-ek**) *pl* swimming trunks.

kąs|ek (**-ka, -ki**) (*instr sg* **-kiem**) *m* (*kawałek*) bite, morsel.

kąśliwy *adj* (*uwaga*) cutting; (*ton*) withering.

ką|t (**-ta, -ty**) (*loc sg* **-cie**) *m* (*GEOM*) angle; (*róg*) corner; (*pot: mieszkanie*) pad.

kątomierz (**-a, -e**) (*gen pl* **-y**) *m* protractor.

kciu|k (-ka, -ki) (*instr sg* -kiem) *m* thumb; **trzymać kciuki (za kogoś/coś)** (*przen*) to keep one's fingers crossed (for sb/sth).

keczu|p (-pu) (*loc sg* -pie) *m* ketchup.

kefi|r (-ru) (*loc sg* -rze) *m* kefir.

kelne|r (-ra, -rzy) (*loc sg* -rze) *m* waiter.

kelner|ka (-ki, -ki) (*dat sg* -ce, *gen pl* -ek) *f* waitress.

kempin|g (-gu, -gi) (*instr sg* -giem) *m* camp(ing) site, camping ground.

kempingowy *adj* (*sprzęt*) camping *attr*; **przyczepa kempingowa** caravan (*BRIT*), trailer (*US*); **domek kempingowy** (holiday) cabin *lub* chalet.

Keni|a (-i) *f* Kenya.

kędzierzawy *adj* curly.

kę|pa (-py, -py) (*dat sg* -pie) *f* cluster.

kę|s (-sa, -sy) (*loc sg* -sie) *m* bite.

kg *abbr* (= *kilogram*) kg.

khaki *adj inv*: **koszula koloru khaki** a khaki shirt.

kibic (-a, -e) *m* looker-on; (*SPORT*) supporter, fan.

kibic|ować (-uję, -ujesz) *vi* to look on; **kibicować komuś** to support sb, to cheer sb on.

kich|ać (-am, -asz) (*perf* -nąć) *vi* to sneeze.

kicz (-u, -e) *m* kitsch.

kiedy *pron* when ∮ *conj* when, as; (*podczas gdy*) while; **kiedy wrócisz?** when will you be back?; **od kiedy?** since when?; **kiedy bądź** any time; **kiedy indziej** some other time; **kiedy tylko miałem okazję** whenever I had a chance; **kiedy tylko wstałem, on usiadł** as soon as I stood up, he sat down.

kiedykolwiek *adv* (*obojętnie kiedy*) at any time, whenever; (*w pytaniach*) ever; **czy byłaś kiedykolwiek w Paryżu?** have you ever been to Paris?

kiedyś *adv* (*w przeszłości*) once, sometime; (*w przyszłości*) one *lub* some day, sometime.

kielich (-a, -y) *m* goblet; (*kwiatu*) calyx.

kielisz|ek (-ka, -ki) (*instr sg* -kiem) *m* (*do wina, wódki*) glass; (*do jaj*) (egg) cup.

kieł (kła, kły) (*loc sg* kle) *m* (*ANAT*) canine (tooth), eye tooth; (*u psa, wilka*) fang; (*u słonia, dzika*) tusk.

kiełba|sa (-sy, -sy) (*loc sg* -sie) *f* sausage.

kiełbasiany *adj*: **jad kiełbasiany** botulin.

kieł|ek (-ka, -ki) (*instr sg* -kiem) *m* shoot, sprout; **kiełki pszeniczne** wheatgerm.

kiełk|ować (-uje) *vi* (*o roślinie*) (*perf* **wy-**) to sprout; (*o planie, pomyśle*) (*perf* **za-**) to germinate.

kiepski *adj* lousy.

kie|r (-ra, -ry) (*loc sg* -rze) *m* (*KARTY*) heart(s) (*pl*).

kiermasz (-u, -e) *m* fair.

kier|ować (-uję, -ujesz) *vt* +*acc* (*wysyłać*) (*perf* **s-**) to refer; (*krytykę, oskarżenie*) to direct, to level; (*broń, cios, wysiłki*) to aim; (*spojrzenie*) to direct; (*pretensje, skargi*) to file ∮ *vt* +*instr* (*samochodem*) to drive; (*samolotem, statkiem*) to steer, to navigate; (*firmą, pracą*) to manage.

▶**kierować się** *vr*: **kierować się do** (*perf* **s-**) to make one's way towards, to head *lub* make for; **kierować się uczuciem/rozsądkiem** to be governed *lub* guided by emotions/(common) sense.

kierowc|a (-y, -y) *m decl like f in sg* driver; (*osobisty*) chauffeur.

kierownic|a (-y, -e) *f* (*samochodu*) (steering) wheel; (*roweru*) handlebar(s *pl*).

kierownict|wo (-wa) (*loc sg* -wie) *nt*

(*przywództwo*) leadership; (*zarząd, dyrekcja*) (*nom pl* **-wa**) management.

kierownicz|ka (**-ki, -ki**) (*dat sg* **-ce**, *gen pl* **-ek**) *f* (*działu, sklepu*) manageress.

kierowniczy *adj* managerial; **układ kierowniczy** (*TECH*) steering (mechanism); **układ kierowniczy prawostronny/lewostronny** right-/left-hand drive.

kierowni|k (**-ka, -cy**) (*instr sg* **-kiem**) *m* manager.

kierun|ek (**-ku, -ki**) *m* (*drogi, marszu*) direction; (*w sztuce*) trend; (*studiów*) ≈ major; **w kierunku Lublina** towards Lublin; **w przeciwnym kierunku** in the other direction.

kierunkowska|z (**-zu, -zy**) (*loc sg* **-zie**) *m* indicator (*BRIT*), turn signal (*US*).

kierunkowy *m decl like adj* (*też*: **numer kierunkowy**) area code.

kiesze|ń (**-ni, -nie**) (*gen pl* **-ni**) *f* pocket; (*magnetofonu*) cassette compartment; **tylna/wewnętrzna kieszeń** back/inside pocket; **znać coś jak własną kieszeń** (*przen*) to know sth inside out.

kieszonko|wiec (**-wca, -wcy**) *m* pickpocket.

kieszonkowy *adj* pocket *attr*; **kieszonkowe** *pl* pocket money; (*dawane dziecku*) allowance, pocket money (*BRIT*).

ki|j (**-ja, -je**) (*gen pl* **-jów**) *m* stick; **kij bilardowy** cue; **kij golfowy** (golf) club.

kijan|ka (**-ki, -ki**) (*dat sg* **-ce**, *gen pl* **-ek**) *f* tadpole.

kij|ek (**-ka, -ki**) (*instr sg* **-kiem**) *m* stick; **kijek narciarski** ski pole *lub* stick.

kiku|t (**-ta, -ty**) (*loc sg* **-cie**) *m* stump.

kil (**-u** *lub* **-a, -e**) *m* keel.

kilka (*like*: **ile**) *num* a few, several, some.

kilkadziesiąt (*like*: **dziesięć**) *num* a few dozen.

kilkakrotnie *adv* several times, on several occasions.

kilkakrotny *adj* multiple.

kilkanaście (*like*: **jedenaście**) *num* a dozen or so.

kilkaset (*like*: **pięćset**) *num* a few hundred.

kilkoro (*like*: **czworo**) *num* a few, several, some.

kilkuletni *adj* (*pobyt*) of several years, a few years' *attr*; (*chłopiec*) small.

kilo *nt inv* kilo.

kilo|f (**-fa, -fy**) (*loc sg* **-fie**) *m* pick(axe) (*BRIT*), pick(ax) (*US*).

kilogra|m (**-ma, -my**) (*loc sg* **-mie**) *m* kilogram(me), kilo; **8 złotych za kilogram** 8 zloty a *lub* per kilo.

kilomet|r (**-ra, -ry**) (*loc sg* **-rze**) *m* kilometre (*BRIT*), kilometer (*US*).

kilowy *adj*: **kilowa paczka** a one-kilo packet.

ki|ła (**-ły**) (*dat sg* **-le**) *f* syphilis.

kim *pron instr, loc od* **kto** who; **z kim rozmawiałeś?** who were you talking to?

kimo|no (**-na, -na**) (*loc sg* **-nie**) *nt* kimono.

kimś *pron instr, loc od* **ktoś**.

kinematografi|a (**-i, -e**) (*gen pl* **-i**) *f* (*produkcja*) filmmaking; (*sztuka, technika*) cinematography.

kinesko|p (**-pu, -py**) (*loc sg* **-pie**) *m* picture tube.

kinkie|t (**-tu, -ty**) (*loc sg* **-cie**) *m* wall light *lub* lamp.

ki|no (**-na, -na**) (*loc sg* **-nie**) *nt* (*budynek*) cinema (*BRIT*), (movie) theater (*US*); (*sztuka*) the cinema (*BRIT*), the movies *pl* (*US*); **iść (pójść** *perf*) **do kina** to go to the pictures (*BRIT*) *lub* movies (*US*); **co grają w kinie?** what's on *lub* playing (at the cinema (*BRIT*) *lub* movies (*US*))?

kios|k (**-ku, -ki**) (*instr sg* **-kiem**) *m* kiosk.

kioskarz (**-a, -e**) (*gen pl* **-y**) *m* newsagent.

ki|pieć (**-pię, -pisz**) *vi* (*o mleku, wodzie*) (*perf* **wy-**) to boil over; **kipieć ze złości** to boil with anger.

ki|sić (**-szę, -sisz**) (*imp* **-ś**, *perf* **u-**) *vt* to pickle.

►**kisić się** *vr* to pickle.

kisiel (**-u, -e**) (*gen pl* **-i**) *m jelly-type dessert made with potato starch.*

kiszony *adj* (*ogórek*) pickled; **kiszona kapusta** sauerkraut.

kiś|ć (**-ci, -cie**) (*gen pl* **-ci**) *f* bunch.

ki|t (**-tu, -ty**) (*loc sg* **-cie**) *m* putty.

ki|ta (**-ty, -ty**) (*dat sg* **-cie**) *f* (*pęk piór*) crest; (*ogon*) brush.

kit|ka (**-ki, -ki**) (*loc sg* **-ce**) *f dimin od* **kita**; (*koński ogon*) ponytail; **kitki** *pl* bunches *pl*.

kiw|ać (**-am, -asz**) *vt* (*pot: nabierać*) (*perf* **wy-**) to double-cross ♦ *vi* (*perf* **-nąć**) (*głową*) to nod; (*ręką*) to wave; **kiwać nogami** to swing one's legs; **pies kiwał ogonem** the dog was wagging its tail.

►**kiwać się** *vr* (*perf* **-nąć się**) (*o głowie, człowieku*) to swing; (*o meblu*) to be rickety.

kiwi *m inv* (*ZOOL*) kiwi; (*BOT*) kiwi (fruit).

klacz (**-y, -e**) (*gen pl* **-y**) *f* mare.

klakso|n (**-nu, -ny**) (*loc sg* **-nie**) *m* horn, hoot.

klamer|ka (**-ki, -ki**) (*dat sg* **-ce**, *gen pl* **-ek**) *f* (*zapinka*) clasp; (*do bielizny*) (clothes) peg.

klam|ka (**-ki, -ki**) (*dat sg* **-ce**, *gen pl* **-ek**) *f* (*podłużna*) handle; (*okrągła*) knob.

klam|ra (**-ry, -ry**) (*dat sg* **-rze**, *gen pl* **-er**) *f* (*zapięcie*) buckle;

(*umocowanie*) clamp; (*nawias*) brace, curly bracket.

klamrowy *adj*: **nawias klamrowy** brace, curly bracket.

kla|n (**-nu, -ny**) (*loc sg* **-nie**) *m* clan.

kla|pa (**-py, -py**) (*dat sg* **-pie**) *f* (*ciężarówki*) tailgate; (*toalety*) cover; (*kołnierza*) lapel; (*pot: fiasko*) flop (*pot*).

klap|ki (**-ek**) *pl* (*obuwie*) flip-flops *pl*.

klap|s (**-sa, -sy**) (*loc sg* **-sie**) *m* smack, slap.

klarne|t (**-tu, -ty**) (*loc sg* **-cie**) *m* clarinet.

klar|ować (**-uję, -ujesz**) (*perf* **wy-**) *vt* (*oczyszczać*) to clear; (*pot: tłumaczyć*) to clear up.

►**klarować się** *vr* (*o pogodzie*) to clear up.

kla|sa (**-sy, -sy**) (*dat sg* **-sie**) *f* class; (*SZKOL: grupa uczniów*) class; (: *sala*) classroom; (: *rocznik nauczania*) form (*BRIT*), grade (*US*).

klase|r (**-ra, -ry**) (*loc sg* **-rze**) *m* stamp album.

kla|skać (**-szczę, -szczesz**) (*perf* **-snąć**) *vi* to clap (one's hands).

klasów|ka (**-ki, -ki**) (*dat sg* **-ce**, *gen pl* **-ek**) *f* (classroom) test.

klasycyz|m (**-mu**) (*loc sg* **-mie**) *m* classicism.

klasyczny *adj* (*antyczny*) classic(al); (*typowy, doskonały*) classic.

klasyfikacj|a (**-i, -e**) (*gen pl* **-i**) *f* classification.

klasyfik|ować (**-uję, -ujesz**) (*perf* **s-**) *vt* to classify.

klasy|k (**-ka, -cy**) (*instr sg* **-kiem**) *m* classic.

klaszto|r (**-ru, -ry**) (*loc sg* **-rze**) *m* (*męski*) monastery; (*żeński*) convent; **wstąpić** (*perf*) **do klasztoru** to join a monastery/convent.

klat|ka (**-ki, -ki**) (*dat sg* **-ce**, *gen pl* **-ek**) *f* cage; (*FILM*) frame; **klatka**

schodowa staircase; **klatka piersiowa** chest; (*ANAT*) ribcage.

klawesy|n (**-nu**, **-ny**) (*loc sg* **-nie**) *m* harpsichord.

klawiatu|ra (**-ry**, **-ry**) (*dat sg* **-rze**) *f* keyboard.

klawisz (**-a**, **-e**) (*gen pl* **-y**) *m* key; (*pot: strażnik więzienny*) (*gen pl* **-y** *lub* **-ów**) screw (*pot*).

kl|ąć (**-nę**, **-niesz**) (*imp* **-nij**, *perf* **za-**) *vi* to swear, to curse.

kląt|wa (**-wy**, **-wy**) (*loc sg* **-wie**) *f* curse.

kle|ić (**-ję**, **-isz**) (*imp* **-j**, *perf* **s-**) *vt* to glue (together).

►**kleić się** *vr* to stick.

klei|k (**-ku**, **-ki**) (*instr sg* **-kiem**) *m* gruel.

klej (**-u**, **-e**) *m* glue.

klejno|t (**-tu**, **-ty**) (*loc sg* **-cie**) *m* jewel, gem.

kleko|tać (**-czę**, **-czesz**) *vi* to clatter.

klek|s (**-sa**, **-sy**) (*loc sg* **-sie**) *m* blot.

kle|pać (**-pię**, **-piesz**) (*perf* **-pnąć**) *vt* to tap, to pat ♦ *vi* (*pot: paplać*) to prattle (on).

klep|ka (**-ki**, **-ki**) (*dat sg* **-ce**, *gen pl* **-ek**) *f* (*podłogowa*) floorboard; (*w beczce*) stave.

klepsyd|ra (**-ry**, **-ry**) (*dat sg* **-rze**) *f* (*zegar*) hourglass.

kle|r (**-ru**) (*loc sg* **-rze**) *m* clergy.

kleszcz (**-a**, **-e**) (*gen pl* **-y**) *m* (*ZOOL*) tick.

kleszcz|e (**-y**) *pl* (*TECH*) pliers *pl*; (*MED*) forceps *pl*.

klęcz|eć (**-ę**, **-ysz**) *vi* to kneel.

klęk|ać (**-am**, **-asz**) (*perf* **-nąć** *lub* **uklęknąć**) *vi* to kneel (down).

klęs|ka (**-ki**, **-ki**) (*dat sg* **-ce**) *f* (*porażka*) defeat; (*nieszczęście*) disaster.

klien|t (**-ta**, **-ci**) (*loc sg* **-cie**) *m* (*w sklepie*) customer; (*w banku, u adwokata*) client.

klient|ka (**-ki**, **-ki**) (*dat sg* **-ce**, *gen pl* **-ek**) *f* (*w sklepie*) customer; (*w banku, u adwokata*) client.

kli|ka (**-ki**, **-ki**) (*dat sg* **-ce**) *f* clique.

kliknię|cie (**-cia**, **-cia**) (*gen pl* **-ć**) *nt* (*KOMPUT*) click; **podwójne kliknięcie** double click.

klimakterium *nt inv* the menopause.

klima|t (**-tu**) (*loc sg* **-cie**) *m* (*nom pl* **-ty**) climate.

klimatyzacj|a (**-i**) *f* air conditioning.

klimatyzowany *adj* air-conditioned.

kli|n (**-na**, **-ny**) (*loc sg* **-nie**) *m* (*z drewna, metalu*) wedge; (*w rajstopach itp.*) gusset.

klini|ka (**-ki**, **-ki**) (*dat sg* **-ce**) *f* clinic.

klinowy *adj*: **pasek klinowy** (*MOT*) fan belt.

kli|p (**-pu**, **-py**) (*loc sg* **-pie**) *m* (video) clip.

klip|s (**-sa**, **-sy**) (*loc sg* **-sie**) *m* clip earring.

klisz|a (**-y**, **-e**) *f* (*FOT*) film.

kloc (**-a**, **-e**) *m* (*kłoda*) log.

kloc|ek (**-ka**, **-ki**) (*instr sg* **-kiem**) *m* *dimin od* **kloc**; (*do zabawy*) block.

klom|b (**-bu**, **-by**) (*loc sg* **-bie**) *m* (flower) bed.

klo|n (**-nu**, **-ny**) (*loc sg* **-nie**) *m* (*BOT*) maple; (*BIO, KOMPUT*) clone.

klop|s (**-sa**, **-sy**) (*loc sg* **-sie**) *m* (*KULIN*) meatball.

klosz (**-a**, **-e**) *m* (lamp)shade.

klow|n (**-na**, **-ni** *lub* **-ny**) (*loc sg* **-nie**) *m* clown.

klu|b (**-bu**, **-by**) (*loc sg* **-bie**) *m* club; **klub sportowy/poselski** athletic/parliamentary club; **klub studencki** students' union.

klucz (**-a**, **-e**) (*gen pl* **-y**) *m* (*do zamka, testu, szczęścia*) key; (*MUZ*) clef; (*TECH*) spanner (*BRIT*), wrench (*US*); **zamknąć** (*perf*) **coś na klucz** to lock sth; **klucz francuski** monkey wrench.

kluczowy *adj* key *attr*; **kluczowy dla** +*gen* crucial to.

klucz|yć (**-ę, -ysz**) *vi* to weave (one's way).

kluczy|k (**-ka, -ki**) (*instr sg* **-kiem**) *m* key.

klus|ka (**-ki, -ki**) (*dat sg* **-ce**, *gen pl* **-ek**) *f* dumpling.

kład|ka (**-ki, -ki**) (*dat sg* **-ce**, *gen pl* **-ek**) *f* footbridge.

kła|mać (**-mię, -miesz**) (*perf* **s-**) *vi* to lie.

kłamc|a (**-y, -y**) *m decl like f in sg* liar.

kłamczuch (**-a, -y**) *m* (*pot*) liar.

kłamliwy *adj* (*człowiek*) lying; (*plotka*) untrue.

kłamst|wo (**-wa, -wa**) (*loc sg* **-wie**) *nt* lie.

kłani|ać się (**-am, -asz**) (*perf* **ukłonić się**) *vr* (*pochylać tułów*) to bow; (*pochylać głowę*) to nod; (*przen*) to say hello.

kła|ść (**-dę, -dziesz**) (*imp* **-dź**, *pt* **-dł**, *perf* **położyć**) *vt* (*na stole, na stół*) to put, to lay; (*go garnka, torebki*) to put; (*fundamenty*) to lay.

▸**kłaść się** *vr* (*na łóżku, podłodze*) to lie down; (*iść spać*) to go to bed; (*przen: o mgle, cieniu*) to fall.

kłą|b (**-ębu, -ęby**) (*loc sg* **-ębie**) *m* (*kurzu, dymu*) cloud.

kłęb|ek (**-ka, -ki**) (*instr sg* **-kiem**) *m* (*włóczki*) ball.

kł|oda (**-ody, -ody**) (*dat sg* **-odzie**, *gen pl* **-ód**) *f* log.

kłopo|t (**-tu, -ty**) (*loc sg* **-cie**) *m* problem; **kłopoty** *pl* trouble; **mieć kłopoty** to be in trouble; **wpaść** (*perf*) **w kłopoty** to get into trouble.

kłopotliwy *adj* (*sprawiający kłopot*) inconvenient; (*wprawiający w zakłopotanie*) embarrassing.

kło|s (**-sa, -sy**) (*loc sg* **-sie**) *m* ear (*of a cereal plant*).

kłó|cić się (**-cę, -cisz**) (*imp* **-ć**) *vr* (*sprzeczać się*) (*perf* **po-**) to quarrel, to argue.

kłód|ka (**-ki, -ki**) (*dat sg* **-ce**, *gen pl* **-ek**) *f* padlock.

kłótliwy *adj* quarrelsome, argumentative.

kłót|nia (**-ni, -nie**) (*gen pl* **-ni**) *f* quarrel, argument.

kłu|ć (**-ję, -jesz**) *vt* (*perf* **u-**) to prick; **kłuje mnie w boku** I have a stabbing pain in my side.

kłujący *adj* (*roślina*) prickly; (*ból*) stabbing.

kłu|s (**-sa**) (*loc sg* **-sie**) *m* trot.

kłus|ować (**-uję, -ujesz**) *vi* (*o koniu, jeźdźcu*) to trot; (*o kłusowniku*) to poach.

kłusownict|wo (**-wa**) (*loc sg* **-wie**) *nt* poaching.

kłusowni|k (**-ka, -cy**) (*instr sg* **-kiem**) *m* poacher.

km *abbr* (= *kilometr*) km.

kmin|ek (**-ku**) (*instr sg* **-kiem**) *m* caraway (seed).

kneb|el (**-la, -le**) (*gen pl* **-li**) *m* gag.

knebl|ować (**-uję, -ujesz**) (*perf* **za-**) *vt* to gag.

kned|el (**-la, -le**) (*gen pl* **-li**) *m* fruit-filled dumpling.

kno|t (**-ta, -ty**) (*loc sg* **-cie**) *m* wick.

knu|ć (**-ję, -jesz**) (*perf* **u-**) *vt* to plot.

koal|a (**-i, -e**) (*gen pl* **-i**) *m* koala.

koalicj|a (**-i, -e**) (*gen pl* **-i**) *f* coalition.

koalicjan|t (**-ta, -ci**) (*loc sg* **-cie**) *m* coalition partner.

koalicyjny *adj*: **rząd koalicyjny** coalition government.

kobiecy *adj* (*pismo, wdzięk, wrażliwość*) feminine; (*narządy*) female; (*literatura, choroby*) women's *attr*.

kobie|ta (**-ty, -ty**) (*dat sg* **-cie**) *f* woman.

kob|ra (**-ry, -ry**) (*dat sg* **-rze**) *f* cobra.

koc (**-a, -e**) (*gen pl* **-ów**) *m* blanket.

koch|ać (**-am, -asz**) *vt* to love.

▸**kochać się** *vr* to love each other; **kochać się (z kimś)** to make love (to sb); **kochać się w kimś** to be in love with sb.

kochan|ek (-ka, -kowie) (*instr sg* -kiem) *m* lover.

kochan|ka (-ki, -ki) (*dat sg* -ce, *gen pl* -ek) *f* lover, mistress.

kochany *adj* dear.

kocia|k (-ka, -ki) (*instr sg* -kiem) *m* (*mały kot*) kitten; (*pot. ładna dziewczyna*) chick (*pot*).

ko|cioł (-tła, -tły) (*loc sg* -tle) *m* (*TECH*) boiler.

kocz|ować (-uję, -ujesz) *vi* to migrate; (*pot. przebywać chwilowo*) to hang around (*pot*), to crash-pad (*pot*).

ko|d (-du, -dy) (*loc sg* -dzie) *m* code; **kod pocztowy** postcode (*BRIT*), zip code (*US*).

kodek|s (-su, -sy) (*loc sg* -sie) *m* code; **kodeks drogowy** rules of the road, ≈ Highway Code (*BRIT*); **kodeks cywilny/karny** civil/criminal code; **kodeks handlowy** commercial code.

kofei|na (-ny) (*dat sg* -nie) *f* caffeine.

kogo *pron gen, acc od* **kto** who; **kogo nie ma?** who's absent?; **kogo spotkałeś?** who(m) did you meet?; **ktoś, kogo nie znam** someone I don't know.

kogoś *pron gen, acc od* **ktoś** somebody, someone.

kogu|t (-ta, -ty) (*loc sg* -cie) *m* cock (*BRIT*), rooster (*US*).

ko|ić (-ję, -isz) (*imp* kój, *perf* u-) *vt* (*ból, cierpienie*) to soothe; (*nerwy*) to calm.

ko|ja (-i, -je) (*gen pl* -i) *f* berth.

kojarz|yć (-ę, -ysz) (*perf* s-) *vt* (*fakty*) to associate; (*pary, małżeństwa*) to join.

►**kojarzyć się** *vr.* **to się kojarzy z** +*instr* it makes me think of.

ko|k (-ka, -ki) (*instr sg* -kiem) *m* bun (*hairstyle*).

kokai|na (-ny) (*dat sg* -nie) *f* cocaine.

kokar|da (-dy, -dy) (*dat sg* -dzie) *f* bow.

koklusz (-u) *m* whooping cough.

koko|s (-su *lub* -sa, -sy) (*loc sg* -sie) *m* coconut.

kokosowy *adj* coconut *attr*; **kokosowy interes** (*pot. przen*) gold mine (*przen*).

kok|s (-su) (*loc sg* -sie) *m* coke.

koktajl (-u, -e) (*gen pl* -i) *m* (*napój*) cocktail; (*przyjęcie*) cocktail party; (*mleczny*) milkshake.

kolaboracj|a (-i) *f* collaboration (*with an enemy*).

kolaboran|t (-ta, -ci) (*loc sg* -cie) *m* (*pej*) collaborator.

kolacj|a (-i, -e) (*gen pl* -i) *f* supper; (*wczesna i obfita*) dinner.

kola|no (-na, -na) (*loc sg* -nie) *nt* knee; **na kolanach** on one's knees; **siedzieć u kogoś na kolanach** to sit in sb's lap; **po kolana** (*w śniegu, wodzie, błocie*) knee-deep; **do kolan** (*trawa, skarpetki*) knee-high.

kolarst|wo (-wa) (*loc sg* -wie) *nt* cycling.

kolarz (-a, -e) (*gen pl* -y) *m* cyclist.

kol|ba (-by, -by) (*loc sg* -bie) *f* (*karabinu*) butt.

kolczasty *adj* (*krzew*) prickly; **drut kolczasty** barbed wire.

kolczy|k (-ka, -ki) (*instr sg* -kiem) *m* earring.

kol|ec (-ca, -ce) *m* (*u roślin*) spike, thorn; (*u zwierząt*) spine.

kole|ga (-gi, -dzy) (*dat sg* -dze) *m decl like f in sg* friend; **kolega ze szkoły** school friend, schoolmate; **kolega z pracy** colleague, fellow worker.

kolegi|um (-um, -a) (*gen pl* -ów) *nt inv in sg* (*redakcyjne*) board; (*sędziowskie*) jury; (*orzekające*) *a court handling minor civil offences*; (*nauczycielskie*) college.

kolei|na (-ny, -ny) (*dat sg* -nie) *f* rut.

kolej (-i, -je) (*gen pl* -i) *f* (*środek transportu*) railway (*BRIT*), railroad (*US*); (*instytucja*) rail; (*kolejność*) turn; **jechać koleją** to take a train, to go *lub* travel by rail; **moja kolej** *lub* **kolej na mnie** (it's) my turn; **po kolei** in turn.

kolejarz (-a, -e) (*gen pl* -y) *m* railwayman (*BRIT*), railroader (*US*).

kolej|ka (-ki, -ki) (*dat sg* -ce, *gen pl* -ek) *f* (*środek transportu*) commuter train; (*zabawka*) model railway (*BRIT*) *lub* railroad (*US*); (*następstwo*) turn; (*rząd czekających ludzi*) queue (*BRIT*), line (*US*).

kolejno *adv* in turn.

kolejnoś|ć (-ci) *f* order, sequence.

kolejny *adj* (*następny*) next; (*sąsiedni*) consecutive; (*jeszcze jeden*) another.

kolejowy *adj* (*dworzec, linia*) railway *attr* (*BRIT*), railroad *attr* (*US*); (*bilet, połączenie, katastrofa*) train *attr*; (*transport*) rail *attr*.

kolekcj|a (-i, -e) (*gen pl* -i) *f* collection.

kolekcjone|r (-ra, -rzy) (*loc sg* -rze) *m* collector.

kolekcjon|ować (-uję, -ujesz) *vt* to collect.

koleżan|ka (-ki, -ki) (*dat sg* -ce, *gen pl* -ek) *f* friend; **koleżanka ze szkoły** school friend, schoolmate; **koleżanka z pracy** colleague, fellow worker.

koleżeński *adj* (*człowiek, przysługa*) friendly.

kolę|da (-dy, -dy) (*dat sg* -dzie) *f* (Christmas) carol.

kolib|er (-ra, -ry) (*loc sg* -rze) *m* hummingbird.

kolid|ować (-uje) *vi*: **kolidować z czymś** to clash with sth; **kolidować z prawem** to be against the law.

kolizj|a (-i, -e) (*gen pl* -i) *f* (*zderzenie*) collision.

kol|ka (-ki, -ki) (*dat sg* -ce, *gen pl* -ek) *f* (*kłucie w boku*) stitch.

koloni|a (-i, -e) (*gen pl* -i) *f* colony; **kolonie** *pl* (*wakacje*) holiday camp.

kolonializ|m (-mu) (*loc sg* -mie) *m* colonialism.

kolonialny *adj* colonial.

koloński *adj*: **woda kolońska** (eau de) cologne.

kolo|r (-ru, -ry) (*loc sg* -rze) *m* (*barwa*) colour (*BRIT*), color (*US*); (*w kartach*) suit; **jaki kolor ma ...?** what colo(u)r is ...?; **jakiego koloru jest ...?** what colo(u)r is ...?

kolor|ować (-uję, -ujesz) (*perf* po-) *vt* to colour (in) (*BRIT*), to color (in) (*US*).

kolorowy *adj* (*nie czarno-biały*) colour *attr* (*BRIT*), color *attr* (*US*); (*wielobarwny*) colourful (*BRIT*), colorful (*US*); (*ludność, rasa*) coloured (*BRIT*), colored (*US*).

koloryz|ować (-uję, -ujesz) *vt* (*opowieść*) to embellish.

kolo|s (-sa, -sy) (*loc sg* -sie) *m* giant.

kolosalny *adj* colossal.

kolportaż (-u) *m* distribution.

Kolumbi|a (-i) *f* Colombia.

kolum|na (-ny, -ny) (*dat sg* -nie) *f* column; (*też*: **kolumna głośnikowa**) speaker.

kołd|ra (-ry, -ry) (*dat sg* -rze, *gen pl* -er) *f* quilt.

koł|ek (-ka, -ki) (*instr sg* -kiem) *m* (*bolec*) pin; (*do wbijania*) peg.

kołnierz (-a, -e) (*gen pl* -y) *m* (*koszuli, płaszcza*) collar; (*krój przy szyi*) neck.

kołnierzy|k (-ka, -ki) (*instr sg* -kiem) *m dimin od* **kołnierz**.

ko|ło (-ła, -ła) (*loc sg* -le, *gen pl* kół) *nt* (*okrąg*) circle, ring; (*MAT, GEOM*: *figura płaska*) circle; (*pojazdu, w maszynie*) wheel ♦ *prep*

+*gen* (*w pobliżu*) by, next to; **w koło**
(*chodzić*) round (in circles).
koł|ować (**-uje**) *vi* (*o samolocie*) to
taxi.
kołowrot|ek (**-ka, -ki**) (*instr sg* **-kiem**)
m (*wędkarski*) fishing reel.
kołowy *adj* (*tor, orbita*) circular.
kołpa|k (**-ka, -ki**) (*instr sg* **-kiem**) *m*
(*MOT*) hub cap.
koły|sać (**-szę, -szesz**) *vt +acc*
(*wózek*) to rock ♦ *vt +instr*
(*drzewami*) to sway, to swing ♦ *vi* (*o
statku*) to roll.
►**kołysać się** *vr* (*w fotelu*) to rock;
(*na falach*) to roll; (*o drzewie*) to
sway.
kołysan|ka (**-ki, -ki**) (*dat sg* **-ce**, *gen
pl* **-ek**) *f* lullaby.
kołys|ka (**-ki, -ki**) (*dat sg* **-ce**, *gen pl*
-ek) *f* cradle.
komando|s (**-sa, -si**) (*loc sg* **-sie**) *m*
commando.
koma|r (**-ra, -ry**) (*loc sg* **-rze**) *m*
mosquito.
kombaj|n (**-nu, -ny**) (*loc sg* **-nie**) *m*
(combine) harvester.
kombatan|t (**-ta, -ci**) (*loc sg* **-cie**) *m*
veteran.
kombi *nt inv* estate car (*BRIT*), station
wagon (*US*).
kombinacj|a (**-i, -e**) (*gen pl* **-i**) *f*
combination.
kombina|t (**-tu, -ty**) (*loc sg* **-cie**) *m*
plant, factory.
kombiner|ki (**-ek**) *pl* combination
pliers *pl* (*BRIT*), lineman's pliers *pl*
(*US*).
kombinezo|n (**-nu, -ny**) (*loc sg* **-nie**)
m (*roboczy*) overalls *pl*; (*narciarski*)
ski suit.
kombin|ować (**-uję, -ujesz**) *vi*
(*pot. pot. postępować nieuczciwie*) to
wangle (*pot*); **on coś kombinuje**
(*pot*) he's up to something (*pot*).
komedi|a (**-i, -e**) (*gen pl* **-i**) *f* (*FILM,*

TEATR) comedy; (*przen. udawanie*)
game.
komen|da (**-dy, -dy**) (*dat sg* **-dzie**) *f*
command; (*siedziba: policji, straży
pożarnej*) headquarters.
komendan|t (**-ta, -ci**) (*loc sg* **-cie**) *m*
(*w wojsku, policji*) commanding
officer; (*straży pożarnej*) fire chief.
komentarz (**-a, -e**) (*gen pl* **-y**) *m*
commentary; (*uwaga*) comment.
komentato|r (**-ra, -rzy**) (*loc sg* **-rze**)
m commentator.
koment|ować (**-uję, -ujesz**) (*perf* **s-**)
vt to comment on; (*SPORT*) to
commentate on.
komercyjny *adj* commercial.
kome|ta (**-ty, -ty**) (*dat sg* **-cie**) *f* comet.
komet|ka (**-ki, -ki**) (*dat sg* **-ce**, *gen pl*
-ek) *f* (*pot*) badminton.
komfor|t (**-tu**) (*loc sg* **-cie**) *m* comfort.
komfortowy *adj* (*fotel, warunki*)
comfortable; (*hotel, samochód*)
luxury *attr*.
komiczny *adj* (*zachowanie, sytuacja*)
comical; (*mina, ubiór*) comic.
komi|k (**-ka, -cy**) (*instr sg* **-kiem**) *m*
(*aktor*) comedy actor; (*satyryk*)
comedian, comic.
komik|s (**-su, -sy**) (*loc sg* **-sie**) *m*
(*rubryka w gazecie*) comic strip,
(strip) cartoon; (*zeszyt*) comic book.
komi|n (**-na, -ny**) (*loc sg* **-nie**) *m*
chimney; (*fabryczny*) chimney,
smokestack; (*na statku*) funnel.
komin|ek (**-ka, -ki**) (*instr sg* **-kiem**) *m*
fireplace.
kominiarz (**-a, -e**) (*gen pl* **-y**) *m*
chimney sweep.
komi|s (**-su, -sy**) (*loc sg* **-sie**) *m*
(*HANDEL*) consignment; (*pot*) junk
shop (*pot*).
komisaria|t (**-tu, -ty**) (*loc sg* **-cie**) *m*
(*też:* **komisariat policji**) police
station.
komisarz (**-a, -e**) (*gen pl* **-y**) *m* (*też:*

komisarz policji) ≈ superintendent (*BRIT*).

komisj|a (-i, -e) (*gen pl* -i) *f* (*sejmowa, kwalifikacyjna*) committee; (*egzaminacyjna, lekarska*) board.

komite|t (-tu, -ty) (*loc sg* -cie) *m* committee; **komitet rodzicielski** ≈ parent-teacher association, ≈ PTA.

komo|da (-dy, -dy) (*dat sg* -dzie) *f* chest of drawers.

kom|ora (-ory, -ory) (*dat sg* -orze, *gen pl* -ór) *f* (*ANAT*) ventricle; (*TECH*) chamber; **komora gazowa** gas chamber.

komorni|k (-ka, -cy) (*instr sg* -kiem) *m* (debt) collector.

komór|ka (-ki, -ki) (*dat sg* -ce, *gen pl* -ek) *f* (*BIO*) cell.

komórkowy *adj* cellular.

kompaktowy *adj*: **odtwarzacz kompaktowy** compact disc player; **płyta kompaktowa** compact disc.

kompa|n (-na, -ni) (*loc sg* -nie) *m* (*pot*) buddy (*pot*).

kompani|a (-i, -e) (*gen pl* -i) *f* company; **kompania honorowa** guard of honour (*BRIT*) *lub* honor (*US*).

kompa|s (-su, -sy) (*loc sg* -sie) *m* compass.

kompens|ować (-uję, -ujesz) (*perf* s-) *vt* to compensate for.

kompetencj|a (-i, -e) (*gen pl* -i) *f* competence; **kompetencje** *pl* authority.

kompetentny *adj* (*organ*) pertinent; (*pracownik, opinia*) competent.

komplek|s (-su, -sy) (*loc sg* -sie) *m* complex.

komplemen|t (-tu, -ty) (*loc sg* -cie) *m* compliment.

komple|t (-tu, -ty) (*loc sg* -cie) *m* (*sztućców, narzędzi*) set; (*ubraniowy*) suit; (*widzów*) full house; (*pasażerów w samolocie*) full flight.

kompletnie *adv* completely.

kompletny *adj* (*pełny*) complete; (*zupełny*) total.

komplikacj|a (-i, -e) (*gen pl* -i) *f* complication.

komplik|ować (-uję, -ujesz) (*perf* s-) *vt* to complicate.

▶**komplikować się** *vr* to become more complicated.

kompon|ować (-uję, -ujesz) (*perf* s-) *vt* to compose.

kompo|t (-tu, -ty) (*loc sg* -cie) *m* (*napój*) stewed fruit.

kompozycj|a (-i, -e) (*gen pl* -i) *f* (*MUZ*) composition, piece; (*układ*) layout; (*budowa*) composition.

kompozyto|r (-ra, -rzy) (*loc sg* -rze) *m* composer.

kompre|s (-su, -sy) (*loc sg* -sie) *m* compress.

kompromi|s (-su, -sy) (*loc sg* -sie) *m* compromise.

kompromisowy *adj* compromise *attr*.

kompromitacj|a (-i) *f* embarrassment.

kompromit|ować (-uję, -ujesz) (*perf* s-) *vt* to discredit.

▶**kompromitować się** *vr* to compromise o.s.

kompute|r (-ra, -ry) (*loc sg* -rze) *m* computer.

komputerowy *adj* computer *attr*.

komputeryzacj|a (-i) *f* computerization.

komu *pron dat od* **kto** who, (to) whom; **komu to dałeś?** who did you give it to?

komunalny *adj* (*służby, gospodarka*) municipal; (*mieszkanie, budownictwo*) council *attr* (*BRIT*), low-cost *attr* (*US*).

komuni|a (-i, -e) (*gen pl* -i) *f* communion; **Pierwsza Komunia (Święta)** first (Holy) Communion.

komunikacj|a (-i) *f* (*transport*) transport (*BRIT*), transportation (*US*); (*porozumiewanie się*) communication.

komunika|t (-tu, -ty) (*loc sg* -cie) *m*

(*prasowy, oficjalny*) communiqué; (*informacyjny*) announcement.

komunikatywny *adj* articulate.

komunik|ować się (-uję, -ujesz) *vr* (*porozumiewać się*) to communicate; (*kontaktować się*) to be in touch (with one another).

komuni|sta (-sty, -ści) (*dat sg* -ście) *m decl like f in sg* communist.

komunistyczny *adj* communist *attr*.

komuniz|m (-mu) (*loc sg* -mie) *m* communism.

komuś *pron dat sg od* **ktoś** somebody, someone; **dać** (*perf*) **coś komuś** to give somebody sth, to give sth to somebody; **zabrać** (*perf*) **coś komuś** to take sth away from somebody.

kon|ać (-am, -asz) *vi* to be dying.

kona|r (-ra *lub* -ru, -ry) (*loc sg* -rze) *m* bough, branch.

koncentracj|a (-i) *f* concentration.

koncentracyjny *adj*: **obóz koncentracyjny** concentration camp.

koncentra|t (-tu, -ty) (*loc sg* -cie) *m* concentrate; **koncentrat pomidorowy** tomato puree.

koncentr|ować (-uję, -ujesz) (*perf* s-) *vt* to concentrate.

koncepcj|a (-i, -e) (*gen pl* -i) *f* conception.

koncer|n (-nu, -ny) (*loc sg* -nie) *m* concern.

koncer|t (-tu, -ty) (*loc sg* -cie) *m* (*impreza*) concert; (*utwór muzyczny*) concerto.

koncert|ować (-uję, -ujesz) *vi* to give concerts.

koncertowy *adj* (*sala, album*) concert *attr*; (*przen: popisowy*) masterly.

koncesj|a (-i, -e) (*gen pl* -i) *f* licence (*BRIT*), license (*US*).

koncesjonowany *adj* licenced.

kondensato|r (-ra, -ry) (*loc sg* -rze) *m* capacitor, condenser.

kondolencj|e (-i) *pl* condolences.

konduk|t (-tu, -ty) (*loc sg* -cie) *m*: **kondukt żałobny** *lub* **pogrzebowy** cortege, funeral procession.

kondukto|r (-ra, -rzy) (*loc sg* -rze) *m* conductor, ticket inspector.

kondycj|a (-i) *f* (*sprawność fizyczna*) fitness.

kondygnacj|a (-i) *f* (*budynku*) storey (*BRIT*), story (*US*).

koneksj|e (-i) *pl* (*znajomości*) connections.

konese|r (-ra, -rzy) (*loc sg* -rze) *m* connoisseur.

konew|ka (-ki, -ki) (*dat sg* -ce, *gen pl* -ek) *f* watering can.

konfekcj|a (-i) *f* ready-to-wear clothes.

konferencj|a (-i, -e) (*gen pl* -i) *f* conference; **konferencja prasowa** press conference.

konfesjona|ł (-łu, -ły) (*loc sg* -le) *m* confessional (box).

konfetti *nt inv* confetti.

konfiguracj|a (-i, -e) (*gen pl* -i) *f* configuration.

konfiska|ta (-ty) (*loc sg* -cie) *f* confiscation.

konfisk|ować (-uję, -ujesz) (*perf* s-) *vt* to confiscate.

konfitur|y (-) *pl* conserve *sg*.

konflik|t (-tu, -ty) (*loc sg* -cie) *m* conflict.

konformi|sta (-sty, -ści) (*loc sg* -ście) *m decl like f in sg* conformist.

konformiz|m (-mu) (*loc sg* -mie) *m* conformity.

konfrontacj|a (-i, -e) (*gen pl* -i) *f* confrontation; (*porównanie*) comparison.

konfront|ować (-uję, -ujesz) (*perf* s-) *vt* (*porównywać*) to compare; (*świadków*) to confront.

kongre|s (-su, -sy) (*loc sg* -sie) *m* (*zjazd*) congress; **Kongres Stanów Zjednoczonych** the U.S. Congress.

konia|k (-ku, -ki) (*instr sg* **-kiem**) *m* brandy; (*oryginalny*) cognac.

koniczy|na (-ny, -ny) (*dat sg* **-nie**) *f* clover.

ko|niec (-ńca, -ńce) *m* end; (*ołówka*) tip; **do (samego) końca** until the (very) end; **od końca** in reverse order; **w końcu** finally, at last; **wiązać koniec z końcem** (*przen*) to make ends meet.

koniecznie *adv* absolutely, necessarily.

koniecznoś|ć (-ci) *f* necessity.

konieczny *adj* essential, necessary.

koni|k (-ka, -ki) (*instr sg* **-kiem**) *m* *dimin od* **koń**; (*figura szachowa*) knight; (*zainteresowanie*) hobby; **konik polny** grasshopper.

koniunktu|ra (-ry) (*loc sg* **-rze**) *f* (*EKON*) economic situation *lub* conditions.

koniusz|ek (-ka, -ki) (*instr sg* **-kiem**) *m* tip.

konkre|t (-tu, -ty) (*loc sg* **-cie**) *m* fact.

konkretny *adj* (*przykład*) concrete; (*pytanie, sytuacja*) clear-cut, specific; (*człowiek*) businesslike.

konkurencj|a (-i) *f* competition; (*SPORT*) (*nom pl* **-e**, *gen pl* **-i**) event.

konkurencyjny *adj* (*cena*) competitive; (*firma*) rival.

konkuren|t (-ta, -ci) (*loc sg* **-cie**) *m* rival.

konkur|ować (-uję, -ujesz) *vi*: **konkurować z** +*instr* to compete with.

konkur|s (-su, -sy) (*loc sg* **-sie**) *m* competition, contest.

konno *adv* on horseback.

konsekwencj|a (-i) *f* (*wynik, skutek*) (*nom pl* **-e**, *gen pl* **-i**) consequence; (*stanowczość, systematyczność*) consistency.

konsekwentny *adj* consistent.

konser|wa (-wy, -wy) (*dat sg* **-wie**) *f* tinned (*BRIT*) *lub* canned (*US*) food.

konserwacj|a (-i) *f* (*zabytków*) conservation; (*dróg, urządzeń*) maintenance.

konserwato|r (-ra, -rzy) (*loc sg* **-rze**) *m* restorer, conservator.

konserwaty|sta (-sty, -ści) (*loc sg* **-ście**) *m* conservative.

konserwatywny *adj* conservative.

konserwatyz|m (-mu) (*loc sg* **-mie**) *m* conservatism.

konserw|ować (-uję, -ujesz) *vt* (*żywność*) (*perf* **za-**) to preserve; (*zabytki*) to restore, to conserve; (*maszyny*) to maintain.

konserwowy *adj* (*szynka*) tinned (*BRIT*), canned (*US*); (*ogórek*) pickled.

konsolid|ować (-uję, -ujesz) (*perf* **s-**) *vt* to consolidate.

▶**konsolidować się** *vr* to consolidate.

konspiracj|a (-i) *f* (*tajność*) conspiracy; (*organizacja*) underground.

konsternacj|a (-i) *f* consternation, dismay.

konstrukcj|a (-i) *f* (*struktura*) (*nom pl* **-e**, *gen pl* **-i**) structure, construction; (*budowanie*) construction.

konstrukto|r (-ra, -rzy) (*loc sg* **-rze**) *m* (*wykonawca*) constructor; (*projektant*) designer.

konstruktywny *adj* constructive.

konstru|ować (-uję, -ujesz) (*perf* **s-**) *vt* (*wykonywać*) to construct; (*projektować*) to design.

konstytucj|a (-i, -e) (*gen pl* **-i**) *f* constitution.

konsul (-a, -owie) *m* consul.

konsula|t (-tu, -ty) (*loc sg* **-cie**) *m* consulate.

konsultacj|a (-i, -e) (*gen pl* **-i**) *f* (*porady*) consultation; (*wizyta u lekarza*) examination, consultation.

konsultan|t (-ta, -ci) (*loc sg* **-cie**) *m* consultant.

konsultingowy *adj* consulting *attr*.

konsult|ować (**-uję, -ujesz**) (*perf* **s-**) *vt*: **konsultować coś z kimś** to consult sth with sb.

► **konsultować się** *vr*: **konsultować się z kimś** to consult sb.

konsumen|t (**-ta, -ci**) (*loc sg* **-cie**) *m* consumer.

konsum|ować (**-uję, -ujesz**) (*perf* **s-**) *vt* to consume.

konsumpcj|a (**-i**) *f* consumption.

konsystencj|a (**-i**) *f* consistency.

kontak|t (**-tu, -ty**) (*loc sg* **-cie**) *m* (*styczność*) contact; (*ELEKTR: gniazdko*) socket, power point (*BRIT*), (electrical) outlet (*US*); (*ELEKTR: pot: wyłącznik*) switch.

kontakt|ować (**-uję, -ujesz**) (*perf* **s-**) *vt*: **kontaktować kogoś z kimś** to put sb in touch with sb.

► **kontaktować się** *vr*: **kontaktować się (z kimś)** to be in contact *lub* touch (with sb).

kontaktowy *adj* (*człowiek*) outgoing; **szkła** *lub* **soczewki kontaktowe** contact lenses.

kontek|st (**-stu, -sty**) (*loc sg* **-ście**) *m* context.

kontemplacj|a (**-i**) *f* contemplation.

kontempl|ować (**-uję, -ujesz**) *vt/vi* to contemplate.

kontene|r (**-ra, -ry**) (*loc sg* **-rze**) *m* container.

kon|to (**-ta, -ta**) (*loc sg* **-cie**) *nt* account; **zakładać (założyć** *perf*) **konto** to open an account.

kont|ra (**-ry, -ry**) (*dat sg* **-rze**) *f* (*FUTBOL*) counterattack ♦ *prep inv* (*przeciwko*): **kontra** +*nom* versus.

kontraba|s (**-su, -sy**) (*loc sg* **-sie**) *m* double bass.

kontrahen|t (**-ta, -ci**) (*loc sg* **-cie**) *m* contracting party.

kontrak|t (**-tu, -ty**) (*loc sg* **-cie**) *m* contract.

kontra|st (**-stu, -sty**) (*loc sg* **-ście**) *m* contrast.

kontrata|k (**-ku, -ki**) (*instr sg* **-kiem**) *m* counterattack.

kontratak|ować (**-uję, -ujesz**) *vi* to counterattack.

kontrofensy|wa (**-wy, -wy**) (*loc sg* **-wie**) *f* (*WOJSK*) counter-offensive.

kontrol|a (**-i**) *f* (*nadzór*) control; (*sprawdzenie*) (*nom pl* **-e**, *gen pl* **-i**) check; (*badanie kontrolne*) check-up.

kontrole|r (**-ra, -rzy**) (*loc sg* **-rze**) *m* ticket inspector.

kontrolny *adj* (*wieża*) control *attr*; (*przyrząd*) testing.

kontrol|ować (**-uję, -ujesz**) (*perf* **s-**) *vt* to control.

► **kontrolować się** *vr* (*czuwać nad sobą*) to control o.s.; (*sprawdzać jeden drugiego*) to check one another.

kontrowersj|a (**-i, -e**) (*gen pl* **-i**) *f* controversy.

kontrowersyjny *adj* controversial.

kontrwywia|d (**-du, -dy**) (*loc sg* **-dzie**) *m* counter-intelligence *lub* -espionage.

kontu|r (**-ru, -ry**) (*loc sg* **-rze**) *m* contour, outline.

kontuzj|a (**-i, -e**) (*gen pl* **-i**) *f* (*SPORT*) minor injury.

kontuzjowany *adj* (*SPORT*) injured.

kontynen|t (**-tu, -ty**) (*loc sg* **-cie**) *m* continent.

kontyngen|t (**-tu, -ty**) (*loc sg* **-cie**) *m* (*EKON*) quota.

kontynuacj|a (**-i, -e**) (*gen pl* **-i**) *f* continuation.

kontynuato|r (**-ra, -rzy**) (*loc sg* **-rze**) *m* continuator.

kontynu|ować (**-uję, -ujesz**) *vt* to continue.

konwali|a (**-i, -e**) (*gen pl* **-i**) *f* lily of the valley.

konwencj|a (**-i, -e**) (*gen pl* **-i**) *f* convention.

konwencjonalny adj (broń, metoda) conventional.

konwersacj|a (-i, -e) (gen pl -i) f conversation.

konw|ój (-oju, -oje) m convoy.

konwulsj|e (-i) pl convulsions.

ko|ń (-nia, -nie) (gen pl -ni, instr pl -ńmi) m horse; **żołnierz/policjant na koniu** mounted soldier/policeman; **koń mechaniczny** horsepower; **koń na biegunach** rocking horse.

końcowy adj final.

końców|ka (-ki, -ki) (dat sg -ce, gen pl -ek) f (filmu, zdania) ending; (JĘZ) ending.

kończ|yć (-ę, -ysz) vt (rozmowę) (perf s-) to end; (kawę, pracę) (perf s-) to finish; (szkołę, uniwersytet) (perf u-) to graduate from; (kurs) (perf u- lub s-) to finish ♦ vi to finish; **kończyć coś robić** to finish doing sth.

▶**kończyć się** vr (perf s-) (o wakacjach, dniu) to end; **kończą nam się pieniądze/zapasy cukru** we are running out of money/sugar.

kończy|na (-ny, -ny) (dat sg -nie) f limb.

kooperacj|a (-i, -e) (gen pl -i) f co-operation.

koordynacj|a (-i) f co-ordination.

koordyn|ować (-uję, -ujesz) (perf s-) vt to co-ordinate.

ko|pać (-pię, -piesz) vt (piłkę, przeciwnika) (perf -pnąć) to kick; (dół, norę) (perf wy-) to dig ♦ vi (machać nogami) to kick; (w ziemi) to dig.

kopal|nia (-ni, -nie) (gen pl -ni) f mine.

kopar|ka (-ki, -ki) (dat sg -ce, gen pl -ek) f excavator.

kop|cić (-cę, -cisz) (imp -ć) vi (dymić) to smoke; (pej: palić papierosy) to smoke like a chimney.

▶**kopcić się** vr (pot) to be smoking.

Kopenha|ga (-gi) (dat sg -dze) f Copenhagen.

kop|er (-ru) (loc sg -rze) m dill; **koper włoski** fennel.

koper|ek (-ku) (instr sg -kiem) m dill.

koper|ta (-ty, -ty) (dat sg -cie) f (na listy) envelope; (zegarka) watch-case.

kopi|a (-i, -e) (gen pl -i) f (obrazu, oryginału) reproduction; (rzeźby, broni) replica; (dokumentu, listu) copy.

kopi|ować (-uję, -ujesz) vt (powielać) (perf s-) to copy; (KOMPUT) (perf prze-) to copy.

kop|nąć (-nę, -niesz) (imp -nij) vb perf od **kopać**.

kopulacj|a (-i, -e) (gen pl -i) f copulation.

kopul|ować (-uję, -ujesz) vi to copulate.

kopu|ła (-ły, -ły) (dat sg -le) f dome, cupola.

kopy|to (-ta, -ta) (loc sg -cie) nt hoof.

ko|ra (-ry) (dat sg -rze) f (drzewa) bark.

koral (-a, -e) (gen pl -i) m (ZOOL) coral; (paciorek) bead; **korale** pl (naszyjnik) (necklace of) beads.

koralowy adj coral attr; **rafa koralowa** coral reef.

Kora|n (-nu) (loc sg -nie) m (REL) the Koran.

kor|ba (-by, -by) (dat sg -bie) f crank.

korbowy adj: **wał korbowy** crankshaft.

kor|cić (-ci) vt: **korci mnie, żeby coś zrobić** I am itching to do sth.

kordo|n (-nu, -ny) (loc sg -nie) m cordon.

Kore|a (-i) f Korea.

Koreańczy|k (-ka, -cy) (instr sg -kiem) m Korean.

koreański adj Korean.

kor|ek (-ka, -ki) (instr sg -kiem) m cork; (do wanny, umywalki) (nom pl

-**ki**) plug; (*zator na drodze*) traffic jam; (*pot. bezpiecznik*) fuse.

korek|ta (-**ty**, -**ty**) (*dat sg* -**cie**) *f* (*poprawka*) correction; (*DRUK*) proofreading.

korelacj|a (-**i**, -**e**) (*gen pl* -**i**) *f* correlation.

korepetycj|e (-**i**) *pl* private lessons.

korespondencj|a (-**i**) *f* (*pisanie listów*) correspondence; (*listy*) mail, post (*BRIT*); (*reportaż*) (*nom pl* -**e**, *gen pl* -**i**) report.

koresponden|t (-**ta**, -**ci**) (*loc sg* -**cie**) *m* correspondent.

korespond|ować (-**uję**, -**ujesz**) *vi*: **korespondować z** +*instr* to correspond with.

korkociąg (-**gu**, -**gi**) (*instr sg* -**giem**) *m* (*do butelek*) corkscrew; (*LOT*) spin.

kormora|n (-**na**, -**ny**) (*loc sg* -**nie**) *m* cormorant.

korni|k (-**ka**, -**ki**) (*instr sg* -**kiem**) *m* woodworm.

korniszo|n (-**na**, -**ny**) (*loc sg* -**nie**) *m* (*ogórek*) gherkin.

Kornwali|a (-**i**) *f* Cornwall.

korod|ować (-**uje**) (*perf* **s-**) *vi* to corrode.

koro|na (-**ny**, -**ny**) (*loc sg* -**nie**) *f* (*królewska*) crown; (*drzewa*) crown, tree top; (*waluta*) krone; (*MED*) crown (*BRIT*), cap (*US*).

koronacj|a (-**i**, -**e**) (*gen pl* -**i**) *f* coronation.

koron|ka (-**ki**, -**ki**) (*dat sg* -**ce**, *gen pl* -**ek**) *f* (*tkanina*) lace.

koronny *adj* (*dobra, klejnoty*) crown *attr*; **koronny świadek** key witness.

koron|ować (-**uję**, -**ujesz**) (*perf* **u-**) *vt* to crown.

korozj|a (-**i**) *f* corrosion.

korporacj|a (-**i**, -**e**) (*gen pl* -**i**) *f* corporation.

korpu|s (-**su**, -**sy**) (*loc sg* -**sie**) *m* (*tułów*) trunk; (*WOJSK*) corps.

korri|da (-**dy**, -**dy**) (*dat sg* -**dzie**) *f* bullfight.

kor|t (-**tu**, -**ty**) (*loc sg* -**cie**) *m*: **kort tenisowy** tennis court.

korupcj|a (-**i**) *f* corruption.

koryg|ować (-**uję**, -**ujesz**) (*perf* **s-**) *vt* to correct.

korytarz (-**a**, -**e**) (*gen pl* -**y**) *m* (*w budynku*) corridor, passageway.

kory|to (-**ta**, -**ta**) (*loc sg* -**cie**) *f* (*dla zwierząt*) trough; (*rzeki*) river bed.

korze|ń (-**nia**, -**nie**) (*gen pl* -**ni**) *m* root; **korzenie** *pl* (*pochodzenie*) roots; (*przyprawy*) spice(s *pl*).

korzyst|ać (-**am**, -**asz**) (*perf* **s-**) *vi*: **korzystać z czegoś** (*z telefonu, łazienki*) to use sth; (*z praw*) to exercise sth; (*z sytuacji*) to take advantage of sth.

korzystny *adj* (*interes*) profitable; (*wrażenie, warunki*) good, favourable (*BRIT*), favorable (*US*).

korzyś|ć (-**ci**, -**ci**) (*gen pl* -**ci**) *f* (*pożytek*) advantage, benefit; (*zysk*) profit.

ko|s (-**sa**, -**sy**) (*loc sg* -**sie**) *m* blackbird.

ko|sa (-**sy**, -**sy**) (*dat sg* -**sie**) *f* scythe.

kosiar|ka (-**ki**, -**ki**) (*dat sg* -**ce**, *gen pl* -**ek**) *f* mower; (*do trawy*) lawn mower.

ko|sić (-**szę**, -**sisz**) (*imp* -**ś**) *vt* (*perf* **s-**) to mow.

kosmetycz|ka (-**ki**, -**ki**) (*dat sg* -**ce**, *gen pl* -**ek**) *f* (*osoba*) beautician; (*torebka*) vanity bag *lub* case.

kosmetyczny *adj* cosmetic; **gabinet kosmetyczny** beauty salon *lub* parlor (*US*).

kosmety|k (-**ku**, -**ki**) (*instr sg* -**kiem**) *m* cosmetic.

kosmiczny *adj* (*statek, lot*) space *attr*; (*pył, promienie*) cosmic; **przestrzeń kosmiczna** (outer) space.

kosmi|ta (-**ty**, -**ci**) (*dat sg* -**cie**) *m decl like f in sg* extraterrestrial.

kosmonau|ta (-ty, -ci) (*loc sg* -cie) *m decl like f in sg* astronaut; (*w Rosji*) cosmonaut.

kosmopoli|ta (-ty, -ci) (*dat sg* -cie) *m decl like f in sg* cosmopolitan.

kosmopolityczny *adj* cosmopolitan.

kosmo|s (-su) (*loc sg* -sie) *m* (*przestrzeń kosmiczna*) (outer) space; (*wszechświat*) cosmos.

kostiu|m (-mu, -my) (*loc sg* -mie) *m* (*ubiór kobiecy*) suit; (*teatralny*) costume; **kostium kąpielowy** bathing suit.

kost|ka (-ki, -ki) (*dat sg* -ce, *gen pl* -ek) *f dimin od* **kość**; (*u nogi*) ankle; (*u ręki*) knuckle; (*do rzucania*) dice; (*do gry na gitarze*) pick; **kostka cukru** sugar lump; **kostka lodu** ice cube; **kostka masła** slab of butter.

kostnic|a (-y, -e) *f* morgue, mortuary (*BRIT*).

kosz (-a, -e) (*gen pl* -y *lub* -ów) *m* basket; (*pot. koszykówka*) basketball; **kosz na śmieci** dustbin (*BRIT*), garbage can (*US*).

koszar|y (-) *pl* barracks *sg*.

koszerny *adj* kosher.

koszma|r (-ru, -ry) (*loc sg* -rze) *m* nightmare.

koszmarny *adj* nightmarish, ghastly.

kosz|t (-tu, -ty) (*loc sg* -cie) *m* (*EKON*) cost, price; **koszty** *pl* (*nakład pieniężny*) expense, cost; (*wydatki*) expenses *pl*; **kosztem czegoś/kogoś** (*przen*) at the cost *lub* expense of sth/sb.

kosztory|s (-su, -sy) (*loc sg* -sie) *m* cost estimate *lub* calculation.

koszt|ować (-uję, -ujesz) *vt* (*o towarze*) to cost; (*próbować*) (*perf* s-) to try, to taste.

kosztownoś|ci (-ci) *pl* valuables *pl*.

kosztowny *adj* dear, expensive.

koszul|a (-i, -e) *f* shirt; **koszula nocna** nightgown, nightdress.

koszul|ka (-ki, -ki) (*dat sg* -ce, *gen pl* -ek) *f* T-shirt.

koszy|k (-ka, -ki) (*instr sg* -kiem) *m dimin od* **kosz**.

koszykarz (-a, -e) (*gen pl* -y) *m* basketball player.

koszyków|ka (-ki) (*dat sg* -ce) *f* basketball.

kościelny *adj* church *attr* ♦ *m decl like adj* sexton, sacristan.

kościotru|p (-pa, -py) (*loc sg* -pie) *m* (*pot*) skeleton.

koś|ciół (-cioła, -cioły) (*loc sg* -ciele) *m* (*budynek*) church; (*organizacja*) Church.

koś|ć (-ci, -ci) (*gen pl* -ci) *f* (*ANAT*) bone; (*TECH, KOMPUT*) chip; **kości** *pl* (*do gry*) dice; **kość słoniowa** ivory.

ko|t (-ta, -ty) (*loc sg* -cie) *m* cat.

kota|ra (-ry, -ry) (*dat sg* -rze) *f* curtain.

kot|ek (-ka, -ki) (*instr sg* -kiem) *m* (*pot. kot*) pussy-cat; (*młody kot*) kitten; **kotku!** honey!

kotle|t (-ta, -ty) (*loc sg* -cie) *m* (*KULIN*) chop; **kotlet schabowy** pork chop; **kotlet cielęcy** veal cutlet; **kotlet mielony** hamburger.

kotli|na (-ny, -ny) (*dat sg* -nie) *f* valley.

kotłow|nia (-ni, -nie) (*gen pl* -ni) *f* boiler house.

kotwic|a (-y, -e) *f* anchor.

kowad|ło (-ła, -ła) (*loc sg* -le, *gen pl* -eł) *nt* anvil.

kowal (-a, -e) (*gen pl* -i) *m* blacksmith.

kowboj (-a, -e) *m* cowboy.

ko|za (-zy, -zy) (*dat sg* -zie, *gen pl* kóz) *f* goat.

kozacz|ki (-ków) *pl dimin od* **kozaki**.

koza|k (-ka) (*instr sg* -kiem) *m* **kozaki** *pl* high boots.

kozi *adj* goat's *attr*.

kozic|a (-y, -e) *f* chamois.

ko|zioł (-zła, -zły) (*loc sg* -źle) *m* billy-goat.

kozioł|ek (**-ka**, **-ki**) (*instr sg* **-kiem**) *m* dimin *od* **kozioł**; (*przewrót*) somersault.

koziołk|ować (**-uję**, **-ujesz**) (*perf* **prze-**) *vi* to turn somersaults.

koziorож|ec (**-ca**, **-ce**) *m* **Koziorożec** (*ASTROLOGIA*) Capricorn; **Zwrotnik Koziorożca** the Tropic of Capricorn.

kozł|ować (**-uję**, **-ujesz**) *vt* to dribble.

kożuch (**-a**, **-y**) *m* (*owcza skóra*) sheepskin; (*ubranie*) sheepskin coat; (*na mleku, farbie*) skin.

kół|ko (**-ka**, **-ka**) (*instr sg* **-kiem**) *nt* dimin *od* **koło**; (*przedmiot*) ring; (*narysowany znaczek*) circle; (*stowarzyszenie*) circle; **w kółko** (*biegać*) in circles, round and round; (*powtarzać*) over and over (again).

kpić (**kpię**, **kpisz**) (*perf* **za-**) *vi*: **kpić (sobie)** (**z** +*gen*) to deride, to mock.

kpi|na (**-ny**, **-ny**) (*dat sg* **-nie**) *f* mockery, scoffing.

kpt. *abbr* (= *kapitan*) Capt. (= captain).

kra (**kry**, **kry**) (*dat sg* **krze**, *gen pl* **kier**) *f* ice float.

kra|b (**-ba**, **-by**) (*loc sg* **-bie**) *m* crab.

krach (**-u**, **-y**) *m* (*EKON*) crash.

kraciasty *adj* chequered (*BRIT*) *lub* checkered (*US*).

kradzież (**-y**, **-e**) (*gen pl* **-y**) *f* theft, robbery.

krai|na (**-ny**, **-ny**) (*loc sg* **-nie**) *f* (*książk: kraj*) land; (*geograficzna*) region.

kraj (**-u**, **-e**) *m* (*państwo*) country; **w kraju** at home; **ciepłe kraje** warmer climes.

kraj|ać (**-ę**, **-esz**) (*perf* **po-**) *vt* to cut.

krajobra|z (**-zu**, **-zy**) (*loc sg* **-zie**) *m* scenery, landscape.

krajowy *adj* (*ogólnokrajowy*) national; (*wewnętrzny*) domestic.

krajoznawst|wo (**-wa**) (*loc sg* **-wie**) *nt* touring, sightseeing.

kra|kać (**-czę**, **-czesz**) *vi* (*o ptaku*) to

caw, to croak; (*o człowieku*) to foretell evil, to croak (*pot*).

kraker|s (**-sa**, **-sy**) (*loc sg* **-sie**) *m* cracker.

Krak|ów (**-owa**) (*loc sg* **-owie**) *m* Cracow.

krak|sa (**-sy**, **-sy**) (*dat sg* **-sie**) *f* crash, accident.

kra|n (**-nu**, **-ny**) (*loc sg* **-nie**) *m* (*kurek*) tap, faucet (*US*).

kra|niec (**-ńca**, **-ńce**) *m*: **kraniec świata** world's end; **kraniec miasta** city limits *lub* outskirts *pl*.

krasnolud|ek (**-ka**, **-ki**) (*instr sg* **-kiem**) *m* dwarf, gnome.

kra|ść (**-dnę**, **-dniesz**) (*imp* **-dnij**, *perf* **u-**) *vt* to steal; **ukraść coś komuś** to steal sth from sb.

kra|ta (**-ty**, **-ty**) (*dat sg* **-cie**) *f* (*przegroda*) grating, grille; (*wzór*) check; (*w oknie*) bars *pl*.

krate|r (**-ru**, **-ry**) (*loc sg* **-rze**) *m* crater.

krat|ka (**-ki**, **-ki**) (*dat sg* **-ce**, *gen pl* **-ek**) *f* dimin *od* **krata**; (*w formularzu*) blank; **w kratkę** (*o tkaninie*) checked, checkered.

kraul (**-a**) *m* (*SPORT*) crawl (stroke).

krawa|t (**-ta** *lub* **-tu**, **-ty**) (*loc sg* **-cie**) *m* (neck)tie.

krawco|wa (**-wej**, **-we**) *f decl like adj* dressmaker.

krawę|dź (**-dzi**, **-dzie**) (*gen pl* **-dzi**) *f* edge.

krawężni|k (**-ka**, **-ki**) (*instr sg* **-kiem**) *m* kerb (*BRIT*), curb (*US*).

kra|wiec (**-wca**, **-wcy**) *m* (*męski*) tailor; (*damski*) dressmaker.

krawiect|wo (**-wa**) (*loc sg* **-wie**) *nt* (*damskie*) dressmaking; (*męskie*) tailoring.

krąg (**-ęgu**, **-ęgi**) (*instr sg* **-ęgiem**) *m* (*kształt, układ*) circle, ring; (*przen: ludzi, znajomych*) circle; (*przen: zainteresowań, badań*) range, sphere.

krąż|ek (**-ka**, **-ki**) (*instr sg* **-kiem**) *m*

dimin od **krąg**; (*przedmiot*) disc (*BRIT*), disk (*US*); (*hokejowy*) puck.

krąże|nie (**-nia**) *nt* circulation.

krążowni|k (**-ka**, **-ki**) (*instr sg* **-kiem**) *m* cruiser.

krąż|yć (**-ę**, **-ysz**) *vi* (*o ptakach, samolotach*) to make circles; (*o krwi*) to circulate; (*o przedmiocie*) to be passed around; (*o planetach*) to rotate.

kreacj|a (**-i**, **-e**) (*gen pl* **-i**) *f* (*strój*) outfit.

kre|da (**-dy**) (*dat sg* **-dzie**) *f* (*do pisania*) (*nom pl* **-dy**) chalk.

kreden|s (**-su**, **-sy**) (*loc sg* **-sie**) *m* cupboard.

kred|ka (**-ki**, **-ki**) (*dat sg* **-ce**, *gen pl* **-ek**) *f* crayon; (*kolorowy ołówek*) coloured (*BRIT*) *lub* colored (*US*) pencil; **kredka do ust** lipstick; **kredka do brwi** eyebrow pencil.

kredo *nt inv* credo.

kredy|t (**-tu**, **-ty**) (*loc sg* **-cie**) *m* credit.

kre|m (**-mu**, **-my**) (*loc sg* **-mie**) *m* cream; **krem do golenia/twarzy/rąk** shaving/face/hand cream.

kremacj|a (**-i**, **-e**) (*gen pl* **-i**) *f* cremation.

krematori|um (**-um**, **-a**) (*gen pl* **-ów**) *nt inv in sg* crematory.

kremowy *adj* cream *attr*.

kre|ować (**-uję**, **-ujesz**) (*perf* **wy-**) *vt* (*książk*) to create; (*TEATR, FILM*) to perform the role of.

kre|pa (**-py**) (*dat sg* **-pie**) *f* crepe.

kre|s (**-su**, **-sy**) (*loc sg* **-sie**) *m* (*książk: koniec*) end; (*granica*) limit.

kres|ka (**-ki**, **-ki**) (*dat sg* **-ce**, *gen pl* **-ek**) *f* (*linia*) line; (*myślnik*) dash; (*łącznik*) hyphen; (*nad literą*) accent; (*na termometrze*) mark.

kresków|ka (**-ki**, **-ki**) (*dat sg* **-ce**, *gen pl* **-ek**) *f* (*FILM*) (animated) cartoon.

kreślarz (**-a**, **-e**) (*gen pl* **-y**) *m* draughtsman (*BRIT*), draftsman (*US*).

kreśl|ić (**-ę**, **-isz**) *vt* (*projekt, rysunek*)

to draw; (*wyrazy, zdania*) to cross out.

kre|t (**-ta**, **-ty**) (*loc sg* **-cie**) *m* (*ZOOL*) mole.

Kre|ta (**-ty**) (*dat sg* **-cie**) *f* Crete.

krety|n (**-na**, **-ni**) (*loc sg* **-nie**) *m* cretin.

kr|ew (**-wi**) *f* blood; **błękitna krew** (*przen*) blue blood; **zachować** (*perf*)**/stracić** (*perf*) **zimną krew** (*przen*) to keep/lose one's cool; **z zimną krwią** in cold blood.

krewet|ka (**-ki**, **-ki**) (*dat sg* **-ce**, *gen pl* **-ek**) *f* shrimp, prawn.

krewn|a (**-ej**) *f decl like adj* relative.

krewn|y (**-nego**, **-ni**) *m decl like adj* relative.

krę|cić (**-cę**, **-cisz**) (*imp* **-ć**) *vt* (*włosy*) to curl; (*wąsa*) to twirl; (*masę, krem*) to mix ♦ *vi* (*pot*) **kręcić czymś** to turn sth; **kręcić (pokręcić** *perf*) **głową** to shake one's head; **kręcić (nakręcić** *perf*) **film** to shoot a film (*BRIT*) *lub* movie (*US*).

▸**kręcić się** *vr* (*wirować*) to turn, to spin; (*wiercić się*) to squirm; **kręci mi się w głowie** my head is spinning.

kręcony *adj* (*włosy*) curly; **kręcone schody** spiral staircase.

krę|g (**-gu**, **-gi**) (*-instr sg* **-giem**) *m* (*ANAT*) vertebra.

krę|giel (*gen pl* **-gli**) *m* skittle; **kręgle** *pl* (*gra*) skittles *pl*.

kręgiel|nia (**-ni**, **-nie**) (*gen pl* **-ni**) *f* bowling alley.

kręgosłu|p (**-pa**, **-py**) (*loc sg* **-pie**) *m* spine, backbone.

kręgo|wiec (**-wca**, **-wce**) *m* (*ZOOL*) vertebrate.

krę|pować (**-uję**, **-ujesz**) *vt* (*przen: żenować*) to embarrass; (*przen: ograniczać*) to hamper; (*wiązać*) (*perf* **s-**) to tie up.

▸**krępować się** *vr* to be bashful.

krępujący *adj* embarrassing.

krępy *adj* stocky.

kręty adj (schody, uliczka) winding.

krnąbrny adj defiant.

krochmal (-u) m starch.

krochmal|ić (-ę, -isz) (perf **wy-**) vt to starch.

krocz|e (-a, -a) (gen pl -**y**) nt (ANAT) crotch.

krocz|yć (-ę, -ysz) vi to strut.

kr|oić (-oję, -oisz) (imp -**ój**) vt (kromkę chleba) (perf **u-**) to cut; (spodnie) (perf **s-**) to tailor; **kroić (pokroić** perf) **coś na kawałki** to cut sth to pieces; **kroić (pokroić** perf) **coś w kostkę/na plasterki** to dice/slice sth.

kro|k (-ku, -ki) (instr sg -**kiem**) m (ruch) step; (przen: czyn, działanie) measure, step; (krocze) crotch; **co krok** every now and then; **krok po kroku** step by step; **o krok** lub **parę kroków stąd** (just) a few steps from here; **spotykać coś na każdym kroku** to run into sth at every step; **podejmować (podjąć** perf) **kroki w celu ...** to take steps lub measures to ... .

krokodyl (-a, -e) (gen pl -**i**) m crocodile.

kroku|s (-sa, -sy) (loc sg -**sie**) m crocus.

krom|ka (-ki, -ki) (dat sg -**ce**, gen pl -**ek**) f slice.

kroni|ka (-ki, -ki) (dat sg -**ce**) f chronicle; **kronika filmowa** newsreel.

krope|l|ka (-ki, -ki) (dat sg -**ce**, gen pl -**ek**) f dimin od **kropla**.

kro|pić (-pię, -pisz) vt (polewać) (perf **s-**) to sprinkle ♦ vi (o deszczu) to spit.

krop|ka (-ki, -ki) (dat sg -**ce**, gen pl -**ek**) f dot; (znak przestankowy) full stop (BRIT), period (US); **postawić** (perf) **kropkę nad i** (przen) to spell it out; **znaleźć się** (perf) **w kropce** to be put on the spot.

kropl|a (-i, -e) (gen pl -**i**) f drop;

kropla w morzu (przen) a drop in the ocean; **krople** pl (lekarstwo) drops pl.

kroplomierz (-a, -e) (gen pl -**y**) m dropper.

kroplów|ka (-ki, -ki) (dat sg -**ce**, gen pl -**ek**) f (MED) drip.

kro|sta (-sty, -sty) (loc sg -**ście**) f spot, pimple.

krost|ka (-ki, -ki) (loc sg -**ce**, gen pl -**ek**) f dimin od **krosta**.

kr|owa (-owy, -owy) (dat sg -**owie**, gen pl -**ów**) f cow.

kr|ój (-oju, -oje) m (ubrania, sukni) cut.

król (-a) m (władca) (nom pl -**owie**) king; (SZACHY, KARTY) (nom pl -**e**) king; **(Święto) Trzech Króli** (REL) Epiphany.

królest|wo (-wa, -wa) (loc sg -**wie**) nt (państwo) kingdom; (przen: teren działalności, władzy) realm.

królewicz (-a, -e) m prince.

króle|wna (-wny, -wny) (dat sg -**wnie**, gen pl -**wien**) f princess.

królewski adj royal.

króli|k (-ka, -ki) (instr sg -**kiem**) m rabbit; **królik doświadczalny** guinea pig.

królo|wa (-wej, -we) f decl like adj queen.

król|ować (-uję, -ujesz) vi to reign.

krót|ki (comp -**szy**) adj (włosy, sukienka) short; (odpowiedź, wizyta) brief; **krótkie spodnie** lub **spodenki** shorts pl; **na krótką metę** (przen) in the short term lub run.

kró|tko (comp -**cej**) adv (ostrzyżony) closely; (mówić) briefly; **krótko mówiąc** briefly put.

krótkofalowy adj (RADIO) short-wave attr; (przen: obliczony na krótki czas) short-term.

krótkofalów|ka (-ki, -ki) (dat sg -**ce**, gen pl -**ek**) f short-wave radio lub transmitter.

krótkometrażowy *adj*: **film krótkometrażowy** short subject.
krótkoterminowy *adj* short-term.
krótkotrwały *adj* short-lived.
krótkowidz (-a, -e) *m*: **być krótkowidzem** to be near-sighted *lub* short-sighted.
krótkowzroczność (-ci) *f* (*MED*) near-sightedness, short-sightedness; (*przen*) short-sightedness.
krótkowzroczny *adj* (*MED*) near-sighted, short-sighted; (*przen*) short-sighted.
krtań (-ni, -nie) (*gen pl* -ni) *f* larynx.
kruchy *adj* (*lód, skała*) fragile; (*pieczywo*) crisp; (*mięso, drób*) tender; (*przen*: *wątły, nietrwały*) fragile.
krucyfiks (-su, -sy) (*loc sg* -sie) *m* crucifix.
kruczek (-ka, -ki) (*instr sg* -kiem) *m* (*pułapka*) catch; **kruczek prawny** loophole.
kruk (-ka, -ki) (*instr sg* -kiem) *m* (*ZOOL*) raven.
krupier (-ra, -rzy) (*loc sg* -rze) *m* croupier.
krupnik (-ku, -ki) (*instr sg* -kiem) *m* barley soup.
kruszyć (-ę, -ysz) *vt* (*chleb*) (*perf* po-) to crumble; (*skałę*) (*perf* s-) to crush.
▸**kruszyć się** *vr* (*o chlebie*) (*perf* po-) to crumble; (*o skale*) to crumble.
krwawić (-wię, -wisz) *vi* to bleed.
krwawienie (-nia, -nie) (*gen pl* -ń) *nt* bleeding.
krwawy *adj* bloody.
krwi *itd. n patrz* **krew**.
krwiak (-ka, -ki) (*instr sg* -kiem) *m* (*MED*) h(a)ematoma.
krwinka (-ki, -ki) (*dat sg* -ce, *gen pl* -ek) *f* blood cell.
krwiobieg (-gu, -gi) (*instr sg* -giem)

m (*krążenie*) blood circulation; (*krążąca krew*) bloodstream.
krwiodawca (-y, -y) *m decl like f in sg* blood donor.
krwiodawstwo (-wa) (*loc sg* -wie) *nt* blood donation.
krwionośny *adj*: **układ krwionośny** circulatory *lub* cardiovascular system; **naczynie krwionośne** blood vessel.
krwiożerczy *adj* bloodthirsty.
krwisty *adj* (*befsztyk*) rare, underdone.
krwotok (-ku, -ki) (*instr sg* -kiem) *m* bleeding, h(a)emorrhage.
kryć (-ję, -jesz) *vt* (*chować*) (*perf* u-) to hide; (*uczucia, zamiary*) to hide, to conceal; (*dach, zwierzęta*) (*perf* po-) to cover; (*SPORT*: *pilnować*) to cover, to mark (*BRIT*).
▸**kryć się** *vr* (*chować się*) (*perf* u- *lub* s-) to hide; **coś się za tym kryje** there's more to it than meets the eye.
kryjówka (-ki, -ki) (*dat sg* -ce, *gen pl* -ek) *f* hideout.
krykiet (-ta) (*loc sg* -cie) *m* (*SPORT*) cricket.
Krym (-mu) (*loc sg* -mie) *m* the Crimea.
kryminalista (-sty, -ści) (*dat sg* -ście) *m decl like f in sg* criminal.
kryminalny *adj* (*przestępca, policja*) criminal; **film kryminalny** detective picture.
kryminał (-łu, -ły) (*loc sg* -le) *m* (*książka*) detective story; (*film*) detective picture.
krypta (-ty, -ty) (*dat sg* -cie) *f* crypt.
kryptonim (-mu, -my) (*loc sg* -mie) *m* code name.
krystaliczny *adj* crystalline; (*przen*) crystal clear.
krystalizować się (-uje) (*perf* wy-) *vr* to crystallize.
kryształ (-łu, -ły) (*loc sg* -le) *m*

(*minerał*) crystal; (*szkło*) crystal (glass); (*wyrób*) crystal vase.

kryształowy adj crystal; (*przen*) spotless.

kryteri|um (**-um**, **-a**) (*gen pl* **-ów**) nt inv in sg criterion.

kryty adj (*kort, wagon*) covered.

krytyczny adj critical.

kryty|k (**-ka**, **-cy**) (*instr sg* **-kiem**) m critic.

kryty|ka (**-ki**) (*dat sg* **-ce**) f (*nom pl* **-ki**) (*ocena, analiza*) criticism; (*recenzja*) critique.

krytyk|ować (**-uję**, **-ujesz**) (*perf* **s-**) vt to criticize.

kryzy|s (**-su**, **-sy**) (*loc sg* **-sie**) m crisis; (*EKON*) crisis, depression.

kryzysowy adj crisis attr.

krza|k (**-ka** lub **-ku**, **-ki**) (*instr sg* **-kiem**) m bush, shrub; **krzaki** pl shrubbery.

krzą|tać się (**-am**, **-asz**) vr to busy o.s., to bustle about.

krze|m (**-mu**) (*loc sg* **-mie**) m silicon.

krzemie|ń (**-nia**, **-nie**) (*gen pl* **-ni**) m flint.

krzemowy adj silicon attr.

krzepki adj brawny.

krzep|nąć (**-nie**) (*perf* **s-**) vi (*twardnieć*) to set; (*o krwi*) to clot; (*o wodzie*) to freeze.

krzesełkowy adj: **wyciąg krzesełkowy** chairlift.

krze|sło (**-sła**, **-sła**) (*loc sg* **-śle**, *gen pl* **-seł**) nt chair.

krze|w (**-wu**, **-wy**) (*loc sg* **-wie**) m bush, shrub.

krztu|sić się (**-szę**, **-sisz**) (*imp* **-ś**) vr to choke.

krztu|siec (**-śca**) m (*MED*) whooping cough.

krzy|czeć (**-czę**, **-czysz**) (*perf* **-knąć**) vi to shout, to scream; **krzyczeć na kogoś** to shout at sb.

krzy|k (**-ku**, **-ki**) (*instr sg* **-kiem**) m shout, scream.

krzykliwy adj (*hałaśliwy*) noisy; (*zwracający uwagę*) gaudy.

krzyk|nąć (**-nę**, **-niesz**) (*imp* **-nij**) vb perf od **krzyczeć**.

krzyw|da (**-dy**, **-dy**) (*dat sg* **-dzie**) f harm, wrong; **wyrządzić** (*perf*) **komuś krzywdę** to harm sb.

krzyw|dzić (**-dzę**, **-dzisz**) (*imp* **-dź**, *perf* **s-**) vt to harm, to wrong.

krzywic|a (**-y**) f (*MED*) rickets.

krzy|wić (**-wię**, **-wisz**) vt (*wyginać*) to bend.

▸**krzywić się** vr (*robić grymasy*) to make lub pull a face.

krzywo adv (*stać*) askew; (*pisać*) clumsily.

krzywoprzysięst|wo (**-wa**, **-wa**) (*loc sg* **-wie**) nt perjury.

krzywy adj (*kij*) crooked; (*nogi*) knock-kneed; (*powierzchnia*) uneven; **patrzeć na kogoś/coś krzywym okiem** (*przen*) to frown at sb/sth.

krzyż (**-a**, **-e**) (*gen pl* **-y**) m (*przedmiot*) cross; (*część kręgosłupa*) lower back; **Czerwony Krzyż** Red Cross.

krzyż|ować (**-uję**, **-ujesz**) vt (*nogi, ramiona*) (*perf* **s-**) to cross; (*przybijać do krzyża*) (*perf* **u-**) to crucify; **krzyżować czyjeś plany** (*perf* **po-**) to thwart sb's plans.

▸**krzyżować się** vr (*perf* **s-**) (*przecinać się*) to intersect.

krzyżów|ka (**-ki**, **-ki**) (*dat sg* **-ce**, *gen pl* **-ek**) f (*łamigłówka*) crossword (puzzle); (*BIO*) cross; (*pot. skrzyżowanie*) intersection.

krzyży|k (**-ka**, **-ki**) (*instr sg* **-kiem**) m dimin od **krzyż**; (*MUZ*) sharp.

ks. abbr (= *ksiądz*) Rev., Revd; (= *książę*) (*tytuł nadany*) Duke; (*syn króla*) Prince.

ksero nt inv (*pot. urządzenie*) Xerox ® (machine); (*pot. odbitka*) Xerox (copy).

kserokopi|a (-i, -e) (*gen pl* -i) *f*
Xerox (copy).

kserokopiar|ka (-ki, -ki) (*dat sg* -ce,
gen pl -ek) *f* Xerox machine.

kser|ować (-uję, -ujesz) (*perf* s-) *vt*
to Xerox.

ksiądz (księdza, księża) (*voc sg*
księże, *gen pl* **księży**, *instr pl*
księżmi) *m* priest.

książecz|ka (-ki, -ki) (*dat sg* -ce, *gen
pl* -ek) *f dimin od* **książka**;
książeczka czekowa chequebook
(*BRIT*), checkbook (*US*).

książę (księcia, książęta) (*gen pl*
książąt) *m* (*tytuł nadany*) duke; (*syn
króla*) prince.

książ|ka (-ki, -ki) (*dat sg* -ce, *gen pl*
-ek) *f* book; **książka kucharska**
cookbook; **książka telefoniczna**
phone book, (telephone) directory.

książkowy *adj* (*wydanie*) in book
form; (*wyrażenie*) bookish, formal.

księga (księgi, księgi) (*dat sg*
księdze, *gen pl* **ksiąg**) *f* (*duża
książka*) tome.

księgar|nia (-ni, -nie) (*gen pl* -ń) *f*
bookshop (*BRIT*), bookstore (*US*).

księgo|wa (-wej, -we) *f decl like adj*
accountant.

księg|ować (-uję, -ujesz) (*perf* za-)
vt to enter in the books.

księgowoś|ć (-ci) *f* (*prowadzenie
ksiąg*) book-keeping, accounting;
(*dział biura*) accounts.

księgo|wy (-wego, -wi) *m decl like
adj* accountant ♦ *adj*: **kontroler** *lub*
rewident księgowy auditor.

księgozbi|ór (-oru, -ory) (*loc sg*
-orze) *m* book collection.

księst|wo (-wa, -wa) (*loc sg* -wie) *nt*
duchy.

księż|na (-nej, -ne) *f decl like adj*
duchess.

księżnicz|ka (-ki, -ki) (*dat sg* -ce, *gen
pl* -ek) *f* princess.

księżyc (-a, -e) *m* moon.

ksylofo|n (-nu, -ny) (*loc sg* -nie) *m*
(*MUZ*) xylophone.

kształ|cić (-cę, -cisz) (*imp* -ć, *perf*
wy-) *vt* (*uczniów*) to educate; (*umysł,
wolę*) to train.

▶**kształcić się** *vr*: **kształcić się (na
lekarza)** to study (to be a doctor) ♦
vi: **podróże kształcą** travel broadens
the mind.

kształ|t (-tu, -ty) (*loc sg* -cie) *m*
shape; **w kształcie serca/cygara**
heart/cigar-shaped.

kształt|ować (-uję, -ujesz) (*perf* **u-**)
vt (*opinię, charakter*) to mould
(*BRIT*), to mold (*US*).

▶**kształtować się** *vr*: **ceny
kształtują się wysoko** prices are
riding high.

────────SŁOWO KLUCZOWE────────

kto (*see* **Table 4**) *pron* **1** (*w zdaniach
pytajnych lub ich równoważnikach*)
who; **kto to (jest)?** who is it?; **kto
tam?** who's there?, who is it? **2** (*w
zdaniach podrzędnych*) who;
sprawdź, kto przyszedł see who has
arrived; **ten, kto ją znajdzie**
whoever finds her. **3**: **obojętnie kto**
(*nieważne kto*) no matter who;
(*ktokolwiek*) anybody, anyone.

---

ktokolwiek (*like*: **kto**) *pron* (*obojętnie
kto*) anyone, anybody; **ktokolwiek
wie ...** whoever knows ... .

ktoś (*see* **Table 11**) *pron* (*w zdaniach
oznajmujących*) someone, somebody;
(*w zdaniach pytających*) anyone,
anybody; **czy zauważyłeś kogoś?**
have you noticed anybody *lub*
anyone?; **on myśli, że jest
naprawdę kimś** he thinks he's
really somebody; **ktoś inny**
somebody *lub* someone else; **ktoś,
kogo nie znam** someone I don't
know.

którędy *pron* which way.

który *pron decl like adj* **1** (*w zdaniach pytajnych*) which; **którą książkę chcesz?** which book do you want?; **którego dzisiaj mamy?** what's the date today?; **która godzina?** what time is it?, what's the time?; **który z was ...** which one of you ... . **2** (*w zdaniach podrzędnych*): **człowiek, którego widzisz ...** the man (that) you see ...; **nie wiem, którą wybrać** I don't know which to choose; **ludzie, z którymi pracuję** the people (that) I work with; **dziewczyna, z której siostrą rozmawiałem** the girl whose sister I was talking to.

którykolwiek (*like*: **który**) *pron*: **którykolwiek (z +gen)** (*z wielu*) any (of); (*z dwu*) either (of).

któryś *pron*: **któryś z nich/z moich ludzi** one of them/of my men; **któregoś dnia** one day, one of these days.

ku *prep +dat* (*książk*): **ku morzu/niebu** toward(s) the sea/sky; **ku pamięci/czci** (*+gen*) in honour (*BRIT*) *lub* honor (*US*) of; **ku mojemu zdziwieniu** to my surprise; **ku radości wszystkich** to everyone's joy.

Ku|ba (**-by**) (*dat sg* **-bie**) *f* Cuba.

Kubańczy|k (**-ka, -cy**) (*instr sg* **-kiem**) *m* Cuban.

kubański *adj* Cuban.

kub|ek (**-ka, -ki**) (*instr sg* **-kiem**) *m* mug.

kub|eł (**-ła, -ły**) (*loc sg* **-le**) *m* (*wiadro*) bucket, pail; (*kosz na śmieci*) (dust)bin (*BRIT*), garbage can (*US*).

kuchar|ka (**-ki, -ki**) (*dat sg* **-ce**, *gen pl* **-ek**) *f* cook.

kucharski *adj*: **książka kucharska** cookbook.

kucharz (**-a, -e**) (*gen pl* **-y**) *m* cook, chef.

kuchen|ka (**-ki, -ki**) (*dat sg* **-ce**, *gen pl* **-ek**) *f* cooker; (*też*: **kuchenka turystyczna**) camp stove; **kuchenka mikrofalowa** microwave (oven).

kuchenny *adj* kitchen *attr*.

kuch|nia (**-ni, -nie**) (*gen pl* **-ni**) *f* (*pomieszczenie*) kitchen; (*tradycja kulinarna*) cuisine; (*gotowanie*) cooking.

kucy|k (**-ka, -ki**) (*instr sg* **-kiem**) *m* pony.

ku|ć (**-ję, -jesz**) *vt* (*żelazo, miecz*) to forge; (*otwór*) (*perf* **wy-**) to chip, to chisel (out) **♦** *vi* (*rąbać*) to chisel; (*pot: uczyć się*) to cram, to swot (*pot: BRIT*).

kudłaty *adj* hairy, shaggy.

kuf|el (**-la, -le**) (*gen pl* **-li**) *m* (*naczynie*) (beer) mug; (*porcja*) ≈ pint (of beer).

kukieł|ka (**-ki, -ki**) (*dat sg* **-ce**, *gen pl* **-ek**) *f* puppet.

kukuł|ka (**-ki, -ki**) (*dat sg* **-ce**, *gen pl* **-ek**) *f* cuckoo.

kukurydz|a (**-y**) *f* maize (*BRIT*), corn (*US*); **prażona kukurydza** popcorn.

kukurydziany *adj* (*mąka, olej*) corn *attr*; **płatki kukurydziane** cornflakes.

kul|a (**-i, -e**) *f* (*przedmiot*) ball; (*GEOM: bryła*) sphere; (*pocisk*) bullet; **kule** *pl*: **chodzić o kuli/kulach** to walk on crutches; **pchnięcie kulą** (*SPORT*) shot put; **kula ziemska** the globe.

kulawy *adj* lame.

kule|ć (**-ję, -jesz**) *vi* to limp.

kul|ić (**-ę, -isz**) (*perf* **s-**) *vt* (*ramiona*) to hunch; (*głowę*) to duck.

►**kulić się** *vr* to shrink, to cringe.

kuli|g (**-gu, -gi**) (*instr sg* **-giem**) *m* sleigh ride.

kulinarny adj (sztuka) culinary; (przepis) cooking attr.

kulisty adj spherical.

kulis|y (-) pl (TEATR) wings pl; (przen: nieznane okoliczności) the behind-the-scenes pl.

kul|ka (-ki, -ki) (dat sg -ce, gen pl -ek) f dimin od kula; (papierowa, metalowa) ball; (lodów) scoop; (pot: pocisk) slug (pot).

kulminacyjny adj: **moment/punkt kulminacyjny** climax.

kul|t (-tu, -ty) (loc sg -cie) m cult.

kultu|ra (-ry, -ry) (dat sg -rze) f culture; **dom kultury** ≈ community centre (BRIT) lub center (US).

kulturalny adj (centrum, rozwój) cultural; (człowiek, sposób bycia) well-mannered, cultured.

kulturowy adj cultural.

kultury|sta (-sty, -ści) (dat sg -ście) decl like f in sg m body-builder.

kulturysty|ka (-ki) (dat sg -ce) f body-building.

kultyw|ować (-uję, -ujesz) vt to cultivate.

kumoterst|wo (-wa) (loc sg -wie) nt (pot) nepotism.

kump|el (-la, -le) (gen pl -li) m (pot) mate (pot), pal (pot).

kumul|ować (-uję, -ujesz) (perf s-) vt to accumulate.

►**kumulować się** vr to pile up.

kund|el (-la, -le) (gen pl -li) m mongrel.

kunsz|t (-tu, -ty) (loc sg -cie) m artistry.

ku|pa (-py, -py) (dat sg -pie) f (sterta) pile, heap; (pot!) turd (pot!).

ku|pić (-pię, -pisz) vb perf od **kupować**.

ku|piec (-pca, -pcy) m (handlowiec) merchant; (nabywca) buyer.

kup|ka (-ki, -ki) (dat sg -ce, gen pl -ek) f dimin od kupa; (stos) heap.

kup|no (-na) (loc sg -nie) nt purchase.

kupny adj ready-made, shop-bought (BRIT), store-bought (US).

kupo|n (-nu, -ny) (loc sg -nie) m coupon, voucher.

ku|pować (-puję, -pujesz) (perf -pić) vt to buy.

kupując|y (-ego, -y) m decl like adj buyer, shopper.

ku|ra (-ry, -ry) (loc sg -rze) f hen.

kuracj|a (-i, -e) (gen pl -i) f treatment.

kuratori|um (-um, -a) (-gen pl -ów) nt inv in sg (local) department of education.

kurcz (-u, -e) (gen pl -y) m cramp.

kurcza|k (-ka, -ki) (instr sg -kiem) m chicken.

kurcz|ę (-ęcia, -ęta) (gen pl -ąt) nt chicken; **kurczę (pieczone)!** (pot) damn! (pot).

kurcz|yć się (-ę, -ysz) (perf s-) vr (o tkaninie, zapasach) to shrink; (o metalu, mięśniu) to contract.

kur|ek (-ka, -ki) (instr sg -kiem) m (kran) tap, faucet (US).

kurie|r (-ra, -rzy) (loc sg -rze) m courier, dispatch rider.

kurni|k (-ka, -ki) (instr sg -kiem) m hen house, chicken coop.

kuropat|wa (-wy, -wy) (dat sg -wie) f partridge.

kuror|t (-tu, -ty) (loc sg -cie) m spa, health resort.

kur|ować (-uję, -ujesz) (perf wy-) vt to treat.

►**kurować się** vr (pot) to undergo treatment.

kur|s (-su, -sy) (loc sg -sie) m (przejazd) ride; (kierunek) course; (waluty) exchange rate; (GIEŁDA) price; (UNIW, SZKOL) course.

kurso|r (-ra, -ry) (loc sg -rze) m cursor.

kurs|ować (-uję, -ujesz) vi to run.

kursy|wa (-wy, -wy) (dat sg -wie) f (DRUK) italics.

kurt|ka (-ki, -ki) (*dat sg* -ce, *gen pl* -ek) *f* jacket.

kurty|na (-ny, -ny) (*dat sg* -nie) *f* curtain.

kur|wa (-wy, -wy) (*dat sg* -wie, *gen pl* -ew) *f* (*pot!: prostytutka*) whore (*pot!*); **kurwa (mać)!** (*pot!*) fuck! (*pot!*), bugger! (*pot!: BRIT*).

kurz (-u, -e) *m* dust.

kurz|yć (-ę, -ysz) *vi* (*podnosić tumany kurzu*) to raise dust; (*pot: palić papierosa*) to smoke, to puff.

▸**kurzyć się** *vr:* kurzyło się za **samochodem** the car raised a cloud of dust; **kurzyło się z komina** smoke was spilling from the chimney.

ku|sić (-szę, -sisz) (*imp* -ś, *perf* s-) *vt* to tempt.

kustosz (-a, -e) (*gen pl* -y) *m* curator.

kusy *adj* (*sukienka*) skimpy.

kusz|a (-y, -e) *f* crossbow.

kuszący *adj* tempting.

kuszet|ka (-ki, -ki) (*dat sg* -ce, *gen pl* -ek) *f* berth, couchette.

kut|er (-ra, -ry) (*loc sg* -rze) *m* (*też:* **kuter rybacki**) fishing boat.

kuwejcki *adj* Kuwaiti.

Kuwej|t (-tu) (*loc sg* -cie) *m* Kuwait.

kuzy|n (-na, -ni) (*loc sg* -nie) *m* cousin.

kuzyn|ka (-ki, -ki) (*dat sg* -ce, *gen pl* -ek) *f* cousin.

kuź|nia (-ni, -nie) (*gen pl* -ni) *f* smithy, forge.

kw. *abbr* (= *kwadratowy*): **120 m kw.** 120 sq. m.

kwadran|s (-sa, -se) (*loc sg* -sie) *m* quarter (*of an hour*); **kwadrans po pierwszej** a quarter past (*BRIT*) *lub* after (*US*) one; **za kwadrans pierwsza** a quarter to one.

kwadra|t (-tu, -ty) (*loc sg* -cie) *m* (*figura*) square; (*potęga*): **pięć do kwadratu** five squared.

kwadratowy *adj* square.

kwalifikacj|e (-i) *pl* qualifications *pl.*

kwalifik|ować (-uję, -ujesz) *vt* (*perf* za-) (*zaliczać*) to classify; (*określać*) to describe; (*oceniać*) to evaluate.

▸**kwalifikować się** *vr:* kwalifikować **się (do czegoś)** to be qualified (for sth).

kwarantan|na (-ny, -ny) (*dat sg* -nie) *f* quarantine.

kwarc (-u, -e) *m* quartz.

kwartalni|k (-ka, -ki) (*instr sg* -kiem) *m* quarterly.

kwartalny *adj* quarterly *attr.*

kwarta|ł (-łu, -ły) (*loc sg* -le) *m* quarter (*of a year*).

kwarte|t (-tu, -ty) (*loc sg* -cie) *m* (*MUZ*) quartet.

kwa|s (-su, -sy) (*loc sg* -sie) *m* acid.

kwaszony *adj:* kapusta kwaszona sauerkraut.

kwaśnie|ć (-je) (*perf* s-) *vi* (*o mleku*) to turn (sour).

kwaśny *adj* (*owoc, smak*) sour, acid; (*mina*) sour; **kwaśne mleko** sour milk; **kwaśny deszcz** acid rain.

kwate|ra (-ry, -ry) (*dat sg* -rze) *f* (*prywatna*) lodgings *pl.*

kwater|ować (-uję, -ujesz) (*perf* za-) *vt* to quarter ♦ *vi* to be quartered.

kwesti|a (-i, -e) (*gen pl* -i) *f* (*sprawa*) issue; (*TEATR*) line(s *pl*); **kwestia czasu/pieniędzy** a matter *lub* question of time/money.

kwestionariusz (-a, -e) (*gen pl* -y) *m* questionnaire.

kwestion|ować (-uję, -ujesz) (*perf* za-) *vt* to (call into) question.

kwiaciar|nia (-ni, -nie) (*gen pl* -ni) *f* florist('s).

kwia|t (-tu, -ty) (*loc sg* kwiecie) *m* (*cięty, polny*) flower; (*roślina doniczkowa*) plant; (*na drzewie*) blossom; **kwiat młodzieży** the flower *lub* cream of youth.

kwiat|ek (-ka, -ki) (*instr sg* -kiem) *m* dimin od **kwiat**.

kwie|cień (-tnia, -tnie) (*gen pl* -tni) *m*
April.

kwietni|k (-ka, -ki) (*instr sg* -kiem) *m*
flowerbed.

kwintal (-a, -e) (*gen pl* -i) *m* (*ROL*)
quintal (= *100 kg*).

kwinte|t (-tu, -ty) (*loc sg* -cie) *m*
(*MUZ*) quintet.

kwi|t (-tu, -ty) (*loc sg* -cie) *m* receipt.

kwitnący *adj* (*kwiat*) blooming;
(*drzewo*) blossoming; (*przen*)
flourishing, thriving.

kwit|nąć (-nie) *vi* (*o kwiatach*) to
bloom; (*o drzewach*) to blossom;
(*przen*) to flourish, to thrive.

kwit|ować (-uję, -ujesz) *vt* (*perf* po-):
kwitować odbiór czegoś to sign for
sth, to acknowledge receipt of sth.

kwi|z (-zu, -zy) (*loc sg* -zie) *m* = **quiz**.

kwo|ta (-ty, -ty) (*dat sg* -cie) *f* sum,
amount.

L

l *abbr* (= *litr*) l (= litre).

labiryn|t (-tu, -ty) (*loc sg* -cie) *m*
labyrinth, maze.

laboran|t (-ta, -ci) (*loc sg* -cie) *m*
lab(oratory) assistant.

laboratori|um (-um, -a) (*gen pl* -ów)
nt inv in sg lab(oratory).

lać (leję, lejesz) *vt* (*płyn*) to pour;
(*pot: bić*) (*perf* z-) to beat, to belt
(*pot*) ♦ *vi* (*o deszczu*) to pour;
(*pot!: oddawać mocz*) to piss (*pot!*).
►**lać się** (*o wodzie, krwi*) *vr* to pour;
(*pot: bić się*) to fight.

la|da (-dy, -dy) (*dat sg* -dzie) *f* (*też*:
lada sklepowa) counter ♦ *inv*: **lada
dzień/chwila** any day/moment; **nie
lada sukces** a huge success.

lagu|na (-ny, -ny) (*dat sg* -nie) *f*
lagoon.

laicki *adj* lay.

laicyzacj|a (-i) *f* secularization.

lai|k (-ka, -cy) (*instr sg* -kiem) *m*
layman.

la|k (-ku, -ki) (*instr sg* -kiem) *m*
sealing wax.

lakie|r (-ru, -ry) (*loc sg* -rze) *m*
varnish, lacquer; **lakier do paznokci**
nail polish; **lakier do włosów** hair
spray.

lakier|ki (-ek) *pl* patent leather shoes
pl.

lakier|ować (-uję, -ujesz) (*perf* po-)
vt (*paznokcie*) to polish; (*meble*) to
varnish; (*samochód*) to paint.

lakmusowy *adj*: **papierek
lakmusowy** litmus *lub* test paper.

lakoniczny *adj* laconic.

lal|ka (-ki, -ki) (*dat sg* -ce, *gen pl* -ek) *f*
(*zabawka*) doll; (*kukiełka*) puppet.

la|ma (-my) (*dat sg* -mie) *f* (*ZOOL*)
(*nom pl* -my) llama.

lamen|t (-tu, -ty) (*loc sg* -cie) *m*
lament.

lament|ować (-uję, -ujesz) *vi* to
lament.

lamin|ować (-uję, -ujesz) (*perf* z-) *vt*
to laminate.

lamów|ka (-ki, -ki) (*dat sg* -ce, *gen pl*
-ek) *f* trimming.

lam|pa (-py, -py) (*dat sg* -pie) *f* lamp;
(*ELEKTR*) valve (*BRIT*), (vacuum)
tube (*US*); **lampa błyskowa**
flash(light); **lampa naftowa** paraffin
lamp.

lampar|t (-ta, -ty) (*loc sg* -cie) *m*
leopard.

lamp|ka (-ki, -ki) (*dat sg* -ce, *gen pl*
-ek) *f* (*mała lampa*) lamp; (*kieliszek*)
glass; **lampka nocna** bedside lamp.

lamu|s (-sa) (*loc sg* -sie) *m*: **złożyć**
(*perf*) **coś do lamusa** to scrap *lub*
discard sth.

lance|t (-tu, -ty) (*loc sg* -cie) *m*
(*MED*) lancet.

landryn|ka (-ki, -ki) (*dat sg* -ce, *gen pl* -ek) *f* fruit drop.

lani|e (-a) *nt* hiding, beating; **dostać** *(perf)* **lanie** to take a hiding.

lans|ować (-uję, -ujesz) (*perf* wy-) *vt* to promote, to launch.

lapidarny *adj* terse, curt.

lapto|p (-pa, -py) (*loc sg* -pie) *m* laptop (computer).

lar|wa (-wy, -wy) (*dat sg* -wie) *f* larva.

laryngolo|g (-ga, -gowie *lub* -dzy) (*instr sg* -giem) *m* (ear, nose and) throat specialist.

la|s (-su, -sy) (*loc sg* lesie) *m* (*duży*) forest; (*mały*) wood; (*przen*: rąk, sztandarów) forest.

las|ek (-ku, -ki) (*instr sg* -kiem) *m* grove, wood.

lase|r (-ra, -ry) (*loc sg* -rze) *m* laser.

las|ka (-ki, -ki) (*dat sg* -ce, *gen pl* -ek) *f* cane, walking stick; (*pot*: *dziewczyna*) chick (*pot*); **chodzić o lasce** to use a stick *lub* cane (for walking).

laskowy *adj*: **orzech laskowy** hazelnut.

las|so (-sa, -sa) (*loc sg* -sie) *nt* lasso.

lat|a (-) *pl* years *pl*; (*wiek*) age; **lata dwudzieste/trzydzieste** the twenties/thirties; **od wielu lat** for many years; **przed laty** many years ago; **sto lat!** many happy returns (of the day)!; **ile masz lat?** how old are you?; **mam 10 lat** I'm ten (years old); *patrz też* **rok**.

lat|ać (-am, -asz) *vi* to fly; (*pot*: *biegać*) to run.

latar|ka (-ki, -ki) (*dat sg* -ce, *gen pl* -ek) *f* torch (*BRIT*), flashlight (*US*).

latar|nia (-ni, -nie) (*gen pl* -ni) *f* (*uliczna*) street lamp; **latarnia morska** lighthouse.

lata|wiec (-wca, -wce) *m* kite.

la|to (-ta, -ta) (*loc sg* lecie) *nt* summer; **latem** *lub* **w lecie** in (the) summer.

latry|na (-ny, -ny) (*dat sg* -nie) *f* latrine.

latynoamerykański *adj* Latin American.

Latyno|s (-sa, -si) (*loc sg* -sie) *m* Latin American.

laur|y (-ów) *pl*: **zdobywać** *lub* **zbierać laury** to win *lub* reap laurels (*przen*); **spoczywać (spocząć** *perf*) **na laurach** to rest on one's laurels.

laurea|t (-ta, -ci) (*loc sg* -cie) *m* prizewinner, laureate.

laureat|ka (-ki, -ki) (*dat sg* -ce, *gen pl* -ek) *f* prizewinner, laureate.

laur|ka (-ki, -ki) (*dat sg* -ce, *gen pl* -ek) *f* card.

laurowy *adj* (*wieniec, drzewo*) laurel *attr*; **liść laurowy** bay leaf.

la|wa (-wy) (*dat sg* -wie) *f* lava.

lawen|da (-dy, -dy) (*dat sg* -dzie) *f* lavender.

lawi|na (-ny, -ny) (*dat sg* -nie) *f* avalanche; (*przen*) cornucopia.

lawir|ować (-uję, -ujesz) *vi* (*kluczyć*) to swerve; (*przen*) to steer a middle course (*pot*).

lazurowy *adj* azure.

lą|d (-du, -dy) (*loc sg* -dzie) *m* land; **stały ląd** mainland, dry land.

ląd|ować (-uję, -ujesz) (*perf* wy-) *vi* to land.

lądowa|nie (-nia, -nia) (*gen pl* -ń) *nt* landing, touchdown.

lądowy *adj* (*wojska*) ground *attr*; (*zwierzęta*) terrestrial; (*granica, obszar*) land *attr*; (*klimat*) continental; (*transport*) overland; (*budownictwo*) land.

leasin|g (-gu) (*instr sg* -giem) *m* (*EKON*) leasing.

le|c, le|gnąć (-gnę, -gniesz) (*imp* -gnij, *pt* -gł) *vi* (*książk*: *położyć się*) to lie down; (: *zginąć*) to fall.

lecie *n patrz* **lato**.

le|cieć (-cę, -cisz) (*imp* -ć) *vi* (*o ptaku, samolocie*) (*perf* po-) to fly;

(*o wodzie, krwi*) (*perf* **po-**) to flow;
(*o liściach, kamieniach*) (*perf* **z-**) to
fall (down); (*pot. pędzić*) (*perf* **po-**)
to run; (*pot. w radiu, telewizji*) to air,
to be on.

lecz *conj* but, yet.

leczeni|e (**-a**) *nt* treatment.

lecznic|a (**-y, -e**) *f* clinic; **lecznica
dla zwierząt** animal *lub* veterinary
clinic.

lecznict|wo (**-wa**) (*loc sg* **-wie**) *nt*
health care.

leczniczy *adj* (*ziele, środek*)
medicinal; (*działanie*) therapeutic.

lecz|yć (**-ę, -ysz**) (*perf* **wy-**) *vt* (*o
człowieku*) to treat; (*o substancji*) to
cure.

►**leczyć się** *vr* to get treatment.

ledwo, ledwie *adv*: **ledwo
widoczny/słyszalny** barely
visible/audible; **ledwo umie czytać**
he can hardly read; **ledwo (co)
wyszedł, a już ...** he's only just left,
and ..., no sooner had he left than ... .

legalizacj|a (**-i**) *f* legalization.

legaliz|ować (**-uję, -ujesz**) (*perf* **za-**)
vt to legalize.

legalnie *adv* legally, lawfully.

legalnoś|ć (**-ci**) *f* legality, lawfulness.

legalny *adj* legal, lawful.

legen|da (**-dy, -dy**) (*dat sg* **-dzie**) *f*
legend.

legendarny *adj* legendary.

legins|y (**-ów**) *pl* leggings *pl*.

legio|n (**-nu, -ny**) (*loc sg* **-nie**) *m*
legion.

legislacyjny *adj* legislative.

legitymacj|a (**-i, -e**) (*gen pl* **-i**) *f*
(*identyfikująca*) ID, identity card;
(*członkowska*) membership card.

legitym|ować (**-uję, -ujesz**) (*perf*
wy-) *vt*: **legitymować kogoś** to
check sb's ID.

►**legitymować się** *vr* (*okazywać
legitymację*) (*perf* **wy-**) to show one's

ID; **legitymować się tytułem** to
hold a title.

legowis|ko (**-ka, -ka**) (*instr sg* **-kiem**)
nt (*miejsce do leżenia*) bed;
(*zwierzęce*) den, lair.

le|j (**-ja, -je**) *m* (*gen pl* **-jów**)
(*zagłębienie*) crater.

lejc|e (**-ów**) *pl* reins *pl*.

lej|ek (**-ka, -ki**) (*instr sg* **-kiem**) *m*
funnel.

le|k (**-ku, -ki**) (*instr sg* **-kiem**) *m*
medicine, drug.

lek. *abbr* (= *lekarz*) ≈ MD.

lekar|ka (**-ki, -ki**) (*dat sg* **-ce**, *gen pl*
-ek) *f* (woman) physician *lub* doctor.

lekarski *adj* (*gabinet, porada*)
physician's *attr*, doctor's *attr*;
(*badanie*) physical, medical;
(*zaświadczenie, zwolnienie*) doctor's
attr.

lekarst|wo (**-wa, -wa**) (*loc sg* **-wie**) *nt*
medicine, drug; (*przen: środek*) cure.

lekarz (**-a, -e**) (*gen pl* **-y**) *m* doctor,
physician.

lekceważąco *adv* disrespectfully.

lekceważący *adj* disrespectful.

lekceważ|yć (**-ę, -ysz**) (*perf* **z-**) *vt*
(*traktować pogardliwie*) to scorn;
(*bagatelizować*) to disregard.

lekcj|a (**-i, -e**) (*gen pl* **-i**) *f* lesson;
(*szkolna, prywatna*) lesson, class;
lekcje *pl* (*zadanie domowe*):
odrabiać (odrobić *perf*) **lekcje** to do
(one's) homework; **lekcja
angielskiego/matematyki**
English/math lesson *lub* class.

lekki (*comp* **lżejszy**) *adj* light; (*mróz,
zmęczenie*) slight; (*zapach*) faint.

lekko (*comp* **lżej**) *adv* lightly;
(*nieznacznie*) slightly; **z lekka** a
little.

lekkoatle|ta (**-ty, -ci**) (*dat sg* **-cie**) *m
decl like f in sg* athlete.

lekkoatlety|ka (**-ki**) *f* (*dat sg* **-ce**)
athletics *pl* (*BRIT*), track and field
sports *pl* (*US*).

lekkomyślnie *adv* recklessly.

lekkomyślnoś|ć (-ci) *f* recklessness.

lekkomyślny *adj* reckless.

lekkostrawny *adj* light (*food*).

lekoma|n (-na, -ni) (*loc sg* **-nie**) *m* pill taker *lub* addict.

leksyko|n (-nu, -ny) (*loc sg* **-nie**) *m* lexicon.

lekto|r (-ra, -rzy) (*loc sg* **-rze**) *m* (*SZKOL*) instructor; (*spiker*) announcer.

lektu|ra (-ry, -ry) (*dat sg* **-rze**) *f* (*czytanie*) reading; (*materiały do czytania*) reading material *lub* matter; (: *SZKOL*) suggested reading.

lemonia|da (-dy, -dy) (*dat sg* **-dzie**) *f* lemonade.

len (lnu, lny) (*loc sg* **lnie**) *m* (*roślina*) flax; (*tkanina*) linen.

le|nić się (-nię, -nisz) (*imp* **-ń**) *vr* to be (bone) idle.

lenist|wo (-wa) (*loc sg* **-wie**) *nt* laziness.

leniuch|ować (-uję, -ujesz) *vi* to laze (away).

leniwy *adj* lazy.

le|ń (-nia, -nie) (*gen pl* **-ni** *lub* **-niów**) *m* idler, sluggard.

le|pić (-pię, -pisz) *vt* (*formować*) (*perf* **u-**) to model; (*kleić*) (*perf* **z-**) to glue (together).

▶**lepić się** *vr* (*przyklejać się*) (*perf* **przy-**) to stick; (*być lepkim*) to stick, to be sticky.

lepiej *adv comp od* **dobrze** better; **coraz lepiej** better and better; **im prędzej tym lepiej** the sooner the better; **lepiej już pójdę** I'd better go now.

lepki *adj* sticky.

lepsz|e (-ego) *nt decl like adj*: **zmiana na lepsze** a change for the better.

lepszy *adj comp od* **dobry** better; **pierwszy lepszy** (*pot*) any old one.

lesbij|ka (-ki, -ki) (*dat sg* **-ce**, *gen pl* **-ek**) *f* lesbian.

lesie *n patrz* **las**.

leszcz (-a, -e) (*gen pl* **-y** *lub* **-ów**) *m* bream (*freshwater fish*).

leszczy|na (-ny, -ny) (*dat sg* **-nie**) *f* (*BOT*) hazel.

leśnict|wo (-wa) (*loc sg* **-wie**) *nt* forestry.

leśniczów|ka (-ki, -ki) (*dat sg* **-ce**, *gen pl* **-ek**) *f* forester's lodge.

leśnicz|y (-ego, -owie) *m decl like adj* forest ranger.

leśni|k (-ka, -cy) (*instr sg* **-kiem**) *m* forester.

leśny *adj* forest *attr*.

letni *adj* (*wakacje, sukienka*) summer *attr*; (*woda, herbata*) lukewarm, tepid; **czas letni** Daylight Saving Time.

letniskowy *adj* summer-resort *attr*, holiday *attr*.

lew (lwa, lwy) (*loc sg* **lwie**) *m* (*ZOOL*) lion; **Lew** (*ASTROLOGIA*) Leo.

lewar|ek (-ka, -ki) (*instr sg* **-kiem**) *m* (*MOT*) jack.

lewaty|wa (-wy, -wy) (*dat sg* **-wie**) *f* enema.

lewic|a (-y) *f* (*POL*) the left.

lewicowy *adj* left-wing, leftist.

lewo *adv*: **w** *lub* **na lewo** (to the) left; **na prawo i lewo** right and left, all over the place; **na lewo** (*pot*: *sprzedawać, załatwiać*) on the q.t. (*pot*), under the table (*pot*).

leworęczny *adj* left-handed.

lewostronny *adj*: **ruch lewostronny** left-hand driving *lub* traffic.

lewy *adj* (*bok, but*) left; (*o stronie tkaniny*) inside *attr*; (*pot*: *sfałszowany*) phoney (*pot*); **lewy pas** (*MOT*) outside *lub* fast lane.

le|źć (-zę, -ziesz) (*imp* **-ź**, *pt* **lazł, leźli**) *vi* (*pot*) to straggle.

leża|k (-ka, -ki) (*instr sg* **-kiem**) *m* deckchair (*BRIT*), beach chair (*US*).

leżąco *adv*: **na leżąco** lying down.

leż|eć (-ę, -ysz) (*pt* -ał) *vi* to lie; (*o ubraniu*) to fit; **leżeć w łóżku/szpitalu** to stay in bed/in (the (*US*)) hospital.

lędź|wie (-wi) *pl* loins *pl*.

lę|k (-ku, -ki) (*instr sg* -kiem) *m* fear, anxiety; **lęk przestrzeni/wysokości** a fear of open spaces/heights.

lęk|ać się (-am, -asz) *vr* to fear.

lękliwy *adj* apprehensive.

lg|nąć (-nę, -niesz) (*imp* -nij) *vi* (*przylepiać się*) (*perf* przy-): **lgnąć (do** +*gen*) to cling (to).

lia|na (-ny, -ny) (*dat sg* -nie) *f* liana.

libacj|a (-i, -e) (*gen pl* -i) *f* drinking spree.

Liba|n (-nu) (*loc sg* -nie) *m* Lebanon.

libański *adj* Lebanese.

liberaliz|m (-mu) (*loc sg* -mie) *m* liberalism.

liberalny *adj* liberal.

Libi|a (-i) *f* Libya.

libijski *adj* Libyan.

liceali|sta (-sty, -ści) (*dat sg* -ście) *m decl like f in sg* secondary school student (*BRIT*), high school student (*US*).

licealist|ka (-ki, -ki) (*dat sg* -ce, *gen pl* -ek) *f* secondary school student (*BRIT*), high school student (*US*).

licealny *adj* secondary school *attr* (*BRIT*), high school *attr* (*US*).

licencj|a (-i, -e) (*gen pl* -i) *f* licence (*BRIT*), license (*US*).

lice|um (-um, -a) (*gen pl* -ów) *nt inv in sg* secondary school (*BRIT*), high school (*US*); **liceum zawodowe** vocational school; **liceum ogólnokształcące** ≈ grammar school (*BRIT*), ≈ high school (*US*).

lich|o (-a) *nt* devil; **do licha!** for God's sake!; **co u licha ...?** what on earth ...?

lichwiarz (-a, -e) *m* usurer.

lichy *adj* (*kiepski*) shoddy; (*niepozorny*) flimsy.

licytacj|a (-i, -e) (*gen pl* -i) *f* (*przetarg*) auction; (*KARTY*) bidding.

licyt|ować (-uję, -ujesz) *vt* (*sprzedać na aukcji*) (*perf* z-) to auction; (*KARTY*) (*perf* za-) to bid.

licz|ba (-by, -by) (*dat sg* -bie) *f* number; (*JĘZ*): **liczba pojedyncza/mnoga** singular/plural (number).

liczbowy *adj* numerical.

liczebni|k (-ka, -ki) (*instr sg* -kiem) *m* numeral.

liczebny *adj* (*przewaga*) measured in numbers.

licznie *adv* in large numbers.

liczni|k (-ka, -ki) (*instr sg* -kiem) *m* (*gazowy, telefoniczny, prądu*) meter.

liczny *adj* numerous.

licz|yć (-ę, -ysz) *vt* (*perf* po-) to count ♦ *vi* (*rachować*) (*perf* po-) to calculate; (*wynosić*): **klasa liczy 20 osób** the class numbers 20; **liczyć na** +*acc* to count on.

►**liczyć się** *vr* (*mieć znaczenie*) to matter; **liczyć się z** +*instr* to take into account.

lide|r (-ra, -rzy) (*loc sg* -rze) *m* leader.

Liechtenstei|n (-nu) (*loc sg* -nie) *m* Liechtenstein.

liftin|g (-gu, -gi) (*instr sg* -giem) *m* facelift.

li|ga (-gi, -gi) (*dat sg* -dze) *f* league.

likie|r (-ru, -ry) (*loc sg* -rze) *m* liqueur.

likwidacj|a (-i, -e) (*gen pl* -i) *f* liquidation; (*zniesienie*) abolition.

likwid|ować (-uję, -ujesz) (*perf* z-) *vt* (*usuwać*) to eliminate; (*zabijać*) to liquidate.

lili|a (-i, -e) (*gen pl* -i) *f* lily.

liliowy *adj* lilac.

lim|fa (-fy) (*dat sg* -fie) *f* lymph.

limfatyczny *adj* lymphatic; **węzeł limfatyczny** lymph node.

limi|t (-tu, -ty) (*loc sg* -cie) *m* limit.

limit|ować (-uję, -ujesz) *vt* to limit.

limuzy|na (**-ny**, **-ny**) (*dat sg* **-nie**) *f* limo(usine).

li|na (**-ny**, **-ny**) (*dat sg* **-nie**) *f* rope.

lincz (**-u**, **-e**) *m* lynch.

lincz|ować (**-uję**, **-ujesz**) (*perf* **z-**) *vt* to lynch.

lini|a (**-i**, **-e**) (*gen pl* **-i**) *f* line; (*trasa*) line, route; **w linie** (*o zeszycie*) lined.

lini|eć (**-eje**) (*perf* **wy-**) *vi* to moult (*BRIT*), to molt (*US*).

linij|ka (**-ki**, **-ki**) (*dat sg* **-ce**, *gen pl* **-ek**) *f* (*przyrząd*) ruler; (*wiersz tekstu*) line.

lin|ka (**-ki**, **-ki**) (*dat sg* **-ce**, *gen pl* **-ek**) *f* cord, line; **linka holownicza** towline.

linowy *adj*: **kolejka linowa** (*system transportu*) cable railway; (*wagonik*) cable car.

li|pa (**-py**, **-py**) (*dat sg* **-pie**) *f* (*BOT*) lime (tree), linden.

li|piec (**-pca**, **-pce**) *m* July.

li|ra (**-ry**, **-ry**) (*dat sg* **-rze**) *f* lyre.

liryczny *adj* lyrical.

li|s (**-sa**, **-sy**) (*loc sg* **-sie**) *m* fox; **chytry jak lis** (as) sly as a fox.

li|st (**-stu**, **-sty**) (*loc sg* **-ście**) *m* letter; **list zwykły** surface-mail letter; **list polecony** registered letter, recorded delivery letter (*BRIT*), certified letter (*US*); **list lotniczy** airmail letter; **list polecający** letter of recommendation.

li|sta (**-sty**, **-sty**) (*dat sg* **-ście**) *f* list; **lista przebojów** (*spis utworów*) the charts *pl*; (*program*) hit parade; **lista obecności** roll.

listonosz (**-a**, **-e**) (*gen pl* **-y**) *m* postman (*BRIT*), mailman (*US*).

listopa|d (**-da**, **-dy**) (*loc sg* **-dzie**) *m* November.

listownie *adv* by mail.

listowny *adj* written.

listowy *adj*: **papier listowy** writing paper.

list|wa (**-wy**, **-wy**) (*dat sg* **-wie**) *f* (*podkładowa*) batten; (*zewnętrzna*) slat.

liściasty *adj* deciduous.

liś|ć (**-cia**, **-cie**) (*gen pl* **-ci**, *instr pl* **-ćmi**) *m* leaf.

lite|ra (**-ry**, **-ry**) (*loc sg* **-rze**) *f* letter; **wielka** *lub* **duża litera** capital (letter); **mała litera** small *lub* lowercase letter; **litery drukowane** printed characters.

literacki *adj* literary.

litera|t (**-ta**, **-ci**) (*loc sg* **-cie**) *m* man of letters.

literatu|ra (**-ry**, **-ry**) (*dat sg* **-rze**) *f* literature.

liter|ować (**-uję**, **-ujesz**) (*perf* **prze-**) *vt* to spell.

literów|ka (**-ki**, **-ki**) (*dat sg* **-ce**, *gen pl* **-ek**) *f* misprint.

litewski *adj* Lithuanian.

litoś|ć (**-ci**) *f* (*łaska*) mercy; (*współczucie*) compassion.

lit|ować się (**-uję**, **-ujesz**) (*perf* **z-**) *vr*: **litować się (nad** *+instr*) to have mercy (on).

lit|r (**-ra**, **-ry**) (*loc sg* **-rze**) *m* litre (*BRIT*), liter (*US*).

Lit|wa (**-wy**) (*dat sg* **-wie**) *f* Lithuania.

Litwi|n (**-na**, **-ni**) (*loc sg* **-nie**) *m* Lithuanian.

li|zać (**-żę**, **-żesz**) (*perf* **-znąć**) *vt* to lick.

liza|k (**-ka**, **-ki**) (*instr sg* **-kiem**) *m* lollipop.

Lizbo|na (**-ny**) (*dat sg* **-nie**) *f* Lisbon.

li|znąć (**-znę**, **-źniesz**) (*imp* **-źnij**) *vb perf od* **lizać** ♦ *vt perf*: **liznąć czegoś** (*pot*: *poznać, nauczyć się*) to get a smattering of sth.

lizu|s (**-sa**, **-sy**) (*loc sg* **-sie**) *m* toady.

lm. *abbr* (= *liczba mnoga*) pl (= plural).

lniany *adj* (*płótno*) linen *attr*; (*olej*) linseed *attr*; **siemię lniane** flaxseed, linseed.

lobbin|g (**-gu, -gi**) (*instr sg* **-giem**) *m* lobbying.

loch (**-u, -y**) *m* dungeon.

locie *n patrz* **lot**.

lodowaty *adj* ice-cold; (*przen*) icy.

lodo|wiec (**-wca, -wce**) *m* glacier.

lodowis|ko (**-ka, -ka**) (*instr sg* **-kiem**) *nt* skating *lub* ice rink.

lodowy *adj* (*twór*) glacial; (*epoka, powłoka*) ice *attr*; (*tort*) ice-cream *attr*; **góra lodowa** iceberg.

lodów|ka (**-ki, -ki**) (*dat sg* **-ce**, *gen pl* **-ek**) *f* fridge, refrigerator.

lodu *itd. n patrz* **lód**.

lod|y (**-ów**) *pl* ice cream.

logiczny *adj* logical.

logi|ka (**-ki**) (*dat sg* **-ce**) *f* logic.

lojalnoś|ć (**-ci**) *f* loyalty.

lojalny *adj* loyal.

lo|k (**-ku, -ki**) (*instr sg* **-kiem**) *m* curl, lock.

lokal (**-u, -e**) (*gen pl* **-i** *lub* **-ów**) *m* (*ogólnie*) premises *pl*; (*restauracja*) restaurant; **nocny lokal** night club.

lokaliz|ować (**-uję, -ujesz**) (*perf* **z-**) *vt* (*umieszczać*) to situate; (*znajdować*) to locate.

lokalny *adj* local.

loka|ta (**-ty, -ty**) (*dat sg* **-cie**) *f* (*pozycja*) place; (*też:* **lokata kapitału**) (capital) investment; (*też:* **lokata pieniężna**) deposit.

lokato|r (**-ra, -rzy**) (*loc sg* **-rze**) *m* occupant.

lokomocj|a (**-i**) *f:* **środek lokomocji** means of transport (*BRIT* *lub* transportation (*US*).

lokomoty|wa (**-wa, -wy**) (*dat sg* **-wie**) *f* engine, locomotive.

lok|ować (**-uję, -ujesz**) (*perf* **u-**) *vt* (*umieszczać*) to place; (*EKON*) to invest.

loków|ka (**-ki, -ki**) (*dat sg* **-ce**, *gen pl* **-ek**) *f* curler; **lokówka elektryczna** curling tongs *lub* irons.

lombar|d (**-du, -dy**) (*loc sg* **-dzie**) *m* pawnshop.

Londy|n (**-nu**) (*loc sg* **-nie**) *m* London.

lor|d (**-da, -dowie**) (*loc sg* **-dzie**) *m* lord.

lornet|ka (**-ki, -ki**) (*dat sg* **-ce**, *gen pl* **-ek**) *f* binoculars *pl*.

lo|s (**-su, -sy**) (*loc sg* **-sie**) *m* (*koleje życia*) lot; (*przeznaczenie*) fate; (*na loterii*) (lottery) ticket; **zły los** bad fortune; **ironia losu** (*przen*) an ironic twist of fate.

los|ować (**-uję, -ujesz**) *vt* (*perf* **wy-**) to draw ♦ *vi* to draw lots.

losowa|nie (**-nia, -nia**) (*gen pl* **-ń**) *nt* drawing.

losowy *adj* (*wybór, próba*) random; **zdarzenie losowe** act of God.

lo|t (**-tu, -ty**) (*loc sg* **-cie**) *m* flight.

loteri|a (**-i, -e**) (*gen pl* **-i**) *f* lottery.

lot|ka (**-ki, -ki**) (*dat sg* **-ce**, *gen pl* **-ek**) *f* (*ZOOL*) flight feather; (*LOT*) aileron; (*SPORT*) shuttlecock, (badminton) bird.

lot|nia (**-ni, -nie**) (*gen pl* **-ni**) *f* hang-glider.

lotnict|wo (**-wa**) (*loc sg* **-wie**) *nt* (*cywilne*) aviation; (*wojskowe*) air force.

lotniczy *adj* air *attr*; **linia lotnicza** (air) carrier, airline.

lotni|k (**-ka, -cy**) (*instr sg* **-kiem**) *m* aviator.

lotnis|ko (**-ka, -ka**) (*instr sg* **-kiem**) *nt* (*pasażerskie*) airport; (*lądowisko*) airfield.

lotnisko|wiec (**-wca, -wce**) *m* aircraft carrier.

lotny *adj* (*CHEM, FIZ*) volatile; (*bystry*) nimble.

lo|ża (**-y, -e**) (*gen pl* **lóż**) *f* box (*in a theatre*).

lód (**lodu, lody**) (*loc sg* **lodzie**) *m* ice; **zimny jak lód** (as) cold as ice; *patrz też* **lody**.

lp. *abbr* (= *liczba porządkowa*) (*Item*) No.

lśniący *adj* glittering, glistening.

lś|nić (**-nię, -nisz**) (*imp* **-nij**) *vi* to glitter, to glisten.

lub *conj* or; **lub też** or else.

lubiany *adj* popular.

lu|bić (**-bię, -bisz**) *vt* to like; **lubić coś robić** to like doing sth *lub* to do sth.

► **lubić się** *vr* to like one another.

lubieżny *adj* lascivious; **czyn lubieżny** lewd conduct.

lu|d (**-du**) (*loc sg* **-dzie**) *m* (*masy*) people; (*plemię, szczep*) (*nom pl* **-dy**) people.

ludnoś|ć (**-ci**) *f* population.

ludobójst|wo (**-wa, -wa**) (*loc sg* **-wie**) *nt* genocide.

ludowy *adj* (*strój, taniec, muzyka*) folk *attr*; (*władza, republika*) people's *attr*.

ludożerc|a (**-y, -y**) *m* cannibal.

lu|dzie (**-dzi**) (*instr pl* **-dźmi**) *pl* people; *patrz też* **człowiek**.

ludzki *adj* (*ciało, istota, natura*) human; (*traktowanie, stosunek*) humane.

ludzkoś|ć (**-ci**) *f* humankind, humanity.

lu|fa (**-fy, -fy**) (*dat sg* **-fie**) *f* barrel.

lu|ka (**-ki, -ki**) (*dat sg* **-ce**) *f* gap; **luka w prawie** loophole.

lu|kier (**-kru, -kry**) (*loc sg* **-krze**) *m* icing.

lukr|ować (**-uję, -ujesz**) (*perf* **po-**) *vt* to ice.

Luksembur|g (**-ga**) (*instr sg* **-giem**) *m* Luxembourg.

luksu|s (**-su, -sy**) (*loc sg* **-sie**) *m* luxury.

luksusowy *adj* luxury *attr*.

lunapar|k (**-ku, -ki**) (*instr sg* **-kiem**) *m* funfair (*BRIT*), amusement park (*US*).

lunaty|k (**-ka, -cy**) (*instr sg* **-kiem**) *m* sleepwalker.

lune|ta (**-ty, -ty**) (*dat sg* **-cie**) *f* telescope.

lu|pa (**-py, -py**) (*loc sg* **-pie**) *f* magnifying glass.

luster|ko (**-ka, -ka**) (*instr sg* **-kiem**, *gen pl* **-ek**) *nt* mirror; **lusterko wsteczne** rear-view mirror; **lusterko boczne** wing (*BRIT*) *lub* outside (*US*) mirror.

lust|ro (**-ra, -ra**) (*loc sg* **-rze**, *gen pl* **-er**) *nt* mirror.

luterański *adj* Lutheran.

lut|ować (**-uję, -ujesz**) (*perf* **z-**) *vt* to solder.

lutownic|a (**-y, -e**) *f* soldering iron.

lut|y (**-ego, -e**) *m decl like adj* February.

lu|z (**-zu, -zy**) (*loc sg* **-zie**) *m* (*wolny czas*) (free) time; (*wolne miejsce*) room; (*TECH*) play, clearance; (*MOT*) neutral; (*pot. swoboda: no pl*) elbow room (*pot.*).

luźny *adj* (*spodnie, obuwie*) loose(-fitting); (*lina, wodze*) slack; (*kartka*) loose; (*przen: uwaga*) casual, detached; (*kontakt*) occasional; (*pot. rozmowa, atmosfera*) casual.

Lw|ów (**-owa**) (*loc sg* **-owie**) *m* Lvov.

lżej *adv comp od* **lekko**.

lżejszy *adj comp od* **lekki**.

Ł

Ła|ba (**-by**) (*loc sg* **-bie**) *f* the Elbe.

łabę|dź (**-dzia, -dzie**) (*gen pl* **-dzi**) *m* swan.

łaci|na (**-ny**) (*dat sg* **-nie**) *f* Latin.

łaciński *adj* Latin.

ła|d (**-du**) (*loc sg* **-dzie**) *m* order.

ładnie *adv* (*ubierać się, prosić, czytać*) nicely; **to ładnie wygląda/pachnie** it looks/smells nice *lub* pretty.

ładny adj pretty, nice; (dziewczyna) pretty; (pogoda, dzień) nice.

ład|ować (-uję, -ujesz) vt (paczki, ciężarówkę, broń) (perf za-) to load; (akumulator) (perf na-) to charge.

ładow|nia (-ni, -nie) (gen pl -ni) f (cargo) hold.

ładowność (-ci) f carrying capacity.

ładun|ek (-ku, -ki) (instr sg -kiem) m load; (towary) cargo; (bomba) bomb; (materiał wybuchowy) charge; (ELEKTR) charge.

łagodnie adv (mówić, spoglądać) softly; (skręcać, hamować) gently.

łagodny adj (człowiek, uwaga, zakręt) gentle; (wyrok, zima, klimat) mild; (proszek, lek, działanie) mild, gentle.

łagodzący adj: okoliczności łagodzące extenuating lub mitigating circumstances.

łag|odzić (-odzę, -odzisz) (imp -odź lub -ódź, perf z- lub za-) vt (żal) to soothe, to ease; (cierpienie, ból) to alleviate; (spór) to mitigate, to moderate.

łajda|k (-ka, -cy) (instr sg -kiem) m rascal, scoundrel.

łako|cie (-ci) pl sweets pl, candy (US).

łakomczuch (-a, -y) m glutton.

łakomst|wo (-wa) (loc sg -wie) nt gluttony, greediness.

łakomy adj (żarłoczny) gluttonous, greedy.

ła|m (-mu, -my) (loc sg -mie) m column; na łamach gazet lub prasy in the papers.

ła|mać (-mię, -miesz) (perf z-) vt (gałąź, obietnicę, prawo) to break; (opór) to break (down).

▸**łamać się** vr (o gałęzi) to break; (o głosie) to falter.

łamany adj broken; mówić łamaną angielszczyzną to speak in broken English.

łamigłów|ka (-ki, -ki) (dat sg -ce, gen pl -ek) f puzzle; (układanka) jigsaw (puzzle).

łańcuch (-a, -y) m chain; łańcuch górski mountain range.

łańcuchowy adj: reakcja łańcuchowa chain reaction.

łańcusz|ek (-ka, -ki) (instr sg -kiem) m dimin od łańcuch.

ła|pa (-py, -py) (dat sg -pie) f (kota, psa) paw; (pot: ręka) paw (pot).

ła|pać (-pię, -piesz) (perf z-) vt to catch.

łapczywie adv greedily.

łap|ka (-ki, -ki) (dat sg -ce, gen pl -ek) f dimin od łapa; (na myszy) mousetrap.

łapów|ka (-ki, -ki) (dat sg -ce, gen pl -ek) f bribe; dawać (dać perf) komuś łapówkę to bribe sb.

łapu-capu adv: na łapu-capu helter-skelter.

łasic|a (-y, -e) f weasel.

ła|sić się (-szę, -sisz) (imp -ś) vr: łasić się do kogoś to fawn on sb.

łas|ka (-ki, -ki) (dat sg -ce, gen pl -k) f (przychylność) favour (BRIT), favor (US); (ułaskawienie) pardon; być na łasce kogoś/czegoś to be at the mercy of sb/sth.

łaskawy adj (uśmiech, los) favourable (BRIT) lub favorable (US).

łasko|tać (-czę, -czesz) vt to tickle.

łasy adj: łasy na coś greedy for sth.

ła|ta (-ty, -ty) (dat sg -cie) f patch.

łat|ać (-am, -asz) (perf za-) vt to patch.

łat|ka (-ki, -ki) (dat sg -ce, gen pl -ek) f dimin od łata.

łatwi|zna (-zny) (dat sg -źnie) f: iść (pójść perf) na łatwiznę to follow the line of least resistance; ten egzamin to łatwizna this exam is a piece of cake (pot).

łatwo adv easily; łatwo zrozumiały easy to understand.

łatwopalny adj (in)flammable.

łatwoś|ć (-ci) f: **z łatwością** easily, with ease.

łatwowierny adj gullible, credulous.

łatwy adj easy.

ła|wa (-wy, -wy) (dat sg -wie) f (stolik) coffee table; (do siedzenia) bench; **ława oskarżonych** dock (in court); **ława przysięgłych** jury (box).

ławic|a (-y, -e) f (ryb) shoal, school.

ław|ka (-ki, -ki) (dat sg -ce, gen pl -ek) f (w parku) bench; (w szkole) desk; (w kościele) pew.

ła|zić (-żę, -zisz) (imp -ź, perf po-) vi (pot) to walk.

łazien|ka (-ki, -ki) (dat sg -ce, gen pl -ek) f bathroom.

łaź|nia (-ni, -nie) (gen pl -ni) f baths sg lub pl.

łącznie adv: **łącznie z** +instr (wliczając) including; **pisać coś łącznie** to write sth as one word.

łączni|k (-ka) (instr sg -kiem) m (znak graficzny) (nom pl -ki) hyphen; (WOJSK) (nom pl -cy) liaison officer.

łącznoś|ć (-ci) f (kontakt) contact; (wspólnota) unity; (komunikacja) communication(s pl).

łącz|yć (-ę, -ysz) (perf po-) vt (elementy) to join; (punkty, miasta) to link, to connect; (TEL) to connect, to put through; (mieszać) to mix, to blend; (jednoczyć) to unite.

▸**łączyć się** vr (stykać się: o elementach) to be joined; (o dłoniach, gałęziach) to meet, to join; (o rzekach, drogach) to merge.

łą|ka (-ki, -ki) (dat sg -ce) f meadow.

łeb (łba, łby) (loc sg łbie) m (zwierzęcy) head; (pot: głowa ludzka) nut (pot).

łeb|ek, łep|ek (-ka, -ki) (instr sg -kiem) m dimin od **łeb**; (gwoździa, szpilki) head.

łep|ek (-ka, -ki) (instr sg -kiem) m = **łebek**.

łcz n patrz **łza**.

łk|ać (-am, -asz) vi to sob.

łobu|z (-za, -zy) (loc sg -zie) m (urwis) urchin; (chuligan) hooligan.

łody|ga (-gi, -gi) (dat sg -dze) f stem, stalk.

ło|kieć (-kcia, -kcie) (gen pl -kci) m elbow.

ło|m (-mu, -my) (loc sg -mie) m crowbar.

łomo|t (-tu, -ty) (loc sg -cie) m (hałas) din; (dudnienie) rumble; (głuchy odgłos) thud; (huk) bang.

łomo|tać (-czę, -czesz) (perf za-) vi (hałasować) to knock; (o sercu) to thud.

ło|no (-na, -na) (loc sg -nie) nt (ANAT) womb; (pierś) bosom.

łopa|ta (-ty, -ty) (dat sg -cie) f shovel.

łopat|ka (-ki, -ki) (dat sg -ce, gen pl -ek) f dimin od **łopata**; (KULIN) spatula; (ANAT) shoulder blade.

łopo|tać (-czę, -czesz) (perf za-) vi to flap, to flutter.

łosko|t (-tu, -ty) (loc sg -cie) m (hałas) din; (huk) bang; (stukot) clatter.

łoso|ś (-sia, -sie) (gen pl -si) m salmon.

ło|ś (-sia, -sie) (gen pl -si) m elk.

łotewski adj Latvian.

łot|r (-ra, -ry) (loc sg -rze) m scoundrel.

Łot|wa (-wy) (dat sg -wie) f Latvia.

Łotyoz (-a, -c) (gen pl -y lub -ów) m Latvian.

łowc|a (-y, -y) m hunter.

ło|wić (-wię, -wisz) (imp łów, perf z-) vt (zwierzynę) to hunt; (ryby, motyle) to catch; **łowić ryby** to fish.

łowiect|wo (-wa) (loc sg -wie) nt hunting.

łożys|ko (-ka, -ka) (instr sg -kiem) nt (TECH) bearing; (ANAT) placenta.

łód|ka (-ki, -ki) (dat sg -ce, gen pl -ek) f boat.

łódź (**łodzi, łodzie**) (*gen pl* **łodzi**) *f*
boat; **łódź ratunkowa** lifeboat; **łódź
podwodna** submarine.

łóżecz|ko (**-ka, -ka**) (*instr sg* **-kiem**,
gen pl **-ek**) *nt* cot (*BRIT*), crib (*US*).

łóż|ko (**-ka, -ka**) (*instr sg* **-kiem**, *gen pl*
-ek) *nt* bed.

łuczni|k (**-ka, -cy**) (*instr sg* **-kiem**) *m*
archer.

łu|dzić (**-dzę, -dzisz**) (*imp* **-dź**) *vt* to
deceive.

▸**łudzić się** *vr*: **łudzić się, że ...** to
be under the illusion that ... .

łu|k (**-ku, -ki**) (*instr sg* **-kiem**) *m*
(*krzywizna*) curve; (*broń*) bow;
(*ARCHIT*) arch; (*GEOM, ELEKTR*)
arc.

łu|na (**-ny, -ny**) (*dat sg* **-nie**) *f* glow.

łu|p (**-pu, -py**) (*loc sg* **-pie**) *m* loot.

łu|pać (**-pię, -piesz**) *vt* to crack.

łupież (**-u**) *m* dandruff.

łupi|na (**-ny, -ny**) (*dat sg* **-nie**) *f*
(*orzecha*) (nut)shell; (*ziemniaka*)
skin.

łus|ka (**-ki, -ki**) (*dat sg* **-ce**, *gen pl* **-ek**)
f (*ryby*) scale; (*nasiona, zboża*) husk;
(*grochu, fasoli*) shell; (*WOJSK*) shell.

łusk|ać (**-am, -asz**) *vt* to shell.

łuszcz|yć się (**-y**) (*perf* **z-**) *vr* to peel
off.

łu|t (**-ta, -ty**) (*loc sg* **-cie**) *m*: **łut
szczęścia** a stroke of luck.

łycz|ek (**-ka, -ki**) (*instr sg* **-kiem**) *m*
sip.

łyd|ka (**-ki, -ki**) (*dat sg* **-ce**, *gen pl* **-ek**)
f calf.

ły|k (**-ku, -ki**) (*instr sg* **-kiem**) *m*
swallow.

łyk|ać (**-am, -asz**) (*perf* **-nąć**) *vt* to
swallow.

łyk|nąć (**-nę, -niesz**) (*imp* **-nij**) *vb perf
od* **łykać**.

łysi|eć (**-eję, -ejesz**) (*perf* **wy-**) *vi* to
go *lub* grow bald.

łysiejący *adj* balding.

łysi|na (**-ny, -ny**) (*loc sg* **-nie**) *f*
(*miejsce*) bald patch; (*łysa głowa*)
bald head.

łysy *adj* bald.

łyżecz|ka (**-ki, -ki**) (*dat sg* **-ce**, *gen pl*
-ek) *f dimin od* **łyżka**; (*też*: **łyżeczka
do herbaty**) teaspoon; (*zawartość*)
teaspoonful.

łyż|ka (**-ki, -ki**) (*dat sg* **-ce**, *gen pl* **-ek**)
f spoon; (*zawartość*) spoonful; **łyżka
do butów** shoehorn; **łyżka wazowa**
ladle.

łyż|wa (**-wy, -wy**) (*dat sg* **-wie**, *gen pl*
-ew) *f* skate; **jeździć na łyżwach** to
skate.

łyżwiar|ka (**-ki, -ki**) (*dat sg* **-ce**, *gen pl*
-ek) *f* skater.

łyżwiarski *adj* skating *attr*.

łyżwiarst|wo (**-wa**) (*loc sg* **-wie**) *nt*
skating.

łyżwiarz (**-a, -e**) (*gen pl* **-y**) *m* skater.

łyżworol|ka (**-ki, -ki**) (*dat sg* **-ce**, *gen
pl* **-ek**) *f* Rollerblade ®.

łza (**łzy, łzy**) (*dat sg* **łzie**, *gen pl* **łez**) *f*
tear.

łzawiący *adj*: **gaz łzawiący** tear gas.

łza|wić (**-wi**) *vi*: **oczy mi łzawią** my
eyes are running.

łzawy *adj* sentimental.

M

ma *vb patrz* **mieć**.

mac|ać (**-am, -asz**) *vt* (*badać*) to feel,
to finger; (*pot: dotykać lubieżnie*) to
paw (*pot*), to grope (*pot*).

Macedoni|a (**-i**) *f* Macedonia.

macedoński *adj* Macedonian.

mach|ać (**-am, -asz**) *vi* (*perf* **-nąć**)
(*chusteczką, ręką*) to wave;
(*ogonem*) to wag; (*skrzydłami*) to
flap; (*szablą*) to brandish.

machinacj|e (**-i**) *pl* machinations *pl*.

macic|a (**-y, -e**) *f* (*ANAT*) uterus.

macie *patrz* **mat, mata, mieć**.

macierzyński *adj* (*instynkt*)
maternal; (*miłość*) motherly; **urlop
macierzyński** maternity leave.

macierzyńst|wo (**-wa**) (*loc sg* **-wie**)
nt maternity; **świadome
macierzyństwo** planned parenthood.

macio|ra (**-ry, -ry**) (*dat sg* **-rze**) *f* sow.

mac|ka (**-ki, -ki**) (*dat sg* **-ce**, *gen pl*
-ek) *f* tentacle, feeler.

maco|cha (**-chy, -chy**) (*dat sg* **-sze**) *f*
stepmother.

macz|ać (**-am, -asz**) (*perf* **zamoczyć**)
vt: **maczać** (**coś w czymś**) to dip
(sth in sth); **na pewno maczał w
tym palce** (*przen*) he must have had
a hand in this.

maczu|ga (**-gi, -gi**) (*dat sg* **-dze**) *f*
club.

ma|ć (**-ci**) *f*: **psia mać!** (*pot*) damn
(it)! (*pot*); **kurwa mać!** (*pot!*) fuck
(it)! (*pot!*).

Madon|na (**-ny**) (*dat sg* **-nie**) *f*
Madonna.

Madry|t (**-tu**) (*loc sg* **-cie**) *m* Madrid.

mafi|a (**-i, -e**) (*gen pl* **-i**) *f* mob;
(*sycylijska*) the Mafia; (*przen*) mafia.

magazy|n (**-nu, -ny**) (*loc sg* **-nie**) *m*
(*budynek*) warehouse, storehouse;
(*pomieszczenie*) store(room),
stockroom; (*czasopismo, program*)
magazine.

magazyn|ek (**-ku, -ki**) (*instr sg*
-kiem) *f* (*WOJSK*) magazine.

magazynie|r (**-ra, -rzy**) (*loc sg* **-rze**)
m warehouse manager *lub* attendant.

magazyn|ować (**-uję, -ujesz**) *vt*
(*przechowywać*) to store;
(*gromadzić*) (*perf* **z-**) to store up.

magi|a (**-i, -e**) (*gen pl* **-i**) *f* magic; **to
dla mnie czarna magia** it's (all)
Greek to me.

magiczny *adj* (*sztuka, obrzęd*)
magic; (*siła, wpływ*) magical.

ma|giel (**-gla, -gle**) (*gen pl* **-gli**) *m*
linen press.

magi|k (**-ka, -cy**) (*instr sg* **-kiem**) *m*
magician.

magist|er (**-ra, -rzy** *lub* **-rowie**) (*loc sg*
-rze) *m* (*nauk ścisłych,
przyrodniczych*) Master of Science;
(*nauk humanistycznych*) Master of
Arts.

magisterski *adj* master's *attr*.

magl|ować (**-uję, -ujesz**) (*perf* **wy-**)
vt to press.

magna|t (**-ta, -ci**) (*loc sg* **-cie**) *m*
magnate.

magne|s (**-su, -sy**) (*loc sg* **-sie**) *m*
magnet.

magnetofo|n (**-nu, -ny**) (*loc sg* **-nie**)
m (*ze wzmacniaczem*) tape recorder;
(*bez wzmacniacza*) tape deck;
magnetofon kasetowy cassette
recorder *lub* deck.

magnetofonowy *adj* (*taśma*)
magnetic; **zapis magnetofonowy**
tape recording.

magnetowi|d (**-du, -dy**) (*loc sg* **-dzie**)
m video (cassette recorder), VCR.

magnetyczny *adj* magnetic.

magnetyz|m (**-mu**) (*loc sg* **-mie**) *m*
magnetism.

magne|z (**-zu**) (*loc sg* **-zie**) *m*
magnesium.

magnoli|a (**-i, -e**) (*gen pl* **-i**) *f*
magnolia.

mahometa|nin (**-nina, -nie**) (*loc sg*
-ninie, *gen pl* **-n**) *m* Muslim.

mahometański *adj* Muslim.

maho|ń (**-niu, -nie**) (*gen pl* **-ni** *lub*
-niów) *m* mahogany.

maj (**-a, -e**) *m* May.

majacz|yć (**-ę, -ysz**) *vi* (*bredzić*) to
be delirious; (*ukazywać się*) (*perf*
za-) to emerge.

mają *vb patrz* **mieć**.

mająt|ek (**-ku**) (*instr sg* **-kiem**) *m*
(*mienie*) property, possessions *pl*;
(*bogactwo*) fortune; (*ziemski*) estate.

majątkowy *adj*: **prawo majątkowe**

property law; **sytuacja majątkowa** financial situation.

majeran|ek (**-ku**, **-ki**) (*instr sg* **-kiem**) *m* marjoram.

majesta|t (**-tu**) (*loc sg* **-cie**) *m* majesty.

majestatyczny *adj* majestic.

majętny *adj* moneyed, monied.

majone|z (**-zu**, **-zy**) (*loc sg* **-zie**) *m* mayonnaise.

majo|r (**-ra**, **-rowie** *lub* **-rzy**) (*loc sg* **-rze**) *m* major.

majów|ka (**-ki**, **-ki**) (*dat sg* **-ce**, *gen pl* **-ek**) *f* picnic.

majst|er (**-ra**, **-rowie** *lub* **-rzy**) (*loc sg* **-rze**) *m* (*w przemyśle*) foreman; (*w rzemiośle*) master.

majsterk|ować (**-uję**, **-ujesz**) *vi* to do (some) DIY.

majsterkowicz (**-a**, **-e**) *m* DIY man.

majstr|ować (**-uję**, **-ujesz**) *vi*: **majstrować przy czymś** (*pot*) to tinker *lub* fiddle with sth (*pot*).

majt|ki (**-ek**) *pl* (*damskie, dziecięce*) panties *pl*; (*męskie*) briefs *pl*.

ma|k (**-ku**) *m* (*roślina*) (*pl* **-ki**) poppy; (*nasiona*) poppyseed; **było cicho jak makiem zasiał** the place was as silent as the grave.

makabryczny *adj* macabre.

makaro|n (**-nu**, **-ny**) (*loc sg* **-nie**) *m* (*ogólnie*) pasta; (*nitki*) spaghetti; (*rurki*) macaroni.

makie|ta (**-ty**, **-ty**) (*dat sg* **-cie**) *f* (*ARCHIT*) model; (*TECH*) mock-up; (*DRUK*) dummy.

makijaż (**-u**, **-e**) (*gen pl* **-y** *lub* **-ów**) *m* make-up.

makle|r (**-ra**, **-rzy**) (*loc sg* **-rze**) *m* (stock)broker.

maklerski *adj* stockbroking; **dom maklerski** brokerage house.

mako|wiec (**-wca**, **-wce**) *m* poppyseed cake.

maków|ka (**-ki**, **-ki**) (*dat sg* **-ce**, *gen pl* **-ek**) *f* poppy-head; (*pot. głowa*) bean (*pot*).

makrel|a (**-i**, **-e**) (*gen pl* **-** *lub* **-i**) *f* mackerel.

maksim|um (**-um**, **-a**) (*gen pl* **-ów**) *nt inv in sg* maximum ♦ *adv* maximum.

maksymalny *adj* maximum.

makulatu|ra (**-ry**) (*dat sg* **-rze**) *f* recycling paper; (*po przetworzeniu*) recycled paper.

malari|a (**-i**) *f* malaria.

malar|ka (**-ki**, **-ki**) (*dat sg* **-ce**, *gen pl* **-ek**) *f* painter.

malarski *adj* (*pracownia*) painter's *attr*; (*technika*) painting *attr*.

malarst|wo (**-wa**) (*loc sg* **-wie**) *nt* (*sztuka*) painting; (*obrazy*) paintings *pl*.

malarz (**-a**, **-e**) (*gen pl* **-y**) *m* painter; (*też*: **malarz pokojowy**) decorator, painter.

mal|ec (**-ca**, **-cy**) (*voc sg* **-cze**) *m* kid.

mal|eć (**-eję**, **-ejesz**) (*perf* **z-**) *vi* to diminish, to decrease.

malejący *adj* diminishing, decreasing.

maleńst|wo (**-wa**, **-wa**) (*loc sg* **-wie**) *nt* (*pot*) little one (*pot*).

mali|na (**-ny**, **-ny**) (*dat sg* **-nie**) *f* raspberry.

malkonten|t (**-ta**, **-ci**) (*loc sg* **-cie**) *m* grumbler.

mal|ować (**-uje**, **-ujesz**) *vt* (*płot, kaloryfer, ścianę*) (*perf* **po-**) to paint; (*mieszkanie*) (*perf* **wy-**) to decorate, to paint; (*obraz*) (*perf* **na-**) to paint; (*usta*) (*perf* **po-** *lub* **u-**) to paint.

▶**malować się** *vr* (*nakładać makijaż*) to make up; (*o uczuciach*) to appear; (*o przyszłości*) to look; (*o szczytach gór*) to stand out; **malować (pomalować** *perf***) coś na czerwono** to paint sth red.

malowany *adj*: „**świeżo malowane**" "wet paint".

malowniczy *adj* (*krajobraz, widok*) picturesque; (*opis*) vivid.

Mal|ta (-ty) (*dat sg* -**cie**) *f* Malta.
maltret|ować (-**uję**, -**ujesz**) (*perf* **z**-)
vt to maltreat, to abuse.
maluch (-**a**, -**y**) *m* toddler.
mal|wa (-**wy**, -**wy**) (*dat sg* -**wie**) *f*
hollyhock.
malwersacj|a (-**i**, -**e**) (*gen pl* -**i**) *f*
embezzlement.
mało (*comp* **mniej**) *adv* (*ludzi, drzew*)
few; (*czasu, światła, wody*) little;
(*mówić, wiedzieć*) little; (*zniszczony,*
prawdopodobny) hardly; **mało kto**
wie, że ... (very) few people know
that ...; **mało tego** that's not all; **o**
mało (co) nie upadłem I nearly fell.
małoduszny *adj* mean.
małoletni *adj* minor.
małolitrażowy *adj*: **samochód**
małolitrażowy small-engine car.
małomówny *adj* taciturn, reticent.
Małopols|ka (-**ki**) (*dat sg* -**ce**) *f a*
province in southern Poland.
małostkowy *adj* petty.
mał|pa (-**py**, -**py**) (*dat sg* -**pie**) *f*
monkey; (*też*: **małpa**
człekokształtna) ape; (*pot!*: *kobieta*)
bitch (*pot!*).
małp|ować (-**uję**, -**ujesz**) *vi* to ape.
ma|ły (*comp* **mniejszy**) *adj* small;
(*palec, spacer, chwilka*) little;
(*dziecko, chłopiec*) small, little;
(*litera*) lower-case, small.
mał (-**a**, -**e**) (*gen pl* -**y** *lub* -**ów**) *m*
(*ZOOL*) shellfish; (*też*: **małż jadalny**)
mussel.
małżeński *adj* (*para*) married;
(*pożycie, przysięga*) marital; **związek**
małżeński marriage, matrimony.
małżeńst|wo (-**wa**, -**wa**) (*loc sg* -**wie**)
nt (*związek prawny*) marriage; (*para*)
(married) couple; (*stan*) matrimony,
wedlock.
małżon|ek (-**ka**, -**kowie**) (*instr sg*
-**kiem**) *m* spouse, husband;
małżonkowie *pl* husband and wife,
both spouses *pl*.

małżon|ka (-**ki**, -**ki**) (*dat sg* -**ce**, *gen pl*
-**ek**) *f* spouse, wife.
małżowi|na (-**ny**, -**ny**) (*dat sg* -**nie**) *f*
(*też*: **małżowina uszna**) auricle.
mam *vb patrz* **mieć**.
ma|ma (-**my**, -**my**) (*dat sg* -**mie**) *f*
mum.
maminsyn|ek (-**ka**, -**kowie** *lub* -**ki**)
(*instr sg* -**kiem**) *m* (*pej*) mother's boy
(*pej*).
mamro|tać (-**czę**, -**czesz**) (*perf* **wy**-)
vi to mutter.
mamu|sia (-**si**, -**sie**) (*gen pl* -**ś**) *f*
mummy.
mamu|t (-**ta**, -**ty**) (*loc sg* -**cie**) *m*
mammoth.
mamy *vb patrz* **mieć**.
mandaryn|ka (-**ki**, -**ki**) (*dat sg* -**ce**,
gen pl -**ek**) *f* tangerine, mandarin.
manda|t (-**tu**, -**ty**) (*loc sg* -**cie**) *m*
(*kara*) ticket; (*poselski*) seat;
(*pełnomocnictwo*) mandate.
mandoli|na (-**ny**, -**ny**) (*dat sg* -**nie**) *f*
mandolin(e).
maneki|n (-**na**, -**ny**) (*loc sg* -**nie**) *m* (*u*
krawca) (tailor's) dummy; (*w*
sklepie) mannequin, dummy.
manew|r (-**ru**, -**ry**) (*loc sg* -**rze**) *m*
manoeuvre (*BRIT*), maneuver (*US*);
manewry *pl* (*WOJSK*) man(o)euvres
pl.
manewr|ować (-**uję**, -**ujesz**) *vi* to
manoeuvre (*BRIT*), to maneuver (*US*).
mani|a (-**i**, -**e**) (*gen pl* -**i**) *f* mania.
maniacki *adj* (*upór*) maniac(al).
mania|k (-**ka**, -**cy**) (*instr sg* -**kiem**) *m*
maniac.
manie|ra (-**ry**, -**ry**) (*dat sg* -**rze**) *f*
(*zmanierowanie*) mannerism; (*styl*)
manner; **maniery** *pl* manners *pl*.
manier|ka (-**ki**, -**ki**) (*dat sg* -**ce**, *gen pl*
-**ek**) *f* canteen, (water-)flask.
manife|st (-**stu**, -**sty**) (*loc sg* -**ście**) *m*
manifesto.
manifestacj|a (-**i**, -**e**) (*gen pl* -**i**) *f*

(*uczuć*) expression; (*zgromadzenie*) demonstration.

manifest|ować (-uję, -ujesz) (*perf* **za-**) *vt* to manifest, to demonstrate ◆ *vi* to demonstrate.

manikiu|r (-ru) (*loc sg* -rze) = **manicure**.

manipulacj|a (-i, -e) (*gen pl* -i) *f* manipulation; **manipulacje** *pl* (*finansowe, handlowe*) dishonest dealings *pl*.

manipul|ować (-uję, -ujesz) *vi* to manipulate.

mankamen|t (-tu, -ty) (*loc sg* -cie) *m* shortcoming.

mankie|t (-tu, -ty) (*loc sg* -cie) *m* (*u koszuli*) cuff; (*u spodni*) turn-up.

man|ko (-ka, -ka) (*instr sg* -kiem) *nt* cash shortage.

man|na (-ny) (*dat sg* -nie) *f* (*też*: **kasza manna**) semolina.

manomet|r (-ru, -ry) (*loc sg* -rze) *m* manometer.

manualny *adj* manual.

mańku|t (-ta, -ci) (*loc sg* -cie) *m* left-hander; **jestem mańkutem** I'm left-handed.

ma|pa (-py, -py) (*loc sg* -pie) *f* map; **mapa samochodowa** road map.

marato|n (-nu, -ny) (*loc sg* -nie) *m* marathon.

maratończy|k (-ka, -cy) (*instr sg* -kiem) *m* marathon runner.

marcepa|n (-na, -ny) (*loc sg* -nie) *m* marzipan.

march|ew (-wi, -wie) (*gen pl* -wi) *f* carrot.

margary|na (-ny, -ny) (*dat sg* -nie) *f* margarine.

margine|s (-su, -sy) (*loc sg* -sie) *m* margin.

marginesowy *adj* marginal.

marihua|na (-ny) (*dat sg* -nie) *f* marihuana.

marionet|ka (-ki, -ki) (*dat sg* -ce, *gen pl* -ek) *f* puppet.

mar|ka (-ki, -ki) (*dat sg* -ce, *gen pl* -ek) *f* (*znak fabryczny*) brand; (*waluta*) mark; (*samochodu*) make.

marke|r (-ra, -ry) (*loc sg* -rze) *m* (*pisak*) highlighter.

marketin|g (-gu) (*instr sg* -giem) *m* marketing.

marki|za (-zy, -zy) (*dat sg* -zie) *f* (*daszek*) awning; (*ciastko*) cream-filled biscuit (*BRIT*) *lub* cookie (*US*).

markowy *adj* brand-name *attr*.

marksiz|m (-mu) (*loc sg* -mie) *m* Marxism.

marmola|da (-dy, -dy) (*dat sg* -dzie) *f* jam; (*z owoców cytrusowych*) marmalade.

marmu|r (-ru, -ry) (*loc sg* -rze) *m* marble.

marmurowy *adj* marble *attr*.

marni|eć (-eję, -ejesz) (*perf* **z-**) *vi* (*o człowieku*) to waste lub pine away; (*o roślinie*) to wither (away).

marnotra|wić (-wię, -wisz) (*perf* **z-**) *vt* to squander.

marnotrawny *adj*: **syn marnotrawny** prodigal son.

marnotrawst|wo (-wa) (*loc sg* -wie) *nt* waste.

marn|ować (-uję, -ujesz) (*perf* **z-**) *vt* to waste.

▶**marnować się** *vr* to go to waste.

marny *adj* (*pensja, grosz*) paltry; (*zdrowie, kucharz*) poor; **iść** (**pójść** *perf*) **na marne** to go to waste.

Maro|ko (-ka) (*instr sg* -kiem) *nt* Morocco.

Mar|s (-sa) (*loc sg* -sie) *m* Mars.

marsz (-u, -e) march.

marszał|ek (-ka, -kowie) (*instr sg* -kiem) *m* (*WOJSK*) marshal; (*sejmu, senatu*) speaker.

marszcz|yć (-ę, -ysz) (*perf* **z-**) *vt* (*czoło, nos*) to wrinkle; (*sukienkę*) to gather.

►**marszczyć się** vr (o twarzy) to wrinkle; (o materiale) to crease.

mart|wić (-wię, -wisz) (perf z-) vt to upset.

►**martwić się** vr to worry; **martwić się czymś** to worry about lub over sth; **martwić się o** +acc to be concerned about; **nie martw się!** don't worry!

martwy adj dead; **martwa natura** still life.

marudny adj grumpy.

maru|dzić (-dzę, -dzisz) (imp -dź) vi (zrzędzić) to whine, to grumble.

marynar|ka (-ki) (dat sg -ce) f (ubiór) (nom pl -ki, gen pl -ek) jacket; (też: **marynarka wojenna**) navy; (też: **marynarka handlowa**) merchant marine lub navy.

marynarz (-a, -e) (gen pl -y) m seaman, sailor.

maryn|ować (-uję, -ujesz) (perf za-) vt (konserwować) to pickle; (przed gotowaniem) to marinate.

marynowany adj pickled.

ma|rzec (-rca, -rce) m March.

marze|nie (-nia, -nia) (gen pl -ń) nt dream.

marz|nąć (-nę, -niesz) (imp -nij) vi (o człowieku) (perf z-) to freeze; (o deszczu, mżawce) (perf za-) to freeze.

marzyciel (-a, -e) (gen pl -i) m (day)dreamer.

marzycielski adj dreamy.

marz|yć (-ę, -ysz) vi to (day)dream; **marzyć o** +loc to dream of.

marż|a (-y, -e) f (HANDEL) (profit) margin.

ma|sa (-sy, -sy) (dat sg -sie) f mass; **masy** pl (lud) the masses pl.

masak|ra (-ry, -ry) (dat sg -rze) f massacre.

masakr|ować (-uję, -ujesz) (perf z-) vt to massacre.

masaż (-u, -e) (gen pl -y) m massage.

masaży|sta (-sty, -ści) (dat sg -ście) f decl like f in sg masseur.

masażyst|ka (-ki, -ki) (dat sg -ce, gen pl -ek) f masseuse.

masecz|ka (-ki, -ki) (dat sg -ce, gen pl -ek) f mask.

maselnicz|ka (-ki, -ki) (dat sg -ce, gen pl -ek) f butter dish.

mas|ka (-ki, -ki) (dat sg -ce, gen pl -ek) f mask; (MOT) bonnet (BRIT), hood (US); **maska gazowa** gas mask.

maskara|da (-dy, -dy) (loc sg -dzie) f masquerade.

maskot|ka (-ki, -ki) (dat sg -ce, gen pl -ek) f mascot.

mask|ować (-uję, -ujesz) (perf za-) vt to camouflage; (przen) to mask.

►**maskować się** vr to assume a disguise.

maskowy adj: **bal maskowy** masked ball.

ma|sło (-sła) (loc sg -śle) nt butter; **masło orzechowe** peanut butter; **masło kakaowe** cocoa butter; **jak po maśle** swimmingly.

masochi|sta (-sty, -ści) (dat sg -ście) m decl like f in sg masochist.

masochiz|m (-mu) (loc sg -mie) m masochism.

mas|ować (-uję, -ujesz) (perf po-) vt to massage.

masowy adj mass attr; **środki (masowego) przekazu** the (mass) media.

mass-medi|a (-ów) pl the (mass) media pl.

masturbacj|a (-i) f masturbation.

masy|w (-wu, -wy) (loc sg -wie) m (górski) massif.

masywny adj (budowla) massive; (człowiek) hefty.

masz vb patrz **mieć**.

maszer|ować (-uję, -ujesz) (perf po-) vi to march.

masz|t (-tu, -ty) (loc sg -cie) m pole; (ŻEGL) mast.

maszy|na (-ny, -ny) (*dat sg* -nie) *f*
machine; **maszyna do pisania**
typewriter; **maszyna do szycia**
sewing machine; **pisać na maszynie**
to type.

maszyni|sta (-sty, -ści) (*dat sg* -ście)
m decl like f in sg engine driver
(*BRIT*), engineer (*US*).

maszynist|ka (-ki, -ki) (*dat sg* -ce,
gen pl -ek) *f* typist.

maszyn|ka (-ki, -ki) (*dat sg* -ce, *gen
pl* -ek) *f* machine; (*kuchenka*)
cooker; **maszynka do golenia** razor.

maszynopi|s (-su, -sy) (*loc sg* -sie)
m typescript.

maszynowy *adj* (*dotyczący
maszyny*) machine *attr*, (*wykonany
maszyną*) machine-made;
karabin/pistolet maszynowy
machine/submachine gun.

maś|ć (-ci, -ci) (*gen pl* -ci) *f* (*MED*)
ointment; (*konia, krowy*) colour
(*BRIT*), color (*US*).

maślan|ka (-ki) (*dat sg* -ce) *f*
buttermilk.

ma|t (*loc sg* -cie) *m* (*gen sg* -tu)
(*wykończenie*) mat(t) (finish);
(*SZACHY*) (*gen sg* -ta) checkmate.

ma|ta (-ty, -ty) (*dat sg* -cie) *f* mat.

matczyny *adj* motherly.

matematyczny *adj* (*wzór*)
mathematical; (*maszyna*)
calculating, computing.

matematy|k (-ka, -cy) *m*
mathematician.

matematy|ka (-ki) (*dat sg* -ce) *f*
mathematics; (*przedmiot, lekcja*)
maths (*BRIT*), math (*US*).

matera|c (-ca, -ce) (*gen pl* -cy *lub*
-ców) *m* mattress.

materi|a (-i) *f* matter.

materiali|sta (-sty, -ści) (*dat sg*
-ście) *m decl like f in sg* materialist.

materializ|m (-mu) (*loc sg* -mie) *m*
materialism.

materialny *adj* (*świat, kultura*)
material; (*środki, sytuacja*) financial.

materia|ł (-łu, -ły) (*loc sg* -le) *m*
material; (*tkanina*) fabric; **materiał
wybuchowy** explosive; **materiał
dowodowy** the evidence.

mat|ka (-ki, -ki) (*dat sg* -ce, *gen pl*
-ek) *f* mother; **matka chrzestna**
godmother; **Matka Boska** the Virgin
Mary.

mato|wieć (-wieje) (*perf* z-) *vi* to
tarnish.

matowy *adj* (*szkło*) frosted; (*głos*)
dull; (*farba, odbitka*) mat(t) *attr*.

matryc|a (-y, -e) *f* matrix.

matrymonialny *adj* matrimonial;
biuro matrymonialne marriage
bureau; **ogłoszenie matrymonialne**
singles ad.

matu|ra (-ry, -ry) (*dat sg* -rze) *f* ≈
GCSE (*BRIT*), ≈ high school finals
(*US*); **zdać** *(perf)* **maturę** ≈ to pass
the GCSE (*BRIT*), ≈ to graduate (*US*).

maturalny *adj*: **świadectwo
maturalne** ≈ GCSE (*BRIT*), ≈ High
School Diploma (*US*); **bal
maturalny** graduation ball; **egzamin
maturalny** = matura.

maturzy|sta (-sty, -ści) (*dat sg* -ście)
m decl like f in sg ≈ secondary
school leaver (*BRIT*), ≈ high school
graduate (*US*).

mauzole|um (-um, -a) (*gen pl* -ów)
nt inv in sg mausoleum.

ma|zać (-żę, -żesz) *vt* (*brudzić*) (*perf*
-znąć *lub* po-) to smear; (*ścierać*)
(*perf* z-) to erase.

maza|k (-ka, -ki) (*instr* -kiem) *m*
felt-tip (pen).

Mazur|y (-) *pl a region in
north-eastern Poland*.

ma|ź (-zi, -zie) (*gen pl* -zi) *f* gunk.

mą|cić (-cę, -cisz) (*imp* -ć, *perf* z-) *vt*
(*wodę*) to stir; (*przen: spokój,
radość*) to disturb.

mącz|ka (-ki, -ki) (*dat sg* -ce, *gen pl*

-ek) f: **mączka ziemniaczana** potato starch.

mądral|a (-i, -e) (*gen pl* -i) *m decl like* f (*pot*) know-all (*pot*).

mądroś|ć (-ci, -ci) (*gen pl* -ci) f wisdom.

mąd|ry (*comp* -rzejszy) *adj* wise.

mądrz|eć (-eję, -ejesz) (*perf* z-) *vi* to grow wise.

mądrz|yć się (-ę, -ysz) *vr* (*pot*) to play the wise guy (*pot*).

mą|ka (-ki, -ki) (*dat sg* -ce) f flour; (*grubo zmielona*) meal.

mąż (męża, mężowie) *m* husband; **wyjść** (*perf*) **za mąż** to get married, to marry; **mąż stanu** statesman; **mąż zaufania** intermediary.

mdl|eć (-eję, -ejesz) (*perf* ze-) *vi* to faint.

mdl|ić (-i) *vt* to nauseate, to make sick; **mdli mnie** I feel sick.

mdłości (-) *pl* nausea; **mieć mdłości** to feel nauseous.

mdły *adj* (*nijaki*) bland; (*mdlący*) nauseating.

meb|el (-la, -le) (*gen pl* -li) *m* a piece of furniture; **meble** *pl* furniture.

mebl|ować (-uję, -ujesz) (*perf* u-) *vt* to furnish.

mecena|s (-sa, -si *lub* -sowie) (*loc sg* -sie) *m* patron; (*PRAWO*) polite *term used when addressing a lawyer*.

mech (mchu, mchy) *m* moss.

mechaniczny *adj* mechanical; **pojazd mechaniczny** motor vehicle; **koń mechaniczny** horsepower.

mechani|k (-ka, -cy) *m* mechanic.

mechaniz|m (-mu, -my) (*loc sg* -mie) *m* (*maszyny*) mechanism; (*zjawiska*) mechanics.

mecz (-u, -e) *m* match, game.

mecze|t (-tu, -ty) (*loc sg* -cie) *m* mosque.

medal (-u, -e) (*gen pl* -i) *m* medal.

medali|sta (-sty, -ści) (*dat sg* -ście) *m decl like* f *in sg* medallist (*BRIT*),

medalist (*US*); **złoty medalista** gold medal(l)ist.

medi|a (-ów) *pl* the media *pl*.

mediato|r (-ra, -rzy) (*loc sg* -rze) *m* mediator.

Mediola|n (-nu) (*loc sg* -nie) *m* Milan.

medu|za (-zy, -zy) (*dat sg* -zie) f jellyfish.

medycy|na (-ny) (*dat sg* -nie) f medicine; **studiować medycynę** to study medicine.

medyczny *adj* medical.

medytacj|a (-i, -e) (*gen pl* -i) f meditation.

medyt|ować (-uję, -ujesz) *vi* to meditate.

megabaj|t (-ta, -ty) (*loc sg* -cie) *m* megabyte.

megafo|n (-nu, -ny) (*loc sg* -nie) *m* megaphone.

megaloma|n (-na, -ni) (*loc sg* -nie) *m* megalomaniac.

megalomani|a (-i) f megalomania.

megasa|m (-mu, -my) (*loc sg* -mie) *m* superstore.

Meksy|k (-ku) (*instr sg* -kiem) *m* (*państwo*) Mexico; (*miasto*) Mexico City.

meksykański *adj* Mexican.

melancholi|a (-i) f melancholy.

melancholijny *adj* melancholy, melancholic.

meld|ować (-uję, -ujesz) (*perf* za) *vi* to report ♦ *vt* to report; (*lokatora*) to register; **meldować o** +*loc* to report of.

▶**meldować się** *vr* to report; (*jako lokator*) to register.

meldun|ek (-ku, -ki) (*instr sg* -kiem) *m* (*doniesienie*) report.

melioracj|a (-i, -e) (*gen pl* -i) f land improvement.

melodi|a (-i, -e) (*gen pl* -i) f melody.

melodrama|t (-tu, -ty) (*loc sg* -cie) *m* melodrama.

melodyjny *adj* melodious.

meloma|n (**-na, -ni**) (*loc sg* **-nie**) *m* music lover.

melo|n (**-na, -ny**) (*loc sg* **-nie**) *m* melon.

meloni|k (**-ka, -ki**) (*instr sg* **-kiem**) *m* bowler (hat).

membra|na (**-ny, -ny**) (*dat sg* **-nie**) *f* membrane.

menedże|r (**-ra, -rowie**) (*loc sg* **-rze**) *m* manager.

mennic|a (**-y, -e**) *f* mint.

menopau|za (**-zy, -zy**) (*dat sg* **-zie**) *f* the menopause.

menstruacj|a (**-i, -e**) (*gen pl* **-i**) *f* menstruation.

mentalnoś|ć (**-ci**) *f* mentality.

menu *nt inv* menu.

menue|t (**-ta, -ty**) (*loc sg* **-cie**) *m* minuet.

merytoryczny *adj* content-related.

me|sa (**-sy, -sy**) (*dat sg* **-sie**) *f* mess.

mesz|ek (**-ku**) (*instr sg* **-kiem**) *m* (*na skórze, owocach*) down; (*na materiale*) fluff.

me|ta (**-ty, -ty**) (*dat sg* **-cie**) *f* finish (line), finishing line; **na dłuższą/krótszą metę** in the long/short run.

metaboliz|m (**-mu**) (*loc sg* **-mie**) *m* metabolism.

metafo|ra (**-ry, -ry**) (*dat sg* **-rze**) *f* metaphor.

metal (**-u, -e**) (*gen pl* **-i**) *m* metal.

metaliczny *adj* metallic.

metalowy *adj* metal *attr*; (*przemysł*) metallurgical.

metalurgi|a (**-i**) *f* metallurgy.

metamorfo|za (**-zy, -zy**) (*dat sg* **-zie**) *f* metamorphosis.

meteo|r (**-ru, -ry**) (*loc sg* **-rze**) *m* meteor.

meteorolo|g (**-ga, -gowie** *lub* **-dzy**) *m* (*RADIO, TV*) weatherman; (*naukowiec*) meteorologist.

meteorologi|a (**-i**) *f* meteorology.

meteorologiczny *adj* (*prognoza*) weather *attr*; (*stacja*) meteorological.

meteory|t (**-tu, -ty**) (*loc sg* **-cie**) *m* meteorite.

met|ka (**-ki, -ki**) (*dat sg* **-ce**, *gen pl* **-ek**) *f* (*etykietka: naklejana*) label; (: *przywieszana*) tag.

metkownic|a (**-y, -e**) *f* labeller (*BRIT*), labeler (*US*).

meto|da (**-dy, -dy**) (*dat sg* **-dzie**) *f* method.

metodologi|a (**-i, -e**) (*gen pl* **-i**) *f* methodology.

metodyczny *adj* (*systematyczny*) methodical; (*dotyczący metody*) methodological.

metody|ka (**-ki**) (*dat sg* **-ce**) *f* methodology.

met|r (**-ra, -ry**) (*loc sg* **-rze**) *m* metre (*BRIT*), meter (*US*); **metr kwadratowy/sześcienny** square/cubic metre.

met|ro (**-ra**) (*loc sg* **-rze**) *nt* tube (*BRIT*), underground (*BRIT*), subway (*US*).

metropoli|a (**-i, -e**) (*gen pl* **-i**) *f* metropolis.

metryczny *adj* metric.

metry|ka (**-ki, -ki**) (*dat sg* **-ce**) *f* (*chrztu, urodzenia*) certificate; (*rodowód zwierzęcia*) pedigree.

me|wa (**-wy, -wy**) (*dat sg* **-wie**) *f* seagull.

męczar|nia (**-ni, -nie**) (*gen pl* **-ni**) *f* (*duchowa*) torment; (*fizyczna*) torture.

męczący *adj* tiring, tiresome.

męczenni|k (**-ka, -cy**) (*instr sg* **-kiem**) *m* martyr.

męczeńst|wo (**-wa**) (*loc sg* **-wie**) *nt* martyrdom.

męcz|yć (**-ę, -ysz**) *vt* (*powodować zmęczenie*) (*perf* **z-**) to tire; (*znęcać się*) to torment; (*o kaszlu, hałasie*) to bother.

▸**męczyć się** *vr* (*odczuwać zmęczenie*) (*perf* **z-**) to get tired;

(*cierpieć*) to suffer; **męczyć się nad czymś** to toil over sth.

męd|rzec (**-rca, -rcy**) (*voc sg* **-rcze**) *m* sage.

mę|ka (**-ki, -ki**) (*dat sg* **-ce**, *gen pl* **mąk**) *f* (*cierpienie fizyczne*) torture; (*cierpienie moralne*) torment.

męski *adj* (*konfekcja, oddział, fryzjer*) men's *attr*; (*charakter, decyzja*) masculine, manly; **rodzaj męski** masculine (gender).

męskoosobowy *adj*: **rodzaj męskoosobowy** (*JĘZ*) virile gender.

męskoś|ć (**-ci**) *f* masculinity, manhood.

męst|wo (**-wa**) (*loc sg* **-wie**) *f* bravery.

mętni|eć (**-eje**) (*perf* **z-**) *vi* to cloud (up).

mętny *adj* (*woda, sok*) cloudy, murky; (*wzrok*) glassy; (*rozumowanie, wypowiedź*) cloudy.

mężat|ka (**-ki, -ki**) (*dat sg* **-ce**, *gen pl* **-ek**) *f* married woman.

mężczy|zna (**-zny, -źni**) (*dat sg* **-źnie**, *gen pl* **-zn**) *m decl like f in sg* man; (*BIO*) male.

mężny *adj* (*odważny*) brave; (*dzielny*) valiant.

mglisty *adj* (*dzień*) foggy, misty; (*niewyraźny*) hazy; (*niejasny*) vague.

mg|ła (**-ły, -ły**) (*dat sg* **-le**, *gen pl* **mgieł**) *f* (*gęsta*) fog; (*średnia*) mist; (*lekka*) haze.

mgnie|nie (**-nia, -nia**) (*gen pl* **-ń**) *nt*: **w mgnieniu oka** in the twinkling of an eye.

mgr *abbr* (= *magister*) (*nauk humanistycznych*) ≈ MA, (= Master of Arts); (*nauk ścisłych, przyrodniczych*) ≈ MSc, (= Master of Science).

miałki *adj* (*sypki*) fine.

mian|ować (**-uję, -ujesz**) *vt* (*im*)*perf* to appoint, to nominate.

mianowicie *adv*: **(a) mianowicie** namely.

mianowni|k (**-ka, -ki**) (*instr sg* **-kiem**) *m* (*JĘZ*) nominative; (*MAT*) denominator.

mia|ra (**-ry, -ry**) (*dat sg* **mierze**) *f* measure; (*rozmiar*) size; (*umiarkowanie*) moderation, measure; **w dużej mierze** to a large degree.

miarodajny *adj* authoritative, reliable.

miarowy *adj* regular.

miastecz|ko (**-ka, -ka**) (*gen pl* **-ek**, *instr sg* **-kiem**) *n* (small) town; **wesołe miasteczko** funfair (*BRIT*), amusement park (*US*).

miast|o (**-a, -a**) (*loc sg* **mieście**) *nt* (*małe lub średnie*) town; (*duże*) city; **iść (pójść** *perf***) do miasta** to go (in)to town (*BRIT*), to go downtown (*US*).

miau|czeć (**-czy**) (*perf* **-knąć**) *vi* to mew, to miaow.

miaz|ga (**-gi**) (*dat sg* **-dze**) *f* pulp.

miażdżący *adj* crushing.

miażdżyc|a (**-y**) *f* atherosclerosis.

miażdż|yć (**-ę, -ysz**) (*perf* **z-**) *vt* to crush.

miąższ (**-u**) *m* (*owocu*) pulp, flesh.

miecz (**-a, -e**) (*gen pl* **-ów** *lub* **-y**) *m* sword.

───── SŁOWO KLUCZOWE ─────

mieć (**mam, masz**) (*imp* **miej**, *pt* **miał, mieli**) *vt* **1** (*posiadać*) to have; **mieć coś na sobie** to have sth on, to be wearing sth. **2** (*składać się z czegoś*) to have; **kwadrat ma cztery boki** a square has four sides. **3** (*zmartwienie, trudności, grypę, operację*) to have; **mieć coś do kogoś** to have sth to ask sb; **mieć coś przeciw czemuś** to have sth against sth. **4** (*z różnymi dopełnieniami*) to have; **mieć miejsce** to take place; **masz (jeszcze) czas!** take your time!; **mieć ochotę na coś/zrobienie**

czegoś to feel like sth/doing sth. **5** (*dla wyrażenia powinności*) to be supposed to, to be to; **masz spać** you're supposed to be sleeping. **6** (*dla wyrażenia zamiaru*) to be going to; **ona ma przyjść jutro** she's going to come tomorrow. **7** (*forma zaprzeczona czasownika być*): **nie ma** (*liczba pojedyncza*) there's no; (*liczba mnoga*) there are no; **nie ma czasu** there's no time; **nie ma ludzi** there are no people; **nie ma co czekać/żałować** there's no use waiting/regretting; **nie ma się czemu dziwić** (there's) no wonder; **nie ma za co!** you're welcome!; **cudów nie ma** (*pot*) miracles (simply) don't happen.

▶**mieć się** *vr*: **jak się masz?** how are you?; **mieć się za** *+acc* to consider o.s. ... .

miednic|a (-y, -e) *f* basin, bowl; (*ANAT*) pelvis.

mie|dź (-dzi) *f* copper.

miejsc|e (-a, -a) *nt* (*wolna przestrzeń*) space, room; (*wycinek przestrzeni*) place, spot; (*położenie*) position; (*miejscowość*) place; (*w hotelu*) vacancy; (*siedzące*) seat; (*urywek tekstu*) passage; (*pozycja, ranga*) place, position; **miejsce przeznaczenia** destination; **miejsce zamieszkania** (place of) residence; **na miejscu** (*tam, gdzie coś lub ktoś jest*) on the spot; (*u celu*) there; **mieć miejsce** to take place; **na twoim miejscu** if I were you; **miejscami** in places; **z miejsca** right away.

miejscowni|k (-ka, -ki) (*instr sg* -kiem) *m* locative.

miejscowoś|ć (-ci, -ci) (*gen pl* -ci) *f* place.

miejscowy *adj* local.

miejsców|ka (-ki, -ki) (*dat sg* -ce, *gen pl* -ek) *f* seat reservation.

miejski *adj* urban.

miel|ić (-ę, -isz) (*perf* z-) *vb* = **mleć**.

mieli|zna (-zny, -zny) (*dat sg* -źnie) *f* shallow.

mielone (-go) *nt decl like adj* (*mięso*) mince (*BRIT*), hamburger (*US*).

mielony *adj* (*kawa, pieprz*) ground; (*mięso*) minced ♦ *m decl like adj* (*też*: **kotlet mielony**) ≈ hamburger.

mieni|e (-a) *nt* property, possessions *pl*.

mierni|k (-ka, -ki) (*instr sg* -kiem) *m* (*TECH*) meter, gauge; (*czasu, pracy*) measure; (*przen*) yardstick, touchstone.

mierny *adj* mediocre.

mierz|yć (-ę, -ysz) (*perf* z-) *vt* (*dokonywać pomiaru*) to measure ♦ *vi* (*perf* wy-): **mierzyć (do kogoś)** to aim (at sb); **mierzyć (w coś)** to aim (at sth).

miesi|ąc (-ąca, -ące) (*gen pl* -ęcy) *m* month; **miodowy miesiąc** honeymoon.

miesiącz|ka (-ki, -ki) (*dat sg* -ce, *gen pl* -ek) *f* period.

miesięczni|k (-ka, -ki) (*instr sg* -kiem) *m* monthly.

miesięczny *adj* monthly.

miesz|ać (-am, -asz) *vt* (*rozrabiać*) (*perf* wy- *lub* za-) to stir; (*łączyć*) (*perf* z-) to blend, to mix; (*potrząsać*) to shake; (*wplątywać*) (*perf* w-) to involve; (*mylić*) (*perf* po-) to mix up, to confuse; **mieszać (wmieszać** *perf*) **kogoś w coś** to involve sb in sth.

▶**mieszać się** *vr* (*łączyć się*) to blend, to mix; (*wtrącać się*) to meddle; **wszystko mi się miesza** I got it all mixed up.

mieszani|na (-ny, -ny) (*dat sg* -nie) *f* mixture, mix.

mieszan|ka (-ki, -ki) (*dat sg* -ce, *gen*

pl **-ek**) *f* mixture, mix; (*MOT*) mixture.

mieszany *adj* mixed.

mieszczański *adj* (*gust, moralność*) ≈ middle-class *attr*.

mieszk|ać (**-am, -asz**) *vi* (*stale*) to live; (*chwilowo*) to stay.

mieszkalny *adj* (*dom, budynek*) residential; (*dzielnica*) residential, living *attr*.

mieszka|nie (**-nia, -nia**) (*gen pl* **-ń**) *nt* flat (*BRIT*), apartment (*US*).

mieszka|niec (**-ńca, -ńcy**) *m* (*domu*) occupant; (*miasta*) inhabitant; (*kraju*) resident.

mie|ścić (**-szczę, -ścisz**) (*imp* **-ść**) *vt* (*zawierać: o naczyniu*) to hold; (*o budynku*) to house; (*o sali koncertowej*) to seat.

►**mieścić się** *vr* (*znajdować się*) to be situated; (*znajdować dość miejsca*) (*perf* **z-**) to fit.

mieście *n patrz* **miasto**.

mięcza|k (**-ka, -ki**) (*instr sg* **-kiem**) *m* (*ZOOL*) mollusc; (*pot. o człowieku*) wimp (*pot*).

między *prep* +*loc* (*dla oznaczenia miejsca: pomiędzy*) between; (: *wśród*) among; (*dla określenia przedziału czasu*) between ♦ *prep* +*acc* (*dla oznaczenia kierunku: pomiędzy*) between; (: *wśród*) among; (*przy podziale*) between; (*przy wyborze*) between; **między (godziną) szóstą a siódmą** between six and seven (o'clock); **między nami mówiąc** between you and me; **między sobą** between ourselves/yourselves/themselves; **między innymi** among other things.

międzylądowa|nie (**-nia, -nia**) (*gen pl* **-ń**) *nt* intermediate landing.

międzymiastow|a (**-ej, -e**) *f decl like adj* (*pot. też*: **rozmowa międzymiastowa**) long-distance call; (*pot. też*: **centrala**

międzymiastowa) long-distance operator.

międzymiastowy *adj* (*transport*) intercity *attr*; (*połączenie telefoniczne*) long-distance *attr*; **rozmowa międzymiastowa** long-distance call.

międzynarodowy *adj* international.

międzypaństwowy *adj* international.

miękki (*comp* **miększy**) *adj* soft.

miękko (*comp* **miękcej**) *adv* softly; **jajko na miękko** soft-boiled egg.

mię|sień (**-śnia, -śnie**) (*gen pl* **-śni**) *m* muscle.

mięsny *adj* meat *attr*.

mię|so (**-sa, -sa**) (*loc sg* **-sie**) *nt* meat.

mię|ta (**-ty, -ty**) (*dat sg* **-cie**) *f* mint; **mięta pieprzowa** peppermint.

miętowy *adj* (pepper)mint.

mi|g (**-gu, -gi**) (*instr sg* **-giem**) *m*: **na migi** in sign language; **migiem** *lub* **w mig** in a jiffy.

migacz (**-a, -e**) (*gen pl* **-y**) *m* (*MOT*) indicator (*BRIT*), turn signal (*US*).

mig|ać (**-am, -asz**) (*perf* **-nąć**) *vi* to flash.

migaw|ka (**-ki, -ki**) (*dat sg* **-ce**, *gen pl* **-ek**) *f* (*FOT*) shutter; **migawki** *pl* (*z podróży*) snapshots *pl*.

migda|ł (**-ła, -ły**) (*loc sg* **-le**) *m* almond.

migdał|ek (**-ka, -ki**) (*instr sg* **-kiem**) *m* tonsil.

migo|tać (**-czę**) (*imp* **-cz**) *vi* to flicker.

migowy *adj*: **język migowy** sign language.

migre|na (**-ny**) (*dat sg* **-nie**) *f* migraine.

mij|ać (**-am, -asz**) (*perf* **minąć**) *vt* to pass, to go past ♦ *vi* (*o czasie*) to go by, to pass; (*o bólu*) to go away.

►**mijać się** *vr* (*wymijać się*) to pass (each other); (*rozmijać się*) to miss each other.

mija|nie (**-nia**) *nt*: **światła mijania**

(*MOT*) dipped (*BRIT*) *lub* dimmed
(*US*) (head)lights.

Mikołaj (**-a**, **-e**) *m* (*też*: **Święty
Mikołaj**) Father Christmas (*BRIT*),
Santa (Claus) (*US*).

mikrobiologi|a (**-i**) *f* microbiology.

mikrobu|s (**-su**, **-sy**) (*loc sg* **-sie**) *m*
minibus.

mikrofalowy *adj* microwave *attr*;
kuchenka mikrofalowa microwave
(oven).

mikrofalów|ka (**-ki**, **-ki**) (*dat sg* **-ce**,
gen pl **-ek**) *f* (*pot*) microwave.

mikrofil|m (**-mu**, **-my**) (*loc sg* **-mie**) *m*
microfilm.

mikrofo|n (**-nu**, **-ny**) (*loc sg* **-nie**) *m*
microphone.

mikrokompute|r (**-ra**, **-ry**) (*loc sg*
-rze) *m* microcomputer.

mikrokosmo|s (**-su**) (*loc sg* **-sie**) *m*
microcosm.

mikroproceso|r (**-ra**, **-ry**) (*loc sg*
-rze) *m* microprocessor, microchip.

mikrosko|p (**-pu**, **-py**) (*loc sg* **-pie**) *m*
microscope.

mikroskopijny *adj* microscopic.

mikse|r (**-ra**, **-ry**) (*loc sg* **-rze**) *m*
(*kuchenny elektryczny*) food mixer,
liquidizer (*BRIT*), blender (*US*);
(*TECH*) mixer.

mil|a (**-i**, **-e**) *f* mile.

milczący *adj* silent.

milcz|eć (**-ę**, **-ysz**) *vi* to keep *lub*
remain silent.

milczeni|e (**-a**) *nt* silence.

mile *adv* (*uśmiechać się*) kindly;
(*wspominać*) pleasantly; **mile
widziany** (very) welcome.

miliar|d (**-da**, **-dy**) (*loc sg* **-dzie**) *m*
billion.

miligra|m (**-ma**, **-my**) (*loc sg* **-mie**) *m*
milligram(me).

milimet|r (**-ra**, **-ry**) (*loc sg* **-rze**) *m*
millimetre (*BRIT*), millimeter (*US*).

milio|n (**-na**, **-ny**) (*loc sg* **-nie**) *m*
million.

milione|r (**-ra**, **-rzy**) (*loc sg* **-rze**) *m*
millionaire.

militarny *adj* (*siła, działania*) military;
(*państwo*) militaristic.

milk|nąć (**-nę**, **-niesz**) (*imp* **-nij**, *perf*
za-) *vi* to fall silent.

milowy *adj*: **kamień milowy** (*przen*)
milestone.

miło (*comp* **milej**) *adv* (*przyjemnie*)
pleasantly, nicely; (*serdecznie*)
kindly; **miło mi (Pana/Panią)
poznać** pleased to meet you; **to
bardzo miło z twojej strony** that's
very kind of you.

miłosierdzi|e (**-a**) *nt* mercy.

miłosierny *adj* merciful.

miłosny *adj* amorous *attr*.

miłoś|ć (**-ci**, **-ci**) (*gen pl* **-ci**) *f* love;
na miłość boską! (*pot*) for God's
lub heaven's sake!

miłośni|k (**-ka**, **-cy**) (*instr sg* **-kiem**) *m*
lover, fan.

miły (*comp* **milszy**) *adj* (*człowiek*)
nice; (*widok, nastrój, niespodzianka*)
nice, pleasant; **bądź tak miły i ...**
would you be so kind and ... .

mimi|ka (**-ki**) (*dat sg* **-ce**) *f* facial
expression; (*TEATR*) mime.

mimo *prep* +*gen* despite, in spite of;
mimo to *lub* **wszystko** nevertheless,
all the same; **mimo woli**
unintentionally, involuntarily; **mimo
że** *lub* **iż** although, (even) though.

mimochodem *adv* incidentally, in
passing.

mimowolnie *adv* involuntarily,
unintentionally.

mimowolny *adj* (*ruch, gest*)
involuntary; (*świadek*) unintentional.

m.in. *abbr* (= *między innymi*) among
other things, inter alia.

min. *abbr* (= *minuta*) min. (= minute);
(= *minimum*) min. (= minimum).

mi|na (**-ny**, **-ny**) (*dat sg* **-nie**) *f* (*wyraz
twarzy*) face, look (*on sb's face*);
(*bomba*) mine.

mi|nąć (-nę, -niesz) (*imp* -ń) *vb perf*
od **mijać**.

mineralny *adj* mineral.

minera|ł (-łu, -ły) (*loc sg* -le) *m*
mineral.

mini *f inv* (*pot. spódniczka*)
mini(skirt).

miniatu|ra (-ry, -ry) (*dat sg* -rze) *f*
miniature.

miniaturowy *adj* miniature.

minimalnie *adj* (*wzrosnąć*)
marginally; (*chybić, wygrać*)
narrowly.

minimalny *adj* minimum, minimal.

minim|um (-um, -a) (*gen pl* -ów) *nt*
inv in sg minimum ♦ *adv*
(*przynajmniej*) at least.

miniony *adj* (*era, stulecia*) bygone,
past; (*rok, miesiąc*) last, past.

minispódnicz|ka (-ki, -ki) (*dat sg*
-ce, *gen pl* -ek) *f* miniskirt.

minist|er (-ra, -rowie) (*loc sg* -rze) *m*
minister, Secretary of State (*BRIT*),
Secretary (*US*); **rada ministrów** the
Cabinet.

ministerst|wo (-wa, -wa) (*loc sg*
-wie) *nt* ministry, department (*US*).

min|ować (-uję, -ujesz) (*perf* za-) *vt*
to mine.

minu|s (-sa, -sy) (*loc sg* -sie) *m*
(*MAT*) minus; (*wada*) minus,
drawback; **plus minus** more or less.

minusowy *adj* (*temperatura*)
subzero; (*wynik*) negative.

minu|ta (-ty, -ty) (*dat sg* -cie) *f*
minute; **za minutę** in a minute.

miodowy *adj* (*cukierek*)
honey-flavoured (*BRIT*) *lub* flavored
(*US*); (*kolor*) honey-coloured (*BRIT*)
lub colored (*US*); **miodowy miesiąc**
honeymoon.

miotacz (-a, -e) (*gen pl* -y) *m*
(*SPORT*) shot putter; **miotacz ognia**
flame thrower.

miot|ać (-am, -asz) *vt* (*rzucać*) to
hurl; (*uderzać*) to batter.

►miotać się *vr* to struggle.

miot|ła (-ły, -ły) (*dat sg* -le, *gen pl* -eł)
f broom.

miód (**miodu**) (*loc sg* **miodzie**) *m*
honey; (*napój*) mead.

misecz|ka (-ki, -ki) (*dat sg* -ce, *gen pl*
-ek) *f* (*naczynie*) bowl.

misj|a (-i, -e) (*gen pl* -i) *f* mission.

misjonarz (-a, -e) (*gen pl* -y) *m*
missionary.

mis|ka (-ki, -ki) (*dat sg* -ce, *gen pl*
-ek) *f* bowl; **miska olejowa** (*MOT*)
(oil) sump (*BRIT*), oil pan (*US*).

miss *f inv* beauty queen.

misterny *adj* (*robota*) meticulous;
(*fryzura, plan*) elaborate; (*haft,
rzeźba*) subtle, delicate.

mistrz (-a, -owie) *m* master;
(*SPORT*) champion.

mistrzost|wo (-wa, -wa) (*loc sg* -wie)
nt (*kunszt*) mastery; (*SPORT*)
championship; **mistrzostwa** *pl*
championships.

mistrzowski *adj* (*gra, wyczyn*)
masterly; (*drużyna*) champion *attr*.

mistyczny *adj* mystic(al).

mistyfikacj|a (-i, -e) (*gen pl* -i) *f*
mystification.

mi|ś (-sia, -sie) *m* (*pot. niedźwiedź*)
bear; (*zabawka*) teddy bear;
(*tkanina*) fur.

mi|t (-tu, -ty) (*loc sg* -cie) *m* myth.

mitologi|a (-i, -e) (*gen pl* -i) *f*
mythology.

mityczny *adj* mythical.

mizeri|a (-i, -e) (*gen pl* -i) *f* (*KULIN*)
cucumber salad.

mizerny *adj* (*twarz, dziecko*) sickly;
(*zarobek, żywot, wynik*) poor.

mjr *abbr* (= *major*) Maj. (= Major).

mk|nąć (-nę, -niesz) (*imp* -nij) *vi* to
speed.

mla|skać (-skam, -skasz *lub* -szczę,
-szczesz) (*perf* **mlasnąć**) *vi* to
smack one's lips.

mld *abbr* (= *miliard*) bn (= billion).

mlecz (-a, -e) (*gen pl* -y *lub* -ów) *m*
(*BOT*) sow thistle; (*ZOOL*) (soft)
roe, milt.

mleczar|nia (-ni, -nie) (*gen pl* -ni *lub*
-ń) *f* dairy, creamery.

mleczarz (-a, -e) (*gen pl* -y) *m*
milkman.

mleczny *adj* (*czekolada, ząb*) milk
attr; (*gruczoł*) mammary *attr*; (*szkło,
żarówka*) frosted; **Droga Mleczna**
the Milky Way.

mleć (**mielę, mielesz**) (*imp* **miel**, *pt*
mełł, mełła, mełli) *vt* (*kawę, pieprz,
ziarno*) to grind; (*mięso*) to mince.

mle|ko (-ka) *nt* milk; **kwaśne mleko**
sour milk; **mleko w proszku**
powdered milk.

mln *abbr* (= *milion*) m, M (= million).

młod|e (-ych) *pl decl like adj* young
pl, offspring *pl*.

młodociany *adj* juvenile ♦ *m decl
like adj* juvenile.

młodoś|ć (-ci) *f* youth.

młodszy *adj comp od* **młody** younger.

młody (*comp* **młodszy**) *adj* young;
(*ziemniaki*) new; **pan młody**
(bride)groom; **panna młoda** bride;
młoda para *lub* **państwo młodzi**
(*przed ślubem*) bride and groom; (*po
ślubie*) newlyweds.

młodzie|niec (-ńca, -ńcy) *m* (*książk*)
youth.

młodzieńczy *adj* youthful.

młodzież (-y) *f* youth.

młodzieżowy *adj* youth *attr*; **muzyka
młodzieżowa** pop music.

mło|t (-ta, -ty) (*loc sg* -cie) *m*
(*narzędzie*) (big) hammer; (*SPORT*)
hammer; **młot pneumatyczny**
pneumatic drill.

młot|ek (-ka, -ki) (*instr sg* -kiem) *m*
hammer; (*drewniany*) mallet.

młó|cić (-cę, -cisz) (*imp* -ć, *perf* **wy-**)
vt (*zboże*) to thresh;
(*przen: uderzać*) to thrash.

mły|n (-na, -ny) (*loc sg* -nie) *m* mill.

młynarz (-a, -e) (*gen pl* -y) *m* miller.

młyn|ek (-ka, -ki) (*instr sg* -kiem) *m*:
młynek do kawy coffee-grinder *lub*
-mill; **młynek do pieprzu** pepper
mill.

mną *pron instr od* **ja** me; **ze mną** with
me.

mni|ch (-cha, -si) *m* monk.

mnie *pron gen, dat, acc, loc od* **ja** me;
o mnie about me.

mniej *adv comp od* **mało**; (*krzeseł,
ludzi*) fewer; (*wody, pieniędzy*) less;
mniej interesujący less interesting;
mniej więcej more or less.

mniejszoś|ć (-ci, -ci) (*gen pl* -ci) *f*
minority.

mniejszy *adj comp od* **mały**;
mniejsza o to *lub* **mniejsza z tym**
never mind.

mniem|ać (-am, -asz) *vi* (*książk*) to
suppose.

mniema|nie (-nie, -nia) (*gen pl* -ń) *nt*
opinion.

mnogi *adj*: **liczba mnoga** the plural.

mnoże|nie (-nia, -nia) (*gen pl* -ń) *nt*
multiplication; **tabliczka mnożenia**
multiplication table.

mnoż|yć (-ę, -ysz) (*imp* **mnóż**, *perf*
po-) *vt* to multiply.

►**mnożyć się** *vr* to multiply.

mnóst|wo (-wa) (*loc sg* -wie) *nt*:
mnóstwo ludzi/czasu plenty *lub* lots
of people/time; **on mnóstwo
zarabia** he earns a whole lot.

mobilizacj|a (-i, -e) (*gen pl* -i) *f*
(*wojsk, sił*) mobilization; (*gotowość*)
eagerness.

mobiliz|ować (-uję, -ujesz) (*perf* **z-**)
vt (*wojsko, organizację*) to mobilize;
(*siły*) to muster; **mobilizować kogoś
(do czegoś)** to stimulate sb (to sth).

►**mobilizować się** *vr* (*zbierać w
sobie*) to pull o.s. together;
(*organizować się*) to get o.s.
organized.

mobilny *adj* mobile.

moc (**-y**, **-e**) (*gen pl* **-y**) *f* power;
(*argumentu, wybuchu*) force, power.

mocarst|wo (**-wa**, **-wa**) (*loc sg* **-wie**)
nt superpower.

mocno *adv* (*trzymać, przyklejać,
wtykać*) firmly, fast; (*uderzać,
kopnąć, naciskać*) hard; (*zakręcać,
nakładać*) tightly; (*tęsknić, kochać*)
very much; (*pachnieć, przesadzać,
zawodzić*) strongly; (*zdziwiony,
zaniedbany*) very; **wczoraj mocno
padało** it rained hard *lub* heavily
yesterday; **mocno spała** she was
fast asleep.

mocny *adj* strong; (*ramię, cios,
światło, argument*) strong, powerful;
(*uścisk*) firm, tight; (*silnik*) powerful.

moc|ować (**-uję**, **-ujesz**) *vt*
(*zakładać*) (*perf* **za-**) to mount;
(*przytwierdzać na stałe*) (*perf* **u-** *lub*
za-) to fix.

▶**mocować się** *vr.* **mocować się (z**
+instr) to wrestle with.

mocz (**-u**) *m* urine.

moczow|ód (**-odu**, **-ody**) (*loc sg*
-odzie) *m* ureter.

moczowy *adj* urinary; **układ
moczowy** urinary tract; **pęcherz
moczowy** urinary bladder.

mocz|yć (**-ę**, **-ysz**) *vt* (*zwilżać*) (*perf*
z-) to wet; (*zanurzać w płynie*) (*perf*
na-) to soak.

▶**moczyć się** *vr* (*być moczonym*) to
soak; (*oddawać mocz*) (*perf* **z-**) to
wet o.s.

mo|da (**-dy**, **-dy**) (*loc sg* **-dzie**, *gen pl*
mód) *f* fashion; **być w modzie** to be
in fashion *lub* vogue; **wyjść** (*perf*) **z
mody** to go out of fashion.

model (*nom pl* **-e**) *m* (*makieta, typ,
wzór*) (*gen sg* **-u**, *gen pl* **-i**) model;
(*osoba pozująca*) (*gen sg* **-a**, *gen pl* **-i**)
model.

modelarst|wo (**-wa**) (*loc sg* **-wie**) *nt*
model making.

modelarz (**-a**, **-e**) (*gen pl* **-y**) *m*
modeller (*BRIT*), modeler (*US*).

model|ka (**-ki**, **-ki**) (*dat sg* **-ce**, *gen pl*
-ek) *f* model.

model|ować (**-uję**, **-ujesz**) (*perf* **wy-**)
vt (*w glinie*) to model; (*włosy*) to do,
to set.

mode|m (**-mu**, **-my**) (*loc sg* **-mie**) *m*
modem.

modernizacj|a (**-i**) *f* modernization.

moderniz|ować (**-uję**, **-ujesz**) (*perf*
z-) *vt* to modernize.

modl|ić się (**-ę**, **-isz**) (*imp* **módl**) *vr*
to pray.

modlitewni|k (**-ka**, **-ki**) (*instr sg*
-kiem) *m* prayer book.

modlit|wa (**-wy**, **-wy**) (*dat sg* **-wie**) *f*
prayer.

modny *adj* fashionable.

modrze|w (**-wia**, **-wie**) (*gen pl* **-wi**) *m*
larch.

modulacj|a (**-i**, **-e**) (*gen pl* **-i**) *f*
modulation.

modul|ować (**-uję**, **-ujesz**) *vt* to
modulate.

modyfikacj|a (**-i**, **-e**) (*gen pl* **-i**) *f*
modification.

modyfik|ować (**-uję**, **-ujesz**) (*perf* **z-**)
vt to modify.

mogę *itd. vb patrz* **móc**.

mogi|ła (**-ły**, **-ły**) (*dat sg* **-le**) *f* (*książk*)
grave.

moi *itd. pron patrz* **mój**.

moja, moje *itd. pron patrz* **mój**.

Mojżesz (**-a**) *m* (*REL*) Moses.

mokasy|n (**-na**, **-ny**) (*loc sg* **-nie**) *m*
moccasin.

mok|nąć (**-nę**, **-niesz**) (*imp* **-nij**, *pt*
mókł, *perf* **z-**) *vi* to get wet (*in rain*).

mokrad|ła (**-eł**) *pl* swamps.

mokro *adv* **jest mokro** it is wet.

mokry *adj* wet.

molekularny *adj* molecular.

molest|ować (**-uję**, **-ujesz**) *vt*
(*naprzykrzać się*) to pester;

(*prześladować*) to harass;
(*seksualnie, fizycznie*) to molest.

moll *inv* (*MUZ*) minor; **symfonia c-moll** symphony in C-minor.

mol|o (**-a, -a**) *nt* pier.

molowy *adj* (*MUZ*) minor.

Mołdawi|a (**-i**) *f* Moldova.

momen|t (**-tu, -ty**) (*loc sg* **-cie**) *m* moment; **na** *lub* **przez moment** for a while *lub* moment; **w tym momencie** (*teraz*) at the moment; (*wtedy*) at that moment.

momentalnie *adv* instantly.

momentalny *adj* instant, instantaneous.

MON *abbr* (= *Ministerstwo Obrony Narodowej*) ≈ MoD (*BRIT*), ≈ DOD (*US*).

Monachium *nt inv* Munich.

Monako *nt inv* Monaco.

monar|cha (**-chy, -chowie**) (*dat sg* **-sze**) *decl like f in sg m* monarch, sovereign.

monarchi|a (**-i, -e**) (*gen pl* **-i**) *f* monarchy.

mone|ta (**-ty, -ty**) (*dat sg* **-cie**) *f* coin; **automat na monety** coin-operated public phone.

monetarny *adj* monetary.

Mongoli|a (**-i**) *f* Mongolia.

moni|t (**-tu, -ty**) (*loc sg* **-cie**) *m* reminder.

monito|r (**-ra, -ry**) (*loc sg* **-rze**) *m* (*urządzenie*) monitor; (*ekran*) display.

monit|ować (**-uję, -ujesz**) *vt*: **monitować kogoś** to send sb a reminder.

mono *adj inv* mono.

monofoniczny *adj* mono(phonic).

monogamiczny *adj* monogamous.

monografi|a (**-i, -e**) (*gen pl* **-i**) *f* monograph.

monogra|m (**-mu, -my**) (*loc sg* **-mie**) *m* monogram.

monolo|g (**-gu, -gi**) (*instr sg* **-giem**) *m* (*mówienie do siebie*) soliloquy; (*długa wypowiedź jednej osoby*) monologue (*BRIT*), monolog (*US*).

monopol (**-u, -e**) (*gen pl* **-i**) *m* monopoly.

monopoliz|ować (**-uję, -ujesz**) (*perf* **z-**) *vt* to monopolize.

monopolowy *adj* (*wyroby*) alcoholic; **sklep monopolowy** off-licence (*BRIT*), liquor store (*US*).

monotoni|a (**-i**) *f* monotony.

monotonny *adj* monotonous.

monstrualny *adj* monstrous.

monstr|um (**-um, -a**) (*gen pl* **-ów**) *nt inv in sg* monster.

monsu|n (**-nu, -ny**) (*loc sg* **-nie**) *m* monsoon.

montaż (**-u, -e**) (*gen pl* **-y**) *m* (*składanie*) assembly; (*zakładanie*) instalment (*BRIT*), installment (*US*); (*FILM: obróbka filmu*) editing; (: *rodzaj filmu*) montage.

monte|r (**-ra, -rzy**) (*loc sg* **-rze**) *m* fitter.

mont|ować (**-uję, -ujesz**) *vt* (*składać*) (*perf* **z-**) to assemble; (*zakładać*) (*perf* **za-**) to install; (*pot. zespół*) (*perf* **z-**) to muster; (*FILM*) (*perf* **z-**) to edit.

monumentalny *adj* monumental.

moralizatorski *adj* moralistic.

moraliz|ować (**-uję, -ujesz**) *vi* to moralize.

moralnoś|ć (**-ci**) *f* morality.

moralny *adj* moral.

mora|ł (**-łu, -ły**) (*loc sg* **-le**) *m* moral.

mor|da (**-dy, -dy**) (*dat sg* **-dzie**) *f* (*psia*) muzzle; (*pot!: twarz*) mug (*pot*).

morderc|a (**-y, -y**) *m decl like f in sg* murderer.

morderczy *adj* (*spojrzenie, skłonności*) murderous.

morderst|wo (**-wa**) (*loc sg* **-wie**) *nt* murder.

mord|ować (-uję, -ujesz) vt (zabijać) (perf za-) to murder.

morel|a (-i, -e) (gen pl -i) f (owoc) apricot; (drzewo) apricot (tree).

morfi|na (-ny) (dat sg -nie) f morphine.

mormo|n (-na, -ni) (loc sg -nie) m Mormon.

mor|s (-sa, -sy) (loc sg -sie) m (ZOOL) walrus; (pot: alfabet Morse'a) Morse code.

morski adj sea attr; (ubezpieczenie, oddział) marine attr; (klimat, prawo, muzeum) maritime attr; (szkoła, siły) naval attr; **port morski** seaport; **choroba morska** seasickness; **świnka morska** guinea pig; **piechota morska** Royal Marines pl (BRIT), Marine Corps (US), Marines pl (US).

morz|e (-a, -a) (gen pl mórz) nt sea; **nad morzem** (blisko morza) by the sea; (o wakacjach) at lub by the seaside; **nad poziomem morza** above sea level; **jechać nad morze** to go to the seaside.

mosiądz (-u, -e) m brass.

mosiężny adj brass attr.

Mosk|wa (-wy) (dat sg -wie) f Moscow.

mo|st (-stu, -sty) (loc sg -ście) m bridge.

most|ek (-ku, -ki) (instr sg -kiem) m dimin od **most**; (ANAT) sternum, breastbone (pot).

motel (-u, -e) (gen pl -i) m motel.

motłoch (-u) m (pej) riffraff (pej).

motocykl (-a, -e) (gen pl -i) m motorcycle.

motocykli|sta (-sty, -ści) (dat sg -ście) decl like f in sg m motorcyclist, motorcycle rider.

moto|r (-ru, -ry) (loc sg -rze) m (silnik) motor; (pot) (motor)bike.

motornicz|y (-ego, -owie) m decl like adj tram driver (BRIT), motorman (US).

motorowe|r (-ru, -ry) (loc sg -rze) m lightweight motorcycle, moped (BRIT).

motorów|ka (-ki, -ki) (dat sg -ce, gen pl -ek) f motorboat.

motoryzacyjny adj (przemysł) motor attr, auto(motive) attr (US); **sklep motoryzacyjny** motor (BRIT) lub automobile (US) accessory shop.

mot|to (-ta, -ta) (loc sg -cie) nt motto.

moty|ka (-ki, -ki) (dat sg -ce) f hoe.

motyl (-a, -e) (gen pl -i) m butterfly.

moty|w (-wu, -wy) (loc sg -wie) m (postępowania, zbrodni) motive; (utworu, kompozycji) motif.

motywacj|a (-i, -e) (gen pl -i) f motivation.

motyw|ować (-uję, -ujesz) (perf u-) vt (popierać) to support; (uzasadniać) to justify sth.

mo|wa (-wy) (dat sg -wie) f (język) language, tongue; (zdolność mówienia) speech; (przemówienie) (nom pl -wy, gen pl mów) speech; **nie ma mowy!** that's out of the question!; **część mowy** (JĘZ) part of speech; **mowa zależna/niezależna** (JĘZ) indirect/direct speech.

mozai|ka (-ki, -ki) (dat sg -ce) f mosaic.

mozolny adj arduous.

moździerz (-a, -e) (gen pl -y) m mortar.

może inv perhaps, maybe; **być może** maybe; **może wyjdziemy?** how lub what about going out?; **może byś coś zjadł?** why don't you eat something?

możesz itd. vb patrz **móc**.

możliwie adv: **zrób to możliwie szybko/dobrze** do it as soon/well as you possibly can.

możliwoś|ć (-ci, -ci) (gen pl -ci) f

possibility; (*sposobność*) chance, opportunity; **w miarę możliwości** if at all possible; **możliwości** *pl* abilities *pl*.

możliwy *adj* (*do wyobrażenia*) conceivable; (*ewentualny*) possible; (*pot. dość dobry*) passable; **możliwe, że zadzwonią jutro** they may give us a ring tomorrow; **o ile to możliwe** if that's possible; **możliwy do uniknięcia/rozpoznania** avoidable/recognizable.

można *inv.* można stwierdzić, że ... one *lub* you may say that ...; **można już iść** you may *lub* can go now; **nie można tego kupić** you can't buy this; **nie można tak myśleć** you mustn't think that; **czy tu można palić?** may *lub* can I smoke here?

możność (**-ci**) *f* opportunity.

──────── SŁOWO KLUCZOWE ────────

móc (**mogę, możesz**) (*pt* **mógł, mogła, mogli**) *vi* **1** (*potrafić*) to be able; **czy możesz to zrobić na jutro?** can you do it for tomorrow?; **będzie mógł wam pomóc** he will be able to help you; **szkoda, że nie możesz przyjść** it is a pity that you can't come; **gdybym tylko mógł** if only I could. **2** (*mieć pozwolenie*): **móc coś zrobić** to be permitted *lub* allowed to do sth; **czy mogę wyjść wcześniej?** may *lub* can I leave early?; **czy mógłbym rozmawiać z Sue?** could I speak to Sue, please? **3** (*dla wyrażenia przypuszczenia*): **on może się spóźnić** he may *lub* might be late; **kto to może być?** who can it be?; **mogła zapomnieć** she may have forgotten; **mógł cię zabić!** he could have killed you!; **nie może być!** this *lub* it can't be! **4** (*w prośbach*) **czy mógłbyś zamknąć okno?** could you close the window? **5** (*dla wyrażenia pretensji*): **mogłeś**

mi powiedzieć you might have told me.

──────────────────────────────

mój (*see* **Table 7**) *possessive pron* (*z rzeczownikiem*) my; (*bez rzeczownika*) mine; **to są moje książki** these are my books; **te książki są moje** these books are mine.

mól (**mola, mole**) (*gen pl* **moli**) *m* (*odzieżowy*) clothes moth.

mówc|a (**-y, -y**) *m decl like f in sg* speaker.

mó|wić (**-wię, -wisz**) *vt* (*coś*) to say; (*prawdę, kłamstwa*) to tell ♦ *vi* (*przemawiać*) to speak; (*rozmawiać, opowiadać*) to talk; **on mówi, że ...** he says that ...; **mówił mi, że ...** he told me that ...; **mówić po angielsku/polsku** to speak English/Polish; **nie mówiąc (już) o** +*loc* to say nothing of, let alone; **prawdę mówiąc** to tell the truth.

mózg (**-u, -i**) *m* brain; (*przen*) mastermind.

mroczny *adj* dark.

mro|k (**-ku, -ki**) (*instr sg* **-kiem**) *m* darkness.

mrowi|e (**-a**) (*loc sg* **-u**) *nt* (*ludzi*) swarm; (*świateł*) myriad; (*ciarki*) chill.

mrowie|nie (**-nia**) *nt* pins and needles *pl*.

mrowis|ko (**-ka, -ka**) (*instr sg* **-kiem**) *nt* ant-hill.

mro|zić (**-żę, -zisz**) (*imp* **-ź**) *vt* (*ziębić*) to chill; (*o lodówce*) to freeze.

mroźny *adj* frosty.

mrożący *adj*: **mrożący krew w żyłach** bloodcurdling.

mrożon|ki (**-ek**) *pl* deep-frozen foods.

mrożony *adj* (*owoce, warzywa*) deep-frozen; (*kawa, herbata*) iced.

mrów|ka (**-ki, -ki**) (*dat sg* **-ce**, *gen pl* **-ek**) *f* ant.

mr|óz (-ozu, -ozy) (*loc sg* -ozie) *m*
frost; **5 stopni mrozu** 5 degrees
below (zero).

mru|czeć (-czę, -czysz) (*perf* -knąć)
vi (*mamrotać*) to murmur; (*o kocie*)
to purr.

mrug|ać (-am, -asz) (*perf* -nąć) *vi* (*o
gwiazdach, światłach*) to twinkle, to
wink; **mrugać okiem (do kogoś)** to
wink (at sb); **mrugać oczami** to
blink (one's eyes).

mruż|yć (-ę, -ysz) (*perf* z-) *vt*:
mrużyć oczy to squint.

mrzon|ka (-ki, -ki) (*dat sg* -ce, *gen pl*
-ek) *f* daydream.

MSW *abbr* = **Ministerstwo Spraw
Wewnętrznych**.

MSZ *abbr* = **Ministerstwo Spraw
Zagranicznych**.

msz|a (-y, -e) (*gen pl* -y) *f* mass.

mścić się (mszczę, mścisz) (*imp*
mścij, *perf* ze-) *vr*: **mścić się (na
kimś)** to revenge o.s. (on sb); **mścić
się (za coś)** to get one's revenge
(for sth).

mściwy *adj* vindictive, revengeful.

mu *pron dat od* **on**; (*o człowieku*) (to)
him; (*o zwierzęciu*) (to) it ♦ *pron dat
od* **ono** (to) it; **dałem mu książkę** I
gave him the book, I gave the book
to him.

mu|cha (-chy, -chy) (*dat sg* -sze) *f*
(*ZOOL*) fly; (*krawat*) bow tie.

muchomo|r (-ra, -ry) (*loc sg* -rze) *m*
(*BOT*) amanita; (*pot*) toadstool.

Mula|t (-ta, -ci) (*loc sg* -cie) *m*
mulatto.

multimedi|a (-ów) *pl* multimedia.

multimedialny *adj* multimedia.

multimilione|r (-ra, -rzy) (*loc sg* -rze)
m multimillionaire.

multum *nt inv* plenty.

mu|ł¹ (-ła, -ły) (*loc sg* -le) *m* (*ZOOL*)
mule.

mu|ł² (-łu, -ły) (*loc sg* -le) (*szlam*) silt.

mumi|a (-i, -e) (*gen pl* -i) *f* mummy.

mundu|r (-ru, -ry) (*loc sg* -rze) *m*
uniform.

mundur|ek (-ka, -ki) (*instr sg* -kiem)
m uniform.

municypalny *adj* municipal; **policja
municypalna** municipal police.

mu|r (-ru, -ry) (*loc sg* -rze) *m* wall.

murarz (-a, -e) (*gen pl* -y) *m*
bricklayer.

mura|wa (-wy, -wy) (*dat sg* -wie) *f*
grass.

mur|ować (-uję, -ujesz) (*perf* wy-) *vt*
to build ♦ *vi* to lay bricks.

murowany *adj* (*dom: z cegły*) brick
attr; (: *z kamienia*) stone *attr*.

Murzy|n (-na, -ni) (*loc sg* -nie) *m*
Black (man); **Murzyni** *pl* Blacks,
Black people.

Murzyn|ka (-ki, -ki) (*dat sg* -ce, *gen pl*
-ek) *f* Black (woman).

murzyński *adj* Black.

musical (-u, -e) (*gen pl* -i) *m* musical
comedy.

─────── SŁOWO KLUCZOWE ───────

mu|sieć (-szę, -sisz) *vi* **1** (*podlegać
konieczności*): **musisz to zrobić** you
have to do it, you've got to do it;
nie musisz przychodzić you don't
have *lub* need to come. **2** (*być
zobowiązanym*) **muszę to zrobić** I
must do it, I need to do it; **czy
musisz już iść?** must you go just
yet?; **nie musiałeś tutaj
przychodzić** you needn't have come
here. **3** (*dla wyrażenia
prawdopodobieństwa*): **ona musi być
w kuchni** she must be in the
kitchen; **musiała mu powiedzieć**
she must have told him.

---

muskularny *adj* muscular.

musujący *adj* fizzy, sparkling.

muszel|ka (-ki, -ki) (*dat sg* -ce, *gen pl*
-ek) *f dimin od* **muszla**.

muszę itd. vb patrz **musieć**.

musz|ka (-ki, -ki) (dat sg -ce, gen pl -ek) f dimin od **mucha**; (krawat) bow tie; (w broni palnej) frontsight.

muszkatołowy adj: **gałka muszkatołowa** nutmeg.

muszl|a (-i, -e) (gen pl -i) f (skorupka) shell; **muszla klozetowa** toilet bowl; **muszla koncertowa** (concert) bowl.

musztar|da (-dy) (dat sg -dzie) f mustard.

muszt|ra (-ry) (dat sg -rze) f drill.

muśli|n (-nu, -ny) (loc sg -nie) m muslin.

mutacj|a (-i, -e) (gen pl -i) f mutation; **przeszedł mutację głosu 2 lata temu** his voice broke 2 years ago.

mutan|t (-ta, -ty) (loc sg -cie) m mutant.

mu|za (-zy, -zy) (dat sg -zie) f muse; **dziesiąta muza** (kino) cinema.

muze|um (-um, -a) (gen pl -ów) nt inv in sg museum.

muzułma|nin (-nina, -nie) (loc sg -ninie, gen pl -nów) m Muslim.

muzułmański adj Muslim.

muzyczny adj musical.

muzy|k (-ka, -cy) (instr sg -kiem) m musician.

muzy|ka (-ki) (dat sg -ce) f music.

muzykalny adj musical.

my (see Table 2) pron we; **to my** it's us.

myci|e (-a) nt washing; **mycie naczyń** washing up.

my|ć (-ję, -jesz) (perf u-) vt (ręce, twarz, talerz) to wash; (okna, podłogę) to clean; (zęby) to brush, to clean.

►**myć się** vr to wash (o.s.), to have a wash.

mydelnicz|ka (-ki, -ki) (dat sg -ce, gen pl -ek) f soap dish.

mydlin|y (-) pl (soap)suds, soapy water.

myd|ło (-ła, -ła) (loc sg -le, gen pl -eł) nt soap.

myj|nia (-ni, -nie) (gen pl -ni) f: **myjnia (samochodowa)** car wash.

myl|ić (-ę, -isz) vt (daty, twarze) (perf po-) to confuse, to mix up; (o wzroku, słuchu) (perf z-) to mislead.

►**mylić się** vr (popełniać błędy) to make mistakes; (być w błędzie) to be wrong.

mylny adj mistaken, erroneous.

mysz (-y, -y) (gen pl -y) f mouse; **myszy** pl mice.

myszk|ować (-uję, -ujesz) vi to ferret.

myśl (-i, -i) (gen pl -i) f thought; **mieć kogoś/coś na myśli** to have sb/sth in mind; **co masz na myśli?** what do you mean?

myślący adj intelligent.

myśl|eć (-ę, -isz) (pt -ał, -eli) vi to think; **myśleć o** +loc (rozmyślać o) to think about; (rozważać, zamierzać) to think of; (troszczyć się) to think of; **myślę, że tak** I think so; **myślę, że nie** I don't think so.

myśleni|e (-a) nt thinking.

myślicie|l (-a, -e) (gen pl -i) m thinker.

myśli|wiec (-wca, -wce) m (samolot) fighter (plane).

myśliwski adj hunting attr; **samolot myśliwski** fighter (plane).

myśli|wy (-wego, -wi) m hunter.

myślni|k (-ka, -ki) (instr sg -kiem) m (w zdaniu) dash; (pot. w wyrazie) hyphen.

mżaw|ka (-ki, -ki) (dat sg -ce, gen pl -ek) f drizzle.

mż|yć (-y) vi: **mży** it's drizzling.

N

─────SŁOWO KLUCZOWE─────

na prep +loc **1** (miejsce) on; **na stole/ścianie/Księżycu** on the table/wall/Moon; **na Węgrzech/Śląsku** in Hungary/Silesia; **na wsi/zachodzie** in the country/west; **na Kubie** in Cuba; **na obrazie/zdjęciu** in the picture/photograph; **na niebie** in the sky; **na ulicy** in lub on (US) the street; **na koncercie/wykładzie** at a concert/lecture ♦ prep +acc **1** (kierunek) to; **na plażę/wieś** to the beach/country; **na Węgry/Kubę** to Hungary/Cuba; **wchodzić (wejść perf) na drzewo** to climb a tree; **na zachód/północ** west/north, westward(s)/northward(s); **wpadać (wpaść perf) na kogoś** to bump into sb. **2** (okres): **na dwa dni** for two days; **na 5 minut przed** +loc five minutes before ... . **3** (termin): **na poniedziałek** for Monday; **na czwartą** (zrobić coś) by four (o'clock); (przyjść) at four (o'clock). **4** (okazja): **na śniadanie** for breakfast; **na wiosnę** in spring. **5** (sposób): **na sztuki/tuziny** by the piece/the dozen; **na czyjś koszt** at sb's expense; **na raty** on hire purchase (BRIT) lub installments (US); **jajko na twardo** hard-boiled egg; **pranie na sucho** dry cleaning. **6** (przyczyna): **na czyjąś prośbę/zaproszenie** at sb's request/invitation; **na czyjś sygnał/życzenie** on sb's signal/wish; **chory na grypę** ill lub sick (US) with flu. **7** (miara): **100 km na godzinę** 100 km per hour; **dwa razy na tydzień** twice a lub per week. **8** (rezultat): **kroić (pokroić**

perf) coś na kawałki to cut sth into pieces; **malować (pomalować perf) coś na biało** to paint sth white. **9** (przeznaczenie): **album na znaczki** stamp album; **kosz na śmieci** dustbin (BRIT), garbage can (US); **przerwa na kawę** coffee break. **10** (zamiar): **iść na spacer** to go for a walk; **jechać na wakacje/wycieczkę** to go on holiday/a trip; **iść na wykład/koncert** to go to a lecture/concert.

nabiał (-łu) (loc sg -le) m dairy products pl.

na|bić (-biję, -bijesz) vb perf od **nabijać**.

nabier|ać (-am, -asz) (perf nabrać) vt: **nabierać czegoś** (wody, powietrza) to take in; (apetytu, zwyczaju) to develop; (szybkości) to gather, to pick up; (wysokości) to gain; **nabierać kształtu** to take shape; **nabierać wprawy** to become adept lub skilled; **nabierać kogoś** (pot. żartować) to pull sb's leg; (pot. oszukiwać) to deceive.

nabij|ać (-am, -asz) (perf **nabić**) vt (broń) to load; (fajkę) to fill.

►**nabijać się** vr (pot): **nabijać się z kogoś** to make fun of sb.

nabity adj (broń) loaded; (fajka) filled; (pot. sala) packed.

nabożeństw|o (-wa) (loc sg -wie) nt (REL) (nom pl -wa) service.

nab|ój (-oju, -oje) (gen pl -oi lub -ojów) m cartridge.

nabrzeż|e (-a, -a) (gen pl -y) nt (rzeki, morza) embankment; (w porcie) landing pier.

nabrzmiały adj swollen.

nabrzmiew|ać (-a) (perf **nabrzmieć**) vi to swell.

na|być (-będę, -będziesz) (imp -bądź) vb perf od **nabywać**.

nabyt|ek (-ku, -ki) (*instr sg* -kiem) *m* (*zakup*) purchase; (*do kolekcji*) acquisition.

nabyty *adj* acquired.

nabyw|ać (-am, -asz) (*perf* nabyć) *vt* (*kupować*) to purchase, to buy; **nabywać czegoś** (*zdobywać*) to acquire, to gain.

nabywc|a (-y, -y) *m* buyer, purchaser.

nachalny *adj* pushy.

nacho|dzić (-dzę, -dzisz) (*imp* -dź, *perf* najść) *vt* (*o człowieku: przychodzić*) to keep coming to; (: *naprzykrzać się*) to intrude (up)on; (*o myślach, obawach*) to haunt, to pester ♦ *vi:* **nachodzić (na coś)** to overlap (sth).

nachyl|ać się (-am, -asz) *vr* (*o człowieku*) (*perf* -ić) to bend down; (*o terenie*) to slope.

nachyle|nie (-nia, -nia) (*gen pl* -ń) *nt* slope, inclination.

naciąg|ać (-am, -asz) (*perf* -nąć) *vt* (*linę, strunę*) to tighten; (*łuk*) to draw; (*buty, sweter*) to pull on; (*mięsień*) to pull.

nacier|ać (-am, -asz) (*perf* natrzeć) *vt* to rub ♦ *vi:* **nacierać (na +acc)** to charge (at sb/sth).

nacię|cie (-cia, -cia) (*gen pl* -ć) *nt* cut, incision.

nacin|ać (-am, -asz) (*perf* naciąć) *vt* to incise.

nacis|k (-ku, -ki) (*instr sg* -kiem) *m* pressure; (*akcent*) stress; **pod czyimś naciskiem** under pressure from sb.

nacis|kać (-kam, -kasz) (*perf* -nąć) *vt* to press ♦ *vi:* **naciskać na kogoś, żeby coś zrobił** (*przen*) to press sb to do sth.

naci|snąć (-snę, -śniesz) (*imp* -śnij) *vb perf od* naciskać.

nacjonali|sta (-sty, -ści) (*dat sg* -ście) *m decl like f in sg* nationalist.

nacjonalistyczny *adj* nationalist.

nacjonalizacj|a (-i) *f* nationalization.

nacjonaliz|m (-mu) (*loc sg* -mie) *m* nationalism.

nacjonaliz|ować (-uję, -ujesz) (*perf* z-) *vt* to nationalize.

naczelni|k (-ka, -cy) (*instr sg* -kiem) *m* (*policji, straży pożarnej*) chief; (*więzienia*) governor; (*wydziału*) head.

naczelny *adj* (*główny*) chief *attr* ♦ *m decl like adj* (*pot. dyrektor naczelny*) manager.

nacze|pa (-py, -py) (*dat sg* -pie) *f* semitrailer.

naczy|nie (-nia, -nia) (*gen pl* -ń) *nt* (*kuchenne*) dish; (*drewniane, gliniane*) vessel; **naczynie krwionośne** blood vessel; **naczynia** *pl* dishes *pl*; **zmywać (pozmywać** *perf*) **naczynia** to wash *lub* do the dishes, to wash up.

na|ć (-ci) *f* top leaves *pl*.

naćpany *adj* (*pot*) high, stoned.

———SŁOWO KLUCZOWE———

nad *prep* +*instr* **1** (*powyżej*) over, above; **nad stołem/górami** over the table/mountains. **2** (*o przewadze, władzy, kontroli*) over. **3** (*w pobliżu*): **nad rzeką** by the river; **nad morzem** at the seaside; **nad ranem** at daybreak, in the small hours (of the morning). **4** (*na temat*): **myśleć nad czymś** to think about sth; **pracować nad czymś** to work on sth ♦ *prep* +*acc* (*kierunek*): **nad morze/rzekę** to the seaside/river.

nadajni|k (-ka, -ki) (*instr sg* -kiem) *m* transmitter.

nadal *adv* still.

nadaremnie *adv* in vain.

nadarz|ać się (-a) (*perf* -yć) *vr* to occur, to come up.

nad|awać (-aję, -ajesz) (*perf* -ać) *vt* (*audycję, program*) to broadcast;

(*sygnał*) to transmit; (*list, paczkę*) to send, to mail (*US*).

►**nadawać się** *vr*: **nadawać się (do czegoś)** to be fit (for sth).

nadawc|a (-y, -y) *m decl like f in sg* sender.

nadąsany *adj* sulky, petulant.

nadąż|ać (-am, -asz) (*perf* -**yć**) *vi*: **nie nadążać (z czymś)** to fall behind (with sth); **nie nadążałem (za nim)** I could not keep up (with him).

nadbagaż (-u, -e) (*gen pl* -**y**) *m* excess baggage *lub* luggage.

nadchodzący *adj* (forth)coming.

nadcho|dzić (-dzę, -dzisz) (*imp* -**dź**, *perf* **nadejść**) *vi* (*o człowieku, burzy, śmierci*) to come; (*o liście*) to arrive, to come.

nadciąg|ać (-am, -asz) (*perf* -**nąć**) *vi* to approach.

nadciśnie|nie (-nia) *nt* (*MED*) hypertension.

naddat|ek (-ku, -ki) (*instr sg* -**kiem**) *m* surplus; **płacić (zapłacić** *perf*) **z naddatkiem** to pay in excess.

naddźwiękowy *adj* supersonic.

nade *prep* = **nad**; **nade wszystko** above all.

nadejś|cie (-cia) *nt* arrival.

nadej|ść (-dę, -dziesz) (*imp* -**dź**) *vb perf od* **nadchodzić**.

nadep|tywać (-tuję, -tujesz) (*perf* -**nąć**) to tread on, to step on.

nadsy|łać (-am, -asz) (*imp* -**lij**) *vb perf od* **nadsyłać**.

nadg|aniać (-aniam, -aniasz) (*perf* -**onić**) *vt* to make up for ♦ *vi* to catch up.

nadgarst|ek (-ka, -ki) (*instr sg* -**kiem**) *m* wrist.

nadgodzin|y (-) *pl* overtime.

nadgorliwy *adj* officious.

nadjeżdż|ać (-am, -asz) (*perf* **nadjechać**) *vi* to arrive, to come.

nadkład|ać (-am, -asz) (*perf*

nadłożyć) *vt*: **nadkładać drogi** to take a roundabout way.

nadkwaśnoś|ć (-ci) (*dat sg* -**ci**) *f* hyperacidity.

nadlat|ywać (-uję, -ujesz) (*perf* **nadlecieć**) *vi* (*o samolocie*) to arrive; (*o pociskach, ptaku*) to come flying.

nadleśnicz|y (-ego, -y) *m decl like adj* forest manager.

nadliczbowy *adj* overtime *attr*.

nadludzki *adj* superhuman.

nadmia|r (-ru) (*loc sg* -**rze**) *m* excess; **w nadmiarze** in excess.

nadmie|niać (-niam, -niasz) (*perf* -**nić**) *vt/vi* to mention.

nadmiernie *adv* excessively.

nadmierny *adj* excessive.

nadmorski *adj* seaside *attr*.

nadmu|chiwać (-chuję, -chujesz) (*perf* -**chać**) *vt* to inflate.

nadmuchiwany *adj* inflatable.

nadobowiązkowy *adj* optional.

nadpła|ta (-ty, -ty) (*dat sg* -**cie**) *f* excess payment.

nadpobudliwy *adj* hyperactive.

nadprodukcj|a (-i, -e) (*gen pl* -**i**) *f* overproduction.

nadprzyrodzony *adj* supernatural.

nadrabi|ać (-am, -asz) (*perf* **nadrobić**) *vt* to make up for.

nadro|bić (-bię, -bisz) (*imp* **nadrób**) *vb perf od* **nadrabiać**.

nadru|k (-ku, -ki) (*instr sg* -**kiem**) *m* (*na książce, nalepce*) (printed) inscription; (*na koszulce*) printed design.

nadrzędny *adj* (*cel, racja*) overriding, imperative; (*wartość, władza*) superior; **zdanie nadrzędne** (*JĘZ*) main clause.

nadska|kiwać (-kuję, -kujesz) *vi*: **nadskakiwać komuś** to fawn on sb.

nadsłu|chiwać (-chuję, -chujesz) *vi* to listen; **nadsłuchiwać czegoś** to listen (out) for sth.

nadspodziewany *adj* unexpected.

nadsta|wiać (**-wiam, -wiasz**) (*perf* **-wić**) *vt* (*policzek*) to present; **nadstawiać głowy** *lub* **karku** (*przen*) to risk one's neck.

nadsył|ać (**-am, -asz**) (*perf* **nadesłać**) *vt* to send (in).

nadto *adv*: **aż nadto** more than enough.

naduży|cie (**-cia, -cia**) (*gen pl* **-ć**) *nt* abuse.

nadużyw|ać (**-am, -asz**) (*perf* **nadużyć**) *vt*: **nadużywać czegoś** (*władzy, zaufania*) to abuse; (*alkoholu*) to overuse.

nadwa|ga (**-gi**) (*dat sg* **-dze**) *f* overweight; **mieć nadwagę** to be overweight.

nadweręż|ać (**-am, -asz**) (*perf* **-yć**) *vt* (*zaufanie, cierpliwość*) to stretch; (*siły*) to overtax.

▸**nadwerężać się** *vr* to overtax o.s.

nadwo|zie (**-zia, -zia**) (*gen pl* **-zi**) *nt* (*MOT*) body(work).

nadwrażliwoś|ć (**-ci**) *f* oversensitivity.

nadwrażliwy *adj* oversensitive.

nadwyż|ka (**-ki, -ki**) (*dat sg* **-ce**, *gen pl* **-ek**) *f* surplus.

nadziej|a (**-i, -je**) (*gen pl* **-i**) *f* hope; **mam nadzieję, że ...** I hope that ...; **mam nadzieję, że tu zostanę** I hope to stay here.

nadzie|nie (**-nia, -nia**) (*gen pl* **-ń**) *nt* (*w cieście, czekoladzie*) filling; (*w mięsie, potrawie*) stuffing.

nadziew|ać (**-am, -asz**) (*perf* **nadziać**) (*wbijać*) *vt*: **nadziewać coś (na coś)** to impale sth (on sth); (*KULIN*) to skewer sth (on sth); **nadziewać coś (czymś)** to stuff sth (with sth).

nadzorc|a (**-y, -y**) *m decl like f in sg* supervisor.

nadzorczy *adj*: **rada nadzorcza** board of supervisors, supervisory board.

nadzor|ować (**-uję, -ujesz**) *vt* to supervise.

nadz|ór (**-oru**) (*loc sg* **-orze**) *m* supervision, inspection.

nadzwyczajny *adj* (*niezwykły*) extraordinary; (*specjalny*) special.

naf|ta (**-ty**) (*dat sg* **-cie**) *f* kerosene; (*pot. ropa naftowa*) oil.

naftowy *adj* (*przemysł, szyb*) oil *attr*; (*lampa, piec*) paraffin *attr*; **ropa naftowa** petroleum, oil.

nagab|ywać (**-uję, -ujesz**) (*perf* **-nąć**) *vt* (*zagadywać*) to approach; **nagabywać kogoś o coś** to pester sb for sth.

naga|na (**-ny, -ny**) (*dat sg* **-nie**) *f* rebuke, reprimand.

naganny *adj* reprehensible, blameworthy.

nagi *adj* (*człowiek*) naked, nude; (*fakty, prawda*) plain.

nagin|ać (**-am, -asz**) (*perf* **nagiąć**) *vt* (*gałąź*) to bend down; (*przen: prawo, reguły*) to bend.

naglący *adj* urgent, pressing.

nagle *adv* suddenly, all of a sudden; (*umrzeć*) unexpectedly.

nagl|ić (**-ę, -isz**) (*imp* **-ij**) *vt*: **naglić kogoś (do zrobienia czegoś)** to press *lub* urge sb (to do sth) ▸ *vi*: **nagliła, żeby wracać** she insisted on going back.

nagłów|ek (**-ka, -ki**) (*instr sg* **-kiem**) *m* (*w tekście*) heading, title; (*w gazecie*) headline; (*na papierze listowym*) letterhead.

nagły *adj* (*wyjazd, zgon*) sudden, unexpected; (*potrzeba*) urgent, pressing; **w nagłym wypadku** *lub* **przypadku** in case of emergency.

nagminny *adj* common.

nago *adv* in the nude.

nagon|ka (**-ki, -ki**) (*dat sg* **-ce**, *gen pl* **-ek**) *f* (*przen*) witch-hunt.

nagoś|ć (**-ci**) f nudity.

nagradz|ać (**-am**, **-asz**) (perf **nagrodzić**) vt to reward.

nagra|nie (**-nia**, **-nia**) (gen pl **-ń**) nt recording.

nagrob|ek (**-ka**, **-ki**) (instr sg **-kiem**) m (pozioma płyta) tombstone, gravestone; (pionowa tablica) headstone.

nagro|da (**-dy**, **-dy**) (loc sg **-dzie**, gen pl **nagród**) f (w turnieju) prize; (za zasługi, pomoc) reward; (przyznawana przez organizacje) award; **Nagroda Nobla** the Nobel prize.

nagr|odzić (**-odzę**, **-odzisz**) (imp **-odź** lub **-ódź**) vb perf od **nagradzać**.

nagroma|dzić (**-dzę**, **-dzisz**) (imp **-dź**) vb perf od **gromadzić**.

nagryw|ać (**-am**, **-asz**) (perf **nagrać**) vt (płytę) to record; (na magnetofon) to tape; (na taśmę video) to videotape.

nagrzew|ać (**-am**, **-asz**) (perf **nagrzać**) vt to warm, to heat.
►**nagrzewać się** vr to warm up.

naiwnoś|ć (**-ci**) f naivety, naïveté.

naiwny adj naive.

najazd (**-u**, **-y**) (loc sg **najeździe**) m invasion.

naj|ąć (**-mę**, **-miesz**) (imp **-mij**) vb perf od **najmować**.

najbardziej adv superl od **bardzo** (the) most; **jak najbardziej!** by all means!

najbliższy adj superl od **bliski**; (o miejscu) (the) nearest; (o osobie) (the) closest; (o czasie) (the) next; **w najbliższym czasie** very soon.

najdalej adv superl od **daleko**; (o miejscu) (the) farthest, (the) furthest; (w największym stopniu) (the) furthest; (najpóźniej) at the latest.

najedzony adj full, full up (BRIT).

najemc|a (**-y**, **-y**) m decl like f in sg lessee; **najemca lokalu** occupier.

najemni|k (**-ka**, **-cy**) (instr sg **-kiem**) m (żołnierz) mercenary; (robotnik) hired hand.

naj|eść się (**-em**, **-esz**) (3 pl **-edzą**, imp **-edz**, pt **-adł**, **-adła**, **-edli**) vr perf to eat one's fill.

najeźdźc|a (**-y**, **-y**) m decl like f in sg invader.

najeżdż|ać (**-am**, **-asz**) (perf **najechać**) vt: **najeżdżać na** +acc (kraj) to invade; (krawężnik) to run onto; (słup) to run into.

najgorszy adj superl od **zły** (the) worst; **w najgorszym wypadku** lub **razie** at the worst.

najgorzej adv superl od **źle** (the) worst; **nie najgorzej** not too bad.

najlepiej adv superl od **dobrze** (the) best.

najlepszy adj superl od **dobry** (the) best; **w najlepszym wypadku** at best.

najmniej adv superl od **mało**; (znać, kochać) (the) least; **najmniej wody/kłopotu** the least water/trouble; **najmniej ludzi/zabawek** the fewest people/toys; **co najmniej** at least.

najmniejszy adj superl od **mały** (the) smallest; (prawie żaden) the least; **nie mam najmniejszego pojęcia** (pot) I don't have the slightest lub foggiest idea.

najm|ować (**-uję**, **-ujesz**) (perf **nająć**) vt (lokal, sprzęt) to lease, (ludzi) to hire.
►**najmować się** vr to get hired.

najnowszy adj superl od **nowy**; (najmłodszy) (the) newest; (ostatni) (the) most recent, (the) latest.

najpierw adv first (of all), in the first place.

najpóźniej adv superl od **późno** (the) latest; (jako ostatni) last; **najpóźniej we czwartek** on Thursday at the (very) latest.

najstarszy 628 nałogowiec

najstarszy adj superl od **stary** (the) oldest; (*w rodzinie*) (the) eldest.

najwięcej adv superl od **dużo, wiele** (the) most.

najwyżej adv superl od **wysoko**; (*fruwać, latać*) (the) highest ♦ adv. **najwyżej siedem** seven at the (very) most.

najwyższy adj superl od **wysoki**; (*góra, liczba, dźwięk*) (the) highest; (*człowiek, drzewo, budynek*) (the) tallest; **najwyższy czas, żebyśmy poszli** it's high time we left; **Sąd Najwyższy** ≈ the High Court (*BRIT*), ≈ the Supreme Court (*US*); **najwyższe piętro** the top floor; **stopień najwyższy** (*JĘZ*) superlative degree.

nakar|mić (-mię, -misz) vb perf od **karmić**.

naka|z (-zu, -zy) (*loc sg* -zie) m order; (*PRAWO*) warrant; **znak nakazu** (*MOT*) regulatory sign.

nakaz|ywać (-uję, -ujesz) (*perf* -ać) vt to order; **nakazywać komuś coś zrobić** to order sb to do sth; **nakazać dietę** to prescribe a diet.

nakle|jać (-jam, -jasz) (*perf* -ić) vt to stick on.

naklej|ka (-ki, -ki) (*dat sg* -ce, *gen pl* -ek) f (*etykieta*) label; (*nalepka*) sticker.

nakła|d (-du, -dy) (*loc sg* -dzie) m (*książki*) edition; **książka ma wyczerpany nakład** the book is out of print; **nakłady** pl expenditure, outlay.

nakład|ać (-am, -asz) (*perf* **nałożyć**) vt (*farbę, krem*) to apply; (*ubranie, czapkę*) to put on; (*podatek, embargo*) to impose.

▸**nakładać się** vr to overlap.

nakłani|ać (-am, -asz) (*perf* **nakłonić**) vt to induce sb to do sth.

nakło|nić (-nię, -nisz) (*imp* -ń) vb perf od **nakłaniać**.

nakłuw|ać (-am, -asz) (*perf* **nakłuć**) vt to prick.

nakrę|cać (-cam, -casz) (*perf* -cić) vt (*zegar*) to wind up.

nakrę|cić (-cę, -cisz) (*imp* -ć) vb perf od **nakręcać**.

nakręt|ka (-ki, -ki) (*dat sg* -ce, *gen pl* -ek) f (*na śrubę*) nut; (*na butelkę*) (screw) top.

nakry|cie (-cia, -cia) (*gen pl* -ć) nt covering; (*stołowe*) cover, place setting; **nakrycie głowy** headgear.

nakry|ć (-ję, -jesz) vb perf od **nakrywać** ♦ vt perf (*pot: przyłapać*) to nail (*pot*).

nakryw|ać (-am, -asz) (*perf* **nakryć**) vt to cover; **nakrywać do stołu** to lay *lub* set the table.

nal|ać (-eję, -ejesz) vb perf od **nalewać**.

naleg|ać (-am, -asz) vi: **nalegać na coś** to insist on (doing) sth; **nalegać na kogoś, żeby coś zrobił** to insist on sb's doing sth.

nale|piać (-piam, -piasz) (*perf* -pić) vt to stick, to paste.

nalep|ka (-ki, -ki) (*dat sg* -ce, *gen pl* -ek) f sticker.

naleśni|k (-ka, -ki) (*instr sg* -kiem) m pancake (*BRIT*), crepe (*US*).

nalew|ać (-am, -asz) (*perf* **nalać**) vt to pour.

naleź|eć (-ę, -ysz) vi: **należeć do** +gen to belong to; **należy ...** it's necessary to ..., one should ... .

▸**należeć się** vr: **ile się należy?** how much do I owe you?; **to mi się należy** I deserve this.

należnoś|ć (-ci, -ci) (*gen pl* -ci) f amount due.

należny adj due.

nalo|t (-tu, -ty) (*loc sg* -cie) m (*powietrzny*) air raid; (*policyjny*) raid; (*cienka warstwa*) coating.

nałogo|wiec (-wca, -wcy) m addict.

nałogowy adj (alkoholik) chronic; (palacz) habitual, heavy.

nałoż|yć (-ę, -ysz) (imp **nałóż**) vb perf od **nakładać**.

nał|óg (-ogu, -ogi) (instr pl **-ogiem**) m (zły nawyk) bad habit; (uzależnienie) addiction.

nam pron dat od **my** us.

namacalny adj tangible.

namaszcze|nie (-nia, -nia) (gen pl -ń) nt: **ostatnie namaszczenie** the last rites pl; **z namaszczeniem** with deliberation.

namawi|ać (-am, -asz) vt to urge, to encourage.

nami pron instr od **my** us; **z nami** with us.

namiast|ka (-ki, -ki) (dat sg **-ce**, gen pl **-ek**) f: **namiastka czegoś** a poor substitute for sth.

namiętnoś|ć (-ci, -ci) (gen pl **-ci**) f passion.

namiętny adj passionate.

namio|t (-tu, -ty) (loc sg **-cie**) m tent.

namiotowy adj: **pole namiotowe** camping site (BRIT), campsite (BRIT), campground (US).

nam|owa (-owy, -owy) (dat sg **-owie**, gen pl **-ów**) f suggestion; **za czyjąś namową** at sb's instigation, at sb's insistence.

namó|wić (-wię, -wisz) vt perf: **namówić kogoś do (zrobienia) czegoś** to coax lub talk sb into doing sth

namy|sł (-słu, -sły) (loc sg **-śle**) m thought, consideration; **bez namysłu** without a second thought; **po namyśle** on second thoughts.

namyśl|ać się (-am, -asz) (perf **-ić**) vr to think it over.

naoczny adj: **naoczny świadek** eye witness.

naokoło prep +gen round, around ♦ adv round, around.

napa|d (-du, -dy) (loc sg **-dzie**) m (agresja) assault; (choroby, szału, śmiechu) fit.

napad|ać (-am, -asz) (perf **napaść**) vt to attack, to assault ♦ vi: **napadać na kogoś** to attack sb, to assault sb.

napalony adj (pot) excited, horny (pot).

naparst|ek (-ka, -ki) (instr sg **-kiem**) m thimble.

napastliwy adj belligerent.

napastni|k (-ka, -cy) (instr sg **-kiem**) m assailant, attacker; (SPORT) forward.

napaś|ć¹ (-ci, -ci) (gen pl **-ci**) f assault.

napa|ść² (-dnę, -dniesz) (imp **-dnij**) vb perf od **napadać**.

napaw|ać (-am, -asz) vt to fill with. ►**napawać się** vr: **napawać się czymś** (widokiem) to relish sth, to delight in sth; (sukcesem, radością) to savour (BRIT) lub savor (US) sth.

napeł|niać (-niam, -niasz) (perf **-nić**) vt to fill.

napeł|nić (-nię, -nisz) (imp **-nij**) vb perf od **napełniać**.

napę|d (-du, -dy) (loc sg **-dzie**) m (elektryczny, spalinowy) drive; (rakietowy, odrzutowy) propulsion; (KOMPUT) disk drive.

napę|dzać (-dzam, -dzasz) (perf **-dzić**) vt (wprawiać w ruch) to drive, to propel.

napę|dzić (-dzę, -dzisz) (imp **-dź**) vb perf od **napędzać** ♦ vt perf: **napędzić komuś strachu** to give sb a scare.

napi|ć się (-ję, -jesz) vr perf to have a drink.

napię|cie (-cia, -cia) (gen pl **-ć**) nt (ELEKTR) voltage; (naprężenie) tension; (stan psychiczny) tension.

napięty adj (plan) tight; (uwaga) rapt; (atmosfera, nerwy) tense.

napin|ać (-am, -asz) (perf **napiąć**) vt (linę) to tighten; (mięśnie: na pokaz) to flex; (: z wysiłku) to tense.

napi|s (**-su, -sy**) (*loc sg* **-sie**) *m* caption, inscription; **napisy** *pl* (*FILM*: *na początku lub końcu filmu*) the credits; (: *tłumaczenia dialogów*) subtitles.

napi|sać (**-szę, -szesz**) (*imp* **-sz**) *vb perf od* **pisać**.

napiw|ek (**-ku, -ki**) (*instr sg* **-kiem**) *m* tip.

napły|nąć (**-nę, -niesz**) (*imp* **-ń**) *vb perf od* **napływać**.

napły|w (**-wu, -wy**) (*loc sg* **-wie**) *m* (*wody*) inflow; (*ludzi*) influx.

napływ|ać (**-am, -asz**) (*perf* **napłynąć**) *vi* (*o wodzie*) to flow in; (*o ludziach, wiadomościach, listach*) to come flooding in.

napomk|nąć (**-nę, -niesz**) (*imp* **-nij**) *vb perf od* **napomykać**.

napomyk|ać (**-am, -asz**) (*perf* **napomknąć**) *vi*: **napomykać o** +*loc* to mention.

napotyk|ać (**-am, -asz**) (*perf* **napotkać**) *vt* to encounter, to run into.

nap|ój (**-oju, -oje**) (*gen pl* **-ojów**) *m* drink, beverage.

napra|wa (**-wy, -wy**) (*dat sg* **-wie**) *f* repair; **w naprawie** under repair.

naprawdę *adv* really, truly; **naprawdę?** really?

napra|wiać (**-wiam, -wiasz**) (*perf* **-wić**) *vt* (*reperować*) to repair, to mend; (*przen*: *krzywdę*) to undo; (: *stratę*) to make good.

naprędce *adv* hastily.

naprowa|dzać (**-dzam, -dzasz**) (*perf* **-dzić**) *vt* (*kierować*) to direct; (*dawać wskazówki*) to guide.

naprzeciw *prep* +*gen* opposite, across from.

naprzód *adv* ahead, forward.

naprzykrz|ać się (**-am, -asz**) *vr*: **naprzykrzać się komuś** to nag sb.

napuszony *adj* (*przen*: *mina*) proud;

(*człowiek*) puffed up; (*styl*) bombastic, pompous.

napyt|ać (**-am, -asz**) *vt perf*: **napytać sobie biedy** (*pot*) to get into trouble.

nara|da (**-dy, -dy**) (*loc sg* **-dzie**) *f* (*zebranie*) conference, meeting; (*naradzanie się*) deliberation.

nara|dzać się (**-dzam, -dzasz**) (*perf* **-dzić**) *vr* to confer, to deliberate.

nara|dzić się (**-dzę, -dzisz**) (*imp* **-dź**) *vb perf od* **naradzać się**.

naramienni|k (**-ka, -ki**) (*instr sg* **-kiem**) *m* (*WOJSK*) epaulette (*BRIT*), epaulet (*US*).

naraz *adv* (*nagle*) suddenly, all at once; (*jednocześnie*) at the same time; **wszyscy naraz** all together.

nara|zić (**-żę, -zisz**) (*imp* **-ź**) *vb perf od* **narażać**.

naraż|ać (**-am, -asz**) (*perf* **narazić**) *vt* to endanger, to jeopardize; **narażać kogoś na coś** to expose sb to sth; **narażać życie** to risk one's life.

▸**narażać się** *vr*: **narażać się na coś** to run the risk of sth; **narazić się komuś** to make o.s. unpopular with sb.

narażony *adj*: **być narażonym na coś** to be open *lub* subject to sth.

narciarski *adj* ski *attr*.

narciarst|wo (**-wa**) (*loc sg* **-wie**) *nt* skiing.

narciarz (**-a, -e**) (*gen pl* **-y**) *m* skier.

narcy|z (**-za, -zy**) (*loc sg* **-zie**) *m* (*BOT*) narcissus; (*człowiek*) narcissist.

nareszcie *adv* at last.

narkoma|n (**-na, -ni**) (*loc sg* **-nie**) *m* drug addict.

narkomani|a (**-i**) *f* drug addiction.

narkoty|k (**-ku, -ki**) (*instr sg* **-kiem**) *m* drug, narcotic.

narko|za (**-zy, -zy**) (*dat sg* **-zie**) *f* (*MED*) anaesthesia; **pod narkozą** under an anaesthetic.

nar|obić (**-obię, -obisz**) (*imp* **-ób**) *vt*

perf **narobić hałasu** to make a noise; **narobić szkody** to cause *lub* do damage.

narodowoś|ć (**-ci, -ci**) (*gen pl* **-ci**) *f* nationality.

narodowy *adj* national.

narodze|nie (**-nia, -nia**) (*gen pl* **-ń**) *nt* birth; **Boże Narodzenie** Christmas.

nar|odzić się (**-odzę, -odzisz**) (*imp* **-ódź**) *vr* to be born.

narodzin|y (**-**) *pl* birth *sg*.

narośl (**-i, -e**) (*gen pl* **-i**) *f* growth.

narożni|k (**-ka, -ki**) (*instr sg* **-kiem**) *m* (*domu, pokoju, obrusa*) corner.

nar|ód (**-odu, -ody**) (*loc sg* **-odzie**) *m* (*grupa etniczna*) nation; (*populacja kraju*) people; **Narody Zjednoczone** the United Nations.

narrato|r (**-ra, -rzy**) (*loc sg* **-rze**) *m* narrator.

nar|ta (**-ty, -ty**) (*dat sg* **-cie**) *f* ski; **jeździć na nartach** to ski.

narusz|ać (**-am, -asz**) (*perf* **-yć**) *vt* (*granice, prawo, pokój*) to violate; (*równowagę*) to upset.

narusze|nie (**-nia, -nia**) (*gen pl* **-ń**) *nt* violation, infringement.

narwany *adj* (*pot*) hot-headed.

naryb|ek (**-ku**) (*instr sg* **-kiem**) *m* (*ZOOL*) fry *pl*; (*przen*) new blood (*przen*).

narys|ować (**-uję, -ujesz**) *vb perf od* **rysować**.

narzą|d (**-du, -dy**) (*loc sg* **-dzie**) *m* organ.

narzeczon|a (**-ej, -e**) *f decl like adj* fiancée.

narzecz|ony (**-onego, -eni**) *m decl like adj* fiancé; **narzeczeni** the engaged couple.

narzek|ać (**-am, -asz**) *vi*: **narzekać na** +acc to complain about.

narzędni|k (**-ka, -ki**) (*instr sg* **-kiem**) *m* (*JĘZ*) instrumental (case).

narzę|dzie (**-dzia, -dzia**) (*gen pl* **-dzi**) *nt* tool, instrument.

narzu|cać (**-cam, -casz**) (*perf* **-cić**) *vt* (*płaszcz*) to throw on; (*wolę, warunki*) to impose.

▶**narzucać się** *vr*: **narzucać się komuś** to force o.s. upon sb.

narzu|ta (**-ty, -ty**) (*dat sg* **-cie**) *f* bedspread, coverlet.

nas *pron gen, acc, loc od* **my**; **nie ma nas w domu** we're out (at the moment); **o nas** about us; **bez nas** without us.

nasad|ka (**-ki, -ki**) (*dat sg* **-ce**) *f* (*pióra*) cap.

nasenny *adj*: **pigułka nasenna** sleeping pill.

nasi *pron patrz* **nasz**.

nasiąk|ać (**-am, -asz**) (*perf* **-nąć**) *vi*: **nasiąkać wodą** to soak up water.

na|sienie (**-sienia**) *nt* (*BOT*) (*nom pl* **-siona**) seed; (*sperma*) semen.

nasil|ać się (**-a**) (*perf* **-ić**) *vr* to intensify, to escalate.

nasłoneczniony *adj* sunny, insolated.

nasłuch|iwać (**-uję, -ujesz**) *vt*: **nasłuchiwać kogoś/czegoś** to listen (out) for sb/sth.

nasta|ć (**-nę, -niesz**) (*imp* **-ń**) *vb perf od* **nastawać**.

nast|awać (**-aję, -ajesz**) (*imp* **-awaj**, *perf* **-ać**) *vi* (*o porze, okresie*) to come.

nasta|wiać (**-wiam, -wiasz**) (*perf* **-wić**) *vt* (*kawę, radio*) to put on; (*zegar, budzik*) to set; (*kość, ramię*) to set.

▶**nastawiać się** *vr*: **nastawiać się na coś** to expect sth.

nastawie|nie (**-nia**) *nt*: **nastawienie (do** +gen) attitude (to *lub* towards).

nastą|pić (**-pię, -pisz**) *vb perf od* **następować** ♦ *vi perf*: **nastąpić na coś** to step *lub* tread on sth.

następc|a (**-y, -y**) *m decl like f in sg* successor.

następnie *adv* then, next.

następny adj next, following.

następ|ować (-uję, -ujesz) (perf **nastąpić**) vi (pojawiać się kolejno) to follow; (o śmierci, zderzeniu, zmianie) to ensue; **ciąg dalszy nastąpi** to be continued.

następst|wo (-wa, -wa) (loc sg -wie) nt after-effect; **następstwa** after-effects pl, aftermath; **w następstwie czegoś** in the aftermath of sth.

następujący adj following; **następujący po sobie** successive.

nastolat|ek (-ka, -ki) (instr sg -kiem) m teenager, adolescent.

nastrojowy adj romantic.

nastrosz|yć (-ę, -ysz) vb perf od **stroszyć**.

nastr|ój (-oju, -oje) m (stan psychiczny) mood; (panująca atmosfera) atmosphere; **być w dobrym/złym nastroju** to be in a good /bad mood.

nasturcj|a (-i, -e) (gen pl -i) f nasturtium.

nasu|nąć (-nę, -niesz) (imp -ń) vb perf od **nasuwać**.

nasuw|ać (-am, -asz) (perf **nasunąć**) vt: **nasuwać kapelusz na oczy** to pull one's hat over one's eyes; **nasuwać komuś coś na myśl** to suggest sth to sb.

►**nasuwać się** vr (o myśli) to come to mind.

nasy|cić (-cę, -cisz) (imp -ć)

►**nasycić się** vr (najeść się) to eat one's fill.

nasy|p (-pu, -py) (loc sg -pie) m embankment.

nasz (see **Table 8**) possessive pron (przed rzeczownikiem) our; (bez rzeczownika) ours; **to jest nasz samochód** this is our car; **ten samochód jest nasz** this car is ours.

naszyjni|k (-ka, -ki) (instr sg -kiem) m necklace.

naszyw|ka (-ki, -ki) (dat sg -ce, gen pl -ek) f badge.

naślad|ować (-uję, -ujesz) vt (wzorować się) to copy, to emulate; (imitować) to imitate.

naśladowc|a (-y, -y) m decl like f in sg imitator.

naśmiew|ać się (-am, -asz) vr: **naśmiewać się z** +gen to mock, to laugh at.

naświetl|ać (-am, -asz) (perf -ić) vt (promieniami) to irradiate; (MED) to give radiation treatment; (FOT) to expose; (przen) to throw lub cast light on.

natar|cie (-cia, -cia) (gen pl -ć) nt offensive, attack.

natarczywy adj importunate.

natch|nąć (-nę, -niesz) (imp -nij) vt perf to inspire, to infuse.

natchnie|nie (-nia, -nia) (gen pl -ń) nt inspiration.

natchniony adj inspired.

natęż|ać (-am, -asz) (perf -yć) vt (wzrok, słuch) to strain.

►**natężać się** vr to intensify.

natęże|nie (-nia, -nia) (gen pl -ń) nt (dźwięku) volume; (ELEKTR) intensity.

nat|ka (-ki) (dat sg -ce) f tops pl; **natka pietruszki** parsley.

natk|nąć się (-nę, -niesz) (imp -nij) vb perf od **natykać się**.

natło|k (-ku) (instr sg -kiem) m: **w natłoku spraw/myśli** in the rush of events/ideas.

natomiast adv however.

natra|fiać (-fiam, -fiasz) (perf -fić) vi: **natrafiać na** +acc to come across sth.

natrętny adj obtrusive.

natrys|k (-ku, -ki) (instr sg -kiem) m shower.

nat|rzeć (-rę, -rzesz) (imp -rzyj) vb perf od **nacierać**.

natu|ra (**-ry**) (*loc sg* **-rze**) *f* nature; **martwa natura** still life.

naturalnie *adv* naturally.

naturalny *adj* natural.

natury|sta (**-sty, -ści**) (*dat sg* **-ście**) *m decl like f in sg* naturist.

natychmiast *adv* immediately, instantly.

natychmiastowy *adj* immediate, instant.

natyk|ać się (**-am, -asz**) (*perf* **natknąć się**) *vr:* **natykać się na** +*acc* to encounter, to come up against.

naucz|ać (**-am, -asz**) *vt:* **nauczać kogoś (czegoś)** to teach sb (sth); **nauczać (kogoś) czegoś** to teach sth (to sb).

naucz|ka (**-ki, -ki**) (*dat sg* **-ce**, *gen pl* **-ek**) *f* lesson.

nauczyciel (**-a, -e**) (*gen pl* **-i**) *m* teacher; **nauczyciel angielskiego/fizyki** English/physics teacher.

nauczyciel|ka (**-ki, -ki**) (*dat sg* **-ce**, *gen pl* **-ek**) *f* teacher.

nauczycielski *adj:* **pokój nauczycielski** staff *lub* teachers' room; **kolegium nauczycielskie** teacher training college.

naucz|yć (**-ę, -ysz**) *vb perf od* **uczyć**.

nau|ka (**-ki, -ki**) (*dat sg* **-ce**) *f* (*wiedza, teoria*) science; (*uczenie się*) study; (*przestrogą*) lesson; **nauka jazdy** (*kurs*) driving school; (*kierowca*) learner *lub* student driver.

nauko|wiec (**-wca, -wcy**) *m* scholar; (*w dyscyplinach przyrodniczych i ścisłych*) scientist, scholar.

naukowy *adj* (*ekspedycja*) scientific; **badania naukowe** research; **pracownik naukowy** research worker; **pomoce naukowe** teaching aids.

naumyślnie *adv* deliberately.

na|wa (**-wy, -wy**) (*loc sg* **-wie**) *f:* **nawa główna** nave; **nawa boczna** aisle.

nawad|niać (**-niam, -niasz**) (*perf* **nawodnić**) *vt* to irrigate.

nawal|ać (**-am, -asz**) (*perf* **-ić**) (*pot*) *vi* (*o urządzeniu*) to pack up (*pot*); (*o osobie*) to blow it (*pot*).

nawa|ł (**-łu**) (*loc sg* **-le**) *m:* **nawał pracy** mountains *lub* a mountain of work (*pot*).

nawet *adv* even.

nawia|s (**-su, -sy**) (*loc sg* **-sie**) *m* parenthesis, bracket (*BRIT*); **nawias okrągły** parenthesis, round bracket (*BRIT*); **nawias kwadratowy** square bracket; **nawias klamrowy** brace, curly bracket; **w nawiasie** in parentheses.

nawią|zać (**-żę, -żesz**) *vb perf od* **nawiązywać**.

nawiąz|ka (**-ki, -ki**) (*dat sg* **-ce**, *gen pl* **-ek**) *f:* **z nawiązką** with interest.

nawiąz|ywać (**-uję, -ujesz**) *vt* (*stosunki, kontakty*) to establish; (*rozmowy, korespondencję*) to enter into ♦ *vi:* **nawiązywać do czegoś** to refer to sth.

nawiedzony *adj* (*pot. o osobie*) cranky (*pot*).

nawierzch|nia (**-ni, -nie**) (*gen pl* **-ni**) *f* (*MOT*) surface.

nawi|eźć (**-ozę, -eziesz**) (*imp* **-eź**, *pt* **-ózł, -ozła, -eźli**) *vb perf od* **nawozić**.

nawigac||ja (**-i**) *f* navigation.

nawij|ać (**-am, -asz**) *vt* (*perf* **nawinąć**) to wind.

nawilż|ać (**-am, -asz**) (*perf* **-yć**) *vt* (*skórę*) to moisturize; (*powietrze*) to humidify.

nawi|nąć (**-nę, -niesz**) (*imp* **-ń**) *vb perf od* **nawijać**.

▸**nawinąć się** *vr* (*pot*) to crop up.

nawl|ec (**-okę, -eczesz**) (*pt* **-ókł, -ekła, -ekli**) *vb perf od* **nawlekać**.

nawlek|ać (**-am, -asz**) (*perf* **nawlec**)

vt (*igłę*) to thread; (*korale itp.*) to string.

nawoł|ywać (-**uję**, -**ujesz**) *vt* (*krzyczeć*) to call; **nawoływać kogoś do (zrobienia) czegoś** to exhort sb to do sth.

naw|ozić (-**ożę**, -**ozisz**) (*imp* -**oź** *lub* -**óź**, *perf* -**ieźć**) *vt* (*ROL*) to fertilize.

naw|óz (-**ozu**, -**ozy**) (*loc sg* -**ozie**) *m* fertilizer.

nawrac|ać (-**am**, -**asz**) (*perf* **nawrócić**) *vt* (*samochód*) to turn back; (*REL*) to convert.

▶**nawracać się** *vr.* **nawracać się na** +*acc* to be converted to.

nawró|cić (-**cę**, -**cisz**) (*imp* -**ć**) *vb perf od* **nawracać**.

nawy|k (-**ku**, -**ki**) (*instr sg* -**kiem**) *m* habit.

nawzajem *adv* (*obopólnie*) each other, one another; **dziękuję, nawzajem!** thank you! same to you!

nazajutrz *adv* (*książk*) (on) the next *lub* following day.

nazbyt *adv* too, excessively.

nazewnict|wo (-**wa**) (*loc sg* -**wie**) *nt* terminology, nomenclature.

nazi|sta (-**sty**, -**ści**) (*loc sg* -**ście**) *m decl like f in sg* Nazi.

nazistowski *adj* Nazi.

naznacz|ać (-**am**, -**asz**) (*perf* -**yć**) *vt* (*opatrywać znakiem*) to mark; (*wyznaczać*) to set.

naz|wa (-**wy**, -**wy**) (*dat sg* -**wie**) *f* name; **nosić nazwę X** to be named X.

naz|wać (-**wę**, -**wiesz**) (*imp* -**wij**) *vb perf od* **nazywać**.

nazwis|ko (-**ka**, -**ka**) (*instr sg* -**kiem**) *nt* surname (*BRIT*), last name (*US*); **nazwisko panieńskie** maiden name; **czek na czyjeś nazwisko** a cheque in sb's name.

nazyw|ać (-**am**, -**asz**) (*perf* **nazwać**) *vt* to call; **nazywać rzecz(y) po imieniu** to call a spade a spade.

▶**nazywać się** *vr* to be called; **jak się Pan/Pani nazywa?** what's your name, please?; **jak to się nazywa?** what is it called?, what do you call it?

n.e. *abbr* (= *naszej ery*) AD, CE.

Neapol (-**u**) *m* Naples.

negaty|w (-**wu**, -**wy**) (*loc sg* -**wie**) *m* negative.

negatywny *adj* negative.

negocjacj|e (-**i**) *pl* negotiations *pl*.

neg|ować (-**uję**, -**ujesz**) (*perf* **za-**) *vt* (*zaprzeczać*) to deny; (*nie uznawać*) to negate.

nekrolo|g (-**gu**, -**gi**) (*instr sg* -**giem**) *m* obituary.

nektaryn|ka (-**ki**, -**ki**) (*dat sg* -**ce**) *f* nectarine.

neo... *pref* neo... .

neofaszy|sta (-**sty**, -**ści**) (*dat sg* -**ście**) *m decl like f in sg* Neo-Nazi.

neogotycki *adj* Neo-Gothic.

neoklasyczny *adj* neoclassical.

neo|n (-**nu**, -**ny**) (*loc sg* -**nie**) *m* (*CHEM*) neon; (*reklama*) neon sign *lub* light.

neonów|ka (-**ki**, -**ki**) (*dat sg* -**ce**, *gen pl* -**ek**) *f* neon light.

nepotyz|m (-**mu**) (*loc sg* -**mie**) *m* nepotism.

ner|ka (-**ki**, -**ki**) (*dat sg* -**ce**, *gen pl* -**ek**) *f* kidney.

ner|w (-**wu**, -**wy**) (*loc sg* -**wie**) *m* nerve; **działać komuś na nerwy** to get on sb's nerves; **mieć mocne/słabe nerwy** to have strong/weak nerves.

nerwic|a (-**y**, -**e**) *f* neurosis.

nerwoból (-**u**, -**e**) (*gen pl* -**ów** *lub* -**i**) *m* neuralgia.

nerwowoś|ć (-**ci**) *f* nervousness.

nerwowy *adj* nervous; **komórka nerwowa** nerve cell.

nerwu|s (-**sa**, -**sy**) (*loc sg* -**sie**) *m* (*pot*) edgy fellow (*pot*).

netto *inv* net.

neurochirur|g (-ga, -dzy *lub* -gowie)
m neurosurgeon, brain surgeon.

neurolo|g (-ga, -dzy *lub* -gowie) *m*
neurologist.

neutraliz|ować (-uję, -ujesz) (*perf*
z-) *vt* to neutralize.

neutralnoś|ć (-ci) *f* neutrality.

neutralny *adj* neutral; (*POL*)
non-aligned.

newralgiczny *adj*: **punkt/rejon
newralgiczny** trouble spot/area.

nęcący *adj* tempting, seductive.

nę|cić (-cę, -cisz) (*imp* -ć, *perf* z-) *vt*
to tempt, to seduce.

nędz|a (-y, -e) *f* misery.

nędzarz (-a, -e) (*gen pl* -y) *m* pauper.

nędzny *adj* miserable, wretched.

nęk|ać (-am, -asz) *vt* to plague, to
haunt.

ni *conj*: **ni ... ni ...** neither ... nor ...; **ni
stąd, ni zowąd** out of the blue.

nia|nia (-ni, -nie) (*gen pl* -ń) *f* nanny.

nią *pron instr od* **ona** her; (*w
odniesieniu do przedmiotu,
zwierzęcia*) it.

niby *part* (*rzekomo*) supposedly,
allegedly; **niby przypadkiem** as if
lub though by accident; **robić coś
na niby** to make believe one is
doing sth.

nic (*like*: **co**) *pron* nothing; (: *z innym
wyrazem przeczącym*) anything; **nic
dziwnego** no wonder; **nic z tego**
it's no use!; **to nic** (*nie szkodzi*)
never mind; **nic a nic** not a thing.

nicpo|ń (-nia, -nie) (*gen pl* -ni *lub*
-niów) *m* good-for-nothing.

niczyj (*see* Table 6) *adj* nobody's,
no-one's; **ziemia niczyja**
no-man's-land.

ni|ć (-ci, -ci) (*instr pl* -ćmi) *f* thread.

nie *part* no; (*z czasownikiem*) not; **nie
ma go tutaj** he's not here; **co to, to
nie!** that is out of the question!; **nie
ma co narzekać** it's no good

complaining; **nie martw się!** don't
worry!

nie... *pref* (*z przymiotnikami*) un...,
in...; (*z rzeczownikami*) non-.

nieaktualny *adj* (*bilet*) invalid;
(*oferta*) unavailable; (*informacja*)
out-of-date.

nieapetyczny *adj* unappetizing.

nieartykułowany *adj* inarticulate.

niebagatelny *adj* considerable,
substantial.

niebawem *adv* (*książk*) soon, by and
by (*książk*).

niebezpieczeńst|wo (-wa, -wa) (*loc
sg* -wie) *nt* (*zagrożenie*) danger,
peril; (*narażenie*) risk, hazard;
(*sytuacja awaryjna*) emergency.

niebezpieczny *adj* (*sytuacja,
bandyta*) dangerous; (*posunięcie*)
risky; (*ładunek, substancja*)
hazardous.

niebieski *adj* (*kolor*) blue; (*ciało*)
heavenly, celestial; (*królestwo*)
heavenly; **benzyna niebieska** (*pot*)
two-star petrol (*BRIT*).

niebi|osa (-os) (*loc* -osach) *pl*
heaven.

nie|bo (-ba, -ba) (*loc sg* -bie, *gen pl*
-bios, *dat pl* -biosom, *instr pl*
-biosami, *loc pl* -biosach) *nt* sky;
(*REL*) heaven; **na niebie** in the sky;
w niebie in heaven; **spać pod
gołym niebem** to sleep rough;
niebo w gębie! (*pot*) delicious!

niebora|k (-ka, -cy *lub* -ki) (*instr sg*
-kiem) *m* poor thing.

nieboszczy|k (-ka, -cy *lub* -ki) (*instr
sg* -kiem) *m* the deceased.

niebrzydki *adj* rather pretty.

niebywale *adv* unusually.

niebywały *adj* (most) unusual.

niecały *adj*: **niecały rok/tydzień** less
than a year/week.

niecelny *adj*: **niecelny strzał** miss.

niecelowy *adj* inadvisable.

niecenzuralny *adj* obscene.

niech *part.* **niech wejdą** let them come in; **niech pomyślę** let me think *lub* see; **niech i tak będzie** so be it.

niechcący *adv* unintentionally, by accident.

niechcenia *inv.* **od niechcenia** casually, negligently.

niechę|ć (**-ci, -ci**) *f* dislike; **żywić niechęć do kogoś** to dislike sb; **czuć niechęć do pracy** to have an aversion to work; **z niechęcią** reluctantly.

niechętnie *adv* reluctantly.

niechętny *adj* reluctant.

niechlubny *adj* (*książk*) shameful.

niechluj (**-a, -e**) *m* (*pot*) slob.

niechlujny *adj* sloppy.

niechybny *adj* certain.

nieciekawy *adj* uninteresting.

niecierpli|wić (**-wię, -wisz**) (*perf* **z-**) *vt* to make impatient.

▸**niecierpliwić się** *vr* to grow impatient.

niecierpliwoś|ć (**-ci**) *f* impatience; **z niecierpliwością** impatiently.

niecierpliwy *adj* impatient.

nieco *adv* somewhat; **nieco większy** somewhat larger; **co nieco** a little.

niecodzienny *adj* unusual.

nieczuły *adj* (*obojętny*) insensitive, callous; (*odporny*) impervious.

nieczynny *adj* inactive, inoperative; (*sklep*) closed; (*urządzenie*) out of order *pred*; (*wulkan*) dormant; (: *wygasły*) extinct.

nieczysty *adj* (*skóra*) dirty, soiled; (*głos*) out of tune *pred*; (*myśli*) impure, unclean; (*zamiary*) dishonest; (*sumienie*) guilty.

nieczytelny *adj* (*pismo*) illegible, unreadable; (*informacja*) unclear.

niedaleki *adj* (*w przestrzeni*) nearby; (*w czasie*) near, prospective.

niedaleko *adv* (*w małej odległości*) near (by); (*blisko w czasie*) soon.

niedawno *adv* recently, not long ago.

niedawny *adj* recent; **do niedawna** until recently; **od niedawna** since recently.

niedbalst|wo (**-wa**) (*loc sg* **-wie**) *nt* negligence, neglect.

niedbały *adj* (*pracownik*) negligent, inattentive; (*strój*) untidy; (*gest*) offhand.

niedelikatny *adj* (*człowiek*) tactless; (*pytanie, uwaga*) indelicate, tactless.

niedługo *adv* (*wkrótce*) soon, before long; (*krótko*) a little while.

niedob|ór (**-oru, -ory**) (*loc sg* **-orze**) *m* (*witamin*) deficiency; (*pieniędzy, siły roboczej*) shortage; (*żywności*) scarcity, shortage; (*w budżecie*) deficit.

niedobrany *adj* (*małżeństwo*) mismatched, ill-suited; (*meble*) mismatched, ill-matched.

niedobry *adj* not good, bad; (*człowiek*) evil, wicked; (*wiadomość*) bad; (*jedzenie*) disgusting, yucky (*pot*).

niedobrze *adv* (*niezdrowo*) sickly, unwell; (*niepomyślnie*) badly; (*niewłaściwie*) wrongly; (*nieprzyjaźnie*) unkindly; **niedobrze mi** I feel sick; **robi mi się niedobrze** I'm beginning to feel sick; **czuć się niedobrze** to feel unwell.

niedochodowy *adj* (*interes*) unprofitable; (*organizacja*) non-profit.

niedociągnię|cie (**-cia, -cia**) (*gen pl* **-ć**) *nt* shortcoming.

niedogodnoś|ć (**-ci, -ci**) *f* inconvenience.

niedogodny *adj* inconvenient.

niedojrzałoś|ć (**-ci**) *f* immaturity.

niedojrzały *adj* (*człowiek*) immature; (*zboże, owoc*) unripe, green; (*wino*) immature, green; (*ser*) immature, unripe.

niedokładnoś|ć (-ci, -ci) (gen pl -ci) f inaccuracy.

niedokładny adj (człowiek) careless, negligent; (praca) sloppy; (nie sprecyzowany) inaccurate.

niedokonany adj (JĘZ) imperfective.

niedokończony adj unfinished, incomplete.

niedokrwistoś|ć (-ci) f (MED) anaemia (BRIT), anemia (US).

niedol|a (-i, -e) (gen pl -i) f misery.

niedołężny adj (niesprawny) infirm; (nieudolny) incompetent; (niezdarny) awkward.

niedomag|ać (-am, -asz) vi (o człowieku) to be ailing; (o narządzie, urządzeniu) to malfunction.

niedomagający adj ailing.

niedopał|ek (-ka, -ki) (instr sg -kiem) m (cigarette) butt, (cigarette) stub.

niedopatrze|nie (-nia, -nia) (gen pl -ń) nt oversight.

niedopieczony adj (mięso, kotlet) underdone, rare.

niedopowiedze|nie (-nia, -nia) (gen pl -ń) n allusion, understatement.

niedopuszczalny adj unacceptable, inadmissible.

niedorozwinięty adj (człowiek) retarded, mentally handicapped lub deficient.

niedorozw|ój (-oju) m (umysłowy) mental deficiency.

niedorzeczny adj preposterous, absurd.

niedoskonałoś|ć (-ci, -ci) (gen pl -ci) f imperfection, flaw.

niedosłysz|eć (-ę, -ysz) vi to be hard of hearing.

niedostateczny adj insufficient, inadequate ♦ m decl like adj (SZKOL: ocena) unsatisfactory lub failing mark (BRIT) lub grade (US).

niedostat|ek (-ku, -ki) (instr sg -kiem) m scarcity, shortage.

niedostępny adj (miejsce) inaccessible; (człowiek) aloof, unapproachable.

niedosy|t (-tu) (loc sg -cie) m want, insufficiency.

niedoświadczony adj inexperienced.

niedowa|ga (-gi) (dat sg -dze) f underweight.

niedowi|dzieć (-dzę, -dzisz) (imp -dź) vi: on niedowidzi his sight is failing.

niedowierza|nie (-nia) nt: z niedowierzaniem in disbelief.

niedożywie|nie (-nia) nt malnutrition.

niedożywiony adj undernourished.

niedrogi adj inexpensive.

niedużo adv (mleka, pieniędzy) not much, little; (książek, drzew) not many, few.

nieduży adj small.

niedwuznaczny adj unambiguous.

niedyskretny adj indiscreet.

niedziel|a (-i, -e) f Sunday; **Niedziela Palmowa/Wielkanocna** Palm/Easter Sunday.

niedźwie|dź (-dzia, -dzie) (gen pl -dzi) m bear.

nieefektowny adj unattractive.

nieekonomiczny adj uneconomical.

nieelegancki adj (niegustowny) inelegant; (nieuprzejmy) impolite.

nieestetyczny adj unsightly.

niefachowy adj incompetent, amateurish.

nieforemny adj irregular.

nieformalny adj (nieoficjalny) informal; (niezgodny z przepisami) illegal.

niefortunny adj unfortunate.

niefrasobliwy adj light-hearted.

niegazowany adj (napój) still, noncarbonated.

niegłupi adj (quite) clever.

niegodny adj (czyn, postępowanie) mean; **niegodny czegoś/kogoś** undeserving of sth/sb.

niegodziwy adj wicked, mean.
niegospodarny adj uneconomical, wasteful.
niegościnny adj inhospitable.
niegroźny adj (dolegliwość) mild.
niegrzeczny adj (nieuprzejmy) impolite; (dziecko) bad, naughty.
niegustowny adj tasteless.
niehigieniczny adj unhygienic, insanitary.
nieistotny adj (nieważny) unimportant; (nie powiązany) irrelevant.
niej pron gen, dat, loc od **ona**; (w odniesieniu do osoby) her; (w odniesieniu do rzeczy, zwierzęcia) it.
niejadalny adj (niesmaczny) uneatable; (niezdatny do jedzenia) inedible.
niejaki adj (pewien) some, a; **niejaki pan Smith** a Mr Smith.
niejasnoś|ć (-ci, -ci) (gen pl -ci) f ambiguity, vagueness.
niejasny adj (sformułowanie) unclear, vague; (przeczucie) indefinite.
niejeden (like: **jeden**) pron more than one; **niejeden raz** many a time.
niejednokrotnie adv more than once, many a time.
niejednorodny adj heterogenous.
niejednoznaczny adj ambiguous.
niekiedy adv sometimes.
niekoleżeński adj unsociable, unfriendly.
niekompatybilny adj (KOMPUT) incompatible.
niekompetencj|a (-i, -e) (gen pl -i) f incompetence.
niekompetentny adj (nieumiejętny) incompetent; (nie uprawniony) unauthorized.
niekompletny adj incomplete.
niekoniecznie adv not necessarily.
niekonsekwentny adj inconsistent.
niekorzystny adj unfavourable (BRIT), unfavorable (US), disadvantageous.
niekorzyś|ć (-ci) f: **na czyjąś niekorzyść** to sb's disadvantage.
niekrępujący adj (pokój) private.
niektórzy (f, nt **niektóre**) pron some; **niektórzy mówią, że ...** some (people) say that ... .
niekulturalny adj uncivil, rude.
nielegalny adj illegal.
nieletni adj juvenile ♦ m decl like adj minor, juvenile; **sąd dla nieletnich** juvenile court; **przestępczość nieletnich** juvenile delinquency lub crime.
nieliczny adj sparse, few.
nielogiczny adj illogical.
nielojalny adj disloyal.
nieludzki adj (okrutny) inhuman(e); (nadludzki) superhuman.
nieła|d (-du) (loc sg -dzie) m disarray.
nieładnie adv (postępować) unfairly; **nieładnie się porusza** her/his movements are clumsy; **nieładnie pisze** her/his handwriting is ugly.
nieładny adj (brzydki) ugly; (nieuczciwy) unfair.
niełas|ka (-ki) (dat sg -ce) f disgrace, disfavour (BRIT), disfavor (US).
niełatwy adj not easy, difficult.
niemal adv almost, (very) nearly; **jestem niemal pewien** I am almost certain; **niemal się nie spóźnił** he was very nearly late.
niemało adv: **niemało czegoś** quite a lot of sth.
niemądry adj unwise, silly.
Nie|mcy (-miec) (loc -mczech) pl Germany; **Republika Federalna Niemiec** the Federal Republic of Germany.
Nie|miec (-mca, -mcy) (voc sg -mce) m German.
niemiecki adj German; **Niemiecka Republika Demokratyczna** the German Democratic Republic;

owczarek niemiecki Alsatian (*BRIT*), German shepherd (*US*).

niemile, **niemiło** *adv* (*zaskoczony*) unpleasantly; **niemile widziany** unwelcome.

niemiłosierny *adj* (*bezlitosny*) merciless; (*przen: okropny*) terrible, awful.

niemiły *adj* (*wygląd, zapach*) unpleasant; (*człowiek*) unkind.

Niem|ka (**-ki**, **-ki**) (*dat sg* **-ce**, *gen pl* **-ek**) *f* German.

niemniej *adv* still, however; **tym niemniej** even so; **niemniej jednak** nevertheless.

niemodny *adj* unfashionable, out-of-date.

niemoralny *adj* immoral.

niem|owa (**-owy**, **-owy**) (*dat sg* **-owie**, *gen pl* **-ów**) *f/m decl like f in sg* mute.

niemowl|ę (**-ęcia**, **-ęta**) (*gen pl* **-ąt**) *nt* baby.

niemożliwy *adj* impossible; **niemożliwy do zrobienia** unfeasible.

niemożność (**-ci**) *f* impossibility.

niemy *adj* (*człowiek*) mute, dumb; (*film, aprobata*) silent.

nienagannie *adv* (*zachowywać się*) faultlessly; **nienagannie ubrany** impeccably dressed.

nienaganny *adj* (*strój, zachowanie*) impeccable.

nienaruszalny *adj* (*POL*) unalterable, inalienable

nienasycony *adj* insatiable.

nienaturalny *adj* unnatural, artificial.

nienaumyślnie *adv* (*zrobić coś*) unintentionally.

nienawi|dzić (**-dzę**, **-dzisz**) (*imp* **-dź**) *vt* to hate, to detest.

nienawistny *adj* (*pełen nienawiści*) hateful; (*znienawidzony*) odious.

nienawiś|ć (**-ci**) *f* hatred, hate.

nienormalny *adj* (*niezgodny z normą*) abnormal; (*niezgodny z*

oczekiwanym rezultatem) anomalous; (*chory psychicznie*) mad, insane.

nieobcy *adj* (*znajomy*) familiar; **nieobce mu były ...** he was no stranger to ... .

nieobecność (**-ci**) *f* absence.

nieobecny *adj* absent; **nieobecny duchem** (*przen*) absent in soul.

nieobliczalny *adj* unpredictable.

nieobyty *adj* unsophisticated, uncultured.

nieoceniony *adj* invaluable.

nieoczekiwanie *adv* unexpectedly, surprisingly.

nieoczekiwany *adj* unexpected, surprising.

nieodłączny *adj* inseparable, inherent.

nieodmienny *adj* (*stały*) invariable; (*JĘZ*) uninflected.

nieodpłatnie *adv* free of charge, at no cost *lub* charge.

nieodpłatny *adj* free.

nieodpowiedni *adj* inappropriate, unsuitable.

nieodpowiedzialny *adj* irresponsible.

nieodwołalnie *adv* irrevocably, beyond recall.

nieodwołalny *adj* irrevocable, unalterable.

nieodwracalny *adj* (*decyzja*) irreversible; (*szkoda*) irreparable.

nieodzowny *adj* indispensable, essential.

nieoficjalnie *adv* unofficially.

nieoficjalny *adj* unofficial.

nieograniczony *adj* (*możliwości, zaufanie*) unlimited, endless; (*swoboda, władza*) unrestricted.

nieokreślony *adj* (*lęk, przeczucie*) vague; (*kolor, wiek*) indeterminate; **przedimek nieokreślony** (*JĘZ*) indefinite article.

nieokrzesany *adj* coarse, crude.

nieomal *adv* = **niemal**.

nieomylny *adj* infallible.

nieopatrzny *adj* reckless, careless.

nieopisany *adj* (*lęk*) untold, indescribable; (*bałagan*) indescribable.

nieopłacalny *adj* unprofitable.

nieosiągalny *adj* unattainable.

nieostrożność (**-ci**) *f* carelessness.

nieostrożny *adj* careless.

nieostry *adj* (*nóż*) blunt; (*zdjęcie*) out of focus; (*obraz*) blurred.

niepalący *adj* non-smoking ♦ *m decl like adj* non-smoker; **przedział dla niepalących** a non-smoking compartment.

nieparzysty *adj* odd.

niepełnoletni *adj* under age, under-age *attr*.

niepełnosprawny *adj* handicapped.

niepełny *adj* (*nie napełniony*) not (quite) full; (*niekompletny*) incomplete.

niepewność (**-ci**) *f* uncertainty.

niepewny *adj* (*człowiek*) hesitant; (*krok*) unsteady; (*pochodzenie, sytuacja*) uncertain; (*partner, sojusznik*) doubtful.

niepochlebny *adj* unfavourable (*BRIT*), unfavorable (*US*), critical.

niepocieszony *adj* disconsolate.

niepoczytalny *adj* insane.

niepodległość (**-ci**) *f* independence.

niepodległy *adj* independent.

niepodobny *adj* unlike, dissimilar; **być niepodobnym do kogoś** to be unlike sb; **to do niego niepodobne** it's very unlike him.

niepodważalny *adj* irrefutable, unquestionable.

niepodzielnie *adv* (*panować, rządzić*) absolutely.

niepogoda (**-dy**) (*dat sg* **-dzie**) *f* bad weather.

niepohamowany *adj* uncontrollable.

niepojęty *adj* inconceivable.

niepokoić (**-oję, -oisz**) (*imp* **-ój**, *perf* **za-**) *vt* (*wzbudzać niepokój*) to worry; (*nie dawać spokoju*) to bother.

▸**niepokoić się** *vr* to worry; **niepokoić się o** +*acc* to worry about.

niepokojący *adj* disturbing.

niepokonany *adj* invincible.

niepokój (**-oju**) *m* anxiety.

niepoliczalny *adj* (*rzeczownik*) uncountable.

niepomyślny *adj* (*wiadomość*) bad; (*wiatr*) adverse; (*próba*) unsuccessful.

niepoprawny *adj* (*odpowiedź*) incorrect, wrong; (*człowiek*) incorrigible.

niepopularny *adj* unpopular.

nieporadny *adj* incapable, incompetent.

nieporęczny *adj* unwieldy.

nieporozumienie (**-nia, -nia**) (*gen pl* **-ń**) *nt* (*pomyłka*) misunderstanding; (*konflikt*) disagreement.

nieporządek (**-ku, -ki**) (*instr sg* **-kiem**) *m* mess.

nieporządny *adj* (*człowiek*) untidy.

nieposłuszeństwo (**-wa**) (*loc sg* **-wie**) *nt* disobedience.

niepostrzeżenie *adv* imperceptibly.

niepotrzebnie *adv* unnecessarily.

niepotrzebny *adj* (*niekonieczny*) unnecessary; (*nie chciany*) unwanted.

niepoważny *adj* (*człowiek*) silly; (*podejście*) unserious, frivolous.

niepowodzenie (**-nia, -nia**) (*gen pl* **-ń**) *nt* failure.

niepowtarzalny *adj* unique.

niepoznaki *inv* (*pot*): **dla niepoznaki** to distract (sb's) attention; **zmieniony do niepoznaki** changed beyond *lub* past (all) recognition.

niepozorny *adj* inconspicuous.

niepraktyczny *adj* impractical, unpractical.

nieprawda (**-dy**) (*dat sg* **-dzie**) *f* untruth; **to nieprawda!** that's a lie!, that's not true!; **ten jest ładny,**

nieprawda(ż)? this one is pretty, isn't it?

nieprawdopodobny adj incredible, improbable.

nieprawdziwy adj (niezgodny z prawdą) untrue; (nierzeczywisty) unreal; (sztuczny) artificial, false.

nieprawidłowy adj (niezgodny z normami) against the rules pred; (niepoprawny: odpowiedź) incorrect.

nieprecyzyjny adj imprecise.

nieprędko adj not soon.

nieproporcjonalny adj disproportionate.

nieproszony adj: **nieproszony gość** unwelcome lub uninvited guest lub visitor, gatecrasher (pot).

nieprzechodni adj (JĘZ) intransitive.

nieprzeciętny adj superior, outstanding.

nieprzejednany adj intransigent, uncompromising.

nieprzejezdny adj (droga: z powodu robót) closed; (: z powodu złych warunków) impassable.

nieprzekonujący, **nieprzekonywający** adj unconvincing.

nieprzemakalny adj (odzież) rainproof; (opakowanie) waterproof; **płaszcz nieprzemakalny** raincoat.

nieprzepisowy adj (SPORT) foul; (WOJSK) non-conforming, contrary to the regulations pred.

nieprzerwany adj uninterrupted, continuous.

nieprzewidywalny adj unpredictable.

nieprzewidziany adj unforeseen.

nieprzezroczysty adj opaque.

nieprzychylny adj (nieprzyjazny) unfriendly; (niesprzyjający: wiatr) foul.

nieprzydatny adj useless.

nieprzyja|ciel (-ciela, -ciele) (gen pl -ciół, dat pl -ciołom, instr pl -ciółmi, loc pl -ciołach) m enemy.

nieprzyjacielski adj enemy attr.

nieprzyjazny adj unfriendly, hostile.

nieprzyjemnie adv unpleasantly.

nieprzyjemności pl trouble; **mieć nieprzyjemności** to be in trouble.

nieprzyjemny adj unpleasant.

nieprzypadkowo adv not accidentally.

nieprzytomny adj (człowiek) unconscious; (oczy, wzrok) vacant; (ze strachu, ze złości) mad.

nieprzyzwoity adj obscene, indecent.

niepunktualny adj unpunctual.

nierad adv: **rad nierad** willy-nilly.

nierasowy adj: **pies nierasowy** mongrel (dog).

nieraz adv (niejednokrotnie) many times, many a time; (niekiedy) sometimes.

nierdzewny adj stainless, rust-proof.

nierealny adj (nierzeczywisty) unreal; (niewykonalny) unfeasible.

nieregularny adj irregular.

nierentowny adj unprofitable.

nierozerwalnie adv inseparably.

nierozpuszczalny adj insoluble.

nieroztropny adj imprudent.

nierozważny adj reckless.

nier|ób (-oba, -oby) (loc sg -obie) m (pot) loafer (pot).

nieróbst|wo (-wa) (loc sg -wie) nt idleness.

nierównomierny adj (podział) unequal; (puls) irregular.

nierównoś|ć (-ci, -ci) (gen pl -ci) f (drogi) unevenness; (społeczna) inequality.

nierówny adj (powierzchnia) uneven, rough; (droga) bumpy; (MAT) not equal; (podział) unequal; (pismo, rytm) uneven; (charakter) inconsistent.

nieruchomoś|ć (-ci, -ci) (gen pl -ci) f (dobra nieruchome) property (BRIT), real estate (US).

nieruchomy adj immobile, motionless; (*majątek*) immovable.

nierzadko adv not infrequently.

nierzą|d (**-du**) (*loc sg* **-dzie**) m prostitution.

niesamowity adj (*przerażający*) eerie; (*niezwykły*) amazing.

niesiesz itd. vb patrz **nieść**.

nieskazitelny (*książk*) adj flawless.

nieskomplikowany adj unsophisticated, uncomplicated.

nieskończenie adv infinitely, extremely.

nieskończony adj (*bezmiar, lasy*) infinite, endless.

nieskory adj: **nieskory do czegoś** unwilling to do sth.

nieskromny adj (*zarozumiały*) immodest; (*nieprzyzwoity*) indecent.

nieskuteczny adj ineffective.

niesłowny adj unreliable.

niesłusznie adv unfairly, wrongly.

niesłuszny adj (*decyzja, wniosek*) erroneous; (*podejrzenie*) unfair.

niesłychany adj (*niezwykły*) unheard-of.

niesmaczny adj (*nieapetyczny*) tasteless; (*żart*) sick, tasteless.

niesma|k (**-ku**) (*instr sg* **-kiem**) m: **budzić (wzbudzić** perf**) niesmak** to be disgusting; **czuć niesmak** to be disgusted.

niesnas|ki (**-ek**) pl disputes pl, disagreements pl.

niesolidny adj unreliable.

niespecjalny adj (*pot: niezbyt dobry*) so-so, fair-to-middling (*pot*).

niespełna adv (*w przybliżeniu*) less than.

niespodzian|ka (**-ki**, **-ki**) (*dat sg* **-ce**, *gen pl* **-ek**) f surprise; **zrobić** (perf) **komuś niespodziankę** to give sb a surprise.

niespodziewany adj unexpected.

niespokojny adj (*człowiek, spojrzenie, wzrok*) anxious; (*czasy*) turbulent; (*morze*) rough; (*sen*) restless.

niespójny adj incoherent.

niesprawiedliwoś|ć (**-ci**, **-ci**) (*gen pl* **-ci**) f injustice.

niesprawiedliwy adj unfair, unjust.

niesprawny adj (*zepsuty*) out of order; (*nie wyćwiczony*) unfit, out of shape.

niesprzyjający adj (*okoliczność*) unfavourable (*BRIT*), unfavorable (*US*); (*wiatr*) foul.

niestabilny adj unstable.

niestały adj changeable.

niestaranny adj careless.

niestety adv unfortunately.

niestosowny adj improper.

niestrawnoś|ć (**-ci**) f indigestion, dyspepsia.

niestrawny adj (*pokarm*) indigestible; (*przen: nudny*) dry; (: *zbyt trudny*) indigestible.

niestrudzony adj tireless, untiring.

niesubordynacj|a (**-i**, **-e**) (*gen pl* **-i**) f insubordination.

niesumienny adj unconscientious.

nieswojo adv: **czuć się nieswojo** to feel uneasy lub uncomfortable.

nieswój adj ill at ease.

niesymetryczny adj asymmetrical.

niesympatyczny adj unpleasant.

niesystematyczny adj (*uczeń*) unmethodical, disorganized; (*tryb życia*) irregular, disorganized.

nieszczególnie adv (*pot*): **wygląda nieszczególnie** (s)he doesn't look very well.

nieszczelnoś|ć (**-ci**) f (*brak szczelności*) leakiness; (*otwór*) (*nom pl* **-ci**, *gen pl* **-ci**) leak.

nieszczelny adj leaky.

nieszczeroś|ć (**-ci**) f insincerity.

nieszczery adj insincere.

nieszczęś|cie (**-cia**, **-cia**) (*gen pl* **-ć**) nt (*zmartwienie*) unhappiness; (*zły los*) bad luck, misfortune; (*tragedia*)

disaster; (*bieda*) misery; (*wypadek*)
accident.

nieszczęśliwy *adj* unhappy; (*kaleka,
mina*) miserable; (*zbieg okoliczności*)
unfortunate.

nieszczęśni|k (-ka, -cy) (*instr sg*
-kiem) *m* poor thing *lub* soul.

nieszkodliwy *adj* harmless;
nieszkodliwy dla środowiska
environment(ally) friendly.

nieścisły *adj* inaccurate, imprecise.

nieść (niosę, niesiesz) (*imp* nieś, *pt*
niósł, niosła, nieśli) *vt* to carry;
(*przynosić*) (*perf* **przy-**) to bring;
(*zanosić*) (*perf* **za-**) to carry, to take;
(*znosić: jaja*) (*perf* **z-**) to lay; **nieść
pociechę/pomoc** to bring comfort/
help ♦ *vi:* **wieść niesie, że ...** it is
rumoured (*BRIT*) *lub* rumored (*US*)
that ... .

nieślubny *adj* illegitimate.

nieśmiały *adj* shy, timid.

nieśmiertelny *adj* immortal.

nieświadomy *adj* (*bezwiedny*)
unconscious; **być nieświadomym
czegoś** to be unaware of sth.

nieświeży *adj* (*chleb*) stale; (*mięso,
oddech*) bad; (*pościel*) dirty.

nietak|t (-tu, -ty) (*loc sg* -cie) *m* faux
pas, gaffe.

nietaktowny *adj* tactless.

nietknięty *adj* (*pieczęć, stan*) intact;
(*człowiek*) unharmed, sound.

nietolerancj|a (-i) *f* intolerance.

nietolerancyjny *adj* intolerant.

nietoperz (-a, -e) (*gen pl* -y) *m* bat.

nietowarzyski *adj* unsociable.

nietrafny *adj* (*uwaga*) irrelevant;
nietrafny strzał/uderzenie miss;
nietrafna ocena misjudgement.

nietrudny *adj* not difficult.

nietrwały *adj* (*barwnik, kolor*)
fast-fading; (*uczucie*) fleeting;
(*żywność*) perishable.

nietrzeźwoś|ć (-ci) *f* intoxication; **w**

stanie nietrzeźwości in a state of
drunkenness.

nietrzeźwy *adj* drunk, intoxicated; **w
stanie nietrzeźwym** in a state of
drunkenness.

nietutejszy *adj* (*produkt*)
non-domestic *lub* local; **jestem
nietutejszy** I'm a stranger here.

nietykalnoś|ć (-ci) *f* inviolability;
nietykalność osobista personal
immunity.

nietykalny *adj* (*granica, własność*)
inviolable; (*osoba*) untouchable.

nietypowy *adj* atypical; (*rozmiar*)
non-standard.

nieubłaganie *adv* (*bezwzględnie*)
unrelentingly; (*nieuchronnie*)
inevitably.

nieubłagany *adj* (*bezwzględny*)
implacable; (*nieunikniony*) inevitable.

nieuchronny *adj* inevitable.

nieuchwytny *adj* (*złodziej*) elusive;
(*czar, wpływ*) indefinable.

nieuct|wo (-wa) (*loc sg* -wie) *nt*
ignorance.

nieuczciwoś|ć (-ci, -ci) (*gen pl* -ci) *f*
dishonesty.

nieuczciwy *adj* dishonest.

nieudany *adj* (*próba*) unsuccessful.

nieudolnoś|ć (-ci, -ci) (*gen pl* -ci) *f*
inefficiency, incompetence.

nieudolny *adj* clumsy.

nieufnoś|ć (-ci) *f* distrust, mistrust.

nieufny *adj* distrustful.

nieugięty *adj* unbending, relentless.

nieuleczalnie *adv:* **nieuleczalnie
chory** incurably ill.

nieuleczalny *adj* incurable.

nieumiarkowany *adj* immoderate;
(*apetyt, optymizm*) intemperate.

nieumiejętnoś|ć (-ci) *f* inability,
incapacity.

nieumyślny *adj* (*nie planowany*)
unintentional, inadvertent;
(*mimowolny*) involuntary.

nieunikniony *adj* unavoidable, inevitable.

nieuprzejmy *adj* impolite.

nieurodzaj (**-u**, **-e**) *m* crop failure; **był nieurodzaj na jabłka/ziemniaki** the apple/potato crop failed.

nieustannie *adv* unceasingly, continuously.

nieustanny *adj* incessant, continuous.

nieustępliwy *adj* persistent, tenacious.

nieustraszony *adj* (*książk*) fearless.

nieuwa|ga (**-gi**) (*dat sg* **-dze**) *f* inattention; **przez nieuwagę** through inattention.

nieuważny *adj* (*roztargniony*) inattentive, absent-minded; (*nierozważny*) careless.

nieuzasadniony *adj* groundless, unfounded.

nieużyt|ki (**-ków**) *pl* (*ROL*) wastelands.

niewart *adv*: **niewart czegoś** not worth sth, unworthy of sth.

nieważkoś|ć (**-ci**) *f*: **stan nieważkości** weightlessness.

nieważny *adj* (*nieistotny*) unimportant, insignificant; (*przedawniony*) invalid.

niewątpliwie *adv* undoubtedly.

niewątpliwy *adj* undoubted, unquestionable.

niewdzięcznoś|ć (**-ci**) *f* ingratitude.

niewdzięczny *adj* (*człowiek*) ungrateful; (*praca, temat*) unrewarding.

niewiadom|a (**-ej**, **-e**) *f decl like adj* (*MAT*) unknown.

niewiadomy *adj* unknown.

niewi|ara (**-ary**) (*dat sg* **-erze**) *f*: **niewiara (w coś)** disbelief (in sth).

niewiarygodny *adj* (*nie zasługujący na zaufanie*) unreliable; (*nieprawdopodobny*) incredible, unbelievable.

niewidoczny *adj* invisible, unseen.

niewidomy *adj* blind ♦ *m decl like adj*: **niewidomi** the blind.

niewidzialny *adj* invisible.

niewiedz|a (**-y**) *f* ignorance.

niewiele (*like*: **ile**) *pron* (*światła, pieniędzy*) not much, little; (*osób, rzeczy*) not many, few ♦ *adv* (*trochę*) little.

niewielki *adj* not big, not large.

niewielu *pron patrz* **niewiele**.

niewiernoś|ć (**-ci**, **-ci**) (*gen pl* **-ci**) *f* (*zdrada*) infidelity, unfaithfulness; (*nielojalność*) disloyalty, infidelity.

niewierny *adj* (*mąż, żona*) unfaithful; (*pot*. *nieufny*) distrustful.

niewierzący *adj* unbelieving ♦ *m decl like adj* non-believer.

niewiniąt|ko (**-ka**, **-ka**) (*instr sg* **-kiem**, *gen pl* **-ek**) *nt* innocent.

niewinnoś|ć (**-ci**) *f* (*brak winy*) innocence; (*bezgrzeszność*) innocence, purity.

niewinny *adj* innocent; **uznany za niewinnego** presumed innocent.

niewłaściwie *adv* (*błędnie*) wrongly; (*niestosownie*) improperly.

niewłaściwy *adj* (*błędny, nieprawidłowy*) wrong; (*niestosowny*) inappropriate, improper.

niewol|a (**-i**) *f* captivity.

niewolnict|wo (**-wa**) (*loc sg* **-wie**) *nt* slavery.

niewolni|k (**-ka**, **-cy**) (*instr sg* **-kiem**) *m* slave.

niewrażliwy *adj* (*nie reagujący*) insensitive; (*odporny*) insensible; **niewrażliwy na coś** insensitive *lub* insensible to sth.

niewybaczalny *adj* unforgivable, inexcusable.

niewybredny *adj* (*czytelnik*) undemanding; (*gust*) unrefined.

niewyczerpany *adj* inexhaustible.

niewydolnoś|ć (**-ci**) *f* failure.

niewygodny *adj* (*but, łóżko*)

uncomfortable; (*obecność, świadek*)
inconvenient.

niewyg|ody (**-ód**) *pl* discomforts.

niewykluczony *adj*
(*prawdopodobny*) conceivable.

niewykonalny *adj* unworkable,
unfeasible.

niewykwalifikowany *adj* unskilled,
unqualified.

niewypa|ł (**-łu, -ły**) (*loc sg* **-le**) *m* dud.

niewypłacalnoś|ć (**-ci**) *f* insolvency.

niewyraźny *adj* (*słabo słyszalny*)
faint; (*słabo widzialny*) faint, dim;
(*niepewny*) vague; (*niezrozumiały*)
vague, obscure; (*podejrzany*) obscure.

niewysoki *adj* not (very) tall *lub*
high; (*człowiek*) not (very) tall,
rather short.

niewystarczający *adj* insufficient.

niewyszukany *adj* simple, unrefined.

niewytłumaczalny *adj* inexplicable.

niewzruszony *adj* (*postawa*)
inflexible; (*człowiek*) inflexible,
adamant.

niezadowole|nie (**-nia**) *nt*
discontent, dissatisfaction.

niezadowolony *adj* dissatisfied,
unhappy; **niezadowolony z** +*gen*
discontented *lub* dissatisfied with.

niezależnie *adv* independently;
niezależnie od +*gen* irrespective *lub*
regardless of.

niezależnoś|ć (**-ci**) *f* independence.

niezależny *adj* independent; **mowa
niezależna** (*JĘZ*) direct speech.

niezamężna *adj*: **niezamężna
kobieta** unmarried *lub* single woman.

niezapominaj|ka (**-ki, -ki**) (*dat sg*
-ce, *gen pl* **-ek**) *f* forget-me-not.

niezapomniany *adj* unforgettable.

niezaprzeczalny *adj* undeniable,
undisputed.

niezaradny *adj* (*niezapobiegliwy*)
resourceless; (*bezradny*) helpless.

niezasłużony *adj* undeserved.

niezastąpiony *adj* irreplaceable.

niezatarty *adj* indelible.

niezauważalny *adj* (*niedostrzegalny*)
imperceptible; (*nie zwracający
uwagi*) inconspicuous.

niezawisły *adj* independent.

niezawodny *adj* (*urządzenie,
kuracja*) reliable, trustworthy;
(*przyjaciel*) dependable, reliable;
(*środek*) unfailing.

niezbędny *adj* essential,
indispensable.

niezbity *adj* (*argument, dowód*)
irrefutable, incontrovertible.

niezbyt *adv* not very *lub* too; **niezbyt
duży** not too big.

niezdarny *adj* (*niezgrabny*) clumsy,
awkward; (*nieudolny*) inept,
ineffectual.

niezdatny *adj* unfit; **niezdatny do
czegoś** unfit for sth.

niezdecydowany *adj* undecided,
irresolute.

niezdolny *adj*: **niezdolny do czegoś**
incapable of sth.

niezdrowy *adj* (*chory*) unhealthy,
unwell; (*chorobliwy*) unhealthy,
sickly; (*szkodliwy*) unhealthy.

niezdyscyplinowany *adj*
undisciplined, recalcitrant.

niezgo|da (**-dy**) (*dat sg* **-dzie**) *f*
disagreement, discord; **być w
niezgodzie z czymś** to be in
conflict *lub* at variance with sth.

niezgodnoś|ć (**-ci, -ci**) (*gen pl* **-ci**) *f*
(*charakterów*) incompatibility.

niezgodny *adj* (*kłótliwy*)
quarrelsome; (*sprzeczny ze sobą*)
inconsistent; **niezgodny z czymś**
inconsistent with sth, not in
agreement *lub* keeping with sth.

niezgrabny *adj* (*niekształtny*)
unshapely; (*niezręczny*) clumsy,
awkward.

niezliczony *adj* innumerable,
countless.

niezłomny *adj* (*bojownik*) steadfast;

(*postanowienie, wiara*) unshaken, unwavering.

niezły *adj* pretty good, not bad.

niezmienny *adj* invariable.

niezmierny *adj* extreme, immense.

niezmordowany *adj* indefatigable.

nieznaczny *adj* insignificant.

nieznajomoś|ć (-ci) *f*: **nieznajomość czegoś** ignorance of sth.

nieznajomy *adj* unknown, unfamiliar ♦ *m decl like adj* stranger.

nieznany *adj* unknown.

nieznośny *adj* (*o bólu*) unbearable, unendurable; (*dziecko*) unbearable.

niezręcznoś|ć (-ci, -ci) (*gen pl* **-ci**) *f* (*niezaradność*) clumsiness, awkwardness; (*niezręczna wypowiedź*) blunder.

niezręczny *adj* (*niezdarny*) clumsy, awkward; (*sytuacja*) awkward.

niezrozumiały *adj* incomprehensible.

niezrównany *adj* unmatched, unequalled.

niezupełnie *adv* not quite.

niezwłocznie *adv* promptly, immediately.

niezwyciężony *adj* (*armia*) invincible; (*trudności*) insurmountable.

niezwykle *adv* (*inaczej niż zwykle*) unusually; (*bardzo*) extremely.

niezwykły *adj* unusual.

nieźle *adv* pretty *lub* fairly well.

nieżonaty *adj* unmarried, single.

nieżyciowy *adj* (*człowiek*) unrealistic; (*plany*) unrealistic, unworkable.

nieżyczliwy *adj* unfriendly.

nieżyjący *adj* deceased.

nieżywotny *adj* (*JĘZ*) inanimate.

nieżywy *adj* dead.

nigdy *adv* never; (*w pytaniach i przeczeniach*) ever; **nigdy więcej** never again; **już nigdy (więcej)** never ever; **nigdy nie wiadomo** you

never know *lub* can tell.

nigdzie *adv* nowhere; (*w pytaniach i przeczeniach*) anywhere; **nigdzie indziej** nowhere else.

Nigeri|a (-i) *f* Nigeria.

nigeryjski *adj* Nigerian.

nijaki *adj* nondescript; **rodzaj nijaki** (*JĘZ*) neuter.

Nikaragu|a (-i) *f* Nicaragua.

nikczemny *adj* mean.

niklowany *adj* nickel-plated.

nikły *adj* (*światło, zarys*) faint; (*nadzieja, szanse*) slender.

nik|nąć (-nę, -niesz) (*imp* **-nij**) *vi* (*znikać*) (*perf* **z-**) to vanish; (*zanikać*) (*perf* **za-**) to fade away.

nikoty|na (-ny) (*dat sg* **-nie**) *f* nicotine.

nikt (*like*: **kto**) *pron* nobody, no-one; (*w pytaniach i przeczeniach*) anyone, anybody; **nikt z nas** none of us.

nim *pron loc, instr od* **on, ono**; (*o mężczyźnie*) him; (*o dziecku, zwierzęciu, przedmiocie*) it.

nimfoman|ka (-ki, -ki) (*dat sg* **-ce**, *gen pl* **-ek**) *f* nymphomaniac.

nimi *pron instr od* **oni, one** them.

niosę *itd. vb patrz* **nieść**.

niski (*comp* **niższy**) *adj* (*płot, drzewo, sufit, poziom*) low; (*człowiek*) short.

nisko (*comp* **niżej**) *adv* low.

niszcze|ć (-ję, -jesz) (*perf* **z-**) *vi* to become spoiled *lub* ruined.

niszcz|yć (-ę, -ysz) (*perf* **z-**) *vt* to destroy.

▸**niszczyć się** *vr patrz* **niszczeć**.

ni|t (-tu, -ty) (*loc sg* **-cie**) *m* rivet.

nit|ka (-ki, -ki) (*dat sg* **-ce**, *gen pl* **-ek**) *f* thread; **nitka dentystyczna** dental floss; **nitki** *pl* (*makaron*) vermicelli.

nit|ować (-uję, -ujesz) (*perf* **za-**) *vt* to rivet.

niwecz|yć (-ę, -ysz) (*perf* **z-**) *vt* to thwart.

nizi|na (-ny, -ny) (*dat sg* **-nie**) *f* lowland.

nizinny *adj* lowland *attr*; (*rejon*) low-lying.

niż¹ (**-u, -e**) *m* (*METEO*) low, depression; (*GEOG*) lowland.

niż² *conj* than.

niżej *adv comp od* **nisko** lower; (*w tekście*) below; **niżej wymieniony** mentioned below; **niżej podpisany** the undersigned.

niższy *adj comp od* **niski**; (*mur, poziom, drzewo*) lower; (*człowiek*) shorter; (*jakość*) inferior; (*ranga*) subordinate.

no *part.* no, no! (*zdziwienie*) well, well!; (*uspokajająco*) there, now!; **no to idź!** so go!; **no to co?** so what?; **no nie?** right?

nobilitacj|a (**-i**) *f* ennoblement.

noc (**-y, -e**) (*gen pl* **-y**) *f* night; **w nocy** at night; **co noc** every night.

nocle|g (**-gu, -gi**) (*instr sg* **-giem**) *m* somewhere to spend the night.

nocni|k (**-ka, -ki**) (*instr sg* **-kiem**) *m* chamber pot, potty (*pot*).

nocny *adj* night *attr*.

noc|ować (**-uję, -ujesz**) (*perf* **prze-**) *vi* to stay for the night.

no|ga (**-gi, -gi**) (*dat sg* **-dze**, *gen pl* **nóg**) *f* (*kończyna*) leg; (*stopa*) foot; (*stołu, łóżka*) leg; **być na nogach** to be on one's feet; **do góry nogami** upside down.

nogaw|ka (**-ki, -ki**) (*dat sg* **-ce**, *gen pl* **-ek**) *f* (trouser) leg.

nokaut|ować (**-uję, -ujesz**) (*perf* **z-**) *vt* to knock out.

nomenklatu|ra (**-ry, -ry**) (*dat sg* **-rze**) *f* (*nazewnictwo*) terminology; (*ludzie*) nomenclature.

nominacj|a (**-i, -e**) (*gen pl* **-i**) *f* (*powołanie na stanowisko*) appointment; (*w wyborach, do nagrody*) nomination.

nominalnie *adv* nominally.

nominalny *adj* nominal; **wartość nominalna** face value.

nomina|ł (**-łu, -ły**) (*loc sg* **-le**) *m* denomination.

nomin|ować (**-uję, -ujesz**) *vt* (*im*)*perf* (*na stanowisko*) to appoint; (*w wyborach, do nagrody*) to nominate.

nonkonformi|sta (**-sty, -ści**) (*dat sg* **-ście**) *m decl like f in sg* nonconformist.

nonsen|s (**-su, -sy**) (*loc sg* **-sie**) *m* nonsense.

nonsensowny *adj* nonsensical.

nonszalancj|a (**-i**) *f* nonchalance.

nonszalancki *adj* nonchalant.

no|ra (**-ry, -ry**) (*dat sg* **-rze**) *f* (*królika, lisa*) burrow; (*myszy*) hole; (*pej: mieszkanie*) hole, hovel.

nordycki *adj* Nordic.

nor|ka (**-ki, -ki**) (*dat sg* **-ce**, *gen pl* **-ek**) *f dimin od* **nora**; (*ZOOL*) mink; **norki** *pl* (*futro*) mink coat.

nor|ma (**-my, -my**) (*dat sg* **-mie**) *f* norm, standard.

normalizacj|a (**-i**) *f* standardization.

normaliz|ować się (**-uję, -ujesz**) (*perf* **z-**) *vr* to normalize.

normalnie *adv* normally.

normalny *adj* normal; (*objaw, reakcja*) normal, usual; (*godziny odjazdu*) normal, regular; (*bilet*) full fare *attr*.

norm|ować się (**-uję, -ujesz**) (*perf* **u-**) *vr* to normalize.

Norwe|g (**-ga, -dzy**) (*instr sg* **-giem**) *m* Norwegian.

Norwegi|a (**-i**) *f* Norway.

norweski *adj* Norwegian ♦ *m decl like adj:* (*język*) **norweski** Norwegian.

no|s (**-sa, -sy**) (*loc sg* **-sie**) *m* nose.

no|sić (**-szę, -sisz**) (*imp* **noś**) *vt* (*ciężary, pieniądze*) to carry; (*spodnie, okulary*) to wear; (*brodę, długie włosy*) to have, to wear; (*nazwę*) to bear; (*nazwisko*) to use.

nosoroż|ec (**-ca, -ce**) *m* rhinoceros, rhino (*pot*).

nosowy *adj* nasal.

nostalgi|a (-i) f nostalgia.
nostalgiczny adj nostalgic.
nosz|e (-y) pl stretcher sg.
nośność (-ci) f (mostu) load capacity; (statku) deadweight.
no|ta (-ty, -ty) (dat sg -cie) f (POL) note; (ocena) grade.
notacj|a (-i, -e) (gen pl -i) f notation.
notarialny adj (akt) notarized; (biuro) notary's.
notariusz (-a, -e) (gen pl -y) m notary (public).
notat|ka (-ki, -ki) (dat sg -ce, gen pl -ek) f note; **robić notatki** to make notes.
notatni|k (-ka, -ki) (instr sg -kiem) m notebook.
noteboo|k (-ka, -ki) (instr sg -kiem) m (KOMPUT) notebook computer.
note|s (-su, -sy) (loc sg -sie) m notebook.
notoryczny adj notorious.
not|ować (-uję, -ujesz) (perf za-) vt (zapisywać) to write down; (rejestrować) to keep a record of ♦ vi to make notes.
nowato|r (-ra, -rzy) (loc sg -rze) m innovator.
nowatorski adj innovative.
Nowa Zelandia (Nowej Zelandii) f New Zealand.
nowel|a (-i, -e) f short story.
nowicjusz (-a, -e) (gen pl -y) m novice.
nowi|na (-ny, -ny) (dat sg -nie) f news.
nowobogac|ki (-kiego, -cy) m decl like adj nouveau riche.
nowoczesność (-ci) f modernity.
nowoczesny adj modern.
noworoczny adj New Year's attr.
noworod|ek (-ka, -ki) (instr sg -kiem) m baby, infant.
nowoś|ć (-ci, -ci) (gen pl -ci) f (coś nowego) novelty; (cecha) newness.
nowotworowy adj cancerous.

nowotw|ór (-oru, -ory) (loc sg -orze) m (MED) tumour (BRIT), tumor (US).
nowożeń|cy (-ców) pl newlyweds pl.
nowy adj new; **fabrycznie nowy** brand new; **jak nowy** as good as new; **Nowy Rok** New Year.
Nowy Jork (Nowego Jorku) (instr sg Nowym Jorkiem) n (miasto) New York (City); (stan) New York (State).
nozdrz|e (-a, -a) (gen pl -y) nt nostril.
nożny adj: **hamulec nożny** footbrake; **piłka nożna** (association) football, soccer.
nożyc|e (-) pl shears pl.
nożycz|ki (-ek) pl scissors pl; **nożyczki do paznokci** nail scissors.
nóż (noża, noże) (gen pl noży) m knife.
nóż|ka (-ki, -ki) (dat sg -ce, gen pl -ek) f dimin od **noga**; (grzyba, kieliszka) stem; (kurczaka) drumstick.
np. abbr (= na przykład) e.g.
nr abbr (= numer) no.
nu|cić (-cę, -cisz) (imp -ć, perf za-) vt to hum.
nu|da (-dy, -dy) (dat sg -dzie, gen pl -dów) f boredom.
nudnoś|ci (-i) pl nausea.
nudny adj boring, dull.
nudy|sta (-sty, -ści) (dat sg -ście) m decl like f in sg nudist.
nudziarz (-a, -e) (gen pl -y) m bore.
nu|dzić (-dzę, -dzisz) (imp -dź, perf z-) vt to bore.
►**nudzić się** vr to be bored.
nume|r (-ru, -ry) (loc sg -rze) m (liczba) number; (rozmiar) size; (czasopisma) issue, number; (w przedstawieniu) act, turn (BRIT); **numer rejestracyjny** registration number.
numeracj|a (-i, -e) (gen pl -i) f numbering.
numer|ek (-ka, -ki) (instr sg -kiem) m (w szatni) ticket.

numer|ować (-uję, -ujesz) (*perf* **po-**) *vt* to number.

nur|ek (-ka) (*instr sg* -kiem) *m* (*człowiek*) (*nom pl* -kowie) diver; (*skok do wody*) (*nom pl* -ki) dive.

nur|ki (-ków) *pl* (*futro*) mink coat.

nurk|ować (-uję, -ujesz) (*perf* za-) *vi* to dive; (*o samolocie*) to nosedive.

nur|t (-tu, -ty) (*loc sg* -cie) *m* (*rzeki, strumienia*) current; (*tendencja*) trend.

nurt|ować (-uję, -ujesz) *vt* (*o pytaniu*) to bother.

nurz|ać się (-am, -asz) *vr* to wallow.

nu|ta (-ty, -ty) (*dat sg* -cie) *f* note; **nuty** *pl* score.

nutri|a (-i, -e) (*gen pl* -i) *f* coypu.

nuż *part*: **a nuż ...** what if ... .

nużący *adj* wearisome, tiresome.

nuż|yć (-ę, -ysz) (*perf* z-) *vt* to tire.

nygu|s (-sa, -sy) (*loc sg* -sie) *m* (*pot*) lazybones (*pot*).

nylonowy *adj* nylon *attr*.

O

┌────────SŁOWO KLUCZOWE────────

o *prep* +*loc* **1** (*na temat*) about, on; **książka o wojnie** a book about *lub* on war; **mówić/myśleć/wiedzieć o czymś** to talk/think/know about sth. **2** (*za pomocą*): **o własnych siłach** on one's own; **o kulach** on crutches. **3** (*z określeniami czasu*) at; **o (godzinie) pierwszej** at one (o'clock); **o zmroku/północy/świcie** at dusk/midnight/dawn. **4** (*przy opisach*) with; **dziewczyna o długich włosach** a girl with long hair ♦ *prep* +*acc* **1** (*przy porównaniach*) by; **o połowę krótszy** shorter by half; **starszy o rok** a year older. **2** (*z czasownikami*): **kłócić się**

o coś to quarrel about sth; **niepokoić się o kogoś/coś** to worry about sb/sth; **prosić/pytać o coś** to ask for *lub* about sth. **3**: **opierać się o coś** to lean against sth ♦ *excl* oh.

oa|za (-zy, -zy) (*loc sg* -zie) *f* oasis.

ob. *abbr* = **obywatel** citizen.

oba (*see* **Table 13b**) *num* both; **oba zdania/koty** both sentences/cats.

obaj (*see* **Table 13b**) *num* both; **obaj mężczyźni** both men.

obal|ać (-am, -asz) (*perf* -ić) *vt* (*przeciwnika*) to knock down; (*drzewo*) to fell; (*ustrój, rząd*) to overthrow, to bring down; (*teorię, twierdzenie*) to refute, to disprove.

obarcz|ać (-am, -asz) (*perf* -yć) *vt*: **obarczać kogoś czymś** to burden sb with sth.

oba|wa (-wy, -wy) (*dat sg* -wie) *f*: **obawa (o kogoś/coś)** concern (for sb/sth); **obawa (przed kimś/czymś)** fear (of sb/sth).

obawi|ać się (-am, -asz) *vr*: **obawiać się kogoś/czegoś** to fear *lub* dread sb/sth; **obawiam się, że ...** I am afraid (that) ... .

obca|s (-sa, -sy) (*loc sg* -sie) *m* heel (*of a shoe*).

obcąż|ki (-ków) *pl* pliers *pl*.

obcę|gi (-gów) *pl* pliers *pl*, pincers *pl*.

obcho|dzić (dzę, dzisz) (*imp* -dź, *perf* **obejść**) *vt* (*dom, plac*) to walk round; (*przeszkodę*) to go *lub* walk round; (*zakaz, trudność*) to get round, to evade; (*rocznicę, imieniny*) to celebrate; (*interesować*) to interest, to concern; **nic mnie to nie obchodzi** I don't care, I couldn't care less.

▶**obchodzić się** *vr*: **obchodzić się z czymś** to handle *lub* use sth; **obchodzić się z kimś** to treat sb (*in* *some way)*; **obchodzić się bez czegoś** to do without sth.

obch|ód (-odu, -ody) *(loc sg -odzie)* m *(inspekcja)* round; **obchody** *pl* *(uroczystości)* celebrations *pl*, festivities *pl*.

ob|ciąć (-etnę, -etniesz) *(imp -etnij)* vb perf *od* **obcinać**.

obciąż|ać (-am, -asz) *(perf -yć)* vt *(obładowywać)* to weigh down; *(zaopatrywać w balast)* to weight, to ballast; *(obowiązkami)* to burden, to saddle; *(pamięć)* to burden.

obciąże|nie (-nia, -nia) *(gen pl -ń)* nt load.

obcier|ać (-am, -asz) *(perf **obetrzeć**)* vt *(łzy)* to wipe; *(kaleczyć)* to graze, to scrape; *(o butach)* to pinch.

obcin|ać (-am, -asz) *(perf **obciąć**)* vt *(włosy, paznokcie)* to clip, to cut; *(gałąź)* to cut off; *(wydatki)* to cut (back), to cut down (on).

obcisły adj (skin)tight, close-fitting.

obco adv: **czuję się tu obco** I feel like a stranger here, I don't belong here.

obcojęzyczny adj foreign language *attr*.

obcokrajo|wiec (-wca, -wcy) *(voc sg -wcze lub -wcu)* m foreigner.

obc|ować (-uję, -ujesz) vi: **obcować z +instr** to associate *lub* mix with.

obcy adj *(cudzy)* somebody else's *attr*, other people's *attr*; *(nietutejszy)* strange, alien; *(zagraniczny)* foreign **♦** m *decl like adj (obca osoba)* stranger, alien; „**obcym wstęp wzbroniony**" *(w terenie)* "no trespassing"; *(w biurze, sklepie)* "private"; *(w budynku wojskowym itp)* "authorized personnel only".

obdarow|ywać (-uję, -ujesz) vt: **obdarowywać kogoś czymś** to present sb with sth.

obdarty adj ragged, tattered.

obdarzony adj: **być obdarzonym**

czymś to be endowed *lub* blessed with sth.

obdzier|ać (-am, -asz) *(perf **obedrzeć**)* vt to strip, to peel off.

obecnie adv at present, currently.

obecnoś|ć (-ci) f *(bytność)* presence, attendance; *(istnienie)* existence; **w czyjejś obecności** in sb's presence.

obecny adj *(będący na miejscu)* present; *(teraźniejszy)* present, current; **być obecnym na czymś** to attend sth, to be present at sth; **w chwili obecnej** at present; **obecny/obecna!** *(SZKOL)* here!, present! **♦** m: **obecni** *pl* those present *pl*.

obejm|ować (-uję, -ujesz) *(perf **objąć**)* vt *(tulić)* to embrace, to hug; *(zawierać)* to include, to encompass.

►obejmować się vr to embrace, to hug.

obejrz|eć (-ę, -ysz) *(imp -yj)* vb perf *od* **oglądać**.

obel|ga (-gi, -gi) *(dat sg -dze)* f insult.

obelżywy adj insulting, abusive.

oberwa|nie (-nia) *(gen pl -ń)* nt: **oberwanie chmury** cloudburst.

obeznany adj: **obeznany z czymś** acquainted with sth.

obezwład|niać (-niam, -niasz) *(perf -nić)* vt to overwhelm; *(przeciwnika)* to overpower.

obezwładniający adj paralyzing, incapacitating.

obficie adv *(jeść)* heavily; *(padać)* hard, heavily; *(krwawić, pocić się)* profusely.

obfitoś|ć (-ci) f abundance.

obfit|ować (-uję, -ujesz) vi: **obfitować w +acc** to abound in *lub* with.

obfity adj abundant, heavy; **obfity (w +acc)** rich (in).

obgad|ywać (-uję, -ujesz) *(perf -ać)* *(pot)* vt *(omawiać)* to talk over; *(obmawiać)* to backbite.

obgryz|ać (-am, -asz) (*perf* **obgryźć**) *vt* (*kość: o psie*) to gnaw at; (: *o człowieku*) to pick; (*liście*) to eat (up); **obgryzać paznokcie** to bite one's nails.

obi|ad (-adu, -ady) (*loc sg* -edzie) *m* (*wczesny*) lunch; (*późny*) dinner; (*też*: **obiad proszony**) dinner (party); **jeść obiad** to have lunch/dinner, to lunch/dine.

obiadowy *adj* lunch *attr*, dinner *attr*.

obi|cie (-cia, -cia) (*gen pl* -ć) *nt* upholstery, padding.

obie (*see* **Table 13b**) *num* both; **obie kobiety** both women.

obiecan|ka (-ki, -ki) (*dat sg* -ce, *gen pl* -ek) *f* (vain *lub* empty) promise; „**obiecanki cacanki!**" (*pot*) "promises, promises!" (*pot*).

obiecujący *adj* promising.

obiec|ywać (-uję, -ujesz) (*perf* -ać) *vi* to promise ♦ *vt*: **obiecywać coś (komuś)** to promise sth (to sb), to promise (sb) sth.

obie|g (-gu) (*instr* -giem) *m* (*krwi, wody, pieniądza*) circulation.

obieg|ać (-am, -asz) (*perf* -nąć *lub* **obiec**) *vt* (*biec dookoła*) to run around; (*o planecie*) to orbit, to circle; (*o plotce, sławie*) to go round.

obiegowy *adj* (*pieniądz*) current; (*opinia*) current, general; **karta obiegowa** clearance slip.

obiekcj|a (-i, -e) (*gen pl* -i) *f* objection, obiekcje *pl* objection(s *pl*), reservation(s *pl*).

obiek|t (-tu, -ty) (*loc sg* -cie) *m* (*przedmiot*) object; (*budynek*) structure.

obiekty|w (-wu, -wy) (*loc sg* -wie) *m* lens, objective.

obiektywiz|m (-mu) (*loc sg* -mie) *m* objectivity.

obiektywnie *adv* objectively.

obiektywny *adj* objective.

obier|ać (-am, -asz) (*perf* **obrać**) *vt* (*jabłko, kartofel*) to peel; (*jajko*) to shell; (*rybę*) to bone; (*wybierać*) to adopt, to choose.

obier|ki (-ek) *pl* peelings *pl*.

obietnic|a (-y, -e) *f* promise.

obieżyświa|t (-ta, -ty) (*loc sg* -cie) *m* (*pot*) globetrotter.

obij|ać (-am, -asz) (*perf* **obić**) *vt* (*obtłukiwać: garnek*) to chip, to crack; (: *jabłka*) to bruise; (*pokrywać materiałem: kanapę, stół*) to pad, to upholster.

▸**obijać się** *vr* (*obtłukiwać się: o garnku*) to chip, to crack; (: *o jabłkach*) to bruise; (*pot: wałkonić się*) to loaf (about *lub* around) (*pot*); **obiło mi się o uszy, że ...** I heard (that) ... .

objad|ać (-am, -asz) (*perf* **objeść**) *vt*: **objadać kogoś** (*przen*) to sponge on *lub* from sb.

▸**objadać się** *vr* to gorge *lub* stuff o.s.

objaś|niać (-niam, -niasz) (*perf* -nić) *vt* (*wyjaśniać*) to explain; (*interpretować*) to explicate.

objaśnie|nie (-nia, -nia) (*gen pl* -ń) *nt* explanation.

obja|w (-wu, -wy) (*loc sg* -wie) *m* symptom, sign.

obja|wiać (-wiam, -wiasz) (*perf* -wić) *vt* to display, to manifest.

▸**objawiać się** *vr* to appear.

objawie|nie (-nia, -nia) (*gen pl* -ń) *nt* (*REL*) revelation.

obj|azd (-azdu, -azdy) (*loc sg* -eździe) *m* (*objeżdżanie*) tour; (*droga okrężna: na stałe*) by-pass; (: *tymczasowo*) (traffic) diversion (*BRIT*), detour (*US*); „**objazd**" "diverted traffic" (*BRIT*), "diversion" (*BRIT*), "detour" (*US*).

objazdowy *adj* (*teatr, wystawa, kino*) travelling *attr* (*BRIT*), traveling *attr* (*US*).

ob|jąć (-ejmę, -ejmiesz) (*imp* -ejmij) *vb perf od* obejmować.

objeżdż|ać (-am, -asz) (*perf* **objechać**) *vt* (*omijać*) to go round, to circle; (*odwiedzać*) to visit, to tour.

obję|cie (-cia) *nt* (*uścisk*) (*nom pl* -cia, *gen pl* -ć) embrace, hug; (*przejęcie: władzy*) assumption; (: *tronu*) accession.

objętoś|ć (-ci) *f* (*naczynia, torby*) capacity; (*odmierzona część*) part, measure; (*liczba stron*) length; (*GEOM, FIZ*) (cubic) volume.

oblatany *adj* (*pot*): **być oblatanym w czymś** to be at home in *lub* with sth.

oblat|ywać (-uję, -ujesz) (*perf* **oblatać**) *vt* (*samolot*) to test.

obleg|ać (-am, -asz) (*perf* -nąć *lub* **oblec**) *vt* (*miasto*) to besiege, to lay siege to; (*przen: stoisko*) to crowd at, to mob.

oble|piać (-piam, -piasz) (*perf* -pić) *vt*: **oblepiać coś czymś** (*oklejać*) to paste *lub* stick sth all over sth; (*osmarowywać*) to smear sth with sth.

obleśny *adj* (*lubieżny*) lecherous, lustful; (*obrzydliwy*) disgusting.

oblew|ać (-am, -asz) (*perf* **oblać**) *vt* (*polewać: wodą*) to sprinkle; (*powlekać: czekoladą*) to coat; (*pot: egzamin*) to fail, to flunk (*pot*); (: *mieszkanie, awans*) to celebrate.

oblęże|nie (-nia, -nia) (*gen pl* -ń) *nt* siege.

oblężony *adj*: **oblężony (przez** +acc) besieged (by), beleaguered (by).

oblicz|ać (-am, -asz) (*perf* -yć) *vt* (*pieniądze*) to count; (*sumę, prędkość*) to calculate, to work out; (*szacować*) to estimate.

blicz|e (-a, -a) (*gen pl* -y) *nt* (*twarz*) face; (*charakter*) side, facet; **w obliczu trudności/śmierci** in the face of difficulty/death; **w obliczu prawa** in the eye of the law.

oblicze|nie (-nia, -nia) (*gen pl* -ń) *nt* (*rachunek*) calculation, computation; (*zliczenie*) count; (*ocena*) estimate.

obliczeniowy *adj* computational.

obligacj|a (-i, -e) (*gen pl* -i) *f* (*FIN*) bond.

obliz|ywać (-uję, -ujesz) (*perf* -ać) *vt* to lick.

▸**oblizywać się** *vr* to lick one's lips.

oblodzeni|e (-a) *nt* icing, ice-formation.

oblodzony *adj* icy, covered with ice.

obluzowany *adj* slack, loose.

obluzow|ywać (-uję, -ujesz) (*perf* -ać) *vt* to loosen (up), to slack(en).

▸**obluzowywać się** *vr* to slack(en), to come loose.

obładow|ywać (-uję, -ujesz) (*perf* -ać) *vt* to load, to burden.

obłaska|wiać (-wiam, -wiasz) (*perf* -wić) *vt* to tame.

obła|wa (-wy, -wy) (*dat sg* -wie) *f* (*polowanie*) hunt, chase; (*łapanka*) roundup, manhunt; (*policyjna*) raid.

obłąkany *adj* insane, mad.

obłę|d (-du, -dy) (*loc sg* -dzie) *m* (*szaleństwo*) insanity, madness; (*zamieszanie*) bedlam.

obłędny *adj* (*pot: wspaniały*) fantastic.

obło|k (-ku, -ki) (*instr* -kiem) *m* cloud.

obłożnie *adv*: **obłożnie chory** bed-ridden.

obłu|da (-dy) (*dat sg* -dzie) *f* hypocrisy.

obłudni|k (-ka, -cy) (*instr sg* -kiem) *m* hypocrite.

obłudny *adj* false.

obłu|pić (-pię, -pisz) *vt perf* (*obrabować*) to rob; (*splądrować*) to plunder.

obłup|ywać (-uję, -ujesz) (*perf* -ać) *vt* (*jajko*) to shell; (*korę, tynk*) to peel.

obły *adj* (*walcowaty*) cylindrical; (*jajowaty*) oval.

obmac|ywać (-uję, -ujesz) (*perf* -ać)
vt to feel, to finger; (*pej*) to paw, to
grope.

obmawi|ać (-am, -asz) (*perf*
obmówić) vt to backbite.

obmyśl|ać (-am, -asz) (*perf* -ić) vt to
think over *lub* up.

obmyw|ać (-am, -asz) (*perf* **obmyć**)
vt (*myć*) to wash; (*przemywać*) to
rinse.

obnaż|ać (-am, -asz) (*perf* -yć) vt to
expose, to bare.

►**obnażać się** vr to expose o.s.

obniż|ać (-am, -asz) (*perf* -yć) vt
(*poziom, głos*) to lower, to reduce;
(*półkę, obraz*) to lower.

►**obniżać się** vr (*o wodzie,
temperaturze*) to fall; (*o kosztach,
cenach*) to fall, to drop.

obniż|ka (-ki, -ki) (*dat sg* -ce) f
reduction, cut.

obnośny *adj*: **handel obnośny**
peddling.

obojczy|k (-ka, -ki) (*instr* -kiem) m
(*ANAT*) collarbone, clavicle.

oboje (*like*: **dwoje**) num both.

obojętnie *adv* (*z obojętnością*)
indifferently; **obojętnie kto**
(*nieważne kto*) no matter who;
(*ktokolwiek*) anybody, anyone;
obojętnie kiedy no matter when,
any time.

obojętnie|ć (-ję, -jesz) (*perf* z-) *vi*:
obojętnieć na coś to become *lub*
grow indifferent to sth.

obojętnoś|ć (-ci) f indifference.

obojętny *adj* indifferent.

obok *prep* +gen (*blisko*) by, near,
close to; (*oprócz*) beside ♦ *adv*: **(tuż)
obok** nearby, (very) close; **przeszła
obok (nas)** she walked past (us);
obok siebie side by side.

obolały *adj* (*plecy, noga*) aching;
(*gardło*) sore; (*pacjent*) suffering
(from pain).

obopólny *adj* mutual.

ob|ora (-ory, -ory) (*dat sg* -orze, *gen
pl* -ór) f cowshed.

obostrz|ać (-am, -asz) (*perf* -yć) vt
(*przepisy, areszt*) to tighten; (*karę*)
to augment.

obowiąz|ek (-ku, -ki) (*instr* -kiem) m
duty, obligation; **obowiązki** pl duties
pl; **pełniący obowiązki prezesa**
acting chairperson.

obowiązkowo *adv* (*przymusowo*)
obligatorily; (*pot*: *koniecznie*)
whatever happens.

obowiązkowy *adj* (*służba wojskowa,
zajęcia*) obligatory, mandatory;
(*pracownik*) diligent, conscientious.

obowiązujący *adj* (*rozkład jazdy*)
(currently) valid, current; (*ustawa,
umowa*) (currently) in force,
(legally) binding.

obowiąz|ywać (-uje) *vi* to be in
force; **obowiązuje strój wieczorowy**
≈ black tie suggested.

oboz|ować (-uję, -ujesz) *vi* to camp.

obozowis|ko (-ka, -ka) (*instr* -kiem)
nt camp(site).

ob|ój (-oju, -oje) m oboe.

ob|óz (-ozu, -ozy) (*loc sg* -ozie) m
camp; **obóz koncentracyjny**
concentration camp; **obóz dla
uchodźców** refugee camp.

obrabi|ać (-am, -asz) (*perf* **obrobić**)
vt (*poddawać obróbce*) to machine;
(*wykańczać*: *brzeg materiału*) to hem.

obrabiar|ka (-ki, -ki) (*dat sg* -ce, *gen
pl* -ek) f machine tool.

obrab|ować (-uję, -ujesz) vt perf to
rob.

obrac|ać (-am, -asz) (*perf* **obrócić**) vt
(*śrubę*) to turn, to rotate; (*wzrok*) to
turn; (*szafę*) to move (around) ♦ *vi*
(*iść tam i z powrotem*) to go there
and back; **obracać
pieniędzmi/kapitałem** to put
money/capital to profit.

►**obracać się** vr (*o kole*) to turn, to

revolve; (*w towarzystwie, środowisku*) to move.

obrad|ować (**-uję, -ujesz**) *vi*: obradować (**nad czymś**) to debate (sth).

obrad|y (**-**) *pl* proceedings *pl*.

obra|z (**-zu, -zy**) (*loc sg* **-zie**) *m* (*malowidło*) painting, picture; (*widok, scena*) sight; (*opis: epoki, wypadków*) picture; (*widok na ekranie*) image, picture; (*film*) film; (*FIZ, FOT*) image.

obra|za (**-zy**) (*dat sg* **-zie**) *f* offence (*BRIT*), offense (*US*); (*zniewaga*) insult.

obraz|ek (**-ka, -ki**) (*instr sg* **-kiem**) *m* (*mały obraz*) (little) picture; (*ilustracja*) picture; (*scenka*) scene, picture.

obrazkowy *adj* (*ilustrowany*) picture *attr*, pictorial.

obraz|ować (**-uję, -ujesz**) *vt* (*opisywać*) to illustrate; (*wyrażać*) to represent.

obrazowo *adv* graphically, vividly.

obrazowy *adj* vivid.

obraźliwy *adj* (*obrażający*) insulting, offensive; (*skłonny do obrażania się*) touchy, easily offended.

obraż|ać (**-am, -asz**) (*perf* **obrazić**) *vt* to offend.

▸**obrażać się** *vr*: **obrażać się na kogoś** to be offended with sb; **obrażać się o coś** to be offended at sth, to take offence (*BRIT*) *lub* offense (*US*) at sth.

obraże|nie (**-nia, -nia**) (*gen pl* **-ń**) *nt* injury.

obrażony *adj* offended; **być obrażonym na** +*acc* to be offended with.

obrącz|ka (**-ki, -ki**) (*dat sg* **-ce**) *f* (*też*: **obrączka ślubna**) wedding ring; (*do znakowania zwierząt*) ring.

obrę|b (**-bu**) (*loc sg* **-bie**) *m* (*obszar: miasta, fabryki*) grounds *pl*,

limits *pl*; (*zakres: zainteresowań*) range, sphere; (*granica: społeczeństwa*) limits; (*brzeg tkaniny*) hem; **w obrębie czegoś** within (the limits of) sth.

obręcz (**-y, -e**) (*gen pl* **-y**) *f* hoop; (*koła*) rim.

obro|bić (**-bię, -bisz**) (*imp* **obrób**) *vt perf* (*pot: okraść*) to rob.

obro|dzić (**-dzi**) *vi perf* (*o drzewie*) to bear a rich crop; (*o zbożu*) to give *lub* yield a good harvest; (*o owocach, warzywach*) to be plentiful.

obro|na (**-ny**) (*dat sg* **-nie**) *f* defence (*BRIT*), defense (*US*); (*ochrona*) protection; **w obronie własnej** in self-defence.

obro|nić (**-nię, -nisz**) (*imp* **-ń**) *vb perf od* **bronić**.

obronny *adj* (*akcja, postawa*) defensive; (*mur, zamek*) fortified; **mury obronne** battlements, ramparts.

obroń|ca (**-y, -y**) *m decl like f in sg* defender; (*zwolennik*) advocate; (*PRAWO*) barrister, counsel for the defence.

obrończy|ni (**-ni, -nie**) (*gen pl* **-ń**) *f* defender; (*zwolenniczka*) advocate.

obrotnoś|ć (**-ci**) *f* (*przedsiębiorczość*) enterprise, industry; (*zaradność*) resourcefulness.

obrotny *adj* (*przedsiębiorczy*) enterprising, industrious; (*zaradny*) resourceful.

obrotomierz (**-a, -e**) (*gen pl* **-y**) *m* (*TECH*) tachometer, rev counter.

obrotowy *adj* (*ruch*) rotary; (*drzwi, scena*) revolving; (*kapitał*) circulating; **podatek obrotowy** turnover tax.

obroż|a (**-y, -e**) (*gen pl* **-y**) *f* collar.

obrób|ka (**-ki, -ki**) (*dat sg* **-ce**, *gen sg* **-ek**) *f* (*materiału*) processing; (*chemiczna*) treatment.

obró|cić (**-cę, -cisz**) (*imp* **-ć**) *vb perf od* **obracać**.

obr|ót (**-otu**, **-oty**) (*loc sg* **-ocie**) *m*
(*śruby, planety*) revolution; (*tok
sprawy*) turn; (*EKON, HANDEL*)
turnover; **obroty silnika** revolutions.

obru|s (**-sa** *lub* **-su**, **-sy**) (*loc sg* **-sie**)
m tablecloth.

obry|s (**-su**, **-sy**) (*loc sg* **-sie**) *m*
contour, outline.

obrysow|ywać (**-uję**, **-ujesz**) (*perf
-ać*) *vt* to outline.

obryw|ać (**-am**, **-asz**) (*perf* **oberwać**)
vt (*guziki*) to tear off; (*tynk*) to peel
(off); (*owoce*) to pick ♦ *vi*
(*pot: dostawać lanie*) to get a beating.

►**obrywać się** *vr* (*o guziku*) to tear
off, to come off.

obrząd|ek (**-ku**, **-ki**) (*instr* **-kiem**) *m*
(*ceremonia*) ceremony, ritual;
(*obyczaj*) custom; (*REL*) rite.

obrzeza|nie (**-nia**) *nt* (*REL*)
circumcision.

obrzeż|e (**-a**, **-a**) (*gen pl* **-y**) *nt* edge.

obrzę|d (**-du**, **-dy**) (*loc sg* **-dzie**) *m*
(*ceremonia*) ceremony; (*rytuał*) ritual.

obrzędowy *adj* (*muzyka*)
ceremonial, ritual; (*taniec*) ritual;
(*strój*) ceremonial.

obrzę|k (**-ku**, **-ki**) (*instr* **-kiem**) *m*
swelling.

obrzmie|nie (**-nia**, **-nia**) (*gen pl* **-ń**) *nt*
swelling.

obrzu|cać (**-cam**, **-casz**) (*perf* **-cić**)
vt: **obrzucać kogoś/coś czymś** to
throw sth at sb/sth, to pelt sb/sth
with sth.

obrzydliwoś|ć (**-ci**, **-ci**) (*gen pl* **-ci**) *f*
(*coś brzydkiego*) abomination;
(*uczucie wstrętu*) disgust.

obrzydliwy *adj* abominable,
disgusting.

obrzydły *adj* loathsome.

obrzy|dzać (**-dzam**, **-dzasz**) (*perf
-dzić*) *vt*: **obrzydzać komuś coś** to
put sb off sth.

obrzydzeni|e (**-a**) *nt* disgust,
abomination.

obsa|da (**-dy**, **-dy**) (*dat sg* **-dzie**) *f*
(*obsadzenie stanowiska*)
appointment, assignment; (*personel*)
staff; (*załoga*) crew; (*TEATR, FILM*)
cast.

obsad|ka (**-ki**, **-ki**) (*dat sg* **-ce**) *f*
penholder.

obsa|dzać (**-dzam**, **-dzasz**) (*perf
-dzić*) *vt* (*teren: drzewami, trawą*) to
plant; (*stanowisko*) to fill.

obsceniczny *adj* obscene.

obserwacj|a (**-i**, **-e**) (*gen pl* **-i**) *f*
(*obserwowanie*) observation; (: *przez
policję*) observation, surveillance;
(*spostrzeżenie, uwaga*) observation.

obserwacyjny *adj* observational;
punkt obserwacyjny vantage point.

obserwato|r (**-ra**, **-rzy**) (*loc sg* **-rze**)
m observer.

obserwatori|um (**-um**, **-a**) (*gen pl
-ów*) *nt inv in sg* observatory.

obserw|ować (**-uję**, **-ujesz**) *vt* to
observe, to watch.

obsesj|a (**-i**, **-e**) (*gen pl* **-i**) *f* obsession.

obsesyjny *adj* obsessive, obsessional.

obskurny *adj* dilapidated, run down.

obsłu|ga (**-gi**) (*dat sg* **-dze**) *f*
(*maszyny*) service, maintenance;
(*klientów*) service; (*personel, załoga*)
staff, personnel.

obsłu|giwać (**-guję**, **-gujesz**) (*perf
-żyć*) *vt* (*klienta, gościa*) to serve, to
attend to; (*maszynę*) to operate, to
work ♦ *vi* (*obsługiwać do stołu*) to
wait at the table.

►**obsługiwać się** *vr*: **obsłuż się
sam** help yourself.

obsmaż|ać (**-am**, **-asz**) (*perf* **-yć**) *vt*
(*mięso*) to seal, to sear; (*cebulę*) to
fry quickly.

obsta|wa (**-wy**, **-wy**) (*dat sg* **-wie**) *f*
(*więźnia*) guard; (*ważnej osoby*)
bodyguard.

obsta|wać (**-ję**, **-jesz**) (*imp* **-waj**) *vi*:
obstawać przy czymś to persist in
sth, to stick to sth.

obsta|wiać (**-wiam, -wiasz**) (*perf* **-wić**) *vt* (*otaczać*) to surround; (*na wyścigach, loterii*) to bet on, to back; (*SPORT*) to surround, to guard.

obstrukcj|a (**-i, -e**) (*gen pl* **-i**) *f* (*POL*) obstruction; (*MED*) constipation.

obstrza|ł (**-łu**) (*loc sg* **-le**) *m* (gun)fire.

obsuw|ać się (**-am, -asz**) (*perf* **obsunąć**) *vr* (*opadać*) to sink, to drop; (*o ziemi*) to slide, to cave in.

obsza|r (**-ru, -ry**) (*loc sg* **-rze**) *m* (*powierzchnia*) area; (*terytorium*) territory.

obszarni|k (**-ka, -cy**) (*instr sg* **-kiem**) *m* landowner.

obszarpany *adj* (*o człowieku*) tattered; (*o ubiorze*) ragged, tattered.

obszerny *adj* (*mieszkanie*) large, spacious; (*płaszcz, koszula*) loose; (*artykuł, sprawozdanie*) extensive.

obszu|kiwać (**-kuję, -kujesz**) (*perf* **-kać**) *vt* (*podejrzanego*) to search; (*kieszenie, dom*) to search, to go through.

obszy|cie (**-cia, -cia**) (*gen pl* **-ć**) *nt* hem.

obtar|cie (**-cia, -cia**) (*gen pl* **-ć**) *nt* sore.

obtłu|kiwać (**-kuję, -kujesz**) (*perf* **obtłuc**) *vt* to chip.

obud|owa (**-owy, -owy**) (*gen pl* **-ów**) *f* casing, housing.

obudow|ywać (**-uję, -ujesz**) (*perf* **-ać**) *vt* (*otaczać budynkami*) to build round, to surround (with buildings); (*zaopatrywać w osłonę*) to encase; (*wyposażać w meble wbudowane na stałe*) to have fitted.

obu|dzić (**-dzę, -dzisz**) (*imp* **-dź**) *vb perf od* **budzić**.

obumarły *adj* dead.

obunóż *adv* with both feet.

oburącz *adv* with both hands.

oburz|ać (**-am, -asz**) (*perf* **-yć**) *vt* (*złość*) to revolt, to appal (*BRIT*), to appall (*US*).

▶**oburzać się** *vr*: **oburzać się (na kogoś/coś)** to be *lub* feel indignant (with sb/at sth).

oburzający *adj* outrageous.

oburzeni|e (**-a**) *nt* indignation.

oburzony *adj*: **oburzony (na kogoś/coś)** indignant (with sb/at sth).

obustronny *adj* (*korzyść, porozumienie*) bilateral, mutual; (*pomoc, niechęć*) mutual, reciprocal.

obuwi|e (**-a**) *nt* footwear.

obuwniczy *adj* shoe *attr*.

obwarzan|ek (**-ka, -ki**) (*instr sg* **-kiem**) *m* pretzel.

obwą|chiwać (**-chuję, -chujesz**) (*perf* **-chać**) *vt* to sniff at.

obwiąz|ywać (**-uję, -ujesz**) (*perf* **-ać**) *vt* (*sznurkiem, bandażem*) to tie; (*szalikiem*) to wrap round.

obwieszcz|ać (**-am, -asz**) (*perf* **obwieścić**) *vt* to announce.

obwieszcze|nie (**-nia, -nia**) (*gen pl* **-ń**) *nt* announcement.

obwi|niać (**-niam, -niasz**) (*perf* **-nić**) *vt*: **obwiniać kogoś (o coś)** to accuse sb (of sth).

obwisły *adj* (*wąsy, uszy*) droopy; (*gałąź*) drooping.

obwodnic|a (**-y, -e**) *f* bypass, ring road (*BRIT*), beltway (*US*).

obwodowy *adj* district *attr*.

obwolu|ta (**-ty, -ty**) (*dat sg* **-cie**) *f* dust cover.

obwoźny *adj*: **handel obwoźny** house-to-house selling, door-to-door sales.

obw|ód (**-odu, -ody**) (*loc sg* **-odzie**) *m* (*GEOM*: *okręgu*) circumference; (*wielokąta*) periphery; (*ELEKTR*) circuit; (*okręg*) district.

obwód|ka (**-ki, -ki**) (*dat sg* **-ce**) *f* border(ing).

oby *part*: **oby tak było** I wish it were so; **obyś był szczęśliwy** may you

be happy ♦ *excl*: **oby!** if only it were
so!

obyci|e (-a) *nt* manners *pl*.

obyczaj (-u, -e) *m* (*zwyczaj*) custom;
(*nawyk, przyzwyczajenie*) habit;
obyczaje *pl* (*maniery*) manners *pl*;
(*sposób życia*) morals *pl*.

obyczajowoś|ć (-ci) *f* (*obyczaje*)
customs *pl*; (*moralność*) morals *pl*;
(*maniery*) manners *pl*.

obyczajowy *adj* (*swoboda*) moral;
film obyczajowy ≈ (film) drama;
powieść/komedia obyczajowa a
novel/comedy of manners; **policja
obyczajowa** vice squad.

obydwa (*like*: **dwa**) *num* both; *patrz
też* **oba**.

obydwaj (*like*: **dwaj**) *num* both; *patrz
też* **obaj**.

obydwie (*like*: **dwie**) *num* both; *patrz
też* **obie**.

obydwoje (*like*: **dwoje**) *num* both;
patrz też **oboje**.

obyty *adj* (*towarzysko*)
well-mannered; **być obytym z
czymś** to be familiar with sth.

obyw|ać się (-am, -asz) (*perf* **obyć**)
vr: **obywać się bez czegoś** to do
lub go without sth, to dispense with
sth.

obywatel (-a, -e) (*gen pl* -i) *m*
citizen; **szary obywatel** the man in
the street.

obywatelski *adj* (*prawo*) civil;
(*obowiązek, komitet*) civic.

obywatelst|wo (-wa) (*loc sg* -wie) *nt*
citizenship.

obżarst|wo (-wa) (*loc sg* -wie) *nt*
gluttony.

obżartuch (-a, -y) *m* glutton,
gourmand.

obżer|ać się (-am, -asz) (*perf*
obeżreć) *vr*: **obżerać się czymś**
(*pot*) to gorge o.s. on *lub* with sth.

ocal|ać (-am, -asz) (*perf* -**ić**) *vt* to
save.

ocale|ć (-ję, -jesz) *vi perf* to survive.

ocea|n (-nu, -ny) (*loc sg* -**nie**) *m*
ocean; (*przen*: *mnóstwo*) oceans *pl*,
sea; **Ocean Atlantycki** the Atlantic
(Ocean); **Ocean Spokojny** the
Pacific (Ocean); **Ocean Indyjski** the
Indian Ocean.

Oceani|a (-i) *f* Oceania, South Sea
Islands *pl*.

oce|na (-ny, -ny) (*dat sg* -**nie**) *f*
(*osąd*) assessment, opinion;
(*SZKOL*: *stopień*) mark (*BRIT*), grade
(*US*); (*oszacowanie*) estimate,
evaluation.

oce|niać (-niam, -niasz) (*perf* -**nić**) *vt*
(*osądzać*) to judge, to assess;
(*szacować*) to estimate, to evaluate.

oc|et (-tu, -ty) (*loc sg* -**cie**) *m* (*KULIN*)
vinegar.

ochlap|ywać (-uję, -ujesz) (*perf* -**ać**)
vt (*opryskiwać*) to splash; (*plamić*) to
splash, to spatter.

ochładz|ać (-am, -asz) (*perf*
ochłodzić) *vt* (*mleko, wodę*) to cool;
(*wino*) to chill; (*orzeźwiać*) to cool,
to refresh.

▸**ochładzać się** *vr* (*stawać się
chłodnym*) to cool; (*oziębiać się*) to
cool (down); (*orzeźwiać się*) to cool
off; (*o stosunkach*) to cool, to chill;
ochładza się it's getting colder.

ochło|da (-dy) (*dat sg* -**dzie**) *f*
refreshment; **dla ochłody** for
refreshment.

ochłodze|nie (-nia) *nt* (*METEO*)
cold(er) weather; (*stosunków*)
cooling.

ochło|nąć (-nę, -niesz) (*imp* -**ń**) *vi
perf* (*ochłodzić się*) to cool off;
(*oprzytomnieć, uspokoić się*) to cool
down.

ocho|ta (-ty) (*dat sg* -**cie**) *f* (*chęć*)
willingness, readiness; (*radość*)
cheerfulness; **z ochotą** eagerly,
willingly; **mieć ochotę na coś** to
feel like sth; **mieć ochotę coś**

zrobić to feel like doing sth; **czy masz ochotę na ...?** would you like ...?

ochotniczy adj voluntary, volunteer attr.

ochotni|k (**-ka, -cy**) (instr sg **-kiem**) m volunteer.

ochraniacz (**-a, -e**) (gen pl **-y**) m guard; (na kolano, ramię) pad.

ochrani|ać (**-am, -asz**) (perf **ochronić**) vt: **ochraniać kogoś/coś (od czegoś)** to protect sb/sth (from sth); **ochraniać kogoś/coś przed kimś/czymś** to protect sb/sth against lub from sb/sth.

▶**ochraniać się** vr: **ochraniać się przed czymś** to protect o.s. from sth, to guard o.s. against sth.

ochro|na (**-ny**) (dat sg **-nie**) f (zabezpieczenie) protection; (straż) guard; **ochrona przyrody** nature conservation lub preservation; **ochrona środowiska** environment(al) protection; **ochrona osobista** bodyguard.

ochroniarz (**-a, -e**) (gen pl **-y**) m (pot) bodyguard.

ochronny adj protective; **znak ochronny** (HANDEL) trademark.

ochryp|nąć (**-nę, -niesz**) (imp **-nij**, pt **-nął** lub **-ł, -ła, -nęli** lub **-li**) vi perf to get hoarse.

ochrypnięty adj hoarse.

ochrza|nić (**-nię, -nisz**) (imp **-ń**) vt perf (pot) to dress down (pot).

ociąg|ać się (**-am, -asz**) vr: **ociągać się (z czymś)** to delay (doing sth).

ociek|ać (**-am, -asz**) (perf **-nąć**) vi: **ociekać wodą/krwią** to drip with water/blood.

ociemniały adj blind ♦ m decl like adj blind person; **ociemniali** the blind.

ociepl|ać (**-am, -asz**) (perf **-ić**) vt (ogrzewać) to warm; (izolować od zimna) to insulate.

▶**ocieplać się** vr: **ociepla się** it's getting warmer.

ociepleni|e (**-a**) nt (klimatu) warming up; (w pogodzie) warmer weather.

ocier|ać (**-am, -asz**) (perf **otrzeć**) vt (wycierać) to wipe (away); (ścierać skórę) to graze.

ociężały adj languid.

ock|nąć (**-nę, -niesz**) (imp **-nij**) vt perf (przebudzić) to wake (up), to awake; (wyrwać z zadumy) to rouse.

▶**ocknąć się** vr to rouse o.s.; **ocknąć się ze snu** to be roused from sleep, to awake.

ocuc|ać (**-am, -asz**) (perf **ocucić**) vt to revive, to bring round.

oczarow|ywać (**-uję, -ujesz**) (perf **-ać**) vt (zachwycać) to charm, to enchant; (ujmować) to put lub cast a spell on.

ocze|kiwać (**-kuję, -kujesz**) vt: **oczekiwać kogoś/czegoś** (czekać) to await sb/sth, to wait for sb/sth; (spodziewać się) to expect sb/sth.

oczekiwa|nie (**-nia, -nia**) (gen pl **-ń**) nt awaiting; **oczekiwania** pl (nadzieje) expectations pl, hopes pl; (przypuszczenia) expectations pl.

oczer|niać (**-niam, -niasz**) (perf **-nić**) vt to defame.

ocz|ko (**-ka, -ka**) (instr sg **-kiem**, gen pl **-ek**) nt dimin od **oko**; (kamień w pierścionku) stone; (w sitku, tarce) mesh; (DZIEWIARSTWO) stitch; (w pończosze) ladder (BRIT), run (US); (KARTY) blackjack.

oczod|ół (**-ołu, -oły**) (loc sg **-ole**) m eye socket lub hole, orbit (MED).

oczyszcz|ać (**-am, -asz**) (perf **oczyścić**) vt (ranę) to clean; (powietrze, wodę) to purify.

▶**oczyszczać się** vr to get cleaned.

oczyszczal|nia (**-ni, -nie**) (gen pl **-ni**) f (też: **oczyszczalnia ścieków**) sewage treatment plant.

oczytany adj well-read.

oczywisty adj (twierdzenie, dowód) obvious; (kłamstwo, nonsens) outright, obvious.
oczywiście adv obviously, certainly; **oczywiście!** of course!

┌─────── SŁOWO KLUCZOWE ───────┐

od prep +gen 1 (kierunek) from; **od okna** from the window; **od zachodu** from the west; **na zachód od Polski** west of Poland. 2 (czas trwania) for; **od trzech dni** for three days; **od dawna** for a long time. 3 (początek) since; **od poniedziałku** since Monday; **od wczoraj** since yesterday; **od jutra** starting tomorrow, as of lub from tomorrow; **od poniedziałku do piątku** Monday to Friday (BRIT), Monday through Friday (US); **od rana do nocy** from morning till night. 4 (odległość) (away) from; **100 metrów od brzegu** a hundred meters off lub away from the shore. 5 (dolna granica zakresu) from; **od trzech do czterech godzin dziennie** (from) three to four hours a day. 6 (początkowa granica skali) (starting) from; **od wierszy (aż) po powieści** from poems to novels. 7 (przyczyna) with, from; **twarz mokra od łez/potu** face damp with tears/sweat; **ochrypł od krzyku** his voice grew hoarse from shouting. 8 (pochodzenie) from; **list od mojego brata** a letter from my brother. 9 (przeznaczenie): **kluczyki od samochodu** car keys; **pudełko od zapałek** matchbox; **syrop od kaszlu** cough mixture; **ubezpieczenie od ognia/kradzieży** insurance against theft/fire. 10 (specjalizacja): **nauczyciel od angielskiego** English teacher; **fachowiec od lodówek** fridge technician. 11 (przy porównaniach) than; **ona jest**

starsza od brata she is older than her brother; **on jest wyższy ode mnie** he is taller than me lub I.

└──────────────────────────────┘

odbar|wiać (-wiam, -wiasz) (perf -wić) vt to discolour (BRIT), to discolor (US).
►odbarwiać się vr to discolour (BRIT), to discolor (US).
odbezpiecz|ać (-am, -asz) (perf -yć) vt to unlock.
odbi|cie (-cia, -cia) (gen pl -ć) nt (obraz odbity) reflection; (podobizna) image; (FIZ) reflection; (odcisk) print; (ciosu) parry.
odbieg|ać (-am, -asz) (perf **odbiec** lub -nąć) vi to run off lub away; **odbiegać od czegoś** (przen) to depart lub differ from sth.
odbier|ać (-am, -asz) (perf **odebrać**) vt (odzyskiwać) to get back, to reclaim; (otrzymywać) to receive; (zgłaszać się po: paczkę, bagaż, list) to collect; (: dziecko, chorego, znajomego) to pick up; (telefon) to pick up, to answer; (pozbawiać: głos, rozum, apetyt, chęć) to deprive of, to take away; (: prawo, przywilej) to withdraw, to take away; (zabierać przemocą) to seize, to confiscate; (stację, fale) to receive; (odczuwać) to experience; **odebrać** (perf) **komuś/sobie życie** to take away sb's/one's life.
odbij|ać (-am, -asz) (perf **odbić**) vt (światło, fale, obraz) to reflect; (piłkę: z powrotem) to return; (: o ziemię) to bounce; (pieczęć, stempel) to put; (ślady) to leave; (więźnia, jeńca) to rescue ♦ vi (odłączać się od grupy) to break away; **odbijać od czegoś** (kontrastować) to stand out against sth.
►odbijać się vr to be reflected; (o

śladach, wzorze) to leave traces; (*o piłce*) to bounce (off); **odbijać się na czymś** to have an impact on sth; **odbiło mu się** he belched *lub* burped.

odbiorc|a (-**y**, -**y**) *m decl like f in sg* (*informacji*) recipient, receiver; (*przesyłki*) addressee; (*energii*) consumer; (*sztuki, literatury*) audience.

odbiornik (-**a**, -**i**) *m* (*ELEKTR*) receiver; (*też*: **odbiornik radiowy**) radio set *lub* receiver; (*też*: **odbiornik telewizyjny**) TV set.

odbi|ór (-**oru**) (*loc sg* -**orze**) *m* (*listu, bagażu, towaru*) receipt, collection; (*filmu, sztuki*) reception; (*RADIO, TV, TEL*) reception; **odbiór!** (*TEL*) over!

odbit|ka (-**ki**, -**ki**) (*dat sg* -**ce**) *f* print.

odblas|k (-**ku**, -**ki**) *m* reflex, reflection.

odblaskowy *adj*: **światło odblaskowe** reflector.

odblokow|ywać (-**uję**, -**ujesz**) (*perf* -**ać**) *vt* (*drogę*) to clear; (*koła, kierownicę*) to free; (*konto*) to unblock.

odbudo|wa (-**wy**) (*dat sg* -**wie**) *f* reconstruction.

odbudow|ywać (-**uję**, -**ujesz**) (*perf* -**ać**) *vt* (*dom, miasto*) to reconstruct, to rebuild; (*przen: zaufanie, wiarę*) to restore.

odby|t (-**tu**, -**ty**) (*loc sg* -**cie**) *m* anus.

odbytnic|a (-**y**, -**e**) *f* rectum.

odbyw|ać (-**am**, -**asz**) (*perf* **odbyć**) *vt* (*kurs*) to do; (*służbę wojskową*) to serve; **odbywać praktykę** (*w fabryce*) to serve one's apprenticeship; (*w szkole*) to do teaching practice.

▶**odbywać się** *vr* to take place.

odce|dzać (-**dzam**, -**dzasz**) (*perf* -**dzić**) *vt* to strain, to drain.

odchod|y (-**ów**) *pl* (*ekskrementy*) excrement, faeces (*BRIT*), feces (*US*).

odcho|dzić (-**dzę**, -**dzisz**) (*imp* -**dź**,

perf **odejść**) *vi* (*oddalać się*) to go away, to walk away; (*o pociągu, transporcie*) to leave, to depart; (*umierać*) to pass away; (*zwalniać się z pracy*) to leave; (*o gałęziach*) to spread out; (*o ulicach*) to diverge, to branch off; (*o lakierze, farbie*) to come *lub* flake off, to peel (off).

odchrzą|kiwać (-**kuję**, -**kujesz**) (*perf* -**knąć**) *vi* to clear one's throat ♦ *vt* (*flegmę*) to spit; (*krew*) to cough up.

odchu|dzać się (-**dzam**, -**dzasz**) (*perf* -**dzić**) *vr* to slim, to diet.

odchudzani|e (-**a**) *nt* slimming, dieting.

odchyl|ać (-**am**, -**asz**) (*perf* -**ić**) *vt* (*gałąź, firankę*) to pull *lub* draw back; (*głowę*) to tilt.

odchyle|nie (-**nia**, -**nia**) (*gen pl* -**ń**) *nt* deviation.

odciąć (**odetnę**, **odetniesz**) (*imp* **odetnij**) *vb perf od* **odcinać**.

odciąg|ać (-**am**, -**asz**) (*perf* -**nąć**) *vt* (*przesuwać*) to pull away.

odciąż|ać (-**am**, -**asz**) (*perf* -**yć**) *vt* (*osobę, konia*) to relieve; (*centralę*) to lighten the load of.

odcie|ń (-**nia**, -**nie**) (*gen pl* -**ni**) *m* (*barwa*) tint, shade; (*niuans*) shade.

odcięty *adj*: **być odciętym od świata** to be cut off from the rest of the world.

odcin|ać (-**am**, -**asz**) (*perf* **odciąć**) *vt* to cut off; (*gałąź, przewód*) to cut off, to sever; (*rękę, palec*) to sever, to amputate; (*dostęp, odwrót*) to cut *lub* seal off.

▶**odcinać się** *vr* (*ostro odpowiadać*) to retort, to answer back; **odcinać się od** +*gen* (*dystansować się*) to distance o.s. from; (*kontrastować*) to be in contrast with.

odcin|ek (-**ka**, -**ki**) (*instr sg* -**kiem**) *m* (*drogi, przewodu*) section; (*czasu*) period; (*kwit*) stub, receipt; (*powieści, serialu*) episode; (*MAT*) segment; (*dziedzina, zakres*) field, area.

odcis|k (-ku, -ki) (*instr sg* -kiem) *m* (*ślad*) imprint; (*stopy*) footprint; (*palca*) fingerprint; (*nagniotek*) corn.

odcis|kać (-kam, -kasz) (*perf* -nąć) *vt* to impress.

odcyfrow|ywać (-uję, -ujesz) (*perf* -ać) *vt* (*pismo, podpis*) to decipher, to make out; (*szyfr*) to decipher, to decode.

odcze|kiwać (-kuję, -kujesz) (*perf* -kać) *vi* to wait.

odcze|piać (-piam, -piasz) (*perf* -pić) *vt* (*odpinać*) to unfasten, to unbutton; (*łódkę, wagon*) to detach.

▸**odczepiać się** *vr* (*odpinać się*) to come off, to become unfastened; (*o łódce, wagonie*) to become detached.

odczu|cie (-cia, -cia) (*gen pl* -ć) *nt* feeling; (*wrażenie*) feeling, sense.

odczuw|ać (-am, -asz) (*perf* odczuć) *vt* to feel; (*wrogość, zmiany*) to sense.

odczuwalny *adj* noticeable.

odczynni|k (-ka, -ki) (*instr sg* -kiem) *m* (*CHEM*) reagent.

odczy|t (-tu, -ty) (*loc sg* -cie) *m* (*wykład, prelekcja*) lecture; (*wyników, danych w komputerze*) reading.

odczyt|ywać (-uję, -ujesz) (*perf* -ać) *vt* to read; (*czytać na głos*) to read out.

odd|ać (-am, -asz) (*3 pl* -adzą) *vb perf od* oddawać.

oddal|ać (-am, -asz) (*perf* -ić) *vt* (*wniosek, powództwo*) to dismiss.

▸**oddalać się** *vr* (*odchodzić*) to walk *lub* go away; (*odjeżdżać: o samochodzie*) to drive away; (*o koniu, rowerze*) to ride away; (*odlatywać*) to fly away; (*odpływać: o statku*) to sail away; (*o brzegu*) to vanish away.

oddali *inv*: **w oddali** in the distance. **z oddali** from a distance.

oddalony *adj* remote, distant.

oddani|e (-a) *nt* (*poświęcenie*) devotion; (*gorliwość*) dedication.

oddany *adj*: **być oddanym komuś/czemuś** (*być przywiązanym*) to be devoted to sb/sth; (*być zaabsorbowanym*) to be dedicated to sb/sth.

odd|awać (-aję, -ajesz) (*imp* -awaj, *perf* -ać) *vt* (*książkę*) to return; (*resztę*) to give; (*dług, pożyczkę*) to give *lub* pay back; (*zostawiać w celu wykonania usługi: buty, bagaż, film*) to leave; (*zostawiać na przechowanie: pieniądze, biżuterię*) to deposit; (*powierzać opiece: chorego, ucznia*) to send (*to school, hospital*); (*głos, pierwszeństwo*) to give; (*majątek, bogactwo*) to renounce; (*uścisk, pocałunek*) to return; (*cios*) to return, to hit back; (*uczucia, znaczenie*) to express.

▸**oddawać się** *vr* (*poddawać się*) to give o.s. in; (*o kobiecie*) to give o.s.; **oddawać się czemuś** (*smutkowi, nałogowi*) to take to sth; (*pracy, rozmyślaniu*) to devote o.s. to sth; (*lenistwu*) to indulge in sth.

oddech (-u, -y) *m* breath; **wstrzymywać (wstrzymać** *perf*) **oddech** to hold one's breath.

oddechowy *adj* respiratory.

oddelegow|ywać (-uję, -ujesz) (*perf* -ać) *vt*: **oddelegowywać kogoś do** +*gen* to second *lub* assign sb to.

oddawon|ad (am, asz) *vi* to breathe.

oddychani|e (-a) *nt* breathing; **sztuczne oddychanie** artificial respiration.

oddzia|ł (-łu, -ły) (*loc sg* -le) *m* (*WOJSK*) unit; (*POLICJA*) squad; (*fabryki, urzędu*) department; (*banku, linii lotniczej*) branch; (*część szpitala*) ward, unit.

oddział|ywać (-uję, -ujesz) *vi*: **oddziaływać na** +*acc* to influence, to affect.

oddziaływani|e (-a) *nt* (*wpływ*)
influence; (*działanie*) effect;
(*wzajemne*) interaction.
oddziel|ać (-am, -asz) (*perf* **-ić**) *vt*
(*odgradzać*) to separate; (*odłączać
od całości*) to separate, to detach.
oddzielnie *adv* separately, apart.
oddzielny *adj* separate.
oddzier|ać (-am, -asz) (*perf*
odedrzeć) *vt* to tear off *lub* away.
oddzwani|ać (-am, -asz) (*perf*
oddzwonić) *vi*: **oddzwaniać (do
kogoś)** to ring *lub* call (sb) back.
oddźwię|k (-ku, -ki) *m* response.
ode *prep* = **od**; **jest starszy ode
mnie** he is older that I am *lub* me.
odebrać (**odbiorę, odbierzesz**) (*imp*
odbierz) *vb perf od* **odbierać**.
odechciew|ać się (-a) (*perf*
odechcieć) *vr*: **komuś odechciewa
się czegoś** sb feels no longer like
doing sth; **odechciało mi się pić** I
feel no longer thirsty.
odejm|ować (-uję, -ujesz) (*perf*
odjąć) *vt* (*MAT*) to subtract;
(*podatek, nadwyżkę*) to deduct;
(*szklankę od ust*) to take away.
odejmowani|e (-a) *nt* (*MAT*)
subtraction.
odejści|e (-a) *nt* departure, leaving;
odejście od zasad/norm departure
from principles/(the) norms *lub* (the)
standards.
odej|ść (-dę, -dziesz) (*imp* **-dź**, *pt*
odszedł, odeszła, odeszli) *vb perf
od* **odchodzić**.
odep|rzeć (-rę, -rzesz) (*imp* **-rzyj**, *pt*
odparł) *vi perf* (*odpowiedzieć*) to
reply; **odparł, że nic nie wie** he
replied that he did not know
anything.
oder|wać (-wę, -wiesz) (*imp* **-wij**) *vb
perf od* **odrywać**.
oderwany *adj* (*fakty, słowa*) out of
context; (*pojęcie*) abstract.
odetch|nąć (-nę, -niesz) (*imp* **-nij**) *vi*

perf (*uspokoić się*) to calm down;
(*odpocząć*) to relax; **odetchnąć z
ulgą** to breathe a sigh of relief.
odetk|ać (-am, -asz) *vt perf* (*butelkę*)
to open; (*wannę, zlew*) to unblock.
odez|wa (-wy, -wy) (*dat sg* **-wie**) *f*
(*manifest*) manifesto.
odfajkow|ywać (-uję, -ujesz) *vt*
(*zaznaczać*) to tick (off);
(*wykonywać byle jak*) to skimp.
odfru|nąć (-nę, -niesz) *vi perf* to fly
away.
odgad|nąć (-nę, -niesz) (*imp* **-nij**, *pt*
-ł) *vb perf* (*zagadkę*) to solve;
(*prawdę, zamiary*) to guess.
odgałęzie|nie (-nia, -nia) (*gen pl* **-ń**)
nt (*kabla*) offshoot; (*torów*) branch
line; (*drogi*) fork.
odgani|ać (-am, -asz) (*perf* **odgonić**
lub **odegnać**) *vt* to drive away.
odgarni|ać (-am, -asz) (*perf*
odgarnąć) *vt* (*śnieg*) to shove aside;
(*włosy*) to brush aside.
odgin|ać (-am, -asz) (*perf* **odgiąć**) *vt*
(*gwóźdź, pręt*) to straighten, to
unbend; (*mankiet*) to pull *lub* fold
down.
odgło|s (-su, -sy) (*loc sg* **-sie**) *m*
sound.
odgotow|ywać (-uję, -ujesz) (*perf*
-ać) *vt* to boil off.
odgradz|ać (-am, -asz) (*perf*
odgrodzić) *vt* (*płotem*) to fence off;
(*murem*) to wall off.
odgraż|ać się (-am, -asz) *vr* to
make threats; **odgrażać się komuś**
to threaten sb.
odgruzow|ywać (-uję, -ujesz) (*perf*
-ać) *vt* to clear of rubble *lub* debris.
odgryw|ać (-am, -asz) (*perf*
odegrać) *vt* (*MUZ, TEATR*) to play;
(*wydarzenie, scenę*) to act out.
►**odgrywać się** *vr* (*po przegranej*) to
get one's revenge; **odgrywać się na
kimś (za coś)** to revenge o.s. *lub*
take revenge on sb (for sth);

odgrywać rolę w czymś to play a role *lub* part in sth.

odgryz|ać (-am, -asz) (*perf* **odgryźć**) *vt* to bite off.

▸**odgryzać się** *vr* (*przen: pot*) to strike back.

odgrzew|ać (-am, -asz) (*perf* **odgrzać**) *vt* to warm up; (*przen: wspomnienia, dowcip*) to rehash.

odhacz|ać (-am, -asz) (*perf* **-yć**) *vt* to check off, to tick off.

odj|azd (-azdu, -azdy) (*loc sg* **-eździe**) *m* departure; **odjazd!** all aboard!

odjeżdż|ać (-am, -asz) (*perf* **odjechać**) *vi* (*o osobie*) to leave; (*o autobusie, pociągu*) to depart, to leave; (*samochodem*) to drive away *lub* off; (*na rowerze, konno*) to ride away *lub* off; **pociąg odjechał (ze stacji)** the train drew *lub* pulled out (of the station).

odkaż|ać (-am, -asz) (*perf* **odkazić**) *vt* to disinfect; (*WOJSK*) to decontaminate.

odkąd *pron* since; **odkąd?** since when?; **odkąd mam zacząć?** where shall I start from?; **odkąd wyjechała** (ever) since she left.

odklej|ać (-am, -asz) (*perf* **odkleić**) *vt* to unstick.

▸**odklejać się** *vr* to come unstick.

odkład|ać (-am, -asz) (*perf* **odłożyć**) *vt* (*książkę, pióro*) to put away *lub* aside; (*egzamin, podjęcie decyzji*) to postpone, to put off; (*pieniądze*) to put aside; **odkładać słuchawkę** to hang up (the phone).

▸**odkładać się** *vr* to accumulate.

odkop|ywać (-uję, -ujesz) (*perf* **-ać**) *vt* to dig up, to unearth.

odkorkow|ywać (-uję, -ujesz) (*perf* **-ać**) *vt* to uncork.

odkraw|ać (-am, -asz) (*perf* **odkroić** *lub* **odkrajać**) *vt* to cut off.

odkręc|ać (-am, -asz) (*perf* **odkręcić**) *vt* (*śrubę itp.*) to unscrew; (*wieczko, zakrętkę*) to twist off; (*kurek, wodę, gaz*) to turn on; (*przen*) to undo.

odkry|cie (-cia, -cia) (*gen pl* **-ć**) *nt* discovery.

odkryty *adj* (*wagon, samochód, teren*) open; (*basen*) outdoor.

odkryw|ać (-am, -asz) (*perf* **odkryć**) *vt* (*twarz*) to uncover; (*garnek, skrzynię*) to open; (*nowy ląd, metodę, talent*) to discover; (*sekret, tajemnicę*) to uncover, to disclose; (*plany, zamiary*) to unveil, to reveal.

odkrywc|a (-y, -y) *m decl like f in sg* (*naukowiec*) discoverer; (*podróżnik*) explorer.

odkrywczy *adj* (*wyprawa*) exploratory; (*spostrzeżenie*) revealing, insightful.

odkształc|ać (-am, -asz) (*perf* **odkształcić**) *vt* to deform.

odkup|ywać (-uję, -ujesz) (*perf* **odkupić**) *vt* (*odzyskiwać przez kupno*) to buy back, to repurchase; (*winę, zbrodnię*) to expiate, to atone for.

odkurzacz (-a, -e) (*gen pl* **-y**) *m* vacuum cleaner, hoover ® (*BRIT*).

odkurz|ać (-am, -asz) (*perf* **-yć**) *vt* (*wycierać z kurzu*) to dust; (*czyścić odkurzaczem*) to vacuum, to hoover (*BRIT*).

odlat|ywać (-uję, -ujesz) (*perf* **odlecieć**) *vi* (*o samolocie*) to take off; (*o ptaku*) to fly away *lub* off; (*odpadać*) to fall off.

odległościomierz (-a, -e) (*gen pl* **-y**) *m* (*FOT*) rangefinder.

odległoś|ć (-ci, -ci) *f* distance; **na odległość ramienia** at arm's length; **w niewielkiej odległości od** +*gen* not far away from.

odległy *adj* distant, remote.

odle|piać (-piam, -piasz) (*perf* **-pić**) *vt* to unstick.

odle|w (-wu, -wy) (*loc sg* -wie) *m* cast, casting.

odlew|ać (-am, -asz) (*perf* **odlać**) *vt* (*wykonywać odlew*) to cast; (: *z metalu*) to cast, to found.

odleży|na (-ny, -ny) (*dat sg* -nie) *f* bedsore.

odlicz|ać (-am, -asz) (*perf* -yć) *vt* (*pieniądze, krople*) to count; (*koszty*) to deduct.

odlo|t (-tu, -ty) (*loc sg* -cie) *m* (*samolotu*) departure; (*ptaków*) migration; **godziny odlotów** departure times.

odlotowy *adj* (*pot*) cool.

odlud|ek (-ka, -ki) (*instr sg* -kiem) *m* recluse.

odludny *adj* (*dom*) desolate; (*okolica, droga, szlak*) lonely.

odlu|dzie (-dzia, -dzia) (*gen pl* -dzi) *nt* secluded spot; **na odludziu** off the beaten track.

odła|m (-mu, -my) (*loc sg* -mie) *m* (*skalny, lodu*) block; (*przen*) splinter group; (*POL*) faction.

odłam|ek (-ka, -ki) (*instr sg* -kiem) *m* (*szkła itp.*) sliver; (*granatu, pocisku*) shrapnel.

odłam|ywać (-uję, -ujesz) (*perf* -ać) *vt* to break off.

odłącz|ać (-am, -asz) (*perf* -yć) *vt* (*oddzielać*) to separate; (*wagon, prąd, telewizor*) to disconnect; **odłączyć dziecko od piersi** to wean a child.

►**odłączać się** *vr* (*od grupy, wycieczki*) to straggle.

odł|óg (-ogu, -ogi) *m* uncultivated land; **leżeć odłogiem** (*o ziemi*) to lie fallow.

odmarz|ać (-a) (*perf* -nąć) *vi* (*o mięsie*) to defrost, to thaw; (*o rzece*) to thaw.

odmawi|ać (-am, -asz) (*perf* **odmówić**) *vi* to refuse, to decline ♦ *vt* (*wizytę, spotkanie*) to cancel;

odmawiać modlitwę to say one's prayers; **odmawiać komuś czegoś** to refuse sb sth; **odmawiać zrobienia czegoś** to refuse to do sth; **odmawiać zgody** to refuse (to give one's) permission.

odmia|na (-ny, -ny) (*dat sg* -nie) *f* (*zmiana*) change; (*wariant*) variety; (*BOT, ZOOL*) strain, variety; (*JĘZ*) inflection; **dla odmiany** for a change.

odmie|niać (-niam, -niasz) (*perf* -nić) *vt* (*człowieka, życie*) to transform; (*wyraz*) to inflect.

►**odmieniać się** *vr* (*o wyrazach*) to inflect.

odmienny *adj* (*inny*) different, dissimilar; (*odrębny*) distinct; (*JĘZ*) inflected.

odmierz|ać (-am, -asz) (*perf* -yć) *vt* (*mierzyć*) to measure; (*wydzielać*) to measure out; **odmierzać takt** to beat time.

odmładz|ać (-am, -asz) (*perf* **odmłodzić**) *vt* (*o fryzurze, uśmiechu*) to make look younger; (*czynić młodszym*) to rejuvenate; (*zespół, kadrę*) to bring new blood into.

odmładzający *adj*: **kuracja odmładzająca** rejuvenating treatment.

odmo|wa (-wy, -wy) (*dzt sg* -wie, *gen pl* **odmów**) *f* refusal.

odmownie *adv*: **odpowiedzieć** (*perf*) **odmownie na czyjeś podanie/czyjąś prośbę** to reject *lub* turn down sb's application/request.

odmowny *adj* (*odpowiedź*) negative.

odmrażacz (-a, -e) (*gen pl* -y) *m* defroster.

odmraż|ać (-am, -asz) (*perf* **odmrozić**) *vt* (*szybę, przewód*) to defrost; (*kadłub samolotu*) to de-ice; **odmroziłam sobie ręce/uszy** my hands/ears are frostbitten.

odmroże|nie (-nia) *nt* (*MED*) (*nom pl*

-nia, *gen pl* **-ń**) frostbite; (: *na palcach rąk lub nóg*) chilblain.

odnajd|ować (**-uję, -ujesz**) (*perf* **odnaleźć**) *vt* to find.

▶**odnajdować się** *vr* (*zjawiać się z powrotem*) to show up, to turn up; (*w nowych warunkach*) to find one's feet.

odnajm|ować (**-uję, -ujesz**) (*perf* **odnająć**) *vt* (*brać w użytkowanie*) to rent; (*odstępować*) to let (out), to rent out.

odnawi|ać (**-am, -asz**) (*perf* **odnowić**) *vt* (*budynek, mieszkanie*) to renovate, to refurbish; (*obraz*) to restore; (*sojusz, znajomość*) to renew.

odniesie|nie (**-nia, -nie**) (*gen pl* **-ń**) *nt*: **w odniesieniu do** +*gen* (*książk*) with reference to; **punkt/układ odniesienia** point/frame of reference.

odno|ga (**-gi, -gi**) (*dat sg* **-dze**) *f* (*pnia, drogi*) branch; (*rzeki*) arm.

odno|sić (**-szę, -sisz**) (*imp* **-ś**, *perf* **odnieść**) *vt* (*zabierać z powrotem*) to take (back), to carry (back); (*zwycięstwo, sukces*) to achieve; (*porażkę*) to suffer; (*rany, obrażenia*) to sustain.

▶**odnosić się** *vr*: **odnosić się do kogoś/czegoś** to treat sb/sth; (*ustosunkowywać się*) to feel about sb/sth; (*dotyczyć*) to relate to sb/sth, to apply to sb/sth; **odnosić skutek** to bring results, to work.

odnośnie *adv*: **odnośnie czegoś** (*książk*) regarding sth, with regard to sth.

odnośni|k (**-ka, -ki**) (*instr sg* **-kiem**) *m* (*znak*) reference (mark); (*przypis*) footnote.

odnośny *adj* (*przepis*) pertinent; (*dane, literatura*) relevant.

odnotow|ywać (**-uję, -ujesz**) (*perf* **-ać**) *vt* to write down, to take down.

odno|wa (**-wy**) (*dat sg* **-wie**) *f*

(*zabytków*) renovation, restoration; (*regeneracja*) renovation.

odosobnieni|e (**-a**) *nt*: **żyć w odosobnieniu** to live in seclusion *lub* solitude.

odosobniony *adj* (*miejsce*) secluded, isolated; (*życie*) secluded; (*fakt, przypadek, zjawisko*) isolated.

od|ór (**-oru, -ory**) (*loc sg* **-orze**) *m* stench, reek.

odpad|ać (**-am, -asz**) (*perf* **odpaść**) *vi* to come off; (*z zawodów, na egzaminie*) to drop out; (*w wyborach*) to lose (out), to be defeated.

odpad|ki (**-ków**) *pl* (*przemysłowe*) waste; (*kuchenne*) waste, garbage.

odpad|y (**-ów**) *pl* waste (material), scrap material.

odpakow|ywać (**-uję, -ujesz**) (*perf* **-ać**) *vt* to unwrap.

odparow|ywać (**-uję, -ujesz**) (*perf* **-ać**) *vt* (*roztwór, wodę*) to evaporate ♦ *vi* (*o wilgoci, wodzie*) to evaporate.

odparz|ać (**-am, -asz**) (*perf* **-yć**) *vt* (*skórę, nogi*) to chafe.

odparze|nie (**-nia, -nia**) (*gen pl* **-ń**) *nt* (*MED*) chafe.

odpędz|ać (**-am, -asz**) (*perf* **odpędzić**) *vt* (*odganiać*) to chase away, to repel; (*zmuszać do cofnięcia się*) to drive *lub* force back, to ward off.

odpieczętow|ywać (**-uję, -ujesz**) (*perf* **-ać**) *vt* to unseal.

odpier|ać (**-am, -asz**) (*perf* **odeprzeć**) *vt* (*atak, natarcie*) to fight off, to ward off; (*nieprzyjaciela*) to fight back, to repulse; (*ciosy*) to fight off; (*argumenty*) to refute, to rebut.

odpin|ać (**-am, -asz**) (*perf* **odpiąć**) *vt* (*zamek, guzik*) to undo, to unfasten; (*koszulę, spodnie*) to unbutton, to undo; (*szelki, pas*) to unbuckle, to take off; (*broszkę*) to unclasp.

▶**odpinać się** *vr* to get undone.

odpi|s (**-su**, **-sy**) (*loc sg* **-sie**) *m* (*kopia*) copy, transcript; (*KSIĘGOWOŚĆ*) deduction.

odpis|ywać (**-uję**, **-ujesz**) (*perf* **-ać**) *vt* (*tekst, zadanie*) to copy; (*SZKOL: ściągać*) to copy, to crib; (*KSIĘGOWOŚĆ*) to deduct ♦ *vi*: **odpisywać (na list)** to answer (a letter).

odplamiacz (**-a**, **-e**) (*gen pl* **-y**) *m* (*do prania*) stain remover; (*przed praniem*) (laundry) prespotter.

odpła|cać (się) (**-cam**, **-casz**) (*perf* **-cić**) *vt* (*vr*): **odpłacać (się) komuś za coś (czymś)** to repay sb for sth (with sth).

odpłatnie *adv* for a payment *lub* fee.

odpłatnoś|ć (**-ci**) *f* payment.

odpłatny *adj* payed.

odpły|w (**-wu**, **-wy**) (*loc sg* **-wie**) *m* (*pary, gazu*) outflow; (*ludności*) emigration; (*morza*) low tide.

odpływ|ać (**-am**, **-asz**) (*perf* **odpłynąć**) *vi* (*o statku*) to sail away *lub* out; (*o pływaku, rybie*) to swim away; (*o przedmiocie*) to float away; (*o wodzie*) to flow away, to drain.

odpoczyn|ek (**-ku**) *m* rest.

odpoczyw|ać (**-am**, **-asz**) (*perf* **odpocząć**) *vi* to rest, to have *lub* take a rest.

odpornościowy *adj*: **układ odpornościowy** the immune system.

odpornoś|ć (**-ci**) *f* resistance; (*MED*) resistance, immunity.

odporny *adj*: **odporny (na coś)** (*nie poddający się*) unaffected (by sth), resistant (to sth); (*wytrzymały*) resistant (to sth); (*MED*) immune (to sth); (*o roślinie*) tolerant (of sth).

odpowiad|ać (**-am**, **-asz**) (*perf* **odpowiedzieć**) *vi* to answer, to reply; (*SZKOL: no perf*) to give a report, to say one's lesson; (*reagować*) to respond; **odpowiadać**

na coś to answer sth, to reply to sth; **odpowiadać komuś** to answer sb, to reply to sb; **odpowiadać na pukanie** to answer the door; **odpowiadać za coś** (*być odpowiedzialnym*) to be responsible for sth; (*ponosić karę*) to answer for sth.

odpowiedni *adj* (*kandydat, moment*) suitable, right; (*miejsce, rubryka*) appropriate, right; (*słowo*) right, adequate; (*kwalifikacje*) adequate; (*zachowanie, strój*) proper.

odpowiedni|k (**-ka**, **-ki**) (*instr sg* **-kiem**) *m* equivalent; (*przen: człowiek na takim samym stanowisku*) counterpart.

odpowiednio *adv* suitably, adequately; **odpowiednio do czasu/okoliczności** in accordance with time/circumstances.

odpowiedzialnoś|ć (**-ci**) *f* responsibility; **spółka z ograniczoną odpowiedzialnością** (*EKON*) limited (liability) company; **ponosić odpowiedzialność (za coś)** to bear responsibility (for sth).

odpowiedzialny *adj* (*pracownik, człowiek*) reliable, trustworthy; (*decyzja, praca*) responsible.

odpowie|dź (**-dzi**, **-dzi**) (*gen pl* **-dzi**) *f* (*na pytanie*) answer, reply; (*na list*) answer; (*na krytykę, cios*) response; (*na podanie, prośbę*) reply; (*SZKOL*) report; **w odpowiedzi na Pański list** in reply to your letter.

odpra|wa (**-wy**, **-wy**) (*dat sg* **-wie**) *f* (*zebranie instruktażowe*) briefing; (*wynagrodzenie*) severance pay; (*autobusu, samolotu*) clearance, dispatch; (*pasażerów*) check-in, clearance; **odprawa celna** customs clearance (clearance).

odpra|wiać (**-wiam**, **-wiasz**) (*perf* **-wić**) *vt* (*odsyłać*) to send away *lub* off; (*zwalniać z pracy*) to dismiss, to discharge.

odpręż|ać (-am, -asz) (*perf* -yć) *vt* (*mięśnie, myśli*) to relax; (*sznur, sprężynę*) to release, to slacken.

►**odprężać się** *vr* (*o człowieku, nerwach, umyśle*) to relax, to unwind.

odprężający *adj* (*kąpiel*) relaxing.

odpręże|nie (-nia) *nt* relaxation; (*POL*) détente.

odprowadz|ać (-am, -asz) (*perf* **odprowadzić**) *vt* (*towarzyszyć*) to escort, to accompany; (*gaz, ścieki, wodę*) to pipe away *lub* off; **odprowadzać kogoś do domu/na dworzec** to see sb home/to the station.

odpruw|ać (-am, -asz) (*perf* **odpruć**) *vt* to rip away *lub* off.

►**odpruwać się** *vr* to come off.

odprys|k (-ku, -ki) (*instr sg* -**kiem**) *m* (*szkła, kamienia*) splinter, chip; (*farby*) flake.

odpu|st (-stu, -sty) (*loc sg* -**ście**) *m* (*uroczystość kościelna, zabawa*) church fete; (*REL: darowanie grzechów*) indulgence, pardon.

odpuszcz|ać (-am, -asz) (*perf* **odpuścić**) *vt*: **odpuszczać komuś coś** to absolve sb of *lub* from sth.

odpych|ać (-am, -asz) *vt* (*odsuwać pchnięciem*) (*perf* **odepchnąć**) to push back *lub* away; (*wywoływać niechęć*) to repel, to disgust.

►**odpychać się** *vr* (*odsuwać się pchnięciem*) to push back.

odpychający *adj* disgusting, repulsive.

Od|ra (-ry) (*dat sg* -**rze**) *f* (*GEOG*) the Oder.

od|ra (-ry) (*dat sg* -**rze**) *f* (*MED*) measles.

odrabi|ać (-am, -asz) (*perf* **odrobić**) *vt* (*pracę*) to catch up on; (*zaległości, dzień wolny*) to make up

for; **odrabiać lekcje** to do homework.

odracz|ać (-am, -asz) (*perf* **odroczyć**) *vt* (*posiedzenie, sprawę*) to postpone, to adjourn; (*wykonanie wyroku*) to respite, to requite; (*służbę wojskową*) to defer.

odradz|ać[1] (-am, -asz) (*perf* **odradzić**) *vt*: **odradzać komuś coś** to advise sb against sth, to dissuade sb from sth.

odradz|ać[2] (-am, -asz) (*perf* **odrodzić**) *vt* (*dawać nowe życie*) to bring back to life, to revitalize; (*zainteresowanie, tradycje*) to revive.

►**odradzać się** *vr* (*odżywać*) to come back to life, to regenerate.

odra|za (-zy) (*dat sg* -**zie**) *f* disgust, repugnance.

odrażający *adj* disgusting, revolting.

odrdzewiacz (-a, -e) (*gen pl* -y) *m* rust remover.

odreagow|ywać (-uję, -ujesz) (*perf* -ać) *vt* to get over.

►**odreagowywać się** *vr* to recover from stress.

odrębnoś|ć (-ci, -ci) *f* (*właściwość*) autonomy; (*cecha różniąca*) distinction.

odrębny *adj* separate, distinct.

odręcznie *adv* by hand, manually.

odręczny *adj* (*rysunek*) free-hand; (*podpis*) hand-written; (*sprzedaż, pożyczka*) instant; (*naprawa*) while-you-wait.

odrętwiały *adj* numb.

odrętwieni|e (-a) *nt* (*brak czucia*) numbness; (*otępienie*) stupor, trance; (*MED*) numbness.

odrobi|na (-ny, -ny) (*dat sg* -**nie**) *f* (*cząsteczka*) particle; (*mała ilość*) bit; **ani odrobinę** not a bit; **przy odrobinie szczęścia** with a bit of luck.

odrocze|nie (-nia, -nia) (*gen pl* -ń) *nt* (*posiedzenia, sprawy*) adjournment;

(*wykonania wyroku*) respite, reprieve; (*służby wojskowej*) deferment.

odrodzeni|e (-a) *nt* rebirth, revival; **Odrodzenie** (*HIST*) Renaissance.

odróż|niać (-niam, -niasz) (*perf* -nić) *vt* (*rozpoznawać*) to distinguish; (*wyróżniać*) to differentiate, to discriminate.

▸**odróżniać się** *vr* (*wyróżniać się*) to be distinct.

odróżnieni|e (-a) *nt*: **w odróżnieniu od** +*gen* as opposed *lub* distinct from.

odruch (-u, -y) *m* (*MED, PSYCH*) reflex; (*żywiołowa reakcja*) impulse.

odruchowy *adj* (*czynność, skurcz*) reflex *attr*, reflexive; (*mimowolny, niezamierzony*) involuntary, instinctive.

odryw|ać (-am, -asz) (*perf* **oderwać**) *vt* (*guzik, deskę*) to tear off, to rip off.

▸**odrywać się** *vr* (*odpadać*) to come off; **nie mogłem się oderwać od pracy/książki** I couldn't get away from my work/book.

odrze|c (-knę, -kniesz) (*imp* -**knij**, *pt* -**kł**) *vi perf* to reply.

odrzuc|ać (-am, -asz) (*perf* **odrzucić**) *vt* (*śnieg, kamienie*) to throw aside; (*piłkę*) to throw back; (*braki, śmieci*) to discard, to reject; (*dar, ofertę, zaproszenie*) to reject, to turn down; (*warunki, wniosek, artykuł, książkę*) to reject.

odrzuto|wiec (-wca, -wce) *m* jet aeroplane (*BRIT*) *lub* airplane (*US*).

odrzutowy *adj* jet *attr*.

odsącz|ać (-am, -asz) (*perf* -**yć**) *vt* to drain off.

odset|ek (-ka, -ki) (*instr sg* -**kiem**) *m* percentage; **znaczny odsetek ludności** a significant percentage *lub* proportion of the people.

odset|ki (-ek) *pl*: **odsetki** (**od** +*gen*) interest (on).

odsiad|ywać (-uję, -ujesz) (*perf* **odsiedzieć**) *vt* (*spędzać siedząc*) to sit out; (*wyrok*) to do (*pot*).

odsiecz (-y, -e) (*gen pl* -**y**) *f* relief.

odsiew|ać (-am, -asz) (*perf* **odsiać**) *vt* to sift.

odska|kiwać (-kuję, -kujesz) (*perf* **odskoczyć**) *vi* (*odsuwać się: w bok*) to dodge, to jump aside; (: *w tył*) to jump back.

odskocz|nia (-ni, -nie) (*gen pl* -**ni**) *f* springboard; (*okazja do wypoczynku*) retreat.

odsłani|ać (-am, -asz) (*perf* **odsłonić**) *vt* (*zęby, piersi, ramiona*) to expose, to bare; (*pomnik, tablicę pamiątkową*) to unveil; (*prawdę, tajemnicę*) to reveal, to disclose.

odsło|na (-ny, -ny) (*dat sg* -**nie**) *f* (*TEATR*) scene.

odsprzed|awać (-aję, -ajesz) (*imp* -**awaj**, *perf* -**ać**) *vt* to resell.

odstający *adj*: **odstające uszy** protruding ears.

odsta|wać (-ję, -jesz) (*imp* -**waj**) *vi* (*o uszach*) to protrude; (*odróżniać się*) to stand out.

▸**odstawać się** (*perf* **odstać**) *vr* (*o cieczy*) to settle; (*wracać do pierwotnego stanu*) to be undone.

odsta|wiać (-wiam, -wiasz) (*perf* -**wić**) *vt* (*odkładać na bok*) to put away; (*towar*) to deliver; (*lek, zastrzyki*) to discontinue; (*odwozić gdzieś*) to take; **odstawiać dziecko** (**od piersi**) to wean a baby.

odstę|p (-pu, -py) (*loc sg* -**pie**) *m* (*w przestrzeni*) distance, space; (*w czasie*) interval; (*w maszynie do pisania*) space.

odstęp|ować (-uję, -ujesz) (*perf* **odstąpić**) *vt*: **odstępować coś komuś** (*udostępniać*) to give sb sth *lub* sth to sb; (*odsprzedawać*) to sell

sb sth *lub* sth to sb ♦ *vi*: **odstępować
(od** *+gen*) (*o osobie*) to withdraw
(from); **odstępować od czegoś**
(*umowy*) to withdraw *lub* retract
from sth; (*zamiaru*) to abandon sth;
(*żądań*) to waive sth; (*zasad*) to
depart from sth.

odstępst|wo (**-wa, -wa**) (*loc sg* **-wie**)
nt (*od zwyczaju, zasady, reguły*)
departure.

odstrasz|ać (**-am, -asz**) (*perf* **-yć**) *vt*
(*odpędzać*) to scare away; (*nie
dopuszczać*) to keep away;
odstraszać kogoś (od czegoś)
(*zniechęcać*) to deter sb (from sth).

odstraszający *adj*: **środek** *lub*
czynnik odstraszający deterrent;
środek odstraszający owady insect
repellent.

odsuw|ać (**-am, -asz**) *vt* (*krzesło,
szafę*) to move away *lub* back;
(*zasłonę*) to draw (back); (*zasuwkę*)
to pull back; (*myśli*) to brush aside
lub away; (*niebezpieczeństwo*) to
ward off, to avert.

▸**odsuwać się** *vr* (*cofać się*) to
move *lub* stand back; (*robić miejsce*)
to move *lub* step aside.

odsyłacz (**-a, -e**) (*gen pl* **-y**) *m* (*znak
graficzny*) reference mark; (*przypis*)
reference; (*w słowniku, encyklopedii*)
cross-reference.

odsył|ać (**-am, -asz**) (*perf* **odesłać**) *vt*
(*przesyłać*) to send, to forward;
(*zwracać*) to send back, to return;
(*kierować*) to refer, to send.

odszkodowa|nie (**-nia, -nia**) (*gen pl*
-ń) *nt* (*ubezpieczenie*) indemnity,
compensation; (*kara*) damages *pl*,
compensation; (*zadośćuczynienie*)
settlement.

odszuk|ać (**-am, -asz**) *vt perf* to find.

odszyfrow|ywać (**-uję, -ujesz**) (*perf*
-ać) *vt* (*wiadomość*) to decode;
(*pismo*) to decipher.

odśnież|ać (**-am, -asz**) (*perf* **-yć**) *vt*
to clear (of snow).

odśrodkowy *adj* (*tendencja*)
decentralizing; (*siła*) centrifugal.

odśwież|ać (**-am, -asz**) (*perf* **-yć**) *vt*
(*twarz, ciało*) to refresh; (*mieszkanie*)
to spruce up; (*ubranie*) to restore;
(*wspomnienia, pamięć*) to refresh;
(*wiadomości, znajomość czegoś*) to
brush up (on); (*znajomość z kimś*) to
renew.

▸**odświeżać się** *vr* to refresh o.s., to
freshen up.

odświętny *adj* (*posiłek*) special;
(*nastrój*) festive; **odświętne ubranie**
one's (Sunday) best.

odtąd *adv* (*od tamtego czasu: do
chwili obecnej*) since then; (*od tego
momentu*) from now on; (*poczynając
od tamtej chwili*) from that time on,
from then on; (*od tego miejsca*)
(starting) from here.

odtrą|cać (**-cam, -casz**) (*perf* **-cić**) *vt*
(*odpychać*) to shove away; (*pomoc,
przyjaźń, kochankę*) to reject.

odtrut|ka (**-ki, -ki**) (*dat sg* **-ce**, *gen pl*
-ek) *f* antidote.

odtwarzacz (**-a, -e**) (*gen pl* **-y**) *m*
(*kasetowy*) (audio) cassette player;
(*video*) video (cassette) player;
(*kompaktowy*) CD player.

odtwarz|ać (**-am, -asz**) (*perf*
odtworzyć) *vt*
(*odbudowywać całkowicie*) to
recreate; (: *częściowo*) to regenerate;
(*skórę, nabłonek*) to regenerate;
(*malowidło, bieg wypadków*) to
reconstruct; (*rolę*) to perform;
(*zapisany obraz, dźwięk*) to
reproduce.

odtwarzani|e (**-a**) *nt*
(*odradzanie: całkowite*) recreation;
(: *częściowe*) regeneration;
(*rekonstrukcja*) reconstruction;
(*dźwięku, obrazu*) reproduction.

odtwórc|a (-y, -y) *m decl like f in sg* (*wykonawca*) performer.

oducz|ać (-am, -asz) (*perf* -yć) *vt*: **oduczać kogoś robienia czegoś** to teach sb not to do sth.

▶**oduczać się** *vr*: **oduczać się czegoś** to unlearn sth.

odurz|ać (-am, -asz) (*perf* -yć) *vt* (*o trunkach, narkotykach, powodzeniu*) to intoxicate; (*o powietrzu*) to make dizzy.

odurzający *adj*: **środki odurzające** intoxicants *pl*, drugs *pl*.

odwa|ga (-gi) (*dat sg* -dze) *f* courage; **mieć odwagę coś zrobić** to have the courage to do sth; **dodawać (dodać** *perf*) **komuś odwagi** to bolster up sb's courage; **zdobyć się** (*perf*) **na odwagę** to muster up one's courage.

odważ|ać (-am, -asz) (*perf* -yć) *vt* (*ważyć*) to weigh out.

▶**odważać się** *vr* to dare; **odważyć się coś zrobić** to dare (to) do sth, to have the courage to do sth; **odważyć się na coś** to risk sth.

odważni|k (-ka, -ki) (*instr sg* -kiem) *m* weight.

odważny *adj* (*człowiek*) brave, courageous; (*czyn, słowa*) brave, daring.

odwdzięcz|ać się (-am, -asz) (*perf* -yć) *vr*: **odwdzięczać się komuś za coś** to pay sb back for sth, to repay sb for sth.

odwe|t (-tu) (*loc sg* -cie) *m* retaliation; **brać (wziąć** *perf*) **na kimś odwet** to take revenge on sb.

odwiąz|ywać (-uję, -ujesz) (*perf* -ać) *vt* to undo, to untie.

odwieczny *adj* (*zamek, puszcza*) ancient; (*spór, zwyczaj*) everlasting.

odwie|dzać (-dzam, -dzasz) (*perf* -dzić) *vt* (*przychodzić z wizytą*) to visit; (*bywać*) to frequent, to visit;

odwiedź mnie jutro come and see me tomorrow.

odwiedzin|y (-) *pl* visit; **przychodzić (przyjść** *perf*) **do kogoś w odwiedziny** to come to visit sb.

odwiesz|ać (-am, -asz) (*perf* **odwiesić**) *vt* (*słuchawkę*) to hang up.

odwij|ać (-am, -asz) (*perf* **odwinąć**) *vt* (*paczkę*) to unwrap; (*sznurek, nici, film*) to unreel, to unwind; (*rękaw, mankiet*) to unroll.

odwilż (-y, -e) (*gen pl* -y) *f* thaw.

odwlek|ać (-am, -asz) (*perf* **odwlec**) *vt* (*opóźniać*) to delay, to stall.

▶**odwlekać się** *vr* to be put off.

odwło|k (-ka *lub* -ku, -ki) (*instr sg* -kiem) *m* (*ZOOL*) abdomen.

odwodnieni|e (-a) *nt* dehydration.

odwo|dzić (-dzę, -dzisz) (*imp* **odwódź**, *perf* **odwieść**) *vt* (*odprowadzać*) to take; (*kurek pistoletu*) to cock; **odwodzić kogoś na bok** *lub* **na stronę** to take sb aside; **odwodzić kogoś od zrobienia czegoś** to dissuade sb from doing sth.

odwoła|nie (-nia, -nia) (*gen pl* -ń) *nt* (*urzędnika*) dismissal; (*ambasadora*) recall; (*zarządzenia, alarmu*) cancellation; (*od decyzji sądu*) appeal; **aż do odwołania** until further notice.

odwoł|ywać (-uję, -ujesz) (*perf* -ać) *vt* (*usuwać ze stanowiska*) to dismiss; (: *ambasadora*) to recall; (*alarm, rozkaz, zajęcia*) to cancel; (*obietnicę, słowa*) to retract, to withdraw.

▶**odwoływać się** *vr* (*PRAWO*) to appeal; **odwoływać się od decyzji** to appeal against a decision.

odwo|zić (-żę, -zisz) (*imp* -ź, *perf* **odwieźć**) *vt* (*zawozić*) to take; (*zawozić z powrotem*) to take back.

odwrac|ać (-am, -asz) (*perf* **odwrócić**) *vt* (*głowę*) to turn away;

(*wzrok*) to avert; (*bieg rzeki*) to reverse.

▸**odwracać się** *vr* to turn away.

odwrotnie *adv* (*na odwrót*) inversely; (*przeciwnie*) conversely; (*do góry nogami*) upside down; **odwrotnie niż** contrary to.

odwrotnoś|ć (-ci) *f* (*przeciwieństwo*) the opposite, the reverse; (*MAT*) reciprocal, inverse.

odwrotny *adj* (*zjawisko, kierunek*) opposite, reverse; (*strona: ulicy*) opposite; (: *płaszczyzny*) reverse.

odwr|ót (-otu, -oty) (*loc sg* -**ocie**) *m* (*WOJSK*) retreat, withdrawal.

odwyk|ać (-am, -asz) (*perf* -**nąć**) *vi*: **odwykać od** +*gen* to lose the habit of, to get out of the habit of.

odwzajem|niać (-niam, -niasz) (*perf* -**nić**) *vt* (*uczucie, niechęć*) to reciprocate, to return; (*przysługę*) to return, to repay; (*uśmiech*) to return.

▸**odwzajemniać się** *vr* to return, to reciprocate.

odze|w (-wu, -wy) (*loc sg* -**wie**) *m* response; (*WOJSK*) countersign.

odziedzicz|yć (-ę, -ysz) *vb perf od* **dziedziczyć** ◆ *vt perf* to inherit.

odzież (-y) *f* clothing.

odznacz|ać (-am, -asz) (*perf* -**yć**) *vt* (*dekorować odznaczeniem*) to decorate, to honour (*BRIT*), to honor (*US*).

▸**odznaczać się** *vr*: **odznaczać się czymś** to be characterized by sth.

odznacze|nie (-nia, -nia) (*gen pl* -**ń**) *nt* decoration, distinction.

odzna|ka (-ki, -ki) (*dat sg* -**ce**) *f* (*wyróżnienie*) distinction, decoration; (*znak przynależności*) badge.

odzwierciedl|ać (-am, -asz) (*perf* -**ić**) *vt* to reflect, to mirror.

▸**odzwierciedlać się** *vr* to be reflected.

odzwycza|jać (-jam, -jasz) (*perf* -**ić**):

odzwyczajać kogoś od czegoś to break sb of their habit of doing sth.

▸**odzwyczajać się** *vr*: **odzwyczajać się (od czegoś)** to get out of the habit (of doing sth).

odzys|kiwać (-kuję, -kujesz) (*perf* -**kać**) *vt* (*własność*) to get back *lub* win back; (*niepodległość*) to regain; (*przytomność, spokój*) to recover, to regain.

odzyw|ać się (-am, -asz) (*perf* **odezwać**) *vr* (*przemówić*) to speak; (*o uczuciach, doznaniach*) to awake; (*o dzwonku, głosie*) to sound.

odżał|ować (-uję, -ujesz) *vt perf* (*stratę*) to get over.

odżyw|ać (-am, -asz) (*perf* **odżyć**) *vi* (*wracać do życia*) to come back to life; (*przen: o nadziei, wspomnieniach*) to be revived.

odżywczy *adj* (*potrawa, produkty*) nutritious, nourishing; (*składnik, substancja*) nutritious; (*wartość*) nutritive; (*krem*) nourishing.

odży|wiać (-wiam, -wiasz) (*perf* -**wić**) *vt* (*karmić, żywić*) to feed, to nourish.

▸**odżywiać się** *vr* (*o człowieku*) to feed o.s., to eat; (*zwierzę*) to feed.

odżywiani|e (-e) *nt* nutrition, nourishment.

odżyw|ka (-ki, -ki) (*dat sg* -**ce**, *gen pl* -**ek**) *f* (*pokarm*) nutrient; (*do włosów*) conditioner; (*dla dzieci*) baby-food, (baby) formula (*US*).

ofensy|wa (-wy, -wy) (*dat sg* -**wie**) *f* offensive.

ofer|ma (-my, -my) (*dat sg* -**mie**) *f/m decl like f in sg* (*pot*) duffer (*pot*).

ofer|ować (-uję, -ujesz) (*perf* **za**-) *vt* to offer.

ofer|ta (-ty, -ty) (*dat sg* -**cie**) *f* offer, proposal.

ofi|ara (-ary, -ary) (*dat sg* -**erze**) *f* (*dar*) gift, present; (: *pieniężny*) contribution, donation; (*REL*) offering; (*poświęcenie*) sacrifice;

(*osoba poszkodowana*) victim;
(*pot. niezdara*) duffer (*pot.*).

ofiarno|ść (**-ci**) *f* (*szczodrość*)
generosity; (*gotowość do poświęceń*)
dedication, devotion.

ofiarny *adj* (*człowiek*) giving,
selfless; (*praca*) hard, dedicated;
(*ogień, stos, zwierzę*) sacrificial.

ofiarodawc|a (**-y, -y**) *m decl like f in
sg* benefactor, donor.

ofiarow|ywać (**-uję, -ujesz**) (*perf
-ać*) *vt* (*dawać*) to give (as a present
lub gift); (*proponować*) to offer;
(*datki*) to donate; (*składać w ofierze*)
to offer.

office|r (**-ra, -rowie**) (*loc sg* **-rze**) *m*
officer.

oficjalny *adj* (*urzędowy*) official,
formal; (*sztywny, bezduszny*)
formal, proper.

oficy|na (**-ny, -ny**) (*dat sg* **-nie**) *f*
(*dobudówka*) lean-to, annexe (*BRIT*),
annex (*US*); (*wydawnictwo*)
publishing house.

ogani|ać (**-am, -asz**) *vt* (*odganiać*) to
brush away.

▸**oganiać się** *vr*: **oganiać się przed
kimś/czymś** to brush sb/sth away
lub off.

ogarni|ać (**-am, -asz**) (*perf* **ogarnąć**)
vt (*o ciemnościach, mgle*) to
surround, to encompass; (*o radości,
niepokoju*) to overtake, to overcome;
(*o wojnie, pożarze*) to spread across.

ogień (**ognia, ognie**) (*gen pl* **ogni**) *m*
(*zjawisko*) fire; (*do papierosa*) light;
(*przen: zapał*) fervour (*BRIT*), fervor
(*US*); (: *namiętność*) passion;
sztuczne ognie fireworks; **zimne
ognie** sparklers *pl*; **ognia!** (*WOJSK*)
fire!; **krzyżowy ogień pytań**
cross-examination.

ogie|r (**-ra, -ry**) (*loc sg* **-rze**) *m* stallion.

ogląd|ać (**-am, -asz**) (*perf* **obejrzeć**)
vt (*obraz, książkę*) to look at, to

examine; (*film*) to watch; (*wystawę,
zabytki*) to see.

▸**oglądać się** *vr* (*patrzeć na samego
siebie*) to look at o.s.; (*spoglądać do
tyłu*) to look back; (*spoglądać na
boki*) to look around.

ogła|da (**-dy**) (*dat sg* **-dzie**) *f* good
manners *pl*.

ogłasz|ać (**-am, -asz**) (*perf* **ogłosić**)
vt to announce; (*manifest, odezwę*)
to publish, to issue; (*amnestię,
niepodległość*) to declare; (*konkurs*)
to announce; (*wyrok, pracę
naukową*) to publish; (*stan
wyjątkowy*) to declare, to proclaim.

▸**ogłaszać się** *vr* (*dawać ogłoszenie*)
to advertise.

ogłosze|nie (**-nia, -nia**) (*gen pl* **-ń**) *nt*
announcement; (*pisemne*) notice;
(*wiadomość w gazecie*) ad,
announcement; (*reklama*) ad,
advertisement.

ogłusz|ać (**-am, -asz**) (*perf* **-yć**) *vt* (*o
hałasie*) to deafen; (*pozbawiać
przytomności*) to knock unconscious
lub out.

ognioodporny *adj* fire-resistant.

ogniotrwały *adj* fireproof.

ognis|ko (**-ka, -ka**) (*instr sg* **-kiem**) *nt*
(*ogień*) bonfire; (*impreza harcerska*)
(camp-)fire; (*ośrodek, centrum*)
centre (*BRIT*), center (*US*); (*kółko
zainteresowań*) group, circle; (*FIZ,
FOT, MED*) focus.

ogniskow|a (**-ej, -e**) *f decl like adj*
(*FIZ, FOT*) focal length *lub* distance.

ognisk|ować (**-uję, -ujesz**) (*perf* **z-**)
to focus.

ogni|wo (**-wa, -wa**) (*loc sg* **-wie**) *nt*
link; (*komórka organizacji*) cell; (*FIZ,
CHEM*) cell.

ogol|ić (**-ę, -isz**) (*imp* **ogol** *lub* **ogól**)
vb perf od **golić**.

ogołac|ać (**-am, -asz**) (*perf* **ogołocić**)
vt: **ogołacać coś z** +*gen* to strip sth
of.

ogo|n (**-na**, **-ny**) (*loc sg* **-nie**) *m* tail.

ogon|ek (**-ka**, **-ki**) (*instr sg* **-kiem**) *m*
(*mały ogon*) tail; (*pot. kolejka*) queue
(*BRIT*), line (*US*); (*liścia*) stalk;
(*owocu*) stem; (*litery*) hook.

ogólnie *adv* (*powszechnie*) generally,
universally; (*ogólnikowo*) generally;
ogólnie biorąc in general, on the
whole; **ogólnie mówiąc** generally
speaking.

ogólni|k (**-ka**, **-ki**) (*instr sg* **-kiem**) *m*
(*truizm*) generality; (*frazes*) cliché.

ogólnikowy *adj* general, vague.

ogólnokrajowy *adj* nationwide,
country-wide.

ogólnokształcący *adj* (*szkoła*,
przedmiot) general education *attr*.

ogólnonarodowy *adj* nationwide.

ogólnopolski *adj* all-Poland.

ogólnoś|ć (**-ci**) *f* generality.

ogólny *adj* (*powszechny*) general,
universal; (*publiczny*) public,
common; (*nie szczegółowy*) general;
(*suma*, *wynik*) total, global.

ogó|ł (**-łu**) (*loc sg* **-le**) *m* (*całość*)
totality; (*społeczeństwo*) the
(general) public; **ogółem** all in all,
overall; **na ogół** in general; **w ogóle**
(*ogólnie biorąc*) generally; (*wcale*)
(not) at all.

ogór|ek (**-ka**, **-ki**) (*instr sg* **-kiem**) *m*
cucumber.

ogra|biać (**-biam**, **-biasz**) (*perf* **-bić**)
vt to rob.

ogradz|ać (**-am**, **-asz**) (*perf*
ogrodzić) *vt* (*płotem*) to fence in;
(*murem*) to wall in.

ogranicz|ać (**-am**, **-asz**) (*perf* **-yć**) *vt*
(*pole*, *obszar*) to delimit, to mark
off; (*zakres*) to limit; (*krępować*) to
restrict, to constrain; (*wydatki*) to
reduce, to cut down; (*prędkość*,
władzę) to limit, to restrict.

▶**ograniczać się** *vr* (*oszczędzać*) to
cut down on spending; **ograniczać
się do** +*gen* (*zadowalać się*) to limit

o.s. to; (*obejmować jedynie*) to be
limited *lub* restricted to;
(*sprowadzać się do*) to boil down to.

ogranicze|nie (**-nia**, **-nia**) (*gen pl* **-ń**)
nt (*przepis*, *norma*) restriction,
limitation; (*tępota*) limitations *pl*;
ograniczenie prędkości speed limit.

ograniczony *adj* (*widoczność*, *pole
działania*) limited, restricted; (*środki*,
możliwości) limited; (*tępy*)
slow-witted.

ogrodnict|wo (**-wa**) (*loc sg* **-wie**) *nt*
horticulture, gardening.

ogrodnicz|ki (**-ek**) *pl* (*spodnie*)
dungarees *pl*.

ogrodni|k (**-ka**, **-cy**) (*instr sg* **-kiem**)
pl gardener.

ogrodowy *adj* garden *attr*.

ogrodze|nie (**-nia**, **-nia**) (*gen pl* **-ń**) *nt*
fence.

ogro|m (**-mu**) (*loc sg* **-mie**) *m* (*wielki
rozmiar*) enormity, vastness; (*wielka
ilość*) multitude.

ogromnie *adv* enormously,
immensely.

ogromny *adj* (*dom*, *drzewo*, *ilość*)
huge; (*pustynia*, *ocean*) vast;
(*znaczenie*, *radość*, *trudności*)
immense, enormous.

ogr|ód (**-odu**, **-ody**) (*loc sg* **-odzie**) *m*
garden; **ogród botaniczny** botanical
garden(s *pl*); **ogród zoologiczny**
zoo, zoological garden(s *pl*).

ogród|ek (**-ka**, **-ki**) (*instr sg* **-kiem**) *m*
(*mały ogród*) garden; (*przy kawiarni*)
open-air café; **ogródek działkowy**
allotment.

ogryw|ać (**-am**, **-asz**) (*perf* **ograć**) *vt*
to beat, to outplay.

ogryz|ek (**-ka**, **-ki**) (*instr sg* **-kiem**) *m*
core.

ogrzewacz (**-a**, **-e**) (*gen pl* **-y**) *m*
heater.

ogrzew|ać (**-am**, **-asz**) (*perf* **ogrzać**)
vt (*wodę*, *pomieszczenie*) to heat;
(*ręce*) to warm up.

►**ogrzewać się** *vr* to get warm.

ogrzewani|e (-a) *nt* heating;
centralne ogrzewanie central
heating.

ogumieni|e (-a) *nt* (*MOT*) tyres *pl*
(*BRIT*), tires *pl* (*US*).

ohydny *adj* hideous, monstrous.

oj|ciec (-ca, -cowie) (*dat sg* -cu, *voc
sg* -cze) *m* father; (*założyciel*)
(founding) father, originator;
ojcowie *pl* (*przodkowie*) forefathers,
ancestors; **ojciec chrzestny**
godfather; **Ojciec Święty** Holy
Father.

ojcost|wo (-wa) (*loc sg* -wie) *nt*
paternity, fatherhood.

ojczy|m (-ma, -mowie *lub* -mi) (*loc sg*
-mie) *m* stepfather.

ojczysty *adj* native.

ojczy|zna (-zny, -zny) (*dat sg* -źnie) *f*
(*kraj*) homeland; (*przen: kolebka*)
home.

ok. *abbr* (= *około*) about, ca. (= circa).

okalecz|ać (-am, -asz) (*perf* -yć) *vt*
(*czynić kaleką*) to cripple, to
mutilate; (*ranić*) to injure.

okamgnieni|e (-a) *nt* twinkling of
an eye; **w okamgnieniu** in a flash,
in the twinkling of an eye.

oka|p (-pu, -py) (*loc sg* -pie) *m* (*część
dachu*) eaves *pl*.

oka|z (-zu, -zy) (*loc sg* -zie) *m*
(*egzemplarz*) specimen; (*wzór*)
exemplar, paragon.

okazały *adj* (*duży*) impressive;
(*człowiek*) big; (*pałac*) magnificent;
(*przyjęcie*) grand.

okaziciel (-a, -e) (*gen pl* -i) *m* bearer;
czek na okaziciela cheque (*BRIT*)
lub check (*US*) to bearer.

okazj|a (-i, -e) (*gen pl* -i) *f*
(*sposobność*) chance, opportunity;
(*korzystnego kupna*) bargain;
(*okoliczność*) occasion; **a przy okazji
...** by the way, ...; **z okazji** +*gen* on
the occasion of.

okazyjny *adj* bargain *attr*.

okaz|ywać (-uję, -ujesz) (*perf* -ać) *vt*
(*kwit, bilet, paszport*) to present, to
show; (*gniew, niepokój, współczucie,
zdumienie*) to demonstrate, to show;
(*odwagę, zainteresowanie*) to
demonstrate, to manifest.

►**okazywać się** *vr* to turn out (to
be); **okazało się, że ...** it turned out
that ... .

okien|ko (-ka, -ka) (*instr sg* -kiem,
gen pl -ek) *nt dimin od* **okno**; (*w
kasie, urzędzie, na poczcie*) counter;
(*w kopercie*) window;
(*SZKOL: wolna godzina*) gap.

okiennic|a (-y, -e) *f* shutter.

oklas|ki (-ków) *pl* applause, clapping.

oklas|kiwać (-kuję, -kujesz) *vt* to
applaud.

oklei|na (-ny, -ny) (*dat sg* -nie) *f*
veneer.

okła|d (-du, -dy) (*loc sg* -dzie) *m*
(*MED*) compress.

okład|ać (-am, -asz) (*perf* **obłożyć**) *vt*
(*pokrywać*) to cover; (*książkę,
zeszyt*) to wrap; **okładać chleb
serem** to make a cheese sandwich;
(*bić*) to beat; **okładać
podatkiem/grzywną** to impose
tax/fine on.

okład|ka (-ki, -ki) (*dat sg* -ce, *gen pl*
-ek) *f* cover.

okłam|ywać (-uję, -ujesz) (*perf* -ać)
vt to deceive, to lie to.

okno (okna, okna) (*loc sg* oknie, *gen
pl* okien) *nt* window; **okno
wystawowe** shop window.

oko[1] (oka, oczy) (*gen pl* oczu, *dat pl*
oczom, *instr pl* oczami *lub* oczyma)
nt (*narząd wzroku*) eye; (*wzrok*)
(eye)sight; **na oko** roughly; **na
pierwszy rzut oka** at first glance *lub*
sight, on the face of it; **w cztery
oczy** in private; **mieć kogoś/coś na
oku** to keep an eye on sb/sth; **nie
spuszczać kogoś/czegoś z oka** to

keep an eye on sb/sth; **przymykać (przymknąć** *perf*) **na coś oczy** to turn a blind eye to sth; **rzucać się (rzucić się** *perf*) **w oczy** to stand out, to be conspicuous.

oko² (**oka, oka**) *nt* (*w sieci*) mesh; (*cyklonu*) eye.

okolic|a (**-y, -e**) *f* (*otoczenie*) surroundings *pl*, neighbourhood (*BRIT*), neighborhood (*US*); (*obszar*) region, district.

okoliczni|k (**-ka, -ki**) (*instr sg* **-kiem**) *m* adverbial.

okoliczność|ć (**-ci, -ci**) *f* (*sytuacja*) circumstance; (*sposobność*) occasion; **okoliczności** *pl* circumstances; **okoliczności łagodzące** extenuating *lub* mitigating circumstances.

okoliczny *adj* (*lasy, miasta*) surrounding, neighbouring (*BRIT*), neighboring (*US*); (*ludność*) local.

około *prep* +*gen* about.

oko|ń (**-nia, -nie**) (*gen pl* **-ni**) *m* perch.

oko|p (**-pu, -py**) (*loc sg* **-pie**) *m* trench.

okólni|k (**-ka, -ki**) (*instr sg* **-kiem**) *m* circular.

okrad|ać (**-am, -asz**) (*perf* **okraść**) *vt*: **okradać kogoś (z czegoś)** to rob sb (of sth).

okrakiem *adv* astride.

okr|ąg (**-ęgu, -ęgi**) (*instr sg* **-ęgiem**) *m* circle; *patrz też* **okręg**.

okrągły *adj* round, circular; (*liczba, suma*) round.

okrąż|ać (**-am, -asz**) (*perf* **-yć**) *vt* to surround; (*zataczać krąg*) to circle; (*przeszkodę*) to go (a)round.

okrąże|nie (**-nia, -nia**) (*gen pl* **-ń**) *nt* (*SPORT*) lap; (*WOJSK*) envelopment.

okre|s (**-su, -sy**) (*loc sg* **-sie**) *m* (*czas trwania*) period; (*pora*) time; (*stadium*) stage; (*epoka*) era; (*SZKOL*) term, semester;

(*miesiączka*) period; (*ASTRON, FIZ*) period.

okresowy *adj* (*badania, deszcze*) periodic(al); (*pobyt, zameldowanie*) temporary; **bilet okresowy** season ticket (*BRIT*), commutation ticket (*US*).

określ|ać (**-am, -asz**) (*perf* **-ić**) *vt* (*opisywać*) to describe, to characterize; (*wiek, pochodzenie*) to determine; (*datę, termin*) to determine, to specify; (*znaczenie*) to define.

określe|nie (**-nie, -nia**) (*gen pl* **-ń**) *nt* (*epitet*) qualification; (*JĘZ*) modifier.

określony *adj* specific, given; **przedimek określony** definite article.

okręc|ać (**-am, -asz**) (*perf* **okręcić**) *vt* (*owijać*) to wrap, to twist; (*obracać*) to turn (round *lub* around), to spin.

▸**okręcać się** *vr* (*oplatać się*) to twist *lub* coil around; (*obracać się wkoło*) to turn (round *lub* around), to spin.

okrę|g (**-gu, -gi**) (*instr sg* **-giem**) *m* (*jednostka administracyjna*) district; (*obszar, region*) region; **okręg wyborczy** constituency; *patrz też* **okrąg**.

okręgowy *adj* district *attr*, regional.

okrę|t (**-tu, -ty**) (*loc sg* **-cie**) *m* (*statek wojenny*) battleship; (*pot: duży statek*) ship; **okręt podwodny** submarine.

okrężny *adj* (*droga, ulica*) roundabout; (*ruch*) circular; (*handel*) door-to-door *attr*.

okropnoś|ć (**-ci**) *f* horror; **okropności** *pl* atrocities *pl*.

okropny *adj* (*widok*) terrible, horrible; (*ból, mróz, trema*) terrible; (*charakter, człowiek*) horrible; (*pogoda*) awful.

okruch|y (**-ów**) *pl* (*chleba*) crumbs; (*szkła*) pieces; (*złota*) nuggets; (*przen: resztki*) scraps.

okrucieńst|wo (-wa) (*loc sg* -wie) *nt* cruelty; **okrucieństwa** *pl* atrocities *pl*.

okrutny *adj* cruel.

okry|cie (-cia, -cia) (*gen pl* -ć) *nt* (*przykrycie*) cover(ing); (*ubranie*) coat.

okryw|ać (-am, -asz) (*perf* **okryć**) *vt* to cover.

okrzy|k (-ku, -ki) (*instr sg* -kiem) *m* shout, cry.

Oksfor|d (-du) (*loc sg* -dzie) *m* Oxford.

oktanowy *adj*: **liczba** *lub* **zawartość oktanowa** octane number *lub* rating.

okta|wa (-wy, -wy) (*dat sg* -wie) *f* octave.

oku|cie (-cia, -cia) (*gen pl* -ć) *nt* fitting.

okula|r (-ru, -ry) (*loc sg* -rze) *m* (*w mikroskopie, teleskopie*) eyepiece.

okular|y (-ów) *pl* glasses *pl*, spectacles *pl*; **okulary (przeciw)słoneczne** sunglasses *pl*; **okulary ochronne** (safety) goggles *pl*; **patrzeć (na coś) przez różowe okulary** to look (at sth) through rose-colo(u)red spectacles; *patrz też* **okular**.

okule|ć (-ję, -jesz) *vi perf* to become lame.

okuli|sta (-sty, -ści) (*dat sg* -ście) *m decl like f in sg* eye doctor, ophthalmologist, optometrist (*US*).

okultyz|m (-mu) (*loc sg* -mie) *m* occultism.

oku|p (-pu) (*loc sg* -pie) *m* ransom.

okupacj|a (-i, -e) (*gen pl* -i) *f* (*WOJSK*) occupation; (*PRAWN*) occupancy.

okup|ować (-uję, -ujesz) *vt* (*kraj, fabrykę, magazyn*) to occupy.

olbrzy|m (-ma, -my *lub* -mi) (*loc sg* -mie) *m* giant.

olbrzymi *adj* (*drzewo, budynek, kolekcja*) enormous, gigantic; (*dochód*) colossal, huge;

(*powodzenie, siła*) enormous, huge; (*znaczący*) enormous.

ol|cha (-chy, -chy) (*dat sg* -sze) *f* alder.

ole|j (-ju, -je) (*gen pl* -i *lub* -jów) *m* oil; (*obraz olejny*) oil painting; **olej jadalny** cooking oil; **olej napędowy** diesel oil.

olej|ek (-ku, -ki) (*instr sg* -kiem) *m* oil; **olejek do opalania** sun-tan oil.

olejny *adj* oil *attr*.

olejowy *adj* oil *attr*; **miska olejowa** (*MOT*) (oil) sump (*BRIT*), oil pan (*US*).

olew|ać (-am, -asz) (*perf* **olać**) *vt* (*pot!*) not to give a shit for (*pot!*).

olimpia|da (-dy, -dy) (*dat sg* -dzie) *f* (*igrzyska olimpijskie*) the Olympics *pl*, the Olympic Games *pl*; (*konkurs*) contest.

olimpijski *adj* (*medal, stadion*) Olympic; (*postawa, spokój*) Olympian.

oli|wa (-wy) (*dat sg* -wie) *f* (*olej z oliwek*) olive oil; (*olej jadalny*) (salad *lub* cooking) oil; (*olej mineralny*) oil (lubricant).

oliwiar|ka (-ki, -ki) (*dat sg* -ce) *f* oilcan.

oli|wić (-wię, -wisz) (*perf* **na-**) *vt* to oil, to lubricate.

oliw|ka (-ki, -ki) (*dat sg* -ce, *gen pl* -ek) *f* (*drzewo*) olive (tree); (*owoc*) olive.

oliwkowy *adj* olive *attr*; (*kolor*) olive (green).

olśniew|ać (-am, -asz) (*perf* **olśnić**) *vt* (*oślepiać*) to blind, to dazzle; (*zachwycać*) to dazzle.

ołowiany *adj* (*blacha, żołnierzyk*) lead *attr*.

ołowiowy *adj*: **benzyna ołowiowa** leaded petrol (*BRIT*) *lub* gas(oline) (*US*).

oł|ów (-owiu) *m* lead.

ołów|ek (-ka, -ki) (*instr sg* -kiem) *m*

(lead) pencil; **ołówek automatyczny** propelling pencil; **ołówek do brwi** eyebrow pencil.

ołtarz (-a, -e) (*gen pl* -y) *m* altar.

omal *adv*: **omal nie** almost, (very) nearly; **omal nie upadł** he almost fell.

oma|mić (-mię, -misz) *vt perf* to beguile.

omawia|ć (-am, -asz) (*perf* **omówić**) *vt* to discuss, to talk over.

omdle|nie (-nia, -nia) (*gen pl* -ń) *nt* fainting.

omdlew|ać (-am, -asz) (*perf* **omdleć**) *vi* to faint.

ome|n (-nu) (*loc sg* -nie) *m* omen, portent.

omieszk|ać (-am, -asz) *vi perf*: **nie omieszkać coś zrobić** to remember to do sth.

omij|ać (-am, -asz) (*perf* **ominąć**) *vt* (*okrążać*) to go (a)round, to skirt; (*unikać: sąsiadów*) to avoid; (*przeszkody, niebezpieczeństwa*) to avoid, to steer clear of; (*zakaz, prawo*) to dodge, to evade.

omle|t (-tu *lub* -ta, -ty) (*loc sg* -cie) *m* omelette (*BRIT*), omelet (*US*).

omył|ka (-ki, -ki) (*dat sg* -ce, *gen pl* -ek) *f* (*błąd*) mistake; (*niedopatrzenie*) oversight; **przez omyłkę** by mistake.

omyłkowo *adv* by mistake, wrongly.

on (*see* **Table 1**) *pron* (*o człowieku: w pozycji podmiotu*) he; (*w innych pozycjach*) him; (*o zwierzęciu, przedmiocie, pojęciu*) it; **to on!** that's him!

ona (*see* **Table 1**) *pron* (*o człowieku: w pozycji podmiotu*) she; (*w innych pozycjach*) her; (*o zwierzęciu, przedmiocie, pojęciu*) it; **to ona!** that's her!

onaniz|m (-mu) (*loc sg* -mie) *m* masturbation.

onaniz|ować się (-uję, -ujesz) *vr* to masturbate.

ondulacj|a (-i, -e) (*gen pl* -i) *f* perm.

one (*see* **Table 2**) *pron* (*w pozycji podmiotu*) they; (*w innych pozycjach*) them.

oni (*see* **Table 2**) *pron* (*w pozycji podmiotu*) they; (*w innych pozycjach*) them.

oniemie|ć (-ję, -jesz) *vi perf* to be left speechless.

onieśmiel|ać (-am, -asz) (*perf* -ić) *vt* to embarrass.

onieśmielony *adj* embarrassed, shy.

onkologi|a (-i) *f* oncology.

ono (*see* **Table 1**) *pron* it.

ONZ (**ONZ-etu**) (*loc sg* **ONZ-ecie**) *m abbr* (= *Organizacja Narodów Zjednoczonych*) UN.

opact|wo (-wa, -wa) (*loc sg* -wie) *nt* abbey.

opa|d (-du, -dy) (*loc* -dzie) *m* (*opadanie*) fall, drop; (*też*: **opad radioaktywny**) (radioactive) fallout; **opady** *pl* (*ogólnie*) precipitation; (*deszcz*) rain(fall), showers *pl*; (*śnieg*) snow(fall).

opad|ać (-am, -asz) (*perf* **opaść**) *vi* (*o liściach*) to fall; (*o mgle*) to descend; (*o zawiesinie*) to settle; (*o kwiatach*) to die; (*o temperaturze, poziomie*) to fall; (*o samolocie*) to descend; (*o gorączce, wietrze, entuzjazmie*) to subside.

opak: **na opak** wrong, the wrong *lub* other way round.

opakowa|nie (-nia, -nia) (*gen pl* -ń) *nt* (*paczka, pudełko*) box, packaging; (*wraz z zawartością*) packet.

opal|ać (-am, -asz) (*perf* -ić) *vt* (*mieszkanie*) to heat.

►**opalać się** *vr* to sunbathe.

opaleni|zna (-zny) (*dat sg* -źnie) *f* (sun)tan.

opalony *adj* (sun)tanned.

opa|ł (**-łu**) (*loc sg* **-le**) *m* fuel; **opały** *pl* trouble.

opamięt|ać się (**-am, -asz**) *vr perf* to come to one's senses.

opancerzony *adj* armoured (*BRIT*), armored (*US*).

opanowany *adj* calm, composed.

opanow|ywać (**-uję, -ujesz**) (*perf* **-ać**) *vt* (*miasto, twierdzę*) to capture; (*żywioł, sytuację*) to bring under control; (*gniew, radość*) to contain; (*język, technikę*) to master; (*o uczuciu, nastroju*) to overcome.

▸**opanowywać się** *vr* (*zapanowywać nad sobą*) to control o.s.; (*uspokajać się*) to contain o.s.

opar|cie (**-cia, -cia**) (*gen pl* **-ć**) *nt* (*część mebla: na plecy*) back(rest); (: *na ramię*) arm(rest); (: *na głowę*) headrest; (*podpora*) support; (*przen*) support; **w oparciu o** +*acc* on the strength *lub* basis of.

oparze|nie (**-nia, -nia**) (*gen pl* **-ń**) *nt* burn.

oparz|yć (**-ę, -ysz**) *vt perf* (*ogniem, gorącym przedmiotem*) to burn; (*gorącym płynem*) to scald; (*żrącą substancją*) to burn, to scorch.

▸**oparzyć się** *vr perf* to get burned; **oparzyć się w palec** to burn one's finger.

opas|ka (**-ki, -ki**) (*dat sg* **-ce**, *gen pl* **-ek**) *f* band; (*na głowę*) (head)band; (*na oczy*) patch, blindfold; (*na czoło*) sweatband; (*na rękę*) armband; (*opatrunek*) bandage, dressing; **opaska uciskowa** tourniquet; **opaska żałobna** (black) armband.

opas|ywać (**-uję, -ujesz**) (*perf* **-ać**) *vt* (*pasem*) to belt, to gird(le); (*tasiemką*) to tie; (*przen*) to gird.

opa|t (**-ta, -ci**) (*loc sg* **-cie**) *m* abbot.

opatent|ować (**-uję, -ujesz**) *vt perf* to patent.

opatrun|ek (**-ku, -ki**) (*instr sg* **-kiem**) *m* dressing, bandage.

opatr|ywać (**-uję, -ujesz**) (*perf* **opatrzyć**) *vt* (*ranę*) to dress; (*rannego*) to bandage; **opatrywać coś czymś** to provide *lub* equip sth with sth.

opatrznoś|ć (**-ci**) *f* Providence.

opcj|a (**-i, -e**) (*gen pl* **-i**) *f* option.

ope|ra (**-ry, -ry**) (*dat sg* **-rze**) *f* opera; (*gmach*) opera house.

operacj|a (**-i, -e**) (*gen pl* **-i**) *f* (*zabieg*) operation, surgery; (*transakcja*) transaction; (*WOJSK*) operation; **operacja plastyczna** (*MED*) plastic *lub* cosmetic surgery.

operato|r (**-ra, -rzy**) (*loc sg* **-rze**) *m* (*filmowy*) cameraman; (*dźwigu, maszyny*) operator.

operet|ka (**-ki, -ki**) (*dat sg* **-ce**, *gen pl* **-ek**) *f* operetta.

oper|ować (**-uję, -ujesz**) *vi* to operate ♦ *vt* (*perf* **z-**) (*MED*) to operate on; **operować czymś** (*głosem, metaforą, narzędziem*) to use sth, to manipulate sth; (*kapitałem, papierami, kredytem*) to circulate sth.

opęt|ać (**-am, -asz**) *vt perf* (*o gniewie, żądzy, idei*) to get a hold on, to come over; (*o człowieku*) to captivate.

opie|ka (**-ki**) (*dat sg* **-ce**) *f* (*troszczenie się*) care, protection; (*dozór*) care, charge; (*pomoc: lekarska*) care, assistance; (: *prawna*) protection; (*PRAWO*) custody, guardianship; **opieka społeczna** social welfare.

opiekacz (**-a, -e**) (*gen pl* **-y**) *m* toaster.

opiek|ować się (**-uję, -ujesz**) (*perf* **za-**) *vr*: **opiekować się kimś/czymś** (*troszczyć się*) to take care of sb/sth; (*zajmować się*) to look after sb/sth.

opieku|n (**-na, -nowie**) (*loc sg* **-nie**) *m* (*osoba opiekująca się*) carer;

(*kurator*) guardian; **opiekun społeczny** social worker.

opiekun|ka (-ki, -ki) (*dat sg* -ce, *gen pl* -ek) *f* carer; **opiekunka (do) dziecka** child-minder, baby-sitter.

opiekuńczy *adj* (*troskliwy*) caring, protective; (*władza, instytucja*) welfare *attr.*

opier|ać (-am, -asz) (*perf* **oprzeć**) *vt*: **opierać coś o** +*acc* to prop *lub* lean sth against; **opierać coś na** +*loc* to rest sth against, to put sth on; (*przen*) to base sth on.

▶**opierać się** *vr*: **opierać się komuś/czemuś** to resist sb/sth; **opierać się o** +*acc* to lean against; **opierać się na** +*loc* (*lasce*) to lean on; (*dowodach, źródłach, zeznaniach*) to be based on; (*przyjaciołach, rodzicach*) to rely on.

opieszały *adj* sluggish.

opiew|ać (-am, -asz) *vt* (*książk*) to exalt; **opiewać na** +*acc* (*o rachunku, czeku, wyroku*) to amount to.

opił|ek (-ka, -ki) (*instr* -kiem) *m* shaving; **opiłki** *pl* filings *pl*.

opini|a (-i, -e) (*gen pl* -i) *f* (*pogląd*) opinion, view; (*reputacja*) opinion, reputation; (*ocena*) judgement; **opinia publiczna** public opinion.

opini|ować (-uję, -ujesz) (*perf* **za-**) *vt* (*podanie*) to endorse; (*projekt*) to give an opinion on.

opi|s (-su, -sy) (*loc sg* -sie) *m* description; (*relacja*) account.

opis|ywać (-uję, -ujesz) (*perf* -ać) *vt* to describe; (*charakteryzować*) to characterize.

opium (-) *nt inv* opium.

opłac|ać (-am, -asz) (*perf* **opłacić**) *vt* (*czynsz, pracownika*) to pay; (*przekupywać*) to pay off.

▶**opłacać się** *vr* to pay; **nie opłaca się tego robić** it's not worth doing; **to się nie opłaca** it's not worth the

trouble; **opłaciło się!** it was worth my while!

opłacalny *adj* profitable.

opła|kiwać (-kuję, -kuję) (*perf* -kać) *vt* (*stratę*) to lament, to bemoan; (*zmarłego*) to mourn (for).

opła|ta (-ty, -ty) (*dat sg* -cie) *f* (*kwota do zapłacenia*) payment, charge; (*za naukę*) fee; (*za przejazd*) fare; (*urzędowa*) payment.

opłat|ek (-ka, -ki) (*instr sg* -kiem) *m* wafer.

opłucn|a (-ej) *f decl like adj* pleura.

opływowy *adj* streamlined.

opodal *adv* nearby ♦ *prep* +*gen* near (to); **nie opodal (czegoś)** nearby (sth).

opodatkowani|e (-a) *nt* taxation.

opo|na (-ny, -ny) (*dat sg* -nie) *f* tyre (*BRIT*), tire (*US*); **opony** *pl*: **zapalenie opon mózgowych** meningitis.

oponen|t (-ta, -ci) (*loc sg* -cie) *m* opponent.

oporni|k (-ka, -ki) (*instr sg* -kiem) *m* (*ELEKTR*) resistor.

oporność (-ci) *f* resistance.

oporny *adj* (*nieposłuszny*) disobedient; (*nieustępliwy*) unyielding, relentless; (*stawiający opór*) resistant.

oportuni|sta (-sty, -ści) (*loc sg* -ście) *m decl like f in sg* opportunist.

opowiad|ać (-am, -asz) (*perf* **opowiedzieć**) *vi*: **opowiadać (o** +*loc*) to talk (about) ♦ *vt* to tell.

▶**opowiadać się** *vr*: **opowiadać się za** +*instr* to opt for, to subscribe to.

opowiada|nie (-nia, -nia) (*gen pl* -ń) *nt* (*opowieść*) story; (*utwór literacki*) short story.

opowieś|ć (-ci, -ci) (*gen pl* -ci) *f* tale, story.

opozycj|a (-i, -e) (*gen pl* -i) *f* opposition.

opozycyjny *adj* (*partia, ugrupowanie*)

opposition *attr*; (*działanie*)
oppositional.

op|ór (**-oru**) (*loc sg* **-orze**) *m*
resistance; **ruch oporu** the
Resistance.

opóź|niać (**-niam, -niasz**) (*perf* **-nić**)
vt (*wyjazd*) to postpone, to delay;
(*dojrzewanie*) to retard.

opóźnie|nie (**-nia, -nia**) (*gen pl* **-ń**) *nt*
delay.

opóźniony *adj* (*pociąg*) delayed; (*w
rozwoju*) retarded.

opracowa|nie (**-nia, -nia**) (*gen pl* **-ń**)
nt study.

opracow|ywać (**-uję, -ujesz**) (*perf*
-ać) *vt* to work out, to draw up.

opra|wa (**-wy, -wy**) (*dat sg* **-wie**) *f*
(*książki*) binding; (*obrazu, zdjęcia*)
frame; (*klejnotu*) setting; (*okularów*)
frame, rim.

opra|wiać (**-wiam, -wiasz**) (*perf* **-wić**)
vt (*książkę*) to bind; (*obraz*) to
frame; (*klejnot*) to set.

opraw|ka (**-ki, -ki**) (*dat sg* **-ce**, *gen pl*
-ek) *f* (*okularów*) frame, rim;
(*żarówki*) socket.

opresj|a (**-i, -e**) (*gen pl* **-i**) *f*: **wybawić**
(*perf*) **kogoś z opresji** to let sb off
the hook.

oprocentowa|nie (**-nia, -nia**) (*gen pl*
-ń) *nt* interest (rate).

oprogramowa|nie (**-nia, -nia**) (*gen
pl* **-ń**) *nt* software.

oprowadz|ać (**-am, -asz**) (*perf*
oprowadzić) *vt* to show round.

oprócz *prep* +*gen* (*w uzupełnieniu*)
apart *lub* aside from, beside(s); (*z
wyjątkiem*) except; **oprócz tego**
besides.

opróż|niać (**-niam, -niasz**) (*perf* **-nić**)
vt (*butelkę, szufladę*) to empty;
(*wagon*) to unload; (*mieszkanie*) to
vacate.

opryskiwacz (**-a, -e**) (*gen pl* **-y**) *m*
(*do trawników*) sprinkler; (*do
nawozów, środków ochrony*) sprayer.

oprys|kiwać (**-kuję, -kujesz**) (*perf*
-kać) *vt* (*wodą, błotem*) to splash;
(*ROL*) to spray.

opryskliwy *adj* surly.

opryszcz|ka (**-ki, -ki**) (*dat sg* **-ce**, *gen
pl* **-ek**) *f* cold sore.

optimum *nt inv* optimum.

opt|ować (**-uję, -ujesz**) *vi*: **optować
za** +*instr* to opt for.

optyczny *adj* optical.

opty|k (**-ka, -cy**) (*instr sg* **-kiem**) *m*
optician.

opty|ka (**-ki**) (*dat sg* **-ce**) *f* optics.

optymaliz|ować (**-uję, -ujesz**) (*perf*
z-) *vt* to optimize.

optymalny *adj* optimal, optimum *attr*.

optymi|sta (**-sty, -ści**) (*loc sg* **-ście**)
m decl like f in sg optimist.

optymist|ka (**-ki, -ki**) (*dat sg* **-ce**) *f*
optimist.

optymistyczny *adj* optimistic.

optymiz|m (**-mu**) (*loc sg* **-mie**) *m*
optimism.

opuchli|zna (**-zny**) (*dat sg* **-źnie**) *f*
swelling.

opuchnięty *adj* swollen.

opustoszały *adj* deserted.

opustosze|ć (**-je**) *vi perf* to empty,
to become deserted.

opuszcz|ać (**-am, -asz**) (*perf*
opuścić) *vt* (*flagę, oczy, cenę*) to
lower; (*szybę w samochodzie*) to
wind down; (*rodzinę*) to abandon, to
desert, to leave; (*pokój, szkołę,
miejsce zamieszkania*) to leave;
(*lekcje*) to cut *lub* miss; (*pomijać*) to
skip, to leave out; **nie opuszczać
kogoś** to stand *lub* stick by sb.

▶**opuszczać się** *vr* (*obniżać się*) to
lower; (*na linie*) to let o.s. down;
(*zaniedbywać się*) to neglect one's
duties.

opuszczony *adj* (*dom, wieś*)
deserted; (*człowiek*) desolate, forlorn.

opusz|ka (**-ki, -ki**) (*dat sg* **-ce**) *f*:
opuszki palców fingertips.

orać (**orzę, orzesz**) (*imp* **orz**) *vt* to plough (*BRIT*), to plow (*US*).

oranguta|n (**-na, -ny**) (*loc sg* **-nie**) *m* orang-(o)utan(g).

oranża|da (**-dy, -dy**) (*dat sg* **-dzie**) *f* orangeade.

oranżeri|a (**-i, -e**) (*gen pl* **-i**) *f* orangery.

orato|r (**-ra, -rzy**) (*loc sg* **-rze**) *m* (*książk*) orator.

oraz *conj* as well as.

orbi|ta (**-ty, -ty**) (*dat sg* **-cie**) *f* orbit.

orchide|a (**-i, -e**) (*gen pl* **-i**) *f* orchid.

orczykowy *adj*: **wyciąg orczykowy** T-bar lift.

orde|r (**-ru, -ry**) (*loc sg* **-rze**) *m* decoration, medal.

ordynacj|a (**-i, -e**) (*gen pl* **-i**) *f*: **ordynacja wyborcza** electoral law.

ordynarny *adj* (*wulgarny*) vulgar; (*nieokrzesany*) rude.

ordynato|r (**-ra, -rzy**) (*loc sg* **-rze**) *m* *head of a hospital ward*.

orga|n (**-nu, -ny**) (*loc sg* **-nie**) *m* organ; **organy** *pl* (*MUZ*) organ.

organiczny *adj* organic.

organi|sta (**-sty, -ści**) (*loc sg* **-ście**) *m decl like f in sg* organist.

organizacj|a (**-i, -e**) (*gen pl* **-i**) *f* organization.

organizato|r (**-ra, -rzy**) (*loc sg* **-rze**) *m* organizer.

organiz|m (**-mu, -my**) (*loc sg* **-mie**) *m* organism; **organizm człowieka** the human body.

organiz|ować (**-uję, -ujesz**) (*perf* **z-**) *vt* (*wycieczkę, bal, pracę*) to organize; (*spotkanie*) to arrange; (*komitet, spółkę*) to set up; (*pot. załatwiać*) to fix (up).

▸**organizować się** *vr* to organize.

organ|ki (**-ków**) *pl* mouth organ, harmonica.

orgaz|m (**-mu, -my**) (*loc sg* **-mie**) *m* orgasm, climax.

orgi|a (**-i, -e**) (*gen pl* **-i**) *f* orgy.

orientacj|a (**-i, -e**) (*gen pl* **-i**) *f* orientation; **bieg na orientację** orienteering.

orientacyjny *adj* (*znak, punkt*) reference *attr*; (*przybliżony*) rough.

orientalny *adj* oriental.

orient|ować (**-uję, -ujesz**) (*perf* **z-**) *vt* (*osobę*) to inform, to brief; (*mapę*) to orientate.

▸**orientować się** *vr* (*rozpoznawać strony świata*) to orientate o.s.

or|ka (**-ki**) (*dat sg* **-ce**) *f* (*ROL*) ploughing (*BRIT*), plowing (*US*); (*ZOOL*) (*nom pl* **-ki**, *gen pl* **-ek**) orca, killer whale.

orkiest|ra (**-ry, -ry**) (*dat sg* **-rze**) *f* orchestra; (*na dancingu*) band.

ormiański *adj* Armenian.

ornamen|t (**-tu, -ty**) (*loc sg* **-cie**) *m* ornament.

orsza|k (**-ku, -ki**) (*instr sg* **-kiem**) *m* (*świta*) retinue; (*pochód*) procession.

ortodoksyjny *adj* orthodox.

ortografi|a (**-i, -e**) (*gen pl* **-i**) *f* (*nauka*) orthography; (*pisownia*) spelling.

ortograficzny *adj*: **błąd/słownik ortograficzny** spelling mistake/dictionary.

oryginalny *adj* (*pierwotny, niezwykły, osobliwy*) original; (*autentyczny*) genuine; (*swoisty*) unique.

orygina|ł (**-łu, -ły**) (*loc sg* **-le**) *m* (*obrazu, dokumentu*) original; (*dziwak*) eccentric.

orzech (**-a, -y**) *m* (*owoc*) nut; (*drzewo: włoski*) walnut tree; (: *laskowy*) hazel; **orzech włoski** walnut; **orzech laskowy** hazelnut; **orzech ziemny** peanut.

orzechowy *adj* (*kolor*) nut-brown; **masło orzechowe** peanut butter; **czekolada orzechowa** nut chocolate.

orzecze|nie (**-nia, -nia**) (*gen pl* **-ń**) *nt* (*opinia*) judg(e)ment; (*decyzja*) decree; (*PRAWO*) verdict, ruling; (*JĘZ*) predicate.

orzek|ać (-am, -asz) (*perf* **orzec**) *vi* (*oświadczać*) to state; (*PRAWO*) to rule, to adjudicate ◆ *vt* (*stwierdzać*) to state.

orzekający *adj*: **tryb orzekający** indicative mood.

orzeł (orła, orły) (*loc sg* **orle**) *m* eagle; (*przen*) high-flier; **orzeł czy reszka?** heads or tails?

orzesz|ek (-ka, -ki) (*instr sg* **-kiem**) *m* (small) nut; **orzeszki ziemne** *lub* **arachidowe** peanuts.

orzeź|wiać (-wiam, -wiasz) (*perf* **-wić**) *vt* to refresh.

▸**orzeźwiać się** *vr* to refresh o.s.

osa (osy, osy) (*dat sg* **osie**) *f* wasp.

osacz|ać (-am, -asz) (*perf* **-yć**) *vt* (*otaczać*) to corner; (*o myślach, niepokoju*) to haunt.

osa|d (-du, -dy) (*loc sg* **-dzie**) *m* sediment; (*CHEM*) precipitate.

osa|da (-dy, -dy) (*dat sg* **-dzie**) *f* (*wioska*) settlement.

osadni|k (-ka, -cy) (*instr sg* **-kiem**) *m* settler.

osamotniony *adj* (*samotny*) lonely; (*opuszczony*) forlorn.

osą|d (-du, -dy) (*loc sg* **-dzie**) *m* (*książk*) judg(e)ment.

oschły *adj* dry.

oscyl|ować (-uję, -ujesz) *vi* to oscillate.

oset (ostu, osty) (*loc sg* **oście**) *m* thistle.

osiad|ać (-am, -asz) (*perf* **osiąść**) *vi* to settle.

osiadły *adj* (*człowiek*) settled; (*ptak*) resident.

osiąg|ać (-am, -asz) (*perf* **-nąć**) *vt* (*sukces, cel, wynik*) to achieve, to accomplish; (*szczyt, nakład*) to reach.

osiągalny *adj* attainable.

osiągnię|cie (-cia, -cia) (*gen pl* **-ć**) *nt* achievement.

osiedl|ać (-am, -asz) (*perf* **-ić**) *vt* to settle.

▸**osiedlać się** *vr* to settle.

osiedl|e (-a, -a) (*gen pl* **-i**) *nt* (*też*: **osiedle mieszkaniowe**) (housing) estate (*BRIT*), housing development (*US*).

osiem (*like*: **pięć**) *num* eight.

osiemdziesiąt (*like*: **dziesięć**) *num* eighty.

osiemdziesiąty *adj* eightieth.

osiemnasty *adj* eighteenth.

osiemnaście (*like*: **jedenaście**) *num* eighteen.

osiemset (*like*: **pięćset**) *num* eight hundred.

osi|ka (-ki, -ki) (*dat sg* **-ce**) *f* (*BOT*) aspen.

osioł (osła, osły) (*loc sg* **ośle**) *m* donkey, ass; (*pot*: *głupi człowiek*) ass (*pot*).

oskarż|ać (-am, -asz) (*perf* **-yć**) *vt*: **oskarżać kogoś (o coś)** to accuse sb (of sth); (*PRAWO*) to charge sb (with sth).

oskarże|nie (-nia, -nia) (*gen pl* **-ń**) *nt* (*zarzut*) accusation; (*PRAWO*: **strona oskarżająca**) prosecution; **akt oskarżenia** indictment.

oskarżon|a (-ej, -e) *f decl like adj* (*PRAWO*) (the) accused, (the) defendant.

oskarż|ony (-onego, -eni) *m decl like adj* (*PRAWO*) (the) accused, (the) defendant.

oskarżyciel (-a, -e) *m* (*PRAWO*) prosecutor.

oskrob|ywać (-uję, -ujesz) (*perf* **-ać**) *vt* (*warzywa*) to scrape; (*rybę*) to scale.

oskrzel|a (-i) *pl* (*ANAT*) bronchial tubes *pl*, bronchi *pl*; **zapalenie oskrzeli** bronchitis.

osła|biać (-biam, -biasz) (*perf* **-bić**) *vt* (*człowieka, serce, fundament*) to weaken; (*wrażenie*) to reduce, to lessen; (*cios, upadek*) to soften, to cushion.

osłabieni|e (**-a**) *nt* weakness.

osłabiony *adj* weak.

osładz|ać (**-am, -asz**) (*perf* **osłodzić**) *vt* to sweeten.

osłani|ać (**-am, -asz**) (*perf* **osłonić**) *vt* to cover.

osło|na (**-ny, -ny**) (*dat sg* **-nie**) *f* (*okrycie*) cover, shield; (*ochrona*) protection.

osłupi|eć (**-eję, -ejesz**) *vi perf* to be stunned.

osłupieni|e (**-a**) *nt* bewilderment.

os|oba (**-oby, -oby**) (*dat sg* **-obie**, *gen pl* **-ób**) *f* (*człowiek*) person, individual; (*kobieta*) woman; (*JĘZ*) person; (*postać dramatu*) character; **stół/obiad na cztery osoby** table/dinner for four; **osoba fizyczna** private person; **osoba prawna** legal entity *lub* person, body corporate; **osoba trzecia** third party.

osobistoś|ć (**-ci, -ci**) (*gen pl* **-ci**) *f* (*znana osoba*) celebrity, personality; (*ważna osoba*) personage.

osobisty *adj* personal; **komputer osobisty** personal computer; **dowód osobisty** ≈ identity card.

osobiście *adv* personally, in person.

osobliwy *adj* (*dziwny*) odd, curious; (*specyficzny*) peculiar.

osobni|k (**-ka**) (*instr sg* **-kiem**) *m* (*BIO*) (*nom pl* **-ki**) specimen; (*mężczyzna*) (*nom pl* **-cy**) individual.

osobno *adv* separately.

osobny *adj* separate; **z osobna** separately, individually.

osobowoś|ć (**-ci, -ci**) (*gen pl* **-ci**) *f* personality.

osobowy *adj* (*winda, pojazd*) passenger *attr*; (*JĘZ*) personal; **pociąg osobowy** slow train; **dział osobowy** personnel department.

osol|ić (**-ę, -isz**) (*imp* **osól**) *vb perf od* **solić**.

os|pa (**-py**) (*dat sg* **-pie**) *f* (*MED*) smallpox; **ospa wietrzna** chickenpox.

ostatecznie *adv* (*w końcu*) finally, ultimately; (*ewentualnie*) after all.

ostatecznoś|ć (**-ci**) *f* (*konieczność*) necessity; (*wyjątkowa sytuacja*) extremity; **w ostateczności** as a last resort.

ostateczny *adj* final.

ostatni *adj* (*końcowy*) last; (*najnowszy*) latest; (*ostateczny*) final; (*spośród wymienionych*) (the) latter.

ostatnio *adv* recently, lately.

osteoporo|za (**-zy**) (*dat sg* **-zie**) *f* osteoporosis.

ostro (*comp* **ostrzej**) *adv* sharply.

ostro|ga (**-gi, -gi**) (*dat sg* **-dze**) *f* spur.

ostroś|ć (**-ci**) *f* sharpness; (*FOT*) focus.

ostrożnie *adv* carefully, cautiously; **ostrożnie!** watch out!; „**ostrożnie**" (*na paczce*) "(handle) with care".

ostrożnoś|ć (**-ci**) *f* caution.

ostrożny *adj* (*człowiek, postępowanie*) careful, cautious.

ostry (*comp* **ostrzejszy**) *adj* sharp; (*zima*) severe, hard; (*papryka*) hot; (*kąt*) acute; (*MED*) acute.

ostry|ga (**-gi, -gi**) (*dat sg* **-dze**) *f* oyster.

ostrz|e (**-a, -a**) (*gen pl* **-y**) *nt* (*podłużne*) blade, edge; (*spiczaste*) point.

ostrzeg|ać (**-am, -asz**) (*perf* **ostrzec**) *vt*: **ostrzegać kogoś (o czymś)** to warn sb (of sth); **ostrzegać kogoś przed kimś/czymś** to warn *lub* caution sb against sb/sth.

ostrzegawczy *adj* warning *attr*.

ostrzeże|nie (**-nia, -nia**) (*gen pl* **-ń**) *nt* warning.

ostrz|yć (**-ę, -ysz**) (*perf* **na-**) *vt* to sharpen.

ostudz|ać (-am, -asz) (*perf* **ostudzić**) *vt* to cool down.

osusz|ać (-am, -asz) (*perf* **-yć**) *vt* (*oczy, łzy*) to wipe, to dry; (*bagno*) to drain.

oswaj|ać (-am, -asz) (*perf* **oswoić**) *vt* (*zwierzę*) to tame, to domesticate.

▸**oswajać się** *vr* (*o zwierzęciu*) to become tame; **oswajać się z czymś** to get used to sth, to grow accustomed to sth.

oswobadz|ać, oswabadz|ać (-am, -asz) (*perf* **oswobodzić**) *vt* (*przywracać wolność*) to liberate, to (set) free; (*uwalniać: od obowiązku*) to release, to free.

▸**oswobadzać się** *vr* to free *lub* liberate o.s.

oswojony *adj* tame, domesticated.

oszac|ować (-uję, -ujesz) *vb perf od* **szacować**.

oszale|ć (-ję, -jesz) *vi perf* to go mad.

oszałami|ać (-am, -asz) (*perf* **oszołomić**) *vt* (*odurzać*) to stupefy; (*urzekać*) to stun.

oszcze|p (-pu, -py) (*loc sg* **-pie**) *m* (*SPORT*) javelin; **rzut oszczepem** javelin throw.

oszczerst|wo (-wa, -wa) (*loc sg* **-wie**) *nt* slander.

oszczędnościowy *adj* (*model, wersja*) economy *attr*; (*rachunek*) savings *attr*.

oszczędnoś|ć (-ci) *f* (*cecha charakteru*) thrift(iness); (*oszczędne używanie*) economy; **oszczędności** *pl* savings *pl*.

oszczędny *adj* (*człowiek*) thrifty; (*gospodarka, metoda*) economical; (*samochód*) fuel-efficient.

oszczędz|ać (-am, -asz) *vt* (*czas*) to save; (*pieniądze*) to put away, to save; (*energię, wodę*) to conserve, to save; (*siły, ręce, człowieka, konia*) to spare ▸ *vi* (*oszczędzać pieniądze*) to

save (up); (*żyć oszczędnie*) to economize.

▸**oszczędzać się** *vr* to take it easy.

oszczę|dzić (-dzę, -dzisz) (*imp* **-dź**) *vt perf*: **oszczędzić kogoś** to spare sb; **katastrofa nie oszczędziła nikogo** the catastrophe spared nobody; **oszczędzić komuś kłopotów** to save sb trouble.

oszroniony *adj* frosted.

oszu|kiwać (-kuję, -kujesz) (*perf* **-kać**) *vi* to cheat ▸ *vt* to deceive.

oszu|st (-sta, -ści) (*loc sg* **-ście**) *m* fraud, cheat.

oszust|ka (-ki, -ki) (*dat sg* **-ce**, *gen pl* **-ek**) *f* fraud, cheat.

oszust|wo (-wa, -wa) (*loc sg* **-wie**) *nt* deception, fraud.

oś (osi, osie) (*gen pl* **osi**) *f* axis; (*TECH*) axle; (*przen*) pivot.

oś|ć (-ci, -ci) (*gen pl* **-ci**) *f* fishbone.

oś|ka (ośki, ośki) (*dat sg* **ośce**, *gen pl* **osiek**) *f* axle.

oślep *adv* blindly; **robić coś na oślep** to do sth blindfold.

ośle|piać (-piam, -piasz) (*perf* **-pić**) *vt* to blind; (*razić*) to dazzle.

oślepiający *adj* dazzling, glaring.

ośmiel|ać (-am, -asz) (*perf* **-ić**) *vt* to encourage.

▸**ośmielać się** *vr* (*nabierać odwagi*) to gain confidence; (*zdobywać się na odwagę*) to dare; (*mieć czelność*) to dare.

ośmiesz|ać (-am, -asz) (*perf* **-yć**) *vt* to ridicule.

▸**ośmieszać się** *vr* to make a fool of o.s.

ośmioletni *adj* eight-year-old.

ośmiornic|a (-y, -e) *f* octopus.

ośmioro (*like*: **czworo**) *num* eight.

ośrod|ek (-ka, -ki) (*instr sg* **-kiem**) *m* centre (*BRIT*), center (*US*); **ośrodek zdrowia** health centre (*BRIT*) *lub* center (*US*); **ośrodek wypoczynkowy** resort, holiday camp.

oświadcz|ać (**-am, -asz**) (*perf* **-yć**) *vt* to state, to declare.

▶**oświadczać się** *vr*: **oświadczać się komuś** to propose to sb.

oświadcze|nie (**-nia, -nia**) (*gen pl* **-ń**) *nt* statement, announcement.

oświadczyn|y (**-**) *pl* proposal (*of marriage*).

oświa|ta (**-ty**) (*dat sg* **-cie**) *f* education.

oświe|cać (**-cam, -casz**) (*perf* **-cić**) (*książk*) *vt* to enlighten.

oświeceni|e (**-a**) *nt*: **Oświecenie** the Enlightenment.

oświetl|ać (**-am, -asz**) (*perf* **-ić**) *vt* to light (up).

oświetleni|e (**-a**) *nt* (*światło*) lighting, illumination; (*instalacja oświetleniowa*) lighting system.

Oświęci|m (**-mia**) (*loc sg* **-miu**) *m* Auschwitz.

otacz|ać (**-am, -asz**) (*perf* **otoczyć**) *vt* to surround; (*o płocie, lesie*) to enclose.

▶**otaczać się** *vr*: **otaczać się kimś/czymś** to surround o.s. with sb/sth.

otchła|ń (**-ni, -nie**) (*gen pl* **-ni**) *f* (*przepaść*) abyss; (*głębia*) the depths *pl*; (*przen: piekielna*) abyss; (*: rozpaczy*) the depths *pl*.

otępieni|e (**-a**) *nt* (*zobojętnienie*) stupefaction; (*MED*) dementia.

oto *part*: **oto nasz dom** that's our house; **oto jestem** here I am; **oto wszystko, co wiem** that's all I know.

otoczeni|e (**-a**) *nt* (*okolica*) surroundings *pl*; (*środowisko*) environment.

otóż *part*: **otóż, ...** well, ...; **otóż i ona** there she is; **otóż to** exactly!, that's just it!

otręb|y (**-ów**) *pl* bran; **otręby pszenne** wheat bran.

otru|ć (**-ję, -jesz**) *vt perf* to poison.

▶**otruć się** *vr perf* to poison o.s.

otrzep|ywać (**-uję, -ujesz**) (*perf* **-ać**) *vt*: **otrzepywać coś (z czegoś)** to brush sth (off sth).

▶**otrzepywać się** *vr*: **otrzepywać się z czegoś** to brush sth off.

otrzym|ywać (**-uję, -ujesz**) (*perf* **-ać**) *vt* to receive.

otu|cha (**-chy**) (*dat sg* **-sze**) *f* comfort, reassurance; **dodawać** (**dodać** *perf*) **komuś otuchy** to cheer sb up.

otul|ać (**-am, -asz**) (*perf* **-ić**) *vt* (*osobę*) to wrap; (*krzew, drzewo*) to sheathe.

otwarcie[1] *adv* openly.

otwar|cie[2] (**-cia, -cia**) (*gen pl* **-ć**) *nt* opening; **godziny otwarcia** opening hours, opening time.

otwartoś|ć (**-ci**) *f* openness, frankness.

otwarty *adj* open; **list otwarty** open letter; **grać w otwarte karty** (*przen*) to play with one's cards on the table; **posiedzenie przy drzwiach otwartych** open meeting; **u otwarte** (*JĘZ*) the letter u.

otwieracz (**-a, -e**) (*gen pl* **-y**) *m* opener; **otwieracz do puszek** *lub* **konserw** tin-opener (*BRIT*), can-opener (*US*); **otwieracz do butelek** bottle-opener.

otwier|ać (**-am, -asz**) (*perf* **otworzyć**) *vt* to open; (*zamek, kłódkę*) to unlock; (*wodę, gaz*) to turn on.

▶**otwierać się** *vr* to open; (*o widoku, perspektywach*) to open up.

otw|ór (**-oru, -ory**) (*loc sg* **-orze**) *m* opening.

otyłoś|ć (**-ci**) *f* obesity.

otyły *adj* obese.

owa (*see* **Table 10**) *pron* (*książk*) that.

owacj|a (**-i, -e**) (*gen pl* **-i**) *f* ovation.

owa|d (**-da, -dy**) (*loc sg* **-dzie**) *m* insect.

owadobójczy *adj*: **środek owadobójczy** insecticide.

owalny *adj* oval.

owca (owcy, owce) (*gen pl* **owiec**) *f* sheep; **czarna owca** (*przen*) black sheep.

owczar|ek (-ka, -ki) (*instr sg* -kiem) *m* sheepdog, shepherd dog; **owczarek alzacki** *lub* **niemiecki** Alsatian (*BRIT*), German shepherd (*US*); **owczarek szkocki** collie.

owies (owsa, owsy) (*loc sg* **owsie**) *m* oats *pl*.

owij|ać (-am, -asz) (*perf* **owinąć**) *vt* (*sznurkiem, bandażem*) to wrap around; (*papierem*) to wrap up; (*okrywać, otulać*) to wrap (up); **nie owijaj w bawełnę** don't beat about the bush.

owłosieni|e (-a) *nt* hair; (*na zwierzęciu*) coat.

owłosiony *adj* hairy.

owo (*see* **Table 10**) *pron* (*książk*) that.

owoc (-u, -e) *m* fruit; **owoce** *pl* fruit, fruits *pl*.

owocny *adj* fruitful.

owoc|ować (-uje) (*perf* **za-**) *vi* (*rodzić owoce*) to fruit; (*przen*) to bear fruit.

owocowy *adj* fruit *attr*.

owrzodze|nie (-nia, -nia) (*gen pl* -ń) *nt* ulceration.

owsian|ka (-ki, -ki) (*dat sg* -ce) *f* porridge.

owszem *adv* (*książk*) naturally, of course.

owulacj|a (-i) *f* ovulation.

ozdabi|ać (-am, -asz) (*perf* **ozdobić**) *vt* to decorate.

ozd|oba (-oby, -oby) (*dat sg* -obie, *gen pl* -ób) *f* (*dekoracja*) decoration; (*chluba*) jewel.

ozdobny *adj* decorative.

ozię|biać (-biam, -biasz) (*perf* -bić) *vt* to cool (down).

►**oziębiać się** *vr* to cool down; **oziębia się** (*o pogodzie*) it's getting colder.

oziębieni|e (-a) *nt* (*METEO*) cold

weather; (*przen: w stosunkach itp.*) cooling.

oziębłoś|ć (-ci) *f* (*obojętność*) coldness; **oziębłość płciowa** frigidity.

oziębły *adj* (*obojętny*) cold; (*płciowo*) frigid.

ozimi|na (-ny, -ny) (*dat sg* -nie) *f* winter crops *pl*.

oznacz|ać (-am, -asz) *vt* (*znaczyć*) to mean; (*wyrażać*) to represent, to signify; (*o literze, skrócie*) to stand for; (*robić znak*) (*perf* -yć) to mark; **co to oznacza?** what does this mean?; **oznacza to, że ...** this means that ... .

oznacze|nie (-nia, -nia) (*gen pl* -ń) *nt* sign, symbol.

oznaczony *adj* (*godzina*) appointed.

oznaj|miać (-miam, -miasz) (*perf* -mić) *vt* to announce ♦ *vi* to declare; **oznajmiać komuś coś** to inform sb about sth.

oznajmujący *adj* (*JĘZ*) indicative.

ozna|ka (-ki, -ki) (*dat sg* -ce) *f* (*choroby*) symptom; (*gniewu, postępu*) sign.

ozo|n (-nu) (*loc sg* -nie) *m* ozone.

ozonowy *adj*: **warstwa** *lub* **powłoka ozonowa** the ozone layer.

ozor|ek (-ka, -ki) (*instr sg* -kiem) *m* (*KULIN*) tongue.

ożyw|ać (-am, -asz) (*perf* **ożyć**) *vi* (*o człowieku, przyrodzie*) to come to life; (*o wspomnieniach, urazach*) to come back.

ożywczy *adj* invigorating, refreshing.

oży|wiać (-wiam, -wiasz) (*perf* -wić) *vt* (*przywracać do życia*) to revive; (*urozmaicać*) to enliven; (*gospodarkę*) to revive, to liven up.

►**ożywiać się** *vr* (*nabierać życia*) to liven up; (*o oczach*) to light up; (*o twarzy*) to brighten up.

ożywieni|e (-a) nt (podniecenie)
liveliness; **ożywienie gospodarcze**
economic revival.
ożywiony adj (intensywny) animated,
lively; (żyjący) living.

Ó

ósem|ka (-ki, -ki) (dat sg -ce) f eight;
(kształt, ewolucja) figure of eight
(BRIT), figure eight (US); (MUZ)
quaver (BRIT), eighth note (US).
ósmy adj eighth; **jedna ósma**
one-eighth; **jest (godzina) ósma** it's
eight o'clock.
ów (see **Table 10**) pron (książk) that;
w owych czasach in those days, at
that time; **ni z tego, ni z owego** out
of the blue.
ówczesny adj: **ówczesny premier**
the then Prime Minister.

P

p. abbr (= pan) Mr; (= pani) Mrs.
pa|cha (-chy, -chy) (dat sg -sze) f
armpit.
pach|nieć (-nę, -niesz) (imp -nij) vi
to smell; **pachnieć czymś** to smell
of sth.
pachoł|ek (-ka, -ki) (instr sg -kiem) m
(słupek) bollard.
pachwi|na (-ny, -ny) (dat sg -nie) f
groin.
pacierz (-a, -e) (gen pl -y) m prayer.
pacjen|t (-ta, -ci) (loc sg -cie) m
patient.
pacjent|ka (-ki, -ki) (dat sg -ce, gen pl
-ek) f patient.
Pacyfi|k (-ku) (instr sg -kiem) m the
Pacific.

pacyfikacj|a (-i, -e) (gen pl -i) f
pacification.
pacyfi|sta (-sty, -ści) (dat sg -ście) m
decl like f in sg pacifist.
pacyfistyczny adj (ruch) pacifist attr.
pacz|ka (-ki, -ki) (dat sg -ce, gen pl
-ek) f (pakunek) package; (POCZTA)
parcel; (papierosów, płatków) packet
(BRIT), pack(age) (US).
padacz|ka (-ki) (dat sg -ce) f epilepsy.
pad|ać (-am, -asz) (perf **paść**) vi
(przewracać się) to drop, to fall;
(ginąć) to fall, to perish; **pada
(deszcz)** it's raining; **pada
śnieg/grad** it's snowing/hailing.
padal|ec (-ca, -ce) m (ZOOL)
blindworm, slow-worm.
padli|na (-ny) (dat sg -nie) f carrion.
page|r (-ra, -ry) (loc sg -rze) m (TEL)
pager.
pagór|ek (-ka, -ki) (instr sg -kiem) m
hillock, knoll.
pajac (-a, -e) m (błazen, arlekin)
clown; (zabawka) puppet;
(pot. przen) buffoon.
pają|k (-ka, -ki) (instr sg -kiem) m
spider.
pajęczy|na (-ny, -ny) (dat sg -nie) f
cobweb.
Pakista|n (-nu) (loc sg -nie) m
Pakistan.
pakistański adj Pakistani.
pak|ować (-uję, -ujesz) vt (walizkę,
plecak) (perf **s-** lub **za-**) to pack;
(owijać) (perf **o-**) to wrap (up).
▸**pakować się** vr (perf **s-** lub **za-**)
(pakować swoje rzeczy) to pack
(up); (pot. wchodzić) (perf **w-**) to
barge (into).
pakowny adj capacious.
pak|t (-tu, -ty) (loc sg -cie) m pact.
pakun|ek (-ku, -ki) (instr sg -kiem) m
package.
pal (-a, -e) (gen pl -i lub -ów) m (słup
ogrodzeniowy) pale, stake; (słup
konstrukcyjny) pile.

palacz (-a, -e) (*gen pl* -y) *m* (*robotnik*) stoker; (*tytoniu*) smoker.

palar|nia (-ni, -nie) (*gen pl* -ni) *f* smoke *lub* smoking room.

palący *adj* (*słońce*) blazing; (*przen: problem*) urgent ◊ *m decl like adj* (*palacz*) smoker; **przedział/wagon dla palących** smoking compartment/carriage.

pal|ec (-ca, -ce) *m* (*u ręki*) finger; (*u nogi*) toe; **maczać w czymś palce** (*przen*) to have a hand in sth; **mieć coś w małym palcu** (*przen*) to know sth inside out; **chodzić na palcach** to tiptoe, to walk on tiptoe.

paleni|e (-a) *nt* (*tytoniu*) smoking; (*zwłok, śmieci*) incineration; „**palenie wzbronione**" "no smoking".

palenis|ko (-ka, -ka) (*instr sg* -kiem) *nt* hearth.

Palesty|na (-ny) (*dat sg* -nie) *f* Palestine.

Palestyńczy|k (-ka, -cy) (*instr sg* -kiem) *m* Palestinian.

palestyński *adj* Palestinian.

pale|ta (-ty, -ty) (*dat sg* -cie) *f* palette.

pal|ić (-ę, -isz) *vt* (*papierosy, fajkę*) to smoke; (*świecę*) to burn; (*światło*) to keep on; (*niszczyć ogniem*) (*perf* s-) to burn (down) ◊ *vi* (*palić papierosy*) to smoke; (*o słońcu, gorączce*) to burn.

▶**palić się** *vr* (*płonąć*) to burn; (*o domu, mieście*) to be on fire; (*o świetle*) to be on; **pali się!** fire!

pali|wo (-wa, -wa) (*loc sg* -wie) *nt* fuel; (*MOT*) petrol (*BRIT*), gas(oline) (*US*).

pal|ma (-my, -my) (*dat sg* -mie) *f* palm (tree).

palmowy *adj* palm *attr*; **Niedziela Palmowa** Palm Sunday.

palni|k (-ka, -ki) (*instr sg* -kiem) *m* burner; (*TECH*) torch.

palny *adj* (*materiał*) flammable; **łatwo palny** (highly) flammable; **broń palna** firearms *pl*.

pal|to (-ta, -ta) (*loc sg* -cie) *nt* overcoat.

palusz|ek (-ka, -ki) (*instr sg* -kiem) *m* *dimin od* **palec**; **paluszki** *pl*: **słone paluszki** savoury sticks; **paluszki rybne** (*KULIN*) fish fingers, fish sticks (*US*).

pałac (-u, -e) *m* palace.

pałecz|ka (-ki, -ki) (*dat sg* -ce, *gen pl* -ek) *f* *dimin od* **pałka**; (*do gry na bębnie*) (drum)stick; (*dyrygenta, sztafetowa*) baton; **pałeczki** *pl* (*do jedzenia*) chopsticks.

pał|ka (-ki, -ki) (*dat sg* -ce, *gen pl* -ek) *f* club; (*POLICJA*) baton, truncheon (*BRIT*), nightstick (*US*).

pamfle|t (-tu, -ty) (*loc sg* -cie) *m* lampoon.

pamiąt|ka (-ki, -ki) (*dat sg* -ce, *gen pl* -ek) *f* (*przedmiot*) souvenir, memento; (*znak, symbol*) token; **sklep z pamiątkami** souvenir shop; **na pamiątkę (czegoś)** in memory (of sth).

pamię|ć (-ci) *f* memory; (*wspomnienie*) memory, remembrance; **z pamięci** from memory; **uczyć się (nauczyć się** *perf***) czegoś na pamięć** to learn sth by heart.

pamięt|ać (-am, -asz) *vt* (*perf* za-) to remember ◊ *vi*: **pamiętać o kimś/czymś** to keep sb/sth in mind; **pamiętać(, żeby) coś zrobić** to remember to do sth.

pamiętni|k (-ka, -ki) (*instr sg* -kiem) *m* diary; **pamiętniki** *pl* (*LIT*) memoirs *pl*.

pamiętny *adj* memorable.

pa|n (-na, -nowie) (*dat sg* -nu, *voc sg* -nie) *m* (*mężczyzna*) gentleman, man; (*przy zwracaniu się*) you; (*arystokrata*) lord; (*Bóg*) Lord; (*pot: nauczyciel*) master, teacher;

(*właściciel psa*) master; **Pan Kowalski** Mr Kowalski; **czy wiedział Pan o tym?** did you know about it, sir?; **czy to Pana parasol?** is this your umbrella?; **być panem czegoś/kogoś** to be master of sth/sb; **proszę Pana!** excuse me, sir!; **Pan Bóg** Lord; **pan młody** (bride)groom.

Pana|ma (**-my**) (*dat sg* **-mie**) *f* Panama.

panamski *adj* Panamanian; **Kanał Panamski** the Panama Canal.

pancerny *adj* (*wojska, samochód*) armoured (*BRIT*), armored (*US*); **szafa** *lub* **kasa pancerna** safe.

pancerz (**-a, -e**) (*gen pl* **-y**) *m* armour (*BRIT*), armor (*US*); (*żółwia*) shell.

pan|da (**-dy, -dy**) (*dat sg* **-dzie**) *f* panda.

pa|ni (**-ni, -nie**) (*acc sg* **-nią**, *gen pl* **-ń**) *f* (*kobieta*) lady, woman; (*przy zwracaniu się*) you; (*pot: nauczycielka*) mistress, teacher; **Pani Kowalska** Mrs Kowalski; **czy wiedziała Pani o tym?** did you know about it (, madam)?; **czy to Pani płaszcz?** is this your coat, madam?; **proszę Pani!** madam!

panicznie *adv*: **bać się panicznie (kogoś/czegoś)** to be terrified (of sb/sth).

paniczny *adj* (*strach*) mortal.

panieński *adj*: **nazwisko panieńskie** maiden name.

panierowany *adj* breaded, in breadcrumbs.

pani|ka (**-ki**) (*dat sg* **-ce**) *f* panic.

panik|ować (**-uję, -ujesz**) (*perf* **s-**) *vi* (*pot*) to panic.

pa|nna (**-nny, -nny**) (*dat sg* **-nnie**, *gen pl* **-nien**) *f* girl; (*stan cywilny*) unmarried woman; **Panna Kowalska** Miss Kowalski; **panna młoda** bride; **stara panna** (*pej*) old maid,

spinster; **Panna** (*ASTROLOGIA*) Virgo.

panora|ma (**-my, -my**) (*dat sg* **-mie**) *f* (*widok*) panorama.

panoramiczny *adj* (*ekran*) wide; (*widok*) panoramic; (*film*) wide-screen.

pan|ować (**-uję, -ujesz**) *vi* (*o królu, dynastii*) to rule, to reign; (*o ciszy, terrorze*) (*perf* **za-**) to reign; (*o zwyczajach, poglądach*) to prevail; **panować nad kimś/czymś** to be master of sb/sth; **panować nad sobą** to be in control of o.s.

panowani|e (**-a**) *nt* (*rządy*) rule, reign; (*kontrola*) control; **za panowania** +*gen* during the reign of.

pante|ra (**-ry, -ry**) (*dat sg* **-rze**) *f* leopard, panther.

panter|ka (**-ki, -ki**) (*dat sg* **-ce**, *gen pl* **-ek**) *f* (*ubiór wojskowy*) camouflage jacket.

pantof|el (**-la, -le**) (*gen pl* **-li**) *m* slipper.

pantomi|ma (**-my, -my**) (*dat sg* **-mie**) *f* mime show.

panujący *adj* (*monarcha, dynastia*) reigning, ruling; (*klasa*) ruling; (*upały, susza*) current; (*pogląd, religia*) prevailing.

pański *adj* your.

państ|wo (**-wa**) (*loc sg* **-wie**) *nt* (*kraj*) (*pl* **-wa**) state; (*forma grzecznościowa*) you; **Państwo Kowalscy** the Kowalskis; **czy mają Państwo rezerwację?** have you got a reservation?; **proszę Państwa!** Ladies and Gentlemen!; **państwo młodzi** the bride and the bridegroom; (*po ślubie*) the newly-weds.

państwowy *adj* (*hymn, święto*) national; (*szkoła, przedsiębiorstwo*) state *attr*, state-owned.

pańszczy|zna (**-zny**) (*dat sg* **-źnie**) *f* (*HIST*) serfdom, serfhood.

pa|pa (-py, -py) (*dat sg* -pie) *f* (*BUD*) asphalt roofing.

papeteri|a (-i, -e) (*gen pl* -i) *f* stationery.

papie|r (-ru, -ry) (*loc sg* -rze) *m* paper; **arkusz papieru** a sheet of paper; **papier firmowy** letterhead; **papier toaletowy** toilet *lub* lavatory paper; **papiery** *pl* (*dokumenty, notatki*) papers *pl*; **papiery wartościowe** (*FIN*) securities *pl*.

papier|ek (-ka, -ki) (*instr sg* -kiem) *m* piece of paper.

papierniczy *adj* (*przemysł, zakład*) paper *attr*; **sklep papierniczy** stationer('s).

papiero|s (-sa, -sy) (*loc sg* -sie) *m* cigarette; **palić papierosy** to smoke cigarettes.

papierośnic|a (-y, -e) *f* cigarette case.

papierowy *adj* paper *attr*.

papież (-a, -e) (*gen pl* -y) *m* pope.

papilarny *adj*: **linie papilarne** fingerprints *pl*.

papilot|y (-ów) *pl* curlpapers *pl*.

papiru|s (-su) (*loc sg* -sie) *m* papyrus.

pap|ka (-ki, -ki) (*dat sg* -ce, *gen pl* -ek) *f* (*masa*) pulp; (*do jedzenia*) pap.

papro|ć (-ci, -cie) (*gen pl* -ci) *f* fern.

papry|ka (-ki, -ki) (*dat sg* -ce) *f* (*suszona*) paprika; **papryka czerwona/zielona** red/green pepper.

papu|ga (-gi, -gi) (*dat sg* -dze) *f* parrot; (*przen*) copycat.

papug|ować (-uję, -ujesz) (*perf* s-) *vt* (*pot*) to parrot.

papuż|ka (-ki, -ki) (*dat sg* -ce, *gen pl* -ek) *f*: **papużka falista** budgerigar, budgie (*pot*); *patrz też* **papuga**.

pa|ra (-ry) (*dat sg* -rze) *f* (*butów, rąk, zwierząt*) (*nom pl* -ry) pair; (*dwoje ludzi*) (*nom pl* -ry) pair, couple; (*FIZ*) vapour (*BRIT*), vapor (*US*); (*też*: **para wodna**) steam; **nie puszczać** (**puścić** *perf*) **pary z ust** (*przen*) not to breathe a word; **młoda para** (*w czasie ślubu*) the bride and the bridegroom; (*po ślubie*) the newly-weds; **parami** (*iść, siedzieć*) in twos *lub* pairs; **iść w parze z czymś** (*przen*) to go hand in hand with sth.

par|ać się (-am, -asz) *vr*: **parać się czymś** to dabble in sth.

para|da (-dy, -dy) (*dat sg* -dzie) *f* parade.

paradok|s (-su, -sy) (*loc sg* -sie) *m* paradox.

paradoksalny *adj* paradoxical.

parad|ować (-uję, -ujesz) *vi* to parade.

parafi|a (-i, -e) (*gen pl* -i) *f* parish.

parafialny *adj* parish *attr*.

parafia|nin (-nina, -nie) (*loc sg* -ninie, *gen pl* -n) *m* parishioner.

parafi|na (-ny) (*dat sg* -nie) *f* paraffin.

paraf|ka (-ki, -ki) (*loc sg* -ce, *gen pl* -ek) *f* (*podpis*) initials *pl*.

parafra|za (-zy, -zy) (*dat sg* -zie) *f* paraphrase.

parafraz|ować (-uję, -ujesz) (*perf* s-) *vt* to paraphrase.

parago|n (-nu, -ny) (*loc sg* -nie) *m* receipt.

paragra|f (-fu, -fy) (*loc sg* -fie) *m* (*PRAWO*) article; (*akapit*) paragraph.

Paragwaj (-u) *m* Paraguay.

parality|k (-ka, -cy) (*instr sg* -kiem) *m* paralytic.

paraliż (-u) *m* paralysis.

paraliż|ować (-uję, -ujesz) (*perf* s-) *vt* to paralyse (*BRIT*), to paralyze (*US*).

paramet|r (-ru, -ry) (*loc sg* -rze) *m* parameter.

parano|ja (-i) *f* paranoia.

parape|t (-tu, -ty) (*loc sg* -cie) *m* (window)sill.

parapetów|ka (-ki, -ki) (*dat sg* -ce, *gen pl* -ek) *f* housewarming.

parapsychologi|a (-i) *f*
parapsychology.

parasol (-a, -e) (*gen pl* -i) *m* (*od
deszczu*) umbrella; (*od słońca*)
parasol, sunshade.

parasol|ka (-ki, -ki) (*dat sg* -ce, *gen pl*
-ek) *f* umbrella.

parawa|n (-nu, -ny) (*loc sg* -nie) *m*
screen.

parcel|a (-i, -e) (*gen pl* -i *lub* -) *f* plot.

parci|e (-a) *nt* (*wody*) pressure.

parę (*like*: **ile**) *num* a few, several;
parę dni temu the other day; **parę
godzin/dni/miesięcy** a few
hours/days/months; **od paru
godzin/dni/miesięcy** for a few
hours/days/months; **za parę minut**
in a few minutes.

par|k (-ku, -ki) (*instr sg* -**kiem**) *m*
park; **park narodowy** national park.

parkie|t (-tu, -ty) (*loc sg* -cie) *m*
(*posadzka*) parquet floor(ing); (*do
tańca*) dance-floor.

parkin|g (-gu, -gi) (*instr sg* -**giem**) *m*
car park (*BRIT*), parking lot (*US*);
parking strzeżony/nie strzeżony
attended/unattended car park;
parking płatny/bezpłatny paid/free
parking.

parkomet|r (-ru, -ry) (*loc sg* -rze) *m*
parking meter.

park|ować (-uję, -ujesz) (*perf* za-)
vt/vi to park.

parkowani|e (-a) *n* parking.

parlamen|t (-tu, -ty) (*loc sg* -cie) *m*
parliament.

parlamentarny *adj* parliamentary.

parno *adv*: **jest parno** it's close *lub*
sultry.

parny *adj* sultry.

parodi|a (-i, -e) (*gen pl* -i) *f* parody;
parodia sprawiedliwości a travesty
of justice.

parodi|ować (-uję, -ujesz) (*perf* s-)
vt to parody.

parodniowy *adj* a few days' *attr*.

parokrotny *num* repeated.

paroletni *adj* (*trwający parę lat*) a
few years' *attr*; (*mający parę lat*) a
few-year-old *attr*.

par|ować (-uję, -ujesz) *vt* (*cios,
uderzenie, atak*) (*perf* od-) to parry ♦
vi (*zamieniać się w parę*) (*perf* wy-)
to evaporate.

paro|wiec (-wca, -wce) *m* steamer.

parow|óz (-ozu, -ozy) (*loc sg* -ozie)
m steam engine.

parowy *adj* steam *attr*.

par|ów (-owu, -owy) (*loc sg* -owie) *m*
ravine.

parów|ka (-ki, -ki) (*dat sg* -ce, *gen pl*
-ek) *f* (breakfast) sausage (*BRIT*), hot
dog (*US*).

parsk|ać (-am, -asz) (*perf* -nąć) *vi* to
snort.

parszywy *adj* (*pot*) lousy (*pot*), rotten
(*pot*).

partacz|yć (-ę, -ysz) (*perf* s-) *vt* to
bungle, to botch (up).

parte|r (-ru, -ry) (*loc sg* -rze) *m*
(*najniższe piętro*) ground floor *lub*
level (*BRIT*), first floor (*US*); (*w
kinie, teatrze*) stalls *pl* (*BRIT*),
orchestra (*US*).

parterowy *adj*: **dom parterowy**
bungalow.

parti|a (-i, -e) (*gen pl* -i) *f* (*POL*)
party; (*towaru*) batch; (*szachów,
warcabów*) game; (*rola*) part.

partne|r (-ra, -rzy) (*loc sg* -rze) *m*
partner.

partner|ka (-ki, -ki) (*dat sg* -ce, *gen pl*
-ek) *f* partner.

partnerski *adj* based on partnership.

partnerst|wo (-wa) (*loc sg* -wie) *nt*
partnership.

party *nt inv* (*przyjęcie*) party.

partyjny *adj* party *attr*.

partyku|ła (-ły, -ły) (*dat sg* -le) *f*
(*JĘZ*) particle.

partytu|ra (-ry, -ry) (*dat sg* -rze) *f*
score.

partyzan|t (-ta, -ci) (*loc sg* -cie) *m* guerrilla.

paryski *adj* Parisian; **bułka paryska** French stick, French loaf (*BRIT*).

Paryż (-a) *m* Paris.

parz|yć (-ę, -ysz) *vt* (*o słońcu, piasku*) (*perf* po-) to burn; (*o pokrzywie*) (*perf* po-) to sting; (*kapustę, pomidory*) (*perf* s-) to blanch; (*herbatę, kawę*) (*perf* za-) to brew.

▸**parzyć się** *vr* (*o zwierzętach*) to mate.

parzysty *adj* even.

pa|s (-sa, -sy) (*loc sg* -sie) *m* (*do spodni*) belt; (*lasu, materiału*) strip; (*talia*) waist; (*też*: **pas ruchu**) lane; **pas bezpieczeństwa** seat belt; **pas ratunkowy** lifebelt; **pas startowy** runway; **w pasy** (*materiał, sukienka*) striped; **rozebrać się** (*perf*) **do pasa** to undress from the waist up; **brać (wziąć** *perf*) **nogi za pas** to show a clean pair of heels; **pasy** *pl* (*dla pieszych*) zebra crossing.

pasaż (-u, -e) (*gen pl* -y) *m* (*przejście*) passage(way); (*MUZ*) passage.

pasaże|r (-ra, -rowie) (*loc sg* -rze) *m* passenger.

pasażer|ka (-ki, -ki) (*loc sg* -ce, *gen pl* -ek) *f* passenger.

pasażerski *adj* passenger *attr*.

pas|ek (-ka, -ki) (*instr sg* -kiem) *m* dimin od **pas**; (*do spodni*) belt; **pasek do zegarka** watch strap; **pasek klinowy** (*MOT*) fan belt; **w paski** (*materiał, sukienka*) striped.

pase|r (-ra, -rzy) (*loc sg* -rze) *m* fence (*pot*).

pasiasty *adj* striped.

pasi|eka (-eki, -eki) (*dat sg* -ece, *gen pl* -ek) *f* apiary.

pasier|b (-ba, -bowie) (*loc sg* -bie) *m* stepson.

pasierbic|a (-y, -e) *f* stepdaughter.

pasikoni|k (-ka, -ki) (*instr sg* -kiem) *m* grasshopper.

pasj|a (-i, -e) (*gen pl* -i) *f* passion; (*gniew*) rage; **wpadać (wpaść** *perf*) **w pasję** to fly into a fury *lub* rage.

pasjan|s (-sa, -se) (*loc sg* -sie) *m* (*KARTY*) patience (*BRIT*), solitaire (*US*).

pasjon|ować (-uję, -ujesz) *vt* to fascinate.

▸**pasjonować się** *vr*: **pasjonować się czymś** to be very keen on sth.

pasjonujący *adj* fascinating, thrilling.

paskowy *adj*: **kod paskowy** bar code.

paskudny *adj* nasty.

pasmanteri|a (-i) *f* haberdashery (*BRIT*), dry goods (*US*).

pa|smo (-sma, -sma) (*loc sg* -smie *lub* -śmie, *gen pl* -sm *lub* -sem) *nt* (*włosów*) strand; (*nici*) thread; (*lądu, lasu*) strip; (*przen: wydarzeń, nieszczęść*) series; **pasmo gór** *lub* **górskie** mountain range.

pas|ować (-uję, -ujesz) *vi* to fit; (*KARTY*) (*perf* s-) to pass.

pasoży|t (-ta, -ty) (*loc sg* -cie) *m* parasite.

pas|sa (-sy, -sy) (*dat sg* -sie) *f*: **dobra/zła passa** a run of good/bad luck, winning/losing streak.

pa|sta (-sty, -sty) (*dat sg* -ście) *f*: **pasta mięsna/pomidorowa** meat/tomato spread; **pasta do zębów** toothpaste; **pasta do butów** shoe polish.

pastelowy *adj* pastel.

pasteryzacj|a (-i) *f* pasteurization.

pasteryz|ować (-uję, -ujesz) *vt* to pasteurize.

pasteryzowany *adj* pasteurized.

pasterz (-a, -e) (*gen pl* -y) *m* shepherd.

pastisz (-u, -e) (*gen pl* -y *lub* -ów) *m* pastiche.

pasto|r (-ra, -rzy *lub* -rowie) (*loc sg* -rze) *m* pastor.

past|ować (**-uję, -ujesz**) (*perf* **wy-**) *vt* (*buty*) to polish; (*podłogę*) to wax.

past|wić się (**-wię, -wisz**) *vr*: **pastwić się nad kimś** to torment sb.

pastwis|ko (**-ka, -ka**) (*instr sg* **-kiem**) *nt* pasture.

pastyl|ka (**-ki, -ki**) (*dat sg* **-ce**, *gen pl* **-ek**) *f* (*lek*) pill, tablet; (*cukierek*) pastille, drop.

pasywny *adj* passive.

pasz|a (**-y, -e**) *f* fodder.

paszcz|a (**-y, -e**) *f* jaws *pl*.

paszpor|t (**-tu, -ty**) (*loc sg* **-cie**) *m* passport.

paszportowy *adj* passport *attr*; **kontrola paszportowa** passport control.

paszteci|k (**-ka, -ki**) (*instr sg* **-kiem**) *m dimin od* **pasztet**; (*do barszczu, rosołu*) patty, pasty (*BRIT*).

paszte|t (**-tu, -ty**) (*loc sg* **-cie**) *m* pâté.

pasztetow|a (**-ej, -e**) *f decl like adj* liver sausage (*BRIT*), liverwurst (*US*).

pa|ść¹ (**-dnę, -dniesz**) (*imp* **-dnij**, *pt* **-dł**) *vb perf od* **padać**.

pa|ść² (**-sę, -siesz**) (*imp* **-ś**, *pt* **-sł**, **-śli**) *vt* (*pilnować na pastwisku*) to graze; (*tuczyć*) to fatten.

▸**paść się** *vr* to graze.

pa|t (**-ta, -ty**) (*loc sg* **-cie**) *m* (*SZACHY*) stalemate; (*przen*) stalemate, deadlock.

patel|nia (**-ni, -nie**) (*gen pl* **-ni**) *f* frying pan.

paten|t (**-tu, -ty**) (*loc sg* **-cie**) *m* patent.

patentowy *adj*: **urząd patentowy** patent office; **zamek patentowy** yale lock.

patetyczny *adj* pompous.

patologiczny *adj* pathological.

patrio|ta (**-ty, -ci**) (*dat sg* **-cie**) *m decl like f in sg* patriot.

patriotyczny *adj* patriotic.

patriotyz|m (**-mu**) (*loc sg* **-mie**) *m* patriotism.

patrol (**-u, -e**) (*gen pl* **-i**) *m* patrol.

patrol|ować (**-uję, -ujesz**) *vt* to patrol.

patro|n (**-na, -nowie** *lub* **-ni**) (*loc sg* **-nie**) *m* (*opiekun*) patron; (*REL*) patron saint.

patrona|t (**-tu**) (*loc sg* **-cie**) *m* patronage.

patrosz|yć (**-ę, -ysz**) (*perf* **wy-**) *vt* to gut.

patrz|eć, **patrz|yć** (**-ę, -ysz**) *vi* to look; **patrzeć na coś trzeźwo/optymistycznie** to view sth with objectivity/optimism; **patrzeć na coś przez palce** (*przen*) to turn a blind eye to sth; **patrzeć na kogoś z góry** (*przen*) to look down on sb.

paty|k (**-ka, -ki**) (*instr sg* **-kiem**) *m* stick.

pau|za (**-zy, -zy**) (*dat sg* **-zie**) *f* (*przerwa*) pause; (*SZKOL*) break; (*MUZ*) rest.

pa|w (**-wia, -wie**) (*gen pl* **-wi**) *m* peacock; **dumny jak paw** (as) proud as a peacock.

pawia|n (**-na, -ny**) (*loc sg* **-nie**) *m* baboon.

pawilo|n (**-nu, -ny**) (*loc sg* **-nie**) *m* pavilion.

pazerny *adj* (*pot*): **pazerny (na coś)** greedy (for sth).

pazno|kieć (**-kcia, -kcie**) (*gen pl* **-kci**) *m* (*u ręki*) (finger)nail; (*u nogi*) (toe)nail.

pazu|r (**-ra, -ry**) (*loc sg* **-rze**) *m* claw.

październi|k (**-ka, -ki**) (*instr sg* **-kiem**) *m* October.

pącz|ek (**-ka, -ki**) (*instr sg* **-kiem**) *m* (*BOT*: **pąk**) bud; (*ciastko*) doughnut, donut (*US*).

pączk|ować (**-uje**) *vi* to bud.

pą|k (**-ka, -ki**) (*instr sg* **-kiem**) *m* bud; **wypuszczać (wypuścić** *perf*) **pąki** to bud.

pąsowy *adj* crimson.

pch|ać (**-am, -asz**) *vt* (*perf* **-nąć**) to

push; (*wpychać*) to thrust, to stuff;
„**pchać**" "push".
►**pchać się** *vr* (*tłoczyć się*) to force
lub push one's way.

pchełka (**-ki, -ki**) (*dat sg* **-ce**, *gen pl*
-ek) *f dimin od* **pchła**; **pchełki** *pl*
(*gra*) tiddlywinks *pl*.

pchli *adj*: **pchli targ** flea market.

pch|ła (**-ły, -ły**) (*dat sg* **-le**, *gen pl* **-eł**) *f*
flea.

pch|nąć (**-nę, -niesz**) (*imp* **-nij**) *vb*
perf od **pchać** ♦ *vt perf* (*nożem,
sztyletem*) to stab.

pchnię|cie (**-cia, -cia**) (*gen pl* **-ć**) *nt*
(*nożem, sztyletem*) stab; **pchnięcie
kulą** (*SPORT*) shot put.

pech (**-a**) *m* bad luck; **mieć pecha** to
be unlucky.

pecho|wiec (**-wca, -wcy**) *m* unlucky
person.

pechowy *adj* unlucky.

pedago|g (**-ga, -gowie** *lub* **-dzy**)
(*instr sg* **-giem**) *m* educator.

pedagogi|ka (**-ki**) (*dat sg* **-ce**) *f*
pedagogy.

peda|ł (*loc sg* **-le**, *nom pl* **-ły**) *m* (*przy
rowerze, pianinie*) (*gen sg* **-łu**) pedal;
(*pej: homoseksualista*) (*gen sg* **-ła**)
queer (*pej*).

pedał|ować (**-uję, -ujesz**) *vi* to pedal.

pedantyczny *adj* pedantic.

pediat|ra (**-ry, -rzy**) (*dat sg* **-rze**) *m*
decl like f in sg paediatrician (*BRIT*),
pediatrician (*US*).

pedicu|re (**-re'u**) (*instr sg* **-re'em**, *loc
sg* **-rze**) *m* = **pedikiur**.

pedikiu|r (**-ru**) (*loc sg* **-rze**) *m*
pedicure.

pejcz (**-a, -e**) (*gen pl* **-y**) *m* whip.

pejoratywny *adj* pejorative.

pejzaż (**-u, -e**) (*gen pl* **-y**) *m*
landscape.

Peki|n (**-nu**) (*loc sg* **-nie**) *m* Beijing,
Peking.

pekińczy|k (**-ka, -ki**) (*instr sg* **-kiem**)
m (*pies*) pekin(g)ese, peke (*pot*).

pekl|ować (**-uję, -ujesz**) (*perf* **za-**) *vt*
to corn.

pelargoni|a (**-i, -e**) (*gen pl* **-i**) *f*
geranium.

pelery|na (**-ny, -ny**) (*dat sg* **-nie**) *f*
cloak, cape.

pelika|n (**-na, -ny**) (*loc sg* **-nie**) *m*
pelican.

pełen *adj* = **pełny**.

peł|nia (**-ni, -nie**) (*gen pl* **-ni**) *f*
(*księżyca*) full moon; (*obfitość*)
fullness; **pełnia sezonu** high *lub*
peak season; **pełnia lata** the height
of summer; **pełnia
szczęścia/zadowolenia** complete
happiness/satisfaction; **w pełni się z
tobą zgadzam** I fully agree with
you.

peł|nić (**-nię, -nisz**) (*imp* **-nij** *lub* **-ń**) *vt*
(*rolę, obowiązki*) to fulfil (*BRIT*), to
fulfill (*US*); **pełniący obowiązki
premiera** acting prime minister.

pełno *adv* (*wiele*) a lot *lub* plenty of;
w butelce jest pełno wody the
bottle is full of water; **w autobusie
było pełno** the bus was full.

pełnoletni *adj* of age.

pełnometrażowy *adj*: **film
pełnometrażowy** feature film.

pełnomocnict|wo (**-wa, -wa**) (*loc sg*
-wie) *nt* power of attorney, proxy.

pełnomocni|k (**-ka, -cy**) (*instr sg*
-kiem) *m* proxy, plenipotentiary.

pełnopłatny *adj* full price *lub*
payment *attr*.

pełnoprawny *adj* rightful.

pełnotłusty *adj* (*mleko*) full-cream
attr.

pełnoziarnisty *adj* (*chleb*)
wholemeal.

pełny, pełen *adj* (*kubek, worek*) full;
(*szczęście, zaufanie*) complete; **ten
kubek jest pełen (wody)** this cup is
full (of water); **pełen entuzjazmu**
enthusiastic; **pełen nadziei** hopeful;
pełne mleko full-cream milk; **pełne**

morze open *lub* high sea; **do pełna proszę!** fill her *lub* it up, please!

pełz|ać (**-am, -asz**) *vi* (*o ludziach, zwierzętach*) to crawl; (*o ogniu, mgle*) to creep.

penetr|ować (**-uję, -ujesz**) (*perf* **s-**) *vt* to penetrate.

penicyli|na (**-ny**) (*dat sg* **-nie**) *f* penicillin.

peni|s (**-sa, -sy**) (*loc sg* **-sie**) *m* penis.

pen|s (**-sa, -sy**) (*loc sg* **-sie**) *m* penny; **20 pensów** 20 pence.

pensj|a (**-i, -e**) (*gen pl* **-i**) *f* (*płaca*) salary, pay.

pensjona|t (**-tu, -ty**) (*loc sg* **-cie**) *m* guest-house, boarding-house.

perfekcj|a (**-i**) *f* perfection.

perfekcjoni|sta (**-sty, -ści**) (*dat sg* **-ście**) *m decl like f in sg* perfectionist.

perfekcyjny *adj* perfect.

perfidny *adj* perfidious.

perforacj|a (**-i, -e**) (*gen pl* **-i**) *f* perforation.

perfum|ować (**-uję, -ujesz**) (*perf* **wy-**) *vt* to perfume.
▸**perfumować się** *vr* to put on (a) perfume.

perfum|y (**-**) *pl* perfume.

pergami|n (**-nu, -ny**) (*loc sg* **-nie**) *m* parchment.

periody|k (**-ku, -ki**) (*instr sg* **-kiem**) *m* periodical.

perko|z (**-za, -zy**) (*loc sg* **-zie**) *m* grebe.

perkusi|sta (**-sty, -ści**) (*dat sg* **-ście**) *m decl like f in sg* drummer.

perkusj|a (**-i, -e**) (*gen pl* **-i**) *f* drums *pl*.

perlicz|ka (**-ki, -ki**) (*dat sg* **-ce**, *gen pl* **-ek**) *f* (*ZOOL*) guinea fowl.

per|ła (**-ły, -ły**) (*dat sg* **-le**, *gen pl* **-eł**) *f* pearl.

perłowy *adj* (*z pereł: naszyjnik*) pearl *attr*; **masa perłowa** mother-of-pearl.

pero|n (**-nu, -ny**) (*loc sg* **-nie**) *m* platform.

perski *adj* Persian; **Zatoka Perska** the (Persian) Gulf.

personalny *adj* (*dane*) personal; (*dział, polityka*) personnel *attr*.

personel (**-u**) *m* personnel, staff.

perspekty|wa (**-wy, -wy**) (*dat sg* **-wie**) *f* (*w obrazie*) perspective; (*widok, panorama*) view, vista; (*odległość w czasie*) prospect.

perswad|ować (**-uję, -ujesz**) (*perf* **wy-**) *vt*: **perswadować komuś coś** to try to persuade sb of sth.

perswazj|a (**-i**) *f* persuasion.

pertraktacj|e (**-i**) *pl* negotiations *pl*.

pertrakt|ować (**-uję, -ujesz**) *vi* to negotiate.

Peru *nt inv* Peru.

peru|ka (**-ki, -ki**) (*dat sg* **-ce**) *f* wig.

perwersj|a (**-i, -e**) (*gen pl* **-i**) *f* perversion.

perwersyjny *adj* perverse.

peryferi|e (**-i**) *pl* (*zewnętrzne części*) periphery; (*krańce miasta*) outskirts *pl*.

peryferyjny *adj* (*leżący na uboczu*) peripheral.

perypeti|e (**-i**) *pl* ups and downs *pl*, vicissitudes *pl*.

perysko|p (**-pu, -py**) (*loc sg* **-pie**) *m* periscope.

pest|ka (**-ki, -ki**) (*dat sg* **-ce**, *gen pl* **-ek**) *f* (*śliwki, wiśni*) stone; (*jabłka, pomarańczy*) pip; (*dyni, słonecznika*) seed; **to (dla mnie) pestka** (*pot*) it's a piece of cake (*pot*).

pesymi|sta (**-sty, -ści**) (*dat sg* **-ście**) *m decl like f in sg* pessimist.

pesymistyczny *adj* pessimistic.

pesymiz|m (**-mu**) (*loc sg* **-mie**) *m* pessimism.

pesz|yć (**-ę, -ysz**) (*perf* **s-**) *vt* to disconcert, to put off balance.
▸**peszyć się** *vr* to get disconcerted, to lose countenance.

pe|t (**-ta, -ty**) (*loc sg* **-cie**) *m* (*pot*) fag end (*pot*).

petar|da (-**dy**, -**dy**) (*dat sg* -**dzie**) *f* firecracker, squib.

peten|t (-**ta**, -**ci**) (*loc sg* -**cie**) *m* inquirer.

petrochemiczny *adj* petrochemical.

petycj|a (-**i**, -**e**) (*gen pl* -**i**) *f* petition.

pewien (*f* **pewna**, *nt* **pewne**) *adj* (*jakiś*) a (certain); (*pewny*) sure, certain; **pewien pan** a (certain) gentleman; **pewnego dnia** one day; **pewnego razu** once (upon a time); **przez pewien czas** for some time; **w pewnym stopniu** to some extent; **w pewnym sensie** in a sense.

pewnie *adv* (*zdecydowanie*) firmly; (*sprawnie*) confidently; (*niezawodnie*) dependably, reliably; (*prawdopodobnie*) probably; **(no) pewnie!** (*pot*) you bet! (*pot*), sure! (*pot*).

pewni|k (-**ka**, -**ki**) (*instr sg* -**kiem**) *m* (a) certainty.

pewno *adv* (*prawdopodobnie*) probably; **na pewno** certainly, surely.

pewnoś|ć (-**ci**) *f* (*przekonanie*) certainty; (*zdecydowanie*) firmness; (*sprawność*) confidence; (*niezawodność*) dependability, reliability; **dla pewności** to be on the safe side, to make sure; **pewność siebie** self-assurance, self-confidence; **z pewnością** surely.

pewny *adj* (*zguba, śmierć*) certain, sure; (*dowód, wniosek*) unquestionable; (*krok, ruch*) firm; (*ręka, oko*) steady; (*urządzenie, człowiek*) dependable, reliable; (*bezpieczny*) secure; **być pewnym czegoś** to be sure of sth, to be positive about sth; **pewny siebie** self-assured, self-confident; **on jest pewny** *lub* **pewien, że ...** he's sure (that) ... .

pęcherz (-**a**, -**e**) (*gen pl* -**y**) *m* (*na skórze*) blister; (*ANAT*) bladder.

pęcherzy|k (-**ka**, -**ki**) (*instr sg* -**kiem**) *m* (*na skórze*) blister; (*powietrza*) bubble; **pęcherzyk żółciowy** gall bladder.

pęcz|ek (-**ka**, -**ki**) (*instr sg* -**kiem**) *m* bunch.

pęczni|eć (-**eję**, -**ejesz**) (*perf* **na-**) *vi* to swell.

pęd (-**du**) (*loc sg* -**dzie**) *m* (*szybki ruch*) speed; (*BOT*) (*nom pl* -**dy**) shoot; **pęd do czegoś** drive for sth.

pędz|el (-**la**, -**le**) (*gen pl* -**li**) *m* (*do malowania*) (paint)brush; (*do golenia*) (shaving) brush.

pę|dzić (-**dzę**, -**dzisz**) (*imp* -**dź**) *vt* (*bydło, więźniów*) to drive ♦ *vi* (*perf* **po-**) to speed along, to race.

pę|k (-**ku**, -**ki**) (*instr sg* -**kiem**) *m* bunch.

pęk|ać (-**am**, -**asz**) (*perf* -**nąć**) *vi* (*o lodzie, szybie*) to crack; (*o sznurku, strunie*) to burst; (*o koszuli, worku*) to rip; **głowa mi pęka** (*przen*) my head is splitting; **pękać ze śmiechu** (*przen*) to burst with laughter, to be in stitches.

pęknię|cie (-**cia**, -**cia**) (*gen pl* -**ć**) *nt* (*kości*) fracture; (*rysa*) crack.

pęp|ek (-**ka**, -**ki**) (*instr sg* -**kiem**) *m* navel.

pępowi|na (-**ny**, -**ny**) (*dat sg* -**nie**) *f* umbilical cord.

pęse|ta (-**ty**, -**ty**) (*dat sg* -**cie**) *f* tweezers *pl*.

pętl|a (-**i**, -**e**) (*gen pl* -**i**) *f* (*na sznurze*) loop, noose; (*autobusowa, tramwajowa*) terminus.

piać (**pieję**, **piejesz**) (*pt* **piali** *lub* **pieli**, *perf* **za-**) *vi* (*o kogucie*) to crow.

pia|na (-**ny**) (*dat sg* -**nie**) *f* foam, froth; (*z mydła*) lather.

piani|no (-**na**, -**na**) (*loc sg* -**nie**) *nt* piano.

piani|sta (-**sty**, -**ści**) (*dat sg* -**ście**) *m decl like f in sg* pianist.

pianist|ka (-ki, -ki) (*dat sg* -ce, *gen pl* -ek) *f* pianist.

pian|ka (-ki) (*dat sg* -ce) *f dimin od* piana; **pianka do włosów** styling mousse; **pianka do golenia** shaving foam.

pias|ek (-ku, -ki) (*instr sg* -kiem) *m* sand.

piasko|wiec (-wca, -wce) *m* sandstone.

piaskownic|a (-y, -e) *f* sandpit, sandbox.

piaskowy *adj* (*gleba, kolor*) sandy; **burza piaskowa** sandstorm.

pia|sta (-sty, -sty) (*dat sg* -ście) *f* (*TECH*) hub.

piast|ować (-uję, -ujesz) (*książk*) *vt*: **piastować urząd/godność** to hold an office/a position.

piaszczysty *adj* sandy.

piąć się (pnę, pniesz) (*imp* pnij) *vr* to climb (up).

piąt|ek (-ku, -ki) (*instr sg* -kiem) *m* Friday; **Wielki Piątek** Good Friday.

piąt|ka (-ki, -ki) (*dat sg* -ce, *gen pl* -ek) *f* five; (*SZKOL*) ≈ A.

piąty *num decl like adj* fifth.

pi|cie (-cia) *nt* (*czynność*) drinking; (*pot: napój*) drink; **ta woda jest do picia** this water is drinkable; **daj mi coś do picia** give me sth to drink.

pi|ć (-ję, -jesz) *vt* (*perf* wy-) to drink ♦ *vi* to drink; **chce mi się pić** I'm thirsty.

piec[1] (-a, -e) *m* (*grzewczy, kuchenny*) stove; (*piekarniczy*) oven; (*hutniczy, odlewniczy*) furnace.

pie|c[2] (-kę, -czesz) (*imp* -cz) *vt* (*ciasto*) (*perf* u-) to bake; (*mięso*) (*perf* u-) to roast ♦ *vi* (*o słońcu*) to beat down.

▸**piec się** *vr* (*perf* u-) (*o cieście*) to bake; (*o mięsie*) to roast.

piecho|ta (-ty) (*dat sg* -cie) *f* (*WOJSK*) infantry; **piechota morska** Royal Marines *pl* (*BRIT*), Marine

Corps (*US*), Marines *pl* (*US*); **iść piechotą** *lub* **na piechotę** to walk, to go on foot.

piecy|k (-ka, -ki) (*instr sg* -kiem) *m* heater.

piecza|ra (-ry, -ry) (*dat sg* -rze) *f* cave, cavern.

pieczar|ka (-ki, -ki) (*dat sg* -ce, *gen pl* -ek) *f* (meadow) mushroom.

pieczą|tka (-ki, -ki) (*dat sg* -ce, *gen pl* -ek) *f* (*przyrząd*) (rubber) stamp; (*znak*) stamp.

piecze|ń (-ni, -nie) (*gen pl* -ni) *f* roast; **pieczeń wołowa** roast beef.

pieczę|ć (-ci, -cie) (*gen pl* -ci) *f* stamp; (*lakowa*) seal.

pieczęt|ować (-uję, -ujesz) *vt* (*meble, mieszkanie*) (*perf* za-) to seal; (*przen: przyjaźń*) (*perf* przy-) to seal.

pieczy|wo (-wa) (*loc sg* -wie) *nt* bread.

piedesta|ł (-łu, -ły) (*loc sg* -le) *m* pedestal.

pie|gi (-gów) *pl* freckles *pl*.

piegowaty *adj* freckled.

piekar|nia (-ni, -nie) (*gen pl* -ni) *f* (*zakład*) bakery; (*sklep*) the baker's (shop), bakery.

piekarni|k (-ka, -ki) (*instr sg* -kiem) *m* oven.

piekarz (-a, -e) (*gen pl* -y) *m* baker; **u piekarza** at the baker's.

piekący *adj* (*słońce*) scorching; (*ból*) stinging.

piekielny *adj* (*ogień, moce*) infernal; (*ból, hałas*) dreadful, hellish.

piek|ło (-ła) (*loc sg* -le) *nt* hell.

pielęgnacj|a (-i) *f* (*roślin*) nurturing; (*chorych*) nursing; (*zwierząt*) tending; **krem do pielęgnacji twarzy/rąk** face/hand cream.

pielęgniar|ka (-ki, -ki) (*dat sg* -ce, *gen pl* -ek) *f* nurse.

pielęgniarst|wo (-wa) (*loc sg* -wie) *nt* nursing.

pielęgniarz (**-a, -e**) (*gen pl* **-y**) *m* male nurse.

pielęgn|ować (**-uję, -ujesz**) *vt* (*ludzi*) to nurse; (*rośliny*) to take care of, to look after; (*ogródek*) to tend; (*ręce, twarz*) to take care of; (*tradycje, obyczaje*) to foster.

pielgrzy|m (**-ma, -mi**) (*loc sg* **-mie**) *m* pilgrim.

pielgrzym|ka (**-ki, -ki**) (*dat sg* **-ce**, *gen pl* **-ek**) *f* pilgrimage.

pielić, pleć (**pielę, pielisz**) *vt* (*perf* **wy-**) to weed ∮ *vi* to weed.

pielu|cha (**-chy, -chy**) (*dat sg* **-sze**) *f* nappy (*BRIT*), diaper (*US*).

pielusz|ka (**-ki, -ki**) (*dat sg* **-ce**, *gen pl* **-ek**) *f* nappy (*BRIT*), diaper (*US*).

pieni|ądz (**-ądza, -ądze**) (*gen pl* **-ędzy**) *m* (*moneta, banknot*) money; **pieniądze** *pl* money; **mam mało pieniędzy** I have little money.

pie|nić się (**-nię, -nisz**) (*imp* **-ń**) *vr* (*perf* **s-**) (*o mydle*) to lather; (*o piwie*) to froth.

pieniężny *adj* money *attr*; (*finansowy*) financial; (*kara*) pecuniary; (*zasoby*) monetary, pecuniary; **świadczenia pieniężne** (cash) benefits; **wygrana pieniężna** prize money.

pień (**pnia, pnie**) (*gen pl* **pni**) *m* (*część drzewa*) trunk; (*drzewo po ścięciu*) stump.

pieprz (**-u**) *m* pepper.

pieprz|yć (**-ę, -ysz**) *vt* (*posypywać pieprzem*) (*perf* **po-**) to pepper; (*pot!: psuć*) (*perf* **s-**) to screw up (*pot!*).

pieprzy|k (**-ka** *lub* **-ku, -ki**) (*instr sg* **-kiem**) *m* (*na skórze*) mole.

pierni|k (**-ka, -ki**) (*instr sg* **-kiem**) *m* gingerbread.

piero|gi (**-gów**) *pl* boiled dough pockets filled with meat, cheese or fruit.

piersiowy *adj*: **klatka piersiowa** chest; (*ANAT*) ribcage.

pier|ś (**-si, -si**) (*gen pl* **-si**) *f* (*klatka piersiowa*) chest, breast; (*u kobiety*) breast; **karmić dziecko piersią** to breast-feed a child; **pierś kurza/indycza** chicken/turkey breast.

pierście|ń (**-nia, -nie**) (*gen pl* **-ni**) *m* ring.

pierścion|ek (**-ka, -ki**) (*instr sg* **-kiem**) *m* ring.

pierwiast|ek (**-ka, -ki**) (*instr sg* **-kiem**) *m* (*CHEM*) element; (*MAT*) root; **pierwiastek kwadratowy** square root; **pierwiastek sześcienny** cube root.

pierwiosn|ek (**-ka, -ki**) (*instr sg* **-kiem**) *m* primrose.

pierwotnie *adv* originally.

pierwotny *adj* (*człowiek, kultura*) primitive; (*las, puszcza*) primeval, primaeval (*BRIT*); (*plan, kolor*) original.

pierwowz|ór (**-oru, -ory**) (*loc sg* **-orze**) *m* (*urządzenie*) prototype; (*archetyp*) archetype; (*oryginał*) original.

pierwszeńst|wo (**-wa**) (*loc sg* **-wie**) *nt* (*prawo, przywilej*) precedence; (*MOT*): **pierwszeństwo przejazdu** right of way.

pierwszoplanowy *adj* (*sprawa, zadanie*) crucial; (*postać*) leading.

pierwszorzędny *adj* first-class, first-rate.

pierwszy *num decl like adj* first; **pierwszy stycznia** the first of January; **pierwsze piętro** first floor (*BRIT*), second floor (*US*); **pierwsza pomoc** first aid; **pierwsze danie** first course; **pierwsza litera** initial; **pierwsza wojna światowa** the First World War, World War One; **pierwsza w prawo/lewo** the next on the right/left; **po pierwsze** first, firstly; **pierwszy raz** *lub* **po raz pierwszy** for the first time.

pierz|e (**-a**) *nt* feathers *pl*.

pierzy|na (**-ny**, **-ny**) (*dat sg* **-nie**) *f* feather bed.

pies (**psa**, **psy**) (*loc sg* **psie**) *m* dog.

pieszczo|ta (**-ty**, **-ty**) (*dat sg* **-cie**) *f* caress.

pieszczotliwy *adj* (*głos*) gentle; (*spojrzenie*) tender.

pieszo *adv* on foot; **iść** (**pójść** *perf*) **pieszo** to go on foot, to walk.

pieszy *adj* (*żołnierz*) foot *attr*; (*oddział*) infantry *attr*; **piesza wycieczka** hike; **pieszy turysta** hiker, backpacker ♦ *m decl like adj* pedestrian; **przejście dla pieszych** (pedestrian) crossing.

pie|ścić (**-szczę**, **-ścisz**) (*imp* **-ść**) *vt* to pet, to caress.

►**pieścić się** *vr* to pet, to caress.

pieś|ń (**-ni**, **-ni**) (*gen pl* **-ni**) *f* song.

pietrusz|ka (**-ki**, **-ki**) (*dat sg* **-ce**, *gen pl* **-ek**) *f* (*roślina*) parsley; (*korzeń*) parsley-root.

pięciobo|k (**-ku**, **-ki**) (*instr sg* **-kiem**) *m* pentagon.

pięciob|ój (**-oju**, **-oje**) (*gen pl* **-oi** *lub* **-ojów**) *m*: **pięciobój nowoczesny** pentathlon.

pięciodniowy *adj* five-day *attr*, five-days' *attr*.

pięcioką|t (**-ta**, **-ty**) (*loc sg* **-cie**) *m* pentagon.

pięciokrotny *adj* five-times *attr*.

pięcioletni *adj* (*chłopiec, samochód*) five-year-old *attr*; (*plan, studia*) five-year *attr*, five years' *attr*.

pięciolini|a (**-i**, **-e**) (*gen pl* **-i**) *f* (*MUZ*) staff, stave (*BRIT*).

pięcioracz|ki (**-ków**) *pl* quintuplets *pl*.

pięcioro (*like*: **czworo**) *num* (*dzieci*) five.

pięć (*see* **Table 15**) *num* five.

pięćdziesiąt (*like*: **dziesięć**) *num* fifty.

pięćdziesiąty *num decl like adj* fiftieth.

pięćset (*see* **Table 19**) *num* five hundred.

pięknie *adv* beautifully; **pięknie wyglądać** to look beautiful.

piękni|eć (**-eję**, **-ejesz**) (*perf* **wy-**) *vi* to become more and more beautiful.

pięk|no (**-na**) (*loc sg* **-nie**) *nt* beauty.

pięknoś|ć (**-ci**) *f* (*cecha*) beauty; (*piękna kobieta*) (*nom pl* **-ci**, *gen pl* **-ci**) beauty.

piękny *adj* beautiful; **literatura piękna** belles-lettres; **sztuki piękne** fine arts.

pięściarst|wo (**-wa**) (*loc sg* **-wie**) *nt* boxing.

pięś|ć (**-ci**, **-ci**) (*gen pl* **-ci**) *f* fist.

pię|ta (**-ty**, **-ty**) (*dat sg* **-cie**) *f* heel; **pięta Achillesa** *lub* **achillesowa** Achilles heel.

piętnasty *num decl like adj* fifteenth.

piętnaście *num* fifteen; **za piętnaście czwarta** a quarter to four.

pięt|no (**-na**, **-na**) (*loc sg* **-nie**) *nt* (*znak na zwierzęciu*) brand; (*przen*) stamp, imprint.

pięt|ro (**-ra**, **-ra**) (*loc sg* **-rze**, *gen pl* **-er**) *nt* (*budynku*) floor, storey (*BRIT*), story (*US*); **mieszkać na drugim piętrze** to live on the second (*BRIT*) *lub* third (*US*) floor; **na piętrze** upstairs; **iść na piętro** to go upstairs.

piętrowy *adj*: **dom piętrowy** storeyed (*BRIT*) *lub* storied (*US*) house; **łóżko piętrowe** bunk beds *pl*; **autobus piętrowy** double-decker.

piętrz|yć (**-ę**, **-ysz**) (*perf* **s-**) *vt* (*wodę*) to dam up; (*przen: trudności*) to pile up.

►**piętrzyć się** *vr* to accumulate.

pigmen|t (**-tu**, **-ty**) (*loc sg* **-cie**) *m* pigment.

piguł|ka (**-ki**, **-ki**) (*dat sg* **-ce**, *gen pl* **-ek**) *f* pill; **pigułka nasenna**

sleeping pill; **pigułka antykoncepcyjna** contraceptive pill, the pill.

pija|k (-ka, -cy *lub* -ki) (*instr sg* -kiem) *m* drunk, drunkard.

pijany *adj* drunk(en) ♦ *m decl like adj* drunk.

pijańst|wo (-wa) (*loc sg* -wie) *nt* (*nałóg*) drunkenness; (*libacja*) drunken party.

pijaw|ka (-ki, -ki) (*dat sg* -ce, *gen pl* -ek) *f* (*ZOOL*) leech.

pi|k (-ka, -ki) (*instr sg* -kiem) *m* (*KARTY*) spade; **dama pik** the queen of spades.

pikantny *adj* (*sos*) piquant; (*przyprawa*) hot; (*przen: szczegół, historia*) juicy; (*dowcip*) bawdy.

pikie|ta (-ty, -ty) (*dat sg* -cie) *f* picket.

pikni|k (-ku, -ki) (*instr sg* -kiem) *m* picnic.

pik|ować (-uję, -ujesz) *vt* (*KRAWIECTWO*) (*perf* **prze-**) to quilt ♦ *vi* (*LOT*) to nose-dive.

piksel (-a, -e) *m* (*KOMPUT*) pixel.

pilni|k (-ka, -ki) (*instr sg* -kiem) *m* file; **pilnik do paznokci** nail file.

piln|ować (-uję, -ujesz) *vt* (*dzieci, domu*) to look after, to mind; (*interesów*) to look after; (*uczniów, robotników*) (*perf* **przy-**) to supervise; (*porządku, prawa*) to maintain.

►**pilnować się** *vr* to look after o.s., to take care of o.s.

pilny *adj* (*uczeń*) diligent; (*sprawa*) urgent.

pilo|t (-ta) (*loc sg* -cie) *m* (*samolotu*) (*nom pl* -ci) pilot; (*wycieczek*) (*nom pl* -ci) guide; (*do telewizora*) (*nom pl* -ty) remote control.

pilotażowy *adj*: **badanie pilotażowe** pilot study.

pilot|ować (-uję, -ujesz) *vt* (*samolot, statek*) to pilot; (*wycieczkę*) to guide.

pi|ła (-ły, -ły) (*dat sg* -le) *f* saw.

pił|ka (-ki, -ki) (*dat sg* -ce, *gen pl* -ek)

f (*do gier i zabaw*) ball; (*do piłowania*) saw; **grać w piłkę** to play ball; **piłka nożna** (association) football, soccer; **piłka ręczna** (*SPORT*) handball.

piłkarski *adj* football *attr*, soccer *attr*.

piłkarz (-a, -e) (*gen pl* -y) *m* football *lub* soccer player, footballer.

pił|ować (-uję, -ujesz) *vt* (*piłą*) to saw; (*pilnikiem*) (*perf* **s-**) to file.

pince|ta (-ty, -ty) (*dat sg* -cie) *f* tweezers *pl*.

pinez|ka (-ki, -ki) (*dat sg* -ce, *gen pl* -ek) *f* drawing pin (*BRIT*), thumbtack (*US*).

ping-pon|g (-ga) (*instr sg* -giem) *m* ping-pong.

pingwi|n (-na, -ny) (*loc sg* -nie) *m* penguin.

pio|n (-nu, -ny) (*loc sg* -nie) *m* (*kierunek*) the perpendicular; (*przyrząd*) plumb-line; (*SZACHY*) pawn.

pion|ek (-ka, -ki) (*instr sg* -kiem) *m* pawn; (*w warcabach*) draughtsman (*BRIT*), checker (*US*).

pionie|r (-ra, -rzy) (*loc sg* -rze) *m* pioneer.

pionowo *adv* vertically; (*w krzyżówce*) down.

pionowy *adj* vertical, perpendicular; (*stojący w pozycji pionowej*) upright.

pioru|n (-na, -ny) (*loc sg* -nie) *m* (thunder)bolt, lightning; **burza z piorunami** thunderstorm.

piorunochro|n (-nu, -ny) (*loc sg* -nie) *m* lightning conductor *lub* rod.

piosen|ka (-ki, -ki) (*dat sg* -ce, *gen pl* -ek) *f* song.

piosenkar|ka (-ki, -ki) (*dat sg* -ce, *gen pl* -ek) *f* singer.

piosenkarz (-a, -e) (*gen pl* -y) *m* singer.

piór|ko (-ka, -ka) (*instr sg* -kiem) *f* feather; **lekki jak piórko** (as) light as a feather.

piórni|k (-ka, -ki) (*instr sg* -kiem) *m* pencil case.

pió|ro (-ra, -ra) (*loc sg* -rze) *nt* (*ptaka*) feather; (*też*: **wieczne pióro**) fountain pen; (*wiosła, wycieraczki*) blade.

pióropusz (-a, -e) (*gen pl* -y) *m* plume.

piracki *adj* (*statek, radiostacja*) pirate *attr*; (*nagranie*) pirated.

pirami|da (-dy, -dy) (*dat sg* -dzie) *f* pyramid.

pira|t (-ta, -ci) (*loc sg* -cie) *m* pirate; **pirat drogowy** speeder.

Pirenej|e (-ów) *pl* the Pyrenees.

pirue|t (-tu, -ty) (*loc sg* -cie) *m* pirouette.

pi|sać (-szę, -szesz) *vt* (*perf* na-) to write ♦ *vi* to write; **pisać na maszynie** to type.

▶**pisać się** *vr*: **jak to się pisze?** how do you spell it?

pisa|k (-ka, -ki) (*instr sg* -kiem) *m* felt-tip (pen).

pisan|ka (-ki, -ki) (*dat sg* -ce, *gen pl* -ek) *f* Easter egg.

pisar|ka (-ki, -ki) (*dat sg* -ce, *gen pl* -ek) *f* writer.

pisarst|wo (-wa) (*loc sg* -wie) *nt* writing.

pisarz (-a, -e) (*gen pl* -y) *m* writer.

pisemnie *adv* in writing, on paper.

pisemny *adj* written.

pis|k (-ku, -ki) (*instr sg* -kiem) *m* (*opon*) screech; (*dzieci, myszy*) squeak, squeal.

piskl|ę (-ęcia, -ęta) (*gen pl* -ąt) *nt* nestling.

piskliwy *adj* shrill, squeaky.

pi|smo (-sma) (*loc sg* -śmie) *nt* writing; (*alfabet*) alphabet; (*charakter pisma*) hand(writing); (*dokument*) (*nom pl* -sma) letter; (*czasopismo*) (*nom pl* -sma) magazine; **na piśmie** in writing, on paper; **mieć ładny/czytelny charakter pisma** to write a good/legible hand(writing); **Pismo Święte** the (Holy) Scriptures; **pismo pochyłe** italics.

pisow|nia (-ni, -nie) (*gen pl* -ni) *f* spelling.

pistole|t (-tu, -ty) (*loc sg* -cie) *m* gun; **pistolet maszynowy** submachine gun.

pisua|r (-ru, -ry) (*loc sg* -rze) *m* urinal.

piszczał|ka (-ki, -ki) (*dat sg* -ce, *gen pl* -ek) *f* pipe (*musical instrument*).

piszcz|eć (-ę, -ysz) (*perf* **pisnąć**) *vi* (*o dziecku, myszy*) to squeal; (*o kole, zawiasach*) to screech.

piśmienny *adj* (*umiejący pisać*) literate; **artykuły** *lub* **materiały piśmienne** stationery.

PIT *n* tax return.

pitny *adj* (*woda*) drinking *attr*; **miód pitny** mead.

piwiar|nia (-ni, -nie) (*gen pl* -ni) *f* pub.

piwnic|a (-y, -e) *f* cellar.

piwny *adj* beer *attr*; (*oczy*) hazel.

pi|wo (-wa, -wa) (*loc sg* -wie) *nt* (*napój*) beer; (*porcja*) pint, beer; **piwo jasne/ciemne** lager/brown ale.

piwoni|a (-i, -e) (*gen pl* -i) *f* peony.

pizz|a (-y, -e) *f* pizza.

pizzeri|a (-i, -e) (*dat sg* -i) *f* pizzeria, pizza place.

piża|ma (-my, -my) (*dat sg* -mie) *f* pyjamas *pl* (*BRIT*), pajamas *pl* (*US*).

piż|mo (-ma) (*loc sg* -mie) *nt* musk.

PKB *abbr* (= **produkt krajowy brutto**) GNP, = gross national product.

PKP *abbr* (= *Polskie Koleje Państwowe*) Polish State Railways.

PKS *abbr* (= *Państwowa Komunikacja Samochodowa*) National Transport Company.

pkt *abbr* (= *punkt*) pt. (= point).

pl. *abbr* (= *plac*) sq. (= square).

plac (-u, -e) *m* square; **plac budowy**

building site; **plac zabaw**
playground.

plac|ek (**-ka**, **-ki**) (*instr sg* **-kiem**) *m*
(*ciasto*) cake; **placek drożdżowy**
yeast cake; **placki kartoflane** potato
pancakes.

placów|ka (**-ki**, **-ki**) (*dat sg* **-ce**, *gen pl*
-ek) *f* (*przedstawicielstwo*) post;
placówka naukowa/kulturalna
research/cultural institution.

pla|ga (**-gi**, **-gi**) (*dat sg* **-dze**) *f* plague.

plagia|t (**-tu**, **-ty**) (*loc sg* **-cie**) *m*
plagiarism.

plaj|ta (**-ty**, **-ty**) (*dat sg* **-cie**) *f* (*pot*)
bankruptcy.

plajt|ować (**-uję**, **-ujesz**) (*perf* **s-**) *vi*
(*pot*) to go broke (*pot*).

plaka|t (**-tu**, **-ty**) (*loc sg* **-cie**) *m* poster.

plakiet|ka (**-ki**, **-ki**) (*dat sg* **-ce**, *gen pl*
-ek) *f* badge.

pla|ma (**-my**, **-my**) (*dat sg* **-mie**) *f*
stain; **tłusta plama** greasy spot.

pla|mić (**-mię**, **-misz**) *vt* (*brudzić*)
(*perf* **po-**) to stain; (*okrywać hańbą*)
(*perf* **s-**) to stain, to tarnish.

▸**plamić się** *vr* (*brudzić się*) (*perf*
po-) to soil; (*okrywać się hańbą*)
(*perf* **s-**) to tarnish one's reputation.

plam|ka (**-ki**, **-ki**) (*dat sg* **-ce**) *f dimin
od* **plama**.

pla|n (**-nu**, **-ny**) (*loc sg* **-nie**) *m*
(*zamiar*) plan; (*urlopów*) schedule;
(*działania*) scheme; (*wypracowania,
wykładu*) outline; (*mapa*) street map;
(*FILM*) set; (: *plener*) location; **mieć
coś w planie** to plan to do sth; **plan
zajęć** (*godzinowy*) timetable;
(*tematyczny*) syllabus; **według planu**
lub **zgodnie z planem** according to
plan; **plan miasta** street map.

plane|ta (**-ty**, **-ty**) (*dat sg* **-cie**) *f* planet.

planetari|um (**-um**, **-a**) (*gen pl* **-ów**)
nt inv in sg planetarium.

planetarny *adj* planetary.

plan|ować (**-uję**, **-ujesz**) (*perf* **za-**) *vt*

(*zamierzać*) to plan; (*ustalać czas*)
to schedule.

plantacj|a (**-i**, **-e**) (*gen pl* **-i**) *f*
plantation.

plasteli|na (**-ny**) (*dat sg* **-nie**) *f*
Plasticine ®.

plast|er (**-ra**, **-ry**) (*loc sg* **-rze**) *m*
(*przylepiec*) (sticking) plaster (*BRIT*),
bandaid ® (*US*); (*szynki, sera*) slice.

plaster|ek (**-ka**, **-ki**) (*instr sg* **-kiem**)
m dimin od **plaster**.

plasti|k (**-ku**, **-ki**) (*instr sg* **-kiem**) *m*
plastic.

plastikowy *adj* plastic.

plastyczny *adj* (*substancja*) plastic;
(*praca*) artistic; (*gestykulacja, opis*)
vivid; **operacja plastyczna** (*MED*)
plastic *lub* cosmetic surgery.

plasty|k (**-ka**, **-cy**) (*instr sg* **-kiem**) *m*
artist.

plasty|ka (**-ki**) (*dat sg* **-ce**) *f* fine *lub*
plastic arts *pl*.

platfor|ma (**-my**, **-my**) (*dat sg* **-mie**) *f*
platform.

platfu|s (**-sa**, **-sy**) (*loc sg* **-sie**) *m*
flatfoot.

platy|na (**-ny**) (*dat sg* **-nie**) *f* platinum.

playba|ck (**-cku**, **-cki**) (*instr sg*
-ckiem) *m*: **śpiewać z playbacku** to
lip-sync, to mime.

plaz|ma (**-my**) (*dat sg* **-mie**) *f* plasma.

plaż|a (**-y**, **-e**) *f* beach.

plażowy *adj* beach *attr*.

plądr|ować (**-uję**, **-ujesz**) (*perf* **s-**) *vt*
to plunder.

plą|tać (**-czę**, **-czesz**) *vt* (*włosy, nici*)
(*perf* **po-** *lub* **za-**) to tangle (up);
(*pot*: *daty, nazwiska*) (*perf* **po-**) to
mix up (*pot*).

▸**plątać się** *vr* (*o niciach, włosach*)
(*perf* **po-** *lub* **za-**) to tangle; (*o
mówcy*) to falter.

plebani|a (**-i**, **-e**) (*gen pl* **-i**) *f*
presbytery.

pleca|k (**-ka**, **-ki**) (*instr sg* **-kiem**) *m*
rucksack, backpack (*US*).

plec|y (**-ów**) *nt* back; **mieć plecy** to have friends in high places.

plemienny *adj* tribal.

plemi|ę (**-enia, -ona**) (*gen pl* **-on**) *nt* tribe.

plemni|k (**-ka, -ki**) (*instr sg* **-kiem**) *m* sperm (cell).

plen|um (**-um, -a**) (*gen pl* **-ów**) *nt inv in sg* joint assembly.

pl|eść (**-otę, -eciesz**) (*imp* **-eć**, *pt* **plótł, plotła, pletli**) (*łączyć*) *vt* (*perf* **s-** *lub* **za-**) to plait; (*pot. mówić bez sensu*) (*perf* **na-**) to blabber (*pot.*).

pleśnie|ć (**-je**) (*perf* **s-**) *vi* to get *lub* grow mouldy (*BRIT*), to get *lub* grow moldy (*US*).

pleś|ń (**-ni**) *f* mould (*BRIT*), mold (*US*).

pli|k (**-ku, -ki**) (*instr sg* **-kiem**) *m* bundle; (*KOMPUT*) file.

plom|ba (**-by, -by**) (*dat sg* **-bie**) *f* (*zabezpieczenie*) seal; (*w zębie*) filling.

plomb|ować (**-uję, -ujesz**) (*perf* **za-**) *vt* (*towary*) to seal; (*ząb*) to fill.

plo|n (**-nu, -ny**) (*loc sg* **-nie**) *m* crop; (*wydajność*) yield; (*przen*) fruit.

plot|ka (**-ki, -ki**) (*dat sg* **-ce**, *gen pl* **-ek**) *f* rumour (*BRIT*), rumor (*US*); **plotki** *pl* gossip *sg*.

plotk|ować (**-uję, -ujesz**) *vi* to gossip.

plu|cha (**-chy, -chy**) (*dat sg* **-sze**) *f* wet weather.

pl|uć (**-uję, -ujesz**) (*perf* **-unąć**) *vi* to spit.

plugawy *adj* filthy, foul.

pluraliz|m (**-mu**) (*loc sg* **-mie**) *m* pluralism.

plu|s (**-sa, -sy**) (*loc sg* **-sie**) *m* (*MAT*) plus; (*zaleta*) plus, advantage; **dwa plus dwa równa się cztery** two plus two equals four; **plus minus** more or less; **plusy i minusy** pros and cons.

plus|kać (**-kam, -kasz**) (*imp* **-kaj**, *perf* **-nąć**) *vi* to splash.

▶**pluskać się** *vr* to splash about.

pluskiew|ka (**-ki, -ki**) (*dat sg* **-ce**, *gen pl* **-ek**) *f* drawing pin (*BRIT*), thumbtack (*US*).

plus|kwa (**-kwy, -kwy**) (*dat sg* **-kwie**, *gen pl* **-kiew**) *f* bedbug.

plusz (**-u, -e**) *m* plush.

pluszowy *adj* plush *attr*; **pluszowy niedźwiadek** teddy bear.

pluto|n (**-nu**) (*loc sg* **-nie**) *m* (*WOJSK*) (*nom pl* **-ny**) platoon.

płac|a (**-y, -e**) *f* (*ogólnie*) pay, earnings *pl*; (*pracownika fizycznego*) wage, wages *pl*; (*pracownika umysłowego*) salary.

płach|ta (**-ty, -ty**) (*dat sg* **-cie**) *f* (*płótna, materiału*) cloth; (*papieru*) sheet.

pła|cić (**-cę, -cisz**) (*imp* **-ć**, *perf* **za-**) *vt/vi* to pay; **płacić za coś** to pay for sth.

płacowy *adj* wage *attr*.

płacz (**-u, -e**) *m* crying, weeping.

płaczliwy *adj* (*dziecko*) weepy, tearful; (*głos*) tearful; (*melodia*) moving, touching.

pła|kać (**-czę, -czesz**) *vi* to cry, to weep.

płaski *adj* flat; **płaski talerz** dinner plate.

płaskorzeź|ba (**-by, -by**) (*dat sg* **-bie**) *f* bas-relief.

płaskosto|pie (**-pia, -pia**) (*gen pl* **-pi**) *nt*: **mieć płaskostopie** to be flat-footed.

płastu|ga (**-gi, -gi**) (*gen sg* **-dze**) *f* plaice.

płaszcz (**-a, -e**) (*gen pl* **-y**) *m* (*okrycie*) (over)coat.

płaszcz|yć się (**-ę, -ysz**) *vr*: **płaszczyć się przed kimś** to crawl to sb, to fawn on sb.

płaszczy|zna (**-zny, -zny**) (*loc sg* **-źnie**) *f* (*GEOM*) plane.

pła|t (**-ta, -ty**) (*loc sg* **-cie**) *m* (*materiału*) piece; (*szynki, sera*) slice.

płat|ek (-ka, -ki) (*instr sg* -kiem) *m* (*kwiatu*) petal; **płatek śniegu** snowflake; **płatki kukurydziane** cornflakes; **płatki owsiane** oatmeal.

płatniczy *adj*: **środek płatniczy** legal tender; **bilans płatniczy** balance of payments; **nakaz płatniczy** demand for payment.

płatni|k (-ka, -cy) (*instr sg* -kiem) *m* payer.

płatnoś|ć (-ci, -ci) (*gen pl* -ci) *f* payment.

płatny *adj* paid; **dobrze/nisko płatny** well-/low-paid.

pła|z (-za, -zy) (*loc sg* -zie) *m* amphibian.

płciowy *adj* sexual.

płd. *abbr* (= *południowy*) s., S. (= southern, South).

pł|eć (-ci, -ci) (*gen pl* -ci) *f* sex, gender.

płet|wa (-wy, -wy) (*dat sg* -wie) *f* (*ryby*) fin; (*płetwonurka*) flipper.

płetwonur|ek (-ka, -kowie *lub* -ki) (*instr sg* -kiem) *m* scuba diver.

płk *abbr* (= *pułkownik*) Col. (= Colonel).

płn. *abbr* (= *północny*) n., N. (= northern, North).

pło|ć (-ci, -cie) (*gen pl* -ci) *f* (*ZOOL*) roach.

płodnoś|ć (-ci) *f* fertility; (*przen*) productivity.

płodny *adj* fertile; (*pisarz*) prolific.

pł|odzić (-odzę, -odzisz) (*imp* -ódź, *perf* s-) *vt* (*książk*: *syna*) to beget.

płomie|ń (-nia, -nie) (*gen pl* -ni) *m* (*ogień*) flame; (*blask*) blaze; (*namiętność*) flame, passion.

płomy|k (-ka, -ki) (*instr sg* -kiem) *m* *dimin od* **płomień**.

pło|nąć (-nę, -niesz) (*imp* -ń) *vi* to burn.

płosz|yć (-ę, -ysz) (*perf* s-) *vt* to frighten away *lub* off.

►**płoszyć się** *vr* (*wpadać w popłoch*) to take fright, to panic; (*uciekać*) to flee, to take flight.

pło|t (-tu, -ty) (*loc sg* -cie) *m* fence.

płot|ek (-ka, -ki) (*instr sg* -kiem) *m* *dimin od* **płot**; (*SPORT*) hurdle; **bieg przez płotki** (*SPORT*) hurdles *pl*.

płowi|eć (-eję, -ejesz) (*perf* wy-) *vi* (*o tkaninie, papierze*) to fade, to lose colour (*BRIT*) *lub* color (*US*); (*o trawie, włosach*) to bleach.

pł|oza (-ozy, -ozy) (*dat sg* -ozie, *gen pl* -óz) *f* (*sań*) runner; (*samolotu*) ski.

pł|ód (-odu, -ody) (*loc sg* -odzie) *m* foetus (*BRIT*), fetus (*US*); **płody** *pl* (*rolne*) produce *sg*.

płó|tno (-tna, -tna) (*loc sg* -tnie, *gen pl* -cien) *nt* (*na pościel, obrusy*) linen; (*żaglowe, namiotowe*) canvas; (*obraz*) canvas.

płuc|o (-a, -a) *nt* lung; **zapalenie płuc** pneumonia.

płu|g (-ga, -gi) (*instr sg* -giem) *m* plough (*BRIT*), plow (*US*).

płu|kać (-czę, -czesz) *vt* (*bieliznę*) (*perf* wy-) to rinse; (*warzywa, naczynia*) (*perf* o- *lub* wy-) to rinse; (*usta*) (*perf* wy- *lub* prze-) to rinse, to wash; **płukać gardło** to gargle.

Płw. *abbr* (= *półwysep*) Pen. (= Peninsula).

pły|n (-nu, -ny) (*loc sg* -nie) *m* liquid; **płyn do mycia naczyń** washing-up liquid; **płyn po goleniu** aftershave lotion; **płyn hamulcowy** brake fluid.

pły|nąć (-nę, -niesz) (*imp* -ń) *vi* to flow; (*o człowieku, rybie, ptaku*) to swim; (*o statku, jachcie*) to sail.

płynnie *adv* (*mówić, czytać*) fluently; (*poruszać się*) smoothly.

płynnoś|ć (-ci) *f* (*ruchów, kroku*) smoothness; (*stylu, mowy*) fluency; (*FIN*) liquidity.

płynny *adj* (*ciekły*) liquid; (*ruch, krok*) smooth; (*styl, wymowa*) fluent.

pły|ta (-ty, -ty) (*dat sg* -cie) *f* (*z kamienia, metalu: cienka*) plate;

(: *gruba*) slab; (*gramofonowa*) record; **płyta kompaktowa** compact disc.

płyt|ka (-ki, -ki) (*dat sg* -ce, *gen pl* -ek) *f* plate; (*ceramiczna*) tile.

płytki *adj* shallow; (*przen*) superficial.

pływacz|ka (-ki, -ki) (*dat sg* -ce, *gen pl* -ek) *f* swimmer.

pływ|ać (-am, -asz) *vi* (*o człowieku, zwierzęciu*) to swim; (*o statku, jachcie*) to sail; (*o korku, oliwie*) to float.

pływa|k (-ka) (*instr sg* -kiem) *m* (*człowiek*) (*nom pl* -cy) swimmer; (*przyrząd*) (*nom pl* -ki) float.

pływal|nia (-ni, -nie) (*gen pl* -ni) *f* swimming-pool.

pływani|e (-a) *nt* swimming.

pnącz|e (-a, -a) (*gen pl* -y) *nt* climber, creeper.

p.n.e. *abbr* (= *przed naszą erą*) B.C.

pneumatyczny *adj* pneumatic; **młot pneumatyczny** pneumatic drill.

─────SŁOWO KLUCZOWE─────

po *prep* +*loc* 1 (*czas*) after; **po obiedzie** after dinner; **po chwili** after a while, a moment later; **pięć po ósmej** five past *lub* after (*US*) eight. 2 (*kolejność*) after; **jeden po drugim** one after another; **butelka po piwie/winie** beer/wine bottle. 3 (*na podstawie*) by; **rozpoznać kogoś po głosie** to recognize sb by his voice. 4 (*dziedziczenie*) from; **ma urodę po matce** she gets her beauty from her mother; **spadek po dziadku** inheritance from one's grandfather. 5 (*hierarchia*) after; **po Szekspirze** after Shakespeare; **pierwszy po Bogu** next to God. 6: **chodzić po lesie/górach** to walk in the woods/mountains; **po niebie** in the sky; **chodzić po trawie/piasku** to walk on grass/sand; **po szynach** on rails; **jeździć po mieście/kraju** to

travel around the town/ country; **spacerować po korytarzu** to walk in *lub* along the corridor; **po całym pokoju** all over the room; **po drugiej stronie** on the other side; **głaskać kogoś po włosach** to stroke sb's hair; **schodzić po drabinie/schodach** to go down the ladder/stairs. 7 **po kawałku** piece by piece ♦ *prep* +*acc* 1 (*kres, zasięg*) to; **wody było po kolana** the water was knee-deep; **po brzegi** to the rim. 2 (*cel*) for; **przyjść po książkę** to come to get a book; **posłać po lekarza** to send for a doctor; **po co?** what for?; **po dwadzieścia sztuk w paczce** twenty items per pack; **po dwa złote za sztukę** (at) two zloty a piece ♦ *prep* +*dat*. **po cichu** (*bezgłośnie*) quietly, silently; (*potajemnie*) on the quiet, secretly; **po trochu** bit by bit, little by little; **po polsku/angielsku** in Polish/English; **mówić po polsku/angielsku** to speak Polish/English.

po|bić (-biję, -bijesz) *vb perf od* **pobijać** ♦ *vt perf* (*pokonać*) to defeat, to beat; (*zbić*) to beat up.

▸**pobić się** *vr perf* to have a fight.

pobie|c (-gnę, -gniesz) (*imp* -gnij, *pt* -gł) *vi perf* (*o człowieku, zwierzęciu*) to run; (*o wzroku, spojrzeniu*) to go.

pobier|ać (-am, -asz) (*perf* **pobrać**) *vt* (*pensję, narzędzia*) to collect; (*krew, próbkę*) to take; (*tlen, pokarm*) to take (in).

▸**pobierać się** *vr* to get married, to marry.

pobieżnie *adv* cursorily; (*zapoznawać się*) briefly.

pobieżny *adj* cursory.

pobij|ać (-am, -asz) (*perf* **pobić**) *vt* (*rekordy*) to beat, to break.

pobliski adj nearby attr. ˙

pobliż|e (-a) nt: **w pobliżu** nearby.

pobłaż|ać (-am, -asz) vi: **pobłażać komuś** to be lenient with sb.

pobłażliwy adj indulgent, forgiving.

pobocz|e (-a, -a) (gen pl -y) nt (miękkie) verge (BRIT), shoulder (US); (twarde) hard shoulder (BRIT), shoulder (US).

poborowy adj (wiek) military attr; **komisja poborowa** recruitment board ♦ m decl like adj conscript.

pobor|y (-ów) pl (pensja) salary.

pobożnoś|ć (-ci) f piety.

pobożny adj pious, devout.

pob|ór (-oru, -ory) (loc sg -orze) m (WOJSK) conscription, draft (US); (energii, gazu, mocy) consumption; (opłat, podatków) collection.

pobud|ka (-ki, -ki) (dat sg -ce, gen pl -ek) f (sygnał) reveille; **pobudki** pl (powody) motives.

pobudliwy adj excitable.

pobu|dzać (-dzam, -dzasz) (perf -dzić) vt (apetyt, organizm) to stimulate.

poby|t (-tu, -ty) (loc sg -cie) m stay.

pocał|ować (-uję, -ujesz) vb perf od **całować**.

pocałun|ek (-ku, -ki) (instr sg -kiem) m kiss.

pochlebc|a (-y, -y) m decl like f in sg flatterer.

pochle|biać (-biam, -biasz) (perf -bić) vt +dat (podlizywać się) to flatter; (chwalić) to speak highly of.

pochlebny adj flattering.

pochlebst|wo (-wa, -wa) (loc sg -wie) nt compliment; **pochlebstwa** pl flattery sg.

pochłani|ać (-am, -asz) (perf pochłonąć) vt to absorb; (pot: jedzenie, książki) to devour.

pochmurno adj: **jest pochmurno** it's cloudy.

pochmurny adj (dzień) cloudy; (twarz, wzrok) gloomy.

pochod|nia (-ni, -nie) (gen pl -ni) f torch.

pochodzeni|e (-a) nt origin; **on jest Polakiem z pochodzenia** he is of Polish descent.

pocho|dzić (-dzę, -dzisz) vi: **pochodzę z Polski/bogatej rodziny** I come from Poland/a rich family.

pochopny adj rash.

pochow|ać (-am, -asz) vb perf od **chować**.

poch|ód (-odu, -ody) (loc sg -odzie) m parade.

poch|wa (-wy, -wy) (dat sg -wie, gen pl -ew) f (ANAT) vagina; (książk: futerał) sheath.

pochwal|ać (-am, -asz) vt (aprobować) to approve of; **nie pochwalać czegoś** to disapprove of sth.

pochwal|ić (-ę, -isz) vb perf od **chwalić**.

pochwalny adj laudatory.

pochwa|ła (-ły, -ły) (dat sg -le) f (wyraz uznania) praise; (na piśmie) citation.

pochyl|ać (-am, -asz) (perf -ić) vt (głowę) to bend, to incline; (słup) to tip.

►**pochylać się** vr (o człowieku, drzewie) to bend down; (o budynku) to lean.

pochyły adj (drzewo) leaning; (pismo) slanting; (grunt) sloping; **pochyłym drukiem** in italics.

po|ciąć (-tnę, -tniesz) (imp -tnij) vt perf to cut up.

pociąg (-gu, -gi) (instr sg -giem) m (pojazd) train; (skłonność) attraction; **jechać pociągiem** to go by train; **pociąg towarowy** goods (BRIT) lub freight (US) train.

pociąg|ać (-am, -asz) vt to attract ♦ vi (perf -nąć): **pociągać za coś** to

pull (at) sth; **pociągać za sobą** to
entail; **pociągać nosem** to sniff.

pociąg|nąć (-nę, -niesz) (*imp* -**nij**) *vb*
perf od **pociągać, ciągnąć**.

pociągowy *adj:* **zwierzę pociągowe**
beast of burden.

po|cić się (-cę, -cisz) (*imp* -**ć**) *vr* (*o*
człowieku, rękach) (*perf* **s-**) to sweat;
(*o szkle, okularach*) (*perf* **za-**) to
steam up.

pocie|cha (-chy) (*dat sg* -**sze**) *f*
(*pocieszenie*) comfort, consolation;
(*pot. dziecko*) (*nom pl* -**chy**) kid.

pocier|ać (-am, -asz) (*perf* **potrzeć**)
vt to rub.

pociesz|ać (-am, -asz) (*perf* -**yć**) *vt*
to comfort, to console.

▸**pocieszać się** *vr* to console o.s.

pocis|k (-ku, -ki) (*instr sg* -**kiem**) *m*
(*karabinowy*) bullet; (*artyleryjski*)
shell; (*rakietowy*) missile.

począt|ek (-ku, -ki) (*instr sg* -**kiem**) *m*
beginning, start; **na początek** for a
start, to begin with; **na początku** at
the beginning; **od początku** from
the beginning; **z początku** at first.

początkowo *adv* initially, originally.

początkowy *adj* initial.

początkujący *adj* (*literat,*
dziennikarz) novice *attr* ▸ *m decl like*
adj beginner.

począwszy *inv:* **począwszy od**
środy (*w przeszłości*) as early as
Wednesday; (*w przyszłości*) as *lub*
from Wednesday, from Wednesday
on.

poczciwy *adj* kind-hearted.

poczek|ać (-am, -asz) *vb perf od*
czekać.

poczekal|nia (-ni, -nie) (*gen pl* -**ni**) *f*
waiting-room.

poczekaniu *inv:* **na poczekaniu**
while you wait.

poczę|cie (-cia, -cia) (*gen pl* -**ć**) *nt*
conception.

poczęst|ować (-uję, -ujesz) *vb perf*
od **częstować**.

poczęstun|ek (-ku, -ki) (*instr sg*
-**kiem**) *m* food and drinks.

poczt|a (-ty, -ty) (*dat sg* -**cie**) *f* (*urząd*
pocztowy) post office;
(*korespondencja*) post (*BRIT*), mail
(*US*); **poczta elektroniczna** e-mail;
pocztą lotniczą (by) airmail.

pocztowy *adj* postal; **urząd**
pocztowy post office; **znaczek**
pocztowy postage stamp; **skrzynka**
pocztowa *lub* **na listy** (*na drzwiach*
domu, przed domem) letter-box
(*BRIT*), mailbox (*US*); **skrzynka**
pocztowa (*na poczcie, ulicy*)
post-box (*BRIT*), mailbox (*US*).

pocztów|ka (-ki, -ki) (*dat sg* -**ce**, *gen*
pl -**ek**) *f* postcard.

poczuci|e (-a) *nt* (*bezpieczeństwa,*
winy, niższości) feeling; (*obowiązku,*
czasu, sprawiedliwości) sense;
poczucie humoru sense of
humo(u)r.

pocz|uć (-uję, -ujesz) *vb perf od* **czuć**.

poczyna|nia (-ń) *pl* actions.

poczytalny *adj* of sound mind.

poczytny *adj* widely read.

─── *SŁOWO KLUCZOWE* ───

pod *prep* +*instr* **1** (*poniżej*) under;
pod stołem under the table; **pod**
wodą/ziemią underwater/
underground; **pod spodem** below,
underneath. **2** (*obok*) by; **pod**
ścianą by the wall; **pod drzwiami** at
the door. **3** (*w pobliżu*) near; **wieś**
pod Warszawą a village near
Warsaw; **bitwa pod Grunwaldem**
the Battle of Grunwald. **4** (*dla*
wyrażenia przyczyny) under; **pod**
wpływem/przymusem under the
influence/pressure ▸ *prep* +*acc* **1**
(*kierunek*) under; **kot wszedł pod**
stół the cat went under the table;
pod wiatr/prąd against the

wind/stream; **iść pod górę** to walk uphill; **wpaść** *(perf)* **pod samochód** to be hit by a car, to get run over by a car. **2** *(dla wyrażenia czasu)*: **pod wieczór/koniec** towards the evening/end; **pod czyjąś nieobecność** in sb's absence. **3**: **pod kierunkiem nauczyciela** under the teacher's supervision; **pod czyjąś opieką** in sb's care; **pod nazwiskiem Kowalski** under the name of Kowalski; **pod warunkiem, że ...** on condition (that) ..., provided *lub* providing (that) ...; **książka pod tytułem ...** a book entitled ... .

pod|ać (**-am, -asz**) *vb perf od* **podawać**.

poda|nie (**-nia, -nia**) (*gen pl* **-ń**) *nt* (*wniosek*) application; (*SPORT: w piłce nożnej, hokeju*) pass; (: *w tenisie, siatkówce*) service.

podar|ować (**-uję, -ujesz**) *vt perf*: **podarować coś komuś** (*dać w prezencie*) to give sth to sb as a present; (*przebaczyć*) to forgive sb sth.

podarty *adj* torn, tattered.

podarun|ek (**-ku, -ki**) (*instr sg* **-kiem**) *m* gift.

podat|ek (**-ku, -ki**) (*instr sg* **-kiem**) *m* tax; **podatek dochodowy** income tax; **podatek od wartości dodanej** value added tax, VAT.

podatkowy *adj* (*system, przepisy, rok*) tax *attr*.

podatni|k (**-ka, -cy**) (*instr sg* **-kiem**) *m* taxpayer.

podatnoś|ć (**-ci**) *f*: **podatność (na coś)** susceptibility (to sth).

podatny *adj*: **podatny (na coś)** susceptible (to sth).

pod|awać (**-aję, -ajesz**) (*perf* **-ać**) *vt* (*książkę, cukier*) to pass; (*nazwisko,*

cenę, przykład) to give; (*wiadomość, rezultaty*) to announce; (*lekarstwo*) to administer; (*piłkę: w tenisie, siatkówce*) to serve; (: *w piłce nożnej*) to pass; **podawać coś komuś** to pass sb sth *lub* sth to sb; **podawać do stołu** to wait at table; **podawać (do wiadomości), że ...** to announce that ... .

▸**podawać się** *vr*: **podawać się za kogoś** to pose as sb; **podać się do dymisji** to hand in one's resignation.

podaż (**-y**) *f* supply.

podąż|ać (**-am, -asz**) (*perf* **-yć**) *vi* to proceed; **podążać za kimś** to follow sb.

podbiegunowy *adj* polar; **koło podbiegunowe północne/południowe** Arctic/Antarctic Circle.

podbij|ać (**-am, -asz**) (*perf* **podbić**) *vt* (*kraj*) to conquer; (*piłkę: posyłać w górę*) to flick up; (*cenę*) to push up.

podb|ój (**-oju, -oje**) *m* conquest.

podbród|ek (**-ka, -ki**) (*instr sg* **-kiem**) *m* chin.

podbrzusz|e (**-a, -a**) (*gen pl* **-y**) *nt* (*u człowieka*) abdomen; (*u zwierzęcia*) underbelly.

podburz|ać (**-am, -asz**) (*perf* **-yć**) *vt* to instigate.

podcho|dzić (**-dzę, -dzisz**) (*imp* **-dź**, *perf* **podejść**) *vt* (*tropić: zwierzynę, przestępcę*) to stalk ▸ *vi*: **podchodzić do** +*gen* to approach, to come up to.

podchorąż|y (**-ego, -owie**) *m decl like adj* (*WOJSK*) officer trainee (*BRIT*) *lub* cadet (*US*).

podchwytliwy *adj*: **podchwytliwe pytanie** trick question.

podciąg|ać (**-am, -asz**) (*perf* **-nąć**) *vt* (*spodnie, rękaw, kolana*) to pull up; (*poziom*) to raise.

▸**podciągać się** *vr* (*na rękach*) to

pull o.s. up; (*przen: w nauce*) to lift one's grades.

podczas *prep +gen* during; **podczas gdy** ((*wtedy*) *kiedy*) while; (*natomiast*) whereas.

podczerwie|ń (**-ni**) (*gen pl* **-ni**) *f* infrared light.

podda|ny (**-nego, -ni**) *m decl like adj* subject.

poddasz|e (**-a, -a**) (*gen pl* **-y**) *nt* loft; **pokój na poddaszu** attic, garret.

podd|awać (**-aję, -ajesz**) (*perf* **-ać**) *vt* (*miasto*) to surrender; (*myśl, temat*) to suggest; (*projekt, wniosek*) to put forward, to propose.

▶**poddawać się** *vr* (*rezygnować*) to give up; **poddawać się** (*+dat*) (*nieprzyjacielowi*) to surrender (to); (*wpływowi, urokowi*) to surrender *lub* give in (to).

podejm|ować (**-uję, -ujesz**) (*perf* **podjąć**) *vt* (*kroki, wezwanie, ryzyko*) to take; (*pracę*) to take up; (*walkę*) to put up; (*dyskusję, wątek*) to take up; (*gości*) to receive; (*pieniądze*) to withdraw; **podejmować decyzję** to take *lub* make a decision.

▶**podejmować się** *vr*: **podejmować się czegoś/coś zrobić** to undertake sth/to do sth.

podejrzany *adj* suspicious ♦ *m decl like adj* suspect.

podejrze|nie (**-nia, -nia**) (*gen pl* **-ń**) *nt* suspicion.

podejrzew|ać (**-am, -asz**) *vt* to suspect; **podejrzewać kogoś o coś** to suspect sb of sth.

podejrzliwy *adj* suspicious.

podejś|cie (**-cia, -cia**) (*gen pl* **-ć**) *nt* (*droga pod górę*) climb; **podejście (do** *+gen*) (*stosunek*) attitude (to *lub* towards); (*interpretacja*) approach (to).

podekscytowany *adj* excited.

podenerwowany *adj* nervous.

podeszły *adj*: **w podeszłym wieku**

advanced in years, of advanced years *lub* age; **osoby w podeszłym wieku** the aged.

podesz|wa (**-wy, -wy**) (*dat sg* **-wie**) *f* sole.

podgląd|ać (**-am, -asz**) (*perf* **podejrzeć**) *vt* to spy on.

podgłów|ek (**-ka, -ki**) (*instr sg* **-kiem**) *m* bolster.

podgrzew|ać (**-am, -asz**) (*perf* **podgrzać**) *vt* (*wodę*) to heat; (*zupę, obiad*) to heat up.

podi|um (**-um, -a**) (*gen pl* **-ów**) *nt inv in sg* podium.

podj|azd (**-azdu, -azdy**) (*loc sg* **-eździe**) *m* (*do budynku*) drive(way).

podj|ąć (**-ejmę, -ejmiesz**) (*imp* **-ejmij**) *vb perf od* **podejmować**.

podjeżdż|ać (**-am, -asz**) (*perf* **podjechać**) *vt* (*do miejsca*) to draw up, to drive up; (*pod górę*) to go uphill.

podju|dzać (**-dzam, -dzasz**) (*perf* **-dzić**) *vt* to incite.

podkła|d (**-du, -dy**) (*loc sg* **-dzie**) *m* (*pod farbę*) undercoat; (*pod makijaż*) foundation (cream); (*KOLEJ*) sleeper (*BRIT*), tie (*US*).

podkład|ać (**-am, -asz**) (*perf* **podłożyć**) *vt* (*kłaść*): **podkładać coś pod** *+acc* to put sth under; **podkładać bombę** to plant a bomb; **podkładać ogień pod coś** to set fire to sth.

podkład|ka (**-ki, -ki**) (*dat sg* **-ce**, *gen pl* **-ek**) *f* (*pod talerz*) mat; (*pod kieliszek*) coaster; (*TECH*) washer.

podkolanów|ki (**-ek**) *pl* knee-length socks.

podkoszul|ek (**-ka, -ki**) (*instr sg* **-kiem**) *m* vest (*BRIT*), undershirt (*US*).

podk|owa (**-owy, -owy**) (*dat sg* **-owie**, *gen pl* **-ów**) *f* horseshoe.

podkrad|ać (**-am, -asz**) (*perf* **podkraść**) *vt* to steal.

►**podkradać się** *vr:* **podkradać się (do kogoś)** to creep up (on sb).

podkrążony *adj:* **mieć podkrążone oczy** to have dark rings round one's eyes.

podkreśl|ać (**-am, -asz**) (*perf* **-ić**) *vt* (*tekst, błąd*) to underline, to underscore; (*uwydatniać*) to emphasize, to stress.

podleg|ać (**-am, -asz**) *vi:* **podlegać komuś/czemuś** (*instytucji, kierownictwu*) to be subordinate to sb/sth; **podlegać czemuś** (*karze, opłacie, obowiązkowi, wpływowi*) to be subject to sth.

podległy *adj:* **podległy komuś/czemuś** subordinate to sb/sth.

podlew|ać (**-am, -asz**) (*perf* **podlać**) *vt* to water.

podliz|ywać się (**-uję, -ujesz**) (*perf* **-ać**) *vr:* **podlizywać się komuś** (*pot*) to suck up to sb (*pot*), to toady to sb.

podłącz|ać (**-am, -asz**) (*perf* **-yć**) *vt* to connect, to hook up.

podłog|a (**-ogi, -ogi**) (*dat sg* **-odze**, *gen pl* **-óg**) *f* floor.

podłoś|ć (**-ci**) *f* (*cecha*) meanness; (*uczynek*) mean trick.

podłoż|e (**-a, -a**) (*gen pl* **-y**) *nt* (*ziemia*) ground; (*podstawa*) basis.

podłużny *adj* (*kształt*) elongated; (*przekrój*) longitudinal.

podły *adj* (*człowiek*) mean; (*czyn*) mean, base.

podmiejski *adj* suburban.

podmio|t (**-tu, -ty**) (*loc sg* **-cie**) *m* (*JĘZ*) subject; (*PRAWO*) entity.

podmokły *adj* boggy, marshy.

podmu|ch (**-chu, -chy**) *m* (*wiatru*) gust.

podnaj|mować (**-muję, -mujesz**) (*perf* **-ąć**) *vt* to sublet.

podniebie|nie (**-nia, -nia**) (*gen pl* **-ń**) *nt* palate.

podnie|cać (**-cam, -casz**) (*perf* **-cić**) *vt* (*ożywiać*) to excite, to thrill; (*pobudzać seksualnie*) to excite, to arouse; (*wyobraźnię, nadzieję, apetyt*) to stimulate.

►**podniecać się** *vr* (*ożywiać się*) to get excited; (*pobudzać się seksualnie*) to become excited *lub* aroused.

podniecający *adj* exciting.

podniece|nie (**-nia**) *nt* excitement; (*seksualne*) arousal.

podniecony *adj* (*ożywiony*) excited; (*pobudzony seksualnie*) excited, aroused.

pod|nieść (**-niosę, -niesiesz**) (*imp* **-nieś**, *pt* **-niósł, -niosła, -nieśli**) *vb perf od* **podnosić**.

podniosły *adj* (*styl*) lofty, elevated; (*nastrój, chwila*) solemn.

podno|sić (**-szę, -sisz**) (*imp* **-ś**, *perf* **podnieść**) *vt* (*unosić*) to raise; (*z wysiłkiem*) to lift; (*zbierać*) to pick up; (*pomagać wstać*) to lift; (*poziom, płace, alarm*) to raise; (*problem, kwestię*) to raise, to bring up; **podnosić głos** to raise one's voice.

►**podnosić się** *vr* (*wstawać*) to lift o.s.; (*o dochodach, cenach*) to rise.

podnośni|k (**-ka, -ki**) (*instr sg* **-kiem**) *m* (*TECH*) lift; (*lewarek*) jack.

podnóż|e (**-a, -a**) (*gen pl* **-y**) *nt:* **u podnóża góry** at the foot of the mountain.

podnóż|ek (**-ka, -ki**) (*instr sg* **-kiem**) *m* footstool.

podob|ać się (**-am, -asz**) *vr:* **ona mi się podoba** I like her; **to mi się nie podoba** I don't like it.

podobieńst|wo (**-wa, -wa**) (*loc sg* **-wie**) *nt* similarity; (*wyglądu*) likeness, resemblance.

podobnie *adv* (*w podobny sposób*) similarly, alike; (*równie*) as; **podobnie jak** like.

podobno *adv* supposedly, reportedly.

podobny *adj* similar; (*o dwóch lub*

więcej osobach/rzeczach) alike, similar; **być podobnym do kogoś/czegoś** to resemble sb/sth; **i tym podobne** and the like.

podoł|ać (**-am, -asz**) *vi perf*: **nie podołam temu** I'm not up to it.

podopiecz|ny (**-nego, -ni**) *m decl like adj*: **mój podopieczny** my charge.

podpal|ać (**-am, -asz**) *(perf* **-ić**) *vt*: **podpalać coś** to set fire to sth, to set sth on fire.

podpas|ka (**-ki, -ki**) *(dat sg* **-ce**, *gen pl* **-ek**) *f (też:* **podpaska higieniczna**) sanitary towel *(BRIT) lub* napkin *(US)*.

podpatr|ywać (**-uję, -ujesz**) *(perf* **podpatrzyć**) *vt* to watch.

podpier|ać (**-am, -asz**) *vt (głowę, chorego) (perf* **podeprzeć**) to support; *(stół, biurko) (perf* **podeprzeć**) to prop up; *(stanowić podporę)* to support.

podpin|ka (**-ki, -ki**) *(dat sg* **-ce**, *gen pl* **-ek**) *f* (detachable) lining.

podpi|s (**-su, -sy**) *(loc sg* **-sie**) *m (czyjś)* signature; *(pod ilustracją)* caption.

podpis|ywać (**-uję, -ujesz**) *(perf* **-ać**) *vt* to sign.

► **podpisywać się** *vr* to sign one's name.

podp|ora (**-ory, -ory**) *(loc sg* **-orze**, *gen pl* **-ór**) *f* support.

podporuczni|k (**-ka, -cy**) *(instr sg* **-kiem**) *m* Second Lieutenant; *(w marynarce wojennej)* Acting Sub-Lieutenant *(BRIT)*, Ensign *(US)*.

podporządkow|ywać (**-uję, -ujesz**) *(perf* **-ać**) *vt* to subordinate.

► **podporządkowywać się** *vr*: **podporządkowywać się czemuś** to conform to sth, to comply with sth; **podporządkowywać się komuś** to defer to sb.

podpowiad|ać (**-am , -asz**) *(perf*

podpowiedzieć) *vt* to suggest ♦ *vi*: **podpowiadać komuś** to prompt sb.

podpór|ka (**-ki, -ki**) *(dat sg* **-ce**, *gen pl* **-ek**) *f* support.

podpułkowni|k (**-ka, -cy**) *(instr sg* **-kiem**) *m* Lieutenant Colonel.

podrabi|ać (**-am, -asz**) *(perf* **podrobić**) *vt* to forge.

podrabiany *adj* fake.

podraż|niać (**-niam, -niasz**) *(perf* **-nić**) *vt* to irritate.

podręczni|k (**-ka, -ki**) *(instr sg* **-kiem**) *m* textbook.

podręczny *adj (słownik)* concise; **bagaż podręczny** hand *lub* carry-on luggage.

podrobiony *adj* forged, counterfeit.

podrób|ka (**-ki, -ki**) *(dat sg* **-ce**, *gen pl* **-ek**) *f* fake.

podróż (**-y, -e**) *(gen pl* **-y**) *f (długa)* journey; *(krótka)* trip; **biuro podróży** travel agency; **szczęśliwej podróży!** have a safe journey *lub* trip!; **podróże** *pl* travels *pl*, voyages *pl*.

podróżni|k (**-ka, -cy**) *(instr sg* **-kiem**) *m* traveller *(BRIT)*, traveler *(US)*.

podróżny *adj*: **torba podróżna** travelling *(BRIT) lub* traveling *(US)* bag; **czek podróżny** traveller's cheque *(BRIT)*, traveler's check *(US)* ♦ *m decl like adj* passenger.

podróż|ować (**-uję, -ujesz**) *vi* to travel.

podryw|ać (**-am, -asz**) *(perf* **poderwać**) *vt (pot)* to pick up *(pot)*.

podrzędny *adj* second-rate; **zdanie podrzędne** subordinate clause.

podrzu|cać (**-cam, -casz**) *(perf* **-cić**) *vt (w górę)* to toss *lub* throw (into the air); *(podsuwać ukradkiem)* to plant; *(dostarczać)* to drop round; **podrzucić kogoś (do domu/szkoły)** to give sb a lift (home/to school).

podska|kiwać (**-kuję, -kujesz**) *(perf* **podskoczyć**) *vi* to jump (up).

podsłuch (-u, -y) m (na linii) tap; (w pomieszczeniu) bug.

podsłuch|ać (-am, -asz) vb perf od **podsłuchiwać** ♦ vt perf (przypadkiem) to overhear.

podsłuch|iwać (-uję, -ujesz) (perf -ać) vt to eavesdrop on ♦ vi to eavesdrop.

podsta|wa (-wy, -wy) (loc sg -wie) f basis; (GEOM) base; **podstawy** pl the basics pl; **na podstawie czegoś** on the basis of sth.

podstawowy adj basic; **szkoła podstawowa** primary (BRIT) lub elementary (US) school.

podstę|p (-pu, -py) (loc sg -pie) m ruse, trick.

podstępny adj (człowiek) sneaky, insidious; (pytanie) tricky.

podsumowa|nie (-nia, -nia) (gen pl -ń) nt summary, résumé.

podsumow|ywać (-uję, -ujesz) (perf **podsumować**) vt (dodawać) to add up; (streszczać) to sum up.

podsuw|ać (-am, -asz) (perf **podsunąć**) vt to offer.

podszew|ka (-ki, -ki) (dat sg -ce, gen pl -ek) f lining.

podszyw|ać (-am, -asz) (perf **podszyć**) vt (płaszcz) to line.

▸**podszywać się** vr: **podszywać się pod kogoś** to pretend to be sb, to impersonate sb.

podświadomoś|ć (-ci) f the subconscious.

podświadomy adj subconscious.

podtrzym|ywać (-uję, -ujesz) (perf -ać) vt (chorego) to support; (rozmowę) to keep going; (przyjaźń) to maintain; (żądania, opinię) to stand by; **podtrzymywać kogoś na duchu** to buoy sb up.

podupad|ać (-am, -asz) (perf **podupaść**) vi (o przedsiębiorstwie) to go downhill, to fall into decline; (o autorytecie) to erode.

podusz|ka (-ki, -ki) (dat sg -ce, gen pl -ek) f (część pościeli) pillow; (na kanapie, fotelu) cushion; (do stempli) ink-pad; **poduszka powietrzna** airbag.

poduszko|wiec (-wca, -wce) m hovercraft.

podwaj|ać (-am, -asz) (perf **podwoić**) vt to double.

podważ|ać (-am, -asz) (perf -yć) vt (wieko, pokrywę) to lever up; (wiarę, zaufanie) to undermine; (hipotezę, teorię) to challenge; (czyjąś wiarygodność) to question.

podwiąz|ka (-ki, -ki) (dat sg -ce, gen pl -ek) f garter.

podwieczor|ek (-ku, -ki) (instr sg -kiem) m tea (meal).

podwij|ać (-am. -asz) (perf **podwinąć**) vt (rękaw, nogawkę) to roll up.

podwład|ny (-nego, -ni) m decl like adj subordinate.

podwodny adj (świat, skała) underwater attr; **okręt podwodny** submarine.

podw|ozić (-ożę, -ozisz) (imp -oź lub -óź) vt: **podwozić kogoś (do domu/szkoły)** to give sb a lift (home/to school).

podwo|zie (-zia, -zia) (gen pl -zi) nt (MOT) chassis; (AVIAT) undercarriage.

podwójnie adv doubly; **płacić/kosztować podwójnie** to pay/cost double.

podwójny adj double.

podwór|ko (-ka, -ka) (instr sg -kiem, gen pl -ek) nt yard; (za domem) backyard.

podwórz|e (-a, -a) (gen pl -y) nt yard.

podwyż|ka (-ki, -ki) (dat sg -ce, gen pl -ek) f (pensji) rise (BRIT), raise (US); (cen) rise.

podwyższ|ać (-am, -asz) (perf -yć)

vt to raise; (*walory, zalety*) to increase.

podzia|ł (-łu, -ły) (*loc sg* -le) *m* division; (*BIO*) fission.

podział|ka (-ki, -ki) (*dat sg* -ce, *gen pl* -ek) *f* scale.

podziel|ić (-ę, -isz) *vb perf od* dzielić.

podzie|mie (-mia, -mia) (*gen pl* -mi) *nt* (*POL*) the underground; **podziemia** *pl* (*zamku, budynku*) basement.

podziemny *adj* underground *attr*; **przejście podziemne** subway (*BRIT*), underpass (*US*).

podzięk|ować (-uję, -ujesz) *vb perf od* dziękować.

podziękowa|nie (-nia, -nia) (*gen pl* -ń) *nt* thanks *pl*.

podzi|w (-wu) (*loc sg* -wie) *m* admiration.

podziwi|ać (-am, -asz) *vt* to admire.

podzwrotnikowy *adj* subtropical.

poema|t (-tu, -ty) (*loc sg* -cie) *m* poem.

poe|ta (-ty, -ci) (*dat sg* -cie) *m decl like f in sg* poet.

poetycki *adj* poetic(al).

poezj|a (-i, -e) (*gen pl* -i) *f* poetry.

pofałdowany *adj* (*teren*) undulating; (*skóra*) wrinkled.

pogadan|ka (-ki, -ki) (*dat sg* -ce, *gen pl* -ek) *f* talk.

pogani|ać (-am, -asz) (*perf* pogonić) *vt* to urge.

poga|nin (-nina, -nie) (*loc sg* -ninie, *gen pl* -n) *m* pagan, heathen.

pogański *adj* pagan, heathen.

pogar|da (-dy) (*dat sg* -dzie) *f* contempt.

pogardliwy *adj* contemptuous.

pogar|dzać (-dzam, -dzasz) (*perf* -dzić) *vi*: **pogardzać kimś/czymś** (*odnosić się z pogardą*) to hold sb/sth in contempt; (*lekceważyć*) to disdain sb/sth.

pogardzenia *inv*: **nie do pogardzenia** not to be sneezed at.

pogarsz|ać (-am, -asz) (*perf* **pogorszyć**) *vt* to worsen.

▶**pogarszać się** *vr* to deteriorate, to worsen.

pogawęd|ka (-ki, -ki) (*dat sg* -ce, *gen pl* -ek) *f* chat.

poglą|d (-du, -dy) (*loc sg* -dzie) *m* view.

pogłę|biać (-biam, -biasz) (*perf* -bić) *vt* to deepen.

▶**pogłębiać się** *vr* to deepen.

pogłos|ka (-ki, -ki) (*dat sg* -ce, *gen pl* -ek) *f* rumour (*BRIT*), rumor (*US*).

pogni|eść (-otę, -eciesz) (*imp* -eć) *vb perf od* gnieść.

pogo|da (-dy) (*dat sg* -dzie) *f* weather; (*słoneczna pora*) sunny weather; **pogoda ducha** cheerfulness.

pogodny *adj* bright; (*niebo*) clear.

pog|odzić (-odzę, -odzisz) (*imp* -ódź) *vb perf od* godzić.

▶**pogodzić się** *vr perf*: **pogodzić się z kimś** to be reconciled with sb; **pogodzić się z czymś** to reconcile o.s. to sth.

pogo|ń (-ni, -nie) (*gen pl* -ni) *f* (*pościg*) chase, pursuit.

pogorszeni|e (-a) *nt* deterioration.

pogotowi|e (-a) *nt* (*stan gotowości*) alert; (*instytucja*) emergency service; (*karetka*) ambulance; **być w pogotowiu** to be on stand-by; **pogotowie ratunkowe** ambulance service.

pogranicz|e (-a, -a) (*gen pl* -y) *nt* borderland.

pogro|m (-mu, -my) (*loc sg* -mie) *m* (*książk: klęska*) rout.

pogromc|a (-y, -y) *m decl like f in sg* (*zwycięzca*) conqueror; (*treser*) tamer.

pogróż|ka (-ki, -ki) (*dat sg* -ce, *gen pl* -ek) *f* threat.

pogry|źć (-zę, -ziesz) (*imp* -ź) *vt perf*
(*pokąsać*) to bite; (*rozdrobnić
zębami*) to chew.

pogrze|b (-bu, -by) (*loc sg* -bie) *m*
funeral.

pogrzebacz (-a, -e) (*gen pl* -y) *m*
poker.

pogrzebowy *adj* funeral *attr*; **dom**
lub **zakład pogrzebowy** funeral
parlour (*BRIT*) *lub* home (*US*).

pogwał|cać (-cam, -casz) (*perf* -cić)
vt to violate.

pogwałceni|e (-a) *nt* breach,
violation.

po|ić (-ję, -isz) (*imp* **pój**) *vt* (*dawać
pić*) (*perf* **na-**) to water; (*pot: upijać*)
(*perf* **s-**): **poić kogoś** to ply sb with
drink.

poinformowany *adj*: **dobrze/źle
poinformowany** well-/ill-informed.

poin|ta (-ty, -ty) (*dat sg* -cie) *f patrz*
puenta.

poja|wiać się (-wiam, -wiasz) (*perf*
-wić) *vr* to appear.

poj|azd (-azdu, -azdy) (*loc sg*
-eździe) *m* vehicle.

pojedna|nie (-nia, -nia) (*gen pl* -ń) *nt*
reconciliation.

pojednawczy *adj* conciliatory.

pojedn|ywać (-uję, -ujesz) (*perf* -ać)
vt to reconcile.

pojedynczy *adj* single; (*jeden z
wielu*) individual; **liczba pojedyncza**
the singular; **gra pojedyncza** singles
pl.

pojedyn|ek (-ku, -ki) (*instr sg* -kiem)
m duel.

pojedynkę *inv*: **w pojedynkę** by
oneself, solo.

pojemni|k (-ka, -ki) (*instr sg* -kiem)
m container, receptacle; **pojemnik
na śmieci** rubbish bin (*BRIT*), trash
lub garbage can (*US*).

pojemnoś|ć (-ci) *f* capacity;
pojemność pamięci (*KOMPUT*)
storage capacity.

pojemny *adj* capacious, voluminous.

poję|cie (-cia, -cia) (*gen pl* -ć) *nt*
concept; (*pot*) idea; **nie mieć
(zielonego** *lub* **najmniejszego)
pojęcia o czymś** not to have the
foggiest *lub* faintest idea of sth.

pojętny *adj* clever.

pojm|ować (-uję, -ujesz) (*perf* **pojąć**)
vt to comprehend, to grasp.

pojutrze *adv* the day after tomorrow.

pokar|m (-mu, -my) (*loc sg* -mie) *m*
(*pożywienie*) food; (*mleko matki*)
milk.

pokarmowy *adj*: **treść pokarmowa**
chyme; **zatrucie pokarmowe** food
poisoning; **przewód pokarmowy**
alimentary canal.

poka|z (-zu, -zy) (*loc sg* -zie) *m*
demonstration; **robić coś na pokaz**
to do sth for show; **pokaz
mody/lotniczy** fashion/air show.

poka|zać (-żę, -żesz) *vb perf od*
pokazywać.

pokaz|ywać (-uję, -ujesz) (*perf* -ać)
vt to show.

►**pokazywać się** *vr* (*pojawiać się*) to
turn up.

pokaźny *adj* sizeable.

pokątny *adj* (*sprzedawca*) illegal;
(*handel*) illicit; (*doradca, lekarz*)
back-street *attr*.

poklep|ywać (-uję, -ujesz) (*perf* -ać)
vt to pat.

pokła|d (-du, -dy) (*loc sg* -dzie) *m*
(*na statku*) deck; (*warstwa*) layer;
(*GEOL*) bed, stratum; **na pokładzie
(statku/samolotu)** on board (a
ship/a plane).

pokło|n (-nu, -ny) (*loc sg* -nie) *m*
(*książk*) bow.

pokłó|cić (-cę, -cisz) (*imp* -ć) *vt perf*:
pokłócić kogoś z kimś to turn sb
against sb.

►**pokłócić się** *vr perf*: **pokłócić się
z kimś** to have a row *lub* quarrel
with sb.

pokoch|ać (**-am, -asz**) *vt perf* to come to love.

pokojowy *adj* (*polityka*) peaceful; (*traktat*) peace *attr*; (*temperatura*) room *attr*.

pokojów|ka (**-ki, -ki**) (*dat sg* **-ce**, *gen pl* **-ek**) *f* (chamber)maid.

pokole|nie (**-nia, -nia**) (*gen pl* **-ń**) *nt* generation.

pokon|ywać (**-uję, -ujesz**) (*perf* **-ać**) *vt* (*wroga*) to defeat; (*rywali*) to beat; (*przen: strach, nieśmiałość*) to overcome.

poko|ra (**-ry**) (*dat sg* **-rze**) *f* humility.

pokorny *adj* humble.

poko|st (**-stu**) (*loc sg* **-ście**) *m* varnish.

pok|ój (**-oju**) *m* (*część mieszkania*) (*nom pl* **-oje**, *gen pl* **-oi** *lub* **-ojów**) room; (*POL, WOJSK*) peace; **pokój gościnny** living room; **pokój jadalny** dining room; **pokój jednoosobowy/dwuosobowy** single/double room.

pokraczny *adj* clumsy.

pokrewieńst|wo (**-wa**) (*loc sg* **-wie**) *nt* (*między ludźmi*) kinship; (*przen: podobieństwo*) affinity; (*BIO, ZOOL*) affinity.

pokrewny *adj* (*nauki, języki*) related; (*charaktery*) similar.

pokręt|ło (**-ła, -ła**) (*loc sg* **-le**, *gen pl* **-eł**) *nt* (*regulator*) dial.

pokrętny *adj* twisted.

pokr|oić (**-oję, -oisz**) (*imp* **-ój**) *vb perf* *od* **kroić**.

pokro|wiec (**-wca, -wce**) *m* cover.

pokry|cie (**-cia, -cia**) (*gen pl* **-ć**) *nt*: **pokrycie dachu** roofing; **pokrycie ściany** facing; **czek bez pokrycia** dud cheque; **słowa/obietnice bez pokrycia** (*przen*) empty words/promises.

pokry|wa (**-wy, -wy**) (*loc sg* **-wie**) *f* (*wieko*) lid; (*lodowa*) sheet; (*śnieżna*) layer.

pokryw|ka (**-ki, -ki**) (*dat sg* **-ce**, *gen pl* **-ek**) *f* lid.

pokrze|piać (**-piam, -piasz**) *vt* (*wzmacniać*) to sustain; (*orzeźwiać*) to refresh.

pokrzy|wa (**-wy, -wy**) (*loc sg* **-wie**) *f* nettle.

poku|sa (**-sy, -sy**) (*dat sg* **-sie**) *f* temptation.

poku|ta (**-ty, -ty**) (*dat sg* **-cie**) *f* penance.

pokwitowa|nie (**-nia, -nia**) (*gen pl* **-ń**) *nt* receipt.

Pola|k (**-ka, -cy**) (*instr sg* **-kiem**) *m* Pole.

pola|na (**-ny, -ny**) (*dat sg* **-nie**) *f* clearing.

pola|r (**-ru, -ry**) (*loc sg* **-rze**) *m* (*materiał, kurtka*) fleece.

polarny *adj* polar; **zorza polarna** aurora; (*na biegunie północnym*) northern lights; (*na biegunie południowym*) southern lights; **Gwiazda Polarna** Pole Star.

pol|e (**-a, -a**) (*gen pl* **pól**) *nt* field; (*MAT*) area; **pole namiotowe** camping site (*BRIT*), campsite (*BRIT*), campground (*US*).

pole|c (**-gnę, -gniesz**) (*imp* **-gnij**, *pt* **-gł**) *vi perf* (*książk*) to fall, to be killed.

pole|cać (**-cam, -casz**) (*perf* **-cić**) *vt* (*rekomendować*) to recommend; (*kazać*) to command; (*powierzać*) to entrust.

polecający *adj*: **list polecający** letter of recommendation.

polece|nie (**-nia, -nia**) (*gen pl* **-ń**) *nt* (*rozkaz*) command, order; (*rekomendacja*) recommendation.

polecony *adj*: **list polecony** registered letter, recorded delivery letter (*BRIT*), certified letter (*US*); **przesyłka polecona** registered mail, recorded delivery (*BRIT*), certified mail (*US*).

poleg|ać (-am, -asz) *vi*: **polegać na** +*loc* (*ufać*) to depend on, to rely on; (*zasadzać się*) to consist in; **nie można na nim polegać** he is unreliable.

poleg|ły (-łego, -li) *m decl like adj* casualty.

polemi|ka (-ki, -ki) (*dat sg* -ce) *f* polemic.

polepsz|ać (-am, -asz) (*perf* -yć) *vt* to improve.

▸**polepszać się** *vr* to improve.

polepszeni|e (-a) *nt* improvement.

poler|ować (-uję, -ujesz) (*perf* **wy-**) *vt* to polish.

pole|wa (-wy, -wy) (*dat sg* -wie) *f* (*glazura, szkliwo*) glaze; (*na cieście*) icing.

polewacz|ka (-ki, -ki) (*dat sg* -ce, *gen pl* -ek) *f* (*samochód*) street-cleaning lorry (*BRIT*) *lub* truck (*US*); (*konewka*) watering can, watering pot (*US*).

polew|ać (-am, -asz) (*perf* **polać**) *vt* to pour water on; (*emaliować*) to glaze.

polędwic|a (-y) *f* loin; (*befsztyk*) sirloin (steak).

policj|a (-i) *f* police.

policjan|t (-ta, -ci) (*loc sg* -cie) *m* policeman, (police) officer.

policjant|ka (-ki, -ki) (*dat sg* -ce, *gen pl* -ek) *f* policewoman, (police) officer.

policyjny *adj* police *attr*; **godzina policyjna** curfew.

policzalny *adj* countable.

policz|ek (-ka, -ki) (*instr sg* -kiem) *m* (*część twarzy*) cheek.

policzk|ować (-uję, -ujesz) (*perf* **s-**) *vt*: **spoliczkować** (*perf*) **kogoś** to slap sb across the face.

poligami|a (-i) *f* polygamy.

poliglo|ta (-ty, -ci) (*dat sg* -cie) *m* polyglot.

poligo|n (-nu, -ny) (*loc sg* -nie) *m* military training ground.

poligrafi|a (-i) *f* printing.

poli|sa (-sy, -sy) (*dat sg* -sie) *f*: **polisa ubezpieczeniowa** insurance policy.

politechni|ka (-ki, -ki) (*dat sg* -ce) *f* polytechnic.

politologi|a (-i) *f* political science.

politowani|e (-a) *nt* disdain; **godny politowania** pitiable.

polityczny *adj* political.

polity|k (-ka, -cy) (*instr sg* -kiem) *m* politician.

polity|ka (-ka) (*dat sg* -ce) *f* politics; (*plan działania*) policy.

pol|ka (-ki, -ki) (*dat sg* -ce, *gen pl* -ek) *f* polka; **Polka** Pole, Polish woman.

polo *nt inv* (*SPORT*) polo; (*bluzka*) polo shirt.

polone|z (-za, -zy) (*loc sg* -zie) *m* polonaise (*dance*).

Poloni|a (-i) *f* **Polonia Amerykańska** Polish Americans *pl*.

polonisty|ka (-ka, -ki) (*dat sg* -ce) *f* (*dyscyplina*) Polish language and literature; (*wydział*) Polish Department *lub* Faculty.

pol|ować (-uję, -ujesz) *vi* to hunt; **polować na** +*acc* to hunt; (*pot: szukać*) to hunt for.

polowa|nie (-nia, -nia) (*gen pl* -ń) *nt* hunt.

polowy *adj*: **łóżko polowe** camp bed (*BRIT*), cot (*US*); **mundur polowy** battledress; **kuchnia polowa** soup kitchen.

Pols|ka (-ki) (*dat sg* -ce) *f* Poland.

polski *adj* Polish; **Rzeczpospolita Polska** the Republic of Poland.

polu|bić (-bię, -bisz) *vt perf* to come to like, to take (a liking) to.

▸**polubić się** *vr perf* to grow to like each other.

polubowny *adj* arbitrational.

połącze|nie (-nia, -nia) (*gen pl* -ń) *nt*

(*kolejowe, telefoniczne*) connection; (*zespół elementów*) combination; (*element łączący*) joint.

połącz|yć (-ę, -ysz) *vt perf*: **połączyć kogoś z kimś** (*TEL*) to put sb through to sb.

▶**połączyć się** *vr perf*: **połączyć się z kimś** (*TEL*) to get through to sb.

połk|nąć (-nę, -niesz) (*imp* -**nij**) *vb perf od* **połykać**.

poło|wa (-wy, -wy) (*dat sg* -**wie**) *f* (*część*) half; (*środek*) middle; **do połowy pusty** half empty; **na połowę** in half; **o połowę więcej** half as much again; **o połowę mniej** half as much; **po połowie** fifty-fifty; **w połowie drogi** halfway, midway.

położe|nie (-nia) *nt* (*miejsce*) location; (*warunki*) position, situation.

położn|a (-ej, -e) *f decl like adj* midwife.

położnict|wo (-wa) (*loc sg* -**wie**) *nt* obstetrics.

położniczy *adj*: **oddział/szpital położniczy** maternity *lub* obstetric ward/hospital.

położony *adj*: **wieś położona jest nad rzeką** the village is situated on the river.

poł|ożyć (-ożę, -ożysz) (*imp* -**óż**) *vb perf od* **kłaść**.

poł|ów (-owu, -owy) (*loc sg* -**owie**) *m* (*łowienie*) fishing; (*ryby*) catch.

poł|ówka (-ki, -ki) (*dat sg* -**ce**, *gen pl* -**ek**) *f* half.

południ|e (-a) *nt* (*godzina dwunasta*) noon, midday; (*strona świata*) south; (*kraje południowe*) the South; **przed południem** in the morning; **po południu** in the afternoon; **w południe** at noon *lub* midday; **na południe od** +*gen* south of.

południ|k (-ka, -ki) (*instr sg* -**kiem**) *m* meridian; **południk zerowy** Greenwich *lub* prime meridian.

południowo-wschodni *adj* south-east(ern).

południowo-zachodni *adj* south-west(ern).

południowy *adj* (*kraj, półkula, akcent*) southern; (*wiatr*) south, southerly; **przerwa południowa** midday break; **południowy zachód** south-west; **południowy wschód** south-east.

połyk|ać (-am, -asz) (*perf* **połknąć**) *vt* to swallow; (*pot: książkę, wiedzę*) to devour.

połys|k (-ku) (*instr sg* -**kiem**) *m* gloss; (*metalu*) lustre.

pomad|ka (-ki, -ki) (*dat sg* -**ce**, *gen pl* -**ek**) *f*: **pomadka (do ust)** lipstick.

pomag|ać (-am, -asz) (*perf* **pomóc**) *vi* to help; **pomagać komuś w czymś** to help sb with sth; **w czym mogę pomóc?** how can I help you?; **płacz/krzyk nic nie pomoże** crying/shouting won't help (you).

pomału *adv* slowly; **pomału!** slow down!

pomarańcz|a (-y, -e) (*gen pl* -**y**) *f* orange.

pomarańczowy *adj* orange *attr*.

pomarszczony *adj* wrinkled.

pomia|r (-ru, -ry) (*loc sg* -**rze**) *m* measurement.

pomido|r (-ra, -ry) (*loc sg* -**rze**) *m* tomato.

pomidorowy *adj* tomato *attr*.

pomieszcze|nie (-nia, -nia) (*gen pl* -**ń**) *nt* room.

pomiędzy *prep* +*instr* = **między**.

pomij|ać (-am, -asz) (*perf* **pominąć**) *vt* (*opuszczać*) to omit; (*nie uwzględniać*) to pass over.

pomimo *prep* +*gen* in spite of, despite; **pomimo że** even though; **pomimo to** *lub* **wszystko** all the same, nevertheless; *patrz też* **mimo**.

pomniejsz|ać (-am, -asz) (*perf* -**yć**)

vt to diminish, to lessen; (*przen*) to diminish, to belittle.

pomni|k (**-ka, -ki**) (*instr sg* **-kiem**) *m* monument.

pomoc (**-y**) *f* (*pomaganie*) help, assistance; (*ratunek*) help, rescue; (*wsparcie*) aid; (*osoba*) (*nom pl* **-e**) help; (*SPORT*) full(-)backs *pl*; **na pomoc!** help!; **przy pomocy** +*gen* with the help *lub* aid of; **za pomocą** +*gen* by means of; **pomoc drogowa** emergency road service; **pomoc domowa** domestic (help); **pierwsza pomoc** first aid; **pomoc humanitarna** humanitarian aid.

pomocniczy *adj* auxiliary.

pomocni|k (**-ka, -cy**) (*instr sg* **-kiem**) *m* helper; (*SPORT*) full(-)back.

pomocz|yć (**-ę, -ysz**) *vt perf* to wet.
▶**pomoczyć się** *vr perf* to get wet.

Pomorz|e (**-a**) *nt* Pomerania (*region in north-western Poland*).

pomo|st (**-stu, -sty**) (*loc sg* **-ście**) *m* (*na jeziorze*) pier, jetty.

pom|óc (**-ogę, -ożesz**) (*imp* **-óż**) *vb perf od* **pomagać**.

pomówie|nie (**-nia, -nia**) (*gen pl* **-ń**) *nt* slander.

pom|pa (**-py**) (*dat sg* **-pie**) *f* (*urządzenie*) (*nom pl* **-py**) pump; (*wystawność*) pomp; **pompa paliwowa** fuel pump.

pompatyczny *adj* pompous.

pomp|ka (**-ki, -ki**) (*dat sg* **-ce**, *gen pl* **-ek**) *f* pump; (*ćwiczenie*) press-up (*BRIT*), push-up (*US*).

pompo|n (**-nu, -ny**) (*loc sg* **-nie**) *m* pompom.

pomp|ować (**-uję, -ujesz**) (*perf* **na-**) *vt* to pump (up).

pom|ścić (**-szczę, -ścisz**) (*imp* **-ścij**) *vt perf* to avenge.

pomyj|e (**-**) *pl* swill.

pomylony *adj* (*pot*) crazy (*pot*), loony (*pot*).

pomył|ka (**-ki, -ki**) (*dat sg* **-ce**, *gen pl*

-ek) *f* mistake; (*TEL*) wrong number; **przez pomyłkę** by mistake.

pomy|sł (**-słu, -sły**) (*loc sg* **-śle**) *m* idea.

pomysłowy *adj* (*rozwiązanie*) ingenious; (*człowiek*) inventive, ingenious.

pomyśl|eć (**-ę, -isz**) *vi perf*: **pomyśleć o** +*instr* (*zastanowić się*) to think of *lub* about; (*zatroszczyć się*) to think of.

pomyślnoś|ć (**-ci**) *f* well-being.

pomyślny *adj* (*początek, wróżba, znak*) auspicious, favourable (*BRIT*), favorable (*US*); (*wiadomość*) good.

ponad *prep* +*instr* (*dla oznaczenia miejsca*) above, over ♦ *prep* +*acc* (*dla oznaczenia kierunku*) over; (*więcej niż*) above, over; (*dłużej niż*) over.

ponaddźwiękowy *adj* supersonic.

ponadto *adv* (*książk*) further(more), moreover.

ponagl|ać (**-am, -asz**) (*perf* **-ić**) *vt*: **ponaglać kogoś** to hurry *lub* rush sb; **ponaglać kogoś, żeby coś zrobił** to press sb to do sth.

ponawi|ać (**-am, -asz**) (*perf* **ponowić**) *vt* to renew, to repeat.

ponętny *adj* alluring.

poniedział|ek (**-ku, -ki**) (*instr sg* **-kiem**) *m* Monday; **lany poniedziałek** *Easter Monday, on which a custom in Poland is for people to sprinkle each other with water.*

ponieważ *conj* because, since.

poniewier|ać (**-am, -asz**) *vt*: **poniewierać kimś** to treat sb badly.
▶**poniewierać się** *vr* (*tułać się*) to knock about *lub* around; (*o rzeczach*) to lie about *lub* around.

poniż|ać (**-am, -asz**) (*perf* **-yć**) *vt* to demean, to put down (*pot*).
▶**poniżać się** *vr* to demean o.s.

poniżej *prep* +*gen* (*niżej niż*) below,

beneath; (*mniej niż*) below, under ♦ *adv* (*w tekście*) below; **pięć stopni poniżej zera** five degrees below zero *lub* freezing.

poniżeni|e (**-a**) *nt* humiliation.

poniższy *adj*: **poniższe uwagi** the following remarks.

pono|sić (**-szę, -sisz**) (*imp* **-ś**, *perf* **ponieść**) *vt* (*odpowiedzialność, koszty*) to bear; (*ryzyko, stratę*) to incur; (*porażkę*) to suffer.

ponownie *adv* again.

ponowny *adj* renewed, repeated.

ponto|n (**-nu, -ny**) (*loc sg* **-nie**) *m* pontoon.

pontyfika|t (**-tu, -ty**) (*loc sg* **-cie**) *m* pontificate.

ponury *adj* (*osoba, wiadomość*) gloomy; (*wygląd*) bleak; (*miejsce*) bleak, dreary; (*myśli*) dismal.

pończo|cha (**-chy, -chy**) (*dat sg* **-sze**) *f* stocking.

po|p (**-pa, -pi**) (*loc sg* **-pie**) *m* pope (*parish priest in the Orthodox Church*).

popad|ać (**-am, -asz**) (*perf* **popaść**) *vi*: **popadać w długi** to fall into debt; **popadać w nędzę/ruinę/niełaskę** to fall into poverty/disrepair/disgrace.

poparci|e (**-a**) *nt* support, backing.

poparze|nie (**-nia, -nia**) (*gen pl* **-ń**) *nt* burn.

poparz|yć (**-ę, -ysz**) *vt perf* to burn.

▶**poparzyć się** *vr perf* to burn o.s.

popeł|niać (**-niam, -niasz**) (*perf* **-nić**) *vt* (*grzech, przestępstwo*) to commit; (*błąd, nietakt*) to make; **popełnić samobójstwo** to commit suicide.

popę|d (**-du, -dy**) (*loc sg* **-dzie**) *m*: **popęd płciowy** sex(ual) drive.

popędliwy *adj* impetuous, short-tempered.

popę|dzać (**-dzam, -dzasz**) (*perf* **-dzić**) *vt* to rush, to hurry.

popielaty *adj* grey, gray (*US*).

popielcowy *adj*: **środa popielcowa** Ash Wednesday.

Popiel|ec (**-ca**) *m* Ash Wednesday.

popielnicz|ka (**-ki, -ki**) (*dat sg* **-ce**, *gen pl* **-ek**) *f* ashtray.

popier|ać (**-am, -asz**) (*perf* **poprzeć**) *vt* to support, to back up; (*wniosek*) to second; (*prośbę: ustnie*) to back; (*: na piśmie*) to support.

popier|sie (**-sia, -sia**) (*gen pl* **-si**) *nt* bust.

popi|ół (**-ołu, -oły**) (*loc sg* **-ele**) *m* ash.

popisowy *adj* spectacular.

popis|ywać się (**-uję, -ujesz**) (*perf* **-ać się**) *vr* to show off.

popłoch (**-u**) *m* panic; **wpaść** (*perf*) **w popłoch** to panic.

popojutrze *adv* in three days' time.

popołudni|e (**-a, -a**) *nt* afternoon.

popra|wa (**-wy, -wy**) (*dat sg* **-wie**) *f* improvement.

poprawcza|k (**-ka, -ki**) (*instr sg* **-kiem**) *m* (*pot*) borstal (*BRIT*), reformatory (*US*).

poprawczy *adj*: **dom poprawczy** borstal (*BRIT*), reformatory (*US*).

popra|wiać (**-wiam, -wiasz**) (*perf* **-wić**) *vt* (*strój, krawat*) to adjust, to straighten; (*wynik, rekord*) to better, to improve (up)on; (*błąd, rozmówcę*) to correct.

▶**poprawiać się** *vr* (*polepszać się*) to improve; (*wyrażać się inaczej*) to correct o.s.

popraw|ka (**-ki, -ki**) (*dat sg* **-ce**, *gen pl* **-ek**) *f* correction.

poprawkowy *adj*: **egzamin poprawkowy** repeat *lub* resit examination.

poprawnie *adv* correctly.

poprawnoś|ć (**-ci**) *f* correctness.

poprawny *adj* (*odpowiedź*) correct; (*maniery*) proper.

popro|sić (**-szę, -sisz**) (*imp* **-ś**) *vb perf od* **prosić**.

poprzecz|ka (**-ki, -ki**) (*dat sg* **-ce**, *gen*

pl **-ek**) *f* (*belka*) crossbeam; (*SPORT*) crossbar.

poprzeczny *adj* (running) crosswise, cross *attr*; (*TECH*) transverse.

poprzedni *adj* (*dyrektor, małżeństwo*) previous; (*rozdział, miesiąc*) preceding, previous.

poprzedni|k (**-ka, -cy**) (*instr sg* **-kiem**) *m* predecessor.

poprzednio *adv* previously, before.

poprze|dzać (**-dzam, -dzasz**) (*perf* **-dzić**) *vt* to precede.

poprzedzający *adj*: **poprzedzający** (**coś**) preceding (sth).

poprzek: **w poprzek** *adv* crosswise.

poprzez *prep* +*acc* through; *patrz też* **przez**.

popsu|ć (**-ję, -jesz**) *vb perf od* **psuć**.

▶**popsuć się** *vr* (*o samochodzie itp.*) to break down; (*o pogodzie, atmosferze*) to deteriorate.

populacj|a (**-i, -e**) (*gen pl* **-i**) *f* population.

popularnonaukowy *adj* popular science *attr*.

popularnoś|ć (**-ci**) *f* popularity.

popularny *adj* popular.

popularyz|ować (**-uję, -ujesz**) (*perf* **s-**) *vt* to popularize.

popuszcz|ać (**-am, -asz**) (*perf* **popuścić**) *vt* to loosen; **nie popuszczę mu** (*pot*) I won't let him get away with it.

popych|ać (**-am, -asz**) (*perf* **popchnąć**) *vt* to push, to shove; *patrz też* **pchać**.

popy|t (**-tu**) (*loc sg* **-cie**) *m* (*HANDEL*) demand; **popyt na coś** demand for sth.

po|r (**-ra, -ry**) (*loc sg* **-rze**) *m* (*ANAT, BIO*) (*gen sg also* **-ru**) pore; (*BOT, KULIN*) leek.

por. *abbr* (= *porucznik*) Lt, Lieut (= lieutenant); (= *porównaj*) cf. (= confer (compare)).

po|ra (**-ry, -ry**) (*dat sg* **-rze**, *gen pl*

pór) *f* (*okres, właściwy moment*) time; **pora roku** season; **do tej pory** until now, so far; **od tej pory** from now on; **w (samą) porę** (just) in time, in the nick of time; **wizyta/uwaga nie w porę** an untimely *lub* ill-timed visit/remark.

porabi|ać (**-am, -asz**) *vi*: **co porabiasz?** what are you up to (these days)?

pora|da (**-dy, -dy**) (*dat sg* **-dzie**) *f* (piece of) advice; **porada lekarska/prawna** medical/legal advice.

porad|nia (**-ni, -nie**) (*gen pl* **-ni**) *f*: **poradnia lekarska** out-patient clinic.

poradni|k (**-ka, -ki**) (*instr sg* **-kiem**) *m* guide, handbook.

pora|dzić (**-dzę, -dzisz**) (*imp* **-dź**) *vi perf*: **poradzić sobie z czymś** to manage sth.

poran|ek (**-ka, -ki**) (*instr sg* **-kiem**) *m* morning.

poranny *adj* morning *attr*.

poraż|ać (**-am, -asz**) (*perf* **porazić**) *vt* (*o truciźnie*) to paralyse; to paralyze (*US*); (*o prądzie*) to give a shock; (*o blasku*) to dazzle.

poraże|nie (**-nia, -nia**) (*gen pl* **-ń**) *nt* (*prądem*) electric shock; (*MED*) paralysis; **porażenie słoneczne** sunstroke.

poraż|ka (**-ki, -ki**) (*dat sg* **-ce**, *gen pl* **-ek**) *f* (*przegrana bitwa*) defeat; (*niepowodzenie*) failure.

porcela|na (**-ny**) (*dat sg* **-nie**) *f* china, porcelain.

porcelanowy *adj* china *attr*, porcelain *attr*.

porcj|a (**-i, -e**) (*gen pl* **-i**) *f* portion, helping.

poręcz (**-y, -e**) (*gen pl* **-y**) *f* (*schodów*) banister, handrail; (*fotela*) arm; (*na balkonie*) railing, balustrade.

poręcz|ać (**-am, -asz**) (*perf* **-yć**) *vt* (*weksel, kwit*) to guarantee, to

underwrite ♦ *vi*: **poręczać za kogoś** to vouch for sb.
poręcze|nie (**-nia, -nia**) (*gen pl* **-ń**) *nt* guarantee.
poręczny *adj* handy.
porno *adj inv* (*pot*): **film/czasopismo porno** porn(ographic) movie/magazine.
pornografi|a (**-i**) *f* pornography.
pornograficzny *adj* pornographic.
porodowy *adj*: **bóle porodowe** labour (*BRIT*) *lub* labor (*US*) pains.
poro|nić (**-nię, -nisz**) (*imp* **-ń**) *vi perf* to miscarry.
poronie|nie (**-nia, -nia**) (*gen pl* **-ń**) *nt* miscarriage; (*sztuczne*) abortion.
poro|st (**-stu, -sty**) (*loc sg* **-ście**) *m* (*wzrost*) growth.
porowaty *adj* porous.
porozmawi|ać (**-am, -asz**) (*imp* **-aj**) *vi perf*: **porozmawiać (z kimś o czymś)** to talk *lub* speak (to sb about *lub* of sth).
porozumie|nie (**-nia, -nia**) (*gen pl* **-ń**) *nt* agreement; **w porozumieniu z kimś** in consultation with sb.
porozumiew|ać się (**-am, -asz**) (*perf* **porozumieć**) *vr* (*komunikować się*) to communicate; (*dogadywać się*) to come to *lub* reach an agreement.
porozumiewawczy *adj* (*spojrzenie*) knowing.
por|ód (**-odu, -ody**) (*loc sg* **-odzie**) *m* (child)birth, delivery.
porówna|nie (**-nia, -nia**) (*gen pl* **-ń**) *nt* comparison; **w porównaniu z** +*instr* in comparison with *lub* to, compared with *lub* to.
porówn|ywać (**-uję, -ujesz**) (*perf* **-ać**) *vt* to compare; **porównywać kogoś/coś z** +*instr* to compare sb/sth with *lub* to.
porównywalny *adj* comparable.
por|t (**-tu, -ty**) (*loc sg* **-cie**) *m* port,

harbour (*BRIT*), harbor (*US*); **port lotniczy** airport.
portal (**-u, -e**) (*gen pl* **-i**) *m* (*ARCHIT*) portal.
portfel (**-a, -e**) (*gen pl* **-i**) *m* wallet, billfold (*US*); (*EKON*) portfolio.
portie|r (**-ra, -rzy**) (*loc sg* **-rze**) *m* (*odźwierny*) porter, doorman; (*recepcjonista*) receptionist.
portier|nia (**-ni, -nie**) (*gen pl* **-ni**) *f* porter's lodge, reception desk.
portmonet|ka (**-ki, -ki**) (*dat sg* **-ce**, *gen pl* **-ek**) *f* purse.
portre|t (**-tu, -ty**) (*loc sg* **-cie**) *m* portrait.
portret|ować (**-uję, -ujesz**) (*perf* **s-**) *vt* to paint a portrait of; (*przen*) to portray.
Portugalczy|k (**-ka, -cy**) (*instr sg* **-kiem**) *m* Portuguese.
Portugali|a (**-i**) *f* Portugal.
Portugal|ka (**-ki, -ki**) (*dat sg* **-ce**, *gen pl* **-ek**) *f* Portuguese.
portugalski *adj* Portuguese.
poruczni|k (**-ka, -cy**) (*instr sg* **-kiem**) *m* lieutenant (*BRIT*), (1st) lieutenant (*US*).
porusz|ać (**-am, -asz**) (*perf* **-yć**) *vt*: **poruszać czymś** to move sth; **poruszać coś** (*omawiać*) to bring sth up, to touch (up)on sth; (*napędzać*) to drive *lub* propel sth; **poruszać kogoś** to move sb.
▶**poruszać się** *vr* to move; **nie poruszać się** to keep still, to be motionless.
poruszeni|e (**-a**) *nt* (*wzburzenie*) agitation; (*zamieszanie*) commotion, stir.
poruszony *adj* (*wzburzony*) agitated; (*wzruszony*) touched, moved.
porwa|nie (**-nia, -nia**) (*gen pl* **-ń**) *nt* (*człowieka*) abduction, kidnapping; (*samolotu itp.*) hijacking.
porywacz (**-a, -e**) (*gen pl* **-y**) *m*

(*ludzi*) kidnapper; (*samolotu*) hijacker.

poryw|ać (**-am, -asz**) (*perf* **porwać**) *vt* (*człowieka*) to abduct, to kidnap; (*samolot itp.*) to hijack; (*o wietrze*) to sweep away; (*przen*) to carry away.

▸**porywać się** *vr:* **porywać się na kogoś** to make an attempt on sb's life; **porywać się na coś** to attempt sth.

porywczy *adj* impetuous, quick- *lub* hot-tempered.

porywisty *adj* (*wiatr*) gusty.

porząd|ek (**-ku, -ki**) (*instr sg* **-kiem**) *m* order; **w porządku!** all right!; **doprowadzać (doprowadzić** *perf*) **coś do porządku** to put sth in order, to clean *lub* tidy sth up; **porządek dzienny/obrad** the agenda; (*POL*) the order of the day; **być na porządku dziennym** to be the order of the day; **porządki** *pl* (*sprzątanie*) cleaning.

porządk|ować (**-uję, -ujesz**) (*perf* **u-**) *vt* (*układać*) to order; (*sprzątać*) to clean, to tidy.

porządkowy *adj* (*liczebnik*) ordinal; (*numer*) serial.

porządny *adj* (*lubiący porządek*) tidy; (*obywatel*) respectable; (*mróz*) severe; (*pot: ulewa*) heavy; (: *posiłek*) square, decent.

porzecz|ka (**-ki, -ki**) (*dat sg* **-ce**, *gen pl* **-ek**) *f* currant; **czarna porzeczka** blackcurrant; **czerwona porzeczka** redcurrant.

porzu|cać (**-cam, -casz**) (*perf* **-cić**) *vt* (*kraj, dzieci*) to abandon, to leave; (*pracę, naukę*) to quit.

posa|da (**-dy, -dy**) (*dat sg* **-dzie**) *f* job, situation; **wolna posada** vacancy.

posa|dzić (**-dzę, -dzisz**) (*imp* **-dź**) *vb perf od* **sadzać, sadzić**.

posadz|ka (**-ki, -ki**) (*dat sg* **-ce**, *gen pl* **-ek**) *f* floor.

posa|g (**-gu, -gi**) (*instr sg* **-giem**) *m* dowry.

posą|dzać (**-dzam, -dzasz**) (*perf* **-dzić**) *vt:* **posądzać kogoś (o coś)** to suspect sb (of sth).

posą|g (**-gu, -gi**) (*instr sg* **-giem**) *m* statue.

poselski *adj* parliamentary.

po|seł (**-sła, -słowie**) (*loc sg* **-śle**) *m* (*członek parlamentu*) ≈ Member of Parliament (*BRIT*), ≈ Representative (*US*); (*wysłannik*) envoy.

posesj|a (**-i, -e**) (*gen pl* **-i**) *f* property.

posępny *adj* (*człowiek, nastrój*) gloomy, sombre (*BRIT*), somber (*US*); (*krajobraz*) bleak, forbidding.

posiadacz (**-a, -e**) (*gen pl* **-y**) *m* owner.

posiad|ać (**-am, -asz**) *vt* (*majątek*) to own; (*właściwości, umiejętności*) to possess.

posiadani|e (**-a**) *nt* possession, ownership.

posiadłoś|ć (**-ci, -ci**) (*gen pl* **-ci**) *f* estate, property.

posią|ść (**-dę, -dziesz**) (*imp* **-dź**) *vt perf* (*znajomość języka, wiedzę*) to acquire.

posiedze|nie (**-nia, -nia**) (*gen pl* **-ń**) *nt* sitting, session.

posił|ek (**-ku, -ki**) (*instr sg* **-kiem**) *m* meal; **posiłki** *pl* reinforcements *pl*.

posiłkowy *adj:* **czasownik posiłkowy** auxiliary verb.

poskrami|ać (**-am, -asz**) (*perf* **poskromić**) *vt* (*gniew*) to curb; (*namiętność, ciekawość*) to restrain; (*zwierzęta*) to tame.

posła|nie (**-nia, -nia**) (*gen pl* **-ń**) *nt* (*legowisko*) bedding; (*pismo*) message.

posła|niec (**-ńca, -ńcy**) *m* messenger.

posłan|ka (**-ki, -ki**) (*dat sg* **-ce**, *gen pl*

-ek) f ≈ Member of Parliament
(*BRIT*), ≈ Representative (*US*).

posło|wie (-wia, -wia) (*gen pl* -wi) *nt*
afterword.

posłu|giwać się (-guję, -gujesz)
(*perf* **posłużyć**) *vr*: **posługiwać się
czymś/kimś** to use sth/sb.

posłuszeńst|wo (-wa) (*loc sg* -wie)
nt obedience.

posłusznie *adv* obediently.

posłuszny *adj* obedient; **być
posłusznym komuś/rozkazowi** to
obey sb/an order.

posma|k (-ku) (*instr sg* -kiem) *m*
aftertaste.

posmar|ować (-uję, -ujesz) *vb perf
od* **smarować**.

posmutni|eć (-eję, -ejesz) *vi perf* to
become sad.

pos|olić (-olę, -olisz) (*imp* -ól) *vb
perf od* **solić**.

pospieszny *itd. patrz* **pośpieszny** *itd.*.

pospolity *adj* common; **rzeczownik
pospolity** common noun.

posprząt|ać (-am, -asz) *vb perf od*
sprzątać.

posprzecz|ać się (-am, -asz) *vr
perf*: **posprzeczać się (z kimś) (o
coś)** to have a tiff (with sb) (over
sth).

posrebrzany *adj* silver-plated.

po|st (-stu, -sty) (*loc sg* -ście) *m* fast;
wielki post Lent.

postkomuni|sta (-sty, -ści) (*dat sg*
-ście) *m decl like f in sg*
post-communist.

posta|ć (-ci, -cie *lub* -ci) (*gen pl* -ci)
m (*forma*) form; (*sylwetka, osoba*)
figure; (*w utworze literackim*)
character.

postanawi|ać (-am, -asz) (*perf
postanowić*) *vt* to decide on ♦ *vi* to
decide; **postanowić coś zrobić** to
decide to do *lub* on doing sth;
postanowić czegoś nie robić to
decide against doing sth;

postanowić, że ... to decide that ...;
(*PRAWO*) to rule that ... .

postanowie|nie (-nia, -nia) (*gen pl*
-ń) *nt* (*decyzja*) decision; (*zamiar*)
resolution, resolve; (*PRAWO*) ruling.

postar|ać się (-am, -asz) *vb perf od*
starać się ♦ *vr perf*: **postarać się o
coś** (*uzyskać, zdobyć*) to obtain sth.

posta|wa (-wy, -wy) (*loc sg* -wie) *f*
(*wygląd człowieka*) bearing, stance;
(*postura*) posture; (*stosunek*)
attitude, stance; **postawa wobec
kogoś/czegoś** attitude towards
sb/sth.

poste restante *inv* poste restante
(*BRIT*), general delivery (*US*).

posterun|ek (-ku, -ki) (*instr sg*
-kiem) *m* post; **posterunek
policji/straży pożarnej** police/fire
station.

postę|p (-pu) (*loc sg* -pie) *m*
progress; **postępy** *pl* progress.

postęp|ować (-uję, -ujesz) *vi* (*perf
postąpić*) (*o pracy*) to proceed; (*o
chorobie*) to progress; (*zachowywać
się*) to act, to behave.

postępowa|nie (-nia) *nt* conduct,
behaviour; **postępowanie
prawne/sądowe** legal action *lub*
proceedings.

postępowy *adj* (*działacz, umysł*)
progressive.

postkomunistyczny *adj*
postcommunist.

postojowy *adj*: **światła postojowe**
parking lights.

post|ój (-oju, -oje) (*gen pl* -ojów *lub*
-oi) *m* (*przerwa w podróży*) stopover;
(*miejsce*) (road) stop; **postój
taksówek** taxi rank; „**zakaz
postoju**" "no waiting".

postrach (-u) *m* terror.

postrzałowy *adj*: **rana postrzałowa**
gunshot wound.

postrzeg|ać (-am, -asz) (*perf
postrzec*) *vt* to perceive.

postrzelony *adj* (*pot. szalony*)
wacky (*pot*).

postula|t (**-tu, -ty**) (*loc sg* **-cie**) *m*
postulate.

postul|ować (**-uję, -ujesz**) *vt* to
postulate.

posunię|cie (**-cia, -cia**) (*gen pl* **-ć**) *nt*
move.

posuw|ać (**-am, -asz**) (*perf* **posunąć**)
vt to move forward.

▸**posuwać się** *vr* to move along *lub*
forward; **posuwać się do czegoś**
not to stop short of (doing) sth;
posuwać się za daleko (*przen*) to
go too far.

posył|ać (**-am, -asz**) (*perf* **posłać**) *vt*
to send; **posłać (kogoś) po**
coś/kogoś to send (sb) for sth/sb;
posłać kogoś dokądś to send sb
somewhere.

posyp|ywać (**-uję, -ujesz**) (*perf* **-ać**)
vt: **posypywać coś czymś** to
sprinkle sth with sth.

poszczególny *adj* individual.

poszczę|ścić się (**-ści**) *vr perf*: (**nie**)
poszczęściło mu się he was
(un)lucky.

poszedł *itd. vb patrz* **pójść**.

poszerz|ać (**-am, -asz**) (*perf* **-yć**) *vt*
to widen, to broaden; (*spodnie,*
sukienkę) to let out.

▸**poszerzać się** *vr* to widen.

poszew|ka (**-ki, -ki**) (*dat sg* **-ce**, *gen*
pl **-ek**) *f* pillowcase.

poszkodowa|ny (**-nego, -ni**) *m decl*
like adj (*PRAWO*) injured party; **być**
poszkodowanym w wypadku/przez
los to be injured in an
accident/wronged by fate.

poszla|ka (**-ki, -ki**) (*dat sg* **-ce**) *f*
circumstantial evidence.

poszuk|ać (**-am, -asz**) *vt perf*:
poszukać kogoś/czegoś to find
sb/sth.

poszukiwacz (**-a, -e**) (*gen pl* **-y**) *m*
searcher.

poszu|kiwać (**-kuję, -kujesz**) *vt*:
poszukiwać kogoś/czegoś to
search for sb/sth.

poszukiwa|nie (**-nia, -nia**) (*gen pl*
-ń) *nt* (*pracy*) search, hunt; (*złota*)
digging; (*prawdy, szczęścia*) quest;
poszukiwania *pl* (*zaginionej osoby*)
search; (*zbiega*) hunt; **poszukiwania**
geologiczne prospecting.

poszukiwany *adj* (*mający popyt,*
ceniony) sought-after; (*ścigany*)
wanted.

posz|wa (**-wy, -wy**) (*loc sg* **-wie**, *gen*
pl **-ew**) *f* quilt cover.

poszy|cie (**-cia, -cia**) (*gen pl* **-ć**) *nt*
(*dachu*) roofing; (*samolotu, statku*)
sheathing, plating; (*leśne*)
undergrowth.

po|ścić (**-szczę, -ścisz**) (*imp* **-ść**) *vi*
to fast.

pościel (**-i, -e**) (*gen pl* **-i**) *f*
bedclothes, bedding.

pościelowy *adj*: **bielizna pościelowa**
bed linen.

pości|g (**-gu, -gi**) (*instr sg* **-giem**) *m*
chase, pursuit; (*przen*) pursuit.

poślad|ek (**-ka, -ki**) (*instr sg* **-kiem**) *m*
buttock.

pośliz|g (**-gu, -gi**) (*instr sg* **-giem**) *m*
skid; (*pot*) delay; **wpaść** (*perf*) **w**
poślizg to go into a skid.

poślizg|nąć się (**-nę, -niesz**) (*imp*
-nij) *vr perf* to slip.

poślu|bić (**-bię, -bisz**) *vt perf* to wed.

poślubny *adj*: **noc poślubna**
wedding night; **podróż poślubna**
honeymoon.

pośmiertny *adj* posthumous.

pośpiech (**-u**) *m* hurry, haste; **bez**
pośpiechu without haste; **w**
pośpiechu hurriedly, in haste.

pośpieszny *adj* hurried, hasty;
pociąg pośpieszny fast train.

pośpiesz|yć (**-ę, -ysz**) *vb perf od*
śpieszyć.

▸**pośpieszyć się** *vr perf*: **pośpiesz się!** hurry up!

pośredni *adj* (*wpływ, związek, skutek*) indirect; (*stadium, etap*) intermediate.

pośrednict|wo (**-wa**) (*loc sg* **-wie**) *nt* mediation; (*HANDEL*) agency; **biuro pośrednictwa pracy** employment agency.

pośrednicz|yć (**-ę, -ysz**) *vi* to mediate.

pośredni|k (**-ka, -cy**) (*instr sg* **-kiem**) *m* mediator; (*HANDEL*) agent; (*też:* **pośrednik handlu nieruchomościami**) (real) estate agent.

pośrodku *prep* +*gen* in the middle of.

pośród *prep* +*gen* in the midst of.

poświadcz|ać (**-am, -asz**) (*perf* **-yć**) *vt* to authenticate, to certify.

poświadcze|nie (**-nia, -nia**) (*gen pl* **-ń**) *nt* authentication, certification.

poświa|ta (**-ty, -ty**) (*dat sg* **-cie**) *f* glow.

poświę|cać (**-cam, -casz**) (*perf* **-cić**) *vt* (*REL*) to consecrate; **poświęcać coś komuś** (*składać w ofierze*) to sacrifice sth to sb; (*dedykować*) to dedicate sth to sb; **poświęcić czas/wysiłki na coś** to spend time/effort on sth; **konferencja była poświęcona energii atomowej** the conference was devoted to nuclear energy.

▸**poświęcać się** *vr*: **poświęcać się dla kogoś** to make sacrifices for sb; **poświęcać się czemuś** to devote *lub* dedicate o.s. to sth.

po|t (**-tu, -ty**) (*loc sg* **-cie**) *m* sweat, perspiration.

pot. *abbr* (= *potocznie*) inf. (= informally).

potajemnie *adv* secretly.

potajemny *adj* secret.

pota|s (**-su**) (*loc sg* **-sie**) *m* potassium.

potem *adv* (*następnie*) then, next, afterwards; (*później*) later, afterwards; **na potem** for later.

potencjalny *adj* potential.

potencja|ł (**-łu, -ły**) (*loc sg* **-le**) *m* potential.

potenta|t (**-ta, -ci**) (*loc sg* **-cie**) *m* potentate.

potę|ga (**-gi**) (*dat sg* **-dze**) *f* power; (*mocarstwo*) (*nom pl* **-gi**) power; **dwa do potęgi trzeciej** two to the power of three.

potęg|ować (**-uję, -ujesz**) (*perf* **s-**) *vt* (*MAT*) to exponentiate, to raise to a power; (*wzmacniać*) to heighten.

▸**potęgować się** *vr* to heighten.

potę|piać (**-piam, -piasz**) (*perf* **-pić**) *vt*: **potępiać coś** to condemn sth; **potępiać kogoś** (**za coś**) to condemn sb (for sth).

potępie|nie (**-nia**) *nt* condemnation; (*REL*) damnation.

potężny *adj* (*władca, cios*) powerful, mighty; (*drzewo*) mighty, huge.

potknię|cie (**-cia, -cia**) (*gen pl* **-ć**) *nt* stumble; (*przen*) slip-up.

potłu|c się (**-kę, -czesz**) (*pt* **-kł, -kła, -kli**) *vr perf* to get bruised.

potocznie *adv* popularly.

potoczny *adj* (*nazwa, rozumienie*) popular; (*język*) colloquial, informal.

poto|k (**-ku, -ki**) (*instr sg* **-kiem**) *m* stream.

potom|ek (**-ka, -kowie**) (*instr sg* **-kiem**) *m* descendant.

potomst|wo (**-wa**) (*loc sg* **-wie**) *nt* offspring.

poto|p (**-pu**) (*loc sg* **-pie**) *m* deluge; (*REL*) the Flood.

potra|fić (**-fię, -fisz**) *vi*: **on potrafi to zrobić** (*umie*) he can do it; (*jest zdolny*) he can do it, he is capable of doing it.

potraj|ać (**-am, -asz**) (*perf* **potroić**) *vt* to treble, to triple.

▸**potrajać się** *vr* to treble, to triple.

potra|wa (-wy, -wy) (*dat sg* -**wie**) *f*
dish; **spis potraw** menu.
potrą|cać (-cam, -casz) (*imp* -**cić**) *vt*
(*szturchać*) to jostle, to jog;
(*odliczać*) to deduct.
potrójny *adj* treble, triple.
potrw|ać (-a) *vi perf* (*zająć czas*) to
take; (*przetrwać*) to last; **jak długo
to potrwa?** how long is it going to
take?; **to nie potrwa długo** it won't
take long.
potrząs|ać (-am, -asz) (*perf* -**nąć**) *vt*
to shake.
potrze|ba[1] (-by, -by) (*dat sg* -**bie**) *f*
need; **potrzeby** *pl* needs *pl*; **bez
potrzeby** unnecessarily; **w razie
potrzeby** if necessary *lub* required,
should the need arise; **nie ma
potrzeby się spieszyć** there's no
need to hurry; **w potrzebie** in need.
potrzeba[2] *inv* **potrzeba nam
pieniędzy/czasu** we need
money/time;: **czego ci potrzeba?**
what do you need?
potrzebny *adj* necessary, needed; **to
mi jest potrzebne** I need that;
jestem ci potrzebny? do you need
me?; **to nie jest potrzebne** this isn't
necessary.
potrzeb|ować (-uję, -ujesz) *vt perf*:
potrzebować czegoś *lub* **coś** to
need sth; **nie potrzebujesz tego
robić** you don't need to do this.
potulny *adj* meek.
potwarz (-y, -e) *f* slander, calumny.
potwier|dzać (-dzam, -dzasz) (*imp*
-**dź**, *perf* -**dzić**) *vt* to confirm; (*odbiór
przesyłki*) to acknowledge.
▸**potwierdzać się** *vr* to be
confirmed.
potwierdze|nie (-nia, -nia) (*gen pl*
-**ń**) *nt* confirmation.
potworny *adj* monstrous.
potw|ór (-ora, -ory) (*loc sg* -**orze**) *m*
monster.
potyk|ać się (-am, -asz) (*perf*

potknąć) *vr* to stumble, to trip (up);
(*przen*) to slip.
poucz|ać (-am, -asz) (*perf* -**yć**) *vt*
(*informować*) to instruct; (*upominać*)
to admonish; (*dawać niepotrzebne
rady*) to patronize.
poucze|nie (-nia, -nia) (*gen pl* -**ń**) *nt*
(*informacja*) instruction;
(*ostrzeżenie*) admonition.
poufały *adj* familiar.
poufny *adj* confidential.
pow. *abbr* (= *powierzchnia*) area.
powabny *adj* (*książk*) alluring.
powa|ga (-gi) (*dat sg* -**dze**) *f*
seriousness; (*urzędu, stanowiska*)
authority; **z powagą** seriously;
zachować (*perf*) **powagę** to keep
serious.
poważ|ać (-am, -asz) *vt* (*cenić*) to
esteem, to hold in high regard;
(*szanować*) to respect.
poważa|nie (-nia) *nt* esteem; „**z
poważaniem**" "yours sincerely *lub*
faithfully".
poważnie *adv* seriously; **wyglądać
poważnie** to look serious;
poważnie? seriously?; **mówisz
poważnie?** are you serious?
poważny *adj* (*mina, błąd, strata,
choroba*) serious; (*rola*) substantial;
(*instytucja*) reputable; **muzyka
poważna** classical music.
powet|ować (-uję, -ujesz) *vt perf*:
powetować (sobie) coś to make up
for sth.
powiadami|ać (-am, -asz) (*perf*
powiadomić) *vt*: **powiadamiać
kogoś (o czymś)** to notify sb (of
sth).
powi|at (-atu, -aty) (*loc sg* -**ecie**) *m*
Polish administrative unit.
powiąza|nie (-nia, -nia) (*gen pl* -**ń**) *nt*
connection; **mieć powiązanie z**
+*instr* to be connected with;
powiązania *pl*: (**mieć**) **powiązania z**
+*instr* (to have) connections with.

powiązany *adj*: **powiązany z** +*instr* connected with *lub* to, related to.

powid|ła (-**eł**) *pl* (*KULIN*) plum jam.

powiedze|nie (-**nia**, -**nia**) (*gen pl* -**ń**) *nt* (*aforyzm*) saying; **mieć coś do powiedzenia** (*chcieć coś wyjaśnić*) to have sth to say; (*liczyć się*) to have some say.

powi|edzieć (-**em**, -**esz**) (*3 pl* -**edzą**, *imp* -**edz**) *vt perf*: **powiedzieć coś/, że ...** to say sth/(that) ... ♦ *vi perf* to say; **powiedzieć komuś coś/o czymś/, że ...** to tell sb sth/about sth/(that) ...; **co chcesz przez to powiedzieć?** what do you mean by that?; **co powiesz na** +*acc*? how *lub* what about ...?; **że tak powiem** so to speak.

powie|ka (-**ki**, -**ki**) (*dat sg* -**ce**) *f* eyelid.

powiel|ać (-**am**, -**asz**) (*perf* -**ić**) *vt* to duplicate.

powierniczy *adj*: **fundusz powierniczy** trust fund.

powierz|ać (-**am**, -**asz**) (*perf* -**yć**) *vt*: **powierzać coś komuś** to entrust sth to sb, to entrust sb with sth.

powierzch|nia (-**ni**, -**nie**) (*gen pl* -**ni**) *f* (*strona zewnętrzna*) surface; (*obszar, teren*) area; (*MAT, GEOM*) area.

powierzchowny *adj* superficial.

powie|sić (-**szę**, -**sisz**) (*imp* -**ś**) *vt perf* to hang.

►**powiesić się** *vr perf* to hang o.s.

powieściopisarz (-**a**, -**e**) (*gen pl* -**y**) *m* novelist.

powieś|ć¹ (-**ci**, -**ci**) (*gen pl* -**ci**) *f* novel.

powi|eść² (-**odę**, -**edziesz**) (*imp* -**edź**, *pt* -**ódł**, -**odła**, -**edli**) *vb perf od* **wieść** ♦ *vt perf* (*przesunąć*): **powiódł wzrokiem po pokoju** his eyes *lub* gaze swept round the room; **powiódł palcem po mapie** he traced the route on the map with his finger.

►**powieść się** *vb perf od* **wieść się** ♦ *vr perf* (*udać się*) to succeed, to be successful; **nie powiodło mi się** I didn't succeed; **powiodło mi się** I made it.

powietrz|e (-**a**) *nt* air; **na (wolnym) powietrzu** in the open air, outdoors.

powietrzny *adj* air *attr*; **obszar powietrzny** airspace; **trąba powietrzna** whirlwind; **poduszka powietrzna** (*MOT*) airbag; **siły powietrzne** Air Force.

powie|w (-**wu**, -**wy**) (*loc sg* -**wie**) *m* breath, puff.

powiew|ać (-**a**) *vi* (*o wietrze*) (*perf* **powiać**) to blow; (*o fladze*) to fly, to wave.

powiększ|ać (-**am**, -**asz**) (*perf* -**yć**) *vt* (*teren, obszar*) to expand; (*ilość, dostawy, deficyt*) to increase; (*organizację, zespół*) to enlarge; (*obraz*) to magnify; (*FOT*) to enlarge, to blow up.

►**powiększać się** *vr* (*o zasobach*) to increase; (*o obszarze*) to expand; (*o grupie*) to grow.

powiększający *adj*: **szkło powiększające** magnifying glass.

powiększe|nie (-**nia**, -**nia**) (*gen pl* -**ń**) *nt* (*obszaru*) expansion; (*deficytu*) increase; (*FOT*) enlargement, blow-up.

powiększ|yć (-**ę**, -**ysz**) *vb perf od* **powiększać**.

powikła|nie (-**nia**, -**nia**) (*gen pl* -**ń**) *nt* complication.

powinien (*f* **powinna**, *nt* **powinno**): **on powinien/ona powinna tam pójść** he/she should go there, he/she ought to go there; **powinieneś (powinnaś** *f*) **mu powiedzieć** you should tell him; **powinienem był (powinnam była** *f*) **zaczekać** I should have waited; **on powinien zaraz wrócić** he should be back any moment; **słońce powinno zajść o**

dziewiątej the sun should set at nine; **powinno się pomagać innym** one *lub* you should help others.

powinnoś|ć (-ci, -ci) (*gen pl* -ci) *f* (*książk*) duty.

powit|ać (-am, -asz) *vb perf od* witać.

powitalny *adj* (*gest, uśmiech*) welcoming *attr*; (*oklaski*) greeting *attr*; (*mowa*) opening *attr*.

powita|nie (-nia, -nia) (*gen pl* -ń) *nt* welcome, greeting.

powlek|ać (-am, -asz) (*perf* powlec) *vt*: **powlekać (czymś)** to coat (with sth).

powło|ka (-ki, -ki) (*dat sg* -ce) *f* (*farby*) coat(ing); (*ozonu*) layer.

powod|ować (-uję, -ujesz) (*perf* s-) *vt* to cause, to bring about; **spowodować, że coś się stanie** to cause sth to happen.

powodze|nie (-nia) *nt* (*sukces*) success; (*popularność*) popularity; **powodzenia!** good luck!; **z powodzeniem** successfully.

powo|dzić się (-dzi) *vr*: **dobrze/źle jej się powodzi** she is doing well/badly; (*finansowo*) she is well/badly off.

powodziowy *adj* flood *attr*.

powojenny *adj* postwar *attr*.

powoli *adv* slowly.

powolny *adj* slow.

powoła|nie (-nia, -nia) (*gen pl* -ń) *nt* (*rządu*) formation; (*ministra*) appointment; (*zamiłowanie*) calling; **powołanie do wojska** call-up (*BRIT*) *lub* draft (*US*) (papers).

powoł|ywać (-uję, -ujesz) (*perf* -ać) *vt* (*wyznaczać*) to appoint; **powoływać kogoś do wojska** to conscript sb (*BRIT*), to call sb up (*BRIT*), to draft sb (*US*).

▸**powoływać się** *vr*: **powoływać się na** +*acc* (*źródło*) to cite, to quote; (*przywilej, prawo*) to invoke.

pow|ód¹ (-odu, -ody) (*loc sg* -odzie)

m (*przyczyna*) cause; (*uzasadnienie*) reason; **z powodu** +*gen* because of, due to; **z tego powodu** for this reason.

pow|ód² (-oda, -odowie) (*loc sg* -odzie) *m* (*PRAWO*) plaintiff.

pow|ódź (-odzi, -odzie) (*gen pl* -odzi) *f* (*woda*) flood(ing).

pow|óz (-ozu, -ozy) (*loc sg* -ozie) *m* carriage.

powrac|ać (-am, -asz) (*perf* powrócić) *vi* to return, to come back.

powrotny *adj*: **bilet powrotny** return (*BRIT*) *lub* round-trip (*US*) ticket; **w drodze powrotnej** on the way back.

powr|ót (-otu, -oty) (*loc sg* -ocie) *m* return; **z powrotem** (*w kierunku powrotnym*) back; (*na nowo*) again; **tam i z powrotem** back and forth.

powsta|nie (-nia) *nt* (*utworzenie*) rise, origin; (*rewolta*) (*nom pl* -nia, *gen pl* -ń) uprising.

powsta|niec (-ńca, -ńcy) *m* insurgent.

powst|awać (-aję, -ajesz) (*imp* -awaj, *perf* -ać) *vi* (*zaczynać istnieć*) to arise, to come into being; (*wstawać*) to stand (up); (*buntować się*) to rise (up).

powstrzym|ywać (-uję, -ujesz) (*perf* -ać) *vt* (*zatrzymywać*) to restrain, to hold back; (*śmiech, łzy*) to hold back, to check; (*nieprzyjaciela*) to hold off; **powstrzymywać kogoś od (robienia) czegoś** to stop *lub* keep sb from (doing) sth.

▸**powstrzymywać się** *vr*: **powstrzymywać się od** +*gen* (*picia*) to abstain from; (*komentarza*) to refrain from.

powszechnie *adv* (*znany, lubiany*) generally; (*używany*) commonly.

powszechny *adj* (*opinia*) common; (*wybory*) general; (*szkoła, edukacja*) primary *attr* (*BRIT*), elementary *attr* (*US*).

powszedni *adj* commonplace; **dzień powszedni** weekday; (*przen*) average day.

powściągliwoś|ć (-ci) *f* (*umiar*) restraint, moderation; (*opanowanie*) reserve, self-restraint.

powściągliwy *adj* (*wymijający*) evasive; (*opanowany*) restrained.

powtarz|ać (-am, -asz) (*perf* **powtórzyć**) *vt* to repeat; (*TV, RADIO*) to repeat, to rebroadcast; (*materiał, lekcje*) to revise (*BRIT*), to review (*US*); **czy mógłbyś powtórzyć?** could you say that again?

▸**powtarzać się** *vr* (*odbywać się ponownie*) to recur; (*o historii*) to repeat itself; (*o człowieku*) to repeat o.s.

powtór|ka (-ki, -ki) (*dat sg* -ce, *gen pl* -ek) *f* (*SZKOL*) revision (*BRIT*), review (*US*); (*programu*) repeat, re-run; **powtórka akcji** action replay.

powtórnie *adv* again, a second time.

powtórny *adj* second.

powtórze|nie (-nia, -nia) (*gen pl* -ń) *nt* repetition; (*materiału*) revision (*BRIT*), review (*US*); (*programu*) repeat, re-run.

powyżej *prep* +*gen* (*wyżej niż*) above, over; (*ponad*) over ♦ *adv* above.

powyższy *adj* (*książk*) above-mentioned, foregoing.

pow|ziąć (-ezmę, -eźmiesz) (*imp* -eźmij) *vt perf*: **powziąć decyzję** to take *lub* make a decision; **powziąć postanowienie** *lub* **zamiar** to make up one's mind.

po|za¹ (-zy, -zy) (*dat sg* -zie, *gen pl* póz) *f* pose.

poza² *prep* +*acc* (*dalej niż*) beyond ♦ *prep* +*instr* (*na zewnątrz*) outside; (*oprócz*) apart from, beside; **przebywać poza domem** to be out;

poza tym (*zresztą*) besides; (*również*) also.

pozba|wiać (-wię, -wisz) (*perf* -wić) *vt*: **pozbawiać kogoś czegoś** to deprive sb of sth; **pozbawić kogoś złudzeń** to disillusion sb.

▸**pozbawiać się** *vr* +*gen* (*przyjemności*) to deny o.s.; (*szansy*) to lose; **pozbawić się/kogoś życia** to take one's own/sb's life.

pozbawie|nie (-nia) *nt*: **kara pozbawienia wolności** (*PRAWO*) imprisonment.

pozbawiony *adj*: **pozbawiony czegoś** devoid of sth.

pozbier|ać (-am, -asz) *vb perf od* **zbierać**.

▸**pozbierać się** *vr perf* (*pot*) to pull o.s. together.

pozbyw|ać się (-am, -asz) (*perf* **pozbyć**) *vr* +*gen* to get rid of.

pozdrawi|ać (-am, -asz) (*perf* **pozdrowić**) *vt* to greet; **pozdrów (ode mnie) Janka** give my regards to John, remember me to John.

pozdrowie|nie (-nia, -nia) (*gen pl* -ń) *nt* (*powitanie*) greeting; **pozdrowienia** *pl* regards *pl*.

poz|ew (-wu, -wy) (*loc sg* -wie) *m* (*PRAWO*) suit, petition.

pozio|m (-mu, -my) (*loc sg* -mie) *m* (*wysokość*) level; (*stopień*) standard; (*zawartość*) content; **poziom życia** living standards.

poziomic|a (-y, -e) *f* (*GEOG*) contour (line); (*TECH*) spirit level.

poziom|ka (-ki, -ki) (*dat sg* -ce, *gen pl* -ek) *f* wild strawberry.

poziomo *adv* horizontally; (*w krzyżówce*) across.

poziomy *adj* horizontal.

pozłacany *adj* (*rama*) gilt, gilded; (*pierścionek, styki*) gold-plated.

pozn|ać (-am, -asz) *vb perf od* **poznawać** ♦ *vt perf* (*zawrzeć znajomość*) to meet; **poznać kogoś**

z kimś drugim to introduce sb to sb else; **miło mi Pana/Panią poznać** nice *lub* pleased to meet you; **miło (mi) było Pana/Panią poznać** it was nice meeting you.

▶**poznać się** *vr perf* (*zawrzeć znajomość*) to meet; **poznać się dobrze/bliżej** to get to know each other well/better.

pozna|nie (**-nia**) *nt* (*zapoznanie się*) meeting; **nie do poznania** (*być*) unrecognizable; (*zmienić się*) beyond recognition.

pozn|awać (**-aję, -ajesz**) (*perf* **-ać**) *vt* (*miasto, ludzi*) to get to know; (*świat*) to see; (*języki*) to learn; (*rozpoznawać*) to recognize; (*doświadczać*) to experience; (*plany, tajemnice*) to find out.

▶**poznawać się** *vr* (*rozpoznawać siebie*) to recognize o.s.; (*rozpoznawać jeden drugiego*) to recognize one another; (*dowiadywać się o sobie*) to get to know one another; **poznałem się na nim** I knew him for what he was.

pozornie *adv* seemingly.

pozorny *adj* seeming, apparent.

pozor|ować (**-uję, -ujesz**) (*perf* **u-**) *vt* (*chorobę, śmierć*) to feign; (*wypadek, walkę*) to simulate.

pozostałoś|ć (**-ci, -ci**) (*gen pl* **-ci**) *f* remnant; (*relikt*) relic; **pozostałości** *pl* (*resztki*) remains *pl*.

pozostały *adj* remaining; (*drugi*) the other *attr*.

pozost|awać (**-aję, -ajesz**) (*imp* **-awaj**, *perf* **-ać**) *vi* (*przebywać*) to stay; (*być nadal*) to remain, to continue; **pozostawać niedostępnym/wiernym/na wolności** to remain inaccessible/faithful/at large; **pozostawać w tyle** to lag behind.

pozosta|wiać (**-wiam, -wiasz**) *vt* (*perf* **-wić**) to leave.

poz|ować (**-uję, -ujesz**) *vi* (*do zdjęcia*) to pose; (*o modelce*) to model; (*zachowywać się sztucznie*) to pose.

poz|ór (**-oru, -ory**) (*loc sg* **-orze**) *m* pretence (*BRIT*), pretense (*US*), false appearance; **na pozór** *lub* **z pozoru** on the surface, outwardly; **pod żadnym pozorem** on no account.

pozwal|ać (**-am, -asz**) (*perf* **pozwolić**) *vi*: **pozwalać komuś coś robić** to allow sb to do sth, to let sb do sth; **pozwalać na coś** to permit sth; **pozwalać komuś na coś** to allow *lub* permit sb sth; **nie mogę sobie na to pozwolić** I can't afford it.

pozwole|nie (**-nia, -nia**) (*gen pl* **-ń**) *nt* (*zgoda*) permission; (*zezwolenie*) permit.

pozw|olić (**-olę, -olisz**) (*imp* **-ól**) *vb perf od* **pozwalać**; **Pan/Pani pozwoli, że się przedstawię** let me introduce myself.

pozycj|a (**-i, -e**) (*gen pl* **-i**) *f* position; (*w spisie, kolekcji*) item.

pozycyjny *adj*: **światła pozycyjne** (*MOT*) sidelights *pl* (*BRIT*), parking lights *pl* (*US*).

pozys|kiwać (**-kuję, -kujesz**) (*perf* **-kać**) *vt* (*przychylność, zaufanie*) to win; (*przyjaciół*) to win over.

pozyty|w (**-wu, -wy**) (*loc sg* **-wie**) *m* positive.

pozytywiz|m (**-mu**) (*loc sg* **-mie**) *m* positivism.

pozytyw|ka (**-ki, -ki**) (*dat sg* **-ce**, *gen pl* **-ek**) *f* musical box (*BRIT*), music box (*US*).

pozytywnie *adv* favourably (*BRIT*), favorably (*US*).

pozytywny *adj* (*reakcja, nastawienie*) positive; (*rezultat*) favourable (*BRIT*), favorable (*US*).

poża|r (**-ru, -ry**) (*loc sg* **-rze**) *m* fire (*of building etc*).

pożarny *adj*: **straż pożarna** (*instytucja*) fire brigade (*BRIT*), fire department (*US*); (*budynek*) fire station; (*wóz*) fire engine (*BRIT*), fire truck (*US*).

pożąd|ać (*-am, -asz*) *vt* to covet, to lust after.

pożąda|nie (*-nia*) *nt* desire.

pożądany *adj* (*skutek*) desirable; (*gość*) welcome.

pożegn|ać (*-am, -asz*) *vb perf od* żegnać.

pożegnalny *adj* farewell *attr*.

pożegna|nie (*-nia, -nia*) (*gen pl* -ń) *nt* farewell, leave-taking.

pożer|ać (*-am, -asz*) (*perf* pożreć) *vt* to devour.

poży|cie (*-cia*) *nt*: **pożycie małżeńskie/seksualne** married/sex life.

pożycz|ać (*-am, -asz*) (*perf* -yć) *vt*: **pożyczać coś komuś** to lend sb sth, to lend sth to sb; **pożyczać coś (od kogoś)** to borrow sth (from sb).

pożycz|ka (*-ki, -ki*) (*dat sg* -ce, *gen pl* -ek) *f* loan.

pożyteczny *adj* useful.

pożyt|ek (*-ku, -ki*) (*instr sg* -kiem) *m* benefit, advantage.

pożywie|nie (*-nia*) *nt* food, nourishment.

pój|ść (*-dę, -dziesz*) (*imp* -dź, *pt* poszedł, poszła, poszli) *vb perf od* iść.

póki *conj* as long as; **póki nie** until; **póki nie wrócę** until I come back; **póki czas** before it's too late.

pół *inv* half; **pół jabłka/szklanki** half an apple/a glass; **pół godziny** half an hour; **dwa i pół** two and a half.

półbu|t (*-ta, -ty*) (*loc sg* -cie) *m* (low) shoe.

półciężarów|ka (*-ki, -ki*) (*dat sg* -ce, *gen pl* -ek) *f* van.

półfina|ł (*-łu, -ły*) (*loc sg* -le) *m* the semi-finals *pl*.

półgodzinny *adj* thirty-minute *attr*, thirty minutes' *attr*; **przyszedł z półgodzinnym opóźnieniem** he was half an hour late.

pół|ka (*-ki, -ki*) (*dat sg* -ce, *gen pl* -ek) *f* shelf; (*na książki*) bookshelf; (*na bagaż*) rack.

półkol|e (*-a, -a*) (*gen pl* -i) *nt* semicircle.

półksiężyc (*-a, -e*) *m* crescent.

półkul|a (*-i, -e*) *f* hemisphere.

półmet|ek (*-ka*) (*instr sg* -kiem) *m* half-way point.

półmis|ek (*-ka, -ki*) (*instr sg* -kiem) *m* platter, dish.

półmro|k (*-ku*) (*instr sg* -kiem) *m* semidarkness.

północ (*-y*) *f* (*godzina*) midnight; (*strona świata*) north; **na północ od** +*gen* (to the) north of.

północno-wschodni *adj* north-east(ern).

północno-zachodni *adj* north-west(ern).

północny *adj* (*klimat, półkula*) northern; (*wiatr, kierunek*) northerly; **północny wschód** north-east; **północny zachód** north-west; **Ameryka Północna** North America; **Irlandia Północna** Northern Ireland.

półnu|ta (*-ty, -ty*) (*loc sg* -cie) *f* minim (*BRIT*), half-note (*US*).

półokr|ąg (*-ęgu, -ęgi*) (*instr sg* -ęgiem) *m* semicircle.

półpięt|ro (*-ra, -ra*) (*loc sg* -rze, *gen pl* -er) *nt* landing.

półproduk|t (*-tu, -ty*) (*loc sg* -cie) *m* semi-finished article.

półprzewodni|k (*-ka, -ki*) (*instr sg* -kiem) *m* semiconductor.

półśrod|ek (*-ka, -ki*) (*instr sg* -kiem) *m* half-measure.

półto|n (*-nu, -ny*) (*loc sg* -nie) *m* (*odcień*) halftone; (*MUZ*) semitone, halftone (*US*).

półtora *num* one and a half; **półtora**

kilograma one and a half kilogram; **półtorej godziny** an hour and a half.

półwys|ep (**-pu, -py**) (*loc sg* **-pie**) *m* peninsula.

póty *conj*: **póty ... póki nie ...** until, till.

później *adv comp od* **późno**; (*następnie*) later; **prędzej czy później** sooner or later; **dwa dni później** two days later.

późniejszy *adj comp od* **późny**; (*następny*) subsequent; **późniejszy prezydent** the future president.

późno (*comp* **później**) *adv* late; **za późno** too late.

późny *adj* late.

prabab|ka (**-ki, -ki**) (*dat sg* **-ce**, *gen pl* **-ek**) *f* great-grandmother.

prac|a (**-y, -e**) *f* work; **praca klasowa** (classroom) test, test paper; **praca domowa** homework; **praca magisterska** M.A. thesis; **praca doktorska** doctoral *lub* Ph.D. dissertation; **iść do pracy** to go to work; **być w pracy** to be at work.

pracochłonny *adj* laborious.

pracodawc|a (**-y, -y**) *m decl like f in sg* employer.

prac|ować (**-uję, -ujesz**) *vi* (*wykonywać pracę*) to work; (*mieć posadę*) to have a job; (*funkcjonować*) to work, to operate.

pracowitoś|ć (**-ci**) *f* diligence.

pracowity *adj* (*uczeń*) hard-working, diligent; (*dzień*) arduous.

pracow|nia (**-ni, -nie**) (*gen pl* **-ni**) *f* (*malarza, rzeźbiarza*) studio, atelier; (*chemiczna, techniczna*) laboratory; (*warsztat*) workshop.

pracowni|k (**-ka, -cy**) (*instr sg* **-kiem**) *m* worker, employee.

prać (**piorę, pierzesz**) *vt* (*usuwać brud*) (*perf* **wy-**) to wash; (*chemicznie*) to dry-clean; (*pot: bić*) (*perf* **s-**) to thrash ♦ *vi* to wash (clothes), to do the laundry.

pradawny *adj* primeval.

pradziad|ek (**-ka, -kowie**) (*instr sg* **-kiem**) *m* great-grandfather.

Pra|ga (**-gi**) (*dat sg* **-dze**) *f* Prague.

pragmatyczny *adj* pragmatic.

prag|nąć (**-nę, -niesz**) (*imp* **-nij**) *vt* (*życzyć sobie*) to desire; (*pożądać*) to lust for; **pragnąć coś zrobić** to wish to do sth.

pragnie|nie (**-nia**) *nt* (*suchość w ustach*) thirst; (*gorąca chęć*) (*nom pl* **-nia**, *gen pl* **-ń**) desire; **mieć pragnienie** to be thirsty.

praktycznie *adv* practically; (*doświadczalnie*) practically, in practice.

praktyczny *adj* (*człowiek, metoda*) practical; (*strój*) practical, sensible.

prakty|ka (**-ki**) (*dat sg* **-ce**) *f* practice; (*staż: w firmie*) training period; (: *w szkole*) teacher practice; (: *u rzemieślnika*) apprenticeship.

praktykan|t (**-ta, -ci**) (*loc sg* **-cie**) *m* (*w firmie*) trainee; (*w szkole*) practice teacher; (*u rzemieślnika*) apprentice.

praktyk|ować (**-uję, -ujesz**) *vi* (*o lekarzu*) to practise (*BRIT*) *lub* practice (*US*) medicine; (*o adwokacie*) to practise (*BRIT*) *lub* practice (*US*) law; (*być na praktyce*) to be in training.

pral|ka (**-ki, -ki**) (*dat sg* **-ce**, *gen pl* **-ek**) *f* washing machine.

pral|nia (**-ni, -nie**) (*gen pl* **-ni**) *f* laundry; (*chemiczna*) dry-cleaner's; (*samoobsługowa*) launderette, laundromat (*US*).

pra|nie (**-nia**) *nt* (*czynność*) washing; (*porcja bielizny*) (*nom pl* **-nia**, *gen pl* **-ń**) washing, laundry.

pra|sa (**-sy**) (*dat sg* **-sie**) *f* press; (*dziennikarze*) the Press.

pras|ować (**-uję, -ujesz**) *vt* (*bieliznę*) (*perf* **wy-**) to iron, to press; (*blachę*) (*perf* **s-**) to press.

prasowy *adj* press *attr*; **agencja prasowa** press *lub* news agency.
prastary *adj* (*las*) primeval; (*ród, pomnik*) ancient.
praw|da (**-dy, -dy**) (*dat sg* **-dzie**) *f* truth; **prawdę mówiąc** to tell the truth; **co prawda** as a matter of fact; **to prawda** it's true; **czy to prawda?** is that true?; **jest zimno, prawda?** it's cold, isn't it?; **lubisz go, prawda?** you like him, don't you?
prawdomówny *adj* truthful.
prawdopodobieństw|o (**-wa**) (*loc sg* **-wie**) *nt* probability, likelihood.
prawdopodobnie *adv* (*chyba*) probably; (*autentycznie*) plausibly.
prawdopodobny *adj* (*bliski prawdy*) probable; (*możliwy*) probable, likely.
prawdziwy *adj* (*kłopot, przyjemność*) real; (*skóra, perła*) genuine; (*opowieść*) true, truthful; (*zdarzenie*) authentic.
prawic|a (**-y**) *f* (*POL*) the Right.
prawicowy *adj* rightist, right-wing.
prawid|ło (**-ła, -ła**) (*loc sg* **-le**, *gen pl* **-eł**) *nt* (*zasada*) rule.
prawidłowoś|ć (**-ci, -ci**) (*gen pl* **-ci**) *f* regularity.
prawidłowy *adj* (*poprawny*) correct; (*należyty*) proper; (*normalny*) normal.
prawie *adv* almost, nearly; **prawie go nie znam** I hardly know him; **prawie nic** next to nothing; **prawie nigdzie/nigdy** hardly anywhere/ever; **prawie nikt** scarcely anybody; **prawie skończyłem** I've just about finished.
prawniczy *adj* (*zawód, wykształcenie*) legal; (*studia, wydział*) law *attr*.
prawni|k (**-ka, -cy**) (*instr sg* **-kiem**) *m* lawyer.
prawnucz|ka (**-ki, -ki**) (*dat sg* **-ce**, *gen pl* **-ek**) *f* great-granddaughter.
prawnu|k (**-ka, -ki**) (*instr sg* **-kiem**) *m* great grandson; **prawnuki** *pl* great-grandchildren.
prawny *adj* (*radca, porada, moc*) legal; (*akt*) legislative; (*właściciel*) lawful, rightful; **osoba prawna** legal entity *lub* person, body corporate.
pra|wo¹ (**-wa**) (*loc sg* **-wie**) *nt* (*prawodawstwo*) law; (*ustawa*) (*nom pl* **-wa**) law; (: *zapisana w dzienniku ustaw*) statute; (*uprawnienie*) (*nom pl* **-wa**) right; (*zasada*) principle, law; **prawo cywilne/karne** civil/criminal law; **prawo jazdy** (*MOT*) driving licence (*BRIT*), driver's license (*US*); **prawa człowieka** human rights; **prawo autorskie** copyright; **mieć prawo do czegoś/coś zrobić** to be entitled to sth/to do sth, to have a right to sth/to do sth; **nie masz prawa tak mówić!** you have no right to talk like this!; **zgodnie z prawem** in compliance with the law.
prawo² *adv*: **w prawo** (*w prawą stronę*) to the right; **na prawo** (*w prawą stronę*) to the right; (*po prawej stronie*) on *lub* to the right; **na prawo i lewo** right and left, all over the place.
prawodawc|a (**-y, -y**) *m decl like f in sg* legislator.
prawodawstw|o (**-wie**) *nt* legislation.
prawomocny *adj* legally valid.
praworęczny *adj* right-handed.
praworządnoś|ć (**-ci**) *f* law and order.
praworządny *adj* (*postępujący zgodnie z prawem*) law-abiding; (*zgodny z prawem*) legal.
prawosławi|e (**-a**) *nt* Orthodox Church.
prawosławny *adj* Orthodox.
prawy *adj* right; (*uczciwy*) honest; **prawa strona** the right-hand side; **z prawej strony** *lub* **po prawej stronie** on the right side; **czyjaś prawa ręka** (*przen*) sb's right hand.

prą|cie (**-cia, -cia**) (*gen pl* **-ci**) *nt* penis.

prą|d (**-du, -dy**) (*loc sg* **-dzie**) *m* current, stream; (*elektryczny*) current; (*elektryczność*) electricity; (*przen: kierunek*) current, trend; **iść pod prąd** to go against the stream *lub* tide; **iść z prądem** to go with the stream *lub* tide; **prąd stały/zmienny** (*ELEKTR*) direct/alternating current.

prądnic|a (**-y, -e**) *f* generator.

prąż|ek (**-ka, -ki**) (*instr sg* **-kiem**) *m* line, stripe.

prążkowany *adj* striped.

preceden|s (**-su, -sy**) (*loc sg* **-sie**) *m* precedent; **bez precedensu** unprecedented.

precel|ek (**-ka, -ki**) (*instr sg* **-kiem**) *m* pretzel.

precyzj|a (**-i**) *f* precision, accuracy.

precyz|ować (**-uję, -ujesz**) (*perf* **s-**) *vt* to specify.

precyzyjny *adj* (*ruch, definicja*) precise; (*narzędzia, instrumenty*) precision *attr*.

precz *excl*: **precz!** go away!; **precz z X!** down with X!

predyspozycj|a (**-i, -e**) (*gen pl* **-i**) *f* predisposition.

prefabryka|t (**-tu, -ty**) (*loc sg* **-cie**) *m* prefabricated element.

prefer|ować (**-uję, -ujesz**) *vt* (*książk*) to prefer, to favour (*BRIT*), to favor (*US*).

prehistoryczny *adj* prehistoric(al).

prekurso|r (**-ra, -rzy**) (*loc sg* **-rze**) *m* (*poprzednik*) predecessor, precursor; (*zwiastun*) harbinger, forerunner.

prelekcj|a (**-i, -e**) (*gen pl* **-i**) *f* (*książk*) (public) lecture.

preludi|um (**-um, -a**) (*gen pl* **-ów**) *nt inv in sg* prelude.

premi|a (**-i, -e**) (*gen pl* **-i**) *f* (*dodatek do płacy*) bonus; (*nagroda*) prize.

premie|r (**-ra, -rzy**) (*loc sg* **-rze**) *m* prime minister, premier.

premie|ra (**-ry, -ry**) (*dat sg* **-rze**) *f* première.

prenumera|ta (**-ty, -ty**) (*loc sg* **-cie**) *f* subscription.

prenumer|ować (**-uję, -ujesz**) (*perf* **za-**) *vt*: **prenumerować czasopismo** to subscribe to a magazine.

prepara|t (**-tu, -ty**) (*loc sg* **-cie**) *m* (*substancja*) preparation; (*BIO, MED*) specimen.

preri|a (**-i, -e**) (*gen pl* **-i**) *f* prairie.

presj|a (**-i**) *f* pressure.

prestiż (**-u**) *m* prestige.

pretek|st (**-stu, -sty**) (*loc sg* **-ście**) *m* pretext; **pod pretekstem czegoś** under the pretext of sth.

pretend|ować (**-uję, -ujesz**) *vi*: **pretendować do czegoś** to aspire to sth; **pretendować do urzędu** (*w wyborach*) to run for an office.

pretensj|a (**-i, -e**) (*gen pl* **-i**) *f* (*roszczenie*) claim; (*żal*) resentment; **mieć pretensję do kogoś** to hold a grudge against sb.

pretensjonalny *adj* (*pełen pretensji*) pretentious; (*sztuczny*) affected.

prewencyjny *adj* preventive.

prezen|t (**-tu, -ty**) (*loc sg* **-cie**) *m* present, gift.

prezentacj|a (**-i, -e**) (*gen pl* **-i**) *f* (*osób*) introduction; (*pokaz*) presentation.

prezente|r (**-ra, -rzy**) (*loc sg* **-rze**) *m* (*TV, RADIO*) presenter (*BRIT*), announcer (*US*).

prezent|ować (**-uję, -ujesz**) (*perf* **za-**) *vt* (*ludzi*) to introduce; **prezentować coś (komuś)** to show sth (to sb).

▶**prezentować się** *vr*: **dobrze się prezentować** to look presentable.

prezerwaty|wa (**-wy, -wy**) (*dat sg* **-wie**) *f* condom, sheath (*BRIT*).

preze|s (**-sa, -si**) (*loc sg* **-sie**) *m* chairman (*BRIT*), president (*US*);

prezes Rady Ministrów Prime Minister.

prezyden|t (-ta, -ci) (*loc sg* -cie) *m* (*państwa*) president; (*miasta*) mayor.

prezydentu|ra (-ry, -ry) (*dat sg* -rze) *f* presidency.

prezydi|um (-um, -a) (*gen pl* -ów) *nt inv in sg* presidium.

prędki *adj* (*nurt, chód*) fast; (*koniec, reakcja*) quick.

prę|dko (*comp* -dzej) *adv* (*szybko*) quickly; (*niebawem*) soon; **prędko!** quick(ly)!

prędkoś|ć (-ci) *f* (*samochodu, zmian*) speed; (*FIZ*) velocity.

prędzej *adv comp od* **prędko**; **prędzej czy później** sooner or later; **im prędzej tym lepiej** the sooner the better.

prę|ga (-gi, -gi) (*dat sg* -dze) *f* streak; **krwawa pręga** a bloody welt *lub* weal.

prę|t (-ta, -ty) (*loc sg* -cie) *m* rod.

prężny *adj* (*przen: gospodarka itp.*) resilient, buoyant.

pręż|yć (-ę, -ysz) *vt* (*ramiona, grzbiet*) (*perf* na-) to flex.

▶**prężyć się** *vr* (*napinać mięśnie*) (*perf* na-) to flex one's muscles.

prima aprilis *m inv* April Fool's Day.

priORyte|t (-tu, -ty) (*loc sg* -cie) *m* priority; **priorytety** *pl* priorities *pl*.

PRL *abbr* (= *Polska Rzeczpospolita Ludowa*) (*HIST*) the Polish People's Republic.

pro... *pref* (*z przymiotnikami*) pro-; **prokomunistyczny** pro-communist.

proble|m (-mu, -my) (*loc sg* -mie) *m* problem; **bez problemu** without any problem; **nie ma problemu** (*pot*) no problem.

problematyczny *adj* (*budzący wątpliwości*) questionable.

problematy|ka (-ki) (*dat sg* -ce) *f*:

problematyka społeczna/polityczna social/political issues.

proboszcz (-a, -owie) *m* rector.

probów|ka (-ki, -ki) (*dat sg* -ce, *gen pl* -ek) *f* test tube.

proc. *abbr* (= *procent*) percent.

proc|a (-y, -e) *f* sling, catapult (*BRIT*), slingshot (*US*).

procedu|ra (-ry, -ry) (*dat sg* -rze) *f* procedure.

procen|t (-tu, -ty) (*loc sg* -cie) *m* (*setna część*) percent, per cent (*BRIT*); (*odsetki*) interest; **pewien/duży procent** a certain/high percentage.

procent|ować (-uje) *vi* (*perf* za-) to pay dividends, to bear *lub* yield interest; (*przen*) to pay (dividends).

procentowy *adj*: **stopa procentowa** interest rate; **punkt procentowy** percentage point.

proce|s (-su, -sy) (*loc sg* -sie) *m* process; (*PRAWO*) (law)suit.

procesj|a (-i, -e) (*gen pl* -i) *f* (*REL*) procession.

proces|ować się (-uję, -ujesz) *vr*: **procesować się (z kimś) (o coś)** to fight (sb) in court (over sth).

proch (-u) *m* (*strzelniczy*) gunpowder; (*pył*) dust.

procho|wiec (-wca, -wce) *m* trench coat.

producen|t (-ta, -ci) (*loc sg* -cie) *m* producer, manufacturer; **producent (filmowy)** (film) producer.

produkcj|a (-i) *f* (*wytwarzanie*) production, manufacture; (*wyroby*) production, output, manufacture; (*FILM*) production.

produk|ować (-uję, -ujesz) (*perf* wy-) (*wytwarzać*) *vt* to produce, to manufacture, to make; (*tworzyć*) to produce.

produk|t (-tu, -ty) (*loc sg* -cie) *m* product; **produkty rolne** farm produce; **produkty spożywcze**

foodstuffs; **produkt uboczny**
by-product.
produktywny *adj* productive.
prof. *abbr* (= *profesor*) prof.
profanacj|a (**-i**) *f* profanation,
desecration.
profesj|a (**-i, -e**) (*gen pl* **-i**) *f*
profession.
profesjonali|sta (**-sty, -ści**) (*loc sg*
-ście) *m decl like f in sg* professional.
profesjonalnie *adv* professionally.
profesjonalny *adj* professional.
profeso|r (**-ra, -rowie**) (*loc sg* **-rze**) *m*
professor.
profil (**-u, -e**) *m* profile; (*kontur,*
zarys) outline.
profilaktyczny *adj* (*leczniczy*)
prophylactic; (*działalność*)
preventive.
profilakty|ka (**-ki**) (*dat sg* **-ce**) *f*
(*MED*) prevention, prophylaxis.
profi|t (**-tu, -ty**) (*loc sg* **-cie**) *m*
(*książk*) profit.
progno|za (**-zy, -zy**) (*dat sg* **-zie**) *f*
(*przewidywanie*) forecast;
(*zapowiedź*) prognosis; **prognoza**
pogody weather forecast.
progra|m (**-mu, -my**) (*loc sg* **-mie**) *m*
programme (*BRIT*), program (*US*);
(*wyborczy*) manifesto, platform;
(*spotkania*) agenda; (*nauczania*)
curriculum, syllabus; (*KOMPUT*)
program.
programi|sta (**-sty, -ści**) (*loc sg*
-ście) *m decl like f in sg* (*KOMPUT*)
programmer.
program|ować (**-uję, -ujesz**) (*perf*
za-) *vt* to programme (*BRIT*), to
program (*US*) ♦ *vi* (*KOMPUT*) to
program.
projekcj|a (**-i, -e**) (*gen pl* **-i**) *f*
projection.
projek|t (**-tu, -ty**) (*loc sg* **-cie**) *m* (*plan*
działania) project; (*rysunek*) design.
projektan|t (**-ta, -ci**) (*loc sg* **-cie**) *m*

designer; **projektant mody/wnętrz**
fashion/interior designer.
projekto|r (**-ra, -ry**) (*loc sg* **-rze**) *m*
(cine-)projector.
projekt|ować (**-uję, -ujesz**) (*perf* **za-**)
vt to design.
proklamacj|a (**-i, -e**) (*gen pl* **-i**) *f*
proclamation.
prokurato|r (**-ra, -rzy**) (*loc sg* **-rze**) *m*
prosecutor, prosecuting attorney.
prokuratu|ra (**-ry, -ry**) (*dat sg* **-rze**) *f*
public prosecutor's office.
proletaria|t (**-tu**) (*loc sg* **-cie**) *m* the
proletariat.
prolo|g (**-gu, -gi**) (*instr sg* **-giem**) *m*
prologue.
prolong|ować (**-uję, -ujesz**) (*perf* **s-**)
vt (*umowę itp.*) to prolong.
pro|m (**-mu, -my**) (*loc sg* **-mie**) *m*
ferry; **prom kosmiczny** space
shuttle.
promienie|ć (**-ję, -jesz**) *vi*:
promienieć radością *itp.* to radiate
joy *itp.*.
promieniotwórczy *adj* radioactive.
promieni|ować (**-uję, -ujesz**) *vi* (*o*
bólu) to radiate; **promieniowała z**
niego energia he radiated energy.
promieniowani|e (**-a**) *nt* radiation;
promieniowanie słoneczne solar
radiation.
promie|ń (**-nia, -nie**) (*gen pl* **-ni**) *m*
(*światła, Roentgena*) ray; (*okręgu*)
radius; **promień słońca** sunbeam; **w**
promieniu stu metrów od +*gen*
within a radius of 100 m from.
promil (**-a, -e**) (*gen pl* **-i**) *m* per mill.
prominentny *adj* prominent.
promocj|a (**-i, -e**) (*gen pl* **-i**) *f*
promotion.
prom|ować (**-uję, -ujesz**) *vt* (*perf*
wy-) to promote; (*przen: nagradzać*)
to reward.
propagan|da (**-dy**) (*dat sg* **-dzie**) *f*
propaganda.

propag|ować (-uję, -ujesz) (*perf* **roz-**) *vt* to propagate, to disseminate.

propa|n (-nu) (*loc sg* -nie) *m* (*CHEM*) propane; **propan-butan** bottled gas, LPG (= liquefied petroleum gas), Calor gas ® (*BRIT*).

propon|ować (-uję, -ujesz) (*perf* **za-**) *vt* to suggest, to propose; **proponować coś komuś** to offer sth to sb.

proporcj|a (-i, -e) (*gen pl* -i) *f* proportion.

proporcjonalnie *adv.* **proporcjonalnie do czegoś** in proportion to *lub* with sth.

proporcjonalny *adj* (*harmonijny*) well-proportioned; (**wprost/odwrotnie) proporcjonalny (do +gen)** (directly/inversely) proportional (to).

proporczy|k (-ka, -ki) (*instr sg* -kiem) *m* pennant.

propos *inv.* **a propos** by the way.

propozycj|a (-i, -e) (*gen pl* -i) *f* (*pomysł*) suggestion, proposal; (*oferta*) offer, proposal.

proroct|wo (-wa, -wa) (*loc sg* -wie) *nt* prophecy.

prorodzinny *adj* pro-family.

proro|k (-ka, -cy) (*instr sg* -kiem) *m* prophet.

pro|sić (-szę, -sisz) (*imp* -ś) *vt* (*perf* **po-**): **prosić kogoś (o coś/, żeby coś zrobił)** to ask sb ((for) sth/to do sth); **proszę Pana/Pani** sir/madam; **proszę Pani, ...** (*SZKOL*) please miss, ...; **proszę Państwa** ladies and gentlemen; **proszę (bardzo)** (*odpowiedź na „dziękuję"*) not at all, you're welcome; (*podając coś*) here you are; (*wyrażając zgodę*) please do, go ahead; **proszę usiąść** please be seated; **proszę za mną** follow me, please.

prosi|ę (-ęcia, -ęta) (*gen pl* -ąt) *nt* piglet.

pro|so (-sa) (*loc sg* -sie) *nt* millet.

prospek|t (-tu, -ty) (*loc sg* -cie) *m* (*broszura*) prospectus, brochure.

prosper|ować (-uję, -ujesz) *vi* to prosper, to thrive.

prostacki *adj* (*pej*) boorish, coarse.

prosta|k (-ka, -cy) (*instr sg* -kiem) *m* (*pej*) boor, simpleton.

prosto *adv* (*iść, jechać*) straight (ahead); (*chodzić, trzymać się*) upright; (*tłumaczyć*) clearly; (*bezpośrednio*) straight.

prostoką|t (-ta, -ty) (*loc sg* -cie) *m* rectangle.

prostokątny *adj* rectangular.

prostolinijny *adj* (*człowiek*) straightforward.

prostopadły *adj:* **prostopadły (do +gen)** perpendicular (to).

prosto|ta (-ty) (*loc sg* -cie) *f* simplicity.

prost|ować (-uję, -ujesz) *vt* (*wyrównywać*) (*perf* **wy-**) to straighten; (*błąd, wiadomość*) (*perf* **s-**) to straighten out, to rectify.

▶**prostować się** *vr* (*perf* **wy-**) (*o człowieku*) to straighten up.

prostowni|k (-ka, -ki) (*instr sg* -kiem) *m* (*TECH*) rectifier; (*do akumulatorów*) battery charger.

prostu *inv.* **po prostu** (*zwyczajnie*) simply; (*wprost*) straight.

prosty *adj* (*włosy, droga*) straight; (*człowiek, maszyna, zdanie*) simple; (*wyprostowany*) erect; **kąt prosty** right angle.

prostytucj|a (-i) *f* prostitution.

prostytut|ka (-ki, -ki) (*dat sg* -ce, *gen pl* -ek) *f* prostitute.

prosz|ek (-ku, -ki) (*instr sg* -kiem) *m* (*substancja*) powder; (*lekarstwo*) pill; **proszek do prania** washing powder; **mleko w proszku** powdered milk; **proszek do pieczenia** baking powder.

pr|ośba (-ośby, -ośby) (*dat sg*

-ośbie, *gen pl* **-óśb**) f request; **mam
do ciebie prośbę** I have a favour
(*BRIT*) *lub* favor (*US*) to ask of you.
proteg|ować (**-uję, -ujesz**) *vt*:
protegować kogoś to pull strings
lub open doors for sb.
protekcj|a (**-i, -e**) (*gen pl* **-i**) f
favouritism (*BRIT*), favoritism (*US*).
protekcjonalny *adj* patronizing,
condescending.
prote|st (**-stu, -sty**) (*loc sg* **-ście**) m
protest.
protestancki *adj* Protestant.
protestan|t (**-ta, -ci**) (*loc sg* **-cie**) m
Protestant.
protest|ować (**-uję, -ujesz**) (*perf* **za-**)
vi: **protestować (przeciwko
czemuś)** to protest (against *lub*
about sth).
prote|za (**-zy, -zy**) (*dat sg* **-zie**) f
(*ortopedyczna*) artificial limb;
(*zębowa*) dentures *pl*.
protokoł|ować, protokół|ować
(**-uję, -ujesz**) *vt* (*perf* **za-**) to minute
♦ *vi* to take the minutes.
protok|ół (**-ołu, -oły**) (*loc sg* **-ole**) m
(*pisemne sprawozdanie*) minutes *pl*;
(*akt urzędowy*) (official) report.
prototy|p (**-pu, -py**) (*loc sg* **-pie**) m
prototype.
prowadzący *adj* leading ♦ m *decl like
adj* (*TV, RADIO*) compere, host.
prowadzeni|e (**-a**) *nt* (*domu, sklepu*)
running; (*samochodu*) driving.
prowa|dzić (**-dzę, -dzisz**) (*imp* **-dź**) *vt*
(*dziecko, życie*) to lead; (*samochód*)
to drive; (*samolot*) to fly; (*rozmowę*)
to carry on; (*spotkanie*) to chair;
(*badania*) to conduct; (*śledztwo*) to
hold; (*dom*) to keep, to run; (*zakład*)
to run; (*interesy*) to do;
(*korespondencję, dokumentację*) to
keep; (*wojnę*) to wage ♦ *vi* (*o drodze,
korytarzu*) to lead; (*SPORT*) to lead,
to be in the lead; **prowadzić**

(**doprowadzić** *perf*) **do czegoś** to
lead (up) to sth.
prowian|t (**-tu, -ty**) (*loc sg* **-cie**) m
provisions (*pl*).
prowincj|a (**-i, -e**) (*gen pl* **-i**) f
(*jednostka administracyjna*) province;
(*część kraju poza stolicą*) provinces
pl.
prowincjonalny *adj* (*pej*) provincial.
prowizj|a (**-i, -e**) (*gen pl* **-i**) f
(*HANDEL*) commission.
prowizor|ka (**-ki, -ki**) (*dat sg* **-ce**, *gen
pl* **-ek**) f (*pot*) makeshift,
improvisation.
prowizoryczny *adj* makeshift *attr*,
rough-and-ready.
prowokacj|a (**-i, -e**) (*gen pl* **-i**) f
provocation.
prowok|ować (**-uję, -ujesz**) (*perf* **s-**)
vt to provoke; **prowokować kogoś
do dyskusji/działania** to provoke sb
into discussion/action.
pro|za (**-zy**) (*dat sg* **-zie**) f (*LIT*) prose.
prozaiczny *adj* (*powszedni*) prosaic.
pró|ba (**-by, -by**) (*loc sg* **-bie**) f
(*wytrzymałości itp.*) test; (*TEATR*)
rehearsal; **próba głosu** voice check;
próba (zrobienia czegoś) attempt
(at doing sth); **próba generalna**
dress rehearsal.
pró|ka (**-ki, -ki**) (*dat sg* **-ce**, *gen pl*
-ek) f (*towaru*) sample; (*gleby itp.*)
specimen; (*krwi*) sample, specimen.
próbny *adj*: **lot próbny** test flight;
zdjęcia próbne screen test; **okres
próbny** trial period.
prób|ować (**-uję, -ujesz**) (*perf* **s-**) *vt*
(*zupę*) to taste; (*samochód,
instrument*) to test; **próbować coś
zrobić** to try to do sth; **próbować
szczęścia/sił (w czymś)** to try one's
luck/hand (at sth).
próchnic|a (**-y**) f (*MED*) caries;
(*ROL*) humus.
próchni|eć (**-eje**) (*perf* **s-**) *vt* (*o
drzewach*) to rot; (*o zębie*) to decay.

próch|no (-na) (*loc sg* -nie) *nt* (*produkt rozkładu*) rotten wood.

prócz *prep +gen* (*książk*) = **oprócz**.

pr|óg (-ogu, -ogi) (*instr sg* -ogiem) *m* (*domu, drzwi*) doorstep, threshold; (*przen: życia, dojrzałości*) threshold.

prósz|yć (-y) *vi*: **prószy śnieg** it's snowing lightly.

próż|nia (-ni, -nie) (*gen pl* -ni) *f* (*FIZ*) vacuum; (*pot: pustka*) void.

próżnia|k (-ka, -cy *lub* -ki) (*instr sg* -kiem) *m* idler.

próżno *adv* (*książk*): **na próżno** in vain, to no avail.

próżn|ować (-uję, -ujesz) *vi* to loaf.

próżny *adj* (*człowiek, trud*) vain; (*gadanie, słowa*) futile.

pru|ć (-ję, -jesz) *vt* (*sweter*) (*perf* s-) to undo, to unravel; (*sukienkę*) (*perf* s-) to unpick ♦ *vi* (*pot: pędzić*) to belt (*pot*).

▶**pruć się** *vr* (*perf* po-) (*o swetrze*) to run; (*o sukience*) to come apart.

pruderi|a (-i) *f* prudery.

pruderyjny *adj* prudish.

prycz|a (-y, -e) (*gen pl* - *lub* -y) *f* bunk.

pryma|s (-sa, -si *lub* -sowie) (*loc sg* -sie) *m* primate.

pryma|t (-tu) (*loc sg* -cie) *m* primacy.

prymitywny *adj* primitive.

prymu|s (-sa, -si) (*loc sg* -sie) *m* top student.

prys|kać (-kam, -kasz) (*perf* -nąć) *vt*: **pryskać czymś** (*wodą*) to splash, to spray; (*środkiem owadobójczym*) to spray ♦ *vi* to splutter; (*przen: znikać*) to vanish.

pryszcz (-a, -e) (*gen pl* -y) *m* spot, pimple.

prysznic (-u, -e) *m* shower; **brać (wziąć** *perf*) **prysznic** to shower, to take *lub* have a shower.

prywat|ka (-ki, -ki) (*dat sg* -ce, *gen pl* -ek) *f* party.

prywatnie *adv* privately.

prywatny *adj* private; (*szkoła*) private, public (*BRIT*); (*użytek*) personal.

prywatyzacj|a (-i) *f* privatization.

prywatyz|ować (-uję, -ujesz) (*perf* s-) *vt* to privatize.

prz|ąść (-ędę, -ędziesz) (*imp* -ędź *lub* -ądź) *vt* (*perf* u-) to spin.

przebacz|ać (-am, -asz) (*perf* -yć) *vt*: **przebaczyć (coś) komuś** to forgive sb (sth).

przebaczeni|e (-a) *nt* forgiveness.

przebie|c (-gnę, -gniesz) (*imp* -gnij) *vb perf od* **przebiegać**.

przebie|g (-gu) (*instr sg* -giem) *m* (*rozmowy, procesu*) course; (*szlaku*) route; (*MOT*) mil(e)age.

przebieg|ać (-am, -asz) (*trasę, odcinek*) (*perf* **przebiec**) *vt* to run ♦ *vi* (*o zjawisku, chorobie, rozmowie*) (*perf* **przebiec**) to proceed; (*o człowieku, zwierzęciu: przemykać*) (*perf* **przebiec**) to rush *lub* dash (across); (*o linii, drodze*) to go.

przebiegłoś|ć (-ci) *f* cunning, guile.

przebiegły *adj* cunning, crafty.

przebier|ać (-am, -asz) *vt* (*sortować*) (*perf* **przebrać**) to sift; **przebierać (przebrać** *perf*) **kogoś** (*zmieniać ubranie*) to change sb's clothes; **przebierać kogoś za** +*acc* to disguise sb as ♦ *vi*: **przebierać (w czymś)** to be fussy (about sth); **przebierać palcami** to tap one's fingers; **przebierać nogami** to hop from one leg to the other.

▶**przebierać się** (*perf* **przebrać się**) *vr* to change (one's clothes); **przebierać się (za kogoś)** to dress up *lub* disguise o.s. (as sb).

przebieralni|a (-, -e) (*gen pl* -) *f* dressing room.

przebij|ać (-am, -asz) (*perf* **przebić**) *vt* (*deskę, skórę*) to pierce; (*oponę, zbiornik*) to puncture; (*przekopywać: ulicę*) to dig up; (*przewiercać*) to drill; (*KARTY*) to beat ♦ *vi* (*o świetle, farbie*) to show through.

▶**przebijać się** *vr* (*przez gąszcz*) to fight *lub* push one's way through; (*przez tłum*) to elbow one's way through; (*przez wrogie oddziały*) to fight one's way through.

przebiśnie|g (**-gu, -gi**) (*instr sg* **-giem**) *m* snowdrop.

przebłys|k (**-ku, -ki**) (*instr sg* **-kiem**) *m* (*światła*) glimmer; (*geniuszu*) stroke; (*intuicji, świadomości*) flash.

przebojowy *adj* (*osoba*) go-ahead *attr*; (*piosenka, nagranie*) hit *attr*.

przeb|ój (**-oju, -oje**) *m* (*piosenka*) hit; (*sukces*) success; **lista przebojów** (*spis utworów*) the charts *pl*; (*program*) hit parade.

prze|brać (**-biorę, -bierzesz**) *vb perf od* **przebierać**.

przebra|nie (**-nia, -nia**) (*gen pl* **-ń**) *nt* (*kostium*) disguise; **w przebraniu** in disguise.

przebudo|wa (**-wy**) (*dat sg* **-wie**) *f* (*domu*) conversion; (*ulicy*) rebuilding.

przebudow|ywać (**-uję, -ujesz**) (*perf* **-ać**) *vt* (*dom*) to convert; (*ulicę*) to rebuild.

przebu|dzić (**-dzę, -dzisz**) (*imp* **-dź**) *vb perf* to rouse, to awaken.

▶**przebudzić się** *vr* to awaken.

przeb|yć (**-ędę, -ędziesz**) (*imp* **-ądź**) *vb perf od* **przebywać**.

przebyty *adj* (*odległość, dystans*) covered; (*choroba*) past.

przebyw|ać (**-am, -asz**) *vt* (*perf* **przebyć**) (*granicę, rzekę*) to cross; (*trudny okres, chorobę*) to suffer, to go through ♦ *vi* to stay; **przebywać z kimś** to spend time with sb; **przebywać w szpitalu** to be in hospital (*BRIT*) *lub* the hospital (*US*); **przebywać za granicą** to stay abroad.

przece|dzać (**-dzam, -dzasz**) (*perf* **-dzić**) *vt* to strain.

przece|na (**-ny**) (*dat sg* **-nie**) *f* reduction in prices.

przece|niać (**-niam, -niasz**) (*perf* **-nić**) *vt* (*oceniać zbyt wysoko*) to overestimate; (*towar*) to reduce.

przeceniony *adj* discounted, cut-price, cut-rate (*US*).

przechadz|ać się (**-am, -asz**) *vr* to stroll.

przechadz|ka (**-ki, -ki**) (*dat sg* **-ce**, *gen pl* **-ek**) *f* stroll.

przechodni *adj* (*pokój*) connecting; (*nagroda*) challenge *attr*; (*JĘZ*) transitive.

przecho|dzić (**-dzę, -dzisz**) (*imp* **-dź**, *perf* **przejść**) *vt* (*rzekę, ulicę*) to cross; (*chorobę, wstrząs*) to suffer, to go through; (*trasę*) to cover; (*koleje losu*) to experience; (*operację*) to undergo, to go through ♦ *vi* (*iść dalej*) to pass on, to move on; (*iść obok*) to pass by; (*mijać: o bólu*) to pass, to ease; (: *o czasie*) to pass, to go by; (*zostawać zaakceptowanym: o propozycji, wniosku*) to go through; (*o ustawie*) to be passed; (*o pomyśle*) to be accepted.

przecho|dzień (**-dnia, -dnie**) *m* passer-by.

przechowal|nia (**-ni, -nie**) (*gen pl* **-ni**) *f*: **przechowalnia bagażu** left-luggage office (*BRIT*), checkroom (*US*).

przechow|ywać (**-uję, -ujesz**) (*perf* **-ać**) *vt* (*żywność*) to keep, to store; (*pamiątki, dokumenty*) to keep.

przechwal|ać się (**-am, -asz**) *vr*: **przechwalać się (czymś)** to boast (of *lub* about sth).

przechwyt|ywać (**-uję, -ujesz**) (*perf* **przechwycić**) *vt* to intercept; (*władzę*) to seize; (*piłkę*) to win.

przechyl|ać (**-am, -asz**) (*perf* **-ić**) *vt* (*przedmiot, głowę*) to tilt; **przechylać szalę (na czyjąś stronę)**

to tip the balance *lub* scales (in sb's favour (*BRIT*) *lub* favor (*US*)).

▸**przechylać się** *vr* (*przekrzywiać się*) to tilt; (*wychylać się*) to lean (over).

przechytrz|yć (-ę, -ysz) *vt perf* (*oszukać*) to outwit, to outsmart.

prze|ciąć (-tnę, -tniesz) (*imp* -tnij) *vb perf od* ciąć, przecinać.

przecią|g (-gu, -gi) (*instr sg* -giem) *m* (*prąd powietrza*) draught (*BRIT*), draft (*US*).

przeciąg|ać (-am, -asz) (*perf* -nąć) *vt* (*przewlekać: nić*) to thread; (: *sznur*) to pull through; (*przesuwać*) to drag; (*rozmowę, zebranie*) to prolong, to protract.

▸**przeciągać się** *vr* (*o zebraniu: przedłużać się*) to overrun, to be drawn out; (*o człowieku: prostować kości*) to stretch (o.s.).

przeciąż|ać (-am, -asz) (*perf* -yć) *vt* (*pojazd*) to overload; (*pracą, obowiązkami*) to overburden.

przeciąże|nie (-nia) *nt* (*LOT*) G-force.

przecie|k (-ku, -ki) (*instr sg* -kiem) *m* (*awaria*) leak(age); (*miejsce*) leak; (*przen: informacji*) leak.

przeciek|ać (-a) (*perf* przeciec) *vi* (*o dachu, naczyniu*) to leak; (*pot: o informacjach*) to leak out.

przecie|r (-ru, -ry) (*loc sg* -rze) *m* purée.

przecier|ać (-am, -asz) (*perf* przetrzeć) *vt* (*jarzyny, owoce*) to purée, to rice (*US*); **przecierać coś (czymś)** to wipe sth (with sth).

▸**przecierać się** *vr* (*o tkaninie*) to wear through.

przecież *adv* but, yet; **nie wierzycie mi, a przecież to prawda** you don't believe me, but *lub* yet it's true; **przecież wiesz** you do know, don't you?

przeciętnie *adv* (*wynosić, zarabiać*) on (the) average.

przeciętny *adj* (*pensja, obywatel*) average; (*zdolności*) mediocre.

przecin|ać (-am, -asz) (*perf* przeciąć) *vt* (*nitkę, skórę*) to cut; (*ciszę*) to break; (*dyskusję*) to cut short.

▸**przecinać się** *vr* (*o dwóch ulicach, liniach*) to cross; (*o wielu ulicach, liniach*) to criss-cross.

przecin|ek (-ka, -ki) (*instr sg* -kiem) *m* (*JĘZ*) comma; (*MAT*) ≈ (decimal) point.

przecisk|ać (-am, -asz) (*perf* przecisnąć) *vt*: **przeciskać coś (przez** +acc) to squeeze *lub* force sth (through).

▸**przeciskać się** *vr*: **przecisnąć się pod czymś/przez coś** to squeeze o.s. under/through sth.

przeciw, przeciwko *prep* +dat against; (**argumenty**) **za i przeciw** pros and cons; **nie mam nic przeciwko temu** I don't mind it; **czy ma Pan(i) coś przeciwko temu, żebym zapalił?** would you mind if I smoked?

przeciw... *pref* anti-, counter-.

przeciwbólowy *adj* (*MED*) analgesic; **środek przeciwbólowy** painkiller, analgesic.

przeciwdeszczowy *adj*: **płaszcz przeciwdeszczowy** raincoat.

przeciwdział|ać (-am, -asz) *vi*: **przeciwdziałać czemuś** to counteract sth.

przeciwieńst|wo (-wa, -wa) (*loc sg* -wie) *nt* (*sprzeczność*) contrast; (*coś odwrotnego*) opposite, contradiction; **w przeciwieństwie do** +gen in contrast to, unlike.

przeciwko *prep* = przeciw.

przeciwległy *adj* opposite.

przeciwlotniczy *adj* (*działo, obrona*) anti-aircraft; (*schron*) air-raid *attr*.

przeciwnie adv (na odwrót) in reverse; (w przeciwnych kierunkach) in opposite directions; **wprost** lub **wręcz przeciwnie** on the contrary.

przeciwni|k (-ka, -cy) (instr sg -kiem) m (wróg) enemy; (oponent) adversary, opponent; (współzawodnik) opponent.

przeciwnoś|ci (-ci) pl: **przeciwności losu** adversities pl.

przeciwny adj (ściana, płeć) opposite; (poglądy, zdania) contrary; **w przeciwnym razie** otherwise, or else; **być przeciwnym czemuś** to oppose sth, to be against sth.

przeciwpancerny adj antitank.

przeciwpożarowy adj fire attr.

przeciwsłoneczny adj: **okulary przeciwsłoneczne** sunglasses, dark glasses.

przeciwsta|wiać (-wiam, -wiasz) (perf -wić) vt: **przeciwstawiać coś czemuś** to contrast sth with sth.

▸**przeciwstawiać się** vr: **przeciwstawiać się komuś** to stand up to sb, to oppose sb; **przeciwstawiać się czemuś** to oppose sth.

przeciwstawny adj opposing.

przeczący (zdanie, odpowiedź) negative.

przecze|nie (-nia, -nia) (gen pl -ń) nt (JĘZ) negative.

przecznic|a (-y, -e) f: **druga przecznica** the second street across; **trzy przecznice stąd** three blocks from here.

przeczu|cie (-cia, -cia) (gen pl -ć) nt intuition, hunch; **złe przeczucie** premonition.

przeczulony adj: **przeczulony (na punkcie +gen)** oversensitive (about), touchy (about).

przeczuw|ać (-am, -asz) (perf **przeczuć**) vt to sense, to have an inkling of.

przecz|yć (-ę, -ysz) (perf **za-**) vi: **przeczyć czemuś** to deny sth.

przeczyszczający adj: **środek przeczyszczający** laxative.

przeczyt|ać (-am, -asz) vb perf od **czytać**.

przeć (**prę, przesz**) (imp **przyj,** pt **parł**) vi (MED) to push; **przeć na coś** to exert pressure on sth; (: w dół) to push sth down; **przeć na kogoś, żeby coś zrobił** to pressure lub urge sb to do sth; **przeć do czegoś** to push for sth; **parli naprzód** they pressed on.

────SŁOWO KLUCZOWE────

przed prep +instr **1** (miejsce) in front of; **przed domem** in front of the house. **2** (czas) before; **przed obiadem/wojną** before dinner/the war; **przed czasem** ahead of time;: **przed dwoma miesiącami** two months ago. **3** (w obronie przed): **przed chorobą/zimnem** against disease/cold; **uciekać/chronić się przed czymś** to flee/shelter from sth. **5** (wobec): **stawić się przed sędzią** to appear before the judge; **ukrywać coś przed kimś** to hide sth from sb ♦ prep +acc (kierunek): **zajechać** (perf) **przed dom** to pull up in front of the house; **iść przed siebie** to walk ahead.

przed... pref pre... .

przedawk|ować (-uję, -ujesz) vt perf to overdose.

przedawkowani|e (-a) nt overdose.

przedawnie|nie (-nia, -nia) (gen pl -ń) nt (PRAWO) limitation, prescription.

przed|dzień (loc sg **-edniu**) m: **w przeddzień** lub **przededniu** +gen the day before, on the eve of; (przen: tuż przed) shortly before.

przede *prep* = **przed**; **przede mną** (*w czasie*) before me; (*w przestrzeni*) in front of me; **przede wszystkim** (*w pierwszej kolejności*) first of all, first and foremost.

przedim|ek (**-ka**, **-ki**) (*instr sg* **-kiem**) *m* (*JĘZ*) article; **przedimek określony/nieokreślony** definite/indefinite article.

przedkład|ać (**-am**, **-asz**) *vt* (*wniosek, plan*) (*perf* **przedłożyć**) to submit, to put forward; (*argumenty, racje*) (*perf* **przedłożyć**) to present; **przedkładać coś (nad** +*acc*) (*woleć*) to prefer sth (to sth).

przedłużacz (**-a**, **-e**) (*gen pl* **-y**) *m* (*ELEKTR*) extension lead (*BRIT*), extension cord (*US*).

przedłuż|ać (**-am**, **-asz**) (*perf* **-yć**) *vt* (*ulicę, paszport*) to extend; (*urlop, pobyt*) to extend, to prolong.

▶**przedłużać się** *vr* to overrun, to get drawn out.

przedłuże|nie (**-nia**, **-nia**) (*gen pl* **-ń**) *nt* extension.

przedmieś|cie (**-cia**, **-cia**) (*gen pl* **-ć**) *nt* suburb(s) (*pl*).

przedmio|t (**-tu**, **-ty**) (*loc sg* **-cie**) *m* object; (*dyskusji*) topic; (*badań*) subject.

przedm|owa (**-owy**, **-owy**) (*dat sg* **-owie**, *gen pl* **-ów**) *f* preface, foreword.

przedmówc|a (**-y**, **-y**) *m decl like adj in sg* the preceding speaker.

przedni *adj* (*znajdujący się z przodu*) front *attr*; (*książk: wyśmienity*) exquisite, outstanding; **przednia szyba** (*MOT*) windscreen (*BRIT*), windshield (*US*).

przedostatni *adj* last but one (*BRIT*), next to last (*US*); (*sylaba*) penultimate.

przedost|awać się (**-aję**, **-ajesz**) (*imp* **-awaj**, *perf* **-ać**) *vr*: **przedostawać się gdzieś** to find

one's way somewhere; (*przenikać*) to penetrate, to get through.

przedpła|ta (**-ty**, **-ty**) (*dat sg* **-cie**) *f* advance *lub* down payment.

przedpok|ój (**-oju**, **-oje**) (*gen pl* **-oi** *lub* **-ojów**) *m* hall.

przedpołud|nie (**-nia**, **-nia**) (*gen pl* **-ni**) *nt* morning.

przedrami|ę (**-enia**, **-ona**) (*gen pl* **-on**) *nt* forearm.

przedru|k (**-ku**, **-ki**) (*instr sg* **-kiem**) *m* reprint.

przedrzeźni|ać (**-am**, **-asz**) *vt* to mimic, to mock.

przedsiębiorc|a (**-y**, **-y**) *m decl like adj in sg* entrepreneur; **przedsiębiorca budowlany** (building) contractor; **przedsiębiorca pogrzebowy** undertaker (*BRIT*), funeral director (*US*).

przedsiębiorczoś|ć (**-ci**) *f* (*cecha*) enterprise; (*działalność gospodarcza*) entrepreneurship.

przedsiębiorczy *adj* enterprising.

przedsiębiorst|wo (**-wa**, **-wa**) (*loc sg* **-wie**) *nt* enterprise, company.

przedsię|brać (**-biorę**, **-bierzesz**) (*perf* **-wziąć**) *vt* to undertake.

przedsięwzię|cie (**-cia**, **-cia**) (*gen pl* **-ć**) *nt* undertaking, venture.

przedsion|ek (**-ka**, **-ki**) (*instr sg* **-kiem**) *m* (*pomieszczenie*) vestibule; (*serca*) atrium.

przedsma|k (**-ku**) (*instr sg* **-kiem**) *m*: **mieć przedsmak czegoś** to have a foretaste of sth.

przedsta|wiać (**-wiam**, **-wiasz**) (*perf* **-wić**) *vt* (*gościa*) to introduce; (*plany, wniosek*) to put forward, to present; (*film, sytuację*) to present; (*ukazywać*) to depict, to show; **przedstawić kogoś (komuś)** to introduce sb (to sb); **Pan pozwoli, że Panu przedstawię ...** let me introduce to you ... .

►**przedstawiać się** vr (wymieniać swoje nazwisko) to introduce o.s.

przedstawiciel (-a, -e) (gen pl -i) m representative; (PRAWO) proxy; (HANDEL) representative, agent.

przedstawicielst|wo (-wa, -wa) (gen pl -wie) nt (HANDEL) sales lub branch office, agency; (POL) diplomatic post.

przedstawie|nie (-nia, -nia) (gen pl -ń) nt (widowisko) show.

przedszkola|k (-ka, -ki) (instr sg -kiem) m nursery school pupil (BRIT), kindergartener (US).

przedszkol|e (-a, -a) (gen pl -i) nt nursery school (BRIT), kindergarten (US).

przedtem adv (wcześniej) earlier, before; (dawniej) formerly, before.

przedwczesny adj premature, untimely.

przedwczoraj adv the day before yesterday.

przedwioś|nie (-nia, -nia) (gen pl -ni) nt early spring.

przedwojenny adj pre-war attr.

przedyskut|ować (-uję, -ujesz) vt perf to discuss, to talk over.

przedzia|ł (-łu, -ły) (loc sg -le) m (KOLEJ) compartment; (liczbowy, cenowy) range, bracket.

przedziat|ek (-ka, -ki) (instr sg -kiem) m parting.

przedzie n patrz **przód**.

przedziel|ać (-am, -asz) (perf -ić) vt (pokój) to divide; (wyraz) to hyphenate.

przedzier|ać (-am, -asz) (perf **przedrzeć**) vt to tear.

►**przedzierać się** vr (o papierze itp.) to tear; (o słońcu) to break through; (o człowieku): **przedzierać się przez coś** to struggle through sth.

przedziwny adj bizarre.

przedzwo|nić (-nię, -nisz) (imp -ń) vi perf (pot): **przedzwonić do kogoś** to give sb a ring (pot).

przefors|ować (-uję, -ujesz) vb perf od **forsować**.

przegani|ać (-am, -asz) vt (wypędzać) (perf **przegnać** lub **przegonić**) to chase away; (prześcigać) (perf **przegonić**) to outrun.

przega|pić (-pię, -pisz) vt perf (pot) to overlook.

przeglą|d (-du, -dy) (loc sg -dzie) m (kontrola) inspection; (filmów, prasy) review; (wiadomości) roundup; (literatury na dany temat) survey; **przegląd techniczny** service.

przegląd|ać (-am, -asz) (perf **przejrzeć**) vt to look through.

►**przeglądać się** vr: **przeglądać się (w lustrze)** to examine o.s. in the mirror.

przeglądar|ka (-ki, -ki) (dat sg -ce, gen pl -ek) f (web) browser.

przegłosow|ywać (-uję, -ujesz) (perf -ać) vt (projekt, ustawę) to put to the vote; (osobę) to outvote; (oponentów) to vote down.

przego|nić (-nię, -nisz) (imp -ń) vb perf od **przeganiać**.

przegot|ować (-uję, -ujesz) vt perf (mleko, wodę) to boil.

przegran|a (-ej, -e) f decl like adj (kwota, rzecz) loss; (porażka) defeat.

przegrany adj (mecz, zakład, sprawa) lost; (człowiek) defeated.

przegr|oda (-ody, -ody) (dat sg -odzie, gen pl -ód) f (ściana) partition; (bariera) division.

przegród|ka (-ki, -ki) (dat sg -ce, gen pl -ek) f compartment.

przegryw|ać (-am, -asz) (perf **przegrać**) vt (mecz, zakład, wybory) to lose; (kasetę, utwór) to copy ♦ vi to lose.

przegrzew|ać (-am, -asz) (perf **przegrzać**) vt to overheat.

▶**przegrzewać się** *vr* to overheat.
przegu|b (-**bu**, -**by**) (*loc sg* -**bie**) *m*
(*dłoni*) wrist; (*TECH*) joint.
przegubowy *adj* articulated.
przehol|ować (-**uję**, -**ujesz**) *vi perf*
(*pot*) to go over the top (*pot*).
przeistacz|ać (-**am**, -**asz**) (*perf*
przeistoczyć) *vt* to transform.
▶**przeistaczać się** *vr*: przeistaczać
się (w kogoś/coś) to transform o.s.
(into sb/sth).
przejaskra|wiać (-**wiam**, -**wiasz**)
(*perf* -**wić**) *vt* to exaggerate.
przejaś|niać się (-**nia**) (*perf* -**nić**) *vr*:
przejaśnia/przejaśniło się it's
clearing/it's cleared up.
przejaśnie|nia (-**ń**) *pl* sunny
intervals *pl*.
przeja|w (-**wu**, -**wy**) (*loc sg* -**wie**) *m*
manifestation; (*choroby*) symptom.
przeja|wiać (-**wiam**, -**wiasz**) (*perf*
-**wić**) *vt* to display.
▶**przejawiać się** *vr*: przejawiać się
w czymś to manifest itself in sth.
przej|azd (-**azdu**, -**azdy**) (*loc sg*
-**eździe**) *m* (*samochodem*) drive;
(*pociągiem*) ride; (*miejsce*) crossing;
opłata za przejazd fare; **przejazd
kolejowy (strzeżony/niestrzeżony)**
(protected/unprotected) level (*BRIT*)
lub grade (*US*) crossing; **są w
mieście przejazdem** they're passing
through town.
przejażdż|ka (-**ki**, -**ki**) (*dat sg* -**ce**, *gen
pl* -**ek**) *f* ride.
przej|echać (-**adę**, -**edziesz**) (*imp*
-**edź**) *vb perf od* **przejeżdżać**;
(*przebyć*) to travel; (*najechać,
rozjechać*) to run over.
▶**przejechać się** *vr* to go for a ride.
przejezdny *adj* passable.
przejeżdż|ać (-**am**, -**asz**) (*perf*
przejechać) *vt* (*przekraczać*) to
cross; (*mijać*) to pass; **przejechać
przystanek/stację** to miss one's
stop/station.

przeję|cie (-**cia**) *nt* (*władzy*) taking
over; (*piłki, krążka, pałeczki*) (*nom pl*
-**cia**, *gen pl* -**ć**) taking over;
(*wzruszenie*) excitement; **z
przejęciem** with excitement.
przejęty *adj* excited.
przejęzycz|ać się (-**am**, -**asz**) (*perf*
-**yć**) *vr* to make a slip.
przejęzycze|nie (-**nia**, -**nia**) (*gen pl*
-**ń**) *nt* a slip of the tongue.
przejm|ować (-**uję**, -**ujesz**) (*perf*
przejąć) *vt* (*majątek, obowiązki,
piłkę*) to take over; (*list, przesyłkę,
transport*) to intercept, to seize;
(*obyczaje, tradycje*) to adopt.
▶**przejmować się** *vr*: przejmować
się (czymś) to be concerned (about
sth); **nie przejmuj się** don't worry.
przejmujący *adj* piercing.
przejrz|eć (-**ę**, -**ysz**) (*imp* -**yj**) *vb perf
od* **przeglądać** ♦ *vt perf* (*osobę,
zamiary*) to see through.
przejrzysty *adj* transparent.
przejś|cie (-**cia**, -**cia**) (*gen pl* -**ć**) *nt*
(*miejsce*) passage; (*stadium
pośrednie*) transition; (*przeżycie*)
ordeal; **przejście dla pieszych**
(pedestrian) crossing; **przejście
podziemne** subway (*BRIT*),
underpass (*US*); **przejście graniczne**
border checkpoint; „**przejście
wzbronione**" *lub* „**przejścia nie ma**"
"no entry".
przejściowy *adj* (*krótkotrwały*)
passing, transitory; (*pośredni*)
transitional.
przej|ść (-**dę**, -**dziesz**) (*imp* -**dź**) *vb
perf od* **przechodzić**.
▶**przejść się** *vr* to take a walk.
przeka|z (-**zu**, -**zy**) (*loc sg* -**zie**) *m*
(*też*: **przekaz pieniężny** *lub*
pocztowy) money *lub* postal order;
(*obrazu, dźwięku, tradycji*)
transmission; **środki (masowego)
przekazu** the (mass) media.
przekaz|ywać (-**uję**, -**ujesz**) (*perf*

-**ać**) *vt* (*list, wiadomość, polecenie*) to pass on; (*urząd, uprawnienia*) to hand over; **przekazać coś komuś** (*ofiarować*) to donate sth to sb; **przekazywać komuś pozdrowienia** to give one's regards to sb.

przekaźni|k (-**ka**, -**ki**) (*instr sg* -**kiem**) *m* (*TECH*) relay.

przekąs|ka (-**ki**, -**ki**) (*dat sg* -**ce**, *gen pl* -**ek**) *f* snack.

przekątn|a (-**ej**, -**e**) *f decl like adj* diagonal; **po przekątnej** diagonally.

przekleństw|o (-**wa**, -**wa**) (*loc sg* -**wie**) *nt* (*wyraz*) swearword; (*książk: klątwa*) curse.

przeklęty *adj* (*okropny*) damn.

przeklin|ać (-**am**, -**asz**) (*perf* **przekląć**) *vt* to curse ◊ *vi* to swear.

przekła|d (-**du**, -**dy**) (*loc sg* -**dzie**) *m* translation.

przekład|ać (-**am**, -**asz**) (*perf* **przełożyć**) *vt* (*układać inaczej*) to rearrange; (*wkładać w środek*) to sandwich; (*zmieniać termin*) to reschedule; (*tłumaczyć*) to translate.

przekład|nia (-**ni**, -**nie**) (*gen pl* -**ni**) *f* transmission (gear).

przekłuw|ać (-**am**, -**asz**) (*perf* **przekłuć**) *vt* (*balonik*) to prick; (*uszy*) to pierce.

przekon|ać (-**am**, -**asz**) *vb perf od* **przekonywać**.

►**przekonać się** *vr perf*: **przekonać się do kogoś/czegoś** to get to like sb/sth.

przekona|nie (-**nia**, -**nia**) (*gen pl* -**ń**) *nt* belief, conviction; **przekonania polityczne/religijne** political/religious beliefs; **dochodzić (dojść** *perf*) **do przekonania, że ...** to become convinced that ... .

przekonany *adj* convinced; **być przekonanym o czymś** to be convinced of sth.

przekonujący *adj* convincing.

przekon|ywać (-**uję**, -**ujesz**) (*perf* -**ać**) *vt* to convince; **przekonywać kogoś o czymś** to convince sb of sth.

►**przekonywać się** *vr* to become convinced.

przekonywający *adj* = **przekonujący**.

przeko|ra (-**ry**) (*dat sg* -**rze**) *f* perversity.

przekorny *adj* perverse, contrary.

przekór *inv*: **na przekór** +*dat* in defiance of.

przekracz|ać (-**am**, -**asz**) (*perf* **przekroczyć**) *vt* (*próg, granicę*) to cross; (*normę, limit, wiek*) to exceed; (*prawo*) to transgress.

przekraw|ać (-**am**, -**asz**) (*perf* **przekroić**) *vt* to cut (in half).

przekreśl|ać (-**am**, -**asz**) (*perf* -**ić**) *vt* to cross out; (*przen*) to write off.

przekrę|cać (-**cam**, -**casz**) (*perf* -**cić**) *vt* to turn; (*przen*) to twist.

przekrocze|nie (-**nia**, -**nia**) (*gen pl* -**ń**) *nt* (*prawa, przepisów*) infringement; (*granicy państwa*) crossing; **przekroczenie salda** overdraft; **przekroczenie szybkości** speeding.

przekr|oić (-**oję**, -**oisz**) (*imp* -**ój**) *vb perf od* **przekrawać**.

przekr|ój (-**oju**, -**oje**) *m* section.

przekrwiony *adj* bloodshot.

przekrzy|wiać (-**wiam**, -**wiasz**) (*perf* -**wić**) *vt* to tilt.

►**przekrzywiać się** *vr* to tilt.

przekształ|cać (-**cam**, -**casz**) (*perf* -**cić**) *vt* (*zakład, pomieszczenie*) to convert; (*produkcję*) to reprofile; (*rzeczywistość*) to reshape, to transform.

►**przekształcać się** *vr*: **przekształcać się (w coś)** to evolve (into sth).

przekształce|nie (-**nia**, -**nia**) (*gen pl*

-ń) *nt* (*pomieszczenia, zakładu*)
conversion.

przekupny *adj* corruptible.

przekupst|wo (**-wa, -wa**) (*loc sg*
-wie) *nt* bribery.

przeku|pywać (**-puję, -pujesz**) (*perf*
-pić) *vt* to bribe.

przekwalifik|ować (**-uję, -ujesz**) *vt*
perf to retrain.

▶**przekwalifikować się** *vr perf* to
retrain.

przekwit|ać (**-a**) (*perf* **-nąć**) *vi* to lose
lub shed blossom; (*przen: o urodzie*)
to wither.

przekwitani|e (**-a**) *nt* (*MED*)
menopause.

przelat|ywać (**-uję, -ujesz**) (*perf*
przelecieć) *vi* (*o samolocie, ptaku*)
to fly (past); (*o wodzie,
piasku: przedostawać się*) to seep
through; (*pot: przebiegać*) to run.

przele|cieć (**-cę, -cisz**) (*imp* **-ć**) *vb*
perf od **przelatywać**; (*pot: o czasie*)
to fly (by).

przele|w (**-wu, -wy**) (*loc sg* **-wie**) *m*
(*EKON*) transfer.

przelew|ać (**-am, -asz**) (*perf* **przelać**)
vt (*płyn*) to pour; (*pieniądze*) to
transfer; **przelewać krew** (*książk*) to
spill blood.

▶**przelewać się** *vr* to overflow.

przelicz|ać (**-am, -asz**) (*perf* **-yć**)
(*zamieniać*) to convert; (*zliczać*) to
count.

przeliczni|k (**-ka, -ki**) (*instr sg* **-kiem**)
m conversion rate.

przelicz|yć (**-ę, -ysz**) *vb perf od*
przeliczać.

▶**przeliczyć się** *vr* to miscalculate.

przelo|t (**-tu, -ty**) (*loc sg* **-cie**) *m*
(*samolotu*) flight.

przelotny *adj* (*chwila, znajomość*)
fleeting; (*deszcz, opady*) occasional.

przelotowy *adj*: **trasa przelotowa**
arterial highway.

przeludnieni|e (**-a**) *nt*
overpopulation.

przeludniony *adj* overpopulated.

przeładowany *adj* overloaded.

przeładun|ek (**-ku, -ki**) (*instr sg*
-kiem) *m* reloading.

przełaj (**-u, -e**) *m* (*SPORT*)
cross-country; **iść/biec na przełaj** to
take a short cut.

przełajowy *adj*: **bieg/wyścig
przełajowy** cross-country (race).

przełam|ywać (**-uję, -ujesz**) (*perf*
-ać) *vt* to break; (*przen*) to
overcome.

przełącz|ać (**-am, -asz**) (*perf* **-yć**) *vt*
to switch (over).

przełączni|k (**-ka, -ki**) (*instr sg* **-kiem**)
m switch.

przełęcz (**-y, -e**) (*gen pl* **-y**) *f* pass.

przeło|m (**-mu, -my**) (*loc sg* **-mie**) *m*
(*moment zwrotny*) breakthrough;
(*GEOL*) gorge; **na przełomie
wieków** at the turn of the century.

przełomowy *adj* (*moment,
znaczenie*) crucial, critical; (*dzieło*)
breakthrough *attr*.

przełożony *adj*: **siostra przełożona**
(*zakonnica*) Mother Superior;
(*pielęgniarka*) matron ♦ *m decl like
adj* superior.

przeł|ożyć (**-ożę, -ożysz**) (*imp* **-óż**)
vb perf od **przekładać**.

przeły|k (**-ku, -ki**) (*instr sg* **-kiem**) *m*
gullet, oesophagus.

przełyk|ać (**-am, -asz**) (*perf*
przełknąć) *vt* to swallow.

przemak|ać (**-am, -asz**) (*perf*
przemoknąć) *vi* (*moknąć*) to get
soaked *lub* drenched; (*przepuszczać
wilgoć*) to let water through; **mój
płaszcz kompletnie przemókł** my
coat is completely soaked.

przemarz|ać (**-am, -asz**) (*perf* **-nąć**)
vi to freeze.

przemarznięty *adj* (*ziemia*) frozen;
(*człowiek*) chilled.

przemawi|ać (**-am, -asz**) (*perf* **przemówić**) *vi* (*wygłaszać mowę*) to give *lub* make a speech; (*odzywać się*) to speak.

przemądrzały *adj* bigheaded.

przemęcz|ać (**-am, -asz**) (*perf* **-yć**) *vt* to (over)strain.

▶**przemęczać się** *vr* to overexert o.s.; **nie przemęczaj się!** take it easy!

przemęczeni|e (**-a**) *nt* exhaustion, fatigue.

przemęczony *adj* exhausted, fatigued.

przemian *inv*: **na przemian** alternately.

przemia|na (**-ny, -ny**) (*dat sg* **-nie**) *f* transformation; **przemiana materii** metabolism.

przemie|niać (**-niam, -niasz**) (*perf* **-nić**) *vt* to transform, to change.

▶**przemieniać się** *vr*: **przemienić się w** +*acc* to change into.

przemieszcz|ać (**-am, -asz**) (*perf* **przemieścić**) *vt* to move.

▶**przemieszczać się** *vr* to get about *lub* around.

przemij|ać (**-a**) (*perf* **przeminąć**) *vi* (*o życiu, czasie*) to go by; (*o urodzie*) to fade.

przemilcz|ać (**-am, -asz**) (*perf* **-eć**) *vt* (*zbywać milczeniem*) to pass over (in silence); (*nie wspominać*) to leave unsaid.

przemk|nąć (**-nę, -niesz**) (*imp* **-nij**) *vb perf od* **przemykać**.

przemoc (**-y**) *f* violence; **przemocą** forcibly, through violence.

przemocz|yć (**-ę, -ysz**) *vt perf*: **przemoczyć płaszcz** to get one's coat soaked through.

przemoknięty *adj* soaked, drenched.

przem|owa (**-owy, -owy**) (*dat sg* **-owie**, *gen pl* **-ów**) *f* speech.

przemó|wić (**-wię, -wisz**) *vb perf od* **przemawiać**.

przemówie|nie (**-nia, -nia**) (*gen pl* **-ń**) *nt* speech; **wygłosić** (*perf*) **przemówienie** to give *lub* make a speech.

przemy|cać (**-cam, -casz**) (*perf* **-cić**) *vt* to smuggle.

przemyk|ać (**-am, -asz**) (*perf* **przemknąć**) *vi* (*o człowieku, zwierzęciu, cieniu*) to steal by; (*o myśli, wspomnieniu*) to flit.

przemy|sł (**-słu, -sły**) (*loc sg* **-śle**) *m* industry.

przemysło|wiec (**-wca, -wcy**) *m* industrialist.

przemysłowy *adj* industrial.

przemyślany *adj* well-thought-out.

przemyśl|eć (**-ę, -isz**) *vt perf od* **przemyśliwać**; **przemyśleć sprawę** to think the matter over.

przemyśliw|ać (**-am, -asz**) (*perf* **przemyśleć**) *vt* to think over *lub* through ♦ *vi*: **przemyśliwać nad czymś** to ponder upon sth.

przemyślny *adj* clever.

przemy|t (**-tu**) (*loc sg* **-cie**) *m* smuggling.

przemytni|k (**-ka, -cy**) (*instr sg* **-kiem**) *m* smuggler.

przemyw|ać (**-am, -asz**) (*perf* **przemyć**) *vt* to bathe.

przen. *abbr* (= *przenośnie*) fig.

prze|nieść (**-niosę, -niesiesz**) (*imp* **-nieś**, *pt* **-niósł, -niosła**) *vb perf od* **przenosić**.

przenik|ać (**-a**) (*perf* **-nąć**) *vt* (*przedostawać się*) to penetrate; (*nasycać*) to pervade; **przeniknął go strach** he was overcome by fear.

przenikliwy *adj* penetrating.

przenoc|ować (**-uję, -ujesz**) *vb perf od* **nocować** ♦ *vt perf* to put up.

przeno|sić (**-szę, -sisz**) (*imp* **-ś**, *perf* **przenieść**) *vt* (*dziecko, bagaż*) to carry; (*siedzibę, stolicę*) to move; (*zarazki*) to transmit.

▶**przenosić się** *vr* (*przeprowadzać*

się) to move; (_o ogniu, wojnie_) to
spread.

przenoś|nia (-ni, -nie) (_gen pl_ -ni) _f_
metaphor; **w przenośni**
metaphorically speaking.

przenośny _adj_ (_radio, komputer_)
portable; (_wyrażenie, zwrot_)
figurative, metaphorical; **w
znaczeniu przenośnym** in a
figurative sense.

przeobraż|ać (-am, -asz) (_perf_
przeobrazić) _vt_ to transform.

▸**przeobrażać się** _vr_ to be
transformed.

przeocze|nie (-nia, -nia) (_gen pl_ -ń)
_nt_ oversight.

przeocz|yć (-ę, -ysz) _vt perf_ to
overlook.

przepad|ać (-am, -asz) (_perf_
przepaść) _vi_ (_o osobie, przedmiocie_)
to disappear; (_o majątku, szansie_)
to be lost; **przepadać za** +_instr_ to be
very fond of.

przepal|ać (-a) (_perf_ -ić) _vt_ to burn
(through).

▸**przepalać się** _vr_ (_o żarówce,
bezpieczniku_) to blow.

przepas|ka (-ki, -ki) (_dat sg_ -ce, _gen
pl_ -ek) _f_ (_na czoło_) sweatband; (_na
oczy_) blindfold; (_na jedno oko_)
patch; (_na biodra_) loincloth.

przepaś|ć¹ (-ci, -ci) (_gen pl_ -ci) _f_
precipice.

przepa|ść² (-dnę, -dniesz) (_imp_
-dnij) _vb perf od_ **przepadać**.

przepełniony _adj_ (_ludźmi_)
overcrowded; (_wodą itp._)
overflowing.

przepę|dzać (-dzam, -dzasz) (_perf_
-dzić) _vt_ (_wyganiać_) to drive off.

przepiękny _adj_ exquisite.

przepiór|ka (-ki, -ki) (_dat sg_ -ce, _gen
pl_ -ek) _f_ quail.

przepi|s (-su, -sy) (_loc sg_ -sie) _m_
(_KULIN_) recipe; (_zarządzenie_)

regulation; **przepisy ruchu
drogowego** traffic regulations.

przepisowy _adj_: **przepisowy
mundur/strój** regulation
uniform/outfit.

przepis|ywać (-uję, -ujesz) (_perf_ -ać)
_vt_ (_pisać jeszcze raz_) to copy out;
(_na maszynie, komputerze_) to type
out; (_MED_) to prescribe.

przepła|cać (-cam, -casz) (_perf_ -cić)
_vi_ to pay too much.

przepłu|kiwać (-kuję, -kujesz) (_perf_
-kać) _vt_ to rinse; **przepłukać gardło**
(_pot. napić się_) to wet one's whistle
(_pot_).

przepły|w (-wu) (_loc sg_ -wie) _m_ flow.

przepływ|ać (-am, -asz) (_perf_
przepłynąć) _vt_ (_o człowieku_) to
swim; (_o statku_) to sail ▸ _vi_ (_o
człowieku_) to swim; (_o statku_) to
sail; (_o prądzie, wodzie_) to flow.

przepocony _adj_ sweaty.

przepoła|wiać (-wiam, -wiasz) (_perf_
przepołowić) _vt_ to halve.

przepo|na (-ny, -ny) (_dat sg_ -nie) _f_
diaphragm.

przepowiad|ać (-am, -asz) (_perf_
przepowiedzieć) _vt_ to prophesy, to
foretell; (_pogodę_) to predict.

przepowied|nia (-ni, -nie) (_gen pl_
-ni) _f_ (_proroctwo_) prophecy;
(_prognoza_) prediction.

przepracowany _adj_ overworked.

przepracow|ywać (-uję, -ujesz)
(_perf_ -ać) _vt_ (_godzinę, rok_) to work
for.

▸**przepracowywać się** _vr_ to
overwork.

przeprasz|ać (-am, -asz) (_perf_
przeprosić) _vt_: **przepraszać
(kogoś/za coś)** to apologize (to
sb/for sth); **przepraszam!** (I'm)
sorry!; **przepraszam, która (jest)
godzina?** excuse me, what's the
time?

przepra|wa (-wy, -wy) (*dat sg* -wie) *f*
(*podróż*) crossing.

przepra|wiać (-wiam, -wiasz) (*perf*
-wić) *vt* to ferry.

►**przeprawiać się** *vr* to get to the
other side; **przeprawiać się przez
rzekę** to ford a river.

przeprosi|ny (-n) *pl* apology.

przeprowa|dzać (-dzam, -dzasz)
(*perf* -dzić) *vt* (*z miejsca na miejsce*)
to take; (*realizować*) to carry out.

►**przeprowadzać się** *vr* to move.

przeprowadz|ka (-ki, -ki) (*dat sg* -ce,
gen pl -ek) *f* move.

przepukli|na (-ny, -ny) (*dat sg* -nie) *f*
hernia, rupture.

przepust|ka (-ki, -ki) (*dat sg* -ce, *gen
pl* -ek) *f* pass.

przepustnic|a (-y, -e) *f* throttle;
(*MOT*).

przepuszcz|ać (-am, -asz) (*perf*
przepuścić) *vt* (*pozwalać
przejść/przejechać*) to let through;
(*przez maszynkę, filtr*) to put;
(*światło, wilgoć*) to let in; (*pieniądze,
majątek*) to throw away.

przepu|ścić (-szczę, -ścisz) (*imp*
-ść) *vb perf od* **przepuszczać**; (*błąd
w tekście*) to miss; (*okazję*) to pass
up.

przepych (-u) *m* splendour (*BRIT*),
splendor (*US*).

przepych|ać (-am, -asz) (*perf*
przepchać *lub* **przepchnąć**) *vt*
(*przesuwać*) to shove (through);
(*rurę*) to unclog; (*fajkę*) to clean out.

►**przepychać się** *vr* to elbow one's
way.

przerabi|ać (-am, -asz) (*perf*
przerobić) *vt* (*płaszcz*) to alter;
(*powieść*) to rewrite; (*surowiec*) to
process; (*SZKOL: materiał, lekturę*)
to do.

przeradz|ać się (-a) (*perf*
przerodzić) *vr*: **przeradzać się w**
+*acc* to turn into.

przerast|ać (-am, -asz) (*perf*
przerosnąć) *vt* (*wzrostem*) to
outgrow; (*przen: umiejętnościami*) to
surpass; **to przerasta ich
możliwości** it is beyond their
capabilities.

przeraźliwy *adj* frightful.

przeraż|ać (-am, -asz) (*perf*
przerazić) *vt* to horrify, to terrify.

►**przerażać się** *vr* to be terrified.

przerażający *adj* horrifying,
terrifying.

przerażeni|e (-a) *nt* terror.

przerażony *adj* terrified.

przero|st (-stu, -sty) (*loc sg* -ście) *m*
(*przen*) excess.

przerób|ka (-ki, -ki) (*dat sg* -ce, *gen
pl* -ek) *f* (*odzieży*) alteration; (*książki
na film itp.*) adaptation.

przeróżny *adj* various.

przer|wa (-wy, -wy) (*dat sg* -wie) *f*
(*pauza*) break; (*SZKOL*) break,
playtime (*BRIT*), recess (*US*);
(*TEATR*) interval; (*FILM*)
intermission; (*SPORT*) half-time;
(*luka, szpara*) gap; **bez przerwy** (*bez
odpoczynku*) without a break;
(*ciągle*) continuously; **przerwa
obiadowa** lunch break.

przeryw|ać (-am, -asz) (*perf*
przerwać) *vt* (*nitkę, front*) to break;
(*połączenie, rozmowę*) to interrupt;
(*produkcję*) to discontinue ♦ *vi*
(*milknąć*) to pause; **przerywać
komuś (w pół słowa)** to interrupt sb
(in the middle of a sentence);
przerywać ciążę to have an abortion
lub a termination.

►**przerywać się** *vr* to break.

przerywany *adj* (*oddech, głos*)
broken; (*linia*) dashed.

przerze|dzać (*perf* -dzić) *vt* to thin;
(*przen: zapasy itp.*) to deplete.

►**przerzedzać się** *vr* (*o roślinach,
włosach*) to thin; (*przen: o tłumie*) to
thin out.

przerzu|cać (**-cam, -casz**) (*perf* **-cić**) *vt* (*piłkę itp.*) to throw (over); (*broń, żołnierzy*) to redeploy; (*strony*) to leaf *lub* thumb through; (*ubrania, rzeczy*) to dig through.

►**przerzucać się** *vr*: **przerzucać się na** +*acc* to switch over to; (*o ogniu itp.*) to spread to.

przerzu|t (**-tu, -ty**) (*loc sg* **-cie**) *m* (*żołnierzy*) redeployment; (*MED*) metastasis.

przerzut|ka (**-ki, -ki**) (*dat sg* **-ce**, *gen pl* **-ek**) *f* (derailleur) gears *pl*.

przesa|da (**-dy**) (*dat sg* **-dzie**) *f* exaggeration; **to już przesada!** this is going too far!

przesadnie *adv* excessively.

przesadny *adj* exaggerated.

przesa|dzać (**-dzam, -dzasz**) (*perf* **-dzić**) *vt* (*rośliny*) to transplant; (*ucznia, widza*) to move (to another seat) ♦ *vi* to exaggerate.

przesą|d (**-du, -dy**) (*loc sg* **-dzie**) *m* (*zabobon*) superstition; (*uprzedzenie*) prejudice.

przesądny *adj* superstitious.

przesą|dzać (**-dzam, -dzasz**) (*perf* **-dzić**) *vt* (*sprawę*) to settle; **przesądzać o czymś** to determine sth.

przesiad|ać się (**-am, -asz**) (*perf* **przesiąść**) *vr* (*zmieniać miejsce*) to move to another seat; (*zmieniać środek lokomocji*) to change.

przesiad|ka (**-ki, -ki**) (*dat sg* **-ce**, *gen pl* **-ek**) *f* change.

przesiąk|ać (**-am, -asz**) (*perf* **-nąć**) *vi* to soak (through).

przesiąk|nąć (**-nę, -niesz**) (*imp* **-nij**) *vb perf od* **przesiąkać** ♦ *vt perf* +*instr* to become saturated with.

przesiedl|ać (**-am, -asz**) (*perf* **-ić**) *vt* to displace.

przesiew|ać (**-am, -asz**) (*perf* **przesiać**) *vt* to sift.

przesile|nie (**-nia, -nia**) (*gen pl* **-ń**) *nt* turning point; (*ASTRON*) solstice; (*MED*) crisis.

przeska|kiwać (**-kuję, -kujesz**) (*perf* **przeskoczyć**) *vt* to jump (over); (*przen*) to skip.

prze|słać (**-ślę, -ślesz**) (*imp* **-ślij**) *vb perf od* **przesyłać**.

przesła|nie (**-nia, -nia**) (*gen pl* **-ń**) *nt* (*książk*) message.

przesłan|ka (**-ki, -ki**) (*dat sg* **-ce**, *gen pl* **-ek**) *f* (*okoliczność*) circumstance; (*FILOZOFIA*) premise.

przesło|na (**-ny, -ny**) (*dat sg* **-nie**) *f* (*zasłona*) screen; (*FOT*) aperture.

przesłucha|nie (**-nia, -nia**) (*gen pl* **-ń**) *nt* (*świadków*) examination; (*zatrzymanego*) interrogation, questioning; (*artysty*) audition.

przesłu|chiwać (**-chuję, -chujesz**) (*perf* **-chać**) *vt* (*świadka*) to examine; (*zatrzymanego*) to interrogate, to question; (*artystę*) to audition; (*płytę*) to listen to.

przesłysz|eć się (**-ę, -ysz**) *vr perf* to mishear.

przesmy|k (**-ku, -ki**) (*instr sg* **-kiem**) *m* pass; (*GEOG*) isthmus.

przestarzały *adj* obsolete.

przest|awać (**-aję, -ajesz**) (*imp* **-awaj**) *vi* (*perf* **-ać**): **przestawać coś robić** to stop doing sth; **przestań!** stop it!

przesta|wiać (**-wiam, -wiasz**) (*perf* **-wić**) *vt* (*mebel, wazon*) to move; (*meble*) to rearrange; (*zmieniać kolejność*) to reorder.

przestawny *adj*: **szyk przestawny** inversion.

przestępc|a (**-y, -y**) *m decl like f in sg* criminal.

przestępczoś|ć (**-ci**) *f* crime.

przestępczy *adj* criminal.

przestępny *adj*: **rok przestępny** leap year.

przestępst|wo (**-wa, -wa**) (*loc sg* **-wie**) *nt* crime; **popełniać (popełnić**

perf) **przestępstwo** to commit a crime.

przest|ój (**-oju, -oje**) *m* stoppage.

przestrach (**-u**) *m* fright.

przestraszony *adj* frightened.

przestrasz|yć (**-ę, -ysz**) *vt perf* to frighten, to scare.

▸**przestraszyć się** *vr perf* to get scared.

przestr|oga (**-ogi, -ogi**) (*dat sg* **-odze**, *gen pl* **-óg**) *f* (fore)warning.

przestronny *adj* spacious.

przestrzeg|ać (**-am, -asz**) *vt* (*przepisów*) to obey; (*prawa*) to abide by; (*zwyczaju*) to observe; (*udzielać przestrogi*) (*perf* **przestrzec**): **przestrzegać kogoś (przed czymś)** to (fore)warn sb (of sth).

przestrze|ń (**-ni, -nie**) (*gen pl* **-ni**) *f* (*obszar*) space; (*powierzchnia*) expanse; **przestrzeń kosmiczna** (outer) space; **na przestrzeni pięciu lat** within the space of five years.

przesuw|ać (**-am, -asz**) (*perf* **przesunąć**) *vt* (*przestawiać*) to move, to shift; (*przen: zmieniać termin*) to reschedule; (*przenosić: pracownika*) to transfer.

▸**przesuwać się** *vr* (*o przedmiotach*) to shift; (*o człowieku*) to move over.

przesył|ać (**-am, -asz**) (*perf* **przesłać**) *vt* to send; **przesyłać komuś pozdrowienia** *lub* **ukłony** to give one's regards to sb.

przesył|ka (**-ki, -ki**) (*dat sg* **-ce**, *gen pl* **-ek**) *f* (*pocztowa*) (piece of) mail; **przesyłka lotnicza/polecona** air/registered mail; **przesyłka pieniężna** money *lub* postal order.

przesy|t (**-tu**) (*loc sg* **-cie**) *m* surfeit.

przeszcze|p (**-pu, -py**) (*loc sg* **-pie**) *m* transplant; **przeszczep skóry** skin graft.

przeszcze|piać (**-piam, -piasz**) (*perf* **-pić**) *vt* to transplant.

przeszkadz|ać (**-am, -asz**) (*perf* **przeszkodzić**) *vi*: **przeszkadzać komuś** to disturb sb; **przeszkadzać w czymś** to interfere with sth; **proszę sobie nie przeszkadzać** don't let me disturb you; **mnie to nie przeszkadza** I don't mind (that).

przeszk|oda (**-ody, -ody**) (*dat sg* **-odzie**, *gen pl* **-ód**) *f* (*przedmiot*) obstruction; (*trudność*) obstacle.

przeszkole|nie (**-nia, -nia**) (*gen pl* **-ń**) *nt* training.

przeszkol|ić (**-ę, -isz**) *vt perf* to train.

przeszło *prep* +*acc* more than, over.

przeszłoś|ć (**-ci**) *f* the past.

przeszły *adj* past.

przeszu|kiwać (**-kuję, -kujesz**) (*perf* **-kać**) *vt* to search.

przeszyw|ać (**-am, -asz**) (*perf* **przeszyć**) *vt* (*o szpadzie, zimnie, bólu*) to pierce.

prześcierad|ło (**-ła, -ła**) (*loc sg* **-le**, *gen pl* **-eł**) *nt* sheet.

prześcig|ać (**-am, -asz**) *vt* (*perf* **-nąć**) to outrun; **prześcigać kogoś w czymś** (*przen*) to beat sb at sth.

prześlad|ować (**-uję, -ujesz**) *vt* (*szykanować*) to persecute; (*przen: dręczyć*) to pester; (*o myśli, wspomnieniach itp.*) to haunt.

prześladowc|a (**-y, -y**) *m decl like f in sg* persecutor.

prześliczny *adj* very lovely.

przeświadczeni|e (**-a**) *nt* conviction.

przeświadczony *adj*: **przeświadczony (o czymś)** convinced (of sth).

prześwietl|ać (**-am, -asz**) (*perf* **-ić**) *vt* (*MED*) to X-ray; (*FOT*) to overexpose.

prześwietle|nie (**-nia, -nia**) (*gen pl* **-ń**) *nt* X-ray.

przetacz|ać (**-am, -asz**) (*perf* **przetoczyć**) *vt* (*beczki*) to roll; **przetaczać komuś krew** to give sb a (blood) transfusion.

przetar|g (-gu, -gi) (*instr sg* -giem) *m* (*wybór ofert*) tender; (*licytacja*) auction.

przetłumacz|yć (-ę, -ysz) *vb perf od* tłumaczyć.

przetrw|ać (-am, -asz) *vt/vi perf* to survive.

przetrząs|ać (-am, -asz) (*perf* -nąć) *vt* to scour, to rummage through.

przet|rzeć (-rę, -rzesz) (*imp* -rzyj) *vb perf od* przecierać.

przetrzym|ywać (-uję, -ujesz) (*perf* -ać) *vt* (*książkę*) to keep; (*lekarstwa*) to hoard; (*osobę, zakładnika*) to hold, to detain; (*atak, ból*) to endure.

przetwarz|ać (-am, -asz) (*perf* przetworzyć) *vt* to process.

przetwor|y (-ów) *pl* (*KULIN*) preserves.

przetwór|nia (-ni, -nie) (*gen pl* -ni) *f* food processing plant *lub* factory.

przewa|ga (-gi) (*dat sg* -dze) *f* advantage; (*wyższość*) superiority.

przeważ|ać (-am, -asz) (*perf* -yć) *vi* to overweigh, to prevail, to predominate.

przeważający *adj* (*siła, liczba*) overwhelming; (*dominujący*) predominant, prevailing.

przeważnie *adv* mostly.

przewidujący *adj* foreseeing, far-sighted.

przewid|ywać (-uję, -ujesz) (*perf* przewidzieć) *vt* (*przyszłość*) to foresee, to predict; (*pogodę*) to forecast; (*planować*) to anticipate, to expect; (*uwzględniać*) to provide for.

przewidywalny *adj* predictable, foreseeable.

przewidywa|nie (-nia, -nia) (*gen pl* -ń) *nt* expectation.

przewidze|nie (-nia) *nt*: to było do przewidzenia it was predictable *lub* foreseeable.

przewietrz|yć (-ę, -ysz) *vb perf od* wietrzyć.

▸**przewietrzyć się** *vr perf* to take a breath of fresh air.

przewie|w (-wu, -wy) (*loc sg* -wie) *m* draught (*BRIT*), draft (*US*).

przewiewny *adj* (*mieszkanie*) airy; (*suknia*) cool.

prze|wieźć (-wiozę, -wieziesz) (*imp* -wieź) *vb perf od* przewozić.

przewij|ać (-am, -asz) (*perf* przewinąć) *vt* (*bandaż, kabel*) to rewind; (*ranę*) to put a new dressing on; **przewijać dziecko** to change a baby; **przewijać taśmę do przodu/do tyłu** to fast-forward/rewind a tape.

przewinie|nie (-nia, -nia) (*gen pl* -ń) *nt* (*wykroczenie*) offence (*BRIT*), offense (*US*); (*SPORT*) foul.

przewlekły *adj* chronic.

przewodni *adj* leading *attr*.

przewodnicząc|y (-ego, -y) *m decl like adj* (*kierujący obradami*) chair(man); (*spółdzielni, samorządu*) chairman, president; (*SZKOL*) class leader.

przewodnicz|yć (-ę, -ysz) *vi* to be in the chair; **przewodniczyć zebraniu** to chair a meeting, to preside over a meeting.

przewodni|k (-ka) (*instr sg* -kiem) *m* (*człowiek*) (*nom pl* -cy) guide; (*książka*) (*nom pl* -ki) guidebook; (*FIZ*) (*nom pl* -ki) conductor; **przewodnik wycieczek** tour guide.

przew|odzić (-odzę, -odzisz) (*imp* -ódź) *vt +dat* (*dowodzić, kierować*) to lead ♦ *vt +acc* (*FIZ*) to conduct.

przew|ozić (-ożę, -ozisz) (*imp* -oź *lub* -óź, *perf* przewieźć) *vt* (*transportować*) to transport; (*zabierać*) to take.

przewoźni|k (-ka, -cy) (*instr sg* -kiem) *m* (*lotniczy*) carrier; (*spedycyjny*) haulier (*BRIT*), hauler (*US*).

przew|ód (-odu, -ody) (*loc sg* -odzie)

m (*ELEKTR*) wire; (*kanalizacyjny, gazowy*) pipe; (*paliwowy*) line; (*pokarmowy, oddechowy*) canal.

przew|óz (**-ozu, -ozy**) (*loc sg* **-ozie**) *m* transport; (*samochodowy*) haulage, trucking (*US*).

przewrac|ać (**-am, -asz**) (*perf* **przewrócić**) *vt* (*przestawiać do góry nogami*) to overturn; (*wywracać*) to knock over; (*kartkę*) to turn.

▶**przewracać się** *vr* (*wywracać się*) to fall over; (*na plecy, bok*) to turn *lub* roll over; (*o łodzi*) to capsize.

przewrażliwiony *adj* touchy.

przewrotny *adj* perverse.

przewr|ót (**-otu, -oty**) (*loc sg* **-ocie**) *m* (*nagły zwrot*) revolution; (*POL*) coup (d'etat); (*SPORT*) somersault.

przewyższ|ać (**-am, -asz**) *vt* (*być wyższym*) to be taller than; (*pod względem wartości, znaczenia*) (*perf* **-yć**) to outstrip, to surpass; (*być lepszym*) (*perf* **-yć**) to be better than.

───────SŁOWO KLUCZOWE───────

przez *prep* +*acc* **1** (*na drugą stronę*) across; **przechodzić** (**przejść** *perf*) **przez ulicę** to walk across the street, to cross the street; **przez granicę/rzekę** across *lub* over the border/river. **2** (*poprzez*) through; **przez park/pustynię** through *lub* across the park/desert. **3** (*ponad*) over; **przeskakiwać przez mur** to jump over the wall. **4** (*za pomocą*): **przez radio/telefon** over *lub* on the radio/phone; **to się pisze przez dwa „l"** it's spelt with double "l"; **co przez to rozumiesz?** what do you mean by that? **5** (*czas trwania*) for; **chorowałem przez tydzień** I was ill for a week; **przez ten rok wiele się zmieniło** a lot has changed for *lub* in this past year; **przez cały (ten) czas** all this time; **robić (zrobić** *perf*) **coś przez niedzielę/wakacje** to

do sth over Sunday/the holidays. **6** (*z powodu*): **przez niego** because of him; **przez pomyłkę/przypadek** by mistake/accident. **7** (*w konstrukcjach biernych*) by; **skomponowany przez Chopina** composed by Chopin. **8** (*w działaniach arytmetycznych*): **mnożyć/dzielić przez 2** to multiply/divide by 2.

przeze *prep* = **przez**.

przezię|biać się (**-biam, -biasz**) (*perf* **-bić**) *vr* to catch (a) cold.

przeziębie|nie (**-nia, -nia**) (*gen pl* **-ń**) *nt* cold.

przeziębiony *adj*: **być przeziębionym** to have a cold.

przeznacz|ać (**-am, -asz**) (*perf* **-yć**) *vt* to intend, to destine; (*pieniądze*) to allocate.

przeznacze|nie (**-nia**) *nt* (*los*) destiny, fate.

przeznaczony *adj*: **to jest przeznaczone do** +*gen* it is designed for; **to było przeznaczone dla** +*gen* it was meant for.

przezornoś|ć (**-ci**) *f* foresight.

przezorny *adj* (*człowiek: zapobiegliwy*) foreseeing, far-sighted; (: *ostrożny*) circumspect; (*rada*) cautious.

przezrocz|e, przeźrocz|e (**-a, -a**) (*gen pl* **-y**) *nt* slide.

przezroczysty *adj* (*woda, szyba*) transparent; (*suknia, materiał*) see-through, transparent.

przezwis|ko (**-ka, -ka**) (*instr sg* **-kiem**) *nt* nickname.

przezwycięż|ać (**-am, -asz**) (*perf* **-yć**) *vt* to overcome.

przezyw|ać (**-am, -asz**) *vt* (*nadawać przydomek*) (*perf* **przezwać**) to nickname; **przezywać kogoś** (*ubliżać*) to call sb names.

przeżegn|ać się (-am, -asz) *vb perf od* żegnać się.

przeżuw|ać (-am, -asz) *vt (przed połknięciem)* (*perf* **przeżuć**) to chew ♦ *vi (o krowie)* to ruminate.

przeży|cie (-cia, -cia) (*gen pl* -ć) *nt* experience.

przeż|yć (-yję, -yjesz) *vb perf od* **przeżywać** ♦ *vt perf (wojnę, więzienie)* to survive; *(człowieka)* to outlive, to survive ♦ *vi perf (utrzymać się przy życiu)* to survive.

przeżyt|ek (-ku, -ki) (*instr sg* -kiem) *m* anachronism.

przeżyw|ać (-am, -asz) (*perf* **przeżyć**) *vt (doświadczać)* to experience, to live through.

przędz|a (-y, -e) *f* yarn.

przę|sło (-sła, -sła) (*loc sg* -śle, *gen pl* -seł) *nt* span *(in a bridge)*.

przod|ek (-ka, -kowie) (*instr sg* -kiem) *m* ancestor, forefather.

przod|ować (-uję, -ujesz) *vi*: **przodować w czymś** to excel in *lub* at sth.

prz|ód (-odu, -ody) (*loc sg* -odzie) *m* front; **do przodu** forward; **z przodu** in front; **na przedzie** in front.

przy *prep +loc* **1** *(w pobliżu)*: **przy oknie** by the window; **przy biurku/stole** at the desk/table; **głowa przy głowie** head to head; **nie mam przy sobie pieniędzy** I don't have any money on me; **ręce przy sobie!** (keep your) hands off! **2** *(w czasie, podczas)*: **przy śniadaniu/pracy** at breakfast/work; **przy kawie** over coffee; **przy świecach** by candlelight. **3** *(w obecności)* in front of; **przy świadkach** in the presence of witnesses.

przybieg|ać (-am, -asz) (*perf* -nąć *lub* **przybiec**) *vi* to come running.

przybier|ać (-am, -asz) (*perf* **przybrać**) *vt (tytuł, nazwisko, pozę)* to assume; *(stół, choinkę)* to decorate; *(potrawę)* to garnish ♦ *vi (o wodzie)* to rise; **przybierać na wadze** to put on weight, to gain weight.

przybij|ać (-am, -asz) (*perf* **przybić**) *vt (gwóźdź)* to hammer, to drive; *(deskę)* to nail ♦ *vi*: **przybijać do portu/brzegu** to reach port/the shore.

przybity *adj (pot: zmartwiony)* dejected, downcast.

przybliż|ać (-am, -asz) (*perf* -yć) *vt* to bring closer; *(termin, zwycięstwo)* to bring nearer; *(o lornetce)* to magnify.

►**przybliżać się** *vr* to come closer.

przybliże|nie (-nia, -nia) (*gen pl* -ń) *nt (wyniku)* approximation; **w przybliżeniu** approximately, roughly.

przybliżony *adj* approximate.

przybor|y (-ów) *pl (osobno)* accessories; *(zestaw)* kit, gear; **przybory piśmienne** *lub* **do pisania** stationery.

przybrany *adj (dziecko, rodzice)* foster *attr*, adoptive; *(nazwisko)* assumed.

przybyci|e (-a) *nt* arrival.

przybysz (-a, -e) (*gen pl* -ów) *m* newcomer.

przybyw|ać (-am, -asz) (*perf* **przybyć**) *vi (przyjeżdżać)* to arrive; **przybywa ludzi** there are more and more people coming.

przychod|nia (-ni, -nie) (*gen pl* -ni) *f (MED)* out-patient clinic; **przychodnia rejonowa** ≈ community health centre *(BRIT)* *lub* center *(US)*.

przycho|dzić (-dzę, -dzisz) (*imp* -dź, *perf* **przyjść**) *vi* to come; *(o listach, przesyłkach)* to arrive; **przychodzić**

na świat to be born; **przyjść do siebie** to recover.

przych|ód (**-odu, -ody**) (*loc sg* **-odzie**) *m* income.

przychylny *adj* favourable (*BRIT*), favorable (*US*).

przyciąg|ać (**-am, -asz**) (*perf* **-nąć**) *vt* to attract; (*przysuwać*) to pull closer.

przyciągani|e (**-a**) *nt* attraction; **przyciąganie ziemskie** gravity.

przycin|ać (**-am, -asz**) (*perf* **przyciąć**) *vt* (*włosy, gałęzie*) to clip, to trim; (*blachę*) to cut (to size) ♦ *vi*: **przycinać komuś** to gibe at sb; **przyciąć sobie palec** to catch one's finger; **przyciąć sobie język** to bite one's tongue.

przycis|k (**-ku, -ki**) (*instr sg* **-kiem**) *m* (*guzik*) button; **przycisk do papieru** paper-weight.

przycisk|ać (**-am, -asz**) (*perf* **przycisnąć**) *vt* (*naciskać*) to press.

przycisz|ać (**-am, -asz**) (*perf* **-yć**) *vt* to turn down.

przycze|pa (**-py, -py**) (*dat sg* **-pie**) *f* trailer; (*motocyklowa*) sidecar; **przyczepa kempingowa** *lub* **campingowa** caravan (*BRIT*), trailer (*US*).

przycze|piać (**-piam, -piasz**) (*perf* **-pić**) *vt* to attach.

▸**przyczepiać się** *vr* (*pot*): **przyczepiać się do kogoś** (*mieć pretensje*) to pick on sb; (*narzucać się*) to tag along with sb.

przyczół|ek (**-ka** *lub* **-ku, -ki**) (*instr sg* **-kiem**) *m* bridgehead.

przyczy|na (**-ny, -ny**) (*dat sg* **-nie**) *f* reason, cause; **z tej przyczyny** for that reason.

przyczy|niać się (**-niam, -niasz**) (*perf* **-nić**) *vr*: **przyczyniać się do czegoś** to contribute to sth.

przyd|ać (**-am, -asz**) *vb perf od* **przydawać**.

przydarz|ać się (**-a**) (*perf* **-yć**) *vr*:

coś mu się przydarzyło something (has) happened to him.

przydatnoś|ć (**-ci**) *f* usefulness.

przydatny *adj* useful, helpful.

przyda|wać (**-ję, -jesz**) (*imp* **-waj**, *perf* **przydać**) *vt* +*gen* (*powagi, autorytetu*) to add.

▸**przydawać się** *vr* (*być przydatnym*) to come in useful.

przydaw|ka (**-ki, -ki**) (*dat sg* **-ce**, *gen pl* **-ek**) *f* (*JĘZ*) attribute.

przydech (**-u, -y**) *m* (*JĘZ*) aspiration.

przydom|ek (**-ka** *lub* **-ku, -ki**) (*instr sg* **-kiem**) *m* nickname.

przydrożny *adj* wayside *attr*.

przydzia|ł (**-łu, -ły**) (*loc sg* **-le**) *m* (*czynność*) allotment; (*przydzielona część*) ration.

przydziel|ać (**-am, -asz**) (*perf* **-ić**) *vt* (*mieszkanie, pieniądze*) to allocate; (*stanowisko, zajęcie*) to assign.

przygad|ywać (**-uję, -ujesz**) (*perf* **-ać**) *vi*: **przygadywać komuś** (*pot*) to gibe at sb.

przygarni|ać (**-am, -asz**) (*perf* **przygarnąć**) *vt* (*tulić*) to take in one's arms; (*dawać schronienie*) to take in, to take under one's roof.

przygląd|ać się (**-am, -asz**) (*perf* **przyjrzeć**) *vr*: **przyglądać się komuś/czemuś** to watch *lub* observe sb/sth.

przygnę|biać (**-biam, -biasz**) (*perf* **-bić**) *vt* to depress.

przygnębiający *adj* depressing.

przygnębieni|e (**-a**) *nt* depression.

przygnębiony *adj* depressed.

przygniat|ać (**-am, -asz**) (*perf* **przygnieść**) *vt* (*o drzewie, ciężarze*) to crush, to squash; (*o odpowiedzialności*) to overwhelm.

przygniatający *adj* overwhelming.

przyg|oda (**-ody, -ody**) (*dat sg* **-odzie**, *gen pl* **-ód**) *f* adventure.

przygodny *adj*: **przygodna znajomość** a passing acquaintance.

przygodowy *adj* adventure *attr*.
przygotowa|nie (-nia, -nia) (*gen pl* -ń) *nt* preparation.
przygotowany *adj*: **przygotowany (do** +*gen* / **na** +*acc*) prepared (for).
przygotow|ywać (-uję, -ujesz) (*perf* -ać) *vt* to prepare; **przygotowywać kogoś na coś** to prepare sb for sth.
►**przygotowywać się** *vr* to get (o.s.) ready, to prepare o.s.; **przygotowywać się do egzaminu** to study for an exam.
przyim|ek (-ka, -ki) (*instr sg* -kiem) *m* preposition.
przyjaci|el (-ela, -ele) (*gen pl* -ół, *dat pl* -ołom, *instr pl* -ółmi, *loc pl* -ołach) *m* friend.
przyjacielski *adj* friendly.
przyjació|łka (-ki, -ki) (*dat sg* -ce, *gen pl* -ek) *f* (girl)friend.
przyj|azd (-azdu, -azdy) (*loc sg* -eździe) *m* arrival.
przyjazny *adj* friendly.
przyjaź|nić się (-nię, -nisz) (*imp* -nij) *vr* to be friends.
przyjaźnie *adv* (*powitać, uśmiechać się*) amicably; (*nastawiony, usposobiony*) favourably (*BRIT*), favorably (*US*).
przyjaź|ń (-ni, -nie) (*gen pl* -ni) *f* friendship.
przyj|ąć (-mę, -miesz) (*imp* -mij) *vb perf od* **przyjmować**.
przyj|echać (-adę, -edziesz) (*imp* -edź) *vb perf od* **przyjeżdżać**.
przyjemnie *adv* pleasantly; **byłoby mi bardzo przyjemnie** I'd be delighted, I would be delighted.
przyjemnoś|ć (-ci, -ci) (*gen pl* -ci) *f* pleasure; **z przyjemnością** with pleasure; **cała przyjemność po mojej stronie** the pleasure is all mine, my pleasure.
przyjemny *adj* pleasant.
przyjezdny *adj* visiting ♦ *m decl like adj* visitor.

przyjeżdż|ać (-am, -asz) (*perf* **przyjechać**) *vi* to arrive.
przyję|cie (-cia, -cia) (*gen pl* -ć) *f* reception; (*zamówienia*) taking; (*prezentu*) acceptance; (*kandydata, studenta*) admission; (*pomysłu, wniosku*) adoption; **przyjęcie towaru** delivery.
przyjęty *adj* (*zwyczaj, praktyka*) established; (*kandydat*) admitted.
przyjm|ować (-uję, -ujesz) (*perf* **przyjąć**) *vt* to accept; (*dostawę*) to receive; (*uchodźców, uciekinierów*) to admit; (*obywatelstwo*) to assume; (*propozycję, plan, wniosek, rezolucję*) to adopt; (*pracownika, ucznia, kandydata, chorego*) to admit; (*gości, delegację*) to receive; (*pacjentów*) to see; (*sytuację, rozwój wypadków*) to assume ♦ *vi* (*zakładać*) to assume; (*o lekarzu*) to see (one's) patients.
►**przyjmować się** *vr* (*o modzie, zwyczajach*) to catch on; (*o sadzonkach, kwiatach*) to take root.
przyjrz|eć się (-ę, -ysz) (*imp* -yj) *vb perf od* **przyglądać się**.
przyj|ść (-dę, -dziesz) (*imp* -dź) *vb perf od* **przychodzić**.
przykaza|nie (-nia, -nia) (*gen pl* -ń) *nt* commandment.
przyklej|ać (-am, -asz) (*perf* **przykleić**) *vt* to stick.
►**przyklejać się** *vr* to stick.
przykła|d (-du, -dy) (*loc sg* -dzie) *m* example; **na przykład** for example, for instance.
przykład|ać (-am, -asz) (*perf* **przyłożyć**) *vt*: **przykładać coś (do** +*gen*) to put sth (against).
►**przykładać się** *vr*: **przykładać się do czegoś** to apply o.s. to sth.
przykładny *adj* exemplary.
przykładowo *adv* for example, for instance.
przykładowy *adj* hypothetical.
przykrę|cać (-cam, -casz) (*perf* -cić)

vt (*śrubę, hak*) to screw in; (*półkę, osłonę*) to screw.

przykro *adv:* **przykro mi** I'm sorry.

przykroś|ć (**-ci**) *f* (*uczucie niezadowolenia*) distress; (*nieprzyjemne zdarzenie*) (*nom pl* **-ci**) unpleasantness, trouble.

przykry *adj* unpleasant.

przykry|ć (**-ję, -jesz**) *vb perf od* **przykrywać**.

przykryw|ać (**-am, -asz**) (*perf* **przykryć**) *vt* to cover (up); (*zamykać od góry*) to cover.

▸**przykrywać się** *vr:* **przykrywać się (kocem)** to cover o.s. up (with a blanket).

przykryw|ka (**-ki, -ki**) (*dat sg* **-ce**, *gen pl* **-ek**) *f* lid, cover.

przykrz|yć się (**-y**) (*perf* **s-**) *vr:* **przykrzy mi się ta praca** I'm tired of this job.

przylat|ywać (**-uję, -ujesz**) (*perf* **przylecieć**) *vi* (*o samolocie*) to arrive; (*o ptakach*) to fly in; (*o ludziach*) to arrive by plane; (*pot*) to come running.

przyląd|ek (**-ka, -ki**) (*instr sg* **-kiem**) *m* cape.

przyleg|ać (**-am, -asz**) *vi:* **przylegać do czegoś** (*przywierać*) to stick to sth; (*stykać się*) to border on sth.

przylegający *adj:* **przylegający (do** +*gen*) adjacent (to).

przyległy *adj* (*sąsiedni*) adjoining.

przyle|piać (**-piam, -piasz**) (*perf* **-pić**) *vt* to stick.

▸**przylepiać się** *vr* to stick.

przylep|iec (**-ca, -ce**) *m* (*rzep przy ubraniu*) Velcro ®; (*plaster*) (sticking) plaster (*BRIT*), Band-Aid ® (*US*).

przylo|t (**-tu, -ty**) (*loc sg* **-cie**) *m* arrival.

przyła|pać (**-pię, -piesz**) *vt perf:* **przyłapać kogoś na czymś** to catch sb doing sth.

przyłącz|ać (**-am, -asz**) (*perf* **-yć**) *vt* (*dołączać, dodawać*) to attach; (*budynek*) to wire; (*komputer*) to link.

▸**przyłączać się** *vr* to join in; **przyłączyłem się do nich** I joined them.

przymiar|ka (**-ki, -ki**) (*dat sg* **-ce**, *gen pl* **-ek**) *f* (*próba*) trial run; (*u krawca*) fitting.

przymier|ać (**-am, -asz**) *vi:* **przymierać głodem** to starve.

przymierz|ać (**-am, -asz**) (*perf* **-yć**) *vt* to try on.

przymierzal|nia (**-ni, -nie**) (*gen pl* **-ni**) *f* fitting room.

przymierz|e (**-a, -a**) (*gen pl* **-y**) *nt* alliance.

przymiotni|k (**-ka, -ki**) (*instr sg* **-kiem**) *m* adjective.

przymocow|ywać (**-uję, -ujesz**) (*perf* **-ać**) *vt* to fasten, to fix.

przymroz|ek (**-ku** *lub* **-ka, -ki**) (*instr sg* **-kiem**) *m* ground frost.

przymrużeni|e (**-a**) *nt:* **z przymrużeniem oka** (*opowiadać*) with tongue in cheek; (*traktować*) with a pinch of salt.

przymu|s (**-su**) (*loc sg* **-sie**) *m* compulsion.

przymusowy *adj* (*pobyt*) enforced; (*lądowanie, praca*) forced; (*bezrobocie*) compulsory.

przymusz|ać (**-am, -asz**) (*perf* **przymusić**) *vt:* **przymuszać kogoś do (robienia) czegoś** to force sb to do sth.

▸**przymuszać się** *vr* to force o.s.

przymyk|ać (**-am, -asz**) (*perf* **przymknąć**) *vt* (*zamykać niecałkowicie*) to push to; (*pot. zamykać w areszcie*) to arrest, to pinch (*pot*).

przynagl|ać (**-am, -asz**) (*perf* **-ić**) *vt* to rush.

przynajmniej *adv* at least.

przynależnoś|ć (-ci, -ci) (*gen pl* -ci) *f* membership.

przynę|ta (-ty, -ty) (*dat sg* -cie) *f* bait.

przyni|eść (-osę, -esiesz) (*imp* -eś, *pt* -ósł, -osła, -eśli) *vb perf od* **przynosić**.

przyno|sić (-szę, -sisz) (*imp* -ś, *perf* **przynieść**) *vt* to bring.

przypad|ać (-am, -asz) (*perf* **przypaść**) *vi*: przypadać w niedzielę to fall on (a) Sunday; **przypadać komuś** (*o zaszczycie, obowiązku*) to fall to sb.

przypad|ek (*instr sg* -kiem, *nom pl* -ki) *m* (*traf*) (*gen sg* -ku) coincidence; (*MED*) (*gen sg* -ku) case; (*JĘZ*) (*gen sg* -ka) case; **przypadkiem** *lub* **przez przypadek** by accident, by chance; **w przypadku** +*gen* in case of, in the event of.

przypadkowo *adv* accidentally.

przypadkowy *adj* accidental.

przypal|ać (-am, -asz) (*perf* -ić) *vt* (*mleko, mięso*) to burn; (*materiał*) to singe.

▸**przypalać się** *vr* to burn.

przypatr|ywać się (-uję, -ujesz) (*perf* **przypatrzyć się**) *vr*: **przypatrywać się (komuś/czemuś)** to scrutinize (sb/sth).

przypiek|ać (-am, -asz) (*perf* **przypiec**) *vi* (*o słońcu*) to beat down; (*rumienić*) to brown.

przypin|ać (-am, -asz) (*perf* **przypiąć**) *vt* (*broszkę*) to pin; (*narty*) to put on; (*pasami*) to strap.

przypi|s (-su, -sy) (*loc sg* -sie) *m* note; (*na dole strony*) footnote; (*na końcu tekstu*) endnote.

przypis|ywać (-uję, -ujesz) (*perf* -ać) *vt*: **przypisywać coś komuś** to ascribe *lub* attribute sth to sb.

przypły|w (-wu, -wy) (*loc sg* -wie) *m* (*morski*) high tide; (*energii, uczuć*) surge.

przypły|wać (-wam, -wasz) (*perf* -nąć) *vi* (*o statku, pasażerach*) to arrive, to come in; (*o pływaku*) to swim up.

przypomin|ać (-am, -asz) (*perf* **przypomnieć**) *vt*: przypominać **kogoś/coś** to resemble sb/sth, to be like sb/sth; **przypominać komuś coś** to make sb think of sth; **przypominać sobie** to recall, to recollect; **przypomnieć komuś o czymś** to remind sb of sth.

▸**przypominać się** *vr*: **przypomniało mi się, że ...** I remembered that ... .

przypowieś|ć (-ci, -ci) (*gen pl* -ci) *f* parable.

przypra|wa (-wy, -wy) (*dat sg* -wie) *f* spice, seasoning.

przypra|wiać (-wiam, -wiasz) (*perf* -wić) *vt* to spice (up).

przyprowa|dzać (-dzam, -dzasz) (*perf* -dzić) *vt* to bring (along).

przypuszcz|ać (-am, -asz) (*perf* **przypuścić**) *vi* (*snuć domysły*) to suppose; (*zakładać*) to presume.

przypuszczający *adj* (*JĘZ*) conditional.

przypuszczalnie *adv* presumably.

przypuszczalny *adj* presumable.

przypuszcze|nie (-nia, -nia) (*gen pl* -ń) *nt* presumption.

przyro|da (-dy) (*dat sg* -dzie) *f* nature.

przyrodni *adj*: przyrodni **brat** half brother; **przyrodnia siostra** half-sister.

przyrodniczy *adj* (*film*) nature *attr*; (*nauki*) natural.

przyrodni|k (-ka, -cy) (*instr sg* -kiem) *m* naturalist.

przyro|st (-stu, -sty) (*loc sg* -ście) *m* increase; **przyrost naturalny** population growth (rate).

przyrost|ek (-ka, -ki) (*instr sg* -kiem) *m* suffix.

przyrówn|ywać (-uję, -ujesz) (*perf*

-**ać**) *vt.* przyrównywać kogoś/coś
do +*gen* to equate sb/sth to.

przyrzą|d (-**du**, -**dy**) (*loc sg* -**dzie**) *m*
instrument, device; **przyrządy** *pl*
apparatus.

przyrzą|dzać (-**dzam**, -**dzasz**) (*perf*
-**dzić**) *vt* to prepare.

przyrze|c (-**knę**, -**kniesz**) (*imp* -**knij**)
vb perf od **przyrzekać**.

przyrzecze|nie (-**nia**, -**nia**) (*gen pl*
-**ń**) *nt* promise.

przyrzek|ać (-**am**, -**asz**) (*perf*
przyrzec) *vt.* **przyrzekać coś komuś**
to promise sth to sb, to promise sb
sth.

przysia|d (-**du**, -**dy**) (*loc sg* -**dzie**) *m*
knee bend.

przysiad|ać się (-**am**, -**asz**) (*perf*
przysiąść) *vr.* **przysiadać się (do
kogoś)** to join (sb).

przysi|ąc (-**ęgnę**, -**ęgniesz**) (*imp*
-**ęgnij**, *pt* -**ągł**, -**ęgła**, -**ęgli**) *vb perf
od* **przysięgać**.

przysi|ęga (-**ęgi**, -**ęgi**) (*dat sg* -**ędze**,
gen pl -**ąg**) *f* oath.

przysięg|ać (-**am**, -**asz**) (*perf*
przysiąc) *vt/vi* to swear.

przysięgły *adj.* **tłumacz przysięgły**
certified translator; (*w sądzie*) court
interpreter ♦ *m decl like adj* juror.

przy|słać (-**ślę**, -**ślesz**) (*imp* -**ślij**) *vb
perf od* **przysyłać**.

przysłani|ać (-**am**, -**asz**) (*perf*
przysłonić) *vt* (*oczy, lampę, słońce*)
to shade; (*widok*) to obscure.

przysło|na (-**ny**, -**ny**) (*dat sg* -**nie**) *f*
aperture.

przysł|owie (-**owia**, -**owia**) (*gen pl*
-**ów**) *nt* proverb.

przysłów|ek (-**ka**, -**ki**) (*instr sg* -**kiem**)
m adverb.

przysłuch|iwać się (-**uję**, -**ujesz**) *vr.*
przysłuchiwać się (komuś/czemuś)
to listen in (to sb/sth).

przysłu|ga (-**gi**, -**gi**) (*dat sg* -**dze**) *f*
favour (*BRIT*), favor (*US*);

wyświadczać (wyświadczyć *perf*)
komuś przysługę to do sb a
favo(u)r; **prosić (poprosić** *perf*)
kogoś o przysługę to ask a favo(u)r
of sb.

przysłu|giwać (-**guje**) *vi.* **coś
przysługuje komuś** sb is entitled to
sth.

przysma|k (-**ku**, -**ki**) (*instr sg* -**kiem**)
m delicacy.

przysparz|ać (-**am**, -**asz**) (*perf*
przysporzyć) *vt.* **przysparzać
komuś sławy** to make sb famous;
przysparzać komuś kłopotów to
cause sb trouble.

przyspiesz|ać, przyśpiesz|ać
(-**am**, -**asz**) (*perf* -**yć**) *vt* (*tempo,
działanie*) to speed up, to accelerate;
(*wyjazd, egzaminy*) to advance ♦ *vi*
(*zwiększać szybkość*) to speed up, to
accelerate.

przyspiesze|nie, przyśpiesze|nie
(-**nia**) *nt* (*zwiększenie tempa*)
acceleration; (*przybliżenie terminu*)
advancing.

przyspieszony, przyśpieszony
adj (*oddech, ruch*) accelerated; (*tryb*)
summary; (*autobus*) ≈ express *attr.*

przystan|ek (-**ku**, -**ki**) (*instr sg* -**kiem**)
m. **przystanek
autobusowy/tramwajowy** bus/tram
stop.

przysta|ń (-**ni**, -**nie**) (*gen pl* -**ni**) *f*
marina; (*przen*) haven.

przyst|awać (-**aję**, -**ajesz**) (*imp*
-**awaj**) *vi* (*zatrzymywać się*) (*perf*
-**anąć**) to stop; **przystawać
(przystać** *perf*) **na coś** to accede to
sth.

przysta|wiać (-**wiam**, -**wiasz**) (*perf*
-**wić**) *vt.* **przystawiać coś do** +*gen*
to put sth against.

przystaw|ka (-**ki**, -**ki**) (*dat sg* -**ce**, *gen
pl* -**ek**) *f* (*potrawa*) starter, hors
d'oeuvre (*BRIT*), appetizer (*US*).

przystępny *adj* (*język, styl, sposób*)

accessible; (*człowiek*) approachable; (*cena*) affordable.

przystęp|ować (-uję, -ujesz) (*perf* **przystąpić**) *vi*: **przystępować do** +*gen* to begin, to start.

przystojny *adj* handsome.

przystosowani|e (-a) *nt* (*BIO*) adaptation; (*PSYCH*) adjustment.

przystosow|ywać (-uję, -ujesz) (*perf* **-ać**) *vt*: **przystosowywać coś do** +*gen* to adapt sth to.

▶**przystosowywać się** *vr*: **przystosowywać się (do czegoś)** to adapt (to sth).

przysuw|ać (-am, -asz) (*perf* **przysunąć**) *vt*: **przysuwać coś do czegoś** to push sth nearer to sth.

▶**przysuwać się** *vr* to move closer.

przyswaj|ać (-am, -asz) (*perf* **przyswoić**) *vt*: **przyswajać coś sobie** (*wiedzę, wiadomości*) to absorb sth; (*język*) to learn sth.

przysył|ać (-am, -asz) (*perf* **przysłać**) *vt* (*wiadomość*) to send; (*katalog*) to mail; (*mechanika*) to send in.

przyszłoroczny *adj* next year's.

przyszłoś|ć (-ci) *f* future.

przyszły *adj* (*student*) prospective; (*czas*) future; (*poniedziałek, miesiąc*) next; **w przyszłym tygodniu/roku** next week/year.

przyszyw|ać (-am, -asz) (*perf* **przyszyć**) *vt* to sew (on).

przyśpiesz|ać (-am, -asz) (*perf* **-yć**) *vt* = **przyspieszać**.

przytacz|ać (-am, -asz) (*perf* **przytoczyć**) *vt* to quote.

przyta|kiwać (-kuję, -kujesz) (*perf* **-knąć**) *vi* to nod.

przytłacz|ać (-am, -asz) (*perf* **przytłoczyć**) *vt* to crush; (*przen*) to overwhelm.

przytłaczający *adj* overwhelming.

przytomnoś|ć (-ci) *f* consciousness;

tracić (stracić *perf***) przytomność** to lose consciousness.

przytomny *adj* (*świadomy*) conscious; (*bystry, rozsądny*) astute.

przytra|fiać się (-fia) (*perf* **-fić**) *vr*: **przytrafiać się komuś** to happen to sb.

przytrzym|ywać (-uję, -ujesz) (*perf* **-ać**) *vt* (*wstrzymywać*) to hold back; (*obezwładniać*) to hold down; (*podtrzymywać*) to support.

przytul|ać (-am, -asz) (*perf* **-ić**) *vt* to hug, to give a hug *lub* cuddle.

▶**przytulać się** *vr* to cuddle; **przytulić się do kogoś** to cuddle *lub* snuggle up to sb.

przytulnie *adv*: **w pokoju było przytulnie** the room was cosy *lub* cozy (*US*).

przytulny *adj* cosy, cozy (*US*).

przytwier|dzać (-dzam, -dzasz) (*perf* **-dzić**) *vt* to attach.

przyty|ć (-ję, -jesz) *vi perf* to put on weight.

przyty|k (-ku, -ki) (*instr sg* **-kiem**) *m* dig (*remark*).

przytyk|ać (-am, -asz) (*perf* **przytknąć**) *vt*: **przytykać coś (do** +*gen*) to put sth (against).

przywiązani|e (-a) *nt*: **przywiązanie (do kogoś/czegoś)** attachment (to sb/sth).

przywiązany *adj*: **przywiązany (do kogoś/czegoś)** attached (to sb/sth).

przywiąz|ywać (-uję, -ujesz) (*perf* **-ać**) *vt*: **przywiązywać kogoś/coś do** +*gen* to tie sb/sth to; **przywiązywać wagę/znaczenie do czegoś** to attach weight/importance to sth.

▶**przywiązywać się** *vr*: **przywiązywać się do czegoś** to tie o.s. to sth; **przywiązywać się do kogoś/czegoś** (*przen*) to become attached to sb/sth.

przywidze|nie (-nia, -nia) (gen pl -ń) nt illusion.

przywi|dzieć się (-dzi) vr perf: **coś mi się przywidziało** I must have been seeing things.

przywier|ać (-am, -asz) (perf **przywrzeć**) vi: **przywierać do** +gen to cling to.

przywilej (-u, -e) m privilege.

przywit|ać (-am, -asz) vb perf od **witać**.

przywłaszcz|ać (-am, -asz) (perf -yć) vt: **przywłaszczać coś sobie** to appropriate sth.

przyw|odzić (-odzę, -odzisz) (imp -ódź, perf **przywieść**) vt (książk) to bring; **przywodzić na myśl** to bring to mind.

przywoł|ywać (-uję, -ujesz) (perf -ać) vt to call.

przyw|ozić (-ożę, -ozisz) (imp -oź lub -óź, perf **przywieźć**) vt to bring.

przywódc|a (-y, -y) m decl like f in sg leader.

przywództw|o (-wa) (loc sg -wie) nt leadership.

przyw|óz (-ozu, -ozy) (loc sg -ozie) m (dostawa) delivery; (import) importation.

przywrac|ać (-am, -asz) (perf **przywrócić**) vt to restore; **przywracać komuś życie** to bring sb back to life.

przywyk|ać (-am, -asz) (perf -nąć) vi: **przywykać do kogoś/czegoś** to get accustomed lub used to sb/sth.

przywykły adj: **przywykły do** +gen accustomed to.

przyziemny adj down-to-earth, mundane.

przyzn|awać (-aję, -ajesz) (perf -ać) vt: **przyznawać coś komuś** (kredyt, obywatelstwo, status) to grant sb sth; (nagrodę, wyróżnienie) to award sb sth ♦ vi: **przyznawać, że ...** to admit lub grant that ... .

▶**przyznawać się** vr: **przyznawać się do** +gen to own up lub confess to; **(nie) przyznać się do winy** (PRAWO) to plead (not) guilty.

przyzwoitoś|ć (-ci) f decency.

przyzwoity adj decent.

przyzwyczaj|ać (-am, -asz) (perf **przyzwyczaić**) vt: **przyzwyczajać kogoś do czegoś** to accustom sb to sth.

▶**przyzwyczajać się** vr: **przyzwyczajać się do czegoś** to get accustomed lub used to sth.

przyzwyczaje|nie (-nia, -nia) (gen pl -ń) nt habit; **z przyzwyczajenia** out of habit.

przyzwyczajony adj: **(nie) być przyzwyczajonym do** +gen (not) to be accustomed lub used to.

PS abbr (= postscriptum) P.S.

psa itd. n patrz **pies**.

psal|m (-mu, -my) (loc sg -mie) m psalm.

pseudo... pref pseudo... .

pseudoni|m (-mu, -my) (loc sg -mie) m pseudonym.

psiku|s (-sa, -sy) (loc sg -sie) m prank.

pso|cić (-cę, -cisz) (imp -ć) vi to play tricks.

pstrą|g (-ga, -gi) (instr sg -giem) m trout.

psu|ć (-ję, -jesz) (perf **ze-** lub **po-**) vt (maszynę, zabawkę) to break; (nastrój, zabawę) to spoil; (reputację) to ruin.

▶**psuć się** vr (o maszynach) to break down; (o żywności) to go bad; (o pogodzie) to get worse; (o stosunkach, układach, wzroku) to deteriorate, to get worse.

psychiat|ra (-ry, -rzy) (loc sg -rze) m decl like f in sg psychiatrist.

psychiatri|a (-i) f psychiatry.

psychiatryczny adj psychiatric.

psychicznie adv mentally.

psychiczny *adj* (*choroba, rozwój*) mental; (*uraz*) psychological.

psychi|ka (-**ki**) (*dat sg* -**ce**) *f* psyche.

psychoanality|k (-**ka**, -**cy**) (*instr sg* -**kiem**) *m* (psycho)analyst.

psycholo|g (-**ga**, -**dzy** *lub* -**gowie**) (*instr sg* -**giem**) *m* psychologist.

psychologi|a (-**i**) *f* psychology.

psychologiczny *adj* psychological.

psychopa|ta (-**ty**, -**ci**) (*loc sg* -**cie**) *m decl like f in sg* psychopath.

psychoterapi|a (-**i**) *f* psychotherapy.

pszczelarz (-**a**, -**e**) (*gen pl* -**y**) *m* beekeeper.

pszcz|oła (-**oły**, -**oły**) (*dat sg* -**ole**, *gen pl* -**ół**) *f* bee.

pszenic|a (-**y**, -**e**) *f* wheat.

pszenny *adj*: **mąka pszenna** wheat-flour.

pt. *abbr* (= **pod tytułem**) entitled.

ptact|wo (-**wa**) (*loc sg* -**wie**) *nt* birds *pl*.

pta|k (-**ka**, -**ki**) (*instr sg* -**kiem**) *m* bird; **widok z lotu ptaka** bird's eye view.

ptasz|ek (-**ka**, -**ki**) (*instr sg* -**kiem**) *m dimin od* **ptak**.

publicy|sta (-**sty**, -**ści**) (*loc sg* -**ście**) *m decl like f in sg* (political) commentator.

publicysty|ka (-**ki**) (*dat sg* -**ce**) *f* (political) commentary.

publicznie *adv* publicly, in public.

publiczność|ć (-**ci**) *f* audience.

publiczny *adj* public; **dom publiczny** brothel.

publikacj|a (-**i**, -**e**) (*gen pl* -**i**) *f* publication.

publik|ować (-**uję**, -**ujesz**) (*perf* **o**-) *vt* to publish.

puch (-**u**) *m* down; (*miękka warstwa*) fluff.

puchacz (-**a**, -**e**) (*gen pl* -**y** *lub* -**ów**) *m* eagle owl.

pucha|r (-**ru**, -**ry**) (*loc sg* -**rze**) *m* cup.

puch|nąć (-**nę**, -**niesz**) (*imp* -**nij**, *pt* -**ł** *lub* -**nął**, -**ła**, -**li**, *perf* **s**-) *vi* to swell.

puchowy *adj*: **kurtka puchowa** down jacket; **kołdra puchowa** down-filled quilt.

puc|ować (-**uję**, -**ujesz**) (*perf* **wy**-) *vt* (*pot: buty*) to shine.

pucz (-**u**, -**e**) *m* coup.

pud|el (-**la**, -**le**) (*gen pl* -**li**) *m* poodle.

pudeł|ko (-**ka**, -**ka**) (*instr sg* -**kiem**, *gen pl* -**ek**) *nt* box; **pudełko od zapałek** matchbox.

pud|er (-**ru**, -**ry**) (*loc sg* -**rze**) *m* powder; **cukier puder** icing sugar.

pudernicz|ka (-**ki**, -**ki**) (*dat sg* -**ce**, *gen pl* -**ek**) *f* (powder) compact.

pud|ło (-**ła**, -**ła**) (*loc sg* -**le**, *gen pl* -**eł**) *nt* box; (*pot: chybiony strzał*) miss.

pudł|ować (-**uję**, -**ujesz**) (*perf* **s**-) *vi* (*pot*) to miss.

pudr|ować (-**uję**, -**ujesz**) (*perf* **wy**-) *vt* to powder.

▶**pudrować się** *vr* to powder one's face.

puen|ta (-**ty**, -**ty**) (*dat sg* -**cie**) *f* punchline.

puk|ać (-**am**, -**asz**) (*perf* -**nąć**) *vi* to knock; **pukać do drzwi** to knock at *lub* on the door.

pul|a (-**i**, -**e**) *f* pool.

pulchny *adj* (*twarz, ciało*) plump; (*ciasto*) spongy.

pulowe|r (-**ru** *lub* -**ra**, -**ry**) (*loc sg* -**rze**) *m* pullover, jumper (*BRIT*).

pulpi|t (-**tu**, -**ty**) (*loc sg* -**cie**) *m* (*do nut*) music stand; (*część ławki*) desk top; (*sterowniczy*) console.

pul|s (-**su**, -**sy**) (*loc sg* -**sie**) *m* pulse.

puls|ować (-**uje**) *vi* to pulsate.

puła|p (-**pu**, -**py**) (*loc sg* -**pie**) *m* ceiling.

pułap|ka (-**ki**, -**ki**) (*dat sg* -**ce**, *gen pl* -**ek**) *f* trap.

puł|k (-**ku**, -**ki**) (*instr sg* -**kiem**) *m* regiment.

pułkowni|k (-**ka**, -**cy**) (*instr sg* -**kiem**) *m* colonel.

pu|ma (-my, -my) (*dat sg* -mie) f puma.

pumek|s (-su, -sy) (*loc sg* -sie) m pumice.

pun|k (-ka, -ki) (*instr sg* -kiem) m punk.

punk|t¹ (-tu, -ty) (*loc sg* -cie) m point; (*usługowy, sprzedaży*) outlet; (*programu, dokumentu*) item; **punkt widzenia** viewpoint, point of view; **punkt zwrotny** turning point; **w martwym punkcie** at a standstill.

punkt² adv (*pot*): **punkt czwarta** four o'clock sharp.

punktacj|a (-i, -e) (*gen pl* -i) f (*zasady*) grading scale; (*suma punktów*) score.

punktualnie adv on time; **punktualnie o drugiej** at two o'clock sharp.

punktualnoś|ć (-ci) f punctuality.

punktualny adj punctual.

pu|pa (-py, -py) (*dat sg* -pie) f (*pot*) bottom (*pot*).

purée nt inv (*też*: **purée ziemniaczane**) mashed potatoes.

purpurowy adj purplish red.

puryta|nin (-nina, -nie) m puritan.

pustelni|k (-ka, -cy) (*instr sg* -kiem) m hermit.

pust|ka (-ki, -ki) (*dat sg* -ce, *gen pl* -ek) f emptiness.

pustko|wie (-wia, -wia) (*gen pl* -wi) nt wastes pl.

pusto adv: **na ulicach jest pusto** the streets are empty; **pusto brzmiący** hollow.

pustosz|eć (-eje) (*perf* o-) vi to empty.

pustosz|yć (-ę, -ysz) (*perf* s-) vt to ravage.

pusty adj empty; (*przen: człowiek, śmiech*) hollow; **pusty w środku** hollow.

pusty|nia (-ni, -nie) (*gen pl* -ń) f desert.

puszcz|a (-y, -e) f (primeval) forest, jungle.

puszcz|ać (-am, -asz) (*perf* puścić) vt (*linę, czyjąś rękę*) to let go of; (*więźnia, zakładnika*) to let go; (*sok itp.*) to ooze; (*wodę, strumień*) to let out; (*płytę, kasetę, piosenkę*) to play; (*pot: maszynę*) to run ♦ vi (*o zamku itp.*) to give way; (*o plamie*) to come off; (*pot: o bluzce itp.*) to bleed.

▶**puszczać się** vr (*przestawać się trzymać*) to let go; (*pot: prowadzić rozwiązłe życie*) to sleep around.

pusz|ek (-ku, -ki) (*instr sg* -kiem) m (*na policzkach itp.*) down.

pusz|ka (-ki, -ki) (*dat sg* -ce, *gen pl* -ek) f (*pojemnik*) tin (*BRIT*), can (*US*); **puszka piwa/coca-coli** a can of beer/coke; **puszka po piwie** beer can; **ryba z puszki** canned *lub* tinned fish.

puszysty adj fluffy.

puzo|n (-nu, -ny) (*loc sg* -nie) m trombone.

py|cha (-chy) f (*duma*) (*dat sg* -sze) pride; **pycha!** (*pot*) yum(-yum)! (*pot*).

py|ł (-łu, -ły) (*loc sg* -le) m dust.

pył|ek (-ku, -ki) (*instr sg* -kiem) m (*drobina*) a speck of dust; (*kwiatowy*) pollen.

pys|k (-ka, -ki) (*instr sg* -kiem) m muzzle; **stul pysk!** (*pot!*) shut your trap! (*pot!*).

pyskaty adj (*pej*) cheeky.

pysk|ować (-uję, -ujesz) vi (*pot*) to talk back.

pyszny adj (*wyniosły*) proud; (*smaczny*) delicious, scrumptious (*pot*); (*zabawa*) excellent.

pyt|ać (-am, -asz) (*perf* za- *lub* s-) vt/vi to ask; **pytać kogoś (o coś/czy ...)** to ask sb (about sth/if ...); **pytać kogoś z fizyki/z historii Anglii** to give sb an oral in physics/on English history.

▶**pytać się** *vr* to ask.

pytający *adj* (*wzrok*) questioning; (*JĘZ*) interrogative.

pytajni|k (**-ka, -ki**) (*instr sg* **-kiem**) *m* question mark.

pyta|nie (**-nia, -nia**) (*gen pl* **-ń**) *nt* question; **zadawać (zadać** *perf***) pytanie** to ask a question.

pyto|n (**-na, -ny**) (*loc sg* **-nie**) *m* python.

py|za (**-zy, -zy**) (*dat sg* **-zie**) *f* dumpling.

Q

Quebe|c (**-cu**) (*instr sg* **-kiem**) *m* Quebec.

qui|z (**-zu, -zy**) (*loc sg* **-zie**) *m* quiz (show).

R

r. *abbr* y. (= year).

rabarba|r (**-ru, -ry**) (*loc sg* **-rze**) *m* rhubarb.

raba|t (**-tu, -ty**) (*loc sg* **-cie**) *m* discount.

rabi|n (**-na, -ni**) (*loc sg* **-nie**) *m* rabbi.

rab|ować (**-uję, -ujesz**) *vt* (*złoto, pieniądze*) (*perf* **z-**) to steal; (*osobę, bank*) (*perf* **ob-**) to rob.

rabun|ek (**-ku, -ki**) (*instr sg* **-kiem**) *m* robbery.

rabunkowy *adj*: **napad rabunkowy** hold-up.

rachun|ek (**-ku, -ki**) (*instr sg* **-kiem**) *m* (*obliczenie*) calculation; (*konto*) account; (*spis należności*) bill; (*w restauracji*) bill (*BRIT*), check (*US*); **rachunek bieżący** current account;

rachunek oszczędnościowo-rozliczeniowy cheque account.

rachunkowoś|ć (**-ci**) *f* (*dziedzina*) accountancy; (*dział*) accounting.

racj|a (**-i, -e**) (*gen pl* **-i**) *f* (*słuszność*) right; (*powód*) reason; (*porcja*) ration; **racje** *pl* (*argumenty*) arguments; **masz rację** you are right; **nie masz racji** you are wrong.

racjonalizacj|a (**-i**) *f* (*usprawnianie*) rationalization, streamlining.

racjonalnie *adv* rationally.

racjonalny *adj* rational.

raczej *adv* rather.

racz|yć (**-ę, -ysz**) *vt*: **raczyć kogoś czymś** (*książk*) (*perf* **u-**) to treat sb to sth; **nawet nie raczył odpowiedzieć** he wouldn't even bother to answer.

rad (*pl* **radzi**) *adj*: **rad jestem, że cię widzę** I am glad to see you; **rad bym ci pomóc** I would be glad to help you; **rad nierad** willy-nilly.

ra|da (**-dy, -dy**) (*dat sg* **-dzie**) *f* (*porada*) a piece of advice, tip; (*instytucja*) council; **nie ma rady** there's nothing we can do about it; **nie da rady** this can't be done; **nie ma innej rady, tylko ...** there is no other solution, but ...; **rada nadzorcza** board of supervisors, supervisory board; **Rada Ministrów** the Cabinet.

rada|r (**ru, ry**) (*loc sg* **-rze**) *m* radar.

radc|a (**-y, -y** *lub* **-owie**) *m decl like f in sg*: **radca prawny** legal adviser *lub* advisor, legal counsellor (*BRIT*) *lub* counselor (*US*); **radca handlowy** commercial counsel(lor).

radieste|ta (**-ty, -ci**) (*dat sg* **-cie**) *m decl like f in sg* water diviner.

radi|o (**-a, -a**) *nt* radio; **słuchać radia** to listen to the radio; **w radio** *lub* **radiu** on the radio.

radioaktywnoś|ć (**-ci**) *f* radioactivity.

radioaktywny adj radioactive.
radiologi|a (-i) f radiology.
radiomagnetofo|n (-nu, -ny) (loc sg -nie) m cassette radio, radio cassette recorder.
radioodbiorni|k (-ka, -ki) (instr sg -kiem) m radio.
radiosłuchacz (-a, -e) (gen pl -y) m listener.
radiostacj|a (-i, -e) (gen pl -i) f radio station.
radiotelefo|n (-nu, -ny) (loc sg -nie) m radiotelephone.
radiow|óz (-ozu, -ozy) (loc sg -ozie) m police car.
radiowy adj radio attr.
rad|ny (-nego, -ni) m decl like adj councillor.
radosny adj cheerful, joyful.
radoś|ć (-ci) f happiness, joy.
rad|ować (-uję, -ujesz) (perf u-) vt (książkę) to gladden.
▸**radować się** vr to rejoice.
radykalny adj dramatic, radical attr.
ra|dzić (-dzę, -dzisz) (imp -dź) vt: **radzić komuś** (perf po-) to advise sb ◆ vi (obradować) to debate; **nie radzę ci tego robić** I wouldn't do that (if I were you); **radzić sobie z czymś** to cope with sth.
▸**radzić się** vr: **radzić się (kogoś)** (perf po-) to seek (sb's) advice.
radziecki adj Soviet attr; **Związek Radziecki** the Soviet Union.
ra|fa (-fy, -fy) (loc sg -fie) f reef.
rafineri|a (-i, -e) (gen pl -i) f refinery.
raj (-u) m paradise.
raj|d (-du, -dy) (loc sg -dzie) m rally.
rajski adj blissful.
rajstop|y (-) pl tights (BRIT), pantihose (US).
rajtuz|y (-ów) pl tights (BRIT), pantihose (US).
ra|k (-ka, -ki) (instr sg -kiem) m (ZOOL) crayfish, crawfish (US); (nowotwór) cancer; **Rak**

(ASTROLOGIA) Cancer.
rakie|ta (-ty, -ty) (dat sg -cie) f (statek kosmiczny) rocket; (pocisk) rocket; (SPORT) racket, racquet.
rakiet|ka (-ki, -ki) (dat sg -ce, gen pl -ek) f bat.
rakotwórczy adj carcinogenic.
ra|ma (-my, -my) (dat sg -mie) f frame; **ramy** pl (granice) confines pl, framework.
ramiącz|ko (-ka, -ka) (instr sg -kiem) nt (halki, stanika) (shoulder) strap; (wieszak) (coat) hanger.
ra|mię (-mienia, -miona) (gen pl -mion) nt arm; (bark) shoulder; (świecznika) branch.
ram|ka (-ki, -ki) (dat sg -ce, gen pl -ek) f frame; (w tekście) box.
ram|pa (-py, -py) (dat sg -pie) f (pomost) (loading) platform; (TEATR) footlights pl.
ra|na (-ny, -ny) (dat sg -nie) f wound, injury.
rand|ka (-ki, -ki) (dat sg -ce, gen pl -ek) f date; **mieć randkę z kimś** to have a date with sb; **randka w ciemno** blind date.
ran|ga (-gi, -gi) (dat sg -dze) f rank; (przen) importance; **sprawa najwyższej rangi** a matter of (the) utmost importance.
ra|nić (-nię, -nisz) (imp -ń, perf z-) vt imperf to wound, to injure; (przen) to hurt; **ranić czyjeś uczucia** to hurt sb's feelings ◆ vt perf = **zranić**.
rankin|g (-gu, -gi) (instr sg -giem) m ranking, rating.
ranny¹ adj (człowiek, zwierzę) wounded ◆ m decl like adj casualty.
ranny² adj (spacer, słońce, rosa) morning attr.
ra|no¹ (-na) (loc sg -nie) nt morning; **co rano** every morning.
rano² adv in the morning; **dziś/jutro rano** this/tomorrow morning.

rapor|t (-tu, -ty) (*loc sg* -**cie**) *m* report.

raptem *adv* all of a sudden; **miał raptem siedemnaście lat** he was barely seventeen.

raptowny *adj* (*hamowanie, zmiana*) abrupt, sudden; (*wiatr, deszcz*) sudden.

raryta|s (-su, -sy) (*loc sg* -**sie**) *m* (*rzadkość*) rarity; (*smakołyk*) delicacy.

ra|sa (-sy, -sy) (*dat sg* -**sie**) *f* (*ludzi*) race; (*zwierząt*) breed.

rasi|sta (-sty, -ści) (*dat sg* -**ście**) *decl like f in sg m* racist.

rasistowski *adj* racist.

rasiz|m (-mu) (*loc sg* -**mie**) *m* racism.

rasowy *adj* (*przesądy, dyskryminacja*) racial; **rasowy pies** pedigree dog.

ra|ta (-ty, -ty) (*dat sg* -**cie**) *f* instalment (*BRIT*), installment (*US*); **kupować (kupić** *perf*) **coś na raty** to buy sth on hire purchase (*BRIT*) *lub* on the installment plan (*US*).

ratalny *adj*: **sprzedaż ratalna** hire purchase (*BRIT*), installment plan (*US*).

rat|ować (-uję, -ujesz) (*perf* u-) *vt* to save; (*tonącego*) to rescue; (*chorego*) to resuscitate; (*mienie*) to salvage, to rescue.

ratowniczy *adj*: **ekipa ratownicza** rescue party.

ratowni|k (-ka, -cy) (*instr sg* -**kiem**) *m* (*na plaży*) lifeguard, life-saver; (*górski itp.*) rescuer.

ratun|ek (-ku, -ki) (*instr sg* -**kiem**) *m* (*pomoc w niebezpieczeństwie*) help; (*wybawienie*) salvation, rescue; **ratunku!** help!

ratunkowy *adj*: **kamizelka ratunkowa** life jacket; **łódź ratunkowa** lifeboat; **pogotowie ratunkowe** ambulance service; **ekipa/akcja ratunkowa** rescue party/operation.

ratusz (-a, -e) (*gen pl* -**y** *lub* -**ów**) *m* town hall.

ratyfikacj|a (-i, -e) (*gen pl* -**i**) *f* ratification.

ratyfik|ować (-uję, -ujesz) *vt (im)perf* to ratify.

ra|z (-zu, -zy) (*loc sg* -**zie**) *m* (*przy oznaczaniu wielokrotności, porównywaniu itp.*) time; (**jeden**) **raz** once; **dwa razy** twice; **dwa razy więcej** (*osób, książek*) twice as many; (*wody, pieniędzy, rozumu*) twice as much; **dwa razy dwa** two times two; **raz na tydzień/rok** once a week/year; **ile razy?** how many times?; **jeszcze raz** one more time, once again; **na razie** (*do tej pory*) as yet; (*tymczasem*) for the moment, for the time being; **na razie!** (*pot*) so long!; **od razu** straight away *lub* off, at once; **na raz** at a time; **pewnego razu** once (upon a time); **po raz pierwszy/trzeci** for the first/third time; **tym/innym razem** this/another time; **za każdym razem** each *lub* every time; **za jednym razem** at a time; **w razie potrzeby** if necessary *lub* required, should the need arise; **w każdym (bądź) razie** at any rate, in any case; **w sam raz** just right; **na drugi raz** next time ♦ *num* one; **raz, dwa, trzy ...** one, two, three ... ♦ *adv* (*pewnego razu*) once (upon a time).

razem *adv* together.

ra|zić (-żę, -zisz) (*imp* -**ź**) *vt* (*oślepiać*) to dazzle; (*obrażać*) to offend; (*książk: uderzać*) to smite.

razow|iec (-ca, -ce) *m* (*też:* **chleb razowy**) wholemeal (*BRIT*) *lub* wholewheat (*US*) bread.

raźnie, raźno *adv* (*szybko, żwawo*) briskly, jauntily; (*ochoczo*) enthusiastically; **czułam się** *lub* **było mi raźniej** I felt safer.

raźny adj (szybki, ochoczy) brisk, jaunty; (rześki) lively.

rażący adj (światło) dazzling, glaring; (kontrast) glaring, striking; (niesprawiedliwość) glaring, flagrant; (błąd) glaring, gross; (zachowanie) gross, crass.

rą|bać (-bię, -biesz) vt (łupać) (perf po-) to chop; (uderzać) (perf rąbnąć) to whack.

rąb|ek (-ka, -ki) (instr sg -kiem) m (chustki, spódnicy) hem.

rącz|ka (-ki, -ki) (dat sg -ce, gen pl -ek) f dimin od ręka; (uchwyt) handle; złota rączka handyman.

rdz|a (-y) f rust.

rdzawy adj rust.

rdzenny adj indigenous.

rdze|ń (-nia, -nie) (gen pl -ni) m core; (JĘZ) root; rdzeń kręgowy spinal cord.

rdzewie|ć (-je) (perf za-) vi to rust.

reag|ować (-uję, -ujesz) (perf za-) vi: reagować (na +acc) to react lub respond (to); reagować (z +instr) (CHEM) to react (with).

reakcj|a (-i, -e) (gen pl -i) f reaction, response; (BIO, CHEM) reaction.

reakto|r (-ra, -ry) (loc sg -rze) m reactor.

reaktyw|ować (-uję, -ujesz) vt (im)perf to reactivate.

reali|a (-ów) pl realities pl.

reali|sta (-sty, -ści) (dat sg -ście) m decl like f in sg realist.

realistyczny adj realistic.

realizacj|a (-i, -e) (gen pl -i) f (marzeń, celów) realization; (planu) execution; (czeku) cashing.

realiz|m (-mu) (loc sg -mie) m realism.

realiz|ować (-uję, -ujesz) (perf z-) vt (cel, marzenie) to realize; (plan) to execute; (film, przedstawienie) to produce; (czek) to cash.

realny adj (rzeczywisty) real; (wykonalny, osiągalny) viable, feasible.

reanimacj|a (-i) f resuscitation.

reanim|ować (-uję, -ujesz) vt to resuscitate.

rebelian|t (-ta, -ci) (loc sg -cie) m rebel.

rebu|s (-su, -sy) (loc sg -sie) m rebus.

recenzen|t (-ta, -ci) (loc sg -cie) m reviewer.

recenzj|a (-i, -e) (gen pl -i) m review.

recenz|ować (-uję, -ujesz) (perf z-) vt to review.

recepcj|a (-i, -e) (gen pl -i) f (w hotelu) reception (desk), front desk (US).

recepcjoni|sta (-sty, -ści) (dat sg -ście) m decl like f in sg receptionist.

recepcjonist|ka (-ki, -ki) (dat sg -ce, gen pl -ek) f receptionist.

recep|ta (-ty, -ty) (dat sg -cie) f prescription; (przen) recipe.

recesj|a (-i) f recession.

recho|tać (-czę, -czesz) vi (o żabach) to croak; (o człowieku: śmiać się) to cackle.

recital (-u, -e) (gen pl -i) m recital.

recydywi|sta (-sty, -ści) (dat sg -ście) m decl like f in sg recidivist.

recyklin|g (-gu) (instr sg -giem) m recycling.

recyt|ować (-uję, -ujesz) (perf wy-) vt to recite.

redag|ować (-uję, -ujesz) (perf z-) vt (czasopismo, książkę) to edit; (list, odpowiedź) to draw up.

redakcj|a (-i, -e) (gen pl -i) f (redagowanie) editing; (zespół redaktorski) editorial staff; (lokal redakcyjny) editor's office.

redakcyjny adj editorial.

redakto|r (-ra, -rzy) (loc sg -rze) m editor; (RADIO, TV: programu informacyjnego) newscaster; (: programu sportowego)

sportscaster; **redaktor naczelny**
editor-in-chief.

redukcj||a (-i, -e) (*gen pl* -i) *f*
reduction; (*zwalnianie z pracy*)
layoff, redundancy.

reduk|ować (-uję, -ujesz) (*perf* z-) *vt*
(*wydatki, dochody*) to reduce, to cut;
(*pot: zwalniać z pracy*) to lay off, to
make redundant.

reelekcj||a (-i) *f* re-election.

refera|t (-tu, -ty) (*loc sg* -cie) *m*
(*naukowy*) paper; (*sprawozdanie*)
report.

referencj||e (-i) *pl* references,
credentials.

referend|um (-um, -a) (*gen pl* -ów)
nt inv in sg referendum.

refer|ować (-uję, -ujesz) (*perf* z-) *vt:*
referować coś to report on sth.

reflek|s (-su, -sy) (*loc sg* -sie) *m*
(*reakcja*) reflex; (*odblask*) reflection;
mieć dobry/słaby refleks to have
good/slow reflexes.

refleksj||a (-i, -e) (*gen pl* -i) *f*
reflection.

reflekto|r (-ra, -ry) (*loc sg* -rze) *m*
(*lampa*) searchlight; (*MOT*) headlight.

reflekt|ować (-uję, -ujesz) *vi:*
reflektować na coś *lub* **kupno
czegoś** to be interested in buying
sth.

refor|ma (-my, -my) (*dat sg* -mie) *f*
reform.

reformacj||a (-i) *f* (*HIST*) the
Reformation.

reformato|r (-ra, -rzy) (*loc sg* -rze) *m*
reformer.

reformatorski *adj* reformist.

reform|ować (-uję, -ujesz) (*perf* z-)
vt to reform.

refre|n (-nu, -ny) (*loc sg* -nie) *m*
refrain, chorus.

refundacj||a (-i, -e) *f* reimbursement.

rega|ł (-łu, -ły) (*loc sg* -le) *m*
bookshelf.

regat|y (-) *pl* regatta *sg*.

regeneracj||a (-i, -e) (*gen pl* -i) *f*
regeneration.

regener|ować (-uję, -ujesz) (*perf* z-)
vt to regenerate.

regio|n (-nu, -ny) (*loc sg* -nie) *m*
region.

regionalny *adj* regional.

reglamentacj||a (-i) *f* rationing.

regre|s (-su) (*loc sg* -sie) *m* (*książk*)
regress, regression.

regulacj||a (-i, -e) (*gen pl* -i) *f*
(*normowanie*) control; (*należności,
rachunków*) settlement; (*zegarka,
przyrządu*) (re)adjustment; **regulacja
siły głosu** volume control.

regulami|n (-nu, -ny) (*loc sg* -nie) *m*
regulations *pl*.

regularnie *adv* regularly.

regularnoś||ć (-ci) *f* regularity.

regularny *adj* regular.

regulato|r (-ra, -ry) (*loc sg* -rze) *m*
regulator.

regul|ować (-uję, -ujesz) *vt* (*perf
wy-*) (*nastawiać: grzejnik*) to
regulate; (: *zegarek*) to set, to
adjust; (: *radio, zapłon*) to tune;
(*płacić*) (*perf* u-) to pay, to settle.

regu|ła (-ły, -ły) (*dat sg* -le) *f* rule; **z
reguły** as a general rule.

rehabilitacj||a (-i) *f* rehabilitation.

rehabilit|ować (-uję, -ujesz) (*perf* z-)
vt to rehabilitate.

reinkarnacj||a (-i) *f* reincarnation.

rej *m inv:* **wodzić rej** to call the tune.

rejen|t (-ta, -ci) (*loc sg* -cie) *m* notary.

rejest|r (-ru, -ry) (*loc sg* -rze) *m*
register.

rejestracj||a (-i, -e) (*gen pl* -i) *f*
(*spisanie*) registration; (*w
przychodni: czynność*) registration;
(: *miejsce*) reception; (*TECH,
RADIO, TV*) recording; (*pot: MOT*)
plates *pl*.

rejestracyjny *adj:* **numer
rejestracyjny** registration number;
tablica rejestracyjna number (*BRIT*)

lub license (*US*) plate; **dowód rejestracyjny** registration.

rejestr|ować (**-uję, -ujesz**) (*perf* **za-**) *vt* (*spisywać*) to register; (*TECH, RADIO, TV*) to record.

▶**rejestrować się** *vr* to register.

rejo|n (**-nu, -ny**) (*loc sg* **-nie**) *m* (*jednostka administracyjna*) district, region; (*okolica*) area.

rej|s (**-su, -sy**) (*loc sg* **-sie**) *m* (*statku*) voyage; (: *turystyczny*) cruise; (*samolotu*) flight.

reki|n (**-na, -ny**) (*loc sg* **-nie**) *m* shark.

rekla|ma (**-my, -my**) (*loc sg* **-mie**) *f* (*reklamowanie*) advertising; (*kampania*) promotion; (*ogłoszenie w TV, radiu*) commercial; (*ogłoszenie w prasie*) advertisement; (*tablica reklamowa*) billboard; (*rozgłos*) publicity.

reklamacj|a (**-i, -e**) (*gen pl* **-i**) *f* complaint.

reklam|ować (**-uję, -ujesz**) (*perf* **za-**) *vt* (*propagować*) to advertise; (*składać reklamację*) to complain about.

reklamowy *adj* advertising *attr;* **tablica reklamowa** billboard.

reklamów|ka (**-ki, -ki**) (*dat sg* **-ce**, *gen pl* **-ek**) *f* (*pot: film reklamowy*) commercial, infomercial (*pot*); (: *torba plastikowa*) plastic bag.

rekompensa|ta (**-ty**) (*dat sg* **-cie**) *f* compensation.

rekompens|ować (**-uję, -ujesz**) (*perf* **z-**) *vt*: **rekompensować coś komuś** to compensate sb for sth.

rekonstrukcj|a (**-i, -e**) (*gen pl* **-i**) *f* reconstruction.

rekonstru|ować (**-uję, -ujesz**) (*perf* **z-**) *vt* to reconstruct.

rekonwalescencj|a (**-i**) *f* convalescence.

rekor|d (**-du, -dy**) (*loc sg* **-dzie**) *m* record.

rekordowy *adj* record(-breaking) *attr.*

rekordzi|sta (**-sty, -ści**) (*dat sg* **-ście**) *m decl like f in sg* record holder.

rekreacj|a (**-i**) *f* recreation.

rekreacyjny *adj* recreational.

rekru|t (**-ta, -ci**) (*loc sg* **-cie**) *m* recruit.

rekrutacj|a (**-i, -e**) (*gen pl* **-i**) *f* (*SZKOL*) enrolment; (*WOJSK*) recruitment, conscription (*BRIT*), draft (*US*).

rekto|r (**-ra, -rzy**) (*loc sg* **-rze**) *m* (*UNIW*) ≈ vice chancellor (*BRIT*), ≈ president (*US*).

rekwir|ować (**-uję, -ujesz**) (*perf* **za-**) *vt* to requisition, to commandeer.

rekwizy|t (**-tu, -ty**) (*loc sg* **-cie**) *m* (*FILM, TEATR*) prop.

relacj|a (**-i, -e**) (*gen pl* **-i**) *f* (*sprawozdanie*) report; (*związek*) relationship.

relacjon|ować (**-uję, -ujesz**) (*perf* **z-**) *vt* to report on, to relate.

relak|s (**-su**) (*loc sg* **-sie**) *m* relaxation.

relaksacyjny *adj* relaxation *attr.*

relaks|ować się (**-uję, -ujesz**) (*perf* **z-**) *vr* to relax.

religi|a (**-i, -e**) (*gen pl* **-i**) *f* religion; (*nauka religii*) religious instruction.

religijny *adj* religious.

relik|t (**-tu, -ty**) (*loc sg* **-cie**) *m* relic.

remanen|t (**-tu, -ty**) (*loc sg* **-cie**) *m* (*HANDEL*) stocktaking.

reminiscencj|a (**-i, -e**) (*gen pl* **-i**) *f* (*książk*) reminiscence.

remi|s (**-su, -sy**) (*loc sg* **-sie**) *m* draw.

remis|ować (**-uję, -ujesz**) (*perf* **z-**) *vi* to draw.

remi|za (**-zy, -zy**) (*dat sg* **-zie**) *f*: **remiza strażacka** fire station.

remon|t (**-tu, -ty**) (*loc sg* **-cie**) *m* (*mieszkania*) redecoration; (*maszyny, statku*) repair.

remont|ować (**-uję, -ujesz**) (*perf* **wy-** *lub* **od-**) *vt* (*mieszkanie*) to redecorate; (*maszynę, statek*) to repair.

renci|sta (-sty, -ści) (*dat sg* -ście) *m*
decl like f in sg pensioner.

renesan|s (-su) (*loc sg* -sie) *m*
Renaissance; (*rozkwit*) renaissance.

renesansowy *adj* Renaissance.

renife|r (-ra, -ry) (*loc sg* -rze) *m*
reindeer.

reno|ma (-my) (*dat sg* -mie) *f*
reputation.

renomowany *adj* famous.

renowacj|a (-i, -e) (*gen pl* -i) *f*
renovation.

ren|ta (-ty, -ty) (*dat sg* -cie) *f* pension;
renta emerytalna/inwalidzka old
age/disability pension; **być na
rencie** to receive a pension.

rentge|n (-na, -ny) (*loc sg* -nie) *m*
(*pot. aparat*) X-ray machine;
(*prześwietlenie*) X-ray.

rentgenowski *adj* X-ray *attr*.

rentowność|ć (-ci) *f* (*EKON*)
profitability.

rentowny *adj* profitable.

reorganizacj|a (-i, -e) (*gen pl* -i) *f*
reorganization.

reorganiz|ować (-uję, -ujesz) (*perf*
z-) *vt* to reorganize.

reperkusj|e (-i) *pl* (*książk*)
repercussions *pl*.

reper|ować (-uję, -ujesz) (*perf* **z-**) *vt*
to repair, to mend.

repertua|r (-ru, -ry) (*loc sg* -rze) *m*
repertoire.

repli|ka (-ki, -ki) (*dat sg* -ce) *f*
(*odpowiedź*) rejoinder; (*kopia*)
replica.

reportaż (-u, -e) (*gen pl* -y) *m* report,
reportage.

reporte|r (-ra, -rzy) (*loc sg* -rze) *m*
reporter.

reporter|ka (-ki, -ki) (*dat sg* -ce, *gen
pl* -ek) *f* reporter.

represj|e *pl* repressive measures.

represjon|ować (-uję, -ujesz) *vt* to
persecute, to victimize.

represyjny *adj* repressive.

reprezentacj|a (-i, -e) (*gen pl* -i) *f*
representation; (*SPORT*):
reprezentacja kraju national team.

reprezentacyjny *adj* (*fundusz*)
entertainment *attr*; (*strój, dzielnica*)
elegant.

reprezentan|t (-ta, -ci) (*loc sg* -cie)
m (*przedstawiciel*) representative;
Izba Reprezentantów the House of
Representatives.

reprezentant|ka (-ki, -ki) (*dat sg* -ce,
gen pl -ek) *f* (*przedstawicielka*)
representative.

reprezentatywny *adj*:
reprezentatywny (dla +*gen*)
representative (of).

reprezent|ować (-uję, -ujesz) *vt* to
represent.

reprodukcj|a (-i, -e) (*gen pl* -i) *f*
reproduction.

reprywatyzacj|a (-i) *f* reprivatization.

reprywatyz|ować (-uję, -ujesz) (*perf*
z-) *vt* to reprivatize.

republi|ka (-ki, -ki) (*dat sg* -ce) *f*
republic; **Republika Czeska** the
Czech Republic; **Republika
Federalna Niemiec** the Federal
Republic of Germany.

republikański *adj* republican.

reputacj|a (-i) *f* reputation.

reset|ować (-uję, -ujesz) (*perf* **z-**) *vt*
(*KOMPUT*) to reboot, to reset.

resocjalizacj|a (-i) *f* rehabilitation.

reso|r (-ru, -ry) (*loc sg* -rze) *m* (*MOT*)
(suspension) spring.

resor|t (-tu, -ty) (*loc sg* -cie) *m*
department.

respek|t (-tu) (*loc sg* -cie) *m*
(*poważanie*) respect; (*obawa*) awe.

respekt|ować (-uję. -ujesz) *vt* to
respect.

restauracj|a (-i, -e) (*gen pl* -i) *f* (*lokal
gastronomiczny*) restaurant;
(*renowacja*) restoration; (*HIST*) the
Restoration.

restauracyjny *adj*: **wagon**

restauracyjny dining *lub* restaurant car.

restaur|ować (-uję, -ujesz) (*perf* **od-**) *vt* to restore.

restrukturyz|ować (-uję, -ujesz) (*perf* **z-**) *vt* to restructure.

restrykcj|e (-i) *pl* restrictions *pl*.

resz|ka (-ki, -ki) (*dat sg* -ce, *gen pl* -ek) *f* heads; **orzeł czy reszka?** heads or tails?

resz|ta (-ty, -ty) (*dat sg* -cie) *f* (*pozostałość*) rest, remainder; (*pieniądze*) change; **reszty nie trzeba!** keep the change!

reszt|ka (-ki, -ki) (*dat sg* -ce, *gen pl* -ek) *f* remainder; **resztki** *pl* leftovers *pl*.

retoryczny *adj*: **pytanie retoryczne** rhetorical question.

retro *adj inv* retro *attr*.

retusz (-u, -e) *m* touch-up, retouch.

reumatyz|m (-mu) (*loc sg* -mie) *m* rheumatism.

rewaloryzacj|a (-i) *f* (*EKON*) revaluation.

rewanż (-u, -e) *m* (*SPORT*) return match.

rewanż|ować się (-uję, -ujesz) (*perf* **z-**) *vr*: **rewanżować się komuś za coś** to repay sb for sth.

rewelacj|a (-i, -e) (*gen pl* -i) *f* hit, revelation.

rewelacyjny *adj* amazing, sensational.

rewer|s (-su, -sy) (*loc sg* -sie) *m* (*monety*) reverse; (*pokwitowanie*) receipt; (*w bibliotece*) (check-out) slip.

rewi|a (-i, -e) (*gen pl* -i) *f* (*widowisko*) revue; (*przegląd, pokaz*) parade.

rewid|ować (-uję, -ujesz) (*perf* **z-**) *vt* (*przeszukiwać*) to search, to frisk; (*zmieniać*) to revise; (*FIN*) to audit.

rewizj|a (-i, -e) (*gen pl* -i) *f* (*przeszukiwanie*) search;

(*modyfikacja*) review; (*PRAWO*) appeal.

rewolucj|a (-i, -e) (*gen pl* -i) *f* revolution.

rewolucjoniz|ować (-uję, -ujesz) (*perf* **z-**) *vt* to revolutionize.

rewolucyjny *adj* revolutionary.

rewolwe|r (-ru, -ry) (*loc sg* -rze) *m* revolver.

rezer|wa (-wy) (*dat sg* -wie) *f* (*zapas*) (*nom pl* -wy) reserve; (*powściągliwość*) reserve; (*WOJSK*) (the) reserve.

rezerwacj|a (-i, -e) (*gen pl* -i) *f* reservation, booking (*BRIT*).

rezerwa|t (-tu, -ty) (*loc sg* -cie) *m* (*przyrody*) reserve; (*Indian*) reservation.

rezerw|ować (-uję, -ujesz) (*perf* **za-**) *vt* (*pokój, stolik, czas*) to reserve; (*pieniądze*) to earmark.

rezerwowy *adj* reserve ♦ *m* (*SPORT*: *decl like adj*) sub(stitute), reserve player.

rezolucj|a (-i, -e) (*gen pl* -i) *f* resolution.

rezolutny *adj* self-assured; (*bystry*) clever.

rezonan|s (-su, -se) (*loc sg* -sie) *m* resonance.

rezulta|t (-tu, -ty) (*loc sg* -cie) *m* result; **w rezultacie** as a result, consequently; **bez rezultatu** without result.

rezydencj|a (-i, -e) (*gen pl* -i) *f* residence.

rezygnacj|a (-i, -e) (*gen pl* -i) *f* resignation.

rezygn|ować (-uję, -ujesz) (*perf* **z-**) *vi* (*dać za wygraną*) to give up; **rezygnować z czegoś** to give sth up; **rezygnować ze stanowiska** to resign from one's post.

reżi|m, **reży|m** (-mu, -my) (*loc sg* -mie) *m* regime.

reżyse|r (**-ra, -rzy**) (*loc sg* **-rze**) *m* director.

reżyseri|a (**-i**) *f*: „reżyseria: Stephen Spielberg" "directed by Steven Spielberg".

reżyser|ować (**-uję, -ujesz**) (*perf* **wy-**) *vt* to direct.

ręcznie *adv* manually, by hand; **ręcznie malowany** hand-painted.

ręczni|k (**-ka, -ki**) (*instr sg* **-kiem**) *m* towel.

ręczny *adj* hand *attr*; **piłka ręczna** (*SPORT*) handball; **ręczny hamulec** handbrake (*BRIT*), emergency brake (*US*); **ręcznej roboty** handmade.

ręcz|yć (**-ę, -ysz**) (*perf* **za-**) *vi*: **ręczyć za kogoś/coś** to vouch for sb/sth.

rę|ka (**-ki, -ce**) (*dat sg* **-ce**, *loc sg* **-ce**, *gen pl* **rąk**, *instr pl* **-kami** *lub* **-koma**, *loc pl* **-kach**) *f* hand; (*ramię*) arm; (*dłoń*) palm; **na ręce** *lub* **do rąk ...** care of ...; **od ręki** while you wait; **pod ręką** (close *lub* near) at hand; **z pierwszej ręki** (*wiadomość, informacja*) first-hand; (*słyszeć, dowiedzieć się*) at first hand; **iść** (**pójść** *perf*) **komuś na rękę** to be accommodating with sb; **z pustymi rękoma** empty-handed; **siedzieć z założonymi rękoma** to sit on one's hands; **ręce do góry!** hands up!; **iść z kimś pod rękę** to walk arm in arm with sb; **prosić kogoś o rękę** to propose to sb; **ręce przy sobie!** (keep your) hands off!

ręka|w (**-wa, -wy**) (*loc sg* **-wie**) *m* sleeve.

rękawic|a (**-y, -e**) *f* glove.

rękawicz|ka (**-ki, -ki**) (*dat sg* **-ce**, *gen pl* **-ek**) *f* glove; (*z jednym palcem*) mitten.

rękojeś|ć (**-ci, -ci**) (*gen pl* **-ci**) *f* (*noża, łopaty*) handle; (*pistoletu*) grip; (*miecza*) hilt.

rękopi|s (**-su, -sy**) (*loc sg* **-sie**) *m* manuscript.

RFN (**RFN-u**) *abbr* (= *Republika Federalna Niemiec*) FRG (*Federal Republic of Germany*).

Rh *abbr*: **mieć dodatnie/ujemne Rh** to be rhesus positive/negative.

rin|g (**-gu, -gi**) (*instr sg* **-giem**) *m* ring.

risot|to (**-ta**) (*loc sg* **-cie**) *nt* risotto.

r-k *abbr* (= *rachunek*) a/c.

r.m. *abbr* (= *rodzaj męski*) m (= masculine).

r.nij. *abbr* (= *rodzaj nijaki*) nt (= neuter).

robact|wo (**-wa**) (*loc sg* **-wie**) *nt* bugs *pl*.

robaczywy *adj* wormy.

roba|k (**-ka, -ki**) (*instr sg* **-kiem**) *m* worm; **robaki** *pl* (*pasożyty*) worms *pl*.

ro|bić (**-bię, -bisz**) (*imp* **rób**, *perf* **z-**) *vt* (*herbatę, meble, majątek*) to make; (*pranie, zakupy, lekcje*) to do; (*wywoływać: zamieszanie, hałas*) to cause ♦ *vi* (*działać*) to act, to act; (*pot: pracować*) to work; **co robisz?** what are you doing?

▶**robić się** *vr* (*stawać się*) to become; **robi się ciemno/zimno** it's getting dark/cold; **robi mi się niedobrze** I'm beginning to feel sick.

roboci|zna (**-zny**) (*dat sg* **-źnie**) *f* (*EKON*) labour (*BRIT*) *lub* labor (*US*) (cost).

roboczy *adj* (*ubranie, tytuł*) working; (*spotkanie, wizyta*) working, business *attr*; **dzień roboczy** weekday; **siła robocza** workforce, labour (*BRIT*) *lub* labor (*US*) force.

robo|t (**-ta, -ty**) (*loc sg* **-cie**) *m* robot; **robot kuchenny** food processor.

rob|ota (**-oty, -oty**) (*dat sg* **-ocie**, *gen pl* **-ót**) *f* (*robienie czegoś*) job; (*praca*) work; (*pot: zatrudnienie*) job; **roboty** *pl*: **roboty drogowe** road works *pl* (*BRIT*), roadwork (*US*).

robotnic|a (**-y, -e**) *f* (*pracownica*)

worker; (*mrówka*) worker ant;
(*pszczoła*) worker bee.

robotniczy *adj* working-class *attr*.

robotni‖k (-ka, -cy) (*instr sg* -kiem) *m*
worker; **robotnik rolny** farmhand.

rockowy *adj* rock *attr*.

rocznic‖a (-y, -e) *f* anniversary;
rocznica ślubu wedding anniversary.

roczni‖k (-ka, -ki) (*instr sg* -kiem) *m*
(*pokolenie*) generation; (*SZKOL*)
class.

roczny *adj* (*trwający rok*) year-long;
(*liczący rok*) year-old.

rodacz‖ka (-ki, -ki) (*dat sg* -ce, *gen pl*
-ek) *f* compatriot, fellow
countrywoman.

roda‖k (-ka, -cy) (*instr sg* -kiem) *m*
compatriot, fellow countryman.

rodowity *adj* native.

rodow‖ód (-odu, -ody) (*loc sg* -odzie)
m (*dzieła, wyrazu*) origin;
(*genealogia*) lineage; (*psa, konia*)
pedigree.

rodza‖j (-ju, -je) (*gen pl* -jów) *m*
(*gatunek*) kind, type; (*BIO*) genus;
(*JĘZ: też*: **rodzaj gramatyczny**)
gender.

rodzajni‖k (-ka, -ki) (*instr sg* -kiem)
m article; **rodzajnik
określony/nieokreślony**
definite/indefinite article.

rodzeńst‖wo (-wa, -wa) (*loc sg* -wie)
nt siblings *pl*; **czy masz jakieś
rodzeństwo?** do you have any
brothers or sisters?

rodzic‖e (-ów) *pl* parents *pl*.

rodzicielski *adj* parental.

ro‖dzić (-dzę, -dzisz) (*imp* **rodź** *lub*
ródź) *vt* (*wydawać na świat*) (*perf* **u-**)
(*o kobiecie, samicy*) to give birth to;
(*o ziemi*) to bear;
(*przen: wywoływać*) (*perf* **z-**) to give
rise to.

►**rodzić się** *vr* (*przychodzić na świat*)
(*perf* **u-**) to be born;

(*przen: powstawać*) (*perf* **z-**) to be
born (*przen*), to arise.

rodzimy *adj* native.

rodzi‖na (-ny, -ny) (*dat sg* -nie) *f*
family.

rodzinny *adj* (*miasto*) home *attr*;
(*uroczystość, wartości*) family *attr*.

rodzony *adj*: **mój rodzony brat** my
own brother.

rodzyn‖ek (-ka, -ki) (*instr sg* -kiem)
m raisin.

rogacz (-a, -e) (*gen pl* -y *lub* -ów) *m*
stag; (*przen*) cuckold.

rogal (-a, -e) (*gen pl* -i *lub* -ów) *m*
(*KULIN*) croissant.

rogali‖k (-ka, -ki) (*instr sg* -kiem) *m*
croissant.

rogat‖ka (-ki, -ki) (*dat sg* -ce, *gen pl*
-ek) *f* barrier.

rogów‖ka (-ki, -ki) (*dat sg* -ce, *gen pl*
-ek) *f* (*ANAT*) cornea.

ro‖ić (-ję, -isz) (*imp* **rój**) *vi*: **roić o
czymś** (*marzyć*) (*perf* **u-**) to dream
of sth.

►**roić się** *vr* (*o owadach*) to swarm;
(*przen: występować licznie*) to
swarm, to crawl.

ro‖k (-ku, lata) (*instr sg* -kiem) *m decl
like nt in pl* year; **co roku** every *lub*
each year; **w zeszłym/przyszłym
roku** last/next year; **w tym roku** this
year; **rok szkolny/akademicki**
school/academic year; **Nowy Rok**
New Year.

rok‖ować (-uję, -ujesz) *vi*
(*pertraktować*) to negotiate ♦ *vt*
(*zapowiadać*) to augur.

rokowa‖nie (-nia, -nia) (*gen pl* -ń) *nt*
prognosis; **rokowania** *pl*
negotiations *pl*.

rokrocznie *adv* every year.

rol‖a (-i, -e) (*gen pl* ról) *f* part, role; **to
nie gra roli** it doesn't matter.

rola‖da (-dy, -dy) (*dat sg* -dzie) *f*
(*KULIN: danie mięsne*) roulade;

(*ciasto*) Swiss roll (*BRIT*), (jelly) roll (*US*).

role|ta (**-ty, -ty**) (*dat sg* **-cie**) *f* roller blind.

rol|ka (**-ki, -ki**) (*dat sg* **-ce**, *gen pl* **-ek**) *f* roll.

rolnict|wo (**-wa**) (*loc sg* **-wie**) *nt* agriculture.

rolniczy *adj* (*kraj, wystawa, produkt*) agricultural; (*spółdzielnia*) farming.

rolni|k (**-ka, -cy**) (*instr sg* **-kiem**) *m* farmer.

rolny *adj* (*produkt, reforma*) agricultural; **gospodarstwo rolne** farm.

roman|s (**-su, -se**) (*loc sg* **-sie**) *m* (*LIT*) love story; (*MUZ*) romance; (*przygoda miłosna*) (love) affair.

romantyczny *adj* romantic.

romanty|k (**-ka, -cy**) (*instr sg* **-kiem**) *m* romantic(ist).

romantyz|m (**-mu**) (*loc sg* **-mie**) *m* romanticism.

romański *adj* Romanesque.

rond|el (**-la, -le**) (*gen pl* **-li**) *m* saucepan.

ron|do (**-da, -da**) (*loc sg* **-dzie**) *nt* (*kapelusza*) brim; (*skrzyżowanie*) roundabout (*BRIT*), traffic circle (*US*); (*MUZ*) rondo.

ro|pa (**-py**) (*dat sg* **-pie**) *f* (*MED*) pus; (*CHEM: też*: **ropa naftowa**) (crude) oil, petroleum.

rop|ień (**-nia, -nie**) (*gen pl* **-ni**) *m* (*MED*) abscess.

ropu|cha (**-chy, -chy**) (*dat sg* **-sze**) *f* toad.

ro|sa (**-sy**) (*dat sg* **-sie**) *f* dew.

Rosj|a (**-i**) *f* Russia.

Rosja|nin (**-nina, -nie**) (*loc sg* **-ninie**, *gen pl* **-n**) *m* Russian.

Rosjan|ka (**-ki, -ki**) (*dat sg* **-ce**, *gen pl* **-ek**) *f* Russian.

ro|snąć (**-snę, -śniesz**) (*imp* **-śnij**) *vi* (*o żywych organizmach, roślinach*) (*perf* **u-**) to grow; (*dorastać*) (*perf*

wy-) to grow up; (*o cenach, o stratach*) (*perf* **wz-**) to rise.

rosołowy *adj*: **kostka rosołowa** stock (*BRIT*) *lub* bouillon (*US*) cube.

ros|ół (**-ołu, -oły**) (*loc sg* **-ole**) *m* broth, consommé.

rostbe|f (**-fu, -fy**) (*loc sg* **-fie**) *m* (*potrawa*) roast beef; (*część tuszy wołowej*) rump cut.

rosyjski *adj* Russian; **mówić po rosyjsku** to speak Russian.

roszcze|nie (**-nia, -nia**) (*gen pl* **-ń**) *nt* claim.

ro|ścić (**-szczę, -ścisz**) (*imp* **-ść**) *vt*: **rościć sobie prawo do czegoś** to claim a right to sth.

rośli|na (**-ny, -ny**) (*dat sg* **-nie**) *f* plant.

roślinnoś|ć (**-ci**) *f* vegetation.

roślinny *adj* vegetable *attr*.

roślinożerc|a (**-y, -y**) *m decl like f in sg* herbivore.

rotacj|a (**-i, -e**) (*gen pl* **-i**) *f* rotation.

row|ek (**-ka, -ki**) (*instr sg* **-kiem**) *m* groove.

rowe|r (**-ru, -ry**) (*loc sg* **-rze**) *m* bicycle, bike; **jechać na rowerze** to cycle.

rowerzy|sta (**-sty, -ści**) (*loc sg* **-ście**) *m* cyclist.

rozba|wiać (**-wiam, -wiasz**) (*perf* **-wić**) *vt* to amuse.

rozbieg|ać się (**-ają**) (*perf* **rozbiec**) *vr* (*o ludziach*) to disperse; (*o drogach*) to diverge.

rozbier|ać (**-am, -asz**) (*perf* **rozebrać**) *vt* (*zdejmować ubranie*) to undress; (*rozkładać*) to take apart, to disassemble; (*budynek*) to pull down.

► **rozbierać się** *vr* to undress, to take off one's clothes.

rozbieżnoś|ć (**-ci, -ci**) (*gen pl* **-ci**) *f* discrepancy.

rozbieżny *adj* divergent.

rozbij|ać (**-am, -asz**) (*perf* **rozbić**) *vt* (*tłuc na kawałki*) to break; (*ranić*) to bruise; (*rozgramiać*) to crush;

(*przen: rodzinę*) to break up; **rozbić samochód** to smash a car; **rozbijać namiot** to pitch a tent.

▸**rozbijać się** *vr* (*o talerzu, jajku*) to break; (*o samochodzie*) to smash; (*o samolocie*) to crash.

rozbiór|ka (**-ki, -ki**) (*dat sg* **-ce**, *gen pl* **-ek**) *f* demolition.

rozbit|ek (**-ka, -kowie**) (*instr sg* **-kiem**) *m* castaway.

rozbity *adj* (*talerz, rodzina, dom*) broken; (*samochód*) smashed; (*nos*) bruised.

rozbol|eć (**-i**) *vi perf*: **rozbolała go głowa** he got a headache.

rozbraj|ać (**-am, -asz**) (*perf* **rozbroić**) *vt* to disarm; (*pocisk, minę*) to defuse.

rozbrajający *adj* disarming.

rozbroje|nie (**-nia**) *nt* disarmament.

rozbrzmiew|ać (**-a**) (*perf* **rozbrzmieć**) *vi*: **rozbrzmiewać (czymś)** to resound (with sth).

rozbudo|wa (**-wy**) (*dat sg* **-wie**) *f* (*dzielnicy, miasta*) extension; (*gospodarki, potencjału*) development.

rozbudow|ywać (**-uję, -ujesz**) (*perf* **-ać**) *vt* (*dzielnicę, miasto*) to extend; (*potencjał, przemysł*) to develop.

rozbu|dzać (**-dzam, -dzasz**) (*perf* **-dzić**) *vt* to arouse.

rozbudzony *adj* (*obudzony*) wide awake.

rozchmurz|ać się (**-am, -asz**) (*perf* **-yć**) *vr* (*o pogodzie*) to clear up; (*przen: o człowieku*) to cheer up.

rozcho|dzić się (**-dzę, -dzisz**) (*imp* **-dź**, *perf* **rozejść**) *vr* (*o tłumie*) to disperse, to scatter; (*o małżeństwie*) to split; (*o wiadomościach, plotkach*) to spread; (*o głosie, zapachu*) to travel.

rozchor|ować się (**-uję, -ujesz**) *vr perf* to fall ill, to be taken ill.

rozchwytywany *adj* (much) sought-after.

rozchyl|ać (**-am, -asz**) (*perf* **-ić**) *vt* to part.

▸**rozchylać się** *vr* to part.

roz|ciąć (**-etnę, -etniesz**) (*imp* **-etnij**) *vt perf* (*skaleczyć*) to cut.

rozciąg|ać (**-am, -asz**) (*perf* **-nąć**) *vt* (*sprężynę, sweter*) to stretch; (*koc*) to spread; (*władzę*) to extend.

rozcieńcz|ać (**-am, -asz**) (*perf* **-yć**) *vt* to dilute, to thin (down).

rozcin|ać (**-am, -asz**) (*perf* **rozciąć**) *vt* to cut; *patrz też* **rozciąć**.

rozczarowa|nie (**-nia, -nia**) (*gen pl* **-ń**) *nt* disappointment.

rozczarowany *adj*: **być rozczarowanym (kimś/czymś)** to be disappointed (with sb/sth).

rozczarow|ywać (**-uję, -ujesz**) (*perf* **-ać**) *vt* to disappoint.

▸**rozczarowywać się** *vr*: **rozczarować się (co do kogoś/czegoś)** to become disappointed *lub* disillusioned (with sb/sth).

rozdar|cie (**-cia, -cia**) (*gen pl* **-ć**) *nt* (*w materiale*) rip, tear.

rozd|awać (**-aję, -ajesz**) (*perf* **-ać**) *vt* (*prospekty, ulotki*) to distribute, to give *lub* hand out; (*pieniądze*) to give away; (*karty*) to deal.

rozdept|ywać (**-uję, -ujesz**) (*perf* **-ać**) *vt* (*ścieżkę, uprawy*) to trample down; (*niedopałek*) to trample on.

rozdmu|chiwać (**-chuję, -chujesz**) (*perf* **-chać**) *vt* (*liście, śmieci*) to blow about; (*ogień, ognisko*) to fan; (*przen: aferę, sprawę*) to blow up.

rozdrabni|ać (**-am, -asz**) (*perf* **rozdrobnić**) *vt* (*chleb*) to crumble; (*majątek*) to break up.

▸**rozdrabniać się** *vr* (*pot: rozpraszać się*) to get sidetracked *lub* distracted.

rozdrażni|ać (**-am, -asz**) (*perf* **-ć**) *vt* to irritate, to annoy.

rozdrażniony *adj* irritated, annoyed.

rozdwaj|ać (-am, -asz) (*perf* **rozdwoić**) *vt* to split.
▸**rozdwajać się** *vr* (*o drodze*) to fork; (*o włosach*) to split.

rozdwoje|nie (-nia, -nia) (*gen pl* -**ń**) *nt*: **rozdwojenie jaźni** split personality.

rozdzia|ł (-łu, -ły) (*loc sg* -**le**) *m* (*część książki*) chapter; (*rozdzielanie*) distribution; (*rozgraniczenie*) separation.

rozdzielacz (-a, -e) (*gen pl* -**y**) *m* (*MOT*) distributor.

rozdziel|ać (-am, -asz) (*perf* -**ić**) *vt* (*rozdawać*) to distribute; (*dzielić*) to separate.
▸**rozdzielać się** *vr* (*o grupie*) to split up; (*o rzece*) to fork, to branch.

rozdzielczy *adj*: **deska rozdzielcza** dashboard; **tablica rozdzielcza** control panel.

rozdzier|ać (-am, -asz) (*perf* **rozedrzeć**) *vt* to tear (apart).
▸**rozdzierać się** *vr* to tear, to rip.

rozdźwię|k (-ku, -ki) (*instr sg* -**kiem**) *m* dissonance, discrepancy.

rozebrany *adj* undressed.

rozed|ma (-my) (*dat sg* -**mie**) *f* (*też*: **rozedma płuc**) emphysema.

rozej|m (-mu, -my) (*loc sg* -**mie**) *m* truce, armistice.

roześmi|ać się (-eję, -ejesz) *vr perf* to laugh out loud.

rozetkowa *adj*: **drukarka rozetkowa** daisy-wheel printer.

rozezn|awać się (-aję, -ajesz) (*perf* -**ać**) *vr*: **rozeznawać się w czymś** to know one's way around in sth.

rozgad|ać się (-am, -asz) *vr perf* to start chattering away.

rozgałęziacz (-a, -e) (*pl* -**y**) *m* (*z kablem*) trailing socket (*BRIT*), extension cord (*US*); (*bez kabla*) 2-way/3-way *itp.* adapter.

rozgani|ać (-am, -asz) (*perf* **rozgonić** *lub* **rozegnać**) *vt* to disperse.

rozgarni|ać (-am, -asz) (*perf* **rozgarnąć**) *vt* (*trawę, włosy*) to part; (*kupkę liści*) to brush *lub* rake aside.

rozgin|ać (-am, -asz) (*perf* **rozgiąć**) *vt* (*drut*) to unbend; (*palce*) to unclasp.

rozgląd|ać się (-am, -asz) (*perf* **rozejrzeć**) *vr* to (have a) look around.

rozgłasz|ać (-am, -asz) (*perf* **rozgłosić**) *vt*: **rozgłaszać coś** to make sth known *lub* public.

rozgło|s (-su) (*loc sg* -**sie**) *m* publicity.

rozgniat|ać (-am, -asz) (*perf* **rozgnieść**) *vt* to crush; (*orzech*) to crack; (*robaka*) to squash; (*niedopałek*) to stub out.

rozgniew|ać (-am, -asz) *vt perf*: **rozgniewać kogoś** to make sb angry, to anger sb.
▸**rozgniewać się** *vr* to get angry.

rozgorączkowany *adj* frantic, feverish.

rozgorycze|nie (-nia) *nt* bitterness.

rozgoryczony *adj* embittered.

rozgo|ścić się (-szczę, -ścisz) (*imp* -**ść**) *vr perf* to make o.s. comfortable; **proszę się rozgościć!** make yourself at home!

rozgotowany *adj* overboiled.

rozgotow|ywać (-uję, -ujesz) (*perf* -**ać**) *vt* to overcook.

rozgra|biać (-biam, -biasz) (*perf* -**bić**) *vt* (*rozkradać*) to steal (away).

rozgranicz|ać (-am, -asz) (*perf* -**yć**) *vt* to differentiate, to discriminate.

rozgranicze|nie (-nia, -nia) (*gen pl* -**ń**) *nt* distinction.

rozgryw|ać (-am, -asz) (*perf* **rozegrać**) *vt* to play.
▸**rozgrywać się** *vr*: **akcja filmu rozgrywa się w Londynie** the film is set in London.

rozgryw|ka (-ki, -ki) (*dat sg* -**ce**, *gen*

pl **-ek**) *f* (*SPORT*) game; **rozgrywki**
pl (*POL*) games *pl*.

rozgrzany *adj* hot.

rozgrzeb|ywać (**-uję, -ujesz**) *vt*
(*rozkopywać*) to dig up; (*rozwalać*)
to turn upside down.

rozgrzesz|ać (**-am, -asz**) (*perf* **-yć**) *vt*
(*REL*) to absolve.

rozgrzesze|nie (**-nia, -nia**) (*gen pl*
-ń) *nt* (*REL*) absolution; **udzielać**
(**udzielić** *perf*) **komuś rozgrzeszenia**
to grant absolution to sb.

rozgrzew|ać (**-am, -asz**) (*perf*
rozgrzać) *vt* (*dłonie*) to warm (up);
(*blachę*) to heat (up).

▶**rozgrzewać się** *vr* (*o człowieku*) to
warm o.s. up; (*o dachu*) to heat up;
(*o silniku*) to warm up.

rozgrzew|ka (**-ki, -ki**) (*dat sg* **-ce**, *gen
pl* **-ek**) *f* warm-up.

rozgwi|azda (**-azdy, -azdy**) (*dat sg*
-eździe) *f* starfish.

rozjaśni|ać (**-am, -asz**) (*perf* **-ć**) *vt*
(*oświetlać*) to light up; (*czynić
jaśniejszym*) to brighten; **rozjaśniać
włosy** to bleach one's hair.

▶**rozjaśniać się** *vr*: **rozjaśnia się**
(*dnieje*) it's getting light; (*przejaśnia
się*) it's clearing up.

rozj|azd (**-azdu, -azdy**) (*loc sg*
-eździe) *m* junction.

rozj|echać (**-adę, -edziesz**) (*imp*
-edź) *vt perf* to run over.

rozjemc|a (**-y, -y**) *m* (*POL*)
peacemaker.

rozka|z (**-zu, -zy**) (*loc sg* **-zie**) *m*
order; **wydać** (*perf*) **rozkaz** to give
an order; **wykonać** (*perf*) **rozkaz** to
obey an order.

rozkazujący *adj* (*głos, ton*)
commanding; **tryb rozkazujący**
(*JĘZ*) the imperative.

rozkaz|ywać (**-uję, -ujesz**) (*perf* **-ać**)
vt to order; **rozkazać komuś, żeby
coś zrobił** to order sb to do sth.

rozklej|ać (**-am, -asz**) (*perf* **rozkleić**)

vt (*plakaty*) to put up; (*coś
sklejonego*) to unstick.

rozkła|d (**-du, -dy**) (*loc sg* **-dzie**) *m*
(*harmonogram*) schedule, timetable;
(*mieszkania, biura*) layout; (*BIO*)
decomposition, decay; (*upadek*)
disintegration; **rozkład jazdy**
timetable (*BRIT*), schedule (*US*).

rozkład|ać (**-am, -asz**) (*perf*
rozłożyć) *vt* (*obrus*) to spread, to
unfold; (*towar*) to lay out; (*parasol*)
to open; (*tapczan*) to unfold; (*pracę,
koszty*) to divide; (*maszynę*) to take
to pieces.

rozkosz (**-y, -e**) (*gen pl* **-y**) *f* (*radość*)
joy, delight; (*przyjemność*) pleasure.

rozkoszny *adj* delightful.

rozkosz|ować się (**-uję, -ujesz**) *vr*:
rozkoszować się czymś to delight
in sth, to relish sth.

rozkrę|cać (**-cam, -casz**) (*perf* **-cić**)
vt (*maszynę, mebel*) to take apart *lub*
to pieces; (*sznurek*) to untwist;
rozkręcać interes to start up a
business.

▶**rozkręcać się** *vr* (*o interesie,
firmie*) to be thriving.

rozkro|k (**-ku, -ki**) (*instr sg* **-kiem**) *m*:
w rozkroku astride, with one's legs
apart.

rozkwi|t (**-tu**) *m* heyday, prime.

rozkwit|ać (**-a**) (*perf* **-nąć**) *vt* (*o
kwiatach*) to bloom; (*o drzewach*) to
blossom; (*o handlu, przemyśle*) to
flourish.

rozleg|ać się (**-a**) (*perf* **rozlec się**) *vr*
to ring out, to reverberate; **rozległ
się huk wystrzału** a shot was heard.

rozległy *adj* (*równina, widok*) wide,
broad; (*plany, projekty*) extensive.

rozle|w (**-wu**) (*loc sg* **-wie**) *m*: **rozlew
krwi** bloodshed.

rozlew|ać (**-am, -asz**) (*perf* **rozlać**) *vt*
(*na stół*) to spill; (*do naczyń*) to
pour (out).

▶**rozlewać się** *vr* to spill.

rozlicz|ać (**-am, -asz**) (*perf* **-yć**) *vt*
(*koszty*) to account for.

►**rozliczać się** *vr*: **rozliczać się z
kimś** to settle *lub* square up with sb;
rozliczać się z czegoś to account
for sth.

rozliczny *adj* (*książk*) various,
manifold.

rozluź|niać (**-niam, -niasz**) (*perf* **-nić**)
vt (*kołnierzyk, pasek*) to loosen;
(*mięśnie, dyscyplinę*) to relax.

►**rozluźniać się** *vr* (*o człowieku*) to
loosen up; (*o śrubach, związkach*) to
loosen.

rozładow|ywać (**-uję, -ujesz**) (*perf*
-ać) *vt* (*towar, wagon, broń*) to
unload; (*kondensator*) to discharge.

►**rozładowywać się** *vr* (*o
akumulatorze, baterii*) to go flat
(*BRIT*) *lub* dead (*US*).

rozładun|ek (**-ku, -ki**) (*instr sg* **-kiem**)
m unloading.

rozła|m (**-mu, -my**) (*loc sg* **-mie**) *m*
split.

rozłącz|ać (**-am, -asz**) (*perf* **-yć**) *vt*
(*przewody*) to disconnect; (*rodzinę,
walczących*) to separate.

►**rozłączać się** *vr* (*o przewodach*) to
disconnect; (*TEL*) to ring off (*BRIT*),
to hang up (*US*).

rozłą|ka (**-ki**) (*dat sg* **-ce**) *f* separation.

rozłup|ywać (**-uję, -ujesz**) (*perf* **-ać**)
vt to crack, to split.

►**rozłupywać się** *vr* to crack.

rozmach (**-u**) (*energiczny ruch*)
swing; (*dynamika*) momentum; **brać
(wziąć** *perf***) rozmach** to take a
swing; **nabierać (nabrać** *perf***)
rozmachu** to gather momentum.

rozmaitoś|ć (**-ci**) *f* variety.

rozmaity *adj* various, diverse.

rozmary|n (**-nu, -ny**) (*loc sg* **-nie**) *m*
(*BOT, KULIN*) rosemary.

rozmawi|ać (**-am, -asz**) *vi* to speak,
to talk; **rozmawiać z kimś (o
czymś)** to talk to *lub* with sb (about

sth); **rozmawiać przez telefon** to be
on the phone; **oni ze sobą nie
rozmawiają** they are not on
speaking terms.

rozma|z (**-zu, -zy**) (*loc sg* **-zie**) *m*
(*MED*) smear.

rozmaz|ywać (**-uję, -ujesz**) (*perf* **-ać**)
vt to smear, to smudge.

►**rozmazywać się** *vr* (*o plamie*) to
smudge; (*o konturach*) to blur.

rozmia|r (**-ru, -ry**) (*loc sg* **-rze**) *m*
(*wielkość*) size; (*zakres*) extent.

rozmie|niać (**-niam, -niasz**) (*perf*
-nić) *vt* to change.

rozmieszcz|ać (**-am, -asz**) (*perf*
rozmieścić) *vt* to place, to site;
(*oddziały*) to deploy.

rozmiękcz|ać (**-am, -asz**) (*perf* **-yć**)
vt to soften.

rozmnaż|ać (**-am, -asz**) (*perf*
rozmnożyć) *vt* to reproduce.

►**rozmnażać się** *vr* (*BIO*) to
reproduce; (*zwiększać się liczebnie*)
to multiply.

rozmnaża|nie (**-nia**) *nt* reproduction.

rozmontow|ywać (**-uję, -ujesz**) (*perf*
-ać) *vt* to disassemble, to take apart.

rozm|owa (**-owy, -owy**) (*dat sg* **-owie**,
gen pl **-ów**) *f* conversation, talk;
rozmowy *pl* negotiations *pl*;
rozmowa telefoniczna phone call;
rozmowa międzymiastowa
long-distance call; **rozmowa
kwalifikacyjna** interview.

rozmowny *adj* talkative.

rozmówc|a (**-y, -y**) *m decl like f in sg*
interlocutor.

rozmówczy|ni (**-ni, -nie**) (*gen pl* **-ń**) *f*
interlocutor.

rozmó|wić się (**-wię, -wisz**) *vr perf*:
rozmówić się z kimś to have a
word with sb.

rozmów|ki (**-ek**) *pl* phrase book.

rozmraż|ać (**-am, -asz**) (*perf*
rozmrozić) *vt* to defrost.

rozmyśl|ać (**-am, -asz**) *vi imperf*:

rozmyślać o +*loc lub* **nad** +*loc* to meditate on, to ponder on.

rozmyśl|ić się (**-ę, -isz**) *vr perf* to change one's mind.

rozmyślnie *adv* on purpose, deliberately.

roznie|cać (**-cam, -casz**) (*perf* **-cić**) *vt* (*ogień*) to start, to kindle; (*uczucie*) to stir up.

rozno|sić (**-szę, -sisz**) (*imp* **-ś**) *vt* (*dostarczać*) to deliver; (*rozgłaszać*) to spread.

rozpacz (**-y**) *f* despair.

rozpacz|ać (**-am, -asz**) *vi* to despair.

rozpaczliwy *adj* (*walka, sytuacja*) desperate; (*krzyk*) anguished.

rozpa|d (**-du**) (*loc sg* **-dzie**) *m* (*imperium*) break-up; (*FIZ*) disintegration, decay.

rozpad|ać się (**-am, -asz**) (*perf* **rozpaść**) *vr* (*o budynku, meblu*) to fall apart; (*o małżeństwie*) to disintegrate.

rozpakow|ywać (**-uję, -ujesz**) (*perf* **-ać**) *vt* to unpack.

►**rozpakowywać się** *vr* to unpack.

rozpal|ać (**-am, -asz**) (*perf* **-ić**) *vt* (*ogień*) to light; (*uczucia, zapał*) to kindle.

rozpał|ka (**-ki**) (*dat sg* **-ce**) *f*: **drewno na rozpałkę** kindling.

rozpamięt|ywać (**-uję, -ujesz**) *vt imperf* to brood on.

rozpatr|ywać (**-uję, -ujesz**) (*perf* **rozpatrzyć**) *vt* to consider.

rozpę|d (**-du**) (*loc sg* **-dzie**) *m* momentum.

rozpę|dzać (**-dzam, -dzasz**) (*perf* **-dzić**) *vt* (*pojazd*) to speed up, to accelerate; (*tłum*) to disperse.

►**rozpędzać się** *vr* (*nabierać szybkości*) to speed up, to pick up speed.

rozpieszcz|ać (**-am, -asz**) (*perf* **rozpieścić**) *vt* to pamper, to spoil.

rozpieszczony *adj* pampered, spoilt (*BRIT*), spoiled (*US*).

rozpiętoś|ć (**-ci**) *f* (*odległość*) span; (*skala*) range; **rozpiętość skrzydeł** wingspan.

rozpin|ać (**-am, -asz**) (*perf* **rozpiąć**) *vt* (*guzik, zamek*) to undo.

rozplat|ać (**-am, -asz**) (*perf* **rozpleść**) *vt* to unbraid.

rozpląt|ywać (**-uję, -ujesz**) (*perf* **-ać**) *vt* (*nici, węzeł*) to untangle; (*zagadkę*) to unravel.

rozpła|kać się (**-czę, -czesz**) *vr perf* to burst into tears.

rozpłaszcz|yć (**-ę, -ysz**) *vt perf* to flatten.

rozpływ|ać się (**-am, -asz**) (*perf* **rozpłynąć**) *vt* (*rozlewać się*) to spread out; (*topić się*) to melt.

rozpoczęci|e (**-a**) *nt* beginning, start.

rozpoczyn|ać (**-am, -asz**) (*perf* **rozpocząć**) *vt* to begin, to start.

►**rozpoczynać się** *vr* to begin, to start.

rozpogadz|ać się (**-a**) (*perf* **rozpogodzić**) *vr*: **wieczorem rozpogodziło się** it cleared up in the evening.

rozpogodze|nie (**-nia, -nia**) (*gen pl* **-ń**) *nt* bright *lub* sunny spell.

rozpor|ek (**-ka, -ki**) (*instr sg* **-kiem**) *m* flies *pl* (*BRIT*), fly (*US*).

rozporzą|dzać (**-dzam, -dzasz**) (*perf* **-dzić**) *vt*: **rozporządzać czymś** (*zarządzać*) to manage sth; (*mieć do dyspozycji*) to have sth at one's disposal.

rozporządze|nie (**-nia, -nia**) (*gen pl* **-ń**) *nt* (*akt prawny*) decree; (*polecenie*) order.

rozpościer|ać (**-am, -asz**) (*perf* **rozpostrzeć**) *vt* to spread.

►**rozpościerać się** *vr* to stretch.

rozpowszech|niać (**-niam, -niasz**) (*perf* **-nić**) *vt* (*wiadomości*) to diffuse, to spread.

►**rozpowszechniać się** vr (o plotce) to get around, to spread.

rozpozn|awać (-aję, -ajesz) (perf -ać) vt (ludzi, twarze) to recognize, to identify; (chorobę) to diagnose.

rozpracow|ywać (-uję, -ujesz) (perf -ać) (pot) vt to work out, to suss out (pot).

rozprasz|ać (-am, -asz) (perf rozproszyć) vt (człowieka, uwagę) to distract; (tłum) to disperse; (wątpliwości) to dispel.

►**rozpraszać się** vr to get distracted.

rozpra|wa (-wy, -wy) (dat sg -wie) f (PRAWO) trial, hearing; (praca naukowa) dissertation, thesis.

rozpra|wiać (-wiam, -wiasz) vi (opowiadać): **rozprawiać (o +instr)** to speak at length (about); **rozprawiać nad czymś** to debate sth.

►**rozprawiać się** (perf -wić) vr: **rozprawiać się z kimś** to get even with sb; **rozprawiać się z czymś** to crack down on sth.

rozprostow|ywać (-uję, -ujesz) (perf -ać) vt to stretch.

rozprowa|dzać (-dzam, -dzasz) (perf -dzić) vt to distribute; (masło, farbę) to spread; (rozcieńczać) to dilute.

rozpruw|ać (-am, -asz) (perf rozpruć) vt (rękaw, brzuch) to rip; (szew) to unpick; (kasę) to crack.

rozprzestrze|niać (-niam, -niasz) (perf -nić) vt to spread.

►**rozprzestrzeniać się** vi to spread.

rozprzęże|nie (-nia) nt (chaos) disorder; (brak dyscypliny) indiscipline; (obyczajów) laxity.

rozpu|sta (-sty) (dat sg -ście) f debauchery.

rozpuszcz|ać (-am, -asz) (perf rozpuścić) vt (rozcieńczać) to dissolve; (topić) to melt; (rozpowszechniać) to spread.

►**rozpuszczać się** vr (o cukrze) to dissolve; (o lodzie) to melt.

rozpuszczalni|k (-ka, -ki) (instr sg -kiem) m (TECH) solvent.

rozpuszczalny adj (kawa) instant; (CHEM) soluble.

rozpych|ać (-am, -asz) vt to jostle.

►**rozpychać się** vr to jostle.

rozpyl|ać (-am, -asz) (perf -ić) vt to spray.

rozrabi|ać (-am, -asz) vt (KULIN) (perf **rozrobić**) to cream, to mix together; (farbę) (perf **rozrobić**) to dilute ♦ vi (pot) to stir things up (pot).

rozradowany adj jubilant.

rozrast|ać się (-am, -asz) (perf rozrosnąć) vr to grow.

rozrodczy adj reproductive.

rozróż|niać (-niam, -niasz) (perf -nić) vt to distinguish.

rozróżnie|nie (-nia, -nia) (gen pl -ń) nt distinction.

rozruch (-u) m (silnika) starting; **rozruchy** pl (zamieszki) riots pl.

rozrusz|ać (-am, -asz) vt perf (towarzystwo) to liven up; **rozruszać nogi/nadgarstek** to work off the stiffness in one's legs/wrist.

►**rozruszać się** vr (poprzez ćwiczenia) to loosen up; (ożywić się) to liven up.

rozruszni|k (-ka, -ki) (instr sg -kiem) m (MOT) starter.

rozryw|ać (-am, -asz) (perf rozerwać) vt (materiał) to tear (apart); (tamę, linę) to burst; (o bombie) to tear apart.

►**rozrywać się** vr (o materiale) to tear (apart); (o tamie, linie) to burst; (zabawiać się) to have fun.

rozryw|ka (-ki, -ki) (dat sg -ce, gen pl -ek) f entertainment.

rozrywkowy adj: **lokal rozrywkowy** nightclub; **muzyka rozrywkowa** light music; **program rozrywkowy** show; **przemysł rozrywkowy** entertainment industry, show business.

rozrze|dzać (-dzam, -dzasz) (*perf* -dzić) *vt* to dilute, to thin down.

rozrzu|cać (-cam, -casz) (*perf* -cić) *vt* (*zabawki*) to scatter; (*nawóz*) to spread; (*ulotki*) to drop.

rozrzutnoś|ć (-ci) *f* wastefulness, extravagance.

rozrzutny *adj* wasteful, extravagant.

rozsąd|ek (-ku) (*instr sg* -kiem) *m* reason, sense; **zdrowy rozsądek** common sense.

rozsądny *adj* reasonable, sensible.

rozsiew|ać (-am, -asz) (*perf* **rozsiać**) *vt* (*nasiona*) to sow; (*zarazki, plotki*) to spread; (*zapach*) to give out *lub* off.

rozsła|wiać (-wiam, -wiasz) (*perf* -wić) *vt* to praise.

rozsmarow|ywać (-uję, -ujesz) (*perf* -ać) *vt* to spread.

rozsta|nie (-nia, -nia) (*gen pl* -ń) *nt* parting.

rozst|awać się (-aję, -ajesz) (*perf* -ać) *vt*: **rozstawać się z kimś** to part from sb, to part company with sb; **(nie) rozstawać się z czymś** (not) to part with sth.

rozsta|wiać (-wiam, -wiasz) (*perf* -wić) *vt* (*talerze*) to lay out; (*krzesła*) to arrange; (*leżak, stół*) to set up; **rozstawiać nogi** to spread one's feet *lub* legs.

rozstęp|ować się (-uję, -ujesz) (*perf* **rozstąpić**) *vr* (*o tłumie*) to part.

rozstrojony *adj* out of tune, out-of-tune *attr*.

rozstr|ój (-oju, -oje) *m*: **rozstrój nerwowy** nervous breakdown; **rozstrój żołądka** stomach upset.

rozstreliw|ać (-uję, -ujesz) (*perf* **rozstrzelać**) *vt* to put before the firing squad, to execute by firing squad.

rozstrzyg|ać (-am, -asz) (*perf* -nąć) *vt* to decide, to settle.

rozstrzygający *adj* (*bitwa*) decisive; **rozstrzygający głos** casting vote.

rozsuw|ać (-am, -asz) (*perf* **rozsunąć**) *vt* (*firanki, zasłony*) to draw (aside); (*stół*) to extend.

▶**rozsuwać się** *vr* (*o kurtynie*) to draw aside.

rozsyp|ywać (-uję, -ujesz) (*perf* -ać) *vt* to spill.

▶**rozsypywać się** *vr* to spill.

rozszale|ć się (-je) *vr perf* (*o tłumie, zwierzętach*) to go wild; (*o epidemii, burzy*) to break out.

rozszcze|p (-pu, -py) (*loc sg* -pie) *m*: **rozszczep podniebienia** cleft palate.

rozszerz|ać (-am, -asz) (*perf* -yć) *vt* to widen, to broaden.

▶**rozszerzać się** *vr* (*powiększać się*) to widen; (*rozprzestrzeniać się*) to expand, to spread (out).

rozszyfrow|ywać (-uję, -ujesz) (*perf* -ać) *vt* (*wiadomość*) to decipher, to decode; (*tajemnicę, zagadkę*) to unravel.

rozśmiesz|ać (-am, -asz) (*perf* -yć) *vt*: **rozśmieszać kogoś** to make sb laugh.

roztacz|ać (-am, -asz) (*perf* **roztoczyć**) *vt* (*perspektywy, wizję*) to unfold; (*blask, zapach*) to spread.

roztapi|ać (-am, -asz) (*perf* **roztopić**) *vt* to melt.

roztargnie|nie (-nia) *nt* absent-mindedness; **przez roztargnienie** absent-mindedly.

roztargniony *adj* absent-minded.

rozter|ka (-ki, -ki) (*dat sg* -ce, *gen pl* -ek) *f* quandary, dilemma.

roztropnoś|ć (-ci) *f* prudence.

roztropny *adj* prudent.

roztrzas|kiwać (-kuję, -kujesz) (*perf* -kać) *vt* to smash (up).

roztrząs|ać (-am, -asz) *vt* (*kwestie, zagadnienie*) to deliberate over; (*obornik, siano*) (*perf* -nąć) to spread.

roztrzepany *adj* scatterbrained.

roztrzęsiony *adj* jittery.

roztw|ór (-oru, -ory) (*loc sg* -orze) *m* solution.

rozty|ć się (-ję, -jesz) *vr perf* to grow fat.

rozu|m (-mu, -my) (*loc sg* -mie) *m* reason; **na chłopski** *lub* **zdrowy rozum, ...** common sense suggests that ...; **być niespełna rozumu** to be out of one's mind.

rozumi|eć (-em, -esz) (*perf* **z-**) *vt* to understand; **rozumiem** I understand *lub* see; **co przez to rozumiesz?** what do you mean by that?; **to rozumiem!** now you're talking!; **rozumieć po angielsku** to understand English; **rozumiem, że nie przyjdziesz** I understand you won't be coming.
▸**rozumieć się** *vr*: **rozumieć się (ze sobą)** to understand each other.

rozumny *adj* rational.

rozum|ować (-uję, -ujesz) *vi imperf* to reason.

rozwa|ga (-gi) (*dat sg* -dze) *f* judiciousness; **brać (wziąć** *perf*) **coś pod rozwagę** to take sth into consideration; **z rozwagą** with deliberation.

rozwal|ać (-am, -asz) (*perf* -ić) (*pot*) *vt* (*rozbijać*) to smash up, to shatter; (*rozrzucać*) to throw about.
▸**rozwalać się** *vr* (*rozpadać się*) to fall apart; (*siedzieć, leżeć*) to loll (about).

rozważ|ać (-am, -asz) (*perf* -yć) *vt* to consider.

rozważny *adj* judicious.

rozwesel|ać (-am, -asz) (*perf* -ić) *vt* to cheer up.
▸**rozweselać się** *vr* to cheer *lub* brighten up.

rozwiąza|nie (-nia, -nia) (*gen pl* -ń) *nt* (*zadania, zagadki, problemu*) solution; (*parlamentu, małżeństwa*) dissolution; (*MED*) delivery.

rozwiązłoś|ć (-ci) *f* promiscuity.

rozwiązły *adj* promiscuous.

rozwiąz|ywać (-uję, -ujesz) (*perf* -ać) *vt* (*sznurowadło, węzeł*) to undo, to untie; (*kogoś/coś związanego*) to untie; (*zadanie, zagadkę, równanie*) to solve; (*umowę*) to terminate; (*parlament, małżeństwo*) to dissolve.

rozwidl|ać się (-a) (*perf* -ić) *vr* to fork.

rozwiedziony *adj* divorced.

rozwiesz|ać (-am, -asz) (*perf* **rozwiesić**) *vt* (*bieliznę*) to hang out; (*obrazy*) to hang.

rozwiew|ać (-am, -asz) (*perf* **rozwiać**) *vt* (*dym, mgłę*) to disperse; (*przen: nadzieje, wątpliwości*) to dispel; (*włosy*) to blow through.
▸**rozwiewać się** *vr* (*o dymie, mgle*) to disperse; (*o nadziejach, wątpliwościach*) to be dispelled.

rozwij|ać (-jam, -jasz) (*perf* -nąć) *vt* (*rolkę, film*) to unroll; (*paczkę*) to unwrap; (*temat, zamiłowanie, zdolności*) to develop; (*działalność*) to expand.
▸**rozwijać się** *vr* (*o drucie*) to uncoil; (*o wątku*) to unfold; (*rosnąć*) to grow; (*doskonalić się, przybierać na sile*) to develop.

rozwikł|ać (-am, -asz) *vt perf* to unravel.

rozwinięty *adj* (fully) developed.

rozwlekły *adj* verbose, wordy.

rozwodni|k (-ka, -cy) (*instr sg* -kiem) *m* divorcee.

roz|wodzić się (-wodzę, -wodzisz) (*imp* -wódź, *perf* -wieść) *vr* to get divorced; **rozwodzić się z kimś** to divorce sb; **rozwodzić się nad czymś** to dwell on sth.

rozwolnie|nie (-nia) *nt* diarrhoea (*BRIT*), diarrhea (*US*).

rozwo|zić (-żę, -zisz) (*perf* **rozwieźć**) *vt* to deliver.

rozw|ód (-odu, -ody) (*loc sg* -odzie)

m divorce; **wziąć** *(perf)* **rozwód** to get a divorce.

rozwód|ka (-ki, -ki) *(dat sg* -ce, *gen pl* -ek) *f* divorcee.

rozw|ój (-oju) *m* *(techniki, organizmu)* development; *(akcji, wypadków)* progress.

rozzłoszczony *adj* angered, angry.

rozzło|ścić (-szczę, -ścisz) *(imp* -ść) *vt perf* to anger.

►**rozłościć się** *vr* to get angry.

rozzuchwalony *adj* impudent.

rozżalony *adj* embittered.

roż|en (-na, -ny) *(loc sg* -nie) *m* (rotating) spit; **kurczak/pieczeń z rożna** spitroasted chicken/meat.

rożny *adj*: **rzut rożny** *(SPORT)* corner kick.

rób *itd. vb patrz* **robić.**

ród (rodu, rody) *(loc sg* **rodzie**) *m* *(rodzina)* family; *(dynastia, linia)* house.

róg (rogu, rogi) *(instr sg* **rogiem**) *m* *(u bydła)* horn; *(u jelenia, sarny)* antler, horn; *(kąt)* corner; *(zbieg ulic)* corner; *(MUZ)* horn; *(SPORT)* corner; **na rogu** on *lub* at the corner; **za rogiem** round the corner.

rój (roju, roje) *m* swarm.

rów (rowu, rowy) *(loc sg* **rowie**) *m* ditch; *(GEOL)* trough.

rówieśni|k (-ka, -cy) *(instr sg* -kiem) *m* peer.

równ|ać (-am, -asz) *vt* *(powierzchnię)* *(perf* **wy-**) to level, to flatten; *(prawa, obowiązki)* *(perf* **z-**) to equalize.

►**równać się** *vr*: **dwa plus dwa równa się cztery** two plus two equals four; **równać się z kimś/czymś** *(dorównywać)* to equal sb/sth; **równać się z czymś** *(być jednoznacznym)* to be tantamount to sth, to amount to sth.

równa|nie (-nia, -nia) *(gen pl* -ń) *nt* *(MAT)* equation.

równie *adv* *(tak samo)*: **równie ... (jak...)** as ... (as ...); *(aż tak)* equally.

również *adv* also, as well; **jak również ...** and also ... .

równi|k (-ka, -ki) *(instr sg* -kiem) *m* equator.

równi|na (-ny, -ny) *(dat sg* -nie) *f* plain.

równo *adv* *(gładko)* evenly; *(jednakowo)* evenly, equally; *(dokładnie)* exactly.

równoczesny *adj* simultaneous.

równocześnie *adv* *(w tym samym czasie)* at the same time, simultaneously; *(zarazem)* at the same time.

równoległy *adj* parallel.

równoległ|k (-ka, -ki) *(instr sg* -kiem) *m* parallel.

równomiernie *adv* evenly.

równomierny *adj* even.

równorzędny *adj* equivalent.

równoś|ć (-ci) *f* equality; **znak równości** equals sign.

równouprawnie|nie (-nia) *nt* equality of rights; **równouprawnienie kobiet** women's rights, equal rights for women.

równowa|ga (-gi) *(dat sg* -dze) *f* balance; *(opanowanie)* balance, poise; *(TENIS)* deuce.

równowartoś|ć (-ci) *f* equivalent.

równoważny *adj*: **równoważny (z** +instr) equivalent (to).

równoważ|yć (-ę, -ysz) *(perf* **z-**) *vt* to balance.

►**równoważyć się** *vr* to be in balance.

równoznaczny *adj*: **równoznaczny (z** +instr) equivalent (to).

równy *adj* *(gładki)* even, flat; *(jednakowy)* equal; *(rytmiczny)* even, steady; **stopień równy** *(JĘZ)* positive degree.

róż (-u, -e) *m* *(kolor)* pink; *(kosmetyk)* rouge, blusher.

róż|a (-y, -e) f rose; **dzika róża** briar.

róża|niec (-ńca, -ńce) m rosary.

różdżkarst|wo (-wa) (*loc sg* -wie) *nt* dowsing, water divining.

różdżkarz (-a, -e) (*gen pl* -y) *m* water diviner, water finder (*US*).

różnic|a (-y, -e) f difference; (*MAT*) remainder, difference.

róż|nić (-nię, -nisz) (*imp* -nij) *vt*: **różnić kogoś/coś od** +*gen* to distinguish sb/sth from.

▶**różnić się** *vr*: **różnić się (od kogoś/czegoś)** to differ (from sb/sth).

różnie *adj* variously.

różnobarwny *adj* multicoloured (*BRIT*), multicolored (*US*).

różnorodność|ć (-ci) f diversity, variety.

różnorodny *adj* varied, diverse.

różny *adj* (*rozmaity*) various, different; (*odmienny*) different, distinct.

różowy *adj* (*kolor*) pink; (*przen: przyszłość*) rosy.

różycz|ka (-ki) (*dat sg* -ce) f (*MED*) German measles.

RP *abbr* = **Rzeczpospolita Polska**.

rtę|ć (-ci) f mercury.

RTV *abbr* = **Radio i Telewizja**.

rub|el (-la, -le) (*gen pl* -li) *m* rouble, ruble.

rubi|n (-nu, -ny) (*loc sg* -nie) *m* ruby.

rubry|ka (-ki, -ki) (*dat sg* -ce) f (*w formularzu*) blank, blank space; (*w gazecie*) column.

ruch (-u, -y) *m* (*zmiana położenia*) movement, motion; (*wysiłek fizyczny*) exercise; (*ożywienie*) boom; (*na drogach*) traffic; (*w grze*) move; (*FIZ*) motion; (*SZTUKA, POL*) movement.

ruchliwy *adj* (*oczy*) restless; (*ulica, port*) busy; (*dziecko*) lively, active.

ruchomy *adj* (*cel, punkt*) moving; (*przegroda, majątek, święto*) movable; **ruchome schody** escalator.

ru|da (-dy, -dy) (*dat sg* -dzie) f ore.

rudowłosy *adj* redheaded.

rudy *adj* red.

ru|fa (-fy, -fy) (*dat sg* -fie) f stern.

rugby *nt inv* (*SPORT*) rugby.

rui|na (-ny) (*dat sg* -nie) f ruin.

rujn|ować (-uję, -ujesz) (*perf* z-) *vt* to ruin.

rulet|ka (-ki, -ki) (*dat sg* -ce, *gen pl* -ek) f roulette.

rulo|n (-nu, -ny) (*loc sg* -nie) *m* roll.

ru|m (-mu, -my) (*loc sg* -mie) *m* rum.

rumian|ek (-ku, -ki) (*instr sg* -kiem) *m* (*BOT*) c(h)amomile.

rumiany *adj* (*twarz*) ruddy; (*jabłko*) red; (*pieczywo, mięso z kurczaka*) golden brown.

rumie|nić (-nię, -nisz) (*imp* -ń) *vt* (*przypiekać*) (*perf* **przy-**) to brown.

▶**rumienić się** (*perf* **za-**) *vr* to blush, to flush.

rumie|niec (-ńca, -ńce) *m* blush.

rumowis|ko (-ka, -ka) (*instr sg* -kiem) *nt* rubble.

rumszty|k (-ku, -ki) (*instr sg* -kiem) *m* rump steak.

Rumu|n (-na, -ni) (*loc sg* -nie) *m* Romanian.

Rumuni|a (-i) f Romania.

Rumun|ka (-ki, -ki) (*dat sg* -ce, *gen pl* -ek) f Romanian.

rumuński *adj* Romanian.

ru|nąć (-nę, -niesz) (*imp* -ń) *vi perf* (*o budynku, człowieku*) to collapse; (*o samolocie*) to plummet (down); (*przen: o planach*) to collapse, to fall to the ground.

run|da (-dy, -dy) (*dat sg* -dzie) f round.

rupie|ć (-cia, -cie) (*gen pl* -ci) *m* (piece of) junk; **rupiecie** *pl* junk, lumber.

ru|ra (-ry, -ry) (*dat sg* -rze) f pipe;

rura wydechowa exhaust (pipe) (*BRIT*), tailpipe (*US*).

rur|ka (**-ki, -ki**) (*dat sg* **-ce**, *gen pl* **-ek**) *f* tube.

rurociąg (**-gu, -gi**) (*instr sg* **-giem**) *m* pipeline.

ruski *adj* (*pot!*) Russian.

rusz|ać (**-am, -asz**) (*perf* **-ył**) *vt*: **ruszać czymś** to move sth ♦ *vi* (*o samochodzie, pociągu*) to pull out; (*o człowieku*) to set off; (*o maszynie, silniku*) to start.

rusz|t (**-tu, -ty**) (*loc sg* **-cie**) *m* (*na jedzenie*) grill; (*na opał*) grate; **mięso/ryba z rusztu** grilled meat/fish.

rusztowa|nie (**-nia, -nia**) (*gen pl* **-ń**) *nt* scaffolding.

ruty|na (**-ny**) (*dat sg* **-nie**) *f* (*doświadczenie, wprawa*) experience; **popadać (popaść** *perf***) w rutynę** to fall *lub* get into a rut.

rutynowy *adj*: **postępowanie rutynowe** routine procedure.

rwać (**rwę, rwiesz**) (*imp* **rwij**) *vt* (*kwiaty*) (*perf* **ze-**) to pick; (*zęby*) (*perf* **wy-**) to pull (out); (*ubranie, sieć*) (*perf* **po-**) to tear ♦ *vi imperf* (*o zębie, stawach*) to shoot; (*pot: pędzić*) to tear.

►**rwać się** *vr* (*o tkaninie*) to tear; (*o głosie, wątku*) to break (off).

ry|ba (**-by, -by**) (*dat sg* **-bie**) *f* fish; **zdrów jak ryba** (as) right as rain; **gruba ryba** (*przen*) bigwig (*pot*), big shot (*pot*); **iść na ryby** to go fishing; **Ryby** *pl* (*ASTROLOGIA*) Pisces.

ryba|k (**-ka, -cy**) (*instr sg* **-kiem**) *m* fisherman.

rybit|wa (**-wy, -wy**) (*dat sg* **-wie**) *f* tern.

rybny *adj* fish *attr*; **sklep rybny** fishmonger's (shop).

rybołówst|wo (**-wa**) (*loc sg* **-wie**) *nt* fishing, fishery.

rycerski *adj* (*turniej, zbroja*) knight's *attr*; (*zachowanie*) knightly, chivalrous; **zakon rycerski** order of knights.

rycerz (**-a, -e**) (*gen pl* **-y**) *m* knight.

ryczałtowy *adj* flat-rate *attr*.

rycz|eć (**-ę, -ysz**) (*perf* **ryknąć**) *vi* (*o lwie*) to roar; (*o ośle*) to bray; (*o byku*) to bellow; (*o krowie*) to moo; (*o syrenie, radiu*) to blare; (*wrzeszczeć*) to yell; (*pot: płakać*) to blubber.

ry|ć (**-ję, -jesz**) *vt* (*kopać*) (*perf* **z-**) to burrow; (*rzeźbić*) (*perf* **wy-**) to engrave.

ry|giel (**-gla, -gle**) (*gen pl* **-gli** *lub* **-glów**) *m* bolt.

rygl|ować (**-uję, -ujesz**) (*perf* **za-**) *vt* to bolt.

rygo|r (**-ru, -ry**) (*loc sg* **-rze**) *m* strict discipline; **pod rygorem aresztu** (*PRAWO*) on penalty of arrest.

rygorystyczny *adj* rigorous.

ryj (**-a, -e**) *m* (*świni*) snout; (*pot!: twarz*) mug (*pot*).

ry|k (**-ku, -ki**) (*instr sg* **-kiem**) *m* (*lwa*) roar; (*krowy*) moo; (*osła*) bray; (*syreny, radia*) blare; (*pot: płacz*) howl (*pot*).

ry|m (**-mu, -my**) (*loc sg* **-mie**) *m* rhyme.

rym|ować (**-uję, -ujesz**) *vt* to rhyme.

►**rymować się** *vr* to rhyme.

ry|nek (**-ku, -ki**) (*instr sg* **-kiem**) *m* (*plac*) marketplace; (*FIN, HANDEL*) market; **czarny rynek** black market; **wolny rynek** free market; **Wspólny Rynek** the Common Market.

ry|nna (**-nny, -nny**) (*dat sg* **-nnie**, *gen pl* **-nien**) *f* gutter.

ry|s (**-su, -sy**) (*loc sg* **-sie**) *m* (*charakteru*) trait, feature; (*streszczenie*) outline; **rysy** *pl* (*też*: **rysy twarzy**) (facial) features *pl*.

rys. *abbr* (= *rysunek*) fig. (= figure).

ry|sa (**-sy, -sy**) (*dat sg* **-sie**) *f*

(*zadrapanie*) scratch; (*pęknięcie*) crack.

rysi|k (**-ka, -ki**) (*instr sg* **-kiem**) *m* pencil lead.

rys|ować (**-uję, -ujesz**) (*perf* **na-**) *vt* to draw; (*przen: przedstawiać*) to picture; (*robić rysy*) to scratch.

▸**rysować się** (*perf* **za-**) *vr* (*uwidaczniać się*) to appear; (*pokrywać się rysami*) to scratch.

rysownic|a (**-y, -e**) *f* drawing board.

rysowni|k (**-ka, -cy**) (*instr sg* **-kiem**) *m* draughtsman.

rysun|ek (**-ku, -ki**) (*instr sg* **-kiem**) *m* drawing.

rysunkowy *adj* drawing *attr*; **film rysunkowy** cartoon.

ry|ś (**-sia, -sie**) *m* lynx.

ryt|m (**-mu, -my**) (*loc sg* **-mie**) *m* rhythm.

rytmiczny *adj* (*piosenka, wiersz, oddech*) rhythmic(al); (*dostawy*) regular.

rytualny *adj* ritual.

rytua|ł (**-łu, -ły**) (*loc sg* **-le**) *m* ritual.

rywal (**-a, -e**) (*gen pl* **-i**) *m* rival.

rywalizacj|a (**-i**) *f* rivalry.

rywaliz|ować (**-uję, -ujesz**) *vi:* **rywalizować z kimś o coś** to compete with sb for sth; **rywalizować (ze sobą)** to compete.

ryzy|ko (**-ka**) (*instr sg* **-kiem**) *m* risk.

ryzyk|ować (**-uję, -ujesz**) (*perf* **za-**) *vt* to risk ▸ *vi* to take a risk *lub* chance.

ryzykowny *adj* risky.

ryż (**-u**) *m* rice.

rz. *abbr* (= *rzeka*) R. (= *river*).

rzad|ki (*comp* **-szy**) *adj* (*nie gęsty*) thin; (*nieczęsty*) rare.

rza|dko (*comp* **rzadziej**) *adv* (*nieczęsto*) rarely, seldom; (*w dużych odstępach*) sparsely; **rzadko kto** hardly anyone; **rzadko kiedy** hardly ever.

rzadkoś|ć (**-ci**) *f* rarity.

rząd[1] (**rzędu, rzędy**) (*loc sg* **rzędzie**) *m* (*szereg*) row, line; (*BOT, ZOOL*) order; **w pierwszym rzędzie** primarily.

rzą|d[2] (**-du, -dy**) (*loc sg* **-dzie**) *m* government; **rządy** *pl* rule.

rządowy *adj* government *attr*.

rzą|dzić (**-dzę, -dzisz**) (*imp* **-dź**) *vt:* **rządzić** *+instr* to rule over, to govern ▸ *vi* (*sprawować rządy*) to rule, to govern; (*kierować*) to be in charge.

▸**rządzić się** *vr* to throw one's weight about.

rzecz (**-y, -y**) (*gen pl* **-y**) *f* thing; **rzeczy** *pl* (*dobytek, ubrania*) things *pl*; **to nie ma nic do rzeczy** that's beside the point; **mówić od rzeczy** to talk nonsense; **na rzecz** *+gen* (*składka*) in aid of; (*zrzeczenie się*) in favour (*BRIT*) *lub* favor (*US*) of; **ogólnie rzecz biorąc** in general; **w gruncie rzeczy** in fact, essentially.

rzecznicz|ka (**-ki, -ki**) (*dat sg* **-ce**, *gen pl* **-ek**) *f* spokeswoman.

reczni|k (**-ka, -cy**) (*instr sg* **-kiem**) *m* spokesman; **rzecznik prasowy** spokesperson.

rzeczowni|k (**-ka, -ki**) (*instr sg* **-kiem**) *m* noun.

rzeczowy *adj* matter-of-fact; **dowód rzeczowy** (*PRAWO*) exhibit.

rzeczoznawc|a (**-y, -y**) *m* expert.

rzeczywistoś|ć (**-ci**) *f* reality; **odpowiadać rzeczywistości** to correspond with the facts; **w rzeczywistości** in reality *lub* fact.

rzeczywisty *adj* real.

rzeczywiście *adv* really.

rze|ka (**-ki, -ki**) (*dat sg* **-ce**) *f* river; **nad rzeką** on *lub* by the river; **w dół/górę rzeki** up/down the river.

rzekomo *adv* allegedly.

rzekomy *adj* alleged.

rzemieślni|k (**-ka, -cy**) (*instr sg* **-kiem**) *m* craftsman, artisan.

rzemio|sło (**-sła, -sła**) (*loc sg* **-śle**) *nt*

(*drobna wytwórczość*) craftsmanship, artisanship; (*zawód*) trade.

rze|p (**-pu**, **-py**) (*loc sg* **-pie**) *m* (*BOT*) burr; (*zapięcie*) Velcro ®; **przyczepić się jak rzep do psiego ogona** (*pot*) to stick like a leech.

rze|pa (**-py**, **-py**) (*dat sg* **-pie**) *f* turnip.

rzepa|k (**-ku**, **-ki**) (*instr sg* **-kiem**) *m* (*BOT*) rape.

rzep|ka (**-ki**, **-ki**) (*dat sg* **-ce**, *gen pl* **-ek**) *f* (*ANAT*) kneecap.

rześki *adj* brisk.

rzetelny *adj* reliable.

rze|ź (**-zi**, **-zie**) (*gen pl* **-zi**) *f* (*ubój zwierząt*) slaughter; (*przen*) slaughter, carnage.

rzeź|ba (**-by**, **-by**) (*dat sg* **-bie**) *f* sculpture.

rzeźbiarst|wo (**-wa**) (*loc sg* **-wie**) *nt* sculpture.

rzeźbiarz (**-a**, **-e**) (*gen pl* **-y**) *m* sculptor.

rzeź|bić (**-bię**, **-bisz**) (*perf* **wy-**) *vt* to sculpt.

rzeź|nia (**-ni**, **-nie**) (*gen pl* **-ni**) *f* slaughterhouse, abattoir.

rzeźni|k (**-ka**, **-cy**) (*instr sg* **-kiem**) *m* butcher; (*pot: sklep*) butcher's (shop).

rzeżącz|ka (**-ki**) (*dat sg* **-ce**) *f* gonorrhoea (*BRIT*), gonorrhea (*US*).

rzeżu|cha (**-chy**, **-chy**) (*dat sg* **-sze**) *f* cress.

rzę|sa (**-sy**, **-sy**) (*dat sg* **-sie**) *f* (eye)lash.

rzęsisty *adj* (*deszcz*) torrential; (*oklaski*) thunderous.

rzę|zić (**-żę**, **-zisz**) (*imp* **-ź**) *vi* to wheeze.

rzodkiew|ka (**-ki**, **-ki**) (*dat sg* **-ce**, *gen pl* **-ek**) *f* radish.

rzu|cać (**-cam**, **-casz**) (*perf* **-cić**) *vt* (*piłkę, kamień*) to throw; (*cień, kostkę, spojrzenie*) to throw, to cast; (*rodzinę, dom*) to abandon, to desert; (*chłopaka, dziewczynę*) to drop, to jilt; (*palenie, wódkę, pracę*) to quit;

(*uwagę, słówko*) to throw in ♦ *vi* (*o autobusie, o samochodzie*) to toss.

rzu|t (**-tu**, **-ty**) (*loc sg* **-cie**) *m* (*rzucenie*) throw; (*porcja, etap*) batch; (*GEOM*) projection; (*TECH, ARCHIT*) projection, view; **rzut dyskiem/oszczepem** the discus/javelin; **rzut młotem** (*SPORT*) hammer throw; **rzut karny/rożny/wolny** penalty/corner/free kick; **na pierwszy rzut oka** at first glance *lub* sight, on the face of it.

rzutni|k (**-ka**, **-ki**) (*instr sg* **-kiem**) *m* projector.

rzut|ować (**-uje**) *vi*: **rzutować na coś** to impinge on sth.

rzyg|ać (**-am**, **-asz**) (*perf* **-nąć**) *vi* (*pot*) to puke (*pot*).

Rzy|m (**-mu**) (*loc sg* **-mie**) *m* Rome.

Rzymia|nin (**-nina**, **-nie**) (*loc sg* **-ninie**, *gen pl* **-n**) *m* Roman.

rzymski *adj* Roman.

rzymskokatolicki *adj* Roman Catholic.

rż|eć (**-ę**, **-ysz**) (*imp* **-yj**, *perf* **za-**) *vi* to neigh.

rż|nąć (**-nę**, **-niesz**) (*imp* **-nij**, *perf* **u-**) *vt* (*piłować*) to saw; (*ciąć*) to cut.

S

s. *abbr* (= *strona*) p. (= page).

SA, S.A. *abbr* (= *spółka akcyjna*) Co. (= Company).

sabotaż (**-u**, **-e**) (*gen pl* **-y**) *m* sabotage.

sabot|ować (**-uję**, **-ujesz**) *vt* to sabotage.

sa|d (**-du**, **-dy**) (*loc sg* **-dzie**) *m* orchard.

sad|ło (**-ła**) (*loc sg* **-le**) *nt* (*na ciele*) fat; (*produkt*) suet.

sadownict|wo (-wa) (*loc sg* -wie) *nt* fruit-growing, orcharding.

sady|sta (-sty, -ści) (*loc sg* -ście) *m decl like f in sg* sadist.

sadystyczny *adj* sadistic.

sadyz|m (-mu) (*loc sg* -mie) *m* sadism.

sadz|a (-y, -e) (*gen pl* -y) *f* soot.

sadzaw|ka (-ki, -ki) (*dat sg* -ce, *gen pl* -ek) *f* pond.

sa|dzić (-dzę, -dzisz) (*imp* -dź) *vt* (*perf* po- *lub* za-) to plant.

sadzon|ka (-ki, -ki) (*dat sg* -ce, *gen pl* -ek) *f* (*flanca*) seedling.

sadzony *adj*: **jajko sadzone** fried egg.

sa|ga (-gi, -gi) (*dat sg* -dze) *f* saga.

Saha|ra (-ry) (*dat sg* -rze) *f* the Sahara.

sakramen|t (-tu, -ty) (*loc sg* -cie) *m* (*REL*) sacrament.

saksofo|n (-nu, -ny) (*loc sg* -nie) *m* sax(ophone).

sal|a (-i, -e) *f* (*duża*) hall; (*mała*) room; (*przen: publiczność*) (the) audience; **sala lekcyjna** classroom; **sala wykładowa** lecture hall; **sala gimnastyczna** gymnasium, gym (*pot*); **sala operacyjna** (operating) theatre (*BRIT*), operating room (*US*).

salamand|ra (-ry, -ry) (*dat sg* -rze, *gen pl* -er) *f* salamander.

salami *nt inv* (*wędlina*) salami.

salater|ka (-ki, -ki) (*dat sg* -ce, *gen pl* -ek) *f* salad bowl.

salceso|n (-nu, -ny) (*loc sg* -nie) *m* (*czarny*) black *lub* blood pudding (*BRIT*), blood sausage (*US*); (*biały*) brawn (*BRIT*), headcheese (*US*).

sal|do (-da, -da) (*loc sg* -dzie) *nt* (*KSIĘGOWOŚĆ*) balance.

salmonell|a (-i, -e) (*gen pl* -i) *f* salmonella.

salo|n (-nu, -ny) (*loc sg* -nie) *m* (*pokój*) living *lub* sitting *lub* drawing room, lounge; (*też*: **salon wystawowy**) showroom; **salon fryzjerski** hair(dressing) salon; **salon piękności** *lub* **kosmetyczny** beauty salon *lub* parlour (*BRIT*) *lub* shop (*US*); **salon gier** amusement arcade; **salon gry** casino.

salow|a (-ej, -e) *f decl like adj* orderly.

sal|to (-ta, -ta) (*loc sg* -cie) *nt* somersault.

salu|t (-tu, -ty) (*loc sg* -cie) *m* (*WOJSK*) salute.

salut|ować (-uję, -ujesz) (*perf* za-) *vi* (*WOJSK*): **salutować (komuś)** to salute (sb).

sal|wa (-wy, -wy) (*dat sg* -wie) *f* volley, salvo; **salwy śmiechu** peals of laughter.

sała|ta (-ty, -ty) (*dat sg* -cie) *f* lettuce.

sałat|ka (-ki, -ki) (*dat sg* -ce, *gen pl* -ek) *f* salad; **sałatka owocowa/warzywna** *lub* **z warzyw** fruit/vegetable salad.

─────SŁOWO KLUCZOWE─────

sam¹ *pron decl like adj* **1** (*samodzielnie*): **sam to zrobiłem** I did it myself; **talerz sam się rozbił** the plate broke by itself. **2** (*samotny*): **przyszła sama** she came alone *lub* on her own. **3** (*uściśla czas, miejsce, termin*): **na samej górze** at the very top; **to jest w sam raz** this is just right; **w samą porę** just in time. **4** (*bez dodatków*): **same kłopoty** nothing but trouble; **same drobne (pieniądze)** only small change. **5** (*o wystarczającej przyczynie/racji*): **na samą myśl o czymś** at the very *lub* mere thought of sth. **6** (*podkreślenie ważności*): **sam prezydent tam był** the President himself was there. **7** (*w połączeniach z „sobie", „siebie", „się"*): **sam sobie wszystko zawdzięczam** I owe everything to myself. **8** (*w połączeniach z „ten",*

„*taki*"): **taki sam** identical; **ten sam** the same; **w tym samym czasie** at the same time.

sa|m² (**-mu, -my**) (*loc sg* **-mie**) *m* self-service shop.

samic|a (**-y, -e**) *f* female.

sa|miec (**-mca, -mce**) *m* male.

samo *pron decl like adj patrz* **sam ♦** *pron inv*: **tak samo** (*podobnie*) similarly, likewise; (*w ten sam sposób*) in the same way.

samobójc|a (**-y, -y**) *m* suicide (*person*).

samobójczy *adj* (*akt, nastrój*) suicidal.

samobójst|wo (**-wa, -wa**) (*loc sg* **-wie**) *nt* suicide; **popełniać** (**popełnić** *perf*) **samobójstwo** to commit suicide.

samochodowy *adj*: **wypadek samochodowy** car crash *lub* accident; **pojazd/przemysł samochodowy** motor vehicle/industry; **mapa samochodowa** road map; **wyścigi samochodowe** motor racing.

samochodzi|k (**-ku, -ki**) (*instr sg* **-kiem**) *m dimin od* **samochód**; (*zabawka*) toy car; **samochodziki** *pl* (*w wesołym miasteczku*) dodgems *pl* (*BRIT*), bumper cars *pl* (*US*).

samoch|ód (**-odu, -ody**) (*loc sg* **-odzie**) *m* (motor)car, automobile; **samochód ciężarowy** lorry (*BRIT*), truck (*US*); **samochód osobowy** car; (**jechać**) **samochodem** (to go) by car.

samodzielnie *adv* (*bez pomocy*) single-handed(ly), unaided; (*odrębnie*) independently.

samodzielnoś|ć (**-ci**) *f* independence.

samodzielny *adj* (*człowiek*) independent, self-reliant; (*praca,*

dzieło) independent; (*mieszkanie*) self-contained.

samogłos|ka (**-ki, -ki**) (*dat sg* **-ce**, *gen pl* **-ek**) *f* vowel.

samogwał|t (**-tu**) (*loc sg* **-cie**) *m* masturbation.

samokrytyczny *adj* self-critical.

samolo|t (**-tu, -ty**) (*loc sg* **-cie**) *m* (aero)plane (*BRIT*), (air)plane (*US*); (**lecieć**) **samolotem** (to go) by plane.

samolubny *adj* selfish.

samoobro|na (**-ny**) (*dat sg* **-nie**) *f* (*obrona samego siebie*) self-defence; (*obrona cywilna*) civil defence.

samoobsłu|ga (**-gi**) (*dat sg* **-dze**) *f* self-service.

samopoczuci|e (**-a**) *nt* mood.

samorzą|d (**-du, -dy**) (*loc sg* **-dzie**) *m*: **samorząd miejski** town/city council; **samorząd terytorialny** local government.

samorządnoś|ć (**-ci**) *f* self-government.

samorządny *adj* self-governing.

samorządowy *adj* council *attr*.

samorzutny *adj* spontaneous.

samosą|d (**-du**) (*loc sg* **-dzie**) *m* lynch law.

samotni|k (**-ka, -cy**) (*instr sg* **-kiem**) *m* loner.

samotnoś|ć (**-ci**) *f* loneliness, solitude.

samotny *adj* (*człowiek, spacer, życie*) lonely; (*drzewo, dom*) solitary, lone; (*matka, ojciec*) single, lone.

samoucz|ek (**-ka, -ki**) (*instr sg* **-kiem**) *m*: **samouczek języka angielskiego** a "Teach Yourself English" book.

samou|k (**-ka, -cy** *lub* **-ki**) (*instr sg* **-kiem**) *m*: **być samoukiem** to be self-educated *lub* self-taught.

samowol|a (**-i**) *f* licence (*BRIT*), license (*US*), wilfulness (*BRIT*), willfulness (*US*).

samowolny *adj* (*człowiek*) wilful

(*BRIT*), willful (*US*), self-willed; (*decyzja, postępowanie*) arbitrary.

samowystarczalny *adj* self-sufficient.

samowyzwalacz (-a, -e) (*gen pl* -y) *m* (*FOT*) self-timer.

samozaparci|e (-a) *nt* persistence.

samozwańczy *adj* self-appointed, self-styled.

sanatori|um (-um, -a) (*gen pl* -ów) *nt inv in sg* sanatorium.

sandał (-a, -y) *m* sandal; **sandały** *pl* sandals *pl*.

sa|nie (-ń *lub* -ni) *nt* sleigh.

sanitariusz (-a, -e) (*gen pl* -y) *m* orderly.

sanitarny *adj* (*warunki, urządzenia*) sanitary; **punkt sanitarny** (*WOJSK*) dressing station.

sankcj|a (-i, -e) (*gen pl* -i) *f* sanction.

sankcjon|ować (-uję, -ujesz) (*perf* u-) *vt* to sanction, to legitimize.

san|ki (-ek) *pl* sledge (*BRIT*), sled (*US*); **jeździć na sankach** to sledge (*BRIT*), to sled (*US*).

sanktuari|um (-um, -a) (*gen pl* -ów) *nt inv in sg* shrine, sanctuary.

sa|pać (-pię, -piesz) (*perf* -pnąć) *vi* to pant, to puff.

sape|r (-ra, -rzy) (*loc sg* -rze) *m* sapper.

saper|ka (-ki, -ki) (*dat sg* -ce, *gen pl* -ek) *f* camp shovel.

sardyn|ka (-ki, -ki) (*dat sg* -ce, *gen pl* -ek) *f* sardine.

sarkastyczny *adj* sarcastic.

sarkaz|m (-mu) (*loc sg* -mie) *m* sarcasm.

sarkofa|g (-gu, -gi) (*instr sg* -giem) *m* sarcophagus.

sar|na (-ny, -ny) (*loc sg* -nie, *gen pl* -en) *f* roe (deer).

saszet|ka (-ki, -ki) (*dat sg* -ce, *gen pl* -ek) *f* travel document organizer.

satani|sta (-sty, -ści) (*loc sg* -ście) *m decl like f in sg* Satanist.

sataniz|m (-mu) (*loc sg* -mie) *m* Satanism.

sateli|ta (-ty, -ty) (*loc sg* -cie) *m decl like f in sg* (*obiekt, państwo*) satellite; (*pot. antena satelitarna*) (satellite) dish.

satelitarny *adj*: **telewizja/antena satelitarna** satellite television/dish.

saty|ra (-ry, -ry) (*dat sg* -rze) *f* satire.

satyryczny *adj* (*program*) comedy *attr*; (*utwór*) satirical.

satyry|k (-ka, -cy) (*instr sg* -kiem) *m* (*występujący*) comedian; (*piszący*) satirist.

satysfakcj|a (-i) *f* satisfaction.

satysfakcjon|ować (-uję, -ujesz) (*perf* u-) *vt* to satisfy.

sau|na (-ny, -ny) (*dat sg* -nie) *f* sauna.

są *vb patrz* **być**.

sącz|yć (-ę, -ysz) *vt* (*pić powoli*) (*perf* wy-) to sip.

►**sączyć się** *vr* (*wypływać*) to ooze, to trickle; (*przeciekać*) to leak.

są|d (-du, -dy) (*loc sg* -dzie) *m* (*instytucja, budynek*) court (of justice *lub* law), law court; (*rozprawa*) trial.

sądownict|wo (-wa) (*loc sg* -wie) *nt* the judiciary, judicature.

sądowniczy *adj* judiciary.

sądownie *adv* (*zając lokal*) legally; (*dochodzić praw*) through legal action, in court; **ścigać kogoś sądownie** to prosecute *lub* sue sb.

sądowy *adj* (*system*) judicial; (*procedura, koszty*) legal; (*medycyna*) forensic.

są|dzić (-dzę, -dzisz) (*imp* -dź) *vt* (*perf* o-) (*PRAWO*) to try ♦ *vi* to suppose, to think; **tak sądzę** I suppose so; **nie sądzę** (*raczej nie*) I don't think so; **co o tym sądzisz?** what do you think (of that)?

sąsi|ad (-ada, -edzi) *m* neighbour (*BRIT*), neighbor (*US*).

sąsiad|ować (-uję, -ujesz) *vi*: **sąsiadować z** +*instr* (*być sąsiadem*) to live next door to; (*graniczyć*) to neighbour (*BRIT*) lub neighbor (*US*) on.

sąsiedni *adj* (*pokój*) next, adjoining; (*kraj*) neighbouring (*BRIT*), neighboring (*US*).

sąsiedzki *adj* neighbourly (*BRIT*), neighborly (*US*).

sąsiedzt|wo (-wa) (*loc sg* -wie) *nt* (*sąsiadowanie*) neighbourhood (*BRIT*), neighborhood (*US*); (*pobliże*): **w sąsiedztwie** +*gen* in the neighbo(u)rhood lub vicinity of.

S.C. *abbr* = **spółka cywilna**.

scalony *adj*: **układ** lub **obwód scalony** integrated circuit.

sce|na (-ny, -ny) (*dat sg* -nie) *f* scene; (*podwyższenie w teatrze*) stage; (*przen: teatr*) the stage; **scena polityczna** political scene.

scenariusz (-a, -e) (*gen pl* -y) *n* (*filmowy*) screenplay, script; (*przen*) scenario.

scenarzy|sta (-sty, -ści) (*loc sg* -ście) *m decl like f in sg* screenwriter, scriptwriter.

sceneri|a (-i, -e) (*gen pl* -i) *f* scenery.

scenogra|f (-fa, -fowie) (*loc sg* -fie) *m* (*TEATR*) set lub stage designer; (*FILM*) set designer lub decorator.

scenografi|a (-i, -e) (*gen pl* -i) *f* (*TEATR*) set lub stage design; (*FILM*) set design lub decoration.

scentralizowany *adj* centralized.

sceptycyz|m (-mu) (*loc sg* -mie) *m* scepticism, skepticism (*US*).

sceptyczny *adj* sceptical, skeptical (*US*).

scepty|k (-ka, -cy) (*instr sg* -kiem) *m* sceptic, skeptic (*US*).

scha|b (-bu, -by) (*loc sg* -bie) *m* pork loin.

schabowy *adj*: **(kotlet) schabowy** pork chop.

schema|t (-tu, -ty) (*loc sg* -cie) *m*

(*postępowania*) pattern; (*urządzenia*) diagram, chart.

schematycznie *adv* (*przedstawić*) schematically; (*działać, grać*) conventionally.

schematyczny *adj* (*rysunek, mapa*) schematic; (*szablonowy*) conventional.

schizofreni|a (-i) *f* schizophrenia.

schizofreni|k (-ka, -cy) (*instr sg* -kiem) *m* schizophrenic.

schle|biać (-biam, -biasz) (*perf* -bić) *vi*: **schlebiać komuś** to flatter sb.

schludny *adj* neat, tidy.

schłodzony *adj* chilled.

sch|nąć (-nę, -niesz) (*imp* -nij) *vi* (*o bieliźnie, farbie*) (*perf* **wy-**) to dry; (*o chlebie*) to become lub get stale; (*o kwiatach*) (*perf* **u-**) to wither.

schod|ek (-ka, -ki) (*instr sg* -kiem) *m* (*stopień*) step.

schodowy *adj*: **klatka schodowa** staircase.

schod|y (-ów) *pl* stairs *pl*; **ruchome schody** escalator.

scho|dzić (-dzę, -dzisz) (*imp* -dź, *perf* **zejść**) *vi* (*iść w dół*) to go down; (*z konia, roweru*) to dismount, to get off; (*z fotela, kanapy*) to get off; (*o plamie, pierścionku*) to come off.

▸**schodzić się** *vr* (*gromadzić się*) to gather; (*o drogach, liniach*) to join.

schorowany *adj* ailing.

schorze|nie (-nia, -nia) (*gen pl* -ń) *nt* illness.

schow|ać (-am, -asz) *vb perf od* **chować**.

schow|ek (-ka, -ki) (*instr sg* -kiem) *m* (*kryjówka*) hiding place; (*w samochodzie*) glove compartment.

schro|n (-nu, -ny) (*loc sg* -nie) *m* (*WOJSK*) shelter.

schronie|nie (-nia, -nia) (*gen pl* -ń) *nt* shelter.

schronis|ko (-ka, -ka) (*instr sg* -kiem) *nt* (*górskie*) chalet, hut;

(*turystyczne, młodzieżowe*) hostel; (*dla zwierząt*) shelter.

schud|nąć (**-nę, -niesz**) (*imp* **-nij**) *vb perf od* **chudnąć**.

schwy|cić (**-cę, -cisz**) (*imp* **-ć**) *vt perf* (*złapać*) to catch.

schwyt|ać (**-am, -asz**) *vb perf od* **chwytać**; (*zbiega, przestępcę*) to capture; **schwytać kogoś na gorącym uczynku** to catch sb red-handed *lub* in the act.

schyl|ać (**-am, -asz**) *vt*: **schylać głowę** to bow one's head. ►**schylać się** *vr* to stoop.

scyzory|k (**-ka, -ki**) (*instr sg* **-kiem**) *m* penknife.

sean|s (**-su, -se**) (*loc sg* **-sie**) *m* (*FILM, TV*) show.

secesj|a (**-i**) *f* (*książk*) secession; (*SZTUKA*) art nouveau.

secesyjny *adj* (*SZTUKA*) art nouveau *attr*; **wojna secesyjna** (*HIST*) the Civil War (*1861-65*).

sede|s (**-su, -sy**) (*loc sg* **-sie**) *m* (*muszla klozetowa*) toilet bowl; (*deska klozetowa*) toilet seat.

sed|no (**-na**) (*loc sg* **-nie**) *nt* (*istota*) essence; **sedno sprawy** heart of the matter.

segmen|t (**-tu, -ty**) (*loc sg* **-cie**) *m* (*element*) segment; (*mebel*) wall unit set.

segregacj|a (**-i**) *f* segregation.

segregato|r (**-ra, -ry**) (*loc sg* **-rze**) *m* (*teczka*) file binder.

segreg|ować (**-uję, -ujesz**) (*perf* **po-**) *vt* to file.

sej|f (**-fu, -fy**) (*loc sg* **-fie**) *m* safe.

sej|m (**-mu, -my**) (*loc sg* **-mie**) *m* the Seym (*lower house of the Polish Parliament*).

sejsmiczny *adj* seismic.

sejsmologiczny *adj* seismological.

sek. *abbr* (= **sekunda**) sec.

sekato|r (**-ra, -ry**) (*loc sg* **-rze**) *m* garden shears *pl*.

sekcj|a (**-i, -e**) (*gen pl* **-i**) *f* (*dział, oddział*) section; (*też*: **sekcja zwłok**) autopsy, post-mortem.

sekre|t (**-tu, -ty**) (*loc sg* **-cie**) *m* secret.

sekretaria|t (**-tu, -ty**) (*loc sg* **-cie**) *m* (*zespół ludzi*) secretarial staff, secretariat; (*pomieszczenie*) secretary's office, secretariat.

sekretar|ka (**-ki, -ki**) (*dat sg* **-ce**, *gen pl* **-ek**) *f* secretary; **automatyczna sekretarka** answering machine.

sekretarz (**-a, -e**) (*gen pl* **-y**) *m* secretary.

sekretarzy|k (**-ka, -ki**) (*instr sg* **-kiem**) *m* writing desk.

sek|s (**-su**) (*loc sg* **-sie**) *m* sex.

seksistowski *adj* sexist.

seksowny *adj* (*pot*) sexy.

sekste|t (**-tu, -ty**) (*loc sg* **-cie**) *m* sextet.

seksualny *adj* sexual.

seksuolo|g (**-ga, -dzy** *lub* **-gowie**) (*instr sg* **-giem**) *m* sexologist.

sek|ta (**-ty, -ty**) (*loc sg* **-cie**) *f* sect.

sekto|r (**-ra, -ry**) (*loc sg* **-rze**) *m* sector.

sekun|da (**-dy, -dy**) (*dat sg* **-dzie**) *f* second; **sekundę!** (*pot*) just a sec(ond)! (*pot*).

sekundni|k (**-ka, -ki**) (*instr sg* **-kiem**) *m* second hand.

Sekwa|na (**-ny**) (*dat sg* **-nie**) *f* the Seine.

sekwencj|a (**-i, -e**) (*gen pl* **-i**) *f* sequence.

sekwoj|a (**-i, -je**) (*gen pl* **-i**) *f* (*BOT*) sequoia.

seledynowy *adj* celadon (green), willow-green.

selekcj|a (**-i**) *f* selection.

selekcjon|ować (**-uję, -ujesz**) (*perf* **wy-**) *vt* to sort, to size.

selektywny *adj* selective.

sele|r (**-ra, -ry**) (*loc sg* **-rze**) *m* (*korzeniowy*) celeriac; (*łodygowy*) celery.

semafo|r (-ra, -ry) (*loc sg* -rze) *m* semaphore.

semantyczny *adj* (*JĘZ*) semantic.

semest|r (-ru, -ry) (*loc sg* -rze) *m* semester.

semicki *adj* Semitic.

seminari|um (-um, -a) (*gen pl* -ów) *nt inv in sg* seminar; (*też:* **seminarium duchowne**) seminary.

sen (snu, sny) (*loc sg* **śnie**) *m* sleep; (*marzenie senne*) dream; **mieć zły sen** to have a bad dream; **we śnie** in one's sleep; **sen zimowy** (*ZOOL*) hibernation.

senacki *adj* (*komisja*) senate *attr*.

sena|t (-tu, -ty) (*loc sg* -cie) *m* senate.

senato|r (-ra, -rowie *lub* -rzy) (*loc sg* -rze) *m* senator.

senio|r (-ra, -rzy) (*loc sg* -rze) *m* senior.

senność|ć (-ci) *f* sleepiness, drowsiness.

senny *adj* sleepy, drowsy.

sen|s (-su) (*loc sg* -sie) *m* (*racjonalność*) point; (*znaczenie*) sense; **bez sensu** pointless; **w pewnym sensie** in a sense; **to nie ma sensu** there's no point in it; **nie ma sensu płakać** there's no point in crying, it *lub* there is no use crying.

sensacj|a (-i, -e) (*gen pl* -i) *f* sensation.

sensacyjny *adj* (*wiadomość, artykuł*) sensational; (*film, powieść*) detective *attr*.

sensowny *adj* sensible, reasonable.

sentencj|a (-i, -e) (*gen pl* -i) *f* maxim, saying.

sentymen|t (-tu, -ty) (*loc sg* -cie) *m* fondness.

sentymentalny *adj* sentimental.

separacj|a (-i) *f* (*PRAWO*) separation; **być/żyć w separacji** to be separated.

separat|ka (-ki, -ki) (*dat sg* -ce, *gen pl* -ek) *f* (*MED*) isolation room.

separatystyczny *adj* (*POL*) separatist.

separ|ować (-uję, -ujesz) (*perf* od-) *vt* (*chorych*) to isolate; (*małżonków*) to separate.

▶**separować się** *vr*: **separować się (od kogoś/czegoś)** to isolate o.s. (from sb/sth).

seple|nić (-nię, -nisz) (*imp* -ń) *vi* to lisp.

se|r (-ra, -ry) (*loc sg* -rze) *m* cheese; **biały ser** cottage cheese; **żółty ser** hard cheese.

Ser|b (-ba, -bowie) (*loc sg* -bie) *m* Serb.

Serbi|a (-i) *f* Serbia.

serbski *adj* Serb(ian).

serbsko-chorwacki *adj* Serbo-Croat(ian) ♦ *m decl like adj* (*język*) Serbo-Croat(ian).

serc|e (-a, -a) *nt* (*nom pl* -a) heart; **bez serca** heartless; **całym sercem** *lub* **z całego serca** wholeheartedly, with all one's heart; **z głębi serca** from the bottom of one's heart; **ktoś nie ma do czegoś serca** sb's heart is not in sth.

serdecznie *adv* (*witać, dziękować*) cordially, warmly; (*uśmiać się, ubawić się*) heartily.

serdeczny *adj* (*przyjaciel*) bosom *attr*; (*list*) warm; (*śmiech*) hearty; **serdeczny palec** ring finger; **serdeczne pozdrowienia** best greetings.

ser|ek (-ka, -ki) (*instr sg* -kiem) *m* *dimin od* **ser** cheese; **serek topiony** processed cheese; **serek grani** cottage cheese.

serena|da (-dy, -dy) (*dat sg* -dzie) *f* serenade.

seri|a (-i, -e) (*gen pl* -i) *f* (*nieszczęść, wypadków*) series; (*zastrzyków*) course; (*znaczków*) set; (*rozmów*)

round; (*produktu*) batch; **seria
wystrzałów** a burst of fire.
serial (-u, -e) (*gen pl* -i) *m* series,
serial.
serio *adv* seriously; **mówisz (na)
serio?** are you (being) serious?
serni|k (-ka, -ki) (*instr sg* -kiem) *m*
cheesecake.
serpenty|na (-ny, -ny) (*dat sg* -nie) *f*
(*droga*) hairpin road, switchback;
(*taśma*) streamer.
ser|w (-wu, -wy) (*loc sg* -wie) *m*
(*SPORT*) serve.
serwe|r (-ra, -ry) (*loc sg* -rze) *m*
(*KOMPUT*) serwer.
serwe|ta (-ty, -ty) (*dat sg* -cie) *f*
tablecloth.
serwet|ka (-ki, -ki) (*dat sg* -ce, *gen pl*
-ek) *f dimin od* **serweta**; (*do ust, rąk*)
napkin; **serwetka papierowa** paper
napkin.
serwi|s (-su, -sy) (*loc sg* -sie) *m*
(*komplet naczyń*) service, set; (*też*:
serwis informacyjny) news bulletin;
(*obsługa*) service; (*TENIS*) serve.
serw|ować (-uję, -ujesz) (*perf* za-) *vt*
to serve; (*dowcipy, wiadomości*) to
tell ♦ *vi* (*SPORT*) to serve.
serwus *inv.* **serwus!** (*pot:* cześć!) hi!
(*pot*), howdy! (*pot:* US).
seryjny *adj* (*numer*) serial;
(*produkcja*) mass *attr*; (*produkt*)
mass-produced.
sesj|a (-i, -e) (*gen pl* -i) *f session*
(*UNIW: też*: **sesja egzaminacyjna**)
end-of-term examinations *pl*;
(*GIEŁDA*) trading session.
se|t (-ta, -ty) (*loc sg* -cie) *m* set.
sete|r (-ra, -ry) (*loc sg* -rze) *m* setter.
set|ka (-ki, -ki) (*dat sg* -ce, *gen pl* -ek)
f hundred; (*pot: kieliszek alkoholu*)
shot; **setki** (+*gen*) hundreds (of).
setn|a (-ej, -e) *f decl like adj*: **pięć
setnych** five hundredths.
setny *num decl like adj* hundredth.

sezam (-mu, -my) (*loc sg* -mie) *m*
sesame.
sezam|ki (-ków) *pl* sesame seed
snaps.
sezo|n (-nu, -ny) (*loc sg* -nie) *m*
season; **w/po sezonie** in/off season.
sezonowy *adj* seasonal.
sę|dzia (-dziego *lub* -dzi, -dziowie) *m
decl like adj lub f in sg* (*w sądzie*)
judge; (*w konkursie*) juror; (*w piłce
nożnej, boksie, hokeju*) referee; (*w
tenisie, krykiecie*) umpire.
sędzi|ować (-uję, -ujesz) *vi* (*w
meczu piłki nożnej, hokeja*) to
referee; (*w meczu tenisowym,
krykieta*) to umpire; (*PRAWO*) to
judge.
sędziwy *adj* aged.
sę|k (-ku, -ki) (*instr sg* -kiem) *m* knot
(*in wood*).
sę|p (-pa, -py) (*loc sg* -pie) *m* vulture;
(*przen*) predator.
sfałsz|ować (-uję, -ujesz) *vb perf od*
fałszować.
sfałszowany *adj* forged.
sfe|ra (-ry, -ry) (*dat sg* -rze) *f* (*obszar,
strefa*) zone; (*dziedzina, krąg, kula*)
sphere; (*warstwa społeczna*) class.
sfinans|ować (-uję, -ujesz) *vb perf
od* **finansować**.
sfink|s (-sa, -sy) (*loc sg* -sie) *m*
sphinx.
sfo|ra (-ry, -ry) (*dat sg* -rze) *f* pack.
sformułowa|nie (-nia, -nia) (*gen pl*
-ń) *nt* expression.
sfotograf|ować (-uję, -ujesz) *vb perf
od* **fotografować**.
sfrustrowany *adj* frustrated.
show-bizne|s (-su) (*loc sg* -sie) *m*
show business.
siać (**sieję, siejesz**) *vt* (*rzucać ziarno*)
(*perf* za- *lub* po-) to sow;
(*przen: szerzyć*) (*perf* za-) (*panikę*)
to spread.
siad|ać (-am, -asz) (*perf* siąść) *vi* to

sit (down); **proszę siadać!** please sit down.

siak *inv*: **tak czy siak** one way or the other.

sia|no (**-na**) (*loc sg* **-nie**) *nt* hay.

sianokos|y (**-ów**) *pl* haymaking.

siarcza|n (**-nu, -ny**) (*loc sg* **-nie**) *m* (*CHEM*) sulphate (*BRIT*) *lub* sulfate (*US*).

siarczysty *adj* (*mróz*) biting, sharp; (*policzek*) stinging; (*uderzenie*) powerful.

siar|ka (**-ki**) (*dat sg* **-ce**) *f* (*CHEM*) sulphur (*BRIT*) *lub* sulfur (*US*).

siarkowy *adj*: **kwas siarkowy** sulphuric (*BRIT*) *lub* sulfuric (*US*) acid.

siat|ka (**-ki, -ki**) (*dat sg* **-ce**, *gen pl* **-ek**) *f* (*materiał z plecionki*) mesh, net; (*ogrodzenie*) (wire) fence; (*rozmieszczenie, rozkład*) network; (*SPORT*) net; **siatka na zakupy** string bag.

siatkarz (**-a, -e**) (*gen pl* **-y**) *m* volleyball player.

siatkowy *adj*: **piłka siatkowa** volleyball.

siatków|ka (**-ki**) (*dat sg* **-ce**) *f* (*ANAT*) (*nom pl* **-ki**, *gen pl* **-ek**) retina; (*SPORT*) volleyball.

sią|ść (**-dę, -dziesz**) (*imp* **-dź**) *vb perf* od **siadać**.

sid|ła (**-eł**) *pl* snare; (*przen*) trap.

siebie (*see* **Table 3**) *pron* (*też*: **siebie samego**) oneself; (*też*: **siebie wzajemnie**) each other, one another; **przed siebie** right *lub* straight ahead; **być u siebie** (*w domu*) to be at home; (*w swoim pokoju*) to be in one's room; **czuj się jak u siebie (w domu)** make yourself at home; **jesteście o siebie zazdrośni** you are jealous of each other; **mów za siebie!** speak for yourself!; **obok siebie** side by side.

sie|ć (**-ci, -ci**) (*gen pl* **-ci**) *f* (*do połowu ryb*) net; (*pająka*) (cob)web; (*telefoniczna, komputerowa*) network; (*sklepów, restauracji*) chain; (*przen*: *pułapka*) trap.

siedem (*like*: **pięć**) *num* seven.

siedemdziesiąt (*like*: **dziesięć**) *num* seventy.

siedemdziesiąty *num decl like adj* seventieth; **siedemdziesiąty pierwszy** seventy-first.

siedemnasty *num decl like adj* seventeenth; **jest (godzina) siedemnasta** it's 5 P.M.

siedemnaście (*like*: **jedenaście**) *num* seventeen.

siedemset (*like*: **pięćset**) *num* seven hundred.

siedlis|ko (**-ka, -ka**) (*instr sg* **-kiem**) *nt* (*miejsce zamieszkania*) home; (*przen*) hotbed.

siedmiokrotny *adj* (*wzrost*) sevenfold; (*zwycięzca*) seven-times *attr*.

siedmioletni *adj* (*dziecko, samochód*) seven-year-old; (*plan*) seven-year.

siedmioro (*like*: **czworo**) *num* seven.

siedząco *adv*: **robić coś na siedząco** to do sth sitting down.

siedzący *adj* (*osoba*) sitting; (*praca*) sedentary; (*postawa*) sitting, sedentary; **miejsce siedzące** seat.

siedze|nie (**-nia, -nia**) (*gen pl* **-ń**) *nt* (*miejsce siedzące*) seat; (*pot*: *pośladki*) bottom.

siedzi|ba (**-by, -by**) (*dat sg* **-bie**) *f* seat, base; **główna siedziba** headquarters *pl*, head office; **firma ma swoją siedzibę w Warszawie** the firm is based *lub* seated in Warsaw.

sie|dzieć (**-dzę, -dzisz**) (*imp* **-dź**) *vi* (*znajdować się w pozycji siedzącej*) to sit; (*pot*: *przebywać*) to stay; (*pot*: *być w więzieniu*) to do time; (*SZKOL*: *powtarzać rok*) to repeat.

siekacz (-a, -e) (*gen pl* -y) *m* (*ANAT*) incisor.

siek|ać (-am, -asz) (*perf* po-) *vt* to chop.

siekie|ra (-ry, -ry) (*dat sg* -rze) *f* axe (*BRIT*), ax (*US*).

sielan|ka (-ki, -ki) (*dat sg* -ce, *gen pl* -ek) *f* idyll.

sie|mię (-mienia) *nt* birdseed; **siemię lniane** flaxseed, linseed.

sienny *adj*: **katar sienny** hay fever.

sie|ń (-ni, -nie) (*gen pl* -ni) *f* hall, vestibule.

sieroci|niec (-ńca, -ńce) *m* orphanage.

siero|ta (-ty, -ty) (*dat sg* -cie) *f lub m decl like f* orphan.

sier|p (-pa, -py) (*loc sg* -pie) *m* (*narzędzie*) sickle.

sier|pień (-pnia, -pnie) *m* August.

sierś|ć (-ci) *f* fur, coat.

sierżan|t (-ta, -ci) (*loc sg* -cie) *m* sergeant.

sie|w (-wu, -wy) (*loc sg* -wie) *m* sowing.

siewni|k (-ka, -ki) (*instr sg* -kiem) *m* (*ROL*) seeder.

---SŁOWO KLUCZOWE---

się (*see* **Table 3**) *pron inv* **1** (*siebie samego*) oneself; **widział/widzieli się w lustrze** he saw himself/they saw themselves in the mirror. **2** (*siebie wzajemnie*) each other, one another; **X i Y znają się dobrze** X and Y know each other very well. **3** (*tworzy stronę zwrotną czasownika*): **położyć się** to lie down; **czesać się** to comb one's hair; **zgubiłem się** I got lost. **4** (*jako odpowiednik strony biernej*): **ta książka sprzedaje się świetnie** this book sells very well. **5** (*bezosobowo*): **zrobiło się późno** it's got late.

sięg|ać (-am, -asz) (*perf* -nąć) *vt/vi* to reach; **sięgać po coś** to reach (out) for sth; **sięgać do słownika/notatek** to refer to a dictionary/one's notes.

sik|ać (-am, -asz) (*perf* -nąć) *vi* (*pot: tryskać*) to squirt; (*pot: oddawać mocz*) to piss.

sikor|ka (-ki, -ki) (*dat sg* -ce, *gen pl* -ek) *f* (*ZOOL*) tit.

siliko|n (-nu, -ny) (*loc sg* -nie) *m* silicone.

silnie *adv* (*uderzać*) hard; (*oddziaływać*) strongly; **silnie to przeżyła** she took it badly.

silni|k (-ka, -ki) (*instr sg* -kiem) *m* engine; **silnik elektryczny** electric motor.

silny *adj* strong; (*ból*) intense; (*lekarstwo, okulary*) strong, powerful; (*accent*) strong, thick.

silo|s (-su, -su) (*loc sg* -sie) *m* silo.

si|ła (-ły, -ły) (*dat sg* -le) *f* (*moc*) strength, power; (*intensywność*) intensity; strength; (*FIZ*) force; **siłą** by force; **w sile wieku** in one's prime; **siły** *pl* forces; **siły zbrojne** armed forces; **o własnych siłach** on one's own, unaided; **(nie) czuć się na siłach (coś zrobić)** (not) to feel up to doing sth.

siłacz (-a, -e) (*gen pl* -y) *m* strongman.

siłow|nia (-ni, -nie) (*gen pl* -ni) *f* (*SPORT*) body building gym; (*zakład energetyczny*) power plant.

siłowy *adj*: **ćwiczenia siłowe** weight training; **sport siłowy** weight lifting.

Singapu|r (-ru) (*loc sg* -rze) *m* Singapore.

sin|gel, sin|giel (-gla, -gle) (*gen pl* -gli) *m* (*płyta*) single; (*SPORT*) singles *pl*.

sinia|k (-ka, -ki) (*instr sg* -kiem) *m* bruise; (*pod okiem*) black eye.

sini|eć (-eję, -ejesz) (*perf* z- *lub* po-) *vi* to become *lub* turn blue.

sinu|s (**-sa**, **-sy**) (*loc sg* **-sie**) *m*
(*MAT*) sine.

siny *adj* blue.

siodeł|ko (**-ka**, **-ka**) (*instr sg* **-kiem**) *nt*
saddle.

siodł|ać (**-am**, **-asz**) (*perf* **o-**) *vt* to
saddle.

siod|ło (**-ła**, **-ła**) (*loc sg* **-le**, *gen pl* **-eł**)
nt saddle.

si|ostra (**-ostry**, **-ostry**) (*dat sg*
-ostrze, *gen pl* **-óstr**) *f* sister; (*też*:
siostra zakonna) nun, sister;
(*pielęgniarka*) nurse; **siostra
oddziałowa** ward sister.

siostrzenic|a (**-y**, **-e**) *f* niece.

siostrze|niec (**-ńca**, **-ńcy**) *m* nephew.

siódem|ka (**-ki**, **-ki**) (*dat sg* **-ce**, *gen pl*
-ek) *f* seven.

siódmy *num decl like adj* seventh;
jest (godzina) siódma it is seven
(o'clock); **na stronie siódmej** on
page seven.

sit|ko (**-ka**, **-ka**) (*instr sg* **-kiem**) *nt*
dimin od **sito**; **sitko do herbaty** tea
strainer.

si|to (**-ta**, **-ta**) (*loc sg* **-cie**) *nt* sieve;
(*kuchenne*) sieve, strainer.

sitowi|e (**-a**) *nt* bulrush.

siusi|ać (**-am**, **-asz**) *vi* (*pot*) to pee
(*pot*).

siusiu *nt inv* (*pot*): **robić (zrobić** *perf*)
siusiu to pee (*pot*).

siwi|eć (**-eję**, **-ejesz**) (*perf* **o-** *lub* **po-**)
vi to grey (*BRIT*) *lub* gray (*US*), to
turn grey (*BRIT*) *lub* gray (*US*).

siwi|zna (**-zny**) (*dat sg* **-źnie**) *f* grey
(*BRIT*) *lub* gray (*US*) hair.

siwy *adj* grey (*BRIT*), gray (*US*).

skacowany *adj* (*pot*) hung over.

skafand|er (**-ra**, **-ry**) (*loc sg* **-rze**) *m*
(*kurtka*) anorak (*BRIT*), wind breaker
(*US*); (*nurka*) diving suit;
(*astronauty*) spacesuit.

skaj (**-u**) *m* artificial leather,
leatherette (*BRIT*).

ska|kać (**-czę**, **-czesz**) (*perf* **skoczyć**)

vi (*wykonywać skok*) to jump;
(*podskakiwać*) to skip, to jump up
and down; (*o cenach*) to shoot up,
to jump.

skakan|ka (**-ki**, **-ki**) (*dat sg* **-ce**, *gen pl*
-ek) *f* (*zabawka*) skipping rope
(*BRIT*), jump rope (*US*).

skal|a (**-i**, **-e**) *f* scale;
(*przen: zainteresowań, barw*) range;
(*talentu*) breadth; **na małą/wielką
skalę** on a small/large scale.

skalecze|nie (**-nia**, **-nia**) (*gen pl* **-ń**)
nt cut.

skalecz|yć (**-ę**, **-ysz**) *vt perf* to cut.
▶**skaleczyć się** *vr perf* to cut o.s.

skalisty *adj* rocky.

skalny *adj* rocky; **ogród skalny**
rock-garden, rockery.

skal|p (**-pu**, **-py**) (*loc sg* **-pie**) *m* scalp.

skalpel (**-a**, **-e**) (*gen pl* **-i** *lub* **-ów**) *m*
scalpel.

ska|ła (**-ły**, **-ły**) (*dat sg* **-le**) *f* rock.

skamieniałoś|ć (**-ci**) *f* fossil.

skamieniały *adj* (*rośliny, zwierzęta*)
fossilized; (*przen: ze strachu*)
petrified.

skaml|ać, **skaml|eć** (**-am**, **-asz** *lub*
-ę, **-esz**) *vi* (*o psie*) to whine; (*pot*)
to whimper.

skandal (**-u**, **-e**) (*gen pl* **-i** *lub* **-ów**) *m*
scandal.

skandaliczny *adj* scandalous.

skand|ować (**-uję**, **-ujesz**) *vt* to chant.

Skandyna|w (**-wa**, **-wowie**) (*loc sg*
-wie) *m* Scandinavian.

Skandynawi|a (**-i**) *f* Scandinavia.

skandynawski *adj* Scandinavian;
Półwysep Skandynawski
Scandinavian Peninsula.

skane|r (**-ra**, **-ry**) (*loc sg* **-rze**) *m*
(*KOMPUT*) scanner.

skanse|n (**-nu**, **-ny**) (*loc sg* **-nie**) *m*
heritage park.

skar|b (**-bu**, **-by**) (*loc sg* **-bie**) *m*
treasure; **skarb państwa** (*EKON*) the
treasury.

skar|biec (-bca, -bce) *m* vault.

skarbni|k (-ka, -cy) (*instr sg* -kiem) *m* treasurer.

skarbon|ka (-ki, -ki) (*dat sg* -ce, *gen pl* -ek) *f* money-box, piggy bank.

skarbowy *adj* (*przepisy*) treasury *attr*; **urząd skarbowy** (*EKON*) ≈ Inland Revenue (*BRIT*), ≈ Internal Revenue Service (*US*).

skar|ga (-gi, -gi) (*dat sg* -dze) *f* complaint.

skarpe|ta (-ty, -ty) (*dat sg* -cie) *f* sock.

skarpet|ka (-ki, -ki) (*dat sg* -ce, *gen pl* -ek) *f* sock.

skarż|yć (-ę, -ysz) *vt*: **skarżyć kogoś (do sądu)** to sue sb ♦ *vi* (*perf* na-): **skarżyć na kogoś** to tell on sb.

►**skarżyć się** *vr* (*perf* po-) to complain; (*MED*): **skarżyć się na coś** to complain of sth; **skarżyć się na kogoś/coś** to complain about sb/sth.

skarżypy|ta (-ty, -ty) (*dat sg* -ce) *m decl like f in sg* (*pot*) telltale (*pot*).

skau|t (-ta, -ci) (*loc sg* -cie) *m* (boy) scout.

ska|za (-zy, -zy) (*dat sg* -zie) *f* flaw.

skaza|niec (-ńca, -ńcy) *m* (death row) convict.

skazany *adj* (*PRAWO*) convicted; (*przen*): **skazany na porażkę** *lub* **niepowodzenie** doomed to failure ♦ *m decl like adj* (*PRAWO*) convict.

skaz|ywać (-uję, -ujesz) (*perf* -ać) *vt* (*PRAWO*) to sentence; **skazać kogoś na 5 lat więzienia** to sentence sb to 5 years' imprisonment.

skażeni|e (-a) *nt* contamination.

skażony *adj* contaminated.

skąd *pron* where ... from; **skąd jesteś?** where are you from?; **skąd wiesz?** how do you know?

skądinąd *adv*: **wiem skądinąd, że ...** I know from other sources that ...;

człowiek **skądinąd znany** a man who isn't unknown.

skądś *pron* from somewhere.

ską|pić (-pię, -pisz) (*perf* po-) *vt*: **skąpić komuś czegoś** to grudge sb sth; **nie skąpić wysiłków** to spare no pains *lub* trouble.

ską|piec (-pca, -pcy) *m* miser.

skąpo *adv* (*oszczędnie*) sparingly; (*ubrany*) scantily.

skąpst|wo (-wa) (*loc sg* -wie) *nt* miserliness, tight-fistedness.

skąpy *adj* (*człowiek*) stingy, miserly; (*strój, informacje, światło*) scant.

skecz (-u, -e) (*gen pl* -y *lub* -ów) *m* skit.

skier|ować (-uję, -ujesz) *vb perf od* kierować.

skierowa|nie (-nia, -nia) (*gen pl* -ń) *nt* (*do lekarza, szpitala*) referral; (*do pracy*) appointment.

ski|n (-na, -ni *lub* -ny) (*loc sg* -nie) *m* skinhead.

ski|nąć (-nę, -niesz) (*imp* -ń) *vi perf* (*ręką*) to beckon; (*głową*) to nod; **skinąć na kogoś** to beckon sb.

sklej|ać (-am, -asz) (*perf* skleić) *vt* to glue together.

sklej|ka (-ki, -ki) (*dat sg* -ce, *gen pl* -ek) *f* plywood.

skle|p (-pu, -py) (*loc sg* -pie) *m* shop (*BRIT*), store (*US*); **sklep spożywczy** grocer's shop, grocery; **sklep mięsny** butcher's shop.

sklepie|nie (-nia, -nia) (*gen pl* -ń) *nt* (*ARCHIT*) vault.

sklepikarz (-a, -e) (*gen pl* -y) *m* shopkeeper (*BRIT*), storekeeper (*US*).

sklero|za (-zy) (*dat sg* -zie) *f* sclerosis.

skła|d (-du, -dy) (*loc sg* -dzie) *m* (*węgla, złomu*) yard; (*magazyn*) warehouse; (*zbiór składników*) makeup, composition; (*CHEM*) composition; (*DRUK*) typesetting; (*drużyny*) lineup; (*komisji*) makeup; **wchodzić (wejść** *perf***) w skład**

czegoś to be part of sth, to be included in sth.

skład|ać (**-am, -asz**) (*perf* **złożyć**) *vt* (*papier, leżak*) to fold; (*parasol*) to furl; (*silnik, mebel*) to put together, to assemble; (*węgiel, towar*) to store; (*dokumenty*) to turn *lub* hand in; (*ofertę, obietnicę*) to make; (*zażalenie*) to file; (*podziękowanie, kondolencje*) to offer, to express; (*wizytę, hołd*) to pay; **składać jaja** to lay eggs; **składać komuś wizytę** to pay sb a visit; **składać wniosek** to apply.

▸**składać się** *vr* (*o krześle, leżaku*) to fold up; (*pot. robić składkę*) to chip in (*pot*); **składać się z czegoś** to be made up of sth, to consist of sth; **dobrze/źle się składa, że ...** it's fortunate/unfortunate that ... .

składa|k (**-ka, -ki**) (*instr sg* **-kiem**) *m* (*rower*) folding *lub* fold-up *lub* collapsible bike; (*kajak*) inflatable canoe.

składan|ka (**-ki, -ki**) (*dat sg* **-ce**, *gen pl* **-ek**) *f* medley.

składany *adj* (*urządzenie, mebel*) folding, fold-up, collapsible; **łóżko składane** foldaway bed.

skład|ka (**-ki, -ki**) (*dat sg* **-ce**, *gen pl* **-ek**) *f* (*członkowska*) fee; (*ubezpieczeniowa*) premium; (*publiczna*) collection.

skład|nia (**-ni**) *f* (*JĘZ*) syntax.

składnic|a (**-y, -e**) *f* (*skład, magazyn*) storehouse; **składnica złomu** scrapyard.

składni|k (**-ka, -ki**) (*instr sg* **-kiem**) *m* (*element*) component, ingredient; (*MAT*) element.

skład|ować (**-uję, -ujesz**) *vt* to store.

składowy *adj* component *attr.*

skła|mać (**-mię, -miesz**) *vb perf od* **kłamać**.

skłani|ać (**-am, -asz**) (*perf* **skłonić**) *vt*: **skłaniać kogoś do zrobienia**

czegoś to induce *lub* persuade sb to do sth.

▸**skłaniać się** *vr*: **skłaniać się ku czemuś** *lub* **do czegoś** to incline *lub* lean towards sth.

skło|n (**-nu, -ny**) (*loc sg* **-nie**) *m* (*ćwiczenie*) (forward) bend.

skłonnoś|ć (**-ci, -ci**) (*gen pl* **-ci**) *f* (*podatność*) susceptibility; (*zamiłowanie, pociąg*) penchant.

skłonny *adj*: **skłonny do przeziębień** prone *lub* susceptible to colds; **skłonny do płaczu** given to crying.

skłó|cać (**-cam, -casz**) (*perf* **-cić**) *vt* to divide.

skne|ra (**-ry, -ry**) (*dat sg* **-rze**) *f/m decl like f* (*pot*) skinflint (*pot*).

skocz|ek (**-ka**) (*instr sg* **-kiem**) *m* (*SPORT*) jumper; (*SZACHY*) (*nom pl* **-ki**) knight; **skoczek spadochronowy** parachutist.

skocz|nia (**-ni, -nie**) (*gen pl* **-ni**) *f* (*też*: **skocznia narciarska**) ski jump.

skoczny *adj* (*taniec, muzyka*) lively.

skocz|yć (**-ę, -ysz**) *vb perf od* **skakać**.

skojarze|nie (**-nia, -nia**) (*gen pl* **-ń**) *nt* association.

sko|k (**-ku, -ki**) (*instr sg* **-kiem**) *m* jump; **skok w dal/wzwyż** long/high jump; **skoki narciarskie** ski-jumping; **skok o tyczce** pole vault.

skombin|ować (**-uję, -ujesz**) *vt perf* (*pot. załatwić*) to wangle (*pot*).

skomplikowany *adj* complicated.

skompromit|ować (**-uję, -ujesz**) *vb perf od* **kompromitować**.

skoncentrowany *adj* (*sok*) concentrated; (*uwaga*) concentrated, focused.

skondensowany *adj* (*zagęszczony*) condensed; **mleko skondensowane** evaporated milk.

skontakt|ować (**-uję, -ujesz**) *vb perf od* **kontaktować**.

skończony adj (zakończony) finished; (kompletny) utter, absolute; (MAT) finite.

skończy|ć (-ę, -ysz) vb perf od kończyć.

skor|ek (-ka, -ki) (instr sg -kiem) m (ZOOL) earwig.

skoro conj (ponieważ) since, as; **skoro tylko** as soon as.

skoroszy|t (-tu, -ty) (loc sg -cie) m file.

skorowidz (-a, -e) m index.

skorpio|n (-na, -ny) (loc sg -nie) m (ZOOL) scorpion; (ASTROLOGIA) Scorpio.

skorumpowany adj corrupt.

skoru|pa (-py, -py) (dat sg -pie) f (orzecha, ślimaka) shell; **skorupa ziemska** the earth's crust.

skorupia|k (-ka, -ki) (instr sg -kiem) m (ZOOL) crustacean.

skorup|ka (-ki, -ki) (dat sg -ce, gen pl -ek) f shell; **skorupka (od) jajka** eggshell; **obrać** (perf) **ze skorupki** to shell.

skory adj: **skory do nauki/pomocy** willing to learn/help.

sko|s (-su, -sy) (loc sg -sie) m (ukośna powierzchnia) slant; **na** lub **w skos** at lub on a slant.

skostniały adj (zdrętwiały) stiff; (tradycyjny, stały) fossilized.

skośny adj (oczy) slanting; (pasek, promień) diagonal.

skowron|ek (-ka, -ki) (instr sg -kiem) m lark.

skowycz|eć (-y) (perf za-) vi (o psie) to yelp.

skó|ra (-ry, -ry) (dat sg -rze) f (u człowieka, zwierząt) skin; (u zwierząt gruboskórnych) hide; (materiał) leather; **torba ze skóry** leather bag.

skór|ka (-ki, -ki) (dat sg -ce, gen pl -ek) f dimin od skóra; (przy paznokciu) cuticle; (zadzior przy paznokciu) hangnail; (chleba) crust; (cytryny, pomarańczy, banana) peel; (winogrona, ziemniaka) skin; (melona) rind; (futerko) pelt; **gęsia skórka** gooseflesh, goose(-)pimples.

skórzany adj leather attr.

skrac|ać (-am, -asz) (perf **skrócić**) vt to shorten; (artykuł, książkę, film) to shorten, to abridge; (wyraz) to abbreviate.

skrad|ać się (-am, -asz) vr to sneak, to steal.

skraj (-u, -e) m edge; **na skraju nędzy/przepaści** on the brink of poverty/a precipice.

skrajnoś|ć (-ci, -ci) (gen pl -ci) f extremity.

skrajny adj extreme.

skrapl|ać (-am, -asz) (perf **skroplić**) vt to condense.

▸**skraplać się** vr to condense.

skrawani|e (-a) nt (TECH) machine cutting.

skraw|ek (-ka, -ki) (instr sg -kiem) m (papieru, tkaniny) scrap; (nieba, ziemi) patch.

skreśl|ać (-am, -asz) (perf **-ić**) vt (usuwać) to delete, to remove; (zaznaczać) to cross out, to strike off.

skrę|cać (-cam, -casz) (perf **-cić**) vt (linę, sznurek) to weave, to twine; (papierosa) to roll; (meble) to screw together ▸ vi (o pojeździe, drodze) to turn; **skręcać w lewo/ulicę Długą** to turn left/into Długa street; **skręć w drugą w prawo** take the second (turn to the) right.

skrę|cić (-cę, -cisz) (imp **-ć**) vb perf od **skręcać** ▸ vt perf (nogę, ramię) to sprain.

skrępowany adj (onieśmielony) ill-at-ease, embarrassed; (związany) tied (up).

skrę|t (-tu, -ty) (loc sg -cie) m (ruch) turn; (miejsce) bend, turn.

skro|bać (-bię, -biesz) vt (farbę,

brud) (*perf* **ze-**) to scrape off;
(*ziemniaki, rybę*) (*perf* **o-**) to scrape;
(*drapać*) (*perf* **po-**) to scratch.

skroban|ka (**-ki, -ki**) (*dat sg* **-ce**, *gen pl* **-ek**) *f* (*zabieg*) abortion.

skro|bia (**-bi**) *f* starch.

skr|oić (**-oję, -oisz**) (*imp* **-ój**) *vb perf od* **kroić, skrawać**; (*KRAWIECTWO*) to tailor.

skromnie *adv* modestly.

skromnoś|ć (**-ci**) *f* modesty.

skromny *adj* modest.

skro|ń (**-ni, -nie**) (*gen pl* **-ni**) *f* temple.

skró|t (**-tu, -ty**) (*loc sg* **-cie**) *m* (*JĘZ*) abbreviation; (*przemówienia, artykułu*) summary; (*w powieści, filmie*) cut; (*krótsza droga*) short cut; **w skrócie** in short.

skru|cha (**-chy**) (*dat sg* **-sze**) *f* repentance; **okazywać** (**okazać** *perf*) **skruchę** to repent.

skrupulatny *adj* meticulous.

skrupuł|y (**-ów**) *pl* scruples *pl*.

skruszony *adj* apologetic.

skrycie *adv* secretly.

skryp|t (**-tu, -ty**) (*loc sg* **-cie**) *m printed series of course lectures*.

skryt|ka (**-ki, -ki**) (*dat sg* **-ce**, *gen pl* **-ek**) *f* (*w biurku, ścianie*) hiding place; (*w samochodzie*) glove compartment; **skrytka pocztowa** post-office box.

skrytobójc|a (**-y, -y**) *m* assassin.

skryty *adj* (*człowiek*) secretive; (*uczucia, zamiary*) secret.

skrytyk|ować (**-uję, -ujesz**) *vb perf od* **krytykować**.

skryw|ać (**-am, -asz**) (*perf* **skryć**) *vt* to conceal.

▶**skrywać się** *vr* to hide (away *lub* up).

skrza|t (**-ta, -ty**) (*loc sg* **-cie**) *m* goblin.

skrzecz|eć (**-ę, -ysz**) *vi* to croak.

skrze|k (**-ku**) (*instr sg* **-kiem**) *m* (*odgłos*) croak; (*ZOOL*) spawn.

skrzel|e (**-a, -a**) (*gen pl* **-i**) *nt* (*ZOOL*) gill.

skrze|p (**-pu, -py**) (*loc sg* **-pie**) *m* (*też:* **skrzep krwi**) blood clot.

skrzycz|eć (**-ę, -ysz**) *vt perf* to scold.

skrzydlaty *adj* winged.

skrzyd|ło (**-ła, -ła**) (*loc sg* **-le**, *gen pl* **-eł**) *nt* wing; (*wentylatora, śruby*) blade; (*okna*) sash.

skrzy|nia (**-ni, -nie**) (*gen pl* **-ń**) *f* chest, crate; **skrzynia biegów** (*MOT*) gearbox.

skrzyn|ka (**-ki, -ki**) (*dat sg* **-ce**, *gen pl* **-ek**) *f dimin od* **skrzynia**; (*na rośliny*) window box; (*obudowa*) case; **skrzynka pocztowa** *lub* **na listy** (*na drzwiach domu*) letter-box (*BRIT*), mailbox (*US*); **skrzynka pocztowa** (*na poczcie, ulicy*) post-box (*BRIT*), mailbox (*US*); **czarna skrzynka** black box.

skrzypacz|ka (**-ki, -ki**) (*dat sg* **-ce**, *gen pl* **-ek**) *f* violinist.

skrzy|pce (**-piec**) *pl* violin *sg*.

skrzyp|ek (**-ka, -kowie**) (*instr sg* **-kiem**) *m* violinist.

skrzy|pieć (**-pi**) (*perf* **-pnąć**) *vi* (*o drzwiach*) to creak; (*o butach*) to squeak; (*o śniegu*) to crunch.

skrzyw|dzić (**-dzę, -dzisz**) (*imp* **-dź**) *vb perf od* **krzywdzić**.

skrzy|wić (**-wię, -wisz**) *vb perf od* **krzywić** ♦ *vt perf* (*prawdę, słowa*) to twist; (*rzeczywistość, prawdę*) to distort.

skrzywieni|e (**-a**) *nt* (*grymas*) (wry) face; **skrzywienie kręgosłupa** curvature of the spine.

skrzyżowa|nie (**-nia, -nia**) (*gen pl* **-ń**) *nt* intersection.

sku|bać (**-bię, -biesz**) *vt* (*szarpać*) (*perf* **-bnąć**) to pluck; (*wyrywać*) (*perf* **wy-**) to pluck; (*o zwierzętach: zrywać i jeść*) (*perf* **-bnąć**) to nibble.

skunk|s (**-sa, -sy**) (*loc sg* **-sie**) *m* skunk.

sku|p (**-pu, -py**) (*loc sg* **-pie**) *m* purchase; **skup butelek** bottle return; **skup makulatury** *paper recycling*.

sku|piać (**-piam, -piasz**) (*perf* **-pić**) *vt* (*gromadzić*) to assemble, to gather; (*koncentrować*) to concentrate; **skupiać myśli** to collect one's thoughts; **skupiać uwagę na czymś** to focus one's attention on sth.

► **skupiać się** *vr* (*gromadzić się*) to assemble, to gather; (*o życiu, działalności*) to concentrate; (*o człowieku*) to concentrate.

skupie|nie (**-nia**) *nt* concentration.

skupiony *adj* (*człowiek*) focused, concentrated; (*wyraz twarzy*) intent.

skupis|ko (**-ka, -ka**) (*instr sg* **-kiem**) *nt* cluster.

sku|pować (**-puję, -pujesz**) (*perf* **-pić**) *vt* to buy; (*butelki*) to buy (back).

skurcz (**-u, -e**) *m* cramp.

skurcz|yć (**-ę, -ysz**) *vb perf od* **kurczyć**.

sku|sić (**-szę, -sisz**) (*imp* **-ś**) *vt perf* to tempt.

► **skusić się** *vr:* **skusić się (na coś)** to feel *lub* be tempted (to do sth).

skuteczność (**-ci**) *f* effectiveness, efficacy.

skuteczny *adj* (*działanie, lekarstwo*) effective, efficacious; (*broń*) effective.

skut|ek (**-ku, -ki**) (*instr sg* **-kiem**) *m* result, effect; **(aż) do skutku** to the bitter end; **bez skutku** to no effect; **dojść** (*perf*) **do skutku** to come into effect; **na skutek czegoś** as a result of sth.

skute|r (**-ra, -ry**) (*loc sg* **-rze**) *m* scooter.

skutk|ować (**-uje**) (*perf* **po-**) *vi* to be effective *lub* efficacious, to work.

skwapliwy *adj* eager.

skwa|r (**-ru**) (*loc sg* **-rze**) *m* heat.

skwarny *adj* sweltering.

skwe|r (**-ru, -ry**) (*loc sg* **-rze**) *m* square.

skwiercz|eć (**-y**) *vi* to sizzle.

slaj|d (**-du, -dy**) (*loc sg* **-dzie**) *m* slide.

slalo|m (**-mu, -my**) (*loc sg* **-mie**) *m* slalom.

slip|y (**-ów**) *pl* briefs *pl*.

sloga|n (**-nu, -ny**) (*loc sg* **-nie**) *m* slogan.

slums|y (**-ów**) *pl* slums *pl*.

słab|nąć (**-nę, -niesz**) (*imp* **-nij**, *perf* **o-**) *vi* (*tracić siły*) to weaken, to grow weaker; (*o zainteresowaniu*) to diminish, to decline; (*o wietrze, ruchu*) to die down; (*o bólu, trudnościach*) to ease off.

słabo *adv* weakly; (*widoczny, zaludniony*) poorly; (*marnie*) poorly; **słabo mi** I feel faint.

słaboś|ć (**-ci**) *f* weakness; (*wada*) (*nom pl* **-ci**, *gen pl* **-ci**) weakness; **mieć słabość do** +*gen* to have a weakness for.

słaby *adj* weak; (*uczeń, zdrowie*) poor.

słać¹ (**ślę, ślesz**) (*imp* **ślij**, *perf* **po-** *lub* **wy-**) *vt* (*książk*) to send.

słać² (**ścielę, ścielisz**) (*perf* **po-** *lub* **za-**) *vt:* **słać łóżko** to make the bed.

słani|ać się (**-am, -asz**) *vr* (*też:* **słaniać się na nogach**) to stagger.

sła|wa (**-wy**) (*dat sg* **-wie**) *f* (*rozgłos*) fame; (*reputacja*) reputation; **światowej sławy muzyk** a world-famous musician.

sławny *adj* famous.

słodki *adj* sweet; **słodka woda** fresh water.

słodkowodny *adj* fresh-water *attr*.

słodycz (**-y**) *f* sweetness; **słodycze** *pl* sweets *pl* (*BRIT*), candy (*US*).

sł|odzić (**-odzę, -odzisz**) (*imp* **-ódź** *lub* **-odź**, *perf* **o-** *lub* **po-**) *vt* to sweeten; **czy słodzisz herbatę?** do you take sugar in your tea?

słoi|k (-ka, -ki) (*instr sg* -kiem) *m* jar.

sło|ma (-my) (*dat sg* -mie) *f* straw.

słomiany *adj* straw *attr*; **słomiany zapał** *lub* **ogień** (*przen*) a flash in the pan; **słomiany wdowiec** (*przen*) grass widower.

słom|ka (-ki, -ki) (*dat sg* -ce, *gen pl* -ek) *f* straw.

słonecznie *adv*: **jest słonecznie** it is sunny.

słoneczni|k (-ka, -ki) (*instr sg* -kiem) *m* sunflower.

słoneczny *adj* (*dzień, pokój*) sunny; (*energia*) solar; **światło słoneczne** sunlight; **porażenie słoneczne** sunstroke; **zegar słoneczny** sundial; **okulary słoneczne** sunglasses *pl*; **Układ Słoneczny** solar system.

słoni|na (-ny) (*dat sg* -nie) *f* pork fat.

słoniowy *adj*: **kość słoniowa** ivory.

słony *adj* (*potrawa*) salty; (*woda*) salt *attr*; (*przen: cena*) steep.

sło|ń (-nia, -nie) (*gen pl* -ni) *m* (*ZOOL*) elephant.

słońc|e (-a) *nt* (*ASTRON*) (*nom pl* -a) sun; (*światło słoneczne*) sun(light), sunshine; **w** *lub* **na słońcu** in the sun *lub* sunshine.

Słowacj|a (-i) *f* Slovakia.

słowacki *adj* Slovak(ian) ♦ *m decl like adj* (*język*) Slovak.

Słowacz|ka (-ki, -ki) (*dat sg* -ce, *gen pl* -ek) *f* Slovak.

Słowa|k (-ka, -cy) (*instr sg* -kiem) *m* Slovak.

Słoweni|a (-i) *f* Slovenia.

Słowe|niec (-ńca, -ńcy) *m* Slovene, Slovenian.

słoweński *adj* Slovene, Slovenian.

Słowia|nin (-nina, -nie) (*loc sg* -ninie, *gen pl* -n) *m* Slav.

Słowian|ka (-ki, -ki) (*dat sg* -ce, *gen pl* -ek) *f* Slav.

słowiański *adj* (*rasa, kultura*) Slavic; (*język*) Slavonic.

słowi|k (-ka, -ki) (*instr sg* -kiem) *m* nightingale.

słownict|wo (-wa) (*loc sg* -wie) *nt* vocabulary.

słownicz|ek (-ka, -ki) (*instr sg* -kiem) *m* glossary.

słownie *adv*: **napisać** *perf* **sumę słownie** to write the amount in words.

słowni|k (-ka, -ki) (*instr sg* -kiem) *m* (*książka*) dictionary.

słowny *adj* (*wyjaśnienie*) verbal; (*człowiek*) dependable, reliable; **słowny człowiek** a man of his word.

sł|owo (-owa, -owa) (*loc sg* -owie, *gen pl* -ów) *nt* word; **słowem** in a word; **innymi słowy** in other words; **słowo w słowo** word for word; **słowo honoru!** my word of honour (*BRIT*) *lub* honor (*US*)!; **dawać (dać** *perf*) **(komuś) słowo** to give (sb) one's word; **brak mi słów** I'm lost for words; **dotrzymywać (dotrzymać** *perf*) **słowa** to keep one's word; **słowa** *pl* (*tekst piosenki*) lyrics *pl*.

sł|ój (-oja, -oje) (*gen pl* -ojów *lub* -oi) *m* (*naczynie*) jar; (*w drewnie*) ring.

słów|ko (-ka, -ka) (*instr sg* -kiem) *nt* dimin od **słowo**; **słówka** *pl* (*SZKOL*) vocabulary.

słuch (-u) *m* (*zmysł*) hearing; (*muzyczny*) (an) ear for music; **słuchy** *pl*: **chodzą słuchy, że ...** rumour (*BRIT*) *lub* rumor (*US*) has it that ... .

słuchacz (-a, -e) (*gen pl* -y) *m* (*radiowy*) listener; (*uczestnik studium*) student; (*uczestnik kursu*) (course) participant.

słuch|ać (-am, -asz) *vt* +gen to listen to; (*być posłusznym*) (*perf* u- *lub* po-) to obey ♦ *vi* to obey; **słuchać radia** to listen to the radio; **słuchać muzyki** to listen to music;

słucham? (*halo?*) hallo?, hello?; (*nie dosłyszałem*) sorry?, pardon?; **słuchaj!** look (here)!; **nie słuchać (posłuchać** *perf***)** to disobey.

słuchaw|ka (**-ki, -ki**) (*dat sg* **-ce**, *gen pl* **-ek**) *f* (*telefoniczna*) receiver; (*do radia*) earphone; **słuchawki** *pl* (*na uszy*) headphones *pl*, earphones *pl*.

słuchowis|ko (**-ka, -ka**) (*instr sg* **-kiem**) *nt* radio drama.

słuchowy *adj* auditory *attr*; **aparat słuchowy** hearing aid.

słu|ga (**-gi, -dzy**) (*dat sg* **-dze**) *m decl like f* (*książk*) servant.

słu|p (**-pa, -py**) (*loc sg* **-pie**) *m* (*telefoniczny*) pole; (*wysokiego napięcia*) pylon; (*latarni*) post; (*dymu, ognia*) column.

słup|ek (**-ka, -ki**) (*instr sg* **-kiem**) *m* (*mały słup*) post; (*blokujący wjazd*) bollard; (*SPORT: bramki*) (goal)post.

słupkowy *adj*: **wykres słupkowy** bar chart.

słusznie *adv* (*sprawiedliwie*) rightly; **słusznie!** (that's) right!

słusznoś|ć (**-ci**) *f* (*uzasadnienie*) legitimacy; **mieć słuszność** to be right; **nie mieć słuszności** to be wrong.

słuszny *adj* (*rozumowanie, pogląd*) correct; (*pretensje*) legitimate; (*wyrok*) justified.

służalczy *adj* (*pej*) servile.

służąc|a (**-ej, -e**) *f decl like adj* servant, maid.

służąc|y (**-ego, -y**) *m decl like adj* servant.

służ|ba (**-by, -by**) (*dat sg* **-bie**) *f* service; (*obowiązki, dyżur*) duty; (*służący*) servants *pl*; **służba zdrowia/wojskowa** health/military service.

służbowo *adv* on business.

służbowy *adj* (*wyjazd*) business *attr*; (*stopień, tajemnica*) official; **samochód służbowy** company car.

służ|yć (**-ę, -ysz**) *vi* to serve; (*o psie*) to beg; (*o odzieży, sprzęcie*) to be useful; **służyć radą/pomocą** to offer one's advice/help (to sb); **służyć do czegoś** to be designed for sth; **czym mogę (Panu/Pani) służyć?** can I help you (, Sir/Madam)?; **do czego to służy?** what's this for?

słychać *vi inv*: **słychać było muzykę** music could be heard; **słychać, że ...** there's news that ...; **nic nie słychać** I can't hear a thing; **co słychać?** how are things? (*BRIT*), what's up? (*US*).

sły|nąć (**-nę, -niesz**) (*imp* **-ń**) *vi*: **słynąć (z czegoś)** to be famous (for sth).

słynny *adj* famous.

słyszalny *adj* audible.

słysz|eć (**-ę, -ysz**) *vt* (*perf* **u-**) (*głos, hałas*) to hear ♦ *vi* (*mieć słuch*) to hear; **słyszysz mnie?** can you hear me?; **nigdy nie słyszałam o tym filmie** I've never heard of that film.

słyszeni|e (**-a**) *nt*: **znać kogoś/coś ze słyszenia** to have heard of sb/sth.

smaczny *adj* (*obiad, zupa*) tasty; **smacznego!** bon appétit!; (*kelner do gościa*) enjoy your meal!

smagły *adj* swarthy.

sma|k (**-ku**) (*instr sg* **-kiem**) *m* taste; (*potrawy*) (*nom pl* **-ki**) taste, flavour (*BRIT*), flavor (*US*), **bez smaku** tasteless.

smakoły|k (**-ku, -ki**) (*instr sg* **-kiem**) *m* delicacy.

smakosz (**-a, -e**) (*gen pl* **-y** *lub* **-ów**) *m* gourmet.

smak|ować (**-uję, -ujesz**) *vt* (*próbować*) (*perf* **po-**) to taste ♦ *vi*: **smakować świetnie** to taste excellent; **to mi nie smakuje** I don't like it.

smal|ec (**-cu**) *m* lard.

sma|r (-ru, -ry) (*loc sg* -rze) *m*
(*TECH*) grease, lubricant.

smarkacz (-a, -e) (*gen pl* -y *lub* -ów)
m (*pot. pej*) snotnose (*pot*).

smark|ać (-am, -asz) (*perf* -nąć) *vi*
(*pot*) to blow one's nose.

smar|ować (-uję, -ujesz) *vt* (*chleb
masłem*) (*perf* po-) to butter;
(*zawiasy*) (*perf* na-) to grease, to
lubricate.

smażal|nia (-ni, -nie) (*gen pl* -ni) *f*
fried food stand.

smażony *adj* fried.

smaż|yć (-ę, -ysz) (*perf* u-) *vt* to fry.

smecz (-u, -e) (*gen pl* -ów) *m*
(*SPORT*) smash.

smocz|ek (-ka, -ki) (*instr sg* -kiem) *m*
dummy (*BRIT*), pacifier (*US*),
comforter (*US*); (*na butelkę*) teat.

smo|g (-gu, -gi) (*instr sg* -giem) *m*
smog.

smo|k (-ka, -ki) (*instr sg* -kiem) *m*
dragon.

smokin|g (-gu, -gi) (*instr sg* -giem) *m*
dinner jacket (*BRIT*), tuxedo (*US*).

sm|oła (-oły, -oły) (*dat sg* -ole, *gen pl*
-ół) *f* tar.

smro|dzić (-dzę, -dzisz) (*imp* -dź) *vi*
to give off a stench.

smr|ód (-odu, -ody) (*loc sg* -odzie) *m*
stench, stink.

SMS (**SMS-a, SMS-y**) (*loc sg*
SMS-ie) *n* text message.

smu|cić (-cę, -cisz) (*imp* -ć, *perf* za-)
vt to sadden.

▶**smucić się** *vr* to be sad.

smu|ga (-gi, -gi) (*dat sg* -dze) *f*
(*samolotu, dymu*) trail.

smukły *adj* slender.

smut|ek (-ku, -ki) (*instr sg* -kiem) *m*
sadness, sorrow.

smutni|eć (-eję, -ejesz) (*pt* -ał, -eli,
perf po-) *vi* to grow sad.

smutno *adv* (*patrzeć, kiwać głową*)
sadly, sorrowfully; **smutno mi** I feel
sad.

smutny *adj* sad.

smycz (-y, -e) (*gen pl* -y) *f* lead, leash.

smycz|ek (-ka, -ki) (*instr sg* -kiem) *m*
(*MUZ*) bow; **smyczki** *pl* (*w
orkiestrze*) strings *pl*.

smyczkowy *adj*: **kwartet
smyczkowy** string quartet;
instrumenty smyczkowe stringed
instruments.

snajpe|r (-ra, -rzy) (*loc sg* -rze) *m*
sniper.

sno|b (-ba, -bi *lub* -by) (*loc sg* -bie) *m*
snob.

snobiz|m (-mu) (*loc sg* -mie) *m*
snobbery.

sno|p (-pa, -py) (*loc sg* -pie) *m* (*żyta*)
sheaf; (*światła*) beam.

snu *itp. n patrz* **sen.**

sobą (*see* Table 3) *pron* (*sobą
samym*) oneself; (*sobą wzajemnie*)
each other, one another; **być sobą**
to be oneself; **chodzili ze sobą
przez trzy lata** they went out for 3
years; **mamy ze sobą coś
wspólnego** we have sth in
common; **mieszkać ze sobą** to live
together.

sob|ek (-ka, -ki) (*instr sg* -kiem) *m*
egoist.

sobie (*see* Table 3) *pron* (*sobie
samemu*) oneself; (*sobie nawzajem*)
each other, one another; **idź sobie!**
go away!; **ręce przy sobie!** hands
off!; **czego Pan sobie życzy?** what
would you like, sir?; **mieć coś na
sobie** to wear sth, to have sth on;
mówić o sobie to talk about
oneself; **tak sobie** (*pot*) so-so (*pot*).

sob|ota (-oty, -oty) (*dat sg* -ocie, *gen
pl* -ót) *f* Saturday.

sobowtó|r (-ra, -ry) (*loc sg* -rze) *m*
double, look-alike.

sob|ór (-oru, -ory) (*loc sg* -orze) *m*
(*REL: zgromadzenie*) council;
(: *cerkiew*) cathedral (*in the Orthodox
Church*).

socjaldemokracj|a (-i, -e) (gen pl -i)
f (POL) social democratic party.
socjaldemokra|ta (-ty, -ci) (dat sg
-cie) m decl like f in sg social
democrat.
socjali|sta (-sty, -ści) (dat sg -ście)
m decl like f in sg socialist.
socjalistyczny adj socialist.
socjaliz|m (-mu) (loc sg -mie) m
socialism.
socjalny adj social.
socjolo|g (-ga, -gowie lub -dzy) (instr
sg -giem) m sociologist.
socjologi|a (-i) f sociology.
soczew|ka (-ki, -ki) (dat sg -ce, gen pl
-ek) f lens; **soczewki kontaktowe**
contact lenses.
soczysty adj (owoc, dowcip) juicy;
(barwa) rich.
so|da (-dy) (dat sg -dzie) f soda.
sodowy adj: **woda sodowa** soda
(water).
so|fa (-fy, -fy) (dat sg -fie) f sofa,
couch.
Sofi|a (-i) f Sofia.
so|ja (-i) f soya bean (BRIT), soybean
(US).
sojowy adj: **sos sojowy** soya (BRIT)
lub soy (US) sauce; **olej sojowy**
soya (BRIT) lub soybean (US) oil.
sojusz (-u, -e) m alliance.
sojuszni|k (-ka, -cy) (instr sg -kiem)
m ally.
so|k (-ku, -ki) (instr sg -kiem) m
(owocowy, warzywny) juice;
(roślinny) sap.
sokowirów|ka (-ki, -ki) (dat sg -ce,
gen pl -ek) f juice extractor (BRIT),
juicer (US).
sok|ół (-oła, -oły) (loc sg -ole) m
falcon.
solari|um (-um, -a) (gen pl -ów) nt
inv in sg solarium.
solenizan|t (-ta, -ci) (loc sg -cie) m
person celebrating his birthday or
nameday.

soli itp. n patrz **sól**.
solić (**solę, solisz**) (imp **sól**, perf **o-**
lub **po-**) vt (podczas gotowania,
konserwowania) to salt, to add salt
to; (potrawę na talerzu, kanapkę) to
put salt on.
solidarnoś|ć (-ci) f solidarity.
solidarny adj solid.
solidaryz|ować się (-uję, -ujesz) vr
imp: **solidaryzować się z kimś** to be
on sb's side, to sympathize with sb.
solidny adj (firma, człowiek) solid,
reliable; (budowla) solid, sturdy;
(podstawy) solid; (wiedza) deep,
thorough; (posiłek, porcja)
substantial.
soli|sta (-sty, -ści) (dat sg -ście) m
decl like f in sg soloist.
solnicz|ka (-ki, -ki) (dat sg -ce, gen pl
-ek) f salt cellar, saltshaker (US).
solny adj (roztwór, złoża) saline;
kwas solny hydrochloric acid;
zalewa solna brine.
sol|o (-a, -a) nt lub inv (utwór) solo ♦
adv solo.
solony adj (orzeszki, masło) salted.
solowy adj solo attr.
solów|ka (-ki, -ki) (dat sg -ce, gen pl
-ek) f (pot: występ) solo.
sołty|s (-sa, -si) (loc sg -sie) m
elected chair of a village council.
Somali|a (-i) f Somalia.
somalijski adj Somali.
sona|ta (-ty, -ty) (dat sg -cie) f sonata.
son|da (-dy, -dy) (dat sg -dzie) f
(TECH, MED) probe; (sondaż)
(opinion) poll; **sonda kosmiczna**
space probe.
sondaż (-u, -e) (gen pl -y) m
(opinion) poll.
sond|ować (-uję, -ujesz) (perf **wy-**)
vt to probe; (przen) to probe, to
sound out.
sone|t (-tu, -ty) (loc sg -cie) m sonnet.
sop|el (-la, -le) (gen pl -li) m icicle.

sopra|n (-nu, -ny) (*loc sg* -nie) *m* soprano.

sort|ować (-uję, -ujesz) (*perf* po-) *vt* to sort.

SOS *nt inv* SOS (call), mayday, distress signal.

so|s (-su, -sy) (*loc sg* -sie) *m* sauce; (*mięsny*) gravy; (*do sałatek*) dressing.

sosjer|ka (-ki, -ki) (*dat sg* -ce, *gen pl* -ek) *f* gravy boat.

so|sna (-sny, -sny) (*dat sg* -śnie, *gen pl* -sen) *f* pine.

so|wa (-wy, -wy) (*loc sg* -wie, *gen pl* sów) *f* owl.

sód (sodu) (*loc sg* sodzie) *m* sodium.

só|jka (-ki, -ki) (*dat sg* -ce, *gen pl* -ek) *f* jay.

sól (soli) *f* salt; **sól kamienna/kuchenna** rock/table salt; **sole** *pl* (*CHEM*) salts *pl*; **sole mineralne** mineral salts.

space|r (-ru, -ry) (*loc sg* -rze) *m* walk, stroll; **iść (pójść** *perf***) na spacer** to go for a walk *lub* stroll, to take a walk *lub* stroll.

spacer|ować (-uję, -ujesz) *vi* to stroll.

spacerów|ka (-ki, -ki) (*dat sg* -ce, *gen pl* -ek) *f* pushchair (*BRIT*), stroller (*US*).

spacj|a (-i, -e) (*gen pl* -i) *f* (*DRUK*) space.

spać (śpię, śpisz) (*imp* śpij) *vi* to sleep; **ona śpi/nie śpi** she's asleep/awake; **iść (pójść** *perf***) spać** to go to bed; **chce mi się spać** I am *lub* feel sleepy; **spać z kimś** to sleep with sb.

spad|ać (-am, -asz) *vi* (*perf* spaść) (*o przedmiocie, człowieku*) to fall (down); (*o cenach, temperaturze*) to fall, to drop; **spadaj!** (*pot!*) get lost! (*pot!*).

spad|ek (-ku, -ki) (*instr sg* -kiem) *m* (*temperatury, cen*) fall, drop; (*terenu*) slope; (*gospodarczy*)

decline; (*PRAWO*) inheritance, legacy.

spadkobierc|a (-y, -y) *m decl like f in sg* heir.

spadkobierczy|ni (-ni, -nie) (*gen pl* -ń) *f* heiress.

spadochro|n (-nu, -ny) (*loc sg* -nie) *m* parachute.

spadochroniarz (-a, -e) (*gen pl* -y) *m* parachutist.

spadzisty *adj* (*dach, zbocze*) steep.

spaghetti *nt inv* spaghetti.

spaj|ać (-am, -asz) (*perf* spoić) *vt* to join.

spak|ować (-uję, -ujesz) *vb perf od* pakować.

spal|ać (-am, -asz) (*perf* -ić) *vt* to burn.

▶**spalać się** *vr* (*płonąć*) to burn.

spalani|e (-a) *nt* (*TECH*) combustion.

spaleni|zna (-zny, -zny) (*dat sg* -źnie) *f*: **czuję spaleniznę** I can smell something burning.

spal|ić (-ę, -isz) *vb perf od* palić, spalać ♦ *vt perf* (*skórę, pieczeń*) to burn; (*bezpiecznik*) to blow; (*silnik, żarówkę*) to burn (out).

spalinowy *adj*: **silnik spalinowy** internal combustion engine; **lokomotywa spalinowa** diesel locomotive.

spali|ny (-n) *pl* (exhaust) fumes *pl*.

spalony *adj* burnt ♦ *m decl like adj* (*też*: **pozycja spalona**) offside.

spaniel (-a, -e) (*gen pl* -i) *m* spaniel.

sparaliż|ować (-uję, -ujesz) *vb perf od* paraliżować.

spawacz (-a, -e) (*gen pl* -y) *m* welder.

spaw|ać (-am, -asz) (*perf* ze-) *vt* to weld.

specjali|sta (-sty, -ści) (*dat sg* -ście) *m decl like f in sg* (*znawca*) expert, specialist; (*lekarz*) specialist.

specjalistyczny *adj* (*sprzęt, badanie*) specialist; (*doradztwo*) expert, specialist.

specjalizacj|a (-i, -e) (*gen pl* -i) *f*
specialization.
specjaliz|ować się (-uję, -ujesz)
(*perf* wy-) *vr.* **specjalizować się w
czymś** to specialize in sth.
specjalnie *adv* specially.
specjalnoś|ć (-ci, -ci) (*gen pl* -ci) *f*
specialty, speciality (*BRIT*).
specjalny *adj* special; **nic
specjalnego** nothing special.
specja|ł (-łu, -ły) (*loc sg* -le) *m*
delicacy.
specyficzny *adj* (*zapach, smak*)
peculiar; **specyficzny dla czegoś**
specific *lub* peculiar to sth.
specyfi|k (-ku, -ki) (*instr sg* -kiem) *m*
patent medicine.
specyfi|ka (-ki) (*dat sg* -ce) *f*
specificity, peculiarity.
spedycj|a (-i) *f* forwarding, shipping.
spedyto|r (-ra, -rzy) (*loc sg* -rze) *m*
forwarder, shipper.
spektakl (-u, -e) (*gen pl* -i) *m*
(*TEATR*) performance.
spektakularny *adj* spectacular.
spekulacj|a (-i, -e) (*gen pl* -i) *f*
(*myślenie*) speculation; (*nieuczciwe
przedsięwzięcie*) speculation,
profiteering.
spekulan|t (-ta, -ci) (*loc sg* -cie) *m*
speculator, profiteer.
spekul|ować (-uję, -ujesz) *vi*
(*uprawiać spekulację*) to speculate,
to profiteer; **spekulować (na temat
czegoś)** to speculate (about sth).
spełn|iać (-niam, -niasz) (*perf* -nić)
vt (*obowiązek*) to fulfil (*BRIT*), to
fulfill (*US*); (*prośbę, polecenie*) to
carry out; (*wymagania*) to meet;
(*oczekiwania*) to live *lub* come up to.
▸**spełniać się** *vr* to come true.
sper|ma (-my) (*loc sg* -mie) *f* sperm.
speszony *adj* abashed.
spesz|yć (-ę, -ysz) *vb perf od* peszyć.
spędz|ać (-am, -asz) (*perf* -ić) *vt*
(*czas, wakacje*) to spend; (*owce,*

ludzi) to round up; **spędziliśmy trzy
godziny na rozmowie** we spent
three hours talking.
spiąć (**zepnę, zepniesz**) (*imp* **zepnij**)
vb perf od spinać.
spiczasty *adj* pointed.
spienięż|ać (-am, -asz) (*perf* -yć) *vt*
to cash in.
spier|ać się (-am, -asz) *vr.* spierać
się (o coś) to argue (about sth).
spiesz|yć (-ę, -ysz) *vi* = śpieszyć.
spięty *adj* (*pot:* zdenerwowany)
uptight (*pot*).
spike|r (-ra, -rzy) (*loc sg* -rze) *m*
announcer.
spinacz (-a, -e) (*gen pl* -y) *m* paper
clip.
spin|ać (-am, -asz) (*perf* **spiąć**) *vt*
(*kartki*) to clip; (*włosy*) to pin.
spin|ka (-ki, -ki) (*dat sg* -ce, *gen pl*
-ek) *f* pin; **spinka do krawata** tie
pin; **spinka do mankietu** cuff link;
spinka do włosów (*wsuwka*)
hairpin; (*ozdoba*) hair clip.
spiral|a (-i, -e) *f* spiral.
spiralny *adj* spiral.
spirytu|s (-su, -sy) (*loc sg* -sie) *m*
spirit.
spi|s (-su, -sy) (*loc sg* -sie) *m* list;
spis treści (table of) contents; **spis
ludności** census; **spis potraw** menu.
spis|ek (-ku, -ki) (*instr sg* -kiem) *m*
conspiracy, plot.
spisk|ować (-uję, -ujesz) *vi* to
conspire, to plot.
spis|ywać (-uję, -ujesz) (*perf* -ać) *vt*
(*sporządzać wykaz*) to make a list
of; (*umowę, protokół*) to draw up.
▸**spisywać się** *vr.* **dobrze/źle się
spisywać** (*o człowieku*) to do
well/badly; (*o samochodzie*) to run
well/badly.
spity *adj* (*pot*) soaked (*pot*).
spiżar|nia (-ni, -nie) (*gen pl* -ni) *f*
pantry.

splat|ać (**-am, -asz**) (*perf* **spleść**) *vt* to plait (*BRIT*), to braid (*US*).

▸**splatać się** *vr* to intertwine.

spleśniały *adj* mouldy (*BRIT*), moldy (*US*).

splo|t (**-tu, -ty**) (*loc sg* **-cie**) *m* (*liny*) coil; (*gałęzi, korzeni*) tangle; (*przen: wydarzeń*) series.

splu|wać (**-wam, -wasz**) (*perf* **-nąć**) *vi* to spit.

spła|cać (**-cam, -casz**) (*perf* **-cić**) *vt* to pay off.

spłaszcz|ać (**-am, -asz**) (*perf* **-yć**) *vt* to flatten.

spła|ta (**-ty, -ty**) (*dat sg* **-cie**) *f* repayment.

spławi|ać (**-am, -asz**) (*perf* **-ć**) *vt* (*człowieka: pot*) to get rid of.

spławi|k (**-ka, -ki**) (*instr sg* **-kiem**) *m* float.

spłoszony *adj* frightened.

spłucz|ka (**-ki, -ki**) (*dat sg* **-ce**, *gen pl* **-ek**) *f* (toilet) cistern.

spłu|kiwać (**-kuję, -kujesz**) (*perf* **-kać**) *vt* to rinse off.

spły|cać (**-cam, -casz**) (*perf* **-cić**) *vt* (*upraszczać*) to (over)simplify.

spły|w (**-wu, -wy**) (*loc sg* **-wie**) *m* (*tratwą*) (white-water) rafting; (*też*: **spływ kajakowy**) canoeing trip.

spły|wać (**-wam, -wasz**) (*perf* **-nąć**) *vi* (*o wodzie, kroplach*) to flow (down); (*o łodzi, barce*) to float; **spływaj!** (*pot*) beat it! (*pot*).

spocony *adj* sweaty.

spocz|ąć (**-nę, -niesz**) (*imp* **-nij**) *vb perf od* **spoczywać**; **spocznij!** (*WOJSK*) at ease!; **proszę spocząć!** take *lub* have a seat, please!

spoczyn|ek (**-ku**) (*instr sg* **-kiem**) *m* (*odpoczynek, brak ruchu*) rest; (*sen*) sleep.

spoczyw|ać (**-am, -asz**) (*perf* **spocząć**) *vi* (*książk: siedzieć*) to sit; (*leżeć*) to lie; (*o przedmiocie*) to sit; (*o wzroku*) to fall.

spod *prep* +*gen* from under; **spod Warszawy** from somewhere around Warsaw; **spod czyjejś opieki** from under sb's care; **być spod znaku Skorpiona** to be Scorpio.

spod|ek (**-ka, -ki**) (*instr sg* **-kiem**) *m* saucer.

spoden|ki (**-ek**) *pl dimin od* **spodnie**; (*też*: **krótkie spodenki**) shorts *pl*.

spodni *adj*: **spodnia warstwa** bottom layer.

spod|nie (**-ni**) *pl* trousers *pl* (*BRIT*), pants *pl* (*US*).

spodziew|ać się (**-am, -asz**) *vr*: **spodziewać się kogoś/czegoś** to be expecting sb/sth.

spogląd|ać (**-am, -asz**) (*perf* **spojrzeć**) *vi* to look.

spojów|ka (**-ki, -ki**) (*dat sg* **-ce**, *gen pl* **-ek**) *f*: **zapalenie spojówek** conjunctivitis.

spojrz|eć (**-ę, -ysz**) (*imp* **spójrz** *lub* **spojrzyj**) *vb perf od* **spoglądać**.

spojrze|nie (**-nia, -nia**) (*gen pl* **-ń**) *nt* look, glance.

spoko *interj* (*pot*: **w porządku**) no problem; (*nie denerwuj się*) chill out.

spokojnie *adv* (*z opanowaniem*) calmly; (*powoli*) slowly; (*w spokoju*) quietly; (*bez pośpiechu*) at leisure; (*bez problemów*) smoothly.

spokojny *adj* (*człowiek, morze*) calm; (*charakter*) placid; (*kolor*) sober; **być spokojnym o kogoś/coś** to be confident of sb/sth.

spok|ój (**-oju**) *m* (*stan psychiczny*) calmness; (*cisza*) calm, quiet; (*pokój*) peace; **daj spokój!** come off it! (*pot*); **dać** (*perf*) **komuś spokój, zostawić** (*perf*) **kogoś w spokoju** to leave sb alone; **proszę o spokój!** quiet, please!, order!

spokrewniony *adj* related.

społeczeńst|wo (**-wa, -wa**) (*loc sg* **-wie**) *nt* society; **społeczeństwo**

polskie (*ogół Polaków*) the Polish people; (*struktura*) Polish society.

społeczność (-ci, -ci) (*gen pl* -ci) *f* community.

społeczny *adj*: **klasa/drabina/opieka społeczna** social class/ladder/welfare; **dobro/poparcie społeczne** public good/support; **pochodzenie społeczne** social background; **ubezpieczenie społeczne** national insurance (*BRIT*), social security (*US*); **praca społeczna** community service.

spomiędzy *prep* +*gen* from among.

sponad *prep* +*gen* from above.

sponso|r (-ra, -rzy) (*loc sg* -rze) *m* sponsor.

sponsor|ować (-uję, -ujesz) *vt* to sponsor.

spontaniczność (-ci) *f* spontaneity.

spontaniczny *adj* spontaneous.

sporadyczny *adj* sporadic.

sporo *adv* a good *lub* great deal.

spor|t (-tu, -ty) (*loc sg* -cie) *m* sport(s *pl*); **uprawiać sport** to practice (*BRIT*) *lub* practise (*US*) sports.

sporto|wiec (-wca, -wcy) *m* athlete.

sportowy *adj* (*klub, samochód, marynarka*) sports *attr*; (*zachowanie*) sporting *attr*.

spory *adj* substantial.

sporzą|dzać (-dzam, -dzasz) (*perf* -dzić) *vt* (*testament, umowę*) to draw up.

sposobność (-ci) *f* opportunity.

spos|ób (-obu, -oby) (*loc sg* -obie) *m* (*metoda*) way, manner; (*środek*) means; **w ten sposób** in this way; **sposób bycia** manners.

spostrzeg|ać (-am, -asz) (*perf* **spostrzec**) *vt* (*zauważać*) to notice; (*zdawać sobie sprawę*) to become aware of; **spostrzegła, że była sama** she realized (that) she was alone.

spostrzegawczy *adj* perceptive, observant.

spostrzeże|nie (-nia, -nia) (*gen pl* -ń) *nt* (*uwaga*) observation; (*akt psychiczny*) perception.

spośród *prep* +*gen* from among.

spotka|nie (-nia, -nia) (*gen pl* -ń) *nt* meeting; (*zawody sportowe*) meet(ing).

spotyk|ać (-am, -asz) (*perf* **spotkać**) *vt* (*natykać się*) to come across; (*poznawać*) to meet; (*zdarzać się*) to happen to.
▸**spotykać się** *vr* to meet.

spoufal|ać się (-am, -asz) (*perf* -ić) *vr*: **spoufalać się z kimś** to take liberties with sb.

spowiad|ać (-am, -asz) (*perf* **wy-**) *vt*: **spowiadać kogoś** to hear sb's confession.
▸**spowiadać się** *vr* to confess.

spowie|dź (-dzi, -dzi) (*gen pl* -dzi) *f* confession.

spoza *prep* +*gen* (*zza*) from behind; (*z innego środowiska*) (from) outside.

spożyci|e (-a) *nt* (*alkoholu, paliwa*) consumption; (*witamin, tłuszczów*) intake.

spożyw|ać (-am, -asz) (*perf* **spożyć**) *vt* (*książk*) to consume.

spożywczy *adj*: **przemysł spożywczy** food industry; **sklep spożywczy** grocer's (shop) (*BRIT*), grocery (store) (*US*); **artykuły spożywcze** groceries.

sp|ód (-odu, -ody) (*loc sg* -odzie) *m* (*dno*) bottom; (*spodnia strona*) underside.

spódnic|a (-y, -e) *f* skirt.

spódnicz|ka (-ki, -ki) (*dat sg* -ce, *gen pl* -ek) *f dimin od* **spódnica**.

spójni|k (-ka, -ki) (*instr sg* -kiem) *m* (*JĘZ*) conjunction.

spójność (-ci) *f* (*teorii*) cohesion.

spójny *adj* (*teoria*) coherent.

spółdzielczy *adj* cooperative.

spółdziel|nia (-ni, -nie) (*gen pl* -ni) *f* cooperative; **spółdzielnia mieszkaniowa** ≈ housing association.

spółgłos|ka (-ki, -ki) (*dat sg* -ce, *gen pl* -ek) *f* consonant.

spół|ka (-ki, -ki) (*dat sg* -ce, *gen pl* -ek) *f* company; **spółka akcyjna** joint-stock company; **spółka z ograniczoną odpowiedzialnością** (*EKON*) limited (liability) company; **spółka cywilna** civil partnership.

sp|ór (-oru, -ory) (*loc sg* -orze) *m* dispute; (*PRAWO*) litigation.

spóź|niać się (-niam, -niasz) (*perf* -nić) *vr* (*o osobie, pociągu*) to be late; (*o zegarze*) to be late *lub* slow; (*odbywać się z opóźnieniem*) to be (running) late; **spóźnić się na pociąg** to miss one's train.

spóźnie|nie (-nia, -nia) (*gen pl* -ń) *nt* (*niepunktualność*) lateness; (*zaległość*) delay; **pociąg ma spóźnienie** the train is delayed *lub* late.

spóźniony *adj* (*pociąg, wiosna*) late; (*przesyłka, samolot*) delayed; (*życzenia*) belated.

spragniony *adj* thirsty.

spra|wa (-wy, -wy) (*dat sg* -wie) *f* (*wydarzenie*) matter, affair; (*interes*) business; (*PRAWO*) case; **(to) nie twoja sprawa** it's none of your business; **zdawać (zdać** *perf*) **sobie sprawę z czegoś** to be (become) aware of sth.

sprawc|a (-y, -y) *m decl like f in sg* perpetrator.

spraw|dzać (-dzam, -dzasz) (*perf* -dzić) *vt* (*zabezpieczenia, paszport*) to check; (*wyraz w słowniku*) to look up.

▶**sprawdzać się** *vr* (*spełniać się*) to come true; (*okazywać się przydatnym*) to turn out to be useful.

sprawdzia|n (-nu, -ny) (*loc sg* -nie) *m* (*SZKOL*) test (*BRIT*), quiz (*US*); (*miernik*) test.

spra|wiać (-wiam, -wiasz) (*perf* -wić) *vt* (*ból*) to inflict; (*niespodziankę*) to give; (*kłopot*) to cause; **sprawić, że coś się stanie** to make sth happen.

sprawiedliwie *adv* fairly, justly.

sprawiedliwoś|ć (-ci) *f* fairness, justice; (*sądownictwo*) (system of) justice.

sprawiedliwy *adj* fair, just.

sprawnoś|ć (-ci, -ci) (*gen pl* -ci) *f* (*kondycja fizyczna*) fitness; (*zręczność*) dexterity; (*sprawne działanie*) efficiency.

sprawny *adj* (*zdolny do działania*) fit; (*zręczny*) adroit; (*dobrze działający. człowiek*) efficient; (*: maszyna, urządzenie*) in working order.

spraw|ować (-uję, -ujesz) *vt* (*urząd*) to hold; (*władzę*) to wield.

▶**sprawować się** *vr* to behave.

sprawowani|e (-a) *nt* (*urzędu*) holding; (*władzy*) wielding; (*SZKOL*) conduct.

sprawozda|nie (-nia, -nia) (*gen pl* -ń) *nt* report; **sprawozdanie roczne** annual report; **sprawozdanie telewizyjne/radiowe** television/radio coverage.

sprawozdawc|a (-y, -y) *m decl like f in sg*: **sprawozdawca radiowy/telewizyjny** radio/television commentator.

spray (-u, -e) (*gen pl* -ów) *m* spray.

spręż|ać (-am, -asz) (*perf* -yć) *vt* to compress.

▶**sprężać się** *vr* (*zwierać się w sobie*) to brace o.s.; (*TECH*) to be compressed.

sprężony *adj* (*powietrze*) compressed.

spręży|na (-ny, -ny) (*dat sg* -nie) *f* spring.

sprężyn|ować (-uje) *vi* to spring back.

sprężysty *adj* springy, resilient.
sprin|t (-tu, -ty) (*loc sg* -cie) *m* sprint.
sprost|ać (-am, -asz) *vi perf*:
   sprostać czemuś to be up to sth;
   sprostać komuś to match sb.
sprostowa|nie (-nia, -nia) (*gen pl* -ń)
   nt correction.
sprośny *adj* bawdy.
sprowa|dzać (-dzam, -dzasz) (*perf*
   -dzić) *vt* (*lekarza, pomoc*) to get;
   (*towary*) to import; (*cierpienie, głód*)
   to bring; (*pomagać zejść w dół*) to
   take down; **sprowadzać coś do**
   czegoś to reduce sth to sth.
▸**sprowadzać się** *vr* (*o ludziach*) to
   move in; **sprowadzać się do**
   czegoś to boil down *lub* amount to
   sth.
sprób|ować (-uję, -ujesz) *vb perf od*
   próbować.
spróchniały *adj* rotten.
spryskiwacz (-a, -e) (*gen pl* -y) *m* (*w*
   ogrodzie) sprinkler, spray(er); (*MOT*)
   windscreen (*BRIT*) *lub* windshield
   (*US*) washer.
sprys|kiwać (-kuję, -kujesz) (*perf*
   -kać) *vt* (*włosy, bieliznę*) to sprinkle.
spry|t (-tu) (*loc sg* -cie) *m* shrewdness.
sprytny *adj* (*człowiek*) shrewd;
   (*mechanizm, rozwiązanie*) clever.
sprzącz|ka (-ki, -ki) (*dat sg* -ce, *gen*
   pl -ek) *f* buckle.
sprzątacz|ka (-ki, -ki) (*dat sg* -ce, *gen*
   pl -ek) *f* cleaning lady, charlady.
sprząt|ać (-am, -asz) (*perf* -nąć) *vt*
   (*mieszkanie, ulice*) to clean; (*książki*)
   to clear ♦ *vi* to clean.
sprzątani|e (-a) *nt* cleaning.
sprząt|nąć (-nę, -niesz) (*imp* -nij) *vb*
   perf od **sprzątać**; (*pot: zabrać*) to
   snatch; (*pot: zabić*) to knock off
   (*pot*).
sprzeci|w (-wu, -wy) (*loc sg* -wie) *m*
   (*opór*) opposition.
sprzeci|wiać się (-wiam, -wiasz)
   (*perf* -wić) *vr*: **sprzeciwiać się**

komuś/czemuś (*przeciwstawiać się*)
   to oppose sb/sth; **sprzeciwiać się**
   czemuś (*wyrażać sprzeciw*) to
   object to sth.
sprzecz|ać się (-am, -asz) (*perf* po-)
   vr to argue.
sprzecz|ka (-ki, -ki) (*dat sg* -ce, *gen*
   pl -ek) *f* argument.
sprzecznoś|ć (-ci, -ci) (*gen pl* -ci) *f*
   contradiction.
sprzeczny *adj* (*uczucia*) conflicting;
   (*opinie, interesy*) contradictory; **to**
   jest sprzeczne z prawem it's illegal
   lub against the law.
sprzed *prep* +*gen* (*domu, sklepu*)
   from in front of; **budynki sprzed**
   wojny prewar buildings; **gazeta**
   sprzed tygodnia a week-old
   newspaper.
sprzed|ać (-am, -asz) *vb perf od*
   sprzedawać.
sprzedany *adj* sold.
sprzed|awać (-aję, -ajesz) (*imp*
   -awaj, *perf* -ać) *vt* to sell ♦ *vi* to sell.
▸**sprzedawać się** *vr* (*o towarze*) to
   sell; (*o człowieku*) to sell out.
sprzedawc|a (-y, -y) *m decl like f in*
   sg salesman, shop *lub* sales assistant
   (*BRIT*), salesclerk (*US*).
sprzedawczy|ni (-ni, -nie) (*gen pl*
   -ń) *f* saleswoman, shop *lub* sales
   assistant (*BRIT*), salesclerk (*US*).
sprzedaż (-y) *f* sale; **na sprzedaż** for
   sale.
sprzę|gło (-gła, -gła) (*loc sg* -gle, *gen*
   pl -gieł) *nt* clutch.
sprzę|t (-tu) (*loc sg* -cie) *m* (*zestaw*
   przedmiotów) equipment; (*mebel*)
   (*nom pl* -ty) piece of furniture;
   sprzęt sportowy sports equipment;
   sprzęt elektroniczny home
   electronics.
sprzęże|nie (-nia, -nia) (*gen pl* -ń) *nt*
   coupling; **sprzężenie zwrotne**
   feedback.
sprzyj|ać (-am, -asz) *vi*: **sprzyjać**

komuś (*być przychylnym*) to favour (*BRIT*) *lub* favor (*US*) sb; (*dopisywać*) to be favourable (*BRIT*) *lub* favorable (*US*) to sb; **sprzyjać czemuś** to be conducive to sth.

sprzyjający *adj* favourable (*BRIT*), favorable (*US*).

sprzykrz|yć się (**-ę, -ysz**) *vr perf*: **sprzykrzyło mi się ...** I am tired of ... .

sprzymierze|niec (**-ńca, -ńcy**) *m* ally.

sprzymierzony *adj* allied.

spuchnięty *adj* swollen.

spu|st (**-stu, -sty**) (*loc sg* **-ście**) *m* (*rewolweru*) trigger; **spust migawki** (*FOT*) shutter release.

spustosze|nie (**-nia, -nia**) (*gen pl* **-ń**) *nt* devastation.

spuszcz|ać (**-am, -asz**) (*perf* **spuścić**) *vt* (*opuszczać*) to lower; (*odprowadzać: wodę, powietrze*) to let out; **spuszczać cenę** to bring down the price; **spuszczać psa ze smyczy** to unleash a dog; **spuszczać wodę** (*w toalecie*) to flush the toilet.

▸**spuszczać się** *vr* (*opuszczać się*) to come down.

spychacz (**-a, -e**) (*gen pl* **-y**) *m* bulldozer.

spych|ać (**-am, -asz**) (*perf* **zepchnąć**) *vt* to push aside; (*zmuszać do wycofania się*) to drive back.

spyt|ać (**-am, -asz**) *vb perf od* **pytać**.

sp. z o.o. *abbr* (= *spółka z ograniczoną odpowiedzialnością*) Ltd.

srebrny *adj* silver.

sreb|ro (**-ra, -ra**) (*loc sg* **-rze**, *gen pl* **-er**) *nt* silver.

srogi *adj* (*władca*) stern; (*mróz*) severe.

sro|ka (**-ki, -ki**) (*dat sg* **-ce**) *f* magpie.

ssać (**ssę, ssiesz**) (*imp* **ssij**) *vt* to suck (on).

ssa|k (**-ka, -ki**) (*instr sg* **-kiem**) *m* mammal.

ssani|e (**-a**) *nt* (*MOT*) choke; (*zasysanie*) suction.

ssaw|ka (**-ki, -ki**) (*dat sg* **-ce**, *gen pl* **-ek**) *f* (*do odkurzacza*) attachment.

stabilizacj|a (**-i**) *f* stabilization.

stabiliz|ować (**-uję, -ujesz**) (*perf* **u-**) *vt* to stabilize.

▸**stabilizować się** *vr* to stabilize.

stabilny *adj* stable.

stacj|a (**-i, -e**) (*gen pl* **-i**) *f* station; **stacja kolejowa/autobusowa** railway (*BRIT*) *lub* railroad (*US*)/bus station; **stacja telewizyjna/radiowa** TV/radio station; **stacja benzynowa** filling station, petrol (*BRIT*) *lub* gas (*US*) station; **stacja obsługi** service station; **stacja dysków** (*KOMPUT*) disk drive.

stacyj|ka (**-ki, -ki**) (*dat sg* **-ce**, *gen pl* **-ek**) *f dimin od* **stacja**; (*pot: MOT*) ignition.

stacz|ać (**-am, -asz**) (*perf* **stoczyć**) *vt* (*kamień, bryłę*) to roll down; (*walkę, pojedynek*) to fight.

▸**staczać się** *vr* to roll down, to tumble (down); (*przen*) to go downhill.

st|ać (**-oję, -oisz**) (*imp* **-ój**, *perf* **-anąć**) *vi* to stand; (*o fabryce*) to be at a standstill; **stój!** halt!; **mój zegarek stoi** my watch has stopped; **stać w kolejce** to queue (up) (*BRIT*), to line up (*US*); **nie stać mnie na to** I can't afford it.

stadio|n (**-nu, -ny**) (*loc sg* **-nie**) *m* stadium.

stadi|um (**-um, -a**) (*gen pl* **-ów**) *nt inv in sg* stage.

sta|do (**-da, -da**) (*loc sg* **-dzie**) *nt* (*bydła*) herd; (*wilków*) pack; (*ptaków*) flock.

stagnacj|a (**-i**) *f* stagnation.

staj|nia (**-ni, -nie**) (*gen pl* **-ni**) *f* stable.

stal (-i) *f* steel; **stal nierdzewna**
stainless steel.

stale *adv* constantly.

stalowy *adj* (*ze stali*) steel; (*w
kolorze stali*) steely; **mieć stalowe
nerwy** to have nerves of steel.

stałoś|ć (-ci) *f* (*uczuć, charakteru*)
constancy; (*zatrudnienia, dochodów*)
permanence.

stały *adj* (*ciało, stan skupienia*) solid;
(*mieszkaniec, praca, pobyt*)
permanent; (*klient*) regular; (*komisja*)
standing; (*wysokość, uczucie,
charakter*) constant; (*cena*) fixed;
(*postęp*) steady; **na stałe**
permanently; **prąd stały** direct
current.

stamtąd *adv* from (over) there.

sta|n (-nu) (*loc sg* -nie) *m* (*położenie*)
state; (*kondycja*) (*nom pl* -ny)
condition; (*część państwa*) (*nom pl*
-ny) state; **w dobrym/złym stanie** in
good/poor condition; **stan konta**
balance (of account); **stan cywilny**
marital status; **stan wojenny** martial
law; **być w stanie coś zrobić** to be
capable of doing sth.

sta|nąć (-nę, -niesz) (*imp* -ń) *vb perf
od* **stać, stawać**; (*o pomniku,
budynku*) to be erected.

standar|d (-du, -dy) (*loc sg* -dzie) *m*
standard.

standardowy *adj* standard.

stani|k (-ka, -ki) (*instr sg* -kiem) *m*
bra.

stanowczo *adv* firmly.

stanowczy *adj* firm.

stan|owić (-owię, -owisz) (*imp* -ów)
vt (*całość*) to make up; (*problem*) to
pose, to present; (*naruszenie praw,
wyjątek*) to constitute; **stanowić
przykład czegoś** to exemplify sth;
stanowić o czymś to determine sth.

stanowis|ko (-ka, -ka) (*instr sg*
-kiem) *nt* (*posada*) position, post;
(*miejsce*) position; (*na dworcu

autobusowym*) bay; (*pogląd*) stance,
standpoint; **stać na stanowisku, że
...** to take the position *lub* view that
... .

Stany Zjednoczone (Ameryki)
(**Stanów Zjednoczonych**) *pl* the
United States (of America).

stapi|ać (-am, -asz) (*perf* **stopić**) *vt*
(*rozpuszczać*) to melt; (*łączyć*) to
fuse.

▶**stapiać się** *vr* (*rozpuszczać się*) to
melt; (*łączyć się*) to fuse.

star|ać się (-am, -asz) (*perf* **po-**) *vr*
to try; **staram się o pracę** I'm
looking for a job.

stara|nia (-ń) *pl* efforts *pl*.

starannie *adv* carefully.

staranność (-ci) *f* care.

staranny *adj* careful.

star|cie (-cia, -cia) (*gen pl* -ć) *nt*
(*bitwa*) clash, scuffle; (*kłótnia*)
squabble.

starcz|ać (-a) (*perf* -yć) *vi* to be
enough; (*do końca miesiąca, na
długo*) to last; **starczy!** that's
enough!, that'll do!

starczy *adj* senile.

staro|cie (-ci) *pl* (*antyki*) antiques *pl*;
(*graty*) (old) junk.

starodawny *adj* antique.

staromodny *adj* old-fashioned.

staroś|ć (-ci) *f* (*człowieka*) old age;
(*budynku*) age.

staroświecki *adj* (*człowiek, poglądy*)
old-fashioned, antiquated; (*dom,
ubranie*) old-fashioned.

starożytnoś|ć (-ci) *f* antiquity.

starożytny *adj* ancient.

starszy *adj comp od* **stary**; **starszy
brat** elder *lub* older brother.

star|t (-tu, -ty) (*loc sg* -cie) *m*
(*początek działalności, biegu*) start;
(*samolotu*) take-off; (*rakiety*) launch,
lift-off; **start!** go!

start|ować (-uję, -ujesz) (*perf* **wy-**) *vi*
to start; (*rozpoczynać lot*) to take off.

startowy adj (stanowisko) take-off attr; **pas startowy** runway.

starusz|ek (-ka, -kowie) (instr sg -kiem) m old man.

starusz|ka (-ki, -ki) (dat sg -ce, gen pl -ek) f old lady.

stary adj old; (chleb itp.) stale ♦ m (pot. decl like adj: kolega) old boy (pot); (szef) boss; (ojciec) old man (pot).

sta|rzec (-rca, -rcy) m old man; **dom starców** old people's home; **dom spokojnej starości** nursing lub rest home.

starz|eć się (-eję, -ejesz) vr (perf ze-) (o człowieku) to age; (o tytoniu, żywności) to go stale; (przen: o dziele, teorii) to become stale.

stateczny adj (człowiek, zachowanie) staid, sedate; (łódź, samolot) stable.

stat|ek (-ku, -ki) (instr sg -kiem) m (ŻEGL) ship; **statek handlowy/pasażerski** merchant/passenger ship; **statek kosmiczny** spaceship.

statuet|ka (-ki, -ki) (dat sg -ce, gen pl -ek) f statuette.

statu|s (-su) (loc sg -sie) m status.

statu|t (-tu, -ty) (loc sg -cie) m (organizacji) charter; (też: **statut spółki**) statute(s pl) lub articles pl of association.

statyczny adj static.

staty|sta (-sty, -ści) (dat sg -ście) m decl like f in sg (FILM) extra.

statystyczny adj (badanie, tabela) statistical; (Polak, czytelnik) average.

statysty|ka (-ki, -ki) (dat sg -ce) f (nauka) statistics; (dane) statistics pl.

staty|w (-wu, -wy) (loc sg -wie) m tripod.

sta|w (-wu, -wy) (loc sg -wie) m (zbiornik wodny) pond; (ANAT) joint.

sta|wać (-ję, -jesz) (imp -waj, perf -nąć) vi (wstawać) to stand up; (być ustawianym pionowo) to stand; (zatrzymywać się, przestawać funkcjonować) to stop; **stawać rzędem/szeregiem** lub **w rzędzie/szeregu** to stand in a line/row; **stawać do wyborów (prezydenckich)** to run (for president).

sta|wać się (-ję, -jesz) (imp -waj, perf **stać**) vr (przed przymiotnikiem) to get, to grow, to become; (przed rzeczownikiem, zaimkiem): **stawać się kimś/czymś** to become sb/sth; (zdarzać się) to happen; **co się stało?** what happened?

stawi|ać (-am, -asz) (perf **postawić**) vt (umieszczać) to put, to place; (budowlę) to put up; (kołnierz) to raise; (pytanie) to ask; (diagnozę, wniosek) to make; (dawać jako stawkę) to bet, to wager; (fundować) to stand, to buy ♦ vi: **stawiać na kogoś/coś** to place a bet on sb/sth; (przen) to back sb/sth.

stawi|ać się (-am, -asz) vr (zgłaszać się) (perf **stawić się**) to report; (pot. przeciwstawiać się) (perf **postawić się**) to put one's foot down.

sta|wić (-wię, -wisz) vt perf: **stawić czoło komuś/czemuś** to face (up to) sb/sth.

staw|ka (-ki, -ki) (dat sg -ce, gen pl -ek) f (podstawa płatności) rate; (w grze, rozgrywce) stake.

staż (-u) m (praktyka) training; **staż pracy** (job) seniority.

staży|sta (-sty, -ści) (dat sg -ście) m decl like f in sg trainee; **lekarz stażysta** houseman (BRIT), intern (US).

stąd adv (z tego miejsca) from here; (z tego powodu) hence; **niedaleko stąd** not far from here, near here; **to daleko stąd** it's far from here, it's a long way off lub away; **nie jestem stąd** I'm a stranger here.

stąp|ać (-am, -asz) (*perf* -nąć) *vi* to tread.

stchórz|yć (-ę, -ysz) *vb perf od* tchórzyć.

ste|k (-ku) (*instr sg* -kiem) *m* (*KULIN*) (*nom pl* -ki) steak; **stek wyzwisk** a hail of abuse.

stelaż (-a *lub* -u, -e) (*gen pl* -y) *m* (*rama*) frame.

stemp|el (-la, -le) (*gen pl* -li) *m* stamp; **stempel pocztowy** postmark.

stempl|ować (-uję, -ujesz) (*perf* o- *lub* pod-) *vt* to stamp.

stenogra|f (-fa, -fowie) (*loc sg* -fie) *m* shorthand typist (*BRIT*), stenographer (*US*).

stenografi|a (-i) *f* shorthand (*BRIT*), stenography (*US*).

ste|p (-pu, -py) (*loc sg* -pie) *m* steppe.

step|ować (-uję, -ujesz) *vi* to tap-dance.

ste|r (-ru, -ry) (*loc sg* -rze) *m* (*ŻEGL, LOT*) rudder; (*przen: kierowanie*) helm.

stercz|eć (-ę, -ysz) *vi* (*wystawać*) to jut *lub* stick out, to protrude; (*pot: tkwić w jednym miejscu*) to hang around (*pot*).

stereo *nt inv* (*efekt*) stereo ♦ *adj inv* stereo *attr*.

stereofoniczny *adj* stereo(phonic).

stereoty|p (-pu, -py) (*loc sg* -pie) *m* stereotype.

stereotypowy *adj* stereotypical, stereotyped.

sterni|k (-ka, -cy) (*instr sg* -kiem) *m* (*ŻEGL*) helmsman; (*SPORT*) cox(swain).

ster|ować (-uję, -ujesz) *vt* +*instr* (*statkiem*) to steer; (*mechanizmem*) to control.

sterowani|e (-a) *nt*: **zdalne sterowanie** remote control.

sterowy *adj*: **koło sterowe** steering wheel; **drążek sterowy** joystick.

ster|ta (-ty, -ty) (*dat sg* -cie) *f* (*książek, ubrań*) heap, pile.

steryliz|ować (-uję, -ujesz) (*perf* wy-) *vt* to sterilize.

sterylny *adj* sterile.

stewar|d (-da, -dzi *lub* -dowie) (*loc sg* -dzie) *m* (*ŻEGL*) steward; (*LOT*) flight attendant.

stewardes|sa (-sy, -sy) (*dat sg* -sie) *f* (*LOT*) flight attendant; (*ŻEGL*) stewardess.

stęchły *adj* musty.

stęk|ać (-am, -asz) (*perf* -nąć) *vi* (*wzdychać, jęczeć*) to groan, to moan; (*pot: narzekać*) to moan (*pot*), to bellyache (*pot*).

stę|piać (-piam, -piasz) (*perf* -pić) *vt* to blunt.

▸**stępiać się** *vr* to become blunt.

stęsk|nić się (-nię, -nisz) (*imp* -nij) *vr perf*: **stęskniłam się za Markiem/domem** I miss Mark/home.

stęże|nie (-nia, -nia) (*gen pl* -ń) *nt* (*CHEM*) concentration.

stężony *adj* concentrated.

stłu|c (-kę, -czesz) *vb perf od* tłuc.

stłucze|nie (-nia, -nia) (*gen pl* -ń) *nt* bruise.

stłucz|ka (-ki, -ki) (*dat sg* -ce, *gen pl* -ek) *f* (*wypadek*) bump, fender bender (*US: pot*).

stłumiony *adj* (*odgłos itp.*) muted, muffled.

sto (*like*: **dwadzieścia**) *num* hundred; **sto dwadzieścia** a hundred and twenty; **sto osób/stu mężczyzn** a hundred people/men; „**sto lat!**" (*życzenie*) "many happy returns (of the day)"; (*piosenka: urodzinowa*) ≈ "Happy Birthday"; (: *śpiewana przy różnych okazjach*) ≈ "For He's a Jolly Good Fellow".

stocz|nia (-ni, -nie) (*gen pl* -ni) *f* shipyard.

stoczniowy *adj*: **przemysł stoczniowy** shipbuilding (industry).

stod|oła (**-oły**, **-oły**) (*dat sg* **-ole**, *gen pl* **-ół**) *f* barn.

stois|ko (**-ka**, **-ka**) (*instr sg* **-kiem**) *nt* (*w sklepie*) department; (*stragan*) stall, stand.

stoja|k (**-ka**, **-ki**) (*instr sg* **-kiem**) *m* (*na ubrania, parasole, do mikrofonu*) stand; (*na rowery, buty*) rack.

stojąco *adv*: **na stojąco** standing up.

stojący *adj*: **lampa stojąca** standard lamp (*BRIT*), floor lamp (*US*); **miejsca stojące** standing room; **dom wolno stojący** detached house.

stoję *itp. vb patrz* **stać**.

sto|k (**-ku**, **-ki**) (*instr sg* **-kiem**) *m* slope.

stokrot|ka (**-ki**, **-ki**) (*dat sg* **-ce**, *gen pl* **-ek**) *f* daisy.

stolarst|wo (**-wa**) (*loc sg* **-wie**) *nt* carpentry; (*artystyczne*) cabinet-making.

stolarz (**-a**, **-e**) (*gen pl* **-y**) *m* carpenter; (*artystyczny*) cabinet-maker.

stolic|a (**-y**, **-e**) *f* capital.

stoli|k (**-ka**, **-ki**) (*instr sg* **-kiem**) *m* (*small*) table; (*w restauracji*) table.

stołeczny *adj* (*miasto*) capital *attr*; (*urząd*) central.

stoł|ek (**-ka**, **-ki**) (*instr sg* **-kiem**) *m* (*mebel*) stool; (*pot: stanowisko*) berth (*pot*).

stołowy *adj* (*woda, wino, tenis*) table *attr*; **zastawa/łyżka stołowa** tableware/tablespoon; **pokój stołowy** dining room.

stołów|ka (**-ki**, **-ki**) (*dat sg* **-ce**, *gen pl* **-ek**) *f* canteen.

stomatolo|g (**-ga**, **-dzy** *lub* **-gowie**) (*instr sg* **-giem**) *m* (*MED*) dental surgeon, dentist.

stomatologi|a (**-i**) *f* (*MED*) dentistry.

stomatologiczny *adj*: **gabinet stomatologiczny** dentist's (*surgery*); **leczenie stomatologiczne** dental treatment.

ston|ka (**-ki**, **-ki**) (*dat sg* **-ce**, *gen pl* **-ek**) *f* (*też*: **stonka ziemniaczana**) Colorado *lub* potato beetle.

ston|oga (**-ogi**, **-ogi**) (*dat sg* **-odze**, *gen pl* **-óg**) *f* wood louse, centipede.

sto|p¹ (**-pu**, **-py**) (*loc sg* **-pie**) *m* (*metali*) alloy.

stop² *excl*: **stop!** (*stój!*) hold it!, stop!

st|opa (**-opy**, **-opy**) (*dat sg* **-opie**, *gen pl* **-óp**) *f* foot; **od stóp do głów** from head to foot; **stopa życiowa** standard of living, living standard; **stopa procentowa/inflacji** interest/inflation rate.

stope|r (**-ra**, **-ry**) (*loc sg* **-rze**) *m* (*zegarek*) stopwatch.

sto|pień (**-pnia**, **-pnie**) (*gen pl* **-pni**) *m* (*schodów*) stair, step; (*w hierarchii*) rank; (*ocena*) mark (*BRIT*), grade (*US*); (*jednostka miary*) degree; (*poziom, intensywność*) degree, extent; **stopień naukowy** (*university*) degree; **stopień wojskowy** military rank; **20 stopni Celsjusza** 20 degrees centigrade *lub* Celsius; **w pewnym stopniu** *lub* **do pewnego stopnia** to some degree *lub* extent; **„uwaga stopień!"** "mind the step".

stopni|eć (**-eje**) (*pt* **-ał**) *vb perf od* **topnieć**.

stopniowani|e (**-a**) *nt* (*JĘZ*) comparison; (*zwiększanie*) gradual increase; (*gradacja*) gradation.

stopniowo *adv* gradually.

stopniowy *adj* gradual.

storczy|k (**-ka**, **-ki**) (*instr sg* **-kiem**) *m* orchid.

sto|s (**-su**, **-sy**) (*loc sg* **-sie**) *m* (*śmieci, ubrań*) heap, pile; (*talerzy, książek*) stack; (*ofiarny*) pyre.

stos|ować (**-uję**, **-ujesz**) (*perf* **za-**) *vt* (*metody, przepisy, siłę*) to apply; (*leki*) to administer.

▶**stosować się** *vr*: **stosować się do**

+gen (*mieć zastosowanie*) to apply
to; (*przestrzegać*) to comply with.
stosowny *adj* applied.
stosownie *adv* (*odpowiednio*)
appropriately, suitably; (*przyzwoicie*)
properly; **stosownie do czegoś** in
accordance with sth.
stosowny *adj* appropriate, suitable;
uważać *lub* **uznać za stosowne coś
zrobić** to see *lub* think fit to do sth.
stosun|ek (**-ku, -ki**) (*instr sg* **-kiem**)
m (*zależność*) relation, relationship;
(*traktowanie*) attitude; (*liczbowy*)
ratio; (*też:* **stosunek płciowy**)
intercourse; **w stosunku do** +gen (*w
porównaniu z*) in *lub* with relation
to; (*w odniesieniu do*) with reference
to.
stosunkowo *adv* relatively,
comparatively.
stowarzysze|nie (**-nia, -nia**) (*gen pl*
-ń) *nt* association.
stoż|ek (**-ka, -ki**) (*instr sg* **-kiem**) *m*
cone.
st|óg (**-ogu, -ogi**) (*instr sg* **-ogiem**) *m*
haystack.
st|ół (**-ołu, -oły**) (*loc sg* **-ole**) *m* table;
przy stole at the table; **sprzątać ze
stołu** to clear the table.
str. *abbr* (= *strona*) p. (= page); (=
strony) pp. (= pages).
straceni|e (**-a**) *nt:* **nie mieć
nic/chwili do stracenia** to have
nothing/no time to lose.
stra|ch (**-chu**) *m* (*lęk*) fear; (*kukła*)
(*nom pl* **-chy**): **strach na wróble**
scarecrow.
stra|cić (**-cę, -cisz**) (*imp* **-ć**) *vb perf
od* **tracić**.
stracony *adj* (*przegrany*) lost;
(*skazany na porażkę*) doomed.
straga|n (**-nu, -ny**) (*loc sg* **-nie**) *m*
stall.
straj|k (**-ku, -ki**) (*instr sg* **-kiem**) *m*
strike.

strajk|ować (**-uję, -ujesz**) *vi:*
strajkować to be on strike, to strike.
strasznie *adv* terribly, awfully.
straszny *adj* (*przerażający*) scary,
frightening; (*zły, okropny*) dreadful,
terrible; (*bardzo duży*) tremendous.
strasz|yć (**-ę, -ysz**) *vt* to scare, to
frighten ♦ *vi:* **w tym domu straszy**
this house is haunted.
stra|ta (**-ty, -ty**) (*dat sg* **-cie**) *f*
(*materialna, moralna*) loss; **strata
czasu/pieniędzy** a waste of
time/money; **ponieść** (*perf*) **stratę** to
incur *lub* suffer a loss; **straty w
ludziach** casualties.
strategi|a (**-i, -e**) (*gen pl* **-i**) *f* strategy.
strategiczny *adj* strategic.
stra|wić (**-wię, -wisz**) *vb perf od*
trawić.
strawny *adj* digestible; **lekko/ciężko
strawny** easy/hard to digest.
straż (**-y, -e**) (*gen pl* **-y**) *f* guard;
trzymać *lub* **pełnić straż** to stand
guard, to be on guard; **straż
pożarna** (*instytucja*) fire brigade
(*BRIT*), fire department (*US*);
(*budynek*) fire station; (*wóz*) fire
engine (*BRIT*), fire truck (*US*); **straż
miejska** municipal police.
straża|k (**-ka, -cy**) (*instr sg* **-kiem**) *m*
fireman, fire fighter.
strażni|k (**-ka, -cy**) (*instr sg* **-kiem**) *m*
(*w instytucji*) security guard;
(*więzienny*) warder; **strażnik leśny**
(forest) ranger.
strą|cać (**-cam, -casz**) (*perf* **-cić**) *vt*
(*wazon*) to knock off; (*liść: z
rękawa*) to shake off; (*samolot*) to
shoot *lub* bring down.
strą|k (**-ka, -ki**) (*instr sg* **-kiem**) *m* pod.
stre|fa (**-fy, -fy**) (*dat sg* **-fie**) *f* zone.
stre|s (**-su, -sy**) (*loc sg* **-sie**) *m* stress;
żyć w stresie to live under stress.
stresujący *adj* stressful.
streszcz|ać (**-am, -asz**) (*perf
streścić*) *vt* to summarize.

streszcze|nie (-nia, -nia) (*gen pl* -ń) *nt* summary.

stripti|z (-zu) (*loc sg* -zie) *m* striptease.

stro|fa (-fy, -fy) (*dat sg* -fie) *f* (*LIT*) verse, stanza.

str|oić (-oję, -oisz) (*imp* -ój) *vt* (*dziecko*) (*perf* wy-) to dress up; (*radio, instrument*) (*perf* na-) to tune; (*choinkę*) (*perf* u-) to decorate.
▸**stroić się** *vr* (*ubierać się*) (*perf* wy-) to dress up.

stromy *adj* steep.

stro|na (-ny, -ny) (*dat sg* -nie) *f* side; (*stronica*) page; (*kierunek*) direction; **po lewej/prawej stronie** on the left/right(-hand) side; **po obu stronach** on either side; **po drugiej stronie ulicy** across the street; **przejść** (*perf*) **na drugą stronę (ulicy)** to cross the street; **z jednej strony ..., z drugiej strony ...** on (the) one hand ..., on the other hand ...; **bilet w jedną stronę/w obie strony** single/return ticket (*BRIT*), one-way/round-trip ticket (*US*); **w którą stronę?** which way?; **druga strona** (*odwrotna*) the reverse (side); **strony** *pl* (*okolica*) parts *pl*.

stronic|a (-y, -e) *f* page.

stro|nić (-nię, -nisz) (*imp* -ń) *vi*: **stronić od** +*gen* to shun.

stronnict|wo (-wa, -wa) (*loc sg* -wie) *nt* (*POL*) party.

stronniczoś|ć (-ci) *f* partiality, bias.

stronniczy *adj* partial, biased.

stro|p (-pu, -py) (*loc sg* -pie) *m* ceiling.

strosz|yć (-ę, -ysz) (*perf* na-) *vt* to ruffle.
▸**stroszyć się** *vr* to bristle.

str|ój (-oju, -oje) *m* (*ubiór*) dress, attire; (*MUZ*) key; **strój kąpielowy** bathing *lub* swimming costume (*BRIT*), swimsuit (*US*); **strój ludowy/narodowy** national dress.

stróż (-a, -e) *m* porter (*BRIT*), janitor (*US*); (*przen*) guardian; **stróż nocny** night watchman.

stru|g (-ga, -gi) (*instr sg* -giem) *m* plane (*tool*).

stru|ga (-gi, -gi) (*dat sg* -dze) *f* stream.

strug|ać (-am, -asz) *vt* (*deskę*) (*perf* o-) to plane; (*kij*) (*perf* o-) to whittle; (*figurkę*) (*perf* wy-) to carve.

struktu|ra (-ry, -ry) (*dat sg* -rze) *f* structure.

strukturalny *adj* structural.

strumie|ń (-nia, -nie) (*gen pl* -ni) *m* stream.

strumy|k (-ka, -ki) (*instr sg* -kiem) *m* brook.

stru|na (-ny, -ny) (*dat sg* -nie) *f* string; **struny głosowe** vocal cords.

strunowy *adj*: **instrument strunowy** stringed instrument.

stru|p (-pa, -py) (*loc sg* -pie) *m* scab.

stru|ś (-sia, -sie) *m* ostrich.

strych (-u, -y) *m* attic, loft (*BRIT*).

strycz|ek (-ka, -ki) (*instr sg* -kiem) *m* (*sznur*) halter; (*pot. kara śmierci*) the rope.

stryj (-a, -owie) *m* uncle (*father's brother*).

strza|ł (-łu, -ły) (*loc sg* -le) *m* shot.

strza|ła (-ły, -ły) (*dat sg* -le) *f* arrow.

strzał|ka (-ki, -ki) (*dat sg* -ce, *gen pl* -ek) *f* (*znak*) arrow; (*kompasu, barometru*) pointer.

strząs|ać (-am, -asz) (*perf* -nąć) *vt* (*owoce*) to shake off; (*popiół*) to flick (off).

strze|c (-gę, -żesz) *vt* +*gen* to guard.
▸**strzec się** *vr* +*gen* to beware of.

strze|cha (-chy, -chy) (*dat sg* -sze) *f* thatched roof, thatch.

strzel|ać (-am, -asz) (*perf* -ić) *vt* (*bramkę*) to shoot ▸ *vi* (*z broni*) to shoot; (*palcami*) to snap.

strzelani|na (-ny) (*dat sg* -nie) *f* shoot-out, shooting.

strzel|ba (-by, -by) (*dat sg* -bie) *f* rifle.

strzel|ec (-ca, -cy) *m* shooter;

(*WOJSK*) rifleman; (*SPORT*) scorer; **Strzelec** (*ASTROLOGIA*) Sagittarius.

strzelect|wo (-wa) (*loc sg* -wie) *nt* shooting.

strzelnic|a (-y, -e) *f* rifle-range; (*w wesołym miasteczku*) shooting gallery.

strzemi|ę (-enia, -ona) *nt* stirrup.

strzep|ywać (-uję, -ujesz) (*perf* -nąć) *vt* (*okruchy*) to shake off; (*kurz, śnieg*) to brush off; (*termometr*) to shake down.

strzeżony *adj* guarded.

strzę|p (-pu, -py) (*loc sg* -pie) *m* (*kawałek*) shred.

strzę|pić (-pię, -pisz) (*perf* wy-) *vt* (*materiał*) to fray.

strzy|c (-gę, -żesz) *vt* (*perf* o-) (*człowieka*): **strzyc kogoś** to cut sb's hair; (*owcę*) to shear; (*trawę*) to mow.

▶**strzyc się** *vr* (*perf* o-) to have one's hair cut.

strzykaw|ka (-ki, -ki) (*dat sg* -ce, *gen pl* -ek) *f* syringe.

strzyże|nie (-nia, -nia) (*gen pl* -ń) *nt* (*włosów, głowy*) hair-cutting; (*owiec*) shearing; (*trawy*) mowing.

studencki *adj* (*teatr, stołówka*) students'; (*życie*) student *attr*; **dom studencki** hall of residence (*BRIT*), dormitory (*US*).

studen|t (-ta, -ci) (*loc sg* -cie) *m* student.

student|ka (-ki, -ki) (*dat sg* -ce, *gen pl* -ek) *f* student.

studi|a (-ów) *pl* (*nauka na uczelni*) studies *pl*; (*praca badawcza*) research.

studi|o (-a, -a) (*gen pl* -ów) *nt/inv* studio.

studi|ować (-uję, -ujesz) *vt* (*prawo, chemię*) to study; (*mapę, rozkład jazdy*) (*perf* prze-) to study.

studi|um (-um, -a) (*gen pl* -ów) *nt inv*

in *sg* (*rozprawa, dzieło*) study; (*uczelnia*) college.

stu|dnia (-dni, -dnie) (*gen pl* -dni *lub* -dzien) *f* well.

studniów|ka (-ki, -ki) (*dat sg* -ce, *gen pl* -ek) *f* *traditional party organized by secondary school students a hundred days before final exams*.

stu|dzić (-dzę, -dzisz) (*imp* -dź, *perf* o-) *vt* to cool (down).

studzien|ka (-ki, -ki) (*dat sg* -ce, *gen pl* -ek) *f* (*niewielka studnia*) well; (*właz kanalizacyjny*) manhole, inspection chamber.

stu|k (-ku, -ki) (*instr sg* -kiem) *m* clatter.

stuk|ać (-am, -asz) (*perf* -nąć) *vi* (*pukać*) to knock; (*uderzać*) to clatter; **stukać do drzwi** to knock at *lub* on the door.

stuknięty *adj* (*pot*) cracked (*pot*).

stuko|t (-tu, -ty) (*loc sg* -cie) *m* clatter.

stule|cie (-cia, -cia) (*gen pl* -ci) *nt* (*wiek*) century; (*setna rocznica*) centenary.

stuletni *adj* (*człowiek*) hundred-year-old; (*okres*) hundred-year *attr*.

stuprocentowy *adj* (*wełna, spirytus*) 100 per cent *attr*; (*pot: mężczyzna*) complete; (*zaufanie*) absolute, complete.

stwarz|ać (-am, -asz) (*perf* stworzyć) *vt* to create; (*warunki*) to offer.

otwicr|dzać (-dzam, -dzasz) (*perf* -dzić) *vt* to affirm ♦ *vi* to state.

stwierdze|nie (-nia, -nia) (*gen pl* -ń) *nt* (*poświadczenie*) assertion; (*wypowiedź*) statement.

stworze|nie (-nia, -nia) (*gen pl* -ń) *nt* (*czynność*) creation; (*istota*) creature.

stw|ór (-ora, -ory) (*loc sg* -orze) *m* creature.

stwórc|a (-y, -y) *m decl like f in sg* creator.

stycz|eń (-nia, -nie) *m* January.

styczność|ć (**-ci**) *f*: mieć styczność z +*instr* to be in contact with.

styg|nąć (**-nie**) (*perf* **o-**) *vi* to cool (down).

sty|k (**-ku, -ki**) (*instr sg* **-kiem**) *m* point of contact; (*ELEKTR*) contact.

styk|ać (**-am, -asz**) (*perf* **zetknąć**) *vt* (*przykładać, przytykać*) to connect.

▶**stykać się** *vr* (*przylegać*) to adjoin, to adhere; **stykać się z kimś/czymś** to encounter sb/sth.

styl (**-u, -e**) *m* style; (*w pływaniu*) stroke; **styl życia** life style.

stylistyczny *adj* stylistic.

stylizowany *adj* stylized, stylised (*BRIT*).

stylowy *adj* period *attr*.

stymulato|r (**-ra, -ry**) (*loc sg* **-rze**) *m* (*książek*) stimulus; **stymulator serca** pacemaker.

stymul|ować (**-uję, -ujesz**) *vt* to stimulate.

stymulujący *adj* stimulating.

sty|pa (**-py, -py**) (*dat sg* **-pie**) *f* *funeral banquet*.

stypendi|um (**-um, -a**) (*gen pl* **-ów**) *nt inv in sg* (*pieniądze*) scholarship, stipend; (*studia*) scholarship.

stypendy|sta (**-sty, -ści**) (*loc sg* **-ście**) *m decl like f in sg* scholarship *lub* grant holder, stipendiary.

styropia|n (**-nu**) (*loc sg* **-nie**) *m* polystyrene (foam) (*BRIT*), Styrofoam ® (*US*).

subiektywny *adj* subjective.

sublokato|r (**-ra, -rzy**) (*loc sg* **-rze**) *m* lodger, subtenant.

subskrypcj|a (**-i, -e**) (*gen pl* **-i**) *f* subscription.

substancj|a (**-i, -e**) (*gen pl* **-i**) *f* substance.

substytu|t (**-tu, -ty**) (*loc sg* **-cie**) *m* substitute, stopgap.

subtelnoś|ć (**-ci**) *f* subtlety.

subtelny *adj* subtle.

subtropikalny *adj* subtropical.

subwencj|a (**-i, -e**) (*gen pl* **-i**) *f* subsidy, subvention.

suchar|ek (**-ka, -ki**) (*instr sg* **-kiem**) *m* rusk.

sucho *adv* drily.

suchy *adj* dry.

Suda|n (**-nu**) (*loc sg* **-nie**) *m* Sudan.

Sudet|y (**-ów**) *pl* the Sudety Mountains *pl*.

Sueski *adj*: **Kanał Sueski** the Suez Canal.

sufi|t (**-tu, -ty**) (*loc sg* **-cie**) *m* ceiling.

sufle|r (**-ra, -rzy**) (*loc sg* **-rze**) *m* prompter.

sufle|t (**-tu, -ty**) (*loc sg* **-cie**) *m* soufflé.

suger|ować (**-uję, -ujesz**) (*perf* **za-**) *vt*: **sugerować coś (komuś)** to suggest sth (to sb), to imply sth (to sb).

sugesti|a (**-i, -e**) (*gen pl* **-i**) *f* hint, suggestion.

sugestywny *adj* eloquent, suggestive.

sui|ta (**-ty, -ty**) (*dat sg* **-cie**) *f* suite.

su|ka (**-ki, -ki**) (*dat sg* **-ce**) *f* bitch.

sukce|s (**-su, -sy**) (*loc sg* **-sie**) *m* success; **odnieść** (*perf*) **sukces** to succeed, to be a success.

sukcesywny *adj* successive.

sukien|ka (**-ki, -ki**) (*dat sg* **-ce**, *gen pl* **-ek**) *f* dress.

su|knia (**-kni, -knie**) (*gen pl* **-kni** *lub* **-kien**) *f* dress, gown.

su|kno (**-kna, -kna**) (*loc sg* **-knie**, *gen pl* **-kien**) *nt* cloth.

suła|n (**-na, -ni** *lub* **-nowie**) (*loc sg* **-nie**) *m* sultan.

su|m (**-ma, -my**) (*loc sg* **-mie**) *m* catfish.

su|ma (**-my, -my**) (*dat sg* **-mie**) *f* sum, total; (*kwota*) amount, sum of money; **w sumie** all things considered, all in all.

sumie|nie (**-nia, -nia**) (*gen pl* **-ń**) *nt* conscience.

sumiennoś|ć (**-ci**) *f* conscientiousness.

sumienny *adj* conscientious.
sum|ować (**-uję, -ujesz**) (*perf* **z-**) *vt* (*liczby*) to add (up); (*pieniądze*) to total (up), to sum (up); (*doświadczenia, wrażenia*) to accumulate.

▶**sumować się** *vr* to sum up.
su|nąć (**-nę, -niesz**) (*imp* **-ń**) *vi* to glide, to slide.
sup|eł (**-ła, -ły**) (*loc sg* **-le**) *m* knot, tangle.
superlatyw|y (**-**) *pl*: **wyrażać się o kimś w (samych) superlatywach** to speak highly of sb.
supermarke|t (**-tu, -ty**) (*loc sg* **-cie**) *m* supermarket.
supermocarst|wo (**-wa, -wa**) (*loc sg* **-wie**) *nt* superpower.
supersa|m (**-mu, -my**) (*loc sg* **-mie**) *m* supermarket.
suplemen|t (**-tu, -ty**) (*loc sg* **-cie**) *m* supplement.
supremacj|a (**-i, -e**) (*gen pl* **-i**) *f* supremacy.
surfingowy *adj*: **deska surfingowa** surfboard.
surowic|a (**-y, -e**) *f* (*też*: **surowica krwi**) serum.
suro|wiec (**-wca, -wce**) *m* (*do produkcji*) raw material; **surowce** *pl* (*do produkcji*) raw materials; (*zasoby*) resources; **surowce naturalne** natural resources; **surowce wtórne** recyclable materials.
surowo *adv* (*kategorycznie*) harshly, severely; (*urządzony, ubrany*) austerely; **„Palenie surowo wzbronione”** "No smoking".
surowy *adj* (*mleko, owoce, mięso*) raw, uncooked; (*drewno*) unseasoned; (*mina*) stern; (*nauczyciel*) strict, severe; (*krytyka, wyrok*) severe; (*wnętrze, strój*) austere; (*klimat, zima*) harsh, severe; (*warunki, życie*) severe, austere.

surów|ka (**-ki, -ki**) (*dat sg* **-ce**, *gen pl* **-ek**) *f* (*KULIN*) salad; (*TECH*) pig-iron.
surrealistyczny *adj* (*sztuka, malarz*) surrealist; (*nierealny*) surrealistic, surreal.
surrealiz|m (**-mu**) (*loc sg* **-mie**) *m* surrealism.
su|seł (**-sła, -sły**) (*loc sg* **-śle**) *m* (*ZOOL*) gopher.
susz|a (**-y, -e**) *f* drought, dry weather.
suszar|ka (**-ki, -ki**) (*dat sg* **-ce**, *gen pl* **-ek**) *f* dryer; **suszarka do włosów** hair dryer; **suszarka do naczyń** dish drainer.
suszony *adj* dried; (*owoc*) desiccated.
susz|yć (**-ę, -ysz**) *vt* (*włosy, bieliznę*) (*perf* **wy-**) to dry; (*kwiaty, grzyby*) (*perf* **u-**) to dry.

▶**suszyć się** *vr* to dry, to get dry.
sutan|na (**-ny, -ny**) (*dat sg* **-nie**) *f* cassock, soutane.
sut|ek (**-ka, -ki**) (*instr sg* **-kiem**) *m* (*pierś*) breast; (*brodawka*) nipple.
sutene|r (**-ra, -rzy**) (*loc sg* **-rze**) *m* pimp.
sutere|na (**-ny, -ny**) (*loc sg* **-nie**) *f* basement.
suwa|k (**-ka, -ki**) (*instr sg* **-kiem**) *m* (*pot.*: *zamek błyskawiczny*) zip (*BRIT*), zipper (*US*).
suwerennoś|ć (**-ci**) *f* sovereignty, independence.
suwerenny *adj* sovereign.
suwmiar|ka (**-ki, -ki**) (*dat sg* **-ce**, *gen pl* **-ek**) *f* vernier calliper gauge (*BRIT*) *lub* caliper gage (*US*).
swasty|ka (**-ki, -ki**) (*dat sg* **-ce**) *f* swastika.
swat|ać (**-am, -asz**) (*perf* **wy-**) *vt*: **swatać kogoś z kimś** to arrange for sb to marry sb.
swat|ka (**-ki, -ki**) (*dat sg* **-ce**, *gen pl* **-ek**) *f* matchmaker.
swawolny *adj* rollicking.

sw|ąd (-ędu) (*loc sg* **-ędzie**) *m* smell of burning.

swet|er (-ra, -ry) (*loc sg* **-rze**) *m* sweater, jumper (*BRIT*).

swę|dzić, swę|dzieć (-dzi) (*pt* **-dził** *lub* **-dział**) *vi* to itch.

swobo|da (-dy) (*dat sg* **-dzie**) *f* (*wolność*) liberty; (*niezależność*) freedom; (*śmiałość*) familiarity; (*łatwość*) ease.

swobodnie *adv* freely; (*zachowywać się*) freely, without restraint; (*czuć się*) at ease, comfortable; (*ubrany*) informally, casually.

swobodny *adj* (*wybór*) free; (*rozwój*) unconstrained; (*rytm, akcent*) free; (*nastrój, rozmowa*) casual, informal; (*strój*) informal.

swoisty *adj* peculiar.

swoja *itd.* *pron patrz* **swój.**

swojski *adj* (*znajomy*) familiar; (*domowej roboty*) home-made.

swojsko *adv*: **brzmieć swojsko** to sound familiar; **czuć się swojsko** to feel at home.

sworz|eń (-nia, -nie) (*gen pl* **-ni**) *m* pivot.

swój (*like*: **mój**) *pron* one's; (*mój*) my; (*twój*) your; (*jego*) his; (*jej*) her; (*nasz*) our; (*wasz*) your; (*ich*) their; (*pot*: *swojski*) home-made; **na swój sposób** in a way; **swoją drogą ...** still, ...

Syberi|a (-i) *f* Siberia.

syberyjski *adj* Siberian.

sy|cić (-cę, -cisz) (*imp* **-ć**, *perf* **na-**) *vt* to satiate.

Sycyli|a (-i) *f* Sicily.

sycylijski *adj* Sicilian.

sycz|eć (-ę, -ysz) *vi* (*wydawać syk*) (*perf* **syknąć** *lub* **zasyczeć**) to hiss.

syfili|s (-su) (*loc sg* **-sie**) *m* syphilis.

syfo|n (-nu, -ny) (*loc sg* **-nie**) *m* (*butelka*) siphon bottle; (*TECH*) U-bend.

sygnalizacj|a (-i) *f* (*przekazywanie* *sygnałów*) signalling; (*urządzenia* *sygnalizacyjne*) signalling equipment; **sygnalizacja świetlna** traffic lights *lub* signals.

sygnaliz|ować (-uję, -ujesz) (*perf* **za-**) *vt* (*dawać sygnały*) to signal; (*wskazywać*) to indicate.

sygna|ł (-łu, -ły) (*loc sg* **-le**) *m* signal; (*TEL*) tone; (*programu*) signature tune.

sygnatariusz (-a, -e) (*gen pl* **-y**) *m* signatory.

sygnatu|ra (-ry, -ry) (*loc sg* **-rze**) *f* (*podpis*) signature; (*na książce*) catalogue number.

sygne|t (-tu, -ty) (*loc sg* **-cie**) *m* signet ring.

sygn|ować (-uję, -ujesz) *vt* to sign.

syjamski *adj* Siamese.

syjoni|sta (-sty, -ści) (*dat sg* **-ście**) *m* *decl like f in sg* Zionist.

sy|k (-ku, -ki) (*instr sg* **-kiem**) *m* (*pojedynczy*) hiss; (*ciągły*) hissing.

syla|ba (-by, -by) (*dat sg* **-bie**) *f* syllable.

sylabiz|ować (-uję, -ujesz) (*perf* **prze-**) *vt* to read letter by letter.

sylwest|er (-ra, -ry) (*loc sg* **-rze**) *m* New Year's Eve.

sylwet|ka (-ki, -ki) (*dat sg* **-ce**, *gen pl* **-ek**) *f* (*figura*) figure; (*zarys postaci*) silhouette, profile; (*opis osoby*) profile.

symbio|za (-zy) (*dat sg* **-zie**) *f* symbiosis.

symbol (-u, -e) *m* symbol.

symbolicznie *adv* (*przedstawiać, rozumieć*) metaphorically, symbolically; (*wynagradzać, płacić*) nominally.

symboliczny *adj* (*sens, znaczenie, powieść*) symbolic; (*upominek, wynagrodzenie*) nominal.

symboliz|ować (-uje) *vt* to symbolize, to represent.

symetri|a (-i) *f* symmetry.

symetryczny *adj* symmetrical.

symfoni|a (-i, -e) (*gen pl* -i) *f*
symphony.

symfoniczny *adj* (*utwór, poemat*)
symphonic; **orkiestra symfoniczna**
symphony orchestra.

sympati|a (-i, -e) (*gen pl* -i) *f*
(*uczucie*) liking; (*pot. dziewczyna*)
girlfriend; (: *chłopak*) boyfriend.

sympatyczny *adj* pleasant, nice.

sympaty|k (-ka, -cy) (*instr sg* -kiem)
m sympathizer.

sympatyz|ować (-uję, -ujesz) *vi*:
sympatyzować z +*instr* to
sympathize with.

sympozj|um (-um, -a) (*gen pl* -ów)
nt inv in sg symposium.

sympto|m (-mu, -my) (*loc sg* -mie) *m*
symptom.

symulacj|a (-i, -e) (*gen pl* -i) *f*
simulation.

symulan|t (-ta, -ci) (*loc sg* -cie) *m*
malingerer.

symul|ować (-uję, -ujesz) *vt*
(*udawać*) to fake; (*naśladować*) to
simulate ♦ *vi* to malinger.

sy|n (-na, -nowie) (*loc sg* -nu) *m* son.

synago|ga (-gi, -gi) (*dat sg* -dze) *f*
synagogue.

synchroniczny *adj* synchronous;
pływanie synchroniczne
synchronized swimming.

synchroniz|ować (-uję, -ujesz) (*perf*
z-) *vt* to synchronize.

syndyka|t (-tu, -ty) (*loc sg* -cie) *m*
syndicate.

syno|d (-du, -dy) (*loc sg* -dzie) *m*
synod.

synoni|m (-mu, -my) (*loc sg* -mie) *m*
synonym.

synow|a (-ej, -e) *f decl like adj*
daughter-in-law.

syntetyczny *adj* synthetic.

synte|za (-zy, -zy) (*dat sg* -zie) *f*
synthesis.

syntezato|r (-ra, -ry) (*loc sg* -rze) *m*
synthesizer.

sy|pać (-pię, -piesz) (*perf* -pnąć) *vt*
(*piasek, mąkę*) to pour, to sprinkle;
(*pot. zdradzać*) to inform on *lub*
against ♦ *vi* (*pot*) to inform against
one's accomplices; **śnieg sypie** it's
snowing.

►**sypać się** *vr* (*o tynku*) to fall off;
(*o iskrach*) to fly; (*o liściach*) to fall;
(*o ciosach*) to rain down;
(*pot. rozpadać się*) (*perf* roz-) to fall
apart.

sypi|ać (-am, -asz) *vi* to sleep.

sypial|nia (-ni, -nie) (*gen pl* -ni) *f*
bedroom.

sypialny *adj*: **wagon sypialny**
sleeping car; **pokój sypialny**
bedroom.

sypki *adj* loose.

syre|na (-ny, -ny) (*dat sg* -nie) *f*
(*przyrząd*) siren; (*nimfa*) mermaid,
siren.

Syri|a (-i) *f* Syria.

syro|p (-pu, -py) (*loc sg* -pie) *m* syrup.

syryjski *adj* Syrian.

syste|m (-mu, -my) (*loc sg* -mie) *m*
system.

systematycznoś|ć (-ci) *f*
(*regularność*) regularity; (*cecha
charakteru*) orderly manner.

systematyczny *adj* (*praca, nauka*)
systematic; (*uczeń*) methodical.

systemowy *adj* (*rozwiązanie*)
comprehensive.

sytuacj|a (-i, -e) (*gen pl* -i) *f* situation.

sytu|ować (-uję, -ujesz) (*perf* u-) *vt*
to locate, to place.

sytuowany *adj*: **dobrze/źle
sytuowany** well/badly off.

syty *adj* replete, satiated;
najeść/napić się do syta to
eat/drink one's fill.

syzyfowy *adj*: **syzyfowa praca** a
never-ending job.

szabl|a (-i, -e) (*gen pl* -i) *f* sword, sabre (*BRIT*), saber (*US*).

szablo|n (-nu, -ny) (*loc sg* -nie) *m* (*literniczy*) stencil; (*techniczny*) template; (*wzór*) pattern; (*przen*) stereotype, routine.

szach *m* (*w szachach*) (*gen sg* -**u** *lub* -**a**) check; **szach-mat** checkmate.

szachi|sta (-sty, -ści) (*dat sg* -ście) *m decl like f in sg* chess player.

szachownic|a (-y, -e) *f* chessboard.

szach|y (-ów) *pl* (*gra*) chess; (*zestaw do gry*) chess set.

szac|ować (-uję, -ujesz) (*perf* o-) *vt* (*majątek, straty*) to estimate, to assess.

szacun|ek (-ku) (*instr sg* -kiem) *m* (*poważanie*) respect, reverence; (*ocena*) assessment, estimate.

szacunkowy *adj* estimated.

sza|fa (-fy, -fy) (*dat sg* -fie) *f* (*na ubrania*) wardrobe; (*na akta, dokumenty*) cabinet; **szafa grająca** jukebox, music box.

szafi|r (-ru, -ry) (*loc sg* -rze) *m* (*kamień*) sapphire.

szaf|ka (-ki, -ki) (*dat sg* -ce, *gen pl* -ek) *f* (*na buty*) cabinet; **szafka ścienna** wall cupboard; **szafka kuchenna** kitchen unit, cupboard.

szaf|ować (-uję, -ujesz) *vt*: **szafować czymś** to be careless with sth.

szaj|ka (-ki, -ki) (*dat sg* -ce, *gen pl* -ek) *f* band (*of thieves*).

szakal (-a, -e) (*gen pl* -i) *m* jackal.

szal (-a, -e) (*gen pl* -i) *m* scarf, shawl.

szal|a (-i, -e) *f* (*wagi*) scale (pan); **przechylić** (*perf*) **szalę zwycięstwa na czyjąś stronę** to tip the scales in favo(u)r of sb.

szal|eć (-eję, -ejesz) *vi* (*wariować*) (*perf* o-) to go mad; (*o burzy, powodzi, epidemii*) to rage; (*hulać*) to revel.

szalenie *adv* extremely.

szale|niec (-ńca, -ńcy) *m* madman, maniac.

szaleńczy *adj* (*myśl, zamiar*) mad, insane; (*radość, gniew*) mad.

szaleńst|wo (-wa, -wa) (*loc sg* -wie) *nt* (*szalony czyn*) madness, insanity; (*szał*) frenzy.

szale|t (-tu, -ty) (*loc sg* -cie) *m* public toilet.

szali|k (-ka, -ki) (*instr sg* -kiem) *m* scarf.

szalony *adj* (*człowiek*) mad, insane; (*zamiar, myśl*) mad, crazy; (*życie, taniec, gniew*) mad.

szalu|pa (-py, -py) (*dat sg* -pie) *f* lifeboat.

sza|ł (-łu) (*loc sg* -le) *m* (*furia*) madness; (*stan podniecenia*) frenzy, rage; (*mania: zakupów, porządków*) folly.

szała|s (-su, -sy) (*dat sg* -sie) *m* shelter.

szałwi|a (-i, -e) (*gen pl* -i) *f* sage.

szam|bo (-ba, -ba) (*loc sg* -bie) *nt* cesspool, cesspit.

szampa|n (-na, -ny) (*loc sg* -nie) *m* champagne.

szampo|n (-nu, -ny) (*loc sg* -nie) *m* shampoo.

szan|ować (-uję, -ujesz) *vt* (*cenić*) to respect, to look up to; (*chronić*) to take care of.

▸**szanować się** *vr* (*mieć poczucie własnej godności*) to have self-respect; (*poważać jeden drugiego*) to respect one another.

szanowny *adj* honourable, respectable; **Szanowny Panie!/Szanowna Pani!** (*w liście*) Dear Sir/Madam,, Dear Mr/Mrs X,; **Szanowni Państwo!** Ladies and Gentlemen!

szan|sa (-sy, -se) (*dat sg* -sie) *f* chance.

szantaż (-u) *m* blackmail.

szantaż|ować (-uję, -ujesz) *vt*:

szantażować kogoś (czymś) to blackmail sb (with sth).

szantaży|sta (**-sty, -ści**) (*dat sg* **-ście**) *m decl like f in sg* blackmailer.

szara|da (**-dy, -dy**) (*dat sg* **-dzie**) *f* charade.

szarańcz|a (**-y**) *f* locust.

szar|fa (**-fy, -fy**) (*dat sg* **-fie**) *f* sash.

szarlata|n (**-na, -ni**) (*loc sg* **-nie**) *m* charlatan.

szarlot|ka (**-ki, -ki**) (*dat sg* **-ce**, *gen pl* **-ek**) *f* apple-pie.

szarot|ka (**-ki, -ki**) (*dat sg* **-ce**, *gen pl* **-ek**) *f* (*BOT*) edelweiss.

szar|pać (**-pię, -piesz**) *vt* (*ciągnąć*) (*perf* **-pnąć**) to pull at; (*rozdzierać*) (*perf* **po-**) to tear (apart) ♦ *vi* (*o pojazdach*) (*perf* **-pnąć**) to jerk.

szarpnię|cie (**-cia, -cia**) (*gen pl* **-ć**) *nt* jerk, jolt.

szary *adj* (*kolor*) grey (*BRIT*), gray (*US*); (*dzień*) gloomy; (*papier, koperta*) brown; (*życie*) ordinary.

szarż|a (**-y, -e**) *f* (*atak*) charge.

szarż|ować (**-uję, -ujesz**) *vi* (*nacierać*) to charge.

szast|ać (**-am, -asz**) *vt*: **szastać pieniędzmi** to be extravagant with one's money; **szastać obietnicami** to be lavish with promises.

szaszły|k (**-ka, -ki**) (*instr sg* **-kiem**) *m* shashlik, shish kebab.

sza|ta (**-ty, -ty**) (*dat sg* **-cie**) *f* (*książk*) garment, vestment

szata|n (**-na, -ny** *lub* **-ni**) (*loc sg* **-nie**) *m* (*REL*) satan; (*pot: człowiek nieznośny*) devil; (: *człowiek energiczny*) ball of fire.

szatk|ować (**-uję, -ujesz**) (*perf* **po-**) *vt* to shred.

szat|nia (**-ni, -nie**) (*gen pl* **-ni**) *f* (*przebieralnia*) changing room; (*w teatrze, kinie*) cloakroom.

szatniarz (**-a, -e**) (*gen pl* **-y**) *m* cloakroom attendant.

szaty|n (**-na, -ni**) (*loc sg* **-nie**) *m* dark-haired man.

szatyn|ka (**-ki, -ki**) (*dat sg* **-ce**, *gen pl* **-ek**) *f* dark-haired woman.

szcza|w (**-wiu, -wie**) *m* sorrel.

szcząt|ki (**-ków**) *pl* (*samolotu*) debris *sg*; (*ludzkie*) remains.

szczeb|el (**-la, -le**) (*gen pl* **-li**) *m* (*drabiny*) rung; (*hierarchii*) grade.

szczebio|tać (**-czę, -czesz**) *vi* to chirp.

szczeci|na (**-ny**) (*dat sg* **-nie**) *f* bristle; (*przen: zarost*) stubble.

szczególnie *adv* (*zwłaszcza*) especially, particularly; (*osobliwie*) peculiarly.

szczególnoś|ć (**-ci**) *f*: **w szczególności** in particular.

szczególny *adj* (*uprawnienia*) special; (*gust, zamiłowania*) peculiar; (*cecha*) characteristic.

szczegó|ł (**-łu, -ły**) (*loc sg* **-le**) *m* detail; **szczegóły** *pl* details *pl*, particulars *pl*.

szczegółowo *adv* in detail.

szczegółowy *adj* detailed.

szczek|ać (**-a**) (*perf* **-nąć**) *vi* to bark.

szczeli|na (**-ny, -ny**) (*dat sg* **-nie**) *f* crack.

szczelnie *adv* (*zamykać*) tight(ly); (*wypełniać*) to capacity.

szczelny *adj* tight.

szczenia|k (**-ka, -ki**) (*instr sg* **-kiem**) *m* pup(py), (*pot*) whippersnapper.

szczenię (**-ęcia, -ęta**) (*gen pl* **-ąt**) *nt* pup(py).

szcze|p (**-pu, -py**) (*loc sg* **-pie**) *m* (*plemię*) tribe.

szcze|pić (**-pię, -pisz**) (*perf* **za-**) *vt* (*ludzi*) to vaccinate, to inoculate; (*drzewa*) to graft.

szczepie|nie (**-nia, -nia**) (*gen pl* **-ń**) *nt* vaccination, inoculation.

szczepion|ka (**-ki, -ki**) (*dat sg* **-ce**, *gen pl* **-ek**) *f* vaccine.

szczer|ba (-by, -by) (*dat sg* -bie) *f* (*w zębach*) gap; (*w ostrzu, murze*) chip.

szczerbaty *adj* (*bez zębów*) gap-toothed.

szczeroś|ć (-ci) *f* sincerity.

szczery *adj* (*przyjaciel, uśmiech*) sincere; (*podziw, żal*) genuine; (*prawda*) plain; (*złoto*) pure.

szczerze *adv* sincerely; **szczerze mówiąc** frankly, in all honesty.

szczę|dzić (-dzę, -dzisz) (*imp* -dź) *vt*: **nie szczędzić czegoś** to be generous with sth.

szczę|ka (-ki, -ki) (*dat sg* -ce) *f* jaw; **sztuczna szczęka** false teeth, dentures.

szczęk|ać (-am, -asz) (*perf* -nąć) *vi* to clash; **szczękałem zębami** my teeth were chattering.

szczęściarz (-a, -e) (*gen pl* -y) *m* (*pot*) lucky chap (*pot*).

szczęści|e (-a) *nt* (*pomyślny traf*) (good) luck; (*stan ducha*) happiness; **mieć szczęście** to be lucky *lub* in luck; **nie mieć szczęścia** to be unlucky *lub* of luck; **na szczęście** fortunately, luckily.

szczęśliwie *adv* (*skończyć się*) happily; (*składać się*) fortunately; (*na szczęście*) luckily, fortunately.

szczęśliwy *adj* (*pomyślny*) fortunate, lucky; (*zadowolony*) happy; **Szczęśliwego Nowego Roku!** Happy New Year!; **szczęśliwej podróży!** have a safe journey *lub* trip!

szczodry *adj* (*książk*) generous.

szczotecz|ka (-ki, -ki) (*dat sg* -ce, *gen pl* -ek) *f* brush; **szczoteczka do zębów** toothbrush.

szczot|ka (-ki, -ki) (*dat sg* -ce, *gen pl* -ek) *f* (*do zamiatania*) broom; **szczotka do włosów** hairbrush; **szczotka do butów** shoebrush; **szczotka do ubrania** clothes brush.

szczotk|ować (-uję, -ujesz) (*perf* wy-) *vt* to brush.

szczu|ć (-ję, -jesz) *vt* (*perf* po-): **szczuć kogoś psem** to set a dog on sb.

szczud|ła (-eł) *pl* stilts *pl*.

szczupa|k (-ka, -ki) (*instr sg* -kiem) *m* pike.

szczupl|eć (-eję, -ejesz) (*perf* wy-, *pt* -ał, -eli) *vi* to grow slim.

szczupły *adj* (*człowiek, nogi*) slim; (*fundusze, zapasy*) slender.

szczu|r (-ra, -ry) (*loc sg* -rze) *m* rat.

szczy|cić się (-cę, -cisz) (*imp* -ć, *perf* po-) *vr*: **szczycić się** +*instr* to pride o.s. on, to boast of.

szczy|pać (-pię, -piesz) *vt* to pinch; **dym szczypie mnie w oczy** the smoke is stinging my eyes.

szczy|pce (-piec *lub* -pców) *pl* (*narzędzie*) pliers *pl*, pincers *pl*.

szczypior|ek (-ku) (*instr sg* -kiem) *m* chives *pl*.

szczyp|ta (-ty, -ty) (*dat sg* -cie) *f* pinch; (*przen: rozumu, szczęścia*) speck.

szczy|t (-tu, -ty) (*loc sg* -cie) *m* (*góry*) top, peak; (*drzewa, schodów*) top; (*sławy, kariery, formy*) peak; (*stołu*) head; **godziny szczytu** peak *lub* rush hours; **spotkanie na szczycie** summit (meeting).

szczytowy *adj*: **okres szczytowy** peak period; **punkt szczytowy** climax.

szedł *itd. vb patrz* **iść**.

sze|f (-fa, -fowie) (*loc sg* -fie) *m* boss; **szef rządu** Prime Minister; **szef sztabu** Chief of Staff; **szef kuchni** chef.

szej|k (-ka, -kowie) (*instr sg* -kiem) *m* sheik(h).

szele|st (-stu, -sty) (*loc sg* -ście) *m* rustle.

szele|ścić (-szczę, -ścisz) (*imp* -ść)

vi (*o liściach itp.*) to rustle; **szeleścić papierami** to rustle the papers.

szel|ki (**-ek**) *pl* (*do spodni*) braces *pl* (*BRIT*), suspenders *pl* (*US*); (*przy fartuchu, sukience*) straps *pl*.

szem|rać (**-rzę, -rzesz**) *vi* to murmur.

szep|t (**-tu**) (*loc sg* **-cie**) *m* whisper; **szeptem** in a whisper; **mówić szeptem** to whisper.

szep|tać (**-czę, -czesz**) (*perf* **-nąć**) *vt* to whisper ♦ *vi* to whisper.

szere|g (**-gu, -gi**) (*instr sg* **-giem**) *m* (*liczb, krzeseł, ludzi*) row; (*osób, spraw, dni*) a number of; **ustawiać się w szeregu** to line up; **szeregi** *pl* ranks *pl*.

szereg|ować (**-uję, -ujesz**) (*perf* **u-**) *vt* to rank.

szerego|wiec (**-wca, -wcy**) *m* (*WOJSK*) private.

szeregowy *adj* (*domek, zabudowa*) terrace *attr* (*BRIT*), row *attr* (*US*); (*ELEKTR*) serial ♦ *m decl like adj* (*szeregowiec*) private.

szermier|ka (**-ki**) (*dat sg* **-ce**) *f* fencing.

szer|oki (*comp* **-szy**) *adj* (*rzeka, brama, ekran, rękaw*) wide; (*widok, uśmiech, gest ręki, czoło*) broad; (*przen: plany, zakres, horyzonty*) broad; (*: publiczność, grono*) wide; **szeroki na 2 metry** two metres (*BRIT*) *lub* meters (*US*) wide.

sze|roko (*comp* **-rzej**) *adv* (*rozlegle wszerz*) widely; (*na wszystkie strony*) broadly; (*obszernie*) at length; **otworzyć** (*perf*) **szeroko okno/usta** to open the window/mouth wide.

szerokoś|ć (**-ci, -ci**) (*gen pl* **-ci**) *f* width, breadth; **mieć 5 m szerokości** to be 5 m wide; **szerokość geograficzna** latitude.

szersze|ń (**-nia, -nie**) (*gen pl* **-ni**) *m* hornet.

szery|f (**-fa, -fowie**) (*loc sg* **-fie**) *m* sheriff.

szerz|yć (**-ę, -ysz**) *vt* (*oświatę, hasła*) to disseminate, to propagate; (*plotki*) to spread; (*zniszczenie, postrach*) to cause.

▶**szerzyć się** *vr* to spread.

szesnasty *num decl like adj* sixteenth; **strona szesnasta** page sixteen; **(godzina) szesnasta** 4 p.m.

szesnaście (*like:* **jedenaście**) *num* sixteen.

sześcia|n (**-nu, -ny**) (*loc sg* **-nie**) *m* cube.

sześcienny *adj:* **metr sześcienny** cubic metre (*BRIT*) *lub* meter (*US*); **pierwiastek sześcienny** cube root.

sześcioką|t (**-ta, -ty**) (*loc sg* **-cie**) *m* hexagon.

sześciokrotny *adj* six-time *attr*.

sześcioletni *adj* (*dziecko, samochód*) six-year-old; (*plan, studia*) six-year *attr*.

sześcioro (*like:* **czworo**) *num* six.

sześć (*like:* **pięć**) *num* six.

sześćdziesiąt (*like:* **dziesięć**) *num* sixty.

sześćdziesiąty *num* sixtieth; **lata sześćdziesiąte** the sixties.

sześćset (*like:* **pięćset**) *num* six hundred.

szew (**szwu, szwy**) (*loc sg* **szwie**) *m* (*KRAWIECTWO*) seam; (*MED*) suture, stitch.

szewc (**-a, -y**) *m* shoemaker, cobbler.

szkal|ować (**-uję, -ujesz**) (*perf* **o-**) *vt* to vilify.

szkaradny *adj* hideous.

szkarlaty|na (**-ny**) (*dat sg* **-nie**) *f* scarlet fever.

szkarłatny *adj* dark red.

szkatuł|ka (**-ki, -ki**) (*dat sg* **-ce**, *gen pl* **-ek**) *f* casket.

szkic (**-u, -e**) *m* (*plan, projekt*) draft; (*SZTUKA*) sketch.

szkic|ować (-uję, -ujesz) (*perf* na-) *vt* to sketch.

szkiele|t (-tu, -ty) (*loc sg* -cie) *m* (*człowieka, zwierzęcia*) skeleton; (*budowli, konstrukcji*) frame(work).

szkieł|ko (-ka, -ka) (*instr sg* -kiem) *nt* glass.

szklan|ka (-ki, -ki) (*dat sg* -ce, *gen pl* -ek) *f* glass; (*KULIN: miarka*) ≈ cup.

szklany *adj* glass *attr*.

szklar|nia (-ni, -nie) (*gen pl* -ni) *f* glasshouse, greenhouse.

szklarz (-a, -e) (*gen pl* -y) *m* glazier.

szklisty *adj* (*powierzchnia*) glassy; (*oczy*) glassy, glazed.

szkli|wo (-wa, -wa) (*loc sg* -wie) *nt* (*glazura*) glaze; (*na zębach*) enamel.

szk|ło (-ła) (*loc sg* -kle) *nt* glass; (*szklane przedmioty*) (*nom pl* -kła, *gen pl* -kieł) glass(ware); **szkła** *pl* glasses *pl*; **szkła kontaktowe** contact lenses.

Szkocj|a (-i) *f* Scotland.

szkocki *adj* Scottish, Scots.

szk|oda (-ody, -ody) (*dat sg* -odzie, *gen pl* -ód) *f* damage ◊ *adv*: **szkoda, że ...** (it's a) pity (that) ...; **szkoda twoich słów/twego czasu** you're wasting your breath/time; **(jaka) szkoda!** what a pity!

szkodliwie *adv* harmfully.

szkodliwoś|ć (-ci) *f* harm(fulness).

szkodliwy *adj* harmful, damaging.

szkodni|k (-ka, -ki) (*instr sg* -kiem) *m* pest.

szko|dzić (-dzę, -dzisz) *vi*: **szkodzić komuś/czemuś** to be bad for sb/sth; **palenie szkodzi** smoking is bad for you *lub* your health; **(nic) nie szkodzi!** never mind!, that's OK!

szkole|nie (-nia, -nia) (*gen pl* -ń) *nt* training.

szkoleniowy *adj*: **kurs/ośrodek szkoleniowy** training course/centre (*BRIT*) *lub* center (*US*).

szk|olić (-olę, -olisz) (*imp* -ol *lub* -ól, *perf* wy-) *vt* to train.

▸**szkolić się** *vr* to train.

szkolnict|wo (-wa) (*loc sg* -wie) *nt* education.

szkolny *adj* (*rok, budynek, świadectwo*) school *attr*; **dziecko w wieku szkolnym** schoolchild.

szk|oła (-oły, -oły) (*dat sg* -ole, *gen pl* -ół) *f* school; **szkoła podstawowa** primary (*BRIT*) *lub* elementary (*US*) school; **szkoła średnia** secondary (*BRIT*) *lub* high (*US*) school; **szkoła wieczorowa** night school; **chodzić do szkoły** to go to school; **w szkole** at school.

Szko|t (-ta, -ci) (*loc sg* -cie) *m* Scot(sman).

Szkot|ka (-ki, -ki) (*dat sg* -ce, *gen pl* -ek) *f* Scot(swoman).

szlaba|n (-nu, -ny) (*loc sg* -nie) *m* barrier, gate.

szlachcic (-a, -e) *m* nobleman.

szlachecki *adj* noble.

szlachect|wo (-wa) (*loc sg* -wie) *nt* nobility.

szlachetnie *adv* nobly.

szlachetnoś|ć (-ci) *f* (*urodzenia*) nobility; (*człowieka, czynu, charakteru*) nobleness.

szlachetny *adj* noble; (*kamień*) precious.

szlach|ta (-ty) (*dat sg* -cie) *f* nobility.

szlafro|k (-ka, -ki) (*instr sg* -kiem) *m* dressing gown, (bath)robe.

szla|k (-ku, -ki) (*instr sg* -kiem) *m* (*komunikacyjny*) route; (*turystyczny*) trail.

szli *vb patrz* iść.

szlifier|ka (-ki, -ki) (*dat sg* -ce, *gen pl* -ek) *f* grinder.

szlifierz (-a, -e) (*gen pl* -y) *m* grinder.

szlif|ować (-uję, -ujesz) *vt* (*nadawać kształt*) (*perf* o-) (*kamień, szkło*) to grind; (*kryształ*) to cut; (*polerować*) (*perf* wy-) (*kamień, szkło*) to polish; (*kryształ*) to sand;

(*przen: wykańczać, doskonalić*) (*perf* **wy-**) to polish up.

szloch (**-u**) *m* sob.

szloch|ać (**-am, -asz**) *vi* to sob.

szluf|ka (**-ki, -ki**) (*dat sg* **-ce**, *gen pl* **-ek**) *f* (*część odzieży*) belt loop (*BRIT*), belt carrier (*US*); (*część paska*) keeper (*BRIT*), carrier (*US*).

szła *itd. vb patrz* **iść**.

szmarag|d (**-du, -dy**) (*loc sg* **-dzie**) *m* emerald.

szma|ta (**-ty, -ty**) (*dat sg* **-cie**) *f* rag; **szmaty** *pl* (*pot*) rags *pl* (*pot*).

szmat|ka (**-ki, -ki**) (*dat sg* **-ce**, *gen pl* **-ek**) *f* cloth, rag.

szme|r (**-ru, -ry**) (*loc sg* **-rze**) *m* murmur.

szmin|ka (**-ki, -ki**) (*dat sg* **-ce**, *gen pl* **-ek**) *f* (*też*: **szminka do ust**) lipstick.

szmu|giel (**-glu**) *m* smuggling.

szmugl|ować (**-uję, -ujesz**) (*perf* **prze-**) *vt* to smuggle.

sznu|r (**-ra, -ry**) (*loc sg* **-rze**) *m* (*cienki powróz*) string; (*samochodów*) line; (*ptaków, korali*) string; (*pot: elektryczny*) lead, cord.

sznur|ek (**-ka, -ki**) (*instr sg* **-kiem**) *m* string.

sznur|ować (**-uję, -ujesz**) (*perf* **za-**) *vt* to lace (up).

sznurowad|ło (**-ła, -ła**) (*loc sg* **-le**, *gen pl* **-eł**) *nt* shoelace.

sznurowy *adj*: **drabinka sznurowa** rope ladder.

sznyc|el (**-la, -le**) (*gen pl* **-li** *lub* **-lów**) *m* rissole.

szofe|r (**-ra, -rzy**) (*loc sg* **-rze**) *m* chauffeur.

szo|k (**-ku**) (*instr sg* **-kiem**) *m* shock.

szok|ować (**-uję, -ujesz**) (*perf* **za-**) *vt* to shock.

szokujący *adj* shocking.

szo|pa (**-py, -py**) (*dat sg* **-pie**) *f* (*pomieszczenie*) shed.

szor|ować (**-uję, -ujesz**) *vt* (*perf* **wy-**) to scrub.

szorstki *adj* (*powierzchnia*) rough; (*materiał, człowiek, uwaga*) coarse; (*dźwięk, głos*) harsh.

szort|y (**-ów**) *pl* shorts *pl*.

szo|sa (**-sy, -sy**) (*dat sg* **-sie**) *f* road.

szowini|sta (**-sty, -ści**) (*dat sg* **-ście**) *m decl like f in sg* chauvinist.

szowinistyczny *adj* chauvinistic.

szowiniz|m (**-mu**) (*loc sg* **-mie**) *m* chauvinism.

szóst|ka (**-ki, -ki**) (*dat sg* **-ce**, *gen pl* **-ek**) *f* six; (*SZKOL*) outstanding (*mark*).

szósty *num decl like adj* sixth; **strona szósta** page six.

szpa|da (**-dy, -dy**) (*dat sg* **-dzie**) *f* (*broń*) sword.

szpad|el (**-la, -le**) (*gen pl* **-li**) *m* spade.

szpaga|t (**-tu, -ty**) (*loc sg* **-cie**) *m* (*sznurek*) twine; (*SPORT*) the splits *pl*.

szpa|k (**-ka, -ki**) (*instr sg* **-kiem**) *m* starling.

szpale|r (**-ru, -ry**) (*loc sg* **-rze**) *m* line.

szpal|ta (**-ty, -ty**) (*dat sg* **-cie**) *f* column.

szpa|n (**-nu**) (*loc sg* **-nie**) *m* (*pot*) swank (*pot*).

szpan|ować (**-uję, -ujesz**) *vi* (*pot*) to swank (*pot*).

szpa|ra (**-ry, -ry**) (*dat sg* **-rze**) *f* gap, space.

szpara|g (**-ga, -gi**) (*instr sg* **-giem**) *m* asparagus, **szparagi** *pl* (*KULIN*) asparagus (spears *pl*).

szpe|cić (**-cę, -cisz**) (*imp* **-ć**, *perf* **o-** *lub* **ze-**) *vt* to mar.

szper|ać (**-am, -asz**) (*perf* **wy-**) *vi* to browse; **szperać po kieszeniach** to rummage through one's pockets.

szpetny *adj* unsightly.

szpic|el (**-la, -le**) (*gen pl* **-li** *lub* **-lów**) *m* (*pej: szpieg*) snooper.

szpie|g (**-ga, -dzy**) (*instr sg* **-giem**) *m* spy.

szpiegost|wo (**-wa**) (*loc sg* **-wie**) *nt* espionage.

szpieg|ować (**-uję, -ujesz**) (*perf* **wy-**) *vt*: **szpiegować kogoś** to spy on sb ◆ *vi* to spy.

szpi|k (**-ku**) (*instr sg* **-kiem**) *m* (*też*: **szpik kostny**) (bone) marrow.

szpikul|ec (**-ca, -ce**) *m* skewer.

szpil|ka (**-ki, -ki**) (*dat sg* **-ce**, *gen pl* **-ek**) *f* (*KRAWIECTWO*) pin; (*też*: **szpilka do włosów**) hairpin; **szpilki** *pl* (*buty*) stilettos *pl*.

szpina|k (**-ku**) (*instr sg* **-kiem**) *m* spinach.

szpital (**-a, -e**) (*gen pl* **-i**) *m* hospital; **być** *lub* **leżeć w szpitalu** to be in (the (*US*)) hospital; **zabrać** (*perf*) **kogoś do szpitala** to take sb to (the (*US*)) hospital.

szpo|n (**-na** *lub* **-nu, -ny**) (*loc sg* **-nie**) *m* talon, claw.

szprot|ka (**-ki, -ki**) (*dat sg* **-ce**, *gen pl* **-ek**) *f* sprat.

szpry|cha (**-chy, -chy**) (*dat sg* **-sze**) *f* spoke.

szpul|a (**-i, -e**) *f* spool, reel.

szpul|ka (**-ki, -ki**) (*dat sg* **-ce**, *gen pl* **-ek**) *f* bobbin.

szpulowy *adj*: **magnetofon szpulowy** reel-to-reel tape recorder.

szra|ma (**-my, -my**) (*dat sg* **-mie**) *f* scar.

szro|n (**-nu**) (*loc sg* **-nie**) *m* (white) frost, hoarfrost.

szta|b (**-bu, -by**) (*loc sg* **-bie**) *m* staff; **sztab główny** *lub* **generalny** general headquarters.

szta|ba (**-by, -by**) (*dat sg* **-bie**) *f* bar.

sztab|ka (**-ki, -ki**) (*dat sg* **-ce**, *gen pl* **-ek**) *f* bar.

sztafe|ta (**-ty, -ty**) (*dat sg* **-cie**) *f* relay.

sztafetowy *adj*: **bieg sztafetowy** relay (race).

sztalu|gi (**-g**) *pl* easel.

sztanda|r (**-ru, -ry**) (*loc sg* **-rze**) *m* standard (*flag*).

sztandarowy *adj* (*główny*) leading; **poczet sztandarowy** colour (*BRIT*) *lub* color (*US*) guard.

sztan|ga (**-gi, -gi**) (*dat sg* **-dze**) *f* (*SPORT*) weight.

sztangi|sta (**-sty, -ści**) (*loc sg* **-ście**) *m decl like f in sg* weight-lifter.

szterlin|g (**-ga, -gi**) (*instr sg* **-giem**) *m*: **funt szterling** (pound) sterling.

Sztokhol|m (**-mu**) (*loc sg* **-mie**) *m* Stockholm.

sztorc (**-a, -e**) *m*: **na sztorc** on end.

sztor|m (**-mu, -my**) (*loc sg* **-mie**) *m* storm.

sztormowy *adj* (*pogoda*) stormy.

sztruk|s (**-su, -sy**) (*loc sg* **-sie**) *m* corduroy, cord; **sztruksy** *pl* cords *pl*.

sztuce|r (**-ra, -ry**) (*loc sg* **-rze**) *m* rifle.

sztucz|ka (**-ki, -ki**) (*dat sg* **-ce**, *gen pl* **-ek**) *f* (*fortel*) ploy, trick; (*karciana, magiczna*) trick.

sztucznie *adv* artificially.

sztuczny *adj* artificial; **tworzywo sztuczne** plastic; **sztuczne ognie** fireworks; **sztuczne oddychanie** artificial respiration.

sztućc|e (**-ów**) *pl* cutlery.

sztu|ka (**-ki, -ki**) (*dat sg* **-ce**) *f* (*twórczość, kunszt, umiejętność*) art; (*TEATR*) play; (*karciana, cyrkowa*) trick; (*egzemplarz*) piece; **sztuka ludowa** folk art; **sztuki piękne/plastyczne** the fine/plastic arts; **po 2 złote sztuka** *lub* **za sztukę** 2 zloty apiece.

sztukmistrz (**-a, -e**) *m* conjurer.

sztuk|ować (**-uję, -ujesz**) (*perf* **nad-**) *vt* to lengthen.

szturch|ać (**-am, -asz**) (*perf* **-nąć**) *vt* to nudge.

sztur|m (**-mu, -my**) (*loc sg* **-mie**) *m*: **przypuścić** (*perf*) **szturm na** +*acc* to launch an assault against.

szturm|ować (**-uję, -ujesz**) *vt* (*WOJSK*) to storm; (*przen*) to invade.

sztyle|t (-tu, -ty) (*loc sg* -cie) *m* dagger.

sztywni|eć (-eję, -ejesz) (*perf* ze-) *vi* to stiffen.

sztywno *adv* (*sterczeć, zamocować*) rigidly; (*chodzić, zachowywać się*) stiffly.

sztywny *adj* (*kołnierzyk, część ciała, ruch*) stiff; (*konstrukcja, przepisy*) rigid; (*ceny*) fixed; (*wygląd*) prim.

szubienic|a (-y, -e) *f* gallows.

szufel|ka (-ki, -ki) (*dat sg* -ce, *gen pl* -ek) *f* (*do śmieci*) dustpan; (*do węgla*) shovel.

szufl|a (-i, -e) (*gen pl* -i) *f* shovel.

szufla|da (-dy, -dy) (*dat sg* -dzie) *f* drawer.

szufladk|ować (-uję, -ujesz) (*perf* za-) *vt* to pigeonhole.

szuk|ać (-am, -asz) (*perf* po-) *vt* +*gen* (*miejsca, złodzieja, okazji, pociechy*) to look for; (*przygód, sprawiedliwości, zemsty, szczęścia*) to seek.

szule|r (-ra, -rzy) (*loc sg* -rze) *m* cardsharp.

szu|m (-mu, -my) (*loc sg* -mie) *m* (*fal, głosów, miasta*) hum; (*drzew, deszczu*) rustle; (*nieuzasadniona popularność*) hype; (*w głośniku*) noise; **szumy** *pl* (*RADIO*) static.

szumi|eć (-) (*pt* -ał) *vi* (*o falach, wietrze, wentylatorze*) to hum; **szumi mi w głowie** my head is buzzing.

szumny *adj* high sounding.

szuwar|y (-ów) *pl* rushes *pl*.

szwa|gier (-gra, -growie) (*loc sg* -grze) *m* brother-in-law.

szwagier|ka (-ki, -ki) (*dat sg* -ce, *gen pl* -ek) *f* sister-in-law.

Szwajca|r (-ra, -rzy) (*loc sg* -rze) *m* Swiss.

Szwajcari|a (-i) *f* Switzerland.

Szwajcar|ka (-ki, -ki) (*dat sg* -ce, *gen pl* -ek) *f* Swiss.

szwajcarski *adj* Swiss.

szwan|k (-ku) (*instr sg* -kiem) *m*: **narazić** (*perf*) **kogoś /coś na szwank** to jeopardize sb/sth; **wyjść** (*perf*) **(z czegoś) bez szwanku** to escape unharmed.

szwank|ować (-uje) (*perf* za-) *vi* to be failing.

Szwecj|a (-i) *f* Sweden.

Szwe|d (-da, -dzi) (*loc sg* -dzie) *m* Swede.

Szwed|ka (-ki, -ki) (*dat sg* -ce, *gen pl* -ek) *f* Swede.

szwedzki *adj* Swedish ♦ *m decl like adj* Swedish.

szy|b (-bu, -by) (*loc sg* -bie) *m* shaft; **szyb naftowy** oil rig *lub* well.

szy|ba (-by, -by) (*dat sg* -bie) *f* (*szklana tafla*) (window) pane; (*okno*) window; **przednia szyba** (*MOT*) windscreen (*BRIT*), windshield (*US*).

szyb|ki (*comp* -szy) *adj* fast; (*decyzja, koniec, zysk*) quick; **bar szybkiej obsługi** fast food restaurant.

szyb|ko (*comp* -ciej) *adv* (*jechać, iść*) fast; (*reagować, odpowiadać*) quickly; **szybko!** (be) quick!

szybkoś|ć (-ci, -ci) (*gen pl* -ci) *f* (*pojazdu, wiatru, zmian*) speed; (*decyzji*) promptness; (*wystrzałów*) rapidity.

szybkowa|r (-ru, -ry) (*loc sg* -rze) *m* pressure cooker.

szyb|ować (-uję, -ujesz) (*perf* po-) *vi* to glide.

szybo|wiec (-wca, -wce) *m* glider.

szyci|e (-a) *nt* sewing; **maszyna do szycia** sewing machine.

szy|ć (-ję, -jesz) *vt* (*wytwarzać*) (*perf* u-) to sew; (*zszywać*) (*perf* z-) to stitch; (*MED*) (*perf* z-) to suture, to stitch; **szyć na maszynie** to machine.

szydeł|ko (-ka, -ka) (*instr sg* -kiem, *gen pl* -ek) *nt* crochet-hook.

szydełk|ować (-uję, -ujesz) *vt* to crochet.

szyderczy *adj* derisive, sneering.

szyd|ło (-ła, -ła) (*loc sg* -le, *gen pl* -eł) *f* awl.

szy|dzić (-dzę, -dzisz) (*imp* -dź) *vi*: szydzić z +*gen* to deride, to sneer at.

szyf|r (-ru, -ry) (*loc sg* -rze) *m* (secret) code, cipher.

szyfr|ować (-uję, -ujesz) (*perf* za-) *vt* to code, to cipher.

szyfrowy *adj*: zamek szyfrowy combination lock.

szy|ja (-i, -je) *f* neck.

szyj|ka (-ki, -ki) (*dat sg* -ce, *gen pl* -ek) *f* (*butelki, instrumentu*) neck.

szy|k (-ku) (*instr sg* -kiem) *m* (*elegancja*) style; pokrzyżować (*perf*) lub popsuć (*perf*) komuś szyki to thwart lub cross sb's plans.

szykan|ować (-uję, -ujesz) *vt* to persecute.

szykan|y (-) *pl* persecution.

szyk|ować (-uję, -ujesz) (*śniadanie, obiad*) (*perf* przy- lub na- lub u-) *vt* to prepare; (*niespodziankę*) (*perf* przy-) to prepare.

▶**szykować się** *vr* (*perf* przy-): szykować się (do czegoś) to prepare (for sth).

szylin|g (-ga, -gi) (*instr sg* -giem) *m* shilling.

szympan|s (-sa, -sy) (*loc sg* -sie) *m* chimp(anzee).

szy|na (-ny, -ny) (*dat sg* -nie) *f* rail; (*MED*) splint; szyny *pl* rail(s *pl*).

szyn|ka (-ki, -ki) (*dat sg* -ce, *gen pl* -ek) *f* ham.

szypuł|ka (-ki, -ki) (*dat sg* -ce, *gen pl* -ek) *f* stalk.

szysz|ka (-ki, -ki) (*dat sg* -ce, *gen pl* -ek) *f* cone.

szyty *adj*: szyty na miarę tailor-made, made-to-measure.

Ś

ścia|na (-ny, -ny) (*dat sg* -nie) *f* wall; (*strome zbocze*) face.

ściąć (zetnę, zetniesz) (*imp* zetnij) *vb perf od* ścinać.

ścią|ga (-gi, -gi) (*dat sg* -dze) *f* crib sheet.

ściąg|ać (-am, -asz) (*perf* -nąć) *vt* (*buty, koszulę*) to pull off; (*flagę*) to take down; (*mocno związywać*) to pull tight; (*pot. odpisywać*) to crib ▶ *vi* (*przybywać*) to come flocking; (*pot. odpisywać*) to crib.

ściągaw|ka (-ki, -ki) (*dat sg* -ce, *gen pl* -ek) *f* crib sheet.

ściąg|nąć (-nę, -niesz) (*imp* -nij) *vb perf od* ściągać.

ście|g (-gu, -gi) (*instr sg* -giem) *m* stitch.

ście|k (-ku, -ki) (*instr sg* -kiem) *m* (*kanał*) sewer; ścieki *pl* sewage *sg*.

ściek|ać (-a) (*perf* ściec lub ścieknąć) *vi* to trickle (down).

ściel|ić (-ę, -isz) *vt* (*perf* po-): ścielić łóżko to make the bed.

ściem|niać się (-niam, -niasz) (*perf* -nić) *vr* (*o obrazie*) to go dark; ściemnia się it is getting dark.

ściemni|eć (-eje) *vi perf* (*o kolorze*) to darken; (*o obrazie, niebie*) to go dark, to darken; (*o świetle*) to dim.

ścienny *adj* wall *attr*.

ścier|ać (-am, -asz) (*perf* zetrzeć) *vt* (*napis, rysunek*) to rub off; (*resztki cieczy*) to wipe away lub off; ścierać kurze to dust.

▶**ścierać się** *vr* (*o armiach, poglądach*) to clash; (*o materiale, dywanie*) to get worn, to wear thin; (*o butach*) to wear out.

ścier|ka (-ki, -ki) (*dat sg* -ce, *gen pl* -ek) *f* cloth; (*do naczyń*) dishcloth; (*do kurzu*) duster.

ścierny adj: papier ścierny sandpaper.

ścier|pieć (-pię, -pisz) vt perf: nie mogę go ścierpieć I can't stand him.

ścierpnięty adj numb(ed).

ścież|ka (-ki, -ki) (dat sg -ce, gen pl -ek) f path; (na taśmie magnetofonowej) track; ścieżka dźwiękowa soundtrack; ścieżka zdrowia fitness trail.

ścię|gno (-gna, -gna) (loc sg -gnie, gen pl -gien) nt (ANAT) tendon.

ścig|ać (-am, -asz) vt (gonić) to chase, to pursue; (o policji) to hunt for.

▸**ścigać się** vr to race.

ścin|ać (-am, -asz) (perf ściąć) vt (drzewo) to cut down, to fell; (włosy) to cut; (skazańca) to behead.

▸**ścinać się** vr (o białku) to set; (przen: o krwi w żyłach) to curdle.

ściół|ka (-ki, -ki) (dat sg -ce, gen pl -ek) f (dla zwierząt) bedding; ściółka leśna forest bed.

ścis|k (-ku) (instr sg -kiem) m (pot) crush.

ścis|kać (-kam, -kasz) vt (dłońmi) (perf -nąć) to squeeze; (imadłem) (perf -nąć) to grip; (mocno trzymać) (perf -nąć) to clasp tightly; (obejmować) (perf u-) to hug.

▸**ściskać się** vr (obejmować się) (perf u-) to hug.

ścisłoś|ć (-ci) f (dokładność) exactness.

ścisły adj (instrukcja, informacja, nauka) exact; (dyscyplina, dieta) strict; (związek, zależność) close; nauki ścisłe the sciences.

ścisz|ać (-am, -asz) (perf -yć) vt (radio) to turn down.

ściśle adv (określać, wyrażać, przestrzegać) exactly; (wykonywać, badać) rigorously; (przylegać, pakować) closely, tightly; ściśle tajny top-secret.

śla|d (-du, -dy) (loc sg -dzie) m (stopy) footprint, footmark; (zwierzęcia) track; (kopyta) hoof-print; (pozostałość) trace.

ślamazarny adj sluggish.

Śląs|k (-ka) (instr sg -kiem) m Silesia.

Śląza|k (-ka, -cy) (instr sg -kiem) m Silesian.

śle|dzić (-dzę, -dzisz) (imp -dź) vt to follow; (ruchy wojsk) to monitor; (o radarze) to track.

śledzio|na (-ny, -ny) (loc sg -nie) f spleen.

śledzt|wo (-wa, -wa) (loc sg -wie) nt investigation, inquiry.

śle|dź (-dzia, -dzie) (gen pl -dzi) m (ZOOL) herring; (do namiotu) tent peg.

śle|piec (-pca, -pcy) m blind man.

ślep|nąć (-nę, -niesz) (imp -nij, pt -ł, perf o-) vi to go blind.

ślepo adv blindly; na ślepo randomly.

ślepo|ta (-ty) (dat sg -cie) f blindness.

ślepy adj blind; ślepa ulica cul-de-sac, dead end; ślepa kiszka (ANAT: pot) (vermiform) appendix.

ślę, ślesz itd. vb patrz słać.

ślęcz|eć (-ę, -ysz) vi: ślęczeć nad czymś (aktami, książką) to pore over sth; (szyciem) to labour (BRIT) lub labor (US) over sth.

śliczny adj (bardzo ładny) lovely.

ślima|k (-ka, -ki) (instr sg -kiem) m (ZOOL) snail; (bez skorupy) slug.

śli|na (-ny) (dat sg -nie) f saliva, spit.

ślinia|k (-ka, -ki) (instr sg -kiem) m bib.

śli|nić (-nię, -nisz) (imp śliń, perf po-) vt (palec) to moisten (with saliva).

▸**ślinić się** vr (o człowieku, zwierzęciu) to drool; (o dziecku) to dribble.

śliski adj (droga, posadzka) slippery.

ślisko adv: na drogach jest ślisko the roads are slippery.

śli|wa (-wy, -wy) (dat sg -wie) f plum (tree).

śliw|ka (**-ki**, **-ki**) (*dat sg* **-ce**, *gen pl* **-ek**) f (*owoc*) plum; (*drzewo*) plum tree; **suszona śliwka** prune.

ślizg|ać się (**-am**, **-asz**) *vr* (*na łyżwach*) to skate; (*na butach*) to slide; (*nie móc utrzymać równowagi*) to slither; (*o samochodzie*) to skid.

ślizgaw|ka (**-ki**, **-ki**) (*dat sg* **-ce**, *gen pl* **-ek**) f slide.

ślu|b (**-bu**, **-by**) (*loc sg* **-bie**) *m* marriage, wedding; **ślub kościelny** church wedding; **ślub cywilny** civil marriage; **brać (wziąć** *perf*) **ślub** to get married, to marry; **śluby zakonne** (*REL*) holy orders.

ślubny *adj* wedding *attr.*

ślub|ować (**-uję**, **-ujesz**) *vt* (*miłość*) to pledge; (*zemstę*) to swear.

ślusarz (**-a**, **-e**) (*gen pl* **-y**) *m* locksmith.

ślu|z (**-zu**, **-zy**) (*loc sg* **-zie**) *m* mucus.

ślu|za (**-zy**, **-zy**) (*dat sg* **-zie**) f (*zapora*) sluice; (*na szlaku wodnym*) lock.

śmiać się (**śmieję**, **śmiejesz**) (*perf* **za-**) *vr* to laugh; **śmiać się z kogoś/czegoś** to laugh at sb/sth.

śmi|ało *adv* (*comp* **-elej**) (*odważnie*) boldly; (*bez trudu*) easily; **śmiało!** come on!; **mogę śmiało powiedzieć, że ...** I can safely say that ... .

śmiałoś|ć (**-ci**) f boldness.

śmi|ały (*comp* **-elszy**) *adj* bold, daring.

śmiech (**-u**, **-y**) *m* laughter.

śmieciar|ka (**-ki**, **-ki**) (*dat sg* **-ce**, *gen pl* **-ek**) f dustcart (*BRIT*), garbage truck (*US*).

śmieciarz (**-a**, **-e**) (*gen pl* **-y**) *m* dustman (*BRIT*), garbage collector (*US*).

śmie|cić (**-cę**, **-cisz**) (*imp* **-ć**) *vi* to throw litter about.

śmieć¹ (**śmiecia**, **śmieci** *lub* **śmiecie**) *m* (*odpadek*) piece of litter; **śmieci** *pl* (*odpadki*) rubbish, garbage (*US*); (*na ulicy, w parku*) litter *sg*.

śmieć² (**śmiem**, **śmiesz**) (*3 pl* **śmią** *lub* **śmieją**, *imp* **śmiej**) *vi* to dare; **jak śmiesz!** how dare you!

śmiercionośny *adj* lethal, deadly.

śmier|ć (**-ci**) f death; **ponieść** (*perf*) **śmierć** to die; **kara śmierci** capital punishment, the death penalty.

śmierdzący *adj* stinking.

śmier|dzieć (**-dzę**, **-dzisz**) (*imp* **-dź**) *vi*: **śmierdzieć (czymś)** to stink (of sth).

śmiertelnie *adv* (*blady, zimny*) deathly; (*chory*) terminally; (*ranny*) mortally, fatally; **śmiertelnie znudzony/przerażony** bored/frightened to death.

śmiertelny *adj* (*dawka*) lethal; (*trucizna*) deadly; (*bladość, cisza*) deathly; (*choroba*) terminal, fatal; (*istota, niebezpieczeństwo, wróg*) mortal; (*rana*) fatal, mortal; **wypadek śmiertelny** fatality; **grzech śmiertelny** mortal sin.

śmiesznie *adv* (*zabawnie*) comically; **śmiesznie tani** ridiculously cheap.

śmieszny *adj* (*zabawny*) funny, amusing; (*absurdalny*) ridiculous, laughable.

śmiesz|yć (**-ę**, **-ysz**) (*perf* **rozśmieszyć**) *vt* to amuse.

śmieta|na (**-ny**) (*dat sg* **-nie**) f cream; **bita śmietana** whipped cream.

śmietan|ka (**-ki**) (*dat sg* **-ce**, *gen pl* **-ek**) f cream.

śmietnicz|ka (**-ki**, **-ki**) (*dat sg* **-ce**, *gen pl* **-ek**) f (*szufelka*) dustpan.

śmietni|k (**-ka**, **-ki**) (*instr sg* **-kiem**) *m* (*miejsce*) the bins *pl*; (*pojemnik*) skip (*BRIT*), dumpster (*US*).

śmietnis|ko (**-ka**, **-ka**) (*instr sg* **-kiem**) *nt* rubbish (*BRIT*) *lub* garbage (*US*) dump.

śmi|gło (**-gła**, **-gła**) (*loc sg* **-gle**, *gen pl* **-gieł**) *nt* propeller.

śmigło|wiec (**-wca**, **-wce**) *m* helicopter, chopper (*pot*).

śniada|nie (**-nia**, **-nia**) (*gen pl* **-ń**) *nt* breakfast; **jeść śniadanie** to have breakfast; **drugie śniadanie** (*posiłek*) elevenses (*BRIT*), midmorning snack (*US*); (*kanapki*) packed lunch (*BRIT*), box *lub* bag lunch (*US*).

śniadaniowy *adj*: **płatki śniadaniowe** breakfast cereal; **papier śniadaniowy** sandwich paper.

śniady *adj* tawny.

śnić (**śnię**, **śnisz**) *vt* (*perf* **wy-**) to dream ♦ *vi*: **śnić o kimś/czymś** to dream of *lub* about sb/sth.

▸**śnić się** *vr* (*perf* **przy-**): **śniło mu się, że ...** he dreamt that ...; **śniłaś mi się** I had a dream about you.

śnie *n patrz* **sen**.

śnie|g (**-gu**, **-gi**) (*instr sg* **-giem**) *m* snow; **pada śnieg** it's snowing; **śnieg z deszczem** sleet; **opady śniegu** snowfall.

śnież|ka (**-ki**, **-ki**) (*dat sg* **-ce**, *gen pl* **-ek**) *f* snowball.

śnieżnobiały *adj* snow-white.

śnieżny *adj*: **zamieć śnieżna** snowstorm, blizzard; **pług śnieżny** snowplough (*BRIT*), snowplow (*US*).

śnieżyc|a (**-y**, **-e**) *f* snowstorm.

śnieżyn|ka (**-ki**, **-ki**) (*dat sg* **-ce**, *gen pl* **-ek**) *f* snowflake.

śp. *abbr* (= *świętej pamięci*) *abbreviation put before the name of a late Christian*.

śpiący *adj* (*pogrążony we śnie*) asleep, sleeping; (*senny*) sleepy, drowsy; **Śpiąca Królewna** Sleeping Beauty.

śpiącz|ka (**-ki**) (*dat sg* **-ce**) *f* (*MED*) coma.

śpiesz|yć, spiesz|yć (**-ę, -ysz**) (*perf* **po-**) *vi*: **śpieszyć komuś z pomocą** to rush to the aid of sb.

▸**śpieszyć się** *vr* (*o człowieku*) to (be in a) rush, to (be in a) hurry; (*o zegarze*) to be fast; **śpieszyć się dokądś** to be in a hurry to get somewhere; **śpieszy mi się** I'm in a hurry; **nie śpiesz się!** take your time!

śpie|w (**-wu**, **-wy**) (*loc sg* **-wie**) *m* singing; (*napis na płycie, kasecie*) vocals *pl*.

śpiewacz|ka (**-ki**, **-ki**) (*dat sg* **-ce**, *gen pl* **-ek**) *f* singer.

śpiew|ać (**-am**, **-asz**) (*perf* **za-**) *vt/vi* to sing.

śpiewa|k (**-ka**, **-cy**) (*instr sg* **-kiem**) *m* singer.

śpiewni|k (**-ka**, **-ki**) (*instr sg* **-kiem**) *m* songbook.

śpioch (**-a**, **-y**) *m* late riser.

śpiosz|ki (**-ków**) *pl* rompers *pl*.

śpiw|ór (**-ora**, **-ory**) (*loc sg* **-orze**) *m* sleeping bag.

śr. *abbr* (= *średni, średnio*) av. (= average, on average); (= *średnica*) d. (= diameter); (= *środa*) Wed. (= Wednesday).

średni *adj* (*przeciętny*) average; (*rozmiar*) medium; **średniego wzrostu** of medium *lub* average height; **w średnim wieku** middle-aged; **klasa średnia** the middle class, **szkoła średnia** secondary (*BRIT*) *lub* high (*US*) school; **średnie wykształcenie** secondary education; **fale średnie** medium wave.

średni|a (**-ej**, **-e**) *f decl like adj* mean, average; **poniżej/powyżej średniej** below/above (the) average.

średnic|a (**-y**, **-e**) *f* diameter.

średni|k (**-ka**, **-ki**) (*instr sg* **-kiem**) *m* semicolon.

średnio *adv* on average.

średniowiecz|e (-a) *nt* the Middle
Ages.

średniowieczny *adj* (*HIST*)
medieval; (*przestarzały*) antiquated.

średniozaawansowany *adj*
intermediate.

śr|oda (-ody, -ody) (*dat sg* **-odzie**, *gen
pl* **-ód**) *f* Wednesday; **środa
popielcowa** Ash Wednesday.

środ|ek (-ka, -ki) (*instr sg* **-kiem**) *m*
(*punkt centralny*) middle, centre
(*BRIT*), center (*US*); (*wnętrze*) inside;
(*sposób*) means; (*forma działania*)
measure; (*preparat chemiczny*)
agent; (*lek: MED*) medication;
(: *przen*) remedy; **w środku** (*w
centrum*) in the middle; (*wewnątrz*)
inside; **do środka** (*do wewnątrz*)
inward(s); **poprosić** (*perf*) **kogoś do
środka** to ask sb in; **wejść** (*perf*) **do
środka** to go inside; **środek
transportu** means of transport
(*BRIT*) *lub* transportation (*US*);
środki *pl* (*zasoby materialne*) means
pl; **środki finansowe** *lub* **pieniężne**
finance *sg*, (financial) resources;
środki ostrożności precautions;
środki masowego przekazu
mass-media.

środkowoeuropejski *adj* Central
European.

środkowy *adj* central, middle *attr*.

środowis|ko (-ka, -ka) (*instr sg*
-kiem) *nt* environment; **środowisko
naturalne** the environment; **ochrona
środowiska** environment(al)
protection.

śródmieś|cie (-cia, -cia) (*gen pl* **-ci**)
nt city centre (*BRIT*), downtown (*US*).

śródziemnomorski *adj*
Mediterranean *attr*.

śródziemny *adj*: **Morze Śródziemne**
the Mediterranean (sea).

śru|ba (-by, -by) (*dat sg* **-bie**) *f* screw;
(*do łączenia elementów*) bolt;
(*okrętowa*) propeller.

śrub|ka (-ki, -ki) (*dat sg* **-ce**) *f dimin
od* **śruba**.

śrubokrę|t (-tu, -ty) (*loc sg* **-cie**) *m*
screwdriver.

śru|t (-tu) (*loc sg* **-cie**) *m* shot.

św. *abbr* (= **święty, święta**) St.

świadcze|nie (-nia, -nia) (*gen pl* **-ń**)
nt: **świadczenie usług** provision of
services; **świadczenia** *pl*
(*obowiązkowe usługi*) services *pl*;
(*pomoc materialna*) benefit *sg*;
świadczenia socjalne welfare
benefit *sg*.

świadcz|yć (-ę, -ysz) *vt* (*usługi*) to
provide ◊ *vi* (*zeznawać*) to testify;
(*wskazywać*) to show.

świadect|wo (-wa, -wa) (*loc sg* **-wie**)
nt (*dokument*) certificate; (*dowód,
wypowiedź*) testimony; **świadectwo
szkolne** school report (*BRIT*), report
card (*US*); **świadectwo dojrzałości**
certificate of secondary education; ≈
GCSE (*BRIT*), ≈ High School
Diploma (*US*).

świad|ek (-ka, -kowie) (*instr sg*
-kiem) *m* witness; (*na
ślubie: mężczyzna*) ≈ best man;
(: *kobieta*) ≈ maid of honour (*BRIT*)
lub honor (*US*); **być świadkiem
czegoś** to witness sth; **naoczny
świadek** eye witness.

świadomie *adv* knowingly.

świadomoś|ć (-ci) *f* consciousness,
awareness.

świadomy *adj* (*celowy*) conscious;
świadomy czegoś aware *lub*
conscious of sth.

świa|t (-ta, -ty) (*loc sg* **świecie**) *m*
world; **na całym świecie** all over
the world.

świat|ło (-ła, -ła) (*loc sg* **świetle**, *gen
pl* **-eł**) *nt* light; **światło dzienne**
daylight; **w świetle czegoś** (*przen*)
in the light of sth; **światło
przednie/tylne** (*MOT*) headlight/rear
light; **światło odblaskowe** reflector;

światła pl (pot. na skrzyżowaniu) traffic lights; **światła drogowe** lub **długie** full (BRIT) lub high (US) beam; **światła mijania** lub **krótkie** dipped (BRIT) lub dimmed (US) (head)lights; **światła awaryjne** hazard (warning) lights; **światła cofania** reversing lights; **światła postojowe** parking lights; **światła stopu** stoplights.

światłoczuły adj light-sensitive.

światłomierz (-a, -e) (gen pl -y) m light lub exposure meter.

światły adj (książk) enlightened.

światopogląd (-du, -dy) (loc sg -dzie) m outlook.

światowy adj (wojna, potęga, premiera) world attr; (sława, rozgłos, kryzys) world-wide; (życie, towarzystwo) high attr;
pierwsza/druga wojna światowa World War One/Two, the First/Second World War.

świąteczny adj (odświętny) festive; (bożonarodzeniowy) Christmas attr; (wielkanocny) Easter attr.

świątobliwy adj saintly.

świątynia (-ni, -nie) (gen pl -ń) f temple.

świder (-ra, -ry) (loc sg -rze) m drill.

świdrować (-uję, -ujesz) vt (deski, skałę) to drill holes in ♦ vi to drill.

świeca (-y, -e) f candle; **świeca (zapłonowa)** (MOT) spark plug, sparking plug (BRIT).

świecący adj (palący się: słońce, lampa) shining; (błyszczący) shiny; (fosforyzujący) luminous.

świecić (-cę, -cisz) (imp -ć) vi (wysyłać światło: o lampie, słońcu) to shine; (lśnić) to gleam, to shine.
►**świecić się** vr (o lampie) to be on; (lśnić) to shine, to gleam.

świecie n patrz **świat**.

świecki adj (szkoła, władza) secular; (człowiek) lay.

świeczka (-ki, -ki) (dat sg -ce, gen pl -ek) f candle.

świecznik (-ka, -ki) (instr sg -kiem) m candlestick.

świergotać (-cze) vi to twitter.

świerk (-ku lub -ka, -ki) (instr sg -kiem) m spruce.

świerszcz (-a, -e) (gen pl -y) m cricket.

świetlany adj bright.

świetle n patrz **światło**.

świetlica (-y, -e) f (SZKOL) common room.

świetlik (-ka, -ki) (instr sg -kiem) m (ZOOL) glow-worm; (okno w dachu) skylight.

świetlny adj (sygnał, rok, pióro) light attr; (efekt) luminous.

świetlówka (-ki, -ki) (dat sg -ce, gen pl -ek) f fluorescent light.

świetnie adv: **czuć się świetnie** to feel great; **świetnie nam idzie** we're doing very well; **ona świetnie gotuje/gra** she's an excellent cook/player; **świetnie!** great!

świetność (-ci) f (pałacu) magnificence, splendour (BRIT), splendor (US); (tradycji, rodu) glory, greatness.

świetny adj (pomysł, praca, pisarz) excellent; (ród, tradycja) fine.

świeżo adv (przygotowany) freshly; (odkryty) newly; „**świeżo malowane**" "wet paint".

świeżość (-ci) f freshness.

świeży adj fresh; **na świeżym powietrzu** in the open (air).

święcenia (-ń) pl: **święcenia kapłańskie** ordination.

święcić (-cę, -cisz) (imp -ć) vt (jubileusz, rocznicę) to celebrate; (kaplicę, kościół) (perf po-) to consecrate; (mieszkanie, potrawy) (perf po-) to bless.
►**święcić się** vr: **coś się święci** there's something in the air.

święcon|ka (**-ki, -ki**) (*dat sg* **-ce**, *gen pl* **-ek**) *f food traditionally blessed in church before Easter.*

święcony *adj*: **woda święcona** holy water.

świę|to (**-ta, -ta**) (*loc sg* **-cie**, *gen pl* **świąt**) *nt* holiday; **święto państwowe/kościelne** national/religious holiday; **święta** *pl*: **święta (Bożego Narodzenia)** Christmas; **Święta Wielkanocne** Easter; **Wesołych Świąt!** (*Bożego Narodzenia*) Merry *lub* Happy Christmas!; (*Wielkanocnych*) Happy Easter!

świętoś|ć (**-ci**) *f* (*cecha*) holiness, sacredness.

święt|ować (**-uję, -ujesz**) *vt* to celebrate ♦ *vi* (*obchodzić święto*) to have a holiday; (*bawić się*) to celebrate.

święty *adj* (*REL*: *księga, obraz*) holy, sacred; (: *przed imieniem*) saint; (*człowiek: cnotliwy*) saintly; (*prawo*) sacred, sacrosanct; **Pismo Święte** the (Holy) Scriptures; **Duch Święty** Holy Spirit *lub* Ghost; **Ojciec Święty** Holy Father; **Święty Mikołaj** Father Christmas (*BRIT*), Santa (Claus) (*US*); **świętej pamięci pan Kowalski** the late Mr Kowalski ♦ *m decl like adj* saint; **Wszystkich Świętych** All Saints' Day.

świ|nia (**-ni, -nie**) (*gen pl* **-ń**) *nt* (*ZOOL*) pig; (*pot!*: *o człowieku*) pig (*pot!*), swine (*pot*).

świn|ka (**-ki, -ki**) (*dat sg* **-ce**, *gen pl* **-ek**) *f dimin od* **świnia**; (*MED*) mumps; **świnka morska** guinea pig.

świński *adj* (*pot. żart*) dirty (*pot*); (*pot. postępek*) dirty (*pot*), rotten (*pot*); **świńska skóra** pigskin.

świńst|wo (**-wa, -wa**) (*loc sg* **-wie**) *nt* (*pot. podły czyn*) dirty *lub* rotten trick (*pot*); (: *obrzydliwe jedzenie*) muck (*pot*); **co za świństwo!** that's disgusting!; **świństwa** *pl* filth.

świrnięty *adj* (*pot*) nuts, nutty.

świ|st (**-stu, -sty**) (*loc sg* **-ście**) *m* (*bata, pocisku*) swish; (*wiatru*) whistle.

świst|ek (**-ka, -ki**) (*instr sg* **-kiem**) *m*: **świstek papieru** a scrap of paper.

świszcz|eć (**-y**) *vi* to whistle.

świ|t (**-tu, -ty**) (*loc sg* **-cie**) *m* dawn, daybreak.

świ|ta (**-ty, -ty**) (*dat sg* **-cie**) *f* retinue, entourage.

świt|ać (**-a**) (*perf* **za-**) *vi* (*o dniu*) to dawn; **coś mi (w głowie) świta** it sounds familiar; **zaświtała mi myśl, że/żeby ...** it crossed my mind that/to ... .

T

ta (*see* **Table 9**) *pron* (*bliżej*) this; (*dalej*) that.

taba|ka (**-ki, -ki**) (*dat sg* **-ce**) *f* snuff.

tabel|a (**-i, -e**) *f* table.

tabel|ka (**-ki, -ki**) (*dat sg* **-ce**, *gen pl* **-ek**) *f dimin od* **tabela**.

tablet|ka (**-ki, -ki**) (*dat sg* **-ce**, *gen pl* **-ek**) *f* tablet.

tablic|a (**-y, -e**) *f* (*SZKOL*) blackboard; (*tabela*) chart; **tablica ogłoszeń** noticeboard (*BRIT*), bulletin board (*US*); **tablice rejestracyjne** (number) plates *pl* (*BRIT*), (license) plates *pl* (*US*).

tablicz|ka (**-ki, -ki**) (*dat sg* **-ce**, *gen pl* **-ek**) *f dimin od* **tablica**; (*z nazwiskiem na drzwiach*) nameplate; **tabliczka czekolady** a bar of chocolate; **tabliczka mnożenia** multiplication table.

tabore|t (**-tu, -ty**) (*loc sg* **-cie**) *m* stool.

tabu *nt inv* taboo.

tac|a (**-y, -e**) *f* tray.

tac|ka (-ki, -ki) (*dat sg* -ce, *gen pl* -ek) *f dimin od* **taca**.

tacy *pron decl like adj patrz* **taki**.

tacz|ka (-ki, -ki) (*dat sg* -ce, *gen pl* -ek) *f* wheelbarrow.

taf|la (-li, -le) (*gen pl* -li) *f* (*jeziora*) surface; (*lodu*) sheet.

ta|ić (-ję, -isz) (*perf* za-) *vt* to conceal, to hide.

taj|ać (-e) (*perf* od-) *vi* to thaw.

tajemnic|a (-y, -e) *f* secret; (*zagadka*) mystery.

tajemniczy *adj* mysterious; **w tajemniczy sposób** mysteriously.

tajemny *adj* secret; **wiedza tajemna** the occult.

tajfu|n (-nu, -ny) (*loc sg* -nie) *m* typhoon.

taj|ga (-gi, -gi) (*dat sg* -dze) *f* taiga (*coniferous forest of subarctic Eurasia and North America*).

Tajlandi|a (-i) *f* Thailand.

tajlandzki *adj* Thai.

tajnia|k (-ka, -cy) (*instr sg* -kiem) *m* (*pot*) undercover agent.

tajni|ki (-ków) *pl* secrets *pl*; **tajniki sztuki** tricks of the trade; **tajniki nauki** secrets of science.

tajny *adj* (*układ, przejście, głosowanie, policja*) secret; (*dokument, akta*) classified; (*nauczanie, organizacja*) underground; „**ściśle tajne**" "top secret".

Tajwa|n (-nu) (*loc sg* -nie) *m* Taiwan.

tajwański *adj* Taiwanese.

tak *pron* **1** (*potwierdzenie*) yes; **tak jest!** (*WOJSK*) yes, sir! ♦ *adv* **1** (*w taki sposób*): **zrób to tak** do it like this; **zrobił to tak, jak ja** he did it just like I did; **zrobił to tak jak kazali** he did it as he was told; **i tak dalej** and so on; **tak zwany** so-called; **tak czy owak** (*pot*) anyhow, in any case. **2** (*nasilenie*):

tak mocno/mocny (, **że ...**) so strongly/strong (that ...); **tak sobie** (*pot*) so-so (*pot*).

taki *pron decl like adj* **1** (*tego rodzaju*) such; **taki sam** the same; **taki jak** such as; **jest taki jak chciałeś** it's just what you wanted; **on już taki jest** that's the way he is; **taki a taki** (*pot*) so-and-so (*pot*); **w takim razie ...** in that case ... . **2** (*w połączeniach zdaniowych*): **była taka mgła, że ...** it was so foggy that ..., the fog was so dense that ... . **3** (*wzmacniająco*): **on jest taki młody** he is so young; **taki mądry człowiek** such a wise man; **taka ładna pogoda** such nice weather.

tako *pron*: **jako tako** (*nieźle*) quite well; (*tak sobie*) so-so.

taksów|ka (-ki, -ki) (*dat sg* -ce, *gen pl* -ek) *f* (*osobowa*) taxi, cab; **taksówka bagażowa** ≈ removal van.

taksówkarz (-a, -e) (*gen pl* -y) *m* taxi driver, cab driver.

tak|t (-tu) (*loc sg* -cie) *m* tact; (*MUZ*) (*nom pl* -ty) bar.

taktowny *adj* tactful.

taktyczny *adj* tactical.

takty|ka (-ki) (*dat sg* -ce) *f* tactics *pl*.

także *adv* also, too, as well.

talen|t (-tu, -ty) (*loc sg* -cie) *m* (*zdolności*) talent, gift; (*człowiek uzdolniony*) talent.

talerz (-a, -e) (*gen pl* -y) *m* plate; **latający talerz** flying saucer.

talerzy|k (-ka, -ki) (*instr sg* -kiem) *m dimin od* **talerz**; (*pod filiżankę*) saucer.

tali|a (-i, -e) (*gen pl* -i) *f* (*KARTY*) deck, pack; (*kibić*) waist.

talizma|n (**-nu**, **-ny**) (*loc sg* **-nie**) *m* charm, talisman.

tal|k (**-ku**) (*instr sg* **-kiem**) *m* talc.

talo|n (**-nu**, **-ny**) (*loc sg* **-nie**) *m* coupon, voucher (*BRIT*); **talon książkowy** book token.

tam *adv* there; **tam i z powrotem** back and forth; **gdzie tam!** (*pot*) nothing of the kind!

ta|ma (**-my**, **-my**) (*loc sg* **-mie**) *f* dam.

tamci (*like:* **ci**) *pron* those.

Tami|za (**-zy**) (*dat sg* **-zie**) *f* the Thames.

tam|ować (**-uję**, **-ujesz**) (*perf* **za-**) *vt* (*krew, krwotok*) to stem, to staunch; (*ruch*) to hamper.

tampo|n (**-nu**, **-ny**) (*loc sg* **-nie**) *m* tampon.

tamta (*like:* **ta**) *pron* that.

tamte (*like:* **te**) *pron* those.

tamtejszy *adj* local.

tamten (*like:* **ten**) *pron* that.

tamtędy *adv* (down) that way.

tamto (*like:* **to**) *pron* that.

tancer|ka (**-ki**, **-ki**) (*dat sg* **-ce**, *gen pl* **-ek**) *f* dancer.

tancerz (**-a**, **-e**) (*gen pl* **-y**) *m* dancer.

tande|m (**-mu**, **-my**) (*loc sg* **-mie**) *m* tandem.

tande|ta (**-ty**) (*dat sg* **-cie**) *f* trash.

tandetny *adj* (*wyrób*) tacky, shoddy; (*książka, film*) trashy.

taneczny *adj*: **muzyka taneczna** dance music; **zespół taneczny** (dancing) chorus.

tangen|s (**-sa**, **-sy**) (*loc sg* **-sie**) *m* tangent.

tan|go (**-ga**, **-ga**) (*instr sg* **-giem**) *nt* tango.

ta|ni (*comp* **-ńszy**) *adj* cheap.

ta|niec (**-ńca**, **-ńce**) *m* (*czynność*) dancing; (*kompozycja*) dance.

tani|eć (**-eje**) (*perf* **po-** *lub* **s-**) *vi* to get cheaper.

tanio *adv*: **kupować/sprzedawać coś tanio** to buy/sell sth cheaply *lub* cheap.

tank|ować (**-uję**, **-ujesz**) *vt* (*wodę, paliwo*) (*perf* **za-**) to get; (*samochód*) (*perf* **za-**) to refuel ♦ *vi* (*perf* **za-**) to get fuel (*BRIT*) *lub* gas (*US*); (*pot*: *pić alkohol*) to hit the bottle (*pot*).

tanko|wiec (**-wca**, **-wce**) *m* tanker.

tantiem|y (**-**) *pl* royalties *pl*.

tańcz|yć (**-ę**, **-ysz**) (*perf* **za-**) *vt*: **tańczyć walca/tango** to waltz/tango ♦ *vi* to dance.

tańszy *itd.* *adj comp od* **tani**.

tapcza|n (**-nu**, **-ny**) (*loc sg* **-nie**) *m* backless sofa bed.

tape|ta (**-ty**, **-ty**) (*dat sg* **-cie**) *f* wallpaper.

tapice|r (**-ra**, **-rzy**) (*loc sg* **-rze**) *m* upholsterer.

tapicer|ka (**-ki**) (*dat sg* **-ce**) *f* upholstery.

taran|ować (**-uję**, **-ujesz**) (*perf* **s-**) *vt* (*barykadę, drzwi*) to ram; (*osobę*) to crush.

tarantul|a (**-i**, **-e**) *f* tarantula.

tarapat|y (**-ów**) *pl* trouble.

tara|s (**-su**, **-sy**) (*loc sg* **-sie**) *m* terrace; **taras widokowy** viewing area; (*na dachu*) observation deck.

taras|ować (**-uję**, **-ujesz**) (*perf* **za-**) *vt* to block.

tar|cie (**-cia**) *nt* friction; **tarcia** *pl* (*nieporozumienia*) friction.

tarcz|a (**-y**, **-e**) *f* (*uzbrojenie, osłona*) shield; (*telefonu*) dial; (*zegar(k)a*) face; (*strzelecka*) target.

tarczowy *adj*: **hamulec tarczowy** disc brake; **piła tarczowa** circular saw.

tarczyc|a (**-y**, **-e**) *f* thyroid (gland).

tar|g (**-gu**, **-gi**) (*instr sg* **-giem**) *m* market; **targi** *pl* (trade) fair; **dobić** (*perf*) **targu (z kimś)** to strike a bargain (with sb).

targ|ować się (**-uję**, **-ujesz**) (*perf*

po-) *vr.* **targować się (z kimś/o coś)**
to haggle (with sb/over sth).

targowis|ko (**-ka, -ka**) (*instr sg*
-kiem) *nt* market(place).

tar|ka (**-ki, -ki**) (*dat sg* **-ce**, *gen pl* **-ek**)
f (*do owoców, warzyw*) grater.

tarł *itd. vb patrz* **trzeć**.

taro|t (**-ta**) (*loc sg* **-cie**) *m* tarot.

tarta|k (**-ku, -ki**) (*instr sg* **-kiem**) *m*
sawmill.

tarta|n (**-nu**) (*loc sg* **-nie**) *m* tartan.

tarty *adj* (*ser itp.*) grated; **bułka tarta**
breadcrumbs.

tary|fa (**-fy, -fy**) (*dat sg* **-fie**) *f*
(*pocztowa, telekomunikacyjna*) rates
pl; **taryfa kolejowa** table of fares;
taryfa opłat scale of charges; **taryfa
celna** tariff of duties; **taryfa ulgowa**
(*przen*) leniency.

tarz|ać się (**-am, -asz**) (*perf* **wy-**) *vr*
to wallow.

tasa|k (**-ka, -ki**) (*instr sg* **-kiem**) *m*
cleaver.

tasie|miec (**-mca, -mce**) *m* tapeworm.

tasiem|ka (**-ki, -ki**) (*dat sg* **-ce**, *gen pl*
-ek) *f* tape.

tas|ować (**-uję, -ujesz**) (*perf* **po-**) *vt*
to shuffle.

taś|ma (**-my, -my**) (*dat sg* **-mie**) *f*
tape; (*w fabryce*) assembly line *lub*
belt; (*do maszyny do pisania*) (fabric
lub carbon) ribbon; **taśma filmowa**
film; **taśma klejąca** Sellotape ®
(*BRIT*), Scotch tape ® (*US*).

taśmociąg (**-gu, -gi**) (*instr sg* **-giem**)
m conveyor belt.

taśmowy *adj*: **produkcja taśmowa**
assembly line production.

ta|ta, tat|o (**-ty**) (*dat sg* **-cie**) *m decl
like f* dad.

Tata|r (**-ra**) (*loc sg* **-rze**, *nom pl* **-rzy**)
Tartar.

tata|r (**-ra**) (*loc sg* **-rze**, *nom pl* **-ry**) *m*
(*KULIN*) tartar(e) steak.

tatara|k (**-ku, -ki**) (*instr sg* **-kiem**) *m*
sweet flag.

tatarski *adj* (*KULIN*): **sos/befsztyk
tatarski** tartar(e) sauce/steak.

taternict|wo (**-wa**) (*loc sg* **-wie**) *nt*
mountaineering.

taterni|k (**-ka, -cy**) (*instr sg* **-kiem**) *m*
mountaineer.

ta|to (**-ty, -towie**) (*loc sg* **-cie**) *m* =
tata.

Tatr|y (**-**) *pl* the Tatra Mountains *pl.*

tatuaż (**-u, -e**) (*gen pl* **-y**) *m* tattoo.

tatu|ować (**-uję, -ujesz**) *vt* (*perf* **wy-**)
to tattoo.

tatu|ś (**-sia, -siowie**) *m* dad(dy).

tą *pron acc, instr od* **ta**.

tchawic|a (**-y, -e**) *f* windpipe, trachea.

tchórz (**-a, -e**) (*gen pl* **-y**) *m* (*osoba*)
coward; (*ZOOL*) polecat; **tchórz go
obleciał** (*pot*) he got cold feet (*pot*).

tchórzliwy *adj* cowardly.

tchórzost|wo (**-wa**) (*loc sg* **-wie**) *nt*
cowardice.

tchórz|yć (**-ę, -ysz**) (*perf* **s-**) *vi* to
chicken out.

tchu *itd. n patrz* **dech**.

te (*see* **Table 9**) *pron* these; **te
dzieci/książki** these children/books.

tea|m (**-mu, -my**) (*loc sg* **-mie**) *m*
team.

teat|r (**-ru, -ry**) (*loc sg* **-rze**) *m* theatre
(*BRIT*), theater (*US*).

teatralny *adj* (*aktor, przedstawienie*)
theatre *attr* (*BRIT*), theater *attr* (*US*);
(*krytyk*) drama *attr*.

techniczny *adj* (*literatura, opis,
srodki*) technical; (*postęp*)
technological.

techni|k (**-ka, -cy**) (*instr sg* **-kiem**) *m*
technician; **technik
laboratoryjny/dentystyczny**
lab/dental technician.

techni|ka (**-ki, -ki**) (*dat sg* **-ce**) *f* (*dział
cywilizacji*) technology; (*metoda*)
technique.

technik|um (**-um, -a**) (*gen pl* **-ów**) *nt
inv in sg* (*SZKOL*) technical college.

technologi|a (**-i**) *f* technology.

technologiczny *adj* technological.

tecz|ka (-ki, -ki) (*dat sg* -ce, *gen pl* -ek) *f* (*ze skóry*) briefcase, portfolio; (*z papieru*) folder.

teflo|n ® (*loc sg* -nie) *m* Teflon ®.

tego *pron gen, acc od* **ten, to**.

tegoroczny *adj* this year's.

tej *pron gen, dat od* **ta**.

te|ka (-ki, -ki) (*dat sg* -ce) *f* (*też*: **teka ministerialna**) portfolio.

Teksa|s (-su) (*loc sg* -sie) *m* Texas.

tek|st (-stu, -sty) (*loc sg* -ście) *m* text; (*piosenki*) lyrics *pl*.

tekstylny *adj* textile.

tektu|ra (-ry, -ry) (*dat sg* -rze) *f* cardboard.

tekturowy *adj* cardboard *attr*.

tel. *abbr* (= *telefon*) tel., ph.

teledys|k (-ku, -ki) (*instr sg* -kiem) *m* video clip.

telefo|n (-nu, -ny) (*loc sg* -nie) *m* (*urządzenie*) telephone, phone; (*rozmowa*) phone call; (*numer telefonu*) phone number; **rozmawiać przez telefon** to be on the phone; **rozmawiać z kimś przez telefon** to talk to sb on the phone; **telefon komórkowy** cell(ular) phone; **telefon zaufania** helpline; **odbierać (odebrać** *perf*) **telefon** to pick up *lub* answer the phone.

telefoniczny *adj* (*centrala, rozmowa*) (tele)phone *attr*; **budka/kabina telefoniczna** phone booth/box; **karta telefoniczna** phonecard; **książka telefoniczna** phone book, (telephone) directory.

telefonist|ka (-ki, -ki) (*dat sg* -ce, *gen pl* -ek) *f* (switchboard) operator.

telefon|ować (-uję, -ujesz) (*perf* za-) *vi* (*korzystać z telefonu*) to make a (phone) call; **telefonować do kogoś** to phone *lub* call sb.

telegaze|ta (-ty, -ty) (*dat sg* -cie) *f* teletext.

telegra|f (-fu, -fy) (*loc sg* -fie) *m* telegraph.

telegraficzny *adj* telegraph *attr*.

telegraf|ować (-uję, -ujesz) (*perf* za-) *vi* to telegraph, to cable.

telegra|m (-mu, -my) (*loc sg* -mie) *m* telegram, cable.

telekomunikacj|a (-i) *f* telecommunications.

telenowel|a (-i, -e) *f* soap opera.

telek|s (-su, -sy) (*loc sg* -sie) *m* telex.

teleobjekty|w (-wu, -wy) (*loc sg* -wie) *m* (*FOT*) telephoto lens.

telepati|a (-i) *f* telepathy.

telesko|p (-pu, -py) (*loc sg* -pie) *m* (*ASTRON*) telescope.

teleturniej (-u, -e) *m* quiz show.

telewidz (-a, -owie) (*gen pl* -ów) *m* viewer.

telewizj|a (-i, -e) (*gen pl* -i) *f* television, TV; **oglądać telewizję** to watch TV; **telewizja satelitarna** satellite television; **telewizja kablowa** cable television.

telewizo|r (-ra, -ry) (*loc sg* -rze) *m* TV (set), television (set).

telewizyjny *adj* TV *attr*, television *attr*.

tema|t (-tu, -ty) (*loc sg* -cie) *m* subject, topic; (*MUZ*) theme.

tematy|ka (-ki) (*dat sg* -ce) *f* subject matter.

tembla|k (-ka *lub* -ku, -ki) (*instr sg* -kiem) *m* (*MED*) sling.

temp. *abbr* (= *temperatura*) temp.

temperamen|t (-tu, -ty) (*loc sg* -cie) *m* temperament.

temperatu|ra (-ry, -ry) (*dat sg* -rze) *f* temperature; (*pot: gorączka*) fever; **mieć temperaturę** (*MED*) to have *lub* run a temperature.

temper|ować (-uję, -ujesz) (*perf* za-) *vt* to sharpen.

temperów|ka (-ki, -ki) (*dat sg* -ce, *gen pl* -ek) *f* (pencil) sharpener.

tem|po (-pa, -pa) (loc sg -pie) nt
pace; (MUZ) tempo.

temu pron dat od **ten, to.**

temu adv: **dwa lata temu** two years
ago; **dawno temu** long ago; **jak
dawno temu?** how long ago?; **parę
dni temu** the other day.

ten (see Table 9) pron (z
rzeczownikiem) this; (bez
rzeczownika) this one; (tamten) that;
ten sam the same; **ten jest zbyt
drogi** this one is too expensive; **w
ten czwartek** this Thursday.

tendencj|a (-i, -e) (gen pl -i) f
tendency, trend.

tendencyjny adj biased.

teni|s (-sa) (loc sg -sie) m (SPORT)
tennis.

tenisi|sta (-sty, -ści) (dat sg -ście) m
decl like f in sg tennis player.

tenisist|ka (-ki, -ki) (dat sg -ce, gen pl
-ek) f tennis player.

tenisów|ki (-ek) pl tennis shoes,
plimsolls (BRIT), sneakers (US).

teno|r (loc sg -rze) m (głos) (gen sg
-ru, nom pl -ry) tenor; (śpiewak) (gen
sg -ra, nom pl -rzy) tenor.

teologi|a (-i) f theology.

teoretycznie adv theoretically, in
theory.

teoretyczny adj theoretical.

teori|a (-i, -e) (gen pl -i) f theory.

terapeu|ta (-ty, -ci) (dat sg -cie) m
decl like f in sg therapist.

terapi|a (-i, -e) (gen pl -i) f therapy.

teraz adv (w tej chwili) now; (obecnie)
nowadays.

teraźniejszoś|ć (-ci) f the present.

teraźniejszy adj present, today's
attr; **czas teraźniejszy** (JĘZ) present
tense.

terce|t (-tu, -ty) (loc sg -cie) m (MUZ)
trio.

tere|n (-nu, -ny) (loc sg -nie) m
ground, terrain.

terenowy adj (pracownik, badanie)

field attr; (władze) local attr;
samochód terenowy off-road
vehicle.

terie|r (-ra, -ry) (loc sg -rze) m terrier.

terko|tać (-czę, -czesz) (perf za-) vi
to clatter.

termi|n (-nu, -ny) (loc sg -nie) m
(czas) deadline, time limit;
(umówione spotkanie) appointment;
(wyraz) term.

terminal (-u lub -a, -e) (gen pl -i lub
-ów) m (KOMPUT, LOT) terminal.

terminarz (-a, -e) (gen pl -y) m (plan)
schedule; (kalendarz) diary.

terminologi|a (-i, -e) (gen pl -i) f
terminology.

terminowy adj (praca, zadanie) with
a deadline.

termofo|r (-ra, -ry) (loc sg -rze) m
hot-water bottle.

termomet|r (-ru, -ry) (loc sg -rze) m
thermometer.

termo|s (-su, -sy) (loc sg -sie) m
Thermos ® (flask), (vacuum (BRIT))
flask.

termosta|t (-tu, -ty) (loc sg -cie) m
thermostat.

terro|r (-ru) (loc sg -rze) m terror.

terrory|sta (-sty, -ści) (loc sg -ście)
m decl like f in sg terrorist.

terrorystyczny adj terrorist attr.

terroryz|m (-mu) (loc sg -mie) m
terrorism.

terroryz|ować (-uję, -ujesz) (perf s-)
vt to terrorize.

terytorialny adj territorial.

terytori|um (-um, -a) (gen pl -ów) nt
inv in sg territory.

te|st (-stu, -sty) (loc sg -ście) m test.

testamen|t (-tu, -ty) (loc sg -cie) m
will, testament; **Stary/Nowy
Testament** the Old/New Testament.

test|ować (-uję, -ujesz) (perf prze-)
vt to test.

teściow|a (-ej, -e) f decl like adj
mother-in-law.

teś|ć (-cia, -ciowie) *m* father-in-law; **teściowie** *pl* in-laws *pl*.

te|za (-zy, -zy) (*dat sg* -zie) *f* thesis.

też *adv* too, also; **ja też** me too; **ja też nie** me neither; **dlatego też** that is why.

tę *pron acc od* **ta**.

tęcz|a (-y, -e) *f* rainbow.

tęczów|ka (-ki, -ki) (*dat sg* -ce, *gen pl* -ek) *f* (*ANAT*) iris.

tędy *adv* this way.

tę|gi (*comp* -ższy) *adj* stout.

tę|pić (-pię, -pisz) *vt* (*szkodniki*) (*perf* wy-) to kill (off); (*poglądy*) (*perf* wy-) to eradicate; (*noże*) (*perf* s-) to blunt.

▸**tępić się** *vr* (*o ludziach*) to fight one another; (*o nożu*) (*perf* s-) to become blunt.

tępy *adj* (*nóż, czubek*) blunt; (*człowiek*) dense, obtuse, dull; (*spojrzenie*) vacant; (*ból*) dull.

tęsk|nić (-nię, -nisz) (*imp* -nij, *perf* za-) *vi*: **tęsknić za kimś/czymś** *lub* **do kogoś/czegoś** to miss sb/sth; **tęsknić za czymś** *lub* **do czegoś** (*pragnąć*) to long *lub* yearn for sth.

tęskno|ta (-ty, -ty) (*dat sg* -cie) *f*: **tęsknota (za czymś)** longing (for sth).

tęskny *adj* longing.

tętnic|a (-y, -e) *f* artery.

tęt|nić (-ni) *vi* (*o krokach, kopytach*) to rattle; (*o krwi*) to pulsate.

tęt|no (-na, -na) (*loc sg* -nie) *nt* pulse.

tęż|ec (-ca) *m* (*MED*) tetanus.

tęży|zna (-zny) (*dat sg* -źnie) *m*: **tężyzna (fizyczna)** (physical) fitness.

ti|r (-ra, -ry) (*loc sg* -rze) *m* heavy lorry (*BRIT*) *lub* truck (*US*), HGV (*BRIT*).

tiul (-u, -e) (*gen pl* -ów) *m* tulle.

tj. *abbr* (= *to jest*) i.e.

tkacz|ka (-ki, -ki) (*dat sg* -ce, *gen pl* -ek) *f* weaver.

tk|ać (-am, -asz) (*perf* u-) *vt* to weave.

tkani|na (-ny, -ny) (*dat sg* -nie) *f* fabric.

tkan|ka (-ki, -ki) (*dat sg* -ce, *gen pl* -ek) *f* tissue.

tkliwy *adj* affectionate.

tk|nąć (-nę, -niesz) (*imp* -nij) *vb perf od* **tykać** ♦ *vt perf*: **coś mnie tknęło** I got a strange feeling.

tk|wić (-wię, -wisz) (*imp* -wij) *vi* (*o kluczu*) to be sitting; (*o strzale*) to be sticking; (*pot: o osobie*) to stick around (*pot*); (*o problemie itp.*): **tkwić w** +*loc* to lie *lub* reside in.

tle|n (-nu) (*loc sg* -nie) *m* oxygen.

tlen|ek (-ku, -ki) (*instr sg* -kiem) *m* oxide.

tleniony *adj* (*włosy*) bleached.

tl|ić się (-i) *vr* to smoulder (*BRIT*), to smolder (*US*).

tło (tła, tła) (*loc sg* tle, *gen pl* teł) *nt* background.

tłoczno *adv*: **w pokoju było tłoczno** the room was crowded.

tłocz|yć (-ę, -ysz) *vt* (*olej*) (*perf* wy-) to press; (*wodę, gaz*) (*perf* w-) to force; (*wzór, napis*) (*perf* wy-) to (im)print.

▸**tłoczyć się** (*perf* s-) *vr* to crowd.

tło|k (*instr sg* -kiem) *m* (*ścisk*) (*gen sg* -ku) crowd; (*TECH*) (*gen sg* -ka, *nom pl* -ki) piston.

tłu|c (-kę, -czesz) (*imp* -cz, *pt* -kł) *vt* (*szklanki itp.*) (*perf* s-) to break; (*uderzać*): **tłuc w** *lub* **o coś** to pound at sth; (*pot*) (*perf* s-): **tłuc kogoś** to bash sb about (*pot*).

▸**tłuc się** *vr* (*o szklance, szybie*) (*perf* s-) to break; (*pot: bić się*) (*perf* s-) to scrap (*pot*).

tłu|m (-mu, -my) (*loc sg* -mie) *m* crowd.

tłumacz (-a, -e) (*gen pl* -y) *m* (*pisemny*) translator; (*ustny*) interpreter; **tłumacz przysięgły** certified translator; (*w sądzie*) court interpreter.

tłumacze|nie (**-nia**) *nt* (*pisemne*) translation; (*ustne*) interpreting; (*tekst*) (*nom pl* **-nia**, *gen pl* **-ń**) translation.

tłumacz|yć (**-ę, -ysz**) *vt* (*perf* **wy-**) (*wyjaśniać*) to explain; (*przekładać*) (*perf* **prze-**) (*pisemnie*) to translate; (*ustnie*) to interpret.

▸**tłumaczyć się** (*perf* **wy-**) *vr* to excuse o.s.

tłu|mić (**-mię, -misz**) (*perf* **s-**) *vt* (*ogień, uczucie, śmiech*) to smother; (*hałas*) to muffle; (*opozycję*) to suppress.

tłumi|k (**-ka, -ki**) (*instr sg* **-kiem**) *m* (*MOT*) silencer (*BRIT*), muffler (*US*); (*trąbki*) mute; (*pianina*) damper.

tłusty *adj* (*mięso, obiad*) fatty; (*talerz, plama, włosy*) greasy; (*osoba*) fat; (*druk, czcionka*) bold; **tłuste mleko** full-cream milk; **tłusty czwartek** *the last Thursday before Lent*.

tłuszcz (**-u, -e**) *m* fat; **tłuszcz roślinny/zwierzęcy** vegetable/animal fat.

───────SŁOWO KLUCZOWE───────

to (*see* **Table 9**) *pron* **1** (*zaimek wskazujący*) this; **to dziecko** this child. **2** (*w funkcji podmiotu*): **to fakt** it's a fact; **to jest lampa** this *lub* it is a lamp; **co/kto to jest?** what's/who's this?; **czy to ty?** is that you? **3** (*w funkcji ekspresywnej*): **a to łobuz!** what a rascal! **4:** **jak to?** how so?, how come?; **no to co?** so what?; **otóż to!** exactly! ♦ *conj*: **jeśli chcesz, to idź** go if you like ♦ *inv* (*w funkcji łącznika*): **czas to pieniądz** time is money.

toale|ta (**-ty, -ty**) (*dat sg* **-cie**) *f* toilet, lavatory (*BRIT*), rest room (*US*); **toaleta damska** the ladies' (room); **toaleta męska** the gents.

toalet|ka (**-ki, -ki**) (*dat sg* **-ce**, *gen pl* **-ek**) *f* dressing table.

toaletowy *adj* toilet *attr*.

toa|st (**-stu, -sty**) (*loc sg* **-ście**) *m* toast; **wznosić** (**wznieść** *perf*) **toast za kogoś/coś** to raise a glass to sb/sth.

tobie *pron patrz* **ty**.

tobo|łek (**-ka, -ki**) (*instr sg* **-kiem**) *m* bundle.

tocz|yć (**-ę, -ysz**) *vt* (*kulkę, beczkę*) (*perf* **po-**) to roll; (*rokowania*) to conduct; (*spór*) to carry on; (*wojnę*) to wage; (*bitwę*) to fight.

▸**toczyć się** *vr* (*perf* **po-**) (*turlać się*) to roll; (*dziać się*) to go on.

toffi *n lub m inv* toffee.

to|ga (**-gi, -gi**) (*dat sg* **-dze**, *gen pl* **tóg**) *f* gown.

to|k (**-ku**) (*instr sg* **-kiem**) *m* (*przebieg*) progress; (*wydarzeń*) course; (*myśli*) train.

tokar|ka (**-ki, -ki**) (*dat sg* **-ce**, *gen pl* **-ek**) *f* lathe.

tokarz (**-a, -e**) (*gen pl* **-y**) *m* turner.

Tokio *nt inv* Tokyo.

toksyczność (**-ci**) *f* toxicity.

toksyczny *adj* toxic.

toksy|na (**-ny, -ny**) (*dat sg* **-nie**) *f* toxin.

tolerancj|a (**-i**) *f* tolerance, toleration; (*TECH*) (*nom pl* **-e**, *gen pl* **-i**) tolerance.

tolerancyjny *adj* tolerant.

toler|ować (**-uję, -ujesz**) *vt* to tolerate.

to|m (**-mu, -my**) (*loc sg* **-mie**) *m* volume; **tom pierwszy/drugi** volume one/two.

tomografi|a (**-i**) *f* (*też*: **tomografia komputerowa**) CAT scanning.

to|n (**-nu, -ny**) (*loc sg* **-nie**) *m* (*MUZ*) tone; (*brzmienie*) sound.

to|na (**-ny, -ny**) (*dat sg* **-nie**) *f* tonne, (metric) ton.

tonacj|a (**-i, -e**) (*gen pl* **-i**) *f* (*MUZ*)

key; **(utrzymany) w czerwonej tonacji** predominantly red.

tonaż (-u) *m* tonnage.

to|nąć (-nę, -niesz) (*imp* -ń) *vi* (*o statku*) (*perf* za-) to sink; (*o człowieku*) (*perf* u-) to drown.

toni|k (-ku, -ki) (*instr sg* -kiem) *m* (*napój*) tonic (water); (*kosmetyk*) (skin) tonic.

to|pić (-pię, -pisz) *vt* (*zanurzać*) (*perf* u-) to drown; (*rozpuszczać*) (*perf* s-) to melt.

▶**topić się** *vr* (*tonąć*) (*perf* u-) to drown; (*rozpuszczać się*) (*perf* s-) to melt.

topni|eć (-eje) (*perf* s-) *vi* (*o lodzie, śniegu*) to melt, to thaw; (*o metalu*) to melt; (*przen: o pieniądzach*) to dwindle (away); (: *o siłach*) to ebb (away).

topografi|a (-i) *f* topography.

top|ola (-oli, -ole) (*gen pl* -oli *lub* -ól) *f* poplar.

topor|ek (-ka, -ki) (*instr sg* -kiem) *m* hatchet.

toporny *adj* (*pej*) coarse, gross.

top|ór (-ora, -ory) (*loc sg* -orze) *m* axe (*BRIT*), ax (*US*).

to|r (-ru, -ry) (*loc sg* -rze) *m* (*trasa, droga*) path; (: *pocisku*) trajectory; (*kolejowy itp.*) track; (*wyścigowy*) racecourse (*BRIT*), racetrack (*US*); (*na bieżni, basenie*) lane; (*saneczkowy, bobslejowy*) run, chute.

tor|ba (-by, -by) (*dat sg* -bie, *gen pl* -eb) *f* bag; (*podróżna*) holdall.

torbiel (-i, -e) (*gen pl* -i) *f* (*MED*) cyst.

toreado|r (-ra, -rzy) (*loc sg* -rze) *m* bullfighter.

toreb|ka (-ki, -ki) (*dat sg* -ce, *gen pl* -ek) *f* (*papierowa*) (paper) bag; (*damska*) handbag, purse (*US*).

tor|f (-fu, -fy) (*loc sg* -fie) *m* peat.

torfowis|ko (-ka, -ka) (*instr sg* -kiem) *nt* peat bog.

torna|do (-da, -da) (*loc sg* -dzie) *nt* tornado.

tornist|er (-ra, -ry) (*loc sg* -rze) *m* satchel.

tor|ować (-uję, -ujesz) (*perf* u-) *vt* (*drogę*) to clear; **torować drogę do czegoś** (*przen*) to pave the way for sth.

torpe|da (-dy, -dy) (*dat sg* -dzie) *f* torpedo.

tor|s (-su, -sy) (*loc sg* -sie) *m* torso.

tor|t (-tu, -ty) (*loc sg* -cie) *m* cream cake (*BRIT*), layer cake (*US*).

tortowy *adj*: **mąka tortowa** cake flour.

tortu|ra (-ry, -ry) (*dat sg* -rze) *f* torture.

tortur|ować (-uję, -ujesz) *vt* to torture.

to|st (-stu, -sty) (*loc sg* -ście) *m* (a) piece *lub* slice of toast.

toste|r (-ra, -ry) (*loc sg* -rze) *m* toaster.

totalitarny *adj* totalitarian.

totalizato|r (-ra, -ry) (*loc sg* -rze) *m* (*na wyścigach konnych*) sweepstake; (*piłkarski*) the pools *pl*; **totalizator sportowy** ≈ National Lottery (*BRIT*), ≈ Lotto (*US*).

totalnie *adv* totally.

totalny *adj* total.

toteż *conj* (and) so, which is why.

totolot|ek (-ka) (*instr sg* -kiem) *m* ≈ National Lottery (*BRIT*), ≈ Lotto (*US*).

tournée *nt inv* tour.

towa|r (-ru, -ry) (*loc sg* -rze) *m* commodity; **towary konsumpcyjne** consumer goods.

towarowy *adj*: **pociąg towarowy** goods (*BRIT*) *lub* freight (*US*) train; **wymiana towarowa** barter; **dom towarowy** department store.

towarzyski *adj* (*człowiek*) sociable; (*kontakty, spotkanie, życie*) social;

rozmowa towarzyska small talk; **agencja towarzyska** escort agency.

towarzyst|wo (-wa) (*loc sg* -wie) *nt* (*obecność*) company, companionship; (*otoczenie*) company; (*stowarzyszenie*) (*nom pl* -wa) society.

towarzysz (-a, -e) (*gen pl* -y) *m* companion.

towarzyszący *adj*: **towarzyszący komuś/czemuś** accompanying sb/sth; **osoba towarzysząca** escort.

towarzysz|yć (-ę, -ysz) *vi*: **towarzyszyć komuś/czemuś** to accompany sb/sth.

tożsamoś|ć (-ci) *f* identity; **dowód tożsamości** (means of) identification, ID.

tra|cić (-cę, -cisz) (*imp* -ć) *vt* (*przestawać mieć*) (*perf* s- *lub* u-) to lose; (*marnować*) (*perf* s-) (*okazję*) to miss; (*czas, pieniądze*) to waste ♦ *vi* (*ponosić stratę*) (*perf* s-) to suffer a loss, to lose out; **tracić przytomność** to lose consciousness; **tracić ważność** to expire, to run out.

tradycj|a (-i, -e) (*gen pl* -i) *f* tradition.

tradycyjny *adj* traditional.

tra|f (-fu, -fy) (*loc sg* -fie) *m* chance; **ślepy traf** pure chance; **szczęśliwym trafem** by a stroke of luck, by a lucky chance.

tra|fiać (-fiam, -fiasz) (*perf* -fiaj, *perf* -fić) *vt* (*żołnierza, samolot*) to hit ♦ *vi* (*nie chybiać*) to hit the target; (*znajdować drogę*) to find one's way, to get there; **nie trafiać** to miss; **trafiać do szpitala/na posterunek policji** to land in (the (*US*)) hospital/at a police station; **trafić w dziesiątkę** to hit the bull's-eye; (*przen*) to be spot-on; **na chybił trafił** (*strzelać*) at random; (*strzał*) hit-or-miss.

►**trafiać się** *vr* to come up.

trafie|nie (-nia, -nia) (*gen pl* -ń) *nt*

(*trafny rzut itp.*) (direct) hit; (*w grze liczbowej*) lucky number.

trafnoś|ć (-ci) *f* (*ciosu, strzału*) accuracy; (*uwagi*) aptness; (*wyboru*) rightness.

trafny *adj* (*cios, strzał*) accurate; (*uwaga*) apt; (*wybór*) right; (*słowo, wyrażenie*) felicitous, well-chosen.

tragedi|a (-i, -e) (*gen pl* -i) *f* tragedy.

tragiczny *adj* tragic; (*pot*: *wygląd*) terrible (*pot*).

tragiz|m (-mu) (*loc sg* -mie) *m* tragic nature, tragedy.

trajko|tać (-czę, -czesz) (*imp* -cz) *vi* (*pot*) to chatter.

trak|t (-tu, -ty) (*loc sg* -cie) *m* (*droga*) track; **być w trakcie (robienia) czegoś** to be in the middle of (doing) sth.

trakta|t (-tu, -ty) (*loc sg* -cie) *m* (*POL*) treaty.

trakto|r (-ra, -ry) (*loc sg* -rze) *m* tractor.

trakt|ować (-uję, -ujesz) *vt* (*perf* po-) to treat; **traktować kogoś źle** to treat sb badly, to ill-treat sb ♦ *vi*: **traktować o czymś** to deal with sth.

traktowa|nie (-nia) *nt* treatment.

tramp|ek (-ka, -ki) (*instr sg* -kiem, *gen pl* -ek) *m* gym shoe (*BRIT*), sneaker (*US*); **trampki** *pl* gym shoes *pl* (*BRIT*), sneakers *pl* (*US*).

trampoli|na (-ny, -ny) (*dat sg* -nie) *f* (*na basenie*) diving board, springboard; (*na sali gimnastycznej*) springboard, trampoline.

tramwa|j (-ju, -je) (*gen pl* -jów *lub* -i) *m* tram (*BRIT*), streetcar (*US*).

tra|n (-nu, -ny) (*loc sg* -nie) *m* cod-liver oil.

tran|s (-su, -sy) (*loc sg* -sie) *m* trance.

transakcj|a (-i, -e) (*gen pl* -i) *f* transaction; **dokonywać (dokonać *perf*) transakcji** to close a deal.

transatlantycki *adj* transatlantic.

transatlanty|k (-ku, -ki) (*instr sg* -kiem) *m* transatlantic (liner).

transfe|r (-ru, -ry) (*loc sg* -rze) *m* transfer.

transformacj|a (-i, -e) (*gen pl* -i) *f* transformation.

transformato|r (-ra, -ry) (*loc sg* -rze) *m* (*ELEKTR*) transformer.

transfuzj|a (-i, -e) (*gen pl* -i) *f* (*MED*) (blood) transfusion.

transmisj|a (-i, -e) (*gen pl* -i) *f* (*TV, RADIO*) transmission.

transmit|ować (-uję, -ujesz) *vt* (*mecz, koncert*) to broadcast (live); (*sygnał*) to transmit.

transparen|t (-tu, -ty) (*loc sg* -cie) *m* banner.

transplantacj|a (-i, -e) (*gen pl* -i) *f* (*MED*) transplant; **operacja transplantacji serca** heart transplant operation.

transpor|t (-tu, -ty) (*loc sg* -cie) *m* (*przewóz*) transport (*BRIT*), transportation (*US*); (*ładunek*) shipment; **transport publiczny** public transport.

transport|ować (-uję, -ujesz) (*perf* prze-) *vt* to transport.

transportowy *adj* (*firma, usługi*) shipping *attr*, forwarding *attr*.

tranzysto|r (-ra, -ry) (*loc sg* -rze) *m* transistor.

tranzy|t (-tu) (*loc sg* -cie) *m* transit.

tranzytowy *adj* (*hala, wiza*) transit *attr*; (*przejazd, droga*) through *attr*.

tra|p (-pu, -py) (*loc sg* -pie) *m* (*ŻEGL*) gangplank, gangway.

trape|z (-zu, -zy) (*loc sg* -zie) *m* (*GEOM*) trapezium (*BRIT*), trapezoid (*US*); (*SPORT*) trapeze.

tra|sa (-sy, -sy) (*loc sg* -sie) *f* route; (*wycieczki*) itinerary; **trasa narciarska** ski run; **być w trasie** to be on the road.

trat|ować (-uję, -ujesz) (*perf* s-) *vt* to trample.

trat|wa (-wy, -wy) (*loc sg* -wie) *f* raft; **tratwa ratunkowa** life raft.

traumatyczny *adj* traumatic.

tra|wa (-wy, -wy) (*loc sg* -wie) *f* (*roślina*) grass; (*trawnik*) lawn.

tra|wić (-wię, -wisz) *vt* (*pokarm*) (*perf* s-) to digest; (*o chorobie, ogniu*) (*perf* s-) to consume; (*CHEM, TECH*) (*perf* wy-) to etch.

trawie|nie (-nia) *nt* digestion; (*CHEM, TECH*) etching.

trawni|k (-ka, -ki) (*instr sg* -kiem) *m* lawn.

trą|ba (-by, -by) (*dat sg* -bie) *f* (*MUZ*) horn; (*słonia*) trunk.

trą|bić (-bię, -bisz) (*perf* wy-) *vt* (*pot: pić*) to guzzle (*pot*) ♦ *vi* (*perf* za-) (*grać na trąbce*) to blow the trumpet; (*używać klaksonu*) to blow *lub* sound the horn.

trąb|ka (-ki, -ki) (*dat sg* -ce, *gen pl* -ek) *m* trumpet.

trą|cać (-am, -asz) (*imp* -aj, *perf* trącić) *vt* (*łokciem*) to nudge; (*strunę*) to strike.

trą|cić (-cę, -cisz) (*imp* -ć) *vb perf od* **trącać** ♦ *vi*: **trącić czymś** to smack of sth.

trą|d (-du) (*loc sg* -dzie) *m* leprosy.

trądzi|k (-ku, -ki) (*instr sg* -kiem) *m* acne.

trefl (-a, -e) (*gen pl* -i) *m* clubs (*pl*).

tre|ma (-my) (*dat sg* -mie) *f* stage fright.

tren|d (-du, -dy) (*loc sg* -dzie) *m* trend.

trene|r (-ra, -rzy) (*loc sg* -rze) *m* coach, trainer.

trenin|g (-gu, -gi) (*instr sg* -giem) *m* training, practice (*BRIT*), practise (*US*).

tren|ować (-uję, -ujesz) *vt* (*zawodników*) (*perf* wy-) to train, to coach.

tres|ować (-uję, -ujesz) (*perf* wy-) *vt* to train.

treś|ć (-ci, -ci) (*gen pl* -ci) *f*

(*wypowiedzi, artykułu*) content; (*książki*) contents *pl*; (*sens*) essence; **spis treści** (table of) contents.

trę *itd. vb patrz* **trzeć**.

trębacz (**-a, -e**) (*gen pl* **-y**) *m* trumpeter.

trędowa|ty (**-tego, -ci**) *m decl like adj* leper.

tri|k (**-ku, -ki**) (*instr sg* **-kiem**) *m* trick.

tri|o (**-a, -a**) *nt* (*MUZ*) trio.

trium|f (**-fu, -fy**) (*instr sg* **-fie**) *n* triumph; **święcić triumfy** to be successful.

triumfalny *adj* (*okrzyk, uśmiech*) triumphant; (*marsz, łuk*) triumphal.

triumf|ować (**-uję, -ujesz**) (*perf* **za-**) *vi* to triumph.

trochę *adv* a little, a bit; (*niedługo*) (for) a while; **ani trochę** not a bit; **po trochu** bit by bit, little by little.

trocin|y (**-**) *pl* sawdust.

trofe|um (**-um, -a**) (*gen pl* **-ów**) *nt inv in sg* trophy.

tr|oić się (**-oję, -oisz**) (*imp* **-ój**, *perf* **po-**) *vr* to triple.

trojacz|ki (**-ków**) *pl* triplets *pl*.

trojaki *adj* threefold.

troje (*like*: **dwoje**) *num* three.

trolejbu|s (**-su, -sy**) (*loc sg* **-sie**) *m* trolley bus.

tro|n (**-nu, -ny**) (*loc sg* **-nie**) *m* (*fotel*) throne; (*władza królewska*) (the) throne.

tro|p (**-pu, -py**) (*loc sg* **-pie**) *m* tracks *pl, trail*; **być na czyimś tropie** to be on sb's trail.

tro|pić (**-pię, -pisz**) *vt* to track, to trail.

tropi|k (**-ku, -ki**) (*instr sg* **-kiem**) *m* (*GEOG*) the tropics *pl*; (*nad namiotem*) flysheet.

tropikalny *adj, adj* (*klimat, choroba*) tropical; **hełm tropikalny** pith helmet.

tros|ka (**-ki, -ki**) (*dat sg* **-ce**) *f* (*kłopot*) worry, care; (*dbałość*) care, concern.

troskliwie *adv* with care.

troskliwoś|ć (**-ci**) *f* care.

troskliwy *adj* caring, loving.

troszcz|yć się (**-ę, -ysz**) *vr:* **troszczyć się o kogoś/coś** (*opiekować się*) to take care of sb/sth; (*martwić się*) to care about sb/sth.

troszkę *adv dimin od* **trochę**.

trotyl (**-u**) *m* TNT, trotyl.

trójc|a (**-y**) *f:* **Trójca Święta** the Holy Trinity.

trój|ka (**-ki, -ki**) (*dat sg* **-ce**, *gen pl* **-ek**) *f* three; (*SZKOL*) ≈ C; (*pot. tramwaj*) the number three.

trójką|t (**-ta, -ty**) (*loc sg* **-cie**) *m* triangle; **trójkąt odblaskowy** *lub* **ostrzegawczy** warning triangle; **trójkąt małżeński** the eternal triangle.

trójkątny *adj* triangular.

trójni|k (**-ka, -ki**) (*instr sg* **-kiem**) *m* (*ELEKTR*) (three-way) adapter.

trójn|óg (**-ogu, -ogi**) (*instr sg* **-ogiem**) *m* tripod.

trójsko|k (**-ku, -ki**) (*instr sg* **-kiem**) *m* triple jump.

trójwymiarowy *adj* three-dimensional.

truchle|ć (**-ję, -jesz**) (*perf* **s-**) *vi* to be terrified.

truch|t (**-tu**) (*loc sg* **-cie**) *m* trot.

truci|zna (**-zny, -zny**) (*dat sg* **-źnie**) *f* poison.

tru|ć (**-ję, -jesz**) *vt* to give poison to. ► **truć się** *vr* to take poison.

tru|d (**-du, -dy**) (*loc sg* **-dzie**) *m* (*życiowy*) hardship; (*trudność*) difficulty; **z trudem** with difficulty.

trud|nić się (**-nię, -nisz**) (*imp* **-nij**) *vr:* **trudnić się czymś** to do sth for a living.

trudno *adv:* **trudno powiedzieć** it's hard to tell; (*mówi się*) **trudno** tough luck.

trudnoś|ć (**-ci, -ci**) (*gen pl* **-ci**) *f* difficulty; **mieć trudności ze**

zrobieniem czegoś to have difficulty (in) doing sth.

trudny *adj* difficult.

tru|dzić (**-dzę, -dzisz**) (*imp* **-dź**) *vt* to bother, to trouble.

▶**trudzić się** *vr* (*ciężko pracować*) to toil; **nie trudź się!** don't bother!

trujący *adj* poisonous, toxic.

tru|mna (**-mny, -mny**) (*dat sg* **-mnie**, *gen pl* **-mien**) *f* coffin, casket (*US*).

trun|ek (**-ku, -ki**) (*instr sg* **-kiem**) *m* alcoholic beverage.

tru|p (**-pa, -py**) (*loc sg* **-pie**) *m* dead body, corpse.

truskaw|ka (**-ki, -ki**) (*dat sg* **-ce**, *gen pl* **-ek**) *f* strawberry.

trut|eń (**-nia, -nie**) (*gen pl* **-ni**) *m* drone.

trw|ać (**-am, -asz**) *vt*: **trwać godzinę/tydzień** to last (for) an hour/a week ◆ *vi* to last; (*o rozmowie, wymianie*) to go on; (*nie ulegać*) (*perf* **wy-**) to persist; **trwać w bezruchu** to stay still; **trwać w milczeniu** to keep *lub* stay silent.

trwał|a (**-ej, -e**) *f decl like adj* (*pot. też*: **trwała ondulacja**) perm.

trwałoś|ć (**-ci**) *f* durability.

trwały *adj* (*produkt*) durable; (*pokój, uczucie*) lasting; **trwała ondulacja** perm.

trw|oga (**-ogi, -ogi**) (*dat sg* **-odze**, *gen pl* **-óg**) *f* fear.

trwo|nić (**-nię, -nisz**) (*imp* **-ń**) *vt* (*czas, zdolności*) to waste; (*zdrowie*) to ruin; (*pieniądze*) (*perf* **roz-**) to squander, to waste.

try|b (**-bu, -by**) (*loc sg* **-bie**) *m* mode; (*JĘZ*) mood; **tryby** *pl* (*TECH*) gears *pl*, cog-wheels *pl*; **siedzący tryb życia** a sedentary life; **tryb postępowania** a course of action.

trybu|na (**-ny, -ny**) (*dat sg* **-nie**) *f* (*mównica*) rostrum; (*na defiladzie*) parade stand; **trybuny** *pl* (*SPORT*) (grand) stand.

trybuna|ł (**-łu, -ły**) (*loc sg* **-le**) *m* tribunal.

trygonometri|a (**-i**) *f* trigonometry.

tryko|t (**-tu, -ty**) (*loc sg* **-cie**) *m* (*materiał*) tricot; (*strój gimnastyczny*) leotard.

trysk|ać (**-am, -asz**) (*perf* **trysnąć**) *vi* (*o krwi*) to gush; (*o fontannie*) to spout water; **tryskać energią/zdrowiem** to be bursting with energy/health.

trywialny *adj* (*banalny*) trivial; (*ordynarny*) vulgar.

trzas|k (**-ku, -ki**) (*instr sg* **-kiem**) *m* (*drzwi*) bang, slam; (*gałęzi*) snap; (*ognia*) crackle; **trzaski** *pl* (*RADIO*) static.

trzask|ać (**-am, -asz**) (*perf* **trzasnąć**) *vt* (*pot. uderzać*) to hit, to smack ◆ *vi* (*o drzwiach*) to bang, to slam; (*o ogniu*) to crackle; **trzaskać drzwiami** to slam the door; **trzaskać pięścią w stół** to bang one's fist on the table.

trz|ąść (**-ęsę, -ęsiesz**) (*imp* **-ęś** *lub* **-aś**, *pt* **-ąsł, -ęsła, -ęśli**) *vt/vi* to shake; (*rządzić*) to keep a firm grip on.

▶**trząść się** (*perf* **za-**) *vr* (*o człowieku, ziemi*) to shake, to tremble; (*o głosie, ustach*) to quiver; **trząść się z zimna** to shake *lub* shiver with cold.

trzci|na (**-ny, -ny**) (*dat sg* **-nie**) *f* (*BOT*) reed; (*surowiec*) cane; **trzcina cukrowa** sugar cane.

trzeba *part inv* it is necessary to ...; **trzeba mu pomóc** we should help him, he's got to be helped; **trzeba było mu pomóc** we should have helped him; **trzeba przyznać, że ...** admittedly ..., it should be admitted that ...; **jeśli trzeba** if necessary; **trzeba ci czegoś?** do you need anything?; **dziękuję, nie trzeba** no, thanks.

trzech num gen, loc od **trzy**, **trzej**, **troje**.

trzechsetny adj three-hundredth.

trzeci num third; **jedna trzecia** a lub one third; **po trzecie** third(ly); **co trzeci dzień** every three days.

trzeć (**trę**, **trzesz**) (imp **trzyj**, pt **tarł**) vt (czoło, powieki) (perf **po-**) to rub; (marchew, ziemniaki) (perf **ze-**) to grate.

trzej (see **Table 14**) pron three.

trzepacz|ka (-**ki**, -**ki**) (dat sg -**ce**, gen pl -**ek**) f (do dywanów) carpet beater; (do ubijania jajek) egg beater, whisk.

trze|pać (-**pię**, -**piesz**) vt (chodnik, dywan) (perf **wy-**) to beat.

trzep|nąć (-**nę**, -**niesz**) (imp -**nij**) vb perf od **trzepać**.

►**trzepnąć się** vr perf (pot) to hit o.s.

trzepo|tać (-**czę**, -**czesz**) vi to flutter.

trzeszcz|eć (-**ę**, -**ysz**) vi to creak.

trzewi|a (-) pl intestines pl, guts pl.

trzeźwie|ć (-**ję**, -**jesz**) (perf **wy-**) vi to come round, to sober (up).

trzeźwo adv soberly.

trzeźwoś|ć (-**ci**) f sobriety.

trzeźwy adj sober.

trzęsawis|ko (-**ka**, -**ka**) (instr sg -**kiem**) nt swamp.

trzęsie|nie (-**nia**, -**nia**) (gen pl -**ń**) nt: **trzęsienie ziemi** earthquake.

trzmiel (-**a**, -**e**) (gen pl -**i**) m bumblebee.

trzon|ek (-**ka**, -**ki**) (instr sg -**kiem**) m handle.

trzonowy adj: **ząb trzonowy** molar (tooth).

trzust|ka (-**ki**, -**ki**) (dat sg -**ce**, gen pl -**ek**) f (ANAT) pancreas.

trzy (see **Table 14**) num three.

trzydziest|ka (-**ki**, -**ki**) (dat sg -**ce**, gen pl -**ek**) f thirty; **ona jest po trzydziestce** she's in her thirties.

trzydziestoletni adj (okres) thirty-year attr; (osoba) thirty-year-old.

trzydziesty num thirtieth; **trzydziesty pierwszy** thirty-first.

trzydzieści (like: **dwadzieścia**) num thirty.

trzykrotnie adv (wzrosnąć) threefold; (próbować) three times.

trzyletni adj (okres) three-year attr; (dziecko) three-year-old.

trzym|ać (-**am**, -**asz**) vt (w rękach) to hold; (jedzenie, zwierzęta, więźnia) to keep ♦ vi (o kleju, szwach) to hold; **trzymać ręce w kieszeniach** to have one's hands in one's pockets; **trzymać kogoś w niepewności/napięciu** to keep sb in suspense; **trzymać coś (przed kimś) w sekrecie** to keep sth secret (from sb); **trzymać z kimś** to join up with sb.

►**trzymać się** vr: **trzymać się czegoś** (poręczy, gałęzi) to hold on to; (drogi, szlaku) to follow; (przepisów, reguł) to keep to, to stick to; **trzymać się za głowę** to hold one's head; **trzymać się razem** to stick together; **trzymać się kogoś** (przen) to keep with sb, to stick with sb; **trzymaj się!** take care!

trzynasty num thirteenth.

trzynaście (like: **jedenaście**) num thirteen.

trzysta (like: **dwadzieści**) num three hundred.

tu adv here; **tu (mówi) Nowak** this is Nowak (speaking).

tu|ba (-**by**, -**by**) (dat sg -**bie**) f (kremu, pasty) tube; (do wzmacniania głosu) loudhailer (BRIT), bullhorn (US); (MUZ) tuba.

tub|ka (-**ki**, -**ki**) (dat sg -**ce**, gen pl -**ek**) f tube.

tubyl|ec (-**ca**, -**cy**) (gen pl -**ców**) m native.

tucz|yć (-**ę**, -**ysz**) (perf **u-**) vt to fatten ♦ vi (o pokarmach) to be fattening.

tule|ja (-i, -je) (*gen pl* -i) *f* (*TECH*) sleeve.

tul|ić (-ę, -isz) *vt* (*obejmować*) to hug, to cuddle.

▶**tulić się** *vr*: **tulić się do kogoś/czegoś** (*perf* **przy-**) to nestle *lub* snuggle up to sb/sth.

tulipa|n (-na, -ny) (*loc sg* -nie) *m* tulip.

tułacz (-a, -e) (*gen pl* -y) *m* wanderer, drifter.

tuł|ać się (-am, -asz) *vr* to wander, to drift.

tuł|ów (-owia, -owie) (*gen pl* -owi) *m* trunk.

tuma|n (-nu, -ny) (*loc sg* -nie) *m* (*kurzu*) cloud; (*pot*) (*gen sg* -na) twerp (*pot*), wally (*pot*: *BRIT*).

tunel (-u, -e) (*gen pl* -i *lub* -ów) *m* tunnel.

tune|r (-ra, -ry) (*loc sg* -rze) *m* tuner.

Tunezj|a (-i) *f* Tunisia.

tuńczy|k (-ka, -ki) (*instr sg* -kiem) *m* tuna (fish).

tu|pać (-pię, -piesz) (*perf* **tupnąć**) *vi*: **tupać (nogami)** to stamp one's feet.

tupeci|k (-ku, -ki) (*instr sg* -kiem) *m* toupée.

tupe|t (-tu) (*loc sg* -cie) *m* impudence, cheek; **mieć tupet** to have a nerve.

tu|ra (-ry, -ry) (*dat sg* -rze) *f* round; **druga tura** run-off.

turba|n (-nu, -ny) (*loc sg* -nie) *m* turban.

turbi|na (-ny, -ny) (*dat sg* -nie) *f* turbine.

Turcj|a (-i) *f* Turkey.

Turczyn|ka (-ki, -ki) (*dat sg* -ce, *gen pl* -ek) *f* Turk.

turecki *adj* Turkish ♦ *n* (*język*) Turkish; **siedzieć po turecku** to sit cross-legged.

Tur|ek (-ka, -cy) (*instr sg* -kiem) *m* Turk.

turko|tać (-cze) *vi* to rattle.

turku|s (-su *lub* -sa, -sy) (*loc sg* -sie) *m* turquoise.

turkusowy *adj* turquoise (blue).

turniej (-u, -e) *m* tournament.

turnu|s (-su, -sy) (*loc sg* -sie) *m* period.

tury|sta (-sty, -ści) (*dat sg* -ście) *m decl like f in sg* tourist; **turysta pieszy** backpacker, hiker; **turysta zmotoryzowany** motoring tourist.

turystyczny *adj* tourist *attr*; **biuro turystyczne** tourist (information) office; **klasa turystyczna** tourist *lub* economy class.

turysty|ka (-ki) (*dat sg* -ce) *f* tourism.

tusz (-u, -e) *m* Indian ink; **tusz do rzęs** mascara.

tusz|a (-y) *f* (*otyłość*) fatness; (*ubite zwierzę*) (*nom pl* -e) carcass, carcase (*BRIT*).

tusz|ować (-uję, -ujesz) (*perf* **za-**) *vt* to gloss over.

tutaj *adv* here.

tutejszy *adj* local.

tuzi|n (-na, -ny) (*loc sg* -nie) *m* dozen.

tuzinkowy *adj* common, ordinary.

tuż *adv* (*w przestrzeni*) close by, nearby; (*w czasie*) close on, just; **tuż za rogiem** just round the corner.

TVP *abbr* (= *Telewizja Polska*) Polish Television.

twardnie|ć (-ję, -jesz) (*perf* **s-**) *vi* to harden.

twardo *adv* (*domagać się*) firmly; (*powiedzieć coś, spojrzeć*) sternly; (*walczyć*) hard; (*wychowywać*) strictly; **spać twardo** to be fast *lub* sound asleep; **jajko na twardo** hard-boiled egg.

twardy *adj* (*krzesło*) hard; (*mięso*) tough; (*zasady*) rigid, firm; (*zahartowany*) hardened, toughened; (*przen: spojrzenie*) stern.

twaroż|ek (-ku, -ki) (*instr sg* -kiem) *m dimin od* **twaróg**.

twar|óg (**-ogu, -ogi**) (*instr sg* **-ogiem**) *m* cottage cheese.

twarz (**-y, -e**) (*gen pl* **-y**) *m* face; **być zwróconym twarzą do kogoś/czegoś** to face sb/sth; **jest ci w tym do twarzy** it suits you; **nie jest ci w tym do twarzy** it doesn't flatter you, it doesn't suit you.

twarzowy *adj* (*fryzura, kapelusz*) becoming, flattering; (*nerw*) facial.

twierdz|a (**-y, -e**) *f* fortress.

twierdzący *adj* affirmative.

twierdze|nie (**-nia, -nia**) (*gen pl* **-ń**) *nt* (*zdanie*) statement; (*MAT*) theorem.

twier|dzić (**-dzę, -dzisz**) (*imp* **-dź**, *perf* **s-**) *vi* to claim, to say.

twoja *itd.* *pron patrz* **twój**.

tworz|yć (**-ę, -ysz**) (*imp* **twórz**) *vt* (*świat, podstawy*) (*perf* **s-**) to create; (*oddział, rząd*) (*perf* **u-** *lub* **s-**) to form; (*komponować*) (*perf* **s-**) to produce; (*stanowić*) (*perf* **u-**) to form, to make up.

▸**tworzyć się** *vr* (*powstawać*) to be formed; (*formować się*) to form.

tworzy|wo (**-wa, -wa**) (*loc sg* **-wie**) *nt* (*materiał*) material; **tworzywo sztuczne** plastic.

twój (*like*: **mój**) *possessive pron* (*przed rzeczownikiem*) your; (*bez rzeczownika*) yours; **czy to są twoje książki?** are these your books?; **czy te książki są twoje?** are these books yours?

twórc|a (**-y, -y**) *m decl like f in sg* creator; (*artysta*) artist; (*pisarz, autor*) author; (*inicjator, sprawca*) originator; (*organizacji*) founder.

twórczoś|ć (**-ci**) *f* (*działanie*) creation, production; (*dzieła*) (artistic) works.

twórczy *adj* (*talent*) creative; (*środowisko, praca*) artistic.

ty (*see* **Table 1**) *pron* you; **być z kimś**

na *lub* **per „ty"** to be on first-name terms with sb.

tych *pron gen, loc od* **ci, te**.

tycz|ka (**-ki, -ki**) (*dat sg* **-ce**, *gen pl* **-ek**) *f* pole; **skok o tyczce** pole vault.

tyć (**tyję, tyjesz**) (*perf* **u-**) *vi* to get *lub* grow fat, to put on weight.

ty|dzień (**-godnia, -godnie**) (*gen pl* **-godni**) *m* week; **co tydzień** every week, weekly; **za tydzień** in a week('s time); **w przyszłym/ zeszłym tygodniu** next/last week; **Wielki Tydzień** Holy Week.

tyfu|s (**-su**) (*loc sg* **-sie**) *m* typhus.

tygodni|k (**-ka, -ki**) (*instr sg* **-kiem**) *m* weekly.

tygodniowo *adv* weekly.

tygodniowy *adj* (*pobyt, urlop*) week's *attr*, week-long; (*zarobek*) weekly, week's *attr*.

tygry|s (**-sa, -sy**) (*loc sg* **-sie**) *m* tiger.

tyk|ać¹ (**-am, -asz**) (*perf* **tknąć**) *vt* (*dotykać*) to touch.

tyk|ać² (**-a**) (*perf* **-nąć**) *vi* (*o zegarze*) to tick.

tyle (*like*: **ile**) *pron* (*z rzeczownikiem*: *ludzi, samochodów, faktów*) so many; (: *mleka, miłości, pieniędzy*) so much; (*bez rzeczownika*) this many, this much; **straciłem tyle czasu** I wasted so much time; **tylu mężczyzn/chłopców** so many men/boys; **mam tyle pieniędzy/problemów co i ty** I've got as much money/as many problems as you; **ona tyle przeżyła!** she has been through so much!; **dwa razy tyle piwa/jabłek** twice as much beer/as many apples.

tylko *part* only, just; **posłuchaj tylko** just listen; **tylko nie on!** anybody *lub* anyone but him! ♦ *conj*: **gdyby/jeśli tylko** if only; **jak tylko** as soon as; **kiedy tylko miałem okazję** whenever I had a chance;

kiedy tylko wstałem, on usiadł as soon as I stood up, he sat down; **nie tylko ..., ale (również) ...** not only ..., but (also) ... .

tylny *adj* (*wyjście*) back, rear; (*koła, siedzenie*) rear; (*kieszeń*) hip, back; (*łapy*) hind, back; **tylne światło** tail light.

tylu *pron patrz* **tyle**.

ty|ł (*-łu, -ły*) (*loc sg* **-le**) *m* back; (*domu, samochodu*) back, rear; **tyłem do kogoś/czegoś** with one's back towards sb/sth; **iść tyłem** to walk backwards, to retreat; **jechać tyłem** to drive backwards, to reverse; **z tyłu** in the back *lub* rear; **zrobić** (*perf*) **krok w tył** *lub* **do tyłu** to step back; **w tył zwrot!** about turn (*BRIT*) *lub* face! (*US*); **tyły** *pl* (*WOJSK*) rear.

tył|ek (*-ka, -ki*) (*instr sg* **-kiem**) *m* (*pot*) bottom (*pot*).

tym[1] *pron instr, loc od* **ten, to** ♦ *pron dat od* **ci, te**.

tym[2] *part*: **im więcej, tym lepiej** the more, the better; **tym bardziej** all the more; **tym lepiej/gorzej dla ciebie** all *lub* so much the better/worse for you.

tymczasem *adv* (*w tym samym czasie*) meanwhile, while; (*na razie*) for the meantime ♦ *conj* (*jednak*) yet.

tymczasowo *adv* temporarily.

tymczasowy *adj* (*praca, rozwiązanie*) temporary; (*rząd*) interim, provisional; (*rozwiązanie, kontrakt*) provisional.

tymian|ek (*-ku, -ki*) (*instr sg* **-kiem**) *m* thyme.

tyn|k (*-ku, -ki*) (*instr sg* **-kiem**) *m* plaster.

tynk|ować (*-uję, -ujesz*) (*perf* **o-**) *vt* to plaster.

ty|p (*loc sg* **-pie**, *nom pl* **-py**) *m* (*gen sg* **-pu**) type; (*pej: człowiek*) (*gen sg* **-pa**) character; **być w czyimś typie** to be sb's type.

typ|ować (*-uję, -ujesz*) (*perf* **wy-**) *vt* (*na wyścigach*) to put one's money on.

typowy *adj* (*charakterystyczny*) typical; (*standardowy*) standard; **typowy dla kogoś/czegoś** typical of sb/sth.

tyr|ać (*-am, -asz*) *vi* (*pot*) to toil (away).

tyra|n (*-na, -ni*) (*loc sg* **-nie**) *m* tyrant.

tyrani|a (*-i, -e*) (*dat sg* **-i**, *gen pl* **-i**) *f* tyranny.

tys. *abbr* (= **tysiące**) thou. (= thousand).

tysi|ąc (*-ąca, -ące*) (*gen pl* **-ęcy**) *m* thousand.

tysiączny *num* thousandth.

tyta|n (*loc sg* **-nie**) *m* (*superman*) (*gen sg* **-na**, *nom pl* **-ni**) titan; **tytan pracy** (*przen*) demon for work.

tyto|ń (*-niu, -nie**) (*gen pl* **-ni** *lub* **-niów**) *m* tobacco.

tytu|ł (*-łu, -ły*) (*loc sg* **-le**) *m* title; **otrzymać** (*perf*) **pieniądze tytułem czegoś** to receive money by way of sth; **książka pod tytułem ...** a book entitled ...; **tytuł szlachecki** knighthood; **tytuły sportowe** sporting honours (*BRIT*) *lub* honors (*US*); **tytuł magistra** Master's degree; **tytuł naukowy/hrabiego/mistrza** academic/earl's/champion's title.

tytuł|ować (*-uję, -ujesz*) *vt* (*nadawać tytuł*) to entitle; (*zwracać się*) to address.

tytułowy *adj* title *attr*.

tzn. *abbr* (= **to znaczy**) i.e.

tzw. *abbr* (= **tak zwany**) so-called.

U

──────SŁOWO KLUCZOWE──────

u *prep* +*gen* **1** (*w pobliżu*) at; **stać u drzwi** to stand by the door; **być u władzy** to be in power; **szukać pomocy u kogoś** to seek help from sb. **2** (*część całości*): **klamka u drzwi** doorhandle. **3** (*przynależność*): **zostawić** (*perf*) **wiadomość u kogoś** to leave a message with sb; **u Dickensa** in Dickens; **co u ciebie słychać?** how are things with you? **4** (*dla określenia miejsca*): **u Marka** at Mark's (place); **u moich rodziców** at my parents' (place); **u siebie (w domu)** (*pot*) at one's place.

uaktual|niać (-niam, -niasz) (*perf -nić*) *vt* to update, to bring up to date.

uaktyw|niać (-niam, -niasz) (*perf -nić*) *vt* to rouse, to stimulate to action.

▸**uaktywniać się** *vr* to become active.

ubar|wiać (-wiam, -wiasz) (*perf -wić*) *vt* (*historię, relację*) to embroider, to embellish.

ubarwieni|e (-a -a) *nt* coloration, colouring (*BRIT*), coloring (*US*).

uba|wić (-wię, -wisz) *vt perf* to amuse.

▸**ubawić się** *vr* to have fun.

ubezpiecz|ać (-am, -asz) (*perf -yć*) *vt* (*mieszkanie, pracownika*) to insure; (*w czasie walki*) to cover; (*w czasie wspinaczki*) to cover for; **ubezpieczać coś od kradzieży/pożaru** to insure sth against theft/fire.

▸**ubezpieczać się** *vr* (*ubezpieczać siebie*) to insure o.s.; (*w czasie walki*) to cover one another.

ubezpiecze|nie (-nia, -nia) (*gen pl -ń*) *nt* insurance; **ubezpieczenie od kradzieży/na życie** theft/life insurance; **ubezpieczenie międzynarodowe** (*MOT*) green card; **ubezpieczenie społeczne** national insurance (*BRIT*), social security (*US*); **ubezpieczenie od nieszczęśliwych wypadków** accident insurance; **ubezpieczenie od odpowiedzialności cywilnej** third-party insurance.

ubieg|ać (-am, -asz) (*perf ubiec lub ubiegnąć*) *vt* to forestall.

▸**ubiegać się** *vr*: **ubiegam się o pracę/wizę** I have applied for a job/visa; **ubiegać się o azyl/wybór** to seek asylum/election.

ubiegłoroczny *adj* last year's.

ubiegły *adj* past, last; **w ubiegłym roku/miesiącu** last year/month.

ubier|ać (-am, -asz) *vt* (*perf ubrać*) (*dziecko, osobę*) to dress; (*płaszcz, spodnie*) to put on; (*choinkę, tort*) to decorate.

▸**ubierać się** *vr* (*perf ubrać*) (*wkładać ubranie*) to get dressed; **ładnie się ubierać** to dress well.

ubij|ać (-am, -asz) (*perf ubić*) *vt* (*śmietanę*) to whip; (*jajko, białko*) to whisk, to beat; **ubijać (ubić perf) interes** (*pot*) to strike a deal.

ublkaoj|a (-i, -e) (*dat sg -i*) *f* toilet.

ubi|ór (-oru, -ory) (*loc sg -orze*) *m* clothing, dress.

ubliż|ać (-am, -asz) (*perf -yć*) *vi*: **ubliżać komuś** to insult sb; **ubliżać czemuś** to offend sth.

ubocz|e (-a) *nt*: **na uboczu** out of the way.

uboczny *adj*: **efekt uboczny** side effect; **produkt uboczny** by-product.

ubogi *adj* poor.

ubolew|ać (-am, -asz) *vi* to grieve,

to lament; **ubolewać nad czymś**
(*żałować*) to lament sth; (*potępiać*)
to deplore sth.
ubolewa|nie (**-nia**) *nt* regret, sorrow.
uboż|eć (**-eję, -ejesz**) (*perf* **z-**) *vi* to
become impoverished.
ub|ój (**-oju, -oje**) *m* slaughter.
ubóstwi|ać (**-am, -asz**) *vt* (*uwielbiać*)
to adore; (*uważać za bóstwo*) to
idolize.
ubóst|wo (**-wa**) (*loc sg* **-wie**) *nt*
poverty.
ubrać (**ubiorę, ubierzesz**) (*imp*
ubierz) *vb perf od* **ubierać**.
ubra|nie (**-nia, -nia**) (*gen pl* **-ń**) *nt*
(*ubiór*) clothing; (*garnitur*) suit.
ubrany *adj* dressed; **być ubranym w**
+*acc* to wear ..., to be dressed in ... .
ubyt|ek (**-ku, -ki**) (*instr sg* **-kiem**) *m*
(*krwi, paliwa*) loss; (*w zębie*) cavity.
ubyw|ać (**-a**) (*perf* **ubyć**) *vi*
(*odchodzić*) to go away; (*znikać*) to
disappear; **ubywa wody** there is less
and less water; **ubywa**
pracowników there are fewer and
fewer workers.
ucał|ować (**-uję, -ujesz**) *vt perf* to
kiss.
ucho[1] (**ucha, uszy**) (*gen pl* **uszu,** *dat*
pl **uszom,** *instr pl* **uszami,** *loc pl*
uszach) *nt* ear; **mieć czegoś/kogoś**
powyżej uszu (*pot*) to be fed up
with sth/sb (*pot*).
uch|o[2] (**-a, -a**) (*garnka, kubka*)
handle; (*igły*) eye.
ucho|dzić (**-dzę, -dzisz**) (*imp* **-dź**,
perf **ujść**) *vi* (*o dymie, gazie*) to
escape; **uchodzić za kogoś** to pass
as sb; **coś komuś uchodzi**
bezkarnie sb gets away with sth.
uchodźc|a (**-y, -y**) *m decl like f in sg*
refugee.
uchro|nić (**-nię, -nisz**) (*imp* **-ń**) *vt*
perf to save, to preserve.
▸**uchronić się** *vr* to protect o.s.

uchwal|ać (**-am, -asz**) (*perf* **-ić**) *vt* to
pass.
uchwa|ła (**-ły, -ły**) (*loc sg* **-le**) *f*
resolution.
uchwy|cić (**-cę, -cisz**) (*imp* **-ć**) *vt perf*
(*ramię, władzę, sposobność*) to
seize; (*myśl, intencję*) to grasp.
▸**uchwycić się** *vr*: **uchwycić się**
czegoś *lub* **za coś** to get hold of sth.
uchwy|t (**-tu, -ty**) (*loc sg* **-cie**) *m*
handle.
uchwytny *adj* (*różnica, zmiana*)
noticeable, perceptible; (*pot: o*
człowieku) reachable.
uchybie|nie (**-nia, -nia**) (*gen pl* **-ń**) *nt*
(*błąd*) inadvertence; (*niewłaściwy*
czyn) transgression.
uchyl|ać (**-am, -asz**) (*perf* **-ić**) *vt*
(*PRAWO: ustawę*) to repeal;
(*: sprzeciw, decyzję*) to overrule.
▸**uchylać się** *vr* (*o drzwiach, oknie*)
to open a little; (*o człowieku*) to
dodge; **uchylać się od**
odpowiedzialności to evade
responsibility.
uciąć (**utnę, utniesz**) (*imp* **utnij,** *pt*
uciął, ucięła, ucięli) *vb perf od*
ucinać.
uciążliwy *adj* (*obowiązki, zadanie*)
burdensome, onerous; (*człowiek,*
hałas) bothersome, troublesome.
ucie|cha (**-chy**) (*dat sg* **-sze**) *f*
(*radość*) delight, joy; (*przyjemność*)
(*nom pl* **-chy**) joy, pleasure.
uciecz|ka (**-ki, -ki**) (*dat sg* **-ce,** *gen pl*
-ek) *f* escape.
uciek|ać (**-am, -asz**) (*perf* **uciec**) *vi* to
run away, to escape; **uciekł mi**
autobus I missed my bus.
▸**uciekać się** *vr*: **uciekać się do**
czegoś to resort to sth.
uciekinie|r (**-ra, -rzy**) (*loc sg* **-rze**) *m*
runaway, fugitive.
ucieleśnie|nie (**-nia**) *nt* incarnation,
embodiment.
ucier|ać (**-am, -asz**) (*perf* **utrzeć**) *vt*

(*ciasto, żółtka*) to mix; (*buraki, marchew*) to grate.

ucier|pieć (-pię, -pisz) *vi perf* to suffer; **nie ucierpieliśmy na tym** we're none the worse for it.

ucieszny *adj* droll.

uciesz|yć (-ę, -ysz) *vb perf od* **cieszyć.**

ucin|ać (-am, -asz) (*perf* **uciąć**) *vt* (*gałąź, sznurek*) to cut (off); (*dyskusję, rozmowę*) to cut short; **uciąć sobie pogawędkę/drzemkę** to have a chat/nap.

ucis|k (-ku) (*instr sg* -kiem) *m* (*przyciskanie*) pressure; (*w gardle, piersiach*) constriction; (*polityczny*) oppression.

ucisk|ać (-am, -asz) (*perf* **ucisnąć**) *vt* (*przyciskać*) to press; (*ograniczać wolność*) to oppress; (*o bucie*) to pinch; (*o pasku*) to squeeze.

uciskowy *adj*: **opaska uciskowa** tourniquet.

ucisz|ać (-am, -asz) (*perf* -**yć**) *vt* to silence.

▶**uciszać się** *vr* (*o morzu, wietrze*) to calm down; (*ludziach*) to fall silent.

ucz|cić (-czę, -cisz) (*imp* -**cij**) *vt perf* to celebrate; *patrz też* **czcić.**

uczciwie *adv* honestly.

uczciwoś|ć (-ci) *f* honesty.

uczciwy *adj* honest.

uczel|nia (-ni, -nie) (*dat sg* -**ni**, *gen pl* -**ni**) *f* university, college.

uczeni|e (-a) *nt* teaching.

uczennic|a (*dat sg* -**y**) *f* (*w szkole*) schoolgirl, pupil, student (*US*).

ucz|eń (-nia, -niowie) (*loc sg* -**niu**) *m* schoolboy, pupil, student (*US*).

ucze|sać (-szę, -szesz) *vb perf od* **czesać.**

uczesa|nie (-nia, -nia) (*gen pl* -**ń**) *nt* hairstyle, hairdo.

uczestnict|wo (-wa) (*loc sg* -**wie**) *nt* participation.

uczestnicz|yć (-ę, -ysz) *vi* to participate.

uczestni|k (-ka, -cy) (*instr sg* -kiem) *m* participant.

uczęszcz|ać (-am, -asz) *vi* (*książk*): **uczęszczać do szkoły** to attend school.

uczony *adj* learned.

ucz|ony (-onego, -eni) *m decl like adj* scholar; (*w naukach przyrodniczych i ścisłych*) scientist, scholar.

ucz|ta (-ty, -ty) (*dat sg* -**cie**) *f* feast.

uczu|cie (-cia, -cia) (*gen pl* -**ć**) *nt* (*miłość, nienawiść, smutek itp.*) emotion; (*samotności, strachu*) feeling; (*głodu, zimna*) sensation; (*miłość*) affection.

uczuciowy *adj* emotional.

uczule|nie (-nia) *nt*: **uczulenie (na coś)** allergy (to sth); **mieć uczulenie na coś** to be allergic to sth.

uczuleniowy *adj* (*reakcja*) allergic.

uczulony *adj*: **uczulony na coś** allergic to sth.

ucz|yć (-ę, -ysz) (*perf* **na-**) *vt* to teach ♦ *vi* to teach; **uczyć (kogoś) matematyki/polskiego** to teach (sb) mathematics/Polish.

▶**uczyć się** *vr* to learn, to study; **uczyć się dobrze/źle** to be a good/bad student; **uczyć się do egzaminu** to study for an exam.

uczyn|ek (-ku, -ki) (*instr sg* -kiem) *m*: **dobry/zły uczynek** a good/bad deed; **złapać** (*perf*) **kogoś na gorącym uczynku** to catch sb red-handed.

uczynnoś|ć (-ci) (*dat sg* -**ci**) *f* obligingness.

uczynny *adj* obliging.

udany *adj* (*taki, który się udał*) successful; (*udawany*) feigned; **spotkanie było udane** the meeting was a success.

uda|r (-ru, -ry) (*loc sg* -**rze**) *m*: **udar**

cieplny heat-stroke; **udar słoneczny** sunstroke; **udar mózgu** *lub* **mózgowy** stroke, apoplexy.

udarem|niać (**-niam, -niasz**) (*perf* **-nić**) *vt* to foil.

udawać (**udaję, udajesz**) (*imp* **udawaj**, *perf* **udać**) *vt* (*symulować*) to fake, to pretend; (*naśladować*) to imitate ♦ *vi*: **udawał, że śpi** he pretended to be asleep, he pretended he was sleeping; **udawała, że mnie nie zna** she pretended not to know me, she pretended (that) she didn't know me.

►**udawać się** *vr* (*o przyjęciu, wycieczce*) to be a success; (*książk: iść, jechać*) to go; **udało mi się go odnaleźć** I managed to find him.

udawany *adj* feigned.

uderz|ać (**-am, -asz**) (*perf* **-yć**) *vt*: **uderzać kogoś (w coś)** to hit sb (in *lub* on sth) ♦ *vi* (*pięścią*) to bang; (*narzędziem*) to hit; **uderzać (na kogoś/coś)** to strike (at sb/sth).

►**uderzać się** *vr* (*samemu*) to hit o.s.; (*wzajemnie*) to hit one another.

uderzający *adj* striking.

uderze|nie (**-nia, -nia**) (*gen pl* **-ń**) *nt* (*cios*) blow; (*dźwięk*) bang.

ud|ko (**-ka, -ka**) (*instr* **-kiem**) *nt* (*KULIN*) leg.

udła|wić się (**-wię, -wisz**) *vr perf* to choke to death.

udo (**uda, uda**) (*loc sg* **udzie**) *nt* thigh.

udobruch|ać (**-am, -asz**) *vt perf* to placate, to mollify.

►**udobruchać się** *vr* to be placated *lub* mollified.

udogodnie|nie (**-nia, -nia**) (*gen pl* **-ń**) *nt* convenience, help.

udokument|ować (**-uję, -ujesz**) *vt perf* to substantiate.

udoma|wiać (**-wiam, -wiasz**) (*perf* **udomowić**) *vt* to domesticate.

udomowiony *adj* domesticated.

udoskonal|ać (**-am, -asz**) (*perf* **-ić**) *vt* to refine, to improve.

udoskonale|nie (**-nia, -nia**) (*gen pl* **-ń**) *nt* refinement, improvement.

udostęp|niać (**-niam, -niasz**) (*perf* **-nić**) *vt*: **udostępniać coś komuś** to make sth available to sb.

udowad|niać (**-niam, -niasz**) (*perf* **udowodnić**) *vt* to prove.

udrę|ka (**-ki, -ki**) (*dat sg* **-ce**) *f* torment, distress.

udusze|nie (**-nia**) *nt* (*zabójstwo*) strangulation; (*też*: **uduszenie się**) suffocation.

udzia|ł (**-łu**) (*loc sg* **-le**) *m* participation; (*FIN*) (*nom pl* **-ły**) share; **brać udział w czymś** to take part in sth.

udziało|wiec (**-wca, -wcy**) *m* shareholder.

udziec (**udźca, udźce**) *m* (*KULIN*) leg.

udziel|ać (**-am, -asz**) (*perf* **-ić**) *vt*: **udzielać czegoś (komuś)** to give sth (to sb), to give (sb) sth; **udzielać komuś głosu** to give the floor to sb.

►**udzielać się** *vr* (*o nastroju, chorobie*) to be infectious; **udzielać się komuś** to infect sb; **udzielać się towarzysko** to socialize.

udzier|ać (**-am, -asz**) (*perf* **udrzeć**) *vt* to tear off.

udźwig|nąć (**-nę, -niesz**) (*imp* **-nij**) *vt perf*: **ledwo mógł to udźwignąć** he could barely carry it; **wzięła tyle, ile mogła udźwignąć** she took as much as she could carry.

uf|ać (**-am, -asz**) (*perf* **za-**) *vi*: **ufać komuś/czemuś** to trust sb/sth; **ufać, że ...** to trust (that) ... .

ufnie *adv* trustingly.

ufnoś|ć (**-ci**) *f* trust; **z ufnością** trustingly; **pokładać ufność w kimś/czymś** to put one's trust in sb/sth.

ufny *adj* trusting.

UFO, ufo *nt inv* UFO.

uga|niać się (-niam, -niasz) *vr* to run around; **uganiać się za kimś/czymś** to chase sb/sth.

uga|sić (-szę, -sisz) (*imp* **-ś**) *vb perf od* **gasić** ♦ *vt perf*: **ugasić pragnienie** to quench one's thirst.

ugin|ać się (-am, -asz) (*perf* **ugiąć się**) *vr* to bend; **uginać się od czegoś** to be laden with sth; **uginać się** (**ugiąć się** *perf*) **przed kimś/czymś** (*przen*) to bow to sb/sth.

ugniat|ać (-am, -asz) *vt*: **te buty mnie ugniatają** these shoes pinch.

ug|oda (-ody, -ody) (*dat sg* **-odzie**, *gen pl* **-ód**) *f* compromise; **zawrzeć** (*perf*) **ugodę** to arrive at *lub* reach a compromise.

ugodowy *adj* conciliatory.

ugot|ować (-uję, -ujesz) *vb perf od* **gotować**.

ugrupowa|nie (-nia, -nia) (*gen pl* **-ń**) *nt* (*POL*) group.

ugry|źć (-zę, -ziesz) (*imp* **-ź**) *vb perf od* **gryźć**.

▶**ugryźć się** *vr*: **ugryźć się w język** (*przen*) to bite it back.

uhonor|ować (-uję, -ujesz) *vt perf* to honour (*BRIT*), to honor (*US*).

uiszcz|ać (-am, -asz) (*perf* **uiścić**) *vt* (*książk: należność, opłatę*) to pay.

ujad|ać (-a) *vi* to yap.

ujarz|miać (-miam, -miasz) (*perf* **-mić**) *vt* (*kraj*) to conquer; (*naród*) to subjugate; (*przen*) to tame.

ujaw|niać (-niam, -niasz) (*perf* **-nić**) *vt* (*dane, tajemnicę*) to disclose.

▶**ujawniać się** *vr* (*o osobie*) to come out.

uj|ąć (-mę, -miesz) (*imp* **-mij**) *vb perf od* **ujmować**; (*aresztować*) to capture.

ujednoli|cać (-cam, -casz) (*perf* **-cić**) *vt* to standardize.

ujemny *adj* (*wpływ ,wynik, biegun, liczba*) negative; (*temperatura*) sub-zero.

uję|cie (-cia, -cia) (*gen pl* **-ć**) *nt* (*postaci, tematu*) depiction; (*FILM*) take.

uj|ma (-my, -my) (*loc sg* **-mie**) *f*: **przynosić komuś ujmę** to be a blot on sb's reputation.

ujm|ować (-uję, -ujesz) (*perf* **ująć**) *vt* (*brać*) to take; (*formułować*) to express.

▶**ujmować się** *vr*: **ujmować się za głowę** to hold one's head in one's hands; **ujęli się za ręce** they clasped hands; **ujmować się za kimś** to plead sb's case.

ujmujący *adj* winsome, charming.

ujrz|eć (-ę, -ysz) (*imp* **-yj**) *vt perf* (*książk*) to see.

ujś|cie (-cia, -cia) (*gen pl* **-ć**) *nt* (*rynny*) outlet; (*rzeki*) estuary, mouth.

uka|rać (-rzę, -rzesz) *vb perf od* **karać**.

ukart|ować (-uję, -ujesz) *vt perf* to plot, to contrive.

ukaz|ywać (-uję, -ujesz) (*perf* **-ać**) *vt* (*prezentować*) to portray.

▶**ukazywać się** *vr* (*o duchu, słońcu*) to appear; (*o publikacji*) to come out, to appear.

uką|sić (-szę, -sisz) (*imp* **-ś**) *vb perf od* **kąsać**.

ukąsze|nie (-nia, -nia) (*gen pl* **-ń**) *nt* bite.

UKF *abbr* (= *ultrakrótkie fale*) ≈ FM (*frequency modulation*).

uklęk|nąć (-nę, -niesz) (*imp* **-nij**) *vb perf od* **klękać**.

ukła|d (-du, -dy) (*loc sg* **-dzie**) *m* (*porządek*) arrangement; (*ANAT, TECH, CHEM*) system; (*umowa*) agreement; (: *POL*) treaty; **Układ Słoneczny** solar system; **układ scalony** integrated circuit.

układ|ać (-am, -asz) (*perf* **ułożyć**) *vt* (*książki, papiery, bukiet*) to arrange; (*wiersz, melodię*) to compose;

(*rannego*) to lay down; **układać kogoś do snu** to put sb to bed.

▸**układać się** *vr* (*kłaść się*) to lie down; (*o stosunkach, sprawach*) to shape up well; **układać się (z kimś)** to negotiate *lub* bargain (with sb).

układan|ka (-ki, -ki) (*dat sg* -ce, *gen pl* -ek) *f* jigsaw (puzzle).

układny *adj* polite, courteous.

ukło|n (-nu, -ny) (*loc sg* -nie) *m* (*głową*) nod; (*głęboki*) bow; **złożyć** (*perf*) **ukłon** to make a bow.

ukło|nić się (-nię, -nisz) (*imp* -ń) *vb perf od* **kłaniać się**.

ukłu|cie (-cia, -cia) (*gen pl* -ć) *nt* (*igły, kolców*) prick; (*owada*) sting.

ukł|uć (-uję, -ujesz) *vb perf od* **kłuć**.

ukochan|a (-ej, -e) *f decl like adj* beloved, sweetheart.

ukochany *adj* beloved ♦ *m decl like adj* beloved, sweetheart.

ukończe|nie (-nia) *nt* completion; **być na ukończeniu** to be near *lub* nearing completion.

ukończ|yć (-ę, -ysz) *vt perf* to complete, to finish.

ukoronowa|nie (-nia) *nt* (*koronacja*) crowning; (*szczytowe osiągnięcie*) crowning achievement; **być ukoronowaniem czegoś** to be the crown of sth.

uko|s (-su, -sy) (*loc sg* -sie) *m*: **na ukos** at a slant; **patrzeć na kogoś z ukosa** (*przen*) to look askance at sb.

ukośnie *adv* obliquely.

ukośni|k (-ka, -ki) (*instr sg* -kiem) *m* slash; **ukośnik wsteczny** backslash.

ukośny *adj* slanting, oblique.

ukradkiem *adv* (*spoglądać*) furtively; (*przemykać się*) stealthily.

ukradkowy *adj* (*spojrzenie*) furtive; (*spotkanie*) clandestine.

Ukrai|na (-ny) (*loc sg* -nie) *f* the Ukraine.

Ukrai|niec (-ńca, -ńcy) *m* Ukrainian.

Ukrain|ka (-ki, -ki) (*dat sg* -ce, *gen pl* -ek) *f* Ukrainian.

ukraiński *adj* Ukrainian ♦ *n* (*język*) Ukrainian.

ukra|ść (-dnę, -dniesz) (*imp* -dnij, *pt* -dł) *vb perf od* **kraść**.

ukrę|cić (-cę, -cisz) (*imp* -ć) *vt perf* (*guzik, gałkę*) to wrench off; (*krem*) to mix; (*powróz*) to plait.

ukr|oić (-oję, -oisz) (*imp* -ój) *vb perf od* **kroić**.

ukro|p (-pu) (*loc sg* -pie) *m* boiling water.

ukrusz|yć (-ę, -ysz) *vt perf* to break off.

▸**ukruszyć się** *vr perf* to break off.

ukryci|e (-a, -a) *nt*: **w ukryciu** in hiding; **z ukrycia** from hiding.

ukry|ć (-ję, -jesz) *vb perf od* **ukrywać**.

ukryty *adj* (*cel, myśl, wada*) hidden; (*motyw*) ulterior.

ukryw|ać (-am, -asz) (*perf* **ukryć**) *vt* (*osobę, przedmiot*) to hide; (*niechęć, rozpacz*) to conceal, to hide; **ukrywać coś przed kimś** to hide sth from sb.

▸**ukrywać się** *vr* (*chować się*) to hide (o.s.); (*przebywać w ukryciu*) to be in hiding; **ukrywać się przed kimś** to hide from sb.

ukrzyżowa|nie (-nia) *nt* crucifixion.

ukształt|ować (-uję, -ujesz) *vb perf od* **kształtować**.

uku|ć (-ję, -jesz) *vt perf* (*wyraz, termin*) to coin.

ul (-a, -e) (*gen pl* -i *lub* -ów) *m* (bee)hive.

ul. *abbr* (= *ulica*) St (= Street).

ulatni|ać się (-am, -asz) (*perf* **ulotnić się**) *vr* (*o gazie*) to leak; (*przen: o złym nastroju*) to vanish, to evaporate; (*pot: o człowieku*) to make o.s. scarce.

uleczalny *adj* curable.

uleg|ać (-am, -asz) (*perf* **ulec**) *vi*: **ulegać czemuś** (*naciskom,* *przemocy*) to give in *lub* yield to sth; (*pokusie, pragnieniu*) to yield *lub* succumb to sth; **ulec komuś** to be defeated by sb; **ulegać nastrojom** to be moody; **ulegać przemianom** to undergo changes; **nie ulega wątpliwości, że ...** there's no doubt that ... .

uległoś|ć (**-ci**) *f* docility, submission.

uległy *adj* docile, submissive.

ule|pić (**-pię, -pisz**) *vb perf od* **lepić**.

ulepsz|ać (**-am, -asz**) (*perf* **-yć**) *vt* to improve, to better.

ulepsze|nie (**-nia, -nia**) (*gen pl* **-ń**) *nt* improvement.

ule|wa (**-wy, -wy**) (*loc sg* **-wie**) *f* downpour, rainstorm.

ulewny *adj* (*deszcz*) torrential, pouring.

ul|ga (**-gi**) (*dat sg* **-dze**) *f* (*uczucie*) relief; (*zniżka*) (*nom pl* **-gi**) concession, allowance; **ulga podatkowa** tax relief *lub* allowance.

ulgowy *adj* (*bilet*) reduced, cheap; (*traktowanie*) preferential; **opłata ulgowa** half *lub* reduced fare.

ulic|a (**-y, -e**) *f* street; **na ulicy** in the street (*BRIT*), on the street (*US*); **iść/jechać ulicą** to walk/drive down the street; **przechodzić przez ulicę** to cross the street.

ulicz|ka (**-ki, -ki**) (*dat sg* **-ce**, *gen pl* **-ek**) *f dimin od* **ulica**; **ślepa uliczka** (*przen*) dead end, blind alley.

uliczny *adj street attr*; **latarnia uliczna** streetlight, streetlamp; **ruch uliczny** traffic; **korek uliczny** traffic jam.

ulot|ka (**-ki, -ki**) (*dat sg* **-ce**, *gen pl* **-ek**) *f* leaflet.

ulotny *adj* (*woń*) faint; (*chwila*) transient, fleeting.

ultradźwiękowy *adj* ultrasonic.

ultrafioletowy *adj* ultraviolet.

ultrasonogra|f (**-fu, -fy**) (*loc sg* **-fie**) *m* ultrasound scanner.

ulubienic|a (**-y, -e**) *f* favourite (*BRIT*), favorite (*US*).

ulubie|niec (**-ńca, -ńcy**) *m* favourite (*BRIT*), favorite (*US*).

ulubiony *adj* favourite (*BRIT*), favorite (*US*).

uła|mać (**-mię, -miesz**) (*imp* **ułam**) *vb perf od* **łamać, ułamywać**.

ułam|ek (**-ka, -ki**) (*instr sg* **-kiem**) *m* (*MAT*) fraction; (*część*) fragment (*small part*).

ułam|ywać (**-uję, -ujesz**) (*perf* **-ać**) *vt* to break off.

ułaska|wiać (**-wiam, -wiasz**) (*perf* **-wić**) *vt* (*PRAWO*) to pardon.

ułaskawie|nie (**-nia, -nia**) (*gen pl* **-ń**) *nt* (*PRAWO*) pardon.

ułat|wiać (**-wiam, -wiasz**) (*perf* **-wić**) *vt* to make easier, to facilitate.

ułatwie|nie (**-nia, -nia**) (*gen pl* **-ń**) *nt* help, convenience.

ułomnoś|ć (**-ci**) *f* (*kalectwo*) handicap; (*wada*) (*nom pl* **-ci**, *gen pl* **-ci**) flaw.

ułomny *adj* (*kaleki*) handicapped; (*niedoskonały*) flawed.

ułoże|nie (**-nia**) *nt* arrangement.

umac|niać (**-niam, -niasz**) (*perf* **umocnić**) *vt* (*mur, rusztowanie, przewagę*) to reinforce, to strengthen; (*przyjaźń*) to consolidate; (*WOJSK*) to fortify.

▸**umacniać się** *vr* to be strengthened.

umal|ować (**-uję, -ujesz**) *vt perf* (*twarz*) to make up; (*usta*) to paint.

▸**umalować się** *vr* to make (o.s.) up.

umar|ły (**-łego, -li**) *m decl like adj* the deceased; **umarli** *pl* the dead.

umarz|ać (**-am, -asz**) (*perf* **umorzyć**) *vt* (*dług, należność*) to write off; (*postępowanie, śledztwo*) to discontinue.

uma|wiać (**-wiam, -wiasz**) (*perf* **umówić**) *vt*: **umawiać kogoś z kimś**

to make an appointment for sb with sb.

►**umawiać się** *vr:* **umawiać się (z kimś)** to make an appointment (with sb).

umeblowany *adj* furnished.

umia|r (**-ru**) (*loc sg* **-rze**) *m* moderation; **z umiarem** in moderation.

umiarkowany *adj* moderate; (*klimat, strefa*) temperate.

umieć (**umiem, umiesz**) *vi:* **umieć coś robić** to know how to do sth, to be able to do sth; **nie umiem pływać/prowadzić samochodu** I can't swim/drive; **umieć po polsku** (*pot*) to know Polish.

umiejętnie *adv* ably, skilfully (*BRIT*), skillfully (*US*).

umiejętnoś|ć (**-ci, -ci**) (*gen pl* **-ci**) *f* (*zdolność*) ability; (*biegłość*) skill.

umier|ać (**-am, -asz**) (*perf* **umrzeć**) *vi* to die; **umierać na raka** to die of cancer; **umierać z głodu** to die of starvation; **umierać z nudów** to be bored stiff *lub* to death.

umieszcz|ać (**-am, -asz**) (*perf* **umieścić**) *vt* to place.

umil|ać (**-am, -asz**) (*perf* **-ić**) *vt:* **umilać komuś czas** to make the time pass more pleasantly for sb.

umniejsz|ać (**-am, -asz**) (*perf* **-yć**) *vt* (*wartość, zasługi*) to diminish.

um|owa (**-owy, -owy**) (*loc sg* **-owie**, *gen pl* **-ów**) *f* agreement; **zawierać** (**zawrzeć** *perf*) **umowę** to enter into an agreement; **umowa handlowa** trade contract; **umowa o pracę** contract of employment *lub* service.

umowny *adj* (*zgodny z umową*) contracted, agreed; (*w teatrze, literaturze*) conventional.

umożli|wiać (**-wiam, -wiasz**) (*perf* **-wić**) *vt* to make possible; **umożliwić komuś zrobienie czegoś** to enable sb to do sth.

umówiony *adj* prearranged.

um|rzeć (**-rę, -rzesz**) (*imp* **-rzyj**, *pt* **-arł**) *vb perf od* **umierać**.

umundurowany *adj* (*policjant*) uniformed.

umy|ć (**-ję, -jesz**) *vb perf od* **myć**.

umyk|ać (**-am, -asz**) (*perf* **umknąć**) *vi* to escape, to make off; **umknąć czyjejś uwadze** to escape sb's attention.

umy|sł (**-słu, -sły**) (*loc sg* **-śle**) *m* mind, intellect.

umysłowo *adv* (*rozwijać się*) intellectually; **chory/upośledzony umysłowo** mentally ill/handicapped.

umysłowy *adj* (*rozwój*) intellectual; (*wysiłek, choroba*) mental; **pracownik umysłowy** office worker, white-collar worker.

umyślnie *adv* deliberately.

umyślny *adj* deliberate.

umywal|ka (**-ki, -ki**) (*dat sg* **-ce**, *gen pl* **-ek**) *f* washbasin.

uncj|a (**-i, -e**) (*gen pl* **-i**) *f* ounce.

uni|a (**-i, -e**) (*loc sg* **-i**) *f* union; **Unia Europejska** European Union.

unicest|wiać (**-wiam, -wiasz**) (*perf* **-wić**) *vt* to annihilate.

uniemożli|wiać (**-wiam, -wiasz**) (*perf* **-wić**) *vt* to make impossible, to prevent.

unierucha|miać (**-miam, -miasz**) (*perf* **unieruchomić**) *vt* to immobilize.

uniesie|nie (**-nie, -nia**) (*gen pl* **-ń**) *nt* (*euforia*) elation; (*poryw uczuć*) passion.

unieszczęśli|wiać (**-wiam, -wiasz**) (*perf* **-wić**) *vt* to make unhappy.

unieszkodli|wiać (**-wiam, -wiasz**) (*perf* **-wić**) *vt* (*napastnika*) to make powerless; (*truciznę*) to neutralize; (*bombę*) to defuse.

uni|eść (**-osę, -esiesz**) (*imp* **-eś**, *pt* **-ósł, -osła, -eśli**) *vb perf od* **unosić ♦**

vt perf (*zdołać udźwignąć*) to be able to lift.

unieważ|niać (**-niam, -niasz**) (*perf* **-nić**) *vt* (*zapis, małżeństwo*) to annul; (*argument, kontrakt*) to invalidate; (*zamówienie*) to cancel.

unieważnie|nie (**-nia**) *nt* (*zapisu, małżeństwa*) annulment; (*argumentu, kontraktu*) invalidation; (*zamówienia*) cancellation.

uniewin|niać (**-niam, -niasz**) (*perf* **-nić**) *vt* to acquit.

uniewinnieni|e (**-a**) *nt* acquittal.

unijny *adj* EU *attr*; **fundusze/przepisy unijne** EU funds/regulations.

uni|k (**-ku, -ki**) (*instr sg* **-kiem**) *m* dodge, evasion.

unik|ać (**-am, -asz**) (*perf* **-nąć**) *vt* +*gen* (*osoby, tematu, kłótni*) to avoid; (*ciosu*) to dodge; (*kary*) to escape.

unikalny *adj* unique.

unika|t (**-tu, -ty**) (*loc sg* **-cie**) *m* rarity.

unikatowy *adj* unique.

uniwersalny *adj* universal; **klucz uniwersalny** master *lub* skeleton key.

uniwersytecki *adj* university *attr*; **miasteczko uniwersyteckie** campus.

uniwersyte|t (**-tu, -ty**) (*loc sg* **-cie**) *m* university.

uno|sić (**-szę, -sisz**) (*imp* **-ś**, *perf* **unieść**) *vt* (*głowę, rękę*) to raise; (*o rzece, wietrze*) to carry off *lub* away.

‣ **unosić się** *vr* (*nad ziemią*) to hover; (*na wodzie*) to float; (*wstawać*) to rise; (*o kurtynie, mgle*) to go up; (*irytować się*) to get hot under the collar (*pot*), to get worked up (*pot*).

unowocześ|niać (**-niam, -niasz**) (*perf* **-nić**) *vt* to modernize.

uodpor|niać (**-niam, -niasz**) (*perf* **-nić**) *vt*: **uodporniać kogoś na coś** *lub* **przeciwko czemuś** to make sb immune to sth.

‣ **uodporniać się** *vr*: **uodporniać się na coś** to become immune to sth.

uogól|niać (**-niam, -niasz**) (*perf* **-nić**) *vt* to generalize.

uogólnie|nie (**-nia, -nia**) (*gen pl* **-ń**) *nt* generalization.

uosa|biać (**-biam, -biasz**) (*perf* **uosobić**) *vt* (*reprezentować typ*) to epitomize; (*personifikować*) to personify, to embody.

uosobie|nie (**-nia**) *nt* (*ideał*) epitome; (*ucieleśnienie*) embodiment.

upad|ać (**-am, -asz**) (*perf* **upaść**) *vi* (*przewracać się*) to fall (down); (*chylić się ku upadkowi*) to decline; **upadać ze zmęczenia** to be dead tired.

upad|ek (**-ku, -ki**) (*instr sg* **-kiem**) *m* (*przewrócenie się*) fall; (*sztuki, moralności*) decadence, decay; (*klęska*) downfall.

upadl|ać (**-am, -asz**) (*perf* **upodlić**) *vt* to debase.

upadłoś|ć (**-ci**) *f* bankruptcy.

upaj|ać się (**-am, -asz**) (*perf* **upoić się**) *vr*: **upajać się czymś** (*sukcesem*) to revel in sth; (*pięknem*) to take delight in sth.

upalny *adj* sweltering.

upa|ł (**-łu, -ły**) (*loc sg* **-le**) *m* heat.

upamięt|niać (**-niam, -niasz**) (*perf* **-nić**) *vt* to commemorate.

upaństw|awiać (**-awiam, -awiasz**) (*perf* **-owić**) *vt* to nationalize.

uparcie *adv* stubbornly.

uparł *itd. vb patrz* **uprzeć się**.

uparty *adj* stubborn, obstinate.

upa|ść (**-dnę, -dniesz**) (*imp* **-dnij**, *pt* **-dł**) *vb perf od* **upadać** ♦ *vi perf* (*spaść*) to fall.

upatrz|yć (**-ę, -ysz**) *vt perf*: **upatrzyć sobie kogoś/coś** to set one's sights on sb/sth.

upew|niać (**-niam, -niasz**) (*perf* **-nić**)

vt: **upewniać kogoś o czymś** to assure sb of sth.

►**upewniać się** *vr* to make sure *lub* certain.

upie|c (**-kę**, **-czesz**) (*pt* **-kł**) *vb perf od* **piec**.

upier|ać się (**-am**, **-asz**) (*perf* **uprzeć**) *vr* to insist; **upierać się przy czymś** to insist on sth.

upiększ|ać (**-am**, **-asz**) (*perf* **-yć**) *vt* (*pokój*) to beautify; (*przen*: *fakty*) to embellish.

upij|ać (**-am**, **-asz**) *vt* (*herbatę*) to take a sip of; (*osobę*) to make drunk.

►**upijać się** *vr* to get drunk.

upiln|ować (**-uję**, **-ujesz**) *vt perf* (*dzieci*) to take good care of; (*samochód, dom*) to protect against.

upin|ać (**-am**, **-asz**) (*perf* **upiąć**) *vt* to pin up.

upiorny *adj* ghastly.

upi|ór (**-ora**, **-ory**) (*loc sg* **-orze**) *m* ghost, spectre (*BRIT*), specter (*US*).

upływ (**-wu**) (*loc sg* **-wie**) *m* (*czasu*) passage; **po upływie godziny/miesiąca** after an hour/a month; **przed upływem roku** (*przez rok*) within a *lub* one year; (*przed końcem roku*) before the end of the year; **zmarł z upływu krwi** he died of loss of blood.

upływ|ać (**-a**) (*perf* **upłynąć**) *vi* (*o czasie*) to go by; (*o terminie*) to expire; **termin upływa pierwszego lipca** the deadline is July 1st.

upodabni|ać (**-am**, **-asz**) (*perf* **upodobnić**) *vt* to make alike.

►**upodabniać się** *vr*: **upodabniać się do kogoś** to imitate sb.

upodl|ić (**-ę**, **-isz**) (*imp* **-ij**) *vb perf od* **upadlać**.

upodob|ać (**-am**, **-asz**) *vt perf*: **upodobać sobie kogoś/coś** to take a liking to sb/sth.

upodoba|nie (**-nia**, **-nia**) (*gen pl* **-ń**) *nt* inclination; **upodobanie do czegoś** a liking for sth.

upoje|nie (**-nia**) *nt* rapture, ecstasy; **upojenie alkoholowe** intoxication.

upokarz|ać (**-am**, **-asz**) (*perf* **upokorzyć**) *vt* to humiliate.

►**upokarzać się** *vr* to humiliate o.s.

upokarzający *adj* humiliating.

upokorze|nie (**-nia**, **-nia**) (*gen pl* **-ń**) *nt* humiliation.

upol|ować (**-uję**, **-ujesz**) *vt perf* (*zwierzynę*) to shoot, to kill.

upomin|ać (**-am**, **-asz**) (*perf* **upomnieć**) *vt* to rebuke, to admonish.

►**upominać się** *vr*: **upominać się o coś** to demand *lub* claim sth.

upomin|ek (**-ku**, **-ki**) (*instr sg* **-kiem**) *f* gift.

upomnie|nie (**-nia**, **-nia**) (*gen pl* **-ń**) *nt* (*uwaga*) rebuke, reproof; (*pismo*) reminder.

upor|ać się (**-am**, **-asz**) *vr perf*: **uporać się z kimś/czymś** to deal with sb/sth (successfully).

uporczywie *adv* (*odmawiać*) persistently, repeatedly; (*wpatrywać się*) intensely.

uporczywy *adj* (*ból*) stubborn, persistent; (*hałas*) persistent.

uporządkowany *adj* ordered, orderly.

uposaże|nie (**-nia**, **-nia**) (*gen pl* **-ń**) *nt* salary.

upośledze|nie (**-nia**, **-nia**) (*gen pl* **-ń**) *nt* (*słuchu*) defect, impairment; (*wzroku*) impairment; **upośledzenie umysłowe** mental handicap.

upośledzony *adj* handicapped ♦ *m decl like adj* handicapped person.

upoważ|niać (**-niam**, **-niasz**) (*perf* **-nić**) *vt*: **upoważniać kogoś do zrobienia czegoś** to authorize sb to do sth.

upoważnie|nie (**-nia**, **-nia**) (*gen pl* **-ń**) *nt* authorization.

upowszech|niać (-niam, -niasz) (*perf* -nić) *vt* to disseminate.

▶**upowszechniać się** *vr* to become widespread.

up|ór (-oru) (*loc sg* -orze) *m* obstinacy, stubbornness; **z uporem** obstinately, stubbornly.

upragniony *adj* longed for.

uprasz|ać (-am, -asz) *vi*: „**uprasza się o ciszę**" "silence".

upraszcz|ać (-am, -asz) (*perf* **uprościć**) *vt* (*czynić prostszym*) to simplify; (*spłycać*) to oversimplify.

upra|wa (-wy, -wy) (*dat sg* -wie) *f* (*zboża, warzyw, roli*) cultivation; (*uprawiana roślina*) crop.

uprawi|ać (-am, -asz) *vt* (*warzywa, zboże, rolę*) to cultivate; (*sport, turystykę*) to go in for.

upraw|niać (-niam, -niasz) (*perf* -nić) *vt*: **uprawniać kogoś do czegoś** to entitle sb to sth.

uprawnie|nie (-nia, -nia) (*gen pl* -ń) *nt* entitlement, right.

uprawniony *adj* entitled; **być uprawnionym do czegoś** to be entitled to sth.

uprawny *adj* arable.

uproszcze|nie (-nia, -nia) (*gen pl* -ń) *nt* simplification.

uproszczony *adj* simplified; **uproszczony rachunek VAT** *simplified VAT invoice.*

uprowadz|ać (-am, -asz) (*perf* **uprowadzić**) *vt* to abduct.

uprowadze|nie (-nia, -nia) (*gen pl* -ń) *nt* abduction.

uprząt|ać (-am, -asz) (*perf* -nąć) *vt* (*mieszkanie*) to tidy (up); (*śmieci*) to remove.

uprz|ąż (-ęży, -ęże) (*gen pl* -ęży) *f* harness.

uprzedni *adj* previous.

uprzednio *adv* previously.

uprze|dzać (-dzam, -dzasz) (*perf* -dzić) *vt* (*prośbę, zamiar*) to anticipate; (*ostrzegać*) to warn; **uprzedzać kogoś o czymś** to warn sb of *lub* about sth; **uprzedzać kogoś do kogoś/czegoś** to prejudice sb against sb/sth; **uprzedzić kogoś** (*ubiec*) to beat sb to it.

▶**uprzedzać się** *vr*: **uprzedzać się do kogoś/czegoś** to get prejudiced against sb/sth.

uprzedze|nie (-nia, -nia) (*gen pl* -ń) *nt* prejudice, bias; **mieć uprzedzenie do kogoś/czegoś** to be prejudiced *lub* biased against sb/sth; **bez uprzedzenia** without warning.

uprzedzony *adj*: **uprzedzony (do** +*gen*) prejudiced (against).

uprzejmie *adv* politely, courteously; **proszę uprzejmie** (*odpowiedź na „dziękuję"*) (it was) a pleasure, my pleasure; (*przy podawaniu czegoś*) here you are; **dziękuję uprzejmie** thank you very much.

uprzejmoś|ć (-ci) *f* (*cecha*) politeness, courtesy; (*czyn*) (*nom pl* -ci, *gen pl* -ci) courtesy; **dzięki uprzejmości pana Kowalskiego** (by) courtesy of Mr Kowalski; **wyświadczyć** (*perf*) **komuś uprzejmość** to do sb a favour (*BRIT*) *lub* favor (*US*).

uprzejmy *adj* (*człowiek, traktowanie*) polite, courteous; (*odmowa*) polite; **bądź tak uprzejmy i zrób to teraz** would you be so kind as to do it now?

uprzemysłowiony *adj* industrialized.

uprzyjem|niać (-niam, -niasz) (*perf* -nić) *vt*: **uprzyjemniać coś** to make sth enjoyable.

uprzykrz|ać (-am, -asz) (*perf* -yć) *vt* to spoil; **ktoś/coś uprzykrza komuś życie** sb/sth is a pain in the neck (*pot*).

uprzykrzony *adj* irritating.

uprzywilejowany adj (osoba, grupa) privileged.

UPT abbr (= Urząd Pocztowo-Telekomunikacyjny) ≈ post office.

upuszcz|ać (-am, -asz) (perf **upuścić**) vt to drop.

upych|ać (-am, -asz) (perf **upchnąć** lub **upchać**) vt to stuff.

ur. abbr (= urodzony) b. (= born).

urabi|ać (-am, -asz) (perf **urobić**) vt (ciasto) to knead; (glinę, osobę, opinię publiczną) to mould (BRIT), to mold (US).

uradowany adj joyful, overjoyed.

ura|dzić (-dzę, -dzisz) (imp **-dź**) vt perf to decide.

Ural (-u) m the Ural Mountains pl.

ura|n (-nu) (loc sg **-nie**) m (CHEM) uranium; **Uran** (ASTRON) Uranus.

urat|ować (-uję, -ujesz) vb perf od **ratować**.

ura|z (-zu, -zy) (loc sg **-zie**) m (MED) injury; (PSYCH) trauma.

ura|żać (-żam, -żasz) (perf **-zić**) vt (obrażać) to offend.

urażony adj (człowiek) offended; (duma, ambicja) hurt; **czuć się urażonym** to feel offended.

urbanisty|ka (-ki) (dat sg **-ce**) f town planning.

urbanizacj|a (-i) f urban development.

uregul|ować (-uję, -ujesz) vb perf od **regulować**.

urlo|p (-pu, -py) (loc sg **-pie**) m (przerwa w pracy) leave (of absence); (wakacje) vacation, holiday; **być na urlopie** (nie w pracy) to be on leave; (na wakacjach) to be on vacation lub holiday; **urlop dziekański** dean's leave; **urlop macierzyński** maternity leave; **urlop zdrowotny** sick leave.

urlopowicz (-a, -e) m holiday-maker.

ur|na (-ny, -ny) (dat sg **-nie**) f urn; **urna wyborcza** ballot box.

uroczy adj charming.

uroczystoś|ć (-ci, -ci) (gen pl **-ci**) f ceremony.

uroczysty adj solemn.

uroczyście adv solemnly.

uro|da (-dy) (dat sg **-dzie**) f beauty.

urodzaj (-u, -e) (gen pl **-ów**) m bumper crop.

urodzajny adj (ziemia) fertile; (rok) good.

urodze|nie (-nia) nt birth; **data/miejsce urodzenia** date/place of birth.

uro|dzić (-dzę, -dzisz) (imp **urodź** lub **uródź**) vb perf od **rodzić**.

urodzinowy adj birthday attr.

urodzin|y (-) pl birthday; **wszystkiego najlepszego w dniu urodzin!** happy birthday!

urodzony adj born; (rodowity) born and bred.

uroje|nie (-nia, -nia) (gen pl **-ń**) nt (wymysł) fantasy; (PSYCH) delusion.

urojony adj imaginary.

uro|k (-ku, -ki) (instr sg **-kiem**) m (piękno) charm.

urozmai|cać (-cam, -casz) (perf **-cić**) vt to vary.

urozmaiceni|e (-a, -a) nt variety, diversity.

urozmaicony adj varied, diversified.

uruch|amiać (-amiam, -amiasz) (perf **-omić**) vt (silnik, pojazd) to start; (mechanizm) to activate; (proces) to set in motion.

Urugwaj (-u) m Uruguay.

urwis|ko (-ka, -ka) (instr sg **-kiem**) nt precipice.

urwisty adj precipitous.

uryw|ać (-am, -asz) (perf **urwać**) vt (guzik, rękaw) to tear off; (rozmowę) to cut short.

▶**urywać się** vr (o guziku) to come off; (o rozmowie) to break off.

uryw|ek (**-ka, -ki**) (*instr sg* **-kiem**) *m* fragment.

urz|ąd (**-ędu, -ędy**) (*loc sg* **-ędzie**) *m* (*organ władzy*) department; (*biuro*) office; (*stanowisko*) post; **urząd pocztowy** post office; **urząd zatrudnienia** employment agency; **Urząd Skarbowy** ≈ Internal Revenue (*BRIT*), ≈ the IRS (*US*); **Urząd Rady Ministrów** Office of the Council of Ministers; **urząd stanu cywilnego** register *lub* registry (*BRIT*) office; **pełnić** *lub* **sprawować urząd** +*gen* to hold the office of; **obrońca z urzędu** public defender (*US*), court-appointed lawyer (*BRIT*).

urzą|dzać (**-dzam, -dzasz**) (*perf* **-dzić**) *vt* (*mieszkanie*) to furnish; (*wycieczkę, koncert*) to organize.

►**urządzać się** *vr* (*w nowym mieszkaniu itp.*) to settle down.

urządze|nie (**-nia, -nia**) (*gen pl* **-ń**) *nt* device, appliance; **urządzenia** *pl* equipment.

urzeczywist|niać (**-niam, -niasz**) (*perf* **-nić**) *vt* (*plany*) to implement; (*marzenia*) to realize.

urzek|ać (**-am, -asz**) (*perf* **urzec**) *vt* to bewitch, to captivate.

urzekający *adj* bewitching, captivating.

urzędnicz|ka (**-ki, -ki**) (*dat sg* **-ce**, *gen pl* **-ek**) *f* clerk, office worker.

urzędni|k (**-ka, -cy**) (*instr sg* **-kiem**) *m* clerk, office worker; (*wysoki rangą*) official.

urzęd|ować (**-uję, -ujesz**) *vi* to work (*in an office*).

urzędowani|e (**-a**) *nt*: **godziny urzędowania** office hours.

urzędowy *adj* official; (*czas*) standard.

urżnięty *adj* (*pot: pijany*) pissed (*pot!*).

usadawi|ać (**-am, -asz**) (*perf* **usadowić**) *vt*: **usadawiać kogoś w** fotelu/przy stole to put *lub* place sb in an armchair/by the table.

►**usadawiać się** *vr* to settle (o.s.).

usamodziel|niać się (**-niam, -niasz**) (*perf* **-nić**) *vr* to become self-dependent.

usatysfakcjonowany *adj* satisfied.

usch|nąć (**-nę, -niesz**) (*imp* **-nij**, *pt* **-nął** *lub* **usechł, -ła**) *vb perf od* **usychać**.

usią|ść (**-dę, -dziesz**) (*imp* **-dź**) *vb perf od* **siadać**.

usie|dzieć (**-dzę, -dzisz**) (*imp* **-dź**) *vt perf*: **nie móc usiedzieć** (*przen*) to be restless.

usilnie *adv* (*prosić*) insistently; (*starać się*) hard, strenuously.

usilny *adj* (*praca*) hard; (*prośba, żądanie*) insistent.

usił|ować (**-uję, -ujesz**) *vt*: **usiłować coś zrobić** to try *lub* attempt to do sth.

usiłowa|nie (**-nia, -nia**) (*gen pl* **-ń**) *nt* attempt.

uska|kiwać (**-kuję, -kujesz**) (*perf* **uskoczyć**) *vi* to dodge.

uskarż|ać się (**-am, -asz**) *vr*: **uskarżać się na kogoś/coś** to complain about *lub* of sb/sth.

usko|k (**-ku, -ki**) (*instr sg* **-kiem**) *m* (*skok*) dodge; (*GEOL*) fault.

usłuch|ać (**-am, -asz**) *vb perf od* **słuchać**.

usłu|ga (**-gi, -gi**) (*dat sg* **-dze**) *f* (*przysługa*) favour (*BRIT*), favor (*US*); **usługi** *pl* services.

usłu|giwać (**-guję, -gujesz**) *vi*: **usługiwać komuś** (*o kelnerze, służącym*) to wait on sb; (*choremu, potrzebującemu*) to minister to sb.

usługowy *adj*: **punkt** *lub* **zakład usługowy** shop; **działalność usługowa** service, services *pl*.

usłużny *adj* attentive.

usłysz|eć (**-ę, -ysz**) *vb perf od* **słyszeć** ♦ *vt perf*: **źle usłyszeć** to mishear; **usłyszeć przypadkiem** to overhear.

usmaż|yć (**-ę, -ysz**) *vb perf od* **smażyć**.

usnąć (**usnę, uśniesz**) (*imp* **uśnij**) *vb perf od* **usypiać**.

uspokaj|ać (**-am, -asz**) (*perf* **uspokoić**) *vt* to calm down; (*dzieci*) to quieten (*BRIT*), to quiet (*US*); (*nerwy*) to calm.

►**uspokajać się** *vr* to calm down; (*o dzieciach*) to quieten (*BRIT*), to quiet (*US*); (*o wietrze*) to calm.

uspokajający *adj*: **lek** *lub* **środek uspokajający** tranquillizer (*BRIT*), tranquilizer (*US*).

usposabi|ać (**-am, -asz**) (*perf* **usposobić**) *vt*: **usposabiać kogoś przychylnie/nieprzychylnie do** +*acc* to leave sb well-/ill-disposed towards; **usposabiać kogoś do marzeń/płaczu** to make sb feel like dreaming/crying.

usposobie|nie (**-nia**) *nt* (*natura*) disposition; (*nastrój*) mood.

usposobiony *adj* disposed.

usprawiedli|wiać (**-wiam, -wiasz**) (*perf* **-wić**) *vt* (*tłumaczyć*) to excuse; (*potwierdzać słuszność*) to justify.

►**usprawiedliwiać się** *vr* to excuse o.s.

usprawiedliwie|nie (**-nia, -nia**) (*gen pl* **-ń**) *nt* (*wymówka*) excuse; (*argument na uzasadnienie*) justification; (*SZKOL*) excuse note.

usprawiedliwiony *adj* (*żądanie, gniew*) justified; (*nieobecność*) excused.

uspraw|niać (**-niam, -niasz**) (*perf* **-nić**) *vt* to rationalize; (*ulepszać*) to improve.

usprawnie|nie (**-nia**) (*gen pl* **-ń**) *nt* (*poprawienie*) rationalization; (*wynalazek*) improvement.

ust|a (**-**) *pl* mouth *sg*; **oddychanie**

usta-usta mouth-to-mouth resuscitation, the kiss of life (*BRIT*).

ustal|ać (**-am, -asz**) (*perf* **-ić**) *vt* to establish; (*termin*) to fix.

►**ustalać się** *vr* (*o zwyczaju*) to become established; **pogoda się ustaliła** the weather is settled.

ustale|nie (**-nia, -nia**) (*gen pl* **-ń**) *nt* (*decyzja*) decision; **ustalenia** *pl* (*plan*) arrangement *sg*; (*werdykt*) findings.

ustalony *adj* (*termin*) fixed; (*fakty*) established; (*zasady, normy*) set, established.

ustanawi|ać (**-am, -asz**) (*perf* **ustanowić**) *vt* (*prawo, regułę*) to make; (*rekord*) to set.

usta|wa (**-wy, -wy**) (*dat sg* **-wie**) *f* act; **projekt ustawy** bill; **ustawa zasadnicza** constitution.

usta|wać (**-ję, -jesz**) (*imp* **-waj**, *perf* **ustać**) *vi* (*książk: kończyć się*) to cease.

usta|wiać (**-wiam, -wiasz**) (*perf* **-wić**) *vt* (*umieszczać*) to put, to place; (*rozmieszczać*) to arrange; (*wznosić*) to put up; (*regulować*) to adjust.

►**ustawiać się** *vr*: **ustawiać się w szeregu** to line up; **ustawiać się przodem do czegoś** to stand facing sth.

ustawicznie *adv* persistently.

ustawiczny *adj* persistent.

ustawieni|e (**-a**) *nt* arrangement.

ustawodawc|a (**-y, -y**) *m decl like f in sg* legislator.

ustawodawczy *adj* legislative.

ustawodawst|wo (**-wa, -wa**) (*loc sg* **-wie**) *nt* legislation.

ustawowy *adj* statutory.

uster|ka (**-ki, -ki**) (*dat sg* **-ce**, *gen pl* **-ek**) *f* (*w urządzeniu*) fault; (*w wypracowaniu, raporcie*) error.

ustę|p (**-pu, -py**) (*loc sg* **-pie**) *m* (*ubikacja*) toilet; (*urywek*) paragraph.

ustępliwy *adj* compliant.

ustęp|ować (-uję, -ujesz) vi (perf **ustąpić**) (wycofywać się) to retreat; (ze stanowiska, urzędu) to resign; (mijać: o chorobie, gorączce) to recede; (: o bólu) to subside; (ulegać) to give in; **ustępować komuś/czemuś** not to be as good as sb/sth; **ustępować (ustąpić** perf) **pierwszeństwa przejazdu** to give way (BRIT), to yield (US); **ustępować komuś miejsce** (w autobusie) to give up one's seat to sb.

ustępst|wo (-wa, -wa) (loc sg -wie) nt concession.

ustnie adv (przekazać, zawiadomić) verbally; (egzaminować) orally.

ustni|k (-ka, -ki) (instr sg -kiem) m (papierosa) filter tip; (fajki, instrumentu) mouthpiece.

ustny adj (egzamin) oral; (zgoda) verbal; **jama ustna** the oral lub mouth cavity; **harmonijka ustna** harmonica, mouth organ.

ustosunkow|ywać się (-uję, -ujesz) (perf -ać) vr: **ustosunkowywać się do czegoś** to take a position on sth.

ustro|nie (-nia, -nia) (gen pl -ni) nt retreat, seclusion.

ustronny adj secluded.

ustr|ój (-oju, -oje) m (POL) political system; (organizm) system.

usu|wać (-wam, -wasz) (perf -nąć) vt to remove; (z partii, wojska) to expel; (pozbawiać urzędu) to remove, to dismiss; (ząb) to extract.

▶**usuwać się** vr (odchodzić) to withdraw; (o gruncie, ziemi) to sink; **usuwać się na bok** to step aside.

usych|ać (-am, -asz) (perf **uschnąć**) vi to wither.

usypi|ać (-am, -asz) vt (perf **uśpić**) to put to sleep ♦ vi (perf **usnąć**) to fall asleep, to go to sleep.

uszanowani|e (-a) nt respect; **moje uszanowanie!** good day!

uszczel|ka (-ki, -ki) (dat sg -ce, gen pl -ek) f gasket, seal; (w kranie) washer.

uszczel|niać (-niam, -niasz) (perf -nić) vt to seal.

uszczęśli|wiać (-wiam, -wiasz) (perf -wić) vt to make happy.

uszczupl|ać (-am, -asz) (perf -ić) vt to reduce, to deplete.

uszczypliwoś|ć (-ci) nt (złośliwość) acerbity; (uwaga) (nom pl -ci) biting remark.

uszczypliwy adj biting, acerbic.

uszczypnię|cie (-cia, -cia) (gen pl -ć) nt pinch.

uszkadz|ać (-am, -asz) (perf **uszkodzić**) vt to damage.

usz|ko (-ka, -ka) (instr sg -kiem, gen pl -ek) nt dimin od **ucho**; (KULIN) ravioli.

uszkodze|nie (-nia, -nia) (gen pl -ń) nt (maszyny, budynku) damage; (ciała) injury, harm.

uszkodzony adj damaged.

uszlachet|niać (-niam, -niasz) (perf -nić) vt (o cierpieniu, uczuciu) to ennoble, to dignify; (surowiec) to purify, to refine.

usztyw|niać (-niam, -niasz) (perf -nić) vt to stiffen; (przen: stanowisko) to stiffen, to harden.

uszy itd. n patrz **ucho**.

uszy|ć (-ję, -jesz) vb perf od **szyć**.

uści|sk (-ku, -ki) (instr sg -kiem) m grip; **uścisk dłoni** handshake; **przesyłać (przesłać** perf) **komuś uściski** to send love to sb.

uścisk|ać (-am, -asz) vt perf: **uściskać kogoś** to hug sb; **uściskaj ode mnie swoją siostrę** give my love to your sister.

uści|snąć (-snę, -śniesz) (imp -śnij) vt perf to hug; **uścisnąć czyjąś dłoń** to shake hands with sb.

uściśl|ać (**-am, -asz**) (*perf* **-ić**) *vt*
(*powody*) to specify; (*wypowiedź*) to
qualify.

uśmi|ać się (**-eję, -ejesz**) *vr perf* to
have a good laugh.

uśmiech (**-u, -y**) *m* smile.

uśmiech|ać się (**-am, -asz**) (*perf*
-nąć) *vr* to smile.

uśmiechnięty *adj* smiling.

uśmier|cać (**-cam, -casz**) (*perf* **-cić**)
vt to put to death.

uśmierz|ać (**-am, -asz**) (*perf* **-yć**) *vt*
(*ból*) to relieve, to soothe; (*rozruchy*)
to quell.

uświad|amiać (**-amiam, -amiasz**)
(*perf* **-omić**) *vt*: **uświadamiać coś
komuś** to make sb aware of sth, to
make sb realize sth; **uświadamiać
sobie coś** to make o.s. aware of
sth; **uświadamiać sobie, że ...** to
realize that ...; **uświadamiać kogoś**
to tell sb the facts of life.

utajony *adj* latent.

utalentowany *adj* talented, gifted.

utar|g (**-gu, -gi**) (*instr sg* **-giem**) *m*
(*HANDEL*) takings *pl*.

utarty *adj* (*opinia*) common; (*zwrot*)
set *attr*.

utk|wić (**-wię, -wisz**) (*imp* **-wij**) *vt perf*
to stick.

utle|niać (**-niam, -niasz**) (*perf* **-nić**) *vt*
(*CHEM*) to oxidize; (*włosy*) to
bleach.

▸**utleniać się** *vr* to oxidize.

utleniony *adj*: **woda utleniona**
hydrogen peroxide.

uto|nąć (**-nę, -niesz**) (*imp* **-ń**) *vi perf*
to drown.

utopi|a (**-i, -e**) (*gen pl* **-i**) *f* utopia.

utopijny *adj* utopian.

utożsa|miać (**-miam, -miasz**) (*perf*
-mić) *vt* to identify.

▸**utożsamiać się** *vr* to identify.

utra|fić (**-fię, -fisz**) *vi perf*: **utrafić (w**
+acc) to hit (sth).

utrapie|nie (**-nia, -nia**) (*gen pl* **-ń**) *nt*
nuisance.

utra|ta (**-ty**) (*loc sg* **-cie**) *f* loss.

utrud|niać (**-niam, -niasz**) (*perf* **-nić**)
vt: **utrudniać coś komuś** to make
sth difficult for sb.

utrudnie|nie (**-nia, -nia**) (*gen pl* **-ń**)
nt difficulty.

utrwalacz (**-a, -e**) (*gen pl* **-y**) *m*
(*FOT*) fixative.

utrwa|lać (**-lam, -lasz**) (*perf* **-lić**) *vt*
(*pozycję*) to strengthen; (*przyjaźń*) to
cement; (*FOT*) to fix.

▸**utrwalać się** *vr* to become
established, to take root.

ut|rzeć (**-rę, -rzesz**) (*imp* **-rzyj**) *vb*
perf od **ucierać**.

▸**utrzeć się** *vr* to become established.

utrzyma|nie (**-nia**) *nt* maintenance;
(*środki do życia*) keep.

utrzymany *adj*: **dobrze utrzymany**
well-kept.

utrzym|ywać (**-uję, -ujesz**) (*perf* **-ać**)
vt (*ciężar*) to bear, to carry; (*dom,
dzieci, rodzinę*) to provide for;
(*równowagę, porządek*) to keep ♦ *vi*
to claim.

▸**utrzymywać się** *vr* (*w pewnej
pozycji*) to remain; (*na stanowisku*)
to stay; (*o pogodzie*) to hold; (*o
zwyczaju*) to survive; **utrzymywać
się z czegoś** to make a living by
lub off doing sth.

utwier|dzać (**-dzam, -dzasz**) (*perf*
-dzić) *vt*: **utwierdzać kogoś w
czymś** to strengthen sb in sth.

▸**utwierdzać się** *vr*: **utwierdzać się
w czymś** to strengthen o.s. in sth;
**utwierdzać się w przekonaniu, że
...** to confirm o.s. in the conviction
that ... .

utworz|yć (**-ę, -ysz**) (*imp* **utwórz**) *vb*
perf od **tworzyć**.

utw|ór (**-oru, -ory**) (*loc sg* **-orze**) *m*
piece, work.

uty|ć (**-ję, -jesz**) *vb perf od* **tyć**.

utyk|ać (-am, -asz) *vi* (*kuleć*) to limp; (*grzęznąć*) (*perf* **utknąć**) to get stuck.

utys|kiwać (-kuję, -kujesz) *vi* to gripe.

uwa|ga (-gi, -gi) (*dat sg* **-dze**) *f* (*koncentracja świadomości*) attention; (*komentarz*) comment, remark; (*napomnienie*) reproof; **uwaga!** (*ostrożnie!*) be careful!; (*w obliczu niebezpieczeństwa*) look out!; „**Uwaga! Stopień!**" "Mind the step!"; „**Uwaga! Wysokie napięcie!**" "Danger! High voltage!"; **brać (wziąć** *perf*) **coś pod uwagę** to take sth into consideration; **zwracać (zwrócić** *perf*) **uwagę na kogoś/coś** to pay attention to sb/sth; **z uwagi na coś** owing to sth.

uwal|niać (-niam, -niasz) (*perf* **uwolnić**) *vt* to free; (*więźnia, zwierzę*) to free, to set free.

▸**uwalniać się** *vr* (*wyzwalać się*) to free o.s.

uważ|ać (-am, -asz) *vt*: **uważać kogoś za przyjaciela** to consider sb (to be) a friend ♦ *vi* (*być ostrożnym*) to be careful; (*sądzić*) to think; **uważać na kogoś/coś** to mind sb/sth; **rób jak uważasz** do as you wish; **uważaj na siebie** take care; **uważaj!** (*bądź ostrożny*) be careful!; (*w obliczu niebezpieczeństwa*) look out!

▸**uważać się** *vr*: **on się uważa za geniusza** he considers himself a genius.

uważnie *adv* (*patrzeć*) attentively; (*czytać*) carefully.

uważny *adj* (*spojrzenie*) attentive; (*obserwator*) careful.

uwertu|ra (-ry, -ry) (*dat sg* **-rze**) *f* overture.

uwiąz|ywać (-uję, -ujesz) (*perf* **-ać**) *vt* to tie up.

uwidacz|niać, **uwidocz|niać** (-niam, -nlasz) (*perf* **uwidocznić**) *vt* to demonstrate.

▸**uwidaczniać się** *vr* to appear.

uwiecz|niać (-niam, -niasz) (*perf* **-nić**) *vt* to immortalize.

uwielbi|ać (-am, -asz) *vt* to adore.

uwielbie|nie (-nia) *nt* adoration.

uwier|ać (-a) *vi* (*o kołnierzyku*) to pinch; (*o plecaku*) to dig into one's back.

uwierzeni|e (-a) *nt*: **nie do uwierzenia** unbelievable.

uwierz|yć (-ę, -ysz) *vi perf* to start believing.

uwię|zić (-żę, -zisz) (*imp* **-ź**) *vt perf* (*w więzieniu*) to imprison; (*unieruchomić*) to trap.

uwię|ź (-zi) *f*: **na uwięzi** (*pies: na smyczy*) on a leash; (: *na łańcuchu*) on a chain; (*krowa*) on a tether.

uwij|ać się (-am, -asz) *vr* to bustle about.

uwłacz|ać (-am, -asz) *vt*: **uwłaczać komuś/czemuś** to bring discredit onto sb/sth.

uwłaczający *adj* discreditable.

uwodziciel (-a, -e) (*gen pl* **-i**) *m* seducer.

uwodziciel|ka (-ki, -ki) (*dat sg* **-ce**, *gen pl* **-ek**) *f* seducer.

uwodzicielski *adj* seductive.

uwo|dzić (-dzę, -dzisz) (*imp* **uwódź**, *perf* **uwieść**) *vt* to seduce.

uwydat|niać (-niam, -niasz) (*perf* **-nić**) *vt* to emphasize.

▸**uwydatniać się** *vr* to be prominent.

uwzględ|niać (-niam, -niasz) (*perf* **-nić**) *vt* (*okoliczności, warunki*) to take into consideration; (*prośbę, życzenie*) to respect.

uwzględnieni|e (-a) *nt*: **z uwzględnieniem czegoś** taking sth into consideration.

uw|ziąć się (-ezmę, -eźmiesz) (*imp* **-eźmij**) *vi perf*: **uwziąć się na kogoś** to have it in for sb.

uzależ|niać (-niam, -niasz) (*perf* -nić) *vt*: **uzależniać coś od czegoś** to make sth dependent *lub* conditional on sth.

▸**uzależniać się** *vr*: **uzależniać się od kogoś/czegoś** to become dependent on sb/sth; **uzależniać się od narkotyków** to become addicted to drugs.

uzależnieni|e (-a) *nt* addiction.

uzależniony *adj*: **być uzależnionym od kogoś/czegoś** to be dependent on sb/sth.

uzasad|niać (-niam, -niasz) (*perf* -nić) *vt* to justify.

uzasadnie|nie (-nia, -nia) (*gen pl* -ń) *nt* justification.

uzasadniony *adj* justified.

uzbraj|ać (-am, -asz) (*perf* **uzbroić**) *vt* (*ludzi*) to arm; (*teren*) to develop.

▸**uzbrajać się** *vr*: **uzbrajać się w coś** to arm o.s. with sth.

uzbrojeni|e (-a) *nt* (*WOJSK*) weapons *pl*, armament.

uzbrojony *adj* (*posiadający broń*) armed.

uz|da (-dy, -dy) (*dat sg* **uździe**) *f* bridle.

uzdolnie|nie (-nia, -nia) (*gen pl* -ń) *nt* aptitude, talent.

uzdolniony *adj* talented, gifted.

uzdr|awiać (-awiam, -awiasz) (*perf* -owić) *vt* to heal, to cure.

uzdrowi|sko (-ska, -ska) (*instr sg* -skiem) *nt* health resort; (*z wodami mineralnymi*) spa.

uzewnętrz|niać (-niam, -niasz) (*perf* -nić) *vt* to manifest.

▸**uzewnętrzniać się** *vr* to manifest o.s.

uzębieni|e (-a) *nt* dentition.

uzgad|niać (-niam, -niasz) (*perf* **uzgodnić**) *vt* (*treść, warunki*) to negotiate; **uzgodniliśmy, że ...** we have agreed that ... .

uzgodnie|nie (-nia, -nia) (*gen pl* -ń)

nt agreement; **do uzgodnienia** negotiable.

uziemieni|e (-a) *nt* (*TECH*) earth, ground (*US*).

uzmysł|awiać (-awiam, -awiasz) (*perf* -owić) *vt*: **uzmysławiać coś komuś** to make sb aware of sth.

uzna|nie (-nia) *nt* (*przyjęcie za słuszne*) recognition; (*poważanie*) respect; **według czyjegoś uznania** at sb's discretion.

uznany *adj* recognized.

uzn|awać (-aję, -ajesz) (*imp* -awaj, *perf* -ać) *vt* to recognize; **uznawać kogoś za oszusta** to regard sb as a crook; **uznawać coś za zaszczyt** to deem sth as an honour (*BRIT*) *lub* honor (*US*); **uznać coś za konieczne** to judge sth necessary.

uzupeł|niać (-niam, -niasz) (*perf* -nić) *vt* (*zapasy*) to replenish; (*dietę, wyposażenie*) to supplement; (*wypowiedź, strój*) to complete.

▸**uzupełniać się** *vr*: **uzupełniać się wzajemnie** to complement one another.

uzys|kiwać (-kuję, -kujesz) (*perf* -kać) *vt* (*pomoc*) to get; (*przewagę*) to gain; (*zgodę, stopień naukowy*) to get, to obtain; (*stypendium*) to get, to receive.

użal|ać się (-am, -asz) (*perf* -ić) *vr*: **użalać się na kogoś/coś** to complain about sb/sth; **użalać się nad kimś** to pity sb.

użer|ać się (-am, -asz) *vr*: **użerać się z kimś** (*pot*) to wrangle with sb.

uży|cie (-cia, -cia) (*gen pl* -ć) *nt* use; **gotowy do użycia** ready for use; **łatwy w użyciu** easy to use; **sposób użycia** usage.

użyteczność (-ci) *f* (*przydatność*) usefulness.

użyteczny *adj* useful.

użyt|ek (-ku) *m* use; **do użytku wewnętrznego/zewnętrznego** for internal/external use; **robić (zrobić** *perf***) użytek z czegoś** to make use of sth.

użytk|ować (-uję, -ujesz) *vt* to use.

użytkowni|k (-ka, -cy) (*instr sg* **-kiem**) *m* user.

używ|ać (-am, -asz) *vt* (*perf* **użyć**) to use; (*lekarstwa*) to take.

używany *adj* used, secondhand.

używ|ka (-ki, -ki) (*dat sg* **-ce**, *gen pl* **-ek**) *f* ≈ stimulant.

użyź|niać (-niam, -niasz) (*perf* **-nić**) *vt* to fertilize.

V

V *abbr* = **Volt**.

VAT (**VAT-u**) (*loc sg* **Vacie**) *m* VAT.

vel *prep* also known as, a.k.a.

verte *inv* please turn over, PTO.

ve|to (-ta, -ta) (*instr sg* **-cie**) *nt* = **weto**.

video *nt inv* = **wideo**.

vol|t (-ta, -ty) (*instr sg* **-cie**) *m* = **wolt**.

W

———— *SŁOWO KLUCZOWE* ————

w *prep* +*loc* **1** (*położenie*) in; **w domu/szkole** at home/school; **w kinie/teatrze** at the cinema/theatre; **w telewizji/radiu** on television/the radio. **2** (*ubiór*): **człowiek w okularach** a man in glasses; **kobieta w czerni** a woman in black. **3** (*postać*): **cukier w kostkach** sugar cubes *lub* lumps; **mydło w płynie** liquid soap; **5 tys. zł w gotówce** 5,000 zloty in cash. **4** (*czas*): **w roku 2000** in the year 2000; **w poniedziałek** on Monday; **w maju** in

May ♦ *prep* +*acc* **1** (*kierunek*) in(to); **patrzyć w niebo** to look into the sky; **wpadać (wpaść** *perf***) w kłopoty/kałużę** to get into trouble/a puddle; **złapać w pułapkę** to catch in a trap; **w lewo/prawo** to the left/right; **w dół/górę** up/down. **2** (*deseń, kształt*): **koszula w paski** striped shirt; **pokroić coś w kostkę/plasterki** to dice/slice sth. **3** (*cel*): **uderzyć kogoś w głowę** to hit sb on the head; **uderzyć w drzewo/mur** to hit a tree/wall; **zimno mi w nogi** my feet are cold. **4** (*czynność*): **grać w karty/tenisa** to play cards/tennis; **iść w odwiedziny** to go visiting.

w. *abbr* (= **wiek**) c. (= century); (= **wewnętrzny**) ext. (= extension).

wa|bić (-bię, -bisz) (*perf* **z-**) *vt* to attract; (*zwierzę*) to lure.

▸**wabić się** *vr imperf* to be called.

wachlarz (-a, -e) (*gen pl* **-y**) *m* fan; (*przen*) range.

wachl|ować (-uję, -ujesz) *vt* to fan.

▸**wachlować się** *vr* to fan o.s.

wa|da (-dy, -dy) (*dat sg* **-dzie**) *f* (*ujemna cecha*) disadvantage; (*defekt*) defect; (*przywara*) fault, shortcoming.

wademekum *nt inv* handbook, manual.

wadliwy *adj* defective.

waf|el (-la, -le) (*gen pl* **-li**) *m* (*do lodów*) cone, cornet (*BRIT*); (*ciastko*) wafer.

wa|ga (-gi, -gi) (*dat sg* **-dze**) *f* (*łazienkowa, kuchenna*) scales *pl*; (*laboratoryjna*) balance; (*ciężar*) weight; (*doniosłość*) importance, significance; **Waga** (*ASTROLOGIA*) Libra.

wagar|ować (-uję, -ujesz) *vi* (*pot*) to play truant (*BRIT*) *lub* hooky (*US*).

wagarowicz (-a, -e) *m* (*pot*) truant.

wagar|y (-ów) *pl* (*pot*) truancy; **iść (pójść** *perf*) **na wagary** to play truant (*BRIT*) *lub* hooky (*US*).

wago|n (-nu, -ny) (*loc sg* -nie) *m* (*pasażerski*) carriage (*BRIT*), coach (*BRIT*), car (*US*); (*towarowy*) wagon (*BRIT*), truck.

wah|ać się (-am, -asz) *vr* (*o człowieku*) (*perf* za-) to hesitate; (*o wskazówce*) (*perf* -nąć) to waver; (*o temperaturze*) to vary.

wahad|ło (-ła, -ła) (*loc sg* -le, *gen pl* -eł) *nt* pendulum.

wahadłow|iec (-ca, -ce) *m* space shuttle.

wahadłowy *adj*: **drzwi wahadłowe** swing door.

waha|nie (-nia, -nia) (*gen pl* -ń) *nt* hesitation; (*cen, temperatury*) fluctuations *pl*.

wakacj|e (-i) *pl* (*letnie, zimowe*) holiday(s) (*BRIT*), vacation (*US*); **na wakacjach** on holidays *lub* vacation.

walc (-a, -e) *m* waltz.

walcz|yć (-ę, -ysz) *vi* to fight; (*rywalizować*) to compete; (*zmagać się*) to struggle.

wal|ec (-ca, -ce) *m* (*GEOM*) cylinder; (*też*: **walec drogowy**) steamroller.

waleczny *adj* brave.

waleria|na (-ny) (*dat sg* -nie) *f* valerian.

wale|t (-ta, -ty) (*loc sg* -cie) *m* (*KARTY*) jack, knave.

Wali|a (-i) *f* Wales.

wal|ić (-ę, -isz) (*perf* -nąć) *vt/vi* (*pot*) to bang.

►**walić się** *vr* (*rozpadać się*) to collapse; (*przewracać się*) to fall down, to collapse.

Walijczy|k (-ka, -cy) (*instr sg* -kiem) *m* Welshman.

walijski *adj* Welsh.

waliz|ka (-ki, -ki) (*dat sg* -ce, *gen pl* -ek) *f* suitcase.

wal|ka (-ki, -ki) (*dat sg* -ce, *gen pl* -k) *f* fight; (*ciągła*) warfare; **walka o władzę/niepodległość** struggle for power/independence.

walkma|n® (-na, -ny) (*loc sg* -nie) *m* portable cassette player, walkman ®.

walkowe|r (-ru) (*loc sg* -rze) *m* walkover.

walnie *adv* largely.

walny *adj* (*zebranie, zgromadzenie*) general; (*zwycięstwo*) overwhelming.

walo|r (-ru, -ry) (*loc sg* -rze) *m* virtue.

waloryzacj|a (-i) *f* valorization.

walu|ta (-ty, -ty) (*dat sg* -cie) *f* currency; **waluty obce** foreign exchange.

wa|ł (-łu, -ły) (*loc sg* -le) *m* (*wzdłuż rzeki, drogi*) embankment; **wał korbowy** crankshaft; **wał napędowy** drive shaft.

wał|ek (-ka, -ki) (*instr sg* -kiem) *m* (*do ciasta*) rolling-pin; (*TECH*) roller.

wałęs|ać się (-am, -asz) *vr* to wander.

wałk|ować (-uję, -ujesz) *vt* (*ciasto*) (*perf* roz-) to roll out; (*pot*: *kwestię, temat*) to go over and over.

wam *pron dat od* **wy** (to) you.

wampi|r (-ra, -ry) (*loc sg* -rze) *m* vampire.

wandal (-a, -e) (*gen pl* -i *lub* -ów) *m* vandal.

wandaliz|m (-mu) (*loc sg* -mie) *m* vandalism.

wanili|a (-i) *f* vanilla.

waniliowy *adj* vanilla *attr*.

wan|na (-ny, -ny) (*dat sg* -nie) *f* bath(tub).

wapienny *adj* limestone *attr*.

wapie|ń (-nia, -nie) (*gen pl* -ni) *m* limestone.

wap|no (-na) (*loc sg* -nie) *nt* lime.

wap|ń (-nia) *m* calcium.

warcab|y (-ów) *pl* draughts (*BRIT*), checkers (*US*).

war|czeć (-czę, -czysz) (*perf* -knąć

lub **za-**) *vi* to growl; (*o silniku*) to whir(r).

war|ga (**-gi**, **-gi**) (*dat sg* **-dze**) *f* lip.

wariacki *adj* (*pot*) crazy; (*tempo*) breakneck *attr*.

wariact|wo (**-wa**, **-wa**) (*loc sg* **-wie**) *nt* madness.

warian|t (**-tu**, **-ty**) (*loc sg* **-cie**) *m* variant.

waria|t (**-ta**, **-ci**) (*loc sg* **-cie**) *m* (*pot*) madman, lunatic (*pot*), nut (*pot*); **dom wariatów** (*pot*) madhouse.

wari|ować (**-uję**, **-ujesz**) (*perf* **z-**) *vi* (*pot: tracić zmysły*) to go mad.

warkocz (**-a**, **-e**) (*gen pl* **-y**) *m* (*z włosów*) plait, braid (*US*).

warkoczy|k (**-ka**, **-ki**) (*instr sg* **-kiem**) *m* pigtail.

warko|t (**-tu**, **-ty**) (*loc sg* **-cie**) *m* throb, rattle.

warst|wa (**-wy**, **-wy**) (*dat sg* **-wie**) *f* (*pokład: atmosfery, izolacji*) layer; (*zewnętrzna: farby*) coat; **warstwa społeczna** social stratum.

Warsza|wa (**-wy**) (*dat sg* **-wie**) *f* Warsaw.

warszta|t (**-tu**, **-ty**) (*loc sg* **-cie**) *m* shop; (*SZTUKA*) technique; **warsztat samochodowy** service station, garage (*BRIT*).

wart *adj*: **wart 2000 złotych** worth 2,000 zloty; **wart zaufania** trustworthy; **ta książka jest warta przeczytania** this book is worth reading; **nic nie wart** worthless.

war|ta (**-ty**, **-ty**) (*dat sg* **-cie**) *f* (*oddział*) guard; (*służba*) guard (duty), sentry duty; **stać na warcie** to be on guard *lub* on sentry duty.

wartki *adj* swift.

warto *inv*: **warto spróbować/kupić** it's worth trying/buying.

wartościowy *adj* valuable; **papiery wartościowe** (*FIN*) securities *pl*.

wartoś|ć (**-ci**) *f* value, worth; **towar o wartości 100 funtów** goods worth

100 pounds, 100 pounds' worth of goods; **wartość nabywcza** purchasing value; **wartość rynkowa** market value; **wartość użytkowa** utility value; **mieć poczucie własnej wartości** to have a high self-esteem; **wartości** *pl* values *pl*.

wartowni|k (**-ka**, **-cy**) (*instr sg* **-kiem**) *m* sentry.

warun|ek (**-ku**, **-ki**) (*instr sg* **-kiem**) *m* condition; **pod warunkiem, że ...** on condition (that) ..., provided *lub* providing (that) ...; **warunek wstępny** precondition, prerequisite; **warunki** *pl* conditions *pl*.

warunk|ować (**-uję**, **-ujesz**) (*perf* **u-**) *vt* to condition, to determine.

warunkowo *adv* conditionally.

warunkowy *adj* conditional; **zwolnienie warunkowe** parole.

warz|yć (**-ę**, **-ysz**) *vt* (*perf* **u-**) (*piwo*) to brew.

►**warzyć się** (*perf* **z-**) *vr* (*o mleku*) to turn (sour).

warzywniczy *adj*: **sklep warzywniczy** greengrocer('s).

warzywny *adj* vegetable *attr*; **sklep warzywny** greengrocer('s).

warzy|wo (**-wa**, **-wa**) (*loc sg* **-wie**) *nt* vegetable.

was *pron gen, acc, loc od* **wy** you.

wasz (*like*: **nasz**) *possessive pron* (*z rzeczownikiem*) your; (*bez rzeczownika*) yours; **wasz samochód** your car; **wasz jest większy** yours is bigger.

Waszyngto|n (**-nu**) (*loc sg* **-nie**) *m* Washington.

wa|t (**-ta**, **-ty**) (*loc sg* **-cie**) *m* (*FIZ*) watt.

wa|ta (**-ty**, **-ty**) (*dat sg* **-cie**) *f* cotton wool (*BRIT*), (absorbent) cotton (*US*); **wata cukrowa** candy-floss (*BRIT*), cotton candy (*US*).

watowany *adj* wadded.

watowy *adj:* żarówka 60-watowa a 60 watt bulb.

Watyka|n (**-nu**) (*loc sg* **-nie**) *m* the Vatican.

wa|za (**-zy**, **-zy**) (*dat sg* **-zie**) *f* (*do zupy*) tureen; (*ozdobna*) vase.

wazeli|na (**-ny**) (*dat sg* **-nie**) *f* petroleum jelly, Vaseline ®.

wazo|n (**-nu**, **-ny**) (*loc sg* **-nie**) *m* vase.

wazoni|k (**-ka**, **-ki**) (*instr sg* **-kiem**) *m* dimin od **wazon**.

waż|ka (**-ki**, **-ki**) (*dat sg* **-ce**, *gen pl* **-ek**) *f* dragonfly.

ważki *adj* (*książk*) important.

ważnia|k (**-ka**, **-cy**) (*instr sg* **-kiem**) *m* (*pot*) bighead (*BRIT*), stuffed shirt (*US*).

ważnoś|ć (**-ci**) *f* (*paszportu, wizy*) validity; (*doniosłość*) importance; **data ważności** sell-by date; **stracić** (*perf*) **ważność** (*o artykule spożywczym*) to be past the sell-by date; (*o wizie, paszporcie*) to expire.

ważny *adj* important; (*paszport, wiza*) valid; (*pot: mina*) self-important.

waż|yć (**-ę**, **-ysz**) *vt* (*perf* **z-**) to weigh ♦ *vi:* **ważyć 70 kg** to weigh 70 kg.

▸**ważyć się** *vr* to weigh o.s.; (*decydować się*) to hang in the balance.

wąch|ać (**-am**, **-asz**) (*perf* **po-**) *vt* to smell; (*o psie*) to sniff.

wą|s (**-sa**, **-sy**) (*loc sg* **-sie**) *m* moustache (*BRIT*), mustache (*US*); **wąsy** *pl* (*u mężczyzny*) moustache (*BRIT*), mustache (*US*); (*u kota, myszy*) whiskers *pl*.

wąsaty *adj* moustached (*BRIT*), mustached (*US*).

wąski (*comp* **węższy**) *adj* narrow.

wąskotorowy *adj* narrow-gauge *attr*.

wąt|ek (**-ku**, **-ki**) (*instr sg* **-kiem**) *m* (*myśli*) train; (*wykładu, filmu, powieści*) thread; (*sztuki, książki*) plot, main story.

wątły *adj* (*chłopiec, drzewko*) frail; (*płomień, ślad*) faint.

wąt|pić (**-pię**, **-pisz**) *vi* to doubt; **wątpić w coś** to doubt sth; **wątpić o czymś** to be doubtful about sth; **wątpię** I doubt it.

wątpieni|e (**-a**) *nt:* **bez wątpienia** undoubtedly.

wątpliwoś|ć (**-ci**, **-ci**) (*gen pl* **-ci**) *f* doubt; **mieć wątpliwości (co do czegoś)** to have one's doubt(s) (about sth).

wątpliwy *adj* (*problematyczny*) questionable; (*podejrzany*) doubtful, dubious.

wątr|oba (**-oby**, **-oby**) (*dat sg* **-obie**, *gen pl* **-ób**) *f* liver.

wątrobian|ka (**-ki**, **-ki**) (*dat sg* **-ce**, *gen pl* **-ek**) *f* (*pot*) liver sausage, liverwurst (*US*).

wątrób|ka (**-ki**, **-ki**) (*dat sg* **-ce**, *gen pl* **-ek**) *f* (*KULIN*) liver.

wąw|óz (**-ozu**, **-ozy**) (*loc sg* **-ozie**) *m* ravine.

wąż (**węża**, **węże**) (*gen pl* **węży** *lub* **wężów**) *m* (*ZOOL*) snake; (*gumowy*) hose.

wbieg|ać (**-am**, **-asz**) (*perf* **wbiec**) *vi* to run (into).

wbij|ać (**-am**, **-asz**) (*perf* **wbić**) *vt* (*gwóźdź, kołek*) to hammer in, to drive in; (*nóż, sztylet*) to plunge; (*zęby, paznokcie*) to sink, to dig.

▸**wbijać się** *vr* to stick in.

wbrew *prep* +*dat* contrary to, in defiance of; **wbrew czyjejś woli** against sb's will; **wbrew sobie** despite o.s.

WC, w.c. *abbr* WC.

wcale *adv* (*w ogóle*) (not) at all; (*całkiem*) quite; **wcale nie!** not at all!

wchłani|ać (**-am**, **-asz**) (*perf* **wchłonąć**) *vt* to absorb.

wchłaniani|e (**-a**) *nt* absorption.

wcho|dzić (**-dzę**, **-dzisz**) (*imp* **-dź**, *perf* **wejść**) *vi* (*do sali, budynku,* *wody*) to walk into, to enter; (*do samochodu*) to get in; **wchodzić na drzewo/po schodach** to climb a tree/the stairs; **(proszę) wejść!** come in!; **w skład załogi wchodziło dwóch Brytyjczyków** the crew included two Britons; **wchodzić w życie** (*przen*) to come into effect, to take effect; **to nie wchodzi w grę** *lub* **rachubę** this is out of the question.

wciąg|ać (**-am, -asz**) (*perf* **-nąć**) *vt* to pull (into); (*linę, żagiel, flagę*) to hoist; (*dym, powietrze*) to breathe in; (*o bagnie, wirze*) to suck in *lub* down; (*o książce, filmie*) to absorb; (*bluzę, spodnie*) to pull on.

wciąż *adv* still.

wciel|ać (**-am, -asz**) (*perf* **-ić**) *vt* (*włączać*) to incorporate; **wcielać coś w życie** to put *lub* carry sth into effect.

▶**wcielać się** *vr*: **wcielać się w kogoś** to impersonate sb.

wciele|nie (**-nia, -nia**) (*gen pl* **-ń**) *nt* incarnation.

wcier|ać (**-am, -asz**) (*perf* **wetrzeć**) *vt*: **wcierać coś (w coś)** to rub sth in(to sth).

wcię|cie (**-cia, -cia**) (*gen pl* **-ć**) *nt* (*wgłębienie*) notch; (*DRUK*) indentation.

wcisk|ać (**-am, -asz**) (*perf* **wcisnąć**) *vt* (*wtłaczać*) to squeeze in; (*wsuwać*) to drive in.

▶**wciskać się** *vr*: **wciskać się (do sali)** to crowd in(to a room).

wczasowicz (**-a, -e**) *m* holidaymaker (*BRIT*), vacationer (*US*).

wczas|y (**-ów**) *pl* holiday *sg* (*BRIT*), vacation *sg* (*US*); **jechać na wczasy** to go on holiday (*BRIT*) *lub* vacation (*US*).

wcze|sny (*comp* **-śniejszy**) *adj* early; (*poród*) premature.

wcześnia|k (**-ka, -ki**) (*instr sg* **-kiem**) *m* premature baby.

wcześnie *adv* early.

wcześniej *adv comp od* **wcześnie** earlier; (*uprzednio*) in advance.

wcześniejszy *adj comp od* **wczesny** earlier; (*uprzedni*) prior.

wczoraj *adv* yesterday; **wczoraj rano/wieczorem** yesterday morning/evening; **wczoraj w nocy** last night.

wczorajszy *adj* (*z wczoraj*) yesterday *attr*, yesterday's; (*książk: przeszły*) yesterday's, of yesterday.

wczuw|ać się (**-am, -asz**) (*perf* **wczuć**) *vr*: **wczuwać się w sytuację/rolę** to identify with a situation/role.

wd|awać się (**-aję, -ajesz**) (*perf* **-ać**) *vr*: **wdawać się w coś** (*bójkę, dyskusję*) to get into; (*szczegóły*) to go into.

wdech (**-u, -y**) *m* inhalation; **robić** (**zrobić** *perf*) **wdech** to inhale, to breathe in.

wdep|nąć (**-nę, -niesz**) (*imp* **-nij**) *vi perf*: **wdepnąć w coś** to step into sth.

wd|owa (**-owy, -owy**) (*dat sg* **-owie**, *gen pl* **-ów**) *f* widow.

wdo|wiec (**-wca, -wcy**) *m* widower.

wdrap|ywać się (**-uję, -ujesz**) (*perf* **-ać**) *vr*: **wdrapywać się na coś** to climb (up) sth.

wdych|ać (**-am, -asz**) *vt* to breathe in, to inhale.

wdzier|ać się (**-am, -asz**) (*perf* **wedrzeć**) *vr* (*o żołnierzach*) to force one's way in; (*o wodzie*) to rush in.

wdzięczno|ść (**-ci**) *f* gratitude.

wdzięczny *adj* grateful; (*ujmujący*) graceful; (*dający satysfakcję*) rewarding.

wdzięcz|yć się (**-ę, -ysz**) *vr* (*pot*): **wdzięczyć się do kogoś** to flirt with sb.

wdzię|k (-ku, -ki) (*instr sg* -kiem) *m* grace.

we *prep +acc* = **w**.

wedle *prep* (*książk*) according to.

według *prep +gen* according to; **według mnie** in my opinion.

weeken|d (-du, -dy) (*loc sg* -dzie) *m* weekend.

wegetacj|a (-i) *f* vegetation.

wegetaria|nin (-nina, -nie) (*gen pl* -n) *m* vegetarian.

wegetarianiz|m (-mu) (*loc sg* -mie) *m* vegetarianism.

wegetariański *adj* vegetarian.

weget|ować (-uję, -ujesz) *vi* to vegetate.

wehiku|ł (-łu, -ły) (*loc sg* -le) *m* (*książk*) vehicle.

wejrze|nie (-nia, -nia) (*-gen pl* -ń) *nt*: **miłość od pierwszego wejrzenia** love at first sight.

wejś|cie (-cia) *m* (*czynność*) entrance, entry; (*drzwi*) (*nom pl* -cia, *gen pl* -ć) entrance; (*wstęp*) entry; „**wejście**" "way in".

wejściowy *adj* (*drzwi*) front *attr*; (*bilet*) entrance *attr*.

wej|ść (-dę, -dziesz) (*imp* -dź, *pt* **wszedł, weszła, weszli**) *vb perf od* **wchodzić**.

weks|el (-la, -le) (*gen pl* -li) *m* bill of exchange.

wekto|r (-ra, -ry) (*loc sg* -rze) *m* vector.

welo|n (-nu, -ny) (*loc sg* -nie) *m* (*część stroju*) veil.

welu|r (-ru, -ry) (*loc sg* -rze) *m* velour.

weł|na (-ny, -ny) (*dat sg* -nie, *gen pl* -en) *f* wool.

wełniany *adj* (*czapka, nić*) woollen; (*dywan*) wool *attr*.

Wenecj|a (-i) *f* Venice.

weneryczny *adj*: **choroba weneryczna** venereal disease.

Wenezuel|a (-i) *f* Venezuela.

wentyl (-a, -e) (*gen pl* -i *lub* -ów) *m* valve.

wentylacj|a (-i) *f* ventilation.

wentylato|r (-ra, -ry) (*loc sg* -rze) *m* fan, ventilator.

Wenus *f inv* Venus.

weran|da (-dy, -dy) (*dat sg* -dzie) *f* veranda, porch.

werb|el (-la, -le) (*gen pl* -li) *m* (*instrument*) snare drum; (*odgłos*) drum roll.

werb|ować (-uję, -ujesz) (*perf* z-) *vt* to recruit, to enlist.

werdyk|t (-tu, -ty) (*loc sg* -cie) *m* verdict.

wermu|t (-tu, -ty) (*loc sg* -cie) *m* vermouth.

wernisaż (-u, -e) (*gen pl* -y) *m* opening day (*of an exhibition*), vernissage.

wer|s (-su, -sy) (*loc sg* -sie) *m* verse.

wersal|ka (-ki, -ki) (*dat sg* -ce, *gen pl* -ek) *f* sofa bed.

werse|t (-tu, -ty) (*loc sg* -cie) *m* verse.

wersj|a (-i, -e) (*gen pl* -i) *f* version.

wert|ować (-uję, -ujesz) (*perf* prze-) *vt* (*powierzchownie*) to browse through; (*pilnie*) to pore over.

wer|wa (-wy) (*dat sg* -wie) *f* verve.

weryfik|ować (-uję, -ujesz) (*perf* z-) *vt* (*fakty, opinie*) to verify; (*pracowników*) to vet.

wesel|e (-a, -a) *nt* wedding.

wesel|ić się (-ę, -isz) *vr* to rejoice.

weselny *adj* wedding *attr*.

wes|oło (*comp* -elej) *adv* (*śmiać się*) cheerfully; (*bawić się, spędzać czas*) happily; **było bardzo wesoło** there was a lot of fun.

wesoły *adj* cheerful; **wesołe miasteczko** funfair (*BRIT*), amusement park (*US*); „**Wesołych Świąt!**" (*na Boże Narodzenie*) "Merry Christmas!"; (*na Wielkanoc*) "Happy Easter!".

wesp|rzeć (**-rę, -rzesz**) (*imp* **-rzyj**, *pt* **wsparł**) *vb perf od* **wspierać**.

westch|nąć (**-nę, -niesz**) (*imp* **-nij**) *vb perf od* **wzdychać**.

westchnie|nie (**-nia, -nia**) (*gen pl* **-ń**) *nt* sigh.

wester|n (**-nu, -ny**) (*loc sg* **-nie**) *m* western.

wesz (**wszy, wszy**) (*dat sg, gen pl* **wszy**) *f* louse.

weszła *itd. vb patrz* **wejść**.

wetera|n (**-na, -ni**) (*loc sg* **-nie**) *m* veteran.

weterynari|a (**-i**) *f* veterinary medicine *lub* science.

weterynarz (**-a, -e**) (*gen pl* **-y**) *m* vet (*BRIT*), veterinary surgeon (*BRIT*), veterinarian (*US*).

we|to (**-ta, -ta**) (*loc sg* **-cie**) *nt* veto; **prawo weta** power of veto.

wet|rzeć (**-rę, -rzesz**) (*imp* **-rzyj**, *pt* **wtarł**) *vb perf od* **wcierać**.

wew. *abbr* (= **wewnętrzny**) ext. (*extension*).

wewnątrz *prep* +*gen* inside, within ♦ *adv* inside; **od** *lub* **z wewnątrz** from within, from the inside.

wewnętrznie *adv* internally.

wewnętrzny *adj* internal; (*okno, drzwi*) interior; (*handel*) domestic; (*spokój, dyscyplina*) inner ♦ *m decl like adj* (*też:* **numer** *lub* **telefon wewnętrzny**) extension; **wewnętrzna strona** the inside; **wewnętrzna kieszeń** inside pocket; **Ministerstwo Spraw Wewnętrznych** Ministry of the Interior, ≈ Home Office (*BRIT*).

wezmę *itd. vb patrz* **wziąć**.

wez|wać (**-wę, -wiesz**) (*imp* **-wij**) *vb perf od* **wzywać**.

wezwa|nie (**-nia, -nia**) (*gen pl* **-ń**) *nt* summons; (*lekarza, policji*) call; **wezwanie do sądu** citation, subpoena; **wezwanie do wojska** call-up (*BRIT*), draft (*US*); **kościół**

pod **wezwaniem Św. Marcina** St. Martin's Church.

weź *itd. vb patrz* **wziąć**.

węch (**-u**) *m* (*zmysł*) (sense of) smell; (*przen*) nose (*przen*).

węd|ka (**-ki, -ki**) (*dat sg* **-ce**, *gen pl* **-ek**) *f* fishing rod.

wędkarst|wo (**-wa**) (*loc sg* **-wie**) *nt* fishing, angling.

wędkarz (**-a, -e**) (*gen pl* **-y**) *m* angler.

wędli|na (**-ny, -ny**) (*dat sg* **-nie**) *f* cured *lub* smoked meat(s *pl*).

wędr|ować (**-uję, -ujesz**) *vi* (*przemieszczać się*) to wander, to roam; (*podróżować*) to travel; (: *pieszo*) to hike.

wędro|wiec (**-wca, -wcy**) *m* (*podróżnik*) wanderer; (*turysta*) hiker.

wędrów|ka (**-ki, -ki**) (*dat sg* **-ce**, *gen pl* **-ek**) *f* (*podróż*) travel; (*piesza*) hike.

wę|dzić (**-dzę, -dzisz**) (*imp* **-dź**, *perf* **u-**) *vt* to smoke.

▸**wędzić się** *vr* (*o wędlinie*) to be smoked.

wędzony *adj* smoked.

wę|giel (**-gla**) *m* (*paliwo*) coal; (*CHEM*) carbon; (*do rysowania, drzewny*) charcoal; **węgiel kamienny/brunatny** hard/brown coal; **węgle** *pl* embers *pl*.

Wę|gier (**-gra, -grzy**) (*loc sg* **-grze**) *m* Hungarian.

węgier|ka (**-ki, -ki**) (*dat sg* **-ce**, *gen pl* **-ek**) *f* a kind of plum, **Węgierka** Hungarian.

węgierski *adj* Hungarian ♦ *m decl like adj* (*język*) Hungarian.

węglowoda|n (**-nu, -ny**) (*loc sg* **-nie**) *m* carbohydrate.

węglowod|ór (**-oru, -ory**) (*loc sg* **-orze**) *m* hydrocarbon.

węgorz (**-a, -e**) (*gen pl* **-y**) *m* eel.

Wę|gry (**-gier**) (*loc pl* **-grzech**) *pl* Hungary.

węsz|yć (**-ę, -ysz**) *vt* (*perf* **z-**) *vi* (*o*

zwierzęciu) to sniff; (*pot. o detektywie itp.*) to nose around *lub* about.

wę|zeł (**-zła, -zły**) (*loc sg* **-źle**) *m* (*supeł, jednostka prędkości*) knot; (*kolejowy, komunikacyjny*) junction; **węzeł chłonny** lymph gland *lub* node.

węzłowy *adj* (*punkt, stacja*) junction *attr*; (*problem, sprawa*) crucial.

węża *itd. n patrz* **wąż**.

węższy *adj comp od* **wąski**.

WF, wf. *abbr* (= *wychowanie fizyczne*) PE (= physical education).

wg *abbr* (= *według*) according to.

wgię|cie (**-cia, -cia**) (*gen pl* **-ć**) *nt* dent.

wgi|nać (**-nam, -nasz**) (*perf* **-ąć**) *vt* to dent.

►**wginać się** *vr* to get dented.

wglą|d (**-du**) (*loc sg* **-dzie**) *m* (*PSYCH*) insight; **mieć wgląd do** +*gen*/**w** +*acc* to have the right to inspect.

wglę|biać się (**-biam, -biasz**) (*perf* **-bić**) *vr*: **wgłębiać się w coś** (*w ziemię, skałę itp.*) to sink into sth; (*przen: wnikać*) to go into sth.

wgłębie|nie (**-nia, -nia**) (*gen pl* **-ń**) *nt* hollow.

wgniat|ać (**-am, -asz**) (*perf* **wgnieść**) *vt* (*wginać*) to dent; **wgniatać coś w ziemię** to press sth into the ground.

wgniece|nie (**-nia, -nia**) (*gen pl* **-ń**) *nt* dent.

wgryz|ać się (**-am, -asz**) (*perf* **wgryźć**) *vr*: **wgryzać się w coś** to bite into sth; (*przen*) to get into sth.

whisky *f inv* (*szkocka*) whisky; (*irlandzka, amerykańska*) whiskey.

wi|ać (**-eję, -ejesz**) *vi* (*o wietrze*) to blow; (*pot: uciekać*) (*perf* **z-**) to scram (*pot*); **wiał silny wiatr** there was a strong wind (blowing).

wiader|ko (**-ka, -ka**) (*instr sg* **-kiem**, *gen pl* **-ek**) *nt* bucket.

wiadomo *inv*: **wiadomo, że...** it's

common knowledge that... ♦ *adv* (*oczywiście*) sure; **nie wiadomo gdzie/kiedy** nobody knows where/when; **nigdy (nic) nie wiadomo** you never know.

wiadomoś|ć (**-ci, -ci**) (*gen pl* **-ci**) *f* (*informacja*) a piece of news; (*dla/od kogoś*) message; (*RADIO, TV*) news item; **wiadomości** *pl* (*wiedza*) knowledge; (*RADIO, TV*) the news; **podawać coś (komuś) do wiadomości** to make sth known (to sb).

wiad|ro (**-ra, -ra**) (*loc sg* **-rze**, *gen pl* **-er**) *nt* bucket; (*zawartość*) bucket(ful).

wiaduk|t (**-tu, -ty**) (*loc sg* **-cie**) *m* (*nad drogą*) flyover (*BRIT*), overpass (*US*); (*nad doliną*) viaduct.

wian|ek (**-ka, -ki**) (*instr sg* **-kiem**) *m* (*z kwiatów*) garland.

wi|ara (**-ary**) (*dat sg* **-erze**) *f* faith, belief; (*REL: wyznanie*) (*nom pl* **-ary**) faith; **wiara w kogoś/coś** faith in sb/sth; **wiara w siebie** self-confidence.

wiarygodnoś|ć, wiarogodnoś|ć (**-ci**) *f* credibility.

wiarygodny, wiarogodny *adj* (*wiadomość, człowiek*) credible; (*źródło*) reliable.

wi|atr (**-atru, -atry**) (*loc sg* **-etrze**) *m* wind; **pod wiatr** into *lub* against the wind; **z wiatrem** with the wind; **wiatry** *pl*: **puszczać wiatry** to break wind.

wiatra|k (**-ka, -ki**) (*instr sg* **-kiem**) *m* windmill.

wiatrów|ka (**-ki, -ki**) (*dat sg* **-ce**, *gen pl* **-ek**) *f* (*kurtka*) windcheater (*BRIT*), windbreaker (*US*); (*broń*) airgun.

wią|z (**-zu, -zy**) (*loc sg* **-zie**) *m* elm.

wią|zać (**-żę, -żesz**) (*imp* **-ż**, *perf* **z-**) *vt* (*supeł, chustę, sznurowadło*) (*perf* **za-**) to tie; (*ręce, paczkę*) (*perf* **z-**) to tie; (*kojarzyć, łączyć*) (*perf* **z-**) to combine; (*o obietnicy, słowie*) to bind; **wiązać koniec z końcem** (*przen*) to make ends meet.

▶**wiązać się** *vr* (*perf* z-): **wiązać się z kimś** to become involved with sb; **to się wiąże z wydatkami** it involves expenses.

wiązad|ło (-ła, -ła) (*loc sg* -le, *gen pl* -eł) *nt* (*ANAT*) ligament; **wiązadła głosowe** vocal cords.

wiąza|nie (-nia, -nia) (*gen pl* -ń) *nt* (*narciarskie*) binding; (*ARCHIT*) truss.

wiązan|ka (-ki, -ki) (*dat sg* -ce, *gen pl* -ek) *f* (*kwiatów*) bunch; (*melodii*) medley; **wiązanka wyzwisk/ przekleństw** a volley of abuse/ curses.

wiąz|ka (-ki, -ki) (*dat sg* -ce, *gen pl* -ek) *f* (*siana, słomy*) bundle; (*elektronów, światła*) beam.

wiążący *adj* binding.

wibracj|a (-i, -e) (*gen pl* -i) *f* vibration.

wibr|ować (-uję, -ujesz) *vi* to vibrate.

wicedyrekto|r (-ra, -rzy) (*loc sg* -rze) *m* deputy manager; (*szkoły*) deputy head.

wiceminist|er (-ra, -rowie) (*loc sg* -rze) *m* ≈ under-secretary of state (*BRIT*), ≈ undersecretary (*US*).

wicemistrz (-a, -owie) *m* (*SPORT*) runner-up.

wicemistrzost|wo (-wa, -wa) (*loc sg* -wie) *nt* second place (*in a championship*).

wicepremie|r (-ra, -rzy) (*loc sg* -rze) *m* ≈ deputy prime minister (*BRIT*).

wicepreze|s (-sa, -si) (*loc sg* -sie) *m* vice-chairman (*BRIT*), vice-president (*US*).

wiceprezyden|t (-ta, -ci) (*loc sg* -cie) *m* (*państwa*) vice-president; (*miasta*) deputy mayor.

wich|er (-ru, -ry) (*loc sg* -rze) *m* gale.

wichrz|yć (-ę, -ysz) *vt* (*włosy, czuprynę*) (*perf* z-) to ruffle ♦ *vi* to stir up trouble.

wichu|ra (-ry, -ry) (*dat sg* -rze) *f* gale.

wić (**wiję, wijesz**) *vt* (*perf* u-) (*gniazdo*) to build; (*wianek*) to weave.

widać *adv*: **widać nie mógł przyjść** apparently he couldn't come ♦ *inv*: **widać światło** I can see some light; **nie było go nigdzie widać** he was nowhere to be seen; **to widać** it shows; **jak widać** as you can see.

widel|ec (-ca, -ce) *m* fork.

wideł|ki (-ek) *pl* (*telefonu*) cradle.

wideo *nt inv* video ♦ *adj*: **kaseta wideo** video cassette; **kamera wideo** camcorder.

wideokli|p (-pu, -py) (*loc sg* -pie) *m* video.

wid|ły (-eł) *pl* fork.

wid|mo (-ma, -ma) (*loc sg* -mie) *nt* (*zjawa*) phantom, spectre (*BRIT*), specter (*US*); (*FIZ*) spectrum.

widni|eć (-eje) (*pt* -ał) *vi* (*być widocznym*) to be visible.

widno *adv*: **jest widno** it is light.

widnokr|ąg (-ęgu, -ęgi) (*instr sg* -ęgiem) *m* horizon.

widny *adj* (*mieszkanie, pokój*) light.

widocznie *adv* (*zapewne*) apparently; (*wyraźnie*) clearly, visibly.

widocznoś|ć (-ci) *f* visibility.

widoczny *adj* visible.

wido|k (-ku, -ki) (*instr sg* -kiem) *m* (*panorama*) view; (*scena*) sight.

widok|owy *adj*: **taras widokowy** viewing area; (*na dachu*) observation deck; **punkt widokowy** viewpoint (*BRIT*), overlook (*US*).

widków|ka (-ki, -ki) (*dat sg* -ce, *gen pl* -ek) *f* (*picture*) postcard.

widowis|ko (-ka, -ka) (*instr sg* -kiem) *nt* spectacle.

widowiskowy *adj* spectacular.

widow|nia (-ni, -nie) (*gen pl* -ni) *f* (*publiczność*) audience; (*miejsce*) auditorium.

wid|ywać (-uję, -ujesz) *vt* to see
(*occasionally*).
►**widywać się** *vr* to see one another.
widz (-a, -owie) *m* viewer, spectator;
(*świadek*) bystander, onlooker;
widzowie *pl* (*publiczność*) audience.
widze|nie (-nia) *nt* (*wizja*) vision;
(*odwiedziny w więzieniu*) visit; **do
widzenia!** good-bye!; **punkt
widzenia** viewpoint, point of view;
znać kogoś z widzenia to know sb
by sight.
widzialnoś|ć (-ci) *f* visibility.
widziany *adj*: **mile widziany** (very)
welcome; **źle widziany** unwelcome.
wi|dzieć (-dzę, -dzisz) *vt/vi* to see;
widzę dwoje ludzi I (can) see two
people; **widziałem już ten film** I
have already seen this film;
źle/dobrze widzę I see poorly/well;
widzę, że ... I can see (that) ...; **kto
to widział!** (*pot*) well, I never!; **sam
widzisz** there you are *lub* go.
►**widzieć się** *vr* (*samego siebie*) to
see o.s.; (*spotykać się*) to see each
other; **widzieć się z kimś** to see sb.
wiec (-u, -e) *m* mass meeting, rally.
wiecz|ko (-ka, -ka) (*instr sg* -**kiem**,
gen pl -**ek**) *nt* (*pudełka*) top, cover;
(*słoika*) lid.
wiecznie *adv* (*trwać, żyć*) eternally,
forever; (*narzekać, przeszkadzać*)
always, perpetually.
wiecznoś|ć (-ci) *f* eternity.
wieczny *adj* eternal; **wieczne pióro**
fountain pen.
wieczorny *adj* (*wczesnym
wieczorem*) evening *attr*; (*późnym
wieczorem*) night *attr*.
wieczorowy *adj* evening *attr*;
(*szkoła*) night *attr*.
wiecz|ór (-oru, -ory) (*loc sg* -**orze**) *m*
(*wczesny*) evening; (*późny*) night;
(*impreza: muzyki, poezji*) soirée;
dobry wieczór! good evening!;
(dzisiaj) wieczorem tonight, this

evening; **wczoraj wieczorem** last
night; **co wieczór** every evening.
Wied|eń (-nia) *m* (*GEOG*) Vienna.
wiedz|a (-y) *f* knowledge;
(*specjalistyczna*) expertise;
(*technologiczna*) know-how.
wiedzieć (**wiem, wiesz**) (*imp* **wiedz**)
vt to know ♦ *vi*: **wiedzieć (o
kimś/czymś)** to know (about
sb/sth); **wiem (to) od mamy** I know
it from my mother; **o ile wiem** as
far as I know.
wiedź|ma (-my, -my) (*loc sg* -**mie**) *f*
witch.
wiejski *adj* (*droga, powietrze, okolica*)
country *attr*; (*szkoła*) village *attr*;
(*zwyczaje*) rural.
wie|k (-ku, -ki) (*instr sg* -**kiem**) *m* age;
(*stulecie*) century; **XX wiek** the 20th
century; **wiek szkolny** school age; **w
wieku dwudziestu lat** at (the age of)
twenty.
wie|ko (-ka, -ka) (*instr sg* -**kiem**) *nt* lid.
wiekowy *adj* (*dotyczący wieku*) age
attr; (*stary*) aged.
wielbiciel (-a, -e) (*gen pl* -**i**) *m*
(*miłośnik*) fan, enthusiast; (*adorator*)
admirer.
wiel|bić (-bię, -bisz) *vt* (*czcić*) to
worship; (*uwielbiać*) to adore.
wielbłą|d (-da, -dy) (*loc sg* -**dzie**) *m*
camel.
wiele (*like*: **ile**) *pron* (*comp* **więcej**):
wiele (+*gen*) (*z rzeczownikami
policzalnymi*) a lot (of), many; (*z
rzeczownikami niepoliczalnymi*) a lot
(of), much; **wiele kobiet** a lot of *lub*
many women; **wiele czasu/
pieniędzy** a lot of *lub* much
time/money; **wiele rozumieć** to
understand a lot; **wielu ludzi/
studentów** a lot of *lub* many
people/students ♦ *adv* much, a lot; **o
wiele lepszy** much better, a lot
better.

wielebny *adj*: **wielebny X** the Reverend X.

Wielka Brytania (**Wielkiej Brytanii**) *f* Great Britain, the United Kingdom.

Wielkanoc (**-y, -e**) *f* Easter.

wielkanocny *adj* Easter *attr*.

wielki *adj* (*bardzo duży*) big, large; (*intensywny*) intense; (*przen*) great; **wielki palec** (*u nogi*) big toe; **Wielki Tydzień** (*REL*) Holy Week; **Wielki Piątek** (*REL*) Good Friday; **Wielki Post** (*REL*) Lent; **na wielką skalę** on a large scale; **wielka szkoda!** too bad!; **Piotr Wielki** Peter the Great.

wielkomiejski *adj* (big) city *attr*, urban.

Wielkopols|ka (**-ki**) (*dat sg* **-ce**) *f a province in western Poland*.

wielkoś|ć (**-ci**) *f* (*rozmiar*) (*nom pl* **-ci**, *gen pl* **-ci**) size; (*popytu, zamówienia*) scale; (*ogrom*) greatness; (*waga*) magnitude; (*MAT, FIZ*) quantity.

wielobarwny *adj* multicolour(ed) (*BRIT*), multicolor(ed) (*US*).

wielodzietny *adj with many children*.

wielokąt (**-ta, -ty**) (*loc sg* **-cie**) *m* (*GEOM*) polygon.

wielokrop|ek (**-ka, -ki**) (*instr sg* **-kiem**) *m* ellipsis, suspension points *pl*.

wielokrotnie *pron* repeatedly.

wielokrotny *adj* repeated *attr*, multiple *attr*.

wieloletni *adj* long-term, of many years' standing; (*roślina*) perennial.

wieloowocowy *adj* multi-fruit *attr*.

wielopiętrowy *adj* high-rise, multi-storey *attr* (*BRIT*), multistory *attr* (*US*).

wieloraki *adj* multiple *attr*.

wielorasowy *adj* multiracial.

wielory|b (**-ba, -by**) (*loc sg* **-bie**) *m* whale.

wielostronny *adj* (*zainteresowania*) versatile; (*rokowania*) multilateral.

wielowiekowy *adj* centuries old, of many centuries.

wielozmianowy *adj*: **praca wielozmianowa** shiftwork.

wieloznacznoś|ć (**-ci**) *f* ambiguity.

wieloznaczny *adj* ambiguous.

wielu *pron patrz* **wiele**.

wie|niec (**-ńca, -ńce**) *m* wreath.

wieńcowy *adj* (*ANAT*) coronary; **choroba wieńcowa** (*MED*) coronary heart disease.

wieprz (**-a, -e**) (*gen pl* **-ów** *lub* **-y**) *m* hog.

wieprzowi|na (**-ny**) (*dat sg* **-nie**) *f* pork.

wieprzowy *adj* pork *attr*.

wier|cić (**-cę, -cisz**) (*imp* **-ć**) *vt/vi* (*perf* **wy-**) to drill, to bore.

►**wiercić się** *vr* to fidget.

wiernie *adv* faithfully.

wiernoś|ć (**-ci**) *f* faithfulness; (*TECH*) fidelity.

wierny *adj* faithful ♦ *m decl like adj*: **wierni** (*REL*) the faithful.

wiersz (**-a, -e**) (*gen pl* **-y**) *m* (*utwór*) poem; (*linijka pisma*) line; (*wers*) verse.

wierszy|k (**-ka, -ki**) (*instr sg* **-kiem**) *m*: **wierszyk (dla dzieci)** (nursery) rhyme.

wiertar|ka (**-ki, -ki**) (*dat sg* **-ce**, *gen pl* **-ek**) *f* drill.

wiert|ło (**-ła, -ła**) (*loc sg* **-le**, *gen pl* **-eł**) *nt* drill, bit.

wierzący *adj*: **osoba wierząca** believer ♦ *m decl like adj* believer.

wierz|ba (**-by, -by**) (*dat sg* **-bie**) *f* willow.

wierzch (**-u, -y**) *m* (*stołu, pudełka*) top; (*dłoni*) back; (*ubrania*) outside; (*buta*) upper; **być/leżeć na wierzchu** to be/lie on top; **jechać wierzchem** to ride on horseback.

wierzchni *adj* outer, top.

wierzchoł|ek (**-ka, -ki**) (*instr sg*

-kiem) m (*drzewa*) top; (*góry*) top, peak; (*figury geometrycznej*) point.

wierze n patrz **wiara**.

wierzg|ać (**-am, -asz**) (*perf* **-nąć**) vi to kick.

wierzyciel (**-a, -e**) (*gen pl* **-i**) m creditor.

wierz|yć (**-ę, -ysz**) vi: **wierzyć w Boga/duchy** to believe in God/ghosts; **wierzyć (uwierzyć** *perf*) **komuś** to believe sb; **wierzyć w kogoś/coś** to have faith *lub* confidence in sb/sth.

wiesz|ać (**-am, -asz**) (*perf* **powiesić**) vt to hang.

►**wieszać się** vr to hang o.s.

wiesza|k (**-ka, -ki**) (*instr sg* **-kiem**) m (*stojący*) stand; (*deska z kołkami*) (coat) rack; (*pojedynczy kołek*) peg; (*ramiączko*) (coat) hanger; (*przy płaszczu itp.*) loop.

wieś (**wsi, wsie**) (*gen pl* **wsi**) f (*okolica*) country; (*miejscowość*) village; **na wsi** in the country.

wieś|ć¹ (**-ci, -ci**) (*gen pl* **-ci**) f (*książk*) news.

wi|eść² (**-odę, -edziesz**) (*imp* **-edź**, *pt* **-ódł, -odła, -edli**) vt (*życie*) to lead; (*spór*) to have; (*o przywódcy, przewodniku: kierować*) (*perf* **po-**) to lead ♦ vi (*książk: o drodze itp.*) to lead.

►**wieść się** vr (*perf* **po-**): **wiedzie mi się dobrze/źle** I'm doing well/badly.

Wietna|m (**-mu**) (*loc sg* **-mie**) m Vietnam.

Wietnamczy|k (**-ka, -cy**) (*instr sg* **-kiem**) m Vietnamese.

wietnamski adj Vietnamese ♦ m decl like adj (*język*) Vietnamese.

wietrze n patrz **wiatr**.

wietrzny adj windy; **ospa wietrzna** chickenpox.

wietrz|yć (**-ę, -ysz**) vt (*mieszkanie, pokój*) (*perf* **wy-** *lub* **prze-**) to air; (*wyczuwać*) (*perf* **z-**) to smell.

►**wietrzyć się** vr (*o mieszkaniu, ubraniu*) (*perf* **wy-** *lub* **prze-**) to be aired.

wiewiór|ka (**-ki, -ki**) (*dat sg* **-ce**, *gen pl* **-ek**) f squirrel.

wi|eźć (**-ozę, -eziesz**) (*imp* **-eź**, *pt* **-ózł, -ozła, -eźli**, *perf* **za-**) vt (*przewozić*) to carry, to transport; (*podwozić*) to drive.

wież|a (**-y, -e**) f (*ARCHIT*) tower; (*SZACHY*) castle, rook; **wieża kontrolna** control tower.

wieżo|wiec (**-wca, -wce**) m high-rise (building), tower block (*BRIT*).

więc conj so; **tak więc** thus; **a więc, ...** well, ...; **wszyscy, a więc dzieci, rodzice i nauczyciele, ...** everybody, that is children, parents and teachers, ...

więcej adv comp od **dużo, wiele** more; **nikt więcej** nobody else; **nic więcej** nothing more *lub* else; **nigdy więcej!** never again!; **nigdy więcej wojny!** no more war!; **więcej nie przyszła** she never came back; **co więcej** what's more, furthermore.

wi|ędnąć (**-ędnie**) (*pt* **-ądł, -ędła, -ędły**, *perf* **z-**) vi (*o kwiatach*) to wilt, to wither.

większoś|ć (**-ci**) f majority; **większość ludzi** most people; **w większości przypadków** in most cases.

większy adj comp od **duży, wielki**; (*budynek, część, objętość*) larger, bigger; (*doświadczenie, kłopot, wysiłek*) greater; (*znaczny: problem itp.*) major.

wię|zić (**-żę, -zisz**) (*imp* **-ź**) vt: **więzić kogoś** to keep sb in prison.

więzie|nie (**-nia**) nt (*zakład karny*) (*nom pl* **-nia**, *gen pl* **-ń**) prison, jail, gaol (*BRIT*); (*kara*) imprisonment, prison.

wię|zień (**-źnia, -źniowie**) m prisoner.

więz|y (-ów) *pl* (*sznury*) bonds *pl*;
(*przyjaźni, rodzinne*) ties *pl*.

więź (-zi, -zi) (*gen pl* -zi) *f* bond.

wigili|a (-i, -e) (*gen pl* -i) *f* (*święto*):
Wigilia Christmas Eve.

wigilijny *adj*: wieczór wigilijny
Christmas Eve; wieczerza wigilijna
Christmas Eve Supper.

wigo|r (-ru) (*loc sg* -rze) *m* vigour
(*BRIT*), vigor (*US*).

wikin|g (-ga, -gowie) (*instr sg* -giem)
m viking.

wikli|na (-ny) (*dat sg* -nie) *f* wicker.

wiklinowy *adj*: wiklinowy kosz/fotel
wicker basket/chair.

wilczu|r (-ra, -ry) (*loc sg* -rze) *m*
Alsatian (*BRIT*), German shepherd
(*US*).

wilczy *adj* (*przen: apetyt*) wolfish.

wilgo|ć (-ci) *f* (*woda*) moisture;
(*nasycenie wodą*) humidity; (*w
piwnicy, na ścianie*) damp(ness).

wilgotność (-ci) *f* humidity.

wilgotny *adj* (*ubranie, ściana*) damp;
(*powietrze, klimat*) humid, damp;
(*oczy*) moist.

wil|k (-ka, -ki) (*instr sg* -kiem) *m* wolf;
głodny jak wilk (as) hungry as a
wolf *lub* horse; o wilku mowa!
speak *lub* talk of the devil!

wilkoła|k (-ka, -ki) (*instr sg* -kiem) *m*
werewolf.

will|a (-i, -e) (*gen pl* -i *lub* -) *f*
(detached) house.

Wil|no (-na) (*loc sg* -nie) *nt* Vilnius.

wi|na (-ny, -ny) (*dat sg* -nie) *f*
(*przewinienie*) fault; (*uczucie*) guilt;
(*odpowiedzialność*) guilt, blame; to
(nie) twoja wina it is (not) your
fault; to wina systemu the system
is to blame.

win|da (-dy, -dy) (*dat sg* -dzie) *f* lift
(*BRIT*), elevator (*US*).

windsurfin|g (-gu) (*instr sg* -giem) *m*
windsurfing.

winia|k (-ku, -ki) (*instr sg* -kiem) *m*
brandy.

winiar|nia (-ni, -nie) (*gen pl* -ni) *f*
wine bar.

wi|nić (-nię, -nisz) (*imp* -ń) *vt*: winić
kogoś za coś to blame sb for sth.

winien *adj* = winny.

winnic|a (-y, -e) *f* vineyard.

winny *adj*, **winien** (*f* winna, *nt*
winne) (*odpowiedzialny*) guilty;
(*dłużny*): jest mi winien 50 złotych
he owes me 50 zloty ♦ *m decl like*
adj culprit; być winnym czegoś to
be guilty of sth.

wi|no (-na, -na) (*loc sg* -nie) *nt* wine.

winogro|no (-na, -na) (*loc sg* -nie) *nt*
grape.

winorośl (-i, -e) (*gen pl* -i) *f*
(grape)vine.

winowajc|a (-y, -y) *m decl like f in sg*
culprit.

winsz|ować (-uję, -ujesz) (*perf* po-)
vi: winszować komuś czegoś to
congratulate sb on sth; winszować
komuś z okazji imienin/rocznicy
ślubu to wish sb a happy
nameday/anniversary.

wiolonczel|a (-i, -e) (*gen pl* -i *lub* -) *f*
cello.

wiosenny *adj* spring *attr*.

wios|ka (-ki, -ki) (*dat sg* -ce, *gen pl*
-ek) *f* village.

wio|sło (-sła, -sła) (*loc sg* -śle, *gen pl*
-seł) *nt* (*do łodzi*) oar; (*do kajaka*)
paddle.

wiosł|ować (-uję, -ujesz) *vi* (*z łodzi*)
to row; (*z kajaka*) to paddle.

wio|sna (-sny, -sny) (*dat sg* -śnie,
gen pl -sen) *f* spring; wiosną *lub* na
wiosnę in the spring.

wioślarst|wo (-wa) (*loc sg* -wie) *nt*
rowing.

wioślarz (-a, -e) (*gen pl* -y) *m* rower,
oarsman.

wiotcz|eć (-eje) (*perf* z-) *vi* (*o

mięśniach) to grow flabby; (*o skórze*) to get slack.

wiotki *adj* (*mięsień*) flabby; (*skóra*) slack; (*cienki, szczupły*) slender.

wiozę *itp. vb patrz* **wieźć**.

wió|r (**-ra, -ry**) (*loc sg* **-rze**) *m* shaving; **wióry** *pl* shavings *pl.*

wiór|ki (**-ków**) *pl* chips *pl*; **wiórki kokosowe** desiccated coconut.

wi|r (**-ru, -ry**) (*loc sg* **-rze**) *m* whirl; (*w wodzie*) whirlpool.

wiraż (**-u, -e**) (*gen pl* **-y** *lub* **-ów**) *m* (*zakręt*) tight bend; (*skręt*) turning.

wirni|k (**-ka, -ki**) (*instr sg* **-kiem**) *m* rotor.

wir|ować (**-uję, -ujesz**) *vt* (*perf* **od-**) (*bieliznę*) to spin-dry; (*mleko*) to centrifuge ♦ *vi* (*perf* **za-**) to whirl.

wirów|ka (**-ki, -ki**) (*dat sg* **-ce**, *gen pl* **-ek**) *f* (*do bielizny*) spin-dryer.

wirtuo|z (**-za, -zi** *lub* **-zowie**) (*loc sg* **-zie**) *m* virtuoso.

wiru|s (**-sa, -sy**) (*loc sg* **-sie**) *m* virus.

wirusowy *adj* viral.

wi|sieć (**-szę, -sisz**) (*imp* **-ś**) *vi* to hang; (*o helikopterze*) to hover.

wisiel|ec (**-ca, -cy**) *m* hanged person.

wisior|ek (**-ka, -ki**) (*instr sg* **-kiem**) *m* pendant.

wisko|za (**-zy**) (*dat sg* **-zie**) *f* viscose.

Wi|sła (**-sły**) (*dat sg* **-śle**) *f* Vistula.

wiszący *adj*: **wiszący most** suspension bridge.

wi|śnia (**-śni, -śnie**) (*gen pl* **-śni** *lub* **-sien**) *f* (*owoc*) cherry; (*drzewo*) cherry (tree).

wiśniowy *adj* (*sad, dżem, napój*) cherry *attr*; (*kolor*) cherry red.

wit|ać (**-am, -asz**) *vt* (*perf* **po-** *lub* **przy-**) (*pozdrawiać*) to greet; (*przybysza, zmiany*) to welcome; **witamy w Poznaniu!** welcome to Poznań!; **witaj/witajcie/witam!** nice to see you!

▶**witać się** *vr* (*perf* **przy-**): **witać się**

(**z kimś**) to exchange greetings (with sb).

witalnoś|ć (**-ci**) *f* vitality.

witami|na (**-ny, -ny**) (*dat sg* **-nie**) *f* vitamin; **witamina C** vitamin C.

witraż (**-a** *lub* **-u, -e**) (*gen pl* **-y**) *m* stained glass.

witry|na (**-ny, -ny**) (*dat sg* **-nie**) *f* (shop) window; (*w muzeum, na wystawie*) glass case.

wiwa|t (**-tu, -ty**) (*loc sg* **-cie**) *m* cheer.

wiwat|ować (**-uję, -ujesz**) *vi* to cheer; **wiwatować na czyjąś cześć** to cheer sb.

wi|za (**-zy, -zy**) (*dat sg* **-zie**) *f* visa.

wizerun|ek (**-ku, -ki**) (*instr sg* **-kiem**) *m* (*książk: osoby*) image; (*czasów*) picture.

wizj|a (**-i, -e**) (*gen pl* **-i**) *f* (*wyobrażenie, majak*) vision; **wizja lokalna** (*PRAWO*) inspection at the scene of the crime.

wizje|r (**-ra, -ry**) (*loc sg* **-rze**) *m* (*FOT*) viewfinder; (*w drzwiach*) peephole; (*w broni*) sight.

wizualny *adj* (*książk*) visual.

wizy|ta (**-ty, -ty**) (*dat sg* **-cie**) *f* visit; (*u lekarza itp.*) appointment; **składać (złożyć** *perf*) **komuś wizytę** to pay sb a visit.

wizytacj|a (**-i, -e**) (*gen pl* **-i**) *f* inspection.

wizytato|r (**-ra, -rzy**) (*loc sg* **-rze**) *m* (*SZKOL*) inspector.

wizytowy *adj* (*strój*) formal.

wizytów|ka (**-ki, -ki**) (*dat sg* **-ce**, *gen pl* **-ek**) *f* (business) card; (*przen*) showcase.

wj|azd (**-azdu, -azdy**) (*loc sg* **-eździe**) *m* (*czynność*) entering; (*brama*) gateway; (*do garażu*) drive; (*na autostradę*) slip road (*BRIT*), entrance ramp (*US*); „**zakaz wjazdu**" "no entry".

wjazdowy *adj*: **wiza/opłata**

wjazdowa entry visa/fee; **brama wjazdowa** gateway.

wj|echać (**-adę, -edziesz**) (*imp* **-edź**) *vb perf od* **wjeżdżać**.

wjeżdż|ać (**-am, -asz**) (*perf* **wjechać**) *vi* (*do wewnątrz*) to drive in; (*windą*) to go up, to ascend; (*o pociągu: na stację*) to pull in; **wjeżdżać na/w** +*acc* (*wpadać*) to drive into.

wkalkulow|ywać (**-uję, -ujesz**) (*perf* **-ać**) *vt*: **wkalkulowywać coś w cenę/koszt** to include sth in the price/cost.

wklej|ać (**-am, -asz**) (*perf* **wkleić**) *vt* to stick in.

wklęsły *adj* (*brzuch, klatka piersiowa*) hollow; (*zwierciadło, policzki*) concave.

wkła|d (**-du, -dy**) (*loc sg* **-dzie**) *m* (*finansowy, pracy*) input, contribution; (*element wymienny*) refill (insert); (*w banku*) deposit.

wkład|ać (**-am, -asz**) (*perf* **włożyć**) *vt* to insert, to put in; **wkładać coś do szuflady/na półkę** to put sth in the drawer/on the shelf; **wkładać buty/spodnie** to put on one's shoes/trousers.

wkład|ka (**-ki, -ki**) (*dat sg* **-ce**, *gen pl* **-ek**) *f* insert.

wkoło *prep* +*gen* around.

wkop|ywać (**-uję, -ujesz**) (*perf* **-ać**) *vt* (*słup, pal*) to sink into the ground.

wkracz|ać (**-am, -asz**) (*perf* **wkroczyć**) *vi* (*wchodzić uroczyście*) to enter, to make an entrance; (*o wojsku*) to move *lub* march in; (*przen: interweniować*) to step in.

wkrad|ać się (**-am, -asz**) (*perf* **wkraść**) *vr* (*o osobie*) to sneak in, to slip in.

wkrę|cać (**-cam, -casz**) (*perf* **-cić**) *vt* (*śrubkę, wkręt, żarówkę*) to screw in.

▸**wkręcać się** *vr* (*o śrubie, wkręcie*) to screw; (*o materiale, włosach*) to catch, to get caught.

wkrę|cić (**-cę, -cisz**) (*imp* **-ć**) *vb perf od* **wkręcać**.

▸**wkręcić się** *vr perf* (*pot: o człowieku*): **wkręcać się** (**do** +*gen*) to wangle one's way (into).

wkrę|t (**-tu, -ty**) (*loc sg* **-cie**) *m* screw.

wkro|ić (**-ję, -isz**) *vt perf*: **wkroić warzywa** (*w przepisie*) add chopped vegetables.

wkrótce *adv* soon.

wku|pić się (**-pię, -pisz**) *vr perf*: **wkupić się** (**do** +*gen*) to buy one's way (into); **wkupić się w czyjeś łaski** (*przen*) to buy sb's favours (*BRIT*) *lub* favors (*US*).

wkuw|ać (**-am, -asz**) (*perf* **wkuć**) *vt* (*pot: matematykę, chemię*) to swot up (on) ▸ *vi* (*pot*) to swot.

wlat|ywać (**-uję, -ujesz**) (*perf* **wlecieć**) *vi* (*o ptaku, owadzie*) to fly in; (*o dymie*) to get *lub* pour in; (*o piłce*) to shoot in; **wlatywać na kogoś/coś** (*pot*) to bump into sb/sth.

wl|ec (**-okę, -eczesz**) (*pt* **-ókł, -okła, -ekli**) *vt* to drag, to haul.

▸**wlec się** *vr* (*o człowieku*) to drag along; (*o czasie, sukni*) to drag; (*o pojeździe*) to crawl; (*o dymie*) to hang.

wle|piać (**-piam, -piasz**) (*perf* **-pić**) *vt* (*wklejać*) to stick in; **wlepić komuś mandat** (*pot*) to give sb a ticket.

wlew|ać (**-am, -asz**) (*perf* **wlać**) *vt*: **wlewać coś (do czegoś)** to pour sth (into sth).

▸**wlewać się** *vr* to flow in, to pour in.

wl|eźć (**-ezę, -eziesz**) (*imp* **-eź**, *pt* **-azł, -eźli**) *vb perf od* **włazić**.

wlicz|ać (**-am, -asz**) (*perf* **-yć**) *vt*: **wliczać coś w cenę/koszty** to include sth in the price/costs.

wlo|t (**-tu, -ty**) (*loc sg* **-cie**) *m* inlet.

wład|ać (**-am, -asz**) *vt* +*instr* (*książk: krainą, państwem*) to rule; (*bronią, mieczem*) to wield; (*nogą,*

ręką) to have the use of; (*obcym
językiem*) to have a good command
of.

władc|a (**-y, -y**) *m decl like f in sg*
ruler.

wład|ować (**-uję, -ujesz**) *vb perf od*
ładować.

władz|a (**-y**) *f* (*panowanie*) rule,
reign; (*oddziaływanie*) power;
władze *pl* (*państwowe, lokalne*) the
authorities; **być w pełni władz
umysłowych** to be of sound mind.

włama|nie (**-nia, -nia**) (*gen pl* **-ń**) *nt*
burglary.

włamywacz (**-a, -e**) (*gen pl* **-y**) *m*
burglar.

włam|ywać się (**-uję, -ujesz**) (*perf*
-ać) *vr* to break in.

własnoręczny *adj*: **własnoręczny
podpis** personal signature.

własnościowy *adj*: **mieszkanie
własnościowe** owner-occupied flat;
**Ministerstwo Przekształceń
Własnościowych** Ministry of
Privatization.

własnoś|ć (**-ci**) *f* (*mienie*) property;
(*prawo do rozporządzania*)
ownership.

własny *adj*: **mój/jego/jej własny**
my/his/her own; **nazwa własna**
proper noun; **w obronie własnej** in
self-defence; **na koszt własny** at
one's own expense; **we własnej
osobie** in person *lub* the flesh.

właściciel (**-a, -e**) (*gen pl* **-i**) *m*
owner; (*domu*) landlord; (*firmy,
hotelu, patentu*) proprietor.

właściciel|ka (**-ki, -ki**) (*dat sg* **-ce**,
gen pl **-ek**) *f* owner; (*domu*)
landlady; (*firmy, hotelu, patentu*)
proprietress.

właściwie *adv* (*należycie*) properly;
(*poprawnie*) correctly; (*prawdę
mówiąc*) actually, as a matter of fact.

właściwoś|ć (**-ci, -ci**) (*gen pl* **-ci**) *f*
property, characteristic.

właściwy *adj* (*zachowanie,
traktowanie*) proper; (*człowiek*) right;
(*odpowiedź*) correct; (*faktyczny*)
actual; **właściwy komuś** *lub* **dla
kogoś** characteristic of sb.

właśnie *adv*: **właśnie
wtedy/tam/dlatego** this is
when/where/why; **to właśnie** *lub*
właśnie to powiedział/zrobił that's
just what he said/did; **właśnie
idzie/przyjechała** she is just
coming/has just come; **właśnie
miałem zatelefonować** I was (just)
about to phone; **i o to właśnie
chodzi!** that's what it's all about!

wła|z (**-zu, -zy**) (*loc sg* **-zie**) *m*
(*czołgu*) hatch(way); (*kanału*)
manhole.

wła|zić (**-żę, -zisz**) (*imp* **-ź**, *imp* **wleźć**)
vi (*pot*): **włazić do środka** to get
inside; **włazić na drzewo/po
drabinie** to climb a tree/ladder.

włącz|ać (**-am, -asz**) (*perf* **-yć**) *vt*
(*silnik, światło*) to switch *lub* turn on;
włączać coś (do czegoś) to include
sth (in sth).

▶**włączać się** *vr* (*o maszynie,
świetle*) to come on; **włączać się do
dyskusji/pracy** to join in the
discussion/work.

włącznie *adv*: **od poniedziałku do
środy włącznie** (from) Monday to
Wednesday inclusive; **włącznie ze
mną** *lub* **ze mną włącznie** myself
included.

włączony *adj*: **być włączonym** to be
on.

Wło|ch (**-cha, -si**) *m* Italian.

włochaty *adj* (*dywan*) pile *attr*;
(*niedźwiedź*) hairy.

Wło|chy (**-ch**) (*loc* **-szech**) *pl* Italy.

wło|s (**-sa, -sy**) (*loc sg* **-sie**) *m* hair;
włosy *pl* hair *no pl*.

włos|ek (**-ka, -ki**) (*instr sg* **-kiem**) *m*
dimin od **włos**; **wisieć na włosku** to
hang by a thread.

włosi|e (-a) *nt* bristle, bristles *pl*.

włoski *adj* Italian ♦ *m* (*język*) Italian; **orzech włoski** walnut; **kapusta włoska** savoy (cabbage).

włoszczy|zna (-zny) (*dat sg* **-źnie**) *f* a bunch of mixed vegetables (*usually carrot, leek, celeriac, parsley*).

Włosz|ka (-ki, -ki) (*dat sg* **-ce**, *gen pl* **-ek**) *f* Italian.

wł|ożyć (-ożę, -ożysz) (*imp* **-óż**) *vb perf od* **wkładać**.

włóczę|ga (-gi, -dzy *lub* **-gi**) (*loc sg* **-dze**) *m decl like f in sg* (*osoba*) wanderer, vagabond.

włócz|ka (-ki, -ki) (*dat sg* **-ce**, *gen pl* **-ek**) *f* yarn (*knitting thread*).

włócz|nia (-ni, -nie) (*gen pl* **-ni**) *f* spear.

włócz|yć (-ę, -ysz) *vt* to drag, to haul. ►**włóczyć się** *vr* to ramble, to rove.

włókienniczy *adj* textile.

włó|kno (-kna, -kna) (*loc sg* **-knie**, *gen pl* **-kien**) *nt* fibre (*BRIT*), fiber (*US*).

wmawi|ać (-am, -asz) (*perf* **wmówić**) *vt*: **wmawiać coś komuś** *lub* **w kogoś** to make sb believe sth; **wmawiać sobie, że ...** to persuade o.s. that ... .

wmiesz|ać się (-am, -asz) *vr perf*: **wmieszać się w coś** (*przen*) to get mixed up in sth.

wnę|ka (-ki, -ki) (*dat sg* **-ce**) *f* recess.

wnętrz|e (-a, -a) *nt* interior, inside; (*ARCHIT*) interior.

wnętrzności (-i) *pl* entrails, bowels.

wniebowstąpieni|e (-a) *nt* (*REL*) Ascension.

wniebowzięci|e (-a) *nt* (*REL*) Assumption.

wniebowzięty *adj* (*przen*) entranced.

wni|eść (-osę, -esiesz) (*imp* **-eś**, *pt* **-ósł**, **-osła**, **-eśli**) *vb perf od* **wnosić**.

wnik|ać (-am, -asz) (*perf* **-nąć**) *vi*: **wnikać w coś** (*o płynie,*

świetle: *przenikać*) to penetrate sth; (*o człowieku*: *zgłębiać*) to get to the core of sth.

wnikliwoś|ć (-ci) *f* penetration.

wnikliwy *adj* (*analiza, czytelnik*) careful; (*wzrok*) penetrating.

wnios|ek (-ku, -ki) (*instr sg* **-kiem**) *m* (*propozycja*) motion, proposal; (*konkluzja*) conclusion; (*podanie*) application; **dochodzić (dojść** *perf*) **do wniosku** to come to a conclusion; **wyciągać (wyciągnąć** *perf*) **wniosek** to draw a conclusion.

wnioskodawc|a (-y, -y) *m decl like f in sg* mover.

wniosk|ować (-uję, -ujesz) (*perf* **wy-**) *vt*: **wnioskować (z czegoś), że** ... to conclude (from sth) that ... .

wno|sić (-szę, -sisz) (*imp* **-ś**, *perf* **wnieść**) *vt* (*walizki, meble*) to carry in; (*zapach*) to bring in; (*przen*: *radość, życie*) to bring; (*opłatę, składkę*) to pay; (*podanie*) to put in.

WNP *abbr* (= **Wspólnota Niepodległych Państw**) CIS (= Commonwealth of Independent States).

wnucz|ek (-ka, -kowie) (*instr sg* **-kiem**) *m* grandson.

wnucz|ka (-ki, -ki) (*dat sg* **-ce**, *gen pl* **-ek**) *f* granddaughter.

wnu|k (-ka, -kowie *lub* **-ki**) (*instr sg* **-kiem**) *m* grandson; **wnuki** *pl* grandchildren.

woal|ka (-ki, -ki) (*dat sg* **-ce**, *gen pl* **-ek**) *f* veil.

wobec *prep* +*gen* (*w obecności*) in the presence of; (*w obliczu*) in the face of; (*w stosunku do*) to, toward(s); (*w porównaniu z*) in comparison with; (*z powodu*) because of; **wobec tego** in that case.

wo|da (-dy, -dy) (*dat sg* **-dzie**, *gen pl* **wód**) *f* water; **woda sodowa/mineralna** soda/mineral water; **woda słodka/morska** fresh/sea water; **woda (zdatna) do picia** drinking water; **woda kolońska** (eau de) cologne; **pod wodą** underwater; **spuszczać (spuścić** *perf***) wodę** to flush the toilet.

wodni|k (**-ka, -ki**) (*instr sg* **-kiem**) *m* (*w bajkach*) sprite; **Wodnik** (*ASTROLOGIA*) Aquarius.

wodny *adj* (*zbiornik, turbina*) water *attr*; (*roztwór*) water *attr*, aqueous *attr*; (*sporty*) aquatic; **elektrownia wodna** hydroelectric power station; **narty wodne** water skis; **znak wodny** watermark.

wodociąg (**-gu, -gi**) (*instr sg* **-giem**) *m* water-supply (system).

wodolo|t (**-tu, -ty**) (*loc sg* **-cie**) *m* hydrofoil.

wodoodporny *adj* waterproof, water-resistant; (*materiał, kurtka*) water-repellent.

wodoro|st (**-stu, -sty**) (*loc sg* **-ście**) *m* seaweed.

wodorowy *adj* (*CHEM*) hydrogen *attr*; **bomba wodorowa** hydrogen bomb, H-bomb.

wodospa|d (**-du, -dy**) (*loc sg* **-dzie**) *m* waterfall; **Wodospad Niagara** the Niagara Falls *pl*.

wodoszczelny *adj* (*zegarek*) waterproof; (*łódź*) watertight.

wodotrys|k (**-ku, -ki**) (*instr sg* **-kiem**) *m* fountain.

wod|ować (**-uję, -ujesz**) *vt* (*perf* **z-**) (*ŻEGL*) to launch ♦ *vi* (*KOSMOS*) to splash down.

wodowa|nie (**-nia, -nia**) (*gen pl* **-ń**) *nt* (*ŻEGL*) launch, launching; (*KOSMOS*) splashdown; (*LOT*) landing on water.

wod|ór (**-oru**) (*loc sg* **-orze**) *m* hydrogen.

wodz|a (**-y, -e**) (*gen pl* **-y**) *f*: **pod**

wodzą kogoś under sb's command; **wodze** *pl* reins *pl*.

wo|dzić (**-dzę, -dzisz**) (*imp* **wódź**) *vt* (*książk: prowadzić*) to lead; **wodzić palcem/wzrokiem po czymś** to run one's finger/eye over sth.

wodzirej (**-a, -e**) *m* (*na zabawie*) dance leader.

woj. *abbr* (= *województwo*): **woj. poznańskie** Poznań Province.

wojaż (**-u, -e**) (*gen pl* **-y**) *m* (*pot*) travel.

wojenny *adj* (*korespondent, inwalida, weteran*) war *attr*; (*port*) military; **stan wojenny** (*POL*) martial law; **marynarka wojenna** navy; **jeniec wojenny** prisoner of war; **sąd wojenny** court martial.

wojewo|da (**-dy, -dowie**) (*dat sg* **-dzie**) *m decl like f in sg* governor (*of a province*).

wojewódzki *adj* provincial; **miasto wojewódzkie** provincial capital, capital of a province.

województ|wo (**-wa, -wa**) (*loc sg* **-wie**) *nt* province; **województwo poznańskie** Poznań Province.

woj|na (**-ny, -ny**) (*dat sg* **-nie**, *gen pl* **-en**) *f* war; **pierwsza/druga wojna światowa** World War One/Two, the First/Second World War; **wojna domowa** civil war.

wojowniczy *adj* (*naród, plemię*) warlike; (*zachowanie*) belligerent.

wojowni|k (**-ka, -cy**) (*instr sg* **-kiem**) *m* warrior.

wojs|ko (**-ka, -ka**) (*instr sg* **-kiem**) *nt* (*siły zbrojne*) (armed) forces *pl*; (*armia*) army; (*pot*) military service; **służyć w wojsku** to serve in the army.

wojskowy *adj* military ♦ *m decl like adj* military man.

wokali|sta (**-sty, -ści**) (*dat sg* **-ście**) *m decl like f in sg* (*zespołu*) vocalist; (*indywidualny*) singer.

wokalist|ka (-ki, -ki) (*dat sg* -ce, *gen pl* -ek) f (*zespołu*) vocalist; (*indywidualna*) singer.

wokoło, wokół *prep* +*gen* (*dokoła*) round ♦ *adv* (*dookoła*) all around.

wol|a (-i) f will; **dobra wola** goodwill; **zła wola** ill will; **mieć silną/słabą wolę** to have strong/weak will; **mimo woli** unintentionally, involuntarily; **do woli** at will.

wol|eć (-ę, -isz) *vt/vi* to prefer; **wolę kawę niż herbatę** *lub* **od herbaty** I prefer coffee to tea; **wolę iść pieszo (niż jechać samochodem)** I prefer walking (to driving); **wolę o tym nie mówić** I'd rather not talk about it; **wolę, żebyś ty to zrobił** I'd rather you did it.

wolej (-a, -e) f volley.

wolno[1] *adv* (*pomału*) slowly; (*luzem*) freely; **dom wolno stojący** detached house.

wolno[2] *inv*: **tu nie wolno palić** you are not allowed to smoke here; **nie wolno mu palić** he mustn't smoke; **jeśli wolno spytać** if I may ask.

wolnocłowy *adj* duty-free.

wolnorynkowy *adj*: **ceny wolnorynkowe** free-market prices.

wolnoś|ć (-ci) f freedom, liberty.

wolny (*człowiek, rynek, wybór, przekład*) free; (*czas*) free, spare; (*etat, pokój*) free, vacant; (*krok, tempo*) slow; (*nieżonaty/niezamężna*) single; **wolny dzień** a day off; **rzut wolny** free kick; **„wstęp wolny"** "admission free"; **gotować na wolnym ogniu** cook on a low heat.

wolontariusz (-a, -e) (*gen pl* -y) m volunteer.

wol|t (-ta, -ty) (*loc sg* -cie) m volt.

wołacz (-a, -e) (*gen pl* -y) m (*JĘZ*) vocative.

woł|ać (-am, -asz) (*perf* za-) *vt* to call ♦ *vi* to call.

wołowi|na (-ny) (*dat sg* -nie) f beef.

wołowy *adj*: **pieczeń wołowa** roast beef.

wo|ń (-ni, -nie) (*gen pl* -ni) f scent, fragrance; **przykra woń** unpleasant odour (*BRIT*) *lub* odor (*US*).

worecz|ek (-ka, -ki) (*instr sg* -kiem) m bag; **woreczek żółciowy** gall bladder.

wor|ek (-ka, -ki) (*instr sg* -kiem) m sack; **worki** *pl*: **worki pod oczami** bags under the eyes.

workowaty *adj* baggy.

wos|k (-ku, -ki) (*instr sg* -kiem) m wax.

wosk|ować (-uję, -ujesz) (*perf* wy-) *vt* to wax.

woskowy *adj* wax *attr*; (*przen: cera*) waxen.

wot|um (-um) *nt inv in sg* (*POL*): **wotum zaufania/nieufności** a vote of confidence/no confidence; (*REL*) (*nom pl* -a) vote offering.

wo|zić (-żę, -zisz) (*imp* woź *lub* wóź) *vt* to transport; (*samochodem*) to drive.

woźn|a (-ej, -e) f decl like adj caretaker (*BRIT*), janitor (*US*).

woźnic|a (-y, -e) m decl like f in sg coachman.

woźn|y (-nego, -ni) m decl like adj (*SZKOL*) caretaker (*BRIT*), janitor (*US*); (*sądowy*) usher.

wód|ka (-ki, -ki) (*dat sg* -ce, *gen pl* -ek) f vodka.

wódz (**wodza, wodzowie**) m (*przywódca*) leader; (*plemienia, indiański*) chief.

wół (**wołu, woły**) (*loc sg* **wole**) m ox.

wówczas *adv* then.

wóz (**wozu, wozy**) (*loc sg* **wozie**) m (*konny*) cart, wagon; (*ilość towaru*) cartload, wagonload; (*tramwajowy*) tram (*BRIT*), streetcar (*US*); (*cygański*) caravan; (*pot: samochód*) car.

wóz|ek (-ka, -ki) (*instr sg* -kiem) *m* (*głęboki*) pram (*BRIT*), baby carriage (*US*); (*spacerówka*) pushchair (*BRIT*), stroller (*US*); (*szpitalny*) trolley; (*inwalidzki*) wheelchair.

WP *abbr* (= *Wojsko Polskie*) Polish Army; (= *Wielmożny Pan*) Mr; (= *Wielmożna Pani*) Mrs, Ms; (= *Wielmożni Państwo*) Mr and Mrs.

wpad|ać (-am, -asz) (*perf* **wpaść**) *vt* (*do dołu, wody*) to fall; (*do bramki*) to go; (*do pokoju*) to rush.

wpaj|ać (-am, -asz) (*perf* **wpoić**) *vt*: **wpajać coś komuś** to inculcate sth into sb.

wpa|ść (-dnę, -dniesz) (*imp* -dnij, *pt* -dł, -dła, -dli) *vb perf od* **wpadać**; **wpaść na drzewo** to run into a tree; **wpaść w poślizg** to go into a skid; **wpaść pod samochód** to be knocked down *lub* over by a car, to be run over by a car; **wpaść komuś w oko** to catch *lub* take sb's fancy; **coś mi wpadło do oka** sth has got into my eye.

wpatr|ywać się (-uję, -ujesz) (*perf* **wpatrzyć się**) *vr*: **wpatrywać się w** +*acc* to gaze *lub* stare at.

wpę|dzać (-dzam, -dzasz) (*perf* -dzić) *vt*: **wpędzać kogoś/coś gdzieś** to drive sb/sth in(to) sth.

wpin|ać (-am, -asz) (*perf* **wpiąć**) *vt*: **wpinać kwiaty we włosy** to stick flowers in one's hair.

wpi|s (-su, -sy) (*loc sg* -sie) *m* registration.

wpisow|e (-ego) *nt decl like adj* entrance fee (*to an organization*).

wpis|ywać (-uję, -ujesz) (*perf* -ać) *vt* to write down; (*wciągać do rejestru*) to list; (*GEOM*) to inscribe.

wplat|ać (-am, -asz) (*perf* **wpleść**) *vt*: **wplatać kwiaty/wstążki we włosy** to plait (*BRIT*) *lub* braid (*US*) one's hair with flowers/ribbons.

wpląt|ywać (-uję, -ujesz) (*perf* -ać)

vt: **wplątywać kogoś w coś** (*przen*) to entangle sb in sth.

▸**wplątywać się** *vr*: **wplątywać się w coś** to become entangled *lub* embroiled in sth.

wpła|cać (-cam, -casz) (*perf* -cić) *vt* to pay (in).

wpła|ta (-ty, -ty) (*dat sg* -cie) *f* payment; **dokonywać (dokonać** *perf*) **wpłaty** to make a payment.

wpły|w (-wu, -wy) (*loc sg* -wie) *m* influence, impact; **wpływy** *pl* (*przychody*) receipts *pl*, takings *pl*; (*znajomości*) influential friends *pl*; **mieć wpływ na** +*acc* to have an influence on.

wpływ|ać (-am, -asz) (*perf* **wpłynąć**) *vi* (*o korespondencji, pieniądzach*) to come in; **wpływać do portu** (*o statku*) to make port; **wpływać na** +*acc* to influence, to affect.

wpływowy *adj* influential.

wpół *adv*: **trzymać kogoś wpół** to hold sb round their waist; **zgiąć się wpół** to bend double; **wpół do szóstej** half past five; **na wpół żywy** half-alive.

wprasz|ać się (-am -asz) (*perf* **wprosić**) *vr*: **wpraszać się (do** +*gen*) to invite o.s. (to).

wpra|wa (-wy) (*dat sg* -wie) *f* skill, proficiency; **mieć wprawę w czymś** to be adept at (doing) sth; **wychodzić (wyjść** *perf*) **z wprawy** to be out of practice; **dla wprawy** for practice.

wprawi|ać (-am, -asz) (*perf* -ć) *vt* (*szybę, brylant*) to set; **wprawiać kogoś w dobry nastrój** to put sb in a good mood; **wprawiać kogoś w zakłopotanie** to disconcert sb.

▸**wprawiać się** *vr*: **wprawiać się (w czymś)** to get practice (in sth).

wprost *adv* directly; (*powiedzieć, spytać*) outright, point-blank; **na wprost kościoła** opposite the

church ♦ *part*: **wprost przeciwnie**
just the opposite.

wprowa|dzać (-dzam, -dzasz) (*perf*
-dzić) *vt* (*gości*) to bring *lub* show
in; (*zwyczaj, reformy*) to introduce;
(*umieszczać wewnątrz*) to insert;
wprowadzić kogoś w coś
(*zaznajomić*) to introduce sb to sth;
wprowadzić kogoś w dobry nastrój
to put sb in a good mood;
wprowadzić kogoś w błąd to
mislead sb; **wprowadzać coś w**
życie (*przen*) to put *lub* bring sth
into effect.

►**wprowadzać się** *vr* to move in.

wpuszcz|ać (-am, -asz) (*perf*
wpuścić) *vt* (*pozwalać wejść*) to let
in; (*umieszczać*) to let in(to).

wpych|ać (-am, -asz) (*perf*
wepchnąć) *vt* (*wtłaczać*) to shove
in; **wpychać komuś coś** (*przen*) to
push sth on sb (*przen*).

►**wpychać się** *vr* to push in.

wrabi|ać (-am, -asz) (*perf* **wrobić**) *vt*:
wrabiać kogoś w coś (*pot*) to drop
sb in sth.

►**wrabiać się** *vr*: **wrabiać się w coś**
(*pot*) to land o.s. into sth.

wrac|ać (-am, -asz) (*perf* **wrócić**) *vi*
(*przybywać ponownie*) to return, to
come back; (*odchodzić z powrotem*)
to go back; **kiedy wrócisz?** when
will you be back?; **wracać do**
zdrowia to recover, to recuperate.

wra|k (-ku, -ki) (*instr sg* **-kiem**) *m*
wreck.

wrast|ać (-am, -asz) (*perf* **wrosnąć**
lub **wróść**) *vi*: **wrastać w +acc** (*o*
roślinach, paznokciu) to grow into;
(*przen: zespolić się*) to blend into.

wraz *adv*: **wraz z kimś/czymś**
(*książk*) along with sb/sth.

wraże|nie (-nia, -nia) (*gen pl* **-ń**) *nt*
(*reakcja*) sensation; (*odczucie*)
impression; **mam** *lub* **odnoszę**
wrażenie, że ... I have the

impression that ...; **miałem**
wrażenie, że ... I was under the
impression that ... .

wrażliwoś|ć (-ci) *f* sensitivity,
sensibility.

wrażliwy *adj* sensitive; **wrażliwy na**
krzywdę compassionate; **wrażliwy**
na ból (*o człowieku*) susceptible to
pain; (*o nosie, oku*) sensitive to
pain; **wrażliwy na wstrząsy/zmiany**
temperatury sensitive to
shocks/temperature changes.

wreszcie *adv* (*nareszcie*) at (long)
last; **no wreszcie jesteście!** you're
here at last!

wręcz *adj*: **walka wręcz** unarmed
combat, hand-to-hand combat ♦ *part*
(*zupełnie*) completely; (*nawet*) not
to say; **wręcz przeciwnie** on the
contrary.

wręcz|ać (-am, -asz) (*perf* **-yć**) *vt*:
wręczać komuś coś (*dyplom,*
medal) to present sb with sth;
(*kwiaty, prezent*) to give sb sth, to
give sth to sb.

wrodzony *adj* (*zdolności*) inborn,
innate; (*wada, choroba*) congenital.

wrogi *adj* (*państwo, wojsko*) enemy
attr; (*stosunek, spojrzenie*) hostile.

wrogo *adv* with hostility.

wro|na (-ny, -ny) (*dat sg* **-nie**) *f* crow.

wrot|ka (-ki, -ki) (*dat sg* **-ce**, *gen pl*
-ek) *f* roller skate.

wrób|el (-la, -le) (*gen pl* **-li**) *m*
sparrow.

wró|cić (-cę, -cisz) (*imp* **-ć**) *vb perf*
od **wracać**.

wr|óg (-oga, -ogowie) (*instr sg*
-ogiem) *m* (*nieprzyjaciel*) enemy;
(*przeciwnik*) (fierce) opponent.

wróż|ba (-by, -by) (*dat sg* **-bie**) *f*
(*przepowiednia*) prediction (*as told by*
a fortune-teller); (*zapowiedź*) omen;
wróżby *pl* fortune-telling.

wróż|ka (-ki, -ki) (*dat sg* **-ce**, *gen pl*

-ek) f (*czarodziejka*) fairy;
(*wróżbiarka*) fortune-teller.

wróż|yć (-ę, -ysz) vt (*przepowiadać*)
(*perf* **wy-**) (*przewidywać*) to predict,
to foretell; (*być zapowiedzią*) to
herald ♦ vi: **wróżyć komuś** (*perf* **po-**)
to tell sb's fortune; **to dobrze wróży
dla kogoś/czegoś** it augurs *lub*
bodes well for sb/sth.

wrzas|k (-ku, -ki) (*instr sg* **-kiem**) m
scream, yell.

wrzaskliwy *adj* noisy.

wrza|wa (-wy) (*dat sg* **-wie**) f uproar;
wywoływać (wywołać *perf*) **wrzawę**
to create an uproar.

wrzący *adj* boiling.

wrząt|ek (-ku) (*instr sg* **-kiem**) m
boiling water.

wrzeć (wrę, wrzesz) (*3 sg* **wre** *lub*
wrze, *imp* **wrzyj**) vi to boil; (*przen: o
bitwie, walce*) to rage.

wrze|sień (-śnia, -śnie) (*gen pl*
-śniów *lub* **-śni**) m September.

wrzeszcz|eć (-ę, -ysz) (*perf*
wrzasnąć) vi: **wrzeszczeć (na
kogoś)** to scream *lub* yell (at sb).

wrzodowy *adj*: **choroba wrzodowa**
peptic ulcer disease.

wrzo|s (-su, -sy) (*loc sg* **-sie**) m
heather.

wrzosowis|ko (-ka, -ka) (*instr sg*
-kiem) nt heath, moors *pl* (*BRIT*).

wrz|ód (-odu, -ody) (*loc sg* **-odzie**) m
ulcer; (*pot: ropień*) abscess; **wrzód
dwunastnicy/żołądka**
duodenal/gastric ulcer.

wrzu|cać (-cam, -casz) (*perf* **-cić**) vt:
wrzucać coś do czegoś to throw
sth into sth.

wsa|dzać (-dzam, -dzasz) (*perf*
-dzić) vt (*umieszczać*) to put, to
insert; (*pot: zamykać w więzieniu*) to
lock up, to put away (*pot*); **wsadzać
kogoś do taksówki/na samolot** to
put sb in a taxi/on a plane.

wsch. *abbr* (= *wschodni, wschód*) E.
(= Eastern, East).

wschodni *adj* (*kierunek, wiatr*)
easterly; (*półkula, obyczaj, potrawa*)
eastern; **Europa Wschodnia** Eastern
Europe.

wschodnioeuropejski *adj* Eastern
European.

wscho|dzić (-dzi) (*perf* **wzejść**) vi (*o
księżycu, słońcu*) to rise; (*o
roślinach*) to sprout.

wsch|ód (-odu) (*loc sg* **-odzie**) m
(*słońca*) (*nom pl* **-ody**) sunrise;
(*strona świata*) (the) east; **Wschód**
(*kraje wschodnie*) the East.

wsi *itd. n patrz* **wieś**.

wsiad|ać (-am, -asz) (*perf* **wsiąść**) vi:
wsiadać do czegoś (*autobusu,
pociągu, samolotu*) to get on; (*łodzi,
samochodu*) to get in; **wsiadać na
coś** (*statek*) to get on sth, to embark
on sth; (*konia, motocykl, rower*) to
get on sth.

wsiąk|ać (-am, -asz) (*perf* **-nąć**) vi:
wsiąkać w coś to soak into sth.

wska|kiwać (-kuję, -kujesz) (*perf*
wskoczyć) vi: **wskakiwać na coś**
(*ławkę*) to jump onto sth; (*konia,
rower*) to leap on sth; **wskakiwać do
czegoś** (*autobusu, pociągu*) to jump
on sth; (*wody*) to plunge into sth;
wskoczyć do kogoś (*pot*) to drop in
on sb, to call on sb.

wskazany *adj* advisable.

wskazów|ka (-ki, -ki) (*dat sg* **-ce**, *gen
pl* **-ek**) f (*zegara*) hand; (*rada*) hint;
**zgodnie z ruchem wskazówek
zegara** clockwise; **przeciwnie do
ruchu wskazówek zegara**
anticlockwise (*BRIT*),
counterclockwise (*US*).

wskazujący *adj*: **palec wskazujący**
index finger, forefinger; **zaimek
wskazujący** demonstrative pronoun.

wskaz|ywać (-uję, -ujesz) (*perf* **-ać**)
vt to show ♦ vi: **wskazywać na**

kogoś/coś (*pokazywać*) to point at sb/sth; (*informować*) to point to sb/sth; (*oznaczać*) to indicate sth; **czy może mi Pan wskazać drogę do ...?** could you show me the way to ...?, could you tell me how to get to ...?

wskaźni|k (**-ka, -ki**) (*instr sg* **-kiem**) *m* (*przyrząd*) pointer; (*kontrolka*) indicator; (*produkcji, rozwoju*) index; (*umieralności*) rate; **wskaźnik poziomu paliwa** fuel gauge *lub* gage (*US*).

wskroś *adv*: **na wskroś** (*na wylot*) through; (*do głębi*) through and through.

wskutek *prep*: **wskutek czegoś** as a result of sth.

wsłuch|iwać się (**-uję, -ujesz**) (*perf* **-ać**) *vr*: **wsłuchiwać się w kogoś/coś** to listen intently to sb/sth.

wspaniale *adv* magnificently, splendidly; **to wspaniale!** that's fantastic!

wspaniałomyślny *adj* generous, magnanimous.

wspaniałoś|ć (**-ci, -ci**) (*gen pl* **-ci**) *f* (*natury, klejnotu*) magnificence; (*przyjęcia*) splendour (*BRIT*), splendor (*US*); **wspaniałości** *pl* splendours *pl* (*BRIT*), splendors *pl* (*US*).

wspaniały *adj* (*niepospolity*) wonderful; (*zwycięstwo*) splendid; (*przyjęcie*) grand; (*strój*) magnificent.

wsparci|e (**-a**) *nt* support.

wspier|ać (**-am, -asz**) (*perf* **wesprzeć**) *vt* (*podtrzymywać*) to support; (*pomagać*) to aid.

▶**wspierać się** *vr* (*pomagać sobie nawzajem*) to support one another; **wspierać się na czymś** (*opierać się*) to lean on sth; (*spoczywać*) to rest (up)on sth.

wspinacz|ka (**-ki, -ki**) (*dat sg* **-ce**, *gen*

pl **-ek**) *f* climbing; **wspinaczka górska** mountaineering.

wspin|ać się (**-am, -asz**) (*perf* **wspiąć**) *vr* to climb.

wspomagani|e (**-a**) *nt* (*MOT*): **hamulce ze wspomaganiem** servo brakes; **kierownica ze wspomaganiem** power steering.

wspomin|ać (**-am, -asz**) (*perf* **wspomnieć**) *vt* (*przypominać sobie*) to remember, to recall; (*napomykać*) to mention ♦ *vi*: **wspominać o czymś** to mention sth; **nie wspominając o** +*loc* not to mention.

wspomnie|nie (**-nia, -nia**) (*gen pl* **-ń**) *nt* memory, recollection; **wspomnienia** *pl* (*LIT*) memoirs *pl*.

wsporni|k (**-ka, -ki**) (*instr sg* **-kiem**) *m* (*ARCHIT*) truss, corbel.

wspólnie *adv* jointly, together; **wspólnie z kimś** together with sb.

wspólni|k (**-ka, -cy**) (*instr sg* **-kiem**) *m* (*EKON*) partner; (*PRAWO*) accomplice.

wspólno|ta (**-ty, -ty**) (*loc sg* **-cie**) *f* (*społeczność*) community; **wspólnota interesów** community of interests; **Wspólnota Brytyjska** the Commonwealth (of Nations).

wspólny *adj* (*język, granica, cel*) common; (*kuchnia*) shared, communal; (*pokój*) shared; (*zainteresowanie, znajomy*) mutual; (*przedsięwzięcie, fundusz, rachunek*) joint; **Wspólny Rynek** the Common Market; **to nie ma nic wspólnego z tobą** this has nothing to do with you; **mieć wiele wspólnego (z kimś)** to have a lot in common (with sb).

współauto|r (**-ra, -rzy**) (*loc sg* **-rze**) *m* co-author.

współczesnoś|ć (**-ci**) *f* the present day *lub* time.

współczesny *adj* contemporary.

współczuci|e (**-a**) *nt* compassion,

sympathy; **wyrazy współczucia** condolences.

współczu|ć (-uję, -ujesz) *vi:* **współczuć komuś** to feel sorry for sb; **współczuć komuś (z powodu czegoś)** to commiserate with sb (over sth).

współczynni|k (-ka, -ki) (*instr sg* -kiem) *m* coefficient.

współdział|ać (-am, -asz) *vi* to co-operate.

współdziała|nie (-nia, -nia) (*gen pl* -ń) *nt* co-operation.

współgr|ać (-am, -asz) *vi:* **współgrać (z czymś)** to harmonize (with sth).

współlokato|r (-ra, -rzy) (*loc sg* -rze) *m* = **współmieszkaniec**.

współmałżon|ek (-ka, -kowie) (*instr sg* -kiem) *m* spouse.

współodpowiedzialny *adj:* **być współodpowiedzialnym za coś** to share the responsibility for sth.

współorganizato|r (-ra, -rzy) (*loc sg* -rze) *m* co-organizer.

współprac|a (-y) *f* cooperation; (*artystyczna, naukowa, z wrogiem*) collaboration.

współprac|ować (-uję, -ujesz) *vi* to co-operate; (*o artystach, naukowcach, zdrajcach*) to collaborate; (*o częściach mechanizmu*) to interact.

współpracowni|k (-ka, -cy) (*instr sg* -kiem) *m* (*w pracy*) co-worker, associate; (*policji, wywiadu*) informer.

współrzędn|a (-ej, -e) *f decl like adj* co-ordinate.

współtworz|yć (-ę, -ysz) (*imp* **współtwórz**) *vt* to co-author.

współuczestnicz|yć (-ę, -ysz) *vi:* **współuczestniczyć w czymś** to participate in sth.

współudzia|ł (-łu) (*loc sg* -le) *m:* **współudział (w czymś)** participation (in sth); (*PRAWO*) complicity (in sth).

współwłaściciel (-a, -e) (*gen pl* -i) *m* co-owner, joint owner.

współzawodnict|wo (-wa) (*loc sg* -wie) *nt* rivalry, competition.

współzawodnicz|yć (-ę, -ysz) *vi:* **współzawodniczyć (z kimś) (o coś)** to compete (with sb) (for sth).

współżyci|e (-a) *nt:* **współżycie społeczne/płciowe** social/sexual intercourse.

współży|ć (-yję, -yjesz) *vi:* **współżyć (z kimś)** (*obcować*) to interact (with sb); (*płciowo*) to have sex (with sb); (*BIO*) to live in symbiosis.

wst|awać (-aję, -ajesz) (*imp* -awaj, *perf* -ać) *vi* (*rano, z łóżka*) to get up, to rise; (*z krzesła, podłogi*) to stand up, to rise.

wsta|wiać (-wiam, -wiasz) (*perf* -wić) *vt* (*szybę*) to set; (*ząb*) to replace; (*ryż, wodę, czajnik*) to put on; **wstawiać coś do czegoś** to put sth in(to) sth.

▸**wstawiać się** *vr:* **wstawiać się za kimś** to put in a (good) word for sb, to plead sb's case.

wstążecz|ka (-ki, -ki) (*dat sg* -ce, *gen pl* -ek) *f* ribbon.

wstąż|ka (-ki, -ki) (*dat sg* -ce, *gen pl* -ek) *f* (*do włosów*) ribbon.

wstecz *adv* (*ruszyć, spojrzeć*) back(wards).

wsteczny *adj* (*zacofany*) backward; (*poglądy, polityk*) reactionary; **wsteczny bieg** reverse gear; **lusterko wsteczne** rear-view mirror.

wstę|ga (-gi, -gi) (*dat sg* -dze) *f* (*z materiału*) band, ribbon; (*przen: drogi, rzeki, dymu*) ribbon.

wstę|p (-pu, -py) (*loc sg* -pie) *m* (*prawo wejścia*) entry, admission; (*przygotowanie, początek*) introduction; (*LIT*) preface; **„wstęp wzbroniony!"** "no entry".

wstępnie *adv* (*ocenić, opracować, ustalić*) tentatively, provisionally.

wstępny *adj* (*przygotowawczy*) preliminary; (*początkowy*) initial; (*tymczasowy*) tentative, provisional; **egzamin wstępny** entrance exam(ination); **warunek wstępny** precondition.

wstęp|ować (**-uję, -ujesz**) (*perf* **wstąpić**) *vi*: **wstępować do biura/kawiarni** to stop by *lub* call (by) the office/café; **wstępować do organizacji** to join an organization; **wstąpić do wojska** to join the army, to join up (*BRIT*).

wstręt (**-tu**) (*loc sg* **-cie**) *m* revulsion, repulsion; **mieć** *lub* **czuć wstręt do kogoś/czegoś** to find sb/sth repulsive.

wstrętny *adj* (*człowiek, czyn*) repulsive; (*smak, zapach*) revolting.

wstrzą|s (**-su, -sy**) (*loc sg* **-sie**) *m* (*tektoniczny*) tremor; (*psychiczny*) shock; **wstrząs mózgu** concussion.

wstrząs|ać (**-am, -asz**) (*perf* **-nąć**) *vt* +*instr* (*butelką*) to shake; (*człowiekiem*) to shake, to shock.

wstrząsający *adj* shocking.

wstrzemięźliwoś|ć (**-ci**) *f* temperance, abstinence.

wstrzemięźliwy *adj* (*reakcja*) reserved; (*życie*) temperate, abstemious.

wstrzy|kiwać (**-kuję, -kujesz**) (*perf* **-knąć**) *vt*: **wstrzykiwać coś komuś/sobie** to inject sb/o.s. with sth.

wstrzym|ywać (**-uję, -ujesz**) (*perf* **-ać**) *vt* (*bieg, napór, ruch*) to arrest; (*prace*) to discontinue; (*wypłatę, wydanie*) to withhold.

▸**wstrzymywać się** *vr* (*podczas głosowania*) to abstain; **wstrzymywać się z decyzją** to defer decision.

wsty|d (**-du**) (*loc sg* **-dzie**) *m* shame;

wstyd mi, jest mi wstyd I am *lub* feel ashamed; **jak ci nie wstyd?** you should be ashamed of yourself!

wstydliwy *adj* bashful, shy.

wsty|dzić się (**-dzę, -dzisz**) (*imp* **-dź**) *vr*: **wstydzić się (za kogoś/coś)** to be ashamed (of sb/sth); **wstydzić się czegoś** to be ashamed of sth; **wstydzić się kogoś** to feel embarrassed in front of sb; **wstydzić się coś zrobić** to be ashamed to do sth.

wsuw|ać (**-am, -asz**) (*perf* **wsunąć**) *vt* (*kartkę: do książki*) to insert, to slip; (: *pod drzwiami*) to slip; (*monetę: do otworu*) to insert; (: *do kieszeni*) to slip; (*pot: jeść*) to tuck in (*pot*).

▸**wsuwać się** *vr* (*wchodzić cicho*) to slip in; (*wpełzać*) to creep in.

wsuw|ka (**-ki, -ki**) (*dat sg* **-ce**, *gen pl* **-ek**) *f* (*też*: **wsuwka do włosów**) hairpin.

wsyp|ywać (**-uję, -ujesz**) (*perf* **-ać**) *vt* to pour (in).

wszcze|p (**-pu, -py**) (*loc sg* **-pie**) *m* (*MED*) implant.

wszcze|piać (**-piam, -piasz**) (*perf* **-pić**) *vt* to implant.

wszczyn|ać (**-am, -asz**) (*perf* **wszcząć**) *vt* (*postępowanie prawne, śledztwo*) to institute, to initiate; (*poszukiwania*) to institute, to instigate; (*negocjacje*) to enter into; (*alarm, awanturę, wojnę*) to start.

wszechmogą|cy *adj*: **Bóg wszechmogący** God Almighty.

wszechstronny *adj* (*artysta, zawodnik*) versatile; (*wykształcenie*) broad; (*zainteresowania*) wide-ranging.

wszechświa|t (**-ata**) (*loc sg* **-ecie**) *m* universe.

wszedł *itd. vb patrz* **wejść**.

wszelki *adj* (*każdy*) every; (*jakikolwiek*) any; **na wszelki**

wypadek just in case, to be on the safe side; **za wszelką cenę** at all cost(s); **„wszelkie prawa zastrzeżone"** "all rights reserved".

wszerz *adv* (*przeciąć, przepłynąć*) widthways; **zjeździć** *(perf)* **Polskę wzdłuż i wszerz** to travel the length and breadth of Poland.

wszędzie *adv* everywhere.

wszy *n patrz* **wesz.**

wszyscy *pron decl like adj* all; (*wszyscy ludzie*) everybody, everyone; **wszyscy wiedzą** everybody *lub* everyone knows; **wszyscy studenci** all (the) students; **wszyscy razem** all together.

wszystek *pron* (*cały*) all.

wszystkie *pron decl like adj* all; **wszystkie książki** all (the) books; **czy masz wszystkie?** do you have all of them?

wszystko *pron decl like adj* everything; **mimo wszystko** still; **przede wszystkim** (*w pierwszej kolejności*) first of all, first and foremost; **wszystko mi jedno** it's all the same to me; **kawa czy herbata? – wszystko jedno** tea or coffee? – I don't mind; **wszystko w porządku?** is everything all right *lub* O.K.?; **wszystkiego najlepszego!** all the best!

wścibski *adj* nosy.

wściek|ać się (**-am, -asz**) *vr imperf* (*pot*) to rage; **wściekać się na kogoś** to be furious with sb.

wściekli|zna (**-zny**) (*dat sg* **-źnie**) *f* rabies.

wściekłoś|ć (**-ci**) *f* rage, fury.

wściekły *adj* (*rozgniewany*) furious, mad; (*chory na wściekliznę*) rabid; (*atak, kłótnia*) furious, fierce.

wśród *prep* among, amid.

wtacz|ać (**-am, -asz**) (*perf* **wtoczyć**) *vt* to roll in.

►**wtaczać się** *vr* to roll.

wtajemnicz|ać (**-am, -asz**) (*perf* **-yć**) *vt*: **wtajemniczać kogoś w coś** to initiate sb into sth.

wtajemnicze|nie (**-nia, -nia**) (*gen pl* **-ń**) *nt* initiation.

wtarg|nąć (**-nę, -niesz**) (*imp* **-nij**) *vi perf*: **wtargnąć dokądś** (*o osobie, grupie*) to burst into sth; (*o wojsku*) to invade sth.

wtedy *pron* then; **wtedy, kiedy ...** when ... .

wtem *adv* suddenly, all of a sudden.

wtłacz|ać (**-am, -asz**) (*perf* **wtłoczyć**) *vt* (*powietrze, wodę*) to force in; (*ludzi, przedmioty*) to cram.

wtor|ek (**-ku, -ki**) (*instr sg* **-kiem**) *m* Tuesday.

wtórny *adj* (*pochodny*) derivative; (*drugorzędny*) secondary; **surowce wtórne** recyclable materials.

wtór|ować (**-uję, -ujesz**) *vi*: **wtórować komuś** to accompany sb.

wtrą|cać (**-cam, -casz**) (*perf* **-cić**) *vt* (*obce wyrazy*) to throw in.

►**wtrącać się** *vr*: **wtrącać się (do czegoś)** to interfere *lub* meddle (in sth).

wtrys|k (**-ku, -ki**) (*instr sg* **-kiem**) *m*: **wtrysk paliwa** fuel injection.

wtul|ać (**-am, -asz**) (*perf* **-ić**) *vt* (*głowę*) to nestle.

►**wtulać się** *vr*: **wtulać się w coś** to nestle in sth.

wtycz|ka (**-ki, -ki**) (*dat sg* **-ce**, *gen pl* **-ek**) *f* plug; (*pot: szpieg*) mole (*pot*).

wtyk|ać (**-am, -asz**) (*perf* **wetknąć**) *vt* (*pot: wsadzać*) to stick (in).

wuj (**-a, -owie**) *m* uncle.

wuj|ek (**-ka, -kowie**) (*instr sg* **-kiem**) *m* uncle.

wulgarny *adj* vulgar.

wulka|n (**-nu, -ny**) (*loc sg* **-nie**) *m* volcano.

wulkanizacj|a (**-i**) *f* (*dętek, opon*) retreading.

ww. *abbr* (= *wyżej wymieniony*) above-mentioned.

W-wa *abbr* (= *Warszawa*) Warsaw.

ww|ozić (**-ożę, -ozisz**) (*imp* **-oź** *lub* **-óź**, *perf* **wwieźć**) *vt* (*na górę*) to bring up; (*do wnętrza*) to bring in.

ww|óz (**-ozu**) (*loc sg* **-ozie**) *m* importation.

wy (*see* **Table 2**) *pron* you.

wybacz|ać (**-am, -asz**) (*perf* **-yć**) *vt*: **wybaczać (komuś) coś** to forgive (sb) sth.

wybaczeni|e (**-a**) *nt* forgiveness.

wybad|ać (**-am, -asz**) *vt perf* (*osobę, zamiary*) to sound out.

wyba|wiać (**-wiam, -wiasz**) (*perf* **-wić**) *vt* to save; **wybawiać kogoś z kłopotu** to get sb out of trouble.

wybie|g (**-gu, -gi**) (*instr sg* **-giem**) *m* (*dla koni*) paddock; (*fortel*) subterfuge; (*na pokazie mody*) catwalk.

wybieg|ać (**-am, -asz**) *vi* (*perf* **wybiec**): **wybiegać (z domu/pokoju)** to run out (of the house/room).

wybielacz (**-a, -e**) (*gen pl* **-y**) *m* bleach.

wybier|ać (**-am, -asz**) (*perf* **wybrać**) *vt* to choose; (*spośród innych osób/rzeczy tego samego rodzaju*) to select, to pick (out); (*posła, prezydenta*) to elect.

▸**wybierać się** *vr*: **wybieram się do biura/do Anglii** I'm going to the office/to England; **wybieramy się w podróż/na spacer** we're going away/for a walk.

wybij|ać (**-am, -asz**) (*perf* **wybić**) *vt* (*czop, korek, gwóźdź*) to knock out; (*szybę*) to break; (*takt, rytm*) to beat; (*muchy, wilki*) to kill (off); (*piłkę: na aut, w pole*) to clear; (*o zegarze: siódmą itp.*) to strike; **wybić komuś ząb** to knock sb's tooth out; **wybić komuś coś z**

głowy (*przen*) to get sth out of sb's head.

▸**wybijać się** *vr* (*wyróżniać się*) to stand out.

wybiórczo *adv* selectively.

wybitnie *adv* outstandingly.

wybitny *adj* outstanding.

wyblakły *adj* faded.

wyblak|nąć (**-nie**) (*pt* **-ł**) *vb perf od* **blaknąć** ◊ *vi perf* to fade (away).

wyboisty *adj* bumpy.

wyborc|a (**-y, -y**) *m decl like f in sg* voter.

wyborczy *adj*: **kampania wyborcza** election campaign; **komisja wyborcza** electoral committee; **okręg wyborczy** constituency; **bierne/czynne prawo wyborcze** right to be elected/to vote.

wyborowy *adj*: **strzelec wyborowy** sharpshooter, marksman.

wyb|ój (**-oju, -oje**) (*gen pl* **-oi** *lub* **-ojów**) *m* pothole.

wyb|ór (**-oru, -ory**) (*loc sg* **-orze**) *m* (*zawodu*) choice; (*kandydata, prezydenta*) election; (*ćwiczeń, towarów*) selection; **nie mieć wyboru** to have no choice; **wybory** *pl* election(s *pl*).

wybrakowany *adj* defective; **towar wybrakowany** second.

wybredny *adj* choosy, fussy.

wybr|nąć (**-nę, -niesz**) (*imp* **-nij**) *vi perf*: **wybrnąć z** +*gen* (*sytuacji, kłopotów*) to get out of.

wybry|k (**-ku, -ki**) (*instr sg* **-kiem**) *m* excess.

wybrzeż|e (**-a, -a**) (*gen pl* **-y**) *nt* coast.

wybrzydz|ać (**-am, -asz**) *vi*: **wybrzydzać na coś** to turn one's nose up at sth.

wybuch (**-u, -y**) *m* (*gazu, bomby*) explosion; (*wulkanu*) eruption; (*pożaru, wojny, epidemii*) outbreak; (*płaczu, radości, śmiechu*) outburst.

wybuch|ać (**-am, -asz**) (*perf* **-nąć**) *vi*

(*o bombie, granacie*) to explode, to go off; (*o wojnie, pożarze, epidemii*) to break out; (*o wulkanie*) to erupt; **wybuchać płaczem** to burst into tears; **wybuchać śmiechem** to burst out laughing.

wybuchowy *adj* (*substancja*) explosive; (*człowiek, usposobienie*) short-tempered; **materiały wybuchowe** explosives.

wycel|ować (-uję, -ujesz) *vb perf od* celować.

wyce|na (-ny, -ny) (*dat sg* -nie) *f* valuation.

wyce|niać (-niam, -niasz) (*perf* -nić) *vt* to value.

wycho|dzić (-dzę, -dzisz) (*imp* -dź, *perf* **wyjść**) *vi* (*z domu, pokoju, wojska*) to leave; (*spędzać czas poza domem*) to go out; (*o zdjęciach, słońcu, publikacji, włosach*) to come out; (*o planach*) to work (out); (*o żyłach, bieliźnie*) to show; **wychodzić (z pokoju)** (*patrząc od wewnątrz*) to go out (of the room), to leave (the room); (*patrząc od zewnątrz*) to come out (of the room); **wychodzić na spacer** to go out for a walk; **wychodzić z opresji, długów** to get out of trouble/debt; **wychodzić za mąż** to get married; **wychodzić na zachód/na morze** to look west/(out) onto the sea; **wychodzić z użycia/mody** to go out of use/fashion.

wychowan|ek (-ka, -kowie) (*instr sg* -kiem) *m* (*absolwent*) old boy (*BRIT*), alumnus (*US*); (*uczeń*) pupil; (*domu dziecka*) charge.

wychowani|e (-a) *nt* (*nauka*) education; (*proces wychowawczy*) upbringing; (*ogłada*) manners *pl*; **wychowanie fizyczne** physical education.

wychowan|ka (-ki, -ki) (*dat sg* -ce,

gen pl -ek) *f* (*absolwentka*) old girl (*BRIT*), alumna (*US*); (*uczennica*) pupil; (*domu dziecka*) charge.

wychowany *adj*: **dobrze/źle wychowany** well/ill-mannered.

wychowawc|a (-y, -y) *m decl like f in sg* (*SZKOL*) form tutor (*BRIT*), home-room teacher (*US*).

wychowawczy *adj* (*metody, sukces*) educational; **urlop wychowawczy** parental leave, child care leave; **lekcja wychowawcza** weekly class meeting.

wychowawczy|ni (-ni, -nie) (*gen pl* -ń) *f* (*SZKOL*) form tutor (*BRIT*), home-room teacher (*US*).

wychow|ywać (-uję, -ujesz) (*perf* -ać) *vt* (*o rodzicach*) to bring up; (*kształcić*) to educate.

▸**wychowywać się** *vr* to be brought up.

wychudły *adj* (*ręce*) skinny; (*twarz*) drawn.

wychwal|ać (-am, -asz) *vt* to extol.

wychwy|tywać (-tuję, -tujesz) (*perf* -cić) *vt* (*błędy*) to pick out.

wychyl|ać (-am, -asz) (*perf* -ić) *vt* (*wysunąć*) to stick out; (*wypić szybko*) to down.

▸**wychylać się** *vr* (*wyglądać*): **wychylać się (z okna)** to lean out (of the window).

wyciąg (-gu, -gi) (*instr sg* -giem) *m* (*też*: **wyciąg narciarski**) ski lift; (*też*: **wyciąg z konta**) bank statement; (*dźwig*) hoist; (*z roślin itp.*) extract; (*wypis*) abstract; (*MED*) traction.

wyciąg|ać (-am, -asz) (*perf* -nąć) *vt* (*wydobywać*) to pull out, to draw; (*prostować: nogi, ręce*) to stretch; **wyciągnąć rękę do kogoś** to reach out to sb; **wyciągać kogoś z kłopotów/wody** to get sb out of trouble/the water; **wyciągać z czegoś wnioski** to draw conclusions from sth.

wyciecz|ka (**-ki**, **-ki**) (*dat sg* **-ce**, *gen pl* **-ek**) *f* trip, excursion; **wycieczka piesza** hike; **wycieczka po mieście** a tour of the city.

wycieczkowicz (**-a**, **-e**) *m* tripper.

wycie|k (**-ku**, **-ki**) (*instr sg* **-kiem**) *m* leakage.

wyciek|ać (**-a**) (*perf* **wyciec**) *vi* to leak.

wycieńczeni|e (**-a**) *nt* emaciation.

wycieńczony *adj* emaciated.

wycieracz|ka (**-ki**, **-ki**) (*dat sg* **-ce**, *gen pl* **-ek**) *f* (*przed drzwiami*) doormat; (*MOT*) windscreen (*BRIT*) *lub* windshield (*US*) wiper.

wycier|ać (**-am**, **-asz**) (*perf* **wytrzeć**) *vt* (*ręce, tablicę*) to wipe; (*mleko, brud*) to wipe up.

▸**wycierać się** *vr* (*o człowieku*) to dry o.s.; (*o kołnierzyku*) to wear; (*o butach*) to wear out.

wycin|ać (**-am**, **-asz**) (*perf* **wyciąć**) *vt* to cut out; (*migdały, wyrostek*) to take out.

wycinan|ka (**-ki**, **-ki**) (*dat sg* **-ce**, *gen pl* **-ek**) *f* cutout.

wycin|ek (**-ka**, **-ki**) (*instr sg* **-kiem**) *m* (*z gazety*) cutting, clipping.

wycin|ka (**-ki**, **-ki**) (*dat sg* **-ce**, *gen pl* **-ek**) *f* (*lasu*) logging.

wycinkowy *adj* fragmentary.

wycisk|ać (**-am**, **-asz**) (*perf* **wycisnąć**) *vt* (*cytrynę, pastę*) to squeeze (out); (*gąbkę, ubranie*) to wring out; (*pieczęć, znak*) to impress.

wycof|ywać (**-uję**, **-ujesz**) (*perf* **-ać**) *vt* to withdraw.

▸**wycofywać się** *vr* to withdraw.

wyczar|ować (**-uję**, **-ujesz**) *vt perf* to conjure up.

wycze|kiwać (**-kuję**, **-kujesz**) *vt*: **wyczekiwać kogoś/czegoś** to wait for sb/sth; **wyczekiwać czegoś** (*z przyjemnością*) to look forward to ◆

vi: **wyczekiwać na kogoś/coś** to wait for sb/sth.

wyczekujący *adj* (*postawa*) expectant; (*polityka*) wait-and-see *attr*.

wyczerpany *adj* (*człowiek, zapasy*) exhausted; (*bateria*) flat, dead.

wyczerpujący *adj* (*praca*) exhausting; (*odpowiedź*) exhaustive.

wyczerp|ywać (**-uję**, **-ujesz**) (*perf* **-ać**) *vt* to exhaust.

▸**wyczerpywać się** *vr* (*o zapasach*) to run low; (*o baterii*) to run down; (*o cierpliwości*) to wear thin.

wyczuci|e (**-a**) *nt*: **wyczucie rytmu/sytuacji** a feeling for rhythm/the situation; **robić coś na wyczucie** to follow one's nose in doing sth.

wyczuw|ać (**-am**, **-asz**) (*perf* **wyczuć**) *vt* (*dotykiem*) to feel; (*węchem*) to smell, to scent; (*intuicyjnie*) to sense.

wyczuwalny *adj* (*zapach, puls*) perceptible; (*nerwowość, smutek*) noticeable.

wyczy|n (**-nu**, **-ny**) (*loc sg* **-nie**) *m* (*osiągnięcie*) achievement, feat.

wyczyno|wiec (**-wca**, **-wcy**) *m* (*SPORT*) professional.

wyczynowy *adj* professional.

wyczy|ścić (**-szczę**, **-ścisz**) (*imp* **-ść**) *vb perf od* **czyścić**.

wyczyt|ywać (**-uję**, **-ujesz**) (*perf* **-ać**) *vt* (*wymieniać*) to read out.

wyć (**wyję**, **wyjesz**) *vi* (*o człowieku, psie*) to howl; (*o silniku, syrenie*) to scream; (*o syrenie*) to wail.

wyćwiczony *adj* (*człowiek, wojsko*) trained; (*mięśnie*) exercised.

wydajnie *adv* efficiently, effectively.

wydajnoś|ć (**-ci**) *f* efficiency, productivity.

wydajny *adj* (*praca*) efficient; (*MOT: silnik*) fuel-efficient; (*ROL: odmiana, zboże*) highly productive.

wydal|ać (**-am, -asz**) (*perf* **-ić**) *vt* (*ze szkoły, kraju*) to expel; (*BIO*) to excrete.

wyda|nie (**-nia, -nia**) (*gen pl* **-ń**) *nt* edition; (*opublikowanie*) publication; (*PRASA*) issue.

wydarz|ać się (**-a**) (*perf* **-yć**) *vr* to happen, to occur.

wydarze|nie (**-nia, -nia**) (*gen pl* **-ń**) *nt* event; **wydarzenie sezonu/roku** event of the season/year.

wydat|ek (**-ku, -ki**) (*instr sg* **-kiem**) *m* expense; **wydatki** *pl* expenses *pl*, expenditure(s *pl*).

wydatnie *adv* considerably.

wydatny *adj* (*biust, nos*) prominent; (*pomoc, wkład*) considerable.

wyd|awać (**-aję, -ajesz**) (*perf* **-ać**) *vt* (*pieniądze, pensję*) to spend; (*gazetę, książkę*) to publish; (*posiłek*) to serve; (*kwit, zaświadczenie*) to give, to issue; (*dekret, proklamację*) to issue; (*opinię*) to give, to pass; (*werdykt*) to return, to deliver; (*wyrok*) to pass, to pronounce; (*polecenie, towar, przyjęcie*) to give; (*szpiega*) to give away.

▶**wydawać się** *vr* (*wyglądać*) to seem, to appear; (*o tajemnicy*) to come out; **wydaje mi się, że ...** it seems to me that ...; **wydaje się prawdopodobne, że ...** it seems probable that ... .

wydawc|a (**-y, -y**) *m* publisher.

wydawnict|wo (**-wa, -wa**) (*loc sg* **-wie**) *nt* (*instytucja*) publishing house; (*publikacja*) publication.

wydech (**-u, -y**) *m* exhalation; (*TECH, MOT*) exhaust.

wydechowy *adj*: **rura wydechowa** exhaust (pipe) (*BRIT*), tailpipe (*US*).

wydłuż|ać (**-am, -asz**) (*perf* **-yć**) *vt* (*cykl, krok*) to lengthen; (*czas, pobyt*) to prolong, to extend; (*podróż*) to prolong, to lengthen.

wydłużony *adj* elongated.

wyd|ma (**-my, -my**) (*dat sg* **-mie**) *f* (sand) dune.

wydmu|chiwać (**-chuję, -chujesz**) (*perf* **-chać**) *vt* (*powietrze*) to exhale; **wydmuchiwać nos** to blow one's nose.

wydobrz|eć (**-eję, -ejesz**) *vi perf* to recover, to get better.

wydobyw|ać (**-am, -asz**) (*perf* **wydobyć**) *vt* (*wyciągać*) to get *lub* bring out; (*rudę, węgiel*) to extract, to mine.

▶**wydobywać się** *vr* (*o gazie, płynie*) to get out, to escape; (*o jęku, płaczu*) to come out.

wydolnoś|ć (**-ci**) *f* efficiency.

wydoroś|leć (**-eję, -ejesz**) *vi perf* to grow up.

wydost|awać (**-aję, -ajesz**) (*imp* **-awaj**, *perf* **-ać**) *vt*: **wydostawać coś (z** +*gen*) get sth out (of).

▶**wydostawać się** *vr* to get out.

wyd|ra (**-ry, -ry**) (*dat sg* **-rze**) *f* otter.

wydrąż|ać (**-am, -asz**) (*perf* **-yć**) *vt* to hollow (out).

wydrążony *adj* hollow.

wydru|k (**-ku, -ki**) (*instr sg* **-kiem**) *m* printout.

wydruk|ować (**-uję, -ujesz**) *vb perf od* **drukować**.

wydumany *adj* (*problem*) invented.

wydusz|ać (**-am, -asz**) (*perf* **wydusić**) *vt* (*wyciskać*) to squeeze out; **wyduszać coś z kogoś** to extract sth from sb.

wydych|ać (**-am, -asz**) *vt* to breathe out, to exhale.

wydzia|ł (**-łu, -ły**) (*loc sg* **-le**) *m* (*w urzędzie*) department; (*na uczelni*) faculty.

wydziedzicz|ać (**-am, -asz**) (*perf* **-yć**) *vt* to disinherit.

wydziel|ać (**-am, -asz**) (*perf* **-ić**) *vt* (*hormon, żółć*) to secrete; (*zapach*) to give off; (*ciepło, promieniowanie*) to emit; (*prowiant, pieniądze*) to ration out, to dispense.

►**wydzielać się** *vr* (*powstawać*) to be produced; (*o pocie, żywicy*) to exude.

wydzieli|na (-ny, -ny) (*dat sg* -nie) *f* secretion.

wydzier|ać (-am, -asz) (*perf* **wydrzeć**) *vt* (*kartkę*) to tear out; **wydzierać coś (komuś)** to tear sth away (from sb).

►**wydzierać się** *vr* (*pot*) to holler (*pot*).

wydzierża|wić (-wię, -wisz) *vb perf od* **dzierżawić**.

wydziwi|ać (-am, -asz) *vi* (*pot*): **wydziwiać (na coś)** to make a fuss (about sth).

wydźwię|k (-ku) (*instr sg* -kiem) *m* overtone.

wyeksploat|ować (-uję, -ujesz) *vt perf* to use up.

wyeksport|ować (-uję, -ujesz) *vb perf od* **eksportować**.

wyelimin|ować (-uję, -ujesz) *vb perf od* **eliminować**.

wyemigr|ować (-uję, -ujesz) *vb perf od* **emigrować**.

wyfru|nąć (-nę, -niesz) (*imp* -ń) *vi perf* to fly away.

wygad|ać (-am, -asz) *vt perf* (*pot: sekret*) to let slip, to let out.

►**wygadać się** *vr* (*pot: nagadać się*) to chat *lub* talk to one's heart's content; (: *zdradzić się*) to spill the beans (*pot*), to blab (*pot*).

wygadany *adj* (*pot*): **być wygadanym** to have the gift of (the) gab.

wygad|ywać (-uję, -ujesz) *vt* (*pot*): **wygadywać bzdury** to talk nonsense.

wygani|ać (-am, -asz) (*perf* **wygonić** *lub* **wygnać**) *vt* to drive (out), to chase (away).

wygas|ać (-a) (*perf* **wygasnąć**) *vi* (*o*

ogniu) to fizzle out; (*o uczuciach*) to fade; (*o umowie*) to expire.

wygaśnięci|e (-a) *nt* (*umowy, kontraktu*) expiry, termination.

wygięty *adj* bent, curved.

wygimnastykowany *adj* supple.

wygin|ać (-am, -asz) (*perf* **wygiąć**) *vt* to bend.

►**wyginać się** *vr* to bend.

wygi|nąć (-nie) *vi perf* to become extinct.

wyglą|d (-du) (*loc sg* -dzie) *m* (*zwierzęcia, przedmiotu*) appearance; (*człowieka*) appearance, looks *pl*.

wygląd|ać (-am, -asz) *vt*: **wyglądać kogoś/czegoś** to be on the lookout for sb/sth ♦ *vi*: **wyglądać (wyjrzeć** *perf***) przez okno** to look through *lub* out (of) the window; **wyglądać świetnie/źle** to look great/bad; **wygląda jak twój ojciec** he looks like your father; **wyglądasz na zmęczonego/zmartwionego** you look tired/worried; **jak ona wygląda?** what does she look like?; **wygląda na to, że ...** it looks as if ... .

wygłasz|ać (-am, -asz) (*perf* **wygłosić**) *vt* to deliver (*a speech*).

wygłodniały *adj* ravenous, starving.

wygłupi|ać się (-am, -asz) *vr* to fool about *lub* around.

wygłu|pić się (-pię, -pisz) *vr perf* to make a fool of o.s.

wygłup|y (-ów) *pl* clowning *sg*, tomfoolery *sg*.

wygnani|e (-a) *nt* exile.

wygna|niec (-ńca, -ńcy) *m* exile.

wygnieciony *adj* wrinkled, crumpled.

wygni|eść (-otę, -eciesz) (*imp* -eć, *pt* -ótł, -otła, -etli) *vt perf* to crumple.

►**wygnieść się** *vr perf* to crumple, to wrinkle.

wyg|oda (-ody, -ody) (*dat sg* -odzie, *gen pl* -ód) *f* (*dogodność*) convenience; (*funkcjonalność*) comfort; **wygody** *pl* amenities *pl*.

wygodnie *adv* comfortably.

wygodny *adj* (*mebel, odzież*) comfortable; (*pretekst, tłumaczenie*) convenient; (*człowiek*) lazy.

wygolony *adj*: **(gładko) wygolony** (clean-)shaven.

wygórowany *adj* (*suma*) exorbitant; (*ambicje, żądania*) excessive.

wygran|a (-ej, -e) *f decl like adj* (*rzecz*) prize; (*pieniądze*) winnings *pl*; (*zwycięstwo*) victory; **(nie) dawać (dać** *perf*) **za wygraną** (not) to give up.

wygrażać (-am, -asz) *vi*: **wygrażać (komuś) pięścią/kijem** to shake one's fist/a stick (at sb).

wygryw|ać (-am, -asz) *vt* (*nagrodę, wojnę*) (*perf* **wygrać**) to win; (*melodię*) to play ♦ *vi* (*zwyciężać*) (*perf* **wygrać**) to win.

wygrzew|ać się (-am, -asz) *vr* to warm o.s.

wygwi|zdać (-żdżę, -żdżesz) *vt perf* to boo.

wyidealizowany *adj* idealized.

wyimaginowany *adj* imaginary.

wyjad|ać (-am, -asz) (*perf* **wyjeść**) *vt* to eat up.

wyjałowiony *adj* sterile; (*ziemia*) impoverished.

wyjaś|niać (-niam, -niasz) (*perf* **-nić**) *vt* (*znaczenie, teorię*) to explain; (*sprawę, nieporozumienie*) to straighten out.

▸**wyjaśniać się** *vr* (*o sytuacji*) to be cleared up.

wyjaśnie|nie (-nia, -nia) (*gen pl* **-ń**) *nt* explanation, clarification.

wyja|wiać (-wiam, -wiasz) (*perf* **-wić**) *vt* to reveal.

wyj|azd (-azdu, -azdy) (*loc sg* **-eździe**) *m* (*odjazd*) departure; (*podróż*) trip; (*droga wyjazdowa*) exit.

wyj|ąć (-mę, -miesz) (*imp* **-mij**) *vb perf od* **wyjmować**.

wyjąt|ek (-ku, -ki) (*instr sg* **-kiem**) *m* (*odstępstwo*) exception; (*książk: urywek*) excerpt; **z(a) wyjątkiem** +*gen* except (for), with the exception of.

wyjątkowo *adv* exceptionally.

wyjątkowy *adj* exceptional, unusual; **stan wyjątkowy** (*POL*) state of emergency.

wyj|echać (-adę, -edziesz) (*imp* **-edź**) *vb perf od* **wyjeżdżać**.

wyjeżdż|ać (-am, -asz) (*perf* **wyjechać**) *vi* (*z bramy, garażu*) to go *lub* drive out; (*w podróż*) to leave.

wyjm|ować (-uję, -ujesz) (*perf* **wyjąć**) *vt* (*wyciągać*) to take out; (*wydostawać: kulę*) to get out; (*listy*) to collect.

wyjrz|eć (-ę, -ysz) (*imp* **-yj**) *vb perf od* **wyglądać**.

wyjś|cie (-cia) *nt* (*czynność*) departure; (*miejsce*) (*nom pl* **-cia**, *gen pl* **-ć**) exit, way out; (*rozwiązanie*) (*nom pl* **-cia**, *gen pl* **-ć**) solution; **po jej wyjściu ...** after she left, ...; **nie miałem (innego) wyjścia, jak tylko to zrobić** I had no (other) choice, but to do it.

wyjściowy *adj* (*drzwi*) exit *attr*; (*sytuacja, pozycja, materiał*) initial *attr*.

wyj|ść (-dę, -dziesz) (*imp* **-dź**, *pt* **wyszedł, wyszła, wyszli**) *vb perf od* **wychodzić**.

wykałacz|ka (-ki, -ki) (*dat sg* **-ce**, *gen pl* **-ek**) *f* toothpick.

wykańcz|ać (-am, -asz) (*perf* **wykończyć**) *vt* (*doprowadzać do końca*) to put the finishing touches to; (*pot. zabijać*) to do in (*pot*); (: *męczyć*) to finish (off).

▸**wykańczać się** *vr*: **wykańczać się nerwowo** to become a nervous wreck.

wyka|z (-zu, -zy) (*loc sg* -zie) *m* (*nazwisk, osób*) list, register; (*należności, kosztów*) statement.

wykaz|ywać (-uję, -ujesz) (*perf* -ać) *vt* (*przejawiać*) to show; (*udowadniać*) to prove; (*ujawniać*) to reveal.

►**wykazywać się** *vr* (*dowodzić swojej wartości*) to prove o.s.; **wykazywać się czymś** to show sth.

wyką|pać (-pię, -piesz) *vb perf od* **kąpać**.

wykiw|ać (-am, -asz) *vt perf*: **wykiwać kogoś** (*pot: oszukać*) to dupe, to fool.

wyklucz|ać (-am, -asz) (*perf* -yć) *vt* (*ewentualność: o człowieku*) to rule out, to exclude; (: *o okolicznościach*) to preclude.

►**wykluczać się** *vr* (*też*: **wykluczać się wzajemnie**) to be mutually exclusive.

wykluczony *adj*: **to jest wykluczone** it's out of the question.

wykluw|ać się (-a) (*perf* **wykluć**) *vr* (*o kurczętach, ptakach*) to hatch (out).

wykła|d (-du, -dy) (*loc sg* -dzie) *m* lecture.

wykład|ać (-am, -asz) *vt* (*perf* **wyłożyć**) (*wyjmować*) to lay out; **wykładać podłogę kafelkami/dywanem** to tile/carpet the floor; **wykładać pudełko/szufladę czymś** to line a box/drawer with sth; **on wykłada literaturę** he lectures in literature.

wykładni|k (-ka, -ki) (*instr sg* -kiem) *m* (*kultury, wartości*) indication, index; (*MAT: potęgi*) exponent, index; (: *pierwiastka*) degree, index.

wykładowc|a (-y, -y) *m decl like f in sg* lecturer.

wykładowy *adj*: **sala wykładowa** lecture hall; **język wykładowy** language of instruction.

wykładzi|na (-ny, -ny) (*dat sg* -nie) *f* (*dywanowa*) fitted carpet; (*podłogowa*) lino(leum).

wykolej|ać (-am, -asz) (*perf* **wykoleić**) *vt* (*pociąg*) to derail.

►**wykolejać się** *vr* (*o pociągu*) to be derailed.

wykombin|ować (-uję, -ujesz) *vt perf* (*pot: sposób, pieniądze*) to come up with.

wykon|ać (-am, -asz) *vb perf od* **wykonywać**.

wykonalny *adj* feasible, workable.

wykona|nie (-nia) *nt* (*czynność*) execution; (*jakość*) workmanship; (*utworu, piosenki*) (*nom pl* -nia, *gen pl* -ń) performance, rendition; **niemożliwy do wykonania** unfeasible.

wykonany *adj*: **wykonany z** +*gen* made of.

wykonawc|a (-y, -y) *m decl like f in sg* (*robót*) contractor; (*testamentu, zlecenia, projektu*) executor; (*roli, utworu*) performer.

wykonawczy *adj* executive *attr*.

wykon|ywać (-uję, -ujesz) (*perf* -ać) *vt* (*plan, polecenie*) to carry out, to execute; (*operację, eksperyment, obowiązki*) to perform, to carry out; (*robotę, ćwiczenie*) to do; (*odlew, otwór, obrót*) to make; (*koncert, utwór, taniec*) to perform; (*rzut karny*) to take.

wykończony *adj* (*dom*) completed; (*przedmiot*) finished; (*pot: człowiek*) dog-tired (*pot*).

wyko|p (-pu, -py) (*loc sg* -pie) *m* (*pod fundamenty*) pit; (*pod instalację*) trench.

wyko|pać (-pię, -piesz) *vt perf* to dig up.

wykopalis|ko (-ka, -ka) (*instr sg* -kiem) *nt* (*przedmiot*) find; **wykopaliska** *pl* excavations *pl*.

wykorze|niać (-niam, -niasz) (*perf* -nić) *vt* to root out, to eradicate.

wykorzyst|ywać (-uję, -ujesz) (*perf* -ać) *vt* (*pożytkować*) to use, to make use of; (*korzystać z*) to take advantage of; (*wyzyskiwać*) to exploit; (*nadużywać*) to abuse.

wyk|pić (-pię, -pisz) (*imp* -pij) *vt perf* (*osobę, wady*) to ridicule, to mock.

wykracz|ać (-am, -asz) *vi* (*perf* **wykroczyć**): **wykraczać przeciw(ko)** +*dat* to violate, to contravene; **wykraczać poza** +*acc* to go beyond.

wykrad|ać (-am, -asz) (*perf* **wykraść**) *vt* (*dokumenty*) to steal away.

►**wykradać się** *vr* to steal out *lub* away.

wykraw|ać (-am, -asz) (*perf* **wykroić**) *vt* to cut out.

wykre|s (-su, -sy) (*loc sg* -sie) *m* (*rysunek*) chart, graph; (*MAT*) graph.

wykreśl|ać (-am, -asz) (*perf* -ić) *vt* (*wymazywać*) to cross out *lub* off; (*rysować*) to draw.

wykrę|cać (-cam, -casz) (*perf* -cić) *vt* (*śrubę, żarówkę*) to unscrew; (*głowę, szyję*) to turn; (*bieliznę*) to wring; (*numer*) to dial.

►**wykręcać się** *vr* (*pot*): **wykręcać się od obowiązków** to evade one's responsibilities; **wykręcił się z tego** he got out of it.

wykrę|t (-tu, -ty) (*loc sg* -cie) *m* (*wymówka*) excuse; (*unik*) hedge.

wykrętny *adj* evasive.

wykrocze|nie (-nia, -nia) (*gen pl* -ń) *nt* offence (*BRIT*), offense (*US*).

wykr|ój (-oju, -oje) *m* (*KRAWIECTWO*) pattern.

wykrywacz (-a, -e) (*gen pl* -y) *m* detector; **wykrywacz kłamstw** lie detector.

wykryw|ać (-am, -asz) (*perf* **wykryć**) *vt* (*błąd, zarazki, oszustwa*) to detect; (*sprawcę*) to find.

wykrze|sać (-szę, -szesz) *vb perf od*

krzesać ♦ *vt perf*: **wykrzesać coś z siebie** to summon sth (up), to muster sth (up).

wykrztu|sić (-szę, -sisz) (*imp* -ś) *vt perf* to cough up.

wykrztuśny *adj*: **środek wykrztuśny** expectorant.

wykrzy|kiwać (-kuję, -kujesz) (*perf* -knąć) *vt* to shout (out) ♦ *vi* to bellow, to shout.

wykrzykni|k (-ka, -ki) (*instr sg* -kiem) *m* (*znak interpunkcyjny*) exclamation mark; (*część mowy*) interjection.

wykrzy|wiać (-wiam, -wiasz) (*perf* -wić) *vt* to contort, to twist.

►**wykrzywiać się** *vr* (*o twarzy, ustach*) to contort, to twist; (*o człowieku*) to grimace, to make *lub* pull a face.

wykrzywiony *adj* contorted, twisted.

wykształ|cać (-cam, -casz) (*perf* -cić) *vt* (*rozwijać*) to develop; (*nadawać kształt*) to shape.

►**wykształcać się** *vr* (*rozwijać się*) to develop; (*nabierać kształtu*) to form, to take shape.

wykształceni|e (-a) *nt* education; **wykształcenie podstawowe** primary *lub* elementary (*US*) education; **wykształcenie średnie** secondary education; **wykształcenie wyższe** higher education.

wykształ|cić (-cę, -cisz) (*imp* -ć) *vb perf od* **kształcić, wykształcać** ♦ *vt perf* to educate.

wykształcony *adj* (*człowiek*) educated; (*narząd*) (fully-)developed.

wyku|pywać (-puję, -pujesz) (*perf* -pić) *vt* (*cały zapas, nakład*) to buy up; (*swoją własność*) to buy back; (*przedsiębiorstwo*) to buy out; (*abonament, prenumeratę*) to take out; (*z lombardu*) to redeem.

wykuw|ać (-am, -asz) (*perf* **wykuć**) *vt* (*z metalu*) to forge; (*z kamienia*) to sculpture, to sculpt; (*otwór, tunel*) to cut.

wykwalifikowany adj (*położna, pomoc domowa*) qualified; **robotnik wykwalifikowany** skilled worker.

wykwintny adj (very) fine, exquisite.

wylat|ywać (-**uję, -ujesz**) (*perf* **wylecieć**) *vi* to fly out; (*o dymie, gazie*) to escape; (*pot: o szybie*) to fall out; **wylatywać w powietrze** to blow up; **wyleciało mi to z głowy** (*pot*) it slipped my mind; **wylecieć (z pracy)** (*pot*) to get the sack (*pot*).

wyląd|ować (-**uję, -ujesz**) *vb perf od* **lądować**.

wylecz|yć (-**ę, -ysz**) *vb perf od* **leczyć**.

wyle|w (-**wu, -wy**) (*loc sg* -**wie**) *m*: **wylew krwi do mózgu** cerebral hemorrhage, stroke.

wylew|ać (-**am, -asz**) (*perf* **wylać**) *vt* (*płyn*) to pour (out); (: *rozlewać*) to spill; (*łzy*) to shed.

▸**wylewać się** *vr* (*rozlewać się*) to spill.

wylewnie adv effusivelly, profusely.

wylewny adj effusive.

wylęg|ać się (-**a**) (*perf* -**nąć, wyląc**) *vr* (*o ptakach*) to hatch; (*przen: o pomysłach*) to be hatched.

wylicz|ać (-**am, -asz**) (*perf* -**yć**) *vt* (*wymieniać*) to enumerate; (*obliczać*) to calculate, to work out.

wylicze|nie (-**nia, -nia**) (*gen pl* -**ń**) *nt* (*obliczenie*) estimate, calculation; (*zestawienie*) specification.

wyliz|ywać (-**uję, -ujesz**) (*perf* -**ać**) *vt* (*miskę*) to lick clean; (*mleko*) to lick out.

wylog|ować się (-**uję, -ujesz**) *vi perf* to log out.

wylos|ować (-**uję, -ujesz**) *vb perf od* **losować** ♦ *vt perf* (*los*) to draw; (*nagrodę*) to win.

wylo|t (-**tu, -ty**) (*loc sg* -**cie**) *m* (*lufy*) muzzle; (*tunelu*) mouth; (*ulicy*) exit; **na wylot** straight through.

wyludniony adj depopulated.

wyluz|ować się (-**uję, -ujesz**) *vr perf* to chill out.

wyładowa|nie (-**nia, -nia**) (*gen pl* -**ń**) *nt* (*towaru*) unloading; **wyładowanie elektryczne** electric discharge; **wyładowanie atmosferyczne** lightning.

wyładow|ywać (-**uję, -ujesz**) (*perf* -**ać**) *vt* (*towar, statek, wagon*) to unload; (*frustracje, złość*) to vent.

▸**wyładowywać się** *vr* (*o człowieku*) to let off steam; (*o baterii*) to run down.

wyładun|ek (-**ku, -ki**) (*instr sg* -**kiem**) *m* unloading, disembarkation.

wyłam|ywać (-**uję, -ujesz**) (*perf* -**ać**) *vt* (*drzwi*) to break down; (*zamek*) to force; (*ząb*) to break.

▸**wyłamywać się** *vr* (*o szczeblu, zębie*) to break; (*przen*) to break ranks.

wyłani|ać (-**am, -asz**) (*perf* **wyłonić**) *vt* (*kandydata, komisję*) to appoint.

▸**wyłaniać się** *vr* to emerge.

wyłap|ywać (-**uję, -ujesz**) (*perf* -**ać**) *vt* to catch.

wyławi|ać (-**am, -asz**) (*perf* **wyłowić**) *vt* to fish out; (*przen: błędy*) to pick up.

wyła|zić (-**żę, -zisz**) (*imp* -**ź**, *perf* **wyleźć**) *vt* (*pot*) to get out.

wyłącz|ać (-**am, -asz**) (*perf* -**yć**) *vt* (*silnik, telewizor, światło*) to switch *lub* turn off; (*prąd, gaz, telefon*) to cut off; **wyłączać kogoś/coś (z** +*gen*) to exclude sb/sth (from); **wyłączać z prądu** *lub* **sieci** to unplug, to disconnect; **wyłączać sprzęgło** to declutch; **nie wyłączając** +*gen* not excluding.

▸**wyłączać się** *vr* (*TEL*) to hang up; **wyłączać się wzajemnie** to be mutually exclusive *lub* incompatible.

wyłącznie adv exclusively, solely.

wyłączni|k (**-ka, -ki**) (*instr sg* **-kiem**) *m* switch.

wyłącznoś|ć (**-ci**) *f*: **mieć wyłączność na coś** to have exclusive rights to sth.

wyłączny *adj* exclusive.

wyłączony *adj* (switched *lub* turned) off.

wyło|m (**-mu, -my**) (*loc sg* **-mie**) *m* (*w murze*) breach; (*w szeregach*) break.

wyłu|dzać (**-dzam, -dzasz**) (*perf* **-dzić**) *vt*: **wyłudzać coś (od kogoś)** to wheedle sth (out of sb).

wyłuszcz|ać (**-am, -asz**) (*perf* **-yć**) *vt* (*argumenty, racje*) to set forth.

wyłysi|eć (**-eję, -ejesz**) *vb perf od* **łysieć**.

wymach (**-u, -y**) *m* swing.

wyma|chiwać (**-chuję, -chujesz**) *vt* +*instr* (*kijem, ręką*) to swing; (*szablą*) to brandish.

wymag|ać (**-am, -asz**) *vt*: **wymagać czegoś** (*domagać się*) to require; (*potrzebować*) to need, to require.

wymagający *adj* demanding.

wymaga|nia (**-ń**) *pl* demands, requirements.

wymagany *adj* required.

wymarły *adj* (*zwierzę*) extinct; (*dom, miasto*) deserted.

wymarzony *adj* ideal, dream *attr*.

wymarz|yć (**-ę, -ysz**) *vt perf*: **wymarzyć coś sobie** to set one's heart on sth.

wymawi|ać (**-am, -asz**) (*perf* **wymówić**) *vt* (*dźwięk, głoskę*) to pronounce; (*nazwę, wyraz*) to utter; **wymawiać komuś coś** to reproach sb for sth.

wyma|z (**-zu, -zy**) (*loc sg* **-zie**) *m* (*MED*) smear test.

wymaz|ywać (**-uję, -ujesz**) (*perf* **-ać**) *vt* (*rysunek, napis*) to rub out, to erase.

wymądrz|ać się (**-am, -asz**) *vr* to act a wise guy.

wymeldow|ywać się (**-uję, -ujesz**) (*perf* **-ać**) *vr* to check out.

wymia|na (**-ny, -ny**) (*dat* **-nie**) *f* exchange; (*rury, części*) replacement, change.

wymia|r (**-ru, -ry**) (*loc sg* **-rze**) *m* dimension, measurement; **wymiary** *pl* (*człowieka*) measurements; (*boiska, maszyny*) dimensions, measurements.

wymie|niać (**-niam, -niasz**) (*perf* **-nić**) *vt* to exchange; (*olej, rurę*) to replace, to change; (*nazwisko, tytuł*) to mention; (*wyliczać*) to list, to enumerate; (*pieniądze, walutę*) to change; **wymieniać coś na coś** to exchange sth for sth.

wymienialny *adj* convertible.

wymieniony *adj*: **wyżej/niżej wymieniony** mentioned above/below.

wymienny *adj* (*element*) replaceable; **handel wymienny** barter.

wymier|ać (**-a**) (*perf* **wymrzeć**) *vi* to die out.

wymierny *adj* measurable.

wymierz|ać (**-am, -asz**) (*perf* **-yć**) *vt* (*długość, deskę*) to measure; (*podatek, opłatę*) to assess; (*karę*) to mete out; (*cios*) to deliver.

wymiesz|ać (**-am, -asz**) *vb perf od* **mieszać**.

wymi|ę (**-enia, -ona**) (*instr sg* **-eniem**) *nt* udder.

wymięty *adj* (*koszula, gazeta*) crumpled.

wymi|giwać się (**-guję, -gujesz**) (*perf* **-gać**) *vr*: **wymigiwać się od** +*gen* (*pot*) to evade sth.

wymij|ać (**-am, -asz**) (*perf* **wyminąć**) *vt* to pass.

▶**wymijać się** *vr* to pass by one another.

wymijająco *adv* evasively, noncommittally.

wymijający *adj* evasive, noncommittal.

wymiocin|y (**-**) *pl* vomit *sg*.

wymiot|ować (**-uję, -ujesz**) (*perf* **z-**) *vi* to vomit.

wymiot|y (**-ów**) *pl* vomiting *sg*.

wymontow|ywać (**-uję, -ujesz**) (*perf* **-ać**) *vt* to remove.

wymo|wa (**-wy**) (*dat sg* **-wie**) *f* (*JĘZ*) pronunciation; (*znaczenie*) significance.

wymownie *adv* meaningfully.

wymowny *adj* (*cisza, gest, spojrzenie*) meaningful; (*tytuł*) telling.

wym|óc (**-ogę, -ożesz**) (*pt* **-ógł, -ogła, -ogli**) *vt perf*: **wymóc coś na kimś** to extract sth from sb.

wym|óg (**-ogu, -ogi**) (*instr sg* **-ogiem**) *m* requirement.

wymówie|nie (**-nia, -nia**) (*gen pl* **-ń**) *nt* (*z pracy*) notice.

wymów|ka (**-ki, -ki**) (*dat sg* **-ce**, *gen pl* **-ek**) *f* (*wykręt*) excuse; (*wyrzut*) reproach.

wymusz|ać (**-am, -asz**) (*perf* **wymusić**) *vt* (*pieniądze, zeznania, okup*) to extract (by force); **wymuszać coś na kimś** to extract sth from sb.

wymyk|ać się (**-am, -asz**) (*perf* **wymknąć**) *vr* to slip out.

wymy|sł (**-słu, -sły**) (*loc sg* **-śle**) *m* invention.

wymyśl|ać (**-am, -asz**) *vt* (*perf* **-ić**) (*wynajdywać*) to think up; (*zmyślać*) to invent, to make up ♦ *vi*: **wymyślać komuś** to swear at sb.

wymyślny *adj* sophisticated, fancy *attr*.

wynagradz|ać (**-am, -asz**) (*perf* **wynagrodzić**) *vt*: **wynagradzać coś komuś** to recompense sb for sth; **wynagradzać komuś stratę** to make up for sb's loss; **wynagradzać kogoś (za coś)** to reward sb (for sth).

wynagrodze|nie (**-nia, -nia**) (*gen pl* **-ń**) *nt* pay.

wynajd|ywać (**-uję, -ujesz**) (*perf* **wynaleźć**) *vt* to find.

wynaj|em (**-mu**) (*loc sg* **-mie**) *m* (*lokalu*) renting; (*maszyny, samochodu*) hiring.

wynajęci|e (**-a**) *nt* = **wynajem; do wynajęcia** (*mieszkanie, pokój*) to let, for rent (*US*); (*samochód*) for hire.

wynajm|ować (**-uję, -ujesz**) (*perf* **wynająć**) *vt* (*robotnika, mordercę*) to hire; (*dom, pokój*) to rent, to let; (*samochód*) to hire, to rent.

wynalazc|a (**-y, -y**) *m decl like f in sg* inventor.

wynalaz|ek (**-ku, -ki**) (*instr sg* **-kiem**) *m* invention.

wynalezieni|e (**-a**) *nt* invention.

wyna|leźć (**-jdę, -jdziesz**) (*imp* **-jdź**, *pt* **-lazł, -lazła, -leźli**) *vb perf od* **wynajdywać** ♦ *vt perf* (*wymyślić*) to invent.

wynaturze|nie (**-nia, -nia**) (*gen pl* **-ń**) *nt* degeneration.

wynegocj|ować (**-uję, -ujesz**) *vt perf* to negotiate.

wyni|eść (**-osę, -esiesz**) (*imp* **-eś**, *pt* **-ósł, -osła, -eśli**) *vb perf od* **wynosić**.

wyni|k (**-ku, -ki**) (*instr sg* **-kiem**) *m* result; (*konferencji, śledztwa*) result, outcome; (*meczu*) score; **w wyniku tego** as a result (of that), consequently.

wynik|ać (**-a**) (*perf* **-nąć**) *vi*: **wynikać z czegoś** (*o sytuacji*) to result from sth; (*o konflikcie, sprawie*) to ensue sth; (*o wniosku*) to follow *lub* stem from sth.

wyniosły *adj* (*człowiek, spojrzenie*) haughty.

wynos *inv*: **danie na wynos** a take-away (*BRIT*) *lub* take-out (*US*) meal.

wyno|sić (**-szę, -sisz**) (*imp* **-ś**, *perf* **wynieść**) *vt* (*w inne miejsce*) to take *lub* carry away; (*na zewnątrz*) to take *lub* carry out; (*balon, rakietę*) to carry up; (*MAT*) to amount to.

▶**wynosić się** *vr* (*pot. odchodzić*) to clear out; **wynosić się ponad innych** to look down on others.

wynurz|ać (-am, -asz) (*perf* -yć) *vt* (*głowę, rękę*) to stick out of the water.

▶**wynurzać się** *vr* (*z wody*) to surface, to emerge; (*z bramy, ciemności*) to emerge.

wyobcowany *adj.* **wyobcowany (z czegoś)** alienated *lub* isolated (from sth).

wyobraź|nia (-ni) *f* imagination.

wyobraż|ać (-am, -asz) (*perf* **wyobrazić**) *vt* (*przedstawiać*) to represent; **wyobrażać sobie** to imagine.

wyobraże|nie (-nia, -nia) (*gen pl* -ń) *nt* (*pogląd*) idea.

wyodręb|niać (-niam, -niasz) (*perf* -nić) *vt* (*części*) to separate; (*substancję*) to isolate; (*fragment*) to mark off.

wyolbrzy|miać (-miam, -miasz) (*perf* -mić) *vt* to exaggerate.

wypacz|ać (-am, -asz) (*perf* -yć) *vt* (*intencje, obraz*) to distort; (*charakter, drzwi*) to warp.

▶**wypaczać się** *vr* (*o drzwiach, oknie*) to warp; (*o charakterze*) to get warped.

wypad|ać (-am, -asz) (*perf* **wypaść**) *vi* to fall out; (*wybiegać*): **wypadać (z pokoju)** to burst out (of the room); (*przypadać*): **wypadać w czwartek** to fall on (a) Thursday; (*w wyliczeniach*): **wypada po dwa na głowę** it works out at two each; **wypadł Pani długopis** your pen has slipped, you dropped your pen; **dobrze/źle wypaść** (*o egzaminie, próbie, operacji*) to go well/badly; (*o człowieku, kandydacie*) to do well/badly; **(spóźnił się, bo) coś**

mu wypadło (*pot*) (he was late because) something came up *lub* cropped up; **wypada na nich poczekać** we should wait for them, the proper thing to do is wait for them; **nie wypada ci tam iść** you shouldn't go there; **wypada, żebyś sam to zrobił** you should do it yourself.

wypad|ek (-ku, -ki) (*instr sg* -kiem) *m* (*katastrofa*) accident; (*zdarzenie, fakt*) event; (*przykład*) instance; **wypadek drogowy** traffic accident; **na wypadek wojny/pożaru** in case of war/fire; **w żadnym wypadku** on no account; **w tym wypadku** in that case; **na wszelki wypadek** just in case.

wypakow|ywać (-uję, -ujesz) (*perf* -ać) *vt* to unpack.

wypal|ać (-am, -asz) (*perf* -ić) *vt* (*papierosa*) to smoke; (*dziurę*) to burn; (*cegły*) to bake; (*znak*) to brand.

wypal|ić (-ę, -isz) *vb perf od* **wypalać** ♦ *vi perf* (*wystrzelić*) to fire.

▶**wypalić się** *vr perf* to burn out.

wypar|ować (-uję, -ujesz) *vi perf* (*przen: zniknąć*) to vanish into thin air.

wyparow|ywać (-uje) (*perf* -ać) *vi* to evaporate.

wypat|rywać (-ruję, -rujesz) *vt imperf.* **wypatrywać kogoś/czegoś** to look out for sb/sth.

wypatrz|yć (-ę, -ysz) *vt perf* (*wykryć*) to spot.

wypełniacz (-a, -e) *m* filler.

wypeł|niać (-niam, -niasz) (*perf* -nić) *vt* (*naczynie, dziurę*) to fill; (*druk, formularz*) to fill in *lub* out; (*rozkaz, zobowiązanie*) to fulfil (*BRIT*), to fulfill (*US*).

▶**wypełniać się** *vr.* **sala wypełniła się (ludźmi)** the room filled (up) (with people).

wypełniony *adj* full.

wyperswad|ować (**-uję, -ujesz**) *vt perf*: **wyperswadować komuś coś** to persuade sb out of doing sth.

wypę|dzać (**-dzam, -dzasz**) (*perf* **-dzić**) *vt* (*z domu*) to throw out; (*z kraju*) to drive out.

wy|pić (**-piję, -pijesz**) *vb perf od* **pić, wypijać**.

wypieczony *adj*: **dobrze/słabo wypieczony** light/brown crusted.

wypie|k (**-ku, -ki**) (*instr sg* **-kiem**) *m* (*pieczenie*) baking; (*porcja*) batch; **wypieki** *pl* (*rumieńce*) flush.

wypier|ać (**-am, -asz**) (*perf* **wyprzeć**) *vt* (*nieprzyjaciela*) to dislodge; (*konkurencję, towary*) to squeeze out; (*ciecz, ciało*) to displace.

▶**wypierać się** *vr* +*gen* (*ojczyzny, rodziny*) to deny, to disown; (*obietnicy, danego słowa*) to go back on.

wypij|ać (**-am, -asz**) (*perf* **wypić**) *vt* to drink up.

wypin|ać (**-am, -asz**) (*perf* **wypiąć**) *vt* (*wysuwać*) to stick out.

wypi|s (**-su, -sy**) (*loc sg* **-sie**) *m* (*wyciąg*) extract; **wypisy** *pl* (*SZKOL*) reader.

wypis|ywać (**-uję, -ujesz**) (*perf* **-ać**) *vt* (*czek*) to make out, to write out; (*dyplom*) to fill out; (*zapisywać*) to write down; (*pisać*) to write; **wypisywać kogoś ze szpitala** to discharge sb from (a) hospital.

▶**wypisywać się** *vr* (*o długopisie*) to run out; **wypisać się (z czegoś)** to withdraw (from sth).

wyplą|tać (**-czę, -czesz**) *vt perf* to disentangle.

▶**wyplątać się** *vr*: **wyplątać się (z czegoś)** to disentangle o.s. (from sth), to extricate o.s. (from sth).

wyple|nić (**-nię, -nisz**) (*imp* **-ń**) *vt perf* (*chwasty*) to kill; (*nawyki*) to stamp out, to eradicate.

wypluw|ać (**-am, -asz**) (*perf* **wypluć**) *vt* to spit out.

wypła|cać (**-cam, -casz**) (*perf* **-cić**) *vt*: **wypłacać coś (komuś)** to pay (sb) sth, to pay sth (to sb); **wypłacać pieniądze z banku** to draw *lub* withdraw money from a bank.

wypłacalnoś|ć (**-ci**) *f* solvency.

wypłacalny *adj* solvent.

wypła|ta (**-ty, -ty**) (*dat sg* **-cie**) *f* (*wypłacanie, należność*) payment; (*podjęcie pieniędzy*) withdrawal; (*też*: **dzień wypłaty**) payday.

wypłosz|yć (**-ę, -ysz**) *vb perf od* **płoszyć** ♦ *vt perf* to scare away *lub* off.

wypłowiały *adj* faded.

wypłu|kiwać (**-kuję, -kujesz**) (*perf* **-kać**) *vt* to wash away.

wypływ|ać (**-am, -asz**) (*perf* **wypłynąć**) *vi* (*o łodzi, statku*) to set sail; (*o pływaku*) to set off; (*wynurzać się*) to surface; (*wydobywać się*) to flow (out); (*wynikać*) to follow.

wypocz|ąć (**-nę, -niesz**) (*imp* **-nij**) *vi perf* to get some rest.

wypoczęty *adj* rested, well-rested.

wypoczyn|ek (**-ku**) (*instr sg* **-kiem**) *m* rest.

wypoczyw|ać (**-am, -asz**) (*perf* **wypocząć**) *vi* to rest.

wypogadz|ać się (**-a**) (*perf* **wypogodzić**) *vr*: **wypogadza się** it's clearing up.

wypomin|ać (**-am, -asz**) (*perf* **wypomnieć**) *vt*: **wypominać coś komuś** to rub sb's nose in sth (*przen*).

wypompow|ywać (**-uję, -ujesz**) (*perf* **-ać**) *vt* to pump out.

wypornoś|ć (**-ci**) *f* (*ŻEGL*) draught, displacement.

wyposaż|ać (**-am, -asz**) (*perf* **-yć**) *vt*: **wyposażać coś w** +*acc* to fit sth with; **wyposażać kogoś w coś** to equip sb with sth.

wyposażeni|e (**-a**) *nt* (*biura*) furnishings *pl*; (*pracowni, szpitala , żołnierza*) equipment; (*roweru, miksera*) accessories *pl*.

wyposażony *adj*: **dobrze wyposażony** well-equipped; **być wyposażonym w coś** to be equipped with sth.

wypowiad|ać (**-am, -asz**) (*perf* **wypowiedzieć**) *vt* (*słowa, życzenie*) to utter; (*poglądy*) to voice; **wypowiadać komuś (mieszkanie/pracę)** to give sb notice, to give notice to sb; **wypowiedzieć wojnę Polsce** to declare war on Poland.

►**wypowiadać się** *vr* to express one's opinion.

wypowiedze|nie (**-nia, -nia**) (*gen pl* **-ń**) *nt* notice.

wypowie|dź (**-dzi, -dzi**) (*gen pl* **-dzi**) *f* (*stwierdzenie*) statement; (*komentarz*) comment.

wypożycz|ać (**-am, -asz**) (*perf* **-yć**) *vt*: **wypożyczać coś (komuś)** to lend sth (to sb); **wypożyczać coś (od kogoś)** to borrow sth (from sb).

wypożyczal|nia (**-ni, -nie**) (*gen pl* **-ni**) *f*: **wypożyczalnia książek** lending library; **wypożyczalnia samochodów** car hire (*BRIT*), automobile rental (*US*).

wypracowa|nie (**-nia**) *nt* (*metody, stylu*) development; (*SZKOL: praca pisemna*) (*nom pl* **-nia**, *gen pl* **-ń**) essay, composition.

wypracow|ywać (**-uję, -ujesz**) (*perf* **-ać**) *vt* (*metody, zasady*) to work out, to develop.

wy|prać (**-piorę, -pierzesz**) *vb perf od* **prać**.

wypras|ować (**-uję, -ujesz**) *vb perf od* **prasować**.

wyprasz|ać (**-am, -asz**) (*perf*

wyprosić) *vt*: **wypraszać kogoś (z pokoju/domu)** to ask sb to leave (a room/house); **wypraszam sobie!** I beg your pardon! (*expressing anger*); **wypraszać kogoś za drzwi** to show sb the door.

wypra|wa (**-wy, -wy**) (*dat sg* **-wie**) *f* (*ekspedycja*) expedition.

wypra|wiać (**-wiam, -wiasz**) (*perf* **-wić**) *vt* (*bal*) to organize; (*przyjęcie*) to give, to throw; **co ty wyprawiasz?** (*pot*) what do you think you're doing? (*pot*).

wypręż|ać (**-am, -asz**) (*perf* **-yć**) *vt* (*grzbiet*) to arch; (*ramiona*) to stiffen.

►**wyprężać się** *vr* to stiffen.

wyproduk|ować (**-uję, -ujesz**) *vb perf od* **produkować**.

wyprost|ować (**-uję, -ujesz**) *vb perf od* **prostować**.

wyprostowany *adj* erect.

wyprowa|dzać (**-dzam, -dzasz**) (*perf* **-dzić**) *vt* (*na zewnątrz*) to take out; (*twierdzenie, wzór*) to derive; **wyprowadzać psa (na spacer)** to take a dog for a walk, to walk a dog.

►**wyprowadzać się** *vr* to move out.

wyprób|ować (**-uję, -ujesz**) *vb perf od* **próbować** ♦ *vt perf* (*człowieka, odwagę*) to try out.

wypróbowany *adj* tried, tested.

wypróż|niać (**-niam, -niasz**) (*perf* **-nić**) *vt* to empty.

►**wypróżniać się** *vr* to defecate.

wyprzedany *adj* sold out.

wyprzed|awać (**-aję, -ajesz**) (*imp* **-awaj**, *perf* **-ać**) *vt* (*towar*) to clear.

wyprzedaż (**-y, -e**) *f* (*HANDEL*) (clearance) sale.

wyprze|dzać (**-dzam, -dzasz**) (*perf* **-dzić**) *vt* (*jechać szybciej*) to pass, to overtake; (*być bardziej postępowym*) to be ahead of.

wyprzedzani|e (**-a**) *nt* (*MOT*) passing, overtaking; „**zakaz**

wyprzedzania" "passing prohibited", "no passing (zone)".

wyprzedzeni|e (-a) *nt*: **z wyprzedzeniem** in advance.

wypukły *adj* (*kształt*) convex; (*czoło*) protruding.

wypuszcz|ać (-am, -asz) (*perf* **wypuścić**) *vt* (*ptaka, więźnia*) to set free, to release; (*powietrze, wodę*) to let out; **wypuszczać coś (z ręki)** to let go of sth; (*liście, pędy*) to send out; (*znaczek, pieniądze*) to issue.

wypych|ać (-am, -asz) *vt* (*wyciskać*) (*perf* **wypchnąć**) to push (out); (*zwierzę*) (*perf* **wypchać**) to stuff.

wypyt|ywać (-uję, -ujesz) (*perf* -ać) *vt*: **wypytywać kogoś (o** +*acc*) to question sb (about).

wyrabi|ać (-am, -asz) (*perf* **wyrobić**) *vt* (*produkować*) to produce; (*ciasto*) to knead; (*charakter, wolę*) to develop; (*paszport, przepustkę*) to obtain; **co ty wyrabiasz?** (*pot*) what do you think you're doing? (*pot*).

▶**wyrabiać się** *vr* (*kształtować się*) to develop.

wyrachowani|e (-a) *nt* calculation.

wyrachowany *adj* (*człowiek*) calculating; (*posunięcie*) calculated.

wyrafinowany *adj* sophisticated.

wyrast|ać (-am, -asz) (*perf* **wyrosnąć**) *vt* to grow.

wyra|z (-zu, -zy) (*loc sg* -zie) *m* (*słowo*) word; (*objaw*) sign; (*ekspresja*) expression; **wyraz twarzy** (facial) expression; **„wyrazy uznania"** "congratulations"; **„wyrazy współczucia"** "my sympathies".

wyrazisty *adj* (*gest, rysy*) expressive; (*nos, podbródek*) distinct.

wyraźnie *adv* (*słyszeć, czytać*) clearly; (*zdenerwowany*) visibly.

wyraźny *adj* (*pismo, rozkaz, błąd*) clear; (*odgłos, ślad, zapach*) distinct.

wyraż|ać (-am, -asz) (*perf* **wyrazić**)

vt to express; **wyrażać zgodę (na coś)** to give one's assent (to sth); **wyrażać coś słowami** to put sth into words; **wyrażać swoje zdanie** to speak one's mind.

▶**wyrażać się** *vr* (*wysławiać się*) to express o.s.; **że się tak wyrażę** so to say.

wyraże|nie (-nia, -nia) (*gen pl* -ń) *nt* expression, phrase.

wyrąb|ywać (-uję, -ujesz) (*perf* -ać) *vt* (*drzewa, las*) to cut (down).

wyregul|ować (-uję, -ujesz) *vb perf od* **regulować**.

wyremont|ować (-uję, -ujesz) *vb perf od* **remontować**.

wyręcz|ać (-am, -asz) (*perf* -yć) *vt*: **wyręczać kogoś (w czymś)** to help sb out (in doing sth).

▶**wyręczać się** *vr*: **wyręczać się kimś** to have one's work done by sb else.

wyrobiony *adj* (*publiczność*) discerning; (*mechanizm*) worn.

wyrocz|nia (-ni, -nie) (*gen pl* -ni) *f* oracle.

wyrodny *adj* (*pej*) wayward.

wyro|k (-ku, -ki) (*instr sg* -kiem) *m* verdict, sentence; **wyrok śmierci** death sentence.

wyrost *m*: **na wyrost** (*obawy*) premature; (*ubrania*) outsized.

wyrost|ek (-ka, -ki) (*instr sg* -kiem) *m* (*też*: **wyrostek robaczkowy**) appendix; (*młokos*) youngster.

wyrośnięty *adj* (*chłopak*) big; (*ciasto*) well-risen.

wyrozumiałoś|ć (-ci) *f* understanding.

wyrozumiały *adj* understanding.

wyr|ób (-obu) (*loc sg* -obie) *m* (*produkt*) (*nom pl* -oby) product; (*wyrabianie*) production; **wyroby** *pl* products *pl*.

wyrówna|nie (-nia, -nia) (*gen pl* -ń) *nt* (*rekompensata*) compensation.

wyrównany adj even.
wyrówn|ywać (-uję, -ujesz) (perf -ać) vt (wygładzać) to level; (ujednolicać) to even out; (rekompensować) to compensate.
►**wyrównywać się** vr (stabilizować się) to even lub level out.
wyróż|niać (-niam, -niasz) (perf -nić) vt (zwracać uwagę na) to single out; (wyodrębniać) to distinguish; (nagradzać) to honour (BRIT), to honor (US).
►**wyróżniać się** vr: wyróżniać się czymś to be distinguished by sth.
wyróżniający adj (SZKOL) very good; wyróżniający się (wybitny) outstanding; (cecha) distinctive, distinguishing.
wyróżnie|nie (-nia, -nia) (gen pl -ń) nt (w konkursie) honourable (BRIT) lub honorable (US) mention; dyplom z wyróżnieniem (UNIW) ≈ first class hono(u)rs.
wyrusz|ać (-am, -asz) (perf -yć) vi to set out lub off.
wyr|yć (-yję, -yjesz) vb perf od ryć.
wyryw|ać (-am, -asz) (perf wyrwać) vt to pull (out); wyrwał mi (z ręki) książkę he snatched the book from my hand; wyrwać komuś ząb to pull out sb's tooth.
►**wyrywać się** vr (z okrążenia) to break free; (z czyichś rąk) to wrench o.s. free; (z domu, pracy) to get away.
wyrywkowo adv randomly, at random.
wyrywkowy adj (badania) random; wyrywkowa kontrola spot check.
wyrzą|dzać (-dzam, -dzasz) (perf -dzić) vt: wyrządzać komuś krzywdę/szkodę to inflict harm/damage on sb; wyrządzić komuś przykrość to upset sb.
wyrzecze|nie (-nia, -nia) (gen pl -ń) nt sacrifice.

wyrzek|ać się (-am, -asz) (perf wyrzec) vr +gen (zrywać z) to renounce; (wypierać się) to disown.
wyrzeź|bić (-bię, -bisz) vb perf od rzeźbić.
wyrzu|cać (-cam, -casz) vt (perf -cić) (pozbywać się) to throw away lub out; (wypędzać) to throw out; (ciskać) to throw; wyrzucać coś komuś to reproach sb for sth; wyrzucić kogoś z pracy to fire lub sack sb; wyrzucić kogoś ze szkoły to expel sb from school.
wyrzu|t (-tu, -ty) (loc sg -cie) m (piłki) throw; (ramion) fling; (karcąca uwaga) reproach; (mieć) wyrzuty sumienia (to be full of) remorse.
wyrzut|nia (-ni, -nie) (gen pl -ni) f launcher.
wysa|dzać (-dzam, -dzasz) (perf -dzić) vt (z samochodu) to drop (off); (ze statku) to disembark; (dziecko) to put on the potty; (też: wysadzać w powietrze) to blow up.
wysch|nąć (-nę, -niesz) (imp -nij, pt -nął lub wysechł, -ła, -li) vb perf od schnąć, wysychać.
wysep|ka (-ki, -ki) (dat sg -ce, gen pl -ek) f island; (tramwajowa itp.) traffic (BRIT) lub safety (US) island.
wysiad|ać (-am, -asz) (perf wysiąść) vi (z autobusu/pociągu) to get off; (z samochodu) to get out.
wysiad|ywać (-uję, -ujesz) vt (perf wysiedzieć) (jaja) to incubate, to brood.
wysiedl|ać (-am, -asz) (perf -ić) vt (lokatorów) to evict; (ludność) to displace.
wysiew|ać (-am, -asz) (perf wysiać) vt to sow.
wysięgni|k (-ka, -ki) (instr sg -kiem) m jib.
wysil|ać (-am, -asz) (perf -ić) vt: wysilać mózg/pamięć to rack one's

brains/memory; **wysilać słuch** to strain one's ears.
▸**wysilać się** vr to strain lub exert o.s.; **wysilać się, by coś zrobić** to strain to do sth.
wysił|ek (-ku) (instr sg -kiem) m effort; **bez (żadnego) wysiłku** without (any) effort, effortlessly; **wysiłki** pl efforts pl.
wyska|kiwać (-kuję, -kujesz) (perf **wyskoczyć**) vi: **wyskakiwać (przez okno/z auta)** to jump out (of the window/of the car); **wyskoczę po gazetę** (pot) I'll pop out for the paper (pot).
wysko|k (-ku, -ki) (instr sg -kiem) m (w górę) jump.
wy|słać¹ (-ślę, -ślesz) (imp -ślij) vb perf od **wysyłać**.
wy|słać² (-ścielę, -ścielisz) (imp -ściel) vb perf od **wyścielać**.
wysłanni|k (-ka, -cy) (instr sg -kiem) m (POL) envoy; (PRASA) correspondent.
wysławi|ać (-am, -asz) vt to glorify.
▸**wysławiać się** (perf **wysłowić**) vr to express o.s.
wysłuch|ać (-am, -asz) vt perf (koncertu, wykładu, próśb) to hear; (kogoś do końca) to hear out.
wysłu|chiwać (-chuję, -chujesz): **musieć wysłuchiwać** +gen to have to listen to.
wysłu|giwać się (-guję, -gujesz) vr: **wysługiwać się komuś** to lackey sb; **wysługiwać się kimś** to use sb.
wysłużony adj well-worn.
wysmukły adj slender.
wysnuw|ać (-am, -asz) (perf **wysnuć**) vt (wniosek) to draw; **wysnuwać domysł** to surmise.
wysoce adv highly.
wy|soki (comp -ższy) adj high; (człowiek, drzewo, szklanka) tall; (urzędnik) high(-ranking); (głos, ton)

high(-pitched); **wysoki na 2 metry** 2 metres (BRIT) lub meters (US) high.
wy|soko (comp -żej) adv high (up); **wysoko kogoś cenić** to rate sb highly.
wysokoprężny adj: **silnik wysokoprężny** diesel engine.
wysokoś|ć (-ci) f (domu, drzewa, figury geometrycznej) height; (lotu) (nom pl -ci) altitude; (dźwięku, głosu, tonu) (nom pl -ci) pitch; **mieć 20 metrów wysokości** to be 20 metres (BRIT) lub meters (US) high; **jaka jest wysokość grzywny/temperatury?** what is the fine/temperature?; **jaka jest wysokość nakładu?** how big is the input?; **opłata w wysokości 50 złotych** a fee of 50 zloty.
wys|pa (-py, -py) (dat sg -pie) f island; **Wyspy Brytyjskie** the British Isles.
wyspany adj: **jestem wyspany** I (have) had a good night's sleep; **jesteś wyspany?** did you get enough sleep?, did you sleep well?
wyspecjalizowany adj specialized, dedicated.
wysportowany adj athletic.
wysprząt|ać (-am, -asz) vt perf to tidy (up).
wystający adj protruding.
wystar|ać się (-am, -asz) vr perf: **wystarać się o coś** to arrange sth, to fix sth up.
wystarcz|ać (-a) (perf -yć) vt: **wystarczy czasu/łóżek** we have enough time/beds; **dwa krzesła wystarczą** two chairs will be enough lub will do; **czy 5 wystarczy?** will 5 be enough?; **wystarczyło ci pieniędzy?** did you have enough money?; **to wystarczy** that will do, that's enough.
wystarczająco adv: **wystarczająco**

długi long enough; **wystarczająco dużo** enough.

wystarczający adj sufficient.

wystart|ować (-uję, -ujesz) vb perf od **startować**.

wysta|wa (-wy, -wy) (dat sg -wie) f (malarstwa, mebli) exhibition; (psów, kotów) show; (sklepowa) shop window.

wysta|wać (-ję, -jesz) (imp -waj) vi (sterczeć) to protrude, to stick out.

wystawc|a (-y, -y) f decl like f in sg (na targach, wystawie) exhibitor; (rachunku, czeku) drawer.

wysta|wiać (-wiam, -wiasz) (perf -wić) vt (głowę, nos) to poke (out); (meble, butelkę) to put lub take out(side); (obrazy) to exhibit; (komedię) to stage; (paszport, świadectwo) to issue; (rachunek, czek) to make out, to write out ♦ vr: **wystawiać się na coś** to expose o.s. to sth.

wystawny adj sumptuous.

wystawowy adj exhibition attr; **salon/teren wystawowy** showroom/showground; **okno wystawowe** shop window.

wystąpie|nie (-nia, -nia) (gen pl -ń) nt (przemowa) speech; (pojawienie się) appearance.

wystę|p (-pu, -py) (loc sg -pie) m (impreza) performance; (udział) appearance; (krawędź) ledge, projection; **występy** pl show.

występ|ek (-ku, -ki) (instr sg -kiem) m misdemeanour (BRIT), misdemeanor (US).

występ|ować (-uję, -ujesz) (perf **wystąpić**) vi to occur; (zabierać głos) to speak, to take the floor; (TV, FILM, TEATR) to appear, to star; (SPORT) to take part; (o objawach) to appear; **wystąpić na środek** to step out to the center; **wystąpić z szeregu** to drop out of line; **występować z koncertem/recitalem** to give lub hold a concert/recital.

występowani|e (-a) nt (roślinności) occurrence; (objawów) appearance; (przypadków choroby, przestępstw) incidence.

wystos|ować (-uję, -ujesz) vt perf (książk) to send in, to submit.

wystraszony adj frightened, scared.

wystrasz|yć (-ę, -ysz) vt perf to scare, to frighten.
►**wystraszyć się** vr perf to get scared, to get frightened.

wystrojony adj (sala) adorned; (człowiek) spruced up, dressed up.

wystr|ój (-oju, -oje) m decor.

wystrza|ł (-łu, -ły) (loc sg -le) m firing, (gun)shot.

wystrzeg|ać się (-am, -asz) vr: **wystrzegać się kogoś/czegoś** to beware of sb/sth.

wystrzel|ić (-ę, -isz) vb perf od **wystrzeliwać** ♦ vi perf (z karabinu, pistoletu) to fire.

wystrzeliw|ać (-uję, -ujesz) (perf **wystrzelić**) vt (strzałę, pocisk) to shoot; (rakietę) to launch.

wystyg|nąć (-nie) vb perf od **stygnąć**.

wysusz|yć (-ę, -ysz) vb perf od **suszyć**.

wysuw|ać (-am, -asz) (perf **wysunąć**) vt (szufladę) to pull out; (rękę, głowę) to stick out; (stół, szafkę) to move; (propozycje, zarzuty, żądania) to put forward.
►**wysuwać się** vr (ukazywać się) to appear; (dawać się przesuwać) to pull out; **płyta wysunęła mu się z ręki** the record slipped out of his hand.

wysych|ać (-a) (perf **wyschnąć**) vi to dry up.

wysył|ać (-am, -asz) (perf **wysłać**) vt to send; (promienie, światło) to send (out).

wysył|ka (-ki, -ki) (*dat sg* -ce, *gen pl* -ek) *f* dispatch.

wysyłkowy *adj:* sprzedaż wysyłkowa mail order; firma wysyłkowa mail-order firm *lub* company.

wysypi|ać się (-am, -asz) (*perf* wyspać) *vr* to get enough sleep.

wysypis|ko (-ka, -ka) (*instr sg* -kiem) *nt* (*małe*) dump; (: *duże*) landfill (site).

wysyp|ka (-ki, -ki) (*dat sg* -ce, *gen pl* -ek) *f* rash.

wysyp|ywać (-uję, -ujesz) (*perf* -ać) *vt* (*piasek, śmieci*) to dump.

►**wysypywać się** *vr:* wysypywać się (z +*gen*) to spill out (of).

wysys|ać (-am, -asz) (*perf* wyssać) *vt* to suck (out).

wyszczegól|niać (-niam, -niasz) (*perf* -nić) *vt* to detail, to specify.

wyszczer|bić (-bię, -bisz) *vt perf* to chip.

wyszczerz|ać (-am, -asz) (*perf* -yć) *vt* wyszczerzać zęby (w uśmiechu) to grin; wyszczerzać zęby/kły (*o zwierzęciu*) to bare its teeth/fangs.

wyszczupl|ać (-a) (*perf* -ić) *vt:* wyszczuplać kogoś to make sb look slimmer.

wyszczupl|eć (-eję, -ejesz) *vi perf* to slim down.

wyszedł *itd. vb patrz* **wyjść**.

wyszep|tać (-czę, -czesz) (*imp* -cz) *vb perf od* szeptać.

wyszkoleni|e (-a) *nt* training.

wyszkol|ić (-ę, -isz) *vb perf od* szkolić.

wyszkolony *adj* trained.

wyszła *itd. vb patrz* **wyjść**.

wyszukany *adj* sophisticated, fine.

wyszu|kiwać (-kuję, -kujesz) *vt* (*perf* -kać) (*kandydata*) to search out; (*słówka*) to look up; (*odkrywać*) to discover.

wyszy|dzać (-dzam, -dzasz) (*perf* -dzić) *vt* to scoff at.

wyszyw|ać (-am, -asz) (*perf* wyszyć) *vt/vi* to embroider.

wyściełany *adj* padded.

wyści|g (-gu, -gi) (*instr sg* -giem) *m* race.

wyścigowy *adj:* koń wyścigowy racehorse; samochód/rower wyścigowy racing car/bike; tor wyścigowy (*konny*) racecourse (*BRIT*), racetrack (*US*); (*samochodowy*) racetrack.

wyśle|dzić (-dzę, -dzisz) (*imp* -dź) *vt perf* to track down.

wyśliz|giwać się (-guję, -gujesz) (*perf* -nąć *lub* -gnąć) *vr* to slip (out).

wyśmienicie *adv* (*udać się, spisać się*) excellently; smakować wyśmienicie to taste delicious.

wyśmienity *adj* (*humor, nastrój*) excellent; (*deser*) delicious.

wyśmiew|ać (-am, -asz) (*perf* wyśmiać) *vt* to jeer (at).

►**wyśmiewać się** *vr:* wyśmiewać się z kogoś to make fun of sb.

wyśniony *adj* (*książk*) dream *attr*.

wyśrubowany *adj* (*cena*) inflated, steep (*pot*); (*normy, wymagania*) exacting.

wyświadcz|ać (-am, -asz) (*perf* -yć) *vt:* wyświadczać komuś grzeczność *lub* przysługę to do sb a favour (*BRIT*) *lub* favor (*US*).

wyświechtany *adj* shabby, threadbare; (*dowcip*) stale, threadbare; (*frazes*) hackneyed.

wyświetlacz (-a, -e) *m* (*TECH*) display.

wyświetl|ać (-am, -asz) (*perf* -ić) *vt* (*film, przezrocza*) to project, to show; (*komunikat, informację*) to display.

wytacz|ać (-am, -asz) (*perf* wytoczyć) *vt* (*beczkę*) to roll out; (*armatę, wóz*) to wheel out;

(*argumenty, racje*) to bring forward; **wytoczyć komuś sprawę** *lub* **proces** to bring an action *lub* a suit against sb.

wytarty *adj* (*obicie, spodnie*) threadbare.

wytchnieni|e (*-a*) *nt* pause, break; **bez wytchnienia** without pausing for breath.

wytę|pić (*-pię, -pisz*) *vb perf od* **tępić**.

wytęż|ać (*-am, -asz*) (*perf* **-yć**) *vt* (*siły, słuch, wzrok*) to strain.

wytężony *adj* strenuous.

wytłacz|ać (*-am, -asz*) (*perf* **wytłoczyć**) *vt* (*napis, znak*) to imprint, to impress.

wytłaczany *adj* embossed.

wytłumaczeni|e (*-a*) *nt* explanation.

wytłumacz|yć (*-ę, -ysz*) *vb perf od* **tłumaczyć**.

wytrawny *adj* (*oszust, polityk*) expert *attr*, master *attr*; (*wino, wódka*) dry.

wytrą|cać (*-cam, -casz*) (*perf* **-cić**) *vt*: **wytrącać komuś coś (z ręki)** to knock sth out of sb's hand; **wytrącić kogoś z równowagi** to throw sb off balance.

►**wytrącać się** *vr* (*CHEM*) to precipitate.

wytrenowany *adj* trained.

wytro|pić (*-pię, -pisz*) *vt perf* to track (down).

wytrw|ać (*-am, -asz*) *vi perf* to hold out, to last out.

wytrwale *adv* persistently.

wytrwałoś|ć (*-ci*) *f* persistence, perseverance.

wytrwały *adj* persistent.

wytrych (*-a* *lub* **-u, -y**) *m* skeleton key.

wytrys|kiwać (*-kuje*) (*perf* **wytrysnąć**) *vi* (*o ropie, wodzie*) to gush, to spurt (out).

wyt|rzeć (*-rę, -rzesz*) (*imp* **-rzyj**, *pt* **-arł**) *vb perf od* **wycierać**.

wytrzep|ywać (*-uję, -ujesz*) (*perf*

-ać) *vt* (*piasek, popiół*) to shake off; (*dywan*) to beat.

wytrzeźwi|eć (*-eję, -ejesz*) *vb perf od* **trzeźwieć**.

wytrzym|ać (*-am, -asz*) *vi perf*: **nie wytrzymać** (*o moście, budowli*) to give way; (*o człowieku*) to lose one's cool.

wytrzymałoś|ć (*-ci*) *f* endurance; (*TECH*) durability.

wytrzymały *adj* (*człowiek*) tough, resilient; (*materiał*) durable; (*sprzęt, urządzenie*) heavy-duty.

wytrzymani|e (*-a*) *nt*: **nie do wytrzymania** unbearable.

wytrzym|ywać (*-uję, -ujesz*) (*perf* **-ać**) *vt* to bear, to stand ◆ *vi* to hold on.

wytwarz|ać (*-am, -asz*) (*perf* **wytworzyć**) *vt* (*meble, energię, jad*) to produce; (*atmosferę, sytuację*) to create.

►**wytwarzać się** *vr* to be formed *lub* created.

wytwarzani|e (*-a*) *nt* production.

wytworny *adj* (*osoba, maniery*) refined; (*apartament, kapelusz*) smart.

wytw|ór (*-oru, -ory*) (*loc sg* **-orze**) *m* product, creation; **wytwór czyjejś wyobraźni** a figment of sb's imagination.

wytwórc|a (*-y, -y*) *m decl like f in sg* producer.

wytwór|nia (*-ni, -nie*) (*gen pl* **-ni**) *f* factory; **wytwórnia filmowa/płytowa** film/record company.

wytycz|ać (*-am, -asz*) (*perf* **wytyczyć**) *vt* (*drogę, szlak*) to mark out; (*przen: kierunek, linię postępowania*) to lay.

wytyczn|a (*-ej, -e*) *f decl like adj* guideline.

wytyk|ać (*-am, -asz*) (*perf* **wytknąć**) *vt* (*wysuwać*) to stick out; **wytykać coś komuś** to reproach sb for sth.

wytyp|ować (-uję, -ujesz) *vb perf od* typować.

wyuzdany *adj* promiscuous.

wywabiacz (-a, -e) (*gen pl* -y) *m*: wywabiacz plam stain remover.

wywa|biać (-biam, -biasz) (*perf* -bić) *vt* (*plamy*) to remove.

wywal|ać (-am, -asz) (*perf* -ić) *vt* (*pot. wyrzucać*) to throw out; (*drzwi*) to smash down.

wywalcz|yć (-ę, -ysz) *vt* *perf* to win.

wywa|r (-ru, -ry) (*loc sg* -rze) *m* (*z jarzyn, mięsa*) stock; (*z ziół*) infusion.

wyważ|ać (-am, -asz) (*perf* -yć) *vt* (*drzwi*) to force, to break down *lub* open.

wywia|d (-du, -dy) (*loc sg* -dzie) *m* (*rozmowa*) interview; (*POL, WOJSK*) intelligence; przeprowadzać (przeprowadzić *perf*) wywiad z kimś to interview sb.

wywiadowczy *adj*: służba wywiadowcza intelligence service.

wywiadów|ka (-ki, -ki) (*dat sg* -ce, *gen pl* -ek) *f* (*pot. SZKOL*) parents-teacher meeting.

wywiąz|ywać się (-uję, -ujesz) (*perf* -ać) *vr* (*powstawać*) to ensue; wywiązywać się z obowiązków to do one's duty; wywiązywać się z obietnic *lub* obietnicy to deliver (the goods) (*przen*).

wywier|ać (-am, -asz) (*perf* wywrzeć) *vt* to exert.

wywiesz|ać (-am, -asz) (*perf* wywiesić) *vt* (*flagę*) to display; (*ogłoszenie*) to post up.

wywiesz|ka (-ki, -ki) (*dat sg* -ce, *gen pl* -ek) *f* sign, notice.

wywietrzni|k (-ka, -ki) (*instr sg* -kiem) *m* ventilator.

wywietrz|yć (-ę, -ysz) *vb perf od* wietrzyć.

wywiew|ać (-a) (*perf* wywiać) *vt* to blow away.

wywlek|ać (-am, -asz) (*perf* wywlec)

vt (*pot*) to drag (out); wywlec coś (na światło dzienne) (*przen*) to drag sth up.

wywniosk|ować (-uję, -ujesz) *vb perf od* wnioskować.

wyw|odzić (-odzę, -odzisz) (*imp* -ódź, *perf* wywieść) *vt*: wywodzić coś od czegoś to derive sth from sth.

► **wywodzić się** *vr*: wywodzić się z *lub* od +*gen* to come from, to derive from.

wywoławczy *adj*: cena wywoławcza starting price.

wywoływacz (-a, -e) (*gen pl* -y) *m* (*FOT*) developer.

wywoł|ywać (-uję, -ujesz) (*perf* -ać) *vt* (*wzywać*) to call; (*powodować: przerażenie, podziw*) to evoke; (: *powstanie, rozruchy, dyskusję*) to trigger off; (*FOT*) to develop.

wyw|ozić (-ożę, -ozisz) (*imp* -oź *lub* -óź, *perf* wywieźć) *vt* (*gruz, śmieci*) to remove; (*ludzi*) to take away; (*towary*) to export.

wyw|ód (-odu, -ody) (*loc sg* -odzie) *m* argument.

wyw|óz (-ozu, -ozy) (*loc sg* -ozie) *m* (*gruzu, śmieci*) removal, disposal; (*towarów*) export.

wywrac|ać (-am, -asz) (*perf* wywrócić) *vt* (*domy, drzewa*) to overturn; (*łódź*) to capsize; (*kieszenie*) to turn out.

► **wywracać się** *vr* (*o człowieku, drzewie*) to fall (down); (*o przedmiocie*) to overturn; (*o łodzi*) to capsize.

wywrot|ka (-ki, -ki) (*dat sg* -ce, *gen pl* -ek) *f* (*ciężarówka*) dumper (truck) (*BRIT*), dump truck (*US*); (*pot. upadek*) fall.

wywrotowy *adj* subversive.

wywró|cić (-cę, -cisz) (*imp* -ć) *vb perf od* wywracać.

wyzio|nąć (**-nę, -niesz**) (*imp* **-ń**) *vt perf*: **wyzionąć ducha** to give up the ghost.

wyznacz|ać (**-am, -asz**) (*perf* **-yć**) *vt* (*miejsce, termin*) to fix, to determine; (*osobę*) to appoint, to designate; (*obliczać*) to calculate.

wyznaczony *adj* appointed.

wyzn|ać (**-am, -asz**) *vt perf*: **wyznać coś (komuś)** to confess sth (to sb).

wyzna|nie (**-nia, -nia**) (*gen pl* **-ń**) *nt* (*miłości, sekretu*) confession; (*religia*) religion.

wyzn|awać (**-aję, -ajesz**) (*imp* **-awaj**) *vt* (*filozofię, pogląd*) to subscribe to.

wyznawc|a (**-y, -y**) *m decl like f in sg* (*REL*) believer; (*zwolennik*) advocate.

wyznawczy|ni (**-ni, -nie**) (*gen pl* **-ń**) *f* (*REL*) believer; (*zwolenniczka*) advocate.

wyzwal|ać (**-am, -asz**) (*perf* **wyzwolić**) *vt* to release; (*kraj, więźniów*) to liberate.

▶**wyzwalać się** *vr* (*o kraju*) to be liberated; **wyzwalać się z czegoś** to free o.s. of sth.

wyzwa|nie (**-nia, -nia**) (*gen pl* **-ń**) *nt* challenge.

wyzwisk|a (**-**) *pl* abuse, curses *pl*.

wyzwoleni|e (**-a**) *nt* liberation.

wyzwolony *adj* liberated.

wyzys|k (**-ku**) (*instr sg* **-kiem**) *m* exploitation.

wyzys|kiwać (**-kuję, -kujesz**) (*perf* **-kać**) *vt* to exploit.

wyzyw|ać (**-am, -asz**) (*perf* **wyzwać**) *vt* (*wymyślać*): **wyzywać kogoś** to call sb names; **wyzywać kogoś na pojedynek** to challenge sb to a duel.

wyzywająco *adv* provocatively.

wyzywający *adj* provocative.

wyż (**-u, -e**) *m* high, anticyclone.

wyżej *adv comp od* **wysoko** ♦ *adv* (*w tekście*) above.

wyższość (**-ci**) *f* superiority.

wyższy *adj comp od* **wysoki** ♦ *adj*

(*szkolnictwo, wykształcenie, stopień*) higher; (*urzędnik*) high-ranking; **stopień wyższy** (*JĘZ*) comparative degree.

wyż|yć (**-yję, -yjesz**) *vi* to survive; **wyżyć z czegoś** (*pot*) to get by on sth.

wyżym|ać (**-am, -asz**) (*perf* **wyżąć**) *vt* to wring.

wyży|na (**-ny, -ny**) (*dat sg* **-nie**) *f* (*GEOG*) upland, uplands *pl*.

wyżynny *adj* upland *attr*.

wyży|wić (**-wię, -wisz**) *vr perf* to feed.

▶**wyżywić się** *vr perf* to subsist.

wyżywieni|e (**-a**) *nt* food.

wzajemnie *adv* mutually, reciprocally; **pomagamy sobie wzajemnie** we help each other; **dziękuję, wzajemnie!** thank you, the same to you!

wzajemnoś|ć (**-ci**) *f* mutuality, reciprocation.

wzajemny *adj* mutual, reciprocal.

wzbier|ać (**-a**) (*perf* **wezbrać**) *vi* to rise.

wzbij|ać (**-am, -asz**) (*perf* **wzbić**) *vt* (*kurz, tumany*) to raise, to stir *lub* kick up.

▶**wzbijać się** *vr* to rise.

wzboga|cać (**-cam, -casz**) (*perf* **-cić**) *vt* to enrich.

▶**wzbogacać się** *vr* (*o człowieku*) to grow rich; **wzbogacać się (o coś)** (*o kolekcji*) to be enriched (by sth).

wzbrani|ać (**-am, -asz**) (*perf* **wzbronić**) *vt*: **wzbraniać komuś czegoś** to forbid sb to do sth.

▶**wzbraniać się** *vr*: **wzbraniać się przed czymś/robieniem czegoś** to shrink from sth/doing sth.

wzbroniony *adj* prohibited; „**palenie wzbronione**" "no smoking"; „**wstęp wzbroniony**" "no entry".

wzbu|dzać (**-dzam, -dzasz**) (*perf* **-dzić**) *vt* (*ciekawość, entuzjazm, gniew*) to arouse, to stir up.

wzburz|ać (-am, -asz) (*perf* -yć) *vt* to agitate, to whip up.

►**wzburzać się** *vr* (*o morzu*) to be agitated; (*o człowieku, umyśle, tłumie*) to become agitated.

wzburzony *adj* (*morze, woda*) agitated, troubled; (*człowiek, umysł*) agitated.

wzdę|cie (-cia, -cia) (*gen pl* -ć) *nt* (*MED*) flatulence.

wzdłuż *prep* +gen along ♦ *adv* (*przeciąć*) lengthways.

wzdrag|ać się (-am, -asz) *vr*: **wzdragać się przed czymś/zrobieniem czegoś** to flinch from sth/doing sth.

wzdryg|ać się (-am, -asz) (*perf* -nąć) *vr* to flinch, to shudder.

wzdych|ać (-am, -asz) (*perf* **westchnąć**) *vi* to sigh; **westchnął z ulgą** he heaved a sigh of relief.

wze|jść (-jdzie) (*pt* -szedł, -szła, -szły) *vb perf od* **wschodzić**.

wzgar|da (-dy) (*dat sg* -dzie) *f* · (*książk*) disdain, scorn.

wzgar|dzić (-dzę, -dzisz) (*imp* -dź) *vb perf od* **gardzić** ♦ *vt perf*: **wzgardzić czymś** to turn one's nose up at sth.

wzgl|ąd (-ędu, -ędy) (*loc sg* -ędzie) *m*: **pod względem czegoś** as regards sth; **ze względu** *lub* **przez wzgląd na kogoś/coś** for the sake of sb/sth, for sb's/sth's sake; **z tego względu** for that reason; **bez względu na coś** regardless of sth; **pod tym względem** in this respect; **pod każdym/żadnym względem** in every/no respect; **względy** *pl* (*okoliczności, powody*) considerations; (*przychylność*) favours (*BRIT*), favors (*US*).

względnie *adv* (*stosunkowo*) relatively, comparatively; (*albo*) or.

względny *adj* (*wartość, wysokość*) relative; (*cisza, spokój*) comparative;

zaimek względny (*JĘZ*) relative pronoun.

wzgór|ek (-ka, -ki) (*instr sg* -kiem) *m* hillock.

wzgórz|e (-a, -a) *nt* hill.

wziąć (wezmę, weźmiesz) (*imp* **weź**) *vb perf od* **brać**.

wzięci|e (-a) *nt* (*powodzenie*) popularity.

wzięty *adj* (much) sought after.

wzlat|ywać (-uję, -ujesz) (*perf* **wzlecieć**) *vi* (*o ptakach, owadach*) to fly up; (*o samolocie, balonie, fajerwerku*) to rise.

wzmacniacz (-a, -e) (*gen pl* -y) *m* amplifier.

wzmacni|ać (-am, -asz) (*perf* **wzmocnić**) *vt* (*siły, zdrowie, człowieka*) to strengthen; (*ścianę, tamę, straże*) to reinforce, to strengthen; (*głos, impuls, sygnał*) to amplify.

►**wzmacniać się** *vr* (*nabierać sił*) to get stronger.

wzmag|ać (-am, -asz) (*perf* **wzmóc**) *vt* (*czujność, represje, wysiłki*) to increase.

►**wzmagać się** *vr* (*o wietrze, burzy*) to strengthen; (*o upale, gniewie*) to increase; (*o walce, ostrzale*) to escalate.

wzmian|ka (-ki, -ki) (*dat sg* -ce, *gen pl* -ek) *f*: **wzmianka (o kimś/czymś)** mention (of sb/sth).

wzmocnio|nic (-nia) *nt* (*umocnienie*) reinforcement, strengthening; (*dodatkowy element*) (*nom pl* -nia, *gen pl* -ń) reinforcement.

wzmożony *adj* increased.

wznak *adv*: **leżeć na wznak** to lie supine.

wznawi|ać (-am, -asz) (*perf* **wznowić**) *vt* (*dyskusję, obrady*) to resume, to reopen; (*publikację*) to reissue.

wznie|cać (-cam, -casz) (*perf* -cić) *vt*

(*ogień, pożar*) to start; (*kurz, tuman*) to stir up, to kick up; (*przen: bunt, niepokój*) to incite.

wzniesie|nie (-nia, -nia) (*gen pl* -ń) *nt* hill.

wzniosłoś|ć (-ci) *f* loftiness.

wzniosły *adj* lofty.

wzno|sić (-szę, -sisz) (*imp* -ś) *vt* (*perf* **wznieść**) (*podnosić*) to raise; (*budować*) to erect; **wznosić toast za kogoś/coś** to propose a toast to sb/sth, to toast sb/sth.

► **wznosić się** *vr* (*o ramionach, ptaku*) (*perf* **wznieść**) to rise; (*o drodze, schodach*) to rise, to ascend; (*o budowli, górach*) to tower.

wznowie|nie (-nia, -nia) (*gen pl* -ń) *nt* (*książki*) reissue.

wzorcowy *adj* model *attr*.

wzor|ek (-ku, -ki) (*instr sg* -kiem) *m* pattern; **we wzorki** patterned.

wzor|ować się (-uję, -ujesz) *vr*: **wzorować się na kimś** to model o.s. on sb.

wzorowy *adj* model *attr*, exemplary; **wzorowe sprawowanie** (*SZKOL*) good conduct.

wzo|rzec (-rca, -rce) *m* (*schemat*) pattern; (*pierwowzór*) prototype; (*godny naśladowania*) exemplar.

wz|ór (-oru, -ory) (*loc sg* -orze) *m* (*rysunek, deseń*) pattern; (*konfekcji, obuwia*) model; (*cnót, skromności*) paragon; (*przejrzystości, jasności*) model; (*MAT, CHEM, FIZ*) formula; **brać wzór z kogoś** to follow sb's example.

wzrast|ać (-am, -asz) (*perf* **wzrosnąć**) *vi* (*o dochodach, liczbie, spożyciu*) to rise; (*o człowieku*) to grow up; (*o gorączce, gniewie, hałasie*) to grow.

wzrastający *adj* rising, growing.

wzro|k (-ku) (*instr sg* -kiem) *m* (*zmysł*) (eye)sight, vision; (*spojrzenie*) gaze, eyes *pl*.

wzrokowy *adj* (*pamięć, wrażenie*) visual.

wzro|st (-stu) (*loc sg* -ście) *m* (*człowieka*) height; (*organizmu, roślin*) growth; **być niskiego/średniego** to be short/medium height; **być wysokiego wzrostu** to be tall; **ile masz wzrostu?** how tall are you?; **wzrost gospodarczy** economic growth.

wzrusz|ać (-am, -asz) (*perf* -**yć**) *vt* (*człowieka*) to move; (*ziemię*) to loosen; **wzruszać ramionami** to shrug (one's shoulders).

wzruszający *adj* moving.

wzrusze|nie (-nia, -nia) (*gen pl* -ń) *nt* emotion.

wzruszony *adj* moved.

wzwyż *adv* up(wards); **skok wzwyż** high jump; **od 5 wzwyż** 5 and over.

wzyw|ać (-am, -asz) (*perf* **wezwać**) *vt* (*lekarza, pogotowie, policję*) to call; **wzywać kogoś (do sądu)** to cite sb, to summon sb (before the magistrate); **wzywać kogoś do zrobienia czegoś** to call on sb to do sth; **wzywać pomocy** to call for help.

Z

──────SŁOWO KLUCZOWE──────

z, ze *prep* +*gen* **1** (*punkt wyjścia*) from; **z domu/góry/drzewa** from home/above/a tree. **2** (*źródło*) from; **z prasy/książki/doświadczenia** from the press/the book/experience. **3** (*czas*) from; **z grudnia/ubiegłego roku** from December/last year. **4** (*zbiorowość*) from; **kolega ze szkoły** friend from school; **niektórzy z was**

some of you. **5** (*przyczyna*) (out) of;
z głodu/wdzięczności (out) of
hunger/gratitude. **6** (*materiał*): **stół z
drewna** a wooden table; **zrobiony z
drewna/wełny** made of wood/wool;
bukiet z róż a bunch of roses; **sok z
czarnych porzeczek** blackcurrant
juice. **7** (*pod względem*): **ona jest
dobra z matematyki** she is good at
maths; **on jest z zawodu ślusarzem**
he is a locksmith by profession;
egzamin z angielskiego an
examination in English. **8**
(*nasilenie*): **z całych sił** with all
one's might; **z całego serca**
wholeheartedly ♦ *prep +instr* **1** (*w
towarzystwie*) with; **chodź ze mną**
come with me. **2** (*z dodatkiem*)
with; **kawa z mlekiem** coffee with
milk; **chleb z masłem** bread and
butter. **3** (*z zawartością*) of;
dzbanek z wodą a jar of water;
skrzynka z narzędziami a toolbox.
4 (*określenie rzeczownika*) with;
chłopiec z długimi włosami a boy
with long hair; **sklep z zabawkami**
toyshop.

SŁOWO KLUCZOWE

za *prep +instr* **1** (*miejsce*) behind; **za
drzewem/oknem** behind the
tree/window; **za burtą** overboard; **za
miastem** out of town. **2**
(*następstwo*) after; **jeden za drugim**
one after another, one by one. **3** (*cel
czynności*) for, after; **tęsknić za
kimś** to miss sb; **gonić za zyskiem**
to seek profit ♦ *prep +acc* **1**
(*miejsce*) behind; **schować się za
drzewo** to hide behind a tree;
wyjechać za miasto to go out of
town. **2**: **chwycić** (*perf*) **kogoś za
rękę** to take hold of sb's hand, to
grab sb's hand. **3** (*cel czynności*)

for; **walczyć za wolność** to fight for
freedom; **wznosić (wznieść** *perf*)
toast za czyjeś zdrowie to drink (a
toast) to sb's health. **4** (*po upływie
jakiegoś czasu*) in; **za trzy godziny**
in three hours; **za dwa lata** in two
years' time; **jest za dziesięć piąta**
it's ten to five. **5** (*w zamian za*) for;
kupiłem to za 5 złotych I bought
this for 5 zloty; **za to, że ...** in
return for ... . **6** (*w zastępstwie*) in
place of; **pracować za dwóch** to do
the work of two ♦ *adv* **1** (*zbyt*) too;
za późno/wcześnie too late/early;
za dużo ludzi too many people; **on
jest za młody na to stanowisko**
he's too young for the post. **2** (*w
zdaniach wykrzyknikowych*): **co za
dzień!** what a day!

---

zaabsorbowany *adj* preoccupied.
zaadres|ować (**-uję, -ujesz**) *vb perf
od* **adresować**.
zaakcept|ować (**-uję, -ujesz**) *vb perf
od* **akceptować**.
zaangaż|ować (**-uję, -ujesz**) *vb perf
od* **angażować**.
zaapel|ować (**-uję, -ujesz**) *vb perf od*
apelować.
zaareszt|ować (**-uję, -ujesz**) *vb perf
od* **aresztować**.
zaatak|ować (**-uję, -ujesz**) *vb perf od*
atakować.
zaawansowany *adj* advanced ♦ *n
decl like adj* advanced learner.
zabar|wiać (**-wiam, -wiasz**) (*perf
-wić*) *vt* to dye.
▶**zabarwiać się** *vr*: **zabarwiać się
na niebiesko** to turn blue.
zabarwieni|e (**-a**) *nt* (*barwa*) tint;
(*brzmienie głosu*) tone; (*przen: charakter*) overtone.
zaba|wa (**-wy, -wy**) (*dat sg* **-wie**) *f*
(*zajęcie*) play; (*gra*) game; (*bal*)
party; **coś do zabawy** something to

play with; **dla zabawy** for fun; **plac zabaw** playground; **przyjemnej zabawy!** have a good time!

zaba|wiać (-wiam, -wiasz) (perf -wić) vt to entertain.

▸**zabawiać się** vr to amuse o.s.

zabaw|ka (-ki, -ki) (dat sg -ce, gen pl -ek) f toy.

zabawny adj amusing.

zabezpiecz|ać (-am, -asz) (perf -yć) vt (chronić) to protect, to guard; (czynić bezpiecznym) to secure; **zabezpieczać coś przed czymś** to guard sth against sth.

▸**zabezpieczać się** vr: **zabezpieczyć się (przed czymś)** to protect o.s. (against sth).

zabezpiecze|nie (-nia, -nia) (gen pl -ń) nt protection.

zabi|ć (-ję, -jesz) vb perf od **zabijać** ◂ vi perf (o zegarze) to strike.

▸**zabić się** vr perf (odebrać sobie życie) to kill o.s.; (stracić życie) to get killed.

zabie|g (-gu, -gi) (instr sg -giem) m procedure; (operacja) (minor) operation; **zabiegi** pl endeavours pl (BRIT), endeavors pl (US).

zabieg|ać (-am, -asz) vi: **zabiegać (zabiec** perf**) komuś drogę** to bar sb's way; **zabiegać o coś** to strive for sth.

zabiegowy adj (oddział) surgical; (gabinet) surgery attr.

zabier|ać (-am, -asz) (perf **zabrać**) vt (brać ze sobą) to take; (przynosić ze sobą) to bring; (usuwać) to take away; (podnosić) to pick up; (miejsce, czas) to take; (o autobusie, statku: mieścić) to take; **zabierać coś komuś** to take sth away from sb.

▸**zabierać się** vr: **zabierać się do czegoś** to get down to sth.

zabij|ać (-am, -asz) (perf **zabić**) vt to kill.

▸**zabijać się** vr to kill one another.

zabity adj killed; **spać jak zabity** to sleep like a log.

zabłą|dzić (-dzę, -dzisz) (imp -dź) vi perf to lose one's way, to get lost.

zabłąk|ać się (-am, -asz) vr perf to stray.

zabły|snąć (-snę, -śniesz) (imp -śnij) vi perf (wydać błysk) to flash; (zapalić się) to come on; (przen) to shine; patrz też **błysnąć**.

zabobo|n (-nu, -ny) (loc sg -nie) m superstition.

zabobonny adj superstitious.

zabol|eć (-i) vi perf to hurt.

zaborczy adj (polityka, władza) aggressive; (człowiek, charakter, miłość) possessive.

zabójc|a (-y, -y) m decl like f in sg killer, assassin.

zabójczy adj (kula, cios) lethal, fatal; (klimat, praca, tryb życia) destructive.

zabójst|wo (-wa, -wa) (loc sg -wie) nt killing, assassination.

za|brać (-biorę, -bierzesz) vb perf od **zabierać**.

▸**zabrać się** vr perf: **zabrać się z kimś** (pot) to get a lift from sb (pot).

zabrak|nąć (-nie) (pt -ło) vi perf: **zabrakło nam chleba/pieniędzy** we've run out of bread/money.

zabrani|ać (-am, -asz) (perf **zabronić**) vt: **zabraniać czegoś** to forbid lub prohibit sth; **zabraniać komuś robić coś** to forbid sb to do sth, to prohibit sb from doing sth.

zabroniony adj prohibited.

zabru|dzić (-dzę, -dzisz) (imp -dź) vb perf od **brudzić**.

zabudowa|nia (-ń) pl buildings pl.

zabudow|ywać (-uję, -ujesz) (perf -ać) vt (teren) to develop; (ścianę, kuchnię) to furnish.

zaburz|ać (-am, -asz) (perf -yć) vt (równowagę) to upset; (spokój) to disturb.

zaburze|nia (-ń) *pl* (*psychiczne*) disturbance; (*żołądkowe*) disorder, upset; (*atmosferyczne*) disturbance.

zabyt|ek (-ku, -ki) (*instr sg* -kiem) *m* (historic) monument; **zabytki przyrody** monuments of nature.

zabytkowy *adj* (*budynek*) historic; (*mebel*) antique.

zach. *abbr* (= *zachodni*) W. (= West, western).

zachcian|ka (-ki, -ki) (*dat sg* -ce, *gen pl* -ek) *f* whim.

zachciew|ać się (-a) (*perf* zachcieć się) *vi*: **zachciało mi się spać/jeść** I got sleepy/hungry.

zachę|cać (-cam, -casz) (*pt* -cić) *vt*: **zachęcać kogoś do czegoś** to encourage sb to do sth.

zachęcający *adj* encouraging, inviting.

zachę|ta (-ty, -ty) (*dat sg* -cie) *f* encouragement, incentive.

zachłanność (-ci) *f* avarice, avariciousness.

zachłanny *adj* avaricious, acquisitive.

zachłyst|ywać się (-uję, -ujesz) (*perf* zachłysnąć) *vr* to choke.

zachmurzeni|e (-a) *nt* clouds *pl*.

zachmurzony *adj* clouded.

zachmurz|yć się (-ę, -ysz) *vr perf* (*o niebie, twarzy*) to cloud over; (*o człowieku*) to become gloomy.

zachodni *adj* (*kierunek*) west, western; (*wiatr*) west, westerly; (*państwa, kultura, prasa, półkula*) western; **Europa Zachodnia** Western Europe; **zachodnia Polska** the west of Poland, western Poland.

zacho|dzić (-dzę, -dzisz) (*imp* -dź, *perf* zajść) *vt*: **zachodzić kogoś** to steal on sb ♦ *vi* (*o słońcu, księżycu*) to set; (*docierać*) to get; (*odwiedzać*) to look *lub* drop in; (*o zdarzeniu, pomyłce*) to occur; **zachodzić na siebie** to overlap; **zajść w ciążę** to become pregnant.

zachor|ować (-uję, -ujesz) *vi perf* to be taken ill, to fall ill.

zachowani|e (-a) *nt* (*sposób bycia*) behaviour (*BRIT*), behavior (*US*); (*maniery*) manners *pl*; (*uchronienie*) preservation.

zachowawczy *adj* conservative.

zachow|ywać (-uję, -ujesz) (*perf* -ać) *vt* (*pamiątki, rzeczy*) to retain, to keep; (*siły, wdzięczność*) to retain; (*tradycje*) to preserve.

►**zachowywać się** *vr* (*postępować*) to act, to behave; (*o dokumentach, tradycjach, legendach*) to survive.

zach|ód (-odu, -ody) (*loc sg* -odzie) *m* (*też*: **zachód słońca**) sunset; (*strona świata*) west; (*Europa Zachodnia*) the West; **na zachód od** +*gen* west of.

zachrypnięty *adj* hoarse.

zachwal|ać (-am, -asz) *vt* to praise.

zachwy|cać (-cam, -casz) (*perf* -cić) *vt* to delight, to enchant.

►**zachwycać się** *vr*: **zachwycać się czymś** to marvel at sth.

zachwycający *adj* delightful.

zachwycony *adj* delighted; **jestem zachwycony przedstawieniem** I am delighted with the performance.

zachwy|t (-tu, -ty) (*dat sg* -cie) *m* delight.

zaciąg|ać (-am, -asz) (*perf* -nąć) *vt* (*wlec*) to drag; (*firankę*) to draw; (*pasek*) to tighten.

►**zaciągać się** *vr* (*wstępować do służby*) to enlist; (*dymem papierosowym*) to inhale.

zacie|k (-ku, -ki) (*instr sg* -kiem) *m* water stain (*on wall*).

zaciekawieni|e (-a) *nt* (*zainteresowanie*) interest; (*ciekawość*) curiosity.

zaciekły *adj* (*walka, dyskusja*) fierce; (*atak*) ferocious; (*przeciwnik*) sworn.

zacieniony *adj* (*miejsce*) shady.

zacier|ać (-am, -asz) (*perf* zatrzeć) *vt*

(*ślady, szczegóły*) to cover (up); (*złe wrażenie*) to efface.

►**zacierać się** *vr* (*o napisie, wspomnieniach*) to fade (away); (*TECH*) to seize up.

zacieś|niać (**-niam, -niasz**) (*perf* **-nić**) *vt* to tighten.

►**zacieśniać się** *vr* to tighten.

zacietrzewiony *adj* furious.

zacię|cie (**-cia, -cia**) (*gen pl* **-ć**) *nt* (*predyspozycja*) bent; (*werwa, zapał*) verve.

zacięty *adj* (*opór*) stiff; (*bój*) hard-fought.

zacin|ać (**-am, -asz**) (*perf* **zaciąć**) *vt* (*ranić*) to cut; (*wargi, usta*) to set ♦ *vi* (*o deszczu*) to whip.

►**zacinać się** *vr* (*kaleczyć się*) to cut o.s.; (*o mechanizmach, szufladzie*) to jam, to get stuck; (*jąkać się*) to stammer.

zacis|k (**-ku, -ki**) (*instr sg* **-kiem**) *m* (*ELEKTR*) terminal; (*TECH*) clamp.

zacisk|ać (**-am, -asz**) (*perf* **zacisnąć**) *vt* to tighten; **zacisnąć pasa** to tighten one's belt; **zacisnąć zęby** (*przen*) to clench *lub* set one's teeth.

zacisz|e (**-a, -a**) (*gen pl* **-y**) *nt* (*miejsce osłonięte*) sheltered spot; (*miejsce ustronne*) secluded spot.

zaciszny *adj* (*spokojny*) quiet; (*ustronny*) secluded.

zacofani|e (**-a**) *nt* backwardness.

zacofany *adj* backward.

zaczaj|ać się (**-am, -asz**) (*perf* **zaczaić**) *vr*: **zaczajać się na** +*acc* to lie in ambush for.

zaczar|ować (**-uję, -ujesz**) *vt perf* to cast *lub* put a spell on.

zaczarowany *adj* magic.

zacz|ąć (**-nę, -niesz**) (*imp* **-nij**) *vb perf od* **zaczynać**.

zaczek|ać (**-am, -asz**) *vb perf od* **czekać**.

zacze|piać (**-piam, -piasz**) (*perf* **-pić**) *vt* (*przyczepiać*) to fasten;

(*zatrzymywać*) to accost; (*atakować*) to attack ♦ *vi*: **zaczepiać o coś** to catch on sth.

►**zaczepiać się** *vr*: **zaczepiać się o coś** (*chwytać się*) to catch hold of sth; (*zahaczać się*) to catch on sth.

zaczepny *adj* (*ton, uwaga*) aggressive; (*człowiek*) truculent, aggressive.

zaczerwienie|nie (**-nia, -nia**) (*gen pl* **-ń**) *nt* (*na skórze*) red mark.

zaczyn|ać (**-am, -asz**) (*perf* **zacząć**) *vt* to begin, to start; **zaczynać coś robić** to begin *lub* start doing *lub* to do sth.

►**zaczynać się** *vr* to start, to begin.

zać|ma (**-my**) (*dat sg* **-mie**) *f* cataract.

zaćmie|nie (**-nia, -nia**) (*gen pl* **-ń**) *nt* (*Słońca, Księżyca*) eclipse; (*pot. zamroczenie*) (mental) block.

zaćmiew|ać (**-am, -asz**) (*perf* **zaćmić**) *vt* (*światło*) to darken; (*przen*) to outshine, to eclipse.

za|d (**-du, -dy**) (*loc sg* **-dzie**) *m* rump.

zadamawi|ać się (**-am, -asz**) (*perf* **zadomowić**) *vr* to get settled.

zada|nie (**-nia, -nia**) (*gen pl* **-ń**) *nt* (*coś do wykonania*) task; (*SZKOL*) task, exercise; (*z matematyki, fizyki*) problem; **zadanie domowe** homework.

zadarty *adj*: **zadarty nos** a snub nose.

zad|awać (**-aję, -ajesz**) (*perf* **-ać**) *vt* (*pytanie*) to ask; (*lekcje, czytankę*) to assign; (*cios*) to deal; **zadać komuś pytanie** to ask sb a question.

►**zadawać się** *vr* (*pot*): **zadawać się z kimś** to hang around with sb.

zadbany *adj* (*człowiek*) well-groomed; (*ogród, dom*) neat (and tidy).

zadecyd|ować (**-uję, -ujesz**) *vb perf od* **decydować**.

zademonstr|ować (**-uję, -ujesz**) *vb perf od* **demonstrować**.

zadept|ywać (-uję, -ujesz) (*perf* -ać) *vt* (*ścieżkę, kwiaty*) to trample.

zadła|wić się (-wię, -wisz) *vr perf* to choke.

zadłuż|ać się (-am, -asz) (*perf* -yć) *vr* to get into debt.

zadłużeni|e (-a) *nt* debt.

zadłużony *adj* indebted.

zadość *inv.* czynić (**uczynić** *perf*) **zadość prośbie/wymaganiom** to satisfy a request/demands.

zadośćuczynieni|e (-a) *nt* satisfaction.

zadowal|ać (-am, -asz) (*perf* **zadowolić**) *vt* to satisfy; (*cieszyć*) to please.

►**zadowalać się** *vr*: **zadowalać się czymś** to make do with sth, to settle for sth.

zadowalający *adj* satisfactory.

zadowoleni|e (-a) *nt* satisfaction.

zadowolony *adj* (*szczęśliwy*) glad, pleased; (*usatysfakcjonowany*) satisfied, contented.

zadrapa|nie (-nia, -nia) (*gen pl* -ń) *nt* scratch.

zadraśnię|cie (-cia, -cia) (*gen pl* -ć) *nt* graze.

zadrażnie|nia (-ń) *pl* frictions *pl*.

zadręcz|ać (-am, -asz) (*perf* -yć) *vt* to badger, to pester.

►**zadręczać się** *vr*: **zadręczać się (czymś)** to torture *lub* torment o.s. (with sth).

zadrż|eć (-ę, -ysz) (*imp* -yj) *vb perf od* **drżeć**.

zaduch (-u) *m* stuffy air.

zadu|ma (-my) (*dat sg* -mie) *f* reflection, meditation.

zadum|ać się (-am, -asz) *vr perf* (*książk*) to muse.

zadumany *adj* (*książk*) reflective, thoughtful.

Zadusz|ki (-ek) *pl* (*REL*) All Souls' Day.

zadymiony *adj* smoky.

zadym|ka (-ki, -ki) (*dat sg* -ce, *gen pl* -ek) *f* snowstorm, blizzard.

zadyszany *adj* breathless.

zadysz|ka (-ki, -ki) (*dat sg* -ce, *gen pl* -ek) *f* breathlessness; **dostać** (*perf*) **zadyszki** to lose one's breath.

zadział|ać (-am, -asz) *vb perf od* **działać** ♦ *vi perf* (*podjąć działanie*) to take action.

zadzier|ać (-am, -asz) *vt* (*perf* **zadrzeć**) (*paznokieć*) to tear; (*pot: spódnicę*) to pull up ♦ *vi*: **zadzierać z kimś** (*pot*) to mess with sb (*pot*).

zadziorny *adj* (*pot: kłótliwy*) quarrelsome; (: *nieustępliwy*) defiant.

zadzi|wiać (-wiam, -wiasz) (*perf* -wić) *vt* to astonish, to amaze.

zadziwiający *adj* astonishing, amazing.

zadzwo|nić (-nię, -nisz) (*imp* -ń) *vb perf od* **dzwonić**.

zafascynowani|e (-a) *nt* fascination.

zafascynowany *adj* fascinated.

zafund|ować (-uję, -ujesz) *vb perf od* **fundować**.

zagad|ka (-ki, -ki) (*dat sg* -ce, *gen pl* -ek) *f* (*zadanie*) riddle, puzzle; (*tajemnica*) mystery.

zagadkowy *adj* puzzling, enigmatic.

zagadnie|nie (-nia, -nia) (*gen pl* -ń) *nt* problem, issue.

zagad|ywać (-uję, -ujesz) *vt* (*zwracać się*) (*perf* -nąć) to speak to, to address; (*pot: zagłuszać*) (*perf* **zagadać**) to talk down ♦ *vi* (*odzywać się*) (*perf* -nąć) to start speaking.

zagajni|k (-ka, -ki) (*instr sg* -kiem) *m* woods *pl*.

zagani|ać (-am, -asz) (*perf* **zagnać** *lub* **zagonić**) *vt* to drive.

zaga|pić się (-pię, -pisz) *vr perf* (*pot*): **zagapiłem się** I wasn't paying attention.

zagar|niać (-niam, -niasz) (*perf* -nąć)

vt (*zbierać*) to gather; (*przywłaszczać*) to seize.

zagęszcz|ać (-am, -asz) (*perf* **zagęścić**) *vt* to thicken.

zagęszczeni|e (-a) *nt* concentration.

zagię|cie (-cia, -cia) (*gen pl* -ć) *nt* (*materiału*) fold; (*drutu*) bend.

zagin|ać (-am, -asz) (*perf* **zagiąć**) *vt* (*kartkę*) to fold; (*drut*) to bend; (*pot: osobę*) to confuse.

zagi|nąć (-nę, -niesz) (*imp* -ń) *vi perf* to go missing, to disappear; **ślad po nim zaginął** there is no trace left of him.

zaginiony *adj* missing ♦ *m decl like adj* missing person.

zagląd|ać (-am, -asz) (*perf* **zajrzeć**) *vi* to look in.

zagła|da (-dy, -dy) (*dat sg* -dzie) *f* extermination, annihilation.

zagła|dzać (-dzam, -dzasz) (*perf* **zagłodzić**) *vt* to starve.

zagłę|biać (-biam, -biasz) (*perf* -bić) *vt* (*w wodzie*) to immerse; (*w kieszeniach, masie czegoś*) to sink.

►**zagłębiać się** *vr* (*w wodzie*) to immerse o.s.; (*w fotelu*) to sink.

zagłę|bie (-bia, -bia) (*gen pl* -bi) *nt*: **zagłębie węglowe** coalfield.

zagłębie|nie (-nia, -nia) (*gen pl* -ń) *nt* hollow.

zagłów|ek (-ka, -ki) (*instr sg* -kiem) *m* headrest.

zagłusz|ać (-am, -asz) (*perf* -yć) *vt* (*dźwięk, głos*) to drown out; (*wyrzuty sumienia*) to deaden; (*stację radiową*) to jam.

zagmatw|ać (-am, -asz) *vb perf od* **gmatwać**.

zagmatwany *adj* tangled, confused.

zago|ić (-oję, -oisz) (*imp* -ój) *vb perf od* **goić**.

zago|n (-nu, -ny) (*loc sg* -nie) *m* patch (*of cabbages etc*).

zagoniony *adj* (*pot*) busy, on the go.

zagorzały *adj* (*zwolennik, fan*) ardent, fervent; (*przeciwnik*) fierce; (*dyskusja*) heated.

zagospodarow|ywać (-uję, -ujesz) (*perf* -ać) *vt* (*teren*) to develop.

►**zagospodarowywać się** *vr* to settle in.

zago|ścić (-szczę, -ścisz) (*imp* -ść) *vi perf* (*książk: o radości, spokoju*) to settle.

zagot|ować (-uję, -ujesz) *vb perf od* **gotować**.

zagra|biać (-biam, -biasz) (*perf* -bić) *vt* (*liście, ścieżkę*) to rake; (*przen: ziemię, majątek*) to seize.

zagra|cać (-cam, -casz) (*perf* -cić) *vt* (*pot*) to clutter.

zagradz|ać (-am, -asz) (*perf* **zagrodzić**) *vt* to obstruct, to bar.

zagranic|a (-y) *f* foreign countries *pl*.

zagraniczny *adj* foreign; **handel zagraniczny** foreign commerce *lub* trade; **Ministerstwo Spraw Zagranicznych** Ministry of Foreign Affairs, ≈ Foreign Office (*BRIT*), ≈ State Department (*US*).

zagra|nie (-nia, -nia) (*gen pl* -ń) *nt* move.

zagraż|ać (-am, -asz) (*perf* **zagrozić**) *vi*: **zagrażać komuś/czemuś** to threaten sb/sth.

zagr|oda (-ody, -ody) (*dat sg* -odzie, *gen pl* -ód) *f* (*gospodarstwo*) farm; (*dla krów itp.*) pen, corral (*US*).

zagroże|nie (-nia, -nia) (*gen pl* -ń) *nt* threat, danger.

zagryw|ka (-ki, -ki) (*dat sg* -ce, *gen pl* -ek) *f* (*SPORT*) serve.

zagryz|ać (-am, -asz) (*perf* **zagryźć**) *vt* (*o zwierzętach*) to bite to death; (*o człowieku: wargi*) to bite.

►**zagryzać się** *vr* (*o zwierzętach*) to bite each other to death; (*pot: martwić się*) to worry.

zagrzeb|ywać (-uję, -ujesz) (*perf* -ać) *vt* to bury.

►**zagrzebywać się** *vr* to burrow, to bury o.s.

zagrzew|ać (**-am, -asz**) (*perf* **zagrzać**) *vt* (*podgrzewać*) to warm *lub* heat up; **zagrzewać kogoś do czegoś** to spur sb on to (do) sth.

►**zagrzewać się** *vr* (*podgrzewać się*) to warm *lub* heat up.

zagu|bić (**-bię, -bisz**) *vt perf* to lose.

►**zagubić się** *vr* to get lost.

zagubiony *adj* (*człowiek*) lost; (*osada, wyspa*) remote.

zahacz|ać (**-am, -asz**) (*perf* **-yć**) *vt*: **zahaczać coś o coś** to hook sth (on)to sth ♦ *vi*: **zahaczać o coś** (*zaczepiać*) to catch on sth; (*pot: w rozmowie*) to touch (up)on sth; **zahaczyć o Pragę/znajomego** (*pot: wstąpić na krótko*) to stop off in Prague/at a friend's place.

►**zahaczać się** *vr* (*pot*): **zahaczyć się gdzieś** to land a job somewhere.

zaham|ować (**-uję, -ujesz**) *vt perf* to bring to a stop ♦ *vi perf* to come to a stop.

zahamowa|nie (**-nia, -nia**) (*gen pl* **-ń**) *nt* inhibition, hang-up (*pot*).

zahartowany *adj* hardened.

zaim|ek (**-ka, -ki**) (*instr sg* **-kiem**) *m* pronoun.

zaimprowizowany *adj* improvised, impromptu.

zainteres|ować (**-uję, -ujesz**) *vb perf od* **interesować**.

►**zainteresować się** *vr perf*: **zainteresować się czymś** to become interested in sth, to take an interest in sth.

zainteresowa|nie (**-nia**) *nt* interest; **zainteresowania** *pl* interests *pl*.

zainteresowany *adj*: **być czymś zainteresowanym** to be interested in sth.

zainwest|ować (**-uję, -ujesz**) *vb perf od* **inwestować**.

zaistni|eć (**-eję, -ejesz**) *vi perf* to come into being *lub* existence; (*o trudnościach*) to arise.

zaja|d (**-du, -dy**) (*loc sg* **-dzie**) *m* (*MED*): **zajady** perleche.

zajad|ać (**-am, -asz**) *vt* (*pot*) to tuck into (*BRIT*), to chow (down) (*US*).

►**zajadać się** *vr*: **zajadać się czymś** to gorge o.s. on *lub* with sth.

zajadły *adj* virulent.

zaj|azd (**-azdu, -azdy**) (*loc sg* **-eździe**) *m* wayside inn.

zaj|ąc (**-ąca, -ące**) (*gen pl* **-ęcy**) *m* hare.

zaj|ąć (**-mę, -miesz**) (*imp* **-mij**) *vb perf od* **zajmować**.

►**zająć się** *vr perf*: **zajmę się tym** I'll see to that; **zająć się aktorstwem/medycyną** to take up acting/medicine.

zajezd|nia (**-ni, -nie**) (*gen pl* **-ni**) *f* depot.

zajeżdż|ać (**-am, -asz**) *vt* (*konia*) (*perf* **zajeździć**) to override ♦ *vi* (*perf* **zajechać**): **zajeżdżać do domu/na stację** to arrive home/at the station; **zajeżdżać komuś drogę** (*MOT*) to cut in on sb.

zaję|cie (**-cia, -cia**) (*gen pl* **-ć**) *nt* (*czynność*) occupation, pursuit; (*praca*) occupation; **zajęcia** *pl* (*UNIW*) classes *pl*; (*szkolny*) **plan** *lub* **rozkład zajęć** (school) timetable.

zajęczy *adj*: **zajęcza warga** harelip.

zajęty *adj* (*człowiek*) busy; (*miejsce*) taken, occupied; (*TEL*) busy, engaged (*BRIT*); **teraz jestem zajęta** I'm busy now; **być zajętym robieniem czegoś** to be busy doing sth.

zajm|ować (**-uję, -ujesz**) (*perf* **zająć**) *vt* (*powierzchnię*) to occupy, to take up; (*pokój, dom*) to occupy; (*miasto, kraj*) to seize; (*wzbudzać ciekawość*) to engage; **zajmie (mi) to dwie godziny** it'll take (me) two hours; **zająć miejsce** to take one's seat;

zająć komuś miejsce to keep a seat for sb.

▸**zajmować się** vr (*zapalać się*) to catch fire; **zajmować się czymś/robieniem czegoś** to busy o.s. with sth/doing sth; **czym się zajmujesz?** what do you do (for a living)?; **zajmować się kimś/czymś** (*opiekować się*) to look after sb/sth.

zajmujący adj (*opowieść*) engrossing, absorbing; (*praca*) absorbing; (*człowiek*) interesting.

zajrz|eć (-**ę**, -**ysz**) (*imp* -**yj**) vb perf od **zaglądać**.

zajś|cie (-**cia**, -**cia**) (*gen pl* -**ć**) nt incident.

zakal|ec (-**ca**, -**ce**) m: **ciasto z zakalcem** slack-baked cake.

zakamar|ek (-**ka**, -**ki**) (*instr sg* -**kiem**) m recess, corner.

zaka|z (-**zu**, -**zy**) (*loc sg* -**zie**) m ban, prohibition; „**zakaz postoju**" "no waiting"; „**zakaz skrętu w lewo/prawo**" "no left/right turn"; „**zakaz wjazdu**" "no entry"; „**zakaz wstępu**" "no entry".

zakaz|ywać (-**uję**, -**ujesz**) (*perf* -**ać**) vt to forbid, to prohibit; **zakazywać komuś czegoś** to forbid sb (to do) sth, to prohibit sb from doing sth.

zakaźny adj (*choroba*) infectious; **oddział zakaźny** isolation ward.

zakaż|ać (-**am**, -**asz**) (*perf* **zakazić**) vt to infect.

zakaże|nie (-**nia**, -**nia**) (*gen pl* -**ń**) nt infection.

zakąs|ka (-**ki**, -**ki**) (*dat sg* -**ce**, *gen pl* -**ek**) f (*zimna*) appetizer, hors d'oeuvre; (*ciepła*) appetizer.

zakąt|ek (-**ka**, -**ki**) (*instr sg* -**kiem**) m nook.

zakl|ąć (-**nę**, -**niesz**) (*imp* -**nij**) vb perf od **kląć**, **zaklinać**.

zaklej|ać (-**am**, -**asz**) (*perf* **zakleić**) vt to seal.

zaklę|cie (-**cia**, -**cia**) (*gen pl* -**ć**) nt (*formuła*) spell, charm; (*prośba*) entreaty.

zaklin|ać (-**am**, -**asz**) (*perf* **zakląć**) vt (*błagać*) to beg, to entreat; (*rzucać urok*) to put a spell on, to cast a spell over.

▸**zaklinać się** vr to swear.

zakła|d (-**du**, -**dy**) (*loc sg* -**dzie**) m (*umowa*) bet; **zakład przemysłowy** industrial plant; **zakład fryzjerski** hairdresser's; (*męski*) barber's; **zakład badawczy** research institute; **zakład poprawczy** borstal (*BRIT*), reformatory (*US*).

zakład|ać (-**am**, -**asz**) (*perf* **założyć**) vt (*miasto*) to found; (*towarzystwo, spółkę*) to establish, to found; (*płaszcz, buty, okulary*) to put on; (*gaz, telefon*) to install ▸ vi to assume, to suppose.

▸**zakładać się** vr to bet.

zakład|ka (-**ki**, -**ki**) (*dat sg* -**ce**, *gen pl* -**ek**) f (*do książki*) bookmark; (*KRAWIECTWO*) tuck.

zakładni|k (-**ka**, -**cy**) (*instr sg* -**kiem**) m hostage.

zakładowy adj (*teren, magazyn*) factory attr.

zakłopo|tać (-**czę**, -**czesz**) vt perf to embarrass.

▸**zakłopotać się** vr to get embarrassed.

zakłopotani|e (-**a**) nt embarrassment.

zakłopotany adj embarrassed.

zakłó|cać (-**cam**, -**casz**) (*perf* -**cić**) vt (*ciszę, nastrój*) to disturb; (*działalność, proces*) to disrupt; (*sygnał, łączność*) to cause interference to.

zakłóce|nie (-**nia**, -**nia**) (*gen pl* -**ń**) nt (*RADIO*) interference; **zakłócenia w produkcji/transporcie** disruption in production/transport services.

zakoch|ać się (-**am**, -**asz**) vb perf od **zakochiwać się**.

zakochany adj: **zakochany (w**

kimś/czymś) in love (with sb/sth) ♦ *m decl like adj* lover.

zakoch|iwać się (**-uję, -ujesz**) (*perf* **zakochać**) *vr:* **zakochiwać się (w kimś/czymś)** to fall in love (with sb/sth).

zakol|e (**-a, -a**) (*gen pl* **-i**) *nt* (*drogi, rzeki*) bend.

zako|n (**-nu, -ny**) (*loc sg* **-nie**) *m* order.

zakonnic|a (**-y, -e**) *f* nun.

zakonni|k (**-ka, -cy**) (*instr sg* **-kiem**) *m* friar.

zakończe|nie (**-nia, -nia**) (*gen pl* **-ń**) *nt* (*pracy, współpracy*) end; (*opowiadania*) ending; (*wypracowania*) conclusion.

zakończ|yć (**-ę, -ysz**) *vb perf od* **kończyć, zakańczać.**

zakop|ywać (**-uję, -ujesz**) (*perf* **-ać**) *vt* to bury.

▸**zakopywać się** *vr* to bury o.s.

zakorze|niać się (**-nia**) (*perf* **-nić**) *vr* (*o roślinach*) to (take) root; (*przen: o zwyczajach, nawykach*) to take root.

zakrad|ać się (**-am, -asz**) (*perf* **zakraść**) *vr* to sneak in.

zakraplacz (**-a, -e**) (*gen pl* **-y**) *m* dropper.

zakrapl|ać (**-am, -asz**) (*perf* **zakroplić**) *vt:* **zakraplać oczy/nos** to put eyedrops/nosedrops in.

zakre|s (**-su, -sy**) (*loc sg* **-sie**) *m* (*środków, obowiązków, działania*) range; (*uprawnień*) extent; (*tematyczny*) scope; (*RADIO*) waveband.

zakreślacz (**-a, -e**) (*gen pl* **-y**) *m* (*pisak*) highlighter, marker.

zakreśl|ać (**-am, -asz**) (*perf* **-ić**) *vt* (*fragment tekstu*) to mark, to highlight; (*czek*) to cross.

zakrę|cać (**-cam, -casz**) (*perf* **-cić**) *vt* (*słoik*) to twist on; (*kran*) to turn off; (*drut*) to twist; (*włosy*) to curl ♦ *vi* to turn.

zakrę|t (**-tu, -ty**) (*loc sg* **-cie**) *m* bend,

corner; **zakręt w lewo/prawo** left/right bend.

zakręt|ka (**-ki, -ki**) (*dat sg* **-ce**, *gen pl* **-ek**) *f* (bottle) cap.

zakrwawiony *adj* bloody, bloodstained.

zakrysti|a (**-i, -e**) (*gen pl* **-i**) *f* sacristy, vestry.

zakryw|ać (**-am, -asz**) (*perf* **zakryć**) *vt* to cover.

▸**zakrywać się** *vr* to cover o.s.

zakrze|p (**-pu, -py**) (*loc sg* **-pie**) *m* (*MED*) clot.

zakrzy|kiwać (**-kuję, -kujesz**) (*perf* **zakrzyczeć**) *vt* to shout down.

zakrzy|wiać (**-wiam, -wiasz**) (*perf* **-wić**) *vt* to bend.

▸**zakrzywiać się** *vr* (*o gwoździu, gałęzi*) to bend; (*o drodze, ustach*) to curve.

zakrzywiony *adj* bent, curved.

zaku|p (**-pu, -py**) (*loc sg* **-pie**) *m* purchase; **iść na zakupy** to go shopping; **robić zakupy** to shop; **torba na zakupy** shopping bag.

zakurzony *adj* dusty.

zakuw|ać (**-am, -asz**) (*perf* **zakuć**) *vt* (*SZKOL: pot*) to swot up (on) (*pot: BRIT*); (*więźnia*) to clap in irons *lub* chains ♦ *vi* (*pot*) to cram (*pot*), to swot (*pot: BRIT*).

zakwaterowani|e (**-a**) *nt* accommodation, lodgings *pl*.

zakwit|ać (**-a**) (*perf* **-nąć**) *vi* to blossom, to bloom.

zalany *adj* flooded; (*pot: pijany*) drunk, sloshed (*pot*).

zalatany *adj* (*pot*) run off one's feet (*pot*).

zalat|ywać (**-uje**) (*perf* **zalecieć**) *vi* (*o zapachu*) to waft; **zalatywać (czymś)** (*pot*) to smell (of sth).

zaląż|ek (**-ka, -ki**) (*instr sg* **-kiem**) *m* germ.

zale|cać (**-cam, -casz**) *vt* (*polecać*)

(*perf* -**cić**): **zalecać coś (komuś)** to recommend sth (to sb).

▶**zalecać się** *vr.* zalecać się do **kogoś** to court *lub* woo sb, to make advances to sb.

zalece|nie (-**nia**, -**nia**) (*gen pl* -**ń**) *nt* recommendation.

zaledwie *adv* merely ♦ *conj*: **zaledwie przyjechał, ...** no sooner had he arrived than ...; **zaledwie wczoraj** only yesterday.

zaleg|ać (-**am**, -**asz**) *vi* (*o kurzu, śniegu, tłumie*) to linger; **zalegać z czymś** to be behind with sth.

zaległoś|ci (-**ci**) *pl* (*w nauce, pracy*) backlog; (*w płaceniu*) arrears *pl*; **mieć zaległości (w czymś)** to be behind (with sth).

zaległy *adj* overdue, outstanding.

zale|piać (-**piam**, -**piasz**) (*perf* -**pić**) *vt* (*dziurę*) to block, to fill.

zale|ta (-**ty**, -**ty**) (*dat sg* -**cie**) *f* virtue, advantage.

zale|w (-**wu**, -**wy**) (*loc sg* -**wie**) *m* (*sztuczne jezioro*) reservoir; (*zatoka morska*) bay; (*przen*) flood.

zale|wa (-**wy**, -**wy**) (*dat sg* -**wie**) *f* (*octowa*) marinade; (*słona*) brine.

zalew|ać (-**am**, -**asz**) (*perf* **zalać**) *vt* (*o rzece, świetle, tłumie*) to flood.

zależ|eć (-**y**) *vi*: **zależeć (od kogoś/czegoś)** to depend (on sb/sth); **bardzo jej na nim zależy** she cares deeply about him; **to zależy** it depends; **to zależy od ciebie** it's up to you.

zależnie *adv*: **zależnie od czegoś** depending on sth.

zależnoś|ć (-**ci**, -**ci**) (*gen pl* -**ci**) *f* relationship, link; **zależność (od** +*gen*) dependence (on); **w zależności od czegoś** depending on sth.

zależny *adj* dependent; **mowa zależna** reported *lub* indirect speech.

zalicz|ać (-**am**, -**asz**) (*perf* -**yć**) *vt*

(*UNIW*: *egzamin*) to pass; (: *semestr, rok*) to complete (successfully); **zaliczać kogoś/coś do** +*gen* to rate sb/sth among; **zaliczać komuś coś** to give sb credit for sth.

▶**zaliczać się** *vr.* zaliczać się do +*gen* to be numbered among.

zalicze|nie (-**nia**, -**nia**) (*gen pl* -**ń**) *nt* (*SZKOL, UNIW*) credit; **za zaliczeniem pocztowym** ≈ COD.

zalicz|ka (-**ki**, -**ki**) (*dat sg* -**ce**, *gen pl* -**ek**) *f* advance.

zalog|ować się (-**uję**, -**ujesz**) *vi perf* to log in.

zalotny *adj* coquettish.

zalot|y (-**ów**) *pl* (*książk*) courtship, advances *pl*.

zalud|niać (-**niam**, -**niasz**) (*perf* -**nić**) *vt* to populate, to people.

▶**zaludniać się** *vr* to come alive (with people).

zaludnieni|e (-**a**) *nt* population.

zał. *abbr* (= **założony**) est., estab.

załad|ować (-**uję**, -**ujesz**) *vb perf od* **ładować, załadowywać**.

załadow|ywać (-**uję**, -**ujesz**) (*perf* -**ać**) *vt* to load.

załadun|ek (-**ku**, -**ki**) (*instr sg* -**kiem**) *m* loading.

załago|dzić (-**dzę**, -**dzisz**) (*imp* -**dź**) *vb perf od* **łagodzić**.

załama|nie (-**nia**, -**nia**) (*gen pl* -**ń**) *nt* (*zagięcie*) bend; (*w gospodarce*) slump; **załamanie psychiczne** (nervous) breakdown; **załamanie się** (*dachu, mostu, lodu*) collapse.

załam|ywać (-**uję**, -**ujesz**) (*perf* -**ać**) *vt* (*zaginać*) to bend.

▶**załamywać się** *vr* (*wyginać się*) to bend; (*o głosie*) to break; (*o człowieku*) to break down; (*o świetle, fali*) to be refracted.

załat|wiać (-**wiam**, -**wiasz**) (*perf* -**wić**) *vt* (*sprawy, interesy*) to take care of; (*pot: klientów*) to serve; **załatwić komuś coś** (*pot*) to fix sb up with

sth (*pot*); **ja to załatwię** let me
handle that.

▶**załatwiać się** *vr* (*pot*) to relieve o.s.

załat|wić (**-wię, -wisz**) *vb perf od*
załatwiać ♦ *vt perf.* **załatwić kogoś**
(*rozprawić się*) to fix sb (*pot*);
(*zabić*) to dispose of sb, to take care
of sb (*pot*).

załatwiony *adj:* **załatwione!** done!

załącz|ać (**-am, -asz**) (*perf* **-yć**) *vt* to
enclose.

załącze|nie (**-nia, -nia**) (*gen pl* **-ń**) *nt:*
w załączeniu ... please find
enclosed ... .

załączni|k (**-ka, -ki**) (*instr sg* **-kiem**)
m (*do listu*) enclosure.

zał|oga (**-ogi, -ogi**) (*dat sg* **-odze**, *gen
pl* **-óg**) *f* (*statku, samolotu*) crew;
(*fabryki*) staff.

założe|nie (**-nia, -nia**) (*gen pl* **-ń**) *nt*
assumption, premise; **w założeniu**
originally; **założenia** *pl* (*wytyczne*)
guidelines *pl*.

założyciel (**-a, -e**) (*gen pl* **-i**) *m*
founder.

zamach (**-u, -y**) *m* (*próba
zamordowania*) assassination
attempt; (*zamordowanie*)
assassination; (*bombowy*) attack;
zamach stanu coup (d'état); **za
jednym zamachem** at one go.

zamach|nąć się (**-nę, -niesz**) (*imp*
-nij) *vr perf* to swing one's arm.

zamacho|wiec (**-wca, -wcy**) *m*
(*zabójca*) assassin; (*napastnik*)
attacker; (*podkładający bombę*)
bomber.

zamachowy *adj:* **koło zamachowe**
flywheel.

zamacz|ać (**-am, -asz**) (*perf
zamoczyć*) *vt* (*przypadkowo*) to get
wet; (*celowo*) to soak.

▶**zamaczać się** *vr* to get wet.

zamak|ać (**-am, -asz**) (*perf
zamoknąć*) *vi* to get soaked.

zamart|wiać się (**-wiam, -wiasz**)

(*perf* **-wió**) *vr:* **zamartwiać się
(czymś** *lub* **z powodu czegoś)** to
worry (about sth).

zamarz|ać (**-am, -asz**) (*perf* **-nąć**) *vi*
(*o wodzie*) to freeze; (*o rzece,
jeziorze*) to freeze (over).

zamarz|nąć (**-nę, -niesz**) (*imp* **-nij**)
vb perf od **marznąć, zamarzać ♦** *vi*
perf (*umrzeć*) to freeze to death.

zamarznięty *adj* frozen.

zamaskowany *adj* (*wejście*)
concealed; (*twarz, bandyta*) masked.

zamaszysty *adj* (*ruch, gest*)
sweeping; (*krok*) vigorous.

zamawi|ać (**-am, -asz**) (*perf
zamówić*) *vt* (*danie, towar*) to order;
(*bilety, stolik*) to book, to reserve;
(*rozmowę telefoniczną*) to place.

zamaz|ywać (**-uję, -ujesz**) (*perf* **-ać**)
vt (*napis*) to smear.

Zambi|a (**-i**) *f* Zambia.

zam|ek (**-ku, -ki**) (*instr sg* **-kiem**) *m*
(*budowla*) castle; (*w drzwiach,
karabinie*) lock; (*też:* **zamek
błyskawiczny**) zip (fastener), zipper
(*US*).

zamęcz|ać (**-am, -asz**) (*perf* **-yć**) *vt:*
zamęczać kogoś czymś to badger
lub plague sb with.

zamę|t (**-tu**) (*loc sg* **-cie**) *m* confusion.

zamężna *adj* married.

zamglony *adj* misty, hazy.

zamian *m inv:* **w zamian za** +*acc* in
exchange *lub* return for.

zamia|na (**-ny, -ny**) (*dat sg* **-nie**) *f*
(*wymiana*) exchange;
(*przekształcenie*) conversion.

zamia|r (**-ru, -ry**) (*loc sg* **-rze**) *m*
intention; **mieć zamiar coś zrobić**
to intend to do sth.

zamiast *prep* +*gen* instead of;
zamiast pójść z nami ... instead of
joining us ..., rather than go with us
...; **zamiast tego** instead.

zamiat|ać (**-am, -asz**) (*perf* **zamieść**)
vt to sweep.

zamie|ć (-ci, -cie) (gen pl -ci) f
snowstorm, blizzard.

zamiejscowy adj (rozmowa)
long-distance.

zamie|niać (-niam, -niasz) (perf -nić)
vt: **zamieniać coś (na** +acc) to
exchange sth (for); **zamieniać
kogoś/coś w** +acc to turn sb/sth
into.

►**zamieniać się** vr: **zamieniać się
(czymś** lub **na coś)** to swap (sth);
zamieniać się w +acc to turn into.

zamienny adj: **części zamienne**
spare lub replacement parts.

zamier|ać (-am, -asz) (perf **zamrzeć**)
vi (o dźwięku, głosie) to die lub fade
away; (o człowieku: nieruchomieć) to
freeze; (o życiu gospodarczym) to
come to a standstill.

zamierz|ać (-am, -asz) (perf -yć) vt:
zamierzać coś zrobić to intend to
do sth.

►**zamierzać się** vr: **zamierzać się
na kogoś** to aim a blow at sb.

zamierze|nie (-nia, -nia) (gen pl -ń)
nt intention.

zamierzony adj (skutek, efekt)
intended; (atak) deliberate.

zamiesz|ać (-am, -asz) vb perf od
mieszać ♦ vt perf: **zamieszać kogoś
w coś** to implicate sb in sth.

zamieszani|e (-a) nt confusion,
chaos; **robić zamieszanie** to cause
lub create confusion.

zamieszany adj: **zamieszany w** +acc
implicated in.

zamieszcz|ać (-am, -asz) (perf
zamieścić) vt (w prasie) to run.

zamieszk|ać (-am, -asz) vi perf to
take up residence.

zamieszkały adj (dom, dzielnica)
inhabited; **zamieszkały w Londynie**
resident in London.

zamieszkani|e (-a) nt: **miejsce
zamieszkania** (place of) residence.

zamiesz|ki (-ek) pl riots pl.

zamiesz|kiwać (-kuję, -kujesz) vt (o
zwierzętach) to inhabit ♦ vi
(książk: mieszkać) to dwell.

zamiłowa|nie (-nia, -nia) (gen pl -ń)
nt passion; **mieć zamiłowanie do
czegoś** to have a passion for sth.

zamiłowany adj keen.

zamk|nąć (-nę, -niesz) (imp -nij) vb
perf od **zamykać**.

zamknię|cie (-cia) nt (na stałe)
closure; (na noc) closing; (zamek)
(nom pl -cia, gen pl -ć) lock; **w
zamknięciu** under lock and key.

zamknięty adj closed; (pokój, sala)
locked; (system) self-contained;
zamknięty na klucz locked;
„**zamknięte**" "closed".

zamocow|ywać (-uję, -ujesz) (perf
-ać) vt to mount, to fix.

zamontow|ywać (-uję, -ujesz) (perf
-ać) vt to fit, to mount.

zamord|ować (-uję, -ujesz) vb perf
od **mordować**.

zamorski adj overseas attr.

zamożnoś|ć (-ci) f affluence, wealth.

zamożny adj affluent, wealthy.

zamó|wić (-wię, -wisz) vb perf od
zamawiać.

zamówie|nie (-nia, -nia) (gen pl -ń)
nt order; **zrobiony na zamówienie**
made to order, custom-made.

zamraż|ać (-am, -asz) (perf
zamrozić) vt to freeze.

zamrażalni|k (-ka, -ki) (instr sg
-kiem) m freezer compartment.

zamrażar|ka (-ki, -ki) (dat sg -ce, gen
pl -ek) f freezer, deep freeze.

zamroczony adj dazed.

zamrocz|yć (-ę, -ysz) vt perf to daze.

zamsz (-u, -e) m suede.

zamszowy adj suede attr.

zamurow|ywać (-uję, -ujesz) (perf
-ać) vt (drzwi, okno) to brick up;
zamurowało mnie (pot) I was
speechless.

zamyk|ać (-am, -asz) (perf **zamknąć**)

vt (*drzwi, oczy, książkę*) to close, to shut; (*na klucz*) to lock; (*sklep, biuro, granicę*) to close; (*dyskusję, dochodzenie*) to close; (*wsadzać do więzienia*) to lock up; (*szkołę, fabrykę*) to close *lub* shut down.

▶**zamykać się** *vr* (*w pokoju, łazience*) to lock o.s.; (*o drzwiach*) to shut; (*o zamku*) to lock; (*o kwiatach*) to fold (up); (*o roku, działalności*) to close; **zamknąć się w sobie** (*przen*) to withdraw into o.s.

zamy|sł (-**słu**, -**sły**) (*loc sg* -**śle**) *m* (*książk*) intention, plan.

zamyśl|ać się (-**am**, -**asz**) (*perf* -**ić**) *vr* to be lost in thought.

zamyślony *adj* thoughtful, pensive.

zanadrzu *inv*: (**trzymać/mieć coś**) **w zanadrzu** (to keep/have sth) up one's sleeve.

zanadto *adv* excessively.

zaniech|ać (-**am**, -**asz**) *vt perf* +*gen*: **zaniechać czegoś** to give sth up, to desist from sth.

zanieczyszcz|ać (-**am**, -**asz**) (*perf* **zanieczyścić**) *vt* to pollute, to contaminate.

zanieczyszcze|nie (-**nia**, -**nia**) (*gen pl* -**ń**) *nt* (*stan*) pollution, contamination.

zaniedba|nie (-**nia**, -**nia**) (*gen pl* -**ń**) *nt* neglect, negligence.

zaniedbany *adj* run-down, neglected.

zaniedb|ywać (-**uję**, -**ujesz**) (*perf* -**ać**) *vt* to neglect.

▶**zaniedbywać się** *vr* to let o.s. go; **zaniedbywać się w obowiązkach** to be negligent in one's duty.

zaniem|óc (-**ogę**, -**ożesz**) (*pt* -**ógł**, -**ogła**, -**ogli**) *vi perf* (*książk*) to fall ill.

zaniemó|wić (-**wię**, -**wisz**) *vi perf*: **zaniemówił (z oburzenia)** he was speechless (with indignation).

zaniepok|oić (-**oję**, -**oisz**) (*imp* -**ój**) *vt perf* to alarm, to disturb.

▶**zaniepokoić się** *vr perf* to become alarmed *lub* anxious.

zaniepokojeni|e (-**a**) *nt* alarm.

zani|eść (-**osę**, -**esiesz**) (*imp* -**eś**, *pt* -**ósł**, -**osła**, -**eśli**) *vb perf od* **nieść**, **zanosić**.

zani|k (-**ku**) (*instr sg* -**kiem**) *m* disappearance; (*MED*) atrophy; **zanik pamięci** memory loss.

zanik|ać (-**a**) (*perf* -**nąć**) *vi* (*o tradycji, uczuciach, gatunku*) to disappear, to die out; (*o głosie, obrazie, tętnie*) to die away, to fade.

zanim *conj* before; **zanim zadzwonię/zadzwoniłam ...** before I make/made the call ...; **zanim nie sprawdzę** before I check *lub* have checked.

zaniż|ać (-**am**, -**asz**) (*perf* -**yć**) *vt* (*stawki, poziom*) to lower; **zaniżać cenę czegoś** to underprice sth.

zano|sić (-**szę**, -**sisz**) (*imp* -**ś**, *perf* **zanieść**) *vt* to take, to carry.

▶**zanosić się** *vr*: **zanosi się na deszcz** it looks like (it's going to) rain.

zanot|ować (-**uję**, -**ujesz**) *vb perf od* **notować**.

zanu|dzać (-**dzam**, -**dzasz**) (*perf* -**dzić**) *vt* to bore.

zanurz|ać (-**am**, -**asz**) (*perf* -**yć**) *vt* to dip, to immerse.

▶**zanurzać się** *vr* (*o pływaku*) to dive; (*o przedmiotach*) to sink; (*o łodzi podwodnej*) to submerge.

zaoczny *adj* (*wyrok*) in absentia; (*UNIW*) part-time, extramural.

zaofer|ować (-**uję**, -**ujesz**) *vb perf od* **oferować**.

zaog|nić (-**nię**, -**nisz**) (*imp* -**nij**) *vt perf* to inflame.

▶**zaognić się** *vr* to become inflamed.

zaokrągl|ać (-**am**, -**asz**) (*perf* -**ić**) *vt* (*nadawać okrągły kształt*) to round; (*ceny, liczby*: **w górę**) to round up; (: **w dół**) to round down.

▸**zaokrąglać się** vr (o twarzy,
człowieku) to fill out.
zaokrągle|nie (-nia, -nia) (gen pl -ń)
nt (kształt) curvature; **w
zaokrągleniu** in round figures.
zaopatr|ywać (-uję, -ujesz) (perf
zaopatrzyć) vt: **zaopatrywać kogoś
w coś** (dostarczać) to provide lub
supply sb with sth; (wyposażać) to
supply lub equip sb with sth.
▸**zaopatrywać się** vr: **zaopatrywać
się w wodę** to stock up on water.
zaopatrzeni|e (-a) nt (HANDEL)
delivery; **dział zaopatrzenia**
delivery (department).
zaopatrzony adj: **dobrze/słabo
zaopatrzony** well/poorly stocked.
zaopiek|ować się (-uję, -ujesz) vb
perf od **opiekować się**.
zaostrz|ać (-am, -asz) (perf -yć) vt
(patyk, ołówek, kontury) to sharpen;
(apetyt) to whet, to sharpen;
(przepisy, sankcje) to tighten;
(konflikt, polemikę) to inflame.
▸**zaostrzać się** vr to sharpen; (o
konflikcie, sporze) to escalate.
zaoszczę|dzić (-dzę, -dzisz) (imp
-dź) vt perf +acc (pieniądze, czas) to
save ▸ vt perf +gen: **zaoszczędziło
mu to pracy** it saved him some
work; **zaoszczędzić na
prądzie/opale** to save on
electricity/fuel.
zapach (-u, -y) m smell, odour
(BRIT), odor (US); (kwiatów)
fragrance.
zapad|ać (-am, -asz) (perf **zapaść**) vi
(o kurtynie, nocy, ciszy) to fall; (o
decyzji) to be made lub reached; (o
uchwale, rezolucji) to be passed.
▸**zapadać się** vr (w błocie, bagnie)
to sink; (o dachu, podłodze) to cave
in, to fall in.
zapad|ka (-ki, -ki) (dat sg -ce, gen pl
-ek) f (TECH) catch.

zapadły adj (pot: dziura, wioska)
godforsaken; (boki, policzki) sunken.
zapadnięty adj (twarz, policzki)
sunken.
zapak|ować (-uję, -ujesz) vb perf od
pakować.
zapal|ać (-am, -asz) (perf -ić) vt
(zapałkę, papierosa, fajkę) to light;
(silnik) to start; (światło, lampę) to
turn on, to switch on.
▸**zapalać się** vr (zaczynać się palić)
to catch fire; (włączać się) to come
on; **zapalić się do czegoś** (przen)
to become enthusiastic over lub
about sth.
zapalczywoś|ć (-ci) f quick temper.
zapalczywy adj (człowiek)
quick-tempered; (dyskusja) heated.
zapaleni|e (-a) nt (MED)
inflammation; **zapalenie płuc**
pneumonia; **zapalenie wyrostka
robaczkowego** appendicitis.
zapale|niec (-ńca, -ńcy) m enthusiast.
zapalnicz|ka (-ki, -ki) (dat sg -ce, gen
pl -ek) f lighter.
zapalni|k (-ka, -ki) (instr sg -kiem) m
(WOJSK) fuse, fuze (US).
zapalny adj (materiał, substancja)
inflammable, flammable; (charakter,
stan) inflammatory; **punkt zapalny**
(przen) hot lub trouble spot.
zapalony adj (światło) turned on,
switched on; (zapałka, świeca)
lighted, lit; (zwolennik, myśliwy)
keen.
zapa|ł (-łu, -ły) (loc sg -le) m zeal,
eagerness; **z zapałem** eagerly.
zapał|ka (-ki, -ki) (dat sg -ce, gen pl
-ek) f match.
zapamiętały adj passionate.
zapamięt|ywać (-uję, -ujesz) (perf
-ać) vt (zachowywać w pamięci) to
remember; (uczyć się na pamięć) to
memorize.
zapar|cie (-cia, -cia) (gen pl -ć) nt
(MED) constipation.

zapark|ować (-uję, -ujesz) *vb perf od* parkować.

zapar|ować (-uje) *vi perf* to mist over (*BRIT*), to steam *lub* fog over (*US*).

zaparowany *adj* misty (*BRIT*), steamy (*US*).

zaparty *adj*: **z zapartym tchem** with bated breath.

zaparz|ać (-am, -asz) (*perf* -**yć**) *vt* (*herbatę, zioła*) to brew, to infuse.

zapa|s (-su, -sy) (*loc sg* -**sie**) *m* (spare) supply, reserve; **mieć coś w zapasie** to have sth in reserve; **na zapas** (*martwić się, cieszyć się*) prematurely; **zapasy** *pl* provisions *pl*; (*SPORT*) wrestling.

zapasowy *adj* (*koło, część*) spare; (*wyjście, schody*) emergency *attr*.

zapaś|ć¹ (-ci) *f* (*MED*) collapse.

zapa|ść² (-dnę, -dniesz) (*imp* -**dnij**, *pt* -**dł**) *vb perf od* zapadać.

zapaśni|k (-ka, -cy) (*instr sg* -**kiem**) *m* wrestler.

zapatrywa|nia (-ń) *pl* views *pl*.

zapatrz|yć się (-ę, -ysz) *vr perf*: **zapatrzyć się (w** +*acc*) to stare (at).

zapchany *adj* blocked (up).

zapeł|niać (-niam, -niasz) (*perf* -**nić**) *vt* to fill.

▸**zapełniać się** *vr* to fill (up).

zapewne *adv* (*prawdopodobnie*) probably; (*niewątpliwie*) undoubtedly.

zapew|niać (-niam, -niasz) (*perf* -**nić**) *vt* (*osobę*) to assure; (*bezpieczeństwo*) to ensure; **zapewniać kogoś o czymś** to assure sb of sth; **zapewniać komuś coś** to secure sth for sb.

zapewnie|nie (-nia, -nia) (*gen pl* -**ń**) *nt* assurance.

zapęd|y (-ów) *pl* (*pot*) leanings *pl*, inclinations *pl*.

za|piąć (-pnę, -pniesz) (*imp* -**pnij**) *vb perf od* zapinać.

zapiekan|ka (-ki, -ki) (*dat sg* -**ce**, *gen pl* -**ek**) *f* casserole.

zapier|ać (-am, -asz) (*perf* **zaprzeć**) *vt* (*oddech*) to take away; **dech mi zaparło** it took my breath away.

▸**zapierać się** *vr* to dig one's heels in.

zapię|cie (-cia, -cia) (*gen pl* -**ć**) *nt* (*czynność*) fastening; (*zamek, klamra*) fastener.

zapin|ać (-am, -asz) (*perf* **zapiąć**) *vt* (*ogólnie*) to fasten; (*na guziki*) to button up; (*na zamek*) to zip up; (*guziki, zamek*) to do up.

▸**zapinać się** *vr* (*perf* **zapiąć**) (*na guziki*) to button up; (*na zamek*) to zip up; (*mieć zapięcie*) to fasten.

zapin|ka (-ki, -ki) (*dat sg* -**ce**, *gen pl* -**ek**) *f* clasp.

zapi|s (-su, -sy) (*loc sg* -**sie**) *m* (*czynność*) recording; (*tekst*) record; (*nagranie*) record, recording; (*sposób zapisywania*) notation; (*w testamencie*) bequest; **zapisy** *pl* (*na uczelnię*) registration; (*kolejka*) waiting list.

zapis|ki (-ków) *pl* (*notatki*) notes *pl*; (*pamiętnik*) diary.

zapis|ywać (-uję, -ujesz) (*perf* -**ać**) *vt* (*wiadomość, notatkę*) to write down, to take down; (*kandydatów*) to register; (*TECH*) to record; (*KOMPUT*) to save, to write; **zapisywać coś komuś** (*PRAWO*) to bequeath sth to sb; (*o lekarzu*) to prescribe sth to sb.

▸**zapisywać się** *vr*: **zapisywać się do szkoły** to enrol (*BRIT*) *lub* enroll (*US*) at a school; **zapisywać się na kurs** to sign up for a course.

zaplanowany *adj* (*wyjazd, wycieczka*) planned; (*konferencja, wykład*) scheduled.

zaplat|ać (-am, -asz) (*perf* **zapleść**) *vt* (*warkocz*) to plait (*BRIT*), to braid (*US*).

zaplą|tać (-czę, -czesz) *vb perf od* **plątać**.

►**zaplątać się** *vr perf* (*zostać unieruchomionym*) to become tangled (up) *lub* entangled; (*zgubić wątek*) to lose the thread; **zaplątać się w coś** (*przen*) to become entangled in sth.

zaplecz|e (-a, -a) (*gen pl* -y) *nt* (*sklepu, pracowni*) (the) back.

zapła|cić (-cę, -cisz) (*imp* -ć) *vb perf od* **płacić**.

zapładni|ać (-am, -asz) (*perf* **zapłodnić**) *vt* (*BIO*) to fertilize.

zapłakany *adj* tearful.

zapła|ta (-ty, -ty) (*dat sg* -cie) *f* payment; (*przen*) reward.

zapłodnie|nie (-nia, -nia) (*loc sg* -niu, *gen pl* -ń) *nt* fertilization.

zapło|n (-nu, -ny) (*loc sg* -nie) *m* ignition.

zapło|nąć (-nę, -niesz) (*imp* -ń) *vi perf* (*książk*) to flare up.

zapłonowy *adj*: **świeca zapłonowa** spark(ing) plug.

zapobieg|ać (-am, -asz) (*perf* **zapobiec**) *vi*: **zapobiegać czemuś** to prevent sth.

zapobiegani|e (-a) *nt* prevention; **zapobieganie ciąży** contraception.

zapobiegawczy *adj* preventive.

zapobiegliwy *adj* far-sighted, provident.

zapoczątkow|ywać (-uję, -ujesz) (*perf* -ać) *vt* to initiate.

zapodzi|ać (-eję, -ejesz) *vt perf* to misplace, to mislay.

►**zapodziać się** *vr* to be misplaced *lub* mislaid.

zapomin|ać (-am, -asz) (*perf* **zapomnieć**) *vt* +*gen* (*przestawać pamiętać*); (*zostawiać*) to leave behind ♦ *vi*: **zapominać o** +*loc* to forget (about).

►**zapominać się** *vr* to forget o.s.

zapominalski *adj* (*pot*) scatterbrained (*pot*).

zapom|nieć (-nę, -nisz) (*imp* -nij) *vb perf od* **zapominać**.

zapom|oga (-ogi, -ogi) (*dat sg* -odze, *gen pl* -óg) *f* subsistence allowance.

zap|ora (-ory, -ory) (*dat sg* -orze, *gen pl* -ór) *f* (*tama*) dam; (*przeszkoda*) barrier.

zapotrzebowa|nie (-nia, -nia) (*gen pl* -ń) *nt*: **zapotrzebowanie (na coś)** demand (for sth).

zapowiad|ać (-am, -asz) *vt* (*oznajmiać*) (*perf* **zapowiedzieć**) to announce; (*wróżyć*) to herald, to portend.

►**zapowiadać się** *vr* (*uprzedzać o przyjściu*) to announce one's visit; **zapowiada się mroźna zima** it looks we're going to have harsh winter.

zapowie|dź (-dzi, -dzi) (*gen pl* -dzi) *f* (*ogłoszenie*) announcement; (*wiosny*) herald; (*wojny, nieszczęścia*) portent; **zapowiedzi** *pl* (*REL*) banns *pl*.

zapozn|awać (-aję, -ajesz) (*imp* -awaj, *perf* -ać) *vt*: **zapoznawać kogoś z czymś** to acquaint *lub* familiarize sb with sth; **zapoznawać kogoś z kimś** to introduce sb to sb.

►**zapoznawać się** *vr*: **zapoznawać się z czymś** to acquaint *lub* familiarize o.s. with sth; **zapoznawać się z kimś** to make sb's acquaintance.

zapożycz|ać (-am, -asz) (*perf* -yć) *vt* to borrow.

►**zapożyczać się** *vr* to get into debt.

zapożycze|nie (-nia, -nia) (*gen pl* -ń) *nt* (*JĘZ*) borrowing.

zapracowany *adj* (*człowiek*) very busy, up to one's eyes in work (*pot*); (*sukces, pochwała*) well-earned.

zapracow|ywać (-uję, -ujesz) (*perf*

-**ać**) vi: **zapracowywać na coś** to earn sth.

▶**zapracowywać się** vr to overwork.

zaprag|nąć (-**nę**, -**niesz**) (imp -**nij**) vt perf: **zapragnąć kogoś/czegoś** to desire sb/sth; **zapragnąć coś zrobić** to desire to do sth.

zaprasz|ać (-**am**, -**asz**) vt (perf **zaprosić**): **zapraszać kogoś (na coś)** to invite sb (to sth); **zapraszać kogoś do stołu** to invite sb to the table.

▶**zapraszać się** vr (wpraszać się) to invite o.s.; (wzajemnie) to exchange mutual invitations.

zapra|wa (-**wy**, -**wy**) (dat sg -**wie**) f (BUD) mortar; (SPORT) training, practice.

zapra|wiać (-**wiam**, -**wiasz**) (perf -**wić**) vt (przyprawiać) to season.

▶**zaprawiać się** vr: **zaprawiać się do walki** to train o.s. to fight; (pot) to go on the booze (pot).

zapro|sić (-**szę**, -**sisz**) (imp -**ś**) vb perf od **zapraszać**.

zaprosze|nie (-**nia**, -**nia**) (gen pl -**ń**) nt invitation; **na czyjeś zaproszenie** at sb's invitation.

zaprowa|dzać (-**dzam**, -**dzasz**) (perf -**dzić**) vt (osobę) to lead, to take; (porządek, ład) to introduce.

zaprósz|yć (-**ę**, -**ysz**) vt perf: **piasek zaprószył mi oczy** sand got into my eyes; **zaprószyć ogień** to start a fire.

zaprząt|ać (-**am**, -**asz**) (perf -**nąć**) vt to occupy.

zaprzecz|ać (-**am**, -**asz**) (perf -**yć**) vi (nie zgadzać się) to disagree; **zaprzeczać komuś** to contradict sb; **zaprzeczać czemuś** to deny sth.

zaprzecze|ni|e (-**a**) nt denial.

zaprzepa|ścić (-**szczę**, -**ścisz**) (imp -**ść**) vt perf to squander.

zaprzest|awać (-**aję**, -**ajesz**) (imp -**awaj**, perf -**ać**) vt to stop, to cease.

zaprzeszły adj: **czas zaprzeszły** the past perfect.

zaprzę|g (-**gu**, -**gi**) (instr sg -**giem**) m (horse-drawn) cart.

zaprzęg|ać (-**am**, -**asz**) (perf **zaprząc** lub **zaprzęgnąć**) vt to harness.

zaprzyjaź|nić się (-**nię**, -**nisz**) (imp -**nij**) vr perf: **zaprzyjaźnić się (z kimś)** to make friends (with sb).

zaprzyjaźniony adj: **zaprzyjaźniony lekarz** a doctor friend; **kraje zaprzyjaźnione** friendly countries; **być zaprzyjaźnionym z kimś** to be friends lub friendly with sb.

zaprzysięg|ać (-**am**, -**asz**) (perf **zaprzysiąc** lub **zaprzysięgnąć**) vt (posłuszeństwo, wierność) to swear; (świadków) to swear in.

zaprzysiężony adj (posłuszeństwo) sworn; (świadek) sworn in.

zapuk|ać (-**am**, -**asz**) vb perf od **pukać**.

zapuszcz|ać (-**am**, -**asz**) (perf **zapuścić**) vt (włosy, brodę) to grow; (krople do oczu) to instil; (żaluzje) to draw; (pot: silnik) to start.

▶**zapuszczać się** vr: **zapuszczać się gdzieś** to venture somewhere.

zapuszczony adj run-down, neglected.

zapych|ać (-**am**, -**asz**) (perf **zapchać**) vt (odpływ, rurę) to block up; (samochód) to push-start.

▶**zapychać się** vr to block up.

zapyl|ać (-**am**, -**asz**) (perf -**ić**) vt (BOT) to pollinate.

zapyleni|e (-**a**) nt (BOT) pollination; (zanieczyszczenie) dust.

zapyt|ać (-**am**, -**asz**) vb perf od **pytać**, **zapytywać**.

zapyta|nie (-**nia**, -**nia**) (gen pl -**ń**) nt inquiry, enquiry; **znak zapytania** question mark.

zapyt|ywać (-**uję**, -**ujesz**) (perf -**ać**) vt: **zapytywać kogoś o coś** to inquire *lub* enquire sth of sb ♦ *vi* to inquire, to enquire.

▸**zapytywać się** *vr* to inquire, to enquire.

zarabi|ać (**-am, -asz**) *vt* (*perf* **zarobić**) to earn ♦ *vi* (*osiągać zysk*) to make a profit; (*pracować za pieniądze*) to earn; **zarabiać na czymś** to make money *lub* a profit on sth; **zarabiać na życie** to earn a living.

zaradczy *adj*: **środki zaradcze** remedial measures *lub* steps.

zaradnoś|ć (**-ci**) *f* resourcefulness.

zaradny *adj* resourceful.

zara|dzić (**-dzę, -dzisz**) (*imp* **-dź**) *vi perf*: **zaradzić czemuś** to remedy sth.

zarast|ać (**-a**) (*perf* **zarosnąć**) *vt* to overgrow ♦ *vi* (*o ranie*) to skin over; **zarastać chwastami/trzciną** to become overgrown with weeds/reeds.

zaraz *adv* (*natychmiast*) at once, right away; (*za chwilę*) soon; **zaraz za rogiem** just round the corner; **zaraz po Świętach** right after Christmas; **zaraz wracam** I'll be right back; **zaraz, zaraz!** wait a minute!

zara|za (**-zy, -zy**) (*dat sg* **-zie**) *f* plague.

zaraz|ek (**-ka, -ki**) (*instr sg* **-kiem**) *m* germ.

zarazem *adv* at the same time.

zaraźliwy *adj* contagious, infectious.

zaraż|ać (**-am, -asz**) (*perf* **zarazić**) *vt* to infect.

▸**zarażać się** *vr* to get infected; **zarazić się czymś (od kogoś)** to catch sth (from sb).

zardzewiały *adj* rusty.

zarejestrowany *adj* (*samochód*) registered; **czy jest Pan zarejestrowany?** have you made an appointment?

zarezerw|ować (**-uję, -ujesz**) *vb perf od* **rezerwować**.

zarezerwowany *adj* reserved.

zaręcz|ać (**-am, -asz**) (*perf* **-yć**) *vt* to guarantee, to vouch for; **zaręczam (ci), że ...** I warrant (you) (that) ... .

▸**zaręczać się** *vr*: **zaręczać się (z kimś)** to get engaged (to sb).

zaręczynowy *adj*: **pierścionek zaręczynowy** engagement ring.

zaręczyn|y (**-**) *pl* engagement.

zarob|ek (**-ku, -ki**) (*instr sg* **-kiem**) *m* (*wynagrodzenie*) earnings *pl*, wage; (*praca*) job; (*zysk*) profit; **zarobki** *pl* earnings *pl*.

zarobkowy *adj*: **praca zarobkowa** paid work.

zarod|ek (**-ka, -ki**) (*instr sg* **-kiem**) *m* embryo.

zarodni|k (**-ka, -ki**) (*instr sg* **-kiem**) *m* (*BOT*) spore.

zaro|st (**-stu**) (*loc sg* **-ście**) *m* facial hair; **trzydniowy zarost** three days' (growth of) stubble.

zarośl|a (**-i**) *pl* thicket.

zarośnięty *adj* unshaven.

zarozumiały *adj* conceited.

zarówno *adv*: **zarówno X, jak (i) Y** both X and Y, X as well as Y.

zary|s (**-su, -sy**) (*loc sg* **-sie**) *m* outline.

zarysow|ywać (**-uję, -ujesz**) (*perf* **-ać**) *vt* (*arkusz, zeszyt*) to cover with drawings; (*posadzkę, karoserię*) to scratch.

▸**zarysowywać się** *vr* (*pękać*) to crack; (*stawać się widocznym*) to be outlined.

zarzą|d (**-du, -dy**) (*loc sg* **-dzie**) *m* (*zespół ludzi*) board (of directors); (*zarządzanie*) management.

zarzą|dzać (**-dzam, -dzasz**) *vt* (*kierować*): **zarządzać czymś** to manage sth; (*wydawać polecenia*) (*perf* **-dzić**) to order.

zarządzani|e (**-a**) *nt* management.

zarządze|nie (**-nia, -nia**) (*gen pl* **-ń**) *nt* (*polecenie*) order, instruction.

zarzu|cać (**-cam, -casz**) (*perf* **-cić**) *vt*

(*rzucając zawieszać*) to throw over; (*nakładać na siebie*) to throw on; (*porzucać*) to give up, to abandon; **zarzucać coś papierami/kwiatami** to scatter papers/flowers all over sth; **zarzucać komuś coś** to accuse sb of sth ♦ *vi* (*o pojeździe*) to skid.

zarzu|t (**-tu**, **-ty**) (*loc sg* **-cie**) *m* accusation; **bez zarzutu** beyond reproach.

zarzyn|ać (**-am**, **-asz**) (*perf* **zarżnąć**) *vt* to butcher.

►**zarzynać się** *vr* (*kaleczyć się*) to cut o.s.

zasa|da (**-dy**, **-dy**) (*dat sg* **-dzie**) *f* (*reguła*) principle; (*CHEM*) alkali; **dla zasady** on principle; **w zasadzie** in principle.

zasadniczo *adv* (*całkowicie*) fundamentally; (*w zasadzie*) in principle.

zasadniczy *adj* (*podstawowy*) fundamental; (*pryncypialny*) principled; **zasadnicza służba wojskowa** national service; **ustawa zasadnicza** constitution.

zasadny *adj* legitimate.

zasadz|ka (**-ki**, **-ki**) (*dat sg* **-ce**, *gen pl* **-ek**) *f* ambush.

zasa|pać się (**-pię**, **-piesz**) *vr perf* to lose one's breath.

zasapany *adj* breathless.

zasą|dzać (**-dzam**, **-dzasz**) (*perf* **-dzić**) *vt* to award, to adjudge.

zasępiony *adj* gloomy.

zasiad|ać (**-am**, **-asz**) (*perf* **zasiąść**) *vi* (*siadać wygodnie*) to settle (o.s.); **zasiadać do czegoś** to settle down to sth; **zasiadać w komisji** to sit on a committee.

zasiedl|ać (**-am**, **-asz**) (*perf* **-ić**) *vt* to settle.

zasie|dzieć się (**-dzę**, **-dzisz**) (*imp* **-dź**) *vr perf* to linger.

zasie|ki (**-ków**) *pl* wire entanglements *pl*.

zasię|g (**-gu**) (*instr sg* **-giem**) *m* range; **w zasięgu wzroku/ręki** within sight/one's grasp.

zasięg|ać (**-am**, **-asz**) (*perf* **-nąć**) *vt*: **zasięgać informacji/rady** to seek information/advice.

zasilacz (**-a**, **-e**) (*gen pl* **-y**) *m* (*też*: **zasilacz sieciowy**) power supply adaptor.

zasil|ać (**-am**, **-asz**) (*perf* **-ić**) *vt* (*zaopatrywać*): **zasilać coś czymś** to supply sth with sth; (*wzmacniać, powiększać*) to reinforce.

zasilani|e (**-a**) *nt* power (supply); **włączyć/wyłączyć zasilanie** to turn on/off the power.

zasił|ek (**-ku**, **-ki**) (*instr sg* **-kiem**) *m* benefit; **zasiłek dla bezrobotnych** unemployment benefit, dole; **przechodzić (przejść** *perf***) na zasiłek** to go on the dole.

zaska|kiwać (**-kuję**, **-kujesz**) (*perf* **zaskoczyć**) *vt* to surprise, to take by surprise ♦ *vi* (*o mechanizmie*) to click; (*o silniku*) to start.

zaskakujący *adj* surprising.

zaskarż|ać (**-am**, **-asz**) (*perf* **-yć**) *vt* (*osobę*) to sue; (*wyrok*) to appeal against *lub* from.

zaskoczeni|e (**-a**) *nt* surprise.

zaskro|niec (**-ńca**, **-ńce**) *m* grass snake.

zasłab|nąć (**-nę**, **-niesz**) (*imp* **-nij**, *pt* **ł** *lub* **nął**, **ła**, **li**) *vi perf* to collapse, to faint.

za|słać (**-ścielę**, **-ścielisz**) *vb perf od* **słać**.

zasłani|ać (**-am**, **-asz**) (*perf* **zasłonić**) *vt* (*twarz*) to cover; (*widok, światło*) to block (out); (*bronić*) to shield.

►**zasłaniać się** *vr* (*zakrywać się*) to cover o.s.; (*bronić się*) to shield o.s.

zasło|na (**-ny**, **-ny**) (*dat sg* **-nie**) *f* (*w oknie*) curtain (*BRIT*), drape (*US*); **zasuwać/rozsuwać zasłony** to draw the curtains; **zasłona dymna** smokescreen.

zasłu|ga (**-gi**, **-gi**) (*dat sg* **-dze**) *f* merit.

zasłu|giwać (**-guję**, **-gujesz**) (*perf* **zasłużyć**) *vi*: **zasługiwać na coś** to deserve sth; **zasłużyłeś sobie na to!** it serves you right!

zasłużony *adj* (*obywatel*) of merit; (*order, zwycięstwo*) well-deserved, well-earned.

zasłuż|yć (**-ę**, **-ysz**) *vb perf od* **zasługiwać**.

►**zasłużyć się** *vr*: **zasłużyć się komuś czymś** to bring credit to sb by doing sth.

zasły|nąć (**-nę**, **-niesz**) (*imp* **-ń**) *vi perf*: **zasłynąć z czegoś** *lub* **czymś** to make o.s. *lub* become famous for sth; **zasłynąć jako mówca/kucharz** to make a name for o.s. as an orator/a chef.

zasmu|cać (**-cam**, **-casz**) (*perf* **-cić**) *vt* to sadden, to make sad.

►**zasmucać się** *vr* to grow sad.

zasobny *adj*: **zasobny (w coś)** rich (in sth).

zas|ób (**-obu**, **-oby**) (*loc sg* **-obie**) *m* (*zapas*) reserve; **zasoby** *pl* resources *pl*; **bogaty zasób słów** a rich vocabulary; **zasoby naturalne** natural resources.

zas|pa (**-py**, **-py**) (*dat sg* **-pie**) *f* snowdrift.

za|spać (**-śpię**, **-śpisz**) (*imp* **-śpij**) *vb perf od* **zasypiać**.

zaspany *adj* sleepy.

zaspokaj|ać (**-am**, **-asz**) (*perf* **zaspokoić**) *vt* to satisfy.

zastanawi|ać (**-am**, **-asz**) (*perf* **zastanowić**) *vt* to puzzle; **zastanawia mnie jego odpowiedź** his answer puzzles me *lub* makes me wonder.

►**zastanawiać się** *vr* to think;

zastanawiać się nad czymś to think sth over.

zastanawiający *adj* puzzling.

zastanowieni|e (**-a**) *nt*: **bez zastanowienia** without thinking; **po zastanowieniu** upon reflection, on second thought(s).

zasta|w (**-wu**, **-wy**) (*loc sg* **-wie**) *m* deposit, security.

zasta|wa (**-wy**, **-wy**) (*dat sg* **-wie**) *f*: **zastawa stołowa** tableware; **zastawa do herbaty** tea service.

zast|awać (**-aję**, **-ajesz**) (*imp* **-awaj**, *perf* **-ać**) *vt* to find.

zasta|wiać (**-wiam**, **-wiasz**) (*perf* **-wić**) *vt* (*drogę*) to block; (*pułapkę, sidła*) to lay, to set; (*oddawać w zastaw*) to pawn; (*otaczać*) to surround; **zastawiać pokój meblami** to cram the room full of furniture.

zastaw|ka (**-ki**, **-ki**) (*dat sg* **-ce**, *gen pl* **-ek**) *f* (*ANAT*) valve.

zastę|p (**-pu**, **-py**) (*loc sg* **-pie**) *m* (*HARCERSTWO*) patrol.

zastępc|a (**-y**, **-y**) *m decl like f in sg* replacement, substitute; **zastępca dyrektora** assistant *lub* deputy manager.

zastępczy *adj* (*opakowanie, środek*) substitute *attr*, (*matka*) surrogate *attr*.

zastęp|ować (**-uję**, **-ujesz**) (*perf* **zastąpić**) *vt*: **zastępować kogoś** to stand in *lub* fill in *lub* substitute for sb; **zastępować coś czymś innym** to replace sth with sth else, to substitute sth else for sth; **zastąpić komuś drogę** to bar sb's way *lub* path.

zastępst|wo (**-wa**, **-wa**) (*loc sg* **-wie**) *nt* replacement, substitution.

zastosowa|nie (**-nia**, **-nia**) (*gen pl* **-ń**) *nt* application.

zastosow|ywać (**-uję**, **-ujesz**) (*perf* **-ać**) *vt* to apply.

►**zastosowywać się** *vr*:

zastosowywać się do czegoś to comply with sth.

zast|ój (-oju) *m*: **panuje zastój w interesach** business is slow *lub* slack *lub* at a standstill.

zastrasz|ać (-am, -asz) (*perf* -yć) *vt* to intimidate.

zastraszający *adj* (*widok*) awesome, awe inspiring; (*brak rozwagi*) appalling.

zastrzeg|ać (-am, -asz) (*perf* zastrzec) *vt*: **zastrzegać (sobie), że ...** to stipulate that ...; **zastrzegać sobie prawo do czegoś** to reserve the right to sth.

zastrzel|ić (-ę, -isz) *vt perf*: **zastrzelić kogoś** to shoot sb (down *lub* dead).

►**zastrzelić się** *vr* to shoot o.s.

zastrzeże|nie (-nia, -nia) (*gen pl* -ń) *nt* reservation; **mieć zastrzeżenia co do czegoś/wobec kogoś** to have reservations about sth/sb.

zastrzeżony *adj* (*numer, telefon*) ex-directory (*BRIT*), unlisted (*US*); **wszelkie prawa zastrzeżone** all rights reserved.

zastrzy|k (-ku, -ki) (*instr sg* -kiem) *m* injection, shot; (*przen*) boost, a shot in the arm.

zastyg|ać (-am, -asz) (*perf* -nąć) *vi* (*twardnieć*) to set; (*nieruchomieć*) to freeze.

zasu|wa (-wy, -wy) (*dat sg* -wie) *f* bolt.

zasuw|ać (-am, -asz) (*perf* zasunąć) *vt* (*firanki, zasuwę*) to draw; (*pot. iść lub biec szybko*) to go like the wind.

zasych|ać (-a) (*perf* zaschnąć) *vi* (*o farbie, błocie*) to dry (out); (*o kwiatach*) to wither.

zasył|ać (-am, -asz) *vt*: **zasyłam pozdrowienia** best wishes (*in letter*).

zasypi|ać (-am, -asz) *vi* (*zapadać w sen*) (*perf* zasnąć) to go (off) to sleep, to fall asleep; (*nie budzić się*

w porę) (*perf* zaspać) to oversleep; **zaspać do pracy/na pierwszą lekcję** to oversleep for work/the first class.

zasyp|ka (-ki, -ki) (*dat sg* -ce, *gen pl* -ek) *f* (*MED*) powder; **zasypka dla niemowląt** baby powder.

zasyp|ywać (-uję, -ujesz) (*perf* -ać) *vt* (*wypełniać: dół, rów*) to fill; (*o śniegu, piasku: pokrywać*) to cover; (*o ziemi, węglu: przygniatać*) to bury; **zasypywać kogoś prezentami/pochwałami** to shower sb with gifts/praise, to shower gifts/praise on sb; **zasypywać kogoś pytaniami** to rain sb with questions.

zaszcze|piać (-piam, -piasz) (*perf* -pić) *vt* (*drzewo*) to graft; (*MED*) to vaccinate, to inoculate; (*przen*) to inculcate, to instil (*BRIT*) *lub* instill (*US*); **zaszczepiać kogoś przeciwko czemuś** to vaccinate *lub* inoculate sb against sth.

►**zaszczepiać się** *vr*: **zaszczepiać się (przeciwko czemuś)** to get vaccinated *lub* inoculated (against sth).

zaszczy|cać (-cam, -casz) (*perf* -cić) *vt*: **zaszczycać kogoś czymś** to honour (*BRIT*) *lub* honor (*US*) sb with sth.

zaszczy|t (-tu, -ty) (*loc sg* -cie) *m* honour (*BRIT*), honor (*US*); **zaszczyty** *pl* (*książk*) hono(u)rs *pl*.

zaszczytny *adj* honourable (*BRIT*), honorable (*US*); **zaszczytne miejsce** a place of honour (*BRIT*) *lub* honor (*US*).

zaszyw|ać (-am, -asz) (*perf* zaszyć) *vt* to sew up, to stitch up.

►**zaszywać się** *vr* (*ukrywać się*) to hole up; **zaszyć się na wsi** to bury o.s. in the country.

zaś *conj* while ♦ *part*. **szczególnie zaś** particularly, especially.

zaściankowy *adj* parochial.

zaślepiony adj blind (przen).

zaśmie|cać (-cam, -casz) vt (perf -cić) (park) to litter; (pokój, pamięć) to clutter (up).

zaśnieżony adj snowy, snow-covered attr.

zaświadcz|ać (-am, -asz) (perf -yć) vt (pisemnie) to certify; (ustnie) to testify.

zaświadcze|nie (-nia, -nia) (gen pl -ń) nt certificate; **zaświadczenie lekarskie** medical lub doctor's certificate.

zaświe|cić (-cę, -cisz) (imp -ć) vt perf (lampę) to turn lub switch on; (zapałkę) to light ♦ vi (o słońcu) to come out; (o oczach) to light up.
►**zaświecić się** vr to light up.

zatacz|ać (-am, -asz) (perf **zatoczyć**) vt (koło, łuk) to describe.
►**zataczać się** vr to stagger.

zataj|ać (-am, -asz) (perf **zataić**) vt to conceal, to withhold.

zatapi|ać (-am, -asz) (perf **zatopić**) vt (statek, zęby) to sink; (piwnicę, ulice) to flood.

zatar|g (-gu, -gi) (instr sg -giem) m dispute.

zatelefon|ować (-uję, -ujesz) vb perf od **telefonować**.

zatem adv (książk) therefore, thus.

zatęchły adj musty, mouldy (BRIT), moldy (US).

zatłoczony adj crowded.

zatłuszczony adj greasy.

zatocz|ka (-ki, -ki) (dat sg -ce, gen pl -ek) f dimin od **zatoka**.

zato|ka (-ki, -ki) (dat sg -ce) f (część morza) bay, gulf; (część jeziora) bay; (ANAT) sinus; (MOT) lay-by.

zato|nąć (-nę, -niesz) (imp -ń) vb perf od **tonąć**.

zato|r (-ru, -ry) (loc sg -rze) m (MOT) (traffic) jam, hold-up; (MED) embolism.

zatru|cie (-cia, -cia) (gen pl -ć) nt poisoning.

zatrud|niać (-niam, -niasz) (perf -nić) vt to employ; „**zatrudnię kucharza**" "cook wanted".
►**zatrudniać się** vr to get a job.

zatrudnieni|e (-a) nt employment.

zatrudni|ony (-onego, -eni) m decl like adj employee.

zatruw|ać (-am, -asz) (perf **zatruć**) vt (wodę, środowisko) to poison; (ząb) to devitalize.
►**zatruwać się** vr to get poisoned.

zatrważający adj alarming.

zatrwożony adj (książk) alarmed.

zatrzas|k (-ku, -ki) (instr sg -kiem) m (przy ubraniu) press stud, snap fastener; (w drzwiach) latch.

zatrzas|kiwać (-kuję, -kujesz) (perf **zatrzasnąć**) vt (drzwi) to slam; (osobę) to lock in.
►**zatrzaskiwać się** vr (o drzwiach) to slam; (o osobie) to lock o.s. in.

zatrz|ąść (-ęsę, -ęsiesz) (imp -ąś lub -ęś) vb perf od **trząść**.

zatrzym|ywać (-uję, -ujesz) (perf -ać) vt (osobę, maszynę) to stop; (o policji: podejrzanego) to arrest; (: samochód) to pull over; (zachowywać) to keep; (powodować spóźnienie) to detain, to delay.
►**zatrzymywać się** vr (o osobie, samochodzie) to stop; (o urządzeniu, maszynie) to come to a) stop; (zamieszkać chwilowo) to put up.

zatwardzeni|e (-a) nt constipation.

zatwardziały adj (kawaler) confirmed; (przestępca) hardened.

zatwier|dzać (-dzam, -dzasz) (perf -dzić) vt to approve.

zatycz|ka (-ki, -ki) (dat sg -ce, gen pl -ek) f stopper, plug; **zatyczki do uszu** earplugs.

zatyk|ać (-am, -asz) vt (perf **zatkać**) (zakorkowywać) to stop (up); (zapychać) to clog (up).

▸**zatykać się** vr (perf **zatkać się**) to get clogged.

zauf|ać (-am, -asz) vb perf od **ufać**.

zaufani|e (-a) nt confidence, trust; **mieć do kogoś zaufanie** to have confidence in sb; **telefon zaufania** helpline; **wotum zaufania** vote of confidence.

zaufany adj trusted.

zauł|ek (-ka, -ki) (instr sg -**kiem**) m lane.

zaurocz|yć (-ę, -ysz) vt perf to enchant.

zauważ|ać (-am, -asz) (perf **-yć**) vt to notice, to spot ♦ vi to observe.

zauważalny adj noticeable.

zawa|dzać (-dzam, -dzasz) (perf **-dzić**) vi: **zawadzać o coś** to knock against sth; **zawadzać komuś** to be lub stand in sb's way; **zawadzać komuś w czymś** to make it difficult for sb to do sth.

zawah|ać się (-am, -asz) vb perf od **wahać się**.

zawal|ać (-am, -asz) vt (zaśmiecać) (perf **-ić**) to litter; (tarasować) to block; (pot: plan, robotę) (perf **-ić**) to botch (pot).

▸**zawalać się** (perf **-ić**) vr to collapse.

zawa|ł (-łu, -ły) (loc sg -**le**) m (też: **zawał serca**) coronary (attack), heart attack; **mieć zawał** to have a heart attack.

zawartoś|ć (-ci) f (torebki, artykułu) contents pl; (alkoholu, tłuszczu) content; **produkty o niskiej zawartości tłuszczu** low-fat products.

zaważ|yć (-ę, -ysz) vi perf: **zaważyć na czymś** to influence sth.

zawdzięcz|ać (-am, -asz) vt: **zawdzięczać coś komuś** to owe sth to sb.

zawę|żać (-żam, -żasz) (perf **-zić**) vt to narrow down.

zawiadami|ać (-am, -asz) (perf **zawiadomić**) vt to notify, to inform.

zawiadomie|nie (-nia, -nia) (gen pl **-ń**) nt notification.

zawiadowc|a (-y, -y) m decl like f in sg stationmaster.

zawia|s (-su, -sy) (loc sg -**sie**) m hinge.

zawiąz|ywać (-uję, -ujesz) (perf **-ać**) vt to tie.

▸**zawiązywać się** vr (powstawać) to form.

zawiedziony adj (osoba) disappointed.

zawie|ja (-i, -je) (gen pl -**i**) f snowstorm, blizzard.

zawier|ać (-am, -asz) (perf **zawrzeć**) vt (mieścić w sobie) to include; (umowę, kompromis) to reach; (pokój) to make; **zawierać z kimś znajomość** to make sb's acquaintance.

zawiesisty adj thick.

zawiesz|ać (-am, -asz) (perf **zawiesić**) vt (obraz, firankę) to hang; (działalność, karę) to suspend.

zawiesze|nie (-nia, -nia) (gen pl **-ń**) nt (MOT) suspension; **wyrok z zawieszeniem** lub **w zawieszeniu** suspended sentence; **zawieszenie broni** ceasefire.

zawij|ać (-am, -asz) (perf **zawinąć**) vt (paczkę, kanapkę) to wrap (up); (rękawy, nogawki) to roll up ♦ vi: **zawijać do portu** to call at a port.

▸**zawijać się** vr (o kołnierzyku, rogu kartki) to curl up.

zawikłany adj involved.

zawiły adj complex, complicated.

zawiniąt|ko (-ka, -ka) (instr sg -**kiem**, gen pl -**ek**) nt bundle.

zawi|nić (-nię, -nisz) (imp -**ń**) vi perf to be at fault.

zawistny adj envious.

zawiś|ć (-ci) f envy.

zawład|nąć (-nę, -niesz) (imp -**nij**) vi

perf. **zawładnąć czymś** (*o władcy, plemieniu*) to capture sth; **zawładnąć kimś** (*o myślach, uczuciach*) to take possession of sb.

zawodnicz|ka (**-ki, -ki**) (*dat sg* **-ce**, *gen pl* **-ek**) *f* (*w sporcie*) competitor; (*w teleturnieju*) contestant.

zawodni|k (**-ka, -cy**) (*instr sg* **-kiem**) *m* (*w lekkiej atletyce, tenisie*) competitor; (*w boksie, teleturnieju*) contestant.

zawodny *adj* (*urządzenie*) unreliable; (*pamięć*) fallible.

zawodo|wiec (**-wca, -wcy**) *m* professional.

zawodowy *adj* professional; **szkoła zawodowa** vocational school; **związek zawodowy** trade union (*BRIT*), labor union (*US*); **choroba zawodowa** occupational disease.

zawod|y (**-ów**) *pl* (*SPORT*) competition, contest; *patrz też* **zawód**.

zaw|odzić (**-odzę, -odzisz**) (*imp* **-ódź**) *vt* (*sprawiać zawód*) (*perf* **zawieść**) to let down, to disappoint ♦ *vi* (*o urządzeniu, pamięci*) (*perf* **zawieść**) to fail; (*o człowieku, wietrze: lamentować, wyć*) to wail.

▸**zawodzić się** *vr* (*perf* **zawieść**): **zawodzić się (na kimś/czymś)** to be disappointed (with sb/sth).

zawoł|ać (**-am, -asz**) *vb perf od* **wołać**.

zaw|ozić (**-ożę, -ozisz**) (*imp* **-óź** *lub* **-oź**, *perf* **zawieźć**) *vt* (*samochodem*) to drive; (*pociągiem*) to take.

zaw|ód (**-odu, -ody**) (*loc sg* **-odzie**) *m* (*fach*) profession; (*rozczarowanie*) letdown, disappointment.

zaw|ór (**-oru, -ory**) (*loc sg* **-orze**) *m* valve.

zawrac|ać (**-am, -asz**) (*perf* **zawrócić**) *vt* to turn round *lub* back ♦ *vi* to turn round *lub* back; **zawracać sobie głowę** to bother

(one's head); **zawracać komuś głowę** to bother sb.

zawrotny *adj* staggering.

zawr|ót (**-otu, -oty**) (*loc sg* **-ocie**) *m*: **zawroty głowy** dizziness, vertigo; **mieć zawroty głowy** to suffer from vertigo *lub* dizzy spells.

zawsty|dzać (**-dzam, -dzasz**) (*perf* **-dzić**) *vt* to shame, to put to shame.

▸**zawstydzać się** *vr* to be ashamed.

zawstydzony *adj* ashamed.

zawsze *adv* always ♦ *part.* **ale zawsze** but still; **na zawsze** for ever; **tyle co zawsze** same as usual; **zawsze gdy** whenever.

zawyż|ać (**-am, -asz**) (*perf* **-yć**) *vt* (*ceny*) to inflate; (*dane*) to overstate.

zaw|ziąć się (**-ezmę, -eźmiesz**) (*imp* **-eźmij**) *vr perf* to dig in one's heels; **zawziąć się na kogoś** to have it in for sb.

zawzięcie *adv* (*pracować*) relentlessly; (*kłócić się*) vehemently.

zawzięty *adj* (*opór*) dogged; (*mina*) determined; (*przeciwnik*) sworn.

zazdrosny *adj* jealous; **zazdrosny o kogoś/coś** jealous of sb/sth.

zazdro|ścić (**-szczę, -ścisz**) (*imp* **-ść**) *vi*: **zazdrościć komuś czegoś** to envy sb sth.

zazdroś|ć (**-ci**) *f* jealousy.

zazę|biać się (**-bia**) (*perf* **-bić**) *vr* (*o mechanizmach*) to mesh; (*przen: o sprawach, problemach*) to be interrelated *lub* interconnected.

zazię|biać się (**-biam, -biasz**) (*perf* **-bić**) *vr* to catch a cold.

zaziębie|nie (**-nia, -nia**) (*gen pl* **-ń**) *nt* cold.

zaziębiony *adj*: **jestem zaziębiony** I have a cold.

zaznacz|ać (**-am, -asz**) (*perf* **-yć**) *vt* (*wyróżniać znakiem*) to mark; (*uwydatniać*) to stress ♦ *vi*: **zaznaczać, że ...** to stress that ... .

▸**zaznaczać się** *vr* to be evident.

zaznajami|ać (-am, -asz) (*perf* zaznajomić) *vt*: zaznajamiać kogoś z czymś to acquaint sb with sth.
►**zaznajamiać się** *vr*: zaznajamiać się z czymś to familiarize o.s. with sth.

zazn|awać (-aję, -ajesz) (*perf* -ać) *vt*: zaznawać czegoś to experience sth.

zazwyczaj *adv* usually.

zażale|nie (-nia, -nia) (*gen pl* -ń) *nt* complaint; składać (złożyć *perf*) zażalenie (na kogoś/coś) to file a complaint (against sb/about sth).

zażarty *adj* (walka, dyskusja) fierce; (wróg) sworn.

zażegn|ywać (-uję, -ujesz) (*perf* -ać) *vt* to prevent, to head off.

zażenowani|e (-a) *nt* embarrassment.

zażenowany *adj* embarrassed.

zażycz|yć (-ę, -ysz) *vi perf*: zażyczyć sobie czegoś to request sth.

zażyłoś|ć (-ci) *f* intimacy.

zażyły *adj* intimate.

zażyw|ać (-am, -asz) (*perf* zażyć) *vt* (tabletki itp.) to take; zażywać czegoś (*przen*: bogactw, przyjemności) to enjoy sth.

ząb (zęba, zęby) (*loc sg* zębie) *m* tooth; boli mnie ząb I have (a) toothache.

ząb|ek (-ka, -ki) (*instr sg* -kiem) *m* dimin od ząb; ząbek czosnku a clove of garlic; ząbki *pl* (wycięcia) notches *pl*; w ząbki notched.

ząbk|ować (-uję, -ujesz) *vi* to teethe.

zbacz|ać (-am, -asz) (*perf* zboczyć) *vi* to deviate, to diverge; zbaczać z tematu to digress, to deviate from the subject.

zbawc|a (-y, -y) *m decl like f in sg* saviour (*BRIT*), savior (*US*).

zba|wiać (-wiam, -wiasz) (*perf* -wić) *vt* (*REL*) to redeem; (*książk*: wybawiać) to save, to deliver.

Zbawiciel (-a) *m* (*REL*) Saviour (*BRIT*), Savior (*US*).

zbawieni|e (-a) *nt* (*REL*) redemption, salvation.

zbawienny *adj* beneficial.

zbędny *adj* (wysiłek) useless; (słowa) needless; (rzecz) superfluous, redundant.

zbi|ć (-ję, -jesz) *vb perf od* bić, zbijać ♦ *vt perf* (szybę) to break; zbić kogoś to give sb a thrashing.
►**zbić się** *vr perf* to break.

zbie|c (-gnę, -gniesz) (*imp* -gnij, *pt* -gł, -gła, -gli) *vb perf od* zbiegać ♦ *vi perf* (uciec) to run away.

zbie|g¹ (-ga, -gowie) (*instr sg* -giem) *m* (uciekinier) fugitive, runaway.

zbie|g² (-gu, -gi) (*instr sg* -giem) *m* (ulic, alejek) junction; zbieg okoliczności coincidence.

zbieg|ać (-am, -asz) (*perf* zbiec *lub* -nąć) *vi* (uciekać) to run away; (biec w dół) to run downhill; zbiegać po schodach to run downstairs.
►**zbiegać się** *vr* (gromadzić się) to gather; (łączyć się w przestrzeni) to converge; (zdarzać się jednocześnie) to coincide; (kurczyć się) to shrink.

zbiegowis|ko (-ka, -ka) (*instr sg* -kiem) *nt* gathering, crowd.

zbieracz (-a, -e) (*gen pl* -y) *m* (kolekcjoner) collector; (grzybów) picker.

zbier|ać (-am, -asz) (*perf* zebrać) *vt* (gromadzić) to collect; (zwoływać) to gather, to assemble; (sprzątać) to gather; (zrywać) to pick; (wodę) to mop up.
►**zbierać się** *vr* (gromadzić się) to gather; zbierać się (do czegoś) to brace o.s. (for sth); zbiera się na deszcz it's going to rain.

zbieżnoś|ć (-ci) (*gen pl* -ci) *f* convergence; zbieżność kół (*MOT*) toe-in.

zbieżny *adj* convergent.

zbij|ać (-am, -asz) (*perf* zbić) *vt*
(*gwoździami*) to nail together; (*piłkę*)
to smash; **zbić majątek** to make a
fortune.

zbiorni|k (-ka, -ki) (*instr sg* -kiem) *m*
(*pojemnik*) container; (*GEOG*)
reservoir; **zbiornik paliwa** (*MOT*)
fuel tank.

zbiorowis|ko (-ka, -ka) (*instr sg*
-kiem) *nt* gathering.

zbiorowoś|ć (-ci, -ci) (*gen pl* -ci) *f*
community.

zbiorowy *adj* (*wysiłek*) collective.

zbi|ór (-oru, -ory) (*loc sg* -orze) *m*
(*wierszy, znaczków*) collection;
(*owoców, zboża*) harvest; (*MAT*) set;
(*KOMPUT*) file; **zbiory** *pl* (*plon*) crop.

zbiór|ka (-ki, -ki) (*dat sg* -ce, *gen pl*
-ek) *f* (*oddziału*) assembly;
(*makulatury*) collection; (*pieniędzy*)
fund-raising, collection; **zbiórka!**
fall in!

zbity *adj* (*pobity*) beaten up; (*zwarty*)
packed.

zbliż|ać (-am, -asz) (*perf* -yć) *vt*
(*przybliżać*) to bring nearer *lub*
closer; (*przen*) to bring together.
►**zbliżać się** *vr* to approach;
(*przen: zaprzyjaźniać się*) to become
close; (*o terminie, godzinie, burzy*) to
approach; **nie zbliżaj się!** stand
away!

zbliże|nie (-nia, -nia) (*gen pl* -ń) *nt*
(*bliskie stosunki*) close *lub* friendly
relations; (*FOT*) close-up.

zbliżony *adj* similar.

zbłąkany *adj* stray.

zbocz|e (-a, -a) (*gen pl* -y) *nt* slope.

zbocze|nie (-nia, -nia) (*gen pl* -ń) *nt*
perversion.

zbocze|niec (-ńca, -ńcy) *m* pervert.

zboczony *adj* perverted.

zb|oże (-oża, -oża) (*gen pl* -óż) *nt*
cereal, corn (*BRIT*).

zbożowy *adj* cereal *attr*; **kawa
zbożowa** chicory coffee.

zbój (-a, -e) *m* robber.

zb|ór (-oru, -ory) (*loc sg* -orze) *m*
(*REL*) (Protestant) church.

zbrod|nia (-ni, -nie) (*gen pl* -ni) *f*
crime.

zbrodniarz (-a, -e) (*gen pl* -y) *m*
criminal.

zbr|oić (-oję, -oisz) (*imp* -ój, *perf* u-)
vt (*wojsko*) to arm; (*beton*) to
reinforce; (*teren*) to develop.
►**zbroić się** *vr* to arm.

zbro|ja (-i, -je) (*gen pl* -i) *f* (a suit of)
armour (*BRIT*), armor (*US*).

zbrojeni|e (-a) *nt* (*wojska*) armament;
zbrojenia *pl* armaments *pl*.

zbrojny *adj* armed, military.

zbud|ować (-uję, -ujesz) *vb perf od*
budować.

zbu|dzić (-dzę, -dzisz) (*imp* -dź) *vb
perf od* budzić.

zbulwersowany *adj*: **być czymś
zbulwersowanym** to be appalled
by sth.

zburz|yć (-ę, -ysz) *vb perf od* burzyć.

zby|t¹ (-tu) (*loc sg* -cie) *m* (*popyt*)
market; (*sprzedaż*) sale(s *pl*); **cena
zbytu** selling price; **rynek zbytu**
market.

zbyt² *adv* too.

zbyteczny *adj* unnecessary.

zbyt|ek (-ku) (*instr sg* -kiem) *m*
(*przepych*) luxury.

zbytni *adj* excessive.

zbytnio *adv* excessively, unduly.

zbyw|ać (-am, -asz) (*perf* zbyć) *vt*
(*sprzedawać*) to sell off *lub* up;
zbywać kogoś to get rid of sb.

zbzikowany *adj* (*pot*) crazy, loony.

zd|ać (-am, -asz) *vb perf od* zdawać ♦
vt perf: **zdać egzamin** to pass an
exam; **zdać na uniwersytet** to get
into college; **zdać do następnej
klasy** to be promoted (*to a higher
class*).

zdalnie *adv*: **zdalnie kierowany** *lub*
sterowany remote-controlled.

zdalny adj: **zdalne sterowanie** remote control.

zda|nie (-nia, -nia) (gen pl -ń) nt (opinia) opinion; (JĘZ) sentence; **moim zdaniem** in my opinion.

zdarz|ać się (-a) (perf -yć) vr to happen, to occur.

zdarze|nie (-nia, -nia) (gen pl -ń) nt (wydarzenie) event, occurrence.

zdatny adj: **zdatny do czegoś** fit lub suitable for sth; „**zdatny do spożycia**" "fit for human consumption"; **woda zdatna do picia** drinkable water.

zda|wać (-ję, -jesz) (imp -waj) vt (przekazywać) (perf **zdać**) to turn over; (oddawać) (perf **zdać**) to return ♦ vi: **zdawać (na uniwersytet/do liceum)** to take (one's) entrance exams (to college/secondary (BRIT) lub high (US) school); **zdawać sobie sprawę z czegoś** to realize sth, to be aware of sth; **zdawać egzamin (z fizyki)** to take an exam (in physics).

▸**zdawać się** vr to seem, to appear; **zdaje (mi) się, że ...** it seems (to me) that ...; **zdawać się na kogoś/coś** to depend on sb/sth; **zdawało ci się** you must have imagined it.

zdawkowy adj (odpowiedź, komentarz) trite; (uprzejmość) superficial.

zdąż|ać (-am, -asz) (perf -yć) vi (przybywać na czas) to be lub make it in time; (dotrzymywać kroku) to keep pace; **zdążyć coś zrobić** to manage to do sth (on time); **zdążać do ...** (książk) to head for ...; **nie zdążyć na samolot** to miss the plane; **nie zdążyć do szkoły** to be late for school.

zdechły adj dead.

zdecyd|ować (-uję, -ujesz) vb perf od **decydować**.

zdecydowani|e¹ (-a) nt determination, resoluteness.

zdecydowanie² adv (stanowczo) strongly, decidedly; (wyraźnie) definitely; **zdecydowanie najlepszy** by far the best.

zdecydowany adj (człowiek) firm, determined; (posunięcie) decisive; (niewątpliwy) unquestionable; **zdecydowany na coś** intent lub bent on doing sth, determined to do sth.

zdeformowany adj deformed.

zdegustowany adj disgusted.

zdejm|ować (-uję, -ujesz) (perf **zdjąć**) vt (ubranie) to take off; (książkę z półki) to take down; **zdjąć nogę z pedału** to take one's foot off the pedal.

zdenerw|ować (-uję, -ujesz) vb perf od **denerwować**.

zdenerwowani|e (-a) nt (niepokój) nervousness; (złość) anger, annoyance.

zdenerwowany adj (niespokojny) nervous; **zdenerwowany czymś/na kogoś** angry lub annoyed at sth/with sb.

zderz|ać się (-am, -asz) (perf -yć) vr to collide, to crash.

zderza|k (-ka, -ki) (instr sg -kiem) m (MOT) bumper.

zderze|nie (-nia, -nia) (gen pl -ń) nt (wypadek) collision, crash; (przen: kultur, postaw) clash.

zdesperowany adj desperate.

zdeterminowany adj determined.

zdezorganizowany adj disorganized.

zdezorientowany adj disorientated (BRIT), disoriented (US).

zd|jąć (-ejmę, -ejmiesz) (imp -ejmij) vb perf od **zdejmować**.

zdję|cie (-cia, -cia) (gen pl -ć) nt (fotografia) photo(graph), picture; (usunięcie) removal; **robić (zrobić perf) komuś zdjęcie** to take a photo(graph) lub picture of sb.

zdmuch|iwać (-uję, -ujesz) (*perf* -nąć) *vt* (*kurz*) to blow off; (*zapałkę*) to blow out.

zd|obić (-obię, -obisz) (*imp* -ób) *vt* (*ozdabiać*) to decorate; (*być ozdobą*) to grace.

zdobyci|e (-a) *nt* (*miasta*) capture; (*majątku*) acquisition; (*szacunku*) earning, winning; (*bramki*) scoring.

zdobycz (-y, -e) (*gen pl* -y) *f* (*łup*) loot, booty; (*drapieżnika*) prey; **zdobycze** *pl* achievements *pl*, accomplishments *pl*.

zdob|yć (-ędę, -ędziesz) (*imp* -ądź) *vb perf od* **zdobywać**.

▸**zdobyć się** *vr*: **zdobyć się na zrobienie czegoś** to bring o.s. to do sth; **zdobyć się na odwagę/wysiłek** to summon up the courage/strength.

zdobyw|ać (-am, -asz) (*perf* **zdobyć**) *vt* (*łupy, miasto*) to capture; (*majątek*) to gain; (*bilety*) to get; (*szacunek, przyjaciół*) to win; (*bramkę*) to score.

zdobywc|a (-y, -y) *m decl like f in sg* (*łupów, miasta*) conqueror; (*nagrody*) winner; (*bramki*) scorer.

zdolnoś|ć (-ci, -ci) (*gen pl* -ci) *f* ability; **zdolności** *pl* skills *pl*, gift.

zdolny *adj* (*uczeń*) capable, gifted; **zdolny do (zrobienia) czegoś** capable of (doing) sth.

zdoł|ać (-am, -asz) *vi perf*: **zdołać coś zrobić** to be able to do sth, to manage to do sth.

zdrabni|ać (-am, -asz) (*perf* **zdrobnić**) *vt* (*JĘZ*) to use the diminutive form of (*a word, name etc*).

zdra|da (-dy, -dy) (*dat sg* -dzie) *f* (*nielojalność*) betrayal, treachery; (*przestępstwo*) treason; **zdrada małżeńska** adultery, marital infidelity *lub* unfaithfulness.

zdradliwy *adj* treacherous.

zdra|dzać (-dzam, -dzasz) (*perf* -dzić) *vt* (*kraj, zasady*) to betray; (*dziewczynę, męża*) to be unfaithful to; (*tajemnicę*) to give away; (*zdolności, podobieństwo*) to show.

▸**zdradzać się** *vr* (*wzajemnie*) to be unfaithful to each other; (*demaskować się*) to give o.s. away.

zdradziecki *adj* treacherous.

zdrajc|a (-y, -y) *m decl like f in sg* traitor.

zdrap|ywać (-uję, -ujesz) (*perf* -ać) *vt* to scrape off *lub* away.

zdrętwiały *adj* numb.

zdrobnie|nie (-nia, -nia) (*gen pl* -ń) *nt* diminutive.

zdrowi|e (-a) *nt* health; **ośrodek zdrowia** health centre (*BRIT*) *lub* center (*US*); **jak zdrowie?** how are you (doing)?; **na zdrowie!** (*toast*) cheers!; (*po kichnięciu*) (God) bless you!; **wracać (wrócić** *perf*) **do zdrowia** to regain one's health, to recover; **(za) twoje zdrowie!** here's to your health!

zdrowi|eć (-eję, -ejesz) (*perf* **wy-**) *vi* to get better.

zdrowo *adv* (*odżywiać się*) healthily; (*wyglądać*) healthy, well.

zdrowotny *adj* (*warunki*) sanitary; (*klimat*) healthy; **opieka zdrowotna** healthcare; **urlop zdrowotny** sick leave.

zdrowy *adj* healthy; **zdrowy rozsądek** common sense.

zdr|ój (-oju, -oje) *m* spring.

zdrów *adj patrz* **zdrowy**; **jest Pan zdrów** you are healthy *lub* in good health.

zdrzem|nąć się (-nę, -niesz) (*imp* -nij) *vr perf* to have *lub* take a nap; (*mimowolnie*) to doze off.

zdumieni|e (-a) *nt* astonishment; **ku memu zdumieniu ...** to my astonishment, ...

zdumiew|ać (-am, -asz) (*perf* **zdumieć**) *vt* to astonish, to amaze.

►**zdumiewać się** *vr* to be amazed.

zdumiewający *adj* astonishing, amazing.

zdumiony *adj* astonished, amazed.

zdwaj|ać (**-am, -asz**) (*perf* **zdwoić**) *vt* to double.

zdych|ać (**-am, -asz**) (*perf* **zdechnąć**) *vi* to die.

zdyscyplinowani|e (**-a**) *nt* discipline.

zdyscyplinowany *adj* disciplined.

zdyszany *adj* breathless, winded.

zdział|ać (**-am, -asz**) *vt perf* to accomplish, to achieve.

zdzier|ać (**-am, -asz**) (*perf* **zedrzeć**) *vt* (*zrywać*) to tear off; (*odzież, opony*) to wear out; (*zelówki*) to tear down.

►**zdzierać się** *vr* (*o odzieży, oponach*) to wear out; (*o zelówkach*) to tear down.

zdzierst|wo (**-wa**) (*loc sg* **-wie**) *nt* rip-off (*pot*).

zdziwieni|e (**-a**) *nt* surprise, astonishment.

zdziwiony *adj* surprised, astonished.

ze *prep* = **z**.

zeb|ra (**-ry, -ry**) (*dat sg* **-rze**) *f* (*ZOOL*) zebra; (*przejście*) zebra crossing (*BRIT*), crosswalk (*US*).

zebra|nie (**-nia, -nia**) (*gen pl* **-ń**) *nt* meeting.

zech|cieć (**-cę, -cesz**) (*imp* **-ciej**) *vi perf*: **zechcieć coś zrobić** to be willing to *lub* sth

zega|r (**-ra, -ry**) (*loc sg* **-rze**) *m* clock.

zegar|ek (**-ka, -ki**) (*instr sg* **-kiem**) *m* watch; **mój zegarek się śpieszy/spóźnia** my watch is fast/slow.

zegarmistrz (**-a, -e** *lub* **-owie**) *m* watchmaker.

zegarowy *adj*: **wieża zegarowa** clock tower; **bomba zegarowa** time bomb.

zegaryn|ka (**-ki, -ki**) (*dat sg* **-ce**, *gen pl* **-ek**) *f* speaking clock.

zej|ś|cie (**-cia, -cia**) (*gen pl* **-ć**) *nt* (*droga*) descent; (*MED*) decease; **zejście do piwnicy/na dolny pokład** stairs to the cellar/lower deck.

zej|ść (**-dę, -dziesz**) (*imp* **-dź**, *pt* **zszedł** *lub* **zeszedł, zeszła, zeszli**) *vb perf od* **schodzić**.

zelów|ka (**-ki, -ki**) (*dat sg* **-ce**, *gen pl* **-ek**) *f* sole.

zelż|eć (**-eje**) *vi perf* (*o bólu*) to ease, to subside; (*o gniewie*) to subside.

zemdl|eć (**-eję, -ejesz**) *vb perf od* **mdleć**.

zem|sta (**-sty**) (*dat sg* **-ście**) *f* revenge, vengeance.

zeni|t (**-tu**) (*loc sg* **-cie**) *m* zenith.

zepsuci|e (**-a**) *nt* (*moralne*) depravity, corruption.

zepsu|ć (**-ję, -jesz**) *vb perf od* **psuć**.

zepsuty *adj* (*uszkodzony*) broken; (*zdemoralizowany*) depraved, corrupt.

zerk|ać (**-am, -asz**) (*perf* **-nąć**) *vi* to peek, to peep; **zerkać na kogoś/coś** to peek at sb/sth, to have *lub* take a peek *lub* peep at sb/sth.

ze|ro (**-ra, -ra**) (*loc sg* **-rze**) *nt* (*MAT*) zero; (*w numerach*) o(h), zero; (*nic*) nought; (*SPORT*: *w piłce*) nil (*BRIT*), nothing (*US*); (*w tenisie*) love; (*przen*: *o człowieku*) (a) nobody, nonentity (*BRIT*), no-(ac)count (*US*); **5 stopni poniżej/powyżej zera** 5 (degrees) below/above freezing *lub* zero.

zerowy *adj* (*godzina, punkt, przyrost*) zero *attr*; (*ELEKTR*) neutral.

zeska|kiwać (**-kuję, -kujesz**) (*perf* **zeskoczyć**) *vi* to jump down.

zeskrob|ywać (**-uję, -ujesz**) (*perf* **-ać**) *vt* to scrape (off).

zesłani|e (**-a**) *nt* exile; **Zesłanie Ducha Świętego** Pentecost.

zespal|ać (**-am, -asz**) (*imp* **zespolić**) *vt* to join.

zespołowy *adj*: **praca zespołowa**

teamwork; **gry zespołowe** team games.

zesp|ół (**-ołu, -oły**) (*loc pl* **-ole**) *m* (*ludzi*) group, team; (*budynków*) complex, set; (*TEATR*) company; (*część urządzenia*) unit; **zespół ludowy/rockowy** folk/rock band *lub* group.

zesta|w (**-wu, -wy**) (*loc sg* **-wie**) *m* (*pytań*) set; (*kolorów*) combination; (*mebli*) suite; (*narzędzi*) kit.

zesta|wiać (**-wiam, -wiasz**) (*perf* **-wić**) *vt* (*stawiać niżej*) to take down; (*stawiać blisko siebie*) to put *lub* set together; (*składać w całość*) to put together; **zestawiać coś z czymś** to set sth against sth, to juxtapose sth with sth.

zestawie|nie (**-nia, -nia**) (*gen pl* **-ń**) *nt* (*układ*) combination; (*wykaz*) breakdown.

zestresowany *adj* stressed (out).

zestrzeliw|ać (**-uję, -ujesz**) (*perf* **zestrzelić**) *vt* to shoot down.

zeszłoroczny *adj* last year's *attr*.

zeszły *adj* last; **w zeszłym roku/tygodniu** last year/week; **w zeszły czwartek** last Thursday; **zeszłej nocy** last night.

zeszy|t (**-tu, -ty**) (*loc sg* **-cie**) *m* (*do ćwiczeń*) exercise book (*BRIT*), notebook (*BRIT*); (*egzemplarz*) book.

zeszyw|ać (**-am, -asz**) (*perf* **zeszyć**) *vt* to sew *lub* stitch together.

ześliz|giwać się (**-guję, -gujesz**) (*perf* **-gnąć** *lub* **ześliznąć**) *vr* to slide down.

zewnątrz *adv*: **na zewnątrz** outside; **z** *lub* **od zewnątrz** from (the) outside.

zewnętrzny *adj* (*ściana, powierzchnia*) outside, exterior; (*cecha, wygląd*) outward; „**do użytku zewnętrznego**" "for external use only", "not to be taken internally".

zewsząd *adv* from everywhere, from far and wide.

ze|z (**-za**) (*loc sg* **-zie**) *m* squint.

zezna|nie (**-nia, -nia**) (*gen pl* **-ń**) *nt* (*w sądzie*) testimony; **zeznanie podatkowe** tax return.

zezn|awać (**-aję, -ajesz**) (*imp* **-awaj**, *perf* **-ać**) *vt* to testify ♦ *vi* to testify, to give evidence.

zez|ować (**-uję, -ujesz**) *vi* to squint.

zezowaty *adj* cross-eyed.

zezwal|ać (**-am, -asz**) (*perf* **zezwolić**) *vi*: **zezwalać na coś** to allow *lub* permit sth; **zezwalać komuś na coś** to allow sb to do sth.

zezwole|nie (**-nia, -nia**) (*gen pl* **-ń**) *nt* (*zgoda*) permission; (*dokument*) permit, licence (*BRIT*), license (*US*).

zęba *itd. n patrz* **ząb**.

zębaty *adj*: **koło zębate** cog(wheel).

zgad|ywać (**-uję, -ujesz**) (*perf* **-nąć**) *vt* to guess ♦ *vi* to guess, to take *lub* have a guess.

zgadz|ać się (**-am, -asz**) (*perf* **zgodzić**) *vr*: **zgadzać się na coś** to agree *lub* consent to sth; **zgadzać się z kimś** to agree with sb; **zgadzać się, że ...** to agree that ...; **zgadzać się (z czymś)** (*wykazywać zgodność*) to tally (with sth).

zga|ga (**-gi**) (*dat sg* **-dze**) *f* (*MED*) heartburn.

zgarni|ać (**-am, -asz**) (*perf* **zgarnąć**) *vt* (*gromadzić*) to gather; (*odsuwać*) to push aside *lub* to the side; (*przen: wygraną itp.*) to rake in.

zgaszony *adj* (*o człowieku*) downcast; (*o kolorze*) subdued.

zgiąć (**zegnę, zegniesz**) (*imp* **zegnij**, *pt* **zgiął, zgięła, zgięli**) *vb perf od* **zginać, giąć**.

zgieł|k (**-ku**) (*instr sg* **-kiem**) *m* tumult.

zgię|cie (**-cia, -cia**) (*gen pl* **-ć**) *nt* bend.

zgin|ać (**-am, -asz**) (*perf* **zgiąć**) *vt* to bend.

➤**zginać się** *vr* to bend.

zgła|dzić (-dzę, -dzisz) (*imp* -dź) *vt*
perf (*książk*) to slay.

zgłasz|ać (-am, -asz) (*perf* zgłosić)
vt (*projekt, wniosek: na piśmie*) to
submit; (*ofertę*) to extend;
(*kandydaturę*) to propose; **zgłaszać
wniosek** (*na zebraniu*) to make a
motion; **zgłaszać coś do oclenia** to
declare sth.

►**zgłaszać się** *vr* (*przychodzić*) to
report; (*zapisywać się*) to apply;
(*TEL*) to answer; **zgłaszać się do
kogoś** to report to sb.

zgłę|biać (-biam, -biasz) (*perf* -bić)
vt (*tajemnice*) to fathom; (*dziedzinę
wiedzy*) to explore.

zgłos|ka (-ki, -ki) (*dat sg* -ce, *gen pl*
-ek) *f* syllable.

zgłosze|nie (-nia, -nia) (*gen pl* -ń) *nt*
application; **Pan X proszony jest o
zgłoszenie się do informacji** Mr X
is requested to report to the
information desk.

zgniat|ać (-am, -asz) (*perf* zgnieść)
vt (*miażdżyć*) to squash, to crush.

zgnili|zna (-zny) (*dat sg* -źnie) *f* (wet)
rot; (*przen: moralna*) depravity,
corruption.

zgniły *adj* rotten.

zgo|da (-dy) (*dat sg* -dzie) *f* (*brak
konfliktów*) harmony, concord;
(*pozwolenie*) assent, consent;
(*wspólne zdanie*) agreement,
consensus; (*pojednanie*)
reconciliation.

zgodnie *adv* (*bez konfliktów*) in
harmony *lub* concord; **zgodnie z
planem** according to plan; **zgodnie
z przepisami/prawem** in accordance
with the rules/law.

zgodnoś|ć (-ci) *f* (*brak odstępstw,
rozbieżności*) conformity; (*brak
konfliktów*) harmony;
(*jednomyślność*) unanimity;
(*KOMPUT*) compatibility.

zgodny *adj* (*niekłótliwy*) agreeable;

(*jednomyślny*) unanimous; (*pasujący*)
compatible; (*niesprzeczny*): **zgodny
z czymś** consistent with sth.

zgo|n (-nu, -ny) (*loc sg* -nie) *m*
decease, demise.

zgorszeni|e (-a) *nt* scandal.

zgorszony *adj* scandalized.

zgorzkniały *adj* bitter.

zgra|biać (-biam, -biasz) (*perf* -bić)
vt to rake.

zgrabi|eć (-eję, -ejesz) *vi perf* to go
numb.

zgrabny *adj* (*dziewczyna, nogi*)
shapely; (*ruchy, kelner*) deft;
(*sformułowanie*) neat.

zgrany *adj* harmonious.

zgromadze|nie (-nia, -nia) (*gen pl*
-ń) *nt* gathering, assembly.

zgro|za (-zy) (*dat sg* -zie) *f* horror.

zgrubie|nie (-nia, -nia) (*gen pl* -ń) *nt*
(*wypukłość*) swelling.

zgryw|ać się (-am, -asz) *vr* (*o
aktorze*) to ham it up; (*pot: udawać*)
to put on an act (*pot*).

zgry|z (-zu) (*loc sg* -zie) *m* bite.

zgry|źć (-zę, -ziesz) (*imp* -ź, *pt* -zł,
-źli) *vt perf* to crack.

zgryźliwy *adj* (*człowiek*) snappish,
snappy; (*uwaga*) cutting.

zgrz|ać (-eję, -ejesz) *vb perf od*
zgrzewać.

►**zgrzać się** *vr* to become hot.

zgrzany *adj* hot.

zgrzesz|yć (-ę, -ysz) *vb perf od*
grzeszyć.

zgrz|ewać (-ewam, -ewasz) (*perf
-ać*) *vt* to seal (*by heating*).

zgrzy|t (-tu, -ty) (*loc sg* -cie) *m* grate,
rasp.

zgrzyt|ać (-am, -asz) (*perf* -nąć) *vi* to
grate.

zgu|ba (-by, -by) (*dat sg* -bie) *f*
(*rzecz*) lost property; (*zagłada*)
undoing.

zgubny *adj* (*wpływ, nałóg*)
destructive; (*skutek*) pernicious.

zgwał|cić (-cę, -cisz) (*imp* -ć) *vb perf*
od **gwałcić**.

ziar|no (-na, -na) (*loc sg* -nie, *gen pl*
-en) *nt* grain; (*nasienie*) seed.

zią|b (-bu) (*loc sg* -bie) *m* chill.

zi|ele (-ela, -oła) (*gen pl* -ół) *nt* herb.

zielenia|k (-ka, -ki) (*instr sg* -kiem) *m*
(*sklep*) greengrocer; (*stragan*)
greengrocer's stall.

zieleni|eć (-eje) *vi* (*stawać się
zielonym*) (*perf* z-) to turn green;
(*mieć zielony kolor*) to show green.

zieleni|na (*dat sg* -nie) *f* greens *pl*.

ziele|ń (-ni) *f* (*kolor*) green;
(*roślinność*) greenery.

zielonkawy *adj* greenish.

zielony *adj* green; **Zielone Świątki**
Pentecost, Whitsun(day).

ziels|ko (-ka, -ka) (*instr sg* -kiem) *nt*
weed.

zie|mia (-mi) *f* (*kula ziemska*): **Ziemia**
earth, Earth; (*gleba*) (*pl* -mie) soil;
(*grunt pod nogami*) ground;
(*podłoga*) floor; (*własność, kraina*)
(*pl* -mie) land; **trzęsienie ziemi**
earthquake; **do (samej) ziemi**
(*zasłony itp.*) full-length *attr*; **pod
ziemią** underground; **Ziemia Święta**
the Holy Land; **ziemia ojczysta**
homeland.

ziemia|nin (-nina, -nie) (*gen pl* -n) *m*
(*właściciel majątku*) landowner;
(*mieszkaniec Ziemi*): **Ziemianin**
terrestrial; (*w science-fiction*)
earthling.

ziemisty *adj* (*cera, twarz*) sallow.

ziemniaczany *adj*: **mąka/zupa
ziemniaczana** potato flour/soup;
stonka ziemniaczana Colorado
(potato) beetle.

ziemnia|k (-ka, -ki) (*instr sg* -kiem) *m*
potato.

ziemny *adj*: **roboty ziemne**
earthwork; **gaz ziemny** natural gas;
orzeszki ziemne peanuts.

ziemski *adj* (*atmosfera, klimat,*

skorupa) earth's *attr*; (*sprawy, troski*)
earthly, worldly; **posiadłość
ziemska** landed estate; **kula
ziemska** the globe.

ziew|ać (-am, -asz) (*perf* -nąć) *vi* to
yawn.

ziewnięci|e (-a, -a) *nt* yawn.

zięb|nąć (-nę, -niesz) (*imp* -nij, *pt*
-nął *lub* ziąbł, -ła, -li, *perf* z-) *vi* to
freeze.

zię|ć (-cia, -ciowie) *m* son-in-law.

zi|ma (-my, -my) (*dat sg* -mie) *f*
winter.

Zimbabwe *nt inv* Zimbabwe.

zim|no[1] (-na) (*loc sg* -nie) *nt* (*niska
temperatura*) cold.

zimno[2] *adv* cold; (*przen: niechętnie*)
coldly; **zimno mi** I am *lub* feel cold;
zimno mi w nogi my feet are cold.

zimny *adj* cold; **zimne ognie**
sparklers *pl*; **zimna wojna** (*HIST*)
the cold war; **z zimną krwią** in cold
blood.

zim|ować (-uję, -ujesz) *vi* (*trwać
przez zimę*) (*perf* prze-) to winter.

zimowis|ko (-ka, -ka) (*instr sg* -kiem)
nt winter camp.

zimowy *adj* (*krajobraz, niebo, sport*)
winter *attr*.

zi|oło (-oła, -oła) (*loc sg* -ole, *gen pl*
-ół) *nt* herb.

ziołowy *adj* herbal.

zio|nąć (-nę, -niesz) (*imp* -ń) *vi* =
ziać.

zjad|ać (-am, -asz) (*perf* zjeść) *vt*
(*spożywać*) to eat.

zjadliwy *adj* (*krytyk, uwaga*) virulent,
scathing; (*pot. dość smaczny*)
eatable.

zja|wa (-wy, -wy) (*dat sg* -wie) *f*
apparition, phantom.

zja|wiać się (-wiam, -wiasz) (*perf*
-wić) *vr* (*przybywać*) to show up, to
turn up; (*pojawiać się*) to appear.

zjawis|ko (-ka, -ka) (*instr sg* -kiem) *nt*
phenomenon.

zj|azd (-azdu, -azdy) (*loc sg* -eździe) *m* (*jazda z góry*) downhill drive; (*zgromadzenie*) convention; (*SPORT*) run; **zjazd z autostrady** (*miejsce*) exit; (*droga*) slip road (*BRIT*), (exit) ramp (*US*).

zjazdowy *adj* (*bieg, narciarstwo*) downhill *attr*.

zj|echać (-adę, -edziesz) (*imp* -edź) *vb perf od* **zjeżdżać**; (*przemierzyć*) to travel all through; (*pot: skrytykować*) to slam (*pot*), to knock (*pot*).

zjednocze|nie (-nia, -nia) (*gen pl* -ń) *nt* (*partii, grup*) unification; (*organizacja*) union.

zjednoczony *adj* united; **Zjednoczone Królestwo Wielkiej Brytanii i Irlandii Północnej** the United Kingdom of Great Britain and Northern Ireland.

zjedn|ywać (-uję, -ujesz) (*perf* -ać) *vt* (*ludzi*) to win over; (*sympatię, poparcie*) to win.

zjełczały *adj* rancid.

zj|eść (-em, -esz) (*pt* -adł, -adła, -edli) *vb perf od* **jeść, zjadać**.

zjeżdż|ać (-am, -asz) (*perf* **zjechać**) *vi* (*windą*) to go down; (*na nartach, sankach*) to go downhill; (*samochodem*) to drive downhill; (*na rowerze*) to ride downhill; (*jadąc zboczyć*) to turn; (*przybywać*) to arrive; **zjeżdżaj (stąd)!** (*pot*) get out (of here)! (*pot*),

►**zjeżdżać się** *vr* (*przybywać*) to arrive.

zjeżdżal|nia (-ni, -nie) (*gen pl* -ni) *f* slide.

zl|ać (-eję, -ejesz) *vb perf od* **lać, zlewać**.

►**zlać się** *vb perf od* **zlewać się**; (*pot*) to wet one's pants (*pot*).

zlat|ywać (-uję, -ujesz) (*perf* **zlecieć**) *vi* (*sfruwać*) to fly off *lub* down; (*spadać*) to fall off *lub* down.

►**zlatywać się** *vr* to flock.

zl|ąc się (-ęknę, -ękniesz) (*imp* -ęknij, *pt* -ąkł, -ękła, -ękli) *vr perf* = **zlęknąć się**.

zle|cać (-cam, -casz) (*perf* -cić) *vt* to commission; **zlecać komuś coś/zrobienie czegoś** to commission sb to do sth.

zlece|nie (-nia, -nia) (*gen pl* -ń) *nt* order.

zle|piać (-piam, -piasz) (*perf* -pić) *vt* to glue *lub* stick together.

zle|w (-wu, -wy) (*loc sg* -wie) *m* sink.

zlew|ać (-am, -asz) (*perf* **zlać**) *vt* (*ulewać z wierzchu*) to decant; (*do jednego naczynia*) to pour together; **zlać kogoś wodą** to drench sb with water.

zlew|ki (-ków) *pl* slops *pl*.

zlewozmywa|k (-ka, -ki) (*instr sg* -kiem) *m* sink (unit).

zlęk|nąć się (-nę, -niesz) (*imp* -nij, *pt* **zląkł, zlękła, zlękli**) *vr perf*: **zlęknąć się (czegoś)** to take fright (at sth).

zlicz|ać (-am, -asz) (*perf* -yć) *vt* to count.

zlikwid|ować (-uję, -ujesz) *vb perf od* **likwidować**.

zliz|ywać (-uję, -ujesz) (*perf* -ać) *vt* to lick up.

zlo|t (-tu, -ty) (*loc sg* -cie) *m* rally.

zł *abbr* (= **złoty**) zl. (= zloty).

zła|mać (-mię, -miesz) *vb perf od* **łamać**.

złama|nie (-nia, -nia) (*gen pl* -ń) *nt* (*MED*) fracture.

złamany *adj* broken.

zła|pać (-pię, -piesz) *vb perf od* **łapać**.

złącz|e (-a, -a) (*gen pl* -y) *nt* (*TECH*) joint, coupling.

zł|o (-a) *nt* evil.

złocisty *adj* golden.

złocony *adj* gilt *attr*, gilded; (*metal*) gold-plated.

złoczyńc|a (-y, -y) *m decl like f in sg* (*książk*) villain.

złodzie|j (-ja, -je) (gen pl -i) m thief; **złodziej kieszonkowy** pickpocket.

zło|m (-mu) (loc sg -mie) m scrap (metal).

złomowis|ko (-ka, -ka) (instr sg -kiem) nt scrap yard.

złorzecz|yć (-ę, -ysz) vi to curse.

zło|ścić (-szczę, -ścisz) (imp -ść, perf roz- lub ze-) vt to anger.

▸**złościć się** vr: **złościć się (na kogoś/o coś)** to be angry (with sb/about sth).

złoś|ć (-ci) f anger; **na złość komuś** to spite sb; **jak na złość** as if out of spite.

złośliwoś|ć (-ci) f malice.

złośliwy adj malicious; (MED) malignant.

złotni|k (-ka, -cy) (instr sg -kiem) m goldsmith.

zło|to (-ta) (loc sg -cie) nt gold; **być na wagę złota** to be worth one's weight in gold.

złotów|ka (-ki, -ki) (dat sg -ce, gen pl -ek) f one zloty; (moneta) one zloty coin.

złot|y[1] (-ego, -e) m decl like adj zloty.

złoty[2] adj (ze złota) gold; (w kolorze złota) gold, golden; **złoty medal** gold medal; **złoty wiek** golden age; **złota rączka** handyman; **złota rybka** goldfish.

złowieszczy adj ominous, sinister.

złowrogi adj ominous, sinister.

zł|oże (-oża, -oża) (gen pl -óż) nt deposit.

złożony adj (problem) complex, complicated; (układ) complex; (cząsteczka) compound; **być złożonym z** +gen to be composed of; **wyraz złożony** compound (word); **zdanie złożone współrzędnie/podrzędnie** a sentence with co-ordinate clauses/with a subordinate clause.

złudny adj illusory.

złudze|nie (-nia, -nia) (gen pl -ń) nt illusion.

złuszcz|ać się (-a) (perf -yć) vr to flake, to peel (off).

zły adj (niedobry, negatywny, niepomyślny) bad; (gniewny) angry; (niemoralny) evil, wicked; (niewłaściwy) wrong; (kiepski, nieudolny, słaby) poor; **w złym humorze** in a (bad) mood; **w złym guście** in bad taste; „**uwaga, zły pies**" "beware of the dog"; **zrobić** (perf) **sobie coś złego** to hurt o.s.

zmag|ać się (-am, -asz) vr: **zmagać się (z czymś)** to struggle (with sth).

zmal|eć (-eję, -ejesz) vb perf od **maleć**.

zmanierowany adj mannered.

zmarł|a (-ej, -e) f decl like adj the deceased.

zmarły adj dead, deceased ♦ m decl like adj the deceased; **zmarły pan X** the late Mr X; **zmarli** pl the dead pl.

zmarn|ować (-uję, -ujesz) vb perf od **marnować**.

zmarszcz|ka (-ki, -ki) (dat sg -ce, gen pl -ek) f (na skórze) wrinkle; (na wodzie) ripple; (na materiale) wrinkle, crease.

zmarszcz|yć (-ę, -ysz) vb perf od **marszczyć**.

zmart|wić (-wię, -wisz) vb perf od **martwić**.

zmartwie|nie (-nia, -nia) (gen pl -ń) nt worry.

zmartwiony adj worried, troubled.

zmartwychwstani|e (-a) nt: **Zmartwychwstanie** the Resurrection.

zmartwychwst|awać (-aję, -ajesz) (imp -awaj, perf -ać) vi to rise from the dead.

zmarz|nąć (-nę, -niesz) (imp -nij, pt -ł) vb perf od **marznąć**.

zmarznięty adj (ziemia) frozen; (ręce, człowiek) cold.

zma|zać (**-żę, -żesz**) *vb perf od* **mazać, zmazywać**.

zmaz|ywać (**-uję, -ujesz**) (*perf* **-ać**) *vt* (*rysunek, napis: wykonany kredą*) to wipe off, to erase; (: *wykonany ołówkiem*) to rub out, to erase; (*przen: winę*) to wipe away, to expiate.

zmądrz|eć (**-eję, -ejesz**) *vb perf od* **mądrzeć**.

zmęczeni|e (**-a**) *nt* tiredness, fatigue.

zmęczony *adj* tired.

zmęcz|yć (**-ę, -ysz**) *vb perf od* **męczyć**.

zmia|na (**-ny, -ny**) (*dat sg* **-nie**) *f* change; **zmiana na lepsze/gorsze** a change for the better/worse; **dzienna/nocna zmiana** day/night shift.

zmiat|ać (**-am, -asz**) *vt* (*perf* **zmieść**) to sweep.

zmiażdż|yć (**-ę, -ysz**) *vb perf od* **miażdżyć**.

zmiąć (**zemnę, zemniesz**) (*imp* **zemnij**, *pt* **zmiął, zmięła, zmięli**) *vb perf od* **miąć**.

zmie|niać (**-niam, -niasz**) (*perf* **-nić**) *vt* to change; **zmieniać zdanie** to change one's mind; **zmieniać bieg/pas** (*MOT*) to change gear/lanes.

►**zmieniać się** *vr* (*przeobrażać się*) to change; (*wymieniać się*) to take turns.

zmienn|a (**-ej, -e**) *f decl like adj* variable.

zmienność|ć (**-ci**) *f* changeability.

zmienny *adj* changeable; **prąd zmienny** alternating current.

zmierz|ać (**-am, -asz**) *vi* (*książk*): **zmierzać do** +*gen*/ **w stronę** +*gen* to head for/towards; **do czego zmierzasz?** (*przen*) what are you driving at?

zmierzch (**-u, -y**) *m* dusk, twilight;

(*przen*) twilight; **o zmierzchu** at dusk.

zmierz|yć (**-ę, -ysz**) *vb perf od* **mierzyć**.

zmiesz|ać (**-am, -asz**) *vb perf od* **mieszać**.

zmieszani|e (**-a**) *nt* confusion.

zmieszany *adj* confused.

zmie|ścić (**-szczę, -ścisz**) (*imp* **-ść**) *vb perf od* **mieścić**.

zmiękcz|ać (**-am, -asz**) (*perf* **-yć**) *vt* to soften.

zmił|ować się (**-uję, -ujesz**) *vr perf* (*książk*): **zmiłować się nad kimś** to have mercy on sb.

zmniejsz|ać (**-am, -asz**) (*perf* **-yć**) *vt* to decrease, to lessen.

►**zmniejszać się** *vr* to decrease, to lessen.

zmobiliz|ować (**-uję, -ujesz**) *vb perf od* **mobilizować**.

zmocz|yć (**-ę, -ysz**) *vb perf od* **moczyć**.

zmok|nąć (**-nę, -niesz**) (*imp* **-nij**, *pt* **-nął** *lub* **zmókł, -ła, -li**) *vb perf od* **moknąć**.

zmoknięty *adj* wet.

zm|ora (**-ory, -ory**) (*dat sg* **-orze**, *gen pl* **-or** *lub* **-ór**) *f* (*widmo, zjawa*) phantom, apparition; (*przen: bezrobocia, inflacji*) spectre (*BRIT*), specter (*US*).

zmotoryzowany *adj* (*WOJSK*) motorized ♦ *m decl like adj* (*kierowca*) motorist.

zm|owa (**-owy, -owy**) (*dat sg* **-owie**, *gen pl* **-ów**) *f* conspiracy.

zmó|wić (**-wię, -wisz**) *vb perf od* **zmawiać**.

zmro|k (**-ku**) (*instr sg* **-kiem**) *m* dusk, nightfall; **po zmroku** after dark.

zmusz|ać (**-am, -asz**) (*perf* **zmusić**) *vt* to force; **zmuszać kogoś do zrobienia czegoś** to force sb to do sth, to make sb do sth.

►**zmuszać się** *vr*: **zmuszać się do**

zrobienia czegoś to force o.s. to do sth.

zm|yć (-yję, -yjesz) *vb perf od* **myć, zmywać; zmyć komuś głowę** (*przen*) to give sb a dressing-down.

zmyk|ać (-am, -asz) *vi* to scamper away.

zmyl|ić (-ę, -isz) *vb perf od* **mylić**.

zmy|sł (-słu, -sły) (*loc sg* **-śle**) *m* sense; **zmysł artystyczny** artistic sense.

zmysłowy *adj* (*wrażenie*) sensory; (*usta itp.*) sensual, sensuous.

zmyśl|ać (-am, -asz) (*perf* **-ić**) *vt* to invent, to make up.

zmyślny *adj* clever.

zmywacz (-a, -e) (*gen pl* **-y**) *m*: **zmywacz do paznokci** nail polish remover; **zmywacz do farb** paint-stripper.

zmyw|ać (-am, -asz) (*perf* **zmyć**) *vt* (*podłogę*) to wash; (*brud, krew*) to wash off; (*o rzece, powodzi: dom, most*) to wash away; (*przen: hańbę, winę*) to wipe away; **zmywać (pozmywać** *perf***) naczynia** to wash *lub* do the dishes, to wash up.

►**zmywać się** *vr* (*o brudzie, plamach*) to wash off; (*pot: uciekać*) to clear off (*pot*).

zmywa|k (-ka, -ki) (*instr sg* **-kiem**) *m* (*też*: **zmywak do naczyń**: *szmatka*) dishcloth; (*na rączce*) mop.

zmywalny *adj* washable.

zmywar|ka (-ki, -ki) (*dat sg* **-ce**, *gen pl* **-ek**) *f* dishwasher.

znacho|r (-ra, -rzy) (*loc sg* **-rze**) *m* quack.

znaczący *adj* (*mrugnięcie, uśmiech*) meaningful, significant; (*rola, pozycja*) significant.

znacz|ek (-ka, -ki) (*instr sg* **-kiem**) *m* *dimin od* **znak**; (*też*: **znaczek pocztowy**) (postage) stamp; (*odznaka*) badge; (*w tekście itp.*)

mark; **naklejać (nakleić** *perf***) znaczek na list** to stamp a letter.

znacze|nie (-nia, -nia) (*gen pl* **-ń**) *nt* (*sens*) meaning; (*ważność*) importance, significance; **to nie ma znaczenia** it doesn't matter; **to jest bez znaczenia** it is of no importance *lub* significance.

znacznie *adv* considerably, significantly.

znaczny *adj* considerable, significant.

znacz|yć (-ę, -ysz) *vt* (*wyrażać*) to mean; (*mieć wagę*) to matter; (*znakować*) (*perf* **o-**) to mark; **co to znaczy?** what does this mean?; **to znaczy, ...** (*to jest*) that is (to say), ...

zn|ać (-am, -asz) *vt* to know; **dawać (dać** *perf***) komuś znać (o czymś)** to let sb know (of sth); **znać kogoś z widzenia** to know sb by sight.

►**znać się** *vr* (*siebie samego*) to know o.s.; (*nawzajem*) to know each other; **znać się na czymś** to be knowledgeable about sth.

znad *prep* +*gen* from above; **znad morza** from the seaside.

znajd|ować (-uję, -ujesz) (*perf* **znaleźć**) *vt* to find; (*poparcie, zrozumienie*) to meet with.

►**znajdować się** *vr* (*mieścić się*) to be located *lub* situated; (*zostawać odszukanym*) to be found; (*pojawiać się*) to turn up.

znajomoś|ć (-ci, -ci) *f* (*z kimś*) acquaintance; (*wiedza*) knowledge; **mieć znajomości** to have connections; **zawierać (zawrzeć** *perf***) z kimś znajomość** to make sb's acquaintance; **znajomość historii/polskiego** a knowledge of history/Polish.

znajomy *adj* familiar ♦ *m decl like adj* acquaintance; **pewna moja znajoma** a woman I know; **znajomy lekarz**

powiedział mi ... a doctor I know
has told me ... .

zna|k (**-ku, -ki**) (*instr sg* **-kiem**) *m*
sign; **znak drogowy** traffic *lub* road
sign; **znak zapytania** question mark;
znak Zodiaku sign of the Zodiac;
być spod znaku Barana to be
Aries; **znaki szczególne**
distinguishing marks.

znakomitoś|ć (**-ci, -ci**) (*gen pl* **-ci**) *f*
(*osoba*) celebrity.

znakomity *adj* superb.

znak|ować (**-uję, -ujesz**) (*perf* **o-**) *vt*
(*ołówkiem, długopisem*) to mark;
(*naklejką*) to label; (*zwierzęta*) to
brand.

znalazc|a (**-y, -y**) *m decl like f in sg*
finder.

znal|eźć (**-jdę, -jdziesz**) (*imp* **-jdź**, *pt*
-lazł, -lazła, -leźli) *vb perf od*
znajdować.

znamienny *adj*: **znamienny (dla**
+gen) characteristic (of).

zna|mię (**-mienia, -miona**) (*gen pl*
-mion) *nt* (*wrodzone*) birthmark;
(*cecha*) trait.

znany *adj* (*otoczenie, środowisko*)
(well-)known, familiar; (*aktor,*
pisarz) well-known, famous;
(*oszust*) notorious.

znawc|a (**-y, -y**) *m decl like f in sg*:
znawca (czegoś) expert (on sth).

znerwicowany *adj* neurotic.

znęc|ać się (**-am, -asz**) *vr*: **znęcać**
się nad +*instr* to abuse.

znicz (**-a, -e**) (*gen pl* **-y** *lub* **-ów**) *m*
(*nagrobkowy*) candle; **znicz**
olimpijski the Olympic torch.

zniechę|cać (**-cam, -casz**) (*perf* **-cić**)
vt: **zniechęcać kogoś (do czegoś)**
to discourage sb (from doing sth).

▸**zniechęcać się** *vr* to become
discouraged.

zniechęceni|e (**-a**) *nt*
discouragement.

zniecierpliwieni|e (**-a**) *nt* impatience.

zniecierpliwiony *adj* impatient.

znieczul|ać (**-am, -asz**) (*perf* **-ić**) *vt*
to anaesthetize (*BRIT*), to anesthetize
(*US*).

znieczulający *adj*: **środek**
znieczulający anaesthetic (*BRIT*),
anesthetic (*US*).

znieczule|nie (**-nia, -nia**) (*gen pl* **-ń**)
nt anaesthetic (*BRIT*), anesthetic (*US*).

zniekształ|cać (**-cam, -casz**) (*perf*
-cić) *vt* to deform; (*słowa, prawdę*)
to distort, to twist.

znienacka *adv* unawares.

zniesieni|e (**-a**) *nt* (*prawa, przepisu*)
abolition; **nie do zniesienia**
unbearable, intolerable.

zniesła|wiać (**-wiam, -wiasz**) (*perf*
-wić) *vt* (*na piśmie*) to libel; (*w*
mowie) to slander.

zniewa|ga (**-gi, -gi**) (*dat sg* **-dze**) *f*
insult.

znieważ|ać (**-am, -asz**) (*perf* **-yć**) *vt*
to insult.

znik|ać (**-am, -asz**) (*perf* **-nąć**) *vi* to
disappear, to vanish.

znikomy *adj* slight.

zniszcze|nie (**-nia, -nia**) (*gen pl* **-ń**)
nt destruction.

zniszczony *adj*: **zniszczone ręce**
toil-worn hands.

zniż|ać (**-am, -asz**) (*perf* **-yć**) *vt* to
lower; **zniżać głos** to lower one's
voice; **zniżać lot** to descend.

▸**zniżać się** *vr* (*opuszczać się*) to
descend.

zniż|ka (**-ki, -ki**) (*dat sg* **-ce**, *gen pl*
-ek) *f* reduction, discount.

zniżkowy *adj*: **cena zniżkowa**
reduced *lub* discount price;
tendencja zniżkowa downward
trend; **bilet zniżkowy** (*do kina,*
muzeum) concession.

zno|sić (**-szę, -sisz**) (*imp* **-ś**, *perf*
znieść) *vt* (*nieść w dół*) to carry
down; (*gromadzić*) to gather; (*jajka*)
to lay; (*o prądzie wody, powietrza*)

to carry; (*ból, niewygody*) to endure, to tolerate; (*prawo, dekret*) to abolish; (*kontrolę, ograniczenia*) to lift; **nie znoszę go** I can't stand *lub* bear him.

▸**znosić się** *vr* (*neutralizować się*) to cancel each other out; **oni się nie znoszą** they hate each other.

znoszony *adj* (*odzież*) worn(-out).

znośny *adj* bearable, tolerable.

znowu *adv* again ♦ *part* (*właściwie*) after all; **znowu to zrobił** he did it again.

znudzeni|e (-a) *nt* boredom.

znudzony *adj* bored.

znużeni|e (-a) *nt* weariness.

znużony *adj* weary.

zob. *abbr* (= *zobacz*) see, cf.

zobaczeni|e (-a) *nt*: **do zobaczenia!** see you!; **do zobaczenia wkrótce/wieczorem!** (I'll) see you soon/tonight!

zobacz|yć (-ę, -ysz) *vt perf* to see.

▸**zobaczyć się** *vr*: **zobaczyć się z kimś** to see sb.

zobligowany *adj* obliged; **czuć się zobligowanym, aby coś zrobić** feel obliged to do sth.

zobowiąza|nie (-nia, -nia) (*gen pl* -ń) *nt* commitment, obligation.

zobowiązany *adj*: **być zobowiązanym do czegoś** to be obliged to do sth; **jestem Panu/Pani bardzo zobowiązany** I'm much obliged (to you).

zobowiąz|ywać (-uję, -ujesz) (*perf* -ać) *vt*: **zobowiązywać kogoś do czegoś** to oblige sb to do sth.

▸**zobowiązywać się** *vr*: **zobowiązywać się do czegoś** to commit o.s. to (doing) sth.

zodia|k (-ku) (*instr sg* -kiem) *m* zodiac; **znak zodiaku** sign of the zodiac, zodiacal sign.

zoo *nt inv* zoo.

z o.o. *abbr* (= *z ograniczoną odpowiedzialnością*) Ltd.

zoolo|g (-ga, -gowie *lub* -dzy) (*instr sg* -giem) *m* zoologist.

zoologi|a (-i) *f* zoology.

zoologiczny *adj* zoological; **ogród zoologiczny** zoo, zoological garden(s *pl*).

zorganizowany *adj* (*grupa*) organized; (*wycieczka*) guided.

zorientowany *adj*: **być (dobrze) zorientowanym w czymś** to be well-versed in sth.

zorza (zorzy, zorze) (*gen pl* zórz) *f*: **zorza polarna** aurora; (*na biegunie północnym*) northern lights; (*na biegunie południowym*) southern lights.

zost|awać (-aję, -ajesz) (*imp* -awaj, *perf* -ać) *vi* (*pozostawać*) to stay, to remain; **zostawać w domu/łóżku** to stay at home/in bed; **zostać na noc** to stay overnight *lub* the night; **zostać na obiedzie** to stay for *lub* to dinner; **zostawać bez grosza/na bruku** to be left penniless/out in the street.

zosta|wiać (-wiam, -wiasz) (*perf* -wić) *vt* (*opuszczać, powodować*) to leave; (*nie zabierać*) to leave (behind); **zostaw ją w spokoju** leave her alone; **zostaw to mnie** leave it to me; **zostawić wiadomość dla kogoś/u kogoś** to leave word *lub* a message for sb/with sb.

zra|nić (-nię, -nisz) (*imp* -ń) *vb perf od* **ranić**.

zrast|ać się (-am, -asz) (*perf* **zrosnąć**) *vr* (*o kościach*) to knit (together).

zraszacz (-a, -e) (*gen pl* -y) *m* sprinkler.

zrasz|ać (-am, -asz) (*perf* **zrosić**) *vt* to sprinkle.

zra|z (-za, -zy) (*loc sg* -zie) *m* (*KULIN*) beef roulade.

zraż|ać (-am, -asz) (*perf* **zrazić**) *vt* to alienate, to antagonize.

▸**zrażać się** *vr* (*rozczarowywać się*) to become disaffected; (*w obliczu trudności itp.*) to lose heart.

zrelaksowany *adj* relaxed.

zresztą *adv* in any case.

zrezygn|ować (-uję, -ujesz) *vb perf od* **rezygnować**.

zręcznie *adv* (*zwinnie*) adroitly; (*sprytnie*) cleverly, skilfully (*BRIT*), skillfully (*US*).

zręcznoś|ć (-ci, -ci) (*gen pl* -ci) *f* (*zwinność*) agility; (*rąk*) dexterity; (*spryt*) cleverness.

zręczny *adj* (*zwinny*) agile; (*sprytny*) clever, skilful (*BRIT*), skillful (*US*).

zr|obić (-obię, -obisz) (*imp* -ób) *vb perf od* **robić**.

zrozpaczony *adj* (*człowiek, spojrzenie*) desperate; **być zrozpaczonym** to be in despair.

zrozumiały *adj* (*artykuł, wykład*) comprehensible, intelligible; (*niechęć, powód*) understandable.

zrozumi|eć (-em, -esz) (*3 pl* -eją) *vb perf od* **rozumieć**.

zrozumieni|e (-a) *nt* (*pojmowanie*) understanding, comprehension; (*uświadomienie sobie*) realization; (*współczucie*) understanding, empathy; **dawać (dać** *perf***) komuś do zrozumienia, że ...** to give sb to understand that ...; **ze zrozumieniem** with understanding.

zrównoważony *adj* (*człowiek*) even-tempered; (*charakter*) equable; (*budżet*) balanced.

zróżnicowani|e (-a) *nt* diversity.

zróżnicowany *adj* diverse.

zryw|ać (-am, -asz) (*perf* **zerwać**) *vt* (*kwiaty, owoce*) to pick; (*plakat, plaster*) to tear off; (*więzy, linę*) to break; (*umowę, zaręczyny*) to break off; (*stosunki, związki*) to break off, to sever ♦ *vi*: **zrywać (z kimś)** to

break *lub* split up (with sb); **zrywać z paleniem/piciem** to give up *lub* quit smoking/drinking.

▸**zrywać się** *vr* (*o linie, nici*) to break; (*o człowieku*) to jump *lub* leap up; (*o wichurze, oklaskach*) to break out.

zrzek|ać się (-am, -asz) (*perf* **zrzec**) *vr* (*tytułu, przywilejów itp.*) to relinquish.

zrzesz|ać (-am, -asz) (*perf* -yć) *vt* to associate.

▸**zrzeszać się** *vr* to organize.

zrzesze|nie (-nia, -nia) (*gen pl* -ń) *nt* association.

zrzę|da (-dy, -dy) (*dat sg* -dzie) *m decl like f* (*pot*) grouch (*pot*).

zrzę|dzić (-dzę, -dzisz) (*imp* -dź) *vi* (*pot*) to grouch (*pot*).

zrzu|cać (-cam, -casz) (*perf* -cić) *vt* (*strącać, zdejmować*) to throw off; **zrzucać na kogoś winę** to pin the blame on sb.

▸**zrzucać się** *vr* (*pot: robić składkę*) to chip in (*pot*).

zrzut|ka (-ki, -ki) (*dat sg* -ce, *gen pl* -ek) *f* (*pot*) whip-round (*pot*).

zrzyn|ać (-am, -asz) (*perf* **zerżnąć**) *vt* (*pot: odpisywać*) to crib (*pot*).

zsiad|ać (-am, -asz) (*perf* **zsiąść**) *vi*: **zsiadać (z konia/roweru)** to get off (a horse/bicycle).

▸**zsiadać się** *vr* (*o mleku*) to curdle.

zsiadły *adj*: **zsiadłe mleko** curds *pl*.

zstęp|ować (-uję, -ujesz) (*perf* **zstąpić**) *vi* to descend.

zsuw|ać (-am, -asz) (*perf* **zsunąć**) *vt* (*w dół*) to slide (down); (*ławki, stoły*) to put together.

▸**zsuwać się** *vr* (*z półki itp.*) to slide (off); (*o bucie*) to slip off.

zsył|ać (-am, -asz) (*perf* **zesłać**) *vt* (*książk: ratunek, karę*) to send (down); (*deportować*) to send into exile.

zsy|p (-pu, -py) (*loc sg* -pie) *m*

(rubbish (*BRIT*) *lub* garbage (*US*)) chute.

zszedł *itd. vb patrz* **zejść.**

zszokowany *adj* shocked; **być zszokowanym czymś** be shocked at sth.

zszywacz (-a, -e) (*gen pl* -y) *m* stapler.

zszyw|ać (-am, -asz) (*perf* **zszyć**) *vt* (*materiał*) to sew (together); (*ranę*) to suture, to stitch; (*kartki*) to staple.

zszyw|ka (-ki, -ki) (*dat sg* -ce, *gen pl* -ek) *f* staple.

zubaż|ać (-am, -asz) (*perf* **zubożyć**) *vt* to impoverish.

zuch (-a, -y) *m* (*HARCERSTWO*) Cub (Scout).

zuchwałoś|ć (-ci) *f* impudence, impertinence.

zuchwały *adj* (*bezczelny*) impertinent; (*brawurowy*) bold, daring.

zu|pa (-py, -py) (*dat sg* -pie) *f* soup; **zupa błyskawiczna** *lub* **w proszku** instant *lub* powdered soup; **zupa w puszce** *lub* **z puszki** canned *lub* tinned soup.

zupełnie *adv* completely, utterly.

zupełnoś|ć (-ci) *f*: **w zupełności** completely.

zupełny *adj* complete, utter.

ZUS *abbr* (= Zakład Ubezpieczeń Społecznych) ≈ Social Security.

zużyci|e (-a) *nt* (*paliwa, energii*) consumption; (*stopień zniszczenia*) wear.

zużytk|ować (-uję, -ujesz) *vt perf* (*zużyć*) to use (up); (*wykorzystać*) to utilize.

zużyty *adj* worn out, used.

zużyw|ać (-am, -asz) (*perf* **zużyć**) *vt* to use up.

▸**zużywać się** *vr* to wear.

zwa|biać (-biam, -biasz) (*perf* -**bić**) *vt* to lure.

zwać (**zwę, zwiesz**) (*imp* **zwij**) *vt* to call.

zwal|ać (-am, -asz) (*perf* -**ić**) *vt* (*strącać: książki, doniczki*) to knock down; **zwalać coś na kogoś** (*pot: obowiązki, pracę*) to load sb down with sth; (*: winę*) to pin sth on sb.

▸**zwalać się** *vr* (*pot: spadać*) to fall *lub* come down; (*: przewracać się*) to come a cropper (*pot*); (*: przybywać*) to show up (*pot*).

zwalcz|ać (-am, -asz) *vt imperf* to fight (against).

▸**zwalczać się** *vr* to fight each other.

zwalcz|yć (-ę, -ysz) *vt perf* to overcome; (*robactwo*) to exterminate.

zwalni|ać (-am, -asz) (*perf* **zwolnić**) *vt* (*tempo*) to slow (down); (*uścisk*) to relax; (*więźnia, zakładnika*) to release, to set free; (*pokój, miejsce*) to vacate; (*z pracy*) to dismiss, to fire ♦ *vi* (*zmniejszać szybkość*) to slow down; **zwalniać kogoś z czegoś** to exempt sb from sth.

▸**zwalniać się** *vr* (*z pracy, zajęć*) to take a day *itp.* off; (*rezygnować z pracy*) to quit; (*o pokoju, miejscu*) to become vacant.

zwany *adj*: **tak zwany** so-called.

zwarci|e (-a) *nt* (*ELEKTR*) short circuit.

zwari|ować (-uję, -ujesz) *vi perf* (*pot*) to go mad (*pot*).

zwariowany *adj* (*pot*) mad (*pot*).

zwarty *adj* (*zabudowa*) close; (*tłum*) tight; (*zarośla*) thick; (*kompozycja, struktura*) compact.

zwarz|yć się (-ę, -ysz) *vr perf* (*o mleku*) to turn sour, to go sour.

zważ|ać (-am, -asz) (*perf* -**yć**) *vi*: **(nie) zważać na kogoś/coś** (not) to pay attention to sb/sth.

zwąt|pić (-pię, -pisz) *vb perf od* **wątpić.**

zwątpie|nie (-nia, -nia) (*gen pl* -ń) *nt* pessimism.

zwęglony *adj* charred.

zwęż|ać (-am, -asz) (*perf* zwęzić) *vt* to narrow; (*sukienkę*) to take in.

▸**zwężać się** *vr* to narrow.

zwęże|nie (-nia, -nia) (*gen pl* -ń) *nt* narrowing.

zwiast|ować (-uję, -ujesz) *vt* (*książk*) to herald, to portend.

zwiastu|n (-na, -ny) (*loc sg* -nie) *m* (*książk*) omen; (*TV*) trailer.

zwią|zać (-żę, -żesz) *vb perf od* wiązać, związywać ♦ *vt perf*: **nie mogliśmy związać końca z końcem** we couldn't make ends meet.

▸**związać się** *vr perf*: **związać się (z** +*instr*) to associate (with).

związany *adj* (*sznurem*) tied (up); (*umową, obietnicą*) bound; **związany z** +*instr* connected with.

związ|ek (-ku, -ki) (*instr sg* -kiem) *m* (*powiązanie*) connection; (*organizacja*) association; (*stosunek*) relationship; (*CHEM*) compound; **związek zawodowy** trade union (*BRIT*), labor union (*US*); **związek małżeński** marriage, matrimony; **w związku z czymś** in connection with sth.

związkowy *adj* (trade) union *attr*.

związ|ywać (-uję, -ujesz) (*perf* -ać) *vt* to tie (up).

zwich|nąć (-nę, -niesz) (*imp* -nij) *vt perf* (*nogę*) to dislocate.

zwichnię|cie (-cia, -cia) (*gen pl* -ć) *nt* dislocation (*of bones*).

zwie|dzać (-dzam, -dzasz) (*perf* -dzić) *vt* to tour, to visit.

zwier|ać (-am, -asz) (*perf* zewrzeć) *vt* (*mocno stykać*) to press together; (*zaciskać*) to clench.

▸**zwierać się** *vr* (*zaciskać się*) to clench; (*o grupie ludzi*) to close ranks.

zwierz|ać (-am, -asz) (*perf* -yć) *vt* to confide, to reveal.

▸**zwierzać się** *vr*: **zwierzać się komuś** to confide to *lub* in sb.

zwierza|k (-ka, -ki) (*instr sg* -kiem) *m* (*pot*) animal.

zwierzchnict|wo (-wa) (*loc sg* -wie) *nt* supervision; **pracować pod czyimś zwierzchnictwem** to work under sb's supervision.

zwierzchni|k (-ka, -cy) (*instr sg* -kiem) *m* superior.

zwierze|nie (-nia, -nia) (*gen pl* -ń) *nt* confession.

zwierz|ę (-ęcia, -ęta) (*gen pl* -ąt) *nt* animal; (*przen*) beast, animal; **zwierzę domowe** domestic animal.

zwierzęcy *adj* animal *attr*.

zwierzy|na (-ny) (*dat sg* -nie) *f* game.

zwiesz|ać (-am, -asz) (*perf* zwiesić) *vt*: **zwiesić głowę** to hang one's head.

▸**zwieszać się** *vr* to hang down.

zwietrzały *adj* (*napój gazowany*) flat; (*kawa*) stale; (*skała*) weathered.

zwiew|ać (-am, -asz) (*perf* zwiać) *vt* (*o wietrze*) to blow off *lub* away ♦ *vi* (*pot: uciekać*) to run away *lub* off.

zwiędnięty *adj* withered.

zwiększ|ać (-am, -asz) (*perf* -yć) *vt* to increase.

▸**zwiększać się** *vr* to increase.

zwięzły *adj* concise, succinct.

zwij|ać (-am, -asz) (*perf* zwinąć) *vt* (*linę*) to coil; (*dywan*) to roll up; **zwijać obóz** to break camp.

▸**zwijać się** *vr* (*skręcać się*) to coil; (*pot: krzątać się*) to rush about *lub* around.

zwilż|ać (-am, -asz) (*perf* -yć) *vt* to moisten, to dampen.

zwinność (-ci) *f* agility.

zwinny *adj* agile, nimble.

zwis|ać (-am, -asz) (*perf* -nąć) *vi* to hang down; **zwisa mi to** (*pot!*) I don't give a shit (about it) (*pot!*).

zwit|ek (**-ka**, **-ki**) (*instr sg* **-kiem**) *m* roll.

zwlek|ać (**-am**, **-asz**) *vi*: **zwlekać (z czymś)** to delay (doing sth).
▶**zwlekać się** *vr*: **zwlekać się z łóżka** to drag o.s. out of bed.

zwłaszcza *adv* especially.

zwło|ka (**-ki**) (*dat sg* **-ce**) *f* delay; **grać na zwłokę** to play for time.

zwło|ki (**-k**) *pl* (dead) body, corpse.

zwodniczy *adj* deceptive, delusive.

zw|odzić (**-odzę**, **-odzisz**) (*imp* **-ódź**, *perf* **zwieść**) *vt* to delude.
▶**zwodzić się** *vr* to delude o.s.

zwodzony *adj*: **most zwodzony** drawbridge.

zwolenni|k (**-ka**, **-cy**) (*instr sg* **-kiem**) *m* follower, supporter.

zwol|nić (**-nię**, **-nisz**) (*imp* **-nij**) *vb perf od* **zwalniać**.

zwolnie|nie (**-nia**, **-nia**) (*gen pl* **-ń**) *nt* (*wymówienie*) dismissal; **zwolnienie lekarskie** sick leave; **zwolnienie podatkowe** tax exemption; **zwolnienie warunkowe** parole.

zwoł|ywać (**-uję**, **-ujesz**) (*perf* **-ać**) *vt* (*ludzi*) to call together; (*zebranie*) to call; (*parlament*) to summon.

zw|ozić (**-ożę**, **-ozisz**) (*imp* **-oź** *lub* **-óź**, *perf* **zwieźć**) *vt* (*na określone miejsce*) to bring; (*z góry na dół*) to take down.

zw|ód (**-odu**, **-ody**) (*loc sg* **-odzie**) *m* (*SPORT*) feint.

zw|ój (**-oju**, **-oje**) *m* (*pętla*) coil, twist; (*papieru*) scroll.

zwrac|ać (**-am**, **-asz**) (*perf* **zwrócić**) *vt* (*głowę, wzrok*) to turn; (*pieniądze, książkę*) to return; (*pokarm*) to bring up; **zwrócić komuś uwagę** to admonish sb; **zwrócić czyjąś uwagę na coś** to draw sb's attention to sth, to bring sth to sb's attention; **zwrócić uwagę (na kogoś/coś)** to take note (of sb/sth).
▶**zwracać się** *vr* (*kierować się*) to

turn (towards); (*o kosztach, inwestycji*) to pay off; **zwracać się do kogoś** to turn to sb.

zwro|t (**-tu**, **-ty**) (*loc sg* **-cie**) *m* (*obrót, odmiana*) turn; (*pieniędzy, książek*) return; (*wyrażenie*) expression; **w lewo/tył zwrot!** left/about turn!

zwrot|ka (**-ki**, **-ki**) (*dat sg* **-ce**, *gen pl* **-ek**) *f* stanza.

zwrotnic|a (**-y**, **-e**) *f* (*KOLEJ*) points *pl* (*BRIT*), switch (*US*).

zwrotni|k (**-ka**, **-ki**) (*instr sg* **-kiem**) *m* tropic.

zwrotny *adj* (*samochód*) responsive; (*JĘZ*) reflexive; (*pożyczka*) returnable, repayable; **punkt zwrotny** (*przen*) turning point; **adres zwrotny** return address; **sprzężenie zwrotne** feedback.

zwycięski *adj* winning, victorious.

zwycięst|wo (**-wa**, **-wa**) (*loc sg* **-wie**) *nt* victory; **odnieść** (*perf*) **zwycięstwo (nad kimś/czymś)** to win a victory (over sb/sth).

zwycięzc|a (**-y**, **-y**) *m decl like f in sg* winner.

zwycięż|ać (**-am**, **-asz**) (*perf* **-yć**) *vt* to overcome ♦ *vi* to win.

zwyczaj (**-u**, **-e**) *m* (*obyczaj*) custom; (*nawyk*) habit.

zwyczajnie *adv* (*normalnie*) as usual; (*po prostu*) simply.

zwyczajny *adj* (*normalny*) ordinary, regular; (*oczekiwany*) usual; (*często spotykany*) common, regular; (*niewyszukany*) common, simple; (*głupota, oszust*) downright, mere.

zwyczajowy *adj* customary.

zwykle *adv* usually; **jak zwykle** as usual.

zwykły *adj* (*normalny*) ordinary, regular; (*oczekiwany*) usual; (*częsty*) common; (*prosty*) common, simple; (*głupota, oszust*) downright, sheer.

zwyż|ka (**-ki**, **-ki**) (*dat sg* **-ce**, *gen pl*

-ek) f (*wzrost*) rise; (*gwałtowny wzrost*) surge.

zwyżk|ować (**-uje**) *vi* (*rosnąć*) to rise; (*gwałtownie rosnąć*) to surge.

zygza|k (**-ka**, **-ki**) (*instr sg* **-kiem**) *m* zigzag.

zys|k (**-ku**, **-ki**) (*instr sg* **-kiem**) *m* (*EKON*) profit; (*korzyść*) gain.

zys|kiwać (**-kuję**, **-kujesz**) (*perf* **-kać**) *vt* (*popularność, zaufanie*) to gain, to earn; (*przyjaciół, zwolenników*) to win ♦ *vi*: **zyskiwać na czymś** to profit by *lub* from sth; **zyskać na czasie** to gain time.

zyskowny *adj* profitable.

zza *prep* +*gen*: **zza drzewa** from behind a tree; **zza rogu** from around the corner; **zza okna** through the window.

zziębnięty *adj* chilled, cold.

zżyty *adj* intimate, close.

zżyw|ać się (**-am**, **-asz**) (*perf* **zżyć**) *vr* (*o osobach*) to become close; **zżyć się z kimś** to become intimate with sb.

Ź

źdźb|ło (**-ła**, **-ła**) (*loc sg* **-le**, *gen pl* **-eł**) *nt* (*trawy*) blade; (*zbóż*) straw.

źle (*comp* **gorzej**) *adv* (*chłodnio*) wrongly; (*byle jak*) poorly, badly; **źle wyglądasz** you look bad *lub* ill; **źle się czuć** to be *lub* feel unwell.

źreba|k (**-ka**, **-ki**) (*instr sg* **-kiem**) *m* foal.

źrenic|a (**-y**, **-e**) f (*ANAT*) pupil.

źród|ło (**-ła**, **-ła**) (*loc sg* **-le**, *gen pl* **-eł**) *nt* (*informacji, wiedzy, energii*) source; (*rzeki*) spring, source; (*zdrój*) spring; (*przyczyna*) source.

Ż

ża|ba (**-by**, **-by**) (*dat sg* **-bie**) f frog.

żab|ka (**-ki**, **-ki**) (*dat sg* **-ce**, *gen pl* **-ek**) f *dimin od* **żaba**; (*styl pływacki*) breaststroke.

żaden (f **żadna**, *nt* **żadne**) *pron* (*przed rzeczownikiem*) no; (*zamiast rzeczownika*) none; (*ani jeden ani drugi*) neither; **w żaden sposób** at all; **w żadnym razie** *lub* **wypadku** in no case, in *lub* under no circumstances; **w żadnym wypadku!** no way!; **jego zasługi są żadne** his merits are none; **żaden z nich** none of them; (*spośród dwóch*) neither of them.

ża|giel (**-gla**, **-gle**) (*gen pl* **-gli**) *m* sail.

żaglo|wiec (**-wca**, **-wce**) *m* sailing ship.

żaglów|ka (**-ki**, **-ki**) (*dat sg* **-ce**, *gen pl* **-ek**) f sailing boat (*BRIT*), sailboat (*US*).

żakie|t (**-tu**, **-ty**) (*loc sg* **-cie**) *m* jacket.

żal (**-u**, **-e**) *m* (*smutek*) sorrow; (*skrucha*) regret; (*rozgoryczenie*) bitterness; **było mi go żal** I felt sorry for him; **mieć do kogoś żal** to have *lub* bear a grudge against sth; **żale** *pl* complaints *pl*.

żal|ić się (**-ę**, **-isz**) (*perf* **po-**) *vr* to grumble.

żaluzj|a (**-i**, **-e**) (*gen pl* **-i**) f (*z listewek*) Venetian blind; (*roleta*) roller blind (*BRIT*) *lub* shade (*US*).

żało|ba (**-by**) (*dat sg* **-bie**) f mourning.

żałobny *adj* (*kondukt*) funeral *attr*; **ubiór żałobny** mourning; **msza żałobna** requiem (mass).

żałosny *adj* (*płacz*) piteous; (*spojrzenie, stan*) pitiful.

żałośnie *adv* piteously.

żał|ować (**-uję**, **-ujesz**) (*perf* **po-**) *vt*: **żałować czegoś** to regret sth;

żałować kogoś to feel sorry for sb; **żałować komuś czegoś** to stint sb of sth ♦ *vi* to regret; **żałuję, że to zrobiłem** I wish I hadn't done that.

żandar|m (**-ma, -mi**) (*loc sg* **-mie**) *m* (*policjant wojskowy*) military policeman, MP.

żandarmeri|a (**-i**) *f* (*też*: **żandarmeria wojskowa**) military police.

ża|r (**-ru**) (*loc sg* **-rze**) *m* (*upał*) heat; (*uczuć*) fervour (*BRIT*), fervor (*US*).

żarci|e (**-a**) *nt* (*pot*: *jedzenie*) chow (*pot*), grub (*pot*).

żargo|n (**-nu, -ny**) (*loc sg* **-nie**) *m* (*język specjalistyczny*) jargon; (*język ulicy*) slang.

żarliwoś|ć (**-ci**) *f* fervour (*BRIT*), fervor (*US*).

żarliwy *adj* (*zwolennik*) fervent; (*mowa*) impassioned.

żarłoczny *adj* voracious, gluttonous.

żaroodporny *adj* (*naczynie*) ovenproof; (*szkło*) heat resistant.

żarów|ka (**-ki, -ki**) (*dat sg* **-ce**, *gen pl* **-ek**) *f* (light) bulb.

żar|t (**-tu, -ty**) (*loc sg* **-cie**) *m* joke; **dla żartu** for laughs; **robić sobie z kogoś żarty** to make fun of sb.

żartobliwy *adj* humorous.

żart|ować (**-uję, -ujesz**) (*perf* **za-**) *vi* to joke; **żartować z kogoś/czegoś** to make fun of sb/sth.

żarz|yć się (**-y**) *vr* to glow.

żąd|ać (**-am, -asz**) (*perf* **za-**) *vt*: **żądać czegoś** to demand sth, to insist upon sth.

żąda|nie (**-nia, -nia**) (*gen pl* **-ń**) *nt* demand; **przystanek na żądanie** request stop (*BRIT*), flag stop (*US*).

żądl|ić (**-i**) (*perf* **u-**) *vt* to sting.

żądł|o (**-ła, -ła**) (*loc sg* **-le**, *gen pl* **-eł**) *nt* sting.

żądny *adj*: **żądny czegoś** hungry for sth.

żądz|a (**-y, -e**) *f* lust.

żbi|k (**-ka, -ki**) (*instr sg* **-kiem**) *m* (*ZOOL*) wildcat.

że *conj* that; **dlatego że** because; **był tak słaby, że upadł** he was so weak that he collapsed ♦ *part*: **(po)mimo że** although; **jako że** as, since; **tyle że** but, only; **chyba że** unless.

żeber|ko (**-ka, -ka**) (*instr sg* **-kiem**) *nt* dimin od **żebro**; **żeberka** *pl* (*KULIN*) (spare)ribs *pl*.

żeb|rać (**-rzę, -rzesz**) *vi* to beg.

żebra|k (**-ka, -cy**) (*instr sg* **-kiem**) *m* beggar.

żeb|ro (**-ra, -ra**) (*loc sg* **-rze**, *gen pl* **-er**) *nt* rib.

żeby *conj* (*cel*) (in order) to, so that; **jest zbyt nieśmiała, żeby próbować** she's too shy to try; **żeby nie przestraszyć dziecka** so as not to frighten the child; **żeby nie on, przegralibyśmy** but for him we would have lost, if it wasn't *lub* weren't for him we would have lost; **nie chcę, żebyś to robił** I don't want you to do it ♦ *part*: **żeby tylko nam się udało** if only we could make it; **żebyś mi był cicho!** keep quiet, understand?

żeglarst|wo (**-wa**) (*loc sg* **-wie**) *nt* sailing, yachting.

żeglarz (**-a, -e**) (*gen pl* **-y**) *m* (*SPORT*) yachtsman.

żegl|ować (**-uję, -ujesz**) *vi* to sail.

żeglu|ga (**-gi**) (*dat sg* **-dze**) *f* navigation; **żegluga morska** maritime *lub* sea navigation.

żegn|ać (**-am, -asz**) (*perf* **po-**): **żegnać kogoś** to say goodbye to sb; **żegnaj(cie)!** farewell!

►**żegnać się** *vr* (*przy rozstaniu*) (*perf* **po-**) to say goodbye; (*REL*: *kreślić znak krzyża*) (*perf* **prze-**) to cross o.s.

żel (**-u, -e**) (*gen pl* **-i**) *m* gel; **żel do włosów** hair gel, styling gel.

żelaty|na (**-ny**) (*dat sg* **-nie**) *f* gelatine (*BRIT*), gelatin (*US*).

żelaz|ko (-ka, -ka) (*instr sg* -kiem, *gen pl* -ek) *nt* iron (*for pressing clothes*).

żelazny *adj* iron; (*zdrowie*) robust; **żelazne nerwy** nerves of steel.

żela|zo (-za) (*loc sg* -zie) *nt* iron.

żeliwny *adj* cast iron *attr*.

żeli|wo (-wa) (*loc sg* -wie) *nt* cast iron.

że|nić (-nię, -nisz) (*imp* -ń, *perf* o-) *vt* to marry (off).

►**żenić się** *vr* to get married.

żen|ować (-uję, -ujesz) (*perf* za-) *vt* to embarrass.

►**żenować się** *vr* to be embarrassed.

żenujący *adj* pathetic.

żeński *adj* (*szkoła*) girls' *attr*; (*komórka, osobnik, chór*) female; **rodzaj żeński** (*JĘZ*) feminine (gender).

że|r (-ru) (*loc sg* -rze) *m* (*pokarm*) food; (*czynność*) feeding.

żer|dź (-dzi, -dzie) (*gen pl* -dzi) *f* (*tyczka*) pole; (*dla kury, papugi*) perch.

żeto|n (-nu, -ny) (*loc sg* -nie) *m* (*do telefonu*) token; (*w kasynie*) chip.

żłob|ek (-ka, -ki) (*instr sg* -kiem) *m* (*instytucja*) crèche (*BRIT*), day nursery (*US*).

żł|obić (-obię, -obisz) (*imp* -ób, *perf* wy-) *vt* to groove.

żłób|ek (-ka, -ki) (*instr sg* -kiem) *m* (*REL*) crib.

żmi|ja (-i, -je) (*gen pl* -i) *f* viper, adder.

żmudny *adj* arduous.

żniw|a (-) *pl* harvest.

żni|wo (-wa, -wa) (*loc sg* -wie) *nt* (*przen: śmierci*) toll.

żołąd|ek (-ka, -ki) (*instr sg* -kiem) *m* stomach; **żołądki** *pl* (*KULIN*) gizzards *pl*.

żołądkowy *adj* stomach *attr*; (*soki*) gastric.

żoł|ądź (-ędzi, -ędzie) (*gen pl* -ędzi) *f* (*BOT*) acorn.

żoł|d (-du) (*loc sg* -dzie) *m* (soldier's) pay.

żołnierz (-a, -e) (*gen pl* -y) *m* soldier.

żo|na (-ny, -ny) (*dat sg* -nie) *f* wife.

żonaty *adj* married.

żongl|ować (-uję, -ujesz) *vt*: **żonglować czymś** to juggle with sth.

żółciowy *adj*: **kamień żółciowy** gallstone; **pęcherzyk żółciowy** gall bladder.

żół|ć (-ci) *f* (*ANAT*) bile.

żółtacz|ka (-ki) (*dat sg* -ce) *f* jaundice.

żółtawy *adj* yellowish.

żółt|ko (-ka, -ka) (*instr sg* -kiem, *gen pl* -ek) *nt* yolk.

żółtodzi|ób (-oba, -oby) (*loc sg* -obie) *m* greenhorn.

żółty *adj* yellow; **żółty ser** hard cheese.

żół|w (-wia, -wie) (*gen pl* -wi) *m* (*lądowy*) tortoise, turtle (*US*); **morski** turtle.

żrący *adj* caustic.

żr|eć (-ę, -esz) (*imp* -yj) *vt* (*o zwierzęciu*) to eat; (*pot: o człowieku*) to gobble.

żub|r (-ra, -ry) (*loc sg* -rze) *m* (European) bison, wisent.

żuch|wa (-wy, -wy) (*dat sg* -wie) *f* (lower) jaw.

żuci|e (-a) *nt* mastication, chew(ing); **guma do żucia** chewing gum.

żu|ć (-ję, -jesz) *vt* to chew, to masticate.

żu|k (-ka, -ki) (*instr sg* -kiem) *m* (*ZOOL*) beetle.

żura|w (-wia, -wie) (*gen pl* -wi) *m* crane.

żurawi|na (-ny, -ny) (*dat sg* -nie) *f* cranberry.

żur|ek (-ku, -ki) (*instr sg* -kiem) *m* (*KULIN*) *traditional Polish soup made from fermented rye.*

żurnal (-a *lub* -u, -e) (*gen pl* -i) *m* fashion magazine.

żuż|el (-la *lub* -lu) *m* (*substancja*) cinders *pl*, clinker; (*tor wyścigowy*) cinder track; **wyścigi na żużlu** speedway.

żużlowy adj (*nawierzchnia*) cinder attr; (*wyścigi*) speedway attr.

żwawy adj brisk.

żwi|r (**-ru, -ry**) (*loc sg* **-rze**) m gravel.

życi|e (**-a**) nt life; (*pot. utrzymanie, wyżywienie*) living, living costs; **tryb życia** life style; **życie osobiste** personal *lub* private life; **ubezpieczenie na życie** life insurance; **wprowadzać coś w życie** to put sth into effect.

życiory|s (**-su, -sy**) (*loc sg* **-sie**) m (*dokument*) CV, curriculum vitae; (*opis życia*) biography.

życiowy adj (*funkcje, energia*) vital; (*doświadczenie*) life attr; (*pot. praktyczny*) realistic.

życze|nie (**-nia, -nia**) (*gen pl* **-ń**) nt (*pragnienie*) wish; **na życzenie** on request; **życzenia** pl wishes; **składać komuś życzenia** to wish sb (all the best).

życzliwoś|ć (**-ci**) f kindness, friendliness.

życzliwy adj kind, friendly.

życz|yć (**-ę, -ysz**) vt: **życzyć komuś czegoś** to wish sb sth; **czego pan(i) sobie życzy?** can I help you?

ży|ć (**-ję, -jesz**) vi to live; **niech żyje X!** long live X!; **żyć z czegoś** to make a living out of *lub* from sth, to live by sth.

Ży|d (**-da, -dzi**) (*loc sg* **-dzie**) m Jew.

żydowski adj Jewish.

żyla|k (**-ka, -ki**) (*instr sg* **-kiem**) m varicose vein.

żylasty adj (*mięso*) stringy; (*człowiek, ręka*) veiny, sinewy.

żylet|ka (**-ki, -ki**) (*dat sg* **-ce**, *gen pl* **-ek**) f razor blade.

ży|ła (**-ły, -ły**) (*loc sg* **-le**) f vein.

żył|ka (**-ki, -ki**) (*dat sg* **-ce**, *gen pl* **-ek**) f small vein, veinlet; (*nić*) fishing line; (*przen. zamiłowanie*) bent.

żyra|fa (**-fy, -fy**) (*loc sg* **-fie**) f giraffe.

żyrandol (**-a, -e**) (*gen pl* **-i**) m chandelier.

żyran|t (**-ta, -ci**) (*loc sg* **-cie**) m guarantor.

żytni adj rye attr.

żytniów|ka (**-ki, -ki**) (*dat sg* **-ce**) f vodka distilled from rye.

ży|to (**-ta, -ta**) (*loc sg* **-cie**) nt rye.

żywic|a (**-y, -e**) f resin.

żywiciel (**-a, -e**) (*gen pl* **-i**) m (*rodziny*) breadwinner.

ży|wić (**-wię, -wisz**) vt (*karmić*) to feed; (*przen. utrzymywać*) (*perf* **wy-**) to support; (: *nadzieję*) to cherish; (: *niechęć, nienawiść*) to feel.

▸**żywić się** vr. **żywić się czymś** to feed on sth.

ży|wiec (**-wca**) m (*zwierzęta hodowlane*) livestock.

żywie|nie (**-a**) nt feeding.

żywio|ł (**-łu, -ły**) (*loc sg* **-le**) m element.

żywiołowy adj (*rozwój*) spontaneous; (*temperament*) impetuous; **klęska żywiołowa** natural disaster.

żywnościowy adj (*artykuł, produkt*) food attr.

żywnoś|ć (**-ci**) f food.

żywo adj (*energicznie: poruszać się*) briskly; (*intensywnie: interesować się*) keenly; (: *reagować*) strongly; **na żywo** (*przekazywać, transmitować*) live.

żywopło|t (**-tu, -ty**) (*loc sg* **-cie**) m hedge.

żywotny adj vital.

żywy adj (*żyjący*) living; (*dziecko, taniec, fabuła*) lively; (*kolor, wspomnienie*) vivid; **to on, jak żywy** it's him to the life.

żyzny adj fertile.

POCZTA ELEKTRONICZNA

Po angielsku adres
e-mailowy czyta się tak:
"gemma at n t net dot co dot uk"

	New Message
To:	gemma@ntnet.co.uk
From:	gordon@onemo.net
Subject:	concert next week
cc:	jeremy@blt.com
bcc:	

[Attachment]   [Send]

Hi guys

I've just bought the new album by Rockstar, and it's brilliant!
I've got two spare tickets to a concert they're giving in Edinburgh
next Wednesday evening, so I hope you can both make it.

See you soon!

New message	Nowa wiadomość
To	Do
From	Od
Subject	Temat
cc	DW
bcc	UDW
Attachment	Załącznik
Send	Wyślij

EMAIL

To give your email address to someone in Polish, say:
„ania małpa w p w kropka pl"

	Nowa wiadomość
Do:	ania@wpw.pl
Od:	kasia123@onek.pl
Temat:	koncert
DW:	andrzej@infotec.pl
UDW:	

Wstaw załącznik   Wyślij

Cześć!

Właśnie kupiłam nowy album Ich Troje i wiecie co? Jest świetny!
Mam dwa wolne bilety na ich koncert w przyszłą środę w
katowickim Spodku. Mam nadzieję, że przyjdziecie.

No to na razie!

Nowa wiadomość	New message
Do	To
Od	From
Temat	Subject
DW	cc
UDW	bcc
Załącznik	Attachment
Wyślij	Send